Sibylle Mühlke, Jürgen Wolf

Adobe Photoshop

Das umfassende Handbuch

Rheinwerk
Design

Liebe Leserin, lieber Leser,

dieses Buch ist eine Liebeserklärung an Photoshop. Und diese Liebe wiegt schwer! Den eindrucksvollen Beweis halten Sie gerade in den Händen: Über 3 kg bringt das gesammelte Know-how unserer Autoren Sibylle Mühlke und Jürgen Wolf auf die Waage und bietet damit wirklich alles, was Sie über Photoshop wissen müssen.

Sie sind ganz neu im Photoshop-Universum und noch etwas orientierungslos? Kein Problem. Denn auch wenn Sie Photoshop von Grund auf erlernen möchten, sind Sie hier richtig. Alle Funktionen und Werkzeuge werden in diesem Buch grundsätzlich leicht verständlich an Beispielen erklärt. Natürlich stehen Ihnen alle benötigten Beispielbilder auf der Website zum Buch (*www.rheinwerk-verlag.de/5843*) zum Download zur Verfügung.

Dank der durchdachten Struktur des Buchs und des ausführlichen Index finden Sie eine Lösung für jedes Problem. Zudem verraten unsere Autoren geniale Tipps und Tricks aus der Praxis, die Ihnen wirklich weiterhelfen werden!

Und nun wünsche ich Ihnen viel Spaß und Erfolg bei der Umsetzung Ihrer Bildideen in Photoshop. Sollten Sie Fragen, Anmerkungen oder Lob zu diesem Buch haben, freue ich mich über Ihre E-Mail.

Ihre Ruth Lahres
Lektorat Rheinwerk Design
ruth.lahres@rheinwerk-verlag.de

www.rheinwerk-verlag.de
Rheinwerk Verlag • Rheinwerkallee 4 • 53227 Bonn

Auf einen Blick

Inhalt

2 Der Umgang mit Dateien

3 Nützliche Helfer

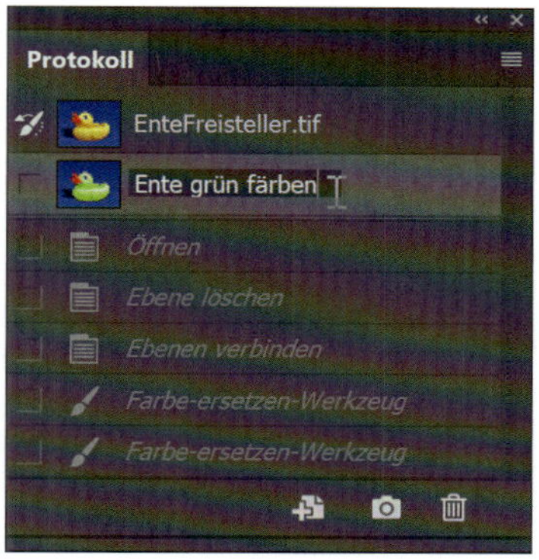

4 Den Arbeitsbereich anpassen

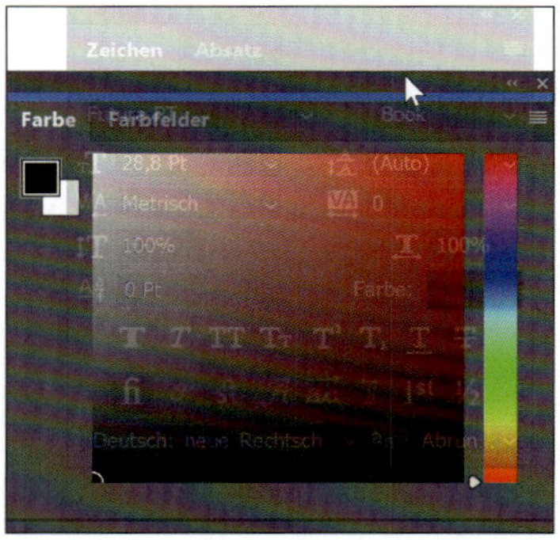

TEIL II Ebenen

5 Ebenen-Basics: Konzept und Grundfunktionen

Obst

TEIL III Auswählen, freistellen und maskieren

8 Auswahlen

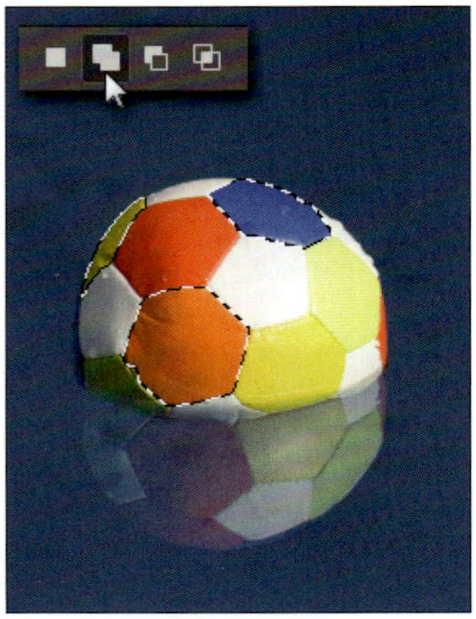

Bester Service
Frühstück
Tartes & Torten
Kaffee aus eigener Rösterei
Feine Brände & gute Weine
Internationale Zeitungen
Broadband Internet
Gute Musik
Brinks Lesecafé
Kohlmarkt 8 • 10123 Musterburg • Täglich 9.30-23 Uhr

10 Regeln und Werkzeuge für die Bildkorrektur

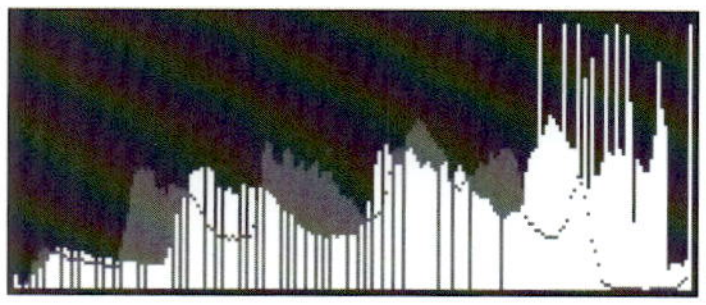

11 Kontraste und Belichtung korrigieren: Schnelle Problemlöser

12 Farben flott geraderücken

13 Präzisionsarbeit am Histogramm: Die Tonwertkorrektur

14 Universalhelfer für professionelle Ansprüche: Gradationskurven

15 Das Spiel mit Farbe und Schwarzweiß

TEIL V Tools für Digitalfotografen

16 Das Camera-Raw-Modul

17 Kamerafehler korrigieren, Digitalfotos optimieren

TEIL VI Reparieren und retuschieren

18 Bildformat und Bildgröße verändern

19 Mehr Schärfe, weniger Rauschen

20 Bildretusche

TEIL VII Mit Pinseln und Farbe

21 Farben einstellen

22 Malen, Zeichnen, Scribbeln: Die Werkzeuge

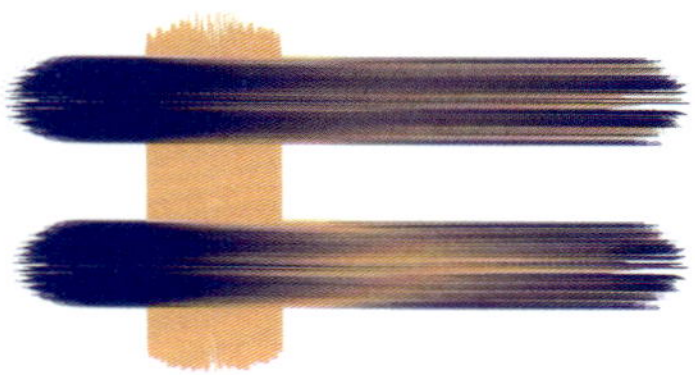

TEIL IX Texte und Effekte

26 Text erstellen und gestalten

27 Effektreiche Ebenenstile

TEIL X Pfade und Formen

28 Photoshop kann auch Vektoren: Formwerkzeuge

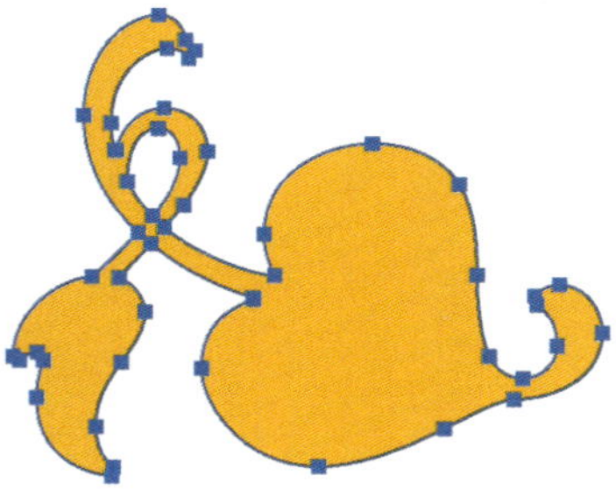

29 Pfade erstellen und anpassen

TEIL XI Video und 3D

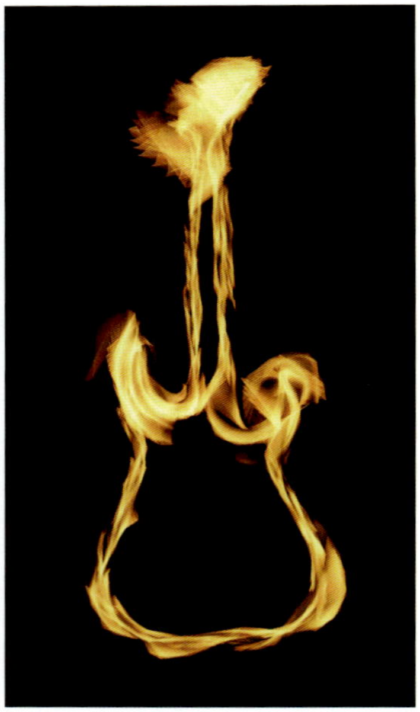

30 Videobearbeitung mit Photoshop

31 3D mit Photoshop

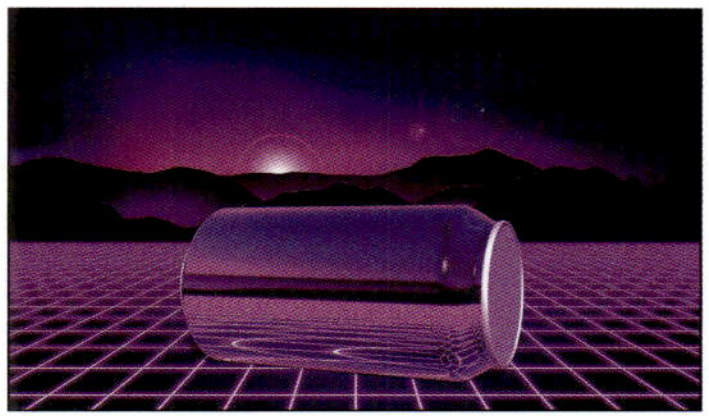

TEIL XII Bilder ausgeben

32 Bilder für den Screen erzeugen und optimieren

Tiere &
Tusche
bis 23.8.

33 Dateien richtig drucken

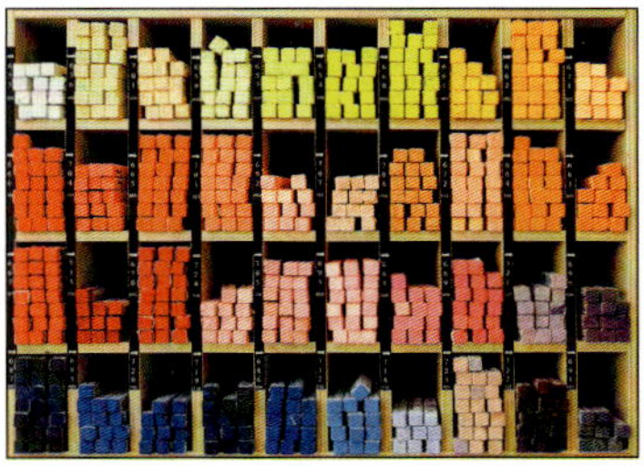

Anhang

Workshops

Filter – kreativ & effektiv

Pfade und Formen

Bilder ausgeben

Vorwort

Bevor Sie mit der umfassenden Lektüre des Buches beginnen, möchten unsere Autoren noch das Vorwort kurz nutzen, um zu zeigen, wie Sie das Buch am effektivsten einsetzen können.

Als ich, Jürgen Wolf, gefragt wurde, ob ich das Standardwerk zu Photoshop überarbeiten will, habe ich nicht zweimal überlegen müssen. Meine erste Auflage von diesem umfassenden Handbuch habe ich mir vor 14 Jahren gekauft. Seitdem hat jede neue Auflage einen Platz in meinem Regal bekommen. Dass ich nun selbst mit Frau Sibylle Mühlke daran arbeiten durfte, ist mir eine große Ehre.

Der Umfang des Buches dürfte es schon deutlich machen, dass Adobe Photoshop eine sehr umfassende Software ist, deren Funktionalitäten sich aber nicht immer gleich erschließen. Und genau hier soll dieses Nachschlagewerk für Sie einspringen. Es soll Sie begleiten, die Software und deren Funktionen kennenzulernen oder bei Bedarf zu einem bestimmten Thema nachzuschlagen. So eignen Sie sich schnell das notwendige Wissen an, um eigenständig mit Photoshop zu arbeiten und Lösungen für genau Ihre Anwendungsfälle zu entwickeln.

Wie können Sie mit dem Buch arbeiten

Sie müssen das Buch nicht stur von vorne nach hinten durcharbeiten. Abhängig von Ihren Kenntnissen können Sie auch nur zum entsprechenden Thema blättern und nachlesen. Das Buch ist sowohl als Nachschlagewerk als auch als Lernbuch zu Photoshop aufgebaut. Sollten Sie allerding gerade Ihre ersten Erfahrungen mit Photoshop machen, dann ist es durchaus sinnvoll und empfehlenswert sich ein wenig an die Reihenfolge im Buch zu halten. Die ersten drei Teile im Buch mit u.a. der **Benutzeroberfläche**, den **Umgang mit Dateien**, den **Ebenen** und **Auswahlen** sind essenziell für die Arbeiten mit Photoshop. Gerade Ebenen und Auswahlen sind essenziell in der Bildbearbeitung generell. Sind diese Kenntnisse vorhanden, können Sie die weiteren Kapitel im Buch nach Bedarf durcharbeiten.

Im Teil IV wird die **Bildkorrektur** rund um die Belichtung und Farbe abgehandelt. Die **Werkzeuge für Digitalfotografen** werden im Teil V beschrieben, wo auch das Camera-Raw-Modul erläutert wird. Teil VI steht ganz im Zeichen der **Reparatur und Retusche**. Darin werden u.a. Themen wie die Bildgröße, Schärfe oder Rauschen gezeigt. Im Teil VII können Sie mit den **Malwerkzeugen** Ihr kreatives Potenzial entwickeln. **Filter** – wie die komplexen Filterboxen oder Neurale Filters – stellen wir Ihnen im Teil VIII vor.

Im Teil IV erfahren Sie alles über **Text** und **Texteffekte**. Im nächsten Teil lernen Sie Tricks kennen, mit denen Sie mit störrischen Bézierkurven und Ankerpunkten perfekt geschwungene **Pfade** formen. Wie Sie mit Photoshop auch mit **Videos** und **3D** arbeiten können, erfahren Sie im Teil XI. Zudem zeigi Ihnen der letzte Teil des Buches, wie Sie Photoshop als **Layouthelfer** fürs **Screendesign** nutzen und wie Sie Ihre **Bilder im Web** oder für den **Druck** in optimaler Qualität ausgeben.

Abschließend im Anhang des Buches finden Sie noch einige wichtige theoretische Aspekte wie das **Farbmanagement** oder **Grundlagenwissen zur Bildbearbeitung**, die man im Zusammenhang mit der Bildbearbeitung wissen sollte.

Der Downloadbereich zum Buch
Aktuelle Informationen und Ergänzungen zu den Buchthemen können Sie im Onlinebereich zum Buch unter *www.rheinwerk-verlag.de/5843* herunterladen. Im Kasten mit den Informationen zum Buch finden Sie auch die Registerkarte MATERIALIEN, klicken Sie diese an. Bitte halten Sie Ihr Buchexemplar bereit, damit Sie die Materialien freischalten können. Dort finden Sie auch alle Beispielmaterialien aus dem Buch, die Sie zum Üben nutzen können.

Beispielbilder | Nicht nur die Dateien aus den Schritt-für-Schritt-Anleitungen, sondern auch fast alle anderen Bilder aus dem Buch finden Sie als Übungsdateien im Downloadbereich zum Buch. So können Sie alle Anleitungen nachklicken und nachvollziehen. Bekanntlich lernt man Dinge, die man selbst einmal macht, besser als jene, über die man nur liest! Zudem finden Sie Informationen zu selten gebrauchten Funktionen und weiterführende Workshops und Erklärungen im Onlinebereich zum Buch.

Leser-Feedback ausdrücklich erwünscht | Inzwischen liegt das Buch in der zehnten Auflage vor – ein großer Erfolg, über den wir uns sehr freuen!

Wir freuen uns, wenn Sie – die Leserinnen und Leser – mit uns in Kontakt treten. Über den Rheinwerk Verlag haben Sie die Gelegenheit, Wünsche, Anregungen und Kritik an uns loszuwerden.

Wir wünschen Ihnen viel Freude und viele Aha-Erlebnisse bei der Arbeit mit dem Buch, beim Lesen und Ausprobieren.

Danke schön!

Dieses Buch wäre ohne die Hilfe zahlreicher engagierter Beteiligter und Unterstützer nicht zustande gekommen.

Ein besonderer Dank gilt insbesondere den Fotografinnen und den Fotografen, deren Bilder wir freundlicherweise nutzen durfte. Ohne ihre Großzügigkeit wäre dieses Buch sicherlich weniger schön geworden. (Neben den jeweiligen Bildern sind unsere Quellen genauer genannt.) Hier sind besonders zu nennen:

- Andrea Jaschinski, vitamin a design, Berlin (*www.vitamin-a-design.de*)
- Christin Rubandt, Berlin
- Jacqueline Esen, Fotografin und Rheinwerk-Verlag-Autorenkollegin (*www.betrachtenswert.com*)
- Nicole Zimmer, dieblen.de, Mannheim (*www.dieblen.de*)
- Onno K. Gent, Norden (*http://filapper.de*)

Wir danken insbesondere auch dem beteiligten Team vom Rheinwerk Verlag und allen anderen, die hinter den Kulissen an diesem Buch mitgearbeitet haben.

Sibylle Mühlke
Jürgen Wolf

TEIL I
Das Handwerkszeug

Kapitel 1
Der Arbeitsbereich

Photoshops Arbeitsbereich ist komplex und passt sich an Ihre jeweiligen Tätigkeiten an. Trotzdem lässt sich die Oberfläche von Photoshop schnell erfassen, und nach einer kurzen Eingewöhnungsphase werden Sie Ihre Kreativtools sicher handhaben.

1.1 Die Oberfläche kurz vorgestellt

Diese Bedienelemente stehen Ihnen zur Verfügung, um Photoshop zu steuern:

- Ganz oben am Bildschirmrand sehen Sie die **Menüleiste** ❶ mit ihren ausklappbaren Menüs ...
- ... und darunter die **Optionsleiste** ❷. Gelegentlich wird diese Leiste auch »Steuerungsbedienfeld« genannt.
- Die **Werkzeugleiste** ❸ – neuerdings auch »Symbolleiste« genannt – ist standardmäßig am linken Rand angedockt. Sie heißt in der offiziellen Adobe-Terminologie auch »Werkzeugbedienfeld«.
- Im rechten Bereich des Bildschirms sehen Sie die **Bedienfelder** ❼ (oft auch kurz »Paletten«), die bei Bedarf aufgeklappt ❽ werden können. Bedienfelder lassen sich verschieben, zu eigenen Gruppen anordnen oder zu einem Symbol minimieren ❻, so dass sie wenig Platz einnehmen, aber schnell erreichbar sind.

Dies sind Ihre wichtigsten Instrumente. Dazu kommen ein oder mehrere Dokumentfenster, die in platzsparenden Tabs (»Karteireiter«) ❹ organisiert sind. Der Tab-Titel und die Statusleiste ❺ jedes Dokuments präsentieren wichtige Informationen zum Dokument in Kurzform. Das Ganze ist auf dem Arbeitsbereich angeordnet.

Zum Weiterlesen
Die Photoshop-Arbeitsoberfläche lässt sich an verschiedene Anforderungen und Arbeitsstile anpassen. In Kapitel 4, »Den Arbeitsbereich anpassen«, erfahren Sie, wie das geht.

Die Arbeitsoberfläche unter macOS
Die Unterschiede zwischen Mac und PC sind nicht gravierend. Wer Photoshop am Mac beherrscht, kann auch mit der Windows-Version arbeiten und umgekehrt. Am Ende dieses Kapitels finden Sie einen Abschnitt zu betriebssystemspezifischen Besonderheiten.

Bilder: dieblen.de

▲ **Abbildung 1.1**
Die Photoshop-Nutzeroberfläche (Windows)

Hellere oder dunklere Benutzeroberfläche
Wenn Sie die Benutzeroberfläche von Photoshop mit helleren oder dunkleren Farben benutzen wollen, können Sie dies bei den VOREINSTELLUNGEN • BENUTZEROBERFLÄCHE im Abschnitt ERSCHEINUNGSBILD machen. Dort finden Sie mit FARBPALETTE verschiedene neutrale Grautöne.

Bevor es losgeht: Der Einstiegsscreen | Wenn Sie Photoshop neu starten, sehen Sie zunächst einmal wenig von den üblichen Programmelementen: Der Einstiegsscreen verdeckt alles. Dieser sogenannte Startscreen gibt Ihnen Zugang zu Ihren letzten Projekten und zu Hilferessourcen. Von hier aus haben Sie schnellen Zugriff auf:

- zuletzt verwendete Dateien 13
- die Funktionen zum Erstellen einer neuen Datei 12 und zum Öffnen einer bestehenden Datei 11
- eine Suchfunktion 15
- die Trainingsressourcen von Adobe 10
- Ihre Dateien in Lightroom oder Ihre Cloud-Dokumente 9
- die Einstellungen Ihres Adobe-Nutzerkontos 16
- eine Übersicht zum Cloud-Speicherplatz 14
- Ein-/Ausblenden der Vorschläge für die Bearbeitung von Fotos 17

Die zuletzt verwendeten Dateien lassen sich wahlweise als Bildergalerie anzeigen (so wie in Abbildung 1.2) oder als Liste mit Dateinamen; für den Wechsel der Ansichten gibt es zwei kleine Umschalter-Icons 18.

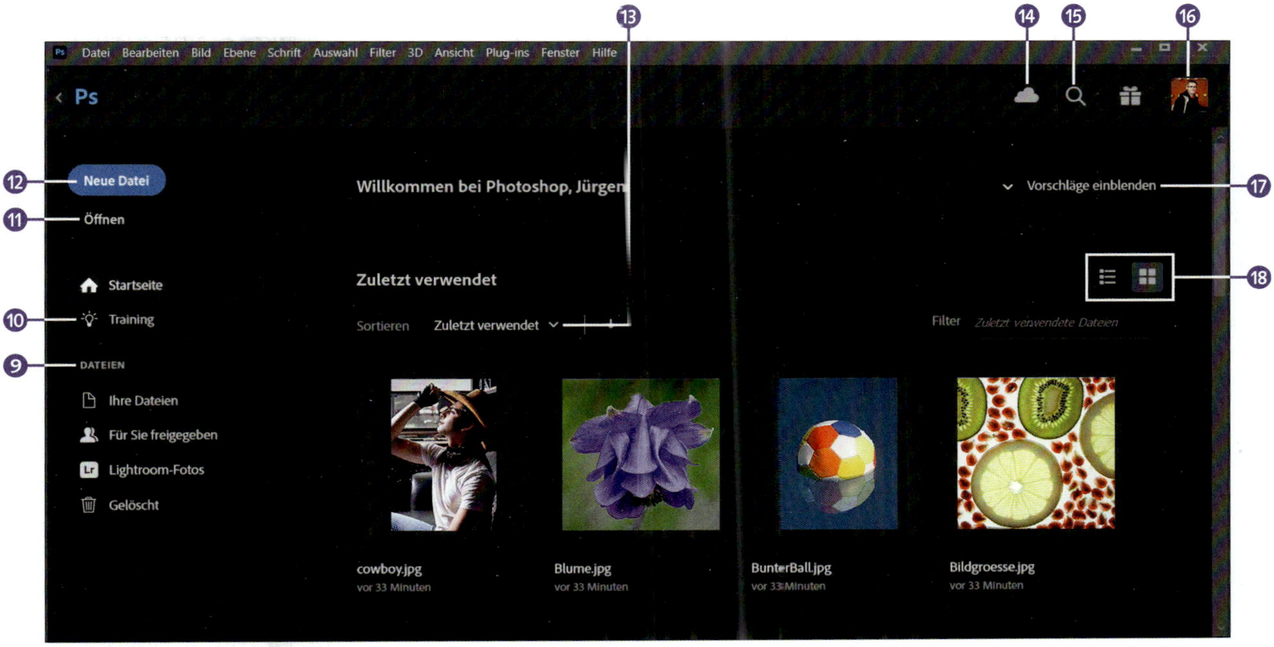

▲ **Abbildung 1.2**
Photoshops Startscreen

Um vom Einstiegsscreen in die Arbeitsansicht von Photoshop zu wechseln, können Sie auf NEUE DATEI oder ÖFFNEN klicken, eine der aufgelisteten Dateien auswählen oder [Esc] drücken, um den **Einstiegsscreen zu verlassen**, ohne eine weitere Aktion auszuführen.

Wenn Sie sich mit dem Einstiegsscreen ganz und gar nicht anfreunden können, können Sie ihn auch **dauerhaft ausblenden**. Dazu rufen Sie die VOREINSTELLUNGEN auf [Strg]/[cmd]+[K]. Unter ALLGEMEIN finden Sie die Option STARTBILDSCHIRM AUTOMATISCH ANZEIGEN. Wenn Sie dort das Häkchen entfernen, bleibt der Startscreen künftig verborgen.

Wenn Sie den **Einstiegsscreen öffnen** wollen, ohne Photoshop neu zu starten, klicken Sie auf das »Häuschen«-Icon ganz links in der Optionsleiste.

▲ **Abbildung 1.3**
Den Startbildschirm aufrufen

Menüs | Die Bedienung des Menüs sollte Ihnen keine Schwierigkeiten bereiten. Funktionen, die aktuell nicht angewendet werden können, sind auch nicht anklickbar und werden meist heller dargestellt. In den Menüs finden Sie viele Funktionen zum Umgang mit Dateien und viele Befehle, die sich jeweils auf das gesamte Bild auswirken und bei denen Photoshop einen Großteil der Rechenarbeit leistet.

Werkzeugleisten anpassen
In Photoshop können Sie selbst bestimmen, welche Tools in der Werkzeugleiste angezeigt werden. Das Dialogfenster dazu starten Sie mit BEARBEITEN • SYMBOLLEISTE. Mehr zum Thema erfahren Sie in Kapitel 4, »Den Arbeitsbereich anpassen«.

Werkzeuge | Mit den Photoshop-Werkzeugen bearbeiten Sie oft gezielt einzelne Bildpixel, geben Text ein oder rufen Hilfsinstrumente wie beispielsweise den Zoom oder das Linealwerkzeug auf. Die Werkzeuge wechseln Sie einfach, indem Sie das jeweilige Icon in der Leiste anklicken oder ein Tastenkürzel eingeben. Die Funktionen der einzelnen Werkzeuge lassen sich meist leicht aus den Symbolen ableiten.

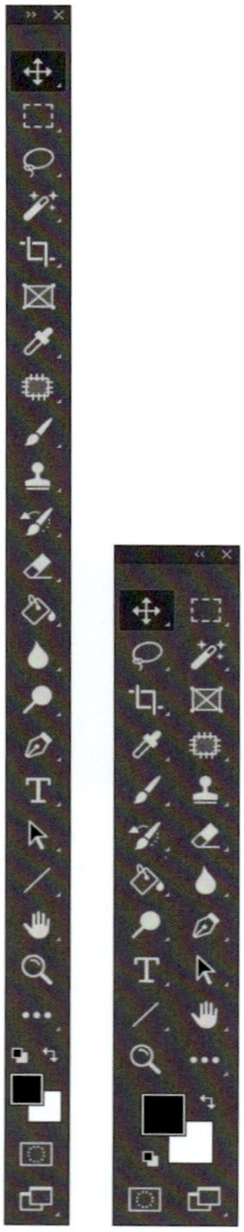

▲ **Abbildung 1.4**
Links: Standardansicht der Werkzeugleiste, rechts: zweispaltige Ansicht. Mit einem Klick auf den kleinen Doppelpfeil ganz oben stellen Sie die Anordnung um.

Optionsleiste | Die Optionsleiste – zuweilen auch »Steuerungsbedienfeld« genannt – verändert sich je nachdem, welches Werkzeug gerade aktiv ist. Hier können Sie die Wirkung der Werkzeuge genauer justieren.

Bedienfelder | In den Bedienfeldern sind wichtige Kontroll- und Hilfsinstrumente untergebracht. So gibt das Ebenen-Bedienfeld – in Abbildung 1.1 rechts unten zu sehen – Auskunft über den Bildaufbau, das Korrekturen-Bedienfeld (rechts Mitte) ist Ihre Schaltzentrale für Bildkorrekturen, und das Farbe-Bedienfeld (rechts oben) ist eine Möglichkeit, Farben festzulegen – zum Beispiel für den Farbauftrag beim Pinseln. Es gibt aber noch viel mehr Bedienfelder. Mit Klicks auf die Registerkarten in den Bedienfeldgruppen, auf die kleinen Bedienfeldsymbole (6 in Abbildung 1.1) oder über das Menü FENSTER bestimmen Sie, welche Bedienfelder sichtbar sind.

Titel- und Statusleiste von Dokumenten | Die Titelleiste 1, die Sie oberhalb jedes Dokuments finden – gleichgültig, ob als schwebendes Fenster oder in Tabs –, liefert Ihnen wichtige Informationen zur Datei. In der Statusleiste 2 finden Sie ergänzende Informationen zum Dokument- und Programmstatus.

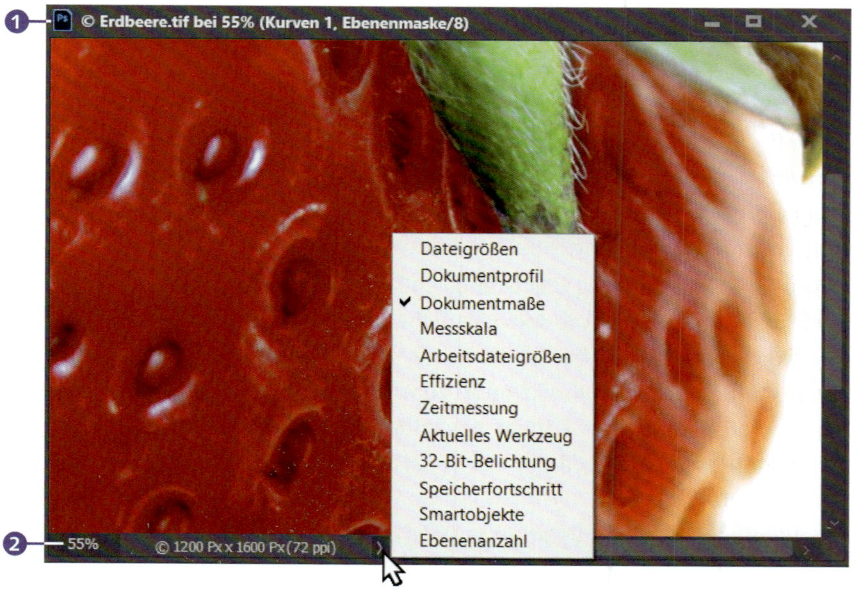

Abbildung 1.5 ▶
Titelleiste (oben) und Statusleiste (unten) von Dateien enthalten wichtige Dokumentinformationen.

1.2 Die Menüleiste: Die solide Arbeitsbasis

Die Funktionen der Menüleiste bilden das solide Grundgerüst der Bildbearbeitung. In den Hauptmenüs samt Unterkategorien sind die wichtigsten Programmfunktionen untergebracht.

Das Menü »Datei« | Im Menü Datei befinden sich alle Befehle zur Steuerung und Verwaltung von Dateien und der Programmumgebung. Hinzu kommen recht umfangreiche Funktionen zum Import und Export von Dateien, Automatisierungsbefehle sowie Befehle für den Wechsel zu anderen Adobe-Anwendungen wie der Bridge oder zu darüber hinausgehenden Angeboten wie Behance und Adobes Stockfoto-Datenbank.

Zum Weiterlesen
Mehr über die **getabbten Dokumente** und ihre Verwaltung erfahren Sie in Abschnitt 3.2, »Bildanzeige: Gezoomt, gedreht und in Position gerückt«.

»Erdbeere.tif«, »Limette.psd«, »Orangen.psd«

Das Menü »Bearbeiten« | Unter dem Menüpunkt Bearbeiten finden Sie eine bunte Mischung aus Arbeitshilfen, Programmeinstellungen sowie erste Befehle zur Veränderung von Bildebenen. Die Optionen Rückgängig und Verblassen beziehen sich auf Ihre letzten Arbeitsschritte. Hier erreichen Sie auch die Standardkommandos Ausschneiden, Kopieren und Einfügen sowie Befehle zu Werkzeugkomponenten, zum Arbeiten mit Text und Befehle, um eigene Muster, Farben, Effekte und ähnliche Vorgaben zu verwalten und mit anderen Geräten zu synchronisieren. Außerdem finden Sie hier die Grundeinstellungen, um Ihr Programm anzupassen, sowie die wichtigen Funktionen zum Farbmanagement.

Ebenenfunktionen im »Bearbeiten«-Menü
Einige Ebenenfunktionen – nämlich die Befehle zum Ausrichten und Überblenden von Ebenen – sind im Menü Bearbeiten untergebracht und nicht etwa im Ebene-Menü, wo man sie wohl zuerst suchen würde.

Das Menü »Bild« | Das Menü Bild enthält wichtige Befehle der digitalen Bildbearbeitung. Hier ändern Sie die Bildgröße und drehen oder vergrößern die Bild-Arbeitsfläche. Unter Korrekturen versammeln sich die Klassiker der Bildkorrektur, mit denen Sie schlechten Kontrasten oder Farbstichen beikommen und kreativ arbeiten können.

Zum Weiterlesen
Mehr zum Thema Bildkorrektur erfahren Sie in Teil IV, »Korrigieren und optimieren«.

Das Menü »Ebene« | Ebenen sind in Photoshop omnipräsent. Sie ermöglichen ein flexibles Arbeiten und den Aufbau komplexer Composings. Dementsprechend üppig ist das Menü Ebene ausgestattet. Eng mit Ebenen verbunden sind Ebenen- und Vektormasken, die Sie ebenfalls über dieses Menü ansteuern können. Außerdem finden Sie hier alle Befehle, um besondere Ebenen – wie Smartobjekte, Füll- oder Einstellungsebenen und Videoebenen – zu verwalten und zu bearbeiten.

Das Menü »Schrift« | Photoshop ist primär ein Bildbearbeitungs- und kein Satzprogramm, doch kleinere Textarbeiten können Sie durchaus erledigen – etwa im Rahmen von Layout-Entwürfen. Im Menü Schrift finden Sie Befehle für die Arbeit mit Schrift und Textebenen.

Mac-Spezialität:
Das Menü »Photoshop«
Nur bei Macs findet sich in der Menüleiste der zusätzliche Menüpunkt PHOTOSHOP. Das PHOTOSHOP-Menü enthält neben einigen Standardbefehlen, die vom Betriebssystem zur Verfügung gestellt werden, vor allem Programminformationen und Befehle zur Konfiguration wie etwa die VOREINSTELLUNGEN. In der Windows-Version finden Sie diese Befehle unter BEARBEITEN oder unter HILFE.

Schriftgröße der Arbeitsfläche
Wenn Sie schlechte Augen haben oder mit extrem hoher Monitorauflösung arbeiten, ist die Schriftgröße in Bedienfeldern, QuickInfos und der Optionsleiste vielleicht etwas klein für Sie. Das können Sie ändern: Rufen Sie die VOREINSTELLUNGEN auf ([Strg]/[cmd]+[K]). Auf der Tafel BENUTZEROBERFLÄCHE ([Strg]/[cmd]+[2]) können Sie unter UI-SCHRIFTGRAD verschiedene Größen einstellen und außerdem entscheiden, ob sich die übrigen Elemente des User Interface an die Schriftgröße anpassen (Aktivieren der Option UI ENTSPRECHEND SCHRIFT SKALIEREN). Die Änderung wird nach dem nächsten Start von Photoshop wirksam. Unter VOREINSTELLUNGEN • ARBEITSBEREICH gibt es zudem die Option GROSSE REGISTERKARTEN, die sich auf Bedienfelder und Dokument-Tabs auswirkt.

Das Menü »Auswahl« | Das Prinzip der Auswahl ist für Photoshop ebenso wichtig wie das Ebenenkonzept. Das Menü AUSWAHL ist eine Ergänzung zu den Auswahlwerkzeugen in der Werkzeugleiste. Hier können Sie Ihre Auswahlen beispielsweise modifizieren und speichern.

Das Menü »Filter« | Das Menü FILTER bietet für fast jeden kreativen Zweck und auch für ernsthafte Korrekturen das richtige Werkzeug.

Das Menü »3D« | Unter dem Menüpunkt 3D haben Sie Zugriff auf die mittlerweile recht zahlreichen und ausgeklügelten 3D-Funktionen von Photoshop. Es lassen sich 3D-Objekte einfügen und bearbeiten, Sie können 3D-Objekte aber auch direkt in Photoshop anlegen. Mehr dazu lesen Sie in Kapitel 31, »3D mit Photoshop«.

Das Menü »Ansicht« | Die unter ANSICHT versammelten Befehle beziehen sich auf die Darstellung des aktuellen Bildes und rufen zudem verschiedene Helfer und Extras wie Raster oder Lineale auf.

Das Menü »Plug-ins« | Über das Menü PLUG-INS öffnen Sie das entsprechende Bedienfeld für die Übersicht installierter Plug-ins. Ebenso können Sie Plug-ins in der Creative Cloud suchen, installieren und verwalten.

Das Menü »Fenster« | Mit den Befehlen unter FENSTER steuern Sie das Aussehen Ihrer Arbeitsumgebung. Sie legen zum Beispiel fest, welche Bedienfelder eingeblendet sind, ordnen geöffnete Dokumente an und verwalten verschiedene Arbeitsbereich-Layouts.

Das Menü »Hilfe« | HILFE ist der letzte Menüpunkt. Hier finden Sie Programminformationen und Support (unter macOS sind einige dieser Funktionen auch im Menü PHOTOSHOP zu finden, das es unter Windows nicht gibt). Schneller als per Menübefehl gelangen Sie mit der Taste [F1] zu Adobes Hilfe- und Supportcenter – nicht lokal auf Ihrem Rechner, sondern online. Überdies können Sie hier Ihr Cloud-Log-in verwalten.

1.2.1 Kontextmenüs: Klicks sparen

In Photoshop haben Sie oft zwei oder mehr Möglichkeiten, einen Befehl aufzurufen oder ein Werkzeug zu aktivieren. So gibt es neben der Menüleiste einen weiteren Weg, Menübefehle oder auch einige der gängigsten Werkzeugoptionen aufzurufen: die Kontextmenüs. Kontextmenüs zeigen auf einen Klick diejenigen Befehle an, die zum jeweils aktiven Werkzeug oder zu der Arbeitssituation passen, in der sich das Bild befindet. So machen Kontextmenüs Funktionen und Befehle schnell zugänglich und sparen umständliche Mehrfachklicks. Die meisten Kontextmenüs erreichen Sie über einen Rechtsklick auf die Bildfläche, die Bildtitelleiste oder auf verschiedene Stellen von Bedienfeldern. Irgendwelche Hinweise auf ihr Vorhandensein gibt es nicht. Hier im Buch weise ich im konkreten Zusammenhang natürlich immer darauf hin. Jene Kontextmenüs, die in Ihrer täglichen Photoshop-Praxis eine Rolle spielen, beherrschen Sie dann schnell!

Setzen Sie Ihren Mauszeiger ins geöffnete Bild, und klicken Sie mit der rechten Maustaste. Es erscheint dann eine Liste mit einer Auswahl von Optionen und Befehlen.

Auch bei Bedienfeldern funktioniert dieses Prinzip in vielen Fällen. Insbesondere das wichtige Ebenen-Bedienfeld ist mit Kontextmenüs geradezu gespickt – je nach Mauszeigerposition lassen sich hier verschiedene Menübefehle aufrufen.

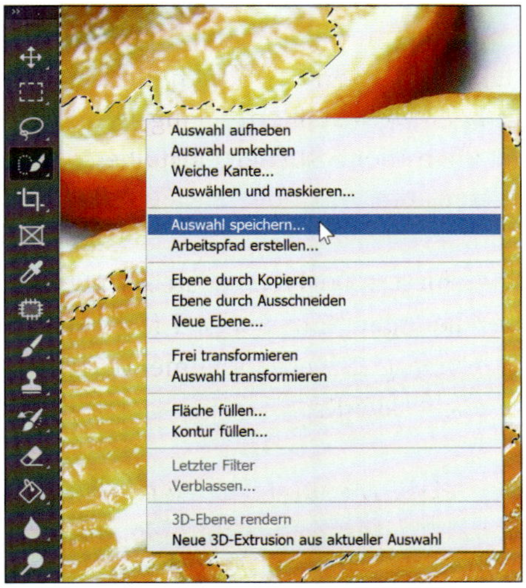

◂ **Abbildung 1.6**
Hier sehen Sie das AUSWAHL-Kontextmenü. Sie erkennen an den gestrichelten Linien im Bild, dass eine Auswahl erzeugt wurde. Das Schnellauswahlwerkzeug (in der Werkzeugleiste sichtbar) ist aktiv. Im Kontextmenü erscheinen die zur aktuellen Bildsituation passenden Befehle.

1.3 Die Werkzeugleiste: Alles griffbereit

Das Werkzeugbedienfeld – in der Alltagssprache meist »Werkzeugleiste«, »Werkzeugpalette« oder »Toolbox« genannt – ist am linken Rand des Photoshop-Programmfensters angedockt. Es lässt sich, wie schon erwähnt, schmaler oder breiter machen. Und wie alle anderen Bedienfelder können Sie auch die Werkzeugleiste aus dem Andockbereich herausziehen. Dazu fassen Sie sie oben – an dem schmalen dunkelgrauen Streifen – mit der Maus an und ziehen. Positionieren Sie die Werkzeugleiste dann frei auf der Arbeitsfläche, oder docken Sie sie bei den übrigen Bedienfeldern auf der rechten Seite des Programmfensters an.

1.3.1 Werkzeuge finden und aufrufen

Die Metaphern, die Adobe für die Werkzeuge gewählt hat, entstammen der klassischen Illustration oder der Fotografie und sind recht anschaulich, daher ist das schnelle Auffinden des benötigten Tools ganz leicht.

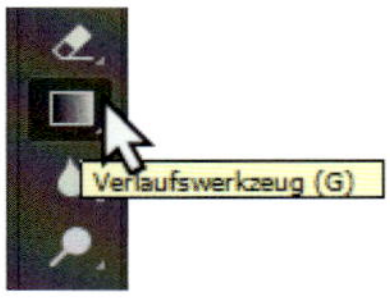

▲ **Abbildung 1.7**
QuickInfo in Textform – nebenbei lernen Sie so die Tastenkürzel.

▲ **Abbildung 1.8**
Animierter Nutzungstipp

Werkzeugtipps | Adobe bietet Hilfestellungen für die Orientierung in der Vielfalt der Werkzeuge und Funktionen: die QuickInfos. Dabei haben Sie die Wahl zwischen einer einfachen Textinformation oder animierten sogenannten Rich-Text-QuickInfos. Verweilen Sie einfach kurz mit der Maus auf dem jeweiligen Button – der einfache oder der animierte Werkzeugtipp (**QuickInfo**) wird eingeblendet.

In den Voreinstellungen (DATEI • VOREINSTELLUNGEN oder Strg/cmd+K unter WERKZEUGE können Sie festlegen, welche Form der QuickInfos gezeigt werden soll, oder können diese Anzeige ganz ausschalten.

Statusleiste | Die jeweils an der unteren Bildkante positionierte Statusleiste können Sie ebenfalls nutzen, um sich über die Funktion des aktuell aktiven Werkzeugs Klarheit zu verschaffen. Klicken Sie dazu auf den kleinen Pfeil ❶ und dann auf AKTUELLES WERKZEUG. Fortan wird angezeigt, wie das gerade aktive Werkzeug heißt.

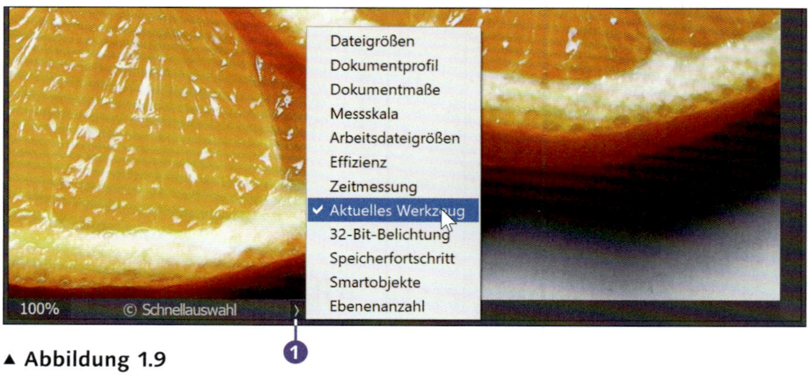

▲ **Abbildung 1.9**
Was in der Bild-Statusleiste angezeigt wird, können Sie festlegen. Für Einsteiger am interessantesten ist die Option AKTUELLES WERKZEUG.

Werkzeug aktivieren | Das Aktivieren der einzelnen Werkzeuge ist einfach: Ein Klick auf den Button mit dem jeweiligen Symbol genügt, und für flotteres Arbeiten gibt es Tastenkürzel.

Fast alle der Werkzeug-Schaltflächen haben in der unteren rechten Ecke einen etwas unscheinbaren **Pfeil**. Dies ist der Hinweis darauf, dass Sie auch verwandte Unterwerkzeuge aufrufen können. Diese verborgenen Werkzeuge aktivieren Sie, indem Sie die Maus mit gedrückter linker Maustaste auf dem jeweiligen Werkzeug-Button halten. Dann öffnet sich ein Untermenü, und Sie können das benötigte Unterwerkzeug per Mausklick anwählen.

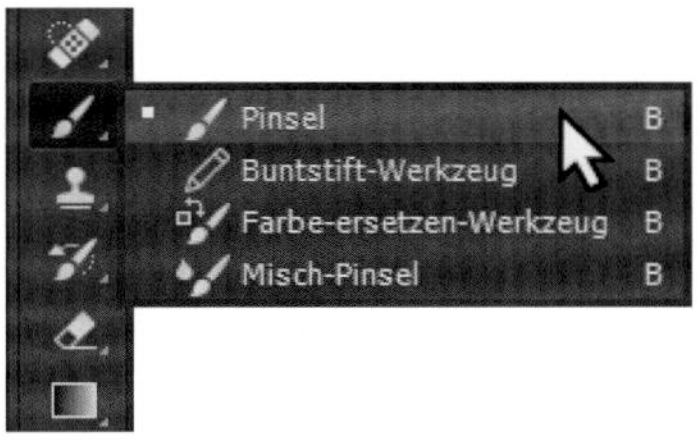

◄ **Abbildung 1.10**
Ähnliche Werkzeuge sind zu Werkzeuggruppen zusammengefasst, hier am Beispiel des Pinsel-Werkzeugs. Die Untermenüs geben auch Auskunft über das zuständige Tastenkürzel

Schnelle Tastenkürzel für Werkzeuge | Werkzeuge können Sie natürlich auch per Tastaturkürzel aktivieren. Untermenüs und Werkzeug-QuickInfos zeigen die zuständigen Werkzeugkürzel an. Diese zu lernen, lohnt sich in jedem Fall, denn sie erweisen sich in der Praxis als echte Zeitsparer.

In der Regel haben Werkzeuge, die in einem »Fach« der Werkzeugleiste liegen, auch dasselbe Kürzel. Durch mehrmaliges Drücken desselben Buchstabens hangeln Sie sich dann durch alle Unterwerkzeuge. So öffnet sich das obenliegende Werkzeug – etwa der Pinsel – durch einmaliges Drücken der Taste [B] (wie »Brush«, Pinsel), das untergeordnete Buntstift-Werkzeug durch zweimaliges Drücken der Taste [B]; das Farbe-ersetzen-Werkzeug – Sie erraten es schon – öffnet sich durch dreimaliges und der Misch-Pinsel durch viermaliges Drücken.

Sie können in den VOREINSTELLUNGEN [Strg]/[cmd]+[K] unter WERKZEUGE festlegen, ob Sie für dieses »Durchhangeln« allein das jeweilige Buchstabenkürzel oder zusätzlich noch die Modifier-Taste [⇧] drücken wollen (aktivieren oder deaktivieren Sie die Option UMSCHALTTASTE FÜR ANDERES WERKZEUG).

Temporärer Wechsel zu anderem Werkzeug
Mit Hilfe der Werkzeug-Shortcuts springen Sie nicht nur von Werkzeug zu Werkzeug. Wenn Sie die entsprechende Buchstabentaste gedrückt halten, können Sie während der Arbeit temporär zu anderen Werkzeugen wechseln. Wenn Sie die Taste loslassen, ist wieder das Werkzeug aktiv, das Sie zuvor in Gebrauch hatten. Hört sich kompliziert an? Ist es nicht! Beispiele: Sie retuschieren gerade etwas und wollen sich ein kritisches Detail schnell heranzoomen? Drücken Sie [Z], und das Lupe-Werkzeug ist aktiviert. Sie arbeiten mit dem Pinsel-Werkzeug und wollen eine im Bild vorhandene Farbe als Malfarbe aufnehmen? Drücken Sie [I], und wechseln Sie damit kurz zum Farbaufnahme-Werkzeug.

1.3.2 Die Werkzeuge und ihre Funktion

Die Anordnung der Werkzeuge in der Werkzeugleiste orientiert sich mehr oder weniger an deren Funktion, was Nutzern die Orientierung erleichtert.

Auf Seite 48 finden Sie eine Übersicht mit allen Kürzeln, im Anschluss lernen Sie alle Tools im Detail in vier grob aufgeteilten Gruppen kennen.

Icon	Werkzeug	Kürzel
	Verschieben-Werkzeug	V
	Zeichenflächen-Werkzeug	V
	Auswahlrechteck-Werkzeug	M
	Auswahlellipse-Werkzeug	M
	Auswahlwerkzeug: Einzelne Zeile	–
	Auswahlwerkzeug: Einzelne Spalte	–
	Lasso-Werkzeug	L
	Polygon-Lasso-Werkzeug	L
	Magnetisches-Lasso-Werkzeug	L
	Objektauswahlwerkzeug	W
	Schnellauswahl-Werkzeug	W
	Zauberstab-Werkzeug	W
	Freistellungswerkzeug	C
	Perspektivisches Freistellungswerkzeug	C
	Slice-Werkzeug	C
	Slice-Auswahlwerkzeug	C
	Rahmen-Werkzeug	K
	Pipette-Werkzeug	I
	3D-Material-Pipette	I
	Farbaufnahme-Werkzeug	I
	Linealwerkzeug	I

Icon	Werkzeug	Kürzel
	Hintergrund-Radiergummi-Werkzeug	E
	Magischer-Radiergummi-Werkzeug	E
	Verlaufswerkzeug	G
	Füllwerkzeug	G
	3D-Materialfüllung	G
	Weichzeichner-Werkzeug	–
	Scharfzeichner-Werkzeug	–
	Wischfinger-Werkzeug	–
	Abwedler-Werkzeug	O
	Nachbelichter-Werkzeug	O
	Schwamm-Werkzeug	O
	Zeichenstift-Werkzeug	P
	Freiform-Zeichenstift-Werkzeug	P
	Rundungszeichenstift-Werkzeug	P
	Vertikales Text-Werkzeug	T
	Horizontales Textmaskierungswerkzeug	T
	Vertikales Textmaskierungswerkzeug	T
	Pfadauswahl-Werkzeug	A
	Direktauswahl-Werkzeug	A
	Rechteck-Werkzeug	U
	Abgerundetes-Rechteck-Werkzeug	U

Icon	Werkzeug	Kürzel
	Anmerkungen-Werkzeug	I
	Zählungswerkzeug	I
	Bereichsreparatur-Pinsel	J
	Entfernen-Werkzeug	J
	Reparatur-Pinsel	J
	Ausbessern-Werkzeug	J
	Inhaltsbasiert verschieben-Werkzeug	J
	Rote-Augen-Werkzeug	J
	Pinsel	B
	Buntstift-Werkzeug	B
	Farbe-ersetzen-Werkzeug	B
	Misch-Pinsel	B
	Kopierstempel	S
	Musterstempel	S
	Protokoll-Pinsel	Y
	Kunst-Protokollpinsel	Y
	Radiergummi-Werkzeug	E
	Ellipse-Werkzeug	U
	Polygon-Werkzeug	U
	Linienzeichner-Werkzeug	U
	Eigene-Form-Werkzeug	U
	Hand-Werkzeug	H
	Ansichtdrehung-Werkzeug	R
	Zoom-Werkzeug	Z
	Zuvor ausgeblendete Werkzeuge anzeigen	–
	Standardfarben für Vorder- und Hintergrund wiederherstellen	D
	Vorder- und Hintergrundfarbe tauschen	X
	Anzeige und Einstellung für Vordergrund-/Hintergrundfarbe	–
/	Im Maskierungs-/Standardmodus bearbeiten	Q
	Ankerpunkt-hinzufügen-Werkzeug	–
	Ankerpunkt-löschen-Werkzeug	–
	Punkt-umwandeln-Werkzeug	–
	Horizontales Text-Werkzeug	T

▲ **Tabelle 1.1**
Die Werkzeuge aus der Werkzeugleiste und ihre Icons

1.3.3 Universale Helfer

Wichtige Hilfswerkzeuge, die Sie bei jeder Photoshop-Sitzung unzählige Male nutzen, sind in der Werkzeugleiste prominent platziert – nämlich ganz oben und ganz unten, wo man sie sofort findet.

Verschieben-Werkzeug | Mit dem Verschieben-Werkzeug können Sie die Position von ausgewählten Bereichen, Bildebenen, Masken oder Hilfslinien innerhalb des Bildes ändern – es gehört bestimmt zu den meistgenutzten Werkzeugen im Photoshop-Alltag.

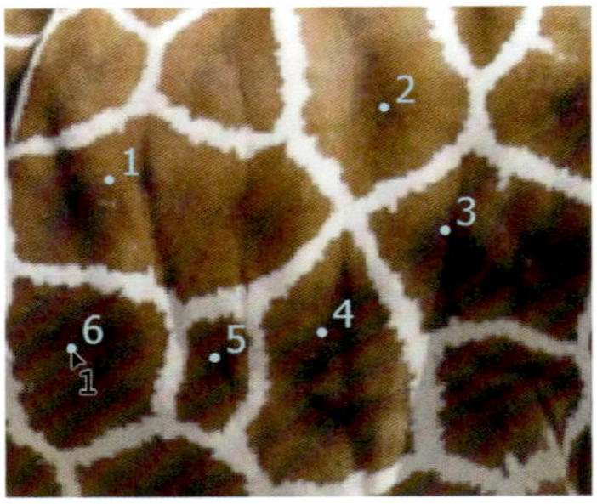

▲ **Abbildung 1.11**
Zählung: pro Klick eine Ziffer. Überdies lassen sich Zählungsgruppen anlegen, um die gezählten Objekte zu kategorisieren.

Zeichenflächen-Werkzeug | Zeichenflächen sind vor allem beim Design für verschiedene Plattformen und Geräte interessant. Mehr dazu erfahren Sie in Abschnitt 32.7, »Flexibles Screendesign für verschiedene Formate: Zeichenfläche«.

Farbwerte und Entfernungen messen | An zweiter Stelle finden Sie die Pipette und das Farbaufnahme-Werkzeug. Mit beiden Tools können Sie einen oder mehrere Farbtöne direkt aus Ihrem Bild aufnehmen, Farbwerte ermitteln oder als »Malfarbe« einstellen. Mit dem Linealwerkzeug messen Sie den Abstand zwischen zwei Punkten im Bild und auch Winkel. Es unterstützt Sie bei der genauen Platzierung von Elementen im Bild. Das vorwiegend für wissenschaftliche Zwecke entwickelte Zählungswerkzeug erlaubt das Zählen von Objekten in einem Bild durch Klicks.

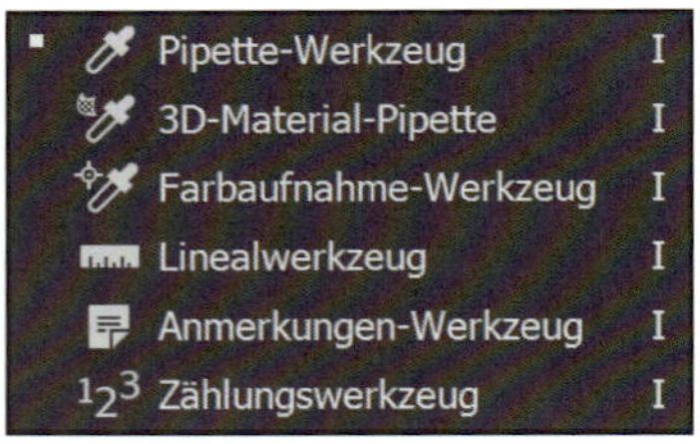

▲ **Abbildung 1.12**
Flyout-Werkzeugmenü zur Pipette

Anmerkungen | Wer zur Vergesslichkeit neigt oder einem Kollegen eine Notiz zum Bild hinterlassen will, kann sich der digitalen Version des Klebezettels bedienen. Anmerkungen werden fest mit der Bilddatei verbunden, können also nicht verlorengehen. Sie lassen sich leicht wieder entfernen und werden nicht mitgedruckt. Sie funktionieren allerdings nur für Dateien im PSD-Format. Dank des eigenen Bedienfelds (öffnen Sie es per FENSTER • ANMERKUNGEN) lassen sich Photoshop-Anmerkungen gut verwalten.

Dokumentansicht verschieben oder drehen | Die Hand verschiebt die Bildansicht im Dokumentfenster und hilft Ihnen so vor allem bei großen Formaten, stets den richtigen Bildausschnitt vor Augen zu haben. Auf Wunsch kippen Sie die Bildansicht – für knifflige Illustrations- und Retuschearbeiten ist das ganz praktisch. Dazu nutzen Sie das Ansichtdrehung-Werkzeug. Beide Werkzeuge wirken sich nur auf die Ansicht des Bildes, nicht auf das Bild selbst aus.

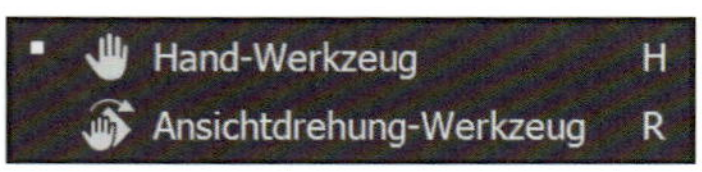

Zum Weiterlesen
In Abschnitt 3.2, »Bildanzeige: Gezoomt, gedreht und in Position gerückt«, erfahren Sie Näheres zum Thema **Bildausschnitt**.

Zoom | Mit Hilfe des Zoom-Werkzeugs verkleinern oder vergrößern Sie die Ansicht Ihres Bildes.

Ausgeblendete Werkzeuge anzeigen | In Photoshop können Sie festlegen, welche Werkzeuge in der Werkzeugleiste angezeigt werden und welche nicht. Auch die Reihenfolge, in der die Tools angeordnet sind, lässt sich verändern (mehr dazu in Kapitel 4, »Den Arbeitsbereich anpassen«). Das kleine Icon mit den drei Punkten, das Sie in der Werkzeugleiste oberhalb der beiden Farbfelder sehen, erfüllt zwei Funktionen: Wenn Sie es *länger* drücken, gelangen Sie zum Dialogfeld, um die Werkzeugleiste zu bearbeiten. Alternativ können Sie den Menübefehl BEARBEITEN • SYMBOLLEISTE nutzen. Wenn Sie es nur *kurz* drücken, holen Sie zuvor ausgeblendete Werkzeuge kurzfristig wieder in die Werkzeugleiste hinein, und zwar an der Position des Drei-Punkte-Icons.

▲ **Abbildung 1.13**
Mit diesem Tool bearbeiten Sie die Werkzeugleiste selbst.

Vorder- und Hintergrundfarbe | Die Farbauswahlfelder ermöglichen Ihnen die Kontrolle und schnelle Einstellung Ihrer aktuellen Arbeitsfarben, der Vordergrund- und Hintergrundfarbe. Die aktuelle Vordergrundfarbe ist zum Beispiel immer die Farbe, mit der Pinsel-Werkzeuge malen. Vorder- und Hintergrundfarbe spielen eine Rolle bei der Gestaltung von Verläufen, bei manchen Filtern und einigen anderen Funktionen.

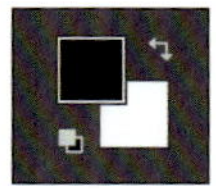

▲ **Abbildung 1.14**
Die Farbfelder für die Vorder- und Hintergrundfarbe

Maskierungsmodus | Unter den Farbauswahlfeldern finden Sie den Button für den Maskierungsmodus. Im Maskierungsmodus legen Sie eine temporäre Maske an und verändern oder erstellen eine Auswahl von Hand – bei komplizierten Auswahlobjekten mit unregelmäßigen und unklaren Konturen.

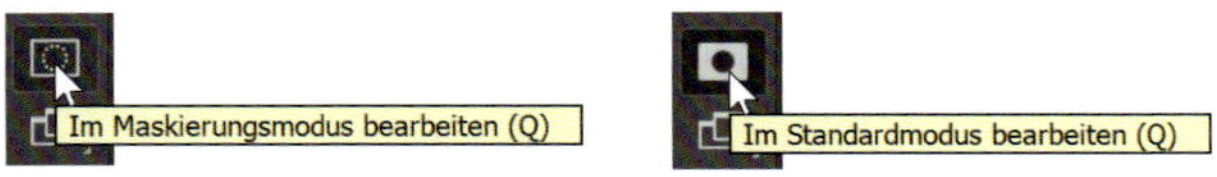

▲ **Abbildung 1.15**
Wechsel vom Standard- in den Maskierungsmodus (links) und vom aktiven Maskierungsmodus wieder zurück zum Standardmodus (rechte Abbildung)

Automatische Maskenverfeinerung
Der Maskierungsmodus ist der perfekte Helfer, um Auswahlen oder Masken per Hand zu erstellen oder zu modifizieren. Dennoch bleibt dies eine aufwendige Arbeit. Mit den Masken-Funktionen im Eigenschaften-Bedienfeld und der überarbeiteten Funktion KANTE VERBESSERN können Sie sich zeitraubendes Pinseln erleichtern oder ganz ersparen. Mehr über die Arbeit mit Masken erfahren Sie in Kapitel 9, »Maskieren und Montieren«.

Bildschirmmodus wechseln | Unten in der Werkzeugleiste finden Sie auch den Umschalter für verschiedene Ansichten der Arbeitsfläche, den sogenannten Bildschirmmodus. Alternativ können Sie den Shortcut [F] nutzen. Mehr über **Bildschirmmodi** lesen Sie in Abschnitt 3.4, »Verschiedene Ansichtsmodi des Arbeitsbereichs«.

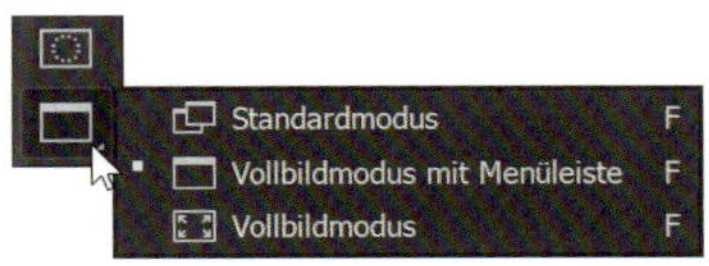

▲ **Abbildung 1.16**
Der Umschalter für den Bildschirmmodus

1.3.4 Bildteile isolieren: Auswahlen, Beschnitt und Slices

Das zielgerichtete Verändern zuvor ausgewählter Bildbereiche – und der Schutz der restlichen Bildteile – ist eine Kernfunktion der digitalen Bildbearbeitung. Sie ermöglicht präzises und flexibles Arbeiten. Dementsprechend finden Sie in der Werkzeugleiste gleich mehrere Auswahlwerkzeuge. In deren unmittelbarer Nähe befinden sich außerdem Schnittwerkzeuge für digitale Bilder. In der Übersicht sind sie orange dargestellt.

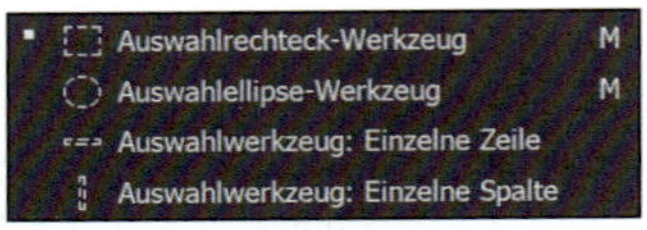

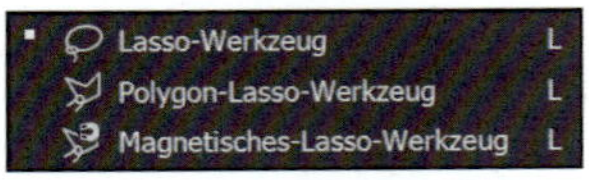

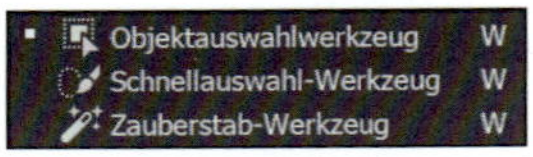

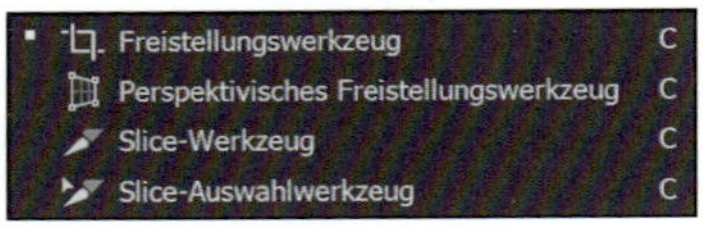

Auswahlwerkzeuge | Mit Hilfe der verschiedenen Auswahlwerkzeuge (Auswahlrechteck bzw. -ellipse oder Zeile/Spalte), der verschiedenen Lasso-Tools, des Zauberstabs und des Schnellauswahlwerkzeugs können Sie **einzelne Bildbereiche auswählen** (quasi markieren) und separat bearbeiten. Die *nicht* ausgewählten Bildpartien sind vor der Bearbeitung geschützt. Auswahlen sind eine der wichtigsten Arbeitstechniken schlechthin, daher bietet Photoshop auch einen eigenen Menüpunkt zum Thema.

Schnittwerkzeuge | Ebenfalls im oberen Bereich der Werkzeugleiste befindet sich das sogenannte Freistellungswerkzeug, das gegenüber den Auswahltools ein wenig aus der Reihe fällt. Es dient nicht zur Bearbeitung ausgewählter Bildteile, sondern schneidet bei einem Bild die **Kanten** ab.

Das Slice-Werkzeug und das Slice-Auswahlwerkzeug wurden für die Vorbereitung von Grafiken für das Web entwickelt. Mit dem Slice-Werkzeug unterteilen Sie ein Bild in kleinere Einzelbilder, die Sie dann auf einer Website – mit Hilfe von HTML oder CSS-Code – wieder zusammensetzen. Ein so zerteiltes Bild nutzen Sie zum Beispiel als Navigationselement, indem Sie den einzelnen Slices unterschiedliche Linkadressen zuweisen. Es ist auch möglich, jeden einzelnen Bildteil mit separaten Einstellungen für den Webeinsatz zu optimieren.

Das Slice-Auswahlwerkzeug hilft Ihnen, einzelne Slices im Bild zu aktivieren.

Rahmen-Werkzeug | Mit diesem Werkzeug fügen Sie einen rechteckigen oder elliptischen Rahmen als Platzhalter hinzu, den Sie mit einem Bild füllen können. Hierfür ziehen Sie das Bild aus dem Bibliothek-Bedienfeld oder aus einem Ordner auf Ihrem Computer in den Rahmen und lassen es dort fallen. Das platzierte Bild wird dann automatisch passend zum Rahmen skaliert. Das platzierte Bild können Sie auf dieselbe Weise jederzeit durch ein anderes Bild ersetzen.

1.3.5 Bildpixel verändern

»Ballett.jpg«

Die nächste große Gruppe in Ihrem digitalen Werkzeugkasten enthält Werkzeuge, mit denen Sie malen, Ihre Bilder reparieren und retuschieren – kurzum, einzelne Bildpixel verändern.

Retusche-Werkzeuge | Bereichsreparatur-Pinsel, Entfernen-Werkzeug, Reparatur-Pinsel, das darunterliegende Ausbessern-Werkzeug und das Rote-Augen-Werkzeug sind mehr oder weniger automatisierte »intelligente« Retuschetools. Zusammen mit dem Stempel bilden sie ein gutes

Team, mit dem Sie verschiedenste Bild- und Schönheitsfehler reparieren können: Bildstörungen beheben diese Werkzeuge bei geschickter Handhabung ebenso wie unvorteilhafte Hautflecke auf einem Porträt oder einen störenden Hochspannungsmast in einer Landschaftsaufnahme.

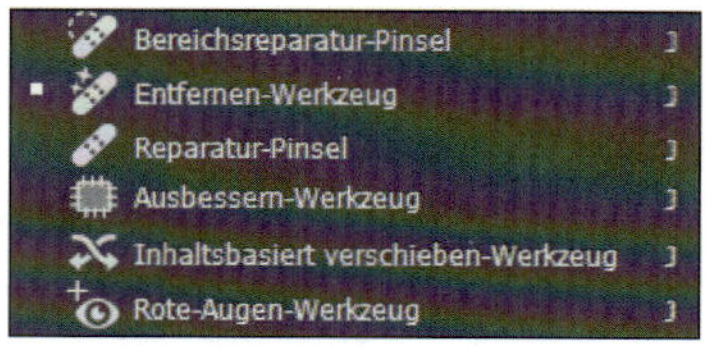

Der Kopierstempel ist schon ein Klassiker der Bildreparatur. Mit ihm kopieren Sie kleine und größere Bildpartien und tragen sie gezielt auf schadhafte Stellen auf, um diese abzudecken. Sein Kollege, der Musterstempel, dient eher zur gewollten Verfremdung eines Bildes und zum Erzeugen neuer Muster. Photoshop ist ja nicht nur ein Programm, mit dem Bilder aufbereitet werden – Sie können es auch als Bildermaschine einsetzen und mit programmeigenen Mitteln neue, ganz eigene Bilder schaffen. Diese eignen sich beispielsweise als Hintergrund einer Website oder für Text-Bild-Kompositionen.

Zum Weiterlesen
Mehr zur **Bildreparatur** und -retusche finden Sie in Kapitel 20, »Bildretusche«.

▲ **Abbildung 1.17**
Störende Laternen im Hintergrund entfernen? Das geht mit inhaltssensitiver Retusche ganz schnell.

Auch der Protokoll-Pinsel gehört zu den nützlichen Retuschehelfern. Mit ihm können Sie frühere Bildstadien gezielt ins Bild »zurückmalen«. Der Kunstprotokoll-Pinsel wirkt noch stärker verfremdend.

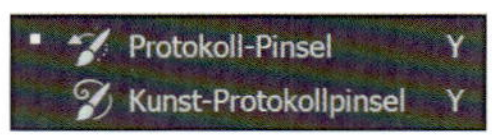

Pinsel und Radiergummi | Der Pinsel und der darunterliegende Buntstift sind die eigentlichen Malwerkzeuge, die Sie mit der Maus oder auch einem Grafiktablett steuern können. Zum Retusche- wie zum kreativen Einsatz eignet sich das Farbe-ersetzen-Werkzeug, das ebenfalls unter dem Pinsel versteckt ist.

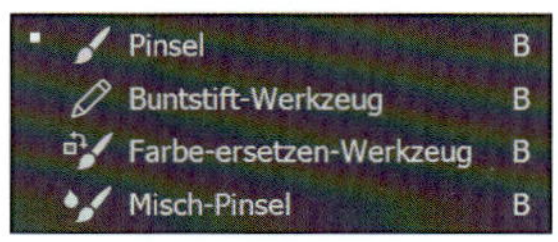

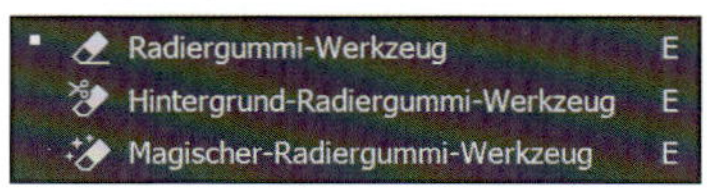

Mit dem Misch-Pinsel lassen sich nicht nur Bildpixel aufmalen – es ist auch möglich, die aufgetragene (digitale) Farbe mit dem Maluntерgrund zu vermischen. In Abschnitt 22.3, »Nass-in-Nass-Maltechnik: Der Misch-Pinsel«, stelle ich das Tool ausführlich vor.

Der Radiergummi und seine spezialisierten Varianten Hintergrund- und Magischer Radiergummi entfernen Pixel aus dem Bild.

Abbildung 1.18 ▸
Links das Ausgangsfoto und rechts die Imitation natürlicher Malfarbe – erzeugt mit Photoshops Mischpinsel

Füll- und Verlaufswerkzeug | Große Flächen müssen Sie nicht von Hand ausmalen. Dazu eignen sich das Füllwerkzeug (für massive Farbflächen) und das Verlaufswerkzeug (für Farbverläufe) besser. Eine zentrale Rolle kommt den Verläufen auch in Photoshops »Effektmaschine«, den Ebeneneffekten, zu, und auch bei der Arbeit mit Masken lassen sie sich gut einsetzen. Mehr zu Ebeneneffekten lesen Sie in Teil IX, »Effektreiche Ebenenstile«. Einen Abschnitt über die Arbeit mit Masken finden Sie in Kapitel 9, »Maskieren und Montieren«.

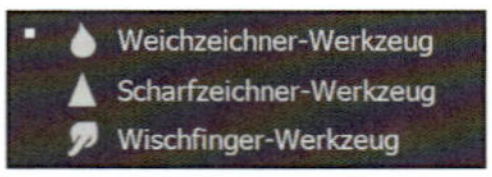

Weichzeichner, Scharfzeichner, Wischfinger | Mit dem Weichzeichner, Scharfzeichner und Wischfinger verändern Sie den Schärfegrad einzelner Bildpartien punktuell (diese Werkzeuge haben keine Tastenkürzel).

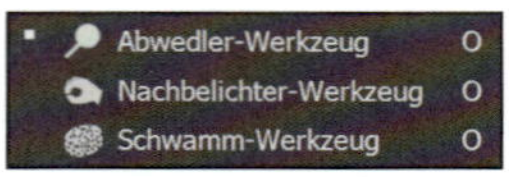

Abwedler, Nachbelichter, Schwamm | Mit den Werkzeugen Abwedler, Nachbelichter und Schwamm regulieren Sie die Helligkeit und Sättigung einzelner Bildpixel. Diese Werkzeuge kommen bei Retuschen oder auch bei der Detailarbeit an Montagen zum Einsatz.

1.3.6 Bearbeiten von Vektorinformationen

Schließlich finden Sie in der Werkzeugleiste Werkzeuge zur Bearbeitung von Vektorinformationen. Photoshop ist zwar vorrangig auf das Bearbeiten sogenannter Bitmap-Bilder ausgerichtet, die aus einzelnen Bildpunkten (Pixeln) aufgebaut sind. Daneben kann es jedoch auch Vektorgrafiken verarbeiten. Ein vollwertiger Ersatz für Spezialprogramme wie Illustrator ist es aber nicht!

Die Werkzeuge, die für das Bearbeiten von Vektordaten eine Rolle spielen, sind in einem handlichen Viererblock zusammengefasst. Mehr

Informationen über Pixel, Vektoren und Co. lesen Sie in Anhang A, »Bildbearbeitung: Fachwissen«.

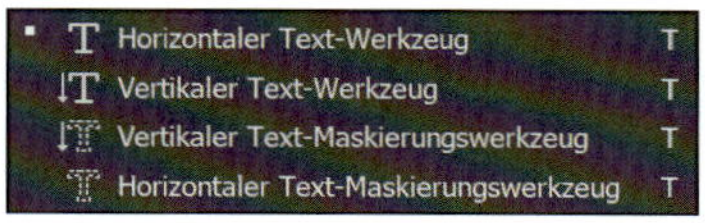

Text-Werkzeug | Text besteht in Photoshop aus vektorbasierten Konturen – also aus mathematisch definierten Formen, die die einzelnen Zeichen einer Schrift beschreiben. Daher findet sich das Text-Werkzeug auch zwischen den übrigen Vektorwerkzeugen. Mit dem Text-Werkzeug können Texteffekte erstellt werden, und es eignet sich auch für kleinere Layoutaufgaben (siehe Teil IX, »Text erstellen und gestalten«).

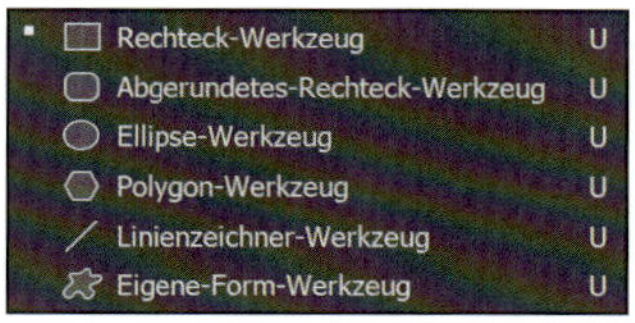

Formwerkzeuge | Das Formwerkzeug mit seinen sechs Varianten ermöglicht Ihnen das Erstellen eigener oder das Anwenden vorgefertigter Vektorformen. Formen setzen Sie überall dort ein, wo das Verkleinern und Vergrößern eines Bildobjekts ohne Qualitätsverlust gefragt ist.

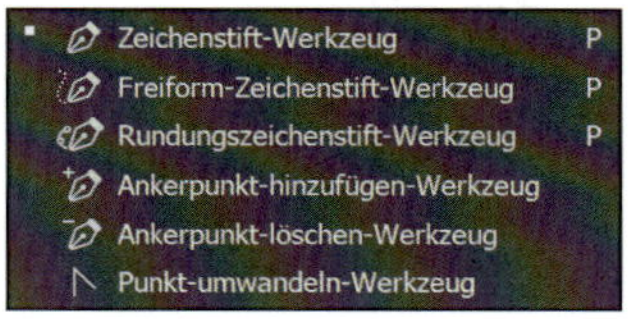

Zeichenstift | Mit dem Zeichenstift und den ergänzenden Unterwerkzeugen zeichnen Sie gerade Linien oder geschwungene Kurven. Einsetzen können Sie das Zeichenwerkzeug für das Erzeugen einfacher vektorbasierter Illustrationen, zum Erstellen von Pfaden, für die Modifikation von (Vektor-)Formen oder auch als zusätzliches Auswahlwerkzeug.

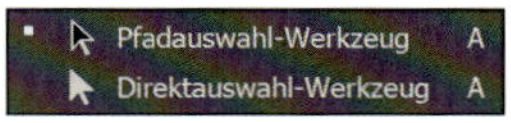

Pfeilwerkzeuge | Die Pfeilwerkzeuge mit den umständlichen Namen Pfadauswahl-Werkzeug und Direktauswahl-Werkzeug helfen Ihnen, die mit dem Zeichenstift oder dem Formwerkzeug erstellten Zeichenobjekte zu bearbeiten. Mehr über **Vektoren und Pfade** finden Sie in Teil IV, »Pfade und Formen«.

Optionsleiste stellt sich nicht automatisch zurück
Wenn Sie Optionen für ein Werkzeug umgestellt haben, bleiben die neuen Werte so lange wirksam, bis Sie sie erneut von Hand ändern. Was sich zunächst trivial anhört, bremst den Arbeitsfluss oft unverhofft ab, wenn man vorherige Optionsänderungen nicht mehr im Kopf – und im Blick! – hat. Treten also »unerklärliche Phänomene« beim Anwenden von Werkzeugen auf, liefert ein Kontrollblick in die Optionsleiste oft die naheliegende Erklärung und eine Lösung.

1.4 Die Optionsleiste: Das Werkzeug einstellen

Ein weiteres wichtiges Element der Photoshop-Programmoberfläche ist die Optionsleiste (zuweilen auch als »Steuerungsbedienfeld« bezeichnet). Mit ihrer Hilfe können Sie die Wirkungsweise nahezu aller Werkzeuge differenziert regulieren. Sie befindet sich üblicherweise direkt unterhalb der Menüleiste, Sie können sie aber mit der Maus an eine andere Position ziehen. Ihre auffälligste Eigenschaft: Die Optionsleiste ist **kontextabhängig**, das heißt, ihre Gestalt und die angebotenen Optionen hängen davon ab, welches Werkzeug gerade aktiv ist. Sobald Sie von einem Werkzeug zum anderen wechseln, ändern sich die in der Optionsleiste angebotenen Einstellungsmöglichkeiten.

Handhabung der Optionsleiste | Die Handhabung ist nicht weiter schwierig. In der Optionsleiste – wie übrigens auch in einigen Bedienfeldern und Dialogfeldern – legen Sie Werte auf verschiedene Art und Weise fest: zunächst einmal per Auswahl aus Dropdown-Listen. Diese Listen sehen ganz unterschiedlich aus: kurz oder umfangreich, und oft gibt es auch Listen mit kleinen Vorschaubildern. Bisweilen werden auch Popup-Schieberegler angezeigt, die Sie per Maus bewegen. Je nach Werkzeug und Situation im Bild sind manchmal auch Werkzeugoptionen inaktiv (ausgegraut).

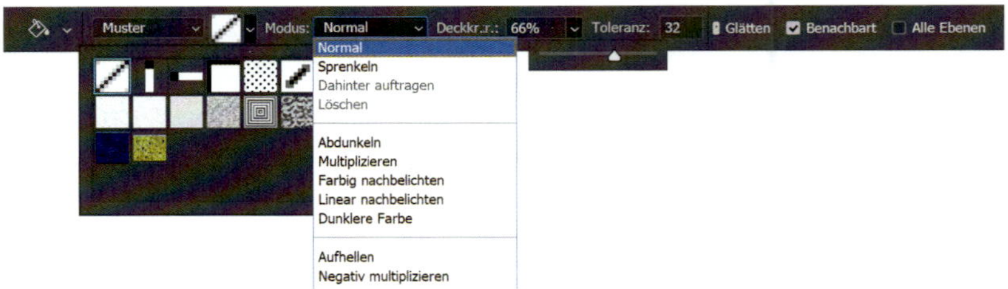

Abbildung 1.19 ►
Die Optionen für das Füllwerkzeug mit den verschiedenen Eingabemöglichkeiten.

Sie können Werte durch direktes Eintippen einer Zahl in ein Eingabefeld eingeben oder eine Checkbox nutzen, die Sie per Mausklick aktivieren oder deaktivieren – mit dem »kleinen Häkchen«. Worauf es bei den unterschiedlichen Eingaben ankommt, erfahren Sie im Zusammenhang mit den einzelnen Werkzeugen. Siehe hierzu auch Abschnitt 1.6, »Werte eingeben«.

1.5 Bedienfelder: Wichtiges handlich

Die Bedienfelder – umgangssprachlich oft auch Paletten genannt – sind Kontroll- und Steuerelemente, beschleunigen häufige Handgriffe oder geben Ihnen wichtige Informationen zum aktuellen Dokument. Trotz der Zusammenfassung zu Bedienfeldgruppen beanspruchen die Bedienfelder schnell zu viel Raum auf der Arbeitsfläche und schränken den Platz für Ihre Dokumente ein. Sie haben in Photoshop aber zahlreiche Möglichkeiten, die Anzahl und Größe der angezeigten Bedienfelder zu variieren.

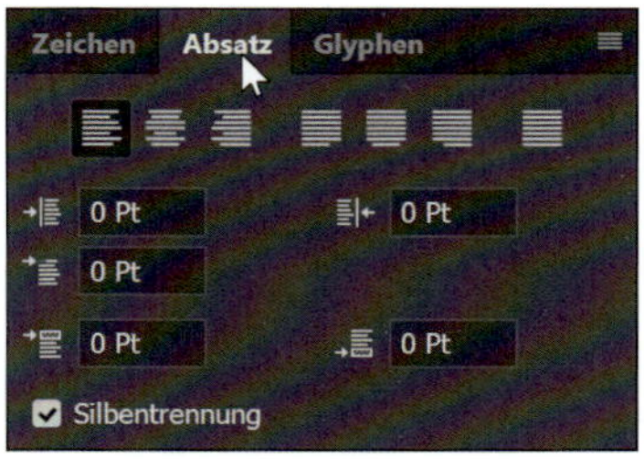

▲ Abbildung 1.20
Beispiel für eine Bedienfeldgruppe – ein Verbund aus mehreren Bedienfeldern. Sie aktivieren einzelne Bedienfelder durch Klick auf die jeweilige Registerkarte.

1.5.1 Welche Bedienfelder sind sichtbar?

Welche der Bedienfelder und Bedienfeldgruppen in Photoshop eingeblendet sind, bestimmen Sie selbst. Zwischen den Bedienfeldern einer Bedienfeldgruppe wechseln Sie durch Klicks auf die Registerkarte.

Oft finden Sie nicht nur ein Sortiment von Bedienfeldgruppen am rechten Bildschirmrand, Sie sehen dort auch eine Reihe von Symbolen.

Ein Klick auf das Symbol klappt das jeweilige Bedienfeld – mitsamt seinen Gruppennachbarn – nach links aus. Auch hier helfen QuickInfos, die anfangs ungewohnten Piktogramme zu entschlüsseln.

Bedienfeld	Icon
3D	
Absatz	
Absatzformate	
Aktionen	
Anmerkungen	
Bibliotheken	
Ebenen	
Ebenenkompositionen	
Eigenschaften	
Farbe	
Farbfelder	
Formen	

Bedienfeld	Icon
Glyphen	
Histogramm	
Info	
Kanäle	
Kopierquelle	
Korrekturen	
Messprotokoll	
Muster	
Navigator	
Pfade	
Pinsel	
Pinseleinstellungen	

Bedienfeld	Icon
Protokoll	
Stile	
Verläufe	
Versionsverlauf	
Training	
Werkzeugvorgaben	
Zeichen	
Zeichenformate	
Zeitleiste	
Zusatztasten	–

▲ **Tabelle 1.2**
Bedienfelder und ihre Symbole

Mehr Informationswert: Bedienfeldtitel | Wenn Ihnen die Bedienfeldsymbole nicht aussagekräftig genug erscheinen, können Sie den Symbolbereich auch ein wenig verbreitern ❶. Dann werden zusätzlich die Titel der Bedienfelder eingeblendet. Ein Klick auf das Doppelpfeil-Icon des geöffneten Bedienfelds ❷ minimiert die Bedienfeldgruppe nach Gebrauch wieder zum Symbol.

▲ **Abbildung 1.21**
Bedienfeldsymbole lassen sich breiter ziehen ❶ und zeigen dann ihre Funktion im Klartext an.

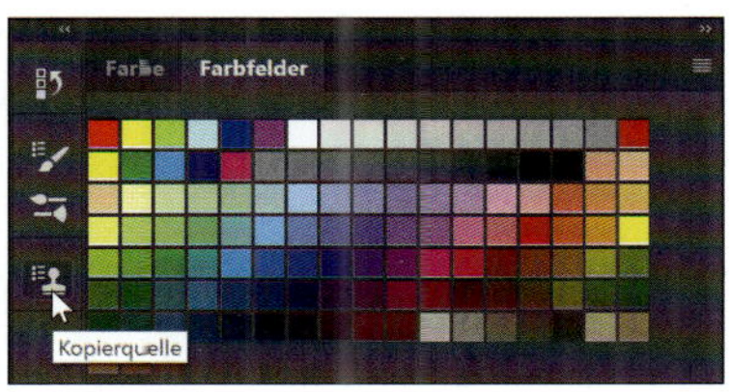

▲ **Abbildung 1.22**
Ein zum Symbol verkleinertes Bedienfeld (hier Kopierquelle) ist mit einem Mausklick verfügbar.

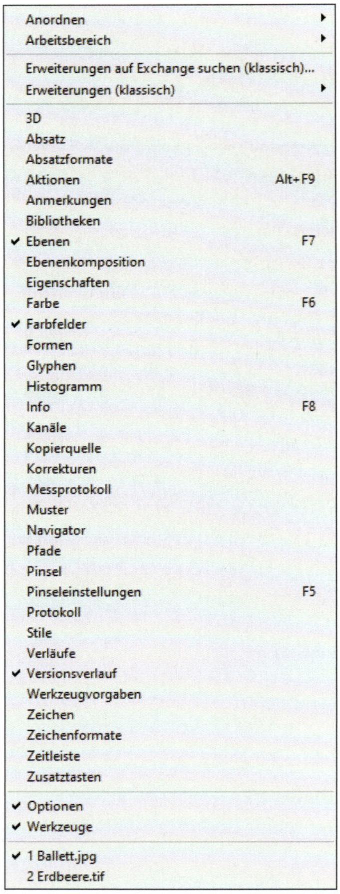

▲ **Abbildung 1.24**
Das Menü FENSTER ist die wichtigste Hilfe, um festzulegen, welche der zahlreichen Bedienfelder eingeblendet sein sollen.

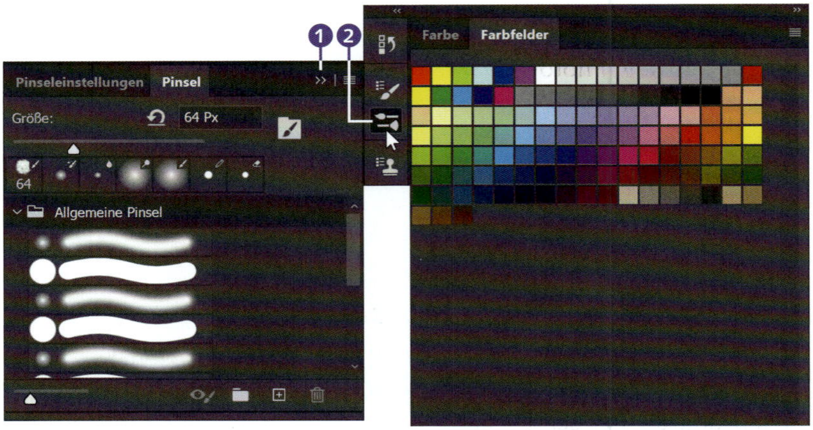

▲ **Abbildung 1.23**
Ein Klick auf den zweifachen Pfeil ❶ oder das Symbol ❷ minimiert die Bedienfeldgruppe erneut.

Unter dem Menüpunkt FENSTER können Sie nicht nur alle Bedienfelder von 3D bis ZUSATZTASTEN ein- und ausblenden, sondern auch die Werkzeugleiste und die Optionsleiste. Ganz unten im Menü sehen Sie auch die Namen des oder der aktuell geöffneten Dokumente. Ein Häkchen zeigt an, welches Dokument aktuell aktiv ist. Die am häufigsten gebrauchten Bedienfelder können Sie auch mit den Funktionstasten aufrufen – und ebenso schnell wieder vom Bildschirm verschwinden lassen.

Was wollen Sie tun?	Windows	Mac
Aktionen-Bedienfeld	F9	alt + F9
Ebenen-Bedienfeld	F7	F7
Farbe-Bedienfeld	F6	F6
Info-Bedienfeld	F8	F8
Pinsel-Bedienfeld	F5	F5

▲ **Tabelle 1.3**
Manche Bedienfelder verfügen über Shortcuts.

1.5.2 Grundfunktionen in allen Bedienfeldern

So unterschiedlich die Aufgaben sind, die Sie mit Hilfe der verschiedenen Bedienfelder erledigen – das grundlegende Funktionsprinzip ist gleich, und vielen Schaltflächen und Symbolen begegnen Sie immer wieder.

Sie lernen die einzelnen Bedienfelder mit ihren speziellen Funktionen in späteren Kapiteln noch genauer kennen. Wenn Sie die Grundfunktionen kennen, kommen Sie aber schon recht weit und können Ihre ersten Schritte in Photoshop unternehmen!

> **Freie Arbeitsfläche ohne Bedienfelder**
> Wenn Sie einmal gänzlich freien Blick auf Ihr Bild benötigen, müssen Sie Ihre Bedienfelder nicht einzeln über das Fenstermenü ausblenden. Hier gibt es zwei hilfreiche Shortcuts:
> - [⇥]+[⇧] blendet alle aktuell aktiven Bedienfelder auf einmal aus (und wieder ein).
> - [⇥] blendet alle Bedienfelder inklusive der Options- und Werkzeugleiste aus.
>
> Sobald Sie die Bedienfelder ausblenden, verbreitern sich geöffnete Dokumentfenster sofort auf Bildschirmgröße.

Zusammengefasst | In der Regel sind mehrere einzelne Bedienfelder zu Gruppen zusammengefasst. Über die Karteireiter wechseln Sie zwischen den einzelnen Bedienfeldern hin und her – ein Klick auf den Namen bringt das jeweilige Bedienfeld in den Vordergrund.

Angedockt | Standardmäßig sind die Bedienfelder am rechten Rand der Arbeitsfläche angedockt. Sie können einzelne Bedienfelder oder ganze Bedienfeldgruppen jedoch auch mit der Maus aus dem Dock herausziehen und als frei schwebendes Fenster an einer anderen Stelle des Arbeitsbereichs ablegen.

Mehr Platz im Dock | Wenn Sie einmal mehr Platz im Dock benötigen, ein Bedienfeld oder eine Bedienfeldgruppe jedoch öfter brauchen, können Sie das Bedienfeld oder die Gruppe auch minimieren. Dazu doppelklicken Sie einfach auf einen der Karteireiter. So blockieren Bedienfelder wenig Raum, sind aber dennoch schnell erreichbar.

Bedienfeldmenü | Fast alle Bedienfelder haben ein zusätzliches Bedienfeldmenü (»Seitenmenü«), in dem Sie weitere Befehle und Optionen finden. Ein Klick auf das dezent kleine Icon rechts oben ☰ 3 öffnet dieses Menü. Hier befinden sich oft Befehle, mit denen Sie die von Ihnen selbst definierten Farben, Effekte und Ähnliches sichern, aber auch sinnvolle Funktionsergänzungen oder Voreinstellungen für das Bedienfeld speichern können.

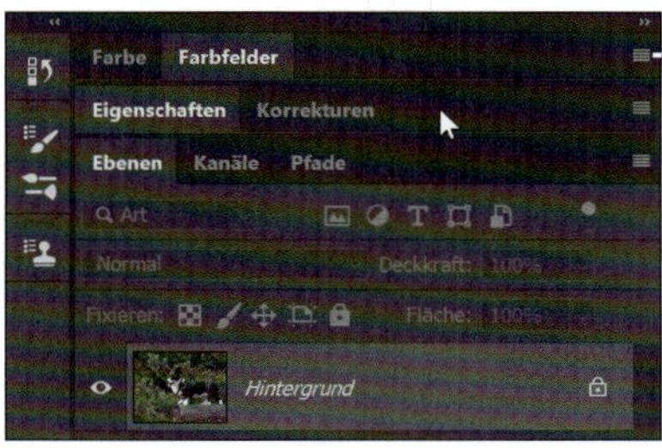

◂ **Abbildung 1.25**
Zwei Bedienfeldgruppen (Farbe/Farbfelder sowie Eigenschaften/Korrekturen) wurden innerhalb des Docks zusammengeklappt.

Bedienfeldhöhe ändern | Die Bedienfeldkonstellation ist flexibel, und so sind im Bedienfelddock ganz unterschiedliche Konstellationen anzutreffen. Bei einigen der möglichen Bedienfeldkombinationen können Sie auch die Höhe einzelner Bedienfelder verändern, indem Sie die Maus auf den dunklen horizontalen Trennsteg setzen, die linke Maustaste gedrückt halten und ziehen. Durch seitliches Ziehen ver-

Zum Weiterlesen
Wie Sie die Bedienfelder für Ihre Bedürfnisse optimieren, erfahren Sie in Kapitel 4, »Den Arbeitsbereich anpassen«. Es ist zudem möglich, für verschiedene Bildbearbeitungsaufgaben **eigene Bedienfeldkonstellationen** zusammenzustellen und diese zu sichern. Wie das geht, erfahren Sie in Abschnitt 4.1, »Bedienfelder organisieren«.

▲ **Abbildung 1.26**
Der Arbeitsbereich-Umschalter ❶ befindet sich am Bildschirmrand oben rechts. Hier wird gerade der Arbeitsbereich MALEN in seine alte Ordnung zurückgebracht ❷.

breitern Sie das Dock; das ist jedoch selten ein Zugewinn, weil meist nur die Grundfläche des Bedienfelds vergrößert wird, nicht jedoch die Funktionselemente.

Bedienfelder schließen | Wenn Sie ein Bedienfeld oder eine Bedienfeldgruppe gar nicht mehr auf dem Desktop haben wollen, schließen Sie das Element:

- Benutzen Sie das Kontextmenü im Titelbereich der Bedienfeldgruppe. Sie aktivieren es per Rechtsklick. Der Befehl REGISTERKARTENGRUPPE SCHLIESSEN schließt die ganze Bedienfeldgruppe; der Befehl SCHLIESSEN schließt nur das aktuell aktive Bedienfeld
- Im Menü FENSTER finden Sie die Titel aller Bedienfelder. Aktive Bedienfelder sind per Häkchen gekennzeichnet. Wenn Sie hier Häkchen entfernen, wird nicht nur das entsprechende einzelne Bedienfeld aus dem Dock ausgeblendet, sondern auch alle anderen Bedienfelder aus derselben Bedienfeldgruppe.
- Um die Bedienfeldkonstellation komplett in den Ausgangszustand zurückzuversetzen, wählen Sie FENSTER • ARBEITSBEREICH • [AKTUELLER ARBEITSBEREICH] ZURÜCKSETZEN oder wählen den Befehl im Arbeitsbereich-Umschalter ❶ aus. Im Nu sind Ihre Bedienfelder wieder in der Ausgangsposition.

1.5.3 Häufige Funktionen und Schaltflächen

Neben diesen Fensterfunktionen gibt es eine Reihe von gemeinsamen Funktionen und Schaltflächen, die Sie in unterschiedlichen Konstellationen bei den verschiedenen Bedienfeldern immer wieder antreffen – meist am unteren Rand der Bedienfelder, so wie Sie es in Abbildung 1.27 am Beispiel des Aktionen-Bedienfelds sehen.

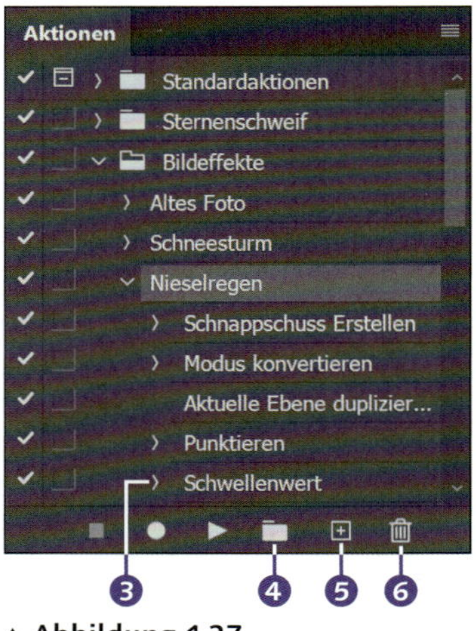

▲ **Abbildung 1.27**
Das Aktionen-Bedienfeld mit drei verschiedenen Sets. Das Set »Bildeffekte« ist geöffnet und zeigt die dort abgelegten Aktionen (die ihrerseits durch einen Klick auf den Pfeil aufgeklappt werden können).

Neues Objekt | Ein kleines Plus-Icon ⊞ ❺ symbolisiert den Befehl NEUES OBJEKT ERSTELLEN. Welches »neue Objekt« das ist, richtet sich nach dem Kontext des jeweiligen Bedienfelds: Im Ebenen-Bedienfeld fügt das NEU-Icon eine neue Ebene ein, im Kanäle-Bedienfeld erstellt es einen neuen Kanal usw.

»Ordner« mit Bedienfeldobjekten anlegen | Bedienfelder verwalten Ihre wichtigsten Arbeitshilfsmittel und Bildkomponenten. Das werden schnell recht umfangreiche Listen. Damit Sie nicht die Übersicht verlieren, können Sie beispielsweise Ebenen oder Aktionen in sogenannten Sets oder Gruppen organisieren. Das Funktionsprinzip ähnelt den Dateiordnern, wie sie auch in Dateiverwaltungsprogrammen wie zum Beispiel dem Windows Explorer oder der Adobe Bridge benutzt werden: Zum Beispiel kann ein Set im Aktionen-Bedienfeld zahlreiche einzelne Aktionen aufnehmen, während eine Ebenengruppe einzelne Ebenen enthält. Solche Sets oder Gruppen öffnen und schließen Sie je nach Bedarf. Mit dem »Dokumentenmappe«-Icon ❹ erzeugen Sie einen neuen »Ordner« für Bedienfeldobjekte.

Platz sparen | Solche kleinen Pfeile ❸ treten – in leicht variierender Form – immer dann auf, wenn Inhalte eines Bedienfelds platzsparend angeordnet werden, also zum Beispiel bei Gruppen. Per Klick auf den Pfeil lassen sich die Gruppen und andere »Organisationseinheiten« auf- und zuklappen. Im offenen Zustand können Sie auf ihren Inhalt zugreifen.

Löschen | Diese Schaltfläche ❻ spricht für sich selbst: Ein Klick auf den Papierkorb löscht das aktuell aktive Element. Alternativ ziehen Sie das zu löschende Bedienfeldobjekt mit der Maus auf das Papierkorb-Symbol.

Auge | Auch das Icon AUGE ist mehrfach anzutreffen. Es beeinflusst die Sichtbarkeit von Bedienfeldobjekten und zeigt gleichzeitig ihren Sichtbarkeitsstatus an. Ein Klick auf das Auge blendet beispielsweise Ebenen oder Kanäle aus, ein erneuter Klick auf das nun leere Auge-Kästchen blendet sie wieder ein.

1.6 Werte eingeben

Sie haben nun schon die wichtigsten Elemente der Photoshop-Arbeitsfläche kennengelernt. Dort können Sie Werte auf verschiedene Art und Weise festlegen. Vielfach ist die Funktion der Eingabebereiche selbsterklärend – es gibt jedoch einige spezielle Funktionen in Photoshop, die sich nicht auf den ersten Blick erschließen. Wie also geben Sie Werte in Bedienfelder, Dialogfelder und in die Optionsleiste ein?

Dropdown-Listen | Eine gängige Eingabeart ist die Auswahl aus Dropdown-Listen. Diese Listen sehen ganz unterschiedlich aus: kurz oder umfangreich, und auch Listen mit kleinen Vorschaubildern gibt es oft. Um Einstellungen oder Befehle aus einer solchen Liste auszuwählen, genügt ein Klick auf den gewünschten Listeneintrag. Einige der Listen müssen Sie durch einen weiteren Mausklick an einer beliebigen Stelle der Arbeitsfläche wieder einklappen.

Zum Weiterlesen
In solchen Listen mit Vorschau-Icons werden Pinsel, Muster, Effekte und ähnliche **Gestaltungsressourcen** verwaltet. Auch eigene Einstellungen können Sie so sichern. Mehr dazu erfahren Sie in Abschnitt 4.6, »Farbfelder, Muster, Stile und Co.: Kreativressourcen organisieren«.

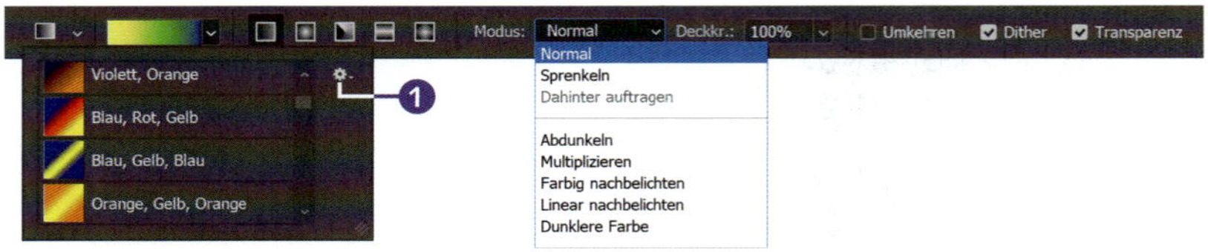

Abbildung 1.28 ▸
Verschiedene Dropdown-Listen. Bei Listen mit Vorschau-Icons – wie hier den Verläufen – können Sie auch das Listenlayout über ❶ verändern (hier sehen Sie die Anzeige GROSSE LISTE).

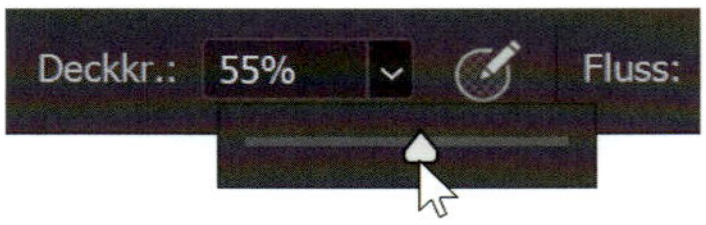

▲ Abbildung 1.29
Solche Schieberegler treffen Sie überall in Photoshop an.

Schieberegler | Eingaben sind auch mit Hilfe von (Popup-)Schiebereglern möglich, die per Maus bewegt werden.

Doppelpfeil | Der Doppelpfeil ist die schnellere Bedienungsalternative: Wenn Sie den Mauszeiger über den Titel eines Schiebereglers oder Popup-Schiebereglers bewegen, verwandelt er sich in einen Doppelpfeil mit Zeigefinger. Nun können Sie die Maus nach links oder nach rechts bewegen und damit auch den Wert verändern. (Diese Funktion steht nicht für alle Schieberegler zur Verfügung.)

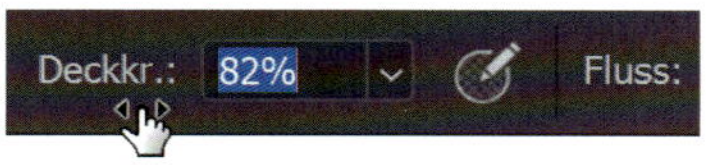

▲ Abbildung 1.30
Bewegen des Zeigefinger-Mauscursors als Bedienungsalternative für Popup-Regler

Eintippen oder Anklicken | Natürlich funktioniert auch das direkte Eintippen eines Werts.

Checkboxen und Radiobuttons | Schlussendlich gibt es noch die sogenannten **Checkboxen** und **Radiobuttons**, die Sie per Mausklick aktivieren oder deaktivieren.

▲ Abbildung 1.31
Kaum erklärungsbedürftig sind die **Auswahlbuttons**, bei denen Sie eine von mehreren Optionen wählen können (hier NÄHERUNGSWERT, STRUKTUR ERSTELLEN oder INHALTSBASIERT), und die **Checkboxen**, mit denen Sie eine Option kurzerhand aktivieren oder deaktivieren (hier die Option ALLE EBENEN AUFNEHMEN).

Zielgerichtet-korrigieren-Werkzeug | Bei Bildkorrekturen gibt es neben den üblichen Eingabemöglichkeiten eine sehr intuitive Steuerung: das sogenannte Zielgerichtet-korrigieren-Werkzeug, mit dem Sie die Korrektur mit der Maus über dem Bild ausführen. Es steht für die Tools SCHWARZWEISS, GRADATIONSKURVEN und FARBTON/SÄTTIGUNG zur Verfügung.

Steuerung mit Pfeiltasten
Auch hier gibt es eine nützliche Arbeitserleichterung: Markieren Sie die Zahlen mit der Maus, dann können Sie den Wert stufenlos mit den Tasten [↑] (erhöht den Wert) und [↓] (senkt ihn) verändern.

Diese Möglichkeit ist besonders dann zu empfehlen, wenn Sie einen Parameter verändern, dessen Auswirkungen Sie jederzeit konzentriert im Blick behalten müssen. Das trifft zum Beispiel bei typografischer Feinarbeit an Schriften zu. Bei der Arbeit mit den Pfeiltasten Ihrer Tastatur müssen Sie das Auge keinen Moment vom Bild nehmen.

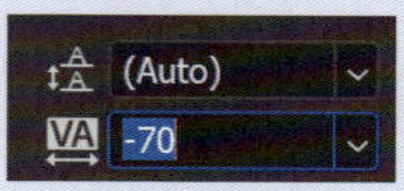

▲ Abbildung 1.32
Wenn die Ziffer in einem Eingabefeld markiert ist, können Sie den Zahlenwert auch per Tastatur mit den Pfeiltasten steuern.

◂ **Abbildung 1.33**
Die Im-Bild-Korrektur am Beispiel der Gradationskurven. Nach Aktivierung des entsprechenden Buttons ❷ können Sie die Werte durch Klick und Mausbewegung ❸ gezielt verändern. Die Gestalt des Mauszeigers deutet an, in welche Richtung die Maus bewegt werden muss, damit die Korrektur durchgeführt wird – bei den Gradationskurven auf- und abwärts.

Photoshop mit Touchgesten steuern | Nicht nur Adobes Bildbearbeitungs-Apps für Tablets lassen sich mit Wisch- und Fingergesten bedienen: Wer die richtige Hardware wie z. B. ein Surface besitzt, kann nun auch das »echte« Photoshop mit einem Fingerzeig steuern. Sofern Sie ein von Photoshop unterstütztes Touchgerät nutzen, können Sie einige Photoshop-Funktionen auch mit Touchgesten steuern. Unter anderem Schwenken, Schwenken und Zoomen sowie Schwenken und Drehen (jeweils mit zwei Fingern) sind möglich, außerdem Zurücksetzen bzw. Wiederherstellen der Ansicht (zweifingriges Tippen) und Transformieren von Ebenen (ebenfalls mit zwei Fingern). Überdies können Sie (mit fünf Fingern) die unterschiedlichen Bildmodi durchlaufen und mit drei Fingern verschiedene Arbeitsstadien durchgehen.

Zusatztasten für Touchsteuerung
Die Zusatztasten [⇧], [Strg] und [Alt] kürzen viele Handgriffe in Photoshop ab oder machen sie erst möglich. Wenn Sie sie auch auf Tablet und Co. nutzen wollen/müssen, wählen Sie Fenster • Zusatztasten. Es wird dann ein Bedienfeld eingeblendet, das diese Tasten zugänglich macht.

1.7 Tastaturbefehle: Hilfreiche Abkürzung per Tastatur

Als gute Alternative zum Hantieren mit Maus und Menüs können Sie in vielen Fällen auch festgelegte Tastaturbefehle nutzen (auch *Shortcuts* oder *Tastenkürzel* genannt). Shortcuts beschleunigen den Arbeitsfluss beträchtlich, so dass es sich durchaus lohnt, sie sich nach und nach anzueignen. Viele Kürzel lernen Sie während der Arbeit mit Photoshop fast en passant: Nicht nur in der QuickInfo und den Untermenüs der Werkzeuge, auch in der Menüleiste wird auf bestehende Shortcuts verwiesen, die Ihnen so immer wieder vor Augen geführt werden. Eine

Kürzel-Kollisionen
Alle Tastenkürzel in diesem Buch wurden mit größter Sorgfalt getestet. Dennoch kann es sein, dass sie auf einer speziellen Photoshop-Installation nicht funktionieren – zum Beispiel, wenn Kürzel schon von anderen Applikationen belegt sind. In dem Fall – oder wenn Sie Shortcuts für Funktionen benötigen, die nicht vorgesehen sind – können Sie eigene Tastenkürzel anlegen. Wie das geht, erfahren Sie in Abschnitt 4.4, »Eigene Tastaturbefehle definieren«.

Tastaturbefehle ausdrucken
Über BEARBEITEN • TASTATURBEFEHLE und dort den Button ZUSAMMENFASSEN können Sie sich alle aktuellen Tastaturbefehle in einer HTML-Datei zusammenfassen lassen. Diese Datei lässt sich dann lokal speichern, um sie später im Browser zu öffnen, zu durchsuchen oder auch zu drucken.

ganze Reihe anderer Kürzel für flüssiges Arbeiten lässt sich nicht so schnell aus dem Programm selbst erschließen – die müssen Sie richtig lernen. Aber es lohnt sich, denn oft sind gerade sie die effektivsten kleinen Helfer.

1.8 Dokumente: Registerkarten oder Fenster

Standardmäßig zeigt Photoshop Bilder in Registerkarten mit Karteireitern, den sogenannten **Tabs**. Es ist zwar auch möglich, solche Tabs aus dem Verband herauszuziehen und damit zu einem frei schwebenden Fenster zu machen – gerade bei der Arbeit mit mehreren Dokumenten sind die übersichtlichen Tabs jedoch praktischer, weil sie nicht erst mühsam auf der Arbeitsfläche arrangiert werden müssen.

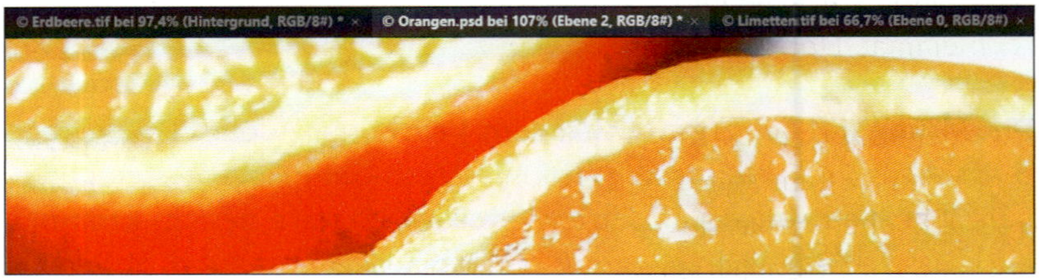

Abbildung 1.34 ►
Dokumente in Tabs sorgen für eine aufgeräumte Arbeitsfläche.

Sagt Ihnen die Arbeit mit den Tabs generell nicht zu, können Sie diese in den VOREINSTELLUNGEN [Strg]/[cmd]+[K] unter ARBEITSBEREICH [Strg]/[cmd]+[3] deaktivieren. Entfernen Sie das Häkchen bei der Option DOKUMENTE ALS REGISTERKARTEN ÖFFNEN.

Zum Weiterlesen
Ausführliche Informationen zum Arbeiten mit **Dokument-Tabs** finden Sie in Abschnitt 3.1, »Dokumente, Fenster und Registerkarten«.

1.8.1 Dokumenttitel: Bilddaten jederzeit im Blick

Egal, ob Sie Ihre Bilder in Tabs oder – wie aus älteren Photoshop-Versionen bekannt – in frei schwebenden Fenstern anzeigen lassen: Der Dokumenttitel ist einen genauen Blick wert. Er bietet wichtige Bildinformationen auf engem Raum.

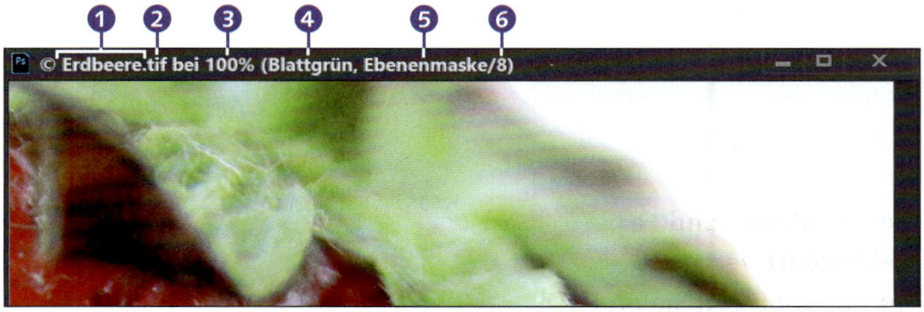

Abbildung 1.35 ►
Ob in Tabs oder schwebenden Fenstern – der Dokumenttitel zeigt wichtige Dokumenteigenschaften auf einen Blick.

Dateiname | Als Erstes wird der Dateiname ❶ (hier ERDBEERE) angezeigt. Das kann wichtig sein, wenn Sie zum Beispiel mehrere ähnliche Bildversionen bearbeiten! Wenn – so wie hier – in den Metadaten der Datei hinterlegt wurde, dass diese urheberrechtlich geschützt ist, erscheint außerdem ein kleines ©-Zeichen.

Dateiformat | In welchem der zahlreichen möglichen Grafik-Dateiformate ❷ Ihr Bild vorliegt, sehen Sie ebenfalls in der Titelleiste (hier: TIF). Welches Dateiformat für Ihr Bild das beste ist, richtet sich nach dem geplanten Verwendungszweck und auch nach dem Inhalt des Bildes.

Zoomstufe | Die dann folgende Prozentangabe bezeichnet die Zoomstufe ❸ des Bildes, das heißt die Darstellung auf dem Bildschirm (hier 66,7%). Die tatsächliche Bildgröße ändert sich durch Veränderung des Bildzooms nicht. Die Bildecke unten links wiederholt diese Information noch einmal. Dort können Sie auch selbst einen Zoomwert eingeben.

Bildebene | In den Klammern sehen Sie als Erstes, welche Bildebene ❹ (hier eine Ebene mit dem Titel »Blattgrün«) – und, wenn vorhanden, welche Ebenenmaske ❺ – aktiv ist. Diese Angabe ist extrem wichtig, damit Sie nicht irrtümlich die falsche Ebene oder Maske verändern. Auch das Ebenen-Bedienfeld liefert hierzu entscheidende Informationen.

Modus | Es gibt unterschiedliche Methoden, Farben in Bilddateien zu beschreiben und im Druck und am Bildschirm zu reproduzieren. Welche Methode aktuell ist, verrät die Angabe MODUS (wird in der Beispielabbildung 4.35 nicht angezeigt, weil eine Ebenenmaske im Dokument aktiv ist).

Bit pro Farbkanal | Die dann folgende Zahlenangabe zeigt an, wie viele Bit pro Farbkanal ❻ aufgewendet werden, um die Bildinformationen zu speichern. In Abbildung 1.37 ist es die gängigste Größe: 8 Bit. Ein 8-Bit-RGB-Bild kann über 16 Millionen Farben darstellen, Bilder mit mehr Bit können noch mehr Farben zeigen. Allerdings bringt eine nachträgliche Umwandlung zum Beispiel eines 8-Bit-Bildes in ein 16-Bit-Bild keine Veränderung – die zusätzlichen Farbinformationen müssen von Anfang an vorhanden sein.

Speicherstatus und Farbprofil des Bildes | Die letzte Information der Titelleiste ist verschlüsselt und gibt Auskunft über den Speicherstatus. Allerdings müssen Sie genau hinsehen.

Urheberrecht
Auch ohne das typische ©-Zeichen genießen Bilder urheberrechtlichen Schutz. Das Symbol kann allerdings einen mahnenden Fingerzeig für potenzielle Bilderdiebe darstellen. Sie weisen es einer Datei über DATEI • DATEIINFORMATIONEN (Alt+⇧+Strg/cmd+I) zu. Dieses Tastenkürzel funktioniert in Photoshop und in der Bridge.

▲ **Abbildung 1.36**
Ein Stern am Ende der Titelzeile bedeutet: Das Bild wurde geändert, aber noch nicht gespeichert.

Titelleisten-Info auch bei kleinen Formaten
Bei kleinen Bildformaten oder geringer Zoomstufe, wenn das Dokumentfenster zu klein ist, um alle Titelleisten-Infos anzuzeigen, hilft es, die Maus über die Titelleiste zu halten: Dann werden alle Informationen eingeblendet.

Ein Sternchen * ❶ ganz *am Ende* der Titelinformationen zeigt an, dass im Bild ungespeicherte Änderungen vorliegen.

Symbole *in der Klammer* ❷, direkt hinter der Bitzahl, sind wohl nur für fortgeschrittene Nutzer interessant, die sich bereits mit dem Farbmanagement auseinandergesetzt haben (in Anhang B, »Farbmanagement: Mehr Farbtreue auf allen Geräten«, erfahren Sie mehr über Farbmanagement).

1.8.2 Statusleiste: Detaillierte Informationen

Die Statusleiste am unteren Rand jedes Bilddokuments enthält diverse nützliche Informationen zu Dateigröße, Bildmaßen und Ähnlichem – also Daten, auf die man im Arbeitsfluss ab und zu schnell zugreifen will, ohne sich erst durch die Menüs zu klicken.

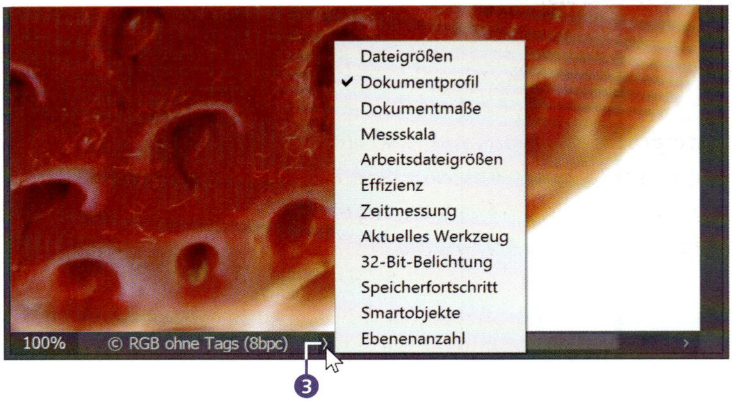

Abbildung 1.37 ►
Ein Klick auf den kleinen Pfeil ❸ öffnet eine Liste, aus der Sie wählen können, welche Anzeige die Statusleiste zeigt.

Dateigrößen | DATEIGRÖSSEN zeigt an, wie groß (in KB, nicht in Pixel oder Zentimeter!) das jeweilige Bild ist, bezieht sich also auf die **Datenmenge** der Datei. Diese Information ist wichtig, wenn Sie für Medien mit begrenztem Speicherplatz produzieren oder wenn das Bild für den Einsatz im Web gedacht ist und nicht zu groß werden darf.

Dokumentprofil | DOKUMENTPROFIL verrät, welches Farbprofil ins Bild eingebettet ist. Diese Information ist vor allem für die Druckvorstufe wichtig.

Dokumentmasse | DOKUMENTMASSE bezieht sich auf die Bildgröße. Angezeigt werden Kantenlänge und Bildauflösung.

Messskala | Die MESSSKALA ist eine Ergänzung zur Messfunktion und zeigt die Messskala für das jeweilige Dokument, sofern eine definiert wurde.

Pixel, cm, mm? Standard-Maßeinheit festlegen
Unter Voreinstellungen • Masseinheiten & Lineale legen Sie fest, ob Pixel, Zentimeter oder Millimeter das Maß aller Dinge in Ihrer Photoshop-Arbeit sind. Welche Einstellung die beste Wahl ist, richtet sich nach Ihrem Arbeitsgebiet: Webdesigner geben der Einheit Pixel den Vorzug, für die Druckvorstufe sind auch Zentimeter und Millimeter wichtig. Die Einstellung unter Lineale wirkt sich auch an vielen anderen Stellen im Programm aus, an denen Maße voreingestellt sind.

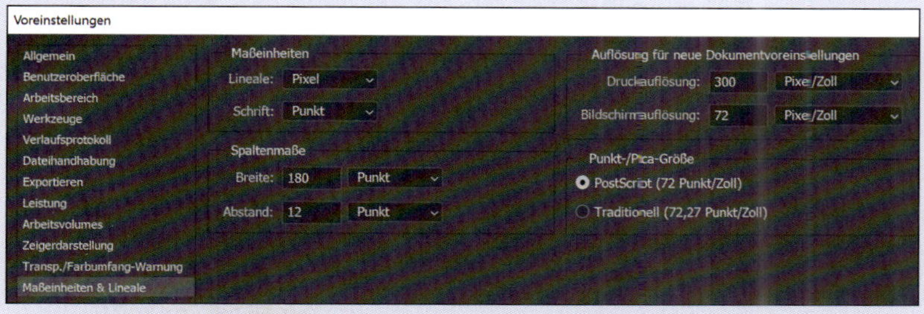

▲ **Abbildung 1.38**
Voreinstellungen zu den Maßeinheiten

Arbeitsdateigrössen | Die Arbeitsdateigrössen beziehen sich auf die Auslastung Ihres Rechners durch Photoshop bzw. auf die Nutzung der Rechnerressourcen durch Photoshop. Eine typische Anzeige sieht so aus: »Arbeitsspeicher: 98,3 MB/3,6 GB«. Der erste Wert gibt die Menge Arbeitsspeicher (RAM) an, die aktuell vom Programm verwendet wird, um alle geöffneten Bilder anzuzeigen. Die Zahl auf der rechten Seite steht für den gesamten Arbeitsspeicher, der für das Verarbeiten von Bildern zur Verfügung steht.

Effizienz | Auch die Effizienz bezieht sich auf die Rechnerleistung. Der Wert bezeichnet die Zeit in Prozent, die Photoshop tatsächlich für das Ausführen eines Vorgangs und nicht für das Lesen aus dem oder das Schreiben in den sogenannten virtuellen Speicher verwendet. Idealerweise liegt der Wert immer bei 100 %. Ist er notorisch darunter, kann das ein Hinweis darauf sein, dass der Arbeitsspeicher Ihres Rechners zu klein für das aktuelle Arbeitsvorhaben ist. Photoshop wird dadurch langsamer.

Zeitmessung | Zeitmessung zeigt an, wie viel Zeit Photoshop brauchte, um den letzten Befehl oder Vorgang auszuführen.

Aktuelles Werkzeug | Aktuelles Werkzeug verrät, wie das gerade aktive Werkzeug heißt. Eine gute Möglichkeit, sich mit der Photoshop-Terminologie vertraut zu machen!

Dateiinformationen kompakt auf Mausklick
Sie müssen nicht ständig zwischen den verschiedenen Statusleisten-Einstellungen jonglieren, um die wichtigsten Bildinformationen vor Augen zu haben. Ein Klick auf die Statusleiste öffnet ein kleines Infofeld.

▲ **Abbildung 1.39**
Der schnelle Klick zu wichtigen Informationen

32-Bit-Belichtung | 32-Bit-Belichtung ist nur verfügbar, wenn im Dokumentfenster ein sogenanntes High-Dynamic-Range-Bild (HDR-Bild) mit 32 Bit pro Kanal angezeigt wird. Die Option passt die Bildschirmanzeige an HDR-Bilder an.

Speicherfortschritt | Beim Speicherfortschritt bleibt das Infofeld in den meisten Fällen leer, nur bei laufenden Speicherprozessen wird ein Fortschrittsbalken eingeblendet.

Smartobjekte | Smartobjekte – ein besonderer Ebenentyp, der nichtdestruktiv bearbeitet werden kann – können wie herkömmliche Ebenen einfach lokal in der Datei angelegt werden; es ist aber auch möglich, Smartobjekte, die in der Creative Cloud liegen, lediglich einzubetten.

Die Statusanzeige Smartobjekte gibt Ihnen darüber Auskunft, wie viele lokal gespeicherte oder eingebettete Smartobjekte eine Datei enthält. Mehr zu Smartobjekten erfahren Sie in Abschnitt 6.4, »Vielseitige Datencontainer: Smartobjekte«; mehr über eingebettete Smartobjekte und deren Verwaltung gibt es in Abschnitt 4.8, »Kollaborativ und überall zur Hand: Creative Cloud Libraries«.

Ebenenanzahl | Photoshop-Dateien können mehrere Bildebenen enthalten, die wie Folien übereinanderliegen und unterschiedliche Bildinhalte zeigen. Die Einstellung Ebenenanzahl verrät Ihnen, wie viele dieser Ebenen die Datei enthält – ein Blick in das Ebenen-Bedienfeld tut allerdings dasselbe!

1.9 Kontextbezogene Taskleiste

Die kontextbezogene Taskleiste ist eine dauerhaft eingeblendete Leiste, die abhängig vom ausgewählten Werkzeug oder dem verwendeten Arbeitsschritt verschiedene Optionen für einen relevanten nächsten Schritt einblendet – kontextbezogen eben. Um die kontextbezogene Taskleiste ein- bzw. auszublenden, können Sie diese über Fenster • Kontextbezogene Taskleiste (de-)aktivieren.

Abbildung 1.40 ▸
Die kontextbezogene Taskleiste

Wenn Sie z. B. mit dem Lasso-Werkzeug eine Auswahl im Bild erstellen, wird direkt bei der Auswahl die kontextbezogene Taskleiste mit relevanten nächsten Arbeitsschritten eingeblendet. Angezeigt werden hierbei sinnvolle Funktionen, die Sie vermutlich im nächsten Schritt tun möchten bzw. von denen Photoshop dies annimmt. Das erspart häufig den Umweg über Tastenkombinationen oder das Aufrufen von Menüpunkten, die lediglich mit langen Wegen erreichbar wären. Wenn Sie mit der Maustaste über den einzelnen Icons fahren, finden Sie den Namen des Befehls. Bei einigen Icons klappen Sie ein Menü mit weiteren Befehlen aus, im Beispiel der Auswahl finden Sie z. B. hinter dem ersten Icon viele weitere Auswahlbefehle vor.

Wenn Sie einen der Befehle in der kontextbezogenen Taskleiste anwenden, verändert sich die Taskleiste wieder und bietet Ihnen abermals weitere nächste Schritte an. So habe ich z. B. MASKE VON AUSWAHL ERSTELLEN gewählt. Daraufhin werden in der kontextbezogenen Taskleiste nun verschiedene Maskenfunktionen eingeblendet, um die Maske nachzuarbeiten.

Schwierig für Einsteiger
Als Einsteiger in Photoshop kann die kontextbezogene Taskleiste allerdings verwirren, wenn man einen Kontext noch nicht durchdrungen hat und auf einmal beispielsweise VON MASKE SUBTRAHIEREN angeboten wird. Absoluten Einsteigern empfehle ich daher, sich zunächst mit den Werkzeugen, Menüs und den vielen Befehlen von Photoshop vertraut zu machen.

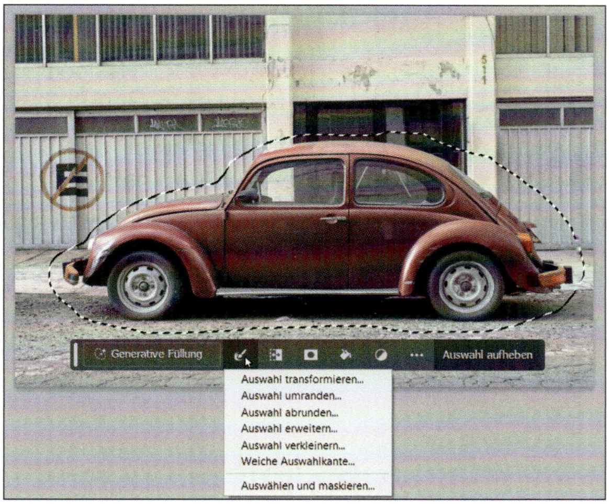

▲ **Abbildung 1.41**
Bezogen auf die Auswahl mit dem Lasso-Werkzeug werden sinnvolle nächste Schritte vorgeschlagen, aus denen Sie wählen können.

▲ **Abbildung 1.42**
Sinnvolle nächste Arbeitsschritte: Hier sind es Maskenfunktionen, mit denen Sie die Ebenenmaske nacharbeiten können.

Ich finde die kontextbezogene Taskleiste eine sehr gelungene Hilfsfunktion, mit der man effizienter und zeitsparender arbeitet, weil relevante Funktionen, Werkzeuge, Dialoge und Menübefehle gleich im Kontext eingeblendet werden und umständliche Werkzeugwechsel, Suchen in Menüs und sogar Tastenkombinationen eingespart werden.

Kontextbezogen Taskleiste im Buch
Die kontextbezogene Taskleiste wird in diesem Buch nicht sehr oft verwendet, da der Text und der Umfang der einzelnen Werkzeuge oder Funktionen sonst unnötig ausgedehnt und aufgebläht würde.

Leistenposition fixieren | Die kontextbezogene Taskleiste wird entweder unter dem Bild oder unter der Auswahl angezeigt, wenn Sie eine

Auswahl mit einem der Werkzeuge erstellen. Die Position der Taskleiste ist nicht immer optimal und kann manchmal im Weg sein. Wenn Sie die Position fixieren möchten, verschieben Sie diese über den Steg links an der Leiste an die gewünschte Position. Wenn Sie dann auf die drei Punkte rechts der Taskleiste klicken, können Sie mit dem Befehl LEISTENPOSITION FIXIEREN die Taskleiste genau dort fixieren, wo diese im Augenblick ist. Des Weiteren finden Sie hier die Funktionen LEISTENPOSITION ZURÜCKSETZEN und LEISTE AUSBLENDEN, die beide für sich selbst sprechen.

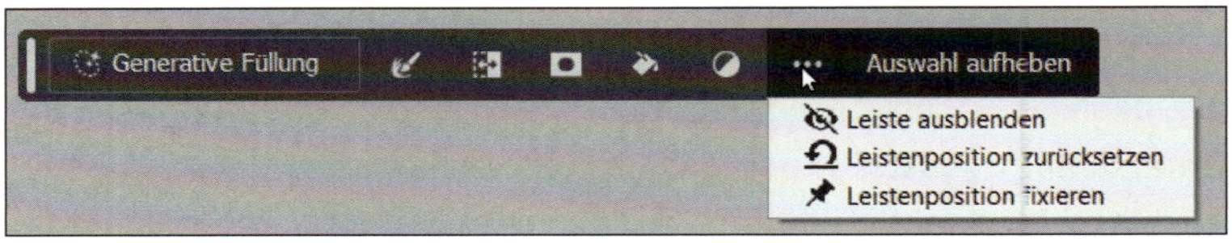

Abbildung 1.43 ▸
Die Position der kontextbezogenen Leiste kann jederzeit fixiert werden

1.10 Photoshop-Hilfe

Wenn Sie gerade in Photoshop einsteigen und neben diesem Buch weitere Informationen zu einem Werkzeug, einer Funktion oder gar einer speziellen Bildbearbeitungstechnik erhalten wollen, dann empfehle ich Ihnen, auch die **Photoshop-Hilfe** über das Menü HILFE zu verwenden. Es öffnet sich daraufhin der ENTDECKEN-Dialog.

Hilfe mit Aktionen
Zum Teil können Sie auch gleich mit einem Klick die Werkzeuge oder ganze Aktionen ausführen. Klicken Sie im Beispiel auf die Schnellaktion HINTERGRUND ENTFERNEN ❷, wird Photoshop die Ebene in eine Smart-Ebene umwandeln, das Motiv automatisch auswählen und den Hintergrund freistellen. Die Aktion wird mit einer Ebenenmaske belegt, so dass Sie die Freistellung jederzeit nacharbeiten können.

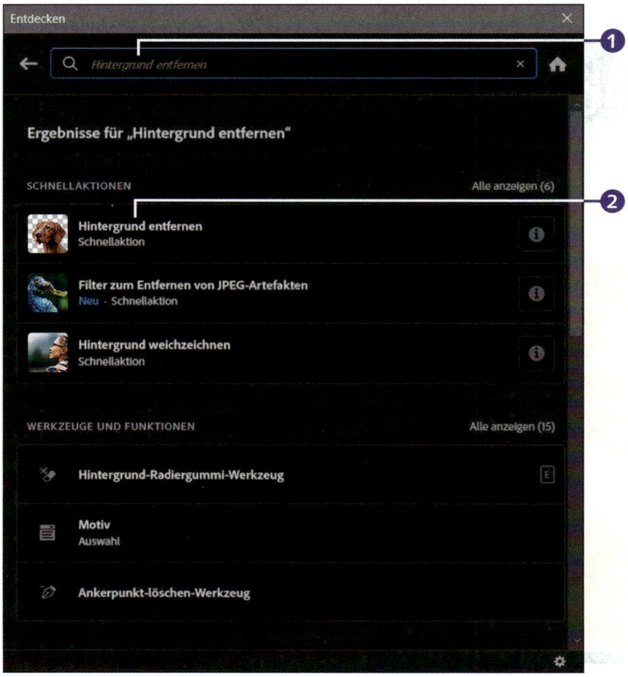

Abbildung 1.44 ▸
Allerlei zu entdecken und auszuprobieren gibt es in der Photoshop-Hilfe mit dem ENTDECKEN-Dialog.

Wenn Sie hier z. B. nach einem gewünschten Thema suchen ❶, in Abbildung 1.44 beispielsweise nach »Hintergrund entfernen«, dann listet Photoshop verschiedene Ergebnisse wie Beschreibungen für das Werkzeug und Funktionen, Schnellaktionen, Hilfe und praktische Tutorials auf. Der ENTDECKEN-Dialog von Photoshop ist eine enorme Hilfe und Erleichterung, gerade für Einsteiger in Photoshop.

1.11 Die Unterschiede zwischen Windows und Mac

Die Unterschiede zwischen der Mac- und der PC-Version sind nicht gravierend. Wer Photoshop am Mac beherrscht, kann auch mit der Windows-Version arbeiten, und umgekehrt. Wo Unterschiede auftreten, weise ich im Buchtext gesondert darauf hin.

1.11.1 Die Arbeitsoberfläche

Die augenfälligste Besonderheit beim Mac: Neben dem »Apfel«-Menü, das in allen Applikationen zu finden ist, enthält die Photoshop-**Menüleiste** den zusätzlichen Menüpunkt PHOTOSHOP. In diesem Menü finden Sie eine Reihe von Befehlen, die in der Windows-Version unter BEARBEITEN untergebracht oder unter HILFE zu finden sind.

▼ **Abbildung 1.45**
Die Mac-Oberfläche mit aktivem Anwendungsrahmen

Bild: dieblen.de

1.11.2 Shortcuts und Kontextmenü

Die Shortcuts unter Mac und Windows sind fast gleich. Wegen der **unterschiedlichen Tastaturen** ist ein wenig Umdenken nötig.

- Die ⇧-Taste oder Umschalttaste wird unter Windows und macOS gleich benutzt – es gibt **keine Unterschiede**.
- Auch bei der Bedienung der Alt-Taste gibt es **wenige Unterschiede**: Die Windows-Nutzern vertraute Alt-Taste wird in der Mac-Terminologie gern auch Wahltaste genannt und durch ⌥/alt oder option dargestellt. Die Wirkung ist unter Windows und Mac aber gleich.
- Wo Sie am Windows-Rechner Strg drücken, benutzen Sie unter Mac analog die Befehlstaste: cmd, bzw. command. Diese Taste wird auch oft durch dieses Symbol dargestellt: ⌘.
- Zum Löschen dient unter Windows die Taste Entf, unter macOS nehmen Photoshopper dazu die Taste ←.
- Unter Mac gibt es **einige Kontextmenüs weniger** als am Windows-Rechner. Das Kontextmenü öffnen Sie auf beiden Systemen per Rechtsklick. Falls Sie am Mac noch mit einer Ein-Tasten-Maus arbeiten, nutzen Sie ctrl + Klick.

Hellere oder dunklere Benutzeroberfläche
Wenn Sie die Benutzeroberfläche von Photoshop mit helleren oder dunkleren Farben benutzen wollen, können Sie dies bei den VOREINSTELLUNGEN • BENUTZEROBERFLÄCHE im Abschnitt ERSCHEINUNGSBILD machen. Dort finden Sie mit FARBPALETTE verschiedene neutrale Grautöne.

1.11.3 Systemnahe Befehle und Funktionen

Einige Unterschiede gibt es auch bei betriebssystemnahen Befehlen und Funktionen wie dem Speichern und Öffnen von Dateien:

- Während unter Windows die **Dateiendung** (».tif«, ».psd«, ».jpg« etc.) zwingend zur Datei gehört und auch immer zur Datei geschrieben wird, können Sie Photoshop unter Mac per Voreinstellung daran hindern, diese Dateiendung an den Dateinamen anzufügen. Unter Mac bleiben solche Dateien weiterhin benutzbar, Windows-Nutzer werden dann allerdings Schwierigkeiten haben, die Datei zu öffnen.
- Der Befehl ÖFFNEN ALS..., der das Problem fehlender Dateiendungen umschifft, ist folglich auch nur unter Windows verfügbar.

Kapitel 2
Der Umgang mit Dateien

Aufgrund der Vielfalt der unterschiedlichen Grafikdateiformate und um den Anwendern den Umgang mit ihrem Rohmaterial so angenehm wie möglich zu machen, verfügt Photoshop über zahlreiche Funktionen zum Öffnen, Sichern und Verwalten von Dateien.

2.1 Befehle zum Öffnen von Dateien

Sofern Sie nicht Photoshops Startscreen nutzen – mehr dazu lesen Sie in Abschnitt 1.1, »Die Oberfläche kurz vorgestellt« –, ist das Menü DATEI Ihre erste Adresse. Dort finden Sie nahezu alle Befehle für den Umgang mit Dateien. Sie erreichen den Öffnen-Dialog auf mehreren Wegen:

- Im Menü DATEI finden Sie den Befehl DATEI ÖFFNEN.
- Der Shortcut zum Öffnen von Dateien ist Strg/cmd+O.
- Sie können auch die »Blitzvariante« verwenden. Dazu ist nur ein Doppelklick auf die leere Photoshop-Arbeitsfläche nötig.

Der Öffnen-Dialog selbst sollte Ihnen wenig Schwierigkeiten machen – er gleicht den entsprechenden Dialogfenstern anderer Programme. Optionen und Verhalten werden im Wesentlichen nicht von Photoshop, sondern vom jeweiligen Betriebssystem vorgegeben.

Letzte Dateien öffnen | Abgesehen von Photoshops Startscreen finden Sie die zuletzt von Ihnen genutzten Dateien unter DATEI • LETZTE DATEIEN ÖFFNEN. In den Voreinstellungen (Strg/cmd+K) unter DATEIHANDHABUNG (Strg/cmd+6) können Sie einstellen, wie viele Dateien in dieser Liste erscheinen.

Unbekannte oder unlesbare Dateiformate öffnen | Mit Photoshop können Sie auch versuchen, Bilder in einem Dateiformat öffnen zu lassen, das Sie selbst festlegen. Den Befehl ÖFFNEN ALS gibt es nur unter Windows (Kürzel [Strg]+[Alt]+[⇧]+[O]). Sie sollten ihn dann einsetzen, wenn Photoshop das Dateiformat nicht erkennt, Sie aber den Verdacht haben, dass es sich um eine Bilddatei handeln könnte.

2.1.1 PDF-Dateien importieren

Zum Weiterlesen: PDF speichern
Auch mit Photoshop können Sie Dateien als PDF speichern. Wie das geht, lesen Sie in Abschnitt 2.5.3, »Speicheroptionen für Photoshop-PDF«.

PDF ist ein sehr vielseitiges Dateiformat: Es kann Text und Bild enthalten, Vektor- und Pixeldaten, zahlreiche Zusatzinformationen, und außerdem können PDF-Dokumente selbstverständlich mehrseitig sein. Photoshop erlaubt es seinen Nutzern, aus umfangreichen PDF-Dokumenten nur Teile – einzelne Seiten oder Bilder – auszuwählen, die dann importiert und in Photoshop geöffnet werden. Dies gilt für PDFs, die mit Adobe Acrobat erzeugt wurden – sogenannte generische PDFs. Mit Photoshop selbst erzeugte PDFs werden ohne Umwege mit dem Befehl DATEI ÖFFNEN geöffnet.

Der Dialog »PDF importieren« | Sie starten den PDF-Import-Dialog über DATEI • ÖFFNEN und **nicht** über DATEI • IMPORTIEREN. Sobald Sie im herkömmlichen Öffnen-Dialog ein (generisches) PDF-File ausgewählt haben, erscheint ein weiteres Dialogfeld.

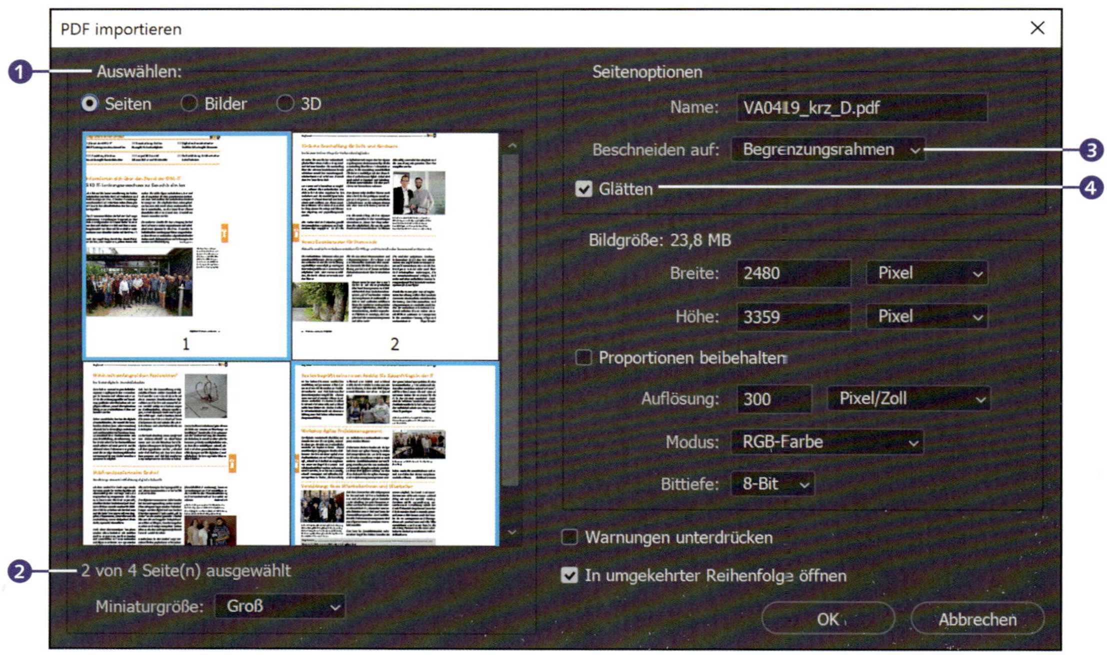

Abbildung 2.1 ▼
Der Dialog zum Öffnen bzw. Importieren von PDF-Dateien in Photoshop

Als Erstes sollten Sie entscheiden, ob Sie Bilder oder ganze Seiten aus dem PDF in Photoshop öffnen wollen, und zwar unter AUSWÄHLEN ❶.

Wählen Sie dann im Vorschaufenster die Bilder oder Seiten aus, die in Photoshop geöffnet werden sollen. Um mehrere Elemente auszuwählen, halten Sie ⇧ gedrückt. Unter dem Vorschaufenster sehen Sie außerdem, wie viele Seiten oder Bilder Sie bereits ausgewählt haben ❷. Die MINIATURGRÖSSE können Sie auch dort verstellen.

Die Parameter AUFLÖSUNG, MODUS und BITTIEFE sollten Ihnen keine Schwierigkeiten bereiten. Interessant in den Seitenoptionen ist allerdings die Einstellung BESCHNEIDEN AUF ❸. Damit legen Sie fest, wie die ausgewählten PDF-Elemente importiert werden sollen. Die jeweiligen Befehle sind der PDF-Produktion entlehnt bzw. beziehen sich auf Dateiattribute, die dem PDF schon während seiner Produktion zugewiesen wurden.

- BEGRENZUNGSRAHMEN: Beschneidet das Originalformat sehr stark. Verwendet wird der kleinstmögliche rechteckige Bereich, der alle Text- und Grafikelemente der Seite enthält. Leere Bereiche werden entfernt.
- MEDIENRAHMEN: Erhält die Originalgröße.
- FREISTELLUNGSRAHMEN: Schneidet die Bilder oder Seiten auf den Beschneidungsbereich der PDF-Datei zu.
- ANSCHNITTRAHMEN: Schneidet das PDF beim Importieren auf einen Bereich zu, der vorher in der PDF-Datei definiert wurde – zum Beispiel zum Beschneiden, Falzen und Zuschneiden.
- ENDFORMAT-RAHMEN: Verwendet den Bereich, der für die endgültige Seitengröße vorgesehen ist.
- OBJEKTRAHMEN: Öffnet die Bilder oder Seiten in der Größe, die in der PDF-Datei schon vorher zum Platzieren der Daten in andere Anwendungen definiert wurde.

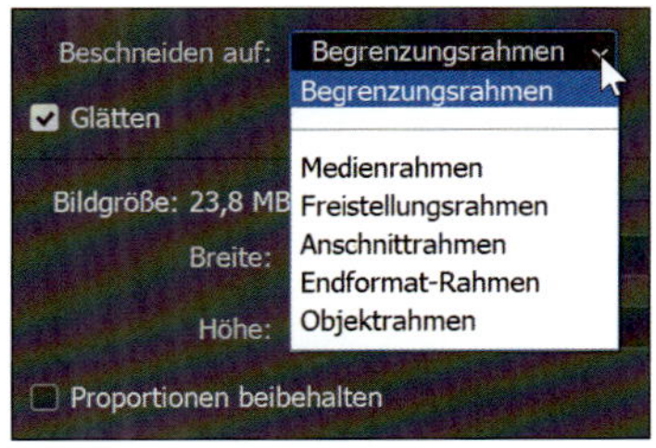

▲ **Abbildung 2.2**
Die Optionen unter BESCHNEIDEN AUF

Sonderfall Smartobjekte
Smartobjekte sind ein spezieller Ebenentyp in Photoshop, der Bilddaten von Raster- oder Vektorbildern enthalten kann.

Entscheiden Sie nun noch, ob Sie GLÄTTEN ❹ aktivieren wollen. Bestätigen Sie anschließend Ihre Eingabe mit OK.

Glätten | Dem Begriff »Glätten« begegnen Sie in Photoshop – und überhaupt bei der Bearbeitung von Pixelbildern – oft, denn er hängt mit einer grundlegenden »Konstruktionsschwäche« von Pixelbildern zusammen: Aus eckigen Bildpixeln lassen sich keine völlig glatten Rundungen formen. Besonders bei niedrigen Auflösungen werden unschön gezackte Treppenkanten sichtbar. Um diesem Effekt entgegenzuwirken, wird die Glättung eingesetzt. Dabei werden die Kantenpixel halbtransparent gesetzt, um so einen weicheren Übergang zur Hintergrundfarbe zu erzielen. Dadurch entsteht der optische Eindruck glatterer Kanten. Bisweilen geht aber auch eine leichte Unschärfe damit einher.

▲ **Abbildung 2.3**
Glättung gibt es auch bei Schriften. Hier ohne …

▲ **Abbildung 2.4**
... und derselbe Buchstabe mit Glättung. Die Vergrößerung zeigt im Detail das dahintersteckende Prinzip.

Bei Schriften wird die Glättung oft auch **Anti-Aliasing** genannt. Weil sich dort Unschärfen besonders ungünstig auswirken, können Sie sogar aus verschiedenen Glättungsstärken wählen.

2.1.2 Vektordateien öffnen

Photoshop kann nicht nur Bilddateien verarbeiten, die aus Pixeln zusammengesetzt sind, sondern in begrenztem Maß auch Vektordateien, die typischerweise mit speziellen Anwendungen wie etwa Illustrator erzeugt werden. Je nach Dateityp bietet Photoshop nach dem Klicken des Öffnen-Befehls unterschiedliche Optionen:

- Um Illustrator-Dateien (erkennbar an der Dateiendung ».ai«) in Photoshop zu öffnen, gehen Sie genauso vor wie bei PDFs, es wird dann auch der gleiche Dialog eingeblendet wie beim PDF-Import.
- Dateien im EPS-Format werden während des Öffnens gerastert. Dabei werden die Vektorinformationen in Pixel umgewandelt. In einem eigenen Dialog können Sie die Optionen für diesen Prozess festlegen.

Die Datei wird gemäß Ihren Vorgaben gerastert und lässt sich anschließend in Photoshop wie jede andere Pixeldatei auch weiterbearbeiten.

Den früheren Neu-Dialog zurückholen
Adobe hat dem Dialogfeld für neue Dateien ein gründliches Make-over verpasst. User, die lieber die altgewohnte, schlichtere (und für viele Zwecke völlig ausreichende) Dialogbox nutzen wollen, können dies in den Voreinstellungen ([Strg]/[cmd]+[K]) unter Allgemein angeben. Setzen Sie einfach ein Häkchen bei der Option Gewohnte Benutzeroberfläche "Neues Dokument" verwenden.

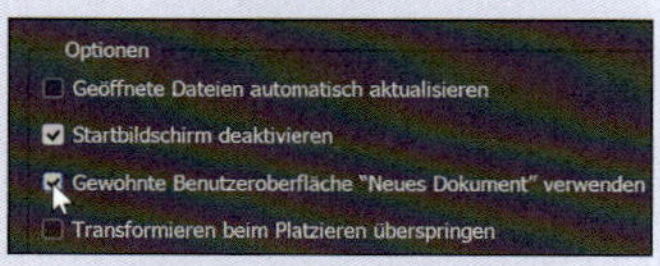

▲ **Abbildung 2.5**
Voreinstellungen: Welchen Neu-Dialog wollen Sie sehen?

2.2 Eine neue Datei erzeugen

Im Grunde ist das Erzeugen einer neuen Datei nicht schwer: Ein Mausklick öffnet das Dialogfeld, die erforderlichen Einstellungen sind schnell gemacht – fertig. Die Tücke steckt im Detail, und ein wenig Hintergrundwissen ist unbedingt nötig, um einer Bilddatei von Anfang an die richtigen Eigenschaften zuzuweisen. **Auflösung** und **Bildmodus** sind die Parameter, die Sie im Griff haben müssen, um die für den jeweiligen Zweck geeignete Datei anzulegen.

2.2.1 Der Dialog »Neues Dokument«

Es gibt zwei Wege, die Dialogbox aufzurufen, mit der Sie eine neue Datei anlegen:

- den Weg über den Menüpunkt Datei • Neu
- mit Hilfe des Tastaturkürzels [Strg]/[cmd]+[N]

Es öffnet sich ein umfangreicher Dialog, dessen verschiedene Inhalte und Angebote mit Karteireitern zugänglich gemacht werden.

Eigene Einstellungen und fertige Vorgaben | Generell haben Sie zwei Möglichkeiten – entweder

- Sie stellen im rechten Bereich des Dialogfelds die Wunscheigenschaften für Ihre neue Datei ein
- oder Sie nutzen eine der zahllosen Vorgaben, die unter den verschiedenen Reitern ❶ einsortiert sind.

Unter Aktuell finden Sie die zuletzt genutzten Bildformate, unter den übrigen Punkten Vorgaben mit Eigenschaften für spezifische Einsatzzwecke wie Druck, mobile Devices, Web und Ähnliches.

Zudem können Sie unter den jeweiligen Punkten auch direkt auf Angebote der Bilddatenbank Adobe Stock zugreifen (anders ausgedrückt: Adobe nutzt das Dialogfeld, um eigene, teils kostenpflichtige Angebote zu vermarkten).

Datei benennen | Unter Vorgabendetails ❷ können Sie bereits hier einen aussagekräftigen Dateinamen vergeben. Beachten Sie aber, dass weder die Datei noch die Vorgabe dadurch gesichert sind: Das Speichern müssen Sie separat erledigen!

▼ Abbildung 2.6
Das Dialogfeld zum Anlegen einer neuen Datei

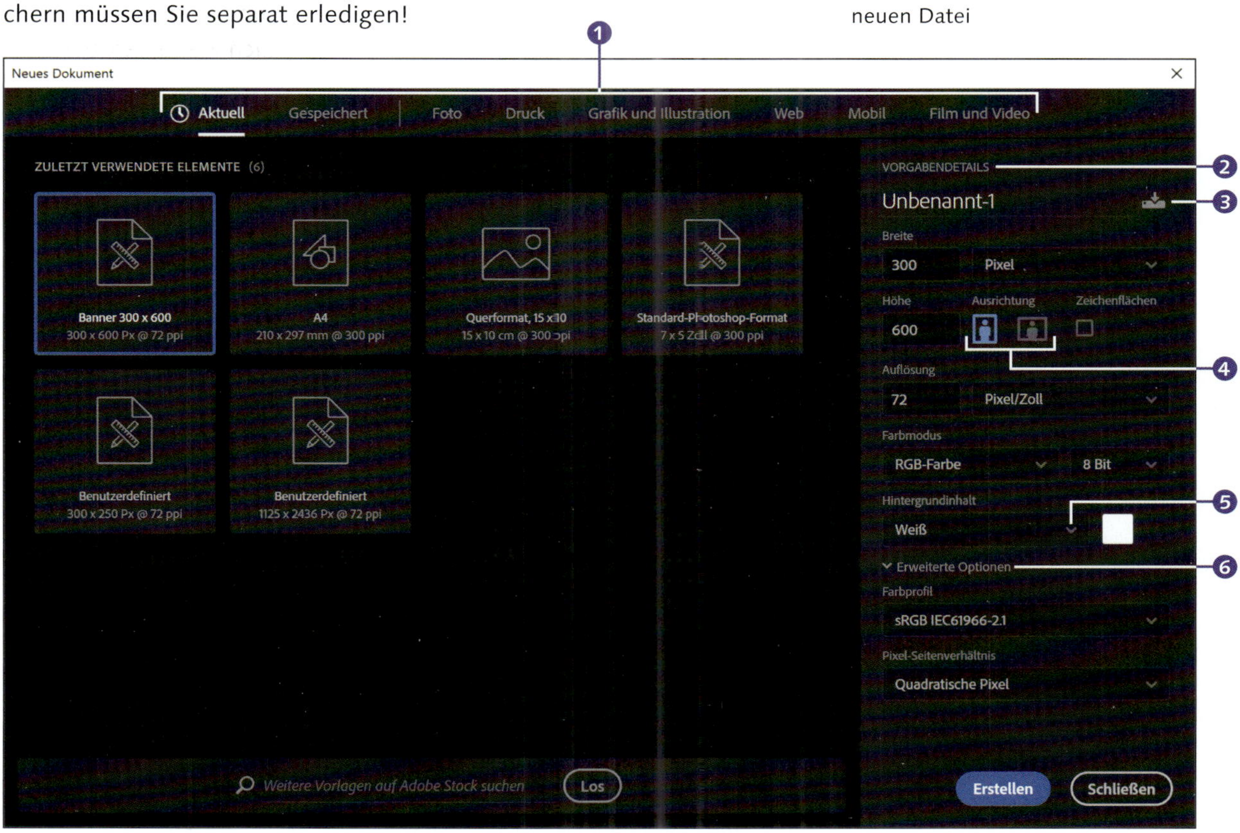

Bildgröße und Ausrichtung | Um die Bildgröße festzulegen, tippen Sie die gewünschten Maße unter Breite und Höhe ein. Klicken auf die Ausrichtungs-Icons ❹ (Abbildung 2.6) wechselt zwischen Hoch- und Querformat.

Maßeinheiten | Achten Sie auch darauf, dass Sie die richtige Maßeinheit einstellen. Zur Auswahl stehen Pixel, Zoll, cm, mm, Punkt und Pica.

Auflösung | Der nächste wichtige Punkt ist die AUFLÖSUNG. Auch hier können Sie einen Wert ins Eingabefeld eintippen und die Maßeinheit (PIXEL/ZOLL oder PIXEL/ZENTIMETER) festlegen.

Farbmodus und Bittiefe | Unter FARBMODUS stellen Sie ein, nach welchem Farbmodell die Bildfarben berechnet werden sollen bzw. welche Datentiefe Ihr Bild haben soll.

Zum Weiterlesen
Begriffe wie **Datentiefe, Auflösung und Farbmodus** sollten Ihnen nach der Lektüre von Anhang A, »Bildbearbeitung: Fachwissen«, keine Schwierigkeiten mehr bereiten. In Anhang B zum Thema Farbmanagement erfahren Sie mehr über die Bedeutung von **Farbprofilen**.

Hintergrundinhalt | Der Punkt HINTERGRUNDINHALT ❺ legt fest, wie die erste Ebene des neuen Bildes gefüllt ist: WEISS und TRANSPARENT sind nicht erklärungsbedürftig, HINTERGRUNDFARBE bezieht sich auf Ihre Einstellung in der Werkzeugleiste.

Wenn Sie WEISS oder HINTERGRUNDFARBE einstellen, wird eine neue Datei mit einer Hintergrundebene erzeugt. Ist Ihre Einstellung TRANSPARENT, verfügt Ihre neue Datei über eine reguläre, transparente Bildebene, denn Hintergrundebenen können nicht transparent sein.

Zum Weiterlesen
Mehr über **Ebenen und Hintergrundebenen** lesen Sie in Abschnitt 5.3, »Ebenenarten«. Näheres über **Videobearbeitung mit Photoshop** erfahren Sie in Kapitel 30.

Erweiterte Optionen | Unter ERWEITERTE OPTIONEN ❻ erhalten Sie zusätzliche Optionen: FARBPROFIL bezieht sich auf das Farbmanagement des Bildes. Das PIXEL-SEITENVERHÄLTNIS ist interessant, wenn Sie Bilder für Videos produzieren: Dann können Sie mit nichtquadratischen Pixeln arbeiten. Ansonsten ist QUADRATISCHE PIXEL die richtige Einstellung.

Eigene Dokumentvorgaben sichern | Voreinstellungen, die Sie oft brauchen, können Sie sichern. Sie finden sie dann unter dem Punkt GESPEICHERT zum schnellen Zugriff. Gehen Sie vor wie folgt:

1. **Werte festlegen:** Geben Sie die gewünschten Werte ein.
2. **Vorgabe speichern:** Wenn Sie alle gewünschten Dateieigenschaften eingetragen haben, klicken Sie auf das Speichern-Icon ❸. Es erscheint ein Dialog, in dem Sie nochmals festlegen können, welche der festgelegten Dokumenteigenschaften Sie tatsächlich in die Vorgabe übernehmen wollen. Dort vergeben Sie außerdem einen Namen für die neue Vorgabe.
3. **Vorgaben verwenden:** Ihre Vorgabe ist unter GESPEICHERT zu finden.

Nicht benötigte Vorgaben löschen
Mit dem Button VORGABE LÖSCHEN können Sie Ihre Vorgaben auch wieder aus der Liste entfernen.

2.3 Dateien sichern

Für das Speichern von Dateien bietet Photoshop eine Vielzahl von Befehlen und Einstellungsmöglichkeiten – für alle Dateiformate mit ihren jeweiligen Optionen, für die unterschiedlichsten Einsatzzwecke.

2.3.1 Verfügbare Speicherbefehle

Unter dem Menüpunkt Datei finden sich drei Speicherbefehle sowie das Untermenü Exportieren. Speichern, Speichern unter und Kopie speichern dienen dem direkten Speichern von Dateien. In Exportieren finden sich Optionen, um Bilder in anderen Dateiformaten zu speichern, einzelne Ebenen und Bildkomponenten zu exportieren, und der von früheren Photoshop-Versionen bekannte Befehl Für Web speichern.

- Der Befehl Speichern (schnell zu erreichen über Strg/cmd+S) speichert Änderungen an einer aktuellen Datei. Die frühere Dateiversion wird dann ohne weitere Abfragen überschrieben.
- Speichern unter (⇧+Strg/cmd+S) ruft den Speichern-Dialog auf, in dem Sie verschiedene Speicheroptionen festlegen können.
- Mit Kopie speichern (Alt+Strg/cmd+S) sichern Sie z. B. eine Datei mit Ebenen als auf eine Ebene reduzierte Datei. Auch wenn Sie eine Datei speichern wollen und das gewünschte Format wie z. B. JPEG oder PNG nicht angezeigt wird, finden Sie über die Option Kopie speichern im Speichern unter-Dialog alle Formate zum Sichern einer Kopie des Dokumentes.

Zum Weiterlesen
Das **weboptimierte Speichern**, bei dem die Balance zwischen Dateigröße und Bildqualität gehalten werden muss, ist ein sehr umfangreiches Thema. Lesen Sie mehr darüber in Kapitel 32, »Bilder für den Screen erzeugen und optimieren«.

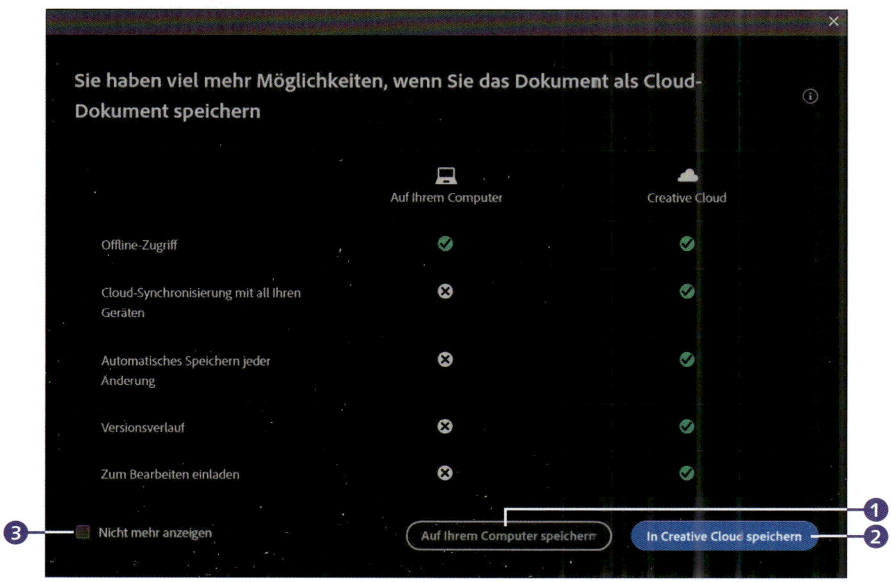

◂ **Abbildung 2.7**
Auf dem Computer oder in der Cloud speichern

Speichern im PNG-Format
Photoshop unterstützt mittlerweile auch große und sehr große PNG-Dateien bis zu einer Größe von 2 GB. Ferner schließt das Programm jetzt beim Speichern von PNGs auch die Metadaten und ICC-Profile des Bildes mit ein.

Das Dialogfenster SPEICHERN UNTER erscheint automatisch, wenn Sie eine Datei zum ersten Mal speichern wollen oder wenn Sie eine Datei in einem Format speichern wollen, das die aktuellen Eigenschaften der Datei nicht aufnehmen kann (zum Beispiel ein JPEG-Bild, dem zusätzliche Ebenen hinzugefügt wurden).
Bevor der Dialog von SPEICHERN UNTER allerdings erscheint, öffnet sich die Abfrage, ob Sie das Bild auf dem Computer ❶ (Abbildung 2.7) oder in der Cloud ❷ als Cloud-Dokument speichern wollen. Wenn Sie ohnehin immer eine der beiden Auswahlen verwenden, können Sie den Dialog mit einem Häkchen vor NICHT MEHR ANZEIGEN ❸ künftig ausblenden. Die Auswahl können Sie jederzeit im SPEICHERN UNTER-Dialog ändern ❹ (Abbildung 2.8).

2.3.2 Allgemeine Speicheroptionen

In Photoshops Dialog SPEICHERN UNTER und KOPIE SPEICHERN können Sie grundlegende Optionen festlegen. Es stehen jedoch nicht für alle Dateitypen alle Optionen zur Verfügung. Außerdem gibt es für manche Dateitypen auch noch spezifische Optionen – dazu später mehr.

Abbildung 2.8 ►
Adobes Speichern-Dialog

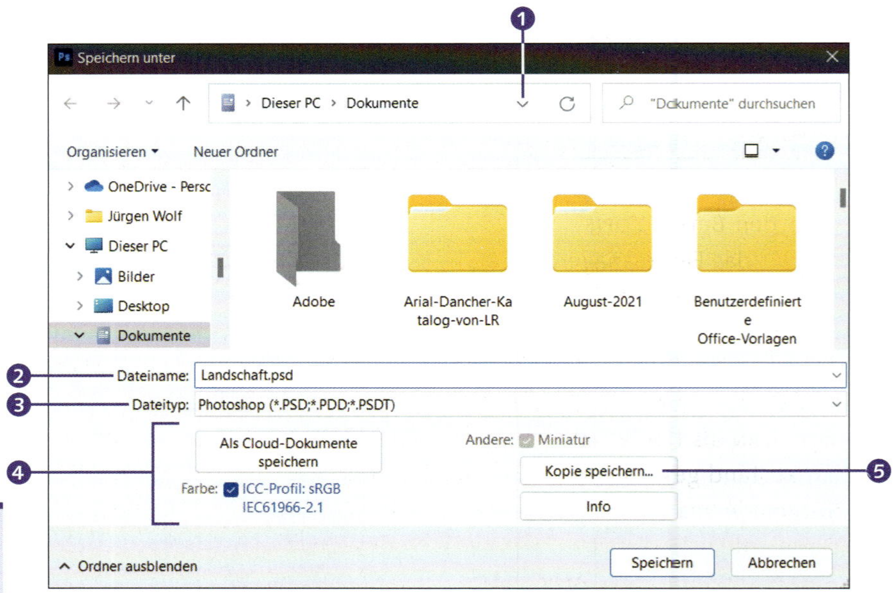

Als Cloud-Dokument speichern
Klicken Sie hier auf die Schaltfläche ALS CLOUD-DOKUMENT SPEICHERN ❹, gelangen Sie direkt zum SPEICHERN UNTER-Dialog für Cloud-Dokumente. Auf Cloud-Dokumente werden wir im nächsten Abschnitt noch näher eingehen.

Im ausführlichen Dialog SPEICHERN UNTER legen Sie DATEINAME ❷, Speicherformat ❸ und -ort ❶ fest. Unter den SPEICHEROPTIONEN ❹ stellen Sie ein, welche Dateieigenschaften mitgespeichert werden sollen. In der Praxis dient SPEICHERN UNTER dazu, den Fortschritt der Arbeit mit gewünschten Namen, Speicherort und Format zu speichern. Wenn Sie mehrere Ebenen verwenden, werden Sie feststellen, dass nur Formate wie PSD, TIFF oder PSB aufgelistet werden, die mit Ebenen umgehen können. Wenn Sie nun eine neue Version des Dokumentes oder das Dokument in einem anderen Datenformat, wie JPEG oder PNG, speichern wollen, klicken Sie auf Kopie speichern (5). Den Umweg können Sie sich auch mit dem Befehl Kopie speichern aus dem Menü Datei oder mit Alt+Strg/cmd+S ersparen.

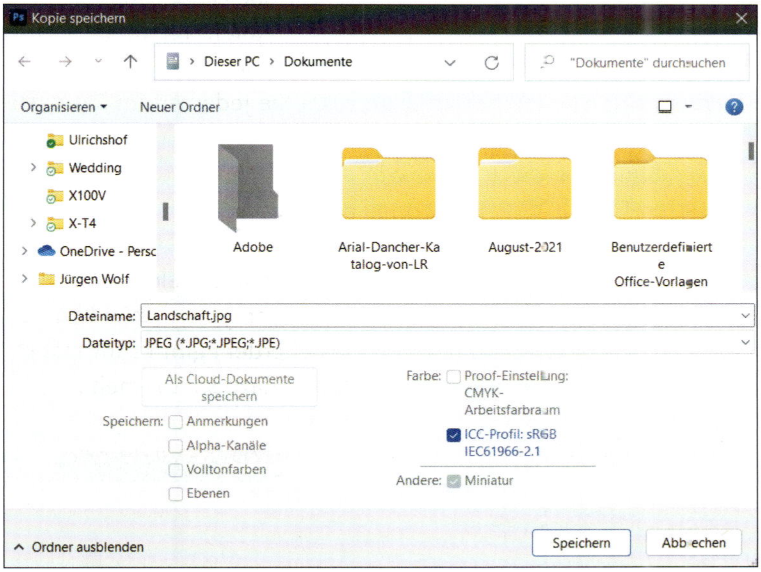

◂ **Abbildung 2.9**
Der Kopie speichern-Dialog

Über den Befehl Kopie speichern finden Sie dann auch weitere Optionen für das Farbmanagement und die »Speicherformalien«. Die Optionen, die notwendig sind, um alle in der jeweiligen Datei vorhandenen Informationen zu erfassen, sind bereits mit einem Haken aktiviert. Die Eigenschaften, die in der aktuellen Datei nicht vorhanden sind, können Sie auch nicht als Optionen wählen. Wenn Sie ein Bild über Kopie speichern als Kopie sichern, dann wird lediglich eine Datei im aktuellen Zustand gespeichert. Dabei bleibt jedoch die Version geöffnet, die Sie gerade bearbeiten – die Kopie verschwindet unberührt im Speicher. Darin unterscheidet sich Photoshop von vielen anderen Programmen.

Die Trennung von Arbeitsdatei (mit Speichern unter) und der Erstellung eines Abzugs zur Weitergabe (via Kopie speichern) ist sehr gut gelöst. Langjährige Photoshop-Anwender sind dies allerdings ohne den Kopie speichern-Dialog gewohnt. Wenn Sie den alten Workflow wiederherstellen wollen, setzen Sie unter Bearbeiten/Photoshop • Voreinstellungen • Dateihandhabung • Optionen zum Speichern von Dateien ein Häkchen vor Altes »Speichern unter« aktivieren.

2.4 Cloud-Dokumente verwalten und bearbeiten

Kompatible PSD-Dateien
Die Dateiformate PSD und PSB sind proprietäre Formate von Adobe. Zumindest PSD kann jedoch auch von einigen anderen Anwendungen angezeigt werden. Unter dem Menüpunkt VOREINSTELLUNGEN (Strg/cmd+K) und dort auf der Registerkarte DATEIHANDHABUNG (Strg/cmd+6) können Sie die PSD/PSB-Kompatibilität mit älteren Photoshop-Versionen und anderen Applikationen erhöhen. Allerdings nimmt die Dateigröße dadurch zu. Und die Option hilft Ihnen nicht unbedingt, wenn beim Erstellen der Datei eine Funktion zum Einsatz kam, die in älteren Photoshop-Versionen fehlt.

Wie viele andere Hersteller baut auch Adobe die Möglichkeiten, die Bilder in einer Cloud zu verwenden und zu bearbeiten, immer weiter aus. Schon auf der Startseite von Photoshop (siehe Kapitel 1, Abbildung 1.2) haben Sie unter IHRE DATEIEN Zugriff auf die CLOUD-DOKUMENTE. Auch beim Aufruf von SPEICHERN UNTER und KOPIE SPEICHERN erscheint ein entsprechender (deaktivierbarer) Dialog (Abbildung 2.7). Ebenso im SPEICHERN UNTER-Dialog finden Sie mit ALS CLOUD-DOKUMENTE SPEICHERN eine entsprechende Schaltfläche vor.

Dahinter verbirgt sich ein spezielles Dateiformat (zu erkennen an der Dateiendung ».psdc«) ebenso wie die automatische Sicherung in Adobes Daten-Cloud, deren Nutzung im Photoshop-Abo inbegriffen ist. Wenn Sie die iPad-Version von Photoshop nutzen, werden damit erstellte Dateien standardmäßig als PSDC-Datei in der Cloud abgelegt. Der neue Dateityp ist laut Adobe speziell für mobiles Arbeiten und den Zugriff mit verschiedenen Devices ausgelegt. Voraussetzung dafür ist logischerweise eine aktive Internetverbindung.

Nach einem Klick auf die Schaltfläche ALS CLOUD-DOKUMENT SPEICHERN erscheint ein neuer Speicherdialog. Sie können darin:

- den Dateinamen festlegen ❹
- neue Ordner erzeugen ❻
- zwischen einer Listen- und einer Miniaturansicht wechseln ❺
- zwischen verschiedenen Sortierkriterien wählen ❷
- zum normalen Speicherdialog und zum lokalen Speichern zurückkehren ❸

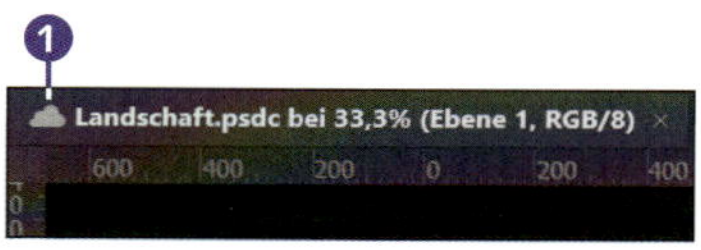

▲ **Abbildung 2.10**
Geöffnete Cloud-Dokumente erkennen Sie am Wolkensymbol ❶ im Tab.

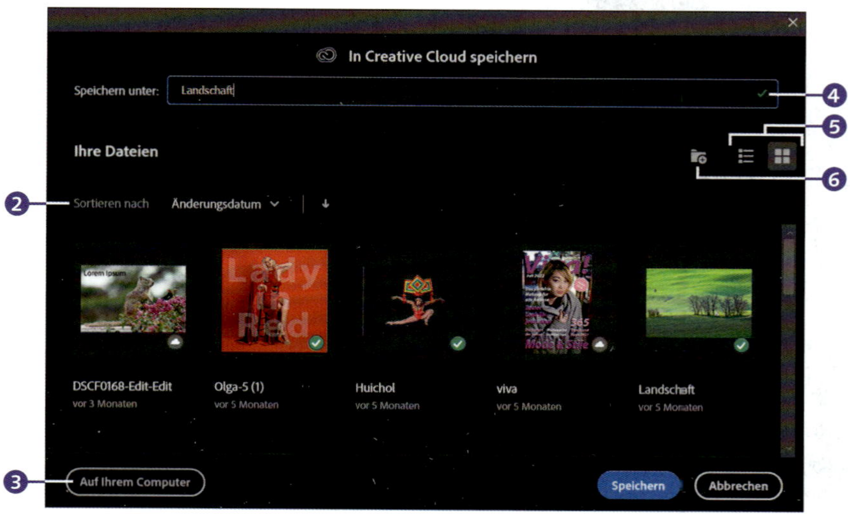

Abbildung 2.11 ►
Speicherdialog für PSDC-Dokumente in der Creative Cloud

Eine Auswahl des Dateityps steht nicht zur Verfügung, da hier ja ausschließlich PSDC-Dokumente erzeugt werden. Ist eine Datei erst einmal im neuen Format gesichert, werden alle Änderungen automatisch in die Cloud übernommen.

Cloud-Dokumente öffnen | Um so erzeugte Dokumente anschließend zu öffnen, starten Sie den gewohnten Öffnen-Dialog. Dieser wurde ebenfalls um eine Schaltfläche erweitert (CLOUD-DOKUMENTE ÖFFNEN), mit der Sie Zugang zu Ihren PSDC-Dokumenten haben. Haben Sie hier zuletzt ein Cloud-Dokument gespeichert, erscheint der Öffnen-Dialog für die Cloud-Version. Auch darin finden Sie die Schaltfläche AUF IHREM COMPUTER vor, mit der Sie Bilder von Ihrem Computer öffnen. Ebenso können Sie die Cloud-Dokumente über die Startseite direkt bei IHRE DATEIEN öffnen.

Dateien online verwalten
Unter *https://assets.adobe.com/cloud-documents* haben Sie Zugriff auf Ihre Cloud-Dokumente.

Über die Cloud-Bibliotheken (FENSTER • BIBLIOTHEKEN) haben Sie jedoch keinen Zugriff auf die Cloud-Dokumente. Die Creative-Cloud-Desktop-App bietet einen Link zur Onlineverwaltung der Cloud-Dokumente.

Dokument zur Bearbeitung freigeben | Rechts oben in Adobe Photoshop finden Sie eine TEILEN-Schaltfläche 8, über das Sie eine andere Person zum gemeinsamen Bearbeiten des Bildes in der Cloud einladen können. Voraussetzung ist, dass die Person ebenfalls über ein Adobe-Konto verfügt. Befindet sich das Bild noch nicht in der Cloud, werden Sie aufgefordert, es hochzuladen. Wenn Sie das Icon anklicken, geben Sie die E-Mail-Adresse und optional eine Nachricht an die einzuladende Person ein.

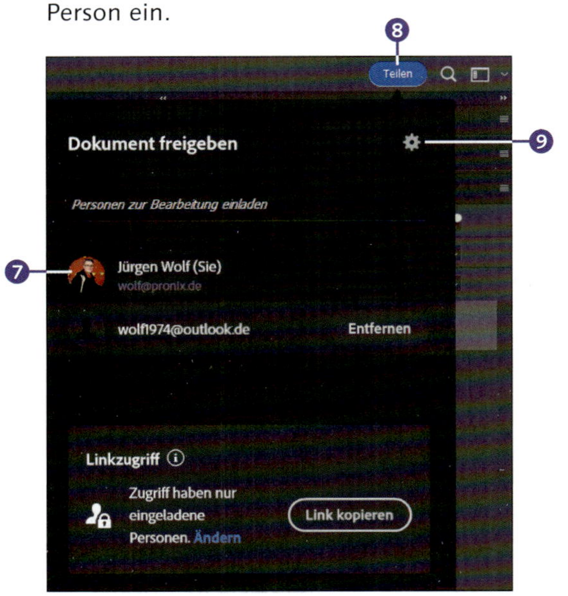

◂ **Abbildung 2.12**
Zum Bearbeiten einladen

Sobald Sie eine Person eingeladen haben, erscheint sie im selben Dialogfeld ❼ (Abbildung 2.12), wo Sie den Zugriff mit ENTFERNEN auch wieder entziehen können. Im Bereich LINKZUGRIFF legen Sie über ÄNDERN fest, ob nur bestimmte Personen oder jeder, der den Link zum Dokument besitzt, Zugriff auf das Dokument haben dürfen. Ob berechtigte Personen auch kommentieren oder die Datei als Kopie speichern dürfen, können Sie hier einstellen. Dieselben Einstellungen finden Sie auch über das Zahnrad ❾.

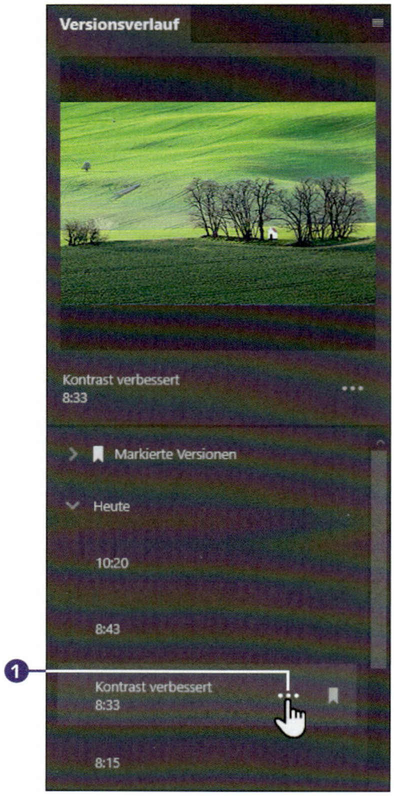

▲ **Abbildung 2.13**
Versionsverlauf-Bedienfeld

Versionsverlauf verwalten | Auch den VERSIONSVERLAUF eines Cloud-Dokumentes können Sie überprüfen, indem Sie das entsprechende Bedienfeld über DATEI • VERSIONSVERLAUF oder FENSTER • VERSIONSVERLAUF öffnen. Dort sehen Sie die gespeicherten Versionen des Cloud-Dokuments chronologisch aufgelistet. Wählen Sie eine Version aus, wird sie in der Vorschau des Versionsverlauf-Bedienfeldes oben angezeigt. Klicken Sie auf die drei Punkte ··· ❶ neben einer Version oder unterhalb der Vorschau, stehen Ihnen folgende Befehle zur Verfügung:

- VERSION BENENNEN: Damit geben Sie der Version einen aussagekräftigen Namen und fügen sie auch gleich zur Liste MARKIERTE VERSIONEN dazu. Auch über das kleine Bookmark-Symbol können Sie eine Version direkt zur Liste MARKIERTE VERSIONEN hinzufügen.
- AUF DIESE VERSION ZURÜCKSETZEN: Damit setzen Sie den Bearbeitungszustand des Bildes in der Cloud auf die entsprechende Version zurück, die Sie ausgewählt haben. Die ausgewählte Version wird auf den Anfang des Versionsstapels gesetzt.
- IN NEUER REGISTERKARTE ÖFFNEN: Damit erstellen Sie unabhängig von der Cloud ein neues Dokument aus der ausgewählten Version in einem neuem Register.

Umbenennen, Löschen und Verschieben | Wenn Sie auf der Startseite von Photoshop bei DATEIEN auf -IHRE DATEIEN klicken, finden Sie eine Übersicht der Cloud-Dokumente. Die Startseite erreichen Sie, indem Sie auf das Haussymbol links oben unterhalb Menüleiste klicken.

Über die drei Punkte unterhalb eines jeden Bildes ❷ können Sie nun das Cloud-Dokument umbenennen, löschen oder in ein Verzeichnis verschieben. Mit der Option IMMER OFFLINE ZUR VERFÜGUNG STELLEN können Sie offline am Dokument arbeiten. Das ist praktisch, wenn Sie mal keine oder nur eine eingeschränkte Internetverbindung haben. Sobald Sie wieder online sind, wird das Cloud-Dokument automatisch synchronisiert. Die Option bleibt so lange aktiv, bis Sie erneut die drei Punkte wählen und IMMER FÜR ONLINE-NUTZUNG ZUR VERFÜGUNG STELLEN wählen.

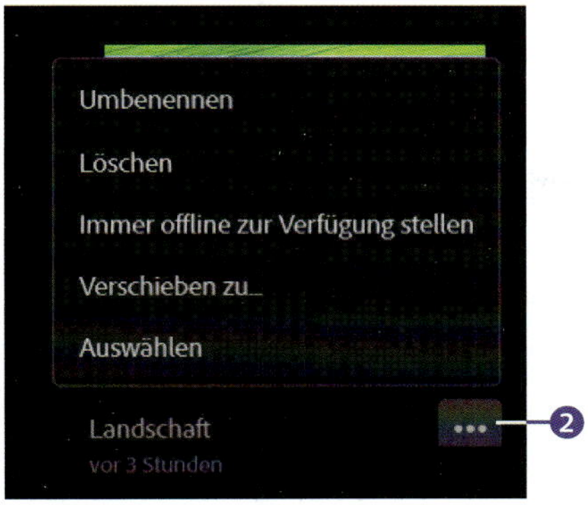

▲ **Abbildung 2.14**
Cloud-Dokumente umbenennen, löschen oder verschieben

Offline oder online verfügbar?
Wenn das Miniaturbild des Cloud-Dokuments der Startseite (siehe Abbildung 2.11) mit einem grünen Häkchen versehen ist, wurde das Dokument heruntergeladen und steht Ihnen auch zur Verfügung, wenn Sie offline sind. Wird hingegen das Wolkensymbol angezeigt, ist das Cloud-Dokument nur online verfügbar.

Unterschied zwischen Cloud-Dokumenten und Dateien, die in der Adobe Creative Cloud gesichert wurden | Neben dem neuen Konzept der proprietären Cloud-Dokumente, die im speziellen Dateityp PSDC vorliegen, gibt es schon seit Längerem die Möglichkeit, Dateien *jeglichen* Typs in Adobes Cloud-Speicher zu sichern, der zum Photoshop-Abo dazugehört (je nach Abomodell stehen 20 GB oder 1 TB Speicher zur Verfügung). Dazu genügt es, beim Speichern oder Öffnen den Speicherort CREATIVE CLOUD FILES auszuwählen.

Adobe hat also zwei parallele Routinen für das Speichern und Öffnen von Dateien eingerichtet, die beide auf die Adobe-Daten-Cloud zugreifen. Allerdings sind die Cloud-Dokumente nicht zwischen den übrigen Dokumenten zu finden, sondern werden dort gesondert aufgeführt und sind über die hier beschriebenen Wege zu erreichen.

2.5 Optionen für spezielle Dateiformate

Neben allgemeinen Speicheroptionen, mit denen Sie etwa den Dateinamen, Speicherort und beim Speichern aufzunehmende Dateieigenschaften festlegen, haben fast alle Dateiformate noch spezifische Optionen.

2.5.1 TIFF-Speicheroptionen

Das Dateiformat TIFF ist eine gute Alternative zum proprietären Format PSD, besonders zur Weitergabe und zur langfristigen Sicherung von Bilddaten. Die allgemeinen Optionen, die Sie schon vom PSD-Format kennen, stehen auch für TIFF-Dateien zur Verfügung. Wenn Sie das Speichern als Tiff-Datei bestätigen erscheint ein weiteres Dialogfeld.

TIFF ist ein ideales Austauschformat für Dateien, bei denen Ebenen, Kanäle und ähnliche Eigenschaften erhalten bleiben sollen. Es kann von zahlreichen anderen Anwendungen gelesen werden und legt Sie nicht für alle Zeiten auf die Adobe-Welt fest.

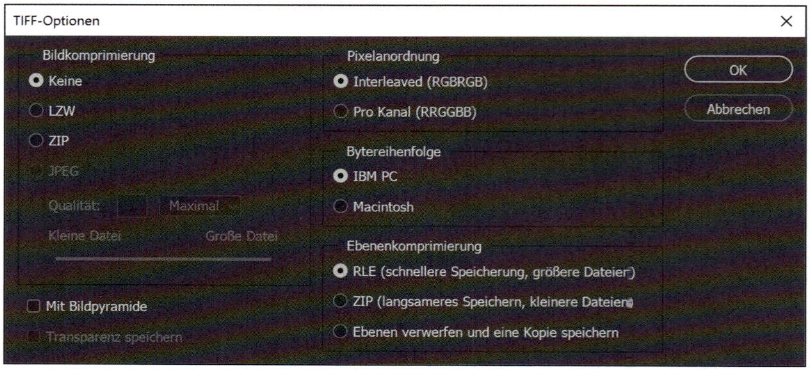

Abbildung 2.15 ▸
Weiter gehende Speichereinstellungen für Dateien im TIFF-Format

Bildkomprimierung | Zunächst wählen Sie die Bildkomprimierung: LZW und ZIP arbeiten verlustfrei, die JPEG-Kompression ist verlustbehaftet und kann mit Hilfe des Schiebereglers dosiert werden. LZW ist hier die Einstellung der Wahl – sie ist verlustfrei und auch im Austausch mit anderen Applikationen unkompliziert.

Pixelanordnung | Unter Pixelanordnung wird beim Schreiben von TIFF-Dateien in Photoshop standardmäßig die Interleaved-Kanalreihenfolge verwendet. Theoretisch können Dateien in der Pro Kanal-Reihenfolge jedoch schneller gelesen und geschrieben werden, und auch hinsichtlich der Komprimierung soll diese Reihenfolge Vorteile bieten. Beide Kanalreihenfolgen sind mit älteren Versionen von Photoshop abwärtskompatibel. Ob andere Programme mit »Pro-Kanal«-TIFFs umgehen können, ist wieder eine andere Frage.

Bytereihenfolge
Ob Sie unter Bytereihenfolge IBM PC oder Macintosh wählen, ist in der Praxis meist wenig relevant – Photoshop kommt immer mit beiden Versionen zurecht.

Bildpyramide und Transparenz | Die Option Mit Bildpyramide kann sinnvoll sein, wenn Sie das Bild in Layoutprogrammen wie z. B. Adobe InDesign weiterbearbeiten wollen. Damit wird das TIFF-Bild in mehreren unterschiedlichen Auflösungen innerhalb einer einzigen Datei gespeichert. Das ermöglicht das schnelle Laden der Grafik in Ihr Layoutprogramm. Diese Option beansprucht allerdings zusätzlichen Speicherplatz. Wenn transparente Bereiche des Bildes auch in anderen Anwendungen transparent erscheinen sollen, muss Transparenz speichern aktiviert sein.

Ebenenkomprimierung | Sofern Ihr Bild mehrere Ebenen enthält, bietet Photoshop-TIFF unter Ebenenkomprimierung die Möglichkeit, sie zu erhalten und ebenfalls zu komprimieren. Beide angebotenen Kompressionsmethoden sind im Austausch mit Nicht-Adobe-Anwendungen problematisch, denn hier speichert Photoshop stillschweigend auch Beschneidungspfade sowie mehrere Alphakanäle mit, wenn sie im Bild vorhanden sind. Diese Eigenschaften werden jedoch nicht von allen Programmen unterstützt.

Auf der sicheren Seite bleiben Sie, wenn Sie sich beim TIFF-Speichern auf die Optionen LZW-Kompression beschränken und bei der PIXELANORDNUNG bei INTERLEAVED bleiben!

Reminder für Ebenen-TIFFs
Auf Wunsch erhalten Sie jedes Mal einen Hinweis, bevor Sie sich an das potenziell problematische Speichern von Ebenen-TIFFs machen. Setzen Sie dazu in den Voreinstellungen (Strg/cmd+K) unter DATEIHANDHABUNG (Strg/cmd+6) bei der Option VOR DEM SPEICHERN VON TIFF-DATEIEN MIT EBENEN FRAGEN ein Häkchen.

2.5.2 GIF, JPEG und PNG – Formate für den Screeneinsatz

Für das Erzeugen von Dateien in den Webformaten GIF, JPEG und PNG stehen in Photoshop mehrere Möglichkeiten zur Verfügung:

- die Auswahl von GIF, JPG oder PNG im Speichern-Dialog unter FORMAT und das anschließende Festlegen der Optionen,
- der Weg über DATEI • EXPORTIEREN • FÜR WEB SPEICHERN (Legacy) (Alt+⇧+Strg+S bzw. alt+⇧+cmd+S) und
- die Export-Funktionen unter DATEI • EXPORTIEREN • EXPORTIEREN ALS ... (Alt+⇧+Strg+W bzw. alt+⇧+cmd+W) sowie den Schnellexport (unter DATEI • EXPORTIEREN • SCHNELLEXPORT ALS PNG)

Die erste Möglichkeit bietet nur wenig Kontrolle über das spätere Aussehen der Datei, und gerade bei den Screen-Formaten, die mit Kompression oder der Reduktion der Bildfarben arbeiten, kommt es darauf an.

Mit dem Legacy-Tool FÜR WEB SPEICHERN oder EXPORTIEREN ALS haben Sie differenzierte Möglichkeiten, das Aussehen und die Qualität Ihrer Datei zu beeinflussen, und können auf webspezifische Optionen zugreifen. Wie Sie diese Webspeichern-Werkzeuge bedienen und aus Ihren Bildern gute Qualität bei geringer Dateigröße herausholen, können Sie in Kapitel 32, »Bilder für den Screen erzeugen und optimieren«, nachlesen.

Photoshop-PDF
Mit Photoshop erzeugte PDFs können Dateiinformationen wie Ebenen, Alphakanäle, Volltonfarbenkanäle oder Anmerkungen enthalten. Sie können sie zur erneuten Bearbeitung in neueren Photoshop-Versionen einfach erneut öffnen. Es ist nicht notwendig, Photoshop-PDFs zu importieren (den Importdialog habe ich bereits in Abschnitt 2.1.1, »PDF-Dateien importieren«, vorgestellt).

2.5.3 Speicheroptionen für Photoshop-PDF

PDF ist ein sehr leistungsfähiges und flexibles Dateiformat für komplexe Dokumente. Neben dem eigentlichen Inhalt kann eine Vielzahl weiter gehender Informationen enthalten sein. Das reicht von Sicherheitseinstellungen und verschiedenen Kompressionsmethoden für Bilder bis zu eingebetteten Schriften, Informationen zum Farbmanagement und

Konvertierungsanweisungen und vielem mehr. Zahlreiche unterschiedliche Konstellationen von Eigenschaften in einem PDF-Dokument sind möglich.

Inzwischen gibt es beim Erzeugen von PDF-Dateien mit Photoshop fast so viele Möglichkeiten wie mit dem genuinen PDF-Programm Adobe Acrobat. Entsprechend umfangreich fällt das Dialogfeld in Photoshop aus. In fünf verschiedenen Bereichen steuern Sie die PDF-Eigenschaften, die wichtigsten Einstellungen finden Sie unter Allgemein. Die »Navigation« 3 am linken Rand bringt Sie zu weiteren Optionen.

Priorität der PDF-Optionen
Es kann vorkommen, dass sich Einstellungen des Dialogs Speichern unter und spezifische PDF-Optionen widersprechen. In diesem Fall räumt Photoshop den PDF-spezifischen Einstellungen mehr Gewicht ein.

Grundlegende Vorgaben einstellen | Unter Adobe PDF-Vorgabe 1 finden Sie Einstellungen, die Eigenschaften, Qualität und Dateigröße des späteren PDF steuern. Maßgeblich ist hier wie so oft der geplante Verwendungszweck der PDF-Datei. Alle anderen Einstellungen in den fünf verschiedenen Bereichen des Dialogfelds sind optionales Feintuning oder dienen dem Zweck, eigene Vorgaben zu entwickeln.

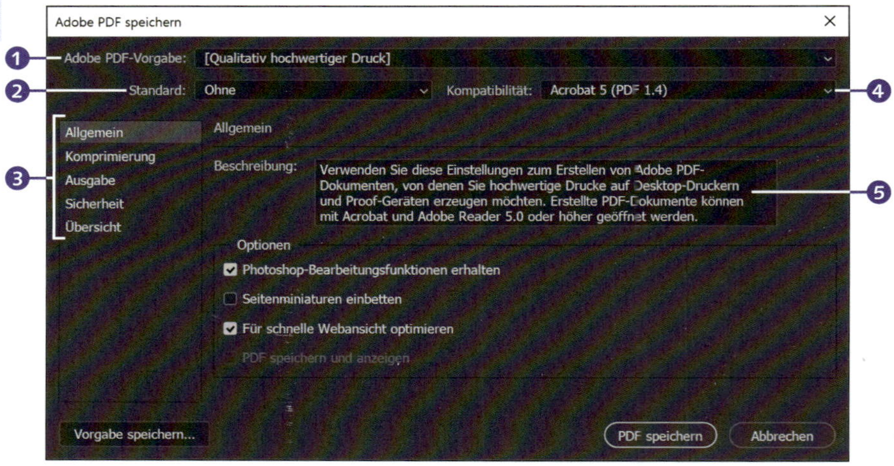

Abbildung 2.16 ▶
Die wichtigsten Einstellungen finden Sie unter Allgemein.

Die Arbeit mit fertigen Vorgaben hat zwei Vorteile: Sie sparen sich viele Klicks beim Zusammenstellen der gewünschten Optionen, und Sie verringern das Risiko falscher Konfigurationen. Die wichtigsten Voreinstellungen kurz vorgestellt:

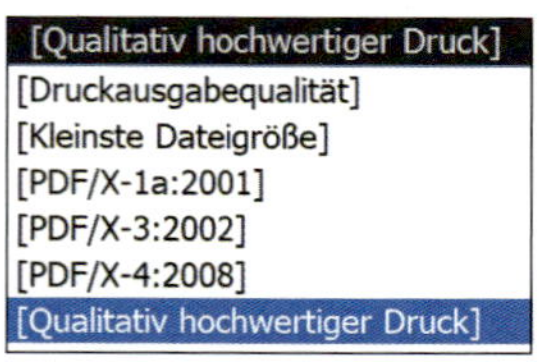

▲ Abbildung 2.17
Die von Adobe angebotenen PDF-Vorgaben

- Druckausgabequalität: Gute Qualität hat beim Erstellen der PDF-Datei mit dieser Vorgabe höchste Priorität. Sie enthält alle Informationen, die beispielsweise für den Digitaldruck notwendig sind, allerdings ist sie nicht mit dem PDF/X-Standard kompatibel. Diese PDF-Dateien können in Acrobat 5.0 und Acrobat Reader 5.0 (und höheren Versionen) geöffnet werden.

- KLEINSTE DATEIGRÖSSE ist für den Online-Datenaustausch konzipiert. Automatisch sind PDFs, die mit diesen Einstellungen erzeugt wurden, mit Acrobat- und Acrobat-Reader-Versionen bis hinunter zur Version 5 kompatibel, eignen sich also gut für die Verteilung in die Breite.
- QUALITATIV HOCHWERTIGER DRUCK bezieht sich nicht auf den gewerblichen Druck, sondern auf die Ausgabe auf Desktopdruckern.
- PDF/X ist ein PDF-Unterformat, das speziell für die Ausgabe auf großen Druckmaschinen konzipiert wurde; es gibt verschiedene Versionen. Unter STANDARD ❷ können Sie weiter gehende PDF/X-Eigenschaften festlegen.

Kompatibilitätseinstellungen | Interessant sind auch die Kompatibilitätseinstellungen ❹ für das Dateiformat PDF. Wenn kein zwingender Grund besteht, eine abwärtskompatible Datei zu erstellen, empfiehlt sich in der Regel die neueste zur Verfügung stehende Version (das ist in Photoshop derzeit PDF 1.7+). Lediglich für PDF, die wirklich breit gestreut werden sollen, ist Abwärtskompatibilität zu bedenken.

Allgemein | Unter ALLGEMEIN finden Sie ein Beschreibungsfeld und einige Options-Checkboxen. Damit legen Sie vor allem die PDF-Eigenschaften fest, die den Bedienungskomfort betreffen.

- PHOTOSHOP-BEARBEITUNGSFUNKTIONEN ERHALTEN erhält – wie der Name schon nahelegt – Photoshop-typische Features wie Ebenen, Alphakanäle etc. Das ist für eine eventuelle spätere Weiterverarbeitung in Photoshop praktisch, schränkt die Kompatibilität jedoch wieder ein: PDFs mit dieser Option können nur in Photoshop-Versionen ab CS2 (oder höher) geöffnet werden.
- SEITENMINIATUREN EINBETTEN betrifft die Weiterverarbeitung in Adobe Illustrator. Die Miniatur wird dann in einigen Dialogfeldern angezeigt.
- FÜR SCHNELLE WEBANSICHT OPTIMIEREN ist besonders sinnvoll in Kombination mit der Vorgabe KLEINSTE DATEIGRÖSSE, also für den Webeinsatz der PDFs.
- PDF SPEICHERN UND ANZEIGEN bewirkt, dass das neue File nach dem Speichern – das Sie aber noch extra erledigen müssen – in dem PDF-Programm angezeigt wird, das auf Ihrem Rechner als Standard festgelegt wurde.

Komprimierung | Anders als beim TIFF vertragen sich alle im Abschnitt KOMPRIMIERUNG ❶ (Abbildung 2.18) vorgeschlagenen Methoden ❷ in der Regel gut mit anderen Anwendungen. Ob Sie verlustfrei (ZIP) oder verlustbehaftet (JPEG) speichern wollen, liegt ganz bei Ihnen. Wählen

Beschreibung als Gedächtnisstütze
Den Text im Feld unter BESCHREIBUNG ❺ können Sie bearbeiten. Das ist dann sinnvoll, wenn Sie die Vorgaben ändern und sich einige Stichpunkte zu den modifizierten Einstellungen notieren wollen. Wenn Sie die Vorgabe später speichern und erneut abrufen, erleichtert das die Orientierung.

PDF-Kompatibilität
Eine Übersicht zu den Kompatibilitätseinstellungen und welche was bewirkt entnehmen Sie bei Bedarf der Website *https://helpx.adobe.com/de/photoshop/using/saving-pdf-files.html* im Bereich PDF-KOMPATIBILITÄTSSTUFEN.

Sie JPEG, können Sie sich noch zwischen verschiedenen Bildqualitäten respektive Kompressionsstufen entscheiden ❸.

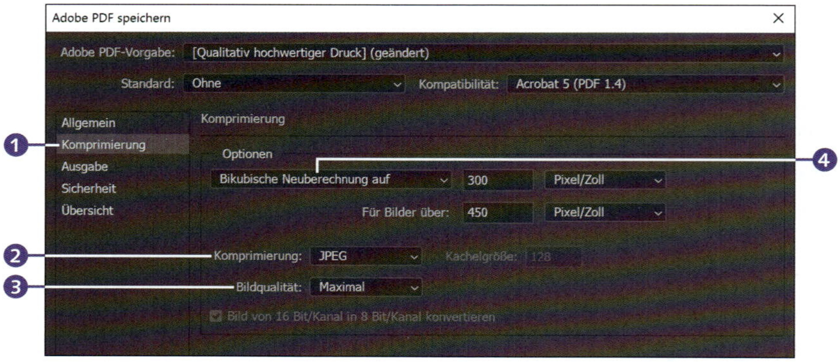

Abbildung 2.18 ▸
Verschiedene Komprimierungseinstellungen: Hier können Sie nochmals auf Größe und Qualität des PDFs Einfluss nehmen.

Zum Weiterlesen
Hintergrundwissen zur **JPEG-Kompression** finden Sie in Anhang A, »Bildbearbeitung: Fachwissen«.

Die Option zur Neuberechnung ❹ ist vor allem dann wichtig, wenn Sie das PDF ins Internet stellen wollen, denn sie ermöglicht eine höhere Komprimierung. Konkret bedeutet eine Neuberechnung, dass die ursprüngliche Pixelmenge im Bild reduziert und beim Öffnen des Bildes neu errechnet wird.

Unbedingt sollten Sie die Option abwählen und auf KEINE NEUBERECHNUNG stellen, wenn Sie in hohen Qualitäten drucken wollen. Meist führt die Einstellung BIKUBISCHE NEUBERECHNUNG AUF zu besten Ergebnissen, die Berechnung dauert jedoch recht lange. Ziemlich flott arbeitet SUBSAMPLING AUF, es liefert aber besonders bei Fotos keine guten Resultate. Bilder mit glatten Kanten können von dieser Methode profitieren. Bei der Methode DURCHSCHNITTLICHE NEUBERECHNUNG AUF werden neue Pixel durch Mitteln der Farbwerte der benachbarten Pixel hinzugefügt.

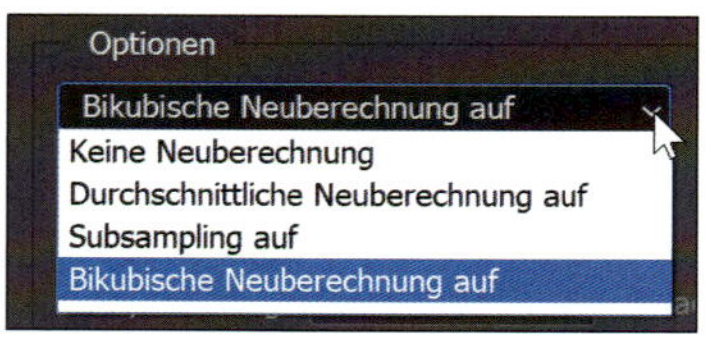

▲ Abbildung 2.19
Neuberechnungsoptionen

Ausgabe | Die Einstellungen unter AUSGABE richten sich vor allem an Druckvorstufen-Profis und andere Anwender, die mit PDF/X und mit Farbmanagement arbeiten. Hierbei ist die Rücksprache mit der Druckerei dringend zu empfehlen!

Sicherheit | Ein großer Vorzug des PDF-Formats ist, dass der Zugriff auf das Dokument differenziert geregelt werden kann. Unter SICHERHEIT können Sie Kennwörter für das Öffnen, aber auch für einzelne Bearbeitungsschritte wie das Drucken und die Druckqualität oder das Bearbeiten einzelner Seiten oder Formularfelder vergeben.

Kennwörter sichern
Denken Sie unbedingt daran, PDF-Kennwörter sicher aufzubewahren. Es gibt **keine** Möglichkeit, ein einmal vergebenes und dann in Vergessenheit geratenes Kennwort aus dem Dokument zu extrahieren – das Dokument wird dann schlicht unbrauchbar.

Übersicht | Unter ÜBERSICHT können Sie nochmals all Ihre Einstellungen en bloc prüfen. Das ist auch eine gute Maßnahme, wenn Sie sich entscheiden, die Vorgaben abzuspeichern!

Speichern | Wenn Sie mit Ihren Einstellungen fertig sind, haben Sie drei Vorgehensmöglichkeiten – in Gestalt von drei Buttons am unteren Rand des Dialogfensters:

- PDF SPEICHERN speichert die Datei als PDF.
- Ein Klick auf ABBRECHEN verwirft die Einstellungen und schließt das Dialogfenster.
- Mit dem Befehl VORGABE SPEICHERN (im Dialogfeld unten links) werden Ihre Einstellungen als »Joboption« gesichert und sind dann später in der Vorgabenliste abrufbar.

Einmal gespeicherte **Joboptions** können Sie jederzeit erneut verwenden und natürlich auch weitergeben. Das Ziel der Arbeit mit Joboptions ist es, auf Basis der gespeicherten Vorgaben einheitliche PDFs zu erzeugen. Die gespeicherten Joboptions erscheinen im Menü ADOBE PDF-VORGABE und sind auch in anderen Applikationen der Creative Cloud verfügbar.

2.5.4 Tastenkürzel für das Speichern, Öffnen und Schließen von Dateien

Was wollen Sie tun?	Windows	Mac
Datei öffnen	Strg + O	cmd + O
Datei anlegen	Strg + N	cmd + N
Bridge öffnen	Alt + Strg + O	alt + cmd + O
Öffnen als …	⇧ + Alt + Strg + O	–
Datei schließen	Strg + W	cmd + W
alle Dateien schließen	Alt + Strg + W	alt + cmd + W
Datei speichern	Strg + S	cmd + S
Datei speichern unter	⇧ + Strg + S	⇧ + cmd + S
Kopie speichern	Alt + Strg + S	alt + cmd + S
für Web speichern (Legacy)	⇧ + Alt + Strg + S	⇧ + alt + cmd + S
Exportieren als …	⇧ + Alt + Strg + W	⇧ + alt + cmd + W
zurück zur letzten Version gehen	F12	F12
Dateiinformationen anzeigen	⇧ + Alt + Strg + I	⇧ + alt + cmd + I

◂ **Tabelle 2.1**
Arbeit mit Dateien – Tastaturbefehle

2.6 Adobe Bridge: Die Ordnungsmacht

Wer fotografiert, benötigt einen Bildverwalter, um den Bilderdschungel *effektiv* zu verwalten. Der Bildbrowser Adobe Bridge ist ein leistungsfähiges Werkzeug, das hohen Ansprüchen genügt, leicht erlernbar ist und zudem eng mit Photoshop verzahnt ist – genug Argumente, um in einem Photoshop-Buch die wichtigsten Funktionen zu präsentieren.

Bridge vs. Lightroom | Neben der Bridge bietet Photoshop auch Lightroom zur Bildverwaltung an. Beide Anwendungen haben Vor- und Nachteile. Für die Bridge spricht, dass es die gleiche Camera-Raw-Engine benutzt wie Photoshop (es muss nicht umgelernt werden, wenn Sie Photoshops Raw-Engine bereits kennen), dass Sie damit nicht nur klassische Fotodateien, sondern beinahe jedes Dateiformat verwalten können (praktisch für Multimedia-Design und ähnliche Tätigkeiten) und dass sich die Oberfläche der Bridge den eigenen Ansprüchen leicht anpassen lässt. Mit der Bridge ist es umstandslos möglich, dass mehrere Personen auf ein und denselben Ordner zugreifen, denn die Bridge ist ein klassischer Bildbrowser – man kann zu Ordnern navigieren und deren Inhalte ansehen. In Lightroom hingegen müssen alle Daten, die man mit Lightroom betrachten möchte, zunächst importiert werden – was die Multi-User-Nutzung etwas umständlich macht. Lightroom ist allerdings der Bridge überlegen, wenn es darum geht, regelmäßig wirklich große Mengen an Fotos zu verwalten und zu durchsuchen. Auch hinsichtlich der Bildausgabe kann Lightroom punkten. Dort stehen verschiedene Ausgabemodule zur Verfügung, in der Bridge wurde das bisherige Ausgabe-Bedienfeld zum Erstellen von PDF-Kontaktabzügen und Web-Galerien entfernt.

2.6.1 Die wichtigsten Funktionen auf einen Blick

Um mit der Bridge loszulegen, müssen Sie die Anwendung zunächst mit Hilfe der Creative-Cloud-App installieren. Danach können Sie die Anwendung entweder als Soloprogramm über das Anwendungs-Icon öffnen oder aus Photoshop heraus starten. Dazu nutzen Sie den Befehl Datei • In Bridge suchen (Alt+Strg/cmd+O).

Im Bridge-Arbeitsfenster in der Standardansicht fällt als Erstes die Dreiteilung ins Auge: An beiden Seiten sehen Sie Bedienfelder mit verschiedenen Funktionen – links befinden sich Bedienfelder, die Ihnen helfen, Dateien und Ordner wiederzufinden, rechts Bedienfelder mit weiter gehenden Bildinformationen. In der Mitte liegen Bildminiaturen, die den Inhalt des jeweils aktuellen Ordners anzeigen.

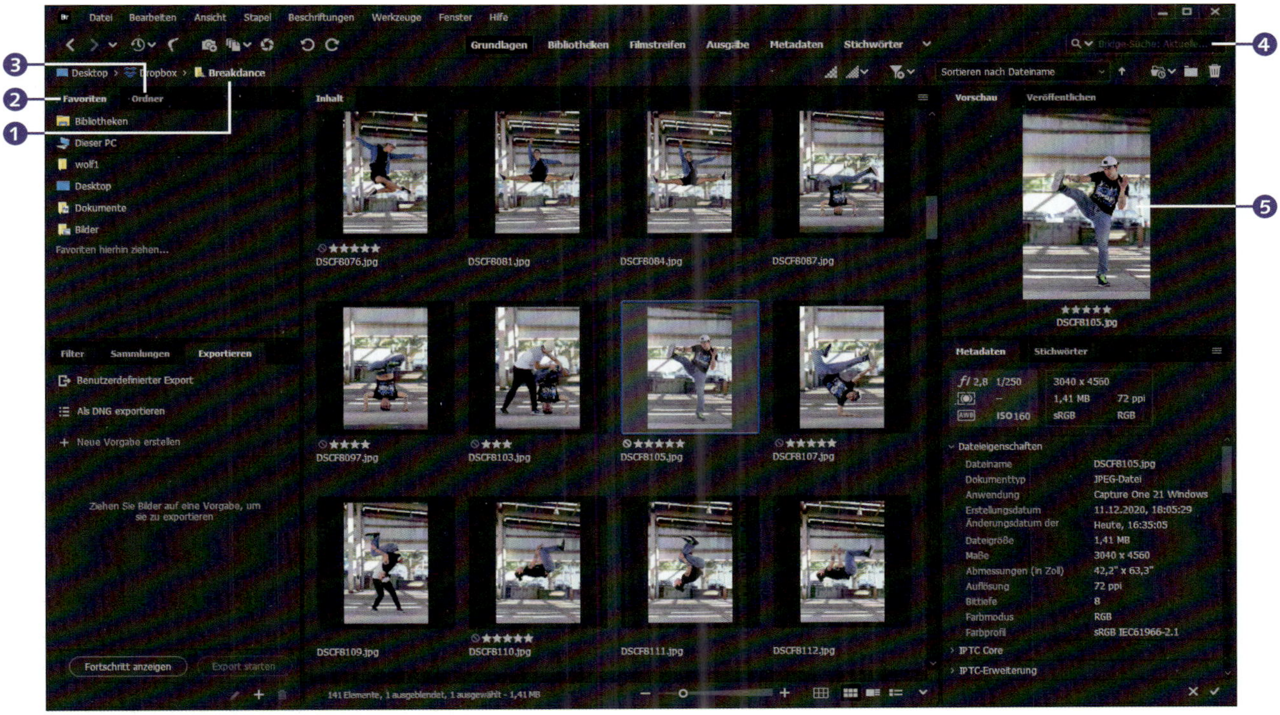

▲ **Abbildung 2.20**
In der GRUNDLAGEN-Ansicht ist das Bridge-Fenster dreigeteilt. Die Arbeitsoberfläche können Sie auch noch anpassen.

Hier eine Übersicht der wichtigsten Funktionen.

Navigation: Ordner, Favoriten und Pfadleiste | Mit Hilfe des Registers ORDNER ❸ können Sie direkt durch die Ordnerstruktur Ihres Rechners navigieren. Unter FAVORITEN ❷ können Sie mit Drag & Drop oder per Kontextmenü die meistbenutzten Ordner ablegen. Die Ordnernamen in der Pfadleiste ❶ zeigen Ihnen nicht nur genau, welchen Ordnerinhalt Sie gerade ansehen, Sie können die Ordnernamen auch anklicken, um hinzunavigieren.

▲ **Abbildung 2.21**
Ordner wird zu den Favoriten hinzugefügt.

Ordnerinhalte durchsuchen | Eine schnell zugängliche Suchhilfe ist das Suchfeld ❹ – hier können Sie sich Dateien mit bestimmten Namen oder Namenspartikeln anzeigen lassen. Das klappt natürlich nur, wenn die Dateien bereits benannt worden sind.

Der Befehl ELEMENTE IN UNTERORDNERN ANZEIGEN (ebenfalls im Pfadleisten-Kontextmenü) führt zur sogenannten **flachen Ansicht**: Dabei wird der Inhalt aller Unterordner auf einmal angezeigt. Es sieht so aus, als würden diese Unterordner gar nicht existieren und alle Dateien zusammen im übergeordneten Ordner liegen. Bei umfangreichen Ordnern kann es eine Weile dauern, bis alle Dateien und Unterordner in der flachen Ansicht geladen sind.

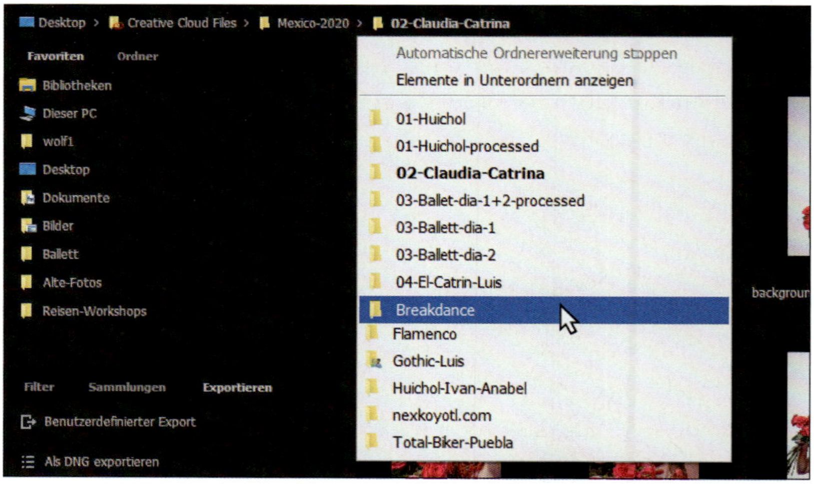

Abbildung 2.22 ▸
Über die Pfadleiste gelangen Sie per Kontextmenü schnell zu Unterordnern.

Für ein manuelles Durchforsten ist die flache Ansicht bestimmt nicht geeignet, wohl aber, um automatische Suchläufe – zum Beispiel mit dem DURCHSUCHEN-Feld – durchzuführen. Dann sparen Sie sich das Öffnen zahlreicher Unterordner und wiederholte Suchvorgänge.

Eine Dateisuche mit verfeinerten Optionen finden Sie unter BEARBEITEN • SUCHEN (Strg/cmd+F).

Ordnerinhalte filtern | Mehr Hilfe als die Suche bietet das Bedienfeld FILTER ❶ – hier nicht als Kreativfunktion zur Bildverfremdung, sondern als Hilfsmittel zur Dateisuche! Mit dieser Funktion behalten Sie auch in gut bestückten Ordnern die Übersicht über Ihre Bilder. Klicken Sie einfach in der Liste die Eigenschaften der gewünschten Bilder an – etwa Ausrichtung, Dateityp, Erstellungs- oder Änderungsdatum –, um sich allein die Dateien mit den entsprechenden Eigenschaften anzeigen zu lassen.

Bilder über Ordner hinweg bündeln | Das Bedienfeld SAMMLUNGEN ermöglicht die Unabhängigkeit vom Ordnersystem: Sammlungen und smarte Sammlungen sind virtuelle Ordner, in denen Dateien (z.T. automatisch) gesammelt werden, auch wenn sie tatsächlich in unterschiedlichen Ordnern gespeichert sind. So können ordnerübergreifende Sammlungen zu verschiedenen Themen oder Arbeitsprojekten erzeugt werden.

- Wenn Sie eine Sammlung erstellt haben, ziehen Sie einfach die gewünschten Bildminiaturen aus dem Vorschaubereich dort hinein – die Dateien verbleiben in ihren jeweiligen physischen Ordnern, sind über die Sammlung aber an einem Ort gebündelt und schnell auffindbar.
- Wenn Sie eine smarte Sammlung erstellen, werden Dateien nach bestimmten Kriterien, die Sie zuvor detailliert festlegen können, automatisiert hinzugefügt.

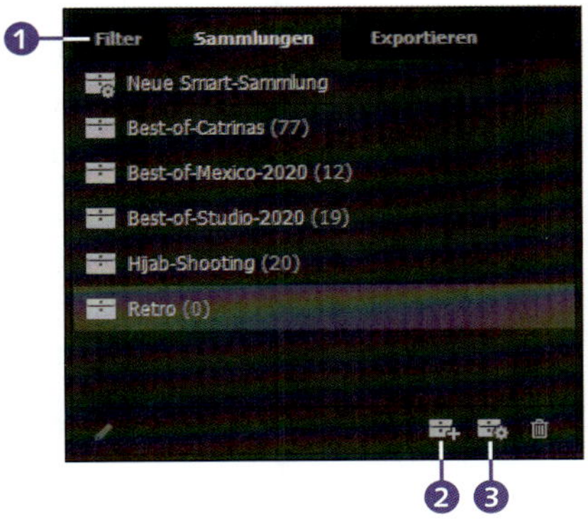

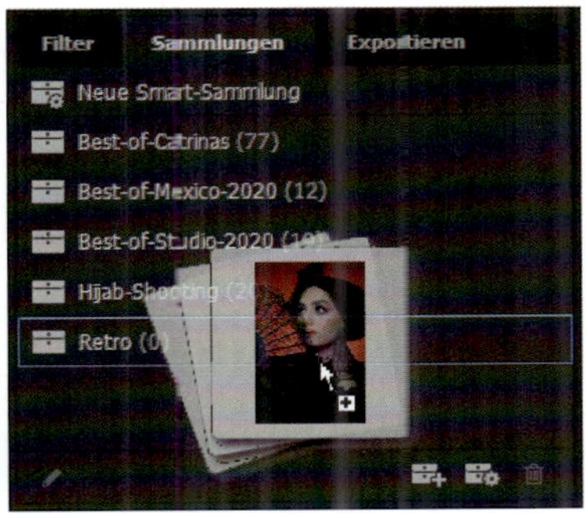

◂◂ **Abbildung 2.23**
Erzeugen einer Sammlung ❷ und einer Smart-Sammlung ❸.

◂ **Abbildung 2.24**
Dateien werden einer Sammlung per Drag & Drop hinzugefügt.

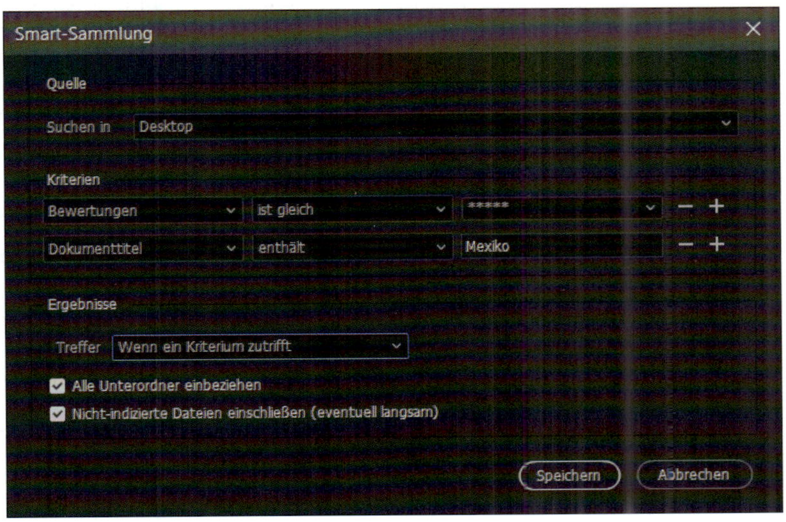

◂ **Abbildung 2.25**
Festlegen der Kriterien für eine smarte Sammlung, die sich nach den Vorgaben anschließend selbst befüllt.

Vorschau | Auf der rechten Seite des Arbeitsbereichs sehen Sie ein Bedienfeld mit einem zusätzlichen Vorschaufenster (❺ in Abbildung 2.20). Es soll zwei Funktionen erfüllen: Kleine Bildminiaturen können Sie hier gegebenenfalls etwas größer sehen. Und Sie erkennen mit einem Blick, welche Dateien im INHALT-Fenster aktuell ausgewählt sind.

Metadaten und Stichwörter | Unterhalb der Vorschau finden sich die beiden Bedienfelder zur Verwaltung und Bearbeitung von Metadaten ❶ und Stichwörtern ❷ – Zusatzinformationen zum Bild, die Ihnen ein schnelles Auffinden erleichtern (STICHWÖRTER) und wichtige Bildinformationen unwiderruflich an das Bild heften (METADATEN, zum Beispiel zum Bildautor).

- Bei den **Metadaten** finden Sie viele Informationen, die automatisch hinzugefügt werden – etwa zu den Dateieigenschaften, der Belichtung oder dem Aufnahmedatum –, Sie können aber auch eigene Daten einfügen, etwa Informationen zur Urheberschaft, Kontaktdaten und Ähnliches. Diese können dann auch von anderen Nutzern der Dateien und mit vielen anderen Anwendungen eingesehen werden.
- Die **Stichworte** hingegen sind Teil des Bridge-internen Ordnungssystems. Sie können Ihre Bildbestände verschlagworten und mit Hilfe dieser Tags Bilder suchen oder in smarte Sammlungen einfügen lassen.

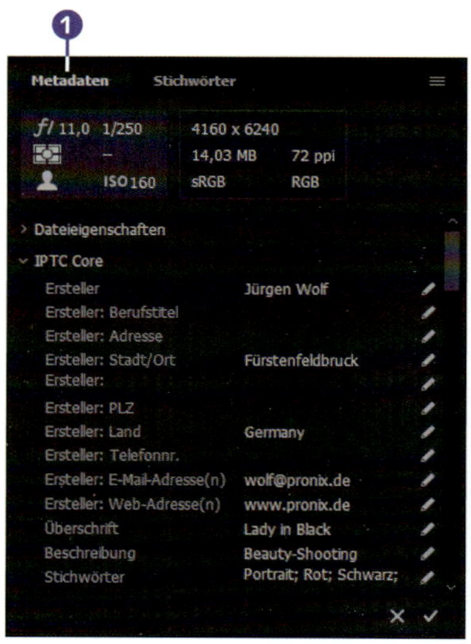

Abbildung 2.26 ►
In den app-übergreifend lesbaren Metadaten können Angaben zum Urheber, aber auch zusätzliche Informationen über Bildinhalte, etwa Anlass oder dargestellte Personen, dauerhaft vermerkt werden.

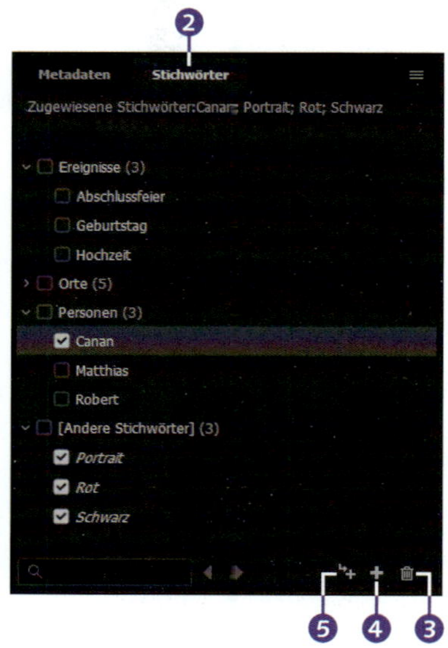

Abbildung 2.27 ►►
Vergabe von Stichwörtern (Tags) für den Gebrauch in der Bridge. Sie können Oberbegriffe ❹, untergeordnete Begriffe ❺ vergeben und diese natürlich auch löschen ❸.

2.6.2 Der Arbeitsplatz für jede Aufgabe: Die Bridge anpassen

Bildverwaltungsaufgaben sind vielfältig. Die Bridge ist es auch – Sie können das Bridge-Arbeitsfenster durch zahlreiche Ansichtsoptionen und Einstellungen an jede Aufgabe anpassen. Die Einstellungsmöglichkeiten sind so ausdifferenziert und zahlreich, dass es sich lohnt, sie genauer anzusehen.

Zwischen Arbeitsbereichen umschalten | Die Bridge bringt ab Werk eine ganze Reihe vorkonfigurierter Arbeitsbereiche für verschiedene

Aufgaben mit, zwischen denen Sie bequem umschalten können. Der schnellste Weg, zwischen verschiedenen Arbeitsbereichen umzuschalten, ist die Anwendungsleiste. Hier finden Sie eine Reihe von Begriffen wie GRUNDLAGEN, METADATEN oder FILMSTREIFEN – dies sind Schaltflächen. Draufklicken genügt, um zu einer anderen Arbeitsflächenaufteilung zu wechseln.

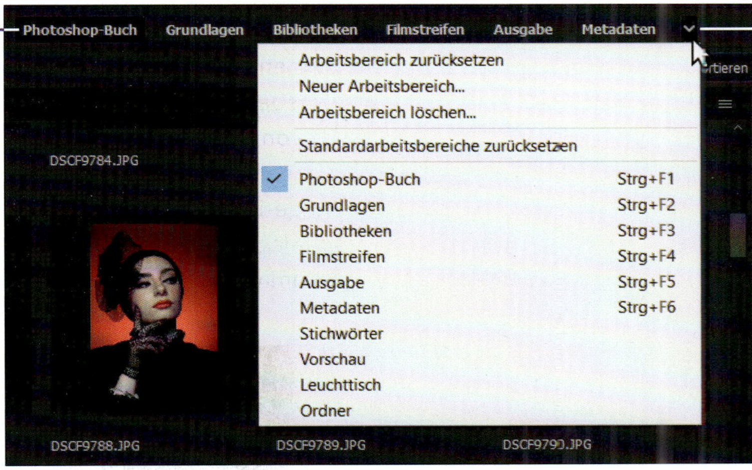

▲ **Abbildung 2.28**
Umschalten zwischen verschiedenen Arbeitsbereichen: entweder durch Klick auf den Namen 6, per Shortcut oder per Menü 7

Schnell mehr Platz schaffen
Die **Tab**-Taste blendet alle Bedienfelder mit einem Schlag aus – und wieder ein.

Sie können in der Bridge zudem eigene Arbeitsbereiche sichern. Ein Klick auf das unauffällige kleine Dreieck 7 rechts neben den Arbeitsbereich-Umschaltern klappt ein Menü aus. Dort finden Sie alle Arbeitsbereiche. Die passenden Shortcuts können Sie ebenfalls dort nachschauen – da sich die Belegung der Shortcuts mit eigenen gesicherten Arbeitsbereichen ändert, sind sie in keiner Dokumentation vorhanden.

▲ **Abbildung 2.29**
Der Vorschaubereich wird durch Ziehen an der unteren Begrenzung 8 vergrößert.

Bedienfelder verändern | Wenn Ihnen die vorgefertigten Arbeitsplatz-Varianten nicht genügen, können Sie die Bridge mit weiteren Maßnahmen anpassen, etwa indem Sie Bedienfelder mit einem Doppelklick auf den jeweiligen Karteireiter minimieren, indem Sie ihnen durch Ziehen an den vertikalen oder horizontalen Begrenzungen mehr Platz einräumen oder indem Sie sie mit Hilfe der Befehle im FENSTER-Menü ganz ausblenden oder erneut anzeigen lassen.

Bildanzeige anpassen | Auch das, was im Bridge-Hauptfenster (Karteireiter INHALT) zu sehen ist, können Sie beeinflussen. Die Bildanzeige ist schließlich die Hauptsache bei einem Bildbetrachter!

Miniaturgröße per Tastenkürzel ändern

Sie können die Größe der Miniaturen auch mit Hilfe von Shortcuts beeinflussen:

- Strg/cmd+[+] (Plus) macht die Miniaturen größer,
- Strg/cmd+[-] (Minus) verkleinert sie.

Die **Größe der Bildminiaturen** können Sie auf verschiedenen Wegen beeinflussen. Am intuitivsten und einfachsten funktioniert das über den Schieberegler ① am unteren Rand des Programmfensters. Seine Bedienung leuchtet sofort ein: Regler nach links: kleinere Miniaturen; Regler nach rechts: größere Miniaturen.

Zudem können Sie Plus- und Minuszeichen rechts und links des Reglers nutzen, um die Spaltenanordnung der Miniaturen zu ändern. Ein Klick auf das Minuszeichen reduziert die Größe der Miniaturen so, dass eine Spalte mehr angezeigt wird. Das Pluszeichen vergrößert die Miniaturen genau so weit, dass eine Spalte weniger zu sehen ist.

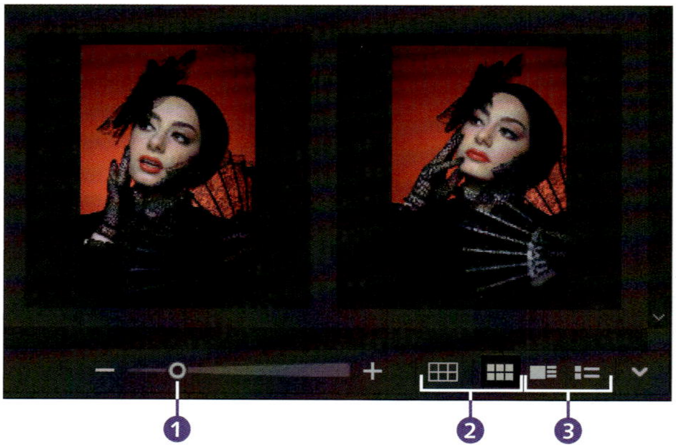

Abbildung 2.30 ▶
Einstellungen für die Miniaturdarstellung

Die Raster-Icons ② verändern die Anordnung der Bilder, mit den beiden Icons daneben ③ können Sie zusätzliche Dateiinformationen anzeigen lassen.

2.6.3 Bilder von der Kamera importieren

Die Bridge hilft Ihnen auch dabei, Bilder aus der Kamera herauszubekommen. Das geht in der Regel ganz problemlos, ohne dass Sie die Kamerasoftware benutzen müssen. Schließen Sie Ihre Kamera an, und wählen Sie Datei • Fotos aus Kamera laden, oder klicken Sie auf das Kamera-Icon in der Anwendungsleiste. Der Foto-Downloader, der sich dann öffnet, ist weitgehend selbsterklärend. Seine wahren Qualitäten offenbart er, wenn Sie auf den Button Erweitertes Dialogfeld klicken. Wenn Sie hier die Importeinstellungen geschickt ausreizen, sparen Sie sich anschließend viel Sortier- und Verwaltungsarbeit!

▲ **Abbildung 2.31**
Foto-Downloader starten

In einem Vorschaufenster, das alle Bilder der Kamera anzeigt, können Sie genau festlegen, welche Bilder importiert werden sollen. Außerdem können Sie den Bildern Metadaten-Vorlagen, die Sie zuvor in Photoshop oder in der Bridge definiert haben, direkt zuweisen.

Zum Weiterlesen
Das Thema **Kamera-Rohdaten** kommt in Kapitel 16, »Das Camera-Raw-Modul«, ausführlich zur Sprache.

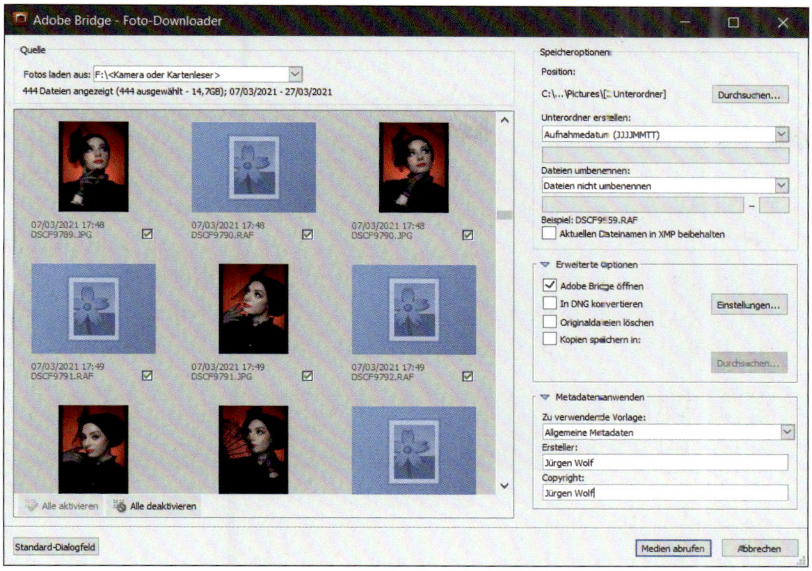

◀ **Abbildung 2.32**
Der Foto-Downloader in der erweiterten Ansicht. Er zeigt nicht nur Miniaturen aller Bilder auf der Kamera, sondern enthält auch smarte Importoptionen.

2.6.4 Bilder sichten

Um größere Mengen Bilder zügig durchzusehen, hilft Ihnen der sogenannte Überprüfungsmodus, eine Ansichtsversion, bei der Sie alle Bilder eines Ordners in großer Ansicht zügig durchblättern können. Zusammen mit dem Bewertungssystem der Bridge – Sie können Bildern Sternewertungen sowie farbige Tags zuordnen – lässt sich so schnell die Spreu vom Weizen trennen.

Mit [Strg]/[cmd]+[B] (oder Ansicht • Überprüfungsmodus) starten Sie den Modus, und mit [Esc] (oder der Schaltfläche × oben rechts) brechen Sie ihn wieder ab. Wenn Sie vorher mehrere Bilder eines Ordners auswählen, werden nur diese angezeigt, ansonsten der komplette Ordnerinhalt.

- Die Rechts-/Links-Pfeile ❶ (Abbildung 2.33) auf dem Bildschirm oder Ihre Tastaturpfeile bewegen das Karussell in beide Richtungen.
- Sie können auch einzelne Bilder direkt anklicken, um sie nach vorn zu holen, oder Bilder ziehen.
- Der nach unten weisende Pfeil ❸ auf dem Screen nimmt Bilder aus dem Karussell heraus (sie werden aber nicht gelöscht).
- Das Kontextmenü ❷ ist Ihre größte Hilfe bei der Bewertung und Beschriftung von Bildern. Auch die meisten der oben genannten Shortcuts funktionieren im Überprüfungsmodus.
- Die Lupe hilft Ihnen bei der Kontrolle von Details und der Bildschärfe. Sie aktivieren sie durch einen Klick auf das Icon unten rechts ❹.

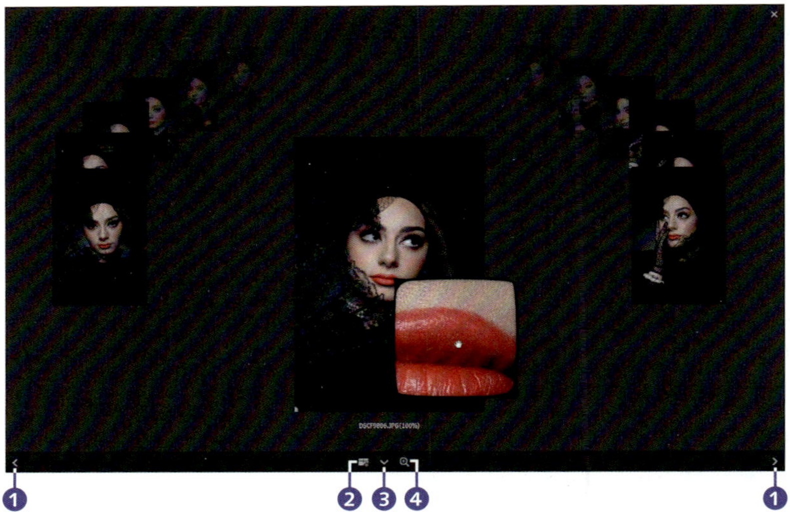

Abbildung 2.33 ▸
Überprüfungsmodus

Weitere Ansichtsoptionen für Bilder | Die VOLLBILDVORSCHAU ist genau, was der Name verspricht: eine Vorschau des aktuell ausgewählten Bildes in Größe des gesamten Bildschirms. Sie lässt sich über ANSICHT • VOLLBILDVORSCHAU oder über die Leertaste starten, mit Esc kehren Sie zur normalen Ansicht zurück.

Der PRÄSENTATIONSMODUS liefert eine Diashow des aktuellen Ordners; gestartet wird er mit dem Befehl ANSICHT • PRÄSENTATION (Strg/cmd+L). Gesteuert wird die Präsentation über Tastenkürzel. Während sie läuft, können Sie sich jederzeit mit dem Kürzel H eine Übersicht über die zur Verfügung stehenden Shortcuts einblenden lassen. ANSICHT • PRÄSENTATIONSOPTIONEN führt zu weiter gehenden Einstellungen.

2.6.5 Bilder kennzeichnen

Die Bridge bietet verschiedene Möglichkeiten zum Kennzeichnen von Bildern, die sich vor allem für die schnelle Durchsicht und Bewertung des gesichteten Bildmaterials eignen: Sterne sowie farbige Markierungen. Den Farbcodes sind zusätzlich noch Schlagwörter zugeordnet, die jedoch in der Programmoberfläche der Bridge selten angezeigt werden. Standardmäßig vorgegeben sind Begriffe wie beispielsweise »Zweite Wahl« oder »In Bearbeitung«. In den Bridge-Voreinstellungen unter BESCHRIFTUNGEN lassen sich diese Stichworte aber auch ändern. Hier müssen sich vor allem die Anwender auf ein einheitliches System für die Benutzung der Farbauszeichnung festlegen.

Sterne | Ganz intuitiv arbeiten Sie mit dem Sterne-Wertungssystem. Sie vergeben an Ihre Bilder ein bis fünf Sterne, einfach indem Sie mit der

Maus über die unauffälligen Punkte unterhalb der *aktiven* Bildminiatur streichen, bis die gewünschte Anzahl an Sternen erreicht ist. Ein Klick auf das kleine »Parkverbot«-Icon löscht die Sternewertung.

Insbesondere, wenn Sie im Überprüfungsmodus eine größere Anzahl Bilder durchsehen und sortieren wollen, helfen Ihnen außerdem die entsprechenden Shortcuts (siehe Tabelle 2.2 auf Seite 102).

▲ **Abbildung 2.34**
Klicken Sie auf die gewünschte Anzahl Sterne oder auf das kleine Löschen-Icon, um die Wertung aufzuheben.

Zurückweisen | Um eine Datei zunächst aus der Anzeige verschwinden zu lassen, ohne sie ganz zu löschen, können Sie sie zurückweisen – entweder per Tastenkürzel (Alt+Entf) oder über den Menübefehl BESCHRIFTUNGEN • ZURÜCKWEISEN.

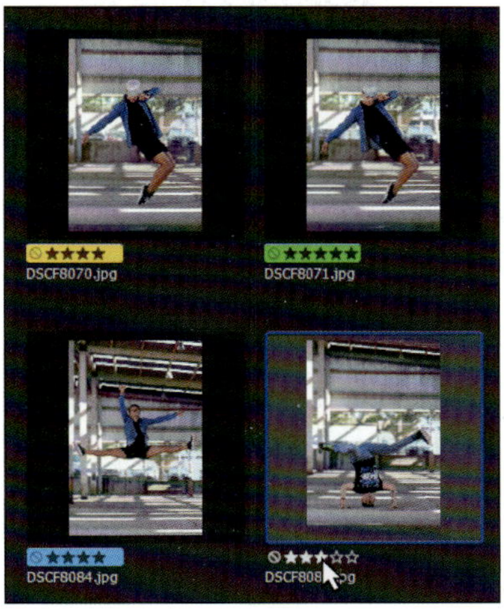

▲ **Abbildung 2.35**
Farbmarkierungen und Sternewertungen kombiniert. Sternewertungen vergeben Sie durch Klick unter die Miniatur, per Shortcut oder über das Menü BESCHRIFTUNGEN.

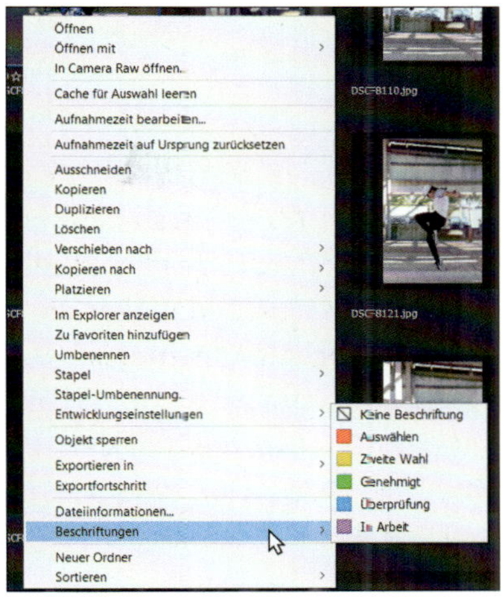

▲ **Abbildung 2.36**
Farbmarkierungen lassen sich über das Kontextmenü, Tastenkürzel und den Menüpunkt BESCHRIFTUNGEN vergeben.

Farbig auszeichnen | Mit den Einstellungen unter BESCHRIFTUNG können Sie zudem farbige Markierungen an Dateien vergeben. In der Dateiübersicht sind die farbigen Markierungen leichter erkennbar als die dezenten Sternchen, das Einhalten einer Systematik ist jedoch schwieriger.

Mit den farbigen Wertungen sind in der Bridge Stichwörter verbunden, die an unterschiedlichen Stellen – zum Beispiel beim Dateifilter (siehe den folgenden Abschnitt) – auftauchen. In den Voreinstellungen unter BESCHRIFTUNGEN können Sie diese Zuschreibungen ändern. Dort finden Sie auch die Shortcuts, mit deren Hilfe Sie Ihren Bildern die einzelnen Beschriftungsfarben zuordnen können.

Mehrere Miniaturen kennzeichnen
Um mehrere Dateien auf einmal zu beschriften oder zu bewerten, aktivieren Sie ihre Miniaturen in der Übersicht. Wählen Sie dann im Menü BESCHRIFTUNG eine Farbe oder Wertung (Anzahl Sterne) aus, oder nutzen Sie das Stern-Icon ganz rechts in der Anwendungsleiste.

Tabelle 2.2 ▶
Tastaturbefehle zum Beschriften und Bewerten

Was wollen Sie tun?	Windows	Mac
rot beschriften (Text frei wählbar in den Voreinstellungen)	Strg+6	cmd+6
gelb beschriften (Text frei wählbar)	Strg+7	cmd+7
grün beschriften (Text frei wählbar)	Strg+8	cmd+8
türkis beschriften (Text frei wählbar)	Strg+9	cmd+9
einen Stern hinzufügen	Strg+1	cmd+1
zwei, drei ... fünf Sterne hinzufügen	Strg+2, 3 ... 5	cmd+2, 3 ... 5
Bewertung um einen Stern erhöhen	Strg+. (Punkt)	cmd+. (Punkt)
Bewertung um einen Stern verringern	Strg+, (Komma)	cmd+, (Komma)
Bewertung (Sterne) **löschen**	Strg+0	cmd+0
Datei **zurückweisen** (wird ausgeblendet, aber nicht gelöscht)	Alt+Entf	alt+Entf

Nur mit einer Taste
Wollen Sie die Bewertungen und Farbmarkierungen ohne gehaltene Strg/cmd-Taste durchführen, deaktivieren Sie die Option STRG FÜR BESCHRIFTUNG UND BEWERTUNG VERWENDEN rechts unten.

Gezielt in anderer Anwendung öffnen
Viele Grafikdateien lassen sich mit mehr als nur einer Adobe-Anwendung öffnen. Auch ohne die Standards dauerhaft zu verändern, können Sie gezielt festlegen, mit welcher. Wählen Sie DATEI • ÖFFNEN MIT, gefolgt vom Namen der Anwendung, in der die Datei geöffnet werden soll, oder ziehen Sie die Datei auf eines der Anwendungssymbole auf Ihrem Desktop oder im Dock.

2.6.6 Der Umgang mit Ordnern und Dateien

Als Bildbrowser bringt die Bridge einige Spezialfeatures mit, die Ihnen dabei helfen, die Bilderflut im Griff zu behalten – einige davon lernen Sie in diesem Kapitel kennen. Doch natürlich kann der Bildbrowser auch normale Ordnerjobs erledigen.

Dateien öffnen | Der selbstverständlichste Handgriff – das Öffnen von Dateien, die zuvor in der Bridge gesichtet wurden – erfordert einige Erklärungen. Schließlich gibt es zahlreiche verschiedene Dateiformate, und die Bridge arbeitet nicht nur mit Photoshop, sondern auch mit anderen Adobe-Anwendungen zusammen. Deswegen stehen Ihnen zum Öffnen von Dateien verschiedene Befehle zur Verfügung:

- Doppelklicken Sie auf eine Dateiminiatur.
- Markieren Sie eine oder mehrere Dateien im INHALT-Fenster, und
  - wählen Sie den Menübefehl DATEI • ÖFFNEN,
  - drücken Sie die ↵-Taste, oder
  - drücken Sie Strg/cmd+↓.

Wenn Sie eine dieser Aktionen ausführen, wird die ausgewählte Datei (bzw. die Dateien) in der Anwendung geöffnet, die dafür als Standard vorgesehen ist. Die gängigen Dateiformate für Pixelbilder werden standardmäßig in Photoshop geöffnet. In den Bridge-VOREINSTELLUNGEN ([Strg]/[cmd]+[K]) können Sie auf der Tafel DATEITYPZUORDNUNGEN diese Standardeinstellungen ändern.

Raw-Dateien, TIFF und JPG in Camera Raw öffnen | Sie können Fotos auch in Adobes **Camera-Raw-**Modul öffnen. Das funktioniert nicht nur für genuine Raw-Files, sondern auch für JPG- und TIFF-Dateien. Auch hier kommt es aufs Detail an, denn die Creative Cloud bringt zwei (baugleiche) Raw-Konverter mit: Einer gehört zu Photoshop, der andere zur Bridge. Oft ist es günstiger, das Camera-Raw-Modul der Bridge zu nutzen, denn dann können Sie Photoshop parallel weiternutzen.

- Ein Doppelklick auf eine Raw-Datei (nicht bei JPG und TIFF) öffnet diese im Camera-Raw-Tool von *Photoshop*.
- Um eine Raw-, JPG- oder TIFF-Datei im Raw-Konverter der *Bridge* zu öffnen, wählen Sie DATEI • IN CAMERA RAW ÖFFNEN, nutzen den Shortcut [Strg]/[cmd]+[R] oder das Kontextmenü einer Bildminiatur.

▲ **Abbildung 2.37**
Ein Rechtsklick auf eine Bildminiatur öffnet geeignete Dateien im Raw-Konverter der Adobe Bridge.

Ordner erzeugen | Um neue Ordner anzulegen, nutzen Sie den Button NEUEN ORDNER ERSTELLEN ❶, wählen DATEI • NEUER ORDNER ([Strg]/[cmd]+[⇧]+[N]) oder rechtsklicken irgendwo auf eine graue Partie des Miniaturenfensters. Im Kontextmenü gibt es den Befehl NEUER ORDNER.

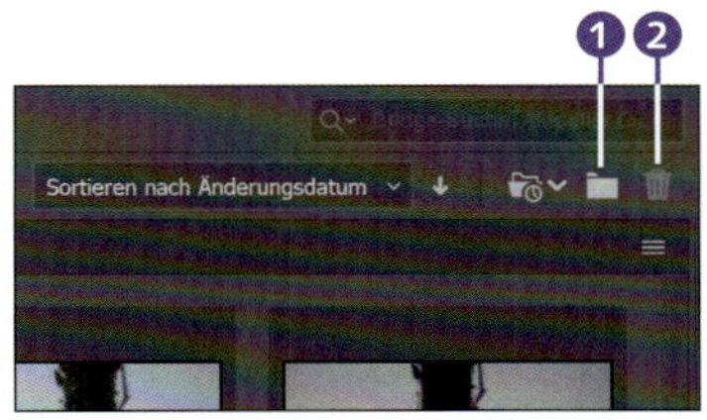

▲ **Abbildung 2.38**
Die Schaltflächen für Standard-»Ordnerjobs« finden Sie rechts oben in der Anwendungsleiste.

Elemente löschen | Um Ordner oder Dateien zu löschen, nutzen Sie die unvermeidliche Mülltonne ❷ markieren die Elemente und drücken [Strg]/[cmd]+[Entf] oder wählen wiederum den Weg über DATEI • LÖSCHEN.

Elemente neu benennen | Um Ordnern oder Dateien neue Namen zuzuweisen, klicken Sie mit der rechten Maustaste auf den Dateinamen unter der Miniatur und wählen im Kontextmenü UMBENENNEN. Außerdem wechseln auch das Kürzel [F2] und ein zielgenauer (!) Linksklick auf den Dateinamen in den Umbenennen-Modus.

Wenn Sie auf diese Art die Namen mehrerer nebeneinander angeordneter Dateien ändern möchten, können Sie auch Shortcuts nutzen (siehe Tabelle 2.3). Sie müssen dann nicht für jede Datei extra das Namensschreibfeld aktivieren. Das hört sich langweilig an, aber in der Praxis sind diese Kürzel genial!

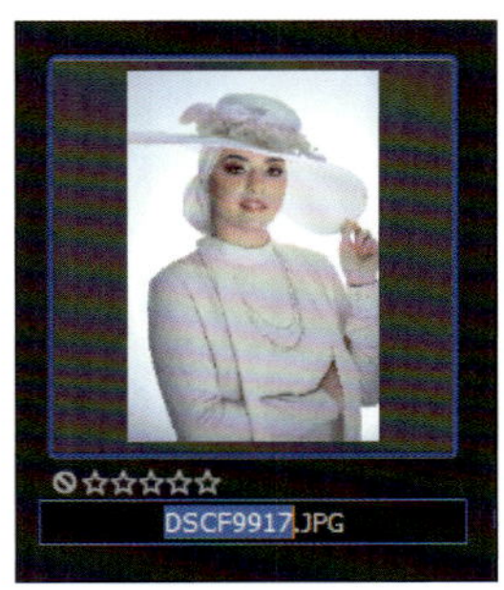

▲ **Abbildung 2.39**
Zum Umbenennen schreiben Sie direkt unter der Miniatur.

Tabelle 2.3 ▸
Tastaturbefehle zum Umbenennen

Was wollen Sie tun?	Windows	Mac
bei aktiviertem Umbenennen-Modus einer Datei: die nächste Datei umbenennen	↹	⇥
bei aktiviertem Umbenennen-Modus einer Datei: die vorherige Datei umbenennen	⇧+↹	⇧+⇥

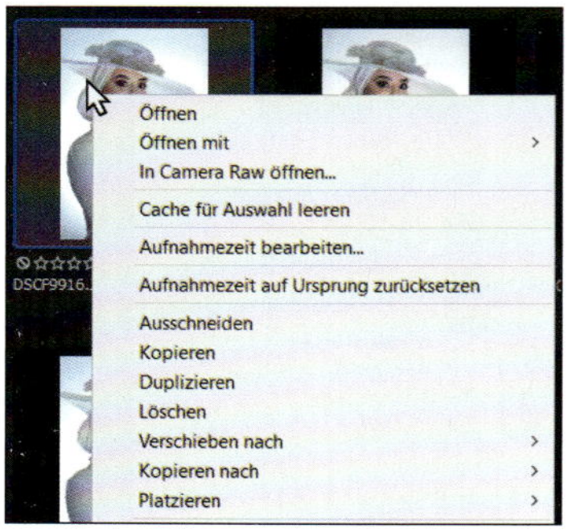

▲ **Abbildung 2.40**
Elemente in andere Ordner verschieben oder kopieren

Elemente verschieben | Um eine Datei oder einen Ordner zu verschieben, nutzen Sie

- entweder das Kontextmenü einer Datei oder eines Ordners; dazu klicken Sie auf die Miniatur des zu verschiebenden Elements und wählen im Kontextmenü den Befehl VERSCHIEBEN NACH;
- oder die Methode Drag & Drop mit der Maus; Sie können Objekte innerhalb des INHALT-Fensters verschieben (zum Beispiel in einen vorhandenen Unterordner) oder auch in Ordner, die Sie über das Favoriten- oder Ordner-Bedienfeld erreichen.

Elemente kopieren | Um Dateien oder Ordner an einen anderen Ort zu kopieren, ziehen Sie sie bei gehaltener Strg/Alt-Taste in den neuen Ordner, wählen BEARBEITEN • KOPIEREN oder nutzen das Dateien-Kontextmenü (Rechtsklick auf Miniatur oder Ordner).

Ansicht aktualisieren
Neue Sortierungen, einkopierte oder verschobene Elemente und andere Änderungen sind nicht immer sofort sichtbar. Mit F5 aktualisieren Sie die Ansicht von Ordnerinhalten und Verzeichnisbäumen.

Dateien duplizieren | Lediglich dupliziert, aber nicht verschoben werden Dateien mit dem Befehl BEARBEITEN • DUPLIZIEREN (Strg/cmd+D).

Tabelle 2.4 ▸
Tastaturbefehle für die Navigation in Ordnern und Miniaturen

Was wollen Sie tun?	Windows	Mac
im Bedienfeld ORDNER zum nächsten Eintrag nach **oben/unten** gehen (vorher einen Eintrag des Ordner-Bedienfelds anklicken)	↑/↓	↑/↓
im Bedienfeld ORDNER zur hierarchisch nächsthöheren **Ordnerebene** gehen	Strg+↑	cmd+↑
in Miniaturen: ein Objekt nach **oben/unten** gehen (vorher eine Miniatur im INHALT-Fenster anklicken)	↑/↓	↑/↓
in Miniaturen: ein Objekt nach **rechts/links** gehen	→/←	→/←
in Miniaturen: zum **ersten/letzten** Objekt gehen	Pos1/Ende	↖/↘
in Miniaturen: **Objekte neben dem aktiven Objekt der Auswahl hinzufügen** (oben, unten, rechts, links davon)	⇧+↑/↓/→/←	⇧+↑/↓/→/←

Dateien stapelweise umbenennen | Nicht selten kommt es vor, dass man eine Menge Bilder auf einmal umbenennen muss. Mit der Funktion STAPEL-UMBENENNUNG legen Sie die Kriterien der Umbenennung fest.

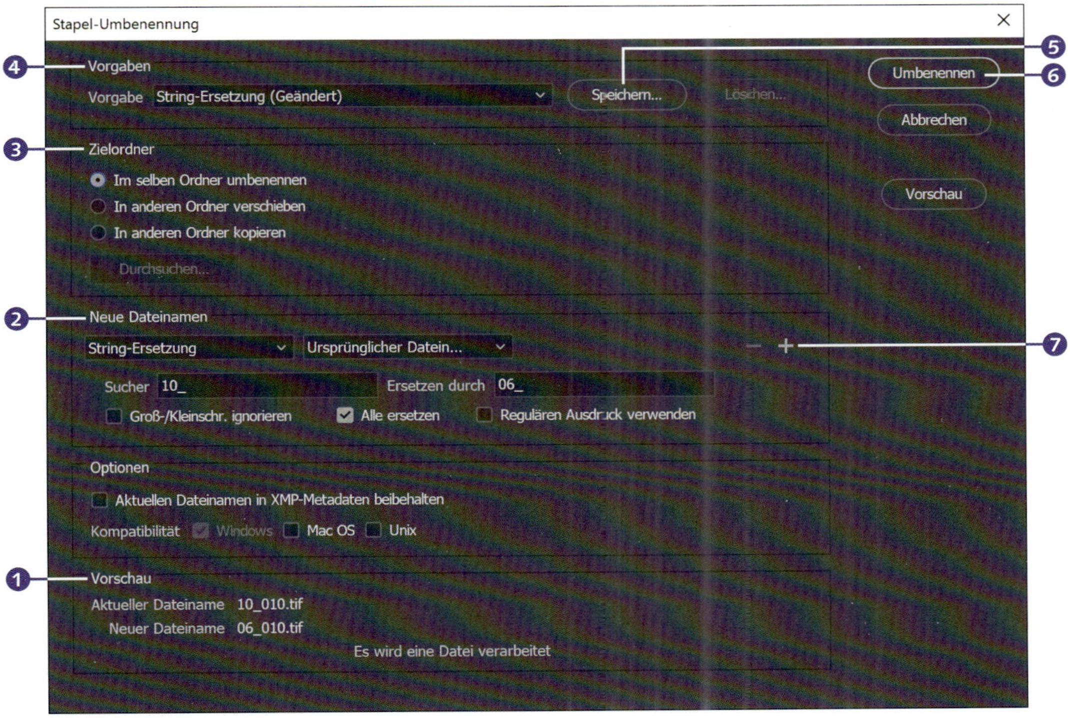

▲ **Abbildung 2.41**
Über die Einstellungen unter ZIELORDNER können Sie die STAPEL-UMBENENNUNG auch als Datei-Kopiermaschine einsetzen.

- Um mehrere Dateien auf einmal umzubenennen, wählen Sie sie zunächst im INHALT-Fenster aus.
- Dann rufen Sie das Dialogfenster STAPEL-UMBENENNUNG auf – entweder über den Befehl WERKZEUGE • STAPEL-UMBENENNUNG oder mit dem Kürzel [Strg]/[cmd]+[⇧]+[R].
- Legen Sie die gewünschten Optionen fest, und starten Sie die Umbenennung mit UMBENENNEN ❻. Der Befehl SPEICHERN ❺ sichert Ihre Einstellungen zur späteren Verwendung. Sie finden sie dann unter VORGABE ❹.

Die meisten der Umbenennen-Optionen sind leicht verständlich:

- Unter ZIELORDNER ❸ stellen Sie ein, ob die umbenannten Dateien im Ausgangsordner abgelegt, in einen anderen Ordner verschoben oder ob Kopien der Originale erzeugt werden.

- Unter Neue Dateinamen ❷ legen Sie fest, wie die neuen Dateinamen beschaffen sein sollen. Sie können eigenen Text eingeben oder Elemente aus den Menüs auswählen.
- Mit Klick auf die kleinen Plus- und Minus-Buttons ❼ fügen Sie weitere Eingabefelder für Namensbestandteile hinzu oder löschen sie.

Im unteren Bereich des Dialogs unter Vorschau ❶ sehen Sie, wie alte und neue Dateinamen aussehen, wenn die von Ihnen eingestellten Muster zur Umbenennung angewandt werden.

Reguläre Ausdrücke | Die Stapelumbenennung beherrscht auch reguläre Ausdrücke. Stellen Sie dazu unter Vorgabe die Option String-Ersetzung ein. Reguläre Ausdrücke (auch »Regular Expressions« oder kurz »RegEx« genannt) sind Zeichenfolgen mit festen syntaktischen Regeln, die nicht nur in der Bridge, sondern auch in vielen anderen Applikationen für Suchen-und-Ersetzen-Routinen eingesetzt werden. Mit RegEx ändern Sie etwa Dateinamen-Präfixe, numerische Namensbestandteile oder die ersten Buchstaben eines Dateinamens (etwa das leidige »IMG_« oder »MG_«). Um alle Möglichkeiten von RegEx zu nutzen, sollten Sie sich ein wenig mit Programmierung oder mit Linux auskennen, denn die Notation der Suchstrings ist nicht gerade intuitiv. Zudem können in der Bridge per RegEx gefundene Namensbestandteile nur durch Texteingaben, nicht aber durch laufende Nummern oder Ähnliches ersetzt werden.

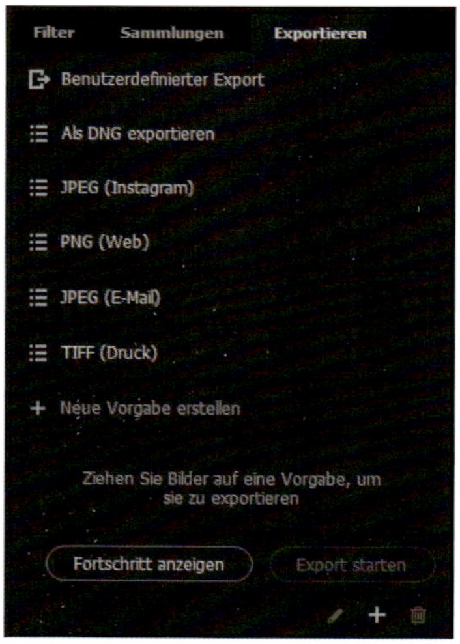

▲ **Abbildung 2.42**
Das Exportieren-Bedienfeld

Dateien exportieren | Auch das Exportieren von Dateien ist mit der Adobe Bridge möglich. Hierzu finden Sie links unten ein Exportieren-Bedienfeld. Wird es dort nicht eingeblendet, rufen Sie es über das Menü Fenster auf. Hier können Sie eigene Vorgaben zum Exportieren anlegen, indem Sie auf Neue Vorgabe erstellen oder das Plussymbol unterhalb des Bedienfelds klicken. Bereits vorhandene und aktuell ausgewählte Vorgaben bearbeiten Sie mit dem Stiftsymbol, oder mit dem Papierkorb löschen Sie sie. Auch das Umsortieren der vorhandenen Vorgaben nach oben oder unten ist per Drag & Drop möglich.

Im sich öffnenden Dialog für eine neue Vorgabe vergeben Sie einen aussagekräftigen Namen. Bei den Speicheroptionen legen Sie fest, wo die Bilder gespeichert werden sollen und was bei Konflikten passieren soll. Beim Bildformat können Sie wählen zwischen JPEG, PNG, TIFF oder DNG. Die Bildgrösse skalieren Sie mit Prozentwerten oder mit eigenen Vorgaben. Was mit den Metadaten geschehen soll, geben Sie am Ende des Dialogs vor, wo Sie auch zusätzliche Stichwörter zuweisen können. Mit Speichern wird die neue Vorgabe mit dem angegebenen Vorgabenamen zum Exportieren-Bedienfeld hinzugefügt.

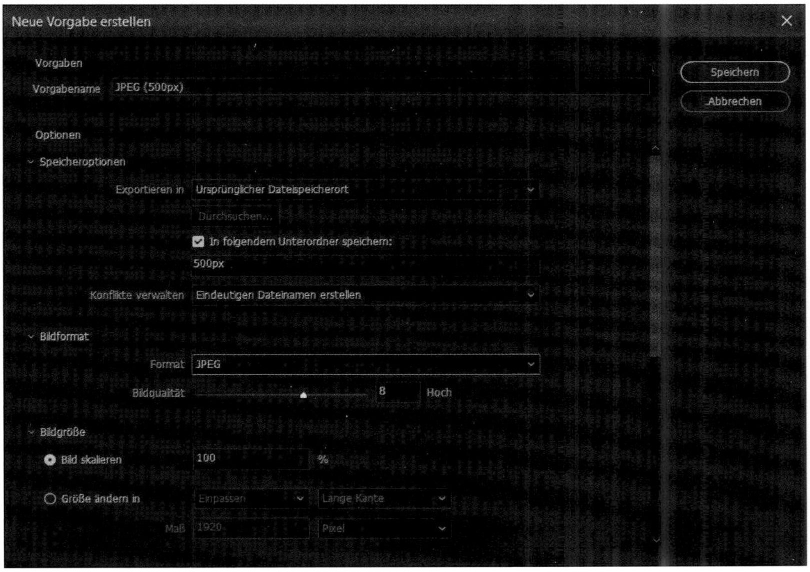

◄ **Abbildung 2.43**
Neue Vorgabe für das Exportieren erstellen

▲ **Abbildung 2.44**
Praktisch: Es lassen sich mehrere Exporte sammeln und dann in einem Rutsch durchführen.

Wenn Sie einzelne oder mehrere Bilder exportieren wollen, ziehen Sie einfach die Miniaturvorschau(en) auf die gewünschte Vorgabe. Dies können Sie auch mit anderen Vorgaben machen und so mehrere Exporte sammeln. Rechts neben der Vorgabe steht die Anzahl der Aufträge und Dateien, die darauf warten, exportiert zu werden. Der Export wird erst gestartet, wenn Sie im Exportieren-Bedienfeld auf die Schaltfläche EXPORT STARTEN klicken.

2.7 Dateien automatisiert bearbeiten lassen

Lehnen Sie sich einfach zurück, und lassen Sie für sich arbeiten: Photoshop ist eine potente Hilfe für stumpfsinnige Routineaufgaben – vom Bildexport bis hin zur automatisierten Bildbearbeitung größerer Dateimengen, etwa, wenn zahlreiche Bilder den gleichen Farbstich aufweisen, mit dem gleichen Effekt versehen werden sollen und Ähnliches.

2.7.1 Automatiktool für Fotografen: Bildprozessor

Der Bildprozessor unterstützt Fotografinnen und Fotografen, die Dateien »en masse« importieren wollen: Er erledigt eine Reihe lästiger Aufgaben im Handumdrehen. Sie finden ihn in **Photoshop** unter DATEI • SKRIPTEN • BILDPROZESSOR und in der **Bridge** unter WERKZEUGE • PHOTOSHOP • BILDPROZESSOR.

Das hilfreiche Tool lässt sich auf Camera-Raw-Dateien, JPEGs und PSD-Dateien anwenden und schlägt mehrere Fliegen mit einer Klappe:

- Der Bildprozessor ändert Dateiformate und Bildgrößen automatisch.
- Er konvertiert Dateien ruck, zuck in webgerechte JPEGs.
- Er schreibt Urheberrechtshinweise in die Dateien.
- Er wendet Camera-Raw-Einstellungen auf mehrere Bilder hintereinander an.

Die besondere Stärke des Bildprozessors ist, dass er Ausgangsdateien *gleichzeitig* in unterschiedliche Ziel-Dateiformate überführen kann. Er eignet sich vor allem für Dateien, die ohnehin immer zusammen in einem Ordner landen – zum Beispiel beim Import aus einer Kamera –, oder für einzelne, geöffnete Dateien.

Der Dialog »Bildprozessor« | Wie bei den anderen Dialogboxen für die automatische Bildverarbeitung sollten Sie sich auch im Dialog BILDPROZESSOR von oben nach unten durch die Einstellungen arbeiten. Ganz oben suchen Sie wiederum die Bilder aus, die bearbeitet werden sollen.

- Wenn Sie mit der Photoshop-Version des Bildprozessors arbeiten, können Sie bestimmte Ordner und Unterordner festlegen oder das Werkzeug auf alle geöffneten Bilder anwenden.
- Wenn Sie die Bridge-Version des Bildprozessors verwenden, müssen Sie dort zunächst alle Bilder markieren, die Sie bearbeiten wollen.

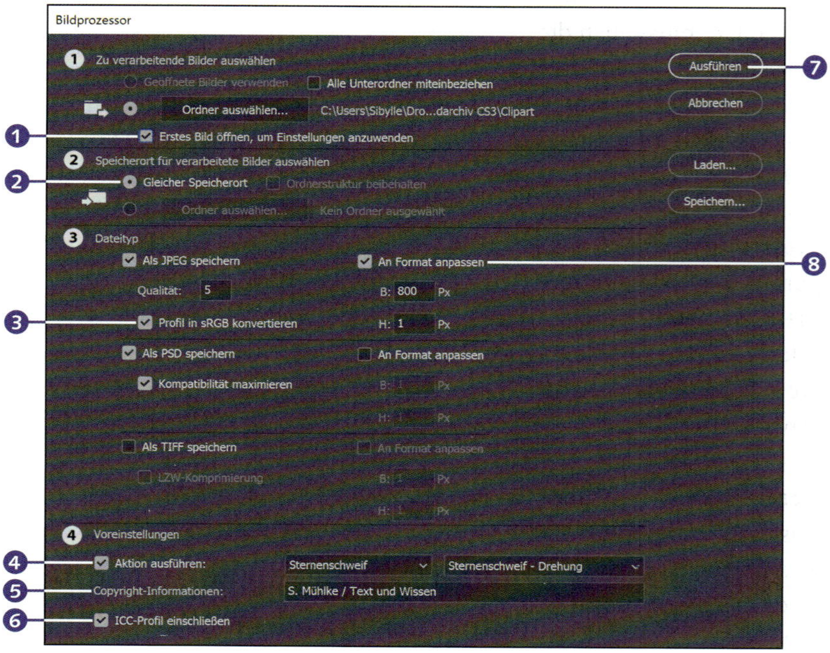

Abbildung 2.45 ▸
Der BILDPROZESSOR-Dialog – selbst der unaufmerksamste Nutzer soll hier mit Ziffern narrensicher hindurchgeführt werden.

Mit der Zusatzoption ERSTES BILD ÖFFNEN, UM EINSTELLUNGEN ANZUWENDEN ❶ werden die Änderungen am ersten Bild auf alle folgenden übertragen. Diese Einstellung ist sinnvoll,

- wenn Sie Camera-Raw-Dateien verarbeiten, die alle unter denselben Lichtverhältnissen aufgenommen wurden; Sie können für dieses Bild die Einstellungen anpassen und anschließend auf die restlichen Bilder des Ordners anwenden;
- wenn das Farbprofil der zu verarbeitenden Dateien nicht mit Ihrem unter FARBEINSTELLUNGEN festgelegten Arbeitsfarbraum übereinstimmt; bei PSD- und JPEG-Ausgangsbildern können Sie auf diese Weise ein neues Farbprofil für das erste Bild – und somit für alle folgenden Bilder – festlegen.

Speicherort für verarbeitete Bilder auswählen | Unter SPEICHERORT FÜR VERARBEITETE BILDER AUSWÄHLEN legen Sie entweder mit einem Klick den Ausgangsordner als Speicherort fest (GLEICHER SPEICHERORT ❷) oder bestimmen einen anderen Ordner. Auch wenn hier GLEICHER SPEICHERORT gewählt ist, werden die Ausgangsdateien *nicht* überschrieben. Stattdessen wird der Dateiname um eine zusätzliche Nummerierung ergänzt.

JPEG mit sRGB-Profil
Es gibt mehrere Varianten des RGB-Farbraums. sRGB hat im Vergleich zu anderen Farbräumen einen recht geringen Farbumfang, ist jedoch weitverbreitet und gilt daher als kleinster gemeinsamer Nenner – sRGB-Dateien lassen sich fast überall anzeigen. Viele Kameras erzeugen von sich aus sRGB-Bilder. Wenn Sie Ihr Foto für den Druck bearbeiten, ist sRGB jedoch kein besonders günstiger Ausgangsfarbraum. Sofern Sie das Glück haben, eine Kamera zu benutzen, die Bilder in einem anderen, größeren Farbraum (wie zum Beispiel Adobe RGB) erzeugt, sollten Sie diese Konvertierung nicht vornehmen. Die Farbinformationen, die dabei verlorengehen, können nicht wiederhergestellt werden.

Dateityp | Nun folgen die eigentlichen Informationen für die Verarbeitung der Bilder. Sie können zwischen den Dateiformaten JPEG, PSD und TIFF als **Zielformat** für die Dateien wählen und (wenige) Formatoptionen festlegen. Wenn Sie die Option PROFIL IN SRGB KONVERTIEREN ❸ wählen, muss auch die Option ICC-PROFIL EINSCHLIESSEN ❻ aktiv sein. Es ist auch möglich, mehrere oder alle Formate anzuwählen. Der Bildprozessor legt dann im Zielordner entsprechende Unterordner an und konvertiert die Ausgangsbilder in einem Rutsch in mehrere Zielformate.

Mit der Funktion AN FORMAT ANPASSEN ❽ stellen Sie eine eventuelle Skalierung der Bilder ein. Ist die Funktion aktiv, müssen Sie sowohl die Breite als auch die Höhe festlegen. Sie müssen dabei jedoch nicht zwingend auf korrekte Proportionalität zu den Original-Bildmaßen achten – die Bilder werden nicht verzerrt. Die Eingaben zur Breite und Höhe der Bilder werden als Maximalwerte ausgelegt, und die Bilder werden so weit skaliert, dass weder die Höhe noch die Breite dieses Maß überschreiten. Unterschreitungen sind möglich.

Zum Weiterlesen
Mehr über **Farbräume**, **Farbprofile** und die **Profilkonvertierung** erfahren Sie in Anhang B, »Farbmanagement: Mehr Farbtreue auf allen Geräten«.

Voreinstellungen | Unter VOREINSTELLUNGEN finden Sie einige nützliche Zusatzfunktionen. Sie können festlegen, ob

- zusätzlich **Aktionen** ❹ ausgeführt werden,
- das ICC-**Farbprofil** ❻ der Kamera in die neuen Dateien eingebettet werden soll und

- **Informationen zum Urheberrecht** ❺ (IPTC-Informationen) in die Dateien geschrieben werden sollen. Die Übungsbilder zu diesem Buch haben zum Beispiel solche Informationen. Diese können Sie in der Bridge, über die Dateiinformationen in Photoshop und mit zahlreichen anderen Bildbetrachtern auslesen.

Mit dem Button SPEICHERN können Sie die vorgenommenen Einstellungen sichern, um sie beim nächsten Mal einfacher anderen Dateien zuweisen zu können. Die Verarbeitungsinformationen werden als XML-Dateien gesichert. Anders als bei vielen Vorgaben gibt es hier keinen Standardordner – Sie müssen sich also merken, wo Sie Ihre Einstellungen ablegen. Ein Klick auf AUSFÜHREN ❼ startet die Verarbeitung.

2.8 Aktionen: Befehlsfolgen auf Knopfdruck

Aktionen sind mitgeschnittene und gespeicherte Befehlsfolgen, die sich immer wieder abspielen und so auf andere Bilder anwenden lassen. Sie können nur in Photoshop aufgezeichnet werden, Sie erreichen sie jedoch später auch von der Bridge mittels WERKZEUGE • PHOTOSHOP • STAPELVERARBEITUNG.

▲ **Abbildung 2.46**
Das Symbol des Aktionen-Bedienfelds

Der erste Schritt ist das Erstellen einer solchen Aktion. Ihr wichtigster Helfer für das Aufzeichnen und Verwalten von Aktionen ist das Aktionen-Bedienfeld (FENSTER • AKTIONEN, F9 bzw. alt+F9 oder Klick auf das Symbol).

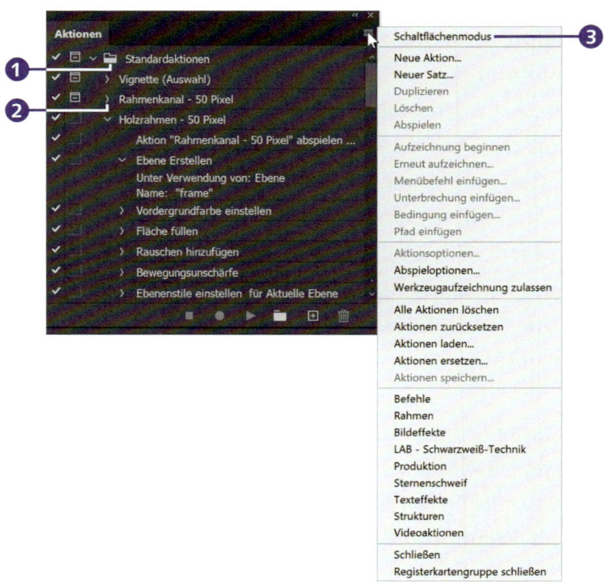

Abbildung 2.47 ▶
Das Aktionen-Bedienfeld. Photoshop liefert eine Reihe fertiger Aktionen mit. Im Seitenmenü finden Sie die Befehle zum Verwalten der Aktionen und Abspieloptionen.

In Abbildung 2.47 erkennen Sie die Ordnung des Aktionen-Bedienfelds mit »Ordnern« ❶ (Sets oder Sätzen) und darin enthaltenen Aktionen ❷. Der Ordner STANDARDAKTIONEN ist aufgeklappt und zeigt die enthaltenen Aktionen an. Aktionen lassen sich auch per Dreieckpfeil aufklappen; die enthaltenen Bearbeitungsschritte können Sie dann im Einzelnen nachvollziehen. Hier sehen Sie das am Beispiel von HOLZRAHMEN – 50 PIXEL.

2.8.1 Funktionsprinzip

Das Funktionsprinzip der Aktionen ist einfach: Sie führen die Befehle, die Sie in die Aktion aufnehmen wollen, exemplarisch an einem Bild durch und zeichnen sie dabei auf. Dazu stehen die Buttons am unteren Rand des Aktionen-Bedienfelds zur Verfügung, die an die Stopp- und Play-Knöpfe eines Kassettenrekorders erinnern. Danach können Sie die Befehlsfolge mit einem Knopfdruck auch auf andere Bilder anwenden.

2.8.2 Aktionen aufzeichnen

Achten Sie beim Aufzeichnen darauf, dass nicht der sogenannte SCHALTFLÄCHENMODUS ❸ (im Seitenmenü) aktiv ist. Denn dann erscheinen alle Aktionen als Buttons, die das Zuweisen von Aktionen erleichtern sollen, das Definieren neuer Aktionen aber unmöglich machen.

▲ **Abbildung 2.48**
Das Aktionen-Bedienfeld im Schaltflächenmodus. Die durch Ordnersets vorgegebene Struktur ist einer langen Reihe von Buttons gewichen. Buttons für die Aufnahme gibt es nicht mehr.

Schritt für Schritt: Aktionen aufzeichnen und ausführen

Erstellt werden soll eine Aktion, die die Bildauflösung ändert und die Datei anschließend im Format PSD speichert. Diese Aktion ist nützlich, wenn Sie JPEG-Bilder aus der Digicam importiert haben und in ein arbeitsfreundliches Dateiformat bringen wollen. Sie können später Aktionen variabler Komplexität erzeugen; dieses Beispiel genügt jedoch, um Sie mit dem Aktionen-Bedienfeld vertraut zu machen.

1 Vorbereitungen
Öffnen Sie ein Bild, an dem Sie die Befehlsfolge für die Aufzeichnung exemplarisch durchführen, und – natürlich – das Aktionen-Bedienfeld.

2 Neues Aktionsset anlegen
Sie können jederzeit eine neue Aktion anlegen [+], sie wird dann dem Standardset hinzugefügt. Es ist jedoch übersichtlicher, wenn Sie erst ein eigenes Set anlegen, in das Sie dann Ihre Aktion speichern. Dazu nutzen Sie die Schaltfläche NEUEN SATZ ERSTELLEN [Ordner-Symbol]. In einem Dialogfenster

können Sie einen Namen vergeben. Sie finden das Set dann – noch leer – im Aktionen-Bedienfeld wieder.

Abbildung 2.49 ▶
Neuen Satz anlegen: Hier wird gerade der Name eingetragen.

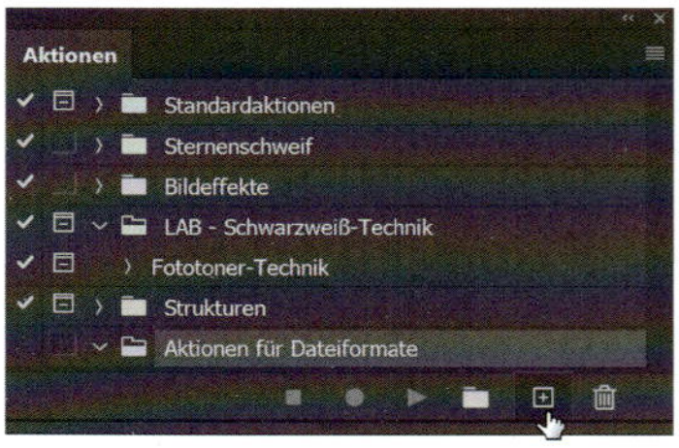

▲ Abbildung 2.50
Der neu erzeugte (noch leere) Satz im Aktionen-Bedienfeld

3 Neue Aktion anlegen

Aktivieren Sie den neuen Aktionssatz, und klicken Sie im Aktionen-Bedienfeld auf das Icon NEU ⊞. Dann müssen Sie nur noch einen Titel für die neue Aktion vergeben und unter SATZ den Speicherort festlegen. Mit FUNKTIONSTASTE können Sie eine der F-Tasten für diese Aktion reservieren. FARBE bezieht sich auf die Darstellung der Aktion im Schaltermodus. Sie können die Eigenschaften einer Aktion oder eines Sets auch später noch verändern – ein Doppelklick auf den Namen der Aktion erlaubt es, einen anderen Namen einzugeben; ein Klick bei gehaltener Alt-Taste führt auch zu weiter gehenden Einstellungen.

Aktionen-Reihenfolge
Durch einfaches Drag & Drop in der Liste, die Sie im Aktionen-Bedienfeld sehen, ändern Sie die Reihenfolge von Aktionssätzen und Aktionen und sogar von Befehlen innerhalb einer Aktion. Dabei kann das Verschieben von Befehlen innerhalb einer Aktion deren Wirkung stark beeinflussen. Hier ist also Vorsicht geboten.

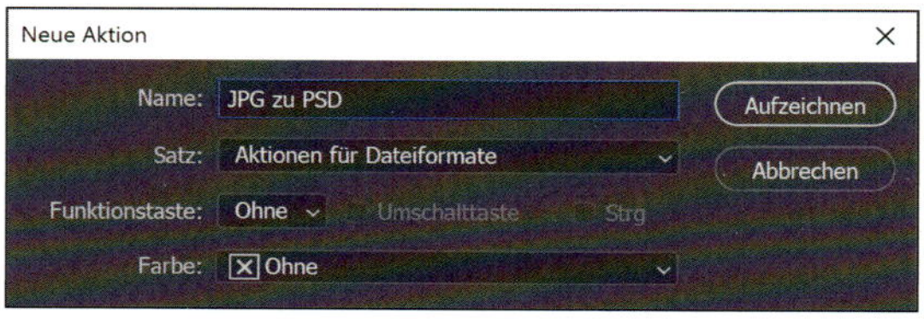

▲ Abbildung 2.51
Eigenschaften der neuen Aktion. Der Eintrag FARBE bezieht sich auf die Darstellung im Schaltflächenmodus.

4 Die Aufzeichnung läuft!

Der runde Button am Fuß des Aktionen-Bedienfelds leuchtet nun rot. Das heißt, dass alles, was Sie ab jetzt mit Photoshop machen, als Bestandteil der Aktion aufgezeichnet wird.

Und zwar wirklich alles – wenn Sie einen Arbeitsschritt zu viel machen und ihn wieder löschen, ist auch dies Bestandteil der Aktion. Zwar lassen sich Aktionen auch nachbearbeiten, aber es ist natürlich günstiger, wenn Sie die Aktion vorher einmal »üben«, um so etwas zu vermeiden.

Ich wähle nun den Befehl DATEI • SPEICHERN UNTER, speichere meine Musterdatei – Sie können ein beliebiges Bild nehmen – im Dateiformat PSD ab und schließe sie.

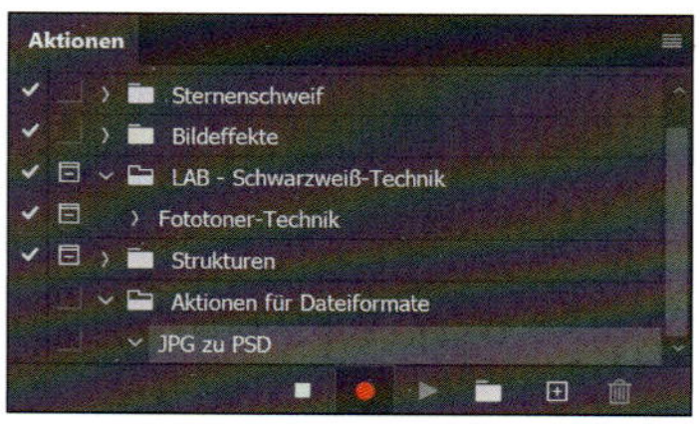

▲ Abbildung 2.52
Aufnahme läuft ...

5 Aufzeichnung abschließen
Um die Aufzeichnung der Aktion abzuschließen, genügt ein Klick auf den Quadrat-Button. Im Aktionen-Bedienfeld ist nach erfolgreicher Aufzeichnung die neue Aktion zu sehen.

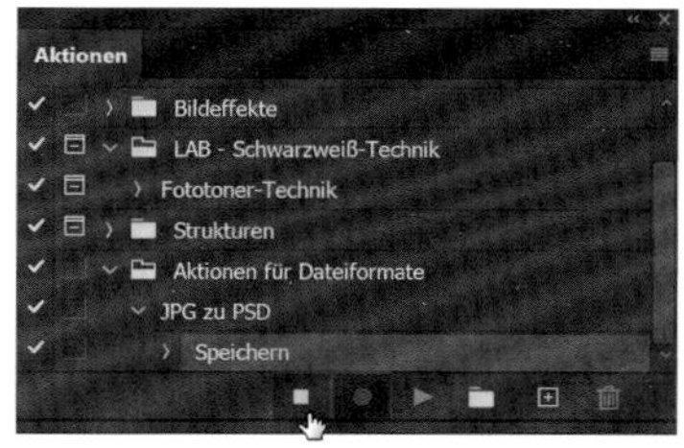

▲ **Abbildung 2.53**
Beenden der Aufzeichnung durch Klick auf den Stopp-Button

6 Überflüssige Arbeitsschritte oder Aktionen löschen
Sie haben irrtümlich doch einen falschen oder überflüssigen Arbeitsschritt in die Aktion eingebaut – oder wollen Sie womöglich gar eine ganze Aktion loswerden? Die Schaltfläche mit dem Papierkorb-Icon 🗑 dient wiederum dazu, einzelne Befehle oder ganze Aktionen zu löschen.

7 Aktion auf andere Bilder anwenden
Um eine Aktion auf andere Bilder anzuwenden, öffnen Sie die Bilder, wählen die Aktion im Bedienfeld durch Anklicken aus und klicken dann im Aktionen-Bedienfeld auf den pfeilförmigen Play-Button. Die in der Aktion gespeicherten Befehle werden nun auf das geöffnete Dokument angewendet.

Effiziente Methoden, Aktionen auf eine größere Menge Bilder gleichzeitig anzuwenden, lernen Sie in Abschnitt 2.10, »Stapelverarbeitung: Aktionen auf viele Bilder anwenden«, kennen.

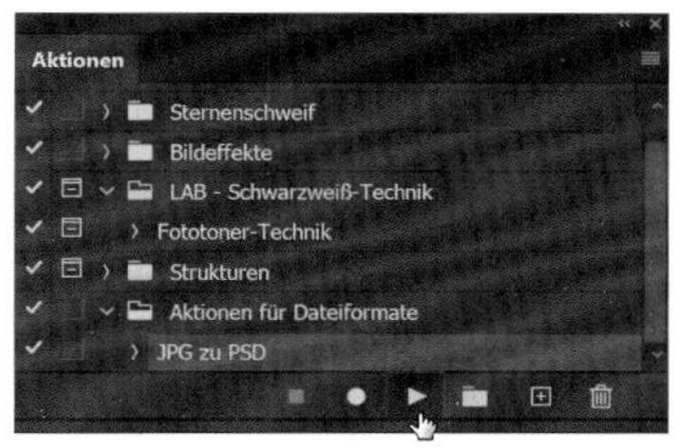

▲ **Abbildung 2.54**
Aktion auf weitere Dokumente anwenden

2.8.3 Fußangeln und Fehlersuche bei Aktionen

Aktionen aufzuzeichnen ist zwar eigentlich ganz einfach – in der Praxis kommt es aber immer wieder zu Pannen. Wie Sie die häufigsten Fußangeln umgehen, erfahren Sie hier.

Mehrere Aktionen kombinieren
Sie können auch mehrere Aktionen kombinieren. Nutzen Sie dann entweder [Strg]/[cmd] oder [⇧], um mehrere Aktionstitel aus dem Aktionen-Bedienfeld gleichzeitig auszuwählen.

Zahleneingaben wirklich durchführen | Wenn Sie in Ihrer Aktion Befehle vorsehen, bei denen ein bestimmter Wert eingegeben werden soll – beispielsweise beim Skalieren von Bildern – und Ihr Beispielbild, mit dem Sie die Aktion aufzeichnen, zufällig schon die passende Größe hat, reicht es nicht aus, nur das Dialogfeld zu öffnen und auf OK zu klicken. Dann wird die Aktion später genau das tun – aber keine Werte auf andere Bilder anwenden. Also müssen Sie die gewünschten Werte, die in der Aktion aufgezeichnet werden sollen, tatsächlich in die Zahlenfelder eintragen, bevor Sie bestätigen.

Rahmenbedingungen als Fehlerquelle | Vielfach hängen die Ergebnisse einer Aktion von den konkreten Dateieigenschaften ab – so wirkt beispielsweise ein Gaußscher Weichzeichner der Stärke »4« bei einer 72-ppi-Datei anders als auf ein hochaufgelöstes 300-ppi-Bild. Auch Programmeinstellungen wie die aktuelle Vorder- und Hintergrundfarbe oder welche Bildebene aktiv ist, haben Einfluss auf die Aktion und sind eine mögliche Ursache dafür, wieso das Ergebnis nicht das gewünschte ist.

Maßeinheiten | Werkzeuge oder Dialogboxen, bei denen Sie einen Wert eingeben und auch noch per OK bestätigen, hängen von den aktuell unter Voreinstellungen • Masseinheiten & Lineale (Strg/cmd+K) festgelegten Einheiten ab. Nehmen Sie hier zwischen Aufzeichnung und Anwendung der Aktion Änderungen vor, kann es zu Überraschungen kommen. Wenn Sie eine Aktion aufzeichnen, die auf Bilder mit verschiedenen Größen angewendet werden soll, empfiehlt es sich, als Linealeinheit Prozent festzulegen. So wird die Aktion immer an derselben relativen Position im Bild abgespielt.

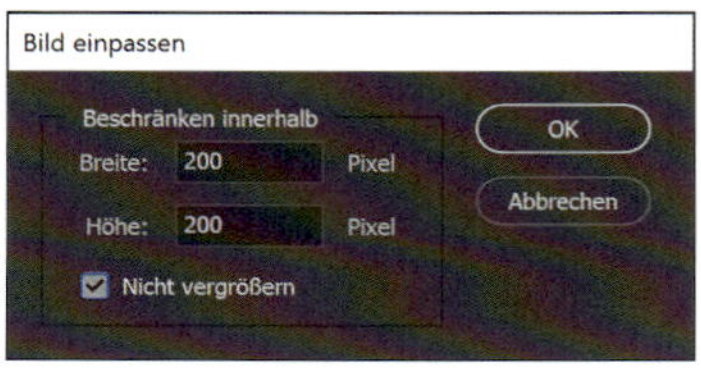

▲ **Abbildung 2.55**
Vor allem in Zusammenarbeit mit der Stapelverarbeitung großer Mengen von Dateien ist Bild einpassen hilfreich.

Bildgröße bei unterschiedlich großen Ausgangsdateien per Aktion ändern | Um die Bildgröße bei gemischten Quer- und Hochformaten festzulegen, empfiehlt es sich, den Photoshop-Befehl Datei • Automatisieren • Bild einpassen zu verwenden. Mit der Option Nicht vergrößern unterbinden Sie, dass eine Datei, deren Ausgangsmaße geringer sind als die im Dialog eingetragenen Werte, größer skaliert wird.

Modusänderung nur nach Bedarf | Eine häufige Anforderung ist es auch, per Aktion den Bildmodus zu ändern. Wenn alle zu bearbeitenden Bilder im selben Modus vorliegen, ist das noch einfach per Aktion machbar. Schwierig wird es bei Bildern in verschiedenen Modi, wenn Sie sinnlose oder überflüssige Modusänderungen vermeiden und den Moduswechsel auf einige Ausgangsmodi eingrenzen wollen. Die Funktion Bedingte Modusänderung (in Photoshop zu finden unter Datei • Automatisieren) stellt eine einfache Lösung dazu dar.

Unter Quellmodus stellen Sie ein, welche Modi oder welcher Modus von der Modusänderung in der Aktion betroffen sein soll. Die Schaltfläche Alles wählt alle Modi aus, Ohne wählt sie ab. Unter Zielmodus stellen Sie ein, in welchen Modus die Dateien gebracht werden sollen.

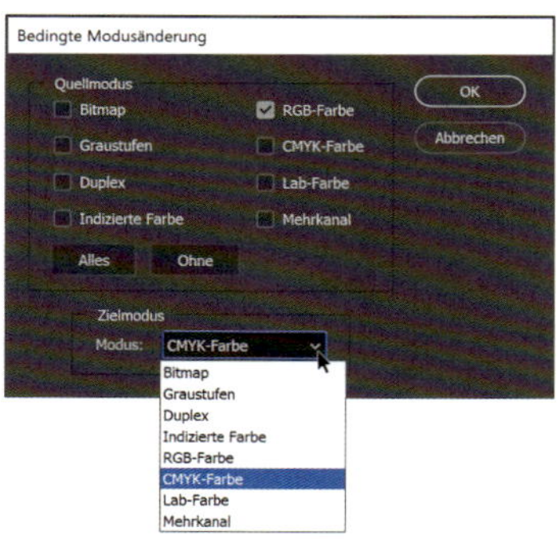

▲ **Abbildung 2.56**
Mit wenigen Klicks zur gesteuerten Modusänderung

Wenn Sie eine bedingte Modusänderung in eine Aktion aufnehmen wollen, starten Sie einfach das Aufzeichnen der Aktion, öffnen diesen Dialog, nehmen Ihre Einstellungen vor und klicken auf OK. Beim nächsten Ausführen der Aktion wird die Modusänderung durchgeführt. Die Bedingte Modusänderung ist auch hervorragend dazu geeignet, sie in der Stapelverarbeitung (siehe Abschnitt 2.10) zu verwenden.

Dateinamen | Wenn Ihre aufgezeichnete Aktion den Befehl Speichern unter enthält, dürfen Sie auf keinen Fall auch einen Dateinamen vergeben – diesen Namen bekämen dann alle mit der Aktion behandelten Dateien. Einen Speicherordner können Sie auf diese Weise allerdings festlegen.

Abspielgeschwindigkeit festlegen | Manchmal hakt es besonders bei komplexen Aktionen, ohne dass beim Abspielen die Ursache klar wird. Dann kann es hilfreich sein, die Abspielgeschwindigkeit der Aktion zu reduzieren. Der Befehl ABSPIELOPTIONEN aus dem Menü des Aktionen-Bedienfelds bringt Sie zu den erforderlichen Einstellungen.

- BESCHLEUNIGT ist die Standardeinstellung, die Sie im störungsfreien Betrieb auch beibehalten sollten. Oft können Sie nicht im Einzelnen am Bildschirm nachvollziehen, was mit dem Bild passiert, weil die Arbeitsschritte so schnell vorbeiflackern.
- Die Option SCHRITTWEISE führt die Befehle langsamer hintereinander aus und aktualisiert das Bild, bevor mit dem nächsten Befehl in der Aktion fortgefahren wird. Hier können Sie gut verfolgen, was mit dem Bild geschieht.
- Mit der Option ANHALTEN FÜR können Sie außerdem festlegen, ob und wie lange Photoshop zwischen der Ausführung der einzelnen Befehle einer Aktion wartet.

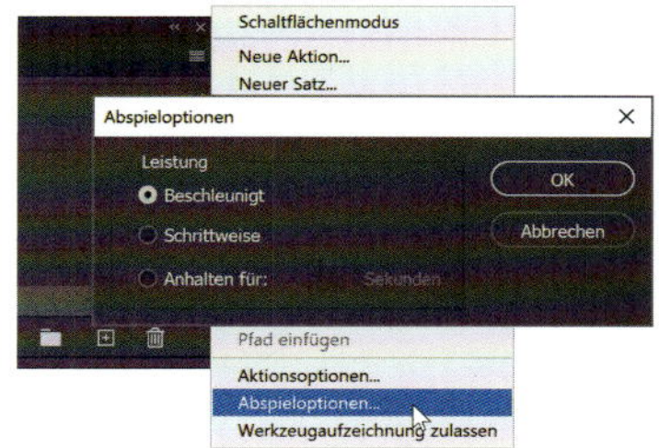

▲ **Abbildung 2.57**
Wie schnell soll die Aktion ausgeführt werden?

2.9 Feintuning für Aktionen

Photoshop bietet eine Reihe von Möglichkeiten, Aktionen besser an Ihre Bedürfnisse anzupassen und sie flexibler zu handhaben.

2.9.1 Eigene Eingaben in Aktionen: Modale Steuerelemente

Leider lassen sich nicht alle Arbeitsschritte so gut in Aktionen verwenden wie die Dateiformatänderung aus dem Workshop weiter vorn. Manche Befehle sollten nicht einfach abgespult werden, sondern wirken besser, wenn sie den Gegebenheiten des Bildes angepasst werden. Notwendig ist das bei allen Operationen, die von der Bildgröße oder -auflösung (zum Beispiel bei Schärfungen nach der Skalierung) oder dem Motiv abhängen, oder in Fällen, in denen Sie sich selbst noch etwas kreativen Gestaltungsspielraum geben wollen. Das gilt natürlich auch für das Speichern von Dateien, wenn Sie einen eigenen Dateinamen vergeben müssen. (Ein beim Aufzeichnen der Aktion einmal festgelegter Name würde allen Bildern zugewiesen, auf die die Aktion angewendet wird!)

Mit nur einem Klick räumen Sie sich selbst die Möglichkeit ein, eigene Einstellungen während des Abspielens der Aktion vorzunehmen. Dazu klappen Sie die Aktion, der diese Funktion hinzugefügt werden soll, auf. Am Anfang jeder »Zeile« des Aktionen-Bedienfelds sehen Sie zwei Kästchen: links ein Kästchen mit einem kleinen Haken, den Sie zunächst nicht verändern sollten, rechts standardmäßig ein leeres Kästchen. Wenn Sie einmal auf eines der leeren Kästchen klicken, wird dem betreffenden Befehl ein sogenanntes **modales Steuerelement** hinzugefügt. Das heißt, beim nächsten Abspielen der Aktion öffnet sich das Dialogfeld zu dem Befehl, den Sie mit einem modalen Steuerelement versehen haben, und Sie können dort Ihre Eingaben machen.

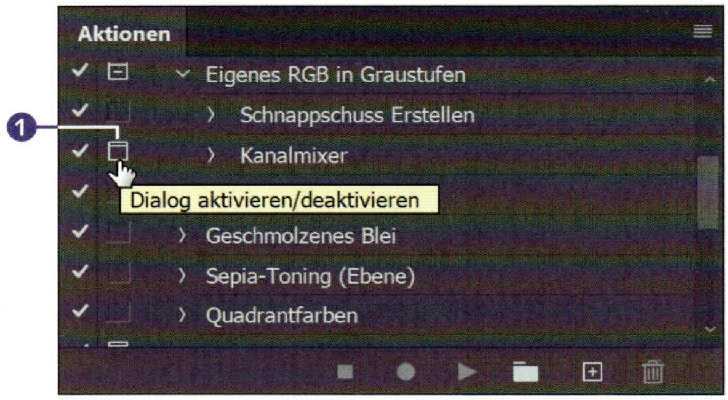

Abbildung 2.58 ▸
Icons in Form eines stilisierten Dialogfelds weisen auf das Vorhandensein eines **1** oder mehrerer modaler Steuerbefehle in der jeweiligen Aktion hin.

Ein erneuter Klick auf das Icon setzt den Steuerbefehl wieder außer Kraft. Wenn Sie auf das »gefüllte« Icon einer Aktion klicken, werden alle modalen Steuerbefehle dieser Aktion auf einmal deaktiviert.

2.9.2 Werkzeuge und Menübefehle in die Aktion aufnehmen

Aktionen spulen nicht nur Folgen zuvor aufgenommener Menübefehle stumpfsinnig ab. Es ist auch möglich, in Aktionen Werkzeuge wie Pinsel oder Retuschetools aufzuzeichnen oder Pausen für eigene, individuelle Eingaben oder Werkzeugeingaben einzubauen.

Werkzeuge aufzeichnen
Der diskret im Bedienfeldmenü versteckte Befehl WERKZEUGAUFZEICHNUNG ZULASSEN erweitert das Anwendungsspektrum von Aktionen beträchtlich. So lassen sich auch Pinsel und viele andere Tools aufzeichnen!

Werkzeuge mit aufzeichnen | Mit dem Befehl WERKZEUGAUFZEICHNUNG ZULASSEN ist es möglich, Handgriffe, die Sie mit Retusche-, Mal- und anderen Werkzeugen erledigen, in eine Aktion aufzunehmen. Alles, was Sie dazu tun müssen, ist, im Bedienfeldmenü die Option WERKZEUGAUFZEICHNUNG ZULASSEN zu aktivieren, so dass dort ein Häkchen zu sehen ist.

Dann nehmen Sie Ihre Aktion auf wie gewohnt und führen dabei auch die Werkzeug-Arbeitsschritte aus, die Sie brauchen.

Auch das Abspielen funktioniert fast wie gewohnt – mit einer kleinen Besonderheit: Wenn Sie vor dem Abspielen der Aktion das darin aufgezeichnete Werkzeug in Photoshop aktivieren und seine Optionen verändern, wird die Aktion nicht mit den aufgezeichneten, sondern mit den eben eingestellten Optionen angewendet. Dadurch können Sie Aktionen mit Werkzeugen flexibler anwenden und müssen nicht für jede kleine Werkzeugvariation eine eigene Aktion erstellen.

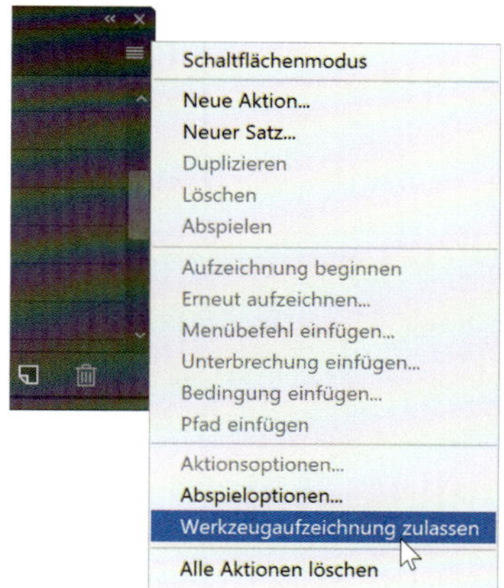

▲ **Abbildung 2.59**
Ist diese Option aktiv, können Aktionen auch Werkzeuge aufzeichnen.

Breaks für individuelle Menübefehle oder Werkzeugeinsätze | Nicht immer soll ein vollständiger Werkzeugvorgang in eine Aktion aufgenommen und wieder abgespielt werden. Manchmal brauchen Sie auch die Möglichkeit, während einer laufenden Aktion individuelle Handgriffe mit einem Werkzeug oder spezifische Menübefehle einzufügen. Dabei hilft Ihnen der Befehl Menübefehl einfügen, den Sie im Bedienfeld-Seitenmenü finden. Die Funktionsweise ist ganz einfach:

- Zeichnen Sie zunächst die Aktion auf – ohne diesen Befehl.
- Überlegen Sie dann, an welcher Stelle der individuelle Menübefehl oder Werkzeugeinsatz eingefügt werden soll. Soll er am Ende einer Aktion eingefügt werden, wählen Sie im Bedienfeld den Namen der Aktion aus. Soll er in die Aktion zwischen bestehende Befehle eingefügt werden, aktivieren Sie im Aktionen-Bedienfeld den Befehl, nach dem der Menübefehl eingesetzt werden soll.
- Wählen Sie dann im Seitenmenü des Aktionen-Bedienfelds den Befehl Menübefehl einfügen. Es erscheint dann ein kleines Fenster mit einem Hinweis Menübefehl: keine Auswahl.

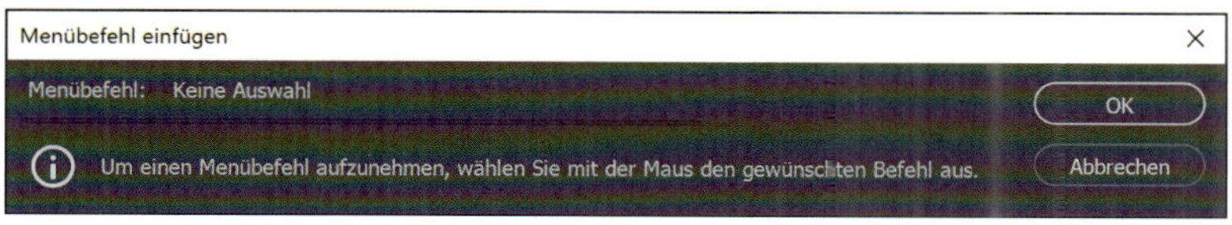

◀ **Abbildung 2.60**
Nun können Sie den Menübefehl einfügen.

Dieses Fenster klicken Sie zunächst *nicht* weg! Stattdessen führen Sie nun den Befehl aus, der in der Aktion ausgeführt werden soll, oder aktivieren das Werkzeug, das Sie in der Aktion anwenden wollen. Werte für den Befehl oder Eingaben mit einem Werkzeug werden in der Aktion *nicht* aufgezeichnet. Sie brauchen sie also beim Einfügen des Menübefehls noch nicht einzugeben, sondern erst beim Abspielen der Aktion.

- Klicken Sie erst dann in dem Fenster Menübefehl einfügen auf OK.

Eingefügte Menübefehle werden im Aktionen-Bedienfeld durch dasselbe Icon angezeigt wie modale Steuerelemente.

2.9.3 Memo-Fenster integrieren: Unterbrechung einfügen

Wenn Sie in der Aktion noch eine Gedächtnisstütze brauchen, können Sie auf ähnliche Weise eine sogenannte **Unterbrechung** einfügen. Dann wird während des Abspielens der Aktion ein Fenster eingeblendet, das die Instruktionen oder Hinweise zeigt, die Sie sich vorher selbst geschrieben haben. Dazu wählen Sie aus dem Seitenmenü des Aktionen-Bedienfelds den Befehl UNTERBRECHUNG EINFÜGEN. Es öffnet sich ein Eingabefeld, in das Sie Ihren Text schreiben.

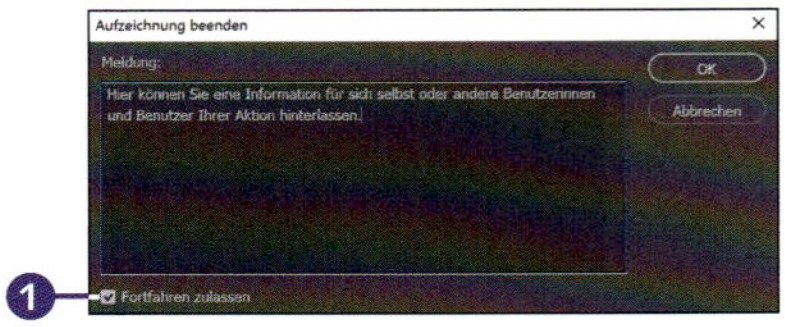

▲ **Abbildung 2.61**
Der Text, den Sie hier einfügen, wird beim nächsten Abspielen der Aktion in einem Info-Popup gezeigt.

Achten Sie beim Anlegen einer Unterbrechung unbedingt darauf, dass FORTFAHREN ZULASSEN ❶ aktiviert ist – ansonsten kommt Ihre Aktion zu einem jähen Ende, weil dem Info-Fenster der Button WEITER fehlt. Im Aktionen-Bedienfeld erscheint die Unterbrechung dann als ANHALTEN. Auch eingefügte Unterbrechungen können Sie kurzfristig (de)aktivieren, genauso wie normale Schritte einer Aktion.

2.9.4 Aktionen mit Bedingungen versehen

Sie können Aktionen auch mit Bedingungen versehen, so dass immer dann, wenn eine bestimmte Bedingung erfüllt wird, dies eine Aktion auslöst – zum Beispiel, wenn auf spezielle Dokumenteigenschaften wie Hoch- oder Querformat reagiert werden muss. Dies hat den Vorteil, dass das Anwenden von Aktionen bei der Bildbearbeitung weiter automatisiert wird und Sie bestimmte Arbeitsschritte, die Sie immer wieder verwenden, nicht eigenhändig durchführen müssen. Photoshop erkennt die Bedingung und spielt dann alle an diese Bedingung geknüpften Aktionen automatisch ab.

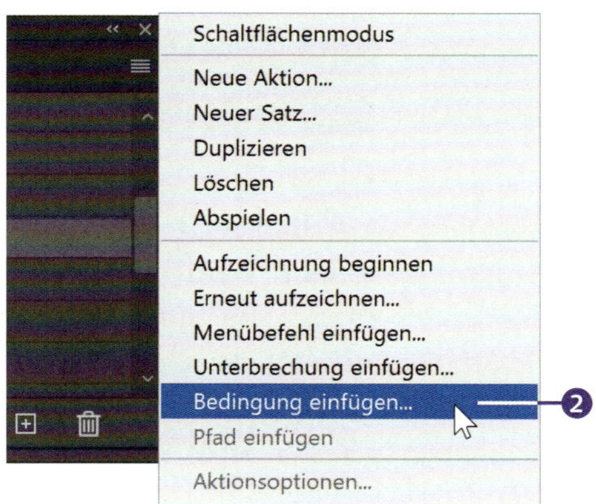

Abbildung 2.62 ▸
Bedingte Aktionen werden automatisch auf Ihr Bild angewandt, sobald die Voraussetzungen stimmen.

Der Nachteil dieser Automatisierung ist derselbe wie bei jeder Verwendung eines Autopiloten: Die Maschine macht nur das, was man ihr vorgegeben hat. Möchten Sie von dem gespeicherten Weg abweichen, müssen Sie händisch eingreifen, damit bei gegebener Bedingung – etwa falls ein Querformat vorliegt – keine Aktion durchgeführt wird.

Um Bedingungen einzurichten, rufen Sie das Kontextmenü des Bedienfelds Aktionen auf und wählen dort Bedingung einfügen ❷. Im erscheinenden Fenster wählen Sie dann zunächst die Bedingung aus und bestimmen danach, welche Aktion ausgeführt werden soll, wenn die Bedingung vorliegt oder die Bedingung nicht erfüllt wird. Ihnen stehen dabei alle verfügbaren Aktionen zur Auswahl.

Beachten Sie, dass die Bedingung im Aktionen-Bedienfeld bei der gerade ausgewählten Aktion eingefügt wird. Es empfiehlt sich daher zur besseren Übersicht, eine eigene, leere Aktion »Bedingte Aktionen« anzulegen und darin alle Bedingungen einzurichten.

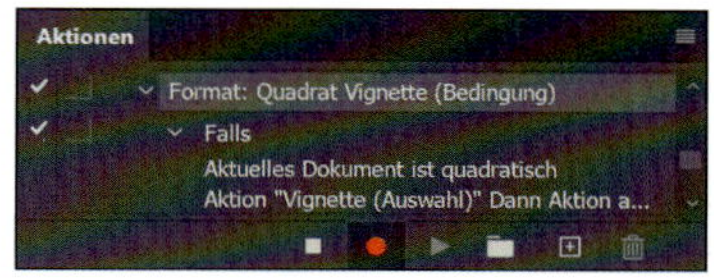

▲ **Abbildung 2.63**
Aktion mit Bedingung: Quadratische Bilder erhalten eine Vignettierung.

2.9.5 Bestehende Aktionen variieren

Um neue Aktionen zu erstellen, müssen Sie sie nicht immer komplett neu aufzeichnen – Sie können auch bestehende Aktionen modifizieren. Gerade bei komplexeren Aktionen kann sich das durchaus lohnen. Am besten **duplizieren** Sie eine bestehende Aktion einfach, bevor Sie sie verändern. Es genügt, dazu die betreffende Aktion im Aktionen-Bedienfeld mit der Maus zu greifen und über das Neu-Icon ⊞ zu ziehen.

Aktionen ergänzen oder modifizieren | Sie können Aktionen jederzeit um neue Befehle ergänzen oder bestehende Befehle erneut aufzeichnen, um Einstellungen zu modifizieren. Legen Sie dazu als Erstes fest, an welcher Stelle der Aktion der neue Befehl eingefügt werden soll. Wenn er am Ende einer Aktion eingefügt werden soll, wählen Sie den Namen der Aktion aus. Wenn ein neuer Befehl nach einem schon vorhandenen Befehl eingefügt werden soll, wählen Sie diesen aus. Klicken Sie dann auf die Schaltfläche Aufzeichnung beginnen, oder wählen Sie im Seitenmenü des Bedienfelds ☰ den Befehl Aufzeichnung beginnen.

Führen Sie die Befehle aus, die Sie in die Aktion integrieren wollen. Sie werden aufgezeichnet. Wenn Sie fertig sind, klicken Sie auf die Schaltfläche Aufzeichnung beenden, um die Aufzeichnung zu stoppen.

Vor allem, wenn Sie die Eingaben von Werten oder modale Werkzeuge verändern wollen, ist auch der Befehl Erneut aufzeichnen (aus dem Bedienfeldmenü ☰) hilfreich. Sie können einen einzelnen Schritt oder eine ganze Aktion neu aufzeichnen und dabei die bisherigen Eingaben oder Werte ändern.

Arbeitsschritte entfernen | Um Arbeitsschritte von einer Aktion auszuschließen, haben Sie zwei Möglichkeiten. Entweder Sie ziehen den

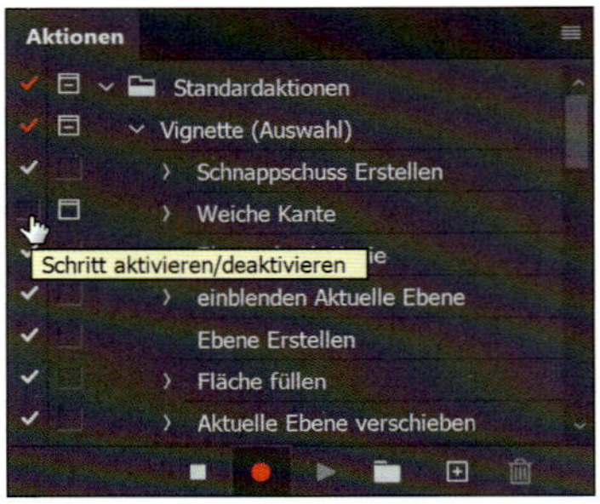

▲ **Abbildung 2.64**
Wurden Schritte einer Aktion deaktiviert, wird dies zusätzlich vor dem Namen der Aktion mit einem roten Häkchen angezeigt. So können Sie auch bei einer eingeklappten Aktion erkennen, dass Schritte ausgelassen werden.

jeweiligen Befehl auf das Löschen-Icon – dann ist er unwiderruflich aus der Aktion **entfernt**. Oder Sie **deaktivieren** Befehle temporär. Dazu entfernen Sie einfach den kleinen Haken vor dem betreffenden Arbeitsschritt; dieser wird dann beim nächsten Abspielen der Aktion nicht ausgeführt. Ein erneuter Klick an die (nun leere) Stelle aktiviert den Befehl wieder.

Tabelle 2.5 ▶
Tastaturbefehle für die Arbeit mit Aktionen auf einen Blick

Was wollen Sie tun?	Windows	Mac
aktuellen Befehl aktivieren und alle anderen deaktivieren oder **alle Befehle** aktivieren	Alt drücken und auf das Häkchen neben einem Befehl klicken	alt drücken und auf das Häkchen neben einem Befehl klicken
aktuelles modales Steuerelement einschalten und zwischen allen anderen modalen Steuerelementen wechseln	Alt drücken und auf das Steuerelement-Icon klicken	alt drücken und auf das Steuerelement-Icon klicken
Aktion ausführen	Strg + Doppelklick auf Aktion	cmd + Doppelklick auf Aktion
alle Befehle einer Aktion anzeigen/verbergen	Klick auf das Dreieck	Klick auf das Dreieck
einzelnen Befehl aus einer Aktion ausführen	Befehl markieren, Strg + Klick auf die Ausführen-Schaltfläche (Play-Button)	Befehl markieren, cmd + Klick auf die Ausführen-Schaltfläche (Play-Button)
neue Aktion erstellen und ohne Bestätigung aufzeichnen	Alt + Klick auf die Schaltfläche Neue Aktion	alt + Klick auf die Schaltfläche Neue Aktion

Aktionen für die Stapelverarbeitung
Wenn Sie vorhaben, eine Aktion in einer wirklich eigenständig ablaufenden Stapelverarbeitung einzusetzen, darf sie natürlich keine modalen Steuerelemente, Menübefehle oder Unterbrechungen enthalten, die Ihr manuelles Eingreifen erfordern würden.

2.10 Stapelverarbeitung: Aktionen auf viele Bilder anwenden

Bisher wissen Sie nur, wie Sie Aktionen auf ein oder mehrere geöffnete Bilder anwenden. Aktionen sind aber auch die Grundlage der automatischen Stapelverarbeitung. Damit legen Sie vorher fest, welche Aktion auf welche Bilder angewendet werden soll – das können auch ganze Ordner sein – und wie und wo die bearbeiteten Bilder abgelegt werden sollen. Starten Sie anschließend die Automatik, ist Ihre Anwesenheit am Rechner tatsächlich nicht mehr erforderlich.

Sie starten die Stapelverarbeitung über das Photoshop-Menü Datei • Automatisieren • Stapelverarbeitung oder aus der Adobe Bridge über Werkzeuge • Photoshop • Stapelverarbeitung.

Haufenweise neue Dateinamen
Die Stapelverarbeitung kann Aktionen auf Bilder anwenden und dabei, wenn nötig, auch Dateinamen durch Prä- und Suffixe verändern. Wenn Sie nur die Dateinamen ändern wollen, ist die Bridge-Funktion Werkzeuge • Stapel-Umbenennung jedoch die bessere Wahl.

2.10.1 Der Dialog »Stapelverarbeitung«

Im Dialogfeld Stapelverarbeitung legen Sie fest, welche Dateien mit welcher Aktion bearbeitet werden sollen, wohin die veränderten Dateien gespeichert werden und wie die Dateinamen – wenn gewünscht – modifiziert werden. Dazu kommen Einstellungen zur Fehlerbearbeitung.

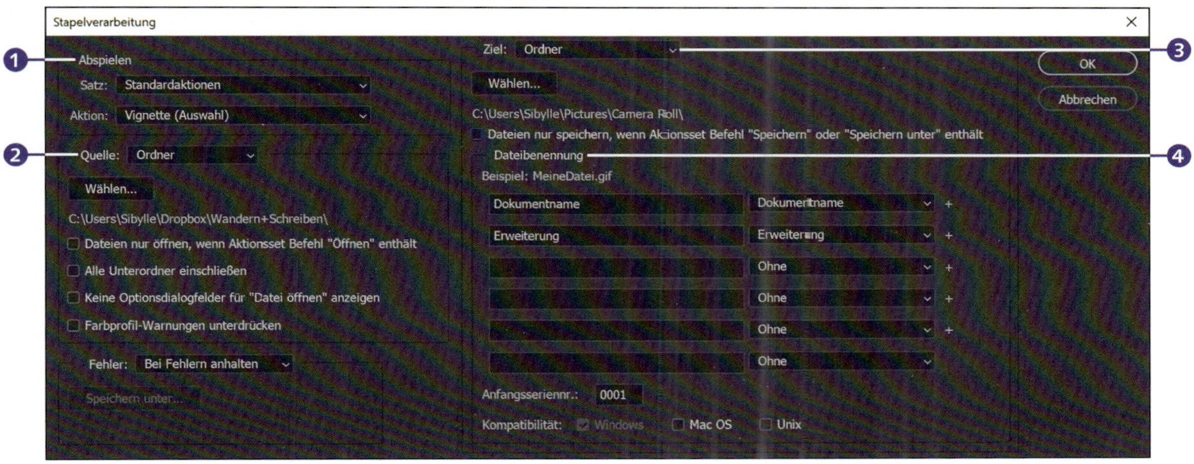

▲ **Abbildung 2.65**
Umfangreiche Einstellungsmöglichkeiten für die aktionsbasierte Bearbeitung von Bildstapeln

Abspielen und Quelle | Unter Abspielen ❶ tragen Sie mit Hilfe der Dropdown-Listen Satz und Aktion ein, welche Aktion auf den Bilderstapel angewendet werden soll. Quelle ❷ bezeichnet die Bilder näher, die bearbeitet werden sollen.

- Die Einstellung Ordner bestimmt einen speziellen Ordner auf Ihrer Festplatte oder einem anderen Laufwerk. Sie müssen ihn mit Wählen noch genauer spezifizieren.
- Wenn Sie Bilder von einer Digitalkamera, einem Scanner oder aus einem PDF-File importieren und gleich eine Aktion auf sie anwenden wollen, wählen Sie Import.
- Möglich ist es auch, eine Aktion en bloc auf alle aktuell Geöffneten Dateien anzuwenden. Diese Einstellung ist bei großen Bildermengen wenig sinnvoll.
- Bridge bezieht sich auf die dort zuvor ausgewählten Bilder.

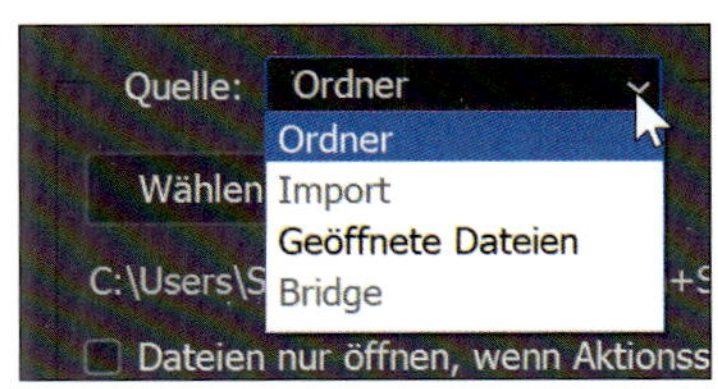

▲ **Abbildung 2.66**
Einstellungen unter Quelle

Die vier Optionen unterhalb des WÄHLEN-Buttons sind fast selbsterklärend: ALLE UNTERORDNER EINSCHLIESSEN bezieht sich auf die Einstellung ORDNER. Das Aktivieren von KEINE OPTIONSDIALOGFELDER FÜR "DATEI ÖFFNEN" ANZEIGEN und von FARBPROFIL-WARNUNGEN UNTERDRÜCKEN beschleunigt den Ablauf der Aktionen ungemein.

Fehlerquelle »Dateien nur öffnen, wenn Aktionsset Befehl ›Öffnen‹ enthält« | Eine häufige Fehlerquelle ist die Option DATEIEN NUR ÖFFNEN, WENN AKTIONSSET BEFEHL "ÖFFNEN" ENTHÄLT. Zunächst einmal ist der Name dieser Option ungenau formuliert – es geht nicht um Aktionssets, sondern um Aktionen. Außerdem muss man ein wenig um die Ecke denken, um zu verstehen, was dahintersteckt. Das Grundproblem ist Folgendes: Wenn die Aktion, die Sie bei der Stapelverarbeitung verwenden möchten, einen ÖFFNEN-Befehl enthält, mit dem ja zwangsläufig *eine bestimmte Datei* geöffnet und verarbeitet wird (nämlich die, die bei der Aufzeichnung der Aktion verwendet wurde), wird bei der Stapelverarbeitung nur diese eine Datei geöffnet und verarbeitet. Andere Dateien, die Sie im STAPELVERARBEITUNG-Dialog unter QUELLE für die Stapelverarbeitung vorgesehen haben, werden ignoriert. Damit dies nicht passiert, gibt es die Option DATEIEN NUR ÖFFNEN, WENN AKTIONSSET BEFEHL "ÖFFNEN" ENTHÄLT. Wenn Sie sie aktivieren, werden übrigens nicht alle in der Aktion aufgezeichneten Einstellungen des Befehls ÖFFNEN während der Stapelverarbeitung ignoriert, sondern nur die Auswahl der zu öffnenden Dateien.

- Wann sollten Sie die Option aktivieren?
  Die Option muss aktiv sein, wenn in der Aktion ÖFFNEN-Befehle enthalten sind, mit denen spezifische Dateien zur Verarbeitung festgelegt werden und Sie *andere* als die ursprünglich beim Aufzeichnen der Aktion benutzten Dateien per Stapelverarbeitung bearbeiten möchten.
- Wann muss die Option deaktiviert sein?
  Wenn die Aktion *keine* ÖFFNEN-Befehle enthält, müssen Sie die Option deaktivieren. Ist sie aktiv, obwohl in der Aktion gar kein ÖFFNEN-Befehl aufgezeichnet wurde, kann die Stapelverarbeitung nicht ablaufen!
  Sie müssen die Option unbedingt deaktivieren, wenn in der Aktion *zusätzliche* Dateien geöffnet werden. Also nicht jene Datei(en), die selbst das Ziel der Bearbeitung durch die Aktion sind, sondern Dateien, die für die Aktion benötigt werden. Ein klassisches Beispiel: Ein Logo soll per Aktion als Wasserzeichen in andere Dateien eingefügt werden. Dann muss während der Aufzeichnung der Aktion auch irgendwann die Datei mit dem Logo geöffnet werden, damit dieses in die eigentlich bearbeitete Datei hinüberkopiert werden kann. In sol-

chen Fällen führt das Aktivieren der Option Dateien nur öffnen … zu Komplikationen bei der Stapelverarbeitung.
Wenn die Aktion nur auf bereits geöffnete Dateien angewendet werden soll (Einstellung Geöffnete Dateien unter Quelle), müssen Sie die Option ebenfalls deaktivieren.

Ziel | Unter Ziel ❸ (Abbildung 2.65) legen Sie fest, wohin die bearbeiteten Dateien gespeichert werden oder ob die Originale überschrieben werden sollen.

- Ohne lässt die Dateien geöffnet, wenn in der Aktion selbst kein ausdrücklicher Speichern-Befehl enthalten ist.
- Speichern und schliessen speichert die Änderungen an den Originaldateien und schließt diese dann. Eventuelle Speichern-Befehle in der Aktion werden dann aber übersprungen!
- Ordner legt einen bestimmten Zielordner fest. Wenn dies ein neuer Ordner sein soll, sollten Sie ihn vor dem Aufrufen der Stapelverarbeitung anlegen.

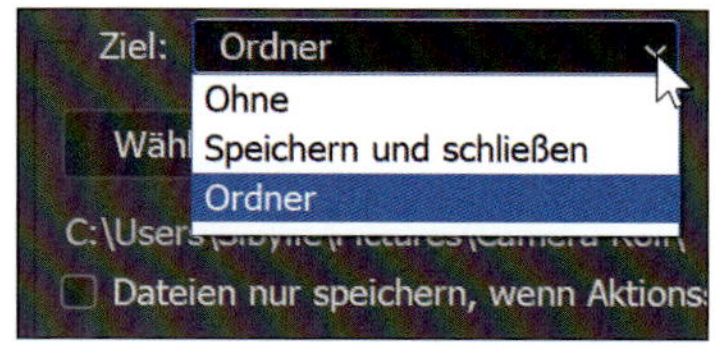

▲ **Abbildung 2.67**
Einstellungen unter Ziel

Fehlerquelle »Dateien nur speichern, wenn Aktionsset Befehl ›Speichern‹ oder ›Speichern unter‹ enthält« | Beim Speichern von Dateien, die per Aktion plus Stapelverarbeitung verändert werden, existiert dasselbe Grundproblem wie beim Öffnen: Speichereinstellungen in der Aktion können die korrekte Ausführung der Stapelverarbeitung behindern. Deswegen gibt es für das Speichern ebenfalls eine etwas umständlich benannte und nicht auf den ersten Blick durchschaubare Option, sie heißt Dateien nur speichern, wenn Aktionsset Befehl "Speichern" oder "Speichern unter" enthält. Mit ihr stellen Sie sicher, dass per Stapelverarbeitung veränderte Dateien unter dem gewünschten Namen gespeichert werden und in dem Ordner landen, den Sie im Stapelverarbeitung-Dialog unter Ziel angegeben haben. Übrigens werden beim Aktivieren der Option nicht alle während der Aktion aufgezeichneten Speicheroptionen übergangen, sondern nur die Einstellungen zu Dateinamen und Speicherort. In der Aktion getroffene Einstellungen zu Dateiformat und Dateioptimierung werden berücksichtigt!

- Wann sollten Sie diese Option aktivieren?
  Aktivieren Sie unbedingt Dateien nur speichern, wenn Aktionsset Befehl "Speichern" oder "Speichern unter" enthält, wenn Sie bei der Aufzeichnung der Aktion eine Datei mit dem Befehl Speichern unter gesichert haben – wenn die Aktion also einen Speicherbefehl enthält, mit dem Name und Speicherort festgelegt werden. Ist dies der Fall und ist die Option *deaktiviert*, wird die Datei, die Sie ursprünglich beim Aufzeichnen der Aktion verwendet haben, nachei-

Stapelverarbeitung unbedingt testen!
Auch bei gut durchdachten Einstellungen kann mal etwas danebengehen. Im schlimmsten Fall sind dann Ihre Originaldateien mit den Befehlen einer nicht plangemäß funktionierenden Aktion überschrieben. Es empfiehlt sich immer, die Stapeleinstellungen mit einer kleinen Anzahl von Dateien zu testen, bevor Sie den Befehl auf umfangreiche Ordner loslassen.

nander mit allen Dateien überschrieben, die Sie per Stapelverarbeitung verändern wollen. Am Ende erhielten Sie nur für die letzte Datei des Stapels ein korrektes Ergebnis (weil diese von keiner folgenden Datei überschrieben wird). Ist die Option *aktiv*, werden die im STAPELVERARBEITUNG-Dialog festgelegten Einstellungen zu Ziel und eventuellen Dateinamensänderungen verwendet; die ursprünglichen Befehle in der Aktion werden übergangen.

- Wann muss die Option deaktiviert sein?
  Wenn in der Aktion *keine* Befehle zum Speichern festgehalten sind, müssen Sie die Option deaktivieren. Andernfalls werden die verarbeiteten Dateien von der Stapelverarbeitung nicht gesichert.

Dateibenennung | Unter DATEIBENENNUNG ❹ (Abbildung 2.65) können Sie vorgeben, wie der neue Dateiname zusammengesetzt sein soll. Hier sind ganz unterschiedliche Konstellationen möglich, wie die abgebildete Liste zeigt. Achten Sie darauf, dass die Dateierweiterung (».jpg«, ».psd«, ».pdf« …) nicht fehlt!

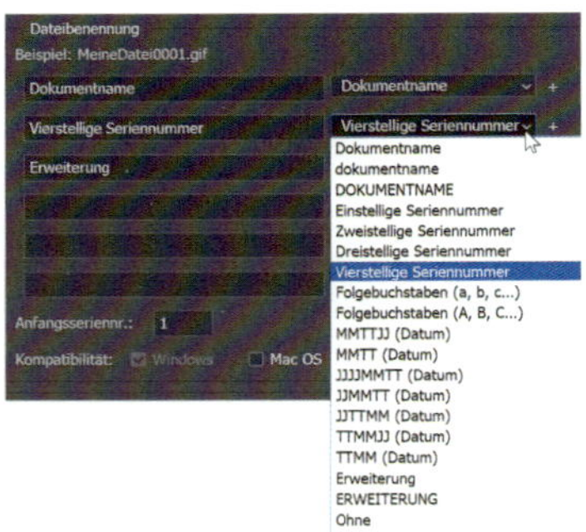

▲ **Abbildung 2.68**
Sie können Ihre Dateien automatisch benennen lassen.

Kompatibilität | KOMPATIBILITÄT betrifft die Schreibkonvention für Dateinamen. UNIX ist auch zu empfehlen, wenn Sie Dateien für das Web abarbeiten lassen! FEHLER ist selbsterklärend. Für größere Stapel ist es oft günstiger, die Fehler in eine Protokolldatei schreiben zu lassen. Die Stapelverarbeitung kann dann wenigstens weiterlaufen – mit der Einstellung ANHALTEN wird sie bisweilen schnell ausgebremst, und wenn Sie nach zwei Stunden wiederkommen, sind die Dateien immer noch unbearbeitet. Wenn Sie nun auf OK klicken, legt Photoshop los – und Sie können sich zurücklehnen.

2.11 Aktionen per Droplet anwenden

Wer es eilig hat, kann Aktionen auch per Droplet anwenden. Droplets sind kleine Java-Programme, die Sie mit Photoshop erzeugen. Sie können dann Dateien und/oder ganze Ordner im externen Datei-Manager auf diese Programmdatei ziehen – der Rest läuft automatisch ab. Droplets eignen sich gut für Aktionen, bei denen Sie wenig Kontrolle brauchen und die Sie routinemäßig auf größere Bildmengen anwenden.

2.11.1 Ein Droplet erstellen

Schritt eins besteht wiederum darin, die passende Aktion zu erstellen. Sobald diese fertig ist, rufen Sie über DATEI • AUTOMATISIEREN • DROPLET

ERSTELLEN … das Dialogfenster auf. Sie können natürlich auch eine beliebige Aktion aus Ihrem Bestand nehmen.

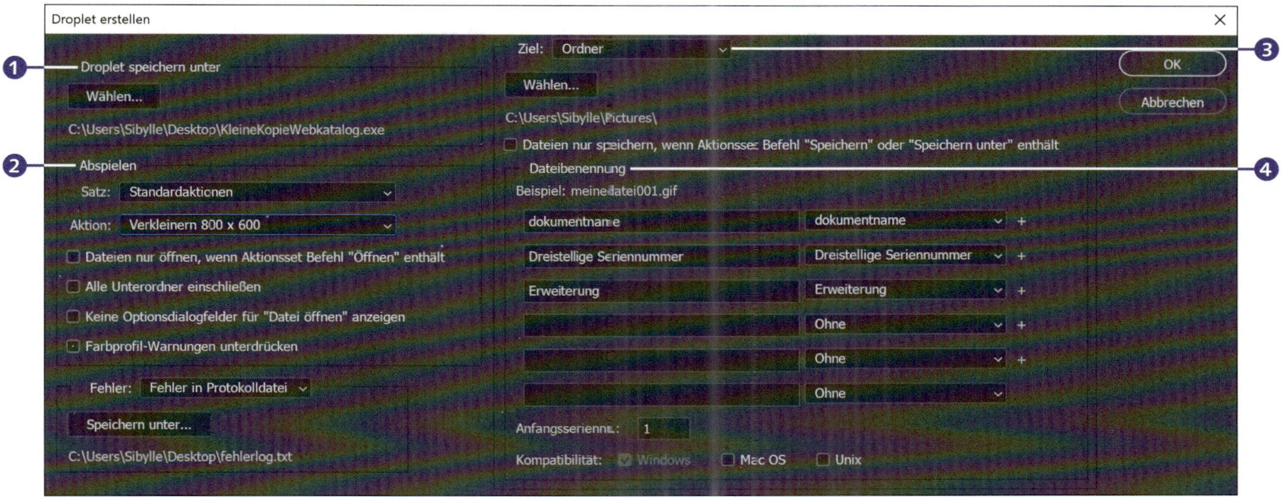

▲ **Abbildung 2.69**
Der Droplet-Dialog erinnert stark an das Dialogfenster STAPELVERARBEITUNG: In beiden Fällen werden Aktionen nach einem bestimmten »Rezept« auf ausgewählte Dateien angewendet.

- Unter DROPLET SPEICHERN UNTER ❶ stellen Sie ein, wo das Droplet gespeichert werden soll. Das kann Ihr Desktop bzw. Schreibtisch oder auch ein Dateiordner sein. Wählen Sie einfach einen gut erreichbaren Ort auf Ihrem Computer.
- Unter ABSPIELEN ❷ legen Sie fest, welche Aktion im Droplet verwendet werden soll. Sie können hier nur solche Aktionen zur Verwendung einstellen, die auch im Aktionen-Bedienfeld geladen sind.

Abspielen | Anschließend bestimmen Sie die Ausführungsoptionen:

- Die Option DATEIEN NUR ÖFFNEN, WENN AKTIONSSET BEFEHL "ÖFFNEN" ENTHÄLT funktioniert bei Droplets genauso wie bei der Stapelverarbeitung. Sie bewirkt, dass sich die ÖFFNEN-Befehle in der Aktion auf diejenigen Dateien beziehen, auf die Sie das Droplet anwenden, und nicht auf die Dateinamen, die in der Aktion angegeben wurden. Die Option müssen Sie deaktivieren, wenn die Aktion ausschließlich für geöffnete Dateien gelten soll oder wenn in der Aktion ÖFFNEN-Befehle für weitere Dateien enthalten sind, die von der Aktion benötigt werden.
- ALLE UNTERORDNER EINSCHLIESSEN verarbeitet Dateien auch in Unterordnern.

- Keine Optionsdialogfelder für "Datei öffnen" anzeigen ist für die Anwendung von Droplets auf Camera-Raw-Bilddateien gedacht.
- Farbprofil-Warnungen unterdrücken deaktiviert die Anzeige von Farbprofilmeldungen und sollte wiederum abgewählt werden, um das Ausführen der Aktion zu beschleunigen.

Ziel | Unter Ziel ❸ stellen Sie ein, wohin die bearbeiteten Dateien gespeichert werden sollen:

- Ist Ohne aktiviert, bleiben die Dateien geöffnet, und Änderungen werden nur dann gespeichert, wenn die Aktion einen eigenen Speicherbefehl enthält.
- Speichern und schliessen speichert die neuen Dateien an ihrem aktuellen Speicherort und überschreibt dabei die Originaldateien.
- Mit Ordner legen Sie fest, dass die verarbeiteten Dateien an einem anderen Ort gespeichert werden. Klicken Sie auf Wählen, um den Zielordner zu spezifizieren.

▲ **Abbildung 2.70**
Das fertige Droplet wird in dem Ordner angezeigt, den Sie in den Einstellungen angegeben haben.

Auch hier gibt es wieder die Option Dateien nur speichern, wenn Aktionsset Befehl "Speichern" oder "Speichern unter" enthält. Sie wirkt wie bei der Stapelverarbeitung. Wenn die Aktion einen eigenen Befehl Speichern unter enthält, **aktivieren** Sie Dateien nur speichern... Damit stellen Sie sicher, dass die Dateien in dem von Ihnen unter Ziel angegebenen Ordner gespeichert werden (bzw. im Quellordner, wenn Sie zuvor die Option Speichern und schliessen ausgewählt haben). Wenn die im Droplet verwendete Aktion keinen Befehl Speichern unter enthält, werden Dateien nicht gespeichert!

Dateibenennung | Unter Dateibenennung ❹ können Sie wiederum festlegen, nach welchem Muster Dateinamen für die veränderten Dateien gebildet werden, und unter Fehler haben Sie dieselben Möglichkeiten wie bei der Stapelverarbeitung auch. Wenn Sie jetzt auf OK klicken, wird das Droplet erzeugt.

2.11.2 Droplet anwenden

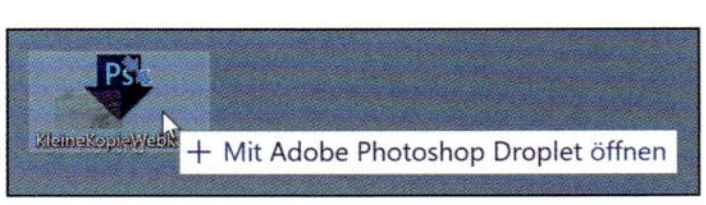

▲ **Abbildung 2.71**
Droplet nutzen: Die Dateien werden auf das Droplet-Icon gezogen.

Um Droplets anzuwenden, muss Photoshop zunächst nicht einmal geöffnet sein. Ziehen Sie einfach die Datei oder gleich den ganzen Ordner, den Sie mit der im Droplet enthaltenen Aktion bearbeiten wollen, auf das Droplet-Symbol, und lassen Sie die Datei oder den Ordner dort los. Photoshop wird – falls es noch nicht geöffnet ist – starten und die Datei(en) gemäß Ihrer Konfiguration bearbeiten.

Kapitel 3
Nützliche Helfer

Wer arbeitet schon gerne umständlich oder im Blindflug? Mit Photoshops kleinen Helfern bleibt Ihre Arbeit effizient und ist jederzeit unter Kontrolle. Auch erfahrene Anwender werden bei den altbekannten Funktionen Neues entdecken!

3.1 Dokumente, Fenster und Registerkarten

Photoshops Arbeitsfläche erscheint trotz der Funktionsvielfalt relativ aufgeräumt. Das liegt unter anderem an der Anordnung der geöffneten Dokumente. Diese erscheinen standardmäßig in Tabs, also Registerkarten. Zusammen mit den Befehlen zum Ausrichten der Bilder bietet das Tab-Konzept eine enorme Erleichterung für die Arbeit mit mehreren Dokumenten: Mühsames Hin- und Herschieben, bis alle Dokumentfenster auf der Arbeitsfläche arrangiert sind, entfällt.

»biene.jpg«, »grashüpfer.jpg«, »mohnkapsel.jpg«

Bild: Frank Gaebler

◂ **Abbildung 3.1**
Die Dokumentorganisation in Registerkarten sorgt für Übersicht – auch, wenn so wie hier mehrere Dokumente geöffnet sind.

3.1.1 Tabs aktivieren und sortieren

Auch bei Photoshops Bedienfeldern findet das »Registerkarten«-Prinzip Anwendung.

Alle Bilder im Blick
Mit den Befehlen unter FENSTER • ANORDNEN bringen Sie Photoshop dazu, alle offenen Dokumente neben- oder untereinander anzuordnen. Mehr dazu erfahren Sie in Abschnitt 3.1.2, »Dokument-Tabs zusammen anzeigen und ausrichten«.

Tabs ansteuern | Wenn Sie mehr als eine Datei öffnen, werden die Dokumentfenster standardmäßig als Registerkarten angezeigt. Dann ist jeweils ein Dokument vorn – also sichtbar –, und von den anderen sehen Sie lediglich die Karteireiter. Um ein Dokument zu aktivieren und nach vorn zu bringen, können Sie seinen Karteireiter anklicken – der intuitivste, doch nicht unbedingt der schnellste Weg, vor allem, wenn Sie oft zwischen Ihren Bildern springen.

- Alternativ wählen Sie den Dateinamen im Menü FENSTER aus. Dies setzt jedoch klar unterscheidbare Dateinamen voraus!
- Sehr flüssig lässt sich mit Shortcuts arbeiten: Strg + ⭾ bzw. ctrl + ⇥ am Mac springt weiter nach **rechts**, mit ⇧ + Strg + ⭾ bzw. ⇧ + ctrl + ⇥ am Mac springen Sie zum vorherigen Bild nach **links**.
- Wenn Sie mehr Dokumente geöffnet haben, als sich auf der Bildschirmbreite in Karteireitern darstellen lassen, sehen Sie am rechten Rand der Tab-Leiste einen doppelten Pfeil. Ein Klick darauf öffnet eine Liste mit allen geöffneten Dokumenten. Das Anklicken des Dateinamens bringt das jeweilige Bild nach vorn.

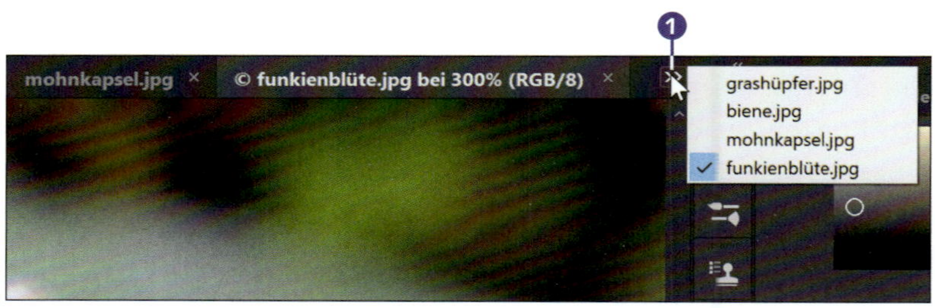

▲ **Abbildung 3.2**
Sind mehr Dokument-Tabs offen, als auf den Monitor passen führt ein Klick auf den Doppelpfeil ❶ zu einer Bilderliste.

Mehrere Dokumente schließen und speichern
Wenn Sie mehrere ungesicherte Dokumente über Alt + Strg / cmd + W auf einmal schließen wollen, freuen Sie sich bestimmt über die Option AUF ALLE ANWENDEN im SPEICHERN-Dialog. Wenn Sie diese Option aktivieren, werden alle Bilder ohne erneute Nachfrage gespeichert und geschlossen.

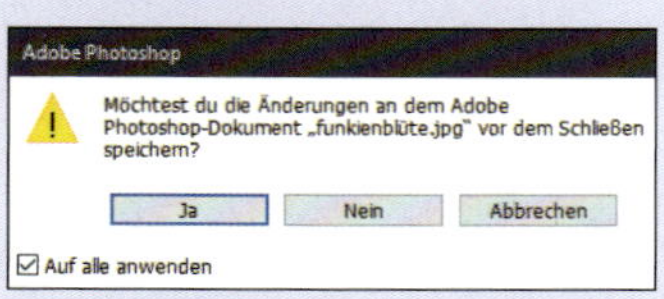

▲ **Abbildung 3.3**
Mit der Option AUF ALLE ANWENDEN sichern Sie parallel bearbeitete Dokumente zeitsparend.

Karteireiter neu sortieren | Die Reihenfolge der Karteireiter (und damit der Dokumente) können Sie jederzeit ändern. Dazu greifen Sie den Tab mit der Maus und ziehen ihn an die gewünschte Position. Achten Sie dabei darauf, die Mausbewegung genau horizontal auszuführen. Ansonsten ziehen Sie das Bild aus der Tab-Gruppe heraus, und es wird zu einem schwebenden Fenster oder verschwindet hinter einer anderen Registerkarte.

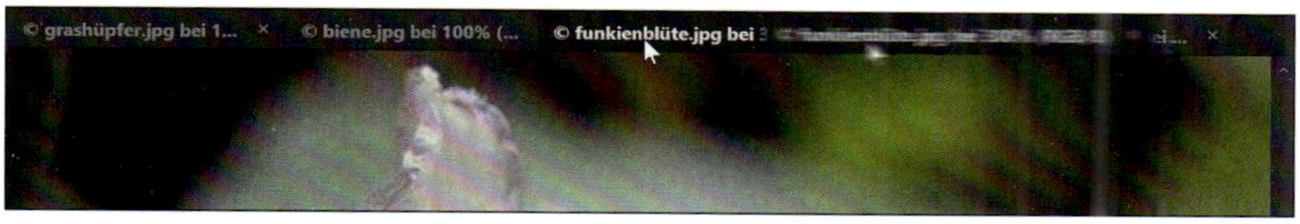

◀ Abbildung 3.4
Durch **exakt horizontales** Ziehen lässt sich die Anordnung der Karteireiter ändern.

3.1.2 Dokument-Tabs zusammen anzeigen und ausrichten

Wenn Sie mehrere Dokumente parallel bearbeiten, wollen Sie vielleicht nicht ständig zwischen den Tabs hin und her schalten, sondern haben lieber alle Bilder im Blick. Das Ausrichten der Bilder neben-, über- und untereinander geht auf Knopfdruck. Im Menü FENSTER • ANORDNEN finden Sie eine Liste mit kleinen Übersichtsgrafiken für verschiedene Anordnungsschemata. Klicken Sie einfach darauf: Ihre geöffneten Dokumente werden entsprechend der Miniaturdarstellung ausgerichtet.

Bildinhalte im Tab zoomen und verschieben
Im ANORDNEN-Menü finden Sie überdies Befehle, mit denen Sie den Darstellungsmaßstab – die Zoomstufe – und die Position des Bildinhalts innerhalb der Tab-Grenzen anpassen können. Mehr dazu lesen Sie in Abschnitt 3.2.3, »Hand-Werkzeug: Die Bildansicht verschieben«.

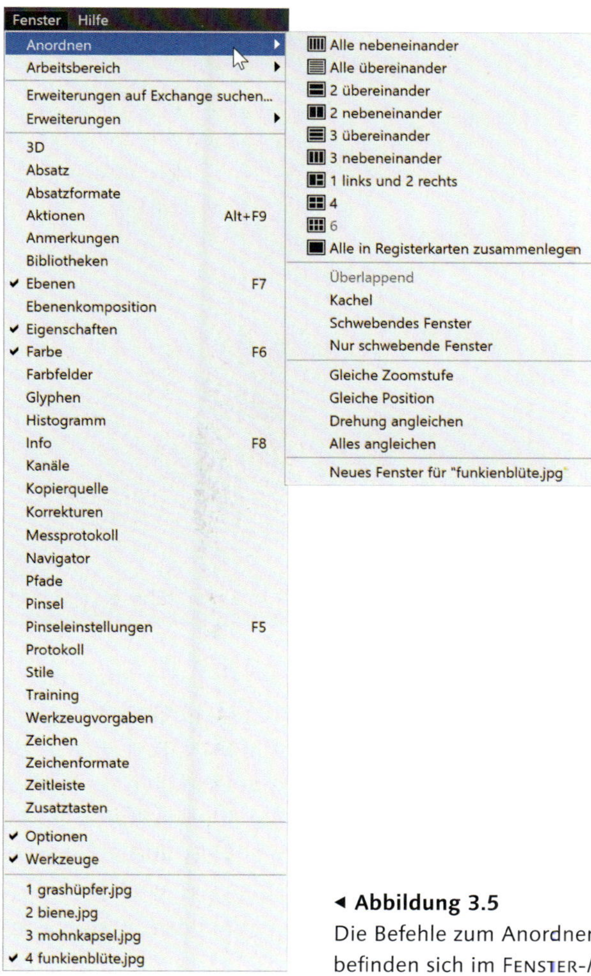

◀ Abbildung 3.5
Die Befehle zum Anordnen von Tabs befinden sich im FENSTER-Menü.

Drag & Drop von Bildinhalten
Drag & Drop ist der einfachste Weg, Ebenen oder Auswahlinhalte von einem Dokument in ein anderes zu befördern. Das klappt auch bei Dokumenten in Tabs – selbst wenn die Dokumente nicht offen nebeneinanderliegen. Aktivieren Sie das Verschieben-Werkzeug und die Bildebene, deren Inhalt Sie verschieben wollen. Setzen Sie die Maus über das zu verschiebende Objekt – auf der Bildfläche, nicht im Ebenen-Bedienfeld –, und ziehen Sie es mit der Maus über den Karteireiter des Zieldokuments. Halten Sie die Maus dort, bis sich das Dokument zeigt. Positionieren Sie das Objekt über dem Bild, und lassen Sie den Mauszeiger los. Mehr zum Thema gibt's in Abschnitt 5.4, »Das Ebenen-Bedienfeld: Ihre Steuerzentrale«.

3.1.3 Verschieben, bündeln, lösen: Dokumentansicht manuell anpassen

Bei der Arbeit mit Dokumenten in Registerkarten sind Sie nicht auf die automatischen Sortierhilfen beschränkt. Sie können sich Ihre Registerkartengruppen auch selbst zusammenstellen.

Wenn Sie für ein Dokument etwas mehr Platz benötigen als von der automatischen Sortierung vorgesehen, fassen Sie ganz einfach an den »Stegen« zwischen den Registerkarten an und ziehen daran, um den Bereich zu verbreitern. Notgedrungen wird dabei für benachbarte Dokumente der Raum etwas enger.

Indem Sie einen Karteireiter mit der Maus anfassen und ziehen, befreien Sie das Dokument aus dem Verbund. Es wird dann zu einem frei schwebenden Fenster, das über den noch getabbten, ausgerichteten Dokumenten liegt.

Abbildung 3.6 ▸
Ein Dokument wurde aus der Bildanordnung gelöst und befindet sich nun in einem eigenen Fenster.

Ebenso bekommen Sie ein Dokument auch wieder in die Registerkartengruppe hinein: Um ein frei schwebendes Dokumentfenster zu positionieren, ziehen Sie es einfach an den gewünschten Platz. Leuchtende blaue Streifen zeigen Ihnen dabei mögliche Andockstellen an. Sobald ein solcher blauer Streifen erscheint, können Sie die Maustaste loslassen – das Dokument wird an der entsprechenden Stelle in die Registerkartengruppe eingegliedert.

Sie können schwebende Fenster an vertikalen oder horizontalen »Stegen« zwischen den Tabs oder neben einer Registerkarte andocken. Da-

Windows: Vorsicht beim Maximieren frei schwebender Fenster
Beim Klicken auf den Maximieren-Button eines schwebenden Fensters dehnt sich das Fenster so weit aus, dass alle funktionalen Programmelemente verdeckt sind. Also besser: Maus weg vom Maximieren-Button!

▲ Abbildung 3.7
Besser nicht: frei schwebende Fenster maximieren

bei entsteht dann eine Registerkartengruppe, bei der eine Datei die anderen verdeckt; über die Registerkartenreiter wird umgeschaltet. Solche Registerkartengruppen können Sie ebenso wie einzelne Registerkarten wieder aus dem Tab-Verband herausziehen und als schwebende Fenster auf der Arbeitsfläche positionieren. Das ist manchmal ganz praktisch, wenn man parallel mit zwei unterschiedlichen Bilderserien arbeitet.

▲ **Abbildung 3.8**
Andocken eines bisher schwebenden Fensters neben einer Registerkarte

▲ **Abbildung 3.9**
Hier (oben links) wurden zwei Dokumente zu einer Registerkartengruppe zusammengefasst.

3.1.4 Fenster zu Registerkarten machen – und umgekehrt

Wenn Sie mehrere Dokumente auf einmal als Fenster anzeigen oder wieder in Tabs zurückverwandeln wollen, ist Drag & Drop vielleicht etwas mühsam. Mit diesen Befehlen sind Sie schneller!

- Fenster • Anordnen • Alle in Registerkarten zusammenlegen macht alle schwebenden Fenster wieder zu Tabs.
- Der Menübefehl Fenster • Anordnen • Nur schwebende Fenster löst alle Tabs auf und zeigt die geöffneten Bilder als Fenster an.

Frei schwebende Dokumentfenster sortieren
Auch frei schwebende Fenster können Sie mit den Befehlen unter Fenster • Anordnen ausrichten (Überlappend oder Nebeneinander). Diese Funktion ist jedoch nicht so effektiv wie das automatische Ausrichten von Tabs!

3.1.5 Voreinstellungen für Registerkarten

Die Voreinstellungen bieten Möglichkeiten, das Programmverhalten an den eigenen Arbeitsfluss anzupassen. Manchmal ist die Abhilfe für ein kleines, lästiges Problem in einer leicht zu übersehenden Checkbox versteckt. Das gilt auch für die Arbeit mit Tabs und Fenstern.

Herkömmliche Dokumentfenster als Standard | Das Anordnen von Dokumenten in Tabs hat – vor allem, wenn Sie parallel mit mehreren

Bildern arbeiten – eigentlich nur Vorteile. Wenn Sie dennoch generell mit Dokumenten in Fenstern arbeiten wollen, deaktivieren Sie unter BEARBEITEN/PHOTOSHOP • VOREINSTELLUNGEN • ARBEITSBEREICH (Strg/cmd+K, dann Strg/cmd+3) die Optionen DOKUMENTE ALS REGISTERKARTEN ÖFFNEN ❶ und ANDOCKEN SCHWEBENDER DOKUMENTFENSTER AKTIVIEREN ❷.

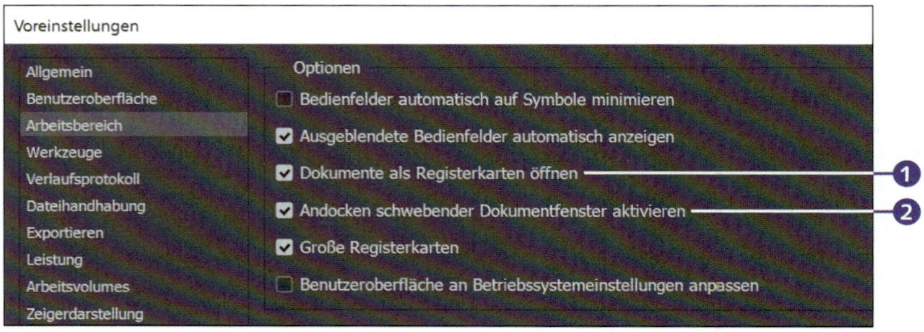

Abbildung 3.10 ▸
Voreinstellungen für das Tab-Verhalten von Photoshop

Neue Dateien als autonome Fenster öffnen | Registerkarten erleichtern die parallele Arbeit mit mehreren Dokumenten. Oft sind dies Bilder einer Serie, die man korrigiert, anpasst oder anderweitig bearbeitet. Nicht immer will man, dass weitere Bilder beim Öffnen zwischen den Registerkarten einer solchen Serie eingeordnet werden.

In diesem Fall ist es hilfreich, unter BEARBEITEN/PHOTOSHOP • VOREINSTELLUNGEN • BENUTZEROBERFLÄCHE die Optionen DOKUMENTE ALS REGISTERKARTEN ÖFFNEN kurzzeitig zu *deaktivieren*. Neue Dokumente werden dann als schwebende Fenster geöffnet und können – mittels Drag & Drop – ihrerseits zu Registerkartengruppen zusammengefasst werden.

3.1.6 Dasselbe Dokument in zwei Fenstern

Die Sortierfunktionen und Registerkarten zielen darauf ab, mehrere Dokumente möglichst günstig nebeneinander zu zeigen. Es gibt jedoch auch den umgekehrten Bedarfsfall: Manchmal möchte man dasselbe Dokument in zwei Fenstern gleichzeitig sehen. Sinnvoll ist dies zum Beispiel dann, wenn Sie ein Bild beim Bearbeiten gleichzeitig in zwei verschiedenen Ansichten beobachten möchten.

Die Funktion NEUES FENSTER FÜR [DOKUMENTNAME] macht es möglich, ein Bild in zwei Dokumentfenstern zu öffnen. Sie finden den Befehl unter FENSTER • ANORDNEN.

Obwohl Sie dann zwei Dokumentfenster sehen, sind dies nicht zwei verschiedene Bilder, sondern lediglich **zwei Ansichten desselben Bildes**. Jeder Arbeitsschritt, den Sie durchführen, wird in beiden Fenstern angezeigt. Wann brauchen Sie diese Ansicht? Stellen Sie sich vor …

- Sie arbeiten mit Masken und brauchen sowohl einen Blick auf das Detail (hohe Zoomstufe) als auch eine Komplettansicht. Um speziell die Arbeit mit Masken zu unterstützen, blenden Sie Kanäle in jeder Bildansicht separat ein und aus.
- Sie bereiten ein Bild für den Druck vor und wollen während der Arbeit auch abschätzen, wie es im Druckfarbmodus CMYK wirkt. Die zweite Ansicht zeigt via ANSICHT • FARBPROOF zumindest annähernd, wie die Farben im Druck wirken.

Surfer: Matthias Reiff

▲ **Abbildung 3.11**
Gleichzeitiger Blick auf das Detail und eine Übersicht? Der Befehl NEUES FENSTER macht es möglich.

3.2 Bildanzeige: Gezoomt, gedreht und in Position gerückt

Egal, ob Sie Ihre Dokumente in Registerkarten oder lieber in autonomen Fenstern anzeigen lassen – wichtig ist, dass Sie Ihre Bilder allzeit gut im Blick haben. Manchmal müssen Sie Ihr Bild stark vergrößern, um Einzelheiten genau zu erkennen. Oder Sie brauchen eine verkleinerte Anzeige für die Gesamtübersicht. Sie müssen sich einen bestimmten Bildausschnitt ins Blickfeld holen. Und für knifflige Detailarbeiten können Sie Ihre Arbeitsfläche sogar schräg legen.

Bildzoom, Bilddrehung und das Navigieren in großformatig angezeigten Bildern funktionieren in Dokument-Tabs und Dokumentfenstern gleich. In diesem Abschnitt erfahren Sie, wie Sie schnell zur gerade benötigten Ansicht kommen.

3.2.1 Bildpixel und Monitorpunkte

Sie haben es bereits im vorangehenden Kapitel 1, »Der Arbeitsbereich«, erfahren: Der aktuelle Abbildungsmaßstab oder auch die Zoomstufe

Zum Weiterlesen
Mehr über **Masken** lesen Sie in Kapitel 9, »Maskieren und Montieren«.

Unabhängige Bildkopie mit dem Befehl »Bild duplizieren«
Der Befehl BILD • DUPLIZIEREN ist die beste Methode, eine genaue Kopie eines geöffneten Bildes (einschließlich aller Ebenen, Masken und Kanäle) zu erzeugen. DUPLIZIEREN erstellt eine **eigene Datei**, die mit der Ausgangsdatei nicht mehr gekoppelt ist und separat bearbeitet werden kann. In einem kleinen Dialog können Sie gleich einen neuen Dateinamen vergeben.

▲ **Abbildung 3.12**
Wichtige Option: Sofern das Ausgangsbild Ebenen enthält und diese im Duplikat auftauchen sollen, müssen Sie die Option NUR ZUSAMMENGEFÜGTE EBENEN DUPLIZIEREN abwählen!

eines Bildes wird in der Titelleiste eines Tabs oder Fensters angezeigt. Was steckt dahinter?

»grashüpfer.jpg«

Eine Anzeige wie »50 %« oder »67,7 %« in der Titelleiste bedeutet nicht, dass das tatsächliche Bild verkleinert wurde – dafür gibt es eigene Befehle. Die Prozentangaben beziehen sich lediglich auf die **Darstellung** des Bildes auf dem Bildschirm und sind unabhängig von der tatsächlichen Pixel- oder Zentimetergröße, in der es vorliegt.

▲ **Abbildung 3.13**
1:1-Ansicht (100 %) …

Bild: Frank Gaebler

▲ **Abbildung 3.14**
… und in der stark gezoomten Bildansicht. In der Vergrößerung werden die einzelnen Pixel, aus denen das Bild besteht, allmählich sichtbar.

Bildlineal liefert Anhaltspunkte
Nicht nur der Prozentwert in der Titelleiste des Bildes gibt Hinweise auf die Zoomstufe des Bildes. Auch das Bildlineal ist ein guter Anhaltspunkt, denn seine Skala passt sich natürlich an die unterschiedlichen Bildmaßstäbe an. Um das Lineal einzublenden, tippen Sie [Strg]/[cmd]+[R] oder gehen über Ansicht • Lineale. Ob das Lineal Pixel, Zentimeter oder Millimeter anzeigt, stellen Sie unter Voreinstellungen • Masseinheiten & Lineale ein.

Um zu verstehen, was die unterschiedlichen Maßstäbe bedeuten, müssen Sie sich kurz vor Augen halten, dass nicht nur das Bild aus einzelnen Bildpunkten (den Pixeln) aufgebaut ist, sondern dass auch der Monitor, auf dem das Bild dargestellt wird, mit Bildpunkten arbeitet. Die Bildpunkte des Monitors sind aus technischen Gründen immer gleich groß. Ein Abbildungsmaßstab von 100 % bedeutet dann, dass jeder Monitorpunkt exakt ein Bildpixel darstellt. Nur dann sehen Sie die Bildpixel also im »Originalzustand«!

Kleinere oder größere Abbildungsmaßstäbe als 100 % haben immer zur Folge, dass mehr oder weniger als ein ganzes Bildpixel je Monitorpixel angezeigt wird. Die Originalpixel werden für die Darstellung auf dem Bildschirm umgerechnet. Photoshop muss dann zum Beispiel 0,5 oder 1,3 Bildpixel mit einem Monitorbildpunkt darstellen und die Bilddarstellung erst errechnen.

Grafikleistung in Photoshop | Photoshop macht auch Gebrauch vom Grafikkartenprozessor (GPU) des Rechners, um die Leistung zu erhöhen.

Davon profitieren leistungsintensive Funktionen, etwa viele der Filter und die 3D-Engine. Doch der Geschwindigkeitszuwachs macht sich auch bei alltäglichen Bildbearbeitungsjobs wie Zoom und Bilddrehung bemerkbar: Sofern Ihre Hardware up to date ist, ist die Bilddarstellung auch in gezoomten oder gedrehten Ansichten recht gut.

Damit das funktioniert, sollten Sie über eine aktuelle Grafikkarte verfügen, deren Treiber auf dem neuesten Stand ist. In den Systemanforderungen für Photoshop verlangt Adobe für Mac wie Windows ein »OpenGL 2.0-fähiges System«. Aber auch wenn dies gegeben ist, kann es gelegentlich zu Anzeigeproblemen oder sogar Programmcrashes kommen. In diesem Fall können Sie Adobes GPU-Nutzung begrenzen oder sogar ausschalten.

Zum Weiterlesen
Mehr zum Thema **Bilddarstellung, Monitor-Bildpunkte und Pixel** lesen Sie in Anhang A, »Bildbearbeitung: Fachwissen«.

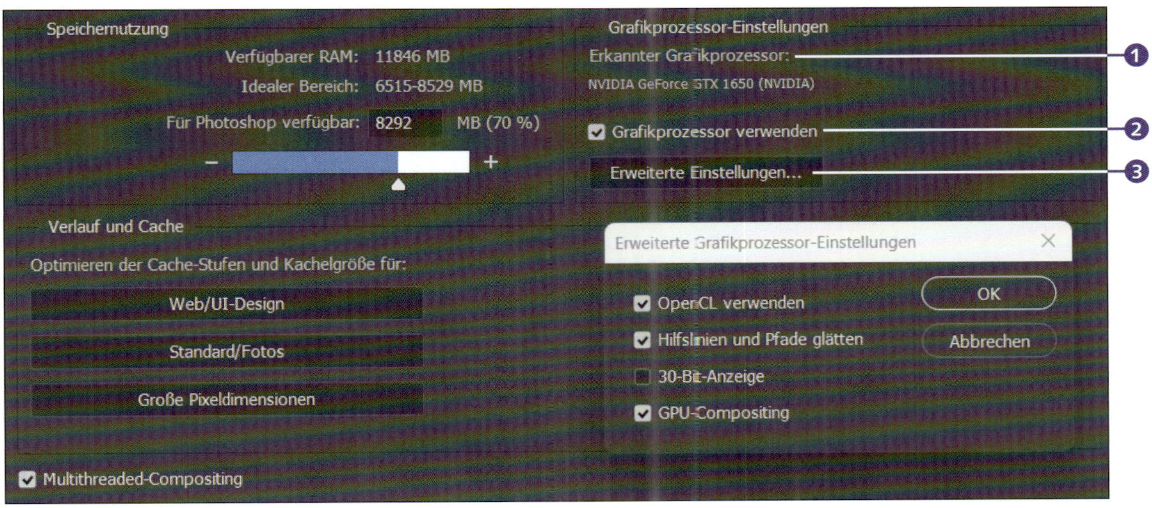

▲ **Abbildung 3.15**
Photoshops GPU-Zugriff lässt sich begrenzen.

Sie finden die Einstellungen in den Voreinstellungen ([Strg]/[cmd]+[K]) auf der Tafel Leistung ([Strg]/[cmd]+[8]) unter Grafikprozessor-Einstellungen.

Sehen Sie unter Erkannter Grafikprozessor ❶ die Bezeichnung Ihrer Grafikkarte, stehen die Chancen gut, dass die GPU-abhängigen Funktionen auf Ihrem Rechner funktionieren. Das Häkchen bei Grafikprozessor verwenden ❷ sollte gesetzt sein. Nur wenn es zu wiederholten Abstürzen kommt, sollten Sie es entfernen und dann schauen, ob die Probleme weiter bestehen. Wenn ja, ist der Grafikprozessor nicht der Übeltäter. Ein Klick auf Erweiterte Einstellungen ❸ führt Sie zu einem weiteren Fenster:

- OPENCL VERWENDEN: Deaktivieren Sie diese Funktion, wenn Optionen wie »Weichzeichnergalerie«, »Selektiver Scharfzeichner«, »Fokusbereich auswählen« oder »Bildgröße mit Details erhalten« nicht wie erwartet funktionieren.
- HILFSLINIEN UND PFADE GLÄTTEN: Deaktivieren Sie diese Option, wenn Hilfslinien und Pfade zu dick auf dem Bildschirm erscheinen.
- 30-BIT-ANZEIGE: Wenn Sie einen Monitor haben, der 30 Bit unterstützt, können Sie dies Option aktivieren.
- GPU-COMPOSITING: Damit können Sie den Workflow deutlich beschleunigen, sofern Photoshop die GPU beim Start korrekt erkennt.

Grafikkarten-FAQ
Nähere Informationen zu den Einstellungen und ausführliche Handlungshinweise bei Grafikproblemen finden Sie unter *https://helpx.adobe.com/photoshop/kb/photoshop-cc-gpu-card-faq.html* (in englischer Sprache).

Wann ist eine möglichst genaue Bildanzeige gefragt? | Wenn Sie auf Nummer sicher gehen und kein Bilddetail aus dem Blick verlieren wollen, sollten Sie bei besonders kritischen Arbeitsschritten in die 100%-Ansicht schalten – also dann,

- wenn Sie das Bild scharfzeichnen wollen,
- wenn Sie Bildfehler wie optisches Rauschen oder schlichte Fussel und Flecke (vom Fotoscan oder dem Kamerasensor) entfernen müssen oder
- wenn Sie Filter anwenden, deren Auswirkungen eher subtil sind, so zum Beispiel Körnungs- oder Strukturfilter.

▲ **Abbildung 3.16**
Eingeblendetes Pixelraster als Hilfe bei Detailarbeiten. Es erscheint bei Zoomstufen über 500%.

Exakt arbeiten mit dem Pixelraster | Wer ein Bild stark zoomt, muss meist pixelgenau arbeiten. Um das zu erleichtern, wird zusätzlich ab einer Zoomstufe von 500% ein Pixelraster eingeblendet. Mit dem Befehl ANSICHT • ANZEIGEN • PIXELRASTER können Sie es verschwinden lassen.

3.2.2 Zoom: Die Bildanzeige verändern

Die Bildansicht zu vergrößern oder zu verkleinern ist wohl einer der häufigsten Handgriffe beim Arbeiten mit Photoshop, denn für manche Arbeitsschritte muss man das Bild stark vergrößert anzeigen, für einige braucht man die Übersicht über das Gesamtbild oder eben die Vollansicht von 100%. Entsprechend zahlreiche Möglichkeiten gibt es, die Anzeige des aktuellen Bildes zu verändern. Das wichtigste Werkzeug dabei ist das durch die Lupe symbolisierte **Zoom-Werkzeug** (Shortcut: [Z]).

Hinzu kommt eine ganze Reihe von Shortcuts und Optionen. So ist für nahezu jede Arbeitssituation und verschiedene Arbeitsvorlieben etwas dabei.

Mit der Maus ins Bild | Wenn Sie bei aktivem Zoom-Werkzeug mit der Maus ins Bild klicken, wird die Anzeige **vergrößert**. Halten Sie die

Maustaste so lange gedrückt, bis die gewünschte Vergrößerungsstufe erreicht ist.

- Wenn Sie beim Klicken ins Bild zusätzlich Alt gedrückt halten, wird das Bild **verkleinert**.
- Wenn Sie beim Klicken ins Bild zusätzlich ⇧ gedrückt halten, wird die Ansicht **aller geöffneten Bilder vergrößert**.
- Drücken Sie während des Klickens ⇧+Alt wird die Ansicht **aller offenen Dokumente verkleinert**. Lassen Sie sich bei den zwei letztgenannten Shortcuts nicht verunsichern: Live gezoomt wird nur das jeweils aktive Bild; doch sobald Sie Maus und Keyboardtasten loslassen, wird auch die Ansicht der übrigen Dokumente angepasst.

Ein **Plus- oder Minuszeichen** im Inneren des Lupensymbols zeigt an, ob das Bild mit dem nächsten Mausklick vergrößert oder verkleinert wird. Ist keine weitere Vergrößerung/Verkleinerung mehr möglich, bleibt die Lupe leer.

▲ **Abbildung 3.18**
Beim nächsten Mausklick wird die Bildansicht vergrößert. (Die Darstellung des Lupe-Mauszeigers ist in diesem und den folgenden Bildern vergrößert.)

▲ **Abbildung 3.19**
Verkleinerung des Abbildungsmaßstabs mit dem nächsten Klick

◂ **Abbildung 3.20**
Das Bild hat seine maximale Vergrößerung erreicht (3 200 %).

Wesentliche Bildinhalte im Blick behalten | Bei großen Vergrößerungen verliert man naturgemäß den Blick für das Ganze und manchmal

Ansichtszoom in Dialogfeldern
Nicht nur die Dokumentansicht lässt sich zoomen. Auch in vielen Dialogfeldern können Sie die Bilddarstellung vergrößern oder verkleinern. Achten Sie bei der Anwendung »sensibler« Filter und Funktionen darauf, dass der Zoom auf 100 % steht – etwa beim Scharfzeichnen oder dem Umgang mit Rauschfiltern.

▲ **Abbildung 3.17**
Den Zoom in Dialogfenstern steuern Sie mit den Plus-/Minus-Buttons unterhalb der Bildvorschau. Mit der Hand verschieben Sie den Ausschnitt.

Animierter Zoom
Mit den Standardeinstellungen wird die Bildansicht während des Zoomens sanft und stufenlos größer oder kleiner. Hektische Mehrfachklicks sind unnötig. Wer mit diesem sanften animierten Zoom nicht klarkommt, kann ihn unter VOREINSTELLUNGEN • WERKZEUGE ganz deaktivieren: Entfernen Sie den Haken bei der Option ANIMIERTER ZOOM ❶.

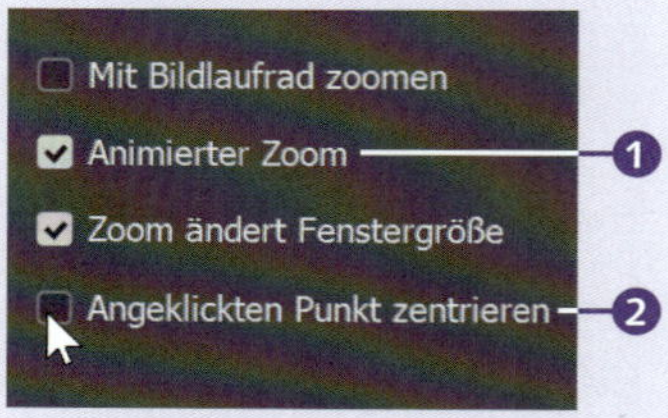

▲ **Abbildung 3.21**
Zoomoptionen in den Voreinstellungen

auch die Orientierung im Bild. Dem können Sie durch geschickten Umgang mit der Lupe vorbeugen. Dazu gibt es zwei Tricks:

- Klicken Sie genau auf den Bildbereich, den Sie sich vergrößert ansehen wollen. Er ist in der vergrößerten Ansicht dann mittig, was Ihnen gerade bei starker Vergrößerung mühsames Scrollen erspart. Bedingung: In den VOREINSTELLUNGEN ist die Option ANGEKLICKTEN PUNKT ZENTRIEREN ❷ aktiv.
- Wenn Sie in der Optionsleiste des Zoom-Werkzeugs bei DYNAMISCHER ZOOM ein Häkchen setzen, können Sie die Darstellungsgröße des Bildes per Mausbewegung steuern. Dazu bewegen Sie die Maus bei gehaltener (linker) Maustaste waagerecht über das Bild.
  - Um schnell ein- oder auszuzoomen (die Bilddarstellung zu **vergrößern** bzw. zu **verkleinern**), bewegen Sie die Maus nach **rechts** oder **links**.
  - Um langsam ein- oder auszuzoomen (die Bilddarstellung zu **vergrößern** bzw. zu **verkleinern**), halten Sie die linke Maustaste einfach gedrückt.

▲ **Abbildung 3.22**
Beim dynamischen Zoom steuern Sie Zoomfaktor und -geschwindigkeit mit Mausbewegungen.

▲ **Abbildung 3.23**
Der Bereich innerhalb der gestrichelten Linie ❸ wird vergrößert, sobald Sie die Maustaste loslassen. Das funktioniert jedoch nur, wenn die Option DYNAMISCHER ZOOM deaktiviert ist.

- Ist DYNAMISCHER ZOOM **inaktiv**, können Sie auch folgende herkömmliche Methode verwenden: Ziehen Sie bei gehaltener Maustaste einen Rahmen auf – genau dieser Bereich wird dann vergrößert angezeigt. Gleichzeitig wird das Dokumentfenster auf die maximal mögliche Größe gebracht (wie groß es dann ist, hängt von der Position der Bedienfelder ab; Bedienfelder werden von Dokumentfenstern nicht überlappt).

Shortcuts | Auch wer lieber mit der Tastatur als mit der Maus arbeitet, kann die Bildansicht einfach ändern. Hierzu gibt es eine ganze Reihe von Shortcuts:

- Die Tastenkürzel Strg/cmd + + vergrößern das Bild stufenweise.
- Die Tastenkürzel Strg/cmd + - verkleinern das Bild ebenfalls stufenweise.

Das funktioniert auch, wenn das Zoom-Werkzeug nicht aktiviert ist.

Zoomen aus anderen Werkzeugen | Nicht immer denkt man daran, vor dem Wechsel in ein anderes Werkzeug oder vor dem Aufrufen eines Dialogfelds die passende Zoomstufe einzustellen. Sie müssen den aktuellen Vorgang jedoch nicht abbrechen, um dies nachzuholen – zwei Shortcuts bringen Rettung: Sie können die Lupe auch kurzzeitig aufrufen, ohne umständlich zum Zoom-Tool umzuschalten.

- Um die Vergrößerungslupe aufzurufen, drücken Sie Strg/cmd + Leertaste.
- Um die Verkleinerungslupe zu aktivieren, ist Alt + Leertaste der Shortcut der Wahl.
- Für eine Vergrößerung oder Verkleinerung können Sie auch die Alt-Taste gedrückt halten und das Mausrad drehen.

Diese Shortcuts funktionieren aus vielen Werkzeugen heraus und sind auch aus den meisten Dialogfeldern heraus wirksam. Sie müssen dann aber immer noch mit der Maus ins Bild klicken, um das Zoomen auszulösen – die Tastenkürzel wechseln nur zum Zoom-Werkzeug.

Kürzel üben lohnt
Für Bildzooms sind Tastenkürzel besonders praktisch, denn so können Sie die Bildansicht ändern, ohne dass der eigentliche Workflow durch die Veränderung der Bildansicht unterbrochen wird. Wer sich die Shortcuts nicht merken kann, kann die wichtigsten im Menü Ansicht nachsehen.

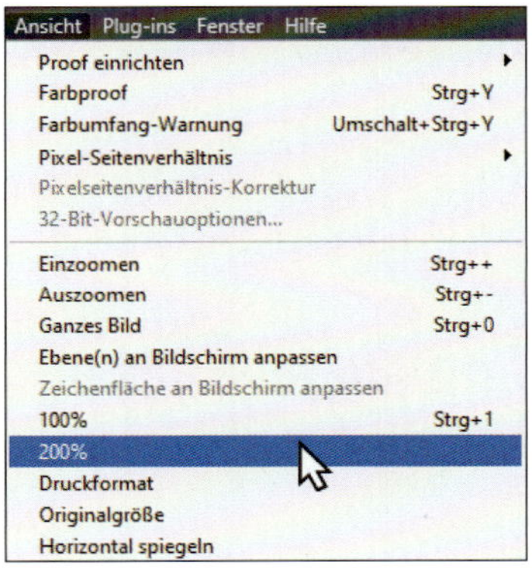

▲ **Abbildung 3.24**
Zum täglichen Gebrauch ist das Zoomen über das Menü Ansicht zu langwierig. Zum Nachschlagen von Shortcuts ist es aber brauchbar.

Eingabe im Dokumentrahmen | Die Prozentangabe, die Sie in der linken unteren Ecke jedes Dokumentfensters sehen, ist nicht nur eine weitere Kontrolle der aktuellen Zoomstufe, sondern vor allem eine weitere Eingabemöglichkeit. Sie funktioniert unabhängig davon, welches Werkzeug aktiviert ist.

Dokumentfenster mitwachsen lassen | In Photoshop haben Sie die Wahl, ob Sie Dokumente immer in Tabs oder in den frei schwebenden Dokumentfenstern anzeigen lassen. Sofern Sie mit Tabs arbeiten, ist der folgende Absatz irrelevant – er bezieht sich lediglich auf die herkömmlichen schwebenden Dokumentfenster.

▲ **Abbildung 3.25**
Tippen Sie den gewünschten Zoom-Prozentwert einfach ein. Das Bestätigen mit ↵ oder der nächste Mausklick wenden die Eingabe an.

Sie können festlegen, wie sich der Dokumentrahmen während des Zoomens verhält: Soll er seine Ausgangsgröße behalten, auch wenn das Bild größer (oder kleiner) wird, oder soll er »mitwachsen«? Ersteres ist sinnvoll, wenn Sie an einem kleinen Bildschirm oder mit mehreren Ansichten desselben Bildes arbeiten, hat aber oft zur Folge, dass Sie sich den Rahmen noch mit der Maus größer ziehen müssen. Das ist zwar nur ein Handgriff, kann aber den Arbeitsschwung ganz schön bremsen. Sollen die Bildrahmen mitskalieren, aktivieren Sie in der *Optionsleiste* des Zoom-Werkzeugs Fenstergrösse anpassen ❹.

▲ **Abbildung 3.26**
Die Optionen des Zoom-Werkzeugs

Wenn Sie bei inaktivem Zoom-Tool **per Tastaturkürzel zoomen**, steht Ihnen die Optionsleiste nicht zur Verfügung. Sie haben dann zwei verschiedene Möglichkeiten:

- Entweder Sie erweitern die bekannten Shortcuts noch: Alt + Strg / cmd + + und Alt + Strg / cmd + - vergrößern und verkleinern das Bild mitsamt Dokumentrahmen.
- Oder Sie **ändern die Voreinstellungen**: Unter BEARBEITEN/PHOTOSHOP • VOREINSTELLUNGEN • WERKZEUGE (Strg / cmd + K) klicken Sie den Punkt ZOOM ÄNDERT FENSTERGRÖSSE an. Dann können Sie wie gewohnt mit dem Zoom-Werkzeug und den bekannten Tastenkürzeln hantieren – der Bildrahmen skaliert immer mit. Wollen Sie dieses Verhalten anschließend ausnahmsweise einmal unterbinden, halten Sie beim Skalieren der Bilddarstellung einfach zusätzlich Alt gedrückt.

Schnell auf 100 % | Wie Sie bereits gelesen haben, ist die 100 %-Ansicht – bisweilen auch »Vollansicht« oder »1:1-Ansicht« genannt – für viele Arbeiten besonders wichtig. Daher gibt es spezielle Funktionen, um sie schnell einzustellen:

- Ein Doppelklick auf die Lupe in der Werkzeugleiste bringt das Bild auf 100 %.
- ⇧ + Doppelklick auf die Lupe bringt *alle* geöffneten Bilder schnell in die 100 %-Ansicht.
- Außerdem finden Sie in der Zoom-Werkzeug-Optionsleiste den Befehlsbutton »100 %« ❺ (Abbildung 3.26).
- Der passende Shortcut: Drücken Sie Strg / cmd + 1.
- Bei aktivem Zoom-Werkzeug gibt es zudem ein Kontextmenü, das unter anderem den Befehl 100 % enthält.

Die 200 %-Ansicht | Immer mehr Ausgabescreens von Tablets, Smartphones und Notebooks haben eine hohe Auflösung. Adobe geht davon aus, dass die Arbeit mit High-Res-Bildern zunimmt, und bietet daher auch einen Befehl an, mit dem Sie Bilder schnell auf 200 % bringen – eine Ansicht, bei der auch hochaufgelöste Bilder ihre Details pixelgenau preisgeben.

- Mit Strg / cmd + Doppelklick auf die Lupe in der Werkzeugleiste bringen Sie das aktive Dokument schnell auf 200 %.
- ⇧ + Strg / cmd + Doppelklick auf die Lupe bringt *alle* geöffneten Bilder umgehend in die 200 %-Ansicht.
- Außerdem finden Sie den 200 %-Befehl im Kontextmenü des Zoom-Werkzeugs (Zoom-Werkzeug aktivieren, dann Rechtsklick).

Alles im Blick: Bildschirmgröße | Sehr oft brauchen Sie auch eine Ansicht des Bildes, bei der Sie das gesamte Bild überblicken, in der das Bild aber auch nicht kleiner sein soll als nötig – zum Beispiel beim Beschneiden. Optimal ist es, wenn das Bild gerade den Bildschirm ausfüllt. Je nach Bild- und Monitorgröße sind unterschiedliche Prozentzahlen erforderlich. Sie müssen jedoch nicht lange herumexperimentieren – auch hier gibt es schnelle Wege:

- Ein Doppelklick auf das Hand-Werkzeug führt zur gewünschten monitorfüllenden Bild-Gesamtansicht.
- Der Button Ganzes Bild ❻ in der Zoom-Werkzeug-Optionsleiste zoomt das Bild so, dass es den Bildschirm optimal ausfüllt.
- Alternativ verwenden Sie das Tastenkürzel Strg+0 (am Mac: cmd+0).
- Auch im Kontextmenü und im Ansicht-Menü finden Sie den Befehl Ganzes Bild.

Wie groß wird gedruckt? | Der Button Druckformat ist schon vor geraumer Zeit aus der Optionsleiste des Zoom-Werkzeugs verschwunden. Sie müssen jedoch glücklicherweise nicht auf die praktische Funktion verzichten. Sie finden den Befehl immer noch im Kontextmenü und im Ansicht-Menü.

Was wollen Sie tun?	Windows	Mac
Zoom-Werkzeug aktivieren	Z	Z
Bildansicht vergrößern	Strg+\+	cmd+\+
Bildansicht verkleinern	Strg+-	cmd+-
Bildansicht in allen Dokumenten vergrößern	Klick mit der Lupe ins Bild + ⇧	Klick mit der Lupe ins Bild + ⇧
Bildansicht in allen Dokumenten verkleinern	Klick mit der Lupe ins Bild + Alt + ⇧	Klick mit der Lupe ins Bild + alt + ⇧
Bildansicht auf 100 % stellen (aktives Dokument)	Strg+Alt+0 (Null)	cmd+alt+0 (Null)
Bildansicht auf 100 % stellen (alle Dokumente)	⇧ + Doppelklick auf Lupe in der Werkzeugleiste	⇧ + Doppelklick auf Lupe in der Werkzeugleiste
Bildansicht auf 200 % stellen (aktives Dokument)	Strg + Doppelklick auf Lupe in der Werkzeugleiste	cmd + Doppelklick auf Lupe in der Werkzeugleiste
Bildansicht auf 200 % stellen (alle Dokumente)	⇧+Strg + Doppelklick auf Lupe in der Werkzeugleiste	⇧+cmd + Doppelklick auf Lupe in der Werkzeugleiste

◂ **Tabelle 3.1**
Zoom-Tastaturbefehle auf einen Blick

Druckgröße ganz genau
Wenn Ihnen die Druckformat-Vorschau zu vage erscheint, sehen Sie unter Bild • Bildgröße nach. Unter Breite und Höhe werden Sie über die Druckgröße in cm, mm und anderen Maßeinheiten informiert.

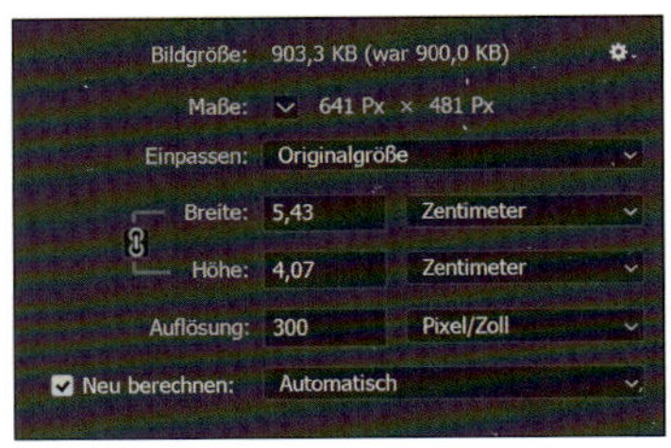

▲ **Abbildung 3.27**
Verlässliche Angaben zur Druckgröße eines Bildes finden Sie im Dialog Bildgrösse.

Tabelle 3.1 ▸ Zoom-Tastaturbefehle auf einen Blick (Forts.)

Was wollen Sie tun?	Windows	Mac
maximale Bildgröße auf dem Monitor (Bildschirmgröße) darstellen	Strg + 0 (Null)	cmd – 0 (Null)
Zoom-Werkzeug kurzzeitig aus anderen Werkzeugen aufrufen und vergrößern	Leertaste + Strg	Leertaste + cmd
Zoom-Werkzeug kurzzeitig aus anderen Werkzeugen aufrufen und verkleinern	Alt + Leertaste (bzw. Strg + Alt + Leertaste bei der Bearbeitung von Text)	alt + Leertaste (bzw. cmd + alt + Leertaste bei der Bearbeitung von Text)

3.2.3 Hand-Werkzeug: Die Bildansicht verschieben

Trotz der differenzierten Möglichkeiten, die Größe der Bilddarstellung festzulegen, bleibt immer noch die Aufgabe, den richtigen Bildausschnitt ins Dokumentfenster zu holen, denn die mit Photoshop bearbeiteten Bilder können viel größer sein als Fenster oder Tab – selbst auf dem geräumigsten Monitor! Das **Hand-Werkzeug** (Tastenkürzel: H) ist ein effizientes Hilfsmittel dafür.

Die Hand kommt immer dann sinnvoll zum Einsatz, wenn das eigentliche Bild größer ist als der Dokumentrahmen. Mit dem Hand-Werkzeug schieben Sie das Bild – wie einen Bogen Papier auf der Tischplatte – im Dokumentfenster oder im Tab herum. Das könnten Sie zwar auch mit den Bildlaufleisten (Scroll-Leisten) erledigen, mit dem Hand-Werkzeug arbeiten Sie jedoch erheblich schneller!

Wie das Zoom-Werkzeug wird das Hand-Werkzeug auch dann oft gebraucht, wenn gerade ein anderes Werkzeug aktiv ist. Per Leertaste erreichen Sie die hilfreiche Hand schnell, selbst wenn Sie gerade ein anderes Tool benutzen. Außer beim Bearbeiten von Text klappt dieser Trick immer. Sobald Sie die Leertaste loslassen, landen Sie wieder bei Ihrem zuletzt verwendeten Werkzeug.

Bilder mit Schwung herumwerfen
Großformatige und stark gezoomte Bilder lassen sich mit dem Hand-Werkzeug nicht nur brav über die Arbeitsfläche schieben, sondern auch mit Schwung herumwerfen. Geben Sie bei gedrückter Maustaste und aktivem Hand-Werkzeug der Bildfläche einen kräftigen Schubs – Sie werden sehen! Das funktioniert nur bei Dokumenten, bei denen Teile des Bildes nicht angezeigt werden können – also bei großen Bildern in kleineren Tabs oder Fenstern. Wenn das sogenannte Ziehschwenken nicht klappt, schauen Sie in den VOREINSTELLUNGEN im Bereich WERKZEUGE nach, ob die Option ZIEHSCHWENKEN AKTIVIEREN angeklickt ist.

Der richtige Bildausschnitt in Sekundenschnelle | Wer stark vergrößerte – oder einfach sehr große – Dokumente bearbeitet, kennt das Problem: Sich den jeweils richtigen Bildausschnitt ins Fenster zu holen, kann die eigentliche Arbeit ziemlich ausbremsen.

Für solche Fälle bietet Photoshop eine großartige Abkürzung: Durch Drücken und Halten der Taste H und Drücken der Maustaste wechselt die Bildansicht aus der gezoomten Detailperspektive kurzzeitig zum ganzen Bild. Ein feiner Rahmen ❶ zeigt proportional korrekt die Dimensionen des bisherigen Bildausschnitts an. Diesen Rahmen können Sie bei gehaltener Maustaste über das Bild verschieben. Sobald Sie [H] und die Maustaste loslassen, erscheint der gewählte Ausschnitt in der zuvor benutzten Vergrößerungsstufe im Dokumentrahmen (Tab oder Fenster).

»funkienblüte.jpg«

Bild: Frank Gaebler

▲ **Abbildung 3.28**
Ein stark gezoomtes Bild. Im Dokumentfenster ist nur dieser Ausschnitt sichtbar.

▲ **Abbildung 3.29**
[H]-Taste und gedrückte Maustaste wechseln zu dieser Ansicht. Mit dem verschiebbaren Rahmen – der genauso proportioniert ist wie der bisherige Ausschnitt – können Sie einen neuen Bereich für die Anzeige festlegen.

Was wollen Sie tun?	Windows	Mac
Hand-Werkzeug aufrufen	[H]	[H]
Hand-Werkzeug kurzzeitig aus anderen Werkzeugen heraus aufrufen	Leertaste (außer beim Text-Werkzeug)	Leertaste (außer beim Text-Werkzeug)
Hand-Werkzeug auf alle Bilder gleichzeitig anwenden	[⇧] + Leertaste	[⇧] + Leertaste
Bildausschnitt hochschieben	[Bild ↑]	[⇞]
Bildausschnitt nach unten schieben	[Bild ↓]	[⇟]
Bildausschnitt langsam hochschieben	[⇧]+[Bild ↑]	[⇧]+[⇞]
Bildausschnitt langsam nach unten schieben	[⇧]+[Bild ↓]	[⇧]+[⇟]

◂ **Tabelle 3.2**
Tastaturbefehle zum Bildlauf auf einen Blick

Tabelle 3.2 ► Tastaturbefehle zum Bildlauf auf einen Blick (Forts.)

Was wollen Sie tun?	Windows	Mac
Bildausschnitt nach links schieben	Strg + Bild ↑	cmd + ⇞
Bildausschnitt nach rechts schieben	Strg + Bild ↓	cmd + ⇟
Bildausschnitt zur linken oberen Bildecke schieben	Pos1	↖
Bildausschnitt zur rechten unteren Bildecke schieben	Ende	↘
kurzfristig ganzes Bild mit Positionsrahmen einblenden	H + Maustaste drücken	H + Maustaste drücken

3.2.4 Die Bildansicht drehen

▲ **Abbildung 3.30**
Das Drehen per Maus geht schnell!

Jeder, der auf Papier zeichnet, kennt das: Bei schwierigen Arbeiten wird das Blatt schräg gelegt. Mit Photoshop geht das auch digital, nämlich indem Sie die Bildansicht drehen. Das Bild selbst wird dabei nicht transformiert, denn diese Drehung betrifft nur die Ansicht! Möglich wird es durch Photoshops GPU-Nutzung und das Ansichtdrehung-Werkzeug (Kürzel: R). Sie finden es in der Werkzeugleiste als Unterwerkzeug der bekannten Hand. Diese lässt sich sehr intuitiv per Maus drehen, und mit ihr dreht sich die gesamte Bildansicht. Auch Werkzeuge, die Sie dann anwenden, erscheinen gekippt. Um **genaue Gradzahlen** einzugeben, nutzen Sie die Optionsleiste:

- Tippen Sie hier den Drehwinkel numerisch ein, oder ziehen Sie mit der Maus an einem kleinen Gradmesser ❶.
- ANSICHT ZURÜCKSETZEN rückt das Bild wieder gerade, ebenso wie ein Drücken von Esc.
- ALLE FENSTER DREHEN kippt alle geöffneten Dokumente gleichzeitig.

Abbildung 3.31 ►
Optionen des Ansichtdrehung-Werkzeugs. Ziehen am Gradmesser verändert die Bildposition.

3.2.5 Zoomstufe, Bildposition oder Drehung für mehrere Dokumente auf einmal einstellen

Bei der parallelen Arbeit mit mehreren Bildern kommt es vor, dass Zoomstufe, Bildposition und -drehung bei allen Dokumenten verändert werden müssen. Das müssen Sie nicht manuell für jedes Dokument einzeln einstellen. Die drei Werkzeuge Lupe, Hand und Ansichtdrehung-Werkzeug haben jeweils eine Option, um die Änderung der Darstellungsweise gleichzeitig auf alle geöffneten Bilder anzuwenden. Auch nachträglich können Sie für alle geöffneten Bilder zusammen Zoomstufe, Position oder Drehung verändern. Die Voraussetzung dafür ist, dass bei einem der Bilder die gewünschte Darstellung schon eingestellt ist. Das Dokument muss aktiv sein, seine Einstellungen sind maßgebend für die Anpassung. Stellen Sie also zunächst dort die Ansicht ein, die auf alle Bilder angewendet werden soll. Danach nutzen Sie die Befehle ❷ unter FENSTER • ANORDNEN, um alle Bilder gleich anzeigen zu lassen.

- ▶ Mit dem Befehl GLEICHE ZOOMSTUFE bringen Sie alle geöffneten Bilder in denselben Abbildungsmaßstab.
- ▶ GLEICHE POSITION lässt den Vergrößerungsmaßstab unverändert, gleicht aber die Position der Bilder in den Dokumentfenstern an.
- ▶ DREHUNG ANGLEICHEN ändert allein die Drehung aller geöffneten Dokumente.
- ▶ ALLES ANGLEICHEN wirkt sich auf alle Ansichtseigenschaften (Zoom, Position, Drehung) aus.

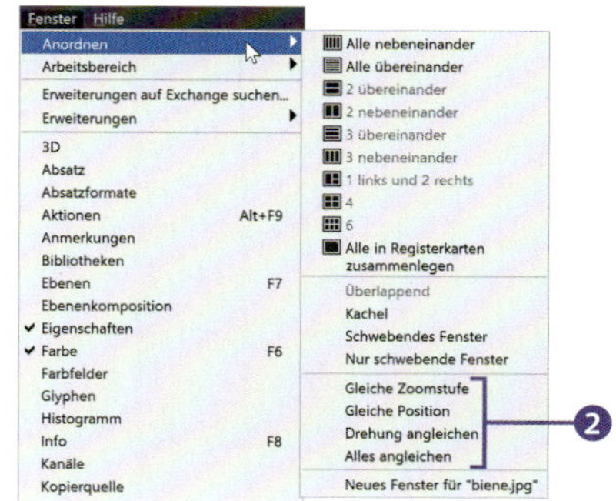

▲ **Abbildung 3.32**
Mit den Befehlen unter FENSTER • ANORDNEN gleichen Sie die Ansicht aller geöffneten Dokumente an.

3.2.6 Navigationshilfe in Bedienfeldform: Der Navigator

Über FENSTER • NAVIGATOR erreichen Sie das Navigator-Bedienfeld. Darin sind die Funktionen von Hand, Zoom und eine Bildausschnitt-Kontrolle nochmals zusammengefasst.

▲ **Abbildung 3.33**
Das Navigator-Bedienfeld im Einsatz. Das Beispieldokument wird im Fenster nicht komplett angezeigt. Der sichtbare Dokumentausschnitt ist im Navigator mit einem Rahmen markiert.

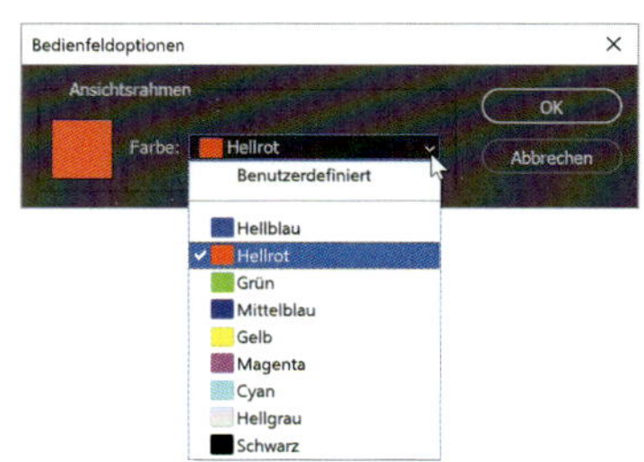

▲ **Abbildung 3.34**
Über die Bedienfeldoptionen des Navigators können Sie die rote Standard-Rahmenfarbe verändern. Das ist beispielsweise hilfreich, wenn Sie mit vorwiegend roten Motiven arbeiten.

Die wichtigste Funktion des Navigator-Bedienfelds erschließt sich auf den ersten Blick: Es zeigt bei großformatigen oder stark gezoomten Bildern, welcher Bildausschnitt aktuell im Dokumentfenster zu sehen ist. Das Vorschaufenster des Navigators zeigt das gesamte Bild, und ein roter Rahmen markiert den Bereich, der im Dokumentfenster sichtbar ist.

Funktionen | Der Navigator hilft Ihnen auch dabei, Zoomstufe und Bildausschnitt festzulegen. Die Funktionen im Überblick:

- Das Verschieben des Navigator-Rahmens ❺ mit der Maus verschiebt gleichzeitig den Bildausschnitt im Dokumentfenster.
- Auch ein Klick an eine beliebige Stelle des Navigator-Vorschaufensters manövriert den Rahmen dorthin und bewegt den Bildausschnitt entsprechend.
- Sie können im Navigator-Rahmen links unten einen neuen Wert für den Abbildungsmaßstab eintippen ❸. Vergessen Sie nicht, die Eingabe mit ↵ zu bestätigen.
- Stufenlos verstellen lässt sich der Bildmaßstab per Schieberegler ❹. Und auch Klicks auf die Landschaftssymbole rechts und links des Schiebers vergrößern bzw. verkleinern stufenweise.
- Navigator-Lupe: Wenn Sie bei gehaltener Strg- bzw. cmd-Taste über das Navigator-Fenster fahren, erscheint eine Lupe. Nun können Sie, wie vom Zoom-Werkzeug bekannt, einen Rahmen per Maus aufziehen und damit das Bild gleichzeitig heranzoomen und den gezeigten Ausschnitt festlegen.
- Ein Strg-Klick bzw. cmd-Klick in das Navigator-Fenster vergrößert genau den angeklickten Bereich auf die maximale Zoomstufe.

3.3 Unterstützung für Touchgeräte – vorerst nur unter Windows

Mehr Touchgesten
Unter *https://helpx.adobe.com/de/photoshop/using/touch.html* finden Sie eine Funktionsübersicht.

Bilder zoomen, drehen, in Position schieben – auf Geräten mit Touchscreens geht das ganz intuitiv. Das wissen alle, die jemals ein Smartphone oder Tablet in den Händen gehabt haben. Auch unter Photoshop können Sie von dieser intuitiven Steuerung für Bildzoom und -positionierung Gebrauch machen – zumindest, wenn Sie ein touchgestenfähiges Windows-Gerät wie beispielsweise das Surface Pro™ nutzen. Nützlich ist die Touchsteuerung von Zoom, Bildpositionierung und Arbeitsflächendrehung etwa dann, wenn Sie auf einem großen Bildschirm arbeiten – der sich schlecht physisch drehen lässt – oder wenn Sie ein Tablet verwenden und dieses nicht ständig herumdrehen wollen.

Die Touchsteuerung kann nicht gleichzeitig mit anderen Eingabemethoden – etwa per Maus oder Stift – eingesetzt werden; ein Wechsel ist jedoch problemlos möglich.

Wie die Touchsteuerung im Detail funktioniert, erschließt sich schnell von selbst. Grundsätzlich werden unter Photoshop immer zweifingrige

Touchgesten verwendet, um Position, Drehung und Skalierung der Bildansicht zu steuern.

- Wenn Sie zwei Touchpunkte parallel verschieben, wird die Ansicht ohne Drehung oder Skalierung verschoben (im Adobe-Sprech: »geschwenkt«).
- Mit einem Zusammenziehen (*Pinch*) und Verschieben der beiden aufgesetzten Finger bewirken Sie eine Skalierung und einen Schwenk der Bildansicht.
- Werden die beiden aufgesetzten Finger gedreht, ohne dass sie dabei zusammengezogen werden, dreht sich die Bildansicht.
- Werden die beiden aufgesetzten Finger gedreht und dabei verschoben, können Sie die Bildansicht gleichzeitig drehen und verschieben.
- Wenn Sie die Arbeitsflächen-Ansicht zurücksetzen wollen, nutzen Sie zweifingriges Doppeltippen. Ein erneuter zweifingriger Doppeltipp stellt die vorige – veränderte – Ansicht wieder her.

Welche Geräte werden unterstützt?
Leider stellt Adobe zurzeit keine detaillierte Liste unterstützter Geräte zur Verfügung, sondern gibt lediglich eine allgemeine Info: »Eine Toucheingabe wird von jedem touchfähigen Gerät erkannt, das am System angeschlossen ist, einschließlich opaker Finger-Pads und indirekter Tablets sowie Direkt-Touchgeräte, die direkt in einem Display integriert sind. Sie können Photoshop mit Geräten steuern, die zwei oder mehr simultane Touchpunkte unterstützen.«

◂ **Abbildung 3.35**
Bei der Touchsteuerung werden die Touchpunkte an der Position der Finger mit Kreisen angezeigt.

3.4 Verschiedene Ansichtsmodi des Arbeitsbereichs

Um Bilder anzusehen, können Sie nicht nur zwischen verschiedenen Zoomstufen wählen, sondern auch kurzzeitig Elemente von der Photoshop-Arbeitsfläche ausblenden und für einen neutralen Hintergrund sorgen. Das erleichtert die Beurteilung von Bildern enorm! Bei Farbkorrekturen ist das sinnvoll, denn die Bildschirmanzeige der Bildfarben ist zwar nicht Ihre einzige Kontrollmöglichkeit (und auch nicht die zuverlässigste), aber dennoch sehr wichtig. Auch für die Präsentation von Arbeitsergebnissen am Bildschirm macht sich der Vollbildmodus gut.

▴ **Abbildung 3.36**
Ansichtmodus-Wechsel per Werkzeugleiste

»Modus« in Photoshop
Der Begriff »Modus« taucht in Photoshop wiederholt auf. Den Bildschirmmodus oder Ansichtsmodus – um den es hier geht – sollten Sie nicht mit dem Befehl Bild • Modus verwechseln! Tatsächlich bezeichnet »Bildmodus« die Art der Farbbeschreibung in einer Datei. Bekannte Bildmodi sind CMYK und RGB. »Modi« treffen Sie in Photoshop auch noch andernorts an: zum Beispiel als Modus der Pixelverrechnung bei Mal- und Füllwerkzeugen und als Maskierungsmodus. Bezeichnet werden damit ganz unterschiedliche Dinge! Lassen Sie sich nicht verwirren.

Neben den schon genannten Möglichkeiten, einfach Bedienfelder auszublenden, gibt es in Photoshop spezielle Ansichtsfunktionen, die **Bildschirm-** oder **Ansichtsmodi**. Sie lassen sich über die Werkzeugleiste oder mittels Shortcut [F] (für »Full Screen«) einstellen. Außerdem können Sie mit den Menübefehlen unter Ansicht • Bildschirmmodus arbeiten.

Standardmodus | Der Standardmodus ist der übliche Arbeitsmodus mit grauer Arbeitsfläche, Menü- und Optionsleiste oben und Bedienfeldern an den Seiten. Der Dokumentbereich passt sich dynamisch dem vorhandenen Platz an: Große Dokumente verbreitern sich automatisch, sobald zum Beispiel Bedienfelder eingeklappt werden. Abbildung 1.1 ist ein Beispiel für Photoshop im Standardmodus.

Vollbildmodus mit Menüleiste | Im Vollbildmodus mit Menüleiste wird nur der Dokumentrahmen ausgeblendet. Alle Werkzeuge und Funktionen bleiben weiterhin benutzbar, so auch die bekannten Zoom-Tastaturbefehle. So kommen Sie schnell zu einer Ansicht, die die Bildschirmfläche optimal ausnutzt.

Weitere Elemente ausblenden
Wenn Sie zusätzlich die Werkzeug- und Optionsleiste und die Bedienfelder loswerden wollen – was oft sinnvoll ist –, drücken Sie [⇆]. Um Bildschirmlineale ein- und auszublenden, nutzen Sie [Strg]/[cmd]+[R].

▲ **Abbildung 3.37**
Vollbildmodus mit Menüleiste: Das Bild geht hinter den Bedienfeldern weiter, kann aber mit dem Hand-Werkzeug verschoben werden.

Bild verschwunden?
Vorsicht, im Ansichtsmodus Vollbild mit Menüleiste rutscht ein Bild beim sogenannten »Ziehschwenken« (Herumwerfen) mit dem Hand-Werkzeug schnell ganz aus dem Sichtfeld. Ein Doppelklick auf das Icon des Hand-Werkzeugs zentriert es wieder.

Vollbildmodus | Der Vollbildmodus hält, was er verspricht: Alle Programmelemente sind ausgeblendet, nichts lenkt vom Bild ab. Mit [F] oder [Esc] beenden Sie den Zustand und kehren wieder in den Standardmodus zurück.

▲ **Abbildung 3.38**
Der Vollbildmodus. Bedienfelder und Werkzeugleiste werden eingeblendet, wenn Sie die Maus dem rechten, linken oder unteren Rand nähern.

Arbeitsflächenfarbe ändern
Das nüchterne Neutralgrau der Arbeitsfläche ist ein guter Hintergrund, um Bilder zu beurteilen. Es vermeidet falsche Farbeindrücke. Sie können in allen Bildschirmmodi die Farbe Ihrer Standard-Arbeitsfläche jedoch auch ändern. Schwarz und Weiß sind ebenfalls gute Hintergründe zur Einschätzung von Fotos. Eine farbige Arbeitsfläche ist sinnvoll, um ein Bild vor einer speziellen Hintergrundfarbe zu testen, und kann Sie retten, wenn Sie Bilder bearbeiten, die selbst grau in grau sind.

Rufen Sie per Rechtsklick irgendwo auf den grauen Arbeitsflächenbereich das Kontextmenü auf. Sie können zwischen Schwarz, verschiedenen Graustufen und einer zuvor festgelegten benutzerdefinierten Farbe wählen. EIGENE FARBEN AUSWÄHLEN öffnet den Farbwähler. Suchen Sie eine Farbe aus, und bestätigen Sie mit OK.

Mit dem Kontextmenü kommen Sie auch wieder zur Standardfarbe zurück. Welche das ist, hängt von der allgemeinen Programmoberflächen-Farbe ab (die stellen Sie ein unter VOREINSTELLUNGEN • BENUTZEROBERFLÄCHE).

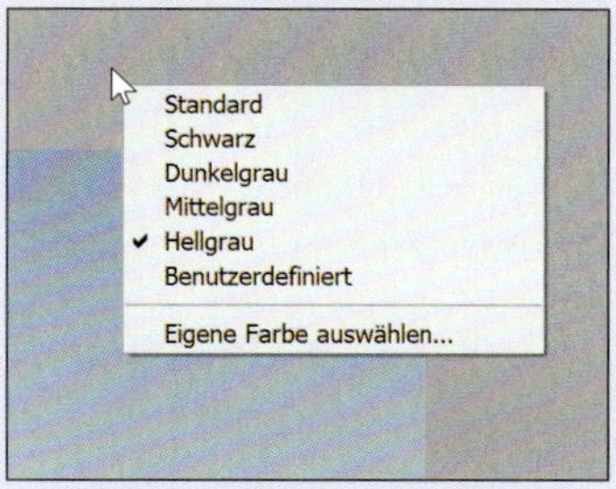

▲ **Abbildung 3.39**
Kontextmenü zum Ändern der Arbeitsflächen-Farbe: Rechtsklick auf die Arbeitsfläche, irgendwo neben dem Bild

3.5 Das Info-Bedienfeld: Farben und Maße unter Kontrolle

Der Befehl FENSTER • INFO oder ein Tastendruck auf F8 blendet das Info-Bedienfeld ein. Es zeigt eine Fülle von Informationen zu Ihrer aktuellen Datei an – Koordinaten, Farbwerte, die Größe von Auswahlen und vieles andere. Es ergänzt sich mit den verschiedensten Werkzeugen.

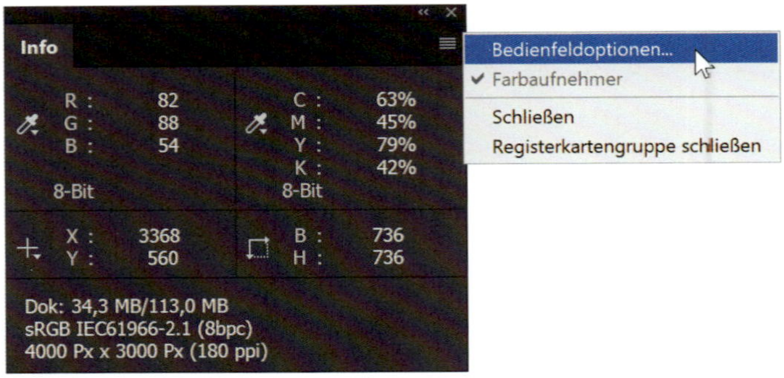

Abbildung 3.40 ▸
Das Info-Bedienfeld. Was dort genau angezeigt wird, richtet sich nach den eingestellten Optionen und den Arbeitsschritten, die gerade durchgeführt werden.

Optionen des Info-Bedienfelds schneller erreichen
Wenn Ihnen der Weg zu den Bedienfeldoptionen einige Klicks zu lang ist, können Sie alternativ auch die mikroskopisch kleinen Schaltflächen direkt auf dem Bedienfeld benutzen.

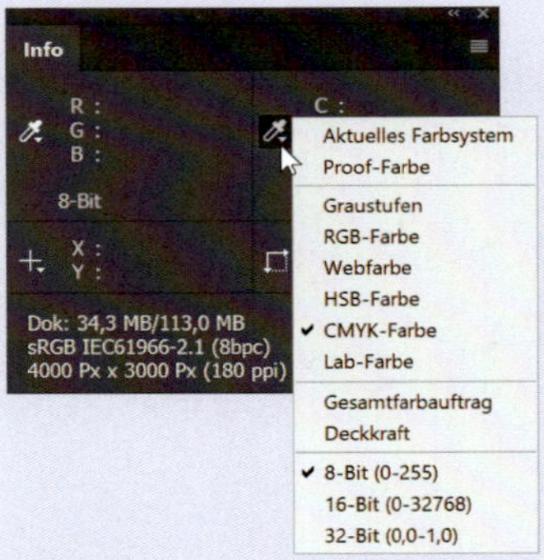

▲ Abbildung 3.41
Der Klick auf eines der winzigen Dreiecke neben den Werkzeugsymbolen führt ebenfalls zu den Optionen.

Optionen | Mit den Optionen legen Sie Maßeinheiten und Farbmodelle fest, die Photoshop anzeigen soll. Dort können Sie auch die Anzeige des Bedienfelds um weitere Informationen erweitern. Sie erreichen das Dialogfeld über den Befehl BEDIENFELDOPTIONEN aus dem Seitenmenü des Bedienfelds.

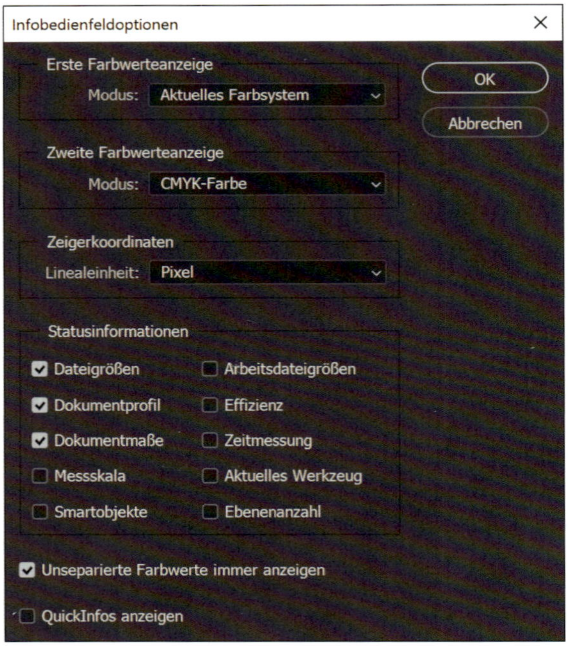

Abbildung 3.42 ▸
Die INFOBEDIENFELDOPTIONEN

Optionen für die Farbwerteanzeige | Im oberen Bereich des Info-Bedienfelds werden die Farbwerte angezeigt. Dafür gibt es gleich zwei Anzeigefelder für zwei verschiedene Farbsysteme, so dass Sie die Möglichkeit haben, die Farbwerte eines Bildes in zwei unterschiedlichen Farbsystemen anzeigen zu lassen.

Wenn Sie der Anzeige im Info-Bedienfeld andere Farbsysteme als die Standardeinstellung zugrunde legen wollen, ändern Sie in den Optionen die Einstellungen unter ERSTE FARBWERTEANZEIGE ❶ und ZWEITE FARBWERTEANZEIGE ❷. Sinnvoll ist es jedoch, wenn eine der beiden Anzeigen das aktuelle Farbsystem zeigt, das heißt das Farbsystem, das dem geöffneten Bild zugrunde liegt.

- Die Optionen GRAUSTUFEN, RGB, HSB, CMYK und LAB bezeichnen Farbsysteme bzw. Bildmodi, und die Option WEBFARBE steht für die Beschreibung der Farben im Hexadezimalsystem, wie sie im Webdesign benutzt wird.
- Für Druckprofis interessant ist die Option GESAMTFARBAUFTRAG. Der dort angezeigte Prozentwert ist die Addition der CMYK-Prozentwerte aller Farbkanäle. Dieser Wert darf nicht zu hoch sein; der Maximalwert variiert je nach bedrucktem Material.
- Fast zwangsläufig kommt es zwischen der Bildschirmanzeige und dem gedruckten Bild zu Farbabweichungen. Man versucht daher mit verschiedenen Mitteln, das Aussehen der gedruckten Farben auf dem Bildschirm vorwegzunehmen, damit es nicht zu Überraschungen kommt. Ein Mittel ist die Einstellung PROOF-FARBE. Ist diese Option aktiv, werden auch die CMYK-Werte angezeigt, allerdings unter zusätzlicher Berücksichtigung der Farbeinstellungen und der dem Bild zugewiesenen Profile.
- Die Option DECKKRAFT zeigt die Deckkraft der aktuellen Ebene an.

Farbkontrolle bei der Vorbereitung von Bildern für den Druck | Bilder für die professionelle Druckreproduktion müssen üblicherweise im Farbsystem CMYK vorliegen. Viele Grafiker ziehen es jedoch vor, zunächst im Farbsystem RGB zu arbeiten, weil manche Arbeitsschritte dann etwas leichter sind und weil bei RGB-Bildern mehr Funktionen von Photoshop zur Verfügung stehen. Die Umwandlung in ein CMYK-Bild erfolgt erst ganz zum Schluss. Allerdings sind die beiden Farbsysteme RGB und CMYK nicht genau deckungsgleich – es kann passieren, dass eine Farbe, die in RGB gut aussieht, später im CMYK-Druck gar nicht darstellbar ist!

Um solchen Fällen vorzubeugen, sind eine parallele Anzeige von RGB- und CMYK-Werten im Info-Bedienfeld und ein gelegentlicher Kontrollblick darauf sinnvoll. Wenn Sie mit der Maus über eine »verdächtige« Stelle im Bild fahren, werden in CMYK nicht darstellbare RGB-Farben im Info-Bedienfeld mit einem kleinen Ausrufezeichen ❸ gekennzeichnet.

Messwerte | Auch für Einsteiger interessant und von Anfang an sinnvoll nutzbar sind die Messwerte in den beiden unteren Anzeigefeldern des Info-Bedienfelds.

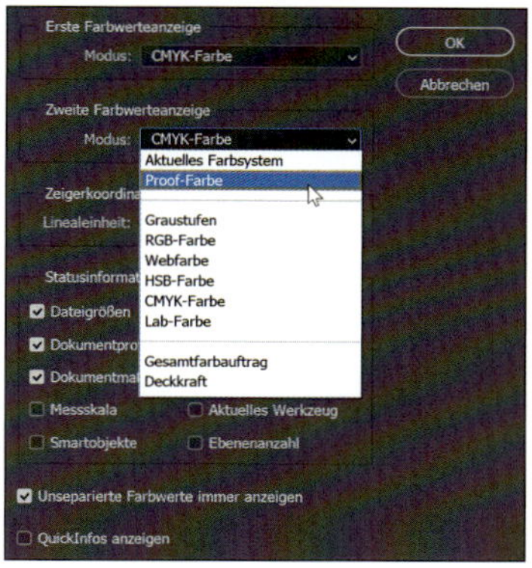

▲ **Abbildung 3.43**
Detaileinstellungen: Welche Farbwerte werden im Info-Bedienfeld gezeigt?

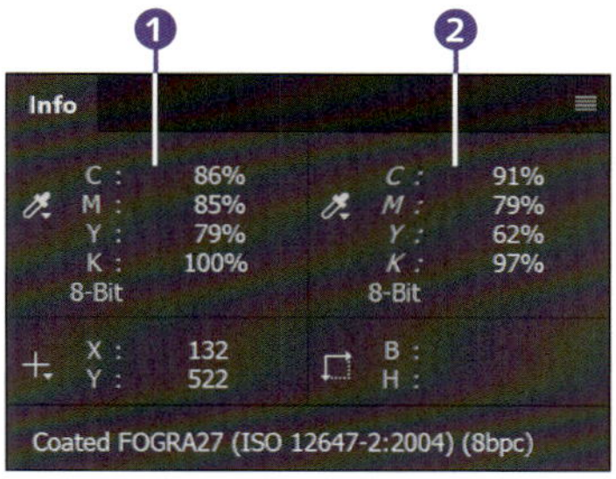

▲ **Abbildung 3.44**
Rechts die Anzeige von Proof-Farbwerten. Sie ist von der normalen Farbwert-Anzeige durch die Kursivschrift zu unterscheiden.

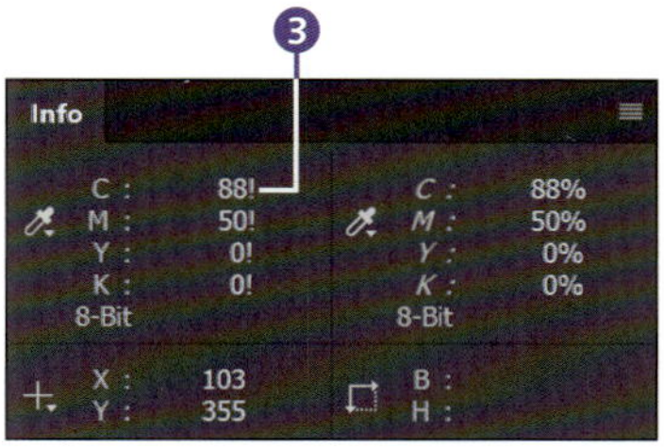

▲ **Abbildung 3.45**
Die Ausrufezeichen hinter den CMYK-Werten (rechts) signalisieren, dass diese Farbe im Druck nicht originalgetreu wiedergegeben werden kann.

Zum Weiterlesen
Mehr zu **Farbsystemen und Farbmodi** und ihrer Bedeutung für die Bildbearbeitung und Reproduktion erfahren Sie in Anhang A, »Bildbearbeitung: Fachwissen«.

- Wenn Sie mit der Auswahlellipse oder dem Auswahlrechteck arbeiten, zeigt das Info-Bedienfeld die Breite (B:) und Höhe (H:) der Auswahl an.
- Beim **Transformieren einer Ebene** können Sie hier anhand der Koordinaten (X:/Y:) die Position der transformierten Ebene im Bild, deren Größenveränderung in Prozent sowie eventuelle Neigungs- und Zerrungswinkel ablesen.
- Beim **Erstellen von Verläufen** können Sie mit Hilfe des Info-Bedienfelds die Größe des gefüllten Bereichs und den Winkel des Verlaufs genau kontrollieren.
- Auch bei der Verwendung des Werkzeugs **Linienzeichner** sehen Sie die Koordinaten der Anfangs- und Endpunkte, Winkel und Distanzen.

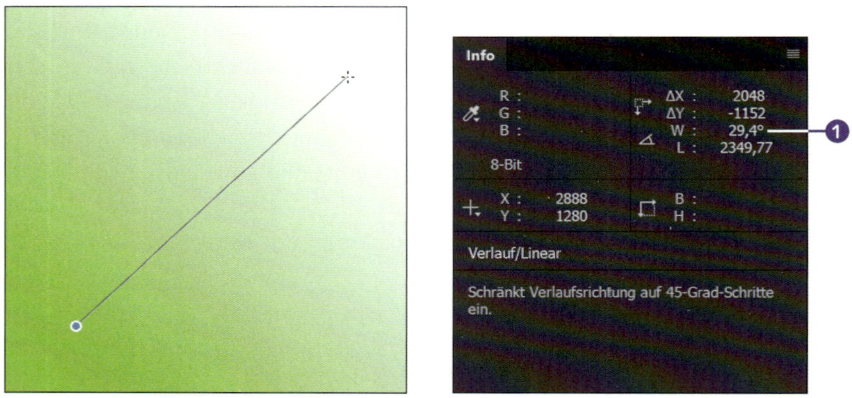

Abbildung 3.46 ▸
Farbverläufe legen Sie mit Hilfe des Info-Bedienfelds gradgenau **1** an.

Maße und andere Infos direkt am Mauszeiger: Transformationswerte | Vielleicht ist es Ihnen schon aufgefallen: Beim Aufziehen von Auswahlen und Beschnittrahmen, bei Transformationen und anderen Gelegenheiten erscheint in der Nähe des Mauszeigers ein kleiner Wimpel mit Zahlenwerten. Dort werden Größe und Winkel von Transformationen, die Größe von Auswahlbereichen, die Maße, um die ein Objekt verschoben wird, und Ähnliches angezeigt. Sie brauchen also nicht in jedem Fall das Info-Bedienfeld. Die Position dieses Infofelds können Sie übrigens verändern (Voreinstellungen • Werkzeuge • Transformationswerte anzeigen). Dort lässt sich das Feld auch ganz abschalten.

▴ **Abbildung 3.47**
Wichtige Informationen – nicht nur zu Transformationen – erscheinen direkt neben dem Mauszeiger.

Statusinformationen | Den Inhalt des Felds im unteren Bereich des Info-Bedienfelds (siehe Abbildung 3.40) bestimmen Sie selbst. Hier können verschiedene Statusinformationen angezeigt werden. Nehmen Sie die Einstellungen dazu im Optionsdialog der Bedienfeldoptionen unter STATUSINFORMATIONEN vor (siehe Abbildung 3.41). Die Optionen selbst sind dieselben wie auch in der Statusleiste von Bildern.

QuickInfos | Ganz unten im Info-Bedienfeld können kurze Hinweise zum gerade aktiven Werkzeug eingeblendet werden. Dazu muss die Option QUICKINFOS ANZEIGEN in den Optionen per Häkchen aktiviert sein. Diese Funktion ist recht nützlich, um sich mit den Werkzeugen und Werkzeug-Shortcuts vertraut zu machen.

3.6 Lineal, Hilfslinien, Raster und Spalten: Ausrichten und Messen

Beim Ausrichten von Bildelementen und Text reicht das Augenmaß für exakte Ergebnisse nicht aus. In Photoshop stehen Ihnen verschiedene Hilfsfunktionen zur Verfügung, um das pixelgenaue Ausrichten zu vereinfachen.

3.6.1 Lineale am Bildrand

Auf einigen Screenshots im Buch haben Sie es vielleicht schon gesehen: das Lineal am linken und oberen Rand eines jeden Bildes. Das Lineal ist eine gute Hilfe für die Platzierung von Elementen im Bild, es ergänzt hervorragend die Hilfslinien, die ich Ihnen im übernächsten Abschnitt vorstelle, und ein kurzer Blick auf das Lineal hilft, sich schnell über die Dimensionen und den Zoom-Maßstab des Bildes zu orientieren. Es funktioniert in Registerkarten und in schwebenden Fenstern.

Lineal anzeigen | Das Lineal blenden Sie mit Strg/cmd+R oder mit dem Menübefehl ANSICHT • LINEALE ein und aus. Um das Lineal an die eigenen Bedürfnisse anzupassen, gibt es zwei wichtige Möglichkeiten:

- Verstellen Sie die Maßeinheit.
- Ändern Sie den Ursprung des Lineals.

Maßeinheit ändern | Um die Maßeinheit zu verändern, rufen Sie wiederum die Voreinstellungen (Strg/cmd+K) auf und gehen zur Tafel MASSEINHEITEN & LINEALE. Dort finden Sie unter anderem die Optionen zur Anzeige der Bildschirmlineale.

Die Einstellung PIXEL eignet sich besonders gut, wenn Sie Bilder für den Einsatz am Monitor (Internet, Bildschirmpräsentationen u.Ä.) produzieren.

Globale Auswirkung der geänderten Maßeinheit
Welche Maßeinheit Sie in den Voreinstellungen einstellen, ist nicht nur für die Bildrand-Lineale relevant. Gleichzeitig beeinflussen Sie damit die Standard-Voreinstellung in vielen Dialogboxen, der Optionsleiste und zum Beispiel auch für das Linealwerkzeug.

ZENTIMETER und MILLIMETER eignen sich eher, wenn Sie Bilder für die Druckvorstufe bearbeiten. PUNKT und PICA sind typografische Maßeinheiten, mit denen Schriftgrößen bezeichnet werden. Die Anzeige PROZENT ist etwa gut geeignet, wenn Sie im Dokument einige Hilfslinien gleichmäßig verteilen wollen und Ihnen die Funktion HILFSLINIENLAYOUT (siehe Seite 157) zu schwerfällig erscheint.

Der Ursprung des Lineals | Der Ursprung des Lineals (gewissermaßen der Nullpunkt) lässt sich einfach ändern, indem Sie den Mauszeiger auf den Schnittpunkt beider Lineale in der oberen linken Ecke des Dokumentrahmens platzieren und mit gedrückter Maustaste herausziehen.

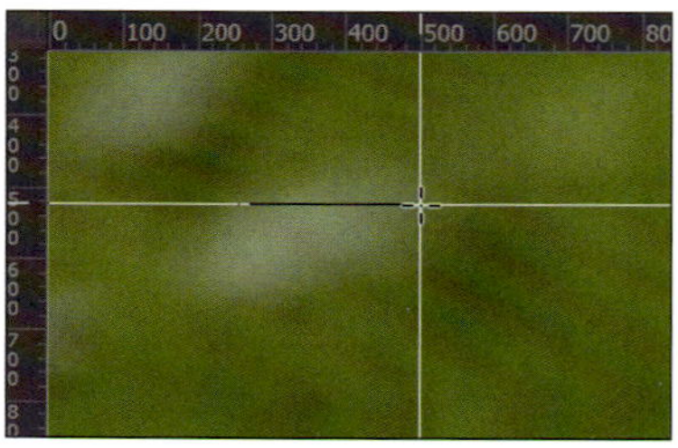

▲ **Abbildung 3.48**
Der Ursprung der Lineale wird verändert.

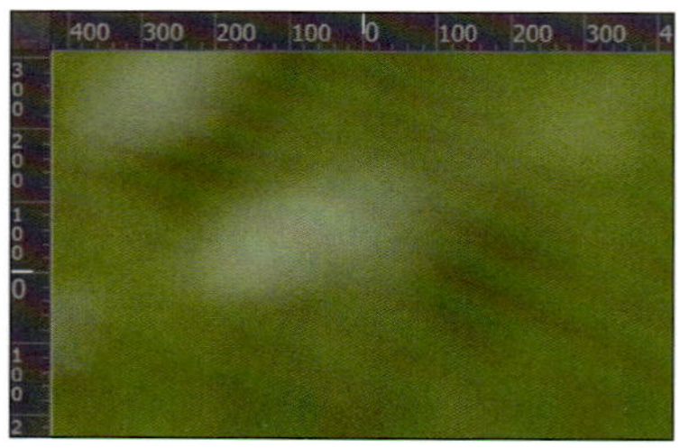

▲ **Abbildung 3.49**
Neue Ursprungspunkte sind gesetzt.

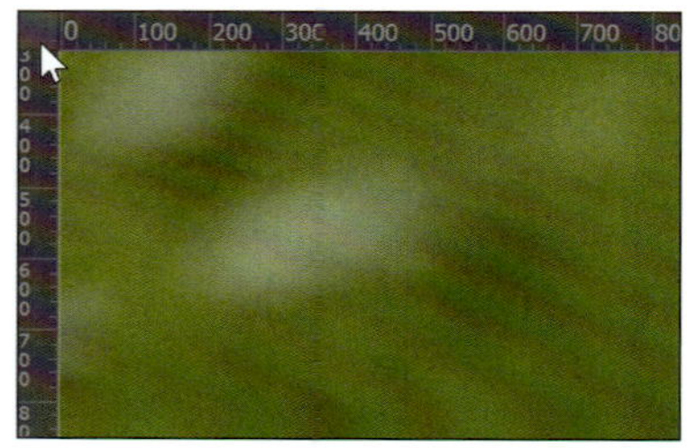

▲ **Abbildung 3.50**
Um den Ursprung wieder zurückzusetzen, genügt ein Doppelklick auf den linken oberen Lineal-Schnittpunkt.

Ausrichten des Nullpunkts an Hilfslinien
Wenn im Bild bereits Hilfslinien vorhanden sind, können Sie den Linealursprung auch daran ausrichten. Führen Sie die gestrichelten »Ursprungslinien« des Lineals langsam mit der Maus an die Hilfslinie heran. Sie spüren dann ein sanftes Einrasten an den Hilfslinien – dann können Sie die Maus loslassen. **Voraussetzung**, damit das klappt: Unter ANSICHT • AUSRICHTEN AN ist bei HILFSLINIEN ein Häkchen gesetzt (Standardeinstellung).

3.6.2 Messen und geraderichten: Das Linealwerkzeug

Wenn Sie die Maße eines Bildgegenstands ermitteln wollen, können Sie Photoshops Linealwerkzeug (Tastaturbefehl [I]) einsetzen, das sich unter der Pipette und dem Farbaufnehmer versteckt. Das Linealwerkzeug misst **Streckenlängen** und **Winkel**. Die Ergebnisse der Messung können Sie in der Optionsleiste und dem Info-Bedienfeld ablesen. Die bei der Messung erzeugten Linien werden nicht mitgedruckt!

Optionen des Linealwerkzeugs | Die X- und Y-Koordinaten ❶ bezeichnen den Anfangspunkt der Messstrecke. Angegeben wird auch, wie lang die auf den X- und Y-Achsen zurückgelegte Strecke ist ❷. B bezeichnet den horizontalen, H den vertikalen Abstand. Das ist nicht die Länge der Messlinie!

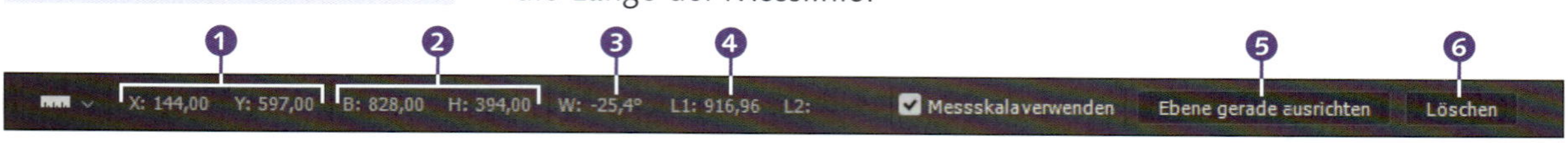

▲ **Abbildung 3.51**
Ergebnis einer Messung

Während die ersten zwei Maße eher abstrakt und in der täglichen Arbeit nicht so aufschlussreich sind, ist der Wert unter »W« ❸ schon interessanter: Er bezeichnet den **relativen Winkel einer Messlinie zur Horizontalen**. Damit kontrollieren Sie zum Beispiel, ob Sie die Messlinie tatsächlich genau senk- oder waagerecht gezogen haben.

Die Werte unter »L« ❹ beziehen sich nun auf die tatsächliche(n) **Streckenlänge(n)**. Ein zweiter L-Wert wird nur angezeigt, wenn eine aus zwei Messstrecken bestehende Winkelmessung vorgenommen wurde.

Ein Klick auf die Schaltfläche Löschen ❻ in der Optionsleiste entfernt die Messlinien endgültig.

Ebene gerade ausrichten ❺ richtet die jeweils aktive Ebene entlang der zuvor von Ihnen gezogenen Linie aus. Wenn das Dokument nur über eine Ebene verfügt, wird das ganze Bild gekippt (Hintergrundebenen müssen zuvor in normale Bildebenen umgewandelt werden, sonst ist die Funktion inaktiv).

Wie wird gemessen? | Um die **Länge einer Strecke** zu ermitteln, klicken Sie einmal ins Bild und ziehen dann den Mauszeiger bei gehaltener linker Maustaste über die auszumessende Strecke. Wenn Sie am Ende ankommen, lassen Sie die Maus los. Wenn Sie beim Ziehen die ⇧-Taste drücken, steht die Messlinie **genau** senkrecht waagerecht oder in einem 45°-Winkel.

Um **Winkel** zu schon bestehenden Messlinien auszumessen, doppelklicken Sie auf den Anfangspunkt einer schon bestehenden Linie und ziehen den Zeiger an die neue Position. Eine zweite Linie erscheint, in der Optionsleiste werden die Maße angezeigt. Sobald Sie zu einem anderen Werkzeug wechseln, werden Messlinien und -winkel ausgeblendet. Wenn Sie zum Linealwerkzeug zurückkehren, erscheinen sie wieder.

Messen per Auswahl und Info-Bedienfeld
Manchmal ist Messen mit dem Lineal zu mühsam und Sie sind schneller, wenn Sie das Auswahlrechteck zusammen mit dem Info-Bedienfeld als Messinstrument nutzen. Das ist oft sehr nützlich beim Erstellen von Entwürfen für Webseiten. Und auch die Außenmaße unregelmäßig geformter Auswahlen werden im Info-Bedienfeld angezeigt, wenn Sie das Objekt zuvor ausgewählt haben.

Messlinie modifizieren | Sie können auch eine einmal gezogene Messlinie modifizieren:

- Ein Ziehen des Endpunktes per Maus verlängert oder verkürzt die Linie und verändert die Ausrichtung.
- Ein Verschieben der Linie ist ganz einfach: Dazu fassen Sie die Linie in der Mitte per Maus an und bewegen sie.

3.6.3 Hilfslinien: Exaktes Ausrichten

Hilfslinien können Sie selbst im Bild positionieren. Sie dienen als Ausrichtungshilfe für verschiedene Bild- und Textelemente. Sie bleiben beim Drucken des Bildes unsichtbar.

Hilfslinien freihändig erstellen | Der schnellste Weg zur Hilfslinie führt über das Lineal – nicht über das Linealwerkzeug, sondern über das Lineal am Bildrand. Am schnellsten blenden Sie es über das Tastaturkürzel Strg/cmd+R ein. Dann ziehen Sie die benötigten Hilfslinien einfach mit der Maus aus den Linealen heraus – vertikale Linien aus dem vertikalen Lineal, horizontale Linien aus dem horizontalen Lineal. Sie können auch aus dem vertikalen Lineal horizontale Hilfslinien herausziehen und umgekehrt. Halten Sie dazu einfach Alt gedrückt, während Sie die Hilfslinie aus dem Lineal ziehen. Auf Bildschirmen, die mit Bedienfeldern und anderen Fenstern zugestellt sind, ist diese Option ganz praktisch!

Hilfslinien exakt positionieren | Um Hilfslinien an eine bestimmte Position zu bringen, können Sie das schon vorgestellte Linealwerkzeug und natürlich auch das Lineal zu Hilfe nehmen. Auch das Info-Bedienfeld zeigt die genaue Lage der Linie an, solange Sie diese mit der Maus noch festhalten, und bietet eine gute Orientierung. Eine weitere Möglichkeit ist das Menü Ansicht • Hilfslinien • Neue Hilfslinie. Damit rufen Sie ein kleines Dialogfeld auf, in dem Sie die genaue Position festlegen. Mit Farbe können Sie die neue Hilfslinien einfärben.

Hilfslinien und andere Extras ein- und ausblenden | Das schnellste Mittel für das (kurzfristige) Ausblenden und Wiedereinblenden von Hilfslinien ist allerdings der Shortcut Strg/cmd+, – er ist wesentlich schneller als der Weg durch die Menüs!

Hilfslinien und Raster gehören zu den sogenannten **Extras**. Extras sind verschiedene hilfreiche Bildschirmelemente, die nicht gedruckt werden, aber Ihre Arbeit unterstützen. Dazu gehören Auswahllinien, Farbaufnehmer-Werte, Pfade, Raster oder Anmerkungen. Wenn Sie nicht nur die Hilfslinien, sondern auch andere Hilfselemente aus einem Bild ausblenden wollen, ist der Tastaturbefehl Strg/cmd+H der richtige.

Hilfslinien verschieben | Auch nachträglich können Sie Hilfslinien verschieben. Dazu muss das Verschieben-Werkzeug (Shortcut: V) aktiv sein – dann lässt sich die Hilfslinie ohne weiteres anfassen und bewegen.

Wenn Sie das Verschieben-Werkzeug nur für einen Handgriff brauchen, müssen Sie nicht das Werkzeug wechseln: Drücken Sie einfach die Strg/cmd-Taste. Damit ist das Verschieben-Werkzeug kurzfristig aktiv: Sie können die Hilfslinie verschieben und danach wieder mit dem bisherigen Werkzeug weiterarbeiten. Auch hier kehrt Alt die Ausrichtung der Hilfslinie um: Wenn Sie die Taste beim Verschieben einer

Farbe der Hilfslinien einstellen
Die Standardfarbe für Hilfslinien ist Cyan. Sollte diese Farbe sich einmal nicht bewähren, weil sie sich zu wenig vom Bild abhebt, können Sie sie in den Voreinstellungen unter Hilfslinien, Raster und Slices ändern.

Wenn Sie das Verschieben-Werkzeug aktiviert haben, können Sie die Farbe auch via rechtem Mausklick auf einer Hilfslinie über den Befehl Ausgewählte Hilfslinie bearbeiten ändern.

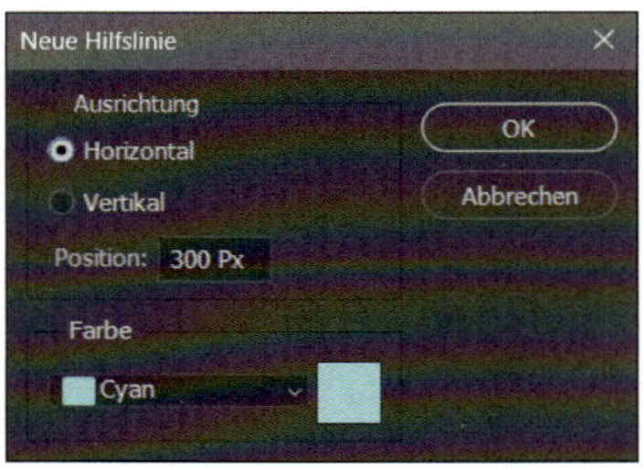

▲ **Abbildung 3.52**
Pixelgenaue Hilfslinien-Positionierung via Dialogfeld

Welche Extras werden gezeigt?
Unter Ansicht • Anzeigen können Sie im Detail festlegen, welche der hilfreichen Extras im Bild eingeblendet werden sollen.

Hilfslinie drücken, verwandeln Sie eine horizontale in eine vertikale Linie – und umgekehrt.

Komplexe Hilfslinienraster erstellen | Wenn Sie Photoshop als Layoutprogramm nutzen und mit Hilfslinien ein Gestaltungsraster erstellen wollen, können Sie die Funktion HILFSLINIENLAYOUT (unter ANSICHT • HILFSLINIEN • NEUES HILFSLINIENLAYOUT) nutzen.

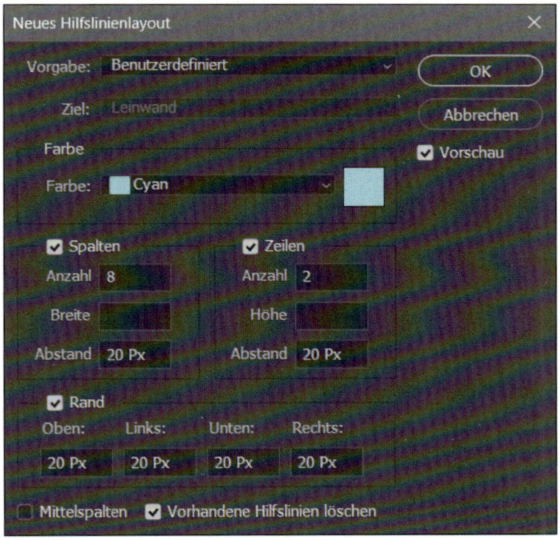

◄ **Abbildung 3.53**
Der schnelle Weg zum Hilfslinienraster

Die Funktion ist einfach zu nutzen:

- Wählen Sie über FARBE aus, wie Sie die Hilfslinien einfärben wollen.
- Legen Sie fest, ob Sie SPALTEN (senkrechte Hilfslinien) oder ZEILEN (waagerechte Hilfslinien) oder beides erstellen wollen.
- Mit SEITENZAHL ist die Anzahl der Abschnitte – Spalten oder Zeilen – gemeint, die durch die Hilfslinien entstehen.
- Ist unter BREITE bzw. HÖHE *kein* Wert eingetragen, werden die Hilfslinien gleichmäßig über das gesamte Dokument verteilt. Wenn Sie dort jedoch einen Wert eintragen, werden die Linien nur auf einen Abschnitt dieser Breite – gemessen jeweils vom rechten oder oberen Dokumentrand – verteilt.
- Der ABSTAND bewirkt das Anlegen doppelter Hilfslinien, die die einzelnen Spalten oder Zeilen gewissermaßen voneinander trennen.

Hilfslinien entlang von Ebenen- oder Objektkanten | Enthält Ihre Datei Vektorformen oder eine Bildebene mit einem freigestellten Objekt, können Sie Hilfslinien erzeugen, die an den Konturen dieser Elemente ausgerichtet sind. Das geht so:

Hilfslinien in Zeichenflächen
Die Funktionsweise von Hilfslinien bei der Arbeit mit Zeichenflächen unterscheidet sich nicht wesentlich vom Hilfslinien-Verhalten in »normalen« Dateien. Einen Unterschied gibt es allerdings: Wenn Sie eine mit Hilfslinien versehene Zeichenfläche im Dokument verschieben – etwa um Platz für weitere Zeichenflächen zu schaffen –, bewegen sich die Hilfslinien mit. Sie müssen also nicht mühsam alle Hilfslinien verrücken. Informationen zu Zeichenflächen finden Sie in Abschnitt 32.7, »Flexibles Screendesign für verschiedene Formate: Zeichenfläche«.

Bearbeiten von Hilfslinien
Um Hilfslinien nachträglich zu bearbeiten, wählen Sie diese mit aktivem Verschieben-Werkzeug aus und klicken Sie mit der rechten Maustaste darauf. Mehrere Hilfslinien können Sie mit Alt+⇧ auswählen. Im Kontextmenü rufen Sie nun den Befehl AUSGEWÄHLTE HILFSLINIEN BEARBEITEN auf. Jetzt können Sie die Ausrichtung, die Position und die Farbe der ausgewählten Hilfslinien nachträglich anpassen.

1. Aktivieren Sie die Ebene mit dem betreffenden Element.
2. Handelt es sich um eine Bildebene, wählen Sie deren deckende Pixel – also das freigestellte Objekt – aus, etwa, indem Sie mit gehaltener Strg/cmd-Taste auf die entsprechende Ebenenminiatur klicken. Wenn Sie es mit einer Form zu tun haben, können Sie diesen Schritt überspringen.
3. Wählen Sie im Menü den Befehl ANSICHT • HILFSLINIEN • NEUE HILFSLINIEN AUS FORM. Alternativ erreichen Sie den Befehl auch mit einem rechten Mausklick auf die Hilfslinie, wenn das Verschieben-Werkzeug aktiv ist.

Abbildung 3.54 ►
Aufbau der Datei. Hier werden soeben die deckenden Bildpixel der Ebene »Ente« ausgewählt.

Abbildung 3.55 ►►
Hilfslinien wurden automatisch um die Kontur der freigestellten Gummiente gelegt.

Hilfslinien fixieren | Um das unbeabsichtigte Verschieben von Hilfslinien zu unterbinden, wählen Sie den Befehl ANSICHT • HILFSLINIEN • HILFSLINIEN SPERREN (Alt+Strg/cmd+,) den Sie auch via rechtem Mausklick auf die Hilfslinie mit aktivem Verschieben-Werkzeug vorfinden.

Hilfslinien löschen | Um alle Hilfslinien eines Bildes zu entfernen, klicken Sie mit aktivem Verschieben-Werkzeug mit der rechten Maustaste auf eine der Hilfslinien und wählen im Kontextmenü HILFSLINIEN LÖSCHEN aus. Über dieses Kontextmenü können Sie auch einzelne ausgewählte Hilfslinien löschen. Einfacher geht es bei einzelnen Hilfslinien aber, wenn Sie diese mit dem Verschieben-Werkzeug auswählen und die Entf- oder ←-Taste drücken. Mehrere Hilfslinien zum gleichzeitigen Löschen können Sie mit Alt+⇧ auswählen und löschen.

Hilfslinien (ent)magnetisieren | Wie erwähnt sind Hilfslinien – und einige andere Elemente wie zum Beispiel Auswahllinien oder Ebenenkanten – leicht magnetisch, so dass Text- oder Bildebenen, Auswahl-

und Textrahmen und auch einige Werkzeuge automatisch an ihnen haften, wenn Sie sie in ihre Nähe schieben. Wenn Sie etwas pixelgenau positionieren wollen, ist dieses automatische Ausrichten zuweilen lästig. Es lässt sich abstellen unter ANSICHT • AUSRICHTEN (Strg/cmd+⇧+,).

Kurzfristig unterdrücken können Sie den »Magnetismus« von Hilfslinien, aber auch von Dokumentkanten oder Ebenen und anderen Objekten, indem Sie Strg bzw. ctrl beim Arbeiten gedrückt halten (bei aktivem Verschieben-Werkzeug).

Unter ANSICHT • AUSRICHTEN AN legen Sie fest welche Photoshop-Elemente generell über diese Ausrichten-Funktion verfügen.

Hilfslinien genau einrasten lassen
Die Hilfslinien bleiben genau dort liegen, wo Sie die Maus loslassen – manchmal auch *zwischen* den Pixel- oder Millimeterangaben auf dem Lineal. Dadurch können Sie später Probleme beim Ausrichten von Objekten bekommen. Um das zu unterbinden, drücken Sie die ⇧-Taste, während Sie die Hilfslinie herausziehen. Die Hilfslinie richtet sich dann an den aktuellen Linealunterteilungen (Pixel, cm oder mm) aus.

Intelligente Hilfslinien: Automatisch zur Stelle | Neben den »normalen« Hilfslinien, die Sie selbst positionieren müssen, gibt es Automatik-Hilfslinien, die Ihnen beim Ausrichten und Bewegen von Bildelementen helfen. Sofern das Extra INTELLIGENTE HILFSLINIEN aktiviert ist, erscheinen sie automatisch, sobald Sie Bildobjekte auf separaten Ebenen bewegen, eine Form zeichnen oder Textebenen verschieben – kurzum, immer dann, wenn es etwas auszurichten gibt.

Bild: dieblen.de

»zitronen_montage.psd«

Hinweis
Wenn Sie eine Datei mit Textebenen öffnen, deren Schriftart nicht auf Ihrem Rechner vorhanden ist, erscheint eine Meldung über fehlende Schriften. Sie können die Datei trotzdem öffnen, ohne die Schriften ersetzen zu müssen. Lediglich das Editieren des Textes könnte dann schwierig werden.

◀ **Abbildung 3.56**
Beim Ausrichten werden die magentafarbenen »intelligenten« Orientierungslinien ❷ automatisch eingeblendet. Die Mauszeiger-QuickInfo ❶ gibt weitere Informationen.

»DemoobjekteFürHilfslinien.tif«

Die intelligenten Hilfslinien haben (im Unterschied zu den normalen Hilfslinien) die Farbe Magenta. Sie verschwinden, sobald Sie die Maus loslassen. Seit der Einführung dieser intelligenten Hilfslinien sind einige Photoshop-Updates vergangen, und die smarten Helfer haben noch dazugelernt – Funktionen, die sich vor allem gut beim Screendesign einsetzen lassen. Um das volle Potenzial der intelligenten Hilfslinien zu nutzen, sollten Sie sich folgendes Verhalten merken:

- Sie können sich die **Relation von Objekten, die auf verschiedenen Ebenen liegen,** anzeigen lassen. Aktivieren Sie dazu die Ebene mit dem ersten Objekt (im Ebenen-Bedienfeld), bringen Sie dann den Mauszeiger im Bild über das zweite Objekt, und drücken Sie Strg/cmd. Mittels Pfeiltasten können Sie in diesem Modus die Ebenen sogar verschieben.

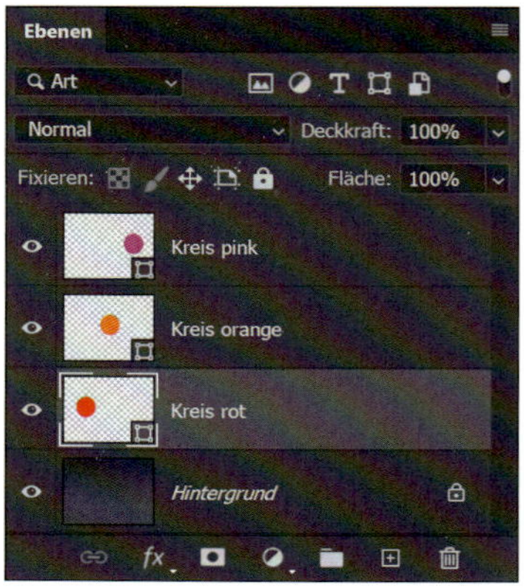

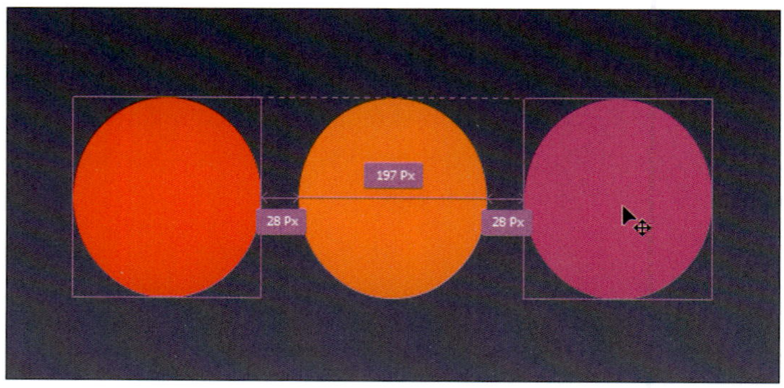

▲ **Abbildung 3.57** ▶
Anzeige von Objektrelationen: Die Ebene mit dem roten Kreis ist im Ebenen-Bedienfeld ausgewählt, über dem pinkfarbenen Kreis – auf einer separaten Ebene – steht der Mauszeiger.

- Wenn Sie eine **Ebene duplizieren und gleichzeitig neu positionieren** wollen, halten Sie Alt gedrückt, während Sie die Originalebene mit dem Verschieben-Werkzeug verschieben: Automatisch wird ein Duplikat erzeugt, und es erscheinen Referenzhilfsmesslinien, die die Abstände zwischen duplizierter und Originalebene anzeigen.

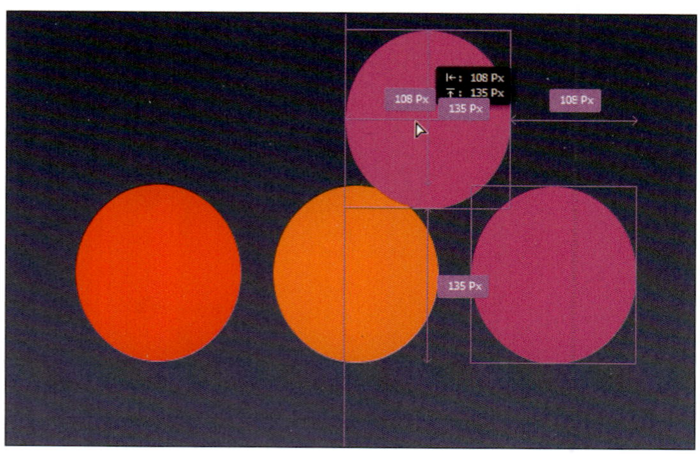

Abbildung 3.58 ▶
Duplizieren und Verschieben eines Objekts: Die magentafarbigen Positionsmarken bezeichnen die Position des Duplikats relativ zum Originalobjekt, die schwarzen die Position zu den Bildkanten.

- **Abstände von den Bildkanten** werden eingeblendet, wenn Sie [Strg]/[cmd] drücken und mit der Maus auf eine Stelle außerhalb einer Form oder eines Ebenenobjekts zeigen.

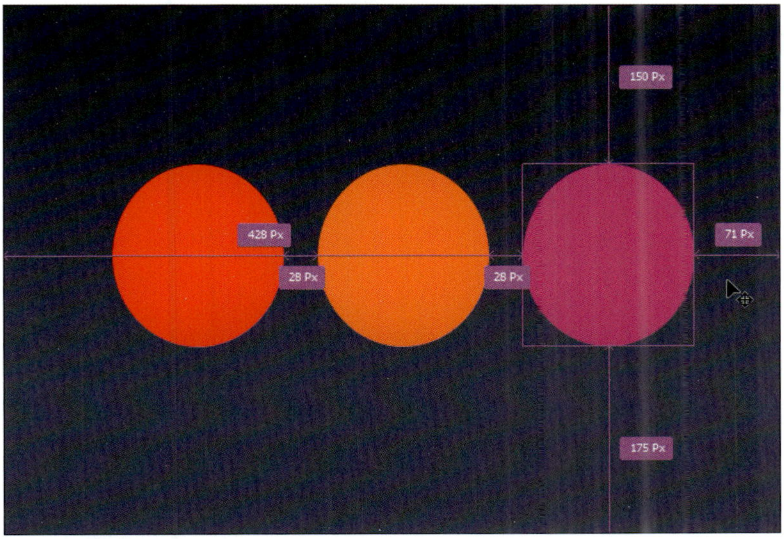

▲ **Abbildung 3.59**
Hier werden gleichzeitig die Abstände des aktiven Ebenenobjekts von den Bildkanten und die Abstände der (gleichartigen) Objekte zueinander angezeigt.

- Wenn Sie **gleichartige Objekte in einem gleichmäßigen Abstand verteilen wollen**, können Sie dazu die Ausrichten-Funktionen oder intelligente Hilfslinien nutzen: Klicken Sie einfach bei gehaltener [Strg]/[cmd]-Taste auf eines der Objekte, und die entsprechenden Messhilfslinien werden angezeigt.

3.6.4 Raster einstellen und nutzen

Wenn Sie viele Orientierungslinien brauchen und Ihnen das Anlegen zahlreicher Hilfslinien zu mühsam ist, sollten Sie mit dem Raster arbeiten. Es hat ähnliche Eigenschaften wie die Hilfslinien auch: Es ist nicht druckbar, und die Rasterlinien sind leicht magnetisch, so dass Bildelemente, mit denen Sie arbeiten (etwa Ebenen, aber auch Hilfslinien und anderes), am Rastergitter »kleben« bleiben.

Blenden Sie das Raster über ANSICHT • ANZEIGEN • RASTER ein. Der schnelle Shortcut ist: [Alt]+[⇧]+[Strg]+[,] bzw. [alt]+[⇧]+[cmd]+[,].

Über VOREINSTELLUNGEN • HILFSLINIEN, RASTER UND SLICES können Sie die Rasterdarstellung und Rasterweite verändern.

Raster genau anpassen
Mit der Position des Linealursprungs können Sie auch die Positionierung des Rastergitters beeinflussen und so exakt an Ihr Projekt anpassen. Mehr dazu in Abschnitt 3.6.1, »Lineale am Bildrand«.

Abbildung 3.60 ►
Text-Bild-Montage mit eingeblendetem Raster

Was wollen Sie tun?	Windows	Mac
Lineale ein- und ausblenden	Strg + R	cmd + R
Linealwerkzeug aktivieren	I	I
Hilfslinien ein- und ausblenden	Strg + ,	cmd + ,
alle Extras ein- und ausblenden	Strg + H	cmd + H
aus vertikalem Lineal eine horizontale Hilfslinie herausziehen (und umgekehrt)	Alt	alt
beim Verschieben vertikale in horizontale Hilfslinie verwandeln (und umgekehrt)	Alt	alt
Hilfslinien fixieren	Strg + Alt + ,	cmd + alt + ,
Ausrichten-Funktion (»Magnetismus«) bei der Arbeit mit dem Verschieben-Werkzeug kurzfristig aufheben	Strg	cmd
aus anderem Werkzeug kurzfristig zum Verschieben-Werkzeug wechseln	Strg	cmd
Raster ein- und ausblenden	Alt + ⇧ + Strg + ,	alt + ⇧ + cmd + ,

▲ Tabelle 3.3
Tastenkürzel für Lineale, Hilfslinien und Raster

3.7 Soforthilfe: Arbeitsschritte zurückgehen

Für den schnellen Gebrauch und um einen oder nur wenige Schritte zurückzunehmen, bietet sich die Nutzung von Tastatur- und Menübefehlen an.

- Um den letzten Arbeitsschritt wieder zurückzunehmen, drücken Sie [Strg]/[cmd]+[Z] oder wählen im Menü BEARBEITEN • RÜCKGÄNGIG.
- Um *weitere* Arbeitsschritte zurückzugehen, drücken Sie *erneut* [Strg]/[cmd]+[Z] oder wählen *nochmals* den RÜCKGÄNGIG-Befehl aus dem Menü. Auf diese Weise können Sie also auch mehrere Arbeitsschritte zurücknehmen.

Sie wollen diese Rücknahmen rückgängig machen? Das ist ebenfalls möglich.

- Das Drücken von [⇧]+[Strg]/[cmd]+[Z] stellt den zuletzt gelöschten Arbeitsschritt wieder her.
- Drücken Sie diese Tastenkombi mehrfach, werden sukzessive die zuletzt gelöschten Arbeitsschritte wiederhergestellt.

Zurück zu den alten Shortcuts
In älteren Photoshop-Versionen galten für die Rücknahme von Arbeitsschritten abweichende Kürzel. Sollten Sie diese noch »in den Fingern« haben und mit den veränderten Shortcuts nicht zurechtkommen, finden Sie unter BEARBEITEN • TASTATURBEFEHLE einen Weg zurück. Aktivieren Sie im entsprechenden Dialogfeld die Option HERKÖMMLICHE RÜCKGÄNGIG-TASTATURBEFEHLE VERWENDEN, und klicken Sie dann auf OK. Ein Neustart von Photoshop ist danach erforderlich.

Diese Befehle sind jedoch nur als schnelle Soforthilfe zu verstehen: Wurde das Bild erst einmal geschlossen, sind alle hier genannten Möglichkeiten, zurückzugehen, verloren.

Was ist »ein Arbeitsschritt«?
Beim Retuschieren, Radieren oder Malen setzt man das Werkzeug meist sehr oft ab und erneut an, bis eine Retusche sitzt oder eine Illustration geglückt ist. So etwas wird von Photoshop aber schon als »verschiedene Arbeitsschritte« interpretiert. Daher gilt: Bei der Arbeit mit Mal- und Retuschewerkzeugen ist es immer nur der wirklich letzte Schritt bzw. Pinselstrich, den Sie zurücknehmen können! Nutzen Sie in solchen Fällen das Protokoll (siehe Abschnitt 3.9), um sich den Rückweg offenzuhalten.

Wie viele Schritte geht es überhaupt zurück? | Die Anzahl der Arbeitsschritte, die Photoshop zum Zurückgehen konserviert, ist begrenzt. Standardmäßig sind es 50 Protokollschritte, die Sie zurückgehen können. Alles, was weiter zurückliegt, hat Photoshop dann »vergessen«. Besonders bei Arbeiten wie dem Malen oder Retuschieren oder auch bei der Arbeit mit manchen Filtern wie zum Beispiel dem Extrahieren sind diese 50 Schritte recht schnell »aufgebraucht«.

Diesen Wert können Sie jedoch erhöhen, und zwar in den VOREINSTELLUNGEN, diesmal in der Rubrik LEISTUNG ([Strg]/[cmd]+[K] und [Strg]/[cmd]+[8]) unter PROTOKOLLOBJEKTE ❶.

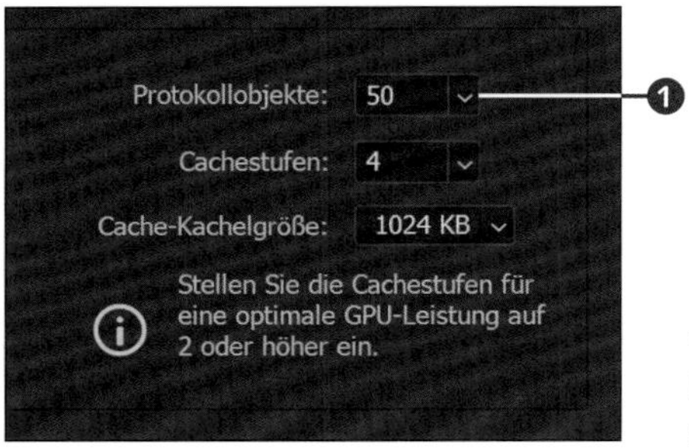

◂ **Abbildung 3.61**
PROTOKOLLOBJEKTE in den VOREINSTELLUNGEN für die LEISTUNG

Das Vorhalten früherer Arbeitsstadien eines Bildes, die dann wiederhergestellt werden, nimmt viel Arbeitsspeicher in Anspruch. Ist unter PROTOKOLLOBJEKTE ein hoher Wert eingetragen, kann sich die Bearbeitungsgeschwindigkeit spürbar verlangsamen. Mit Hilfe der schon vorgestellten Statusanzeige EFFIZIENZ (siehe Abschnitt 1.8.2) finden Sie die Balance zwischen möglichst hoher Anzahl von Protokollobjekten und akzeptabler Arbeitsspeicherauslastung.

Zurück zur letzten Version | Sind Ihnen alle letzten Bearbeitungsschritte komplett danebengegangen, gibt es nur eins: Stellen Sie den Zustand direkt nach dem Öffnen des Bildes oder direkt nach dem letzten Speichern wieder her. Für diese Radikallösung wählen Sie DATEI • ZURÜCK ZUR LETZTEN VERSION oder F12.

3.8 Filter, Bedienfelder und andere Dialogfelder: Alle Einstellungen zurücknehmen

Einige von Photoshops Werkzeugen sind fast schon eigene kleine Grafikprogramme, die vor Reglern, Optionen und Eingabefeldern nur so strotzen. In solchen komplexen Dialogfenstern verheddert man sich manchmal in der Vielzahl der Einstellungsmöglichkeiten. Daher gibt es auch bei geöffneten Dialogfenstern Möglichkeiten, Einstellungen zurückzunehmen – **vor** der Anwendung der Funktion und ohne den Vorgang abbrechen zu müssen.

- Strg/cmd+Z und die verwandten Kürzel funktionieren auch innerhalb von Dialogfenstern in den meisten Fällen. Das lässt sich zum Beispiel beim VERFLÜSSIGEN-Filter und bei anderen Dialogen, die viel »Pinselarbeit« enthalten, sinnvoll einsetzen.
- Das Drücken von Alt bewirkt bei vielen Dialogboxen, dass die Schaltfläche ABBRECHEN – sonst zuständig für das Verlassen des Dialogfelds – sich in einen ZURÜCKSETZEN-Button verwandelt. Wenn Sie diesen anklicken, werden alle bisher vorgenommenen Einstellungen zurückgesetzt. Der Dialog bleibt jedoch geöffnet. Das Schließen und erneute Aufrufen des Dialogfelds entfallen.

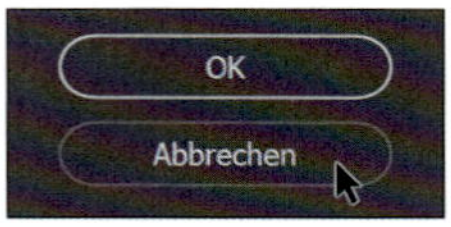

▲ **Abbildung 3.62**
Der Befehl ABBRECHEN führt zum Verlassen von Dialogfeldern.

▲ **Abbildung 3.63**
Das Drücken von Alt erzeugt die ZURÜCKSETZEN-Schaltfläche.

- Die Einstellungen für Photoshops globale Bildkorrekturen wie GRADATIONSKURVEN, FARBTON/SÄTTIGUNG, TONWERTKORREKTUR, COLOR LOOKUP und andere steuern Sie über das Bedienfeld EIGENSCHAFTEN. Dort gibt es am Fuß des Bedienfelds einen kleinen Button ❶, mit dessen Hilfe Sie Ihre Einstellungen zurücksetzen können.

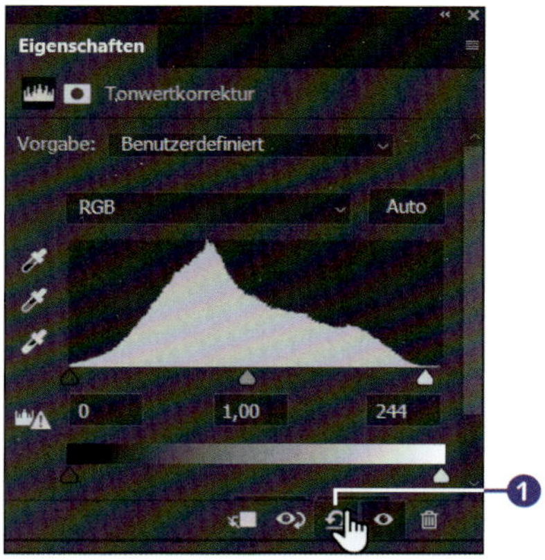

▲ **Abbildung 3.64**
Im Eigenschaften-Bedienfeld (beispielhaft TONWERTKORREKTUR) werden die Regler auf Knopfdruck ❶ zurückgesetzt.

3.9 Das Protokoll-Bedienfeld

Im Protokoll-Bedienfeld finden Sie die genaue Aufzeichnung Ihrer letzten Arbeitsschritte. Das Protokoll bleibt so lange erhalten, wie das Bild geöffnet ist – Zwischenspeichern ist kein Problem, aber mit dem Schließen des Bildes wird das Protokoll gelöscht. Aufgezeichnet werden alle Änderungen am Bild, nicht jedoch Änderungen an Voreinstellungen, Vorgaben oder Bedienfeldern.

Das Protokoll ist in vielen Arbeitssituationen sehr hilfreich, denn Trial and Error – Ausprobieren und Verwerfen – ist auch bei Profis eine häufig eingesetzte Methode! Wenn Sie die Protokollfunktionen sinnvoll einsetzen, können Sie frei experimentieren, ganz ohne zu befürchten, dass Sie frühere Arbeitsstadien verlieren könnten.

Zum Weiterlesen
Mehr zu **Änderungen an Bedienfeldern** und anderen Elementen der Arbeitsfläche lesen Sie in Kapitel 4, »Den Arbeitsbereich anpassen«; Näheres zum **Konservieren von Vorgaben** mit dem Vorgaben-Manager finden Sie in Abschnitt 4.6, »Farbfelder, Muster, Stile und Co.: Kreativressourcen organisieren«.

3.9.1 Funktionsumfang

Gegenüber den oben vorgestellten (Tastatur-)Befehlen bietet das Protokoll-Bedienfeld einigen Bedienungskomfort, ist allerdings auch nicht so schnell bei der Hand. Was können Sie mit ihm anfangen?

- Sie können hier sehr einfach **Arbeitsschritte zurücknehmen** und wieder vorangehen und behalten dabei sogar eine gute Übersicht.
- Mit sogenannten **Schnappschüssen** halten Sie wichtige Arbeitsstadien des Bildes fest und kehren bei Bedarf zu diesen zurück, selbst wenn die maximale Anzahl der Protokollschritte schon ausgeschöpft ist.
- Vor manchen wichtigen Arbeitsschritten legt Photoshop selbst einen Schnappschuss an, beispielsweise beim Abspielen mancher Aktionen (gespeicherte Befehlsabfolgen).
- Zusammen mit dem **Protokoll-Pinsel** macht sich das Protokoll-Bedienfeld bei Retuschen und im kreativen Einsatz nützlich.

3.9.2 Einen Schritt zurück, einen vor …

Sie rufen das Protokoll-Bedienfeld mit dem Befehl FENSTER • PROTOKOLL auf oder bringen es durch einen Klick auf das Symbol oder den Karteireiter im entsprechenden Bedienfeldfenster nach vorn.

Abbildung 3.65 ▸
Hier wurden bereits einige Arbeitsschritte durchgeführt. Bei einem frisch geöffneten Bild ist das Protokoll zunächst leer.

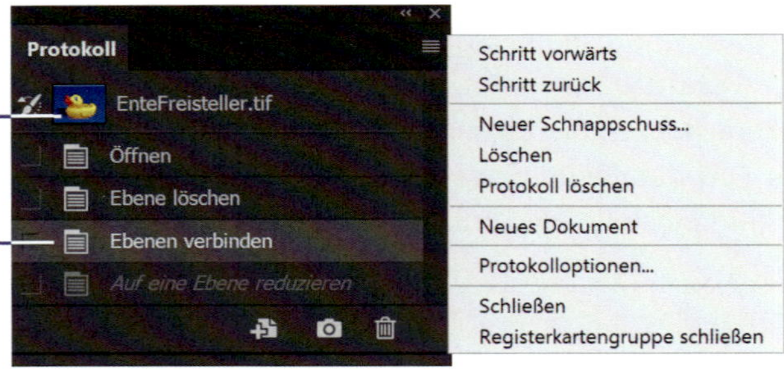

Ganz oben im Protokoll-Bedienfeld ❶ sehen Sie bereits den ersten Schnappschuss. Er wird automatisch mit dem Öffnen des Bildes erstellt.

Der zuletzt ausgeführte Arbeitsschritt steht im Protokoll-Bedienfeld immer ganz unten, und der älteste Arbeitsschritt steht in der Liste oben. In der Adobe-Terminologie heißen diese Arbeitsschritte – die ja immer mit einem bestimmten Bildzustand verbunden sind – **Status**.

Jeder Status trägt den Namen des dabei verwendeten Werkzeugs oder Befehls. Wenden Sie ein Werkzeug oder einen Befehl wiederholt an, wird dieselbe Bezeichnung wiederholt.

Zu einem früheren Bildstatus zurückkehren | Um nun zu einem früheren Bildstatus zurückzukehren, haben Sie mehrere Möglichkeiten:

- Klicken Sie auf den Namen des entsprechenden Bildstatus, den Sie wiederherstellen wollen.
- Wenn Sie mit Schnappschüssen arbeiten (mehr dazu auf den folgenden Seiten), können Sie den Schnappschuss anklicken, um das entsprechende Bildstadium wiederherzustellen.
- Sie können auch die Befehle Rückgängig ([Strg]/[cmd]+[Z]) oder Wiederholen ([⇧]+[Strg]/[cmd]+[Z]) verwenden, die Sie im bekannten Menü Bearbeiten und im Seitenmenü des Protokoll-Bedienfelds finden.

Sobald Sie eine dieser Operationen ausgeführt haben, erkennen Sie, dass im Protokoll-Bedienfeld derjenige Schritt hervorgehoben ist, zu dem Sie zurückgekehrt sind ❷. In Ihrem Bild sehen Sie, dass diese Arbeitsschritte unwirksam gemacht wurden. Das Bild erscheint nun wieder in einer früheren Form. Das erleichtert die Kontrolle über die Rücknahme von Arbeitsschritten. Solange Sie Ihre Arbeit am Bild noch nicht fortgesetzt haben, können Sie mit Hilfe des Protokoll-Bedienfelds immer noch vor- und zurückgehen und dabei die Änderungen am Bild beobachten.

Erst wenn Sie weiterarbeiten, werden die mit Hilfe des Protokoll-Bedienfelds zunächst lediglich deaktivierten Bildstadien tatsächlich verworfen – also gelöscht. Sie arbeiten dann vom gewählten Status aus weiter.

Kein Start-Schnappschuss gewünscht?
Wenn Sie unterbinden wollen, dass Photoshop beim Öffnen eines Bildes automatisch einen Schnappschuss erstellt, stellen Sie dies in den Optionen des Protokoll-Bedienfelds ab. Sie erreichen die Optionen über den Bedienfeldmenü-Befehl Protokolloptionen …

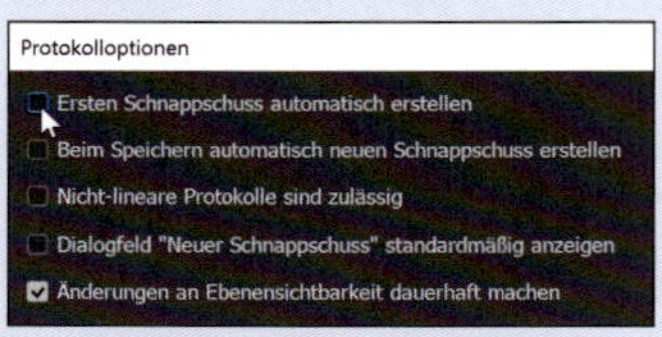

▲ **Abbildung 3.66**
Protokolloptionen

Irrtümlich verworfenen Protokollstatus retten
Wenn Sie durch Weiterbearbeiten des Bildes einen Protokollstatus (und damit auch Bildstadien) bereits gelöscht haben, können Sie mit den Menübefehlen Bearbeiten • Rückgängig bzw. Schritt zurück diese letzten Arbeitsschritte zurücknehmen. Das Protokoll wird dann ebenfalls wiederhergestellt.

3.9.3 Protokollschritte entfernen

Um Ihren Speicher zu entlasten und um das Protokoll-Bedienfeld aufzuräumen, können Sie Arbeitsschritte aus der Protokollliste löschen. Das Löschen eines Status entfernt die folgenden Status mit! Dazu haben Sie verschiedene Möglichkeiten:

- Wenn Sie einen Status auf den Papierkorb-Button ziehen, werden er und alle auf ihn folgenden Status entfernt.
- Klicken Sie den Namen des Status an, und benutzen Sie den Befehl LÖSCHEN aus dem Bedienfeldmenü.

3.9.4 Das gesamte Protokoll leeren

Wenn Ihr Rechner spürbar lahmt, können Sie auch die gesamte Protokollliste löschen.

- BEARBEITEN • ENTLEEREN • PROTOKOLLE leert die Protokollliste **unwiderruflich**, lässt aber das Bild unangetastet. Das Protokoll steht dann natürlich nicht mehr zur Verfügung; auch die Menübefehle wie BEARBEITEN • RÜCKGÄNGIG und Co. funktionieren dann nicht mehr.
- Wählen Sie PROTOKOLL LÖSCHEN aus dem Bedienfeldmenü des Protokoll-Bedienfelds. Auch das löscht die gesamte Liste, ohne das Bild zu ändern. Allerdings wird dabei der Arbeitsspeicher nicht entlastet. Dafür lässt sich dieser Schritt allerdings über BEARBEITEN • RÜCKGÄNGIG wieder rückgängig machen.
- Wenn Sie beim Befehl PROTOKOLL LÖSCHEN per Bedienfeldmenü zusätzlich Alt gedrückt halten, wird das Protokoll endgültig, unwiderruflich gelöscht.

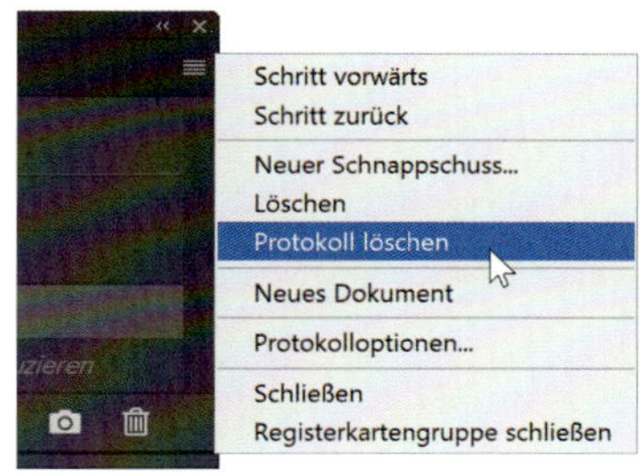

▲ **Abbildung 3.67**
Das Protokoll per Bedienfeldmenü löschen

3.9.5 Nicht-lineare Protokolle

Bisher kennen Sie nur Wege, Arbeitsschritte linear vor- und zurückzugehen. Diese Linearität können Sie mit dem Protokoll-Bedienfeld jedoch auch durchbrechen. Damit ist es möglich, auch einzelne Protokollstatus (bzw. Bearbeitungsstadien des Bildes) zu modifizieren oder zu löschen, ohne dass die nachfolgenden Status dadurch verworfen würden. Sie müssen dazu als Erstes die **Protokolloptionen ändern**, die Sie über das Bedienfeldmenü erreichen.

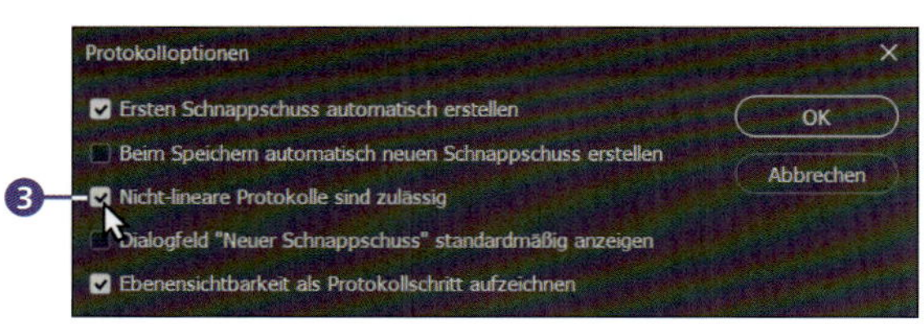

◂ **Abbildung 3.68**
In den Protokolloptionen können Sie die strenge Linearität von Protokollen aufheben. Aktivieren Sie die Option NICHT-LINEARE PROTOKOLLE SIND ZULÄSSIG ❸.

Damit haben Sie nun folgende Möglichkeiten:

- Sie können – per Papierkorb oder mit einer der anderen der beschriebenen Methoden – einen **einzelnen Status aus der Protokollliste löschen**, ohne dass alle folgenden Status mitgelöscht werden.
- Sie können **einzelne Arbeitsschritte modifizieren**, indem Sie einzelne Status markieren und dann das Bild an dieser Stelle neu bearbeiten. Die auf den markierten (und modifizierten) Status folgenden Schritte stehen weiterhin zur Verfügung. Die letzten, modifizierenden Arbeitsschritte tauchen dann am Ende des Protokoll-Bedienfelds auf.

Das hört sich erst einmal gut an, doch birgt die Option auch **Nachteile**: So wird das Protokoll-Bedienfeld dadurch schnell unübersichtlich. Die großen Vorteile des Bedienfelds gegenüber den einfachen Schritt-zurück-Befehlen sind eigentlich die Übersichtlichkeit und der Bedienkomfort. Diese Vorteile gehen mit Aktivierung der Option NICHT-LINEARE PROTOKOLLE SIND ZULÄSSIG verloren. Die oftmals bessere Alternative: Erstellen Sie für wichtige und interessante Bildstadien Schnappschüsse!

3.9.6 Arbeit mit Schnappschüssen

Ein Schnappschuss ist nichts weiter als die Momentaufnahme Ihres Bildes in einem bestimmten Bearbeitungsstadium. Schnappschüsse bleiben bis zum endgültigen Schließen des Bildes für die Dauer einer Arbeitssitzung erhalten. Sinnvoll ist ihre Anwendung vor der Durchführung von Arbeitsschritten, deren Ergebnis nicht ganz vorhersehbar ist. Das trifft auf manche Filterkombinationen zu oder auf Arbeiten, die viel handwerkliches Geschick erfordern und schnell »verhunzt« werden – so zum Beispiel Retuschen. Schnappschüsse ermöglichen es Ihnen, schneller zu früheren Stadien zurückzukehren, als es mit dem Durcharbeiten endlos langer Protokolllisten möglich ist.

Achtung: Jüngere Arbeitsstadien gehen verloren
Das Zurückgehen mittels Schnappschuss wirkt wie das Zurückgehen mittels Protokollstatus. Das heißt auch: Wenn Sie einen Schnappschuss benutzen, um ein früheres Bildstadium zu aktivieren, werden alle jüngeren Status aus der Protokollliste gelöscht. Ausnahme: Die Option NICHT-LINEARE PROTOKOLLE SIND ZULÄSSIG ist aktiviert.

Schnappschuss erzeugen | Der Weg zum Schnappschuss führt über die Schaltfläche ERSTELLT EINEN NEUEN SCHNAPPSCHUSS am Fuß des Protokoll-Bedienfelds. Die Schnappschuss-Abbildung erscheint dann als Miniatur im oberen Bereich des Bedienfelds.

Namen vergeben | Die Nummerierung der Schnappschüsse ist nicht sonderlich zweckmäßig, da man auf den Bildminiaturen nicht besonders viel erkennen kann. Daher ist ein Umbenennen der Schnappschüsse sehr zu empfehlen. Dazu doppelklicken Sie einfach auf den bisherigen Namen des Schnappschusses, tippen den neuen Namen ein und drücken die [↵]-Taste – fertig.

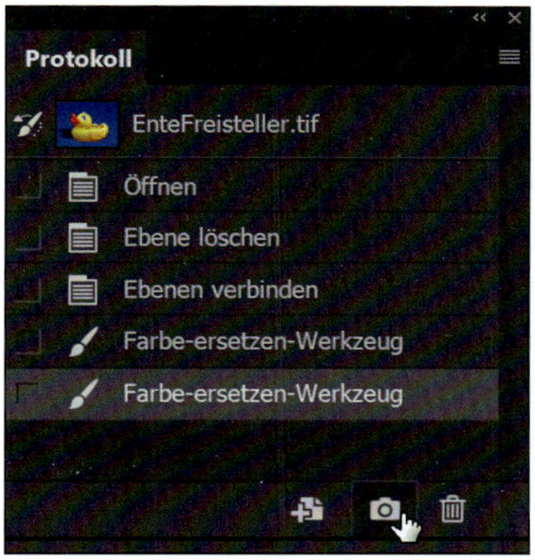

▲ **Abbildung 3.69**
Klicken auf das Kamera-Icon des Protokoll-Bedienfelds erzeugt Schnappschüsse.

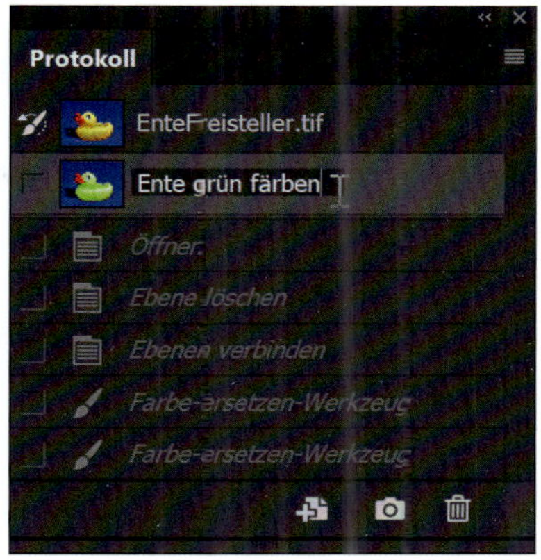

▲ **Abbildung 3.70**
Einen Schnappschuss korrekt zu benennen dauert nur wenige Augenblicke.

Nach dem Umbenennen Protokoll auf richtigen Status setzen
Nach dem Umbenennen eines Schnappschusses ist dieser auch aktiv; das heißt, das Bild zeigt sein Stadium. Sie müssen also unter Umständen das Protokoll erst wieder auf den letzten Status zurücksetzen, wenn Sie den Verlust von Protokollstatus (und Arbeitsschritten) verhindern wollen!

Namensdialog bei jedem Schnappschuss einblenden lassen | Weil das nachträgliche manuelle Umbenennen von Schnappschüssen einen hohen »Das muss ja mal schiefgehen«-Faktor hat und weil es auch zur konsequenteren Namensvergabe erzieht, empfiehlt es sich, in den Protokolloptionen eine Änderung vorzunehmen: Aktivieren Sie in den Protokolloptionen den Punkt DIALOGFELD "NEUER SCHNAPPSCHUSS" STANDARDMÄSSIG ANZEIGEN.

Nun wird bei jedem neuen Schnappschuss gleich ein Dialogfeld eingeblendet. Dort können Sie sofort den Namen vergeben und zudem festlegen, was überhaupt in den Schnappschuss aufgenommen wird.

- AUS: VOLLSTÄNDIGEM DOKUMENT ist die Standard- und oft die beste Einstellung. Alle Bildebenen werden berücksichtigt.
- AUS: REDUZIERTEN EBENEN erstellt einen Schnappschuss von allen Ebenen, diese werden aber im Schnappschuss auf eine einzige Ebene reduziert. Das verringert zwar die Größe der Bilddatei, kann aber die Bearbeitungsmöglichkeiten drastisch einschränken – was der ursprünglichen Intention der Schnappschüsse eher zuwiderläuft.
- AUS: AKTUELLER EBENE knipst nur die zum Zeitpunkt des Schnappschusses aktive Ebene. Im Prinzip ist das eine gute Idee, sie macht das Protokoll-Handling allerdings etwas schwierig (Verwirrungsgefahr!).

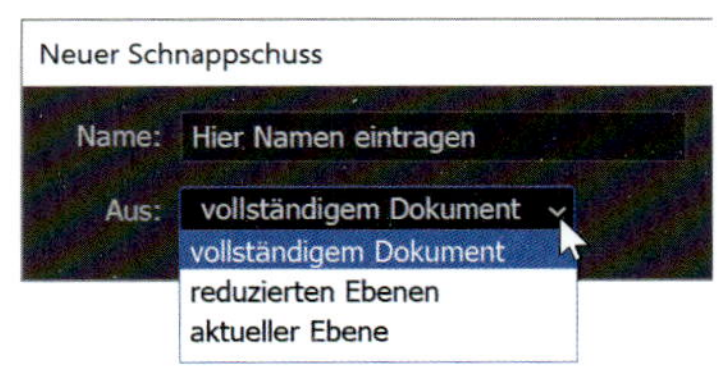

▲ **Abbildung 3.71**
Dialogfeld zum Benennen neuer Schnappschüsse: Woraus soll der Schnappschuss erstellt werden?

Neues Dokument aus Schnappschuss | Sie können aus Schnappschüssen neue Dokumente anlegen, die Sie dann dauerhaft speichern können. Zwar ist die Verwaltung von Parallelversionen eines Bildes oder Projekts als Standard-Arbeitsweise zu aufwendig – in Einzelfällen ist sie aber durchaus nützlich. Hier genügt ein einfacher Klick ❶.

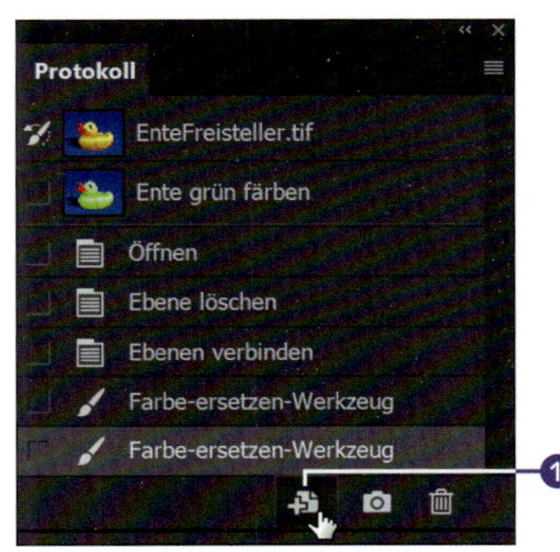

▲ **Abbildung 3.72**
So einfach kommen Sie zu einem eigenständigen Dokument aus einem beliebigen Arbeitsstadium.

Was wollen Sie tun?	Windows	Mac
Arbeitsschritt(e) zurücknehmen	Strg + Z	cmd + Z
zurückgenommene(n) Arbeitsschritt(e) wiederherstellen	⇧ + Strg + Z	⇧ + cmd + Z
letzten Arbeitsschritt zurücknehmen und wiederherstellen	Strg + Alt + Z	cmd + alt + Z
zurück zur zuletzt abgespeicherten Bildversion	F12	F12
Einstellungen in Dialogfeldern zurücknehmen, ohne den Dialog zu schließen	Alt (verwandelt die Schaltfläche ABBRECHEN in ZURÜCKSETZEN)	alt (verwandelt die Schaltfläche ABBRECHEN in ZURÜCKSETZEN)
Protokoll-Bedienfeld: rückwärts durch Bildstadien navigieren	Strg + Z	cmd + Z
Protokoll-Bedienfeld: vorwärts durch Bildstadien navigieren	⇧ + Strg + Z	⇧ + cmd + Z
Schnappschuss umbenennen	Doppelklick auf Schnappschuss-Miniatur	Doppelklick auf Schnappschuss-Miniatur
Protokollliste reversibel löschen	PROTOKOLL LÖSCHEN (im Menü des Protokoll-Bedienfelds)	PROTOKOLL LÖSCHEN (im Menü des Protokoll-Bedienfelds)
Protokoll endgültig löschen	Alt + PROTOKOLL LÖSCHEN (im Menü des Protokoll-Bedienfelds)	alt + PROTOKOLL LÖSCHEN (im Menü des Protokoll-Bedienfelds)

▲ **Tabelle 3.4**
Arbeitsschritte zurücknehmen – Tastaturbefehle

3.10 Automatische Absturzsicherung: Hilfe im Worst Case

Im Allgemeinen ist Photoshop eine zuverlässige Anwendung, die stabil läuft. Dennoch kommt es gelegentlich zu Programmabstürzen, bei denen nichts mehr geht – auch nicht mehr das rettende Speichern Ihrer aktuellen Arbeit. In solchen Fällen greift die automatische Wiederherstellungsfunktion. Sie speichert laufend Wiederherstellungsinformationen im Hintergrund. Stürzt Photoshop tatsächlich einmal ab oder friert ein, wird Ihre aktuelle Arbeit automatisch wiederhergestellt, sobald Sie Photoshop erneut starten.

Intervall festlegen | Die automatische Wiederherstellungsfunktion speichert Absturz-Wiederherstellungsinformationen in einem Intervall, das Sie festlegen (der Standardwert ist 10 Minuten). Dazu wählen

Sie in den Voreinstellungen (Strg/cmd+K) die Tafel DATEIHANDHABUNG (Strg/cmd+6); dort finden Sie Optionen zum Speichern von Dateien.

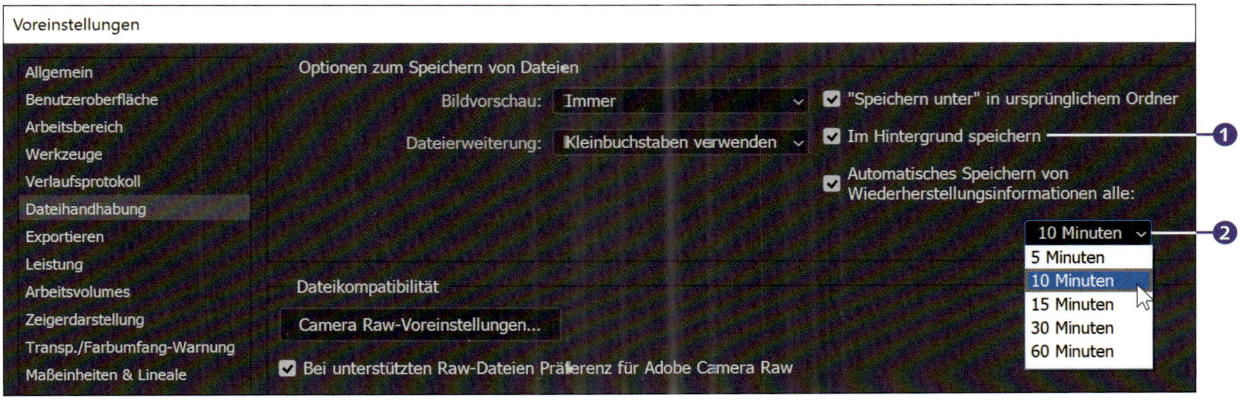

▲ **Abbildung 3.73**
Wenn Photoshop spürbar lahmt, können Sie die Funktion zum automatischen Speichern in den Voreinstellungen ändern.

Aktivieren Sie die Option IM HINTERGRUND SPEICHERN ❶, und stellen Sie unter AUTOMATISCHES SPEICHERN VON WIEDERHERSTELLUNGSINFORMATIONEN ALLE … MINUTEN das gewünschte Zeitintervall ein ❷. Die Option IM HINTERGRUND SPEICHERN erlaubt es übrigens auch, weiterzuarbeiten, während der – manuell ausgelöste – Speicherprozess großer Dateien noch läuft. Photoshop ist also nicht komplett lahmgelegt, wenn Sie gerade eine umfangreiche Datei (zwischen)speichern

Kapitel 4
Den Arbeitsbereich anpassen

Photoshop bewältigt ganz unterschiedliche Bildbearbeitungsaufgaben. Die Programmoberfläche lässt sich an jede Anforderung genau anpassen. So bleiben Sie effektiv – und können das Potenzial von Photoshop ganz ausschöpfen.

4.1 Bedienfelder organisieren

Bedienfelder sind eines Ihrer wichtigsten Arbeitsinstrumente. Mit ihnen verändern und kontrollieren Sie Ihre Bilder. Entsprechend viele Möglichkeiten bietet Photoshop, sie anzupassen. Sie können

- die Position der Bedienfelder frei wählen,
- Bedienfeldgruppen nach Wunsch zusammenstellen,
- Bedienfelder zu handlichen Stapeln verbinden,
- sie als Symbol platzsparend ablegen und
- die Anordnung von Bedienfeldern und Symbolen im Bedienfelddock verändern.

Durch angepasste Bedienfeldkonstellationen machen Sie alltägliche Handgriffe um einige Klicks schlanker und nutzen Ihren Arbeitsbereich effektiver aus. Das Prinzip ist einfaches Drag & Drop, also mit der Maus bei gehaltener linker Maustaste ziehen und dann loslassen. Wie Sie es bereits vom Hantieren mit Dokument-Tabs kennen, zeigen auch bei den Bedienfeldern blaue Leuchtstreifen an, wo Sie das schwebende Element andocken können.

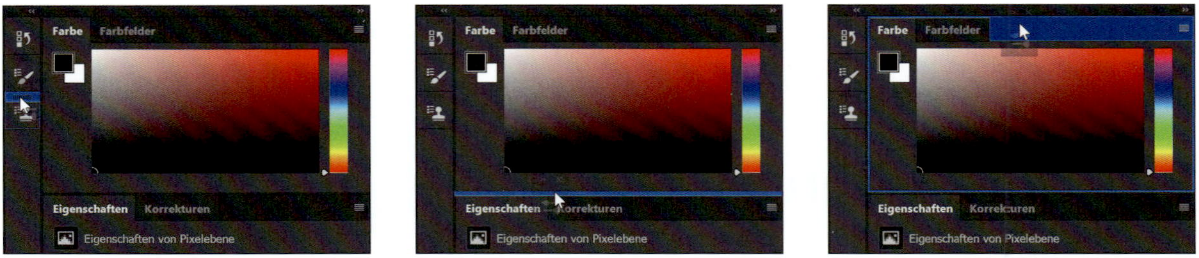

▲ **Abbildung 4.1**
Die Anordnung von Bedienfeldern und Bedienfeldgruppen kann durch Drag & Drop variiert werden. Blaue Leuchtstreifen geben Orientierung beim Andocken.

4.1.1 Bedienfelder (Bedienfeldgruppen) ab- und andocken

Standardmäßig kleben die meisten Bedienfelder in ihrem Verankerungsbereich – dem Dock – am rechten Bildschirmrand, und links ist die Werkzeugleiste abgelegt. Sie können Bedienfelder und Bedienfeldgruppen aber von dort herausziehen und als schwebende Bedienfeldfenster anzeigen lassen. Überdies ist das Lösen von Bedienfeldern, Bedienfeldgruppen oder Symbolen aus dem Bedienfelddock der erste Schritt zum Umorganisieren und Neuordnen Ihrer Bedienfelder.

Bedienfeldgruppen bewegen | Verschieben Sie Bedienfeldgruppen auf Ihrer Arbeitsfläche, indem Sie den *neutralen Bereich* des Titels – wo keine Reiter sind – mit dem Mauszeiger anfassen. So lässt sich der ganze Verband aus dem Dock lösen und an einer anderen Stelle der Arbeitsfläche deponieren.

Einzelne Bedienfelder bewegen | Um einzelne Bedienfelder – nicht die Gruppe – zu bewegen, fassen Sie sie mit der Maus am jeweiligen *Karteireiter* an. Auch einzelne Bedienfelder können Sie überall fallen lassen oder an anderen Stellen des Bedienfelddocks ablegen.

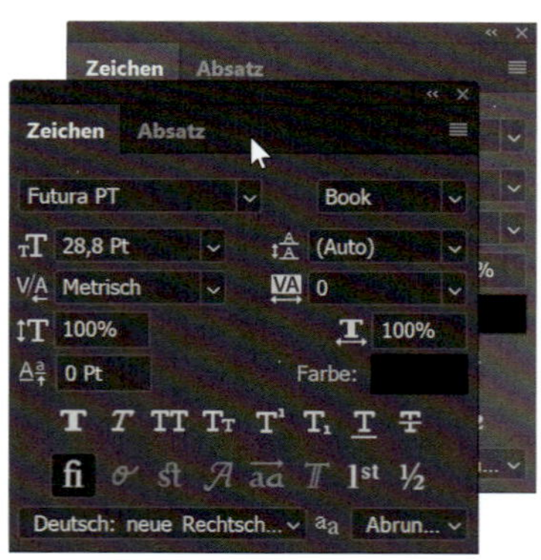

Abbildung 4.2 ►
Um eine Bedienfeldgruppe zu bewegen, fassen Sie sie im neutralen Bereich des Titels an.

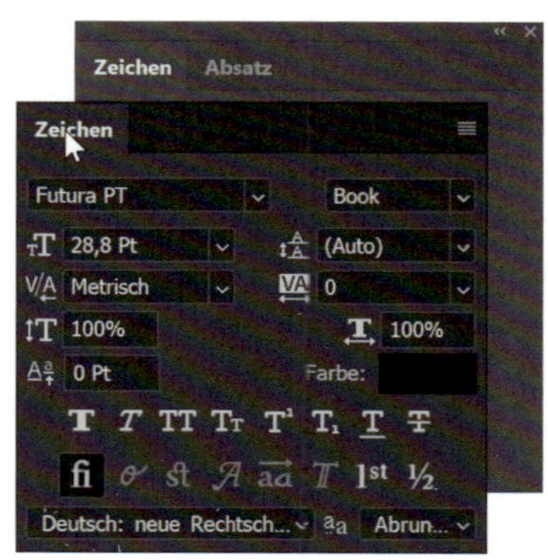

Abbildung 4.3 ►►
Um ein einzelnes Bedienfeld zu bewegen, fassen Sie es am Karteireiter.

Fertig zum Andocken | Um frei schwebende Bedienfelder, Bedienfeldgruppen oder Symbole erneut an die anderen Bedienfelder anzudocken, ziehen Sie sie einfach an die gewünschte Stelle. Blaue Linien zeigen Ihnen an, wo Sie das Objekt fallen lassen können.

Bedienfelder am linken Bildrand andocken
Übrigens verfügt die Werkzeugleiste über ähnliche Eigenschaften wie das Bedienfelddock am rechten Bildschirmrand. Wenn Sie wollen, können Sie also auch links an die Werkzeugleiste weitere Bedienfelder »ankleben«.

4.1.2 Noch mehr Platz: Bedienfeldsymbole

Nicht alle Bedienfelder im Dock sind vollständig zu sehen. Einige davon sind zum Symbol minimiert. So stehen sie schnell zur Verfügung, belegen aber wenig Bildschirmfläche. Auch frei schwebende Bedienfelder können Sie zu Symbolen minimieren.

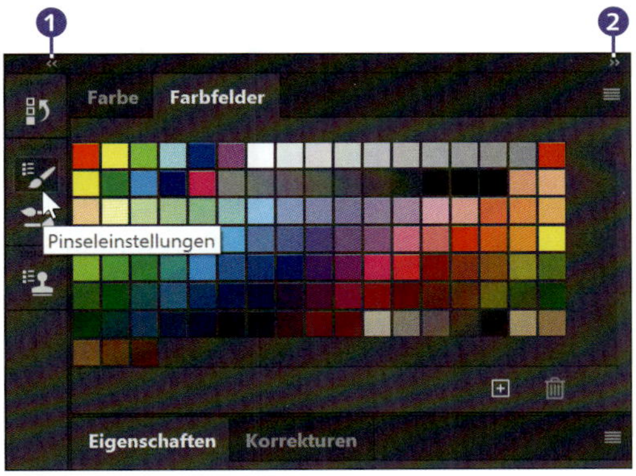

◂ **Abbildung 4.4**
Die Bedienfeldsymbole liegen im Dock links neben den aufgeklappten Bedienfeldern. Icons und QuickInfos geben Aufschluss über deren Funktion.

Der Wechsel zwischen maximiertem und minimiertem Zustand erfolgt über den kleinen Doppelpfeil am oberen Rand. Damit vergrößern Sie nicht nur Symbolbedienfelder ❶, sondern können auch alle im Dock maximierten Bedienfelder zusammenfalten ❷, wenn Sie mehr Platz für Ihr aktuelles Bild brauchen.

Größenänderung bei frei schwebenden Bedienfeldern
Wenn Sie ein frei schwebendes Bedienfeld an der schraffierten Ecke unten rechts mit der Maus anfassen, können Sie es stufenlos größer oder kleiner ziehen. (Das ist nicht für alle Bedienfelder vorgesehen.)

▴ **Abbildung 4.5**
Größe ändern bei frei schwebenden Bedienfeldfenstern

Bedienfeldsymbole neu anordnen | Zum Symbol minimierte Bedienfelder manipulieren Sie genau wie maximierte Bedienfelder durch Ziehen und Ablegen. Der Symbolbereich ist ganz ähnlich aufgebaut wie die maximierten Bedienfelder. Auch hier kann man zwischen einzelnen Bedienfeldern (den Symbolen) und Bedienfeldgruppen (den »Fächern« innerhalb des Symbolbereichs) unterscheiden.

- Zum Symbol minimierte Bedienfelder und Bedienfeldgruppen können aus dem Dockbereich herausbewegt werden.
- Um ein Bedienfeld oder eine Bedienfeldgruppe wieder ins Dock einzugliedern, ziehen Sie das Element einfach an die gewünschte Stelle – entweder im Symbolbereich oder aber zu den maximierten Bedienfeldern ins Dock. Wie immer hilft Ihnen die blau leuchtende Markierung weiter.

▲ **Abbildung 4.6**
Das Symbol eines einzelnen Bedienfelds wird aus dem Verband herausgezogen.

▲ **Abbildung 4.7**
Um die Symbol*gruppen* zu bewegen, müssen Sie die punktierte Fläche oben in einem der »Fächer« anfassen.

▲ **Abbildung 4.8**
Das minimierte Bedienfeld wird zurück zu seiner Gruppe im Symbolbereich geschoben.

4.1.3 Neu gemischt

Nach all dem Drag & Drop sind Sie sicher schon auf die Idee gekommen, sich auf diese Art und Weise auch neue Bedienfeldgruppen zusammenzustellen.

▲ **Abbildung 4.9**
Das Farbfelder-Bedienfeld soll an die obere Bedienfeldgruppe angekoppelt werden. Beachten Sie beim Positionieren wieder den blau leuchtenden Rand.

Eigene Bedienfeldgruppen | Ziehen Sie die einzelnen Bedienfelder einfach so hin und her, bis Sie den idealen Mix für Ihre Arbeitssituation gefunden haben. Übrigens: Um die **Reihenfolge** der Bedienfelder bzw. Karteireiter innerhalb einer Gruppe zu verändern, brauchen Sie die Bedienfelder nicht wieder aus der Gruppe herauszuziehen. Es genügt, einen Reiter anzufassen und nach rechts oder links zu bewegen.

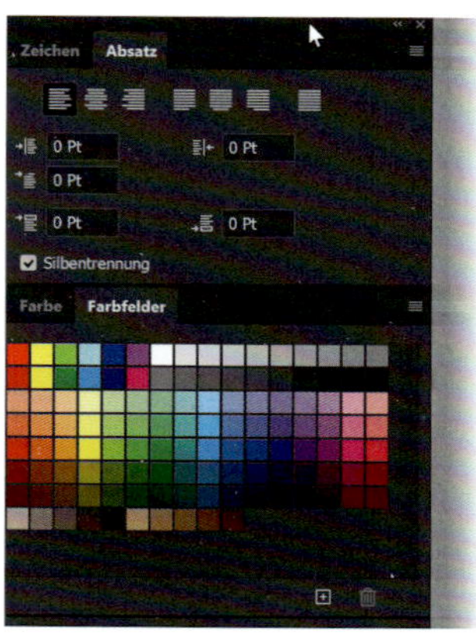

▲ **Abbildung 4.10**
So zusammengekoppelte Bedienfelder oder Bedienfeldgruppen lassen sich bequem gemeinsam verschieben.

Bedienfelder stapeln | Wie Sie bereits wissen, lassen sich Bedienfelder mit der Maus an jeden beliebigen Platz der Arbeitsfläche ziehen. Wenn Sie mehrere freie Bedienfelder auf der Arbeitsfläche liegen haben, können Sie sie zu einem Stapel zusammendocken. So lassen sich mehrere Bedienfelder schnell en bloc verschieben – das ist praktisch, wenn Sie etwa mit zwei Monitoren arbeiten. Um Bedienfelder zu stapeln, ziehen Sie ein Bedienfeld oder eine Bedienfeldgruppe auf den unteren oder seitlichen Rand eines anderen Bedienfeldobjekts. Durch einfaches Ziehen lösen Sie diese Verbindung wieder.

Wenn Sie zahlreiche Bedienfelder außerhalb des Docks ablegen, bringen Sie sich allerdings um die Vorteile des Dock-Konzepts: um das Minimieren oder Maximieren aller Bedienfelder mit einem Klick und um einen aufgeräumten Arbeitsbereich.

4.2 Die Werkzeugleiste anpassen

Auch die Photoshop-Werkzeugleiste können Sie individuell anpassen. Zwar lautet die korrekte Bezeichnung »Symbolleiste« – hier im Buch behalte ich aber den bewährten und viel treffenderen Namen bei. Wenn Sie sich in Photoshops Werkzeugvielfalt etwas Luft verschaffen, die Werkzeuge in einer für Sie handlicheren Weise zu Gruppen zusammenfassen oder die altbewährte Werkzeugleiste in anderer Weise individualisieren möchten: Dies ist möglich.

Um die Bearbeitung zu starten,

- … wählen Sie im Menü Bearbeiten • Symbolleiste
- … oder klicken Sie unten in der Symbolleiste länger (!) auf ···, und wählen Sie dann den Befehl Symbolleiste bearbeiten.

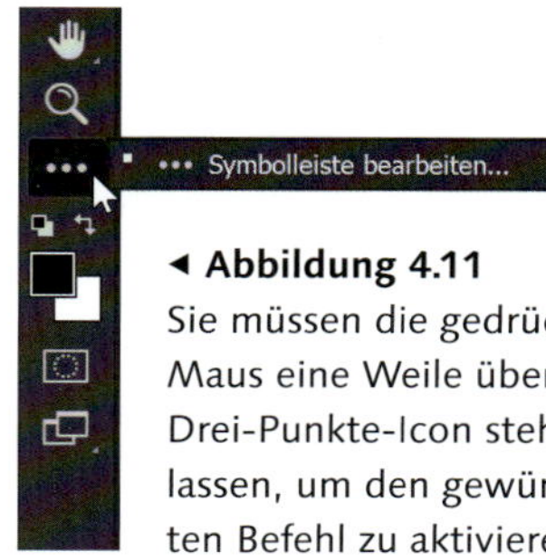

◂ **Abbildung 4.11**
Sie müssen die gedrückte Maus eine Weile über dem Drei-Punkte-Icon stehen lassen, um den gewünschten Befehl zu aktivieren.

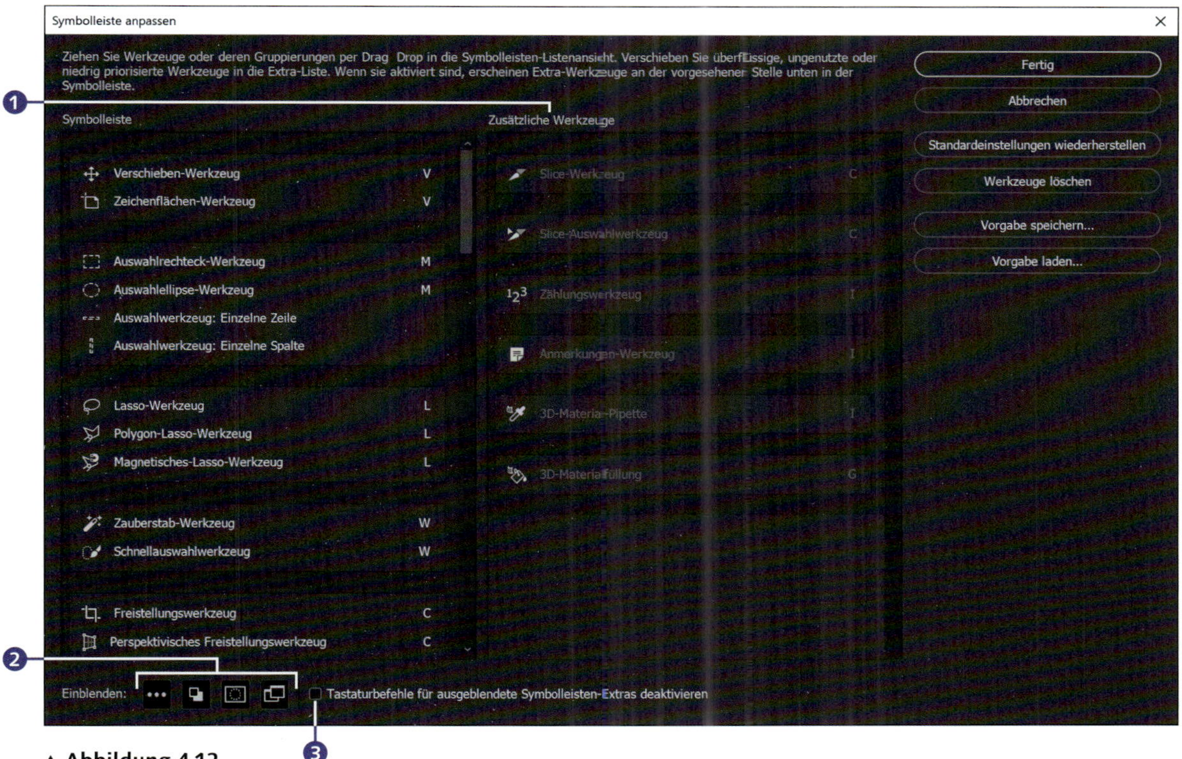

▴ **Abbildung 4.12**
Fenster zum Anpassen der Werkzeugleiste. Einige Tools wurden bereits zu den »zusätzlichen Werkzeugen« verschoben.

Nun können Sie die Werkzeugleiste nach Belieben anpassen. Ihr wichtigster Handgriff dabei ist Drag & Drop.

- Sie können auf diese Weise die Reihenfolge der Tools ändern, indem Sie sie an eine andere Stelle ziehen.
- Sie können Werkzeugen durch Überschreiben des bisherigen Buchstabenkürzels neue Tastatur-Shortcuts verleihen. Das geht einfach, sollte aber gut überlegt sein: Hier gibt es keinen Warnhinweis, wenn Kürzel schon anderweitig belegt sind.

▴ **Abbildung 4.13**
Anordnung der Werkzeuge mit Drag & Drop verändern

▲ **Abbildung 4.14**
Die Werkzeuge wurden ans untere Ende der Werkzeugleiste in den Bereich Zusätzliche Werkzeuge verschoben.

- Wenn Sie einzelne Werkzeuge oder Werkzeuggruppen in den Bereich Zusätzliche Werkzeuge ❶ (Abbildung 4.12) ziehen, tauchen sie fortan in der Werkzeugleiste nicht mehr an ihrem angestammten Platz auf, sondern verborgen unter dem Drei-Punkte-Icon •••. Es kann in solchen Fällen sinnvoll sein, zusätzlich ein Häkchen bei der Option Tastaturbefehle für ausgeblendete Symbolleisten-Extras deaktivieren ❸ zu setzen. Diese Option verhindert, dass unerwünschte Tools weiterhin per Shortcut angesteuert werden.
- Mit den Buttons am unteren Ende des Dialogfelds ❷ können Sie Standardelemente der Werkzeugleiste wie die Farbfelder, den Maskierungs- und Bildschirmmodus sowie eben das Feld für die aus der Standardanordnung verschobenen Zusatzwerkzeuge ••• ausblenden.

Im rechten Bereich des Dialogfelds finden Sie weitere Befehle, mit denen Sie Ihre Änderungen verwalten.

- Mit einem Klick auf Abbrechen verlassen Sie den Dialog, ohne dass Änderungen gesichert werden.
- Klicken Sie auf Fertig, werden alle Änderungen sofort auf die Werkzeugleiste angewendet.
- Der Befehl Vorgabe speichern geht noch weiter als der Fertig-Befehl: Mit ihm können Sie Ihre individuelle Symbolleiste dauerhaft als Vorgabe sichern – und so auch mit anderen Usern teilen oder auf anderen Rechnern nutzen.
- Um eine zuvor als Vorgabe gespeicherte Symbolleiste zu öffnen, klicken Sie auf Vorgabe laden.
- Standardeinstellungen wiederherstellen versetzt die Werkzeugleiste gewissermaßen wieder in den unbearbeiteten Werkszustand.
- Der Befehl Werkzeuge löschen verschiebt alle Werkzeuge auf einen Schlag in den Bereich Zusätzliche Werkzeuge. Diese Funktion ist nicht zu empfehlen: Sie finden Ihre Werkzeuge dann zwar immer noch unter ••• (sofern Sie nicht diesen Button auch ausgeblendet haben) – jedoch in sehr unübersichtlicher Anordnung.

4.3 Werkzeuge anpassen

Nicht nur die Anordnung der Werkzeuge in der Werkzeugleiste, sondern auch die Eigenschaften und Verhalten einzelner Werkzeuge können Sie beeinflussen – also die Eigenschaften, die Sie in der Regel in der Optionsleiste des aktiven Werkzeugs festlegen. Dies einzustellen dauert bei der Fülle von Möglichkeiten, die die meisten Tools bieten, oft etwas länger. Da sind diverse Werte festzulegen, Klicks zu setzen … Wenn Sie alle Werte für ein Werkzeug eingestellt haben, das Sie in dieser Form öfter brauchen, können Sie diese Eigenschaften auch sichern und später rasch erneut auf genau diese Einstellungen zugreifen. Die Lösung heißt Werkzeugvorgaben.

Einstellungen der Malwerkzeuge sichern
Malwerkzeuge wie Pinsel, Buntstift, Wischfinger und einige weitere Tools nehmen hinsichtlich der Sicherung von Einstellungen eine Sonderrolle ein. Zwar können Sie die Einstellungen von Pinsel & Co. so wie in älteren Photoshop-Versionen auch als Werkzeugvorgabe sichern. Adobe hat jedoch speziell für Malwerkzeug-Einstellungen noch ein anderes Sicherungskonzept entwickelt und empfiehlt auch deren Nutzung: die sogenannten Pinselvorgaben. Diese erreichen Sie direkt über die Auswahlliste für Malwerkzeuge (Näheres zum Thema erfahren Sie in Teil VII, »Mit Pinseln und Farbe«).

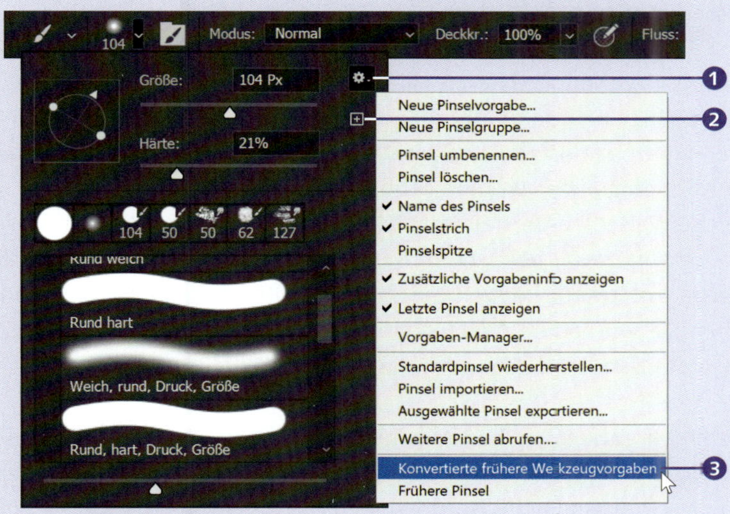

▲ **Abbildung 4.15**
Neue Pinselvorgabe erstellen ❷. In den Einstellungen ❶ finden Sie einen Befehl ❸, mit dem Sie frühere Werkzeugvorgaben konvertieren können.

4.3.1 Werkzeugvorgaben

Sie erreichen die Werkzeugvorgaben für das aktuelle Werkzeug immer in der Optionsleiste ganz links. Sie können sie aber auch als Bedienfeld aufrufen – entweder per Symbol oder via FENSTER • WERKZEUGVORGABEN.

Egal, ob Sie das WERKZEUGVORGABEN-Bedienfeld oder das ausgeklappte Menü der Optionsleiste verwenden, die Bedienungsweise ist ganz ähnlich. Das Bedienfeld ist praktischer, wenn Sie Ihre gesammelten Werkzeugeinstellungen sortieren wollen. Für den schnellen Zugriff im Alltag eignet sich der Zugriff über die Optionsleiste aber besser

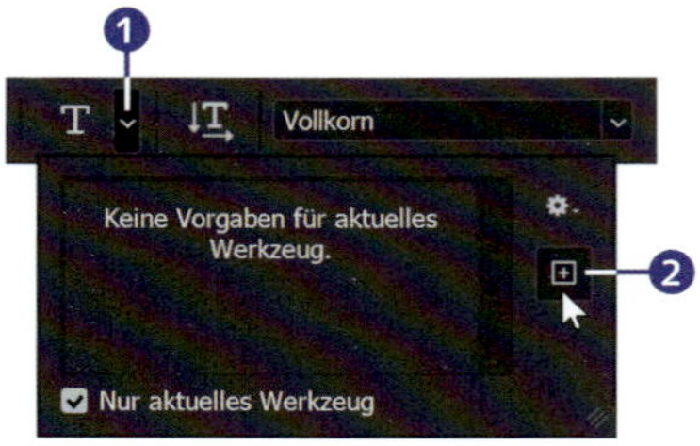

▲ **Abbildung 4.16**
Werkzeugvorgabe anlegen – hier am Beispiel des Textwerkzeugs

Werkzeugvorgaben erstellen | Für manche Werkzeuge liefert Adobe fertige Werkzeugvorgaben gleich mit, doch der eigentliche Sinn der Funktion ist, dass Sie Ihre Werkzeugeinstellungen ablegen und immer griffbereit haben. Neue Werkzeugvorgaben zu speichern ist ganz einfach: Nehmen Sie dazu zunächst die gewünschten Einstellungen für das Werkzeug vor. Dann klappen Sie die Liste aus der Optionsleiste auf ❶ oder starten das Bedienfeld. Klicken Sie auf das Icon Neu ⊞ ❷. Es erscheint ein Dialogfeld, in dem Sie einen Namen für die neue Werkzeugeinstellung eingeben. Die neue Vorgabe erscheint nun in der Liste.

Abbildung 4.17 ►
Achten Sie auf eindeutige Namen.

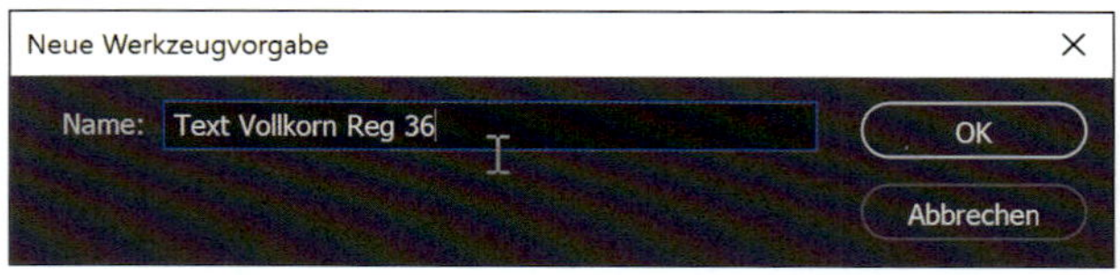

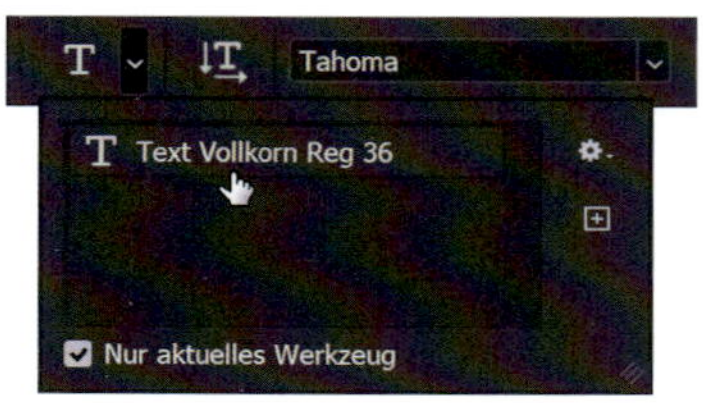

▲ **Abbildung 4.18**
Die neu erstellte Vorgabe kann aktiviert werden.

Werkzeugvorgaben aktivieren | Beim erneuten Aufruf der Werkzeugvorgaben – gleichgültig ob über die Optionsleiste oder als Bedienfeld – ist Ihre Werkzeugeinstellung dann der Liste hinzugefügt und kann mit einem Klick aufgerufen werden (Abbildung 4.18).

Üblicherweise werden allein die Vorgaben für das aktuell aktive Werkzeug angezeigt, aber wenn Sie das Häkchen vor Nur aktuelles Werkzeug entfernen, können Sie sich alle Vorgaben anzeigen lassen. So haben Sie von jedem beliebigen Werkzeug aus Zugriff auf Ihre Vorgaben – die Liste wird aber auch ein wenig unübersichtlicher.

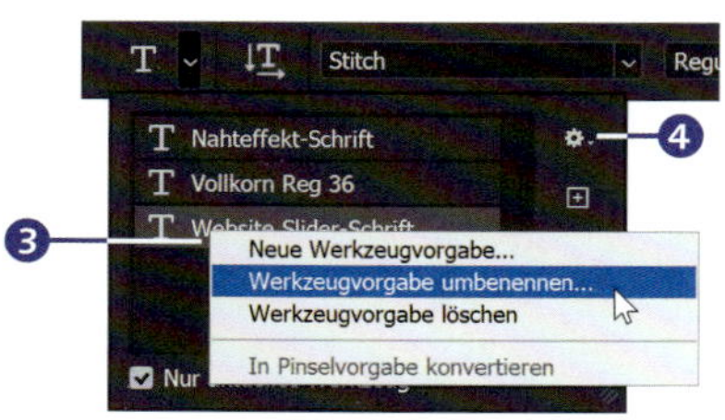

▲ **Abbildung 4.19**
Löschen oder Umbenennen der Vorgabe

Werkzeugvorgaben bearbeiten | Auch das Umbenennen oder Löschen von Werkzeugvorgaben ist einfach: Ein Rechtsklick ❸ auf den Namen der Vorgabe ruft ein kurzes Kontextmenü mit den nötigen Befehlen auf. Über das Zahnrad-Icon ❹ erreichen Sie weitere Verwaltungsoptionen.

4.4 Eigene Tastaturbefehle definieren

Wenn Ihnen die angebotenen Tastenkürzel nicht ausreichen, richten Sie einfach eigene Shortcuts ein oder ändern bestehende Kürzel. Das entsprechende Dialogfeld erreichen Sie gleich auf drei Wegen:

- über Bearbeiten • Tastaturbefehle
- mit dem umständlichen Tastaturbefehl Alt+⇧+Strg+K bzw. alt+⇧+cmd+K
- über Fenster • Arbeitsbereich • Tastaturbefehle und Menüs, dort über die Registerkarte Tastaturbefehle

4.4.1 Tastaturbefehle erstellen und ändern

Wie auch immer Sie die Dialogbox erreichen: Sie können dort eigene Befehle festlegen und verwalten. Wie viele andere Arbeitsmittel und Vorgaben in Photoshop sind auch die Tastaturbefehle in sogenannten **Sets** ❺ organisiert. Diese Sets können Sie sich als übergeordnete Ordner vorstellen, in denen die einzelnen Befehle untergebracht sind. Ein vorgefertigtes Set mit Tastaturbefehlen gibt es sowieso, und Sie können weitere Sets mit Shortcuts hinzufügen – zum Beispiel aufgaben- oder personenbezogen.

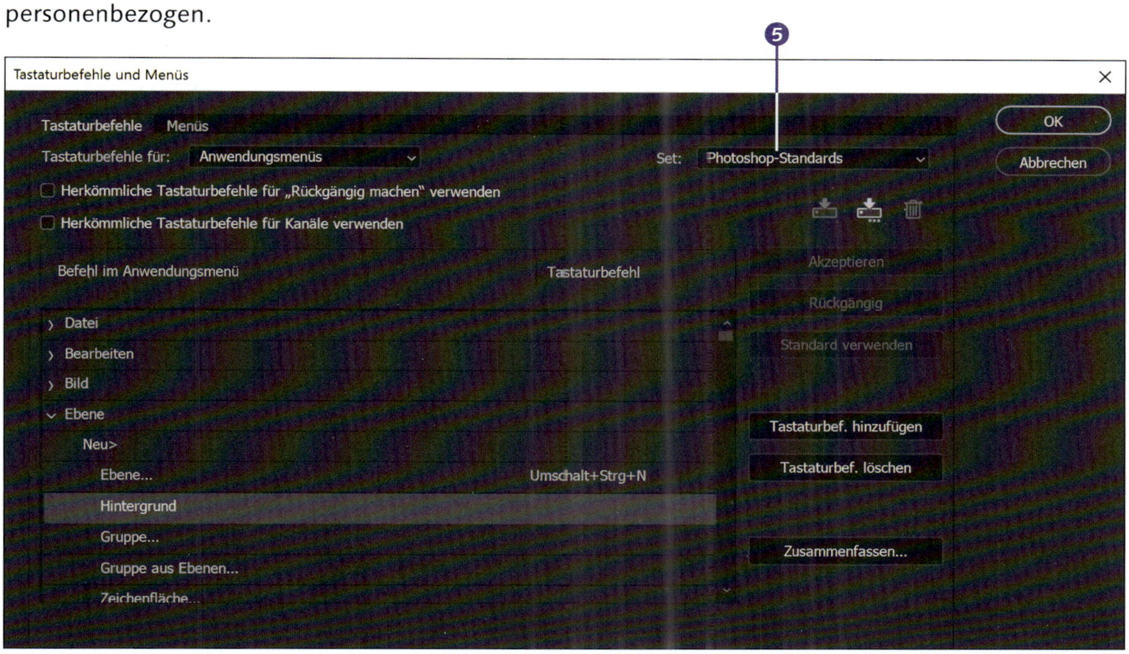

▲ **Abbildung 4.20**
Dialogfeld zum Einrichten eigener Tastaturbefehle

Schritt für Schritt: Eigene Tastaturbefehle festlegen

Rufen Sie den Dialog Tastaturbefehle und Menüs wie oben beschrieben auf, um Ihr eigenes Tastenkürzelset zu definieren.

1 Set auswählen

Legen Sie unter Set fest, welchen Tastaturbefehlssatz Sie modifizieren wollen. Sie sehen in der Liste die mitgelieferten Standard-Shortcut-Sets, aber auch – wenn vorhanden – von Ihnen angelegte Sets. Meist ist Photoshop-Standards die beste Wahl (in der Abbildung erkennen Sie bereits drei selbsterzeugte Sets).

Herkömmliche Tastaturbefehle für Kanäle
Schon in Photoshop CS4 änderten sich die Shortcuts für das Ansteuern der einzelnen Farbkanäle; viele Poweruser vermissten die gewohnten Kürzel. Daher bietet Adobe auch in der aktuellen Version immer noch die Möglichkeit, zu den gewohnten Tastenkürzeln zurückzukehren: Aktivieren Sie im Tastaturbefehle-Dialog die Option Herkömmliche Tastaturbefehle für Kanäle verwenden.

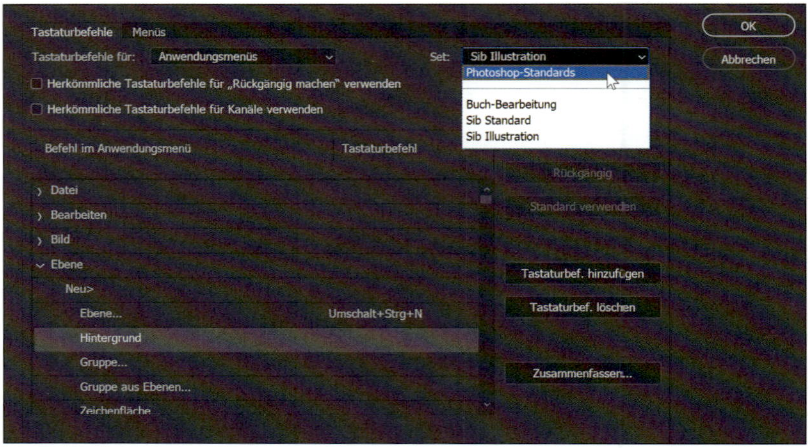

Abbildung 4.21 ▸
Liste der verfügbaren Kürzelsets. Hier gibt es schon einige eigene.

2 Welche Tastenkürzel sollen geändert werden?

Wählen Sie dann unter Tastaturbefehle für aus, ob Sie die Shortcuts für Anwendungsmenüs (also Befehle der Menüleiste), Bedienfeldmenüs oder Werkzeuge ändern wollen.

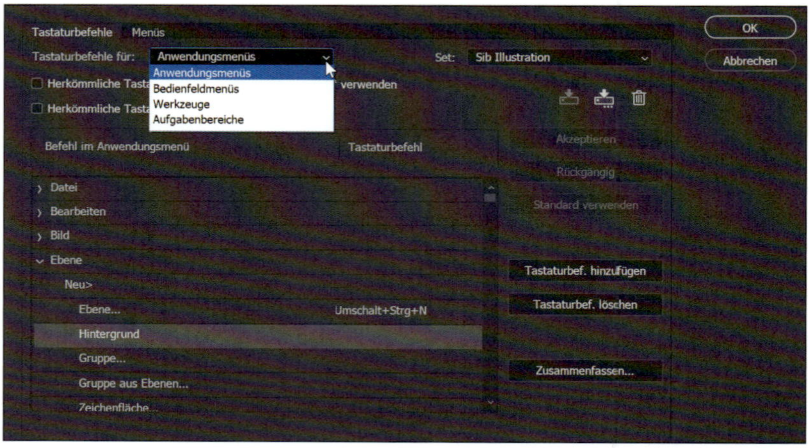

Abbildung 4.22 ▸
Welche Befehle wollen Sie ändern?

3 Befehle auswählen

Wenden Sie nun Ihre Aufmerksamkeit der großen Befehlsliste zu. Die Anordnung der Befehle ist dieselbe wie in den Photoshop-Menüs. Mittels kleiner Dreiecksschaltflächen ❶ können Sie auch hier Listen auf- und zuklappen. So gelangen Sie zu den Befehlen, die den Untermenüs entsprechen. Rechts daneben sehen Sie die zugehörigen Shortcuts. Wo kein Tastaturbefehl eingetragen ist, gibt es auch (noch) keinen. Auch bestehende Tastaturbefehle können Sie leicht ändern.

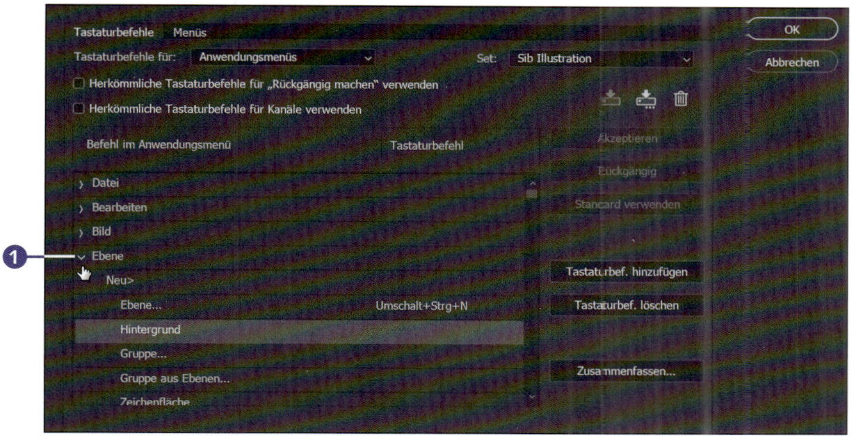

◀ Abbildung 4.23
Die Befehle sind in derselben Reihenfolge angeordnet wie im Photoshop-Menü.

4 Eintrag vornehmen

Um Einträge vorzunehmen, genügt ein Doppelklick auf das entsprechende Tastenkürzel oder – wenn noch kein Shortcut vergeben wurde – auf die leere Fläche in der betreffenden Zeile. Beachten Sie die Hinweise im unteren Bereich des Dialogfelds!

Geben Sie dann ein neues Kürzel ein, und zwar nicht durch Eintippen der einzelnen Buchstaben (»S-t-r-g-+-Y«), sondern einfach durch Betätigen der gewünschten Tasten. Klicken Sie auf TASTATURBEF. HINZUFÜGEN 8.

5 Konflikte vermeiden

Falls der Tastaturbefehl, den Sie eingegeben haben, bereits einem anderen Werkzeug zugewiesen ist, erscheint ein Warnhinweis 11.

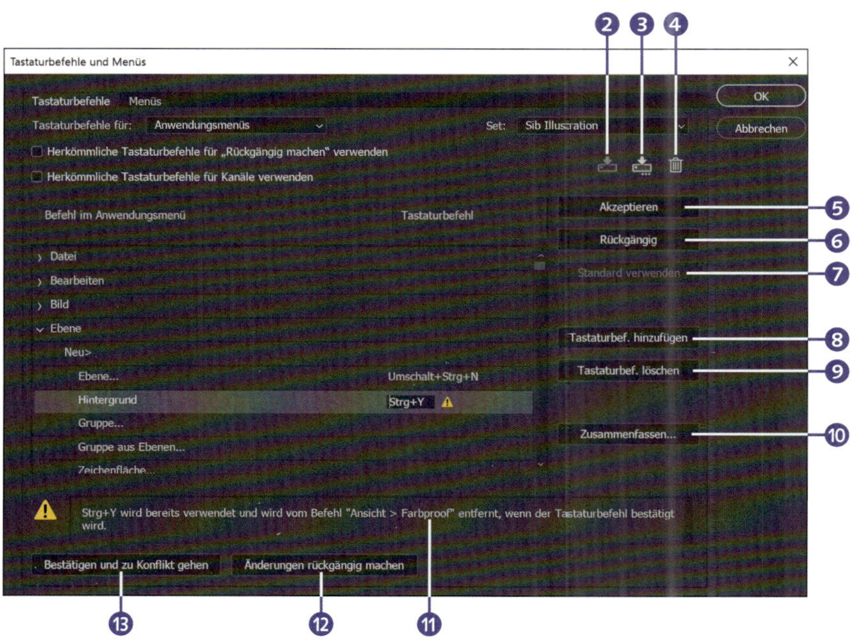

◀ Abbildung 4.24
Kürzel bereits vergeben? Eine Warnung macht auf solche Konflikte aufmerksam.

Schwierige Kürzelsuche
Es ist nicht einfach, sich für neue Tastaturbefehle handliche Kürzel auszudenken, die auch noch gut zu merken sind. Beim Mac bietet sich die [ctrl]-Taste an. Wenn Sie nicht gerade Bandwurm-Shortcuts mit vier und mehr Komponenten kreieren wollen, kommen Sie wohl nicht darum herum, ein Tastenkürzel von einem selten genutzten Befehl zu löschen, um es einem Befehl zuzuordnen, der für Sie wichtiger ist.

Sie haben nun vier Möglichkeiten, diesen Konflikt aufzulösen:

- Wenn Sie den **Tastaturbefehl trotzdem verwenden** möchten, klicken Sie auf AKZEPTIEREN ❺. Die bisherige Zuordnung des Tastenkürzels wird dann ungültig.
- Wollen Sie lieber ein **anderes Tastenkürzel suchen**, klicken Sie auf ÄNDERUNGEN RÜCKGÄNGIG MACHEN ⓬.
- Klicken Sie auf BESTÄTIGEN UND ZU KONFLIKT GEHEN ⓭, um die eben getätigte Eingabe zu bestätigen und dem anderen Befehl, der bisher mit diesem Shortcut verbunden war, ein neues Kürzel zuzuordnen.
- Wenn Sie doch lieber die **zuletzt gespeicherte Änderung zurücknehmen** wollen, klicken Sie auf RÜCKGÄNGIG ❻. Das Dialogfeld wird dabei nicht geschlossen.

6 Standard-Tastaturkürzel wiederherstellen

Wenn Sie eine Tastaturbelegung für einen Befehl verändert haben und die **Standardbelegung für diesen Befehl wiederherstellen** wollen, nutzen Sie STANDARD VERWENDEN ❼ (in Abbildung 4.24, hier noch inaktiv, weil die Änderung noch nicht bestätigt wurde). Der Button funktioniert nicht, wenn Sie einem Befehl, der bisher gar kein Standardkürzel hatte, einen Shortcut zugewiesen haben.

7 Optional: Tastaturkürzel löschen

Mit Hilfe des Buttons TASTATURBEF. LÖSCHEN ❾ können Sie jegliche Tastaturkürzel von einem Befehl entfernen – sowohl eigene, selbst definierte als auch Photoshop-Standard-Shortcuts.

8 Geänderte Tastaturbefehlssets speichern

Nun müssen die Änderungen noch gespeichert werden. Dazu haben Sie wiederum verschiedene Möglichkeiten:

- Änderungen am aktuellen Tastaturbefehlsset speichern Sie, indem Sie auf die Schaltfläche ALLE ÄNDERUNGEN IM AKTUELLEN TASTATURBEFEHLSSATZ SPEICHERN ❷ (oben im Dialogfeld) klicken.
- Wenn Sie einen eigenen Satz modifiziert haben, werden die Änderungen **ohne Nachfrage** übernommen. Haben Sie einen der Photoshop-Standardbefehlssätze verändert, erscheint ein Speichern-Dialog, der Sie auffordert, den Satz unter einem neuen Namen zu speichern. Auf diese Art bleibt der Originalsatz mit Tastenkürzeln immer erhalten.
- Es ist auch möglich, einen veränderten eigenen Tastenkürzelsatz unter einem neuen Namen (also als neuen Satz) zu speichern – und nicht bloß zu überschreiben. Dazu klicken Sie auf die Schaltfläche NEUES SET AUS AKTUELLEM TASTATURBEFEHLSSATZ ERSTELLEN ❸ und geben dann einen neuen Namen ein.

9 **Tastenkürzelsets löschen**

Um ein Set zu löschen, wählen Sie es aus der Liste unter SET aus und klicken dann auf das Papierkorbsymbol ❹ rechts daneben. Sie können nur eigene Sets entfernen, nicht die Photoshop-Standardsets.

4.4.2 Dokumentation der Tastaturbefehle

Niemand kann sich alle Tastaturbefehle merken. Umso wichtiger ist ihre genaue Dokumentation. Mit Photoshop können Sie das aktuell angezeigte Tastaturbefehlsset als HTML-Datei exportieren und im Webbrowser anzeigen lassen. Klicken Sie dazu auf den Button ZUSAMMENFASSEN ❿ rechts neben der Befehlsliste.

Die übersichtlichen HTML-Befehlslisten lassen sich einfach ausdrucken oder zur Information an Teamkollegen weitergeben. Übrigens können Sie auch die Dateien, in denen Shortcuts (oder andere Einstellungen) gespeichert sind, zwischen Rechnern austauschen. Sie müssen nur darauf achten, sie immer in den passenden Photoshop-Ordner zu legen. Die Keyboard-Shortcuts werden mit der Dateiendung ».kys« abgelegt und sind im Unterordner KEYBOARD SHORTCUTS zu finden.

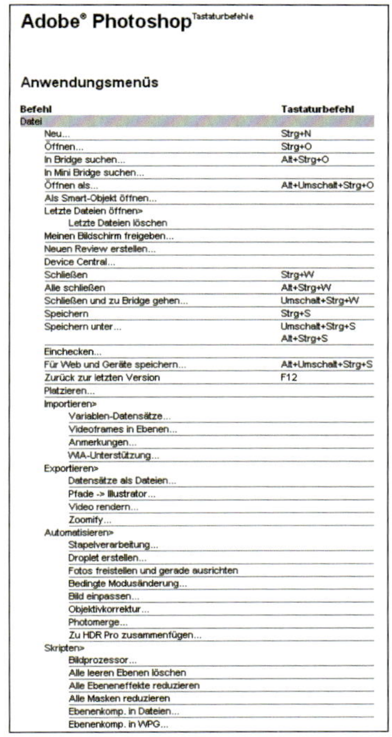

Adobe® Photoshop Tastaturbefehle

Anwendungsmenüs

Befehl	Tastaturbefehl
Datei	
Neu...	Strg+N
Öffnen...	Strg+O
In Bridge suchen...	Alt+Strg+O
In Mini Bridge suchen...	
Öffnen als...	Alt+Umschalt+Strg+O
Als Smart-Objekt öffnen...	
Letzte Dateien öffnen>	
Letzte Dateien löschen	
Meinen Bildschirm freigeben...	
Neuen Review erstellen...	
Device Central...	
Schließen	Strg+W
Alle schließen	Alt+Strg+W
Schließen und zu Bridge gehen...	Umschalt+Strg+W
Speichern	Strg+S
Speichern unter...	Umschalt+Strg+S Alt+Strg+S
Einchecken...	
Für Web und Geräte speichern...	Alt+Umschalt+Strg+S
Zurück zur letzten Version	F12
Platzieren...	
Importieren>	
Variablen-Datensätze...	
Videoframes in Ebenen...	
Anmerkungen...	
WIA-Unterstützung...	
Exportieren>	
Datensätze als Dateien...	
Pfade -> Illustrator...	
Video rendern...	
Zoomify...	
Automatisieren>	
Stapelverarbeitung...	
Droplet erstellen...	
Fotos freistellen und gerade ausrichten	
Bedingte Modusänderung...	
Bild einpassen...	
Objektivkorrektur...	
Photomerge...	
Zu HDR Pro zusammenfügen...	
Skripten>	
Bildprozessor...	
Alle leeren Ebenen löschen	
Alle Ebeneneffekte reduzieren	
Alle Masken reduzieren	
Ebenenkomp. in Dateien...	
Ebenenkomp. in WPG...	

▲ **Abbildung 4.25**
Tastenkürzel in der HTML-Befehlsliste

4.5 Passende Arbeitsbereiche für jede Aufgabe

Photoshops Funktionsvielfalt erlaubt es, völlig unterschiedliche Aufgaben zu erledigen: Klassische Bildkorrektur, Retusche, kreative Illustrationsjobs, das Vorbereiten von Dateien für den Druck oder das Erstellen grafischer Elemente für Websites sind nur einige der möglichen Tätigkeitsfelder. Für jeden dieser Bereiche benötigen Sie ganz unterschiedliche Werkzeuge, Befehle und Bedienfelder.

Um die Arbeit so effizient wie möglich zu machen, können Sie den Photoshop-Arbeitsbereich anpassen, in der bestehenden Konstellation speichern und immer wieder neu aufrufen. So sind die benötigten Bedienfeldkonstellationen für verschiedene Jobs jeweils schnell zur Hand.

Für die häufigsten Bildbearbeitungsaufgaben werden vorkonfigurierte Arbeitsbereiche bereitgestellt. Sie unterscheiden sich durch die Anordnung der Bedienfelder, teilweise auch durch die Menügestaltung.

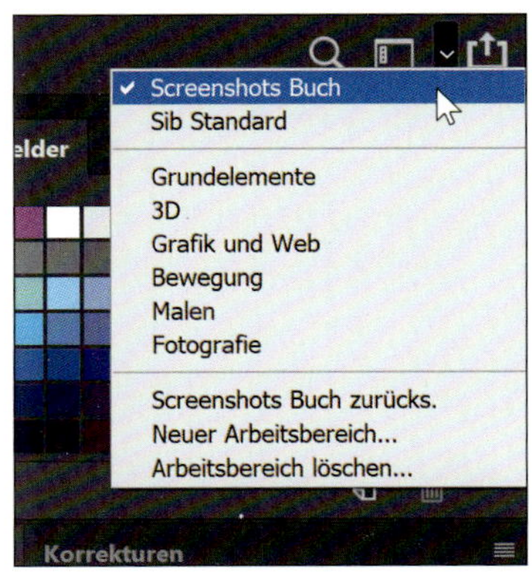

▲ **Abbildung 4.26**
In der hier gezeigten Liste befindet sich ganz oben bereits ein individueller Arbeitsbereich.

Arbeitsbereich umschalten | Zum Wechseln des Arbeitsbereichs genügt ein Klick auf den Namen des jeweiligen Arbeitsbereichs im Listenmenü. Alternativ nutzen Sie die Befehle unter FENSTER • ARBEITSBEREICH.

Arbeitsbereich anpassen und zurücksetzen | Wenn Sie an der Anordnung der Bedienfelder eines Arbeitsbereichs etwas ändern, merkt sich Photoshop das – auch wenn Sie zwischenzeitlich zu anderen Arbeitsbereichen umschalten oder das Programm schließen. Das Anlegen eines speziellen Arbeitsbereichs ist also nicht für jede kleine Änderung notwendig.

Wenn Sie Ihre Änderungen wieder zurücknehmen und den Standard herstellen wollen, wählen Sie den Befehl [NAME DES ARBEITSBEREICHS] ZURÜCKSETZEN.

Shortcuts für Arbeitsbereiche
Wenn der Zugriff auf Arbeitsbereiche noch schneller erfolgen soll, können Sie auch Tastaturkürzel für das Aufrufen einzelner Arbeitsbereiche definieren. Wie das genau geht, lesen Sie im vorangehenden Abschnitt 4.4, »Eigene Tastaturbefehle definieren«.

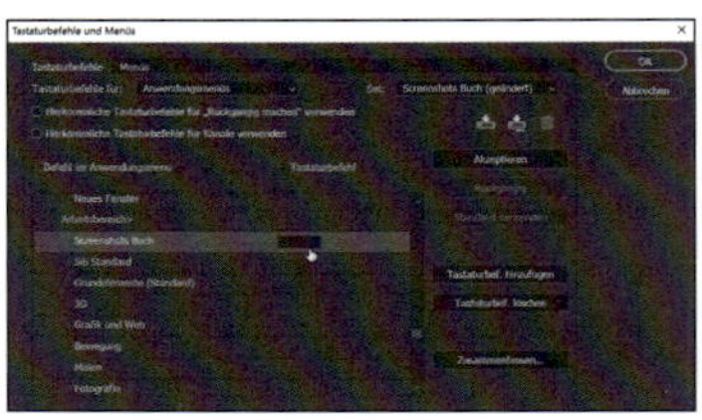

▲ **Abbildung 4.27**
Sie können für Arbeitsbereiche auch Tastenkürzel vergeben.

Eigene Arbeitsbereiche erstellen | In der Regel reichen die von Adobe mitgelieferten Arbeitsbereiche aus, insbesondere, da sie sich ohne weiteres modifizieren lassen. Möchten Sie sich für spezielle Anforderungen einen eigenen Arbeitsbereich einrichten und speichern, haben Sie das mit wenigen Klicks erledigt.

1. **Alles einrichten:** Stellen Sie sich Bedienfelder, Tastaturkürzel und Menüsätze so zusammen, wie Sie sie brauchen.
2. **Arbeitsbereich sichern:** Mit dem Befehl NEUER ARBEITSBEREICH öffnen Sie ein kleines Dialogfenster. Dort vergeben Sie einen Namen für den Arbeitsbereich und legen außerdem fest, ob Sie auch Tastaturbefehle oder Menüeigenschaften mit aufnehmen wollen.

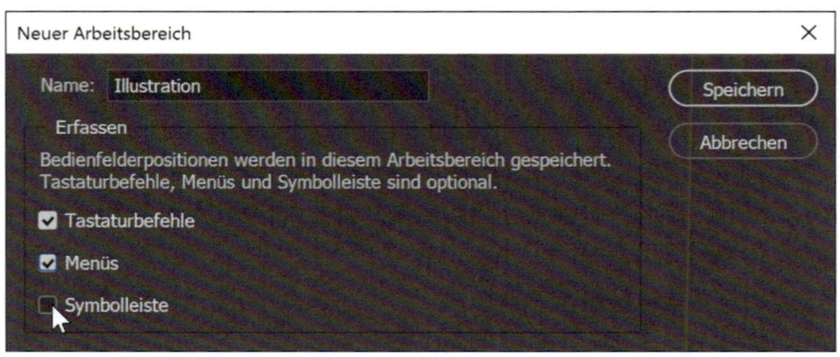

▲ **Abbildung 4.28**
Versuchen Sie, eindeutige Namen für Ihre Arbeitsbereiche zu finden.

3. **Arbeitsbereich aktivieren:** Der neue Arbeitsbereich taucht nun als Schaltfläche sowohl im Arbeitsbereichsmenü als auch im Menü FENSTER • ARBEITSBEREICH auf.

Arbeitsbereiche löschen | Klicken Sie auf den Befehl FENSTER • ARBEITSBEREICH • ARBEITSBEREICH LÖSCHEN, und legen Sie im folgenden Dialog fest, welchen Arbeitsbereich oder welche Arbeitsbereiche Sie entfernen wollen. Nach einer kurzen Sicherheitsabfrage werden diese Arbeitsbereichseinstellungen dann endgültig gelöscht.

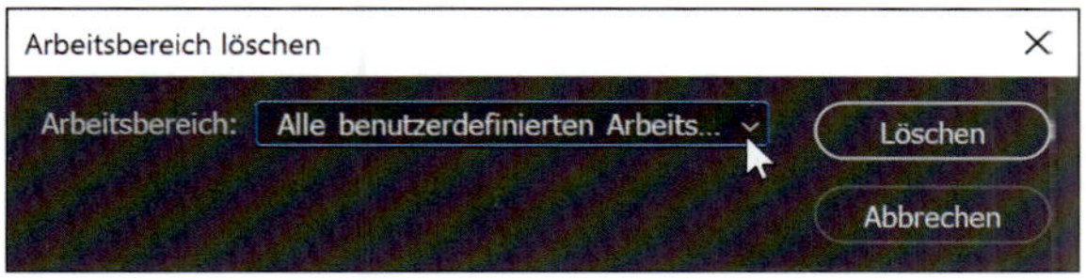

◂ **Abbildung 4.29**
Wenn Sie wollen, löschen Sie alle selbst definierten Arbeitsbereiche auf einen Schlag.

4.6 Farbfelder, Muster, Stile und Co.: Kreativressourcen organisieren

Neben den Werkzeugen, Menübefehlen und Bedienfeldern gehören Photoshops Kreativressourcen zu den unentbehrlichen Arbeitsmitteln. Zusammengefasst werden sie unter dem prosaischen Namen **Vorgaben**. Zu den Vorgaben zählen schiere Arbeitshilfen wie Aktionen, Werkzeugvorgaben und Pinselspitzen, jedoch auch Kreativbausteine wie Farbfelder, Formen, Muster, Stile (Ebeneneffekte) oder Verläufe.

Vorgaben im kreativen Einsatz
Wie Sie mit Photoshops Vorgaben tatsächlich kreativ arbeiten, lesen Sie in späteren Kapiteln dieses Buches. Hier geht es zunächst nur um die effektive Verwaltung! Nutzen Sie gegebenenfalls den Index, um zu den entsprechenden Kapiteln zu navigieren und etwas über den Praxiseinsatz von Vorgaben zu erfahren.

Die meisten dieser Vorgaben lassen sich sehr vielseitig anwenden und sind in Photoshop an unterschiedlichen Stellen präsent. So gehören beispielsweise Kollektionen mit vorgefertigten Mustern zum Lieferumfang von Photoshop, eigene Muster können hinzugefügt werden. Muster lassen sich mit dem Füllwerkzeug auf Flächen auftragen, sind als Ebenenstil verfügbar (Musterüberlagerung), helfen, die Kontur von Spezialpinseln zu formen, oder verbessern das Retuscheergebnis beim Reparatur-Pinsel – und dies sind nur einige Beispiele.

Die Muster und alle anderen Hilfsmittel müssen natürlich so organisiert werden, dass sie ohne langes Suchen schnell zur Hand sind. Photoshops Ordnungsprinzip ist für alle Vorgaben gleich: Ob es sich nun um Farbfelder, Verläufe, Effekte, Muster, Pinselspitzen oder andere Vorgaben handelt – sie sind in Kollektionen, den sogenannten **Gruppen**, organisiert. Jede Gruppe ist ein auf- und zuklappbarer Ordner und enthält eine Reihe verschiedener einzelner Ebenenstile, Farbfelder, Muster oder sonstiger Vorgaben. Zugriff auf die Gruppen und ihre Inhalte haben Sie direkt im jeweiligen **Verwendungskontext**, etwa in Werkzeugoptionsleisten, in Bedienfeldern oder Dialogboxen.

Ich erkläre Ihnen hier exemplarisch, wie die Vorgabenverwaltung funktioniert. Die Vorgehensweise folgt für alle Vorgaben demselben Prinzip.

4.6.1 Vorgaben verwalten

Vorgaben treffen Sie an vielen Stellen in Photoshop an. Die folgenden Abbildungen zeigen einige Beispiele. Wie Sie sehen, ist die Präsentation der Vorgaben – hier: Muster – an allen Stellen im Programm gleich.

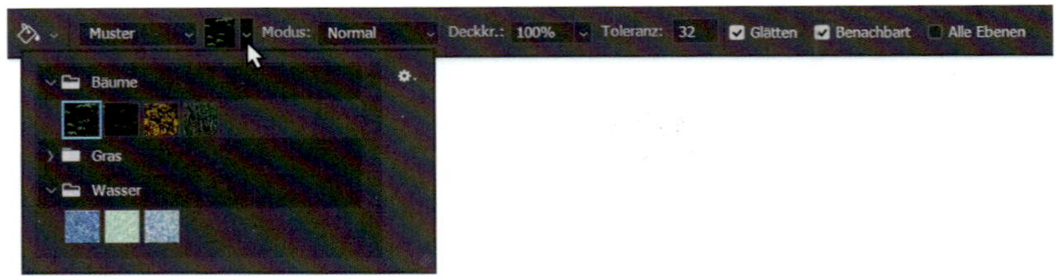

Abbildung 4.30 ▸
Hier treffen Sie Vorgaben als Muster in der Optionsleiste des Fülleimers an.

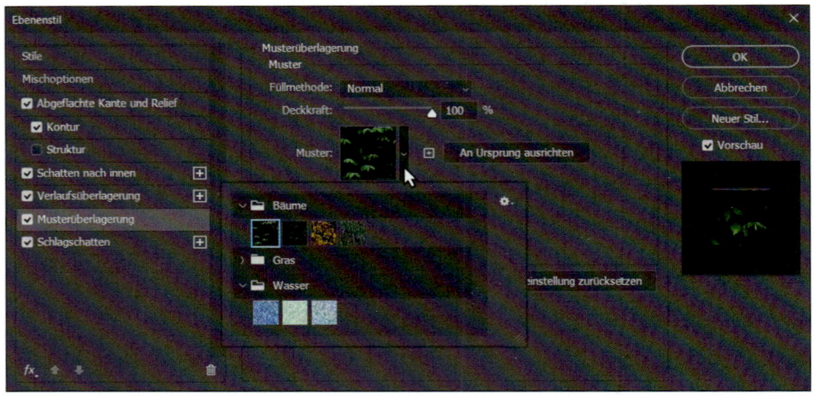

Abbildung 4.31 ▸
Bei den Ebenenstilen spielen Vorgaben ebenfalls eine Rolle. Außer den hier gezeigten Mustern können Sie auch Verläufe – eine weitere Vorgabe – als Ebenenstil anwenden.

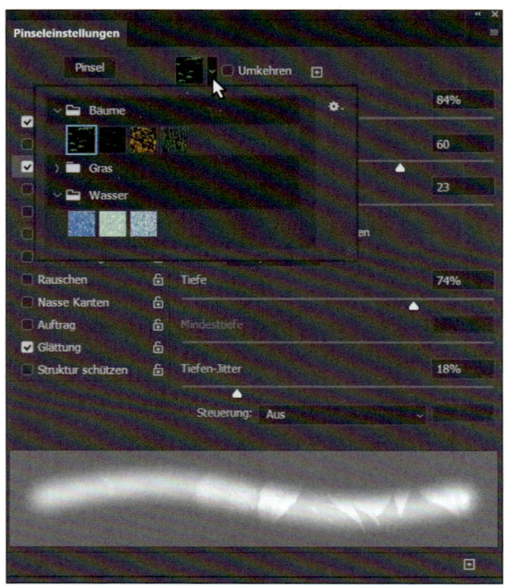

Abbildung 4.32 ▸
Muster im Pinsel-Bedienfeld

Unentbehrlich für die Verwaltung der Vorgaben – ganz gleich, ob sie nun in den Werkzeugoptionen, in einem Dialogfeld oder als Bedienfeld anzutreffen sind – ist das jeweilige Seitenmenü. Dort finden Sie alle Befehle, mit denen Sie sich in Kollektionen schnell zurechtfinden. Meist erreichen Sie es per Klick auf das kleine Zahnrad-Icon ⚙ (1). Einige Vorgaben werden in Bedienfeldern verwaltet (Aktionen, Farbfelder,

Stile, Werkzeugvorgaben). Sie finden die Verwaltungsfunktionen dann im Bedienfeldmenü ☰ ❺.

▲ **Abbildung 4.33**
Bei Optionsleisten übernimmt das Seitenmenü die Verwaltungsfunktionen für Vorgaben.

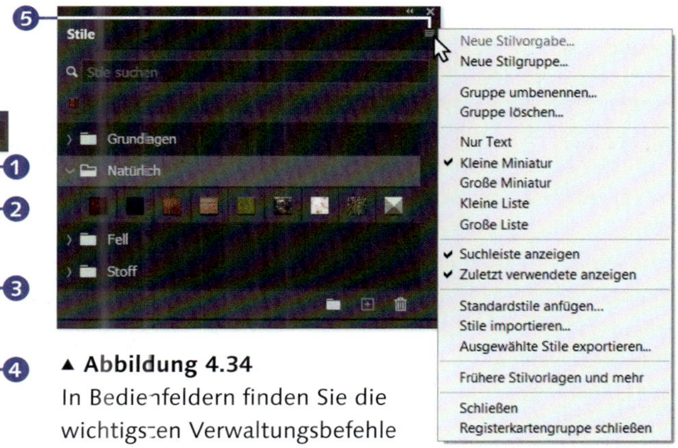

▲ **Abbildung 4.34**
In Bedienfeldern finden Sie die wichtigsten Verwaltungsbefehle im Bedienfeldmenü (hier STILE).

Listenansicht einstellen | Unter ❸ wechseln Sie zwischen verschiedenen **Ansichten der Vorgabenliste**.

- Bei der Ansicht NUR TEXT scheitert die Orientierung zuweilen an den nicht sonderlich aussagekräftigen Namen der Inhalte.
- KLEINE MINIATUR ist oft die ungünstigste Ansicht, denn die Miniaturen sind zu klein, um aussagekräftig zu sein.
- GROSSE MINIATUR ist platzraubend.
- KLEINE LISTE präsentiert zahlreiche Inhalte, ohne dass Sie viel scrollen müssen. Eine Textbeschreibung plus ein kleines Bild sind eine gute Gedankenstütze.
- GROSSE LISTE ist schon wieder etwas unhandlicher, bietet aber auch aussagekräftigere, weil größere Bilder.

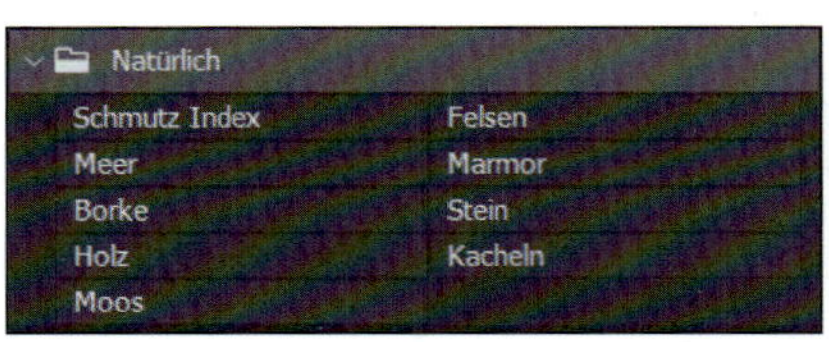

▲ **Abbildung 4.35**
Liste der Stile im Stile-Bedienfeld, Ansicht NUR TEXT

▲ **Abbildung 4.36**
Die Ansicht GROSSE MINIATUR

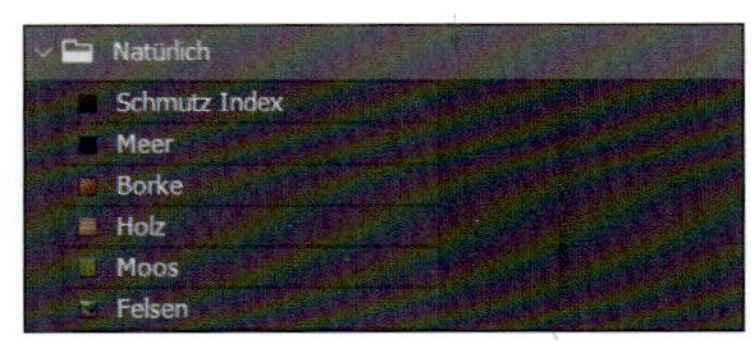

▲ **Abbildung 4.37**
Die Ansicht KLEINE LISTE

Gruppen und Vorgaben ändern und verwalten | Mit den Befehlen in der Optionsleiste unter ❷ können Sie Änderungen an den Gruppen vornehmen.

- NEUE [VORGABE]... fügt ein neues Muster, einen Stil, ein Farbfeld usw. an die aktuelle Liste an. Details zum Vorgehen finden Sie auch in den Kapiteln zu den jeweiligen Themen.

- Mit Hilfe von GRUPPE UMBENENNEN... können Sie einer Gruppe einen neuen Namen geben.
- GRUPPE LÖSCHEN... entfernt eine Gruppe aus der Liste.

Alte Vorgaben laden
Adobe hat die alten und oft nicht immer praxistauglichen Vorgaben ausgemistet. Wenn Sie die alten Vorgaben vermissen sollten, können Sie sie im Bedienfeldmenü über den Befehl FRÜHERE [VORGABEN-]VORLAGEN UND MEHR als eigene Gruppe hinzufügen.

Für die Verwaltung von Vorgaben finden Sie im unteren Bereich ❹ (Abbildung 4.33) entsprechende Befehle vor. Auf die Einzelheiten dieser Befehle wird in den entsprechenden Kapiteln eingegangen.

- STANDARD[-VORGABEN] ANFÜGEN... fügt zur Liste die Muster, Stile, Farbfelder usw. hinzu, die mit Photoshop ausgeliefert werden. Dieser Befehl ist hilfreich, wenn Sie die Standardvorgaben gelöscht haben.
- MIT [VORGABE] IMPORTIEREN... fügen Sie exportierte oder heruntergeladene Mustervorgaben, Stilvorgaben und Farbfeldervorgaben hinzu.
- Und mit AUSGEWÄHLTE [VORGABEN] EXPORTIEREN... können Sie diese Vorgaben speichern, weitergeben und auf einem anderen System wieder importieren.

Im Gegensatz zur Optionsleiste haben die Bedienfelder noch ein paar mehr Befehle zur Verwaltung von Gruppen. Darunter ein ganz besonders wichtiger Befehl: Mit NEUE [VORGABE]GRUPPE legen Sie einen eigenen Gruppenordner für Ihre Vorgaben an.

4.6.2 Der Vorgaben-Manager

Seitdem die Verwaltung von Vorgaben direkt über die Bedienfelder erfolgt, hat der eher ungeliebte VORGABEN-MANAGER mehr oder weniger ausgedient. Er wird nur noch für die Verwaltung von Vorgaben für Konturen und Werkzeuge verwendet. Sie erreichen den VORGABEN-MANAGER über BEARBEITEN • VORGABEN • VORGABEN-MANAGER.

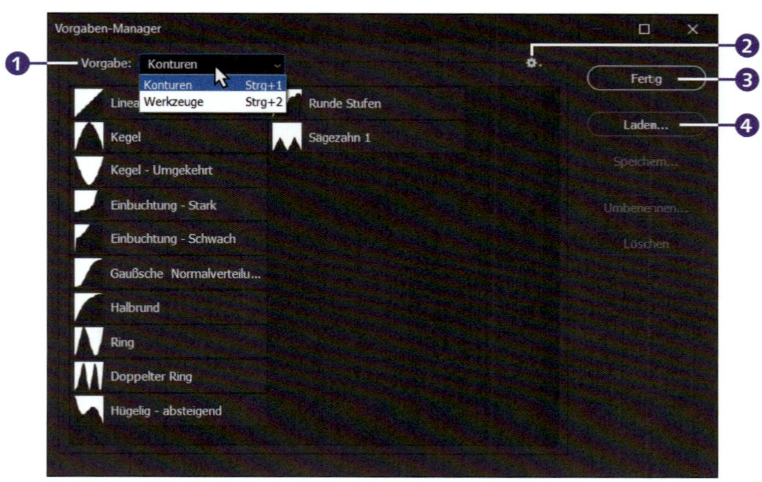

Abbildung 4.38 ▸
Im VORGABEN-MANAGER können Sie alle Vorgaben ❶ für Konturen und Werkzeugen verwalten. Das Seitenmenü ❷ des Vorgaben-Managers und die Buttons rechts enthalten die bereits bekannten Befehle.

Wählen Sie zunächst unter VORGABE ❶, welche Vorgaben Sie modifizieren wollen. Laden Sie gegebenenfalls die Vorgaben (Button LADEN ❹), die Sie bearbeiten möchten, nehmen Sie Ihre Einstellungen vor, und bestätigen Sie diese mit dem Button FERTIG ❸. Ihre Änderungen werden sofort wirksam.

Die Reihenfolge von Elementen ändern | Sie ändern die Reihenfolge von Elementen durch einfaches Verschieben. Dazu fassen Sie das Element mit der Maus an und ziehen es an seinen neuen Platz in der Liste. Bei häufig gebrauchten Vorgaben sparen Sie sich unter Umständen langes Scrollen.

Löschen von Elementen | Das Löschen von einzelnen Elementen ist besonders dann sinnvoll, wenn Sie eigene Vorgaben anlegen wollen, die keines der bereits vorgegebenen Elemente enthalten sollen. **Elemente** löschen Sie, indem Sie sie markieren und dann den LÖSCHEN-Button betätigen.

Neue Vorgaben erstellen | Sie können auf einfache Weise mit ausgewählten Elementen einer schon bestehenden Vorgaben eine neue Vorgabe erstellen. Dazu gehen Sie wie folgt vor: Markieren Sie die Elemente, die in die neue Bibliothek übernommen werden sollen. Klicken Sie auf SPEICHERN, und geben Sie den Namen und den Speicherort ein. Diese neue Bibliothek können Sie dann später weiter anpassen.

Achtung: Nur wenn Sie die neue Vorgabe im Standard-Vorgabenordner ablegen, wird ihr Name dann im unteren Bereich der Seitenmenüs aufgeführt. Üblicherweise öffnet der Vorgaben-Manager beim Speichern automatisch den richtigen Ordner. Falls nicht, fahnden Sie im Programmordner auf Ihrer Festplatte nach einem Ordner namens PRESETS und den jeweiligen – englisch benannten – Unterordnern CONTOURS (für Konturen) und TOOLS (für Werkzeuge).

4.7 Vorgaben migrieren, importieren, exportieren

Es gibt viele Gründe, um Vorgaben und andere Kreativbausteine zwischen verschiedenen Rechnern und Photoshop-Nutzern auszutauschen – etwa, wenn man Photoshop an mehreren Rechnern nutzt und möchte, dass man überall Zugriff auf dieselben Daten hat. Oder wenn man im Team arbeitet und die Vorgaben für ein bestimmtes Projekt austauscht.

Photoshop bietet verschiedene Funktionen, um den Austausch von Vorgaben und anderen kreativen Ressourcen möglichst einfach zu halten.

Vorgabenmigration | Wer bereits in früheren Programmversionen fleißig Vorgaben erstellt und gehortet hat, darf sich freuen: Solche Vorgaben können automatisch aus älteren Programmversionen migriert werden. Beim ersten Programmstart bietet Photoshop das automatische Migrieren an. Sie können das Migrieren älterer Vorlagen jedoch auch zu einem späteren Zeitpunkt manuell starten. Nutzen Sie dazu den Befehl Bearbeiten • Vorgaben • Vorgaben migrieren. Photoshop überprüft dann, ob auf Ihrem Rechner Vorgaben älterer Programmversionen gespeichert sind, und übernimmt diese ohne weitere Nachfragen – und meist auch komplikationslos – in die neue Photoshop-Version.

Import/Export von Nutzervorgaben | Wenn Sie nur einzelne Bibliotheken exportieren oder importieren wollen – etwa, um Vorgaben für einen bestimmten Auftrag mit Teamkollegen auszutauschen –, können Sie Photoshops Export-Import-Tool heranziehen (Bearbeiten • Vorgaben • Vorgaben exportieren/importieren). Die Bedienung erschließt sich sofort:

1. Je nachdem, ob Sie Vorgaben ex- oder importieren, wählen Sie die entsprechende Registerkarte.
2. Klicken Sie eine Datei an, die Sie übernehmen wollen.
3. Klicken Sie auf den kleinen Pfeil ❷ in der Mitte der Dialogbox.
4. Das wiederholen Sie so lange, bis die gewünschten Dateien in der Liste rechts ❶ stehen.
5. Dann klicken Sie auf Vorgaben exportieren ❸ oder Vorgaben importieren.

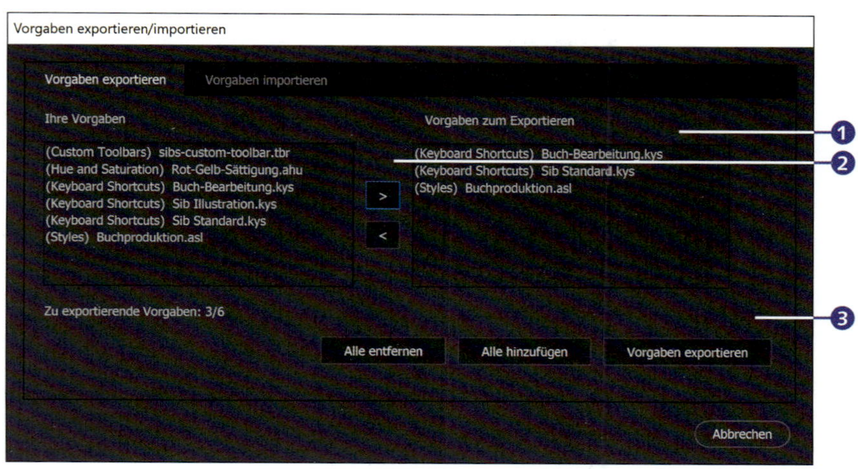

Abbildung 4.39 ▸
Nie mehr manuell Ordnerstrukturen durchforsten, um eine bestimmte Vorgabendatei zu suchen: Photoshops Experte für Import/Export

4.8 Kollaborativ und überall zur Hand: Creative Cloud Libraries

Die Adobe Cloud ist nicht nur ein (relativ) neuer Vertriebsweg für Software, der ohne Pappschachtel und physische Datenträger auskommt – mit seinen Cloud-Angeboten will Adobe den Abonnentinnen und Abonnenten auch die Arbeit mit verschiedenen Anwendungen, auf unterschiedlichen Geräten und in Teams erleichtern.

Ein Baustein dieses Konzepts ist der Webdienst Creative Cloud Libraries. Dieser ist nicht nur mit einem eigenen Bedienfeld (Bibliotheken) in Photoshop vertreten, sondern kann auch in vielen anderen Desktop- und Mobilanwendungen genutzt werden. Sie können in dem handlichen Bedienfeld verschiedene Elemente wie etwa Farben, Farbpaletten, Ebenenstile, Grafiken, Videos, 3D-Elemente sowie Zeichen- und Absatzformate ablegen und von vielen Stellen des Adobe-Universums erneut darauf zugreifen. Umgekehrt stehen Elemente, die Sie in anderen Anwendungen dort abgelegt haben, auch in Photoshop zur Verfügung. Das Konzept lässt es zu, Kreativressourcen **projektbezogen** zu organisieren – Sie können also die für eine bestimmte Aufgabe benötigten Ressourcen an einem Platz sammeln und bei Bedarf auch **im Team** nutzen.

Sie starten die Cloud-Bibliothek über den Menübefehl Fenster • Bibliotheken oder mit dem Bedienfeldsymbol.

Hilfreiche Links
Die Cloud-Bibliotheken (Adobe Cloud Libraries) können von zahlreichen Anwendungen genutzt werden. Ausführliche Informationen und eine **Liste aller Anwendungen, die Cloud Libraries unterstützen**, finden Sie unter *https://helpx.adobe.com/de/creative-cloud/help/libraries.html*

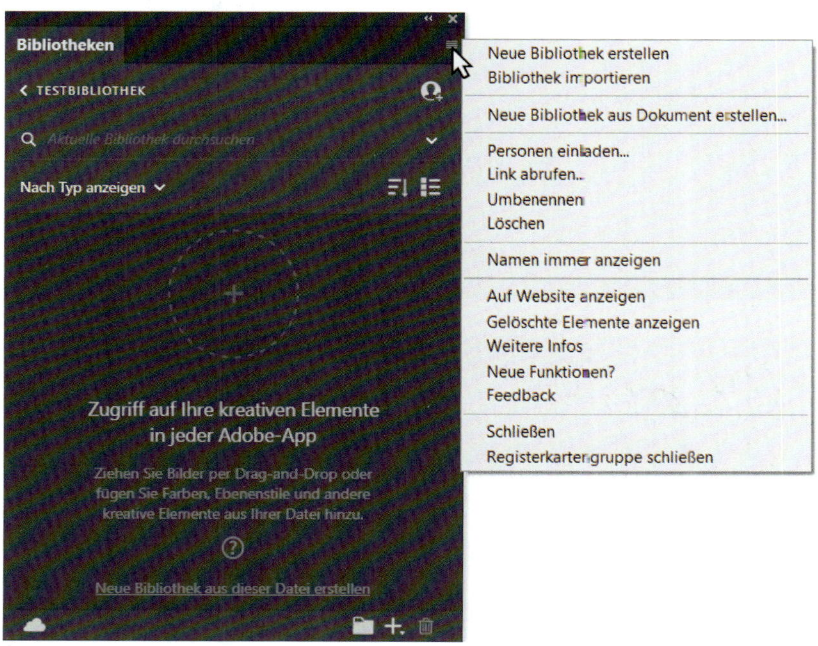

◂ **Abbildung 4.40**
Die Eingangstür zur Cloud, in der Sie Elemente aus verschiedenen Anwendungen und von verschiedenen Devices zur übergreifenden Nutzung hinterlegen können

4.8.1 Cloud-Bibliotheken erzeugen und verwalten

Um eine neue Bibliothek zu erstellen, haben Sie zwei Möglichkeiten: Entweder Sie legen sie quasi manuell an und befüllen sie nach und nach, oder Sie erzeugen eine Bibliothek automatisch aus einem geöffneten Dokument.

Cloud Library mit Drag & Drop füllen
Sie können Elemente auch einfach per Drag & Drop in die Cloud-Bibliothek hinüberziehen. Das klappt beispielsweise mit Objekten aus dem Ebenen-Bedienfeld, mit Stilen aus dem Stile-Bedienfeld und mit Farben aus dem Farbfelder-Bedienfeld.

Bibliothek (manuell) anlegen und bestücken | Eine Bibliothek manuell anzulegen, geht schnell von der Hand. Öffnen Sie hierfür zunächst das Bibliotheken-Bedienfeld.

1. Um eine neue Bibliothek anzulegen, klappen Sie im Bibliotheken-Bedienfeld die Liste oben auf und klicken dann auf NEUE BIBLIOTHEK.
2. Sie werden anschließend aufgefordert, einen Namen zu vergeben – wie immer empfehlen sich hier aussagekräftige Namen (Abbildung 4.42).
3. Die Bibliothek ist fertig, aber noch leer. Sie haben nun die Möglichkeit, per Klick auf das Pluszeichen ❷ am unteren Rand des Bedienfelds Elemente hinzuzufügen. In einer Fly-out-Liste ❶ werden Ihnen die verfügbaren Elemente zur Auswahl gezeigt – abhängig von den Inhalten der aktiven Datei bzw. Ebene. Über ALLE HINZUFÜGEN können Sie auch gleich alle Elemente eines Dokuments zur Bibliothek hinzufügen.
4. Alternativ können Sie auch Elemente aus dem Ebenen-Bedienfeld per Drag & Drop in die Bibliothek hineinziehen (Abbildung 4.44).

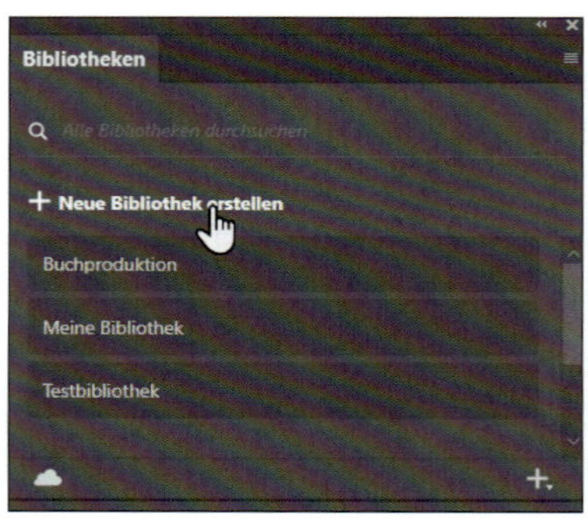

Abbildung 4.41 ▸
Eine neue Bibliothek erzeugen

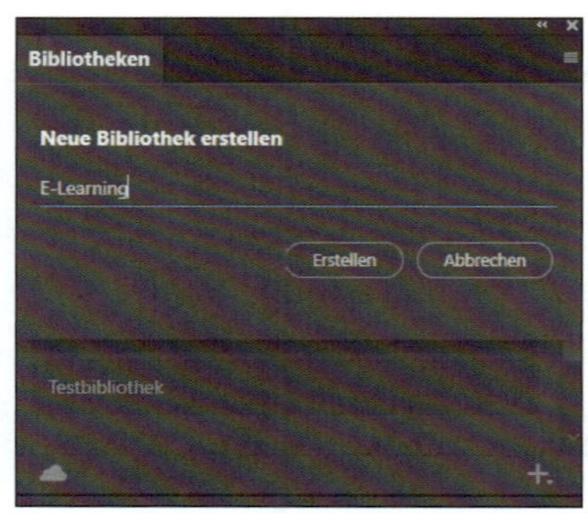

Abbildung 4.42 ▸▸
Eine neue Bibliothek benennen

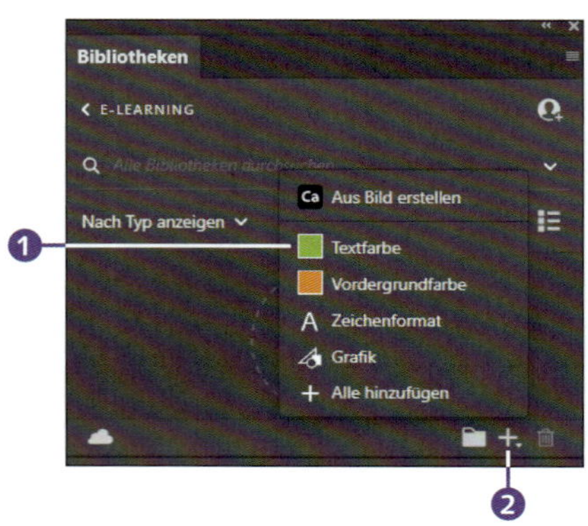

Abbildung 4.43 ▸
Einer neuen Bibliothek Inhalte hinzufügen. Die Anzeige des Fly-out-Menüs richtet sich nach den Inhalten in der jeweils aktiven Datei.

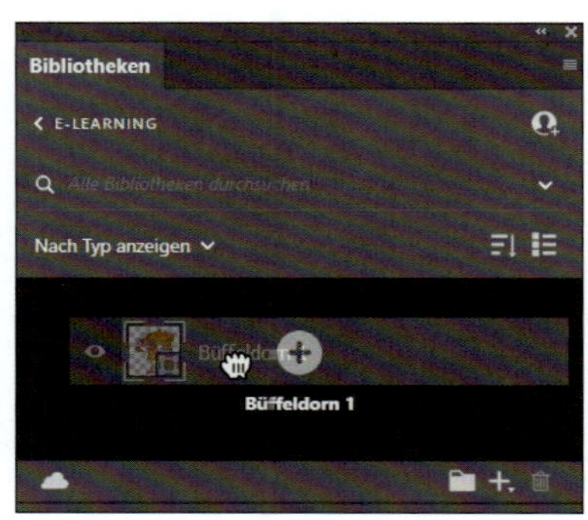

Abbildung 4.44 ▸▸
Bibliothek per Drag & Drop bestücken

Im Bibliotheken-Bedienfeldmenü über [Menü-Symbol] finden Sie Befehle zum Umbenennen oder Löschen der Bibliothek. Die einzelnen Elemente einer Bibliothek können Sie mit einem rechten Mausklick darauf umbenennen oder löschen.

4.8.2 Synchronisieren mit der Cloud-Bibliothek

Der Clou der Cloud-Bibliothek ist, dass sie Ressourcen überall – in verschiedenen Anwendungen, auf unterschiedlichen Devices – zugänglich macht. In der Regel wird die Photoshop-Cloud-Bibliothek automatisch synchronisiert, wenn Sie mit dem Adobe-Konto angemeldet sind und eine Internetverbindung besteht (das Wolkensymbol ❸ links unten gibt Ihnen Auskunft darüber). Ist die Synchronisierung deaktiviert, können Sie sie durch Anklicken des Symbols wieder aktivieren.

Cloud Library als Marktplatz
Adobe will mit der Cloud nicht nur das Leben seiner Nutzerinnen und Nutzer vereinfachen – der Softwarekonzern möchte den Kreativen auch gleich noch anbieten, was sie brauchen (könnten): Bilder, freigegebene Bibliotheken oder Schriften. Mit der Cloud Library können Sie Adobes Datenbank durchsuchen – die Nutzung ist zum Teil kostenpflichtig.

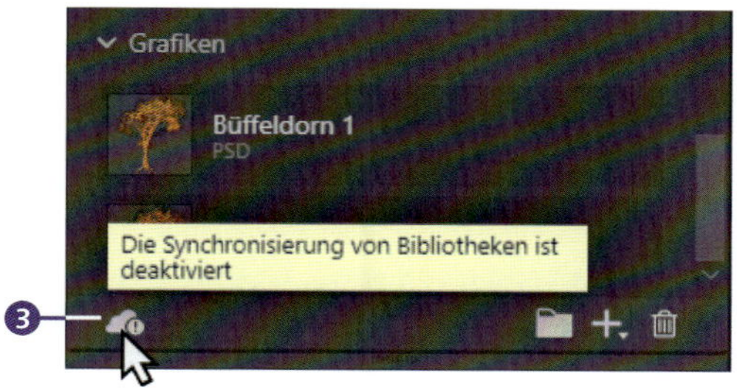

◂ **Abbildung 4.45**
Die Synchronisation muss erst scharf geschaltet werden.

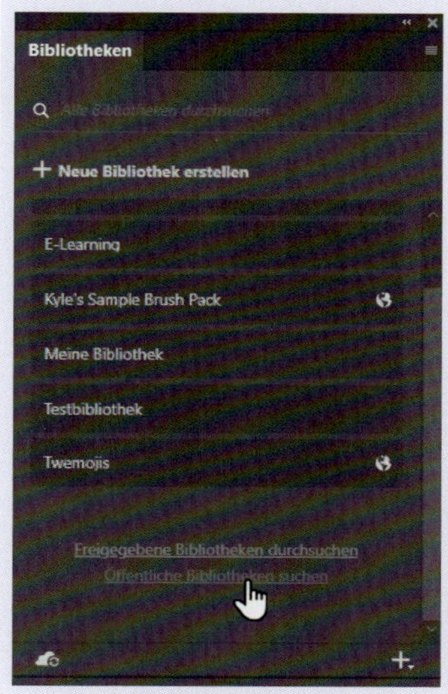

▴ **Abbildung 4.46**
Schneller Zugriff auf Adobes Datenbank

Synchronisierung beenden | Die Synchronisierung der Bibliothek zu stoppen, ist nicht ganz so einfach, wie sie in Gang zu setzen. Das klappt nicht in Photoshop. Sie müssen dazu Ihren Creative-Cloud-Desktop-Client öffnen. Klicken Sie dann auf das kleine Wolkensymbol ❹, um die Voreinstellungen zu öffnen. Unter dem Punkt DATEISYNCHRONISATION können Sie Ihre Einstellungen vornehmen.

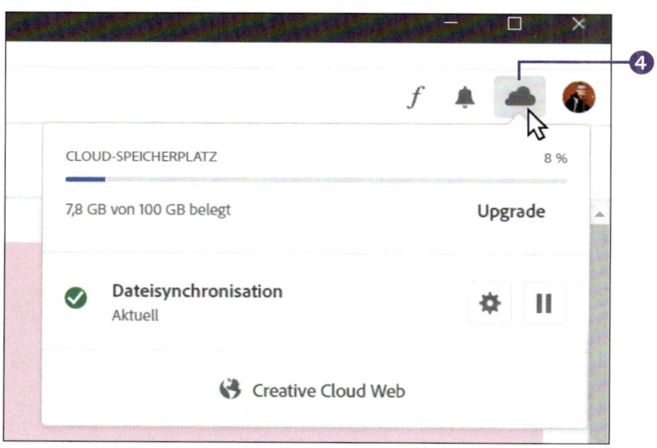

◂ **Abbildung 4.47**
Verwaltung der Cloud-Synchronisation ❹ per Creative-Cloud-Desktop-Client

4.8.3 Teamwork: Zusammenarbeiten und Verknüpfung freigeben

Die Cloud Library macht die Arbeit in Teams einfach. Sie vernetzt nicht nur Devices und Applikationen, sondern bringt auch eine Web-Plattform mit, mit deren Hilfe Sie einzelne Bibliotheken als Link freigeben oder weitere Personen zur Zusammenarbeit einladen können. Die passenden Befehle finden Sie im Bedienfeldmenü.

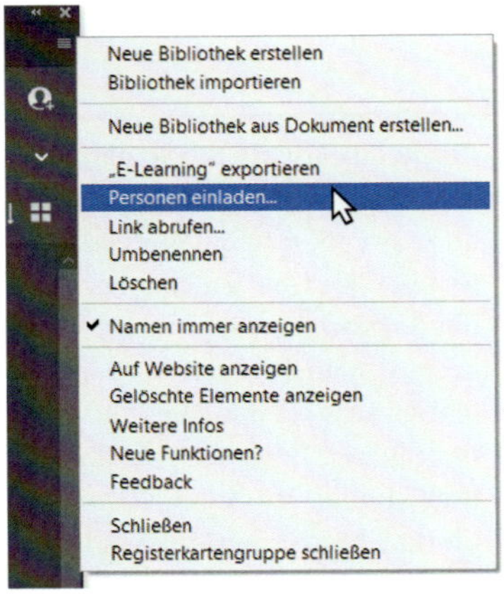

▲ **Abbildung 4.48**
Cloud Libraries sind teamfähig.

- Mit Auf Website anzeigen kommen Sie zur Cloud-Libraries-Website. Auf dieser sehr übersichtlichen Seite finden Sie alles, was Sie zur Verwaltung von Einladungen und zum Management zusammenarbeitender Kreativ-Teams benötigen.
- Mit Link abrufen können Sie Dritten einen Link zur jeweils aktuellen Bibliothek schicken.
- Mit Person einladen gestatten Sie weiteren Personen, an der Bibliothek mitzuarbeiten. Sie finden oberhalb des Bedienfeldes auch ein kleines Icon, mit dem Sie eine Person einladen.

Die beiden letztgenannten Befehle aktivieren die betreffenden Funktionen von Creative Cloud Desktop.

TEIL II
Ebenen

Kapitel 5

Ebenen-Basics: Konzept und Grundfunktionen

Professionelle Bildbearbeitung ohne Ebenen ist undenkbar. Sie ermöglichen kreatives und flexibles Arbeiten – von Composings bis zu Retuschen und Korrekturen. Hier erfahren Sie, wie Sie den Ebenen-Workflow effektiv organisieren.

5.1 Schicht für Schicht

Jedes Bild, das Sie in Photoshop öffnen oder neu anlegen, besteht aus mindestens einer Ebene. Weitere Ebenen können Sie in fast unbegrenzter Zahl hinzufügen. Die Grenze des Machbaren wird somit weniger vom Programm als von der Kapazität Ihres Rechners bestimmt, denn die Größe einer Datei und die Rechenzeit für einzelne Arbeitsschritte steigen rapide an, je mehr Ebenen vorhanden sind.

»UrbanerAbend.tif«

◂ **Abbildung 5.1**
Im Bild selbst sind die unterschiedlichen Bildebenen nicht erkennbar.

Vorteile von Ebenen | Die Vorteile von Ebenen sind unschätzbar: Ebenen ermöglichen das separate Bearbeiten, Verschieben, Kopieren, Verändern und Korrigieren einzelner Bildteile, ein einfaches Anbringen von Änderungen auch bei komplexen Kompositionen, das Herstellen von Bildvarianten und kreatives Experimentieren.

Nicht alle Dateiformate unterstützen Ebenen
Sie können Ebenen in Photoshop in den meisten Dateiformaten und in allen Farbmodi mit Ausnahme von BITMAP, INDIZIERT und MEHRKANAL **erzeugen**. Allerdings eignen sich nicht alle Dateiformate, um Ebenen **dauerhaft zu speichern**. Das können nur PSD, PDF und TIFF.

Was sind Ebenen? | Stellen Sie sich Ebenen wie übereinandergeschichtete Folien vor. Jede der Folien ist ganz oder teilweise mit Farbe – also Pixeln – versehen, und auch die Deckkraft der Pixel auf einer Ebene lässt sich stufenlos ändern. Ebenen mit verringerter Deckkraft oder nur teilweise mit Bildpixeln gefüllte Ebenen (im Beispielbild die Ebene »Vogelschwarm«) lassen die Inhalte darunterliegender Ebenen erkennen (im Beispiel die Hintergrundebene). Die Reihenfolge der Ebenen im Ebenen-Bedienfeld entspricht der Schichtung der Ebenen im Bild und ist für das Aussehen des Gesamtbildes maßgeblich. Zudem können Sie festlegen, ob und wie die Pixel übereinanderliegender Ebenen miteinander verrechnet werden (Stichwort: **Mischmodus**, siehe das gleichnamige Kapitel 7).

▲ **Abbildung 5.2**
Schematischer Aufbau und Ebenen-Bedienfeld zum Dokument in Abbildung 5.1. Die einfache Foto-Text-Komposition besteht aus vier Ebenen.

5.2 Ebenentransparenz und Ebenendeckkraft

Einem reinen Bild sehen Sie die Ebenen, aus denen es zusammengesetzt ist, nicht an – und auch nicht immer die Deckkraft der Bildpixel. Erst ein Blick in das Ebenen-Bedienfeld offenbart die Ebenenstruktur.

Ebenentransparenz | Beim Betrachten des Ebenen-Bedienfelds des Bildes »UrbanerAbend.tif« fällt auf, dass die Ebenenminiatur der Ebene »Vogelschwarm« ein grau-weißes **Schachbrettmuster** enthält (Abbildung 5.2). Damit wird die – tatsächlich nicht darstellbare – Ebenentransparenz symbolisiert. Die Ebene enthält einige deckende Pixel (die Vögel), ist ansonsten aber durchsichtig und lässt die Pixel der darunterliegenden Hintergrundebene mit der Stadtlandschaft erkennen. Auch auf Bildflächen wird die Ebenentransparenz mit einem Schachbrettmuster dargestellt, wenn keine weiteren gefüllten Ebenen im Bild vorhanden sind.

»Ballerina-transparent.tif«, »Ballerina-halbtransparent.tif«

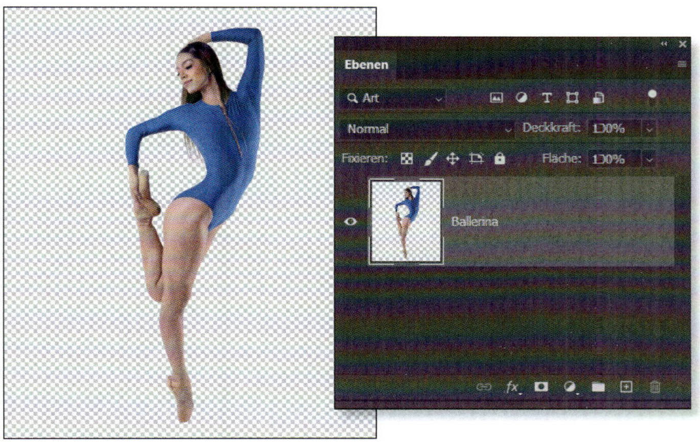

◂ **Abbildung 5.3**
Bild mit deckenden und transparenten Pixeln. Lägen noch weitere Ebenen unterhalb der Ballerina, wäre nicht das Transparenz-Schachbrett, sondern der Inhalt dieser Ebenen zu sehen.

Ebenendeckkraft | Es ist auch möglich, die Deckkraft von Bildpixeln einer Ebene herabzusetzen. Das grau-weiße Schachbrett scheint dann nur durch. Liegt unter der deckkraftreduzierten Ebene eine weitere Bildebene, wird diese sichtbar. Liegt unterhalb der Ebene, deren Deckkraft gesenkt wurde, keine weitere Ebene, ist wieder das grau-weiße »Schachbrett« zu sehen.

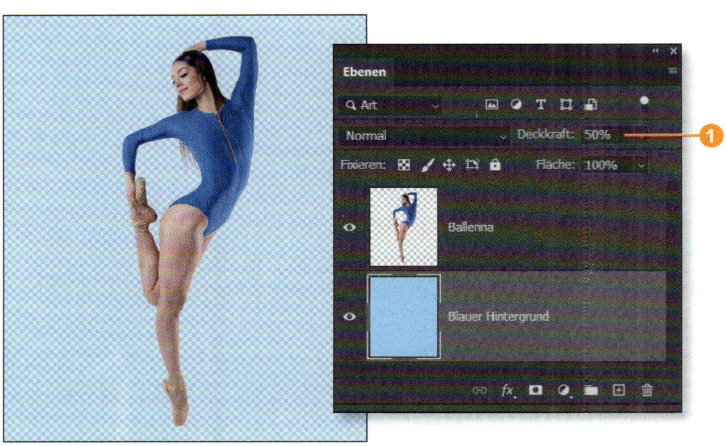

◂ **Abbildung 5.4**
Hier liegen die Tänzerin und ein hellblauer Hintergrund auf zwei getrennten Ebenen. Die Ebene »Blauer Hintergrund« ist in der Deckkraft 1 auf 50 % reduziert. Das Schachbrettmuster ist daher ein wenig zu sehen.

5.3 Ebenenarten

In Photoshop arbeiten Sie mit verschiedenen Ebenenarten, die sich hinsichtlich möglicher Inhalte, Bearbeitungsmöglichkeiten und Einsatzzwecke voneinander unterscheiden.

5.3.1 Bildebenen

»Normale« Bildebenen (wie im Beispiel von Abbildung 5.2 die Ebene »Vogelschwarm« oder in Abbildung 5.3 die Ebenen »Ballerina« und »Blauer Hintergrund«) sind der mit Abstand am häufigsten genutzte Ebenentyp. Bildebenen enthalten Pixelinformationen oder Transparenz und lassen sich mit allen Funktionen und Werkzeugen bearbeiten.

5.3.2 Hintergrundebenen

Die Hintergrundebene ist immer die unterste Ebene einer Datei. Sie erkennen sie auch am kursiv geschriebenen Ebenentitel HINTERGRUND. Pro Bild kann es nur eine Hintergrundebene geben. Hintergrundebenen unterscheiden sich in einigen Details von normalen Bildebenen: Sie können nicht transparent sein, und nicht alle Arbeitstechniken sind auf sie anwendbar. So können Sie Deckkraft und Mischmodus von Hintergrundebenen nicht verändern, können keine Ebenenstile zuweisen, und auch beim Löschen von Pixeln gibt es eine Besonderheit (siehe unten). Außerdem lassen sich Hintergrundebenen nicht transformieren. Gedacht sind sie als eine Art »Mal-Leinwand«. Es ist jedoch auch möglich, Bilder ganz ohne Hintergrundebene, ausschließlich mit anderen Ebenenarten, zu erstellen. Allerdings haben einige andere Anwendungen Schwierigkeiten, Dateien ohne reguläre Hintergrundebene zu verarbeiten.

Pixel von Hintergrundebenen entfernen und auffüllen | Hintergrundebenen unterstützen keine Ebenentransparenz. Deshalb ist es unmöglich, einzelne Bildpixel von Hintergrundebenen einfach zu löschen. Versuchen Sie dies, wird Photoshop die zum Löschen vorgesehenen Bereiche durch andere Pixel ersetzen. Je nachdem, welchen Löschbefehl Sie verwenden,

- ... werden die betreffenden Bildpixel kurzerhand durch farbige Pixel ersetzt – maßgeblich ist die in der Werkzeugleiste eingestellte Hintergrundfarbe.
- ... wird der Dialog FLÄCHE FÜLLEN eingeblendet, in dem Sie wählen können, wodurch die gelöschten Pixel ersetzt werden.

Foto: Jacqueline Esen

▲ **Abbildung 5.5**
Das Dokument besteht aus einer Hintergrundebene, der ausgewählte Bereich soll gelöscht werden (etwa durch Betätigen der [Entf]-Taste).

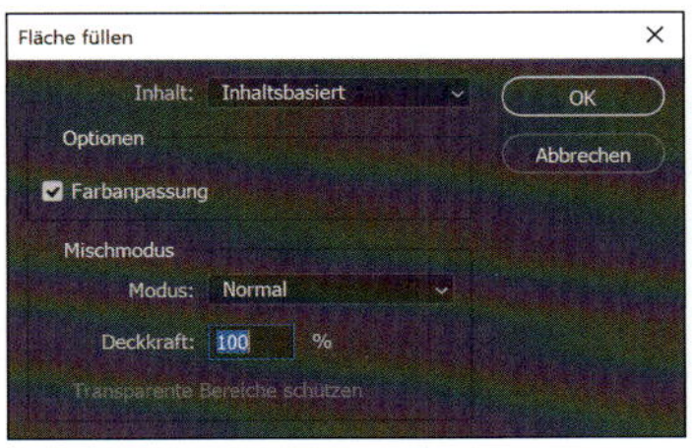

▲ **Abbildung 5.6**
Unter Inhalt steht auch die Option Inhaltsbasiert zur Verfügung. Ist sie aktiv, …

▲ **Abbildung 5.7**
… berechnet Photoshop neue Pixel für den weggeschnittenen Bereich, die zur Umgebung passen. Je nach Motiv funktioniert das mehr oder weniger gut.

»Schmetterling.tif«

Hinweis
Die im Beispielbild sichtbare Auswahllinie ist in der Übungsdatei gespeichert. Um sie erneut zu aktivieren, öffnen Sie die Datei, wählen Auswahl • Auswahl laden und dann unter Kanal: Grobauswahl Ast. Details zum Thema lesen Sie in Abschnitt 8.11, »Auswahlen speichern und laden«.

Die Option Inhaltsbasiert im Fläche füllen-Dialog ist das Pendant zur gleichnamigen Option der Retusche-Tools Bereichsreparatur-Pinsel und Ausbessern-Werkzeug (beide Kürzel [J]). Ausführliches dazu erfahren Sie in Abschnitt 20.4, »Bereichsreparatur-Pinsel: Inhaltsbasiert retuschieren«.

Hintergrundebenen in normale Ebenen umwandeln und umgekehrt | Bei Bedarf können Sie Hintergrundebenen schnell in normale Ebenen transformieren. Dazu reicht es, wenn Sie im Ebenen-Bedienfeld auf den Ebenennamen doppelklicken und die Bezeichnung »Hintergrund« durch einen neuen Namen ersetzen – damit wird automatisch auch der Ebenenstatus geändert. Alternativ rufen Sie den Menübefehl Ebene • Neu • Ebene aus Hintergrund auf (Kürzel: [⇧]+[Strg]/[cmd]+[H]). Um aus gewöhnlichen Bildebenen eine Hintergrundebene zu erstellen, reicht die Umbenennung nicht. Hier müssen Sie den Menübefehl Ebene • Neu • Hintergrund aus Ebene aufrufen ([⇧]+[Strg]/[cmd]+[H]).

Flotter Klick für die Hintergrundebene
Hintergrundebenen können mit einem simplen Klick auf das Schloss-Icon in der Ebenenzeile in normale Ebenen zu verwandelt werden.

▲ **Abbildung 5.8**
Ein Klick aufs Schloss genügt, um die Hintergrund- in eine normale Ebene verwandeln.

5.3.3 Textebenen

Textebenen erkennen Sie an dem großen »T« in der Ebenenminiatur. In Abbildung 5.2 ist die oberste Ebene eine Textebene (»Interbau 57«). Wenn Sie Text in ein Bild einfügen, besteht diese Schrift aus Pixeln – bei vergrößerter Bildansicht werden die typischen zackigen Pixelkanten sichtbar. Tatsächlich besteht Text in Photoshop jedoch aus mathematisch definierten Formen (Vektoren!), die die einzelnen Zeichen einer Schrift beschreiben. Dadurch sind Schriften verlustfrei skalierbar und ergeben trotz der »pixeligen« Bildschirmdarstellung ein scharfes Bild im Druck – vorausgesetzt, Dateiformat und Drucker stimmen.

Textebenen lassen sich so verschieben und skalieren wie normale Ebenen auch. Für die Anwendung mancher Befehle und der meisten Filter müssen Textebenen jedoch in einen anderen Ebenentyp umgewandelt werden. Dazu gibt es zwei Möglichkeiten – das sogenannte Rastern oder die Verwandlung in ein Smartobjekt.

Zum Weiterlesen
Mehr über **Textebenen** erfahren Sie in Kapitel 26, »Text erstellen und gestalten«. Und in Abschnitt 6.4, »Vielseitiger Datencontainer: Smartobjekte«, zeige ich Ihnen, wie Sie die Quelldaten von Smartobjekten bearbeiten. Die dort beschriebene Arbeitstechnik können Sie nutzen, um **Text-Smartobjekte** auch nach dem Filtern zu editieren.

- Wenn Sie Textebenen in normale, pixelbasierte Bildebenen verwandeln – also rastern –, können Sie diese mit allen gängigen Tools verändern. Der Text verliert dabei jedoch seine Editierbarkeit – weder der Textinhalt noch die Text- und Absatzformate können dann noch verändert werden.
- Wenn Sie Textebenen mit Filtern bearbeiten wollen, sind Smartobjekte eine gute Alternative zum gerasterten Text – vor allem, wenn Sie sich noch nicht sicher sind, ob der Text nicht später doch noch verändert werden muss. Smartobjekt-Texte lassen sich (mit einem kleinen Umweg) auch nachträglich editieren. Und die Filtereinstellungen lassen sich bei Smartobjekten ohnehin jederzeit nachjustieren.

Wenn Sie versuchen, Werkzeuge auf Textebenen anzuwenden, die dafür nicht vorgesehen sind, schlägt Photoshop Ihnen die Umwandlung automatisch vor, Sie können alternativ aber auch Menübefehle nutzen:

- Um eine Textebene zu rastern, wählen Sie Schrift • Textebene rastern oder Ebene • Rastern • Schrift.
- Um eine Textebene in ein Smartobjekt zu konvertieren, wählen Sie Filter • Für Smartfilter konvertieren.

5.3.4 Smartobjekte

Smartobjekte sind eigentlich gar keine richtigen Ebenen, sondern »Container«, in die Sie Pixel- oder Vektordaten aus einer anderen Datei (zum Beispiel einer Photoshop- oder Adobe-Illustrator-Datei) einbetten können. Smartobjekte werden aber im Ebenen-Bedienfeld und natürlich auch im Bild selbst angezeigt. Nicht alle, aber einige Arbeitstechniken sind auf Smartobjekte anwendbar: Transformationen, Ebenenstile, Änderungen der Deckkraft und des Mischmodus sowie Verkrümmungen. Darüber hinaus gibt es spezielle Bearbeitungsoptionen; Sie finden sie im Menü unter EBENE • SMARTOBJEKTE.

Die Arbeit mit Smartobjekten bietet sich immer dann an, wenn das Ausgangsformat in Photoshop nicht voll editierbar wäre (z. B. bei Dateien aus Illustrator), wenn eine im Smartobjekt eingebettete Datei unbeschadet erhalten werden soll, wenn mehrere Versionen (»Instanzen«) rationell bearbeitet werden müssen oder wenn Sie Änderungen zerstörungsfrei anwenden möchten, etwa bei Filtern und Transformationen.

Erzeugt werden Smartobjekte, wenn Sie Dateien platzieren oder wenn Sie eine Datei als Smartobjekt öffnen. Auch bestehende Pixelebenen können Sie in ein Smartobjekt umwandeln. Dazu müssen Sie sie zunächst markieren. Den Befehl IN SMARTOBJEKT KONVERTIEREN finden Sie dann unter EBENE • SMARTOBJEKTE, im Bedienfeldmenü und am schnellsten im Kontextmenü (Abbildung 5.10) des Ebenen-Bedienfelds. Sie können übrigens auch mehrere aktivierte (im Ebenen-Bedienfeld markierte) Ebenen gleichzeitig in Smartobjekte verwandeln.

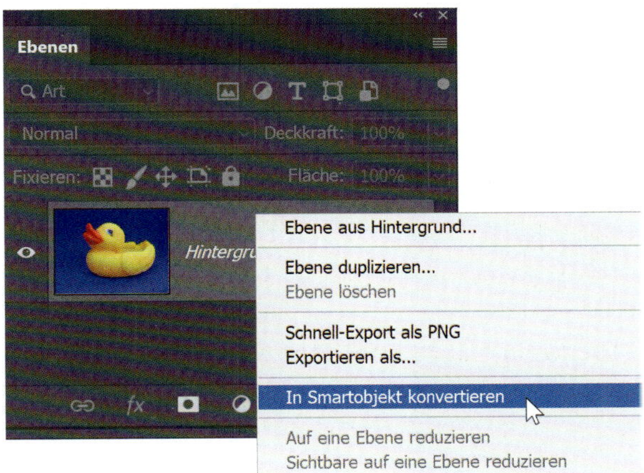

▲ **Abbildung 5.10**
Aus der Ebene wird per Kontextmenü ein Smartobjekt gemacht.

5.3.5 Einstellungsebenen

Einstellungsebenen können keine eigenen Bildpixel enthalten, sie sind vielmehr **Korrekturebenen**, die es ermöglichen, die jeweils darunterliegenden Ebenen zu verändern, ohne dass deren Originalpixel verändert würden. Durch den Einsatz von Einstellungsebenen, die wie ein Korrekturfilter auf die darunterliegende(n) Ebene(n) wirken, lassen sich verschiedene Bildkorrekturen an einer Datei durchspielen, ändern und

Zum Weiterlesen
Mehr über **Smartobjekte in der Praxis** erfahren Sie im folgenden Kapitel, »Kreativ auf allen Ebenen«. Details über das zerstörungsfreie Filtern mit Smartobjekten lesen Sie in Kapitel 24, »Besser filtern«.

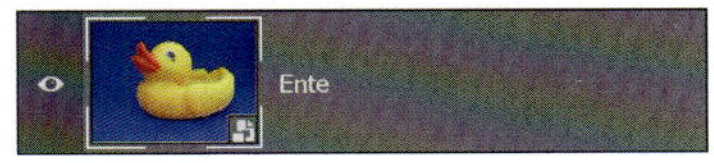

▲ **Abbildung 5.9**
Smartobjekt im Ebenen-Bedienfeld. Die Miniaturabbildung zeigt nun die charakteristische »Ecke« unten rechts.

Verknüpfte Smartobjekte
Sie haben bereits in Abschnitt 4.8 Adobes Cloud-Bibliothek kennengelernt. Dort können Sie nicht nur Designelemente wie Farben, Schriftarten oder Pinselspitzen ablegen, sondern auch Smartobjekte. Solche Smartobjekte erkennen Sie an einem Icon in der Ebenen-Bedienfeld-Miniatur: Das typische Smartobjekt-Symbol ist nun mit einer Wolke gekennzeichnet. Sie können Smartobjekte aus der Cloud Library beliebig oft in Dateien einbauen. Wird das ursprüngliche Smartobjekt in der Cloud verändert, wirkt sich das auch auf alle Instanzen dieses Smartobjekts aus: Alle Dateien, in denen dieses Smartobjekt vorkommt, werden ebenfalls verändert.

▲ **Abbildung 5.11**
Verknüpftes Smartobjekt – erkennbar am Wolkensymbol

zurücknehmen, ohne dass das Bild Schäden davonträgt. Die Maske ②, die jede Einstellungsebene mitbringt, erlaubt es, Korrekturen auf einzelne Bildbereiche einzuschränken.

Zum Weiterlesen
Detailwissen zum Thema Einstellungsebenen finden Sie in Teil IV, »Korrigieren und optimieren«.

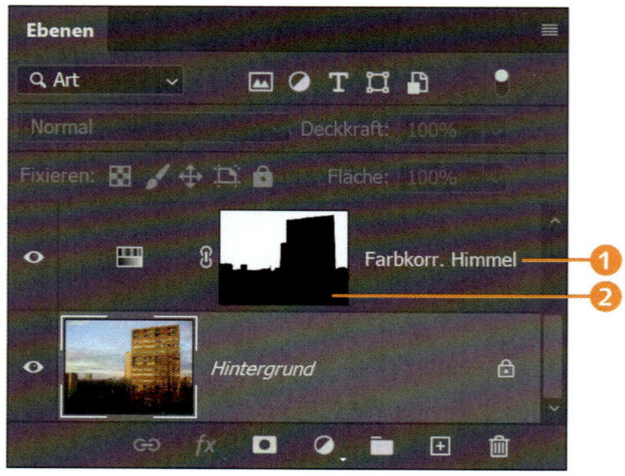

Abbildung 5.12 ▸
Einstellungsebene FARBTON/SÄTTIGUNG ① im Ebenen-Bedienfeld. Die Maske ② wurde hier schon verändert, standardmäßig ist sie zunächst leer (weiß).

Um Einstellungsebenen zu erzeugen, gibt es verschiedene Wege. Nutzen Sie …

- das Menü (EBENE • NEUE EINSTELLUNGSEBENE) oder den entsprechenden Button am Fuß des Ebenen-Bedienfelds
- oder das Korrekturen-Bedienfeld, in dem alle Korrekturfunktionen in Form von Icons aufgeführt sind. So geht's am schnellsten!

▲ Abbildung 5.13
Erzeugen einer Einstellungsebene mit dem Korrekturen-Bedienfeld. QuickInfos helfen beim Entziffern der Symbole.

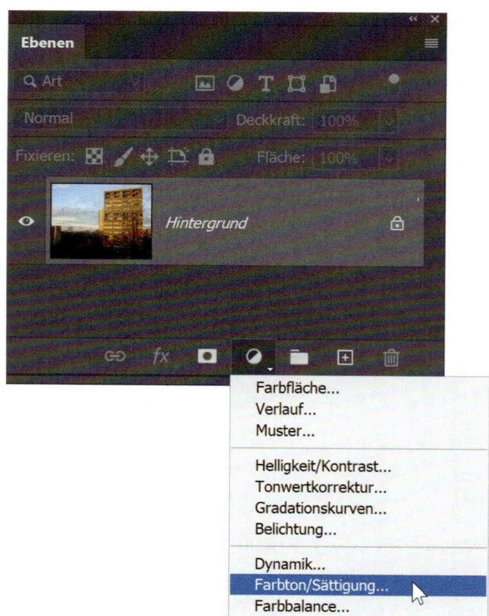

Abbildung 5.14 ▸
Erzeugen einer Einstellungsebene per Ebenen-Bedienfeld

Um Einstellungsebenen zu erstellen und zu verändern, brauchen Sie gleich drei Bedienfelder: KORREKTUREN, EINSTELLUNGEN und EBENEN.

Das klingt zunächst sehr umständlich, tatsächlich lässt sich mit den drei Bedienfeldern jedoch flüssig arbeiten:

1. Das Klicken auf eines der Icons ❸ im Bedienfeld Korrekturen erzeugt eine neue Einstellungsebene. Alternativ können Sie den Menübefehl oder die Ebenen-Bedienfeld-Schaltfläche ❺ nutzen.
2. Anschließend erscheint die neue Einstellungsebene im Bedienfeld Ebenen oberhalb der aktiven Ebene. Gleichzeitig öffnet sich das Bedienfeld Einstellungen, und Sie können dort Ihre Korrektureinstellungen vornehmen.
3. Um Einstellungen später erneut zu ändern, genügt es, im Bedienfeld Ebenen doppelt auf die Miniatur der jeweiligen Einstellungsebene zu klicken.

◂ Abbildung 5.15
Das Eigenschaften-Bedienfeld klappt automatisch auf, wenn Sie eine neue Einstellungsebene anlegen oder wenn Sie auf die Miniatur der Einstellungsebene ❹ doppelklicken.

Einstellungsebenen lassen sich in beliebiger Anzahl anlegen und miteinander kombinieren und können in den Dateiformaten TIFF und PSD mitgespeichert werden.

Zum Weiterlesen
Mehr über **Einstellungsebenen** lesen Sie in Kapitel 10, »Regeln und Werkzeuge für die Bildkorrektur«, und mehr über **Masken** finden Sie in Kapitel 9, »Maskieren und Montieren«.

5.3.6 Formebenen

Formebenen sind vektorbasiert. Dadurch sind sie stufenlos verlustfrei skalierbar und beim Drucken auf einem PostScript-Drucker immer scharf. Formebenen werden beispielsweise eingesetzt, um Buttons für Websites, Gestaltungselemente mobiler Anwendungen oder einfache Logos zu erstellen. Im Beispielbild vom Kapitelanfang (»UrbanerAbend.tif«) ist keine Formebene enthalten, wohl aber in Abbildung 5.17. Sie legen neue Formebenen mit den Zeichenstift-Werkzeugen (Shortcut: U) an:

Zeichenstift und Freiform-Zeichenstift oder mit den Formwerkzeugen Rechteck-Werkzeug , Abgerundetes-Rechteck-Werk-

Bei den Werkzeugen genau hinsehen
Verwechseln Sie die Auswahlwerkzeuge (Tastaturkürzel: M) Auswahlrechteck und Auswahlellipse nicht mit den ähnlich benannten und durch ein ähnliches Symbol dargestellten Formwerkzeugen, die Sie zum Erzeugen von Formebenen benötigen!

zeug, Ellipse-Werkzeug, Polygon-Werkzeug, Linienzeichner-Werkzeug oder Eigene-Form-Werkzeug.

Formebenen können mit Verläufen, Mustern oder Pixeln einer einzigen Farbe gefüllt sein. Art und Beschaffenheit der Füllung und die Kontureigenschaften von Formebenen steuern Sie über die Werkzeug-Optionsleiste.

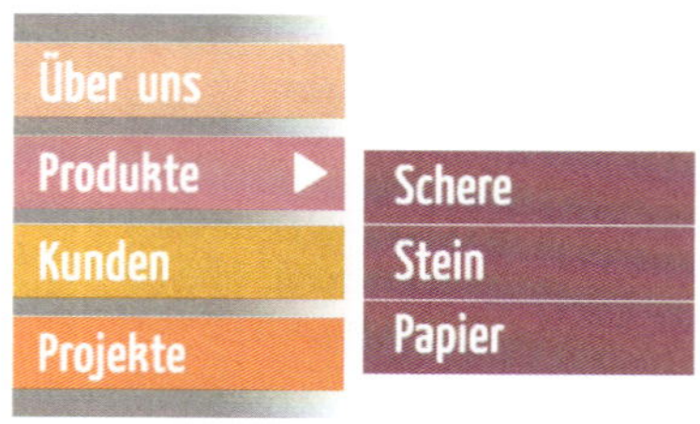

▲ **Abbildung 5.16**
Aufbau eines kleinen Website-Navigationsentwurfs – aus Formebenen

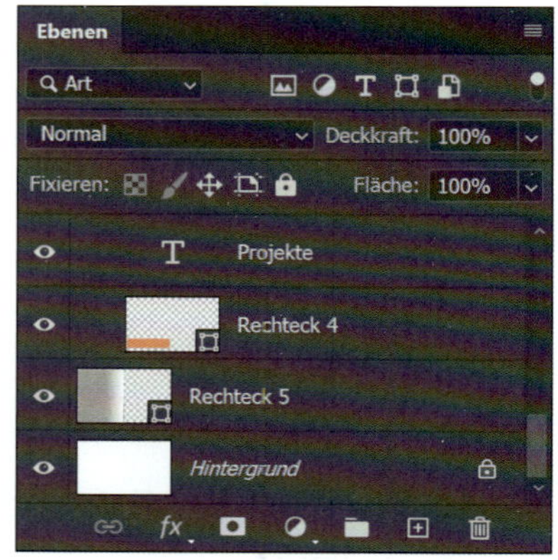

▲ **Abbildung 5.17**
Formebenen-Miniaturen – und einige andere – im Ebenen-Bedienfeld

5.3.7 Füllebenen

Füllebenen sind ein älteres Ebenenkonzept, das in der aktuellen Photoshop-Version wohl nur noch in seltenen Fällen zum Einsatz kommt. Formebenen haben den schwerfälligeren Füllebenen den Rang abgelaufen. Füllebenen verfügen über einen Formpfad, sind also vektorbasiert; zusätzlich bringen sie eine zunächst leere Ebenenmaske mit. Sie können mit Farbe, Verläufen oder Mustern gefüllt werden, über den Umweg Ebenenstil (Icon *fx* im Ebenen-Bedienfeld) lassen sie sich auch mit Konturen versehen. Anders als Formebenen, die Sie in einer bestimmten Größe aufziehen, erstrecken sich Füllebenen zunächst über die Fläche des gesamten Dokuments.

Mögliche Einsatzszenarien für Füllebenen: Composings, bei denen Sie Verläufe, Farblayer oder Muster brauchen, die über dem ganzen Dokument liegen und einfach zu verändern sind.

Sie erstellen Füllebenen über den Befehl EBENE • NEUE FÜLLEBENE, wo Sie zwischen FARBFLÄCHE, VERLAUF und MUSTER wählen. Im Ebenen-Bedienfeld sehen Sie dann die zwei Komponenten der Füllebene: eine Miniatur ① für die jeweilige Füllung und die – zunächst leere – Vektormaske ②.

»FormebenenBeispielbild.tif«

Cockpit für Formen und Formebenen
Das Eigenschaften-Bedienfeld ist neben dem Ebenen-Bedienfeld Ihre zweite wichtige Kontrollzentrale für Ebenen-Eigenschaften – so auch für Formebenen. Arbeitet man mit Formebenen, ändert das Eigenschaften-Bedienfeld sein Aussehen – und hat dann auch gleich einen neuen Namen: LIVEFORM-EIGENSCHAFTEN. Um dieses Bedienfeld zu aktivieren, klappen Sie zunächst das Eigenschaften-Bedienfeld aus und aktivieren dann eine Formebene Ihrer Datei. **Mehr zum Thema** gibt's in Teil X, »Pfade und Formen«.

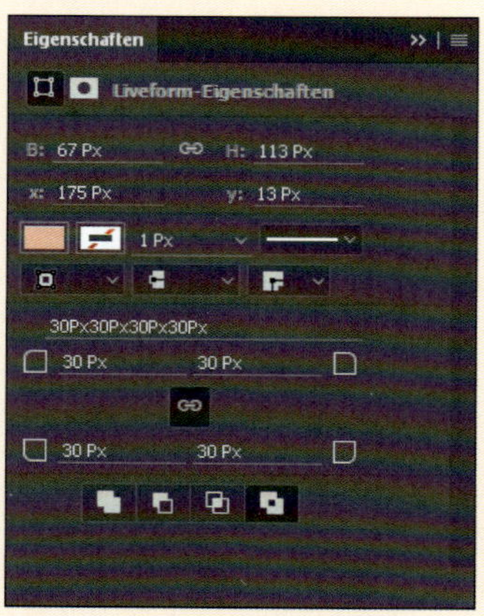

▲ **Abbildung 5.18**
Die LIVEFORM-EIGENSCHAFTEN

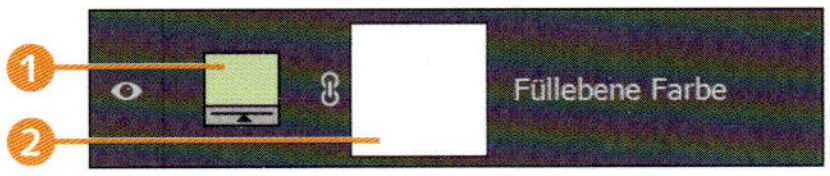

▲ **Abbildung 5.19**
Füllebene FARBFLÄCHE

▲ **Abbildung 5.20**
Füllebene MUSTER

▲ **Abbildung 5.21**
Füllebene VERLAUF

5.3.8 Rahmenebene

Eine Rahmenebene erstellen Sie, indem Sie mit dem Rahmen-Werkzeug ⊠ K einen rechteckigen oder elliptischen Rahmen auf der Arbeitsfläche aufziehen. Auch Formen oder Texte können Sie in einen Rahmen umwandeln. Diese Rahmen dienen als Platzhalter, die Sie mit Bildern füllen können. Das Bild können Sie jederzeit ersetzen, indem Sie ein anderes Bild in dem Rahmen ablegen. Das Bild wird dabei immer automatisch skaliert.

Im Ebenen-Bedienfeld werden hierbei zwei Miniaturen auf der Rahmenebene angezeigt: links die Miniaturansicht des Rahmens 3 und rechts eine Miniaturansicht des Inhalts 4.

Zum Weiterlesen
Auf das Rahmen-Werkzeug und die Rahmenebene werde ich noch gesondert in Abschnitt 28.11, »Einen Platzhalterrahmen erstellen«, eingehen.

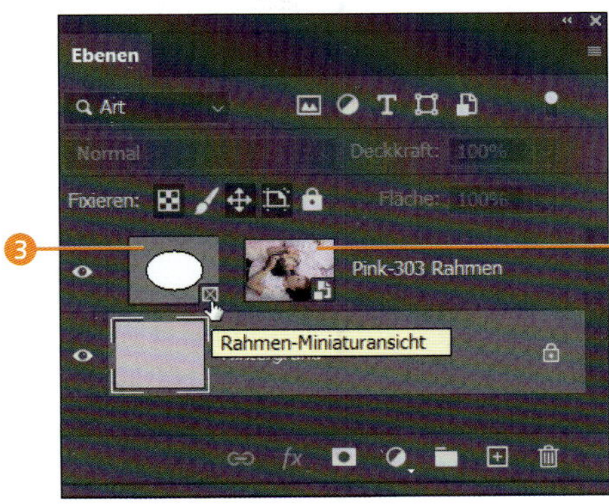

◂ **Abbildung 5.22**
Rahmenebene im Ebenen-Bedienfeld

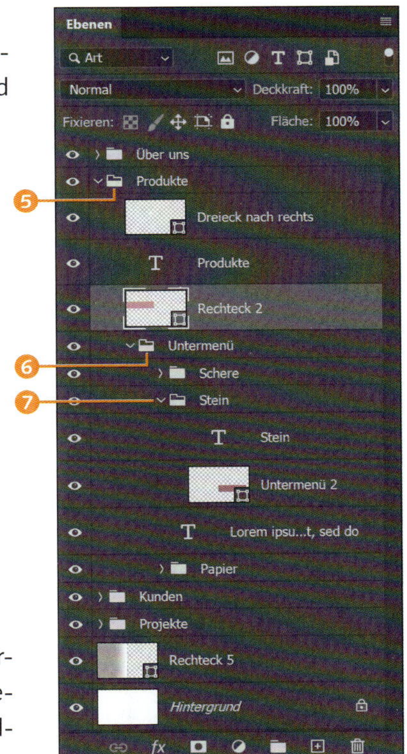

▲ **Abbildung 5.23**
Ebenen-Bedienfeld mit Ebenengruppen

5.3.9 Ordner für Ebenen: Ebenengruppen

Da die Ebenentechnik so viele Vorteile hat und es für zahlreiche verschiedene Zwecke spezialisierte Ebenen gibt, wird meist ausgiebig Gebrauch von Ebenen gemacht. Sehr schnell mutieren Ebenen-Bedienfelder zu unhandlich langen Listen. Damit Sie nicht die Übersicht verlieren, können Sie Ebenen in Ebenenordnern – den sogenannten *Ebenengruppen* – zusammenfassen.

Die Gruppen funktionieren ähnlich, wie Sie es von der Ordnerstruktur Ihres Rechners her kennen: Es gibt Ordner 5 und Unterordner 6, die verschiedene Arten von Ebenen enthalten. Mit den Pfeilen 7 klappen Sie Ordner auf, um ihren Inhalt anzuzeigen, oder klappen sie platzsparend ein.

Zum Weiterlesen
Mehr über die effektive **Verwaltung von Ebenen und Gruppen** erfahren Sie in Abschnitt 4.5.

Zum Weiterlesen
Einzelheiten über allgemeine Befehle, die für Ebenen und Gruppen gleichermaßen gelten, finden Sie in den folgenden Absätzen.

Viele Bedienfeldbefehle und Operationen, die auf einzelne Ebenen anwendbar sind – wie beispielsweise das Duplizieren, Verschieben, Löschen, Ein- und Ausblenden oder Verbinden –, lassen sich genauso auch auf Gruppen anwenden.

5.3.10 Das Eigenschaften-Bedienfeld

▲ **Abbildung 5.24**
Einstellungen für das gesamte Dokument

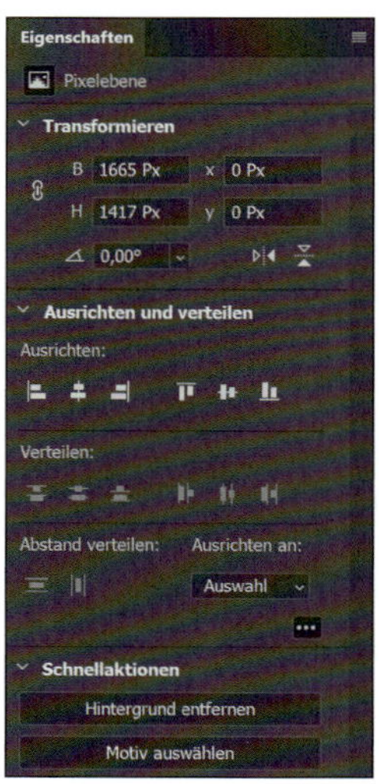

▲ **Abbildung 5.25**
Mögliche Manipulationen an Pixelebenen per Eigenschaften-Bedienfeld

Das kontextbezogen variierende Bedienfeld Eigenschaften ist ein wichtiges Kontrollelement für zahlreiche Programmfunktionen und Dateieigenschaften. Adobe strebt mehr und mehr danach, dieses Bedienfeld zu einem zentralen Steuerungselement zu machen, so dass User nicht mehr zwei oder drei Bedienfelder öffnen müssen, um Zugriff auf wichtige Parameter zu haben. Dies gilt ganz besonders für die verschiedenen Ebenenarten wie normale Bildebenen, Textebenen und Formebenen sowie für Einstellungen, die das gesamte Dokument betreffen.

Ferner können Sie mit den neuen Schnellaktionen wichtige Aufgaben – oder das, was Adobe dafür hält – direkt vom Bedienfeld Eigenschaften aus erledigen. Dies sind keine ganz neuen Photoshop-Funktionen, sondern nur ein neuer Ort, von dem aus Sie diese bereits (alt)bekannten Funktionen erreichen.

- Die Einstellungen für **das gesamte Dokument** (siehe Abbildung 5.24) stehen im Eigenschaften-Bedienfeld nur zur Verfügung, wenn es sich um ein Dokument handelt, das ausschließlich aus einer Hintergrundebene besteht. Ist dies der Fall, haben Sie im Eigenschaften-Bedienfeld schnellen Zugriff auf Einstellungen zur Größe der Arbeitsfläche (die von Adobe hier »Leinwand« genannt wird), zum Farbmodus und zur Bittiefe und können schnell ein passendes Raster oder Hilfslinien über das Bild legen. Zudem stehen vier Schnellaktionen zur Verfügung, die sich unterschiedlich auf die Bildmaße auswirken: Bildgrösse öffnet den Dialog zum Skalieren des Bildes; Freistellen aktiviert das Freistellungswerkzeug; Zuschneiden öffnet den Dialog Bild • Zuschneiden und soll Ihnen helfen, etwaige Überlappungsbereiche zu entfernen; Drehen schließlich erlaubt die Eingabe von Drehwinkel und -richtung.
- Ist im Dokument eine einzelne **Pixelebene** aktiv (siehe Abbildung 5.25), lässt sie sich via Bedienfeld Eigenschaften transformieren; sind mehrere Pixelebenen ausgewählt, können Sie sie auch ausrichten und verteilen. Als Schnellaktionen stehen Hintergrund entfernen (Hintergrund wird ausgewählt und gelöscht) und Motiv auswählen (ähnlich wie das Objektauswahlwerkzeug) zur Verfügung. Da es hier keine Optionen gibt, funktionieren beide Befehle nur bei ausgewählten Motiven zufriedenstellend.

- Haben Sie mit **Textebenen** zu tun (siehe Abbildung 5.26), stehen Ihnen neben Transformationsoptionen und einigen aus den Bedienfeldern TEXT und ABSATZ bekannten Einstellungen die Schnellaktionen IN RAHMEN KONVERTIEREN und IN FORM UMWANDELN zur Verfügung (den Befehl IN RAHMEN KONVERTIEREN finden Sie außerdem im Kontextmenü von Textebenen im Ebenen-Bedienfeld). Der Befehl IN FORM UMWANDELN macht aus der Textebene eine (herkömmliche) Formebene. Die Funktion IN RAHMEN KONVERTIEREN erlaubt es, mühelos Bilder aus unterschiedlichen Quellen innerhalb der Schriftkonturen einzufügen und anzupassen.

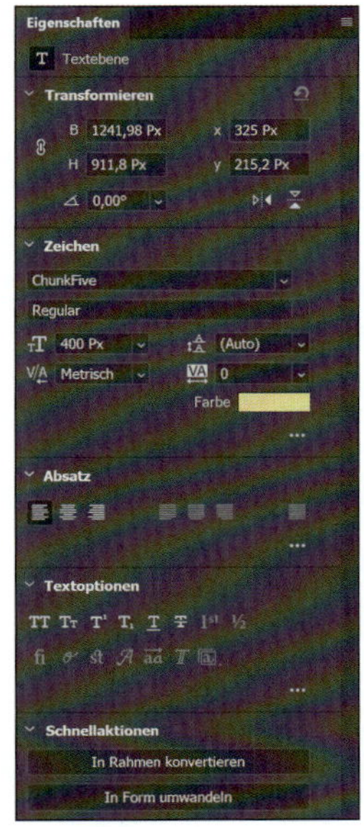

▲ **Abbildung 5.26**
Funktionen des Zeichen- und Absatz-Bedienfelds finden Sie nun auch unter EIGENSCHAFTEN.

5.4 Das Ebenen-Bedienfeld: Ihre Steuerzentrale

Die Bearbeitungsmöglichkeiten für Ebenen sind nahezu unbegrenzt. Ebenen lassen sich innerhalb eines Bildes verschieben, kopieren, skalieren, neu stapeln oder von einem Bild in ein anderes bringen. Die Eigenschaften von Ebenenpixeln – Deckkraft und Mischmodus – sind ebenfalls veränderbar. Und natürlich können Sie Werkzeuge, Filter und Effekte auf die Ebenen anwenden. Wie das geht, erfahren Sie in den folgenden Abschnitten.

Um mit Ebenen zu arbeiten, stehen Ihnen das Ebenen-Bedienfeld und die Menübefehle unter EBENE zur Verfügung. Das weitaus wichtigere Instrument für den Umgang mit Ebenen ist dabei das Ebenen-Bedienfeld. Es ist ein schnelles und effektives Arbeitsmittel. Zudem brauchen Sie das Ebenen-Bedienfeld immer als Kontrollinstrument, denn nur dort erhalten Sie Auskunft über die im Bild vertretenen Ebenenarten, deren Reihenfolge, eventuelle Sonderfunktionen wie Ebeneneffekte oder Masken und vieles mehr.

»Aquarium.tif«

Jede Ebene eines Bildes wird durch eine eigene Zeile im Ebenen-Bedienfeld symbolisiert. Darin zu sehen sind: eine Miniaturansicht (»Thumbnail«) des Ebeneninhalts, der Name der Ebene sowie Informationen über etwaige zusätzliche Ebeneneigenschaften wie Verriegelung, vorhandene Effekte oder Masken. Sie erfahren aus dem Ebenen-Bedienfeld auch, welche Deckkraft und welchen Mischmodus eine Ebene hat; Sie sehen, ob es zu Gruppen zusammengefasste Ebenen gibt, und Sie können die Gruppen auf- und zuklappen.

Das gesamte Ebenen-Bedienfeld ist eng besetzt mit Kontextmenüs, Schaltflächen und Funktionen. Rechtsklicks auf verschiedene Bereiche der Ebenenzeilen sind der schnellste Zugang zu den wichtigsten Befehlen und Optionen. Daher ist es wichtig, dass Sie beim Klicken genau sind.

Das Ebenen-Bedienfeld auf einen Blick

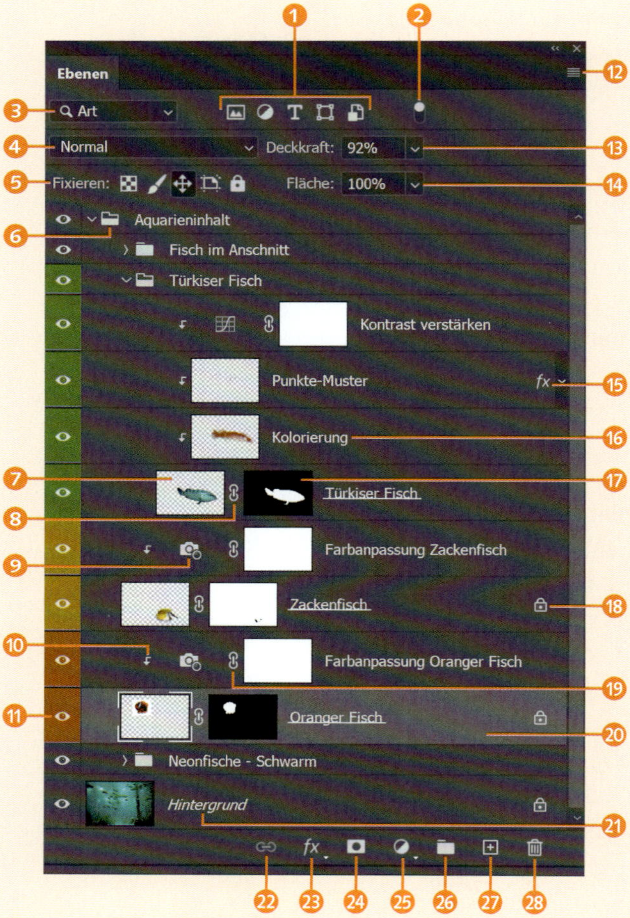

◂ **Abbildung 5.27**
Das Ebenen-Bedienfeld im Detail – hier am Beispiel einer Aquarium-Montage

1. Ebenenfilter-Buttons, von links nach rechts: nur Pixelebenen zeigen; nur Einstellungsebenen zeigen; nur Textebenen zeigen; nur Formebenen zeigen; nur Smartobjekte zeigen
2. Ebenenfilter kurzzeitig aus-/anschalten
3. Ebenenfilter – Dropdown-Menü
4. Mischmodus der Ebene
5. Bildebene gegen Bearbeitung schützen, von links nach rechts: transparente Pixel fixieren; Bildpixel fixieren; Position fixieren; alles fixieren
6. Ebenengruppe
7. Ebenenminiatur mit transparenten Objekten
8. Verbindung zwischen Ebene und Maske
9. Einstellungsebene
10. Ebene mit Schnittmaske
11. Sichtbarkeit der Ebene
12. Bedienfeldmenü aufrufen
13. Deckkraft der Ebenenpixel einstellen (wirkt *auch* auf etwaige Ebeneneffekte)
14. Deckkraft der Ebenenpixel einstellen (wirkt *nicht* auf etwaige Ebeneneffekte)
15. Diese Ebene ist mit einem Ebenenstil ausgestattet.
16. Ebenenname
17. Ebenenmaske
18. Ebenenfixierung wird angezeigt.
19. Diese Ebenen sind verbunden.
20. aktivierte Ebene (hervorgehoben)
21. Hintergrundebene
22. Ebenen verbinden
23. Ebene mit Ebenenstil versehen
24. Ebene mit Ebenenmaske versehen
25. Füllebene oder Einstellungsebene erstellen
26. neue Gruppe erstellen
27. neue Ebene erstellen
28. Ebene löschen

▴ **Abbildung 5.28**
Das Bild zum Bedienfeld (Fischkundler mögen das Durcheinander der Arten verzeihen!)

Bilder: Frank Gaebler, Jose Assenco (stock.xchng), Peter Gustafson (stock.xchng), Rick Hawkins (stock.xchng), Stephen Mcsweeny (Fotolia)

Am oberen und unteren Rand des Bedienfelds finden Sie die wichtigsten Schaltflächen. Das Bedienfeldmenü ⑫ bietet einige zusätzliche Befehle, und auch die Funktionen, die Sie über Kontextmenüs und das EBENE-Menü erreichen, sind hier untergebracht. Zudem gibt es zahlreiche Tastaturkürzel zu lernen, mit denen Sie schnell mit Ebenen arbeiten.

5.4.1 Welche Ebene oder Gruppe wird bearbeitet?

Die wichtigste Frage für das Bearbeiten von Ebenen ist, welche Ebene aktiv ist, denn fast alle Arbeitsschritte wirken sich nur auf die jeweils aktive(n) Ebene(n) aus. Sind im Ebenen-Bedienfeld eine oder mehrere Ebenen oder Ebenengruppen markiert ②, wird damit angezeigt, dass alle folgenden Bearbeitungsschritte sich nur auf diese Elemente auswirken. Auch ein Blick in die Bildtitelleiste ① zeigt, welche Ebene oder Gruppe aktiv ist.

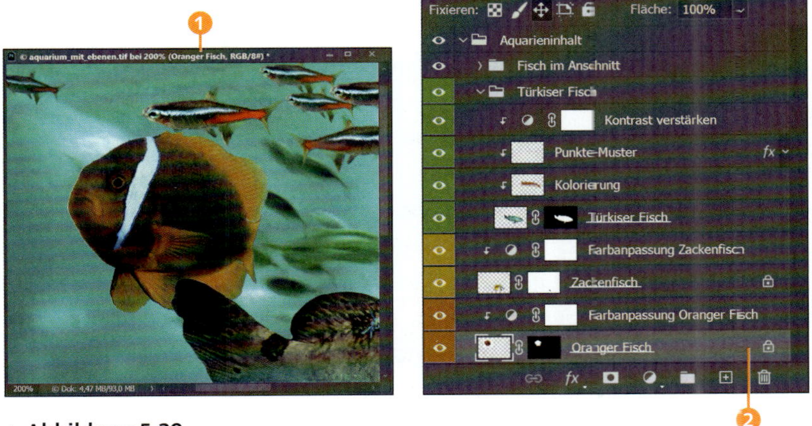

▲ **Abbildung 5.29**
Welche Ebene ist aktiv? Bildtitelleiste und Ebenen-Bedienfeld geben Aufschluss.

Welche Ebene enthält was?
Wenn Sie unsicher sind, welche Elemente eines Bildes überhaupt auf eigenen Ebenen liegen und welche Bildobjekte sich bereits auf einer gemeinsamen Ebene befinden, aktivieren Sie ANSICHT • ANZEIGEN • EBENENKANTEN. Der Inhalt der jeweils aktiven Ebene wird dann mit einem schmalen blauen Rahmen umgeben.

▲ **Abbildung 5.30**
Eingeblendete Ebenenkante

5.4.2 Ebene oder Gruppe aktivieren

Um von einer Ebene in die andere zu wechseln, gibt es mehrere Wege:

- Ein einfacher **Klick** in die betreffende Zeile des Ebenen-Bedienfelds ist wohl die üblichste und auch treffsicherste Methode, Ebenen oder Gruppen zu aktivieren. Bei den folgenden Tricks kann es passieren, dass Sie versehentlich die falsche Ebene erwischen.
- In den **Optionen des Verschieben-Werkzeugs** V finden Sie in der Liste die Auswahl AUTOMATISCH AUSWÄHLEN: EBENE und AUTOMATISCH AUSWÄHLEN: GRUPPE.

▲ **Abbildung 5.31**
Die Optionen des Verschieben-Werkzeugs (Ausschnitt, ohne 3D-Funktionen)

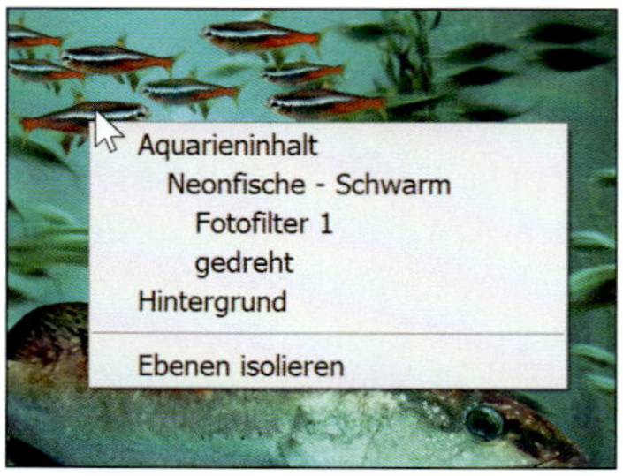

▲ **Abbildung 5.32**
Ist das Verschieben-Werkzeug aktiv, zeigt das Kontextmenü alle Ebenennamen an.

Mehr Kürzel
Mehr praktische Shortcuts zum Navigieren im Ebenen-Bedienfeld finden Sie in Tabelle 5.1.

Ist eine dieser Optionen eingeschaltet, brauchen Sie nur noch mit dem Verschieben-Werkzeug an eine Stelle ins Bild zu klicken, und die Ebene oder Gruppe, die Sie unter dem Mauszeiger haben, ist zur Bearbeitung aktiviert. Das funktioniert jedoch bei kompliziert geschichteten Bildern nicht immer gut.

- Wenn Sie das Verschieben-Werkzeug schon aktiviert haben: Eine weitere Möglichkeit ist ein **Rechtsklick** ins Bild – Sie erhalten dann eine Liste mit allen Ebenen- und Gruppennamen in Mausnähe, mit deren Hilfe Sie schnell zur gewünschten Ebene oder Gruppe springen. Das funktioniert natürlich nur, wenn Sie bei der Namensvergabe zuvor sehr diszipliniert waren.
- Sie können sich auch per **Tastenkürzel** durch das Ebenen-Bedienfeld hangeln. Diese Shortcuts sollten Sie unbedingt lernen, Sie werden sie oft brauchen! Mit `Alt`+`.` (Punkt) wechseln Sie zur Ebene oberhalb der zuletzt aktiven Ebene, und mit `Alt`+`,` (Komma) erreichen Sie die Ebene unterhalb der zuletzt aktiven Ebene.

Werkzeug funktioniert nicht?
Die aktivierte Ebene oder Gruppe wird bearbeitet – dieses Prinzip befolgt Photoshop streng, auch wenn das jeweilige gerade ausgeblendet oder aus anderen Gründen unsichtbar ist. In einigen Fällen blendet Photoshop eine Warnung ein – jedoch nicht immer. **Sie müssen also aufpassen, dass Sie nicht irrtümlich die falsche Ebene ändern.** Auch unerwartete Ergebnisse beim Filter- und Werkzeugeinsatz sind oft darauf zurückzuführen, dass eine andere Ebene aktiviert ist als erwartet. Behalten Sie das Ebenen-Bedienfeld immer im Blick!

Mehrere Ebenen oder Ebenengruppen aktivieren | Sie können auch mehrere Ebenen oder Ebenengruppen auf einmal zur Bearbeitung aktivieren. Das ist wichtig, wenn Sie Ebenen oder Gruppen gemeinsam bearbeiten oder verbinden wollen. Auch das funktioniert mit Klicks in das Ebenen-Bedienfeld. Befehls-Modifier helfen dabei, mehrere Ebenen – oder Ebenengruppen – auf einmal zu aktivieren:

- Wenn Sie `Strg`/`cmd` drücken und dann in das Ebenen-Bedienfeld klicken, können Sie **beliebige** Ebenen aktivieren.
- Um mehrere **aufeinanderfolgende** Ebenen auf einmal zu aktivieren, halten Sie `⇧` gedrückt, während Sie die erste und die letzte Ebene anklicken.
- Wenn Sie lediglich Ebenen einer Art – zum Beispiel alle Textebenen oder alle Einstellungsebenen – aktivieren wollen, nutzen Sie am besten den Ebenenfilter im Ebenen-Bedienfeld. In Abschnitt 5.4.4, »Ebenenfilter und andere Tricks«, stelle ich ihn ausführlich vor.

Um Ebenen zu aktivieren oder zu deaktivieren, gibt es auch Menübefehle, die sich ins AUSWAHL-Menü verirrt haben – eigentlich wären sie besser im Menü EBENE aufgehoben, denn es wird damit keine Auswahl von Bildteilen erzeugt (wie das geht, lesen Sie in Teil IV, »Auswählen, freistellen und maskieren«), sondern von Bildebenen!

- Mit AUSWAHL • ALLE EBENEN aktivieren Sie alle Ebenen auf einen Schlag.
- Mit AUSWAHL • EBENENAUSWAHL AUFHEBEN deaktivieren Sie die Ebenen wieder.

Wozu mehrere Ebenen gleichzeitig aktivieren? | Photoshop erlaubt Ihnen, verschiedene Arbeitsschritte auf *alle* Ebenen anzuwenden, die im Ebenen-Bedienfeld markiert – also aktiviert – sind. Sie sparen dadurch Zeit und arbeiten effektiver! Mehrere markierte Ebenen eines Bildes lassen sich

- in Deckkraft und Mischmodus ändern,
- gemeinsam verschieben,
- gemeinsam transformieren,
- aneinander ausrichten und
- in andere Bilder transferieren.

Zum Weiterlesen
Das Aktivieren bzw. Auswählen mehrerer Ebenen zusammen ist nur temporär. Wie Sie mehrere **Ebenen dauerhafter miteinander verbinden**, lesen Sie in Abschnitt 5.4.8, »Ebenen und Gruppen dauerhaft verbinden«.

Ebeneneffekte können schnell auf mehrere markierte Ebenen gleichzeitig angewandt werden. Mehrere markierte Ebenen sind die Grundlage für das Anlegen von Ebenengruppen und von verbundenen Ebenen.

Jedoch lassen sich Aktivitäten, bei denen die Original-Ebenenpixel verändert werden (so zum Beispiel beim Malen, bei Retuschen und Bildkorrekturen), immer nur auf eine, nämlich die aktive Bildebene anwenden.

Passend in die Ebene zoomen | Eine weitere sehr hilfreiche Funktion: Wenn Sie mit gehaltener Alt-Taste auf eine Ebenenminiatur klicken, wird sofort in den relevanten Bereich der Ebene gezoomt.

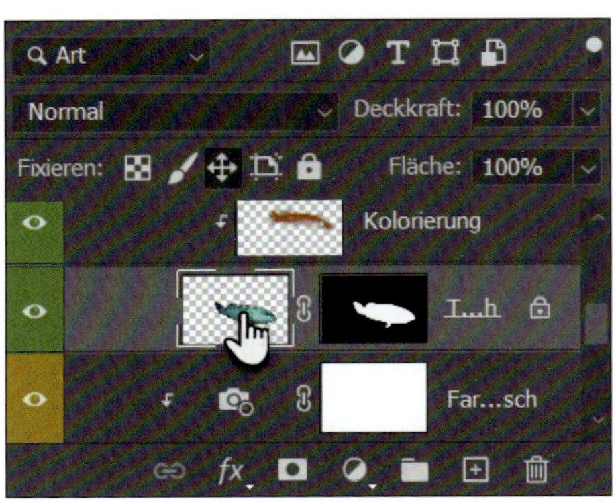

◄ **Abbildung 5.33**
Klicken Sie mit gehaltener Alt-Taste auf eine Ebenenminiatur, wird in den entsprechenden Bereich der Ebene gezoomt. Im Beispiel wird der Fisch in maximal darstellbarer Größe angezeigt.

Was wollen Sie tun?	Windows	Mac
zur **nächsthöheren** Ebene im Ebenen-Schichtaufbau springen	Alt + . (Punkt)	alt + . (Punkt)
zur **nächsttieferen** Ebene im Ebenen-Schichtaufbau springen	Alt + , (Komma)	alt + , (Komma)
zur **obersten** Ebene im Ebenen-Schichtaufbau springen	⇧ + Alt + - (Minus)	⇧ + alt + - (Minus)
zur **untersten** Ebene im Ebenen-Schichtaufbau springen	Alt + - (Minus)	alt + - (Minus)
zusätzlich zur aktuell aktiven die **darüberliegende Ebene** aktivieren	⇧ + Alt + . (Punkt)	⇧ + alt + . (Punkt)
zusätzlich zur aktuell aktiven die **darunterliegende Ebene** aktivieren	⇧ + Alt + , (Komma)	⇧ + alt + , (Komma)
mehrere Ebenen oder Gruppen auf einmal aktivieren	mit Strg im Ebenen-Bedienfeld entsprechende Ebenen(gruppen) per Maus auswählen	mit cmd im Ebenen-Bedienfeld entsprechende Ebenen(gruppen) per Maus auswählen
mehrere aufeinanderfolgende Ebenen oder Ebenengruppen auf einmal aktivieren	mit ⇧ im Ebenen-Bedienfeld die erste und die letzte Ebene(ngruppe) anklicken, die Sie aktivieren wollen	mit ⇧ im Ebenen-Bedienfeld die erste und die letzte Ebene(ngruppe) anklicken, die Sie aktivieren wollen

▲ **Tabelle 5.1**
Tastaturbefehle für das Aktivieren von Ebenen auf einen Blick

5.4.3 Sichtbarkeit von Ebenen und Gruppen

Ebenen erlauben flexibles Arbeiten und Experimentieren. Dazu gehört auch, Ebenen, die derzeit nicht benötigt werden, erst einmal auszublenden – aus dem Dokument löschen können Sie sie, wenn klar ist, dass Sie sie wirklich nicht mehr brauchen. Im Ebenen-Bedienfeld ganz links sehen Sie neben jeder Ebenen- oder Ebenengruppen-Miniatur ein Augensymbol. Durch einfaches Klicken auf das entsprechende Auge 1 blenden Sie die betreffende Ebene oder die Ebenengruppe ein und aus.

Abbildung 5.34 ▸
Mit einem Klick blenden Sie Ebenen oder Gruppen aus der Bildansicht aus.

Wenn Sie das Bild drucken oder in einem Dateiformat speichern, das Ebenen nicht unterstützt, werden ausgeblendete Ebenen und Gruppen nicht angezeigt – sie werden also behandelt, als gäbe es sie gar nicht.

Mehrere Ebenen oder Gruppen ausblenden | Um mehrere Ebenen oder Gruppen auf einmal auszublenden, müssen Sie nicht zigmal klicken. Es genügt, wenn Sie mit gehaltener Maustaste die Reihe der Augensymbole entlangfahren. Auf dieselbe Art und Weise blenden Sie die Ebenen auch wieder ein.

Alle Ebenen oder Gruppen bis auf eine ausblenden | Es gibt auch einen Befehl, der alle Ebenen oder Gruppen bis auf eine bestimmte ein- oder ausblendet. Eine solche Ansicht wird häufig gebraucht, um einzelne Elemente einer Komposition genau zu prüfen und nachzubearbeiten – oder um Ebenen in umfangreichen Dateien wiederzufinden, wenn Ihnen die Übersicht abhandengekommen ist. Klicken Sie bei gehaltener [Alt]-Taste auf das Augensymbol der Ebene oder Ebenengruppe, die Sie allein sehen wollen. Alle übrigen Ebenen und Gruppen werden dann ausgeblendet. Ein erneuter [Alt]-Klick auf das Auge blendet sie wieder ein.

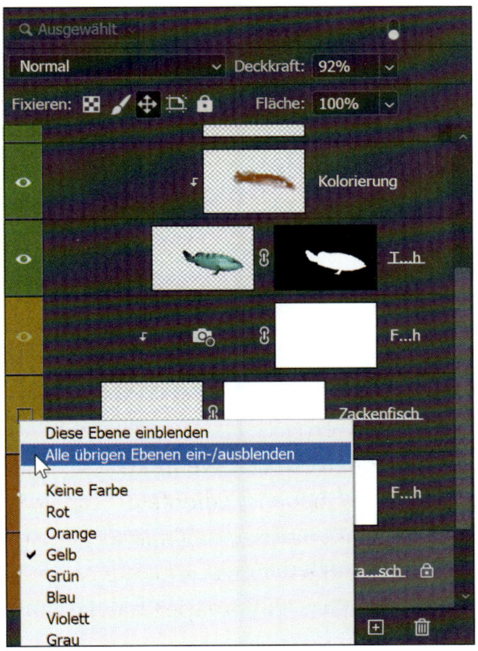

◂ **Abbildung 5.35**
Der Rechtsklick auf das Auge fördert Befehle zutage, mit denen Sie auf einen Schlag alle Ebenen(gruppen) außer einer ein- und ausblenden.

Zum Weiterlesen
Mit dem Bedienfeld EBENENKOMPOSITION ermöglicht Photoshop das Sichtbarmachen mehrerer Ebenen und Gruppen mit einem einzigen Mausklick. Mehr darüber erfahren Sie in Abschnitt 5.7, »Ebenenkompositionen«.

Ebene eingeblendet und trotzdem nicht zu sehen?
Wenn Sie eine eingeblendete Ebene oder Gruppe im Bild nicht finden, kontrollieren Sie folgende Punkte:

- Wie hoch ist die Deckkraft der Ebene oder Gruppe?
- Steht im Ebenen-Bedienfeld die Einstellung unter FLÄCHE auch auf 100 %?
- Befinden sich eventuell andere Ebenen vor der gesuchten Ebene?
- Haben Sie die Pixel, die ursprünglich auf der Ebene waren, unbeabsichtigt auf eine andere Ebene manövriert?
- Ist die Ebene versehentlich aus dem Bild geschoben worden?

▾ **Tabelle 5.2**
Tastaturbefehle für das Einblenden und Ausblenden von Ebenen(gruppen) auf einen Blick

Was wollen Sie tun?	Windows	Mac
nur diese Ebenen(gruppe) ein-/ausblenden	Klick auf das Auge	Klick auf das Auge
mehrere untereinanderliegende Ebenen(gruppen) ein- oder ausblenden	mit gehaltener Maustaste Augen-Icons »abfahren«	mit gehaltener Maustaste Augen-Icons »abfahren«
alle *anderen* sichtbaren Ebenen(gruppen) außer der aktuell aktiven ein-/ausblenden	[Alt] + Klick auf das Auge	[alt] + Klick auf das Auge

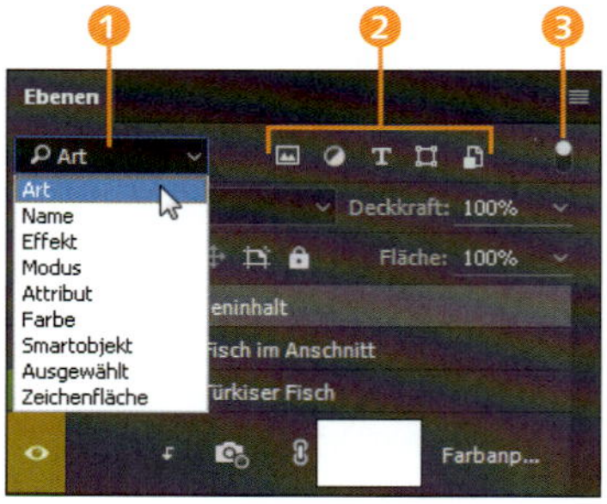

▲ **Abbildung 5.36**
Suchoptionen des Ebenenfilters

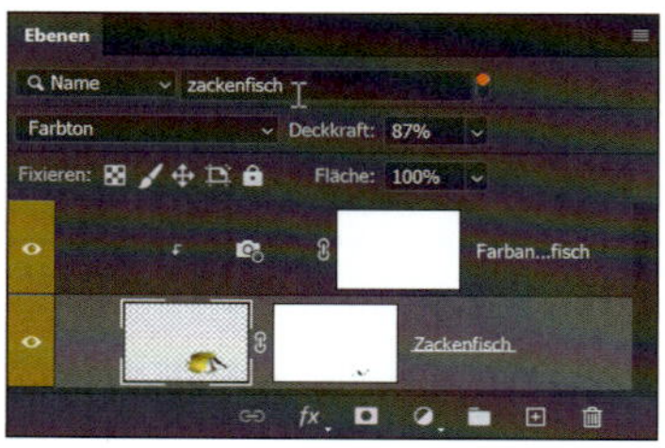

▲ **Abbildung 5.37**
Um den Namensfilter zu nutzen, müssen Sie zuvor konsequent Ebenen mit Namen versehen haben – und diese im Gedächtnis behalten.

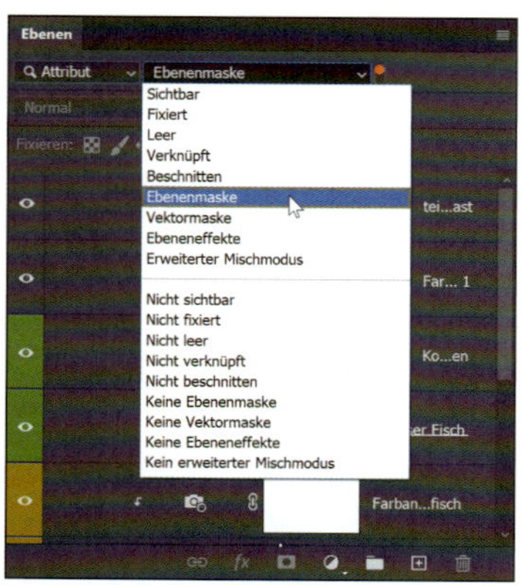

▲ **Abbildung 5.38**
Der ATTRIBUT-Filter hilft auch, wenn Sie nur noch eine vage Vorstellung davon haben, wie die gesuchte Ebene beschaffen ist.

5.4.4 Ebenen wiederfinden: Ebenenfilter und andere Tricks

In der Bildbearbeitungspraxis haben Dokumente oft weit mehr Ebenen als die in diesem Kapitel gezeigten Konstruktionen. Photoshop kann inzwischen Dokumente mit mehreren Tausend Ebenen handhaben – es ist eher die Rechnerleistung, die hier Grenzen setzt. Auch bei gutem Ebenenmanagement kann das Auffinden der Ebene, die man als Nächstes bearbeiten will, dauern. Doch es gibt Hilfsmittel für das effektive Arbeiten mit einer Vielzahl von Ebenen.

Die Ebenen-Suchmaschine: Ebenenfilter | Direkt unterhalb des Ebenen-Bedienfeld-Karteireiters sehen Sie eine Dropdown-Liste ❶, fünf Icons ❷ und einen kleinen Schalter ❸: Photoshops Ebenenfilter. Mit dessen Hilfe können Sie die Ebenen im Bedienfeld durchsuchen und nach bestimmten Kriterien anzeigen oder ausblenden lassen. Dies betrifft jedoch nur die Anzeige im Ebenen-Bedienfeld – nicht die im Bild! Mit Hilfe des Ebenenfilters können Sie die Ebenenanzeige auf Ebenen einer bestimmten Art begrenzen – etwa nur Formebenen oder nur Textebenen. Auch die gezielte Suche nach Ebenennamen ist möglich. Und das Beste: Der Suchfilter findet sogar Ebenen, die tief in verschachtelten Gruppen versteckt sind.

Sie können gezielt nach Ebenen einer bestimmten **Art** suchen. Stellen Sie in der Dropdown-Liste ❶ ART ein (das ist auch die Standardeinstellung).

- Ein Klick auf den Mini-Button NACH PIXELEBENEN FILTERN blendet lediglich die Pixelebenen eines Bildes im Ebenen-Bedienfeld ein und alle anderen Ebenen aus.
- Der Button NACH EINSTELLUNGSEBENEN FILTERN blendet nur die Einstellungsebenen im Ebenen-Bedienfeld ein.
- Klicken auf den Button T NACH TEXTEBENEN FILTERN zeigt nur die Textebenen des Dokuments im Ebenen-Bedienfeld an.
- Der Button NACH FORMEBENEN FILTERN zeigt nur die Formebenen im Ebenen-Bedienfeld.
- Und ein Klick auf den Button NACH SMARTOBJEKTEN FILTERN zeigt Ihnen lediglich die im Bild vorhandenen Smartobjekte im Ebenen-Bedienfeld an.

Mit der Dropdown-Liste haben Sie jedoch noch **weiter gehende Suchmöglichkeiten**. Dort können Sie auch nach einem bestimmten Ebenennamen (NAME), nach Ebenenstilen (EFFEKT), Ebenen mit einem bestimmten Mischmodus (MODUS), nach zusätzlichen Attributen wie Sichtbarkeit, Vorhandensein einer Maske und Ähnlichem (ATTRIBUT) oder der Farbkennzeichnung der Ebene (FARBE) suchen.

Der Ebenenfilter bewirkt, dass nur Ebenen eines bestimmten Typs im Ebenen-Bedienfeld zu sehen sind – und die anderen eben nicht. Wollen Sie kurzzeitig **zur ungefilterten Ebenenansicht wechseln**, müssen Sie nicht Ihren Filter komplett löschen. Ein kleiner Schalter ganz rechts neben den Filter-Buttons ③ hebt die Wirkung des Ebenenfilters kurzerhand auf – bis Sie den Filter wieder brauchen und den Schalter erneut betätigen. Außerdem stellt er die **Anzeige für Filteraktivität** dar: Er leuchtet immer dann rot, wenn gerade ein Ebenenfilter aktiv ist. Wenn Sie einmal eine Ebene im Bedienfeld partout nicht finden, kontrollieren Sie besser, ob der Filter gerade aktiv ist und die Anzeige der gesuchten Ebene unterdrückt.

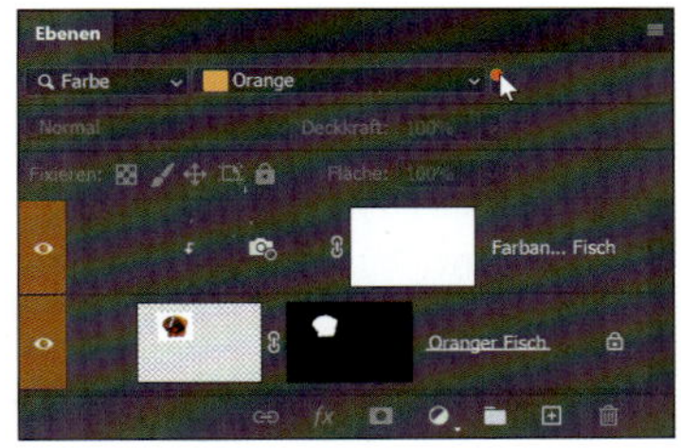

▲ **Abbildung 5.39**
Ebenenfilter kurz ausschalten

Ebenen »isolieren« | Der Befehl Ebenen isolieren ist eine Weiterentwicklung des Ebenenfilters. Mit einem Klick können Sie sich im Ebenen-Bedienfeld ausschließlich ausgewählte (markierte) Ebenen anzeigen lassen. Die anderen werden kurzfristig ausgeblendet. Die Nutzung ist so einfach, dass diese Funktion bestimmt schnell zum alltäglichen Handwerkszeug gehört:

1. Wählen Sie im Ebenen-Bedienfeld die Ebenen aus, die Sie bearbeiten und anzeigen lassen wollen.
2. Wählen Sie den Befehl Ebenen isolieren. Sie finden ihn im Menü Auswahl oder bei aktivem Verschieben-Werkzeug [V] auch im Kontextmenü, wenn Sie über der Bildfläche rechtsklicken. Wie die Ebenenfilter wirkt auch dieser Befehl auf die Anzeige der Ebenen im Ebenen-Bedienfeld, nicht auf die Anzeige im Dokumentfenster!
3. Sie können die gewählten und isolierten Ebenen nun gemeinsam bearbeiten.
4. Um den Befehl wieder zurückzunehmen und alle Ebenen einzublenden, entfernen Sie unter Auswahl • Ebenen isolieren das Häkchen oder setzen im Ebenen-Bedienfeld den (roten) Filterschalter ④ zurück.

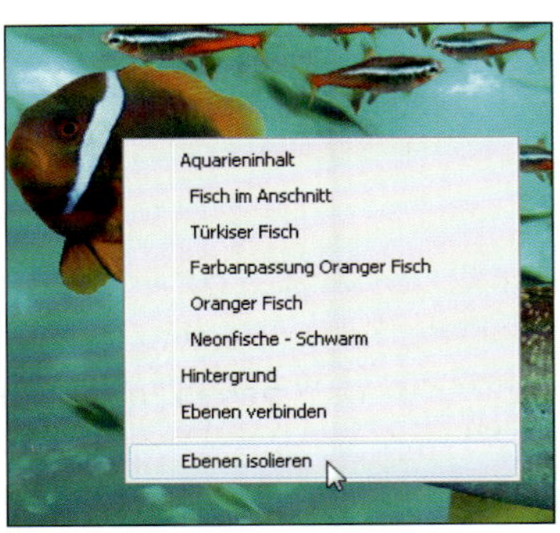

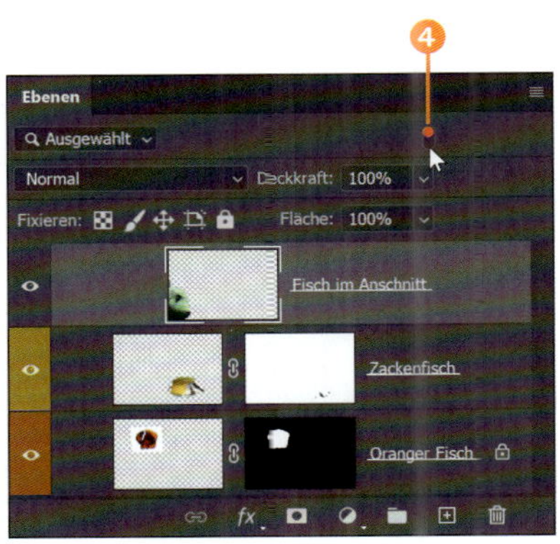

◂◂ **Abbildung 5.40**
Im Kontextmenü des Verschieben-Werkzeugs finden Sie den Befehl Ebenen isolieren – allerdings nur, wenn Sie auf das Bild einer zuvor markierten Ebene rechtsklicken.

◂ **Abbildung 5.41**
Zwei isolierte Objekte im Ebenen-Bedienfeld. Mit dem roten Filterschalter ④ bringen Sie das Bedienfeld wieder in die Normalansicht.

Zum Weiterlesen
Wie Sie Ebenen (um-)benennen und farblich kennzeichnen, erfahren Sie in Abschnitt 5.5, »Ebenenmanagement: Miniaturdarstellung, Namen und Kennzeichnung«.

Schnelle Rettung für Ebenenchaoten | Wenn Sie Ihre Bildebenen im Bedienfeld nicht ordentlich benannt und sortiert haben, bringt Sie der Ebenenfilter bei der Suche nach einer bestimmten Ebene nicht unbedingt weiter. In solchen Fällen helfen Ihnen zwei Optionen des Verschieben-Werkzeugs, auch im unbetitelten Ebenenchaos eine bestimmte Ebene wiederzufinden:

- Ist Automatisch auswählen: Ebene in der Optionsleiste aktiv, reicht ein Klick auf das Bildobjekt, dessen Ebene Sie suchen. Die gesuchte Ebene wird dann im Ebenen-Bedienfeld markiert. Diese Option sollten Sie tunlichst deaktivieren, wenn Sie sie nicht mehr brauchen. Es passiert sonst sehr schnell, dass Sie eine korrekt positionierte Ebene irrtümlich verschieben!
- Die schnellere und unkompliziertere Lösung: Klicken Sie mit aktivem Verschieben-Werkzeug und bei gehaltener Strg/cmd-Taste auf das zu bearbeitende Objekt im Bild. Auch dann wird die Ebene im Bedienfeld automatisch aktiviert.

Beide Methoden funktionieren nicht, wenn in einer komplexen Montage mehrere Ebenenobjekte direkt übereinanderstehen – Photoshop springt dann zur jeweils obersten Ebene, und das ist ja nicht immer die gesuchte. Wenn Sie wissen wollen, welche Inhalte die aktive Ebene überhaupt aufweist, wählen Sie entweder den schon genannten Befehl Ansicht • Anzeigen • Ebenenkanten, oder Sie aktivieren das Verschieben-Werkzeug V und wählen dort in der Optionsleiste die Option Transformationssteuerungen. Dann erscheint um die Ebene im Bild ein kleiner Rahmen, der die Bildgegenstände der jeweils aktiven Ebene im Bild hervorhebt.

▲ **Abbildung 5.42**
Photoshop warnt Sie nicht, wenn Sie im Begriff sind, Ebenen aus dem sichtbaren Bildausschnitt zu bugsieren.

Ebenen außerhalb des Bildausschnitts | Es ist auch möglich, Ebenen ganz aus dem Bild herauszuschieben – was natürlich keine empfohlene Arbeitstechnik darstellt. Um Ebenen nur kurz auszublenden, sollten Sie lieber das Augensymbol im Ebenen-Bedienfeld nutzen.

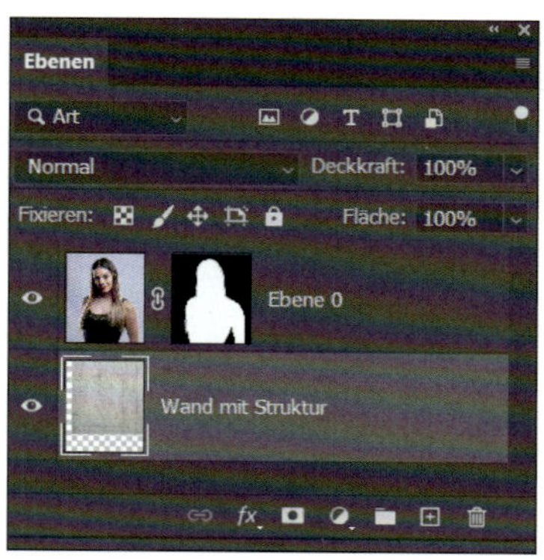

◀ **Abbildung 5.43**
Die Ebenenminiatur gibt Hinweise über die Ebenenposition. Der Inhalt von Ebenen, der komplett aus dem Bild geschoben ist, wird in den Miniaturen jedoch nicht gezeigt!

Dennoch lässt es sich nicht immer vermeiden, dass Ebenen völlig aus dem sichtbaren Bereich eines Dokuments verschwinden. Besonders dann, wenn Sie großformatige Ebenen in ein Bild einfügen und sie dann stark verkleinern, kann es passieren, dass der Ebeneninhalt außer Sicht gerät. Mit einer der drei Methoden bekommen Sie Ihre verlorengegangene Ebene garantiert wieder zu fassen:

- Wählen Sie den Menübefehl Bild • Alles einblenden. Es wird automatisch so viel Arbeitsfläche an das Bild angestückelt, dass alle Ebeneninhalte vollständig zu sehen sind. Dieses Verfahren geht schnell, zieht jedoch meist das Beschneiden der erweiterten Hintergrundebene nach sich, wenn das Bild wieder auf das Ausgangsmaß gebracht werden soll.
- Zoomen Sie die Bildansicht kleiner, so dass viel Arbeitsfläche drumherum zu sehen ist – irgendwo dort muss die außer Sicht geratene Ebene ja sein. Wechseln Sie zum Verschieben-Werkzeug (Kürzel: V), und aktivieren Sie die Option Transformationssteuerungen. Der Transformationsrahmen verrät Ihnen die Ebenenposition. Klicken Sie mit der Maus in die Fläche innerhalb des Rahmens (nicht jedoch auf einen der »Anfasser«), halten Sie die Maus gedrückt, und ziehen Sie Rahmen und Ebene zurück über die Bildfläche.

◂ **Abbildung 5.44**
Transformationssteuerungen zeigen die Ebenengrenzen auf der Photoshop-Arbeitsfläche. Wenn Sie innerhalb des Quadrats klicken und ziehen (nicht an der Begrenzungslinie!), wird die Ebene ohne Transformation verschoben.

▴ **Abbildung 5.45**
Eine ganze Reihe an Buttons zum Ausrichten steht Ihnen zur Verfügung.

- Markieren Sie die Hintergrundebene und die verlorene Ebene nacheinander im Ebenen-Bedienfeld. Wechseln Sie zum Verschieben-Werkzeug. In der Optionsleiste sehen Sie eine Reihe von Buttons zum Ausrichten. Klicken Sie auf den zweiten (1) und sechsten (2) von links. Die verlorene Ebene wird nun über der Hintergrundebene zentriert.

5.4.5 Neue Ebenen anlegen

Eine neue, leere Ebene anzulegen, ist recht einfach. Die schnellste Methode ist ein Klick auf das NEU-Icon ⊞ am Fuß des Ebenen-Bedienfelds. Dadurch wird eine neue Ebene eingefügt – oberhalb der aktiven Ebene. Eine so erstellte neue Ebene ist transparent (ohne Bildinhalte), wie Sie dann auch im Ebenen-Bedienfeld erkennen: Das Ebenen-Thumbnail trägt das bekannte grau-weiße Würfelmuster.

Eine weitere Möglichkeit, eine neue leere Ebene anzulegen, ist die Tastenkombination ⇧+Strg/cmd+N. Sie erhalten auf diesem Weg dann automatisch das Dialogfeld, in das Sie gleich den Ebenennamen eintragen können.

Und natürlich können Sie auch den langen Weg über die Menüpunkte EBENE • NEU • EBENE gehen oder den Befehl über das Bedienfeldmenü aufrufen.

Neue Ebene unterhalb | Wenn Sie die neue Ebene ausnahmsweise *unterhalb* der aktiven Ebene erstellen wollen, halten Sie zusätzlich zum Klick auf das NEU-Icon ⊞ die Taste Strg/cmd gedrückt.

Ebene beim Erstellen benennen | Wenn Sie beim Klicken auf das NEU-Icon ⊞ zusätzlich die Taste Alt drücken, wird auch gleich ein Dialogfeld eingeblendet, in das Sie die Ebenennamen eintragen können. Standardmäßig werden neue Ebenen lediglich durchnummeriert.

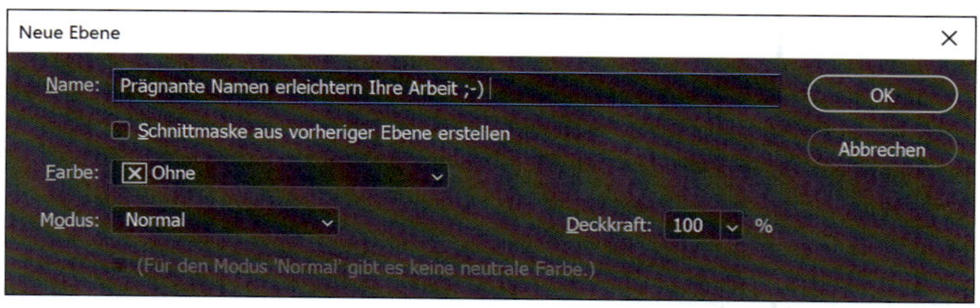

Abbildung 5.46 ▸
Versehen Sie eine neue Ebene schon beim Erstellen mit einem Namen.

Tabelle 5.3 ▾
Tastaturbefehle für das Anlegen leerer Ebenen auf einen Blick

Was wollen Sie tun?	Windows	Mac
neue leere Ebene **oberhalb** der aktiven Ebene anlegen	Klick auf das Icon NEU im Ebenen-Bedienfeld	Klick auf das Icon NEU im Ebenen-Bedienfeld
neue leere Ebene **unterhalb** der aktiven Ebene anlegen	mit gedrückter Strg-Taste auf das Icon NEU im Ebenen-Bedienfeld klicken	mit gedrückter cmd-Taste auf das Icon NEU im Ebenen-Bedienfeld klicken
neue leere Ebene **mit Dialogfeld** anlegen	mit gedrückter Alt-Taste auf das Icon NEU im Ebenen-Bedienfeld klicken	mit gedrückter alt-Taste auf das Icon NEU im Ebenen-Bedienfeld klicken
neue leere Ebene **mit Dialogfeld** anlegen	⇧+Strg+N	⇧+cmd+N

5.4.6 Neue Bildinhalte durch Duplizieren

Eine duplizierte Ebene oder Gruppe ist die genaue Kopie einer bereits im Bild vorhandenen Ebene oder Gruppe. Für die Verwendung solcher duplizierter Ebenen gibt es zahlreiche Anlässe.

Verwendung von Duplikaten | Bildinhalte lassen sich auf diese Weise schnell vervielfältigen, und so wird beispielsweise aus einem einzelnen Fisch ein ganzer Schwarm. Das funktioniert natürlich nur, wenn das zu vermehrende Bildobjekt isoliert auf einer transparenten Ebene steht – wenn die duplizierten Ebenen vollständig mit deckenden Pixeln gefüllt sind, decken sie sich gegenseitig ab.

Oder wollen Sie ein wenig **experimentieren**? Nehmen Sie lieber die Kopie, und behalten Sie die Originalebene zur Sicherheit zurück! Aus duplizierten Gruppen stellen Sie so leicht Gestaltungsvarianten her.

Eine weitere Möglichkeit: Sie haben eine **Textzeile**, die bereits mit einem komplexen Layout versehen ist, und brauchen eine zweite Textzeile mit demselben Aussehen? Der Textinhalt lässt sich leicht ändern, für das Übertragen des Layouts müssen Sie schon mehr Zeit aufwenden. Auch hier empfiehlt es sich, die ursprüngliche Ebene zu duplizieren und nur den Wortlaut zu verändern.

Gelegentlich werden Ebenenduplikate auch für **Bildeffekte** genutzt; arbeiten Sie dann mit den verschiedenen Ebenen-Mischmodi.

Massenduplikate
Es ist auch möglich, mehrere Ebenen auf einen Schlag zu duplizieren. Die üblichen Befehle funktionieren – Sie müssen lediglich mehrere Ebenen im Ebenen-Bedienfeld markieren.

Zum Weiterlesen
Auch der **Kopierstempel** [S] ist unter Umständen zur Vervielfältigung von Bildobjekten brauchbar (je nach Bildsituation). Wie das funktioniert, lesen Sie in Kapitel 20, »Bildretusche«.

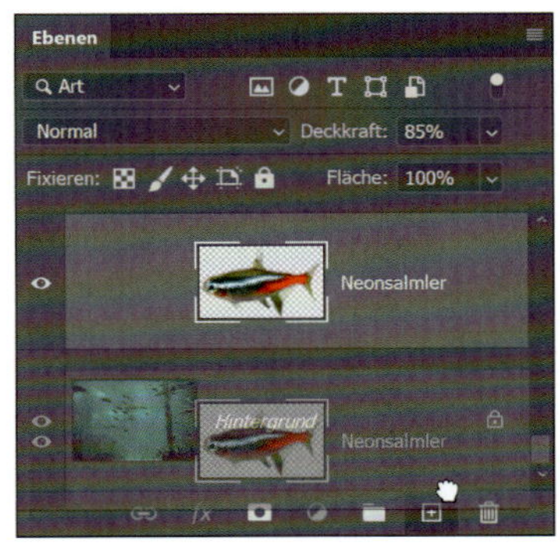

▲ **Abbildung 5.47**
Ziehen Sie eine Ebene über das NEU-Icon, um ein Duplikat zu erzeugen.

»Scrabble.tif«

Wie funktioniert das Duplizieren? | Hier gibt es verschiedene Vorgehensweisen. Sie müssen selbst entscheiden, wie Sie lieber arbeiten.

- Ziehen Sie die Ebene oder Gruppe, die Sie duplizieren wollen, einfach über das **Neu-Icon** am Fuß des Ebenen-Bedienfelds. Ganz automatisch erscheint nach dem Loslassen der Maustaste oberhalb der Ausgangsebene das Duplikat, zwar mit dem gleichen Namen, aber mit dem Zusatz »Kopie«. Solch einen wenig aussagekräftigen Namen sollten Sie alsbald ändern.
- Wenn Sie bei aktivem **Verschieben-Werkzeug** [V] die Ebenen bewegen und zusätzlich [Alt] drücken, wird automatisch ein Ebenenduplikat erstellt und bewegt.
- Möglichkeit drei ist ein **Rechtsklick** auf den neutralen Bereich der Ebenenzeile oder Gruppe, von der Sie das Duplikat anfertigen wollen. Klicken Sie nicht auf die Miniaturen und nicht auf den Ebenentitel! Wählen Sie anschließend im Kontextmenü den Befehl EBENE DUPLIZIEREN oder GRUPPE DUPLIZIEREN. Dann erscheint ein Dialogfeld, in dem Sie den Namen (1) des Ebenenduplikats festlegen können. Sie können außerdem entscheiden, wo das Duplikat eingefügt werden soll: Sofern weitere Dateien geöffnet sind, kann Ihr Ebenenduplikat auch

direkt dort ② erstellt werden. So sparen Sie sich das Verschieben der frisch duplizierten Ebene oder Gruppe in ein anderes Dokument.

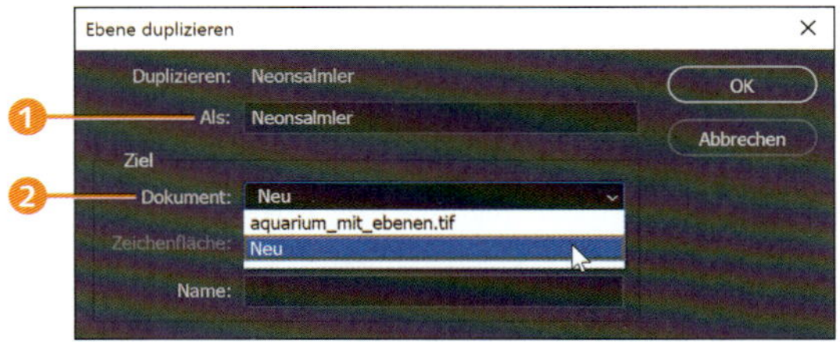

Abbildung 5.48 ▸
Wo soll das Ebenenduplikat landen? Zur Auswahl stehen das Ausgangsbild, eine der anderen aktuell geöffneten Dateien oder eine ganz neue Datei.

- **Duplikat per Shortcut:** Erfahrene Photoshop-Anwender kennen vermutlich das Tastenkürzel `Strg`/`cmd`+`J` – damit lässt sich die aktive Ebene oder ein Auswahlbereich blitzschnell kopieren und oberhalb der aktiven Ebene einfügen. Dieser Kurzbefehl funktioniert sogar, wenn Sie mehrere Ebenen auf einmal aktiviert haben (dann allerdings nur für ganze Ebenen und nicht für Auswahlbereiche).

Nachdem Sie Ebenen oder Gruppen dupliziert haben, wird Ihnen auffallen, dass sich im Bild selbst nichts verändert hat. Das liegt daran, dass Ebenenduplikate immer an genau derselben Stelle eingefügt werden wie die Ausgangsebene. Die Ebeneninhalte sind übereinandergestapelt und decken sich gegenseitig ab. Sie müssen also die Ebenen noch verschieben, um alle neuen Inhalte im Blick zu haben.

Duplikate ohne »Kopie« | Standardmäßig erhält jede duplizierte Ebene oder Gruppe den Namenszusatz »Kopie« (etwa »Hintergrund Kopie«, »Hintergrund Kopie 2« usw.). Wenn Sie das stört, können Sie dieses Verhalten abschalten: Wählen Sie im Menü des Ebenen-Bedienfelds ☰ den Befehl BEDIENFELDOPTIONEN, und deaktivieren Sie dann den Befehl »KOPIE« IN DEN NAMEN KOPIERTER EBENEN UND GRUPPEN EINFÜGEN. Die kopierten Ebenen heißen dann genauso wie ihr Original.

Ebenenduplikate per Tastenkürzel
Wenn Sie die Pfeiltasten benutzen und dabei `Alt` gedrückt halten, werden – kontinuierlich! – Ebenenduplikate angelegt. Auch hier können Sie wiederum ergänzend `⇧` drücken, um statt in 1-Pixel- in 10-Pixel-Schritten voranzukommen. Sie können diese Funktion zum Beispiel verwenden, um Bewegung darzustellen. Oder einfach, um Objekte auf einfache Weise zu vermehren.

Bild: Fotolia, Vapetrac

▴ Abbildung 5.49
Aus drei Spielsteinen …

▴ Abbildung 5.50
… wird mit wenigen Handgriffen ein ganzer Stapel. Durch Verschieben der Ebenen gegeneinander entstand ein realistischerer Effekt.

5.4.7 Neue Bildinhalte: Ebenen oder Gruppen zwischen Dateien bewegen

Ebenen und Gruppen können Sie auch von einem Bild in ein anderes ziehen (streng genommen: hinüberkopieren). Dabei stehen Ihnen verschiedene Wege offen:

- per Drag & Drop mit der Maus
- mit Copy & Paste (Kopieren und Einfügen)
- durch Duplizieren und Festlegen eines anderen geöffneten Bildes als Zieldokument (siehe Abbildung 5.48)

Wie Sie auch vorgehen – als Erstes müssen Sie beide Bilder öffnen: das Bild, aus dem Sie Ebenen oder Gruppen kopieren möchten, und das Bild, in das sie eingefügt werden sollen. Das klappt mit Tabs oder frei schwebenden Fenstern. Es ist jedoch einfacher, Tabs ordentlich auf der Arbeitsfläche zu arrangieren, so dass Sie alles im Blick haben.

Dokument-Tabs schön ordentlich
Am einfachsten sind Drag-&-Drop-Aktionen, wenn Sie Ihre Dokumente so anordnen, dass alle sichtbar sind. Sofern Sie mit Dokument-Tabs arbeiten, geht das zügig mit den Befehlen unter FENSTER • ANORDNEN.

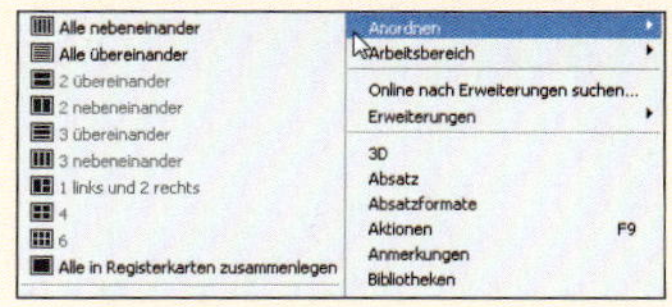

▲ **Abbildung 5.51**
Alle Tab-Inhalte im Blick

Drag & Drop: Aus dem Ebenen-Bedienfeld ins Bild | Um eine Ebene oder Gruppe mit der Maus in ein anderes Bild zu ziehen, bewegen Sie den Mauszeiger im Ebenen-Bedienfeld auf die Ebene oder Gruppe, die Sie hinüberkopieren wollen, halten die Maustaste gedrückt und ziehen die Maus aus dem Bereich des Ebenen-Bedienfelds heraus. Dabei ist es gleichgültig, welches Werkzeug aktiv ist. Der Mauszeiger wird zu einer Greifhand, die eine transparente Vorschauversion der Ebene (oder Gruppe) »festhält«. Bewegen Sie dann die Greifhand über das Bild, in das die Ebene oder Gruppe eingefügt werden soll, und lassen Sie dort die Maustaste einfach los. Das neue Bildobjekt wird eingefügt.

»AquariumLeer.tif«, »GelberZackenfisch.tif«

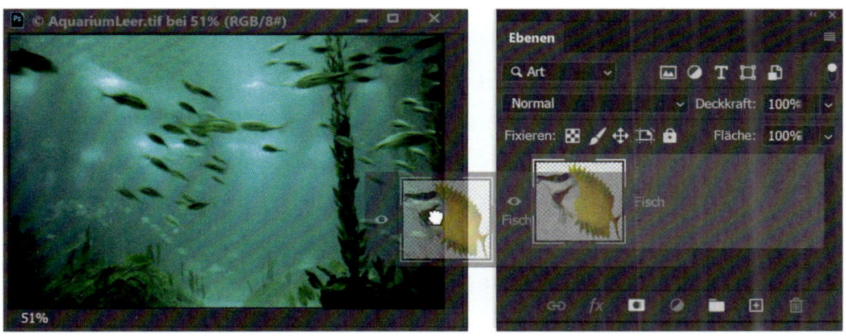

◂ **Abbildung 5.52**
Eine Kopie der Ebene »Fisch« wird gerade ins Aquarium-Bild bugsiert. Das Ebenenoriginal verbleibt in der Ausgangsdatei.

Drag & Drop: Von Bild zu Bild | Sie können Ebeneninhalte auch direkt von Bild zu Bild ziehen – also einfach, indem Sie **direkt auf das Bild** klicken, das gewünschte Element so »anfassen« und in ein anderes Bild ziehen. Das klappt allerdings nur **bei aktivem Verschieben-Werkzeug** [V] . Das Verfahren funktioniert bei Ebenen oder Gruppen gleichermaßen, allerdings kann es bei komplexen Kompositionen passieren, dass Sie versehentlich das falsche Objekt erwischen.

Mehr als eine Ebene bewegen
Wollen Sie mehrere Ebenen oder Gruppen zusammen in ein anderes Bild hinüberziehen, genügt es, sie vorher gemeinsam zu aktivieren.

◂ **Abbildung 5.53**
Hinüberkopieren einer Bildebene in ein anderes Bild mit dem Verschieben-Werkzeug. Auch wenn es so aussieht, als würde die Ebene tatsächlich in das andere Bild *gezogen*: Es wird lediglich eine *Kopie* erstellt; das Original bleibt unversehrt.

Position übernehmen
Wenn Sie die [⇧]-Taste gedrückt halten, während Sie eine Ebene in ein anderes Bild ziehen, landet die Ebene im neuen Bild an genau derselben Stelle wie im alten Bild. Bedingung: Beide Bilder sind gleich groß und haben dieselbe Auflösung.

Drag & Drop: Verdeckte Bilder in Tabs | Sie müssen Registerkarten nicht unbedingt so arrangieren, dass beide Bilder sichtbar sind. Auch bei der Ansicht in Tabs, wenn ein Bild das andere verdeckt, ist Drag & Drop möglich. So funktioniert der Transfer:

1. Das Verschieben-Werkzeug muss aktiv sein.
2. »Fassen« Sie die Ebene **direkt im Dokumentfenster** an. Das Herüberziehen vom Ebenen-Bedienfeld funktioniert in diesem Fall nicht!
3. Ziehen Sie die Ebene mit dem Verschieben-Werkzeug beherzt in Richtung des Karteireiters des inaktiven Bildes, und halten Sie die Maus gegebenenfalls einen Moment darüber, bis das Bild nach vorn kommt.
4. Lassen Sie die Maus dann los. Das Objekt wird im Zielbild abgelegt.

Ebeneninhalte bewegen per Copy & Paste | Kopieren und Einfügen ist manchmal die schnellere Möglichkeit, **einzelne Ebenen** (keine Gruppen) in ein neues Bild zu kopieren. Dabei kommt die Zwischenablage Ihres Rechners zum Einsatz. Dieses Copy-&-Paste-Verfahren wird so häufig eingesetzt, dass Sie sich die Shortcuts in jedem Fall merken sollten. Ich benutze diese Technik gerne, wenn es ganz schnell gehen soll.

1. Die erste Bedingung ist, dass Sie die **Ebenenpixel** (nicht nur die Ebenenzeile im Bedienfeld), die Sie in das zweite Bild übertragen wollen, auswählen. Dazu muss natürlich die gewünschte Ebene aktiv sein. Dann bietet sich der Tastaturbefehl [Strg]/[cmd]+[A] (das »A« steht für »Alles auswählen«) an. Enthält die Ebene auch transparente Flächen, ist ein Klick in die entsprechende Ebenenminiatur mit gehaltener [Strg]/[cmd]-Taste ein guter Weg zur Auswahl aller deckenden Pixel (mehr zum Thema finden Sie in Kapitel 8, »Auswahlen«).
2. Nun **kopieren** Sie die ausgewählten Ebeneninhalte. Am schnellsten ist wiederum die Arbeit per Tastaturkürzel, diesmal mit [Strg]/[cmd]+[C].
3. Um die Ebene in das zweite Bild **einzufügen**, klicken Sie in dessen Titelleiste – damit das Bild aktiv ist – und drücken dann [Strg]/[cmd]+[V]. Die Ebene wird oberhalb der aktiven Ebene eingefügt.

Alternativ benutzen Sie das Menü BEARBEITEN, das Befehle zum Kopieren und Einfügen enthält.

Ebenen sind größer als das Dokument | Ebenen hören nicht zwangsläufig an den Kanten des Dokumentfensters auf. Beim Kopieren von Ebenen zwischen unterschiedlichen Bildern oder nach Ebenentransformationen kommt es öfter vor, dass man eine Ebene in einer Datei hat, die größer ist als die eigentlichen Dokumentgrenzen. Die Ebene bleibt auf dieser Größe, bis

- das gesamte Bild beschnitten wird – zum Beispiel mit AUSWAHL • ALLES AUSWÄHLEN ([Strg]/[cmd]+[A]) und BILD • FREISTELLEN;
- mit dem Freistellungswerkzeug die Ebene per Ebenentransformation kleiner skaliert wurde;
- das Bild in einem Dateiformat gespeichert wird, das Ebenen nicht unterstützt.

Sie können jedoch auch **die Bildfläche vergrößern**, um Platz für übergroße Ebenen zu schaffen:

- Durch Anfügen von Pixeln an das Bild mit BILD • ARBEITSFLÄCHE ([Alt]+[Strg]/[cmd]+[C]) werden übergroße Ebenen ins Bild gerückt.
- Der Befehl BILD • ALLES EINBLENDEN ist eine schnelle Möglichkeit, die Arbeitsfläche gerade so zu vergrößern, dass alle Inhalte der größten Ebene ins Bild gerückt werden. Dabei werden zusätzliche Pixel an die Hintergrundebene angefügt. Deren Farbe entspricht der aktuellen Hintergrundfarbe.

Die Übergröße einer Ebene muss kein Problem darstellen – Sie können sie frei verschieben und bei Montagen herumexperimentieren, bis Sie den richtigen Sitz gefunden haben. Allerdings bleiben solche Überstände auch von Operationen wie dem Löschen von Pixeln und anderen Arbeitsschritten unbeeinflusst.

»Anabel.tif«

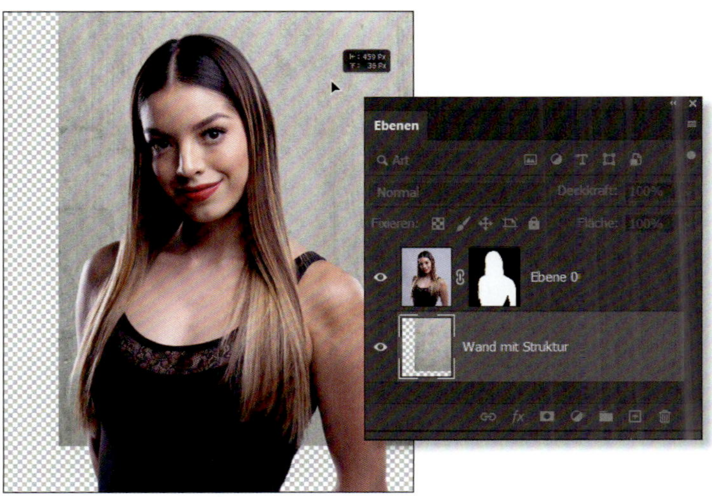

▲ **Abbildung 5.54**
Eine Maske blendet den (langweiligen) grauen Hintergrund der oberen Ebene aus. Dann wurde die Ebene »Wand mit Struktur« daruntergelegt …

▲ **Abbildung 5.55**
… und mit dem Verschieben-Werkzeug bewegt, bis die richtige Position gefunden war.

Aus Ebenen flott eigene Dateien machen | Manchmal möchte man aus einzelnen Bildebenen auch einfach schnell eine neue Datei erzeugen. In diesem Fall müssen Sie nicht mit Copy & Paste oder umständlichen Dateikopien hantieren. Um aus Ebenen flugs eigenständige Dateien zu machen, gibt es zwei Exportfunktionen.

1. Markieren Sie in jedem Fall zunächst im Ebenen-Bedienfeld die Ebenen (oder Gruppen oder Zeichenflächen), die Sie exportieren möchten.
2. Klicken Sie nun mit der rechten Maustaste – weiterhin im Ebenen-Bedienfeld – auf den neutralen Bereich einer der markierten Ebenen (also nicht auf die Miniatur, nicht auf den Ebenennamen oder etwaige Symbole wie Verkettung, Schloss oder Ähnliches).
3. Wählen Sie im Kontextmenü dann entweder den Befehl SCHNELL-EXPORT ALS [BILDFORMAT] (1) aus, und legen Sie einen Zielordner fest. Pro ausgewähltem Bildelement (Gruppe oder Ebene) wird dann eine Datei generiert. Oder Sie entscheiden sich für den Befehl EXPORTIEREN ALS (2) – in diesem Fall öffnet sich ein Dialogfeld mit weitergehenden Einstellungen.

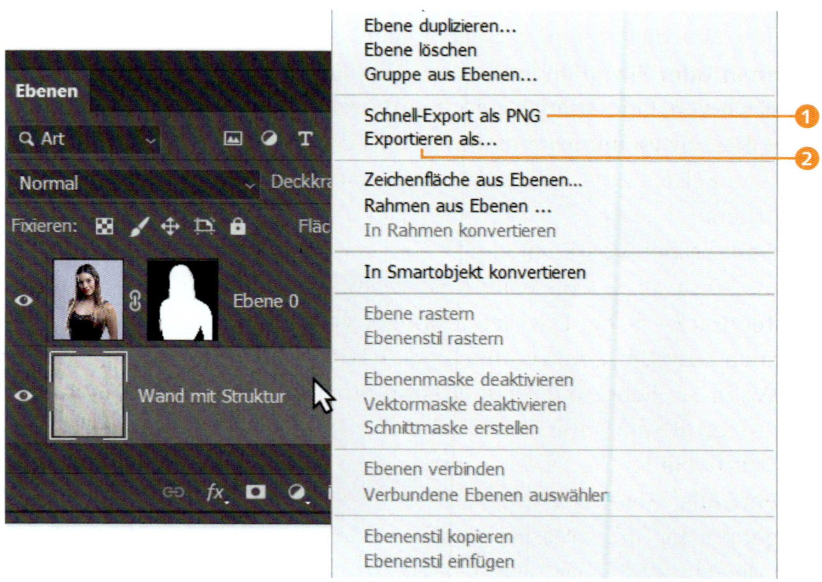

Abbildung 5.56 ▸
Im Ebenen-Kontextmenü sind die Funktionen für den Ebenenexport schnell zugänglich.

Optionen für den Schnell-Export | Die Feinheiten für den Schnell-Export legen Sie in den VOREINSTELLUNGEN (Strg/cmd+K) unter EXPORTIEREN fest. Dort können Sie einstellen,

- in **welches Dateiformat** Ihre Schnell-Exporte überführt werden sollen (zur Auswahl stehen die Bitmap-basierten Dateitypen PNG, JPG, GIF und das Vektorformat SVG),

- ob Sie nach dem **Speicherort** gefragt werden wollen oder
- ob Photoshop die Exporte neben der Originaldatei sichern soll und wie mit **Metadaten** und Informationen zum **Farbraum** umgegangen werden soll.

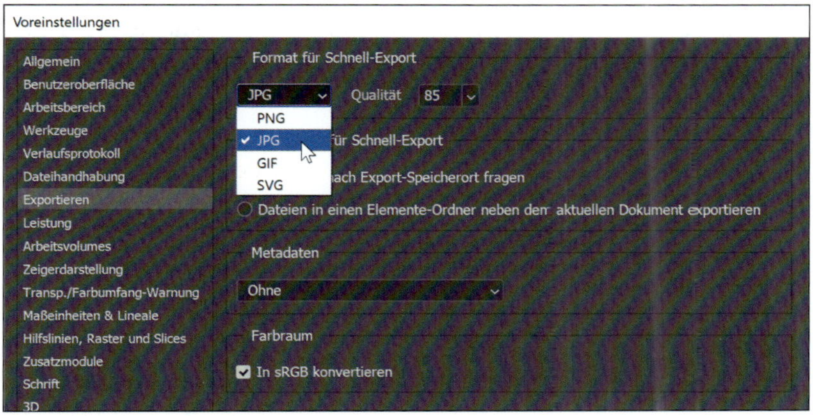

▲ **Abbildung 5.57**
Voreinstellungen für den Schnell-Export

Ebenen oder Gruppen ganz löschen | Sie haben eine Ebene zu viel dupliziert, haben überzählige »Experimentalstadien« oder wollen Ebenen oder Gruppen aus anderen Gründen loswerden? Ein guter Grund ist zum Beispiel, die Dateigröße und damit auch Bearbeitungszeiten zu reduzieren.

Das Löschen von Ebenen und Gruppen geht am schnellsten mit der Entf-Taste (←-Taste am Mac). Ebene oder Gruppe markieren, ein Tastendruck – fertig. Das klappt übrigens auch dann, wenn Sie mehrere Ebenen oder Gruppen zusammen aktiviert haben.

Wenn Sie lieber mit Drag & Drop arbeiten, nutzen Sie das Papierkorb-Icon am unteren Rand des Ebenen-Bedienfelds. Dabei können Sie auf zweierlei Weise vorgehen:

- Entweder Sie fassen eine oder mehrere Ebenen oder Gruppen mit gedrückter linker Maustaste an und ziehen sie in den Papierkorb,
- oder Sie klicken auf das Papierkorb-Icon, um aktive Ebenen oder Gruppen zu löschen.

Beim Ziehen in den Papierkorb verschwinden die betreffenden Ebenen oder Gruppen sofort. Beim Anklicken des Icons gibt es immerhin noch eine kleine Sicherheitsabfrage. Drücken der Taste Alt unterdrückt die Sicherheitsabfrage. Achtung: Auch **ausgeblendete** Ebenen und Gruppen werden so gelöscht!

Löschen ist (fast) irreversibel
Beim Löschen der Ebenen und Gruppen ist Vorsicht geboten. Zwar kann es begrenzte Zeit mit BEARBEITEN • RÜCKGÄNGIG oder übers Protokoll rückgängig gemacht werden. Dieser Weg ist jedoch spätestens dann verbaut, wenn die Datei gespeichert und geschlossen wurde. Wenn Sie sichergehen wollen, erzeugen Sie vor dem Löschen mit dem Befehl EBENE DUPLIZIEREN oder GRUPPE DUPLIZIEREN eine eigene Datei, die ebenjene Ebene oder Gruppe enthält.

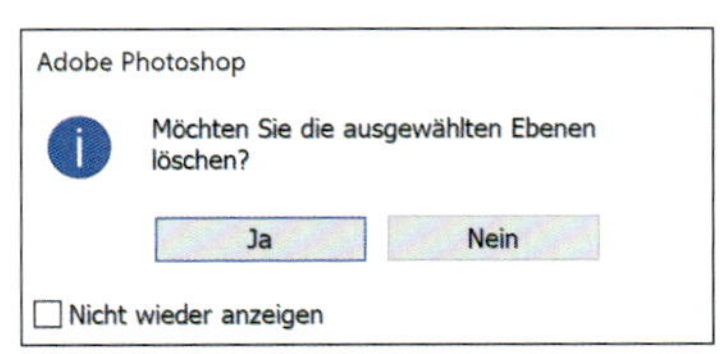

▲ **Abbildung 5.58**
Wenn Sie den Papierkorb anklicken, fragt Photoshop vor dem endgültigen Entfernen der Ebenen (oder der Gruppe) zur Sicherheit noch einmal nach.

Etwas umständlicher gestaltet sich das Löschen per Bedienfeldmenü oder EBENE-Menü.

Dateien aufräumen – ausgeblendete oder leere Ebenen löschen | Eine häufige Arbeitssituation: Sie haben ein wenig herumexperimentiert und eine ganze Menge ausgeblendeter, nicht mehr benötigter Ebenen im Bild. Um in einem solchen Fall gründlich aufzuräumen, hilft Ihnen der Befehl EBENE • LÖSCHEN • AUSGEBLENDETE EBENEN weiter. Welche Ebenen *aktiviert* sind, ist bei der Anwendung dieses Befehls übrigens irrelevant.

5.4.8 Ebenen und Gruppen dauerhaft verbinden

Leere Ebenen automatisiert entfernen
Wenn sich in Ihrem Dokument leere Ebenen befinden, können Sie sie automatisch aufspüren und entfernen lassen: Wählen Sie den Befehl DATEI • SKRIPTEN • ALLE LEEREN EBENEN LÖSCHEN.

Verbundene Ebenen erkennen Sie an einem Kettensymbol in den entsprechenden Zeilen des Ebenen-Bedienfelds. Auf verbundene Ebenen lassen sich dieselben Operationen anwenden wie auf gemeinsam aktivierte Ebenen. Der Unterschied: Der Zusammenhang der verbundenen Ebenen bleibt so lange bestehen, bis Sie selbst die Verbindung aufheben. Ein durch Aktivierung hergestellter Ebenenverbund hat hingegen nur temporären Bestand, bis Sie eine andere Ebene, Gruppe oder Ebenenkonstellation aktivieren.

Um Ebenen zu verbinden, müssen Sie sie zunächst im Ebenen-Bedienfeld aktivieren (markieren). Danach können Sie sie mit einem Klick auf die Kettensymbol-Schaltfläche am Fuß des Ebenen-Bedienfelds verbinden oder voneinander lösen. Sie können zwei oder mehr Ebenen oder Gruppen auf diese Art verbinden. Die verbundenen Elemente müssen auch nicht im Ebenen-Bedienfeld übereinanderliegen. Ein kleines quer liegendes Kettensymbol in der Ebenenzeile weist dann darauf hin, dass eine Ebene mit anderen Elementen verbunden ist. Es wird allerdings nur angezeigt, wenn mindestens eines der verbundenen Elemente auch aktiviert ist.

Verbundene Ebenen mit einem Klick aktivieren
In Dateien mit zahlreichen verschachtelten Ebenen ist es oft etwas langwierig, alle verbundenen Ebenen per Klick zu aktivieren, wenn Sie die Verbindung wieder lösen möchten. In solchen Fällen aktivieren Sie einfach eines der Elemente aus dem Verbund, öffnen das Bedienfeldmenü und wählen dort den Befehl VERBUNDENE EBENEN AUSWÄHLEN.

Ebenenverbindungen lösen | Um Verbindungen zu lösen, gehen Sie genauso vor. Sie müssen dabei nicht den ganzen Verbund auflösen. Lösen Sie einzelne Ebenen, indem Sie sie aktivieren und dann wiederum auf die Ketten-Schaltfläche am Fuß des Ebenen-Bedienfelds klicken.

Es ist auch möglich, die Verbindung einzelner Ebenen lediglich **kurzzeitig zu lösen**. Klicken Sie dazu bei gehaltener ⇧-Taste auf das Kettensymbol derjenigen Ebene, die Sie vorübergehend aus dem Verbund lösen möchten. Das Kettensymbol ist dann mit einem roten Kreuz durchgestrichen. Durch erneuten ⇧-Klick auf das Symbol wird das Kreuz entfernt und die Verbindung wiederhergestellt.

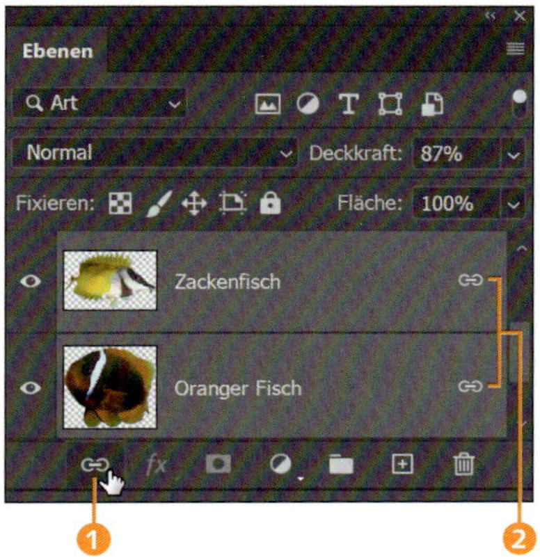

◂◂ **Abbildung 5.59**
Ebenen per Klick verbinden ❶ und Anzeige, dass Ebenen verbunden sind ❷

◂ **Abbildung 5.60**
Ebenen vorübergehend aus der Verbindung lösen

5.4.9 Ebenen gegen Veränderungen sichern

Insbesondere dann, wenn Sie mit umfangreicheren Dateien arbeiten, kann es leicht vorkommen, dass Ebenen unbeabsichtigt verändert oder gar gelöscht werden. Damit dies nicht geschieht, lassen sich Ebenen gegen Veränderungen sichern.

◂ **Abbildung 5.61**
Oberhalb der Ebenenminiaturen befinden sich die fünf Minibuttons zum Fixieren von Ebenen.

Sie haben verschiedene Möglichkeiten, eine Ebene zu fixieren:

❸ Das Schachbrett-Icon schützt alle transparenten Pixel einer Ebene vor Bearbeitung, also zum Beispiel vor dem Übermalen.

❹ Das Pinsel-Icon dient dazu, die schon vorhandenen Bildpixel zu fixieren. Die Transparenzbereiche solcherart gesperrter Ebenen können dann durchaus noch verändert werden.

❺ Das kleine Kreuz aus Pfeilspitzen schützt Ebenen vor dem Verschieben im Bild. Die Ebenenreihenfolge ist damit nicht verriegelt, sondern kann durchaus noch geändert werden.

❻ Das Blatt Papier symbolisiert eine Zeichenfläche. Bei Zeichenflächen verhindert es das Verschachteln von Objekten in und aus Zeichenflächen (mehr dazu in Abschnitt 32.7, »Flexibles Screendesign für verschiedene Formate: Zeichenfläche«).

❼ Das Schloss-Icon sperrt die Ebene für jegliche Bearbeitung. Dies ist die einzige Sperrfunktion, die auch für Gruppen zur Verfügung steht. Manchmal warnt Photoshop Sie mit einer kleinen Dialogbox, wenn Sie versuchen, eine gesperrte Ebene zu bearbeiten. Leider erscheint eine solche Erinnerung nicht immer.

Riegel kurzzeitig lösen
Der Shortcut [B] schaltet die zuletzt angewandte Fixierung von Ebenen und Gruppen kurzzeitig aus oder wieder an. Damit das klappt, muss das betreffende Element jedoch aktiviert sein.

Ebenengruppen fixieren | Ebenengruppen lassen sich nur mit dem Schloss-Button sperren. Mit einem Umweg können Sie auch einen anderen Bearbeitungsschutz auf alle Ebenen einer Gruppe anwenden: Aktivieren Sie die Gruppe im Ebenen-Bedienfeld, öffnen Sie das Bedienfeldmenü, und klicken Sie dort auf ALLE EBENEN IN GRUPPE FIXIEREN.

Abbildung 5.62 ▼
Bearbeitungsschutz für Ebenengruppen: Legen Sie fest, welche Eigenschaft fixiert werden soll.

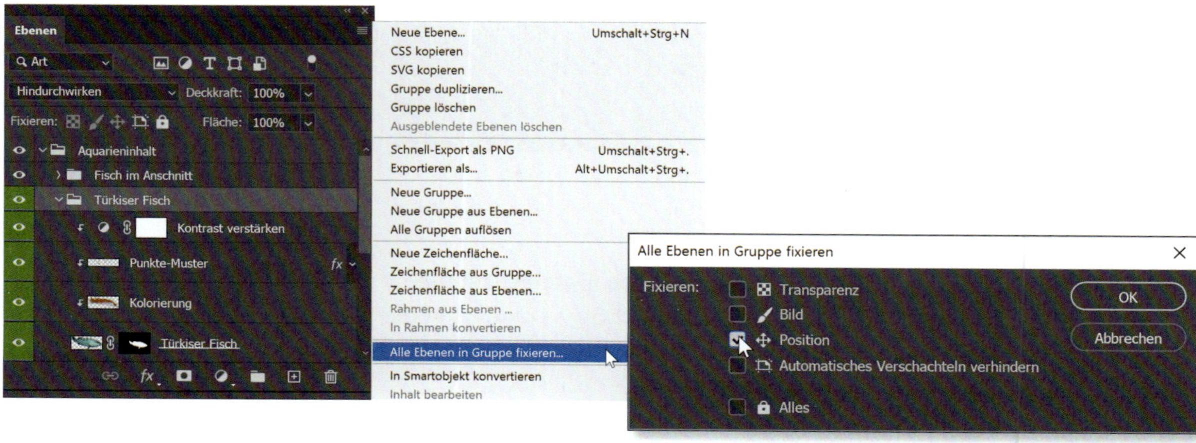

5.4.10 Ebenen verschieben, um Bildelemente zu positionieren

Zum Weiterlesen
In Photoshop gibt es neben dem freien Verschieben auch Befehle, um **Ebenenkanten** säuberlich aneinander auszurichten. Mehr dazu finden Sie in Abschnitt 6.1, »Ebenenkanten ausrichten und verteilen«. Außerdem bietet Photoshop Funktionen zum automatischen **inhaltsbasierten** Ausrichten von Ebenen. Näheres dazu erfahren Sie in Abschnitt 17.1, »Inhaltsbasiert: Ebenen automatisch ausrichten«.

Das Verschieben von Ebenen oder Gruppen im Bild ist vermutlich die am häufigsten angewandte Operation im Zusammenhang mit Ebenen. Wie immer muss die richtige Ebene (oder Gruppe) aktiv und dazu das Verschieben-Werkzeug (Shortcut: V) gewählt sein.

Sie können die Ebene nun mit der Maus anfassen und verschieben oder sie pixelgenau mit den Pfeiltasten Ihrer Tastatur ausrichten. Pro Pfeiltasten-Anschlag wird die Ebene um ein Pixel nach oben, unten, rechts oder links geschoben. Wenn Sie dabei zusätzlich die ⇧-Taste gedrückt halten, erfolgt das Verschieben in Zehn-Pixel-Schritten. Um die Richtung einer Verschiebung auf 15°-Schritte (oder ein Vielfaches von 15°, so lässt sich auch eine genau senkrechte oder waagerechte Bewegungsrichtung erzielen) zu beschränken, halten Sie beim Ziehen der Ebene mit der Maus die ⇧-Taste gedrückt.

5.4.11 Anordnung von Ebenen und Gruppen verändern

Die Reihenfolge der Ebenenzeilen im Bedienfeld entspricht der Schichtung der Ebenen und Gruppen im Bild. Und die hat auf die Sichtbarkeit einzelner Bildteile gravierenden Einfluss, da die deckenden Pixel der jeweils oberen Ebenen die unteren Ebenen überdecken.

Drag & Drop im Bedienfeld | Um die Ebenenreihenfolge zu verändern, gibt es mehrere Möglichkeiten. Die schnellste Variante ist das Verschieben per Drag & Drop im Ebenen-Bedienfeld. Fassen Sie dazu einfach die Ebene, die Sie verschieben wollen, im Bedienfeld mit gedrückter linker Maustaste an, und ziehen Sie sie an die gewünschte Position im Bedienfeld. Ein schwarzer Balken zeigt die jeweils aktuelle Position an. Auf diese Weise können Sie auch Ebenen nachträglich in schon bestehende Gruppen bugsieren oder komplette Gruppen verschieben.

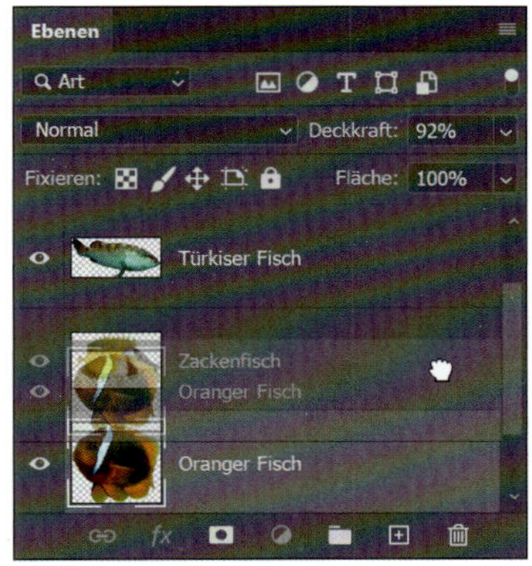

▲ **Abbildung 5.63**
Ebenen oder Gruppen innerhalb der Bedienfeldanordnung zu verschieben, erfolgt mit Drag & Drop.

Ebenen sortieren per Menü | Alternativ benutzen Sie das Menü. Unter Ebene • Anordnen finden Sie fünf Befehle zum Verschieben der Ebenen – meiner Meinung nach ist das allerdings ein im Alltag zu umständlicher Weg.

- In den Vordergrund (⇧+Strg+Ä bzw. ⇧+cmd+ß) positioniert die aktuell aktive Ebene in der Ebenenreihenfolge ganz oben.
- Schrittweise nach vorne (Strg+Ä bzw. cmd+ß) bringt die aktive Ebene einen Schritt in der Ebenenschichtung nach oben.
- Schrittweise nach hinten (Strg/cmd+#) bringt die aktive Ebene in der Ebenenschichtung einen Schritt nach unten.
- In den Hintergrund (⇧+Strg/cmd+#) bringt die aktive Ebene in der Ebenenreihenfolge ganz nach hinten. Wenn eine Hintergrundebene vorhanden ist, bleibt sie die unterste Ebene. Die nach hinten gestellte Ebene wird dann die zweite Ebene von unten.
- Umkehren dreht die Reihenfolge zuvor im Bedienfeld markierter Ebenen um. Der Befehl funktioniert nur dann, wenn Sie zuvor mehr als eine Ebene markiert haben.

5.4.12 Ebenen und Gruppen reduzieren

Ein Bild mit vielen Ebenen und Ebenengruppen braucht viel Speicherplatz, und auch bei gutem Ebenenmanagement werden solche Dateien schnell unübersichtlich. So ist es bei allen Vorteilen, die die Ebenentechnik bietet, manchmal angeraten, einige oder alle Ebenen zusammenzufügen. Bei Photoshop heißt dies **reduzieren**. Auch Ebenengruppen lassen sich so zusammenrechnen. Beides können Sie mit Hilfe des Ebenen-Bedienfelds erledigen. Und natürlich gibt es auch hierfür ein paar nützliche Tastaturkürzel. Sie können differenzieren, ob Sie alle vorhandenen Ebenen auf eine (Hintergrund-)Ebene reduzieren wollen oder ob Sie nur einzelne Ebenen miteinander verschmelzen wollen.

Wollen Sie **alle** Ebenen und Gruppen zusammenfügen, wählen Sie im Bedienfeldmenü den Befehl Auf Hintergrundebene reduzieren oder benutzen das Menü Ebene und dort den entsprechenden Befehl.

Vor dem Reduzieren: »Sicherungskopie« anlegen | Die unschlagbaren Vorteile der Ebenentechnik – flexibles Arbeiten, freies Experimentieren mit unterschiedlichen Gestaltungsmöglichkeiten, frei editierbarer Text, einfaches Ausbessern von Fehlern … – sind bei reduzierten Bildern verloren. Ist eine Datei erst einmal auf die Hintergrundebene zusammengerechnet, ist es kaum oder nur mit großem Zeitaufwand möglich, grundsätzliche Änderungen an der Komposition durchzuführen.

Daher ist es sinnvoll, vor dem Reduzieren von Ebenen ein Duplikat der Datei zu erzeugen, bei dem die Ebenen erhalten bleiben. Dies ist übrigens auch dann zu empfehlen, wenn Sie ein Bild in einen anderen Modus (über BILD • MODUS) bringen, aber eventuell später noch weiterbearbeiten wollen – manche Moduswechsel gehen mit einem zwangsweisen Reduzieren der Ebenen einher. Es lohnt sich auch, über ein einheitliches Namenssystem und sinnvolle Speicherstrategien für reduzierte und »ebenenhaltige« Dateien nachzudenken. Das erspart Ihnen im Zweifelsfall viel Sucharbeit im Dateisystem!

5.4.13 Ebenen »stempeln«

Eine sehr interessante Variante des Befehls AUF HINTERGRUNDEBENE REDUZIEREN ist das sogenannte **Stempeln** von Ebenen. Dabei werden alle Ebenen auf eine neue, zusätzliche Ebene reduziert. **Die Ausgangsebenen bleiben jedoch intakt.**

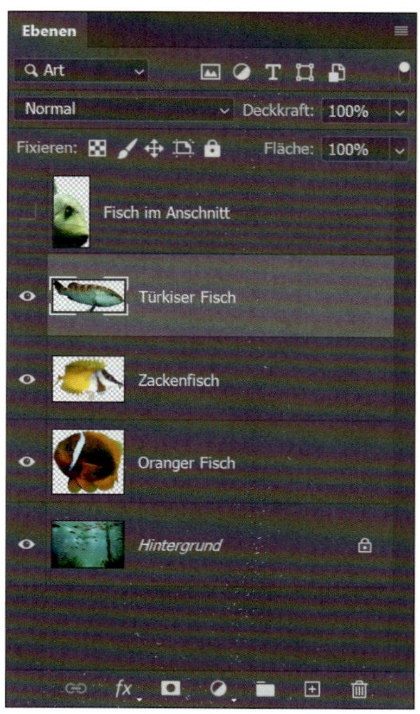

Abbildung 5.64 ▸
Vor dem Stempeln: Die Ebene »Fisch im Anschnitt« ist ausgeblendet, alle anderen Ebenen sind eingeblendet, und die Ebene »Türkiser Fisch« ist aktiv.

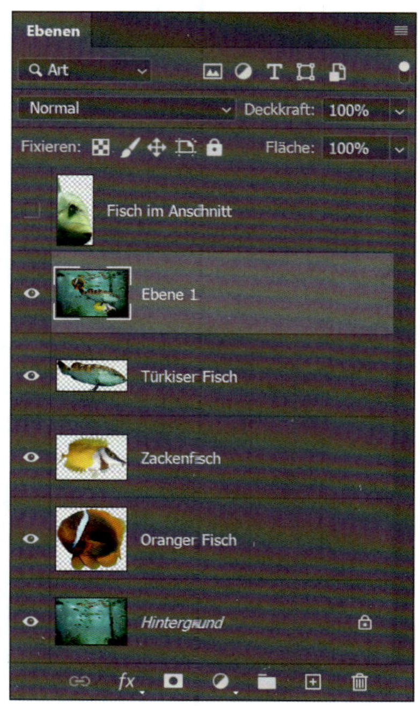

Abbildung 5.65 ▸▸
Danach: Aus allen eingeblendeten Ebenen wurde eine neue Ebene erstellt. Abgelegt wird sie oberhalb des zuletzt aktiven Elements. Die Ausgangsebenen sind unverändert.

- Merken Sie sich dazu den Shortcut ⇧+Strg+Alt+E (Windows) oder ⇧+cmd+alt+E (Mac). Ebenengruppen werden hier wie Ebenen behandelt.
- Sie schränken die Wirkung dieses Befehls ein und »stempeln« auf diese Art und Weise nur einige Ebenen, indem Sie nur eingeblendete Ebenen zu einer neuen Ebene verrechnen lassen. Dazu klicken Sie – mit gehaltener Alt-Taste – auf den Befehl EBENE • SICHTBARE AUF EINE EBENE REDUZIEREN. Alternativ markieren Sie die Ebenen im Bedienfeld und wählen dann (mit Alt-Taste!) EBENE • AUF EINE EBENE REDUZIEREN.

Bestimmte Ebenen reduzieren | Wenn Sie nur manche Ebenen des Bildes verschmelzen wollen, haben Sie differenziertere Möglichkeiten. Diese Befehle zum Reduzieren von Ebenen erreichen Sie über den Menüpunkt EBENE und über das Menü des Ebenen-Bedienfelds. Schneller sind Sie jedoch meist mit den Shortcuts!

- Nutzen Sie beispielsweise das Augensymbol: Entfernen Sie es von den Ebenen, die *nicht* reduziert werden sollen, und klicken Sie im Seitenmenü SICHTBARE AUF EINE EBENE REDUZIEREN (die Tastaturkürzel dazu: Strg/cmd+⇧+E). Welche Ebene bei diesem Verfahren aktiv ist, spielt keine Rolle. Dieser Weg birgt allerdings die Gefahr, dass irrtümlich eine Ebene mit reduziert wird, die eigentlich noch bearbeitet werden sollte – für Sie bedeutet das viel Mühe oder vielleicht sogar einen unumkehrbaren Fehler.
- Ein anderer Weg ist, diejenigen Ebenen, die reduziert werden sollen, per Maus im Ebenen-Bedienfeld zu aktivieren und dann der Befehl AUF EINE EBENE REDUZIEREN (Strg/cmd+E) zu wählen. Dabei ist es völlig gleichgültig, an welcher Position im Ebenen-Bedienfeld die Ebenen liegen und ob andere, nicht markierte Ebenen dazwischenliegen.
- Ist im Ebenen-Bedienfeld aktuell nur eine einzige Ebene markiert, verschmilzt der Befehl Strg/cmd+E diese aktive Ebene mit der darunterliegenden. Alternativ verwenden Sie den Seitenmenübefehl MIT DARUNTER LIEGENDER AUF EINE EBENE REDUZIEREN.

Ebenen mit unterschiedlichen Mischmodi reduzieren
Enthält Ihr Bild Ebenen mit unterschiedlichen Mischmodi, ist es beim Reduzieren von Ebenen möglich, dass sich das Aussehen des Bildes radikal ändert, weil der Mischmodus der reduzierten Ebenen nicht bei allen Reduzieren-Befehlen erhalten bleibt. Diesbezüglich gänzlich risikolos ist der Befehl AUF HINTERGRUNDEBENE REDUZIEREN. Bei den anderen Techniken kann es zu Pannen kommen. Mehr über Mischmodi lesen Sie in Kapitel 7, »Mischmodus: Pixel-Interaktion zwischen Ebenen«.

Gruppen reduzieren | Gruppen lassen sich mit den bisher genannten Befehlen ebenso gut bearbeiten – sie werden wie Ebenen behandelt. Es ist aber auch möglich, nur einzelne Ebenen aus Gruppen mit anderen Ebenen zu verschmelzen.

Um aus einer Gruppe eine einzige Ebene zu machen, markieren Sie die betreffende Gruppe und wählen den Befehl GRUPPE ZUSAMMENFÜGEN aus dem Bedienfeldmenü oder dem EBENE-Menü. Auch hier ist der Tastaturbefehl wiederum Strg/cmd+E. Je nachdem, welche Konstel-

Namen bleiben beim Reduzieren erhalten
In älteren Photoshop-Versionen wurde beim Reduzieren von Ebenen der Name der jeweils oberen Ebene übernommen. Eventuell schon manuell vergebene Namen darunterliegender Ebenen wurden verworfen – und mussten unter Umständen erneut eingegeben werden. Das ist inzwischen anders geworden: Werden Ebenen mit Standardnamen und Ebenen mit individuell eingegebenen Namen reduziert, bleibt der individuelle Name in jedem Fall für die neue reduzierte Ebene erhalten.

lation im Ebenen-Bedienfeld vorliegt, ändert dieses Kürzel seine Funktion – es steht jedoch immer für schnelles Reduzieren einiger Bildebenen.

Tabelle 5.4 ▶
Tastaturbefehle zum Reduzieren von Ebenen und Gruppen auf einen Blick

Was wollen Sie tun?	Windows	Mac
markierte Ebene(ngruppe) mit darunterliegender Ebene(ngruppe) auf eine Ebene reduzieren	Strg + E	cmd + E
mehrere markierte Ebenen(gruppen) auf eine Ebene reduzieren	Strg + E	cmd + E
markierte Gruppe auf eine Ebene reduzieren (Gruppe zusammenfügen)	Strg + E	cmd + E
Alle sichtbaren Ebenen(gruppen) auf eine Ebene reduzieren. Wenn im Bild eine Hintergrundebene vorhanden ist, werden Ebenen auf die Hintergrundebene reduziert.	Strg + ⇧ + E	cmd + ⇧ + E
eine Kopie aller sichtbaren Ebenen auf eine neue Zielebene reduzieren (Ebenen »stempeln«)	⇧ + Strg + Alt + E	⇧ + cmd + alt + E

5.5 Ebenenmanagement: Miniaturdarstellung, Namen und Kennzeichnung

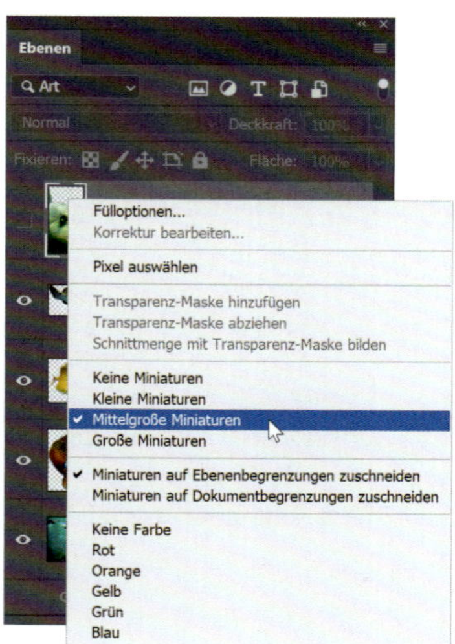

▲ **Abbildung 5.66**
Miniaturgröße via Kontextmenü ändern

Ebenen nach einem vernünftigen System zu benennen, zu sortieren und mit Farbcodes zu versehen, gehört nicht gerade zu den kreativsten Aufgaben, die bei der Bildbearbeitung anfallen – die Mühe zahlt sich jedoch aus. Nichts ist nervraubender als die ständige Suche nach der richtigen Ebene.

5.5.1 Ansichtsoptionen im Bedienfeld

Erscheinen Ihnen die Ebenenminiaturen im Ebenen-Bedienfeld zu winzig? Ändern Sie einfach ihre Darstellung. Ein Rechtsklick auf eine der Ebenenminiaturen öffnet ein Kontextmenü, mit dem Sie unter anderem die Miniaturgröße umstellen können. Dieselben Einstellungsmöglichkeiten bietet das Dialogfeld EBENENBEDIENFELDOPTIONEN. Sie erreichen es über das Bedienfeldmenü ☰ und dort über den Befehl BEDIENFELDOPTIONEN. Wenn Ihr Bild lediglich eine Hintergrund- und keine andere Ebene enthält, müssen Sie diesen Weg nehmen, denn dann funktioniert das in Abbildung 5.66 gezeigte Kontextmenü nicht.

Miniaturinhalt | Die Einstellung unter MINIATURINHALT ist vor allem bei Bildern interessant, deren Ebenen nur vergleichsweise kleine deckende Bereiche – also Bildelemente – enthalten. Wenn Sie statt der Standardeinstellung GANZES DOKUMENT die Einstellung EBENENBEGRENZUNGEN wählen, können Sie in den Ebenenminiaturen besser sehen, was der jeweilige Inhalt der Ebene ist. Allerdings erkennen Sie auf den Miniaturen so nicht, welche Position im Bild die einzelnen Elemente haben, und auch Proportionen werden nicht korrekt angezeigt.

▲ **Abbildung 5.67**
Miniaturinhalt auf Dokumentbegrenzungen zugeschnitten – man ahnt die Position des Objekts im Bild.

▲ **Abbildung 5.68**
Miniaturinhalt auf Ebenenbegrenzungen zugeschnitten – man sieht etwas mehr vom Ebeneninhalt, aber hat keine Vorstellung von den Größenrelationen.

5.5.2 Namensvergabe

Neue Ebenen, für die Sie nicht direkt beim Anlegen einen Namen vergeben, nummeriert Photoshop einfach automatisch durch. Ebenen, die Sie duplizieren, behalten ihren angestammten Namen – mit oder ohne den Zusatz »Kopie«. Ebenen, die Sie aus anderen Dateien einfügen, ändern ihren Namen nicht.

Der wichtigste Schritt, um einzelne Ebenen oder Gruppen schnell im Bedienfeld wiederzufinden, besteht darin, sie konsequent sofort zu benennen. Ein wenig Disziplin müssen Sie dafür schon aufbringen, denn der Arbeitsfluss wird durch zwei, drei Extra-Mausklicks unterbrochen.

Sie sparen sich das Ändern automatisch vergebener Ebenen- oder Gruppennamen, wenn Sie gleich beim Erzeugen aussagekräftige Titel vergeben. Dazu gibt es in Photoshop ein kompaktes Dialogfeld, in dem Sie neben dem Titel auch die Hervorhebungsfarbe im Ebenen-Bedienfeld, den Mischmodus und die Deckkraft sowie andere Eigenschaften festlegen können. Wenn Sie Ebenen oder Gruppen per Menübefehl oder via Bedienfeldmenü erzeugen, erscheint der Dialog automatisch. Doch wer macht das schon? In der Praxis nutzt man zum Erzeugen oder Duplizieren von Ebenen und Gruppen doch meist die Icons NEU [+] und NEUE GRUPPE [■] am unteren Rand des Ebenen-Bedienfelds. Und dabei bekommen Sie das Fenster zur Namensvergabe normalerweise nicht zu sehen. Ein Kürzel schafft Abhilfe: Drücken Sie `Alt`, während Sie auf eine der Schaltflächen klicken – dann öffnet sich umgehend der Dialog NEUE GRUPPE oder NEUE EBENE.

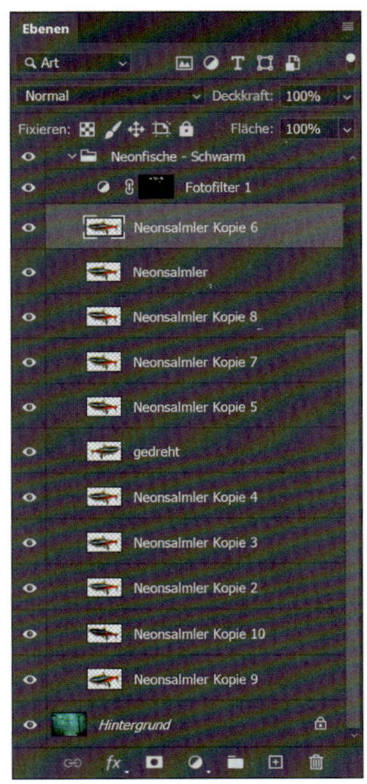

▲ **Abbildung 5.69**
Schlechtes Ebenenmanagement rächt sich. Sich in einem solchen Ebenenaufbau zu orientieren und auf Anhieb die richtige Ebene zu aktivieren, ist nicht einfach.

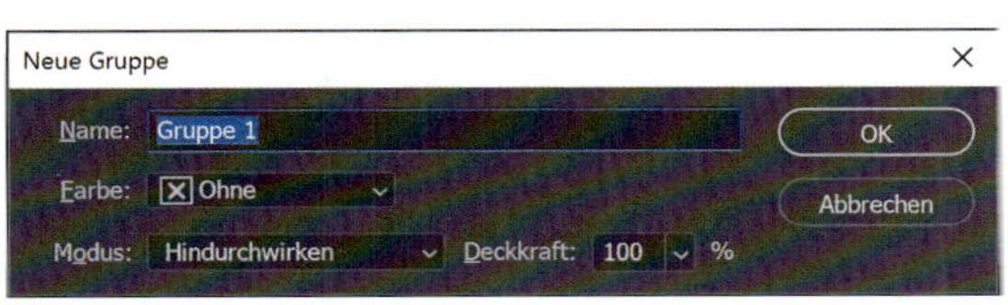

▲ **Abbildung 5.70**
Im Dialog NEUE GRUPPE legen Sie die Eigenschaften von Gruppen schon während der Erstellung fest. Für Ebenen funktioniert das genauso!

▲ **Abbildung 5.71**
Namenseingabe direkt im Ebenen-Bedienfeld

Ebene nachträglich benennen | Um eine Ebene oder Gruppe nachträglich zu benennen, doppelklicken Sie auf den Ebenentitel oder Gruppentitel – und zwar *genau* auf den Titel (andernfalls rufen Sie das Dialogfeld Ebenenstile auf). Sie haben dann direkt die Möglichkeit, den neuen Namen einzutippen.

Ist ein bestehender Titel sehr kurz, ist es manchmal schwierig, den entscheidenden Doppelklick zum Umbenennen genau auf der Schrift zu platzieren. Dann hilft ein Rechtsklick in die umzubenennende Ebenenzeile. Es öffnet sich ein Kontextmenü, mit dem Sie ein Dialogfeld aufrufen, in dem Sie schließlich einen neuen Namen eintragen können.

5.5.3 Farbkodierung

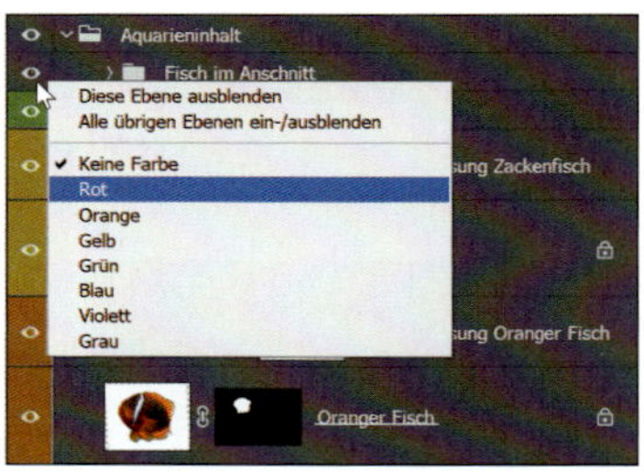

▲ **Abbildung 5.72**
Farbkodierungen lassen sich an Ebenen oder Gruppen anbringen.

Die richtige Namensvergabe ist jedoch nicht alles: Zusätzlich können Sie den Ebenen und Gruppen innerhalb des Bedienfelds eine farbige Kodierung zuweisen. Das geht per Rechtsklick *genau* auf das Augensymbol des Ebenen-Bedienfelds. Damit können Sie zum Beispiel Ebenen mit einer bestimmten Funktion oder auch Ebenen in verschiedenen Entwurfsstadien farblich kennzeichnen (zum Beispiel Gelb für »Experimente«, Orange für fertige Konzeptteile …). Oder Sie setzen die Farben als simple Assoziationshilfen ein, die sich beispielsweise an der Farbe der Bildobjekte orientieren.

Auch im regulären Menü Ebene finden Sie die Befehle zum Festlegen von Ebenen- und Gruppeneigenschaften wieder. In der täglichen Praxis ist das Hantieren mit dem Menü allerdings viel zu umständlich – das Bedienfeld bleibt das wichtigste Arbeitsinstrument für den Umgang mit Ebenen(gruppen).

5.6 Ebenengruppen: Praktische Ordner

Gruppen (sie hießen in älteren Photoshop-Versionen etwas treffender »Ebenensets« oder »Ebenensätze«) sind eine sehr effektive Art, um Ebenen zu organisieren. Gruppen können – wie kleine Dateiordner – mehrere Ebenen aufnehmen. Dementsprechend erinnert auch das Icon an bekannte Dateiordner-Symbole.

Neben dem Ordnungsaspekt bieten Ebenengruppen auch Bearbeitungskomfort: Alle Ebenen in einer Gruppe lassen sich zusammen verschieben, ein- und ausblenden, mit einer gemeinsamen Maske versehen, duplizieren (und dann beispielsweise verändern, um eine weitere Version zu erstellen) oder transformieren.

5.6.1 Ebenengruppen erstellen und löschen

Wie kommen Sie also zu so einem praktischen Ebenenordner? Und wie verwalten Sie Ebenengruppen?

- Wenn Sie **bestehende Ebenen zu einer Gruppe zusammenfassen** wollen, müssen Sie die Ebenen zunächst gemeinsam markieren. Anschließend wählen Sie im Seitenmenü des Bedienfelds NEUE GRUPPE AUS EBENEN, vergeben einen Namen und bestätigen mit OK. Das passende Kürzel ist: Strg/cmd+G.
- Auch das **Anlegen von leeren Ebenengruppen** ist möglich. Nutzen Sie dazu den Befehl NEUE GRUPPE aus dem Seitenmenü oder den Ordner-Button am unteren Bedienfeldrand.
- Um eine neue Ebene direkt in einer schon bestehenden Gruppe zu erzeugen, muss die Gruppe geöffnet (»aufgeklappt«) sein, bevor Sie auf das NEU-Icon klicken.
  Sie können einzelne Ebenen auch **nachträglich** mit der Maus in eine Gruppe hineinziehen – und auf dem gleichen Weg wieder herausnehmen oder in den Papierkorb befördern.
- Gruppen lassen sich wie einzelne Ebenen im Ebenen-Bedienfeld – und damit in der »Folienschichtung« im Bild – **verschieben**. Ebenen innerhalb einer Gruppe können Sie ebenfalls umschichten und wie gewohnt bearbeiten.
- Zum **Löschen** von Gruppen nutzen Sie den Mülleimer oder das Kontextmenü (Rechtsklick auf die Gruppe). Sie haben dann die Wahl, ob nur der Gruppen*ordner* entfernt wird und die darin enthaltenen Ebenen »freigesetzt« werden oder ob die Gruppe samt den enthaltenen Ebenen gelöscht wird.

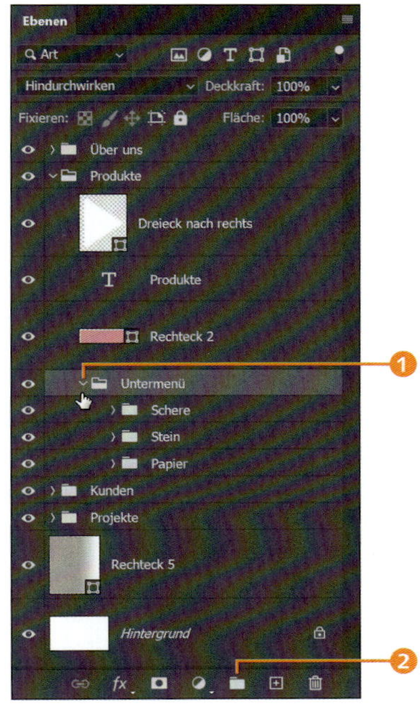

▲ **Abbildung 5.73**
Gruppen schaffen Ordnung im Ebenen-Bedienfeld. Per Pfeil (1) klappen Sie die Gruppen aus und wieder ein. Damit werden umfangreiche Bedienfelder kürzer und sind leichter zu handhaben. Unten sehen Sie den Button zum Erstellen einer neuen Gruppe (2).

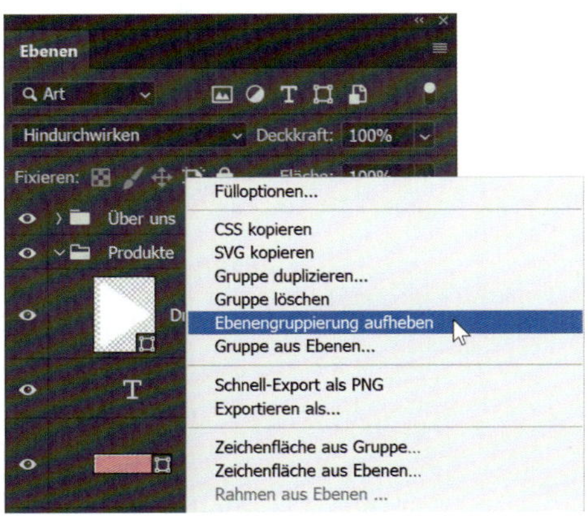

◀ **Abbildung 5.74**
Einzelne Ebenengruppe löschen: Rechtsklick auf den Leerraum neben den Gruppennamen

Elemente aus Gruppen
Sie können alle Elemente innerhalb des Ebenen-Bedienfelds mit Drag & Drop bewegen. Das gilt auch für Elemente innerhalb von Gruppen. Alternativ stehen die Menübefehle unter EBENE • ANORDNEN parat.

Gruppen ohne Umweg | Adobe bietet einen schnellen Weg zum Erstellen von Gruppen: Wählen Sie die Ebenen, die Sie zu einer Gruppe zusammenfassen wollen, im Bedienfeld aus, und klicken Sie auf das

Neue-Gruppe-Icon. Fertig! Und wer **alle** Gruppen einer Datei auflösen will, kann dafür den Befehl ALLE GRUPPEN AUFLÖSEN nutzen (im Seitenmenü des Ebenen-Bedienfelds).

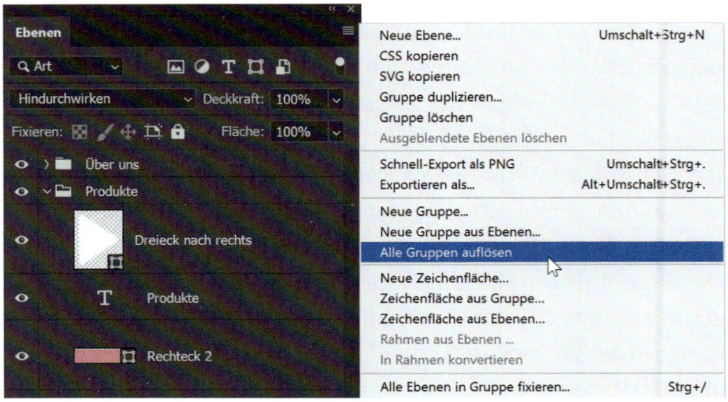

Abbildung 5.75 ▸
Alle Gruppen einer Datei auf einen Schlag loswerden per Kontextmenü

Verschachtelte Gruppen | In der Manier von Ordnern und Unterordnern können Sie Ebenengruppen auch ineinanderschachteln. Mehr als zwei oder drei Ordnungslevel machen das Ebenen-Bedienfeld dann aber schnell unhandlich. Um solche verschachtelten Gruppen anzulegen,

- markieren Sie bestehende Gruppen und packen sie über den Seitenmenübefehl NEUE GRUPPE AUS EBENEN in eine übergeordnete Gruppe; das funktioniert ganz genauso wie bei einzelnen Ebenen;
- ziehen Sie eine vorhandene Gruppe auf die Schaltfläche NEUE GRUPPE (Ordner-Icon) am Fuß des Ebenen-Bedienfelds;
- oder ziehen Sie per Maus ganze Gruppen in schon vorhandene andere Gruppen – so, wie Sie auch Ebenen in Gruppen bugsieren.

Tabelle 5.5 ▾
Tastaturbefehle für das Arbeiten mit Gruppen auf einen Blick

Was wollen Sie tun?	Windows	Mac
neue (leere) Ebenengruppe oberhalb der aktuellen Ebene(ngruppe) erstellen	Klick auf die Schaltfläche NEUE GRUPPE ERSTELLEN	Klick auf die Schaltfläche NEUE GRUPPE ERSTELLEN
neue (leere) Ebenengruppe unter der aktuellen Ebene(ngruppe) erstellen	Strg + Klick auf die Schaltfläche NEUE GRUPPE ERSTELLEN	cmd + Klick auf die Schaltfläche NEUE GRUPPE ERSTELLEN
zuvor markierte Ebenen gruppieren	Strg + G	cmd + G
Gruppierung von Ebenen aufheben	Strg + ⇧ + G	cmd + ⇧ + G
neue Ebenengruppe mit Dialogfeld erstellen	Alt + Klick auf die Schaltfläche NEUE GRUPPE ERSTELLEN	alt + Klick auf die Schaltfläche NEUE GRUPPE ERSTELLEN
Fülloptionen der Ebenengruppe anzeigen	Rechtsklick auf die Ebenengruppe und FÜLLOPTIONEN; alternativ Doppelklick auf das Ordnersymbol	Rechtsklick auf die Ebenengruppe und FÜLLOPTIONEN; alternativ Doppelklick auf das Ordnersymbol

5.7 Ebenenkompositionen

Mehrere Bildversionen in einer Datei? Kein Problem mit Ebenenkompositionen! Die Funktion hilft Ihnen dabei, die verschiedenen Bildfassungen zu verwalten und schnell auf unterschiedliche Ebenenkonstellationen zuzugreifen.

5.7.1 Wozu Ebenenkompositionen einsetzen?

Bildebenen sind zum Experimentieren da! Sobald Sie umfangreichere Montagen oder Composings anlegen, werden Sie feststellen, dass es ein sehr hilfreicher und daher oft eingesetzter Trick ist, mit Hilfe von Ebenen(gruppen) verschiedene Bildversionen in einer Datei zu erstellen. Durch Ein- und Ausblenden der Ebenen und Gruppen in verschiedenen Konstellationen werden unterschiedliche Bildvarianten sichtbar und können so auch Interessenten und potenziellen Kunden vorgeführt werden. Allerdings dauert es bei umfangreicheren Kompositionen manchmal eine ganze Weile, bis die richtige Bildversion mit Hilfe der Augen-Icons »zusammengeklickt« ist.

Deshalb stellt Adobe ein Bedienfeld zur Verfügung, das die Versionsverwaltung erleichtert: EBENENKOMPOSITION. Das Funktionsprinzip ist den schon vorgestellten Schnappschüssen nicht unähnlich: Mit dem Ebenenkomposition-Bedienfeld werden verschiedene Konstellationen des Ebenen-Bedienfelds aufgezeichnet. Per Ebenenkomposition werden nicht *alle* Bildzustände konserviert (direkte Änderungen an den Bildpixeln bleiben außen vor!), immerhin aber folgende Ebenenstatus:

- die **Sichtbarkeit** einer Ebene (Ist sie ein- oder ausgeblendet?)
- die **Position** der Ebene auf dem Bild
- ihr **Aussehen** (Mischmodi und, wenn vorhanden, Ebeneneffekte)
- die **Ebenenkompositionsauswahl** für Smartobjekte

Zum Weiterlesen
Eine gute Alternative zur Entwurfsarbeit mit Ebenenkompositionen sind Zeichenflächen. Damit arbeiten Sie flexibel, intuitiv und haben verschiedene Exportmöglichkeiten. Mehr darüber erfahren Sie in Abschnitt 32.7, »Flexibles Screendesign für verschiedene Formate: Zeichenfläche«.

Anders als beim Protokoll und bei Schnappschüssen bleiben diese Informationen auch nach dem Speichern der Datei erhalten und können mit einem einfachen Klick erneut aufgerufen werden. Das funktioniert natürlich nur mit Dateiformaten, die Ebenen generell unterstützen.

5.7.2 Ebenenkompositionen anlegen und verwalten

Um Ebenenkompositionen zu erzeugen, muss Ihnen natürlich ein Bild mit mehreren Ebenen vorliegen. Das notwendige Bedienfeld starten Sie via FENSTER • EBENENKOMPOSITION. Klicken Sie dann auf das NEU-Symbol [+] am Fuß des Ebenenkomposition-Bedienfelds ④, um eine **neue**

▲ **Abbildung 5.76**
Bedienfeldsymbol Ebenenkomposition

Ebenenkomposition anzulegen, die auf den aktuellen Bedienfeldeinstellungen im Bild basiert. Dann werden Sie gefragt, wie die Komposition benannt werden soll ③, welche Ebeneneigenschaften Sie mit aufnehmen wollen ②, und überdies können Sie einen kurzen Kommentar hinterlegen ①.

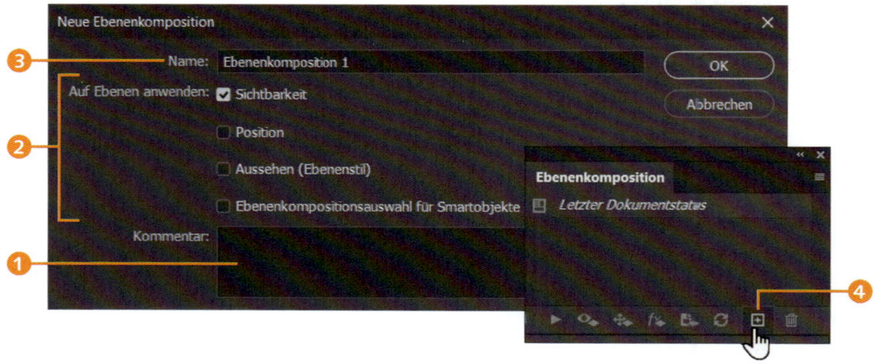

Abbildung 5.77 ►
Neue Ebenenkomposition erzeugen und Eigenschaften festlegen

Ebenenkomposition verändern | Auch nachträglich lassen sich Eigenschaften einer Komposition – also der Umfang der mitgespeicherten Ebenenmerkmale – ändern. Dazu genügt ein Doppelklick auf die Zeile der Komposition im Bedienfeld. Damit rufen Sie die Optionen erneut auf.

Um eine **neue Situation in der Datei festzuhalten**, legen Sie entweder eine neue Komposition an oder aktualisieren eine bestehende Komposition, indem Sie den betreffenden Button am Fuß des Bedienfelds drücken. Sie haben die Wahl, ob Sie nur einzelne Eigenschaften – Ebenensichtbarkeit ⑦, Ebenenkomposition ⑧ oder Ebenenstile ⑨ – aktualisieren wollen oder die gesamte Komposition ⑩. Alternativ können Sie die entsprechenden Befehle im Bedienfeldmenü nutzen.

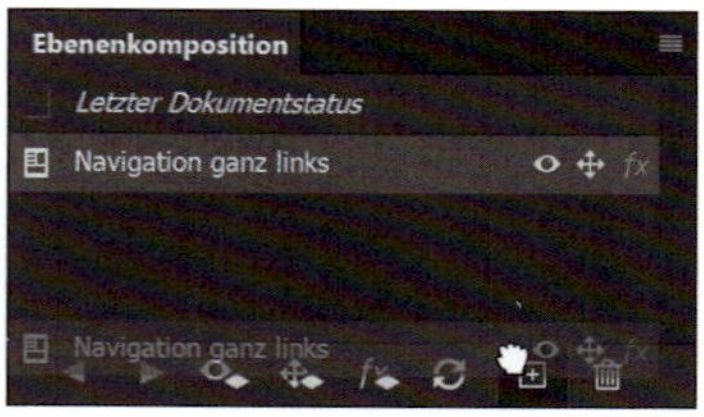

▲ **Abbildung 5.78**
Kompositionen duplizieren

Ebenenkomposition duplizieren | Eine solche Komposition lässt sich einfach duplizieren, um sie dann zu modifizieren. Das funktioniert ähnlich wie beim Duplizieren von Ebenen durch Ziehen des Kompositionseintrags auf das NEU-Icon ⊞. Alternative: Benutzen Sie den Befehl aus dem Seitenmenü.

Ebenenkomposition aktivieren | Um eine bestimmte Komposition zu aktivieren, klicken Sie das bis dahin leere Kästchen vor der jeweiligen Komposition an. Ein Icon ⑤ – nicht die Hinterlegung der betreffenden Komposition! – zeigt dann an, welche Komposition gerade aktiv, also im Bild zu sehen ist.

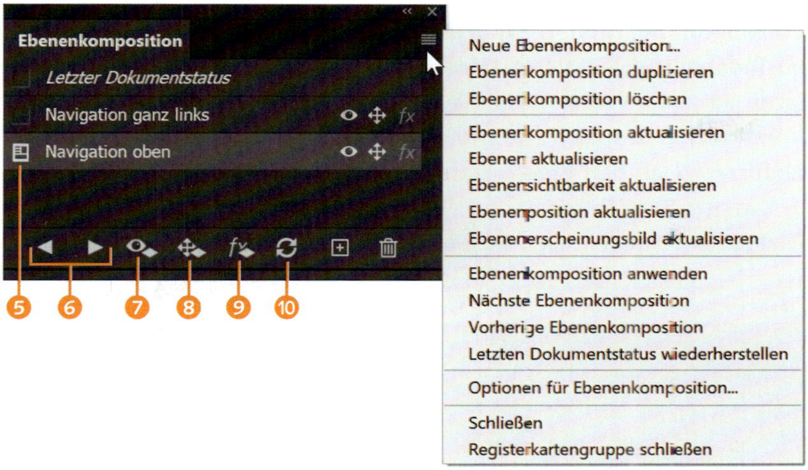

◄ **Abbildung 5.79**
Ebenenkomposition-Bedienfeld im Überblick. Die Funktionen, die Sie über die Icons am Fuß des Bedienfelds steuern, finden Sie im Seitenmenü wieder.

Mit den Pfeiltasten (6) (oder Befehlen des Bedienfeldmenüs) **blättern** Sie in den verschiedenen Kompositionen.

Ebenen aus Ebenenkompositionen löschen | Damit das Konzept der Ebenenkompositionen – Aufzeichnen bestimmter Ebenenstadien zum erneuten leichten Aufruf – funktioniert, ist es entscheidend, wie Sie mit dem (irrtümlichen oder beabsichtigten) Löschen von Ebenen umgehen, die zuvor in einer Komposition aufgezeichnet wurden. Wenn Sie Ebenen löschen, erhalten Sie im Ebenenkomposition-Bedienfeld eine Warnmeldung (11). Aktualisieren Sie dann entweder die Komposition(en) erneut, oder löschen Sie die Meldung. Das Löschen der Warnung entfernt aber nicht die Ursache der Warnmeldung, sondern nur die Meldung selbst! Sie haben verschiedene Handlungsoptionen:

- Wenn Sie die **Warnung ignorieren**, kann der Verlust von Ebenen die Folge sein. Andere gespeicherte Parameter bleiben ggf. erhalten.
- Wenn Sie die **Ebenenkomposition aktualisieren**, führt das zwar zum Verlust der zuvor erfassten Ebeneneigenschaften, bringt Ihre Ebenenkomposition aber wieder auf den aktuellen Stand.
- Wenn Sie auf das Warnsymbol klicken, wird ein Hinweisdialog mit dem Befehl LÖSCHEN angezeigt. Wenn Sie diesen Befehl wählen, wird das **Warnsymbol entfernt**, ohne die übrigen Ebenen zu verändern.
- Haben sich **mehrere Warnsymbole** angesammelt? Dann können Sie auch mit der rechten Maustaste auf das Warnsymbol klicken. Es öffnet sich ein Pop-up, in dem Sie die Wahl haben zwischen den Befehlen EBENENKOMPOSITION-WARNUNG LÖSCHEN und ALLE EBENENKOMPOSITION-WARNUNGEN LÖSCHEN.

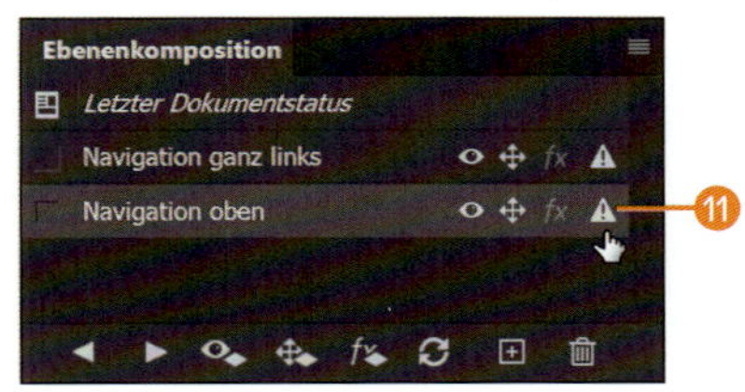

▲ **Abbildung 5.80**
Um Warnungen zu entfernen, klicken Sie auf das kleine Warndreieck im Bedienfeld.

Ebenenkompositionen exportieren | Wenn Ihnen in den Ebenenkompositionen abgelegte Bildversionen gut gefallen, können Sie auf einfache Art und Weise daraus autonome Dateien erzeugen. Aus jeder Komposition lässt sich automatisch eine eigene Bilddatei erzeugen. Sie benutzen dazu den Befehl DATEI • EXPORTIEREN • EBENENKOMPOSITION IN DATEIEN. Den Dateityp und einige Eigenschaften können Sie in einer Dialogbox festlegen. Den Rest erledigt Photoshop dann von allein.

Abbildung 5.81 ▸
Hier legen Sie den Speicherort, das Dateinamenpräfix und den Dateityp fest. Sie können auch bestimmen, ob nur eine – die ausgewählte – oder alle Kompositionen zu neuen Dateien verarbeitet werden ①.

Wenn Sie Ebenenkompositionen verwenden wollen, um Ihre Arbeitsergebnisse Dritten – etwa Kunden – zugänglich zu machen, nutzen Sie am besten die Exportfunktion DATEI • EXPORTIEREN • EBENENKOMPOSITION IN PDF. Die Einstellungen sind ähnlich wie beim Dateiexport; das Ergebnis sind repräsentable PDF-Dateien.

Kapitel 6

Kreativ auf allen Ebenen

Das Ebenenkonzept und die grundlegenden und wichtigen Ebenen-Arbeitstechniken haben Sie im vorherigen Kapitel gelernt. Hier erfahren Sie, wie Sie aus Photoshops Kernfunktion mehr herausholen.

6.1 Ebenenkanten ausrichten und verteilen

Wenn Sie neue Ebenen ins Bild einfügen, liegen diese nicht unbedingt immer genau dort, wo Sie sie haben möchten. Vor allem bei Montagen mit Text und Formen ist das häufig der Fall. Um die Ebenen exakt aneinander auszurichten, müssen Sie sich aber nicht auf Ihr Augenmaß verlassen.

6.1.1 Ausrichten per Button-Klick

Hilfslinien, automatische Hilfslinien und Raster sind Hilfsmittel, um Ebenen aneinander auszurichten. Häufig bedeutet das akkurate Ausrichten anhand solcher Linien jedoch mühsame Fummelei – selbst wenn sie mit der Funktion Hilfslinien und Co. dank der Option ANSICHT • AUSRICHTEN AN leicht magnetisch sind und die Ebenen dort leicht haften bleiben.

In der Optionsleiste des Verschieben-Werkzeugs (Kürzel V) ✥ finden Sie jedoch zwei Gruppen von Buttons, die Ihnen das genaue Ausrichten und Verteilen von Ebenen enorm erleichtern.

Zum Nachlesen
Mehr über **Hilfslinien, Rasterlinien** und andere Helferlein für den Photoshop-Alltag lesen Sie in Kapitel 3, »Nützliche Helfer«.

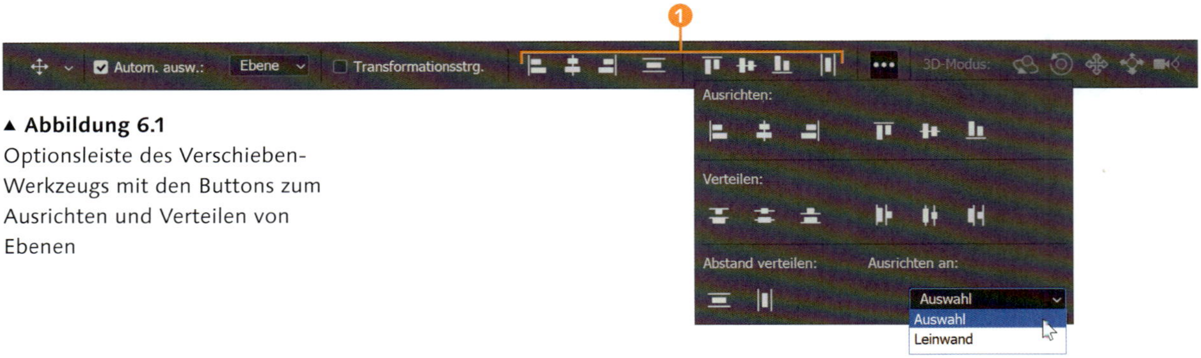

▲ **Abbildung 6.1**
Optionsleiste des Verschieben-Werkzeugs mit den Buttons zum Ausrichten und Verteilen von Ebenen

Ebenen oder Gruppen in eine Linie bringen | Um mit den Ausrichten-Buttons ❶ Ebenen auszurichten, müssen mindestens zwei Ebenen markiert sein. Dann klicken Sie auf einen der Buttons, und schon sind die Ebenen in Position gebracht. Die Symbole der Buttons sind recht eindeutig; zusätzlich können QuickInfos helfen, die eingeblendet werden, wenn der Mauszeiger auf einem der Buttons steht. So lassen sich die Buttons intuitiv einsetzen. Aber Achtung – die Befehle funktionieren nicht, wenn Ebenen verriegelt sind.

Auf dieselbe Weise können Sie auch Ebenengruppen aneinander ausrichten. Wenn nur eine Ebenengruppe aktiviert ist und Sie dann die Ausrichten-Buttons einsetzen, werden **alle Ebenen innerhalb der Gruppe** ausgerichtet.

Und Sie können Ebenen nicht nur aneinander, sondern auch mit Hilfe einer **Auswahllinie** positionieren. Dazu legen Sie im Bild eine Auswahl an und wählen dann die Ebene(n) aus, die Sie an der Auswahl ausrichten möchten. Anschließend benutzen Sie wiederum die Ausrichten-Buttons.

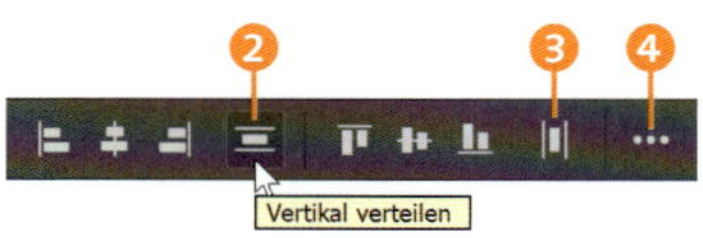

▲ **Abbildung 6.2**
Neben den Buttons zum **Ausrichten** finden sich auch die zwei wichtigsten Buttons zum vertikalen ❷ und horizontalen ❸ **Verteilen** von Ebenen in der Optionsleiste. Diese und weitere Funktionen zum Verteilen sind auch über das Flyout-Menü ❹.

Vorab: Referenzebene bestimmen | Wenn Ebenen aneinander ausgerichtet werden, muss – logischerweise – immer eine Ebene als Referenzebene dienen, an der die anderen ausgerichtet werden. Wenn Sie nichts weiter unternehmen, wählt Photoshop die Referenzebene automatisch. Beim Ausrichten der linken Kanten ist es zum Beispiel immer die Ebene, die am weitesten links steht; beim Ausrichten der unteren Kanten ist es die Ebene, die (im Bild, nicht im Bedienfeld) zuunterst positioniert ist usw. Wenn Sie eine andere Ebene als Referenzebene festlegen wollen, müssen Sie den Ebeneninhalt auswählen (Ebene aktivieren und dann am schnellsten mit Strg/cmd+A). Eine Ausnahme ist die Hintergrundebene: Beim Zentrieren von Bildelementen kann sie als Referenz fungieren, ohne zuvor ausgewählt zu werden.

Horizontal ausrichten | Mit diesen Buttons bewegen Sie die Ebenen auf der horizontalen Achse nach rechts oder links.

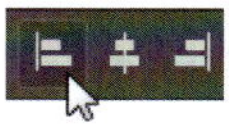

Der Button richtet die **linken Kanten** der aktivierten Ebenen am äußersten linken Pixel der Ebene ganz links oder an der äußersten linken Kante der Auswahlbegrenzung aus.

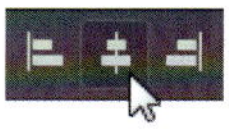

Dieser Button richtet die **Mittelachsen** der aktivierten Ebenen aneinander oder an der Mitte eines Auswahlbereichs aus.

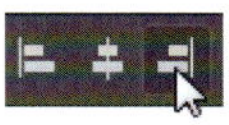

Richtet die **rechten Kanten** der aktivierten Ebenen am äußersten rechten Pixel der Ebene ganz rechts oder an der äußersten rechten Kante der Auswahlbegrenzung aus.

Vertikal ausrichten | »Vertikale Ausrichtung« bedeutet, dass die Ebenen sich auf der vertikalen Achse nach oben oder unten bewegen. Die horizontale Position bleibt erhalten.

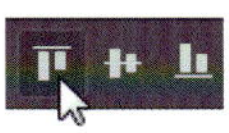

Richtet die **Oberkanten** aller aktivierten Ebenen an der obersten Kante aller aktivierten Ebenen oder an der obersten Kante einer Auswahlbegrenzung (wenn vorhanden) aus.

Richtet die **vertikalen Mittelachsen** der aktivierten Ebenen an den vertikalen Mitten aller aktivierten Ebenen oder an der vertikalen Mitte einer Auswahlbegrenzung aus.

Richtet die **Unterkanten** aller aktivierten Ebenen an der untersten Kante aller aktivierten Ebenen oder an der Unterkante einer Auswahlbegrenzung aus.

»VierButtons.tif«

▲ **Abbildung 6.3**
Das Ausgangsbild. Markieren Sie alle Ebenen einschließlich der Hintergrundebene, klicken Sie auf den Button An horizontaler Mittelachse ausrichten, …

▲ **Abbildung 6.4**
… und schon stehen die Buttons in einer Linie und sind außerdem zentriert.

6.1.2 Ebenen verteilen

Die Schaltflächen und Funktionen im Fly-out-Menü der Optionsleiste helfen Ihnen, Ebenen gleichmäßig zu verteilen; außerdem finden Sie einige der Ausrichten-Buttons hier erneut wieder. Um Ebenen zu verteilen, müssen mindestens drei Ebenen aktiviert sein – andernfalls sind die Buttons inaktiv. Etwaige Hintergrundebenen oder fixierte Ebenen dürfen dabei nicht aktiviert sein.

Als **Referenz** dient beim Verteilen die Position der jeweils äußeren Ebenen, also die oberste und unterste beziehungsweise die ganz rechts und links stehende Ebene. Meist ist es also notwendig, zumindest die Referenzelemente per Hand exakt auszurichten. Zwischen den beiden Referenzebenen werden die übrigen Ebenen gleichmäßig verteilt. Ein genaues Ausrichten nach Pixeln, Zentimetern oder anderen Maßeinhei-

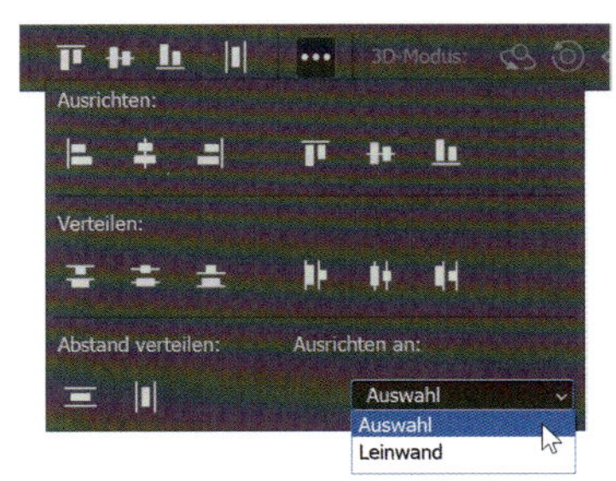

▲ **Abbildung 6.5**
Das Fly-out-Menü in der Optionsleiste des Verschieben-Werkzeugs

ten (»30 Pixel Abstand zwischen allen Elementen«) ist leider mit diesen Funktionen nicht möglich.

▲ **Abbildung 6.6**
Ein Klick auf den Button Um vertikale Mittelachse verteilen sorgt für gleichmäßige Abstände.

Um die vertikale Mittelachse verteilen | Die ersten drei Schaltflächen unter Verteilen verteilen Ebenen um die vertikale Mittelachse:

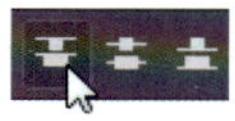

Obere Kanten verteilt die aktivierten Ebenen ausgehend von den **oberen Pixeln** jeder Ebene.

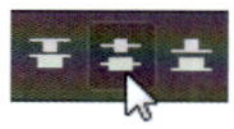

Vertikale Mittelachse verteilt die Ebenen ausgehend von den **Ebenenmitten**.

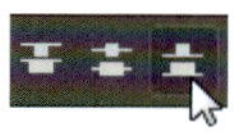

Untere Kanten verteilt die markierten Ebenen ausgehend von den **unteren Pixeln** jeder Ebene.

Um die horizontale Mittelachse verteilen | Die nächste Gruppe von Buttons ordnet Ebenen um die horizontale Achse herum an:

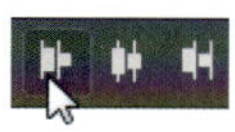

Linke Kanten verteilt die markierten Ebenen ausgehend vom **linken Rand** jeder Ebene.

Horizontale Mittelachse verteilt die Ebenen ausgehend von der **horizontalen Mitte** jeder Ebene.

Rechte Kanten verteilt die markierten Ebenen ausgehend vom **rechten Rand** jeder Ebene.

Abstand verteilen | Unter Abstand verteilen finden Sie zwei weitere Buttons zum Verteilen von Ebenen oder Gruppen. Das Besondere: Unter der Option Ausrichten an können Sie festlegen, ob die Ebenen an einer eventuell bestehenden Auswahl oder der Hintergrundebene (Leinwand) ausgerichtet werden sollen.

Vertikal verteilt den vertikalen Abstand zwischen den Ebenen gleichmäßig.

Horizontal verteilt den horizontalen Abstand zwischen den Ebenen gleichmäßig.

Ebenenausrichtung nach Inhalt | Die bisher besprochenen Buttons orientieren sich an den Kanten und Mittellinien von Ebenen, Ebenengruppen oder Auswahlen. Der Inhalt dieser Ebenen wird dabei nicht berücksichtigt. Doch es gibt in Photoshop auch intelligente Ausrichtungsfunktionen, die die Ebenenpixel berücksichtigen. Sie erreichen diese Funktionen über BEARBEITEN • EBENEN AUTOMATISCH AUSRICHTEN und über BEARBEITEN • EBENEN AUTOMATISCH ÜBERBLENDEN. Mehr zum Thema gibt's in Abschnitt 17.1, »Inhaltsbasiert: Ebenen automatisch ausrichten«.

6.2 Ebenen transformieren

Sie wissen bereits, wie Sie Ebenen duplizieren oder aus anderen Bildern einfügen und neu anordnen. Doch auch wenn die Schichtung im Ebenen-Bedienfeld stimmt, haben Ebeneninhalte nicht immer die passende Größe oder Neigung und müssen angepasst werden. Die Operation, die Sie dazu anwenden, heißt *Transformieren*.

Transformationen können Sie auf fast jedes Element in Photoshop anwenden: auf ganze Ebenen, auf mehrere Ebenen, Kanäle, Masken oder auf ausgewählte Bereiche. Sehr gebräuchlich sind Transformationen einzelner, freigestellter Bildelemente. Neben solchen normalen Bildebenen mit Pixeln als Inhalt lassen sich auch Vektorinhalte wie Pfade und Vektorformen transformieren.

Basics: Pixelebenen transformieren | Um Pixelebenen – also normale Bildebenen – zu transformieren, müssen einige Bedingungen erfüllt sein:

- In jedem Fall **aktivieren** Sie als Erstes die Ebene, deren Inhalt Sie transformieren wollen.
- **Hintergrundebenen** sind generell für Transformationen gesperrt. Mit dem Befehl EBENE • NEU • EBENE AUS HINTERGRUND oder durch simples Umbenennen der Hintergrundebene im Ebenen-Bedienfeld ändern Sie diesen Status und erzeugen aus der Hintergrund- eine normale Bildebene.
- Sie können auch **mehrere Ebenen auf einmal** transformieren: Dazu aktivieren Sie sie gemeinsam oder verknüpfen sie vorher per Kette.
- Außerdem ist es möglich, den **zu transformierenden Bereich** einer Ebene mit Hilfe einer Auswahl **einzugrenzen** (siehe den folgenden Abschnitt »Auswahlinhalte transformieren«).

Sind diese Vorbereitungen getroffen, haben Sie verschiedene Möglichkeiten:

- Mit dem Tastaturkürzel Strg/cmd+T oder dem Befehl BEARBEITEN • FREI TRANSFORMIEREN rufen Sie das freie Transformieren auf. Es erscheinen ein Rahmen mit Griffen an den Ecken und Seiten und die Transformationsoptionsleiste. Freies Transformieren ermöglicht den flüssigen Wechsel zwischen verschiedenen Transformationsarten. Sie können dann frei nach Augenmaß mit der Maus arbeiten oder exakte Werte in die Optionsleiste eingeben.

- Die Alternative: Bei aktivem Verschieben-Werkzeug (Kürzel [V]) genügt es, die Option Transformationssteuerungen anzuklicken. Rund um die Bildebene oder die deckenden Pixel innerhalb der Ebene wird der bekannte Rahmen mit Griffen eingeblendet. Die Transformationsoptionsleiste erscheint, sobald Sie den Transformationsrahmen benutzen.

Die grundlegenden Schritte und Möglichkeiten sind bei beiden Methoden dieselben, auch die Shortcuts sind gleich.

Daneben können Sie Menübefehle unter Bearbeiten • Transformieren nutzen. Dort finden Sie häufig gebrauchte Transformationsbefehle.

Auswahlinhalte transformieren | Sie können auch Bildpartien, die Sie transformieren möchten, zuerst auswählen und sie dann per freiem Transformieren oder mit den Menübefehlen unter Bearbeiten • Transformieren bearbeiten. Der Inhalt von Auswahllinie bzw. Transformationsrahmen wird dann wie eine schwebende Auswahl behandelt (mehr dazu finden Sie in Teil III, »Auswählen, freistellen und maskieren«).

Dieser Befehl ist nicht zu verwechseln mit Auswahl • Auswahl transformieren – dabei gehen Sie zwar ähnlich vor, bearbeiten jedoch nur die *Auswahllinie*, nicht den *Auswahlinhalt*!

Transformation annehmen oder abbrechen | Ganz gleich, was Sie transformieren und ob Sie mit der Maus, der Optionsleiste oder den Menübefehlen arbeiten – alle Eingaben müssen Sie zum Abschluss **bestätigen**, und zwar entweder über die [↵]-Taste oder über den kleinen Haken ganz rechts in der Optionsleiste.

Die Transformation **abbrechen** können Sie mit [Esc] oder über den »Parkverbot«-Button.

6.2.1 Tipps für gute Transformationsergebnisse

Damit Ihnen die Transformationen auch immer gelingen sollten Sie folgende Hinweise berücksichtigen.

Interpolation – Wie werden Pixel neu berechnet? | Bei Ebenentransformationen berechnet Photoshop die Bildpixel neu, um sie der neuen Größe oder Position anzupassen – ähnlich wie beim Skalieren von Bildern mit dem Befehl Bild • Bildgrösse.

Nicht abgeschlossene Transformationen blockieren alles
Wenn in Photoshop »plötzlich nichts mehr geht«, prüfen Sie, ob in einem Ihrer geöffneten Dokumente noch eine offene Transformation auf Ihre Eingabe wartet. Nicht bestätigte Transformationen blockieren Photoshop für alle weiteren Eingaben. Auch die Photoshop-Funktionen, die von der Bridge angesteuert werden, sind dann nicht mehr zugänglich.

Weniger Deckkraft für mehr Durchblick
Häufig benutzt man Transformationen, um Bildelemente in Montagen einzupassen. In diesem Fall kann es sinnvoll sein, vor Beginn des Transformierens die Deckkraft der betreffenden Ebene herabzusetzen, um zu sehen, was sich darunter befindet.

▲ **Abbildung 6.7**
Transformation bestätigen 1 oder abbrechen 2

Für diese Neuberechnung, die sogenannte *Interpolation*, gibt es verschiedene Methoden, die unterschiedliche Ergebnisse erzielen. In der Transformationsoptionsleiste können Sie die gewünschte Interpolationsmethode einstellen (nur bei Pixelebenen).

- PIXELWIEDERHOLUNG ist immer dann die Methode der Wahl, wenn Sie Bildobjekte mit harten Kanten haben, die ihre Schärfe nicht verlieren dürfen. Diese Interpolationsmethode habe ich zum Beispiel verwendet, um die vergrößert dargestellten Mauszeiger zu erzeugen, die Sie an verschiedenen Stellen im Buch sehen.
- BILINEAR vergleicht Nachbarpixel miteinander, um daraus die neuen Bildpixel zu berechnen. Dies erfolgt ähnlich wie bei der bikubischen Methode, jedoch nicht so gründlich. Diese Berechnung soll schneller gehen, in der Praxis sind die Ergebnisse jedoch meist mangelhaft.
- BIKUBISCH und die Varianten BIKUBISCH GLATTER und BIKUBISCH SCHÄRFER sind gut, wenn Sie bei Montagen Fotoelemente einpassen.
- Die Option BIKUBISCH AUTOMATISCH soll die Wahl zwischen den anderen Bikubisch-Optionen überflüssig machen. In der Praxis kommt es mit dieser Interpolationsmethode jedoch oft zu überschärften Bildern, etwa beim Beschneiden mit dem Freistellungswerkzeug C.

Diese Einstellungsmöglichkeit erscheint jedoch nur, wenn Sie mit Pixelebenen arbeiten. Bei der Transformation von Smartobjekten haben Sie die Wahlmöglichkeit nicht.

Interpolation dauerhaft umstellen
In den Programm-Voreinstellungen können Sie die Interpolationsmethode global einstellen – dann wirkt sie sich auf alle Photoshop-Funktionen aus, bei denen Interpolation eine Rolle spielt. Dazu starten Sie die VOREINSTELLUNGEN mit Strg/cmd+K, und unter ALLGEMEIN treffen Sie unter INTERPOLATIONSVERFAHREN Ihre Wahl.

Nur einmal transformieren | Wenn Sie eine der bikubischen Methoden verwenden – und das ist bei der Arbeit mit pixelbasierten Halbtonbildern wie Fotos nahezu unumgänglich –, wird der Bildinhalt mit jeder Transformation etwas unschärfer. Sie sollten also zunächst alle benötigten Transformationsbefehle ausführen und diese dann in einem Schritt bestätigen, anstatt jede Transformation separat anzuwenden und zu bestätigen. Und wenn eine Transformation einmal nicht ganz passt, sollten Sie nicht hin und her transformieren. Stattdessen empfiehlt sich der Befehl BEARBEITEN • SCHRITT ZURÜCK.

Diese Einschränkung gilt nicht für Formebenen und Textebenen – Vektordaten sind bekanntlich unempfindlich gegenüber Skalierungen und Transformationen, auch wenn Sie diese mehrfach durchführen.

Zum Weiterlesen
Um Textebenen bei voller Editierbarkeit zu **verformen**, gibt es noch einen speziellen Befehl (siehe Abschnitt 26.4.2, »Verbogene Schrift: Das Textverformungswerkzeug«).

Arbeit mit Smartobjekten | Ganz unbesorgt können Sie sein, wenn Sie eine Pixelebene vor der Transformation in ein Smartobjekt verwandeln. Smartobjekt-Ebenen lassen sich skalieren, drehen, neigen, verzerren, perspektivisch transformieren und verformen, ohne dass die Bildqualität leidet, denn die Umwandlung wirkt sich nicht auf die Originaldaten aus.

Zum Weiterlesen
Mehr über **Smartobjekte** erfahren Sie im Abschnitt 6.4.

6.2.2 Voreinstellungen für das Transformationswerkzeug

Erfahrene Photoshop-User werden beim Hantieren mit dem Transformationswerkzeug vermutlich ein wenig ins Stocken kommen.

- Beim Anfassen und Ziehen an einem der Griffe des Transformationsrahmens erfolgt automatisch eine proportionale Transformation. Um dies zu unterbinden, muss die ⇧-Taste gedrückt werden. In älteren Photoshop-Versionen war es genau umgekehrt: Das Ziehen skalierte die Höhe und Breite frei (unproportional). Erst das Drücken von ⇧ sorgte dafür, dass das Seitenverhältnis erhalten blieb.
- Auch der Transformationsmittelpunkt, der beim Drehen und Neigen von Objekten die Bewegungsachse bildet, wird in der aktuellen Version von Photoshop standardmäßig nicht mehr angezeigt.

Beide Eigenschaften des Transformieren-Werkzeugs können Sie in den Voreinstellungen (Strg/⇧+K) beeinflussen, so dass die älteren Standards wiederhergestellt werden.

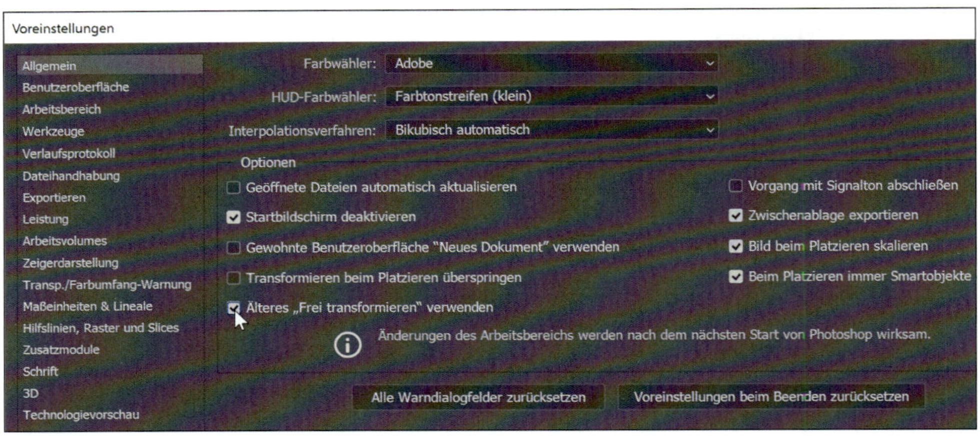

Abbildung 6.8 ▸ Aktivieren Sie unter Allgemein die Option Älteres »Frei transformieren« verwenden, wenn Sie per Eckgriff standardmäßig **nicht** proportional transformieren wollen.

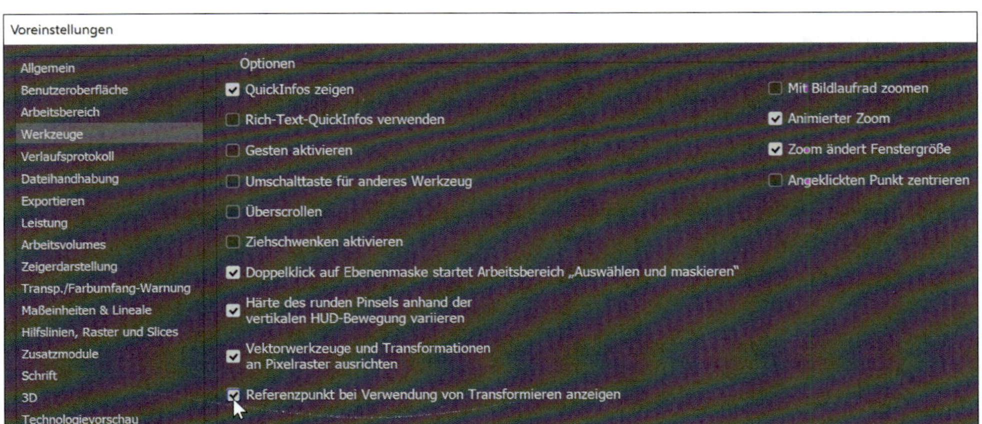

Abbildung 6.9 ▸ Aktivieren Sie unter Werkzeuge die Option Referenzpunkt bei Verwendung von Transformieren anzeigen, um den Drehmittelpunkt von Transformationsrahmen einzublenden.

6.2.3 Ebenenobjekte skalieren

Die Inhalte des Transformationsrahmens – hier ein freigestellter Ballon – per Maus und Augenmaß zu skalieren, sollte Ihnen keine Schwierigkeiten bereiten – das Verfahren ist intuitiv.

»heissluftballon.tif«

Bild: Fotolia, elemental imaging

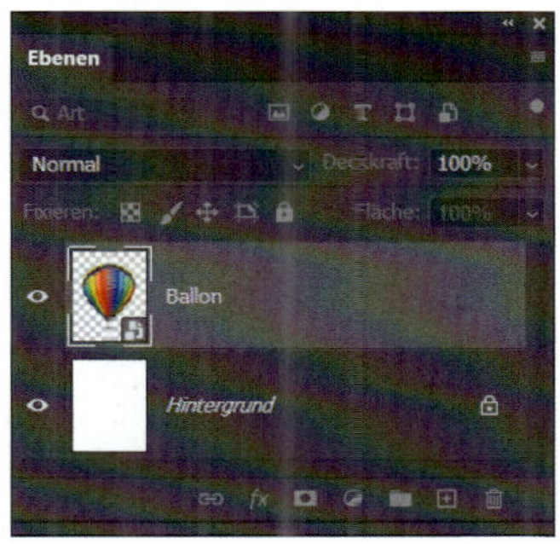

◂◂ **Abbildung 6.10**
Der typische Transformationsrahmen eines Smartobjekts (bei Pixelbildern fehlen die X-Diagonalen, die Funktionsweise ist dieselbe).

◂ **Abbildung 6.11**
Ebenenaufbau des Demobildes. Das Smartobjekt mit dem freistehenden Ballon wird transformiert.

Proportional skalieren oder Proportionen verändern | Das Ziehen an den Eck- ❶ oder Seitengriffen ❷ des Transformationsrahmens verändert die Größe des Bildelements proportional, das heißt, das Längenverhältnis der beiden Seiten bleibt erhalten. Wollen Sie bei dem transformierten Objekt Höhe und Breite unabhängig voneinander verändern, halten Sie die ⇧-Taste gedrückt. Dann verändert Ziehen gleichzeitig die Breite *und* die Höhe des Rahmens und des umfangenen Objekts. Wenn Sie nicht jedes Mal die ⇧-Taste gedrückt halten wollen, um Breite und Höhe unabhängig voneinander zu verändern, deaktivieren Sie die Verketten-Schaltfläche in der Optionsleiste.

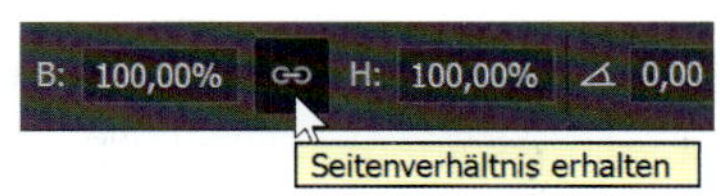

▴ **Abbildung 6.12**
Die Schaltfläche Verketten kann deaktiviert werden, um die Seitenproportionen des skalierten Objekts unabhängig voneinander zu ändern.

Verhalten von Formen und Pfaden
Formen und Pfade (das heißt Vektoren) jedoch werden standardmäßig nichtproportional skaliert, wenn Sie beim Umwandeln einen Eckgriff ziehen.

6.2.4 Ebenenobjekt drehen

Anhand der Ecken können Sie Ihr Objekt auch drehen. Sie müssen sich der Eckmarkierung dabei mit etwas Mausfeingefühl von außen nähern; dann erscheint ein gerundeter Pfeil mit zwei Spitzen ❶ (Abbildung 6.13). Mit diesem Pfeil können Sie nun Ihr Objekt frei drehen. Die genaue Gradangabe wird neben dem Pfeil angezeigt.

Abbildung 6.13 ▸
Mit Hilfe des Anfassers lässt sich das Ebenenobjekt einfach drehen.

Transformationskontrolle am Mauszeiger
Für grad- und pixelgenaue Transformationen müssen Sie Ihren Blick nicht auf die Optionsleiste heften: Ein kleines Zahlenfeld neben dem Mauszeiger zeigt die Werte der aktuellen Transformation an. In den VOREINSTELLUNGEN unter BENUTZEROBERFLÄCHE können Sie die genaue Position der Transformationswerte-Anzeige ändern oder diese ganz abschalten.

Abbildung 6.14 ▾
Optionsleiste für Transformationen. Bei der Transformation von Smartobjekten entfallen die Optionen für Glättung und Interpolationsart.

Wenn Ihnen das Hantieren mit der Maus und die Kontrolle durch die jeweils angezeigten Transformationswerte zu ungenau oder umständlich sind, können Sie gradgenaue Drehungen auch in der Optionsleiste einstellen ❹.

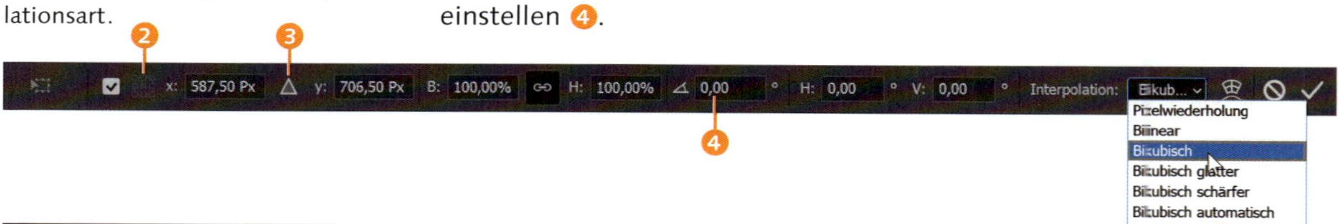

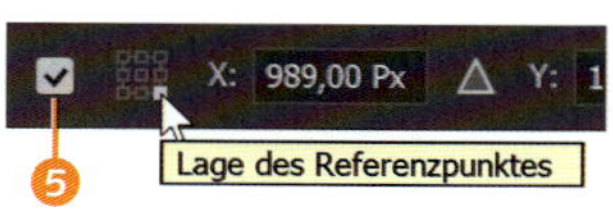

▴ Abbildung 6.15
Festlegen des Drehmittelpunkts; zuvor muss die Funktion durch Setzen des Häkchens ❺ aktiviert werden.

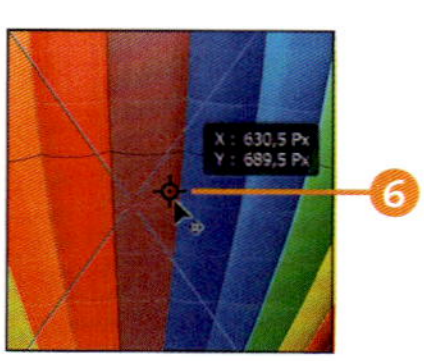

▴ Abbildung 6.16
Drehmittelpunkt mit der Maus verschieben

Drehmittelpunkt verändern | Entscheidend für die Wirkung der Drehung ist die Position des Drehmittelpunkts, der als Achse fungiert. Standardmäßig ist er immer in der Mitte des zu transformierenden Objekts. In der aktuellen Photoshop-Version wird der Drehmittelpunkt zunächst nicht angezeigt, Sie können ihn dennoch verändern.

Zunächst müssen Sie diese Funktion jedoch aktivieren. Dazu setzen Sie in dem kleinen Kontrollfeld ganz links in der Optionsleiste ein Häkchen ❺. Dann wird der Drehmittelpunkt ❻ auch im Bild angezeigt, und Sie haben mehrere Möglichkeiten, ihn zu verändern:

- per Drag & Drop, indem Sie den im Bild angezeigten Drehmittelpunkt einfach mit der Maus anfassen und verschieben oder
- durch Eingabe von X- und Y-Werten in der Optionsleiste oder
- indem Sie neben dem Aktivierungshäkchen in der Optionsleiste auf eines der kleinen Quadrate innerhalb des Miniaturrasters ❷ klicken.

Transformationsrahmen mit Inhalt verschieben | Wenn Ihnen die Position Ihres Bildelements nicht gefällt, können Sie es schon während der Transformation verschieben. Positionieren Sie den Mauszeiger innerhalb des Transformationsrahmens – nur nicht an den Drehpunkt –, und ziehen Sie den Rahmen an die gewünschte Position im Bild.

In der Optionsleiste können Sie Eingaben beim X- und Y-Wert nutzen, um die Position des zu transformierenden Objekts zu ändern. Besonders interessant ist dabei die Möglichkeit, relative Werte einzugeben – so legen Sie die neue Position Ihres Objekts im Verhältnis zur aktuellen Position fest. Dazu klicken Sie einfach auf das kleine Dreiecksymbol ③ zwischen den Werten.

6.2.5 Neigen

Um die folgenden drei Funktionen mit der Maus anzuwenden, müssen Sie einige Tastenkombinationen im Hinterkopf haben.

Sie neigen ein Objekt, indem Sie [Strg]/[cmd]+[⇧] drücken und mit der Maus an einem der **Seitengriffe** (nicht an den Ecken) des Transformationsrahmens anfassen. Der Transformationsrahmen nimmt die Gestalt eines Parallelogramms an – und sein Inhalt ändert sich entsprechend.

▲ **Abbildung 6.17**
Ebenenobjekt neigen

Für Bilder wie das Beispielfoto ist eine solche Transformation nicht so sinnvoll. Sie kann aber gewinnbringend eingesetzt werden, wenn perspektivisch verzerrt werden soll.

Das Verzerren per Optionsleiste ist recht umständlich, weil Sie dabei jeden einzelnen Wert verändern müssen. Das Arbeiten mit Maus und Augenmaß ist hier viel besser geeignet.

6.2.6 Verzerren relativ zum Mittelpunkt

Das Verzerren relativ zum Mittelpunkt ([Strg]/[cmd]+[Alt], Anfassen an beliebigem Griff) wirkt besonders spektakulär, wenn Sie an den Griffen der Seitenmitte anfassen. Dann können Sie Ihr Bildobjekt um den Mittelpunkt drehen. Bei geeigneten Gegenständen wirkt das fast wie eine dreidimensionale Drehung.

▲ **Abbildung 6.18**
Verzerren relativ zum Mittelpunkt

Frei verzerren | Zum freien Verzerren drücken Sie [Strg]/[cmd], fassen mit der Maus an einem beliebigen Griff des Transformationsrahmens an und ziehen in die gewünschte Richtung.

Perspektivisches Verzerren | Diese Funktion leistet gute Dienste zum Entzerren von Architekturbildern oder für eine nachträglich simulierte

»Rathaus-Augsburg.jpg«

Perspektive. Zusätzlich zur Maustaste müssen Sie die Tastenkombination [⇧]+[Strg]/[cmd]+[Alt] drücken. Oft ist es bei solchen Operationen notwendig, die Ecken des Transformationsrahmens – samt Bildinhalt – über die Grenzen des sichtbaren Bildausschnitts hinweg bis über den grauen Fensterhintergrund zu ziehen. Sorgen Sie also schon vorher dafür, dass das Bild in einer Zoomstufe angezeigt wird, die genügend Raum dafür lässt.

▲ **Abbildung 6.19**
Das Ausgangsbild

▲ **Abbildung 6.20**
Perspektivisches Verzerren. Der Transformationsrahmen wird über den sichtbaren Bildbereich hinausgezogen.

Oft fehlen nach der Transformation an den Ecken Bildinhalte – das Motiv wird häufig nicht nur auseinandergezogen, wie in Abbildung 6.20, sondern oft auch zusammengeschoben. Hier können das Beschneiden- und in manchen Fällen auch das Stempel-Werkzeug und andere Retuschetools helfen (siehe Kapitel 20, »Bildretusche«). Eine gute Alternative zum perspektivischen Verzerren ist die Funktion FILTER • OBJEKTIVKORREKTUR.

6.2.7 Verformen

Mit BEARBEITEN • TRANSFORMIEREN • VERFORMEN oder über einen Klick auf das entsprechende Symbol weit rechts in der Transformationsoptionsleiste wechseln Sie zur Funktion VERFORMEN.

Wenn Sie die Auswahl mit einer Verformungsvorauswahl verformen wollen, können Sie in der Optionsleiste aus der Dropdown-Liste VERFORMEN 3 einen Verformungsstil auswählen. Die BIEGUNG sowie die horizontale und vertikale Verzerrung des Stils stellen Sie über die nächsten drei Eingabefelder ❸ ein.

Wollen Sie ein eigenes benutzerdefiniertes Verformungsgitter erstellen, wählen Sie in der Dropdown-Liste RASTER ❷ entweder aus einer

Verformungsteilung entfernen
Um eine Verformungslinie zu entfernen, wählen Sie sie aus und drücken die ([Entf])-Taste oder nutzen den Befehl VERKRÜMMUNGSTEILUNG ENTFERNEN im Menü BEARBEITEN • TRANSFORMIEREN.

der voreingestellten Gittergrößen 3×3, 4×4 oder 5×5 aus, oder Sie entscheiden sich für Benutzerdefiniert und geben im sich öffnenden Dialogfeld die Anzahl der Spalten und Zeilen selbst ein.

Wollen Sie nachträglich weitere horizontale und/oder vertikale Verformungsgitterlinien hinzufügen, finden Sie bei Aufteilung ❶ drei Schalflächen dazu. Diese Aufteilungen erreichen Sie auch über das Menü unter Bearbeiten • Transformieren mit Verkrümmung horizontal teilen, Verkrümmung vertikal teilen und Verkrümmung quer teilen. Entsprechende Gitterlinien erstellen Sie dann, indem Sie mit dem Mauszeiger über die zu verformende Auswahl des Bildes gehen. Es wird die geteilte Linie angezeigt, die Sie mit einem Klick hinzufügen. Eine horizontale und vertikale Gitterlinie können Sie auch mit gehaltener (Alt)-Taste innerhalb der Verformungsauswahl erzeugen.

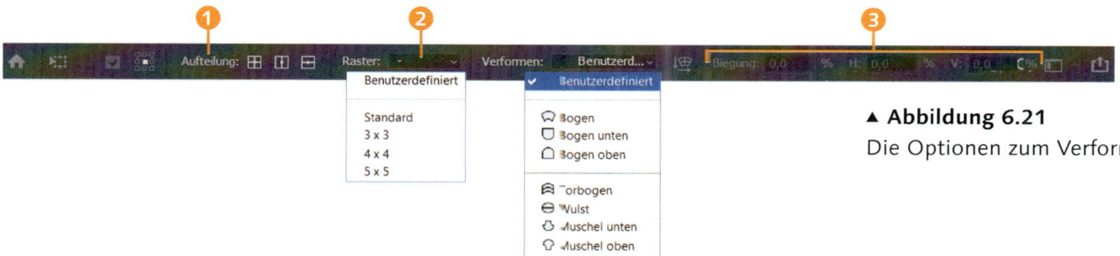

▲ **Abbildung 6.21**
Die Optionen zum Verformen

Zum kontrollierten Verformen haben Sie nun unterschiedliche Möglichkeiten. Ohne ein Raster ziehen Sie entweder an den Steuerpunkten ❹ mit gedrückter Maustaste, oder – wenn Sie es wie eine Kurve ❺ bei einer Vektorgrafik anpassen wollen – ziehen Sie an den Griffen der einzelnen Steuerpunkte. Die einfachste Möglichkeit dürfte es sein, einen Verformungsstil auszuwählen und dann die Werte für die Biegung sowie die horizontale und vertikale Verzerrung einzustellen. Mit Hilfe eines Rasters können Sie auch diese Verformung weiter anpassen.

▼ **Abbildung 6.22**
Links habe ich an den vorgegebenen Steuerpunkten verformt. In der Mitte habe ich die Griffpunkte wie bei Kurven von Vektorgrafiken verwendet. Auf der rechten Seite habe ich den vordefinierten Verformungsstil Aufblasen ausgewählt.

▲ **Abbildung 6.23**
Hier habe ich mehrere Kontrollpunkte zur Verformung mit gehaltener (⇧)-Taste gewählt.

Wenn Sie mehrere Rasterlinien zur Verformung hinzugefügt haben, klicken Sie entweder die Rasterlinie an, um Kontrollpunkte zur Verformung zu aktivieren, oder Sie klicken auf der Kreuzung der Rasterlinie auf den Ankerpunkt. Wollen Sie mehrere Punkte auswählen, klicken Sie mit gehaltener ⇧-Taste auf die Punkte. Ein blaues Rechteck wird um die ausgewählten Punkte angezeigt. Auch dann können Sie mit gedrückter Maustaste die ausgewählten Kontrollpunkte verformen. Mit gehaltener ⇧-Taste wiederum können Sie auch ausgewählte Ankerpunkte durch Klick wieder abwählen.

Wollen Sie die Verformung durchführen, drücken Sie die Eingabetaste oder klicken auf das Häkchen in der Optionsleiste. Abbrechen wiederum können Sie den Vorgang mit der Esc-Taste unter der ABBRECHEN-Schaltfläche in der Optionsleiste.

Um **Bildgegenstände zu verformen**, bietet sich auch der komplexe Filter VERFLÜSSIGEN an (siehe Abschnitt 20.12, »Der Verflüssigen-Filter: Als Spielzeug unterschätzt«). Auch die Filter unter FILTER • VERZERREN können Sie sinnvoll nutzen.

Zylindrische-Verformung.psd

Zylindrische Transformation | Wenn Sie eine Grafik um eine zylindrische Oberfläche verformen müssen, dann gibt es speziell dafür die zylindrische Transformationsverformung. Hierzu müssen Sie lediglich die Ebene auswählen, die Sie verformen wollen, und dann den Befehl BEARBEITEN • TRANSFORMIEREN • VERFORMEN auswählen oder die Tastenkombination Strg/cmd+T drücken. Klicken Sie dann in der Optionsleiste auf die Schaltfläche FREI TRANSFORMIEREN/VERFORMEN, und wählen Sie im Menü VERFORMEN das unterste Symbol mit ZYLINDER aus.

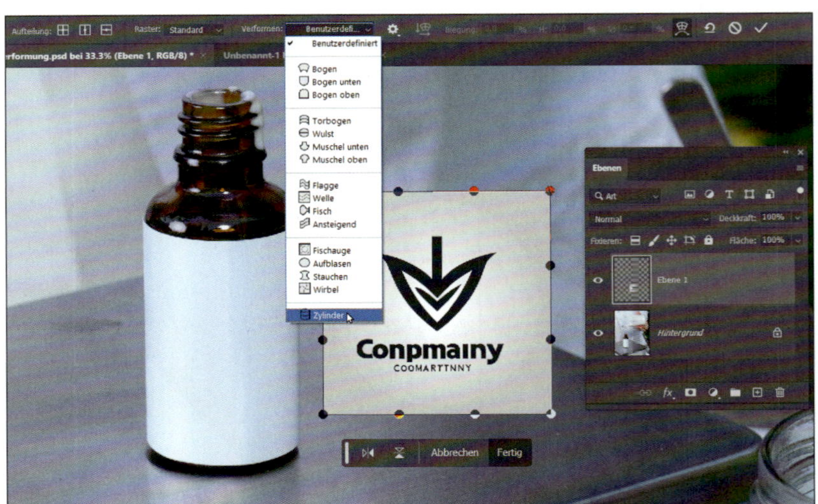

Abbildung 6.24 ▶
Hier habe ich ein Etikett von der KI generieren lassen, das nun über die zylindrische kleine Flasche als neues Verpackungsdesign transformiert werden soll.

Über die einzelnen Steuerelemente oben/rechts und unten/links können Sie die Größenänderungen vornehmen und die Auswahl transformieren.

Text zylindrisch verformen
Natürlich können Sie die zylindrische Transformationsverformung auch auf eine Textebene anwenden, was sich im Beispiel für das Design einer zylindrischen Verpackung auch geradezu anbietet.

◂ **Abbildung 6.25**
Das Etikett wird bei der zylindrischen Verformung um die Flasche gewickelt.

6.2.8 Menübefehle für Transformationen

Im Menü unter BEARBEITEN • TRANSFORMIEREN finden Sie dieselben Transformationsschritte noch einmal. Das ist besonders praktisch für die verschiedenen Verzerrungen, deren Shortcuts schlecht zu merken sind. Rufen Sie die gewünschte Transformationsart über das Menü auf, und benutzen Sie dann wie gewohnt die Maus. Daneben können Sie über das Menü auch einige häufig gebrauchte Drehungen und Spiegelungen schnell und präzise erledigen. Dazu genügt ein Klick auf den jeweiligen Menübefehl.

Nachteil | Das Transformieren mit Menübefehlen hat einen Nachteil: Sie können die Transformationsart nicht fließend wechseln, so wie es beim freien Transformieren durch Gebrauch verschiedener Shortcuts möglich ist. Wenn Sie beispielsweise VERZERREN gewählt haben, müssen Sie zunächst diese Transformation abschließen, um dann noch zu skalieren oder zu drehen. Da Mehrfach-Transformationen bei Pixelbildern zu vermeiden sind, sollten Sie in solchen Fällen besser zum freien Transformieren (und der folgenden Shortcut-Liste) greifen.

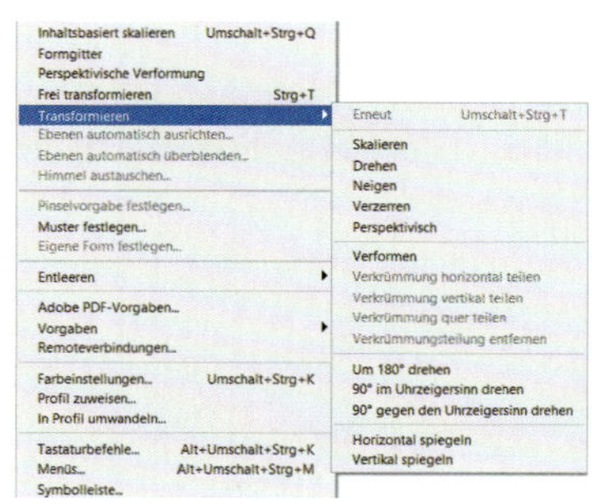

▴ **Abbildung 6.26**
Menübefehle zum Transformieren

Transformation wiederholen | Sehr praktisch ist allerdings der Befehl ERNEUT (⇧+Strg/cmd+T). Mit ihm übertragen Sie gelungene Transformationen nicht nur auf weitere Ebenen, sondern auch auf andere Bilder.

Noch weiter geht das lange, aber in manchen Situationen sehr praktische Kürzel ⇧+Strg+Alt+T bzw. ⇧+cmd+alt+T. Mit ihm wird die zuletzt aktive Ebene dupliziert, und die zuletzt genutzte Transformation wird auf das Duplikat angewendet. Der Befehl funktioniert auch bei Auswahlbereichen: Sie werden dupliziert – allerdings nicht auf einer eigenen Ebene – und transformiert.

Tabelle 6.1 ▼
Tastaturbefehle für Ebenentransformationen auf einen Blick

Was wollen Sie tun?	Windows	Mac
Transformieren aufrufen	Strg+T	cmd+T
beim Skalieren Proportionen beibehalten	an beliebigen Griff des Transformationsrahmens ziehen	an beliebigen Griff des Transformationsrahmens ziehen
beim Skalieren Proportionen verändern	⇧ + an einem beliebigen Griff des Transformationsrahmens ziehen	⇧ + an einem beliebigen Griff des Transformationsrahmens ziehen
neigen	Strg+⇧ + an den **Seiten** des Transformationsrahmens ziehen	cmd+⇧ + an den **Seiten** des Transformationsrahmens ziehen
drehen in 15°-Schritten	⇧ gedrückt halten	⇧ gedrückt halten
verzerren relativ zum Mittelpunkt	Strg+Alt + an **beliebigem Griff** des Transformationsrahmens ziehen	cmd+alt + an **beliebigem Griff** des Transformationsrahmens ziehen
frei verzerren	Strg + an **beliebigem Griff** des Transformationsrahmens ziehen	cmd + an **beliebigem Griff** des Transformationsrahmens ziehen
perspektivisch verzerren	⇧+Strg+Alt + an **Ecken** des Transformationsrahmens ziehen	⇧+cmd+alt + an **Ecken** des Transformationsrahmens ziehen
Transformation bestätigen (und anwenden)	↵	↵
Transformation abbrechen	Esc	esc
die letzte Transformation auf einem neuen Objekt wiederholen	⇧+Strg+T	⇧+cmd+T
gleichzeitig Objekt duplizieren und letzte Transformation erneut anwenden	⇧+Strg+Alt+T	⇧+cmd+alt+T

6.3 Schnittmasken und Aussparung

»Paprika.tif«

Bei der Schnittmasken-Funktion kommen trotz des Namens dieser Funktion keine »richtigen« Ebenen- oder Vektormasken zur Anwendung. Stattdessen beeinflussen die Bildpixel der Ebenen selbst das angezeigte Ergebnis.

6.3.1 Schnittmasken – das Funktionsprinzip

Das Anordnen von Ebenen zu sogenannten Schnittmasken ist bei vielen Gelegenheiten hilfreich. Sie kommen zur Anwendung, wenn Sie in Ihrem Bedienfeld mehr als zwei Ebenen haben und dafür sorgen wollen, dass sich eine Ebene nur auf die *direkt* unter ihr liegende Ebene bezieht – nicht auf die übrigen Ebenen darunter. Die Funktion wird oft für Einstellungsebenen genutzt, es gibt jedoch auch andere Einsatzmöglichkeiten. Ich zeige Ihnen das Prinzip anhand einer Datei mit zwei Bildebenen und einer Einstellungsebene Farbton/Sättigung. Anhand der Wirkung der Einstellungsebene können Sie erkennen, wie Schnittmasken wirken.

▲ **Abbildung 6.27**
So sieht das Ausgangsbild – ohne Einstellungsebene – aus.

▲ **Abbildung 6.28**
Eine Einstellungsebene Farbton/Sättigung wurde erzeugt. Sie liegt oberhalb beider Ebenen und ist noch nicht zur Schnittmaske gruppiert. Daher wirkt sie auf beide Bildebenen.

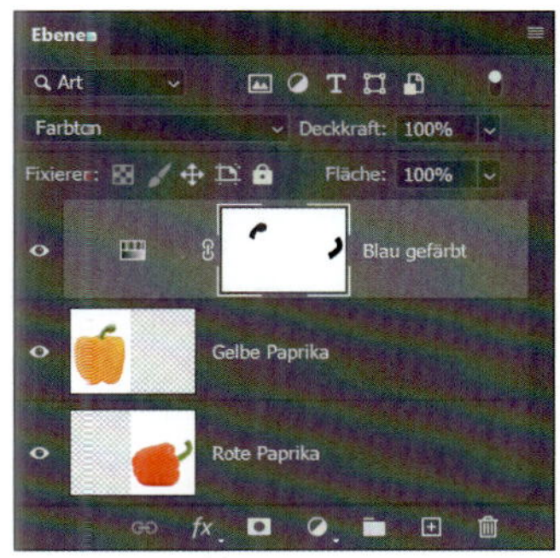

▲ **Abbildung 6.29**
Der Bildaufbau: zwei separate Bildebenen. Die farbverändernde Einstellungsebene »Blau gefärbt« ist noch nicht als Schnittmaske gruppiert – beide darunterliegenden Bildebenen werden verändert. Lediglich die grünen Stängel sind mit einer Ebenenmaske vor Veränderung geschützt.

▲ **Abbildung 6.30**
Die färbende Einstellungsebene wurde mit der Ebene direkt unter ihr (»Gelbe Paprika«) zu einer Schnittmaske angeordnet. Die Farbänderung wirkt jetzt allein auf diese Ebene. Die Ebene mit der roten Paprika bleibt unverändert.

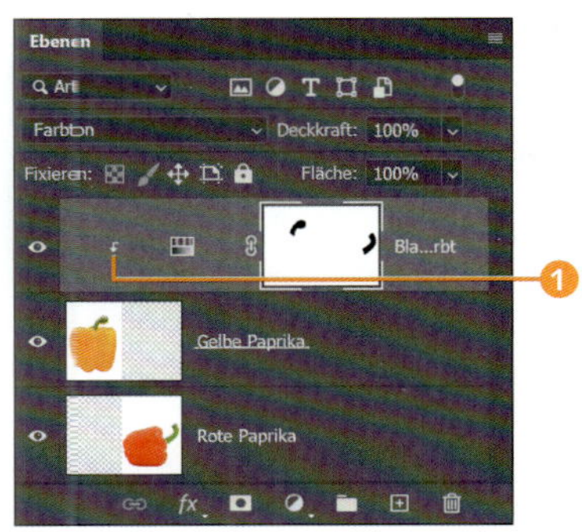

▲ **Abbildung 6.31**
Im Ebenen-Bedienfeld stellt sich eine Schnittmasken-Gruppe so dar. Die Einrückung der Einstellungsebene und der kleine Pfeil 1 zeigen die Schnittmaske an.

Benutzt werden Schnittmasken oft bei Einstellungsebenen, bei Retuschen oder auch beim kreativen Gestalten mit Schrift. Das Grundprinzip ist, dass sich die Inhalte der zur Schnittmaske angeordneten Ebene oder Ebenen nur dort zeigen, wo die darunterliegende Ebene (*Basisebene*) ebenfalls Pixel aufweist. Die deckenden Pixel der unteren Ebene wirken als Schnittmaske. Schnittmasken sind übrigens keine Masken in dem Sinne, wie ich sie später in diesem Buch besprechen werde!

6.3.2 Schnittmasken anlegen

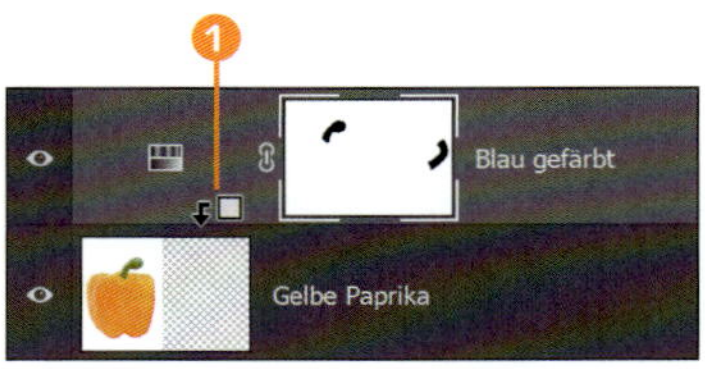

▲ **Abbildung 6.32**
Das Quadrat mit abknickendem Pfeil 1 zeigt an, dass Sie den Mauszeiger richtig positioniert haben.

Ebenen zu Schnittmasken zusammenzufassen ist ganz einfach:

- Der schnellste Weg führt wieder einmal über das Ebenen-Bedienfeld: Setzen Sie den Mauszeiger bei gehaltener Alt-Taste im Ebenen-Bedienfeld genau zwischen zwei Ebenen. Sobald sich das Symbol des Mauszeigers 1 ändert, klicken Sie darauf. Auf die gleiche Art und Weise lösen Sie die Schnittmasken-Gruppe auch wieder auf.
- Mit Strg/cmd+Alt+G fassen Sie die markierte Ebene mit der darunterliegenden Ebene zu einer Schnittmaske zusammen oder lösen eine bestehende Schnittmaskenkonstellation wieder auf.
- Die Menüalternative: Aktivieren Sie im Ebenen-Bedienfeld eine Ebene, und wählen Sie die Befehle Ebene • Schnittmaske erstellen. Dadurch wird die aktive Ebene mit der darunterliegenden zu einer Schnittmaske zusammengefasst. Mit Ebene • Schnittmaske zurückwandeln bringen Sie die Ebene wieder in die reguläre Anordnung.
- Wenn Sie Ebenen oder Einstellungsebenen per Menü (Ebene • Neu) anlegen, werden Sie automatisch gefragt, ob sie zur Schnittmaske gruppiert werden sollen.

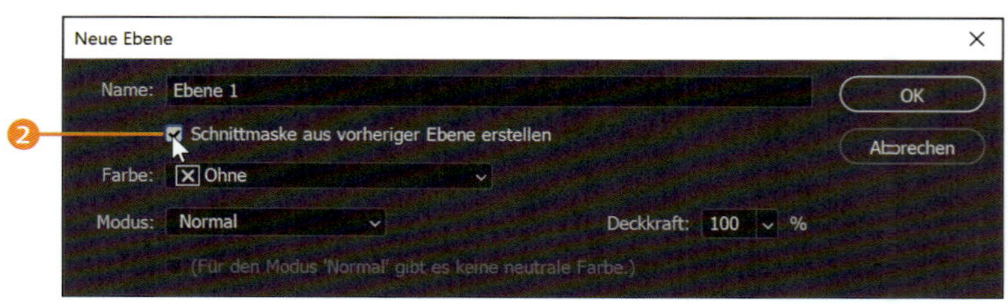

Abbildung 6.33 ►
Neue (Einstellungs-)Ebene per Menü: Im Dialogfeld gibt es auch eine Schnittmasken-Option 2.

6.3.3 Text-Bild-Effekte mit Schnittmasken

»Berlinschriftzug.tif«, »Obst_schriftzug.tif«

Interessante Effekte lassen sich mit Text erzielen. Legen Sie eine Textebene *unter* eine Bildebene, und gruppieren Sie die beiden mit Strg/cmd+Alt+G zur Schnittmaske. Dort, wo die darunterliegende Textebene transparente Pixel enthält, ist das Foto ausgeblendet – die Schrift ist also nun »fotogefüllt«. Dazu kommt eine weitere Ebene als

Hintergrund für den Schriftzug. Für eine bessere Lesbarkeit habe ich den Text in unserem Beispiel zusätzlich mit einem Ebeneneffekt versehen.

Bild: vitamin a design

▲ **Abbildung 6.34**
Die berühmte »Berliner Luft«, in Text und Bild festgehalten

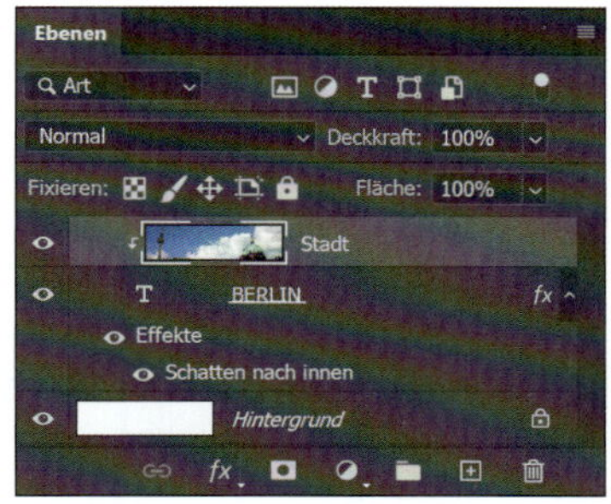

▲ **Abbildung 6.35**
Ebenenaufbau: oben das Foto, mit der Textebene zur Schnittmaske gruppiert, dann die Textebene mit einem Effekt, ganz unten weißer Hintergrund

Bilder: dieblen.de

▲ **Abbildung 6.36**
Mehrere Ebenen mit Schnittmaske

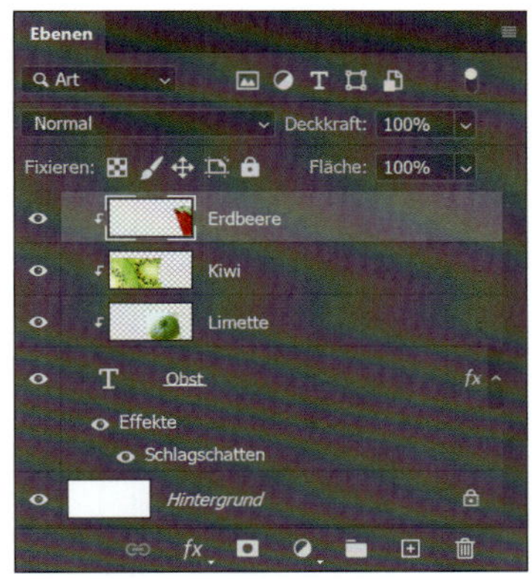

▲ **Abbildung 6.37**
Das Ebenen-Bedienfeld zum Obst-Beispiel

Sie können in dieser Manier auch mehrere Ebenen übereinander anordnen. In jedem Fall zeigen sich die Pixel der so angeordneten Ebenen nur dort, wo die Basisebene ebenfalls Pixel aufweist.

Die untenliegende und die oberen Ebenen einer Schnittmaskenkonstellation lassen sich gegeneinander verschieben. Das ist sehr nützlich, um zum Beispiel einen passenden Bildausschnitt in einer Textzeile zu zeigen.

6.3.4 Aussparung und Aussparungsoptionen

Um ähnliche Kompositionen wie die im vorangehenden Abschnitt zu erstellen, bietet Photoshop noch differenziertere Möglichkeiten, nämlich die erweiterte Mischmodus-Eigenschaft Aussparung. Über die Dialogbox Ebenenstil legen Sie die Optionen fest. Sie erreichen diesen Dialog durch Doppelklick auf den neutralen Bereich einer Ebene im Ebenen-Bedienfeld oder über den »fx«-Button.

Die Grundidee beim Aussparen ist, dass die Pixel der obenliegenden Ebene benutzt werden, um einen Bereich zu definieren, der die Ebenen darunter optisch durchbohrt. Wie intensiv diese Durchbohrung wirkt, legen Sie wiederum mit den Aussparungsoptionen fest.

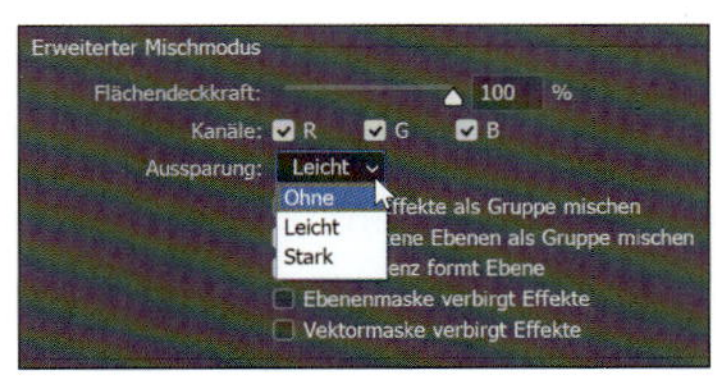

▲ **Abbildung 6.38**
Aussparungsoptionen im Dialog Ebenenstil

Abbildung 6.39 ▼▶
Die Ausgangskonstellation. Die oberste Ebene wurde mit der Aussparungsoption LEICHT ❶ versehen und hat außerdem einen hellen Kontureffekt ❷.

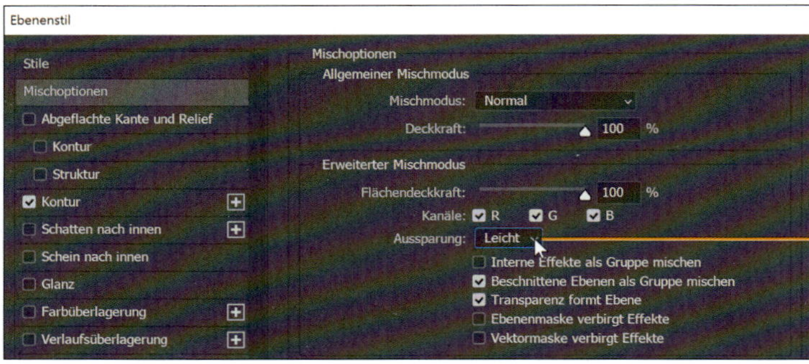

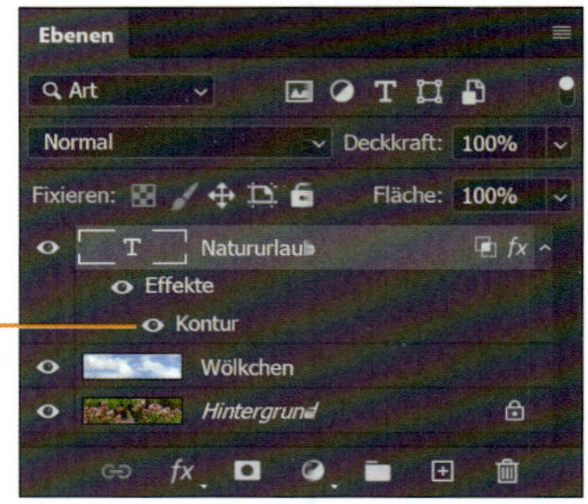

»Natururlaub.tif«

Maßgeblich für das spätere Aussehen der Komposition ist auch hier wiederum die Schichtung der Ebenen. Und das Ganze funktioniert nur, wenn Sie die Deckkraft der oberen Ebene durch Verstellen der FLÄCHE-Deckkraft im Ebenen-Bedienfeld senken. Die normale Option DECKKRAFT muss aber auf 100% stehen bleiben! Außerdem ist es zwingend erforderlich, dass die unterste Ebene tatsächlich eine Hintergrundebene ist. Dann rufen Sie den EBENENSTIL-Dialog auf und legen dort die Aussparungsoptionen fest.

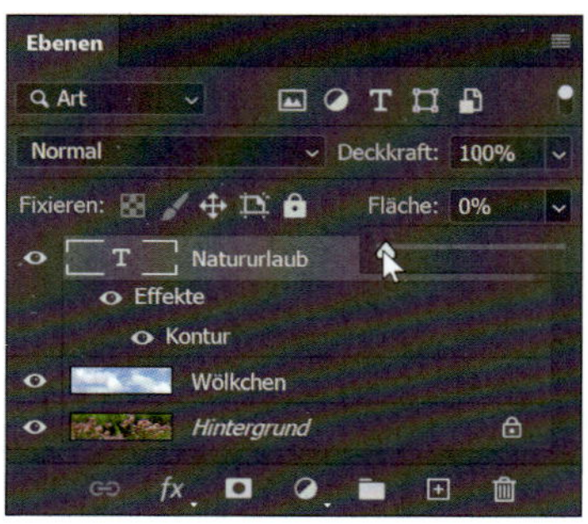

Abbildung 6.40 ▲
Dasselbe Bild mit gesenkter FLÄCHE-Deckkraft. Die deckenden Pixel der Textebene durchbrechen nun die mittlere Ebene (Wölkchen) und lassen die Hintergrundebene erscheinen.

Wie wirken die Aussparungsoptionen genau? | Damit Sie die Aussparungsoptionen gezielt einsetzen können, müssen Sie wissen, was sie bewirken:

- Die Option OHNE erstellt keine Aussparung. Dies ist die Standardeinstellung.
- LEICHT erstellt eine Durchbohrung bis zur Hintergrundebene (so wie in unserem Beispiel). Wenn die Ebenen in einer Gruppe zusammengefasst werden, wirkt die leichte Aussparung jedoch nur bis auf die unterste Ebene dieser Gruppe. Sind die Ebenen zu einer Beschnittmaske angeordnet, wirkt die »Durchbohrung« bis zur Basisebene.
- Mit der Option STARK erreichen Sie in jedem Fall eine Aussparung bis zur Hintergrundebene – gleichgültig, welche Ebenenkonstellationen

in der Datei sonst noch vorliegen. Wenn keine Hintergrundebene vorhanden ist, wird in jedem Fall bis zur Transparenz durchbohrt.

◂ **Abbildung 6.41**
So sähe das Bild mit reduzierter FLÄCHE-Deckkraft, aber ohne spezielle Aussparungsoption aus. Von der Textebene sind alle Pixel ausgeblendet, lediglich der Ebeneneffekt – die helle Kontur – ist noch sichtbar. Die Hintergrundebene kommt nicht ins Bild.

Die Wirkung der drei verschiedenen Optionen und der notwendige Ebenenaufbau erscheinen auf den ersten Blick kompliziert, aber wenn Sie das Prinzip einmal verstanden haben, erzeugen Sie mit dieser Funktion sehr schnell interessante Composings. Die obere Ebene muss ja auch nicht immer ein Text sein: Ein Logo oder eine andere Pixelebene eignen sich ebenso gut!

6.4 Vielseitige Datencontainer: Smartobjekte

Smartobjekte sind eine besondere Art von Ebenen: Sie »merken« sich nach einer Bearbeitung ihr früheres Aussehen. Das ist möglich, weil die Originalversion der Daten eines Smartobjekts in das Dokument eingebettet ist, das das Smartobjekt enthält. Ein Smartobjekt ist gewissermaßen ein Container, in dem eine Instanz der originalen Daten zur Bearbeitung abgelegt ist.

»Gummiente.tif«

Diese Originaldaten sind zunächst für den Bearbeiter unsichtbar, können jedoch mit einem kleinen Umweg (siehe den Workshop »Smartobjekte in der Praxis: Rote Sonnen« in Abschnitt 6.4.5) auch verändert werden. Grundlage von Smartobjekten können Pixel- oder Vektordaten sein. Die meisten Photoshop-Nutzer kennen Smartobjekte hauptsächlich von der Verwendung mit Filtern. Tatsächlich können Smartobjekte jedoch mehr.

▴ **Abbildung 6.42**
Sie erkennen Smartobjekte im Ebenen-Bedienfeld an dem Vierecksymbol unten rechts in der Ebenenminiatur.

Vorteile von Smartobjekten | Das Containerprinzip ermöglicht die **zerstörungsfreie Bearbeitung** der Smartobjekte, denn die Original-Bilddaten bleiben ja erhalten. Das heißt, Bildoperationen, die sich auf die Bildpixel *an und für sich* qualitätsmindernd auswirken, können Sie auf Smartobjekte anwenden, ohne dass ein Qualitätsverlust auftritt. In einigen Fällen machen Smartobjekte eigentlich unumkehrbare Arbeitsschritte reversibel. In einigen Fällen stellen sie Workarounds für Arbeitstechniken dar, die sonst gar nicht möglich wären. Sehr nützlich sind Smartobjekte zum Beispiel:

▴ **Abbildung 6.43**
Eine Ecke mit Wölkchen ist ein Hinweis auf ein verknüpftes Smartobjekt, das in einer Bibliothek in der Adobe Cloud liegt.

- bei Ebenentransformationen,
- bei der Anwendung von Filtern (Smartfiltern),
- für das Skalieren des gesamten Bildes,
- bei Farbraumänderungen (via Bild • Modus) oder
- beim Beschneiden von Bildern, wenn ein neuer Bildausschnitt gefunden werden soll.
- Wenn Sie ein Smartobjekt mehrfach duplizieren, können Sie alle Duplikate auf einen Schlag ändern, indem Sie die Quelle bearbeiten (diese Abhängigkeit von Smartobjekten und ihrer Datenquelle kann jedoch auch ausgeschlossen werden).
- Textebenen lassen sich mit Filtern bearbeiten und bleiben trotzdem editierbar.
- Bildkorrekturen lassen sich ähnlich wie Smartfilter auf Smartobjekte anwenden – gedacht als eine Alternative zu Einstellungsebenen, die für mehr Ordnung im Ebenen-Bedienfeld sorgen soll (siehe Abschnitt 10.2, »Das Handwerkszeug für Bildkorrekturen«).

Zum Nachlesen
Grundlegendes über Smartobjekte finden Sie auch in Abschnitt 5.3, »Ebenenarten«.

Außerdem erweisen sich Smartobjekte als echte **Beschleuniger für Ihren Workflow**, denn sie können in der Creative Cloud Library abgelegt werden und von verschiedenen Rechnern und Bearbeitern genutzt werden (mehr dazu lesen Sie in Abschnitt 4.8, »Kollaborativ und überall zur Hand: Creative Cloud Libraries«).

6.4.1 Smartobjekte aus Ebenen erzeugen

Um Smartobjekte zu erzeugen, gibt es eine Fülle verschiedener Wege. Um **Ebenen** in Smartobjekte zu transformieren, aktivieren Sie eine oder mehrere Ebenen ...

- und wählen dann den Befehl Ebene • Smartobjekte • In Smartobjekt konvertieren,
- nutzen das Kontextmenü des Ebenen-Bedienfelds (Rechtsklick in den neutralen Bereich der Ebene) oder
- rufen den Befehl Filter • Für Smartfilter konvertieren auf.
- Der Befehl Datei • Platzieren und einbetten bzw. Datei • Platzieren und verknüpfen fügt Pixel- oder Vektordaten als Smartobjekt in eine bereits geöffnete Datei ein.
- **Dateien** können Sie direkt als Smartobjekt öffnen. Dazu wählen Sie den Befehl Datei • Als Smartobjekt öffnen. Geöffnet wird dann ein Duplikat der Originaldatei, dessen Ebenen in ein Smartobjekt verwandelt wurden.
- **Illustrator-Ebenen** können Sie auch mit Drag & Drop oder per Einfügen-Befehl als Smartobjekt in ein Photoshop-Dokument einsetzen.

▲ **Abbildung 6.44**
Per Kontextmenü erzeugen Sie am schnellsten aus einer Ebene ein Smartobjekt.

Smartobjekt zurückverwandeln | Um aus einem Smartobjekt wieder eine Pixelebene zu machen, nutzen Sie den Menübefehl EBENE • RASTERN • SMARTOBJEKT

- oder denselben Befehl im Kontextmenü des Ebenen-Bedienfelds,
- oder Sie reduzieren die Datei auf eine Hintergrundebene.

6.4.2 Dateien als Smartobjekt öffnen oder platzieren

Es ist nicht nur möglich, einzelne Bildebenen in Smartobjekte zu verwandeln, Sie können auch aus bestehenden Dateien Smartobjekte erzeugen.

Als Smartobjekt öffnen | Mit dem Befehl DATEI • ALS SMARTOBJEKT ÖFFNEN erzeugen Sie aus einer bestehenden Pixel- oder Vektordatei eine neue Datei mit einer Smartobjekt-Ebene. Die Ausgangsdatei bleibt unverändert. Die neue Datei mit dem Smartobjekt trägt denselben Namen wie die Ausgangsdatei, erweitert um den Zusatz »als Smartobjekt-1«. (Weitere Smartobjekte mit derselben Quelldatei werden fortlaufend durchnummeriert.)

Camera Raw und Smartobjekte
Wenn Sie Raw-Daten aus Ihrer Kamera verarbeiten, können Sie diese standardmäßig in Photoshop als Smartobjekt öffnen lassen. Sie müssen dazu lediglich innerhalb des Camera-Raw-Moduls im Dialog ARBEITSABLAUF-OPTIONEN ein Häkchen setzen. Mehr zum Thema Camera Raw finden Sie in Kapitel 16, »Das Camera-Raw-Modul«.

Als Smartobjekt platzieren | Neben dem Öffnen können Sie Dateien auch platzieren. Mit dem PLATZIEREN-Befehl setzen Sie eine Datei in ein bereits geöffnetes Pixelbild ein – und zwar entweder als Smartobjekt oder als Verknüpfung. Die Ausgangsdatei im Falle des Smartobjekts kann eine Vektor- oder Pixelgrafik sein. In jedem Fall erleichtert Ihnen das Smartobjekt das Einpassen des eingefügten Elements, denn Smartobjekte lassen sich bekanntlich verlustfrei skalieren und transformieren, ohne dass die Bildqualität leidet.

Vorgehensweise | Bevor Sie beginnen, muss die Datei, in die das Objekt platziert werden soll, bereits in Photoshop geöffnet sein. Dann rufen Sie entweder den Befehl DATEI • PLATZIEREN UND EINBETTEN oder den Befehl DATEI • PLATZIEREN UND VERKNÜPFEN auf und wählen die gewünschte Grafik. In beiden Varianten des Platzieren-Befehls wird ein Smartobjekt erzeugt. Der Unterschied besteht darin, dass im ersten Fall (Einbetten) das Smartobjekt lokal agiert, soll heißen, wenn Sie es zum Bearbeiten öffnen, wird nur die in Ihrem Projektbild eingebettete Kopie der Originaldatei verändert. Im zweiten Fall (Verknüpfen) öffnen Sie die Originaldatei und bearbeiten diese. Das heißt, dass sich Veränderungen, die Sie in Ihrem Projekt vornehmen, auch automatisch auf die Originaldatei der platzierten Grafik auswirken und umgekehrt.

Haben Sie den gewünschten Befehl gewählt, fügt Photoshop die Grafik mit Positionsrahmen in die Datei ein. Liegt die Datei, die Sie platzieren möchten, als PDF oder AI-Datei vor, wird noch ein Dialogfeld mit Optionen dazwischengeschaltet.

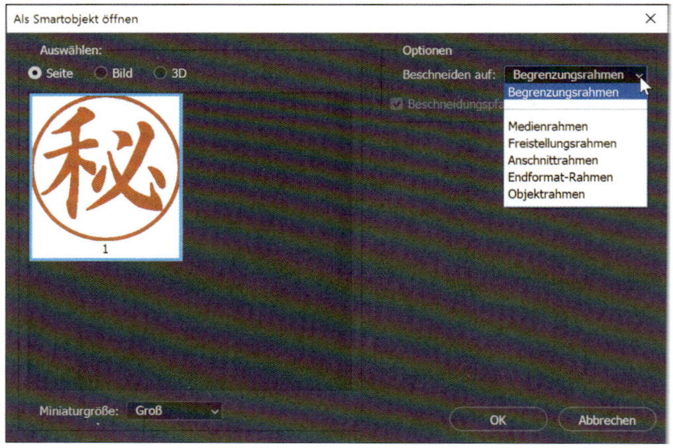

Abbildung 6.45 ▸
Der Dialog Als Smartobjekt öffnen erscheint, wenn Sie PDF- oder AI-Dateien platzieren.

»Erina.jpg«, »Schriftzeichen.eps«

Platzierte Objekte einpassen | Die von Ihnen ausgewählte Datei wird anschließend in der Mitte des bereits geöffneten Bildes eingefügt. Sie steht in einem Begrenzungsrahmen, mit dessen Hilfe Sie Position und Größe der Grafik ändern.

Auch über die **Optionsleiste** können Sie Position und Größe des platzierten Objekts anpassen – die Optionen sind ähnlich wie beim freien Transformieren.

Egal, ob Sie die platzierte Grafik drehen, verschieben, skalieren oder gar nicht verändern – in jedem Fall müssen Sie das Platzieren **abschließen**. Dazu genügt ein Klick auf das kleine Häkchen am rechten Rand der Optionsleiste (oder ein Druck auf die [↵]-Taste). Das kleine Parkverbots-Icon bricht die ganze Aktion ab (alternativ drücken Sie [Esc]).

Platzieren aus der Bridge
Auch der Dateiverwalter Adobe Bridge kann Dateien platzieren. Dank der Bildvorschau sehen Sie genau, um welche Datei es sich handelt. Besonders wenn Sie Dateien mit kryptischen Namen vor sich haben, ist das von Vorteil. Öffnen Sie wie gewohnt die erste Datei (die, in der das Bild platziert werden soll) in Photoshop. Wechseln Sie dann zur Bridge, suchen Sie dort die gewünschte zweite Datei, und wählen Sie den Befehl Datei • Platzieren • In Photoshop.

Zum Weiterlesen
Transformationsrahmen wie beim Anpassen platzierter Objekte finden Sie in Photoshop bei vielen anderen Funktionen. In Kapitel 5, »Ebenen-Basics: Konzept und Grundfunktionen«, erfahren Sie mehr über ihre Handhabung.

Abbildung 6.46 ▸
Als Smartobjekt über einem Foto platzierte Grafik. Die Anpassung funktioniert so wie bei gewöhnlichen Objekttransformationen.

6.4.3 Mit Smartobjekten arbeiten

Viele Arbeitstechniken funktionieren bei Smartobjekten ebenso wie bei gewöhnlichen Bildebenen – nur eben mit dem Zwischenschritt, dass die Ebene zuerst in ein Smartobjekt verwandelt wird. Dazu muss also nicht mehr viel gesagt werden. Doch das Konzept hat auch Grenzen: Diejenigen Werkzeuge, bei denen üblicherweise die Bildpixel direkt modifiziert werden – beispielsweise Pinsel, Retuschewerkzeuge wie der Kopierstempel oder das Wischfinger-Werkzeug –, können auf Smartobjekte nicht ohne weiteres angewandt werden. Auch Farbänderungen von Objekten sind nicht so einfach möglich.

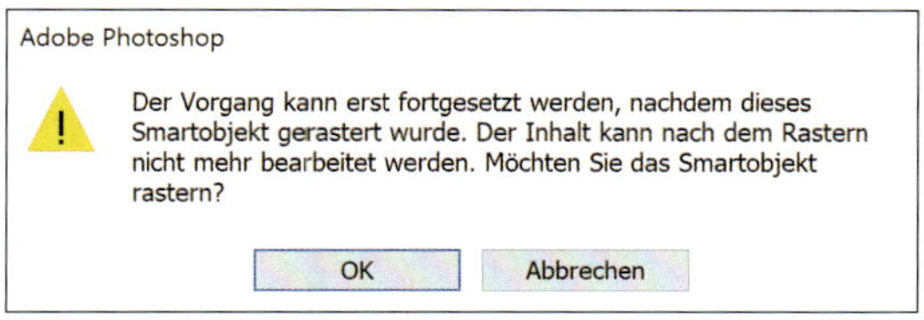

◂ **Abbildung 6.47**
Den Versuch, ein Smartobjekt zu retuschieren, quittiert Photoshop mit einem Warnhinweis.

In solchen Situationen schlägt Photoshop meist vor, das Smartobjekt zu rastern, also wieder in eine normale Pixelebene zu überführen. Dabei verlieren Smartobjekte alle speziellen Bearbeitungseigenschaften: Durchgeführte Änderungen werden nun endgültig auf die Ebene oder die Datei angewandt. Manchmal können Sie das Rastern jedoch auch umgehen, wenn Sie die Befehle unter Ebene • Smartobjekte nutzen. Wie das geht – und wie Sie die Möglichkeiten von Smartobjekten voll nutzen –, erfahren Sie in den folgenden Workshops. **Speichern** lassen sich Dateien mit Smartobjekten in den Dateiformaten PSD und TIFF. Auch das PDF-Format kann mit den Datencontainern umgehen.

Stapelmodus für Smartobjekte
Eine weitere Smartobjekt-Funktion ist der Stapelmodus (unter Ebene • Smartobjekte). Sie können ihn anwenden, um übereinandergestapelte inhaltsgleiche oder -ähnliche Smartobjekte miteinander zu verrechnen. Auf diese Weise werden Sie Störungen wie Bildrauschen oder mit etwas Glück sogar Passanten vor einer zu fotografierenden Sehenswürdigkeit los. Wie das genau funktioniert, lesen Sie im PDF-Dokument »Stapelmodus_von_Smartobjekten.pdf«.

6.4.4 Smarte Duplikate und der Austausch von Inhalten

Aus diesem Foto wollen wir eine kleine postkartenähnliche Montage machen. Das Besondere ist dabei die Arbeitsmethode: Zum Einsatz kommen vorzugsweise Smartobjekte. Diese ermöglichen ein zerstörungsfreies und rationelles Arbeiten – und das, obwohl wir zahlreiche Transformationen anwenden und insgesamt acht Bildobjekte anpassen und austauschen werden!

Schritt für Schritt: Smartobjekte in der Praxis: Sonnige Urlaubspostkarte

»PostkartenGrundlage.psd«, »SonneZackig.psd«, »SonneVerspielt.psd«

Das Ausgangsbild für diesen Workshop besteht aus zwei Ebenen – unterhalb des Fotos liegt eine gelbe Hintergrundebene.

1 Fotoebene in Smartobjekt umwandeln

Als Erstes müssen wir das Foto verkleinern und positionieren, damit Platz für die weiteren Montageelemente ist. Es gibt keine feste Vorgabe für das Fotoformat. Um Spielraum für Experimente zu haben, konvertieren wir es zunächst in ein Smartobjekt.

▲ **Abbildung 6.48**
Das Ausgangsbild

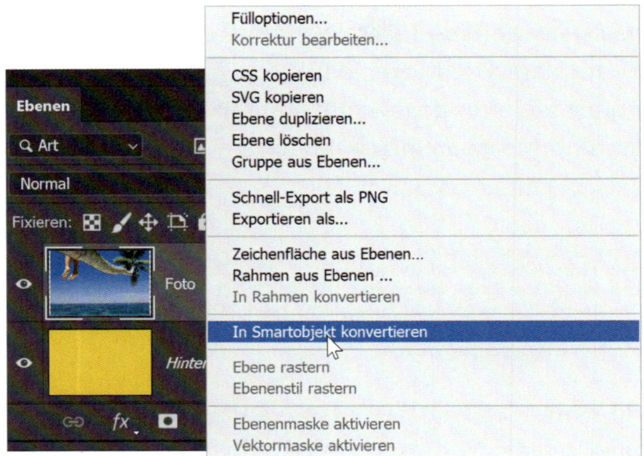

Abbildung 6.49 ▸
Die Fotoebene wird zum Smartobjekt.

2 Foto anpassen und positionieren

Transformieren Sie das Foto so, dass an den Rändern ein breiter gelber Streifen sichtbar wird. Da Sie mit einem Smartobjekt arbeiten, müssen Sie sich um Qualitätsverluste bei der Transformation keine Gedanken machen und können später jederzeit weitere Anpassungen vornehmen. Richten Sie das Foto mittig über der Hintergrundebene aus.

Ausrichten nach Augenmaß: Wenn Sie möchten, schieben Sie das Bild nach dem Zentrieren ein Stückchen nach oben; es wirkt dann harmonischer. Die mathematische Mittelachse stimmt nämlich mit der optischen Mitte – also der Position, die unser Auge als »mittig« ansieht – nicht überein!

▲ **Abbildung 6.50**
Transformieren des Fotos

3 Die Sonne ins Bild holen

Nun soll die Sonne als Montageobjekt ins Bild gebracht werden, und zwar sofort als Smartobjekt. Das geht in diesem Fall am bequemsten mit dem Befehl Datei • Platzieren und verknüpfen. Wählen Sie dann die vorbereitete Datei »SonneZackig.psd« aus. In einem Positionsrahmen erscheint sie im Bild. Positionieren und skalieren Sie die Sonne so, wie es Ihnen gefällt.

▲ **Abbildung 6.51**
Die erste Sonnen-Ebene wird ein wenig gekippt und leicht vergrößert.

4 Mehr Sonne: Smartobjekt duplizieren

In unserer Montage sollen viele Sonnen scheinen – dank Duplikaten. Erzeugen Sie eine duplizierte Version des ersten sonnigen Smartobjekts, indem Sie es auf das Neu-Icon des Ebenen-Bedienfelds ziehen. Alternativ nutzen Sie den Befehl Ebene • Neu • Ebene durch Kopie oder die Tastenkombination Strg + J. Diese Technik erzeugt ein Duplikat, das intern mit dem ersten Smartobjekt **zusammenhängt**. Wie Sie in Abbildung 6.52 erkennen, hat Photoshop den Namen der platzierten Datei automatisch als Titel des Smartobjekts eingesetzt. Skalieren und positionieren Sie das zweite Sonnen-Smartobjekt.

Achtung: Sie können Smartobjekte auch mit dem Befehl Neues Smartobjekt durch Kopie duplizieren. Diesen Befehl finden Sie im Ebenen-Kontextmenü und im Menü unter Ebene • Smartobjekte. Dadurch entsteht ein **unabhängiges Duplikat**, das mit der ersten Version nicht mehr verbunden ist. In einigen Fällen ist das sinnvoll, nicht jedoch in diesem Workshop – dann funktionieren manche der folgenden Arbeitsschritte nicht mehr.

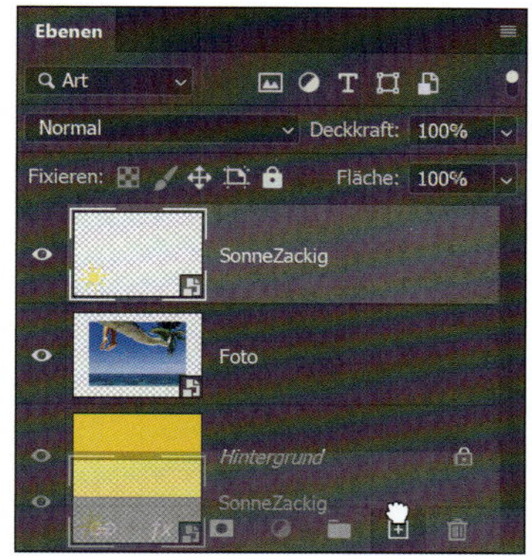

▲ **Abbildung 6.52**
Smartobjekt duplizieren

5 Viel mehr Sonne: Duplikate mit Variationen

Erzeugen Sie auf dieselbe Weise noch etwa sechs bis sieben weitere Sonnen-Duplikate, und zwar – das ist wichtig! – immer von Ihrem Ausgangs-Smartobjekt. Variieren Sie Position, Größe und Drehung. Für mehr Abwechslung können Sie Sonnen vor und hinter das Foto-Smartobjekt legen. Indem Sie den Mischmodus der Sonnen-Ebenen verändern, erzeugen Sie unterschiedliche Gelbtöne.

▲ **Abbildung 6.53**
Der erste Zwischenstand: Ungefähr so sollte Ihre Datei jetzt auch aussehen.

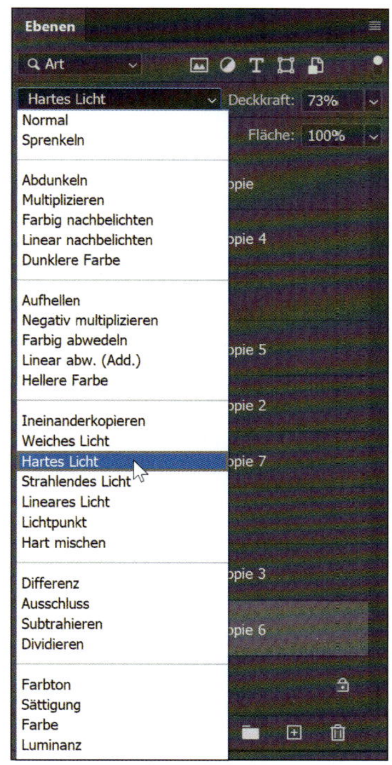

▲ **Abbildung 6.54**
Indem Sie Deckkraft und Mischmodus variieren, bringen Sie unterschiedliche Gelbtöne ins Bild.

6 Acht auf einen Streich: Smartobjekt austauschen

Insgesamt acht Versionen des Sonnensymbols sind nun im Bild. Jede einzelne davon wurde durch Transformation, Verschieben und eventuell eine Änderung von Deckkraft oder Mischmodus angepasst – eine Menge Arbeit. Nun soll jedoch ein anderes Symbol ins Bild, denn diese Form ist uns etwas zu zackig. Keine Angst, Sie müssen nicht wieder von vorn anfangen! Da Sie hier mit Smartobjekten arbeiten, kriegen Sie das mit wenigen Klicks hin: Aktivieren Sie das erste Smartobjekt, von dem alle Duplikate abstammen. Wählen Sie dann den Befehl INHALT ERSETZEN (entweder aus dem Kontextmenü des Ebenen-Bedienfelds oder unter EBENE • SMARTOBJEKTE).

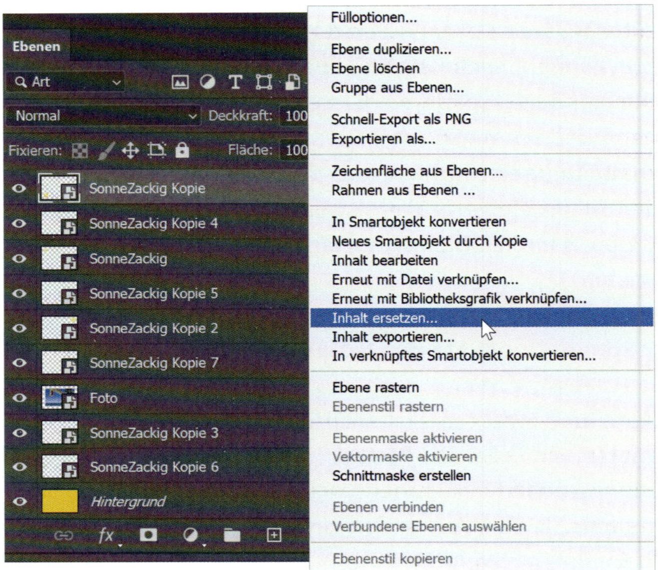

Abbildung 6.55 ▸
Dieser Befehl spart Ihnen in aufwendigen Kompositionen viel Zeit.

7 Neues Smartobjekt wählen und einsetzen

Es erscheint das bekannte PLATZIEREN-Dialogfenster. Navigieren Sie zu dem Ordner, in dem Sie die Datei »SonneVerspielt.psd« abgelegt haben, und wählen Sie sie aus. Sofort erscheint die andere Sonnenform im Bild: ebenfalls achtmal, in derselben Position und mit den gleichen Eigenschaften wie die zackigen Sonnenvarianten.

Abbildung 6.56 ▸
Detailanpassungen an Größe, Drehwinkel und Position der neuen Sonnen werden unter Umständen wegen der veränderten Form notwendig – mehr Arbeit haben Sie mit dem Austausch jedoch nicht!

8 Arbeitsergebnis sichern
Speichern Sie Ihre Übungsdatei, Sie brauchen sie gleich noch für den zweiten Workshop dieses Abschnitts.

6.4.5 Quelldaten von Smartobjekten bearbeiten

Mit Smartobjekten lässt sich eine Menge anstellen. Doch wie ich schon erwähnt habe, verweigern viele Photoshop-Werkzeuge den Dienst am Smartobjekt. In der Regel passiert das immer dann, wenn nicht das Smartobjekt, sondern dessen Inhalt, also die Originaldaten, das Ziel eines bildbearbeitenden Eingriffs wären – also eigentlich bei fast allen Werkzeugen, mit denen Sie üblicherweise direkt auf den Bildpixeln arbeiten. Es gibt allerdings einen Umweg, auf dem so etwas doch geht.

Schritt für Schritt: Smartobjekte in der Praxis: Rote Sonnen

Nehmen Sie sich für den folgenden Workshop nochmals die Sonnenpostkarte vor. Wenn Sie keine Zeit haben, den ersten Workshop nachzubauen, nutzen Sie anstelle Ihrer eigenen Postkartenversion die Datei »Sonnenpostkarte_Zackig.psd«.

»Sonnenpostkarte_Zackig.psd«

1 Zugriff auf die Originaldaten
Wählen Sie den Befehl Inhalt bearbeiten im Kontextmenü des Ebenen-Bedienfelds, im Menü unter Ebene • Smartobjekte, oder klicken Sie im Bedienfeld Eigenschaften auf den Button Inhalt bearbeiten (vorher das entsprechende Smartobjekt im Ebenen-Bedienfeld auswählen).

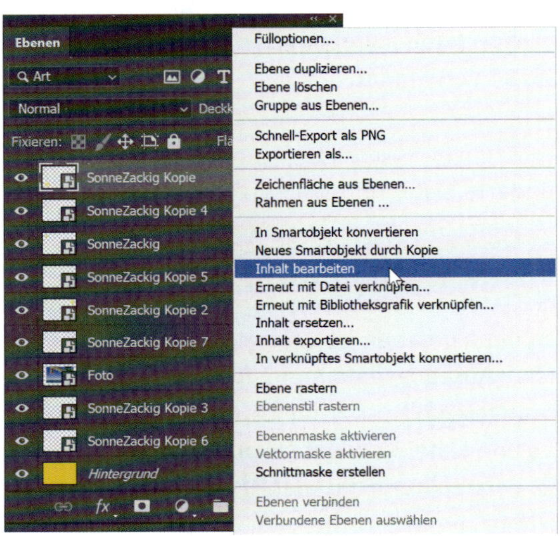

◂ **Abbildung 6.57**
So kommen Sie an die Datei, die dem Smartobjekt zugrunde liegt.

2 Die Datei mit den Smartobjekt-Daten öffnet sich

Sie haben nun zwei geöffnete Dateien auf der Arbeitsfläche: die Postkartenversion mit den Smartobjekten und eine weitere Datei mit den Daten, die im Smartobjekt eingebettet sind, also gewissermaßen die Datenquelle. Je nachdem, auf welche Weise das Smartobjekt erzeugt wurde, sieht diese anders aus. Die vorgegebenen Dateiformate können variieren. Manchmal öffnet sich auch Illustrator und gibt die Datei dort zur Bearbeitung frei. In diesem Fall erscheint eine PSD-Datei mit einer Formebene.

Abbildung 6.58 ▸
Die Grundlage der Smartobjekte im Postkartenbeispiel

3 Daten bearbeiten: Farbe ändern

Nun können Sie die Quelldatei bearbeiten. Die Änderungen werden dann auf alle *abhängigen* Smartobjekte übertragen. In diesem Beispiel werden wir eine Farbänderung durchführen, doch andere – auch viel kompliziertere – Arbeitsschritte sind natürlich möglich.

Doppelklicken Sie auf die Ebenenminiatur 1 im Ebenen-Bedienfeld. Der Farbwähler öffnet sich, und Sie können die gewünschte neue Farbe festlegen. In diesem Workshop habe ich einen dunklen Orangeton mit den RGB-Werten 255/128/84 verwendet.

4 Änderung sichern

Nun brauchen Sie die geänderte Datei mit den Smartobjekt-Quelldaten nur noch zu speichern. Ändern Sie dabei keinesfalls den von Photoshop automatisch gewählten Speicherort oder den vorgegebenen Namen. Der einfache Befehl DATEI • SPEICHERN (Strg/cmd+S) ohne irgendwelche Änderungen der Vorgaben ist unkompliziert und vermeidet Fehler. Das tatsächliche Ausgangsdokument für die Smartobjekte (in unserem Beispiel »SonneVerspielt.psd«) bleibt übrigens unberührt: Photoshop erzeugt eine eigene Datei und legt sie automatisch in einem temporären Ordner ab. Sie wird später nicht mehr gebraucht. Schließen müssen Sie diese Arbeitsdatei jedoch nicht: Sie können sie geöffnet halten, wenn Sie weitere Änderungen oder Experimente mit dem Aussehen der Smartobjekte durchführen wollen. Sie müssen die Quelldatei Ihres Smartobjekts jedoch nach jeder Änderung erneut speichern, um die Auswirkungen in der Datei mit den Smartobjekten zu sehen.

5 Änderungen werden sichtbar
Sobald Sie nun zu Ihrem eigentlichen Dokument zurückkehren, werden dort die Änderungen sichtbar.

◂ **Abbildung 6.59**
Dass die halb verdeckte Sonne unten rechts nicht rot dargestellt wird, ist kein Fehler bei der Aktualisierung, sondern liegt am zuvor gewählten Mischmodus.

6 Mögliche Fehlerquellen
Nicht immer reagieren alle Smartobjekte wie gewünscht auf solche Änderungen. Das liegt meist daran, dass die Abhängigkeiten zwischen den Smartobjekt-Duplikaten nicht so sind wie angenommen. Leider zeigt Photoshop die beiden unterschiedlichen Möglichkeiten auch nicht an. Wenn Sie so eine kollektive Änderung von Eigenschaften durchführen wollen, müssen alle Smartobjekte auf ein und dieselbe Quelle zurückgehen und mit ihr verbunden sein (siehe dazu Punkt 4, »Mehr Sonne: Smartobjekt duplizieren«, im Workshop zuvor). Fehlerquelle Nummer zwei: Sie haben das Speichern vergessen.

Zum Weiterlesen
Eine weitere unschätzbare Anwendungsmöglichkeit für Smartobjekte sind **Smartfilter** – also Photoshop-Filter, die zerstörungsfrei auf Smartobjekte angewendet und jederzeit editiert und dosiert werden können. Wie sie funktionieren, lesen Sie in Kapitel 24, »Besser filtern«.

6.4.6 Smartobjekte wieder unabhängig machen

In den beiden Workshops auf den letzten Seiten haben Sie erfahren, welche Vorteile die Verknüpfung eines Smartobjekts mit seinem Ursprungsobjekt hat: Änderungen lassen sich im Handumdrehen durchführen. Doch manchmal möchte man diese Verbindung lösen und das bisherige Smartobjekt in eine unabhängige, normale Ebene zurückverwandeln, die von Änderungen am Ausgangsobjekt nicht (mehr) beeinflusst werden kann. Dazu gibt es einen eigenen Befehl.

- Rufen Sie im Bedienfeld EBENEN das Kontextmenü für das betreffende Smartobjekt auf, indem Sie es mit der rechten Maustaste anklicken (am Mac per Klick bei gedrückter ctrl-Taste).
- Wählen Sie dann im Kontextmenü den Befehl IN EBENEN KONVERTIEREN.
- Alternativ können Sie auch den Menübefehl EBENE • SMARTOBJEKTE • IN EBENEN KONVERTIEREN wählen.
- Anschließend werden die Elemente aus dem Smartobjekt werden im Ebenen-Bedienfeld in eine Ebenengruppe entpackt.

Einen kleinen Haken hat die Funktion aber: Bei Smartobjekten, die mehr als eine Ebene enthalten, werden Transformationen und Smartfilter nicht beibehalten.

▲ **Abbildung 6.60**
So werden aus eingebetteten Smartobjekten …

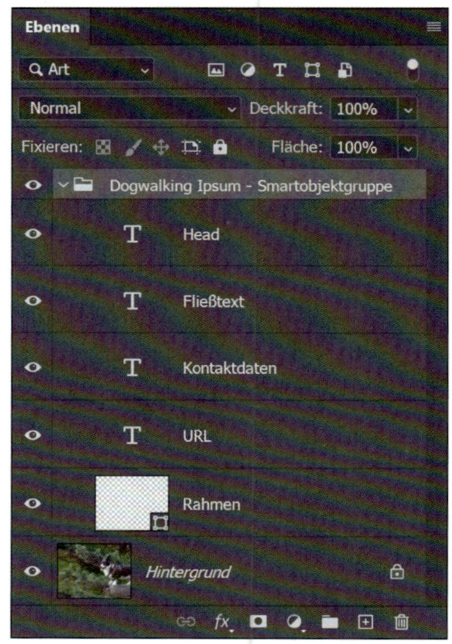

Abbildung 6.61 ►
… eigenständige Ebenen, angeordnet in einer Ebenengruppe.

Kapitel 7

Mischmodus: Pixel-Interaktion zwischen Ebenen

Bildpixel in Ebenen lassen sich nicht nur einfach übereinanderschichten – Photoshop kann die Farbwerte der Pixel auch miteinander verrechnen. Erweitern Sie Ihr kreatives Repertoire, und lernen Sie die Wirkung der Ebenen-Mischmodi kennen.

7.1 Was ist der Mischmodus?

Die Bildpixel übereinanderliegender Ebenen müssen nicht zwangsläufig bloß übereinanderliegen – sie können auch auf unterschiedliche Weise miteinander verrechnet werden, indem Sie den Mischmodus ändern. Der Mischmodus bezieht sich immer auf das Verhältnis zweier direkt übereinanderliegender Ebenen oder auf andere Weise übereinandergeschichteter Pixel, und es ist in der Regel die Einstellung für die obere Ebene oder die oberen Pixel, die geändert werden muss.

»Kornblume.tif«

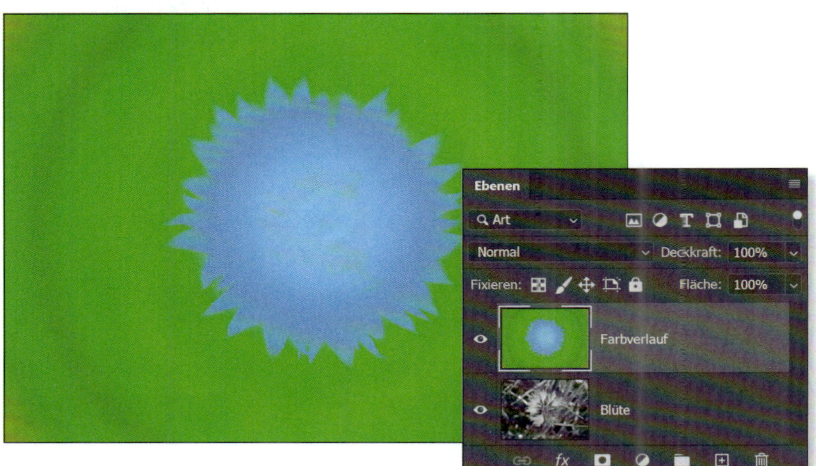

◂ **Abbildung 7.1**
Das unspektakuläre Ausgangsbild. Der Blick in das Ebenen-Bedienfeld zeigt, dass die Datei mehr zu bieten hat als einen Farbverlauf. Das Verändern des Mischmodus über das Ebenen-Bedienfeld ist denkbar einfach: Sie aktivieren die obere Ebene …

Abbildung 7.2 ▸
... und wählen für diese aus der Dropdown-Liste ① einen neuen Mischmodus aus. Damit bekommt Ihr Bild ein (oft überraschendes) neues Outfit. Hier wurde der Mischmodus von Normal auf Farbe umgestellt. Der Farbverlauf mischt sich mit dem darunterliegenden Schwarzweißbild.

Die Pixelmischung beeinflussen können Sie jedoch nicht nur im Ebenen-Bedienfeld, sondern auch beim Auftragen von Farbpixeln mit Mal- und Retuschewerkzeugen, bei vielen Ebeneneffekten und in verschiedenen anderen Tools. Man spricht dann auch vom **Blendmodus**, **Modus** oder von der **Blendmethode** – ein anderer Begriff für die gleichen Berechnungen.

Das Prinzip wird Sie also von ganz einfachen Eingriffen bis hin zu Photoshop-Expertentechniken begleiten. Daher lohnt es sich in jedem Fall, sich damit auseinanderzusetzen. Durch gezielte Anwendung der verschiedenen Mischmodi optimieren Sie beispielsweise Ihre Retuscheergebnisse, erzielen bei Illustrationen überraschende Effekte und geben bei Montagen Ihren Bildern den letzten Schliff, indem Sie Lichtverhältnisse subtil anpassen oder ganz neue Beleuchtungsverhältnisse inszenieren.

7.1.1 Wichtige Begriffe

Gleichgültig, ob Sie sie im Ebenen-Bedienfeld oder für ein Werkzeug auswählen – Mischmodi sind nichts anderes als verschiedene vordefinierte Rechenoperationen. Gerechnet wird mit den Farbwerten der übereinanderliegenden Pixel.

- Die untenliegenden Pixel fungieren als **Ausgangsfarbe**.
- Die darüberliegenden Pixel fungieren als **Füllfarbe**.
- Zusammen mischen sich die Pixel zur **Ergebnisfarbe**.

Diese Termini sollten Sie sich merken, um den folgenden Ausführungen besser folgen zu können! In den Abschnitten namens »Wirkung« lesen Sie jeweils, welche Pixelberechnung erfolgt, und in den Abschnitten namens »Typischer Einsatz« beschreibe ich jeweils einige typische

Verwendungszwecke der jeweiligen Mischmodi. Natürlich können Sie selbst auch neue Verwendungsmöglichkeiten erfinden.

7.1.2 Mischmodus einstellen

Sie können den Mischmodus von allen Ebenen – mit Ausnahme von Hintergrundebenen – und sogar von Ebenengruppen jederzeit über das Ebenen-Bedienfeld verändern. Dazu genügt es, wenn Sie unter NORMAL ❷ die Liste der Mischmodi aufklappen und den gewünschten Mischmodus auswählen. Es ist auch möglich, mit Shortcuts zu arbeiten (siehe die Mischmodi-Tabellen in Abschnitt 7.2, »Mischmodi im Überblick«).

Schnell durch die Liste
Ist die Mischmodus-Liste aktiv, können Sie direkt mit den Pfeiltasten Ihrer Tastatur durch die einzelnen Mischmodi springen: eine gute Technik, um schnell verschiedene Einstellungen auszuprobieren.

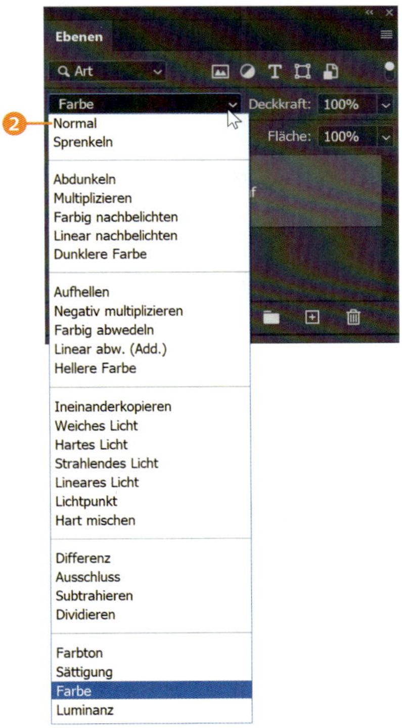

◂ **Abbildung 7.3**
Bei Ebenen lässt sich der Mischmodus jederzeit verändern.

Anders sieht es aus, wenn Sie den Modus bei Werkzeugen einstellen, mit denen Sie die Bildpixel direkt beeinflussen – etwa Pinsel, Buntstift, Kopierstempel oder Reparatur-Pinsel. Dann müssen Sie vor dem Auftragen festlegen, mit welchem Blendmodus Sie arbeiten möchten, und können diese Einstellung bei einmal gemachten Strichen oder Stempelabdrücken nicht mehr nachträglich verändern.

▾ **Abbildung 7.4**
Auch bei einigen Werkzeugen – zum Beispiel beim hier gezeigten Kopierstempel – gibt es den Mischmodus, er wird dann als »Modus« ❸ bezeichnet.

Standard-Mischmodus für Ebenengruppen | Der Mischmodus für Ebenengruppen ist standardmäßig HINDURCHWIRKEN. Diese Einstellung ist gewissermaßen neutral; sie bewirkt, dass die Gruppe selbst keine eigenen Moduseigenschaften besitzt. Die Mischmodi der in der Gruppe enthaltenen Ebenen bleiben bestehen – und wirken unter Umständen auch auf andere Ebenen, die unterhalb dieser Gruppe liegen, ein.

Wenn Sie für Ebenengruppen einen anderen Mischmodus als HINDURCHWIRKEN einstellen, werden die Mischmodi von Ebenen innerhalb der Gruppe nicht auf Ebenen außerhalb der Gruppe angewendet. Auch Einstellungsebenen bleiben dann in ihrer Wirkung auf die Ebenen innerhalb der Gruppe beschränkt und können ihre Korrekturwirkung nicht auf alle Bildebenen ausüben.

Deckkraft und Mischmodus bei mehreren Ebenen oder Gruppen auf einmal ändern | Übrigens müssen Sie Mischmodus oder Deckkraft nicht bei jeder Ebene einzeln einstellen, sondern können dies bei mehreren Ebenen gleichzeitig tun. Dazu markieren Sie die Ebenen mit gehaltener `Strg`/`cmd`-Taste im Ebenen-Bedienfeld, dann stellen Sie Deckkraft und Mischmodus wie gewohnt ein. Auch bei Ebenengruppen funktioniert das, hier ist meist jedoch die Standardeinstellung HINDURCHWIRKEN die beste.

7.2 Mischmodi im Überblick

Was passiert bei der Pixelberechnung genau? Wie wenden Sie die verschiedenen Modi sinnvoll an? Hier finden Sie zu jedem Mischmodus eine Kurzbeschreibung und bei einigen Modi ein Praxisbeispiel zur Veranschaulichung der Wirkungsweise.

Die richtigen Mischmodi zu finden, ist nicht immer einfach. Sie werden wohl nicht ganz ums Experimentieren herumkommen, doch ist es gut, wenigstens in etwa zu wissen, was die einzelnen Mischmodi bewirken. Als erster Anhaltspunkt zur Orientierung dient Ihnen die Anordnung der verschiedenen Mischmodi in der Auswahlliste, die hier zu Gruppen zusammengefasst sind. Wenn Ihnen Ihr Arbeitsergebnis mit dem Mischmodus aus einer Gruppe gefällt, lohnt es sich, einen anderen Mischmodus derselben Gruppe auch einmal auszuprobieren!

Einige Mischmodi haben auch ein Tastenkürzel. Sollten diese Tastenkürzel bei Ihnen nicht funktionieren, kontrollieren Sie, ob das Verschieben-Werkzeug aktiviert ist. Das ist unter Windows die **Voraussetzung für die Kürzel**. Außerdem darf die Mischmodus-Liste nicht mehr aktiviert sein. Klicken Sie also einmal kurz auf eine leere Stelle im Ebenen-Bedienfeld und dann wieder auf die Ebene.

Mischmodus, RGB, CMYK und Co.
Die Liste der verschiedenen Mischmodi ist bei RGB-Bildern am längsten. Bei CMYK-Bildern stehen nicht alle Mischmodi zur Verfügung – und sie können auch anders wirken als hier beschrieben.

7.2.1 Der Standard und ein Exot

In der ersten »Abteilung« der Mischmodus-Liste finden Sie den neutralen Modus NORMAL und das in der Praxis sehr selten eingesetzte SPRENKELN.

▼ **Tabelle 7.1**
Mischmodus NORMAL und Mischmodus SPRENKELN

NORMAL	⇧+Alt+N
Wirkung: Die Standardeinstellung, mit der ich auch bei allen Beispielen in diesem Buch bisher gearbeitet habe. Eine Verrechnung der übereinanderliegenden Pixel findet nicht statt. Die untenliegende Ebene ist vollständig von den Pixeln der oberen Ebene verdeckt, außer wenn diese in der Deckkraft reduziert wurde.	**Einsatz**: Genutzt wird NORMAL immer dann, wenn keine besonderen Effekte gebraucht werden oder erwünscht sind – also sehr oft.
SPRENKELN	⇧+Alt+I
Wirkung: SPRENKELN funktioniert mit Ebenentransparenz. Wenn die Ebene, auf die Sie diesen Mischmodus anwenden, keine Transparenz enthält, sehen Sie keinen Unterschied zu NORMAL. Je geringer die Deckkraft und je höher die Transparenz der Ebene ist, desto stärker werden Pixel der unteren Ebene eingestreut. Der Effekt funktioniert bei Objekten, die transparente Bereiche enthalten, und mit kompletten Ebenen, bei denen die Deckkraft herabgesetzt wurde.	**Einsatz**: Bei Montagen ist die Verwendung von SPRENKELN selten sinnvoll; dieser Mischmodus eignet sich aber ganz gut für den flächigen Farbauftrag per Airbrush oder um Mallinien eine stärkere raue Buntstift-Optik zu geben.

7.2.2 Abdunkeln und Co.

Die folgenden fünf Ebenenmodi in der Liste – ABDUNKELN, MULTIPLIZIEREN, die zwei Nachbelichter und DUNKLERE FARBE – haben gemeinsam, dass sie das Bild tatsächlich abdunkeln. Die Unterschiede liegen im Detail.

▼ **Tabelle 7.2**
Mischmodus ABDUNKELN

ABDUNKELN	⇧+Alt+K
Wirkung: Hier werden die Pixel von Ausgangsfarbe (unten!) und Füllfarbe (oben!) auf ihren Helligkeitswert hin abgeglichen, und die jeweils dunkleren Pixel werden dann als Ergebnis ausgegeben. Wenn beide Ebenen denselben Inhalt haben, zeigt sich keine Veränderung.	**Einsatz**: Sinnvoll ist der Einsatz dieses Blendmodus, wenn Sie dunkleren Text auf eine stark strukturierte, helle bis mittlere Unterlage (zum Beispiel in ein Foto) montieren wollen. Der Text geht dann mit dem Untergrund eine Verbindung ein, ohne seine Lesbarkeit zu verlieren. Auch für das Erstellen leicht abgedunkelter Textboxen – um die Lesbarkeit von Text auf Fotos zu verbessern – ist ABDUNKELN gut geeignet. Und wenn Sie eine Montage erstellen, bei der Sie Bildebenen mit weißem Hintergrund verwenden, werden Sie diesen Hintergrund mit einem Mausklick los, indem Sie den Mischmodus der oberen Ebene auf ABDUNKELN setzen.

»zitruspressen.tif«

Praxistipp »Abdunkeln«: Helle Hintergründe verschwinden lassen | ABDUNKELN lässt helle Bildbereiche verschwinden. Das können Sie sich zunutze machen, um helle Bildhintergründe mit einem Klick loszuwerden – etwa, wenn Sie ausprobieren wollen, ob eine Montage passen könnte. Die hellen Bereiche der Ebene mit der pinkfarbenen Zitronenpresse verdecken Bildteile der untenliegenden Ebene mit der grünen Zitruspresse. Zur Verdeutlichung habe ich hier die Ebenenkante mit Hilfe eines Kontureffekts sichtbar gemacht.

Bild: dieblen.de

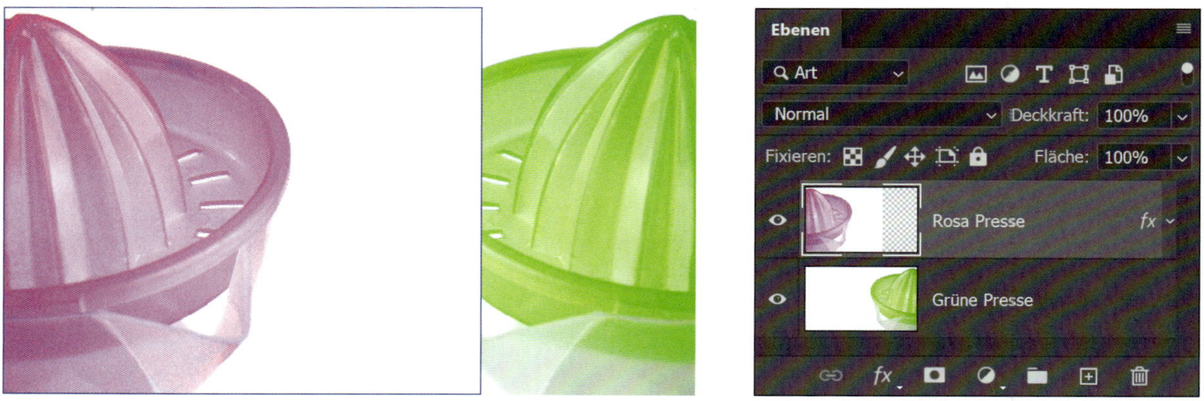

▲ **Abbildung 7.5**
So sieht das Bild zu Beginn aus.

Indem der Mischmodus der oberen Ebene umgestellt wird, verschwinden die hellen Kanten im Nu. Aufwendiges Freistellen entfällt. Leider funktioniert dieser Trick nur, wenn Weiß auf Weiß (wenigstens annähernd) montiert wird.

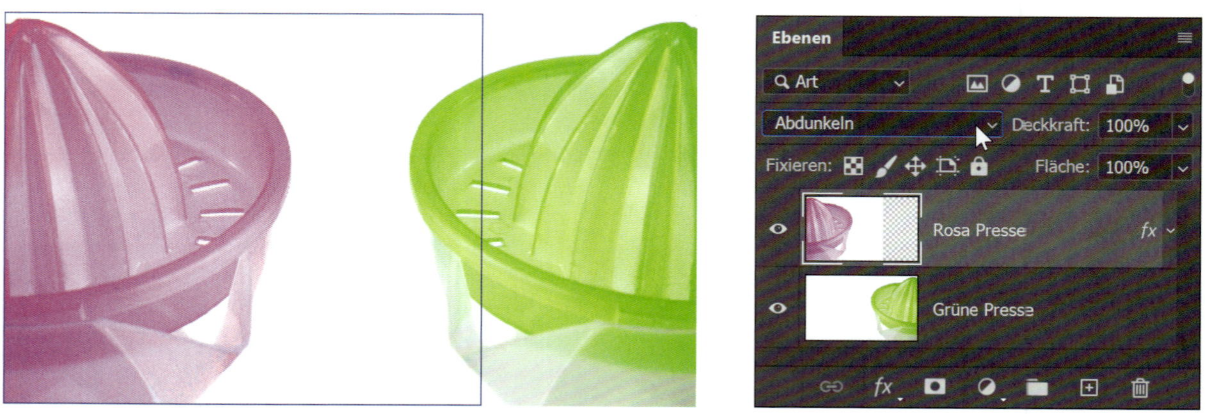

▲ **Abbildung 7.6**
Das Ergebnis durch Änderung des Mischmodus

Multiplizieren	⇧+Alt+M
Wirkung: Multiplizieren basiert tatsächlich auf Pixel-Multiplikationen. Zugrunde liegen wiederum die Helligkeitswerte der übereinanderliegenden Pixel. Schwarz als Füllfarbe ergibt am Ende immer Schwarz, Weiß bewirkt keine Veränderung. Anders als bei Abdunkeln ändert sich hier das Ergebnis auch dann, wenn die multiplizierten Ebenen identisch sind. Multiplizieren dunkelt stärker ab als Abdunkeln, wirkt aber auch gleichmäßiger. Sie können die Abdunkelungswirkung von Multiplizieren – und überhaupt die Wirkung von Mischmodi – auch gut dosieren, indem Sie die Deckkraft der jeweils oberen Ebene reduzieren.	**Einsatz**: Multiplizieren ist ein oft gebrauchter Modus, der gut geeignet ist, um weiche Schattenpartien zu erstellen. Zum Beispiel wird der Ebeneneffekt Schlagschatten so erstellt. Zudem eignet sich Multiplizieren als schneller Bildkorrektor bei zu hellen Fotos. Auch beim Illustrieren und Zeichnen lässt sich dieser Mischmodus für eine lebendigere Liniengestaltung anwenden: Die Wirkung entspricht etwa einem lasierenden Farbauftrag oder übereinandergelagerten Marker-Strichen.

▲ **Tabelle 7.3**
Mischmodus Multiplizieren

Praxistipp »Multiplizieren«: Schnelle Reparatur zu heller Bilder | Mit Hilfe von Multiplizieren lassen sich schnell zu helle, kontrastschwache Bilder korrigieren – selbst in Fällen, in denen die klassischen Korrekturtools nicht weiterhelfen. Das Ganze dauert maximal drei Minuten.

»JiangJingiie.tif«

Eigene Anwendungen entwickeln
Für Ebenen-Mischmodi gibt es unzählige Einsatzzwecke, die ich gar nicht alle präsentieren kann. Deshalb erhalten Sie hier nur einige exemplarische Praxistipps. Wenn Sie das grundlegende Prinzip verstehen, sind Sie bald in der Lage, eigene Anwendungen für die Mischmodi zu erfinden.

Bild: Jiang Jingiie, Fotolia

▲ **Abbildung 7.7**
Vor der Korrektur ist das Foto flau und sehr hell. Das Histogramm zeigt, warum: Das Bild enthält sehr wenige Mitteltöne und viele Lichter. Daher gibt es kaum Ansatzmöglichkeiten für Gradationskurve und Co.

Nun duplizieren Sie die Ausgangsebene einfach; etwa, indem Sie die Originalebene über das Neu-Icon ⊞ des Ebenen-Bedienfelds ziehen. Eventuelle Farbstiche und andere Fehler sollten Sie zuvor entfernen, da sie sich sonst potenzieren. Setzen Sie den Mischmodus der duplizierten Ebene nun auf MULTIPLIZIEREN. Mit der DECKKRAFT der Ebene 1 und eventuell einer Maske 2 lässt sich die Korrekturwirkung dosieren.

▲ **Abbildung 7.8**
Mit der DECKKRAFT der duplizierten Ebene lässt sich die abdunkelnde Wirkung gut steuern. Die Maske verhindert, dass die dunklen Bildbereiche ihre Zeichnung verlieren.

Zum Weiterlesen
Mehr über **Histogramme** erfahren Sie in Kapitel 10, »Regeln und Werkzeuge für die Bildkorrektur«. Nähere Informationen zu **Ebenenmasken** finden Sie in Kapitel 9, »Maskieren und Montieren«.

Ähnliche Anwendungsfälle | Das Prinzip »Ebenenduplikat plus Mischmodus« lässt sich auch in anderen Fällen gewinnbringend einsetzen. Zu dunkle Bilder können manchmal mit einem aufhellenden Mischmodus verbessert werden. Das klappt nicht bei jedem Bild – einen Versuch ist es aber allemal wert! Bei Bildern mit schlappen Kontrasten hilft meist ein Mischmodus aus der Reihe der »Licht«-Berechnungen.

FARBIG NACHBELICHTEN	⇧+Alt+B
Wirkung: Wer sich mit Fototechnik auskennt, dem ist Nachbelichten ein Begriff: Schwache Bildpartien werden im Labor ein zweites Mal belichtet, was die Eigenfarbe verstärkt. In Photoshop ist der Effekt ganz ähnlich. Auf Grundlage der Helligkeits- und Sättigungsinformationen der Füllfarbe wird der Kontrast der Ausgangsfarbe erhöht, wodurch das Ergebnis dunkler wird. Strahlende Farben und harte Kontraste sind für FARBIG NACHBELICHTEN charakteristisch. Eine Nachbelichtung mit Weiß bewirkt keine Änderung.	**Einsatz**: FARBIG NACHBELICHTEN kann genutzt werden, um einzelne Bildpartien gezielt aufzuhellen oder um farbige Beleuchtungseffekte zu simulieren. Es ist auch gut geeignet, um futuristische Effekte zu erzielen.

▲ **Tabelle 7.4**
Mischmodus FARBIG NACHBELICHTEN

LINEAR NACHBELICHTEN	⇧+Alt+A
Wirkung: LINEAR NACHBELICHTEN arbeitet ähnlich wie das farbige Nachbelichten. Hier wird allerdings nicht der Kontrast der unteren Ebene verstärkt, sondern ihre **Helligkeit reduziert**. LINEAR NACHBELICHTEN führt zu weniger strahlenden Ergebnissen als FARBIG NACHBELICHTEN, die Farben haben aber mehr Brillanz als bei MULTIPLIZIEREN.	**Einsatz**: wie bei FARBIG NACHBELICHTEN

▲ **Tabelle 7.5**
Mischmodus LINEAR NACHBELICHTEN

DUNKLERE FARBEN	kein Tastenkürzel
Wirkung: Hier werden die Farbwerte von Füll- und Ausgangsfarbe verglichen. Gezeigt wird jeweils die Farbe mit dem niedrigeren Wert. Mit dem Modus DUNKLERE FARBE ist die Ergebnisfarbe keine Mischung aus Füll- oder Ausgangsfarbe, sondern eine der beiden – nämlich die dunklere Farbe.	**Einsatz**: Mit diesem Modus können Sie die Wirkung von Einstellungsebenen dosieren. Sie kommt auch im Werkzeug KANALBERECHNUNGEN zum Einsatz und wird für kreative Effekte verwendet.

▲ **Tabelle 7.6**
Mischmodus DUNKLERE FARBEN

7.2.3 Aufhellen und Verwandtes

Auch bei der folgenden Gruppe von Mischmodi ist der Name des ersten – AUFHELLEN – Programm. Alle fünf machen das Bild heller.

▼ **Tabelle 7.7**
Mischmodus AUFHELLEN

AUFHELLEN	⇧+Alt+G
Wirkung: AUFHELLEN ist das genaue Gegenteil von ABDUNKELN – von der zugrunde liegenden Mathematik ebenso wie vom Ergebnis her. Dabei bestimmt wiederum die Helligkeit der Füllebene, wie deutlich das Bild aufgehellt wird: Helle Farben bewirken eine starke, dunkle eine weniger starke Aufhellung.	**Einsatz**: AUFHELLEN macht sich – wie ABDUNKELN auch – in Text-Bild-Kompositionen nützlich und kann eingesetzt werden, um Text besser lesbar zu machen.

NEGATIV MULTIPLIZIEREN	⇧+Alt+S
Wirkung: Dieser Mischmodus (in älteren Photoshop-Versionen hieß er UMGEKEHRT MULTIPLIZIEREN) imitiert die additive Lichtmischung, indem die umgekehrten Werte von Ausgangsfarbe und Füllfarbe multipliziert werden. Das Ergebnis ist immer heller als die Ausgangsebenen. Vergleichbar ist der Effekt mit einem Ausbleichen des Bildes.	**Einsatz**: NEGATIV MULTIPLIZIEREN dient zum radikalen Aufhellen von Bildern und Bildpartien, zum Beispiel um Bilder künstlich altern zu lassen. Dieser Modus eignet sich weniger gut zum retuschierenden Aufhellen von Bildern, weil helle Partien (Lichter) schnell zu hell werden und dann wie überbelichtet wirken.

▲ **Tabelle 7.8**
Mischmodus NEGATIV MULTIPLIZIEREN

Farbig abwedeln	⇧+Alt+D
Wirkung: Die beiden Abwedler haben ihren Namen und ihre Wirkungsweise wiederum der Dunkelkammertechnik entlehnt und arbeiten analog zu den Nachbelichtern. Beim farbigen Abwedeln wird der Kontrast der Ausgangsfarbe verändert, er wird diesmal aber abgeschwächt. Je heller die Pixel der Füllfarbe sind, desto stärker wirkt das Abwedeln. Füllen mit Schwarz ergibt keine Änderung.	**Einsatz**: Farbig abwedeln dient zum Einarbeiten von Lichtern in Bilder oder Bildpartien.

▲ **Tabelle 7.9**
Mischmodus Farbig abwedeln

»MutterundKind.jpg«

Praxistipp »Farbig abwedeln«: Mit Licht und Schatten malen | Salz und Pfeffer fast jeder Bildkomposition ist die Lichtführung. Mit Hilfe verschiedener Mischmodi malen Sie Lichter und Schattenpartien in das Bild hinein. Diese Arbeitstechnik ist flexibler und differenzierter als die Tools Abwedler und Nachbelichter. Zum Aufhellen nutzen Sie die Abwedler-Mischmodi, zum Betonen von Schatten die Nachbelichter. Welcher Modus genau passt, entscheidet sich am Motiv.

Hier soll in ein Doppelporträt mehr Sonnenlicht hineingemalt werden. Dazu malen wir auf eine leere Ebene oberhalb der Bildebene neutrales Grau mit dem Pinsel auf. Durch den gewählten Mischmodus – hier Farbig abwedeln – hellt die Ebene das darunterliegende Foto teilweise auf.

▲ **Abbildung 7.9**
Vorbereitungen: eine leere Ebene oberhalb der Bildebene. Neutrale Grautöne finden Sie unter anderem im Farbfelder-Bedienfeld – welcher passt, entscheidet sich durch Ausprobieren.

Es empfiehlt sich, mit einem weichen Pinsel zu arbeiten, zur besseren Veranschaulichung zunächst mit 100% Ebenendeckkraft. Für eine realistische Retusche können Sie bei Bedarf die Ebenendeckkraft am Schluss noch herabsetzen. In vielen Fällen ist es außerdem ratsam, die retuschierte Ebene ein wenig weichzuzeichnen – etwa mit dem Gaußschen Weichzeichnungsfilter (unter Filter • Weichzeichnungsfilter • Gaussscher Weichzeichner).

◂ **Abbildung 7.10**
Freundliche Sonnenflecken entstehen durch Pinselauftrag.

Ähnliche Anwendungsfälle | Das Ganze funktioniert nach demselben Prinzip auch mit farbigem Licht. Hier ist Ihr Experimentiergeist allerdings stärker gefragt: Sowohl bei der Lichtfarbe als auch beim Mischmodus müssen Sie ein wenig mehr herumprobieren, um überzeugende Ergebnisse zu erzielen.

Linear abwedeln	⇧+Alt+W
Wirkung: Linear abwedeln (Addieren) ergibt insgesamt hellere Bilder als farbiges Abwedeln. Hier wird die Helligkeit der unteren Pixel erhöht, und zwar umso stärker, je heller die aufgetragenen Pixel sind.	**Einsatz**: Wie bei Farbig abwedeln; wirkt aber nicht ganz so drastisch. Wenn bei Farbig abwedeln zu viele Bildstörungen sichtbar werden, sollten Sie Linear abwedeln ausprobieren. Welcher Mischmodus sich besser eignet, können Sie nur im konkreten Fall entscheiden.

▴ **Tabelle 7.10**
Mischmodus Linear abwedeln

Hellere Farben	Kein Tastenkürzel
Wirkung: Hellere Farbe ist das Pendant zu Dunklere Farbe. Wiederum werden die Farbwerte von Füll- und Ausgangsfarbe verglichen, aber diesmal wird die Farbe mit dem höheren Wert gezeigt. Mit dem Modus Hellere Farbe ist die Ergebnisfarbe keine Mischung aus Füll- oder Ausgangsfarbe, sondern eine der beiden – nämlich die hellere Farbe.	**Einsatz**: Mit Hellere Farbe dosieren Sie die Wirkung von Einstellungsebenen. Dieser Modus kommt im Werkzeug Kanalberechnungen und für kreative Effekte zum Einsatz.

▴ **Tabelle 7.11**
Mischmodus Hellere Farben

7.2.4 Ineinanderblenden je nach Helligkeit

Die zahlreichen Mischmodi in der folgenden Rubrik kombinieren nun die Arbeitsweise der bereits vorgestellten aufhellenden Modi mit denen der abdunkelnden Modi, je nachdem, wie hell oder dunkel die Pixel der Füllfarbe sind. Der Effekt kommt dem Ineinanderblenden zweier Bilder nahe, wie man es etwa beim Stadtspaziergang beobachten kann, wenn sich die Umgebung in einem Schaufenster spiegelt.

Tabelle 7.12 ▼
Mischmodus INEINANDERKOPIEREN

INEINANDERKOPIEREN	⇧+Alt+O
Wirkung: INEINANDERKOPIEREN (in älteren Photoshop-Versionen als ÜBERLAGERN bezeichnet) kombiniert MULTIPLIZIEREN und NEGATIV MULTIPLIZIEREN. Dabei werden die Farben der untenliegenden Pixel nicht ersetzt, sondern mit den darüber aufgetragenen Pixeln vermischt.	**Einsatz**: INEINANDERKOPIEREN eignet sich sehr gut, um Muster oder Farben auf schon vorhandene Pixel aufzutragen, wobei Lichter und Tiefen der unteren Ebene erhalten bleiben. Die Ergebnisse sind recht brillant.

WEICHES LICHT	⇧+Alt+F
Wirkung: WEICHES LICHT erzielt einen Effekt, der an das Beleuchten eines Bildes durch eine diffuse (mitunter farbige) Lichtquelle erinnert. Als »Lichtquelle« fungiert hier die obere Ebene mit der neu aufgetragenen Farbe, als »Bild« die untere Ebene. Je nach Helligkeit der oberen Pixel wird das Gesamtergebnis aufgehellt oder abgedunkelt.	**Einsatz**: Simulieren von Beleuchtungseffekten, Kolorationen mit zurückhaltender Wirkung

▲ Tabelle 7.13
Mischmodus WEICHES LICHT

Praxistipp »Weiches Licht«: Einstellungsebenen mehr Pep geben | Mischmodi lassen sich auch vortrefflich auf Einstellungsebenen anwenden. Damit können Sie die Korrekturwirkung zusätzlich steuern oder auch kreative Bildeffekte erzielen.

»Seesicht.tif«

Abbildung 7.11 ▸
Das Ausgangsfoto – schönes Panorama, aber etwas flau

Die Mischmodi aus der »Licht«-Abteilung (Ineinanderkopieren, Weiches Licht, Hartes Licht, Lichtpunkt usw.) lassen sich gut als Kontrastverstärker nutzen und werten langweilige Motive auf.

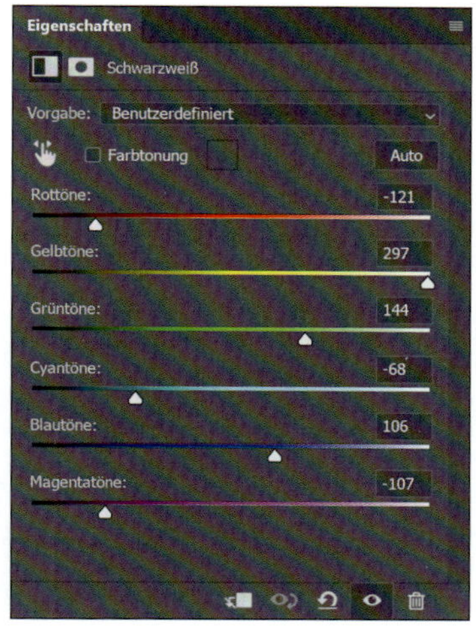

▲ **Abbildung 7.12**
Verwendete Einstellungen

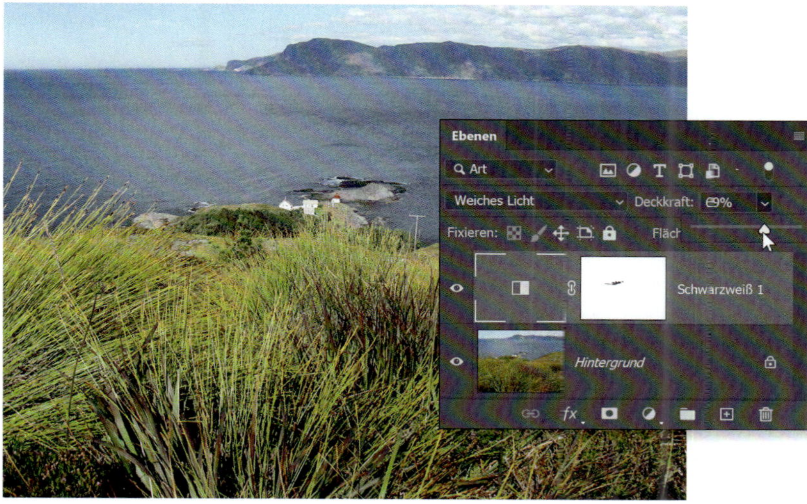

▲ **Abbildung 7.13**
Das Ergebnis: eine Einstellungsebene Schwarzweiss und der Ebenenaufbau. Der Mischmodus Weiches Licht und die reduzierte Deckkraft der Einstellungsebene sorgen für den gewünschten Effekt: Die Farben sind kühler und leicht verfremdet, der grafische Charakter der Gräser wird durch stärkere Kontraste betont.

Ähnliche Anwendungsfälle | Das Prinzip »Mischmodus plus Einstellungsebene« lässt sich vielfach variieren. Wenn Sie zum Beispiel bei Helligkeits- und Kontrastkorrekturen den Mischmodus auf Luminanz umstellen, verhindern Sie, dass die Korrekturen unbeabsichtigt auch die Bildfarben beeinflussen. Und Farbton-Einstellungsebenen wirken oft natürlicher, wenn Sie sie im Mischmodus Farbton, Weiches Licht oder Ineinanderkopieren anwenden.

Hartes Licht	⇧+Alt+H
Wirkung: Hartes Licht arbeitet ähnlich wie Weiches Licht, ist jedoch schärfer in der Wirkung – mehr wie ein Spotlicht.	**Einsatz**: Der Effekt eignet sich beispielsweise zum Hinzufügen von Glanzlichtern und harten Schatten in ein Bild. Wenn der Farbauftrag heller ist, werden Lichter erzeugt, und mit dunklerem Farbauftrag können Sie Schattenpartien stärker herausarbeiten. Das Malen mit reinem Schwarz erzeugt reines Schwarz, das Malen mit reinem Weiß erzeugt auch Weiß als Ergebnisfarbe.

▲ **Tabelle 7.14**
Mischmodus Hartes Licht

Strahlendes Licht	⇧+Alt+V
Wirkung: Strahlendes Licht wedelt Farben ab oder belichtet sie nach – verstärkt oder verringert also den Farbkontrast. Als imaginäre Lichtquelle fungiert wieder die obere Ebene. Ist diese heller als 50 %iges Grau, wird das Bild durch Verringern des Kontrasts ebenfalls heller. Sind die oberen Pixel dunkler als 50 %iges Grau, wird das Bild durch Erhöhen des Kontrasts dunkler.	**Einsatz**: harte Kontraststeigerung, Montagen mit lebhaften Farben, Simulierung lebhafter Beleuchtungseffekte. In Lichtern und Tiefen gehen eventuell feine Farbabstufungen verloren (Zeichnungsverlust).

▲ **Tabelle 7.15**
Mischmodus Strahlendes Licht

Lineares Licht	⇧+Alt+J
Wirkung: Lineares Licht wirkt ähnlich wie Strahlendes Licht, kombiniert aber *lineares* Abwedeln und Nachbelichten und verändert daher die Helligkeitswerte – nicht den Farbkontrast – der unteren Ebene. Wenn die Füllfarbe heller als 50 %iges Grau ist, wird das Bild insgesamt heller. Wenn die Füllfarbe dunkler als 50 %iges Grau ist, wird das Bild dunkler.	**Einsatz**: Wie Strahlendes Licht eignet sich auch dieser Blendmodus ganz gut, um Beleuchtungseffekte in ein Bild zu bringen.

▲ **Tabelle 7.16**
Mischmodus Lineares Licht

Lichtpunkte	⇧+Alt+Z
Wirkung: Lichtpunkt mischt die übereinanderliegenden Pixel nicht wirklich zusammen, sondern ersetzt die Pixel der unteren Ebene durch Bildpixel der oberen Ebene. Ausschlaggebend dafür, ob und wie die Ersetzung stattfindet, sind die Tonwerte der oberen Ebene: Ist diese hell, werden dunkle Pixel der unteren Ebene ersetzt, und helle Pixel bleiben unverändert. Ist die obere Ebene dunkler, werden helle Pixel ersetzt, und dunkle Pixel bleiben unversehrt.	**Einsatz**: Eine vernünftige Verwendung drängt sich mir nicht auf. Vielleicht finden Sie bei einer komplexen Komposition durch Herumprobieren einmal eine Einsatzmöglichkeit für diesen Mischmodus. Adobe selbst gibt sich hier auch sehr lakonisch: »Diese Option ist für zusätzliche Spezialeffekte in Bildern nützlich«, heißt es im Hilfetext.

▲ **Tabelle 7.17**
Mischmodus Lichtpunkte

Hart mischen	⇧+Alt+L
Wirkung: Hart mischen produziert Bilder mit großzügigen Flächen in maximal acht Farben, die stark an GIFs erinnern.	**Einsatz**: Vielleicht ist dieser Blendmodus als Ergänzung zur Tontrennung gedacht (unter Bild • Korrekturen und als Einstellungsebene), mit der Sie einen ähnlichen Effekt erzielen.

▲ **Tabelle 7.18**
Mischmodus Hart mischen

7.2.5 Umkehreffekte

Bei den folgenden vier Mischmodi ist wiederum die Helligkeit der oberen Ebene ausschlaggebend für die Wirkung. Kombiniert werden Farbsubtraktion und die Invertierung (Umkehrung) von Farben.

DIFFERENZ	⇧+Alt+E
Wirkung: Weiß auf der oberen Ebene bewirkt die Farbumkehrung, Schwarz wirkt neutral und ändert gar nichts, und die Tonwerte dazwischen führen zu einer mehr oder weniger starken Subtraktion der Farbwerte.	**Einsatz**: Auf den ersten Blick wirken die Ergebnisse kurios, der Mischmodus DIFFERENZ lässt sich aber bei Composings oder Logo-Entwürfen bisweilen gut einsetzen, um farbige Konturen zu erzeugen. Diesen Mischmodus können Sie auch tatsächlich verwenden, um Differenzen zwischen Kanälen (zum Beispiel Masken) oder Ebenen aufzuspüren. Ein Anwendungsfall wäre, wenn Sie aus einem großen Bild einen Teil herauskopiert und geringfügig geändert haben und das Stück nun wieder an Ort und Stelle einsetzen wollen. Ist die obere Ebene auf DIFFERENZ gestellt, erscheinen identische und deckungsgleiche Bildteile schwarz.

▲ **Tabelle 7.19**
Mischmodus DIFFERENZ

AUSSCHLUSS	⇧+Alt+X
Wirkung: AUSSCHLUSS ist dem Differenzmodus sehr ähnlich, wirkt jedoch etwas weicher und kontrastärmer.	**Einsatz**: wie bei DIFFERENZ

▲ **Tabelle 7.20**
Mischmodus AUSSCHLUSS

SUBTRAHIEREN	Kein Tastenkürzel
Wirkung: Dunkelt Bilder stark ab, indem anhand der Farbinformationen in den Farbkanälen die Füllfarbe von der Ausgangsfarbe abgezogen wird.	**Einsatz**: Die Photoshop-Gemeinde tut sich ein wenig schwer, für die beiden Mischmodi einen Praxisnutzen zu finden – und Adobe hält sich mit Erläuterungen zurück. Auch SUBTRAHIEREN dunkelt Bilder ab, allerdings nicht so rigoros wie MULTIPLIZIEREN und Co.

▲ **Tabelle 7.21**
Mischmodus SUBTRAHIEREN

Praxistipp »Subtrahieren«: Abendstimmung in Tageslichtaufnahmen zaubern | SUBTRAHIEREN können Sie zum Einsatz bringen, wenn Sie ein Bild abdunkeln wollen, zum Beispiel auch, wenn Sie aus einem normalen Foto eine Nachtaufnahme mogeln wollen. Dazu duplizieren Sie die Originalebene, stellen bei der obenliegenden Ebene den Mischmodus auf SUBTRAHIEREN (das Bild ist dann zunächst ganz schwarz) und wen-

»Melbourne.tif«

den dann den Gaussschen Weichzeichner an. Eine stark abgedunkelte Bildversion entsteht. Durch Änderung der Ebenendeckkraft und Hinzufügen weiterer Korrekturebenen können Sie die Werkzeugwirkung modulieren. Eine Alternative zu dieser Arbeitstechnik ist übrigens das Korrekturtool Color Lookup (in Abschnitt 15.1, »Farbstimmung ändern: ›Color Lookup‹«, erfahren Sie mehr darüber.)

Bild: stock.xchng, Timo Balk

Abbildung 7.14 ▸
Das Ausgangsfoto

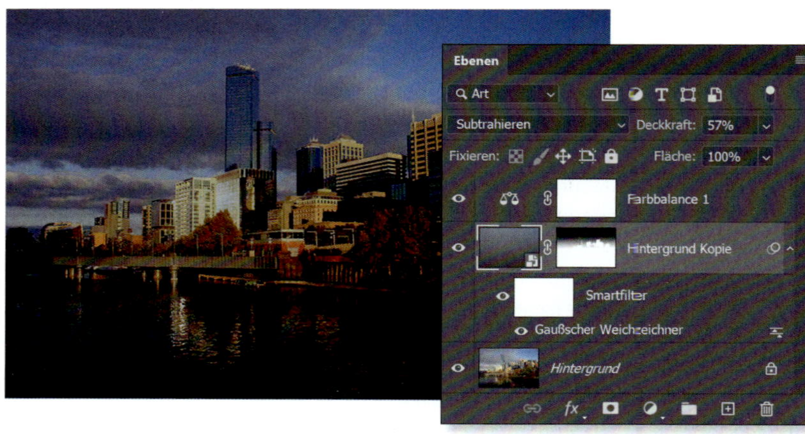

Abbildung 7.15 ▸
Aus der Spätnachmittags- wurde eine Dämmerungsaufnahme. Rechts der Ebenenaufbau. Die Einstellungsebene Farbbalance 1 macht die Bildstimmung kühler. Beachten Sie, dass die Einstellungsebene mit der Subtrahieren-Ebene keine Schnittmaske bilden darf!

Dividieren	Kein Tastenkürzel
Wirkung: Trotz der bunten Ergebnisse: Mischmodi sind mathematische Operationen, bei denen die Farbwerte der beteiligten Ebenen miteinander verrechnet werden. Die mathematische Operation, die hinter Dividieren steckt, ist – wie der Name schon sagt – eine Division (in CS5 hieß dieser Modus noch »Unterteilen«). Anhand der Farbinformationen in den einzelnen Kanälen wird die Füllfarbe durch die Ausgangsfarbe geteilt.	**Einsatz**: Der Nutzen von Dividieren fällt nicht auf den ersten Blick ins Auge. Doch man kann vermuten, dass der Algorithmus dieses Modus schon seit Langem hinter den Kulissen verwendet wird – nämlich bei den Zeichen- und Konturenfiltern von Photoshop. So ähnlich lässt sich auch der Mischmodus anwenden.

▲ Tabelle 7.22
Mischmodus Dividieren

Praxistipp »Subtrahieren«: Imitierte Bleistiftzeichnung | Verfahren Sie mit dem Mischmodus DIVIDIEREN ähnlich wie oben bei SUBTRAHIEREN geschildert, erhalten Sie eine farbige, fein gezeichnete Bildversion. Dieser Modus ist eine sehr gute, exakt dosierbare Alternative zu Photoshops Konturfiltern, die sich allesamt nicht besonders gut steuern lassen.

Sie benötigen hier wiederum ein stark weichgezeichnetes Ebenenduplikat, das über der Ausgangsebene liegt und auf DIVIDIEREN umgestellt wird. Zusätzliche Einstellungsebenen erledigen das Feintuning.

»Parklandschaft.tif«

Bild: Fotolia, Jan Prchal

▲ **Abbildung 7.16**
Das Ausgangsfoto. Durch den Einsatz der Einstellungsebene SCHWARZWEISS entsteht eine Schwarzweißzeichnung. Ist Ihnen die Zeichnung noch zu blass, legen Sie eine zusätzliche Einstellungsebene TONWERTKORREKTUR darüber – die macht sie kräftiger.

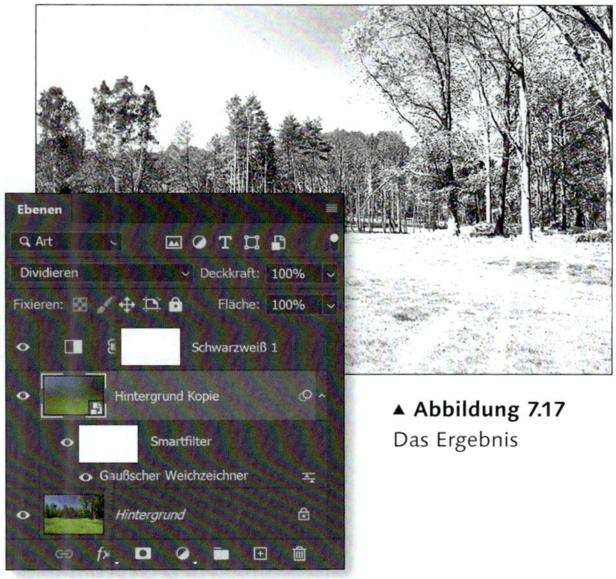

▲ **Abbildung 7.17**
Das Ergebnis

7.2.6 Farbe, Sättigung und Helligkeit separieren

Die letzten vier Mischmodi gehören vielleicht zum Nützlichsten, was die lange Liste zu bieten hat, obwohl sie auf den ersten Blick sehr unspektakulär erscheinen. Jede Farbe lässt sich durch die Parameter **Farbton**, **Sättigung** und **Luminanz** (also: Helligkeit) umschreiben. Bei Dateien im Bildmodus RGB sind diese Farbeigenschaften untrennbar miteinander verbunden. Mit Hilfe dieser Mischmodi können Sie sie separat bearbeiten. Das bringt Vorteile bei vielen Retusche- und Korrekturtechniken.

▼ **Tabelle 7.23**
Mischmodus FARBTON

FARBTON	⇧+Alt+U
Wirkung: FARBTON erhält Luminanz und Sättigung der Ausgangsfarbe und trägt nur den Farbton der Füllfarbe auf. Bei farbig überlagerten Graustufenbildern ändert sich nicht viel – im Folgenden werden Sie noch ein anschaulicheres Anwendungsbeispiel finden.	**Einsatz**: dezente Kolorationen, auch oft gebraucht für Retuschen und lokale Farbkorrekturen, zum Beispiel bei der Arbeit mit dem Farbe-ersetzen-Werkzeug B

Sättigung	⇧+Alt+T
Wirkung: Trägt lediglich die Sättigung der Füllfarbe auf. Helligkeit und Farbton der Ausgangsfarbe bleiben unverändert erhalten. Der Auftrag von neutralem Grau (das eine Sättigung gleich null hat) zeigt keine Wirkung.	**Einsatz**: Dieser Mischmodus liegt beispielsweise dem Schwamm-Werkzeug O zugrunde. Auch manuelle Korrekturen der Sättigung sind durch Pixelauftrag auf einer separaten Ebene möglich.

▲ **Tabelle 7.24**
Mischmodus Sättigung

Farbe	⇧+Alt+C
Wirkung: In älteren Photoshop-Versionen hatte dieser Mischmodus noch den längeren, aber deutlicheren Namen »Farbton/Sättigung«. Er kombiniert die Eigenschaften der Blendmodi Farbton und Sättigung.	**Einsatz**: Farbe eignet sich gut zum Kolorieren von Schwarzweißbildern oder zum Herstellen von gewollten »Farbstichen«. Dieser Mischmodus steht bei Mal- und Retuschewerkzeugen ebenfalls zur Verfügung und kann dabei gewinnbringend eingesetzt werden.

▲ **Tabelle 7.25**
Mischmodus Farbe

Luminanz	⇧+Alt+Y
Wirkung: Luminanz ist die Umkehrung des Modus Farbe. Die Ergebnisfarbe wird aus dem Farbton und der Sättigung der Ausgangsfarbe und der Helligkeit der Füllfarbe erzeugt.	**Einsatz**: Dieser Modus ist für Montagen weniger geeignet, aber ein hervorragendes Hilfsmittel, wenn es darum geht, allein die Luminanzwerte von Ebenen zu verändern – beispielsweise beim Schärfen. Er ist auch ein wichtiger Bestandteil zahlreicher Retuschetools. In Kapitel 19, »Mehr Schärfe, weniger Rauschen«, lernen Sie den **Mischmodus »Luminanz«** im Praxiseinsatz kennen.

▲ **Tabelle 7.26**
Mischmodus Luminanz

Icon für veränderten Mischmodus
Ob der Mischmodus einer Ebene verändert ist, sehen Sie mit einem Blick in das Ebenen-Bedienfeld. Ein kleines Icon (1) in der Ebenenzeile informiert, wenn der erweiterte Mischmodus der betreffenden Ebene verändert wurde.

▲ **Abbildung 7.18**
Bei dieser Ebene wurde der erweiterte Mischmodus verändert. Doppelklicken auf das Icon ruft die Einstellungen auf.

7.3 Erweiterter Mischmodus: Noch mehr Steuerungsmöglichkeiten

Neben den verschiedenen Ebenen-Mischmodi, die Sie über das Ebenen-Bedienfeld ansteuern und bei einigen Werkzeugen antreffen, gibt es noch genauere Einstellungen zur Pixelverrechnung: den Erweiterten Mischmodus. Er steuert, welche Pixel der einzelnen übereinanderliegenden Ebenen im fertigen Bild überhaupt zu sehen sind. Sie können also nicht nur die Reaktion von übereinanderliegenden Pixeln miteinander (wie beim Allgemeinen Mischmodus), sondern auch deren Anzeige überhaupt beeinflussen. So blenden Sie beispielsweise die hellen Pixel der oberen Ebene aus und lassen dadurch Teile der unteren Ebene durchschimmern. Oder Sie lassen die dunklen Pixel der unteren Ebene in die obere Ebene einrechnen. Fließende Übergänge sind auch möglich. Die Einstellungen des Erweiterten Mischmodus stehen tatsächlich nur für Ebenen – nicht bei anderen Tools – zur Verfügung.

Die Anwendungsmöglichkeiten für diese Funktion sind begrenzt: Manchmal kann man bei Montagen mogeln und auf diese Weise nicht benötigte Bildteile verschwinden lassen. Auch bei abstrakten Composings, wenn mehrere Ebenen zu einer abwechslungsreich farbigen Fläche gelayert werden, bietet sich der Erweiterte Mischmodus an. Wie kommen Sie an die Einstellungen heran?

- Per Doppelklick auf die leere Fläche ❷ neben dem Ebenentitel im Ebenen-Bedienfeld. Im sich dann öffnenden Ebenenstil-Dialog finden Sie auch den Erweiterten Mischmodus.
- Auch ein Klick auf das kleine »fx«-Symbol ❸ am Fuß des Ebenen-Bedienfelds und der Befehl Fülloptionen fördern das Dialogfeld zutage.
- Der lange Weg über das Menü: Ebene • Ebenenstil • Fülloptionen.

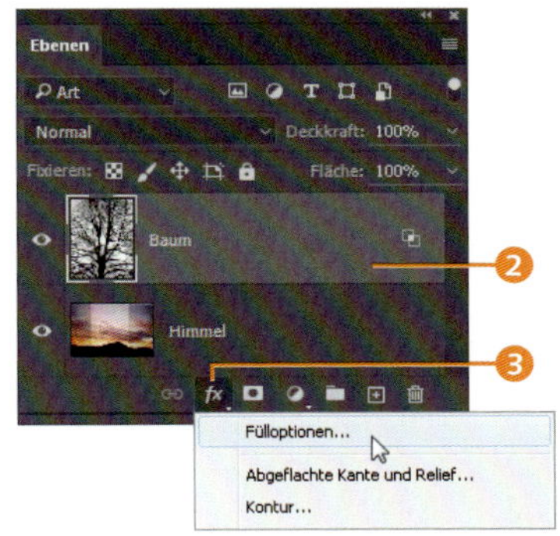

▲ **Abbildung 7.19**
Das »fx«-Symbol ist der direkteste Weg zum Erweiterten Mischmodus.

Die Einstellung zur Aussparung ❺ haben Sie bereits kennengelernt (siehe Abschnitt 6.3, »Schnittmasken und Aussparung«). Die Einstellung Deckkraft ❹ im Ebenenstil-Dialog wirkt genauso wie die Fläche-Einstellung im Ebenen-Bedienfeld: Sie setzen damit die Deckkraft von Ebenen herab, die bereits mit Ebenenstilen (Effekten) ausgestattet wurden.

▼ **Abbildung 7.20**
Einstellungen für den Erweiterten Mischmodus

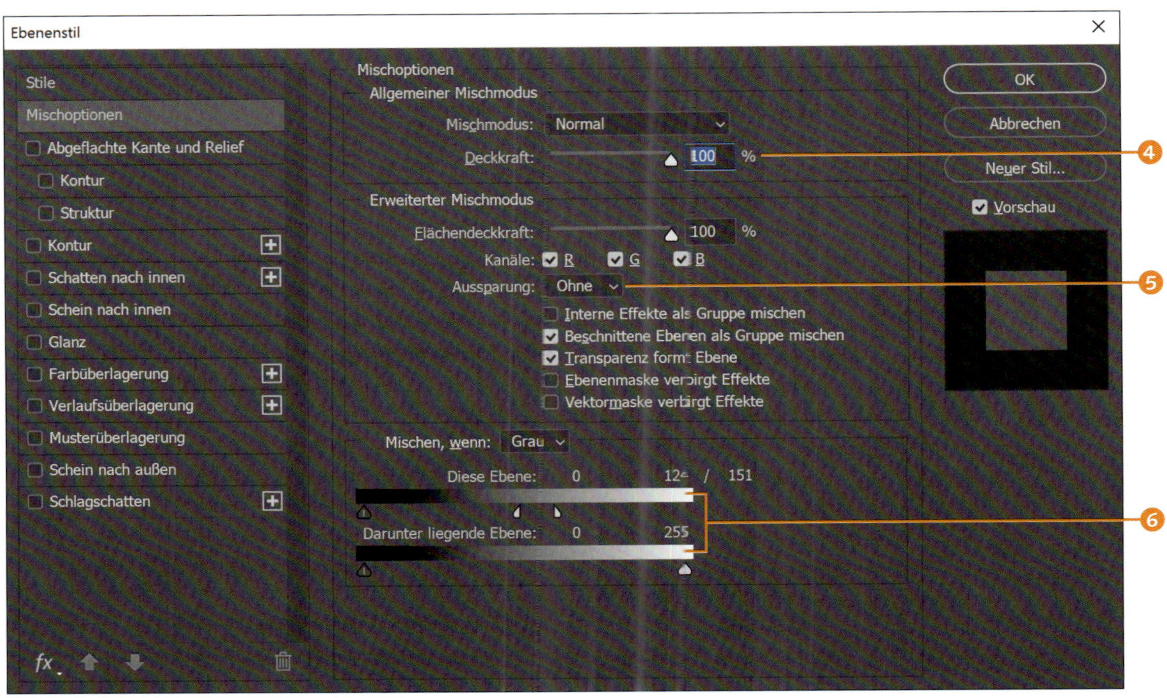

Die Deckkraft der Stile bleibt dabei jedoch erhalten. Die Schieberegler ganz unten (6) blenden wahlweise helle oder dunkle Pixel aus der Ebene aus. Das Drücken von Alt teilt den Regler und ermöglicht allmähliches Ausblenden.

»Winterbaum.tif«

▲ **Abbildung 7.21**
Gemogelter Freisteller: Der helle Hintergrund des Baumes (zum Ebenenaufbau siehe Abbildung 7.19) …

▲ **Abbildung 7.22**
… wurde mit Hilfe des ERWEITERTEN MISCHMODUS (Einstellungen siehe Abbildung 7.20) ausgeblendet.

Bilder: F. Gaebler (Baum), S. Mühlke (Sonnenuntergang)

Zum Weiterlesen
Schrift mit Schatten, Bildobjekte, die einen hellen Schein nach außen werfen, 3D-Buttons wie aus farbigem Glas gemacht, nachgemachtes Metall – all das sind **Ebeneneffekte**. Da sie vor allem im Zusammenhang mit Textebenen angewandt werden, folgt mehr darüber in Kapitel 27, »Effektreiche Ebenenstile«.

TEIL III

Auswählen, freistellen und maskieren

Kapitel 8
Auswahlen

Ob kleine Korrektur oder umfangreiches Projekt – für präzises Arbeiten sind Auswahlen unentbehrlich. Eine passende Auswahl zu erzeugen, kann knifflig sein. Glücklicherweise bringt Photoshop dafür zahlreiche spezialisierte Tools und Funktionen mit.

8.1 Grundlegendes über Auswahlen

Mit einer Auswahl grenzen Sie Bildpixel, die Sie verändern wollen, von den übrigen ab. Zum Einsatz kommen Auswahlen bei nahezu jedem denkbaren Bildbearbeitungsjob.

8.1.1 Wozu Auswahlen? Anwendungsbeispiele

Auswahlen sind vielseitig einsetzbar. Ausgewählte Bildbereiche können Sie kopieren und erneut in die Datei einfügen, in ein anderes Bild verschieben oder auf eigene Ebenen bringen. Ebenso können Sie ausgewählte Bildbereiche kreativ bearbeiten und gezielt korrigieren. Einige typische Anwendungsfälle sehen Sie hier.

8.1.2 Welche Auswahlwerkzeuge gibt es?

In Photoshop gibt es eine Reihe unterschiedlich funktionierender Auswahlwerkzeuge für verschiedene Zwecke und einen eigenen Menüpunkt AUSWAHL. Dazu kommen der modale Arbeitsbereich AUSWÄHLEN UND MASKIEREN..., der besonders für die knifflige Aufgabe des Freistellens konzipiert wurde – also das Trennen von Bildobjekten von ihrem Hintergrund –, die Funktion MASKIERUNGSMODUS in der Werkzeugleiste (auch als »Quick Mask« bekannt, Kürzel Q) für sorgfältige Handarbeit sowie der Hintergrund-Radiergummi (Shortcut E wie »Eraser«), eher geeignet für die schnelle Quick-&-Dirty-Lösung.

Die Vielfalt von Auswahlwerkzeugen und -funktionen belegt, wie wichtig die Arbeitstechnik ist. Inzwischen verfügt Photoshop auch über recht zuverlässig arbeitende automatische Auswahlfunktionen, die in Standardsituationen akzeptable Ergebnisse liefern. Dennoch gibt es noch immer genügend kreative Aufgaben, bei denen lediglich manuell erzeugte Auswahlen präzise genug sind. Und in diesen Fällen ist es sinnvoll zu wissen, was welches Auswahltool kann. Denn während für uns klar ist, was auf einem Bild der Hintergrund und was das auszuwählende Hauptelement ist, kennt Photoshop vorrangig Pixel.

Abbildung 8.1 ▸
Bild mit Auswahllinie. Der Weg zu einer solchen präzise positionierten Auswahl ist nicht immer einfach.

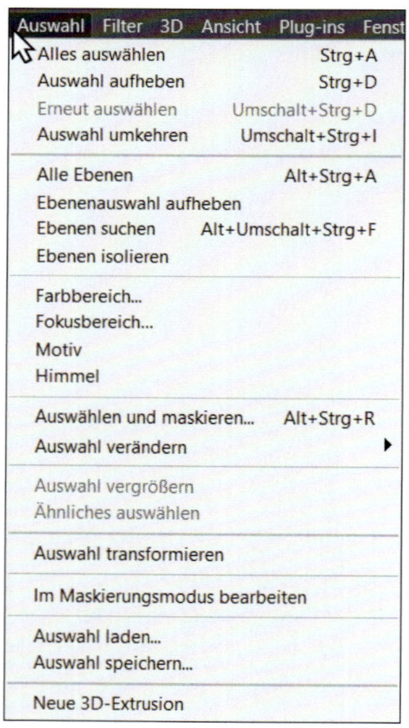

▴ **Abbildung 8.2**
Das Menü Auswahl. Die Ebenen-Befehle beziehen sich nicht auf die Auswahlwerkzeuge, sondern helfen, Bildebenen zu (de)aktivieren. Das Menü Auswahl bietet zahlreiche Befehle zum Verfeinern und Weiterbearbeiten von Auswahlen.

Um verschiedene Bildelemente mit Hilfe einer Auswahllinie bei erträglichem Arbeitsaufwand voneinander abzugrenzen, sind die Werkzeuge unterschiedlich spezialisiert:

- Farbbereich (im Auswahl-Menü)
- Fokusbereich (im Auswahl-Menü)
- Der modale Arbeitsbereich Auswählen und maskieren als Verfeinerungsoption für die Auswahlwerkzeuge
- Schnellauswahlwerkzeug
- Zauberstab
- Objektauswahlwerkzeug
- Lasso
- Polygon-Lasso
- Magnet-Lasso

Und die »geometrischen Auswahlwerkzeuge« mit vier Unterwerkzeugen:

- Auswahlrechteck
- Auswahlellipse
- einzelne Zeile
- einzelne Spalte

8.1.3 Auswahlwerkzeuge kombinieren

Um möglichst leicht und schnell zur passgenauen Auswahl zu kommen, können Sie verschiedene Auswahlwerkzeuge miteinander kombinieren. Wie Sie genau vorgehen müssen, hängt vom Bild selbst ab und davon, was Sie vorhaben. Für eine partielle Bildkorrektur muss eine Auswahl oft nicht 100 % exakt sein. Für Montagen oder das Freistellen eines Bildobjekts sollten Sie jedoch präzise (nach)arbeiten – je nach Anforderung entweder manuell oder mit der Funktion AUSWÄHLEN UND MASKIEREN, über die Sie in Kapitel 9, »Maskieren und Montieren«, mehr erfahren.

Zum Weiterlesen
Probate Hilfsmittel zum **Nachbearbeiten von Auswahlen** sind die Funktion AUSWÄHLEN UND MASKIEREN in der Optionsleiste der Auswahlwerkzeuge (Abschnitt 8.9, »Auswahltuning mit Live-Vorschau: Auswählen und maskieren«), der Maskierungsmodus (Abschnitt 8.13.3, »Quick Mask: Auswahlen detailgenau anpassen«) und Ebenenmasken (Kapitel 9, »Maskieren und Montieren«).

Bild: Onno K. Gent

1

▲ **Abbildung 8.3**
Grobauswahl: Die Kuh wurde mit einer ersten, groben Auswahl vom Hintergrund isoliert. Die Kontur ist noch recht ungenau, Reste des ursprünglichen Hintergrunds 1 sind sichtbar.

▲ **Abbildung 8.4**
Nachbesserung im Detail. Die Konturen sind genauer, Restpixel vom Hintergrund wurden entfernt.

8.1.4 Funktionsprinzipien

Mit welchem Tool auch immer Sie Ihre Auswahl erzeugt haben, die Funktionsprinzipien sind stets dieselben:

- Normalerweise beziehen sich Auswahlen immer nur auf die aktive Bildebene. Ausnahmen sind der Befehl AUSWAHL • FARBBEREICH und die Option ALLE EBENEN AUFNEHMEN des Zauberstabs und seines Nachbarn, des Schnellauswahlwerkzeugs.
- Liegt eine Auswahl im Bild vor, können Sie nur noch die ausgewählten Bereiche bearbeiten – der Rest ist vor Bearbeitungen geschützt.
- Sie erkennen eine Auswahl an der »Ameisenlinie« rund um den ausgewählten Bereich.
- Auswahlen basieren auf Alphakanälen und können darin auch gespeichert werden, sofern das Dateiformat Alphakanäle unterstützt.

Alphakanal
Der Alphakanal ist ein 8-Bit-Kanal, der von einigen Bildverarbeitungsprogrammen für die Bildmaskierung oder für zusätzliche Farbinformationen reserviert wird. Er wird ebenfalls verwendet, um einen bestimmten Transparenzgrad eines Bildes zu definieren, so dass ein anderes Bild unter dem darüberliegenden durchscheinen kann.

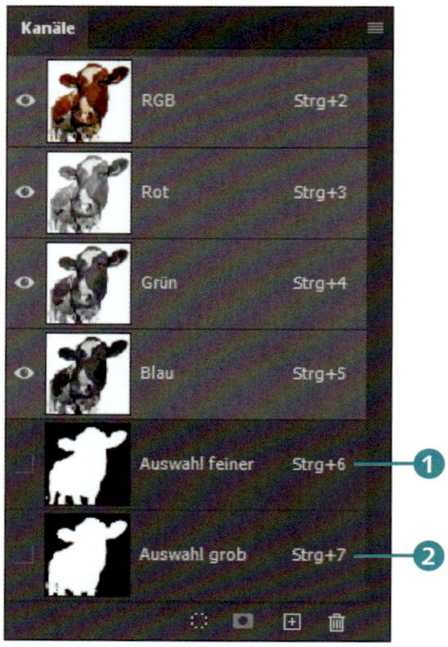

▲ **Abbildung 8.5**
Hier wurden Grob- ❷ und Feinauswahl ❶ gespeichert. Im Kanäle-Bedienfeld sehen Sie die entsprechenden Alphakanäle

Ansonsten ist eine nicht gespeicherte Auswahl verloren, sobald sie deaktiviert wird.

- Teilweise ausgewählte Pixel: Bildpixel können nicht nur die Zustände »ausgewählt« oder »nicht ausgewählt« annehmen, sondern sie können auch teilweise ausgewählt sein, wie es zum Beispiel auch bei einer weichen Auswahlkante der Fall ist. Die Wirksamkeit einer Auswahl kann also unterschiedlich moduliert sein. Teilweise ausgewählte Bildpixel haben eine verminderte Deckkraft, wenn Sie den Auswahlbereich ausschneiden und an anderer Stelle einfügen, oder nehmen auf der Auswahl basierende Bearbeitungen nicht voll an.

8.2 Allgemeine Auswahlbefehle und -optionen

Die beste Kenntnis von Auswahloptionen und Spezialwerkzeugen nutzt nichts, wenn Sie die grundlegenden Funktionen nicht beherrschen. Daher finden Sie hier eine Übersicht der wichtigsten Befehle in Kurzform. Weitere Befehlslisten finden Sie bei den einzelnen Werkzeugen und Arbeitshinweisen.

8.2.1 Strategisch auswählen

Mit dem Befehl Auswahl • Auswahl umkehren (Tastenkürzel: ⇧+Strg+I bzw. ⇧+cmd+I) ist es ganz einfach, ausgewählte und nicht ausgewählte Bereiche zu vertauschen. Das eröffnet interessante strategische Perspektiven: Sie wählen nicht in jedem Fall den Bildbereich aus, den Sie später tatsächlich mit der Auswahl erfassen wollen, sondern den, der am leichtesten auszuwählen ist. Mit Auswahl umkehren erreichen Sie dann schnell Ihr eigentliches Auswahlziel.

»Tulpe.psd«

Bild: dieblen.de

Abbildung 8.6 ▶
Um ein Objekt wie zum Beispiel diese Blume auszuwählen, wählen Sie zunächst den relativ einheitlichen Hintergrund aus und kehren diese Auswahl dann um.

Was wollen Sie tun?	Windows	Mac
alles auswählen	Strg + A	cmd + A
eine bestehende Auswahl aufheben	Strg + D	cmd + D
erneut auswählen (aktiviert die zuletzt aufgehobene Auswahl erneut)	⇧ + Strg + D	⇧ + cmd + D
Auswahl umkehren	⇧ + Strg + I	⇧ + cmd + I
ausgewählte Bildbereiche löschen (unwiderruflich – Maskieren ist besser!)	Entf	←
nachträglich weiche Auswahlkante hinzufügen	⇧ + F6	⇧ + F6
Auswahllinie (und andere Extras) kurzzeitig ausblenden	Strg + H	cmd + H

◂ **Tabelle 8.1**
Die wichtigsten Tastaturbefehle für die Arbeit mit Auswahlen auf einen Blick

8.2.2 Auswahlbereiche ersetzen, addieren, subtrahieren oder Schnittmengen bilden

Mit den Auswahlwerkzeugen legen Sie Auswahlbereiche per Mausklick fest (Zauberstab), zeichnen die Auswahlen (Lasso-Werkzeuge) oder ziehen den Auswahlbereich auf (Schnellauswahlwerkzeug für unregelmäßige, Auswahlellipse und Auswahlrechteck für geometrische Formen). Gleichgültig, mit welchem Werkzeug Sie arbeiten – Sie können mit Photoshop auch festlegen, wie sich weitere Auswahlbereiche innerhalb des Bildes zu einer bestehenden Auswahl verhalten. So kombinieren Sie Auswahlbereiche und damit auch verschiedene Auswahlwerkzeuge in unterschiedlicher Weise. Dazu benutzen Sie die kleinen Buttons im linken Bereich der Optionsleiste. Sie sind bei fast allen Auswahlwerkzeugen vorhanden.

»BunterBall.jpg«

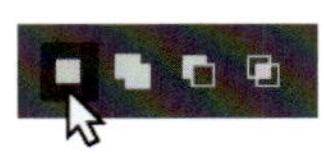

Neue Auswahl | Wenn Sie NEUE AUSWAHL anklicken, ersetzt die neue Auswahl den bestehenden Auswahlbereich – es ist also immer nur eine Auswahl vorhanden.

Der Auswahl hinzufügen | Der Befehl DER AUSWAHL HINZUFÜGEN ermöglicht das Anlegen von mehr als einem Auswahlbereich im Bild, ohne dass die vorhergehende Auswahl verschwindet. Wenn sich zwei Auswahlbereiche überlappen, werden sie zu einem einzigen Auswahlbereich addiert. Das ist eine gute Technik, um Auswahlbereiche zu vergrößern oder um mehrere unverbundene Auswahlen in einem Bild anzulegen.

Von Auswahl subtrahieren | Die dritte Auswahloption subtrahiert einen Bereich von der ersten Auswahl, wenn sich die Auswahlbereiche überschneiden. Gibt es keine Überschneidung, bleibt die erste Auswahl unverändert. Mit dieser Option bügeln Sie beispielsweise Fehlstellen (versehentlich ausgewählte Bereiche) aus oder nehmen gezielt einzelne Bereiche aus einer Auswahl heraus.

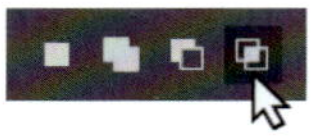

Schnittmenge mit Auswahl bilden | Wenn Sie Schnittmenge mit Auswahl bilden wählen, bilden die Auswahlbereiche, sofern sie sich überlappen, eine Schnittmenge. Diese Option ist besonders interessant bei der Arbeit mit Auswahlen und Masken oder wenn Sie eine abgespeicherte Auswahl verfeinern wollen.

Auswahlcursor zeigt aktive Option an
Je nachdem, welche der vier Auswahloptionen aktiv ist, erscheint ein anderes zusätzliches Symbol am Auswahlcursor:

- Der »blanke« Auswahlcursor zeigt an, dass Neue Auswahl aktiv ist.
- Ein Pluszeichen neben dem Cursor weist auf die Einstellung Der Auswahl hinzufügen hin.
- Ein Minuszeichen steht für Von Auswahl subtrahieren.
- Ein kleines × repräsentiert die Option Schnittmenge mit Auswahl bilden.

Erste Auswahl klappt mit jeder Option | Um die erste Auswahl im Bild anzulegen, müssen Sie nicht eigens zur Option Neue Auswahl wechseln – das funktioniert mit jeder Auswahl-Kombinationsoption. Erst wenn bereits eine Auswahl vorhanden ist und Sie weitere Auswahlen hinzufügen, kommt die Wirkung der Optionen zum Tragen.

Sie können jederzeit zwischen den verschiedenen Auswahloptionen und auch zwischen den verschiedenen Werkzeugen wechseln. Und Sie müssen nicht unbedingt die Schaltflächen in der Optionsleiste bedienen, um zwischen den verschiedenen Optionen umzuschalten – es gibt wiederum eine Reihe nützlicher Shortcuts.

Was wollen Sie tun?	Windows	Mac
eine Neue Auswahl erstellen (entfernt eine eventuell bestehende Auswahl)	Auswahlwerkzeug normal benutzen	Auswahlwerkzeug normal benutzen
Der Auswahl hinzufügen	Auswahlwerkzeug benutzen, dabei ⇧ drücken	Auswahlwerkzeug benutzen, dabei ⇧ drücken
Von Auswahl subtrahieren	Auswahlwerkzeug benutzen, dabei Alt drücken	Auswahlwerkzeug benutzen, dabei alt drücken
Schnittmenge mit Auswahl bilden	Auswahlwerkzeug benutzen, dabei Alt+⇧ drücken	Auswahlwerkzeug benutzen, dabei alt+⇧ drücken

▲ **Tabelle 8.2**
Tastaturbefehle für Auswahloptionen auf einen Blick

Auswahlstrategien | Mit einer geschickten, ans Objekt und Ihr Vorhaben angepassten Wahl der Auswahl-Kombinationsoptionen können Sie unter Umständen viel Zeit sparen! Hier einige Praxisbeispiele.

Bild: Fotolia, Flavia Bottazzini

◂◂ **Abbildung 8.7**
Eine Auswahl ist bereits im Bild vorhanden (orangefarbenes Ballsegment). Ist nun der Button NEUE AUSWAHL aktiv …

◂ **Abbildung 8.8**
… und legen Sie eine zweite Auswahl im Bild an (blaues Ballsegment), wird die vorherige Auswahl gelöscht. Gearbeitet wurde hier mit dem Magnetisches-Lasso-Werkzeug.

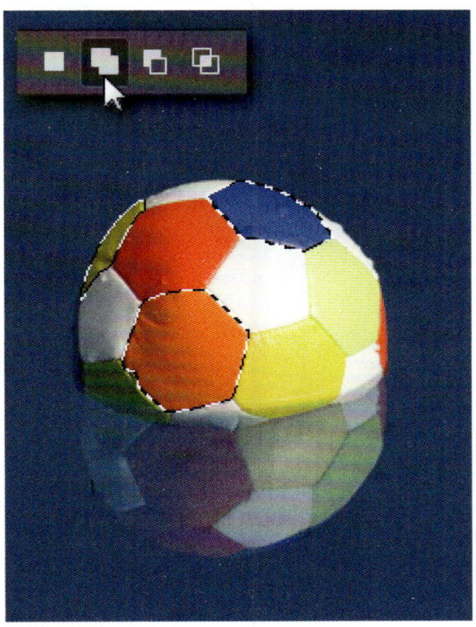

◂◂ **Abbildung 8.9**
Mehrere unabhängige Auswahlbereiche: Hier wurde zunächst DER AUSWAHL HINZUFÜGEN aktiviert, dann wurden nacheinander drei Ballsegmente (orange, blau, gelb) ausgewählt.

◂ **Abbildung 8.10**
Auswahlbereiche verbinden: Auch hier wurde mit DER AUSWAHL HINZUFÜGEN gearbeitet, allerdings mit dem Ziel, einen einzigen, größeren Auswahlbereich anzulegen (mit mehrfachen Zauberstab-Klicks).

8.2.3 Toleranz

TOLERANZ ist ein Parameter, den Sie bei einigen Auswahlwerkzeugen wie dem Zauberstab und der Auswahl nach FARBBEREICH antreffen, aber zum Beispiel auch in den Optionen des Füllwerkzeugs (Shortcut: [G]) oder beim Farbe-ersetzen-Werkzeug [B] – eben immer, wenn die Farbe der vorhandenen Bildpixel für die Anwendung eines Werkzeugs relevant ist. Mit TOLERANZ legen Sie fest, wie sensibel ein

Werkzeug auf Farbabweichungen reagiert. So können Sie auch Flächen auswählen oder mit dem Fülleimer des Farbe-ersetzen-Werkzeugs bearbeiten, die nicht völlig monochrom sind, sondern Farbschattierungen aufweisen.

- Je niedriger der eingestellte TOLERANZ-Wert ist, desto weniger unterschiedliche Farbnuancen werden berücksichtigt.
- Je höher die TOLERANZ ist, desto mehr Farbabweichungen werden in die Auswahl eingeschlossen.

▲ **Abbildung 8.11**
Auswahl der gelben Blüte per Zauberstab, TOLERANZ: 12. Hier muss man zwar in jedem Fall mit mehreren Mausklicks operieren, um alle Gelbnuancen zu erfassen – mit einem zu niedrigen TOLERANZ-Wert sind jedoch unzählige Mausklicks notwendig. Es wäre kaum möglich, eine geschlossene Auswahlfläche anzulegen.

Bild: Frank Gaebler

▲ **Abbildung 8.12**
Einige Mausklicks in die Blüte mit dem TOLERANZ-Wert 50. Diese Toleranzstufe ist für das Bild zu hoch: Es sind bereits Bereiche des Hintergrunds mit erfasst worden.

»Nelkenwurz.tif«

Welcher der »richtige« TOLERANZ-Wert ist, hängt natürlich von Ihrem Ziel und den Kontrasten und Farbabstufungen im jeweiligen Bild ab – die Einstellung erfordert ein wenig Erfahrung und Ausprobieren. Für die meisten Alltagsjobs kommen Sie mit Werten zwischen 20 und 30 gut aus. Das Ändern der Toleranz ist auch während der Arbeit möglich, zum Beispiel zwischen verschiedenen Zauberstab-Klicks. So passen Sie die Wirkung des Werkzeugs optimal an die Gegebenheiten im Bild an.

8.2.4 Weiche Kante

Normalerweise sind Auswahllinien, die Sie mit einem Auswahlwerkzeug ziehen, »hart« und trennen ausgewählte und nicht ausgewählte Bildbereiche scharf voneinander ab.

▲ **Abbildung 8.13**
So erscheint die Auswahl der eben gezeigten Gummiente im Bild (Alphakanal ein-, andere Kanäle ausblenden): Hart konturierte Grenzen, ausgewählte und nicht ausgewählte Bereiche sind klar voneinander getrennt.

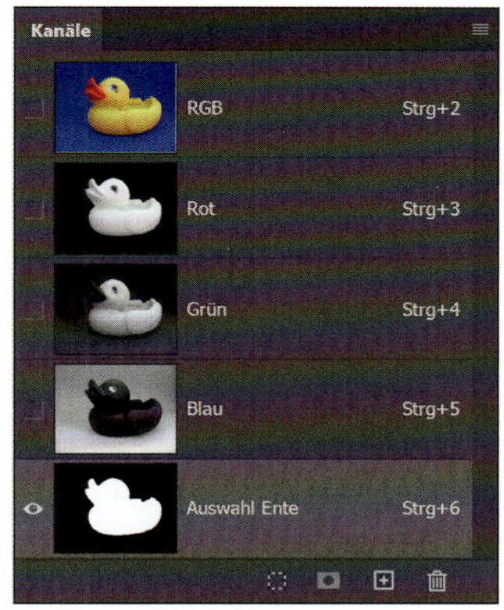

▲ **Abbildung 8.14**
Gespeicherte Auswahlen werden als Alphakanal abgelegt. Wenn Sie ausschließlich den Alphakanal einblenden, wird die Auswahl im Bild mit Schwarz, Weiß und, sofern die Auswahl über weiche Übergänge verfügt, Graustufen angezeigt.

Photoshop bietet jedoch auch mehrere Funktionen, die es Ihnen erlauben, einen Übergangsbereich von ausgewählten zu nicht ausgewählten Bildbereichen zu definieren – die sogenannte *weiche Kante*.

Weiche Kante als Werkzeugoption | Die Option WEICHE KANTE finden Sie bei den »geometrischen« und den Lasso-Auswahlwerkzeugen direkt in der Optionsleiste. Hier müssen Sie den gewünschten Wert *vor* dem Anlegen der Auswahl eintippen.

▲ **Abbildung 8.15**
Die Option WEICHE KANTE – hier in der Optionsleiste des Lasso-Werkzeugs

Welcher Wert der passende ist, richtet sich wiederum ganz nach den Gegebenheiten des aktuell bearbeiteten Bildes und nach Ihrem Arbeitsvorhaben. Dabei sollten Sie allerdings die Bildauflösung im Hinterkopf behalten: Bei einem niedrig aufgelösten Web-Bild ist eine weiche Kante von 10 Pixeln schon recht breit, bei einem 300-ppi-Bild nicht.

Weiche Kante nachträglich hinzufügen | Mehr Kontrolle über Aussehen und Wirkung der weichen Auswahllinie haben Sie, wenn Sie zunächst die Auswahl erstellen und die Auswahlkante erst anschließend weicher machen. Am besten geht das mit Hilfe des Dialogs AUSWÄHLEN UND MASKIEREN Sie starten ihn über den gleichnamigen Button in der Auswahlwerkzeug-Optionsleiste oder via AUSWAHL • AUSWÄHLEN UND MASKIEREN (Alt + Strg / cmd + R). Die Vorteile: AUSWÄHLEN UND MASKIEREN verfügt über eine Live-Bildvorschau, außerdem stehen weitere interessante Nachbearbeitungsoptionen zur Verfügung.

Erscheint Ihnen dieses Tool zu komplex, können Sie stattdessen den Menübefehl AUSWAHL • AUSWAHL VERÄNDERN • WEICHE KANTE nutzen und im sich dann öffnenden Fenster die gewünschte Breite der weichen Kante eingeben. Sie erreichen dieses Fenster auch mit dem Kürzel ⇧ + F6.

Zum Weiterlesen
Mehr Informationen zum Tool AUSWÄHLEN UND MASKIEREN finden Sie in Abschnitt 8.9, »Auswahltuning mit Live-Vorschau: Auswählen und maskieren«.

Wirkung von »Weiche Kante« | Haben Sie WEICHE KANTE angewendet, wird automatisch ein Transparenzverlauf an der Auswahl-Außenkante erzeugt, der die Ränder der Auswahl weichzeichnet und zwar in der Breite, die Sie zuvor festgelegt haben.

»Erdbeere.jpg«

Der gestrichelten Auswahllinie selbst sieht man nicht an, ob die Auswahl eine weiche Kante hat – nur bei sehr starker Weichzeichnung und eher eckigen Auswahlobjekten ist sie durch gerundete Ecken an der Auswahllinie erkennbar. Richtig sichtbar wird die weiche Kante, wenn eine Auswahl verschoben oder gefüllt wird. Wenn Sie einen Auswahlbereich bearbeiten – also zum Beispiel korrigieren –, kann die weiche Kante dazu beitragen, den Übergang zwischen ausgewählten, bearbeiteten und unbearbeiteten Bildpartien fließender zu machen. Für freigestellte Bildpartien können Sie sie als ästhetisches Stilmittel einsetzen, um die Übergänge zwischen freigestelltem Objekt und (neuem) Bildhintergrund fließender zu gestalten.

▲ **Abbildung 8.16**
So sähe die Auswahl der Entenkontur mit der Option WEICHE KANTE aus.

▲ **Abbildung 8.17**
Und so wirkt eine weiche Kante bei der Gestaltung von Bildrändern.

Bild: Dieblen.de

▲ **Abbildung 8.18**
Der Auswahllinie selbst können Sie nicht ansehen, ob sie hart oder weich ist.

Übrigens: Die Option WEICHE KANTE wirkt nur auf Auswahllinien, die sich im Bildinneren befinden. Teile einer Auswahllinie, die direkt an den Außenkanten des Bildes liegen, werden nicht weichgezeichnet.

8.2.5 Glätten

Die Option GLÄTTEN, die für das Auswahlellipse-Werkzeug, den Zauberstab und die drei verschiedenen Lassos zur Verfügung steht, wirkt ähnlich wie WEICHE KANTE. Nur ist der abgesoftete Bereich erheblich kleiner, und seinen Umfang können Sie nicht selbst definieren. Diese Einstellung rückt dem Problem der (Nicht-)Darstellbarkeit von glatten

Rundungen mittels eckiger Pixel zu Leibe, das auch bei Auswahlen auftreten kann. Rechteckige Auswahlen benötigen keine Glättung. Folglich ist dort die Option nicht vorhanden. Wenn Sie eine Auswahllinie glätten wollen, haben Sie die Wahl: Entweder Sie aktivieren die Option *vor* dem Anlegen der Auswahl, oder Sie nutzen die Einstellungen im Dialog Auswählen und maskieren, um die Auswahllinie *nachträglich* zu glätten.

Wann sollten Sie mit der Glättungsoption arbeiten? | Vorteilhaft ist das Glätten bei Auswahlen, die viele Rundungen enthalten und als Grundlage einer Montage dienen sollen. Hier kann die Glättung dem Effekt entgegenwirken, dass das ausgewählte, isolierte und woanders einmontierte Element aussieht wie grob mit der Schere beschnitten.

Deaktivieren sollten Sie diese Option, wenn es um exaktes Auswählen insbesondere kleiner und kantiger Objekte geht.

8.2.6 Motiv auswählen

»Jump.jpg«, siehe auch »Rebell.jpg«, »Ginger.jpg«

Einige Werkzeuge wie das Objektauswahlwerkzeug, das Schnellauswahl-Werkzeug und das Zauberstab-Werkzeug, sowie der Dialog Auswählen und maskieren bieten eine Schaltfläche mit Motiv auswählen an. Ebenso finden Sie diese Funktion im Menü Auswahl vor.

▲ **Abbildung 8.19**
Hilfreiche Funktionen für eine schnelle Vorauswahl

Mit Hilfe dieser Funktion lassen sich deutlich hervorgehobene Motive mit einem Klick auswählen. Adobe setzt hierfür Techniken wie maschinelles Lernen ein, das darauf spezialisiert ist, Motive wie Personen, Tiere oder Fahrzeuge in einem Bild zu erkennen. Diese Inhaltserkennung können Sie beim Verwenden der Funktion Motiv auswählen mit gehaltener [⇧]-Taste deaktivieren.

Ein hilfreicher Workflow ist es, ein Motiv mit Motiv auswählen mit einem Klick vorauszuwählen und es dann mit den vorhandenen Auswahlwerkzeugen oder dem Dialog Auswählen und Maskieren zu verfeinern.

▲ **Abbildung 8.20**
Ein Beispiel mit der Funktion Motiv auswählen. Zwar ist fast immer Nacharbeit nötig, aber für eine erste schnelle Auswahl mit einem Klick ist das schon erstaunlich gut.

Motiv auswählen als Cloud-Dienst | Die Funktion Motiv auswählen können Sie auch als Cloud-Dienst verwenden. Der Vorteil ist, dass die Auflösung und Qualität besser ist als bei der geräteverbundenen Verarbeitung. Die geräteverbundene Verarbeitung liefert dafür schnellere Ergebnisse. Die Einstellungen finden Sie bei den Voreinstellungen im Bereich Bildverarbeitung mit der Dropdownliste Verarbeitung auswählen, wo Sie zwischen Gerät und Cloud wählen können. Beachten Sie auch, dass die Verarbeitung via Cloud eine Internetverbindung voraussetzt.

8.3 Das Objektauswahlwerkzeug

Das Objektauswahlwerkzeug (Kürzel W) soll Anwenderinnen und Anwender beim Auswählen von Bildelementen mit einer smarten Automatik unterstützen. Das Tool lässt sich auf drei verschiedene Arten verwenden, die auch kombiniert werden können:

1. Die Schaltfläche Motiv auswählen ❶ erzeugt eine automatische Auswahl um die Bildteile, die Photoshop für das Hauptmotiv hält.
2. Aktivieren Sie den Objektfinder ❸, und bewegen Sie den Mauszeiger über das gewünschte Objekt. Entsprechend der Einstellungen im Zahnrad ❻ wird jetzt im Idealfall ein Objekt mit einer blauen Farbe maskiert. Dieses Objekt wird ausgewählt, wenn Sie mit der Maustaste darauf klicken. Mit der Option Zur Auswahl hinzufügen, die Sie auch mit der ⇧-Taste aktivieren, können Sie jetzt weitere Objekte auf diese Weise hinzufügen. Mit gehaltener Alt-Taste oder mit der Option Von Auswahl subtrahieren bei einzelnen Objekten entfernen Sie die Auswahl wieder.

   Mit der Aktualisieren-Schaltfläche ❹ können Sie den Objektfinder aktualisieren, sofern keine Objekte angezeigt werden, wenn Sie mit dem Mauscursor über einem Objekt stehen sollten, oder falls Sie mit der Vorauswahl nicht zufrieden sind. Mit der Schaltfläche Alle Objekte anzeigen ❺ lassen Sie alle gefundenen Objekte im Bild in blauer Farbe anzeigen. Diesen Vorschaumodus blenden Sie mit gehaltener N-Taste ein und aus.
3. Alternativ können Sie das auszuwählende Objekt mit einer Rechteck- oder Lassoauswahl-Modus ❼ zunächst grob umgrenzen, die Auswahlautomatik erledigt dann den Rest. Dieses Verfahren ist besonders dann geeignet, wenn es mehrere potenzielle Auswahlobjekte im Bild gibt und Sie vorgeben möchten, welches tatsächlich ausgewählt werden soll. So können Sie auch nur Teile eines Bildes auswählen, zum Beispiel bei einem Ganzkörper-Porträt nur den Ausschnitt vom Kopf bis zu den Schultern.

Abbildung 8.21 ▼
Optionen des Objektauswahlwerkzeuges

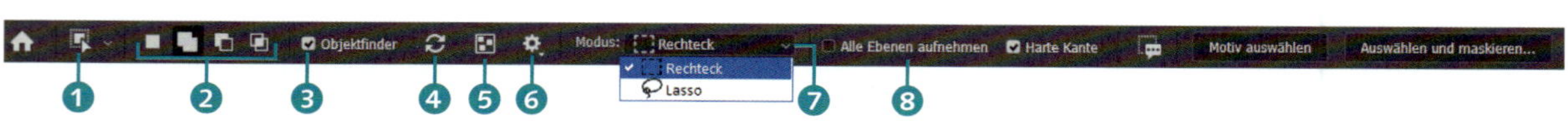

Je nach Motiv fällt die vom Tool angefertigte Auswahl mehr oder minder brauchbar aus. Am besten funktioniert es, wenn das Objekt komplett im Fokusbereich liegt, nicht zu kleinteilige Konturen aufweist und wenn die Farben und Tonwerte klar von der Umgebung abgegrenzt sind. Um passende Resultate zu erzielen, bietet das Werkzeug noch einige Optionen:

- Wie andere Auswahlwerkzeuge verfügt auch das Objektauswahlwerkzeug über Schaltflächen ②, mit denen Sie festlegen können, wie erzeugte Auswahlbereiche kombiniert werden (mehr dazu erfahren Sie in Abschnitt 8.2.2, »Auswahlbereiche ersetzen, addieren, subtrahieren oder Schnittmengen bilden«). Mit Hilfe dieser Buttons und der Modi RECHTECK und LASSO können Sie die erstellte Auswahllinie manuell verfeinern.
- Die Option ALLE EBENEN AUFNEHMEN ⑧ kommt zum Einsatz, wenn Sie Objekte in ebenen-übergreifenden Composings auswählen möchten.
- Mit HARTE KANTE erzwingen Sie eine härtere Kante an der Auswahl.

Optionen für den Objektfinder
Über das Zahnrad ⑤ finden Sie Einstellungen für den OBJEKTFINDER-Modus. Hier können Sie einstellen, ob die Aktualisierung automatisch stattfinden soll oder nicht. Für die ÜBERLAGERUNGSOPTIONEN können Sie FARBE, KONTUR und DECKKRAFT anpassen und festlegen, wie und ob diese Überlagerung angezeigt werden soll.

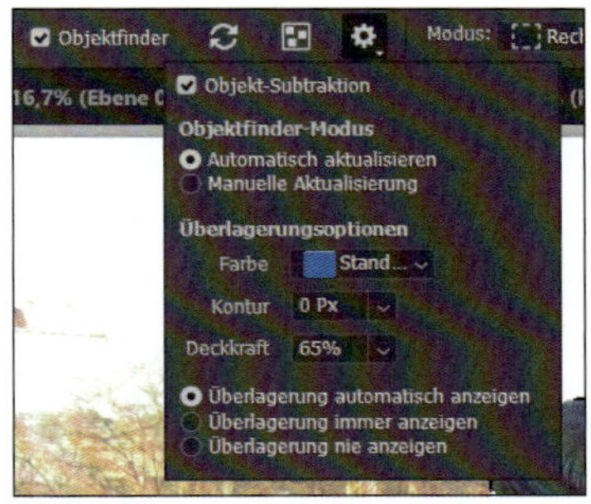

▲ **Abbildung 8.22**
Optionen für den OBJEKTFINDER

Bild: vitamin a design

▲ **Abbildung 8.23**
Im OBJEKTFINDER-Modus werden von Photoshop gefundene Objekte in einer blauen Überlagerungsfarbe angezeigt, wenn Sie sich mit dem Mauscursor darüber befinden. Dabei können Sie problemlos einzelne oder alle von Photoshop gefundenen Objekte im Bild per Mausklick auswählen. Im Beispiel wurde die Figur in der Mitte auf diesem Weg ausgewählt. Die Figur auf der linken Seite könnten Sie nun mit einem weiteren Klick ebenfalls auswählen. Aktivieren Sie dann den Rechteck- oder Lasso-Modus, um die Auswahlen mit den Optionen ZUR AUSWAHL HINZUFÜGEN und VON AUSWAHL SUBTRAHIEREN zu korrigieren.

In den meisten Fällen bedürfen automatisch erstellte Auswahlen jedoch noch der manuellen Nacharbeit. Mit dem Button AUSWÄHLEN UND MASKIEREN gelangen sie zum entsprechenden Arbeitsbereich (mehr darüber lesen Sie in Abschnitt 8.9, »Auswahltuning mit Live-Vorschau«).

8.4 Der Zauberstab

»Möwe.tif«

Der Zauberstab ist dafür konzipiert, zusammenhängende Bildbereiche mit unregelmäßigen Formen auszuwählen, die aber eine ähnliche Farbe haben. Die Auswahl wird anhand der Farbähnlichkeit mit dem angeklickten Bereich erstellt.

Bild: Onno K. Gent

▲ **Abbildung 8.24**
Der blaue Himmel kann leicht vom Zauberstab erfasst werden.

8.4.1 Zauberstab-Optionen

In der Optionsleiste passen Sie den Zauberstab an verschiedene Gegebenheiten im Bild an.

Toleranz, Glätten und die Auswahl-Kombinationsoptionen sind Ihnen nun schon bekannt. Bisher noch nicht vorgestellt habe ich die Optionen Benachbart, Alle Ebenen aufnehmen und Aufnahme-Bereich.

Unter Aufnahme-Bereich ① legen Sie fest, wie groß der Bereich rund um die geklickte Stelle ist, den Photoshop bei seiner Analyse berücksichtigt. Wählen Sie einen kleinen Aufnahmebereich, wenn Sie sehr exakt arbeiten müssen und ein herabgesetzter Toleranz-Wert nicht genügt. Ein größerer Aufnahmebereich eignet sich gut, um fein strukturierte Flächen auszuwählen, die viele zarte Nuancen einer Farbe aufweisen. Diese Option ist mit der gleichnamigen Option der Aufnahme-Pipette gekoppelt: Veränderungen der Werte wirken bei beiden Werkzeugen parallel.

Auf den ersten Blick klingt die Wirkung der Optionen Toleranz und Aufnahme-Bereich ähnlich. Tatsächlich können in beiden Fällen niedrigere Werte die Präzision erhöhen, hohe Werte dafür sorgen, dass mehr Farben in die Auswahl einbezogen werden. Die Optionen setzen jedoch an unterschiedlicher Stelle an: Aufnahme-Bereich verändert die Größe des Bereichs, in dem Photoshop beim Klicken Pixel-Farbwerte misst. Toleranz bestimmt, wie stark sich alle anderen Bildpixel von den Farbwerten rund um die angeklickte Stelle unterscheiden dürfen, damit sie in der Auswahl landen.

▲ **Abbildung 8.25**
Die Optionen für den Zauberstab

Benachbart ② kann die Wirkung des Zauberstabs vollkommen verändern. Ist sie aktiv (Standardeinstellung), werden nur die Farben ausgewählt, die unmittelbar aneinandergrenzen. Ist die Option deaktiviert, werden farbähnliche Pixel im gesamten Bild ausgewählt. Die Wirkung des Zauberstabs gleicht dann dem Werkzeug FARBBEREICH, allerdings ohne dessen genaue Ergebniskontrolle.

ALLE EBENEN AUFNEHMEN ❸ legt fest, ob allein die aktive Ebene oder alle vorhandenen Bildebenen berücksichtigt werden.

8.4.2 Die Bedienung des Zauberstabs

Den Zauberstab zu bedienen ist leicht: Sie aktivieren ihn durch einen Klick in die Werkzeugleiste oder mit dem Shortcut [W]. (Kleine Gedankenstütze: Denken Sie an die englischen Begriffe *W*izard [Zauberer] oder *magic* Wand [Zauberstab].) Zuerst legen Sie die Werkzeugoptionen fest. Mit jedem Klick ins Bild analysiert das Werkzeug dann die Bildpixel und erstellt oder modifiziert eine Auswahl. Selten schafft man es, einen Bildbereich mit einem Zauberstab-Klick auszuwählen – es empfiehlt sich, die Option DER AUSWAHL HINZUFÜGEN zu aktivieren. Während der Arbeit ist es auch möglich und in vielen Fällen ratsam, den Toleranzbereich zu variieren.

▲ **Abbildung 8.26**
Nicht ausgewählte Bereiche werden im Maskierungsmodus standardmäßig mit roter, halbtransparenter Abdeckung dargestellt.

Was ist ausgewählt? | Gerade bei Auswahlen, die sehr »zerfasert« sind, wie es bei Zauberstab-Auswahlen vorkommt (vergleichen Sie die Auswahl der Blüte in Abbildung 8.10), verliert man schon einmal die Übersicht darüber, welche Bildbereiche nun ausgewählt und welche nicht ausgewählt sind. Hier hilft ein kurzzeitiger Wechsel in den **Maskierungsmodus** (Quick Mask – Shortcut [Q] oder ein Klick auf das Icon in der Werkzeugleiste). Die rote Abdeckung symbolisiert, dass die so gekennzeichneten Bereiche vor Bearbeitung geschützt sind. Alles andere ist ausgewählt und kann bearbeitet werden.

Auch die Vorschau unter AUSWÄHLEN UND MASKIEREN... kann Ihnen natürlich helfen, den Umfang der getroffenen Auswahl zu beurteilen. Mehr dazu erfahren Sie in Abschnitt 8.9, »Auswahltuning mit Live-Vorschau: Auswählen und maskieren«.

Zum Weiterlesen
Wie Sie mit der **Quick Mask arbeiten** und unter anderem Farbton und Deckkraft der Abdeckungsfarbe ändern, lesen Sie in Abschnitt 8.13.3 »Quick Mask: Auswahlen detailgenau anpassen«.

8.5 Das Schnellauswahlwerkzeug

»surfer.tif«

Das Schnellauswahlwerkzeug [W] ist der Nachbar des Zauberstabs. In ihm vereinen sich Eigenschaften des Zauberstabs und des Magnetisches-Lasso-Werkzeugs – das Schnellauswahlwerkzeug analysiert Bildpixel (wie der Zauberstab) und legt die Auswahllinie um Motivkanten (wie das Magnetisches-Lasso-Werkzeug). Kanten findet es auch vor schlecht kontrastierenden oder strukturierten Hintergründen. Sie bedienen es wie einen Pinsel, indem Sie mit der Maus über das auszuwählende Objekt

Bild: Fotolia, Laurent C.

▲ **Abbildung 8.27**
Das Schnellauswahlwerkzeug bewältigt auch kompliziertere Formen.

fahren. Dabei sollten Sie sich weniger auf die Objektkanten konzentrieren, sondern vielmehr die Auswahllinie von innen nach außen schubsen. Darüber hinaus verfügt das Werkzeug über die Automatikfunktion Motiv auswählen, die das Hauptmotiv im Bild zielgerichtet aufspürt und mit einer Auswahllinie umfasst – mit oft erstaunlich guten Ergebnissen.

Bei detailreichen Objekten ist es notwendig, die Pinselgröße und -funktion (Addieren oder Subtrahieren) häufig zu ändern, um eine wirklich gute Auswahl zu erzeugen oder um Automatikauswahlen nachzubearbeiten. Dennoch trägt das Schnellauswahlwerkzeug seinen Namen zu Recht: Mit ihm arbeiten Sie zügig und bei geeigneten Motiven auch mit gutem Erfolg.

8.5.1 Optionen des Schnellauswahlwerkzeugs

Das Schnellauswahlwerkzeug mit der Kombination aus automatischen und manuellen Funktionen eignet sich am besten für klar vom Hintergrund abgegrenzte Motive, bewältigt bei geschickter Auswahl der Optionen jedoch auch etwas schwierigere Aufgaben Unregelmäßige Konturen stellen meist ein Problem dar.

Automatische Auswahl | Bei Bildern mit einem eindeutigen Hauptmotiv leistet die Automatikfunktion gute Dienste; oft sind dann nur noch kleine manuelle Korrekturen nötig. Auch schwierige Motive – etwa mit ausgefransten Kanten – werden gut erfasst. Bei passenden Motiven empfiehlt es sich, mit einer Auto-Auswahl anzufangen und dann manuell nachzubessern. Ein Klick auf den Button Motiv auswählen ② genügt!

Abbildung 8.28 ►
Die Pinselgröße ist für die Werkzeugwirkung maßgeblich.

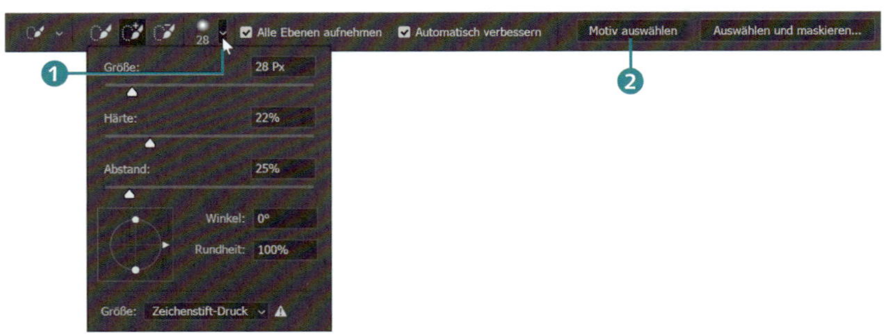

▲ **Abbildung 8.29**
So machen Sie die Werkzeugspitze flacher ...

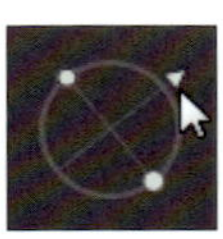

▲ **Abbildung 8.30**
... und so drehen Sie sie.

Eigenschaften der Werkzeugspitze | Unter ① stellen Sie – wie bei den anderen Malwerkzeugen – die Grösse (Durchmesser) und Härte der Werkzeugspitze ein. Die Pinselhärte hat auf die Werkzeugwirkung allerdings keinen Einfluss. Und auch Abstand, Winkel und Rundheit brauchen Sie eher bei der Arbeit mit dem richtigen Pinsel als beim Schnellauswahlwerkzeug.

Abstand | Von der Option ABSTAND (zuweilen auch »Malabstand« genannt) sollten Sie lieber die Finger lassen. Sie wirkt sich auf die Kontinuität einer aufgepinselten Linie aus. Mit einem Malabstand von etwa 20–25 % entsteht eine durchgehende Linie, und höhere Werte erzeugen eine punktierte Linie. Beim richtigen Pinsel ist das für Kreativjobs ganz interessant, beim Schnellauswahlwerkzeug ist es eher kontraproduktiv, die Standardeinstellung zu ändern – die Ergebnisse werden unvorhersehbar!

▲ **Abbildung 8.31**
Malabstand 25 % (links) und 110 % (rechte Linie)

Pinselgröße anpassen | Produktivitätssteigernd wirken sich auch die Kürzel aus, mit denen Sie im laufenden Betrieb die Pinselgröße anpassen.

Was wollen Sie tun?	Windows	Mac
Schnellauswahlwerkzeug aufrufen	[W]	[W]
Bereiche zu bestehender Auswahl hinzufügen	automatisch	automatisch
Bereiche von bestehender Auswahl subtrahieren	[Alt]	[alt]
Werkzeugspitze verkleinern	[Ö]	[⇧]+[#]
Werkzeugspitze vergrößern	[#]	[#]

◄ **Tabelle 8.3**
Tastaturbefehle für das Schnellauswahlwerkzeug auf einen Blick

Automatisch verbessern | Die Option ALLE EBENEN AUFNEHMEN ist selbsterklärend. AUTOMATISCH VERBESSERN aktiviert eine Weichzeichnung der Auswahlbegrenzung; aber auch andere Funktionen – nämlich alle, die Sie unter AUSWÄHLEN UND MASKIEREN manuell gesteuert anwenden – sollen hier automatisch ausgeführt werden.

Auswahlbereiche hinzufügen oder wegnehmen? | Die bekannten Funktionen NEUE AUSWAHL, DER AUSWAHL HINZUFÜGEN und VON AUSWAHL SUBTRAHIEREN finden Sie auch hier, wenngleich die Schaltflächen ein wenig anders aussehen als gewohnt. Mit Hilfe des Buttons VON AUSWAHL SUBTRAHIEREN schließen Sie versehentlich miterfasste Bereiche vom Auswahlbereich aus. Schneller geht das allerdings durch Drücken der Taste [Alt], während Sie das Auswahlwerkzeug nutzen. Umgekehrt schaltet die [⇧]-Taste vom Subtrahieren- in den Addieren-Modus zurück. Bei der manuellen Bearbeitung wird die Option NEUE AUSWAHL verwendet, sobald Sie das Werkzeug ansetzen, und sie springt automatisch in den HINZUFÜGEN-Modus um, sobald Sie anfangen zu »malen«. So wird der Auswahlbereich kontinuierlich erweitert. Auch ein Klicken auf Bildbereiche ist möglich – ganz praktisch für die Arbeit an Details.

8.6 Die Lasso-Werkzeuge – Auswahlkanten selbst zeichnen

»Feuerzeug.jpg«

Bild: dieblen.de

▲ **Abbildung 8.32**
So ein Bild ist ein Fall für die Lasso-Werkzeuge – bei diesem Motiv reichen die Farbunterschiede nicht aus, um Zauberstab oder Schnellauswahlwerkzeug erfolgreich anzuwenden. Hier wurde die Auswahl mit Polygon- und Magnet-Lasso erstellt.

Die Lasso-Werkzeuge arbeiten nach einem ganz anderen Prinzip als Zauberstab und Schnellauswahlwerkzeug: Hier treffen Sie Ihre Auswahl nicht durch Klick in die Fläche, sondern Sie **umzeichnen** den Bildbereich, den Sie auswählen wollen, mit der Maus oder im besseren Fall mit dem Stylus. Die drei verschiedenen Varianten des Werkzeugs sind auf unterschiedliche Aufgaben spezialisiert:

- Das **einfache Lasso** eignet sich für grobe Auswahlen um unregelmäßig geformte Bildbereiche.
- Das **Polygon-Lasso** ist ein Spezialist für Auswahlbereiche mit geraden und gewinkelten Kanten.
- Das **Magnetisches-Lasso-Werkzeug** erkennt selbständig Farbunterschiede zwischen Pixeln und markiert die Kanten angrenzender Farbbereiche. Es eignet sich besonders gut für die Auswahl von Objekten mit hinreichend Kontrast zu den umgebenden Bildpixeln.

8.6.1 Das einfache Lasso

Das einfache Lasso (Kürzel: L) eignet sich sehr gut, um eine Grobauswahl anzulegen, die Sie dann später noch verfeinern können. Ganz präzise Auswahlen fallen damit eher schwer, dafür ist es aber in der Anwendung unkompliziert und schnell. Wenn Sie eine wirklich genaue Auswahllinie brauchen, sind das Magnet-Lasso, ergänzt um die Quick Mask oder die Funktion Auswählen und maskieren..., besser geeignet. Das gewöhnliche Lasso kommt mit nur wenigen allgemeinen Auswahloptionen aus.

Abbildung 8.33 ▶
Übersichtlich: die Lasso-Optionen

»Theaterpärchen.tif«

Wie arbeitet man mit dem Lasso? | Bei der Arbeit mit dem Lasso brauchen Sie ein gutes Mausgefühl. Eine hohe Zoomstufe erleichtert in vielen Fällen das Anlegen einer Auswahl. Zu komplizierte Konturen können Sie mit dem Tool nicht bewältigen.

Stellen Sie als Erstes die Optionen ein. Sobald Sie dann mit der Maus in das Bild fahren, verwandelt sich der Mauszeiger in ein kleines Lassosymbol. Die nach unten zeigende Spitze des Lassos zeigt an, wo Ihre Markierungslinie gezeichnet wird. Klicken Sie dorthin, wo Ihre Auswahl beginnen soll, halten Sie die Maustaste gedrückt, und umfahren Sie mit der Maus das auszuwählende Objekt. Orientieren Sie sich an der

Auswahllinie, die beim Zeichnen dargestellt wird. Sobald Sie den Ausgangspunkt der Auswahllinie erreicht haben, geben Sie die Maustaste wieder frei. Der Startpunkt wird dann automatisch mit dem Endpunkt verbunden – die Auswahl ist fertig. Achten Sie darauf, die Maustaste nicht zu früh loszulassen. Andernfalls kann es passieren, dass der Auswahlbereich einfach von diesem Punkt ausgehend mit einer Geraden geschlossen wird!

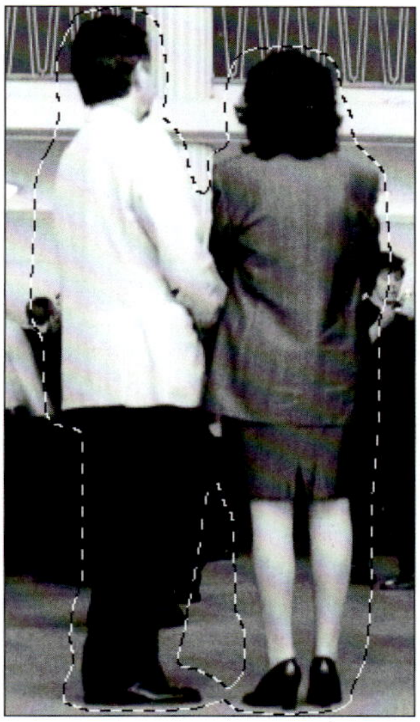

Bild: vitamin a design

▲ **Abbildung 8.34**
Wann braucht man eine Lasso-Grobauswahl? Das Pärchen soll woanders einmontiert werden. Wählen Sie die zwei Figuren zunächst grob aus, kopieren Sie sie, und fügen Sie sie provisorisch in das neue Bild ein, um zu prüfen, ob die Montage stimmig wäre. So sparen Sie sich unter Umständen die aufwendige Feinauswahl.

Darstellung des Werkzeugcursors
Wenn Ihnen die Ansicht der Mauszeiger als Werkzeugsymbol nicht präzise genug erscheint, können Sie die Darstellung des Mauscursors ändern. Dazu rufen Sie die VOREINSTELLUNGEN ([Strg]/[cmd]+[K]) und dort die Rubrik ZEIGERDARSTELLUNG auf. Unter ANDERE WERKZEUGE schalten Sie dann von STANDARD auf FADENKREUZ ❶ um. Mit der Einstellung lässt sich genauer arbeiten, aber Sie verlieren auch eine wichtige Orientierung über das aktuell aktive Werkzeug.

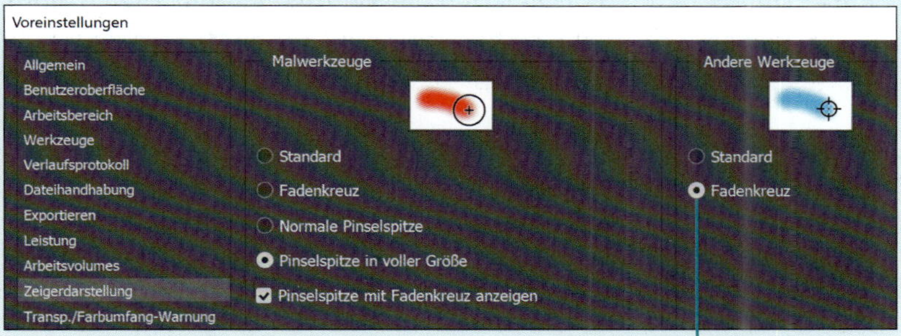

▲ **Abbildung 8.35**
Ändern der Mauscursor-Darstellung für alle Werkzeuge (außer die Malwerkzeuge)

Was wollen Sie tun?	Windows	Mac
Lasso aufrufen	[L]	[L]
kurzzeitiger Wechsel vom Lasso- zum Polygon-Lasso-Werkzeug (funktioniert auch umgekehrt)	[Alt] gedrückt halten	[alt] gedrückt halten
mit Polygon-Lasso erstellte Auswahl-Ankerpunkte entfernen	[Entf]	[←]
Auswahlbereich endgültig schließen	Maus loslassen	Maus loslassen

◄ **Tabelle 8.4**
Tastaturbefehle für das Lasso-Werkzeug auf einen Blick

8.6.2 Polygon-Lasso – für Ecken und Kanten

»Stopp.jpg«

Das Polygon-Lasso (Kürzel: [L]) ist das Auswahlwerkzeug der Wahl, wenn Sie Objekte mit geraden Linien und unterschiedlichen Winkeln auswählen. Motive wie das Stoppschild aus Abbildung 8.35 sind dankbare Objekte für das Polygon-Lasso.

Bild: Fotolia, Fritz Langmann

▲ **Abbildung 8.36**
Diese Abbildung zeigt (schematisiert) Ihr Vorgehen mit dem Polygon-Lasso. Vor jeder Richtungsänderung der Kontur müssen Sie einmal klicken, um das aktuelle Liniensegment zu verankern.

Die Optionsleiste des Polygon-Lassos bietet keine Neuigkeiten mehr. Die Arbeitsweise unterscheidet sich jedoch deutlich vom normalen Lasso! Das Polygon-Lasso eignet sich für Auswahlbereiche, die viele Geraden und Ecken aufweisen und wenige Rundungen haben: Hier entsteht die Auswahl durch einzelne Linien. Mit **Mausklicks** erstellen Sie – später unsichtbare – Befestigungspunkte für diese Linien.

▲ **Abbildung 8.37**
Polygon-Lasso-Optionen

Auswahlbereich schließen | Der Auswahlbereich wird automatisch geschlossen, wenn Sie wieder beim Startpunkt angekommen sind. Sie können ihn jedoch auch selbst schließen. Wenn Sie einen der folgenden Schritte durchführen, wird der Auswahlbereich »auf dem kürzesten Wege« geschlossen:

- Doppelklick
- Klick bei gehaltener `Strg`- bzw. `cmd`-Taste

Auswahl über ganzen Arbeitsbereich ausdehnen
Beim Umgang mit Auswahlwerkzeugen ist auch die Arbeitsfläche rund ums Bild nutzbar. Sie können etwa beim Polygon-Lasso-Werkzeug ideale Auswahllinien über den Bildrand hinausziehen. Die gestrichelte Auswahl-Begrenzungslinie wird zwar nicht angezeigt, ist aber virtuell vorhanden. Bedingung: Die Bildansicht sollte kleiner gezoomt sein als die gesamte Arbeitsfläche und soll nicht unmittelbar vom Dokumentrahmen umschlossen sein.

Bild: vitamin a design

▲ **Abbildung 8.38**
Sie können Auswahllinien über die Dokumentgrenzen hinausziehen.

Was wollen Sie tun?	Windows	Mac
Polygon-Lasso aufrufen	L	L
letzten Ankerpunkt entfernen (kann die Gestalt der Auswahllinie gravierend verändern)	Entf	←
Auswahl-Liniensegmente exakt im 45°-Winkel ziehen (oder in Vielfachen von 45°)	⇧	⇧
kurzzeitiger Wechsel vom Polygon- zum normalen Lasso (funktioniert auch umgekehrt)	Alt gedrückt halten und mit der Maus ziehen	alt gedrückt halten und mit der Maus ziehen
Auswahlbereich endgültig schließen	Doppelklick oder Strg + Klick	Doppelklick oder cmd + Klick
Vorgang abbrechen	Esc	esc

▲ **Tabelle 8.5**
Tastaturbefehle für das Polygon-Lasso-Werkzeug auf einen Blick

8.6.3 Das Magnetisches-Lasso-Werkzeug

Das Magnetisches-Lasso-Werkzeug kombiniert die Fähigkeit des Zauberstabs zur »Bilderkennung« mit dem freihändigen Zeichnen der Auswahllinie, die dem normalen Lasso zu eigen ist.

Das Magnet-Lasso eignet sich zur Auswahl von Bildpartien, die sich gut von ihrer Umgebung abheben. Auch mit komplexen Formen wird es bei einigem Zeitaufwand und akribischer Arbeitsweise fertig.

Außerdem lässt es sich vergleichsweise komfortabel bedienen, und Sie müssen nicht ständig mit der Nase am Monitor kleben, um die Auswahllinie genau zu platzieren: Das Magnet-Lasso erkennt Kontrastunterschiede im Bild und erstellt seine Auswahllinie automatisch entlang dieser Kanten.

Optionen des Magnetisches-Lasso-Werkzeugs | Neben den schon bekannten Optionen finden Sie hier vier neue Einstellungen

▲ **Abbildung 8.39**
Mit zahlreichen Optionen passen Sie das Magnet-Lasso an unterschiedliche Bildsituationen an.

»RosaBlütenstern.tif«

Bild: Onno K. Gent

▲ **Abbildung 8.40**
Bilder wie diese Blüte sind dank guter Kontraste ein Fall für das Magnet-Lasso. An die geringeren Kontraste im unteren Bereich können Sie das Werkzeug während der Arbeit flexibel anpassen.

Erkennungsabstand anzeigen
Wenn Sie die Feststelltaste ⇪ arretieren, wird der Mauszeiger während des Umzeichnens eines Bildbereichs nicht als das übliche Lasso-Icon dargestellt, sondern zeigt als Kreis die Breite des Erkennungsabstands an – eine geniale Kontrollmöglichkeit, die Sie unbedingt nutzen sollten! Dieser Schritt kann nicht im laufenden Betrieb ausgeführt werden.

- BREITE ❶ bestimmt, wie breit der Bereich rechts und links des Mausweges ist, in dem nach kontrastierenden Pixeln gesucht wird (der sogenannte »Erkennungsabstand«). Bilder, bei denen sich das gewünschte Auswahlobjekt gut von seiner Umgebung abhebt, können Sie mit einem höheren BREITE-Wert bearbeiten. Dann müssen Sie das Bildelement auch nicht penibel nachzeichnen, sondern können es locker mit der Maus umfahren. Auch detailreiche Auswahlobjekte sollten Sie möglichst mit höherem BREITE-Wert umfahren, wenn die Bildverhältnisse das zulassen. Sie sparen sich dann manche akribische Kurve mit der Maus.
- Der KONTRAST ❷ legt fest, wie empfindlich Photoshop auf Kontraste im Erkennungsbereich reagiert. Ein hoher Wert bewirkt, dass nur sehr kontrastreiche Kanten erkannt werden. Ist der Wert niedrig, werden auch kontrastärmere Kanten berücksichtigt. Darunter leidet dann natürlich unter Umständen die Genauigkeit der Auswahl – für wirklich kontrastarme Bilder ist das Magnet-Lasso trotz dieser Einstellungsmöglichkeit nicht geeignet.
- FREQ. (Frequenz) ❸ bezieht sich auf die zwischendurch gesetzten Befestigungspunkte. Ein hoher Wert ist für sehr kurvige Motive besser; bearbeiten Sie Objekte mit vielen Geraden, reicht ein niedrigerer Wert.
- Die Funktion ZEICHENSTIFTBREITE ❹ richtet sich an Grafiktablett-Nutzer, die statt mit der Maus mit einem Stylus arbeiten. Ist dieser Button gedrückt, wird der Wert BREITE mit zunehmendem Druck des Eingabestifts auf das Tablett erhöht. Das funktioniert natürlich nur mit aktuellen Grafiktabletts, die diese Photoshop-Funktion unterstützen.

Handhabung | Die Handhabung ist ähnlich wie bei den anderen Lasso-Tools auch. Sie müssen klicken, um den Anfangspunkt festzulegen. Fahren Sie dann um den auszuwählenden Bereich herum – der Abstand richtet sich nach der Deutlichkeit der Kontraste und der eingestellten Breite. Es ist beim Magnet-Lasso nicht nötig, die Maustaste gedrückt zu halten! Solange der Kontrast zwischen auszuwählendem Bildteil und dessen Umgebung stark genug ist, macht es auch nichts, wenn Sie versehentlich »danebenzeichnen«, denn das Magnetisches-Lasso-Werkzeug sucht sich die Objektkontur selbst.

Die Befestigungspunkte, die Sie beim Polygon-Lasso durch Klicks selbst setzen müssen, werden hier automatisch erstellt. Sie können aber an kritischen Stellen durch Klicken eigene Befestigungspunkte setzen. Wenn Sie wieder am Startpunkt angekommen sind, wird das Lassosymbol mit einem kleinen Kreis versehen. Er symbolisiert, dass die Auswahl nun geschlossen ist. Klicken Sie, oder drücken Sie [↵], um zu bestätigen – Ihre Auswahl ist dann fertig.

Fehlerkorrektur | Beim Magnet-Lasso werden die Ankerpunkte der Markierungslinie (aus der nach Abschließen des Vorgangs die Auswahllinie wird) durch kleine Quadrate dargestellt. Der jeweils letzte Ankerpunkt wird durch ein schwarzes Quadrat repräsentiert, die schon fertigen Ankerpunkte durch kleine Quadrat-Umrisslinien. Dieses Detail ist maßgeblich für das Ausbessern von Fehlern.

- **Wenn das letzte Stück Ihrer Linie die falsche Richtung einschlägt,** bewegen Sie den Mauszeiger, ohne zu drücken, zurück bis zu der Stelle, an der die Linie noch passt, oder bis zum letzten »festen« Ankerpunkt. Dort erzeugen Sie dann durch Klicken eigene Ankerpunkte und arbeiten sich mit weiteren Klicks über die schwierige Passage hinweg.
- Durch Drücken von [Entf] bzw. [←] können Sie auch **fixierte Ankerpunkte entfernen**, etwa um dann am letzten Ankerpunkt neu anzusetzen und der Linie eine bessere Richtung zu geben.
- **Gegenmaßnahmen bei zu vielen Fehlern:** Wenn sich Fehler häufen, ist es ratsam, entweder die FREQUENZ zu erhöhen oder die BREITE zu senken – oder beides. Ein zu hoher FREQUENZ-Wert erschwert allerdings Korrekturen.

Auswahl schließen | Um die Auswahl zu schließen, haben Sie dieselben Möglichkeiten wie beim Magnet-Lasso auch: die Linie an den Startpunkt zurückführen, Doppelklick oder [Strg] bzw. [cmd] und Klick.

Leistungsgrenzen des Magnet-Lassos | In der Beschreibung liest es sich zunächst so, als böte Adobe mit seinem Magnet-Lasso die Lösung für die meisten Auswahlprobleme. In der Praxis zeigt sich jedoch bald, dass schnelles und genaues Arbeiten auch mit diesem Tool nicht immer gelingt. Oft erwischt das Werkzeug die ideale Konturlinie nicht. Besonders bei Bildern, die bereits scharfgezeichnet wurden, oder bei Bildern mit Artefakten oder starker Körnung versagt das Lasso.

Optionen im laufenden Betrieb per Tastenkürzel ändern | Bei den meisten Werkzeugen müssen Sie die Optionen festlegen, *bevor* Sie ein Auswahlwerkzeug ansetzen. Beim Magnet-Lasso können Sie die Einstellungen mit Hilfe von Shortcuts auch im laufenden Betrieb ändern, um das Tool wechselnden Verhältnissen im Bild anzupassen. Die Option KONTRAST lässt sich per Tastendruck ändern. Eine Übersicht über die wichtigsten Shortcuts Finden Sie in der folgenden Tabelle.

Fliegender Lasso-Wechsel
Sie können **kurzzeitig** vom normalen Lasso zum Polygon-Lasso umschalten, ohne das Werkzeug in der Werkzeugleiste wechseln zu müssen. So wechseln Sie einfach zwischen geraden und frei gezeichneten Auswahllinien und kombinieren die Vorzüge beider Tools. Drücken Sie einfach die [Alt]-Taste, während Sie arbeiten – es erfolgt der Wechsel zum Polygon-Lasso-Tool, bis Sie die Taste wieder loslassen. Klicken Sie dann auf die gewünschte Anfangs- und Endposition der geraden Liniensegmente. Das Ganze funktioniert übrigens auch umgekehrt.

Was wollen Sie tun?	Windows	Mac
Magnet-Lasso aufrufen	L	L
kurzzeitiger Wechsel vom Magnet- zum normalen Lasso	Alt gedrückt halten, dann freihändig »zeichnen«	alt gedrückt halten, dann freihändig »zeichnen«
kurzzeitiger Wechsel vom Magnet- zum Polygon-Lasso	Alt gedrückt halten, dann durch Klicks Liniensegmente anlegen	alt gedrückt halten, dann durch Klicks Liniensegmente anlegen
Kontrast erhöhen	. (Punkt)	. (Punkt)
Kontrast verringern	, (Komma)	, (Komma)
Bildzoom größer	+	+
Bildzoom kleiner	-	-
Auswahl auf kürzestem Weg schließen	Doppelklick oder Strg + Klick	Doppelklick oder cmd + Klick
Vorgang abbrechen	Esc	esc

▲ **Tabelle 8.6**
Tastaturbefehle für das Magnetisches-Lasso-Werkzeug auf einen Blick

8.6.4 Freiform-Zeichenstift-Werkzeug: Alternative zum Magnet-Lasso

Neben dem Magnetisches-Lasso-Werkzeug bietet Photoshop das Freiform-Zeichenstift-Werkzeug P, das ebenfalls die Option Magnetisch aufweist. Auch die vom Magnet-Lasso bekannten Optionen Breite, Kontrast und Frequenz lassen sich einstellen. Mit dem Freiform-Zeichenstift zeichnen Sie Pfade, aus denen Sie in einem weiteren Schritt Auswahlen erzeugen können. Funktionsweise und Optionen ähneln dem Magnet-Lasso. Klingt kompliziert – doch manche Photoshop-User ziehen das Zeichenstift-Werkzeug dem Magnet-Lasso vor und schwören auf seine Präzision.

Anwendung | Um den Freiform-Zeichenstift zu benutzen, gehen Sie vor wie folgt:

1. Mit den Zeichenstift-Tools können Sie nicht nur Pfade, sondern auch Formen erzeugen. Um den Freiform-Zeichenstift als Magnet-Lasso-Alternative zu nutzen, muss daher unbedingt die Option Pfad ❶ aktiviert sein.
2. Aktivieren Sie dann die Option Magnetisch ❸.
3. Ein Klick auf die kleine Zahnrad-Schaltfläche ❷ klappt ein Menü aus, in dem Sie Breite, Kontrast und Frequenz festlegen.
4. Die Funktionsweise des Freiform-Zeichenstifts ähnelt der des Magnet-Lassos. Sie umfahren Ihr Auswahlobjekt also einfach mit der Maus.

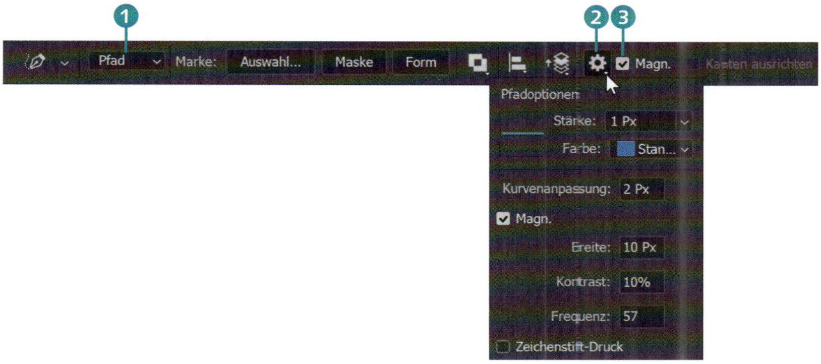

◂ **Abbildung 8.41**
Freiform-Zeichenstift-Optionen

Zeichenstift | Der normale Zeichenstift ähnelt in seiner Wirkung dem Polygon-Lasso, wenn in den Optionen AUTOM. HINZUF./LÖSCHEN 5 aktiviert ist.

▴ **Abbildung 8.42**
Zeichenstift-Optionen: Auch hier muss die Option PFAD 4 ausgewählt sein.

Auswahl aus Pfad erstellen | Eine WEICHE KANTE lässt sich mit Pfaden nicht realisieren, gleichgültig mit welchem Werkzeug Sie gearbeitet haben – wohl aber bei Auswahlen. Um einen Pfad in eine Auswahl umzuwandeln, gibt es beim Freiform-Zeichenstift einen Button in der Optionsleiste 4.

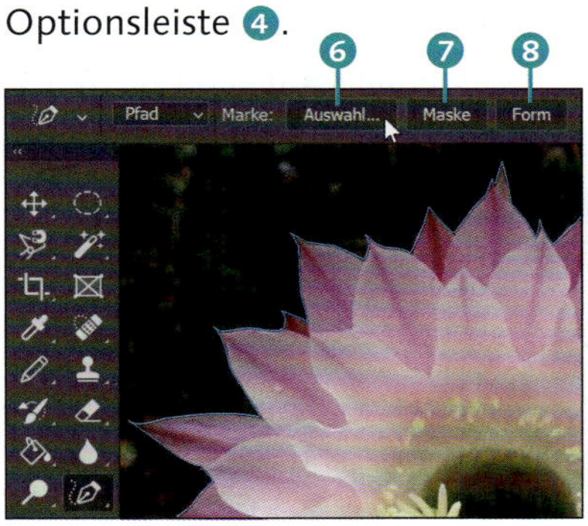

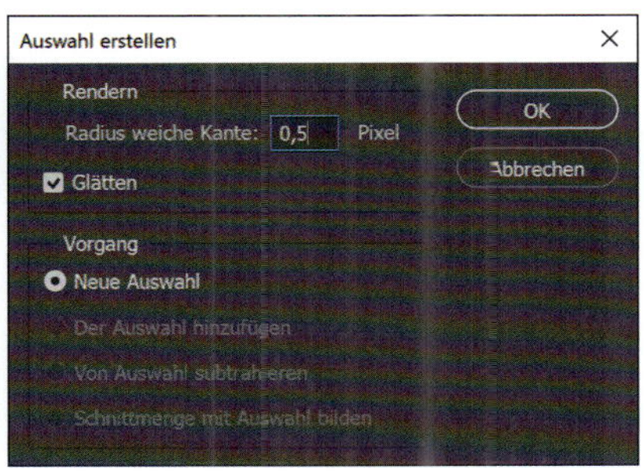

◂◂ **Abbildung 8.43**
Aus einem Pfad gewinnen Sie mit einem Klick eine Auswahl, eine Maske oder eine Form.

◂ **Abbildung 8.44**
Optionen für das Erzeugen einer Auswahllinie aus einem Pfad

- Der Button AUSWAHL 6 erzeugt aus dem Pfad eine Auswahl. Dabei müssen Sie allerdings noch einen Zwischenschritt gehen und im Dialogfeld AUSWAHL ERSTELLEN einige Angaben zur Umsetzung machen.
  - Der Wert, den Sie hier unter RADIUS WEICHE KANTE festlegen, wirkt ähnlich wie die bekannte Auswahloption WEICHE KANTE, nur ein wenig subtiler. Sie können auch geringe Werte (mit einer Null vor dem Komma) eingeben, wenn Sie befürchten, die Präzision Ihrer Auswahl könnte leiden.
  - Die Auswahleigenschaft GLÄTTEN können Sie zusätzlich einstellen, um »Pixeltreppchen« an der Auswahlkante zu vermeiden.

Zum Weiterlesen
Ein Vorteil der Pfade ist, dass Sie Ihre Kontur schnell und recht genau mit dem Direktauswahl-Werkzeug [A] nachbearbeiten können. Wie das geht, lesen Sie in Kapitel 29, »Pfade erstellen und anpassen«.

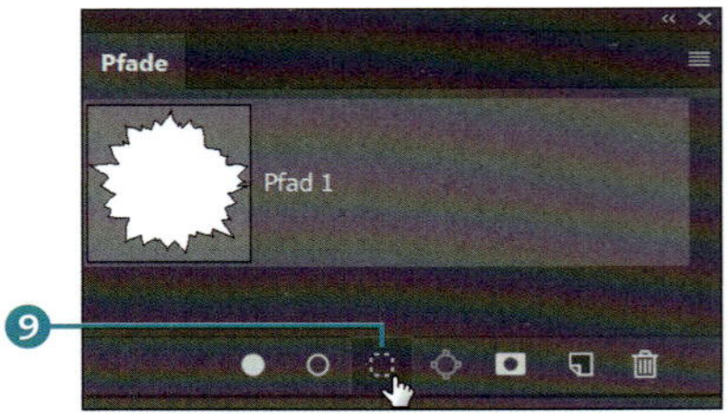

▲ **Abbildung 8.45**
Auch mit Hilfe des Pfade-Bedienfelds können Sie einen Pfad in eine Auswahl verwandeln.

   - Überdies können Sie festlegen, wie sich die aus dem Pfad neu erzeugte Auswahl zu eventuell bereits vorhandenen Auswahlen im Bild verhalten soll.
- Die Option MASKE ❼ funktioniert nur bei normalen Ebenen, nicht jedoch bei Hintergrundebenen.
- Durch Klicken auf FORM ❽ erzeugen Sie eine Formebene.

Alternativ erstellen Sie aus dem mit dem Freiform-Zeichenstift-Werkzeug erstellten Pfad eine Auswahl, indem Sie die kleine Schaltfläche PFAD ALS AUSWAHL LADEN ❾ im Pfade-Bedienfeld anklicken.

8.7 Rechteck und Ellipse: geometrische Auswahlen

Eine Technik, mit der sich recht schnell und unkompliziert arbeiten lässt, sind die »geometrischen« Auswahlen.

8.7.1 Optionen und Funktionsweise

Die Werkzeuge für solche geometrischen Auswahlen – Auswahlrechteck, Auswahlellipse, einzelne Zeile und einzelne Spalte – finden Sie in der Werkzeugleiste ganz oben links. Der passende Shortcut ist M.

Abbildung 8.46 ▼
Die Optionen für die Auswahlellipse

Die meisten Optionen kennen Sie von anderen Werkzeugen. Neu ist hier die Option ART. Damit legen Sie fest, ob

- Ihre Auswahl frei aufgezogen werden soll (NORMAL),
- die Seiten eine bestimmte Proportion zueinander haben sollen (FESTES SEITENVERHÄLTNIS) oder
- sie ein festes Maß (FESTE GRÖSSE) aufweisen sollen. Die Maßeinheit für die FESTE GRÖSSE – px, mm oder cm – tragen Sie hier frei ein.

Die Funktionsweise der Tools ist einfach: Aktivieren Sie ein Werkzeug, und legen Sie die Optionen fest. Bewegen Sie die Maus ins Bild, und ziehen Sie bei gehaltener Maustaste die gewünschte Form auf. Lassen Sie die Maus los – fertig!

8.7.2 Praxisnutzen

Die »geometrischen« Auswahlwerkzeuge werden – anders als die bisher vorgestellten Tools – nur in seltenen Fällen dazu verwendet, bestimmte Bildelemente für die gezielte Korrektur, Retusche oder andere Weiterbearbeitung auszuwählen. Dafür sind sie jedoch unentbehrliche Helfer für viele Photoshop-Alltagsaufgaben.

Rahmenlinien für kleine Layouts anlegen | Mit Hilfe der »geometrischen« Auswahlwerkzeuge können Sie einen runden, ovalen oder eckigen Rahmen erstellen, was nützlich für kleine Layoutjobs und verschiedene Composings ist.

»Gluehbirne.tif«, »BrinksKaffee.tif«

Dazu erzeugen Sie zunächst eine Rechteck- oder Ellipse-Auswahl, die der gewünschten Rahmenlinie entspricht. Es empfiehlt sich außerdem, für die Kontur eine gesonderte Ebene anzulegen – so können Sie Position, Deckkraft und Mischmodus später noch korrigieren. Bei aktiver Auswahl rufen Sie nun den Dialog Kontur füllen auf. Nutzen Sie dazu den Menübefehl Bearbeiten • Kontur füllen oder das Kontextmenü des Auswahlwerkzeugs.

Bild (Tasse): dieblen.de

▲ **Abbildung 8.47**
Diese Konturlinie entstand mit Hilfe einer Rechteckauswahl.

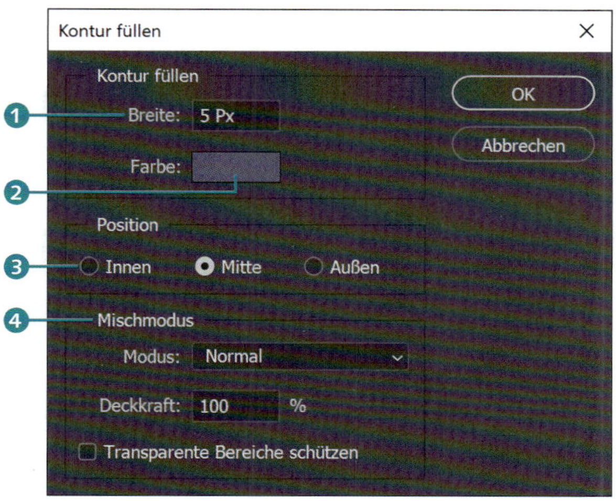

◄ **Abbildung 8.48**
Einstellungen unter Kontur füllen

Unter ❶ stellen Sie die gewünschte Breite der Linie ein und wählen die Farbe aus. Standardmäßig erscheint hier die Vordergrundfarbe. Durch einen Doppelklick in das Farbfeld starten Sie den Farbwähler ❷. Unter ❸ legen Sie fest, an welcher Stelle der Auswahllinie der Rahmen platziert werden soll. Gerade bei kleineren Bildern oder breiten Linien ist das von Bedeutung. Unter ❹ legen Sie Deckkraft und Mischmodus fest. Das ist allerdings nicht notwendig, wenn Sie sowieso mit einer Extraebene arbeiten – Sie sind ohnehin flexibler, wenn Sie später die Ebeneneigenschaften bearbeiten. Die Option Transparente Bereiche

SCHÜTZEN muss deaktiviert sein, wenn Sie auf einer leeren – transparenten! – Ebene arbeiten.

Bild: dieblen.de

▲ **Abbildung 8.49**
Hier sorgt ein abgedunkeltes Rechteck für bessere Lesbarkeit der hellen Schrift und setzt einen Akzent im Layout.

Auswahl mit Farbe füllen | Geometrische Auswahlen eignen sich auch für das Anlegen von Farbflächen, auf die in einem weiteren Schritt etwa Text platziert werden kann. Das funktioniert fast genauso wie das Erzeugen von Konturlinien. Wieder benötigen Sie als Erstes eine leere Ebene und eine Auswahl – das kann eine geometrische Auswahl sein oder auch eine anders geformte. Als Nächstes wählen Sie aus dem (Kontext-)Menü FLÄCHE FÜLLEN (⇧+F5 oder ⇧+←). Sie erhalten dann eine Dialogbox, die sich Ihnen leicht erschließen sollte: Sie können einstellen, wie Ihre Auswahl gefüllt wird, und DECKKRAFT und MISCHMODUS festlegen.

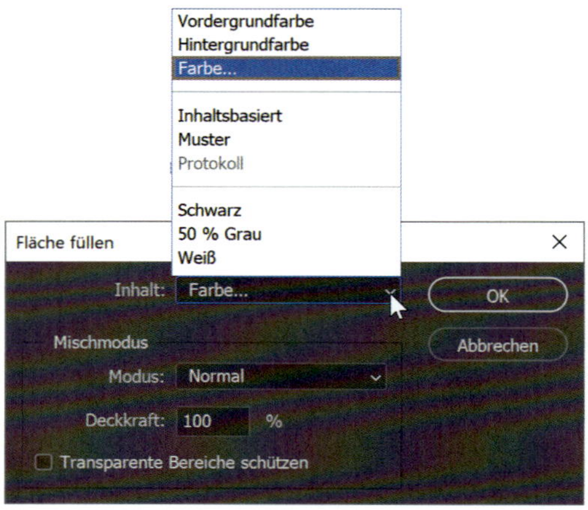

▲ **Abbildung 8.50**
Der Dialog FLÄCHE FÜLLEN. Entscheiden Sie sich zwischen soliden Farben, Mustern oder inhaltsbasierter Füllung. Die Option FARBANPASSUNG steht nur für inhaltsbasierte Füllungen zur Verfügung.

Zum Weiterlesen
Die Option INHALTSBASIERT findet sich nicht nur beim FLÄCHE FÜLLEN-Dialog, sondern auch beim Bereichsreparatur-Pinsel. In Abschnitt 20.4, »Bereichsreparatur-Pinsel: Inhaltsbasiert retuschieren«, und Abschnitt 20.4.3, »Große Flächen inhaltsbasiert retuschieren: Fläche füllen«, stelle ich Ihnen die Funktion ausführlich vor.

Es gibt viele Gelegenheiten, solche Flächen anzuwenden. Versuchen Sie auch einmal, wie mit Farbe gefüllte Flächen wirken, wenn Sie sie auf Grundlage einer Auswahl mit WEICHER KANTE erstellen.

Ebenen präzise beschneiden | Die Werkzeuge EINZELNE ZEILE und EINZELNE SPALTE (ohne Tastenkürzel) sind Spezialisten für Präzisionsarbeit. Mit ihnen bessern Sie zum Beispiel den ungenauen Beschnitt von Bildebenen pixelgenau nach. Markieren Sie den Bereich, der gelöscht werden soll, und entfernen Sie unerwünschte Kantenpixel (per Entf-Taste bzw. ←-Taste am Mac). Viele Screenshots in diesem Buch wurden so auf Maß gebracht.

Was wollen Sie tun?	Windows	Mac
Auswahlrechteck-Werkzeug oder Auswahlellipse-Werkzeug aufrufen	M	M
exaktes Quadrat aufziehen – funktioniert nur mit der Option NEUE AUSWAHL und wenn unter ART kein Seitenverhältnis definiert ist	Halten Sie beim Aufziehen der Form ⇧ gedrückt.	Halten Sie beim Aufziehen der Form ⇧ gedrückt.
exakten Kreis aufziehen – klappt nur mit der Option NEUE AUSWAHL und wenn unter ART kein Seitenverhältnis definiert ist	Halten Sie beim Aufziehen der Form ⇧ gedrückt.	Halten Sie beim Aufziehen der Form ⇧ gedrückt.
Auswahlform (vor dem Abschließen des Vorgangs) bewegen	Halten Sie die Maustaste gedrückt, und drücken Sie zusätzlich die Leertaste.	Halten Sie die Maustaste gedrückt, und drücken Sie zusätzlich die Leertaste.
fertige Auswahlform in 1-Pixel-Schritten bewegen (bei aktivem Auswahlwerkzeug)	↑, ↓, ←, →	↑, ↓, ←, →
fertige Auswahlform in 10-Pixel-Schritten bewegen (bei aktivem Auswahlwerkzeug)	⇧+↑, ⇧+↓, ⇧+←, ⇧+→	⇧+↑, ⇧+↓, ⇧+←, ⇧+→

▲ **Tabelle 8.7**
Tastaturbefehle für das Rechteck- und Ellipsen-Auswahlwerkzeug auf einen Blick

8.8 Farbbereiche auswählen

Den Befehl FARBBEREICH finden Sie im AUSWAHL-Menü. Die Funktionsweise ähnelt der des Zauberstabs: Die Bildfarben werden per Mausklick analysiert, und entsprechend dieser Analyse werden Auswahlbereiche erzeugt oder modifiziert.

»Farbbereich« auch bei Masken
Den Dialog FARBBEREICH können Sie auch auf Masken anwenden, um diese zu verfeinern. Mehr dazu finden Sie in Abschnitt 9.4.3, »Das Wunderwerkzeug für komplizierte Masken: ›Farbbereich‹«.

Bild: Thilo Frank

»Leuchtturm.tif«

◂ **Abbildung 8.51**
Die Auswahl nach Farbbereich ermöglicht ein präzises Anpassen des Auswahlbereichs – wichtig zum Beispiel bei feinen Bilddetails wie dem Leuchtturmgeländer.

8.8.1 Arbeitsweise und Optionen

Das üppig ausgestattete Dialogfeld von Auswahl • Farbbereich bietet erheblich mehr Bedienungskomfort als der Zauberstab und hat darüber hinaus einige Funktionen, die der Zauberstab nicht aufweist: Sie können auch voreingestellte Farbtöne und Tonwertbereiche (Lichter, Mitteltöne und Tiefen) auswählen, nicht nur durch Klicks aufgenommene Farben. Mit seinem Vorschaufeld erlaubt das Dialogfeld Ihnen eine bessere Kontrolle über die Auswahl, was es auch für schwierige Auswahljobs qualifiziert.

Zudem können Sie den Befehl auf bereits erstellte Auswahlen anwenden, also damit eine Auswahl verfeinern. Sie sollten von dieser Möglichkeit Gebrauch machen, um per Vorauswahl kritische Bereiche von der Farbbereichsauswahl auszuschließen.

Wenn Sie die gewünschten Einstellungen im Dialogfeld vorgenommen haben, klicken Sie einfach in das Bild oder in das kleine Vorschaufenster innerhalb des Dialogs, um Bildbereiche auszuwählen. Die Optionen können Sie laufend anpassen.

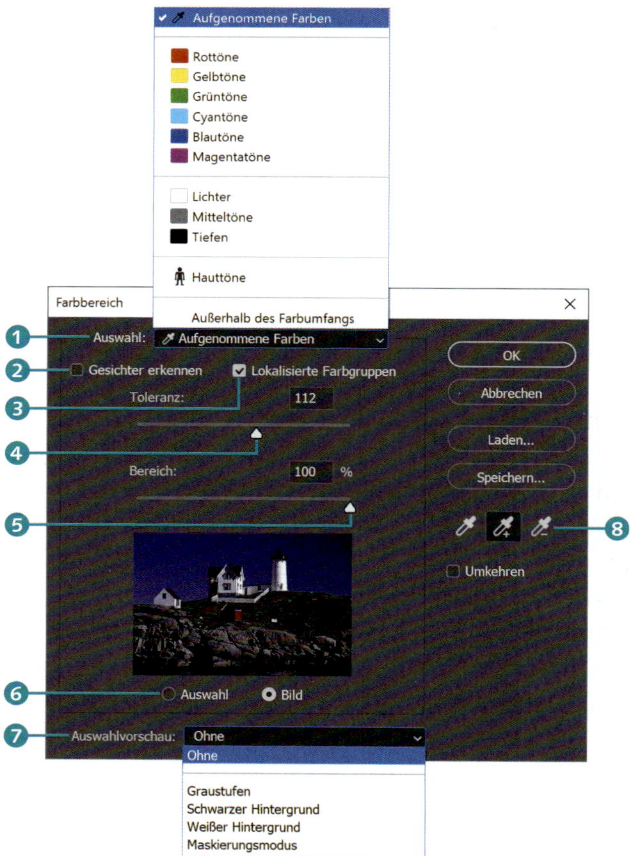

Abbildung 8.52 ►
Das Dialogfeld Farbbereich mit ausgeklappten Menülisten

Welcher Farbbereich ausgewählt wird, stellen Sie oben im Dropdown-Menü AUSWAHL ❶ ein.

- Der Standard AUFGENOMMENE FARBEN ist für Fotos oft die beste Möglichkeit.
- Wählen Sie einen der einzelnen Töne (ROTTÖNE, GELBTÖNE, GRÜNTÖNE...), erstellt das Werkzeug eine Auswahl, die nicht nur den jeweils gesättigten Rot-, Gelb- oder Grünton etc. erfasst, sondern auch die jeweiligen Farbanteile in anderen Farben. Wenn Sie zum Beispiel GELBTÖNE auswählen und die Einstellung auf ein Bild anwenden, dessen Rotnuancen viel Gelb enthalten, sind auch diese teilweise ausgewählt.
- LICHTER, MITTELTÖNE und TIEFEN: Hier wird die Helligkeit – nicht die Farbe – einzelner Bildbereiche der Auswahl zugrunde gelegt.
- Mit der Option HAUTTÖNE können Sie – im Idealfall – Gesichter (und andere Hautpartien) automatisch auswählen. Das klappt jedoch nicht immer. Zarte Gelb- und Rottöne und manche Haarfarben werden in die Auswahlen einbezogen; senken Sie die TOLERANZ, fehlen zu viele Partien in der Auswahl. Ohne manuelle Nacharbeit geht's oft nicht!
- Ist die Auswahloption HAUTTÖNE aktiv, können Sie zusätzlich die Option GESICHTER ERKENNEN ❷ zuschalten.
  In der Praxis wird durch diese Option die Trefferquote der HAUTTÖNE-Option eher verschlechtert: Haare, deren Farbton auch nur annähernd den Hauttönen gleicht, werden in die Auswahl einbezogen. Allerdings kann die Option hilfreich sein, um Details wie Augenbrauen oder dunkel verschattete Hautpartien in die Auswahl aufzunehmen. Ob diese beiden Optionen funktionieren, hängt also stark vom Motiv und Vorhaben ab. Für Freisteller sind die Optionen meist nicht exakt genug, für Farbkorrekturen der Hauttöne reichen sie oft aus.
- AUSSERHALB DES FARBUMFANGS funktioniert nur bei Lab- und RGB-Bildern und zeigt Farben im Bild an, die außerhalb des Bereichs liegen, der im Vierfarbdruck dargestellt werden könnte.

Statt vieler Einzelklicks: Malen
Manche Motive machen es erforderlich, mit einem niedrigen TOLERANZ-Wert zu arbeiten. Das bedeutet meist, dass Sie recht viele Klicks mit der Plus-Pipette machen müssen, um den gewünschten Auswahlbereich komplett zu erfassen. Die Alternative: Halten Sie [⇧] gedrückt, und statt zahlloser Einzelklicks fahren Sie einfach mit der Maus über die auszuwählenden Partien.

Die TOLERANZ ❹ ist das wichtigste Instrument, um die Wirkung des Werkzeugs zu regulieren. Die Einstellung hängt davon ab, wie stark die Kontraste Ihres Bildes sind.

Mit der Option LOKALISIERTE FARBGRUPPEN ❸ grenzen Sie die Farbbereichsauswahl auf Regionen nahe Ihrer Mausklicks ein. Der BEREICH-Slider ❺ dient der Feinabstimmung; mit ihm steuern Sie, wie nah oder wie weit weg eine Farbe von den Punkten sein muss, die Sie angeklickt haben, um in die Auswahl eingeschlossen zu werden.

Die Pipetten ❽ bestimmen, ob die verschiedenen angeklickten Farbbereiche einander ersetzen, addiert oder subtrahiert werden. Direkt unterhalb der Pipetten gibt es auch eine Option, um die Auswahl direkt

Farbwarnung per Menübefehl
Wenn Sie nicht den Umweg über das Farbbereich-Werkzeug gehen wollen, um sich nichtdruckbare Farben anzeigen zu lassen, können Sie den Befehl ANSICHT • FARBUMFANG-WARNUNG ([⇧]+[Strg]/[cmd]+[Y]) nutzen.

umzukehren. Es gibt aber auch im AUSWAHL-Menü einen Menübefehl dazu, den Sie nachträglich anwenden können.

8.8.2 Alternative Ansichten des Dialogfelds

Der Screenshot in Abbildung 8.52 zeigt die Standardansicht des Dialogfelds. Je nach eingestellter Ansicht ❻ ändert sich dessen Aussehen. So können Sie die Auswahlvorschau gut auf die Gegebenheiten Ihres Bildes abstimmen.

- Wählen Sie, ob Sie im **Vorschaufenster** eine Voransicht der Auswahl sehen wollen (so wie oben zu sehen – Einstellung AUSWAHL) ...
- oder ob dort das Bild, so wie es ist, gezeigt werden soll (Einstellung BILD).

Auswahlvorschau | Im letzten Fall ist es sinnvoll, noch per Dropdown-Liste eine AUSWAHLVORSCHAU ❼ dazuzuschalten. Sie wird dann direkt im Bild angezeigt. Gerade bei kleinteiligen Motiven ist das eine gute Lösung, denn das kleine Vorschaubild innerhalb der Dialogbox reicht für die genaue Kontrolle nicht immer aus.

Zum Weiterlesen
Wie Sie **Auswahlen automatisiert erstellen** lassen, lesen Sie in Abschnitt 8.9, »Auswahltuning mit Live-Vorschau: Auswählen und maskieren«.

Ähnlich wie beim Dialog AUSWÄHLEN UND MASKIEREN... haben Sie die Wahl zwischen vier verschiedenen Voransichten, die alle die ausgewählten bzw. nicht ausgewählten Bereiche in verschiedener Weise visualisieren. Das Prinzip ist jedoch immer ähnlich: Der ausgewählte Bereich ist freigelegt, der nicht ausgewählte Rest des Bildes ist in unterschiedlicher Art und Weise maskiert. Die Maskierung deutet den Schutz der nicht ausgewählten Bildteile vor Bearbeitung an. Jede Vorschau bietet einen anderen Blick auf die erstellte Auswahl – welche die beste ist, hängt auch vom Motiv ab. MASKIERUNGSMODUS hat den Vorteil, dass Sie das Bild selbst mit im Blick haben. GRAUSTUFEN zeigt am besten, wie stark die Auswahl auf die Bildpixel wirken würde.

▲ **Abbildung 8.53**
Vorschau GRAUSTUFEN – je nach Motiv ist der ausgewählte Bereich schlecht von den nicht ausgewählten Bildteilen zu unterscheiden.

▲ **Abbildung 8.54**
Vorschau SCHWARZER HINTERGRUND – für dieses Motiv zu dunkel

◂◂ Abbildung 8.55
Die Vorschau WEISSER HINTERGRUND zeigt die ausgewählten Bereiche deutlich.

◂ Abbildung 8.56
Vorschau MASKIERUNGSMODUS. Hier haben Sie das Bild und die Auswahl gleichzeitig im Blick.

Wenn sie sich bewährt hat, können Sie Ihre Optionskonstellation auch für den erneuten Zugriff sichern. Mit den Buttons LADEN und SPEICHERN wird nämlich nicht Ihre erstellte Auswahl gespeichert und wieder ins Bild geladen, wie man annehmen könnte, sondern die aktuelle Werkzeugeinstellung.

Gespeichert wird sie in Form einer Datei mit der Endung **.axt**. Merken Sie sich den Speicherort für erneute Aufrufe!

Zum Weiterlesen
Für das **Speichern und Laden fertiger Auswahlen** sind immer die Befehle AUSWAHL • AUSWAHL SPEICHERN und AUSWAHL • AUSWAHL LADEN zuständig. Mehr darüber lesen Sie in Abschnitt 8.11, »Auswahlen speichern und laden«.

Darstellung der Auswahlvorschau weiter anpassen | Bei einigen Motiven wäre die Auswahlvorschau MASKIERUNGSMODUS wünschenswert. Sie funktioniert jedoch nicht so gut, wenn das Motiv ebenfalls viele rote Anteile aufweist, also die gleiche Farbe wie die Maske. Mit einem Umweg über die Quick Mask können Sie die Eigenschaften der Voransicht MASKIERUNGSMODUS ändern. Dazu müssen Sie die Voransicht der Quick Mask (also des Maskierungsmodus selbst) ändern. Diese veränderte Voransicht wirkt sich dann auch auf den Dialog FARBBEREICH aus. Erstellen Sie dazu in einem beliebigen Bild eine beliebige Auswahl, und wechseln Sie mit [Q] oder Anklicken des Maskierungsmodus-Icons in der Werkzeugleiste in den Quick-Mask-Modus. Im Kanäle-Bedienfeld erscheint dann ein zusätzlicher Alphakanal mit dem kursiv gestellten Titel MASKIERUNGSMODUS, in dessen Miniatur Sie doppelklicken.

Hinderliche JPEG-Artefakte
Die JPEG-Kompression kann in Bildern kleinteilige Viereckmuster hinterlassen. Solche Kompressionsartefakte sind ein häufiges Hindernis bei der Anwendung des Werkzeugs FARBBEREICH. Selbst scheinbar homogene Farbflächen können solche Artefakte aufweisen und entziehen sich der schnellen erfolgreichen Farbbereichsauswahl.

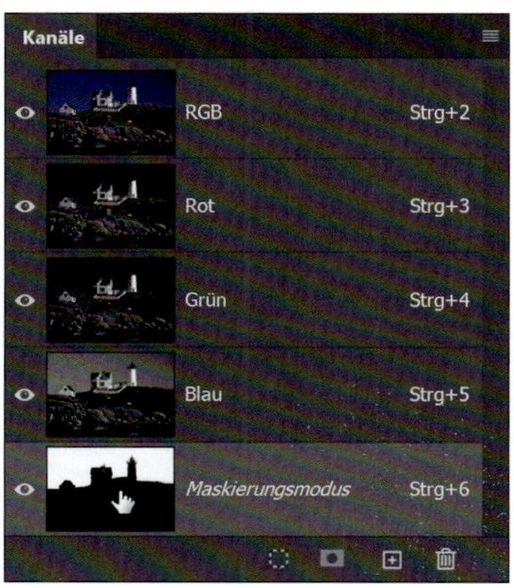

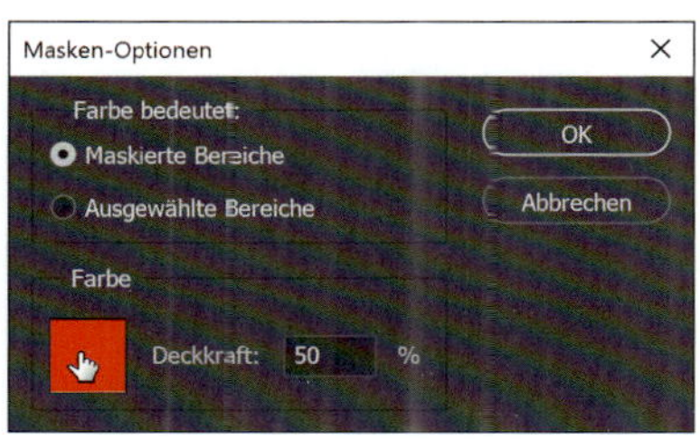

◂◂ Abbildung 8.57
Ein Doppelklick auf die Masken-Miniatur öffnet die Ansichtsoptionen für Masken.

◂ Abbildung 8.58
Einstellung der Vorschauoptionen für die Quick Mask und das Dialogfeld FARBBEREICH

- Ein Klick auf das Farbfeld ruft den Farbregler auf, in dem Sie dann auch andere Farben als das Standard-Rot festlegen können.
- Die Deckkraft geben Sie numerisch ein.
- Farbe bedeutet: Maskierte Bereiche ist die Standardeinstellung. Sie legt fest, dass die *nicht* ausgewählten Bereiche in der Quick Mask und der Farbbereich-Vorschau abgedeckt sind. Diese Einstellung zu verändern ist nicht unbedingt sinnvoll: Sie können die Qualität einer Auswahl besser beurteilen, wenn die ausgewählten Bereiche eben nicht abgedeckt dargestellt werden. Zudem birgt eine Umstellung ziemliche Verwirrungsgefahr: Die Standardeinstellung entspricht der Logik von Auswahlen und Masken. Die Einstellung Farbe bedeutet: Ausgewählte Bereiche läuft dieser Logik zuwider.

Die Einstellungen, die Sie hier vornehmen, gelten für die Quick Mask, Farbbereichsauswahl und alle anderen Masken in Photoshop. Sie bleiben bis zur nächsten Änderung gültig.

8.8.3 Fokusbereich auswählen

»meise.tif«

Die Fokusbereich-Auswahl erzeugt automatisch Auswahlbereiche anhand der Tiefen(un)schärfe eines Bildes (zu finden unter Auswahl • Fokusbereich). Diese Automatik ist für Motive geeignet, bei denen das auszuwählende Objekt gleichmäßig scharf ist, während der Hintergrund im Unschärfebereich liegt – also beispielsweise für Makroaufnahmen. Zwar haben Sie die Möglichkeit zu manuellen Nachbesserungen, doch die funktionieren eigentlich nur dann befriedigend, wenn die Automatikauswahl eine gute Grundlage geliefert hat. Dennoch: Bei passenden Motiven leistet das Tool erstaunlich gute Arbeit in kürzester Zeit – und einfach in der Anwendung ist es außerdem.

Abbildung 8.59 ▼
Scharfes Motiv, unscharfer Hintergrund: Ein Fall für die Fokusbereich-Auswahl, die das Hauptmotiv flott vom Hintergrund löst.

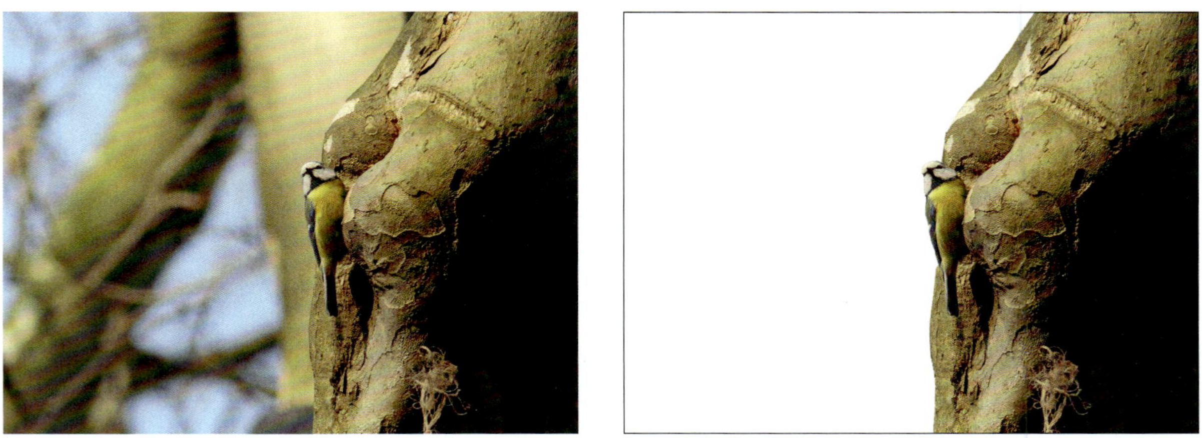

Bild: C. Rubandt

Sie starten es mit dem Menübefehl AUSWAHL • FOKUSBEREICH. Ein eigenes Vorschaufenster bringt das Dialogfenster nicht mit (die kleinformatige Darstellung würde ohnehin wenig nutzen). Arrangieren Sie das Fenster also so auf der Arbeitsfläche, dass Ihr Motiv nicht überdeckt ist.

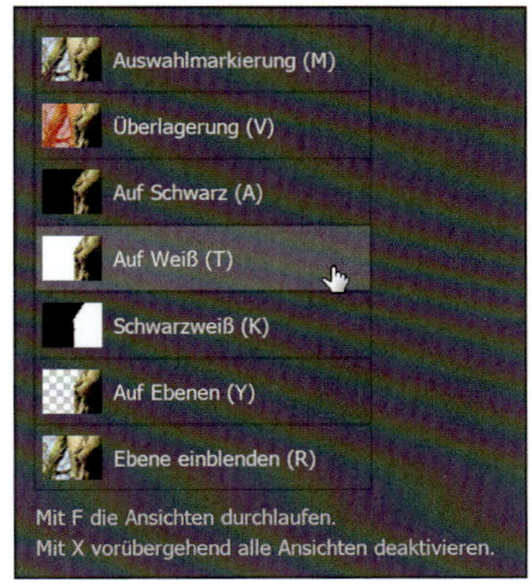

▲ **Abbildung 8.60**
Die verschiedenen Vorschauoptionen können mit Shortcuts angesteuert und mit der Taste F durchlaufen werden. X deaktiviert die Vorschau und zeigt das Bild im Urzustand.

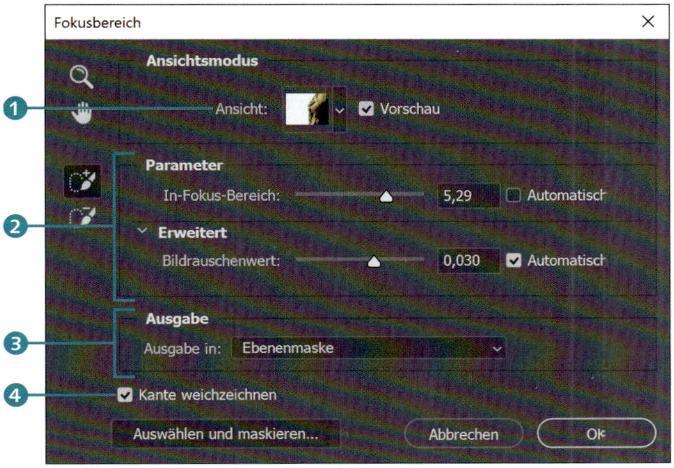

▲ **Abbildung 8.61**
Die fast vollautomatische Fokusbereich-Auswahl

- Unter ANSICHT ❶ können Sie festlegen, wie die Auswahlvorschau im Bild dargestellt wird. Welcher Vorschaumodus am besten geeignet ist, liegt an Ihrem Motiv und Ihrem Arbeitsvorhaben.
- Unter PARAMETER ❷ können Sie sich zunächst der Automatik anvertrauen – werden noch sehr große Bildbereiche falsch ausgewählt, hilft manuelles Nachstellen.
  Die Einstellung IN-FOKUS-BEREICH legt fest, wie sensibel die Automatik auf (Un-)Schärfe reagiert. Wenn Sie den Regler auf »0« stellen, wird das gesamte Bild ausgewählt. Wird der Regler nach rechts bewegt, bleiben nur die Teile des Bildes ausgewählt, die die beste Schärfe aufweisen. Der BILDRAUSCHENWERT (unter PARAMETER • ERWEITERT) bestimmt, wie die Automatik mit eventuell vorhandenem Bildrauschen umgeht.
- Die Option KANTE WEICHZEICHNEN ❹ ist oftmals bei Bildobjekten mit leicht transparenten Kanten sinnvoll, an denen Motivpixel und Hintergrundpixel nicht hundertprozentig trennbar sind.
- Anders als bei der Farbbereich-Auswahl, bei der erzeugte Auswahlen tatsächlich nur als Auswahllinie ausgegeben werden, können Sie bei der Fokusbereich-Auswahl festlegen, was mit dem erstellten Auswahlbereich geschehen soll. Dies tun Sie unter AUSGABE ❸. Sie können das Ergebnis der Fokusbereich-Auswahl als herkömmliche

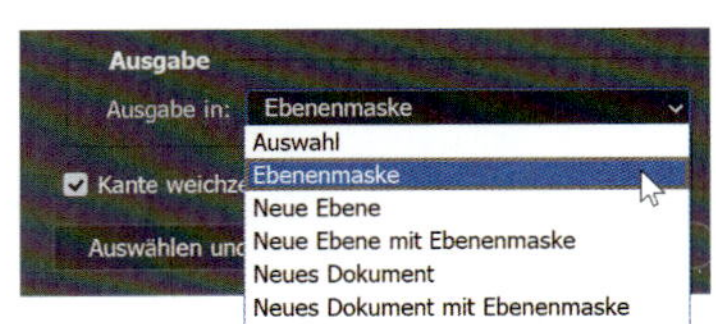

▲ **Abbildung 8.62**
Was soll mit der erzeugten Auswahl geschehen?

Auswahllinie (Auswahl), als **Ebenenmaske** (Ebenenmaske – die bisherige Bildebene erhält eine Maske, die nicht ausgewählte Bildteile ausblendet), als eigenständige Ebene (Neue Ebene), als **Ebene** (Neue Ebene mit Maske – hier haben Sie noch einige weitere Möglichkeiten zur Nachbearbeitung. Mehr über den Umgang mit Masken erfahren Sie im folgenden Kapitel!) oder als **eigenständige Datei** (Neues Dokument; Neues Dokument mit Maske) ausgeben lassen.

- Die automatische Bildanalyse und das Erzeugen der Auswahl kann selbst bei kleinformatigen Dateien eine Weile dauern. In der linken unteren Ecke des Dialogfelds wird ein animiertes Icon gezeigt, solange das Tool arbeitet.

Wenn die automatische Bearbeitung abgeschlossen ist, haben Sie mehrere Möglichkeiten für das weitere Vorgehen.

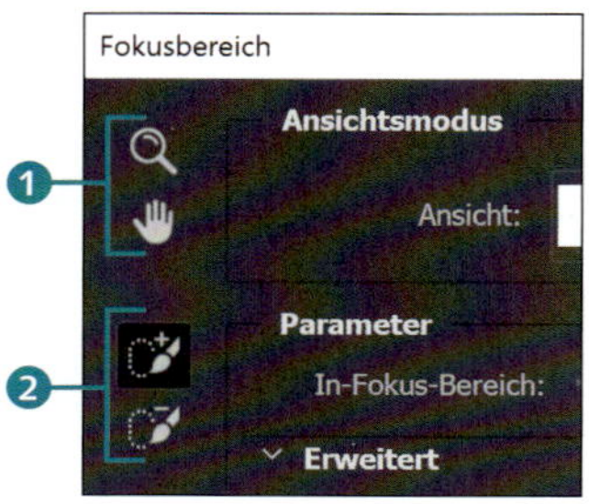

▲ **Abbildung 8.63**
Nachbesserungen können Sie mit Hilfe der beiden Pinsel vornehmen.

- Sind Sie mit dem Ergebnis bereits jetzt zufrieden, klicken Sie einfach auf OK.
- In vielen Fällen werden jedoch Nachbesserungen nötig sein. Sie können mit den beiden Pinseln ❷ der Auswahl Bildbereiche hinzufügen oder wegnehmen (Kürzel `E`; `Alt` drücken, um kurzzeitig zwischen beiden Funktionen zu wechseln). Nutzen Sie Lupe und Hand ❶, um wichtige Details in den Blick zu rücken. Es empfiehlt sich, die Werkzeuggröße an die Gegebenheiten anzupassen. Dies können – und sollten! – Sie in der Photoshop-Optionsleiste tun. Sowohl eine zu feine als auch eine zu grobe Werkzeugspitze kann die Resultate verfälschen. Dann müssen Sie nicht ganz exakt über die Konturen pinseln – das Werkzeug arbeitet eher so wie das Schnellauswahlwerkzeug, das Sie aus der Werkzeugleiste kennen (mehr dazu in Abschnitt 8.5, »Das Schnellauswahlwerkzeug«). Meist genügt es, irrtümlich stehengebliebene Hintergrundreste anzuklicken oder einige wenige »Pinselstriche« in der zu entfernenden Fläche zu machen.
- Außerdem können Sie Nachbesserungen mit Hilfe der Funktion Auswählen und maskieren vornehmen, indem Sie auf den gleichnamigen Button (siehe Abbildung 8.59) klicken. Aber Achtung – Sie verlassen dann das Fokusbereich-Auswahl-Tool! Eventuelle Feinarbeiten sollten Sie also zuvor vornehmen.

Zum Weiterlesen
Die Funktion Auswählen und maskieren, mit der Sie für jede Auswahl ein effizientes Feintuning vornehmen können, lernen Sie in Abschnitt 8.13, »Bildelemente vom Hintergrund lösen: Freistellen«, kennen.

8.9 Auswahltuning mit Live-Vorschau: Auswählen und maskieren

»FrauVorHimmel.tif«

Trotz der Vielfalt der Auswahlwerkzeuge, die in Photoshop zur Verfügung stehen – nicht in allen Fällen passt eine Auswahl auf Anhieb.

Bild: Fotolia, ikophotos

◂◂ Abbildung 8.64
Auf den ersten Blick ein unproblematisches Auswahlobjekt. Die Person scheint vom tiefblauen Himmel klar abgegrenzt.

◂ Abbildung 8.65
Bei näherer Betrachtung zeigt sich, dass die Grenze zwischen Haaren und Himmel diffus ist – eine Herausforderung beim Auswählen.

Unregelmäßige Objektkanten, geringer Kontrast zwischen ausgewähltem Objekt und Hintergrund sowie raue oder unscharfe Kanten machen Auswahlen schwierig. In Photoshop haben Sie daher auch verschiedene Möglichkeiten, Auswahlen nachzubessern. Die vielseitigste und wirkungsvollste ist der modale Arbeitsbereich AUSWÄHLEN UND MASKIEREN.

Starten können Sie den speziellen Arbeitsbereich mit dem Button AUSWÄHLEN UND MASKIEREN, den alle Auswahlwerkzeuge in der Optionsleiste haben. Alternativ nutzen Sie den Menübefehl AUSWAHL • AUSWÄHLEN UND MASKIEREN oder den Shortcut [Alt]-[Strg]/[cmd]+[R].

Zum Weiterlesen
Mit dem AUSWÄHLEN UND MASKIEREN-Tool können Sie selbst **schwierige Freistellaufgaben** erledigen. Wie das genau geht, lesen Sie in Abschnitt 8.13.1, »Freistellen per Automatik: Auswählen und maskieren«.

▾ Abbildung 8.66
Der modale Arbeitsbereich AUSWÄHLEN UND MASKIEREN

▲ **Abbildung 8.67**
Der schnelle Klick zum Auswahltuning

Mit den Funktionen von AUSWÄHLEN UND MASKIEREN… können Sie die Qualität einer bereits erzeugten Auswahllinie oder einer Maske überprüfen und die Kontur weiter an das Bildobjekt anpassen. Dank differenzierter Vorschaueinstellungen lässt sich die Wirkung Ihrer Einstellungen direkt im Bild beobachten. Wie bei vielen Dialogfeldern sollten Sie sich auch hier von oben nach unten durcharbeiten. Sie können mit den Schiebereglern oder per Zahleneingabe arbeiten.

Ansichtsmodus | Über die Vorschaudarstellung unter ANSICHTSMODUS steuern Sie exakt, wie das – vorläufige – Resultat Ihrer Arbeit dargestellt wird. So können Sie die Wirkung Ihrer Einstellungen sehr genau einschätzen: wichtig für präzises Arbeiten!

In der Liste unter ANSICHT ❷ legen Sie fest, wie der ausgewählte Bildbereich dargestellt wird. So sehen Sie Ihre Auswahl wahlweise

- als **Bildebenen mit Transparenz** – diese Option ist insbesondere für Montagen sehr nützlich, wenn Sie Ihr ausgewähltes Bildobjekt schon in die neue Datei »eingepflanzt« haben und im Detail an die neue Umgebung anpassen wollen (ZWIEBELSCHICHT – O),
- mit einer **Auswahllinie** (AUSWAHLMARKIERUNG – M),
- mit einer **Maske** (ÜBERLAGERUNG – V),
- vor **schwarzem** (AUF SCHWARZ – A)
- oder vor **weißem Hintergrund** (AUF WEISS – T),
- in der Schwarzweißansicht, **wie ein Alphakanal** (SCHWARZWEISS – K),
- oder zusammen mit den **Bildebenen**, die unterhalb der aktuell bearbeiteten Ebene liegen (AUF EBENEN – Y).
- Mit dem Kürzel F durchlaufen Sie die Ansichten schnell, ohne die Liste ausklappen zu müssen; X deaktiviert alle Vorschaueinstellungen, solange Sie die Taste gedrückt halten, und Sie sehen das Bild ohne Auswahlbereiche.

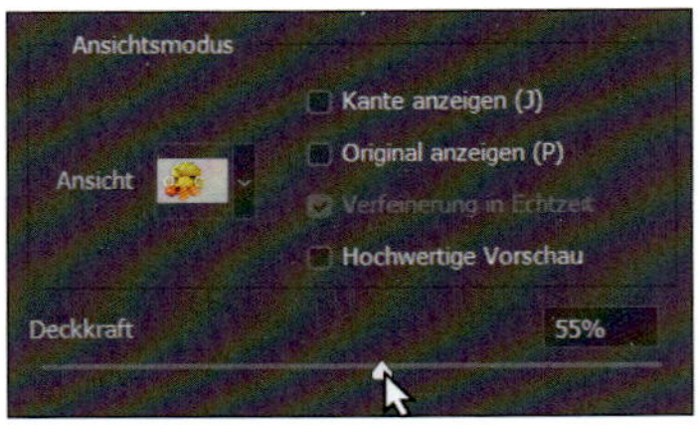

▲ **Abbildung 8.68**
Die Transparenz der Bildebene, die Sie bearbeiten, können Sie bei einigen der Ansichtsmodi steuern.

Die Checkboxen KANTE ANZEIGEN und ORIGINAL ANZEIGEN helfen Ihnen einzuschätzen, wie stark sich Ihre Änderungen auf die Originalauswahl auswirken.

- KANTE ANZEIGEN ❸ (Kürzel J) zeigt nur den **Bearbeitungsradius** an, also eine mehr oder minder breite Kante an den Auswahlkonturen. In diesem Bereich wirkt sich die Kantenverbesserung überhaupt nur aus!
- ORIGINAL ANZEIGEN ❹ (Kürzel P) wechselt kurzfristig zur **Ansicht der ursprünglichen Auswahl** (nicht zum Originalbild!), deaktiviert also die Vorschau der von Ihnen bereits durchgeführten Änderungen. Diese Option ist für einen Vorher-Nachher-Vergleich nützlich.
- VERFEINERUNG IN ECHTZEIT ❺ steht nur zur Verfügung, wenn Sie beim VERFEINERUNGSMODUS den Wert OBJEKTBASIERT ausgewählt haben.

Was es damit auf sich hat, erfahren Sie bei der Beschreibung des entsprechenden Modus hier im Buch auf Seite 338.

- HOCHWERTIGE VORSCHAU ⑥ erzeugt eine originalgetreue Vorschau der Änderungen. Diese Option benötigt allerdings mehr Rechenleistung, speziell bei vielen feinen Details. Daher sollten Sie sie nur auf leistungsstärkeren Rechnern verwenden.

Mit den bekannten Ansichtstools ① Zoom (das Kürzel [Z] funktioniert auch hier) und Hand [H] können Sie wichtige Bildpartien vergrößern und ins Blickfeld schieben.

»Zitrusfruechte.jpg«

▲ **Abbildung 8.69**
Die Vorschau auf Schwarz offenbart besonders bei hellen Bildobjekten die Schwäche einer Auswahl. Sie ist gut geeignet, wenn Sie das Bildmotiv später auf einen dunkleren Hintergrund setzen wollen.

▲ **Abbildung 8.70**
Vorschau mit Überlagerung. Wer oft mit der Quick Mask arbeitet, kommt auch mit dieser Ansicht gut zurecht. Farbe, Deckkraft und Abdeckmodus der Maskendarstellung können verändert werden.

▲ **Abbildung 8.71**
Vorschau auf Ebenen: Die unter der Enten-Ebene liegende Bildebene wird sichtbar. So passen Sie einmontierte Objekte exakt an ihren neuen Hintergrund an. Die Ansichtsoption ZWIEBELMODUS funktioniert ähnlich – hier können Sie sogar die Deckkraft der oberen Ebene regulieren.

▲ **Abbildung 8.72**
KANTE ANZEIGEN zeigt den Bereich an, in dem Ihre Einstellungen überhaupt greifen.

Vorgabe | Wenn Sie für spezielle Auswahlen immer dieselben Einstellungen verwenden, können Sie diese über die Dropdown-Liste Vorgabe 7 speichern und jederzeit wiederverwenden.

Verfeinerungsmodus | Hier legen Sie den Modus fest, der sich auf die Funktionen Kantenerkennung, Haare verfeinern und Kante-verbessern-Pinsel auswirkt. Zur Auswahl stehen die folgenden zwei Optionen:

- Farbbasiert 8: Dieser Modus arbeitet am besten bei einfachen und kontrastreichen Hintergründen.
- Objektbasiert 9: Diesen Modus sollten Sie verwenden, wenn Sie ein Motiv vor einem komplexeren Hintergrund mit vielen Details auswählen wollen. Beachten Sie, dass in diesem Modus der Kante-verbessern-Pinsel nicht mehr in Echtzeit arbeitet, sondern das Ergebnis erst berechnet, wenn Sie die Maustaste loslassen.

Kantenerkennung | Radius 10 legt fest, wie breit der Bereich ist, in dem das Werkzeug überhaupt die Kantenverfeinerung – und andere Korrekturen – durchführt. Höhere Radien empfehlen sich bei Motiven, deren Kantenbereich sehr diffus ist, zum Beispiel bei Haaren oder einfach unscharfen Motiven; geringe Werte sorgen für schärfere Auswahlkanten. Radius ist die feiner wirkende Variante von Weiche Kante.

- Nutzen Sie die Option Kante anzeigen [J] 3, um die Wirkung Ihrer Radius-Einstellung besser zu beurteilen.
- Wenn Smartradius 11 aktiv ist, überlassen Sie dem Tool die Regie über die Kantengestaltung. Sie brauchen diese Option vor allem für Freistellaufgaben (siehe Abschnitt 8.13.1, »Freistellen per Automatik: Auswählen und maskieren«).

Globale Verbesserungen | Unter Globale Verbesserungen finden Sie schließlich die Einstellungen, mit denen Sie die Auswahl- oder Maskenkante verändern.

- Weich 1 (Abbildung 8.73) zieht eine gezackte Auswahllinie gewissermaßen ein wenig straff. Anstelle kantiger Konturen entsteht eine mehr oder weniger stark gerundete Linie.
- Die Verfeinerungsfunktion Weiche Kante 2 unterscheidet sich nicht von der oben bereits erklärten gleichnamigen Option: Sie macht Auswahlkanten weich und sorgt für einen fließenden Übergang zwischen ausgewählten und nicht ausgewählten Bildpartien.
- Kontrast 3 zeichnet Auswahlkanten schärfer. Dieser Befehl soll verhindern, dass aufgrund hoher Radien Störungen im Bereich der Auswahlkante auftreten. Sie müssen also beide Regler gegeneinander austarieren.

Wirkung der Schieberegler zu lasch oder zu ungenau?
Wenn Sie bereits ein wenig mit Auswählen und maskieren gearbeitet haben, ist Ihnen vielleicht aufgefallen, dass die Schieberegler manchmal kaum zu wirken scheinen. Das liegt nicht am jeweiligen Motiv, sondern an der gewählten Radius-Einstellung. Erhöhen Sie den Wert für Radius, wenn Sie sich für die anderen Funktionen mehr »Wumms« wünschen. Ist das Gegenteil der Fall und Sie empfinden die Wirkung der Tools als zu unpräzise – insbesondere bei kniffligen, sehr kleinteiligen Konturlinien wie etwa Haaren kann das der Fall sein –, aktivieren Sie in jedem Fall die Option Smartradius.

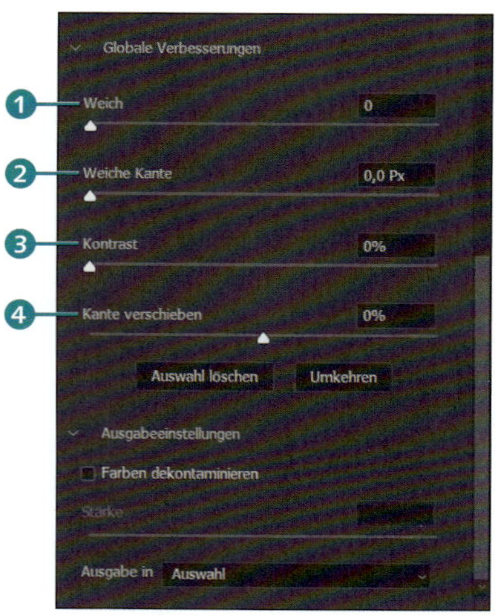

▲ **Abbildung 8.73**
Die weiteren Optionen von Auswählen und maskieren

- Der Slider KANTE VERSCHIEBEN ④ verkleinert oder vergrößert den Auswahlbereich. Vor allem in Kooperation mit WEICHE KANTE lässt sich diese Funktion gut anwenden, denn durch die Weichzeichnung werden leicht zu viel oder auch zu wenig Bildbereiche in den Auswahlbereich einbezogen.
- Mit den Buttons AUSWAHL LÖSCHEN und UMKEHREN tun Sie genau das: eine bestehende Auswahllinie umkehren oder die Auswahl ganz aus dem Bild löschen.

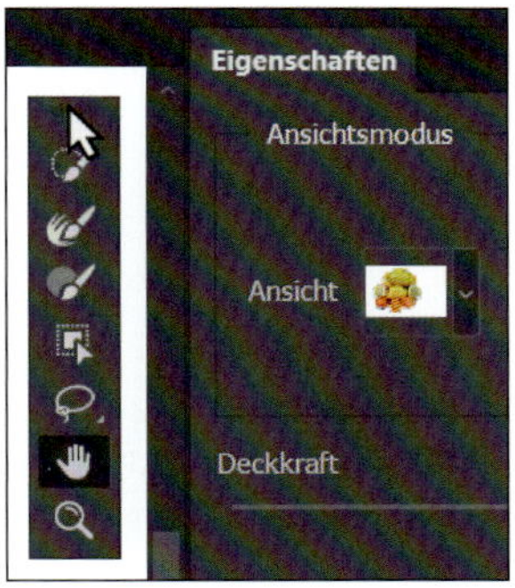

▲ **Abbildung 8.74**
Sie können im Arbeitsbereich AUSWÄHLEN UND MASKIEREN wie in Photoshop die Position der Werkzeugleiste ändern und dort sogar weitere Bedienfelder – hier Ebenen – einhängen (über den Menübefehl FENSTER). Nicht alle Funktionen der Bedienfelder stehen dann zur Verfügung, die Kontrolle der Bildeigenschaften ist jedoch möglich.

Auswahlbereiche mit Lasso und Schnellauswahlwerkzeug verändern | Manchmal stellt man erst während der Verfeinerung der Auswahlkanten fest, dass die zugrunde liegende Auswahl nicht genau genug war und zu groß oder zu klein ist. In solchen Fällen müssen Sie die ganze Aktion nicht unbedingt abbrechen – die Auswahlwerkzeuge Lasso (L) und Schnellauswahlwerkzeug (W) finden Sie auch unter AUSWÄHLEN UND MASKIEREN. Die Tools funktionieren so wie die regulären Photoshop-Tools auch.

Ausgabeoptionen | Technisch hängen Auswahlen, Masken und Alphakanäle eng miteinander zusammen. Deswegen war es auch schon immer möglich, aus einer Auswahl eine Maske zu machen, eine Maske als Auswahl zu laden oder Auswahlen in Alphakanälen zu speichern. Mit den Ausgabeoptionen im Tool AUSWÄHLEN UND MASKIEREN macht Adobe diesen Workflow noch ein gutes Stück geschmeidiger. Unter AUSGABE legen Sie fest, wie mit Ihrem verfeinerten Auswahlbereich verfahren wird. Die Option AUSWAHL verfeinert tatsächlich nur die Auswahllinie; die anderen Optionen sind selbsterklärend und müssen hier nicht erläutert werden (AUSWAHL und EBENENMASKE stehen nicht zur Verfügung, wenn gleichzeitig FARBEN DEKONTAMINIEREN gewählt ist).

Die zuschaltbare Option FARBEN DEKONTAMINIEREN entfernt Farbränder von Objektkanten, die meist durch Reflexion des Hintergrunds entstehen. Sie wirkt auf die halbtransparenten Pixel einer Ebene, die sich meistens an den Auswahlkanten befinden.

Zum Weiterlesen
Das Werkzeug Kante-verbessern-Pinsel, das Sie ebenfalls in der Werkzeugleiste des Arbeitsbereichs AUSWÄHLEN UND MASKIEREN finden, eignet sich vor allem für die Nachbearbeitung von Masken und komplexe Freisteller. Sie lernen es in Abschnitt 8.13.1, »Freistellen per Automatik: Auswählen und maskieren«, kennen. Die Option FARBEN DEKONTAMINIEREN ist vor allem für das Freistellen von Bildteilen für Montagen gedacht; deswegen stelle ich sie ebenfalls in Abschnitt 8.13.1 ausführlich vor und gebe außerdem Tipps für alternative Arbeitstechniken.

»Motiv auswählen« und »Haare verfeinern« | In der Optionsleiste von AUSWÄHLEN UND MASKIEREN finden Sie neben der Schaltfläche MOTIV AUSWÄHLEN – mit der Sie das Hauptmotiv im Bild mit einem Klick auswählen – die Schaltfläche HAARE VERFEINERN vor. Diese Funktion spricht für sich selbst und hilft enorm bei der Auswahl von Haaren mit nur einem Klick. Die besseren Ergebnisse habe ich hierbei meistens mit dem objektbasierten Verfeinerungsmodus erzielt.

8.10 Auswahlen mit Menübefehlen modifizieren

Der Dialog Auswählen und maskieren ist sicherlich das leistungsfähigste Tool, um Auswahlkanten zu verbessern. Es lässt sich mit Gewinn auch bei schwierigen Auswahlobjekten einsetzen. Doch manchmal genügt einfach ein schneller Klick ins Menü. Direkt unter Auswahl und im Untermenü Auswahl verändern erreichen Sie eine Reihe von Menübefehlen, mit denen Sie Ihre Auswahllinie anpassen können.

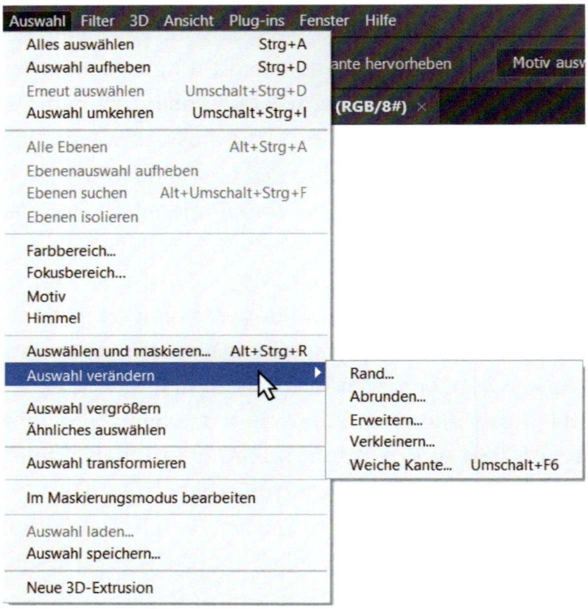

Abbildung 8.75 ▸
Befehle zum nachträglichen Verändern einer Auswahl

»Wecker.tif«

Bild: dieblen.de

▴ **Abbildung 8.76**
Ursprünglich war die Kontur des Weckers ausgewählt – nun wurde eine Umrandung daraus.

Auswahl verändern: Rand | Mit Rand erstellen Sie entlang der Kontur der ursprünglichen Auswahllinie einen Rahmen in gewünschter Breite. Denkbare Anwendung: Schränken Sie so die Filterwirkung auf die Objektkanten ein.

Auswahl verändern: Abrunden | Der Befehl Abrunden lässt sich gut anwenden, wenn Sie eine Zauberstab- oder Farbbereichsauswahl erstellt haben, im Inneren des Auswahlbereichs aber immer noch viele einzelne Pixel nicht mit ausgewählt wurden. Er macht die Auswahlkanten ein wenig glatter.

Auswahl verändern: Erweitern und Verkleinern | Erweitern und Verkleinern verändern die Größe der Auswahl um den eingestellten Pixelbereich.

Auswahl verändern: Weiche Kante | Dieser Menübefehl funktioniert wie die gleichnamige Auswahlwerkzeug-Option. In Abschnitt 8.2.4 habe ich Ihnen die Funktion bereits vorgestellt.

Auswahl vergrößern | AUSWAHL VERGRÖSSERN funktioniert – trotz des ähnlichen Namens – anders als ERWEITERN. Hier wird der TOLERANZ-Wert, der der Auswahl zugrunde liegt, quasi nachträglich erhöht. Sie beziehen dann mehr Farbnuancen in Ihren Auswahlbereich ein, allerdings nur diejenigen Pixel, die an den ursprünglichen Auswahlbereich angrenzen.

Zauberstab-Toleranz ist maßgeblich
Wie stark die Befehle AUSWAHL VERGRÖSSERN und ÄHNLICHES AUSWÄHLEN tatsächlich wirken, wird von der Zauberstab-Option TOLERANZ bestimmt. Ändern Sie diese Einstellung, um die beiden Befehle zu dosieren.

Ähnliches auswählen | ÄHNLICHES AUSWÄHLEN sucht im gesamten Bild nach Pixeln, die dem bereits ausgewählten Bildteil ähneln – eine nicht sonderlich präzise Funktion, die einem selten weiterhilft.

8.10.1 Auswahl transformieren

Den Befehl AUSWAHL • AUSWAHL TRANSFORMIEREN wählen Sie immer dann, wenn eine Auswahllinie nicht passt oder Sie den Auswahlinhalt verformen wollen. Besonders bei rechteckigen und elliptischen Auswahlen ist er sinnvoll. Wenn Sie AUSWAHL TRANSFORMIEREN wählen, zeigt sich um Ihre Auswahl ein Transformationsrahmen, wie Sie ihn vom Transformieren der Ebenen (siehe Abschnitt 6.2) bereits kennen. Damit lässt sich die Auswahl dann verändern.

8.11 Auswahlen speichern und laden

Sie haben inzwischen wohl schon festgestellt, dass es mitunter recht vertrackt ist, eine passende Auswahl zu erzeugen. Gerade bei komplizierteren Auswahlen ist es also ratsam, sie zu speichern – möglicherweise brauchen Sie die Auswahl erneut, und wer macht Arbeit gerne zweimal? Gespeichert werden Auswahlen in Alphakanälen.

Notfalloption: Auswahl erneut aktivieren
Sie haben Ihre mühsam erstellte Auswahl bereits deaktiviert und haben vergessen, sie zuvor zu speichern? Der Menübefehl AUSWAHL • ERNEUT AUSWÄHLEN (⇧+Strg/cmd+D) reaktiviert Ihre letzte Auswahl. Das klappt auch, wenn Sie zwischenzeitlich andere Tools verwendet haben, funktioniert jedoch nicht, wenn Sie die Datei geschlossen oder den Befehl BEARBEITEN • ENTLEEREN verwendet haben.

8.11.1 Auswahl speichern

Um eine Auswahl zu speichern, gehen Sie folgendermaßen vor: Rufen Sie über AUSWAHL • AUSWAHL SPEICHERN das Dialogfeld auf. Unter DOKUMENT stellen Sie ein, in welchem Dokument Ihre Auswahl gesichert werden soll. Das Ursprungsdokument ist die Standardeinstellung, Sie können Auswahlen jedoch auch in einem ganz neuen Dokument sichern. Unter KANAL legen Sie fest, ob Sie einen neuen Alphakanal erzeugen wollen oder ob die aktuelle Auswahl einen bereits bestehenden Kanal ergänzen soll – die Details stellen Sie unter VORGANG ein. Den Kanalnamen legen Sie im Feld NAME fest.

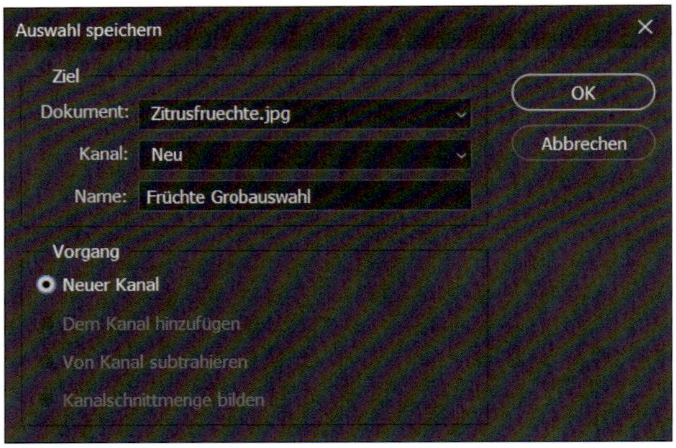

Abbildung 8.77 ▸
Der Dialog zum Speichern von Auswahlen

Auswahl in bestehendem Kanal speichern | Wenn Sie sich entschließen, Ihre Auswahl einem schon bestehenden Kanal hinzuzufügen (Einstellung unter KANAL), stellt sich die Frage, wie sich die aktuelle Auswahl zu der bereits gespeicherten verhalten soll. Unter VORGANG legen Sie das gewünschte Verhalten fest. Wie bei den Auswahl-Buttons stehen hier die Optionen HINZUFÜGEN, SUBTRAHIEREN und SCHNITTMENGE zur Auswahl.

8.11.2 Auswahl laden

Erneut aufrufen können Sie eine gespeicherte Auswahl dann über den Befehl AUSWAHL • AUSWAHL LADEN. Das Dialogfeld funktioniert ähnlich wie beim Speichern.

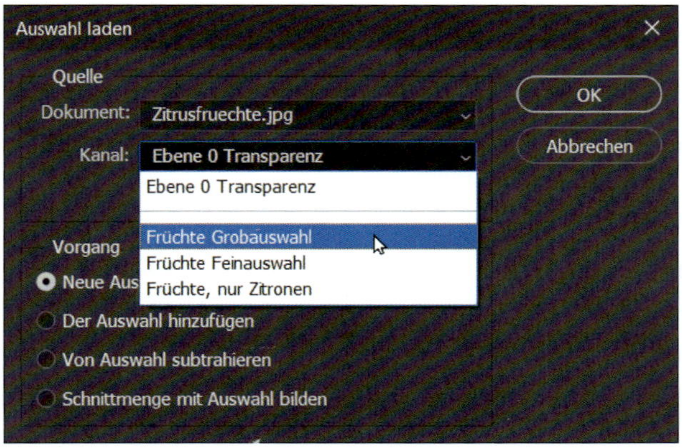

Abbildung 8.78 ▸
Der Dialog zum erneuten Laden. Wenn Sie bereits mehrere Auswahlen gespeichert haben, wählen Sie unter KANAL, welche geladen werden soll.

Dokument | Unter DOKUMENT ist der Name der aktuell aktiven Datei voreingestellt. Sie können hier aber auch die Namen anderer geöffneter Dateien auswählen – eine elegante Möglichkeit, Auswahlen auch in andere Bilder zu transferieren!

Kanal | Da es möglich ist, je Bild mehrere Auswahlen zu speichern, können Sie dann unter KANAL alle zuvor abgelegten Auswahlen einsehen und die richtige durch einen Klick anwählen.

Vorgang | Die Optionen unter VORGANG sind relevant, wenn im Bild bereits eine weitere Auswahl aktiv ist. Damit bestimmen Sie das Verhältnis der beiden Auswahlen zueinander.

Umkehren | Wenig erklärungsbedürftig ist die Option UMKEHREN (im Screenshot durch die Auswahlliste verdeckt). Sie können hier eine Auswahl direkt invertieren und sparen sich ein paar Mausklicks.

8.11.3 Auswahlen per Kanäle-Bedienfeld speichern oder laden

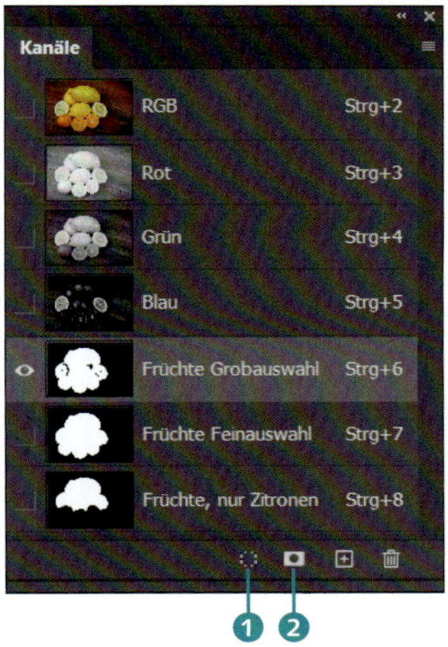

▲ **Abbildung 8.79**
Eine zuvor gesicherte Auswahl aus dem Kanäle-Bedienfeld laden oder eine aktive Auswahl als Kanal speichern – das geht auch per Bedienfeld.

Gespeicherte Auswahlen landen in Alphakanälen. In den Miniaturen des Kanäle-Bedienfelds haben Sie zumindest eine kleine Vorschau über die Gestalt der Auswahl: Die weiß dargestellten Flächen sind ausgewählt, die schwarzen sind nicht ausgewählt und vor Bearbeitung geschützt. Wenn Sie sich vor dem Laden von Auswahlen nochmals über deren Aussehen vergewissern wollen, laden Sie die Auswahlbereiche mit Hilfe des Kanäle-Bedienfelds. Klicken Sie dazu einfach auf das Icon KANAL ALS AUSWAHL LADEN ❶ oder bei gedrückter `Strg`- bzw. `cmd`-Taste in die Kanäle-Miniaturabbildung. Ein Klick auf das Masken-Icon ❷ im Kanäle-Bedienfeld legt aus einer aktiven Auswahl einen neuen Kanal an – speichert also ebenfalls die Auswahl.

8.12 Typische Arbeitstechniken und Befehle für Auswahlen

Freie Wahl haben Sie, wenn es um die weitere Bearbeitung Ihrer Auswahlen geht: Alle Photoshop-Werkzeuge, die sich auf das gesamte Bild anwenden lassen, funktionieren auch bei Auswahlen. Darüber hinaus gibt es eine Reihe typischer Arbeitsschritte im Zusammenhang mit Auswahlen, die Photoshop zum Teil auch durch eigene Befehle unterstützt. Diese lernen Sie im folgenden Abschnitt kennen.

8.12.1 Auswahllinie verschieben

Um die Position einer Auswahllinie (nicht des Auswahlinhalts) zu ändern, haben Sie mehrere Möglichkeiten:

- Sie klicken mit dem Auswahlrechteck-Werkzeug in den ausgewählten Bereich und ziehen die Auswahl an den neuen Ort. Dabei muss die Auswahloption NEUE AUSWAHL aktiv sein. Zur Erinnerung: Sie wechseln schnell zum Rechteckauswahl-Werkzeug, indem Sie M drücken. Hier reicht es sogar, während des Hantierens mit der Maus M einfach gedrückt zu halten.
- Wenn Sie nach dem Klick in die Auswahl zusätzlich ⇧ drücken, erfolgt die Bewegung der Auswahlmarkierung genau horizontal, vertikal oder in 45°-Schritten.
- Eine bessere, weil unkompliziertere Möglichkeit: Nutzen Sie bei aktivem Auswahlwerkzeug die Pfeiltasten Ihres Keyboards – das funktioniert mit allen Auswahlwerkzeugen. Jeder Tastendruck bewegt die Auswahlmarkierung um **ein Pixel** nach oben ↑, nach unten ↓, nach rechts → oder nach links ←.
- Wenn Sie **zusätzlich** ⇧ drücken, wird die Auswahlmarkierung in **10-Pixel-Schritten** bewegt.

▲ **Abbildung 8.80**
Verschobene Auswahllinie

8.12.2 Auswahlinhalt verschieben

Um die Auswahlmarkierung mitsamt den von ihr umschlossenen Pixeln zu bewegen, gibt es ebenfalls verschiedene Wege:

- Sie wechseln ins Verschieben-Werkzeug V und bewegen die Auswahl mitsamt dem Auswahlinhalt per Maus über das Bild. Zur Erinnerung: Mit Strg bzw. cmd wechseln Sie kurzzeitig zum Verschieben-Werkzeug, und mit V rufen Sie es dauerhaft auf.
- Auch hier können Sie ⇧ hinzunehmen, um die Bewegung auf die Senkrechte, die Waagerechte und 45°-Winkel einzuschränken.
- Die Pfeiltasten bewirken auch hier Bewegungen in **1-Pixel-Schritten** – nur muss dabei das Verschieben-Werkzeug aktiv sein.
- Zusätzliches Drücken von ⇧ beschleunigt das Verschieben – je Pfeiltastendruck geht es dann **10 Pixel** vorwärts.

▲ **Abbildung 8.81**
Verschobener Auswahlinhalt

Beim Verschieben des Auswahlinhalts entsteht im Bild ein Leerraum. Bei normalen Bildebenen ist er transparent, Hintergrundebenen werden mit Pixeln der aktuellen Hintergrundfarbe aufgefüllt. In Abbildung 8.80 handelt es sich also um eine Hintergrundebene, und es war Weiß als Hintergrundfarbe eingestellt.

8.12.3 Auswahlinhalt löschen

Um den Inhalt einer Auswahl endgültig zu löschen, nutzen Sie unter Windows die Taste [Entf] und unter macOS die [←]-Taste. Etwas umständlicher geht es mit dem Befehl BEARBEITEN • LÖSCHEN. Auch dabei entstehen natürlich leere Flächen in der Ebene. Anders als beim Verschieben von Auswahlbereichen erscheint beim Löschen der Dialog FLÄCHE FÜLLEN. Sie können selbst entscheiden, wie der Leerraum aufgefüllt werden soll.

8.12.4 Auswahl duplizieren und verschieben

Um der »Lochbildung« entgegenzuwirken, können Sie auch Ihren ausgewählten Bildteil kopieren und dann dieses Duplikat verschieben. Beachten Sie, dass dabei zunächst *keine eigene Ebene* angelegt wird.

- Auch dazu muss das Verschieben-Werkzeug [V] angewählt oder per [Strg]/[cmd] kurzzeitig aktiviert sein. Drücken Sie dann [Alt], und bewegen Sie die Maus in die gewünschte Richtung.
- Hier bewirkt [⇧] ebenfalls eine Einschränkung der Bewegung auf 45° oder Vielfache davon.

▲ **Abbildung 8.82**
Verschobene Kopie der Auswahl

Solange die Auswahllinie aktiv ist, können Sie die Position des Auswahlduplikats noch ändern (sogenannte *schwebende Auswahl*). Sobald Sie die Auswahlbegrenzung deaktivieren (mit AUSWAHL • AUSWAHL AUFHEBEN oder [Strg]+[D] bzw. [cmd]+[D]), werden die Pixel des so erzeugten Auswahlduplikats mit der Ursprungsebene verrechnet, und die **schwebende Auswahl** wird aufgehoben. Ein nachträgliches Verschieben oder Löschen ist nicht möglich!

8.12.5 Auswahlinhalt auf eine eigene Ebene bringen

Am flexibelsten sind Sie, wenn Sie eine Auswahlkopie in eine neue Ebene bringen. Diese lässt sich dann unabhängig von der Ausgangsebene jederzeit verschieben, skalieren und beliebig bearbeiten.

- Nutzen Sie dazu den Befehl EBENE • NEU • EBENE DURCH KOPIE
- oder den schnellen Shortcut [Strg]/[cmd]+[J];
- auch das bekannte Copy & Paste (mit den Befehlen [Strg]/[cmd]+[C] für Copy und [Strg]/[cmd]+[V] für Paste) kopiert Auswahlinhalte und fügt sie auf einer neuen eigenen Ebene wieder ein.

Inhalt der Zwischenablage erhalten

Der Inhalt der Zwischenablage, in der kopierte Inhalte zwischengelagert werden, wird nicht dauerhaft gesichert. Doch Sie können dafür sorgen, dass aus Photoshop stammender Inhalt der Zwischenablage nicht verlorengeht, wenn Sie Photoshop schließen.

- Wählen Sie dazu VOREINSTELLUNGEN • ALLGEMEIN (Strg/cmd+K).
- Aktivieren Sie dort die Option ZWISCHENABLAGE EXPORTIEREN.

Kopierte Inhalte können dann immer noch in andere Anwendungen hineinkopiert oder gerettet werden, nachdem Photoshop erneut gestartet wurde.

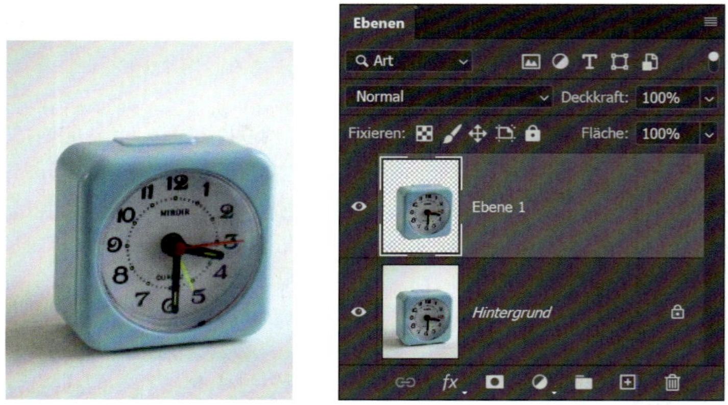

▲ **Abbildung 8.83**
Das Bild sieht unverändert aus, weil die auf der neuen Ebene eingefügte Auswahl deckungsgleich mit der Hintergrundebene positioniert ist. Das Ebenen-Bedienfeld zeigt jedoch, dass eine neue Ebene mit dem Auswahlinhalt angelegt wurde.

Auswahlinhalt auf neue Ebene | Auf ähnliche Weise können Sie auch den Auswahlinhalt ausschneiden und auf eine eigene Ebene befördern – Sie behalten dann jedoch wieder ein »Loch« in der Ausgangsebene.

- Nutzen Sie dazu den Befehl EBENE • NEU • EBENE DURCH AUSSCHNEIDEN oder
- den Shortcut ⇧+Strg/cmd+J.

8.12.6 Auswahlen aus Ebenenpixeln oder Ebenentransparenz erstellen

Ein häufig gebrauchter Handgriff bei Ebenen, die nur teilweise gefüllt sind, ist es, alle deckenden oder alle transparenten Pixel aus Ebenen auszuwählen.

▲ **Abbildung 8.84**
Wenn Sie eine mit dem Befehl PIXEL AUSWÄHLEN erzeugte Auswahl umkehren, erhalten Sie eine Auswahl der transparenten Pixel einer Ebene.

Per Klick in die Ebenenminiatur | Klicken Sie dazu bei gehaltener Strg- bzw. cmd-Taste direkt auf die betreffende Ebenenminiatur. Der Mauscursor nimmt dann die Form einer Hand mit leerem Quadrat an (1), und die deckenden Ebenenpixel werden ausgewählt.

- Auswahlbereich ausweiten: Wenn die Pixel, die Sie auf diese Art erfassen wollen, unterschiedlich starke Deckkraft aufweisen, werden die schwächer deckenden Pixel eventuell zunächst nicht in die Auswahl einbezogen. Klicken Sie dann mit Strg/cmd+⇧ erneut in die Miniatur, woraufhin der Auswahlbereich ausgeweitet wird.
- Auswahlbereich verkleinern: Um den so angelegten Auswahlbereich zu verkleinern, halten Sie zusätzlich zum Klick in die Miniatur Alt+Strg/cmd+⇧ gedrückt.

Pixel auswählen | Eine andere Methode führt über das Kontextmenü der Ebenenminiatur. Dort gibt es den Befehl PIXEL AUSWÄHLEN.

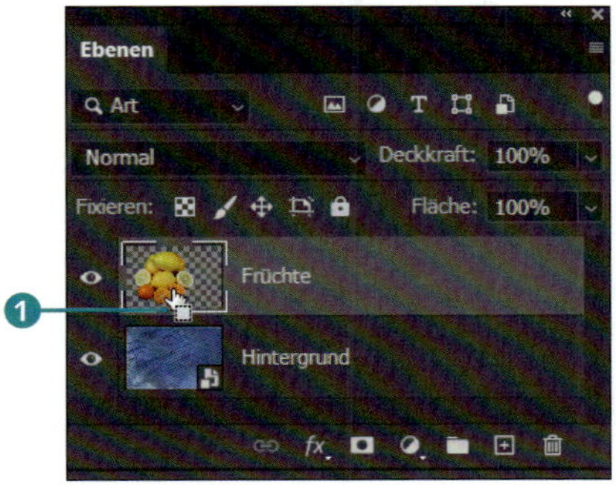

▲ **Abbildung 8.85**
Häufig gebraucht: schnelle Techniken, um bei teilweise transparenten Ebenen – wie hier bei der Ebene »Frau« – lediglich die sichtbaren (nicht transparenten) Bildbestandteile auszuwählen.

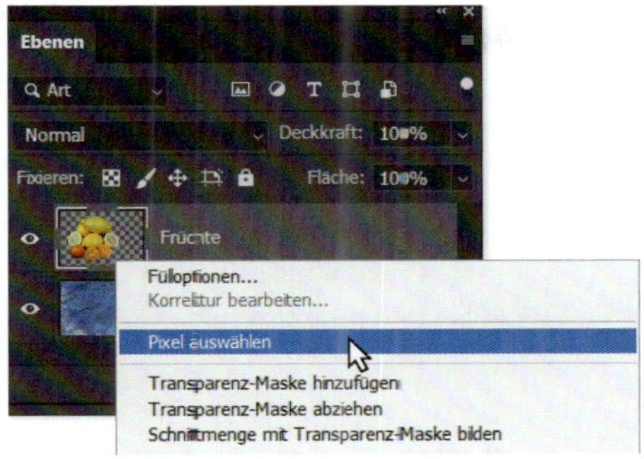

▲ **Abbildung 8.86**
Je nachdem, an welche Stelle des Ebenen-Bedienfelds Sie klicken, rufen Sie unterschiedliche Funktionen auf – daher ist Klickgenauigkeit geboten. Ein Rechtsklick auf die Ebenenminiatur bringt das hier abgebildete Menü zum Vorschein.

Pixel zu Auswahl addieren | Sie können auf ähnliche Weise auch die deckenden Pixel mehrerer Ebenen zu einer einzigen Auswahl addieren oder auch Inhalte einzelner Ebenen von bestehenden Auswahlen abziehen.

Halten Sie zusätzlich zum [Strg]/[cmd]-Klick in die Ebenenminiatur [⇧] gedrückt, und klicken Sie nach und nach die Miniaturen **aller Ebenen** an, die in die Auswahl einbezogen werden sollen. Beachten Sie dabei den veränderten Mauscursor: Ein Pluszeichen ❷ zeigt an, dass hier Auswahlen addiert werden.

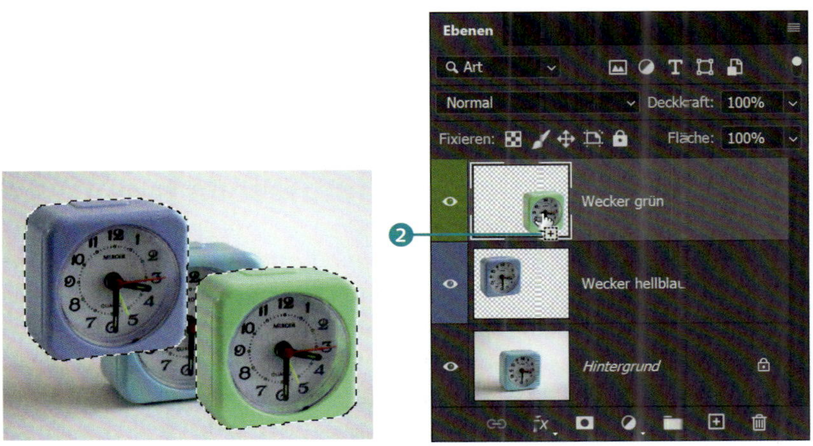

◂ **Abbildung 8.87**
Drei Wecker auf drei verschiedenen Bildebenen. Mit Klicks in die entsprechenden Ebenenminiaturen – bei gehaltener [Strg]/[cmd]- und [⇧]-Taste – wählen Sie die sichtbaren Pixel der Ebenen »Wecker hellblau« und »Wecker grün« aus.

Auswahlbereiche subtrahieren oder Schnittmengen bilden | Um Auswahlbereiche, die auf den nicht transparenten Pixeln von Ebenen basieren, voneinander zu subtrahieren, gehen Sie ähnlich vor, drücken aber zusätzlich zum Klick in die Miniatur Strg/cmd+Alt. Für Schnittmengen von Auswahlbereichen drücken Sie ⇧+Strg/cmd+Alt.

Tabelle 8.8 ▼
Tastaturbefehle für die Arbeit mit Auswahlen auf einen Blick

Was wollen Sie tun?	Windows	Mac
Auswahllinie **verschieben**	aktives Auswahlwerkzeug und Pfeiltasten oder Maus	aktives Auswahlwerkzeug und Pfeiltasten oder Maus
Auswahlinhalt **ausschneiden** und verschieben (auf derselben Ebene)	aktives Verschieben-Werkzeug und Pfeiltasten oder Maus	aktives Verschieben-Werkzeug und Pfeiltasten oder Maus
Auswahl **kopieren** und verschieben (auf derselben Ebene)	aktives Verschieben-Werkzeug und Pfeiltasten oder Maus, zusätzlich Alt drücken	aktives Verschieben-Werkzeug und Pfeiltasten oder Maus, zusätzlich alt drücken
Inhalt einer Auswahl **ausschneiden** und auf neuer Ebene einfügen	⇧+Strg+J	⇧+cmd+J
Inhalt einer Auswahl **kopieren** und auf neuer Ebene einfügen	Strg+J	cmd+J
deckende Pixel einer Ebene auswählen	Strg + Klick in die Ebenenminiatur	cmd + Klick in die Ebenenminiatur
deckende Pixel einer Ebene auswählen, Auswahl **erweitern**	Strg+⇧ + Klick in die Ebenenminiatur	cmd+⇧ + Klick in die Ebenenminiatur
deckende Pixel einer Ebene auswählen, Auswahl **verkleinern**	Alt+Strg + Klick in die Ebenenminiatur	alt+cmd + Klick in die Ebenenminiatur
Auswahlen aus deckenden Pixeln mehrerer Ebenen addieren	⇧+Strg + Klick in die Ebenenminiaturen	⇧+cmd + Klick in die Ebenenminiaturen
Auswahlen aus deckenden Pixeln mehrerer Ebenen **subtrahieren**	Alt+Strg + Klick in die Ebenenminiaturen	alt+cmd + Klick in die Ebenenminiaturen
Schnittmenge aus Auswahlen bilden	⇧+Alt+Strg + Klick in die Ebenenminiatur	⇧+alt+cmd + Klick in die Ebenenminiatur

8.13 Bildelemente vom Hintergrund lösen: Freistellen

Die meisten Bildelemente sind erst ohne Hintergrundpixel für Montagen brauchbar. *Freistellen* nennt man die Methode, mit der Sie Bildobjekte von den sie umgebenden Hintergrundpixeln lösen. Sehr oft werden dazu Auswahlen – oft auch in Kombination mit Masken, dem Gegenstand des folgenden Kapitels 9 – genutzt.

Allerdings sind die Qualitätsanforderungen an solche Auswahlen besonders hoch. Man will in der späteren Montage keine eckigen Schnittkanten oder andersfarbige Ränder sehen. So steigt auch der handwerkliche Aufwand. Aus diesen Gründen bietet Photoshop spezialisierte Funktionen, um präzise Auswahlen zu erzeugen und um Bildteile freizustellen.

Auswahl-Feintuning an einmontierten Objekten
Gerade bei Montagen und Collagen ist es ratsam, die Feinarbeiten an ausgewählten Objekten dann auszuführen, wenn diese schon in ihre neue Umgebung einmontiert sind. Sie können dann besser feststellen, welche Pixel noch künstlich wirken oder stören.

8.13.1 Freistellen per Automatik: Auswählen und maskieren

Das Tool AUSWÄHLEN UND MASKIEREN eignet sich hervorragend für die Vorbereitung von Bildobjekten, die freigestellt und in Montagen verwendet werden sollen. Auch recht schwierige Motive mit rauen Konturen und wenig Kontrast zum Hintergrund lassen sich damit recht zügig isolieren. Genau hinsehen und mit Feingefühl arbeiten müssen Sie jedoch auch hier. Wie Sie dabei vorgehen können, erfahren Sie beispielhaft in einem Workshop.

Schritt für Schritt: Freistellen mit »Auswählen und maskieren«

»Portrait.psd«

Die Aufgabe: Lassen Sie den hellen Hintergrund verschwinden, damit die darunterliegende Ebene, ein dunkelblauer Hintergrund, zu sehen ist. Auf den ersten Blick handelt es sich um ein unkompliziertes Motiv – die dunklen Haare und der helle Hintergrund sind gut zu unterscheiden. Wenn Sie ins Bild hineinzoomen, erkennen Sie, dass die Herausforderung in den feinen Haarspitzen des jungen Mannes liegt. Feine Haare ragen in den hellen Hintergrund und müssen sorgfältig entfernt werden, sollen sie nicht vor dem neuen, dunklen Hintergrund auffallen.

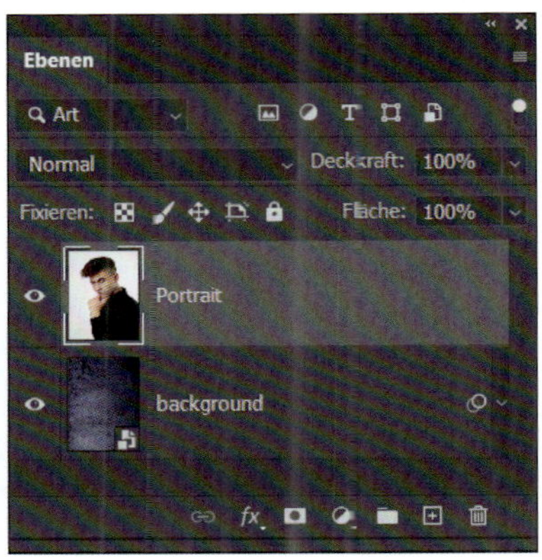

◂◂ Abbildung 8.88
Trotz des guten Kontrasts zum Hintergrund sind die Haare eine anspruchsvolle Freistellaufgabe.

◂ Abbildung 8.89
Ebenenaufbau: Der neue Hintergrund ist ein blauer Hintergrund.

1 Erste Auswahl erstellen

Aktivieren Sie das Auswählen und Maskieren-Werkzeug über das Menü Auswahl oder mit `Alt`+`Strg`/`cmd`+`R`. Klicken Sie dann auf die Schaltfläche Motiv auswählen (1), um eine erste grobe Auswahl zu erstellen. In der Regel funktioniert die Funktion Motiv auswählen hervorragend und erspart häufig den umständlicheren Weg mit einem Auswahlwerkzeug wie z. B. dem Schnellauswahlwerkzeug `W`.

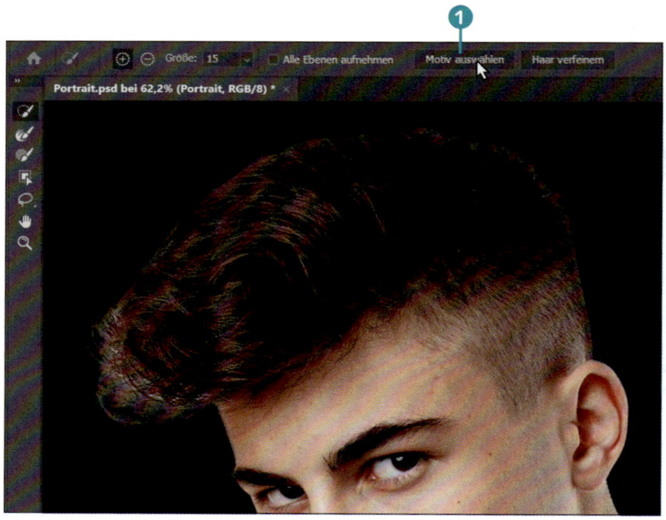

Abbildung 8.90 ►
Die Funktion Motiv auswählen arbeitet hier ausgesprochen gut.

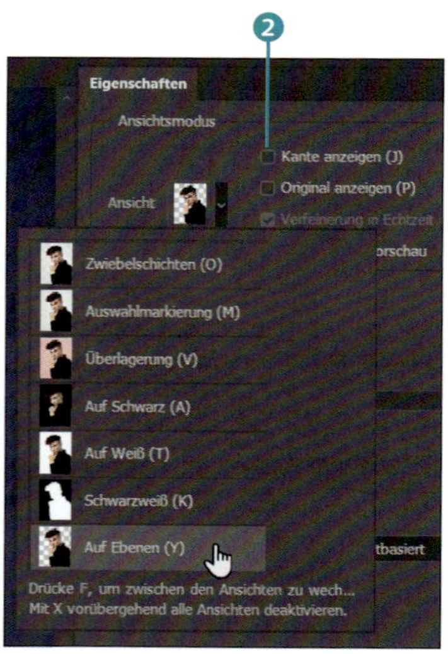

▲ Abbildung 8.91
Auswahl der Bilddarstellung

2 Vorschauoption wählen

Unter Ansichtsmodus stellen Sie nun ein, wie die Vorschau angezeigt werden soll. Da es sich hier um ein Bild mit ursprünglich hellem Hintergrund handelt, das vor einem dunkleren Hintergrund (dem blauen Hintergrund) gezeigt werden soll, sind die Optionen Auf Schwarz (Kürzel: `A`) oder Auf Ebenen `Y` am besten geeignet, um kritische Bereiche sichtbar zu machen.

In der Praxis würde ich bei diesem Beispiel nun sofort auf die Schaltfläche Haar verfeinern klicken und Photoshop die Feinarbeiten machen lassen und dann an dieser Stelle mit Schritt 9 fortfahren. Allerdings gibt es auch immer Bilder, wo dies eben nicht so gut funktioniert. Außerdem ist das ein guter Grund, die anderen Funktionen von Auswählen und Maskieren besser kennenzulernen. Daher zeige ich Ihnen in den folgenden Schritten, wie Sie mit dem Kante-verbessern-Werkzeug und weiteren Optionen die Auswahl verfeinern können.

3 Breite des Erkennungsradius festlegen

Wenn Sie bei der Ansichtsoption Kante anzeigen `J` (2) aktivieren, werden Sie feststellen, dass Photoshop mit Hilfe der Motiv auswäh-

LEN-Funktion bereits um die Haare herum einen Erkennungsradius eingerichtet hat. Generell gilt: Der RADIUS-Wert ❸ sollte so hoch sein, dass alle relevanten Bildteile des Freistellobjekts großzügig erfasst werden, jedoch nicht zu viele überflüssige Hintergrundpixel enthalten sind. Für Bereiche jenseits der Haare ist bei diesem Motiv ein RADIUS-Wert um die 15–20 ein guter Einstieg. Alle Einstellungen unter AUSWÄHLEN UND MASKIEREN – auch die unter GLOBALE VERBESSERUNGEN – wirken sich nur auf den festgelegten Radiusbereich aus. Daher ist es recht hilfreich, dass die Automatik bei den Haarbereichen einen eigenen Bereich errechnet.

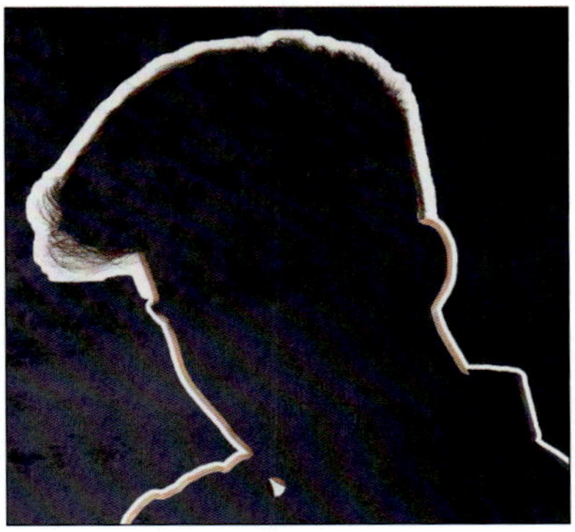

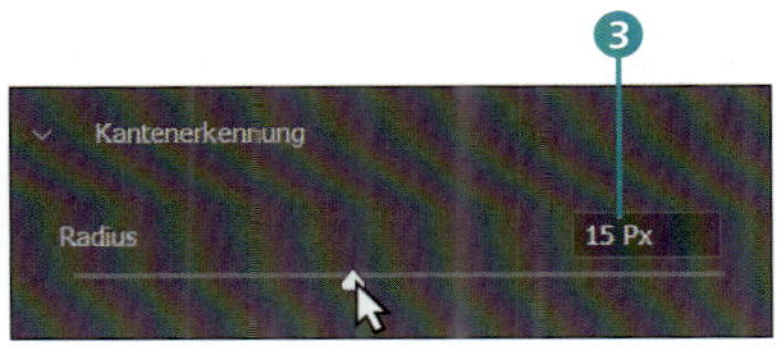

◂ **Abbildung 8.92**
KANTENERKENNUNG: Den RADIUS-Wert sollten Sie an Bildgröße, Auflösung und Motiv anpassen – daher gibt es kein Patentrezept.

4 Radius vorsichtig weiter eingrenzen

Deaktivieren Sie die Option KANTENERKENNUNG [J], um eine realistische Vorschau zu sehen. Bewegen Sie den RADIUS-Slider vorsichtig nach links, um den Radius weiter einzugrenzen. Ziehen Sie so lange, bis die Vorschau das – für Ihr aktuelles Motiv – bestmögliche Freistellergebnis zeigt. Details bessern Sie, wenn nötig, im nächsten Schritt nach. Bei Bildern, die genügend Kontrast zwischen Hauptmotiv und Hintergrund aufweisen, ist manchmal gar keine Nachbearbeitung nötig.

Vor allem bei Motiven, die sowohl harte als auch weiche Übergänge zum Hintergrund aufweisen, ist das Zuschalten der Option SMARTRADIUS hilfreich. Probieren Sie im Zweifelsfall einfach aus, ob das Zuschalten der Option das Ergebnis verändert.

100%-Ansicht
Eine 100%-Ansicht auf das Bild ist obligatorisch, wenn Sie die Kanten verbessern. Ich empfehle sogar, noch viel tiefer in das Bild einzuzoomen.

5 Details ausbessern

Zum Nachbessern der Kante nutzen Sie das Kante-verbessern-Pinselwerkzeug ❶ (Kürzel [R], Abbildung 8.93). Sie finden es in der Werkzeugleiste; die Einstellungen werden über die Optionsleiste gesteuert. Wenn Sie damit über die Fehlstellen in der Objektkontur malen, berechnet Photoshop die Kanten neu. Ist in der Optionsleiste das Pluszeichen ❸ gedrückt, werden Bereiche hinzuaddiert; haben Sie zu viel erwischt, wechseln Sie zum Minus-Button ❷ und fahren nochmals über die Stelle.

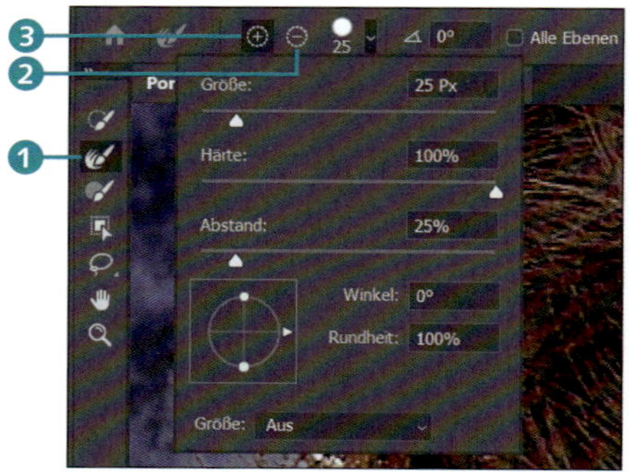

Abbildung 8.93 ▸
Einstellungen des Kante-verbessern-Pinsels

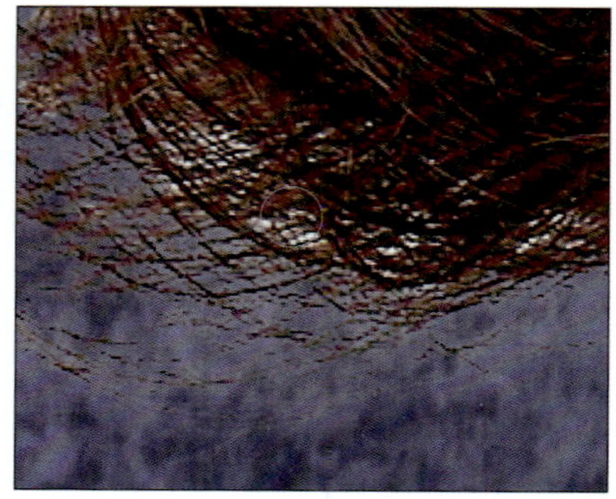

Abbildung 8.94 ▸▸
Mit einem feinen Pinsel gehen Sie bei starkem Zoom mit dem Kante-verbessern-Pinsel über helle Bereiche zwischen den Haaren.

Machen Sie auch eifrig Gebrauch von Zoom und Hand, um die wesentlichen Details heranzuholen. Konzentrieren Sie sich zunächst nur auf die Haare. Fehler an den glatten Kanten des Motivs (zum Beispiel am Hemdkragen) können Sie später korrigieren.

Wer schon häufig mit der Quick Mask (Maskierungsmodus) gearbeitet hat, der wird leicht zu dem Denkfehler verleitet, dass beim Hantieren mit den beiden Radius-Korrektur-Pinseln tatsächlich Bildbereiche abgedeckt oder freigelegt würden. Dies passiert jedoch *nicht*! Was Sie eigentlich tun, ist, den Radiusbereich, in dem die automatische Kantenerkennung arbeitet, zu vergrößern oder zu verkleinern. Sie erkennen das deutlich, wenn Sie kurzzeitig die Option KANTENERKENNUNG J einschalten. Seien Sie auch nicht zu kritisch mit Ihren Nacharbeiten – es wird nicht möglich sein, jedes einzelne Haar zu erfassen. Zoomen Sie gelegentlich aus der starken Vergrößerung heraus, um das Ergebnis realistisch zu beurteilen.

6 Zwischenstand: Entsättigte Kanten erzeugen hellen Halo

Im Großen und Ganzen sieht das Bild schon gut aus – mit vertretbarem Aufwand ist eine brauchbare Auswahl entstanden. Wenn Sie genau hinsehen, erkennen Sie allerdings, dass die meisten Haarspitzen grau geworden sind. Sie wirken wie ein heller Farbschein rund um den Kopf.

Abbildung 8.95 ▸
Noch ist ein heller Schein um den Lockenschopf zu sehen. In der Zoomansicht zeigt sich, dass entsättigte Haarspitzen für den Halo-Effekt verantwortlich sind.

Dem lässt sich mit den manuellen Werkzeugen auch nicht beikommen – diesen unerwünschten Effekt entfernen wir in den nächsten Schritten.

7 Einstellungen unter »Globale Verbesserungen«

Sie können bei jedem Motiv auch die Slider unter GLOBALE VERBESSERUNGEN nutzen. Bei diesem Bild wirken WEICHE KANTE und WEICH kontraproduktiv, denn sie bringen helle Partien wieder zum Vorschein. KONTRAST kann Partien wie die zu hellen Haarspitzen abdunkeln, sollte jedoch vorsichtig eingesetzt und unbedingt in der 100%-Ansicht beurteilt werden – andernfalls erscheinen im Bild schnell zu harte Kanten. Das Bild wirkt dann wie grob mit der Schere ausgeschnitten. Bei diesem Motiv verzichte ich ganz darauf, den Kontrast zu verändern. Sie sollten sich diese Möglichkeit jedoch für andere Bilder merken!

8 Objektkanten dekontaminieren und Ergebnis ausgeben

Die Option FARBEN DEKONTAMINIEREN ersetzt unerwünschte Farbränder an Objekten durch die Farben benachbarter Pixel. Und auch zu stark aufgehellte Randpixel bekommen Sie so weg. Wenn Sie mit dieser Funktion arbeiten, wird tatsächlich die Farbe einzelner Ebenenpixel verändert – daher stehen Ihnen unter AUSGABE IN nicht alle Optionen zur Verfügung. Ich wähle die Ausgabeoption NEUE EBENE MIT EBENENMASKE. Mit Hilfe der Maske ist es später einfach, die kleinen Fehlstellen am Hemdkragen zu bereinigen.

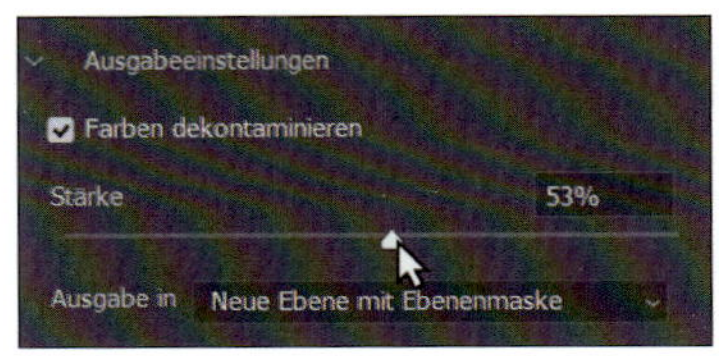

▲ **Abbildung 8.96**
Die Funktion FARBEN DEKONTAMINIEREN ist erstaunlich wirkungsvoll.

◂ **Abbildung 8.97**
Die hellen Kantenpixel wurden erfolgreich entfernt.

9 Das Resultat

Als Ergebnis erhalten Sie ein Bild mit drei Ebenen: die Hintergrundebene, die ausgeblendete originale Bildebene und darüber die Version mit einer Maske, die auf Basis Ihrer Einstellungen erzeugt wurde. Diese

Maske können Sie nun weiter bearbeiten – entweder schnöde mit dem Pinsel oder indem Sie im Masken-Bedienfeld erneut Auswählen und Maskieren fürs Feintuning starten. Mehr über Masken erfahren Sie in Kapitel 9, »Maskieren und Montieren«!

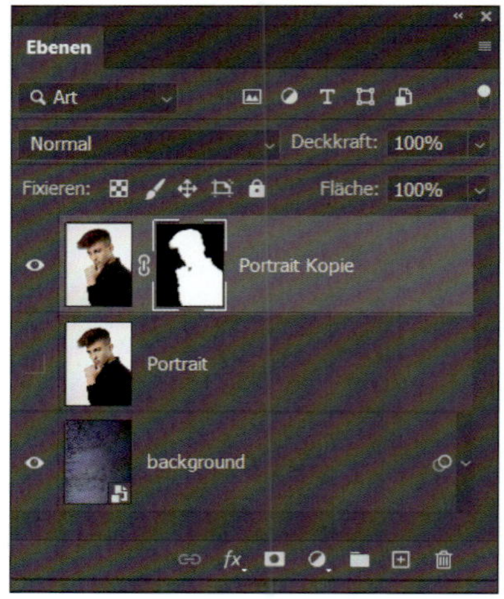

Abbildung 8.98 ▸
Ein respektables Ergebnis.

Abbildung 8.99 ▸▸
Der Ebenenaufbau ist flexibel: Die Maske können Sie bei Bedarf weiter verfeinern.

8.13.2 Bunte Randpixel manuell entfernen

Sehr oft zeigt sich die Qualität einer Auswahl, wenn das freigestellte, also vom bisherigen Bildhintergrund gelöste Element vor seinen neuen, andersfarbigen Hintergrund gestellt wird. Selbst wenn Sie präzise arbeiten, werden zuweilen Pixel »mitgenommen«, die zum alten Hintergrund des Bildes gehören. Manche Bildobjekte reflektieren auch oft einfach den Farbton ihrer Umgebung. Die Montage lässt sich dann leicht entlarven. So sind bunte, zu helle oder zu dunkle Randpixel ein notorisches Problem beim Freistellen. Neben den Funktionen unter Auswählen und Maskieren gibt es noch weitere Möglichkeiten, sie loszuwerden.

- Im Menü finden Sie den Befehl Ebene • Basis • Rand entfernen. Durch Anwenden des Befehls werden die Farben aller Randpixel eines Bildobjekts durch Farben weiter innen gelegener Bildpixel ersetzt. Leider funktioniert Rand entfernen nicht bei allen Bildern gut.
- Eine radikale Möglichkeit für harte Fälle ist das Abschneiden der Randpixel durch Eingabe eines negativen Werts unter Kante verschieben im Dialog Auswählen und Maskieren.
- In weniger schweren Fällen kann auch der Griff zum Schwamm-Werkzeug, zum Nachbelichter oder zum Abwedler (alle: Kürzel [O]) helfen, um Objektkanten bei Montagen besser in die neue Umgebung einzupassen. Der Schwamm entsättigt Pixel, der Nachbelichter macht sie dunkler, der Abwedler wirkt aufhellend.

Zum Weiterlesen
Nicht bei allen Bildgegenständen funktioniert das Freistellen mit Auswählen und Maskieren gut. Besonders Objekte mit unscharfen Konturen vor strukturiertem oder kontrastschwachem Hintergrund lassen sich damit nicht immer zufriedenstellend isolieren. Für solche Fälle steht ein leistungsfähiges Tool zur Verfügung: die **Farbbereich-Funktion** im Masken-Bedienfeld. Im Detail und mit einem Workshop stelle ich Ihnen diese Möglichkeit in Abschnitt 9.4.3, »Das Wunderwerkzeug für komplizierte Masken: ›Farbbereich‹«, vor.

»FrauVorHimmel.tif«

◂ **Abbildung 8.100**
Vor einer weißen Ebene zeigt die freigestellte Frau an den Kanten noch Spuren dunklerer Pixel in der Farbe des ursprünglichen, strahlend blauen Hintergrunds.

8.13.3 Quick Mask: Auswahlen detailgenau anpassen

Die Quick Mask, auch »Maskierungsmodus« genannt, gehört zu den wirklich alten Tools in Photoshops Werkzeugkasten. Es kommt überall dort zum Einsatz, wo vorhandene Auswahlen für bessere Passgenauigkeit manuell nachgearbeitet werden sollen. Die Funktionen unter AUSWÄHLEN UND MASKIEREN haben die Notwendigkeit zur manuellen Nachbearbeitung von Auswahlen und Masken drastisch reduziert. Dennoch lohnt es sich, sich einmal mit der Funktion zu befassen, denn danach werden Sie vermutlich keine Schwierigkeiten mehr haben, souverän mit Masken und Auswahlen zu hantieren! Zudem gibt es immer noch Anwendungsfälle, die eine präzise »handgemachte« Auswahl oder Maske verlangen.

Der Maskierungsmodus ist nichts anderes als eine temporär angelegte Maske und funktioniert – wie Auswahlen und die echten Ebenenmasken auch – auf der Basis von Alphakanälen. Er ist flotter zu handhaben als Ebenenmasken und eignet sich daher besonders gut, wenn Sie »eben schnell« eine Auswahl erstellen oder nachbearbeiten müssen.

Ich zeige Ihnen im Folgenden Schritt für Schritt, wie Sie die praktische Schnellmaske bei einer Montage einsetzen können.

Schritt für Schritt: Maskierungsmodus – Hilfsmittel für exakte Montagejobs

Hier erzeugen Sie eine Montage aus zwei Dateien: Auf das Foto eines LKW soll ein Graffito montiert werden. Dabei kommen Auswahlen, Transformationsbefehle, der Maskierungsmodus und Ebenen-Mischmodi zum Einsatz.

»LKW.tif«, »Streetart.tif«

Öffnen Sie beide Dateien, und wenden Sie sich zunächst der Datei mit dem Graffito zu.

Bild: Fotolia, Scatterly

▲ **Abbildung 8.101**
Ein Ausschnitt aus diesem Straßenbild ...

Bild: stock.xchng, Joanie Cahill

▲ **Abbildung 8.102**
... werden wir auf den LKW montieren.

1 Grobauswahl anlegen

Es empfiehlt sich, zunächst eine Grobauswahl anzulegen. Ich habe hier das Lasso L genommen. Je nach Motiv eignen sich natürlich auch andere Tools.

Abbildung 8.103 ▸
Beginnen Sie mit einer Grobauswahl des Graffitos.

2 Graffito in das LKW-Bild kopieren und transformieren

Kopieren Sie dann Ihren gewählten Ausschnitt in die Datei mit dem LKW. In Abschnitt 5.4.7, »Neue Bildinhalte: Ebenen oder Gruppen aus anderen Bildern einkopieren«, erkläre ich alle dazu zur Verfügung stehenden Möglichkeiten detailliert.

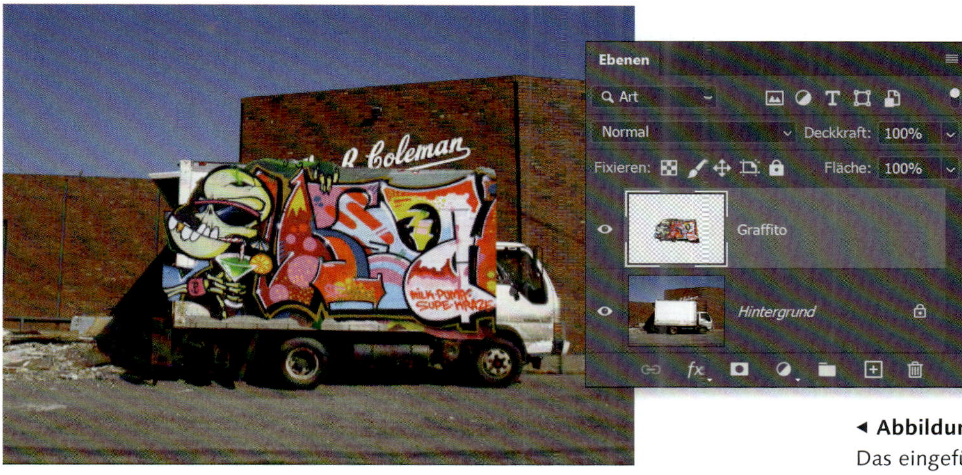

◂ **Abbildung 8.104**
Das eingefügte Graffito

3 Graffito-Ebene transformieren

Das Bild passt nicht ganz genau auf die Seitenwand des LKW und muss durch Transformation angepasst werden. Um dabei gleichzeitig die LKW-Kontur und das Bild im Blick zu haben, stellen Sie den Mischmodus der Graffito-Ebene um, zum Beispiel auf MULTIPLIZIEREN, oder wählen einen der Nachbelichter. Es ist auch möglich, die Deckkraft ein wenig zu senken. Entscheiden Sie selbst, welche Variante Ihnen zusagt.

Bei der Transformation müssen Sie nicht zimperlich sein, Sie können dieses Motiv auch unproportional verzerren.

◂ **Abbildung 8.105**
Anpassung durch Transformation

4 Deckende Pixel der Graffito-Ebene auswählen

Bevor Sie in den Maskierungsmodus wechseln, sollten Sie alle deckenden Pixel der Graffito-Ebene auswählen. Das geht am besten mit einem `Strg`/`cmd`-Klick in die Ebenenminiatur.

5 In den Maskierungsmodus wechseln

In den Maskierungsmodus wechseln Sie mit [Q] oder über die Werkzeugleiste mit einem Klick auf das Icon . Auf dem Bild liegt jetzt eine halbtransparente rote Maske. Die nicht ausgewählten Bereiche im Bild müssten jetzt rot überdeckt sein. Im Ebenen-Bedienfeld wird die entsprechende Ebene ebenfalls mit einer roten Markierung angezeigt.

▲ **Abbildung 8.106**
Der Maskierungsmodus wird standardmäßig durch eine rote Maske angezeigt – bei diesem Motiv ist diese Farbe nicht so günstig.

6 Maskenfarbe und -deckkraft anpassen

Durch Malen mit dem Pinsel soll die Form der farbig dargestellten Maske detailgenau an das Motiv angepasst werden – auf dieser Grundlage wird dann die neue Auswahl erstellt. Bei manchen Motiven deckt die Standard-Maskenfarbe zu viel vom Motiv ab, so wie hier. Die Maskendarstellung können Sie jedoch verändern. Wechseln Sie in das Kanäle-Bedienfeld. Dort ist die Quick Mask als Alphakanal abgelegt. Per Doppelklick auf die Kanalminiatur erreichen Sie die Optionen. Ein Doppelklick aufs Farbfeld erlaubt Ihnen, die Maskenfarbe zu ändern; die Deckkraft lässt sich prozentgenau einstellen. Im nächsten Schritt sehen Sie das Bild dann mit veränderter Maskenvorschau.

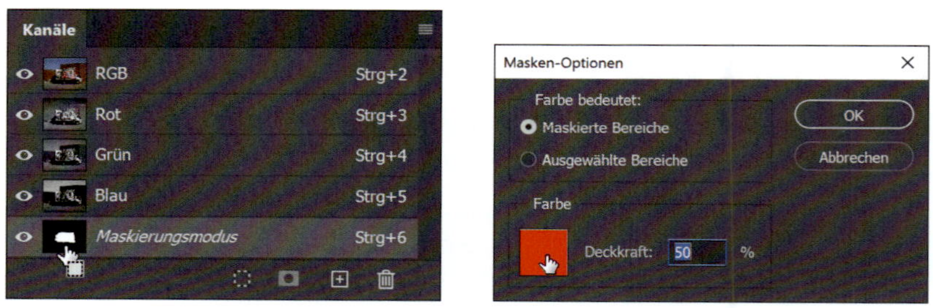

▲ **Abbildung 8.107**
Maskenfarbe und -deckkraft lassen sich ändern. Ein Doppelklick auf die Quick-Mask-Miniatur im Kanal-Bedienfeld führt zu den Optionen.

7 Maske bearbeiten

Nun wird die Auswahlmaske durch Farbauftrag mit dem Pinsel verfeinert. Etwas Geduld ist erforderlich, aber mit etwas Übung werden Sie zügig arbeiten. Sie pinseln hier nicht mit der Farbe der Masken»folie«, sondern – orientiert an der Darstellung im Alphakanal – mit Schwarz und Weiß:

- **Weiße Farbe** entfernt Teile der farbigen Abdeckung und vergrößert so den späteren Auswahlbereich.
- **Schwarze Farbe** fügt farbige Bereiche hinzu, grenzt den Auswahlbereich also ein.
- **Graustufen** oder eine verminderte Deckkraft beim Farbauftrag erzeugt eine Teiltransparenz der Maske und der späteren Auswahl (also weiche Übergänge).

Alle Bildteile, die Sie nicht brauchen, sollten von der Maske abgedeckt werden. Es empfiehlt sich, mit verschiedenen Finselgrößen zu arbeiten und den Auftrag von Schwarz und Weiß abzuwechseln. Nützlich ist hier der Shortcut [X]: Er tauscht das Vorder- und Hintergrund-Farbfeld und ermöglicht so den raschen Wechsel zwischen den Auftragsfarben Schwarz und Weiß.

Das Zoom-Werkzeug [Z] und das Hand-Werkzeug [H] helfen, die Details im Blick zu behalten. Bei stark gezoomter Bildansicht ist auch der Shortcut [H] mit Mausbewegung extrem hilfreich: Mit ihm holen Sie sich jeden gewünschten Bildausschnitt ohne viel Scrollen nah heran.

◂ **Abbildung 8.108**
Wenn Sie bei stark gezoomter Ansicht [H] drücken und dann die Maus bewegen, erscheint ein Navigationsrahmen, mit dem Sie sich den gewünschten Ausschnitt zielsicher ins Bild holen.

Anhand der Form der Masken»folie« können Sie jeden Pinselstrich und die Form des späteren Auswahlbereichs verfolgen.

Schnell Pinselgrößen ändern
Bei aktivem Pinsel-Werkzeug gibt es ein Kontextmenü, das den zügigen Wechsel verschiedener Pinselgrößen extrem erleichtert. Klicken Sie dazu einfach mit rechts irgendwo ins Bild – es erscheint das vertraute Pinseleinstellungsfeld.

8 Auswahl erzeugen und verfeinern

Mit [Q] oder dem Button in der Werkzeugleiste wechseln Sie aus dem Maskierungsmodus zurück in den normalen Modus. Anstelle der Maske ist nun wieder eine Auswahllinie zu sehen. Auch zwischendurch können Sie mit [Q] schnell einmal wechseln, um die Passgenauigkeit der Auswahllinie zu prüfen. Sie können auch die Funktion Auswählen und maskieren nutzen, um Ihre Auswahllinie weiter zu verfeinern.

9 Nicht mehr benötigte Teile der Ebene verschwinden lassen

Nun müssen Sie die nicht mehr benötigten Teile der Ebene ausblenden oder entfernen. Dazu können Sie ganz schnöde die [Entf]- oder die [←]-Taste benutzen. Damit werden die ausgewählten Pixel einfach gelöscht. Eleganter ist es, mit einer Ebenenmaske zu arbeiten. Sie blendet die Bildteile nur aus und kann jederzeit nachbearbeitet werden. Eine einfache Möglichkeit zum Erzeugen von Masken: Klicken Sie im Ebenen-Bedienfeld auf den Minibutton Maske hinzufügen.

▴ **Abbildung 8.109**
Graffito-Ebene mit Maske

Abbildung 8.110 ▸
Ohne Maskierungsmodus wäre es kaum möglich gewesen, die Konturen des Graffitos so exakt herauszuarbeiten.

Als Mischmodus für die Ebene habe ich anschließend MULTIPLIZIEREN gewählt – dadurch wirkt die Aufschrift realistisch wie »aufgesprüht«.

Die fertige Montage sieht dann in etwa so aus wie in Abbildung 8.109.

8.13.4 Hintergrund-Radiergummi: Freistellen ganz ohne Masken

»berliner_dom.jpg«

Bei weniger schwierigen Fällen – also Bildern mit einheitlichem, zum Haupt-Bildgegenstand gut kontrastierendem Hintergrund – können Sie zum Hintergrund-Radiergummi E greifen. Dies ermöglicht es ganz ohne den Umweg über Auswahlen, Bilder vom Hintergrund zu lösen. Allerdings ist dieser Arbeitsschritt dann endgültig, und spätere Korrekturen oder Änderungen sind nicht möglich.

Bild: vitamin a design

Abbildung 8.111 ▸
Bei geeigneten Motiven und mit den richtigen Einstellungen erkennt der Hintergrund-Radiergummi automatisch die Hintergrundpixel und entfernt sie. Bei Details ist kräftiges Zoomen notwendig.

Wie arbeitet der Radiergummi? | Die Funktionsweise des Werkzeugs ist komplex: Der Hintergrund-Radiergummi nimmt in der Mitte der Werkzeugspitze Farbe auf und löscht sie überall dort, wo sie innerhalb des Werkzeugspitzen-Radius vorkommt. Er ist also gleichzeitig Farbaufnahme- und Radierinstrument. An den Rändern von Bildobjekten, die Sie mit dem Hintergrund-Radierer behandeln, werden die Farben angeglichen. Damit wird der typische Farbkranz vermieden, der beim Freistellen so oft auftritt. Der Hintergrund-Radiergummi eignet sich auch zum Nachbearbeiten schon per Auswahl freigestellter Objekte.

Die Anwendung ist einfach, wenn Sie sich einmal die verschiedenen Optionen eingeprägt haben. Sie aktivieren das Werkzeug, treffen Voreinstellungen, radieren um das Bildobjekt herum – fertig (im besten Fall … das funktioniert wirklich nur bei einfachen Motiven).

Optionen des Hintergrund-Radiergummis | Die Pinseleinstellungen und der Toleranz-Wert sind Ihnen ja nicht neu. Richtig interessant sind die Optionen zur Farbaufnahme, dem sogenannten Sampling, und zum Löschen der Pixel.

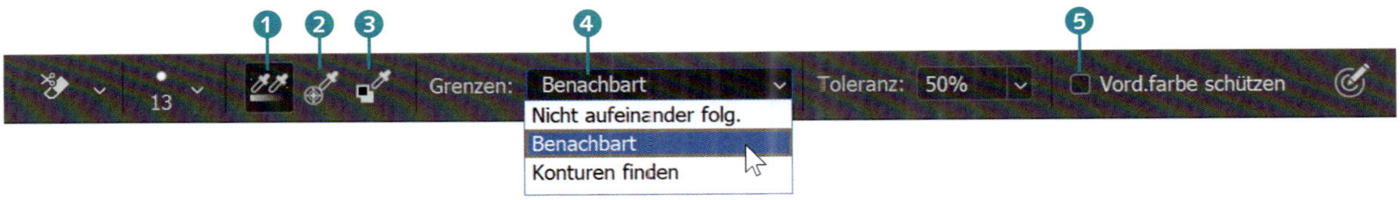

▼ **Abbildung 8.112**
Die Optionen sind hier für den Erfolg maßgeblich.

Farbaufnahme | Die Farbaufnahme-Optionen haben entscheidende Auswirkung auf die Wirkungsweise des Werkzeugs:

- Mit der Aufnahme-Option Kontinuierlich (1) werden Farben beim Ziehen kontinuierlich aufgenommen. Das ist die beste Einstellung zum Freistellen.
- Mit Einmal (2) werden nur die Bereiche mit der Farbe gelöscht, auf die Sie als Erstes im Bild geklickt haben.
- Mit Hintergrund-Farbfeld (3) werden nur die Bereiche gelöscht, die die aktuelle Hintergrundfarbe enthalten.

Pixel löschen | Unter Grenzen (4) stellen Sie ein, welche Pixel genau vom Werkzeug gelöscht werden sollen:

- Mit der Option Nicht aufeinander folgend wird die aufgenommene oder per Hintergrund-Farbfeld festgelegte Farbe überall dort gelöscht, wo sie **unter dem Werkzeug** vorkommt.
- Benachbart löscht die Bereiche, die die aufgenommene Farbe enthalten und **miteinander verbunden** sind. Hier werden also unter Umständen – je nach Motiv – großflächigere Pixelbereiche entfernt.

Hintergrundfarbe aus dem Bild heraus einstellen
Wenn Sie mit der Aufnahmeoption Hintergrund-Farbfeld arbeiten: Sie können zuvor mit dem regulären Pipette-Werkzeug [I] Pixel aus dem Bild aufnehmen, wenn Sie eine spezielle Farbe löschen möchten. Wenn Sie beim Aufnahme-Klick mit der Pipette ins Bild [Alt] gedrückt halten, wird die aufgenommene Farbe automatisch als Hintergrund-Farbfeld eingestellt.

Die Wirkung ist so ähnlich wie beim Zauberstab mit aktiver BENACHBART-Option.

- Mit der Einstellung KONTUREN FINDEN werden **unter dem Mauscursor** befindliche Bereiche gelöscht, die die aufgenommene Farbe enthalten. Die Schärfe der Kanten angrenzender Farbbereiche bleibt mit dieser Option besonders gut erhalten. Für das Freistellen ist sie am besten geeignet.

Die Option VORD.FARBE SCHÜTZEN (Vordergrundfarbe schützen) 5 können Sie frei zuschalten. Ist sie aktiv, werden Pixel, die dem Vordergrund-Farbfeld in der Werkzeugleiste gleichen, während des Radierens nicht gelöscht. In der Praxis ist die Option bei den meisten Bildern nicht sonderlich hilfreich. Selbst Bildbereiche, die auf den ersten Blick monochrom erscheinen, bestehen meist aus zahlreichen Farbnuancen.

TEIL IV
Korrigieren und optimieren

Kapitel 9

Maskieren und Montieren

Wer an Photoshop denkt, denkt wohl auch an das Erstellen von Montagen und Collagen. Erfahren Sie hier alles über die relevanten Werkzeuge und die Arbeitspraxis.

9.1 Konzept und typische Anwendungszwecke von Masken

Ihren Ruf als eher schwieriges Photoshop-Instrument haben Masken, finde ich, völlig zu Unrecht. Wenn man einmal verstanden hat, wie sie funktionieren, kann man bald völlig frei mit Masken arbeiten und alle Vorzüge dieses flexiblen Arbeitsmittels ausspielen. Masken sind universell einsetzbar und für die professionelle Bildbearbeitung nahezu unentbehrlich.

- Mit Masken verfeinern Sie bestehende Auswahlen und erfassen so auch besonders diffizile Bildobjekte präzise.
- Mit einer Maske erstellte Auswahlen eignen sich auch für komplizierte Bildbearbeitungen, bei denen Korrekturen, Filter oder andere Werkzeuge in unterschiedlicher Dosierung auf verschiedene Bildbereiche angewendet werden, denn die Graustufen einer Maske werden als genau steuerbare »weiche Kanten« in eine Auswahl übernommen. Dadurch sind zum Beispiel sanfte, unmerkliche Übergänge zwischen bearbeiteten und unbearbeiteten Bildbereichen möglich.
- Bildteile lassen sich mit Ebenenmasken temporär ausblenden – eine gute und flexible Alternative zur Arbeit mit Radiergummi und [Entf]-Taste oder [←] und häufig die Grundlage von Montagen.

- Sie können weiche Überblendungen erstellen – zwischen einzelnen Ebenen, zwischen ausgewählten und nicht ausgewählten Bereichen oder an Bildkanten.
- Sie können letzte Hand an Montagen legen.

»KleinerLeuchtturm.tif«

Sie können Masken auf normale Bildebenen, Smartobjekte und Textebenen anwenden, nicht jedoch auf Hintergrundebenen (sobald Sie eine Hintergrundebene mit einer Maske versehen, wird sie in eine normale Bildebene umgewandelt). Auch Ebenengruppen können Sie mit einer Maske versehen – selbst dann, wenn die darin enthaltenen Ebenen ihrerseits schon maskiert sind. Auf diese Art sind komplexe Kompositionen realisierbar. Bei Einstellungsebenen werden Masken serienmäßig »mitgeliefert«. Mit der Maske einer Einstellungsebene grenzen Sie die Korrektur schnell und effizient auf einen bestimmten Bildbereich ein. Ähnliches gilt für die Masken bei Smartfiltern.

▲ **Abbildung 9.1**
Bei diesem Foto sollte die Sanddüne im Vordergrund eine etwas wärmere Farbe bekommen, ohne dass der Rest des Bildes verändert wird.

▲ **Abbildung 9.2**
Das Resultat der maskierten Einstellungsebene: Sand und Zaunpfähle haben einen warmen Gelbton bekommen, doch die übrigen Bildbereiche bleiben unverändert.

▲ **Abbildung 9.3**
Eine Farbbalance-Einstellungsebene ist die Lösung. Die Maske der Einstellungsebene – standardmäßig ist sie weiß – wurde hier mit Schwarz ausgepinselt. An diesen Stellen wirkt die Korrektur nicht auf das Bild.

9.1.1 Wie wirkt eine Maske?

Der Begriff der Maske kommt aus der Foto- und Repro-Technik. Früher wurde mit roten Folien gearbeitet, die mit einem Skalpell passgenau zugeschnitten und auf das Negativ gelegt wurden. Beim Ausbelichten ließen die so maskierten Bereiche kein Licht durch und blieben auf dem Positiv unsichtbar.

Die digitalen Masken in Photoshop funktionieren ähnlich. Sie setzen einen bestimmten Teil einer Ebene – eben die maskierten Bereiche – transparent, das heißt, die maskierten Teile werden ausgeblendet.

Wenn sich eine weitere Ebene unterhalb der maskierten Ebene befindet, wird diese dann sichtbar. Diesen Effekt können Sie zwar auch mit dem einfachen Löschen von Bildpixeln erzielen, jedoch sind diese Bildbereiche dann unwiderruflich verloren. Eine Maske hingegen können Sie jederzeit wieder entfernen oder inaktiv setzen, und dann sind die ausgeblendeten Bildteile wieder zu sehen.

»Tordurchfahrt.tif«

▲ **Abbildung 9.4**
Was mag sich hinter diesem Tor verbergen?

▲ **Abbildung 9.5**
Der Blick auf Dünen und Meer?

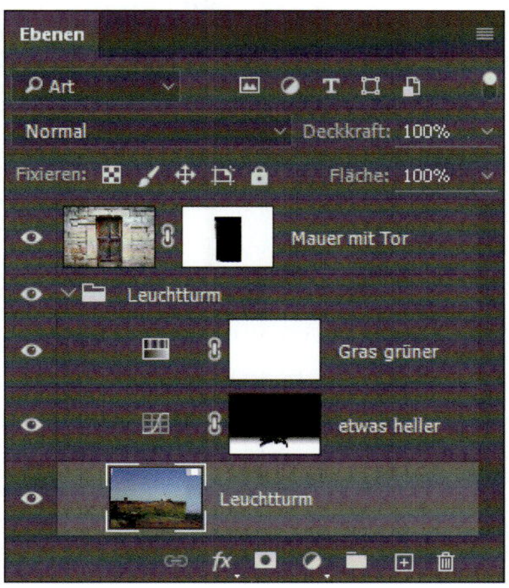

◂◂ **Abbildung 9.6**
Der Ebenenaufbau, oben die Ebene mit Maske. Die in der Maskenminiatur schwarz dargestellten Bereiche sind ausgeblendet.

◂ **Abbildung 9.7**
Auch im Bedienfeld KANÄLE wird das Vorhandensein von Masken angezeigt.

Masken sind vielseitige Montagehelfer. Sind bestimmte Bildteile erst einmal mit Hilfe einer Ebenenmaske ausgeblendet, können Sie beliebige Bildmotive in der Ebene darunter positionieren und zeigen. Die untere Ebene dieses Bildes enthält den Leuchtturm – andere Elemente wären denkbar –, die obere Ebene eine Mauer mit Tor. Auf der oberen Ebene wurde eine Maske erstellt, die die hölzernen Torflügel ausblendet, aber die Mauer intakt lässt. Dort ist nun die obere Ebene ausgeblendet, und die Inhalte auf der Ebene darunter sind sichtbar.

Masken und Alphakanal | Da Masken auf Alphakanälen basieren, kann die Intensität der Abdeckung in 256 (Grau-)Stufen variiert werden. Dadurch sind auch die schon erwähnten weichen, fließenden Übergänge möglich, und zwar mit mehr Kontrolle als bei der Auswahloption WEICHE KANTE. Masken bzw. Alphakanäle lassen sich außerdem mit fast allen Werkzeugen und Befehlen nachbearbeiten – so können Sie Ihre Ergebnisse immer neu variieren.

Wenn die maskierte Ebene im Ebenen-Bedienfeld markiert (aktiv) ist, wird im Kanäle-Bedienfeld die Maske angezeigt – natürlich als Alphakanal. Indem Sie auf das Augensymbol des Alphakanals klicken, blenden Sie die virtuelle »rote Maskenfolie« ein. Wenn Sie zusätzlich alle anderen Kanäle ausblenden, ist die Graustufendarstellung der Maske zu sehen.

Abbildung 9.8 ▸
Das Aktivieren des Kanals 1 blendet im Bild eine Vorschau der virtuellen »Maskierungsfolie« ein. Rot mit 50 %iger Transparenz, so wie hier zu sehen, ist der Standard.

Auswahlen, Alphakanäle, die Quick Mask und Ebenenmasken sind eng miteinander verwandt: Auswahlen können die Basis von Masken sein, und aus Masken können Sie wiederum neue Auswahlen erstellen. Beide basieren auf Alphakanälen. Die Quick Mask ist nichts anderes als eine temporäre Maske mit einem temporären Alphakanal. Das hört sich hier noch arg theoretisch an, auf den folgenden Seiten werden Sie aber erfahren, wie sich alltägliche Photoshop-Aufgaben so leichter lösen lassen. Je sicherer Sie im Handling dieser Techniken sind, desto mehr Zeit sparen Sie bei kniffligen Arbeiten!

9.1.2 Bedeutung der Farben bei der Maskenanzeige

Rot? Schwarz? Weiß? Wer die Maskendarstellung in Photoshop durchschaut, hat schon gewonnen: Unsicherheit im Umgang mit Masken stiften die Farben, in denen Masken dargestellt werden und auch bearbeitet werden können. Daher hier nochmals in aller Deutlichkeit:

- **Schwarz** in der Ebenenmaskenminiatur im Ebenen- und Kanäle-Bedienfeld bedeutet, dass diese Bereiche maskiert sind. Die schwarze Maskierung bewirkt, dass die zugehörige Bildebene an diesen Stellen **ausgeblendet** wird.
- Was in der Maskenminiatur **weiß** dargestellt wird, ist unmaskiert. Wo die Maske weiß ist, bleiben die Pixel der Bildebene **sichtbar**.
- **Grauwerte** in der Maske sorgen entsprechend ihrer Helligkeit für mehr oder weniger starke **Transparenz** der maskierten Ebene.

»SchiffAbendlicht.tif«

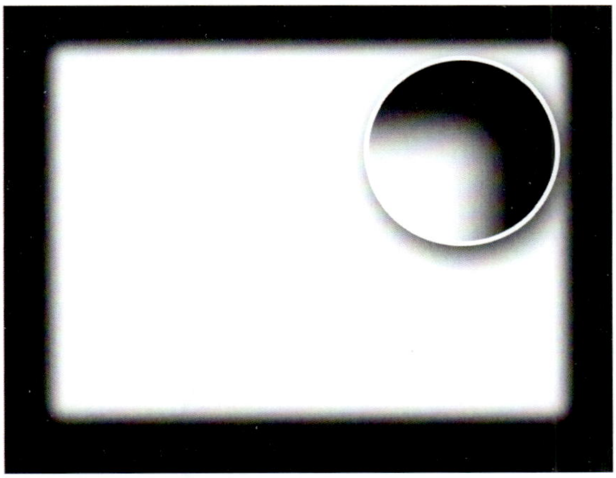

▲ **Abbildung 9.9**
Was bewirken die Maskenfarben? Schwarz deckt ab, Weiß lässt durch, Graustufen bilden sanfte Übergänge …

Bild: Onno K. Gent

▲ **Abbildung 9.10**
… und sorgen für weich abgestufte Transparenz an den Bildkanten. Dadurch wird die hellgraue Hintergrundebene sichtbar.

- Maskierte (schwarze!) Bereiche erscheinen, wenn der Alphakanal mit der Maske eingeblendet ist, mit einer digitalen **roten Folie** überzogen. Die Folienfarbe können Sie ändern, aber Rot ist die der reprotechnischen Tradition geschuldete Standardeinstellung.
- **Auswahlen** können Sie nicht nur aus einer Quick Mask erstellen, sondern auch aus Ebenenmasken. Dabei wird aus den weißen, nicht maskierten Bereichen der Maske der Auswahlbereich erstellt. In der Maske weiß dargestellte Partien lassen sich also dann bearbeiten. Die maskierten – also schwarzen bzw. rot abgedeckten – Partien eines Bildes sind dann *nicht* ausgewählt und somit vor Bearbeitung geschützt.

9.1.3 Verschiedene Maskentypen: Pixel- und Vektormasken

Wenn Photoshop-Anwender von »Masken« reden, meinen sie fast immer jenen Maskentyp, der im offiziellen Adobe-Sprachgebrauch als

»Ebenenmaske« bezeichnet wird. Es gibt jedoch noch einen weiteren Maskentyp: die Vektormasken. Jede Ebene kann mit zwei Masken versehen werden: jeweils einer Ebenen- und einer Vektormaske.

Ebenenmasken | Ebenenmasken sind pixelbasiert; sie können nicht nur Schwarz und Weiß, sondern insgesamt 256 Tonwertabstufungen (Grauwerte) enthalten. Sie sind der bei weitem am häufigsten eingesetzte Maskentyp und auch Hauptthema dieses Buchkapitels.

Vektormasken | Daneben gibt es jedoch auch Vektormasken. Auch sie werden auf Ebenen angewandt, und das Wirkprinzip ist dasselbe wie bei Ebenenmasken. Mit einem entscheidenden Unterschied: Nicht Pixel definieren die Maskenform, sondern Vektorinformationen. Daher lassen sich Vektormasken verlustfrei skalieren, denn sie sind auflösungsunabhängig (wie alle Vektorgrafiken). Bei Vektormasken gibt es nur klares Schwarz und Weiß. Graustufen, die sanfte Übergänge ermöglichen, erzielen Sie nur über den Umweg der Funktion WEICHE KANTE im Eigenschaften-Bedienfeld. Auch die Dichte von Vektormasken lässt sich regeln; andere Funktionen des Bedienfelds EIGENSCHAFTEN sind bei diesem Maskentyp nicht anwendbar. Manuell bearbeiten Sie Vektormasken mit den Formwerkzeugen (alle erreichbar mit dem Shortcut [U]) und den verschiedenen Zeichenstift-Werkzeugen [P].

9.2 Masken: Grundfunktionen und Befehle

Damit Sie sich bei der Arbeit mit Masken auf das Wichtigste – Ihr Bildmotiv – konzentrieren können, sollten Sie die Masken-Funktionen sicher beherrschen.

9.2.1 Ihre Maskentools

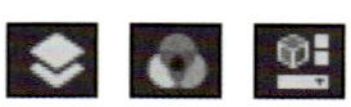

▲ **Abbildung 9.11**
Icons von Ebenen-, Kanal- und Eigenschaften-Bedienfeld

Funktionen und Befehle, um Masken zu kontrollieren und zu bearbeiten, finden Sie in den Bedienfeldern EBENEN, KANÄLE und EIGENSCHAFTEN.

Das klingt komplizierter, als es ist. In der Praxis lässt sich mit den drei Bedienfeldern gut arbeiten, und jeder Anwender findet für seine Maskenroutinen die Handgriffe, die am besten in seinen Workflow passen.

Grundfunktionen des Eigenschaften-Bedienfelds | Die eigentliche Stärke des Eigenschaften-Bedienfelds ist die Feinabstimmung von Masken. Es gibt jedoch auch einige Basisfunktionen.

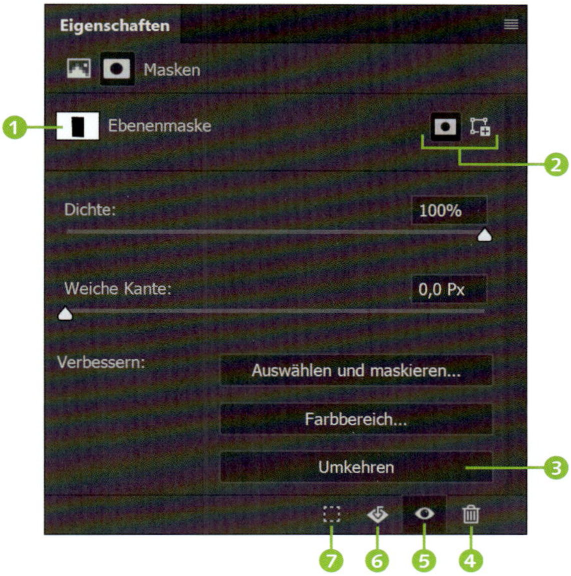

◂ **Abbildung 9.12**
Dieses Aussehen zeigt das Eigenschaften-Bedienfeld nur, wenn in der aktiven Bildebene eine Maske vorhanden ist. Ist das nicht der Fall, sind hier keine Funktionen sichtbar!

- Das Miniatur-Vorschaubild oben links ① zeigt Ihnen, welche Maske aktuell ausgewählt ist – und auf welche Maske sich Ihre Einstellungen auswirken.
- Die Funktion der zwei Buttons oben rechts ② ist variabel. Um sie zu verstehen, müssen Sie wissen, dass Sie eine Ebene mit zwei unterschiedlichen Masken versehen können: einer »normalen«, pixelbasierten Ebenenmaske und einer auf Vektorlinien basierenden Vektormaske. Oder auch nur einer von beiden. Hat die aktive Ebene bereits eine Ebenen- *und* Vektormaske, schalten Sie mit Hilfe der Buttons zwischen beiden Typen um und legen so fest, welche der Masken Sie verändern. Ist im Bild *eine* der beiden möglichen Masken vorhanden, erzeugen Sie durch Klicken eines der beiden Buttons den jeweils *anderen* Maskentyp (Ebenenmaske: , Vektormaske:). Sofern die aktive Ebene noch gar keine Maske hat, zeigt das Eigenschaften-Bedienfeld lediglich die Aufschrift KEINE EIGENSCHAFTEN und hat keine klickbaren Funktionen.
- Die kleinen Icons am Fuß des Bedienfelds übernehmen Grundfunktionen, die Sie alternativ auch mit dem Ebenen-Bedienfeld ausführen: das Löschen ④, Ein- und Ausblenden ⑤ und Anwenden ⑥ von Masken sowie das Erzeugen von Auswahlen aus Masken ⑦ (mehr dazu finden Sie in Abschnitt 9.3, »Ebenenmasken, Auswahlen und Kanäle«).
- Der Button UMKEHREN ③ vertauscht Schwarz und Weiß in der Maske und kehrt damit auch die Maskierwirkung um.

9.2.2 Masken erzeugen

Sie wissen nun, wie Masken funktionieren, und haben das Eigenschaften-Bedienfeld als Steuerzentrale für Masken kennengelernt. Höchste Zeit also, dass Sie erfahren, wie Sie Masken überhaupt anlegen.

Weiße Maske | Um eine ganz weiße, leere Maske zu erstellen, die nichts maskiert, muss die entsprechende Ebene im Bedienfeld aktiviert sein. Dann …

- wählen Sie den Menübefehl Ebene • Ebenenmaske • Alle einblenden
- oder klicken auf das Icon Ebenenmaske hinzufügen ◘ am unteren Rand des Ebenen-Bedienfelds.

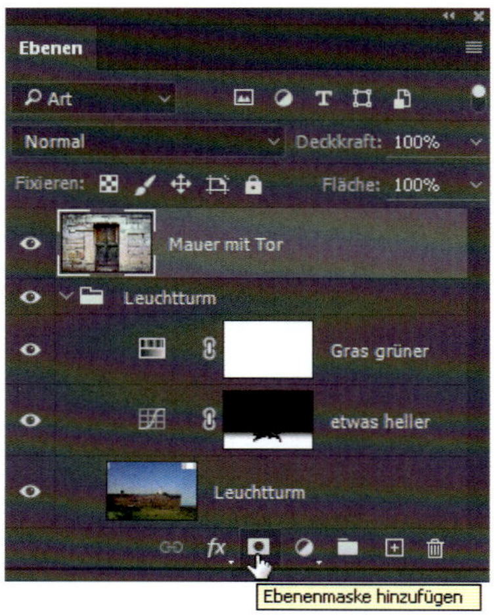

Abbildung 9.13 ▸
Erzeugen einer Ebenenmaske per Ebenen-Bedienfeld. Die Maske wird nun zur aktiven Ebene »Mauer mit Tor« hinzugefügt.

Leeres Eigenschaften-Bedienfeld
Es ist nicht möglich, mit dem Eigenschaften-Bedienfeld auf Ebenen, die bisher keine Maske haben, eine neue Maske zu erzeugen – das Eigenschaften-Bedienfeld zeigt dann nur Informationen zur Bildebene.

Schwarze Maske | Um eine komplett schwarze Maske, die die zugehörige Bildebene vollständig ausblendet, zu erstellen,

- wählen Sie im Menü Ebene • Ebenenmaske • Alle ausblenden
- oder halten beim Klicken auf das jeweilige Masken-Icon im Ebenen-Bedienfeld `Alt` gedrückt.

Eine solche schwarze Maske verwenden Sie, wenn Sie nur kleine Partien der maskierten Ebene zeigen möchten. Es ist dann einfacher, diese Partien – durch Auftragen weißer Pixel auf die Maske – freizulegen, als umgekehrt große Bereiche der Maske durch schwarzen Farbauftrag deckend zu machen.

9.2.3 Maske aktivieren und bearbeiten

Wenn Sie eine Maske erzeugt haben, wollen Sie sie vermutlich noch anpassen. Oder Sie benötigen sie nicht mehr und möchten sie wieder löschen? Egal, was Sie vorhaben: Sie müssen die Maske, die Sie bearbeiten wollen, zunächst auswählen (aktivieren). Das geht am schnellsten, indem Sie im Ebenen-Bedienfeld in die jeweilige Maskenminiatur klicken. Sofern im Ebenen-Bedienfeld bereits die Ebene mit der Maske gewählt ist, können Sie auch den Masken-Button des Eigenschaften-Bedienfelds nutzen, um die Maske zu aktivieren. In jedem Fall müssen Sie genau hinsehen, denn es ist in der Photoshop-Anzeige etwas schwierig festzustellen, ob nun die Ebene selbst oder die Ebenenmaske aktiv ist.

- Beachten Sie den schmalen Rand, der um die Miniatur entweder von Maske oder Ebene verläuft.
- Die Bildtitelleiste zeigt ebenfalls an, welches Element gerade aktiv ist.
- Sobald Sie die Ebenenmaske aktiviert haben, wechseln die Farbfelder in der Werkzeugleiste zu Graustufen, unabhängig davon, welche bunten Farben zuvor eingestellt waren.

▲ **Abbildung 9.14**
Kleine Details in der Anzeige – große Wirkung: Hier ist die Ebene aktiviert …

▲ **Abbildung 9.15**
… und hier ist es die Maske.

Funktionen fürs Masken-Feintuning | Das Eigenschaften-Bedienfeld ist ein unschätzbarer Helfer, um **bestehende Masken nachzubearbeiten**. Zum größten Teil kennen Sie die Funktionen schon aus anderen Zusammenhängen. Das Besondere ist, dass sie auch auf Masken angewandt werden. So steuern Sie ganz einfach die Deckkraft der Maske. Die Konturen von Masken lassen sich in kurzer Zeit haargenau anpassen, Farbbereiche des Bildes können Sie mit wenigen Klicks zu den maskierten Bereichen hinzufügen oder von ihnen ausschließen. Der größte Vorteil: Die Anwendung ist flexibel. In Abschnitt 9.4, »Masken zerstörungsfrei nachbearbeiten«, erfahren Sie darüber mehr.

Nachbearbeitung mit anderen Tools | Überdies lassen sich Masken mit vielen Photoshop-Werkzeugen bearbeiten. Am häufigsten werden Masken mit dem Pinsel B bearbeitet, meist für Detailkorrekturen oder Masken, die sich nicht so komfortabel mit der Farbbereich-Funktion erzeugen lassen wie im Beispiel weiter unten. Sie können aber auch mit dem Verlaufswerkzeug G oder mit Filtern arbeiten. Werkzeuge zur Steigerung des Kontrasts, etwa Abwedler und Nachbelichter (beide: O) oder der Menübefehl Helligkeit/Kontrast (unter Bild • Korrekturen), werden ebenfalls recht häufig genutzt, zum Beispiel, wenn es darum geht, aus einem duplizierten Bildkanal eine Maske zu machen. Werkzeuge wie der Weichzeichner lassen sich zur Nachbearbeitung von Maskenkonturen ebenfalls gewinnbringend anwenden. Und Auswahlen sind, als nahe Verwandte der Masken, ohnehin unentbehrlich. Prinzipiell sind aber Ihrer Kreativität keine Grenzen gesetzt!

9.2.4 Masken löschen oder anwenden

Um eine Maske endgültig zu löschen,

- nutzen Sie am schnellsten den Papierkorb des Ebenen-Bedienfelds. Ziehen Sie die Maske einfach darauf. Wenn Sie eine Maske so löschen, fragt Photoshop Sie, ob sie zuvor angewendet werden soll – also maskierte Ebenenpixel gelöscht werden sollen.
- Auch das Eigenschaften-Bedienfeld verfügt über einen solchen LÖSCHEN-Button. Sie müssen die Maske zuvor im Ebenen-Bedienfeld aktivieren, damit der Button funktioniert.
- Im Masken-Kontextmenü des Ebenen-Bedienfelds steht ein Löschbefehl zur Verfügung. Sie erreichen ihn per Rechtsklick auf die Maskenminiatur. Mit diesem Löschbefehl wird **ohne Nachfrage gelöscht**.

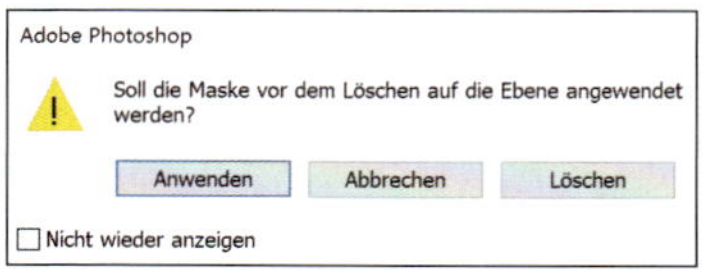

▲ **Abbildung 9.16**
Maske per Papierkorb-Icon löschen

Maske anwenden | Der Kontextmenübefehl EBENENMASKE ANWENDEN löscht die Maske ebenfalls aus dem Bild – allerdings **auch die von ihr abgedeckten Pixel.** Dieser Schritt ist dann unwiderruflich. Auch das Eigenschaften-Bedienfeld verfügt über einen entsprechenden Befehls-Button, mit dem Sie die Maske und die von ihr abgedeckten Bildpixel endgültig löschen.

9.2.5 Zwischen Ansichtsmodi wechseln

Für die tägliche Arbeit ist der flüssige Wechsel zwischen den verschiedenen Farbdarstellungen, den Ansichtsmodi, von Masken wichtig. Insbesondere dann, wenn Sie Masken mit weichen Verläufen anlegen, um auf dieser Basis Auswahlen zu erstellen, oder wenn Sie sehr detailreiche Bildbereiche maskieren, um sie auszublenden – beides sind recht häufige Arbeitsmittel –, sind **Maskierungs»folie«** und **Graustufenansicht** hilfreich. Denn den Ameisenstraßen-Auswahllinien sehen Sie bekanntlich nicht an, ob eine Auswahl weich oder scharf umrissen ist. Die Maskenfolie jedoch stellt das dar, indem sie mehr oder weniger stark deckt. Bei Arbeiten am Detail brauchen Sie einfach viel Kontrolle und sollten immer wieder zwischen verschiedenen Ansichten hin und her schalten.

Maskenansicht bei deaktivierter Maske
Durch die »Folie« hindurch sind die Bildteile, die Sie maskieren, weiterhin sichtbar. Das ist besonders dann interessant, wenn Sie zusätzlich die Maske deaktivieren – dann können Sie die Präzision der Maske an besonders kritischen Stellen gut überprüfen.

Graustufenansicht | Wenn Sie in die Maskenminiatur klicken und dabei `Alt` drücken, wird die Graustufenansicht der Maske sichtbar.

Maskierungs»folie« | Wenn Sie in die Maskenminiatur klicken und dabei [⇧]+[Alt] drücken, wird die Maskenansicht eingeblendet, die an die farbige Maskierungsfolie analoger Reprotechnik erinnert. Sie lässt das Motiv durchscheinen.

▲ **Abbildung 9.17**
Die Ausgangsdatei, rechts davon die Graustufenansicht der maskierten Ebene und die Ansicht mit farbiger Überlagerung.

Maskenwirkung temporär ausschalten | Ein Klick in die Maskenminiatur des Ebenen-Bedienfelds mit gehaltener [⇧]-Taste deaktiviert die Maske und zeigt die Ebene im Originalzustand bzw. aktiviert die Maske erneut. Auch das Eigenschaften-Bedienfeld enthält einen Button zum Ausblenden der Maske. Alternativ nutzen Sie das Kontextmenü des Ebenen-Bedienfelds; Sie erreichen es per Rechtsklick auf die Maskenminiatur. Dort wählen Sie den Befehl EBENENMASKE DEAKTIVIEREN/AKTIVIEREN.

▲ **Abbildung 9.18**
Anzeige einer deaktivierten Maske im Ebenen-Bedienfeld

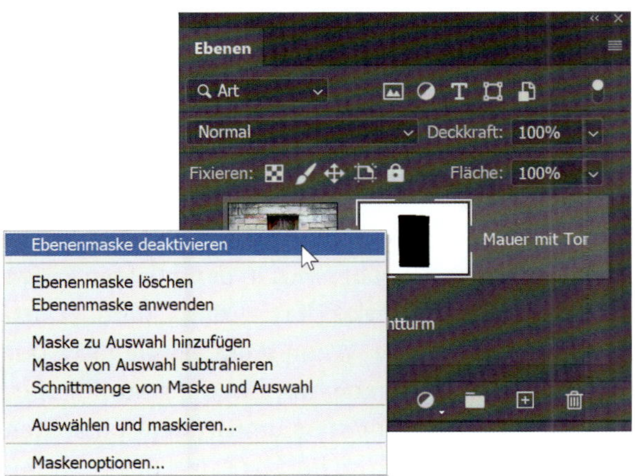

▲ **Abbildung 9.19**
Das Masken-Kontextmenü (Rechtsklick auf die Maskenminiatur) des Ebenen-Bedienfelds. Dort finden Sie alle wichtigen Befehle zum schnellen Zugriff.

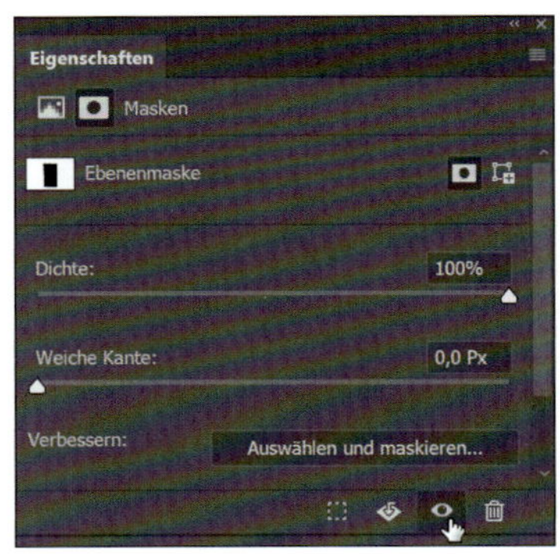

▲ **Abbildung 9.20**
Maske im Eigenschaften-Bedienfeld deaktivieren. Die Maske müssen Sie zuvor auswählen.

Was wollen Sie tun?	Windows	Mac
weiße Maske erstellen	im Ebenen-Bedienfeld	im Ebenen-Bedienfeld
schwarze Maske erstellen	+ Alt im Ebenen-Bedienfeld	+ alt im Ebenen-Bedienfeld
Graustufenansicht der Maske anzeigen	Alt + Klick auf die Maskenminiatur	alt + Klick auf die Maskenminiatur
Maskierungsfolie anzeigen	⇧ + Alt + Klick auf die Maskenminiatur	⇧ + alt + Klick auf die Maskenminiatur
Maskenwirkung temporär ausschalten	⇧ + Klick auf die Maskenminiatur	⇧ + Klick auf die Maskenminiatur
Maske als Auswahl laden	Strg + Klick auf die Maskenminiatur	cmd + Klick auf die Maskenminiatur
Maskenoptionen aufrufen	Rechtsklick auf die Maskenminiatur und Maskenoptionen	Rechtsklick auf die Maskenminiatur und Maskenoptionen

Tabelle 9.1 ▸
Wichtige Tastenkürzel für die Arbeit mit Masken

9.2.6 Verbindung von Ebene und Maske

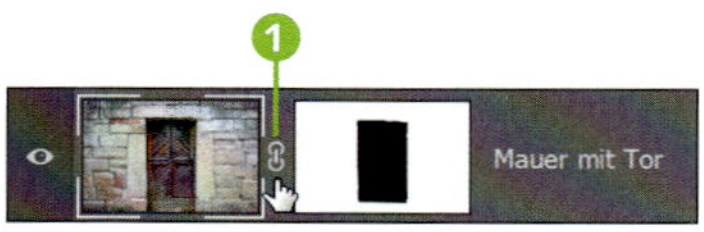

▴ **Abbildung 9.21**
Das Kettensymbol 1 zwischen Ebenen- und Maskenminiatur ist gleichzeitig Schaltfläche, um die Verbindung zu lösen.

Normalerweise sind Ebene und Maske fest miteinander verknüpft. Wenn Sie die Ebene an eine andere Stelle des Bildes bugsieren, bewegt sich die Maske mit, und wenn Sie die Ebene transformieren, wird auch die Maske transformiert. Diese Verbindung lässt sich jedoch auch aufheben. Dann können Sie Ebene und Maske unabhängig voneinander verschieben und transformieren. Klicken Sie einfach im Ebenen-Bedienfeld auf das Kettensymbol zwischen Masken- und Ebenenminiatur, um die Verbindung zu lösen. Ein erneuter Klick stellt die Verbindung wieder her.

9.2.7 Befehle für Vektormasken

Wer Bildausschnitte auf Vektorbasis braucht, wird in den meisten Fällen wohl eine Formebene einsetzen. Für Spezialfälle hat Photoshop jedoch immer noch Vektormasken im Programm. Wenn diese Maske nicht nur einfach weiß oder schwarz sein soll – also nichts oder die gesamte Ebene maskiert –, sondern einen durch Vektorlinien umrissenen Teilbereich der Ebene maskiert, gehen Sie am besten so vor:

1. Aktivieren Sie die Ebene, die maskiert werden soll. Das kann auch eine Pixelebene sein!

2. Erzeugen Sie einen Pfad, mit dem die Maskenkonturen gekennzeichnet werden.
3. Wählen Sie den Befehl Ebene • Vektormaske • Aktueller Pfad.
4. Nun zeigt die Maske nur den Ebeneninhalt innerhalb der Pfadkontur.

Wenn auf einer Ebene bereits eine Ebenenmaske vorhanden ist und Sie erneut auf das Icon Maske hinzufügen klicken, wird ebenfalls eine Vektormaske angelegt. Die Ebene trägt dann zwei Masken: eine Ebenen- und eine Vektormaske.

Vektormasken entfernen oder deaktivieren | Die anderen Befehle zum Entfernen und (De-)Aktivieren von Vektormasken sollten Ihnen nach der Lektüre dieses Kapitels keine Schwierigkeiten bereiten. Sie sind weitestgehend identisch mit den Befehlen zur Verwaltung von pixelbasierten Masken.

Vektor- in Pixelmaske verwandeln | Interessant ist die Möglichkeit, eine Vektor- in eine Ebenenmaske umzuwandeln. Dazu klicken Sie auf Ebene • Rastern • Vektormaske. Dieser Befehl ist nicht umkehrbar.

9.3 Ebenenmasken, Auswahlen und Kanäle

Der Sinn einer Maske ist es, Teile einer Ebene auszublenden. Die ausschließlich weißen oder schwarzen, nichts oder alles abdeckenden Masken, die sich mit den Menü- und Bedienfeldbefehlen erzeugen lassen, erfüllen diese Anforderung natürlich nicht. Sie müssen festlegen, welche Bildteile maskiert werden sollen, beispielsweise indem Sie zunächst eine passende Auswahl und dann eine Maske erstellen. Adobe bietet dazu viele passende Befehle an.

9.3.1 Auswahlen als Grundlage von Maskenkonturen

Wenn im Bild bereits Auswahlen aktiv sind, werden sie beim Anlegen einer neuen Maske einbezogen. Üblicherweise sind dann die ausgewählten Bildteile nicht maskiert, sie bleiben also sichtbar. Bildpartien, die außerhalb der Auswahl lagen, werden durch die Maske ausgeblendet. Es gibt jedoch noch darüber hinausgehende Steuerungsmöglichkeiten.

Auswahl ein- und ausblenden | Die Menübefehle Ebene • Ebenenmaske • Auswahl einblenden und Auswahl ausblenden sind nur zugänglich, wenn im Bild bereits eine Auswahl vorhanden ist. Auswahl

EINBLENDEN maskiert den *nicht* ausgewählten Teil des Bildes, **lässt also die Bildbereiche innerhalb der Auswahl stehen** und blendet den Rest aus. AUSWAHL AUSBLENDEN maskiert den Auswahlbereich und blendet ihn aus. Hier bleibt der nicht ausgewählte Teil des Bildes sichtbar.

Schwarz und Weiß vertauschen
Manchmal hat man eine Maske mit den passenden Umrissen, doch die Abdeckwirkung ist genau entgegengesetzt zum gewünschten Ergebnis. Dann invertieren Sie die Maskenfarben einfach. Dazu aktivieren Sie die Maske und wählen BILD • KORREKTUREN • UMKEHREN oder Strg/cmd+I. Schon sind Schwarz und Weiß vertauscht!

Invertierte Maske erzeugen | Wenn Sie beim Klick auf das Masken-Icon im Ebenen-Bedienfeld zusätzlich Alt drücken, während im Bild eine Auswahl aktiv ist, wird das gewohnte Verfahren umgekehrt. Das heißt, dann wird der nicht ausgewählte Teil gezeigt, und ausgewählte Bereiche werden maskiert und ausgeblendet.

Ebenenmaske und Auswahl verrechnen | Zudem können Sie eine Ebenenmaske in eine bereits vorhandene aktive Auswahl einrechnen lassen. Im Masken-Kontextmenü finden Sie die Befehle MASKE ZU AUSWAHL HINZUFÜGEN, MASKE VON AUSWAHL SUBTRAHIEREN und SCHNITTMENGE VON MASKE UND AUSWAHL – mit diesen Befehlen legen Sie fest, in welcher Art und Weise die Auswahl der Maske zugeschlagen wird. Diese Technik wird bisweilen angewendet, um Bildkorrekturen in unterschiedlich starker Dosierung auf verschiedene Bildpartien anzuwenden.

9.3.2 Auswahl aus einer Maske erzeugen

Zum Nachlesen
Da Masken sehr oft als Hilfsmittel für das Erstellen präziser Auswahlen genutzt werden, bietet Photoshop mit dem **Maskierungsmodus** (Quick Mask) Q ein Werkzeug, mit dem ein nahtloser Wechsel zwischen (bearbeitbarer) Maske und Auswahl möglich ist. Mehr dazu lesen Sie in Abschnitt 8.13.3, »Quick Mask: Auswahlen detailgenau anpassen«.

Masken werden oft benutzt, um besonders diffizil konturierte Auswahlen zu erstellen, oder dienen als Grundlage von Auswahlen, die unterschiedlich stark auf verschiedene Bildteile wirken. Dank der 256 Graustufen, die eine Maske annehmen kann, ist hier ein sehr differenziertes Arbeiten möglich, denn Graustufen des Kanals werden bei der Auswahl als weiche Kanten berücksichtigt!

- Um aus einer Maske eine aktive Auswahl zu machen, genügt ein Klick bei gehaltener Strg- bzw. cmd-Taste auf die Miniatur der Ebenenmaske.
- Auch einen Alpha- oder beliebigen anderen Bildkanal können Sie auf diese Art als Auswahl laden. Dazu benutzen Sie die Schaltfläche KANAL ALS AUSWAHL LADEN, die Sie am Fuß des Kanäle-Bedienfelds oder des Eigenschaften-Bedienfelds finden.

Zum Weiterlesen
Auf der Website zum Buch (*https://www.rheinwerk-verlag.de/5843*) finden Sie einen Schritt-für-Schritt-Workshop, in dem ich erkläre, wie Sie mit der **Kombination** Auswahlen und Masken arbeiten.

9.3.3 Aus einem Kanal eine Ebenenmaske machen

Man könnte sagen, dass eine Ebenenmaske eine komfortablere, leicht bedien- und kontrollierbare Version eines Alphakanals ist, der auf eine Ebene angewandt wird. Mit einem kleinen Umweg können Sie auch aus einem beliebigen Kanal oder Alphakanal eine Ebenenmaske machen.

Dazu laden Sie zunächst den Kanal als Auswahl, wechseln dann in das Ebenen-Bedienfeld und erzeugen eine Ebenenmaske.

9.4 Masken zerstörungsfrei nachbearbeiten

In vielen Fällen sind auf Auswahlen basierende Masken nicht exakt genug und müssen nachgearbeitet werden. Insbesondere, wenn die maskierte Ebene freigestellt oder Teil einer Montage werden soll, sind die Ansprüche an eine Ebenenmaske hoch. Das Bedienfeld EIGENSCHAFTEN bietet verschiedene hilfreiche Funktionen, mit denen Sie die Maske zerstörungsfrei – also jederzeit veränderbar – anpassen können.

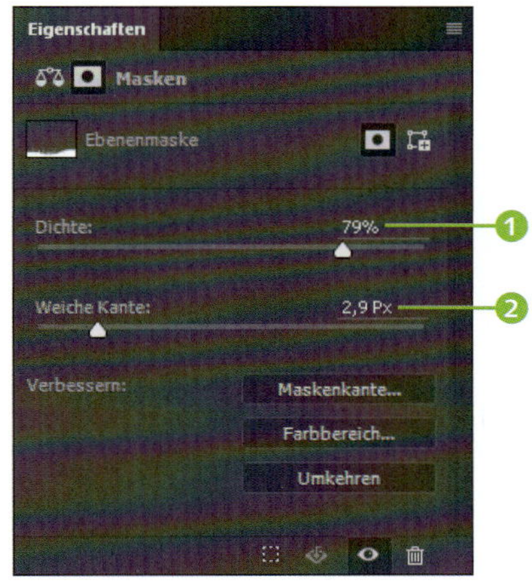

▲ **Abbildung 9.22**
Das Eigenschaften-Bedienfeld ist die erste Anlaufstelle, wenn Sie eine Maske nachbearbeiten.

9.4.1 Transparenz mit dem »Dichte«-Regler steuern

Zwei Regler stehen im Eigenschaften-Bedienfeld zum schnellen Zugriff zur Verfügung. Der obere heißt DICHTE ①. Mit ihm steuern Sie, wie dunkel das Schwarz der Maske erscheint und damit, wie stark die Maske die maskierte Ebene abdeckt.

Darunter findet sich der Regler WEICHE KANTE ②, mit dem sich die Maskenkonturen weichzeichnen lassen (mehr dazu in Abschnitt 9.4.2, »Konturbereiche von Masken nachbessern«).

Das Prinzip ist nicht neu: Schwarze Maskenbereiche decken die Ebenen vollständig ab, graue Maskenteile machen Bildebenen leicht transparent oder reduzieren die Korrekturwirkung von Einstellungsebenen (anstatt sie ganz aufzuheben). Neu ist, dass Sie diesen Effekt nun über den Regler stufenlos regulieren und jederzeit ändern können.

Einige Vergleichsbilder machen die Wirkung des Sliders DICHTE im Eigenschaften-Bedienfeld anschaulich. Dazu nutze ich nochmals den kleinen Leuchtturm vom Kapitelanfang (Abbildung 9.23 bis Abbildung 9.28). Die Korrekturwerte habe ich für die Abbildungen hier stark überhöht, damit der Effekt besser zu erkennen ist.

»KleinerLeuchtturm-Extremkorrektur.tif«

◂ **Abbildung 9.23**
Das Originalbild – ganz ohne Korrekturen

Dem Ausgangsbild wird nun eine stark gelb färbende Einstellungsebene Farbbalance hinzugefügt. Mittels Maske wird die Wirkung dieser Einstellungsebene zunächst auf den Sandstrand im Vordergrund sowie auf die Zaunpfähle und einige andere Details eingegrenzt. Die Dichte der Maske beträgt 100 %.

Abbildung 9.24 ▸
Dem Bild wird eine stark färbende Einstellungsebene Farbbalance hinzugefügt. Durch die nur partiell durchlässige Maske wirkt diese zunächst nur auf den Vordergrund.

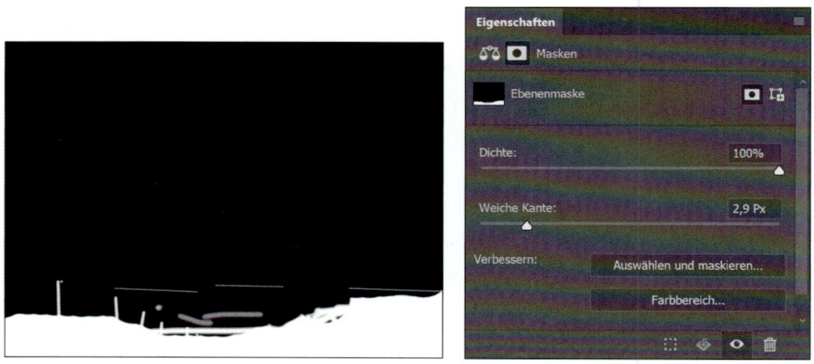

Abbildung 9.25 ▸
So sieht die Maske mit Dichte 100 % aus – Schwarz und Weiß, bei den Details einige Grautöne.

Der Kontrast zwischen den nicht maskierten, verfärbten Bildteilen einerseits und den maskierten, nicht verfärbten Bereichen andererseits ist sehr deutlich. Doch was passiert, wenn die Dichte der Maske auf 50 % oder noch weiter herabgesetzt wird?

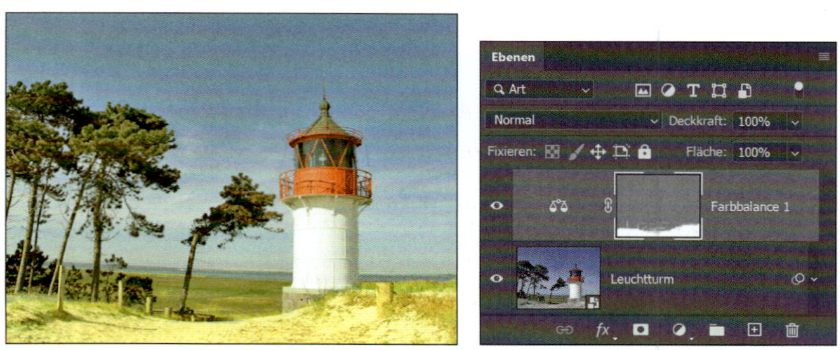

Abbildung 9.26 ▸
Die Dichte der Maske wurde heruntergesetzt, die Deckkraft auch der schwarzen Maskenanteile ist geringer. Dadurch wird der Gelbstich im gesamten Bild sichtbar. Im Bildhintergrund – der immer noch durch die Maske verdeckt ist – erscheint er weniger stark als im unmaskierten Vordergrund.

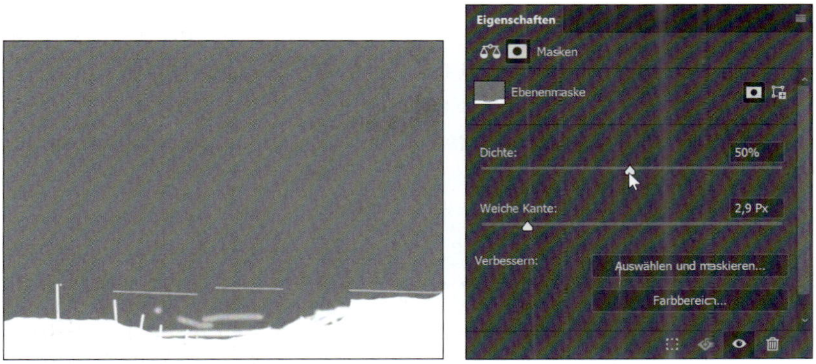

◂ **Abbildung 9.27**
Die Maske bei 50 % DICHTE. Aus Schwarz wurde Grau – und das ist dafür verantwortlich, dass die färbende Wirkung der Einstellungsebene auch in den maskierten Teilen zum Tragen kommt (wenn auch in abgeschwächter Form).

◂ **Abbildung 9.28**
Die Dichte der Maske wurde auf 0 % gesetzt. Die Einstellungsebene kann nun in allen Bereichen gleich stark wirken, das Beispielbild erscheint überall stark verfärbt.

Mit solchen Extremwerten wie in unserem Beispiel werden Sie in der Praxis wohl eher selten arbeiten – diese dienten lediglich der Demonstration. Im Normalfall nutzen Sie die Funktion DICHTE eher zum feinen Nachjustieren der Maskenwirkung.

Einschränkungen der Dichte-Einstellung | Allerdings müssen Sie beachten, dass es bei einer Maske, deren DICHTE-Wert mit dem Eigenschaften-Bedienfeld gesenkt wurde, auch nachträglich nicht mehr möglich ist, auf das Maskengrau voll deckendes Schwarz aufzubringen – weder mit dem Pinsel noch mit anderen Maßnahmen. Und Auswahlen, die Sie aus solchen Masken erzeugen, sind ebenfalls in der Wirkung reduziert, vergleichbar mit einer global wirksamen »weichen Auswahlkante«.

Der Korrekturbefehl »Helligkeit/Kontrast« als Alternative | Der Korrekturbefehl HELLIGKEIT/KONTRAST (unter BILD • KORREKTUREN) kann die Wirkung von Masken insgesamt verschärfen oder abmildern. Er macht aus Schwarz und Weiß Grautöne oder aus Graustufen Schwarz und Weiß. Anders als der DICHTE-Slider ist der Befehl BILD • KORREKTUREN • HELLIGKEIT/KONTRAST auch in der Lage, das Maskenweiß zu verändern.

Und wenn Sie mit dieser Funktion arbeiten, können Sie graue Maskenbereiche wieder mit Schwarz überpinseln – etwa, um einzelne De-

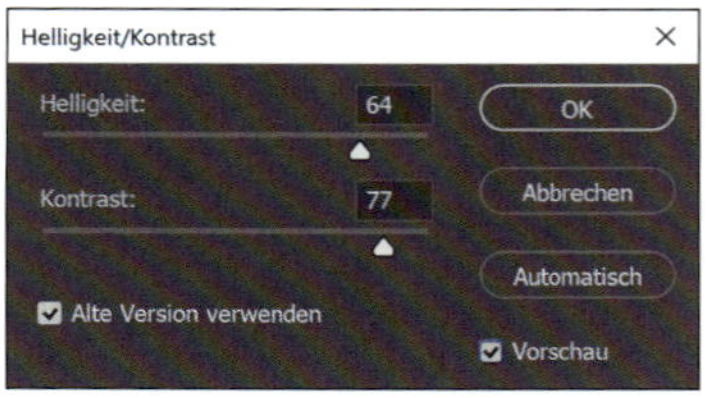

▲ **Abbildung 9.29**
Aktivieren Sie die Option Früheren Wert verwenden, wirkt das Tool insgesamt viel schärfer.

tails doch vollkommen abzudecken. Einziger Nachteil: Die mit Helligkeit/Kontrast eingestellten Werte sind nicht so einfach für Änderungen zugänglich wie beim Eigenschaften-Bedienfeld, die Anwendung ist weniger flexibel. Dennoch stellt Helligkeit/Kontrast in einigen Situationen eine sinnvolle Alternative zur Dichte-Funktion dar.

Um die Kontraste einer Maske lediglich in begrenzten Bereichen zu verändern, können Sie auch die Tools Abwedler und Nachbelichter (beide: Kürzel O) nutzen.

Zum Weiterlesen
Wie Sie auch **haarige Motive** per Maske erfassen, lesen Sie in einem Workshop in Abschnitt 9.4.3, »Das Wunderwerkzeug für komplizierte Masken: ›Farbbereich‹«.

9.4.2 Konturbereiche von Masken nachbessern

Die wahren Problemzonen von Masken sind Kanten und Konturen, also die Stellen, an denen maskierte und nicht maskierte Bereiche aneinanderstoßen. Dort soll die Maske einerseits exakt den vorhandenen, manchmal recht gewundenen und kleinteiligen Bildkonturen folgen. Gleichzeitig soll die Maske jedoch weich genug sein, damit das maskierte Objekt nicht wie grob mit der Schere ausgeschnitten wirkt. Denn in vielen Fällen ist der Übergang zwischen verschiedenen Bildobjekten eher diffus als klar konturiert (Abbildung 9.30 und Abbildung 9.31).

Abbildung 9.30 ▶
Diese Maske ist nicht gut gemacht: Der Bildhintergrund wurde ausgeblendet und lässt die Haarkonturen grob zugeschnitten stehen.

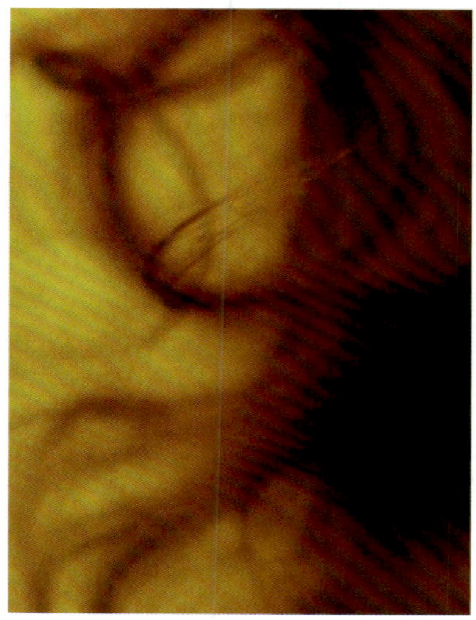

Abbildung 9.31 ▶▶
Im Zoom (ohne Maske) zeigt sich der Grund: Eine klare Grenze zwischen Haar und Hintergrund fehlt – eine Herausforderung bei der Maskenerstellung.

Bild: Fotolia, dashek

Das Eigenschaften-Bedienfeld bietet gleich zwei Werkzeuge, um mit dieser schwierigen Materie fertigzuwerden.

Weiche Kante nicht nur für Pixelmasken | Der Slider Weiche Kante ist direkt zugänglich. Er zeichnet Konturen innerhalb der Maske stufenlos weich. Änderungen werden direkt im Bild angezeigt. Sie können die Einstellung jederzeit korrigieren.

Diese Funktion lässt sich auf pixelbasierte Ebenenmasken anwenden und – das ist das Besondere – **auch auf Vektormasken**. Bisher galt: Vektormasken haben stets scharfe, harte Kanten und bestehen nur aus Schwarz oder Weiß; Graustufen und damit weiche Übergänge waren nicht realisierbar. Das ist nun anders: Der Weiche Kante-Regler macht auch die Konturen innerhalb von Vektormasken weich. Diese werden dadurch deutlich aufgewertet und bieten gewissermaßen das Beste aus der Pixel- und der Vektorwelt: Sie sind stufenlos skalierbar, kommen nun aber nicht mehr zwangsläufig in harter Scherenschnitt-Optik daher.

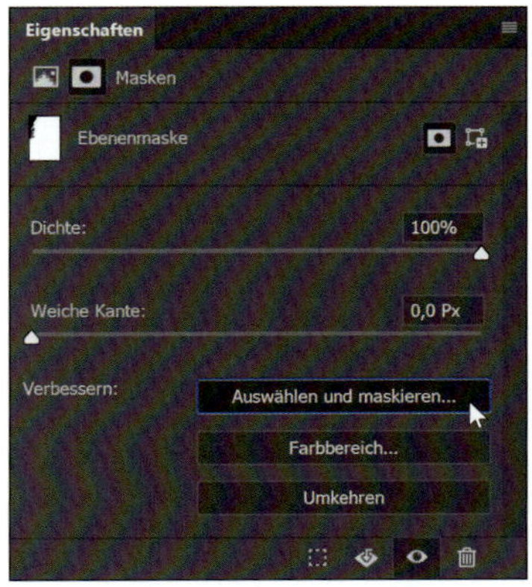

▲ **Abbildung 9.32**
Hier geht es zum Masken-Feintuning.

Differenzierte Einstellungen für Maskenkante | Differenziertere Einstellungen für die Konturen innerhalb von Masken eröffnen sich unter Auswählen und maskieren. Dessen Funktionen lassen sich jedoch **nur auf Pixelmasken** anwenden. Wohl aus diesem Grund sind die beiden Weiche-Kante-Funktionen innerhalb des Eigenschaften-Bedienfelds nicht miteinander gekoppelt: Die Weiche Kante-Einstellung innerhalb des Arbeitsbereichs Auswählen und maskieren arbeitet völlig unabhängig vom Regler Weiche Kante im Eigenschaften-Bedienfeld. Diese Funktionen kennen Sie bereits aus dem Auswählen und maskieren-Arbeitsbereich der Auswahlwerkzeuge; lesen Sie in Abschnitt 8.9, »Auswahltuning mit Live-Vorschau: Auswählen und maskieren«, nach.

9.4.3 Das Wunderwerkzeug für komplizierte Masken: »Farbbereich«

Altgediente Photoshop-Anwender sind über diese hymnische Überschrift sicherlich etwas verwundert: Schließlich ist der Dialog Farbbereich schon seit gefühlten Ewigkeiten Teil des Photoshop-Funktionsumfangs (im Auswahl-Menü). Doch dank der Optionen Bereich und Lokalisierte Farbgruppen und der Anwendbarkeit auf Masken bringt dieser »Oldie« einen kräftigen Produktivitätsschub. Wer jemals mit komplizierten Freistellern gekämpft hat, wird die Kombination Farbbereich plus Maske sehr zu schätzen wissen.

Zwei verschiedene Ansichten gleichzeitig
Mit dem Befehl Fenster • Anordnen • Neues Fenster für [Dateiname] wird ein Dokument in zwei Fenstern gleichzeitig angezeigt. Der Vorteil: Sie haben zwei unterschiedliche Ansichtsvarianten eines Bildes gleichzeitig auf dem Schirm. So halten Sie bei kniffligen Arbeiten etwa unterschiedliche Maskendarstellungen oder Zoomstufen parallel im Blick. Mehr dazu gibt es in Kapitel 3, »Nützliche Helfer«.

Nicht zur Nachbearbeitung bestehender Masken | Zur Nachbearbeitung von bereits erstellten Masken ist die Farbbereich-Funktion nicht so gut geeignet. Doch Sie können damit Masken erzeugen, die bestimmte Bildteile ausblenden. Welche Bildteile das sind, lässt sich dabei genau steuern. Im folgenden Workshop erfahren Sie anhand eines handwerklich recht anspruchsvollen Motivs (der lockigen Dame von Abbildung 9.33), wie das funktioniert.

Schritt für Schritt: Masken-Maßarbeit: Farbbereich plus Maske

»LockigeSchönheit.tif«

Das Ziel dieses Workshops ist es, eine Maske zu erzeugen, die den Bildhintergrund ausblendet und dabei gleichzeitig die Haarpracht der porträtierten Frau intakt lässt. Danach könnten Sie einen anderen Bildhintergrund einmontieren, oder Sie lassen das Bild einfach freigestellt vor Weiß stehen. Das hört sich zunächst trivial an, doch tatsächlich sind solche haarigen Motive sehr anspruchsvoll.

1 Datei vorbereiten

Zur Vorbereitung sind zwei Schritte zu erledigen: Sie machen aus der Bildebene – die jetzt noch die Hintergrundebene ist – eine normale Bildebene. Dann erzeugen Sie eine neue, weiße Ebene und legen sie unter die Ebene mit dem Motiv. Sie dient der Ergebniskontrolle. Und schließlich wechseln Sie wieder zur Ebene mit dem Bildmotiv und erzeugen dort eine Ebenenmaske.

▲ **Abbildung 9.33**
Die Ausgangsdatei

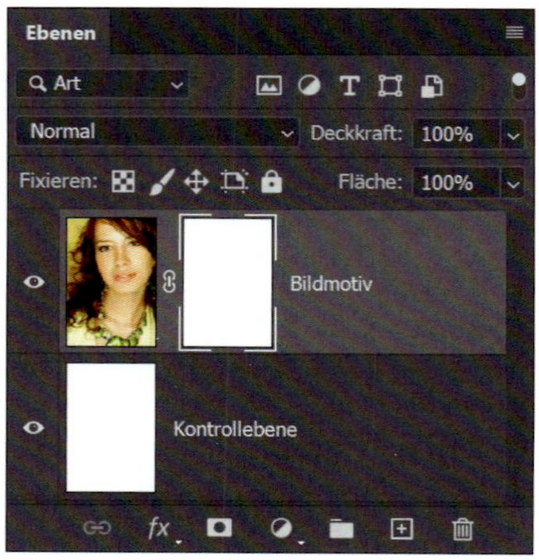

◀ **Abbildung 9.34**
Ebenenaufbau der Datei

2 »Farbbereich«-Dialog starten und einstellen

Markieren Sie nun die Maske im Ebenen-Bedienfeld, und starten Sie den Dialog Farbbereich mit dem entsprechenden Button im Eigenschaften-Bedienfeld. Achten Sie, bevor Sie loslegen, darauf, dass alle Optionen richtig eingestellt sind.

Sehr wichtig ist die Option Umkehren ④ – sonst sehen Sie nämlich nur eine schwarze Maske. Bei den Pipetten brauchen Sie die Plus-Pipette ③ für multiple Auswahlklicks ins Bild. Unter Auswahl ① muss Aufgenommene Farben stehen. Aktivieren Sie auch unbedingt Lokalisierte Farbgruppen ②, und starten Sie mit eher niedrigen Werten bei Toleranz und Bereich – Sie können sich später noch an die beste Einstellung herantasten.

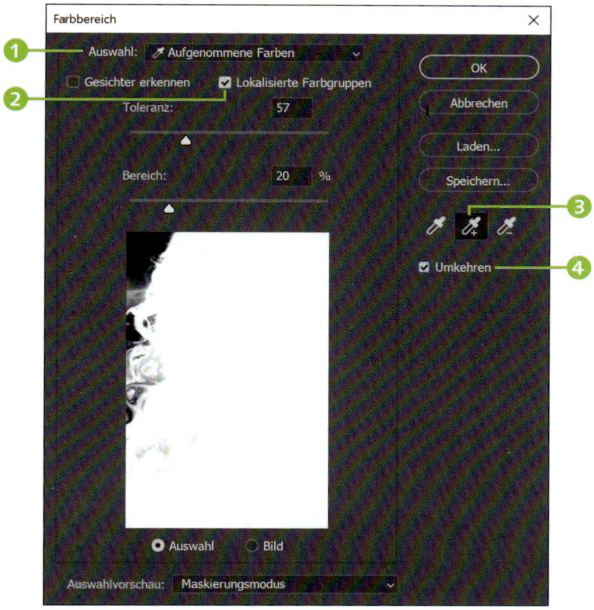

◄ **Abbildung 9.35**
Das Vorschaubild zeigt, dass hier schon die ersten Klicks gemacht wurden – oben links sehen Sie die Anfänge einer schwarzen Maskenfüllung.

Achtung: Der Bereich-Regler ist manchmal erst aktiv, nachdem Sie bereits einige Klicks in das Bild gemacht haben. Die Option Gesichter erkennen hilft bei diesem Motiv nicht weiter. Bei der Auswahlvorschau haben Sie freie Wahl und können entscheiden, mit welcher Darstellung Sie am besten zurechtkommen. Ich fand die in Abbildung 9.35 gezeigte Konstellation bei diesem Motiv am hilfreichsten.

3 Die ersten Auswahlklicks: Toleranz und Bereich austarieren

Fangen Sie nun an, im Bild oben links Auswahlklicks zu setzen – also in die Bereiche, die maskiert werden sollen. In der Vorschau erscheinen diese Bereiche dann schwarz, im Bild selbst werden sie sofort ausgeblendet, so dass dort die dahinterliegende weiße Ebene sichtbar wird. Nur wenn Sie mit geringer Toleranz und einem niedrigen Wert für Bereich arbeiten, ist gewährleistet, dass Sie nicht zu viele Farbbereiche erwischen und dadurch versehentlich zu viel Haar entfernen. Durch Verschieben der Regler stellen Sie fest, bei welchen Toleranz- und Bereich-Werten die Maske bei diesem Motiv am besten wirkt. Durch Verschieben der Regler ändern sich Maske und Bild sofort, und zwar auch **rückwirkend** für alle bisher getätigten Klicks.

Statt vieler einzelner Klicks können Sie auch bei gehaltener ⇧-Taste malen. Bei diesem Motiv sind diffuse, weiche Konturen gefragt. Je nachdem, wo Sie Ihre Klicks gesetzt haben, sind hier andere Werte optimal. Bei meinen Tests erreichte ich mit geringen Bereich-Werten (um die 20) und höherer Toleranz (70 und darüber) ganz passable Ergebnisse.

▲ **Abbildung 9.36**
Es ist wahrscheinlich, dass der Farbbereich-Dialog an einem Punkt Ihrer Korrektur so etwas anzeigt: prima Locken-Konturen und dazu einige unerwünscht maskierte Bereiche im Maskeninneren.

4 Fehlerkorrektur

Einzelne Fehlklicks können Sie mit Bearbeiten • Rückgängig sofort wieder zurücknehmen. Die Minus-Pipette ist ein weiteres Mittel, um Farbbereiche wieder von der Maskierung auszuschließen. Die Anwendung funktioniert jedoch nicht immer gut, manchmal verschlimmbessert man die Maske nur. Ist Ihnen die ganze Maske missraten, drücken Sie die `Alt`-Taste: Der Button Abbrechen des Farbbereich-Dialogs wird zu Zurücksetzen. Er nimmt alle Ihre Änderungen zurück, ohne den Dialog zu schließen. Sie können danach sofort wieder von vorn anfangen.

5 Farbbereichsauswahl abschließen

Vermutlich lässt es sich nicht vermeiden, dass auch Bereiche, die gar nicht ausgeblendet werden sollten – zum Beispiel im Gesicht der Frau –, teilweise schwarz abgedeckt werden und dadurch im Bild heller erscheinen (sie werden durch die Maske teiltransparent). Das ist jedoch kein Schaden: Solche Stellen lassen sich später leicht manuell überpinseln. Konzentrieren Sie sich einzig auf den Übergang zwischen den Locken und dem gelben Hintergrund. Wenn der in Ordnung zu sein scheint, quittieren Sie den Dialog. Die Nachbearbeitung ist dann ganz einfach – in jedem Fall deutlich einfacher als eine manuell gemalte Lockenmaske!

6 Zwischenergebnis

Sie haben wahrscheinlich jetzt ein Bild mit einer fast perfekten Maske vor sich. Es müsste ungefähr so aussehen wie in Abbildung 9.37.

Abbildung 9.37 ▶
Der Zwischenstand bei Bild und Maske. Vor allem die über die Bluse hängenden Locken sind störend entfärbt – ein Resultat der dort unerwünschten hellgrauen Maskenverfärbung. Die Masken-Fehlstellen über dem Gesicht sind im Bild weniger auffallend.

7 Innenbereiche manuell nachpinseln

Um die Maske weiter zu korrigieren, müssen Sie nun doch ein wenig den Pinsel schwingen. Doch keine Angst – es handelt sich hier nicht um knifflige Konturen, sondern um Innenbereiche der Maske, die Sie großzügig auspinseln können. Wechseln Sie zum Kanäle-Bedienfeld. Dort blenden Sie den Alphakanal ein und die übrigen Kanäle aus. Wenn der Alphakanal nicht zu sehen ist, müssen Sie zuerst im Ebenen-Bedienfeld die Ebene mit dem Frauenbild aktivieren. Das Bild erscheint nun in der Graustufenansicht, das heißt, Sie sehen die Maske.

Rufen Sie nun das Pinsel-Werkzeug auf (Kürzel B), und stellen Sie eine geeignete Pinselgröße ein. Ein weicher, mittelgroßer Pinsel ist gut geeignet. Lediglich für die Kanten der Locken müssen Sie einen kleineren Pinsel nehmen und etwas vorsichtiger zu Wege gehen; Sie wollen ja nicht Ihre Vorarbeit zerstören.

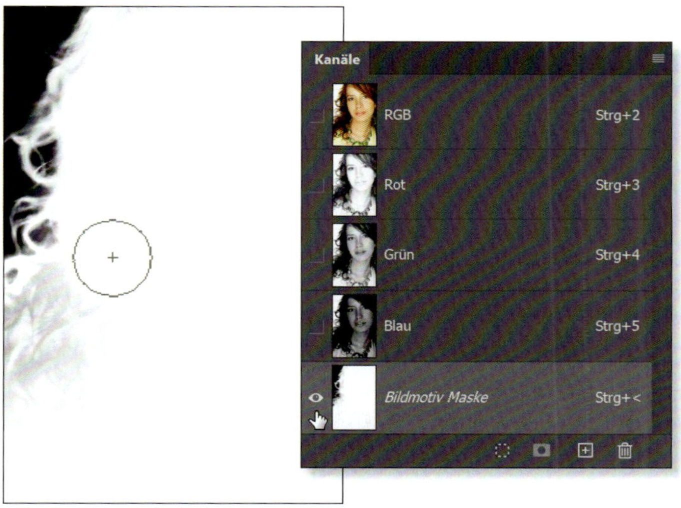

◄ **Abbildung 9.38**
Korrektur der Maske per Pinsel und die erforderlichen Einstellungen des Kanäle-Bedienfelds

In Abschnitt 22.6, »Feintuning für Pinsel- und Werkzeugspitzen«, finden Sie ausführliche Informationen über das **Anpassen von Pinseln**.

8 Fertig! Das Endergebnis

Das fertige Bild mit korrigierter Maske sieht nun aus wie in Abbildung 9.39.

▲ **Abbildung 9.39**
Ein überzeugender Freisteller, schnell gemacht

9.4.4 Maskenkante verschieben, Rundungen und Ecken erhalten

Auch bevor es die Maskenbearbeitung per Eigenschaften-Bedienfeld gab, mussten Bildbearbeiter auf das Verschieben der Maskenkante nach

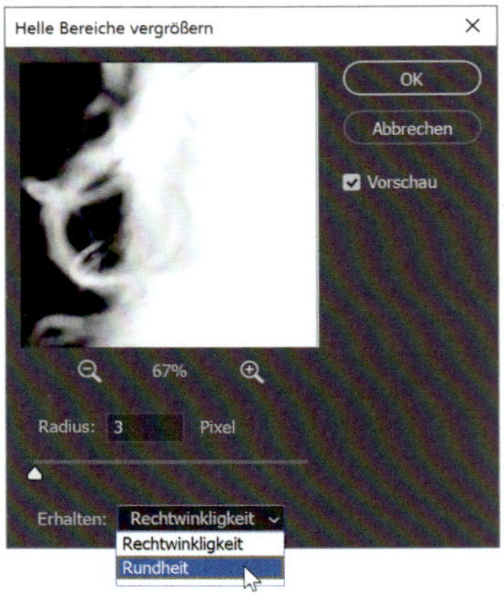

▲ **Abbildung 9.40**
Verschieben der Maskenkante, ohne Rundheit oder Rechtwinkligkeit zu verlieren

innen oder außen nicht verzichten. Zwei Filter taten dabei treue Dienste: Helle Bereiche vergrössern und Dunkle Bereiche vergrössern (beide unter Filter • Sonstige Filter). Sie sind nicht so komfortabel zu nutzen wie die umfangreichen Einstellungen unter Auswählen und Maskieren, in einer Hinsicht sind sie ihnen jedoch überlegen.

Wenn Sie nämlich die Maskenkante mit dem Kante verschieben-Regler unter Auswählen und Maskieren bearbeiten, verlieren Ecken oder Rundungen der Maskenkante leicht an Präzision – und passen dann nicht mehr ideal mit den Konturen des maskierten Objekts zusammen. Mit den Filtern Helle/Dunkle Bereiche vergrössern lassen sich solche unangenehmen Effekte vermeiden!

Wichtig bei der Anwendung der Filter: Unter Erhalten muss die zum Motiv passende Option gewählt sein. Dann behalten Sie – je nach Motiv – Rundungen oder scharfe Winkel Ihrer Maskenkontur bei, auch wenn Sie die Maskenkante verschieben. Wenden Sie einen der beiden Filter einfach auf Ihre Maske an. Im Vorschaufenster des Filters erscheint keine Schwarzweißansicht der Maske, stattdessen wird die Bildansicht mit der veränderten Maske gezeigt. So haben Sie gute Kontrolle. Einziger Wermutstropfen: Der Filter arbeitet nicht zerstörungsfrei, das heißt, seine Wirkung ist nicht mehr ohne weiteres zurückzunehmen. Nutzen Sie gegebenenfalls die Schnappschuss-Funktion des Bedienfelds Protokoll (wie das geht, lesen Sie in Abschnitt 3.9, »Das Protokoll-Bedienfeld«).

9.5 Präzisionsarbeit mit Masken

Mit den Funktionen unter Auswählen und Maskieren lässt sich bereits viel erreichen. Ergebnisse, die in älteren Programmversionen in mühevoller Handarbeit erledigt werden mussten, haben Sie damit in kurzer Zeit erzielt. Dennoch reicht das nicht immer aus, und Sie müssen die Maske manuell in weiteren Arbeitsschritten optimieren oder für Ihre Zwecke zurichten. Im Folgenden zeige ich Ihnen, wie Sie mehr aus Ihren Masken herausholen.

9.5.1 Zwei Ebenenmasken für eine Ebene

Manchmal wünscht man sich für eine Bildebene zwei Ebenenmasken: Wenn die erste gut sitzt, möchte man in einer zweiten Details nacharbeiten, ohne die erste Maske noch zu verändern. Doch zwei Ebenenmasken bei einer Ebene sind in Photoshop nicht vorgesehen: Beim Versuch, auf normalem Weg eine zweite Ebenenmaske zu erzeugen, entsteht immer eine Vektormaske. Es gibt jedoch einen hilfreichen Workaround:

1. Zunächst legen Sie wie gewohnt eine Ebenenmaske an und bearbeiten sie. Wenn Sie dann eine zweite Ebenenmaske benötigen, ...
2. erstellen Sie eine neue Ebenengruppe, zu der jedoch nur eine Ebene gehört, nämlich die mit der Maske. Das geht am schnellsten mit dem Kürzel [⇧]+[Strg]/[cmd]+[G].
3. Diese Ebenengruppe maskieren Sie nun ebenfalls, etwa indem Sie auf das Icon EBENENMASKE im Ebenen-Bedienfeld klicken. Die Maske der Gruppe wirkt nun ebenfalls auf die Ebene und kann beliebig verändert werden.

9.5.2 Farbränder, Farbschimmer: Reste vom alten Hintergrund loswerden

Ich erinnere mich noch gut an eine Workshop-Teilnehmerin von mir, die für eine Weihnachtskarte ein Bild ihres weißen Hundes, fotografiert vor einer grünen Rasenfläche, freistellen und in eine Schneelandschaft montieren wollte. An dieser Aufgabe ist sie zunächst verzweifelt, denn obwohl die Maske selbst gut gearbeitet war, sah die Montage immer »künstlich« aus. Die Ursache war natürlich der grüne Widerschein des ursprünglichen Hintergrunds, der auf dem weißen Hundefell und vor dem neuen weißen Hintergrund besonders deutlich sichtbar war.

Das Tool FARBEN DEKONTAMINIEREN unter AUSWÄHLEN UND MASKIEREN schafft erste Abhilfe, doch reicht seine Wirkung nicht immer aus. Es wirkt nämlich nur auf teiltransparente Pixel einer Ebene, wie sie charakteristischerweise in den Randbereichen vorkommen. Ziehen sich Farbsäume jedoch weiter in das Motiv hinein oder sind sie gar als Farbschimmer mitten im Motiv sichtbar, werden Sie sie auf diese Weise nicht los. Hier hilft nur manuelles Nacharbeiten, das aber glücklicherweise in den meisten Fällen recht einfach ist.

Farbsäume entsättigen | Die Lösung für dezente farbige Kanten an freigestellten Motiven ist recht einfach: Sie heißt Schwamm-Werkzeug (Kürzel: [O]). Das Tool kann die Sättigung einzelner Bildpartien erhöhen und – für diesen Anwendungsfall interessanter – herabsetzen. Seine Anwendung ist unkompliziert, doch leider nicht zerstörungsfrei, denn Sie arbeiten direkt auf der Bildebene. Daher ist Vorsicht geboten; am besten, Sie machen sich zuvor einen Protokoll-Schnappschuss.

Zum Weiterlesen
Das Photoshop-Protokoll erleichtert es Ihnen, Arbeitsschritte zurückzugehen und frühere Bildstadien wieder aufzurufen. Wie das genau geht, steht in Abschnitt 3.9, »Das Protokoll-Bedienfeld«.

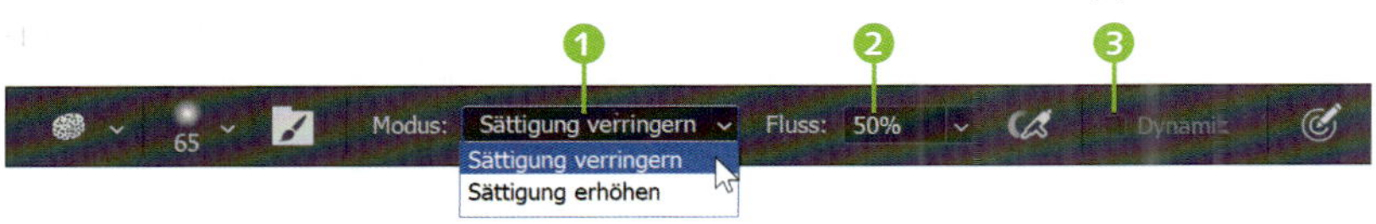

◂ **Abbildung 9.41**
Optionen des Schwamm-Werkzeugs

Aktivieren Sie dann den Schwamm, und wählen Sie in der Optionsleiste den Modus SÄTTIGUNG VERRINGERN ①. Der FLUSS ② regelt, wie stark der behandelten Partie die Farbe entzogen wird. Die Option DYNAMIK ③ hält die Werkzeugwirkung weiter im Zaum und kann vollständigem Ausgrauen entgegenwirken. Dieses Vorgehen hat sich bei geringen Verfärbungen kleinteiliger Objektkanten – etwa Haare, Fell – bewährt. Es funktioniert besonders gut, wenn das freigestellte Objekt und der Farbschein nicht zu bunt sind. Sind Sie mit dem Schwamm nicht erfolgreich, können Sie die folgende Technik anwenden.

»Batterien.tif«; Hinweis: Die benötigte Auswahl ist in der Datei gespeichert. Wählen Sie AUSWAHL • AUSWAHL LADEN, um sie zu aktivieren.

Hartnäckige Farbsäume und Farbreflexionen auf größeren Flächen eliminieren | Befinden sich größere Farbreflexionen im Objektinneren oder sind die Farbkanten des Objekts sehr bunt, ist die Anwendung des Schwamms nicht anzuraten. Sie müssten mit so hohen Werten arbeiten, dass nicht nur der Farbrand oder -schimmer verschwände, sondern jegliche Farbe entsättigt würde. In solchen Fällen können Sie die störenden Farbbereiche meist recht einfach übermalen – das geht sogar zerstörungsfrei auf einer separaten Ebene.

Bild: dieblen.de

▲ **Abbildung 9.42**
Die vier Batterien sollen vom orangefarbigen Hintergrund gelöst werden.

▲ **Abbildung 9.43**
Maskierte Version. An den Kanten reflektiert die glänzende blaue Batterie-Umhüllung die Farbe des früheren Hintergrunds stark.

Bei diesem Bild befinden sich noch auffällige orangefarbene Farbsäume an den Objektkanten. Mit dem Schwamm-Werkzeug lässt sich ihnen schlecht beikommen, das auffällige Blau der Batterien wird zu stark entsättigt. Mit dem im Folgenden beschriebenen Vorgehen kommen Sie stark farbigen Kanten, aber auch größeren Flächen mit Farbreflexionen – auch bei empfindlichen Motiven wie etwa Porträts – bei. Etwaige Anpassungen der Maske per Eigenschaften-Bedienfeld müssen Sie vorher vornehmen, sonst passen die aufgemalten Korrekturen nicht mehr.

1. Erstellen Sie eine leere Ebene oberhalb der maskierten Ebene mit dem problematischen Farbrand oder -schimmer.
2. Stellen Sie den Füllmodus dieser Ebene auf FARBE.
3. Wechseln Sie zum Pipette-Werkzeug [I], wählen Sie dort in den Optionen einen geeigneten Wert für den AUFNAHME-BEREICH (motivabhängig), und nehmen Sie die Farbe einer nicht durch Farbreflexionen beeinträchtigten Stelle auf.
4. Mit dem Pinsel-Werkzeug [B] malen Sie nun vorsichtig mit der eben aufgenommenen »Originalfarbe« über die problematischen Partien. Nehmen Sie dabei, wenn nötig, erneut mit der Pipette Farbpixel auf, die zum gerade übermalten Bereich passen.
5. Bei größeren übermalten Flächen ist es eventuell hilfreich, die Korrekturebene leicht weichzuzeichnen, um die Übermalung besser einzupassen.

◂ **Abbildung 9.44**
Die Farbränder sind jetzt weitestgehend weggemalt.

9.5.3 Maskenkanten nur teilweise weichzeichnen

Wenn Sie die Kanten des Batteriebildes nach dem Freistellen (Abbildung 9.44) mit denen des Ausgangsbildes (Abbildung 9.42) genau vergleichen, fällt Ihnen vielleicht auf, dass im Original an einigen Stellen eine gewollte fotografische Unschärfe im Spiel ist, die im oberen Bereich stärker ist als vorn und unten. In der freigestellten Version sind diese Kanten jedoch durchgängig recht hart. Mit dem Tool WEICHE KANTE aus dem Eigenschaften-Bedienfeld lässt sich diese Unschärfe nicht nachbilden, denn WEICHE KANTE wirkt gleichmäßig auf *alle* Objektkanten. Dieses Problem tritt bei Close-ups und Detailaufnahmen recht häufig auf. Sie könnten nun die Kante der Maske selbst mit dem Weichzeichner-Werkzeug (ohne Shortcut) behandeln, dessen Wirkung lässt sich jedoch nicht so gut steuern. Besser arbeitet es sich in solchen Fällen mit dem Protokoll-Pinsel [Y]. Bei diesem speziellen Beispielbild stört dabei die Ebene mit der Kantenübermalung, deshalb nutzen Sie am besten eine Bildversion, bei der die oberen zwei Bildebenen unter Beibehaltung der Maske reduziert wurden. Hier im Beispiel können Sie die Datei »BatterienOhneFarbsaum.tif« verwenden.

»Batterien.tif«; Hinweis: Die benötigte Auswahl ist in der Datei gespeichert. Wählen Sie AUSWAHL • AUSWAHL LADEN, um sie zu aktivieren. »BatterienOhneFarbsaum.tif«

Der Protokoll-Pinsel funktioniert zusammen mit dem Protokoll-Bedienfeld wie eine kleine Bildbearbeitungs-Zeitmaschine: Mit ihm malen Sie bestimmte Stadien der Bearbeitung – auch teilweise – zurück ins Bild. Unser Vorgehen: Wir zeichnen die Kanten vollständig weich und malen dann die höhere Kantenschärfe dort wieder ins Bild zurück, wo die pauschale Weichzeichnung zu stark ist. So sehen die Schritte aus:

1. Aktivieren Sie die Maske, und erzeugen Sie mit Hilfe von AUSWÄHLEN UND MASKIEREN eine weiche Kante. Die in diesem Beispiel verwendeten Einstellungen sehen Sie in Abbildung 9.45.

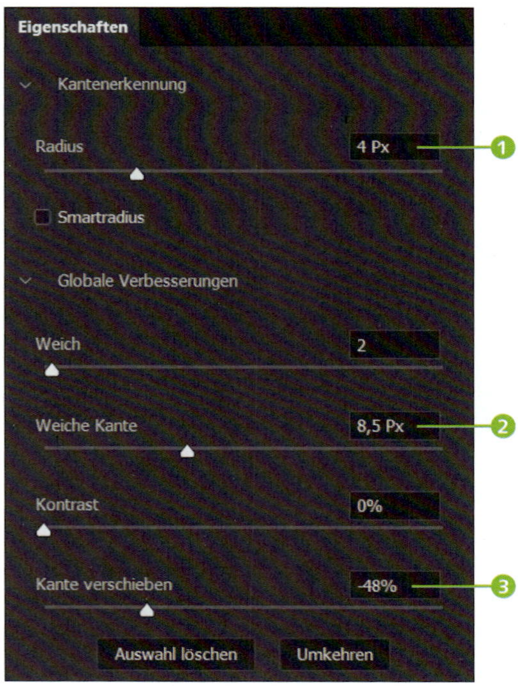

Abbildung 9.45 ►
Der RADIUS ❶ gewährleistet, dass WEICHE KANTE ❷ gut wirkt; die Verschiebung der Kante nach innen ❸ wirkt dem Sichtbarwerden des orangefarbenen Hintergrunds entgegen.

2. Wechseln Sie zum Protokoll-Pinsel [Y], und starten Sie mit FENSTER • PROTOKOLL das Protokoll-Bedienfeld. Dort müssten Sie nun

zwei Einträge sehen: »Öffnen« für das unbehandelte Bild mit noch scharfen Maskenkanten und »Maske verbessern«.

3. Markieren Sie nun den Zustand »Öffnen« 4. Sie sehen, dass sich das Bild auch zurückverwandelt. Klicken Sie in das Kästchen vor dem Eintrag »Auswählen und maskieren« 5. Damit legen Sie fest, dass dieser Zustand ins Bild zurückgemalt wird.
4. Stellen Sie nun die Optionen des Protokoll-Pinsels ein. Je nach Motiv und bearbeiteter Bildpartie sind andere Einstellungen geeignet. Pinselgröße und -härte erklären sich von selbst. Deckkr. (Deckkraft) und Fluss regulieren die Stärke der Werkzeugwirkung. Der Unterschied: Senken Sie den Fluss-Wert, addieren sich übereinandergemalte Striche; Sie können hier besser modulieren. Ein Deckkraft-Wert bleibt immer konstant, auch wenn Sie mehrfach über die gleiche Stelle fahren. Im Beispiel habe ich mit relativ geringen Werten gestartet und mich langsam an das Wunschergebnis herangetastet.

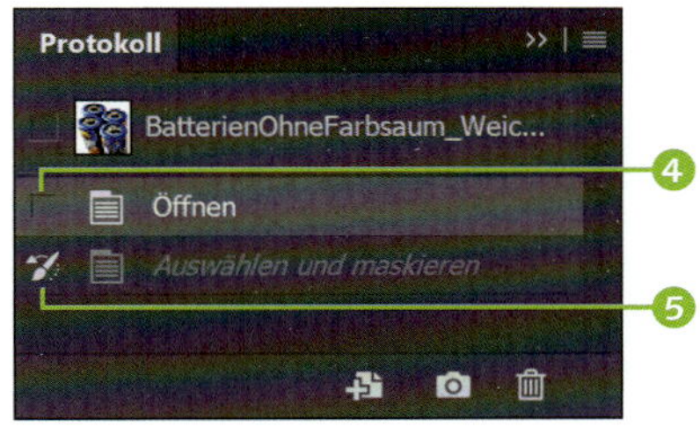

▲ **Abbildung 9.46**
Einstellungen des Protokoll-Bedienfelds

▲ **Abbildung 9.47**
Optionen des Protokoll-Pinsels

5. Fahren Sie mit dem Protokoll-Pinsel über die Partien, bei denen die Weichzeichnung zu stark geraten ist und zurückgenommen werden soll.

Der Freisteller wirkt nun deutlich überzeugender und realistischer als mit den harten Kanten der Vorversion.

◀ **Abbildung 9.48**
Das Resultat: präzise dosierte Weichzeichnung an den Objektkanten

9.5.4 Maskenautomatik: »In die Auswahl einfügen«

Mit dem Befehl In die Auswahl einfügen (unter Bearbeiten • Einfügen Spezial, Shortcut Strg/cmd+⇧+V) fügen Sie Inhalte, die sich in der Zwischenablage befinden, in einen zuvor festgelegten Auswahlbereich ein. Wenn Sie diesen Befehl wählen, wird eine neue Bildebene mit dem eingefügten Bildgegenstand angelegt, die automatisch eine Maske enthält, die dem zuvor erstellten Auswahlbereich entspricht. Die Verkettung von Maske und Bedienfeld ist bereits aufgehoben. So können Sie durch Bewegen von Maske und eingefügtem Objekt entscheiden, welcher Ausschnitt der beste ist.

Bilder: Onno K. Gent, Thilo Frank

Abbildung 9.49 ▸
In der Datei mit der Tür wurde eine rechteckige Auswahl angelegt. Das Straßenbild wurde in die Zwischenablage kopiert und mit dem Befehl In die Auswahl einfügen eingesetzt.

Kapitel 10

Regeln und Werkzeuge für die Bildkorrektur

Bildkorrekturen sind keine Raketenwissenschaft – doch man sollte wissen, was man tut. Denn »Trial and Error« dauert viel zu lange und verdirbt das Bild. Mit einigen Grundregeln, einer vernünftigen Fehleranalyse und den richtigen Tools gelingt die Korrektur!

10.1 Regeln für eine gute Korrektur

Neben Photoshops wilden Filtern und Effekten wirkt das oft behutsame, graduelle Korrigieren von Bildern unspektakulär. Doch ich möchte für die eingehende Beschäftigung mit dem Thema werben: Wenn Sie planvoll vorgehen, werden Sie schnell gute Resultate erzielen, und ganz nebenher steht Ihnen mit der Bildkorrektur auch ein wichtiges Gestaltungsmittel zur Verfügung, mit dem Sie Atmosphäre und inhaltliche Akzente eines Bildes subtil, aber wirkungsvoll verändern können.

Mit der Methode *Trial and Error*, die in vielen anderen Bereichen weiterhilft, werden Sie bei der Korrektur von Farbstichen, schlechten Kontrasten oder falscher Helligkeit selten zu befriedigenden Ergebnissen kommen. Auch ein wenig Hintergrundwissen über Farben ist für das korrekte Analysieren und die zielgerichtete Korrektur von Bildfehlern notwendig.

Kein Bild ist wie das andere, und jedes Bild stellt eigene Aufgaben an die Bildkorrektur. Ein Patentrezept, das in jedem Fall zu einem guten Bild führt, gibt es nicht. Doch wie immer Ihr Bild aussieht, die folgenden Regeln sollten Sie auf jeden Fall beherzigen.

Nehmen Sie sich nichts Unmögliches vor | Mangelhafte Helligkeit, Farbstiche oder schlechte Kontraste als Nebenwirkung des Digitalisierungsprozesses oder aufgrund von Neuberechnungen lassen sich meist

»verhunzt.tif«, »korrigierbar.tif«

recht gut korrigieren. Die Rettung völlig misslungener Fotos – etwa aufgrund schlechter Aufnahmebedingungen, technischer Fehler oder weil ein mangelhaftes Ausgangsbild digitalisiert wurde – ist jedoch extrem zeitaufwendig und führt nicht unbedingt zu guten Ergebnissen. Denn wo Bildinformationen wie beispielsweise Farbtonwerte oder Bildschärfe fehlen, können Sie sie auch mit Photoshop nicht »hinzaubern«. Wie Sie Bilder analysieren und die Chancen auf eine gute Korrektur einschätzen, lernen Sie in den folgenden Kapiteln.

▲ **Abbildung 10.1**
Hier ist nicht mehr viel zu retten: heftiger Farbstich, zu dunkle Tiefen, in den Mitteltönen schwache Kontraste – irreparabel.

Bild: F. Gaebler

▲ **Abbildung 10.2**
Gute Ausgangsbasis für Korrekturen: Die Kontrastschwäche dieses Motivs lässt sich leicht ausgleichen.

Analyse | Das Allerwichtigste: Analysieren Sie Ihr Bild sorgfältig, und gehen Sie gezielt vor. Versuchen Sie nicht »irgendwas«. Die meisten sichtbaren Bildfehler haben klar feststellbare Ursachen – die müssen Sie aufspüren und beheben. Nutzen Sie alle objektiven Kontrollmöglichkeiten aus, und verlassen Sie sich wenn möglich nicht allein auf die Bilddarstellung am Monitor!

Verzetteln Sie sich nicht | Photoshop bietet eine breite Auswahl an »klassischen« Korrekturwerkzeugen, bei deren Anwendung Sie genaue Kontrolle über das Ergebnis haben. Dazu kommen eine Reihe von Tools, die automatische oder halbautomatische Bildkorrekturen vornehmen, und einige Funktionen für gewollte Farbverfremdungen. Zusammengenommen reichlich Gelegenheit, um sich zu verzetteln! Doch das Korrekturergebnis wird dadurch selten besser. Deshalb: Gehen Sie auf Grundlage Ihrer Bildanalyse zielstrebig vor. Versuchen Sie nicht, eine missratene Korrektur mit dem nächsten Korrekturschritt auszubügeln. Es ist günstiger, eine nicht gelungene Veränderung zurückzunehmen und neu zu beginnen.

Die größten Korrekturen zuerst | Es empfiehlt sich, nach einer bestimmten Reihenfolge zu arbeiten: Die fundamentalen, umfassenden Korrekturen erledigen Sie als Erstes – oft haben sich kleinere Probleme damit auch schon gelöst! –, danach kümmern Sie sich um die Details. Die Reihenfolge der Korrekturen in diesem Buchteil folgt diesem Prinzip.

Korrigieren Sie so wenig wie möglich | Während Sie sich auf die Korrektur eines bestimmten Bildaspekts konzentrieren, kann es in den weniger beachteten Bereichen unbemerkt zu Verlusten kommen. Dosieren Sie Ihre Änderungen also vorsichtig.

Der Bildmodus RGB erleichtert Ihnen Korrekturen | Es gibt Ausnahmefälle, für die sich Korrekturen im Bildmodus Lab anbieten. Doch im Allgemeinen empfiehlt es sich, die Korrekturen im Bildmodus RGB durchzuführen. Dies ist ohnehin einer der gängigsten Bildmodi für digitale Dateien, und Sie sparen sich eine Umwandlung. RGB-Werte sind auch einfacher zu interpretieren und somit zu kontrollieren als Lab- und CMYK-Werte. Zudem kommen Sie an die wichtigsten Bildparameter in RGB einfacher heran. Darüber hinaus ist eine gute RGB-Korrektur Grundstein für ein qualitativ zufriedenstellendes Bild nach der Umwandlung in den Modus CMYK.

Mehr Bildinformationen bedeuten weniger Verluste | Die meisten Bilddateien sind sogenannte 8-Bit-Bilder. Das heißt, pro Farbkanal stehen 8 Bit zur Verfügung, um die Bildfarben und Tonwerte zu beschreiben. Manche Kameras können auch 12- oder 16-Bit-Bilder erzeugen – also Dateien, deren Farbkanäle eine höhere Datentiefe haben und in denen deshalb mehr genuine Bildinformation vorliegt. Dateien, die per se über mehr Bildinformation verfügen, sind logischerweise unempfindlicher gegenüber Verlusten, die bei der Korrektur auftreten können.

Bild: Frank Gaebler

▲ **Abbildung 10.3**
Zu dunkles Ausgangsbild, besonders die Tonwerte des Giebels sind problematisch.

▲ **Abbildung 10.4**
Sichtbarer Datenverlust durch übertriebene Korrektur: Die Wolken haben alle Tonwertnuancen verloren und erscheinen als blanke Flächen.

Wenn Sie eine Kamera haben, die 12- oder 16-Bit-Bilder aufnimmt, richten Sie Ihren Workflow möglichst so ein, dass Ihnen diese Datentiefe bis zur Korrektur erhalten bleibt. Auch Camera Raw kann Ihnen dabei helfen.

Ein farblich neutraler Arbeitsplatz hilft Ihnen | Auch wenn es einige Möglichkeiten gibt, Bildqualität objektiv(er) zu beurteilen, spielt Ihr Urteil eine Rolle – und das treffen Sie in der Regel am Bildschirm. Sie erleichtern sich diese Aufgabe, wenn Sie sich Ihren Arbeitsplatz richtig einrichten. Sorgen Sie für möglichst **neutrales Licht und unauffälli-**

Wo fange ich an?
Das ideale Korrekturrezept, das für jedes Bild passt, gibt es nicht. Dazu sind die Ausgangsbedingungen und die Anforderungen zu unterschiedlich. In den meisten Fällen hat sich jedoch diese Reihenfolge bewährt:

- Sofern Sie den Bildausschnitt durch Beschneiden verändern wollen, sollte dieser Schritt am Anfang stehen. Damit stellen Sie sicher, dass nur relevante Bildteile bei den Korrekturberechnungen berücksichtigt werden.
- Korrigieren Sie Helligkeit und Kontrast des Bildes, etwa mit der Tonwertkorrektur oder einer der Auto-Funktionen.
- Stellen Sie die Farbbalance des Bildes her; dazu können Sie das Tool Farbbalance oder eines der anderen Werkzeuge nutzen.
- Schärfen Sie das Bild.

Informationen zum Beschneiden und Schärfen von Bildern finden Sie in Kapitel 18, »Bildformat und Bildgröße verändern«, und Kapitel 19, »Mehr Schärfe, weniger Rauschen«.

Zum Weiterlesen
Adobes Raw-Konverter ist fester Bestandteil von Photoshop. In Kapitel 16, »Das Camera-Raw-Modul«, erfahren Sie mehr darüber.

ge Farben in der unmittelbaren Nähe Ihres Monitors. Eine grellblaue Schreibtischplatte wird Ihr Urteilsvermögen ebenso beeinträchtigen wie rot gestrichene Wände oder eine wohlig warme, gelb getönte Beleuchtung.

Auch der **Arbeitsbereich auf Ihrem Bildschirm** sollte neutral erscheinen. Neutrales Grau beeinflusst Ihre Farbwahrnehmung am wenigsten. In Photoshop können Sie unter Voreinstellungen (Strg/cmd+K) auf der Tafel Benutzeroberfläche einstellen, wie hell oder dunkel das Grau der Photoshop-Arbeitsumgebung sein soll. Wer am Mac sitzt, sollte, spätestens wenn es an Bildkorrekturen geht, den Anwendungsrahmen dazuschalten – er beschert Ihnen mit einem Klick eine neutral graue Programmoberfläche, die andere »Schreibtisch«-Elemente abdeckt (Menü Fenster • Anwendungsrahmen).

10.2 Das Handwerkszeug für Bildkorrekturen

Mehr als zehn verschiedene Werkzeuge und Befehle kennt Photoshop für die »klassischen« Bildkorrekturen; dazu kommen noch einmal fast genauso viele, mit denen Sie die Bildfarben verändern und bewusst verfremden können. Gesteuert wird diese Funktionsvielfalt über Bedienfelder, Menübefehle und verschiedene Dialogboxen. Lesen Sie hier, wie Sie die wichtigsten Tools und damit Ihre Korrekturen im Griff behalten.

10.2.1 Zerstörungsfrei arbeiten mit Einstellungsebenen

An sich ist die Bildkorrektur ein Eingriff, der die Originalpixel eines Bildes verändert, und zwar umso stärker, je mehr Sie korrigieren. Das ist nicht immer unproblematisch – vor allem bei Korrekturen, die nicht ganz sachgerecht ausgeführt wurden – und lässt Ihnen kaum Spielraum, um einmal vorgenommene Korrekturen zu verändern. Doch glücklicherweise gibt es Einstellungsebenen!

»FrauAmPool.tif«

Eine Einstellungsebene wirkt wie ein korrigierender Filter, durch den die darunterliegende Bildebene angezeigt wird. Der Vorteil: Die ursprünglichen Bildpixel werden durch die Korrekturen nicht verändert. Einstellungsebenen ermöglichen es, verschiedene Korrekturen an einer einzigen Datei bequem durchzuspielen, zu speichern und zu überarbeiten, ohne dass die Pixel des Bildes tatsächlich verändert werden. Sie lassen sich in beliebiger Anzahl in einer Datei kombinieren, werden mitgespeichert (sofern das Dateiformat Ebenen unterstützt) und können jederzeit verändert, gelöscht oder ausgeblendet werden.

◂◂ **Abbildung 10.5**
Das Ausgangsbild

◂ **Abbildung 10.6**
Drei TONWERTKORREKTUR-Einstellungsebenen korrigieren Helligkeit und Farbstich der Hintergrundebene. Auch Einstellungsebenen können Sie mit einer Maske ❷ und reduzierter Ebenendeckkraft ❶ anpassen!

◂ **Abbildung 10.7**
Nach der Korrektur. Eine deutliche Verbesserung des Ausgangsbildes, aus der sich mit Detailarbeit noch mehr herausholen ließe.

Nicht empfehlenswert | In den aktuellen Photoshop-Versionen ist das gesamte Programmlayout darauf ausgerichtet, Korrekturen mit Einstellungsebenen durchzuführen. Korrekturen sind zwar noch ohne Einstellungsebenen möglich – mit den Menübefehlen unter BILD • KORREKTUREN –, das wäre meist jedoch umständlich und auch sinnlos.

Smart korrigieren
Eigentlich ist das Konzept der Einstellungsebenen unschlagbar: leicht anzuwenden, reversibel, vielseitig. Dennoch hat Adobe eine weitere zerstörungsfreie Korrekturfunktion in den Ring geworfen, die ähnlich wie die bekannten Smartfilter funktioniert. Wie die Einstellungsebenen lassen auch die smarten Korrekturen die ursprünglichen Bildebenen intakt – und sollen für mehr Übersicht im Ebenen-Bedienfeld sorgen.

10.2.2 Korrekturen starten und steuern – die wichtigsten Tools

Die zentrale Steuerungsstelle für Korrekturen und Einstellungsebenen ist das Bedienfeld EIGENSCHAFTEN, ergänzt durch das Bedienfeld KORREKTUREN. Wer mag, nimmt auch das Ebenen-Bedienfeld hinzu (später mehr dazu). Im Standard-Arbeitsbereich GRUNDELEMENTE befinden sich beide Bedienfelder im Dock: das Korrekturen-Bedienfeld offen, das Eigenschaften-Bedienfeld zum Symbol minimiert.

- Im Bedienfeld KORREKTUREN finden Sie eine Übersicht mit den Icons aller Korrekturwerkzeuge ❹ (Abbildung 10.8). Über das Icon ❺ können Sie die verschiedenen Einstellungsebenen jetzt auch als beschriftete Liste anzeigen lassen.

- Anklicken eines der Icons erzeugt automatisch eine Einstellungsebene für die jeweilige Korrektur …
- … und das Bedienfeld Eigenschaften ❶ öffnet sich. Dort können Sie dann die Korrektureinstellungen vornehmen.
- Wenn Sie Ihre Einstellungen später verändern wollen, öffnen Sie das Eigenschaften-Bedienfeld erneut, indem Sie auf die Ebenenminiatur der Einstellungsebene ❸ doppelklicken oder indem Sie die betreffende Einstellungsebene aktivieren und das Bedienfeldsymbol ❷ anklicken.

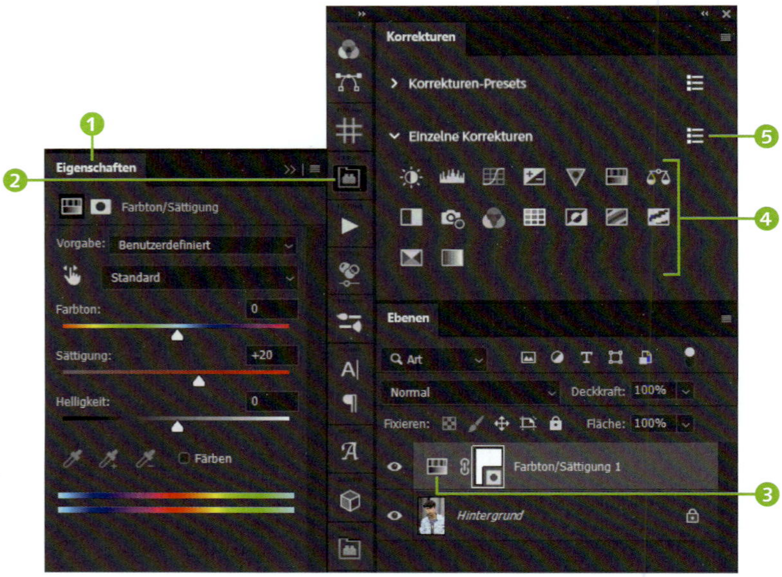

Abbildung 10.8 ▶
Das Korrekturen-Bedienfeld dient der Verwaltung der Korrekturwerkzeuge, mit dem Eigenschaften-Bedienfeld erledigen Sie die tatsächlichen Korrektureinstellungen.

Korrekturwerkzeuge – Symbole auf einen Blick | Wenn Sie nicht sofort etwas mit den einzelne Symbolen anfangen können, können Sie sich über das Icon ❺ diese auch in einer Listendarstellung mit Text anzeigen lassen. Hierzu nochmals alle Symbole und ihre Bedeutung auf einen Blick.

Tabelle 10.1 ▼
Buttons im Korrekturen-Bedienfeld und damit verknüpfte Funktionen

Symbol	Korrekturwerkzeug	Funktion
	Helligkeit/Kontrast	Hellt das Bild schnell auf oder verstärkt Kontraste. Ist leicht bedienbar, bietet jedoch wenig Kontrolle.
	Tonwertkorrektur	Setzt Schwarz- und Weißpunkt, gibt Bildern Pep, verändert Helligkeit, kann Kontraste verbessern und leichte bis mittelschwere Farbstiche beheben.
	Gradationskurven	Sind ein vielseitiges Profiwerkzeug, mit dem fast alles möglich ist.

Symbol	Korrekturwerkzeug	Funktion
	Belichtung	Ist vor allem für HDR-Bilder konzipiert. Passt die Tonwerte anhand von Berechnungen in einem linearen Farbraum an.
	Dynamik	Ist ein intelligentes Tool zur Erhöhung der Farbsättigung im Bild, das Übersättigung verhindert.
	Farbton/Sättigung	Verändert Farbton, Sättigung und Helligkeit; kann Bilder färben (tonen).
	Farbbalance	Ändert die Gesamtfarbmischung im Bild.
	Schwarzweiss	Erzeugt eine differenzierte Schwarzweißumsetzung von Farbbildern und kann Bilder tonen.
	Fotofilter	Simuliert Effekte, die beim Einsatz von Objektivfiltern erzeugt werden. Für Farbverfremdung und leichte Korrekturen.
	Kanalmixer	Erzeugt Schwarzweißumsetzungen und kann Bildfarben durch Neumischen der Farbkanäle verfremden.
	Color Lookup	Verschiebt alle Farben des Bildes auf Grundlage einer Farbtabelle und erzeugt so neue Farbstimmungen.
	Umkehren	Invertiert die Bildfarben (»Negativ«-Effekt).
	Tontrennung	Wirkt bildverfremdend. Der Effekt wirkt comicartig oder wie bei GIFs mit wenigen Farben.
	Schwellenwert	Erzeugt Bilder, die nur aus Schwarz und Weiß ohne Grauwerte bestehen.
	Selektive Farbkorrektur	Einzelne Farbtonbereiche eines Bildes werden gezielt verändert.
	Verlaufsumsetzung	Dient zur Bildverfremdung. Tonwerte und Farben des Bildmotivs werden durch Tonwerte und Farben eines zuvor festgelegten Verlaufs ersetzt.

▲ **Tabelle 10.1**
Buttons im Korrekturen-Bedienfeld und damit verknüpfte Funktionen (Forts.)

Allgemeine Funktionen des Eigenschaften-Bedienfelds | Haben Sie erst einmal die gewünschte Einstellungsebene mit Hilfe des Korrekturen-Bedienfelds erzeugt, können Sie die Einstellungen für die jeweilige Korrektur im Eigenschaften-Bedienfeld vornehmen. 16 verschiedene Korrektur- und Kreativfunktionen lassen sich über Einstellungsebenen steuern. Entsprechend variabel ist das Aussehen des Eigenschaften-Bedienfelds. Doch einige Funktionen sind immer gleich.

- Im Eigenschaften-Bedienfeld verwalten Sie auch Maskeneinstellungen. Mit den beiden Icons ganz oben links ① (Abbildung 10.9) können Sie zwischen den beiden **Funktionen umschalten**.
- Sie können das **Bedienfeld vergrößern**. Dabei wachsen die Steuerungselemente mit, und es kommen bei einigen Tools mehr Funktionen ins Blickfeld. Dazu ziehen Sie einfach an der Ecke unten rechts

7. Dabei muss das Bedienfeld frei schwebend auf der Arbeitsfläche liegen. Befindet sich das Bedienfeld im Dock, können Sie es lediglich nach unten erweitern.

Zum Nachlesen
In Abschnitt 6.3, »Schnittmasken und Aussparung«, erfahren Sie mehr über diese Möglichkeit, die Wirkung von Einstellungs- und anderen Ebenen einzuschränken.

- Das kleine Quadrat mit Pfeil ist das Symbol für **Schnittmasken**. Sie finden es ganz links 2 am Fuß des Bedienfelds. Wenn Sie darauf klicken, wird die Einstellungsebene mit der darunterliegenden Ebene zu einer Schnittmaske zusammengefasst. In diesem Fall wirkt die Einstellungsebene nur auf die *direkt* unter ihr liegende Ebene. Normale Einstellungsebenen wirken auf *alle* Bildebenen unterhalb. Ein erneuter Klick auf das Icon löst die Verbindung wieder.

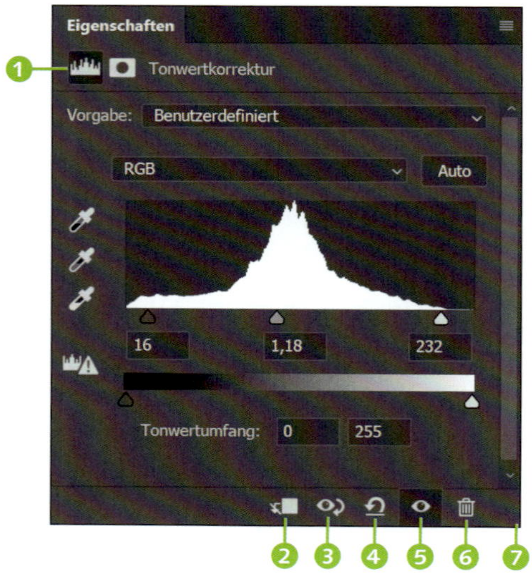

Abbildung 10.9 ▸
Eigenschaften-Bedienfeld (hier mit einer TONWERTKORREKTUR)

Die nächsten zwei Buttons in der Reihe sind genial für alle, die gerne mit Einstellungen experimentieren. Sie ermöglichen das schrittweise Ausblenden oder Löschen von Korrektureinstellungen.

- Das Icon »Auge mit gebogenem Pfeil« 3 nimmt den letzten Korrekturschritt – also Ihre letzte Einstellungsänderung für die aktive Einstellungsebene – *temporär* zurück, solange Sie es gedrückt halten. Es ist nur unmittelbar nach einer Einstellungsänderung aktiv. Windows-Nutzer können alternativ die Taste [Ä] gedrückt halten.
- Der gebogene Pfeil 4 eliminiert, wenn Sie darauf klicken, Ihren zuletzt durchgeführten Korrekturschritt.
- Das Augen-Icon 5 blendet die aktive Einstellungsebene aus – und erlaubt damit den Vorher-nachher-Vergleich. Sie können für diese Aufgabe auch das altbekannte Augensymbol im Ebenen-Bedienfeld nutzen, denn Einstellungsebenen werden natürlich auch dort angezeigt.
- Die Mülltonne 6 löscht die aktive Einstellungsebene. Sie können für diese Aufgabe jedoch auch das Ebenen-Bedienfeld nutzen.

Werte für Korrekturen festlegen | Bei den Korrekturfunktionen GRADATIONSKURVEN, FARBTON/SÄTTIGUNG und SCHWARZWEISS gibt es neben den altbekannten Eingabemöglichkeiten wie Eingabefeldern, Slidern und im Fall der GRADATIONSKURVEN auch der Kurve selbst ein weiteres Werkzeug, um Korrekturen im Bild anzubringen. Adobe nennt es umständlich das Zielgerichtet-korrigieren-Werkzeug (früher hieß es »Im-Bild-Korrekturwerkzeug«); umschreibend könnte man es auch »Korrekturhand« nennen. Die Nutzung ist einfach: Sie aktivieren es im Bedienfeld und verändern nun mit Klicken und Mausbewegung direkt über dem Bild die gewünschten Parameter.

Zusatzfunktion der Korrekturhand
Wenn Sie bei der Anwendung der Korrekturhand im Werkzeug FARBTON/SÄTTIGUNG zusätzlich die Taste Strg/cmd gedrückt halten, verändern Sie die Helligkeit – nicht die Sättigung – des angeklickten Farbtonbereichs.

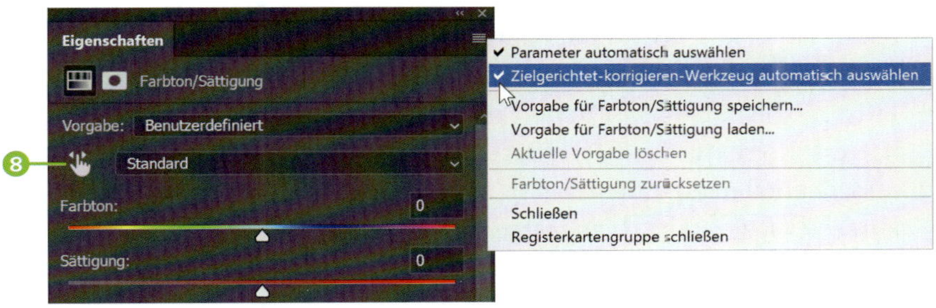

▲ **Abbildung 10.10**
Funktion der Korrekturhand, hier am Beispiel von FARBTON/SÄTTIGUNG. Aktivieren Sie die Funktion 8. Klicken und Ziehen über dem Bild verändert dann die Sättigung des angeklickten Farbbereichs, hier der Sanddornfrüchte (Rottöne).

Ob Sie dieses intuitive Tool mögen oder lieber präzise Zahlenwerte in Eingabefelder tippen, liegt wohl an Ihrer eigenen Arbeitsweise und auch an den Korrekturaufgaben, die Sie tagtäglich erledigen müssen. In jedem Fall können Sie nun dafür sorgen, dass Ihr bevorzugtes Eingabetool beim Öffnen des Eigenschaften-Bedienfelds sofort aktiv ist. Damit sparen Sie einen zusätzlichen Klick und können mit Ihrer Korrektur sofort loslegen. Öffnen Sie das Bedienfeldmenü ☰, um die Grundeinstellungen zu ändern.

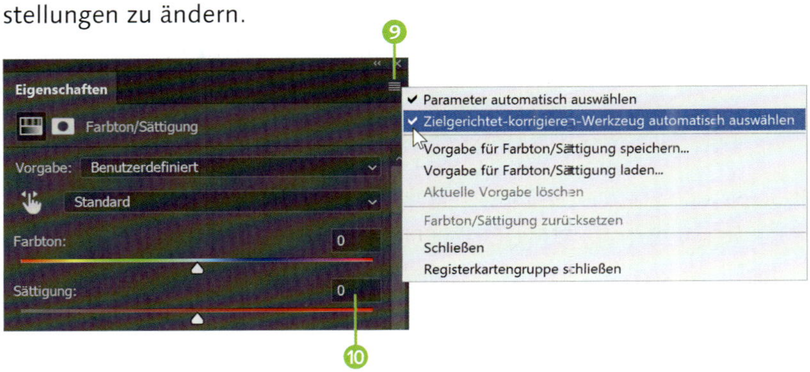

◂ **Abbildung 10.11**
Zielgerichtet-korrigieren-Werkzeug 9 oder Zahlenfeld 10? Im Bedienfeldmenü legen Sie fest, welches Eingabewerkzeug beim Starten des Bedienfelds sofort aktiv ist.

- Wenn Sie bei PARAMETER AUTOMATISCH AUSWÄHLEN einen Haken setzen, sind die Textfelder für das Eintippen numerischer Werte beim Öffnen des Bedienfelds aktiv – Sie können sofort einen Wert eingeben. Das funktioniert bei allen Korrekturwerkzeugen, die über solche Eingabefelder verfügen.
- Um zwischen den Eingabefeldern zu navigieren, nutzen Sie [Tab] und [⇧]+[Tab].
- Bei GRADATIONSKURVEN, FARBTON/SÄTTIGUNG und SCHWARZWEISS steht außerdem die Option ZIELGERICHTET-KORRIGIEREN-WERKZEUG AUTOMATISCH AUSWÄHLEN zur Verfügung. Versehen Sie diese Option mit einem Häkchen, ist beim Start des Bedienfelds automatisch die Korrekturhand aktiv. Sie können dann sofort in das Bild klicken, um Ihre Korrektur durchzuführen, und müssen das Tool nicht erst aktivieren.
- Es ist möglich, beide Optionen zugleich auszuwählen. In diesem Fall hat die Korrekturhand Priorität, und die Eingabefelder sind zweitrangig, können aber dennoch in den meisten Fällen auch per Tastenkürzel ([Tab]/[⇧]+[Tab]) angesteuert werden.

Zum Nachlesen
In Kapitel 5, »Ebenen-Basics: Konzept und Grundfunktionen«, präsentiere ich die Basisfunktionen des Ebenen-Bedienfelds – die auch für Einstellungsebenen gelten – ausführlich.

Vorgaben | Vorgaben (»Presets«) sind Einstellungsebenen mit fertig konfigurierten Einstellungen. Sie stehen für die gebräuchlichsten Korrekturfunktionen zur Verfügung. Sie können Vorgaben als schnelle Problemlöser und als Ausgangsbasis für eigene Korrekturen nutzen. Außerdem lassen sich Adobes »Werkseinstellungen« mit Hilfe des Bedienfeldmenüs [≡] leicht um eigene Vorgaben für Ihre typischen Korrekturaufgaben ergänzen. Erst dann entfaltet das Konzept »Vorgabe« seinen ganzen Nutzen!

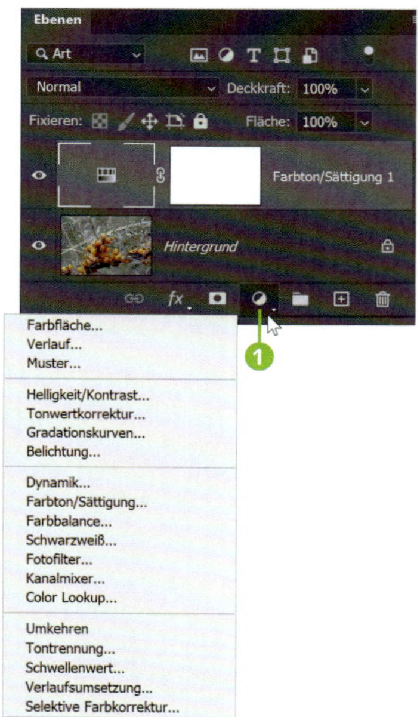

▲ **Abbildung 10.12**
Über das Icon 1 erzeugen Sie eine Einstellungsebene (hier: TONWERTKORREKTUR).

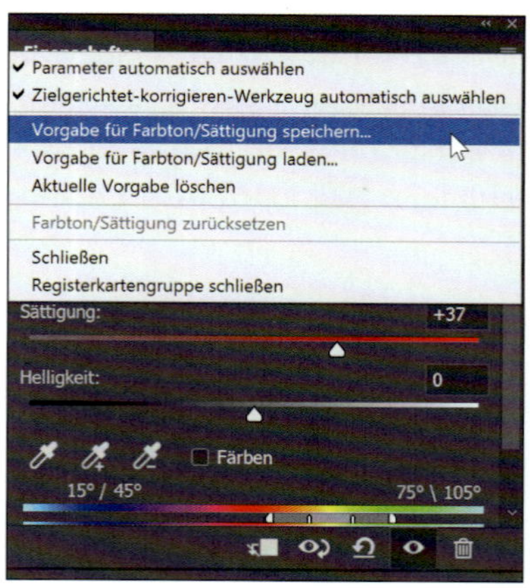

▲ **Abbildung 10.13**
Speichern einer benutzerdefinierten Vorgabe per Bedienfeldmenü

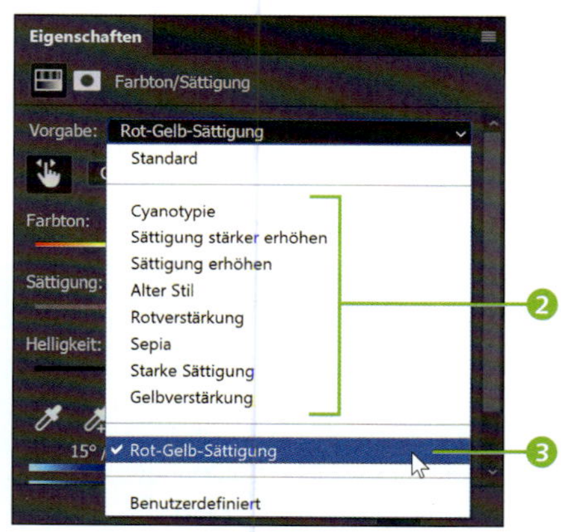

▲ **Abbildung 10.14**
Ansicht von Standardvorgaben 2 und einer benutzerdefinierten Vorgabe 3 in der Dropdown-Liste

Einstellungsebenen im Ebenen-Bedienfeld | Seit jeher können Einstellungsebenen auch mit dem Ebenen-Bedienfeld erzeugt und verwaltet werden. Dort finden Sie nicht alle Funktionen des Korrekturen-Bedienfelds wieder, doch die altvertrauten Buttons und Befehle gibt es dort weiterhin. Vermutlich muss man für sich selbst passende Arbeitsroutinen entwickeln und entscheiden, wann welches der beiden Bedienfelder benutzt wird.

Sie können für Einstellungsebenen die gleichen Verwaltungsfunktionen des Ebenen-Bedienfelds nutzen wie für normale Bildebenen.

Dazu klicken Sie am Fuß des Bedienfelds auf das Icon (es erinnert Sie vielleicht an das »Kontrast«-Symbol auf Ihrer TV-Fernbedienung). Dann öffnet sich ein langes Submenü, in dem Sie unter anderem alle Korrekturfunktionen finden. Mit einem Klick auf den Namen des gewünschten Korrekturwerkzeugs wird die Einstellungsebene automatisch erzeugt. Gleichzeitig wird das Eigenschaften-Bedienfeld geöffnet und zeigt die Steuerungselemente für dieses Werkzeug. Alle weiteren Einstellungen für die Korrektur nehmen Sie dann dort vor.

Korrekturen ohne Einstellungsebene
Es ist immer noch möglich, Korrekturen ohne Einstellungsebenen vorzunehmen: Die altbekannten Menübefehle (unter BILD • KORREKTUREN) stehen weiterhin zur Verfügung. Angesichts der vielen Vorzüge von Einstellungsebenen ist das nur in Ausnahmefällen ratsam.

10.2.3 Einstellungsebenen im Praxiseinsatz

An dieser Stelle zeige ich Ihnen Schritt für Schritt, wie Sie mit Einstellungsebenen eine einfache Korrektur durchführen, um ein Beispielbild teilweise aufzuhellen und einen Farbstich zu entfernen. Im Zentrum des Workshops steht die Handhabung von Bedienfeldern und Einstellungsebenen – um die Feinheiten der Korrekturtools geht es später im Buch.

Schritt für Schritt: Arbeiten mit Einstellungsebenen

Das Ausgangsbild wirkt insgesamt zu bläulich. Außerdem könnten die dunkelsten Bildpartien, die Tiefen, eine kleine Aufhellung gebrauchen.

»FrauAmPool.tif«

Bild: Fotolia, Kim Melia von Seidl

◂ **Abbildung 10.15**
Das Ausgangsfoto

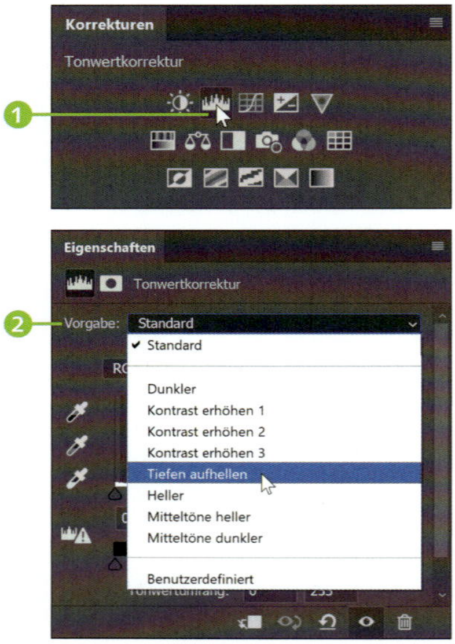

▲ **Abbildung 10.16**
Zwei Klicks genügen, um eine TONWERTKORREKTUR-Einstellungsebene zu erzeugen.

1 Einstellungsebene mit Vorgabe erzeugen

Für die Reparatur kommen verschiedene Werkzeuge in Frage. In diesem Workshop wollen wir zunächst mit der TONWERTKORREKTUR arbeiten, und zwar mit einer der fertigen Vorgaben. Dazu erzeugen Sie als Erstes eine TONWERTKORREKTUR-Einstellungsebene. Nutzen Sie dafür entweder das Korrekturen-Bedienfeld ① oder das Ebenen-Bedienfeld (Icon ◐). Das Eigenschaften-Bedienfeld klappt dann automatisch auf. Dort wählen Sie unter VORGABE ② die Einstellung TIEFEN AUFHELLEN.

2 Einstellungen in den Bedienfeldern

Die beiden maßgeblichen Bedienfelder zur Kontrolle Ihrer Korrektur sind das Ebenen-Bedienfeld und das Eigenschaften-Bedienfeld. Im Ebenen-Bedienfeld sehen Sie die neue Einstellungsebene, und im Eigenschaften-Bedienfeld erscheinen jetzt die geänderten Einstellungen für die TONWERTKORREKTUR. Und natürlich erkennen Sie im Bild selbst die Veränderung.

Abbildung 10.17 ►
Das Bild ist aufgehellt, aber selbst für so ein Schwimmbadmotiv immer noch zu blau.

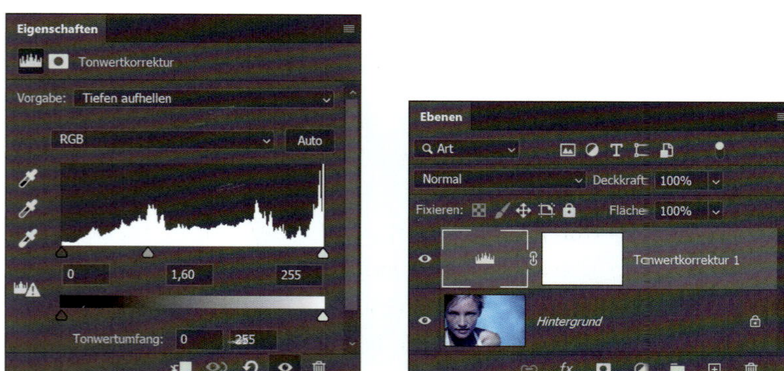

Abbildung 10.18 ►
Ihre wichtigsten Kontrollinstrumente

3 Noch eine Einstellungsebene: »Farbbalance«

Sie könnten nun die Einstellungen der ersten Einstellungsebene weiter modifizieren, um die zweite »Problemzone« des Bildes, den Farbstich, zu korrigieren. Günstiger ist es aber, eine weitere Einstellungsebene zu erzeugen, denn so können Sie beide Korrekturschritte unabhängig voneinander dosieren. Das geht recht einfach mit dem Tool Farbbalance ❸. Erzeugen Sie also eine Farbbalance-Einstellungsebene.

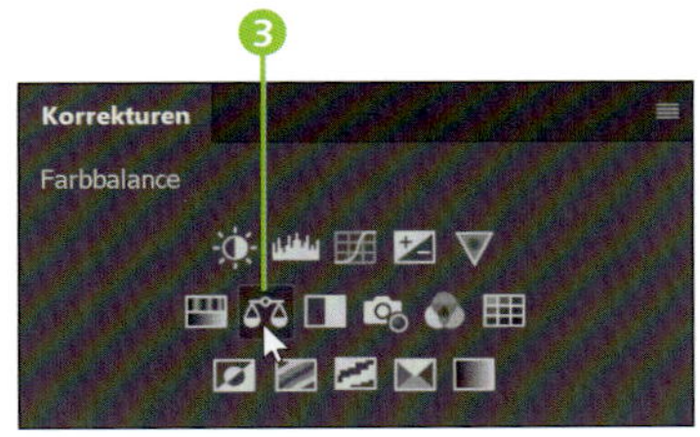

▲ **Abbildung 10.19**
Farbbalance-Einstellungsebene erzeugen

4 Blaustich beseitigen

Da Sie hier nicht mit einer Vorgabe arbeiten können, müssen Sie eigene Einstellungen vornehmen. Das geht in diesem Fall ganz einfach. Behalten Sie unter Farbton die Voreinstellung Mitteltöne ❹ bei. Damit legen Sie fest, auf welchen Tonwertbereich sich die Farbkorrektur auswirkt. Nun ziehen Sie den untersten Regler nach links ❺, um Blau aus dem Bild zu entfernen. Automatisch fügen Sie dann Gelb hinzu; das Bild wirkt wärmer, der starke Blauschleier schwindet.

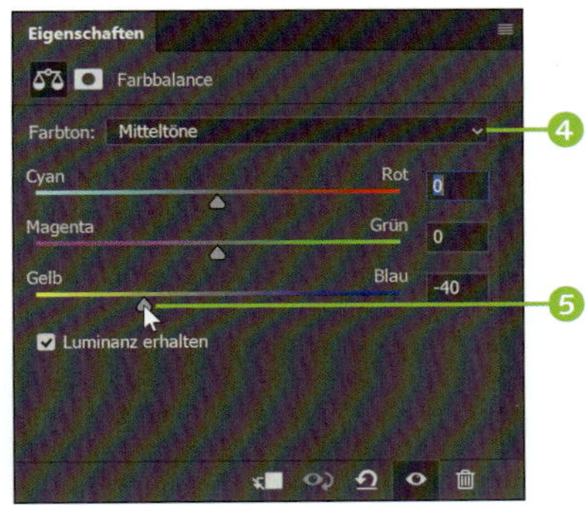

▲ **Abbildung 10.21**
Einstellungen für die erste Farbbalance-Einstellungsebene

▲ **Abbildung 10.20**
Das Bild nach der zweiten Korrektur. Rechts sehen Sie den dazugehörigen Dateiaufbau im Ebenen-Bedienfeld.

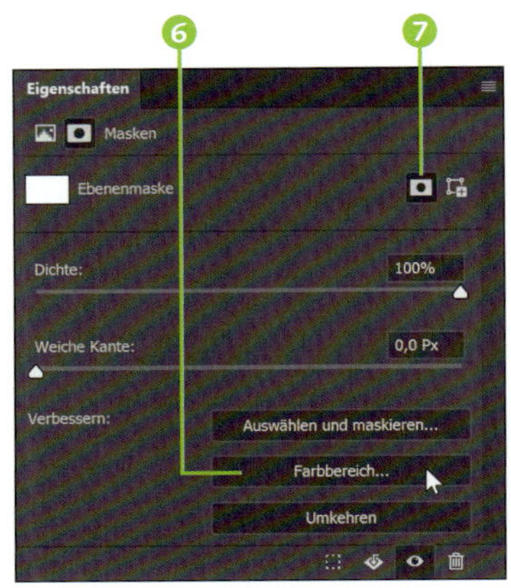

▲ **Abbildung 10.22**
Das Eigenschaften-Bedienfeld erlaubt den zügigen Wechsel zur Maskenbearbeitung.

5 Anpassen der Gesichtsfarbe: Maske erzeugen

Das Bild wirkt erheblich freundlicher, die Hauttöne im Gesicht sind jedoch noch zu kühl. Auch das lässt sich mit Farbbalance beheben. Hier benötigen Sie eine Maske, deshalb müssen Sie eine weitere Farbbalance-Einstellungsebene anlegen. Eine leere Maske bringt jede Einstellungsebene bereits mit. Wechseln Sie im Eigenschaften-Bedienfeld zur Maskenansicht ❼, und klicken Sie auf Farbbereich ❻.

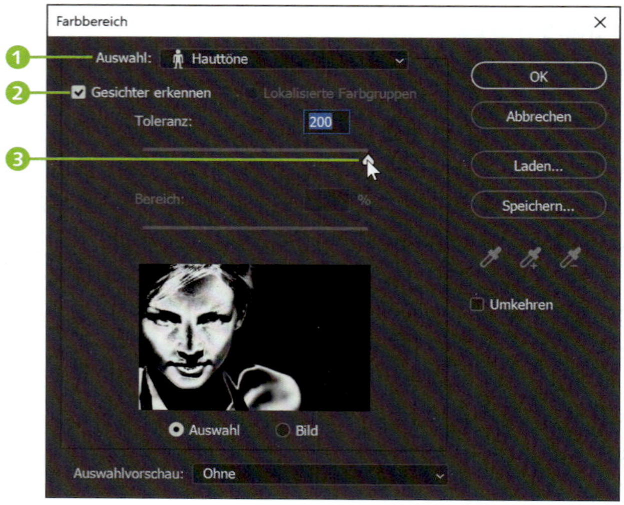

Abbildung 10.23 ▸
Die Einstellungen unter Farbbereich

> **Korrekturwirkung justieren**
> Änderungen an Mischmodus und Ebenendeckkraft können dazu beitragen, die Korrekturwirkung von Einstellungsebenen zu justieren. So auch hier: Wenn Sie genau hinsehen, erkennen Sie in der Abbildung unten, dass der Mischmodus der oberen Farbbalance-Einstellungsebene auf Farbe umgestellt wurde ⑦. Dadurch wirken die korrigierten Gesichtsfarben natürlicher.

In den Farbbereich-Einstellungen stellen Sie Auswahl: Hauttöne ① ein, aktivieren die Gesichtererkennung ② und ziehen den Toleranz-Regler ganz nach rechts ③. Das Ergebnis ist nicht perfekt, hier jedoch ausreichend. Klicken Sie dann auf OK.

6 Anpassen der Gesichtsfarbe: Die Korrektur

Wechseln Sie wieder zurück zu den Einstellungen der zweiten Farbbalance-Einstellungsebene ④. Stellen Sie nun Farbton: Lichter ⑤ ein, und entfernen Sie den Haken bei Luminanz erhalten ⑥. Fügen Sie mit Hilfe der Regler Gelb und Rot hinzu, um die Hauttöne aufzufrischen. Durch die Maske wirken sich die Korrekturen nur auf das Gesicht aus – die typische Poolfarbe bleibt erhalten.

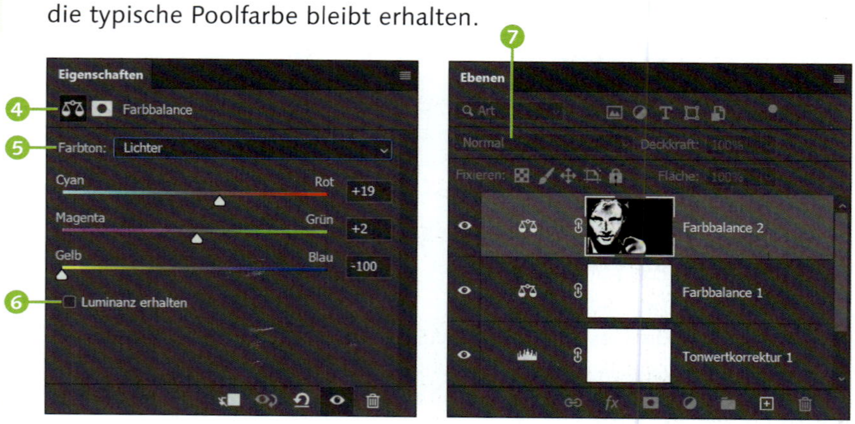

Abbildung 10.24 ▸
Einstellungen für die zweite Farbbalance-Einstellungsebene und Dateiaufbau im Ebenen-Bedienfeld

7 Fertig! Das Endergebnis

Hier sehen Sie noch einmal zum Vergleich das Ausgangsbild und die korrigierte Version.

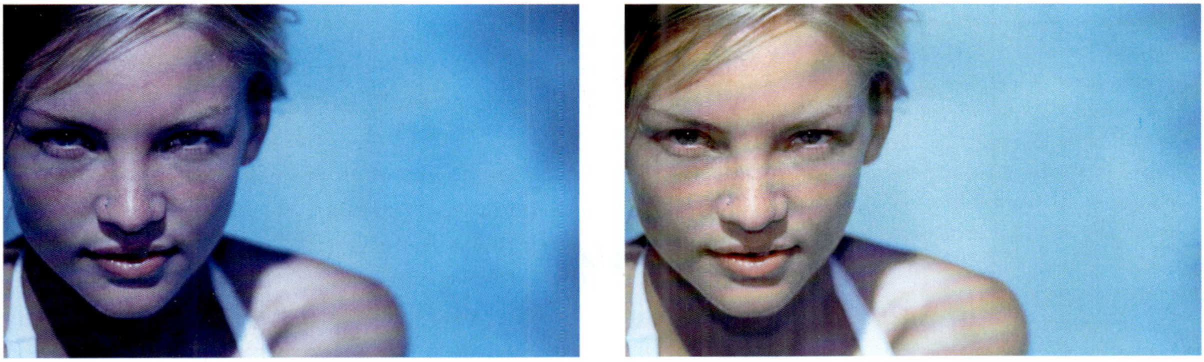

▲ **Abbildung 10.25**
Ausgangsfoto (links) und das Resultat der Korrekturen (rechts)

8 Einstellungsebenen verwalten
Bei der kompletten Korrektur eines Bildes kommen oft zahlreiche Einstellungsebenen für die einzelnen Werkzeuge zusammen. Wie immer beim Umgang mit Ebenen ist es auch hier empfehlenswert, die wenig aussagekräftigen Standardnamen der Ebenen durch präzisere Bezeichnungen zu ersetzen. Auch sonst lassen sich Einstellungsebenen wie gewöhnliche Ebenen behandeln und können auf die bekannte Art gelöscht, verschoben und mit dem Bild gespeichert werden.

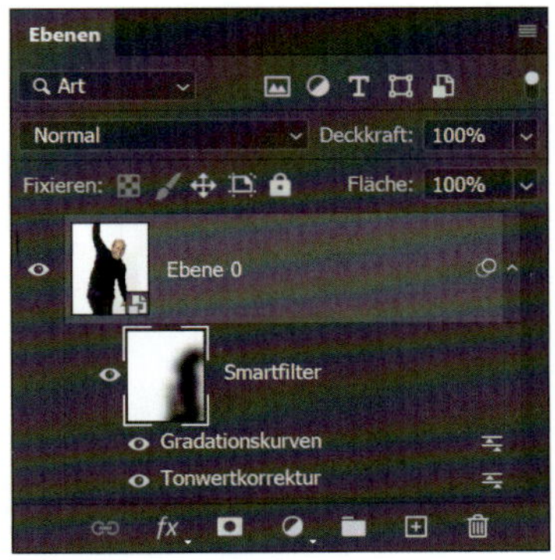

▲ **Abbildung 10.26**
Auch bei Korrekturen per Einstellungsebene sind aussagekräftige Ebenennamen hilfreich.

10.2.4 Korrekturen-Presets

Wahrscheinlich ist Ihnen der Bereich Korrekturen-Presets im Bedienfeld Korrekturen aufgefallen. Wenn Sie hier auf Mehr 8 klicken, werden verschiedene Vorgaben in einer Miniaturvorschau in den Kategorien Porträts, Querformat, Fotoreparatur, Kreativ, Schwarzweiss und Filmisch angezeigt.

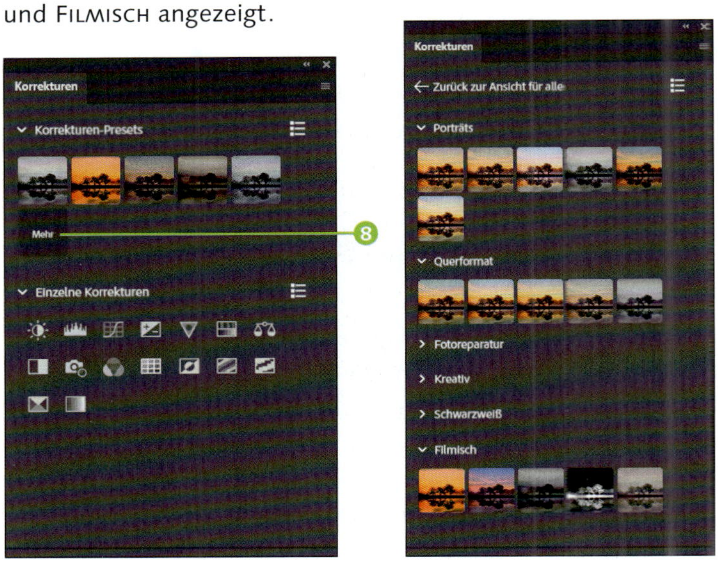

◂ **Abbildung 10.27**
Links: Im Korrekturen-Bedienfeld finden Sie neben den einzelnen Korrekturen auch Korrektur-Presets (Vorgaben), wenn Sie auf Mehr klicken. Rechts: Die Korrektur-Presets werden in verschiedenen Gruppen aufgeteilt.

Mehrere Korrektur-Presets kombinieren
Es ist möglich, mehrere Korrektur-Presets miteinander zu kombinieren. Wenn Sie jedoch ein anderes Preset verwenden und die Presets nicht kombinieren möchten, müssen Sie die vorherige Gruppe manuell löschen. Dies ist eine etwas umständliche Lösung.

Wie die Einstellungsebenen können auch diese nicht-destruktiv auf eine Auswahl oder das gesamte Bild angewendet werden. Genau genommen handelt es sich um Einstellungsebenen, die als Vorgaben gruppiert wurden.

Wenn Sie mit dem Mauszeiger über eine der Korrekturvorgaben fahren, wird eine Live-Vorschau angezeigt. Klicken Sie auf eine Vorgabe, wird eine Gruppe mit den darauf basierenden Einstellungsebenen erstellt und zum EBENEN-Dialog hinzugefügt. Über einen Klick auf die Ebenenminiatur einer der enthaltenen Einstellungsebenen wird das EIGENSCHAFTEN-Bedienfeld mit dem Korrekturwerkzeug geöffnet, in dem Sie die Einstellungen an Ihre Bedürfnisse anpassen können.

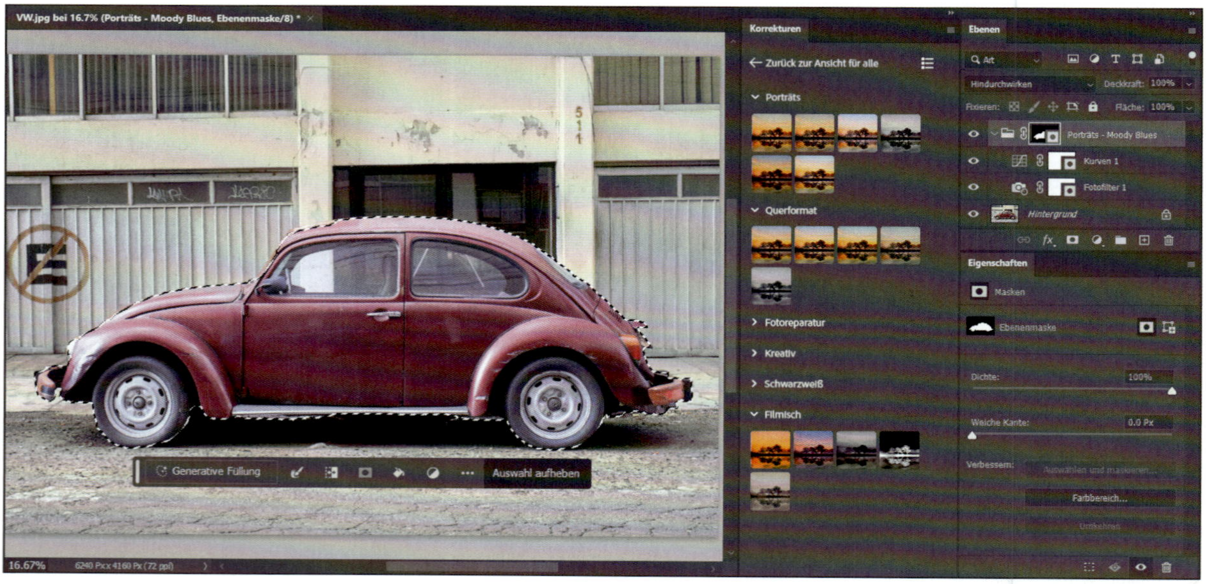

▲ **Abbildung 10.28**
Hier wurde ein Korrekturen-Preset (Moody Blues) auf den ausgewählten VW-Käfer des Bildes angewendet.

Noch zu wünschen
Die Korrekturen-Presets sind sehr gut geeignet, um dem Bild oder einem Teil davon mit wenig Aufwand einen bestimmten Bildlook zu geben, der jederzeit über die Einstellungsebenen angepasst werden kann. Was hier noch fehlt, ist die Möglichkeit, eigene Korrekturvorgaben zu erstellen und zu speichern. Dies ist leider (noch) nicht möglich.

10.2.5 Masken von Einstellungsebenen bearbeiten

Mit vielen Korrekturwerkzeugen von Photoshop können Sie recht genau bestimmen, auf welche Tonwerte oder Farben eine Korrektur wirkt. Doch das klappt nicht immer. Wenn nur ein Teil eines Bildes korrigiert oder verändert werden soll, hilft eine Maske. Dabei müssen Sie oft noch nicht einmal besonders präzise vorgehen. Häufig genügen nämlich ein paar großzügige Pinselstriche direkt auf der Maske. So gehen Sie vor:

1. Legen Sie oberhalb der Ebene, die korrekturbedürftige Bildteile enthält, eine Einstellungsebene für das Tool an, das Sie anwenden wollen.

2. Stellen Sie für Ihr Tool zunächst einen Extremwert ein, damit Sie die Wirkung der Maske besser erkennen.
3. Achten Sie darauf, dass die Maske aktiv ist (Anklicken der Ebenenmaskenminiatur).
4. Pinseln Sie dann mit einem weichen, nicht zu feinen Pinsel mit schwarzer Farbe auf die Stellen im Bild, die nicht korrigiert werden sollen. Sie können auch im Alphakanal arbeiten, aber meist genügt es, im Blindflug mit der Maus auf dem Bild zu hantieren.
5. Wenn Ihre Maske fertig ist, stellen Sie bei Ihrem Korrekturtool die richtigen Werte ein.

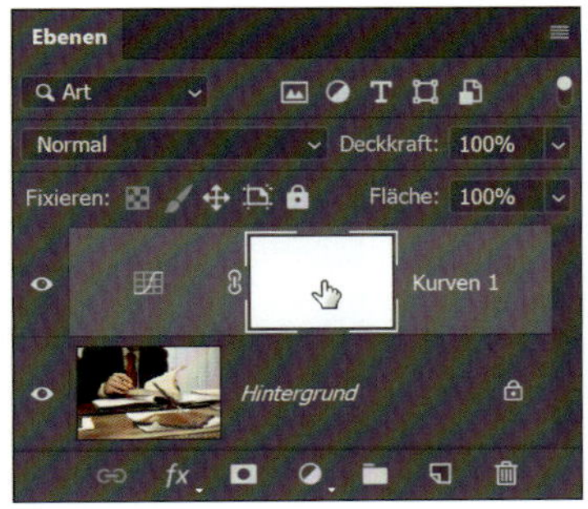

▲ **Abbildung 10.29**
Der helle Rand um die Ebenenmaskenminiatur zeigt, dass sie aktiv ist.

Wenn Sie nur kleine Bildpartien korrigieren wollen, können Sie das Verfahren auch umkehren. Dann füllen Sie die Maske zunächst mit Schwarz, etwa indem Sie bei aktiver Maske einfach mit dem Fülleimer schwarze Farbe über das Bild gießen oder mit dem Befehl BEARBEITEN • FLÄCHE FÜLLEN. Dann tragen Sie an den Stellen, die korrigiert werden sollen, mit dem Pinsel weiße Farbe auf das Bild auf und pinseln so die entsprechenden Stellen der Maske frei.

Dieses Verfahren ist übrigens auch bei Filtermasken von Smartfiltern nützlich.

»BlickInsBüro.tif«

Bild: stock.xchng, piovasco

▲ **Abbildung 10.30**
Nur die Anzugjacke soll aufgehellt werden.

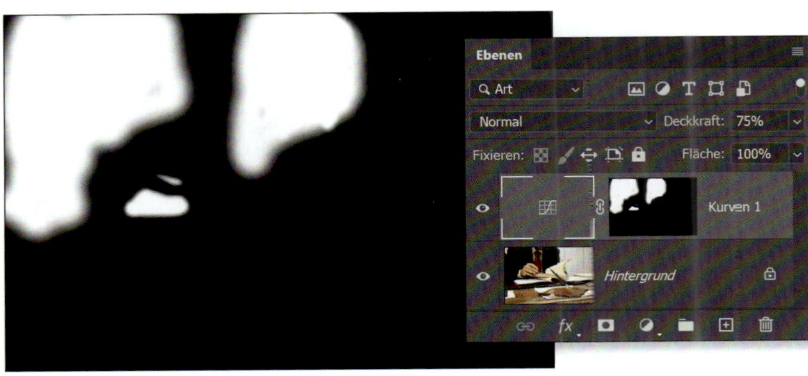

◀ **Abbildung 10.31**
Korrigiert wird mit GRADATIONSKURVEN-Einstellungsebene plus Maske. Die Maskenansicht zeigt, dass hier recht schludrig mit grobem Pinsel gearbeitet wird. Für solche Korrekturen genügt das oft!

10.3 Die Alternative zu Einstellungsebenen: Korrekturen als Smartfilter

▲ **Abbildung 10.32**
Sie erkennen Smartobjekte am kleinen Icon unten rechts in der Ebenenminiatur (Anzeige für eingebettetes und verknüpftes Smartobjekt).

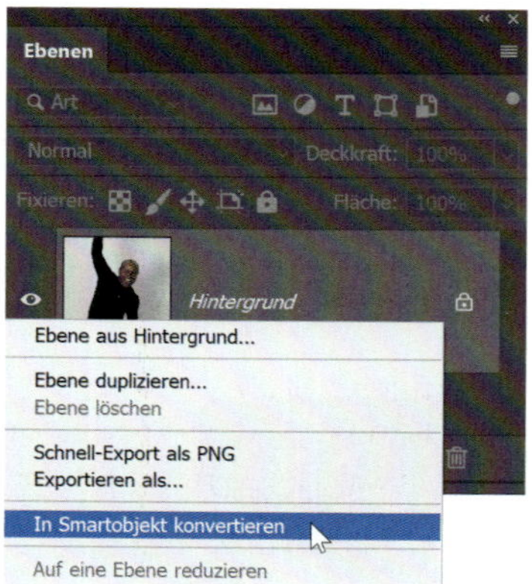

▲ **Abbildung 10.33**
Ebene in Smartobjekt konvertieren

Die meisten Korrekturen können auch als smarte Korrekturen angewendet werden. Adobe nennt diese Funktion »Smartfilter«, auch wenn es sich im strengen Sinne nicht um wirkliche Filter-, sondern Korrekturfunktionen handelt. Die Funktionsweise gleicht jedoch den Smartfiltern.

1. Konvertieren Sie zunächst die Ebene, die Sie korrigieren möchten, in ein Smartobjekt. Aktivieren Sie dazu die Ebene, und wählen Sie dann den Menübefehl EBENE • SMARTOBJEKTE • IN SMARTOBJEKT KONVERTIEREN, oder nutzen Sie das Kontextmenü des Ebenen-Bedienfelds.
2. Führen Sie nun die gewünschte Korrektur – oder die gewünschten Korrekturen – dieses neu geschaffenen Smartobjekts durch. Das funktioniert nicht wie gewohnt mit den Schaltflächen im Korrekturen-Bedienfeld oder dem Einstellungsebenen-Button des Ebenen-Bedienfelds. Diesmal müssen Sie die Befehle unter BILD • KORREKTUREN verwenden.
3. Die Korrekturen erscheinen im Ebenen-Bedienfeld nun – anders als bei den Einstellungsebenen – unterhalb des Smartobjekts.

Mehr über die Anwendung von Smartfiltern lesen Sie in Abschnitt 24.2, »Smartobjekte und Smartfilter: zerstörungsfrei filtern«. Grundsätzliches über Smartobjekte erfahren Sie in Abschnitt 5.3, »Ebenenarten«, und einige Beispiele für Arbeitstechniken mit Smartobjekten (nicht Smartfiltern!) lernen Sie in Abschnitt 6.4, »Vielseitige Datencontainer: Smartobjekte«, kennen.

Bild: Jacqueline Esen

Abbildung 10.34 ▶
Das Beispielbild vor und nach der Korrektur

Ein Blick in das Ebenen-Bedienfeld offenbart den gravierenden Nachteil des Konzepts der Smartfilter-Korrekturfunktion: Anders als bei der

Arbeit mit Einstellungsebenen teilen sich hier alle Korrekturfunktionen (in Abbildung 10.34 Gradationskurven und Tonwertkorrektur – in der Praxis können es jedoch schnell mehr Korrekturen werden) eine Maske 1. Diese kann zwar wie jede Maske bearbeitet werden, um die Korrekturen auf bestimmte Bildpartien zu begrenzen – jedoch nur pauschal für alle Korrekturen auf einmal. Differenzierte Feinarbeit ist so nicht möglich.

»VerySmart.tif«

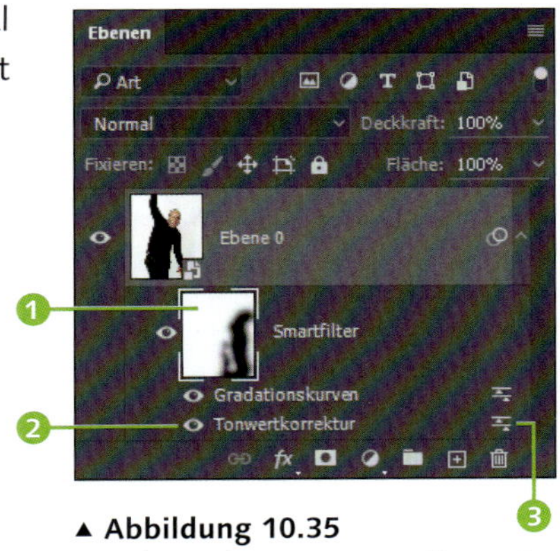

▲ **Abbildung 10.35**
Im Ebenen-Bedienfeld stellen sich die Korrekturen nach dem Smartfilter-Prinzip dann so dar.

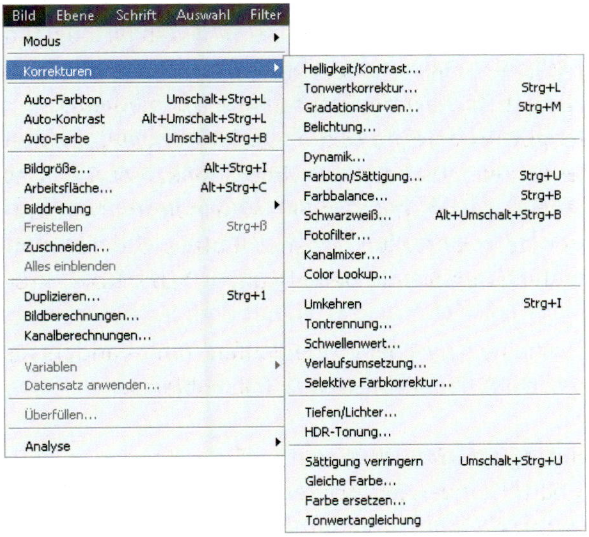

◂ **Abbildung 10.36**
Für smarte Korrekturen können Sie ausschließlich die Korrekturbefehle unter Bild • Korrekturen nutzen.

Einige Feineinstellungen der Korrektur sind dennoch möglich. Ein Doppelklick auf den Namen der Korrektur im Ebenen-Bedienfeld 2 führt erneut zum Dialog der Einstellungen – Sie können hier also nachbessern. Und ein Doppelklick auf das Fülloptionen-Icon 3 rechts neben der Bezeichnung der jeweiligen Korrektur führt zu den Einstellungen von Deckkraft und Füllmethode der Smartkorrektur.

10.4 Ein unentbehrliches Analyse- und Kontrollwerkzeug: Das Histogramm

Mit Einstellungsebenen arbeiten Sie komplett zerstörungsfrei. Die ursprünglichen Bildpixel bleiben unverändert, und Sie können Korrekturen beliebig verändern. Das heißt natürlich nicht, dass es nicht auf das Korrekturergebnis ankommt: Falsche Korrekturen können Bilder nach wie vor schädigen und zu sichtbarem Qualitätsverlust führen! Einstellungsebenen ermöglichen bloß die Korrektur der Korrektur – also nachträgliche Änderungen.

Erste Korrektur | Die Helligkeitsinformationen eines Pixelbildes und seiner Farbkanäle, die Tonwerte, sind die grundlegende Größe für die Bildfarben und auch der wichtigste Ansatzpunkt für Bildkorrekturen. Das erste Augenmerk bei einer Korrektur gilt daher den Lichtern und Tiefen, also den hellsten und dunkelsten Tonwerten eines Bildes. Wie Sie schon in Abbildung 10.3 und in Abbildung 10.4 gesehen haben, treten an den Lichtern und Tiefen auch am schnellsten sichtbare Schäden auf. Um so etwas zu vermeiden, sollte eine Bildkorrektur genau an der Problemzone des Bildes ansetzen und die Lichter- sowie die Tiefenzeichnung – die feine Nuancierung der hellsten und dunkelsten Bereiche im Bild – erhalten.

Beurteilung am Bildschirm | Durch reine Sichtkontrolle am Monitor ist beides schwierig. Mit dem Histogramm stellt Photoshop aber ein wirkungsvolles Instrument zur Verfügung, um Tonwertverteilung und -umfang eines Bildes objektiv zu prüfen. Sie finden es gleich an mehreren Stellen im Programm:

- als Teil des Werkzeugs TONWERTKORREKTUR, mit dem Sie die Tonwerte bearbeiten
- als eigenständiges Histogramm-Bedienfeld (zu finden unter FENSTER • HISTOGRAMM)
- integriert in den Dialog GRADATIONSKURVEN

Das Histogramm ist ein wertvoller Helfer für die Analyse korrekturwürdiger Bilder und unterstützt Sie während der Korrektur.

Histogramm-Darstellung
Standardmäßig ist die Anzeige des Histogramm-Bedienfelds bunt und gibt auch Auskunft über die Farbverteilung im Bild. Wenn Sie nur Helligkeit und Kontrastumfang prüfen wollen, genügt ein einfarbiges Histogramm (wie hier auf den Screenshots). Um die Histogramm-Ansicht umzustellen, wählen Sie im Bedienfeldmenü ☰ des Histogramms ERWEITERTE ANSICHT ❻. Dann erscheint oberhalb des Histogramms die Option KANAL mit einer Liste. Dort stellen Sie statt FARBEN die Ansicht RGB ❶ ein.

10.4.1 Was verrät das Histogramm-Bedienfeld?

Das Histogramm-Bedienfeld hat den Vorzug, dass Sie es jederzeit geöffnet halten können, so dass Sie die Tonwerte eines Bildes konstant im Blick behalten. Darüber hinaus ist ein Histogramm als Hilfswerkzeug in andere Tools integriert, zum Beispiel in die Camera-Raw-Engine.

Die Histogrammbalken | Ein Histogramm – gleichgültig ob in der TONWERTKORREKTUR, den GRADATIONSKURVEN oder dem Histogramm-Bedienfeld selbst – bildet die **Tonwerte** aller im Bild vorkommenden Pixel ab. Ganz links sind die schwarzen Bildpixel (in RGB mit dem Tonwert 0) repräsentiert, und die Anzeige verläuft über die Mitteltöne in die hellen Töne bis zu den weißen Bildpixeln ganz rechts (Tonwert 255). Die Höhe der kleinen Balken in den Tonwertbereichen zeigt an, wie oft ein Tonwert im Bild vorkommt. Je öfter ein Tonwert im Bild vertreten ist, desto länger ist der Balken. Diese Tonwertverteilung können Sie sich für das Gesamtbild oder einzelne Kanäle anzeigen lassen ❶.

Im Histogramm-Bedienfeld finden Sie neben dem Histogramm selbst weitere Einstellungen und Informationen.

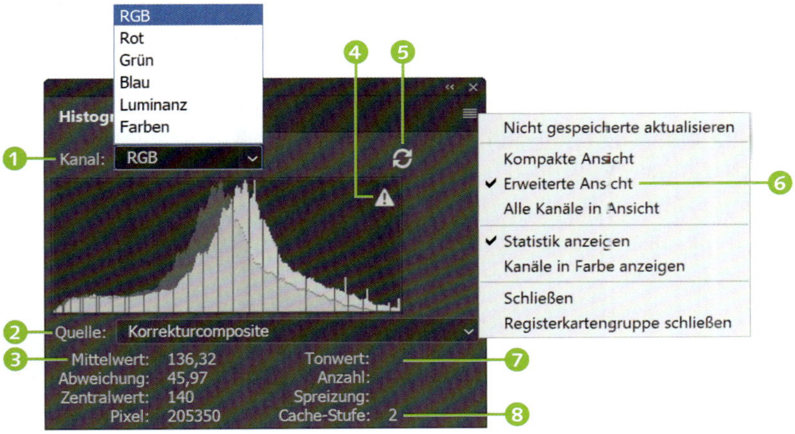

◂ **Abbildung 10.37**
Histogramm-Bedienfeld in der erweiterten Ansicht mit Statistik. Die verschiedenen Ansichtsoptionen erreichen Sie über das Bedienfeldmenü.

Quelle | Wenn Ihr Bild mehrere Ebenen enthält, können Sie unter Quelle ② auswählen, ob Sie die Tonwerte einer bestimmten Bildebene oder des gesamten Bildes ansehen wollen.

Statistik | Unterhalb des Histogramms finden Sie einige Angaben zur Statistik: Der Mittelwert ③ gibt die durchschnittliche Helligkeit eines Bildes an. Liegt der Wert für ein RGB- oder Graustufenbild unter 128, ist das Bild eher dunkel; liegt er darüber, ist das Bild heller. Die Abweichung gibt nochmals in Zahlen an, wie stark die Helligkeitswerte schwanken (das sehen Sie auch der Histogrammkurve an). Der Zentralwert besagt, wie hell oder dunkel der mittlere Farbwert des Bildes ist. Pixel bezeichnet die Menge der Pixel im Bild, die für das Histogramm herangezogen wurden.

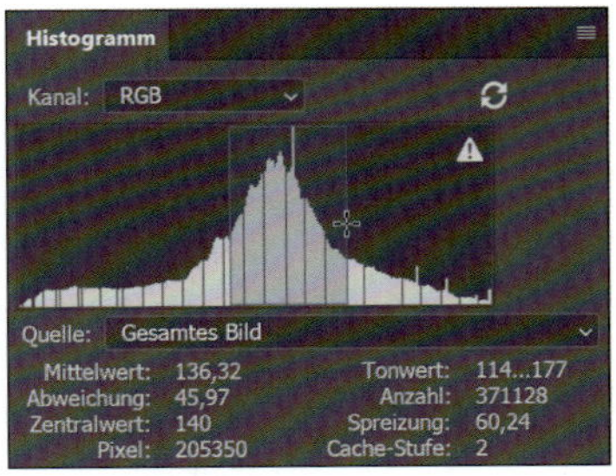

▴ **Abbildung 10.38**
Sie können auch Bereiche des Histogramms mit der Maus überstreichen, um für sie statistische Informationen zu erhalten.

Tonwertangaben | Wenn Sie mit der Maus auf einen Punkt der Histogrammkurve fahren, erscheinen einige Angaben zu dem Tonwert ⑦, den Sie aktuell unter der Maus haben. Sie erfahren, was der genaue Wert ist (Tonwert), wie viele andere Pixel es mit diesem Tonwert gibt (Anzahl) und wie viele dunklere Pixel noch vorhanden sind (Spreizung).

Aktualisieren | Das kleine »Warndreieck« oben rechts ④ weist Sie darauf hin, dass das Bild geändert wurde, aber dass das Histogramm noch die unveränderte Version anzeigt. Ein Klick auf die darüberliegenden, kreisförmig angeordneten Pfeile ⑤ (»Recycling-Symbol«) aktualisiert die Ansicht.

Cache-Stufe | Die CACHE-STUFE **8** bezieht sich nicht auf die Bildqualität oder die Bilddaten selbst, sondern systemabhängig darauf, wie diese für das Histogramm aus dem Bild ermittelt werden. Für die Bildkorrektur können Sie diesen Wert ignorieren.

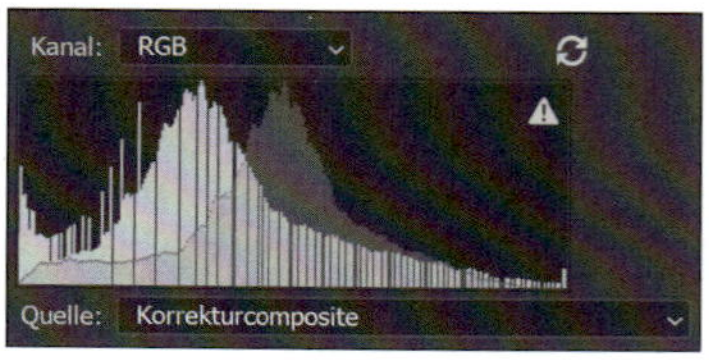

▲ **Abbildung 10.39**
Das Live-Histogramm im Einsatz

Live-Histogramm | Im Histogramm-Bedienfeld – und leider nur dort – können Sie Änderungen am Bild live verfolgen. Die grauen »Hügel« zeigen die Originalwerte, und das schwarze Diagramm symbolisiert die Auswirkungen Ihrer aktuellen TONWERTKORREKTUR-Einstellungen. Achten Sie darauf, dass QUELLE: KORREKTURCOMPOSITE eingestellt ist, sonst funktioniert es nicht.

10.4.2 Histogramme interpretieren

»Sanddorn.tif«, »Schweden.tif«

Auch wenn jedes Bild sein eigenes Profil hat, gibt es Merkmale, die eine ideale Tonwertverteilung auszeichnen, und andere Merkmale, die für bestimmte Bildfehler symptomatisch sind. Die Histogramm-Hügellandschaft sollte an den Rändern auslaufen und die gesamte Breite der Grafik ausfüllen. Reichen die Histogrammhügel nicht über die ganze Breite des Diagramms, fehlen dem Bild eindeutige Tiefen und Lichter. Der Gesamteindruck ist dann meist »flau« und kontrastarm.

Bild: Onno K. Gent

▲ **Abbildung 10.40**
So ungefähr sieht ein ausgewogenes Histogramm aus: wie eine Gebirgslandschaft mit einem zu den Seiten abfallenden Berg.

Bild: C. Börner

▲ **Abbildung 10.41**
Auch so ein zerklüftetes Histogramm kann zu einem qualitativ guten Bild gehören.

Bei den oben gezeigten Histogrammen ist es wichtig, dass die gesamte Histogrammbreite ausgenutzt wird. Schauen Sie genau hin – auch die unscheinbaren, nur ein Pixel hohen Balken an den Rändern des »Tonwertgebirges« zeigen relevante Tonwerte an.

Histogramm zu schmal | In Abbildung 10.42 läuft die Gebirgskette des Histogramms in die Ebene aus, bevor die Kanten des Diagramms erreicht sind. Das Bild hat denn auch nur geringe Kontraste und wirkt wie hinter einem Grauschleier. Solche Befunde lassen sich meist gut mit ein paar Handgriffen korrigieren.

»Helsinki.tif«, »Strandspaziergänger.tif«, »Baumstämme.tif«, »Zentralbüro.tif«

Bild: Frank Gaebler

◂ **Abbildung 10.42**
Hier wird nicht die gesamte Breite des Histogramms ausgenutzt. Das Bild wirkt flau und hat schwache Kontraste.

Histogramm zu breit | Drängen die Histogrammbalken aus dem Diagramm hinaus, fehlt es dem Bild vermutlich an **Zeichnung** in den Tiefen oder Lichtern, also an feiner Modulation der dunkelsten oder hellsten Bildpartien.

Bild: Frank Gaebler

◂ **Abbildung 10.43**
In diesem Bild treten deutliche Zeichnungsverluste in den hellen Bereichen zutage.

In Abbildung 10.43 drängen die Balken, die die hellen Tonwerte repräsentieren (rechts im Histogramm), deutlich über den Rand hinaus. Bei einem solchen Histogramm müssen Sie mit Zeichnungsverlusten in den Lichtern des Bildes rechnen. »Reparieren« lassen sich solche Bilder schlecht. Wo Bildinformationen (hier: Tonwertabstufungen in den hellen Bildbereichen) fehlen, können auch nachträglich keine beschafft werden.

Die Histogrammbalken türmen sich in Abbildung 10.44 am linken Rand, der für die dunklen Tonwerte steht. Die Zeichnungsverluste der Tiefen sind auch im Bild recht gut zu erkennen: Dunkle Bereiche sind kaum nuanciert, sondern einfach schwarze Flecke. Auch hier wird es wohl schwierig, noch etwas aus dem Bild herauszuholen.

Anders in Abbildung 10.45: Auch dieses Bild ist recht dunkel, wie auch die Menge der Tonwertbalken im linken Bereich der Histogrammgrafik zeigt. Allerdings gibt es im Bild trotzdem noch feine Abstufungen der Tiefen. Das Histogramm fällt rechts steil ab, die Balken drängen nicht gerade aus der Grafik heraus.

Bild: Frank Gaebler

▲ **Abbildung 10.44**
Auch dieses Foto ist durch Zeichnungsverluste gekennzeichnet, diesmal in den Tiefen.

▲ **Abbildung 10.45**
Dieses Foto ist zwar ebenfalls recht dunkel, doch das Histogramm belegt: Es ist stimmig.

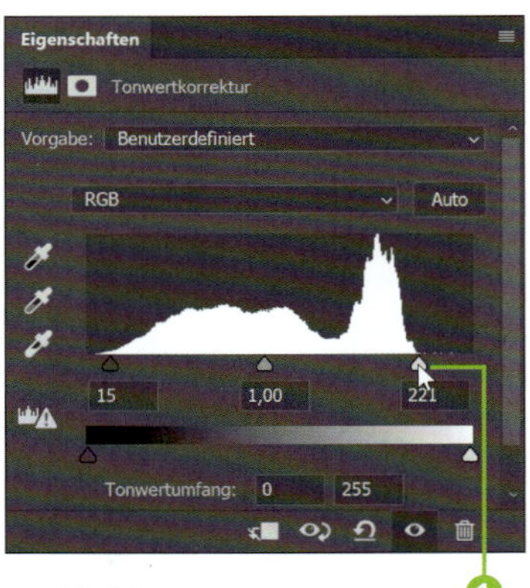

▲ **Abbildung 10.46**
Bei der manuellen Tonwertkorrektur arbeiten Sie direkt im Histogramm. Mit der Maus ziehen Sie die Tonwertspreizungsregler ❶ an die relevanten Tonwerte heran.

10.4.3 Histogramm, Tonwertkorrektur und Tonwertspreizung

Für die Qualität und Wirkung eines Bildes entscheidend ist die Verteilung der Helligkeitswerte, der sogenannten Tonwerte. Das Histogramm bildet die Tonwertverteilung ab. Im Idealfall liegen Schwarz und Weiß an den äußeren Enden des Histogramms. Tun sie es nicht, ist das Bild kontrastarm und »flau«. Das Auseinanderziehen – **Spreizen** – der Tonwerte mittels TONWERTKORREKTUR verbessert dann den Bildeindruck.

Damit Sie bei der Korrektur der Tonwerte die wichtige Tonwertspreizung immer im Blick haben und auch direkt beeinflussen können, ist das Histogramm bei der Arbeit mit dem Werkzeug TONWERTKORREKTUR das zentrale Funktionselement.

Doch auch bei anderen Korrekturen können und sollten Sie die Informationen des Histogramms nutzen – entweder mittels Histogramm-Bedienfeld oder bei den GRADATIONSKURVEN im Werkzeugdialog selbst.

Kapitel 11

Kontraste und Belichtung korrigieren: Schnelle Problemlöser

In der Fotografie geht es immer um Licht und Schatten. Kontrasten und Belichtung sollte auch Ihr erstes Augenmerk bei der Bildbearbeitung gelten – oft machen schon kleine Korrekturen mehr aus einem Motiv.

11.1 Das Werkzeug »Helligkeit/Kontrast«

Das Korrekturwerkzeug HELLIGKEIT/KONTRAST erscheint als naheliegende Wahl für erste Korrekturen. Schließlich verspricht schon der Name eine schnelle Korrektur dieser häufigen Bildfehler. Doch häufig erzielt man mit diesem Werkzeug Ergebnisse, die zu plakativ sind. Das subtile Herausarbeiten einzelner Tonwertbereiche ist nicht möglich, und nicht immer erreicht man die kritischen Bildbereiche. **Dieses Tool ist also nur etwas für leichte Fälle!** In jedem Fall sollten Sie bei der Korrektur mittels HELLIGKEIT/KONTRAST zusätzlich das Histogramm im Auge behalten, um Zeichnungsverluste zu vermeiden!

11.1.1 Funktionsweise

Die Bedienung des Werkzeugs HELLIGKEIT/KONTRAST ist denkbar einfach. Zwei Schieberegler und eine Options-Checkbox machen es sehr übersichtlich.

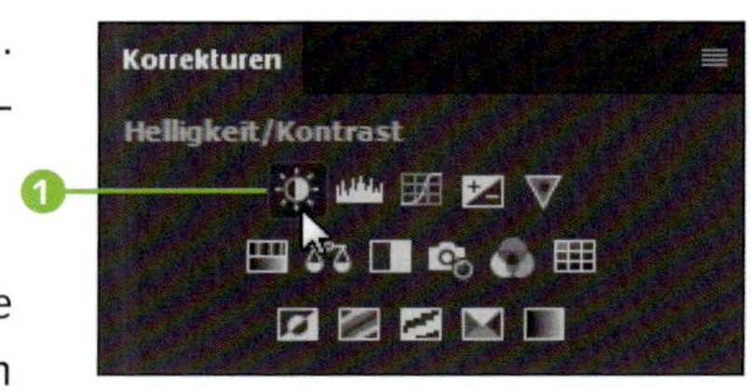

▲ **Abbildung 11.1**
Einstellungsebene HELLIGKEIT/KONTRAST erzeugen

Funktion starten | Wie bei den meisten Bildkorrekturen haben Sie bei HELLIGKEIT/KONTRAST verschiedene Möglichkeiten, die Funktion aufzurufen:

- Entweder Sie nutzen das Korrekturen-Bedienfeld (1),
- das Einstellungsebenen-Icon des Ebenen-Bedienfelds oder

- den Befehl EBENE • NEUE EINSTELLUNGSEBENE • HELLIGKEIT/KONTRAST.
- Wenn Sie den Menübefehl BILD • KORREKTUREN • HELLIGKEIT/KONTRAST anklicken, wird die Korrektur **ohne Einstellungsebene** auf der aktiven Ebene durchgeführt.

»KleinesLeuchtfeuer_bunt.jpg«

Helligkeit | Wenn Sie den Regler HELLIGKEIT nach rechts schieben, werden die Lichter des Bildes aufgehellt. Dabei werden die hellen Tonwerte zusammengeschoben und die restlichen Tonwerte des Bildes ein wenig aufgespreizt. Schieben Sie den Regler nach links, werden die Tiefen abgedunkelt, indem die dunklen Tonwerte weiter zu den Tiefen geschoben und die restlichen Tonwerte gespreizt werden.

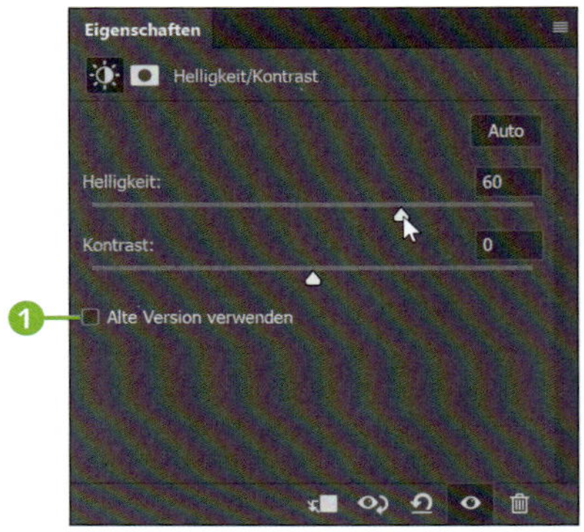

▲ **Abbildung 11.2**
Für das Beispiel habe ich Extremwerte genutzt, um die Wirkung des Tools zu verdeutlichen.

▲ **Abbildung 11.3**
Das Ausgangsbild und das zugehörige Histogramm

Abbildung 11.4 ▶
Nun ist das Bild deutlich aufgehellt. Auch in den kritischen Bereichen des Bildes – dem hellen Leuchtturm – ist es gelungen, die Zeichnung zu erhalten. Im Histogramm erkennen Sie deutlich die Tonwertspreizung, die vor allem in den Tiefen und Mitteltönen durchgeführt wurde (helle Streifen in den Histogramm-»Bergen«). Die Lichter wurden nach rechts verschoben.

Sie können natürlich auch Werte eintippen. Die Zahlenfelder zeigen beim Kontrast Werte von –50 bis 50 an, bei der Helligkeit reicht die Skala von –150 bis 150. Einen direkten Bezug zu den RGB- oder CMYK-typischen Tonwertskalen haben die Werte übrigens nicht, sie dienen nur als grobe Orientierung.

Kontrast einstellen | Der Regler KONTRAST wirkt nicht nur auf die Tiefen oder Lichter – so wie der HELLIGKEIT-Regler –, sondern auf den *gesamten* Tonwertbereich, immer jedoch tonwertspreizend.

Alte Version verwenden | Die Option ALTE VERSION VERWENDEN (1) verschärft die Wirkung des Werkzeugs deutlich – es wird dabei auf die Betriebsweise älterer Programmversionen zurückgesetzt. Dann kann es bei der Anwendung zu starken Tonwertbeschneidungen kommen. Die vorhandenen Tonwerte des Bildes werden dabei nicht gespreizt (auseinandergezogen), sondern aus dem Histogramm hinausgeschoben.

Der »Auto«-Button | Wenig erklärungsbedürftig ist der Button AUTO. Sie klicken ihn an, und Photoshop errechnet automatisch die Korrekturwerte und stellt die Regler dann darauf ein.

11.2 Pfusch oder schnelle Hilfe? Die Auto-Korrekturen

Neben den AUTO-Buttons, die innerhalb der Tools HELLIGKEIT/KONTRAST, TONWERTKORREKTUR und GRADATIONSKURVEN zur Verfügung stehen, gibt es in Photoshop eine Reihe von automatischen Korrekturwerkzeugen, die die Tonwertverteilung im Bild selbsttätig analysieren und entsprechend geraderichten. Damit können Sie – je nach Vorlage – durchaus zufriedenstellende Ergebnisse erzielen. Neben der Schnelligkeit, mit der sich Auto-Korrekturen anwenden lassen, haben sie einen weiteren Vorteil: Sie arbeiten auf Grundlage strikter Tonwertmathematik. So kann es zwar passieren, dass Sie einmal das falsche Werkzeug erwischen und nicht den gewünschten Effekt erzielen. Wirkliche Zeichnungsverluste können Sie aber nur schwerlich produzieren. In gewisser Weise sind die Auto-Korrekturen narrensicher. Ob und wann ihr Einsatz sinnvoll ist und welche Möglichkeiten Sie haben, ihre Wirkung zu optimieren, erfahren Sie jetzt.

Camera-Raw-Korrekturfunktionen stets griffbereit
Die Korrekturfunktionen des mächtigen CAMERA-RAW-Plug-ins stehen denen von Photoshop in nichts nach. Im Gegenteil: Manche Anwenderinnen und Anwender nutzen die Camera-Raw-Funktionen lieber als die Korrekturtools in Photoshop. Zudem gibt es einige Werkzeuge nur hier. Für Photoshop-User ist der Weg zu diesen Werkzeugen seit dem Update auf CC 2015 deutlich kürzer geworden. Sie finden Camera Raw nun auch im Menü FILTER. Auf ein Smartobjekt angewandt, sind auch diese Korrekturen überdies gänzlich zerstörungsfrei und reversibel. Mehr über die Funktion von Camera Raw erfahren Sie in Kapitel 16, »Das Camera-Raw-Modul«. Smartobjekt-Basics können Sie in Abschnitt 6.4, »Vielseitige Datencontainer: Smartobjekte«, nachlesen.

11.2.1 Auto-Korrekturen im Menü

Die bekanntesten unter Photoshops Automatik-Korrekturen finden sich direkt im Menü BILD. Sie sind für die rasche Erledigung von Routinekorrekturen an mehr oder weniger unproblematischen Bildern gedacht. Sie lassen sich schnell anwenden, haben jedoch einen gravierenden Nachteil: Die Korrektur erfolgt ohne Einstellungsebenen und kann nicht weiter angepasst oder rückgängig gemacht werden (außer über das bekannte Kürzel [Strg]/[cmd]+[Z] oder das Protokoll). Drei verschiedene Menü-Auto-Korrekturen gibt es:

- AUTO-FARBTON (Kürzel: [⇧]+[Strg]/[cmd]+[L])
- AUTO-KONTRAST (Kürzel: [Alt]+[⇧]+[Strg]/[cmd]+[L]
- AUTO-FARBE (Kürzel: [⇧]+[Strg]/[cmd]+[B])

Rein technisch handelt es sich übrigens bei allen drei Auto-Funktionen – trotz der unterschiedlichen Bezeichnungen – um Tonwertkorrekturen, die auf verschiedene Weise durchgeführt werden.

Anwendung | Die Anwendung der Auto-Werkzeuge ist denkbar einfach: Klicken Sie einmal auf den Menüpunkt, Photoshop rechnet – fertig. Welche der Auto-Korrekturen am besten wirkt, ist stark motivabhängig. Am besten einfach ausprobieren!

11.2.2 Auto-Korrekturen mit Einstellungsebene

Wenn Sie Auto-Korrekturen anwenden wollen, müssen Sie auf Einstellungsebenen gar nicht verzichten. Denn auch bei den Korrekturwerkzeugen TONWERTKORREKTUR und GRADATIONSKURVEN – für die Sie ohne weiteres Einstellungsebenen erzeugen können – gibt es vier Auto-Korrekturen. Drei davon sind exakt dieselben wie im Menü, die vierte Auto-Korrektur-Methode HELLIGKEIT UND KONTRAST VERBESSERN finden Sie im Menü nicht.

Nicht alle Auto-Funktionen sind gleich
AUTO-Buttons finden Sie nicht nur bei TONWERTKORREKTUR und GRADATIONSKURVEN. Auch die Tools HELLIGKEIT/KONTRAST und SCHWARZWEISS verfügen über Korrekturautomatiken. Obwohl der Button dort ebenfalls AUTO heißt, führen Sie damit keine Auto-Tonwertkorrektur durch. Und auch weiter gehende Optionen gibt es für diese beiden Auto-Funktionen nicht!

Auto-Korrektur-Optionen erreichen | Der Button AUTO ist Ihnen vielleicht schon einmal aufgefallen, wenn Sie mit der TONWERTKORREKTUR oder den GRADATIONSKURVEN gearbeitet haben. Sie können einfach daraufdrücken und so eine automatische Korrektur durchführen. Das klappt nicht bei jedem Bild gleich gut – Feintuning über die Optionen ist oftmals nötig. Außerdem eröffnen Ihnen die Optionen die Wahl zwischen verschiedenen Betriebsmodi der Autokorrektur. So erhalten Sie eine mathematisch genaue, aber dennoch aufs Bild abgestimmte automatische Korrektur. Die Optionen erreichen Sie so:

1. Erzeugen Sie eine Einstellungsebene TONWERTKORREKTUR oder GRADATIONSKURVEN. Die Auto-Funktionen sind bei beiden Werkzeugen identisch, doch es ist sinnvoll, das Werkzeug zu benutzen, mit dem Sie nach der automatischen Korrektur manuell weiterarbeiten möchten. Eine Auto-Korrektur stellt eine gute Basis eigener Korrekturen dar!
2. Sobald Sie die Einstellungsebene erzeugt haben, erscheinen im Eigenschaften-Bedienfeld die Steuerungselemente, und Sie sehen dort auch den Button AUTO. Wenn Sie einfach daraufklicken, führt Photoshop eine Auto-Korrektur mit den Standardeinstellungen aus. Das wollen Sie jedoch jetzt nicht! Drücken Sie die `Alt`-Taste, während Sie auf diesen Button klicken; dann öffnet sich das Fenster mit den Auto-Korrektur-Optionen.
3. Unter ALGORITHMEN legen Sie nun fest, wie die Auto-Korrektur vorgehen soll. Sind Sie mit Ihren Einstellungen fertig, können Sie einfach die Auto-Korrektur durchführen lassen (Klick auf OK) oder die neue Einstellung ALS STANDARD SPEICHERN 6.

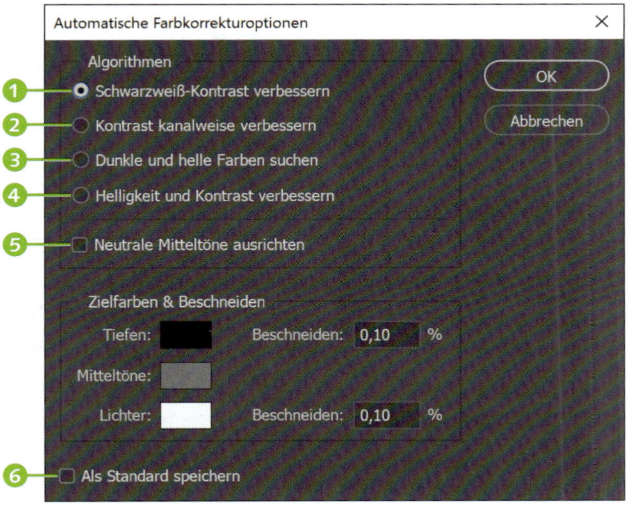

◂ **Abbildung 11.5**
Irritierenderweise heißt dieser Dialog AUTOMATISCHE FARBKORREKTUROPTIONEN – korrigiert wird neben leichteren Farbstichen jedoch vor allem der Kontrast.

- SCHWARZWEISS-KONTRAST VERBESSERN 1 verändert die Farbkanäle des Bildes gleichzeitig. Der Kontrast wird verbessert, die Farbstimmung bleibt dadurch erhalten. Bei manchen Bildern erweist sich das auch als Nachteil: Unerwünschte Farbstiche bleiben nämlich ebenfalls im Bild. Sofern Sie *kein* Häkchen bei NEUTRALE MITTELTÖNE AUSRICHTEN 5 setzen, entspricht die Option SCHWARZWEISS-KONTRAST VERBESSERN in ihrer Wirkung dem Menübefehl AUTO-KONTRAST.
- Kontrast kanalweise verbessern: Die Korrektur KONTRAST KANALWEISE VERBESSERN 2 bearbeitet die Tonwertinformationen des Bildes Kanal

Zum Weiterlesen
Was es mit den Optionen ZIELFARBEN & BESCHNEIDEN auf sich hat, erfahren Sie in Abschnitt 14.1.2, »Steuerungselemente für Tonwertkorrekturen«, und in Abschnitt 13.4.1, »Zielfarben einstellen«.

für Kanal. So kommt nicht nur mehr Kontrast ins Bild, mit dieser Funktion lassen sich auch Farbstiche beseitigen. Doch zwangsläufig ist das Auto-Werkzeug ignorant gegenüber den Bildinhalten. Es neutralisiert auch dort, wo die Erhaltung eines Farbstichs wünschenswert gewesen wäre – zum Beispiel bei Bildern wie »rotstichigen« Sonnenuntergängen, bläulichen Dämmerungsmotiven und auch bei unserem messingfarbenen Beispielfoto.

- Die Einstellung Kontrast kanalweise verbessern ❷ (mit *inaktiver* Option Neutrale Mitteltöne ausrichten) wirkt wie der Menübefehl Auto-Farbton.
- Dunkle und helle Farben suchen: Wenn Sie Dunkle und helle Farben suchen ❸ wählen, analysiert Photoshop die Tonwertverteilung in jedem Farbkanal einzeln und versucht, Farbstiche zu erkennen. Geändert wird dann die Helligkeit einzelner Kanäle. Je nach Ausgangslage verändern sich die Bildfarben dabei stark – nicht jedes Motiv verträgt das.
  Dunkle und helle Farben suchen mit *aktiver* Option Neutrale Mitteltöne ausrichten wirkt wie der Menübefehl Auto-Farbe.
- Neutrale Mitteltöne ausrichten: Die Option Neutrale Mitteltöne ausrichten ❺ können Sie bei den ersten drei Algorithmus-Optionen zuschalten. Sie bewirkt bei den meisten Bildern eine stärkere Verschiebung der Bildfarben.
- Helligkeit und Kontrast verbessern: Die Option Helligkeit und Kontrast verbessern ❹ wirkt bei vielen Bildern weniger drastisch als die anderen Auto-Korrekturen. Der Grund: Diese Korrektur setzt nicht ausschließlich beim Schwarz- und Weißpunkt eines Bildes an, sondern zusätzlich in den Tönen dazwischen. So bekommen Sie auch flaue Mitteltöne in den Griff. Die Ergebnisse sind oft schon recht brauchbar und können mit wenigen Handgriffen in eine vollwertige Bildkorrektur verwandelt werden. Auch wenn Sie sich bei einem Bild unsicher sind, in welche Richtung die Korrektur gehen soll, liefert Helligkeit und Kontrast verbessern gute Hinweise.

11.2.3 Die Funktion »Tonwertangleichung«

Noch eine Auto-Tonwertkorrektur gibt es: Unter Bild • Korrekturen finden Sie den Befehl Tonwertangleichung. Das ist der schnellste Weg, zu einem neuen Schwarz- und Weißpunkt und zu einer Tonwertspreizung zu kommen – allerdings ohne jegliche Kontrolle und in den meisten Fällen mit zweifelhaften Ergebnissen. Adobe empfiehlt diese Funktion insbesondere für zu dunkel geratene Scans. Aber Achtung: Das Werkzeug kann Bilder mit einem Mausklick verderben.

Sofern keine Auswahl vorhanden ist, erfolgt einfach eine Neuberechnung. Haben Sie zuvor eine Auswahl erstellt, erscheint ein Dialogfeld.

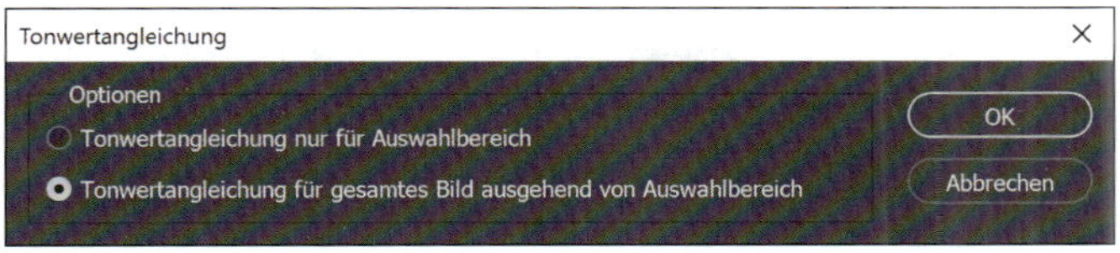

◂ **Abbildung 11.6**
Wie soll mit dem Auswahlbereich verfahren werden?

- Tonwertangleichung nur für Auswahlbereich führt die Tonwertspreizung nur im ausgewählten Bereich durch.
- Tonwertangleichung für gesamtes Bild ausgehend von Auswahlbereich legt die Pixel im Auswahlbereich für die Neuberechnung aller Bildpixel zugrunde.

11.3 Spezialist für harte Schatten und Gegenlichtaufnahmen: »Tiefen/Lichter«

»Apfelbett.jpg«

Die bisher vorgestellten Tools Helligkeit/Kontrast und die Auto-Korrekturfunktionen korrigieren globale Bildfehler, die in vielen Fotos anzutreffen sind – solche Korrekturen gehören zum Standardrepertoire. Tiefen/Lichter hingegen ist ein Werkzeug für Spezialfälle. Mit ihm reparieren Sie Bilder, die sowohl über- als auch unterbelichtete Partien haben – beispielsweise Gegenlichtaufnahmen. Auch zu dunkle Tiefen in ansonsten korrekt belichteten Bildern korrigiert diese Funktion, ebenso »angeblitzte« Motive, die durch das Blitzlicht zu hell geworden sind.

Bild: vitamin a design

▴ **Abbildung 11.7**
Um die zu dunkel geratenen Tiefen in diesem Bild zu korrigieren, ohne dass die übrigen – schon recht ausgewogenen – Bildpartien verändert werden, war vor der Erfindung der Tiefen/Lichter-Automatik ein aufwendiges Arbeiten mit Masken nötig.

▴ **Abbildung 11.8**
Die bearbeitete Version. Diese Korrektur hat keine drei Minuten gedauert!

Tiefen/Lichter funktioniert jedoch nur dann gut, wenn der Tonwertumfang des Bildes nicht von vornherein stark eingeschränkt ist. Tiefen/Lichter ist meiner Meinung nach die effizienteste und zeitsparendste Korrekturautomatik, die Photoshop zu bieten hat. Was früher sehr aufwendig mit Hilfe von Masken korrigiert werden musste, haben Sie hiermit in kürzester Zeit erledigt.

Sie finden das Tool wie alle Korrekturwerkzeuge im Menü Bild • Korrekturen. Die Bedienung ist einfach: Der Regler Tiefen legt fest, wie stark die **Tiefen aufgehellt** werden, und mit dem Regler Lichter stellen Sie ein, wie stark **Lichter abgedunkelt** werden.

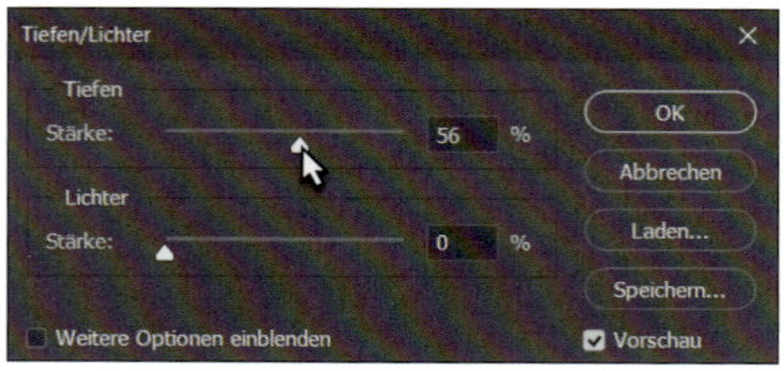

Abbildung 11.9 ►
Nicht immer reicht es aus, an den Reglern für Tiefen und Lichter zu ziehen, um gute Korrekturergebnisse zu erzielen. Hier sehen Sie den Dialog in der Standardansicht.

Reichen Ihnen diese Einstellungsmöglichkeiten nicht aus, erweitern Sie mit der Checkbox Weitere Optionen einblenden das Bedienfeld. Wie bei vielen anderen Dialogen auch arbeiten Sie sich hier am besten von oben nach unten durch.

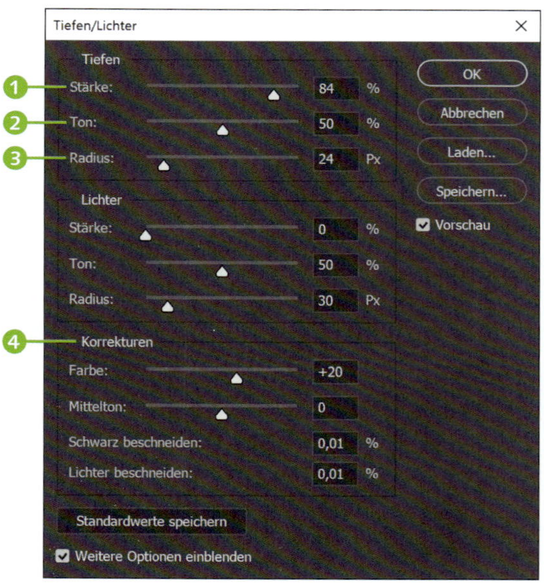

▲ **Abbildung 11.10**
Erweiterte Korrektureinstellungen im Werkzeug Tiefen/Lichter

▲ **Abbildung 11.11**
Zu stark aufgehelltes Bild. In den dunklen Bereichen wird Rauschen verstärkt sichtbar (Vergrößerung).

Stärke | Die STÄRKE ① – ganz logisch – legt fest, wie kräftig die Korrektur überhaupt wirkt. Mit den Slidern sollten Sie vorsichtig umgehen. Wenn Sie beispielsweise den STÄRKE-Regler unter TIEFEN weit nach rechts ziehen, werden möglicherweise die aufgehellten Tiefen heller als die Lichter des Bildes; das wirkt stark verfremdend. Gelegentlich verstärkt starkes Aufhellen dunkler Bereiche auch Bildrauschen.

Ton | Mit TON ② (in früheren Versionen: Tonbreite) legen Sie fest, wie stark die Korrektur auf Tiefen und Lichter begrenzt wird oder Mitteltöne einbezieht. 50% sind Standard. Je kleiner der Wert ist, desto stärker wird die Korrektur eingegrenzt. Bemerken Sie beispielsweise beim Aufhellen eines dunklen Motivs, dass sich die helleren Töne zu stark verändern, sollten Sie den TON-Wert für die TIEFEN herabsetzen. Umgekehrt weiten Sie durch Erhöhen des Werts TON die Korrektur auf einen breiteren Tonwertbereich aus.

Radius | Der RADIUS ③ soll unerwünschte Nebeneffekte der Korrektur eingrenzen – und erledigt das auch ganz wirkungsvoll. Diese Einstellung schränkt ebenfalls die Wirkung der Regler ein, nicht aber auf Basis der Tonwerte des Bildes (so wie TON), sondern ausgehend von einzelnen hellen oder dunklen Bildpixeln.

Wenn Ihr Motiv nach der Einstellung von STÄRKE zu wenig Kontrast aufweist und Detailzeichnung verliert, erhöhen Sie den RADIUS. Wirkt sich die Korrektur auf das ganze Bild aus und nicht nur auf Lichter oder Tiefen, senken Sie die Einstellung.

Korrekturen | Die Einstellungen unter KORREKTUREN ④ helfen Ihnen, kleinere Farb- und Kontrastfehler, die bei der Korrektur entstanden sein können, wieder auszubügeln. Mit dem FARBE-Regler verleihen Sie Farben, die durch die Luminanzänderung eventuell verändert wurden, mehr oder weniger Leuchtkraft. (Sie erinnern sich, Farbe und Luminanz hängen zusammen!)

Bei Graustufenbildern steht hier stattdessen ein Regler für die HELLIGKEIT (nicht im Bild) zur Verfügung. Per MITTELTON-Regler passen Sie das Aussehen der Mitteltöne an die korrigierten Tiefen und Lichter an. Die Funktionen SCHWARZ BESCHNEIDEN und LICHTER BESCHNEIDEN grenzen den Tonwertumfang des Bildes ein wenig ein. Das ist manchmal notwendig, wenn Bilder im Rasterverfahren gedruckt werden.

Als Standard speichern
Über ALS STANDARD SPEICHERN legen Sie aktuelle Einstellungen als neue Standardwerte fest. Mit den Buttons SPEICHERN und LADEN können Sie einmal festgelegte Einstellungen konservieren und später erneut nutzen.

Kapitel 12
Farben flott geraderücken

Die Bildfarben sind maßgeblich für die Stimmung, die ein Bild vermittelt: kühl, warm, lebhaft, ruhig … Hier lernen Sie die Werkzeuge für schnelle Farbkorrekturen und -veränderungen kennen.

12.1 Grundlage jeder Farbkorrektur: Der Farbkreis

Ganz ohne Basiswissen geht es auch beim intuitivsten Korrekturtool nicht. Um Farbkorrekturen erfolgreich durchzuführen, müssen Sie den Farbkreis kennen und wissen, was Komplementärfarben sind. Was hat es damit auf sich?

Es gab und gibt immer wieder die Bestrebung, ein objektives und naturwissenschaftlich fundiertes Ordnungssystem zu schaffen, das alle für den Menschen sichtbaren Farben zeigt und vor allem ihre Beziehung zueinander deutlich macht. Als Ordnungsmodell bewährt hat sich dabei der Farbkreis, den wir uns auch bei der Farbkorrektur zunutze machen können.

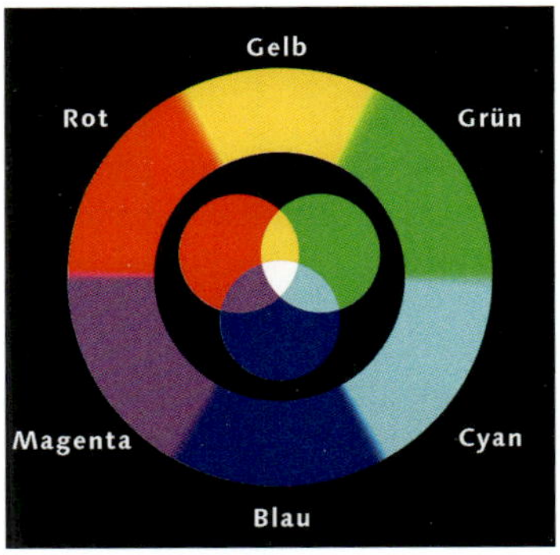

▲ **Abbildung 12.1**
Diese schlichte Version des Farbkreises ist gut geeignet, um die für die Farbkorrektur wichtigen Zusammenhänge zwischen den einzelnen Farben zu verdeutlichen. In der Mitte sehen Sie nochmals die Grund- und Mischfarben des RGB-Modells zum Vergleich.

Im Farbkreis finden Sie alte Bekannte – nämlich die Farben, die Sie schon aus den Systemen RGB und CMYK kennen. Zwischen diesen sechs Farben besteht ein enger Zusammenhang: Aus Rot, Grün und Blau können Cyan, Magenta und Gelb gemischt werden und umgekehrt. Angeordnet sind die Farben so, dass jeweils drei nebeneinanderliegende Farben zueinander im Verhältnis *erste Grundfarbe – gemeinsame Mischfarbe – zweite Grundfarbe* stehen. Beispielsweise ergeben Rot und Grün zusammen Gelb, Cyan und Magenta mischen sich zu Blau, und Cyan wiederum wird aus Grün und Blau gemischt.

Komplementärfarben | Interessant ist vor allem auch das Verhältnis der Farben, die sich jeweils direkt gegenüberliegen. Solche Farbenpaare nennt man Komplementärfarben. Die Komplementärfarbenpaare sind:

- Magenta und Grün
- Blau und Gelb
- Cyan und Rot

Zum Weiterlesen
Mehr über automatische Tonwertkorrekturen lesen Sie in Abschnitt 11.2, »Pfusch oder schnelle Hilfe? Die Auto-Korrekturen«. Detailinformationen zum Werkzeug TONWERTKORREKTUR erhalten Sie in Kapitel 13, »Präzisionsarbeit am Histogramm: Die Tonwertkorrektur«.

Zwei Komplementärfarben »neutralisieren« sich gegenseitig. Für die Bearbeitung und Korrektur von Bildfarben hat dieses Prinzip natürlich große Bedeutung: Ein Farbstich lässt sich entfernen, indem Sie den Anteil der entsprechenden Komplementärfarbe im Bild erhöhen. So korrigieren Sie ein zu gelbes Bild durch die Zugabe von Blau und ein Bild mit Magenta-Stich durch Erhöhen des Grünanteils und so weiter.

Zudem ist der Farbkreis die »interne« Berechnungsgrundlage verschiedener Photoshop-Farbkorrekturen und liegt auch der Gestaltung und Handhabung verschiedener Korrektur-Dialogboxen zugrunde. Halten Sie sich den Farbkreis bei der Durchführung von Farbkorrekturen also immer vor Augen – buchstäblich oder im metaphorischen Sinne!

Wie Farben wirken | Leichte bis mittlere Farbstiche lassen sich meist schon durch die TONWERTKORREKTUR – ob automatisch ausgeführt oder manuell – beheben.

»Porträt-Varianten.tif«. Die Datei enthält alle Einstellungsebenen für die hier gezeigten Bildvarianten.

Doch nicht immer genügt das: sei es, dass ein Bild einen hartnäckigen Farbstich aufweist, der sich mit den genannten Mitteln nicht entfernen lässt; sei es, dass Sie einem Bild bewusst eine bestimmte Farbstimmung geben möchten. Das wird manchmal erforderlich, um Bildelemente in Montagen aneinander anzupassen, und natürlich ist Farbe auch ein gestalterisches Element, wie diese Bilderfolge zeigt.

Bild: Fotolia, Rui Vale De Sousa

▲ **Abbildung 12.2**
Farbkorrektur ist auch Bildredaktion. Das Originalbild lebt von seinen warmen Gelbtönen.

▲ **Abbildung 12.3**
Mit dem Werkzeug FARBBALANCE wurden differenziertere Farben herausgearbeitet.

▲ **Abbildung 12.4**
Auch in dieser kühlen, kontrastreichen Variante wirkt das Bild überzeugend.

12.2 Farbbalance: Globale Farbmischung ändern

Um schnell und unkompliziert die Farbbalance von Bildern zu verändern und Farbstiche zu entfernen, die das gesamte Bild betreffen, bietet Photoshop das Werkzeug Farbbalance an.

Alternative: Gradationskurven
Die Gradationskurven sind das Universalgenie unter den Korrekturwerkzeugen. Sie lassen sich ebenfalls nutzen, um die Farbbalance einzustellen, und bieten dabei sogar noch differenziertere Möglichkeiten, auf das Bild einzuwirken.

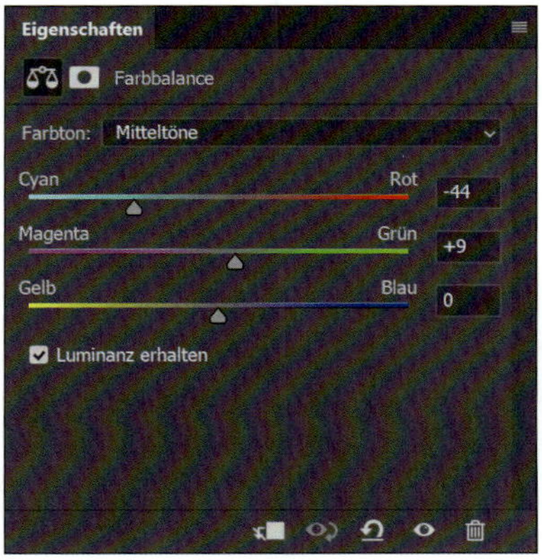

▲ **Abbildung 12.5**
Leichte Bedienbarkeit, aber weniger Kontrolle über die Korrektur als mit Gradationskurven: Farbbalance

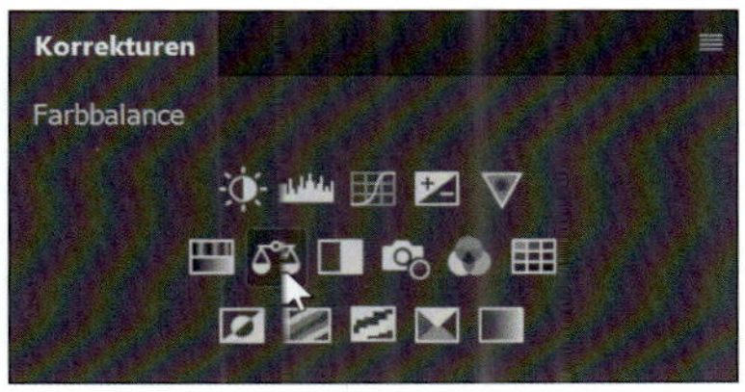

▲ **Abbildung 12.6**
Eine Einstellungsebene Farbbalance erzeugen

Sie finden die Farbbalance im Korrekturen-Bedienfeld und im Einstellungsebenen-Menü des Ebenen-Bedienfelds, oder Sie nutzen den Menübefehl Ebene • Neue Einstellungsebene • Farbbalance. Wenn Sie den Menübefehl Bild • Korrekturen • Farbbalance oder den Shortcut Strg/cmd+B verwenden, erscheint der altbekannte Korrekturdialog, und die Korrektur wird **ohne Einstellungsebene** direkt auf die aktive Bildebene angewandt.

- Unter Farbton legen Sie fest, welcher Tonwertbereich des Bildes bearbeitet werden soll. Lichter, Mitteltöne und Tiefen stehen zur Auswahl.
- Die Farbbalance stellen Sie mit Hilfe der Schieberegler ein. Dabei sind die sechs bekannten Grundfarben zu drei Komplementärpaaren angeordnet. Dazwischen befindet sich jeweils ein Regler, mit dem Sie die Balance korrigieren. Alternativ tragen Sie numerische Werte in die Eingabefelder ein.
- Die Option Luminanz erhalten können Sie zusätzlich aktivieren. Sie verhindert, dass mit dem Verschieben der Farbbalance auch die Bildhelligkeit verändert wird.

Korrekturwirkung dosieren
Sie können die Wirkung einer Bildkorrektur nicht nur über die Werkzeugeinstellungen, sondern auch durch den Mischmodus und die Deckkraft der Einstellungsebene beeinflussen. Besonders die Mischmodi Farbe und Farbton sind bei Farbkorrekturen interessant. Sie können der Farbveränderung ein natürlicheres Aussehen geben. Luminanz hingegen verhindert eine Farbveränderung – günstig bei Helligkeits- und Kontrastkorrekturen. Ineinanderkopieren und die »Licht«-Mischmodi wirken zusätzlich kontraststeigernd.

12.2.1 Vorgehensweise

Die Vorgehensweise erschließt sich fast schon von selbst: Sie legen fest, welchen Tonwertbereich des Bildes (Tiefen, Mitteltöne oder Lichter) Sie ändern wollen, markieren das entsprechende Feld und verändern dann per Schieberegler oder Zahleneingabe die Balance von Cyan/Rot, Magenta/Grün oder Blau/Gelb – je nachdem, wie der Farbstich des Bildes beschaffen ist. Hilfreich ist es auch hier, wenn Sie den Farbkreis und das Prinzip der Komplementärfarben kennen. Wenn Sie vor der Bildkorrektur **Messpunkte für Farbwerte** setzen, ist die Bildschirmanzeige nicht mehr Ihr einziges Kontrollinstrument. Mehr dazu finden Sie in Kapitel 14, »Universalhelfer für professionelle Ansprüche: Gradationskurven«.

Farbstich bestimmen | Dass ein Bild einen Farbstich hat, erkennen Sie schnell. Schwieriger ist es oft, genau zu bestimmen, welcher Art der Farbstich ist. Das müssen Sie aber wissen, um eine wirkungsvolle Korrektur vorzunehmen. In diesem Fall hilft es, die Farben des Bildes kurzzeitig zu verstärken.

Nutzen Sie dazu das Korrekturwerkzeug Dynamik im Korrekturen-Bedienfeld, und erhöhen Sie die Dynamik- oder Sättigung-Einstellung stark. Die Bildfarben werden dadurch verfremdet, aber meist erkennen Sie so leichter, was für ein Farbstich vorliegt. Diese Hilfs-Einstellungsebene können Sie nach Gebrauch in den Papierkorb verschieben.

»Variationen« nicht mehr unterstützt
Das Werkzeug Variationen gehört nicht mehr zum Lieferumfang von Photoshop. Mit dem Tool war es möglich, mehrere Varianten eines Bildes in Miniaturansicht miteinander zu vergleichen und Korrektureinstellungen festzulegen. Das Plug-in kann nun auch nicht mehr von der Adobe-Website heruntergeladen und nachinstalliert werden.

Vor- und Nachteile | Die Bedienung des Tools Farbbalance ist auf den ersten Blick recht einfach. Zudem ist das Verfahren deutlich schneller als die haargenau angepasste Farbkorrektur mit Gradationskurven und Messpunkten. Dennoch lassen sich damit nicht immer zufriedenstellende Ergebnisse erzielen – das Resultat hängt vom Geschick und der Erfahrung des bearbeitenden und der Aufgabenstellung ab.

Problematisch bei der Benutzung von Farbbalance ist, dass der Monitor das *einzige* und entscheidende Instrument zur Beurteilung des Bildes und der vorgenommenen Korrekturmaßnahmen ist, und wie Sie sicherlich wissen, erscheinen Farben auf jedem Monitor ein wenig anders. Zudem ist eine genaue Dosierung der Korrektur mit dem Farbbalance-Werkzeug schwierig. Insbesondere bei der Bearbeitung der Lichter mogeln sich leicht neue Farbstiche ins Bild hinein.

Mit Farbbalance können Sie nicht jeden Farbstich restlos entfernen, doch als schneller Soforthelfer und auch als Kreativtool und unterstützendes Werkzeug bei Montagen ist das Tool vielseitig einsetzbar. In jedem Fall sollten Sie es vorsichtig dosieren. Für schwierigere Fälle kommen dann eher die Gradationskurven in Frage, damit lässt sich der zu verändernde Tonwertbereich besser eingrenzen und exakter bearbeiten.

12.3 Dynamik: Pep für Porträts ohne Übersättigung

Mit dem Werkzeug DYNAMIK bearbeiten Sie die Bildsättigung und machen Bilder lebendiger und farbiger. Anders als das andere Sättigungswerkzeug an Bord – FARBTON/SÄTTIGUNG –, das sich gleichmäßig auf alle Bildbereiche auswirkt, passt das DYNAMIK-Tool seine Wirkung an.

In bereits gesättigten Bildpartien wird die Sättigung weniger erhöht als in anderen. Dadurch wirkt die DYNAMIK-Einstellung schonender und eignet sich auch gut für Porträts. Bei Anwendung des herkömmlichen Tools FARBTON/SÄTTIGUNG ähnelten Porträtfotos schnell Bildern von Sonnenbrandopfern. DYNAMIK vermeidet diesen unerwünschten Effekt.

Zum Weiterlesen
Das Tool **Farbton/Sättigung** greift radikaler in die Sättigungswerte von Bildfarben ein als DYNAMIK und kann außerdem dazu dienen, Bilder zu tonen (einzufärben). Für Korrekturen wird es eher selten eingesetzt. Mehr über dieses Werkzeug lesen Sie in Abschnitt 15.5.1, »Bilder färben: zurückhaltend bunt«.

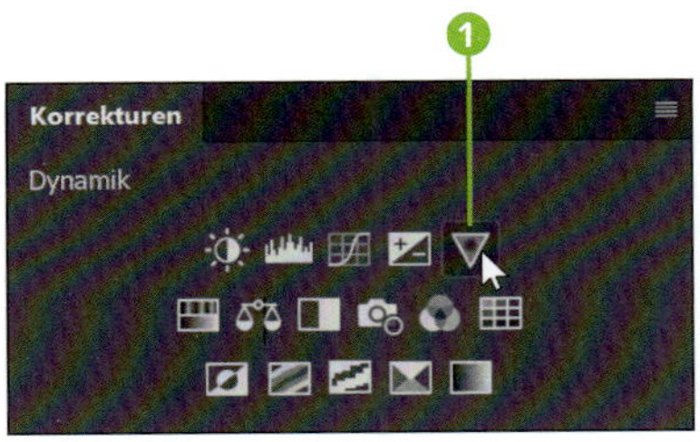

▲ **Abbildung 12.7**
Das Icon DYNAMIK (1) im Korrekturen-Bedienfeld

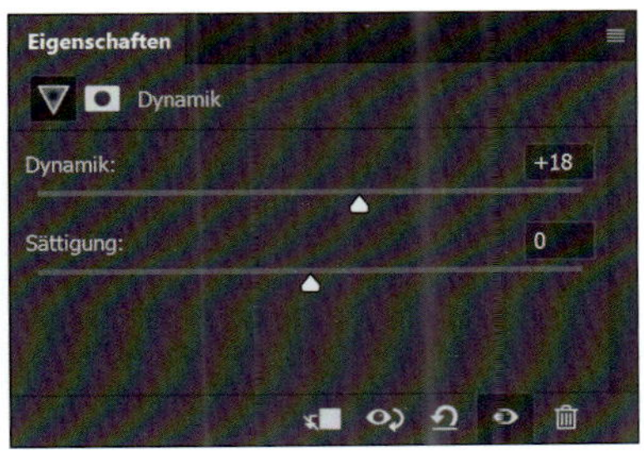

▲ **Abbildung 12.8**
Zwei Slider genügen: DYNAMIK repariert die Bildsättigung effektiv.

Sie können das Werkzeug auf allen bekannten Wegen aufrufen: **mit einer Einstellungsebene** über das Korrekturen- und das Ebenen-Bedienfeld sowie über den Menübefehl EBENE • NEUE EINSTELLUNGSEBENE und **ohne Einstellungsebene** über das Menü BILD • KORREKTUREN.

Wie das Werkzeug funktioniert, erschließt sich auf den ersten Blick: Das Ziehen der Regler nach links reduziert den Sättigungsanteil, das Bewegen der Slider nach rechts erhöht die Sättigung. Alternativ tippen Sie Werte ein. Die beiden Slider wirken unterschiedlich:

- Der DYNAMIK-Regler korrigiert nur die weniger gesättigten Farben und lässt gesättigte Farben unangetastet – oder korrigiert sie sanfter.
- Mit der Einstellung SÄTTIGUNG bekommen alle Farben im Bild – unabhängig von ihrer aktuellen Sättigung – dasselbe Maß an Sättigungskorrektur. Ohne zu verraten, wie es genau funktioniert, verspricht die Adobe-Hilfe, dass die Funktion immer noch schonender arbeitet als eine Sättigungserhöhung per FARBTON/SÄTTIGUNG; vor allem die Bildung verräterischer Farbstreifen werde verhindert.

Werte »blind« per Tastatur ändern
Aktivieren Sie einfach eines der Eingabefelder, indem Sie mit der Maus hineinklicken, und nutzen Sie dann die Pfeiltasten Ihrer Tastatur, um Werte zu erhöhen ([↑]-Taste) oder zu verringern ([↓]-Taste). Diese Eingabemöglichkeit **funktioniert fast bei allen Werkzeugen und Optionsfeldern** und hat den Vorteil, dass Sie sich voll auf das Korrekturergebnis im Bild konzentrieren können.

»Testbild_Sättigungstools_Hauttöne.tif«

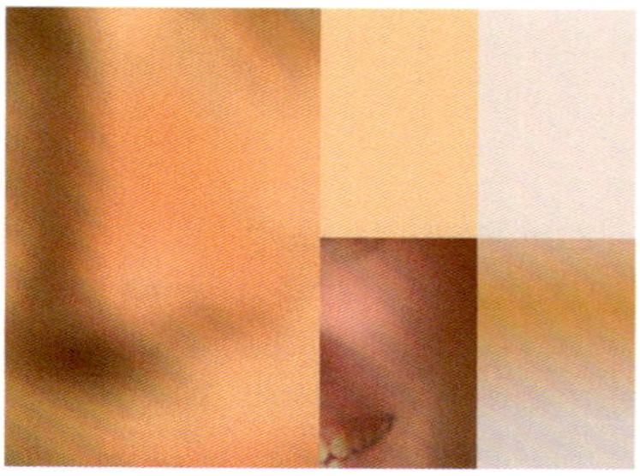

▲ **Abbildung 12.9**
Mit diesem Testbild können Sie die verschiedenen Sättigungstools durchspielen – am Bildschirm sehen Sie die Änderungen viel besser als im gedruckten Buch! Hier das Original.

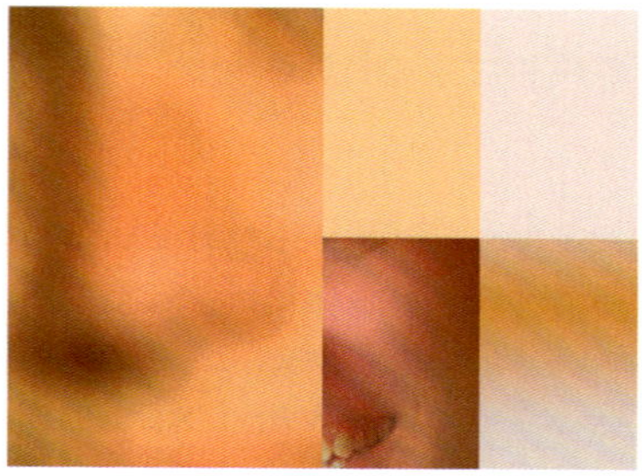

▲ **Abbildung 12.10**
Hier wurde der DYNAMIK-Wert auf 80 erhöht. Die Farben wirken kräftiger, aber nicht übersättigt.

▲ **Abbildung 12.11**
Die Sättigungseinstellung des Werkzeugs FARBTON/SÄTTIGUNG macht mit demselben Wert aus denselben Hauttönen unbrauchbare Rot-Orange-Verläufe.

12.4 Selektive Farbkorrektur: Einzelne Farben gezielt verändern

»Das Bild ist ja ganz gut, aber leider ist das Blau zu lila ...« Auch solchen Fällen kommen Sie mit Hilfe von Photoshop bei, besonders wenn Sie eine Angabe wie »zu lilafarben« übersetzen können: Das heißt vermutlich, das Bild enthält zu viel Magenta und zu wenig Grün.

Das Werkzeug zum Ausgleich solcher partiellen Farbstiche ist die SELEKTIVE FARBKORREKTUR. Damit bearbeiten Sie ausgewählte Farben isoliert, ohne die übrigen Bildfarben zu verändern. Das Werkzeug wurde ursprünglich entwickelt, um die Mischung einzelner Druckfarben zu erhöhen oder zu verringern. Es eignet sich aber auch hervorragend, um unerwünschte Farbabweichungen in einzelnen Farbbereichen eines Bildes zu korrigieren. So lassen sich mit dem Tool etwa verfärbte Weißtöne effektiv neutralisieren. Außerdem leistet die SELEKTIVE FARBKORREKTUR gute Dienste bei kreativen Aufgaben und hilft dabei, wichtige Bildinhalte durch Farbigkeit zu betonen.

12.4.1 Der Dialog »Selektive Farbkorrektur«

Die SELEKTIVE FARBKORREKTUR gibt es als Einstellungsebene. Auf Wunsch können Sie das Tool auch direkt auf Bildebenen anwenden. Sie erreichen es auf allen bekannten Wegen:

- über das Korrekturen-Bedienfeld
- in der Einstellungsebenen-Liste des Ebenen-Bedienfelds
- im Menü EBENE • NEUE EINSTELLUNGSEBENE

- im Menü Bild • Korrekturen (dann ohne eine Einstellungsebene zu erzeugen)

Schieberegler | Sie arbeiten hier mit Schiebereglern, ähnlich wie beim Farbbalance-Werkzeug auch. Die jeweiligen Komplementärfarben Rot, Grün und Blau, wie Sie sie von der Farbbalance kennen, sind in diesem Dialogfeld nicht vermerkt, aber Sie sollten sie sich mitdenken. Neben den schon bekannten Farbpaaren 5 gibt es hier einen Regler 6, mit dem Sie den Schwarzanteil von Farben steuern.

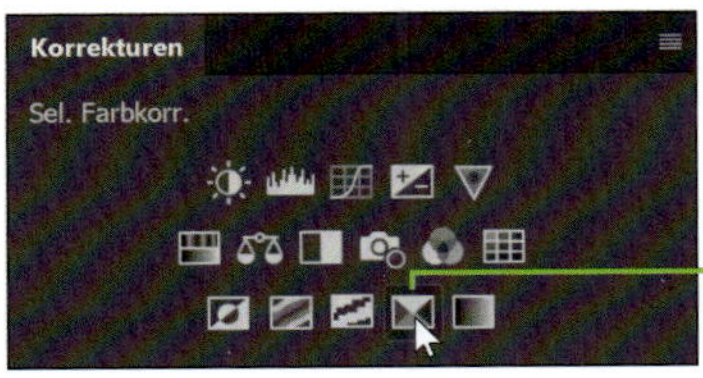

▲ **Abbildung 12.12**
Erzeugen einer Einstellungsebene Selektive Farbkorrektur 1

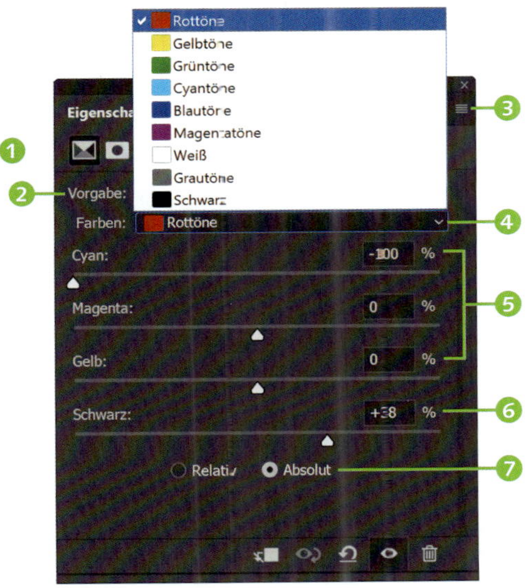

Abbildung 12.13 ►
Die Selektive Farbkorrektur ermöglicht den Zugriff auf einzelne Farben des Bildes.

Prozentangaben | Auffallend sind die aus dem CMYK-System stammenden Prozentangaben neben den Eingabefeldern. Wer den Farbkreis kennt, kann natürlich auch Bilder im RGB-Modus erfolgreich bearbeiten!

Farbbereiche | In der Dropdown-Liste 4 haben Sie die Auswahl zwischen neun Farbbereichen, die Sie separat bearbeiten können. Zur Verfügung stehen Ihnen die bekannten sechs Farben, die RGB und CMYK entsprechen, sowie Weiss, Grautöne und Schwarz.

Methode | Im unteren Bereich 7 der Dialogbox legen Sie fest, wie sich Ihre Korrekturen auf die bestehenden Bildfarben auswirken sollen:

- Relativ legt den jeweils schon im Bild vorhandenen Anteil einer Farbe zugrunde. Wenn Sie beispielsweise Pixel bearbeiten wollen, die schon zu 50 % Rot enthalten, und 10 % Rot hinzufügen, wird der Rotanteil um 5 % nach der Rechnung 10 % von 50 % = 5 % auf insgesamt 55 % erhöht. Die Einstellung RELATIV wirkt also recht sanft. Oft sieht man wenig Veränderung.

- ABSOLUT definiert die Farbänderungen in absoluten Werten und wirkt durchschlagender. Erhöhen Sie bei einem fünfzigprozentigen Rot den Rotanteil um 10 %, lautet die Rechnung 50 % Rot + 10 % = 60 %.

Zum Weiterlesen
Wer **RGB-Farbwerte interpretieren** kann, hat es bei Farbkorrekturen leichter. Denn diese drei Ziffern geben Auskunft über die Farbmischung und Korrekturmöglichkeiten. In Kapitel 14, »Universalhelfer für professionelle Ansprüche: Gradationskurven«, finden Sie mehr zu diesem Thema.

Wenn Sie Bilder bearbeiten, die viele sensible helle Tonwerte enthalten, fahren Sie meist mit RELATIV besser, sonst tut es auch ABSOLUT.

Vorgaben speichern | Über das Bedienfeldmenü ❸ können Sie eigene Einstellungen speichern und mit Hilfe der Vorgabenliste ❷ erneut anwenden.

»Zollverein.jpg«

Handhabung | Die Handhabung des Werkzeugs ist einfach, wenn Sie die Grundregeln der Farbmischung kennen: Sie stellen als Erstes im Dropdown-Menü FARBEN ❹ ein, welcher Farbbereich Ihres Bildes bearbeitet werden soll. Es erfordert ein wenig Erfahrung, festzulegen, welcher Farbbereich nun eigentlich korrekturbedürftig ist. Eine kurze Messung mit Pipette oder Farbaufnehmer hilft hier jedoch weiter. Anschließend korrigieren Sie das Bild mit Hilfe der Schieberegler.

▲ **Abbildung 12.14**
Die roten Bauteile sollen stärker betont werden.

Bild: vitamin a design

▲ **Abbildung 12.15**
Das klappt hervorragend mit SELEKTIVE FARBKORREKTUR. Die Werte: ABSOLUT; CYAN 100 (verstärkt den Rotanteil); MAGENTA 100 (verhindert, dass die Ziegel zu bunt werden).

Kapitel 13

Präzisionsarbeit am Histogramm: Die Tonwertkorrektur

Die Tonwertkorrektur verändert die Helligkeitsverteilung einzelner Farbkanäle oder des Gesamtbildes. Das klingt unspektakulär, ist jedoch ein wichtiger Schritt bei der Optimierung digitaler Bilder und der Vorbereitung für den Druck.

13.1 Funktionsweise der Tonwertkorrektur

Die Helligkeitsinformationen eines Pixelbildes und seiner Farbkanäle – die Tonwerte – sind eine konstitutive Größe für die Bildfarben und daher ein wichtiger Ansatzpunkt für Bildkorrekturen. Besonderes Augenmerk gilt den Lichtern und Tiefen, also den hellsten und dunkelsten Tonwerten. Sie stellen gewissermaßen die Eckpunkte der im Bild vertretenen Tonwerte dar. Sie sollten in der Regel annähernd schwarz und weiß sein. Sind sie es nicht, ist eine Korrektur vonnöten. Im Bildbearbeiter-Deutsch spricht man dann vom Festlegen von **Schwarz-** und **Weißpunkt** oder von einer Tonwertkorrektur.

Kontraste und Farbstiche | In Abhängigkeit von Schwarz- und Weißpunkt verändern sich auch die übrigen Farben und Tonwerte des Bildes. Mit einer Tonwertkorrektur verbessern sich Kontraste, und leichte Farbstiche verschwinden.

Tonwertkorrekturen können Sie mit den in Kapitel 11 vorgestellten Automatik-Funktionen, den GRADATIONSKURVEN und natürlich dem Tool TONWERTKORREKTUR vornehmen. Letzteres bietet die besten Anpassungsmöglichkeiten und verfügt über ein integriertes Live-Histogramm, das Bildänderungen sofort anzeigt.

▲ **Abbildung 13.1**
Einstellungsebene TONWERTKORREKTUR mit dem Korrekturen-Bedienfeld erzeugen

13.1.1 Tonwertkorrektur starten

Eine Einstellungsebene TONWERTKORREKTUR erzeugen Sie wahlweise über das Korrekturen- oder das Ebenen-Bedienfeld oder natürlich auch mit dem Menübefehl EBENE • NEUE EINSTELLUNGSEBENE • TONWERTKORREKTUR.

13.1.2 Steuerungselemente für Tonwertkorrekturen

Zentrales Element des Dialogfelds ist das schon bekannte **Histogramm**, das ein Live-Histogramm mit an Bord hat. Das heißt, dass sich die dargestellten Tonwertbalken verändern, sobald Sie an den Reglern ziehen. Darüber und darunter sind die wichtigsten Bedienelemente angeordnet. Außerdem können Sie sich durch Klick auf das Symbol 6 eine genauere Histogramm-Ansicht berechnen lassen. Diese Schaltfläche erscheint nicht immer, sie wird bevorzugt bei sehr großen Dateien eingeblendet – hier wäre eine ganz exakte Berechnung des Live-Histogramms zu träge.

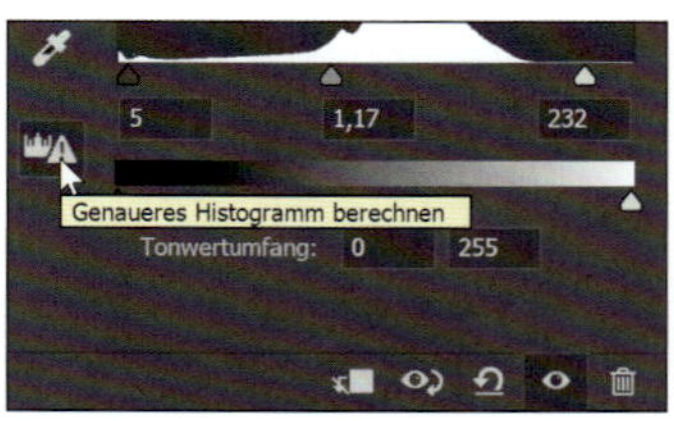

▲ **Abbildung 13.2**
Die Schaltfläche GENAUERES HISTOGRAMM BERECHNEN wird meist bei großen Dateien angezeigt.

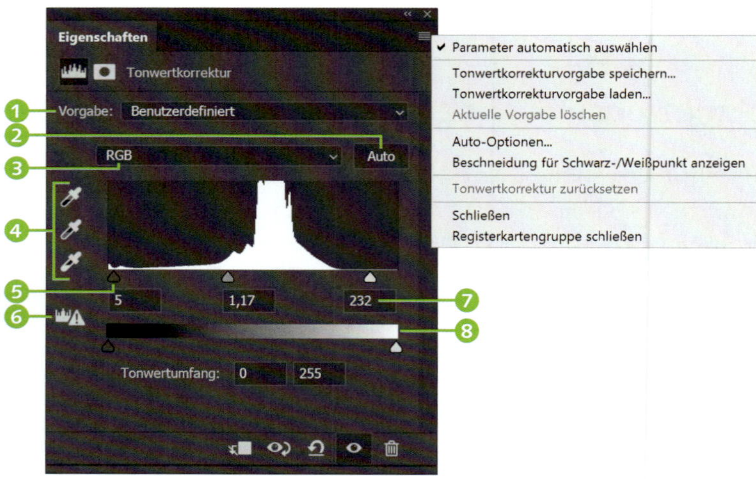

▲ **Abbildung 13.3**
Das effizienteste Werkzeug, um den Schwarz- und den Weißpunkt von Bildern mit guter Kontrolle über die Tonwertverteilung zu korrigieren (hier mit ausgeklappter Vorgaben- und Kanal-Liste)

Tonwertspreizungsregler | Unterhalb des Histogramms finden Sie die kleinen beweglichen **Pfeile** 5 (im Adobe-Jargon »Tonwertspreizungsregler«), mit denen Sie hauptsächlich arbeiten. Diese Regler verschieben Sie mit der Maus.

Der linke, schwarze Regler verändert den Schwarzpunkt, der rechte, weiße Pfeil stellt den Weißpunkt ein. Mit dem grauen Mittenregler korrigieren Sie die Gesamthelligkeit des Bildes. Das Werkzeug GRADA-

TIONSKURVEN hält zum Einstellen der Helligkeit noch differenziertere Möglichkeiten bereit. Die Zahlenfelder 7 unterhalb des Histogramms zeigen dann an, wie viele Tonwerte im Bild vorhanden sind, die dunkler als die aktuelle Pfeilposition sind.

»KleinerHund.jpg«

Kanal festlegen | Mit Hilfe des Dropdown-Felds 3 legen Sie fest, ob Sie das Bild insgesamt oder jeden Kanal einzeln bearbeiten wollen. Meist empfiehlt es sich, jeden Farbkanal einzeln zu bearbeiten.

Das Werkzeug lässt Ihnen die Wahl, die Tonwerte des **gesamten** Bildes auf einen Streich zu verändern oder **kanalweise** vorzugehen. Letzterem ist, obwohl Sie hier die dreifache Arbeit haben, meist der Vorzug zu geben, da die einzelnen Farbkanäle sehr unterschiedliche Profile haben können. Mit einer Gesamtkorrektur kommen Sie an die wirklichen »Problemzonen« eines Bildes mitunter gar nicht heran. Besonders Farbstiche lassen sich so schlecht kompensieren – und der Weißpunkt soll doch (in den meisten Fällen) wirklich weiß und nicht hellblau oder rosa sein!

Kanäle per Kürzel ansprechen
Routinierte Bildbearbeiter aktivieren in den Bedienfeldern von TONWERTKORREKTUR und GRADATIONSKURVEN die Bildkanäle mit Shortcuts:

- **RGB-Composite-Channel**: Alt+2
- **Rotkanal**: Alt+3
- **Grünkanal**: Alt+4
- **Blaukanal**: Alt+5

▲ **Abbildung 13.4**
Das Originalbild. Über die Korrektur des RGB-Composite-Kanals bewirken Sie bei diesem Bild kaum etwas – das Bild wird lediglich etwas heller.

▲ **Abbildung 13.5**
Tonwertkorrektur in den einzelnen Kanälen: So beseitigen Sie zusammen mit der Anpassung der Tonwerte auch den Farbstich.

Tonwertumfang begrenzen | Mit Hilfe der Grauskala 8 und der darunter angebrachten Regler können Sie den Tonwertumfang begrenzen. Das ist wichtig, wenn Ihr Bild später im Vierfarbdruck reproduziert werden soll.

Auto-Tonwertkorrektur | Wenn Sie wollen, lassen Sie die Automatik 2 für sich arbeiten. Die Funktion habe ich bereits in Abschnitt 11.2.2, »Auto-Korrekturen mit Einstellungsebene«, ausführlich vorgestellt.

Zum Weiterlesen
Mit den **Gradationskurven** machen Sie Bilder heller oder dunkler, verändern den Kontrast und beseitigen hartnäckige Farbstiche, die sich durch die TONWERTKORREKTUR nicht beheben lassen. Wie das geht, erfahren Sie in Kapitel 14, »Universalhelfer für professionelle Ansprüche: Gradationskurven«.

Pipetten | Mit Hilfe der Pipetten ④ können Sie Schwarz- und Weißpunkt auch bestimmen, indem Sie in das Bild klicken.

Zum Weiterlesen
Wie Sie mit den **Pipetten** den Schwarz- und den Weißpunkt im Bild selbst bestimmen, erfahren Sie weiter unten in Abschnitt 13.4, »Halbautomatische Tonwertkorrektur mit Pipetten«.

Beschneidung anzeigen | Eine Beschneidung (oder ein *Clipping*) von Tonwerten sollten Sie bei Bildkorrekturen tunlichst vermeiden: Beschnittene Tonwertbereiche führen zu glatt weißen oder schwarzen Bildpartien, also zu unerwünschtem Zeichnungsverlust. Kritische Bildbereiche können Sie sich während der Korrektur anzeigen lassen. Dazu

- aktivieren Sie entweder im Bedienfeldmenü ☰ des Tonwertkorrektur-Bedienfelds die Option BESCHNEIDUNG FÜR SCHWARZ-/WEISSPUNKT ANZEIGEN, oder
- Sie halten die [Alt]-Taste gedrückt, während Sie die Tonwertspreizungsregler bewegen.

Die Funktion hebt während der Korrektur Bildbereiche hervor, die durch die aktuellen Einstellungen von Zeichnungsverlust bedroht wären. In den meisten Fällen sehen Sie eine weiße oder schwarze Vorschau mit keinen oder nur mit kleinen hervorgehobenen Bereichen – dann ist alles okay. Sobald Sie den Mauszeiger von den Spreizungsreglern wegbewegen, erscheint wieder die normale Bildansicht.

Abbildung 13.6 ▸
Bilddarstellung mit eingeblendeter Beschneidung (hier zu Demozwecken mit Extremwerten)

Vorgaben | Wie für viele andere Korrekturwerkzeuge stehen auch für die TONWERTKORREKTUR sogenannte Vorgaben – also vorkonfigurierte Einstellungen – zur Verfügung. Sie erreichen sie unter VORGABE ①. Um der von Adobe mitgelieferten Vorgabenliste eigene Einstellungen hinzuzufügen, nutzen Sie die Befehle im Bedienfeldmenü ☰.

Der Befehl TONWERTKORREKTURVORGABE SPEICHERN erzeugt beim Speichern eine Datei mit der Endung **.alv**, die dann entweder im Photoshop-Programmordner oder bei den anderen Nutzervorgaben landet. Über die Funktionen BEARBEITEN • VORGABEN • VORGABEN MIGRIEREN und VORGABEN EXPORTIEREN/IMPORTIEREN können Sie Ihre Vorgaben bequem verwalten.

Vorgabenverwaltung ganz einfach
Wenn Sie Vorgaben an Teamkollegen weitergeben oder aus früheren Photoshop-Installationen übernehmen möchten, nutzen Sie die Funktionen unter BEARBEITEN • VORGABEN.

13.2 Kanal für Kanal manuell korrigieren

Oft genügt die automatische Tonwertkorrektur. Und auch die Pipetten, die ich weiter unten vorstellen werde, sind schnell und effizient. Doch manchmal geht es nicht ohne manuelle Korrektur: bei Bildern, deren Stimmung durch die Automatik nicht zerstört werden soll, oder wenn die Korrekturautomatiken das Bild nicht hinreichend verbessern.

Schritt für Schritt: Eine Tonwertkorrektur durchführen

Um das Bild dieses Workshops nicht nur am Bildschirm zu beurteilen, blenden Sie das Histogramm ein. Ihr Histogramm sieht anders aus als hier? Ändern Sie die Ansicht im Bedienfeldmenü auf ALLE KANÄLE IN ANSICHT, und aktivieren Sie zusätzlich KANÄLE IN FARBE ANZEIGEN.

»Segelboot.jpg«

▲ **Abbildung 13.7**
Etwas flau, ein Rotstich – das ist das Ausgangsbild.

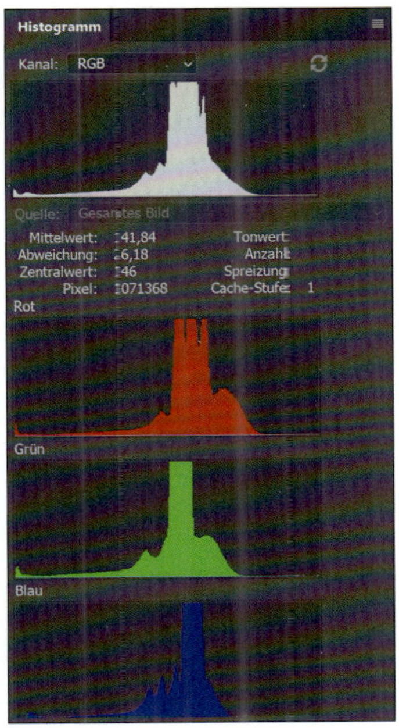

▲ **Abbildung 13.8**
Das Histogramm des Bildes mit verschiedenen Kanälen

▲ **Abbildung 13.9**
Beispielbild mit neuer TONWERTKORREKTUR-Einstellungsebene

1 Einstellungsebene »Tonwertkorrektur« anlegen

Erzeugen Sie eine Einstellungsebene. Es öffnet sich das Eigenschaften-Bedienfeld mit den TONWERTKORREKTUR-Funktionen.

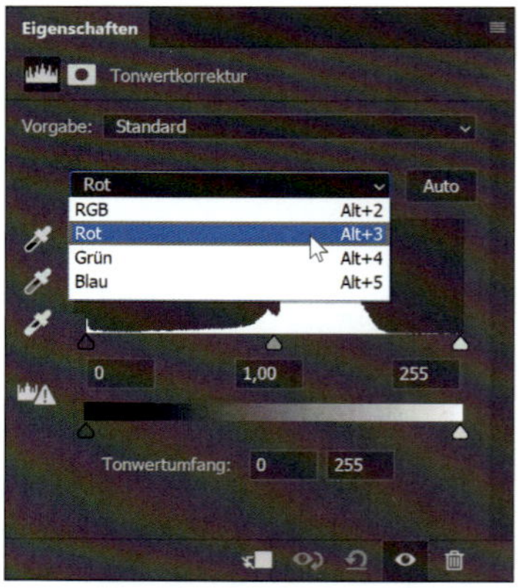

▲ **Abbildung 13.10**
Rotkanal zur Bearbeitung aktivieren

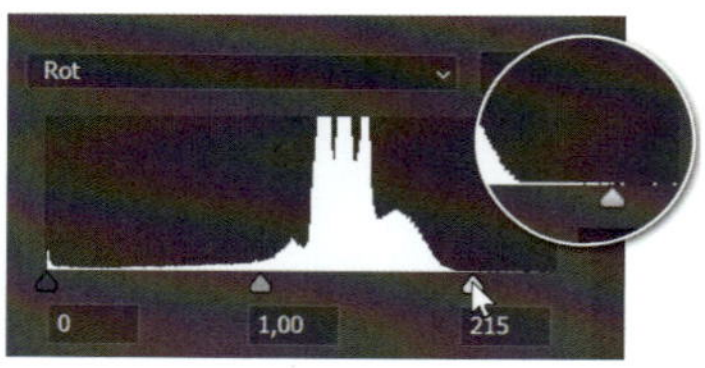

▲ **Abbildung 13.11**
Führen Sie den rechten Tonwertspreizungsregler an das »Histogrammgebirge« heran. »Verstreute« Tonwerte können Sie dabei in den meisten Fällen ignorieren.

2 Passenden Farbkanal aufrufen

Lassen Sie den Composite-Kanal RGB unangetastet – rufen Sie über das Listenmenü oder mittels Shortcut den Rotkanal auf.

3 Tonwertspreizungsregler verschieben

Nun fassen Sie den rechten Tonwertspreizungsregler (der für die Lichter zuständig ist) mit der Maus und führen ihn an den Beginn der Histogrammhügel heran. Bei diesem Beispielbild brauchen Sie den Tiefenregler nicht zu bewegen – das sieht bei einem anderen Foto allerdings eventuell schon wieder anders aus. Den Mittenregler lassen Sie unangetastet.

Je nach Ausgangsbild entsteht nun unter Umständen ein Farbstich – diese Verfärbung sollte aber wieder verschwinden, wenn Sie die anderen Kanäle auch bearbeitet haben.

4 Wo fangen relevante Tonwerte an?

Das Histogramm erfasst ausnahmslos alle Bildpixel – zwischen wichtig und unwichtig kann es nicht unterscheiden. Bisweilen finden Sie im Histogramm versprengte Tonwerte, also Einzelpixel, so wie sie auch bei dieser Datei zu sehen sind. Die Wahrscheinlichkeit, dass diese eher von Bildstörungen herrühren als von wichtigen Bildinformationen, ist recht hoch. Sie können solche Pixel also meist ignorieren und den Spreizungsregler noch ein wenig näher an die Bergkette heranziehen.

5 Grün- und Blaukanal korrigieren

Mit dem Grün- und dem Blaukanal gehen Sie anschließend genauso vor, wie ich es hier für den Rotkanal beschrieben habe.

6 Hilfe, das Histogramm hat Löcher!

Durch die Spreizung der Tonwerte bekommt ein Histogramm zwangsläufig Lücken. Die vorhandenen Tonwerte wurden durch die Korrektur auseinandergezogen. Problematisch sind solche Lücken nur dann, wenn sie sehr groß oder mit einer niedrigen Pixelzahl verbunden sind.

Bei jeder Bildkorrektur, auch mit anderen Werkzeugen, können solche Lücken im Histogramm entstehen. Die Wahrscheinlichkeit für solche Schäden nimmt ab, wenn von vornherein mehr Tonwerte im Bild vorhanden sind.

7 Nach der Korrektur

Im korrigierten Bild ist der flaue Schleier verschwunden, und auch der Farbstich konnte getilgt werden.

▲ **Abbildung 13.12**
Ausgangsbild und korrigierte Version im Vergleich

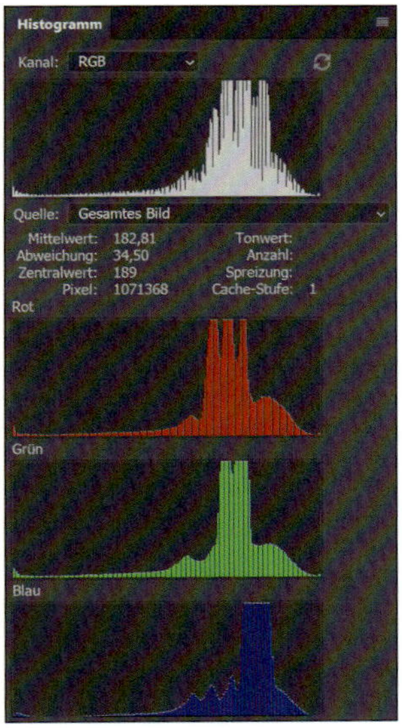

▲ **Abbildung 13.13**
Das Histogramm nach der Tonwertkorrektur

Tonwertänderungen bei Graustufenbildern | Wenn Sie ein Graustufenbild bearbeiten, müssen Sie nicht umlernen. Die Interpretation des Histogramms und die spätere Bearbeitung sind gleich. Einziger Unterschied: Es gibt statt der drei Farbkanäle des RGB-Bildes nur einen einzigen Graustufenkanal. Tonwertänderungen fallen bei Graustufenbildern schneller ins Auge als bei farbigen RGB-Bildern. Doch durch das Fehlen von Farbigkeit können Sie Änderungen auch besser einschätzen

»DamenbeineSW.jpg«

Bild: vitamin a design

◂ **Abbildung 13.14**
Tonwertkorrektur eines Graustufenbildes: nur ein Kanal, Funktionen sonst wie bei RGB

»Sonnenuntergang.tif«, »Schneespuren.tif«

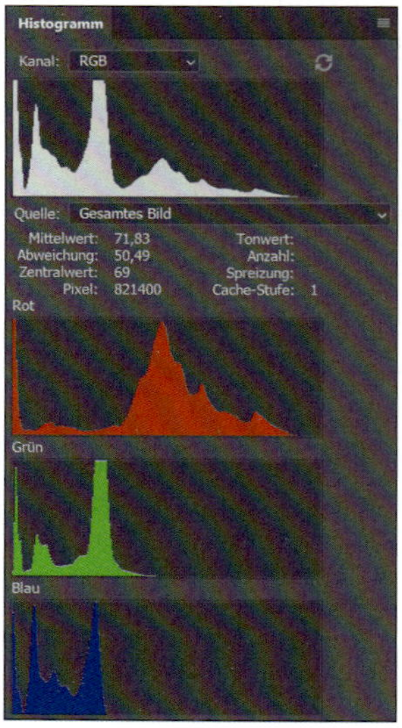

▲ **Abbildung 13.15**
Vermeintliche Farbstiche stellen sich im Histogramm so dar, dass im Grün- und Blaukanal die Balken nicht über die volle Breite des Histogramms laufen. Rot ist die dominierende Farbe.

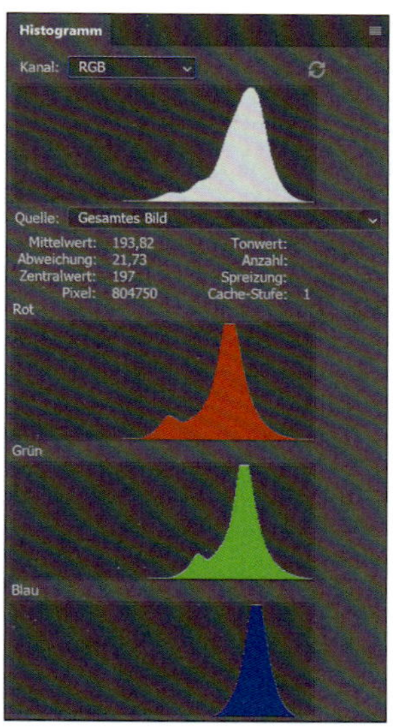

13.3 Bilder ohne Schwarz oder Weiß – keine Regel ohne Ausnahme

Das Histogramm allein entscheidet nicht über das beste Vorgehen bei Bildkorrekturen. Auch den Bildinhalt sollten Sie immer berücksichtigen. Bei manchen Bildern führt die Methode, die Spreizungsregler bis an den Beginn der »Histogramm-Bergkette« heranzuziehen, zu Ergebnissen, die dem Bildgegenstand nicht angemessen sind. Das ist vor allem dann der Fall, wenn das Motiv richtiges Schwarz oder Weiß weder verlangt noch verträgt.

Klassische Beispiele sind Sonnenuntergänge, Bilder mit Dämmerungsstimmung oder Schneeaufnahmen, die kaum Schwarz enthalten. In solchen Fällen sollten Sie von einer Extremwertkorrektur Abstand nehmen. Oft reicht es, das Bild insgesamt mit der Gradationskurve etwas aufzuhellen.

Bild: Onno K. Gent

▲ **Abbildung 13.16**
Farbgebungen, die technisch als »Farbstich« bezeichnet werden könnten, kennzeichnen beispielsweise Aufnahmen von Sonnenuntergängen. Durch die Tonwertkorrektur geht die Charakteristik des Bildes verloren.

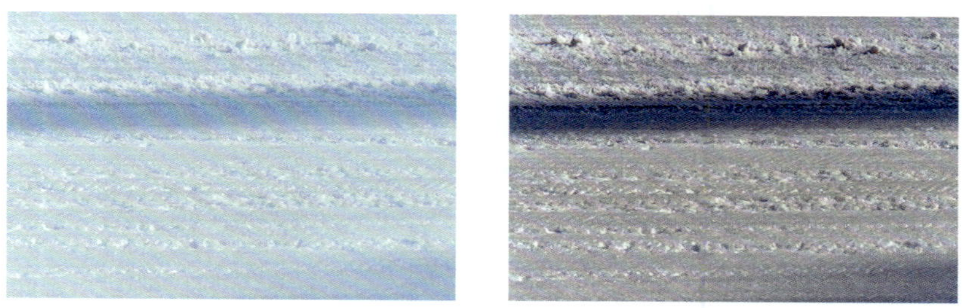

Bild: Thilo Frank

◄▲ **Abbildung 13.17**
Der Mangel an Tiefen und mittleren Tonwerten ist für Schneeaufnahmen charakteristisch. In der »korrigierten« Version sieht der eigentlich frische Schnee aus wie auf einer viel befahrenen Hauptstraße: schmutzig-schwarz.

13.4 Halbautomatische Tonwertkorrektur mit Pipetten

Bei den bisher vorgestellten Methoden der Tonwertkorrektur und der Auto-Korrekturen werden die Tonwerte des korrigierten Bildes auseinandergezogen (gespreizt). Dadurch werden auch der Schwarz- und der Weißpunkt automatisch neu gesetzt. Es geht jedoch auch umgekehrt: Setzen Sie Schwarz- und Weißpunkt durch Klicks ins Bild, und spreizen Sie damit die vorhandenen Tonwerte auf. Das Werkzeug der Wahl sind die Pipetten, die Sie links im TONWERTKORREKTUR-Dialog sehen. Damit klicken Sie einfach auf den dunkelsten bzw. hellsten Punkt im Bild – diese Stellen werden dann als neuer Schwarz- und Weißpunkt festgelegt.

Ich zeige Ihnen in den folgenden zwei Abschnitten, wie Sie die ungünstigen Voreinstellungen von Photoshop ändern und vor allem wie Sie Tiefen und Lichter mit Sicherheit finden.

Identische Pipetten bei den Gradationskurven
Sie können auch mit dem GRADATIONSKURVEN-Dialog Tonwertkorrekturen durchführen. Sie finden dort den bekannten AUTO-Button, Spreizungsregler und drei Pipetten. Deren Wirkung ist in beiden Dialogen identisch: Sie legen damit manuell Schwarz- und Weißpunkt und mittleres Grau fest.

13.4.1 Zielfarben einstellen

Mit den Standardeinstellungen der Pipetten ist es selten möglich, gute Korrekturergebnisse zu erzielen, und die Pipetten wirken viel zu hart – ein Grund, wieso viele Nutzer dieses an sich praktische Werkzeug kaum benutzen. Die Einstellung lässt sich leicht ändern.

Bild: Thilo Frank

◂ **Abbildung 13.18**
Pipettenkorrektur in der Standardeinstellung: scharfe Kontraste, ausbrechende Tiefen und Lichter (Ausgangsfoto siehe Abbildung 13.20)

1. Erzeugen Sie in einem beliebigen Bild eine TONWERTKORREKTUR-Einstellungsebene.
2. Wechseln Sie zum Korrekturen-Bedienfeld. Dort müssten jetzt die Steuerungselemente der Tonwertkorrektur verfügbar sein. Klicken Sie auf den Button AUTO, während Sie `Alt` gedrückt halten.
3. Sie kommen zum Dialog AUTOMATISCHE FARBKORREKTUROPTIONEN. Dort stellen Sie nun die Zielfarben für Tiefen und Lichter ein. Die

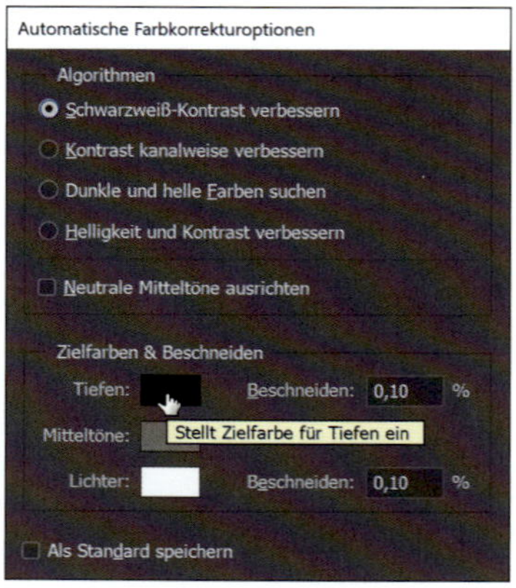

▲ **Abbildung 13.19**
Ein Klick auf das Farbfeld öffnet den Farbwähler. Dort legen Sie die Zielfarben neu fest.

Mitteltöne können so bleiben, wie sie sind. Unter ALGORITHMEN wählen Sie KONTRAST KANALWEISE VERBESSERN.

4. Klicken Sie auf das Farbfeld für TIEFEN. Der Farbwähler öffnet sich. Tragen Sie den neuen Farbwert ein: RGB »20-20-20« oder »# 141414«. Das Ergebnis ist ein sehr dunkles Grau (auf dem Monitor erscheint es fast schwarz). Schließen Sie den Farbwähler.
5. Dieselbe Prozedur wiederholen Sie für die Lichter. Dort stellen Sie RGB »240-240-240« oder »# f0f0f0« ein.
6. Schließen Sie den Farbwähler und die Auto-Farbkorrekturoptionen. Die Abfrage, ob Sie die neuen Zielfarben als Standard speichern wollen, bestätigen Sie mit JA.

13.4.2 Pipetten in der Praxis: Wie findet man Lichter und Tiefen?

Die Anwendung der Pipetten ist ganz einfach: Aktivieren Sie die Tiefen-Pipette, klicken Sie die dunkelste Stelle im Bild an, rufen Sie die Lichter-Pipette auf, und klicken Sie den hellsten Punkt an.

Im praktischen Bildbearbeiter-Leben steht man jedoch öfter vor dem Problem, die richtigen Stellen zum Klicken aufzuspüren. Suchen Sie sich die falsche Stelle aus, wird das Bild viel zu hell oder ganz dunkel oder bekommt gar einen unerwünschten Farbstich. Doch es gibt einen recht einfachen Trick, um bei schwierigen Motiven Tiefen und Lichter aufzuspüren.

Schritt für Schritt: Tiefen und Lichter finden

»Eisspeedway.jpg«

Eine sanfte Tonwertkorrektur täte diesem Bild trotz des kontrastreichen Motivs gut. Bei so viel Schwarz- und Weißnuancen ist es jedoch schwer, auszumachen, wo die Pipette angesetzt werden soll.

Abbildung 13.20 ►
Das Bild vor der Korrektur

1 Hilfsebene »Schwellenwert« erzeugen

Eine Einstellungsebene SCHWELLENWERT soll Ihnen helfen, Tiefen und Lichter eindeutig festzulegen. Erzeugen Sie eine solche Einstellungsebene oberhalb der Bildebene.

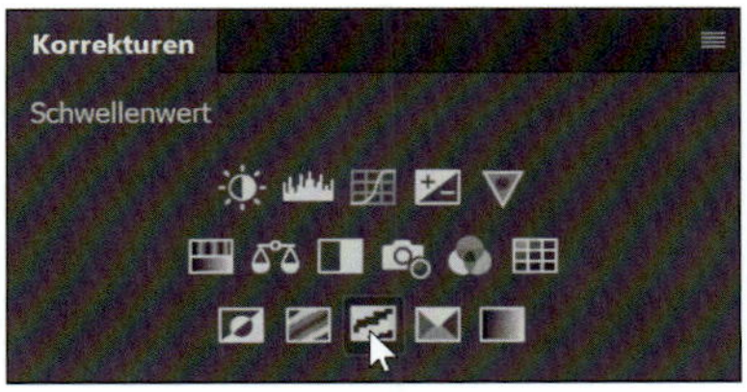

▲ **Abbildung 13.21**
So legen Sie eine SCHWELLENWERT-Einstellungsebene an.

▲ **Abbildung 13.22**
Die neue Einstellungsebene im Ebenen-Bedienfeld

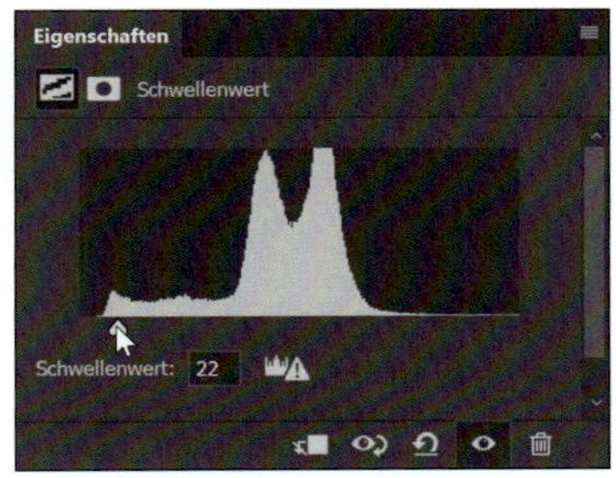

▲ **Abbildung 13.23**
Bewegen Sie den Regler von links nach rechts, um die Tiefen im Bild zu finden.

2 Wo sind die Tiefen?

Im Korrekturen-Bedienfeld führen Sie nun den SCHWELLENWERT-Regler ganz nach links. Das Bild wird weiß. Vorsichtig schieben Sie den Regler wieder nach rechts. Beobachten Sie dabei das Bild genau. Sobald die ersten schwarzen Flecke auftauchen, hören Sie auf.

3 Spätere Korrekturpunkte für Tiefen markieren

Solange die SCHWELLENWERT-Einstellungsebene eingeblendet ist, lässt sich keine Tonwertkorrektur durchführen. Die aufgespürten Tiefen müssen Sie also auf andere Weise markieren, um später genau dort die Pipettenklicks zu platzieren. Dazu nutzen Sie ganz einfach das Werkzeug FARBAUFNAHME (Kürzel [I]); es ist ein Unterwerkzeug des Pipette-Werkzeugs.

Achtung: Verwechseln Sie das Pipette-Werkzeug aus der Werkzeugleiste und den verwandten Farbaufnehmer (beide: Kürzel [I]) nicht mit den Korrektur-Pipetten in TONWERTKORREKTUR und GRADATIONSKURVEN. Erstere messen Farben, die zweitgenannten korrigieren!

Klicken Sie an eine oder zwei Stellen im Bild, die Ihnen geeignet erscheinen. Sie sehen im Bild jetzt zwei Messpunkte ① und ② (siehe Abbildung 13.24). Diese bleiben im Bild, bis Sie sie löschen; sie stehen also auch später noch zur Verfügung.

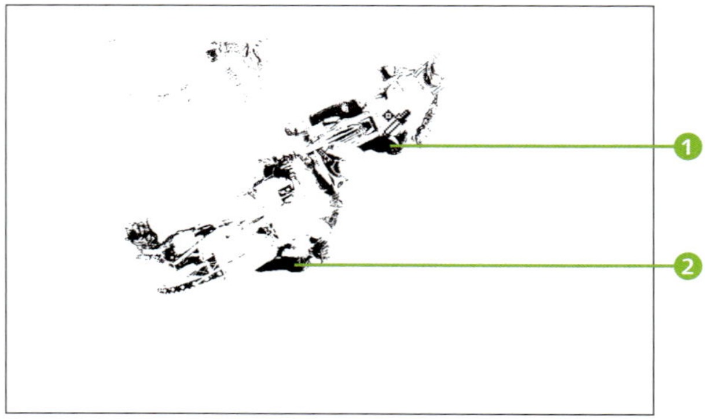

Abbildung 13.24 ▸
Das Bild mit der SCHWELLENWERT-Hilfseinstellung, um Tiefen zu finden. Mögliche Korrekturpunkte für Tiefen sind hier markiert.

4 Lichter finden und markieren

Für die Lichter gehen Sie analog vor. Ziehen Sie den Regler im SCHWELLENWERT-Dialog erst nach rechts. Das Bild wird schwarz. Bewegen Sie den Regler vorsichtig zurück, bis die ersten hellen Flecke zu sehen sind. Markieren Sie diese mit dem Messwerkzeug, zum Beispiel hier ❸ und hier ❹. Bis zu vier Messpunkte sind insgesamt möglich. Ihre müssten nun von 1 bis 4 durchnummeriert sein.

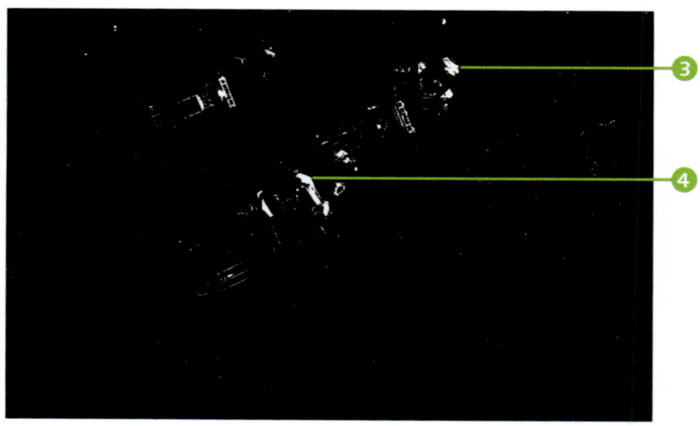

Abbildung 13.25 ▴▸
Das Bild mit der SCHWELLENWERT-Hilfseinstellung, um Lichter zu finden. Mögliche Korrekturpunkte für Lichter sind hier markiert.

5 Schwellenwert-Einstellungsebene löschen

Die Einstellungsebene SCHWELLENWERT brauchen Sie anschließend nicht mehr. Sie können sie löschen (Button [Papierkorb] im Ebenen-Bedienfeld).

6 Tonwertkorrektur durchführen

Erzeugen Sie eine neue Einstellungsebene TONWERTKORREKTUR oberhalb der Bildebene. Aktivieren Sie die Pipette für die Tiefen ❶. Klicken Sie auf eine der dunklen Stellen im Bild, die Sie zuvor mit dem Farbaufnehmer markiert haben. Wenn Sie im Bild keine Markierung sehen können, ist vermutlich das Farbaufnahme-Werkzeug ([Icon] – Kürzel I) inaktiv, und Sie müssen es erst aktivieren.

Zum Weiterlesen
Sogar Farbkorrekturen lassen sich so durchführen – mit der **Mittelton-Pipette**. Wie das geht, lesen Sie in Kapitel 14, »Universalhelfer für professionelle Ansprüche: Gradationskurven«.

Wechseln Sie dann zur Pipette für die Lichter ❷. Klicken Sie auf eine der hellen Bildpartien, an denen Sie eine Markierung angebracht haben.

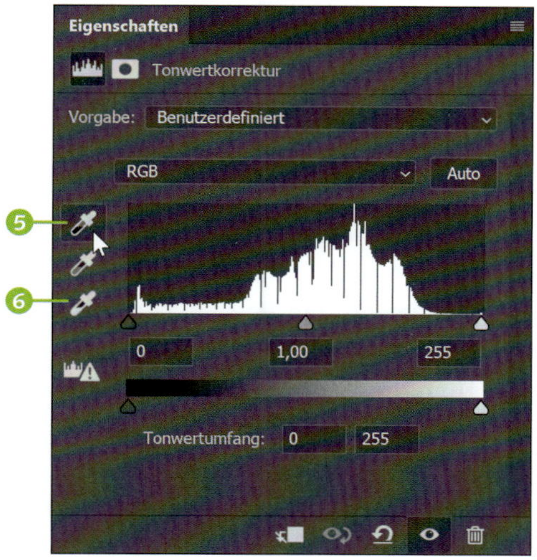

◀ **Abbildung 13.26**
Aktivieren der Pipette zum Korrigieren des Schwarzpunktes (Tiefen) ❺ und des Weißpunktes (Lichter) ❻

7 Fertig! Das Endergebnis

Das Bild wirkt aufgefrischt, hat aber seine Charakteristik – die vielen blauen Farbtöne und das spätnachmittägliche Winterlicht – behalten.

▲ **Abbildung 13.27**
Das korrigierte Bild

13.5 Tonwertumfang begrenzen – vor dem Druck

Im Idealfall erzielen Sie durch die Tonwertkorrektur ein Bild mit gutem Kontrastumfang und einer feinen Modulation auch in den hellen und dunklen Bildpartien, der sogenannten **Lichter- und Tiefenzeichnung**.

Tonwertverluste | Diese Qualitäten lassen sich leider nicht immer erhalten, wenn das Bild im Druck wiedergegeben wird. Aus technischen Gründen schaffen es die allerhellsten Bildpixel meist nicht auf das Papier. Wo in Ihrer Datei noch eine zarte Modulation der Lichter zu sehen war, ist unter Umständen auf dem Papier nichts – eine blanke Fläche.

Tonwertzuwachs | Auch die Tiefen sind nicht immer verlustfrei auf das Papier zu bekommen. Gedruckte Bildrasterpunkte ändern durch das Auslaufen der Farbe auf dem Papier ihre Größe. Dadurch wird das Bild insgesamt dunkler (der berüchtigte Tonwertzuwachs), und Tiefenzeichnung geht verloren. Aus diesem Grund wird der Tonwertumfang eines Bildes nach der Korrektur wieder leicht eingeschränkt.

Bearbeitung ist motivabhängig | Bei einer Tonwertbegrenzung werden die Tonwerte gestaucht. Aus diesem Grund sollten Sie eine Tonwertbegrenzung nicht routinemäßig bei jedem Bild durchführen, das für den Druck bestimmt ist. Wann sie sinnvoll ist, ist auch motivabhängig. Immer dann, wenn die Tiefen oder Lichter eine wichtige Funktion im Bild haben und Sie keinen Zeichnungsverlust riskieren wollen, sollten Sie in Erwägung ziehen, den Tonwertumfang etwas zu kappen.

Stärke der Bearbeitung | Wie stark Sie den Tonwertumfang eines Bildes tatsächlich eingrenzen müssen, richtet sich nach Randbedingungen wie Druckverfahren und Papiersorte. Orientieren können Sie sich an Werten aus dem Druckhandwerk: Dort rechnet man mit Prozentwerten zwischen 0 % (Weiß) und 100 % (Schwarz) und meint die **Flächendeckung** der gedruckten Bildrasterpunkte. Je »schlechter« das Druckverfahren ist, desto stärker muss auch der Tonwertumfang gekappt werden. Als **Faustregel** gilt: Bei hellen Bildbereichen müssen die Druckrasterpunkte eine Flächendeckung von 3 % bis 10 % aufweisen, um druckbar zu sein. 5 % Flächendeckung sind ein Durchschnittswert, mit dem sich bei Bildkorrekturen gut arbeiten lässt. Die Flächendeckung dunkler Bildpartien sollten Sie auf 90 % bis 95 % herabsetzen.

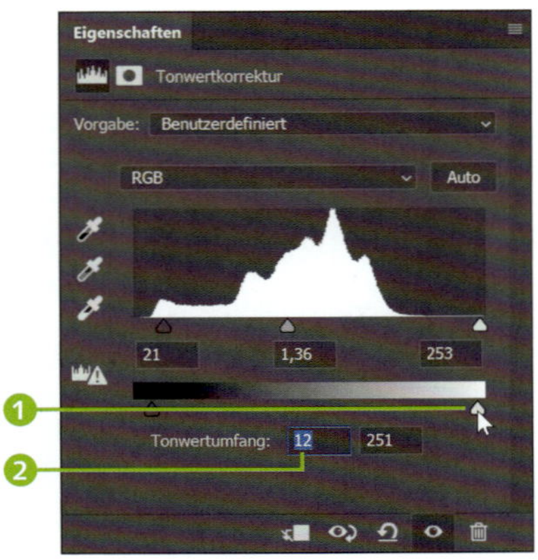

▲ **Abbildung 13.28**
Die Tonwertbegrenzung kann per Zahleneingabe ❷ oder mittels Schieberegler ❶ erfolgen.

Tonwertbegrenzung | Die Tonwertbegrenzung erfolgt mit Hilfe der Schieberegler oder der Zahlenfelder neben TONWERTUMFANG. In Photoshop ist die Eingabe der Zahlenwerte leider mit einem kleinen Umweg verbunden, denn die Tonwerte in Adobes Dialogfeld stammen ja aus dem 8-Bit-System und reichen von 0 (Schwarz) bis 255 (Weiß). Die Eingabe von Flächendeckungsprozenten ist nicht vorgesehen. Jetzt müssen Sie also ein wenig rechnen:

2,55 × (100 – x %, also Prozentwert der empfohlenen Flächendeckung) = neuer Tonwert für die Begrenzung

Wollen Sie also zum Beispiel eine Begrenzung auf 95 % Flächendeckung in den Tiefen erzielen, rechnen Sie

$$2{,}55 \times (100 - 95) = 12{,}75$$

und runden diesen Wert. Für die Lichter rechnen Sie ähnlich:

$$2{,}55 \times (100 - 5) = 242{,}25$$

Die so ermittelten Werte geben Sie nun in die Zahlenfelder unterhalb des Grauwertbalkens ein, oder Sie verschieben die Pfeile auf der Grauskala, bis die gewünschten Werte erreicht sind. Dadurch werden die vorhandenen Tonwerte zusammengeschoben. Das Bild verliert infolgedessen etwas Kontrast und erscheint weniger brillant.

Kapitel 14

Universalhelfer für professionelle Ansprüche: Gradationskurven

Nicht wenige Photoshop-Nutzer machen um Gradationskurven lieber einen Bogen. Dabei ist die Benutzung gar nicht schwierig! Kein anderes Tool ist so vielseitig, mit keinem anderen können Sie so präzise arbeiten!

14.1 Funktionsweise der Gradationskurven

Der Begriff *Gradation* kommt aus dem Lateinischen und heißt *Abstufung*. Sie verändern durch die Abstufung der Tonwerte einzelner Farbkanäle oder des RGB-Composite-Kanals die Helligkeit, Kontraste oder die Farbmischung des Bildes. Ähnliches haben Sie bereits mit der TONWERTKORREKTUR getan. Doch mit GRADATIONSKURVEN können Sie den Tonwertbereich, der verändert werden soll, viel genauer eingrenzen.

14.1.1 Gradationskurven starten

Wie die meisten anderen Korrekturwerkzeuge können – und sollten! – Sie GRADATIONSKURVEN als Einstellungsebene einsetzen. Die direkte Anwendung auf Bildebenen ist auch möglich. Für beides gibt es mehrere Wege. Um eine **Gradationskurven-Einstellungsebene** zu erzeugen,

- nutzen Sie das Korrekturen-Bedienfeld (1),
- verwenden das Einstellungsebenen-Icon im Ebenen-Bedienfeld
- oder den Befehl EBENE • NEUE EINSTELLUNGSEBENE • GRADATIONSKURVEN.

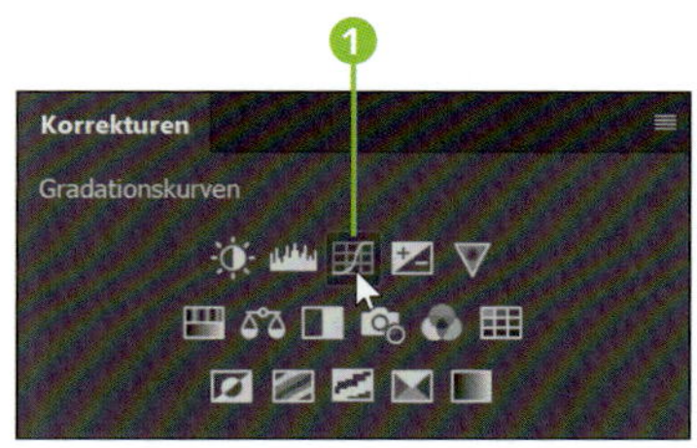

▲ **Abbildung 14.1**
GRADATIONSKURVEN-Einstellungsebene erzeugen

Um Gradationskurven **unmittelbar auf eine Ebene anzuwenden** (ohne Einstellungsebene), wählen Sie den Menübefehl Bild • Korrekturen • Gradationskurven oder das Tastenkürzel `Strg`/`cmd`+`M`.

14.1.2 Steuerungselemente für Gradationskurven

Die markanteste und wichtigste Funktion ist die Gradationskurve 9 selbst. In Abbildung 14.2 ist sie bereits in bearbeiteter Form zu sehen.

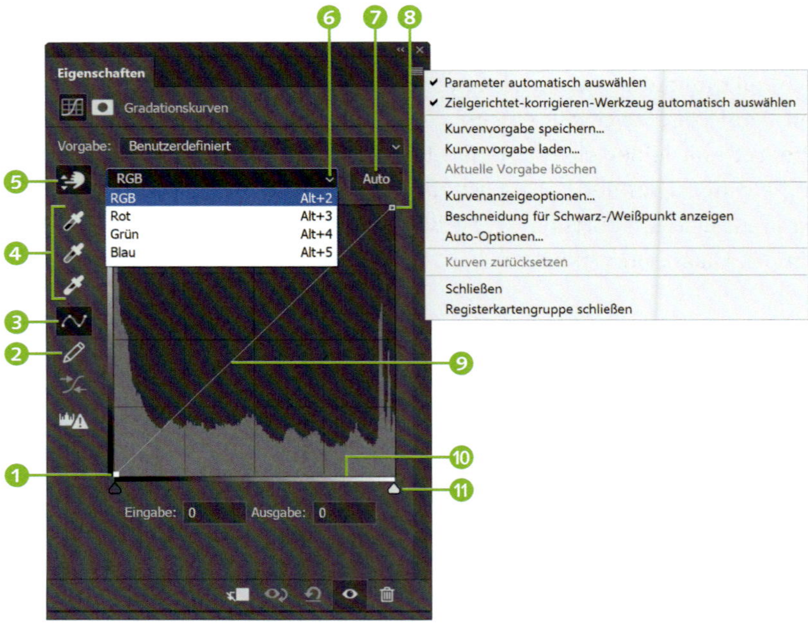

Abbildung 14.2 ▸
Das Dialogfeld für das mächtige und vielseitige Werkzeug Gradationskurven

Die Kurve ist eine grafische Darstellung der Tonwerte des ursprünglichen und des korrigierten Bildes. Dabei steht

- die **waagerechte Achse** für die Tonwerte des unkorrigierten sogenannten **Eingangsbildes**,
- und an der **Senkrechten** finden Sie die Werte des bearbeiteten **Ausgangsbildes**.

Die Position der hellen, mittleren und dunklen Tonwerte wird durch die parallel zu den Achsen liegenden Grauskalen 3 und 10 angezeigt.

Gitternetz | Das Gitternetz ist eine Hilfe, um die Eingangswerte (Tonwerte des unkorrigierten Bildes) und die Ausgangswerte (Tonwerte der korrigierten Version) zueinander in Beziehung zu setzen. Das hört sich zunächst kompliziert an, Sie werden aber sehen, dass es sich sehr gut mit der Kurve arbeiten lässt.

Steuerpunkte | Indem Sie die Kurve mit der Maus verändern, machen Sie helle, mittlere und dunkle Tonwerte heller oder dunkler. Mit Hilfe sogenannter Anker- oder Steuerpunkte lassen sich einzelne Bereiche der Kurve fixieren und so auch nur Teile der Kurve verändern (inaktiver ⑧ und aktiver ① Steuerpunkt). Damit ist eine genaue Eingrenzung des zu ändernden Tonwertbereichs möglich. Alternativ zur Arbeit mit der Maus nutzen Sie die numerischen Eingabefelder oder das Zielgerichtet-korrigieren-Werkzeug ⑤.

Eingabefelder | Unterhalb der Kurve finden Sie Eingabefelder. Sie sind jedoch nur dann aktiv, wenn Sie zuvor einen der Steuerpunkte aktiviert haben. Dort lassen sich die genauen Tonwerte ablesen und verändern. Adobe hat hier leider einen kleinen Umweg eingebaut: Wenn Sie das Dialogfeld neu geöffnet haben, ist zunächst keine Eingabemöglichkeit vorhanden. Die Zahlenfelder sind erst dann zugänglich, wenn Sie einmal in das Diagramm geklickt haben.

Gradationskurven zeichnen | Sie können die Gradationskurve nicht nur durch Ziehen an den Steuerpunkten oder Eingeben von Zahlenwerten verändern, sondern auch ganz eigene Kurven zeichnen. Dazu schalten Sie den »Betriebsmodus« des Gradationskurven-Dialogs um; die Schaltfläche dafür ② ist durch ein Stiftsymbol gekennzeichnet.

Farbkanäle | Auch hier steht eine Dropdown-Liste ⑥ zur Verfügung, um entweder den Composite-Kanal oder die Farbkanäle Ihres Bildes einzeln anzusteuern.

Wenn Sie die Kurve für den Composite-Kanal (alle Bildkanäle zusammen) anpassen, werden **Helligkeit** oder **Kontrast** des Bildes verändert. Durch unabhängiges Verändern einzelner Farbkanäle bearbeiten Sie die **Farbbalance** des Bildes.

Weitere Funktionen | Zudem finden Sie im Gradationskurven-Dialog Funktionen, die Ihnen auch in der Tonwertkorrektur begegnen:

- den Auto-Button ⑦ mit seinen Optionen (über Klick + Alt erreichbar; zu den Optionseinstellungen),
- die Pipetten ④,
- und schließlich die Tonwertspreizungsregler ⑪ unterhalb der Kurvenansicht.

Diese Funktionen wenden Sie genauso an, wie Sie es von der Tonwertkorrektur gewohnt sind.

Farbkanal per Kürzel wählen

Wie auch bei der Tonwertkorrektur können Sie die Farbkanäle per Shortcut ansteuern:

- Den **RGB-Composite-Channel** erreichen Sie mit Alt + 2,
- den **Rotkanal** mit Alt + 3,
- den **Grünkanal** mit Alt + 4
- und den **Blaukanal** mit Alt + 5.

14.1.3 Presets nutzen und eigene Vorgaben speichern

Für ganz schnelle Korrekturen können Sie auf eine Liste mit Vorgaben zurückgreifen – ähnlich, wie Sie es bereits beim Werkzeug Tonwertkorrektur gesehen haben. Das Speichern und Laden von Voreinstellungen funktioniert über das Bedienfeldmenü.

14.1.4 Hilfsmittel für die Ergebniskontrolle: Anzeigeoptionen

Der große Vorteil des Werkzeugs Gradationskurven ist, dass Sie Ihr Korrekturergebnis nicht nur am Monitor ansehen, sondern auch mit Hilfe von objektiveren Kontrollinstrumenten überprüfen können. Im Bedienfeldmenü legen Sie fest, welche Vorschauoptionen Ihnen zur Verfügung stehen.

Beschneidung anzeigen | Wie bei der Tonwertkorrektur können Sie sich auch bei Gradationskurven die mögliche Tonwertbeschneidung anzeigen lassen. Wählen Sie dazu im Bedienfeldmenü den Befehl Beschneidung für Schwarz-/Weisspunkt anzeigen, oder halten Sie `Alt` gedrückt, während Sie die Tonwertspreizungsregler bedienen.

Erweiterte Anzeigeoptionen | Der Befehl Kurvenanzeigeoptionen im Bedienfeldmenü öffnet eine Dialogbox, in der Sie festlegen können, welche Kontrollelemente im Gradationskurven-Dialog angezeigt werden sollen. Standardmäßig sind alle aktiviert.

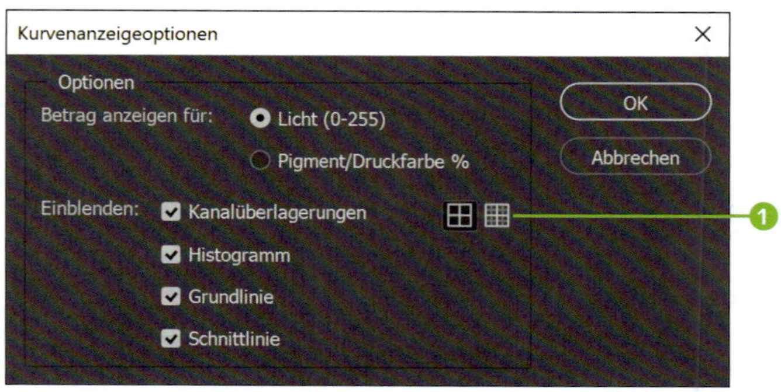

Abbildung 14.3 ▸
Welche Hilfsmittel sollen angezeigt oder ausgeblendet werden?

In den folgenden Absätzen lernen Sie die Optionen im Detail kennen.

Betrag anzeigen für … | Am nachdrücklichsten wirkt wohl Betrag anzeigen für Licht bzw. Pigment/Druckfarbe. Mit dieser Option kehren Sie die Anordnung der Tonwerte auf den Balken, die Anzeige der Werte (Prozentwerte oder Tonwerte von 0 bis 255) und somit auch die Kurvenwirkung – unabhängig vom tatsächlichen Bildmodus – um.

Kanalüberlagerungen | KANALÜBERLAGERUNGEN sind nur dann wirksam, wenn Sie die Farbkanäle einzeln bearbeitet haben, sich jedoch wieder in der RGB- oder CMYK-Gesamtansicht befinden. Diese Option gibt Ihnen eine gute Übersicht darüber, welche Veränderungen erfolgt sind.

Histogramm | Das HISTOGRAMM erscheint grau unterlegt direkt im Kurvendiagramm. Leider ist es – anders als beim Histogramm-Bedienfeld – kein Live-Histogramm. Bei Bildern mit mehreren Ebenen ist es übrigens immer das Histogramm der aktiven Ebene, nicht des gesamten Bildes.

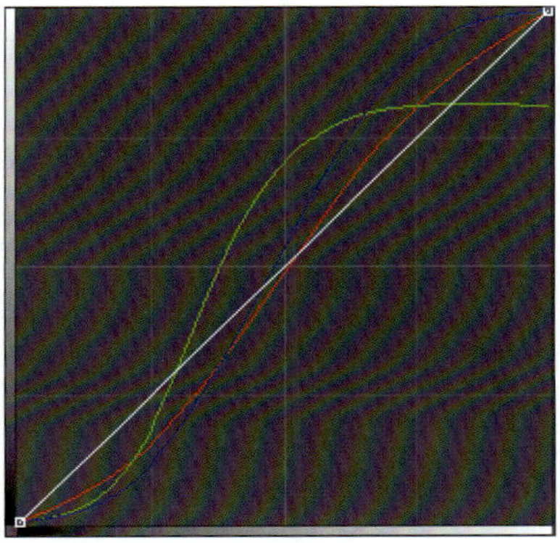

▲ **Abbildung 14.4**
KANALÜBERLAGERUNGEN zeigen Ihnen die Veränderungen aller Kanäle auf einen Blick.

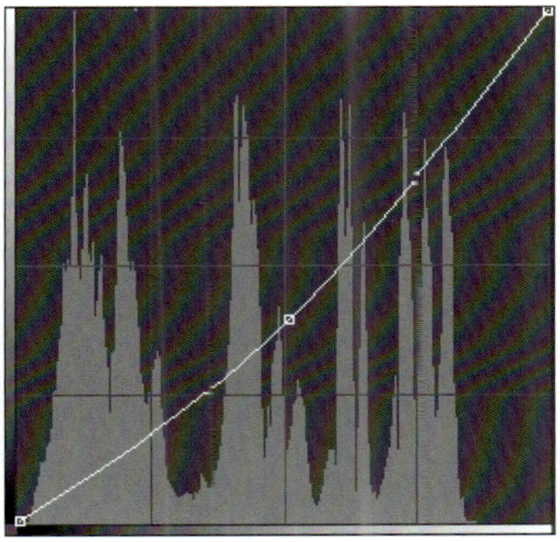

▲ **Abbildung 14.5**
Eingeblendetes Histogramm

Grundlinie | Die Option GRUNDLINIE ist standardmäßig immer aktiv. Sie gibt Ihnen eine gute Orientierung darüber, wie weit Sie die Kurve bereits verschoben haben.

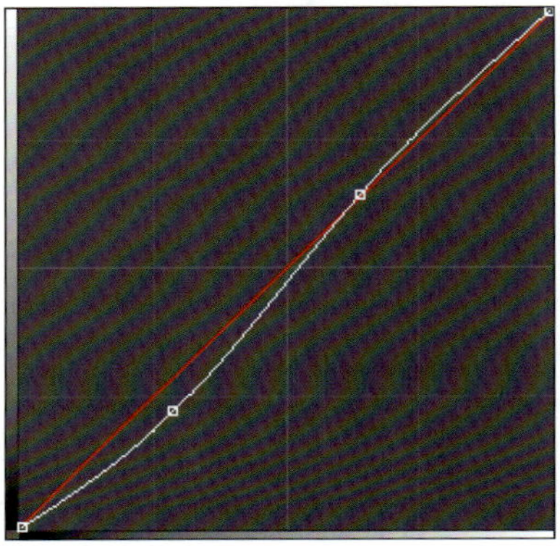

▲ **Abbildung 14.6**
Kurvendiagramm mit Grundlinie (hier farbig hervorgehoben) ...

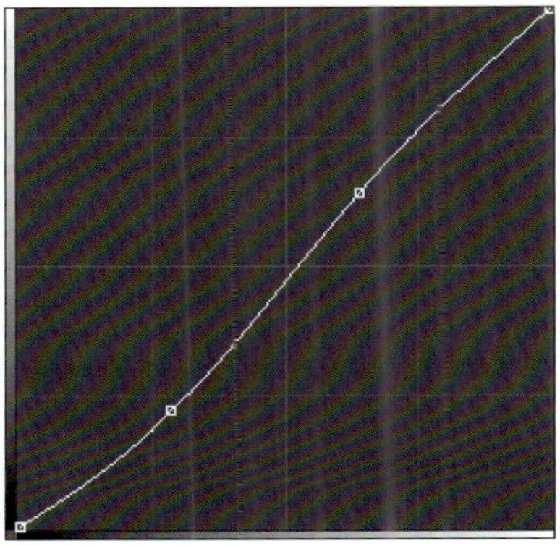

▲ **Abbildung 14.7**
... und ohne Grundlinie – ungewohnt nackt

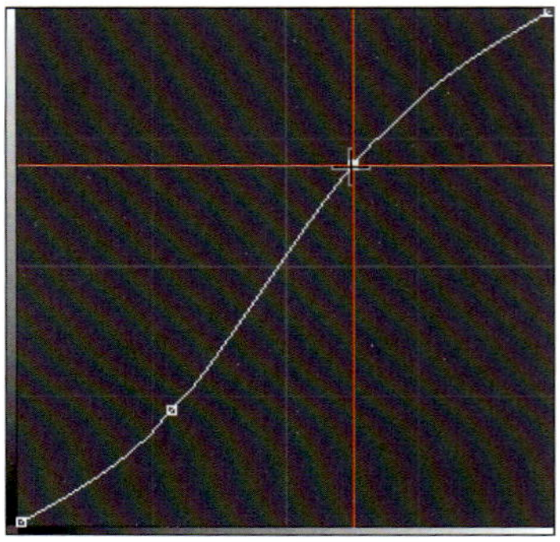

▲ **Abbildung 14.8**
Zwei sich im bewegten Ankerpunkt kreuzende Linien: die Schnittlinien (hier zum besseren Verständnis farbig hervorgehoben)

Schnittlinie | Die SCHNITTLINIE ist nur dann sichtbar, wenn Sie die Kurvenlinie gerade mit der Maus »anfassen« und verschieben. Sie soll Sie dabei unterstützen, den neuen Ankerpunkt präzise zu positionieren.

Gitteransicht ändern | Ist Ihnen das vorhandene Gitter nicht präzise genug, klicken Sie einfach bei gehaltener Alt-Taste mit der Maus ins Diagramm. Die Ansicht wechselt zu einem feineren Gitternetz. Zurück zum groben Gitter geht es auf demselben Weg. Außerdem finden Sie in den erweiterten Kurvenanzeigeoptionen einen kleinen Umschalter 1 (siehe Abbildung 14.3).

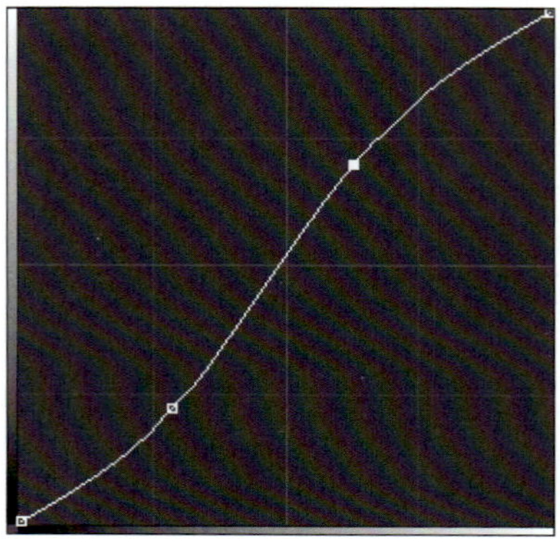

▲ **Abbildung 14.9**
Der Standard: grobes Gitter

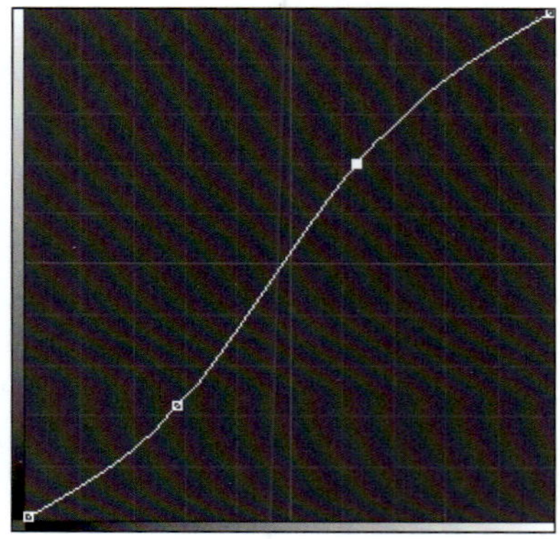

▲ **Abbildung 14.10**
Das feinere Gitternetz

14.2 Arbeiten mit den Gradationskurven

Die Kurve ist das A und O im Werkzeug GRADATIONSKURVEN. Sie haben verschiedene Eingabemöglichkeiten, um ihre Form zu beeinflussen. Hier lernen Sie sie kennen. Außerdem erfahren Sie, wie sich die Kurve in verschiedenen Bildmodi verhält.

14.2.1 Kurve in unterschiedlichen Bildmodi

Die Position von Lichtern und Schatten auf den Achsen und die Anzeige der Tonwerte unterscheiden sich bei RGB-, CMYK- und Graustufenbildern. Auch die »Zugrichtung« der Kurve ist dann natürlich umgekehrt.

»Pepperoni.jpg«, »RoteGerbera.tif«, »KleinesLeuchtfeuer_grau.jpg«

Gradationskurve im RGB-Modus | In RGB sind die **Tiefen** unten links. Die Tonwerte werden in Binärzählung von 0 bis 255 angezeigt. Für die Arbeit im RGB-Modus gilt: Bewegen Sie die Kurve nach oben, wird das Bild heller; ziehen Sie sie herunter, wird das Bild abgedunkelt.

Bild: dieblen.de

▲ **Abbildung 14.11**
Ein RGB-Bild. In der Standardansicht des Kurven-Dialogs …

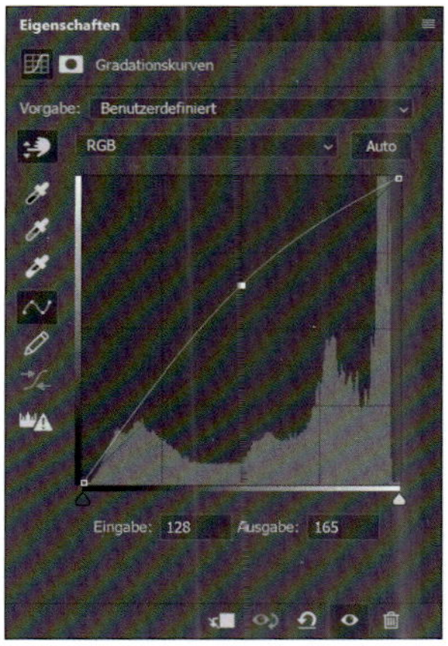

▲ **Abbildung 14.12**
… bewirkt das Hochziehen der Kurve …

▲ **Abbildung 14.13**
… eine Aufhellung.

Gradationskurve im CMYK-Modus | Bei CMYK-Bildern finden Sie unten links die **Lichter**. Tonwerte werden in CMYK-typischen Prozenten gezählt (maximal 100 %). Standardmäßig ist auch das angezeigte Gitternetz feiner. Für die Arbeit im CMYK-Modus gilt: Bewegen Sie die Kurve nach oben, wird das Bild dunkler; ziehen Sie sie herunter, wird das Bild heller.

Zum Nachlesen
Mehr zu den Farbsystemen **RGB und CMYK** finden Sie in Anhang A, »Bildbearbeitung: Fachwissen«.

Bild: dieblen.de

▲ **Abbildung 14.14**
Hier zum Vergleich ein CMYK-Bild

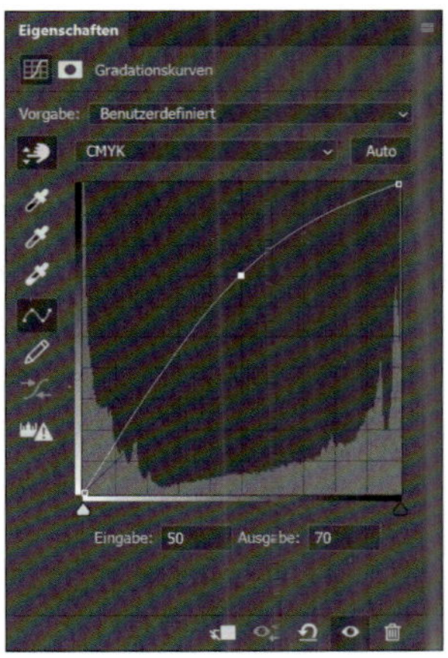

▲ **Abbildung 14.15**
Die Kurvenform ist ähnlich. Beachten Sie jedoch die umgekehrte Tonwertverteilung auf den »grauen Balken« im GRADATIONSKURVEN-Dialog (links und unterhalb der Kurve)! Auffallend sind auch die anderen Eingabewerte (Prozentwerte).

▲ **Abbildung 14.16**
Beim CMYK-Bild wirkt die Kurvenform abdunkelnd.

Gradationskurve bei Graustufenbildern | Die Gradationskurven von Graustufenbildern verhalten sich genauso wie bei CMYK-Bildern – also gegenläufig zur Gradationskurve von RGB-Bildern.

▲ **Abbildung 14.17**
Bei einem Graustufenbild …

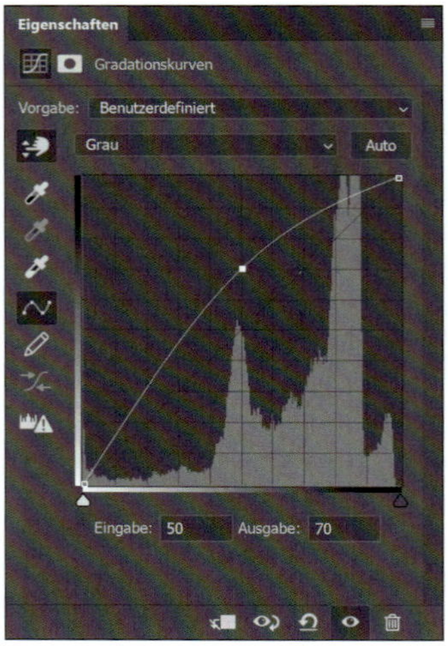

▲ **Abbildung 14.18**
… ist die Standardeinstellung der Kurve dieselbe wie bei CMYK-Bildern.

▲ **Abbildung 14.19**
Das Bild wird beim Hochziehen der Kurve dunkler.

14.2.2 Kurvenpunkte setzen, Kurven verformen

Um die Kurve überhaupt mit Kurvenpunkten zu verformen, haben Sie verschiedene Möglichkeiten. Welche die beste ist, hängt davon ab, wie exakt Sie gerade arbeiten wollen, und ist natürlich auch eine Frage der persönlichen Vorlieben. Oft kombiniert man auch verschiedene Eingabemöglichkeiten.

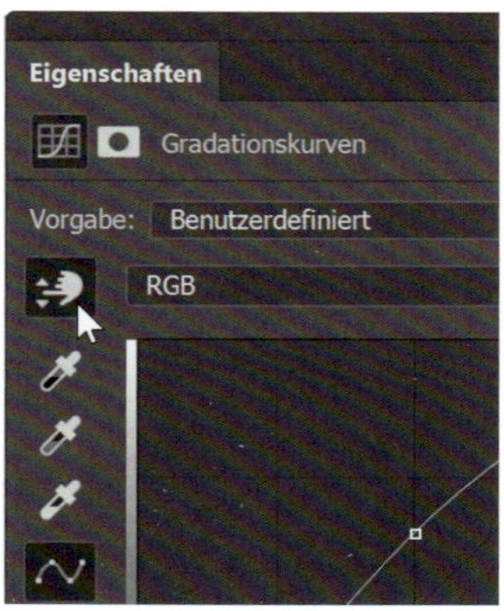

▲ **Abbildung 14.20**
Korrekturhand aktivieren

Bildbereiche direkt ansteuern: Korrekturhand | Recht oft erkennt man im Bild selbst »Problemzonen«, weiß aber nicht genau, welcher Kurvenabschnitt verformt werden muss, um genau diesen Bildbereich anzusprechen. Für solche Fälle gibt es in Photoshop das Zielgerichtet-korrigieren-Werkzeug. Es steht für die Werkzeuge Gradationskurven, Farbton/Sättigung und Schwarzweiss zur Verfügung. Bevor Sie es benutzen können, müssen Sie es erst mit einem Klick auf die Schaltfläche aktivieren.

Die Gestaltung der Schaltfläche ist ein Hinweis darauf, in welche Richtung Sie die Maus über dem Bild bewegen müssen, um die Korrektur anzubringen. Bei den Gradationskurven bewegen Sie die Maus auf und ab, bei Farbton/Sättigung seitwärts.

Danach können Sie im Bild auf genau den Bereich klicken, der korrigiert werden soll, und die Maus **nach oben oder unten** bewegen, um Tonwerte anzuheben oder zu senken. Doch Achtung: Bei allzu freigiebigem Gebrauch bringen Sie mit dem Werkzeug leicht neue Fehler ins Bild hinein, wenn Sie die Kurvenform aus dem Auge verlieren – nicht jede mögliche Kurvenform tut einem Bild gut (siehe auch Abschnitt 14.3, »Gradationskurven – typische Fehler und wie Sie sie vermeiden«).

Klicks auf die Kurve: Bewegliche und fixierte Punkte | Ein Klick auf die Kurve ist wohl die am häufigsten benutzte Technik, um Kurvenpunkte zu setzen. Sie können so gesetzte Punkte

- mit der Maus,
- mit den Pfeiltasten Ihrer Tastatur oder
- durch Zahleneingabe bewegen.

Außerdem lassen sich Kurvenpunkte nutzen, um die Kurve in einem Tonwertbereich, der nicht verändert werden soll, zu **fixieren**.

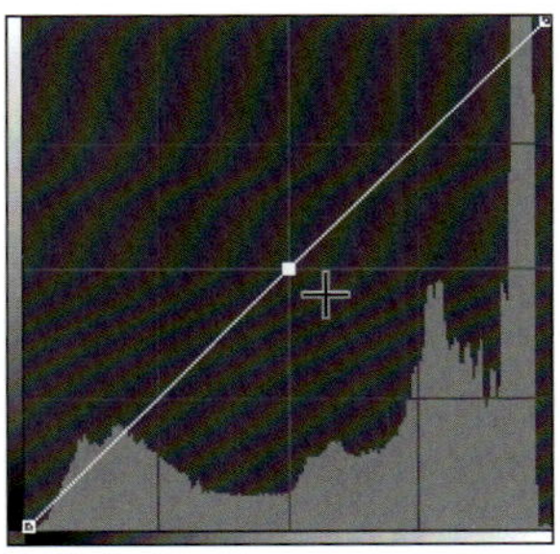

▲ **Abbildung 14.22**
Mit diesem Kurvenpunkt werden die Mitteltöne fixiert …

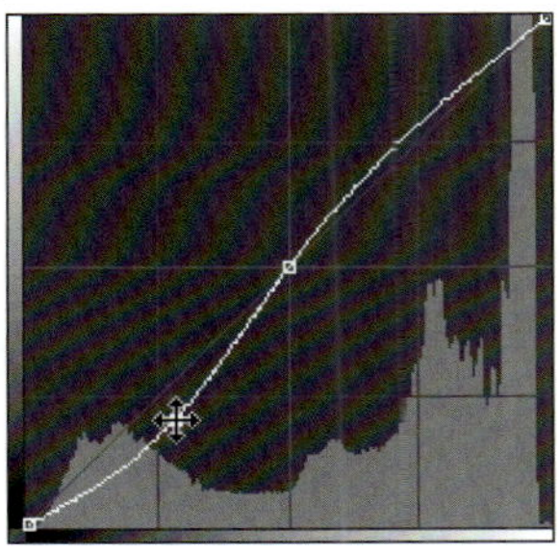

▲ **Abbildung 14.23**
… und mit einem zweiten Punkt die Tiefen nach unten gezogen. Der erste Kurvenpunkt wirkt jetzt als Achse, um die die Kurve schwingt: Auch die Lichter werden verändert. Die Mitteltöne bleiben unverändert.

Zahleneingabe: Präzisionsarbeit | Wie ich oben schon erwähnt habe, gibt es auch Eingabefelder, in die Sie Zahlen eintippen können – die exakteste Steuerungsmöglichkeit für die Kurve. Die Eingabefelder sind erst dann zu sehen, wenn Sie mindestens einen Kurvenpunkt gesetzt haben. Die Werte des jeweils aktiven Punktes (schwarz dargestellt) können Sie dann verändern.

Kurvenpunkte zur Bearbeitung aktivieren | Kurvenpunkte, die verändert werden sollen, müssen nicht nur gesetzt, sondern auch aktiv sein. Sie aktivieren Kurvenpunkte durch Anklicken.

Korrekturpipetten und -hand
Die Korrekturhand und die Korrekturpipetten sind mit einer äußerst sinnvollen Option ausgestattet: Sie können die Größe des Aufnahmebereichs mittels Dropdown-Liste in der Optionsleiste einstellen.

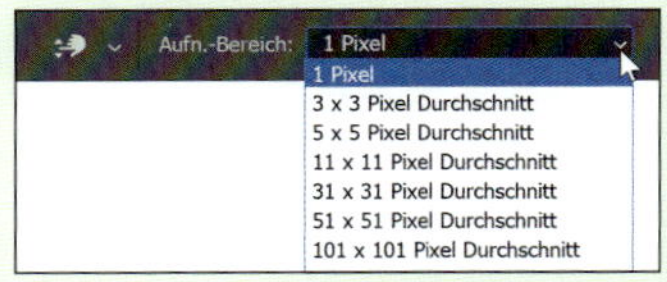

▲ **Abbildung 14.21**
Optionen für Korrekturpipetten und Korrekturhand

Zum Weiterlesen
Die **Korrekturhand** soll beim Öffnen des Eigenschaften-Bedienfelds sofort startklar sein? Lesen Sie in Abschnitt 10.2.2, »Korrekturen starten und steuern – die wichtigsten Tools«, welche Optionen Sie dazu einstellen müssen.

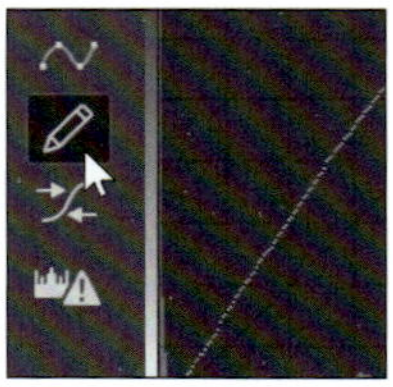

▲ **Abbildung 14.24**
Umschalten in den Kurve-zeichnen-Modus

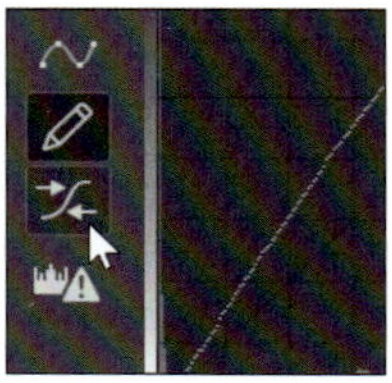

▲ **Abbildung 14.25**
Gezeichnete Kurvenverläufe glätten

- Mehrere Punkte auf einmal aktivieren Sie bei gehaltener [⇧]-Taste.
- Ein Klick auf das Raster oder [Strg]/[cmd]+[D] hebt die Aktivierung mehrerer Punkte wieder auf.
- Mit den Tasten [+] (Plus) und [-] (Minus) »springen« Sie zwischen gesetzten Kurvenpunkten.

Selbst Kurven zeichnen | Im Werkzeug GRADATIONSKURVEN sind zwei Betriebsarten möglich. Neben den geschilderten Eingabemöglichkeiten lassen sich auch **eigene Kurvenformen zeichnen**. Das Zeichnen von Kurven dient meist dem Erstellen von Bildverfremdungen. Für die Bildkorrektur sind die anderen Eingabemethoden besser geeignet! Zum Umschalten stehen zwei Schaltflächen neben dem Diagramm zur Verfügung.

Gezeichnete Kurven wirken oft extrem. Ein Klick auf den Button KURVENWERTE GLÄTTEN – direkt unterhalb des Buntstift-Buttons – macht sie etwas abgerundeter und sanfter.

14.2.3 Falsch gesetzte Kurvenpunkte korrigieren

Zum Entfernen falsch gesetzter Punkte gibt es zwei Möglichkeiten.

Kurvenpunkte korrigieren | Einzelne Punkte fassen Sie einfach mit der Maus an und ziehen sie aus dem Kurvenbereich heraus. Dabei verzieht sich die Kurve ganz entsetzlich, springt aber wieder zurück. Alternative: Aktivieren Sie den Punkt durch einen Klick oder per Shortcut – er ist dann schwarz –, und drücken Sie [Entf]/[←].

Zurücksetzen | Wenn Sie mit wirklich allen Änderungen an der Kurve unzufrieden sind, können Sie die Kurve vollständig zurücksetzen. Klicken Sie dazu einfach auf den Button AUF KORREKTUR-STANDARDWERTE ZURÜCKSETZEN  am unteren Rand des Eigenschaften-Bedienfelds.

14.3 Gradationskurven – typische Fehler und wie Sie sie vermeiden

Sie haben nun schon recht viel über Gradationskurven gelernt und sich hoffentlich schon anhand der Übungsbilder mit der Handhabung des Werkzeugs vertraut gemacht. Die eigentliche Bedienung des Werkzeugs sollte Ihnen nun keine Schwierigkeiten mehr bereiten. Umso größer ist die Gefahr, dass Ihnen beim eifrigen Üben und Experimentieren einmal Fehler unterlaufen. Hier zeige ich Ihnen typische Kurvenverläufe, bei denen Vorsicht geboten ist oder die Sie **meiden** sollten. Das gilt sowohl für Farbkorrekturen als auch für das Einstellen von Helligkeit und Kontrast – kurzum, für alle denkbaren Nutzungen der GRADATIONSKURVEN.

14.3.1 Steigung der Kurve erhalten

Damit die Modulation der einzelnen Tonwertbereiche des Bildes erhalten bleibt, sollte die Gradationskurve immer eine leichte Steigung aufweisen. Ist dies nicht der Fall, wird die Kurve zu flach. Dadurch besteht die Gefahr, dass die Zeichnung des Bildes verlorengeht.

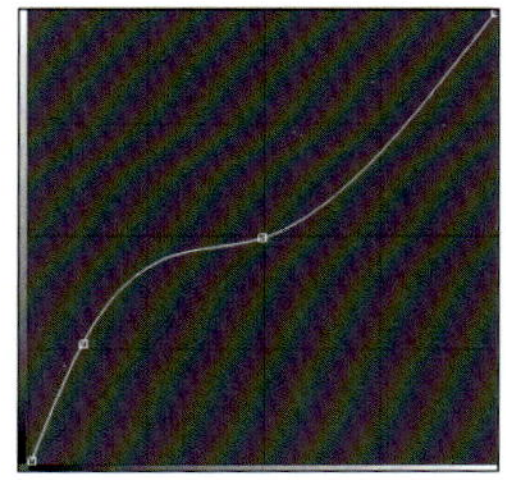

▲ **Abbildung 14.26**
Ein falscher Versuch, die Tiefen eines Bildes aufzuhellen. Die Gradationskurve verläuft stellenweise fast waagerecht.

14.3.2 Nicht zu viele Punkte setzen

Obwohl Adobe bis zu 14 Steuerpunkte auf einer einzigen Kurve erlaubt, sollten Sie von dieser Möglichkeit nur sparsamsten Gebrauch machen. Schon ab drei Punkten wird es schwierig, die notwendige Steigung der Kurve zu erhalten, wie das Steigungsbeispiel, aber auch die Mittelton-Korrektur oben zeigen.

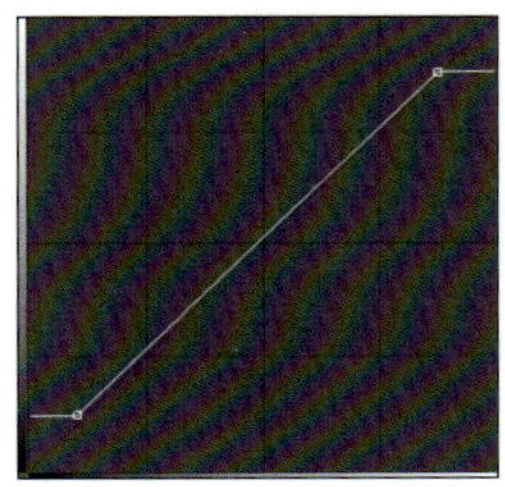

▲ **Abbildung 14.27**
Die Eckpunkte einer Gradationskurve sollten Sie nie ins Innere des Diagramms hineinziehen, denn die dadurch entstehenden Tonwertverluste sind immens.

14.3.3 Eckpunkte nicht ins Diagramm ziehen

Schreckliche Konsequenzen für Ihr Bild haben auch Kurven, bei denen Sie die Eckpunkte in das Diagramm hineinziehen. Das wirkt bei manchen Bildern wie eine kräftige Betonung von Lichtern und Schatten, allerdings gehen vorhandene Differenzierungen in den Tonwerten durch den Einsatz solcher rabiaten Kurven verloren.

14.3.4 Eckpunkte hoch- oder herunterziehen

▲ **Abbildung 14.28**
Eine radikal wirkende Kurve für Ausnahmefälle

In Ausnahmefällen dürfen Sie durchaus die Eckpunkte in vertikaler Richtung entlang der Diagrammkante bewegen. Allerdings ist hier ein wenig Vorsicht geboten: Sie können auch mit GRADATIONSKURVEN den Schwarz- und Weißpunkt von Bildern verschieben. Genau das wäre mit so einer Kurve der Fall! Was fehlt, ist die Kontrolle durch das Histogramm. Wenn Sie also tatsächlich so eine Kurve anwenden wollen, sollten Sie das Histogramm-Bedienfeld öffnen. Oder Sie greifen gleich zum bewährten Instrument TONWERTKORREKTUR. Solche Kurven sind manchmal die letzte Rettung für Bilder mit zu dunklen Tiefen, an die Sie mit den sanfteren Kontrast- und Helligkeitskurven nicht herankommen.

14.4 Helligkeit und Kontrast mit Gradationskurven einstellen

»BuntstifteGraukeil.tif«, »Westpier-Graukeil.tif«, »Graukeil.psd«

Mit dem Werkzeug GRADATIONSKURVEN selbst und seinem Funktionsprinzip haben Sie sich nun bereits vertraut gemacht. Die Handhabung der Kurve beim Einstellen von Helligkeit und Kontrasten unterscheidet sich nicht wesentlich von der Farbkorrektur. Allerdings sollten Sie Änderungen von Helligkeit und Kontrast am gesamten RGB-Kanal vornehmen. Sie wirken sich gleichmäßig auf alle Farbkanäle aus und ändern so nichts mehr an der bereits eingestellten Farbbalance. Es gibt einige klassische Kurvenformen, mit denen sich alle typischen Anwendungsfälle abdecken lassen und die Sie immer wieder nutzen werden.

14.4.1 Allgemeine Helligkeit verändern

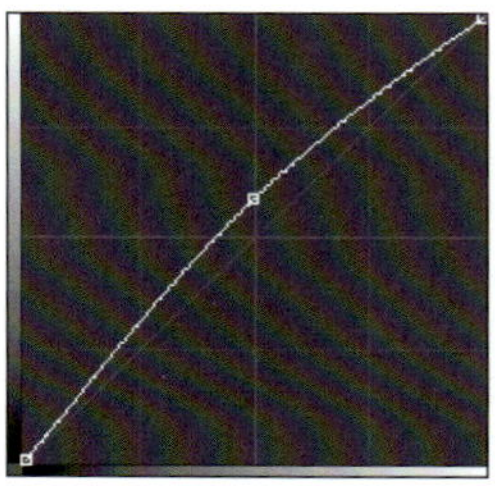

▲ Abbildung 14.29
Eine Aufhellung der Mitteltöne mit einer solchen Kurvenform ...

Die Helligkeit von Bildern zu verändern, ist ganz einfach: Bewegen Sie die RGB-Kurve dazu einfach nach oben. Bei den meisten Bildern wirkt die Aufhellung am besten, wenn Sie an den Mitteltönen ansetzen. Abdunkelung funktioniert analog durch Ziehen der Kurve nach unten, wird aber eher selten gebraucht.

▲ Abbildung 14.30
... lässt das Bild insgesamt heller erscheinen, weil sich die benachbarten Tonwerte mit verändern.

▲ Abbildung 14.31
Dieselbe Kurve, auf das Schwarzweißbeispiel angewendet

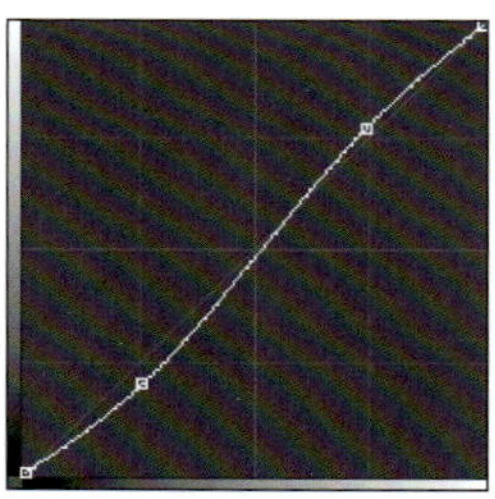

▲ Abbildung 14.32
Hier wurde die Kurve vorsichtig mittels zweier Punkte verändert und der Kontrast behutsam angehoben.

14.4.2 Kontraste erhöhen

Kontraste erhöhen Sie mit einem sehr sanften, lang gezogenen S-Schwung der Gradationskurve. Sie können dabei mit zwei oder drei Steuerpunkten arbeiten. Ich fange meist bei den Mitteltönen an und nutze die Gelegenheit, um auszuprobieren, ob ich sie vielleicht noch etwas verändern kann.

Den Steuerpunkt auf der Kurvenmitte benutze ich dann als feststehenden Drehpunkt und ziehe anschließend die Lichter ein wenig hoch und die Tiefen herunter. Diese Methode führt zu etwas härteren Kontrasten.

Alternativ arbeiten Sie mit zwei Punkten. Dazu setzen Sie einfach in den Tiefen und Lichtern je einen Steuerpunkt und verschieben ihn. Der Kurvenbereich, der den Mitteltönen des Bildes entspricht, nimmt dann von selbst eine mittlere Position ein. So bearbeitete Kurven wirken meist etwas sanfter.

◄◄ **Abbildung 14.33**
Hier wurde der Kontrast nur vorsichtig angehoben, da die leuchtenden Farben des Bildes eine hohe Kontrastverstärkung kaum vertragen hätten – und sie auch gar nicht brauchen.

◄ **Abbildung 14.34**
Nochmals die behutsame Kontrastverstärkung – diesem Bild tut etwas mehr Kontrast ganz gut.

14.4.3 Kontraste abschwächen

Manchmal sind Kontraste zu ausgeprägt und müssen **gesenkt** werden. Das Vorgehen ist ähnlich wie beim Anheben der Kontraste. Allerdings werden hier die Lichter abgedunkelt (verschieben Sie die Kurve nach unten) und Tiefen aufgehellt (Kurve nach oben).

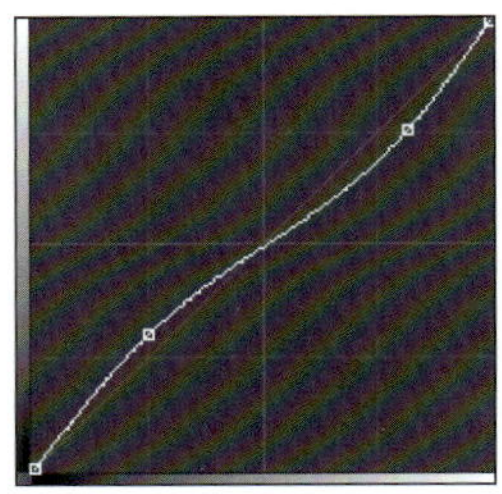

▲ **Abbildung 14.35**
Das RGB-Testbild mit einer behutsamen Kontrastabschwächung

▲ **Abbildung 14.36**
Mit einer solchen Kurve senken Sie die Kontraste im Bild.

▲ **Abbildung 14.37**
Hier habe ich ebenfalls an der Kontrastkurve gedreht, den **Kontrast gesenkt** – nicht unbedingt zum Vorteil *dieses* Bildmotivs, das nun ziemlich breiig wirkt.

14.4.4 Tiefen oder Lichter betonen

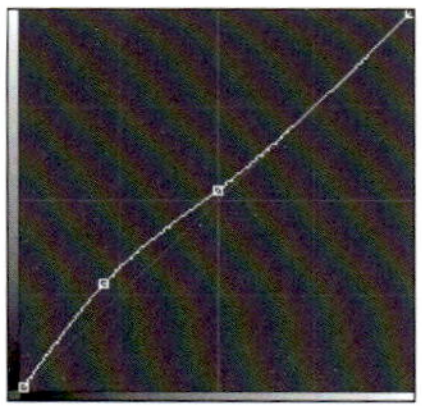

▲ **Abbildung 14.38**
Mit so einer Kurve hellen Sie die Tiefen des Bildes auf.

Recht häufig möchte man nicht das gesamte Bild aufhellen, sondern allein die Tiefen oder Lichter bearbeiten. Durch leichtes Abdunkeln der Lichter werden vorhandene Tonwertunterschiede deutlicher, und ein vorsichtiges Aufhellen von Tiefen kann die Zeichnung etwas besser sichtbar machen.

Zu solch einer Änderung brauchen Sie zwei Kurvenpunkte: Der eine hellt die Tiefen auf oder dunkelt die Lichter leicht ab, Mitteltöne und restliche Tonwerte werden durch einen weiteren Punkt auf der Diagonalen festgestellt. Wenn Sie die Kurve stärker ziehen, ist eine geringe Veränderung der fixierten Tonwerte nicht ganz zu unterbinden. Das tut einer harmonischen Gesamtwirkung der Korrektur aber ganz gut.

Abbildung 14.39 ►
Bei diesem Testbild ist das keine besonders sinnvolle Operation. Oft bringt eine solche Kurve jedoch Bilddetails heraus, die bisher im Schatten versteckt lagen (ausreichende Tiefenzeichnung des Bildes vorausgesetzt).

Abbildung 14.40 ►►
Und so sähe das Graustufenbild aus, wenn man die Tiefen aufhellt.

14.4.5 Nur Mitteltöne aufhellen

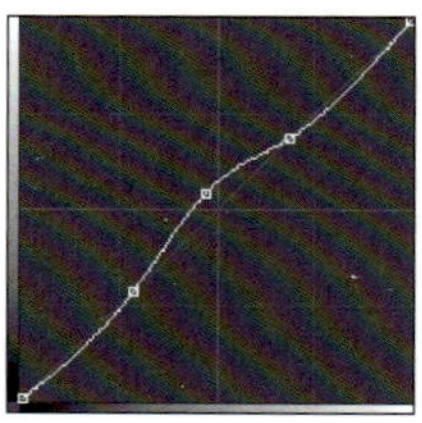

▲ **Abbildung 14.41**
Der Graukeil zeigt, dass die Anwendung der Kurve Gefahren birgt: Die Mitteltöne werden zwar heller, verlieren aber auch an Unterscheidbarkeit – eben an ihrer Zeichnung.

Sie können auch die Mitteltöne eines Bildes separat bearbeiten und den ganzen »Rest« fixieren. Sie brauchen dazu zwei Ankerpunkte, mit denen Sie Tiefen und Lichter fixieren. Die Mitteltöne heben Sie vorsichtig an. Hier müssen Sie aber sehr vorsichtig vorgehen, denn es lauern gleich zwei fatale Fehler: zu geringe Kurvensteigung und zu viele Kurvenpunkte.

Abbildung 14.42 ►
So eine Kurve ist nicht ganz ungefährlich – schnell wird die Steigung zu gering.

Abbildung 14.43 ►►
Diesem Bildmotiv schadet die Kurve nicht so sehr.

14.5 Farbkorrekturen für höchste Ansprüche

Das Komplementärfarben-Prinzip können Sie wirkungsvoll anwenden, um Farben zu korrigieren. Bevor Sie die Korrekturwerkzeuge ansetzen, sollten Sie allerdings schon wissen, in welche Richtung die Korrektur gehen soll. Und das ist nicht immer ganz leicht zu beurteilen, besonders im Kontext eines vielfarbigen Bildes.

Ob ein Bild zum Beispiel einen Cyan- oder Grünstich hat, sieht ihm oftmals nicht einmal der erfahrene Bildbearbeiter an. Und dann ist da ja auch noch das Problem, dass ein Bild auf jedem Monitor, an jedem Rechner anders erscheint.

Keine Farbkorrektur um jeden Preis!
Nicht jeder Farbstich muss herauskorrigiert werden. Spezielle Farbgebungen wirken auch bildgestaltend, schaffen eine bestimmte Atmosphäre oder verorten sogar ein Bild zeitlich – denken Sie beispielsweise an die typischen Farbstiche von Fotos aus den siebziger und achtziger Jahren.

14.5.1 Helfer für die Bilddiagnose: Graubalance

Ein guter und objektiverer Indikator dafür, ob die Farbmischung im Bild ausgeglichen ist oder in welche Richtung eine eventuelle Korrektur gehen müsste, sind die Grautöne eines Bildes. Dabei macht man sich zwei Prinzipien zunutze:

- Im Bildmodus RGB entsteht ein neutrales Grau dann, wenn die Farbwerte für die drei Farbkanäle Rot, Grün und Blau gleich sind. Bestehen bei Grautönen Abweichungen, lässt sich das leicht an den RGB-Werten ablesen. So erhalten Sie schnell einen Eindruck davon, welche Farbe zu stark und welche zu wenig im Bild vertreten ist. Das gilt nicht nur für R, G und B – deren Komplementärpartner können Sie sich natürlich gleich mitdenken.
- Wenn in einem Bild die Graubalance stimmt, sollten auch alle anderen Farben keinen Farbstich aufweisen.

Mit Hilfe der RGB-Werte von Bildpartien, die eigentlich neutralgrau sein sollten, können Sie also die Farbmischung eines Bildes bestimmen und erhalten Anhaltspunkte dafür, in welche Richtung ein eventueller Ausgleich erfolgen muss. Theoretisch funktioniert das auch bei CMYK-Bildern – deren Werte sind allerdings weit schwieriger zu beurteilen. Der Vorteil der Arbeit nach der Graubalance-Methode ist, dass Sie sich hier nicht allein auf die Sichtkontrolle am Monitor verlassen müssen:

Sie können die Grauwerte eines Bildes auch messen und so die erforderlichen Korrekturwerte rechnerisch genau ermitteln. Deshalb arbeitet man hier mit Bildern im RGB-Modus.

Graubalance beim Fotografieren
Wenn Sie Motive fotografieren, die möglichst farbtreu wiedergegeben werden sollen, können Sie das Graubalance-Prinzip ebenfalls nutzen: Legen Sie eine sogenannte Graukarte neben das fotografierte Objekt, und verwenden Sie die dort gemessenen Werte, um die Farben des Bildes nachträglich zu korrigieren. Alternativ machen Sie bereits bei der Aufnahme einen Weißabgleich.

Graukarten kosten um die 10 Euro und sind im Fotofachhandel zu bekommen. Wenn Sie häufiger farbsensible Fotojobs haben, lohnt sich die Investition. Es bleibt zwar immer noch das Problem der farbechten Reproduktion, aber immerhin ist schon die erste Fehlerquelle ausgeschaltet.

Graubalance-Beispiel | Welches Rot aus Abbildung 14.44 ist »röter«? Enthält der linke Rotton zu viel Blau oder zu wenig Gelb? Ist das Rot rechts heller oder gelber als sein Nachbar? Das ist schwer zu entscheiden.

1 R: 254, G: 42, B: 0
2 R: 229, G: 0, B: 0
3 R: 229, G: 0, B: 92

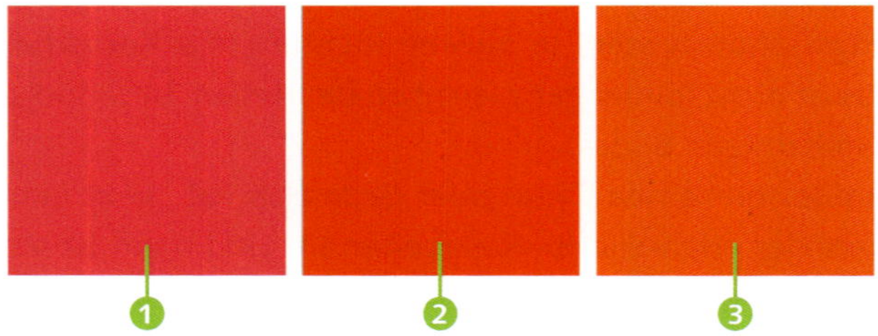

Abbildung 14.44 ▸
Drei unterschiedlich zusammengesetzte Rottöne

Bei Grautönen ist es einfacher, Aussagen zur Farbmischung zu treffen. Das liegt nicht nur am optischen Eindruck. Auch die RGB-Werte sprechen eine deutliche Sprache. Die Werte der drei **Grautöne**, von links nach rechts:

4 R: 199, G: 193, B: 193
5 R: 193, G: 193, B: 193
6 R: 254, G: 42, B: 0

Abbildung 14.45 ▸
Drei verschiedene Grautöne zum Vergleich

Sie erkennen bei Grautönen also sowohl mit bloßem Auge als auch an den Farbwerten relativ leicht, welche Farbe einen höheren Anteil hat als die anderen. Das können Sie sich bei der Bildkorrektur zunutze machen. Besonders einfach ist die Anwendung des Graubalance-Prinzips, wenn Ihr Bild einen Gegenstand zeigt, von dem Sie schon wissen, dass er (eigentlich) einen neutralen Grauton haben sollte. Aber auch in anderen Fällen können die Farbwerte eines Bildes recht aufschlussreich sein und Ihnen den Weg für Korrekturen weisen.

14.5.2 Graubalance einstellen

»Regierungsviertel.jpg«

In der folgenden Anleitung zeige ich Ihnen, wie Sie Farbwerte von bestimmten Bildpartien exakt messen und interpretieren – später erfahren Sie dann, wie Sie dieses Wissen in eine zielgerichtete Korrektur umsetzen.

Schritt für Schritt: Farbwert messen und Graubalance einstellen

Das Beispielbild hat einen Farbstich, aber es lässt sich nicht genau sagen, ob dieser grün, gelblich oder eher cyanfarben ist. Da bekannt ist, dass die Fassade einen nahezu neutralen Grauton hat, kann eine Messung Auskunft darüber geben, in welche Richtung wir korrigieren müssen.

Bild: Fotolia, B. Eckert

▲ **Abbildung 14.46**
Dieses Bild hat eindeutig einen Farbstich.

1 Aktivieren und Justieren des Pipette-Werkzeugs

Das Pipette-Werkzeug finden Sie im oberen Bereich der Werkzeugleiste. Das Tastenkürzel zum schnellen Aufruf ist [I]. Die Wirkung des Pipette-Werkzeugs ist nicht zu verwechseln mit den Pipetten, die Sie aus der Tonwertkorrektur schon kennen! Mit der Pipette aus der Werkzeugleiste *messen* Sie Farbwerte, führen aber *keine* wie auch immer gearteten *Änderungen* am Bild durch.

In der Optionsleiste sollten Sie festlegen, wie groß der Bereich ist, aus dem die Farbe aufgenommen wird. Die Standardeinstellung 1 Pixel ist nicht geeignet, um einen aussagekräftigen Wert zu erhalten – zwischen einzelnen Pixeln einer einheitlich erscheinenden Farbfläche kommt es doch immer zu Abweichungen. Legen Sie hier einen größeren Aufnahmebereich fest. Der Durchschnittswert sollte zum Bildmotiv und zur Dateiauflösung passen: So ist 11 × 11 Pixel für ein kleinteiliges Foto, das in geringer Auflösung vorliegt, schon recht viel, während dieser Wert für ein flächiges, hochaufgelöstes Motiv passend sein kann.

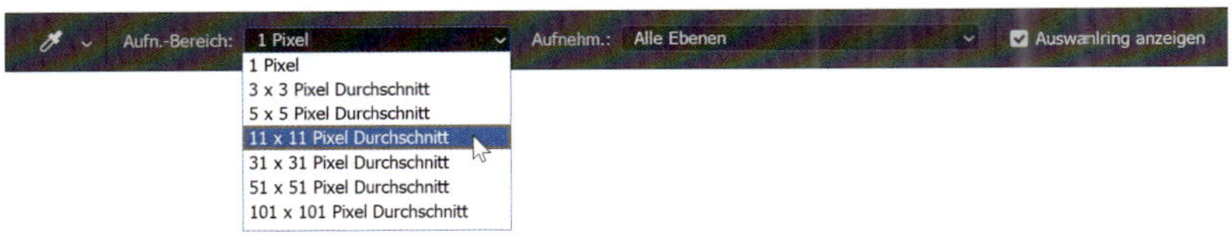

◄ **Abbildung 14.47**
Die Optionsleiste der Pipette mit den Einstellungen zum Aufnahmebereich

2 Info-Bedienfeld öffnen

Um die mit der Pipette aufgenommenen Farbwerte schnell abzulesen, brauchen Sie noch das Info-Bedienfeld. Sie rufen es über den Menübefehl Fenster • Info oder per Shortcut [F8] auf.

3 Farbe aufnehmen und Werte ablesen

Bewegen Sie die Maus auf die Farbfläche im Bild, deren Werte Sie ermitteln wollen und von der Sie annehmen, dass sie tatsächlich neutral ist. Im Info-Bedienfeld werden dann die Werte angezeigt, die Sie aktuell unter der Maus haben.

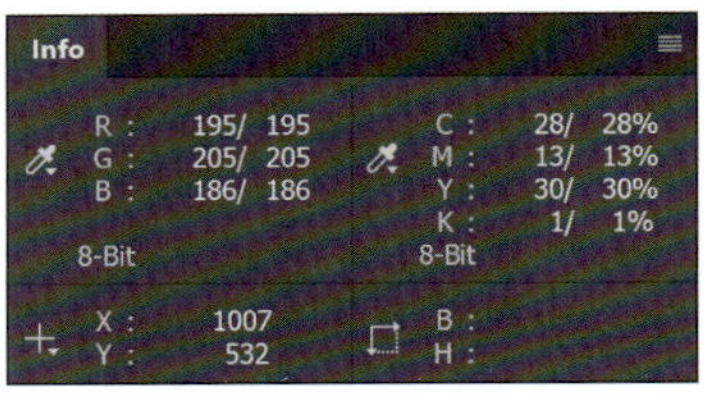

▲ **Abbildung 14.48**
Werte im Info-Bedienfeld auslesen

Per Pipette wurde der Fassadenteil rechts im Bild gemessen. Dessen Grau ist – erwartungsgemäß – nicht ausgeglichen, wie die Anzeige im Info-Bedienfeld in Abbildung 14.48 zeigt.

Der Grünwert ist der höchste, der Blauwert der niedrigste. Sie wissen jetzt also: Das Bild hat zu viel Grün und zu wenig Blau, also einen Grün-Gelb-Stich. Damit ist auch die Korrekturrichtung für dieses Bild klar: Sie müssen ihm Grün entziehen (und damit Magenta hinzufügen) sowie Blau hinzufügen (und damit Gelb entfernen).

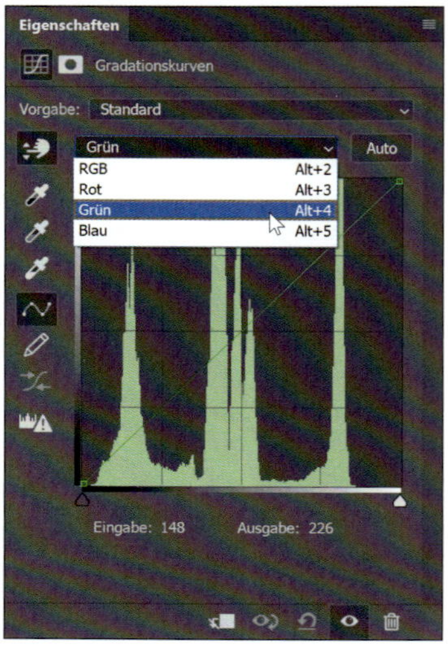

▲ **Abbildung 14.49**
Den Farbkanal GRÜN aufrufen

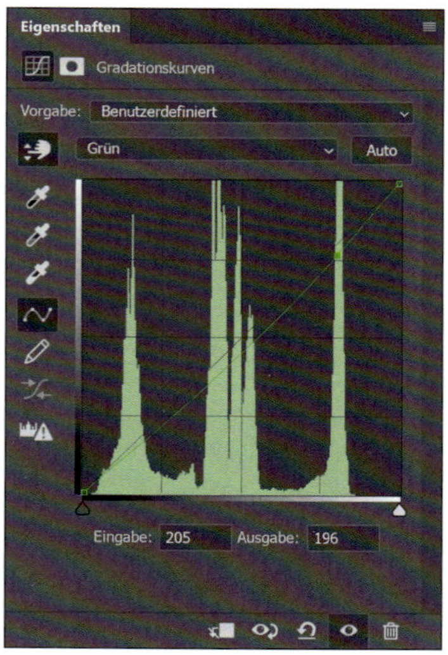

▲ **Abbildung 14.50**
Tragen Sie die gewünschten Werte in die Eingabefelder ein.

4 Einstellungsebene mit Gradationskurven anlegen

Dieser Punkt sollte Ihnen nun ja keine Schwierigkeiten mehr bereiten. Sie können das Bedienfeld KORREKTUREN, das Ebenen-Bedienfeld oder den Menübefehl EBENE • NEUE EINSTELLUNGSEBENE • GRADATIONSKURVEN nutzen.

5 Farbkanal für die Korrektur festlegen

Die drei Farbwerte Rot, Grün und Blau sollen am Messpunkt, der grauen Fassade, aneinander angeglichen werden. Für die Graubalance ist es prinzipiell nebensächlich, welche Werte verändert werden – die drei Werte müssen nur am Ende annähernd gleich sein. Allerdings verändert sich mit den Tonwerten auch die Bildhelligkeit. Ein hoher RGB-Zahlenwert erzeugt eine helle Farbe, dunkle Tonwerte werden durch niedrige Zahlen ausgedrückt. Bei diesem ohnehin recht hellen, unproblematischen Motiv ist das nicht so wichtig, bei anderen Bildern ist dies jedoch eine Überlegung wert. Allerdings können Sie die Helligkeit auch nachträglich immer noch verändern.

Im Beispielbild weichen alle drei Werte voneinander ab, so müssen wir ohnehin zwei der Kanäle bearbeiten. Ich entscheide mich dafür, den Grün- und den Blaukanal dem Wert im Rotkanal anzupassen. Als Erstes rufe ich den Kanal GRÜN auf.

6 Eingabefelder aktivieren und Werte eingeben

Die zuvor gemessenen Werte können Sie nun direkt auf die Kurve übertragen.

Dazu bieten sich die **Eingabefelder** an. Um die Felder zu aktivieren, klicken Sie einmal irgendwo ins Diagramm. Wenn sich die Kurve dabei etwas verzieht, ist das nicht schlimm. Das beheben Sie im nächsten Schritt.

Nun schreiben Sie in das Feld EINGABE den im letzten Arbeitsschritt ermittelten aktuellen **Grünwert**, also 205. In das Feld AUSGABE tragen Sie den gewünschten Wert ein, in diesem Fall den ermittelten Wert des Rotkanals (196), an den die beiden anderen Kanäle angepasst werden sollen.

7 Blauwert einstellen

Sie können nun eine zweite Einstellungsebene GRADATIONSKURVEN anlegen, um den Blaukanal zu bearbeiten, oder in derselben Einstellungsebene einfach zum Blaukanal wechseln. Die erste Möglichkeit bietet mehr Flexibilität beim Feintuning der Korrektur, aber die zweite ist schneller – und für dieses Arbeitsbeispiel ausreichend.

Wie auch immer, im Blaukanal gehen Sie genauso vor wie eben im Grünkanal und tragen als EINGABE den aktuellen Wert »185« als AUSGABE wiederum den Wert »195« ein.

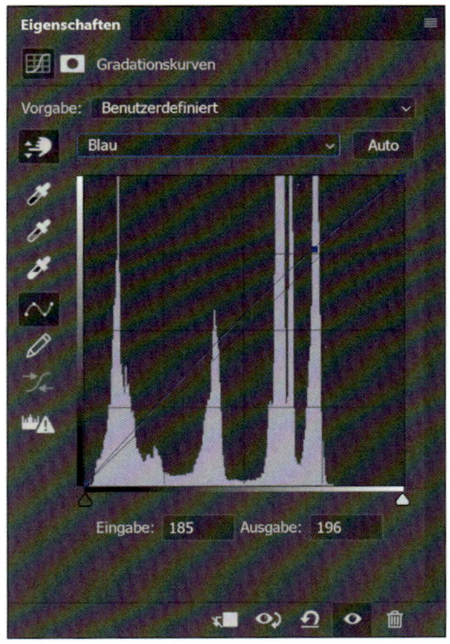

▲ **Abbildung 14.51**
Die Werte für den Blaukanal

8 Kontrolle per Pipette und Info-Bedienfeld

Wenn Sie möchten, kontrollieren Sie nun durch eine erneute Messung möglichst am selben Messpunkt wie zuvor die RGB-Werte. Die Werte sind nun nahezu angeglichen (durch Abweichungen in der Pipettenposition sind von den Eingaben leicht abweichende Werte möglich).

9 Wenn nötig: Korrekturen dosieren

Manchem mag das Motiv nun zu steril vorkommen. Sie sehen: Eine Bildkorrektur streng nach Rezept führt zwar zu mathematisch ausgeglichenen Bildern, der Bildzusammenhang und Ihr Urteil spielen aber auch eine Rolle!

Sie könnten nun in der Einstellungsebene die GRADATIONSKURVEN erneut aufrufen und ändern. Es gibt jedoch auch eine elegantere Möglichkeit: Reduzieren Sie einfach die **Deckkraft** der Einstellungsebene! Eine stufenlose Dosierung erledigen Sie so mit einem Handgriff.

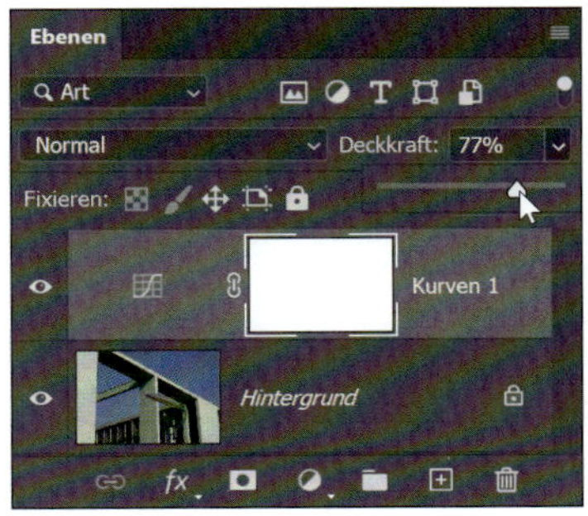

▲ **Abbildung 14.52**
Reduzieren Sie die DECKKRAFT, um die Korrektur zu dosieren.

10 Vorher-nachher-Vergleich

Durch Ein- und Ausschalten der Augen-Icons der Einstellungsebene haben Sie außerdem einen guten Vorher-nachher-Vergleich.

▲ **Abbildung 14.53**
Hier sehen Sie nochmals das unkorrigierte Bild …

▲ **Abbildung 14.54**
… und hier die bearbeitete Version.

14.5.3 Bilder ohne neutralen Punkt korrigieren

Im Arbeitsbeispiel eben war das Einstellen der Graubalance einfach, denn es war recht eindeutig, dass die graue Betonwand gute Messwerte liefern würde. Auch Asphalt oder Steine sind oft gute Ansatzpunkte für eine Messung. Leider weist nicht jedes Bild so einen praktischen neutralgrauen Gegenstand auf. Meist haben Sie Bilder vor sich, bei denen Sie von keiner Farbe mit Sicherheit sagen können, dass diese – eigentlich – ein neutraler Grauton sein sollte. In solchen Fällen operieren Sie mit mehreren Messpunkten (siehe Infokasten »Farbtendenz ermitteln«), oder Sie nutzen ähnlich wie bei der Tonwertkorrektur per Pipette eine Schwellenwert-Einstellungsebene als Hilfsmittel.

Farbtendenz ermitteln
Bei Bildern ohne eindeutigen neutralen Punkt können Sie mit Hilfe des Farbaufnahme-Werkzeugs mehrere Messpunkte setzen und so versuchen, die Farbtendenz des Bildes zu ermitteln. Nicht immer funktioniert das hundertprozentig: Bisweilen werden Bilder, deren Korrektur nach den Messwerten ausgerichtet wird, auch schlechter. Trotzdem hilft das Verfahren oftmals, Verbesserungsmöglichkeiten oder alternative Korrekturwege zu entdecken.

Farbstichkorrektur per Mittelton-Pipette | Im Dialog Tonwertkorrektur sind sie zu finden, und bei den Gradationskurven auch: die drei Korrektur-Pipetten. Die Tiefen- und die Lichter-Pipette haben Sie im vorangehenden Abschnitt bereits kennengelernt. Die dritte, die Mittelton-Pipette, kann auch derbe Farbstiche korrigieren. Theoretisch ist das ganz einfach: Sie klicken auf eine Bildpartie, die in natura – also ohne den Farbstich – annähernd neutralgrau wäre. Doch diesen Punkt zu finden, ist meist ein Ratespiel, und Herumprobieren führt selten zu guten Ergebnissen.

Mit einem kleinen Workaround steigern Sie Ihre Erfolgsquote beträchtlich. Die Basis der Methode ist reine Farbwert-Mathematik – Sie können sie also auch einsetzen, wenn Sie der Farbwiedergabe Ihres Monitors nicht ganz trauen. Die hier gezeigte Methode ist eine Erweiterung der in Abschnitt 13.4.2, »Pipetten in der Praxis: Wie findet man Lichter und Tiefen?«, demonstrierten Technik.

»Abflug.tif«

Bild: Onno K. Gent

▲ **Abbildung 14.55**
Das Ausgangsfoto

Schritt für Schritt: Mit der Mittelton-Pipette die Graubalance einstellen

Wenn Sie ein Bildobjekt schnell erwischen wollen, ist vor dem Abdrücken keine Zeit für Einstellungen. So hat das Ausgangsbild durch einen falschen Weißabgleich einen diffusen Grün-Gelb-Stich. Da ich weiß, dass das Bild am beginnenden Abend aufgenommen wurde, will ich die Korrektur möglichst unter Erhaltung der eigentlichen Lichtstimmung durchführen. Da hier nicht nach Augenmaß, sondern streng mit »Pixelmathematik« korrigiert wird, ist diese Art der Korrektur besonders geeignet, um möglichst viel vom »unverfälschten Originalbild« herauszuschälen. Ähnlich können Sie vorgehen, um stark nachgegilbte Bilder digital zu reparieren.

1 Hilfsebenen anlegen

Erzeugen Sie über Ihrer eigentlichen Bildebene eine leere Ebene, die Sie mit einem fünfzigprozentigen neutralen Grau füllen (RGB-Wert:

128-128-128). Den Mischmodus dieser Ebene setzen Sie auf Differenz. Darüber legen Sie eine Einstellungsebene Schwellenwert an.

2 Schwellenwert verändern

Wechseln Sie zum Eigenschaften-Bedienfeld. Ziehen Sie den Schwellenwert-Regler zunächst ganz nach links, bis das Bild weiß wird. Anschließend bewegen Sie den Regler vorsichtig wieder nach rechts, bis sich die ersten schwarzen Bereiche zeigen.

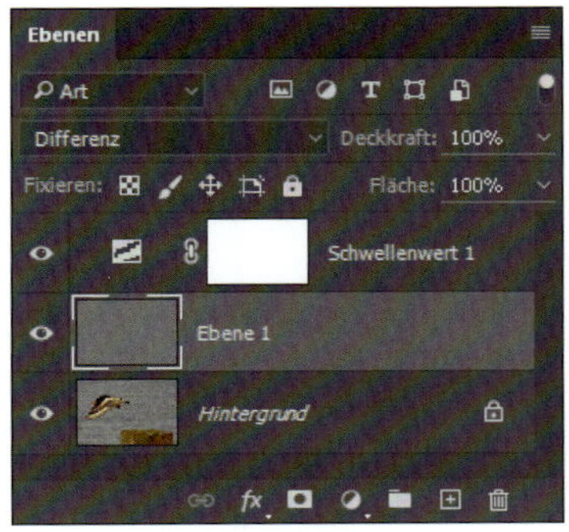

▲ **Abbildung 14.56**
Aufbau der Datei mit Hilfsebenen

3 Neutrale Stellen markieren

Wechseln Sie zum Farbaufnahme-Werkzeug (Shortcut [I]). Klicken Sie in einen der eindeutig schwarzen Bereiche ① im Bild, um dort einen Marker zu setzen.

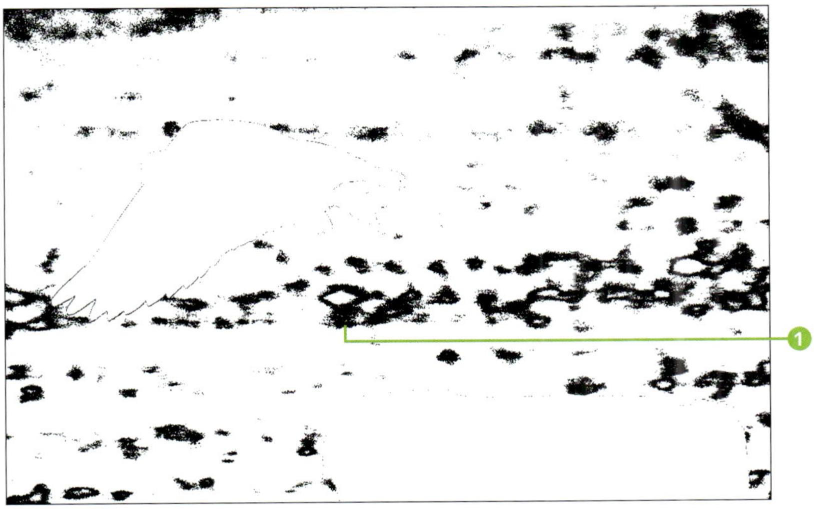

◂ **Abbildung 14.57**
Zwischenstand. Mögliche Stellen für Markierungen sind hervorgehoben.

4 Hilfsebenen löschen

Die beiden Hilfsebenen brauchen Sie nicht mehr; löschen Sie sie, oder blenden Sie sie aus.

5 Die eigentliche Korrektur ausführen

Nun beginnen wir mit der Korrektur. Erzeugen Sie oberhalb der Bildebene eine neue Einstellungsebene Gradationskurven (das Ganze würde auch mit den Pipetten in der Tonwertkorrektur funktionieren). Aktivieren Sie die Mittelton-Pipette ②.

Damit klicken Sie dann genau auf die Bildpartie, die Sie zuvor mit dem Farbaufnahme-Werkzeug markiert haben. Der Farbstich wird neutralisiert. Wenn Ihr erster Klick Sie nicht zufriedenstellt, nehmen Sie Ihre Korrektur zurück und versuchen es mit einem anderen Messpunkt.

▲ **Abbildung 14.58**
Mittelton-Pipette

6 Vorher-nachher-Vergleich

Durch Ein- und Ausschalten der Augen-Icons der Einstellungsebene haben Sie einen guten Vorher-nachher-Vergleich. Das Bild ist nicht vollkommen ausgeglichen – technisch hat es immer noch einen leichten »Rotstich«. Doch das war hier beabsichtigt – die Abendstimmung bleibt so erhalten.

▲ **Abbildung 14.59**
Vor der Korrektur …

▲ **Abbildung 14.60**
… und danach. Das Bild hat immer noch seine spezielle Abendlicht-Stimmung.

Kapitel 15
Das Spiel mit Farbe und Schwarzweiß

Die Farben eines Bildes tragen entscheidend zum ästhetischen Reiz bei. Sie vermitteln eine Stimmung, wecken Gefühle und Assoziationen. Mit Photoshop können Sie Bildfarben nicht nur korrigieren, sondern auch kreativ bearbeiten.

15.1 Farbstimmung ändern: »Color Lookup«

Auf den ersten Blick wirkt das Tool Color Lookup nicht sonderlich ansprechend. Die verwendeten Begriffe kommen sehr technisch daher, und viele Bedienungselemente gibt es bei diesem Werkzeug auch nicht. Doch der Eindruck täuscht. Mit Color Lookup verleihen Sie Ihrem Bild mit wenigen Klicks eine ganz neue und in den meisten Fällen trotzdem harmonische Farbstimmung. Color Lookup wirkt ähnlich wie ein nachträglicher Vorsatzfilter, der das ganze Bild in sanftes Kerzenlicht taucht, aus einer Tag- eine Nachtaufnahme macht oder auch einmal Farben verfremdet.

Möglich wird das, weil die Bildfarben auf Basis verschiedener Farbindex-Tabellen – eben der namensgebenden Color Lookup Tables (CLUT) – getauscht werden. Das Verfahren an sich ist keine Neuheit. Videobearbeitern und 3D-Spezialisten sind diese sogenannten 3D-LUT-Tabellen vermutlich ein Begriff, Druckvorstufen-Experten haben vielleicht schon einmal von Device-Link-Profilen gehört.

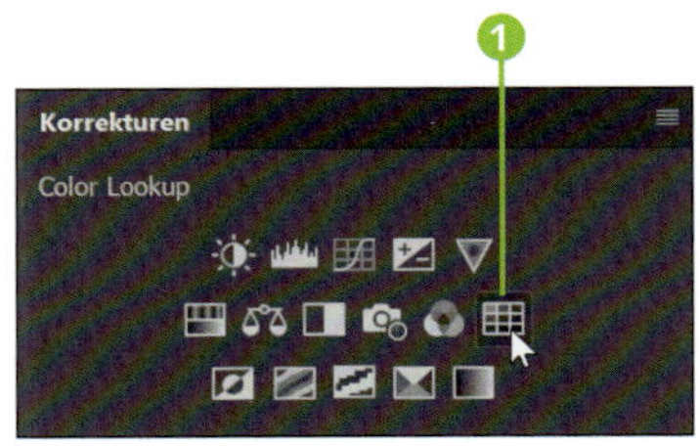

▲ **Abbildung 15.1**
Einstellungsebene Color Lookup 1 erzeugen

»Color Lookup« anwenden | Trotz der komplexen Hintergrundberechnungen ist die Anwendung des Tools denkbar einfach.

Drei verschiedene Kategorien für Lookup-Tabellen stehen zur Auswahl; dahinter finden Sie jeweils eine Liste mit Tabellen, aus denen Sie eine auswählen können. Je nachdem, wie Sie Ihre Wahl getroffen haben, verändert sich das Bild.

»Bangkok.jpg«

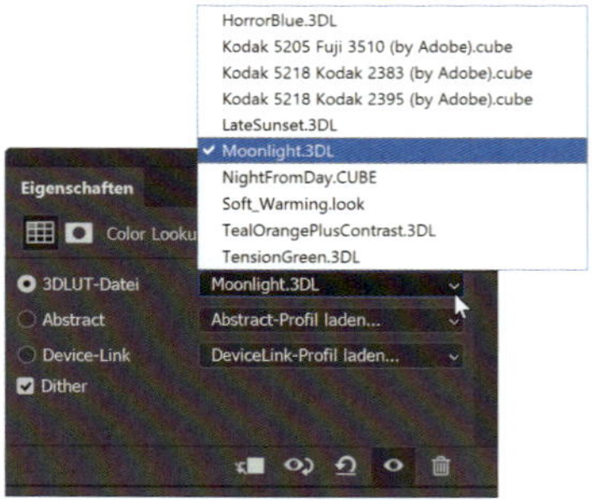

▲ **Abbildung 15.2**
Einstellungen für das Werkzeug COLOR LOOKUP (mit einem Ausschnitt der umfangreichen CLUT-Liste)

▲ **Abbildung 15.3**
Mit wenigen Klicks wird mit COLOR LOOKUP aus einem Tageslichtfoto eine nächtliche Szene.

Anforderungen an Dateien
Nicht jede Bilddatei eignet sich, um daraus CLUT-Tabellen zu erzeugen. Wichtig ist, dass die Datei eine Hintergrundebene aufweist – sonst klappt der Export nicht! Maßgeblich für das spätere Dateiformat und Verhalten der Color-Lookup-Tabelle ist außerdem, in welchem Farbmodus die Datei vorliegt: Aus Lab-Dateien können Sie eine Color-Lookup-Tabelle im ICC-Abstraktprofil exportieren. Liegt Ihr Ausgangsdokument in CMYK vor, können Sie die Color-Lookup-Tabelle als ICC-CMYK-Device-Link-Profil exportieren. Ist Ihr Startdokument ein RGB-Bild, können Sie die Color-Lookup-Tabelle nur in den Formaten 3DLUT (3DL, CUBE und CSP) und als RGB-Device-Link exportieren.

Color-Lookup-Tabellen erstellen, exportieren und laden | Nicht nur Photoshop, sondern auch andere Anwendungen arbeiten mit Color-Lookup-Tabellen. Für einen applikationsübergreifenden Workflow ist es möglich, in Photoshop erstellte Color-Lookup-Tabellen in unterschiedlichen Formaten zu exportieren. Sie können diese Tabellen dann in Photoshop selbst, aber auch in After Effects, SpeedGrade und anderen Grafik- und Videobearbeitungsanwendungen nutzen.

Vorgehen zum Erzeugen und Exportieren

1. Öffnen Sie ein Bild, und fügen Sie dort beliebige Einstellungsebenen hinzu, um den gewünschten Verfremdungseffekt zu erzielen.
2. Wählen Sie den Befehl DATEI • EXPORTIEREN • COLOR-LOOKUP-TABELLEN.
3. Geben Sie unter BESCHREIBUNG ❶ einen Titel der neuen Tabelle ein. Das Feld COPYRIGHT ❷ können Sie leer lassen. Photoshop fügt vor dem dort eingegebenen Text automatisch »© Copyright« und das aktuelle Jahr hinzu.
4. Unter RASTERPUNKTE ❸ legen Sie die Qualität und damit auch die spätere Dateigröße fest, der Maximalwert liegt bei 256. Je höher der Wert, desto besser die Qualität und umso größer die exportierte Datei. Alternativ können Sie aus der nebenstehenden Dropdown-Liste QUALITÄT ❹ eine der Einstellungen auswählen.

5. Wählen Sie dann eines oder mehrere der verfügbaren Dateiformate für den Export aus.
6. Nachdem Sie alle Einstellungen mit OK bestätigt haben, öffnet sich ein weiterer Dialog, in dem Sie den Speicherort und den Dateinamen eingeben können. Die erforderlichen Dateiendungen ergänzt Photoshop automatisch.

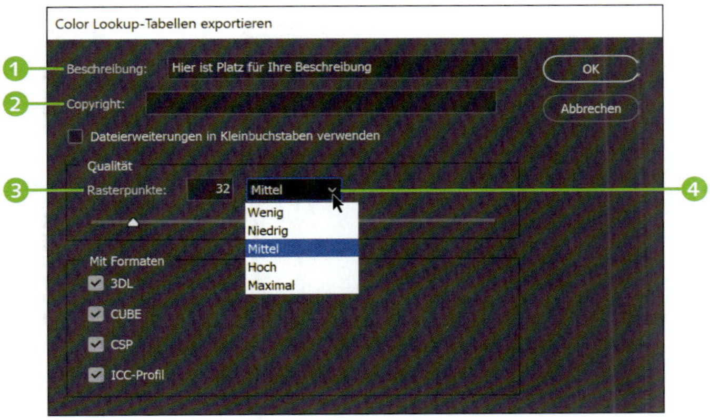

◂ **Abbildung 15.4**
Mit diesem Dialog können Sie eigene Color-Lookup-Tabellen erzeugen und exportieren.

Weitere Lookup-Tabellen in Photoshop laden | Sie können natürlich neben den von Adobe mitgelieferten, vorgefertigten Color-Lookup-Tabellen auch selbst erstellte oder solche aus dritten Quellen verwenden. Diese können auf einfache Weise geladen werden, indem Sie bei der jeweiligen Kategorie (3DLUT-DATEI, ABSTRACT oder DEVICE-LINK) den Befehl [KATEGORIENAME] LADEN … wählen. Von dort können Sie zum Speicherort der gewünschten Datei navigieren.

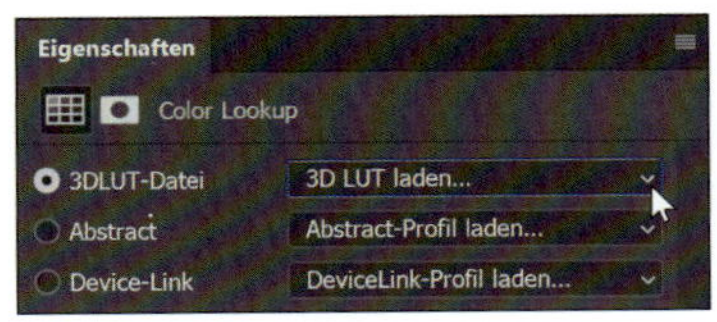

▴ **Abbildung 15.5**
Weitere CLUT laden

15.2 Bildfarben synchronisieren: »Gleiche Farbe«

Wenn Bilder aus unterschiedlichen Quellen nebeneinander präsentiert werden sollen, wird oft angestrebt, dass sie dieselbe Farbstimmung aufweisen. Das Werkzeug GLEICHE FARBE hilft Ihnen, die Farben mehrerer Bilder miteinander zu synchronisieren, indem es Helligkeit, Farbsättigung und Farbbalance verändert. Auch einzelne – zuvor ausgewählte – Bildpartien kann das Werkzeug farblich angleichen.

Für dieses Werkzeug gibt es keine Einstellungsebene, und auch als Smartfilter lässt es sich nicht anwenden, also arbeiten Sie am besten mit einer Ebenenkopie. Sofern diese über der Originalebene liegt, können Sie das Ergebnis mit dem Ebenen-Mischmodus justieren. Über BILD • KORREKTUREN • GLEICHE FARBE rufen Sie das Werkzeug auf.

»DameMitSaftglas.tif«

»Gleiche Farbe« anwenden | Vollkommen unterschiedliche Bilder kann das Werkzeug nicht in Einklang bringen, kleinere Unterschiede gleicht es aber mit Erfolg aus. Wichtig ist auch, dass das Zielbild in halbwegs akzeptabler Qualität vorliegt: Kompressionsartefakte, Störungen und andere Bildfehler können durch die Gleiche Farbe-Automatik deutlich sichtbar werden. Das Quellbild hingegen muss nicht perfekt sein.

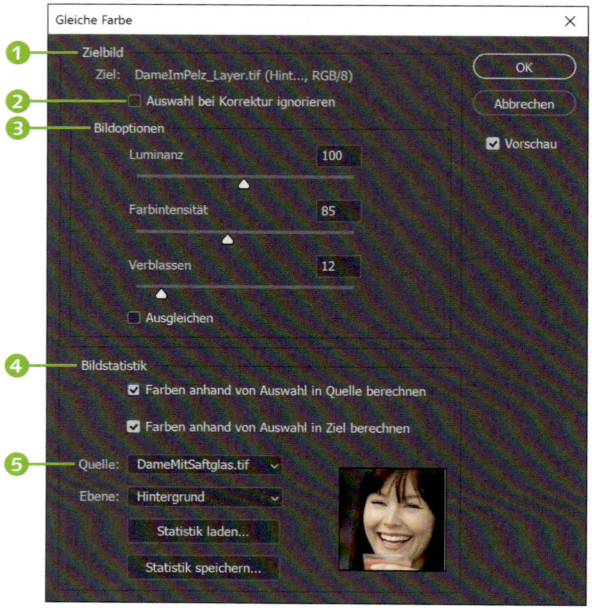

Abbildung 15.6 ▸
Mit diesen Gleiche Farbe-Einstellungen habe ich das Beispielbild in Abbildung 15.7 bearbeitet.

Zielbild und Quelle | Rufen Sie die Bilder auf, die Sie aneinander anpassen möchten. Das Bild, das aktiv ist, wird im Werkzeug Gleiche Farbe automatisch als Zielbild ① – also als zu veränderndes Bild – festgelegt.

Unter Quelle ⑤ finden Sie in einer Dropdown-Liste alle aktuell geöffneten Bilder. Legen Sie fest, an welches Bild das Zielbild angepasst werden soll. Enthält das Quellbild mehrere Bildebenen, können Sie auch eine Ebene auswählen (Liste unter Ebene). Wenn die Vorschau aktiv ist, sehen Sie in Ihrem Zielbild nun schon Veränderungen.

Justieren | Unter Bildoptionen ③ können Sie die Resultate noch justieren. Meist wird das Bild durch die Anpassung zu stark verfremdet sein. Ziehen Sie dann den Regler Verblassen so weit nach rechts, bis das Ergebnis stimmt. Mit den Reglern Luminanz und Farbintensität verändern Sie Bildhelligkeit und die Leuchtkraft seiner Farben (die Farbsättigung). Beide Regler wirken sehr rigoros und sollten mit Vorsicht bedient werden. Ausgleichen soll Farbstiche aus dem Zielbild entfernen, macht aber auch oft das Werkzeug wirkungslos.

Arbeiten mit Auswahlen | Wenn Sie alle Bildpixel von Quell- und Zielbild vollständig in die Berechnung eingehen lassen (was standardmäßig der Fall ist), sind die Ergebnisse nicht immer zufriedenstellend. Manchmal wird eher eine Bildverfremdung als eine Bildanpassung erzielt, oder gerade die Bereiche, die Sie anpassen wollten, ändern sich zu wenig. In solchen Fällen sollten Sie mit Auswahlen arbeiten. Im Dialog GLEICHE FARBE können Sie festlegen, wie Photoshop mit den Auswahlbereichen in Quell- und Zielbild umgehen soll:

- AUSWAHL BEI KORREKTUR IGNORIEREN ❷ bewirkt, dass jegliche Auswahl in einem der beiden Bilder – wenn vorhanden – übergangen wird. Ist diese Option aktiv, werden die *gesamten* Bilder einander angeglichen, auch wenn Auswahlen vorhanden sind.
- Sie können im Quellbild, im Zielbild oder in beiden Bildern Auswahlen anlegen. Mit den zwei Auswahloptionen (unter BILDSTATISTIK ❹) weiter unten legen Sie fest, welche Auswahlen berücksichtigt werden. Aktivieren Sie eine oder beide Optionen.

»DameImPelz.tif«, »DameMitSaftglas.tif«

Bild: Jacqueline Esen

▲ **Abbildung 15.7**
Die Farbstimmung dieses kühlen Porträts …

Bild: Fotolia, Darren Baker

▲ **Abbildung 15.8**
… soll an die freundlichen Farben dieses Bildes angeglichen werden, …

▲ **Abbildung 15.9**
… was auch gut funktioniert. Vor Anwendung der Funktion habe ich in beiden Bildern eine Auswahl ums Hauptmotiv erzeugt, um den jeweiligen Hintergrund von der Berechnung auszuschließen.

15.3 256 Tonwerte statt Millionen Farben: Schwarzweißbilder erstellen

Schwarzweißfotos haben ihren eigenen ästhetischen Reiz: Die Bildaussage wird hier nachdrücklicher in den Vordergrund gerückt als bei

»Flamenco.jpg«

Farbbildern, und ihre dezente Erscheinung setzt ein angenehmes Gegengewicht zur schrill-bunten Gestaltungsgegenwart. Und wer seine Erzeugnisse in der einen oder anderen Form druckt, wird es zu schätzen wissen, dass Schwarzweißbilder auch die kostengünstigste Form sind, Bilder auf Papier zu bringen.

Gute Farbbilder als Voraussetzung | Es sollte selbstverständlich sein, aus einem Farbbild, das in Graustufen verwandelt werden soll, das Optimum herauszuholen: Erhalt der Kontraste, gute Überführung der Tonwerte ins Graustufenbild, Detailzeichnung. Die passenden Tools lernen Sie in diesem Abschnitt kennen. Welche Methode die richtige ist und welche völlig falsch, ist schwer zu sagen und hängt von der Vorlage und letzten Endes auch von Ihren Arbeitsvorlieben ab. Ein schlechtes Bild wird mit keiner der Methoden verbessert – was in Farbe gut aussieht, ergibt wahrscheinlich auch ein gutes Schwarzweißbild!

15.3.1 Schwarzweiß via Modusänderung

Der naheliegendste Weg – die Modusänderung von RGB in Graustufen – ist meist nicht der beste und führt zu flauen, kontrastarmen Bildern.

▲ **Abbildung 15.10**
Dies ist der schnellste, aber nicht der beste Weg, aus einem Farbein Graustufenbild zu machen.

▲ **Abbildung 15.11**
Es ist eine Herausforderung, dieses Motiv in ein Schwarzweißbild umzuwandeln.

▲ **Abbildung 15.12**
Unser erster Versuch liefert ein langweiliges, recht dunkles Grau: Wird diese per Modusänderung erzeugte Graustufenversion dem Originalbild gerecht?

Das Umwandeln des Bildes in den Graustufenmodus sollte – wenn überhaupt – **am Ende** des Entfärbens stehen, wenn Sie Ihre angepasste Schwarzweißversion erzeugt haben. Bisweilen ist es auch ganz nützlich, es als RGB-Bild weiterzubearbeiten – bekanntlich stehen dann die meisten Photoshop-Funktionen zur Verfügung. Auch dann, wenn Sie ein digitales Graustufenbild ausbelichten lassen wollen, muss es in der Regel im Modus RGB vorliegen.

15.3.2 Schwarzweißbild erstellen über RGB-Kanäle

Bei RGB-Bildern ist es möglich, einfach einen einzelnen Bildkanal zur Grundlage für das Graustufenbild zu machen. Auch damit erzielen Sie bei manchen Dateien gute Ergebnisse.

Welchen Kanal bearbeiten? | Welcher der Kanäle die beste Grundlage für ein Graustufenbild abgibt, richtet sich nach dem Motiv und den Originalfarben.

- Bilder mit **starken Hell-Dunkel-Unterschieden** sehen in der Regel im Rotkanal am besten aus.
- Auch Bilder mit vielen **Hauttönen** wirken meist im Rotkanal am besten.
- Wenn Sie die **Detailzeichnung** Ihres Bildes herausarbeiten wollen, sind Sie vermutlich im Grünkanal richtig.
- Der **Blaukanal** weist oft Störungen auf und ist zu dunkel. Für ein **dramatisches Bild** – beispielsweise sich auftürmende Wolkenberge vor starkem Himmelblau – kann er sich aber ganz gut eignen.

Technik | Die Technik ist ganz einfach: Sie wechseln in das Kanäle-Bedienfeld, deaktivieren alle Farbkanäle und klicken die Kanäle nacheinander jeweils einzeln an. Die Kanäle selbst sind nämlich auch Graustufenbilder, und jeder Kanal enthält eine spezifische und einzigartige Version Ihres Bildes. Haben Sie den bestaussehenden Kanal gefunden, duplizieren Sie ihn und löschen die übrigen Kanäle.

Nach dem Entfernen der ursprünglichen RGB-Kanäle wird als Bildmodus automatisch MEHRKANAL angezeigt, der Name des zurückbehaltenen Kanals ändert sich beim Löschen der restlichen Kanäle. Wenn Sie das Bild aus dem Mehrkanalmodus wieder in RGB umwandeln wollen, müssen Sie einen Umweg gehen und es zunächst in den Graustufenmodus bringen. Erst danach lässt sich der Moduswechsel nach RGB vollziehen.

Umwandlung über Lab | Auch den Lab-Modus können Sie nutzen, um aus Farbbildern Schwarzweißbilder zu machen. Hier ist es unweigerlich

Der Befehl »Sättigung verringern«
Um einem Bild die Sättigung auf einen Schlag zu entziehen, können Sie den Befehl SÄTTIGUNG VERRINGERN aus dem Menü BILD • KORREKTUREN (Shortcut ⇧+Strg/cmd+U) nutzen. Mit einem Mausklick ist Ihr Bild entfärbt.

▲ **Abbildung 15.13**
So sieht die Schwarzweißumsetzung aus, wenn nur ein Kanal vorhanden ist.

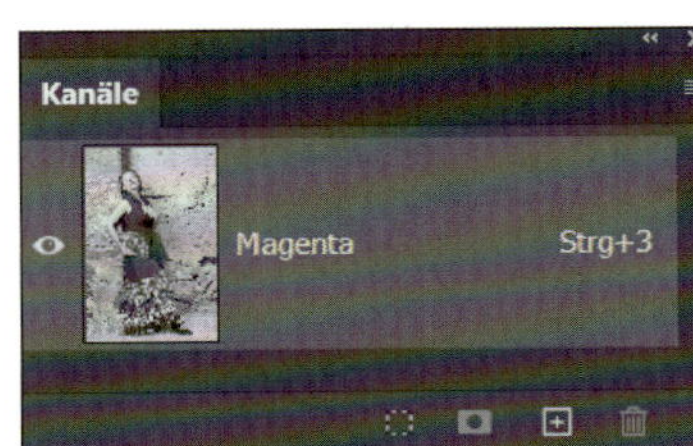

▲ **Abbildung 15.14**
Der Grünkanal des -Bildes ändert seinen Namen, wenn Sie die restlichen Kanäle löschen.

Kanäle schnell durchklicken
Das Ein- und Ausblenden der einzelnen Kanäle geht am schnellsten, indem Sie einfach auf die entsprechenden Kanalminiaturen klicken und nicht mit den Augensymbolen hantieren.

der Kanal Lab-Helligkeit, den Sie erhalten müssen; die anderen Kanäle löschen Sie. Der Kanal wechselt während des Löschens der anderen Kanäle seinen Namen in Alpha 1, seine Funktionsweise wird jedoch nicht beeinträchtigt.

15.3.3 Kanalberechnungen

Wenn keiner der Bildkanäle als Graustufenbild überzeugen kann, hilft vielleicht der Klick auf Bild • Kanalberechnungen. Dieses Werkzeug erlaubt es Ihnen, die Graustufeninformationen von zwei Farbkanälen des Bildes miteinander zu kombinieren und mit verschiedenen Mischmodi miteinander zu verrechnen. Die Ausgabe dieses neu gemischten Graustufenkanals erfolgt wahlweise in einem Alphakanal (Option Ergebnis: Neuer Kanal), in einem eigenständigen Dokument (Ergebnis: Neues Dokument) oder in einer – zuvor angelegten – Auswahl.

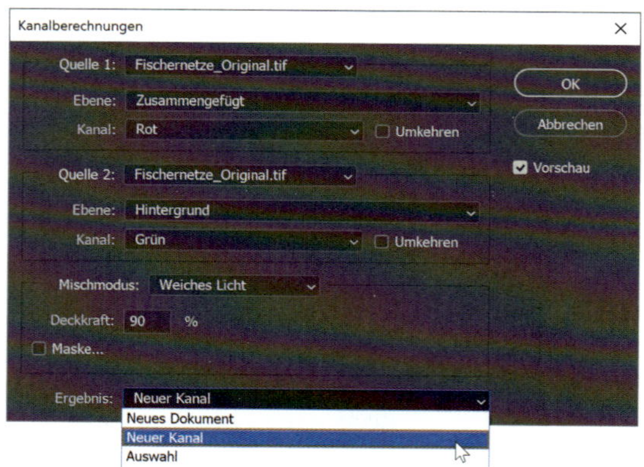

Abbildung 15.15 ▸
Kanalberechnungen ist ein nicht gerade intuitiv zu bedienendes Werkzeug, doch wer gerne mit Mischmodi arbeitet, wird Gefallen daran finden. Übrigens können Sie dieses und das verwandte Tool Bildberechnungen auch nutzen, um RGB-Bilder farblich zu verfremden.

Unter Quelle 1 und Quelle 2 geben Sie an, welche Kanäle gemischt werden sollen. Es ist auch möglich – in diesem Fall aber nicht zweckdienlich –, zweimal denselben Kanal als Quelle anzugeben und mit sich selbst verrechnen zu lassen. Wenn Ihr Bild mehrere Ebenen enthält, können Sie unter Ebene noch festlegen, ob die Kanalinformationen des gesamten Bildes (Option Zusammengefügt) oder einzelner Ebenen berücksichtigt werden sollen.

Unter Mischmodus stellen Sie ein, wie die Graustufeninformationen der beiden Quellen verrechnet werden. Unter Ergebnis legen Sie fest, ob Sie einen neuen (Alpha-)Kanal in der Ausgangsdatei oder gleich ein neues Bild erzeugen wollen. Wenn Sie die Option Maske anklicken, wird das Dialogfeld erweitert. Sie können dann erneut einen Kanal auswählen, der als Maske für die Mischmodus-Berechnung dient, oder im Bild vorhandene Masken in die Berechnung einfließen lassen.

◂◂ **Abbildung 15.16**
Hier der Grünkanal des Ausgangsbildes. Er sieht brauchbar aus, verfügt aber teilweise über zu wenig Kontrast. Rot- und Blaukanal (nicht abgebildet) hingegen sind zu kontrastreich.

◂ **Abbildung 15.17**
Die mit den Einstellungen aus den KANALBERECHNUNGEN erzeugte Mischung aus Rot- und Grünkanal

15.3.4 Kanäle mischen: Der Kanalmixer

Wenn Ihnen die KANALBERECHNUNGEN zu technisch und zu mathematisch vorkommen, können Sie alternativ zum KANALMIXER greifen. Sie finden ihn im Menü BILD • KORREKTUREN • KANALMIXER. Sie können aber auch Einstellungsebenen für dieses Tool anlegen, was neben den guten Ergebnissen ein weiterer Vorteil dieser Methode ist.

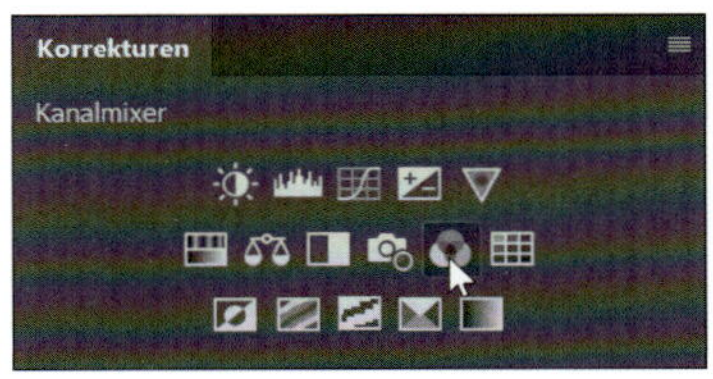

▴ **Abbildung 15.18**
Einstellungsebene KANALMIXER erzeugen

Handhabung | Die Handhabung ist einfach: Erzeugen Sie eine Einstellungsebene KANALMIXER, klicken Sie die Option MONOCHROM ❷ an, und bearbeiten Sie durch Ziehen an den Reglern die Kanalmischung. Oder nutzen Sie eine der Vorgaben ❶.

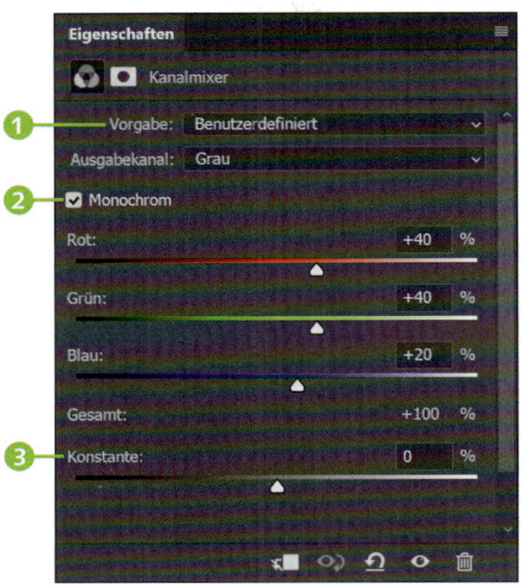

◂◂ **Abbildung 15.19**
Der KANALMIXER

◂ **Abbildung 15.20**
Das Beispielbild nach der Umwandlung mit dem KANALMIXER

Als Faustregel gilt, dass die Werte für die einzelnen Kanäle nach erfolgter Einstellung wiederum ungefähr 100 % ergeben sollten. Die Einstellung Konstante ③ soll Helligkeit und Kontrast regeln, arbeitet aber nicht besonders differenziert – bessere Ergebnisse erhalten Sie mit Gradationskurven.

15.3.5 Der Experte – »Schwarzweiß«-Einstellungsebene

Anders als sein Name nahelegt, kann das Werkzeug Schwarzweiss mehr, als nur Bilder zu entfärben: Mit ihm können Sie auch Fotos tonen, also die Tonwerte anstatt in schwarzweißen in »farbigen Graustufen« darstellen. Wie fast alle anderen Korrekturwerkzeuge gibt es Schwarzweiss als Einstellungsebene per Klick auf das entsprechende Icon im Korrekturen-Bedienfeld.

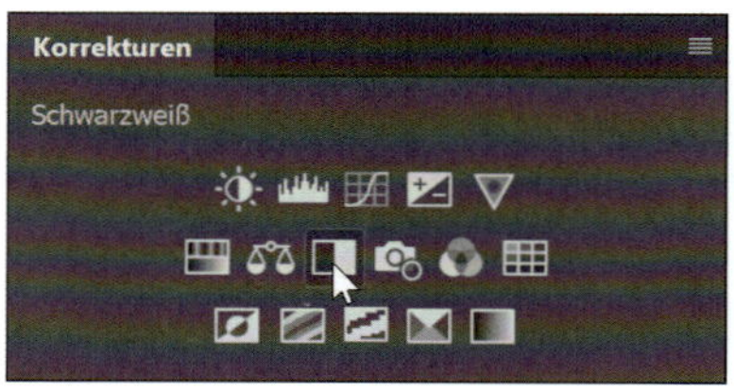

Abbildung 15.21 ▶
Erzeugen einer Einstellungsebene Schwarzweiss

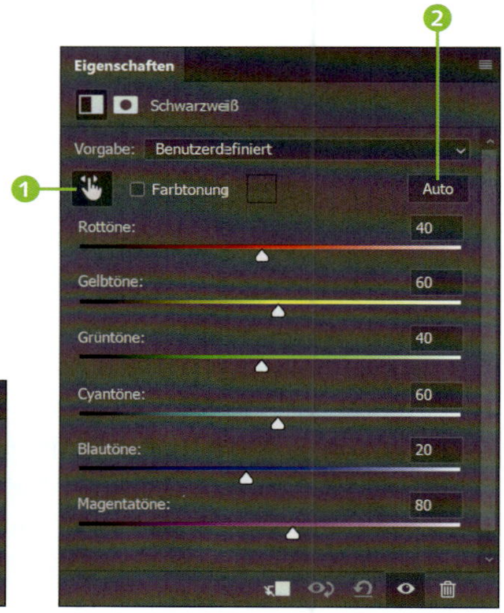

Abbildung 15.22 ▶▶
Mit sechs Reglern bestimmen Sie die Schwarzweißumsetzung.

Auf den ersten Blick sieht das Werkzeug Schwarzweiss wie eine etwas erweiterte Version des Kanalmixers aus, doch das täuscht: Sie können hier viel intuitiver arbeiten.

Sie können – wie beim Kanalmixer – durch Ziehen an den Reglern bestimmen, wie stark die unterschiedlichen Anteile der ursprünglichen Bildfarben bei der Umsetzung in Schwarzweiß berücksichtigt werden. Bei sechs Reglern haben Sie da eine Menge zu tun … und die Konzentration auf das Umwandlungsergebnis im Dokumentfenster fällt schwer. Doch Sie können auch anders arbeiten.

Schwarzweißautomatik | Ein Klick auf den Button AUTO ② produziert nach automatischer Auswertung der Bilddaten oft schon eine akzeptable Schwarzweißversion, zumindest aber Einstellungen, die als Ausgangsbasis für das Feintuning dienen.

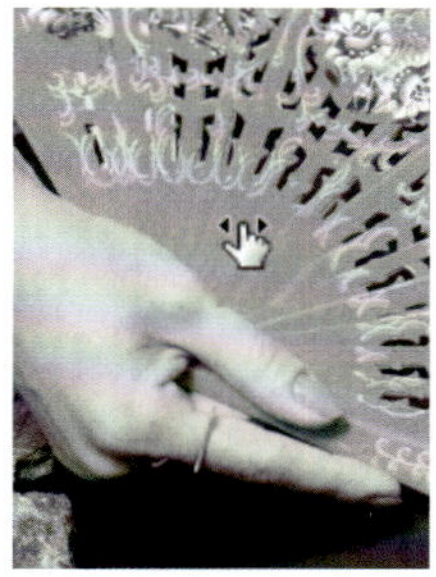

▲ **Abbildung 15.23**
Die Tonwerte des roten Fächers sollen verändert werden. Ein Klick in diesen Bereich, Bewegen der Maushand nach rechts oder links, fertig. Das geschieht ganz ohne Ziehen an den Reglern und sehr treffsicher.

Tonwerte mit der Maus verändern | Wirklich genial ist die Möglichkeit, die Tonwerte des Bildes direkt durch Mausbewegungen im Bild zu beeinflussen – eine vergleichbare Funktion finden Sie auch bei den Werkzeugen FARBTON/SÄTTIGUNG und der GRADATIONSKURVE.

Aktivieren Sie die Funktion durch Klick aufs »Hand«-Icon ①. Dann können Sie direkt im Bild den Bereich anklicken, den Sie verändern wollen. Der Mauszeiger verwandelt sich dann in eine Hand mit Doppelpfeil. Wenn Sie diese Hand nach links bewegen, wird der Bereich dunkler; ziehen Sie die Hand nach rechts, wird er aufgehellt.

15.4 Color Key: Bildelemente durch (Ent-)Färben akzentuieren

Eine der wichtigsten Aufgaben der Bildbearbeitung – neben Korrekturen und kreativen Montagen – ist es, Bilder so zu bearbeiten, dass die Bildaussage klar herausgestrichen und das Augenmerk auf das wichtigste Motiv gelenkt wird. Im letzten Abschnitt ging es um Schwarzweißbilder – nun will ich Ihnen zeigen, wie Sie Bilder **teilweise entfärben**, in anderen Bereichen die Farbwirkung steigern können und so Ihren Bildgegenstand effektvoll in Szene setzen.

Zum Weiterlesen
Mit dem Tool SCHWARZWEISS können Sie nicht nur überzeugende Schwarzweißversionen Ihrer Fotos erzeugen. Die Funktion eignet sich auch, um **Bilder zu tonen** – also vollständig in Farbe zu tauchen. Wie das geht, erfahren Sie in Abschnitt 15.5, »Farben verfremden«.

Schritt für Schritt: Color Key – durch Farbe hervorheben

In diesem Bild soll das Laub im Vordergrund betont werden. Dieses bleibt farbig, während der Rest des Bildes schwarzweiß umgesetzt wird.

1 Auswahl anlegen

Hier ist die Basis der ganzen Operation eine Auswahl. Wählen Sie zunächst mit Hilfe des Schnellauswahlwerkzeugs das Laub aus. Im Maskierungsmodus bessern Sie die Auswahl bei Bedarf ein wenig nach. Dann kehren Sie sie um – über AUSWAHL • AUSWAHL UMKEHREN oder ⇧+Strg/cmd+I.

»Laub.tif«

Falls Sie den Aufwand scheuen: In der Übungsdatei ist die notwendige Auswahl bereits gespeichert und kann via AUSWAHL • AUSWAHL LADEN aktiviert werden.

Bild: Onno K. Gent

Abbildung 15.24 ▸
Legen Sie eine Auswahl an.

2 Einstellungsebene erzeugen

Legen Sie nun bei aktiver Auswahl eine Einstellungsebene SCHWARZWEISS an, etwa indem Sie das Schwarzweiß-Icon im Korrekturen-Bedienfeld anklicken.

Einstellungsebenen haben standardmäßig eine Maske. Sie können erkennen, dass die zuvor erzeugte Auswahl in die Maske übernommen wurde: Das Laub ist in der Maskenminiatur schwarz dargestellt, also maskiert. Die nun folgenden Arbeitsschritte werden sich nur auf den unmaskierten Bildhintergrund auswirken, auf das maskierte Laub wirken sich die Änderungen nicht aus.

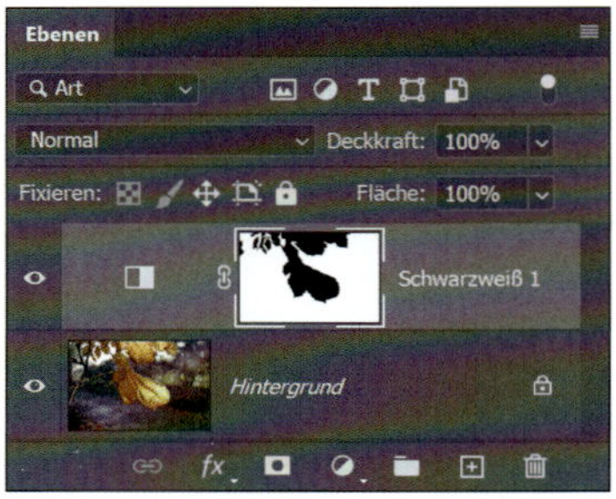

▲ Abbildung 15.25
Die neue Einstellungsebene mit der Maske ist im Ebenen-Bedienfeld zu sehen.

3 Bildhintergrund entfärben

Im Werkzeug SCHWARZWEISS nehmen Sie nun die gewünschten Einstellungen vor. Ich habe hier den AUTO-Button benutzt und einzelne Partien teilweise etwas aufgehellt, indem ich mit der Maus bei aktivierter Korrekturhand direkt im Dokumentfenster gearbeitet habe. Das Bild sieht jetzt so aus wie in Abbildung 15.27.

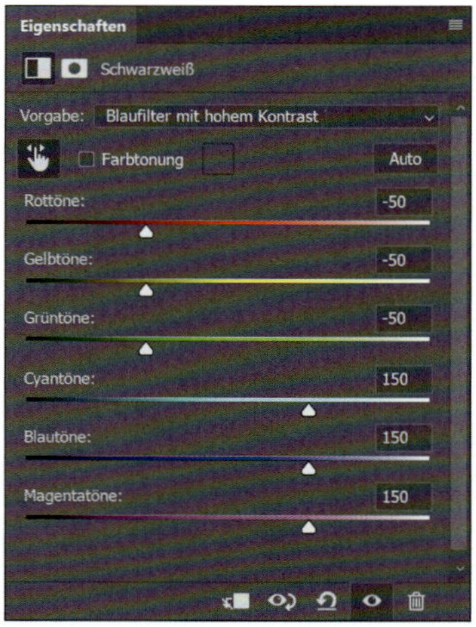

▲ Abbildung 15.26
Einstellungen für die Schwarzweißumsetzung des Bildhintergrunds

▲ Abbildung 15.27
Der Zwischenstand

4 Sättigung nachbessern: Auswahl erneut aktivieren

Der Unterschied zwischen farbigen und weniger farbigen Bereichen soll noch weiter verstärkt werden. Durch einfaches Klicken auf die Maskenminiatur der Einstellungsebene laden Sie die Auswahl erneut. Kehren Sie sie dann um (AUSWAHL • AUSWAHL UMKEHREN).

5 Sättigung der Herbstblätter anziehen

Erzeugen Sie eine neue Einstellungsebene FARBTON/SÄTTIGUNG. Aufgrund der zuvor aktiven Auswahl ist die Maske der zweiten Einstellungsebene nun so eingestellt, dass sie nur auf das Laub – nicht auf den Rest des Bildes – wirkt. Im Dialogfeld FARBTON/SÄTTIGUNG verschieben Sie den SÄTTIGUNG-Regler behutsam nach rechts. Auch die HELLIGKEIT können Sie ein wenig verändern. Beachten Sie, dass dabei die Option FÄRBEN nicht angeklickt sein darf.

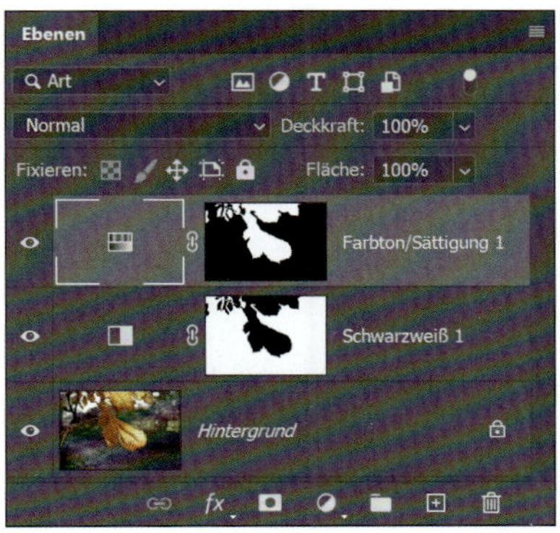

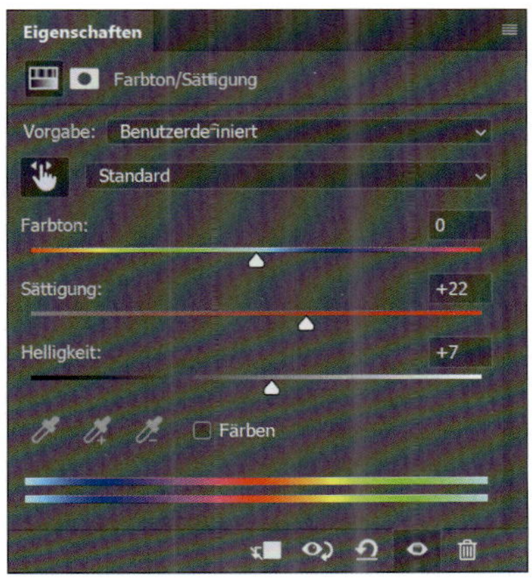

◂◂ **Abbildung 15.28**
Aufbau der Datei mit zwei Einstellungsebenen

◂ **Abbildung 15.29**
Die Einstellungen unter FARBTON/SÄTTIGUNG

Hier sehen Sie das Bild in der Vorher-nachher-Ansicht.

▾ **Abbildung 15.30**
Vor der Bearbeitung (links) und das Ergebnis (rechts)

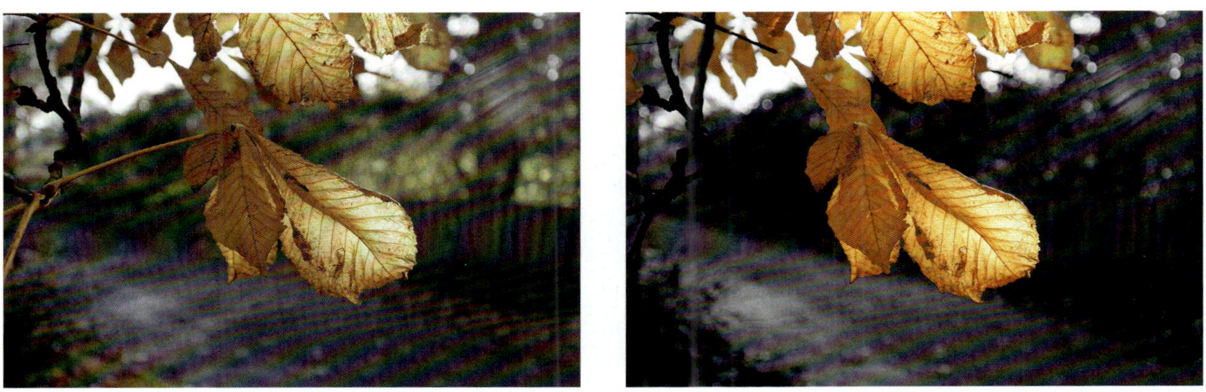

15.5 Farben verfremden

Farbverfremdungen machen Bilder zum Eyecatcher und passen sie farblich an ein Layout an.

15.5.1 Bilder färben: Zurückhaltend bunt

Um komplette Bilder zu tönen (oder, wie es in der Fotografensprache heißt, zu tonen), können Sie auf die schon bekannten Werkzeuge Schwarzweiss oder Farbton/Sättigung zurückgreifen. Die beiden Werkzeuge färben Graustufenbilder ein, die überhaupt keine eigene Farbinformation enthalten – Sie müssen sie allerdings zuvor in den Bildmodus RGB bringen. Aber auch bei farbigen Vorlagen wirken die Werkzeuge interessant.

Bild: Onno K. Gent

▲ **Abbildung 15.31**
Sepia-Tonungen werden recht häufig angewendet. Sie erinnern an Abzüge aus den Anfängen der Fototechnik und verleihen Bildern ein nostalgisches Flair.

Bild: Frank Gaebler

▲ **Abbildung 15.32**
Eine blaue Tonung passt gut zu technischen und Business-Motiven.

Bedienung | Die Bedienung der beiden Tools ist sehr ähnlich. Bei beiden Werkzeugen müssen Sie zunächst einen Klick auf Färben bzw. Farbtonung setzen. Mit welchem Tool Sie dann lieber arbeiten, bleibt Geschmackssache.

Bei Farbton/Sättigung lässt sich zusätzlich die Helligkeit einstellen, im Schwarzweiss-Werkzeug haben Sie dagegen die Möglichkeit, die Helligkeit einzelner Bildbereiche kontrolliert festzulegen. Außerdem ist dort die Farbwahl etwas einfacher gestaltet als in Farbton/Sättigung.

Einen Vorteil hat Farbton/Sättigung allerdings – Sie können mit ihm die **Wunschfarbe punktgenau einstellen**: Wenn Sie die Farbe, die das getonte Bild bekommen soll, zuvor als Vordergrundfarbe einstellen und dann die Option Färben aktivieren, wird das Bild in den zuvor festgelegten Farbton getaucht.

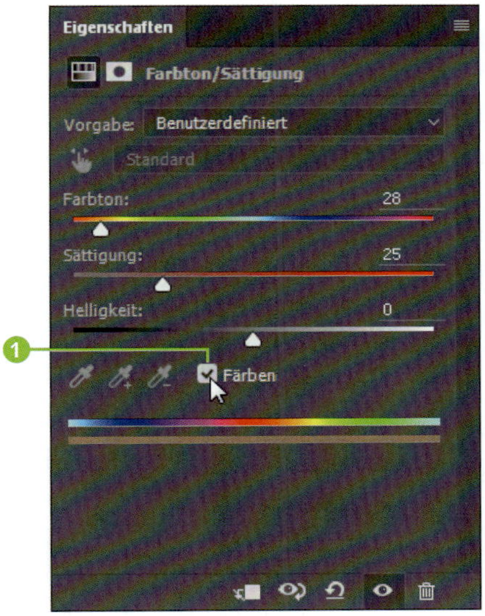

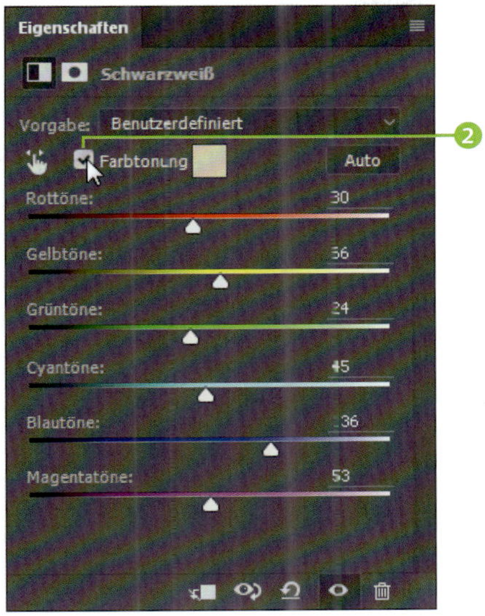

◂◂ **Abbildung 15.33**
Farbton/Sättigung: Um Graustufenbilder einzufärben, müssen Sie Färben ❶ in jedem Fall anklicken.

◂ **Abbildung 15.34**
Schwarzweiss: Nach Aktivieren der Option Farbtonung ❷ können Sie Bilder einfärben.

Kreativ arbeiten | Interessant ist eigentlich nicht die Bedienung der Werkzeuge – sie erschließt sich intuitiv. Spannender ist, was Sie machen, wenn Sie mit dem Färben fertig sind. Die Arbeit mit Einstellungsebenen eröffnet viele Möglichkeiten, die Farbwirkung weiter zu justieren. Sowohl die Deckkraft als auch den Mischmodus einer solchen Einstellungsebene können Sie einstellen und damit das Ergebnis nochmals entscheidend variieren.

»Kommode.tif«

Bild: dieblen.de

◂◂ **Abbildung 15.35**
Das Ausgangsbild

◂ **Abbildung 15.36**
Die Einstellungsebene mit der Sepia-Tonung habe ich in der Deckkraft auf 55 % reduziert. Der Ausbleich-Effekt passt gut zum Motiv.

15.5.2 Subtile Farbverschiebung: Fotofilter

Man schraubt sie sich als farbige Vorsätze vor die Kameralinse, um einem Motiv eine spezifische Stimmung zu geben, um für interessante Kontraste zu sorgen oder um Bilder in farbiges Licht zu tauchen: Fotofilter. Und in Photoshop geht das natürlich auch nachträglich, auf digitalem Weg. Fotofilter wirken in der Regel subtiler als die Werkzeuge FARBTON/SÄTTIGUNG und SCHWARZWEISS. Wenn Sie sie hoch dosiert anwenden, bekommen Sie jedoch auch mit Fotofiltern einen ordentlichen Verfremdungseffekt hin. Mit Fotofiltern machen Sie kalte Bilder wärmer, kühlen gelb-rötliche Farbstimmungen ab oder beleuchten Bildmotive mit blaugrünem Aquarienlicht. Außerdem können Sie den Filter nutzen, um mehreren Bildern einer Serie eine ähnliche Farbstimmung zu geben.

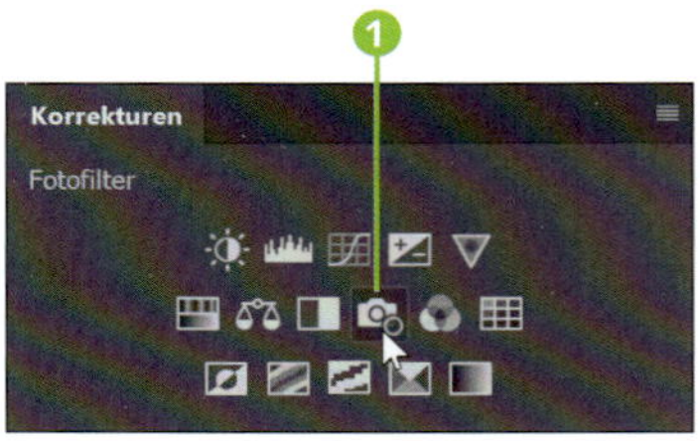

▲ **Abbildung 15.37**
Einstellungsebene FOTOFILTER erzeugen

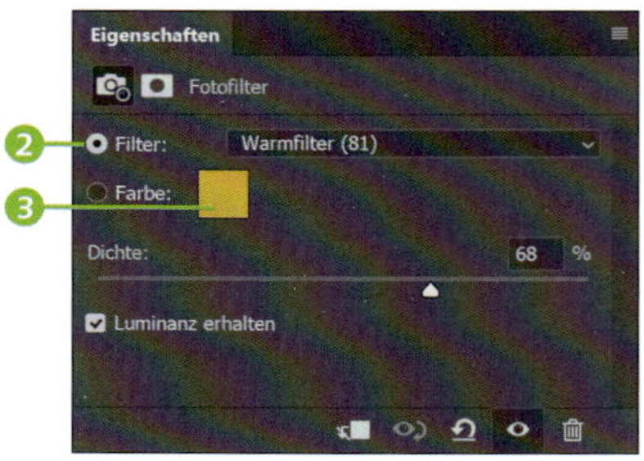

▲ **Abbildung 15.38**
Unter FILTER ❷ finden Sie viele aus der analogen Fotopraxis bekannte Filter.

Einfache Anwendung | Wie fast alle Korrektur- und viele Kreativtools lässt sich auch die Funktion FOTOFILTER per Einstellungsebene anlegen. Außerdem finden Sie das Tool im Menü unter BILD • KORREKTUREN. Im Korrekturen-Bedienfeld erkennen Sie das Fotofilter-Icon ❶ leicht: Es zeigt eine Kamera samt Vorsatzfilter.

Die Handhabung des Filters ist unkompliziert. Das Wichtigste dabei ist eigentlich, dass Sie genau hinsehen und sich einen Moment Zeit nehmen, um herauszufinden, welcher Filter am besten wirkt. Wenn Ihnen die mitgelieferten Filterfarben nicht genügen, nutzen Sie die Option FARBE. Klicken Sie auf das Farbfeld ❸, um den bekannten Farbwähler zu aktivieren. Stellen Sie dort dann Ihre Wunschfarbe ein.

▲ **Abbildung 15.39**
Farbstiche sind nicht immer ein Makel – sie können auch stilbildend sein. Hier wurde mit einem Warmfilter das nostalgische Flair der alten hölzernen Bootshäuser betont.

Fotografische Tonung mit Verlaufsumsetzungen | Als Ergänzung zu den Fotofiltern gibt es eine Bibliothek mit knapp 40 neuen Verlaufsvorgaben. Die meisten der Tonungsverläufe tonen das Bild braun oder bläulich, die Ergebnisse erinnern an alte Fotografien in Sepiatönen. Unter dem Namen Fotografische Tonung können sie überall dort nachgeladen werden, wo Verläufe zur Verfügung stehen, etwa als Ebenenstil Verlaufsüberlagerung oder als Einstellungsebene Verlaufsumsetzung.

Am einfachsten wenden Sie die neuen Tonungsverläufe als Verlaufsumsetzung-Einstellungsebene an:

1. Erzeugen Sie eine neue Einstellungsebene Verlaufsumsetzung.
2. Öffnen Sie die Verlaufsoptionen ❹.
3. Klappen Sie das Menü zum Verwalten von Vorgaben aus ❺.
4. Wählen Sie dann Fotografische Tonung ❻ aus der Liste.
5. Wenn Sie möchten, experimentieren Sie mit dem Mischmodus der Verlaufsumsetzung-Einstellungsebene ein wenig herum. Die Modi Normal und Farbe führen meist zu guten Ergebnissen.

Zum Weiterlesen
Mehr über **Ebenenstile** erfahren Sie in Kapitel 27, »Effektreiche Ebenenstile«.

Wenn Ihnen die Farbigkeit der Verlaufsumsetzung zu zurückhaltend ist, probieren Sie den Ebenenstil Verlaufsüberlagerung aus – damit erzielen Sie kräftigere Tonungen.

▲ **Abbildung 15.40**
Beispiel für einen der neuen Tonungsverläufe

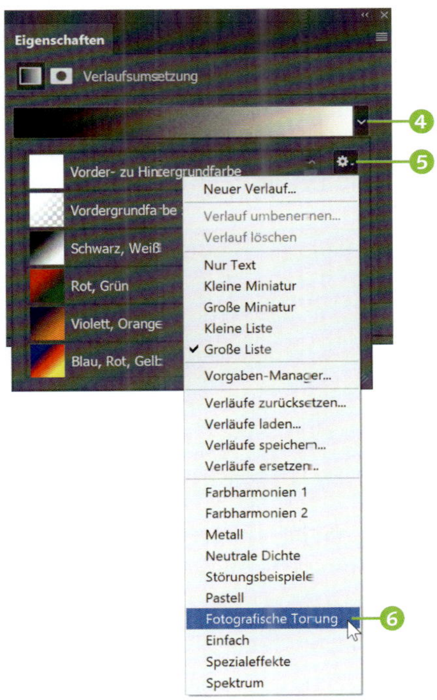

◂ **Abbildung 15.41**
Die Verlaufsbibliothek Fotografische Tonung wird geladen.

15.5.3 Das ganze Bild in Verlaufsfarben: Verlaufsumsetzung

Sie können einen Verlauf auch auf die Tonwerte eines Bildes anwenden. Die Anwendung des Befehls VERLAUFSUMSETZUNG ist ganz einfach und erzielt interessante, sehr poppige Effekte, kann aber auch genutzt werden, um Bilder (auch Graustufenbilder, sofern sie zuvor in den Modus RGB gebracht werden) zu tonen.

Sie finden die VERLAUFSUMSETZUNG unter BILD • KORREKTUREN • VERLAUFSUMSETZUNG und können Verlaufsumsetzungen über das Korrekturen-Bedienfeld ① auch als Einstellungsebenen anlegen.

Abbildung 15.42 ▸
Ein Klick auf den Pfeil neben dem Farbbalken ruft die bekannte Verlaufsliste auf, und ein Doppelklick auf den Balken führt zur Verlaufsbearbeitung. Klicken Sie auf ①, erzeugen Sie eine Einstellungsebene VERLAUFSUMSETZUNG.

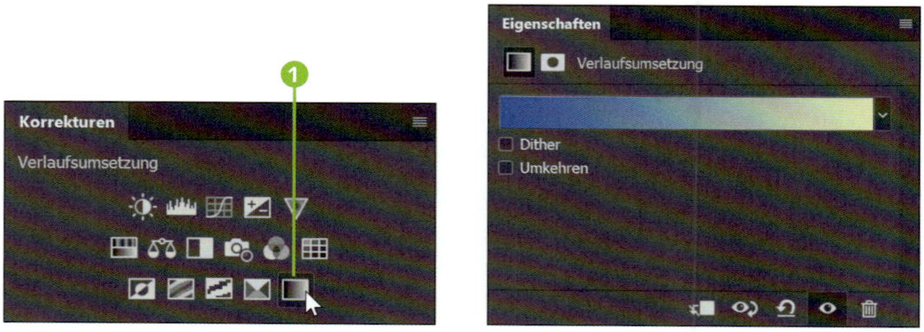

Die Farben links im Verlauf ersetzen die Tonwerte des Bildes, die im Histogramm links stehen, also die dunklen Farben. Die Farben rechts im Verlauf werden für die Tonwerte des Bildes eingesetzt, die im Histogramm entsprechend rechts stehen, also für die hellen Farben.

Die Option UMKEHREN kehrt den Verlauf um und kann so auch eine Verlaufsumsetzung mit Negativanmutung erzeugen (oder diese beheben). DITHER fügt ein Störungsmuster in den Verlauf ein.

»Gänseblümchen.tif«

▲ **Abbildung 15.43**
Das Originalbild

▲ **Abbildung 15.44**
Normale Verlaufsumsetzung

Bild: Fotolia, Cosmin Masca

▲ **Abbildung 15.45**
Negativeffekt und eine komplett andere Bildwirkung durch das Umkehren

Die Variationsmöglichkeiten für Verlaufsumsetzungen sind unendlich. Bedienen Sie sich aus den fertigen Verlaufsbibliotheken – Photoshop bietet zahlreiche gut geeignete Verläufe an. Wenn Sie selbst Verläufe für Verlaufsumsetzungen anlegen, sollten Sie für harmonische Ergebnisse darauf achten, dass die beteiligten Farben eine ähnliche Sättigung haben. Ansonsten kommt es schnell zu Verfremdungseffekten – aber auch diese sind ja bisweilen durchaus erwünscht. In jedem Fall sollten Sie vorher das Histogramm des Bildes kontrollieren und gegebenenfalls eine Tonwertkorrektur durchführen, damit die VERLAUFSUMSETZUNG auf einem möglichst hohen Tonwertumfang aufsetzen kann.

Zum Weiterlesen
Mehr zu **Bildkorrekturen** finden Sie in Teil VI, »Reparieren und retuschieren«.

15.5.4 Tontrennung

Etwas ganz anderes als die subtile Tonung ist die Funktion TONTRENNUNG. Auch sie ist unter BILD • KORREKTUREN zu finden und steht als Einstellungsebene zur Verfügung. Mit der TONTRENNUNG reduzieren Sie die im Bild enthaltenen Tonwerte. Das Ergebnis ähnelt Pop-Art-Siebdrucken oder GIFs mit sehr wenigen Farben.

15.5.5 Umkehren

Der Befehl BILD • KORREKTUREN • UMKEHREN erzeugt eine invertierte Bildansicht. Die Farben erinnern an ein Negativ. Auch diese Funktion lässt sich über einen Klick auf das Icon im Korrekturen-Bedienfeld als Einstellungsebene anwenden.

TEIL V

Tools für Digitalfotografen

Kapitel 16
Das Camera-Raw-Modul

Mit »Camera Raw« bietet Photoshop eine mächtige Toolbox, mit der Sie die Rohdaten Ihrer Bilder entwickeln. Zerstörungsfrei, flexibel und mit sehr durchdachten Funktionen.

16.1 Was ist Camera Raw?

Raw ist mehr als nur ein weiteres Format, in dem Grafikdateien gespeichert werden können: Raw-Dateien eröffnen für Digitalfotografen neue Arbeitsweisen, denn die Rohdaten sind weitestgehend frei von Korrektureingriffen durch die Kamera und haben meist auch eine höhere Bittiefe (16 statt 8 Bit/Kanal). Was mit den Bilddaten geschieht, bestimmen Sie – mit Hilfe von Photoshops Camera-Raw-Funktion. Nachteile, die insbesondere die JPG-Ausgabe mit sich bringt, umschiffen Sie mit Raw. Zwar benötigen die Rohdaten viel mehr Speicherplatz als Fotos im JPG-Format, aber seit Speicherplatz für Kameras erschwinglicher geworden ist, ist Raw eine echte Alternative zu den herkömmlichen Ausgabeformaten.

Sie können übrigens auch TIFF- und JPG-Dateien mit Adobes Raw-Konverter bearbeiten. Dabei stehen Ihnen zwar nicht so viele Bildinformationen zur Verfügung wie bei genuinen Kamera-Rohdaten – von den smarten Funktionen des Raw-Konverters profitieren Sie dennoch. Allerdings müssen Sie die Korrekturen etwas behutsamer dosieren: Da von der Kamera ausgegebene JPG-Dateien und teilweise auch TIFFs nur über 8 Bit Datentiefe pro Kanal verfügen (anstatt bis zu 16 wie die Kamera-Rohdaten), kann ein beherzter Zug an den Korrekturreglern die Bilder schnell verderben.

Raw = Roh(daten)
»Raw« ist der *Oberbegriff* für »Kamera-Rohdaten«. Diese Rohdaten können je nach Kamerahersteller in unterschiedlichen Dateiformaten vorliegen. Zwar kann Photoshops Camera-Raw-Modul nicht aus jedem Kameramodell die Rohdaten herausziehen, doch wenn Photoshop die Rohdaten Ihrer Kamera verdaut, brauchen Sie sich um unterschiedliche Dateiformate nicht mehr zu kümmern: Photoshops Camera Raw funktioniert für alle unterstützten Raw-Variationen gleich.

16.1.1 Vorteile von Camera Raw

Auf den ersten Blick scheint die Arbeit mit Kamera-Rohdaten umständlich zu sein: Die Dateien sind riesig, und ohne Umweg über Photoshops Camera-Raw-Modul lassen sie sich gar nicht zur Bearbeitung öffnen. Wenn man die Rohdaten dann in Camera Raw betrachtet, fragt man sich oft, wo denn die viel gelobte Qualität sein soll, denn Rohbilder erscheinen häufig dunkel und wenig eindrucksvoll. Welche Vorteile hat es also, anstelle der üblicherweise von der Kamera gelieferten JPGs oder auch TIFFs die Rohdaten zu bearbeiten?

Abbildung 16.1 ▸
Raw – das bedeutet Bilddaten ohne kameraseitige »Schönrechnerei«. Sie erscheinen zuweilen dunkel und trübe.

Bilder: Onno K. Gent

Abbildung 16.2 ▸
Man kann aus Rohdaten häufig »mehr herausholen« als aus den kameraüblichen JPGs. Mit nur drei Klicks erzeugt die Einstellautomatik im Raw-Modul daraus so etwas (individuelle Korrekturen wurden hier noch gar nicht angewandt).

Bildeingriffe durch die Kamera | Die Daten, die eine digitale Kamera aufnimmt, und die Daten, die sie herausgibt, unterscheiden sich gravierend. Auch dann, wenn alle Korrekturfunktionen abgeschaltet sind, führt die Kamera vor der Ausgabe eines Bildes als JPG oder TIFF aus technischen Gründen Korrekturberechnungen durch. Auf diese automatischen Bearbeitungsprozesse hat ein Fotograf kaum Einfluss. Was passiert mit einem Bild in der Kamera?

- Die Bildschärfe wird möglicherweise verändert (Scharf- und Weichzeichnung sind möglich).
- Der Weißpunkt wird eingestellt (sogenannter Weißabgleich, entspricht in etwa der in Photoshop durchgeführten Tonwertkorrektur).
- Eventuell wird sogar der Farbraum verändert.
- Das Bild wird ins JPG-Dateiformat gebracht und komprimiert. Es gibt zwar auch Kameras, die TIFF-Dateien erzeugen können, JPG ist jedoch weit häufiger im Einsatz. Die JPEG-Kompression greift die ursprünglichen Farbinformationen der Aufnahme an, kann aber bei Kameras selten gesteuert werden.

Die Vorteile von Rohdaten | Raw bietet nun die Möglichkeit, die Rohdaten – also die Daten, die vom lichtempfindlichen CCD-Chip der Kamera aufgenommen wurden – so zu übernehmen, wie sie sind. Das ist vor allem für Fotografen und Bildbearbeiter mit hohen Ansprüchen interessant, die bereit sind, für ein perfektes Bild ein wenig Handarbeit zu investieren.

- Beim Fotografieren selbst sind unter Umständen weniger Parameter zu beachten – Sie erledigen ja vieles erst mit Photoshops Raw-Werkzeug.
- Sie sparen Zeit, denn unerwünschte automatische »Korrekturen« müssen nicht mühsam per Bildbearbeitung ausgebügelt werden. Außerdem finden Sie im Camera-Raw-Dialog viele wichtige Werkzeuge handlich zusammengefasst und können so zügig arbeiten.
- Ihnen stehen mehr Bilddaten als Ausgangsbasis der Korrekturen zur Verfügung: Raw-Daten können auch mit 16 oder 12 (statt 8) Bit je Farbkanal ausgegeben werden. Außerdem liefern Raw-Daten per se mehr Informationen als andere Ausgabeformate: Die Rohdaten enthalten ja *alles*, was der Kamerachip erfasst hat – und nicht nur einen schon irgendwie gefilterten oder interpretierten Teil davon.
- Haben Sie die Raw-Daten erst einmal unter der Maus, können Sie *zielgerichtete* Korrekturen mit professionellen Bildbearbeitungswerkzeugen durchführen.
- Die Daten, die Sie von Ihrer Kamera holen, sind das digitale Äquivalent zu Filmnegativen. Entsprechend sorgsam sollten Sie sie be-

handeln. Die Bearbeitung mit Camera Raw wird dem Wert Ihrer digitalen Negative gerecht – sie schont die kostbaren Originaldaten. Übrigens nennt man die Bearbeitung auch »Raw-Entwicklung« oder »Entwickeln mit Camera Raw«. Das Raw-Modul wendet Ihre Änderungen und Korrekturen erst beim endgültigen Öffnen in Photoshop an – und zwar auf eine neue Instanz der Datei. Die Originaldaten bleiben unangetastet, und das ganz automatisch. Aus einer Raw-Datei können also ganz unterschiedliche Bildversionen entstehen. Und irrtümliches Überschreiben des frischen Imports mit einer Korrektur ist ausgeschlossen.

16.2 Auf Raw-Daten zugreifen

Sie können mit Photoshop die Raw-Daten aus Ihrer Kamera direkt importieren oder auf Daten zugreifen, die Sie bereits mit anderen Mitteln – zum Beispiel mit der Importsoftware Ihrer Kamera, mit einem externen Bildbetrachter oder mit der Adobe Bridge – auf Ihren Rechner transferiert haben.

16.2.1 Voraussetzungen für den Import

Um Raw-Daten von der Kamera importieren und bearbeiten zu können, müssen folgende Voraussetzungen erfüllt sein:

▲ **Abbildung 16.3**
Camera Raw sollte aktuell gehalten werden.

- **Unterstützung durch Photoshop?** Ihr Kameratyp wird grundsätzlich von Photoshops Camera-Raw-Plug-in unterstützt.
- **Camera Raw aktuell?** Adobe baut die Unterstützung für Raw-fähige Kameras kontinuierlich aus und bietet über die Creative-Cloud-Desktop-App Updates an. Prüfen Sie, ob Sie die aktuelle Version installiert haben.
- **Überprüfen Sie auch Ihre Foto-Voreinstellungen:** Bei manchen Kameramodellen muss »Raw« als Aufnahmeformat eigens eingestellt werden – und zwar vor der Aufnahme.
- **Kameratreiber installiert?** Gegebenenfalls muss auch der Kameratreiber auf Ihrem System installiert sein. Sie beziehen ihn über Ihren Kamerahersteller.
- **Alles angeschlossen?** Die Kamera ist an den Rechner angeschlossen und eingeschaltet.
- **Stimmen die Systemvoraussetzungen?** Wenigstens die technischen Mindestanforderungen müssen erfüllt sein.

16.2.2 Raw-Bilder aus Photoshop laden

Raw-Bilder werden bei Photoshop mit Datei • Öffnen automatisch in das Camera-Raw-Modul geladen. Sie können im Öffnen-Dialog auch mehrere Raw-Bilder markieren und in Camera Raw öffnen.

Auch JPEG- oder TIFF-Dateien können Sie aus Photoshop mit Camera Raw öffnen und bearbeiten: Rufen Sie den Befehl Datei • Öffnen als auf, und wählen Sie beim Dateifilter rechts unten Camera Raw aus.

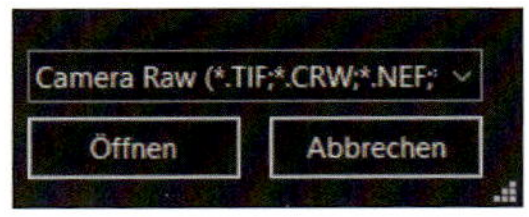

▲ **Abbildung 16.4**
Mit Öffnen als können Sie auch JPEG- oder TIFF-Dateien in Photoshop mit Camera Raw öffnen und bearbeiten.

16.2.3 Camera Raw und die Bridge

Die Adobe Bridge arbeitet mit Photoshops Raw-Modul perfekt zusammen: Der Befehl Datei • Fotos aus Kamera laden lädt die Daten zügig in das zuvor von Ihnen festgelegte Verzeichnis. Sie können die Bilder dann sichten, eines oder mehrere auswählen und zur Weiterbearbeitung mit Camera Raw öffnen. Neben Raw-Dateien können Sie auch die Dateiformate JPG und TIFF mit Camera Raw bearbeiten.

Sowohl Photoshop als auch die Bridge verfügen über ein eigenes Raw-Modul. Die Funktionsweise ist gleich, doch je nachdem, welchen Weg zum Öffnen Sie nehmen, wird der Raw-Konverter von Photoshop oder der von der Bridge genutzt – und die jeweils andere Anwendung bleibt für die parallele Nutzung frei.

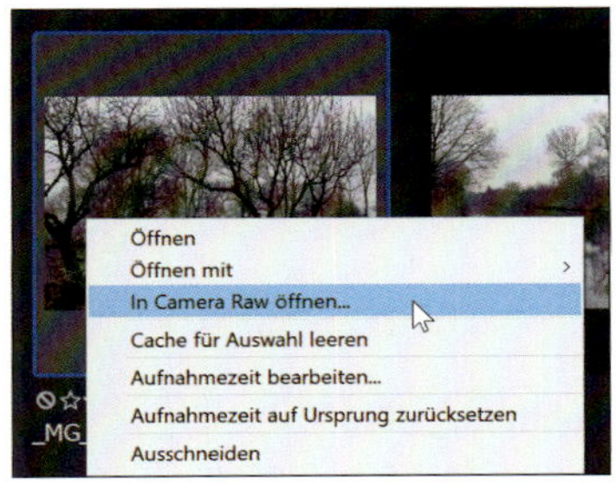

▲ **Abbildung 16.5**
Öffnet Raw-Dateien, TIFFs und JPGs im Raw-Modul der Bridge

Raw-Konverter der Bridge

- Um **Raw**-Dateien zu öffnen, wählen Sie die Dateien in der Bridge aus und drücken dann Strg/cmd+R. Standardmäßig wird dann der Raw-Konverter der Bridge genutzt.
- Alternativ können Sie den Menübefehl Datei • In Camera Raw öffnen verwenden.
- Um eine **einzelne Rohdatei** in Camera Raw zu öffnen, können Sie auch einfach auf die Miniatur doppelklicken.
- Eine weitere Möglichkeit bietet das Kontextmenü der Miniaturansichten, dort finden Sie den Befehl In Camera Raw öffnen ebenfalls.
- Auch **JPGs** und **TIFFs** öffnen Sie mit dem Kürzel Strg/cmd+R im Raw-Modul der Bridge. Dabei spielt es auch keine Rolle, ob für diese Dateien bereits Raw-Einstellungen gespeichert wurden oder ob es sich um Dateien handelt, die noch nie zuvor mit Camera Raw bearbeitet wurden.

Raw-Konverter von Photoshop

- Wenn Sie **Raw-Dateien** aus der Bridge im Raw-Konverter von Photoshop bearbeiten wollen, wählen Sie den Kontextmenü-Befehl Öffnen mit • In Photoshop öffnen.

- **JPG- und TIFF-Dateien**, die zuvor bereits mit Camera Raw bearbeitet wurden, können Sie ebenfalls auf diesem Weg öffnen.

Standardverhalten beim Öffnen verändern | Mit zwei Optionen können Sie das Standard-Programmverhalten zum Öffnen von **Raw-**, **TIFF-** und **JPG**-Dateien ändern.

Wollen Sie künftig bevorzugt das Raw-Modul von Photoshop nutzen, rufen Sie die Voreinstellungen auf (am schnellsten Strg/cmd+K – nicht zu verwechseln mit dem Menüpunkt Camera Raw-Voreinstellungen). Unter Allgemein finden Sie die Option Camera Raw-Einstellungen in Bridge per Doppelklick bearbeiten. Wenn Sie dort das Häkchen entfernen, werden alle in Frage kommenden Dateien nur noch im Camera-Raw-Modul von Photoshop geöffnet, der Raw-Konverter der Bridge bleibt außen vor.

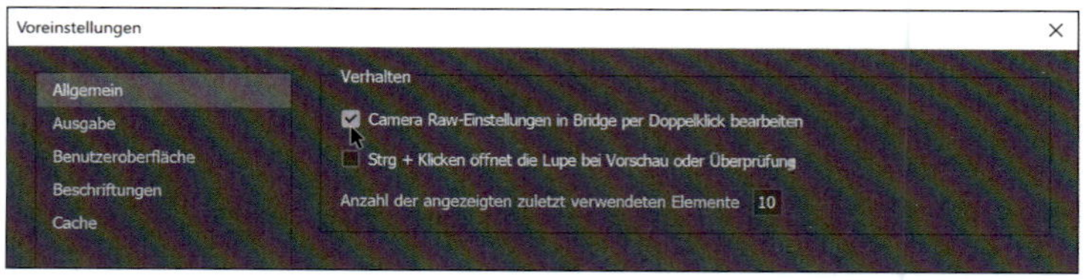

Abbildung 16.6 ▸
Bridge-Voreinstellungen: standardmäßig das Raw-Modul von Photoshop verwenden

Auch wenn es in den meisten Fällen nicht sinnvoll ist: Sie können die Nutzung von **Camera Raw umgehen** und Dateien, die normalerweise mit Camera Raw geöffnet würden, direkt in Photoshop öffnen:

- Um **Raw-Dateien direkt in Photoshop zu öffnen**, ohne Camera Raw zu benutzen, drücken Sie die ⇧-Taste und doppelklicken auf die gewünschte Datei. Bildgröße, Auflösung, Bittiefe und Farbraum richten sich nach den im Raw-Modul festgelegten Arbeitsablauf-Optionen (dazu mehr in Abschnitt 16.4.8, »Arbeitsablauf-Optionen: Wie soll das Bild geöffnet werden?«).
- Mit ⇧ + Doppelklick können Sie auch bei **JPG** und **TIFF** veranlassen, dass diese direkt in Photoshop geöffnet werden. Das ist dann sinnvoll, wenn Sie ein JPG oder TIFF vor sich haben, das bereits mit Raw-Einstellungen versehen wurde, oder wenn Sie vorher pauschal festgelegt haben, dass diese Dateiformate immer im Raw-Konverter geöffnet werden sollen.

16.3 Weitere Camera-Raw-Voreinstellungen

Raw-Dateien selbst werden niemals mit Änderungen überschrieben. Wenn Sie Korrekturen im Raw-Dialog durchgeführt haben, wird anschließend eine Kopie der ursprünglichen Datei geöffnet. Die Einstellungen, die Sie an der Raw-Datei vornehmen, gehen dennoch nicht verloren. Wenn Sie eine einmal bearbeitete Raw-Datei erneut aufrufen, können Sie auf früher getätigte Einstellungen zugreifen. Diese werden in einem gesonderten Dokument gesichert. Wo genau, legen Sie in den Voreinstellungen des Camera-Raw-Dialogs fest. Sie erreichen diese in der Bridge über BEARBEITEN • CAMERA RAW-VOREINSTELLUNGEN oder über ein Icon im Camera-Raw-Dialogfeld.

Mit [Strg]/[cmd]+[K] oder über den Button VOREINSTELLUNGEN in der Camera-Raw-Werkzeugleiste gelangen Sie in ein dreiteiliges Dialogfenster, in dem Sie den Umgang mit Dateien einstellen können.

▲ **Abbildung 16.7**
Voreinstellungen aus Camera Raw starten

Einstellungen unter Allgemein | Unter ALLGEMEIN finden Sie Einstellungen zum Umgang mit der Benutzeroberfläche von Camera Raw. Bei BEDIENFELDER ❶ stellen Sie das Verhalten und Layout für die einzelnen Bedienfelder auf der rechten Seite ein. Darunter ❷ stellen Sie u.a. das Verhalten der ausklappbaren Bedienfelder ein. Mit EINZELN kann immer nur ein Bedienfeld geöffnet werden. Andere werden in dem Fall automatisch wieder geschlossen. Hier gibt es dann noch die Option RESPONSIV (abhängig von der Bildschirmhöhe) und MEHRERE (beliebig viele Bedienfelder können offen sein).

◀ **Abbildung 16.8**
Wichtige Voreinstellungen für Camera Raw

Die anderen Einstellung sprechen für sich selbst. Beim FILMSTREIFEN ❸ können Sie seine Ausrichtung (HORIZONTAL, VERTIKAL) einstellen und festlegen, was bei den Miniaturen angezeigt wird. Mit Zoomen und Schwenken ❹ verwenden Sie dieselbe Art und Weise wie in Lightroom. Die Option ist praktisch, wenn Sie zum Beispiel auf 100 % einzoomen und die linke Maustaste gedrückt halten – dann können Sie auch gleich mit dem Hand-Werkzeug den Bildausschnitt schwenken. Bei Tastaturbefehle ❺ können Sie Strg/cmd+Z mit der »unbeliebten« Funktion versehen, womit beim ersten Drücken der Rückgängig- und beim nächsten Drücken der Wiederholen-Befehl ausgeführt wird. Das eigentliche Schritt-für-Schritt-rückgängig-Machen ist dann mit Strg/cmd+Alt+Z erreichbar.

Einstellung unter »Dateihandhabung« | Im Bereich Verarbeitung von DNG-Dateien ❶ wählen Sie, ob Ihre Einstellungen in einer eigenen Datenbank abgelegt werden sollen oder in Filialdokumenten. Die **Filialdokumente** tragen die Endung **.xmp** und werden im gleichen Ordner abgelegt wie die eigentliche Raw-Datei. Diese Option ist vorzuziehen, wenn Sie häufig Dateien austauschen oder in Mehrbenutzer-Umgebungen arbeiten.

XMP-Dateien in der Bridge anzeigen
Wählen Sie in der Bridge Ansicht • Verborgene Dateien anzeigen, um die XMP-Dokumente einzublenden.

DNG (Digital Negative) ist ein offenes, nicht-proprietäres Format für Rohdaten, das – aufgrund seiner offenen Quellen – von Adobe Camera Raw und anderen Raw-Programmen gelesen werden kann, ohne dass spezielle Informationen zum Rohdatenformat eines bestimmten Kameratyps vorliegen. Anders als die zahlreichen kamera- bzw. herstellerspezifischen Raw-Formate ist DNG universeller einsetzbar. Die Verwendung dieses Formats wird derzeit vorangetrieben. So wie es im Augenblick aussieht, könnte DNG, anders als die proprietären Spezialformate der Kamerahersteller, halbwegs zukunftssicher sein. Leichter austauschbar ist es ohnehin. Mit dem externen Programm Adobe DNG-Konverter können Sie Rohdaten in das DNG-Format konvertieren.

Linktipp: DNG
Unter *https://helpx.adobe.com/de/photoshop/digital-negative.html* erhalten Sie weitergehende Informationen zum DNG-Format. Dort können Sie auch den DNG-Konverter herunterladen.

Sofern Sie JPEG und TIFF von Ihrer Kamera standardmäßig im Raw-Dialog öffnen wollen, können Sie das in Verarbeitung von JPEG- und TIFF-Dateien ❷ ebenfalls einstellen.

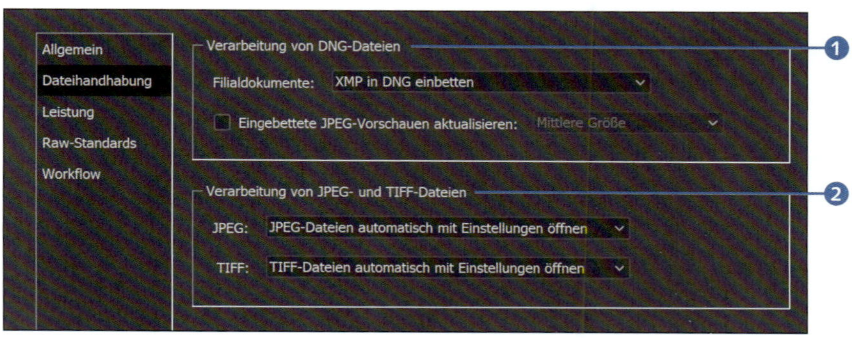

Abbildung 16.9 ▸
Den Umgang mit verschiedenen Dateitypen in Camera Raw festlegen

Einstellungen unter »Leistung« | Bei LEISTUNG wählen Sie aus, ob Sie den Grafikprozessor für die Bearbeitung mitverwenden wollen oder nicht – vorausgesetzt, Ihre GPU wird unterstützt. Der CAMERA RAW-CACHE bezieht sich auf die Anzeige der Dateien in der Bridge. Dort werden nämlich auf Wunsch bereits die Bildminiaturen und Vorschaudarstellungen mit Ihren Einstellungen gezeigt. Im Cache werden unter anderem Daten für diese Dateiminiaturen hinterlegt, was die Ladezeit der Bilder in der Bridge reduziert. Pro Gigabyte Cache finden Daten für etwa 200 Bilder Platz. Hier können Sie die Größe des Cache verändern – was natürlich an anderer Stelle die Ressourcen verknappt.

Einstellungen unter »Raw-Standard« | Unter RAW-STANDARD geben Sie vor, ob als Profil der Standard von Adobe oder von Ihrer Kamera verwendet werden soll. Auch können Sie hier aus verschiedenen Vorgaben auswählen, die gleich nach dem Öffnen in Camera Raw verfügbar sind.

Einstellungen unter »Workflow« | Am Ende, unter WORKFLOW, finden Sie noch verschiedene Einstellungen dafür, wie Sie das bearbeitete Bild im Workflow weitergeben wollen. Sie können den Farbraum, die Bildgröße und die Ausgabeschärfe festlegen. Für Photoshop haben Sie hier die Option, diese Datei dort gleich als Smartobjekt zu öffnen.

16.4 Effektiv arbeiten mit Camera Raw: Basisfunktionen

Adobe Camera Raw ist ein mächtiges Tool, wie sich auf den ersten Blick erkennen lässt. In den folgenden Absätzen stelle ich Ihnen die Werkzeuge im Detail vor und zeige Ihnen, wie Sie am besten vorgehen.

Rechts im Dialogfeld (zu sehen in Abbildung 16.10) finden Sie einen Bedienfeldbereich ❶. Dort nehmen Sie globale Einstellungen vor, die auf das ganze Bild wirken – von Basics wie Weißabgleich über Spezialtools wie Objektivkorrektur bis zu kreativen Funktionen wie Tonung. Über die kleinen Symbole steuern Sie die einzelnen Karteikarten an.

Ebenfalls rechts ❷ finden Sie weitere Werkzeuge – einen Teil davon kennen Sie bereits aus Photoshops Werkzeugleiste. Einige der Werkzeuge bringen umfangreichere Optionen mit: Sobald Sie eines dieser Tools aktivieren, sehen Sie im Bedienfeldbereich die jeweiligen Einstellungsmöglichkeiten.

Einstellungen für Farbtiefe, Auflösung und Bildmaße beim Öffnen der Datei in Photoshop finden Sie unterhalb der Vorschau ❸.

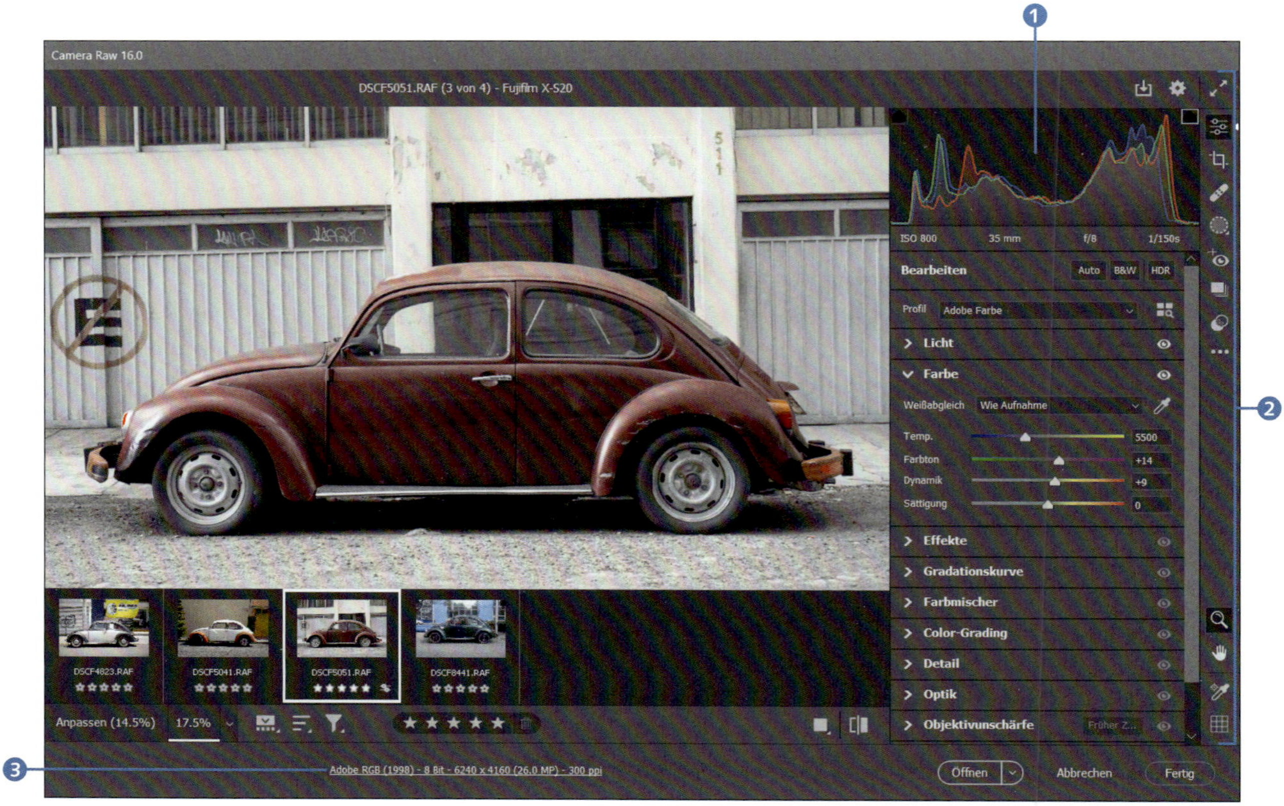

▲ **Abbildung 16.10**
Das Camera-Raw-Dialogfeld bündelt zahlreiche Korrektur- und Kreativwerkzeuge.

Arbeitsweise | Die Arbeitsweise ist eigentlich immer gleich: Sie legen in der Bridge fest, welche Bilder ins Camera-Raw-Modul geladen werden sollen, und nehmen dann die Einstellungen vor, indem Sie sich nach und nach durch die zahlreichen Funktionen arbeiten. Anschließend legen Sie fest, wie der Vorgang abgeschlossen wird, etwa, ob Sie ein Bild in Photoshop weiterbearbeiten oder nur die Änderungen (die »Entwicklungseinstellungen«) speichern. Doch eins nach dem anderen …

16.4.1 Ein entscheidendes Detail: Welcher Algorithmus wird verwendet?

Camera Raw wird kontinuierlich weiterentwickelt. Dies betrifft die zur Verfügung stehenden Funktionen und auch die zugrunde liegenden Algorithmen, die bestimmen, wie Korrekturen aufs Bild wirken. Camera Raw sah also früher etwas anders aus als heute, und auch die Wirkung mancher Funktionen war anders. Adobe nennt diese unterschiedlichen Bearbeitungsversionen »Prozesse« – und mit welchem dieser Prozesse

Camera Raw arbeitet, können Sie einstellen. Üblicherweise fahren Sie mit dem jeweils aktuellen Prozess am besten – es ist aber auch möglich, eine ältere Version zu nutzen.

Dateien öffnen, die früher bereits mit Camera Raw bearbeitet wurden | Wenn Sie Bilder öffnen, die Sie zuvor bereits mit einer älteren Camera-Raw-Prozessversion bearbeitet haben, ist Ihr Eingreifen gefragt. Ein kleines Warndreieck am unteren rechten Rand des Vorschaufensters macht Sie darauf aufmerksam, dass Ihr Bild mit den Werten eines alten Raw-Prozesses bearbeitet wurde und angezeigt wird. Sie erkennen das auch an den in den Bedienfeldern angebotenen Funktionen: Diese sind noch die gleichen wie in den Camera-Raw-Vorversionen. Wenn Sie alle aktuellen Funktionen von Camera Raw nutzen wollen, müssen Sie die Umstellung vollziehen.

Diese Umstellung ist schnell gemacht: Ein Klick auf das Ausrufezeichensymbol ④ genügt, um die Berechnung auf den aktuellen Prozess umzustellen. Dabei bleiben die früheren Einstellungen erhalten.

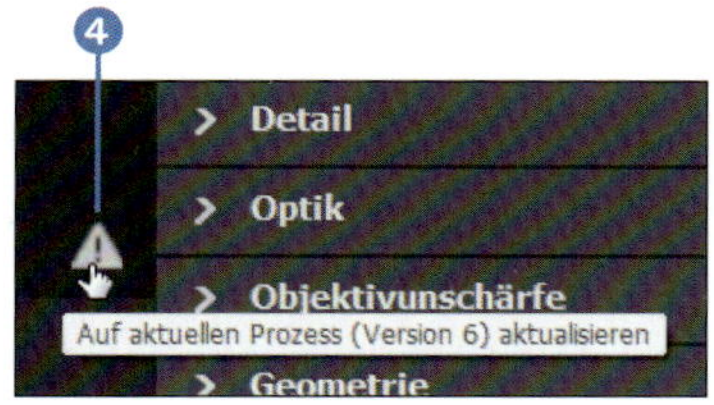

▲ **Abbildung 16.11**
Das Ausrufezeichen am Vorschaubild unten rechts ist gleichzeitig Warnhinweis und Schaltfläche. Ein Klick stellt das Bild auf die aktuelle Prozessversion um.

Manuelle Auswahl zwischen allen Bearbeitungsprozessen | Im Klappmenü Kalibrierung bei Bearbeiten [E] finden Sie unter Prozess eine kleine Liste, aus der Sie wählen können, mit welchem Prozess das Raw-Modul die Bildentwicklung berechnen soll. Die Einstellung wirkt immer für das aktuell aktive Bild. Vorsicht: Wenn Sie von einer älteren nicht auf die aktuelle Prozessversion (derzeit ist dies Version 6) wechseln, bleiben bereits früher vorgenommene Änderungen am Bild in der Regel erhalten. Anders sieht es aus, wenn Sie zwischen verschiedenen älteren Prozessen umschalten, beispielsweise von Version 2 auf 4 – in einem solchen Fall könnten frühere Änderungen am Bild verloren gehen.

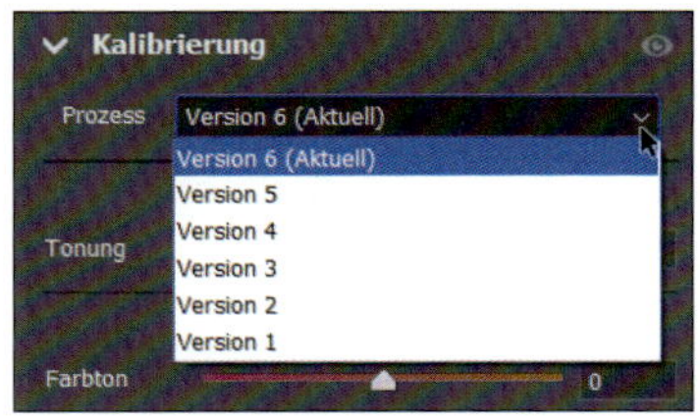

▲ **Abbildung 16.12**
Unter Kalibrierung können Sie jederzeit einstellen, welcher Entwicklungsprozess Ihrer Raw-Bearbeitung zugrunde liegt.

16.4.2 Welches Bild soll bearbeitet werden?

Im Filmstreifen unter der Bildvorschau (er kann auch vertikal angeordnet werden) finden Sie alle Bilder, die Sie zuvor ausgewählt haben. Sie können nun mehrere Bilder auf einmal bearbeiten, indem Sie sie nacheinander mit gehaltener [Strg]/[cmd]-Taste anklicken, oder alle Bilder, indem Sie [Strg]/[cmd]+[A] drücken.

Sie können aber auch erst Einstellungen an einem Bild vornehmen und diese dann über einen Dialog mit [Alt]+[S] (Einstellungen synchronisieren) auf alle anderen geladenen Bilder übertragen.

Filmstreifen ein-/ausblenden
Sie können den Filmstreifen jederzeit mit [Strg]/[cmd]+[/] ein- und ausblenden.

Bilder zum Löschen vormerken | Durch einen Klick auf das Papierkorbsymbol ① (Abbildung 16.13) in der Werkzeugleiste merken Sie Bilder für das Löschen vor oder – durch erneutes Klicken auf das Icon – entfernen die Löschmarkierung. Zum Löschen gekennzeichnete Dateien werden nicht sofort gelöscht. Erst beim Schließen des Camera-Raw-Dialogs werden sie in den Papierkorb verschoben. Diese Funktion ist besonders nützlich, wenn Sie Camera Raw zum Sichten frischer Fotos verwenden. Übrigens: Die aus der Bridge bekannte Wertung mit Sternchen unterhalb der Bildminiatur funktioniert auch hier!

Filmstreifenmenü | Viele wichtige Befehle zur Auswahl, Filterung und Bearbeitung der Bilder finden Sie, wenn Sie im Filmstreifen Bilder mit der rechten Maustaste anklicken oder direkt auf die Filmstreifen-Schaltfläche ❷ klicken.

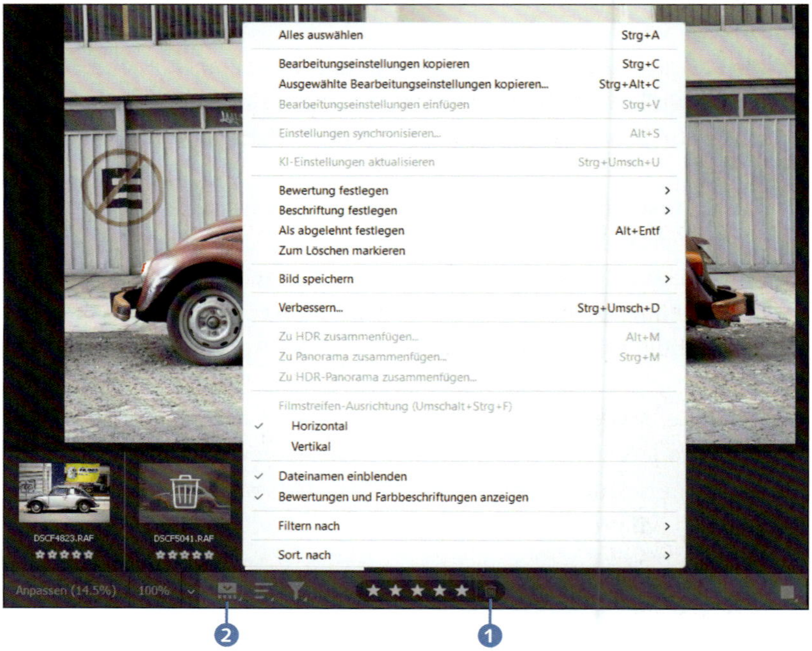

Abbildung 16.13 ▸
Über das Filmstreifenmenü haben Sie viele wichtige Befehle im Überblick.

16.4.3 Alles im Blick: Bildanzeige

Es gibt in der oberen Leiste der Camera-Raw-Werkzeuge zahlreiche Vorschauoptionen, die Ihnen eine exakte Bildbearbeitung so einfach wie möglich machen.

Sie können den Bildzoom (wie immer das Kürzel [Z]) und die Position des Bildausschnitts (Hand-Werkzeug, Kürzel [H]) einstellen. Beide Schaltflächen finden Sie auf der rechten vertikalen Seitenleiste unten. Alternativ können Sie auch über die Zoomstufen-Schaltfläche ❸ unterhalb der Vorschau den Bildausschnitt anpassen. Auch via rechtem Mausklick im Vorschaubild finden Sie Befehle zum Zoomen.

Kein Zoom- und Hand-Werkzeug
Wenn kein Zoom- und Hand-Werkzeug eingeblendet wird, dann haben Sie die Funktion Lightroom zum Zoomen und Schwenken verwenden bei den Camera-Raw-Voreinstellungen aktiviert.

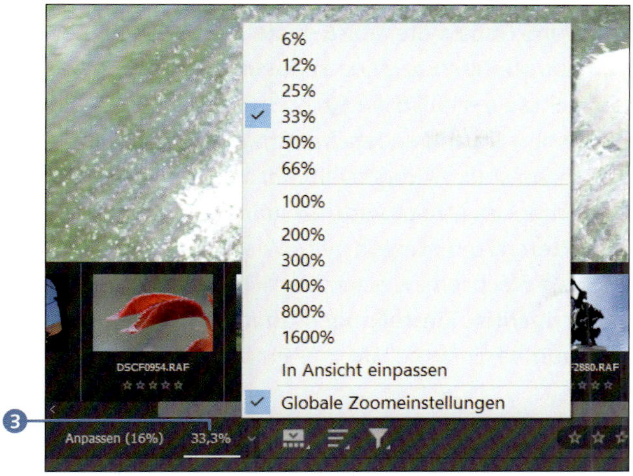

◂ **Abbildung 16.14**
Die Zoomstufe auswählen

Mit dem Button Vollbildmodus rechts oben bringen Sie das Dialogfenster auf volle Bildschirmgröße und machen es auch wieder klein. Für beide Richtungen funktioniert außerdem der Shortcut F.

16.4.4 Vorher-Nachher-Ansicht

Am unteren Rand des Raw-Dialogs finden Sie außerdem einige Schaltflächen, die Ihnen den Vergleich der bearbeiteten Version mit dem Original beziehungsweise einer früheren Bearbeitungsversion erleichtern.

◂ **Abbildung 16.15**
Je nach Motiv kann die Vorher-Nachher-Ansicht vertikal oder horizontal gesplittet werden.

- Mehrfaches Drücken des Buttons 1 (Abbildung 16.16) oder der Taste Q durchläuft die verschiedenen Ansichtsversionen für den Vor-

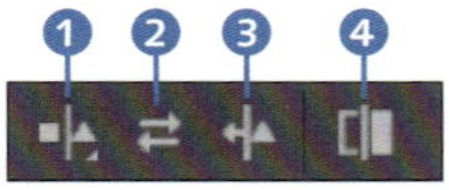

▲ **Abbildung 16.16**
Bildversionen vergleichen

her-Nachher-Bildvergleich. Halten Sie diese Taste etwas länger gedrückt, um die Vorschauoptionen anzeigen zu lassen.

- Sie können die Bildansichten vertauschen ❷.
- Den dritte Button ❸ können Sie anwenden, wenn Sie mit Ihren bisherigen Änderungen zufrieden sind. Er sorgt dafür, dass der aktuelle Zustand des Bildes als »Vorher« angezeigt wird. Sie können von dort aus weiterarbeiten – alle weiteren Änderungen gelten dann als »Nachher«.
- Der Button ganz rechts ❹ wechselt zwischen den von den Benutzern vorgenommenen individuellen Einstellungen und etwaigen Standardeinstellungen hin und her.

16.4.5 Kontrolle bei Korrekturen: Das Histogramm

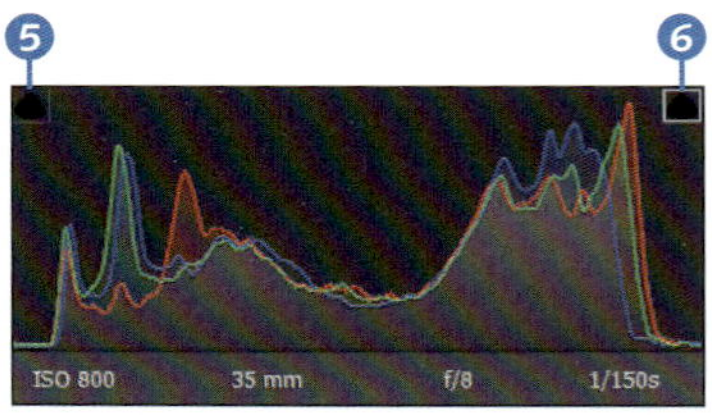

▲ **Abbildung 16.17**
Das Histogramm. Eine Tonwertwarnung können Sie zuschalten, indem Sie die Dreiecke ❺ und ❻ anklicken. Diese leuchten dann farbig, wenn Tonwertverluste drohen.

Um beim Festlegen der Einstellungen (im Grunde ist das ja eine Bildkorrektur am Rohbild) alle Parameter bestens unter Kontrolle zu haben, gibt es weitere Vorschau- und Kontrollinstrumente. Im Histogramm werden die Histogrammkurven aller Farbkanäle gleichzeitig gezeigt – der besseren Unterscheidung wegen farbig und mit bunten Überschneidungen. Diese Ansicht ist etwas gewöhnungsbedürftig. Wie beim normalen Histogramm auch sind hier die Tiefen links, die Lichter rechts angeordnet.

Unauffällig, aber wirkungsvoll sind die beiden kleinen Dreieck-Buttons oberhalb des Histogramms. Mit ihnen schalten Sie die Farbumfang-Warnung ein. Direkt im Vorschaubild werden dann die Tiefen (also die dunkelsten Bildbereiche) und die Lichter (die hellsten Bildpartien) farbig hervorgehoben, wenn dort Zeichnungsverlust respektive Beschneidung droht. Diese Eckdaten eines Bildes reagieren auf Fehler bei der Korrektur am sensibelsten, und hier sind am ehesten Datenverluste zu befürchten.

Zum Weiterlesen
Auch wenn der Raw-Dialog mit einigen speziellen Funktionen aufwartet – grundsätzlich funktionieren die **Korrekturwerkzeuge** wie in Photoshop auch. Lesen Sie hierzu Teil V, »Korrigieren und optimieren«.

Abbildung 16.18 ▶
Die Tonwertbeschneidung wird farbig markiert: in den Lichtern mit Rot, in den Tiefen mit Blau.

16.4.6 Bildzustände sichern: Schnappschüsse

Ein Werkzeug, das Ihnen die Arbeit mit den vielfältigen Einstellungen erheblich erleichtert, ist das Bedienfeld SCHNAPPSCHÜSSE, das Sie auch mit [⇧]+[S] erreichen. Aus Photoshops Protokoll-Bedienfeld kennen Sie das Verfahren vielleicht: Schnappschüsse sind Momentaufnahmen des Bildes.

Mit einem Schnappschuss sichern Sie wichtige Arbeitsstadien. Später ist es möglich, zu diesen früheren Arbeitsstadien zurückzukehren. Bei Experimenten stellen Sie so schnell wieder einen bestimmten Zwischenstand her. Oder Sie entwickeln ausgehend von einem bestimmten Bearbeitungsstand unterschiedliche Bildversionen. Das Schnappschüsse-Bedienfeld funktioniert also so ähnlich wie das bekannte Protokoll aus Photoshop. Allerdings ist die Liste der Schnappschüsse in Camera Raw nicht chronologisch geordnet, sondern alphabetisch. Auch deswegen sollten Sie sich um eindeutige, klare Namen für Ihre Schnappschüsse bemühen. Ein Rechtsklick auf einen Schnappschuss öffnet ein Kontextmenü, mit dessen Hilfe Sie Schnappschüsse umbenennen, aktualisieren oder löschen.

- Ein Klick auf das NEU-Icon erzeugt einen neuen Schnappschuss. Um die Namensvergabe müssen Sie sich dann natürlich auch noch kümmern. Klare, aussagekräftige Bezeichnungen sind hier hilfreich.
- Ein Klick auf einen Schnappschuss in der Liste bringt das Bild in den im Schnappschuss fixierten Zustand zurück.
- Das Anklicken des Mülltonnen-Icons entfernt den Schnappschuss aus der Liste.

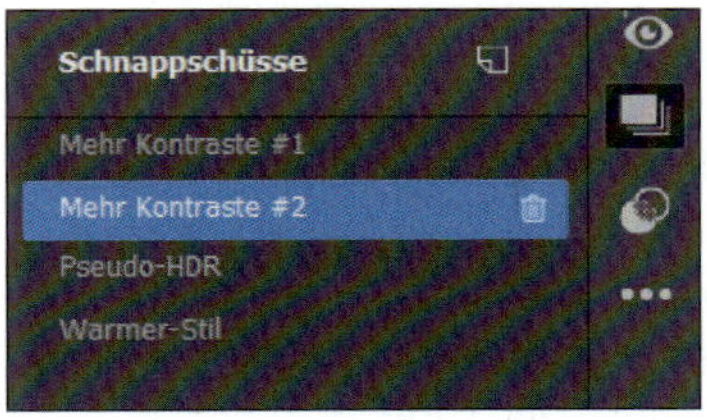

▲ **Abbildung 16.19**
Ein Rechtsklick öffnet ein Kontextmenü, mit dessen Hilfe Sie Schnappschüsse umbenennen, aktualisieren oder löschen.

Genauso wie in Photoshop wird die Liste der Schnappschüsse verworfen, wenn Sie die Arbeitssitzung beenden und den Camera-Raw-Dialog schließen.

16.4.7 Einstellungen sichern, erneut nutzen oder verwerfen

Bevor Sie sich daranmachen, bei der Bildbearbeitung in Camera Raw alle Bedienfelder mit den Korrekturfunktionen durchzuackern, sollten Sie überlegen, ob Sie nicht bereits früher getroffene Einstellungen nutzen wollen. Das kann bei Bildern, die unter ähnlichen Bedingungen aufgenommen wurden, aber auch für Kreativjobs und dann, wenn Bildern ein einheitlicher Look verpasst werden soll, durchaus sinnvoll sein!

Das Bedienfeld »Presets« | Am einfachsten ist die Verwaltung von Einstellungen mit dem Bedienfeld PRESETS (Tastaturkürzel [⇧]-[P]). Mit ihm können Sie Ihre erprobten Einstellungskombinationen bequem verwalten. Das Kernstück ist eine Liste mit den schon gespeicherten Presets. Eigene Presets fügen Sie wie folgt hinzu:

1. Klicken Sie auf den Button NEU.
2. Legen Sie den Namen des neuen Presets fest.
3. Stellen Sie ein, welche Eigenschaften aufgenommen werden sollen.
4. Bestätigen Sie dann mit OK – und das war's auch schon! Das neue Preset erscheint sofort im Presets-Bedienfeld im Bereich BENUTZER-PRESETS.

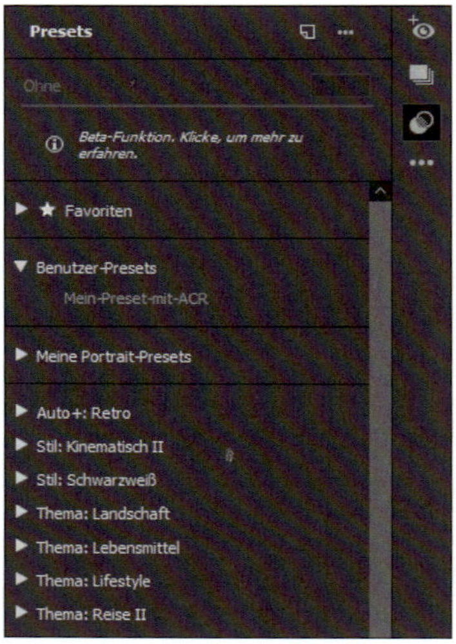

▲ **Abbildung 16.20**
Das Vorgaben-Bedienfeld mit vorgefertigten und benutzerdefinierten Einstellungen

Weitere Bildeinstellungen | Alternativ zur Arbeit mit dem Presets-Bedienfeld können Sie auch das Seitenmenü des Camera-Raw-Dialogs nutzen. Dort finden Sie neben den Verwaltungsfunktionen für Presets auch Befehle, um alle bisherigen Einstellungen an einem Bild zurückzusetzen. Das Menü öffnen Sie über die drei Punkte ❶ auf der rechten Seite.

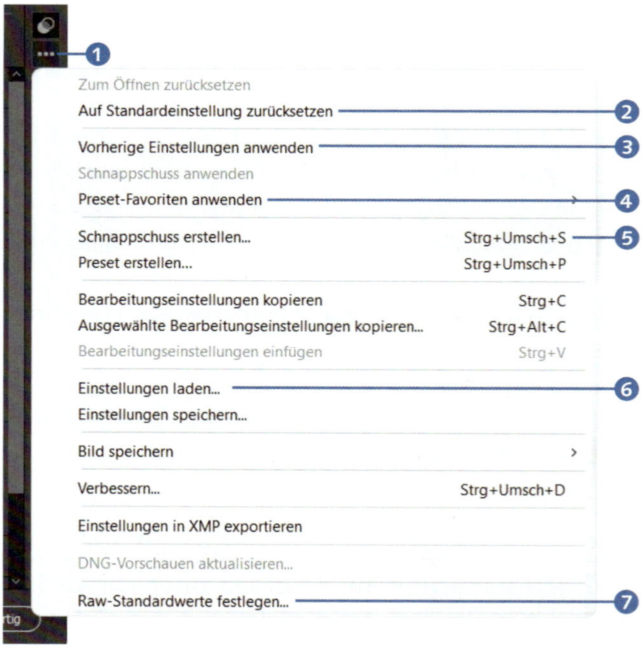

Abbildung 16.21 ▶
Das Seitenmenü

- AUF STANDARDEINSTELLUNG ZURÜCKSETZEN ❷ bringt das schon veränderte Bild schnell wieder in den unbearbeiteten Urzustand zurück.
- VORHERIGE EINSTELLUNGEN ANWENDEN ❸ ruft Ihre letzte Einstellung erneut auf – unabhängig davon, ob Sie diese zuvor extra gespeichert haben oder nicht.
- PRESET-FAVORITEN ANWENDEN ❹ und SCHNAPPSCHUSS ERSTELLEN ❺ führt Sie zu jeweils einem weiteren Flyout-Menü, in dem Sie schnellen Zugriff auf die zuvor gesicherten Einstellungen haben.

- EINSTELLUNGEN LADEN ⑥ ist die Alternative zum Befehl PRESET ANWENDEN und lädt ebenfalls ein zuvor gespeichertes Set von Einstellungen. EINSTELLUNGEN SPEICHERN führt zum Speichern-Dialog, mit dem Sie Ihre aktuell vorliegenden Einstellungen festhalten können.
- Die Einstellung im sich öffnenden Dialog von RAW-STANDARDWERTE FESTLEGEN ⑦ wirkt sich auf alle Bilder aus, die aus derselben Kamera stammen. Hier legen Sie fest, ob der Adobe-Standard oder der Raw-Standard der Kamera verwendet wird. Sie können hier auch Presets auswählen.

16.4.8 Arbeitsablauf-Optionen: Wie soll das Bild geöffnet werden?

Unterhalb der Bildvorschau finden Sie eine blau dargestellte Zeile mit Angaben zu Dateieigenschaften wie Farbraum, Farbtiefe, Auflösung und Ähnliches. Mit diesen Eigenschaften wird eine Datei geöffnet, wenn Sie mit der Bearbeitung in Camera Raw fertig sind. Adobe nennt diese Einstellung wechselweise »Workflow-Optionen«.

Zum Nachlesen
Die wichtigsten **Bildparameter** – Farbraum, (Farb-)Tiefe, Größe und Auflösung – sollten Ihnen nach der Lektüre von Anhang A, »Bildbearbeitung: Fachwissen«, keine Schwierigkeiten mehr bereiten.

▲ **Abbildung 16.22**
Der Link zu den Workflow-Optionen ist gleichzeitig eine Information über die aktuellen Einstellungen.

Wenn Sie auf diese Zeile klicken, gelangen Sie zu einem Dialogfeld, in dem Sie Grundparameter für Dateien festlegen können, die mit Camera Raw geöffnet werden.

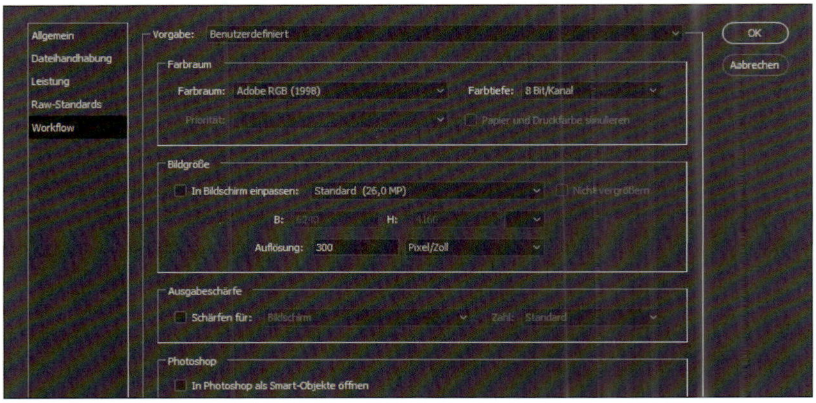

◀ **Abbildung 16.23**
Mit welchen Einstellungen soll die Datei geöffnet werden?

Schärfen schon in Camera Raw?
»Wann schärfen?« – Diese Frage ist heiß diskutiert. Nicht selten ist zu hören, dass das Schärfen erst ganz an das Ende der Bildkorrekturen gehöre. Ist es also überhaupt sinnvoll oder »erlaubt«, schon in Camera Raw zu schärfen? Ich denke schon. In Camera Raw sind Ihre Schärfungseinstellungen nicht endgültig und werden per se bildschonend vorgenommen – Sie entwickeln ja nur eine Version Ihres digitalen Negativs. Erfahrene Bildbearbeiter schärfen ihre Bilder sogar bis zu dreimal. Dazu gehört das Vorschärfen – etwa, um eine leichte Kameraunschärfe auszugleichen. Dieses erleichtert auch andere globale Bildbearbeitungsaufgaben. Später folgt ein eventuelles Schärfen im Detail und zuallerletzt ein Nachschärfen, das das Bild für das geplante Ausgabemedium optimal zurichtet.

Neben bekannten Dateioptionen für Farbraum, Farbtiefe, Grösse und Auflösung können Sie hier auch festlegen, dass Bilder bei der Übergabe an Photoshop geschärft werden.

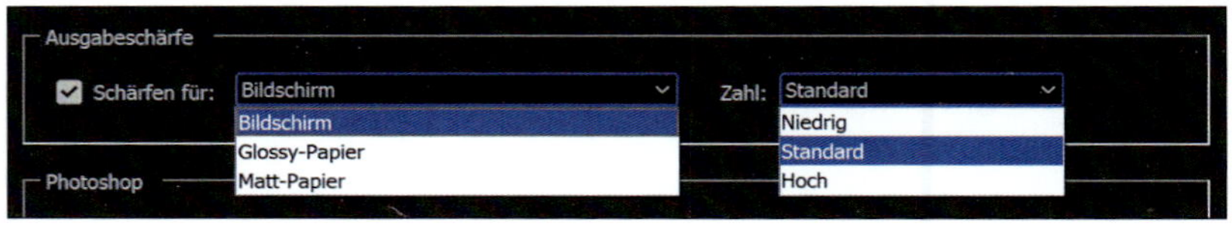

▲ **Abbildung 16.24**
Drei Ausgabearten, drei verschiedene Stärken: medienoptimiertes Schärfen in Camera Raw

Das Festlegen der Schärfungswerte ist einfach: Sie wählen aus, für welches Medium das Bild eingerichtet werden soll, und entscheiden sich zwischen drei Stärken der Schärfung – fertig. Allerdings birgt dieses Verfahren zwei Nachteile:

- Es **wirkt pauschal auf jedes Bild**, das Sie von Camera Raw an Photoshop übergeben.
- Es gibt für diese Schärfung **keine Vorschau**. Wenn Sie außerdem mit Camera Raw an der Detailschärfe arbeiten, kann es zu unangenehmen Überraschungen in Form von Überzeichnung kommen!

Eine bessere Alternative zu den Schärfungseinstellungen bei den Camera-Raw-Voreinstellungen bietet das Aufklappmenü Detail, wenn das Register Bearbeiten [E] aktiviert ist. Für lokales Schärfen einzelner Partien können Sie außerdem den Korrekturpinsel (Kürzel [K]) verwenden.

Raw-Einstellungen flexibel: Als Smartobjekt öffnen | Wie schon erwähnt: Wenn Sie bei den Einstellungen der Workflow-Optionen ein Häkchen bei In Photoshop als Smart-Objekte öffnen setzen, werden alle Dateien standardmäßig als Smartobjekt in Photoshop geöffnet, sobald Sie auf den Button Bild(er) öffnen im Raw-Konverter klicken. Sie können die Bilder dann weiterbearbeiten wie alle anderen Smartobjekte auch. Ein schneller Doppelklick auf die Smartobjekt-Miniatur im Photoshop-Ebenen-Bedienfeld führt Sie bei Bedarf sofort zu den Camera-Raw-Einstellungen der Datei zurück und nachträglich das Bild anpassen.

- Diese Option wirkt sich auf *alle* Bilder aus, die geöffnet werden. Sie können jedoch auch **einzelne Bilder als Smartobjekt öffnen**. Wenn die Smartobjekt-Option in den Workflow-Optionen nicht aktiviert ist und Sie dann die [⇧]-Taste drücken, ändert der Button Öffnen seinen Namen und heißt Objekt(e) öffnen. Klicken Sie darauf, und Ihr Foto wird in Photoshop als Smartobjekt geöffnet.

▲ **Abbildung 16.25**
Smartobjekt aus einer Raw-Datei. Klicken auf die Miniatur öffnet erneut die Raw-Einstellungen.

- Das funktioniert auch umgekehrt. Trotz aktivierter Smartobjekt-Option können Sie **einzelne Bilder als normales Pixelbild öffnen**. Halten Sie beim Klick auf den Button ÖFFNEN wieder einfach die [⇧]-Taste gedrückt.

▲ **Abbildung 16.26**
Die Aufschrift OBJEKT ÖFFNEN zeigt an, dass ein Bild in Photoshop als Smartobjekt geöffnet wird.

16.4.9 Bearbeitung abschließen

Wenn Sie mit Ihren Einstellungen fertig sind, haben Sie verschiedene Möglichkeiten, den Vorgang abzuschließen:

- ÖFFNEN öffnet eine Kopie der Raw-Bilddaten in Photoshop und wendet Ihre Einstellungen an. Die Bilder können in Photoshop normal weiterbearbeitet werden. Um sie endgültig zu sichern, müssen Sie sie jedoch noch speichern.
- ABBRECHEN bricht den Vorgang ab und schließt den Camera-Raw-Dialog ohne Änderungen an der Datei.
- FERTIG schließt das Raw-Import-Dialogfeld und speichert die Einstellungen – ohne Bilder zu öffnen.
- KOPIE ÖFFNEN (mit [Alt]) öffnet das Bild in der Bildversion, die Sie zuletzt im Raw-Dialog eingestellt haben, sichert diese Einstellungen jedoch nicht mit der Ausgangsdatei. Ihre Änderungen werden also auf eine Bildkopie angewandt und ansonsten verworfen.
- ZURÜCKSETZEN (mit [Alt]) verwirft alle Änderungen, lässt den Dialog jedoch geöffnet.

Welches Dateiformat?
Wenn Sie die Raw-Bildeigenschaften weitestgehend erhalten wollen, bieten sich zum Speichern die Dateiformate PHOTOSHOP RAW oder TIFF an. Beide Formate unterstützen auch 16-Bit-Bilder.

▲ **Abbildung 16.27**
Normalerweise sehen Sie diese Buttons.

▲ **Abbildung 16.28**
Wenn Sie zusätzlich [Alt] drücken, gibt es weitere Funktionen.

Datei speichern | Rechts oben im Camera-Raw-Dialog finden Sie einen Button zum Speichern und Konvertieren von (ausgewählten) Raw-Bildern.

Wenn Sie auf ihn klicken, gelangen Sie zu einem Dialogfeld, mit dessen Hilfe Sie Rohdaten in anderen Dateiformaten und an anderen Speicherorten sichern können.

Raw-Import automatisieren
Das Importieren von Raw-Daten eignet sich auch sehr gut, um daraus eine Photoshop-Aktion zu machen. Mit dem einmal aufgezeichneten Makro holen Sie dann bequem ganze Bilderstapel von Ihrer Kamera. Die Photoshop-Stapelverarbeitung macht es möglich! Mehr zu Photoshops zeitsparenden Automatik-Funktionen lesen Sie in Abschnitt 2.10, »Stapelverarbeitung: Aktionen auf viele Bilder anwenden«.

16.5 Die wichtigsten Korrekturen: Die Bedienfelder unter »Bearbeiten«

Nachdem Sie die Optionen des Raw-Moduls an Ihre Bedürfnisse angepasst haben, können Sie anfangen, Ihre Bilder zu bearbeiten. Fast alle Bildeinstellungen nehmen Sie in den Bedienfeldern rechts neben der Bildvorschau vor. Für die grundlegende Bearbeitung von Raw-Bildern finden Sie unter BEARBEITEN ([E]) die wichtigsten Bedienfelder zusammengefasst. Die einzelnen Bedienfelder LICHT, FARBE, EFFEKTE, GRADATIONSKURVE, DETAIL, FARBMISCHER, COLOR-GRADING, OPTIK, GEOMETRIE,

Objektunschärfe und Kalibrierung sind auf- und zuklappbar angeordnet. Standardmäßig wird immer nur ein Bedienfeld aufgeklappt. Dies können Sie aber in den Camera-Raw-Voreinstellungen unter Allgemein mit Bedienfelder ändern.

16.5.1 Grundlegende Bedienung der Bedienfelder

Die Bedienfelder lassen sich auf- und zuklappen, indem Sie auf das kleine Dreieck neben dem Bedienfeldnamen oder dem Namen selbst klicken.

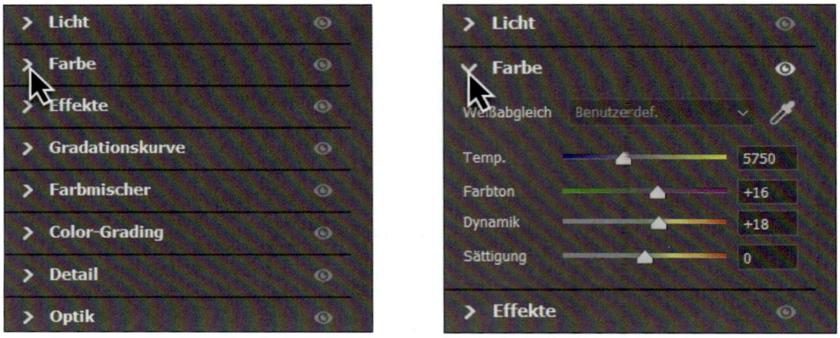

Abbildung 16.29 ▸
Bedienfelder auf- und zuklappen

Bei allen Bedienfeldern finden Sie zudem ein Augesymbol. Wenn Sie die linke Maustaste darauf gedrückt halten, werden die Einstellungen dieses Bedienfelds vorübergehend deaktiviert, womit Sie eine Vorher-Nachher-Ansicht im Vorschaubild erhalten. Damit lässt sich die Auswirkung nur für das einzelne Bedienfeld sehr schön erkennen. Wenn Sie die Maustaste wieder loslassen, werden auch die Einstellungen wieder aktiviert. Ist das Augesymbol ausgegraut, haben Sie noch keine Einstellungen in diesem Bedienfeld gemacht.

Wollen Sie alle Werte eines Bedienfeldes zurücksetzen, halten Sie die Alt-Taste gedrückt, und beim Namen der Bedienfelder erscheint der Zusatz Zurücksetzen. Klicken Sie den jeweiligen Namen des Bedienfelds an, werden die Werte auf den Standard zurückgesetzt. Dasselbe funktioniert mit einzelnen Reglern, wenn Sie die Alt-Taste gedrückt halten.

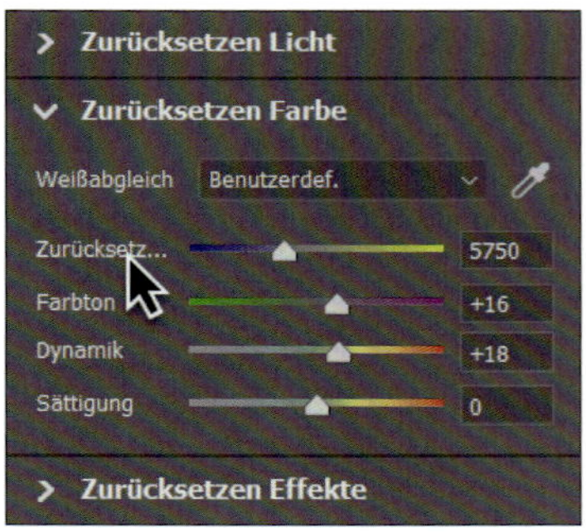

▲ Abbildung 16.30
Werte zurücksetzen können Sie mit gehaltener Alt-Taste.

16.5.2 Automatik, Schwarzweiß-Modus und HDR-Anzeige

Immer eingeblendet und ganz oben finden Sie im Bereich Bearbeiten die Schaltflächen Auto und B&W (Black&White). Mit Auto übernimmt Camera Raw die Korrektur für Sie. Die Funktion ist durchaus nützlich, wenn Sie Camera Raw die ersten Vorarbeiten überlassen wollen. Mit B&W schalten Sie in den Schwarzweißmodus um und bearbeiten das Bild monochrom.

▲ Abbildung 16.31
Die Schaltflächen Auto, B&W und HDR

Mit der letzten Schaltfläche HDR verwenden Sie die HDR-Anzeige, womit Sie nun endlich auch HDR-Fotos auf kompatiblen HDR-Bildschirmen anzeigen, bearbeiten und diese auch auf Festplatte als HDR-Foto speichern können. Wohlgemerkt, die Rede ist hier von der Anzeige von HDR und nicht der Erstellung bzw. dem Zusammenfügen einzelner Bilder zu einem HDR-Bild. Wenn Sie die HDR-Ausgabe aktiviert haben, stehen Ihnen folgende HDR-Funktionen in Adobe Camera Raw zur Verfügung:

- Innerhalb des Licht-Bedienfelds öffnet sich ein Bedienfeld, um die HDR-Fotoverarbeitung zu aktivieren.
- Sie können Bilder im AVIF- oder JPEG XL-Format speichern, wo Sie auch einen Farbraum (HDR sRGB (Rec. 709), HDR P3 oder HDR (Rec. 2020) wählen können, der die HDR-Informationen auch mitspeichert.
- Sie können HDR-Formate wie 10-Bit-HEIF (mit der Erweiterung .hif) von Kameras wie Canon, Nikon oder Sony in Adobe Camera Raw öffnen.

Keine HDR-Inhalte?
Das Histogramm wird in zwei Teile aufgeteilt, dem SDR-Abschnitt auf der linken und einem HDR-Abschnitt auf der rechten Seite. Wenn ein Bild keine HDR-Inhalte enthält, wird es sich auch nicht über den rechten Bereich erstrecken.

16.5.3 Profil, Licht, Farbe und Effekte

Die wichtigsten Einstellungen, die man fast bei jedem Bild verwendet, findet man gleich ganz oben. Nach der Auswahl von PROFIL passt man häufig die Belichtung und Farbstimmung über die Bedienfelder LICHT und FARBE an. Meist bekommt man mit diesen Einstellungen bereits ein gutes und fertiges Ergebnis. Auch das Effekte-Bedienfeld bietet hier noch nützliche Einstellungen für kleinere Verbesserungen.

Fix und fertig: Profile | Bei PROFIL finden Sie – neben den von den Usern angelegten Vorgaben – eine weitere Möglichkeit für den schnellen Zugang zu »fertigen« Einstellungen. Über die Dropdown-Liste erreichen Sie eine gute Handvoll dieser Voreinstellungen; mit einem Klick auf das Suchen-Icon rechts (oder den entsprechenden Befehl in der Dropdown-Liste) gelangen Sie zum sogenannten Profilbrowser. Dort finden Sie alle Profile nach Kategorien sortiert inklusive Vorschaubildern und haben die Möglichkeit, die Wirkung über den Regler STÄRKE einzuschränken oder zu erhöhen.

◂ **Abbildung 16.32**
Der Profilbrowser: Adobe liefert Profile mit fertigen Einstellungen mit.

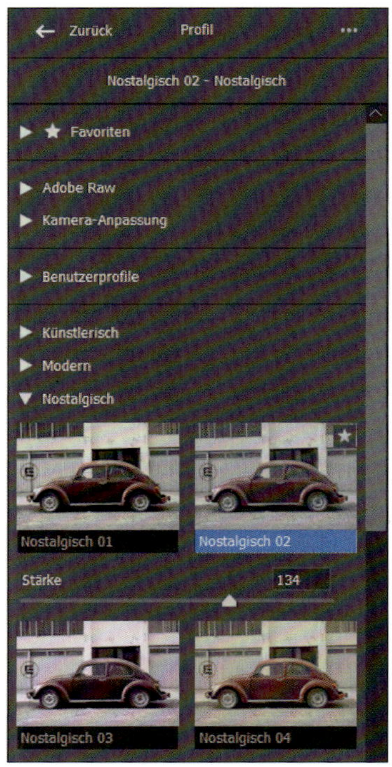

▴ **Abbildung 16.33**
Der Profilbrowser erleichtert die Auswahl eines Bearbeitungsprofils durch Vorschaubilder.

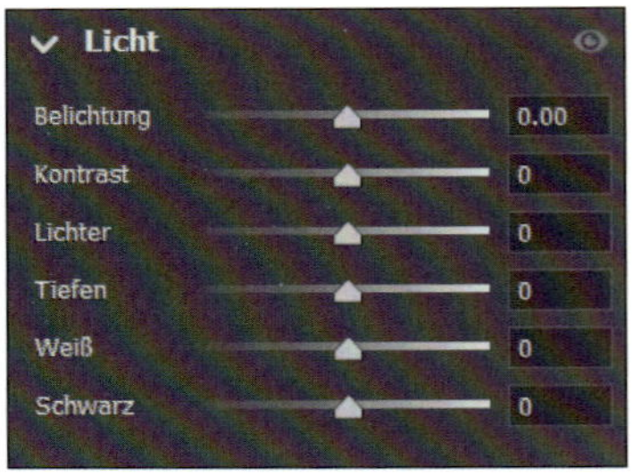

▲ **Abbildung 16.34**
Die Einstellung für den Tonwertbereich des Bildes

Das Bedienfeld Licht | Haben Sie ein Profil für die Bearbeitung ausgewählt, können Sie sich an die Feineinstellung des Tonwertbereichs mit den Mitteltöne, Lichter und Tiefen machen.

- Belichtung: In früheren Versionen von Camera Raw wirkte Belichtung auf Lichter und Tiefen. Jetzt werden damit die Mitteltöne eingestellt; für Tiefen und Lichter gibt es eigene Regler.
- Kontrast: Der Regler Kontrast arbeitet wie das gleichnamige Photoshop-Korrekturwerkzeug. Um den Bildkontrast anzupassen, können Sie alternativ auch die Einstellung unter Gradationskurve nutzen. Deren Bedienung erfordert einige Hintergrundkenntnisse über Gradationskurven, aber mit ihr lässt es sich genauer arbeiten.
- Lichter und Tiefen: Die Regler Lichter und Tiefen legen fest, wie hell oder dunkel die Lichter oder Tiefen des Bildes werden. Die hellsten und dunkelsten Tonwertbereiche des Bildes werden isoliert bearbeitet – der Rest bleibt unangetastet. Das macht den Umgang mit Problembildern mit einem hohen Kontrastumfang deutlich einfacher!
- Weiss und Schwarz: Mit den Reglern Weiss und Schwarz können Sie versuchen, Details zurückzuholen, die durch die Anwendung von Tiefen oder Lichter verlorengegangen sind. Der Regler Weiss kann in den Details Lichterzeichnungen retten, Schwarz dunkelt Details wieder ein wenig ab, die durch Aufhellung der Tiefen zu hell geraten sind.

Das Bedienfeld Farbe | In diesem Bereich passen Sie die Farbstimmung und die allgemeine Leuchtkraft und Sättigung von Farben an.

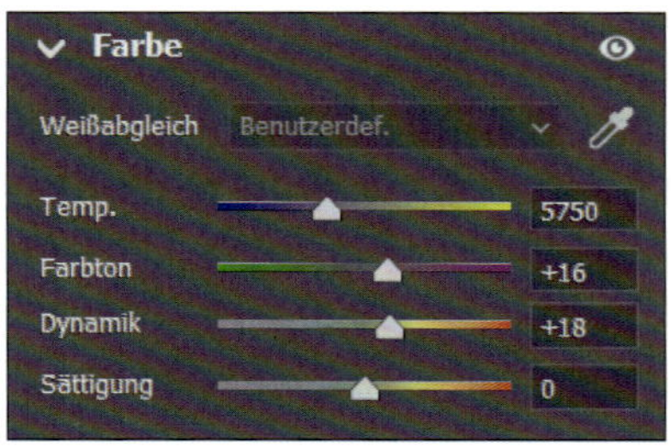

◂ **Abbildung 16.35**
Beim Farbe-Bedienfeld stellen Sie den Weißabgleich und die Sättigung des Bildes ein.

Durch den Weißabgleich wird ein gewichtiger Unterschied zwischen dem menschlichen und dem Kamera-Auge ausgeglichen: Wir Menschen sehen Licht fast immer »weiß«, auch wenn es in Wirklichkeit sehr unterschiedliche Lichtfarben (»Temperaturen«) gibt. Diesen Ausgleich kann eine Kamera nicht leisten – auf dem fotografierten Bild manifestieren sich unterschiedliche Lichtfarben als Farbstiche. Man muss einer Kamera (oder hier dem Raw-Werkzeug) also mitteilen, unter welchen Bedingungen das Bild aufgenommen wurde, damit solch ein Farbstich

Typische Lichttemperaturen
Wenn Sie eine eigene Lichttemperatur einstellen und sich nicht der vorgefertigten Liste bedienen wollen, müssen Sie die Temperatur gängiger Lichtquellen und typischer Beleuchtungssituationen kennen:

- Kerze: 1 500 K
- Glühbirne (40 W): 2 680 K
- Glühbirne (100 W): 2 800 K
- Glühbirne (200 W): 3 000 K
- Leuchtstoffröhre (Warmweiß): 3 000 K
- Leuchtstoffröhre (Kaltweiß): 4 000 K
- Fotolampe, Halogen-Lampe: 3 400 K
- Elektronenblitzgerät: 5 500–5 600 K
- Morgen-/Abendsonne: 5 000 K
- Mittagssonne, sonniger Himmel: 5 500–5 800 K
- Bedeckter Himmel: 6 500–7 500 K
- Blauer Himmel: 9 000–12 000 K
- Vormittags-/Nachmittagssonne: 5 500 K
- Sonne eine Stunde vor Dämmerung: 3 400 K

ausgeglichen werden kann. Dazu steht eine je nach Kameratyp unterschiedlich bestückte Dropdown-Liste hinter WEISSABGLEICH zur Verfügung. Alternativ stellen Sie die Farbtemperatur (mit TEMP.) und (für das Feintuning) den FARBTON mit den Reglern ein.

Wenn Sie lieber intuitiv arbeiten, können Sie auch das Weißabgleich-Werkzeug aus der Werkzeugleiste nutzen. Es wirkt so wie die Lichter-Pipette, die Sie bereits aus den Photoshop-Funktionen TONWERTKORREKTUR und GRADATIONSKURVE kennen: Klicken Sie auf den Punkt des Bildes, der neutralisiert werden soll. Die restlichen Bildfarben verändern sich entsprechend. Bei zu hellen Bildbereichen funktioniert das jedoch nicht!

Bild: Onno K. Gent

▲ **Abbildung 16.36**
Im Eifer, das Motiv schnell zu erwischen, blieb keine Zeit, den Weißabgleich der Kamera zu ändern. Das Bild wirkt zu gelb. Ein Klick mit der Pipette auf das helle weiße Gefieder …

▲ **Abbildung 16.37**
… und die Farben sind geradegerichtet. Mit dem FARBTEMPERATUR-Regler habe ich das Bild anschließend wieder etwas wärmer gemacht.

Mit der Pipette des Farbaufnahme-Werkzeugs S können Sie zudem Messpunkte in das Bild setzen, um bei der Korrektur die Farbwerte neuralgischer Bildpartien jederzeit im Blick zu haben.

Neben dem Weißabgleich können Sie sich auch mit der Farbsättigung Ihrer Bilder beschäftigen:

- DYNAMIK: Der Regler DYNAMIK wirkt ähnlich auf die Bildfarben ein wie Sättigung, arbeitet aber eher kontrasterhaltend. Während der normale Sättigungsregler auf alle Bildfarben gleichermaßen einwirkt, greift DYNAMIK bei Farben mit geringer Sättigung stärker als bei Farben, die ohnehin schon stark gesättigt sind. Diese Einstellung ist gut geeignet, um Porträts mit vielen Hauttönen zu bearbeiten. Auch »ausgeblichene« alte Fotos lassen sich mit ihr vortäuschen.
- SÄTTIGUNG: Die Einstellung SÄTTIGUNG ist Ihnen längst aus Photoshop bekannt. Wenn Sie diesen Regler bewegen, werden Bilder sehr

Zum Weiterlesen
Das Tool »Dynamik« finden Sie auch in Photoshop. Sie finden es im Korrekturen-Bedienfeld (und hier im Buch in Abschnitt 12.3, »Dynamik: Pep für Porträts ohne Übersättigung«).

Vorschau
Interessant ist die Möglichkeit, beim Ziehen an den Helligkeitsreglern BELICHTUNG, LICHTER, TIEFEN, WEISS und SCHWARZ eine Vorschau der aktuell veränderten Bereiche einzublenden: Drücken Sie dazu [Alt], während Sie den Regler bedienen.

▲ **Abbildung 16.38**
Hier wurde die Bildhelligkeit erhöht, Veränderungen werden so dargestellt.

schnell bunt. In der verstärkten Farbigkeit gehen jedoch auch die Kontraste leicht unter. Beim Entsättigen werden Bilder schnell zu flach und grau.

Das Bedienfeld Effekte | Im Effekte-Bedienfeld findet man kombiniert die Einstellungen STRUKTUR, KLARHEIT und DUNST ENTF., mit denen Sie Ihren Bildern mehr Pep und Knackigkeit verleihen können. Außerdem lassen sich fotografische Effekte vergangener Zeit zuweisen, nämlich eine Filmkörnung und ein Randlichtabfall (VIGNETTE).

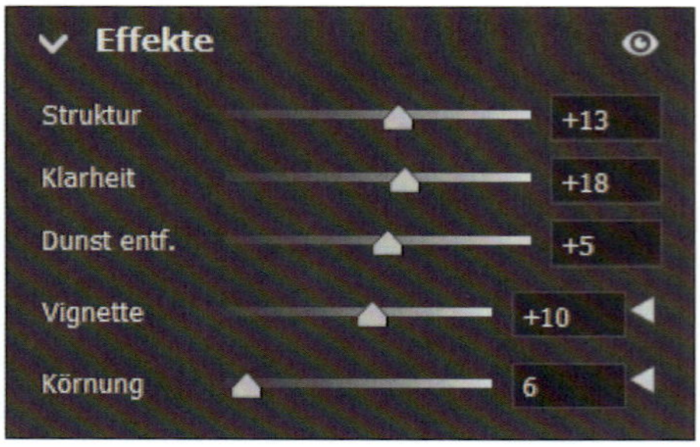

▲ **Abbildung 16.39**
Das Effekte-Bedienfeld

Klarheit und Schärfe
Genau genommen ist Klarheit ein Schärfungstool. Es wirkt ähnlich wie der bekannte Photoshop-Filter UNSCHARF MASKIEREN mit einem extrem hohen Radius-Wert – und beschränkt auf mittlere Tonwerte. Wie bei allen Schärfungsoperationen sollten Sie bei sensiblen Motiven darauf achten, dass in der Vorschau ein Zoomfaktor von 100 % eingestellt ist. Für gute Ergebnisse ziehen Sie den Regler dann so weit nach rechts, bis Sie erste Farbsäume an den Kanten Ihres Motivs erkennen. Dann nehmen Sie die Einstellungen wieder ein wenig zurück.

Mit folgenden Funktionen können Sie die Klarheit der Bilder nacharbeiten:

- STRUKTUR: Das ist eine spezielle Schärfungsfunktion, die kleinteilige Strukturen in Bildmotiven – etwa Holzmaserung, Gesteinsmuster oder andere filigrane Details – durch Kontrastanhebung stärker herausarbeitet.
- KLARHEIT: KLARHEIT macht – wie der Name schon sagt – Bilder durch behutsame Kontraststeigerung »knackiger« und verstärkt so den Tiefeneindruck. Die Funktion wirkt sich lediglich auf Mitteltöne aus, so dass Tiefen und Lichter nicht ausbrechen. Dies prädestiniert den Regler für Motive, bei denen Tiefen oder Lichter ohnehin schon etwas problematisch sind, und natürlich für alle Bilder, die etwas mehr Pep brauchen – von der Landschaft bis zum Architekturmotiv. Anders als der KONTRAST-Regler lässt sich KLARHEIT auch zur Kontraststeigerung von Porträts mit Gewinn einsetzen, ohne dass die Hauttöne in Sonnenbrand-Nuancen umschlagen, oder um Porträts weicher zu machen.
- DUNST ENTFERNEN: Die Funktion DUNST ENTFERNEN kann Bildern einen Nebelschleier hinzufügen oder diesen entfernen. Insbesondere in Kombination mit Radial-Filter, Verlaufsfilter und Korrekturpinsel, die eine lokale Begrenzung erlauben, entfaltet diese Funktion bei geeigneten Bildern eine beachtliche Wirkung.

Mit den letzten beiden Funktionen imitieren Sie fotografische Effekte vergangener Technikepochen: das Filmkorn analoger Fotografie und den starken Randlichtabfall (Vignettierung) altertümlicher Foto-Optiken.

Die Funktion Vignette macht sich vor allem im Kreativeinsatz gut. Dunkle Verschattungen oder aufgehellte Bereiche an den Bildkanten betonen das Hauptmotiv im Bild und retten manch ungünstigen Beschnitt. Sie können die Funktion vor oder nach dem Beschneiden des Bildes einsetzen: Die Ausdehnung des Effekts ändert sich mit den Bilddimensionen. Mit den Reglern stellen Sie den Tonwert (Einstellung hinter Vignette), die Ausdehnung ins Bild (Mittenwert), die Form (Rundheit) und die Kantenweichheit (Weiche Kante) ein. Der Regler Lichter ist inaktiv.

Die Camera-Raw-Vignette ist mehr als ein weichgezeichnetes Passepartout. Mit den Einstellungen unter Stil legen Sie fest, wie sich die Tonwerte der Vignette zu den Bildfarben verhalten:

- Lichterpriorität schützt den Lichterkontrast des Bildes. In dunkleren Bildteilen kann es jedoch zu Farbverschiebungen kommen. Diese Einstellung ist für Bilder mit starken Aufhellungsbereichen geeignet.
- Farbpriorität behält die Farbtöne bei. Bei den Lichtern kann dies jedoch zu einem Detailverlust führen.
- Farbüberlagerung überblendet die Originalbildfarben mit Schwarz oder Weiß. Der Lichterkontrast wird dadurch möglicherweise reduziert. Diese Option erzielt besonders weiche Effekte.

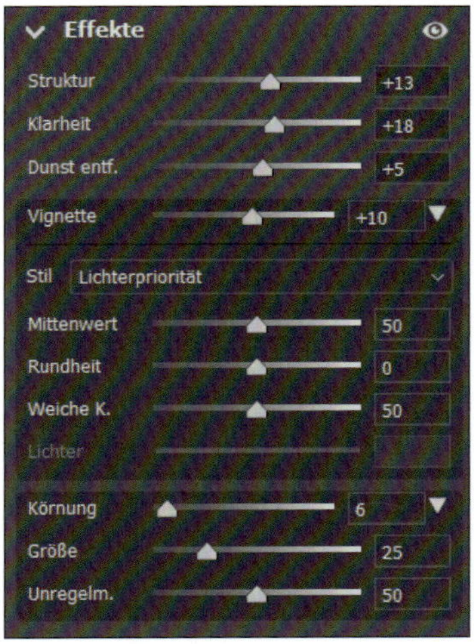

▲ **Abbildung 16.40**
Hier wurden im Effekte-Bedienfeld die Regler Vignette und Körnung aufgeklappt.

Bild: Fotolia, Sascha Burkhard

◄ **Abbildung 16.41**
In Sepiafarben getont wirkt das ursprünglich farbige Motiv schon recht nostalgisch, und die Vignette verstärkt diesen Effekt noch.

Unter Körnung stellen Sie ein, wie das Ihrem Bild hinzugefügte Filmkorn aussehen soll. Die Optionen sind selbsterklärend. Probieren Sie einfach aus, was Ihrem Bild am besten steht!

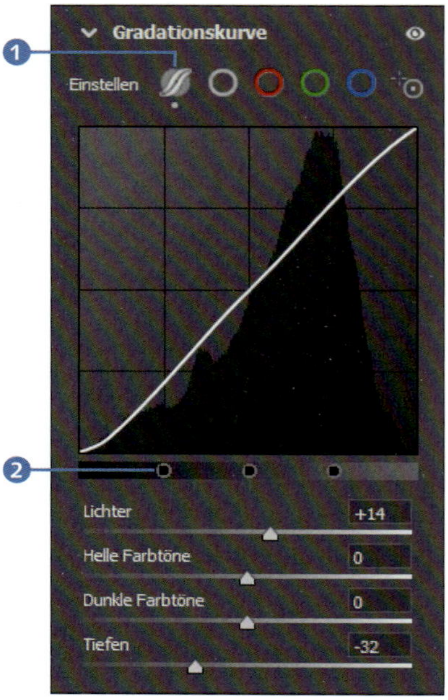

▲ **Abbildung 16.42**
Bei der parametrischen Gradationskurve dient die eigentliche Kurve nur Kontrollzwecken – Sie arbeiten mit Reglern.

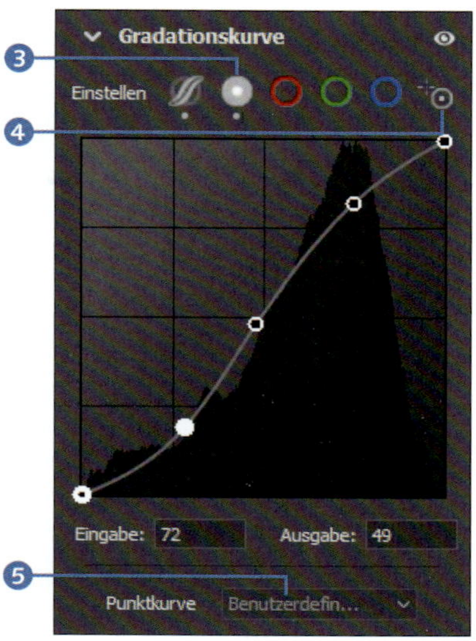

▲ **Abbildung 16.43**
Die übliche, durch Ankerpunkte gesteuerte Gradationskurve

16.5.4 Gradationskurve

Im nächsten Bedienfeld mit der Gradationskurve finden Sie gleich zwei Gradationskurven: die parametrische Kurve und die Punktkurve. Unter Punktkurve ❸ befindet sich ein Werkzeug, das der normalen Gradationskurve stark ähnelt und auch genauso angewendet wird. Hier gibt es außerdem ein Dropdown-Feld mit einigen Standardkurven ❺, und im Hintergrund der Kurve ist in Hellgrau die Tonwertverteilung des Bildes (Histogramm) eingeblendet. Auch die einzelnen Kanäle Rot, Grün und Blau können Sie als Punktkurve bearbeiten, indem Sie rechts daneben einen der farbigen Kreise auswählen.

Die parametrische Gradationskurve ❶ ist eine Spezialität von Camera Raw. Mit ihr wirken Sie *per Regler* differenziert auf verschiedene Tonwertbereiche ein, ohne dass Sie auf der Kurve selbst Ankerpunkte setzen müssen. Die Gefahr von Tonwertabrissen infolge zu zahlreicher Ankerpunkte und zu flacher Kurven ist damit gebannt.

Lichter wirkt auf die allerhellsten Tonwertbereiche des Bildes ein, Tiefen auf die dunkelsten. Mit dem Regler Helle Farbtöne bearbeiten Sie nur die hellen Farbtöne – nicht aber die allerhellsten. Analog wirkt Dunkle Farbtöne, nur eben in den dunklen Tonwertbereichen.

Wenn Sie erst einmal die Wirkung dieses Werkzeugs durchschaut haben – die Gestaltung der Kurve könnte etwas klarer sein –, können Sie Erstaunliches bewirken. Es ist zum Beispiel möglich, zunächst die hellen Tonwerte eines Bildes aufzuhellen und dann isoliert davon die Lichter wieder abzudunkeln, um Tonwertverluste zu vermeiden. Eine solche Korrektur wäre mit der normalen Gradationskurve zwar auch machbar, aber es ist ein wenig schwieriger, durch Setzen von Punkten und Ziehen mit der Maus die »Idealkurve« zu finden.

Indem Sie die schwarzen Punkte ❷ unterhalb der Kurvendarstellung verschieben, können Sie außerdem festlegen, wie groß der Tonwertumfang der einzelnen Bereiche ist. Mit diesen Trennern definieren Sie, welche Tonwertbereiche während der Korrektur überhaupt als »Tiefen«, »Lichter« oder »helle/dunkle Farbtöne« interpretiert werden. Wie immer sind die Tiefen links, die Lichter rechts angeordnet. Wenn Sie den rechten und linken Regler mehr an den Rand schieben, grenzen Sie die Wirkung des Werkzeugs noch stärker auf hellste bzw. dunkelste Tonwertbereiche ein. Wenn Sie den mittleren Regler nach links bewegen, wirkt die Korrektur der Lichter stärker; bewegen Sie ihn nach rechts, werden mehr Tonwerte den Tiefen zugeschlagen, und Korrekturen der Tiefen greifen mehr. Vor allem in Zusammenarbeit mit Helle Farbtöne und Dunkle Farbtöne wirkt sich das deutlich aus.

Das Verschieben der kleinen schwarzen Punkte *allein* bewirkt übrigens gar nichts – Sie legen damit nur die Korrekturwirkung der vier

Schieber fest. Solange diese nicht bewegt werden, bleibt das Bild unverändert.

Mausgesteuert korrigieren: »Zielkorrektur-Werkzeug« | Aus Photoshop, etwa vom SCHWARZWEISS-Werkzeug oder vom Tool FARBTON/SÄTTIGUNG, kennen Sie vielleicht die Korrektursteuerung »Zielgerichtet-korrigieren-Werkzeug«: Sie klicken bei aktivem Korrekturwerkzeug ins Bild, und der Mauszeiger wird zur Hand mit Pfeilen daran. Bewegen Sie die Hand in Pfeilrichtung, werden genau für die Stelle des Klicks Werte erhöht oder verringert. Auch in Camera Raw steht Ihnen diese Funktion für die GRADATIONSKURVE und den FARBMISCHER bzw. SCHWARZWEISSMISCHER zur Verfügung. Gerade bei Rohbildern mit höheren Bit-Werten können Sie sie mit Gewinn einsetzen, denn hier sind nicht so leicht Tonwertverluste durch zu beherzten Mauseinsatz zu befürchten. Sie finden das Zielkorrektur-Werkzeug ganz rechts ❹ bei EINSTELLEN im Bedienfeld GRADATIONSKURVE (Shortcut [T]).

Wenn Sie das Zielkorrektur-Werkzeug aktiviert haben, öffnet sich eine Bearbeitungsleiste. Darin stellen Sie ein, welches Korrekturtool Sie steuern wollen. Beim ersten Icon ❻ von links steuern Sie die Gradationskurve und mit dem zweiten Icon ❼ das Farbmischer-Bedienfeld. Für die Gradationskurve steht Ihnen dann auch hier die PARAMETRISCHE KURVE ❽ und die PUNKTKURVE ❾ zur Verfügung. Bei Bedarf können Sie auch auf die einzelnen Kanäle Rot, Grün oder Blau ❿ als Punktkurve zugreifen. Das Bedienfeld bleibt so lange eingeblendet, bis Sie es über das ×-Symbol, [T] oder das Anklicken des Bedienfeld-Icons bei GRADATIONSKURVE oder FARBMISCHER schließen.

Wenn Sie das zweite Icon ❼ für den FARBMISCHER angeklickt haben, können Sie hiermit den Farbton, die Sättigung und/oder die Luminanz anpassen. Bei Schwarzweißbildern gibt es dann nur eine Schwarzweißmischung.

Die einzelnen Einstellungen PARAMETRISCHE KURVE und PUNKTKURVE für die Gradationskurve und FARBTON, SÄTTIGUNG und LUMINANZ bzw. SCHWARZWEISSMISCHUNG für die Farbmischung können Sie auch über das Kontextmenü mit aktiven Zielkorrektur-Werkzeug auswählen, wenn Sie mit der Maus auf dem Bild rechtsklicken. Die **Anwendung des Werkzeugs** ist dann einfach:

1. Wählen Sie aus, mit welchem Tool Sie das Bild verändern wollen.
2. Klicken Sie im Bild auf den Bereich, den Sie verändern wollen, lassen Sie die Maustaste jedoch gedrückt.
3. Bewegen Sie die Maus dann nach rechts oder links, um die Einstellungen zu ändern.

Zum Weiterlesen
Genaue Anweisungen zum Gebrauch der **Gradationskurve** finden Sie in Kapitel 14, »Universalhelfer für professionelle Ansprüche: Gradationskurven«. Überhaupt werden Sie nach dem Durcharbeiten des Teils über Photoshop-Korrekturen keine Schwierigkeiten haben, die Raw-Werkzeuge qualifiziert zu nutzen!

▲ **Abbildung 16.44**
Das Bedienfeld wird angezeigt, wenn Sie das Zielkorrektur-Werkzeug bei GRADIATIONSKURVE aktivieren.

▲ **Abbildung 16.45**
Das ist das Bedienfeld des Farbmischer-Werkzeugs.

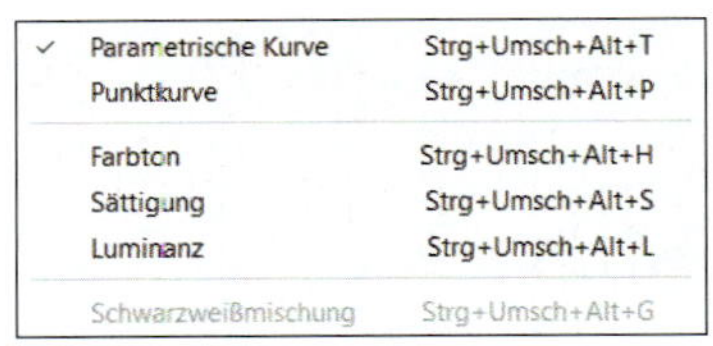

▲ **Abbildung 16.46**
Das Kontextmenü für das Zielkorrektur-Werkzeug

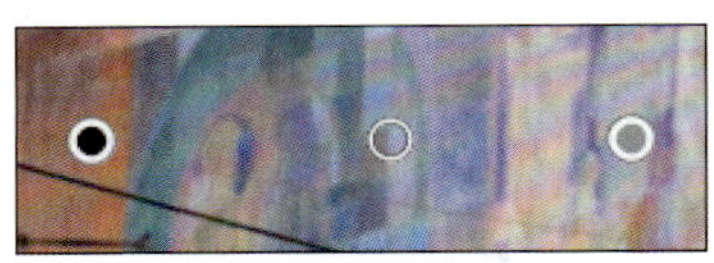

▲ **Abbildung 16.47**
Bewegen Sie die Maus waagerecht, um zu korrigieren.

Was wollen Sie tun?	Windows	Mac
Werkzeug aufrufen (mit der zuletzt benutzten Einstellung)	T	T
Modus: Parametrische Kurve verändern	Strg + ⇧ + Alt + T	cmd + ⇧ + alt + T
Modus: Punktkurve verändern	Strg + ⇧ + Alt + P	cmd + ⇧ + alt + P
Modus: Farbton verändern	Strg + ⇧ + Alt + H	cmd + ⇧ + alt + H
Modus: Farbsättigung verändern	Strg + ⇧ + Alt + S	cmd + ⇧ + alt + S
Modus: Farbhelligkeit verändern	Strg + ⇧ + Alt + L	cmd + ⇧ + alt + L
Modus: Kanalmischung bei der Graustufen-Umsetzung steuern	Strg + ⇧ + Alt + G	cmd + ⇧ + alt + G

▲ **Tabelle 16.1**
Tastaturbefehle für das Raw-Werkzeug SELEKTIVE ANPASSUNG auf einen Blick

16.5.5 Detail: Schärfen und Rauschreduzierung

Im Bedienfeld DETAIL finden Sie Regler zum Schärfen des Bildes und zur Rauschreduzierung. Es ist sinnvoll, diese zwei Funktionen zusammenzufassen: SCHÄRFEN lässt das Rauschen stärker hervortreten, RAUSCHREDUZIERUNG macht Bilder unschärfer. Hier können Sie beides gegeneinander austarieren. Zunächst werden im Bedienfeld DETAIL nur der Regler SCHÄRFEN, die Schaltfläche ENTRAUSCHEN und das Ausklappmenü MANUELLE RAUSCHREDUZIERUNG eingeblendet, die häufig auch ausreichen. Die Regler für SCHÄRFEN und MANUELLE RAUSCHREDUZIERUNG können Sie dann aber noch über das kleine Dreieck auf- und zuklappen.

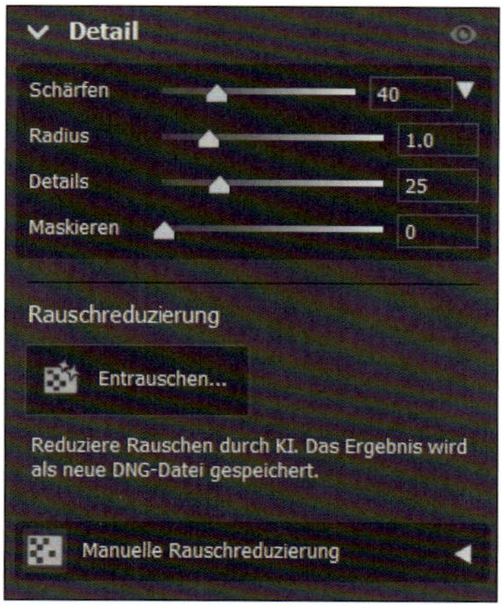

◂ **Abbildung 16.48**
Die Werte für das Schärfen und die Rauschunterdrückung können hier einfach aufeinander abgestimmt werden.

Schärfe und Entrauschen in der 100%-Ansicht
In Camera Raw gilt dasselbe wie in Photoshop: Korrekturen, die in die Bildschärfe eingreifen (dazu gehört auch das Entrauschen), sollten Sie in der 100%-Ansicht durchführen. Ein Doppelklick auf das Lupen-Werkzeug bringt das Bild schnell in den gewünschten Darstellungsmaßstab. Nutzen Sie das Hand-Werkzeug, um relevante Bildbereiche ins Blickfeld zu schieben. **Grundlegendes** zur Scharfzeichnung und zum Entrauschen finden Sie übrigens in Teil VI, »Reparieren und retuschieren«.

Scharfzeichnen | Die Regler sehen zunächst so aus, wie Sie es auch von Photoshop kennen. Das Camera-Raw-Schärfen enthält jedoch einige unbekannte Funktionen und unterscheidet sich in wichtigen Details von den bekannten Photoshop-Filtern.

Was geschieht beim digitalen Schärfen? Zunächst werden benachbarte Pixel miteinander verglichen. Dort, wo unterschiedlich helle Pixel aneinandergrenzen – an den Konturen innerhalb des Bildes also –, setzt die Schärfungsfunktion an und erhöht den Kontrast. Dadurch entsteht der optische Eindruck größerer Schärfe.

- Mit SCHÄRFEN steuern Sie, wie stark der Kontrast benachbarter Pixel erhöht wird. Sie bestimmen so, wie kräftig scharfgezeichnet wird.
- Der RADIUS legt fest, wie breit der Konturbereich ist, an dem die Kontrasterhöhung greift.

SCHÄRFEN und RADIUS ähneln den Reglern STÄRKE und RADIUS in Photoshops Schärfungsklassiker UNSCHARF MASKIEREN (USM). Doch in Camera Raw wirken beide Regler **viel intensiver** als ihre Pendants in Photoshops USM und sollten vorsichtig gehandhabt werden. Ein hoher BETRAG um die 150 ruiniert ein Bild fast immer, wenn Sie nicht mit DETAIL und MASKIEREN gegensteuern.

Schärfen, Entrauschen und Co.: auch lokal anwendbar
Die Funktionen BILDSCHÄRFE und RAUSCHREDUZIERUNG können Sie auch lokal – per Korrekturpinsel oder Verlaufsfilter – anwenden: oftmals eine gute Alternative zu den Einstellungen des Detail-Bedienfelds.

Aus Photoshop noch unbekannt ist der Regler DETAILS. Damit stellen Sie ein, ob die Schärfung Motivkanten betont (niedrige Werte) oder ob auch Texturen und Strukturen im Bild hervorgehoben werden (höhere Werte). Wenn Sie diesen Regler einige Male ausprobiert haben, werden Sie seinen Nutzen schnell erkennen! Eine zu kräftige Schärfung kann er ganz leicht justieren, ohne dass Sie minutenlang im Wechsel SCHÄRFEN und RADIUS verschieben müssen, bis Sie die optimale Konstellation gefunden haben. Außerdem unterdrückt diese Einstellung unerwünschte Halo-Effekte an den Konturen.

Ein Schärfen macht Fotos nicht nur kontrastreicher und knackiger; es betont auch unerwünschte Bildstörungen. Ein wirksamer Schutz gegen solche Nebenwirkungen der Schärfung ist die Funktion MASKIEREN. Mit diesem Regler erzeugen Sie eine Konturenmaske, die die Schärfungswirkung auf mehr oder weniger deutliche Motivkonturen einschränkt – also die Bildbereiche, auf die es beim Schärfen ankommt. Flächen werden geschützt. Ist die Maske deaktiviert (Wert 0), werden alle Bildteile in gleichem Maß geschärft. Je weiter Sie den MASKIEREN-Regler nach rechts schieben, desto stärker wirkt die Scharfzeichnung ausschließlich auf die Konturen im Bild.

Außerdem bietet Camera Raw ein geniales Kürzel, das Ihnen wirklich gute Kontrolle über Ihre Scharfzeichnung gibt: Sobald Sie [Alt] drücken und dabei einen der Regler bewegen, wechselt die Vorschauansicht und wird zu einer Maske. Das funktioniert für alle Schärfungsregler, ist jedoch vor allem bei MASKIEREN von Nutzen. So können Sie jede Einstellung exakt anpassen.

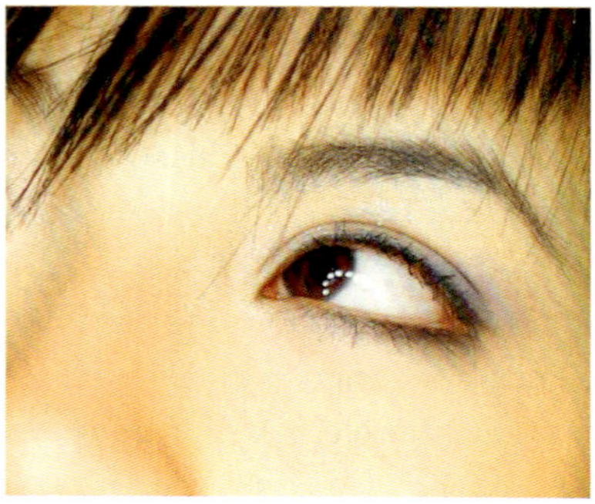

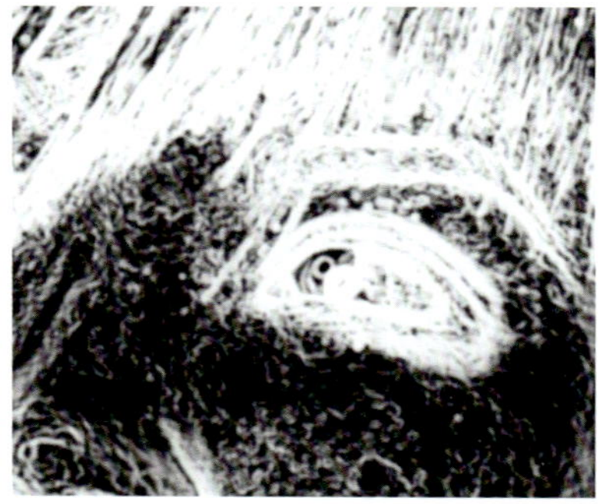

Bild: Fotolia, Dashek (Ausschnitt)

Abbildung 16.49 ▸
Bildausschnitt in der Normalansicht (bereits geschärft) …

Abbildung 16.50 ▸▸
… und mit Vorschau der Konturenmaske. Extrem hilfreich!

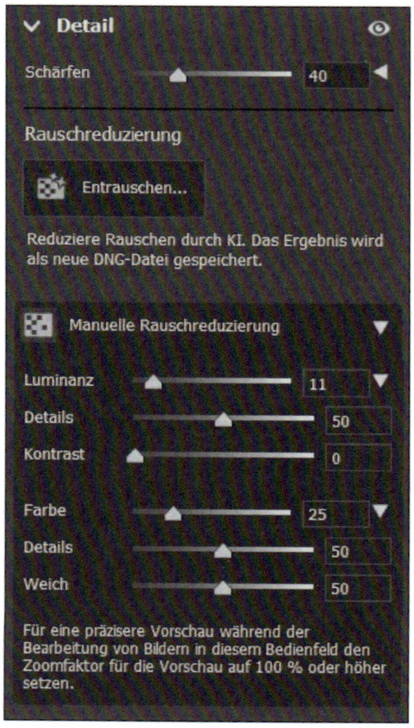

▴ **Abbildung 16.51**
Das Detail-Bedienfeld mit den Reglern für die manuelle Rauschreduzierung.

Rauschreduzierung | Das Bildrauschen ist eine leidige Begleiterscheinung gerade bei kompakteren Kameras (abhängig von der Größe der eingesetzten Sensoren). Es kann nach dem Schärfen stärker werden, tritt aber auch solo auf. Für das Entrauschen stehen mit Camera Raw eine KI oder eine manuelle Rauschreduzierung zur Verfügung. Wenn Sie die Schaltfläche ENTRAUSCHEN drücken, analysiert die KI das Bild und zeigt in einem Vorschau-Dialog das Ergebnis an. Hier können Sie weitere Anpassungen vornehmen. Ich reduziere hier z. B. oftmals die Stärke etwas.

Als zweite Option steht Ihnen die MANUELLE RAUSCHREDUZIERUNG zur Verfügung. Hierbei gibt es zwei besonders wichtige Regler:

- ▸ LUMINANZ: Verschieben des RAUSCHREDUZIERUNG-Reglers neben LUMINANZ geht gegen Helligkeitsrauschen (Graustufenrauschen) vor.
- ▸ FARBE: Farbrauschen können Sie mit dem Regler FARBE bekämpfen.

Die weiteren Regler dienen der **Feinabstimmung**:

- ▸ DETAILS bei LUMINANZ verändert den Schwellenwert für die Luminanzentrauschung. Sie legen hier also fest, welche Tonwerte Camera Raw als Störung interpretiert. Hohe Werte retten mehr Details im Bild, können jedoch auch Störungen verstärken. Geringe Werte sorgen für saubere Bilder, bei denen jedoch Details leicht unscharf geraten können.
- ▸ KONTRAST ist für Bilder mit stärkeren Störungen gedacht. Hohe Werte sorgen dafür, dass mehr Kontraste beibehalten werden, können jedoch auch für Sprenkel und andere Störungen sorgen.
- ▸ DETAILS bei FARBE steuert den Schwellenwert für Farbstörungen. Hohe Werte schützen dünne, helle Farbkanten, können jedoch zu Farbflecken führen. Bei niedrigen Werten werden Farbflecke getilgt, es können jedoch verlaufsartige Strukturen entstehen.
- ▸ WEICH hilft, wenn Sie stark unterbelichtete Bilder etwas stärker aufhellen, wodurch in dunklen Bereichen gerne mal größere Farbkleckse entstehen.

16.5.6 Bedienfeld »Farbmischer«

Nicht nur Korrekturen, auch kreative Farbveränderungen können Sie mit Hilfe des Bedienfelds Farbmischer. Bei Einstellen stehen die Modi HSL und Farbe zur Verfügung.

HSL | Das Kürzel HSL bezeichnet die drei Farbbeschreibungsparameter Farbton (**H**ue), Sättigung (**S**aturation) und Helligkeit (**L**uminance), die sich hier einzeln und sehr differenziert bearbeiten lassen. Die Bedienung ist einfach: Durch Verschieben der Regler beeinflussen Sie die Bildfarben. Für acht Farbtonbereiche können Sie Farbton, Sättigung und Luminanz (Helligkeit) separat einstellen. Mit Alle werden alle Regler von Farbton, Sättigung und Luminanz im Bedienfeld auf einmal angezeigt.

Zum Weiterlesen
Mehr zum Thema **Schwarzweißumsetzung** erfahren Sie in Kapitel 15, »Das Spiel mit Farbe und Schwarzweiß«.

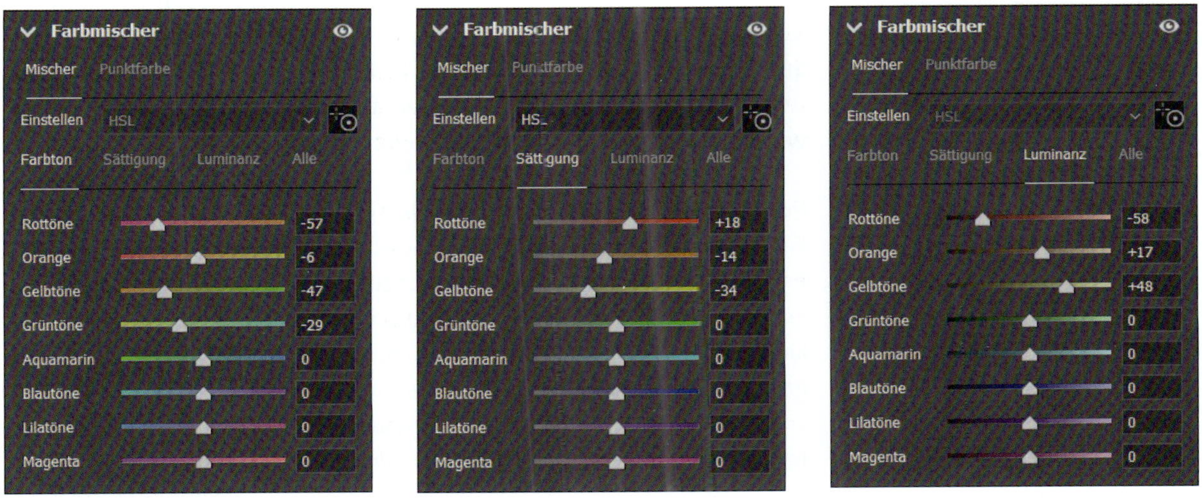

▲ **Abbildung 16.52**
Gleich vier Unterteilungen bietet das Bedienfeld Farbmischer, wenn Sie HSL eingestellt haben.

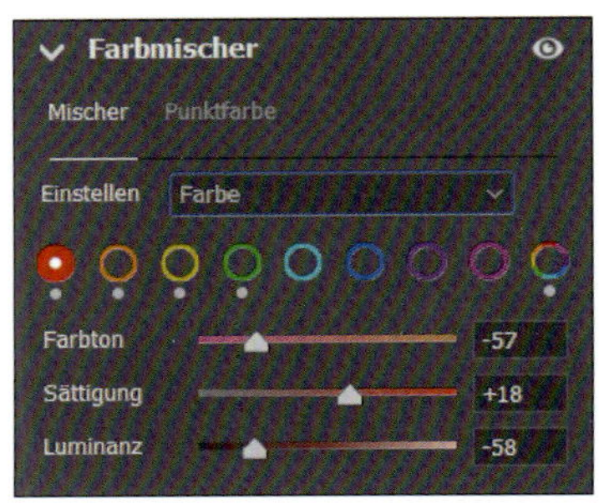

▲ **Abbildung 16.53**
Wählen Sie Farbe bei Einstellen, um den Farbton, die Sättigung und die Luminanz gezielt für den ausgewählten Farbton anzupassen.

Farbe | Wenn Sie die Option Farbe bei Einstellen auswählen, dann können Sie jeweils zu den einzelnen Farben der acht Farbtöne den Farbton, die Sättigung und die Luminanz mit entsprechenden Reglern anpassen. Den gewünschten Farbton wählen Sie mit den kleinen Farbkreisen aus.

Graustufenversion erzeugen und genau steuern | Um aus dem Farbbild ein Graustufenbild zu machen, aktivieren Sie zunächst ganz oben bei Bearbeiten die Schaltfläche B&W. Danach ändert sich das Bedienfeld Farbmischer in den Schwarzweiss-Mischer, wo Sie die Schwarzweißumsetzung genau steuern können.

▲ **Abbildung 16.54**
Zur Schwarzweißbearbeitung umschalten

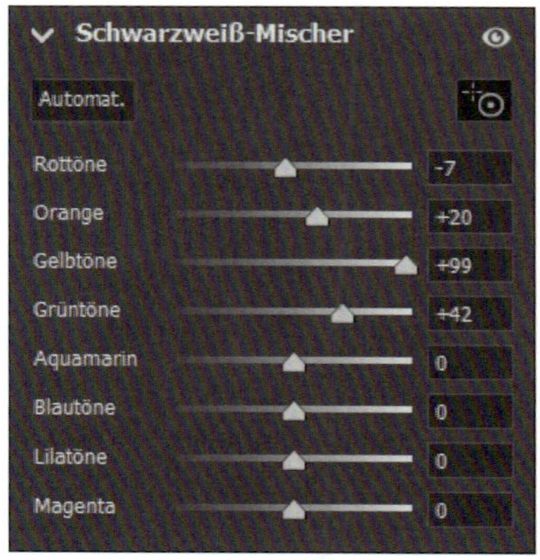

Abbildung 16.55 ▶
Mit diesen Reglern erzeugen Sie genau steuerbare Schwarzweißumsetzungen.

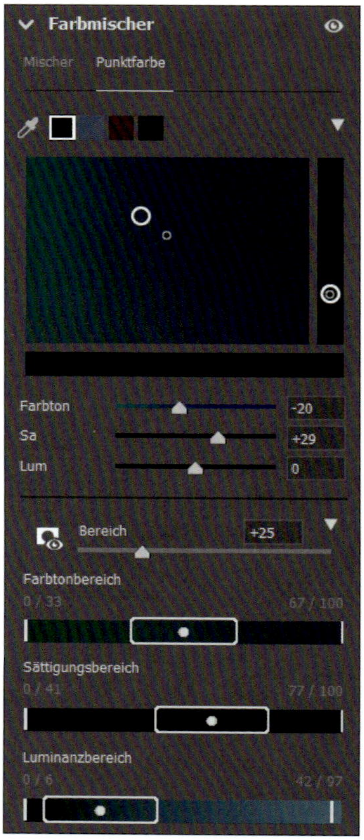

▲ **Abbildung 16.56**
Mit dem Register Punktfarbe können Sie wörtlich eine Farbe punktgenau auswählen und anpassen.

Zielkorrektur-Werkzeug | Wenn Sie kein Gefühl für die Farben haben oder nicht sicher sind, wie Sie die Regler verwenden sollen, können Sie auch hier das Zielkorrektur-Werkzeug (T) auswählen und die Farben gezielt direkt im Bild ändern. Die Zielkorrektur steht für HSL und die Graustufen zur Verfügung. Die Anwendung wurde in Abschnitt 16.5.4 bei den Gradationskurven bereits beschrieben.

Punktfarbe | Über den Reiter Punktfarbe können Sie gezielt mit dem Farbwähler eine Farbe im Bild auswählen und die Farbe über die Regler Farbton, Sättigung und Luminanz anpassen. Hierbei können Sie bis zu acht Farbfelder auswählen und anpassen. Mit dem Regler Bereich können Sie die ausgewählte Farbe feinsteuern. Halten Sie hierbei die Alt-Taste gedrückt, werden alle anderen Farben um diesen Bereich in Schwarzweiß angezeigt, und Sie können sehr genau im Bild sehen, welcher Farbbereich ausgewählt ist. Dasselbe erreichen Sie auch, wenn Sie die Schaltfläche Bereich visualisieren links neben dem Regler Bereich aktivieren. Sie können eine noch spezifischere Feinabstimmung unter Farbtonbereich, Sättigungsbereich und Luminanzbereich vornehmen, wenn Sie das kleine Dreieck beim Regler Bereich anklicken und ausklappen.

16.5.7 Bedienfeld »Color-Grading«

Mit dem Bedienfeld Color-Grading können Sie Graustufenbilder abtönen und farbig variieren. Sie können ein Bild durchgehend in einer Farbe tonen oder Tiefen, Mitteltönen und Lichtern unterschiedliche Farbtonwerte zuweisen. Die allerhellsten und allerdunkelsten Bereiche bleiben aber in jedem Fall schwarz und weiß.

In der Leiste Einstellen ① wählen Sie die Darstellungsform: Verwenden Sie das Drei-Wege-Layout oder die Mitteltöne, Tiefen und Lichter einzeln. Unterhalb der Farbkreise finden Sie jeweils einen Luminanz-

Regler ❸, mit dem Sie die Helligkeit anpassen. Mit dem letzten Symbol von EINSTELLEN verwenden Sie ein globales Farbrad ❷, mit dem Sie bei allen Bereichen gleichzeitig dieselbe Farbtonung zuweisen. Beim kleinen Dreieck unter GLOBAL rechts unten ❹ können Sie sich zusätzlich die Regler FARBTON und SÄTTIGUNG einblenden lassen.

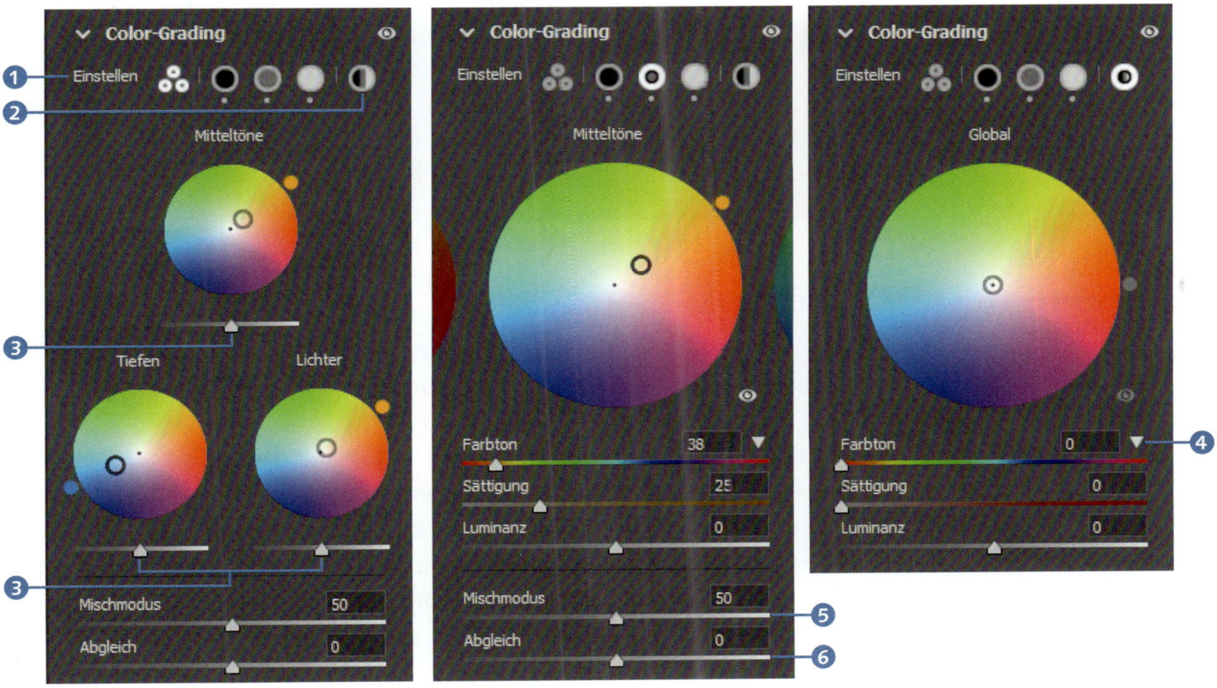

▲ **Abbildung 16.57**
COLOR-GRADING ist ein wunderbares Spielzeug, das unzählig viele Bildergebnisse produziert.

Die Funktion der Farbräder ist einfach: Ziehen Sie den zentralen Anfasser nach außen, um die Sättigung zu erhöhen und im Kreis herum um den Farbton auszuwählen. Halten Sie hierbei die ⇧-Taste gedrückt, um beim Ändern den Farbton zu erhalten, und Strg/cmd, wenn Sie die Sättigung nicht mehr verändern wollen.

Mit dem Regler MISCHMODUS ❺ erzielen Sie einen deutlich weicheren Übergang zwischen dem Helligkeitsbereich. Der Regler ABGLEICH ❻ schafft einen Ausgleich zwischen den Lichtern und Tiefen und den von Ihnen gewählten Farbtönen. Obwohl sich dieses Konzept des Tonens mit verschiedenen Farben zunächst etwas wild anhört, werden dadurch mitnichten bunte Pop-Art-Bilder erzeugt, sondern – auch wenn Sie mit sehr unterschiedlichen Farben und hoher Sättigung arbeiten – recht harmonische Bilder.

»Mohnblume.CR2«

Bild: Onno K. Gent

Abbildung 16.58 ▸
Hier eine getonte Schwarzweißversion des Beispiel-Mohnbildes …

Abbildung 16.59 ▸▸
… und eine nostalgisch-verblichene Farbumsetzung

Integriertes Objektivprofil
Bei Objektiven wie von Fujifilm finden Sie bei OBJEKTIVPROFIL den Wert INTEGRIERT vor. Dies bedeutet, dass die Korrektur bereits automatisch auf das Bild angewandt wurde.

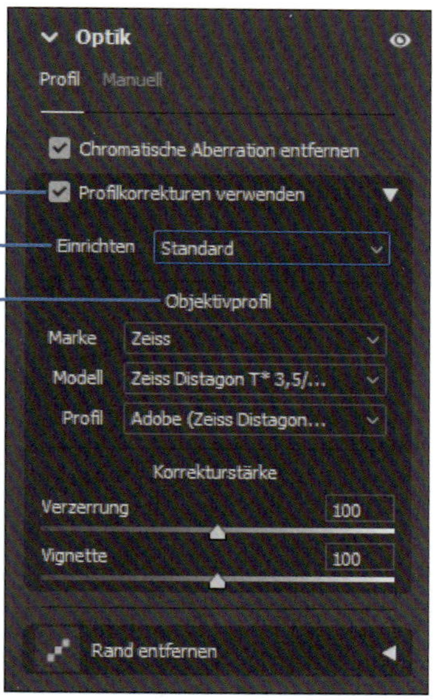

▲ Abbildung 16.60
Wenn Sie Glück haben, erkennt Camera Raw Ihr Objektiv und korrigiert Verzerrung und Vignettierung automatisch.

16.5.8 Bedienfeld »Optik«

Mit den Funktionen im Bedienfeld OPTIK machen Sie typischen Objektivfehlern wie Verzerrung, Vignettierung und Aberration den Garaus.

Automatische Objektivkorrekturen mit Profil | Eine automatische Objektivkorrektur findet sich nicht nur in Photoshops OBJEKTIVKORREKTUR-Filter, sondern in vergleichbarer Form auch in Camera Raw. Auf der Registerkarte PROFIL versucht Camera Raw sich in der automatischen Objektiverkennung und Korrektur typischer Fehlerwerte. Das Vorgehen dabei ist einfach:

1. Setzen Sie bei der Option PROFILKORREKTUREN VERWENDEN ① ein Häkchen.
2. Unter EINRICHTEN ② wählen Sie AUTOMATISCH für die automatische Korrektur.
3. Camera Raw liest nun die Metadaten des Bildes aus und gleicht sie mit einer Profil-Datenbank ab. Wird das verwendete Objektiv gefunden, tauchen unter OBJEKTIVPROFIL ③ entsprechende Einträge auf. Die Korrekturen werden automatisch durchgeführt. Bei subtilen Korrekturen hilft ein Aus- und Einschalten der Vorschau (am schnellsten mit dem Shortcut [P]), um Änderungen im Bild zu erkennen.
4. Sie können das Korrekturergebnis anhand der Regler unter KORREKTURSTÄRKE manuell nachbessern.

Ist das Profil nicht gelistet oder fehlen entsprechende Metadaten im Bild, erhalten Sie eine Fehlermeldung. Dann können Sie versuchen, unter OBJEKTIVPROFIL in den Listen das verwendete Objektiv zu finden und einzustellen.

Farbfehler: Chromatische Aberration | Die chromatische Aberration ist ein physikalischer Effekt, der beim Gebrauch optischer Linsen immer eintritt: Lichtbestandteile verschiedener Frequenzbereiche (»Farben«) werden unterschiedlich abgelenkt.

Durch Benutzung mehrerer Linsen im Objektiv kann das ausgeglichen werden. Funktioniert das nicht ganz, zeigen sich Farbsäume am Bild. In Camera Raw können Sie violette und grüne Farbsäume reparieren.

◂ **Abbildung 16.61**
Starke chromatische Aberration. Sie ist an bunten Details wie dem Schifffahrtssignal erkennbar, aber auch an den Wellen.

Damit Sie die richtige Einstellung finden, zoomen Sie sich am besten in Ihr Bild hinein. Suchen Sie eine Stelle mit starken Farbsäumen. Die finden Sie vermutlich am ehesten in Bereichen, die sehr dunkle oder schwarze Details vor einem sehr hellen oder weißen Hintergrund enthalten. Nun haben Sie verschiedene Möglichkeiten, vorzugehen. Welche die beste ist, hängt von Objektiv und Aufnahmesituation ab.

- Maßnahme eins sollte es immer sein, den Haken bei CHROMATISCHE ABERRATION ENTFERNEN 5 auf der Registerkarte PROFIL des OPTIK-Bedienfeldes zu setzen. Leichte Farbränder verschwinden dann meist schon.
- Ergänzend oder alternativ können Sie auch einfach unter RAND ENTFERNEN die Regler LILA INTENSITÄT 8 und GRÜN INTENSITÄT 10 bewegen. Hilfreich ist es, dabei Alt gedrückt zu halten. Dann wird eine Schwarzweiß-Bildansicht gezeigt, in der die aktuell behandelten Farbränder sichtbar sind.
- Mit den Reglern unter LILA FARBTON 9 und GRÜN FARBTON 11 können Sie den Farbbereich, der mit den beiden INTENSITÄT-Reglern erreicht wird, verändern.
- Anstatt mit den Reglern zu hantieren, können Sie aber auch mit der Pipette bei SAUM AUFNEHMEN 7 im Bild auf den Farbsaum klicken, und Camera Raw versucht, diesen Bereich abzuschwächen.

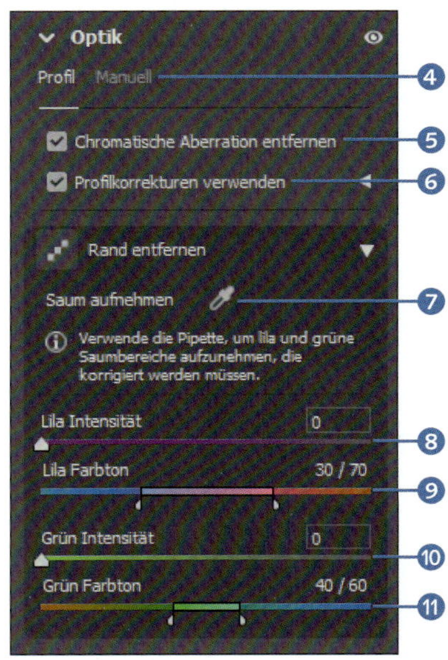

▴ **Abbildung 16.62**
Manueller Ausgleich verschiedener Objektivfehler

Zum Weiterlesen
Mehr zu **Photoshops Objektivkorrektur-Filter** finden Sie in Abschnitt 17.7, »Objektivkorrektur«.

Manuelle Objektivkorrektur | Im Register Manuell ④ des Optik-Bedienfelds können Sie die Verzerrung und Vignettierung selbst korrigieren. Dies ist z. B. nützlich, wenn Ihr Objektiv nicht erkannt wurde.

Als Vignette-Effekt bezeichnet man Verschattungen an den Bildrändern. Sie rühren vom Objektivrand her und können mit den Reglern unter Vignettierung ebenfalls korrigiert werden:

- Mit dem Regler Vignette selbst stellen Sie ein, wie hell oder dunkel die Vignettenkorrektur ist.
- Mittenwert legt fest, wie weit die Vignettenkorrektur sich von den Bildecken ins Bildzentrum erstreckt.

Bild mit Tiefen-Map
Wenn ein Bild bereits über eine Tiefen-Map verfügt, wie dies z. B. bei Fotos von Smartphones der Fall ist, wo Sie Bilder im Porträt-Modus erstellen, dann wird diese Tiefen-Map verwendet, wenn Sie nichts anderes vorgeben.

16.5.9 Das Objektivunschärfe-Bedienfeld

Mithilfe des Bedienfelds Objektivunschärfe können Sie eine Tiefenschärfe zu einem Bild hinzufügen. Die Funktion ist KI-unterstützt und erstellt eine Tiefen-Map von einem Foto, ähnlich wie man dies von Smartphone-Kameras kennt. Sobald Sie das Häkchen vor Anwenden ① setzen, wird die Tiefen-Map erstellt und ein Weichzeichnungseffekt auf das Bild angewendet. Wenn Sie den Weichzeichnungseffekt angewendet haben, können Sie diesen mit folgenden Optionen verfeinern:

- Stärke: Damit stellen Sie ein, wie stark Sie die Tiefenschärfe weichzeichnen wollen. Je höher der Wert, umso stärker wird zwar weichgezeichnet, aber umso unrealistischer wirkt der Effekt dann häufig.
- Bokeh: Hier können Sie den Bokeh-Effekt für die Weichzeichnung auswählen, um bestimmte Objektive zu simulieren. Zur Auswahl stehen Rund, Blase, 5 Lamellen, Ring oder Katzenaugen.
- Verstärken: Damit passen Sie die Helligkeit von nicht fokussierten Lichtquellen an.
- Brennweite: Hier können Sie durch Verschieben bzw. Vergrößern/Verkleinern des erfassten Bereichs den Fokusbereich anpassen. Sie stellen praktisch ein, welche Bereiche im Fokus sein sollen und welche unscharf. Ebenso bestimmen Sie damit die Tiefenschärfe. Hier finden Sie noch zwei Icons, mit denen Sie den Fokusbereich einstellen können ②: Über Motiv-Fokus wird eine KI-gestützte Motiverkennung verwendet. Befindet sich z. B. ein Person im Bild, wird die KI den Fokusbereich auf die Person stellen. Über Punkt-/Bereich-Fokus stellen Sie den Fokusbereich manuell ein, indem Sie an der gewünschten Stelle im Foto klicken oder einen Rahmen aufziehen.

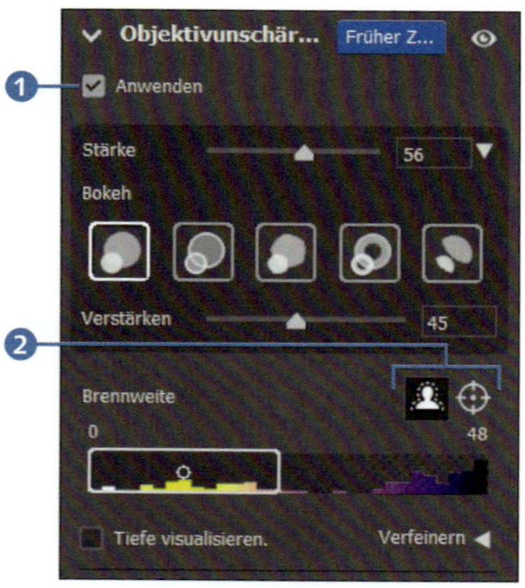

▲ **Abbildung 16.63**
Über Objektivunschärfe können Sie eine KI-gestützte Tiefenschärfe zum Bild hinzufügen.

Farben bei Tiefe visualisieren
Die helleren Farbtöne stellen hierbei die Bereiche dar, die näher zur Kamera und im Fokus sind; die dunkleren Farbtöne sind weiter weg und auch zugleich die unscharfen Bereiche.

Wenn Sie die Option Tiefe visualisieren wählen, wird die Tiefen-Map und der damit verbundene Fokusbereich farblich angezeigt. Diese Tiefen-Map können Sie mit Pinseln verfeinern, wenn Sie Verfeinern aufklappen und hier die Pinsel Fokus und Objektunschärfe mit den Reglern Grösse, Weiche Kante und Fluss verwenden. Die Option Automatisch maskieren kann Ihnen dabei hilfreich sein. Mit diesen beiden Pinseln malen Sie praktisch auf, was im Fokus ist und was unscharf gemacht werden soll.

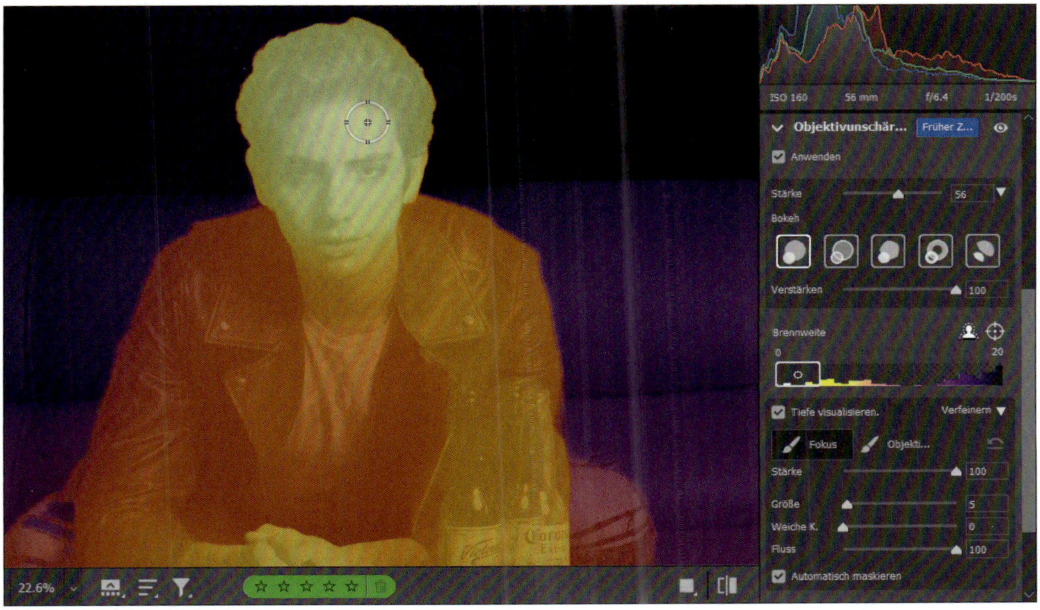

▲ **Abbildung 16.64**
Über Verfeinern können Sie die Tiefen-Map nacharbeiten.

16.5.10 Bedienfeld »Geometrie«

Das Geometrie-Bedienfeld beherbergt verschiedene Funktionen zum Begradigen von Bildern. Mit diesen können Sie nicht nur den Horizont in einem Bild automatisch begradigen lassen, sondern auch das Bild mit einem Mausklick so transformieren, dass die senkrechten Linien eines Gebäudes auch wirklich senkrecht sind. Grundsätzlich stehen Ihnen hierzu fünf Optionen ❶ (Abbildung 16.65) zur Verfügung:

1. Automatisch sorgt für ausgewogene Perspektivkorrekturen und beschneidet zudem das Bild.
2. Nur horizontale Korrektur richtet horizontale Ebenen im Bild, also beispielsweise den Horizont, gerade aus.
3. Die dritte Option, Nur vertikale Korrektur, richtet vertikale Linien senkrecht aus.
4. Der vierte Schalter Horizontale, vertikale und automatische Korrekturen vereinigt die verschiedenen Korrekturmöglichkeiten

Einfache Möglichkeiten zur Perspektivkorrektur
Mit den Funktionen, die das Werkzeug unter Upright bietet, lassen sich perspektivische Verzerrungen aus fast allen Ihrer Fotos vollständig entfernen.

▲ **Abbildung 16.65**
Mit den Upright-Vorgaben rücken Sie Bilder gerade.

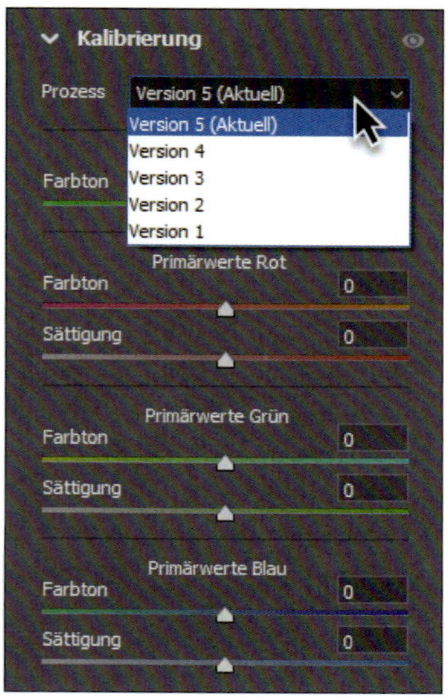

▲ **Abbildung 16.66**
Es ist meist besser, mit den von Camera Raw mitgelieferten Kameraprofilen zu arbeiten, als hier manuell etwas zu ändern.

5. Mit dem fünften und letzten Schalter, Mit Hilfslinien, zeichnen Sie selbst Hilfslinien ins Bild, anhand derer dann die Perspektivkorrektur berechnet wird.

Das Ergebnis der automatischen Korrektur können Sie mit den manuellen Korrekturreglern im Bereich Manuelle Transformation weiter verfeinern. Das Wichtigste ist eigentlich, dass Sie das Bild gut beobachten und die Regler mit Bedacht bedienen.

- Vertikal korrigiert falsche Perspektiven, die durch die Neigung der Kamera nach oben oder unten (relativ zum Objekt) entstanden sind. Vertikale Linien des Bildes werden parallel ausgerichtet.
- Horizontal berichtigt Perspektiven, die durch die Neigung der Kamera nach rechts oder links entstanden sind. Horizontale Linien werden parallel ausgerichtet.
- Drehen richtet Horizonte und Ähnliches gerade.
- Der Regler Aspekt behebt Tonnen- oder Kissenverzerrung. Scheinen sich die Linien Ihres Bildes vom Bildmittelpunkt nach außen zu biegen (Tonnenverzerrung), ziehen Sie den Regler nach rechts. Erscheinen Linien Ihres Bildes von außen nach innen gebogen (Kissenverzerrung), bewegen Sie den Regler nach links.
- Skalieren ist eine smarte Funktion: Die durch Transformationen unter Umständen an den Bildkanten freigelegten Bereiche werden damit wieder gefüllt.

Mit den beiden Reglern Versatz können Sie das Bild nach links und rechts (Versatz X) und nach oben und unten (Versatz Y) versetzen.

16.5.11 Bedienfeld »Kalibrierung«

Die Einstellungen im Bedienfeld Kalibrierung sollen Unterschiede zwischen dem tatsächlichen Verhalten Ihrer Kamera und dem im Photoshop-Raw-Plug-in integrierten Profil für Ihr Kameramodell ausgleichen und Farbstichen entgegenwirken. Die Einstellungen sind jedoch mit Vorsicht zu genießen: Sie arbeiten ausschließlich per Sichtkontrolle über den Monitor, der ja wiederum eine andere Farbdarstellung hat als Kamera und Raw-Plug-in. Die Fotos, die letztlich ausgegeben werden, können deutlich anders ausfallen als erwartet!

Außerdem können Sie hier einstellen, mit welchem Prozess Camera Raw arbeitet, das heißt, welche Rechenmodelle den Bearbeitungen mit Camera Raw zugrunde liegen. Mehr über dieses wichtige Thema lesen Sie in Abschnitt 16.4.1, »Ein entscheidendes Detail: Welche Algorithmen werden verwendet?«.

16.6 Reparieren und retuschieren mit Camera Raw

Neben der Einstellung von Farbe, Kontrast oder Farbmischung des Bildes können Sie direkt im Raw-Dialog auch andere Eingriffe vornehmen, wie zum Beispiel Geraderichten und Beschnitt. Das geht zwar auch in Photoshop ganz flott, aber es ist doch angenehm, diese oft gebrauchten Funktionen auch hier zu finden. Außerdem sind in der Werkzeugleiste einige Retuschewerkzeuge für lokale Korrekturen untergebracht.

▲ **Abbildung 16.67**
Weitere Werkzeuge finden Sie auf der rechten Seite von Camera Raw.

16.6.1 Freistellen und Ausrichten

Direkt per Raw-Dialog können Sie auch Bilder beschneiden und geraderichten. Das schon aus Photoshop bekannte Freistellungswerkzeug (Kürzel: [C]) ❷ (hier als Zuschneiden-Werkzeug bezeichnet) und ein Ausrichten-Tool (Kürzel: [A]) ❸ finden Sie auf der rechten Seite, letzteres wenn Sie das Freistellungs-Icon ❷ anklicken. Der Gebrauch sollte Sie vor keine größeren Schwierigkeiten stellen. Diese Arbeitsschritte schon im Camera-Raw-Dialog vorzunehmen, bietet nicht so viele Vorteile gegenüber der Bearbeitung in Photoshop wie bei den sonstigen Rohbild-Korrekturen. Sie können das Geraderichten also auch in Photoshop durchführen.

Des Weiteren finden unterhalb des Freistellen-Bedienfeldes den Bereich Drehen und Spiegeln, wo Sie das Bild über die kleinen Icons um 90° nach links oder rechts drehen sowie vertikal oder horizontal spiegeln können.

Zum Weiterlesen
Wie das **Beschneiden und Ausrichten in Photoshop** funktioniert, lesen Sie in Kapitel 18, »Bildformat und Bildgröße verändern«.

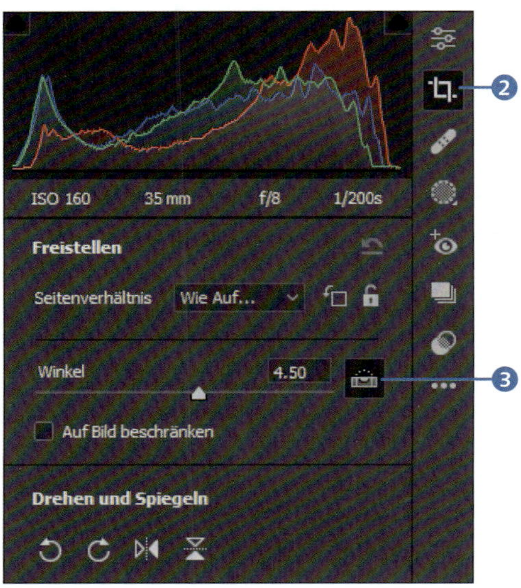

◄ **Abbildung 16.68**
Freistellen, Gerade-Ausrichten und das Drehen und Spiegeln sind in Camera Raw auch möglich.

Bild: Onno K. Gent

▲ **Abbildung 16.69**
Um ein Bild geradezurichten, wählen Sie das AUSRICHTEN-Tool und ziehen einfach eine Linie über den schiefen Horizont – oder über andere Objekte, die die Schräglage des Bildes indizieren. (Der Mauscursor ist hier vergrößert dargestellt.)

▲ **Abbildung 16.70**
Die Bildvorschau wird dann gedreht. An den »Anfassern« können Sie Feineinstellungen vornehmen. Erst beim Öffnen in Photoshop wird die Korrektur angewandt.

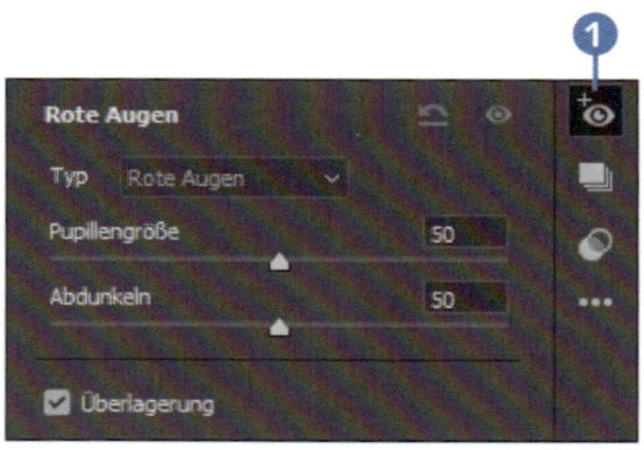

▲ **Abbildung 16.71**
Ein etwas anderes Layout, aber dieselben Optionen wie bei Photoshops Rote-Augen-Werkzeug

16.6.2 Rote Augen korrigieren

Wenn Sie möchten, retuschieren Sie rote Blitzlicht-Augen gleich in Camera Raw. Das Rote-Augen-Werkzeug ❶ (Kürzel: ⇧+E) funktioniert ebenso wie das Photoshop-Pendant. Wenn Sie höhere Ansprüche an die Korrektur haben, sollten Sie besser manuell korrigieren.

16.6.3 Reparieren und Klonen

Im Bereich REPARIEREN B ❷ finden Sie die drei Werkzeug INHALTSBASIERT ENTFERNEN, REPARIEREN und KOPIEREN, mit denen sich kleinere Makel im Bild entfernen lassen.

Überlagerungen anzeigen
Da Sie mehrere Reparaturbereiche in einem Bild verwenden können, ist es immer wieder hilfreich, beim Bearbeiten die Option ÜBERLAGERUNGEN ANZEIGEN zu aktivieren, um die Übersicht zu behalten. Ist die Option deaktiviert, können Sie allerdings die Reparatur besser erkennen und beurteilen.

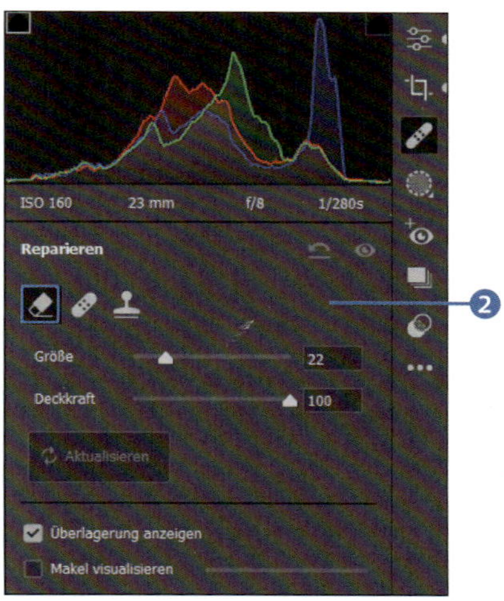

◀ **Abbildung 16.72**
Im Bereich REPARIEREN finden Sie kleinere Retusche-Werkzeug, um Makel im Bild zu entfernen.

- Inhaltsbasiert entfernen: Mit diesem Werkzeug müssen Sie nur den Bereich ausmalen, den Sie entfernen wollen, und die Software erledigt den Rest. Damit entfernt die Software einen Bildbereich gemäß dem umgebenen Inhalt. Sie können die Pinselgröße und Deckkraft einstellen. Wenn Sie mit dem Ergebnis nicht zufrieden sind, klicken Sie auf die Schaltfläche Aktualisieren, und die Software startet mit einem neuen Inhalt einen neuen Versuch.
- Reparieren: Mit diesem Werkzeug malen Sie ebenfalls die Bereiche mit schadhaften Stellen aus, aber hierbei werden die Pixel der zu reparierenden Stelle aus einer anderen Bildpartie einkopiert und mit den Reparaturpixel verrechnet. Diese andere Bildpartie können Sie jederzeit verschieben und neu auswählen. Hierbei stehen Ihnen neben der Einstellung Grösse und Deckkraft auch eine Weiche Kante als Einstellung für den Pinsel zur Verfügung. Auch hier können Sie mit der Schaltfläche Aktualisieren die Software dazu veranlassen, eine neue Bildpartie zum Einkopieren zu suchen.
- Kopieren: Das Werkzeug funktioniert wie Reparieren, wo auch der schadhafte Bereich von einer anderen Bildpartie überdeckt und einkopiert wird. Allerdings werden hier die überdeckenden Bereiche nicht miteinander verrechnet, sondern es wird geklont. Wenn Sie hierbei ein weiche Kante verwenden, dann lassen sich auf diese Weise sehr häufig auch Bildmakel beheben.

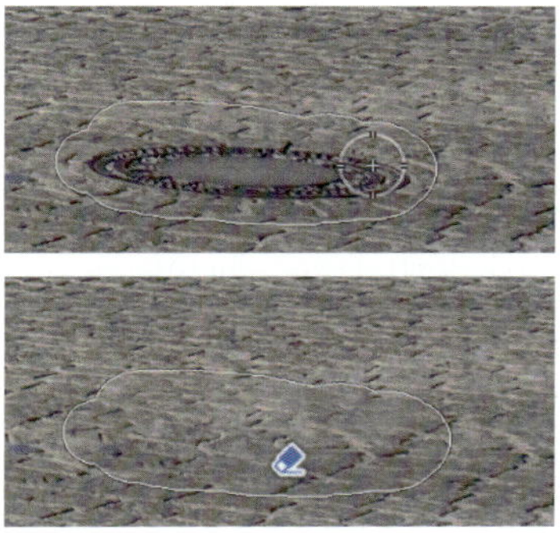

▲ **Abbildung 16.73**
Oben wird ein Kanaldeckel mit Inhaltsbasiert entfernen ausgewählt. Unten sehen Sie das Ergebnis davon, wenn die Software abhängig vom umgebenen Inhalt den Bereich repariert hat.

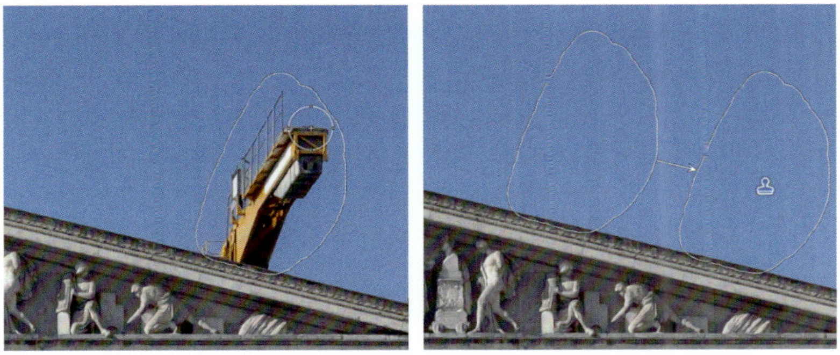

▲ **Abbildung 16.74**
Bei den beiden Werkzeugen Reparieren oder Kopieren (hier verwendet) hingegen werden die ausgewählten Bereiche mit einer anderen Bildpartie verrechnet (beim Reparieren) oder einkopiert (beim Kopieren).

Zur massiven Vereinfachung der Identifikation von Störungen wie etwa Staub, Flecken oder ungewünschten Reflexen gibt es die Funktion Makel visualisieren. Diese stellt das Bild in stark kontrastierendem Monochrom dar, so dass Sie Störungen im Bild leichter ausmachen und bearbeiten können. Mit dem Schieberegler justieren Sie die Darstel-

Punktstempel
Wenn Sie mit jedem der drei Werkzeug nur ins Bild klicken und nicht malen, wird ein Punktstempel verwendet. Dies ist z. B. sehr hilfreich bei kleineren Makeln wie Sensorflecken. Praktisch dabei ist auch, dass Sie die Kreise unabhängig voneinander oder gemeinsam in der Größe verändern können.

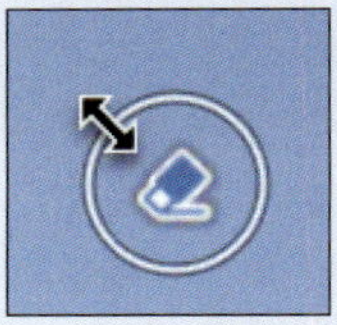

▲ **Abbildung 16.75**
Alle drei Werkzeug können auch als Punktstempel verwendet werden.

lung mehr zu Schwarz bzw. Weiß hin, so dass Ihnen selbst das kleinste Staubkorn nicht entgehen sollte.

Photoshop-Alternative?
Für echte Detailretuschen eignet sich das Werkzeug nicht. Kleine Störungen wie Sensorstaub oder Ähnliches und störende Objekte im Bildmittel- und -hintergrund werden Sie aber auf diese Weise schnell los.

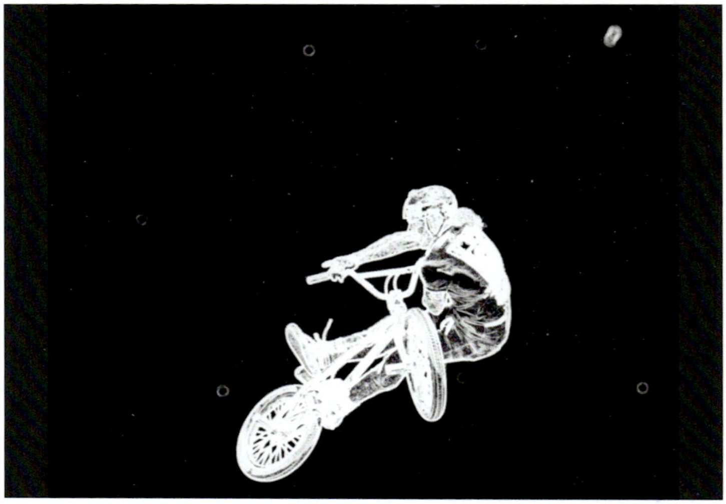

Abbildung 16.76 ►
Diese unschönen Sensorflecken können mit MAKEL VISUALISIEREN wesentlich deutlicher angezeigt und behoben werden.

16.7 Einzelne Bereiche mit Masken bearbeiten

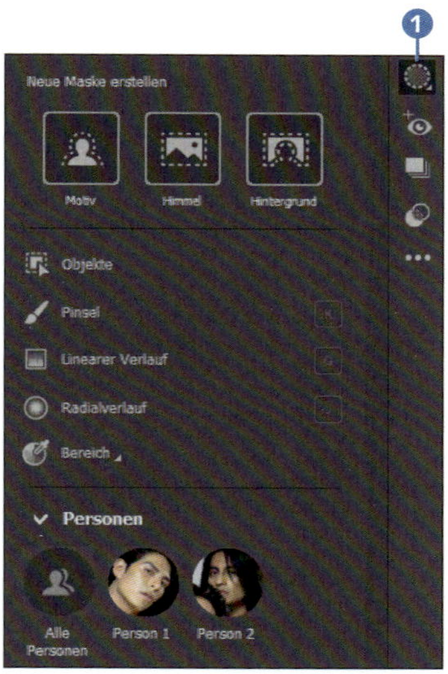

▲ **Abbildung 16.77**
Hinter dem Maskieren-Symbol 1 versammeln sich Werkzeuge für lokale Bildanpassungen einzelner Bereiche.

Das nächste Werkzeug, das Camera Raw für Sie bereithält, ist MASKIERUNG 1. Hier versammeln sich weitere spezielle Funktionen, die dafür gedacht sind, einzelne Bildbereiche anzupassen oder zu korrigieren. Zur Auswahl stehen folgende Optionen:

- MOTIV: Mit dieser Funktion wird automatisch das markanteste Motiv in einem Bild ausgewählt und maskiert dieses Motiv gleich für Sie. Der Algorithmus ist darauf spezialisiert, eine Vielzahl von Motiven wie Personen, Tiere, Fahrzeuge und mehr zu erkennen.
- HIMMEL: Neben der Bearbeitung einzelner Motive dürfte wohl auch die Nacharbeit des Himmels zu einer der häufigsten Arbeiten gehören. Dank der Funktion HIMMEL sparen Sie eine Menge Zeit beim Maskieren.
- HINTERGRUND: Hier können Sie mit Unterstützung der KI den Hintergrund eines Bildes auswählen.
- OBJEKTE: Hiermit markieren Sie grob ein Objekt, welches Sie maskieren wollen, und die KI unterstützt Sie dabei.
- PINSEL [K]: Damit können Sie die Maskierung für die Korrektur oder Anpassung direkt mit dem Pinsel in das Bild malen.
- LINEARER VERLAUF [G]: Hiermit maskieren Sie einen Bereich für die Korrektur oder Anpassung über eine bestimmte Breite oder Höhe mit einem weichen Verlauf.

- RADIALVERLAUF [J]: Der Name spricht für sich. Mit dem Radialverlauf maskieren Sie einen Bildbereich mit einer ovalen Maske für die Nacharbeit in Lightroom.
- FARBBEREICH [⇧]+[C]: Dies ist die erste Einstellungsmöglichkeit unter BEREICH. Wollen Sie bestimmte Farbbereiche, wie z. B. Grüntöne für Naturaufnahmen, für die Anpassung oder Korrektur maskieren, dann ist diese Funktion dafür perfekt geeignet.
- LUMINANZBEREICH [⇧]+[L]: Hiermit erstellen Sie eine Maske anhand von Helligkeitswerten im Bild.
- TIEFENBEREICH [⇧]+[D]: Diese Funktion ist speziell für HEIC-Bilder konzipiert, die zusätzlich die Schärfentiefe-Informationen speichern, wie dies beispielsweise beim iPhone im Porträtmodus der Fall ist. Auf Basis der Schärfentiefe-Informationen können Sie dann die Maskierung für die Anpassung vornehmen.
- PERSONEN: Hier werden automatisch mit Unterstützung einer KI Personen im Bild ausgewählt. Und zwar jede Person einzeln. Hilfreich dabei ist es auch, dass einzelne Eigenschaften wie Haut, Augenbrauen, Iris, Lippen usw. ausgewählt werden.

Alle Optionen und Werkzeuge können Sie auch miteinander kombinieren. Wählen Sie zum Beispiel einen Himmel aus und sind mit dem Ergebnis der Automatik nicht zufrieden, können Sie mit dem PINSEL nacharbeiten oder auch mit den Funktionen FARBBEREICH oder LUMINANZBEREICH nachhelfen, damit Sie eine saubere Maskierung für Ihr gewünschtes Vorhaben erhalten.

16.7.1 Das Masken-Bedienfeld

Damit Sie den Überblick über die Masken behalten, wird ein separates Masken-Bedienfeld bei der Verwendung von Masken angezeigt. Sobald Sie eine Maske im Bild hinzugefügt haben, findet die Bedienung ausschließlich über dieses Masken-Bedienfeld statt. Auch die Auswahl weiterer Werkzeuge erfolgt dann über dieses Bedienfeld mit dem Plussymbol ❷.

Auf diese Weise können Sie beispielsweise einen zu hellen Himmel abdunkeln, ohne den Vordergrund ebenfalls dunkler zu machen. Ebenso können Sie hiermit den Vordergrund aufhellen, ohne dabei den Hintergrund oder den Himmel anzutasten. Im Prinzip können Sie damit bei Bedarf das Bild komplett und gezielt neu ausleuchten oder eine Unschärfe hinzufügen, die vorher nicht vorhanden war. Wenn Sie das Prinzip und den Umgang mit der Maskierung verstanden haben, können Sie damit Ihren Bildern das Tüpfelchen auf dem i hinzufügen

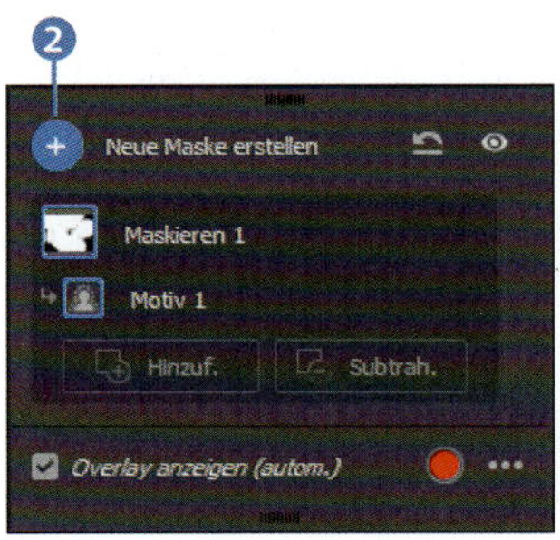

▲ **Abbildung 16.78**
Das Masken-Bedienfeld

Masken-Bedienfeld fixieren
Das Masken-Bedienfeld wird per Standard rechts oben am Fenster fixiert. Sie können es aber per Drag & Drop herauslösen und es als losgelöstes Fenster verwenden. Alternativ können Sie es auch rechts bei den Bedienfeldern andocken. Auf dieselbe Weise können Sie ein fixiertes Masken-Bedienfeld auch wieder von den Bedienfeldern der rechten Seite lösen.

Die Funktionen für maskierte Bereiche sind allerdings auf die darunter aufgelisteten Schieberegler beschränkt. Auf Werkzeuge von Gradationskurve, Farbmischer oder Color-Grading müssen Sie bei den maskierten Bereichen verzichten. Diese Funktionen stehen aktuell nur für das gesamte Bild zur Verfügung.

16.7.2 Der allgemeine Umgang mit dem Masken-Bedienfeld

Bevor ich auf die einzelnen Werkzeuge und Möglichkeiten der Maskierungen für die partielle Anpassung eingehe, möchte ich hier zunächst noch etwas genauer die allgemeine Verwendung des Masken-Bedienfelds erläutern, weil dieses Bedienfeld die Schaltzentrale für die Verwendung und Verwaltung von Masken und somit die folgenden Werkzeuge ist.

Schritt für Schritt: Das Masken-Bedienfeld in der Praxis

Kapitel_16/Dance.raf

Im folgenden Bild »Dance.raf« sollen partielle Anpassungen vorgenommen werden. Es wird hierbei zwar auf Werkzeuge vorgegriffen, die erst später beschrieben werden, aber bei diesem Workshop steht ohnehin der Umgang mit dem Masken-Bedienfeld im Vordergrund.

▲ **Abbildung 16.79**
Mit diesem Bild sollen das Masken-Bedienfeld und die Masken im Allgemeinen etwas erläutert werden.

1 Neue Maske anlegen
Um eine Maske anzulegen, klicken Sie bei den Werkzeugen auf das Maskieren-Symbol ❶ und wählen dort das Werkzeug aus, mit dem Sie eine neue Maske hinzufügen wollen. Im Beispiel klicke ich zunächst auf Motiv ❷, womit die beiden Personen im Bild automatisch ausgewählt werden. Das klappt in diesem Beispiel sehr gut.

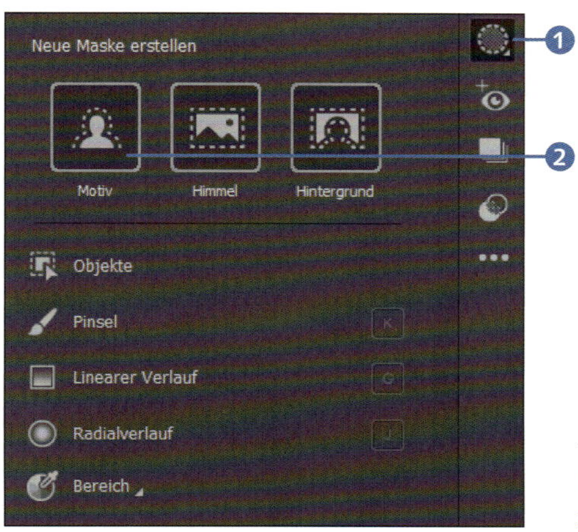

◂ **Abbildung 16.80**
Die verschiedenen Werkzeuge zum Anlegen einer neuen Maske

2 Maske anzeigen

Es sollte nun das Masken-Bedienfeld mit der Maskierung der Personen eingeblendet werden. Die weißen Bereiche in der Maskenminiatur symbolisieren den maskierten Bereich und werden bei der folgenden Anpassung mit den Effekt-Parametern berücksichtigt. Um den maskierten Bereich auch im Bild anzuzeigen, setzen Sie ein Häkchen vor OVERLAY ANZEIGEN ❸ oder drücken die Taste [Y]. Standardmäßig wird der maskierte Bereich in roter Farbe angezeigt.

▼ **Abbildung 16.81**
Eine neue Maske mit MOTIV AUSWÄHLEN wurde hinzugefügt.

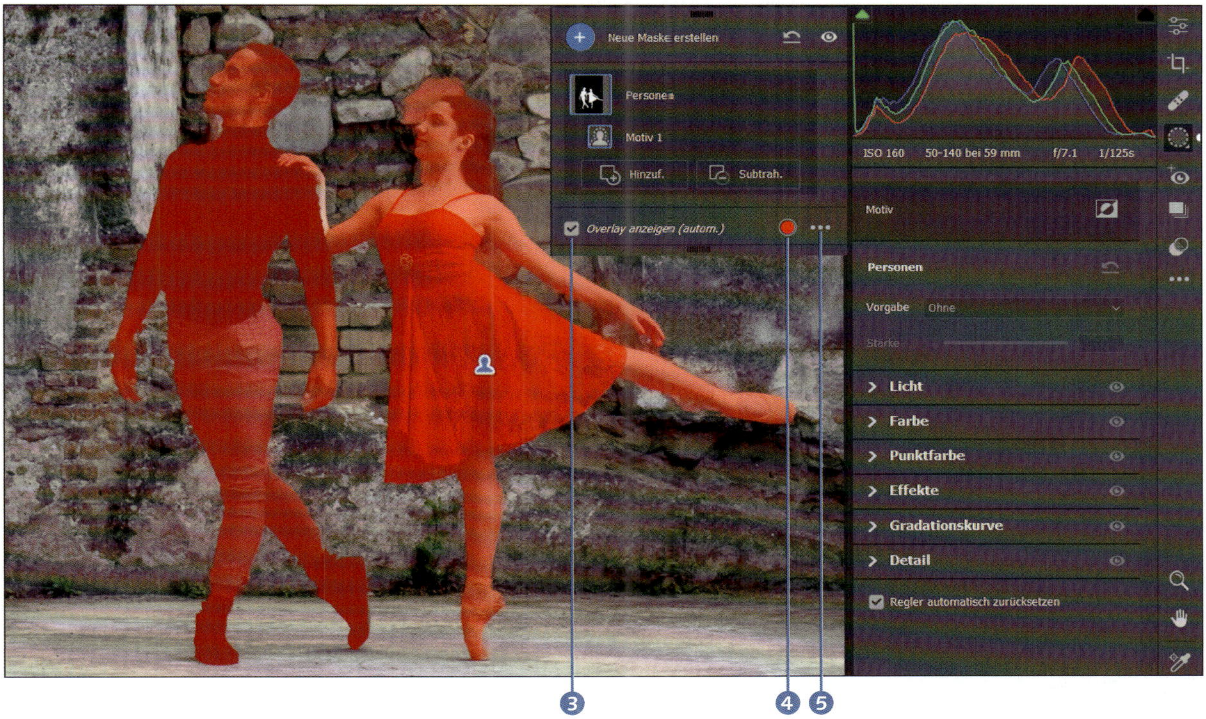

Weitere Überlagerungsmodi finden Sie, wenn Sie auf die drei Punkte rechts unten ❺ klicken. Die Modi können Sie auch mit [⇧]+[Y] durchwechseln. Auch eine benutzerdefinierte Überlagerungsfarbe lässt sich einstellen, indem Sie doppelt auf das Farbplättchen ❹ im Masken-Bedienfeld klicken.

Masken benennen
Da man häufig mehrere partielle Bereiche nacharbeiten will, empfiehlt es sich, die Masken im Masken-Bedienfeld ordentlich zu benennen. Hierfür klicken Sie doppelt auf den Text neben der Maskenminiatur und geben im sich öffnenden Dialog den gewünschten Namen ein.

3 Anpassungen am maskierten Bereich vornehmen

Jetzt können Sie Änderungen am maskierten Bereich mit den Parametern im Bedienfeld durchführen. Einmal eingestellte Werte in den Bedienfeldern können Sie speichern (ohne die Maske, versteht sich) und als Preset mit der Dropdown-Liste VORGABE ❶ (Abbildung 16.82) wiederverwenden.

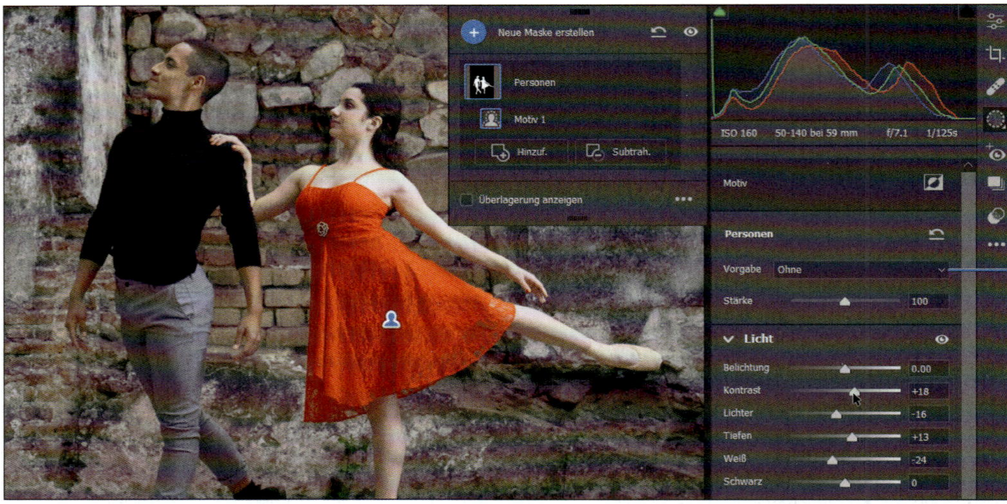

▲ **Abbildung 16.82**
Anpassungen am maskierten Bereich (hier den ausgewählten Personen) vornehmen

Werkzeuge anzeigen
Das entsprechende Maskierungswerkzeug im Bild wird standardmäßig angezeigt, wenn Sie mit dem Mauszeiger darüberfahren.

4 Bereiche zur Maske hinzufügen und von ihr abziehen

Wenn Sie im Masken-Bedienfeld auf PERSONEN ② klicken, klappen Sie die zugrundeliegenden Masken bzw. das von Ihnen verwendete Werkzeug auf. Im aktuellen Beispiel ist es nur die Maske MOTIV 1 ⑤, was Sie auch am Personensymbol in der Miniatur erkennen. Über die Schaltflächen HINZUFÜGEN ③ und SUBTRAHIEREN ⑥ können Sie mit weiteren Werkzeugen auf der aktuellen Maske arbeiten. Im Beispiel klicke ich etwa auf SUBTRAHIEREN und wähle dort PINSEL ④. Damit entferne ich zu viele ausgewählte Bereiche um den Kopf der Dame.

Wie Sie daraufhin sehen, wurde zur Gruppe (hier: PERSONEN) ein weiterer Eintrag mit dem Pinselsymbol und einem Minus (für SUBTRAHIEREN) hinzugefügt.

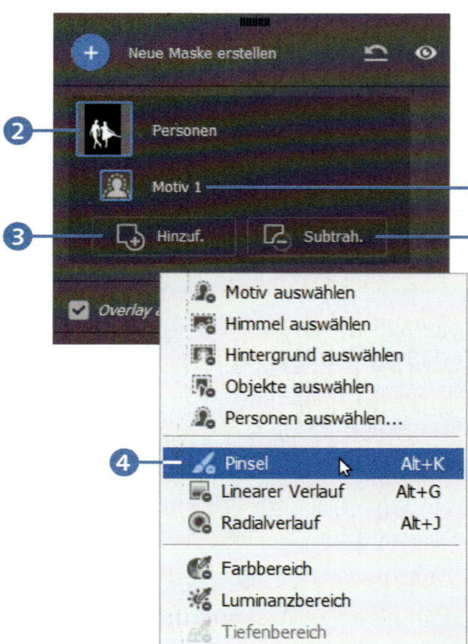

Abbildung 16.83 ▲▶
Hier wird mit dem PINSEL ein Bereich der Maske entfernt.

5 Bereiche ein-/ausblenden

Wenn Sie unterschiedliche Werkzeuge für einen bestimmten Bereich verwenden, ist es sehr praktisch, dass die entsprechenden Symbole für die verwendeten Werkzeuge sowohl im Masken-Bedienfeld als auch im Bild selbst angezeigt werden. Enthält das Symbol ein Minus, wurde das entsprechende Werkzeug mit SUBTRAHIEREN verwendet. Ansonsten wurde das Maskieren-Werkzeug mit HINZUFÜGEN verwendet.

Um mit einem Werkzeug weiterzuarbeiten, klicken Sie das entsprechende Symbol (z. B. (8)) an. Fahren Sie mit dem Mauscursor direkt über das entsprechende Symbol im Masken-Bedienfeld oder im Bild, wird nur der mit diesem Werkzeug maskierte Bereich in roter Farbe (Standardeinstellung) eingeblendet.

◂ **Abbildung 16.84**
Anhand der Symbole erkennen Sie, mit welchem Werkzeug Sie den Bereich bearbeitet haben. Gehen Sie mit dem Mauszeiger auf ein Symbol im Masken-Bedienfeld oder im Bild, wird die entsprechende Überlagerung angezeigt.

Über das Augensymbol (8) blenden Sie den Bereich mitsamt den gemachten Anpassungen aus oder ein. Alle Werkzeuge einer Gruppe blenden Sie über das Augensymbol beim Gruppensymbol (7) aus und ein.

6 Weitere Masken(gruppen) hinzufügen

Sie wissen nun, dass ein partiell maskierter Bereich mit mehreren Werkzeugen bearbeitet werden kann und jeweils in einer Gruppe zusammengefasst wird. Über das Plussymbol (10) im Masken-Bedienfeld können Sie eine weitere Gruppe erstellen, maskieren und diese partiellen Bereiche ebenfalls wieder gesondert über die Bedienfelder mit den Schiebereglern anpassen. Klicken Sie die Maske mit der rechten Maustaste im

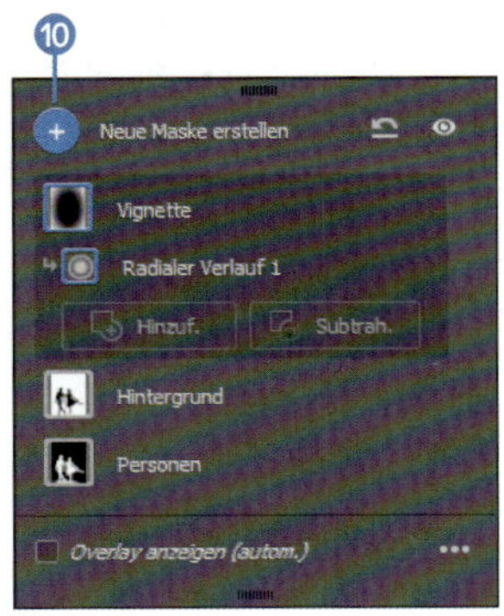

▴ **Abbildung 16.85**
Zwei weitere Maskengruppen (VIGNETTE und HINTERGRUND) wurden über das Plussymbol (10) hinzugefügt und anschließend über die Parameter angepasst.

Masken-Bedienfeld an, finden Sie weitere Befehle, mit denen Sie sie umbenennen, duplizieren, ausblenden oder löschen können.

Dasselbe gilt für die einzelnen Werkzeuge, die in der Maske gruppiert werden, wo Sie ebenfalls weitere Befehle wie z. B. UMKEHREN, KOPIEREN oder EINFÜGEN vorfinden. Die Befehle erreichen Sie auch, wenn Sie beim Gruppensymbol oder dem Werkzeugsymbol im Masken-Bedienfeld auf die drei Punkte klicken.

7 Schnittmenge verwenden

Neben der Möglichkeit, weitere Masken zu einer Maskengruppe hinzuzufügen oder davon zu subtrahieren, können Sie genau das auch mit gehaltener ⇧-Taste mit SCHNITTMENGE BILDEN tun. Eine Schnittmenge ist besonders sinnvoll für Bereichsmasken wie FARBBEREICH oder LUMINANZBEREICH. Verwenden Sie z. B. LUMINANZBEREICH, wird aus den bereits verwendeten Werkzeugen bzw. maskierten Bereichen eine Schnittmenge erstellt, die Sie dann anhand der Helligkeitswerte feinregeln können.

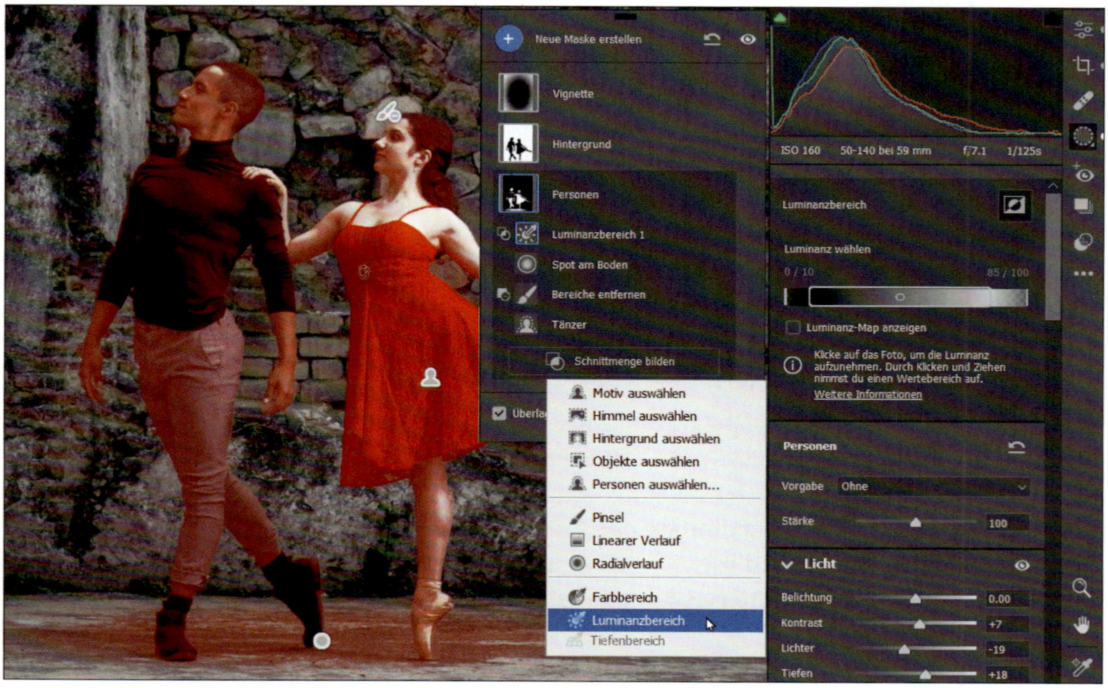

Abbildung 16.86 ▼
Schnittmengen sind perfekt dafür geeignet, die Masken mit Bereichsmasken zu verfeinern.

16.7.3 Anpassungsparameter von Masken

Ein paar Zeilen möchte ich Ihnen noch zu den Anpassungsparametern für die Masken mitgeben. Alle Werkzeuge für die Maskierung besitzen dieselben Parameter.

Den Großteil der dort vorhandenen Parameter aus den aufklappbaren Bereichen LICHT, FARBE, PUNKTFARBE, EFFEKTE, GRADATIONSKURVE und DETAIL kennen Sie bereits aus den allgemeinen Entwicklungseinstellungen von Adobe Camera Raw. Fast alle Parameter lassen sich um den Wert 100 erhöhen oder verringern. Die Werte werden auf eine ganze Maskengruppe angewendet. In der Dropdown-Liste VORGABE ❷ können Sie Anpassungen (ohne Maske) für künftige Verwendungen speichern.

Alle Werkzeuge haben bei den Anpassungsparametern auch die Option UMKEHREN ❶, mit der Sie die Maskierung invertieren können. Alles, was vorher nicht maskiert war, ist anschließend maskiert und natürlich umgekehrt.

Über den Regler STÄRKE ❸ können Sie die aufgetragenen Anpassungen abschwächen oder verstärken.

Hier sollen noch drei Parameter kurz beschrieben werden, die Sie nicht in den allgemeinen Entwicklungseinstellungen vorfinden:

- FARBTON ❺: Damit verschieben Sie alle Farbtöne vom maskierten Bereich um einen bestimmten Betrag. Dadurch können Sie z. B. einen maskierten Bereich umfärben. Wollen Sie dies gezielt mit einer bestimmten Farbe machen, müssen Sie nur eine Maske mit dem Farbbereich-Werkzeug erstellen. Mit der Kontrollbox FEINABSTIMMUNG VERWENDEN verschiebt sich der Wert mit der Maus nicht so sprunghaft, sondern um 10 % verlangsamt.
- FARBE: Wenn Sie auf das Farbwahlfeld ❻ klicken, wird ein Farbdialog geöffnet. Damit wird der maskierte Bereich eingefärbt. Je stärker gesättigt die gewählte Farbe ist, umso stärker ist die Färbung. Die Sättigung können Sie mit dem Regler im geöffneten Dialog feinjustieren.
- MOIRÉ ❹: Unschöne Wellen oder Farbmuster im Bild können auftreten, wenn mehrere regelmäßige Raster oder Muster in einem unterschiedlichen Winkel übereinanderliegen und sich dabei gegenseitig beeinflussen, z. B. bei fein gewebten Gardinen, einem karierten Anzug oder wenn Sie den Bildschirm fotografieren. Solche Interferenzen können auch als Farbmoiré auftreten, das durch Fehler bei der Farbinterpolation entsteht. Da dieser Fehler in der Regel nur lokal und nicht im ganzen Bild auftritt, finden Sie diesen Regler nur hier im Bereich DETAIL.

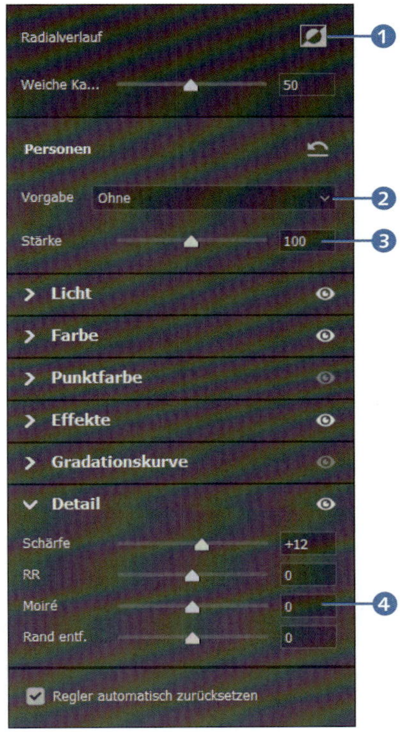

▲ **Abbildung 16.87**
Alle Masken-Werkzeuge haben dieselben Anpassungsparameter.

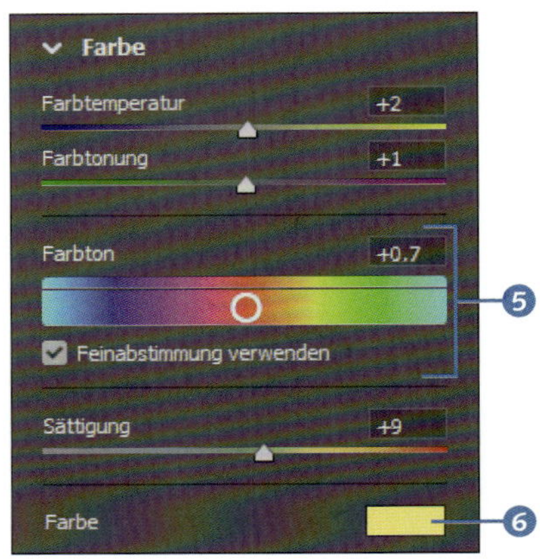

▲ **Abbildung 16.88**
Mit FARBTON ändern Sie die Farbe eines maskierten Bereichs, und mit FARBE färben Sie diesen mit der gewählten Farbe ein.

16.7.4 Motiv, Himmel und Hintergrund auswählen

Mit MOTIV ❶ (Abbildung 16.89) übergeben Sie die Kontrolle an den Algorithmus von Adobe Camera Raw und lassen ihn das markanteste Motiv im Bild auswählen und maskieren. Der Algorithmus ist dabei auf eine Vielzahl von Motiven wie Personen, Tiere, Blumen oder Fahrzeu-

Auch in Photoshop
Die Werkzeuge für die Auswahl von Motiven, Personen und Hintergründen finden Sie auch in Photoshop wieder. Sie lassen sich im Menü AUSWAHL mit MOTIV bzw. HIMMEL aufrufen.

ge trainiert. Und auch wenn hierbei der Bereich vielleicht nicht gleich perfekt maskiert wird, so können Sie damit sehr schön eine erste grobe Maskierung erstellen und mit den anderen Werkzeugen nacharbeiten. Bildbereiche, die mit MOTIV AUSWÄHLEN maskiert wurden, werden mit dem Personensymbol im Masken-Bedienfeld oder im Bild angezeigt.

Ein weiterer häufiger Arbeitsschritt bei der Maskierung und der partiellen Nacharbeit ist es, gezielt den Himmel anzupassen. Hierfür bietet Adobe Camera Raw mit HIMMEL ❷ ein Werkzeug, mit dem Sie sich eine Menge Zeit ersparen können. Auch dieser Algorithmus leistet eine gute (Vor-)Arbeit. Wie gut die Maskierung des Himmels ist, hängt wie immer auch vom Motiv ab. Bildbereiche, die mit HIMMEL maskiert wurden, werden mit dem Himmelsymbol im Masken-Bedienfeld oder im Bild angezeigt.

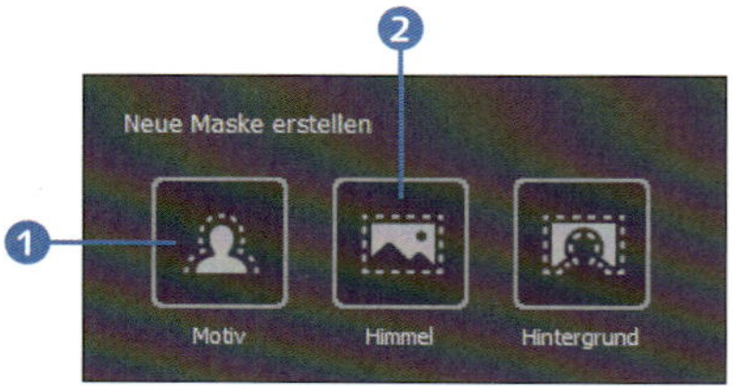

▲ **Abbildung 16.89**
Smarte Werkzeuge

Die dritte automatische Maskierungsfunktion ist HINTERGRUND, wobei mithilfe von KI der Hintergrund eines Bildes maskiert wird. Auch hier wird ein entsprechendes Symbol im Bild oder im Masken-Bedienfeld angezeigt.

▲ **Abbildung 16.90**
Im linken Bild habe ich mit MOTIV die Orangen ausgewählt, im mittleren Bild den Himmel mit HIMMEL und im rechten Bild wurde HINTERGRUND verwendet.

16.7.5 Objekte auswählen

Mit OBJEKTE können Sie einfach und gezielt einzelne Objekte zum Maskieren festlegen. Camera Raw analysiert dann das Objekt anhand der gemachten Auswahl und erstellt automatisch eine Maske. Folgendermaßen können Sie ein Objekt maskieren:

▲ **Abbildung 16.91**
Ein Objekt können Sie mithilfe eines Pinsels oder eines Auswahlrechtecks maskieren.

- PINSEL: Malen Sie mit dem Pinsel grob über das Objekt, das Sie maskieren wollen. Die Pinselspitze können Sie über den Regler GRÖSSE anpassen.
- RECHTECKAUSWAHL: Ziehen Sie mit gedrückter Maustaste einen Rahmen um das Objekt, das Sie maskieren wollen.

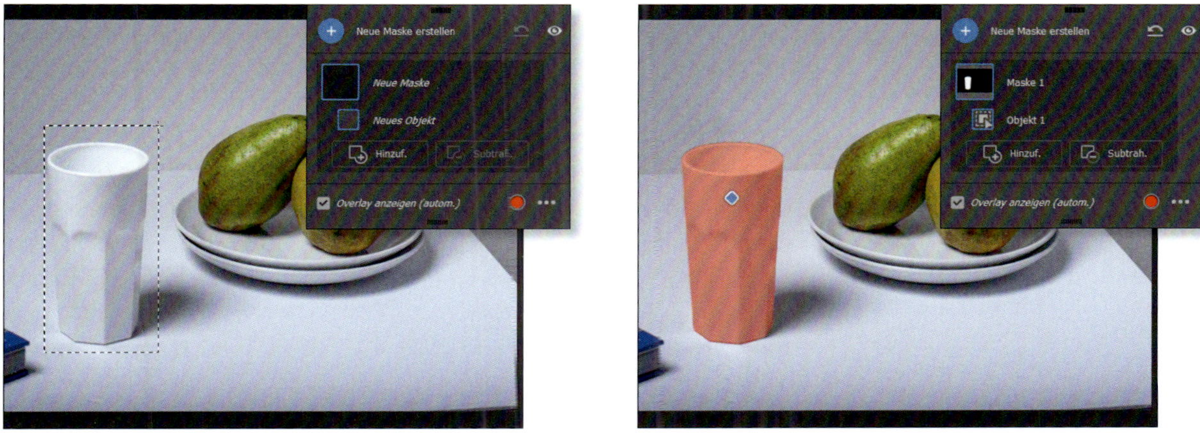

▲ **Abbildung 16.92**
Auf der linken Seite wird das weiße Glas mit Objekte wählen via Rechteckauswahl gewählt. Auf der linken Seite sehen Sie, wie Camera Raw eine schöne Maske daraus erstellt hat.

Objekte hinzufügen
Über das Masken-Bedienfeld können Sie nun weitere Bereiche zur Maske hinzufügen oder entfernen. Hierbei ist es natürlich auch möglich, mehrere Objekte in einem Bild auszuwählen.

16.7.6 Der Pinsel

Der Pinsel [K] ist perfekt geeignet, um partielle Korrekturen oder Anpassungen im Bild zu malen und zu maskieren. Auch leistet er gute Arbeit, wenn bei bereits erstellten Masken ein bestimmter Bereich von der Maske entfernt (Subtrahieren) oder hinzugefügt (Hinzufügen) werden soll. Masken, die Sie mit dem Pinsel erstellt haben, erkennen Sie im Masken-Bedienfeld und im Bild auch anhand des Pinselsymbols. Sobald Sie das Werkzeug aktiviert haben, bietet der Pinsel direkt vor den Anpassungsparametern verschiedene Einstellungen für die Pinselspitze an:

- Mit Grösse ④ stellen Sie die Größe der Pinselspitze ein. Die Größe können Sie auch über das Mausrad regeln.
- Mit dem Regler Weiche Kante ⑤ steuern Sie den weichen Rand der Pinselspitze, der mit dem äußeren Kreis der Pinselspitze angezeigt wird. Stellen Sie den Wert auf »0«, verschwindet der äußere Ring um den Pinsel, und Sie verwenden eine harte Kante.
- Mit dem Regler Fluss ⑥ legen Sie fest, wie viel Farbe die Pinselspitze bei einem Pinselstrich verwendet. Standardmäßig verwendet Adobe Camera Raw mit »100« die volle Deckkraft. Reduzieren Sie den Wert auf »30«, wird 30 % Farbstärke verwendet. Malen Sie erneut einen Pinselstrich an der gleichen Stelle, steigt die Farbstärke auf 60 %.
- Mit der Dichte ⑦ legen Sie die Stärke des Effekts fest, die angewendet werden soll. Stellen Sie beispielsweise »50« ein, wird der Pinsel die Farbdeckkraft von 50 % niemals übersteigen – egal, wie oft Sie an einer bestimmten Stelle pinseln.

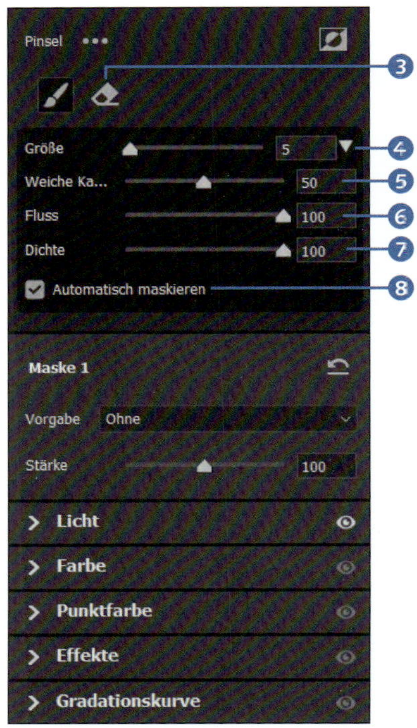

▲ **Abbildung 16.93**
Der Pinsel bietet verschiedene Einstellungen an.

- Die Option Automatisch maskieren ❽ ist Ihnen dabei behilflich, ähnlich farbige Bereiche auszuwählen, um so nicht über die Ränder von Motiven in unerwünschte Bereiche hinauszumalen.

Haben Sie über einen gewünschten Bereich hinausgemalt, können Sie den maskierten Bereich mit dem Radieren-Werkzeug ❸ wieder entfernen. Der Radieren-Pinsel besitzt keine Dichte und entfernt die Maske komplett. Auf den Radierer können Sie bei aktivem Pinsel auch mit gehaltener `Alt`-Taste zugreifen.

Schritt für Schritt: Gezielt einzelne Bildteile verbessern

Kapitel_16/Olga.raf

Ich verwende den Pinsel gerne für lokale Arbeiten an Porträts, um z. B. die Augen zu verbessern. Wenn Sie etwa die Iris verbessern, das Augenweiß klarer machen, Zähne aufhellen oder einzelne Bereiche wie Augen und Mund schärfen möchten, müssen Sie das nicht hinterher in Photoshop machen.

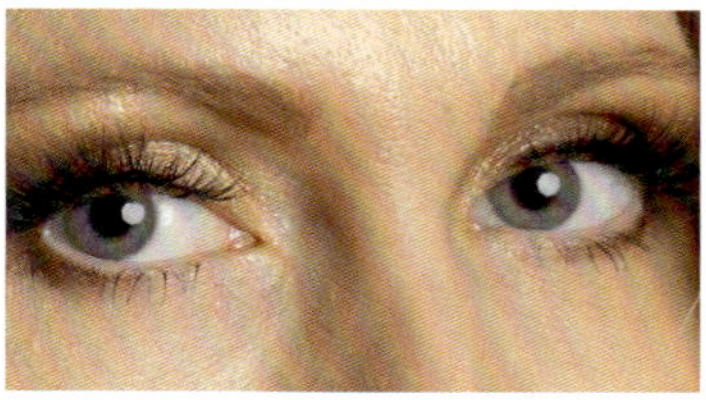

▲ **Abbildung 16.94**
Die Augen sollen hier verbessert werden.

1 Augeniris maskieren

Wählen Sie den Pinsel im Maskieren-Symbol oder mit `K` aus, und stellen Sie eine geeignete Pinselgröße ❶ für die Iris ein. Aktivieren Sie außerdem die Option Automatisch maskieren ❷. Verwenden Sie als Überlagerungsmodus die Farbüberlagerung aus, und malen Sie anschließend nur die Augeniris aus. Jetzt können Sie sehr schön mit der Überlagerungsfarbe erkennen, welche Bereiche Sie mit dem Pinsel auswählen. Für kleinere Details sollten Sie die Pinselgröße reduzieren und ins Bild hineinzoomen. Je genauer Sie den zu bearbeitenden Bereich auswählen, desto besser wird später Ihr Ergebnis sein. Maskieren Sie auch die andere Augeniris damit.

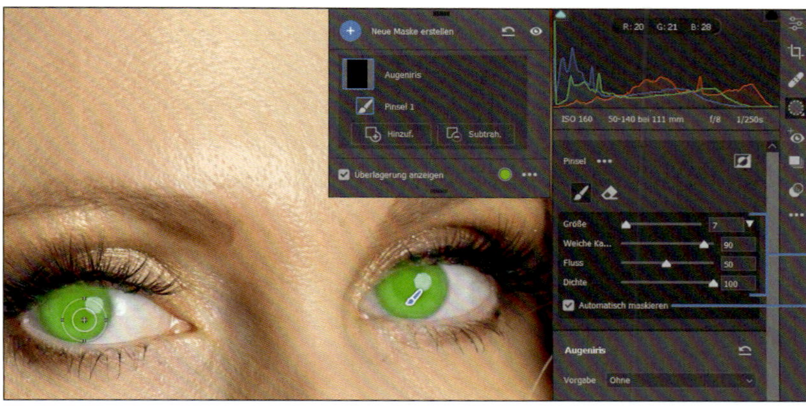

Abbildung 16.95 ▶
Beide Augeniris mit dem Pinsel ausgewählt

2 Auf die Details achten

Um die Details besser auswählen zu können, zoomen Sie 1:1 in das Bild hinein. Stellen Sie eine ausreichend große Pinselspitze ein, und versuchen Sie, die Iris an den Kanten auszumalen. Achten Sie dabei darauf, dass Sie mit dem Plussymbol der Pinselspitze ③ nicht in den Bereich außerhalb der Iris geraten, sonst übermalen Sie auch die Bereiche jenseits. Das Plussymbol ist der sogenannte Aufnahmepunkt oder Hotspot für die Option AUTOMATISCH MASKIEREN, weshalb Sie genau darauf achten sollten, über welche Bereiche Sie mit diesem Aufnahmepunkt malen.

Radieren
Haben Sie versehentlich in Bereiche hineingemalt, die Sie außen vor lassen wollten, können Sie mit gehaltener `Alt`-Taste den Radierer einschalten und so den ausgewählten Bereich wieder entfernen. Anstelle eines Plussymbols enthält die Werkzeugspitze dann ein Minussymbol.

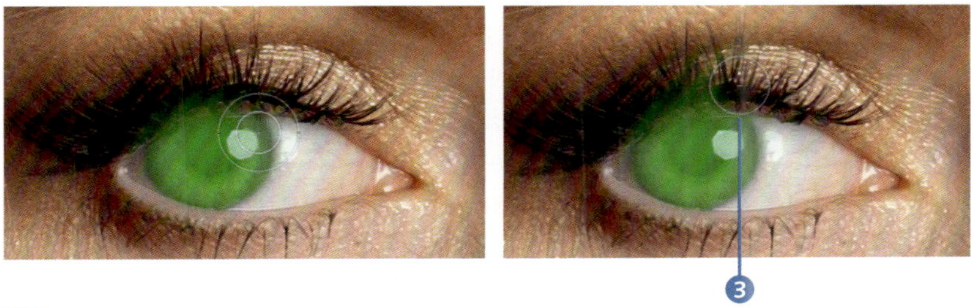

◂ **Abbildung 16.96**
Dank AUTOMATISCH MASKIEREN (links) lassen sich die Details auswählen, ohne dass zu viel übermalt wird. Zu viel ausgewählte Bereiche (rechts) lassen sich aber problemlos mit dem Radierer entfernen.

3 Iris verbessern

Wenn Sie die beiden Augeniris korrekt ausgewählt haben, können Sie sich an die Arbeit machen und diesen Bildbereich verbessern. Deaktivieren Sie dafür zunächst die Option für die Farbüberlagerung (OVERLAY ANZEIGEN ④). Im Beispiel habe ich die TEMPERATUR auf –60 gezogen, um die blauen Augen zu verstärken. Zum Aufhellen habe ich BELICHTUNG und die TIEFEN erhöht. Für etwas mehr Struktur und Kontrast könnten Sie auch noch den Regler KONTRAST anheben. Ich habe noch etwas die Sättigung optimiert. Wie immer sind solche Anpassungen auch nach eigenem Empfinden und Geschmack vorzunehmen.

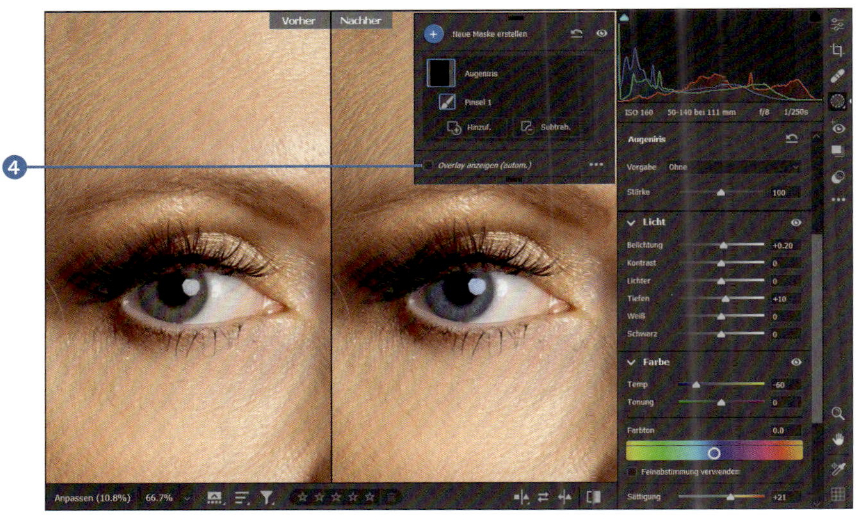

◂ **Abbildung 16.97**
Die Augeniris wurde gezielt verbessert.

Als Vorgabe speichern
Anpassungen, die Sie regelmäßig verwenden, können Sie über die Dropdown-Liste von Vorgabe über Neues Anpassungs-Preset speichern und somit wiederverwenden. Im Beispiel ist es eines für das Augenweiß. Das Anpassungs-Preset wird natürlich ohne Maske gespeichert.

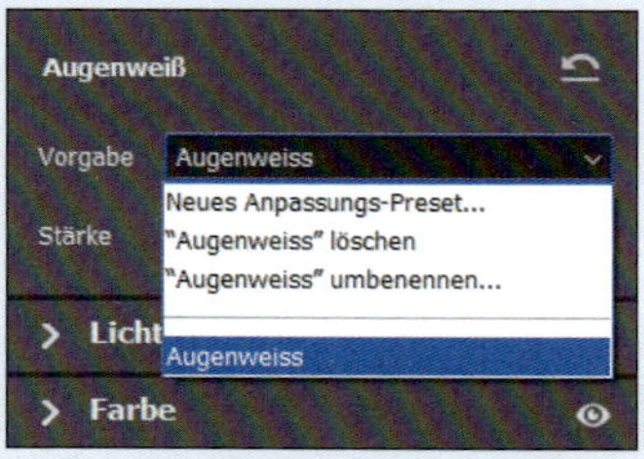

▲ **Abbildung 16.98**
Häufig verwendete Anpassungsparameter können Sie auch als Preset für die Wiederverwendung speichern.

4 Augenweiß verbessern

Sie sind übrigens nicht darauf angewiesen, immer die transparente Überlagerungsmaske für den Pinsel zu verwenden. Ich schalte sie oft zu Kontrollzwecken ein, um zu sehen, welche Bereiche gerade bearbeitet werden. Sie können auch vorher die Anpassungsparameter festlegen oder eine gespeicherte Vorgabe in der Dropdown-Liste auswählen und die Anpassungen direkt ohne eine Farbüberlagerung auf das Bild malen. Im Beispiel zum Augenweiß habe ich über das Plussymbol im Masken-Bedienfeld eine neue Maske mit dem Pinsel angelegt und die Anpassungen vorher eingestellt. Hierbei habe ich die Sättigung auf –50 reduziert und die Belichtung um +0,35 erhöht. Um nicht zu stark aufzutragen, habe ich zudem beim Pinsel die Regler Fluss und Dichte jeweils auf 50 reduziert. Ähnlich gehe ich z. B. auch vor, wenn ich eine partielle Schärfe im Bild aufmalen will. In diesem Beispiel würde ich hiermit noch die Augen und Augenbrauen als partielle Schärfung aufmalen.

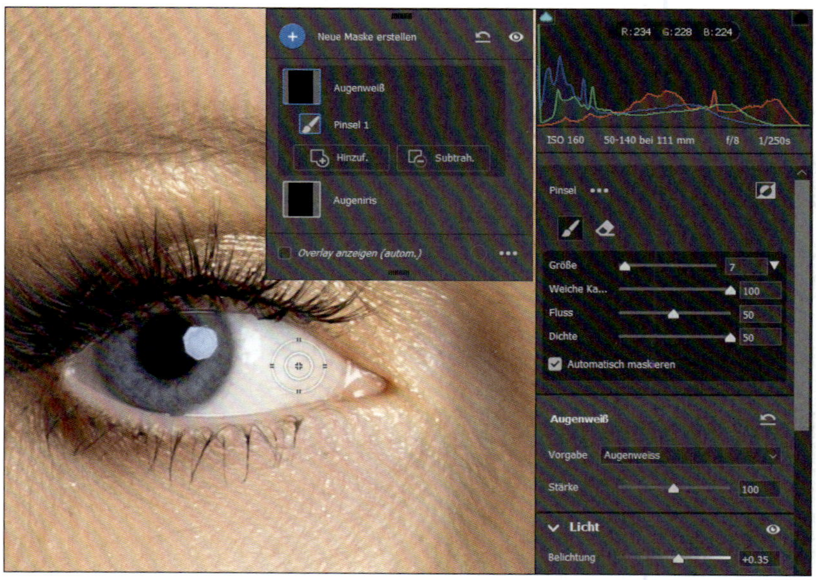

▲ **Abbildung 16.99**
Hier habe ich die Anpassungsparameter vorher eingestellt und die Aufhellung des Augenweiß direkt ins Bild gemalt.

5 Maske nacharbeiten

Wie bereits erwähnt, können Sie die Masken jederzeit mit dem Pinsel oder mit den einzelnen Werten nachbearbeiten. Hierfür müssen Sie lediglich die entsprechende Maske im Masken-Bedienfeld auswählen. Jetzt können Sie entweder mit dem Pinsel die Maske nachbearbeiten oder bei den Anpassungen nachträglich ändern.

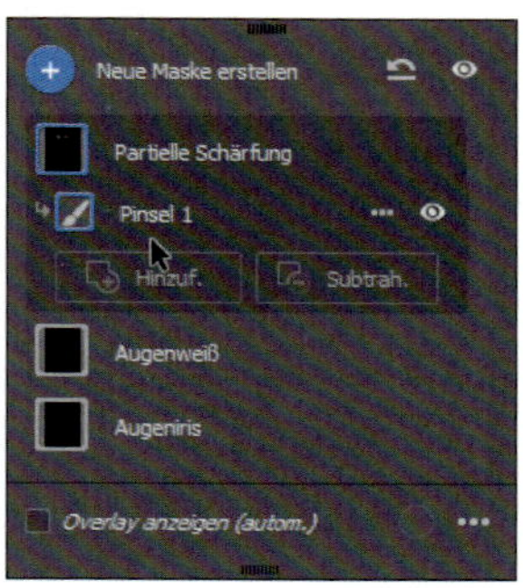

▲ **Abbildung 16.100**
Die Masken des Pinsels können Sie jederzeit nacharbeiten. Sie müssen sie nur auswählen.

16.7.7 Linearer Verlauf

Mit LINEARER VERLAUF ❸ können Sie eine bestimmte Bildfläche über eine gesamte Breite oder Höhe anpassen. Am Anfang des Verlaufs hat die Maskierung noch die volle Deckkraft. Die Wirkung nimmt bis zum Ende des Verlaufs sanft ab. Richtung und Länge können Sie dabei bestimmen. In der Praxis ist dies hilfreich, um beispielsweise bei Landschaftsaufnahmen den Himmel oder den Vordergrund selektiv anzupassen. Im Masken-Bedienfeld und im Bild wird der lineare Verlauf mit dem quadratischen Verlaufsymbol angezeigt.

Haben Sie das Werkzeug ausgewählt bzw. das Tastenkürzel [G] betätigt, ist die Verwendung einfach. Klicken Sie jetzt an der oberen Bildkante ❶, und ziehen Sie mit gedrückt gehaltener Maustaste einen senkrechten Verlauf bis etwa zur Position, wo Sie den Verlauf beenden ❻ bzw. keine Anpassungen mehr vornehmen wollen. Wollen Sie beim Aufziehen des Verlaufs einen exakt waagerechten Verlauf erstellen, halten Sie die [⇧]-Taste gedrückt. Sie können auch einen Verlauf von unten nach oben, von rechts nach links oder von links nach rechts aufziehen. Über das Umkehren-Symbol ❹ bei den Werkzeugeinstellungen können Sie den Verlauf invertieren.

Wirkung des linearen Verlaufs
Beim linearen Verlauf wird der Bereich ab Startpunkt am stärksten bis zur Mittellinie und läuft dann sanft zum Endpunkt aus. Was genau Sie hiermit bewirken wollen, entscheiden Sie natürlich auch hier wieder mit den Anpassungsparametern.

▼ **Abbildung 16.101**
Hier wird der lineare Verlauf mit einer grünen Übergangsfarbe eingeblendet, und dann werden Anpassungen vorgenommen.

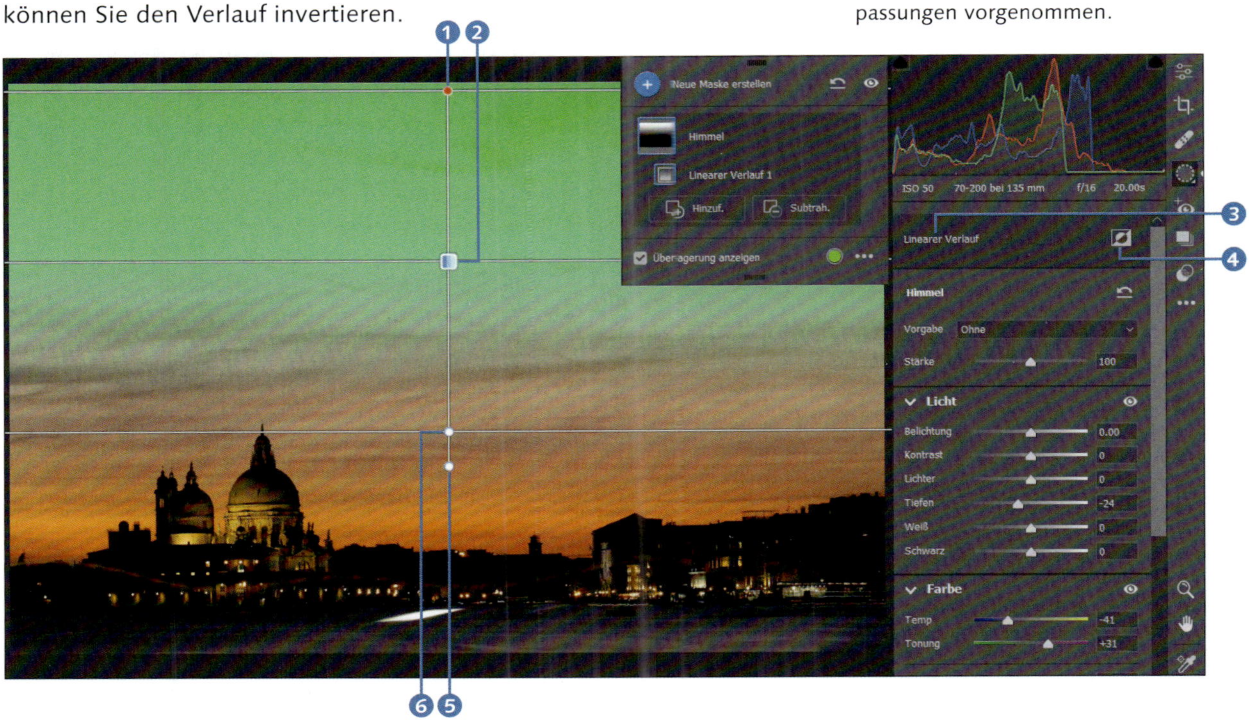

Sie können den Verlauf über die untere oder obere Linie erweitern oder verkleinern. Den Anfang des Verlaufs erkennen Sie am roten Punkt ❶. Der Endpunkt wird mit einem weißen Punkt ❻ angezeigt. Ebenso können Sie den Verlauf mit dem Punkt ❷ in der Mittellinie verschieben. Gehen Sie mit dem Mauscursor auf die äußere Seite der Mittellinie, können Sie den Verlauf auch drehen. Dasselbe erreichen Sie am unteren Ende des Verlaufs mit dem Punkt ❺ hinter dem Endpunkt.

16.7.8 Radialverlauf

Im Gegensatz zu LINEARER VERLAUF können Sie mit RADIALVERLAUF ❶ bzw. mit dem Tastenkürzel [J] eine ovale Form auf dem Foto aufziehen und bearbeiten. Dank der Möglichkeit, eine weiche Kante zwischen dem zu bearbeitenden und dem nicht zu bearbeitenden Bereich zu verwenden, lässt sich ein unauffälliger Übergang zwischen diesen Bereichen erstellen.

Kante weicher oder härter machen
Wollen Sie die Kanten härter oder weicher machen, können Sie mit dem Regler WEICHE KANTE nachjustieren.

Sie können dabei neue Beleuchtungseffekte, eine Vignettierung, einen Übergang zwischen Schärfe und Unschärfe und vieles mehr auf den ovalen Bereich anwenden. Der Radialverlauf wird im Masken-Bedienfeld und im Bild mit dem kreisrunden Symbol angezeigt

Den Radialverlauf ziehen Sie mit gedrückt gehaltener Maustaste von der Mitte auf. Benötigen Sie einen kreisrunden Kreis, halten Sie beim Aufziehen die [⇧]-Taste gedrückt. Über die vier weißen Punkte ❹ am äußeren Kreis ändern Sie die Größe und Form. Halten Sie dabei die [⇧]-Taste gedrückt, werden alle vier Punkte gleichmäßig geändert. Gehen Sie auf die Linie ❻ des Kreises oder den äußeren Punkt ❺, können Sie ihn drehen. Über den blauen Punkt in der Mitte ❸ können Sie den Kreis verschieben. Wollen Sie den äußeren statt den inneren Bereich bearbeiten, müssen Sie auf das Umkehren-Symbol ❷ klicken.

Abbildung 16.102 ▼
Mit Radialverlauf können Sie einen ovalen Bereich maskieren und daran Anpassungen vornehmen.

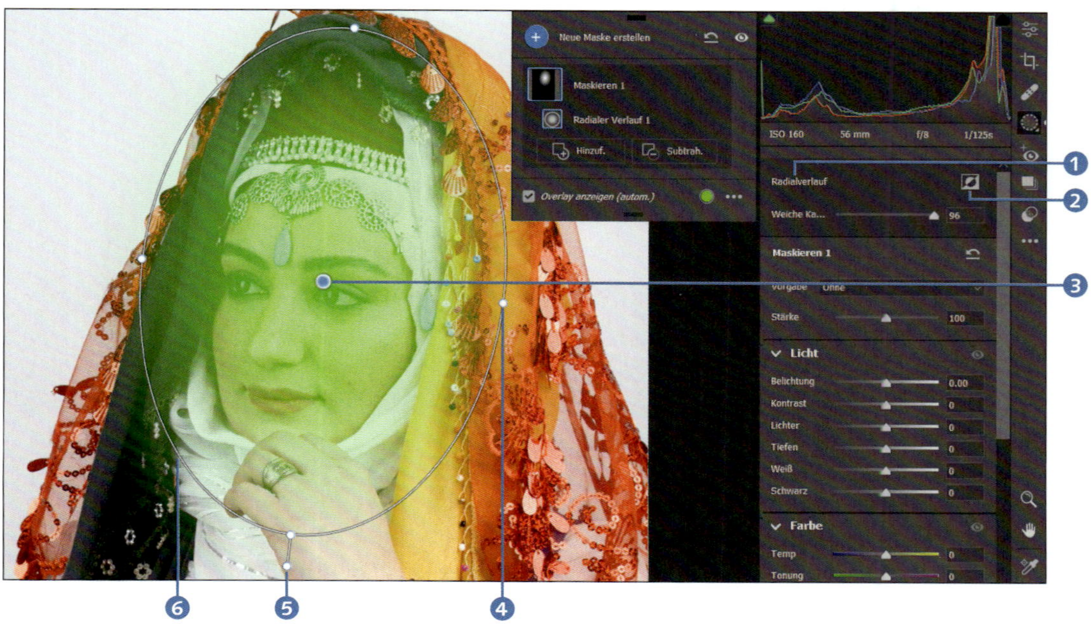

16.7.9 Bereichsmaske für Farben

Das Werkzeug FARBBEREICH rufen Sie mit ⇧+C oder über das Maskieren-Symbol auf. Wenn bereits eine Maske existiert, können Sie über das Masken-Bedienfeld einen Farbbereich als neue Maske erstellen, subtrahieren, hinzufügen oder eine Schnittmenge bilden. Die Farbe können Sie mithilfe einer Pipette aufnehmen. Entweder klicken Sie damit auf die gewünschte Farbe, oder Sie wählen einen größeren Farbbereich, indem Sie auf dem entsprechenden Bereich mit gedrückter Maustaste ein Rechteck aufziehen. Über den Schieberegler VERBESSERN 7 können Sie den Toleranzbereich für die gewählte Farbe anpassen.

Höhere Genauigkeit
Reicht Ihnen eine angeklickte Farbe nicht aus, können Sie mit gehaltener ⇧-Taste mehrere Farbbereiche hinzufügen. Neben der Pipette wird dabei ein Plussymbol angezeigt. Ebenso können Sie mit gedrückt gehaltener Maustaste einen Rahmen um einen bestimmten Maskenbereich ziehen, um die Farbbereichsauswahl noch genauer zu steuern. Ich empfehle Ihnen, mit der Pipette ein wenig zu experimentieren. Aufgenommene Farben im Bild können Sie mit gehaltener Alt-Taste wieder entfernen. Der Mauscursor wird dabei zu einem Scherensymbol.

◂ **Abbildung 16.103**
Einen bestimmten Farbbereich auswählen. Hier wurde der orange Bereich der Blume gewählt, um diese Farbe mit den Anpassungsparametern zu bearbeiten.

16.7.10 Bereichsmaske für die Luminanz

Mit dem Werkzeug LUMINANZBEREICH können Sie gezielt eine Maske für Bereiche mit einer bestimmten Helligkeit erstellen oder eben bereits erstellte Masken damit erweitern, reduzieren oder eine Schnittmenge damit bilden. Das Tastenkürzel für LUMINANZBEREICH lautet ⇧+L. Auch bei diesem Werkzeug können Sie mit einer Pipette im Bild auf den gewünschten Helligkeitsbereich klicken, den Sie maskieren und dann anpassen wollen. Anschließend lässt sich der ausgewählte Bereich über den Regler 9 feinregeln.

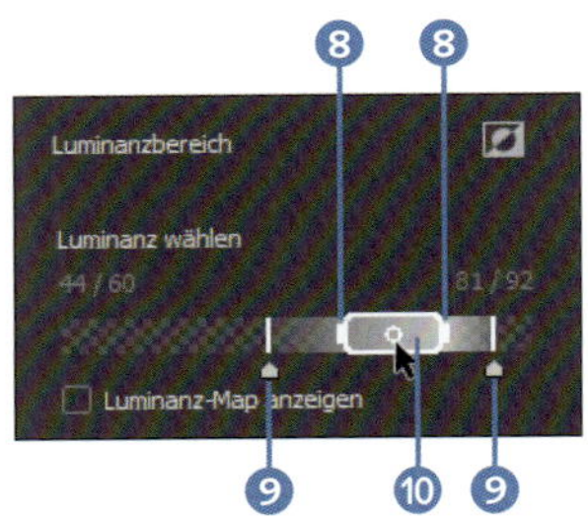

▴ **Abbildung 16.104**
Über den Regler passen Sie den Luminanzbereich an.

Sie können den Luminanzbereich auch ohne die Pipette, nur mit dem Regler, anpassen. Der Regler besteht aus zwei Bereichen: Im inneren Bereich stellen Sie den gewünschten Luminanzbereich ein, den Sie maskieren wollen. Hierzu finden Sie jeweils links und rechts einen Anfasser ❽, um diesen Bereich zu ändern. Gehen Sie hingegen innerhalb des Bereichs direkt auf den Mittelpunkt des Reglers, können Sie den kompletten (eingestellten) Luminanzbereich verschieben. Über die äußeren Bereiche mit den kleinen Dreiecken ❾ lassen sich die ausgewählten Bereiche in beide Richtungen glätten, damit der Übergang zwischen dem maskierten und nicht maskierten Bereich sanfter wird. Ansonsten gilt hier dasselbe wie bei einem Histogramm: Auf der linken Seite sind die dunklen Bereiche, rechts die hellen.

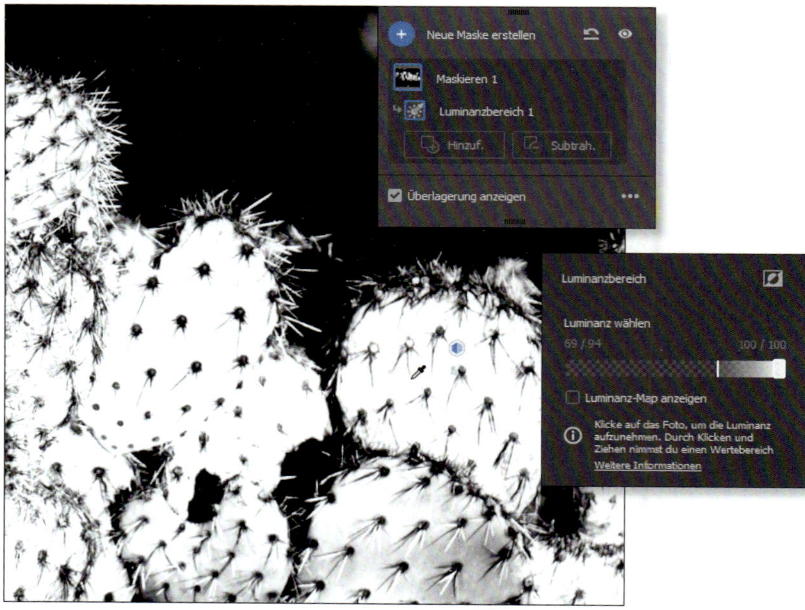

Abbildung 16.105 ▸
Hier wurde mit der Pipette ein heller Luminanzbereich im Bild ausgewählt. Für einen besseren Überblick verwende ich hier die Überlagerung Weiß auf Schwarz.

16.7.11 Tiefenbereichsmaske

Das Werkzeug TIEFENBEREICH wird in dem meisten Fällen deaktiviert sein. Diese Funktion ist nur für Fotos im HEIC-Format konzipiert, in denen zusätzlich die Schärfentiefe-Informationen gespeichert sind. Dies ist häufig bei Modellen des iPhones möglich, bei denen Sie die Bilder im Porträtmodus aufnehmen müssen, um ein HEIC-Format zu erhalten.

Die Kameras verwenden diese Tiefeninformationen, um eine künstliche Tiefenschärfe zu erzeugen, was aufgrund des kleinen Sensors rein optisch nicht möglich ist. Diese Tiefeninformation wird als Graustufenbild gespeichert. Alles, was hier hell ist, war näher an der Kamera, und je dunkler es wird, desto weiter entfernt sind diese Bereiche.

Adobe Camera Raw kann dann diese Schärfentiefe-Informationen auslesen und als Maskierungsauswahl verwenden. Wenn Sie TIEFENBE-

Reich (auch mit ⇧+D) aufrufen, können Sie anhand dieser Informationen Bildbereiche heller oder dunkler machen oder weichzeichnen.

Ansonsten ist die Funktionalität der des Luminanzbereichs recht ähnlich. Mit einer Pipette können Sie einen Tiefenbereich im Bild auswählen oder eine bestehende Maske als Ausgangsbasis verwenden. Mit gehaltener Maustaste können Sie auch einen rechteckigen Bereich auswählen.

Anschließend können Sie diesen Bereich über den Regler Tiefenbereich feinjustieren. Wie bei Luminanzbereich besteht der Regler aus zwei Teilen: Im inneren Bereich ❶ stellen Sie den gewünschten Tiefenbereich über die beiden Anfasser ein. Im äußeren Bereich mit den kleinen Dreiecken ❷ legen Sie fest, wie sanft der Übergang zu den nicht maskierten Bereichen verlaufen soll. Den kompletten Bereich verschieben Sie direkt im Mittelpunkt des Reglers. Den nahen Bereich finden Sie hier auf der linken Seite und den entfernten Bereich auf der rechten Seite des Reglers.

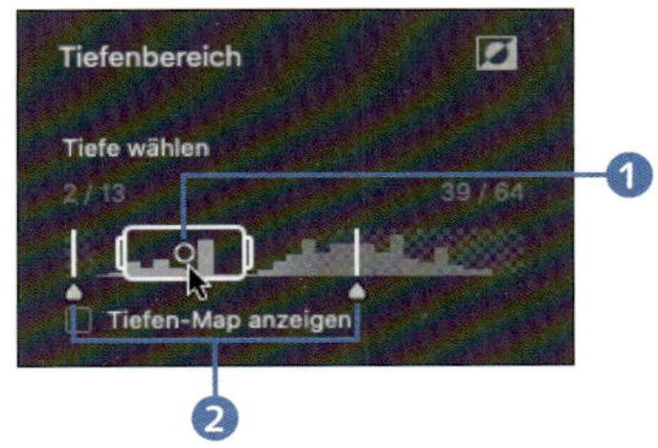

▲ **Abbildung 16.106**
Anpassen der Tiefenmaske

▲ **Abbildung 16.107**
Das Tiefen-Map mit den gespeicherten Tiefeninformationen

▲ **Abbildung 16.108**
Das Bild wurde im Porträtmodus mit einem iPhone aufgenommen.

16.7.12 Automatische Auswahl von Personen

Wenn sich Personen auf einem Bild befinden und Sie den Bereich Maskierung aktiviert haben, erkennt Camera Raw alle Personen automatisch im Bild und fügt im Bereich Personen eine Miniaturvorschau einer jeden Person hinzu. Wenn Sie mit dem Mauscursor über eine der Miniaturvorschauen fahren, wird die entsprechende Person in der Maskenfarbe angezeigt.

Klicken Sie diese Person an, können Sie nun bestimmen, ob Sie die Gesamte Person oder nur bestimmte Körperbereiche wie Haare, Haut,

Augeniris usw. auswählen und maskieren wollen. Setzen Sie ein Häkchen vor den Bereich, den Sie maskieren und bearbeiten wollen. Setzen Sie hierbei ein Häkchen vor X SEPARATE MASKEN erstellen, wird für jeden Bereich extra eine Maske erstellt, sodass Sie die einzelnen Bereiche auch separat bearbeiten können. Wenn die automatisch erstellten Masken nicht exakt genug sein sollten, können Sie auch hier wieder über das Masken-Bedienfeld mit HINZUFÜGEN oder SUBTRAHIEREN die bestehende Maske erweitern oder verkleinern.

Abbildung 16.109 ▼
Camera Raw erkennt Personen auf dem Foto automatisch.

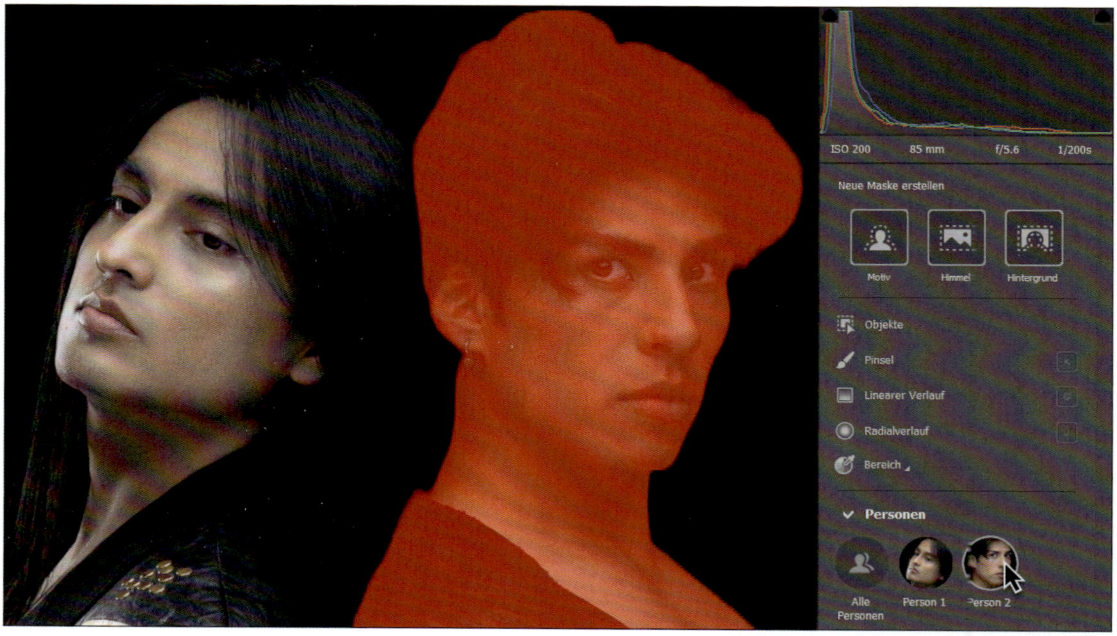

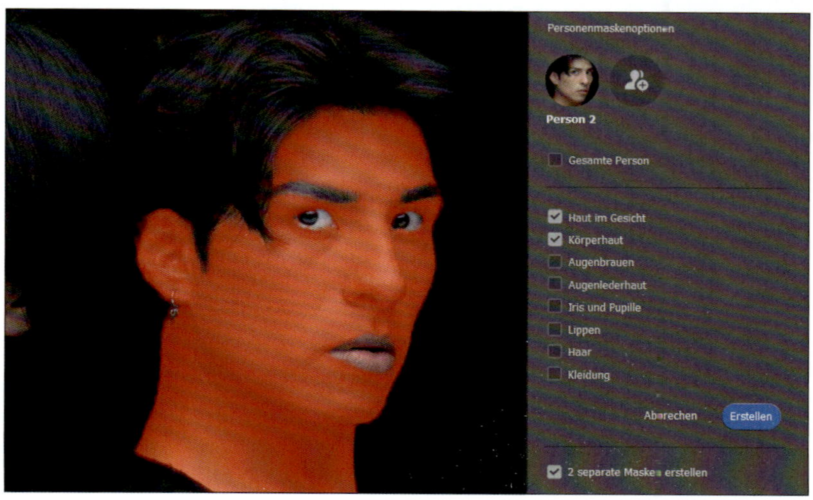

Abbildung 16.110 ▶
Beim Maskieren von Personen können Sie bei Bedarf bestimmte Körperbereiche auswählen und für jeden Bereich auch eine separate Maske zum Bearbeiten erstellen.

16.7.13 HDR-Bilder und Panoramen mit Camera Raw

Adobe Camera Raw ist auch in der Lage, mehrere geöffnete Rohbilder zu HDRIs oder Panoramen zu verrechnen. Hierzu wählen Sie einfach die gewünschten Aufnahmen aus und klicken dann auf das Menüsymbol des Filmstreifens ①. Im Menü wählen Sie dann entweder Zu HDR zusammenfügen, Zu Panorama zusammenfügen oder Zu HDR-Panorama zusammenfügen. Camera Raw errechnet nun eine Vorschau und bietet Ihnen einige wenige Einstellungsmöglichkeiten an – zum Beispiel, ob das Panorama kugelförmig, zylindrisch oder perspektivisch zusammengesetzt sein soll.

Sobald Sie mit Zusammenfügen bestätigt haben, startet die Automatik: Camera Raw verrechnet die Bilder völlig eigenständig und vollautomatisch. Eingriffsmöglichkeiten oder eine Nachbearbeitung von maskierten Einzelebenen gibt es nicht. Das fertige Bild wird ebenfalls automatisch als digitales Negativ (DNG-Format) abgespeichert. Dabei überlässt das Programm Ihnen die Wahl des Dateinamens und des Speicherorts.

Sehr viel komfortabler erstellen Sie HDR-Bilder und Panoramen mit den entsprechenden Funktionen, die Sie unter Datei • Automatisieren in Photoshop finden (mehr dazu lesen Sie ab Abschnitt 17.3, »Bildpanoramen mit Photomerge«).

Zum Weiterlesen
Wesentlich mehr zu HDR-Bildern und Panoramen finden Sie in Kapitel 17, »Kamerafehler korrigieren, Digitalfotos optimieren«. Dort lernen Sie dann auch, wie Sie die Kontrolle über den Verrechnungsprozess behalten. Eine weitere sehr nützliche Funktion ist das Tonen von HDR-Pro-Bildern mittels des ACR-Filters. Wenn Sie mehrere unterschiedlich belichtete Bilder desselben Motivs zu einem HDR-Bild verrechnen lassen möchten, können Sie, solange Sie zum Verrechnen den 32-Bit-Modus verwenden, den Filter nutzen, um die finalen Einstellungen für das HDR zu treffen. Genaueres zu dieser Technik finden Sie ebenfalls in Kapitel 17.

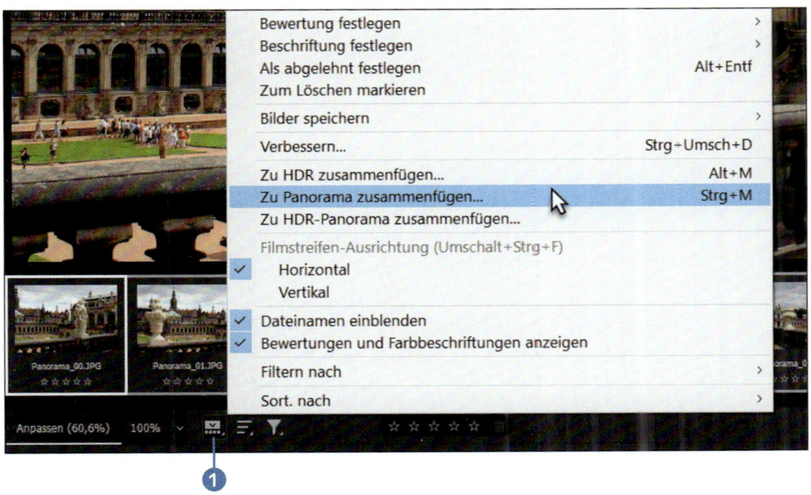

◂ **Abbildung 16.111**
HDR-Bilder und Panoramen können Sie auch allein mit Adobe Camera Raw erstellen.

Kapitel 17

Kamerafehler korrigieren, Digitalfotos optimieren

Einige mächtige Photoshop-Tools widmen sich speziellen Problemen der Digitalfotografie: Funktionen, mit denen Sie eine Abbildungsqualität erreichen, die das Vermögen normaler Kameras übersteigt, und Werkzeuge, mit deren Hilfe Sie typische Kamerafehler loswerden.

17.1 Inhaltsbasiert: Ebenen automatisch ausrichten

Neben den Funktionen zum Ausrichten von Ebenen anhand der *Kanten* und *Mittellinien* (siehe Abschnitt 6.1, »Ebenenkanten ausrichten und verteilen«) gibt es in Photoshop auch eine intelligente Ausrichtungsfunktion, die den Ebenen*inhalt* berücksichtigt. Sie starten sie mit dem Befehl BEARBEITEN • EBENEN AUTOMATISCH AUSRICHTEN. So entstehen Panoramen, Collagen oder einfach repositionierte Ebenenstapel, die ihrerseits die Grundlage verschiedener Montagetechniken sind.

Das Tool EBENEN AUTOMATISCH AUSRICHTEN (siehe Abbildung 17.2) analysiert den Inhalt von Ebenen und richtet sie aus. Nach welchem Muster diese Ausrichtung geschieht, bestimmen Sie durch Festlegen einer Option.

- PERSPEKTIVISCH und ZYLINDRISCH sind zwei Optionen, die sich für die Montage von **Bildpanoramen** eignen. Es gibt in Photoshop jedoch auch eine eigene Panoramafunktion, Photomerge.
- PERSPEKTIVISCH gibt einen starken Raumeindruck, aber verzerrt die Ausgangsbilder unter Umständen recht stark.
- ZYLINDRISCH kommt mit weniger Verzerrungen aus und eignet sich sehr gut für das Erstellen von breiten Panoramabildern.
- KUGELFÖRMIG ist für das Ausrichten von Bildern mit breitem Blickfeld (vertikal und horizontal) gedacht.

Zum Weiterlesen
Lesen Sie in Abschnitt 17.3, »Bildpanoramen mit Photomerge«, wie **optimale Aufnahmebedingungen für Panoramen** aussehen. Dort finden Sie auch Beispielbilder für einige der Panoramaoptionen.

Viele Bilder in einer Datei

Um den Befehl EBENEN AUTOMATISCH AUSRICHTEN, Photomerge oder auch die HDR-Funktionen zu nutzen, benötigen Sie eine Datei, in der alle Bilder, die bearbeitet werden sollen, gestapelt sind. Automatisiert lässt sich das schnell bewerkstelligen. Klicken Sie auf DATEI • SKRIPTEN • DATEIEN IN STAPEL LADEN.

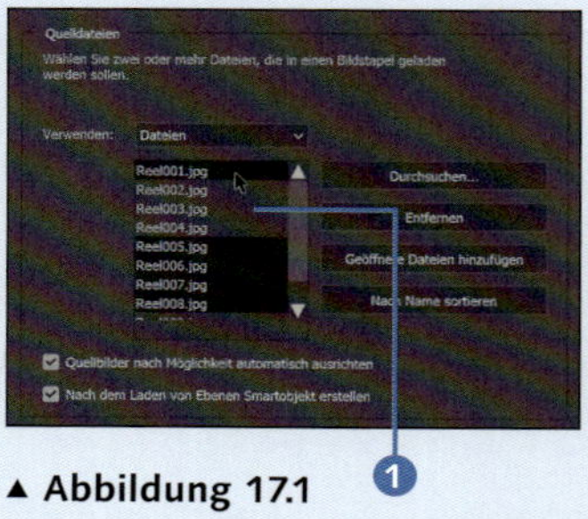

▲ **Abbildung 17.1**
Es ist erforderlich, die aufgelisteten Dateien vor der Verarbeitung auch noch in der Liste auszuwählen ①.

Sie können einzelne Dateien oder Ordner (mitsamt dem Inhalt) laden oder bereits geöffnete Dateien für das Zusammenführen in einer Datei vorsehen.

- COLLAGE richtet Ebenen so aus, dass überlappender (identischer) Inhalt genau übereinanderliegt. Dabei sollen die Formen von Bildobjekten jedoch vor Verzerrung bewahrt werden. (So bleibt ein Kreis beispielsweise ein Kreis.)
- REPOSITIONIEREN richtet die Ebenen aus und passt den überlappenden Inhalt an. Dabei werden jedoch keine Transformationen wie Dehnen oder Neigen angewendet.

Die Optionen VIGNETTIERUNGSENTFERNUNG und GEOMETRISCHE VERZERRUNG können Sie bei fast allen Ausrichtungsoptionen frei zuschalten. Sie entfernen auf sehr effektive Weise Objektivfehler.

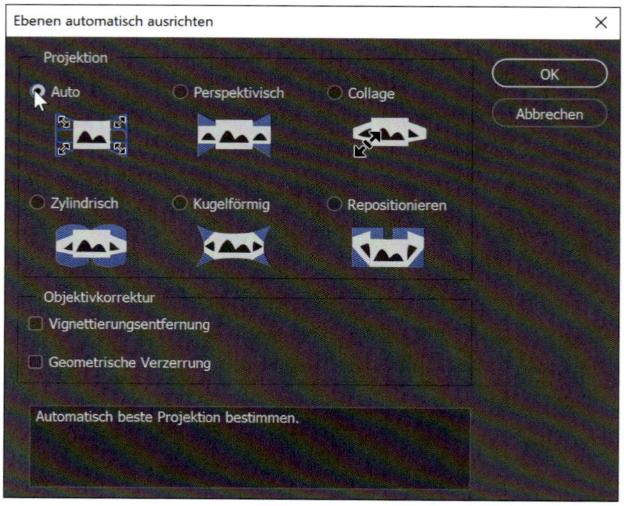

▲ **Abbildung 17.2**
Dieses auf den ersten Blick einfache Tool ist erstaunlich leistungsstark – die Ergebnisse dieser Berechnungen sind meist ziemlich gut.

17.2 Unbegrenzte Schärfentiefe: Bilder überblenden

Der Befehl BEARBEITEN • EBENEN AUTOMATISCH ÜBERBLENDEN funktioniert ähnlich wie EBENEN AUTOMATISCH AUSRICHTEN und ist für Dateien gedacht, in denen mehrere Einzelbilder in Ebenen gestapelt sind. EBENEN AUTOMATISCH ÜBERBLENDEN kann jedoch auch Tonwerte und Farben in den Bildebenen aneinander angleichen. Mit Gewinn lässt er sich zum Beispiel auf Bilderserien anwenden, die dasselbe Objekt mit unterschiedlicher Schärfentiefe abbilden. Das Endergebnis ist ein Bild mit vollständig durchgezeichneter Schärfe.

Die Anwendung ist einfach; das Wichtigste ist, dass Sie gutes Fotomaterial haben.

1. Starten Sie das Tool DATEI • SKRIPTEN • DATEIEN IN STAPEL LADEN (siehe Kasten auf Seite 556), um die gewünschten Bilder als Ebenen in eine Datei zu laden.
2. Richten Sie die Ebenen mit dem Befehl EBENEN AUTOMATISCH AUSRICHTEN aus. AUTO oder REPOSITIONIEREN sind die Optionen der Wahl. Alternativ können Sie auch die Ausrichten-Option unter DATEIEN IN STAPEL LADEN verwenden – nach meiner Erfahrung funktioniert EBENEN AUTOMATISCH AUSRICHTEN jedoch besser. Schon kleine Abweichungen können beim Überblenden zu Farb- und Tonwertverfremdungen führen.
3. Aktivieren Sie alle Ebenen im Ebenen-Bedienfeld.
4. Rufen Sie den Befehl BEARBEITEN • EBENEN AUTOMATISCH ÜBERBLENDEN auf. Wählen Sie die Option BILDER STAPELN (2), und achten Sie darauf, dass die Option NAHTLOSE TÖNE UND FARBEN (3) aktiv ist. Möchten Sie zudem, dass Photoshop nach dem Überblenden eventuelle transparente Ecken und Kanten automatisch inhaltsbasiert auffüllt, so setzen Sie ebenfalls das Häkchen bei INHALTSBASIERTE FÜLLUNG FÜR TRANSPARENTE BEREICHE (4).
5. Klicken Sie auf OK, und Photoshop rechnet. Je nach Datenmenge kann das einen Augenblick dauern.

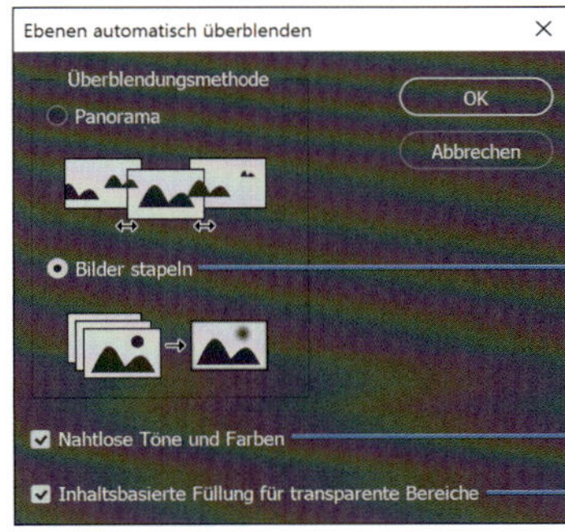

▲ **Abbildung 17.3**
Der Überblenden-Dialog. Interessant ist hier vor allem BILDER STAPELN.

»Überblendung_01.jpg« bis »Überblendung_10.jpg« im Ordner ÜBERBLENDUNG

Bild: Adobe

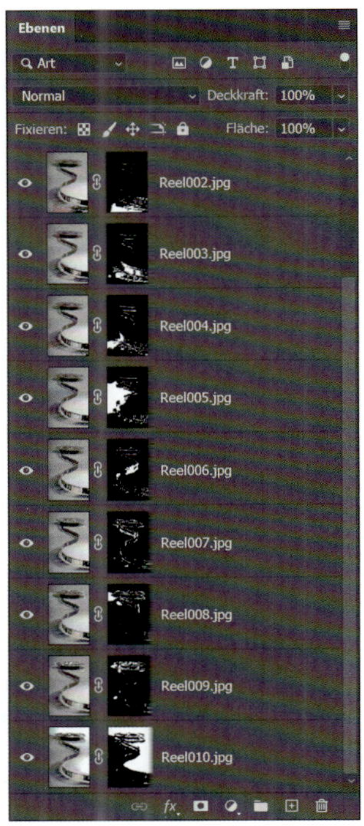

◄◄ **Abbildung 17.4**
Aus zehn Einzeldateien wird ein Bild mit gleichmäßiger Beleuchtung und perfekter Schärfe an jedem Punkt.

◄ **Abbildung 17.5**
Der Ebenenaufbau. Die Maskierung der Ebenen ist sehr detailliert – ein Hinweis darauf, wie differenziert diese Funktion arbeitet.

17.3 Bildpanoramen mit Photomerge

Die Funktion PHOTOMERGE fügt mehrere Bilder zu einem Panorama zusammen und arbeitet – wie es die Anordnung im Photoshop-Menü DATEI • AUTOMATISIEREN nahelegt – tatsächlich automatisch. Geeignetes »Rohmaterial« vorausgesetzt, sind die Ergebnisse überraschend gut. Das Ausrichten funktioniert in der Regel gut, und Objektivfehler werden aus den Panoramen automatisch herausgerechnet.

17.3.1 Geeignete Fotos aufnehmen

Die Funktion PHOTOMERGE hat sich mittlerweile zu einem wirkungsvollen Instrument gemausert, um aus einzelnen Aufnahmen Panoramabilder zu montieren. Dennoch steht und fällt die Qualität einer solchen Panorama-Aufnahme mit der Auswahl der geeigneten Fotos. Je besser die Ausgangsfotos sind, desto besser kann auch Photomerge arbeiten. Aufnahmebedingungen und Motiv müssen stimmen.

Motive | Motive mit bewegten Objekten (wie zum Beispiel eine befahrene Straße) kommen nicht in Frage, denn es lässt sich kaum vermeiden, dass solche Objekte sich auch an den Bildrand bewegen – ohne dass es im Anschlussbild eine Fortsetzung gibt. Problematisch sind bei Außenaufnahmen auch windige Tage mit schnell ziehenden Wolken: In jedem Bild gibt es dann andere Lichtverhältnisse und Schattenwürfe. Auch brauchen Panoramen eine gewisse Weite, um zu wirken – das Panoramabild eines 15-Quadratmeter-Raums macht einfach nichts her. Bilder mit prägnanten Merkmalen wie beispielsweise Hauskanten oder Mauern können meist besser zusammengefügt werden als Bilder mit zu wenigen Unterschieden. Wasserflächen, Gras und Laub und ähnliche Strukturen stellen eine nahezu unlösbare Aufgabe für Photomerge dar, wenn nicht noch andere, markante Elemente im Bild vorhanden sind.

Aufnahmebedingungen | »Einheitlichkeit« ist auch das Schlüsselwort für die Aufnahmebedingungen. Brennweite und Belichtung sollten auf allen Bildern gleich sein, ebenso die Verwendung von Blitzlicht. Die automatische Einstellung von Belichtungszeiten – typisch für viele Digicams – muss deaktiviert sein. Geringe Belichtungsunterschiede kann Photomerge zwar ausgleichen, aber die Ausrichtung der Bilder kann erschwert werden. Auch die Position der Kamera sollten Sie nicht verändern. Ohnehin sind Sie mit einem Stativ mit rotierbarem Kopf gut beraten. Es genügt nicht, bei Aufnahmen den Horizont nach Augenmaß auf einer Höhe zu halten: Es zeigt sich dann meist eine deutliche Drehung zwischen den Bildern. Damit die Kanten der einzelnen Bilder aneinanderpassen, sollten Sie auch keine Verzerrungslinsen wie Fischaugen einsetzen. Achten Sie beim Fotografieren darauf, dass sich die Einzelbilder um 25–40% überlappen. Die Verwendung des optischen Suchers (anstelle des Vorschaudisplays) hilft Ihnen, die richtigen Ausschnitte zu finden.

17.3.2 Die Fotos montieren

Unter Datei • Automatisieren • Photomerge erreichen Sie Photoshops Panorama-Monteur. Als Erstes müssen Sie festlegen, welche Dateien Sie verarbeiten wollen. Unter Verwenden ❷ stellen Sie ein, welche Dateien zusammengefügt werden sollen. Wählen Sie Dateien oder Ordner, müssen Sie mit dem Befehl Durchsuchen noch zu den gewünschten Elementen navigieren. Auf Wunsch können Sie Ihrer Bildauswahl auch Dateien hinzufügen, die bereits in Photoshop geöffnet sind (Button Geöffnete Dateien hinzufügen ❹).

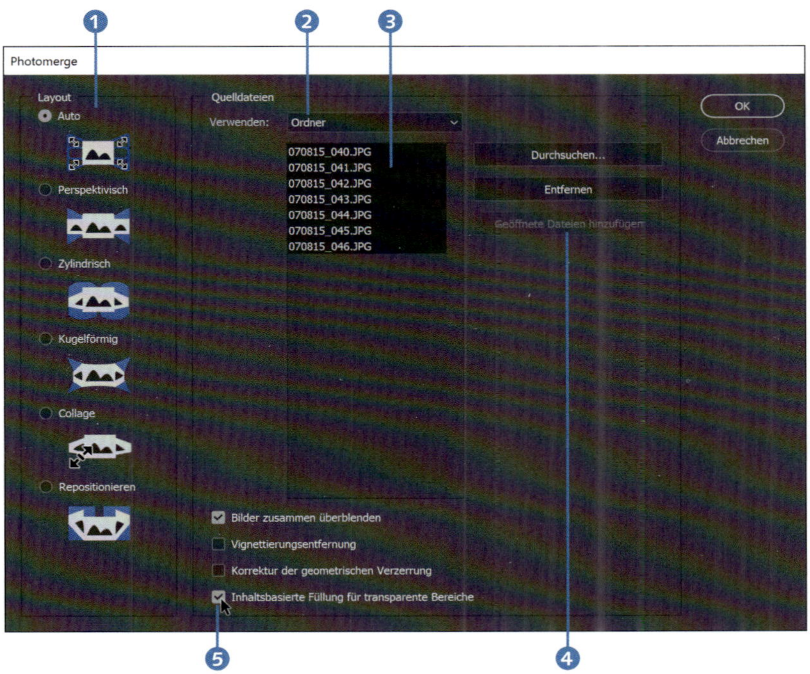

◂ **Abbildung 17.7**
Wenn Sie Photomerge aus der Bridge heraus aufrufen, sind die zuvor ausgewählten Bilder automatisch als Quelldateien geladen ❸.

Montageoptionen | Unter Layout ❶ legen Sie fest, in welcher Art und Weise die Bilder montiert werden sollen. Wenn Sie bereits mit Ebenen automatisch füllen gearbeitet haben, sollten Ihnen die Optionen bekannt vorkommen.

Bilderserien automatisch zusammenstellen
Die Bridge unterstützt Sie dabei, aus Bilderserien die Bilder herauszufischen, die für die Montage als Panorama- oder HDR-Bild geeignet sind. Wählen Sie den Befehl Stapel • Automatische Stapelanordnung für Panorama/HDR. Die Bridge durchsucht dann den Inhalt des aktuellen Ordners – je nach Ordnergröße dauert das eventuell eine Weile. Bilderreihen, die sich für Panoramen oder HDR-Montagen eignen, werden dann zu Bridge-Stapeln zusammengefügt.

▴ **Abbildung 17.6**
Die Bridge hat eine panoramataugliche Serie entdeckt und zum Stapel gebündelt.

»Panorama_00.jpg« bis »Panorama_06.jpg« im Ordner PANORAMA

- Haben Sie die Option AUTO gewählt, analysiert Photoshop die Ausgangsbilder und wendet dann entweder das perspektivische oder das zylindrische Layout an – je nachdem, welches besser passt.
- Die Option PERSPEKTIVISCH erstellt das Panorama, indem eines der Ausgangsbilder (wenn möglich das mittlere) als Referenzbild festgelegt wird. Die anderen Bilder werden dann daran ausgerichtet und dabei neu positioniert, gedehnt oder geneigt, so dass überlappender Inhalt über mehrere Ebenen übereinstimmt.

Bilder: Jacqueline Esen

▲ **Abbildung 17.8**
Je nach Ausgangsmaterial kann bei perspektivischer Montage eine starke Verzerrung der Bildkanten auftreten, das Motiv wirkt gerade.

- ZYLINDRISCH arbeitet anders und mit weniger Verzerrungen. Auch hier wird ein Bild – meist das mittlere – als Referenzbild festgelegt, und die übrigen werden daran ausgerichtet. Allerdings erfolgt die Anordnung der einzelnen Bilder wie auf einem auseinandergeklappten Zylinder. Diese Option eignet sich am besten für das Erstellen von breiten Panoramabildern.

▲ **Abbildung 17.9**
Die Option ZYLINDRISCH arbeitet der Verzerrung entgegen.

- KUGELFÖRMIG transformiert die Bilder so, dass sie aussehen, als würden sie das Innere einer Kugel auskleiden. Diese Option eignet sich vor allem für sehr umfangreiche 360°-Panoramen.
- COLLAGE bringt identische Bildinhalte in Deckung und dreht oder skaliert die Ebenen, damit sie besser zusammenpassen. Die Transformationen NEIGEN und VERZERREN werden nicht angewendet.
- REPOSITIONIEREN heftet die Bilder ohne Eingriffe in die Perspektive und ohne Transformationen zusammen.

▲ **Abbildung 17.10**
Hier wurden die Bilder repositioniert. Die Bildkanten sind relativ gerade, aber die perspektivische Verzerrung beim Motiv ist stark.

Ein Klick auf OK startet schließlich die Montage der Bilder in einer neuen Datei. Sowohl der Bildinhalt als auch die Bildstruktur und -farben werden dabei von der Automatik berücksichtigt. Sie müssen nun gar nichts mehr machen, außer ein wenig zu warten.

▲ **Abbildung 17.11**
Das Photomerge-Werkzeug arbeitet ähnlich wie die Ebenen-Automatiken. Überlappende Bildbereiche werden mit differenzierten Masken ineinandermontiert.

Inhaltsbasierte Füllung für transparente Bereiche | Nach der Montage wird das Panorama in der Regel an den Kanten transparente Stellen aufweisen, wo die montierten Bilder unterschiedlich hoch oder tief zueinander liegen (siehe Abbildung 17.11). Bei Rohmaterial, das mit einem Stativ und eventuell sogar einem Panoramakopf aufgenommen wurde, sollten diese Abweichungen minimal und die transparenten Bereiche nach der Montage durch Photomerge entsprechend klein sein. Fotos aber, die freihändig aufgenommen wurden, tendieren dazu, eher große Unterschiede in der Aufnahmehöhe aufzuweisen. Um diese unregelmäßigen »leeren« Kanten loszuwerden, können Sie

- das Bild beschneiden, idealerweise mit dem Freistellungswerkzeug (Shortcut [C]).
- oder im Photomerge-Dialog die Funktion INHALTSBASIERTE FÜLLUNG FÜR TRANSPARENTE BEREICHE ⑤ (Abbildung 17.7) nutzen. Dabei werden solche unschönen transparenten Ecken und Kanten während der Montage basierend auf dem umliegenden Bildinhalt aufgefüllt. In der fertigen Montage werden die aufgefüllten Bereiche mit einer Auswahl versehen.

▼ **Abbildung 17.12**
Photomerge hat das Bergpanorama höchst zufriedenstellend montiert. Die transparenten Bereiche an den Kanten – hier durch Auswahlen markiert – wurden dabei automatisch inhaltsbasiert aufgefüllt.

Bild: Walter Milani-Müller

17.4 HDR – Bilder mit realitätsgetreuem Luminanzumfang

Zum Weiterlesen
Das Tool TIEFEN/LICHTER wurde eigens konzipiert, um **problematische Fotos mit hohem Luminanzumfang** zu reparieren. Hier im Buch finden Sie es in Abschnitt 11.3, »Spezialist für harte Schatten und Gegenlichtaufnahmen: ›Tiefen/Lichter‹«.

Jeder Fotograf kennt das: Szenen mit hohem Kontrastumfang, die das menschliche Auge problemlos erfassen kann, bereiten auch einer noch so guten Kamera Schwierigkeiten. Ein typisches Beispiel dafür ist etwa der Blick aus einem dunkleren Zimmer hinaus ins lichtdurchflutete »Draußen«. Beim Fotografieren müssen Sie sich dann entscheiden, ob Sie die dunkleren oder die helleren Bildpartien richtig belichten – im jeweiligen Rest ist mit Tonwertverlusten zu rechnen. Ein Gutteil von Photoshops Korrekturwerkzeugen wurde wohl auch entwickelt, um diesem allgegenwärtigen Problem zu Leibe zu rücken.

Belichtungsreihen montieren | Ein anderer Ansatz sind HDR-Bilder (HDR bedeutet »High Dynamic Range«). Anstatt technisch bedingte Unzulänglichkeiten durch Bildkorrektur auszugleichen, versuchen HDR-Bilder, den gesamten Luminanzumfang der realen Szene einzufangen. Das ist aufwendig: **HDR-Images** (HDRIs) werden erzeugt, indem mehrere absolut *identische* Aufnahmen desselben Motivs – nur unterschiedlich belichtet – zusammengefügt werden. Drei bis sieben solcher Aufnahmen braucht man für ein HDRI. Die Ausgangsbilder müssen qualitativ sehr hochwertig sein, schon etwas Rauschen oder eine leichte Vignettierung kann stören.

Die arbeitsintensive HDR-Fotografie ist keine Beschäftigung für Gelegenheitsknipser – in der Vergangenheit wurden HDR-Images vor allem in Kinofilmen, 3D-Grafiken und für Special Effects eingesetzt. Inzwischen sind Bilder im HDR-Look – satte Farben, peppige Kontraste und deutlich herausgearbeitete Details – auch jenseits solcher Spezialanwendungen zu sehen. HDRIs sind zudem in der Werbe- und Produktfotografie und in Fotocommunitys stark vertreten. Photoshop bietet die Tools für diesen Look: ein Dialogfeld für die professionelle HDR-Montage mit leistungsfähigen Algorithmen im Hintergrund sowie die Funktion HDR-TONUNG, mit der aus Einzelbildern HDR-Imitate erzeugt werden können (dazu mehr in Abschnitt 17.4.3, »Gefälschte HDR-Images: ›HDR-Tonung‹«).

17.4.1 HDR-Unterstützung in Photoshop

HDR-Bilder lassen sich in Photoshop mit 8, 16 oder 32 Bit je Kanal speichern. In 32-Bit-HDR-Images bleibt der gesamte Helligkeitsumfang der aufgenommenen Szene wirklich erhalten; 16- und 8-Bit-Dateien haben einen geringeren Luminanzumfang. Bei der Bildbearbeitung sind

HDR-Images nicht ganz unproblematisch: Der große Helligkeitsumfang ist mehr, als normale Ausgabegeräte darstellen können, und die Datenmenge ist immens. Glücklicherweise ist Photoshops Unterstützung für 16- und auch für 32-Bit-Bilder sehr gut: Die wichtigsten Funktionen arbeiten auch mit hochbittigen Dateien. Darüber hinaus gibt es – neben dem Dialog zum Montieren von HDRIs aus Einzelbildern – spezielle Tools für den Umgang mit HDRIs.

- Da 32-Bit-HDRIs Helligkeitsinformationen enthalten, die die Darstellungskapazitäten eines Standardmonitors bei weitem sprengen und auch über den Tonwertumfang gedruckter Bilder weit hinausgehen, können Sie in Photoshop zudem die **Darstellungsweise von HDR-Bildern am Monitor** einstellen (Ansicht • 32-Bit-Vorschauoptionen).
- Das Korrekturwerkzeug Belichtung ist speziell für die **HDRI-Bearbeitung** ausgerichtet. Sie finden es im Menü Bild • Korrekturen und im Korrekturen-Bedienfeld sowie im Einstellungsebenen-Menü des Ebenen-Bedienfelds.

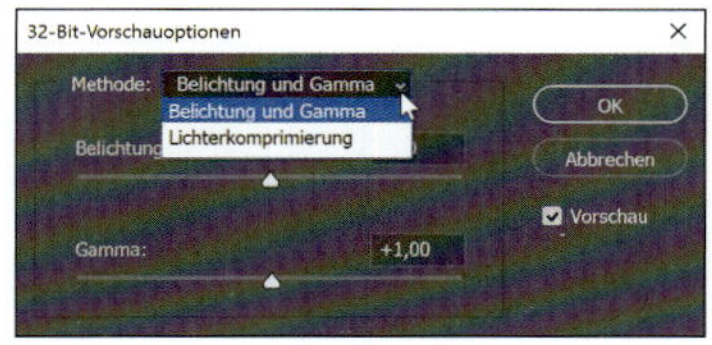

▲ **Abbildung 17.13**
Sie können einstellen, wie 32-Bit-Bilder auf Ihrem Bildschirm erscheinen sollen.

17.4.2 HDR-Bilder montieren

Der Start der HDR-Montage funktioniert so ähnlich wie bei Bildpanoramen.

- Aus **Photoshop** wählen Sie Datei • Automatisieren • Zu HDR Pro zusammenfügen. Sie müssen zunächst in einem eigenen Dialogfenster die Dateien festlegen, die montiert werden sollen, dann erscheint der eigentliche HDR-Dialog.
- Einfacher geht es mit der **Bridge**. Aktivieren Sie die Dateien, die Sie verarbeiten möchten, und wählen Sie dann den Befehl Werkzeuge • Photoshop • Zu HDR Pro zusammenfügen. Dann öffnet sich nach kurzer Rechenzeit der Dialog mit den HDR-Optionen.

Modus | Die wichtigste Einstellung, die Sie im Dialog aus Abbildung 17.15 vornehmen, ist der Modus ❸. Damit legen Sie fest, ob das fertig montierte HDR-Bild als 32-, 16- oder 8-Bit-Datei ausgegeben werden soll und welche Bearbeitungsmöglichkeiten es überhaupt gibt.

- Im 32-Bit-Modus bietet das Dialogfeld kaum Einstellungsmöglichkeiten. Weitere Einstellungen erledigen Sie nach der Montage in Photoshop.
- Da 16-Bit-Bilder mehr Bildinformationen enthalten als 8-Bit-Dateien, ist dem 16-Bit-Modus der Vorzug zu geben. Konvertieren können Sie später in Photoshop.

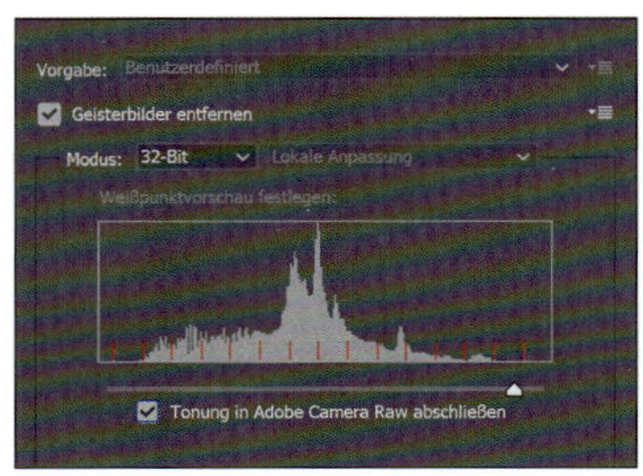

▲ **Abbildung 17.14**
Der Modus 32-Bit bietet kaum Einstellungsmöglichkeiten.

Abbildung 17.15 ▼
Der HDR-Dialog bietet umfangreiche Steuerungsmöglichkeiten.

- Um die HDR-Umsetzung detailliert zu steuern, sollten Sie außerdem LOKALE ANPASSUNG ❹ einstellen. Mit anderen Einstellungen haben Sie kaum Steuerungsmöglichkeiten!

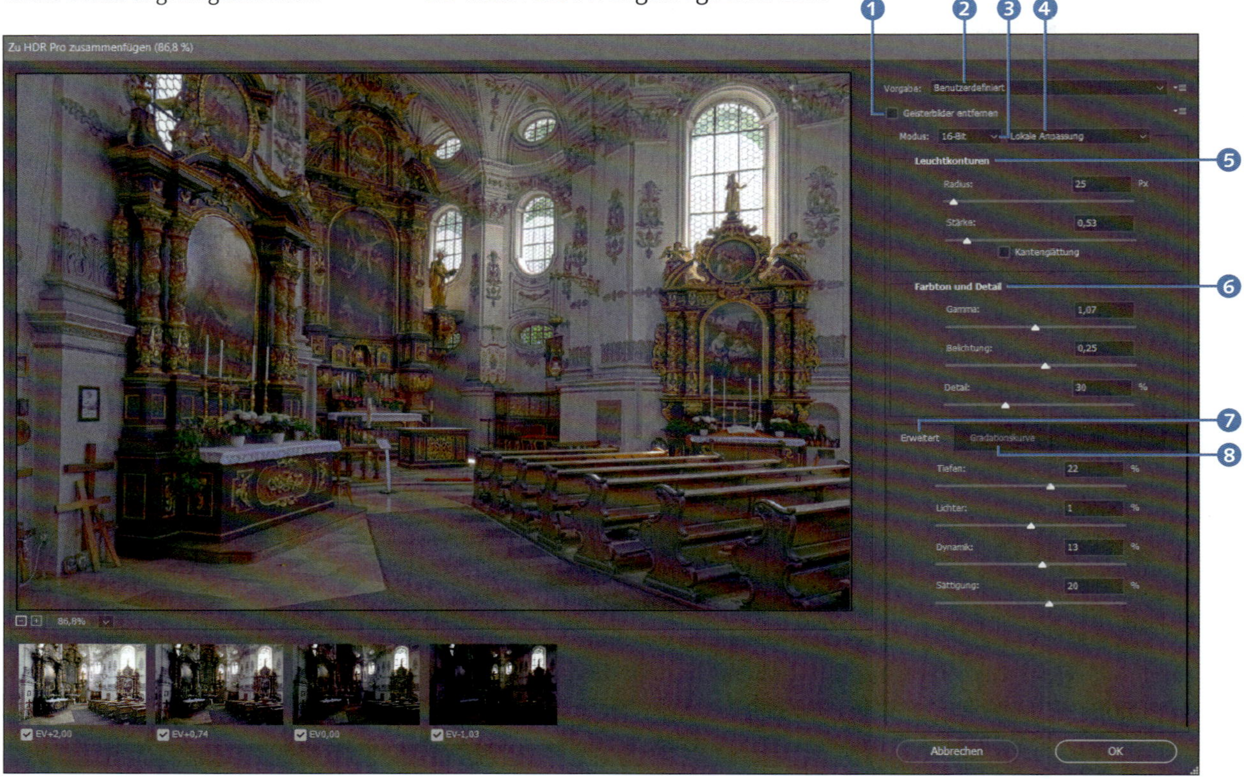

Vorgaben | Adobe hat dem Dialog schon eine ganze Reihe vorgefertigter Einstellungen, die Vorgaben ❷, mitgegeben. Es hat sich als Arbeitsweise bewährt, zunächst eine annähernd passende Vorgabe auszuwählen. Mit den Reglern können Sie diese weiter an Ihre eigenen Vorstellungen und das Motiv anpassen.

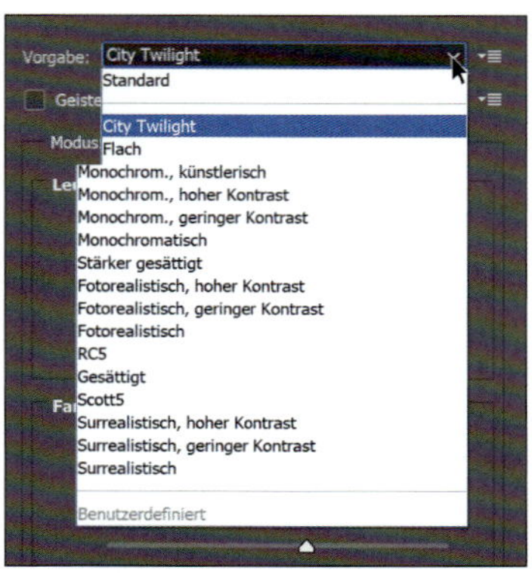

▲ Abbildung 17.16
Der HDR-Dialog bringt zahlreiche Vorgaben mit.

Leuchtkonturen | Licht, viel Licht gehört zur Charakteristik von HDR-Bildern. Selbst wenn es Nacht- oder Dämmerungsaufnahmen sind, strahlen die wenigen Lichtquellen besonders stark – richtig dunkel ist es in der HDR-Welt nie. Dafür zuständig sind oft die stark betonten, fast schon selbstleuchtenden Objektkonturen. Unter dem Punkt LEUCHTKONTUREN ❺ legen Sie fest, ob und wie stark Sie dieses Leuchten in Ihrem Bild haben wollen. Welche Werte die richtigen sind, ist – wie so oft – eine Geschmacksfrage und richtet sich außerdem nach dem Motiv.

- RADIUS grenzt den Umfang des Schein-Effekts ein.
- STÄRKE reguliert den Kontrast.

◂ **Abbildung 17.17**
Starke Leuchtkonturen sorgen für einen surrealistischen Effekt.

Geisterbilder entfernen | Die zuschaltbare Option GEISTERBILDER ENTFERNEN ① ist extrem hilfreich, wenn Ihr HDR-Motiv doch nicht so unbewegt ist, wie es sein sollte – etwa, wenn Sie bewegtes Laub oder leicht im Wind schwingende Zaundrähte auf Ihren Bildern haben. Beim Zusammenrechnen der Teilbilder entstehen dann leicht verwischte Konturlinien. Die Option GEISTERBILDER ENTFERNEN beseitigt diesen unschönen Effekt in den meisten Fällen zuverlässig.

Farben und Detail | Wenn Sie öfter mit Camera Raw arbeiten oder Ihnen das Werkzeug TIEFEN/LICHTER nicht unbekannt ist, sollten Ihnen die Funktionen unter FARBTON UND DETAIL ⑥ im HDR-Dialog keine Probleme bereiten. Bei allen Reglern im Dialogfeld gilt allerdings: **Dosieren Sie vorsichtig!** Das Layout der Benutzeroberfläche lässt die Eingabe sehr hoher Werte zu – in der Praxis sind diese meist unrealistisch. Dazu kommt, dass es bei umfangreicheren HDR-Kompositionen manchmal einige Sekunden dauert, bis Sie das Ergebnis in der Vorschau sehen. Am besten aktivieren Sie eines der Zahlenfelder durch Klicken und nutzen die Pfeiltasten Ihres Keyboards, um Werte schrittweise zu verändern.

Gamma | Mit der Einstellung GAMMA passen Sie an, wie groß die Unterschiede zwischen den Tiefen und Lichtern im Bild sind. Ist der GAMMA-Wert gering, ist es auch der Kontrast zwischen Tiefen und Lichtern; im Bild werden dann die Mitteltöne stärker betont. Bei hohen GAMMA-Werten sind die Kontraste hoch. Diesen Regler sollten Sie nur vorsichtig verändern – Werte mit einer Null vor dem Komma genügen meist!

Regler zurücksetzen
Falls Sie sich einmal in den Optionen verrannt haben, setzt ein Doppelklick auf den Regler diesen auf den Standardwert zurück. Mit Hilfe von `Alt` machen Sie aus dem ABBRECHEN-Button einen ZURÜCKSETZEN-Knopf, mit dem Sie alle Regler in den Ausgangszustand versetzen.

Belichtung | Die Einstellung BELICHTUNG wirkt auf die gesamte Helligkeit des Bildes. Sie wirkt, als würde man die Blendeneinstellung nachträglich justieren. Auch hier sind meist nur minimale Veränderungen möglich.

Detail | Mit Detail passen Sie die Schärfe des Bildes an. Hohe Detail-Werte geben dem Bild knackige Kontraste, niedrige Werte senken den Kontrast. Was Ihr Bild verträgt, liegt am Motiv und an der Auflösung. Probieren Sie es einfach aus.

Zum Weiterlesen
Das Korrekturwerkzeug **Dynamik** bespreche ich in Abschnitt 12.3, »Dynamik: Pep für Porträts ohne Übersättigung«. Mehr über das Tool **Sättigung** erfahren Sie in Abschnitt 15.4, »Color Key: Bildelemente durch (Ent-)Färben akzentuieren«. Dem mächtigen Werkzeug **Gradationskurve** ist Kapitel 14, »Universalhelfer für professionelle Ansprüche: Gradationskurven«, gewidmet.

Farbe, Tiefen und Lichter | Unter Erweitert (7) (Abbildung 17.15) finden Sie Regler für die Feinabstimmung Ihres HDR-Motivs:

- Tiefen und Lichter Ihres Bildes können Sie getrennt bearbeiten. Ziehen Sie die Regler nach rechts, wird es dunkler, und das Bewegen der Regler nach links hellt Tiefen und Lichter auf. Diese beiden Einstellungen müssen Sie aufeinander abstimmen, sonst wird das Bild trotz hoher Detail-Werte matschig und kontrastarm.
- Dynamik und Sättigung wirken wie die regulären Photoshop-Werkzeuge gleichen Namens.

Gradationskurve | Auf einer separaten Registerkarte steht eine Gradationskurve (8) zur Verfügung. Diese Tools funktionieren wie ihre bekannten Photoshop-Pendants.

17.4.3 Gefälschte HDR-Images: »HDR-Tonung«

Mit dem Werkzeug HDR-Tonung können Sie auch aus einzelnen Dateien Bilder mit HDR-Appeal machen. Sie finden das Tool unter Bild • Korrekturen. Die Funktionen sind dieselben wie beim »echten« HDR-Dialog, den Sie im vorangegangenen Abschnitt kennengelernt haben.

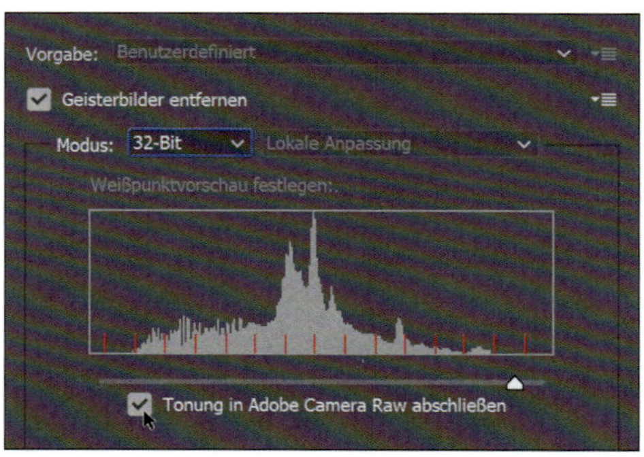

Abbildung 17.18 ▸
Die HDR-Tonung mit Camera Raw aktivieren Sie über einen einfachen Haken.

▴ Abbildung 17.19
Camera Raw erzeugt aus den Bildern Ihrer Belichtungsreihe eine DNG-Datei.

17.4.4 HDR-Bilder mit Adobe Camera Raw erstellen

Auch in Camera Raw können Sie mehrere Bilder einer Belichtungsreihe zu einem HDR-Bild zusammensetzen. Öffnen Sie hierzu die betreffenden Bilder in Camera Raw, und klicken Sie im kleinen Menü bei dem Filmstreifen (1) auf Zu HDR zusammenfügen (2). Es wird eine DNG-Datei erzeugt, die unten an den Filmstreifen angehängt wird. Sie können das Bild dann auswählen und in der üblichen Weise mit den Camera-Raw-Werkzeugen nachbearbeiten.

▼ **Abbildung 17.20**
Camera Raw beherrscht HDR und HDR-Panoramen.

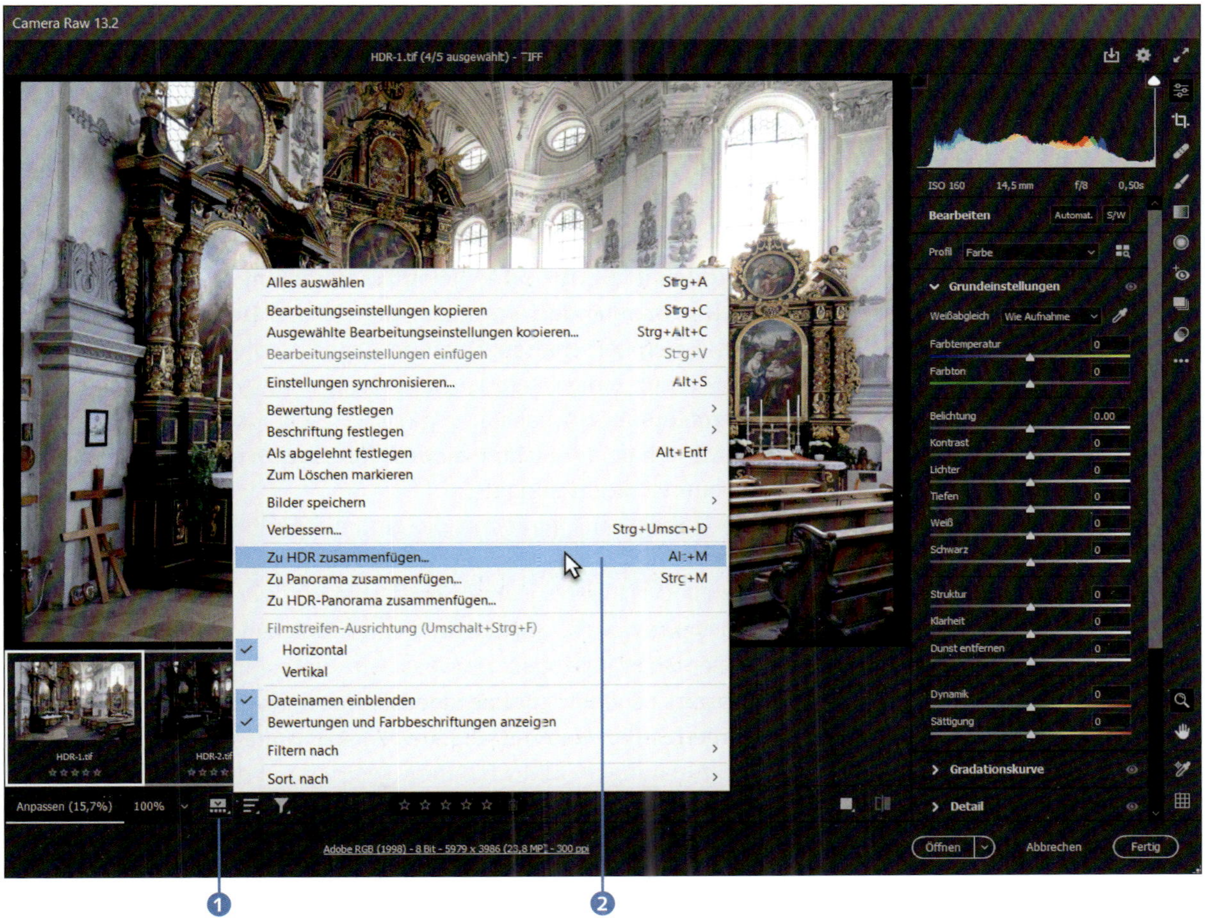

17.4.5 Das Werkzeug »Belichtung«

Das Tool BELICHTUNG ist eigens für High-Dynamic-Range-Bilder (HDR-Bilder) konzipiert worden. Sie finden es unter BILD • KORREKTUREN und im Korrekturen-Bedienfeld. Wenn Sie das Korrekturen-Bedienfeld nutzen, wird das Tool automatisch als Einstellungsebene eingesetzt. Das funktioniert jedoch nur bei Bildern mit 8 und 16 Bit. Den Dialogbefehl BELICHTUNG können Sie auch auf 32-Bit-Bilder anwenden.

Um zu verstehen, wie das Werkzeug funktioniert, müssen Sie sich nochmals vor Augen halten, wie HDR-Images funktionieren. Anders als normale Fotos verfügen sie tatsächlich über einen sehr hohen Kontrastumfang und können nahezu den gesamten dynamischen Bereich der

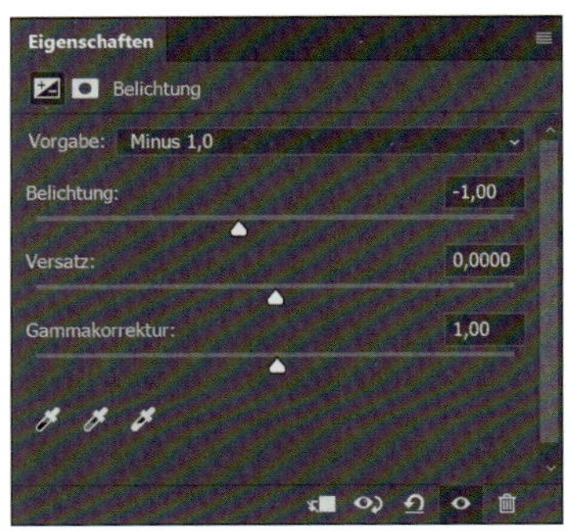

▲ **Abbildung 17.21**
BELICHTUNG lässt sich mit drei einfachen Slidern bedienen.

sichtbaren Welt abbilden. Daher hat das Bearbeiten der BELICHTUNG bei HDR-Bildern denselben Effekt wie das Ändern der Belichtung schon beim Fotografieren. Damit fügen Sie ganz realistische Beleuchtungseffekte und auch Unschärfen nachträglich in ein Bild ein. Dieser schöne Effekt naturalistischer Belichtungsänderung per Bildkorrektur funktioniert aber leider *nur bei 32-Bit-Bildern*. Die Funktion BELICHTUNG bearbeitet zwar auch 8- und 16-Bit-Bilder – für diese kann jedoch keine veränderte oder korrigierte Belichtung herbeigezaubert werden, wenn grundlegende Bildinformationen fehlen.

Einstellungsmöglichkeiten für die Belichtung | Folgende Optionen stehen Ihnen im BELICHTUNG-Dialog zur Verfügung:

- BELICHTUNG verändert vor allem die Lichter. Tiefen werden so weit wie möglich beibehalten. Veränderungen an diesem Regler kommen der Wirkung einer längeren Belichtung oder größeren Blende beim Fotografieren recht nahe.
- VERSATZ erhält die Lichter eines Bildes weitestgehend und dunkelt Tiefen und Mitteltöne ab.
- GAMMAKORREKTUR verändert die gesamte Bildhelligkeit.

Alternative: Iris-Weichzeichnung
Der Filter IRIS-WEICHZEICHNUNG (unter FILTER • WEICHZEICHNUNGSFILTER) ist eine gute Alternative zum Filter OBJEKTIVUNSCHÄRFE. Mehr dazu in Abschnitt 17.6.2, »Iris-Weichzeichnung«.

Pipetten | Die Pipetten unten links stehen – wie im Dialogfeld TONWERTKORREKTUR auch – für Lichter, Mitteltöne und Tiefen eines Bildes und lassen sich auch ganz genauso wie diese Pipetten bedienen. Allerdings gibt es einen entscheidenden Unterschied: Während die Tonwertkorrektur-Pipetten auf alle Farbkanäle zugreifen und damit auch die Farbmischung im Bild verändern, werden mit den Belichtungspipetten allein die Luminanzwerte (Helligkeitswerte) des Bildes angepasst.

17.5 Objektivunschärfe: Gefälschte fotografische Unschärfe

»lstmo.jpg«

Die Unschärfe ist ein ebenso wichtiger Bestandteil der Bildkomposition wie die Schärfe. Unschärfe gibt einem Bild Räumlichkeit und Tiefe und ist natürlich auch ein wichtiges Mittel, um den Blick des Betrachters zu lenken. Leider erzeugen vor allem die kompakten Digitalkameras Bilder mit übermäßig großer Schärfentiefe – bildgestaltende Unschärfe kommt allenfalls zustande, wenn man im Makro-Modus fotografiert. Die Ursache sind die zum Teil sehr kleinen Aufnahmechips, auf die das Licht gebündelt wird. Der Filter OBJEKTIVUNSCHÄRFE, den Sie unter WEICHZEICHNUNGSFILTER finden, kann sehr genau abgestimmte fotografische Unschärfen in das Bild hineinfälschen.

17.5.1 Alphakanal oder Maske anlegen

Um beste Ergebnisse zu erzielen, bedarf es allerdings einiger Vorarbeit: Sie brauchen einen Alphakanal – also zum Beispiel eine abgespeicherte Auswahl – oder eine Ebenenmaske, um die weichzuzeichnenden Bereiche zu bezeichnen. Sie können bei dieser und ähnlichen Aufgaben auch die Funktion MASKIERUNGSMODUS (Quick Mask – Kürzel [Q]) einsetzen, um zunächst eine passgenaue Auswahl und dann durch Sichern der Auswahl den benötigten Alphakanal zu erzeugen.

Bei den Kanal-Standardeinstellungen gilt: Bereiche, die schwarz maskiert sind, werden gar nicht weichgezeichnet; Bildpartien, die hellen Bereichen des Alphakanals entsprechen, werden stark weichgezeichnet, und Graustufen liegen dazwischen. Der Filter verfügt selbst aber auch über eine Option, um diese Anordnung umzukehren. Übrigens lohnt es sich gerade für diesen recht rechenintensiven Filter, eine verkleinerte Bildversion zum Testen anzulegen.

▲ **Abbildung 17.22**
Das Ausgangsbild

17.5.2 Einstellungen im Dialog »Objektivunschärfe«

Haben Sie den Alphakanal angelegt, rufen Sie den Filter über FILTER • WEICHZEICHNUNGSFILTER • OBJEKTIVUNSCHÄRFE auf.

◀ **Abbildung 17.23**
Zahlreiche Einstellungen für falsche Unschärfe

Achtung – nicht als Smartfilter!
Anders als viele andere Filter lässt sich OBJEKTIVUNSCHÄRFE nicht als Smartfilter einsetzen.

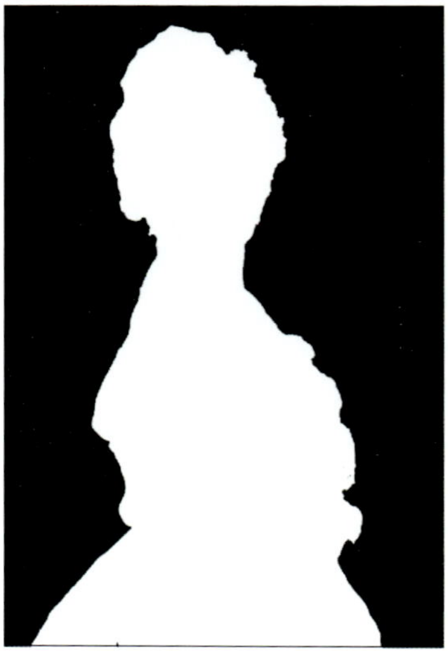

▲ **Abbildung 17.24**
So sieht der zugrunde liegende Alphakanal aus (wesentlich genauer brauchen Sie nicht zu arbeiten).

▲ **Abbildung 17.25**
So kann OBJEKTIVUNSCHÄRFE wirken.

Tiefen-Map | Als Erstes sollten Sie unter TIEFEN-MAP ❶ den Namen des von Ihnen erstellten Alphakanals oder der Ebenenmaske einstellen, auf dessen bzw. deren Basis scharfe und unscharfe Bereiche definiert werden sollen. Im Beispiel ist »Portrait« der Name des von mir erstellten Alphakanals. Sie haben den Alphakanal »falsch herum« angelegt (die Bereiche, die unscharf werden sollen, sind weiß)? Dann aktivieren Sie die Option UMKEHREN ❸.

Weichzeichnen-Brennweite | Nun gilt es, die virtuelle Brennweite einzustellen, und zwar mit dem Regler WEICHZEICHNEN-BRENNWEITE ❷ – oder indem Sie mit der Maus in die Bildvorschau klicken. Der Cursor nimmt dann eine Kreuzform an. Es kann hilfreich sein, vorher den RADIUS-Wert ❺ sehr stark anzuziehen, um die Wirkung besser abzuschätzen. Nach dem Setzen der Brennweite regeln Sie den RADIUS dann wieder auf ein verträgliches Maß herunter.

Iris | Im Bereich IRIS ❹ steuern Sie das Aussehen der virtuellen Blende, die die Weichzeichnung bewirkt. Die zur Verfügung stehenden Größen entsprechen dem Aufbau echter fotografischer Objektive.

- FORM imitiert verschiedene Blenden-Bauarten – also die Zahl und Gestalt der Blendenlamellen. Nicht immer ist die Auswirkung dieser Option im Bild erkennbar, am ehesten noch in den vom Filter weichgezeichneten und verstärkten Lichtern (die Sie auch unter SPIEGELARTIGE LICHTER bearbeiten).
- RADIUS bestimmt wieder die Stärke der Weichzeichnung.
- Auch WÖLBUNG DER IRISBLENDE hat Einfluss auf die Weichzeichnung – hohe Werte unterminieren die Wirkung der FORM-Einstellung.
- DREHUNG dreht die (virtuelle) Blende. Auch diese Einstellung wirkt nur dann sichtbar, wenn Sie unter RADIUS und WÖLBUNG nicht zu hohe Werte eingestellt haben.

Spiegelartige Lichter | Echte fotografische (Tiefen-)Unschärfe ist oft auch durch weiche und vergrößerte Lichter gekennzeichnet. Unter SPIEGELARTIGE LICHTER ❻ stellen Sie diese im digitalen Unschärfe-Imitat ein. Die Wirkung wird auf den weichgezeichneten Bereich des Bildes (Alphakanal!) eingeschränkt.

- Mit SCHWELLENWERT bestimmen Sie die Ausdehnung und Konturschärfe der Lichter. Je niedriger der SCHWELLENWERT ist, desto mehr Bildbereiche werden aufgehellt. Hohe Schwellenwerte imitieren Spitzlichter. So hellt beispielsweise eine Einstellung von 200 alle Bild-Tonwerte zwischen 200 (Einstellung) und 255 (höchster Wert und hellster Tonwert in RGB-Bildern) auf.

- Helligkeit steuert die Stärke der Aufhellung. Der Schwellenwert und der Helligkeit-Wert sollten mit dem Radius korrespondieren, um glaubhafte Ergebnisse zu erzielen. Eine starke Aufhellung bei nur geringer Weichzeichnung ist eher unwahrscheinlich!

Rauschen | Mit der Weichzeichnung verschwindet auch eine eventuell vorhandene Körnung aus dem Bild. Zwischen gefilterten und ungefilterten Bereichen kann ein Unterschied sichtbar werden. Die Optionen unter Rauschen 7 sollen das ausgleichen. Sie funktionieren wie beim regulären Filter Rauschen hinzufügen.

17.6 Fotografische Weichzeichnung

Mehrere Weichzeichnungsfilter – im Menü zu finden unter Filter • Weichzeichnungsgalerie – bringen Unschärfe genau da ins Bild, wo Sie sie brauchen. Mit dem Filtertrio können Sie

- gezielt Weichzeichnungs- und Schärfezonen im Bild festlegen (Feld-Weichzeichnung, Pfad-Weichzeichnung),
- nachträglich differenzierte Objektivunschärfen (Feld-Weichzeichnung, Iris-Weichzeichnung, Kreisförmige Weichzeichnung) ins Bild mogeln und
- den Gebrauch eines Tilt-Shift-Objektivs simulieren (Tilt-Shift).

Die fünf Filter teilen sich eine Dialogbox. Sie können während der Anwendung zwischen den Tools nahtlos hin und her schalten und sie auch kombinieren. Einstellungen für künstliches Bokeh (farbige, meist runde Reflexe im Unschärfebereich) ergänzen die Filter. Sie arbeiten mit den sehr intuitiv bedienbaren Tools objektbezogen direkt auf der Bildfläche. Die fotografischen Weichzeichner funktionieren auch als Smartfilter.

17.6.1 Feld-Weichzeichnung

Die Feld-Weichzeichnung erzeugt eine grobe Weichzeichnung über das gesamte Bild. Das erscheint auf den ersten Blick ziemlich unspektakulär. Der Clou an diesem Tool sind die Pins, mit denen Sie an beliebig vielen Stellen im Bild die Weichzeichnung genau einstellen können. Auch die ursprüngliche Bildschärfe lässt sich so gezielt an einzelnen Punkten wiederherstellen. Dieses Filterwerkzeug ist ganz einfach zu bedienen.

»Huasca.jpg«

▲ **Abbildung 17.26**
Die Pins an den Bildseiten und im unteren Bereich sorgen für die Weichzeichnung, die Pins in der Mitte stellen örtlich wieder die Bildschärfe her.

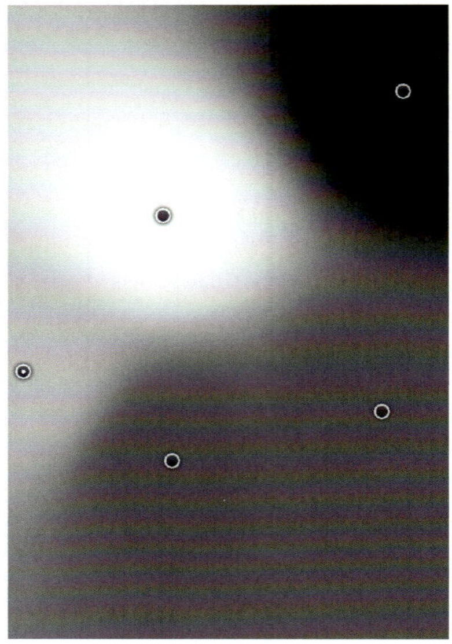

▲ **Abbildung 17.27**
Die Maskenansicht zeigt die Weichzeichnungsverteilung im Bild. Je heller die Bereiche, desto stärker wird weichgezeichnet.

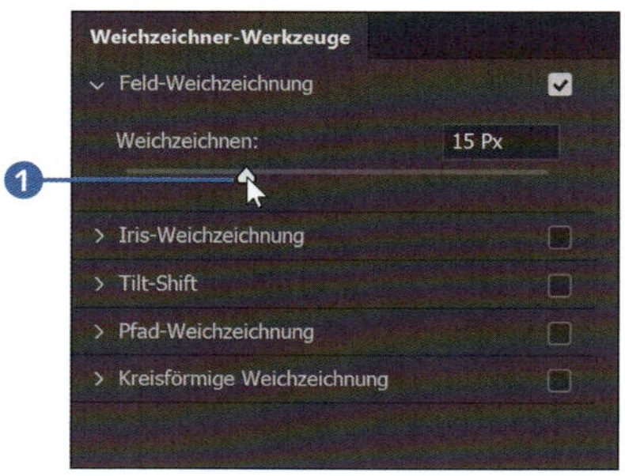

▲ **Abbildung 17.28**
Schärfe per Regler einstellen

Die Pins sind Ihre Weichzeichnungs- oder Schärfungszentren:

- Einen **Pin setzen** Sie ganz einfach, indem Sie ins Bild klicken.
- Wenn Sie einen **Pin löschen** wollen, aktivieren Sie ihn durch Anklicken und drücken Entf. Um alle Pins zu löschen, nutzen Sie den Button in der Optionsleiste.
- Um die **Stärke der Weichzeichnung** für einen Pin zu dosieren, können Sie den Schieberegler WEICHZEICHNEN (1) nutzen. Indem Sie den Wert auf 1 zurücksetzen, stellen Sie die ursprüngliche Bildschärfe wieder her.

Mit Hilfe des Kürzels M wird die **Maskenansicht** kurzzeitig aktiviert (Abbildung 17.27), Drücken der Taste H dient zum **Ausblenden der Pins**.

Wenn Sie mit der Anwendung des Filters fertig sind, klicken Sie in der Optionsleiste auf den Button OK. Klicken auf ABBRECHEN beendet das Werkzeug ohne Änderungen am Bild.

17.6.2 Iris-Weichzeichnung

»Hund.jpg«

Der Filter IRIS-WEICHZEICHNUNG lässt sich ebenfalls ganz intuitiv bedienen, auch hier finden Sie Ihre wichtigsten Steuerungselemente direkt im Bild und arbeiten mit Pins.

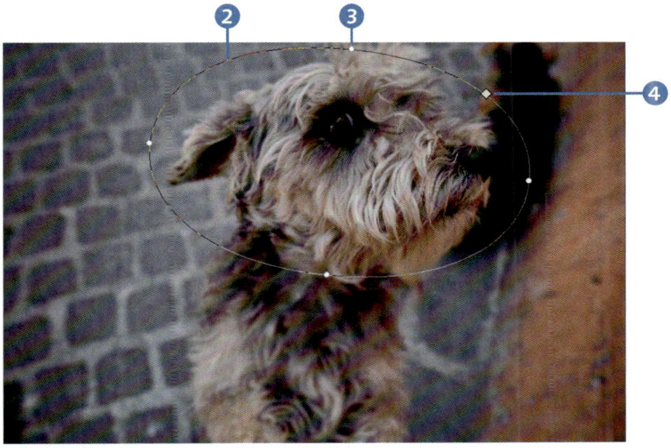

◂ **Abbildung 17.29**
Die Iris-Weichzeichnung passen Sie durch Steuerungen direkt über dem Bild an.

Mit den Pins definieren Sie jedoch nicht, so wie bei der Feld-Weichzeichnung, eine Zone der Weichzeichnung. Bei der Iris-Weichzeichnung bezeichnet der Pin einen durch eine Linie begrenzten Schärfebereich, der erst zu den Kanten hin weich ausläuft. Theoretisch ist es auch möglich, mehrere Pins zu setzen – in der Praxis reicht jedoch meist einer.

- Die **Stärke der Weichzeichnung** steuern Sie rechts bei Weichzeichner-Werkzeuge mit einem Schieberegler.
- Ziehen an einer beliebigen freien Stelle der Linie ❷ **skaliert** den gesamten markierten Bereich.
- Mit den kleinen Anfassern ❸ an der Kreislinie **drehen** und **transformieren** Sie den Schärfe- und Weichzeichnungsbereich. Das funktioniert genauso, wie Sie es vom freien Transformieren kennen: Fahren Sie mit der Maus an den Anfasser heran, und warten Sie, bis ein gebogener Doppelpfeil erscheint; dann bewegen Sie die Maus in die gewünschte Richtung.
- Ziehen am großen Anfasser ❹ **ändert die Linienform**. Möglich ist alles, vom schmalen Oval bis zum Rechteck mit gerundeten Kanten.

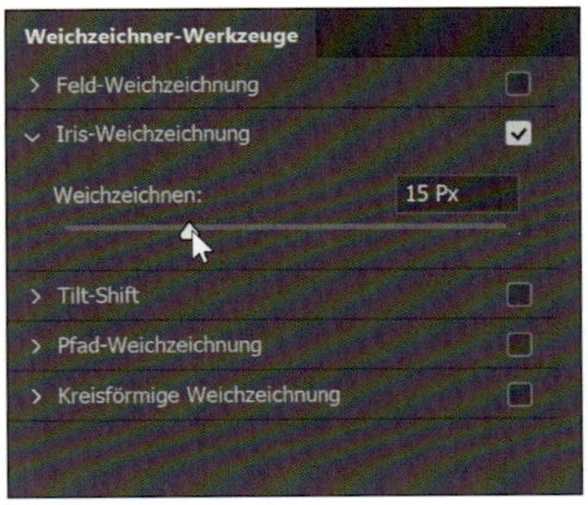

▴ **Abbildung 17.30**
Der einzige Regler: Festlegen der Unschärfe

17.6.3 Tilt-Shift

»Tokyo.jpg«

Mit dem Tilt-Shift-Filter imitieren Sie einen fotografischen Effekt, wie er sich früher nur mit großen Fachkameras erstellen ließ. In den letzten Jahren wurde dieser Effekt als Gestaltungsmittel immer populärer – nun gibt es also einen Photoshop-Filter, der ihn nachträglich ins Bild bringt. Die Anwendung ist ganz einfach.

- Durch den ersten Klick ins Bild legen Sie das **Schärfezentrum** ❹ (Abbildung 17.32) fest. Sie sehen dann an der Anordnung der Steuerungslinien, dass hier nur gerade, lineare Verläufe zwischen scharfen und unscharfen Bereichen möglich sind.

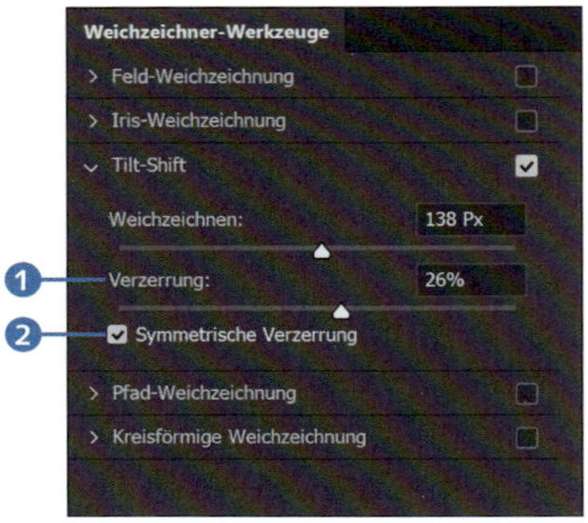

▲ **Abbildung 17.31**
Detaileinstellungen für Tilt-Shift-Effekte

- Die **Stärke der Weichzeichnung** stellen Sie wie bei den anderen Filtern über den Schieberegler ein.
- Die **Ausdehnung der Weichzeichnung** können Sie mit zwei Steuerungen festlegen. Durch Ziehen an den gestrichelten Linien ❸ regeln Sie, wo die eingestellte Weichzeichnung in voller Stärke greift. Mit den durchgezogenen Linien ❺ bestimmen Sie, wie breit der Übergangsbereich zwischen weichgezeichneten und nicht weichgezeichneten Bildpartien ist. Diese Einstellungen können Sie für jede Seite separat vornehmen.
- Mit Hilfe der Anfasser-Punkte ❹ können Sie den gesamten **Schärfeverlauf drehen**.

Abbildung 17.32 ▶
Den weit verbreiteten Tilt-Shift-Effekt können Sie jetzt auch per Photoshop-Filter erzeugen.

Unter Weichzeichner-Werkzeuge finden Sie neben dem Regler für die Stärke der Weichzeichnung einen Regler namens Verzerrung ❶. Um dessen Wirkung zu erkennen, zoomen Sie am besten stark ins Bild und beobachten die Zone zwischen gestrichelter und durchgezogener Linie. Wenn Sie den Regler nun auf verschiedene Extremwerte setzen, sehen Sie, dass sich der Weichzeichnungs-Übergangsbereich minimal verändert. Damit sollen verschiedene Tilt-Shift-Objektive nachgestellt werden. Auch die Option Symmetrische Verzerrung ❷ erzielt eine solch subtile, kaum merkliche Wirkung.

17.6.4 Pfad-Weichzeichnung

Mit der Pfad-Weichzeichnung haben Sie die Möglichkeit, ein Bild entlang eines Pfades weichzuzeichnen. Dies ist ideal, um z. B. Bewegungen zu simulieren.

Beim Starten des Weichzeichners ist der Pfad bereits angelegt. Sie können diesen in jeder erdenklichen Weise verschieben, drehen, verlängern und verkürzen. Der Pfad beschränkt den Bereich des Bildes, der weichgezeichnet werden soll. Die Stärke der Weichzeichnung regeln Sie über die Regler im Bedienfeld auf der rechten Seite.

Die **Stärke der Weichzeichnung** regeln Sie über die GESCHWINDIGKEIT ⑥ und die VERJÜNGUNG ⑦. Ein **realistisches Bewegungsbild** erhalten Sie, wenn Sie den Haken bei ZENTRIERTE WEICHZEICHNUNG ⑧ setzen. Möchten Sie einen **Bewegungsschleier** erzeugen, den beispielsweise ein schnelles Fahrzeug hinter sich herzieht, lassen Sie diesen Haken weg. Die Weichzeichnung hat ihren stärksten Punkt dann am Anfang des Pfades und kann per VERJÜNGUNG zum Ende hin abgeschwächt werden.

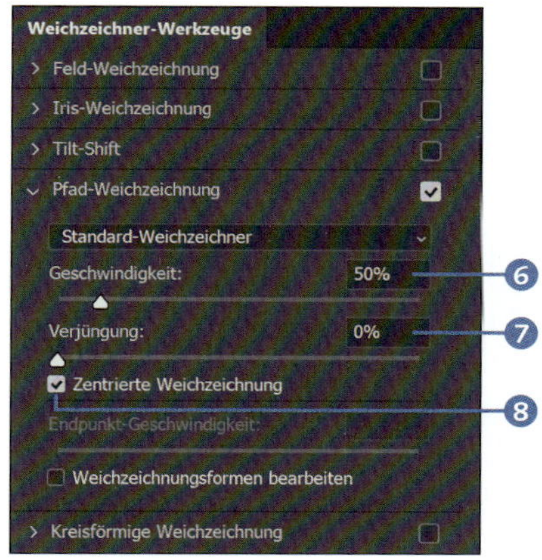

▲ **Abbildung 17.33**
Einstellungsmöglichkeiten der Pfad-Weichzeichnung

Bild: Walter Milani-Müller

◂◂ **Abbildung 17.34**
Die Pfad-Weichzeichnung ist optimal zum Simulieren von Bewegung.

◂ **Abbildung 17.35**
Der Drache in unserem Beispiel schlägt auf dem final maskierten Bild scheinbar mit den Flügeln.

Um den Pfad im Bild zu verschieben oder zu drehen, packen Sie ihn jeweils am Endpunkt und schieben diesen an die gewünschte Stelle. Sie können auch weitere Pins auf einen Pfad setzen, um diesem eine außergewöhnliche Form zu geben. Ferner haben Sie die Möglichkeit, mehrere Pfade ins Bild zu zeichnen. Sie schließen einen Pfad, indem Sie den Endpunkt mit einem Doppelklick setzen.

Mit der ENDPUNKT-GESCHWINDIGKEIT regeln Sie die Weichzeichnung an den Endpunkten des Pfades, und mit WEICHZEICHNUNGSFORMEN BEARBEITEN können Sie den Pfad noch präziser formen. Hierzu verwenden Sie dann die Anfasser, die an den Pfad-Pins erscheinen, sobald Sie den Haken bei diesem Tool setzen.

17.6.5 Kreisförmige Weichzeichnung

Die KREISFÖRMIGE WEICHZEICHNUNG macht genau das, was der Name des Filters aussagt: Sie zeichnet innerhalb des Auswahlkreises das Bild im Kreis weich.

- Der **Auswahlkreis** kann frei verschoben, skaliert, verformt und gedreht werden. Ankerpunkt ist hierbei der zentrale Pin ②, den man einfach auf das Zentrum des Bereichs schiebt, der im Bild weichgezeichnet werden soll.
- Die **Stärke der Weichzeichnung** verändern Sie über den einzigen Regler des Werkzeugs: WEICHZEICHNUNGSWINKEL ①.

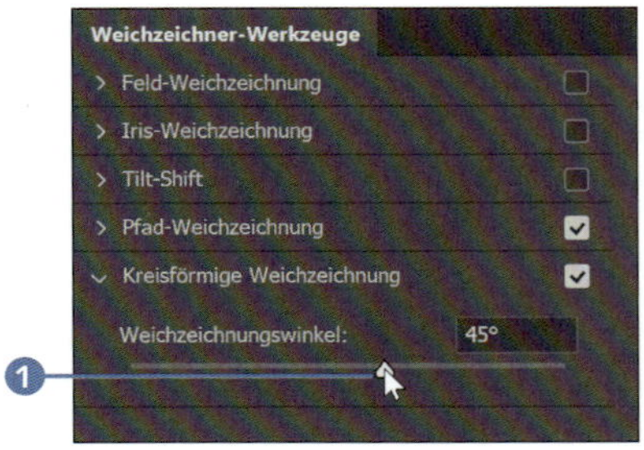

▲ **Abbildung 17.36**
Die KREISFÖRMIGE WEICHZEICHNUNG bietet übersichtliche Einstellungsmöglichkeiten.

Abbildung 17.37 ▶
Die KREISFÖRMIGE WEICHZEICHNUNG versetzt den Propeller eines am Boden fotografierten Flugzeugs im Handumdrehen in Bewegung.

Die KREISFÖRMIGE WEICHZEICHNUNG ist vor allem dann geeignet, wenn Sie ein Objekt in eine kreisförmige Bewegung versetzen möchten. Beispiele, bei denen dieser Effekt ideal zur Geltung kommt, sind Propeller aller Art, Ventilatoren oder Windmühlen.

17.6.6 Von Bokeh bis Rauschen – zusätzliche Effekte

Neben den Einstellungen für die vier Weichzeichnungsfilter, die Sie im letzten Abschnitt kennengelernt haben, gibt es in der Weichzeichnergalerie noch weitere Optionen, mit denen Sie das Ergebnis der Filter feintunen können. Sie finden die Einstellungen auf einem eigenen Panel unterhalb der Weichzeichnerwerkzeuge.

- Bilder, die mit den Filtern Feld-, Iris- und Tilt-Shift-Weichzeichnung behandelt wurden, können zusätzlich mit einem (künstlichen) **Bokeh** versehen werden.
- **Bewegungseffekte** geben Pfad- und kreisförmiger Weichzeichnung den letzten Schliff.

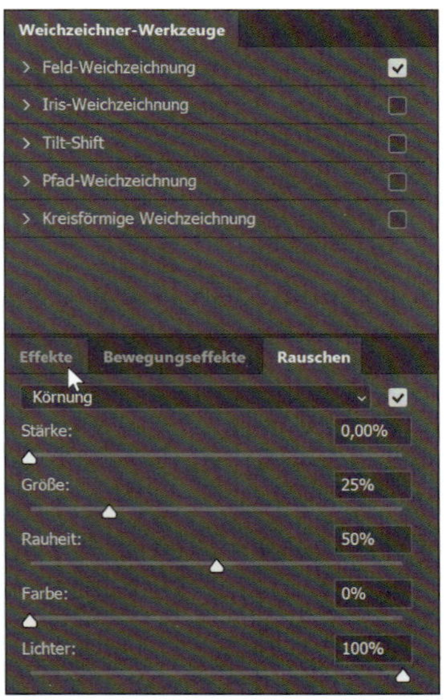

▲ **Abbildung 17.38**
Einstellungen zum Verfeinern der Filterwirkung

- Mit den Einstellungen unter **Rauschen** ist es möglich, in den weichgezeichneten Bereichen verloren gegangenes Bildrauschen erneut ins Bild zu holen. Diese Einstellungen lassen sich mit allen vier Weichzeichnertools kombinieren.

Bokeh
... ist die Bezeichnung für die Qualität des fotografischen Unschärfebereichs, die von den Eigenschaften der Kameraoptik abhängt. Helle Glanzlichter und große, weiche, gut verteilte Zerstreuungskreise gehören charakteristischerweise zu einem als schön empfundenen Bokeh. Mit Photoshop ist es möglich, ein ansprechendes Bokeh auch digital zu erzeugen.

17.7 Objektivkorrektur

Der Filter OBJEKTIVKORREKTUR (FILTER • OBJEKTIVKORREKTUR) ist ein weiterer Spezialist für Fotografen: Er korrigiert häufige Bildfehler wie tonnen- und kissenförmige Verzerrungen, stürzende Linien, Vignettierungen und chromatische Aberrationen, die abhängig von verwendeten Objektiven und Brennweiten entstehen können. Somit stehen Korrekturmöglichkeiten für diese Fehler nicht nur beim Import von Raw-Bildern im Dialog CAMERA RAW zur Verfügung, sondern auch für andere Dateien. Auch perspektivische Verzerrungen können Sie gut mit diesem Filter korrigieren. Sie finden ihn direkt unter dem Menüpunkt FILTER.

17.7.1 Korrektur manuell einstellen

Auf der Registerkarte BENUTZERDEFINIERT erreichen Sie alle Einstellungen für die manuelle Korrektur von Objektivfehlern.

Rastergröße | Das Raster ist Ihr wichtigstes Hilfsmittel, um die Stärke der vorgenommenen Entzerrung nicht nur anhand der Bildinhalte, sondern etwas objektiver zu beurteilen. Am unteren Rand des Dialogfelds finden Sie Einstellungen, um die Rastergröße und -farbe anzupassen 7 (Abbildung 17.39). Hier können Sie das Raster auch ganz abschalten. Mit dem Raster-verschieben-Werkzeug [M] verschieben Sie das Raster und richten es am Bild aus. Zum Anpassen der Bildvorschau finden Sie außerdem wieder die Hand [H] und das Zoom-Werkzeug [Z].

»Smarte« Objektivkorrektur
Der Filter OBJEKTIVKORREKTUR funktioniert auch als Smartfilter.

Vorgaben | Wenn Sie bereits Vorgaben – zum Beispiel für eine bestimmte Kamera oder ein bestimmtes Objektiv – gespeichert oder den Filter bereits einmal benutzt haben, können Sie sie über die Option EINSTELLUNGEN 1 wieder aktivieren. Wenn Sie die Einstellungen von Hand vornehmen (oder weiter an das Bild anpassen wollen), haben Sie mehrere Möglichkeiten, die ich im Folgenden vorstelle.

Verzerrungen entfernen | Um kissen- oder tonnenförmige Verzerrungen zu entfernen, nutzen Sie entweder das Verzerrung-entfernen-Werkzeug [D] oder die Einstellungen unter VERZERRUNG ENTFERNEN.

»Aussenamt_Objektivkorrektur.tif«

Letztere bedienen Sie ganz einfach per Schieberegler. Die Wirkung ist offensichtlich. Und wenn das Verzerrung-entfernen-Werkzeug aktiv ist, können Sie das Raster – und damit die Bildpixel – einfach per Maus im Vorschaufenster ziehen.

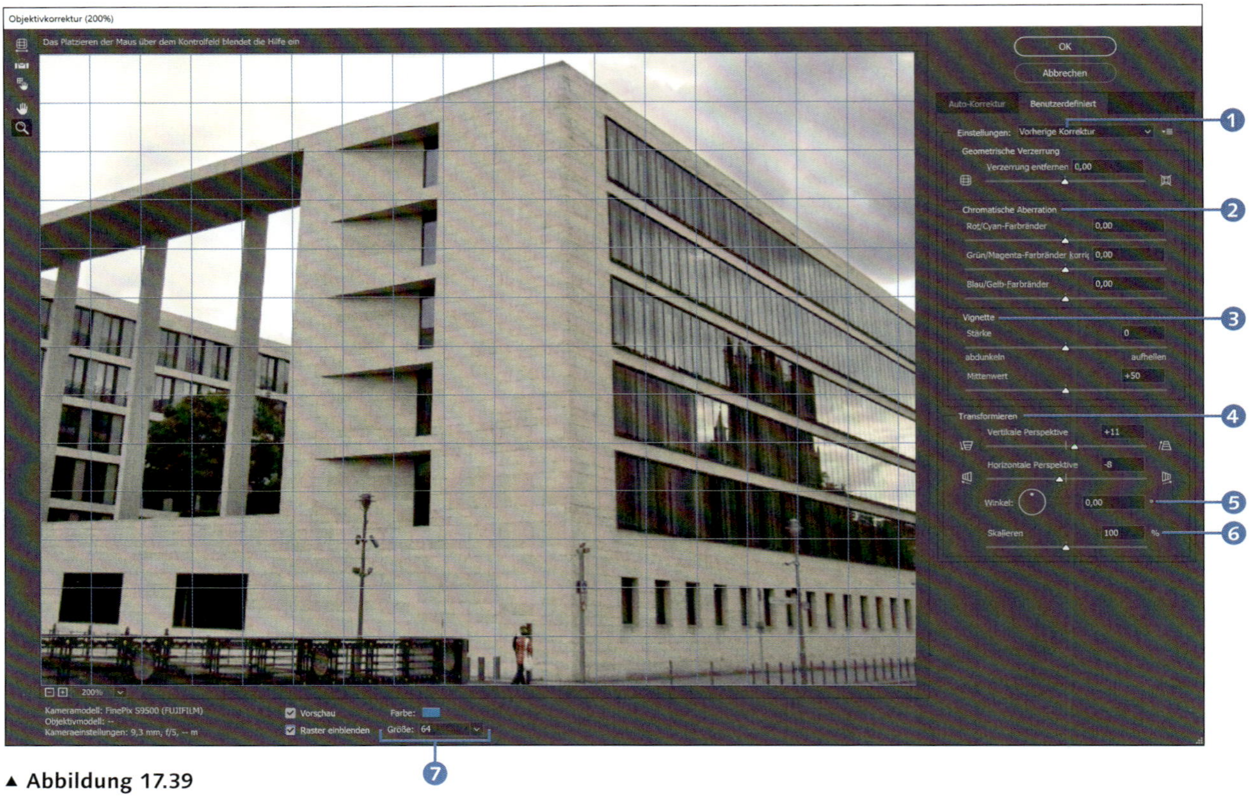

▲ **Abbildung 17.39**
Das Dialogfeld OBJEKTIVKORREKTUR. Rechts sehen Sie die Optionen für die benutzerdefinierte Korrektur.

Bild drehen | Die Einstellung WINKEL 5 und das Gerade-ausrichten-Werkzeug A drehen das Bild. Damit gleichen Sie die Kameraneigung aus oder bearbeiten das Bild nach der Korrektur der Perspektive nach. Die Bedienung des Werkzeugs erfolgt intuitiv: Ziehen Sie eine Linie in das Bild. Entsprechend dem Winkel und der Position wird das Bild dann gedreht. Für alle weiteren Einstellungen stehen nur Optionen und Schieberegler – keine eigenen Werkzeuge – zur Verfügung.

Farbsäume korrigieren | Die Einstellung CHROMATISCHE ABERRATION 2 korrigiert Farbsäume. Es empfiehlt sich, die Bildansicht zu vergrößern, um die Farbsäume beim Durchführen der Korrektur genau zu sehen. Der Regler ROT/CYAN-FARBRÄNDER kompensiert Rot-Cyan-Farbsäume; BLAU/GELB-FARBRÄNDER behebt entsprechend Blau-Gelb-Chromafehler. Grün-Magenta-Fehlern kommen Sie mit dem dritten Regler bei.

Abgedunkelte Ränder korrigieren | VIGNETTE ③ korrigiert Bilder mit abgedunkelten Rändern, wie sie durch Objektivfehler oder falsche Blendeneinstellungen entstehen, und STÄRKE legt fest, wie stark die Aufhellung oder Abdunklung an den Bildkanten ist. Mit der Einstellung MITTENWERT legen Sie die Breite des Korrekturbereichs fest. Je niedriger der Wert ist, desto größer sind die Bildteile, die korrigiert werden, und je größer der Wert ist, desto stärker wird der Effekt lediglich auf die Bildkanten beschränkt.

[Chromatische Aberration]
Der Begriff beschreibt einen Abbildungsfehler von Objektiven, bei dem Farbsäume und Unschärfen entstehen.

Perspektive korrigieren | Unter TRANSFORMIEREN ④ finden Sie Einstellungen zur Perspektivkorrektur. VERTIKALE PERSPEKTIVE korrigiert falsche Bildperspektiven, die durch eine aufwärts oder abwärts geneigte Kamera entstanden sind; HORIZONTALE PERSPEKTIVE berichtigt eine fehlerhafte Bildperspektive durch paralleles Ausrichten der horizontalen Linien.

Leere Bereiche mit Pixeln auffüllen | Beim Durchführen der Korrekturen entstehen schnell leere Bereiche ohne Pixel. Indem Sie die Randpixel des Bildes ausdehnen, füllen Sie solche Leerstellen auf. Mit der Einstellung SKALIEREN ⑥ bestimmen Sie, wie weit das Bild vergrößert wird. Der Befehl vergrößert oder verkleinert die Ausdehnung der Bildpixel, aber die Kantenlängen des Bildes bleiben unverändert. Das heißt, die Bildpixel werden so weit ausgedehnt, dass die leeren Bereiche nun unsichtbar jenseits der Bildkanten liegen, das Bild wird interpoliert und beschnitten.

17.7.2 Automatische Korrektur

Wenn Sie Ihr Bild automatisch korrigieren lassen wollen, schalten Sie zur Registerkarte AUTO-KORREKTUR um.

Wie funktioniert die Automatik? | Der Filter liest die Metadaten der Datei aus und erkennt so hoffentlich, mit welchem Objektiv die Aufnahme gemacht wurde. Diese Information wird mit einer von Adobe erzeugten Profil-Datenbank abgeglichen. Anschließend wird das Bild entsprechend dem hinterlegten Objektivprofil korrigiert.

Ob die Automatik wirklich etwas taugt, lässt sich wohl erst im ausführlichen Alltagstest beurteilen. Sicherlich ist auch die Qualität der hinterlegten Profile ausschlaggebend. Ich denke aber, dass die Auto-Korrektur in jedem Fall ein guter Ausgangspunkt für manuelle Korrekturen ist.

Praktische Anwendung | Anzuwenden ist die Funktion ganz einfach. Bevor Sie loslegen, machen Sie aus Ihrer Bildebene ein Smartobjekt, dann starten Sie den Filter (FILTER • OBJEKTIVKORREKTUR) und wechseln dort zur AUTO-KORREKTUR.

- Unter KORREKTUR ❶ legen Sie dann fest, welche Objektivfehler überhaupt korrigiert werden sollen. Zur Wahl stehen Verzerrung, Aberration oder Vignettierung.
- Mit den Optionen BILD AUTOMATISCH SKALIEREN und KANTE ❷ stellen Sie ein, wie mit leeren Bereichen umgegangen wird, die durch die Verzerrung entstehen. Diese Einstellungen gibt es auch bei der benutzerdefinierten Korrektur.

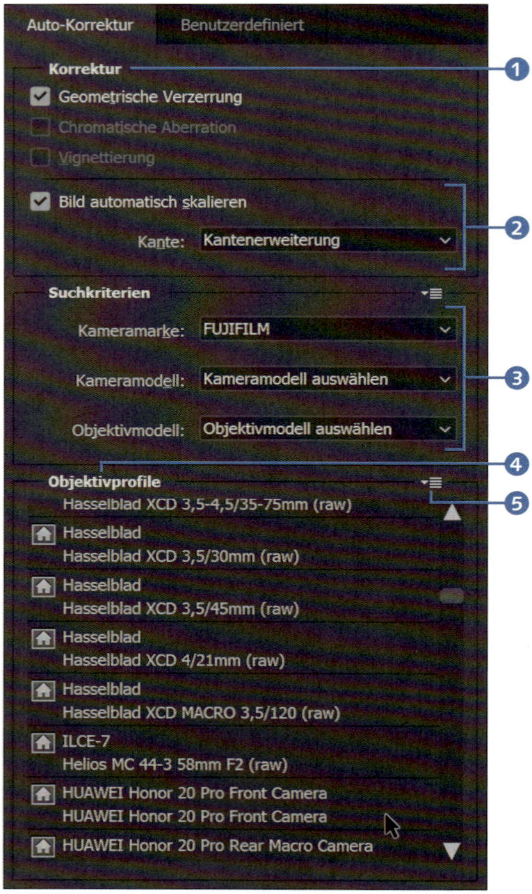

Abbildung 17.40 ▸
AUTO-KORREKTUR. Manchmal werden Kamera und Objektiv erkannt, doch unter OBJEKTIVPROFILE ❹ taucht das richtige Profil dennoch nicht auf. In solchen Fällen hilft manuelles Durchsuchen der Liste – von der High-End-Kamera bis zur Handyknipse ist vieles vertreten.

Im besten Fall startet die automatische Berechnung der Korrekturen sofort. Erste Voraussetzung dafür ist, dass der Filter Ihre Objektivdaten auslesen kann. Ob ihm das gelingt, sehen Sie unterhalb der Bildvorschau links. Im Erfolgsfall erscheinen dort detaillierte Informationen zu Kamera, Modell und Objektiv. Fehlen diese Informationen, können Sie die Auto-Korrektur abbrechen und zum Reiter BENUTZERDEFINIERT umschalten.

Dieselben Informationen sollten nun auch in den Feldern bei SUCHKRITERIEN ❸ erscheinen. Unter OBJEKTIVPROFILE ❹ sollte nur noch ein Objektiv – das verwendete – stehen. Dann ist alles in Ordnung, und der Filter kann arbeiten. Das funktioniert nicht immer. In solchen Fällen können Sie

- Kameramarke, -modell und verwendetes Objektiv manuell einstellen oder
- auf ❺ klicken und im Kontextmenü ADOBE OBJEKTIVPROFIL-EINSTELLUNG ONLINE DURCHSUCHEN wählen, um die Adobe-Datenbank zu durchsuchen. Die Datenbank wird ständig ergänzt.

17.8 Eigene Korrekturlinien: Adaptive Weitwinkelkorrektur

Die meisten Weitwinkelobjektive produzieren typische Perspektivfehler: stürzende Linien, Verzerrungen zum Bildrand hin oder gewölbte Horizontlinien. Mit dem Filter ADAPTIVE WEITWINKELKORREKTUR (direkt unter FILTER) gehen Sie gegen solche Fehler vor. Und zwar, anders als der bekannte OBJEKTIVKORREKTUR-Filter, nicht global, sondern objektbezogen. Sie ziehen einfach Linien oder Polygone über den Bildlinien, die stürzen oder verbogen sind.

»Islandkirche.tif«

▼ Abbildung 17.41
Der leistungsfähige Filter kommt mit wenigen Werkzeugen, einem Vorschaufenster und einigen Reglern aus.

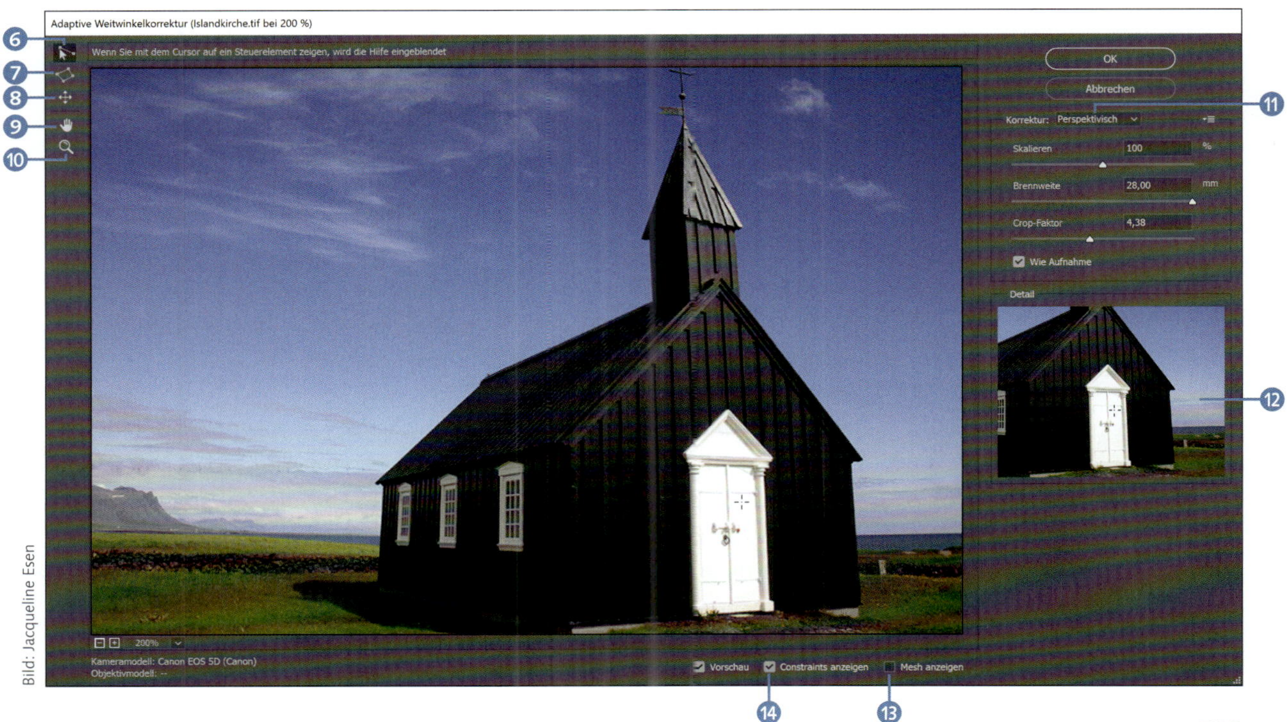

Bild: Jacqueline Esen

Objektbezogene Verzerrungskorrektur
Auch der Filter ADAPTIVE WEITWINKELKORREKTUR behebt Objektivverzerrungen. Dabei können Sie selbst detailliert festlegen, welche Linien im Bild korrigiert werden sollen. ADAPTIVE WEITWINKELKORREKTUR funktioniert auch als Smartfilter.

17.8.1 Werkzeuge und Ansichtsoptionen

In der Werkzeugleiste finden Sie alle Tools, die Sie brauchen. Die beiden wichtigsten sind die zwei obersten.

- Mit dem Constraint-Werkzeug (Kürzel: C) ❻ (Abbildung 17.41 auf Seite 571) korrigieren Sie einzelne stürzende oder verzerrte Linien, indem Sie darüberfahren und eine Linie ziehen.
- Das Polygon-Constraint-Werkzeug Y ❼ kann über zusammenhängende Linien aufgezogen werden und korrigiert sie in einem Schwung.
- Das Verschieben-Werkzeug M ❽ wirkt wie das bekannte Pendant aus Photoshop: Es verschiebt die Bildebene.
- Die bekannten Tools Zoom Z ❿ und Hand H ❾ skalieren und verschieben die Bildanzeige im Vorschaufenster des Filterdialogs.

Unterhalb des Vorschaufensters können Sie einstellen, ob die Constraint-Linien ⓮ oder ein Gitternetz (MESH) ⓭ angezeigt werden sollen.

▲ **Abbildung 17.42**
Welche typischen Objektivfehler wollen Sie korrigieren?

17.8.2 Handhabung

Unter KORREKTUR ⓫ wählen Sie aus, welche typischen Objektivfehler Sie korrigieren möchten. Damit erfolgt bereits eine automatische Vorkorrektur. Nicht jede der Korrektur-Vorauswahlen funktioniert jederzeit: AUTOMATISCH lässt sich nur einstellen, wenn der Filter für das verwendete Objektiv ein Profil findet, KUGELPANORAMA verlangt Bilder im Seitenverhältnis 1:2.

Der intuitivste Weg ist es nun, entweder das Constraint-Werkzeug oder das Polygon-Constraint-Werkzeug auszuwählen und damit eine **Linie zu ziehen** oder ein **Polygon aufzuziehen**. Sie können in einer Datei so viele Korrekturlinien anbringen wie nötig.

Bildlinien in die Waage- oder Senkrechte bringen
Wenn Sie möchten, dass bestimmte Bildlinien so korrigiert werden, dass sie genau horizontal oder vertikal stehen, halten Sie während des Hantierens mit dem Constraint-Werkzeug ⇧ gedrückt.

Constraint-Linie anpassen | Nicht immer gelingt es, Constraint-Linien so zu positionieren, dass sie genau auf einer der problematischen Bildlinien liegen. Doch Sie können die Constraints auch nachträglich anpassen.

- **Start- und Endpunkte** der Constraint-Linien können Sie jederzeit in eine neue Position bringen. Der gezoomte Vorschau-Ausschnitt rechts ⓬ hilft Ihnen bei der korrekten Positionierung von Linien auf kniffligen Bildpartien.
- Es ist möglich, die Linie und damit die Korrekturachse zu **rotieren**.
- Wenn Sie unter KORREKTUR die Option FISCHAUGE wählen, können Sie die Constraint-Linie durch zusätzliche Anfasser genau **an gebogene Linien anpassen**, etwa an gewölbte Horizontlinien von Panoramen.

17.8.3 Regler

Mit den Reglern im rechten Bereich des Dialogfelds können Sie Ihre Constraint-Korrektur ergänzen. Das Reglerlayout unterscheidet sich, je nachdem, welche Objektivart bzw. Korrekturweise Sie unter Korrektur festgelegt haben.

Korrektur: Automatisch und Kugelpanorama | Ist unter Korrektur die Option Automatisch oder Kugelpanorama eingestellt, steht Ihnen zur Feinabstimmung Ihres Resultats lediglich Skalieren ① zur Verfügung. Damit verändern Sie die Bildgröße. Diesen Regler können Sie einsetzen, wenn sich die Bildkanten durch starke Korrekturwerte verzogen haben und transparente Kanten frei werden.

Korrektur: Perspektivisch und Fischauge | Wenn Sie unter Korrektur die Optionen Perspektivisch oder Fischauge eingestellt haben, stehen Ihnen neben dem Skalieren-Regler weitere Funktionen zur Verfügung.

Die Brennweite des verwendeten Objektivs wird automatisch aus den Exif-Metadaten des Bildes ausgelesen – jedoch nur, wenn die Option Wie Aufnahme ④ aktiviert ist. Schieben Sie nun den Regler Brennweite ② nach rechts, wird die Objektivbrennweite künstlich verlängert, und die Verzeichnungen werden reduziert. Bewegen Sie den Regler nach links, wird die Brennweite verkürzt. Mit dem Regler Crop-Faktor ③ wird das gesamte Bild ausgedehnt oder geschrumpft. Damit holen Sie etwa die Bildteile zurück, die durch die Perspektivkorrektur aus dem Blickfeld geraten sind.

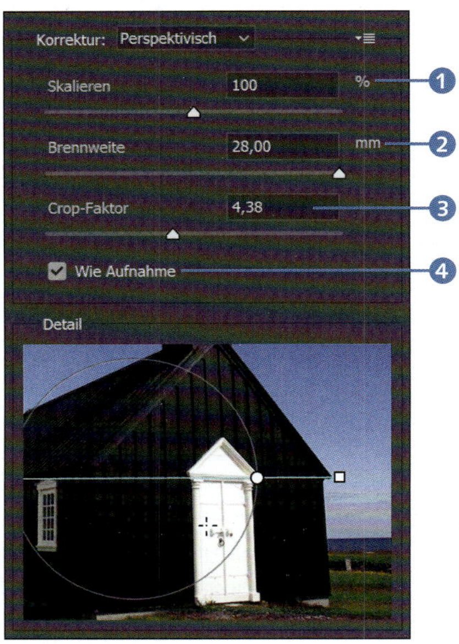

◂ **Abbildung 17.43**
Alternative zur Korrektur mit Constraint-Linien: Regler unter Korrektur: Perspektivisch

Welche Objektive werden unterstützt?
Die automatische Korrektur funktioniert nur, wenn in Photoshop für das verwendete Objektiv auch ein Objektivprofil hinterlegt ist – andernfalls erhalten Sie eine Fehlermeldung. Eine Liste der unterstützten Profile finden Sie hier: *https://helpx.adobe.com/de/camera-raw/kb/supported-lenses.html*.

Einstellungen speichern
Wenn Sie Bilderserien korrigieren wollen, können Sie einmal erstellte Einstellungen auch speichern und später erneut anwenden. Die erforderlichen Befehle finden Sie im Seitenmenü ▾≡.

17.9 Der Filter »Fluchtpunkt«

Der Filter Fluchtpunkt ist ein komplexes Werkzeug, das Sie bei der perspektivisch korrekten Bearbeitung von Bildern unterstützt, bei denen Elemente wie beispielsweise die Seiten eines Gebäudes durch die Perspektive bei der Aufnahme verzerrt sind.

Perspektivische Bildkorrekturen | Durch ein Gitternetz, das Sie erst anlegen müssen, teilen Sie dem Fluchtpunkt-Filter mit, wie die perspektivischen Verhältnisse im Bild sind. Innerhalb dieses Gitternetzes ausgeführte Arbeiten erfolgen automatisch in der richtigen Perspektive. Möglich sind das Auswählen, Verschieben oder Kopieren (Klonen) von Bildelementen, das Transformieren schwebender Auswahlen, das Stempeln, um Strukturen zu übertragen, oder das Malen mit Farbe.

Einarbeitung ist nötig
Mit dem Fluchtpunkt-Tool sparen Sie sich unter Umständen viel Kleinarbeit mit Bildebenen, perspektivischen Transformationen und Retuschen, doch müssen Sie mit einer langen Einarbeitungszeit rechnen, um alle Funktionen auszureizen. Zudem ist hier äußerste Akribie gefragt, vor allem beim Anlegen der perspektivischen Flächen. »Mal eben schnell« ist beim Fluchtpunkt-Filter keine Option.

Einsatzbereich ... und Einschränkungen | Das aufwendige und tatsächlich beeindruckend wirkungsvolle Werkzeug kann nur bei »perfekten« Bildern wirksam sein. Klinisch saubere Architekturaufnahmen, leere Plätze und sauber gewinkelte Flächen sind prima; krumme Wände, von Vegetation überdeckte Ecken und Winkel sind dagegen eher problematisch. Und Schattenwurf und Lichtrichtung berücksichtigt das Werkzeug nicht korrekt. Zumindest bei typischen Fotomontagen kann das Werkzeug seine Vorzüge nur am Idealbild ausspielen – das man meist wohl gerade nicht vor sich hat. Für eher freiere Arbeiten oder das Erschaffen neuer, artifizieller Räume und Plätze ist das Tool jedoch sehr wirkungsvoll!

17.9.1 Die Fluchtpunkt-Option aufrufen

»Ziegelhaus.tif«

Spektakulär ist sie, die Fluchtpunkt-»Option« (wie Adobe das mächtige Tool nennt). Das Straßenschild, das Sie in Abbildung 17.44) als schwebende Auswahl rechts sehen, wurde von der rechtwinklig dazu liegenden Fassadenseite kopiert, verschoben und dabei automatisch perspektivisch angepasst. Hier werden allerdings auch schon die Grenzen klar: Lichtverhältnisse können beispielsweise nicht angeglichen werden. Sie finden das Werkzeug unter Filter • Fluchtpunkt oder rufen es mit Alt + Strg / cmd + V auf.

17.9.2 Wie gehen Sie vor?

Ihr erster Schritt ist es, das sogenannte Ebene-erstellen-Werkzeug 2 (Tastenkürzel C) zu aktivieren und mit ihm ein Gitternetz anzulegen, das die perspektivischen Verhältnisse im Bild nachzeichnet. Adobe nennt die so definierten Flächen »Ebenen«. Erst danach kann das Werkzeug perspektivisch korrekt arbeiten. Je genauer Sie hier arbeiten, desto besser wird die spätere Wirkung des FLUCHTPUNKT-Filters!

Bild: stock.xchng, Felix Carretto

◂ **Abbildung 17.44**
Wenige Schaltflächen, spektakuläre Wirkung: die Option FLUCHTPUNKT. Die blauen Perspektivlinien sind eingezeichnet, das Straßenschild wird gerade perspektivgetreu kopiert.

Das Raster anlegen | Mit dem Ebene-erstellen-Werkzeug ▦ ziehen Sie einfach geometrische Flächen auf. Das Werkzeug erstellt dann die blauen Linien, die Sie im Screenshot sehen (und Rasterlinien, die gerade nicht eingeblendet sind). Sie können diese Rastergitter auch durch Ziehen an den kleinen Griffen an der Seite noch anpassen (siehe Abbildung 17.46). Sie müssen nicht ganz präzise arbeiten – das wäre sonst auch ein mühsames Geschäft. Der Shortcut [Strg]/[cmd]+[Z] zum Zurücknehmen des letzten Arbeitsschritts funktioniert praktischerweise auch hier.

Begrenzung einblenden | Die Option KANTEN ANZEIGEN (zu finden unter 3) unterbindet oder aktiviert die Anzeige dieser Linien. Die bekannten Werkzeuge HAND [H] und ZOOM [Z] stehen auch hier zur Verfügung, um die Bildansicht anzupassen. Auch die bekannten Zoom-Shortcuts funktionieren hier.

Abbildung 17.45 ▶
Das Perspektivgitter wird bearbeitet (Mauszeiger oben rechts).

Rechtwinklige Flächen | Um Flächen, die – in Wirklichkeit, nicht in der Bilddarstellung – rechtwinklig zueinander angeordnet sind, mit einem Raster zu umfangen, drücken Sie Strg/cmd bei immer noch aktivem Ebene-erstellen-Werkzeug und ziehen an einer der Seiten. Es wird eine neue Fläche angelegt, die den 90°-Winkel weitestgehend perspektivisch korrekt darstellt. Nachbesserungen sind möglich.

Abbildung 17.46 ▶
Das sogenannte »Abreißen« einer 90°-Fläche

Seitenverhältnisse | Wird das Raster, das die perspektivischen Flächen beschreibt, gelb oder rot angezeigt, ist dies eine Warnung, dass die Seitenverhältnisse nicht ganz stimmen. Differenziert wird hier zwischen

- Problemen mit den Seitenverhältnissen der Ebene (rot)
- und Problemen beim Auflösen der Fluchtpunkte in der perspektivischen Ebene (gelb).

Perspektivraster verändern | Wenn Sie zum Ebene-bearbeiten-Werkzeug V ❶ (siehe Abbildung 17.44) wechseln, können Sie das Perspektivraster verändern. Die Bearbeitung sollte Ihnen keine Schwierigkeiten bereiten, wenn Sie mit Transformationsrahmen sicher umgehen können. Bestätigen Sie den Vorgang mit OK – das Raster ist dann gesichert und steht beim nächsten Start des Filters wieder zur Verfügung.

17.9.3 Perspektivische Korrektur im fertigen Raster

Um nun das Bild weiterzubearbeiten und dabei die perspektivischen Vorgaben zu nutzen, stehen mehrere Funktionen zur Verfügung, die ich im Folgenden genauer beschreibe.

Auswahlrechteck | Das Auswahlrechteck M können Sie für verschiedene Operationen nutzen: Indem Sie Alt drücken und einen ausgewählten Bereich per Maus verschieben, klonen Sie ihn automatisch. Der geklonte Bereich wird dann als schwebende Auswahl angelegt. Sie können beliebig viele Klone von einer Auswahl erzeugen.

- Um eine **Auswahl mit einem anderen Bereich aus dem Bild zu füllen**, ziehen Sie eine Auswahl auf, aktivieren die Option VERSCHIEBUNGSMODUS: QUELLE und bewegen dann den Mauszeiger auf den Bildbereich, der in die Auswahl eingefügt werden soll. Wenn Sie dann erneut Bereiche klonen wollen, müssen Sie allerdings vorher wieder VERSCHIEBUNGSMODUS: ZIEL aktivieren!
- Um **Elemente aus anderen Bildern perspektivisch einzufügen**, müssen Sie sie auswählen und mit Strg/cmd+C in die Zwischenablage Ihres Rechners befördern, bevor Sie den FLUCHTPUNKT-Filter starten. Dann erstellen Sie das Perspektivraster, und anschließend fügen Sie das Objekt mit Strg/cmd+V in das Bild ein.

Weitere Werkzeuge | Das Transformieren-Werkzeug T passt schwebende Auswahlen an. Das Stempel-Werkzeug S funktioniert so wie der bekannte normale Kopierstempel aus der Werkzeugleiste auch, mit dem Unterschied, dass innerhalb des Perspektivrasters eingefügte Pixel gleich perspektivisch angepasst werden. Mit dem Pinsel-Werkzeug B tragen Sie Farbe auf. Die Form des Pinsels wird beim Malen – wenn Sie innerhalb des Rasters malen – perspektivisch angepasst.

Bilder oder Bildelemente aus der Zwischenablage einfügen | Wenn Sie Bilder oder Bildelemente aus der Zwischenablage einfügen wollen, benutzen Sie einfach den bekannten Shortcut Strg/cmd+V. Sie

▲ **Abbildung 17.47**
Im FLUCHTPUNKT-Werkzeug können Sie auch perspektivisch retuschieren. Längere Malstriche mit dem Stempel werden perspektivisch angepasst. Hier ❶ wird ein Plakat mit »Ziegelsteinen« überdeckt.

können die eingefügten Objekte dann mit der Maus anfassen und in den Perspektivrahmen ziehen; sie werden dann angepasst. Sie müssen die Bildelemente, die Sie transferieren wollen, allerdings in die Zwischenablage kopieren, *bevor* Sie den FLUCHTPUNKT-Filter aufrufen. (Wählen Sie dazu den entsprechenden Bereich aus, und drücken Sie dann Strg/cmd+C, oder klicken Sie auf BEARBEITEN • KOPIEREN.)

Bearbeitungsschritte rückgängig machen | Um im FLUCHTPUNKT-Werkzeug Bearbeitungsschritte rückgängig zu machen, gibt es verschiedene Befehle mit unterschiedlichem Wirkungsgrad:

- Das bekannte Tastaturkürzel Strg/cmd+Z wirkt auch hier. Mehrfaches Drücken nimmt mehrere Schritte zurück.
- Strg/cmd+⇧+Z stellt irrtümlich zurückgenommene Befehle wieder her.
- Wenn Sie Alt drücken, wird die Schaltfläche ABBRECHEN zur Schaltfläche ZURÜCKSETZEN, mit der Sie alle Einstellungen zurücksetzen, ohne das Dialogfeld schließen zu müssen.
- Esc wirkt wie ABBRECHEN und schließt das Dialogfeld, ohne Änderungen zu speichern.

Tabelle 17.1 ▼
Tastaturbefehle für die Arbeit mit der FLUCHTPUNKT-Funktion auf einen Blick. Viele andere bekannte Shortcuts funktionieren auch hier!

Was wollen Sie tun?	Windows	Mac
2fach zoomen (vorübergehend)	X	X
einzoomen	Strg+[+] (Ziffernblock)	cmd+[+] (Ziffernblock)
auszoomen	Strg+[−] (Ziffernblock)	cmd+[−] (Ziffernblock)
Bildanzeige an das Vorschaufenster des Dialogs anpassen	Doppelklick aufs Hand-Werkzeug; Strg+0	Doppelklick aufs Hand-Werkzeug; cmd+0
Bild in 100%-Ansicht bringen und Mittelpunkt zentrieren	Doppelklick aufs Zoom-Werkzeug	Doppelklick aufs Zoom-Werkzeug
Auswahl und Ebenen ausblenden	Strg+H	cmd+H
Auswahl in Schritten von einem Pixel verschieben	Pfeiltasten	Pfeiltasten
Auswahl in Schritten von 10 Pixeln verschieben	⇧ + Pfeiltasten	⇧ + Pfeiltasten
Auswahl mit Pixeln unter dem Mauszeiger füllen	Werkzeug auf QUELLE stellen, Strg halten und Maus bewegen	Werkzeug auf QUELLE stellen, cmd halten und Maus bewegen
beim Erstellen von Perspektivebenen: letzten »Anfasser« löschen	←	←
Perspektivebene über gesamte Bildfläche erstellen, parallel zur Kameraperspektive	Doppelklick aufs Ebene-erstellen-Werkzeug	Doppelklick aufs Ebene-erstellen-Werkzeug

TEIL VI

Reparieren und retuschieren

Kapitel 18
Bildformat und Bildgröße verändern

Um Größe und Format digitaler Bilder zu ändern, können Sie einfach die Kanten abschneiden oder die Bildmaße neu berechnen lassen. Für beides – und überdies das Geraderichten schiefer Linien – hat Photoshop eigene Funktionen an Bord.

18.1 Bildkanten kappen, Motive ins Lot bringen

Bilder freizustellen – also sie zu beschneiden – ist ein alltäglicher und meist unkomplizierter Arbeitsschritt. Dennoch lohnt es sich, ihn einmal genauer anzusehen: Wer alle Aspekte der dafür genutzten Tools im Griff hat, spart Zeit und kann präziser arbeiten.

18.1.1 Bildausschnitt und Bildwirkung

Durch das Beschneiden von Bildkanten ändern Sie Bildformate und -proportionen. Überdies werden Sie Ränder oder Bildobjekte los, die versehentlich ins Foto geraten sind. Darüber hinaus hat das Beschneiden von Bildern eine redaktionelle Funktion. Denn der Bildausschnitt ist maßgeblich daran beteiligt, wie der Gegenstand des Bildes in Szene gesetzt ist und wie ein Bild wirkt. Oft wird das schon beim Fotografieren entschieden, doch mit den leistungsfähigen hochauflösenden Digicams und preiswerten Speicherchips bleibt für nachträglichen Beschnitt genügend Spielraum: Auch beschnitten sind Bilddateien inzwischen groß genug, um sie sinnvoll einsetzen zu können. Nachträgliches Beschneiden kann die Intentionen des Fotografen unterstützen oder eher banale Motive aufwerten. Durch Beschnitt inszenieren Sie Bildmotive und steuern die Blickrichtung des Betrachters.

18.1.2 Bilder auf Maß bringen: Freistellungswerkzeug

Das Freistellungswerkzeug hilft Ihnen, Bilder auf ein fixes Maß oder eine bestimmte Kantenratio zu bringen, und auch das Geraderichten von Bildkanten erledigt es schnell und effizient. Dank smarter Funktionen lassen sich alle typischen Handgriffe flüssig erledigen.

Sie finden das Freistellungswerkzeug in der Werkzeugleiste oder rufen es über den Shortcut C (wie »crop«) auf. Mit ihm erstellen Sie rechteckige oder quadratische Auswahlen, die den Bildbereich markieren, der *erhalten* werden soll. Den gewünschten Auswahlbereich ziehen Sie einfach mit der Maus auf, legen ein bestimmtes Seitenverhältnis fest oder tragen feste Maße ein. Die Kanten außerhalb der Markierung werden entweder ganz gelöscht oder nur ausgeblendet.

Abbildung 18.1 ▼
Optionen für das Freistellungswerkzeug

Freie Größe, Proportion oder genaues Maß | Folgende Möglichkeiten haben Sie, den späteren Bildausschnitt zu definieren:

- Arbeiten Sie **nach Augenmaß**, und ziehen Sie einfach den Auswahlrahmen mit der Maus über dem Bild auf. Dabei können Sie sich auf Wunsch auch von verschiedenen eingeblendeten Überlagerungen **4** (Raster und Ähnliches) unterstützen lassen. Das aktuelle Maß des Freistellrahmens wird neben dem Mauszeiger angezeigt. An den Ecken und Seiten des Rahmens befinden sich überdies Anfasser, mit denen Sie die Rahmengröße auch nach dem Aufziehen ändern können.

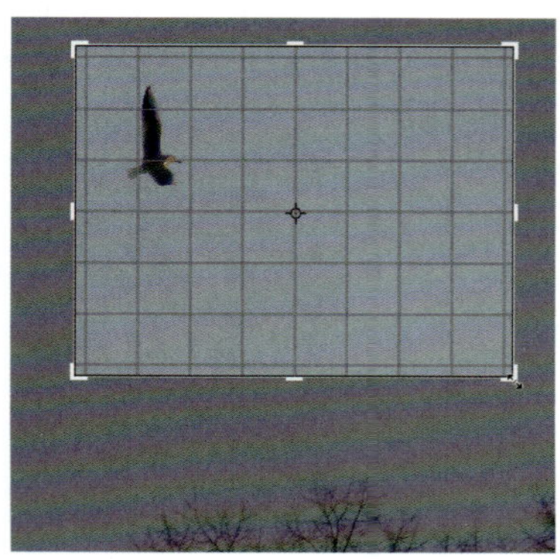

Bild: C. Rubandt

Abbildung 18.2 ▸
Freistellrahmen aufziehen. Die Größenanzeige neben dem Mauszeiger erlaubt genaues Arbeiten.

Abbildung 18.3 ▸▸
Die Größe des bereits aufgezogenen Freistellrahmens können Sie auch nachträglich verändern.

- Legen Sie mit Hilfe der Liste ❶ und gegebenenfalls der Eingabefelder ❷ in der Optionsleiste ganz links einfach das gewünschte **Seitenverhältnis** und die **Auflösung** fest. Über die Dropdown-Liste ❶ haben Sie auch die Möglichkeit, die von Ihnen getroffenen Einstellungen zu speichern, um sie jederzeit schnell und einfach aus der Liste wieder aufrufen zu können.
  Nachdem die Werte festgelegt sind, müssen Sie nicht mehr, wie aus älteren Programmversionen gewohnt, einen Freistellrahmen aufziehen. Stattdessen erscheint er sofort automatisch im Bild – und blendet die abgeschnittenen Bildränder auch sofort aus. Durch Ziehen an den Anfassern an Ecken und Seiten des Rahmens verändern Sie seine Größe. Klicken auf die zwei kleinen, einander entgegengerichteten Pfeile ❸ in der Optionsleiste vertauscht die Angaben für Breite und Höhe und wirkt sich entsprechend auf den Freistellrahmen aus.

Einrasten des Rahmens verhindern
Normalerweise rastet der Freistellrahmen beim Aufziehen am Bildrand ein, wenn Sie in dessen Nähe kommen. Halten Sie [Strg]/[cmd] gedrückt, um diese »Magnetfunktion« kurzfristig außer Betrieb zu setzen, wenn Sie den Freistellrahmen unmittelbar neben dem Bildrand positionieren wollen.

Ältere Werkzeugversion | Beim Positionieren des Freistellrahmens auf dem Bild wird nicht der Rahmen über dem Bild verschoben, sondern das Bild unter dem Freistellrahmen. Und anstatt einer Abdeckung, unter der das Bild in seinen Originalmaßen noch erkennbar ist, scheint das Bild sofort nach dem Erstellen des Freistellrahmens schon beschnitten zu sein, denn die Kanten werden komplett ausgeblendet. Beide Eigenschaften lassen sich jedoch abschalten.

In älteren Photoshop-Versionen funktionierte das Freistellungswerkzeug ein wenig anders als in der jetzigen Version. Wenn Sie mit dem aktuellen Verhalten des Tools nicht zurechtkommen und lieber die klassische Funktionsweise zurückhätten, können Sie einige Optionen aktivieren, mit denen Sie das Tool dann wieder so bedienen wie gewohnt. Klappen Sie dazu durch Klick auf den kleinen Zahnrad-Button ⚙ ❺ das Einstellungsmenü auf.

- Aktivieren Sie die Option CLASSIC-MODUS VERWENDEN, um – wie aus älteren Programmversionen gewohnt – den Freistellrahmen über dem Bild und nicht das Bild unter dem Freistellbereich zu verschieben (Kürzel [P]; funktioniert nur, wenn der Freistellrahmen bereits modifiziert wurde, ansonsten erfolgt ein Wechsel zum Zeichenstift-Werkzeug). Besonders wenn Sie kleinteilige Bilder pixelgenau abschneiden wollen, empfiehlt sich der Classic-Modus; der neue Modus ist eher für Fotomotive geeignet, bei denen es um die Wahl des richtigen Ausschnitts geht.
- Auch im aktuellen Werkzeugmodus können Sie sich die Bildbereiche, die beschnitten werden sollen, anzeigen lassen, anstatt sie einfach auszublenden. Dazu aktivieren Sie die Option FREIGESTELLTEN BEREICH EINBLENDEN. (Das Kürzel [H] funktioniert nur, wenn der Freistellrah-

Vorsicht: Bildpixel werden interpoliert
Wenn Sie die gewünschte spätere Bildgröße oder Auflösung festlegen, wird das Bild je nach eingegebenen Werten nicht nur beschnitten, sondern auch neu berechnet. Dabei können Schärfeverluste auftreten!

men bereits modifiziert wurde, ansonsten erfolgt der Wechsel zum Hand-Werkzeug.)

- Wenn der freizustellende Bereich eingeblendet ist, stehen Ihnen verschiedene Möglichkeiten zur Wahl, wie er dargestellt wird. Setzen Sie ein Häkchen bei Freistellabdeckung aktivieren, und stellen Sie dann Farbe und Deckkraft für die Abdeckung ein.
- Die Automatisch zentrierte Vorschau funktioniert nur im neuen Werkzeugmodus. Sie sorgt dafür, dass der Freistellrahmen genau in der Bildschirmmitte steht, während Sie das Bild darunter bewegen.

Raster, Drittelregel und mehr: Überlagerung | Bilder zu beschneiden ist oft auch ein Eingriff in die Bildkomposition. Ob ein Bildaufbau als gefällig, spannend und ansprechend empfunden wird, ist nicht vollkommen subjektiv: Es gibt dafür Regeln, etwa die Drittelregel oder den Goldenen Schnitt. Beim Freistellungswerkzeug können Sie sich verschiedene Hilfslinien als Überlagerung einblenden lassen. Sie finden die Liste, wenn Sie auf den Button Überlagerungsoptionen klicken.

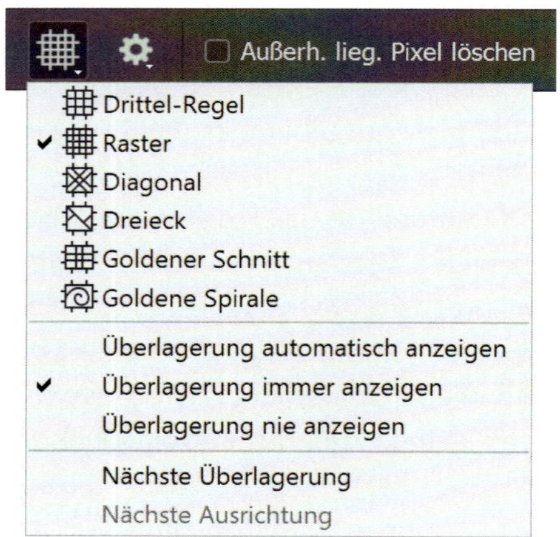

Abbildung 18.5 ▸
Hilfreiche Überlagerung anzeigen lassen

Mit Ausnahme des Rasters passen sich alle Überlagerungen der Größe und den Proportionen Ihres Bildes bzw. des Freistellrahmens an. Mit dem Kürzel [O] springen Sie durch die verschiedenen Überlagerungen.

- Der **Goldene Schnitt** ist eine der ältesten Gestaltungsregeln. Schon in der Antike fand er Anwendung, heute spielt er unter anderem in Architektur, Gestaltung und Fotografie eine Rolle.
- Die **Goldene Spirale** (zu sehen in Abbildung 18.9) ist eine Ableitung des Goldenen Schnitts.
- Die **Drittelregel** (siehe Abbildung 18.6) ist die praktische Anwendung des Goldenen Schnitts auf die Fotografie: Denken Sie sich beim Fotografieren den Bildausschnitt durch zwei senkrechte und zwei

Randfläche füllen

Wenn Sie mit dem Freistellungswerkzeug bei einem Bild über den Rand hinaus zuschneiden, können Sie mit der Option Fläche entscheiden, was mit dem Rand passieren soll. Mit Hintergrund wird der Bereich mit der eingestellten Hintergrundfarbe gefüllt und erweitert. Mit Inhaltsbasierte Füllung füllt Photoshop den Inhalt intelligent mit dem umliegenden Inhalt auf. Mit Generatives Erweitern hingegen wird der Inhalt mit künstlicher Intelligenz aufgefüllt. Mehr dazu erfahren Sie im Abschnitt 20.15.5 unter »Bild erweitern«.

▲ Abbildung 18.4
Hier entscheiden Sie, was mit dem Rand bei einer erweiterten Fläche passieren soll.

waagerechte Linien in neun Segmente geteilt, sollte ein Haupt-Bildgegenstand möglichst an einem der Linien-Schnittpunkte liegen, oder eine Hauptlinie des Motivs (etwa der Horizont) sollte einer der Drittellinien folgen.

- Die Überlagerungsoptionen Diagonal (Abbildung 18.7) und Dreieck (Abbildung 18.7) helfen, die **führenden Linien** eines Motivs beim Beschneiden neu auszurichten.

Bild: vitamin a design

▲ **Abbildung 18.6**
Liniennetz nach der Drittelregel

▲ **Abbildung 18.7**
Diagonalen

▲ **Abbildung 18.8**
Dreiecke

▲ **Abbildung 18.9**
Goldene Spirale

Sie können entscheiden, wo und wann Sie die Hilfslinien sehen:

- Überlagerung automatisch anzeigen zeigt die Hilfslinien nur in dem Moment, wenn Sie den Freistellrahmen verändern.
- Überlagerung immer anzeigen zeigt die Hilfslinien nicht »immer«, sondern erst, nachdem Sie den Freistellrahmen einmal verändert haben, dann aber permanent.
- Überlagerung nie anzeigen unterdrückt die Anzeige der Hilfslinien.

Vorgang bestätigen, abbrechen oder Werte zurücksetzen | Wenn Sie fertig sind, müssen Sie Ihre **Eingaben bestätigen**, entweder per Häk-

▲ **Abbildung 18.10**
Bestätigen und Bild beschneiden

▲ **Abbildung 18.11**
Vorgang ohne Änderung am Bild abbrechen

▲ **Abbildung 18.12**
Einstellungen zurücksetzen, aber weiter im Bearbeitungsmodus bleiben

chen-Button in der Optionsleiste ganz rechts oder mit der [↵]-Taste. Erst danach erfolgt der Beschnitt.

Um das **Beschneiden abzubrechen**, drücken Sie [Esc] oder klicken auf das kleine »Halteverbot«-Icon. Sie beenden dann den Bearbeitungsmodus des Freistellungswerkzeugs, das heißt, Sie können noch einmal ganz von vorn anfangen.

Wenn Sie die eingegebenen **Einstellungen zurücksetzen** und das Bild weiter bearbeiten wollen, klicken Sie auf den halbrunden Pfeil, der entgegen dem Uhrzeigersinn verläuft. Sie bleiben im Bearbeitungsmodus des Werkzeugs. Sie können etwa ohne weiteres den Bildausschnitt verschieben.

Wie endgültig ist der Beschnitt? | Ob Bildpixel beim Freistellen tatsächlich gelöscht werden sollen oder ob sie nur ausgeblendet werden, können Sie sich beim neuen Freistellungswerkzeug aussuchen. Das ging in den Vorversionen des Werkzeugs auch schon, doch nur bei Smartobjekten. Nun funktioniert das auch mit Bildern, die lediglich aus normalen Bildebenen bestehen.

- Ist die Option AUSSERH. LIEG. PIXEL LÖSCHEN *aktiv*, werden die ausgeblendeten Bildränder wirklich abgeschnitten.
- Ist die Option AUSSER. LIEG. PIXEL LÖSCHEN *inaktiv*, werden die Ränder nicht dauerhaft aus dem Bild entfernt, sondern nur ausgeblendet. So können Sie den gezeigten Bildausschnitt auch nachträglich noch korrigieren. Der Befehl BILD • ALLES EINBLENDEN holt die ausgeblendeten Teile des Bildes vollständig zurück.

Was wollen Sie tun?	Kürzel
Werkzeug aufrufen	[C]
zur nächsten Überlagerungsanzeige springen	[O] *
eingegebene Werte für Höhe und Breite vertauschen	[X]
Bereich außerhalb des Freistellrahmens ausblenden	[H] *
Classic-Modus (Funktionsweise wie in alten Programmversionen) aktivieren	[P] *
Beschneiden anwenden	[↵]
Beschneiden abbrechen	[Esc]

* Diese Kürzel funktionieren nur, wenn der Freistellungsrahmen bereits erzeugt wurde, ansonsten Wechsel zu einem anderen Werkzeug.

▲ **Tabelle 18.1**
Wichtige Tastenkürzel für das Freistellungswerkzeug

18.1.3 Randpixel wegschneiden – automatisch

Nicht für Fotomotive, sondern für Bilder, die einen unerwünschten einfarbigen oder transparenten Rand haben, ist der Befehl Bild • Zuschneiden gedacht. Der Befehl funktioniert am besten bei geradestehenden Bildern.

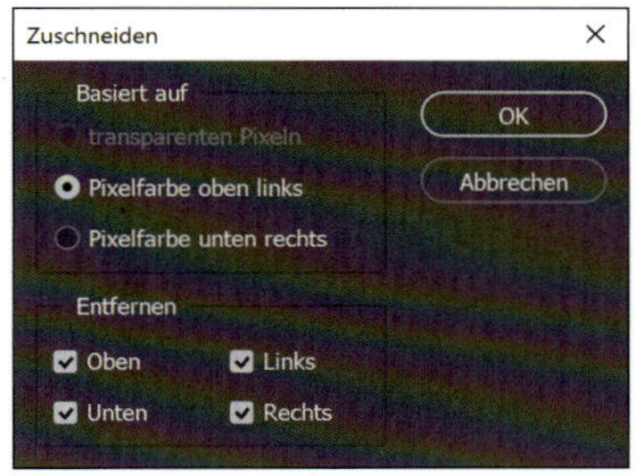

▲ **Abbildung 18.13**
Der Zuschneiden-Dialog

18.2 Perspektive und Ausrichtung: Bilder begradigen

Recht häufig muss man schief geratene Bilder geraderichten, beispielsweise Fotos, bei denen der Horizont nicht exakt in der Waage liegt, oder Architekturaufnahmen, deren Senkrechten nicht im Lot sind.

Ein Ziel – viele Funktionen | Dazu bietet Photoshop verschiedene Möglichkeiten:

- Schnell und nach Augenmaß mit dem Freistellungswerkzeug, indem Sie einfach den Freistellrahmen oder das Bild per Maus drehen.
- Genauer geht es mit dem neuen Gerade-ausrichten-Tool in der Optionsleiste des Freistellungswerkzeugs. Damit werden Ausrichten und Beschneiden überstehender Ecken in einem Arbeitsgang erledigt; zudem ist es möglich, die durch das Drehen entstehenden transparenten Ecken inhaltsbasiert zu füllen (mehr dazu unten).
- Die Befehle unter Bild • Bilddrehung sind die beste Wahl, um auf dem Kopf stehende oder auf der Seite liegende Motive schnell aufzurichten.

Noch mehr Ausrichten-Funktionen
Der Filter Objektivkorrektur (direkt unter Filter) kann Bilder geraderichten, perspektivisch korrigieren und sogar Bildpixel an den Kanten ergänzen, die durch eine etwaige Drehung der Bildfläche fehlen.

Das Werkzeug Fluchtpunkt, ebenfalls im Filter-Menü, unterstützt Sie bei fortgeschritteneren Arbeiten mit Perspektive, zum Beispiel beim Anpassen von Strukturen an vorgegebene perspektivisch verzerrte Flächen oder auch bei perspektivischen Montagen.

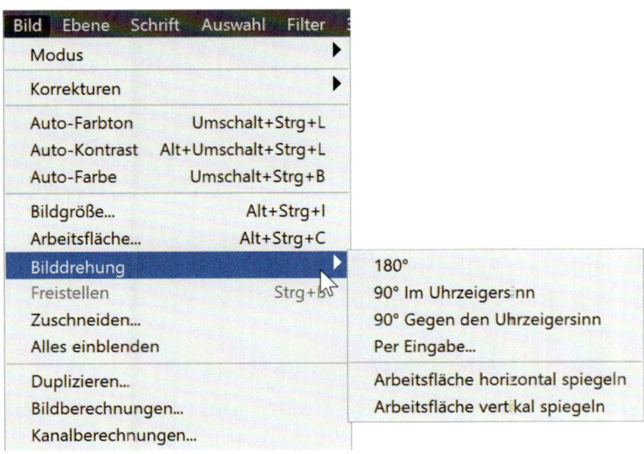

◄ **Abbildung 18.14**
Querliegende Fotos schnell drehen

- Der Befehl Bild • Bilddrehung • Per Eingabe öffnet ein kleines Dialogfeld. Dort können Sie bis auf das halbe Grad genaue Drehungen eingeben. Dabei brauchen Sie ein gutes Augenmaß. Hilfslinien als optische Achsen helfen dabei.

Auto-Fill-Versagen bei Hintergrundebenen
Die praktische Funktion zum inhaltsbasierten Auffüllen von Bildecken, die durch das Drehen entstehen, funktioniert **nicht** bei Hintergrundebenen (in diesem Fall werden Farbflächen in der Hintergrundfarbe angestückelt), sondern nur bei normalen Bildebenen.

Geraderichten intuitiv: Freistellbereich kippen | Den Freistellungsrahmen des Freistellungswerkzeugs (C) können Sie auch nutzen, um schiefe Bilder auszurichten. Dabei profitieren Sie deutlich von der Werkzeughandhabung: Statt den Freistellungsrahmen drehen Sie dessen Inhalt. So ist es viel einfacher zu sehen, wann ein Bild richtig sitzt. Im Detail: Ziehen Sie zunächst ein Freistellrechteck auf, und bewegen Sie den Mauszeiger von außen an eine der Auswahl*ecken* des Freistellungsrahmens (nicht an die Anfasser an den Seitenmitten) heran. Der Mauszeiger verwandelt sich dann in einen gebogenen Doppelpfeil; mit ihm können Sie jetzt das Bild drehen. Ist es fertig positioniert, bestätigen Sie den Vorgang. Setzen Sie vor dem Drehen des Bildes in der Optionsleiste das Häkchen bei INHALTSBASIERT, werden eventuell bei der Drehung entstehende transparente Ecken automatisch auf Basis der umliegenden Bildbereiche mit Pixeln aufgefüllt. Dies erspart Ihnen einen Beschnitt des Bildes, falls solche transparenten Ecken beim Kippen des Freistellbereichs entstehen.

»SchieferSee.tif«

Behagt Ihnen diese Vorgehensweise nicht, aktivieren Sie in den Werkzeugeinstellungen in der Optionsleiste die Option CLASSIC-MODUS VERWENDEN. Dann kippen Sie nicht das Bild, sondern den Rahmen. Es ist allerdings schwieriger, so den richtigen Winkel zu finden.

Bild: stock.xchng, Karin Lindstrom

Abbildung 18.15 ▸
Geraderichten im herkömmlichen Modus (Classic-Modus): Die Maus dreht den Rahmen.

Abbildung 18.16 ▸▸
Drehen im aktuellen Werkzeugmodus: Das Bild wird bewegt, der Rahmen ist fix.

Lineal anlegen: Das Gerade-ausrichten-Tool | Die Funktion GERADE AUSRICHTEN ist in der Optionsleiste des Freistellungswerkzeugs untergebracht. Sie bedienen sie so:

1. Aktivieren Sie das Tool durch Anklicken des Buttons.
2. Klicken Sie an einer der schiefen Bildlinien, und ziehen Sie mit der Maus eine Linie, die exakt dem Winkel des schiefen Bildgegenstands (Horizont, Schornstein, Mauerkante ...) folgt. Dazu ist es unter Umständen notwendig, in das Bild hineinzuzoomen. Die Messlinie muss nicht über die ganze Länge der Kante gehen, sollte ihr aber möglichst

▲ Abbildung 18.17
Das Icon des Gerade-ausrichten-Tools symbolisiert eine Wasserwaage.

genau folgen. Das Motiv wird sofort gedreht; dabei dient die Linie als Orientierung. Es erfolgt aber zunächst noch kein Beschneiden überstehender Kanten.

3. Klicken Sie anschließend auf den Button FREISTELLUNGSVORGANG BESTÄTIGEN ❸ (oder drücken Sie [↵]), um die Drehung tatsächlich anzuwenden und das Bild auch zu beschneiden.
4. Möchten Sie die Drehung anwenden, wünschen jedoch keinen Beschnitt der Kanten, dann setzen Sie in der Optionsleiste bei INHALTSBASIERT das Häkchen. Photoshop wird nun die transparenten Ecken während der Drehung basierend auf den umliegenden Bildstrukturen auffüllen, anstatt die Kanten zu beschneiden. Wie bei allen inhaltsbasierten Funktionen Photoshops sollten Sie das Ergebnis überprüfen und im Fall von Fehlern mit den üblichen Retusche-Werkzeugen nachbearbeiten.
5. Wenn Sie die Drehung nicht anwenden wollen, klicken Sie auf FREISTELLUNGSVORGANG ABBRECHEN (oder drücken [Esc]) ❷ oder den Zurücksetzen-Button ❶.

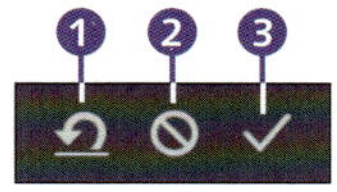

▲ **Abbildung 18.18**
Drehung anwenden oder abbrechen

◄ **Abbildung 18.19**
Erzeugen der Gerade-ausrichten-Linie (die Linie sollte parallel zur gewünschten Horizontale oder Vertikale verlaufen)

18.3 Perspektivkorrektur und Beschnitt: Perspektivisches Freistellungswerkzeug

Das Perspektivische Freistellungswerkzeug (C) ist ein Neuzugang in der Werkzeugleiste. Es erledigt die Korrektur stürzender Linien und das Beschneiden eines Bildes in einem Arbeitsgang. Meist müssen Sie ein Bild, in dem Sie per Ebenentransformation oder mit anderen Mitteln die Perspektive zurechtgerückt haben, ohnehin beschneiden.

Nutzen können Sie das neue Werkzeug auf zweierlei Weise – entweder indem Sie einen Freistellrahmen aufziehen und ihn an die Perspektive des Bildobjekts anpassen oder mit Hilfe eines aufgezogenen Rastergitters.

Perspektivkorrektur ist destruktiv
Anders als das Freistellungswerkzeug wirkt das Perspektivische Freistellungswerkzeug destruktiv, die Änderungen sind endgültig. Das Werkzeug funktioniert auch nicht bei Smartobjekten (mit denen Sie diese Einschränkung sonst elegant umgehen könnten).

Freistellrahmen perspektivisch anpassen | Die Arbeit mit dem Perspektiv-Freistellrahmen ist relativ einfach, Sie können sich dabei an den Linien des Bildobjekts orientieren.

1. Sie klicken mit der Maus in die Nähe des zu korrigierenden Objekts und bewegen die Maus diagonal weg; so entsteht ein Rahmen (Abbildung 18.20).
2. Nun müssen Sie den Rahmen so ausrichten, dass seine Linien zu den stürzenden Gebäudelinien – oder was immer Sie perspektivisch korrigieren möchten – parallel verlaufen (Abbildung 18.21) Dazu können Sie die Eck- und Seitenanfasser nutzen. Das Gitternetz unterstützt Sie.
3. Die Operation müssen Sie dann noch bestätigen. Drücken Sie ↵, oder klicken Sie auf den Häkchen-Button in der Optionsleiste ganz rechts.

»RundeKirche.tif«

▲ **Abbildung 18.20**
Das Motiv ist aufgrund der Perspektive charakteristisch verzerrt. Der Perspektivkorrektur-Rahmen wird aufgezogen.

▲ **Abbildung 18.21**
Sie passen den Perspektivkorrektur-Rahmen an, indem Sie mit der Maus an den viereckigen »Anfassern« ziehen.

Bild: stock.xchng, Cristian Popescu

▲ **Abbildung 18.22**
Beschnittene und perspektivisch bearbeitete Version

Perspektivgitter aufziehen | Vom Fluchtpunkt-Filter entliehen ist die zweite Arbeitsmethode; dabei arbeiten Sie mit einzelnen Klicks:

1. Sie erstellen zunächst mit zwei Klicks (❶, ❷) eine Linie, die zu einer der Gebäudekanten parallel verläuft. Mit einem dritten Klick ❸ entsteht daraus ein gerastertes Perspektivgitter …
2. … das Sie größer aufziehen (Abbildung 18.24) und …
3. … dessen Basis Sie mit einem vierten Klick ❹ verankern.

4. Zuletzt passen Sie das Gitter manuell an die Gebäudeperspektive an (Abbildung 18.26) und müssen die Änderung natürlich bestätigen.

◂◂ Abbildung 18.23
Die ersten drei Klicks für das Perspektivgitter

◂ Abbildung 18.24
Das Gitter wird größer gezogen.

»Paris.jpg«

▴ Abbildung 18.25
Die Basis des Gitters wird verankert.

▴ Abbildung 18.26
Anpassen des Gitters per Maus

▴ Abbildung 18.27
Das beschnittene Bild. Die starke Korrektur lässt die Bildperspektive nun etwas unrealistisch wirken – dosieren Sie den Werkzeugeinsatz also behutsam.

18.4 Bildgröße und Auflösung ändern

Wenn Sie Ihr gesamtes Bild vergrößern oder verkleinern wollen, ohne den Ausschnitt zu verändern, hilft das Freistellungswerkzeug nicht weiter. Sie müssen das Dialogfeld BILDGRÖSSE aufrufen (unter dem Menüpunkt Bild oder per Alt + Strg / cmd + I). Dabei gilt es zu beachten, dass sich durchgeführte Änderungen auf die Bildqualität auswirken können. Hintergrundwissen zum Verhältnis von Kantenlänge und Auflösung, Pixelmaßen und ppi ist unerlässlich. Lesen Sie dazu Anhang A, »Bildbearbeitung: Fachwissen«.

18.4.1 Hintergrundwissen zur Bildgröße

Im Dialog Bildgrösse ändern Sie die Pixelmaße, die Kantenlänge und die Auflösung eines Bildes. Zwischen diesen Parametern besteht eine enge Verbindung.

Inches und Zoll
Inch ist das Standardmaß für die Bezeichnung von Bild- und Geräteauflösung (dpi = *dots per inch*; ppi = *pixels per inch*). In Photoshop findet sich durchgängig der deutsche Begriff *Zoll*. Ein Inch/Zoll entspricht **2,54 cm**.

Auflösung verringern | Verringern Sie die Auflösung eines Bildes, zum Beispiel von 180 ppi (eine typische Digicam-Auflösung) auf 96 ppi, heißt das, dass statt 180 nun nur noch 96 Pixel auf ein Inch/Zoll kommen. Die einzelnen Pixel sind also zwangsläufig größer, und die Kantenlänge des Bildes erhöht sich.

Bildgröße verändern | Wenn Sie die Bildgröße verändern, das Bild zum Beispiel verkleinern, ändert sich die Auflösung ebenfalls – sie wird höher. Die gleiche Menge Pixel drängt sich nun auf einer kürzeren Strecke (den verkürzten Bildkanten), und die Pixel selbst sind feiner.

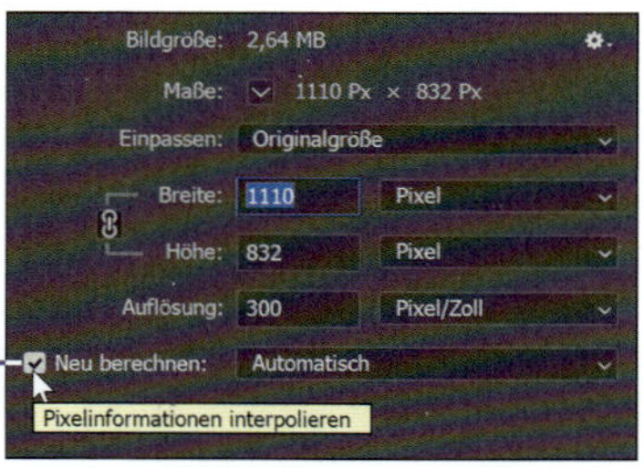

▲ **Abbildung 18.28**
Mit einem Häkchen aktivieren Sie die Option Neu berechnen.

Auflösung und Kantenlänge entkoppeln: Neuberechnung | Die Option Neu berechnen (1) ermöglicht es, Bildgröße und Auflösung auch unabhängig voneinander zu ändern. Das geht allerdings nicht ohne Eingriffe in die Bildpixel: Wird die Kantenlänge eines Bildes bei gleichbleibender Auflösung verlängert oder die Bildauflösung bei gleichbleibender Kantenlänge erhöht, werden die dann fehlenden Pixel interpoliert – also »dazuerfunden«. Beim Verringern von Kantenlänge oder Auflösung werden Pixel einfach aus dem Bild entfernt.

18.4.2 Tipps für gute Skalierungsergebnisse

Welche Interpolationsmethode Sie auch wählen, ob Sie Pixelmaß, Dateigröße oder Auflösung ändern – Modifikationen am Pixelbestand eines Bildes bleiben immer problematisch, denn einmal durch Skalieren verlorengegangene Bildinformationen lassen sich nicht wieder zurückholen!

Nicht hin und her skalieren | Skalieren Sie Ihr Bild immer nur einmal. Statt hin und her zu skalieren, nehmen Sie besser Ihre letzte Aktion zurück, und fangen Sie von vorn an. Dasselbe gilt für Interpolationen und andere Eingriffe in den Original-Pixelbestand eines Bildes oder einer Ebene. Eine Ausnahme bilden Smartobjekte, die sich zerstörungsfrei skalieren lassen. Manche Bildbearbeiter schwören allerdings darauf, starke Vergrößerungen in mehreren kleinen Schritten durchzuführen, etwa ein Bild mehrfach um 10 % zu vergrößern, um eine stärkere Vergrößerung zu erreichen. Das kann das Ergebnis sogar verbessern.

Weniger ist mehr | Je stärker die Skalierung ist, desto mehr Bildpixel werden entfernt oder auch dazuerfunden. Es gilt: Weniger (Skalierung) ist mehr (erhaltene Bildqualität). Generell sollten Sie bei Vergrößerungen 130 % nicht überschreiten, weil die Bildqualität sich dann drastisch verschlechtert. Ein Rechenexempel macht deutlich, warum das so ist: Wenn Sie das Originalbild von 100 % auf 130 % vergrößern, werden die Bildkanten jeweils zwar nur um 30 % länger. Die Fläche des Bildes aber vergrößert sich um 69 % – und diese zusätzliche Fläche muss Photoshop mit rechnerisch ermittelten Pixeln füllen. Dank der neuen Berechnungsmethode Details erhalten ist das Ergebnis zwar deutlich besser als mit den frühen Photoshop-Versionen. Sie sollten aber dennoch darauf achten, dass Sie das Werkzeug nicht überstrapazieren – es ist gut, vollbringt jedoch keine Wunder.

Zum Weiterlesen
Solche kleinschrittigen Serien-Skalierungen können Sie automatisieren, indem Sie sich dafür eine **Aktion anlegen**. Wie das geht, erfahren Sie in Abschnitt 2.8, »Aktionen: Befehlsfolgen auf Knopfdruck«.

Proportionen beachten | Es lohnt sich auch, auf günstige Proportionen zu achten. Bei einer Skalierung von 1:2 oder 1:4 ist der Qualitätsverlust nicht so hoch wie bei »krummen« Zahlen. Wenn Sie Ihr Bild nicht auf vorgegebene Maße bringen müssen, sondern es einfach nur größer oder kleiner haben wollen, sollten Sie zuerst ausprobieren, ob eine Skalierung um das Zweifache oder Vierfache passt.

18.4.3 Der Bildgröße-Dialog

Das Konzept »Auflösung« zu begreifen, ist nicht so einfach dafür ist die Handhabung des Dialogfelds unkompliziert:

- Entscheiden Sie, ob Sie das Bild neu berechnen lassen wollen oder nicht. (De)aktivieren Sie entsprechend die Option Neu berechnen ❼, und ändern Sie gegebenenfalls die Interpolationsmethode ❻.
- Wenn Sie die Auflösung Ihres Bildes ändern wollen, tragen Sie die neuen Werte bei Breite und Höhe ❺ ein.
- Wenn Sie die Lektüre von Abschnitt A.2, »Bildgröße und Auflösung« lesen, erfahren Sie, dass Änderungen der Kantenlänge oder Bildauflösung keinen Einfluss auf die Anzeige des Bildes am Monitor haben. Im Web sind nicht Inches/Zoll, Zentimeter oder Millimeter das entscheidende Maß, sondern Pixel. Wenn Sie Bilder speziell für den

Interneteinsatz vorbereiten, müssen Sie die MASSE ❸ verändern. Sie können hierbei über das Dropdown-Menü die Maßeinheit auswählen. Für das Internet wären, wie gesagt, Pixel richtig. Andere Ausgabemethoden benötigen entsprechend andere Maßeinheiten.

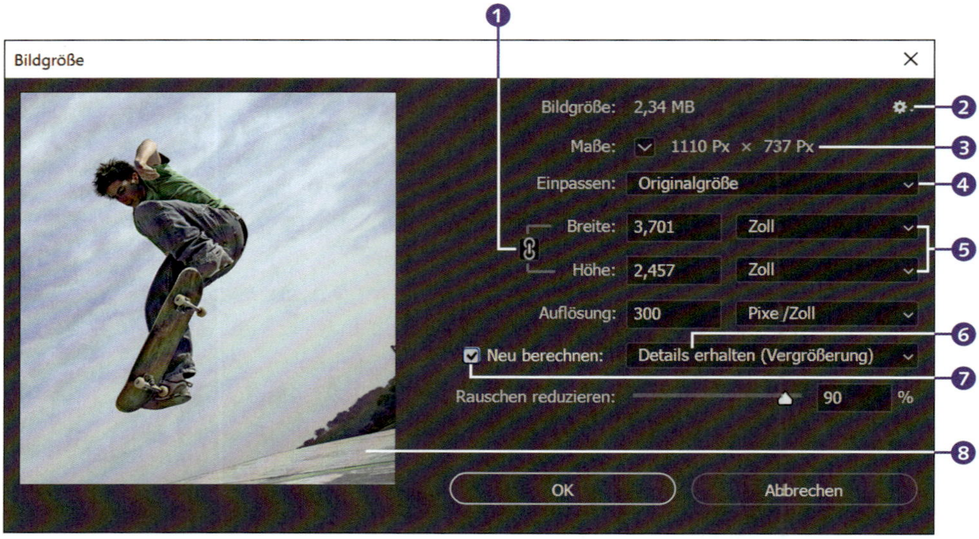

Abbildung 18.29 ▸
Der BILDGRÖSSE-Dialog

Skalieren um ... Prozent
Ein sinnreicher Helfer, der Ihnen Rechenarbeit spart, verbirgt sich im Dropdown-Menü mit den Maßeinheiten ❸. Der Wert PROZENT ermöglicht es Ihnen, Werte als Prozentwerte vom aktuellen Bildmaß einzugeben.

- Wenn die Option SEITENVERHÄLTNIS ERHALTEN aktiviert ist (Striche verbinden das Kettensymbol ❶ mit BREITE und HÖHE), vermeiden Sie eine unproportionale Verzerrung des Bildes, ohne dass Sie viel rechnen müssen.
- Die Option STILE SKALIEREN sollte in jedem Fall aktiviert sein, wenn Ihr Bild Ebenenstile (»Effekte«) wie Schlagschatten, Relief oder Ähnliches enthält und diese »mitwachsen« sollen (mehr über Ebenenstile finden Sie in Kapitel 27, »Effektreiche Ebenenstile«). Sie finden den Befehl unter dem kleinen Zahnrad ❷ in der oberen rechten Ecke des Dialogs versteckt.
- Über EINPASSEN ❹ können Sie das Bild auf ein vorgegebenes Format bringen. Die Auswahlliste der Formate öffnen Sie mit dem kleinen schwarzen Pfeil. Sie enthält neben typischen Formaten für den Webauftritt auch DIN- und Zoll-Formate sowie die Option zum Laden und Speichern eigener Formate.
- Der BILDGRÖSSE-Dialog bietet in Photoshop auch eine Vorschau ❽, mit der Sie die Auswirkungen veränderter Einstellungen überprüfen können. Sie haben so die Möglichkeit, das für Ihr Projekt beste Interpolationsverfahren auszuwählen und die verschiedenen Algorithmen zu vergleichen, ehe Sie die Änderungen auf das Bild anwenden.

Welche Interpolationsmethoden gibt es? | Für die Neuberechnung können Sie unter vier verschiedenen Interpolationsmethoden ❻ wählen:

- Die bikubischen Interpolationsverfahren sind für Halbtonbilder (Fotos) am besten geeignet. Neben dem einfachen Allzweck-Interpolationsverfahren Bikubisch gibt es zwei verfeinerte Varianten. Bikubisch glatter soll beim Vergrößern von Bildern zu besseren Ergebnissen führen. Bikubisch schärfer verwenden Sie, wenn Sie ein Bild verkleinern. Welche Berechnungsmethode am besten wirkt, hängt auch vom Motiv ab.
- Automatisch soll Ihnen die manuelle Auswahl ersparen. Das klappt nicht immer: In Nutzerforen gibt es einige Berichte von Anwendern, die ihre Bilder nach der Skalierung mit diesem Verfahren als überschärft empfinden. Es empfiehlt sich also, ein Auge auf das Ergebnis zu haben und gegebenenfalls die Skalierung zurückzunehmen und manuell ein anderes Interpolationsverfahren zu wählen.
- Nur in Ausnahmefällen sollten Sie Pixelwiederholung einstellen. Diese Methode verzichtet auf jegliche Glättung, und zusätzliche Farben werden nicht hinzugefügt. Dies macht Pixelwiederholung interessant für die Skalierung von Bildern, bei denen die Beibehaltung von Strichstärken wichtiger ist als die Glättung. Für Fotos eignet sie sich in der Regel nicht!
- Das Rechenverfahren Bilinear können Sie getrost ignorieren; es ist zwar etwas schneller als die anderen, aber in der Qualität zu schlecht.
- Die Methode Details erhalten errechnet bei Vergrößerungen mit Hilfe eines Algorithmus die fehlenden Pixel auf der Basis des vorhandenen Bildinhalts. Dieser bewahrt vor allem die Schärfe und Details von Objektkanten, was ein genaueres Ergebnis als bei Bikubisch glatter zur Folge hat. Zusätzlich bietet diese Option einen Regler ❾, mit dem Sie das Bildrauschen, das bei der Vergrößerung entsteht, wieder reduzieren können. Hiermit sollen in erster Linie Vergröberungen entfernt werden, die aufgrund der Neuberechnung entstanden sind. Dieses spezielle Rauschen entsteht übrigens immer, wenn Sie diese Interpolationsmethode verwenden. Dies liegt in der Natur des Algorithmus selbst, weshalb der Regler Rauschen reduzieren eine Notwendigkeit ist. Sie können mit ihm darüber hinaus aber auch stark vergrößerte Verunreinigungen, die im Ausgangsbild nicht weiter auffielen, jetzt aber befremdlich wirken, ein wenig zurücknehmen. In wirklich schlimmen Fällen werden Sie jedoch nicht um eine ordentliche Retusche herumkommen.

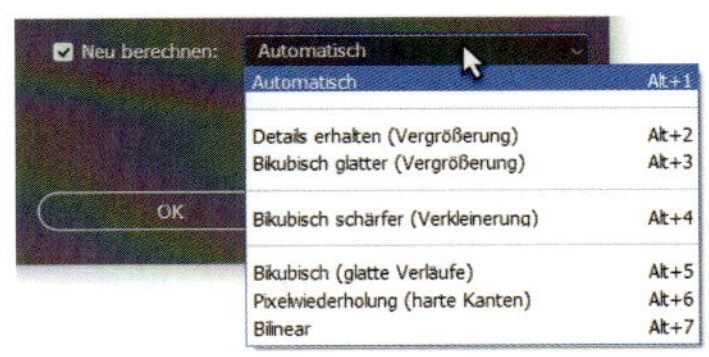

▲ **Abbildung 18.30**
Sie können zwischen verschiedenen Interpolationsmethoden wählen.

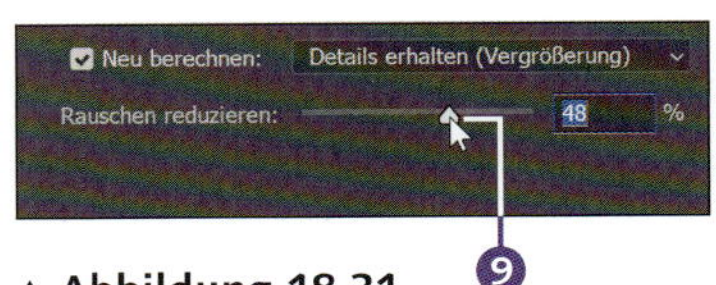

▲ **Abbildung 18.31**
Der Dialog Bildgrösse bietet auch die Möglichkeit, beim Vergrößern alle Details zu erhalten und gleichzeitig Rauschen und Artefakte zu unterdrücken.

Ändern der Standardinterpolationsmethode | Welche Interpolationsmethode als Standard in Photoshop wirksam ist, können Sie in den VOREINSTELLUNGEN ändern. Diese Standardeinstellung wirkt sich nicht nur auf die Bildgröße-Berechnung aus, sondern auch bei allen anderen Gelegenheiten, bei denen interpoliert wird, zum Beispiel beim Transformieren von Ebenen oder wenn Sie die Bildgröße mit dem Freistellungswerkzeug ändern.

Rufen Sie dazu die allgemeinen VOREINSTELLUNGEN auf (Strg/cmd+K). Dort finden Sie die Option INTERPOLATIONSVERFAHREN. Aus einer Dropdown-Liste wählen Sie die gewünschte Interpolationsart aus. Allerdings ist die Funktion DETAILS ERHALTEN an dieser Stelle nicht gelistet.

18.5 Arbeitsfläche erweitern

Einsatzzweck
Auf diese Weise lässt sich beispielsweise auf einfache Art ein Rahmen um ein Bild ergänzen, oder Sie schaffen Platz für neue Bildelemente in Montagen.

Wollen Sie die Bildfläche an einer Seite oder an allen vier Seiten des Bildes vergrößern, finden Sie im Menü unter BILD • ARBEITSFLÄCHE (alternativ mit der Tastenkombination Strg/cmd+Alt+C) einen entsprechenden Dialog. Die so vergrößerte Arbeitsfläche wird mit der aktuell ausgewählten Hintergrundfarbe erweitert. Wenn das Bild mehrere Ebenen hat, wird nur die Hintergrundebene mit der ausgewählten Hintergrundfarbe erweitert; bei allen anderen Ebenen sind diese Bereiche transparent.

Die Optionen des Dialogs | Innerhalb des oberen Bereichs ❶ sehen Sie die Angaben zur aktuellen Größe des Bildes. Darunter im Bereich NEUE GRÖSSE ❷ können Sie in den Zahlenfeldern BREITE und HÖHE die Bildfläche vergrößern. Wenn Sie die Checkbox RELATIV ❸ aktivieren, wird das Bild um die in BREITE und HÖHE angegebenen Werte erweitert. Ist die Checkbox deaktiviert, wird das Bild auf die von Ihnen angegebenen Maße vergrößert.

Sind die eingegebenen Werte geringer als die aktuelle Größe des Bildes, wird das Bild – nach Anzeige einer Warnung – beschnitten. Dies ist zum Beispiel sinnvoll, wenn Sie ein Bild anhand einer bestimmten Position beschneiden möchten. An welcher Position das Bild erweitert oder beschnitten werden soll, legen Sie unter ANKER ❹ fest. Die Farbe der neuen Bildfläche bestimmen Sie im Dropdown-Menü FARBE FÜR ERW. ARBEITSFLÄCHE ❺. Allerdings können Sie nur eine Farbe festlegen, wenn das Bild eine Hintergrundebene besitzt. Gibt es bei dem Bild keine Hintergrundebene, wird die Arbeitsfläche mit Transparenz erweitert.

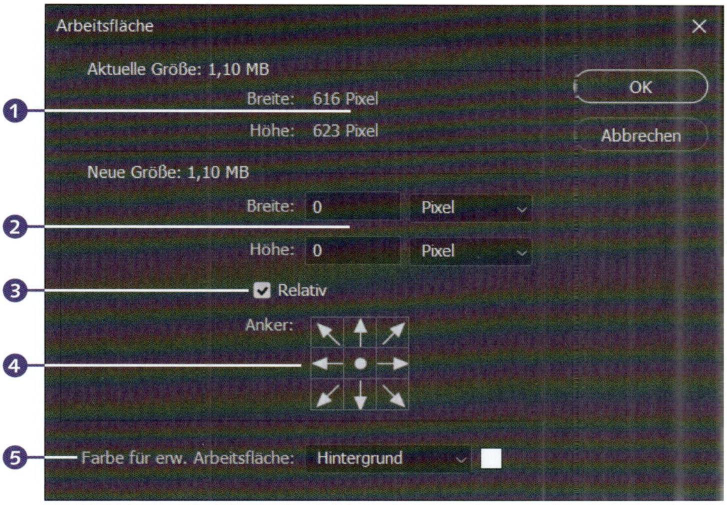

◀ **Abbildung 18.32**
Der Dialog zur Erweiterung der Arbeitsfläche

18.6 Inhaltsbasiert skalieren: Bildformat ändern, ohne Inhalte zu opfern

Mit herkömmlichen Mitteln haben Sie zwei Möglichkeiten, Bilder, deren Maße nicht zum geplanten Einsatzzweck oder Medium passen, auf Format zu bringen:

- das **Skalieren** des ganzen Bildes
- der **Beschnitt**

Oft ist keine der beiden Lösungen zufriedenstellend: Beim Skalieren wird der Hauptbildgegenstand oft zu klein. Außerdem lassen sich extreme Formate, wie sie zum Beispiel für Webdesign-Elemente (Header, Banner und Ähnliches) notwendig sind, auf diese Weise nicht immer erreichen. Und beim Beschneiden müssen Sie oft erhaltenswerte Bildteile opfern.

Doch es gibt eine dritte Alternative: die Funktion Inhaltsbasiert skalieren. Sie finden sie wie alle anderen Skalierungsfunktionen im Menü Bearbeiten. Im Idealfall skaliert die Funktion Bilder so, dass unwichtige Inhalte zusammengeschoben oder gedehnt, wichtige Bildelemente jedoch erhalten werden. So sind ganz neue Bildkompositionen und Bildformate möglich.

Ob das klappt, ist weitestgehend motivabhängig. Zwar können Sie mit Alphakanälen (gespeicherten Auswahlen oder Ebenenmasken) beeinflussen, welche Bildteile geschützt werden sollen, doch die Funktion arbeitet größtenteils automatisch. Versagt sie, haben Sie nur noch wenige Möglichkeiten, gegenzusteuern.

»Rosa-Hintergrund.jpg«

Wie funktioniert inhaltsbasiertes Skalieren? | Wenn Sie bereits mit den normalen Transformationswerkzeugen gearbeitet haben, sollte Ihnen das neue keine Schwierigkeiten bereiten. Einige Details sollten Sie jedoch beachten:

- Wie alle Transformationen lassen sich auch inhaltsbasierte Skalierungen **nicht auf Hintergrundebenen** anwenden. Anders als andere Transformationen funktioniert Inhaltsbasiert skalieren nicht bei Smartobjekten. Sie müssen eine Hintergrundebene also zunächst in eine gewöhnliche Bildebene umwandeln, bevor Sie die Funktion nutzen können.
- **Bildfläche erweitern**: Je nachdem, was Sie mit Ihrer Datei vorhaben, sollten Sie das Bild gegebenenfalls an den Kanten anstückeln. Geeignet für eine Erweiterung des Bildfläche ist beispielsweise der Dialog Arbeitsfläche im Bild-Menü.
- Das Werkzeug hat eine automatische »Personenerkennung« , die auch oftmals gut funktioniert: Strukturen wie Rasen, Wellen, Sand und Ähnliches werden zusammengeschoben, während menschliche Umrisse als solche erkannt werden und erhalten bleiben. Bei extremen Transformationen oder wenn Sie andere Bildgegenstände als Menschen erhalten wollen, empfiehlt es sich, zunächst eine **Auswahl zu schützender Bildpartien** anzulegen und diese zu speichern. Auf die Informationen im Alphakanal können Sie während der Transformation zugreifen.

Wenn Sie alle Vorbereitungen abgeschlossen haben, rufen Sie den Befehl Bearbeiten • Inhaltsbasiert skalieren auf. Der Transformationsrahmen, der dann erscheint, unterscheidet sich nicht von anderen derartigen Rahmen. Fassen Sie ihn an den Seiten an, und verschieben Sie ihn, um den Inhalt zu einer Seite zu dehnen oder zu stauchen.

Bessere Ergebnisse durch mehrfaches Skalieren | Das Ziehen an den Eck-Anfassern des Transformationsrahmens verändert Breite und Höhe gleichzeitig. Doch das sollten Sie besser lassen, denn dabei stellen sich schnell grobpixelige Bildpartien ein! Auch bei gut geeigneten Motiven erreichen Sie bessere Ergebnisse, wenn Sie erst in die eine Richtung skalieren, dann die Operation abschließen und danach in einem zweiten Arbeitsgang die Skalierung in die andere Richtung fortsetzen. So verbessern Sie Ihre Chancen auf glatte, gut interpolierte Konturen und vermeiden Strukturenwirrwarr.

Optionen | In der Optionsleiste können Sie Ihre Wunschmaße auch numerisch eingeben. Entscheidend ist der Button mit der kleinen Menschenfigur ①: Ist er aktiviert, werden menschliche Motive (via Hautton-Erkennung) automatisch geschützt. Im Zweifelsfall heißt es hier: ausprobieren. Versagt der Button und werden Menschen zu stark verzerrt, muss eine Auswahl her.

▲ **Abbildung 18.33**
Die Optionen des inhaltserhaltenden Transformationswerkzeugs. Die Liste unter BEWAHREN zeigt – zuvor vom Benutzer erzeugte – Alphakanäle an. Die anderen Optionen gleichen denen beim gewöhnlichen Transformieren.

▲ **Abbildung 18.34**
Eine klassische Studioaufnahme im Hochformat

▲ **Abbildung 18.35**
Mit Hilfe der inhaltsbasierten Skalierungsfunktion können Sie ganz einfach den Hintergrund erweitern (mit schützender Maske für die Person). Das Bild wurde vorher in eine Ebene umgewandelt und mit der Funktion ARBEITSFLÄCHE erweitert.

Kapitel 19
Mehr Schärfe, weniger Rauschen

Auch wenn beim Fotografieren alles richtig gemacht wurde – der digitale Workflow produziert seine eigenen, oft unvermeidlichen Bildfehler. Dazu gehören Unschärfe und Bildrauschen. Hier geht es um die passenden Werkzeuge und gute Arbeitsstrategien.

19.1 Vor dem Scharfzeichnen

Bilder scharfzuzeichnen ist Bildbearbeiter-Alltag, aber dennoch eine anspruchsvolle Aufgabe, die mit etwas Vorbereitung besser gelingt.

Was können Sie erwarten? | Digitales Scharfzeichnen ist (leider) nicht mit dem Scharfstellen eines Kameraobjektivs zu vergleichen. Es werden nicht mehr Motivdetails oder mehr Bildinformationen ins Bild gebracht – das ist nachträglich auf digitalem Wege gar nicht möglich. Digitales Scharfzeichnen ist lediglich eine **Rechenoperation**, bei der benachbarte Pixel miteinander verglichen werden. Dort, wo Pixel unterschiedlicher Helligkeit aneinandergrenzen, setzen Scharfzeichnungsfilter an und erhöhen den Kontrast zwischen den Pixeln. Dadurch *wirkt* das Bild schärfer, auch wenn in Wahrheit nicht mehr Details hinzugekommen sind.

Es kann aber auch leicht passieren, dass ein Bild zu stark scharfgezeichnet wird. Ein zu deutlich verstärkter Kontrast äußert sich in Farbsäumen in Bereichen, an denen Pixel unterschiedlicher Farbe und Helligkeit aneinandergrenzen. Daher empfiehlt sich behutsames Vorgehen.

Beispielabbildungen herunterladen und am Monitor ansehen
Die Bildschärfe der Digitalwelt im Druck zu reproduzieren, ist eine anspruchsvolle Aufgabe. Die *Unschärfe* der Demobilder dieses Kapitels so einzustellen, dass sie im Buch genauso aussehen wie auf dem Bildschirm, war noch viel schwieriger. Wenn Sie die Erklärungen detailliert nachverfolgen wollen, nutzen Sie die Beispieldateien von der Website zum Buch.

Originaldaten schützen, zerstörungsfrei arbeiten | Was für die meisten Photoshop-Techniken gilt, sollten Sie auch beim Schärfen berücksichtigen: Verändern Sie Ihr Originalbild – das digitale Negativ! – nicht unwiderruflich. Wenden Sie Scharfzeichnen auf gewöhnliche Bild- und

Hintergrundebenen an, ist es ein unwiderruflicher Eingriff in den Pixelbestand eines Bildes. Das ist besonders deswegen ungünstig, weil beim Schärfen das Ausgabemedium eine entscheidende Rolle spielt: Ein Bild für den Zeitungsdruck muss viel stärker geschärft werden als eines für die Onlinepublikation, und wieder anders sieht es bei hochwertigen Fine-Art-Prints aus – **jedes Medium verlangt eine eigene Schärfungsversion**. Auch deswegen ist es zu empfehlen, bildschonend zu arbeiten. Dann ist es einfacher, verschiedene Schärfungsversionen eines Bildes zu erzeugen. Um zerstörungsfrei zu schärfen, gibt es drei praktikable Möglichkeiten:

- die Arbeit mit Smartobjekten und Smartfiltern
- das Filtern von Datei- oder Ebenen*kopien*
- das Entwickeln von Raw-Bildern (Kamera-Rohdaten) mit Hilfe von Adobe Camera Raw

Zum Weiterlesen
Mehr über den Umgang mit **Raw-Dateien** lesen Sie in Kapitel 16, »Das Camera-Raw-Modul«. Details zum Einsatz von **Smartfiltern** erfahren Sie in Abschnitt 24.2, »Smartobjekte und Smartfilter: zerstörungsfrei filtern«.

Smartobjekte und Smartfilter | Smartobjekte gestatten die zerstörungsfreie Anwendung von Filtern, den sogenannten Smartfiltern. Smartfilter können auch nachträglich jederzeit verändert werden und lassen die Originaldaten eines Bildes intakt. Ihre Anwendung ist also unbedenklich. Da sich auf jedes Smartobjekt mehrere Filter – auch mehrfach derselbe – anwenden lassen, haben Sie eine gute Vergleichsmöglichkeit. Nachteilig ist allenfalls, dass Smartfilter nicht umbenannt werden können: Wenn Sie denselben Filter mit unterschiedlichen Einstellungen mehrfach anwenden, kommen Sie leicht durcheinander.

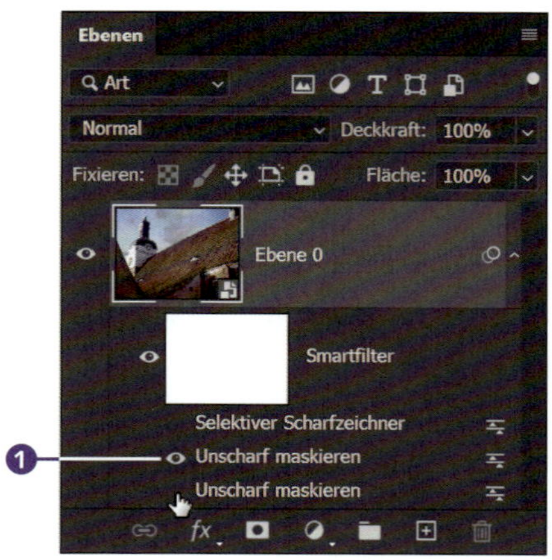

Abbildung 19.1 ▸
Blenden Sie Smartfilter mittels Augen-Icon **1** ein oder aus, um Versionen zu vergleichen.

Abbildung 19.2 ▸▸
Unterschiedlich gefilterte Ebenenduplikate. Die Ebenentitel sorgen für Orientierung.

Ebenenduplikate | Wenn Sie exzessiv mit Filtereinstellungen experimentieren und dabei auch noch den Durchblick behalten wollen, können Sie auch mit Ebenenduplikaten arbeiten, auf die Sie unterschiedliche Filter anwenden. Den Ebenen weisen Sie dann entsprechend aussagekräftige Namen zu.

Schärfen mit Köpfchen | Beim Schärfen ist es leider nicht mit der Bedienung der Photoshop-Tools getan. Um wirklich zufriedenstellende Ergebnisse zu erzielen, müssen Sie Ihre Schärfungsoperation gut planen. Die Ursache der Unschärfe, weitere anfallende Arbeitsschritte, die oben bereits angesprochene geplante Weiterverarbeitung des Bildes und die Charakteristik des Motivs selbst sollten bei Ihren Überlegungen eine Rolle spielen.

Wissen Sie, woher die Unschärfe kommt? Wenn etwa alle Bilder aus Ihrer Kamera dieselbe leichte Unschärfe zeigen, ist das Schärfen recht einfach. Sie müssen nur die **Grundschärfe** des Bildes ein wenig verbessern. Dazu entwickeln Sie einmal eine gut funktionierende Schärfungsroutine, die Sie dann pauschal auf alle Bilder anwenden, bevor Sie sie weiterbearbeiten. Haben Sie Bilder vor sich, die nach dieser Grundschärfung immer noch unscharf erscheinen oder sogar weitere Fehler aufweisen, wird es schwieriger. Sie müssen für das **Nachschärfen von Details** viel sorgfältiger vorgehen und zum Beispiel mit Masken oder im Lab-Modus arbeiten (siehe die Workshops später in diesem Kapitel).

Der richtige Zeitpunkt | Und Sie müssen den richtigen Zeitpunkt für die Detailschärfung wählen. Es empfiehlt sich, alle globalen Eingriffe in den Original-Pixelbestand, wie das Ändern der Auflösung oder der Bildgröße, *vor dem Schärfen* durchzuführen. Auch das Entfernen von Störungen wie zum Beispiel Bildrauschen oder Moiré muss vor dem Schärfen erfolgen – hier sollten Sie anschließend besonders behutsam schärfen, um die entfernte Störung nicht wieder ins Bild hineinzuholen. Wenn Sie vorhaben, den Bildkontrast zu bearbeiten, sollten Sie auch das vor dem Schärfen tun, denn oft ändert sich der »Schärfeeindruck« eines Bildes mit verbesserten Kontrasten – und umgekehrt kann eine Schärfung auch die Kontraste verstärken. Und auch globale Farb- und Tonwertkorrekturen und Retuschen können Spuren vorangegangenen Schärfens unangenehm sichtbar machen und sollten deswegen erledigt sein, bevor Sie sich ans Nachschärfen machen.

Faustregel | Auch wenn es in Einzelfällen sicher gute Gründe dafür gibt, diese Ordnung umzukehren, können wir als Faustregel festhalten:

- Ein behutsames Einstellen der Grundschärfe können Sie am Anfang der Bildbearbeitung durchführen.

Shortcuts: Denselben Filter erneut anwenden
Wenn Sie einen Filter mehrfach hintereinander brauchen, können Sie die folgenden Tastenkürzel nutzen:

- Strg/cmd+F wendet den letzten Filter mit den zuletzt benutzten Einstellungen ohne weitere Einstellungsmöglichkeiten an.
- Alt+Strg/cmd+F ruft den Dialog des zuletzt benutzten Filters erneut auf. Sie können die Einstellungen dann ändern und den Filter erneut anwenden.

Diese Kürzel funktionieren nicht nur beim Schärfen, sondern mit allen Filtern.

- Umfangreichere Schärfungsarbeiten, bei denen Bilddetails stärker herausgearbeitet werden sollen, erledigen Sie besser am Ende.
- Das Schärfen für das spezielle Ausgabemedium kann ein dritter Schärfungsdurchgang sein, der nun wirklich der letzte Arbeitsschritt sein sollte, bevor Sie das Bild herausgeben.

Bei alldem sollten Sie auch die **Ausgangsbedingungen** im Bild berücksichtigen. Es ist einleuchtend, dass ein Bild mit vielen feinen Details beim Schärfen anders behandelt werden muss als die Aufnahme einer Landschaft im diffusen Frühnebel. Dazu kommt die Bildgröße: Bei hochaufgelösten, großformatigen Bildern müssen Sie mit ganz anderen Schärfungswerten operieren als bei kleinformatigen Bildern. Deswegen ist es auch kaum möglich, pauschale Ratschläge zu geben, welches die beste Schärfungseinstellung ist.

Bringen Sie das Bild auf 100 %-Ansicht | Eine Einstellung ist allerdings vor dem Schärfen Pflicht: Zoomen Sie Ihr Bild auf 100 %. Wie schon angesprochen, werden die Bildpixel für eine vergrößerte oder verkleinerte Bildanzeige umgerechnet. Trotz der seit CS4 deutlich verbesserten Vorschauqualität bekommen Sie nur in dieser Ansicht eine wirklich verlässliche Einschätzung der Bild(un)schärfe. In anderen Ansichten wirkt ein Bild möglicherweise brillant, während die maßgebliche Ansicht in der Originalgröße schon völlig überzeichnet oder noch unscharf ist. Umgekehrt können in gezoomten Monitordarstellungen Störungen hervortreten, die in der 1:1-Ansicht nicht ins Gewicht fallen. Daher ist es Pflicht, vor dem Scharfzeichnen zur 100 %-Ansicht zu wechseln.

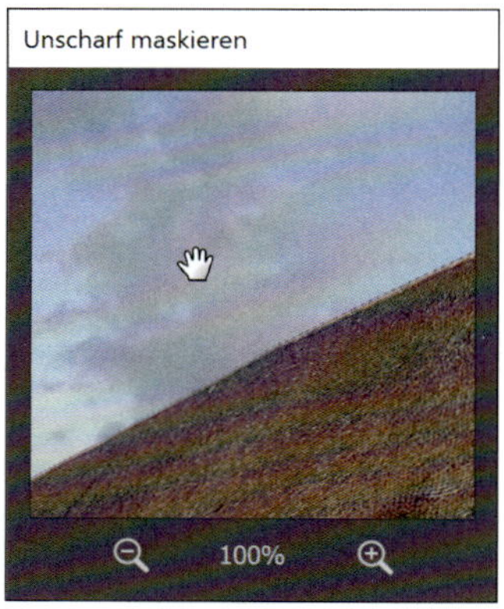

▲ **Abbildung 19.3**
Das Hand-Werkzeug funktioniert auch im Vorschaufenster innerhalb von Dialogen, hier zum Beispiel beim Filter Unscharf maskieren.

Sollte das Bild in der Vollansicht nicht zur Gänze im Dokumentfenster angezeigt werden können, verschieben Sie es mit Hilfe der Hand so, dass die wichtigen Bildbereiche gut sichtbar sind.

Auch von der Möglichkeit, die **Miniatur-Vorschau** in den Scharfzeichnungsdialogfeldern zu skalieren (mit den kleinen Plus- und Minus-Buttons unterhalb des Vorschaufensterchens), sollten Sie lieber absehen. Stattdessen können Sie mit der Maus ins Vorschaufenster fahren und das Bild mit der dann erscheinenden Hand verschieben.

19.2 Scharfzeichnungsfilter ohne Steuerung: besser nicht

Unter Filter • Scharfzeichnungsfilter finden Sie die sechs verschiedenen Scharfzeichnungsfilter, die Photoshop anbietet.

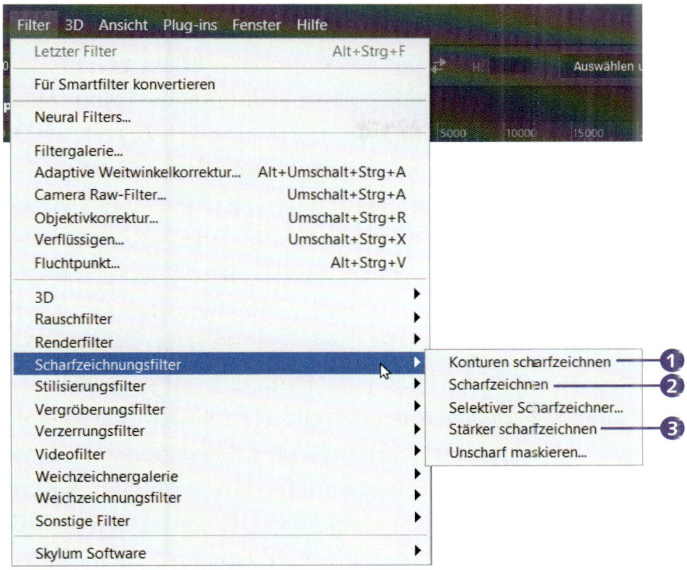

◄ **Abbildung 19.4**
Photoshops Scharfzeichnungsfilter

»kirchendach.tif«

Die Filter KONTUREN SCHARFZEICHNEN ❶, SCHARFZEICHNEN ❷ und STÄRKER SCHARFZEICHNEN ❸ können lediglich angeklickt werden und bieten keinerlei Steuerungsmöglichkeit. Dabei haben Sie keine Möglichkeit, das Schärfen an die Gegebenheiten im Bild anzupassen. Das klappt nur selten! Verwenden Sie lieber die bewährte Funktion UNSCHARF MASKIEREN oder den SELEKTIVEN SCHARFZEICHNER.

▲ **Abbildung 19.5**
Ausgangsbild: Hier hat die Autofokus-Funktion der Kamera nicht ganz sauber gearbeitet.

▲ **Abbildung 19.6**
Nach der Anwendung von STÄRKER SCHARFZEICHNEN: typische Spuren zu starker Schärfung

Ein Vergleich der beiden Bilder zeigt: Schärfen auf Knopfdruck, ohne Anpassungsmöglichkeit, produziert leicht neue Fehler. Besonders die

Vergrößerung zeigt deutlich die charakteristischen hellen **Farbsäume**. Im Bereich der Dachziegel wird eine störende helle Körnung sichtbar, am Turm tritt **Bildrauschen** deutlich hervor, und Sie sehen eine helle Konturlinie zwischen Turm und Himmel.

Am Gesamteindruck des Bildes ist auch gut erkennbar, dass digitales Schärfen eigentlich eine Kontraststeigerung ist – das Bild wirkt insgesamt viel kontrastreicher.

19.3 Unscharf maskieren

Der Filter Unscharf maskieren (oft auch als »USM« abgekürzt) entlehnt seinen etwas verwirrenden Namen einem Fotolabortrick: Beim unscharfen Maskieren wird ein unscharfes Bildpositiv auf die vorhandene Negativversion gelegt, und anschließend wird beides zusammen auf Fotopapier belichtet. Dadurch werden die Konturen an hellen Stellen noch heller und in dunklen Bereichen dunkler, was subjektiv als höhere Schärfe empfunden wird. USM ist eine alltagstaugliche und mit einiger Übung auch rasch und gezielt anwendbare Scharfzeichnungstechnik.

19.3.1 Unscharf maskieren – so funktioniert's

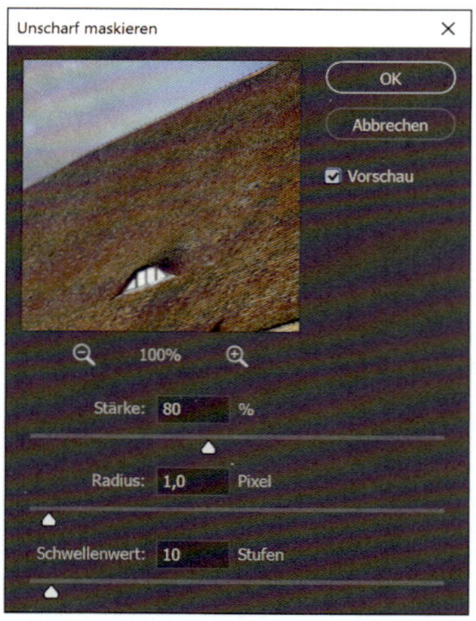

▲ **Abbildung 19.7**
Der Dialog des Filters Unscharf maskieren mit seinen Einstellungsmöglichkeiten

Beim digitalen Scharfzeichnen werden benachbarte Pixel miteinander verglichen. Wo Pixel unterschiedlicher Helligkeit aneinandergrenzen, erhöht der Scharfzeichnungsfilter die Kontraste. Es gibt also drei für die Schärfung wesentliche Parameter:

- Wie stark muss der Helligkeitsunterschied von Nachbarpixeln sein, damit der Filter greift?
- Wie viele Pixel im Umfeld eines einzelnen Pixels werden für den Vergleich herangezogen und anschließend verändert?
- Wie stark wird der Kontrast erhöht?

Der Filter Unscharf maskieren setzt genau bei diesen drei Faktoren an. So passen Sie den Schärfegrad exakt den Anforderungen Ihres Bildes an.

Schwellenwert | Der Schwellenwert (0–255 Stufen) gibt an, wie hoch der Helligkeitsunterschied zwischen den einzelnen Pixeln sein muss, damit die Kontrasterhöhung greift.

In der Praxis bedeutet das: Je niedriger der Schwellenwert ist, desto radikaler wirkt der Filter – und je höher der Schwellenwert ist, desto geringer ist die erreichte Schärfung. Ein hoher Schwellenwert verringert das Risiko, dass Körnung und Bildrauschen durch die Schärfung verstärkt werden. Umgekehrt werden Störungen in Bildern durch rabiates Schärfen mit niedrigem SCHWELLENWERT betont.

Radius | Unter RADIUS stellen Sie ein, wie viele Pixel im Umfeld des zu schärfenden Bereichs in diese Kontrasterhöhung eingerechnet werden. Einstellbar sind Werte von 0,1 bis 250 Pixel. So hohe Radien sind allerdings schlichtweg Unsinn, denn Werte über 3 Pixel zerstören jedes normale Bild. Den Radius sollten Sie auch immer **in Relation zur Bildauflösung** sehen: Bei niedrig aufgelösten Bildern sollten Sie nicht mehr als 1 Pixel einstellen.

Folgendes sollten Sie sich merken: Der RADIUS-Wert hält die hellen Konturlinien im Zaum, die für falsches Schärfen typisch sind. Zu hohe Radien führen zu einer Kontrastüberzeichnung an den Kanten, eben den farbigen, meist hellen »Säumen«.

▲ **Abbildung 19.8**
Helle Haloeffekte wie an der Dachkontur deuten auf Schärfen mit zu hohem RADIUS hin.

Stärke | Die STÄRKE (von 0 bis 500 %) regelt, wie stark der Kontrast der angrenzenden Pixel erhöht wird. Sie steuert also, wie stark der Scharfzeichner wirkt.

Für die Praxis: Meist fahren Sie mit Werten zwischen 80 % und 200 % ganz gut. Wenn Sie die STÄRKE auf 300 % oder mehr erhöhen, müssen Sie meist den RADIUS auf unter 1 senken, um brauchbare Ergebnisse zu bekommen. Wie beim SCHWELLENWERT ist es auch hier oft günstiger, den Filter mit einer milde wirkenden Einstellung mehrfach hintereinander anzuwenden als einmal radikal.

Lieber mehrfach, aber sanft schärfen!
Es hat sich in der Praxis bewährt, ein stark unscharfes Bild mehrfach nacheinander mit moderaten Schärfungseinstellungen (geringer SCHWELLENWERT, RADIUS so gering wie möglich) zu bearbeiten. Die Gefahr des Überschärfens ist dabei geringer als bei der einmaligen Schärfung mit hohen Werten.

Schneller Vorher-nachher-Vergleich | Wenn Sie während des Schärfens einen Vorher-nachher-Vergleich benötigen, entfernen Sie einfach kurzzeitig den Haken bei VORSCHAU. Bei sehr großen Bilddateien hat das einen Nachteil: Die Aktualisierung der Bildansicht dauert eine geraume Weile. In solchen Fällen lassen Sie den VORSCHAU-Haken unberührt und klicken einfach mit der Maushand ins Vorschaubild. Solange Sie die Maustaste gedrückt halten, ist dort die ungeschärfte Bildversion zu sehen. Das klappt auch bei anderen Filterdialogen!

Schärfungs-Halos im Griff | Manchmal ist es schwierig, eine RADIUS-Einstellung zu finden, die eine gute Schärfung bringt, ohne Haloeffekte zu produzieren. In solchen Fällen hilft der Befehl BEARBEITEN • VERBLASSEN (⇧+Strg/cmd+F). Er nimmt die Filterwirkung teilweise zurück, steht jedoch wirklich nur unmittelbar nach dem Schärfen zur Verfügung.

Insbesondere wenn Sie Farbsäume reduzieren möchten, kann es hilfreich sein, unter MODUS die Option LUMINANZ einzustellen. Der DECKKRAFT-Slider reguliert dann die Wirkung des Verblassens.

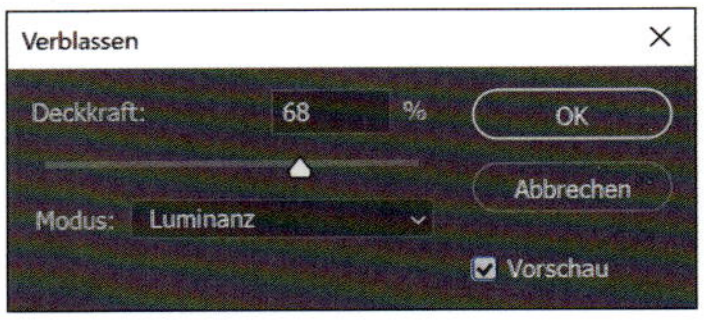

▲ **Abbildung 19.9**
Mit VERBLASSEN ändern Sie auch bei Nicht-Smartfiltern Modus und Deckkraft.

Bei völlig missratenen Filtereingriffen ist es jedoch günstiger, die Schärfung ganz zurückzunehmen und nochmals sanfter zu dosieren.

19.3.2 Welche Einstellungen für welches Bild?

Die drei Faktoren Stärke, Radius und Schwellenwert beeinflussen sich gegenseitig, daher müssen Sie sich immer an die beste Einstellung herantasten, indem Sie alle drei Regler nacheinander verstellen. Es gibt aber einige Anhaltspunkte, die ich im Folgenden vorstelle.

- **Geringe Unschärfe**
  Feine, detaillierte Motive mit nur geringer Unschärfe profitieren vom Schärfen mit kleinem Radius (weniger als 1) und hoher Stärke (um 150–200) bei moderatem Schwellenwert. Diese Einstellungen sind gut geeignet, um die leichte Unschärfe auszugleichen, die beim Digitalisieren (z. B. Scannen) auch guter Vorlagen entsteht, und geben Bildern so den letzten Schliff. Rauschen und Staub auf stark unscharfen Bildern werden durch diese Kombination aber verstärkt.
- **Unscharfe Scans**
  Ein großer Radius (2–3 Pixel) und eine hohe Stärke (um die 200 %) bei moderatem Schwellenwert – mit dieser Einstellung kann ein Bild schon vergröbert wirken und die typischen hellen Konturlinien aufweisen. Bei unscharfen Scans ist so eine Einstellung aber manchmal die letzte Rettung.
- **Kontrastarme Bilder**
  Bei Bildern, die viele kontrastarme Partien aufweisen – so Porträts und andere Bilder mit viel Haut –, führt oft ein hoher Schwellenwert (10 oder mehr) bei durchschnittlichem Radius (1) und normaler Stärke zu guten Resultaten. Sie sollten dabei den Schwellenwert jedoch nicht zu stark erhöhen, weil Sie sonst auch die Stärke wieder anheben müssen, was schnell zu einzelnen, hell aufblitzenden Pixeln führt.

Eigene Lösungen sind wichtig!
Das sind nur ein paar Hinweise, in welche Richtung Sie beim Schärfen arbeiten sollten. Für manche Bilder müssen Sie ganz eigene Lösungen finden.

19.4 Der selektive Scharfzeichner

»flamingo.jpg«

Der Filter Selektiver Scharfzeichner verfügt über noch weiter gehende Einstellungsmöglichkeiten als Unscharf maskieren, und seine Anwendung erfordert natürlich auch ein wenig mehr Zeit. Das grundlegende Funktionsprinzip ist jedoch ähnlich wie beim Unscharf maskieren: Ein virtuelles »unscharfes Bildpositiv« – die namensgebende Unscharfmaske des USM-Filters – wird mit dem virtuellen »Negativ« abgeglichen, was zu einer Anhebung der Kontraste an den Bildkonturen führt.

Der Dialog des selektiven Scharfzeichners wurde vor einiger Zeitkomplett überarbeitet. Einfache und erweiterte Funktionen sind nun nicht mehr voneinander getrennt, sondern werden lediglich über einen kleinen schwarzen Pfeil ein- oder ausgeblendet. Zudem wurde der zugrunde liegende Algorithmus überarbeitet, um noch bessere und feinere Ergebnisse zu liefern.

Bild: Fotolia, Enrique Sallent

▲ **Abbildung 19.10**
Das Schärfen dieses Bildes ist eine besondere Herausforderung: Speziell in den dunklen Bereichen ist Rauschen erkennbar. Diese Rausch-Struktur soll durch das Schärfen nicht verstärkt werden.

19.4.1 Die einfachen Einstellungen

Abbildung 19.11 zeigt, wie das Dialogfeld aussieht. Stärke wirkt genauso wie die Stärke beim Filter Unscharf maskieren auch. Auch die Einstellung Radius birgt hier nichts Neues.
Der Regler Rauschen reduzieren ❷ dient in erster Linie dazu, Artefakte und Körnung, die durch das Schärfen entstehen, wieder zu reduzieren. Gleichzeitig bietet er aber die Möglichkeit, Störungen, die durch das Schärfen auffällig geworden sind, wieder ein wenig verschwinden zu lassen.

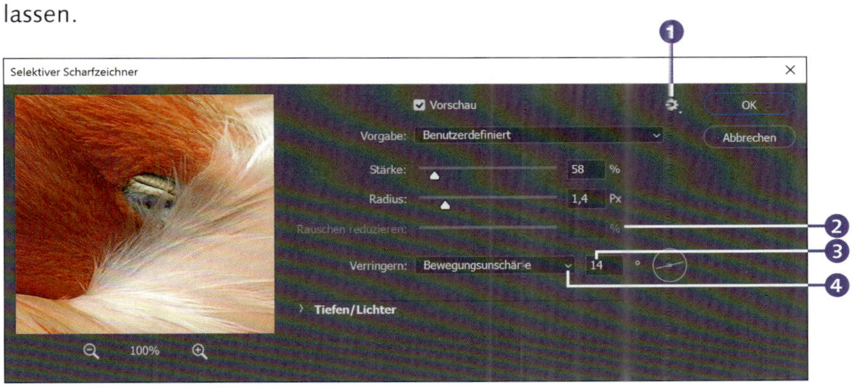

◄ **Abbildung 19.11**
Einstellungen für den selektiven Weichzeichner

Entfernen | Interessant ist die Option Verringern ❹. Dabei wird mitnichten die Wirkung eines zuvor angewandten Weichzeichners verringert, wie man irrigerweise vielleicht annehmen könnte, da in der Liste die Namen bekannter Weichzeichnungsfilter auftauchen. Vielmehr legen Sie hier fest, mit welchem Rechenalgorithmus das gedachte »unscharfe Bildpositiv«, also die Unscharfmaske, erzeugt wird. Dazu haben Sie hier drei verschiedene Möglichkeiten: Gaussscher Weichzeichner, Objektivunschärfe und Bewegungsunschärfe.

- Die Verringern-Option Gaussscher Weichzeichner ist eine gute Universaleinstellung, die auch vom eigentlichen USM verwendet wird.
- Objektivunschärfe eignet sich besonders gut für detailreiche Bilder und vermeidet helle Farbkränze.
- Die Einstellung Bewegungsunschärfe ist dazu gedacht, Unschärfen zu reduzieren, die durch Verreißen der Kamera oder ein bewegtes

Motiv entstanden sind. Mit der Einstellung WINKEL ❸ legen Sie dann die »Bewegungsrichtung« der Bewegungsunschärfe fest. Sie sollte der Richtung der Bewegungsunschärfe im Bild folgen.

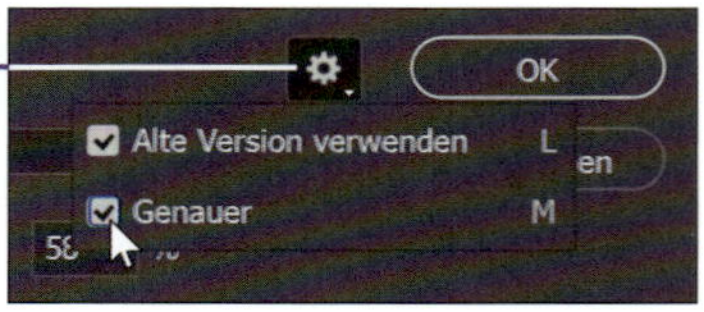

▲ **Abbildung 19.12**
Die Funktion GENAUER erfordert ein Umstellen auf den alten Algorithmus des selektiven Scharfzeichners.

Genauer | Mit der Option GENAUER können Sie eine präzisere, aber langsamere Berechnungsweise der Schärfung aktivieren. Sie versteckt sich nun hinter dem Zahnrad ❶ in der rechten oberen Ecke des Filterdialogs und erfordert zudem das Aktivieren von FRÜHEREN WERT VERWENDEN. Hierdurch wird der Filter auf den alten Algorithmus umgestellt und die neue Funktion RAUSCHEN REDUZIEREN ausgegraut, weil sie dann nicht zur Verfügung steht. Wenn Sie mit Ihren Einstellungen zufrieden sind, schließen Sie nun den Vorgang mit OK ab und wenden die Schärfung an.

19.4.2 Tiefen und Lichter einstellen

▲ **Abbildung 19.13**
Ein Klick auf TIEFEN/LICHTER ❷ öffnet weitere Einstellungsmöglichkeiten.

Die Einstellungen unter TIEFEN und LICHTER sind dazu gedacht, das Scharfzeichnen heller und dunkler Bildbereiche zu steuern und insbesondere die hellen oder auch zu dunklen Farbsäume zu reduzieren, die beim Schärfen auftreten. Um sich den erweiterten Bereich anzeigen zu lassen, klicken Sie auf TIEFEN/LICHTER ❷.

Die Einstellungsmöglichkeiten für LICHTER und TIEFEN sind in ihrer Funktionsweise gleich. Sie unterscheiden sich allein dahingehend, dass sich die Regler des einen Bereichs nur auf die Lichter auswirken, die des anderen Bereichs nur auf die Tiefen.

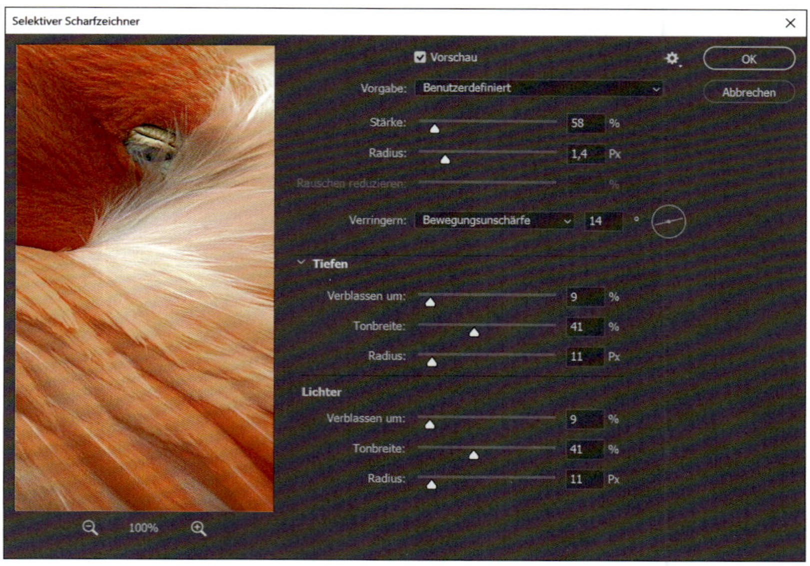

Abbildung 19.14 ▶
Im unteren Bereich des selektiven Scharfzeichners finden sich die Einstellungsmöglichkeiten für TIEFEN und LICHTER.

- Die Funktion Verblassen um arbeitet ähnlich wie der schon angesprochene Menübefehl Bearbeiten • Verblassen. Hier ist es allerdings nicht notwendig, die Wirkung mittels Luminanz-Einstellung einzuschränken. Es werden automatisch ausschließlich die zu dunklen Farbräume (im Dialogfeld Tiefen) bzw. zu hellen (bei Lichter) Farbsäume korrigiert.
- Die Tonbreite legt fest, wie viele dunkle bzw. helle Tonwerte bei der Korrektur einbezogen werden. Wenn Sie den Regler nach links verschieben, verringert sich der Wert der Tonbreite – die Korrekturen werden eng auf die dunkelsten (Tiefen) oder allerhellsten Bildbereiche (Lichter) beschränkt. Wenn Sie den Tonbreite-Wert erhöhen, indem Sie den Regler nach rechts ziehen, werden auch mehr dunkle oder helle Tonwerte von der Korrektur erfasst.
- Radius wirkt hier wie von den anderen Scharfzeichnungsfiltern bekannt.

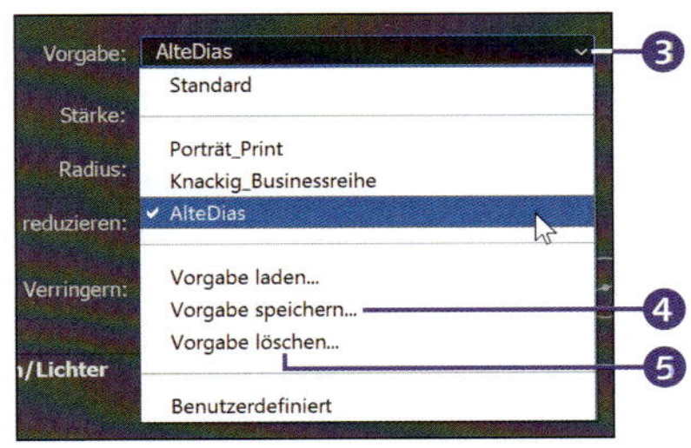

▲ **Abbildung 19.15**
Einstellungen können als Vorgabe gesichert werden.

19.4.3 Einstellungen abspeichern

Wenn Sie mit Ihren Einstellungen zufrieden sind, können Sie sie anwenden oder aber auch zum erneuten Gebrauch **speichern**. Hierzu gehen Sie unter Vorgabe auf den Menüpunkt Vorgabe speichern ❹. Vergeben Sie dann einen Namen für die Filtereinstellung. Die gespeicherten Einstellungen tauchen anschließend in der Liste ❸ auf.

Um Presets aus der Liste wieder zu löschen, wählen Sie sie zunächst aus und klicken dann auf Vorgabe löschen ❺.

19.5 Nur Luminanz schärfen: Scharfzeichnen ohne Farbverfälschung

Manchmal kommen Sie um ein kräftiges Schärfen nicht herum: zum Beispiel, wenn Sie Bilder stark skalieren müssen, was deutliche Unschärfen mit sich bringt, oder wenn Sie nur eine unscharfe Bildversion zur Verfügung haben, die unbedingt noch nutzbar gemacht werden muss. Problematisch sind auch Motive, die gleichzeitig unscharf und verrauscht sind. In all diesen Fällen helfen die Schärfungsfilter nur noch bedingt: Haloeffekte entlang Konturlinien und hell aufblitzende Pixel in Flächen treten auf, Bildrauschen wird verstärkt.

Die Bildschärfe steckt in den Helligkeitsinformationen | Ein Trick kann Ihnen dann weiterhelfen. Um zu verstehen, wie er funktioniert, müssen Sie wissen, dass vorrangig die Luminanz – die Helligkeit – der

Zum Weiterlesen
Mehr über **Bildmodi** erfahren Sie in Anhang A, »Bildbearbeitung: Fachwissen«. Näheres über **Mischmodi** lesen Sie in Kapitel 7, »Mischmodus: Pixel-Interaktion zwischen Ebenen«.

einzelnen Bildpixel den Schärfeeindruck eines Bildes erzeugt. Gleichzeitig ist Rauschen meist in der Farbinformation der Datei zu finden, und auch die Folgen von zu starker Schärfung werden vor allem dort sichtbar. Es bietet sich also an, bei schwierigen Schärfungsjobs Helligkeit und Farbe eines Bildes getrennt zu behandeln und nur die Helligkeit zu schärfen. Das ist möglich im **Bildmodus Lab** oder indem Sie den Filter im **Mischmodus Luminanz** anwenden. Beide Methoden wenden die Schärfung allein auf die Helligkeitsinformationen des Bildes an.

»Mann-in-schwarzem-Hemd.tif« und »Mann-in-schwarzem-Hemd_geschärft.tif« zum Vergleich

Bild: vitamin-a-design

Abbildung 19.16 ▸
Das Ausgangsbild: ein unscharfes Porträt

Abbildung 19.17 ▸▸
Normale Schärfungsfilter versagen hier, vor allem Hautstrukturen zeigen sich überschärft.

Schärfen im Lab-Modus | In fünf einfachen Schritten beschränken Sie die Scharfzeichnung auf die Helligkeitsinformationen des Bildes und verringern damit die schädlichen Nebenwirkungen:

1. Bringen Sie das Bild über Bild • Modus • Lab-Farbe in den Lab-Modus. Anders als beim Wechsel von RGB nach CMYK oder umgekehrt sind hier keine Qualitätsverluste am Bild zu erwarten.
2. Wechseln Sie zum Kanäle-Bedienfeld. Statt der gewohnten drei RGB-Kanäle sehen Sie nun die Kanäle Helligkeit, a, b und den Composite-Kanal Lab. Aktivieren Sie den Kanal Helligkeit durch Anklicken. Alle Kanäle sollten jedoch eingeblendet sein (Augensymbole aktiv).
3. Auf diesen Kanal wenden Sie den Scharfzeichnungsfilter Ihrer Wahl (am besten Unscharf maskieren oder Selektiver Scharfzeichner) an – ganz wie bei der Arbeit auf einer normalen Bildebene auch. Nicht wundern: Die Vorschau im Filterdialog ist in Graustufen – ganz wie der Kanal, den Sie bearbeiten.
4. Wenn Ihr Bild überdies starkes Rauschen aufweist, können Sie zusätzlich die Farbkanäle a und b *weichzeichnen*. Das hört sich zunächst unsinnig an, funktioniert jedoch, da diese Kanäle keine Helligkeits-

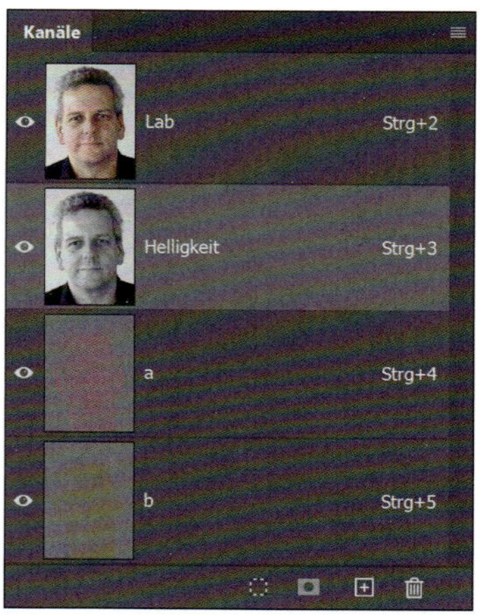

▲ Abbildung 19.18
Ihr Kanäle-Bedienfeld sollte so aussehen wie hier. Ihr Bild ist bei dieser Anordnung dann wieder farbig zu sehen!

informationen enthalten, die für die Bildschärfe zuständig sind. Sie sollten lediglich darauf achten, den Weichzeichnungsradius nicht zu hoch zu wählen – ansonsten treten Farbverfälschungen auf.

5. Anschließend können Sie das Bild wieder zurück in den RGB-Modus bringen.

Zum Weiterlesen
Mehr über **Weichzeichnungsfilter** lesen Sie in Abschnitt 25.1, »Weichzeichner für jeden Zweck«.

Wenn Sie das gezeigte Verfahren zu umständlich finden, können Sie mit einer Ebenenkopie arbeiten, diese schärfen und dann ihren Mischmodus auf LUMINANZ umstellen.

Smart schärfen mit Modus »Luminanz« | Wenn Sie Ihre Bildebenen vor dem Schärfen in Smartobjekte umwandeln, werden die Filter automatisch als Smartfilter angewandt. Das hat mehrere Vorteile: Die Originalpixel werden geschont, Sie können die Filtereinstellungen jederzeit ändern, und Sie können den Mischmodus einstellen, mit dem der Filter auf die Ebene wirkt. Das geht schneller als der Umweg über den Lab-Modus, hat jedoch den Nachteil, dass Sie die Farbkanäle nicht separat bearbeiten können, um Bildrauschen zu eliminieren. So geht's:

1. Machen Sie aus Ihrer Ebene ein Smartobjekt, entweder über das Kontextmenü im Ebenen-Bedienfeld oder über den Befehl EBENE • SMARTOBJEKTE • IN SMARTOBJEKT KONVERTIEREN.
2. Wenden Sie einen geeigneten Scharfzeichnungsfilter an. Durch einen Doppelklick auf das Icon gelangen Sie anschließend zu den Einstellungen für die Fülloptionen des Smartfilters.
3. Stellen Sie dort den Mischmodus des Filters auf LUMINANZ um. Zusätzlich können Sie die DECKKRAFT ändern – das mildert die Filterwirkung ab, ähnlich wie der Menübefehl BEARBEITEN • VERBLASSEN.

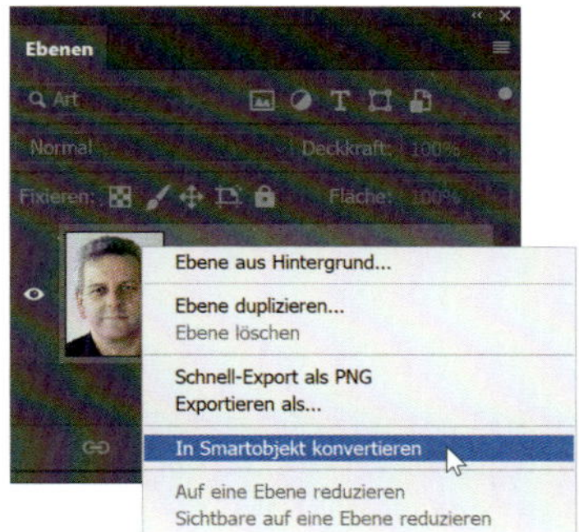

▲ **Abbildung 19.19**
Rechtsklick in den neutralen Bereich der Ebene (nicht auf den Namen oder die Miniatur), um das Kontextmenü zu öffnen

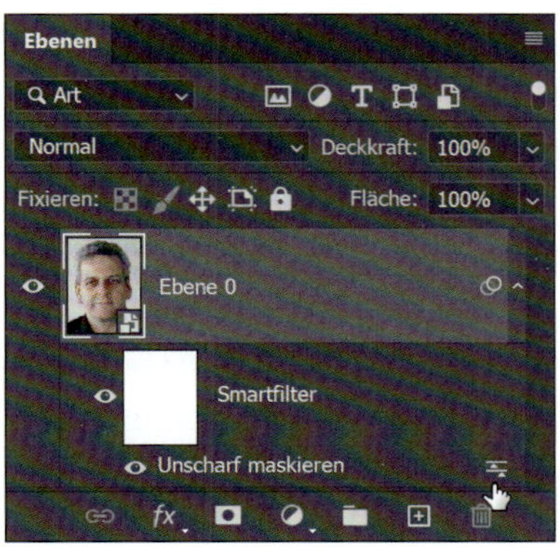

▲ **Abbildung 19.20**
Smartfilter-Fülloptionen aufrufen

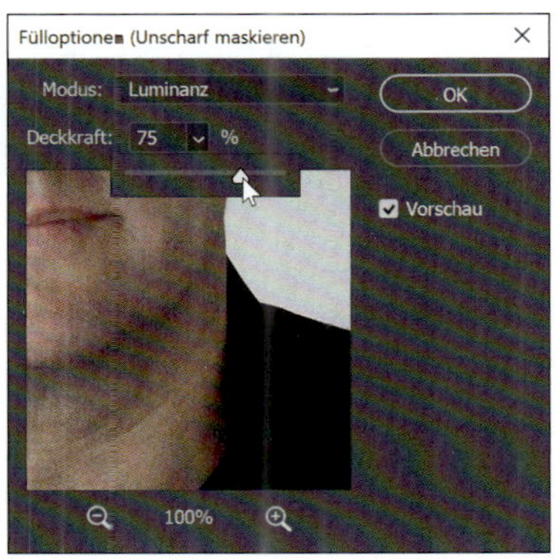

▲ **Abbildung 19.21**
Indem Sie die Fülloptionen des Schärfungsfilters verändern, regulieren Sie seine Wirkung.

19.6 Schnell und sanft: Hochpass

Eine gute Möglichkeit für sanfte, doch wirksame Schärfungsoperationen ist die Kombination aus Ebenenduplikat und Hochpass-Filter. Diese Arbeitstechnik ist ein Klassiker: Sie kommt ganz ohne Smartfilter aus (funktioniert notfalls also auch mit älteren Programmversionen), bietet via Ebenendeckkraft und -mischmodus trotzdem gute Steuerungsmöglichkeiten und geht flott von der Hand.

»OranienburgerStraße_unscharf.tif«

Diese Methode eignet sich vor allem gut für Bilder, die viele Störungen aufweisen, denn sie wirkt vor allem auf die Konturen im Bild – also auf jene Bereiche, die für den Schärfeeindruck entscheidend sind. Empfindliche Flächen werden gar nicht oder wenig verändert. Dadurch wird vermieden, dass unerwünschte Störungen und Artefakte verstärkt werden. Auch Makrofotos mit ihrem großen Unschärfebereich, in dem durch das Scharfzeichnen möglichst keine Artefakte entstehen sollen, sind ein Fall für diese Methode. Und manche Porträts profitieren von dieser Arbeitsweise ebenfalls. Das Vorgehen ist simpel:

Abbildung 19.22 ▸
Das Ausgangsbild ist unscharf und hat – was Sie im gedruckten Buch vermutlich nicht so gut erkennen können – auch ein buntes Störungsmuster, vor allem in den hellen Bereichen. Dieses soll beim Filtern möglichst nicht verstärkt werden. Ein Fall für den Hochpass-Filter.

Bild: Fotolia, Yvonne_Bogdanski

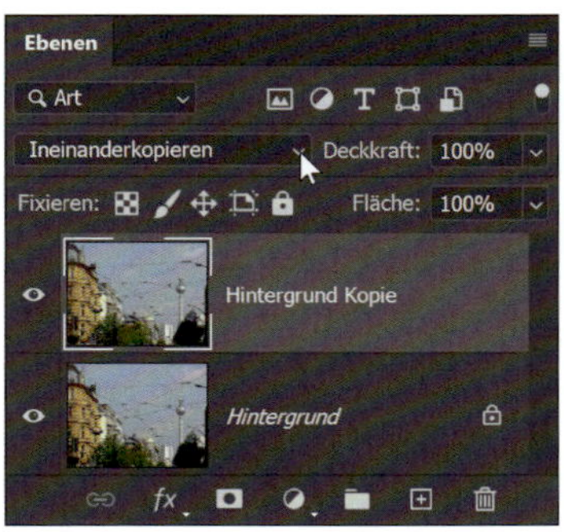

▴ Abbildung 19.23
Ebenenaufbau vor dem Filtern

Zum Weiterlesen
In Kapitel 7, »Mischmodus: Pixel-Interaktion zwischen Ebenen«, stelle ich alle Mischmodi im Detail vor.

1. Öffnen Sie das Bild, und duplizieren Sie die Originalebene. So arbeiten Sie zerstörungsfrei; die Originalpixel bleiben unangetastet. Außerdem bietet diese Technik über Mischmodus und Deckkraft der oberen Ebene gute Anpassungsmöglichkeiten. Es ist also nicht zwingend erforderlich, dass Sie aus dem Ebenenduplikat ein Smartobjekt machen.
2. Stellen Sie nun den Mischmodus der oberen Ebene auf INEINANDERKOPIEREN um. Das Bild wird heller, und auch die Farben verändern sich. Dies ist jedoch nur der Zwischenstand!
3. Wenden Sie auf die obere Ebene den Hochpass-Filter an. Sie finden ihn unter FILTER • SONSTIGE FILTER • HOCHPASS. Die Wirkung des Fil-

ters ist das genaue Gegenteil des Gaußschen Weichzeichners: Er findet Kanten im Bild und erhält im angegebenen RADIUS-Bereich den Kontrast. Niedrigwertige Details im Bild unterdrückt er. Die Kontrastverstärkung, die für das Schärfen notwendig ist, entsteht durch den angewandten Ebenenmischmodus!
Im Vorschaufeld des Filterdialogs selbst erscheint das Bild nur grau in grau mit wenigen Farbsäumen. Sie müssen die Vorschau aktivieren und im Dokument selbst schauen, wie der Filter wirkt. Sie können den RADIUS-Wert hier ruhig ein wenig höher stellen – über die Ebeneneigenschaften können Sie die Filterwirkung noch nachjustieren. Werte höher als 10 Pixel sind jedoch nicht empfehlenswert.

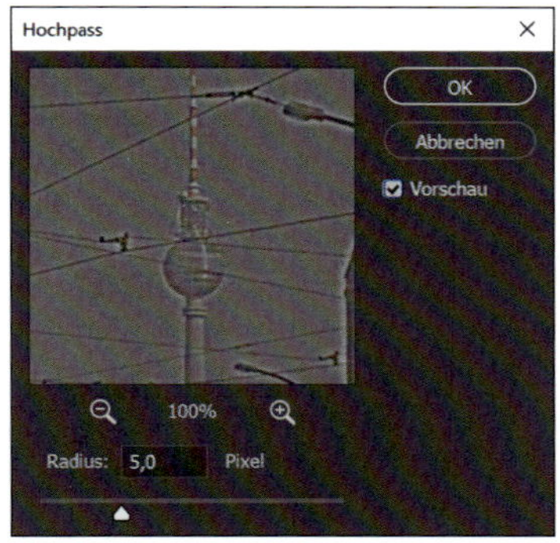

▲ **Abbildung 19.24**
RADIUS ist die einzige Einstellung des Hochpass-Filters.

Farbverfälschungen mindern | Je nachdem, mit welchen Filtereinstellungen Sie gearbeitet haben, sind in der Filterebene immer noch farbige Kanten erkennbar. Im Bild führen diese zu mehr oder weniger starken Farbverfälschungen. Daher müssen Sie die Sättigung der Filterebene verringern. Die irreversible Quick-and-dirty-Methode ist der Befehl BILD • KORREKTUREN • SÄTTIGUNG VERRINGERN (Kürzel ⇧+Strg/cmd+U). Alternativ legen Sie über der Filterebene eine Einstellungsebene FARBTON/SÄTTIGUNG an, die mit der Filterebene zu einer Schnittmaske zusammengefasst wird (Abbildung 19.25) – das heißt, sie wirkt nur auf die Filterebene.

Zum Weiterlesen
Mehr über **Einstellungsebenen** finden Sie in Abschnitt 10.2.1, »Zerstörungsfrei arbeiten mit Einstellungsebenen«. Grundlegendes zu **Schnittmasken** können Sie in Abschnitt 6.3, »Schnittmasken und Aussparung«, nachlesen.

Filterwirkung justieren | Um die Filterwirkung herabzusetzen, können Sie die Deckkraft der Filterebene senken. Auch das Umstellen des Mischmodus kann die Schärfungswirkung der Filterebene modulieren. Spielen Sie ein wenig herum! Außer INEINANDERKOPIEREN sind auch die »Licht«-Mischmodi aussichtsreiche Kandidaten. Insbesondere WEICHES LICHT macht sich bei sensiblen Porträtaufnahmen nützlich.

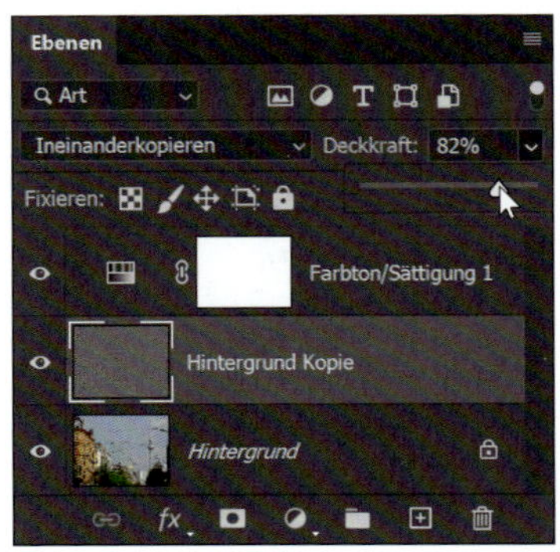

▲ **Abbildung 19.25**
Justieren der Schärfungswirkung

19.7 Ausschließlich Bilddetails schärfen: Arbeiten mit einer Konturenmaske

Photoshops Schärfungsfilter haben eine Menge Einstellungsmöglichkeiten, doch alle haben eine Schwäche: Sie unterscheiden nicht zwischen wichtigen, zu schärfenden Details und solchen Flächen, die besser in Ruhe gelassen werden. Sie behandeln alle Bildteile gleich. Daran ändert auch das Hantieren mit den Karteireitern TIEFEN und LICHTER im SELEKTIVEN SCHARFZEICHNER oder mit Lab-Kanälen wenig. Bei anspruchsvollen Motiven, bei denen auch die Hochpass-Methode versagt, müssen Sie manuell vorgeben, wo der Filter wirken soll und wo nicht. Das geschieht am besten mit einer Konturenmaske. Es gibt zahlreiche verschiedene Filter- und Funktionskombinationen, mit denen Sie zu einer solchen Maske kommen. Eine Methode, die nach meiner Erfahrung besonders gut funktioniert, lernen Sie im folgenden Workshop kennen.

Schritt für Schritt: Scharfzeichnung eingrenzen mit einer Konturenmaske

»LachenderSchwimmer.tif«

Das Ausgangsbild zeigt einen gut gelaunten, doch leider recht unscharf fotografierten Schwimmer am Strand. Beim Schärfen soll vermieden werden, dass die Zeichnung der Haut und kleinere Fältchen verstärkt werden, dennoch braucht das Bild mehr Schärfe.

Bild: Fotolia, Andrew Lever

▲ **Abbildung 19.26**
Das Ausgangsbild – hier gilt es, behutsam zu schärfen.

1 Bild in den Lab-Modus bringen

Sie können auch aus einem RGB-Bild eine Konturenmaske erzeugen – in dem Fall müssen Sie als Grundlage den Kanal mit den besten Kontrasten wählen. Einfacher machen Sie sich die Arbeit jedoch, wenn Sie das Bild zunächst in den Lab-Modus bringen (Menübefehl BILD • MODUS • LAB-FARBE).

2 Zerstörungsfrei arbeiten, Smartobjekt erzeugen

Wie bei den meisten anderen Techniken soll auch hier zerstörungsfrei gearbeitet werden. Dazu verwandeln Sie die Hintergrundebene in ein Smartobjekt. Am schnellsten geschieht das, indem Sie mit der rechten Maustaste auf den neutralen Bereich des Ebenen-Bedienfelds – weder auf Ebenentitel noch -miniatur – klicken.

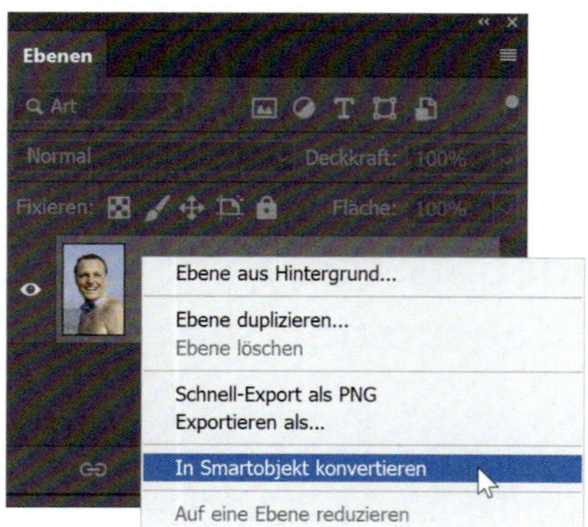

Abbildung 19.27 ▶
Der schnellste Weg zum Smartobjekt: das Kontextmenü des Ebenen-Bedienfelds

3 Kanal duplizieren

Ein Duplikat des Helligkeitskanals soll die Grundlage für die Konturenmaske sein. Wechseln Sie also zum Kanäle-Bedienfeld, und duplizieren Sie dort den Kanal HELLIGKEIT. Das geht genauso wie bei Ebenen:

Greifen Sie einfach den Kanal mit der Maus, und ziehen Sie ihn auf das Neu-Icon ⊞ am unteren Rand des Kanäle-Bedienfelds. Falls das nicht automatisch geschieht, blenden Sie alle übrigen Kanäle aus, damit Sie das Ergebnis Ihrer Arbeit in der Graustufenansicht direkt im Dokumentfenster beobachten können.

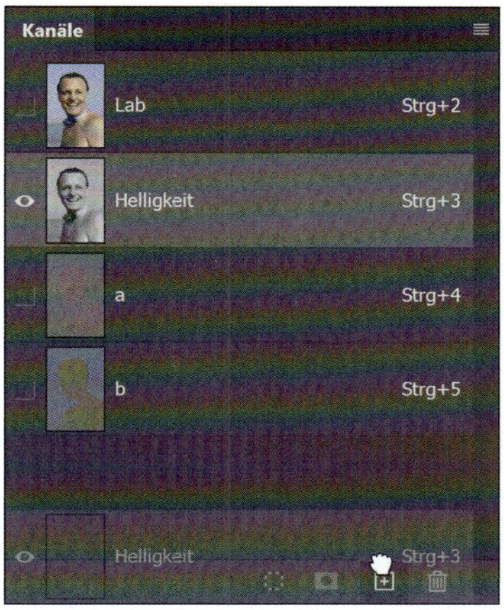

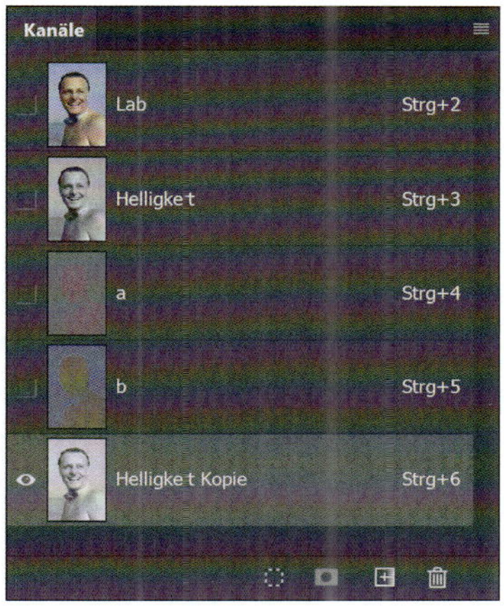

◂◂ **Abbildung 19.28**
Duplizieren des Kanals Helligkeit

◂ **Abbildung 19.29**
Um erfolgreich zu arbeiten, sollte Ihr Kanäle-Bedienfeld jetzt so aussehen. Das Bild erscheint dann in Graustufen.

4 Weichzeichnen des Kanalduplikats

In der späteren Konturenmaske sollen natürlich nur wichtige Konturlinien des Motivs vertreten sein und nicht die zahlreichen feinen Abstufungen, die es bei fast allen Bildern auch noch gibt. Außerdem sollen die Konturen der Maske weiche Übergänge haben und etwas breiter sein als im Bildmotiv. Aus all diesen Gründen zeichnen Sie das Kanalduplikat nun weich. Der Gaussscher Weichzeichner (unter Filter • Weichzeichnungsfilter) leistet hier gute Dienste. Ein Radius-Wert um 1 herum genügt meist.

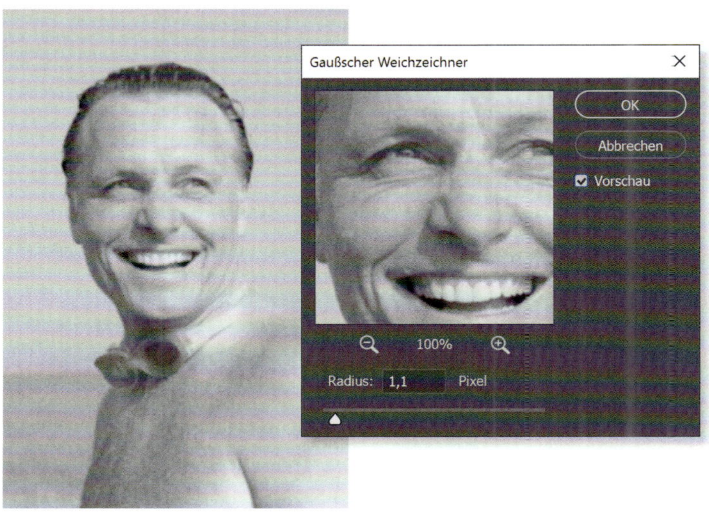

◂ **Abbildung 19.30**
Zeichnen Sie den Kanal weich, damit Ihre Maske nicht zu detailreich wird. In der Vorschau ist die Änderung kaum erkennbar, sie macht jedoch einen Unterschied für die weiteren Schritte!

▲ **Abbildung 19.31**
Nach der Anwendung des Konturenfilters

▲ **Abbildung 19.32**
Nach der Invertierung

5 Konturfilter anwenden und Kanal invertieren

Wenden Sie jetzt den Filter Stilisierungsfilter • Konturen finden an. Einstellungsmöglichkeiten haben Sie dabei nicht. Die Kanalvorschau ähnelt nun einer Zeichnung: schwarze Linien auf weißem Grund. Doch halt! Wir brauchen später eine Auswahl, die die Kanten innerhalb des Bildes frei lässt und den Rest abdeckt. Deswegen müssen wir das Kanalduplikat umkehren. Der Shortcut Strg/cmd+I erledigt das am schnellsten. Nun zeigen sich weiße Linien (der spätere Auswahlbereich) auf Schwarz (dieser Bereich ist später vor der Bearbeitung, also auch dem Schärfen, geschützt).

6 Konturen stärker herausarbeiten

Die Konturen des Kanalduplikats sind nun richtig gefärbt, jedoch noch zu dünn. Außerdem zeigen sich immer noch sehr viele zarte Konturlinien im Objektinneren. Beides lässt sich durch den Einsatz der Tonwertkorrektur korrigieren. Bei Kanälen können Sie Korrekturwerkzeuge nicht auf üblichem Wege – per Ebenen- oder Korrekturen-Bedienfeld – erzeugen. Deswegen wählen Sie nun den Weg über die Menübefehle Bild • Korrekturen • Tonwertkorrektur oder drücken die Tastenkombination Strg/cmd+L (die Tonwertkorrektur heißt auf Englisch *levels*).

Welche Einstellungen die besten sind, hängt vom Motiv ab. Bei dieser Datei habe ich die Tonwertspreizungsregler und den Mittenregler **1** auf die Werte 18 – 1,00 – 255 verschoben.

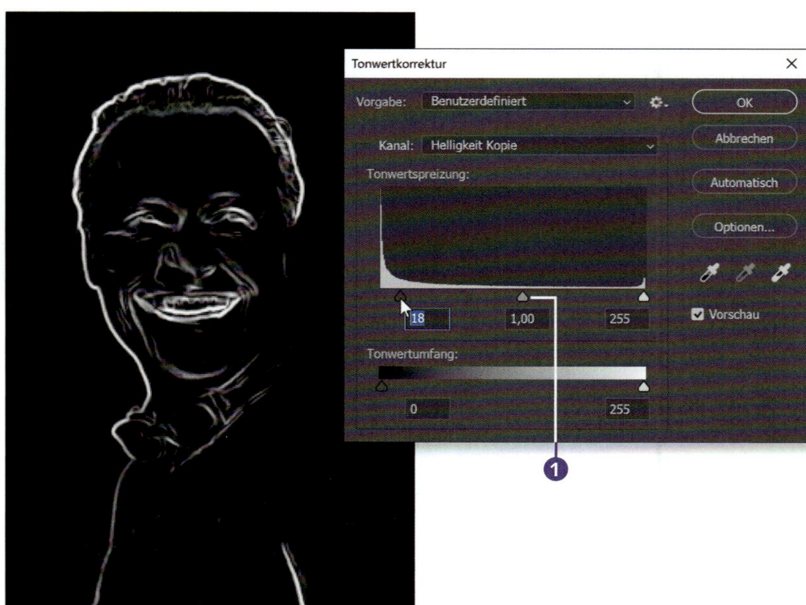

Abbildung 19.33 ►
Per Tonwertkorrektur werden Konturlinien verstärkt und feinere Innenlinien eliminiert.

Die Maske erhält dadurch stärkere Kontraste, die Konturen werden breiter. Bei manchen Bildern verschwindet dadurch auch der sanfte Übergang zwischen maskierten und unmaskierten Bereichen der Maske. Wenn das passiert, können Sie den Gaußschen Weichzeichner erneut anwenden. Außerdem steht Ihnen, sobald Sie die Auswahl ins Bild geladen haben (siehe Schritt 7), wie bei allen Auswahlen der Dialog Auswählen und maskieren zur Verfügung. Mit Hilfe dieses Tools machen Sie die Auswahl bei Bedarf weicher.

7 Den Kanal als Auswahl laden

Nun soll aus dem fertig bearbeiteten Kanal endlich eine Auswahl erzeugt werden. Der einfachste Weg ist der Button Kanal als Auswahl laden am unteren Rand des Kanäle-Bedienfelds. Manchmal werden dabei zu wenig Grauwerte erwischt. Dann hilft es, Strg/cmd+⇧ zu drücken und auf die Miniatur des Kanalduplikats zu klicken. So werden nicht nur die allerhellsten Tonwerte der Maske, sondern auch Grautöne als Auswahl geladen. Bei den meisten Motiven ist dieses Verfahren zu empfehlen.

Deaktivieren Sie im Kanäle-Bedienfeld nun Ihre Kanalkopie, und aktivieren Sie alle übrigen Kanäle der Datei. Dann kehren Sie zum Ebenen-Bedienfeld zurück.

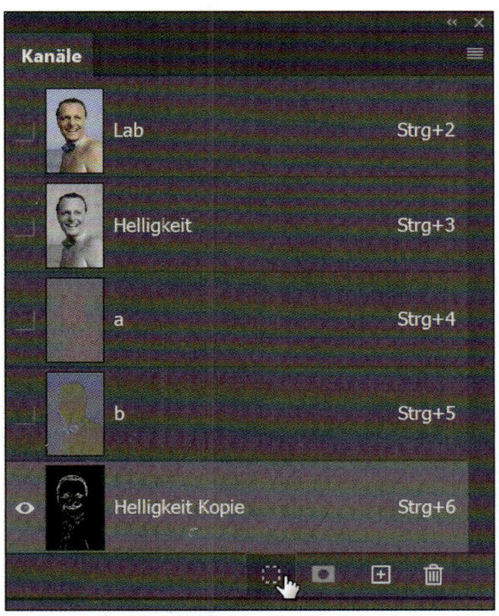

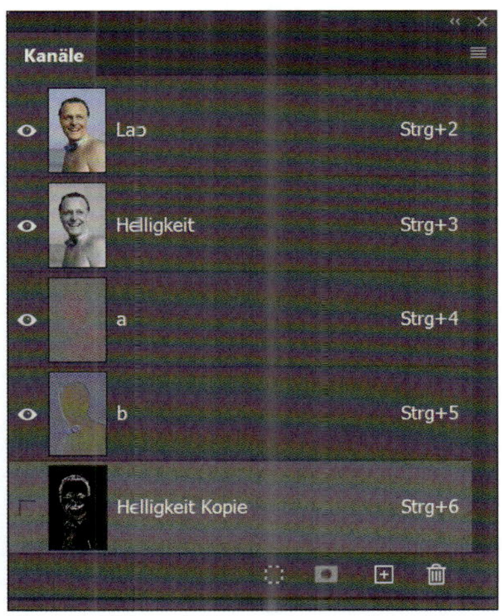

◂◂ Abbildung 19.34
So sollte das Kanäle-Bedienfeld aussehen, bevor Sie zurück in das Ebenen-Bedienfeld wechseln.

◂ Abbildung 19.35
Kanal als Auswahl laden. Das Pluszeichen beim Mauszeiger ist der Hinweis, dass der Auswahlbereich durch Mehrfach-Klicks ausgeweitet wird.

8 Filtermaske des Smartfilters erzeugen

Sie müssten Ihr Bild jetzt mit den richtigen Farben sehen (keine Graustufen oder rote Maskenansicht), und die Auswahllinien sollten als deutliche Ameisenstraßen im Bild erkennbar sein. Rufen Sie dann den Schärfungsfilter Ihrer Wahl auf. Geeignet sind Unscharf maskieren oder der Selektive Scharfzeichner. Jetzt müssen Sie ein wenig aufpassen: In

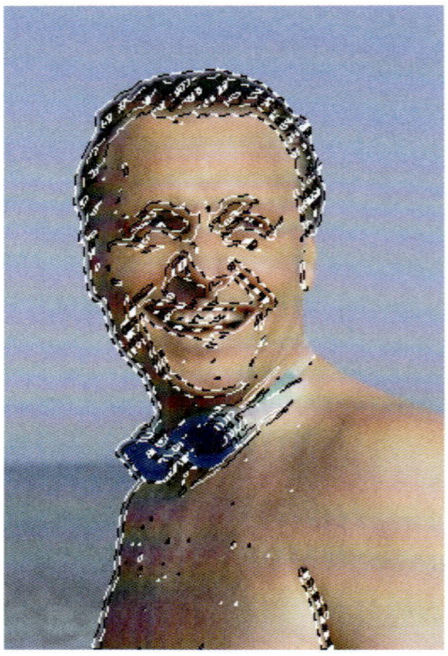

▲ **Abbildung 19.36**
Die geladene Auswahl

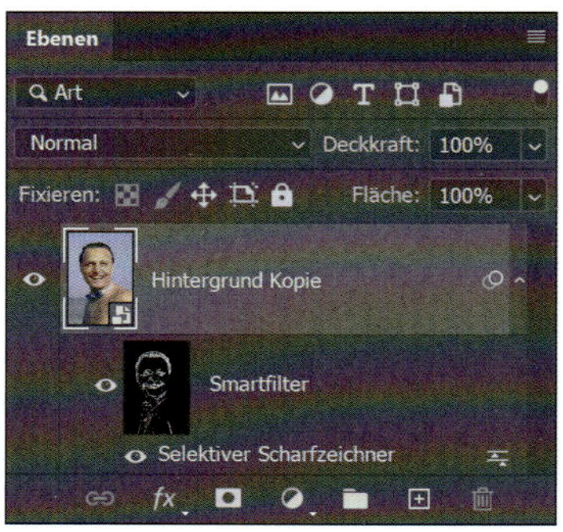

▲ **Abbildung 19.37**
Nach dem (vorläufigen) Schließen des Scharfzeichnungsfilters hat die Smartfilter-Maske die zuvor im Kanal herausgearbeiteten Konturen übernommen.

der Vorschau innerhalb des Filterdialogs ist die Wirkung der Auswahl nicht erkennbar! Die Schärfung zeigt sich in allen Bildbereichen, auch in denen, die durch die Maske geschützt sind. Bestätigen Sie den Filter zunächst einfach mit OK, ohne sich um die Einstellungen zu kümmern. Im Bild sehen Sie nun, dass die Auswahlkonturen in die Filtermaske des Smartfilters übernommen wurden.

9 Fülloption des Filters ändern

Gleich geht es daran, die endgültige Schärfung vorzunehmen. Doch zuvor sollten Sie noch die Fülloption des Smartfilters auf LUMINANZ umstellen. Warum? Obwohl Sie eine Datei im Modus Lab bearbeiten und der Helligkeitskanal als Grundlage der Konturenmaske diente, würde sich Ihre Scharfzeichnung im Filtermodus NORMAL auf alle Bildinformationen – Luminanz und Farbe – auswirken. Dabei sind negative Scharfzeichnungsfolgen nicht auszuschließen. Also doppelklicken Sie im Ebenen-Bedienfeld auf das Icon oder wählen im Kontextmenü den Befehl SMARTFILTER-FÜLLOPTIONEN BEARBEITEN und ändern die Filter-Fülloption.

10 Endgültiges Schärfen

Bringen Sie Ihr Bild spätestens jetzt in die 100%-Ansicht. Durch einen Doppelklick auf den Smartfilter-Namen im Ebenen-Bedienfeld öffnen Sie erneut den Filterdialog. Dort nehmen Sie Ihre endgültigen Einstellungen vor. Orientieren Sie sich dabei nicht an der Vorschau im Filterdialog, sondern am Dokumentfenster – nur dort wird die Wirkung der Filtermaske korrekt angezeigt. In der Vorschau des Filterfensters erkennen Sie, wie katastrophal die hohen Werte für das Porträt ohne Maske wären. Mit Maske sind sie die Rettung für das unscharfe Schwimmerbild!

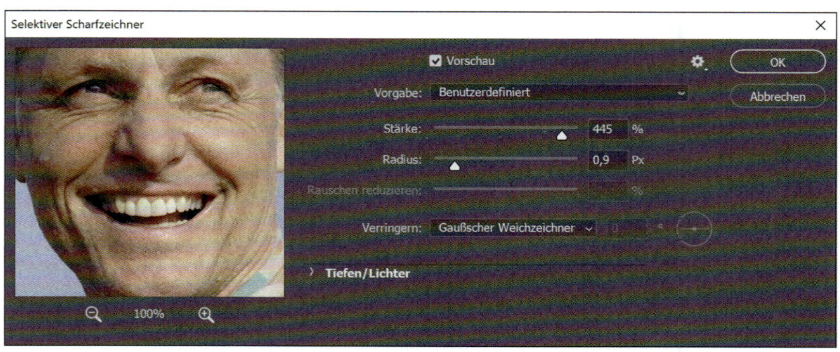

▲ **Abbildung 19.38**
Weil hier mit einer Konturenmaske gearbeitet wird, können höhere Werte eingestellt werden, als es sonst bei Porträts ratsam ist.

◂ **Abbildung 19.39**
Das Ausgangsbild und das Endresultat

19.8 Das Scharfzeichner-Werkzeug: Lokal scharfzeichnen

Mit dem Scharfzeichner-Werkzeug bietet Adobe ein Tool an, mit dem Sie einzelne Bildpartien gezielt schärfen können. Unter ❶ stellen Sie natürlich die Größe und Art der Werkzeugspitze ein. STÄRKE ❸ dosiert die Wirkung des Tools. Der Standard 50 % ist übrigens meist viel zu hart. Interessant sind die Einstellungen unter MODUS ❷. Auch hier erzielen Sie mit LUMINANZ meist recht gute Ergebnisse.

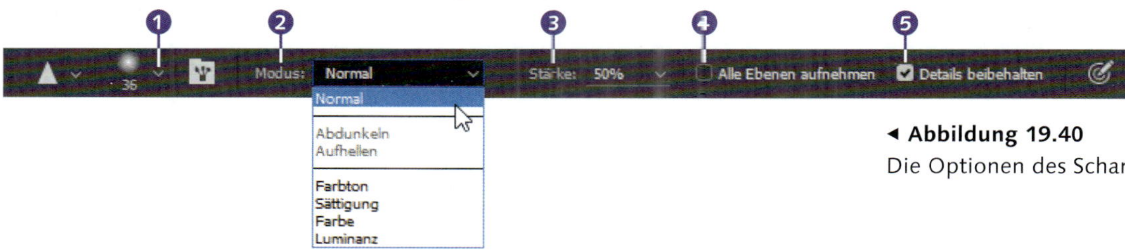

◂ **Abbildung 19.40**
Die Optionen des Scharfzeichners

Interessant ist auch die Option ALLE EBENEN AUFNEHMEN ❹, denn sie erlaubt Ihnen über einen Umweg die zerstörungsfreie Anwendung des Werkzeugs: Aktivieren Sie diese Option, erstellen Sie oberhalb der Ebene, die Sie bearbeiten wollen, eine leere Ebene, und arbeiten Sie auf dieser. Die Originalebene bleibt unangetastet, die Retusche wirkt trotzdem.

Die Option DETAILS BEIBEHALTEN ❺ soll Überschärfen vermeiden, Bilddetails erhalten und gleichzeitig die Bildung von Artefakten und anderen unerwünschten Schärfungsspuren verhindern. Ob das funktioniert, hängt vom Motiv ab. Wenn Sie sehr deutliche Schärfungseffekte erzielen wollen, müssen Sie das Häkchen bei dieser Option entfernen.

Zum Weiterlesen
Der **Protokollpinsel** stellt eine sehr elegante Möglichkeit dar, Scharf- oder Weichzeichnung lokal und wohldosiert ins Bild zu bringen. Besonders bei der kniffligen Porträtretusche ist er eine große Hilfe! Mehr darüber erfahren Sie in Kapitel 20, »Bildretusche«.

Weichzeichner und Wischfinger | Ganz ähnlich bedienen Sie auch das Weichzeichner- und das Wischfinger-Werkzeug, die Sie beide unterhalb des Scharfzeichners finden. Allerdings sollten Sie sich hüten, eine zu starke Scharfzeichnung mit den beiden »Weichmachern« zu beheben – das Ergebnis ist unweigerlich ein Pixelbrei. Das Zurücknehmen der Aktion ist besser!

19.9 Bildrauschen, Filmkorn und Artefakte entfernen

»Strand.jpg«, »BlaueSchere.jpg«, »Zirkus.jpg«

Nicht immer haben digitalisierte Bilder die gewünschte gute Qualität. Fast alle digitalen Kameras produzieren körniges Bildrauschen, wenn die Lichtbedingungen nicht optimal sind. Auch beim Digitalisieren von Bildern im Scanner entsteht unweigerlich ein mehr oder minder starkes Rauschen. Durch die Oberflächenbeschaffenheit der Bildvorlage und den Kontakt zur Glasscheibe des Scanners werden Störungen oft noch verstärkt. Und manchmal haben Sie schlicht den Abzug von einem staubigen Negativ vor sich, oder ein Bild zeigt starke Kompressionsspuren, wie sie für verlustbehaftete Dateiformate wie JPEG typisch sind.

Bild: Frank Gaebler

▲ **Abbildung 19.41**
Nicht immer ist Bildrauschen so deutlich zu sehen wie hier. Professionelle Scanner und gute Digitalkameras produzieren weniger Störungen. Hier äußert sich die Störung vor allem in Farbabweichungen (**chromatisches Rauschen**).

Bild: dieblen.de

▲ **Abbildung 19.42**
Die Effekte zu starker JPEG-Kompression sind vor allem auf glatten Farbflächen und an Kanten in Form quadratischer Artefakte erkennbar. Die hier sichtbare Quadratstruktur ist ein Kompressionsschaden.

Bild: vitamin a design

▲ **Abbildung 19.43**
Dieses Bild zeigt die Struktur von »Filmkorn«, wie sie für Aufnahmen typisch ist, die mit hoher ISO-Zahl gemacht wurden. Diese Störung bezeichnet man als **Graustufen-** oder **Luminanzrauschen**, für das vor allem Tonwertschwankungen charakteristisch sind.

Nicht immer sind solche Bilder tatsächlich zu retten – auf einen Versuch kommt es jedoch an. Das Instrumentarium, das Ihnen in Photoshop dazu zur Verfügung steht, stelle ich Ihnen hier vor.

19.9.1 Rauschen entfernen: Schnelle Hilfe für leichte Fälle

Rauschen heißt, dass Flächen, die eigentlich einfarbig sein sollten, Helligkeitsunterschiede zeigen. Außerdem können Farbmuster auftreten. Bei starkem Rauschen leidet auch die Bildschärfe. Für leichte Schäden dieser Art hält Adobe den Filter Rauschen entfernen bereit, den Sie unter Filter • Rauschfilter finden.

Ein Klick auf den Befehl Rauschen entfernen setzt den Filter gleich in Kraft. Steuerungsmöglichkeiten haben Sie nicht. Funktionieren kann das nur bei wenig detaillierten und nicht zu stark verrauschten Bildern, denn die Entrauschung geht mit einer Weichzeichnung des Bildes einher.

ISO
ISO (abgeleitet vom Normungsinstitut *International Organization for Standardization*) bezeichnet die Lichtempfindlichkeit von Filmen und digitalen Sensoren. Je höher der ISO-Wert ist, desto empfindlicher reagiert die Kamera auf einfallendes Licht. Hohe ISO-Zahlen eignen sich also für Fotos unter schlechten Lichtverhältnissen. Allerdings müssen Sie dann Rauschen in Kauf nehmen.

Bild in 100 %-Ansicht
Die Arbeit mit den Rauschfiltern gehört zu denjenigen Tätigkeiten, die Sie unbedingt in der 100 %-Ansicht des Bildes durchführen sollten. Skalierte Bilddarstellungen erlauben kein genaues Urteil über die Bildqualität.

19.9.2 Helligkeit interpolieren

Wie viele Scharfzeichnungs- und Entstörungsfilter führt auch Helligkeit interpolieren zunächst einen Vergleich benachbarter Pixel durch. In einem zweiten Schritt werden Pixel, die sich zu stark von den Nachbarpixeln unterscheiden, durch Pixel mit einem mittleren Farbtonwert ersetzt. Die Einstellung Radius bestimmt, wie groß der Bereich ist, in dem nach Vergleichspixeln gesucht wird.

Adobe empfiehlt den Filter, um Bewegungseffekte auf einem Bild zu reduzieren oder zu entfernen.

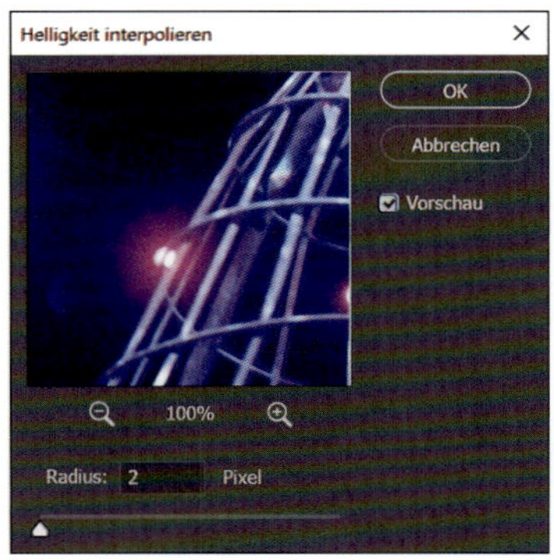

▲ **Abbildung 19.44**
Radius ist die einzige Steuerungsmöglichkeit – Bilder bekommen leicht einen unerwünschten »Aquarellmaleffekt«.

19.9.3 Staub und Kratzer

Mehr Einstellungsmöglichkeiten haben Sie mit Filter • Rauschfilter • Staub und Kratzer. Auch dieser Filter analysiert benachbarte Pixel. Weichen diese zu stark voneinander ab, reduziert er Störungen wie Staub und Kratzer durch Ändern der differenten Pixel. Hier haben Sie jedoch bessere Steuerungsmöglichkeiten.

Den Parametern Radius und Schwellenwert sind Sie ja bereits beim Scharfzeichnen von Bildern begegnet. Die Werte verändern Sie per Schieberegler oder durch Zahleneingabe.

- Radius bestimmt, wie groß der Bereich ist, in dem der Filter nach unähnlichen Pixeln sucht. Je höher der Radius ist, desto stärker ist die Unschärfe, die ins Bild kommt. Sie sollten den Radius so klein wie möglich halten.

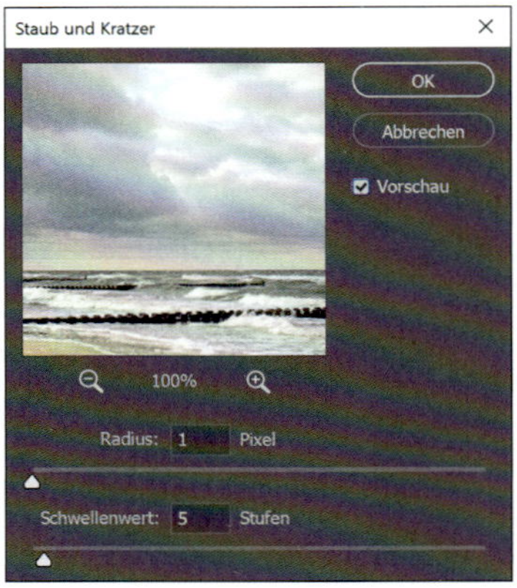

▲ **Abbildung 19.45**
Auch wenn die Eingabe sehr hoher RADIUS-Werte möglich ist, sollten Sie an der unteren Grenze operieren. Auch den SCHWELLENWERT sollten Sie nicht zu hoch wählen, sonst funktioniert der Filter nicht.

- SCHWELLENWERT legt fest, in welchem Maß die Helligkeits- und Farbwerte der Pixel voneinander abweichen müssen, damit der Filter darauf angewendet wird. Je geringer der Wert ist, desto stärker wirkt der Filter.

Die Ergebnisse der Staub- und Kratzerentfernung sind nicht immer zufriedenstellend. Die Funktion eignet sich nur für zartere Verunreinigungen und bei Bildern, die keine kleinteiligen Motive aufweisen. Mit Schärfeverlusten müssen Sie auch hier rechnen. Zwar lassen sich die Unschärfen mit einem der Schärfungsfilter teilweise korrigieren, doch nicht selten holt man sich damit die eben erst entfernten Kratzer wieder ins Bild zurück.

19.9.4 Rauschen reduzieren

Den Filter, der die meisten Einstellungsmöglichkeiten bietet und die besten Erfolge verspricht, finden Sie unter FILTER • RAUSCHFILTER • RAUSCHEN REDUZIEREN.

In einem umfangreichen Dialogfeld können Sie die Entstörung auf verschiedene Störungstypen wie Luminanz- oder Farbrauschen oder die Entfernung von JPEG-Artefakten abstimmen. Für besonders harte Fälle gibt es sogar die Möglichkeit, kanalweise vorzugehen. Das bietet sich besonders an, um Luminanzrauschen zu reduzieren.

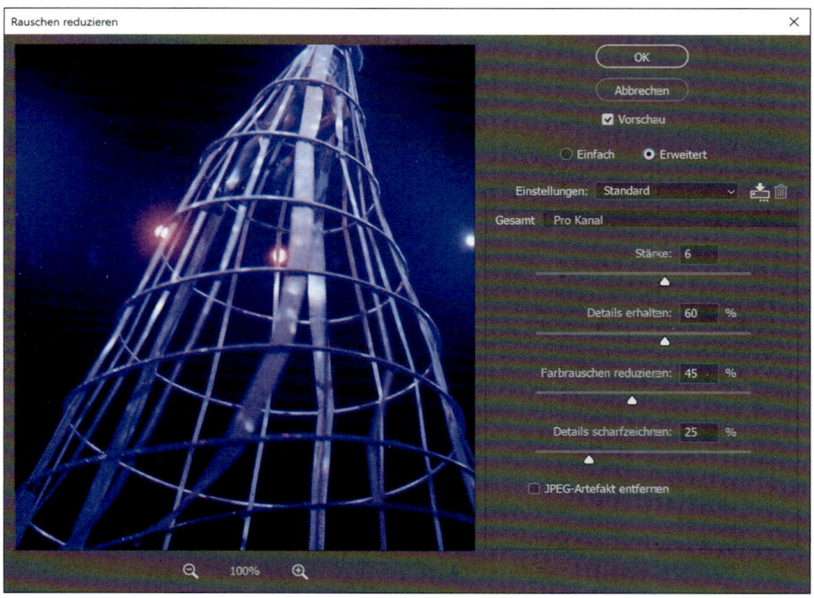

Abbildung 19.46 ►
RAUSCHEN REDUZIEREN bietet differenzierte Einstellungsmöglichkeiten.

- Stärke regelt den Grad der Reduzierung vor allem von Luminanzrauschen in allen Bildkanälen gleichzeitig.
- Details erhalten soll Kanten und feine Bilddetails erhalten. Bei hohen Werten bleiben die meisten Details bestehen, allerdings wird auch das Rauschen nicht mehr wirksam beseitigt. Meist finden Sie durch Ausprobieren verschiedener Kombinationen der Einstellungen Stärke und Details erhalten einen guten Mittelweg.
- Farbrauschen reduzieren ist die Einstellung, die Sie nutzen sollten, um chromatisches Rauschen zu beheben.
- Details scharfzeichnen soll Schärfeverluste ausgleichen, die durch das Entstören auch hier unweigerlich auftreten. Wenn Sie mehr Kontrolle über die Scharfzeichnung haben wollen, als dieser einfache Regler bietet, sollten Sie hier auf die Scharfzeichnung verzichten und einen der bewährten Scharfzeichnungsfilter nutzen.
- Die Option JPEG-Artefakt entfernen können Sie jederzeit zuschalten. Sie soll die typischen Viereckmuster bekämpfen, die bei zu starker JPEG-Kompression auftreten.

Rauschen reduzieren mit Camera Raw
Nicht unerwähnt bleiben soll die Option von Camera Raw, das Bildrauschen zu reduzieren. Wenn Sie ein Bild über die Bridge in Camera Raw öffnen, finden Sie im Bedienfeld Detail einmal Rauschreduzierung (für Helligkeitsrauschen) und einmal Rauschreduzierung (Farbe) für das Farbrauschen.

Kanalweise Bearbeitung | Für hartnäckige Luminanzstörungen bietet Photoshop unter Erweitert die separate Bearbeitung der einzelnen Farbkanäle ❶ an. Meist ist der Blaukanal derjenige, der die meisten Störungen enthält – dann sollten Sie dort auch ansetzen. Auch hierbei müssen Sie die Stärke und die Einstellung Details erhalten austarieren.

Wie von anderen Dialogfeldern bekannt, können Sie auch hier Einstellungen speichern und erneut verwenden. Aber gerade beim Entrauschen ist das nicht unbedingt eine gute Idee – in den meisten Fällen ist es günstiger, wenn Sie die Einstellungen für jedes Bild individuell festlegen.

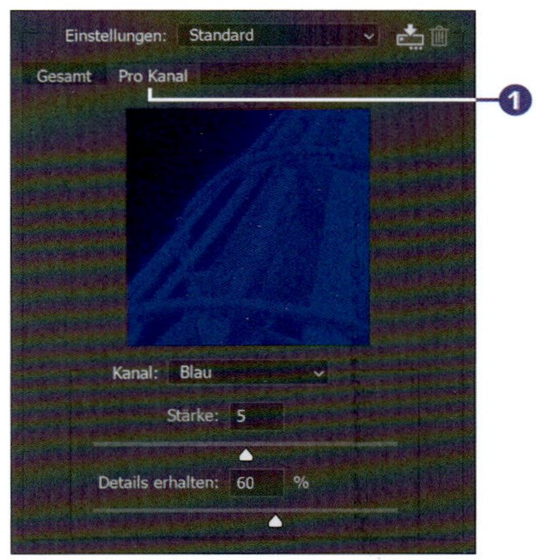

▲ **Abbildung 19.47**
Kanalweises Entstören in der erweiterten Dialogansicht

19.9.5 Bildkanäle manuell entrauschen

Am Anfang dieses Kapitels haben Sie bereits gesehen, welche Vorteile das Bearbeiten einzelner Bildkanäle beim Schärfen hat. Das Prinzip können Sie sich auch bei der gegenteiligen Operation, dem Entrauschen durch Weichzeichnen, zunutze machen. Über das Kanäle-Bedienfeld steuern Sie den am stärksten verrauschten Farbkanal gezielt an. Die Filter Selektiver Weichzeichner und Gaussscher Weichzeichner arbeiten noch differenzierter als der Filter Rauschen reduzieren. Außerdem können Sie auch in Kanälen mit Auswahlen arbeiten, so die Wirkung der Weichzeichnung eingrenzen und Bilddetails schonen.

Farbige Kanaldarstellung
Wenn Sie in den VOREINSTELLUNGEN (Strg/cmd+K) unter BENUTZEROBERFLÄCHE die Option FARBAUSZÜGE IN FARBE ANZEIGEN aktivieren, werden die Farbinformationen aus den Kanälen an allen relevanten Stellen nicht in der sonst üblichen Graustufenansicht, sondern in Farbe angezeigt.

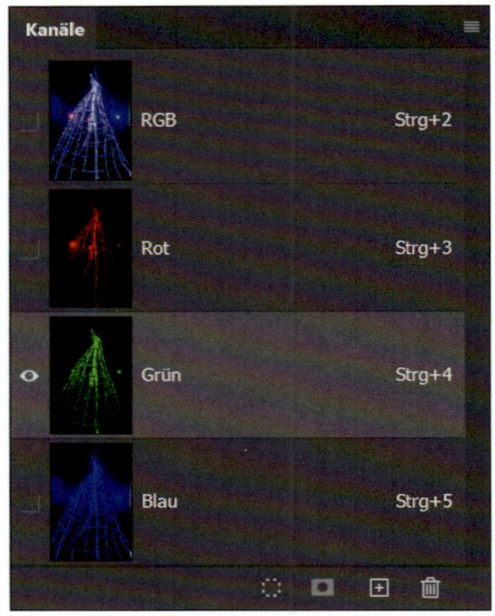

Abbildung 19.48 ▸
Bei diesem Bild ist untypischerweise der Grün-Kanal der am stärksten verrauschte (meist ist der Blau-Kanal am stärksten belastet) und soll weichgezeichnet werden.

Kapitel 20
Bildretusche

Störende Details verderben das Motiv? Sie möchten Sorgenfalten von einem Porträt verschwinden lassen? Wenn Sie die klassischen Bildkorrekturen erledigt haben, können Sie sich Reparaturen dieser Art zuwenden. Hier erfahren Sie, welche Werkzeuge sich eignen und was Sie sonst noch beachten müssen.

20.1 Tipps für gute Retuschen

Retusche ist keine Spielerei detail- und schönheitsfanatischer Fotografen, sondern gehört zum gängigen Repertoire professioneller Bildbearbeiter. Motive werden günstiger ins Licht gerückt, kleine Fehler werden ausgebügelt, und Unzulänglichkeiten der Fototechnik werden ausgeglichen. Auch wenn sich jedes Motiv unterscheidet und andere Aufgaben stellt, profitiert nahezu jede Retusche von den folgenden Tipps.

Reihenfolge beachten | Vor der Retusche liegen die allgemeinen Bild- und Farbkorrekturen. Retusche ist Feinarbeit am bereits fertig korrigierten Bild – die Ihnen im Übrigen auch leichter fallen sollte, wenn Störungen wie Farbstiche und anderes bereits behoben sind.

Schritte zurück | Machen Sie reichlich **Schnappschüsse**. Es ist eine der größten Schwierigkeiten beim Retuschieren, rechtzeitig aufzuhören – ein Klick zu viel, und das bis dahin ganz gelungene Werk erscheint künstlich und offenbart die »Fälschung«. Beim Retuschieren wird jedes einzelne Ansetzen des Retuschewerkzeugs als eigener Arbeitsschritt protokolliert. Die zugewiesene Menge der Protokollschritte ist dann schnell erreicht, und möglicherweise erreichen Sie einen etwas weiter zurückliegenden Missgriff nicht mehr. Ein konsequenter und systema-

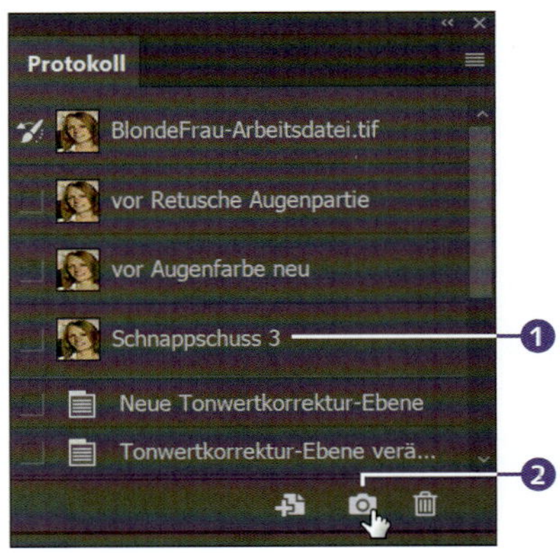

▲ **Abbildung 20.1**
Button zum Erstellen von Schnappschüssen 2 und Schnappschüsse 1 im Protokoll-Bedienfeld

tischer Schnappschuss-Gebrauch ermöglicht es Ihnen, zu entscheidenden Bildstadien zurückzukehren.

Mischmodi ausspielen | Photoshops Retuschewerkzeuge Kopierstempel, Ausbessern-Werkzeug, Reparatur-Pinsel-Werkzeug und Inhaltsbasiert verschieben-Werkzeug arbeiten alle nach einem ähnlichen Prinzip. Sie kopieren Pixel von einer unbeschädigten Partie des Bildes und fügen sie an der reparaturbedürftigen Stelle ein. Eine Ausnahme stellt der Bereichsreparatur-Pinsel dar. Er sammelt selbständig Reparaturpixel aus dem Bild, das Aufnehmen entfällt.

»FrauMitMuttermalen.tif«

In den Optionen der Werkzeuge stehen Ihnen – ähnlich wie im Ebenen-Bedienfeld – verschiedene Mischmodi zur Verfügung. Hier firmieren sie unter dem Namen MODUS. Der Modus bestimmt, wie sich die zur Reparatur einkopierten Pixel auf die darunterliegenden Originalpixel auswirken. Mit der MODUS-Option können Sie die Wirksamkeit der Retuschewerkzeuge erhöhen und ein »retuschiertes Aussehen« der bearbeiteten Bilder verhindern. So sollten Sie mit den abdunkelnden Modi ABDUNKELN, MULTIPLIZIEREN und den beiden Nachbelichter-Modi experimentieren, wenn Sie zu helle Pixel retuschieren wollen. Um zu dunkle Bildpartien – zum Beispiel dunkle Augenringe oder Muttermale – zu retuschieren, empfehlen sich der Modus AUFHELLEN und verwandte Modi.

Bild: Fotolia, Franz Pfluegl

Abbildung 20.2 ▸
Geschickter Einsatz von Mischmodi: Die Leberflecken sollen retuschiert werden – ohne dass die Retusche erkennbar ist, versteht sich, und bei vertretbarem Zeitaufwand.

Abbildung 20.3 ▸▸
Im Modus HELLERE FARBE ist diese Retusche eine leichte Aufgabe für den Kopierstempel.

Eigene Retuscheebene | Inzwischen ist es bei allen Retuschewerkzeugen über die Option ALLE EBENEN AUFNEHMEN möglich, die Originalebene zu schonen und die Retuschepixel auf einer separaten transparenten Ebene aufzutragen, die über der Ausgangsebene liegt. So können Sie

Ihre Retusche leicht nachbessern oder auch einmal – wenn alles danebengeht – verwerfen und neu anfangen. Eine andere Möglichkeit ist es, auf einer Ebenenkopie zu arbeiten, die oberhalb der Originalebene liegt.

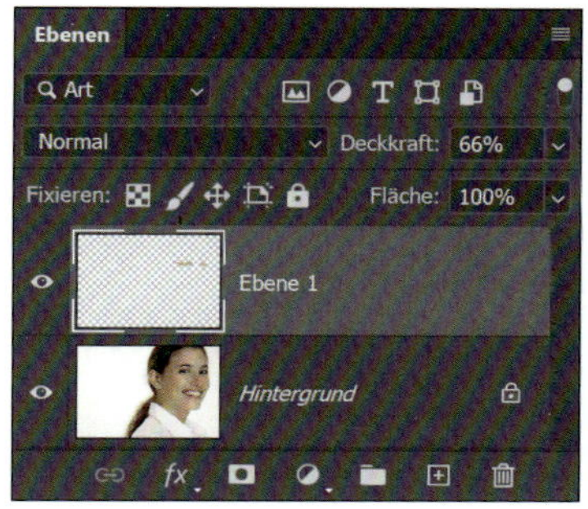

▲ **Abbildung 20.4**
So sieht das Ebenen-Bedienfeld von Abbildung 20.6 aus.

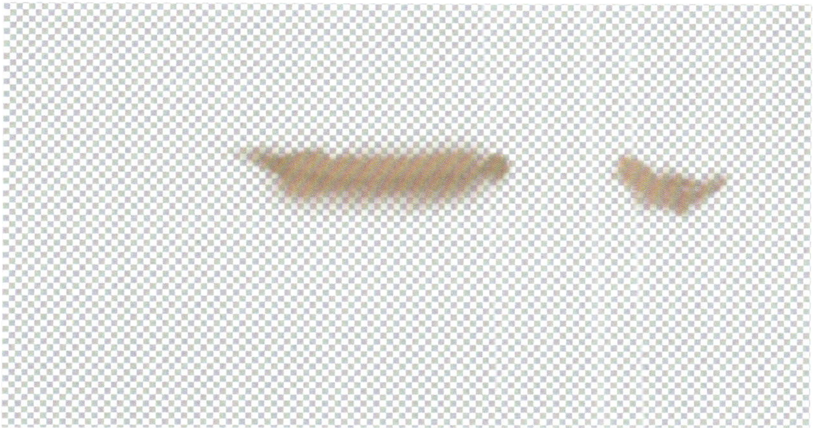

▲ **Abbildung 20.5**
So stellt sich die Retuscheebene dar (Ausschnitt).

Lebendige Porträtretusche | Auch Beauty- und Porträtretuschen profitieren vom Arbeiten mit einer Extraebene. Retuschierte Porträts wirken leicht *zu* glatt und maskenhaft. Eine eigene Retuscheebene wirkt dem entgegen. Reduzieren Sie einfach die Deckkraft der Ebene, auf der Sie Ihre Retuschen aufgetragen haben. Die darunterliegende Originalebene scheint dann durch und verleiht dem Bild Natürlichkeit, ohne dass die Retuschewirkung völlig verlorengeht.

Bild: Fotolia, Philip Date

◂ **Abbildung 20.6**
Dieses Bild wurde im Bereich der Augen leicht retuschiert – auf einer Extraebene.

20.2 Stempel: Bildpartien ergänzen, abdecken oder vervielfachen

»usedom.tif«

In der Werkzeugleiste von Photoshop befinden sich gleich zwei Stempelwerkzeuge: der Kopierstempel [S] und der Musterstempel. Der Musterstempel wird eher selten eingesetzt, während der Kopierstempel zu »Photoshoppers Alltag« gehört. Mit dem Kopierstempel lassen Sie sogar kräftige Kratzer, eingerissene Ecken, aber auch unerwünschte Bildelemente verschwinden. Auch für Porträtretuschen eignet er sich. Und mit Unterstützung des Kopierquelle-Bedienfelds können Sie den Kopierstempel auch als Helfer für kleine Montagearbeiten verwenden.

▲ **Abbildung 20.7**
Vor der Retusche. Der Kopierstempel ist vielseitig und leistet Erstaunliches.

▲ **Abbildung 20.8**
Die abgerissene Bildecke ist wiederhergestellt, und auch die groben Fussel, denen mit den Entstörungsfiltern nicht beizukommen ist, sind weggestempelt.

Geeignete Motive für die Stempelretusche
Ob die Retusche glückt – also ganz diskret angebracht werden kann –, hängt auch vom Motiv ab. Diffuse Strukturen wie Gras, Fell oder Wasser eignen sich gut für das Stempeln. Achten Sie immer darauf, dass der Aufnahmebereich keine prägnanten Muster oder Elemente enthält. Wenn diese sich an anderer Stelle wiederholen, ist die Retusche schnell entlarvt!

Ich stelle Ihnen zunächst die Optionen und Funktionsweise vor und mache Sie dann mit den erweiterten Kontrollmöglichkeiten des Bedienfelds Kopierquelle vertraut.

20.2.1 Optionen des Kopierstempels

Ob das Ergebnis einer Stempelretusche gut ausfällt, hängt neben Ihrem Geschick von den eingestellten Optionen ab.

Pinsel- und Pixeleigenschaften | Links ❶ stellen Sie ein, mit welcher Werkzeugspitze der Stempel arbeiten soll. Oft sind weiche Pinselspitzen die beste Wahl. Über das Icon erreichen Sie schnell noch weiter gehende Pinseleinstellungen; ein Klick auf öffnet das Bedienfeld Kopierquelle, in dem Sie zusätzliche Stempeloptionen finden (dazu mehr in Abschnitt 20.2.3, »Kontrollzentrum für Stempel & Co.: Das Bedienfeld ›Kopierquelle‹«).

▼ **Abbildung 20.9**
Optionen des Kopierstempels

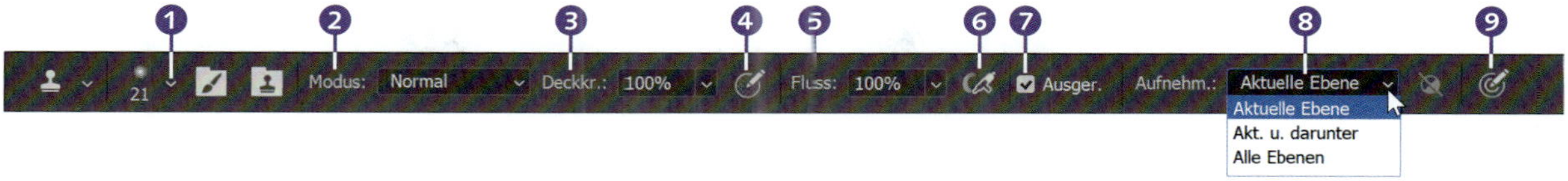

Mit Modus ❷ bestimmen Sie, wie die aufgetragenen Pixel mit den Bildpixeln verrechnet werden, Deckkraft ❸ regelt die Deckkraft bzw. Transparenz der Retuschepixel. Die Optionen Fluss ❺ und das danebenstehende Airbrush-Symbol ❻ treffen Sie bei vielen Mal- und Retuschewerkzeugen an. Sie regulieren den Pixelauftrag: Fluss simuliert zähe oder dünnflüssige (digitale) Farbe. Vor allem in Zusammenarbeit mit der Airbrush-Option macht sich das bemerkbar. Beim Stempel können Sie diese Option ignorieren, wichtiger ist sie bei Illustrationen.

▲ **Abbildung 20.10**
Drei Pinselstriche zum Vergleich: links Härte 100 %, in der Mitte Härte 50 %, rechts Härte 0 %. Die Größe der Pinselspitze war gleich.

Steuerung per Zeichentablett | Wer mit einem Grafiktablett arbeitet, hat noch weitere Steuerungsmöglichkeiten (sofern das Grafiktablett diese Funktionen unterstützt): Die Deckkraft ❹ der Retuschepixel und die Größe der Werkzeugspitze ❾ beeinflussen Sie per Stiftdruck. Diese Buttons finden Sie übrigens nicht nur beim Stempel, sondern auch bei anderen Retuschetools.

Ausgerichtet | Nicht ganz leicht zu durchschauen ist die Stempeloption Ausger. (»ausgerichtet«) ❼. Sie bezieht sich auf das Verhältnis von Aufnahmepunkt und gestempelten Pixeln. Richtig sichtbar wird ihre Wirkung nur, wenn Sie mit vielen Klicks und sehr kurzen Strichen retuschieren. Malen Sie beim Retuschieren mit großzügigen, langen Strichen über das Bild, macht es fast keinen Unterschied, ob diese Option aktiv ist.

- Ist die Option **nicht aktiviert**, wird mit jedem Stempel-Klick der ursprünglich aufgenommene Bildbereich erneut eingefügt. Diese Einstellung eignet sich nach meiner Erfahrung am besten für Detailretuschen.
- Ist die Option **aktiv** und stempeln Sie mehrmals, reproduziert nur der erste Stempeldruck den Original-Aufnahmepunkt, dann wandert der Aufnahmepunkt mit.
  Jedes erneute Stempeln oder Malen fügt *ohne erneute Aufnahme* weitere Stellen des Bildes ein, und zwar in korrekter räumlicher Proportion zum ersten Stempeldruck. Das Bild wird also nicht zerstückelt. Auf diese Art und Weise soll man größere Bildpartien stempelnd ausfüllen. Die Gefahr, dass Sie unversehens prägnante, verräterische Bilddetails oder gar den Fehler erneut einkopieren, ist allerdings recht groß.

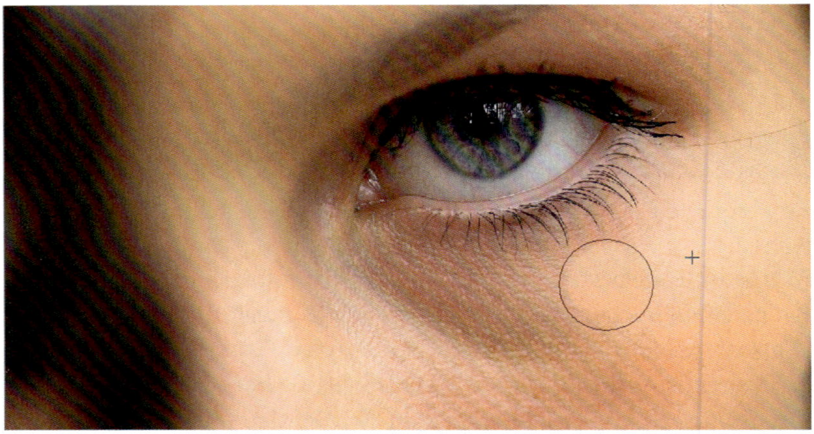

Bild: Fotolia, Martin Schmid

Abbildung 20.11 ▸
Der Kopierstempel in Aktion. Das kleine Kreuz (hier rechts von der Werkzeugspitze) signalisiert den Aufnahmepunkt. Beachten Sie einmal das unterschiedliche Verhalten dieser Markierung beim Aktivieren der Option AUSGERICHTET!

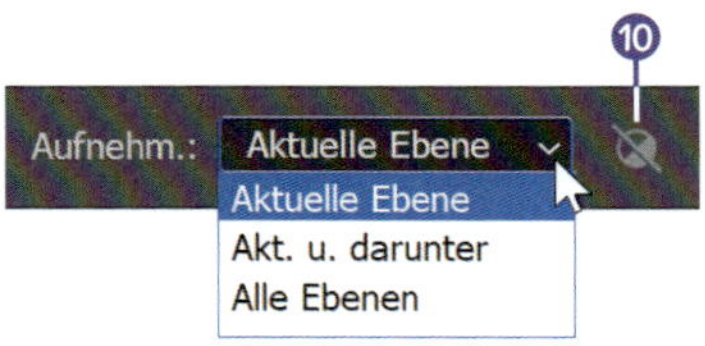

▴ Abbildung 20.12
Mit AUFNEHMEN legen Sie fest, welche Ebenen in die Retusche einbezogen werden. Einstellungsebenen werden auf Wunsch ignoriert – ein Klick auf das Icon ⑩ genügt.

Aufnehmen | Unter AUFNEHM(EN) ❽ (Abbildung 20.9) können Sie genau festlegen, von welchen Bildebenen die aufgenommenen Pixel stammen.

- Ist AKTUELLE EBENE gewählt, nimmt der Stempel nur Pixel der aktuell aktiven Ebene auf.
- AKT. U. DARUNTER bedeutet, dass Pixel von der aktiven Ebene und der unmittelbar darunter liegenden Ebene aufgenommen werden.
- ALLE EBENEN bezieht sich auf alle unter dem Aufnahmepunkt sichtbaren Ebenen.

Das kleine Icon ⑩ neben der Liste bedeutet »Einstellungsebenen ignorieren«. Es ist nur aktiv, wenn im Bild tatsächlich Einstellungsebenen vorkommen, und kann bei Bedarf zugeschaltet werden.

20.2.2 Vorgehensweise – der Kopierstempel im Einsatz

Das Arbeitsprinzip ist einfach: Sie rufen den Stempel auf, stellen die Optionen ein und nehmen dann Reparaturpixel auf, indem Sie `Alt` drücken und gleichzeitig auf die Partie des Bildes klicken, die Sie über die Fehlstelle des Bildes kopieren wollen. Wenn Sie nun, *ohne* `Alt` zu drücken, an die reparaturbedürftige Stelle des Bildes klicken, wird der eben aufgenommene Bildausschnitt an diese Stelle kopiert.

Sie können mit einer Vielzahl von Klicks die Retusche eher »auftupfen« oder bei gehaltener Maustaste »aufmalen«. Bei sehr feinen Korrekturen empfiehlt sich das »Tupfen«; größere Korrekturbereiche tragen Sie besser malend auf. Um die Retusche unauffällig zu gestalten, sind häufige Wechsel der Pinselgröße, des Aufnahmebereichs und die Wahl eines geeigneten Mischmodus Pflicht. Je differenzierter die Details des Bildes sind, desto öfter müssen Sie einen neuen Bildbereich aufnehmen!

20.2.3 Kontrollzentrum für Stempel & Co.: Das Bedienfeld »Kopierquelle«

Mit dem Bedienfeld KOPIERQUELLE erhalten Sie eine frei justierbare Vorschau des Stempelbereichs. Sie können schon beim Stempeln Versatz und Skalierung des eingestempelten Objekts bestimmen und mehrere Kopierquellen – zum Beispiel auch aus anderen Bildern – bequem verwalten.

Das Bedienfeld funktioniert **nicht nur beim Stempel**, sondern auch bei den anderen Werkzeugen, die nach demselben Prinzip arbeiten.

Sie öffnen das Bedienfeld mit dem Button in der Optionsleiste des Stempels, per Menübefehl FENSTER • KOPIERQUELLE oder, wenn es als minimiertes Bedienfeld auf der Arbeitsfläche liegt, durch einen Klick auf das Symbol .

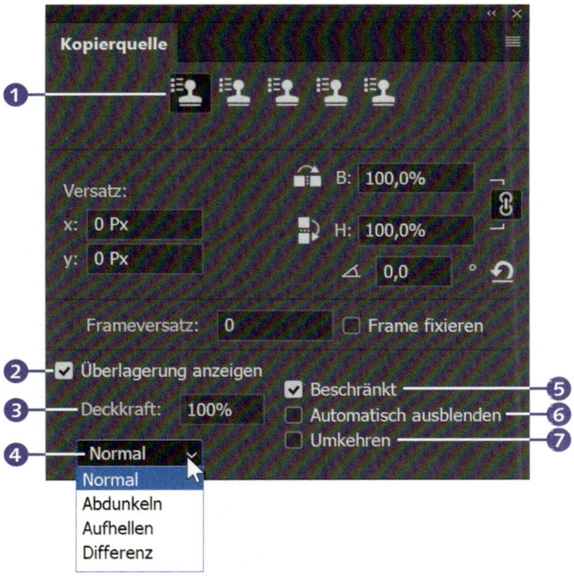

◂ **Abbildung 20.13**
Klein und extrem hilfreich: das Kopierquelle-Bedienfeld

Aufnahmequellen | Die fünf Stempel-Icons im oberen Bereich des Bedienfelds ❶ sind Ihre neue Aufnahmequellen-Verwaltung. Bis zu fünf verschiedene Aufnahmequellen können Sie gleichzeitig ablegen und nach Aufruf ins Bild stempeln. Dabei ist es gleichgültig, ob diese Quellen innerhalb eines Bildes liegen oder aus mehreren geöffneten Dokumenten stammen. Wenn Sie die Dokumente schließen, werden die Kopierquellen gelöscht.

Es funktioniert eigentlich ganz einfach: Sie aktivieren einen der fünf Buttons und nehmen mit dem gewohnten Alt-Klick Pixel auf. Um eine weitere Kopierquelle festzulegen, klicken Sie einen weiteren der Buttons an, nehmen dann die Pixel auf ... und so weiter.

Um dann die Pixel aufzustempeln – oder mit einem der anderen Retuschetools ins Bild zu bringen –, aktivieren Sie den Button, der der gewünschten Kopierquelle entspricht, und retuschieren ins Bild hinein.

Die richtige Quelle wählen
Im Detail ist das manchmal ein wenig tückisch. Obwohl die verbesserte Stempel-Vorschau im Bild anzeigt, welche Pixel man nun gerade aufstempeln will, kommt man im Eifer des Gefechts manchmal durcheinander. Alle fünf Buttons sehen ja leider gleich aus. Eine Vorschau der Kopierquelle direkt auf den Buttons steht jedenfalls auf meiner Wunschliste für die nächste Photoshop-Version.

Retuschevorschau | In der unteren Abteilung des Bedienfelds finden Sie die Einstellung für die Retuschevorschau innerhalb der Werkzeugspitze oder innerhalb des Bildes.

- Ist die Option Überlagerung anzeigen ❷ inaktiv, wird gar keine Vorschau der aufgetragenen Bildpixel gezeigt.
- Beschränkt ❺ sorgt dafür, dass Sie eine Vorschau innerhalb der **Werkzeugspitze** sehen.
  Wenn Sie die Option Beschränkt deaktivieren, wird das **komplette Bild**, aus dem die aufgenommenen Pixel stammen, als »Geisterbild« angezeigt, sobald Sie den Stempel (oder ein anderes Werkzeug aus dieser Familie) über das Bild führen.

Abbildung 20.14 ▸
Die Vorschau des Kopierstempels mit **aktiver** Funktion Beschränkt: Die aufgenommenen Pixel sind nur innerhalb der Werkzeugspitze sichtbar.

Abbildung 20.15 ▸▸
Die Vorschau des Kopierstempels mit **deaktivierter** Funktion Beschränkt: Die Vorschau zeigt das ganze Bild, aus dem die aufgenommenen Pixel stammen.

- Mit Deckkraft ❸ regeln Sie, wie deutlich sichtbar die Überlagerung ist.
- Sie können den Modus ❹ ändern oder sogar die Farben der Vorschau invertieren (Umkehren ❼), um auch bei schwierigen Motiven den Überblick nicht zu verlieren.
- Automatisch ausblenden ❻ lässt das Vorschaubild in dem Moment verschwinden, in dem Sie den Stempel betätigen.

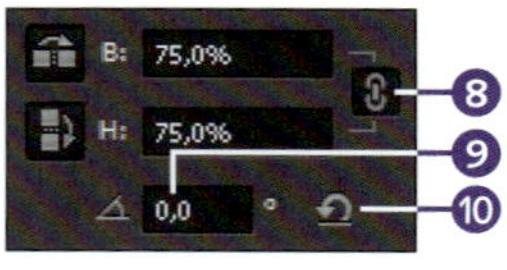

▴ Abbildung 20.16
Das Kettensymbol signalisiert »Proportionen erhalten«.

Kopierquelle bearbeiten | Sie können eine Kopierquelle schon skalieren und drehen, während Sie sie auftragen. Auf diese Weise vermehren Sie Bildobjekte – so machen sich die Retuschetools auch als Helfer bei

Bildmontagen nützlich. Unter B und H tragen Sie die neue Größe ein (Prozent der Ausgangspixel). Ist der kleine Ketten-Button ❽ gedrückt, erfolgt die Skalierung proportional. Wenn Sie einen Gegenstand nichtproportional skalieren – also verzerren – wollen, muss die Ketten-Option inaktiv sein (Button nicht gedrückt).

Im Eingabefeld KOPIERQUELLE DREHEN ❾ können Sie die Gradzahl eintragen, um die ein Objekt beim Stempeln gedreht werden soll. Ein Klick auf den Button TRANSFORMATION ZURÜCKSETZEN ❿ setzt die Werte wieder zurück.

Welche Werte für welche Drehung?

Ein Objekt **gegen den Uhrzeigersinn** drehen: negative Werte im Eingabefeld KOPIERQUELLE DREHEN

- Ein Objekt **im Uhrzeigersinn** drehen: positive Werte im Eingabefeld KOPIERQUELLE DREHEN
- Ein Objekt **horizontal spiegeln**: unter B »100« und unter H »100« eintippen
- Ein Objekt **vertikal spiegeln**: unter B »100« und unter H »100« eintippen
- Ein Objekt **um 180°** drehen: 180° im Eingabefeld KOPIERQUELLE DREHEN

Realität schaffen | Nicht nur bei diesem, auch bei vielen anderen Motiven können Sie durch Stempeln oder auch mit Copy & Paste Objekte kopieren und einfügen und so eine neue Bildsituation schaffen. Leider ist es damit nicht getan. Schatten und Lichter verraten dem aufmerksamen Betrachter sofort, wenn geschummelt wurde – das Anpassen der Lichtverhältnisse gehört bei Profi-Montagen unbedingt dazu.

◂◂ **Abbildung 20.17**
Skalieren und Drehen von Retuscheobjekten – der Anschaulichkeit halber hier mit nummerierten Bällen. Die Bälle 1 und 2 links vom Jungen sind die Originale, die anderen sind eingestempelt und dabei gedreht und skaliert worden.

◂ **Abbildung 20.18**
Der kleine Jongleur wird hier nicht nur fast von Bällen erschlagen. Die Lichter der gedreht einkopierten Bälle entlarven die nicht zu Ende geführte Montage. Hier ist Nacharbeiten ratsam.

20.2.4 Musterstempel

Die Arbeit mit dem Verwandten des Kopierstempels, dem Musterstempel, funktioniert ähnlich. Hier übertragen Sie allerdings nicht einen vorher festgelegten Bildbereich an eine andere Stelle sondern ein Muster, das Sie aus dem Photoshop-Sortiment wählen. Ist die Option IMPRESS. (»impressionistisch«) aktiv, malt der Stempel das Muster mit Farbtupfern und erzielt so einen annähernd impressionistischen Effekt.

»Jongleur.jpg«, »Jongleur-nummeriert.tif«

20.3 Helligkeit und Sättigung lokal korrigieren

Zum Weiterlesen
In Kapitel 7, »Mischmodus: Pixel-Interaktion zwischen Ebenen«, erfahren Sie, wie Sie **Lichter und Schatten ins Bild malen**. Mit dieser Technik können Sie auch **Montagen** wie in Abbildung 20.18 nachbessern.

In der Werkzeugleiste finden Sie mit Abwedler, Nachbelichter und Schwamm (alle mit dem Kürzel O) Werkzeuge, mit denen Sie einzelne Bildpartien aufhellen oder abdunkeln. Der Schwamm verändert die Farbsättigung.

Die Werkzeuge eignen sich gut für Mini-Anpassungen an Montagen, die sonst schon ganz gut sitzen, und für Detailretuschen.

20.3.1 Bildpartien dunkler oder heller machen: Nachbelichter und Abwedler

Die Einstellungen in der Optionsleiste für Abwedler und Nachbelichter sind recht einfach zu durchschauen.

Abbildung 20.19 ▸
Die Optionen des Abwedlers. Die Nachbelichter-Optionen sind dieselben.

- Rechts neben dem Werkzeug-Icon stellen Sie Form, Schärfe und Größe der Werkzeugspitze ein.
- Mit Bereich schränken Sie die Wirkung des Werkzeugs ein. Dort bestimmen Sie, ob die hellsten (Lichter), dunkelsten (Tiefen) oder mittleren Helligkeitswerte (Mitteltöne) des Bildes verändert werden sollen.
- Belichtung legt fest, wie stark das jeweilige Werkzeug wirkt. Meist liegen Sie mit Werten zwischen 10 % und 20 % schon ganz gut – höhere Werte wirken schnell viel zu hart.
- Die Option Tonwerte schützen sollten Sie aktivieren und dann das Häkchen niemals mehr entfernen: Ist diese Option eingeschaltet, ist der Nutzen der Werkzeuge um ein Vielfaches gesteigert. Das früher nahezu unausweichliche Ausgrauen retuschierter Bildteile unterbleibt.

20.3.2 Sättigung verändern: Schwamm-Werkzeug

Die Optionen des Schwamm-Werkzeugs sind ein wenig anders.

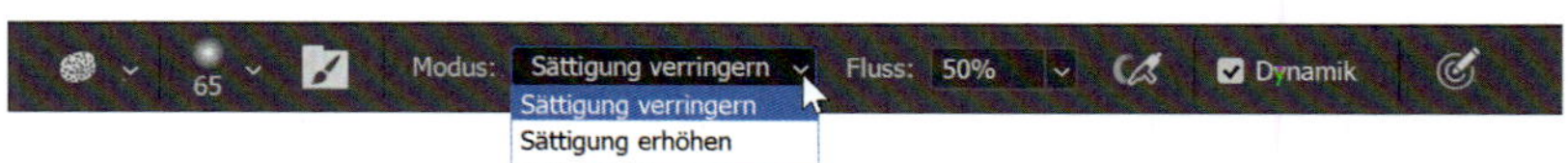

▴ **Abbildung 20.20**
Die Schwamm-Optionen

- Dort gibt es die Einstellung MODUS. Mit den bekannten Mischmodi hat das in diesem Fall allerdings nichts zu tun – hier legen Sie fest, ob die Sättigung des Bildes partiell erhöht oder verringert werden soll.
- Die Option FLUSS gibt an, wie schnell Pixel aufgetragen werden – Sie können also einstellen, wie »dünnflüssig« oder »zäh« die virtuell aufgetragene Farbe bzw. die Wirkung des Schwamms sein soll. Je kleiner der Wert ist, desto geringer ist die Werkzeugwirkung.
- DYNAMIK ist das Pendant zu TONWERTE VERBESSERN bei Abwedler und Nachbelichter. Ein Aktivieren der Option setzt die verbesserte Wirkungsweise des Werkzeugs in Kraft. Sie reduziert die Beschneidung bei vollständig gesättigten oder schon vollkommen entsättigten Farben.

20.4 Bereichsreparatur-Pinsel: Inhaltsbasiert retuschieren

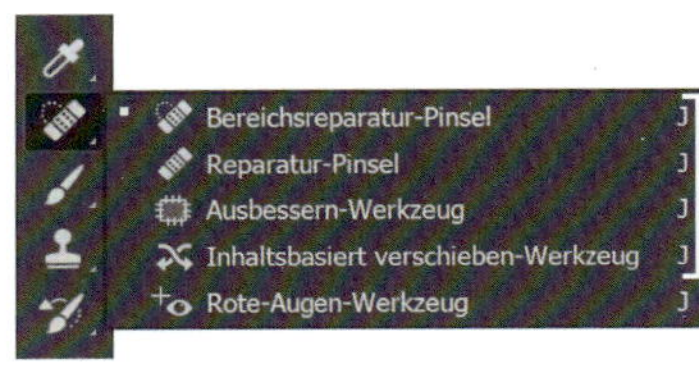

▲ **Abbildung 20.21**
Photoshops intelligente Retuschetools

Inzwischen hat Photoshop vier Werkzeuge (1), die mehr oder weniger intelligent arbeiten. Sie übertragen nicht einfach Bildpixel an eine andere Stelle des Bildes – sie rechnen »gesunde« Bildpixel in die zu retuschierenden Bereiche ein oder erfinden sogar inhaltsbasiert neue Motivteile hinzu. Viele Retuschen sind dadurch erst möglich. Sie finden diese Retuschewerkzeuge in der Werkzeugleiste direkt über den Pinseln.

20.4.1 Vorgehensweise – der Bereichsreparatur-Pinsel im Einsatz

»Stromdraht-Retusche.tif«

Der Bereichsreparatur-Pinsel [J] ist das erste in der Reihe smarter Retuschewerkzeuge. Anders als beim Stempel müssen Sie keine Reparaturpixel an anderer Stelle aufnehmen. Sie malen einfach los, und Struktur, Farbnuancierung und Transparenz der Retuschepixel werden aus der Bildumgebung errechnet. Ist die Werkzeugoption INHALTSBASIERT aktiv, kopiert das Werkzeug nicht einfach Bildteile, sondern analysiert das Bild und stellt neue Bildinhalte auf zufälliger Basis künstlich her.

▲ **Abbildung 20.22**
Der Bereichsreparatur-Pinsel malt zunächst eine deutliche Linie. Sie wird ins Bild hineingerechnet, sobald Sie die Maus loslassen.

Nicht immer kann der Bereichsreparatur-Pinsel die Bildinhalte richtig analysieren. Manchmal werden Bildpartien in die retuschierten Bereiche einbezogen, die nicht dazu passen, und es entstehen deutliche Retuschespuren. So wurden bei den ersten Versuchen mit dem Beispielbild unten zunächst aus der Dachrinne stammende dunkle Streifen in den Himmel hineingerechnet. Bei solchen Problemen hilft es oft, mit kürzeren Strichen zu retuschieren; in ganz hartnäckigen Fällen können Sie auch mit einer Auswahl arbeiten, die Bildbereiche ausschließt.

▲ **Abbildung 20.23**
Der dicke Stromdraht soll verschwinden.

▲ **Abbildung 20.24**
Mit einer Auswahl hat's geklappt: die fertige Bildversion, erstellt mit der INHALTSBASIERT-Option.

Bild: Jacqueline Esen

20.4.2 Optionen des Bereichsreparatur-Pinsels

Für ein optimales Ergebnis bietet natürlich auch der Bereichsreparatur-Pinsel umfangreiche Einstellmöglichkeiten in der Optionsleiste. Besonders wichtig ist hier zunächst die Einstellung der Pinselspitze im Aufklappmenü ❶.

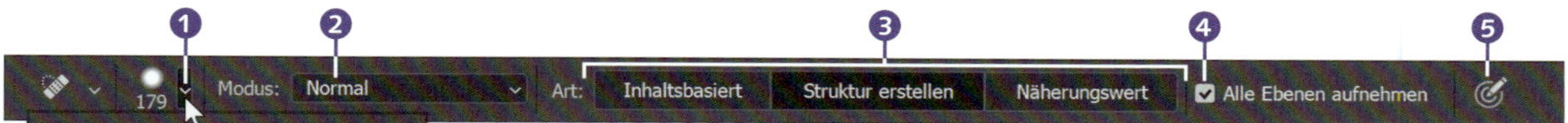

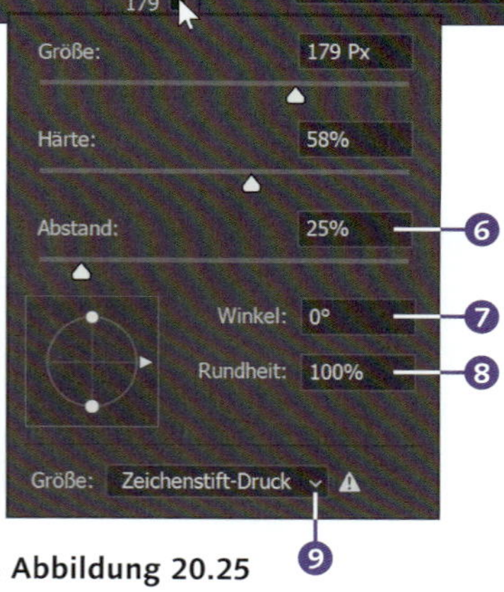

▲ **Abbildung 20.25**
Optionen des Bereichsreparatur-Pinsels

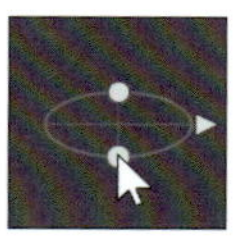

▲ **Abbildung 20.26**
So machen Sie die Pinselspitze flacher …

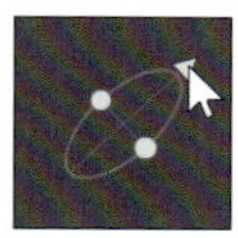

▲ **Abbildung 20.27**
… und so drehen Sie sie.

Werkzeugspitzen einstellen | Dort finden Sie keine Pinsel-Liste, können jedoch die Pinselform genau definieren.

- Flachheit und Neigung der Werkzeugspitze stellen Sie über die Optionen WINKEL ❼ und RUNDHEIT ❽ ein.
- Die Pinseloption ABSTAND ❻ bezieht sich auf den – in den bisherigen Versionen auch so genannten – Malabstand. Mit einem Malabstand von etwa 25 entsteht eine durchgehende Linie; höhere Werte erzeugen punktierte Linien. Meist ist es nicht notwendig, diese Option zu verstellen. Die Ergebnisse werden zu unvorhersehbar.

- Die Option ZEICHENSTIFT-DRUCK ⑨ braucht Mausbenutzer nicht zu interessieren. Sie ist lediglich für die Besitzer von druckempfindlichen Grafiktabletts interessant: Ist sie aktiv, bestimmt der Stiftdruck die Pinselgröße (entsprechende Hardware vorausgesetzt).
- Grafiktablett-Nutzer können überdies den Button ⑤ drücken, um die Pinselgröße per Eingabestift zu steuern.

▲ **Abbildung 20.28**
Malabstand 25 (links – die Standardeinstellung bei Mal- und Retuschewerkzeugen) und 110 (rechte Linie)

Modi des Bereichsreparatur-Pinsels | Die Modi ② lohnen einen genaueren Blick, denn hier gibt es einen Modus, den Sie aus dem Ebenen-Bedienfeld noch nicht kennen: ERSETZEN. Ihn sollten Sie wählen, wenn Ihr Bild eine Körnung oder Störungen hat, die Sie erhalten wollen. Im Modus ERSETZEN bleiben solche Strukturen an den Kanten des Malstrichs erhalten, was ein nahtloseres Einpassen der Retuschestriche erlaubt.

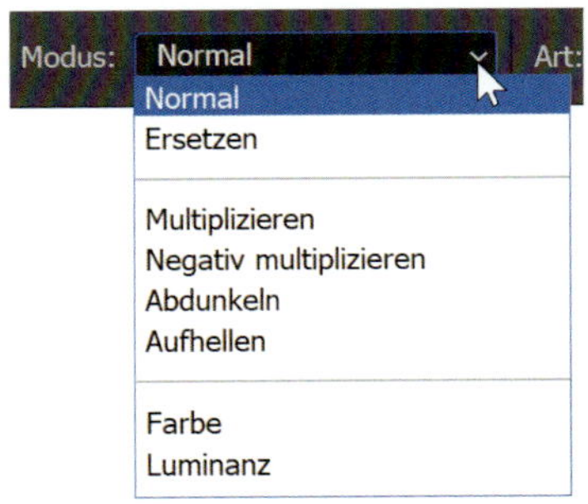

▲ **Abbildung 20.29**
Modi beim Bereichsreparatur-Pinsel

Wie wird die Retusche ins Bild gerechnet? | Mit den Optionen unter ART ③ haben Sie etwas Einfluss darauf, wie die Retusche wirkt.

- NÄHERUNGSWERT verwendet die Pixel an den Kanten der Bereiche, die Sie gerade unter dem Mauszeiger haben, um geeignete Reparaturpixel zu finden.
- Ist STRUKTUR ERSTELLEN aktiviert, werden alle Pixel, die Sie unter dem Mauszeiger respektive dem Bereichsreparatur-Pinsel haben, herangezogen, um eine Struktur für die Reparatur des beschädigten Bereichs zu berechnen.

Wenn Sie mit keiner der beiden Optionen gute Ergebnisse erzielen, sollten Sie es mit dem normalen Reparatur-Pinsel versuchen.

Ist INHALTSBASIERT aktiv, passiert mehr. Denn dabei werden keine Bildpixel aus der Nähe der Werkzeugspitze erneut ins Bild gebracht – Photoshop errechnet aus den vorhandenen Bildpixeln ganz neue Strukturen, die sich der Bildumgebung mehr oder weniger gut anpassen. Ob das klappt, hängt vom Motiv ab.

Retuschieren auf eigener Ebene | Wenn Sie mit einer transparenten Korrekturebene arbeiten wollen (siehe Abschnitt »Eigene Retuscheebene« in Abschnitt 20.1), muss bei der Option ALLE EBENEN AUFNEHMEN ④ ein Häkchen gesetzt sein.

20.4.3 Große Flächen inhaltsbasiert retuschieren: Fläche füllen

Die INHALTSBASIERT-Option des Bereichsreparatur-Pinsels eignet sich vorrangig für Details.

Um große Bildpartien zu retuschieren, nutzen Sie besser den Menübefehl FLÄCHE FÜLLEN. Das geht schneller als die Detailarbeit mit dem Bereichsreparatur-Pinsel, die Ergebnisse sind oft auch besser, weil Photoshop eine große Fläche »in einem Rutsch« neu berechnet. Die Anwendung ist einfach:

1. Erzeugen Sie um den Bereich, den Sie retuschieren wollen, eine grobe Auswahl.
2. Rufen Sie mit BEARBEITEN • FLÄCHE FÜLLEN oder dem Kürzel [⇧]+[F5] den FLÄCHE FÜLLEN-Dialog auf.
3. Wählen Sie unter VERWENDEN die Option INHALTSBASIERT, und bestätigen Sie mit OK. Die Option FARBANPASSUNG ist standardmäßig aktiviert, sie verrechnet die Farbwerte der aufgefüllten Fläche mit den Umgebungspixeln und sorgt in der Regel für optimierte Ergebnisse.

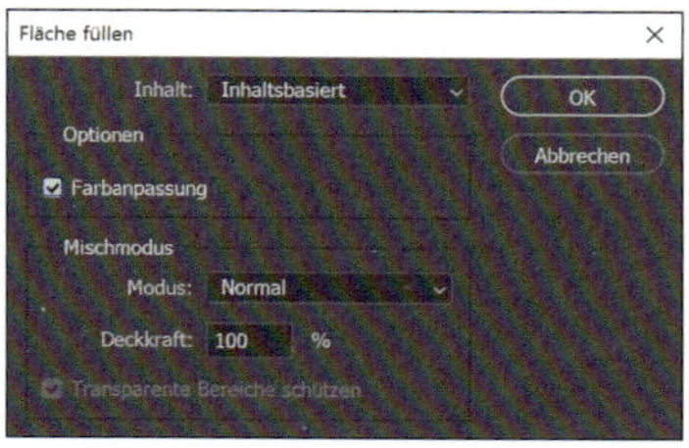

▲ **Abbildung 20.30**
Die Option INHALTSBASIERT wertet den Dialog FLÄCHE FÜLLEN deutlich auf.

Je nach Bildgröße rechnet Photoshop dann eine Weile – mehr als abwarten müssen Sie nicht tun. Wenn Ihnen das Ergebnis nicht gefällt, nehmen Sie den letzten Schritt zurück und versuchen es mit einer veränderten Auswahl noch einmal; das bewirkt meist eine ganz neue Berechnung der eingefügten Pixel.

▲ **Abbildung 20.31**
Die Pflanze soll von der Wand verschwinden.

Bild: Adobe

▲ **Abbildung 20.32**
Eine Grobauswahl und einen FLÄCHE FÜLLEN-Befehl später sieht das Bild so aus.

20.4.4 Inhaltsbasierte Füllung

»Person-vor-Wasser.jpg«

Im Menü BEARBEITEN finden Sie mit der Funktion INHALTSBASIERTE FÜLLUNG einen erweiterten Dialog vor, wo Sie die inhaltsbasierte Füllung interaktiv mit einer Live-Vorschau durchführen können. Um die Funktion anzuwenden, empfiehlt es sich, zunächst den Bereich auszuwählen, den Sie entfernen wollen. Daraufhin wählen Sie INHALTSBASIERTE FÜLLUNG im Menü BEARBEITEN.

Auf der Benutzeroberfläche finden Sie nun auf der rechten Seite die Optionen für die inhaltsbasierte Füllung. In der Mitte haben Sie eine Vorschau und auf der linken Seite das Originalbild mit dem farbigen Sampling-Bereich. Der Sampling-Bereich ist der Bereich um die Auswahl herum, mit dem der zu entfernende und ausgewählte Bereich inhaltsbasiert gefüllt werden soll. Diesen Bereich können Sie im Bedienfeld auf der rechten Seite unterhalb von ÜBERLAGERUNG DES SAMPLING-BEREICHS ❶ farblich anpassen.

Mit den OPTIONEN FÜR DEN SAMPLING-BEREICH ❷ entscheiden Sie, welcher Bereich für die inhaltsbasierte Füllung verwendet werden soll:

- Mit AUTOMATISCH überlassen Sie Photoshop diese Entscheidung.
- Mit RECHTECKIG wird ein rechteckiger Bereich um das ausgewählte Motiv verwendet.
- Bei BENUTZERDEFINIERT zeichnen Sie den Sampling-Bereich mit Hilfe des Auswahl-Pinselwerkzeugs selbst auf.

▼ Abbildung 20.33
Mit der inhaltsbasierten Füllung übernehmen Sie die Kontrolle über den Sampling-Bereich.

Mit dem Lasso-Werkzeug aus der linken Werkzeugleiste können Sie die Auswahl des zu entfernenden Motivs erweitern oder reduzieren. Die entsprechende Werkzeugoption (Plus- bzw. Minussymbol) muss hierbei aktiviert sein.

Unter den FÜLLEINSTELLUNGEN ❸ finden Sie Optionen, die direkt die inhaltsbasierte Füllung betreffen; Hier steuern Sie die Füllung direkt:

- FARBANPASSUNG: Mit den Einstellungen KEINE, STANDARD, HOCH oder SEHR HOCH können Sie den Kontrast und die Helligkeit für die Füllung optimal steuern. Dank der Live-Vorschau können Sie die Unterschiede hierbei sofort ausmachen. Diese Eigenschaft ist besonders nützlich beim Füllen von Flächen mit Farbverläufen oder Texturänderungen.

- DREHANPASSUNG: Hiermit können Sie die Auswahl leicht drehen, um sie den nicht-linearen Bereichen des Bildes anzupassen. Mit KEINE (Standard), NIEDRIG, MITTEL, HOCH und KOMPLETT bestimmen Sie, wie stark Sie beim Füllen die Auswahl drehen wollen. Diese Option eignet sich zum Füllen von Flächen mit gedrehten oder gebogenen Mustern.
- SKALIEREN: Damit lassen Sie Größenänderungen des Inhalts zu, um gegebenenfalls bessere Übereinstimmungen zu erzielen. Die Option ist geeignet zum Füllen von Flächen mit sich wiederholenden Mustern in verschiedenen Größen oder Perspektiven.
- SPIEGELN: Hiermit können horizontales Spiegeln zulassen, um eine bessere Übereinstimmung zu erzielen. Diese Option ist geeignet für Bilder mit horizontaler Symmetrie.

Mit AUSGABE IN ❹ stellen Sie ein, wo die Auswahl ausgeführt werden soll. Mit AKTUELLE EBENE wird das Ergebnis direkt auf der aktuellen Ebene durchgeführt. Mit NEUE EBENE wird die Auswahl oberhalb der Ebene hinzufügt, und mit EBENE DUPLIZIEREN bleibt die aktuelle Ebene erhalten, und es wird alles auf einer neuen Ebene darüber ausgeführt.

20.5 Das Entfernen-Werkzeug

Stabilität vs. Geschwindigkeit
Das Entfernen-Werkzeug arbeitet oftmals schnell und zuverlässig. Sollten Sie trotzdem Probleme mit dem Werkzeug haben, können Sie über VOREINSTELLUNGEN • BILDVERARBEITUNG • VERARBEITUNG VON ENTFERNEN-WERKZEUG die Option von SCHNELLER auf STABILITÄT setzen.

Beim Entfernen-Werkzeug wird eine intelligente Technologie verwendet, mit der Sie unerwünschte Objekte übermalen und entfernen können. Der zu entfernende Bereich wird automatisch mit den Gegebenheiten (Belichtung, Farbe, Struktur) rund um das zu entfernende Objekt gefüllt. Diese Funktion arbeitet auch dann eindrucksvoll, wenn Sie größere Objekte entfernen möchten.

20.5.1 Die Optionen des Entfernen-Werkzeug

Besonders wichtig bei den Optionen ist die Pinselspitze, bei der Sie mit Plus oder Minus wählen, ob Sie mit den Pinselstrichen Bereiche hinzufügen oder entfernen wollen. Diese Option macht nur Sinn, wenn Sie NACH JEDEM STRICH ENTFERNEN deaktiviert haben. Hierbei können Sie auch mit der `Alt`-Taste als Tastenkombination zwischen den Modi Plus und Minus wechseln. Über GRÖSSE stellen Sie die Pinselgröße ein. Hier ist es empfehlenswert, dass diese Pinselgröße immer etwas größer ist als der Bereich, den Sie korrigieren bzw. übermalen wollen.

▲ **Abbildung 20.34**
Die Optionen des Entfernen-Werkzeug

Mithilfe von Alle Ebenen aufnehmen können Sie die Daten von allen Ebenen berücksichtigen und/oder auf einer transparenten Korrekturebene arbeiten (siehe »Eigene Retuscheebene« in Abschnitt 20.1). Mit der Option Nach jedem Strich entfernen wird das Entfernen der ausgemalten Bereiche sofort ausgeführt, nachdem Sie den Pinselstrich gezogen haben und die gedrückte Maustaste loslassen. Ist die Option Nach jedem Strich entfernen deaktiviert, können Sie beliebig viele Pinselstriche im Bild aufmalen und müssen dann in der Optionsleiste auf das Häkchen zur Bestätigung klicken, um die Funktion ausführen zu lassen.

Überlagerungsfarbe anpassen
Nicht immer passt die Überlagerungsfarbe oder die Deckkraft, um den ausgemalten Bereich gut zu erkennen. In dem Fall können Sie über das Zahnrad-Symbol in der Optionsleiste des Entfernen-Werkzeugs Farbe und Deckkraft anpassen.

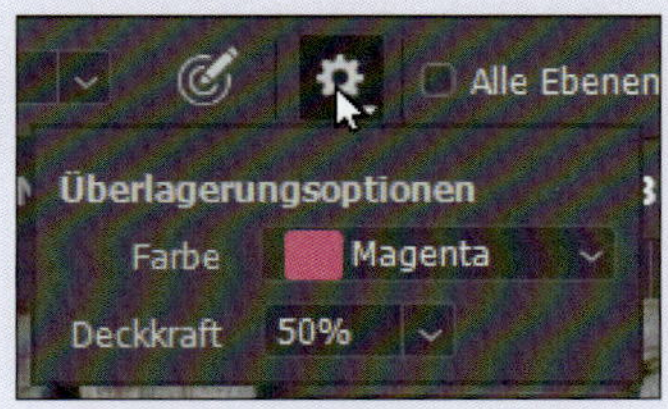

▲ **Abbildung 20.35**
Über das Zahnrad-Symbol können Sie Farbe und Deckkraft der Überlagerungsfarbe anpassen.

20.5.2 Mit dem Entfernen-Werkzeug arbeiten

Stellen Sie zunächst die Größe der Pinselspitze und die anderen Optionen ein. Jetzt stehen Ihnen zwei Möglichkeiten zur Verfügung, wie Sie das Werkzeug verwenden können:

1. **Motiv ausmalen:** Malen Sie das zu entfernende Objekt aus, und die Funktion wird den zu markierten Bereich entsprechend auffüllen und entfernen.

▲ **Abbildung 20.36**
Links wurde das zu entfernende Fahrrad ausgemalt. Rechts wurde die Maustaste losgelassen und das Fahrrad fast perfekt entfernt. Das Ergebnis kann sich sehen lassen (aber beachten Sie den Fehler am rechten Schuh der Frau).

2. **Motiv umfahren:** Bei größeren Motiven malen Sie einfach um den Bereich des Motivs herum. Sobald Sie mit dem Umfahren am anderen Ende des Bereichs ankommen, lassen Sie die Maustaste los, und der innenliegende Bereich wird automatisch gefüllt und entsprechend entfernt. Sie müssen hierbei in der Regel den zu umfahrenden Bereich nicht schließen. Wenn die Abstände nicht zu groß sind, macht das Photoshop automatisch für Sie.

▲ **Abbildung 20.37**
Sie können auch das zu entfernende Objekt im Bild umfahren. Das Entfernen-Werkzeug füllt dann den restlichen Bereich automatisch aus.

20.6 Reparatur-Pinsel: Hilfe für Details

Der Reparatur-Pinsel arbeitet wie der Stempel mit Retuschepixeln, die Sie zuvor auf dem Bild aufgenommen haben. Diese Pixel werden jedoch nicht einfach aufgetragen, sondern in das Bild hineingerechnet.

20.6.1 Optionen des Reparatur-Pinsels

Die meisten Optionen des Reparatur-Pinsels kennen Sie bereits von anderen Werkzeugen.

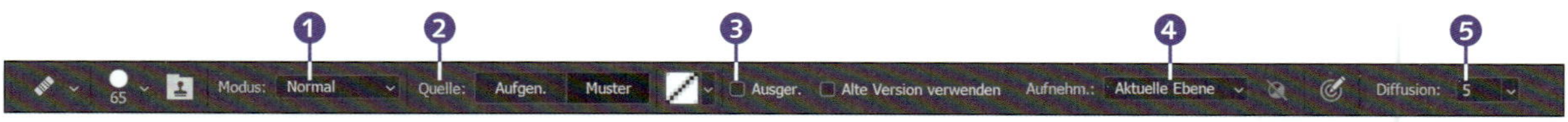

▲ **Abbildung 20.38**
Reparatur-Pinsel-Optionsleiste

MODUS ❶ wirkt wie beim Bereichsreparatur-Pinsel, AUSGER. (»ausgerichtet«) ❸ und AUFNEHMEN ❹ wie die gleichnamigen Optionen des Stempels. Unter QUELLE ❷ können Sie einstellen, ob der Bereichsreparatur-Pinsel aufgenommene Pixel oder eines der Muster aus Photoshops Musterbibliotheken auf das Bild aufträgt. DIFFUSION ❺ steuert die Geschwindigkeit, in welcher der bearbeitete Bereich verrechnet wird. Sie sollten hier einen niedrigen Wert wählen, wenn der zu retuschierende Bildbereich eine hohe Körnung oder feine Details aufweist. Bei einem weichen Bild können Sie mit einem höheren Wert arbeiten.

20.6.2 Mit dem Reparatur-Pinsel arbeiten

Stellen Sie zunächst die Werkzeugspitze und andere Optionen ein, und nehmen Sie durch Mausklick bei gehaltener [Alt]-Taste den Bereich des Bildes auf, der die Fehlstelle kaschieren soll. Dann bewegen Sie den Mauszeiger an die Stelle, die retuschiert werden soll, und malen dort mit der Maus. So führen Sie Stück für Stück kleinere und größere Reparaturen durch.

Dabei rendert der Reparatur-Pinsel in Echtzeit: Die aufgemalten Pixel vermischen sich automatisch und sofort mit den darunterliegenden Pixeln, wodurch das Ergebnis unmittelbar zu sehen ist.

Eigentlich sollte es automatisch verhindert werden, dass – insbesondere bei Porträtretuschen – zu stark weichgezeichnete, »matschige« Bildpartien entstehen, die sich nicht gut ins Bild einfügen. Tatsächlich kann dies aber dennoch ab und zu vorkommen. In diesen Fällen erreichen Sie mit dem Stempel bei gut eingestellten Optionen mehr als mit Photoshops (halb)automatischen Retuschewerkzeugen.

»mädchengesicht.jpg«

Bild: Fotolia, Marilyn Barbone

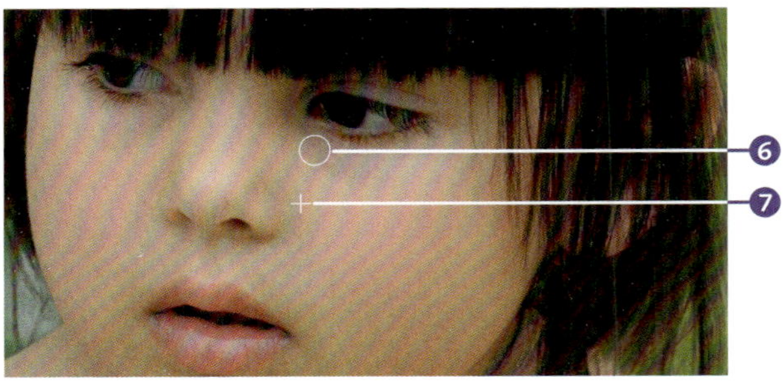

◄ **Abbildung 20.39**
Der Reparatur-Pinsel: Werkzeugspitze 6 und Aufnahmepunkt 7 sind gut zu sehen.

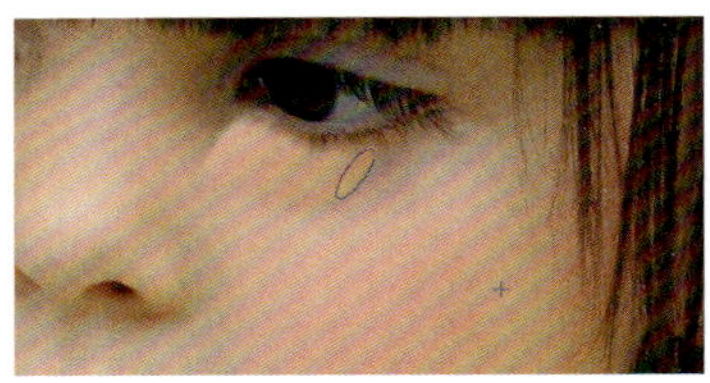

▲ **Abbildung 20.40**
Reparatur-Pinsel mit aktivierter Option ALTE VERSION VERWENDEN: deutlich sichtbarer Pixelauftrag.

Den Retusche-Auftrag besser sichtbar machen | In früheren Versionen hat der Reparatur-Pinsel ein etwas anderes Verhalten gezeigt als beim jetzigen Echtzeit-Rendering: Dabei war der »aufgetragene Pinselstrich« zunächst deutlich zu sehen, bevor die Retuschepixel ins Bild hineingerechnet wurden. Durch Aktivieren der Option ALTE VERSION VERWENDEN (in der Optionsleiste des Werkzeugs) holen Sie diese Funktionsweise wieder zurück.

20.7 Das Ausbessern-Werkzeug: Flächen reparieren

Das Ausbessern-Werkzeug [J] kombiniert die Arbeitsweise des Auswahl-Lassos mit Retuschefunktionen: Sie ziehen um die schadhaften Bildbereiche mit der Maus eine geschlossene Markierungslinie und verschieben sie an eine neue Position. Die Pixel, die die Markierungs-

Inhaltsbasiertes Ausbessern
Das Ausbessern-Werkzeug arbeitet auf Wunsch ebenfalls inhaltsbasiert, ähnlich wie der Bereichsreparatur-Pinsel, und bringt dafür auch andere Einstellungen mit. Dazu kommt die Möglichkeit zum Arbeiten mit separater Ebene.

linie vor und nach dem Verschieben umfängt, werden dann verrechnet oder durch inhaltsbasierte Pixel ergänzt.

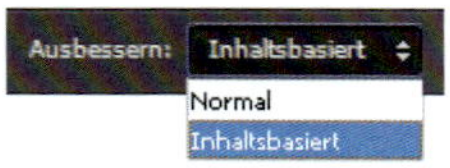

▲ **Abbildung 20.41**
Umschalten der Ausbessern-Option ändert die Funktionsweise des Ausbessern-Werkzeugs maßgeblich.

20.7.1 Normales Ausbessern

Schalten Sie in der Optionsleiste unter Ausbessern zwischen den Optionen Normal und Inhaltsbasiert um, ändern sich Betriebsweise und Optionen des Werkzeuges entscheidend. Mit der Einstellung Normal verhält sich das Ausbessern-Werkzeug wie eh und je: Die Retuschepixel werden mit dem neuen Untergrund verschmolzen.

▲ **Abbildung 20.42**
Die Optionen des Ausbessern-Werkzeugs in der Betriebsweise Normal

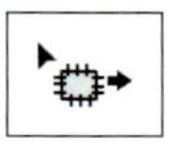

▲ **Abbildung 20.43**
Der Mauszeiger gibt über die Ausbesserungsrichtung Aufschluss. Hier wurde Ausbessern: Quelle gewählt.

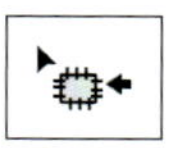

▲ **Abbildung 20.44**
Ausbessern: Ziel

In der Optionsleiste finden Sie die von regulären Auswahlwerkzeugen bekannten kleinen Buttons ❶, mit denen Sie festlegen, wie sich mehrere Auswahlbereiche im Bild zueinander verhalten:

- Ist Ausbessern: Quelle ❷ aktiviert, wird die ursprüngliche Markierung retuschiert, und zwar mit den Pixeln aus der Bildpartie, auf die Sie die Markierung ziehen.
- Ist Ausbessern: Ziel ❸ angeklickt, liefert die als Erstes markierte Stelle die retuschierenden Pixel. Ausgebessert wird dann die neue Position der Markierungslinie.

Der Button Muster verwenden ❹ ist nur aktiv, wenn im Bild bereits eine Auswahl erzeugt wurde. Klicken Sie auf den Button, um die Auswahlfläche mit einem zuvor aus der Liste ❺ gewählten Muster zu füllen.

Zum Weiterlesen
Mit Hilfe des Protokoll-Bedienfelds kehren Sie leicht zu früheren Arbeitsstadien des Bildes zurück. Das ist bei **Retusche-Experimenten** sehr praktisch. Wie das genau funktioniert, lesen Sie in Kapitel 7, »Arbeitsschritte zurücknehmen, Bilder retten«.

Vorgehensweise | Die Arbeitsweise erfordert ein wenig Geschick im Umgang mit der Maus und ein gutes Auge dafür, welche Bildpartien sich zu einer harmonischen Retusche ergänzen könnten, ist sonst aber nicht weiter problematisch. Beim normalen Ausbessern gibt es noch keine Möglichkeit, auf einer separaten Ebene zu arbeiten. Sie erzeugen also am besten zunächst eine Ebenenkopie, die Sie statt der Originalebene retuschieren, oder machen einen Protokoll-Schnappschuss.

1. Stellen Sie die gewünschten Optionen ein, die wichtigste ist Ausbessern: Quelle/Ziel. Mir erscheint die Arbeit mit der Einstellung Auswahl: Quelle ein wenig einfacher als mit Auswahl: Ziel, besonders im Hinblick darauf, passende Retuschepixel zu finden.

2. Ziehen Sie mit der Maus eine Linie um den Bildbereich, der retuschiert werden soll. Die Auswahlfunktion des Ausbessern-Werkzeugs bedienen Sie wie das bekannte Lasso-Werkzeug. Achten Sie darauf, dass die Auswahllinie wirklich geschlossen ist.
3. Nun ziehen Sie die Auswahl mit der Maus an eine andere, »gesunde« Stelle im Bild. Sie sehen gleich in einer Vorschauansicht, wie sich der retuschierte Bereich verhält.
4. Mit dem Loslassen der Maus springt die Auswahl an ihren alten Ort zurück, Photoshop rechnet in die betreffende Stelle die Retuschepixel ein.
5. Wenn nötig, nehmen Sie den Vorgang zurück (Strg/cmd+Z) oder führen ihn erneut durch, bis die Retusche sitzt.

Normale Auswahlbefehle nutzbar
Viele der Befehle aus dem Auswahl-Menü funktionieren auch hier, so etwa Auswahl aufheben (Strg/cmd+D), Auswahl verändern oder Auswahl transformieren.

20.7.2 Inhaltsbasiertes Ausbessern

Wenn Sie unter Ausbessern die Einstellung Inhaltsbasiert ❼ wählen, errechnet Photoshop vor allem an den Kanten des Retuschebereichs ganz neue Bildpixel, um einen stufenlosen Übergang zu schaffen. Dazu stehen Ihnen in der Optionsleiste ganz neue Einstellungen zur Verfügung.

Inhaltsbasiertes Ausbessern ist besonders dann erfolgversprechend, wenn Sie Flächen mit harten Kanten und Kontrasten bearbeiten – Motive, bei denen das Ausbessern-Werkzeug bisher nicht gut wirkte.

▼ Abbildung 20.45
Die Optionen des Ausbessern-Werkzeugs für inhaltsbasiertes Retuschieren

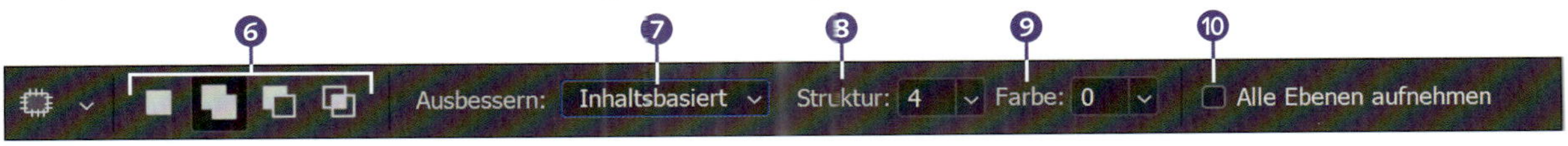

Optionen | Auswahl-Buttons ❻ finden sich auch hier. Die Wahl zwischen Quell- oder Zielretusche haben Sie hier jedoch nicht. Wenn Sie inhaltsbasiert arbeiten, wird immer die Quelle ausgebessert: Der ursprüngliche Auswahlbereich wird mit Pixeln aus dem Bereich überschrieben, auf den Sie die Auswahl ziehen. Dabei werden nicht einfach Pixel übertragen. Speziell an den Rändern des Retuschebereichs erfindet Photoshop neue Motivdetails hinzu, um den Übergang unsichtbar(er) zu machen. Wie exakt das passiert, regeln die Werte Struktur ❽ und Farbe ❾. Mit Struktur beeinflussen Sie, wie stark die Retusche den vorhandenen Bildelementen entsprechen soll. Je höher dieser Wert ist, desto präziser verrechnet Photoshop anhand der vorhandenen Bildstrukturen.

Farbe funktioniert auf ähnliche Weise, je höher der Wert, desto stärker der Effekt. Hierbei legen Sie fest, wie stark die Farben des Retuschebereichs und des Hintergrunds vermischt werden. Wichtiger für eine überzeugende Retusche sind eine gut angepasste Auswahllinie und das Ansteuern eines geeigneten Quellbereichs!

Separate Retuscheebene
Die Option ALLE EBENEN AUFNEHMEN gestattet es, auf einer separaten Ebene zu retuschieren – und die Retusche durch Nacharbeiten ganz einfach zu verfeinern.

Vorgehensweise | Da Sie bei der inhaltsbasierten Ausbesserung nicht entscheiden müssen, ob Quelle oder Ziel retuschiert werden sollen, ist die Anwendung noch einfacher als beim normalen Ausbessern. Sie umfahren den zu retuschierenden Bereich mit der Maus, um eine Auswahllinie zu erzeugen, und ziehen den Auswahlbereich auf eine andere Stelle im Bild, die geeignete Retuschepixel enthält. Sobald Sie die Maustaste loslassen, kopiert Photoshop die Pixel in den ursprünglich ausgewählten Bereich und erzeugt an den Rändern des Auswahlbereichs neue Bildinhalte, die einen mehr oder weniger spurenlosen Anschluss schaffen. Das klappt natürlich nicht immer hundertprozentig, aber wenn Sie mit Hilfe der Option ALLE EBENEN AUFNEHMEN ⑩ auf einer separaten Ebene retuschieren, haben Sie viele Möglichkeiten, das Ergebnis nachzubessern, etwa mit Hilfe weiterer Retuschen oder mit Masken.

20.8 Das Inhaltsbasiert verschieben-Werkzeug: Verschieben statt entfernen

Das Inhaltsbasiert verschieben-Werkzeug (J) ist ein enger Verwandter des Ausbessern-Werkzeugs. Doch beim Inhaltsbasiert verschieben-Werkzeug werden Bildinhalte nicht überdeckt und verschwinden, sondern sie werden an eine andere Stelle im Bild verschoben. Die Kanten des Auswahlbereichs werden inhaltsbasiert an die neue Umgebung angepasst.

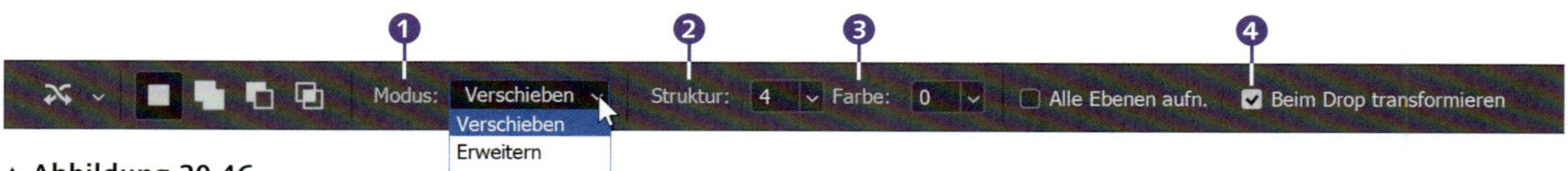

▲ **Abbildung 20.46**
Optionen für inhaltsbasiertes Verschieben

Optionen | Die Optionsleiste des Inhaltsbasiert verschieben-Werkzeugs hat sich über die vergangenen Photoshop-Versionen stark verändert. Ähnelte sie ursprünglich der des Ausbessern-Werkzeugs, bietet sie mittlerweile in Photoshop ganz eigene Funktionen und Einstellungsmöglichkeiten. Unter MODUS ① finden Sie im Drop-down-Menü zwei mögliche Einstellungen:

- VERSCHIEBEN tut, was der Name verspricht: Bildinhalte werden an eine andere Stelle verschoben und dort automatisch eingepasst.
- ERWEITERN eignet sich für Fälle, in denen Sie bestehende Bildobjekte durch Retuschieren erweitern wollen.

Bei STRUKTUR ② legen Sie fest, wie stark die Retusche den vorhandenen Bildelementen entsprechen soll. Hierzu geben Sie einen Wert zwischen

1 und 7 ein – je höher der Wert, desto präziser die Verrechnung anhand der vorhandenen Bildstrukturen. Bei einem geringen Wert werden die Kanten des verschobenen Objekts eher lose mit dem neuen Hintergrund verrechnet.

Farbe ❸ funktioniert ähnlich wie Struktur, jedoch mit einer Skala von 0 bis 10. Hierbei wird festgelegt, wie stark der Algorithmus die Farben des Objekts und des Hintergrunds vermischt. Bei 0 findet keine Vermischung statt, bei 10 werden die Farben maximal gemixt.

Beim Drop transformieren ❹ schließlich ermöglicht Ihnen, das verschobene Objekt an der neuen Position im Bild mittels eines Transformationsrahmens zu drehen und zu skalieren. Damit dies wirklich zufriedenstellend funktioniert, sollten Sie zu Beginn eine möglichst präzise Auswahl des Objekts treffen. Ziehen Sie es dann an die gewünschte Stelle, und drehen, vergrößern oder verkleinern Sie es. Eine Skalierung erfolgt automatisch proportional. Bestätigen Sie den Vorgang über den Haken in der Optionsleiste, und Photoshop verrechnet das Objekt mit dem Bild. Abhängig vom Hintergrund werden Sie jedoch am Ende höchstwahrscheinlich noch einmal nachretuschieren müssen.

Arbeit mit anderen Auswahltools möglich
Das Inhaltsbasiert verschieben-Werkzeug bietet keine besonders gute Steuerung beim Erzeugen der Auswahl. Es funktioniert so wie das einfache Lasso. Oft genügt das auch. Wenn Sie jedoch einmal eine passgenaue Auswahl benötigen, können Sie die einfach mit dem Auswahl-Werkzeug Ihres Vertrauens erzeugen, danach zum Inhaltsbasiert verschieben-Werkzeug wechseln und die Auswahllinie verschieben.

Vorgehensweise | Die Funktionsweise des Inhaltsbasiert verschieben-Werkzeugs gleicht der des Ausbessern-Werkzeugs. Sie erzeugen eine Auswahl für einen Bereich und verschieben diese Auswahl, um die Retuscheberechnungen auszulösen. Auch hier kommt es darauf an, passende Auswahlbereiche zu erzeugen und diese dann auf eine geeignete Bildstelle zu verschieben.

Wunder vollbringt auch das Inhaltsbasiert verschieben-Werkzeug nicht! Sie müssen Ihre Auswahl also in einen Bildbereich verschieben, bei dem Photoshop noch die Chance hat, einen vernünftigen Anschlussbereich zu errechnen. Das Werkzeug macht Retuschen möglich, die früher undenkbar gewesen wären, doch oft sind trotzdem noch Nacharbeiten notwendig.

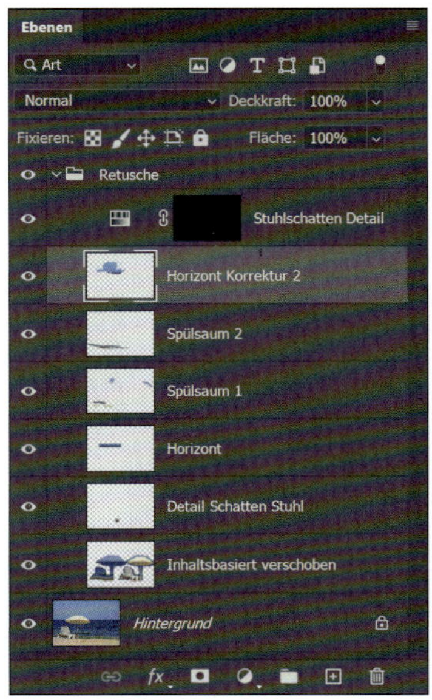

▲ **Abbildung 20.47**
Das Inhaltsbasiert verschieben-Werkzeug schafft das auch, doch es sind noch Detailkorrekturen notwendig (hier mit dem Stempel)

Bild: stock.xchng, Radu Andrei Dan

▲ **Abbildung 20.48**
Schirm und Liegestuhl wurden mit Inhaltsbasiert verschieben nach rechts verschoben.

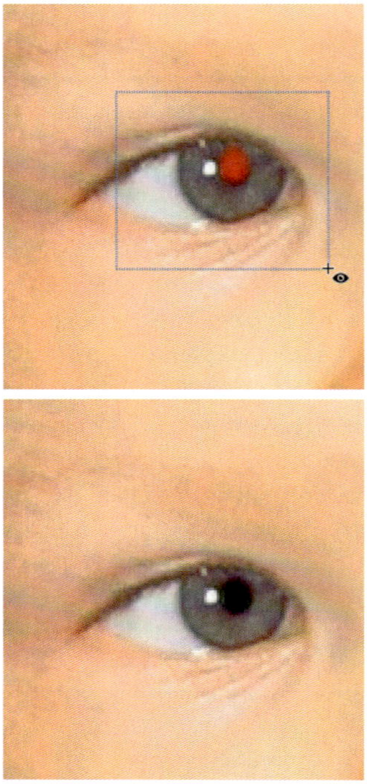

▲ **Abbildung 20.50**
Das Rote-Augen-Werkzeug bei der Arbeit

20.9 Rote-Augen-Retusche

Rote Augen auf Fotos entstehen, wenn in dunklen Räumen geblitzt wird. Durch die weit geöffnete Pupille wird dann der Augenhintergrund fotografiert, und die Pupille erscheint rot. Adobe bietet extra ein Werkzeug an, das verblitzte Augen nahezu vollautomatisch retuschieren soll: das Rote-Augen-Werkzeug [J].

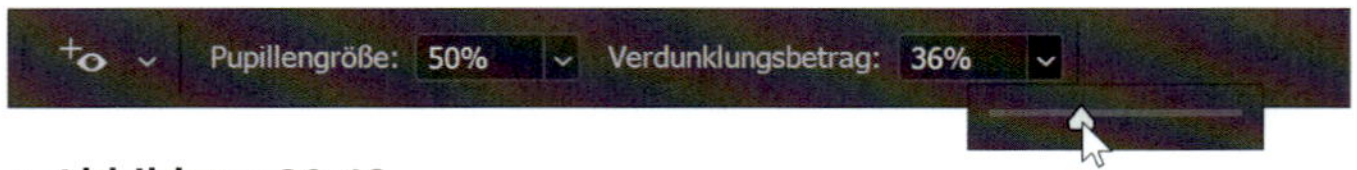

▲ **Abbildung 20.49**
Sparsame Einstellungsmöglichkeiten zur Augenretusche

Hier haben Sie nur zwei Einstellungsmöglichkeiten:

- Die PUPILLENGRÖSSE legt die Größe der Pupille fest.
- Die Einstellung VERDUNKLUNGSBETRAG bestimmt, wie stark die Pupille abgedunkelt wird.

20.10 Das Werkzeug »Farbe ersetzen«

Das Farbe-ersetzen-Werkzeug [B], das in der Werkzeugleiste unter den Malwerkzeugen versteckt ist, kann viel mehr, als lediglich eine Farbe zu ersetzen. Mit ihm ist die separate Änderung von Farbton, Sättigung, Farbe oder Luminanz von Bildpixeln möglich, ohne dass die jeweils anderen Parameter beeinträchtigt würden. Das bietet für Retuschen den enormen Vorteil, dass Sie sich beispielsweise um die Helligkeitswerte eines Bildbereichs keine Sorgen machen müssen, wenn Sie die Farbe ändern. Das Werkzeug malt aber nicht nur, es berücksichtigt auch die Pixel, die es aktuell unter der Werkzeugspitze hat. Es schränkt so den Bereich ein, auf den es wirkt, und verhindert mehr oder minder wirksam das »Danebenmalen«. Es eignet sich zur Retusche roter »Blitzlichtaugen«, aber auch für andere lokale Farbänderungen. Einziger Nachteil: Sie arbeiten direkt auf der Bildebene.

20.10.1 Optionen

Unter MODUS ❶ stellen Sie ein, wie die mit dem Werkzeug aufgetragenen Pixel mit den bestehenden Bildpixeln verrechnet werden sollen. Für die meisten Retuschen und kreativen Einsätze sind FARBE oder FARBTON die beste Einstellung. Wenn Sie sich unsicher sind, wie die einzelnen Modi wirken, lesen Sie nochmals in Kapitel 11, »Mischmodus: Pixel-Interaktion zwischen Ebenen«, über Ebenen-Mischmodi nach – die Berechnungen sind identisch.

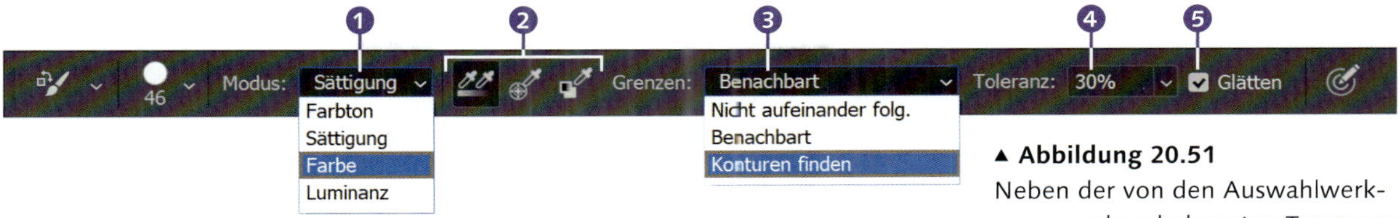

▲ **Abbildung 20.51**
Neben der von den Auswahlwerkzeugen schon bekannten Toleranz (rechts) steuern drei weitere Optionen die Wirkung des Werkzeugs Farbe ersetzen.

Samplings | Die folgenden drei Schaltflächen ❷ bestimmen die Art der Aufnahme. Sie legen also fest, auf welche Weise die Farben der gerade bearbeiteten Bildpixel festgestellt werden.

- Aufnahme: Kontinuierlich bedeutet eine ständige »Pixelkontrolle« und eignet sich gut für schwierige Retuschebereiche.
- Aufnahme: Einmalig stellt die Original-Pixelfarbe nur einmal fest, und zwar an dem Punkt, den Sie als Erstes mit dem Tool anklicken.
- Ist Aufnahme: Hintergrund-Farbfeld eingestellt, sucht das Werkzeug nach Bildpixeln, die genau der in der Werkzeugleiste eingestellten Hintergrundfarbe entsprechen.

Weitere Optionen
Toleranz ❹ wirkt so wie die gleichnamige Option beim Zauberstab oder Hintergrund-Radiergummi; Glätten ❺ fügt an den Kanten des Retuschebereichs Glättungspixel ein.

Grenzen | Die Option Grenzen ❸ bestimmt, wie mit der so ermittelten Informationen über die Originalpixel verfahren wird, wie also die Grenzen des Bereichs beschaffen sind, in dem Farbe aufgetragen werden kann.

- Nicht aufeinander folgend ermöglicht das Bemalen von Flächen einer bestimmten Farbe (nämlich der mit einer der drei Sampling-Methoden festgelegten Farbe) auch dann, wenn diese Flächen nicht zusammenhängen.
- Benachbart schränkt das Bepinseln auf direkt zusammenhängende Farbbereiche ein.
- Konturen finden sucht nach kontrastierenden Kanten im Bild, um die Wirkung des Farbe-ersetzen-Pinsels zu beschränken, und sorgt für besonders saubere Abschlüsse – vorausgesetzt, im bearbeiteten Bild sind solche Kanten auch vorhanden.

20.11 Porträtretuschen mit dem Protokoll-Pinsel

Scharfzeichnungsfilter sind nicht nur ein wichtiges Hilfsmittel, um Bildern, die frisch aus der Digicam oder vom Scanner kommen, ein Quäntchen mehr Knackigkeit zu verleihen. Auch als Retuschewerkzeug eignen sie sich gut.

Dosiert eingesetzt, lässt eine Scharfzeichnung matte Augen strahlen oder betont die Lippen. Sie erinnern sich: Scharfzeichner wirken kontraststeigernd. Davon profitieren eben auch Porträts oder zumindest einige Partien davon – dass Schärfen fotografierte Gesichter auch entstellen kann, wurde ja bereits in Kapitel 19, »Mehr Schärfe, weniger Rauschen«, deutlich. Ähnlich verhält es sich mit dem Weichzeichnen: Haut, die nicht unter idealen Lichtbedingungen aufgenommen wurde, wirkt auf Fotos schnell fleckig, grobporig und glänzt zu stark. Hier würde Weichzeichnen Abhilfe schaffen, es soll sich aber wiederum nicht auf das gesamte Bild erstrecken.

Filterwirkung eingrenzen | In beiden Fällen ist es also wichtig, die Filterwirkung lokal einzugrenzen und nur die wirklich retuschierbedürftigen Bildpartien damit zu behandeln. Gleichzeitig wäre ein einfaches, intuitives Handling wünschenswert, denn Porträtretusche erfordert schon viel Konzentration auf das Objekt. Die Arbeit mit Masken wäre hier zu umständlich und würde schlecht vorhersagbare Ergebnisse liefern.

Eine hervorragende Technik, die Filterwirkung gut dosiert nur auf einzelne Bildpartien anzuwenden, ist der Protokoll-Pinsel (Kürzel Y).

Für Porträtretuschen lässt sich diese Arbeitsweise besonders gut anwenden, aber auch andere Zwecke sind denkbar. Ich zeige Ihnen hier exemplarisch, wie Sie mit Hilfe von Weichzeichnungsfilter und Protokoll-Pinsel ein weicheres Hautbild erzielen können. Mit dieser Technik können Sie Glanzstellen, Hautunreinheiten und Rötungen, Sommersprossen und Ähnliches gut kaschieren – digitales Abpudern eben!

»Frauenporträt.tif«

Schritt für Schritt: Filter und Protokoll-Pinsel als digitale »Puderquaste« zur Hautretusche

Das vorliegende Porträt soll digital etwas abgepudert, das Hautbild ruhiger werden. Eigentlich sind hierfür keine separaten Ebenen nötig, und es kann auch wenig schiefgehen – vorsichtige Naturen können sich dennoch ein Ebenenduplikat anlegen und darauf arbeiten.

Bild: Fotolia, Christophe Denis

▲ **Abbildung 20.52**
Das Ausgangsbild – das Hautbild ist nicht ganz ebenmäßig, außerdem sind leichte Glanzstellen zu sehen.

1 Weichzeichnen

Ich arbeite hier mit dem universellen Weichzeichner, dem Gaußschen (unter Filter • Weichzeichnungsfilter).

Welcher Wert der richtige ist, ist von Bild zu Bild verschieden. Hochaufgelöste Bilder brauchen meist höhere Radien als 72-ppi-Webbilder. Auch hier ist die 100 %-Ansicht ratsam, um die Filterwirkung realistisch einzuschätzen. Verändern Sie den Wert so lange, bis die zu entfernenden »Fehler« nicht mehr zu sehen sind und die Haut schön weich und ebenmäßig aussieht. Im Zweifelsfall dosieren Sie den Filter lieber zu hoch als zu niedrig – bei der eigentlichen Retusche können Sie die Filterwirkung gleich noch etwas reduzieren. Konzentrieren Sie sich nur auf die Haut. Alles andere, was jetzt viel zu weich aussieht korrigieren Sie gleich wieder.

▲ **Abbildung 20.53**
Einstellungen des Gaussschen Weichzeichners

2 Protokoll-Bedienfeld aufrufen und einstellen

Sie arbeiten nun mit dem Protokoll-Pinsel-Werkzeug Y. Dazu brauchen Sie auch das Protokoll-Bedienfeld (rufen Sie es über Fenster • Protokoll auf).

Aktivieren Sie durch Klicken auf die entsprechende Zeile denjenigen Protokollzustand, der *direkt vor* dem Weichzeichnen liegt. Das Bild nimmt jetzt wieder den Zustand an, den es vor der Weichzeichnung hatte. Zudem müssen Sie festlegen, welches Bildstadium mit dem Protokoll-Pinsel-Werkzeug ins Bild hineingepinselt werden soll. Das ist natürlich die Weichzeichnung. Klicken Sie einmal in das leere Kästchen vor der entsprechenden Protokollzeile (dort, wo Gaussscher Weichzeichner steht). Dort ist dann das Protokoll-Pinsel-Icon 1 zu sehen.

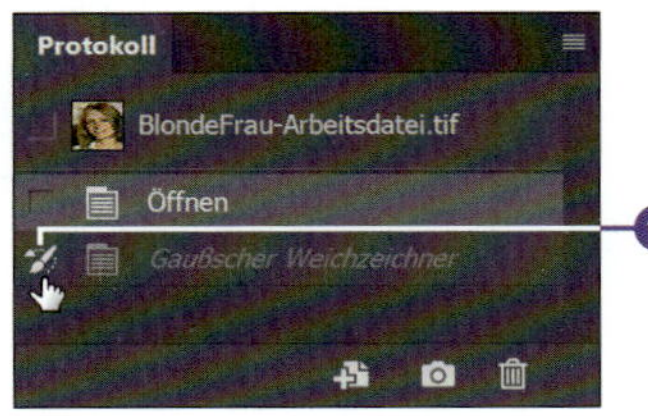

▲ **Abbildung 20.54**
So sollte Ihr Protokoll-Bedienfeld aussehen.

3 Protokoll-Pinsel aufrufen und einstellen

Den Protokoll-Pinsel handhaben Sie wie einen normalen Pinsel auch. Wenn Sie losmalen, wird die Weichzeichnung an den bemalten Stellen wieder ins Bild übernommen.

▲ **Abbildung 20.55**
Die Optionen des Protokoll-Pinsels

Über die Optionen des Protokoll-Pinsels steuern Sie, wie und wie stark die Weichzeichnung wirken soll. Die Pinselgröße müssen Sie an das Motiv anpassen. Weiche Werkzeugspitzen sind meist von Vorteil. Wenn Ihre Retusche ein zu künstliches Aussehen hat – das merken Sie meist nach den ersten zwei, drei Pinselstrichen –, können Sie die Deckkraft des Protokoll-Pinsels unter Umständen etwas reduzieren. Wenn Sie ein Gesicht nur etwas mattieren wollen, sollte der Modus Normal genügen.

4 Weichzeichnung wieder ins Bild malen

So wie in Abbildung 20.52 sah die Person vorher aus. Nun malen Sie überall über die Hautpartien, die Sie digital »abpudern« wollen – fertig.

5 Fertig! – Das Endergebnis

Das Bild wirkt deutlich ausgeglichener. Nur die von Ihnen bepinselten Hautstellen sind weichgezeichnet. In den anderen Bildpartien blieb die Schärfe erhalten.

Nach demselben Rezept können Sie auch andere Filter – und natürlich auch andere Arbeitsschritte – dosiert wieder ins Bild bringen.

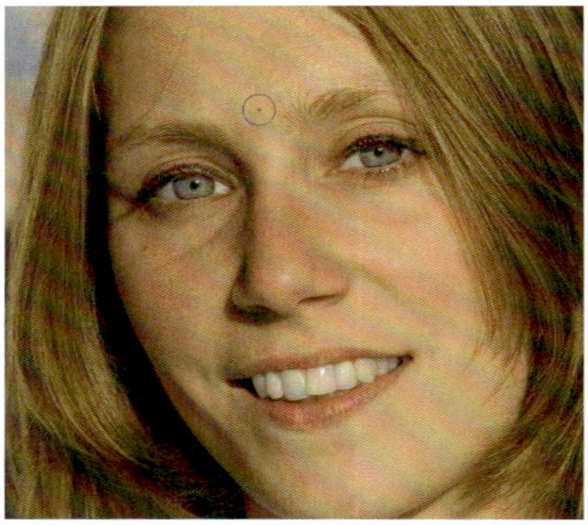

Abbildung 20.56 ▸
Die Weichzeichnung wird ins Bild gemalt.

Abbildung 20.57 ▸▸
Nach der Retusche: ein ausgeglichenes, aber nicht »totretuschiertes« Ergebnis

20.12 Der Verflüssigen-Filter: Vielseitiges Tool für (fast) jeden Zweck

»JungeFrau.tif«

Der VERFLÜSSIGEN-Filter (FILTER • VERFLÜSSIGEN oder das Kürzel ⇧+Strg/cmd+X) eignet sich zum Bearbeiten von Mimik, aber auch für die Veränderung von (Gesichts-)Proportionen oder für kleine Reparaturen am Faltenwurf von Bekleidungsstücken.

Bild: Fotolia, Aleksey Poprugin

▴ Abbildung 20.58
Das Ausgangsbild

▴ Abbildung 20.59
Und das Ergebnis nach behutsamer VERFLÜSSIGEN-Retusche: ein dickerer Haarschopf, größere Augen, stärkeres Lächeln

20.12.1 Die Filterfunktionen auf einen Blick

Der Dialog des Verflüssigen-Filters ist sehr umfangreich und in seiner Funktionsvielfalt etwas verwirrend. Viele Funktionen brauchen Sie jedoch nur in Ausnahmefällen. Blenden Sie daher nur die Schaltflächen ein, die Sie auch wirklich benötigen. Mittels der Ausklapppfeile vor den Bedienfeldbereichen ❶ kommen Sie so zu einer Basic-Version des Tools. Im Folgenden finden Sie eine Übersicht über die zahlreichen Funktionen des Verflüssigen-Filters.

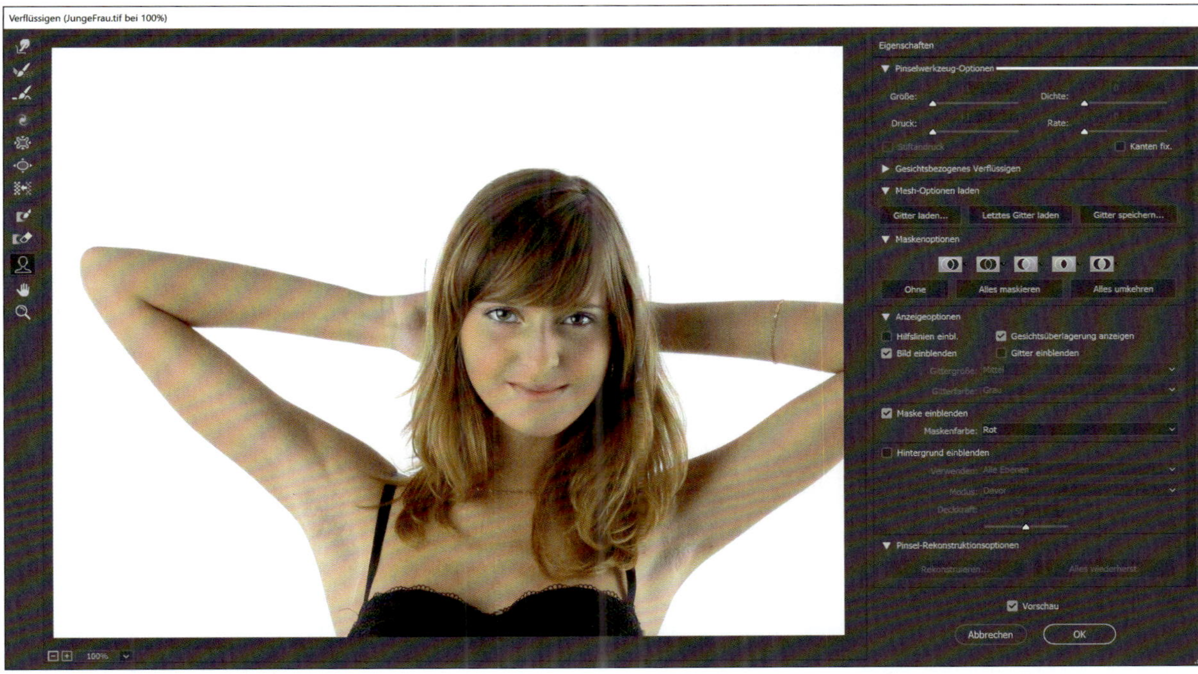

▲ **Abbildung 20.60**
Die Vielzahl interner Werkzeuge und Funktionen wirkt auf den ersten Blick erschlagend.

Werkzeuge | Einzelne Bildpartien werden verflüssigt (technisch gesprochen: Pixel werden verschoben), indem Sie den Mauszeiger auf die zu verändernden Bildpartien setzen und (meist) ein wenig schieben. Von oben nach unten stehen Ihnen folgende Werkzeuge bereit:

- Pixel wie mit dem Finger **vorwärtsschieben** – sicher eines der meistgenutzten Werkzeuge: das Mitziehen-Werkzeug, Tastenkürzel W.
- Nach Änderungen wieder einen früheren Zustand rekonstruieren: das Rekonstruktionswerkzeug, Tastenkürzel R.
- Zuletzt hinzugekommen ist das Glätten-Werkzeug E ❷ (Abbildung 20.61), mit dem Sie eventuell entstehende harte Kanten weich-

▲ **Abbildung 20.61**
Die Werkzeuge des Verflüssigen-Filters

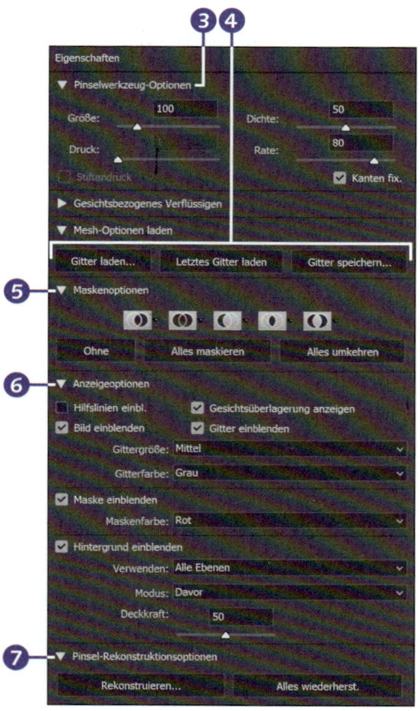

▲ **Abbildung 20.62**
Werkzeug-, Rekonstruktions- und Ansichtsoptionen im Detail

zeichnen können. Dies ist auch beim Verwenden von Masken während des Verflüssigens sehr hilfreich.

- Im Uhrzeigersinn **strudelförmig** verdrehen: das Strudel-Werkzeug, Tastenkürzel C. Wenn Sie gegen den Uhrzeigersinn strudeln wollen, halten Sie Alt gedrückt.
- Bildpartien **zusammenziehen**: das Zusammenziehen-Werkzeug, Tastenkürzel S.
- Um einzelne Bildpartien **aufzublasen**: das Aufblasen-Werkzeug, Tastenkürzel B.
- Sie können Bildpixel **versetzen**. Das Nach-links-schieben-Werkzeug (Tastenkürzel O) arbeitet etwas komplizierter als das erste Verschieben-Tool. Wenn Sie es gerade nach oben ziehen, schiebt es Pixel nach links. Ziehen Sie es nach unten, schiebt es Pixel nach rechts. Durch Umfahren eines Bereichs wird dieser vergrößert (Maus im Uhrzeigersinn bewegen) oder verkleinert (gegen den Uhrzeigersinn).
- Das nächste Werkzeug dient dazu, **Masken aufzutragen**: das Fixierungsmaske-Werkzeug, Tastenkürzel F.
- Masken können Sie auch löschen: mit dem Maske-löschen-Werkzeug, Tastenkürzel D.
- Darunter finden Sie die schon vertrauten Tools Hand-Werkzeug, Tastenkürzel H …
- … und das Zoom-Werkzeug, Tastenkürzel Z, um die Bildansicht zu verändern.

Werkzeugoptionen | Die Werkzeugoptionen rechts ❸ bestimmen, wie intensiv die einzelnen Werkzeuge wirken.

- Pinselgrösse ist selbsterklärend. Bei vielen Operationen erzielt eine etwas größere Pinselspitze meist bessere Ergebnisse. Die Pinsel wirken auch an den Rändern nicht so stark wie im Zentrum.
- Die Pinseldichte steuert, wie sehr die Pinselwirkung zum Pinselrand weicher wird. Diese Option ist also gut geeignet, um Übergänge mehr oder weniger sanft zu gestalten.
- Pinseldruck und Rate bestimmen beide die Geschwindigkeit, mit der Deformierungen erfolgen. Pinseldruck ist auf Werkzeuge bezogen, bei denen Sie die Maus bewegen, Rate wirkt vor allem auf das Strudel- und Turbulenzwerkzeug, bei denen die Maus auf einem Punkt verharrt.

Rekonstruktionsoptionen | Die Pinsel-Rekonstruktionsoptionen ❼ haben mit dem Rekonstruktionswerkzeug nichts zu tun: Die Einstellung bezieht sich auf Rekonstruktionsarbeiten am gesamten Bild. Durch Rekonstruieren schwächen Sie die Änderungen ab, um sie besser einzupassen (Button REKONSTRUIEREN), oder nehmen sie ganz zurück (Button ALLES WIEDERHERST.).

Maskenoptionen | Einzelne Bildteile lassen sich auch durch Masken schützen. Das können sowohl die mit den Maskenwerkzeugen aufgetragenen Masken des VERFLÜSSIGEN-Fensters sein als auch schon im Bild bestehende Masken, Auswahlen oder Alphakanäle. Die Buttons unter MASKENOPTIONEN ⑤ legen fest, wie sich diese Elemente jeweils zueinander verhalten.

Anzeigeoptionen | Die ANZEIGEOPTIONEN ⑥ ermöglichen es Ihnen, neben dem Bild auch ein Gitternetz – das dann mit verzerrt wird – einzublenden. Sie können Größe und Farbe des Gitters einstellen. Zudem ist es möglich, die Maskenfarbe einzustellen, eine Vorher- und Nachher-Ansicht zu überblenden und, sofern vorhanden, andere Bildebenen einzublenden.

Gitter laden und speichern | Eine gelungene Verflüssigung – bzw. das der Berechnung zugrunde liegende (verformte) Gitter – können Sie auch **speichern** und später wieder **laden** und weiterbearbeiten. Dazu nutzen Sie die drei Buttons ④ im Bedienfeldbereich MESH-OPTIONEN LADEN.

Verflüssigen mit Masken – Vorgehen
Mit Masken können Sie Bildpartien vor dem Verflüssigen schützen – das führt aber sehr oft zu hässlichen Kanten zwischen den bearbeiteten und unbearbeiteten Bereichen. In der Praxis ist es viel sinnvoller, Bildteile *nach* dem Bearbeiten zu maskieren und *vor der Rekonstruktion* zu schützen. Damit bleiben gelungene Änderungen erhalten, während der Rest sanft »zurückgebogen« wird – so erzielen Sie weichere Übergänge. Manchmal lohnt es sich auch, mehrere Rekonstruktionsdurchgänge hintereinander durchzuführen und mit unterschiedlichen Masken zu operieren.

▲ **Abbildung 20.63**
Übrigens: Auch für das nachträgliche Glattbügeln von Kleidung ...

▲ **Abbildung 20.64**
... eignet sich das VERFLÜSSIGEN-Werkzeug. (Hier kamen die Funktionen ZUSAMMENZIEHEN und VORWÄRTS KRÜMMEN zum Einsatz.)

20.12.2 Porträts verformen für Eilige: Gesichtsbezogenes Verflüssigen

»Pink-Portrait.jpg«

Neben den eben vorgestellten Funktionen verfügt der VERFLÜSSIGEN-Filter auch noch über Werkzeuge, mit denen sich Gesichter schnell und spielend einfach bearbeiten lassen. Die behutsame und oft mühselige Verflüssigen-Arbeit vergangener Tage ist dank GESICHTSBEZOGENES VERFLÜSSIGEN passé.

Sie finden die Funktion als Ausklapp-Panel unter den Eigenschaften auf der rechten Seite des VERFLÜSSIGEN-Filters (FILTER • VERFLÜSSIGEN oder das Kürzel [⇧]+[Strg]/[cmd]+[X]); hier können Sie die Gesichtsform mit Hilfe von Reglern verändern. Außerdem gibt es in der links gelegenen Werkzeugleiste des Filters ein eigenes Tool, um Gesichtsformen direkt manuell zu manipulieren.

▲ **Abbildung 20.65**
Schaltfläche des Gesichtswerkzeugs

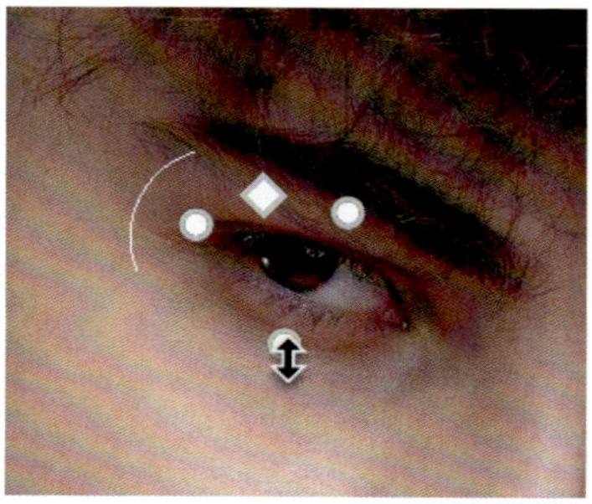

▲ **Abbildung 20.66**
Mit dem Gesichtswerkzeug direkt aufs Bild einwirken.

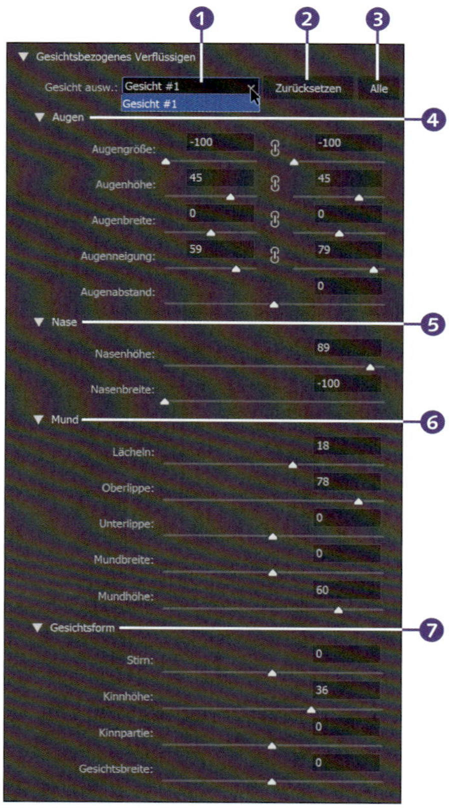

Abbildung 20.67 ▸
Die Regler des GESICHTSBEZOGENEN VERFLÜSSIGENS

Wenn Sie mit den Reglern arbeiten, können Sie die Augen, die Nase, den Mund und die Gesichtsform ganz einfach verändern. In der Regel erkennt Photoshop die betreffenden Partien automatisch – das Anlegen einer Auswahl oder Ähnliches ist nicht nötig. Folgende Optionen stehen Ihnen zur Verfügung:

- **Augen ❹:** Über diesen Unterpunkt können Sie die Augen einzeln vergrößern und verkleinern, die Augenhöhe und -breite bearbeiten, die Augen nach außen und nach innen neigen und den Augenabstand verändern.
- **Nase ❺:** Hierüber haben Sie Zugriff auf die Nasenhöhe (den Abstand zu den Lippen) und die Breite der Nase.
- **Mund ❻:** Sie können ein Lächeln auf das Gesicht zaubern, die Ober- und Unterlippe separat voneinander dicker oder schmäler machen, die Mundbreite verändern und die Mundhöhe manipulieren.
- **Gesichtsform ❼:** Schließlich bietet Ihnen dieser Unterpunkt die Manipulation der Stirn, der Kinnhöhe und -breite sowie der Gesichtsbreite.

Darüber hinaus haben Sie die Option, zwischen Gesichtern zu wechseln ❶, sollte Photoshop mehrere im Bild erkannt haben. Sie können außerdem die Bearbeitungen der Gesichter individuell ❷ wie auch insgesamt ❸ zurücksetzen.

Achtung: Gesichtsbezogene Retuschen rekonstruieren
Die Funktionen Rekonstruktion und Alle wiederherstellen funktionieren nicht nach gesichtsbezogenem Verflüssigen. Nutzen Sie in diesem Fall die Optionen Zurücksetzen und Alle im Bereich Gesichtsbezogenes Verflüssigen, um die Änderungen zurückzusetzen.

◂ **Abbildung 20.68**
Vorher und nachher: Mit Gesichtsbezogenem Verflüssigen können Sie das Gesicht einer Person binnen Sekunden stark verändern.

20.13 Das Formgitter-Werkzeug: Naturalistisch verformen

Auch das Formgitter verformt Bildteile. Anders als der Filter Verflüssigen ist es jedoch auf naturalistisch wirkende, anatomisch korrekte Verbiegungen spezialisiert. Damit führen Sie einfache Retuschen (etwa die Haarform) ebenso durch wie umfangreiche Transformationen (beispielsweise Veränderungen der Armhaltung fotografierter Personen). Die Funktion ist leicht zu bedienen. Allerdings brauchen Sie für realistische Ergebnisse oft akkurate Freisteller und geschickt retuschierte Bildhintergründe – beides sind Zeitfresser.

Bild: istockphoto, Valeriy Kalyuzhnyy

Abbildung 20.69 ▸
Das Ausgangsbild

Abbildung 20.70 ▸▸
Freigestellt und verformt. Gitter und Pins des Formgitterwerkzeugs sind erkennbar. Die Bewegung wirkt relativ natürlich.

20.13.1 Formgitter-Funktionen

Sie finden das Werkzeug unter BEARBEITEN • FORMGITTER. Am besten wenden Sie es auf freigestellte Bildobjekte an, Sie können jedoch auch mit einfachen Auswahlen oder Masken arbeiten. Es funktioniert bei normalen Bildebenen, Text- und Formebenen und Smartobjekten, das heißt, Sie können auch zerstörungsfrei arbeiten.

»ReiterinEinfach.tif« (Die Datei enthält bereits ein freigestelltes Smartobjekt.)

Aktivieren Sie Ihre Ebene – im Idealfall ein freigestelltes Bildelement als Smartobjekt –, und wählen Sie dann BEARBEITEN • FORMGITTER, um die Funktion zu starten. Ist in der Optionsleiste die Option FORMGITTER ❹ aktiviert, wird das Bild mit einem Gitternetz überzogen. Per Mausklick setzen Sie Pins ins Bild. Die Pins wirken einerseits wie Gelenke, können Bildteile jedoch auch feststellen. In der Optionsleiste steuern Sie vor allem die Eigenschaften des Gitternetzes und damit der Verformung.

▲ Abbildung 20.71
Formgitter-Optionen

Optionen für das Gitternetz | MODUS, DICHTE und AUSBREITUNG wirken auf das Formgitter selbst, das sogenannte Mesh – und damit auf die Art und Weise, wie die Verformung berechnet wird und sich das verformte Objekt verhält.

- Der MODUS ❶ bestimmt, wie elastisch das Mesh ist. Wenn Sie anatomisch verformen wollen, ist NORMAL am besten geeignet. Den Modus STARR können Sie ausprobieren, wenn Ihnen das Objekt beim Verformen – trotz gesetzter Pins – zu kräftig in Bewegung ist. VERZERREN ändert auch Größenverhältnisse. Diese Einstellung empfiehlt sich etwa, wenn Sie mit einem Weitwinkelobjektiv aufgenommene Bilder oder Textur-Maps verkrümmen wollen.

- Unter DICHTE ❷ legen Sie fest, wie grob- oder engmaschig das Gitternetz ist. Ein feines Gitternetz arbeitet präzise, kostet jedoch auch viel Rechenzeit. Für die meisten Bilder genügt die Standardeinstellung NORMAL.
- AUSBREIT. ❸ erweitert oder verkleinert die Außenkante des Meshs. Je höher der Wert ist, desto mehr Bewegungsspielraum hat das verformte Objekt. Bei hohen Werten werden die Bewegungen schnell unkontrollierbar. Testen Sie einmal Extremwerte – Sie werden sofort verstehen, was es mit dieser Option auf sich hat!
- FORMGITTER ❹ blendet das Gitter ein oder aus. Beim Arbeiten ist ein eingeblendetes Gitter praktisch, zur zwischenzeitlichen Ergebniskontrolle können Sie es kurz ausschalten.

Um das Formgitter anzuwenden, setzen Sie mittels Mausklicks die Pins ins Bild. Der jeweils aktive Pin – erkennbar an einem schwarzen Punkt – wirkt wie ein Gelenk. Die restlichen Pins fixieren das Motiv.

Die richtige Menge Pins
Sie müssen vermutlich ein wenig üben, um herauszubekommen, wie viele Pins notwendig sind. Wenn Sie zu wenige Pins setzen, drehen Sie die ganze Figur (beim Verschieben der Pins per Maus) oder sehen zunächst kein Resultat (beim Drehen des Meshs). Sind es zu viele, kann das Bildobjekt unbeabsichtigt und unanatomisch verzerrt werden.

▲ **Abbildung 20.72**
Um ein größeres Objekt naturalistisch zu verformen, sollten Sie es mit einigen anatomisch halbwegs sinnvoll platzierten Pins »feststecken«.

Bildelemente verformen | Durch Bewegen des aktiven Pins oder des Meshs verformen Sie das Bildelement. Jede Bewegung betrifft jedoch die ganze Figur. Je nach Menge und Position der fixierten Pins bewegen sich alle Teile elastisch mit. Genau deswegen wirkt die Verformung auch so naturalistisch. Sie haben zwei Möglichkeiten, Ihr Objekt zu verformen.

- **Ziehen mit der Maus:** Klicken Sie einen Pin an; er ist dann automatisch aktiv. Ziehen Sie am Pin, um das Mesh und damit die Figur zu verzerren. Bei dieser Methode haben Sie viel Bewegungsspielraum und können auch große Bildteile verschieben. Allerdings treten dabei auch leicht ungewollte Verformungen auf, besonders, wenn Sie Ihre Pins ungünstig platziert haben.

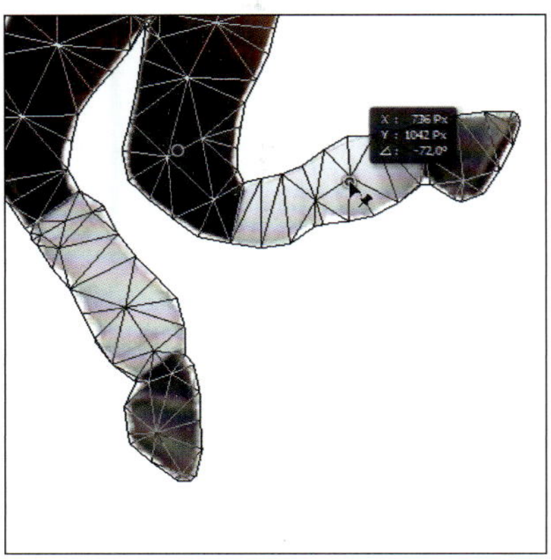

◂ **Abbildung 20.73**
Ziehen des Pins mit der Maus: Es ist viel Bewegung möglich, doch stellen sich leicht auch Verformungen ein.

Mehr als einen Pin bewegen
Es ist auch möglich, mehrere Pins auf einmal zu aktivieren und sie dann zu verändern. Drücken Sie [⇧], und klicken Sie alle gewünschten Pins an. Sind jedoch alle Pins aktiviert, lässt sich das Objekt gar nicht mehr verformen, sondern nur noch verschieben.

- **Drehen des Meshs um den aktiven Pin:** Aktivieren Sie einen Pin, drücken Sie [Alt], und führen Sie die Maus vorsichtig von außen an den Pin *heran* – nicht *darüber*. Ein kleiner Kreis erscheint, der Mauszeiger wird zu einem gebogenen Doppelpfeil. Bewegen Sie die Maus, um das Pin-Gelenk zu drehen.

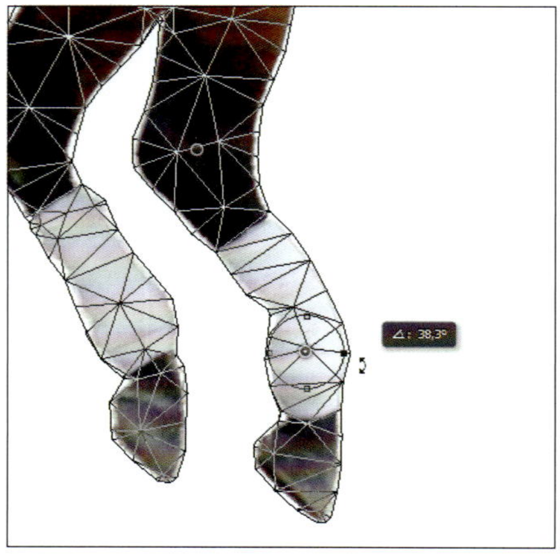

Abbildung 20.74 ▸
Drehen des Meshs um den aktiven Pin: Die Bewegungen sind kontrollierter, kleinteiliger und oftmals anatomisch genauer.

- **Bewegung kontrollieren:** Der Drehwinkel des jeweils aktiven Pins wird in der Optionsleiste angezeigt ❼. Sie können alternativ zur Mausbewegung auch einen Wert eingeben, um den Sie Ihr Mesh drehen wollen. Vor allem aber dient dieser Teil der Optionsleiste als Kontrollinstrument. Unter DREHEN ❻ wird auch jeweils angezeigt, wie Sie den jeweils aktiven Pin bewegt haben. Haben Sie ihn mit der Maus durch Ziehen verändert, steht dort AUTOMATISCH – das heißt, die Bewegung folgt der Einstellung unter MODUS. Pins, bei denen das Mesh gedreht wurde, werden als FIXIERT angezeigt.
- **Objekt im Ganzen verschieben:** Sie können Ihr Bildobjekt auch vollständig verschieben, ohne es zu verformen. Dazu aktivieren Sie alle Pins, etwa per Kontextmenü oder indem Sie [⇧] drücken und alle Pins nacheinander anklicken.

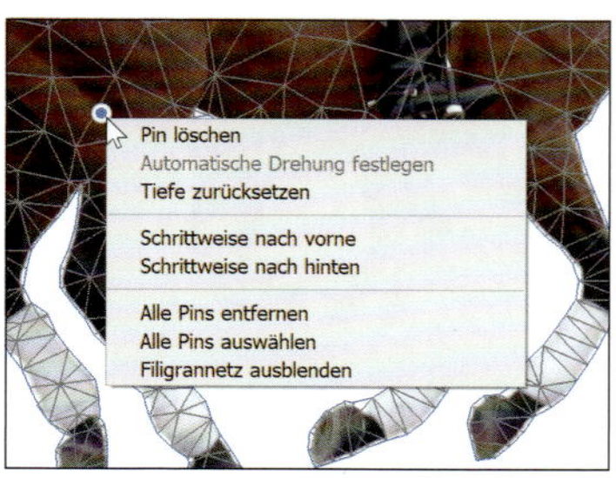

▴ Abbildung 20.75
Das Kontextmenü für Pins ist im Alltag praktischer als Klicks in der Optionsleiste.

Pintiefe – Überlappung anordnen | Bei umfangreicheren Formgitter-Operationen kann es passieren, dass sich zuvor getrennte Extremitäten oder andere Bildteile überlappen. Damit die Verformung natürlich aussieht, muss natürlich auch die Überlappung korrekt sein. Manchmal ergeben sich Bildstörungen oder schlichtweg anatomisch unmögliche Ergebnisse. Die Schaltflächen unter PINTIEFE ❺ (Abbildung 20.71) beheben solche Probleme. Mit einem oder – bei komplexen Motiven – mehreren Klicks holen Sie den Bildteil mit dem jeweils aktiven Pin räumlich nach vorn oder schieben ihn nach hinten.

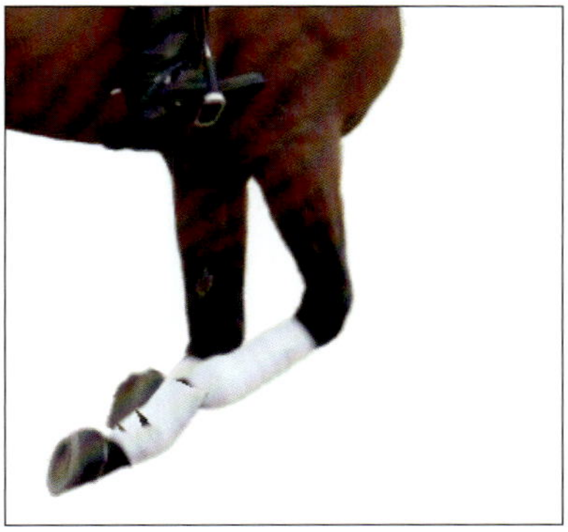

◂◂ **Abbildung 20.76**
Falsche Überlappung des verschobenen Vorderbeins

◂ **Abbildung 20.77**
Mit PINTIEFE korrigierte Überlappung

Arbeitsschritte zurücknehmen, abbrechen oder anwenden | Die Arbeit mit dem Formwerkzeug ist immer auch ein bisschen Trial & Error – besonders am Anfang, wenn man es noch nicht so gut kennt. Die bekannte Tastenkombination [Strg]/[cmd]+[Z], mit der Sie den jeweils letzten Schritt rückgängig machen, funktioniert nur für Formwerkzeug-Transformationen, die bereits bestätigt wurden. Einzelne, noch nicht bestätigte Verformungsschritte können Sie so nicht rückgängig machen. Doch es gibt noch weitere Möglichkeiten, Änderungen rückgängig zu machen.

- Wenn Sie mit Ihrer **letzten Verschiebung** unzufrieden sind, können Sie den Pin aktivieren und mit [Entf]/[←] löschen oder in der Optionsleiste die Werte unter DREHEN wiederherstellen.
- Wenn Ihnen die **gesamte Transformation** nicht gefällt, Sie jedoch das Werkzeug weiterbenutzen wollen, schauen Sie in der Optionsleiste rechts. Dort finden Sie einen kreisförmigen Pfeil ❶, mit dem Sie **alle Pins auf einmal löschen**. Die Transformation wird rückgängig gemacht, ohne das Formgitter-Tool zu schließen.
- Um die **Transformation abzubrechen** und das Tool zu schließen, klicken Sie auf das bekannte »Parkverbot«-Icon ❷ oder drücken [Esc].

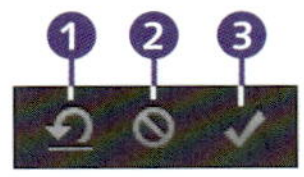

▴ **Abbildung 20.78**
Was soll mit der Transformation passieren?

Änderungen annehmen | Doch auch gelungene Operationen müssen abgeschlossen werden – so, wie Sie es auch von anderen Transformationen und Werkzeugen kennen. Wenn Sie alle Änderungen annehmen wollen, klicken Sie auf das Häkchensymbol ❸ oder drücken [↵].

20.13.2 Formgitter in der Praxis

Das Hantieren mit dem Formgitter-Werkzeug ist nicht so schwer, doch um brauchbare, überzeugende Resultate zu erzielen, braucht es mehr als ein paar Pins und Mausbewegungen. Auswahlen, Ebenen und die übrigen Retuschewerkzeuge sollten Ihnen vertraut sein, wenn Sie das Tool für mehr nutzen wollen als nur für ein paar Spielereien.

▲ **Abbildung 20.79**
Freistellen plus Formgitter plus Retusche. Hier das Ausgangsbild …

▲ **Abbildung 20.80**
… und das Ergebnis

Bildaufbau und begleitende Arbeiten | Formgitter-Retuschen bringen oft zusätzliche Arbeiten mit sich. Folgendes Vorgehen hat sich bewährt:

1. Wählen Sie das Hauptmotiv möglichst exakt aus, und bringen Sie es auf eine eigene Ebene, die Sie gleich in ein Smartobjekt verwandeln. Noch deckt das Smartobjekt das Originalmotiv ab, aber das wird sich mit dem Anwenden des Formgitters ändern.

Abbildung 20.81 ▸
Verformtes Pferd ohne Retuschieren des Hintergrunds – es ist sofort zu verstehen, wieso diese Retusche notwendig ist.

»Reiterin.psd«

2. Duplizieren Sie die Ausgangsebene. Auf diesem Duplikat sollten Sie den Hintergrund retuschieren, so dass das verformte Smartobjekt sich gut einpasst. Die Original-Hintergrundebene behalten Sie am besten für Vorher-nachher-Vergleiche. Retuschieren Sie große Partien bereits vor der Verformung. Die inhaltsbasierten Werkzeuge (siehe Abschnitt 20.4, »Bereichsreparatur-Pinsel: Inhaltsbasiert retuschieren«) sind bei den meisten Motiven eine große Hilfe. Die Form-

gitter-Transformation ist fast immer besser einzuschätzen, wenn Sie den Hintergrund vorher retuschieren.

▲ **Abbildung 20.82**
Es genügt, die Partien zu retuschieren, die nach der geplanten Verformung doppelt oder leer wären.

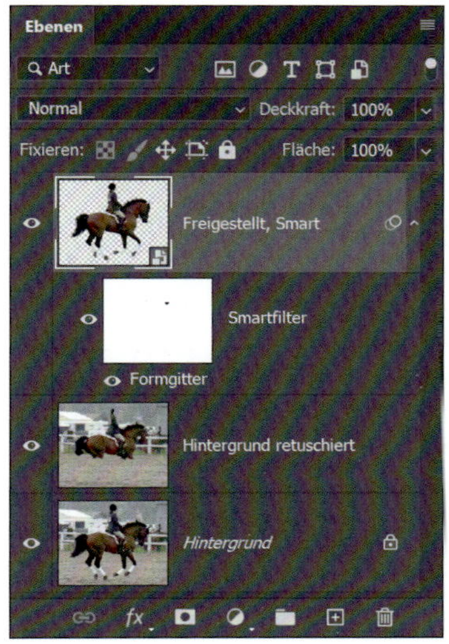

▲ **Abbildung 20.83**
Typischer Dateiaufbau

3. Verformen Sie das Smartobjekt.
4. Passen Sie mit Detailretuschen den neuen Hintergrund endgültig an.

20.14 Himmel austauschen leicht gemacht

»Landsberg.jpg«

Das Austauschen eines langweiligen Himmels kann recht mühsam sein. Für diesen Zweck bietet Photoshop eine eigene Funktion an, die das Maskieren und Füllen übernimmt und auch alternative Himmel anbietet. Sie finden die Funktion Himmel-Austausch im Menü Bearbeiten. Im sich öffnenden Dialog Himmel austauschen wählen Sie bei Himmel ❶ (Abbildung 20.84) den Austauschhimmel aus. Mit dem Himmel-verschieben-Werkzeug in der Werkzeugleiste links verschieben Sie den neuen Himmel. Mit dem Himmel-Pinsel erweitern oder reduzieren Sie den Himmelbereich. Das Hand- und das Zoom-Werkzeug kennen Sie ja bereits.

Da die Farben und die Belichtung des neuen Himmels nicht immer auf Anhieb zum Rest des Bildes passen, finden Sie im Dialog weitere Einstellungen, damit Sie ein optimales Ergebnis und einen nahtlosen Look erzielen.

Für den Bereich zwischen dem Himmel und dem Vordergrund stehen die folgenden zwei Regler zur Verfügung:

- Kante verschieben: Damit regeln Sie nach, wo der Rand zwischen Himmel und dem Originalbild liegen soll.

Nur Himmel auswählen
Die Funktion zum Auswählen des Himmels gibt es auch ohne den Dialog im Menü Auswahl mit Himmel. Hierbei wird einfach nur eine automatische Auswahl des Himmels erstellt.

- KANTE VERBLASSEN dient zum Weichzeichnen der Kante zwischen dem Himmel und dem Originalbild.

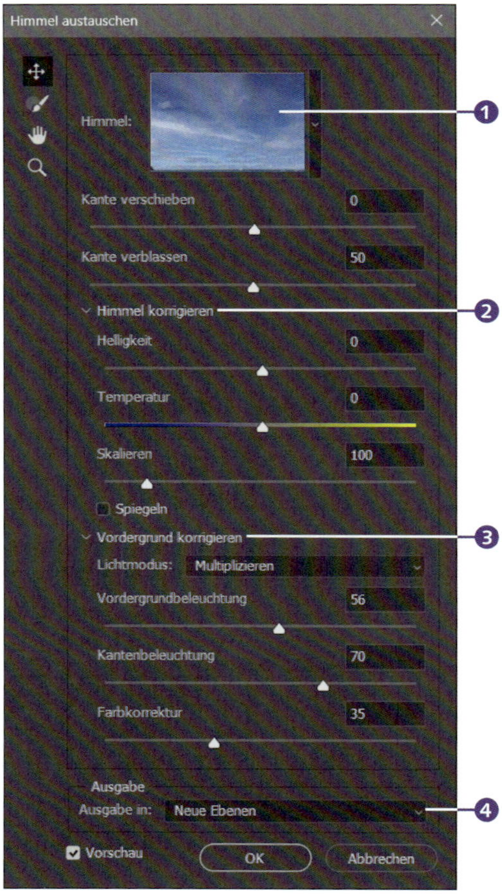

Abbildung 20.84 ▸
Der HIMMEL AUSTAUSCHEN-Dialog

Für den Himmel stehen unterhalb von HIMMEL KORRIGIEREN ❷ die folgenden Optionen zur Verfügung:

- HELLIGKEIT passt die Helligkeit des Himmels an.
- TEMPERATUR macht die Farbtemperatur des Himmels wärmer oder kühler.
- SKALIEREN: Damit verändern Sie die Größe des Himmels.
- SPIEGELN spiegelt das Himmelsbild horizontal.

Die Einstellungen für das Originalbild hingegen sind unterhalb von VORDERGRUND KORRIGIEREN ❸ aufgelistet:

- LICHTMODUS: Hier legen Sie die für die Anpassungen verwendete Füllmethode fest. Zur Auswahl stehen MULTIPLIZIEREN und NEGATIV MULTIPLIZIEREN.

- VORDERGRUNDBELEUCHTUNG: Diese Option sollten Sie verwenden, wenn Sie den Kontrast für den Vordergrund anpassen wollen. Bei einem Wert von 0 wird keine Anpassung vorgenommen.
- KANTENBELEUCHTUNG: Damit können Sie die Beleuchtung an den Oberkanten der Himmelsbilder anpassen und sogenannte Kranz-Artefakte reduzieren.
- FARBKORREKTUR: Mit diesem Regler stellen Sie ein, wie die Farben des Originalbilds und des Himmels harmonieren.

Am Ende entscheiden Sie noch mit AUSGABE ❹, ob die Änderungen auf einer neuen Ebene (als Ebenengruppe mit Ebenenmaske) oder einer duplizierten Ebene (einzelne abgeflachte Ebene) durchgeführt werden sollen.

▼ Abbildung 20.85
Links das Bild vor und rechts nach der Funktion HIMMEL AUSTAUSCHEN. Das Ergebnis kann sich sehen lassen.

20.15 Generativ Füllen und Erweitern

Die künstliche Intelligenz hat nun auch in der Bild- und Grafikverarbeitung Einzug gehalten. Neben der Bilderkennung und -analyse können nun auch neue Bilder oder Teile von Bildern hinzugefügt und erweitert werden. Man könnte sagen, dass diese Technologie noch in den Kinderschuhen steckt, aber die Ergebnisse, die bereits möglich sind, sind bereits beeindruckend. Adobe hat mit seiner eigenen Sensei-Plattform bereits seit einiger Zeit KI im Programm. Die generative Füllung und Erweiterung hingegen basiert auf der neueren Firefly-Technologie von Adobe. Mit einfachen Textanweisungen (in über 100 Sprachen verfügbar) können Sie Inhalte in Bilder einfügen, erweitern oder entfernen. So können Sie beispielsweise Objekte zu einem Foto hinzufügen oder davon entfernen, den Hintergrund eines Fotos ersetzen und es bei Bedarf sogar erweitern.

Adobe Firefly online
In Zukunft wird sicherlich noch mehr KI in Photoshop integriert werden. Generatives Füllen und Erweitern ist wahrscheinlich erst der Anfang. Einen Überblick über weitere Adobe Firefly AI-Funktionen erhalten Sie auf der Website *https://firefly.adobe.com/*, wenn Sie sich mit Ihrem Adobe-Konto anmelden. Hier finden Sie weitere Funktionen wie Text zu Bild, Texteffekte, generative Neueinfärbung, 3D zu Bild und Text zu Vektor, die Sie auch online ausprobieren können.

Bei der Verwendung der generativen Funktion sorgt die KI auch dafür, dass die Perspektive, die Beleuchtung oder der Stil des generierten Inhalts mit dem Bild übereinstimmen. Und auch das funktioniert sehr eindrucksvoll. Außerdem wird der neu generierte Inhalt dem Bild als neue Ebene hinzugefügt. So sind Sie maximal flexibel und können den generativen Bereich, wie in Photoshop üblich, nachbearbeiten oder rückgängig machen.

20.15.1 Vorbereitung und Voraussetzung

Wenn die Credits aufgebraucht sind?!
Wenn Sie Ihr Guthaben aufgebraucht haben, können Sie es zu Ihrem Abonnement hinzufügen. Sie können die Generierung fortsetzen, ohne neue Credits kaufen zu müssen. Wenn das Guthaben aufgebraucht ist, schaltet die Generierung in einen langsameren Modus und wird ausgeführt, wenn Rechenkapazität verfügbar ist.

Bevor Sie beginnen, generative Füllung und generative Erweiterung in der Praxis zu testen, beachten Sie bitte, dass es hier Grenzen gibt. Jede Nutzung der Generierung erfordert einen sogenannten Generative Credit. KI-Berechnungen erfordern viel Rechenleistung, und diese muss irgendwie bezahlt werden. Je nach Abonnement gibt es eine unterschiedliche Anzahl von freien Credits pro Monat. Wenn Sie beispielsweise das Creative Cloud Foto-Abonnement haben, stehen Ihnen 250 (Abonnement vor dem 1. November 2023) oder 100 (Abonnement nach dem 1. November 2023) Credits zur Verfügung. Wenn Sie jedoch die Creative Cloud mit allen Applikationen haben, stehen Ihnen deutlich mehr Credits zur Verfügung (derzeit: 1000). Auf der Website *https://helpx.adobe.com/de/firefly/using/generative-credits-faq.html* können Sie herausfinden, wie viele Credits für welches Abonnement derzeit verfügbar sind.

Außerdem erfordert die generative Füllung und Erweiterung eine Internetverbindung, da diese Funktionen eine Cloud-Verarbeitung durchführen. Eine weitere Voraussetzung ist, dass Sie die kontextbezogene Taskleiste eingeblendet haben. Sollte dies bei Ihnen nicht der Fall sein, können Sie diese jederzeit über FENSTER • KONTEXTBEZOGENE TASKLEISTE einblenden. Dies erspart Ihnen Umwege über das Menü.

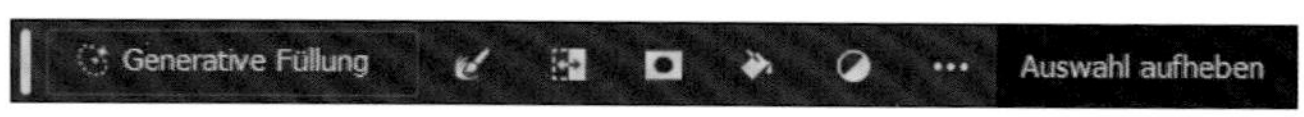

▲ **Abbildung 20.86**
Die kontextbezogene Taskleiste ist hilfreich beim generativen Füllen und Erweitern.

20.15.2 Generieren von Objekten

Zum Nachlesen
Die Auswahlwerkzeuge werden umfassend im Kapitel 8 beschrieben.

Um Objekte zu erzeugen, wählen Sie einen Bereich im Bild aus und beschreiben Sie in der Texteingabe, was Sie hinzufügen oder ersetzen möchten. Die Anfrage wird an die Firefly-Technologie in der Cloud gesendet, wo das Objekt auf der Grundlage dieser Anfrage erzeugt und dem Bild als neue Ebene auf nicht-destruktive Weise hinzugefügt wird.

Schritt-für-Schritt: Objekte zu einem Bild hinzufügen

Grau ist die Theorie. Die folgende Schritt-für-Schritt-Anleitung zeigt, wie generatives Füllen im Allgemeinen funktioniert. Ich möchte aber erwähnen, dass die generative Füllung äußerst vielseitig ist, daher empfehle ich auf jeden Fall, damit zu experimentieren. Im folgenden Bild »Fischglas.jpg« will ich zum Glas etwas Wasser und einen Goldfisch hinzufügen.

»Fischglas.jpg«

Model: Aliya Mayrambek

▲ **Abbildung 20.87**
Dem Fischglas soll Wasser und ein Goldfisch darin hinzugefügt werden.

1 Bildbereich auswählen

Wählen Sie zunächst den Bildbereich mit einem der vielen Auswahlwerkzeug in Photoshop aus. Hierzu habe ich zunächst eine Auswahl mit dem Auswahlrechteck-Werkzeug im unteren Bereich des Wasserglases hinzufügt und die Kanten auf der linken Seite mit dem Schnellauswahl-Werkzeug von dieser Auswahl subtrahiert (entfernt) bzw. addiert (hinzugefügt). Hier gilt: Je sauberer Sie arbeiten, umso besser wird das Ergebnis. Allerdings können Sie, wie schon kurz angesprochen, anschließend immer noch den generierten Inhalt nachbearbeiten. Beachten Sie hierbei, dass die Größe der Auswahl sehr entscheidend ist, weil damit auch die Größe des einzufügenden Objektes berechnet wird. Wenn Sie bei der im Beispiel ausgewählten Größe des Fischglases direkt einen Goldfisch einfügen, wird dieser Goldfisch vermutlich ziemlich groß sein.

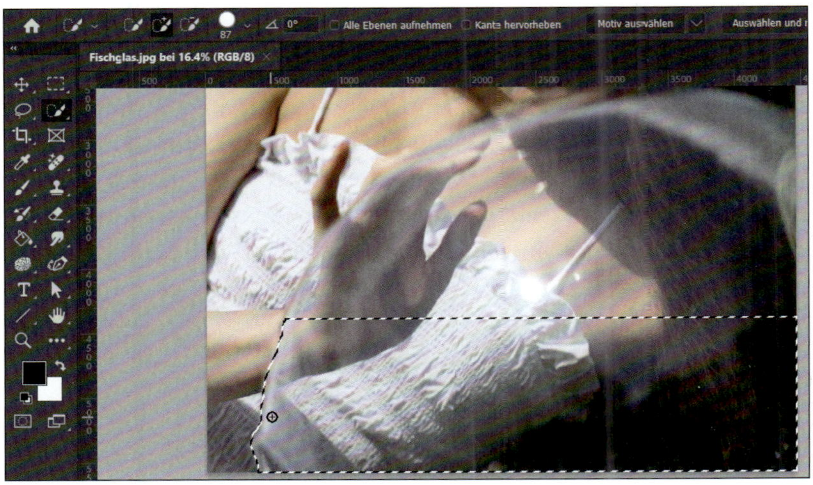

◂ **Abbildung 20.88**
Zunächst müssen Sie den Bildbereich auswählen, im dem ein Objekt generiert werden soll.

2 Generative Füllung verwenden

Klicken Sie nun in der kontextbezogenen Taskleiste auf die Option Generative Füllung. Alternativ finden Sie den Befehl auch über Bearbeiten • Generative Füllung wieder, oder wenn Sie die rechte Maustaste auf der aktiven Auswahl im Bild klicken und dort im Menü Generative Füllung auswählen.

Rechtsbelehrung
Bei der ersten Verwendung erscheint ein Dialogfeld mit rechtlichen Hinweisen, in den Sie einwilligen müssen, wenn Sie die generative KI verwenden wollen.

Abbildung 20.89 ▸
Wählen Sie die Generative Füllung aus.

3 Texteingabe machen

In der kontextsensitiven Taskleiste wird nun ein Eingabefeld für eine Texteingabe eingeblendet, in das Sie eingeben können, welche Art von Objekt Sie erstellen und hinzufügen möchten. Laut Adobe können hier über 100 Sprachen verwendet werden. Wenn Sie das Feld leer lassen, füllt Photoshop die Auswahl entsprechend der Umgebung aus. Die Texteingabe ist auch hier entscheidend für ein gutes Ergebnis. Ich habe es mit »Goldfisch im Wasser« ausprobiert, aber das Ergebnis hat nicht meinen Vorstellungen entsprochen. Daher habe ich mich für zwei Schritte bzw. Objekte entschieden. Ich gebe hier im Textfeld »Wasser« für das zu generierende Objekt ein und bestätige mit ↵ bzw. der Schaltfläche Generieren.

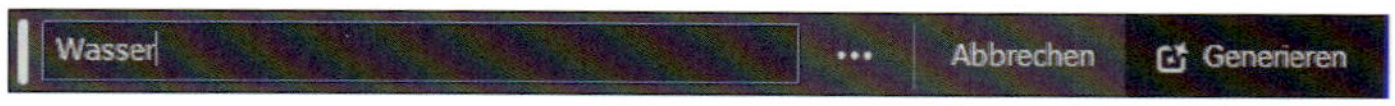

Abbildung 20.90 ▸
Die Texteingabe für die generative Füllung durchführen

Eigenschaften-Dialog
Haben Sie den Eigenschaften-Dialog ausgeblendet, können Sie diesen jederzeit über Fenster • Eigenschaften wieder einblenden.

4 Generierte Varianten

Nun öffnet sich der Eigenschaften-Dialog, in dem Sie eine Miniaturvorschau von drei Varianten sehen, die auf der Grundlage Ihrer Texteingabe erstellt worden sind. Die erste Variante wird auch sofort auf das Bild angewendet. Sie können jederzeit zwischen diesen drei Alternativen wechseln und sehen, welche für das Bild besser geeignet ist. Wenn Sie mit einer der drei Varianten nicht zufrieden sind, klicken Sie einfach in der kontextsensitiven Taskleiste oder im Eigenschaften-Dialog erneut auf Generieren. Sehr schön ist auch, dass die vorher erstellten Varianten beibehalten werden. Sie können auch jederzeit die Texteingabe ändern und etwas anderes generieren lassen. Diese Varianten werden ebenfalls zu den bereits generierten Möglichkeiten hinzugefügt.

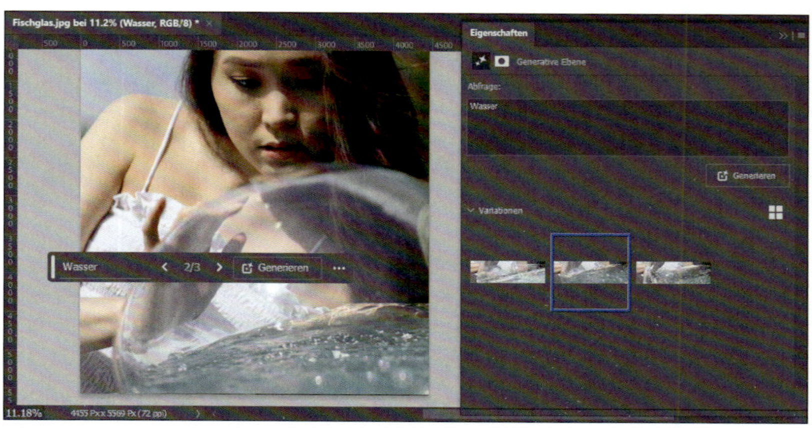

Abbildung 20.91 ▸
Es werden mindestens drei Varianten generiert, aus denen Sie auswählen können. Im Bild wird die ausgewählte Variante auch gleich angewendet.

5 Generative Ebene bearbeiten

Im Ebenen-Bedienfeld finden Sie nun eine neue generative Ebene mit dem Bezeichner vor, den Sie zur Texteingabe verwendet haben (hier: »Wasser«). Sie können die Ebene jetzt jederzeit auswählen und z. B. wieder das Bedienfeld EIGENSCHAFTEN aufrufen, in dem Sie nach wie vor die generierten Varianten zum Austauschen vorfinden. Wichtiger aber noch ist: Sie können die Ebene nachbearbeiten. Im Beispiel würde ich die Ebenenmaske etwas am Wasserglas nacharbeiten, weil diese immer noch ein wenig wie reinretuschiert wirkt. Hierbei hilft es auch, das Hintergrundbild über das Augensymbol zu deaktivieren.

An dieser Stelle dürften Sie bereits bemerken, dass es unzählige Möglichkeiten im Zusammenhang mit dem generativen Füllen gibt. Das besten daran ist, dass alle Arbeiten nicht destruktiv sind.

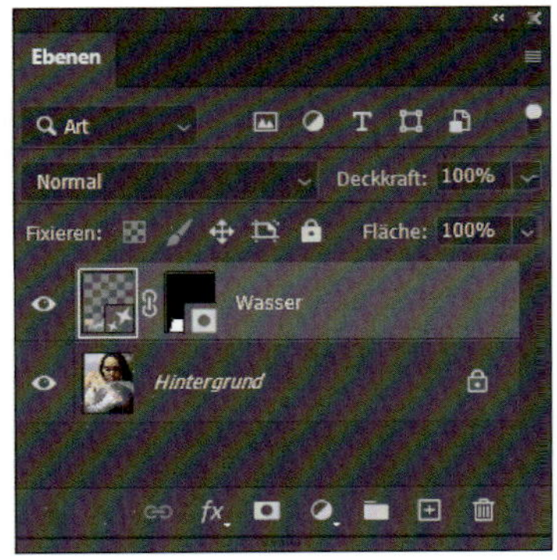

▲ **Abbildung 20.92**
Die generative Füllung wird als neue generative Ebene hinzugefügt.

6 Weitere Objekte hinzufügen

Wenn Sie dem Bild ein weiteres Objekt hinzufügen möchten, genügt es, eine neue Auswahl zu erstellen und wie in den Schritten 1 bis 5 vorzugehen. Ich habe hier eine weitere generative Ebene mit dem Goldfisch hinzugefügt.

◄ **Abbildung 20.93**
Eine weitere generative Ebene »Goldfisch« wurde hinzugefügt. Der erste grobe Entwurf ist gemacht, und Sie können die Feinarbeit wie gewohnt in Photoshop erledigen.

Kleidungsstück tauschen | Auf diese Weise können Sie jetzt sehr kreativ werden. Die Möglichkeiten sind fast grenzenlos. Sie können zum Beispiel einfach ein Kleidungsstück an einer Person markieren und es durch ein anderes ersetzen. Auch andere Dinge wie Haare oder Bärte können auf diese Weise hinzugefügt werden.

Abbildung 20.94 ▸
Ich habe das Oberteil des Herren mit dem Lasso-Werkzeug ausgewählt und dann via generative Füllung gegen eine beige Jacke ausgetauscht.

Szenarien austauschen | Sie können auch ganze Szenarien im Bild ändern. Im folgenden Bild der mexikanischen Stadt Toluca de Lerdo habe ich den vorderen Teil des Bildes mit dem Lasso-Werkzeug ausgewählt und einen See hinzugefügt. So entsteht ein völlig neues Bild.

Abbildung 20.95 ▾
Ich habe den unschöne Teil der Stadtaufnahme links unten auswählt und durch generatives Füllen eine wesentlich idyllischere Landschaft erzeugt (als Vorschlag für die Stadtverwaltung).

20.15.3 Entfernen von Objekten

Das Entfernen von Objekten funktioniert auf ähnliche Weise wie das generative Füllen. Wählen Sie die zu entfernenden Objekte im Bild mit einem Auswahlwerkzeug aus, und die generative KI wird dafür sorgen, dass sie verschwinden. Sie brauchen nur über die kontextbezogene Taskleiste oder über das Menü Bearbeiten auf Generative Füllung zu klicken, dann nichts in das Textfeld einzugeben und anschließend auf Generieren zu klicken. Auch hier gibt es drei Varianten zur Auswahl. Da hier ebenfalls eine neue generative Ebene mit einer Maske erstellt wird, können Sie diese auch mit allen Werkzeugen von Photoshop nachbearbeiten.

▲ **Abbildung 20.96**
Wählen Sie die Objekte zum Entfernen im Bild aus und verwenden Sie dann GENERATIVE FÜLLUNG ohne Texteingabe. Das Ergebnis nach der generativen Füllung mit entfernten Objekten ist sehr beeindruckend.

Auf diese Weise können Sie natürlich auch einzelne Personen aus einem Gruppenfoto entfernen. Und dies nicht nur wenn diese Person am Rand des Bildes steht. Dies funktioniert auch mit einer beliebigen Person in der Mitte des Bildes. Probieren Sie es aus.

Wie bereits eingangs erwähnt, sorgt die KI dafür, dass die generative Füllung auch zum Bild passt. Dinge wie Perspektive, Belichtung, Farben, Stil und Strukturen werden dabei berücksichtigt. Natürlich funktioniert das nicht immer zu 100%, aber es ist oft eine große Hilfe, auf der man aufbauen und weiterarbeiten kann. Im folgenden Bild wurde zum Beispiel die durchgehende Laterne im Hintergrund des springenden BMX-Fahrers ausgewählt. Wie Sie im Endergebnis sehen können, ist der BMX-Fahrer tatsächlich berücksichtigt worden. Obwohl das Ergebnis nicht 100%ig perfekt ist, können Sie nun die Ebenenmaske der generativen Ebene verwenden, um dies im Nachhinein recht schnell zu korrigieren.

Das Entfernen-Werkzeug
Wenn Sie generative Credits sparen wollen, können Sie auch das Entfernen-Werkzeug für viele Aufgaben verwenden. Zwar arbeitet dieses Werkzeug ohne Firefly-Technologie, aber es liefert oftmals genauso gut ab. Für komplexere Dinge können Sie immer noch zur generativen Füllung wechseln, wenn Sie mit dem Entfernen-Werkzeug und den anderen Retusche-Werkzeugen an die Grenzen stoßen. Bei komplexeren Aufgaben allerdings ist die KI natürlich dem Entfernen-Werkzeug überlegen.

◂ **Abbildung 20.97**
Hier wurde die Laterne im Hintergrund ausgewählt. Bei der generativen Füllung wurde tatsächlich der BMX-Fahrer berücksichtigt. Mithilfe der Ebenenmaske können Sie die Bereiche (z. B. Pedale) wieder herstellen.

20.15.4 Neue Hintergründe generieren

Sehr gute Auswahlen
Für bessere Auswahl-Ergebnisse sollten Sie jedoch genauer arbeiten. Wie das geht, erfahren Sie in der Schritt-für-Schritt-Anleitung in Abschnitt 8.13.1 mit »Freistellen per Automatik: Auswählen und maskieren«.

Es ist auch möglich, auf diese Weise neue Hintergründe zu erzeugen. Sie können zum Beispiel eine Person oder ein Objekt mit einem langweiligen Hintergrund in einem Raumschiff stehen lassen. Im einfachsten Fall bestimmen Sie eine Person oder ein Objekt mit MOTIV AUSWÄHLEN.

Wenn Sie die Auswahl erstellt haben, achten Sie darauf, dass Sie den Hintergrund ausgewählt haben. Dies können Sie z. B. mit AUSWAHL • AUSWAHL UMKEHREN oder ⇧+Strg/cmd+I tun. Sobald der Hintergrund ausgewählt ist, klicken Sie in der kontextsensitiven Taskleiste die Option GENERATIVE FÜLLUNG an und geben den Text ein, der besagt, was Sie als neuen Hintergrund verwenden möchten. In diesem Beispiel verwende ich einfach »In einem Raumschiff«.

Nacharbeiten fast immer nötig
Beim Wechseln des Hintergrunds muss in der Regel immer ein wenig nachgearbeitet werden. So gibt es möglicherweise harte Kanten bei der Ebenenmaske, oder die Licht- oder Farbstimmung will nicht so richtig harmonieren. Zwar macht die KI oftmals einen guten Job, aber wie bereits erwähnt: Die KI ist keine All-in-one-Wonder-Funktion und wird es auch niemals werden.

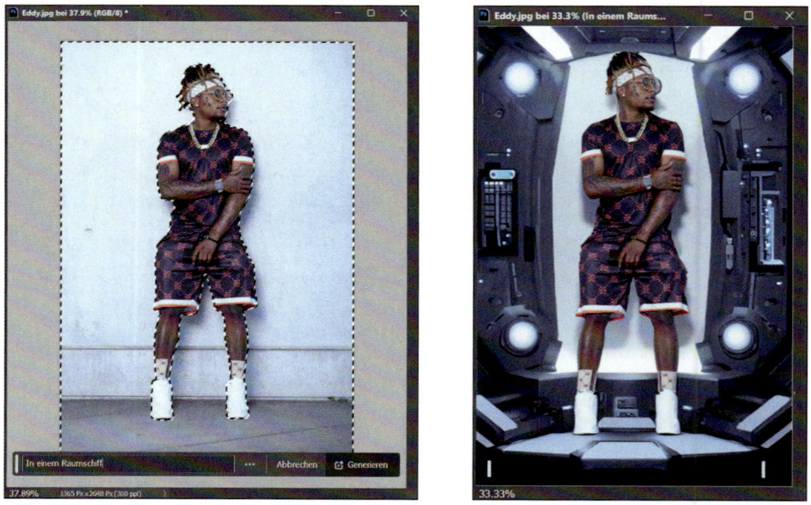

Abbildung 20.98 ▸
Ich habe den Hintergrund um der Person herum ausgewählt. Mit der generativen Füllung wurde die Person dann in ein Raumschiff befördert.

20.15.5 Bild erweitern

Sie können die generative Füllung auch dazu verwenden, den Arbeitsbereich von Bildern zu erweitern. Wie beim Füllen wird auch hier darauf geachtet, dass Perspektive, Beleuchtung, Farbe und Strukturen des generierten Inhalts übereinstimmen.

Schritt-für-Schritt: Fehlende Bildbereiche hinzufügen

»Sprung.jpg«

Auf dem folgenden Bild »Sprung.jpg« ist ein BMX-Fahrer von einer Treppe gesprungen. Der Auslöser wurde zu früh gedrückt und der Fahrer und ein Teil des Reifens wurden auf der rechten Seite des Bildes nicht voll erfasst. Die KI kann hier nun zeigen, was Sie zu leisten vermag.

▲ **Abbildung 20.99**
Das Bild »Sprung.jpg« soll mit der KI um die fehlenden Bereiche erweitert werden.

1 Arbeitsfläche für den zu erweiternden Bildbereich erstellen

Wählen Sie das Freistellungswerkzeug aus und aktivieren Sie bei der Option Fläche ❶ Generatives Erweitern. Legen Sie einen Rahmen über das gesamte Bild und ziehen dann die Eck- und/oder Kantengriffe nach außen (abhängig vom eingestellten Seitenverhältnis).

◄ **Abbildung 20.100**
Die Arbeitsfläche mit dem Freistellungswerkzeug erweitern.

2 Bild erweitern

Wenn Sie nun die vergrößerte Arbeitsfläche mit ↵, Häkchen oder der Schaltfläche Generieren in der kontextbezogenen Taskleiste bestätigen, wird von der KI ein generativer Inhalt erzeugt und zur leeren Arbeitsfläche als erweiterter hinzugefügt. Das funktioniert beeindruckend gut bei fast jedem Bildmotiv.

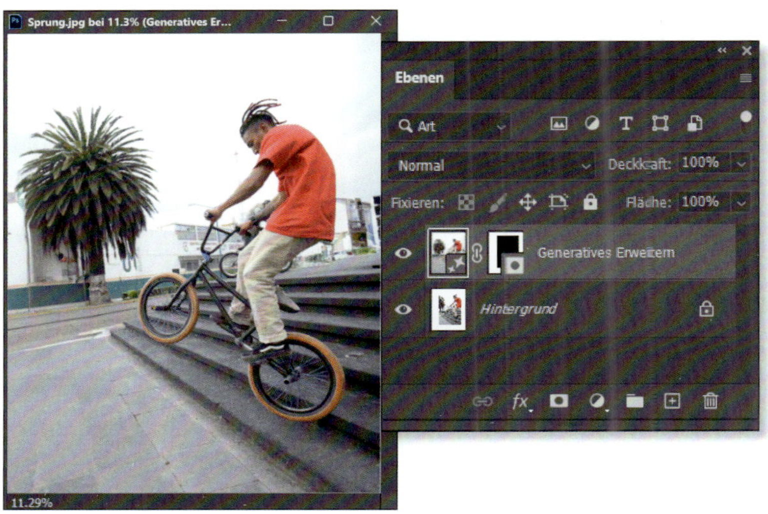

◄ **Abbildung 20.101**
Der Bildbereich an den Rändern wurde generativ von der KI erweitert. Außer dem BMX-Fahrer wurde auch die Palme am linken Rand vervollständigt.

Wie schon beim generativen Füllen können Sie auch hier wieder aus drei Varianten wählen. Auch hier wird der generative Inhalt auf eine neuen Ebene abgelegt, wo Sie ihn bei Bedarf nacharbeiten können.

Limitierung der Größe und Qualität
Beim Erweitern und Ersetzen des Hintergrunds müssen Sie derzeit bei großen Erweiterungen gröbere Auflösungen in Kauf nehmen. Zur Drucklegung des Buches war die Auflösung für Bilderweiterungen immer noch auf 1024 × 1024 Pixel begrenzt. Aus der Ferne mag man dies zunächst nicht bemerken, aber wenn man tiefer in das Bild hineinzoomt, ist der Qualitätsunterschied doch recht deutlich zu erkennen. Dies wird sich in Zukunft sicherlich ändern, sollte aber auf jeden Fall an dieser Stelle erwähnt werden, wenn Sie beabsichtigen, das erweiterte Bild groß auszudrucken. Man kann diese Einschränkung umgehen, indem man das Bild über BILD • ARBEITSFLÄCHE immer nur um ca. 1000 Pixel auf einer Seite erweitert und das Auswahlrechteck mit FESTE GRÖSSE bei der Option ART und dem Wert 1024 × 1024 verwendet, um die Bereiche zu erweitern. Diesen Vorgang wiederhole ich, bis ich alle Bereiche erweitert habe. Ob es in Zukunft möglich sein wird, mehr Auflösung für Generative Credits zu kaufen, war zum Zeitpunkt der Drucklegung noch nicht klar.

Alternativer Weg
Natürlich können Sie auch einfach den Arbeitsbereich über BILD • ARBEITSFLÄCHE erweitern und dann mit dem Auswahlrechteck-Werkzeug ein Rechteck im zu erweiternden Bereich markieren und dann die Auswahl umkehren. Nun können Sie über GENERATIVE FÜLLUNG und dann GENERIEREN die KI ihre Arbeit machen lassen.

Sie können die generative Erweiterung auf viele verschiedene Arten nutzen. Zum Beispiel können Sie Porträtaufnahmen erweitern. In der folgenden Porträtaufnahme habe ich die Person zum Beispiel von der Brust bis zu den Hüften erweitert. Das Ergebnis ist beeindruckend. Nur von der KI generierte Hände sehen immer etwas seltsam aus. Aber das wird sich mit der Zeit sicher noch verbessern.

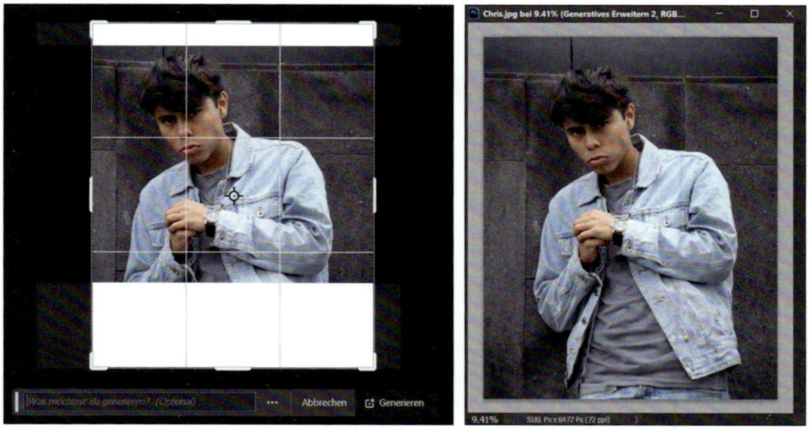

Abbildung 20.102 ▸
Der untere Bereich der Person soll erweitert werden, um aus dem Querformat ein Hochformat zu machen. Das Ergebnis der generativen Erweiterung sieht bereits ordentlich aus.

Spannend ist es auch, alte Fotos zu erweitern. Auch hier erkennt die KI sehr gut, dass es sich um alte Fotos handelt und vergrößert die Szenen oft entsprechend.

Tipp
Beim Erweitern von Bildern können Sie auch über Stichwörter im Textfeld bestimmen, womit Sie ein Bild erweitern wollen. So habe ich z. B. bei dem Foto meiner Großeltern noch das Stichwort »Alte Hütte« verwendet.

▲ **Abbildung 20.103**
Eine Aufnahme meiner Großeltern um 1945. Das Bild sieht nach der generativen Erweiterung mit der KI durchaus echt aus.

20.15.6 Fotos kombinieren

Sie können auch zwei Fotos miteinander kombinieren bzw. zusammenbringen. Dafür erweitern Sie z. B. auf der linken oder rechten Seite die Arbeitsfläche des Fotos und fügen das zweite Bild am anderen Ende der erweiterten Fläche ein. Markieren Sie nun den leeren Bereich zwischen diesen beiden Bilder mit dem Auswahlrechteck-Werkzeug. Achten Sie hierbei immer darauf, dass die Auswahlen leicht überlappen. Jetzt können Sie wieder mit dem Befehl GENERATIVE FÜLLUNG und dann GENERIEREN diesen Bereich von der KI erweitern lassen.

▼ **Abbildung 20.104**
Hier wurde die Arbeitsfläche erweitert und ein zweites Bild eingefügt. Der leere Arbeitsbereich wurde mit dem Auswahlrechteck-Werkzeug markiert. Das Ergebnis nach der generativen Erweiterung des leeren Bereiches ist überzeugend.

20.15.7 Kommerzieller Nutzen (Content Credentials)

Adobe hat zugesichert, dass die von der KI erzeugten Bilder auch kommerziell genutzt werden können. Die KI wurde mit Millionen von lizenzierten und hochauflösenden Bildern aus Adobe Stock trainiert. Damit ist zumindest sichergestellt, dass keine Inhalte erzeugt werden, die das geistige Eigentum anderer verletzen.

Außerdem unterstützt die Generative Füllung mit *Content Credentials* eine Technologie, womit man erkennen kann, dass ein Bild mithilfe einer KI-Technologie (nach-)bearbeitet wurde. Wenn Sie also ein Bild, das Sie mit den Funktionen GENERATIVE FÜLLUNG und GENERATIVES ERWEITERN bearbeitet haben, als neues PNG- oder JPEG-Bild speichern bzw. exportieren, werden entsprechende Informationen zum Bild hinzugefügt. Darin steht, dass das Bild in Photoshop und mithilfe der generativen KI-Technologie Firefly erstellt oder bearbeitet wurde. Wenn Sie z. B. das Bild über DATEI • EXPORTIEREN • EXPORTIEREN ALS speichern wollen, finden Sie auf der rechten Seite einen Bereich INHALTSURHEBERNACHWEIS vor, mit dem Hinweis, dass für dieses Bild Informationen über die verwendete KI mitgespeichert werden. Klicken Sie auf VORSCHAU, werden die entsprechenden Informationen eingeblendet.

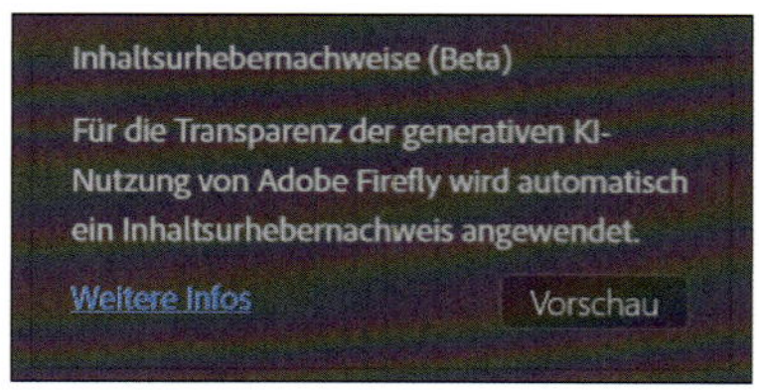

▲ **Abbildung 20.105**
Diese Information finden Sie beim Exportieren als-Dialog.

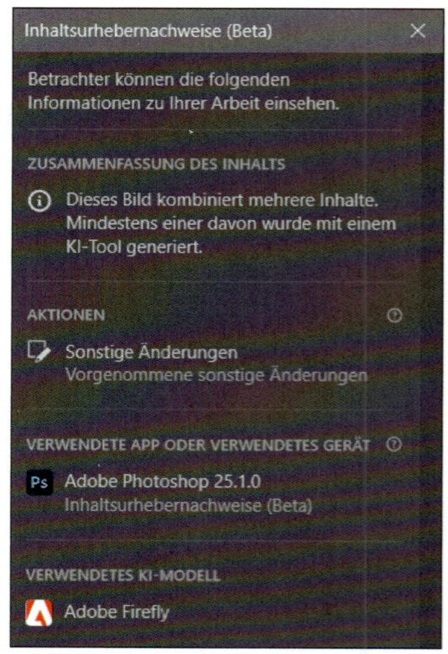

Abbildung 20.106 ▶
Diese Informationen werden im Inhaltsurhebernachweis mit im Bild gespeichert, wenn Sie die Firefly-KI mit Adobe Photoshop verwenden.

Sie werden an dieser Stelle bereits bemerkt haben, dass die generative KI von Firefly weder Ihre Photoshop-Kenntnisse überflüssig macht, noch alles mit nur einem Mausklick oder einer Textzeile perfekt bearbeitet wird. Die KI ist ein weiteres Hilfsmittel zur Bildbearbeitung und Retusche. Sie werden nicht um vertiefte Photoshop-Kenntnisse herumkommen, wenn Sie das Bild nach der generativen Bearbeitung nachbearbeiten müssen und nicht wollen, dass es amateurhaft oder manipuliert aussieht. Natürlich werden sich die Ergebnisse der KI in den nächsten Jahren weiter verbessern. Dennoch wird es immer notwendig sein, einzelne Dinge selbst in die Hand zu nehmen. Eine Maschine kann nie zu 100 % genau wissen, was Sie im Sinn haben.

Inhaltsurhebernachweis
Die Identitäts- und Verlaufsdaten werden den Bildern im Inhaltsurhebernachweis hinzugefügt. Diese Daten werden mit den Bildern verknüpft und sind für alle Betrachter sichtbar. In Photoshop gibt es dafür mit FENSTER • INHALTSURHEBERNACHWEIS einen eigenen Dialog, in dem Sie diese Funktion aktivieren und entscheiden können, welche Informationen Sie anhängen möchten. Auch in den Voreinstellungen über BEARBEITEN • VOREINSTELLUNGEN • VERLAUF UND INHALTSURHEBERNACHWEISE können Sie die entsprechenden Einstellungen vornehmen oder ganz deaktivieren. Dies gilt jedoch nicht für Inhalte, die mit generativer KI erstellt wurden. Diese Inhalte lassen sich nicht deaktivieren und werden immer zum Bild hinzugefügt. Sie können die Urheberrechtsvermerke für Inhalte auch außerhalb von Adobe Photoshop auf der Website *https://contentcredentials.org/verify* überprüfen, indem Sie ein Bild per Drag & Drop in das Browserfenster ziehen.

TEIL VII

Mit Pinseln und Farbe

Kapitel 21
Farben einstellen

Mit Photoshop können Sie nicht nur Fotos optimieren und Montagen erstellen. Der spektakuläre Misch-Pinsel, intuitive Steuerungen zum Einstellen von Farben und realistische Pinselspitzen machen digitale Malerei auf hohem Niveau möglich. Doch Farben brauchen Sie nicht nur, wenn Sie den Malpinsel schwingen und Photoshop als Illustrationstool nutzen wollen. Auch beim Erstellen von Text, beim Füllen von Konturen und Flächen, bei manchen Retuschen und vielen anderen Gelegenheiten spielen Farben eine Rolle.

21.1 Vorder- und Hintergrundfarbe im Farbwahlbereich

In Photoshop gibt es mehrere Funktionen, um die Farbe des »Pixelauftrags« festzulegen – unabhängig davon, mit welchem Werkzeug Sie arbeiten. Der kürzeste Weg zur Farbe ist sicherlich der Farbwahlbereich in der Werkzeugleiste.

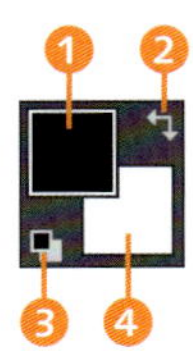

▲ **Abbildung 21.1**
Der Farbwahlbereich im unteren Teil der Werkzeugleiste

Standardeinstellung | In der Standardeinstellung ist die Vordergrundfarbe ❶ Schwarz, die Hintergrundfarbe ❸ Weiß, denn diese sind sicherlich die am häufigsten benutzten Farben – vor allem auch bei der Arbeit an Ebenenmasken und Alphakanälen.

Mit der kleinen Schaltfläche ❹ oder mit dem Tastenkürzel D (»D« steht für »default colors«) kehren Sie schnell wieder zu den Standardfarben Schwarz und Weiß zurück. Wenn Sie in die Bearbeitung einer Ebenenmaske oder in den Maskierungsmodus wechseln, werden bunte Farben automatisch auf Schwarz und Weiß umgestellt.

Vorder- und Hintergrundfarbe tauschen | Mit dem gebogenen Doppelpfeil ❷ können Sie Vorder- und Hintergrundfarbe schnell tauschen (das Tastenkürzel dazu lautet X; »X« steht für »exchange«).

Tabelle 21.1 ▸
Tastaturbefehle für den Werkzeugleisten-Farbwahlbereich auf einen Blick

Was wollen Sie tun?	Windows	Mac
zu den Standardfarben Schwarz und Weiß zurückkehren	D	D
Vorder- und Hintergrundfarbe vertauschen	X	X

Was bewirken Vorder- und Hintergrundfarbe? | Die Vordergrundfarbe ist maßgeblich für die Malfarbe, die mit den Werkzeugen Pinsel B, Buntstift B und Misch-Pinsel B aufgetragen wird, und für die mit dem Füllwerkzeug G applizierte Pixelfarbe.

Vorder- und Hintergrundfarbe können beim Erzeugen von Verläufen mit dem Verlaufswerkzeug G berücksichtigt werden, es ist jedoch auch möglich, Verläufe anzulegen, die von den aktuell eingestellten Farben unabhängig sind. Eine Rolle spielen kann die Hintergrundfarbe auch beim Arbeiten mit dem Hintergrund-Radiergummi oder beim Erweitern der Arbeitsfläche mit dem Befehl Bild • Arbeitsfläche. In zahlreichen anderen Dialogfeldern, in denen Sie Farben festlegen, werden Vorder- und Hintergrundfarbe als Optionen angeboten. Wie Sie diese beiden Farben festlegen, erfahren Sie in den folgenden Abschnitten.

21.2 Der Farbwähler: Alle Farbmodelle im Blick

Der mächtige Farbwähler ist an vielen Stellen in Photoshop präsent.

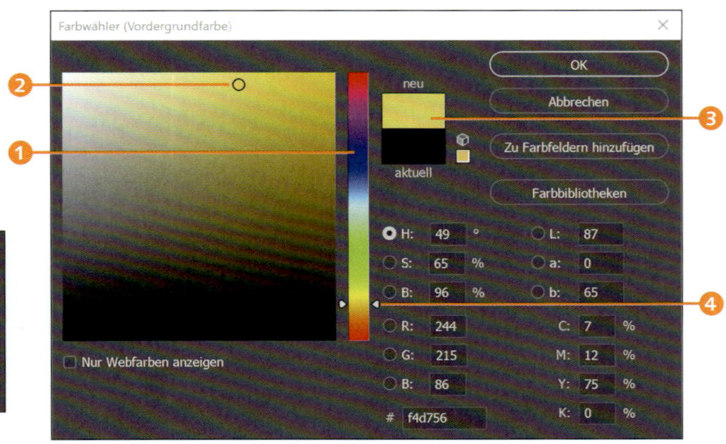

Abbildung 21.2 ▸
Vielseitig, benötigt aber viel Platz: der Farbwähler

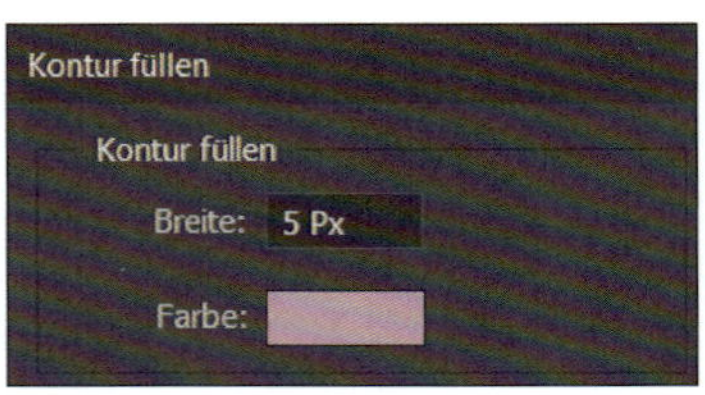

▴ Abbildung 21.3
Wenn Sie ein solches Farbfeld sehen, können Sie mit einem Klick darauf den Farbwähler aktivieren.

Farbwähler öffnen | Sie erreichen den Farbwähler per Klick auf eines der Farbfelder in der Werkzeugleiste, können ihn aber auch aus zahlreichen verschiedenen Dialogen und Optionen heraus aufrufen – in der Regel fast immer, wenn dort ein Farbfeld angezeigt wird.

Vor- und Nachteile | Der Farbwähler ist in der Bedienung sehr intuitiv, und Sie können die Farbwerte verschiedener Farbmodelle direkt vergleichen. Wenn sich eine Farbe für den CMYK-Druck nur eingeschränkt eignet oder nicht websicher ist, erscheint eine Warnung. Der Nachteil dieses bequemen Werkzeugs ist, dass es groß ist und unter Umständen die Sicht auf wichtigere Bildschirminhalte versperrt.

Vordergrundfarbe einstellen | Um den Farbwähler aufzurufen und die Vordergrundfarbe einzustellen, klicken Sie auf das Farbfeld VORDERGRUNDFARBE EINSTELLEN in der Werkzeugleiste. Wenn Sie die Hintergrundfarbe ändern wollen, klicken Sie in der Werkzeugleiste auf das Farbfeld HINTERGRUNDFARBE EINSTELLEN. Der Farbwähler arbeitet mit verschiedenen Farbsystemen. Sie können Farbwerte als CMYK-, HSB-, RGB-, BinHex-, Lab- oder HSB-Wert eingeben und auslesen.

Das System HSB (**H**ue – Farbton, **S**aturation – Sättigung, **B**rightness – Helligkeit) ist besonders unkompliziert und intuitiv. Um eine Farbe und verwandte Farben (Farbvarianten) zu finden, setzen Sie zunächst bei H, S oder B einen Klick. Je nachdem, welche der drei Optionen H, S oder B Sie aktiviert haben, ändert sich das Aussehen des schmalen Farbbalkens ① in der Mitte des Farbreglers. Dort können Sie nun durch Verstellen des Schiebers ④ die Farbe ändern – geändert wird eben entweder die Helligkeit, die Sättigung oder der Farbton, je nach der Wahl, die Sie im ersten Schritt getroffen haben.

Im großen Farbfeld links ② werden nun verwandte Farben angezeigt – Variationen des zuvor im Farbbalken eingestellten Farbtons. Die Variationen basieren auf den zwei anderen Farbparadigmen.

- Haben Sie im ersten Schritt Farbton (H – *Hue*) gewählt, wird die eingestellte Farbe in Helligkeit und Sättigung variiert.
- Wenn Sie Sättigung (S – *Saturation*) eingestellt haben, erscheinen im großen Feld Varianten in Farbton und Helligkeit.
- War die Helligkeit (B – *Brightness*) Ihre erste Einstellung, werden Sättigung und Farbton variiert.

Sie können Ihre Farbwahl nun durch Verschieben des Reglers oder durch Klicken in das Farbfeld weiter ändern. Das kleine Farbmusterfeld ③ zeigt dann übereinander den ursprünglichen Farbton (unten) und die neu eingestellte Farbe (oben). Wenn Sie auf den unteren Bereich des Farbmusters klicken, werden Ihre letzten Einstellungen zurückgesetzt.

BinHex-Farbwert automatisch aktiv
Praktisch fürs Screendesign: Wenn der Farbwähler geöffnet wird, ist das Feld mit dem Hexadezimal-Farbwert (erkennbar am vorangestellten #) automatisch ausgewählt – für schnelles Copy & Paste des Farbwerts.

Zum Weiterlesen
Mehr zu den verschiedenen **Farbsystemen** finden Sie in Anhang A, »Bildbearbeitung: Fachwissen«.

[Sättigung]
Während Farbton und Helligkeit zwei recht einleuchtende Beschreibungskriterien für Farben sind, ist der Begriff »Sättigung« zunächst etwas erklärungsbedürftig. Er beschreibt den **Grauanteil** einer Farbe. Eine stark gesättigte Farbe enthält wenig oder kein Grau, eine Farbe mit geringer Sättigung enthält viel Grau.

▲ **Abbildung 21.4**
Was bewirkt »Sättigung«? Helligkeit und Farbton sind hier jeweils gleich – nur die Sättigung wurde variiert. Unten 100 %, in der Mitte 50 %, oben 20 % Sättigung.

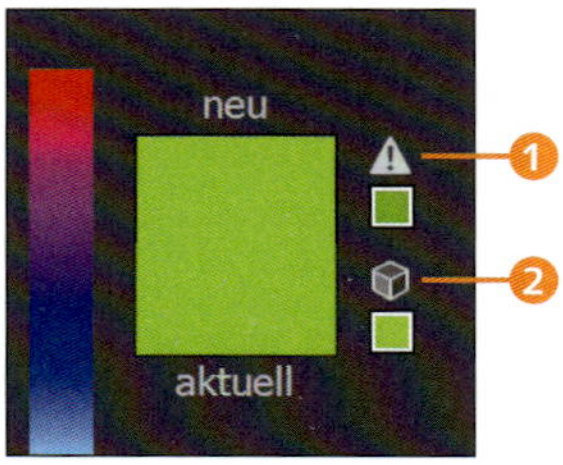

▲ **Abbildung 21.5**
Die eingestellte Farbe liegt außerhalb des druckbaren Spektrums.

Sehr oft werden Sie rechts neben dem Farbmusterfeld zwei kleine Symbole – ein Warndreieck und einen kleinen Quader – mit je einem weiteren Miniatur-Farbfeld zu sehen bekommen: die Farbumfangswarnung.

- Das **Warndreieck** 1 weist auf Farben hin, die im professionellen Vierfarbdruck nicht darstellbar sind. Der Inhalt des darunterliegenden kleinen Farbfelds zeigt die nächstgelegene Alternative; wenn Sie darauf klicken, wird diese Farbe eingestellt.
- Das **Würfelsymbol** 2 entstammt der Internet-Frühzeit. Als 8-Bit-Monitore und Grafikkarten noch häufig anzutreffen waren, einigte man sich auf eine Auswahl von 216 Farben, die auf allen Systemen konsistent dargestellt werden konnten – die sogenannten »websicheren Farben«. Erscheint im Farbwähler das Würfelsymbol, ist dies ein Hinweis darauf, dass die eingestellte Farbe eben nicht »websicher« ist; zudem sehen Sie ein kleines Farbfeld mit der websicheren Alternative zur ursprünglich gewählten Farbe. Sie können sich auch ausschließlich websichere Farben anzeigen lassen, wenn Sie die Checkbox NUR WEBFARBEN ANZEIGEN unten links aktivieren. Dann verändert sich das Aussehen der Farbvorschau und des Einstellungsbalkens erheblich. Alle sanften Farbübergänge verschwinden, es werden nur noch die 216 Farben angezeigt, die als websicher gelten.

Die Farbeinstellung mit Hilfe der HSB-Parameter ist die intuitivste, weil Farbton, Sättigung und Helligkeit auch diejenigen Faktoren sind, die in unserer eigenen Wahrnehmung Farbe am deutlichsten definieren. Sie funktioniert mit den Farbmodellen RGB und Lab ähnlich. CMYK-Werte können Sie allerdings nur auf dem Umweg über andere Farbmodelle finden, oder Sie müssen die numerischen Werte eingeben.

Alternativ können Sie natürlich auch Farbwerte eintippen – das funktioniert für alle Farbsysteme. Sie haben die Wahl zwischen HSB, RGB, Lab und CMYK sowie BinHex-Farbbezeichnungen (mit # davor), wie sie im Webdesign verwendet werden. Wenn Sie die Farbe per Regler ändern, werden die Farbwerte automatisch angepasst, so dass Sie sie bequem ablesen können. Sie können den Farbwähler also auch zum Umrechnen von Farbwerten zwischen den verschiedenen Farbsystemen nutzen!

Sobald Sie mit Ihrer Auswahl fertig sind und auf OK klicken, wird die Farbe in der Werkzeugleiste als Vordergrundfarbe angezeigt.

21.2.1 Farbbibliotheken im Farbwähler: Volltonfarben

Im professionellen Druck müssen Sie nicht unbedingt ausschließlich mit den vier **Prozessfarben** Cyan, Magenta, Gelb und Schwarz arbeiten. Sie können auch festlegen, dass eine spezielle Farbe eines bestimmten

Druckfarbenherstellers verwendet wird. Das bietet sich insbesondere dann an, wenn absolute Farbgenauigkeit gefragt ist – beispielsweise, wenn es um den Druck von Logos in festgelegten Firmenfarben geht. Beim Druck mit Prozessfarben kann eine 100 %ige Farbgenauigkeit nicht garantiert werden. Der Druck mit vorgemischten Druckfarben – sogenannten **Volltonfarben** (auch als *Schmuckfarben*, *Sonderfarben* oder *Spotfarben* bezeichnet) – ermöglicht eine deutlich höhere Farbgenauigkeit. Auch besondere Farbeffekte wie Metallic- und fluoreszente Farben oder Glanzlack können mit normalen Prozessfarben nicht realisiert werden. Um den Druck mit Volltonfarben zu ermöglichen, brauchen Sie:

- einen eigenen Volltonfarbkanal für jede einzelne Volltonfarbe, die im Dokument verwendet werden soll
- die Möglichkeit, solche Volltonfarben zuverlässig und eindeutig zu benennen und dem Volltonfarbkanal zuzuordnen

Letztgenannte Möglichkeit bietet Ihnen der Farbwähler. Wenn Sie die Schaltfläche FARBBIBLIOTHEKEN oben rechts im Farbwähler anklicken, kommen Sie zu verschiedenen Farbenlisten unterschiedlicher Farbenhersteller.

Unter BUCH 3 entscheiden Sie sich für eines der Sortimente, und mit Klicks auf den Farbbalken oder die Farbvorschau links wählen Sie die Farbe aus.

Adobes »Bibliotheken«
Adobe hat in der deutschen Programmversion eine terminologische Stolperfalle eingebaut. Sie können eigene Farben als sogenannte Bibliothek im Bedienfeld FARBFELDER und mit Hilfe des Bedienfelds BIBLIOTHEKEN auch in einer der Creative Cloud Libraries sichern. Diese Bibliotheken sind jedoch nicht mit den Farbverzeichnissen der verschiedenen Farbhersteller zu verwechseln, die Sie im Farbwähler mit dem Button FARBBIBLIOTHEKEN aufrufen.

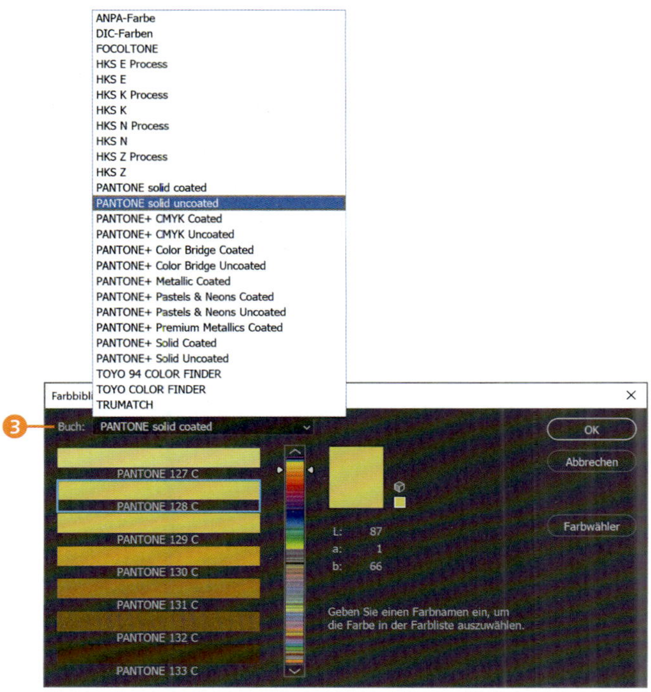

◂ **Abbildung 21.6**
Die Farbenlisten verschiedener namhafter Druckfarbenhersteller sind im Farbwähler hinterlegt.

Angemischte Farben
Wenn es darum geht, natürlich aussehende Mal- und Zeichentechniken zu simulieren, kann es schwer sein, die richtigen Farben mit Hilfe von Farbwähler oder Farbe-Bedienfeld zu finden. Das Mischpinsel-Werkzeug und das Wischfinger-Werkzeug erlauben es Ihnen, aus bereits aufgetragenen Farben neue Farbtöne zu mischen – fast wie mit echten Farben oder Kreiden. Mehr dazu erfahren Sie im folgenden Kapitel.

▲ **Abbildung 21.7**
Mittig die per Pinsel erzeugte Mischfarbe aus zwei Ausgangsfarben

Sie können die Farbbibliotheken auch als **Brainstorming-Hilfe** benutzen, um schöne Farben für einen Entwurf zu finden. Das bringt manchmal mehr als das Verschieben von HSB-Reglern im normalen Farbregler-Modus!

21.3 Klein und handlich: Das Farbe-Bedienfeld

Das Farbe-Bedienfeld ist kleiner und handlicher als der Farbwähler und kann jederzeit griffbereit auf der Arbeitsfläche liegen. Die Funktionen sind ähnlich wie beim Farbwähler, nur ist ihre Anordnung kompakter. Das Bedienfeld Farben kann fast alles, was der Farbwähler auch kann – allerdings müssen Sie dazu im Bedienfeldmenü (1) die gewünschte Ansichtsvariante einstellen. Insbesondere mit den Varianten Farbtonwürfel, Helligkeitswürfel und Farbkreis taugt das Bedienfeld als kleine, handliche Alternative zum großen Farbwähler, denn hier können Farben intuitiv ausgewählt werden. Und in der Ansicht Farbkreis können Sie besonders einfach Farbharmonien finden.

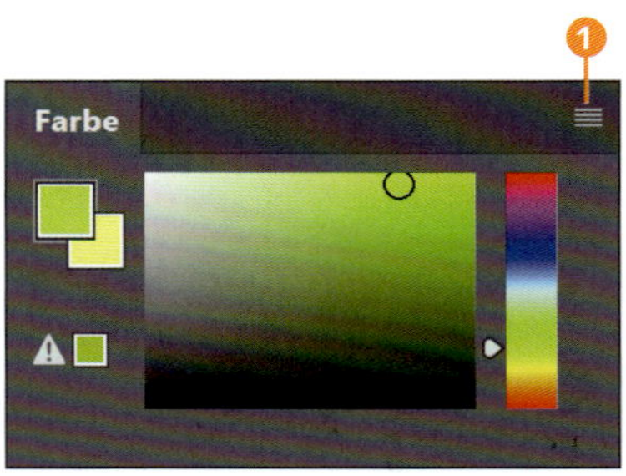

▲ **Abbildung 21.8**
Ansicht Farbtonwürfel (ohne eingeblendetes Spektrum)

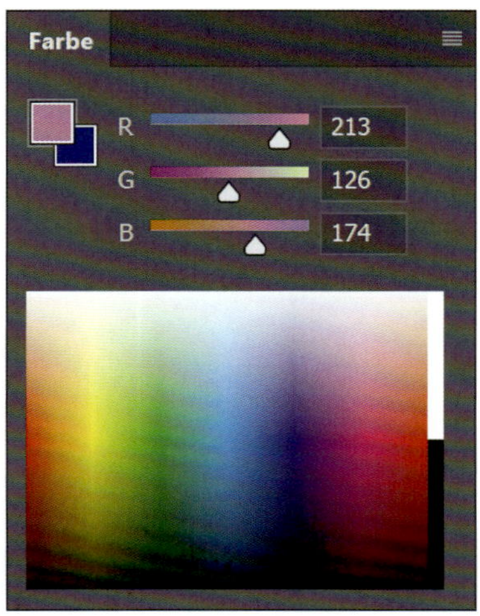

▲ **Abbildung 21.9**
Bedienfeld Farbe in der RGB-Ansicht, Spektrum in CMYK-Farben

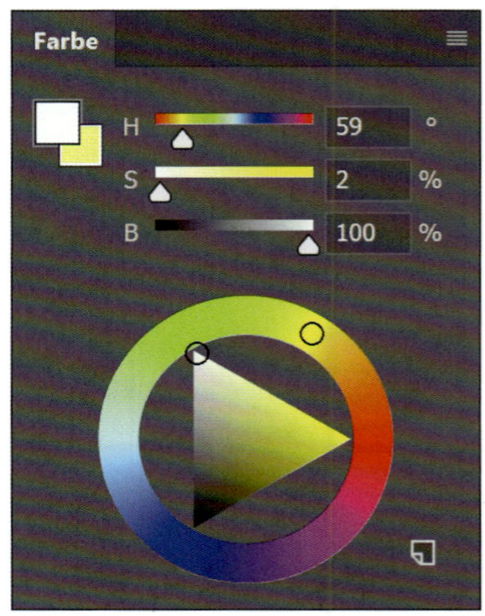

▲ **Abbildung 21.10**
Ansicht Farbkreis

Das Farbe-Bedienfeld benutzen | Sie rufen das Bedienfeld über Fenster • Farbe, mit dem Shortcut F6 oder mit einem Klick auf das Bedienfeldsymbol auf. Das Vorgehen ist einfach: Klicken Sie auf das Vordergrund- oder Hintergrundfarbfeld im Farbe-Bedienfeld (nicht in der Werkzeugleiste!), je nachdem, welche Farbe Sie einstellen wollen. Eine

Umrandung zeigt an, welches Farbfeld Sie aktuell verändern. Durch die Eingabe von Werten, durch ein Verschieben der Regler oder durch Klick aufs Spektrum legen Sie dann eine neue Farbe fest.

Farbmodi von Farbreglern und -spektrum | Die Regler des Bedienfelds und das eingeblendete Spektrum müssen nicht zwangsläufig im selben Farbmodus funktionieren. Es ist auch möglich, Regler und Spektrum in unterschiedlichen Farbsystemen anzeigen zu lassen.

Farben speichern
Wenn Ihnen eine eingestellte Farbe gut gefällt, müssen Sie die Farbwerte nicht auf Papier notieren: Im Farbwähler finden Sie den Button ZU FARBFELDERN HINZUFÜGEN. Wenn Sie ihn anklicken, wird die aktuelle Farbe im Bedienfeld FARBFELDER abgelegt. Mehr zu diesem Bedienfeld erfahren Sie in Abschnitt 21.6, »Schnellzugriff auf Lieblingsfarben: Das Farbfelder-Bedienfeld«.

Anzeigeoptionen für Farben | Um die Anzeige von Reglern und Spektrum auf ein anderes Farbsystem umzustellen, rufen Sie über die Schaltfläche oben rechts (1) das Bedienfeldmenü auf. Dort legen Sie fest, welche Farben im Spektrumsbalken angezeigt werden und wie die Farbslider beschaffen sind. Für die Regler sind alle gängigen Farbmodi einstellbar, und beim Spektrum haben Sie die Wahl zwischen RGB, CMYK, Graustufen und Variationen der aktuell eingestellten Farben. Auch ein Rechtsklick auf den Farbbalken führt zu dieser Einstellung. Mit mehrfachen ⇧-Klicks auf das Spektrum navigieren Sie stufenweise durch die verschiedenen Arten der Anzeige.

Was wollen Sie tun?	Windows	Mac
Vordergrundfarbe aus Farbbalken auswählen	Klick auf das Farbspektrum	Klick auf das Farbspektrum
Hintergrundfarbe aus Farbbalken auswählen	Alt + Klick auf das Farbspektrum	alt + Klick auf das Farbspektrum
durch verschiedene Farbbalken-Ansichten navigieren	⇧ + Klick auf das Farbspektrum	⇧ + Klick auf das Farbspektrum

◂ **Tabelle 21.2**
Tastaturbefehle für das Arbeiten mit dem Farbe-Bedienfeld auf einen Blick

21.4 Schnell zur Wunschfarbe: Der HUD-Farbwähler

Der Farbwähler ist eine feine Sache, wenn Sie nicht nur Farben einstellen, sondern auch die genauen Farbwerte wissen müssen. Doch für viele kreative Jobs ist der Standard-Farbwähler zu schwerfällig. Deswegen gibt es daneben einen intuitiven Farbwähler, den HUD-Farbwähler oder kurz das HUD (HUD = Heads-up-Display). Das HUD schwebt über der Malfläche – so sehen Sie ausgewählte Farben direkt im Bildkontext.

HUD nur mit OpenGL-Unterstützung
Damit der HUD-Farbwähler funktioniert, ist OpenGL erforderlich. Mit sehr alten Grafikkarten könnte es Probleme bei der Darstellung geben. Eine ausführliche Grafikkarten-FAQ gibt's bei Adobe unter *https://helpx.adobe.com/photoshop/kb/photoshop-cc-gpu-card-faq.html*.

▲ **Abbildung 21.11**
HUD in der Standardansicht (FARBTONSTREIFEN KLEIN). Das HUD erleichtert es, Farben passend zum Bildkontext zu wählen.

▲ **Abbildung 21.12**
Die Ansichtsvariante FARBTONRAD KLEIN

Bild: vitamin a design

Ansichtsvarianten für das HUD
In den Photoshop-Voreinstellungen (VOREINSTELLUNGEN • ALLGEMEIN • HUD-FARBWÄHLER) können Sie das Aussehen des HUD verändern. Dort finden Sie zum Beispiel auch kleinere Ansichten, die nicht so viel Platz beanspruchen.

Sie starten das HUD bei aktiviertem Pipette-Werkzeug mit dem Kürzel ⇧+Alt und **Rechts**klick im Dokumentfenster (bzw. mit ctrl+alt+cmd und Klick unter Mac). Haben Sie den Farbwähler einmal auf dem Bildschirm, können Sie die Modifier-Tasten wieder loslassen, die Maustaste muss aber gedrückt bleiben. Bewegen Sie die Maus über den Farbstreifen oder das Farbrad, um einen Farbton festzulegen, und nutzen Sie das große Farbfeld, um Abstufungen in Sättigung und Helligkeit einzustellen. Sobald Sie die Maustaste loslassen, verschwindet der Farbwähler wieder, und die zuvor ausgewählte Farbe ist als neue Vordergrundfarbe eingestellt.

21.5 Farbinspiration aus Bildern

Pipettenring nervt? Ausblenden!
In der Optionsleiste des Pipette-Werkzeugs finden Sie die Option AUSWAHLRING ANZEIGEN. Damit blenden Sie den Farbring ein und aus.

Sie können sich bei der Suche nach guten Farben auch von vorhandenem Bildmaterial inspirieren lassen. Sehr oft werden Sie Farben für Designprojekte direkt aus den zum Einsatz kommenden Fotos übernehmen wollen. Das ist eine gute Methode, zu einem harmonischen Erscheinungsbild zu kommen. Und bei Retuschen kann diese Methode helfen, einen realistischen Farbton für Haut oder Augen zu finden. Das Werkzeug, das Ihnen dabei hilft, Farbwerte zu ermitteln, ist die Pipette I.

Klicken Sie einfach an die Stelle des Bildes, deren Farbe Sie als **Vordergrundfarbe einstellen** wollen. Um die **Hintergrundfarbe einzustellen**, halten Sie zusätzlich Alt gedrückt. Nach dem Klick, solange Sie die Maustaste gedrückt halten, sehen Sie eine ringförmige Farbvorschau. Oben wird die aktuell aufgenommene Farbe (1) gezeigt, unten die zuletzt geklickte Farbe (2); ein grauer Rand grenzt die Vorschau von den Farben des Bildmotivs ab.

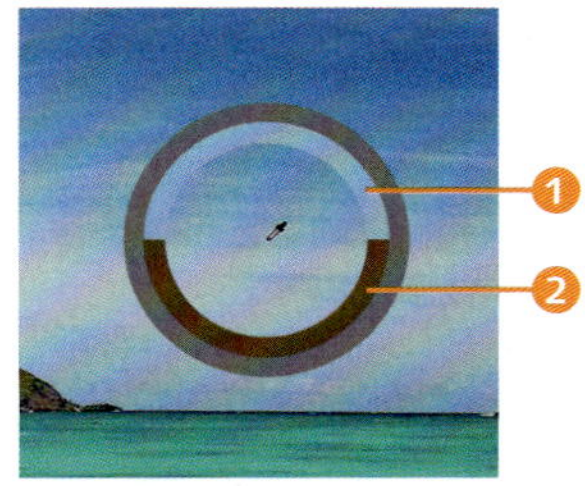

▲ **Abbildung 21.13**
Der Auswahlring der Pipette zeigt, welche Farben Sie zuletzt aufgenommen haben.

Aufnahmebereich | Denken Sie auch daran, die Option Aufn.-Bereich (Aufnahmebereich) festzulegen! Damit regeln Sie, wie viele Pixel im Umkreis der geklickten Stelle in die Farbmessung einbezogen werden. Höhere Werte als 1 Pixel ermitteln einen Durchschnittsfarbwert der aufgenommenen Pixel. Unter Aufnehm. legen Sie fest, ob nur die Pixel der aktuellen Ebene aufgenommen oder ob alle Bildebenen berücksichtigt werden.

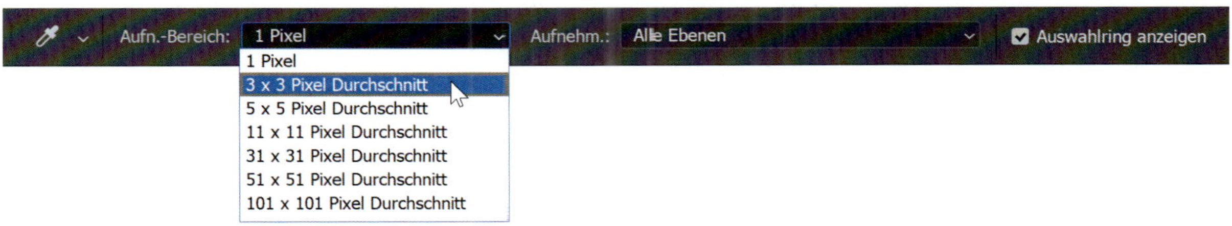

▲ **Abbildung 21.14**
Die Pipetten-Optionen

Aus Bildern per Pipette übernommene Farben erscheinen als Vordergrundfarbe in der Werkzeugleiste und können natürlich später auch ganz einfach per Farbwähler modifiziert werden.

Zum Weiterlesen
Das Farbaufnahme-Werkzeug im Praxiseinsatz erleben Sie in Teil V, »Korrigieren und optimieren«.

Was wollen Sie tun?	Windows	Mac
Pipette aufrufen	I	I
kurzfristig von beliebigem Malwerkzeug zur Pipette wechseln	beliebiges Malwerkzeug + Alt und ins Bild klicken	beliebiges Malwerkzeug + alt und ins Bild klicken
Vordergrundfarbe einstellen (Pipette-Werkzeug aktiv!)	Klick ins Bild	Klick ins Bild
Hintergrundfarbe einstellen (Pipette-Werkzeug aktiv!)	Alt + Klick ins Bild	alt + Klick ins Bild
von der Pipette schnell zum **Farbaufnahme-Werkzeug** (vier fixe Messpunkte im Info-Bedienfeld) wechseln	Pipettenklick ins Bild + ⇧	Pipettenklick ins Bild + ⇧

◄ **Tabelle 21.3**
Tastaturbefehle für das Pipette-Werkzeug auf einen Blick

21.6 Schnellzugriff auf Lieblingsfarben: Das Farbfelder-Bedienfeld

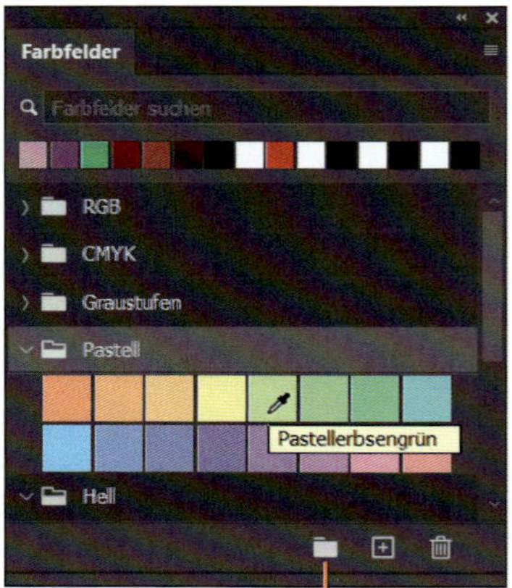

▲ **Abbildung 21.15** ❶
Das Farbfelder-Bedienfeld in der Standardansicht. Hier wird gerade eine Farbe als Vordergrundfarbe aufgenommen.

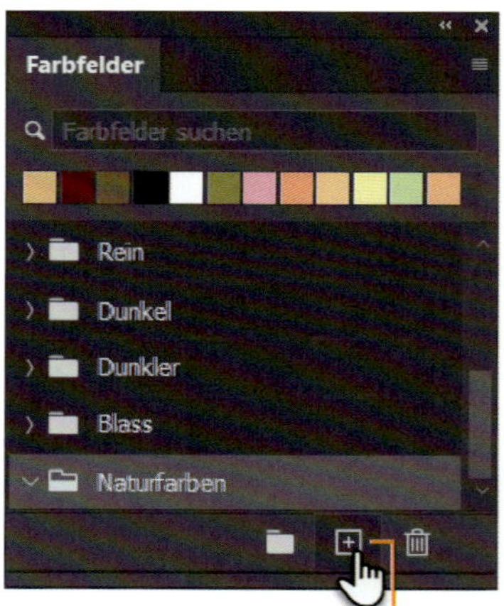

▲ **Abbildung 21.16** ❷
Bereit zum Ablegen einer neuen Farbe …

Das Bedienfeld Farbfelder (Fenster • Farbfelder) ermöglicht es Ihnen, eigene Farben zu speichern und später darauf zurückzugreifen. Die Farben werden dabei in verschiedenen Gruppen mit Farbfeldern wie RGB, CMYK und Pastell organisiert und aufgelistet. Mit einem Klick auf eine der Gruppen zeigen Sie die darin enthalten Farben an und schließen sie wieder.

Um eine neue **Vordergrundfarbe** festzulegen, klicken Sie einfach auf das gewünschte Farbfeld. Eine kleine Auswahlhilfe: Wenn Sie mit dem Mauszeiger über einer Farbe verweilen, wird der Titel eingeblendet. Um eine neue **Hintergrundfarbe** einzustellen, drücken Sie `Alt` und klicken in das betreffende Farbfeld.

Farbfelder anlegen | Um ein neues Farbfeld zu ergänzen, stellen Sie als Erstes die gewünschte Farbe als Vordergrundfarbfeld in der Werkzeugleiste ein. Als Nächstes wählen Sie die Gruppe aus, zu der Sie das neue Farbfeld hinzufügen wollen, oder legen Sie über das Ordnersymbol ❶ im Farbfelder-Bedienfeld eine neue Gruppe an. Im Beispiel habe ich eine neue Gruppe Naturfarben erstellt und ausgewählt. Danach klicken Sie auf das Plus-Icon unten rechts ❷.

In einem nächsten Schritt können Sie den Namen für das neue Farbfeld angeben. Ist die Option Zu meiner aktuellen Bibliothek hinzufügen aktiviert, wird das neue Farbfeld nicht nur im Bedienfeld Farbe angelegt, sondern wird außerdem an die aktuell geöffnete Cloud Library im Bibliotheken-Bedienfeld angefügt. Das Farbfeld wird an das Ende der Liste in der ausgewählten Gruppe gesetzt.

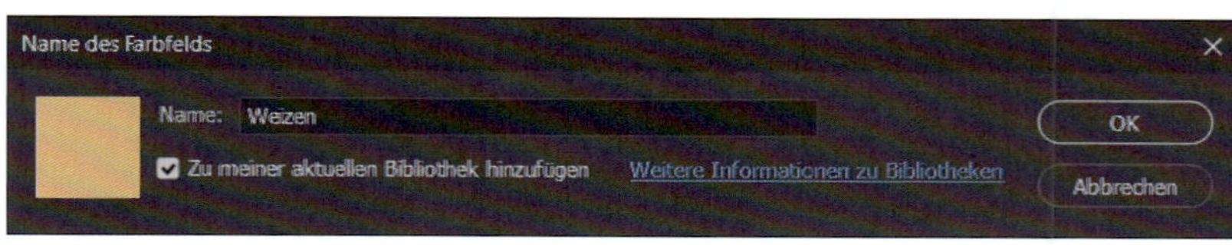

▲ **Abbildung 21.17**
… und Festlegen des Farbnamens

Einzelne Farbfelder löschen | Um einzelne Farbfelder zu löschen, ziehen Sie das betreffende Farbfeld mit der Maus auf das Papierkorb-Icon.

Farbfelder neu sortieren | Auch das Einsortieren eines Farbfelds in eine bestehende Anordnung ist einfach: Drag & Drop genügt. Das funktioniert auch zwischen den verschiedenen Gruppen: Lassen Sie einfach das Farbfeld auf den Gruppenordner oder in der geöffneten Gruppe fallen.

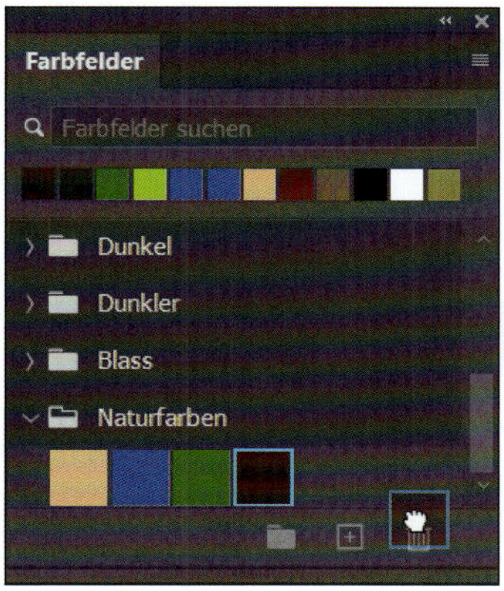

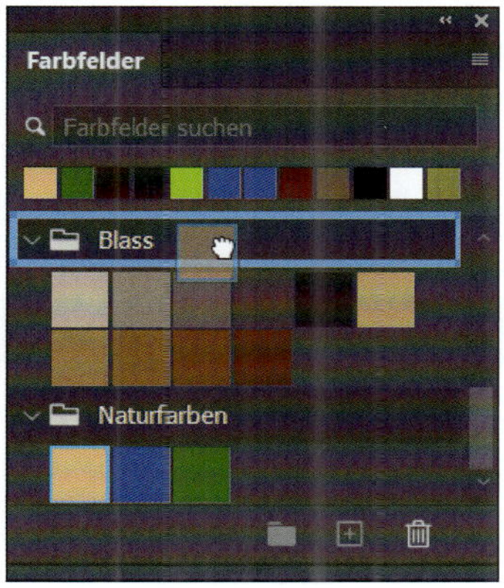

◂◂ **Abbildung 21.18**
Löschen eines Farbfelds

◂ **Abbildung 21.19**
Mit Drag & Drop verändern Sie die Position eines Farbfeldes.

Farbfelder für den Austausch speichern | Wenn Sie eine Kollektion von Farbfeldern mit dem Speicherbefehl AUSGEWÄHLTE FARBFELDER EXPORTIEREN des Bedienfeldmenüs sichern, wird eine Farbfeld-Bibliothek erzeugt. Diese wird von Photoshop im Dateiformat **.aco** abgelegt. Diesen Typ von Bibliothek können Sie ausschließlich in Photoshop benutzen.

Wenn Sie Farbbibliotheken auch in anderen Adobe-Anwendungen nutzen, dabei jedoch nicht auf die cloudbasierten Libraries zurückgreifen wollen, müssen Sie den Speicherbefehl FARBFELDER FÜR AUSTAUSCH EXPORTIEREN aus dem Bedienfeldmenü verwenden. Dabei erzeugen Sie Dateien im Format **.ase**. Diese Dateien können Sie nicht allein in Photoshop, sondern auch in Illustrator, Flash, Fireworks und InDesign verwenden.

Zum Weiterlesen
Wenn Sie mehr über die Verwaltung von Vorgaben in Bedienfeldern, mit dem Vorgaben-Manager und den cloudbasierten Bibliotheken (Cloud Libraries) erfahren wollen, lesen Sie unbedingt Abschnitt 4.6, »Farbfelder, Muster, Stile und Co.: Kreativressourcen organisieren«. Dort erläutere ich das Thema ganz genau.

Was wollen Sie tun?	Windows	Mac
neues Farbfeld aus der aktuellen Vordergrundfarbe im Bedienfeld ablegen	Klick an das Listenende des Bedienfelds	Klick an das Listenende der Bedienfelds
Farbfeld löschen	Drag & Drop auf Papierkorb-Icon	Drag & Drop auf Papierkorb-Icon
Vordergrundfarbe aus dem Farbfelder-Bedienfeld einstellen	Klick auf das Farbfeld	Klick auf das Farbfeld
Hintergrundfarbe aus dem Farbfelder-Bedienfeld einstellen	Strg + Klick auf das Farbfeld	cmd + Klick auf das Farbfeld

Speicherpfad merken
Merken Sie sich beim Speichern, wo Sie die ».ase«-Datei ablegen – der von Photoshop vorgeschlagene Standardpfad wird von InDesign oder Illustrator nicht unbedingt automatisch gefunden!

◂ **Tabelle 21.4**
Tastaturbefehle für die Arbeit mit dem Farbfelder-Bedienfeld auf einen Blick

21.7 Farbharmonien finden mit Adobe Color

Adobe baut das Internetangebot für Kreativarbeiter kontinuierlich aus. Mit einigen der Onlineressourcen sind die Anwendungen der Creative Cloud eng verzahnt; ein Beispiel dafür ist die Online-Community **Adobe Color**, die Sie unter der Website *https://color.adobe.com/de/create/color-wheel* finden.

Abbildung 21.20 ▼
Adobe Color – Inspiration, Handwerkszeug und Community gleichzeitig

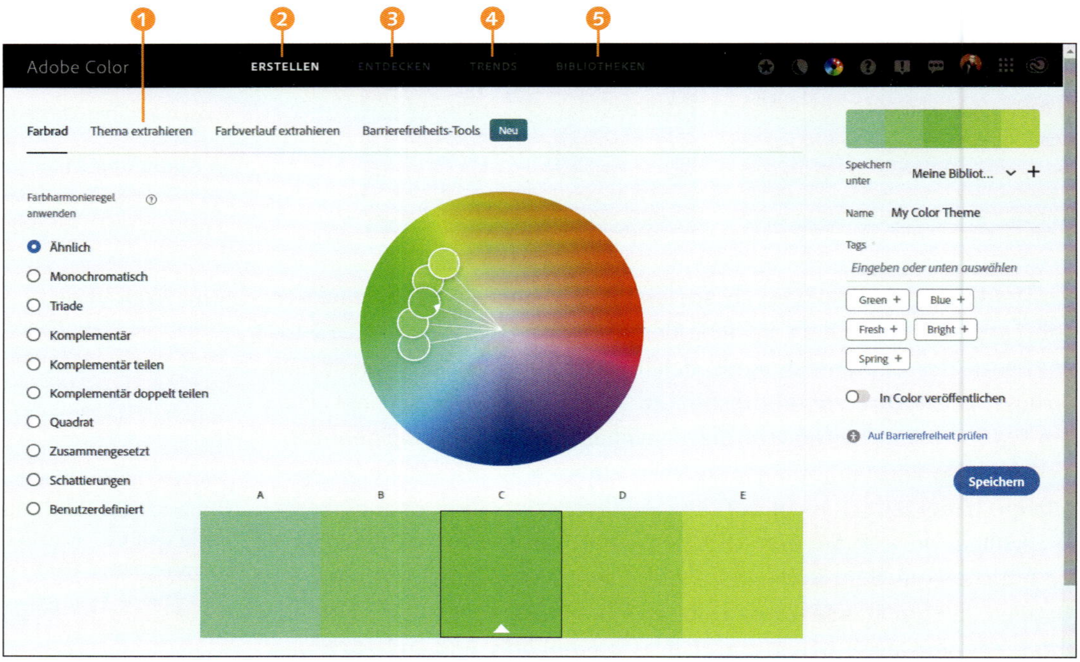

Adobe Color immer griffbereit
Wie alle Bedienfelder können Sie auch das Adobe-Color-Bedienfeld als Symbol im Dock ablegen.

▲ Abbildung 21.21
Das Adobe-Color-Bedienfeld, zum Symbol minimiert

Was kann Adobe Color? | Onlinetools, mit denen sich nach verschiedenen Harmonieregeln ansprechende Farbkombinationen finden lassen, gibt es schon seit Langem. Adobe Color arbeitet jedoch nahtlos mit Photoshop zusammen und verfügt zudem über ein eigenes Bedienfeld innerhalb von Photoshop sowie eine Anbindung an die Adobe-Community.

- Sie können mit Hilfe eines interaktiven Farbrades eigene **Farbharmonien erzeugen** 2 oder aber
- **Farbschemata aus hochgeladenen Bildern** erzeugen (THEMA EXTRAHIEREN 1.
- Außerdem können Sie mit ENTDECKEN 3 die **Farbschemata anderer Nutzer durchsuchen** oder unter TRENDS 4 verschiedene Farbtrends entdecken,
- **eigene Farbschemata speichern**, die später unter BIBLIOTHEKEN 5 für eigene Projekte verfügbar sind. Die Farbmuster aus Adobe Color sind anschließend mit vielen Creative-Cloud-Anwendungen nutzbar.

Kapitel 22

Malen, Zeichnen, Scribbeln: Die Werkzeuge

Mit Photoshop lassen sich klassische Mal- und Zeichenstile – von brüchiger Kreide bis zu zerfließender Aquarellfarbe, von randomisierten Schraffuren bis zu ineinandergemalten feuchten Farben – digital simulieren. Die stetig ausgebauten Maltools unterstützen beinahe jedes kreative Vorhaben.

22.1 Pinsel, Buntstift & Co.

Pinsel und Buntstift (beide erreichbar per Shortcut B – für »Brush«) sind die althergebrachten Standard-Malwerkzeuge, mit denen Sie digitale Farbe auftragen. Mit dem Misch-Pinsel-Werkzeug (ebenfalls über B erreichbar) werden Farbpixel nicht nur aufgetragen, sondern auch mit den Farben des Malgrunds gemischt. Diesen speziellen Pinsel stelle ich in einem eigenen Abschnitt vor (siehe Abschnitt 22.3, »Nass-in-Nass-Maltechnik: Der Misch-Pinsel«). Zunächst geht es um Pinsel und Buntstift. Diese beiden Klassiker lassen dank ihrer leistungsfähigen Werkzeugspitzen, der effektiven Werkzeugspitzen-Verwaltung und neuer Optionen zur Kontrolle der Mal- und Zeichenstriche kaum noch Wünsche offen und ermöglichen flüssige Workflows für Illustratoren, Comic Artists & Co. Um alle Funktionen auszuschöpfen, empfiehlt es sich, mit Grafiktablett und Stylus zu arbeiten. Photoshop bietet in seinen Pinseleinstellungen verschiedene Optionen, die ausschließlich Stylus-Nutzern zur Verfügung stehen.

Die **Werkzeuge zum Farbauftrag** sind in der Werkzeugleiste im selben Fach angesiedelt, und sie funktionieren auch sehr ähnlich: Sie stellen die Vordergrundfarbe ein, legen die Werkzeugspitze und andere Optionen fest und tragen die »Farbe« per Maus oder besser noch Eingabestift auf. Dazu kommen **Werkzeuge zum Nachbearbeiten bereits aufgetragener Mal- oder Zeichenstriche**. Um Kanten weich zu verwischen oder zu

Malerei reversibel halten: Protokoll-Bedienfeld
Mit dem Tastenkürzel Strg/cmd+Z machen Sie einen falschen Handgriff rückgängig, mit Strg/cmd+Alt+Z geht es mehrere Arbeitsschritte zurück. Das klappt beim Malen jedoch nur bedingt. Jeder einzelne Pinselstrich wird als eigener Schritt verbucht – mit den Kürzeln kommen Sie also nicht weit zurück. Nutzen Sie daher das Protokoll-Bedienfeld, und machen Sie Gebrauch von der Funktion SCHNAPPSCHUSS. Mehr Informationen zum Protokoll-Bedienfeld finden Sie in Abschnitt 3.9, »Das Protokoll-Bedienfeld«.

Pinsel im Überblick
Von flotter Skizze bis zum Ölschinken ist mit Photoshops mächtigen, vielseitigen Malwerkzeugen alles möglich. Adobes umfassende Pinselkollektion detailliert vorzustellen, würde selbst den Rahmen dieses Buches sprengen. Unter *https://helpx.adobe.com/de/photoshop/using/whats-new/2018.html#brushes* finden Sie ein Video, in dem der Illustrator Kyle T. Webster, der viele der Kreativpinsel-Spitzen in Photoshop entwickelt hat, seine Werkzeuge vorstellt.

härten, werden etwa der Wischfinger oder das Scharfzeichner-Werkzeug eingesetzt. Sie finden die betreffenden Werkzeugspitzen aber ebenfalls in der Auswahlliste des Pinsel-Werkzeugs – damit will Adobe einen flüssigeren Workflow gewährleisten. Hilfreiche Shortcuts für den effektiven Gebrauch der Malwerkzeuge finden Sie in Tabelle 22.2 in Abschnitt 22.5.

22.1.1 Pinsel

Das Pinsel-Werkzeug [B] erzeugt Striche mit wahlweise glatten oder weichen Kanten und zahlreichen Spezialeffekten. Für Mal- und Illustrationszwecke ist es bestens geeignet, ebenso für die manuelle Bearbeitung von Ebenenmasken oder der Quick Mask.

Pinsel-Optionen | Die Größe und Art des Pinsels stellen Sie mit Hilfe eines Dropdown-Menüs ein ❶ (hier hat sich mit den letzten Updates sehr viel getan – Genaueres erfahren Sie in Abschnitt 22.2.2, »Werkzeugspitzen anpassen«).

Unter Modus ❷ legen Sie fest, wie der aufgetragene Malstrich mit den darunterliegenden Pixeln verrechnet wird. Die Modi wirken wie die schon bekannten Ebenen-Mischmodi und tragen auch dieselben Bezeichnungen. Deckkr. (Deckkraft) ❸ reguliert – wenig überraschend – die Deckkraft bzw. Transparenz des aufgetragenen Strichs. Mit einem Pinselauftrag, dessen Deckkraft reduziert ist, können Sie lebendige Farbflächen gestalten.

Abbildung 22.1 ▼
Optionen für Pinselwerkzeuge. Die Liste für die Wahl der Werkzeugspitze ist ausgeklappt.

Die Option Fluss ❺ ist für die Viskosität der aufgetragenen virtuellen Farbe zuständig. Das heißt, je geringer der Wert ist, desto »zäher« fließen die Pixel aus dem Pinsel.

Die Option Airbrush ❻, die Sie durch Anklicken der Schaltfläche direkt neben der Fluss-Einstellung aktivieren, hilft Ihnen, weiche Farbübergänge zu erstellen, die an traditionelle Airbrush-Techniken erinnern. Während im Normalbetrieb nur dann »Farbe« aus der Werkzeugspitze strömt, wenn Sie die Maus bewegen, sondert das Pinsel-Werkzeug mit aktiver Airbrush-Option auch bei Stillstand farbige Pixel ab.

Grafiktablett-Einstellungen | Zwei Schaltflächen in der Optionsleiste sind exklusiv für Grafiktablett-Nutzer gedacht. Wenn sie aktiv sind, werden die Optionsleisten-Einstellungen für Deckkraft und Pinselgröße ignoriert; die von Grafiktablett und Eingabestift übermittelten Werte haben dann Vorrang.

- Die Schaltfläche ④ direkt neben der DECKKRAFT-Option setzt diese außer Kraft und überlässt dem Grafiktablett die Deckkraft-Steuerung (über den Andruck des Stifts – das klappt natürlich nur, wenn Sie ein Grafiktablett haben, das diese Funktion auch unterstützt).
- Die Schaltfläche ⑦ am rechten Rand der Optionsleiste deaktiviert die Pinselgrößen-Einstellung in der Optionsleiste. Die Pinselgröße wird dann von Ihrem Zeichentablett via Stiftdruck gesteuert (sofern dort diese Funktion vorhanden ist).
- Die Schaltfläche mit dem stilisierten Schmetterling ⑧ aktiviert die Symmetriefunktion, mit deren Hilfe die Mal- oder Zeichenstriche symmetrisch an Pfaden angeordnet werden, um gleichmäßige Muster zu kreieren. Wie das genau funktioniert, lesen Sie in Abschnitt 29.6.6, »Symmetrie«.

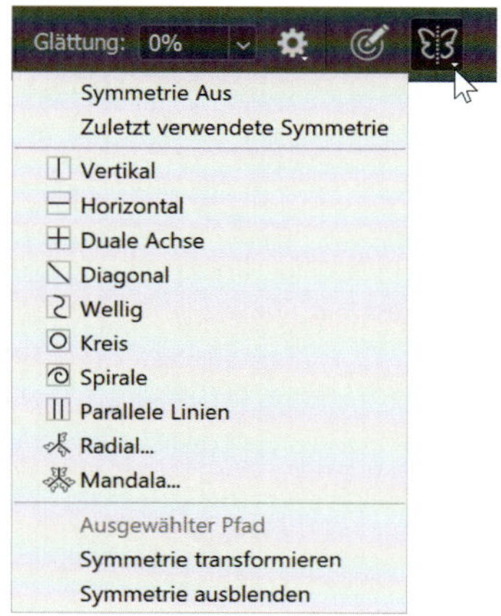

▲ **Abbildung 22.2**
Symmetrie-Optionen des Pinsels

22.1.2 Glättung der Mal- und Zeichenstriche

Die Option GLÄTTUNG, die nicht nur beim Pinsel, sondern auch bei den Werkzeugen Buntstift, Mischpinsel und Radiergummi anzutreffen ist, meint hier keine Kantenglättung (im Sinne von Anti-Aliasing) der Mallinie selbst, sondern soll dafür sorgen, dass kleinere Abweichungen von der Pinsellinie ignoriert werden und die Linienführung insgesamt sauberer ausfällt. Zwei Parameter steuern diese Form der Pinselstrich-Glättung: die Prozenteingabe ⑨ und die weiteren Optionen, die sich hinter dem Zahnrad-Icon ⑩ verbergen.

Zum Weiterlesen
Eine detaillierte Übersicht über die **Wirkung der verschiedenen Mischmodi** finden Sie in Kapitel 13, »Mischmodus: Pixel-Interaktion zwischen Ebenen«.

Prozenteingabe | Ein Prozentwert von 0 entspricht der alten (automatischen) Glättung früherer Photoshop-Versionen. Je höher der eingestellte Wert ist, desto stärker wirkt die Glättung.

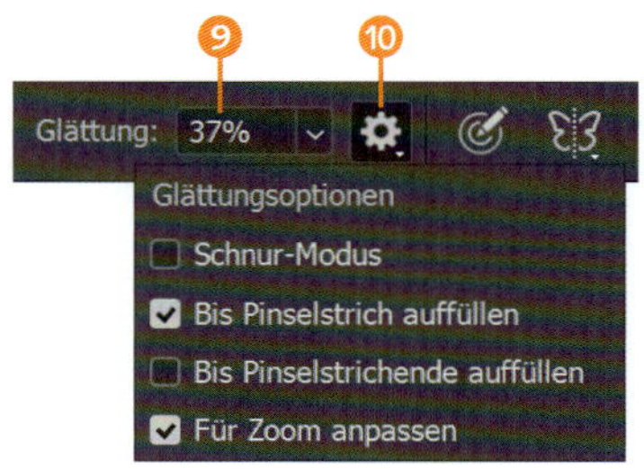

▲ **Abbildung 22.3**
Zähmt (zu) nervöse Linienausschläge: GLÄTTUNG

Detailoptionen | Es empfiehlt sich, die Funktion einmal mit dem Höchstwert 100 % und verschiedenen Detailoptionen auszuprobieren, um deren Wirkung besser einzuschätzen. Alle Funktionen erleichtern die Arbeit an Details und verhindern unbeabsichtigte kleine Striche.

- Um den SCHNUR-MODUS sinnvoll zu nutzen (und zu verstehen), sollte unter VOREINSTELLUNGEN • ZEIGERDARSTELLUNG unbedingt die Option PINSELLEINE BEI GLÄTTUNG ANZEIGEN aktiviert werden. Ist diese Option aktiv, wird der tatsächliche Pinselstrich an einer Linie – der »Schnur« respektive der Pinselleine – ein Stückchen hinter der Pinselspitze hergeschleppt. Farbe wird nur dann aufgetragen (oder im Fall des Radierers entfernt), wenn diese Schnur gestrafft ist. Hängt sie durch, bleibt das jeweilige Werkzeug wirkungslos.

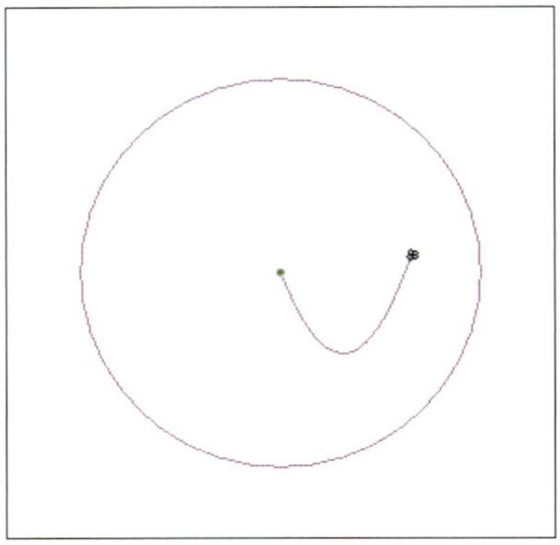

▲ **Abbildung 22.4**
Pinselschnur hängt durch: kein Farbauftrag

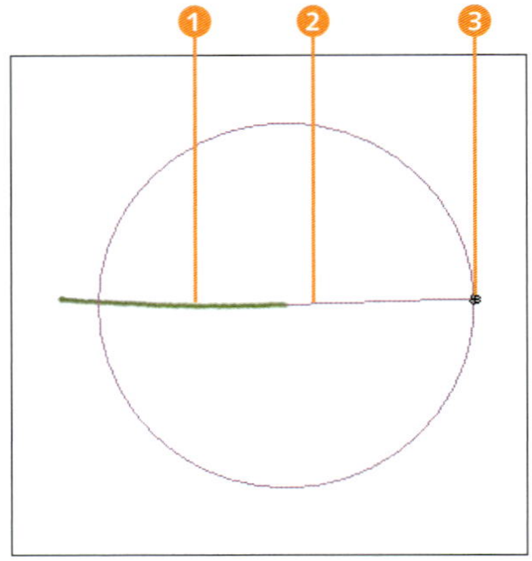

▲ **Abbildung 22.5**
Pinselstrich ①, Pinselschnur ② und Werkzeugspitze ③: Die gezeichnete Linie folgt der Werkzeugspitze, aber mit einigem Abstand – verbunden durch die nun gestraffte Pinselleine.

- Die Option Für Zoom anpassen kann zu den anderen Optionen hinzugeschaltet werden. Sie passt den Grad der Glättung an den eingestellten Ansichtszoom an. Wenn Sie in das Dokument einzoomen, wird die Glättung reduziert; wenn Sie die Zoomstufe reduzieren, wird die Glättung erhöht.
- Die Optionen Bis Pinselstrich auffüllen bewirkt das automatische Fortführen der Mal- oder Zeichenlinie bis zur Werkzeugspitze, wenn Sie Maus oder Stylus still halten. Ist der Modus deaktiviert, wird der Farbauftrag beendet, sobald die Cursorbewegung stoppt.
- Bis Pinselstrichende auffüllen wirkt ähnlich, allerdings wird hier der Strich von der letzten Malposition bis zu dem Punkt fortgeführt, an dem Sie die Maus- oder Stylus-Steuerung losgelassen haben.

22.1.3 Buntstift

▲ **Abbildung 22.6**
Typische Buntstift-Werkzeug-Linie, die mit einer Werkzeugspitze mit weicher Kante erzeugt wurde.

Das Buntstift-Werkzeug funktioniert ähnlich wie der Pinsel. Es gibt allerdings einen entscheidenden Unterschied: Der Buntstift kann Linien in verschiedener Form, aber immer nur mit harten Kanten erzeugen – weichgezeichnete Linienkanten gibt es hier nicht. Wählen Sie dennoch eine Werkzeugspitze mit weicher Kante, werden die Randbereiche des Strichs entweder unregelmäßig gezackt oder mit einem Dither-Muster versehen (siehe Abbildung 22.6). Der Buntstift wird gerne bei Bildern im Bitmap-Modus verwendet, die ohnehin nur auf schwarze und weiße Bildpunkte eingeschränkt sind. Auch wenn Sie mit kleinen Werkzeugspitzen arbeiten und unbedingt scharfe, harte Linien brauchen, sollten

Sie zum Buntstift greifen. Beim Pinsel werden nämlich auch vermeintlich »harte« Linien immer ein wenig geglättet!

Buntstift-Optionen | Bei den übrigen Optionen gibt es gegenüber dem Pinsel-Werkzeug wenig Neues, mit einer Ausnahme: der Option AUTOMATISCH LÖSCHEN ④. Damit können Sie mit der Hintergrundfarbe, die Sie in der Werkzeugleiste eingestellt haben, über Bildbereiche malen, die die Vordergrundfarbe enthalten – und zwar ausschließlich über diese Bereiche. Sie können diese Option also zum Beispiel gut verwenden, um bei einer Illustration Bereiche gezielt umzufärben.

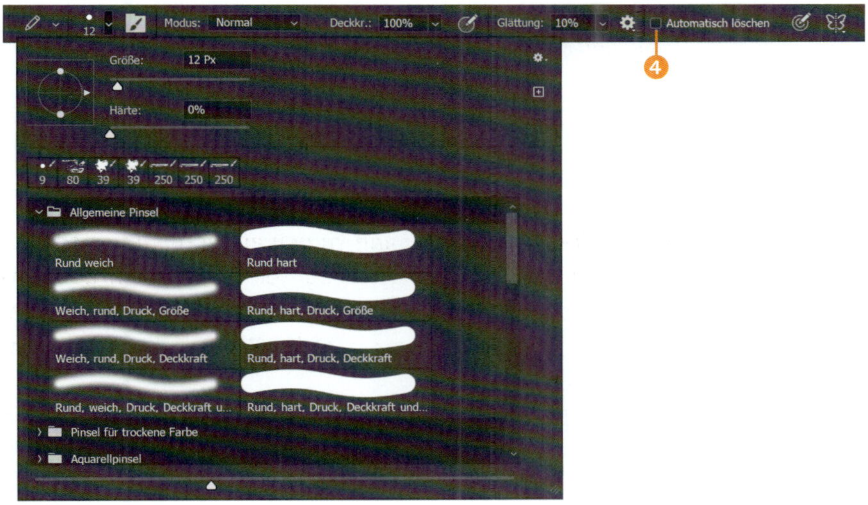

◂ **Abbildung 22.7**
Optionsleiste beim Buntstift

22.2 Zugang zur Fülle der Werkzeugspitzen

Werkzeuge, die die Bildpixel direkt verändern, sind in Photoshop vielfach präsent – nicht nur bei den klassischen Malwerkzeugen, sondern auch bei vielen Retuschetools. Die jeweilige Werkzeugspitze muss optimal ausgewählt oder angepasst sein, wenn Sie gute Ergebnisse erzielen wollen. Insbesondere beim Malen, Zeichnen, Illustrieren zahlt sich sicherer Umgang mit dem wichtigsten Werkzeug aus.

Zum Weiterlesen
Weitergehende Pinseleinstellungen lernen Sie in Abschnitt 22.6, »Feintuning für Pinsel- und Werkzeugspitzen«, kennen.

22.2.1 Kreativpinsel effektiv verwalten

Photoshop bietet ein riesiges Arsenal an fertig konfigurierten Werkzeugspitzen für Pinsel, Buntstift und Misch-Pinsel; dazu kommen Werkzeugspitzen für Wischfinger, Scharfzeichner-Werkzeug und Co., mit denen Sie gemalte oder gezeichnete Linien weiterbearbeiten können – ganz so wie mit einem echten Schwamm, Palettenmesser oder Ähnlichem. Sie erreichen diese Pinsel- und Werkzeugspitzen über die Optionsleiste der Malwerkzeuge ❸.

Sie können wie in früheren Versionen von Photoshop weiterhin eigene Pinselspitzen definieren und diese dann als PINSELVORGABE bzw. WERKZEUGVORGABE sichern. Doch Adobe legt inzwischen den Fokus ganz klar auf das Onlineangebot von Pinselspitzen, das tatsächlich auch wenig Wünsche offenlässt.

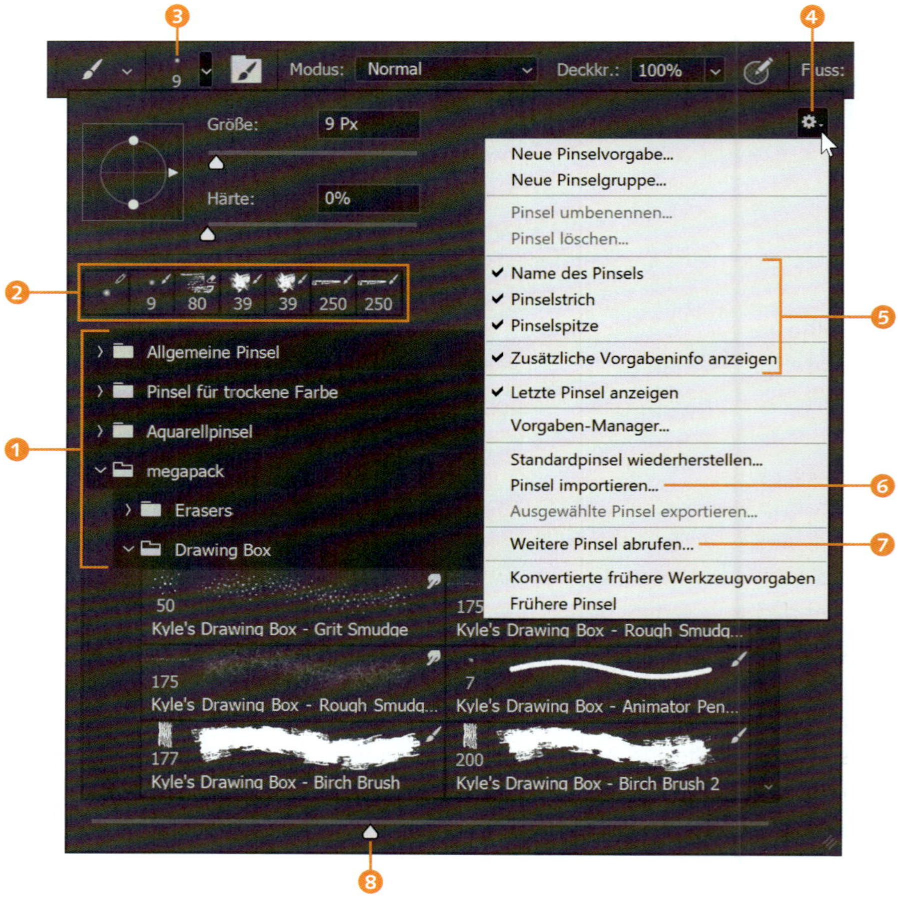

Abbildung 22.8 ▸
Pinseleinstellung beim Pinsel-Werkzeug. Bei den anderen Malwerkzeugen funktioniert sie ähnlich.

Weitere Pinsel laden | Insofern empfiehlt es sich, zunächst einmal den Pinselbestand zu erweitern und weitere Pinsel nachzuladen. Dazu klicken Sie auf das Zahnrad-Icon ❹ und dann auf den Befehl WEITERE PINSEL ABRUFEN ❼ Sie werden dann zu Adobes Online-Werkzeugspitzen umgeleitet, wo Sie sich kostenfrei professionell erstellte Pinsel- und andere Werkzeugspitzen herunterladen können. Dazu genügt ein Klick auf den Namen der gewünschten Kollektion, der Rest sollte automatisch laufen.

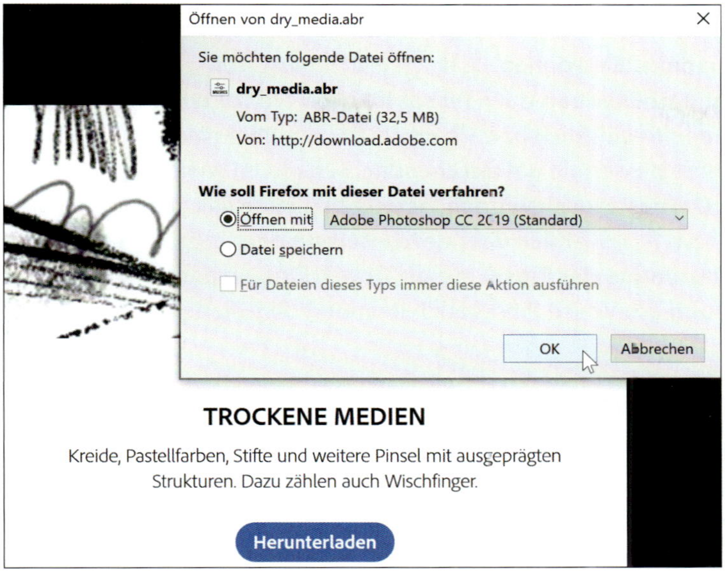

◂ **Abbildung 22.9**
Nach dem Klick auf Herunterladen wählen Sie im eingeblendeten Dialogfeld die Option Öffnen mit: Adobe Photoshop – die Pinsel werden dann automatisch importiert.

Sollte der automatische Import fehlschlagen, können Sie die gewünschte Pinselspitzen-Datei zunächst in einen beliebigen Ordner Ihres Rechners herunterladen und dann die Funktion Pinsel importieren ❻ nutzen.

Anzeige der Pinsel- und Werkzeugspitzen einstellen | Photoshops Pinselspitzen können über zahlreiche Eigenschaften und Besonderheiten verfügen: Sie sind komplex oder einfach, imitieren feuchte oder trockene Malmittel, sind groß, klein, geneigt, schmal, rund, ein- oder mehrfarbig und nutzen unterschiedliche Werkzeuge – haben also sehr unterschiedliche Eigenschaften. Die Anzeige der Pinsel sollte möglichst viele dieser Eigenschaften zeigen, damit die Auswahl des richtigen Tools möglichst leicht fällt. Im Menü der Pinselverwaltung ❹ können Sie einstellen, welche Pinseleigenschaften ❺ angezeigt werden sollen. Und mit dem Slider an der Unterkante ❽ können Sie zudem die Darstellungsgröße der aufgelisteten Pinselspitzen beeinflussen.

Zuletzt genutzte Pinsel | Standardmäßig sind oberhalb der Pinselliste ❶ die zuletzt genutzten Pinsel ❷ eingeblendet – zur schnellen Wiederverwendung. Im Menü ⚙ kann die Option Letzte Pinsel anzeigen bei Bedarf abgewählt werden.

Verwaltung der Pinsel- und Werkzeugspitzen | Die Fülle der Pinsel und Werkzeuge, die zur Verfügung stehen (können), machen eine übersichtliche Verwaltung dringend notwendig – andernfalls wäre flüssiges Arbeiten wohl kaum möglich. Daher sind die Werkzeugspitzen nun in

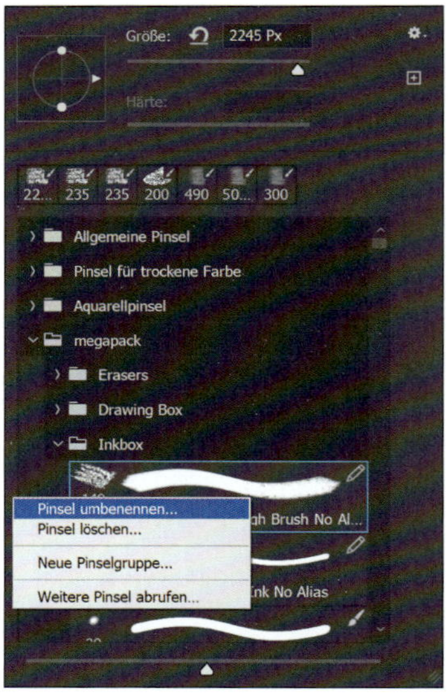

▲ **Abbildung 22.10**
Pinsel umbenennen oder löschen

Altgewohnte Pinsel wiederfinden
In der überwältigenden Fülle der Effektpinsel gehen die Standardpinsel ein wenig unter. Sie sind zu finden in der Pinselgruppe ALLGEMEINE PINSEL. Mit den Befehlen KONVERTIERTE FRÜHERE WERKZEUGVORGABEN und FRÜHERE PINSEL aus dem Pinselmenü lassen sich zudem die früheren Pinselspitzen zur Liste hinzufügen.

▲ **Abbildung 22.12**
Flachheit der Werkzeugspitze verändern

▲ **Abbildung 22.13**
Winkel einer Werkzeugspitze verändern

Ordnern und Unterordnern angeordnet – bei Adobe heißen diese Ordner »Gruppen«. Sie können …

- **Pinsel umbenennen** oder **Pinsel löschen** – dazu nutzen Sie entweder einen Rechtsklick bzw. ctrl-Klick auf dem Namen des jeweiligen Pinsels oder die entsprechenden Befehle im Menü .
- **neue Ordner, Pinselgruppen, erzeugen** – auch das geht per Rechtsklick bzw. ctrl-Klick über der Pinselliste oder mittels Menü .
- die **Anordnung der Pinsel** mittels Drag & Drop in der Liste verändern und auf diese Weise Pinsel auch in andere Pinselgruppen ziehen.

22.2.2 Werkzeugspitzen anpassen

Nicht immer stimmen alle Eigenschaften der gewünschten Pinsel – und manchmal braucht man auch gar keine aufwendige Werkzeugspitze, sondern es genügt ein einfach konfigurierter Pinsel, den man nur ein wenig feintunen möchte. Auch das ist natürlich möglich.

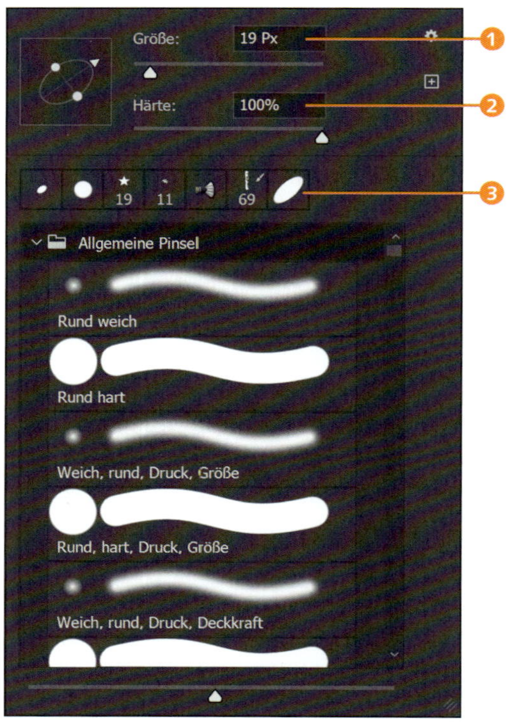

◂ **Abbildung 22.11**
Pinseltuning

Mit Hilfe der Slider verändern Sie den Durchmesser der Pinselspitze (GRÖSSE ①) oder die Konturschärfe des Malstrichs (HÄRTE ②). Bei vielen Pinselspitzen können Sie überdies Flachheit und Winkel verändern, indem Sie das Kreiselement ③ stauchen und kippen.

22.2.3 Pinseleinstellung per Tastaturkürzel

Bei vielen Arbeiten muss man laufend Größe und Härte der Werkzeugspitze ändern. Es gibt einige handliche Shortcuts, mit denen Sie das im laufenden Betrieb erledigen können.

Zunächst einmal können Sie bei aktivem Mal- oder Retuschewerkzeug einfach einen Rechtsklick auf die Arbeitsfläche setzen: Die Pinselvorgaben-Liste mit den werkzeugtypischen Reglern wird direkt unter der Pinselspitze eingeblendet.

Doch Größe und Weichheit – oder wahlweise die Pixeldeckkraft – können Sie auch im laufenden Betrieb ganz ohne Klick zur Pinselliste verstellen. So verändern Sie die **Pinselgröße**:

- Halten Sie Alt gedrückt, und drücken Sie die rechte Maustaste. Dann bewegen Sie die Maus **nach rechts oder links**.
- Sofern Sie eine **Mac-Eintastenmaus** benutzen, drücken Sie alt+ctrl und die (linke) Maustaste, während Sie die Maus **nach rechts oder links** bewegen.

So verändern Sie die **Härte eines Pinsels**:

- Halten Sie Alt gedrückt, und drücken Sie die rechte Maustaste. Dann bewegen Sie die Maus **nach oben oder unten**.
- Am **Mac** drücken Sie alt+ctrl und die (linke) Maustaste, während Sie die Maus **nach oben oder unten** bewegen.

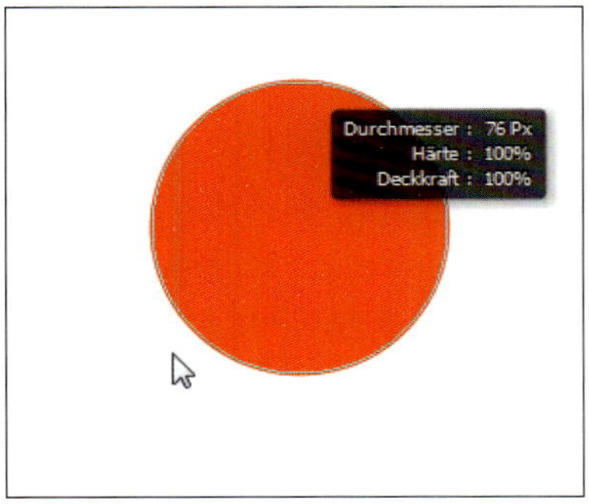

▲ **Abbildung 22.14**
Ein roter Kreis innerhalb der Pinselspitze und das kleine Flyout-Menü zeigen die durch Mausbewegung (rechts/links) eingestellte Pinselgröße an.

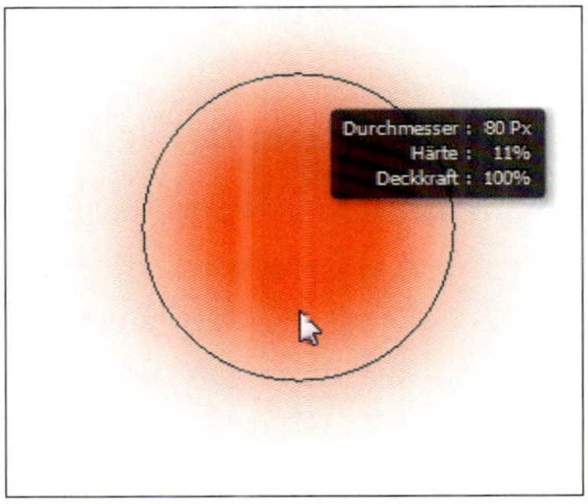

▲ **Abbildung 22.15**
Auch die Härte bzw. Weichheit von Werkzeugspitzen wird in der roten Vorschau angezeigt (Mausbewegung nach oben/unten).

Das liest sich jetzt etwas kompliziert, aber wenn Sie es zwei-, dreimal ausprobieren, werden Sie sich an diese Abkürzungen schnell gewöhnen!

Bei den einfachen Pinseltypen sehen Sie dabei eine rote Pinselvorschau mit einem kleinen Infofähnchen, das Ihnen genauere Informatio-

Pixeldeckkraft statt Pinselhärte steuern
In den Voreinstellungen (Strg/cmd+K) unter WERKZEUGE finden Sie die Option HÄRTE DES RUNDEN PINSELS ANHAND DER VERTIKALEN HUD-BEWEGUNG VARIIEREN. Standardmäßig ist sie aktiv. Wenn Sie bei der Option das Häkchen entfernen, beeinflusst ein Pinselschwenk von oben nach unten nicht mehr die Pinselhärte, sondern die Deckkraft der aufgetragenen Pixel.

nen zu den Pinseleigenschaften gibt. Bei den aufwendigeren Kreativpinseln sehen Sie nur eine Anzeige für den Pinseldurchmesser und das Infofähnchen, keine rote Vorschau.

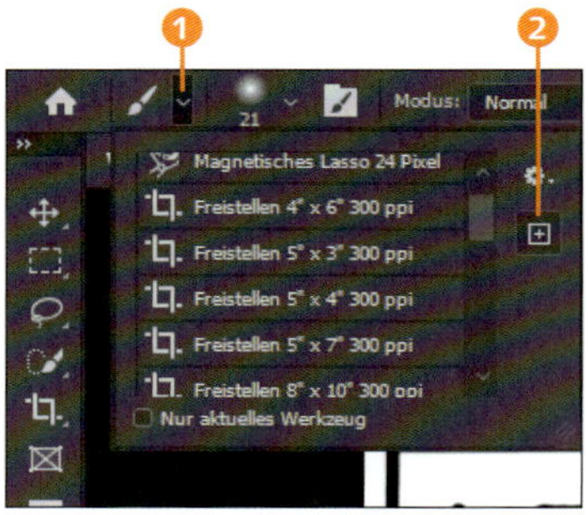

▲ **Abbildung 22.16**
Sichern Sie Ihre Werkzeugvorgaben über das NEU-Icon ❷.

Lieblingspinsel zur Wiederverwendung sichern | Ihre Pinselfavoriten mit individuellen Einstellungen können Sie auf einfache Weise sichern. Dabei haben Sie die Wahl zwischen zwei recht ähnlichen Methoden, zwischen denen es jedoch einen entscheidenden Unterschied gibt: Eine davon basiert auf einem sehr alten Konzept, von dem Adobe sich offenbar im Fall der Malwerkzeuge allmählich lösen will, die andere ist relativ neu an Bord und bietet überdies bessere Funktionalitäten.

Der altbekannte Weg ist die **Sicherung als Werkzeugvorgabe**. Dabei werden jedoch nicht alle Einstellungen des Pinsels erfasst, und es wird keine Strichvorschau generiert. Um diese Funktion dennoch zu nutzen, können Sie die Schaltfläche ❶ ganz links in der Werkzeug-Optionsleiste verwenden. Damit gelangen Sie zum entsprechenden Menü; das NEU-Icon ❷ sichert Ihre Einstellungen, die dann über das Werkzeugvorgaben-Menü zugänglich sind.

Die neue (und bessere) Methode ist die **Sicherung als Pinselvorgabe**. Dabei können alle Eigenschaften der Pinseleinstellung erfasst werden, und die neue Vorgabe erscheint anschließend mitsamt einer Vorschaulinie direkt in der Pinselliste. Um diese Funktion zu nutzen, klicken Sie auf das NEU-Icon im Pinselmenü.

22.2.4 Darstellung der Pinselspitzen

Gerade beim Malen und Retuschieren ist es wichtig, die volle Kontrolle über die Werkzeugspitze zu haben. Dafür unerlässlich ist eine passende Darstellung der Werkzeugspitzen. In den Voreinstellungen (`Strg`/`cmd`+`K`) in der Unterkategorie ZEIGERDARSTELLUNG können Sie festlegen, wie die Werkzeugspitzen angezeigt werden sollen.

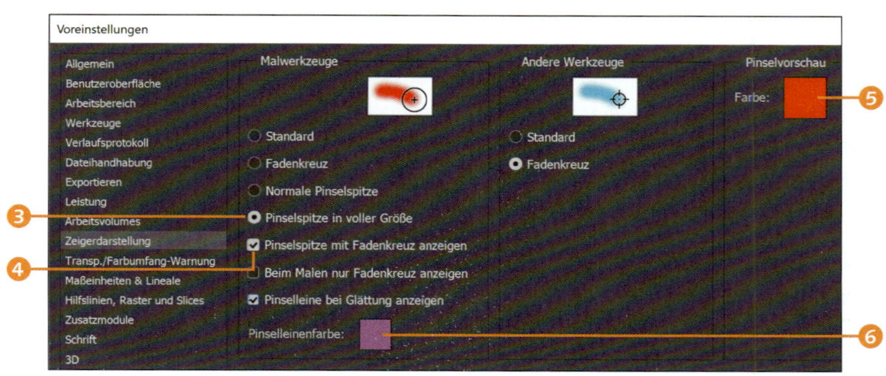

Abbildung 22.17 ▶
Mit diesen Einstellungen haben Sie eine gute Kontrolle über die Pinselspitzen.

Für die Darstellung der Malwerkzeuge empfiehlt es sich, PINSELSPITZE IN VOLLER GRÖSSE ③ zu wählen. Nur diese gibt Aufschluss über die gesamte Größe sowie über eventuelle Textur und Rotation des genutzten Pinsels. Die zusätzliche Option PINSELSPITZE MIT FADENKREUZ ANZEIGEN ④ ist besonders nützlich, wenn Sie mit weichen Werkzeugspitzen operieren: Dann zeigt ein kleines Kreuz die Mitte der Werkzeugspitze an. Das macht es leichter, die (abnehmende) Werkzeugwirkung zum Rand hin realistischer einzuschätzen.

Mit Hilfe des Farbfelds ⑤ unter PINSELVORSCHAU ändern Sie die Farbe der Shortcut-gesteuerten Pinselvorschau, und auch für die Anzeige der Pinselleine – relevant bei der Strichglättung, siehe Abschnitt 22.1.2 – gibt es zwei Optionen ⑥.

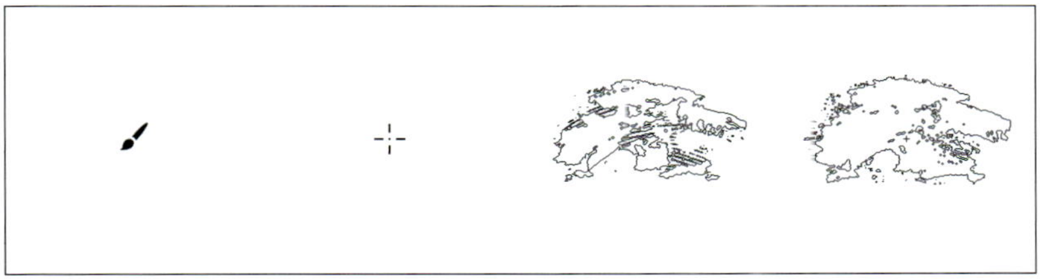

◄ **Abbildung 22.18**
Pinsel mit einer rauen, außen transparenter werdenden Textur in verschiedenen Ansichten

Wenn Sie die [⇧]-Taste arretieren, werden Malwerkzeuge immer in der Ansicht FADENKREUZ angezeigt.

22.3 Nass-in-Nass-Maltechnik: Der Misch-Pinsel

Der Misch-Pinsel kann nicht nur Farbpixel auftragen. Mit ihm ist es möglich, die aufgetragene digitale Farbe mit dem Maluntergrund zu vermischen und dadurch realistische Maleffekte zu simulieren. Der Misch-Pinsel funktioniert mit jeder Pinselspitze, besonders gut wirkt er jedoch zusammen mit den naturalistischen Borstenpinseln.

22.3.1 Misch-Pinsel-Optionen

Mit dem Misch-Pinsel können Sie eigene Bilder neu malen oder aber Fotografien so verfremden, dass sie wie Gemälde aussehen. In beiden Fällen sollten Sie die Werkzeugoptionen im Griff haben. Und das ist gar nicht so einfach: Die Misch-Pinsel-Optionen unterscheiden sich grundlegend von den altbekannten Pinsel- und Buntstiftoptionen. Dazu kommt, dass zahlreiche Einstellungskonstellationen möglich sind, deren Wirkung sich jedoch nur in Nuancen unterscheidet – Sie sehen also nicht sofort, was die Veränderung einer Option bewirkt. Zudem ist neben den Parametern der Optionsleiste auch der verwendete Pinsel für das Malergebnis entscheidend. Deswegen folgt später ein Schritt-für-Schritt-Workshop, der Sie zum Ausprobieren ermuntern soll.

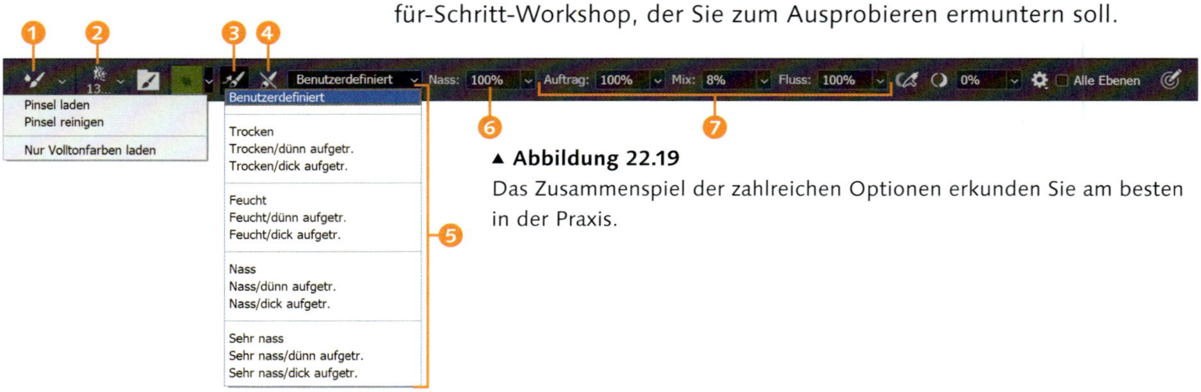

▲ **Abbildung 22.19**
Das Zusammenspiel der zahlreichen Optionen erkunden Sie am besten in der Praxis.

Zur ersten Orientierung zunächst ein Überblick über die Misch-Pinsel-Optionen:

- Wie bei anderen Malwerkzeugen finden Sie links zunächst das Pinsel-Icon 1; ein Klick darauf öffnet die Liste mit den Werkzeugen und Werkzeugeinstellungen.
- Mit dem Icon (oder dem Kürzel F5) blenden Sie das Bedienfeld PINSEL ein, in dem Sie weiter gehende Einstellungsmöglichkeiten für Pinselspitzen finden (mehr Informationen dazu in Abschnitt 22.6, »Feintuning für Pinsel- und Werkzeugspitzen«).
- Daneben folgt ein kleines Vorschaufeld mit der jeweiligen »aktuellen Pinselladung« 2. Angezeigt wird dort also, welche Farbe derzeit aufgetragen wird. Dies kann die Vordergrundfarbe aus der Werkzeugleiste sein, eine aufgenommene Farbe oder eine Mischung mit Farben aus dem Bild. Ein Klick auf den kleinen Pfeil neben dem Farbfeld klappt eine Liste mit zwei wichtigen Befehlen zum **Laden** und **Reinigen** des Pinsels auf. Diese Befehle sind vergleichbar mit dem Tauchen eines echten Pinsels in Farbe oder dem Ausspülen.
- Der Befehl NUR VOLLTONFARBEN LADEN in derselben Liste ist standardmäßig deaktiviert – und das kann in den meisten Fällen auch so bleiben. Ist diese Option aktiv, wird verhindert, dass Farbe aus dem Bild aufgenommen und für den Farbauftrag verwendet wird. (Wie Sie diese aufnehmen, erfahren Sie im folgenden Workshop.)

Ölmalerei mit Filter
Der Filter ÖLFARBE (im Menü direkt unter FILTER zu finden) erzeugt Malereieffekte von klassischer lasierender Nass-in-Nass-Malerei bis hin zu expressionistischem Gespachtel. Stilisierungsgrad, Borstenrelief, Lichtrichtung und Farbeigenschaften steuern Sie detailliert über Slider. Sie können diesen Filter auch nutzen, um eine Ausgangsbasis für ein Misch-Pinsel-Gemälde zu schaffen.

Die zwei Buttons daneben **beeinflussen das Malverhalten des Pinsels entscheidend**.

- Die Option PINSEL NACH JEDEM STRICH LADEN 3 sollte in jedem Fall aktiv sein, wenn Sie tatsächlich Farbe im Bild auftragen – und nicht nur bestehende Bildfarben verwischen – wollen. Ist diese Option inaktiv, wird Ihre Malerei so wirken, als ob Sie mit einem trockenen (oder mit Lösungsmittel getränkten) Pinsel über eine feuchte Leinwand wischen.

- Der Button daneben, Pinsel nach jedem Strich reinigen ④, reinigt den Pinsel nach jedem Strich von aufgenommener Farbe. Wenn Sie diese Option deaktivieren, vermalen Sie die Bildfarben stärker, und es wird schwieriger, klar konturierte Farbflächen zu erzeugen.

Zudem können Sie die Eigenschaften des virtuellen Malgrunds und Ihrer aufgetragenen Farben einstellen – per Preset oder manuell.

In der Dropdown-Liste ⑤ sind Presets mit Konstellationen aus den Farbauftragsoptionen zur Nässe (Trocken, Feucht, Nass, Sehr nass) sowie zu Auftrag, Mix und Fluss ⑦ gespeichert. **Wichtig**: Die Bezeichnungen zur Feuchtigkeit (Trocken, Feucht, Nass, Sehr nass in der Presetliste bzw. der Prozentwert bei der Nässe-Einstellung) beziehen sich nicht auf die aufgetragene »Farbe«, sondern **auf den Zustand des Untergrunds**!

Sie können die Einstellungen natürlich auch manuell festlegen und müssen nicht unbedingt die Presets nutzen. **Wie wirken die Einstellungen im Einzelnen?**

- Nass ⑥ bezeichnet – wie erwähnt – die Farbe auf dem Bild, das Sie gerade bemalen. Je feuchter die Malfläche, desto mehr Farbe aus der digitalen »Leinwand« wird in den aufgetragenen Malstrich hineingemischt und desto weniger von der aufgetragenen Farbe ist zu sehen.
- Auftrag legt fest, wie viel virtuelle Farbe Sie an den Borsten haben – sprich, wie lang oder kurz die Striche werden, die Sie malen können, ohne erneut Farbe nachzuladen.
- Mix wirkt – zusammen mit der Nässe – auf das Mischungsverhältnis von aufgetragener Farbe und den Farben des Malgrunds. Ist der Mix-Wert hoch, ist die Farbe des Untergrunds stark zu sehen, und die aufgetragene Farbe ist bei hohen Mix-Werten manchmal kaum zu erkennen. Setzen Sie den Mix-Wert herab, tritt die aufgetragene Farbe stärker hervor. Wenn der Nässe-Wert 0 ist, funktioniert Mix nicht; die aufgetragene (dann »trockene«) Farbe löst nichts von den Farbpixeln des Malgrunds.
- Fluss wirkt hier ein wenig wie Terpentin in Ölmalfarbe, allerdings umgekehrt, als man annehmen würde. Ist der Fluss-Wert gering, erscheint der Malstrich heller und wirkt transparent – als sei die Farbe stark verdünnt worden. Bei hohen Werten ist der Farbauftrag kräftiger.

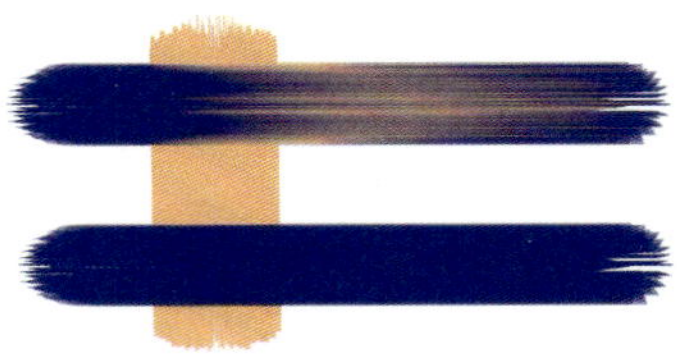

▲ **Abbildung 22.20**
Nässe bezeichnet die Feuchte des Malgrunds: Oben wurde blaue Farbe mit einem Nässe-Wert von 10 % über das Lachsorange gemalt; das aufgetragene Blau vermischt sich stark mit der »feuchten« Farbe darunter. Beim unteren Strich stand die Nässe auf 0 %, die Farben mischen sich nicht.

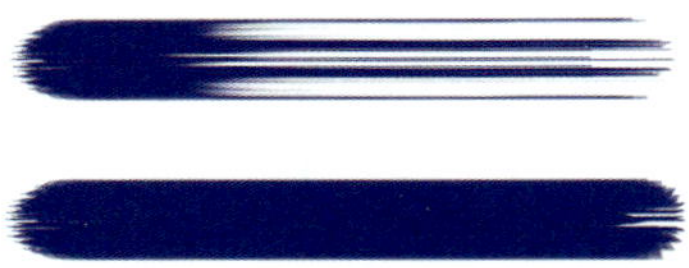

▲ **Abbildung 22.21**
AUFTRAG: Wie lange reicht die Farbe? Oben AUFTRAG 5 %, unten AUFTRAG 100 %.

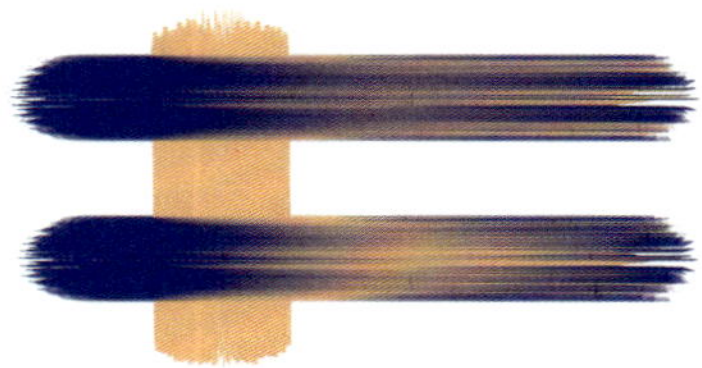

▲ **Abbildung 22.22**
MIX bestimmt die Mischfreudigkeit: Bei beiden Strichen lag die Nässe bei 7 %. Obere Linie: MIX 0 %, untere Linie: MIX 100 %. Wie Sie sehen, mischt sich die Farbe der Unterlage beim hohen MIX-Wert ein wenig stärker in das aufgetragene Blau. Hier handelt es sich jedoch nur um Nuancen, die in der Praxis manchmal kaum wahrnehmbar sind.

▲ **Abbildung 22.23**
FLUSS regelt die Transparenz: Oben: FLUSS 100 %, unten FLUSS 20 %.

22.3.2 Tastaturkürzel

Neben den bekannten Kürzeln für das Verändern von Werkzeugspitzen und das Aufrufen des Pinsel-Bedienfelds gibt es einige spezielle Shortcuts für das Misch-Pinsel-Werkzeug.

Was wollen Sie tun?	Windows	Mac
Einstellung NASS ändern	Zifferntasten (z. B. [0] = 100 %; [1] = 10 %; [4] und [5] in schneller Folge = 45 %)	Zifferntasten (z. B. [0] = 100 %; [1] = 10 %; [4] und [5] in schneller Folge = 45 %)
Einstellung MIX verändern	[Alt]+[⇧]+Zifferntaste (nicht mit dem Ziffernblock)	[alt]+[⇧]+Zifferntaste
NASS und MIX auf null setzen	Zweimal [0] schnell hintereinander	Zweimal [0] schnell hintereinander
Farbe von der »Leinwand« zum Malen laden (Optionen des Pipette-Werkzeugs für Aufnahme-Eigenschaften)	[Alt]+Klick ins Bild	[alt]+Klick ins Bild
Glättung für Pinselstrich	[Alt]+Zifferntaste (nicht mit dem Ziffernblock)	[alt]+Zifferntaste (nicht mit dem Ziffernblock)

Tabelle 22.1 ▶
Tastaturkürzel für den Misch-Pinsel

22.4 Das Radiergummi-Werkzeug: Pixel wegradieren

Der Radiergummi ([E] – wie englisch »eraser«) entfernt natürlich nicht nur per Pinsel oder Buntstift aufgetragene »Farbe« sondern generell alle Bildpixel – unwiderruflich.

Radiergummi benutzen | Die Anwendung ist einfach: Optionen festlegen, Maus ins Bild setzen und losradieren. Allerdings ist das Löschen von Pixeln per Radiergummi unwiderruflich – auch beim Malen sollten Sie überlegen, ob Sie nicht lieber zunächst Bildbereiche per Maske ausblenden. Der Masken-Befehl EBENENMASKE ANWENDEN löscht unerwünschte Pixel dann auf Wunsch dauerhaft. Ein geschickter Einsatz von Ebenen kann ebenfalls dazu beitragen, das radikale Löschen von Pixeln – die Sie womöglich später doch noch brauchen – zu vermeiden.

22.4.1 Radiergummi-Optionen

Die Optionen für den Radiergummi ähneln den Pinseloptionen. Anders ist nur der Befehl BASIEREND AUF PROTOKOLL LÖSCHEN ❷. Diese Option entschärft die Wirkung des Radiergummis: Wenn sie aktiv ist, entfernt der Radiergummi nicht alle Bildpixel, sondern je nach Einstellung (siehe folgender Workshop) nur die zuletzt aufgetragenen – so setzen Sie Teile des Bildes auf ein früheres Stadium zurück.

Flotte Radiergummi-Alternative
Sie müssen nicht eigens zum Radiergummi-Werkzeug wechseln, um aufgemalte Pixel wieder zu entfernen – stattdessen können Sie einfach den Modus des Pinsels, den Sie gerade nutzen, auf LÖSCHEN setzen. Auf diese Weise können Sie beim Löschen von Farbe mit denselben Werkzeugeigenschaften weiterarbeiten wie bei deren Auftrag, ohne diese erst einzustellen. Das funktioniert allerdings tatsächlich nur beim Pinsel-Werkzeug und nicht bei anderen Malwerkzeugen.

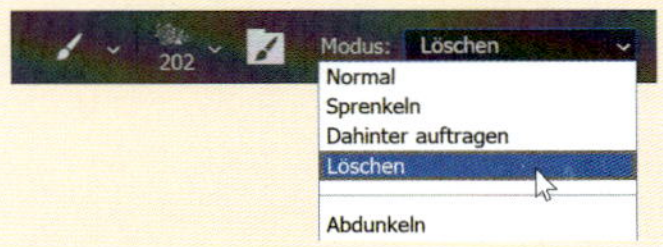

▲ **Abbildung 22.24**
Der Modus LÖSCHEN verwandelt einen Pinsel in einen Radiergummi.

▲ **Abbildung 22.25**
Radiergummi-Optionsleiste. Ist die Option MODUS: QUADRAT ❶ aktiviert, können Sie keine weiteren Werkzeugspitzen-Einstellungen vornehmen.

Schritt für Schritt: Die Radiergummi-Option »Basierend auf Protokoll löschen« anwenden

1 Werkzeug wählen, Option aktivieren
Als Erstes aktivieren Sie das Radiergummi-Werkzeug und setzen bei der Option BASIEREND AUF PROTOKOLL LÖSCHEN ein Häkchen.

2 Festlegen, welches Bildstadium wiederhergestellt werden soll
Rufen Sie per FENSTER • PROTOKOLL das Protokoll-Bedienfeld auf. Nun legen Sie fest, welches Bildstadium Sie partiell – durch Radieren – wiederherstellen wollen. Nutzen Sie dazu Schnappschüsse oder einzelne Protokollstadien. Klicken Sie einfach auf eines der leeren Kästchen vor

dem Protokollschritt oder Schnappschuss. Dort erscheint dann das Icon WÄHLT DIE QUELLE FÜR DEN PROTOKOLL-PINSEL (bzw. in diesem Fall den Protokoll-Radierer).

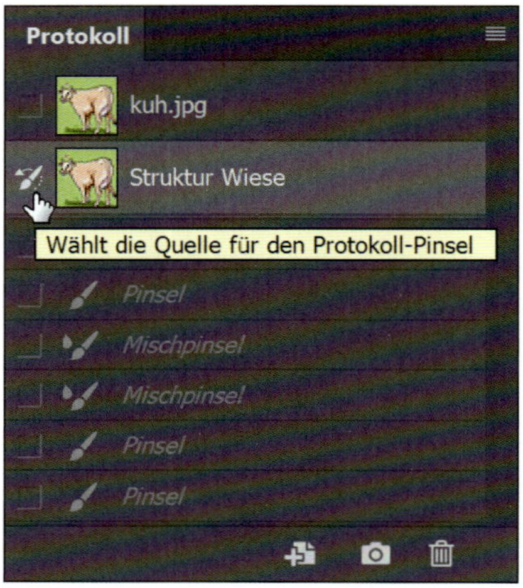

Abbildung 22.26 ▸
Das Symbol wählt die Quelle für den Protokoll-Pinsel und den Protokoll-Radierer.Die Option BASIEREND AUF PROTOKOLL LÖSCHEN bietet Ihnen erstaunliche Möglichkeiten bei der Retusche von Bildern. Wie Sie sie anwenden, erfahren Sie in diesem kurzen Workshop.

Zum Weiterlesen
Mehr über die Arbeit mit dem **Protokoll-Bedienfeld** erfahren Sie in Abschnitt 3.9. Den **Protokoll-Pinsel** lernen Sie in Abschnitt 20.11, »Porträtretuschen mit dem Protokoll-Pinsel«, kennen.

3 Radieren

Nun stellen Sie gegebenenfalls noch andere Optionen (wie zum Beispiel die Werkzeugspitzen-GRÖSSE und DECKKRAFT oder FLUSS) ein und benutzen den Radierer wie gewohnt.

22.5 Magischer Radiergummi: Großflächig Pixel entfernen

Das Magischer-Radiergummi-Werkzeug [E] vereint die Eigenschaften des Zauberstabs mit denen des Radiergummis. Das heißt, es spürt Pixel eines Farbbereichs auf (wie der Zauberstab) und entfernt sie (wie das Radiergummi-Werkzeug).

22.5.1 Magischer-Radiergummi-Optionen

»Blumen.tif«

Die vom Zauberstab bekannten Optionen TOLERANZ und GLÄTTEN finden Sie auch hier. BENACHBART ist das Pendant zur gleichnamigen Zauberstab-Option. Hier legen Sie fest, ob nur **zusammenhängende** Pixelbereiche eines Farbtons gelöscht werden sollen – bei aktiver Option – oder ob **alle** Pixel dieser Farbe gelöscht werden, wenn die Option inaktiv ist. Maßgeblich ist wie beim Zauberstab die Farbe derjenigen Pixel, die Sie beim Klick ins Bild unter der Maus haben.

▲ **Abbildung 22.27**
Die Optionen des magischen Radiergummis ähneln den Zauberstab-Optionen.

Bild: vitamin a design

▲ **Abbildung 22.28**
Hier war die Option BENACHBART aktiv. Ein Klick mit einem TOLERANZ-Wert von 32 erbrachte dieses Ergebnis.

▲ **Abbildung 22.29**
Ein Klick an dieselbe Stelle im Bild mit der gleichen TOLERANZ, aber mit inaktiver Option BENACHBART. Der magische Radiergummi löscht gleich viel mehr Pixel.

Aus Hintergrundebenen werden Bildebenen | Übrigens werden Hintergrundebenen, auf die Sie den magischen Radiergummi anwenden, automatisch in normale Bildebenen umgewandelt, denn die Pixel sollen wirklich gelöscht werden. Da Hintergrundebenen keine Transparenz erlauben, ist dieser Schritt notwendig.

Zum Weiterlesen
Das **Hintergrund-Radiergummi-Werkzeug** [E] ist das dritte Radiergummi-Tool, das Photoshop an Bord hat. Bei unkomplizierten Fotos stellen Sie damit Hauptelemente frei, indem Sie den Bildhintergrund einfach wegradieren. In Abschnitt 8.13.4, »Hintergrund-Radiergummi: Freistellen ganz ohne Masken«, erfahren Sie mehr.

Was wollen Sie tun?	Windows	Mac
Pinsel-Werkzeug aktivieren	[B]	[B]
Misch-Pinsel-Werkzeug aktivieren	[B]	[B]
Buntstift-Werkzeug aktivieren	[B]	[B]
Radiergummi-Werkzeug aktivieren	[E]	[E]
Magischer-Radiergummi-Werkzeug aktivieren	[E]	[E]
bei allen Malwerkzeugen: Punkte durch eine gerade Linie verbinden (jeglicher Winkel)	[⇧] + auf den Start- und den Endpunkt der Linie klicken	[⇧] + auf den Start- und den Endpunkt der Linie klicken

◀ **Tabelle 22.2**
Die Tastaturbefehle für die Arbeit mit Pinsel, Misch-Pinsel, Buntstift und Radierer auf einen Blick

Was wollen Sie tun?	Windows	Mac
bei allen Malwerkzeugen: genau senkrechte oder waagerechte Linien ziehen (oder andere Winkel in 15°-Schritten)	⇧ + malen oder ⇧ + an gewünschten Linienanfangs- und -endpunkt klicken	⇧ + malen oder ⇧ + an gewünschten Linienanfangs- und -endpunkt klicken
Werkzeugspitze vergrößern	#	#
Werkzeugspitzen verkleinern	Ö	⇧ + #
zum vorherigen Pinsel in der Pinselliste wechseln (funktioniert auch bei zugeklappter Liste)	, (Komma)	, (Komma)
zum nächsten Pinsel in der Pinselliste wechseln (funktioniert auch bei zugeklappter Liste)	. (Punkt)	. (Punkt)
Werkzeugspitzenanzeige: Fadenkreuz	⇩	⇪

Tabelle 22.2 ▸
Die Tastaturbefehle für die Arbeit mit Pinsel, Misch-Pinsel, Buntstift und Radierer auf einen Blick (Forts.)

22.6 Feintuning für Pinsel- und Werkzeugspitzen

Gleichgültig, mit welchem Mal- oder Retuschewerkzeug Sie arbeiten: Ein gutes Ergebnis hängt immer auch von der Wahl der Werkzeugspitze ab. Die Pinselspitzen, die Adobe mitliefert bzw. zum nachträglichen Download anbietet, erfüllen viele verschiedene Bedürfnisse. Sollten Ihnen die in den Optionsleisten angebotenen Einstellungsmöglichkeiten für Werkzeugspitzen einmal nicht genügen, bemühen Sie Photoshops Werkzeugspitzen-Engine – das Pinsel-Bedienfeld.

Gehen Sie mit Bedacht vor!
Zu viele Pinseleigenschaften auf einmal sollten Sie nicht verändern, weil sonst die Auswirkungen jeder einzelnen Eigenschaft schnell aus dem Blickfeld geraten. Es ist auch hilfreich, die Einstellungen von vorgefertigten Pinseln genauer unter die Lupe zu nehmen – dabei können Sie sich einiges abschauen! Sie sollten sich in jedem Fall ein wenig Zeit zum Ausprobieren nehmen.

22.6.1 Das Pinseleinstellungen-Bedienfeld: Eigene Pinselspitzen definieren

Mit dem Pinsel-Bedienfeld können Sie Ihre Werkzeuge bis ins Detail anpassen. Wer damit immer noch nicht zufrieden ist, kann auch aus bestehenden Bildern Werkzeugspitzen machen.

Vorgehensweise | Das umfangreiche Bedienfeld erreichen Sie über den Menübefehl FENSTER • PINSELEINSTELLUNGEN, mit dem Button oder mit dem Shortcut F5. In verschiedenen Kategorien können Sie detaillierte Einstellungen vornehmen, dazu kommen einige zuschaltbare Optionen.

Wählen Sie dazu als Erstes in der Übersicht rechts ⑤ oder im Bedienfeld PINSEL ① (nicht PINSELEINSTELLUNGEN) eine Werkzeugspitze aus, die Sie verändern wollen. Dann sollten Sie sich in den PINSELEINSTELLUNGEN von oben nach unten durch die Kategorien arbeiten und die jeweiligen Einstellungen ändern. Kategorien, die Sie nicht interessieren, können Sie natürlich unverändert lassen.

Um eine der Kategorien zu verändern, klicken Sie zunächst deren Bezeichnung in der Liste links ② an. Die Einstellungen selbst nehmen Sie dann im rechten Bereich ⑥ des Bedienfelds vor. Die Ansicht dieses Bereichs wechselt, je nachdem, welche Kategorie Sie gerade bearbeiten. Beachten Sie, dass die Funktionen des Bedienfelds PINSELEINSTELLUNGEN nur zur Verfügung stehen, wenn eines der Malwerkzeuge (Pinsel-, Buntstift- oder Misch-Pinsel-Werkzeug) aktiv ist. Außerdem stehen nicht für alle Werkzeuge und Pinselvorgaben die gleichen Einstellungen zur Verfügung. Je nachdem, welchen Pinsel Sie zur Grundlage Ihrer Modifikation machen, sind im Bedienfeld PINSELEINSTELLUNGEN einige Optionen deaktiviert. Einen Eindruck von der definierten Pinselspitze gibt das Vorschaufenster ⑦.

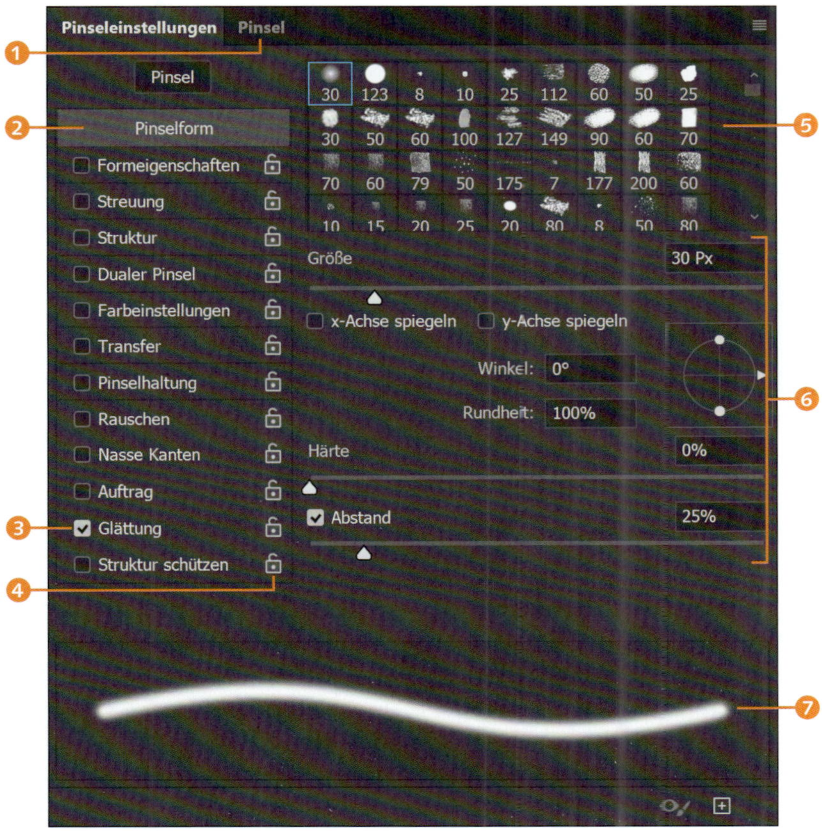

◄ Abbildung 22.30
Die Grundeinstellungen zur Pinselform

Bedienfeld für die Pinselverwaltung
Das Bedienfeld Pinseleinstellungen öffnet sich standardmäßig zusammen mit dem Pinsel-Bedienfeld, kann aber auch mit dem Befehl Fenster • Pinsel geöffnet werden. Es gleicht der Pinselliste in den Optionsleisten von Pinsel- und Buntstift-Werkzeug.

Pinseleigenschaften kurzzeitig ausschalten | Wenn Sie die Einstellungen aus einer der Eigenschaftenkategorien verwenden wollen, muss auch in der Checkbox vor deren Titel ❸ ein Häkchen gesetzt sein. Damit wird die jeweilige Kategorie eingeschaltet. Umgekehrt bietet Ihnen das Entfernen der Häkchen die Möglichkeit, sich *temporär* von einigen der festgelegten Werkzeugspitzen-Eigenschaften zu trennen.

Pinseleigenschaften schützen | Das Schlosssymbol ❹, das Sie hinter jeder Eigenschaftskategorie finden, fixiert die Pinseleigenschaften gegen unbeabsichtigtes Verstellen. Klicken Sie auf das Schloss-Symbol, es wird dann verriegelt dargestellt und schützt die Pinseleigenschaften.

Einstellungen zurücksetzen | Der Befehl Pinsel-Steuerungen löschen aus dem Seitenmenü des Bedienfelds löscht alle Werkzeugspitzen-Optionen, die Sie eingestellt haben. Der Befehl Alle fixierten Einstellungen zurücksetzen versetzt auch diejenigen Einstellungen wieder in den Urzustand zurück, die Sie zuvor per Schlosssymbol fixiert haben.

Pinselspitzen sichern | Mit einem Klick auf das Neu-Icon am unteren Rand des Bedienfelds sichern Sie die von Ihnen eingestellten Pinselmerkmale. Ist die Option Pinselgrösse in Vorgabe erfassen ❶ aktiv, taucht der neue Pinsel sofort im Pinsel-Bedienfeld auf und kann von dort bequem aufgerufen und mit allen Werkzeugen verwendet werden, die mit pinselähnlichen Werkzeugspitzen arbeiten.

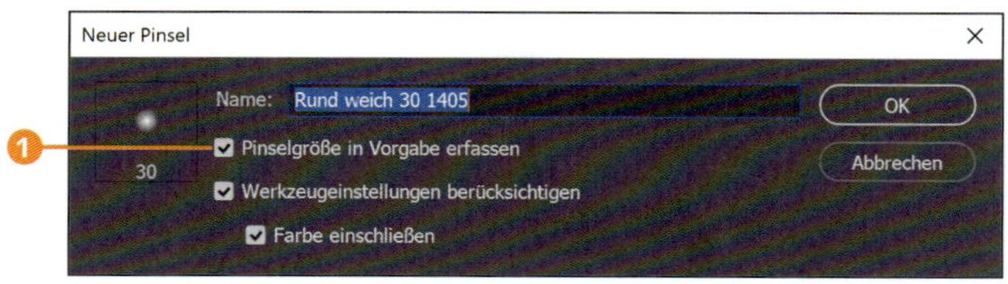

Abbildung 22.31 ▸
Welche Pinseleigenschaften werden erfasst?

In Abschnitt 4.6, »Farbfelder, Muster, Stile & Co.: Kreativressourcen organisieren«, erfahren Sie mehr über die Verwaltung Ihrer Kreativressourcen – zu denen auch die Pinsel gehören.

22.6.2 Pinselform

Die Einstellungen unter Pinselform legen die Basis-Pinseleinstellungen fest (siehe Abbildung 22.30). Neben den schon bekannten Kategorien Grösse und Härte (steht nicht für jeden Pinsel als Einstellung zur Verfügung) können Sie auch die Parameter Rundheit, Winkel und Abstand verändern. Rundheit verändert die Pinselform. Indem Sie diesen Wert verringern, erzeugen Sie einen mehr oder minder flachen Pinsel. Mit Winkel steuern Sie die Schrägstellung einer flachen Pinselspitze. Beide Werte steuern Sie durch Zahleneingabe, oder Sie verändern sie intuitiver, indem Sie die grafische Darstellung der Pinselspitze per Maus neigen und verformen. Wenn Sie dabei die ⇧-Taste gedrückt halten, ist die Einstellung der Schrägstellung in Gradschritten möglich.

Mit Abstand stellen Sie ein, wie geschlossen eine gemalte Linie wirkt. Um diese Option zu verstehen, müssen Sie wissen, dass eine mit einem Pinsel-Werkzeug erzeugte Linie in der Programmlogik von Photoshop aus einzelnen Pinselpunkten besteht. Wenn diese eng zusammenstehen, entsteht eine durchgezogene Linie. Der Wert Abstand regelt nun den Abstand dieser Punkte. Der Standardwert für *durchgehende Linien* liegt bei 25 %. Stark erhöhte Malabstände eignen sich für das Anlegen punktierter Linien; außerdem kann ein nur leicht erhöhter Malabstand dazu beitragen, einen etwas »raueren« Strich zu erzeugen, der Pastellkreide oder einem anderen trockenen Malmedium ähnelt.

Was bedeutet Malabstand? | Während die anderen Pinsel-Basics wie Größe (Durchmesser der Pinselspitze) und Härte (Kantenweichheit bzw. Kantenschärfe), Rundheit (ist der Pinsel eher flach oder rund?) sowie Winkel (Neigungswinkel bei flacheren Pinseln) leicht zu verstehen sind, gibt der Malabstand zunächst Rätsel auf. Dabei ist es recht einfach erklärt: Liegt der Wert für Malabstand unter 25 %, entsteht eine durchgezogene Linie. Wird dieser Wert erhöht, entsteht eine Linie mit raueren Kanten oder sogar deutlichen Unterbrechungen, so dass einzelne Pinselabdrücke sichtbar werden. Vor allem bei Effektpinseln lässt sich diese Einstellung mit Gewinn ausspielen.

▲ **Abbildung 22.32**
Die Wirkung von Malabstand: oben 5 %, unten 150 %.

X- und Y-Achse | Die Einstellungen x-Achse spiegeln und y-Achse spiegeln haben bei ganz symmetrischen (z. B. runden) Werkzeugspitzen wenig Wirkung, können aber zum Beispiel Linien aus »Flachpinseln« und anderen asymmetrischen Werkzeugspitzen auflockern. Die Option x-Achse spiegeln spiegelt die Werkzeugspitze horizontal, y-Achse spiegeln dreht sie auf den Kopf.

22.6.3 Formeigenschaften

Die Kategorie Formeigenschaften klingt nur ähnlich wie Pinselform. Die Einstellungen, die Sie dort festlegen, sind ganz andere. Die dort versammelten Optionen ermöglichen es Ihnen, die bekannten Werkzeugspitzen-Eigenschaften zu jittern, das heißt, kalkulierten Schwankungen zu unterwerfen. Dadurch entstehen lebendigere, unregelmäßige Linien.

▲ **Abbildung 22.33**
Eine 50 Px große Linie mit 50 % Kantenschärfe. Oben die normale Version, unten mit Jitter in Größe, Rundheit und Winkel.

Abbildung 22.34 ►
Einstellung der Formeigenschaften

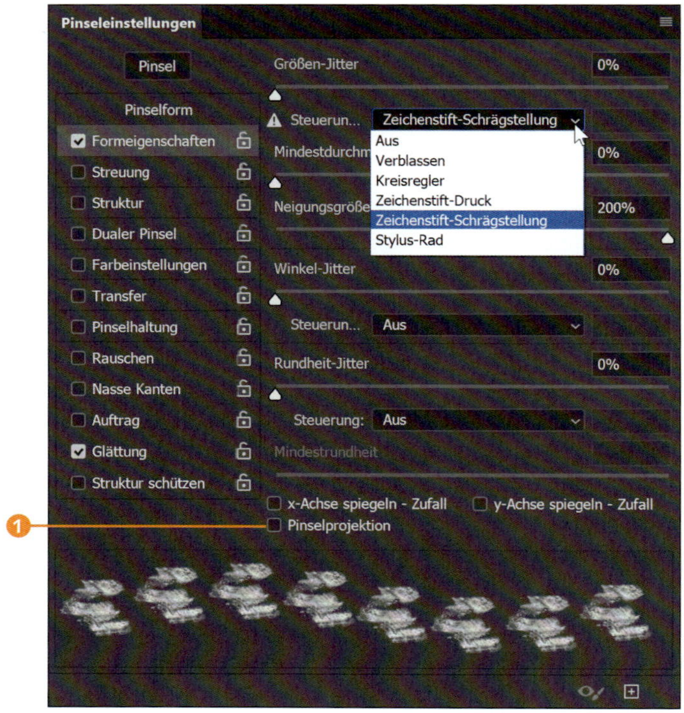

Pinselprojektion
Ist die Option PINSELPROJEKTION ① aktiv, verändern sich Form und Größe des Pinselstrichs mit der Pinselneigung oder durch die JITTER-Einstellungen. Das ist besonders dann attraktiv, wenn Sie mit einer der figürlichen Pinselspitzen (Blätter, Schmetterlinge, Blüten und Ähnliches) arbeiten und mehr Variation erzielen wollen.

Gejittert wird die Linie in jedem Fall, wenn Sie hier die entsprechenden Einstellungen vornehmen. Voll ausreizen können Sie diese Einstellungen allerdings nur dann, wenn Sie mit Grafiktablett und Stift anstelle der Maus arbeiten, denn die Wirkung der verschiedenen »Jitter«-Werte können Sie dann aktiv durch den Zeichenstift steuern. Mausnutzer müssen auf die handgesteuerte Dynamik der Linie, die per Grafiktablett möglich ist, leider weitestgehend verzichten.

Abbildung 22.35 ►
Beispiel für jittergesteuerte Pinselprojektion

▲ Abbildung 22.36
GRÖSSEN- und WINKEL-JITTER einer Linie, gesteuert durch die Option VERBLASSEN

Jitter-Steuerung | Wie der Jitter gesteuert wird, legen Sie unter STEUERUNG fest: AUS setzt eine Zufallssteuerung in Gang. ZEICHENSTIFT-DRUCK, ZEICHENSTIFT-SCHRÄGSTELLUNG und STYLUS-RAD sind nur für Zeichentabletts wirksam. Einzig die unspektakuläre Option VERBLASSEN steht uneingeschränkt auch für den Mausbetrieb zur Verfügung. Sie beschränkt die Jitter-Wirkung auf das Ende der Linie. Wenn Sie diese Option aktivieren, können Sie zusätzlich festlegen, auf welche Länge der Linie das Verblassen angewendet wird.

22.6.4 Streuung

Um die Funktion Streuung zu verstehen, machen Sie sich erneut klar, dass für Adobe ein gemalter Strich kein Strich ist, sondern aus immer wiederholten Formen (Punkten, Quadraten oder auch aus Objekten wie »Grashalmen« und anderem) besteht. Während der schon besprochene Malabstand festlegt, wie nahe beieinander diese einzelnen Formen innerhalb der Linie stehen, variieren Sie mit den Streuungseigenschaften **den Winkel und die Anzahl** der wiederholten Formen innerhalb der Linie.

Diese Eigenschaften können Sie dann besonders gut einsetzen, wenn Sie reale Malpinsel nachbilden wollen. Sie eignen sich außerdem für Pinselspitzen, die Objekte abbilden, wie etwa Blüten oder Laubblätter.

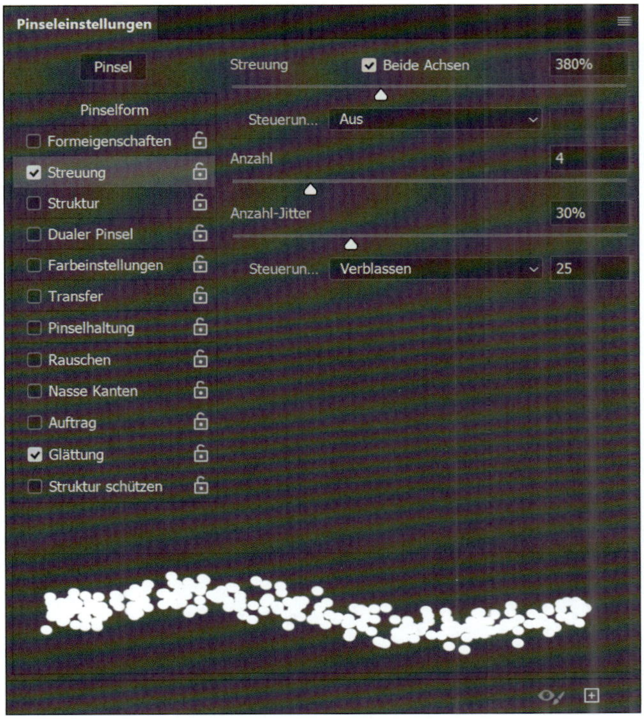

◂ **Abbildung 22.37**
Die Streuungseigenschaften

Intensität der Streuung | Einfluss haben Sie auf die Intensität der Streuung (Schieberegler Streuung plus Option Beide Achsen). Anzahl und Anzahl-Jitter legen fest, wie locker oder eng gestreut wird. Hohe Anzahl-Werte führen zu einer rauen, aber eher geschlossenen Linie, geringe Werte eher zu einer Linie aus klar erkennbaren Einzelpunkten. Auch hier sind Grafiktablett-Nutzer klar im Vorteil, denn sie können die Steuerung-Optionen besser nutzen.

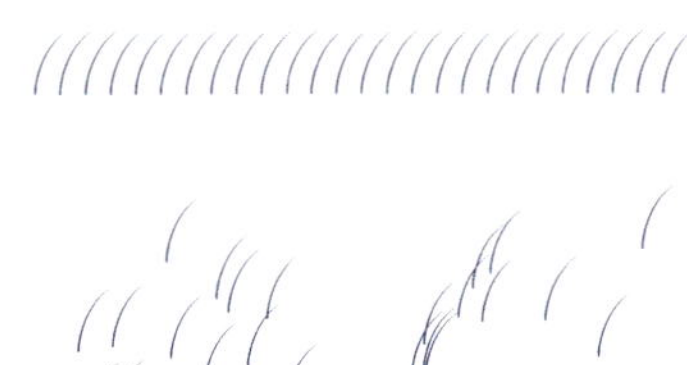

▴ **Abbildung 22.38**
Besonders bei Effektpinseln kann die Streuung entscheidend für die Wirkung sein. Hier sehen Sie einen Gräser imitierenden Pinsel ohne (oben) und mit 380 % Streuung.

22.6.5 Struktur

Die Bezeichnung »Struktur« ist etwas irreführend. Tatsächlich hinterlegen Sie hier dem Pinselstrich ein **Muster**. Dabei wird auf Photoshops Musterbibliotheken zurückgegriffen – mitgelieferte Sammlungen von Mustern, die Sie auch durch eigene Muster ergänzen können. Besonders gut wirken Struktur-Werkzeugspitzen oft dann, wenn ein Pinsel mit weicher Kante die Grundlage ist. Auch einige der Jitter-Effekte bringen den Struktureffekt wirkungsvoll zum Vorschein. Je nach Einstellung macht eine Struktur die Strichkonturen rauer, oder es lassen sich Malgründe wie Leinwand simulieren. Überdies lassen sich Helligkeit und Kontrast der überlagernden Struktur mit den Slidern HELLIGKEIT und KONTRAST verändern; so passen Sie bestehende Muster schnell an Ihre Anforderungen an.

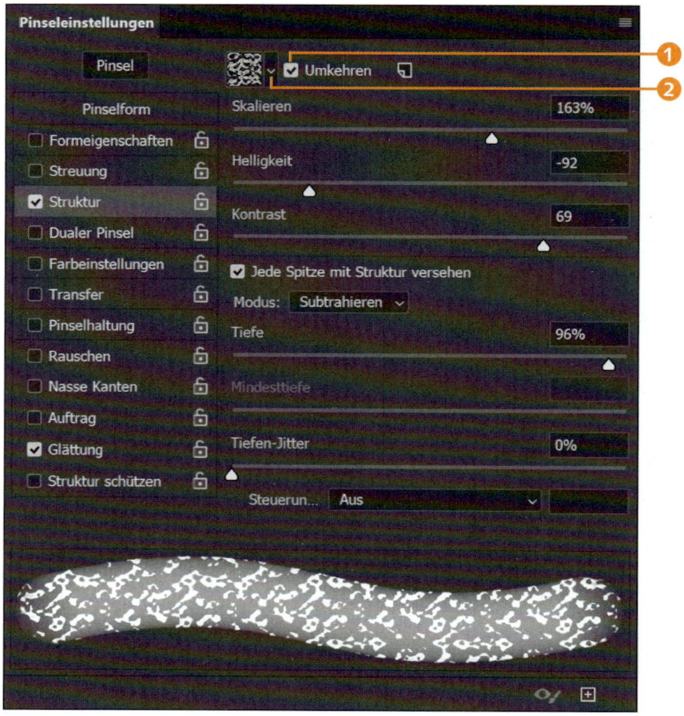

Abbildung 22.39 ▸
Die Einstellungen für die STRUKTUR. Sie erreichen ein umfangreiches Mustermenü, wenn Sie auf den kleinen Pfeil neben der Mustervorschau ❷ klicken.

Zum Weiterlesen
Mehr über das effiziente Verwalten von Vorgaben wie etwa Mustern lesen Sie in Abschnitt 4.6, »Farbfelder, Muster, Stile und Co.: Kreativressourcen organisieren«.

Muster werden nach demselben Prinzip verwaltet wie Verläufe, Formen und andere Photoshop-Vorgaben auch. Sie können per Vorgaben-Manager angesteuert werden, sind aber auch in unterschiedliche Engines und Werkzeuge – so wie hier in das Pinsel-Bedienfeld – integriert und können mit einem eigenen Mustermenü bedient werden. Zur Verwaltung und insbesondere zum (Nach-)Laden weiterer Bibliotheken steht ein Seitenmenü zur Verfügung.

Umkehren, Helligkeit und Kontrast | Die Option UMKEHREN (1), die Sie neben der Mustereinstellung finden, kehrt das »Relief« der Struktur um und kann die Tonwerte der Mallinien nochmals stark verändern oder aufhellen. Auch HELLIGKEIT und KONTRAST beeinflussen das Erscheinungsbild des einmal gewählten Musters.

Skalieren und Modus | Maßgeblich für die Wirkung des Musters sind sein Größenmaßstab (SKALIEREN) und natürlich der Mischmodus (MODUS), mit dem das Muster mit dem Malstrich verrechnet wird. Viele der Modi dunkeln die Linien stark ab.

Struktur | Die Option JEDE SPITZE MIT STRUKTUR VERSEHEN legt fest, ob jede Spitze individuell mit einer Struktur versehen wird. Ist diese Option *deaktiviert*, sind die folgenden Optionen für die Tiefe der angewandten Struktur nicht in vollem Umfang verfügbar.

▲ **Abbildung 22.40**
Wirkung des (Tiefen-)Modus. Zweimal dieselbe Struktur, oben im Modus LINEARE HÖHE, unten MULTIPLIZIEREN.

Tiefe | Die Option TIEFE legt fest, wie tief die virtuelle Farbe in die virtuell unterlegte Struktur eindringt. Sie bestimmt also ungefähr die Reliefhöhe und Dunkelheit des späteren Strichs. Bei einem Wert von 100 % erhalten die flachen Stellen der Struktur keine Farbe. Bei 0 % erhalten alle Partien der Struktur dieselbe Farbmenge. Bei Extremwerten in beide Richtungen kann – je nach ausgewähltem Muster – die Struktur unkenntlich werden.

Tiefen-Einstellungen | Der TIEFEN-JITTER bestimmt, wie die Tiefe variiert. Wenn Sie mit dem Grafiktablett arbeiten und eine der typischen Steuerungseinstellungen gewählt haben, kann es sinnvoll sein, eine MINDESTTIEFE festzulegen.

22.6.6 Dualer Pinsel

Beim dualen Pinsel werden zwei Pinselspitzen zu einem Pinsel kombiniert, die als Erstes unter PINSELFORM festgelegte Spitze (primärer Pinsel oder primäre Spitze) mit den dann vorgenommenen Einstellungen unter DUALER PINSEL (duale Spitze). Die duale Spitze bringt ebenfalls Struktur in den Farbauftrag der primären Spitze. In der Adobe-Hilfe ist meist von »dualen Pinselspuren« die Rede – das bringt es ganz gut auf den Punkt!

Die Einstellungen unter DUALER PINSEL kommen vor allem für kreative Zwecke zum Einsatz, sind aber auch sehr nützlich, um Werkzeugspitzen zu definieren, die spezifische Auftragwerkzeuge und -medien wie dickflüssige Ölfarbe oder Kreide imitieren. Zum Beispiel bietet die Pinselbibliothek PINSEL FÜR TROCKENE FARBE eine ganze Reihe solcher

Werkzeugspitzen. Um hier zu einem guten Ergebnis zu kommen, ist viel Geduld beim Experimentieren vonnöten!

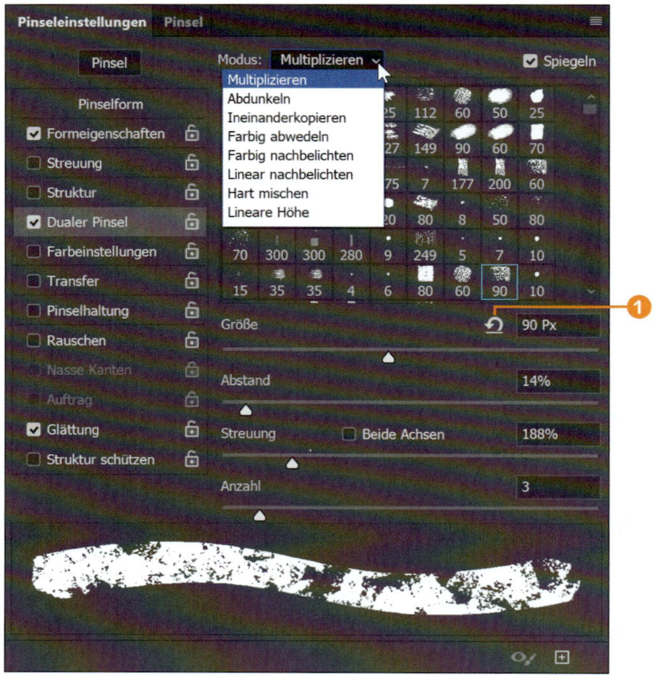

Abbildung 22.41 ▸ Einstellungen für duale Pinsel, Schritt zwei – Schritt eins erfolgt bereits unter PINSELFORM.

Modus | In der Feineinstellung sehen Sie wiederum die Option MODUS, die den Mischmodus zum Kombinieren der Pinselspuren aus der primären und der dualen Spitze festlegt.

Durchmesser | Die GRÖSSE steuert hier allein die Größe des dualen Pinsels – die Größe des primären Pinsels haben Sie ja schon zuvor eingestellt. Das kleine Pfeil-Icon IN ORIGINALGRÖSSE WIEDERHERSTELLEN (1) ist nur verfügbar, wenn die Pinselform durch Aufnehmen von Bildpixeln entstanden ist. Damit können Sie den ursprünglichen Durchmesser des aufgenommenen Pinsels wieder einstellen.

Abstand | ABSTAND bestimmt den Abstand, in dem die dualen Pinselspuren in den (primären) Malstrich eingestreut werden. Geringe Abstandswerte erzeugen meist einen dichteren, dunklen Strich, hohe Abstandswerte erzeugen dagegen einen weniger stark deckenden Strich.

Streuung | Mit der STREUUNG hingegen bestimmen Sie, wie die dualen Pinselspuren in einem Strich verteilt werden. Die Wirkung ähnelt der regulären Streuungseinstellung. Ist zusätzlich BEIDE ACHSEN aktiviert, werden die dualen Pinselspuren radial verteilt – ein lockeres, lebendiges Bild ist das Ergebnis. Ist diese Option nicht aktiv, werden sie lediglich senkrecht zur ursprünglichen Strichrichtung verteilt.

Anzahl | Der Regler ANZAHL legt die Anzahl der dualen Pinselspuren fest, die in jedem Abstandsintervall angezeigt werden.

Option »Pro Spitze anwenden« Die Option PRO SPITZE ANWENDEN 2 erlaubt die Kombination der FARBEINSTELLUNGEN mit dualen Pinseln. Wenn Sie bereits unter DUALER PINSEL Eigenschaften eingestellt haben, muss PRO SPITZE ANWENDEN aktiviert sein – andernfalls wirken die Farbeinstellungen nicht.

22.6.7 Farbeinstellungen

Auch die Farbeigenschaften von Pinseln können Sie festlegen, nämlich unter FARBEINSTELLUNGEN.

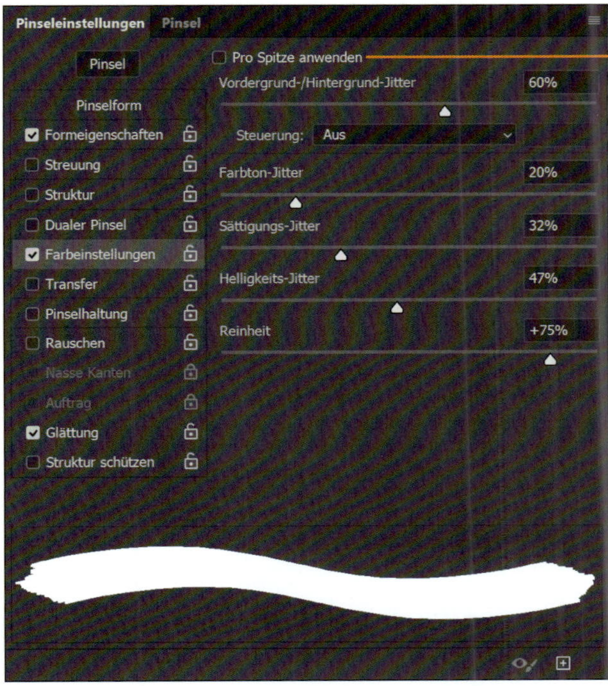

◄ **Abbildung 22.42**
Die Vorschau liefert leider keinen Eindruck von der Farbwirkung.

◄▲ **Abbildung 22.43**
Beispiel für die Wirkungen von Farbeinstellungen. Zweimal derselbe Pinsel: oben ohne, unten mit Farbeinstellungen. Das kleine Bild zeigt, welche Farben jeweils als Vorder- und Hintergrundfarbe eingestellt waren.

Die Grundlage aller Farbeigenschaften ist, dass sich die in der Werkzeugleiste zuvor festgelegte Vorder- und Hintergrundfarbe abwechseln. Die meisten interessanten Steuerungsoptionen für den VORDERGRUND-/HINTERGRUND-JITTER funktionieren nur per Grafiktablett – Mausnutzer können wiederum nur die Zufallssteuerung benutzen oder VERBLASSEN wählen.

Die drei Parameter Farbton, Sättigung und Helligkeit sowie Reinheit können ebenfalls gejittert werden. Reinheit ist eine Zusatzoption zur Sättigung. Der Sättigungs-Jitter verändert die Sättigung nur innerhalb eines engen Rahmens – die Abweichungen zur ursprünglichen Sättigung von Vorder- und Hintergrundfarbe sind nicht allzu groß. Die Option Reinheit erhöht oder verringert die Sättigung der Farbe großzügiger. Damit können Sie Pinselstriche zum Beispiel leichter einer bestimmten, schon im Bild vorhandenen Farbstimmung anpassen.

22.6.8 Den Farbauftrag variieren: Transfer

Die Optionen unter Transfer variieren schließlich Deckkraft, Fluss, Nässe und Farbmischung. Sie beeinflussen die Eigenschaften der (digitalen) Farbe, die aus dem Pinsel fließt, und offenkundig auch die Eigenschaften des Malgrunds, sofern Sie den Misch-Pinsel nutzen (Nässe und Mischung sind bei anderen Malwerkzeugen irrelevant). Je nachdem, ob gerade das Pinsel- oder das Misch-Pinsel-Werkzeug aktiv ist, sind unter Transfer andere Optionen aktiv. In der Abbildung sehen Sie die Einstellungen für den Misch-Pinsel.

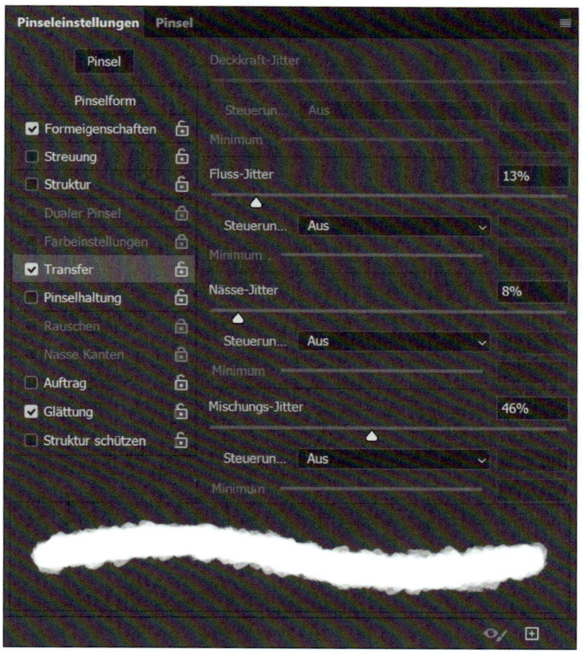

Abbildung 22.44 ▸
Die Optionen unter Transfer (die Einstellungen dieser Abbildung sind nur bei aktivem Misch-Pinsel-Werkzeug erreichbar; für das normale Pinsel-Werkzeug lässt sich lediglich die Deckkraft beeinflussen)

▲ **Abbildung 22.45**
Malstrich ohne Veränderungen beim Farbauftrag

▲ **Abbildung 22.46**
Jitter bei Deckkraft und Fluss führt zu einer leicht strukturierten Linie.

Die Einstellungen, die Sie hier finden, ergeben im Mausbetrieb eigentlich wenig Sinn, können beim Gebrauch eines Grafiktabletts jedoch Linien sehr lebendig und realistisch wirken lassen.

22.6.9 Pinselhaltung variieren

Ein gedrehter, schräg gestellter oder nur zart aufdrückender Pinsel kann interessante Linienvarianten erzeugen. Doch dynamische Pinsellinien, die der Stylusbewegung folgen, sind nach wie vor Nutzern zeitgemäßer Grafiktabletts vorbehalten. Unter PINSELHALTUNG können Sie diese Eigenschaften allerdings fix – unabhängig vom Zeichenstift – einstellen. So simulieren Sie unterschiedliche Neigungswinkel, Drehung und Pinseldruck. Vor allem für Adobes natürliche Pinselspitzen (Borstenpinsel) sind diese Einstellungen interessant – mit ihnen können Sie die Wirkung der Pinsel nochmals erheblich variieren.

Wenn an Ihrem Rechner ein Zeichentablett angeschlossen ist und Sie die PINSELHALTUNG-Einstellungen nutzen wollen, müssen Sie unterhalb der Slider jeweils Häkchen bei der … ÜBERSCHREIBEN-Option setzen.

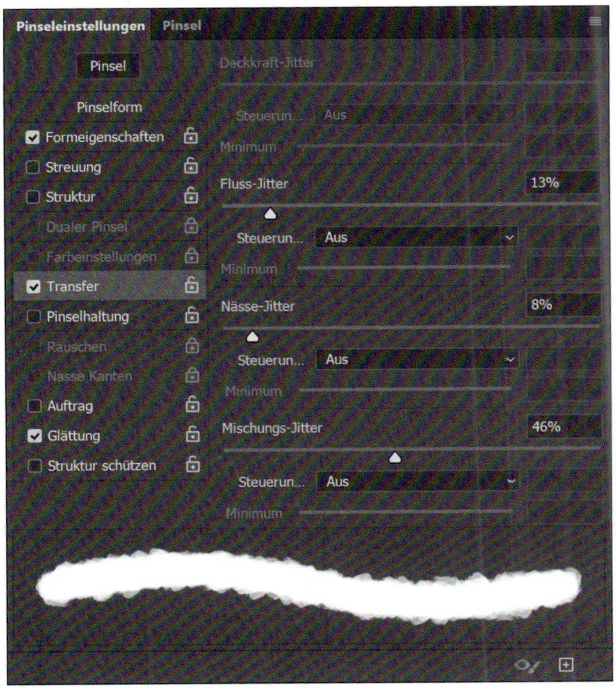

◂ **Abbildung 22.47**
Pinselvariationen durch NEIGUNG, DREHUNG oder DRUCK

22.6.10 Die Zusatzoptionen

Schließlich gibt es noch eine Reihe von Zusatzoptionen, die Sie mit fast allen anderen Einstellungen kombinieren können. Schalten Sie sie einfach durch ein Häkchen zu.

Rauschen | Das RAUSCHEN wirkt nur auf Pinsel mit weicher Kante oder anders hergestellter Unregelmäßigkeit. Die Einstellung fügt den Linienrändern Unregelmäßigkeiten hinzu und kann so »trockene Farben« (Kreide, Kohle etc.) realistischer wirken lassen.

▲ **Abbildung 22.48**
Ein 90-Pixel-Flachpinsel mit 30 % Kantenschärfe. Oben ohne, unten mit NASSER KANTE. NASSE KANTE funktioniert aber auch bei scharfen Werkzeugspitzen!

Nasse Kanten | NASSE KANTEN bewirkt einen Aquarell-Effekt.

Auftrag | AUFTRAG soll bewirken, dass Farbe aus der Werkzeugspitze fließt, solange die Maustaste gedrückt ist (analog zum Knopf der Sprühdose oder zum Kompressorenhebel) – im Gegensatz zum Normalbetrieb, bei dem die Bewegung von Maus oder Grafiktablett-Stift den Farbfluss bewirkt.

Glättung | Die Einstellung GLÄTTUNG »anti-aliast« Linienkanten, wie der Name schon nahelegt. Diese Option wirkt jedoch nicht beim Buntstift-Werkzeug!

Struktur schützen | Die Option STRUKTUR SCHÜTZEN ergänzt die STRUKTUR-Einstellungen sinnvoll: Damit werden die STRUKTUR-Einstellungen auf alle in einem Projekt benutzten Pinsel angewendet – das ist zu empfehlen, wenn Sie einen Malgrund wie eine Leinwand wollen.

22.7 Individuelle Pinselspitzen aus Bildbereichen erstellen

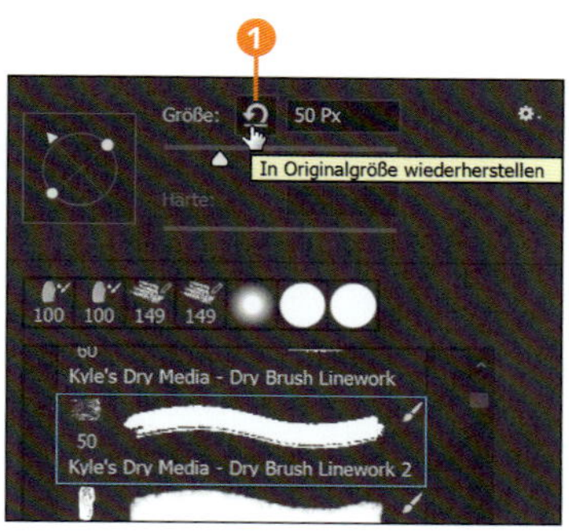

▲ **Abbildung 22.49**
Die Schaltfläche IN ORIGINALGRÖSSE WIEDERHERSTELLEN ❶ ist ein Hinweis auf die Herkunft einer Werkzeugspitze.

Um besondere Effekte zu erzielen, können Sie mit Hilfe der Auswahlwerkzeuge auch bestimmte Teile eines Bildes aufnehmen und als Werkzeugspitze definieren. Auf diese Art und Weise können Sie interessante Strukturen als Werkzeugspitze einsetzen. Auch einige der mitgelieferten Photoshop-Werkzeugspitzen wurden so erstellt. Sie erkennen diese aus einem Bild aufgenommenen Werkzeugspitzen leicht: Im Pinselmenü ist die Mini-Schaltfläche IN ORIGINALGRÖSSE WIEDERHERSTELLEN ❶ aktiv, wenn Sie die Pinselspitze größer machen, als die ursprüngliche Vorlage des Pinsels war. Ein Klick setzt die aufgenommene Pinselspitze wieder auf die ursprüngliche Größe zurück.

Typische Anwendungsfälle | Mit solchen aufgenommenen Pinselspitzen können Sie gut die Malstriche von Medien wie Zeichenkohle oder Pastellfarbe oder den Farbauftrag mit einem groben Pinsel simulieren. Sie leisten auch gute Dienste beim Erstellen von Bildeffekten wie abgerissenen Fotokanten, die Sie sonst jedes Mal mühevoll von Hand erstellen müssten – dazu genügt es, einfach einmal eine solche abgerissene Kante zu scannen und als Werkzeugspitze zu definieren.

Aber wie genau geht das?

1. Als Erstes legen Sie eine Struktur an oder erstellen oder öffnen ein Bild, aus dem Sie eine Werkzeugspitze erstellen wollen. Das können übrigens durchaus auch Elemente aus Halbtonbildern (Fotos) sein – nicht nur schwarzweiße Strukturen.
2. Erstellen Sie als Nächstes eine Auswahl um den Bereich des Bildes, der als eigener Pinsel verwendet werden soll. Der Auswahlbereich kann maximal 5 000 × 5 000 Px groß sein. Wenn der Pinsel später eine harte Kante haben soll, dürfen Sie die Auswahloption Weiche Kante nicht verwenden!
3. Wählen Sie dann den Befehl Bearbeiten • Pinselvorgabe festlegen. Sie müssen dabei noch einen Namen vergeben. Die eben definierte Werkzeugspitze taucht nun in der Werkzeugspitzenliste aller Werkzeuge auf, die über eine solche Liste verfügen.

◂ **Abbildung 22.50**
Festlegen des Pinselnamens

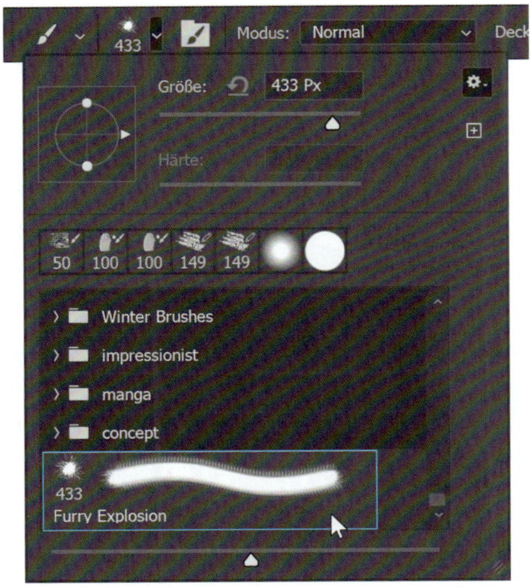

◂ **Abbildung 22.51**
Die neu aufgenommene Pinselspitze wird unten an die Liste angefügt.

Damit die Pinselvorgabe gut gelingt … | Meist müssen Sie Bildvorlagen noch kräftig bearbeiten, bis sie eine gute Vorlage als Pinselvorgabe abgeben.

- **Bildgröße:** Die meisten Bildelemente sind viel zu groß, um als Pinselvorgabe zu dienen. Duplizieren Sie das Bild oder die Ebene, um das Bildobjekt zu verkleinern.

- **Weißer Hintergrund:** Die umgebenden Pixel des Bereichs, den Sie als Pinsel aufnehmen wollen, sollten weiß sein, damit die tatsächlichen Konturen des künftigen Pinsels auch gut zu erkennen sind.
- **Kontraste und Helligkeit:** Vielfach ist es notwendig, die Kontraste aufzunehmender Bildbereiche zu erhöhen und das Bildelement insgesamt stark abzudunkeln. Wenn Sie nur sehr zart gefärbte Bildelemente als Pinsel aufnehmen, wird später auch der Farbauftrag mit dieser Werkzeugspitze sehr schwach! Hier helfen Gradationskurven und der Befehl BILD • KORREKTUREN • HELLIGKEIT/KONTRAST. Um strikt schwarzweiße Vorlagen ohne Graustufen zu erstellen, nutzen Sie am besten den Befehl BILD • KORREKTUREN • SCHWELLENWERT.
- **Malabstand:** Um Werkzeugspitzen mit Effekt – zum Beispiel aus einzelnen Figuren bestehende »Linien«, wie sie per aufgenommener Pinselvorgabe entstehen – richtig zur Geltung zu bringen, ist ein hoher Malabstand notwendig, da sonst die einzelnen Figuren ineinanderrutschen und nicht mehr zu unterscheiden sind.

Hartes Schwarzweiß mit der Schwellenwert-Einstellung | Um Farb- oder Graustufenbilder in radikales Schwarzweiß ganz ohne Graustufen zu verwandeln, eignet sich gut die Funktion SCHWELLENWERT (unter BILD • KORREKTUREN und im Korrekturen-Bedienfeld).

Im SCHWELLENWERT-Dialog legen Sie durch einfaches Verschieben eines Reglers fest, welche der Originaltonwerte eines Bildes weiß und welche schwarz dargestellt werden. Der Effekt ist derselbe wie bei der Umwandlung in den Bitmap-Modus, nur kontrollierter.

▲ **Abbildung 22.52**
Originalbild und rechts daneben die daraus erzeugte Pinselspitze

Kapitel 23
Einfarbig, mit Verlauf oder Muster: Flächen füllen

Um größere Bildpartien einzufärben, gibt es effizientere Werkzeuge als Pinsel & Co. Sie können Farbe flächig auftragen, aber auch Muster oder Verläufe anwenden. Die Beschäftigung mit diesem Thema lohnt sich: Muster und Verläufe sind nicht nur ein Element der Bildgestaltung, auch als kreative Hilfsmittel spielen sie eine große Rolle.

23.1 Das Füllwerkzeug

Um einheitlich gefärbte oder transparente Flächen mit einer neuen Farbe zu füllen, ist das Füllwerkzeug [G] die beste Wahl. Ein Klick, und die neue Farbe wird über die Bildfläche »gegossen«. Welche Bildteile gefüllt werden, stellen Sie in den Optionen ein: Das Füllwerkzeug verfügt – ähnlich wie der Zauberstab – über eine TOLERANZ-Einstellung, die bereits vorhandene Bildpixel analysiert, und die Option BENACHBART. Dadurch wird die Ausdehnung der Füllfarbe begrenzt.

23.1.1 Füllwerkzeug-Optionen

Standardmäßig wendet das Füllwerkzeug die aktuelle Vordergrundfarbe an. Ist die Option MUSTER ❶ aktiv, können Sie Flächen auch mit Mustern füllen, die Sie aus ❽ aussuchen. Muster verwalten Sie wie Pinsel, Farbfelder, Stile und andere Vorgaben. Anders als beim Ebeneneffekt MUSTERFÜLLUNG haben Sie hier nicht die Möglichkeit zur **nachträglichen** Anpassung! Unter MODUS ❷ finden Sie die Mischmodi. DECKKRAFT ❸ reguliert die Transparenz der aufgetragenen »Farbe«. Die zur Verfügung stehende TOLERANZ ❹ ist ein Hinweis darauf, dass das Füllwerkzeug nicht einfach füllt, sondern auch die Pixelfarben sondiert. Je höher der TOLERANZ-Wert ist, desto mehr Farbnuancen werden von der mit dem Füllwerkzeug aufgebrachten Farb- oder Musterfüllung überdeckt.

Strukturierte Flächen mit Farbe überdecken
Da das Füllwerkzeug auf Farbabweichungen reagiert, eignet es sich nicht so gut, um strukturierte oder gemusterte Bildpartien mit einheitlichen Farbpixeln zu überdecken. Nutzen Sie in solchen Fällen besser eine Auswahl und den Befehl BEARBEITEN • FLÄCHE FÜLLEN.

Zum Weiterlesen
In Kapitel 27, »Effektreiche Ebenenstile«, erfahren Sie mehr darüber, wie Sie **Muster und Verläufe** auf flexible Art mit Ebenen verbinden.

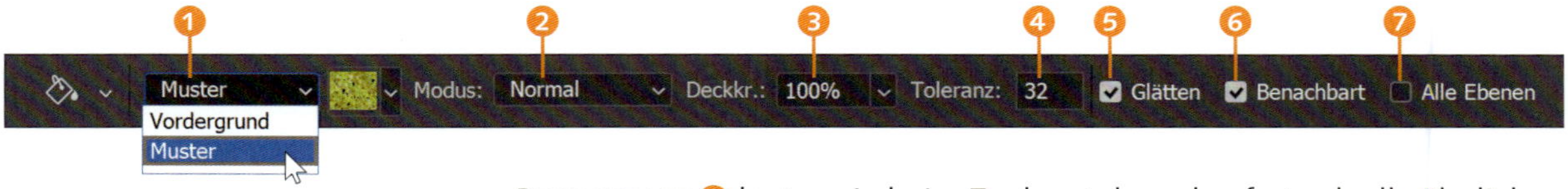

▲ **Abbildung 23.1**
Optionen des Füllwerkzeugs

BENACHBART ❻ legt – wie beim Zauberstab auch – fest, ob alle ähnlichen Farbtöne im Bild oder nur die mit dem angeklickten Farbbereich zusammenhängenden Pixel eingefärbt werden. GLÄTTEN ❺ glättet die Kanten der Farbfüllung. Wenn Sie ALLE EBENEN ❼ aktivieren, werden die Pixel anhand der zusammengeführten Farbdaten aller sichtbaren Ebenen gefüllt. Klicken Sie dann einfach mit der Maus ins Bild, um die Pixel »auszugießen«, oder wenden Sie einen der Shortcuts aus der Tabelle an.

Tabelle 23.1 ▶
Tastaturbefehle für das Füllen von Flächen auf einen Blick

Was wollen Sie tun?	Windows	Mac
Auswahl oder Ebene mit der Vordergrundfarbe füllen	Alt + ←	alt + ←
Auswahl oder Ebene mit der Hintergrundfarbe füllen	Strg + ←	cmd + ←
Dialogfenster FLÄCHE FÜLLEN einblenden	⇧ + ← alternativ: ⇧ + F5	⇧ + ← alternativ: ⇧ + F5

23.2 Das Verlaufswerkzeug: Farbverläufe erstellen

Neues Verlaufswerkzeug seit Version 24.5
Mit der Version 24.5. (Mai 2023) wurde die Verläufe-Funktion deutlich verbessert. Der Arbeitsablauf wurde wesentlich flexibler und neue Steuerelemente auf der Arbeitsfläche wurden hinzugefügt.

Verläufe sind in der täglichen Photoshop-Praxis nahezu unentbehrlich, denn sie sind die Grundlage zahlreicher fortgeschrittener Arbeitstechniken oder kreativer Weiterverarbeitung. Gut dosiert eingesetzt, sind sie außerdem ein interessantes Gestaltungsmittel. Das Verlaufswerkzeug G versteckt sich in der Werkzeugleiste unter dem Fülleimer. Adobe Photoshop bietet zwei Versionen der Verläufe-Funktion, die Sie über das Dropdownfeld ❶ der Werkzeugoptionen einstellen können:

- VERLAUF (seit Version 24.5): Hier wird der ausgewählte Farbverlauf in einer Live-Vorschau nicht-destruktiv auf einer neuen Ebene erstellt und kann jederzeit angepasst werden. Das ist die neuere und flexiblere Möglichkeit, einen Verlauf mit Photoshop zu erstellen.
- KLASSISCHER VERLAUF (bis Version 24.5): Hier wird der Farbverlauf auf der aktuellen Ebene erstellt. Alles, was sich auf der Ebene befindet, wird vom Farbverlauf übermalt. Auch ein nachträgliches Anpassen des Verlaufs ist hiermit nicht mehr möglich. Diese alte und sperrige Version des Verlaufs wurde in Photoshop in allen Versionen vor 24.5 verwendet.

Das Erstellen eines klassischen Verlaufs ist denkbar einfach: Sie aktivieren das Werkzeug, klicken ins Bild und ziehen bei gedrückter Maustaste in die Richtung, die Ihr Verlauf haben soll. Die Länge der Strecke, die Sie ziehen, bestimmt, wie lang und damit wie weich der Verlauf wird – legt also den Bereich fest, in dem die Farben ineinander übergehen. Grundsätzlich erstreckt sich ein Verlauf (unabhängig von der Länge, auf die er aufgezogen wird) immer über die ganze Bildfläche. Wenn Sie seine Ausbreitung beschränken wollen, müssen Sie zunächst eine Auswahl anlegen. Was Sie beim Anlegen eines neuen Verlaufs bedenken müssen, sehen Sie gleich. Zunächst aber ein Blick auf die Optionen.

Genau horizontal, exakt vertikal
Oft ist es wichtig, dass ein Verlauf exakt horizontal oder vertikal positioniert ist. Auch im 45°-Winkel will man gerne mal einen Verlauf aufziehen. Um das zu erreichen, halten Sie während des Aufziehens die ⇧-Taste gedrückt. Sie können dann vertikale oder horizontale Geraden in 15°-Winkeln aufziehen. Drehen Sie den Verlauf, wird dieser in 15°-Schritten einrasten.

23.2.1 Optionen des Verlaufs

Mit der Liste von Verlaufsvorgaben ❷ können Sie die Farben und Proportionen Ihres Verlaufs auswählen und auch genau nachstellen. Standardmäßig werden hier als Erstes in der Gruppe GRUNDLAGEN die von Ihnen eingestellten Vorder- und Hintergrundfarben angezeigt, dann folgt eine Reihe vorgefertigter Verläufe in Gruppen.

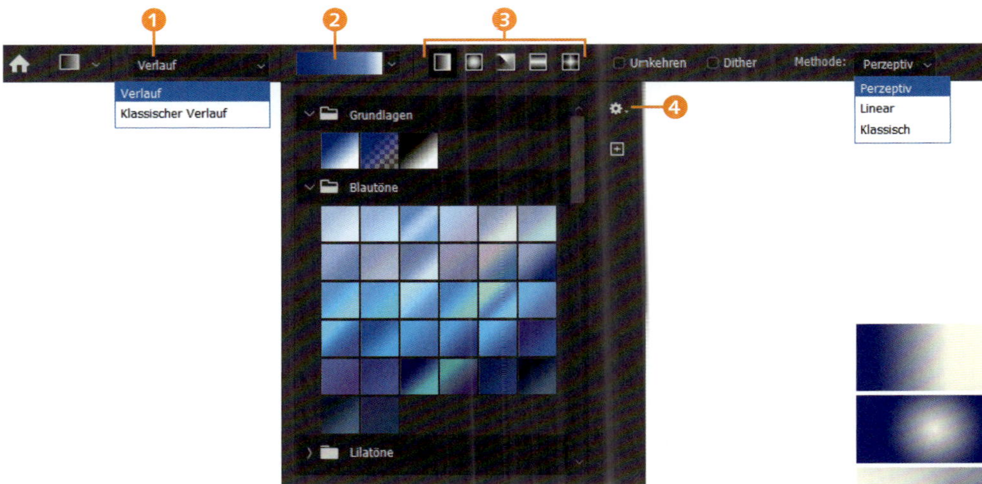

▲ **Abbildung 23.2**
Verlaufsoptionen für die Verwendung der neuen Verläufe

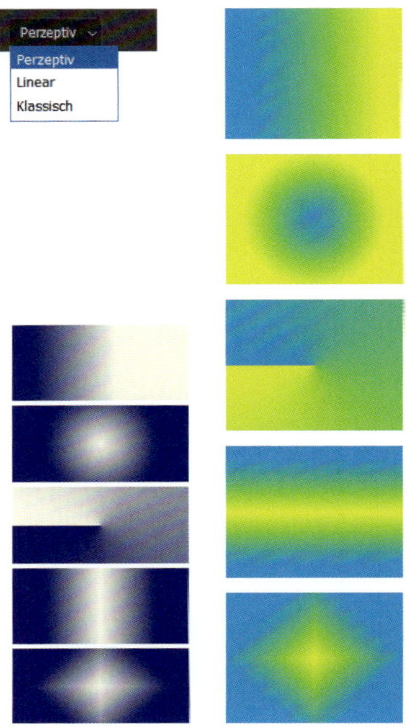

▲ **Abbildung 23.3**
Verschiedene Verlaufstypen; von oben: linear, radial, »Verlaufswinkel«, reflektierter Verlauf und Rauteverlauf

Mit einem Klick auf das kleine Zahnrad-Icon ❹ öffnen Sie wieder ein Seitenmenü, mit dem Sie – ähnlich wie bei Stilen, Werkzeugspitzen oder Farbfeldern – Verlaufsbibliotheken verwalten und eigene Verläufe oder ganze Verlaufsbibliotheken ergänzen.

Mit den Miniatur-Schaltflächen unter ❸ wählen Sie durch Klicken den Verlaufstyp wie linear, radial und Ähnliches. In der Erstellung sind sie alle gleich, die Ergebnisse sind aber recht unterschiedlich.

Daneben finden Sie zwei weitere Optionen, die Sie per Häkchen zuschalten können:

- Mit UMKEHREN vertauschen Sie die Verlaufsrichtung bzw. die Farben des eingestellten Verlaufs.
- DITHER fügt dem Verlauf ein Dither-Muster hinzu. Das kann sinnvoll sein, wenn Sie einen Verlauf für den Einsatz als Internetbild anlegen. Nicht alle Browser können Verläufe korrekt wiedergeben. Manchmal werden in einem »stufenlosen« Verlauf Streifen sichtbar. Wenn Sie schon bei der Erstellung ein Dither-Muster einfügen, wirken Sie diesem unerwünschten Effekt entgegen.

Wenn Sie KLASSISCHER VERLAUF verwenden, finden Sie noch drei weitere Optionen vor. Diese Einstellungen beziehen sich auf DECKKRAFT und den MODUS des Farbauftrags. Beides Werte, die Sie beim klassischen Verlauf ja nicht mehr nachträglich ändern können. Auch eine Option TRANSPARENZ finden Sie hier vor, die Sie aktivieren müssen, wenn Sie einen Verlauf wählen, der Transparenz enthält. Wenn Sie dieses Häkchen vergessen, wird die gewünschte Transparenz schlicht nicht dargestellt, und Sie erhalten einfach einen opaken Farbbereich.

23.2.2 Einen Verlauf anlegen und nachbearbeiten

Im folgenden Workshop soll gezeigt werden, wie Sie das verbesserte Verlaufswerkzeug in Photoshop im Allgemeinen verwenden können.

Schritt für Schritt: Einen Verlauf anlegen und anpassen

Während Sie den klassischen Verlauf einfach aufziehen, wie bereits kurz erläutert, sind für den modernen Verlauf ein paar mehr Klicks erforderlich, weil dieser doch wesentlich flexibler ist.

1 Arbeitsfläche für den Verlauf wählen

Wählen Sie zunächst die Arbeitsfläche aus, auf der Sie den Verlauf aufziehen wollen. Des Weiteren wählen Sie aus der Liste die Farben des Verlaufs und den Verlaufstyp aus. Mit gedrückter Maustaste ziehen Sie den Verlauf auf und können während des Aufziehens den Winkel und die Länge des Verlaufs bestimmen. Im Gegensatz zum klassischen Verlauf können Sie beim moderneren Verlauf jederzeit den Winkel und die Länge nachträglich ändern. Der Verlauf wird als neue Ebene hinzugefügt.

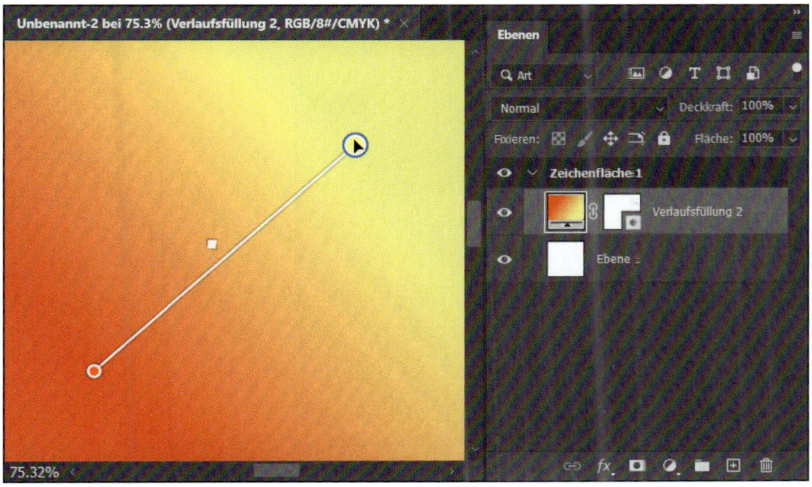

◂ **Abbildung 23.4**
Der Verlauf wird nicht-destruktiv und jederzeit anpassbar auf einer neuen Ebene hinzugefügt.

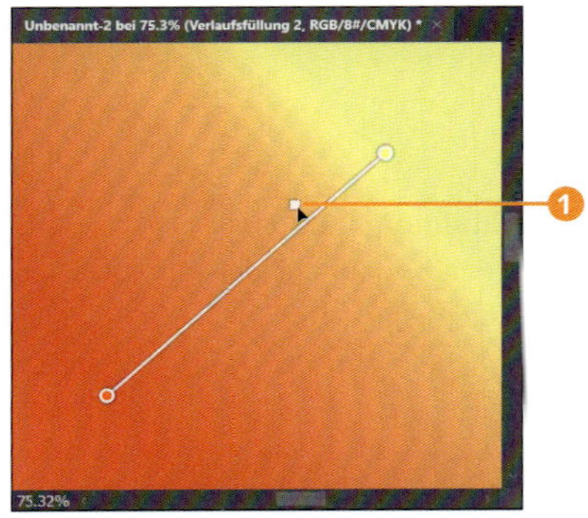

▴ **Abbildung 23.5**
Die Farbunterbrechung wird über das weiße Quadrat geändert.

2 Mittelpunkt des Verlaufs anpassen

Wollen Sie den Mittelpunkt der Farbunterbrechung verändern, müssen Sie nur das quadratische Symbol ① mit gedrückt gehaltener Maustaste ziehen. Damit bestimmen Sie dann die Härte des Verlaufsübergangs.

3 Farben beim Verlauf ändern

Die Farbe des Verlaufs können Sie ändern, indem Sie die Kreise am Ende des Verlaufs, die Farbunterbrechungen ②, doppelt anklicken. Es erscheint der Farbwähler, in dem Sie eine neue Farbe auswählen können.

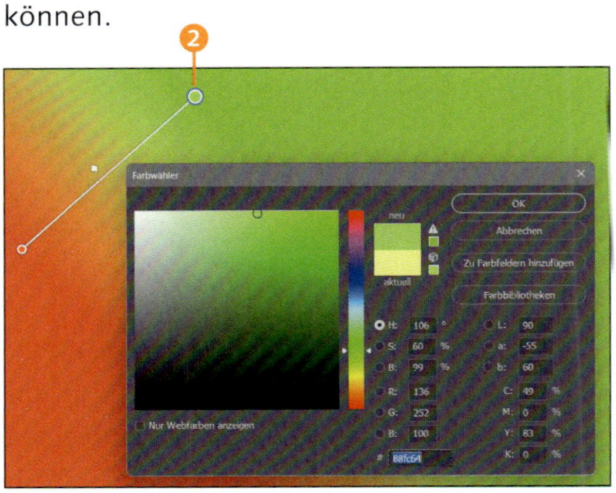

◂ **Abbildung 23.6**
Wenn Sie auf die Farbunterbrechung doppelklicken, erscheint der Farbwähler zum Ändern.

4 Einen Verlauf aus der Liste auswählen

Wollen Sie hingegen einen Verlauf aus der Bibliothek verwenden, achten Sie darauf, dass keine Farbunterbrechung ausgewählt ist, z. B. indem Sie auf ein weißes Quadrat klicken. Klicken Sie nun die rechte Maustaste, können Sie aus der Verlaufsliste einen Verlauf auswählen.

HUD, um Farbe zu ändern

Alternativ können Sie auch mit gedrückt gehaltener rechter Maustaste (Windows) bzw. `ctrl` + linke Maustaste (Mac) die Farbe über eine HUD ändern.

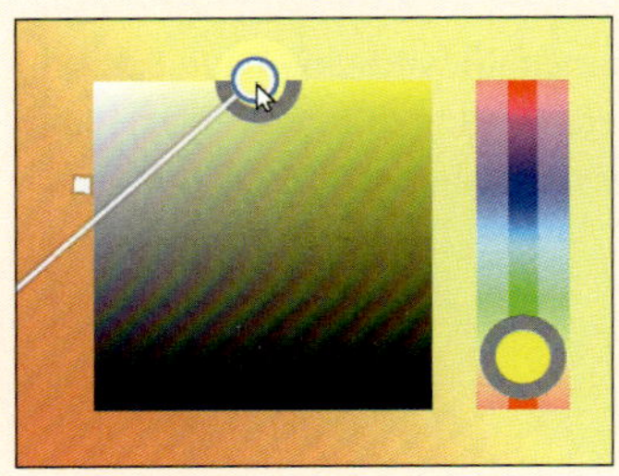

▴ **Abbildung 23.7**
Auch über den HUD-Farbwähler können Sie die Farbe der Farbunterbrechungen ändern.

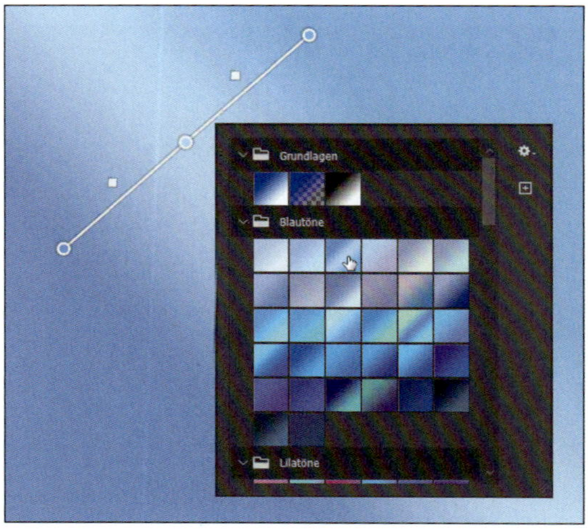

Abbildung 23.8 ▸
Einen Verlauf aus der Verlaufsliste wählen.

5 Eine Farbunterbrechung hinzufügen

Eine weitere Farbunterbrechung können Sie hinzufügen, indem Sie den Mauscursor etwas außerhalb der Verlaufslinie stellen, bis der Cursor ein Plussymbol erhält. Wenn Sie nun klicken, wird die eingestellte Vordergrundfarbe als neue Farbunterbrechung hinzugefügt.

> **Farbunterbrechung entfernen**
> Einen Farbunterbrechung können Sie entfernen, indem Sie sie anklicken (sie wird blau markiert) und dann die `Entf`- bzw. `←`-Taste drücken.

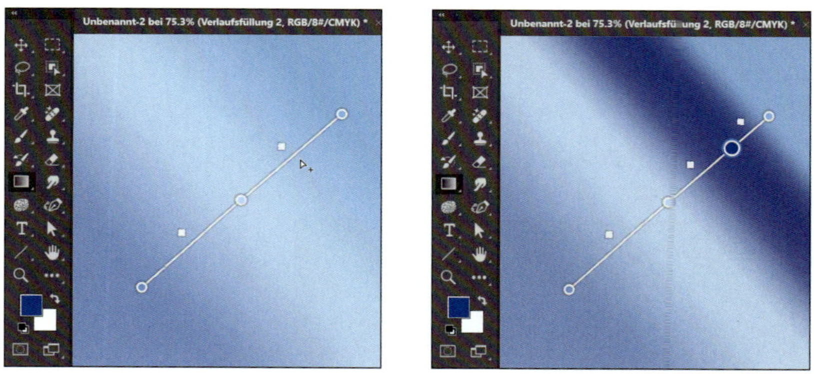

Abbildung 23.9 ▸
Klicken Sie, wenn Sie das Plussymbol neben dem Mauscursor sehen; daraufhin wird eine neue Farbunterbrechung mit der eingestellten Vordergrundfarbe eingefügt.

6 Winkel, Länge und Verlaufslinie anpassen

Wie bereits erwähnt, können Sie dank der Verlaufsfüllungs-Ebene jederzeit die Verlaufsangaben ändern.

Mit gedrückter Maustaste an den Enden des Verlaufs können Sie den Winkel des Verlaufs drehen. Halten Sie dabei die `⇧`-Taste gedrückt, geschieht dies in 15°-Schritten. Auch die Länge des Verlaufs können Sie beeinflussen, indem Sie die Farbunterbrecher an den Enden mit gedrückt gehaltener Maustaste weiter auseinander- oder zusammenziehen. Sie können den gesamte Verlauf verschieben, wenn Sie mit dem Mauscursor auf die Verlaufslinie gehen, bis der Cursor ein Verschieben-Symbol erhält. Und natürlich können Sie auch den Verlaufstyp jederzeit anpassen.

7 Transparenz hinzufügen

Wollen Sie zu einer Farbunterbrechung einen transparenten Bereich hinzufügen, damit z. B. die Ebene darunter zum Vorschein kommt, müssen Sie nur im Ebenen-Dialog auf das Symbol mit dem Verlauf 1 doppelklicken, und es erscheint der Dialog VERLAUFSFÜLLUNG.

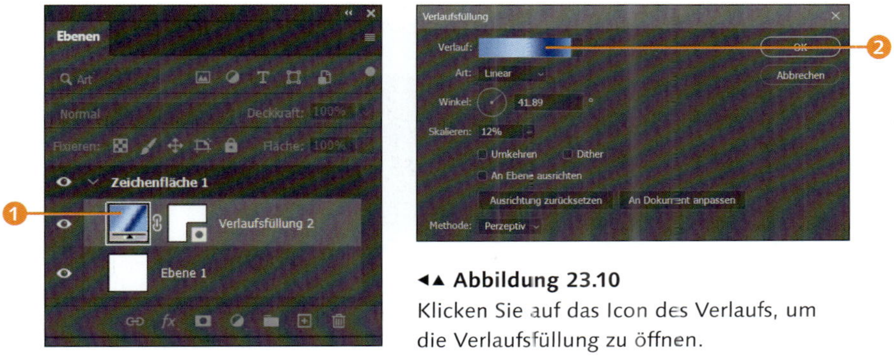

◄▲ Abbildung 23.10
Klicken Sie auf das Icon des Verlaufs, um die Verlaufsfüllung zu öffnen.

Download-Kapitel
Wenn Sie eine Beschreibung für den VERLÄUFE BEARBEITEN-Dialog suchen, finden Sie eine kurze Anleitung dazu zum Download bei den Bonus-Materialien wieder.

Verläufe bearbeiten-Dialog
Der Dialog VERLÄUFE BEARBEITEN kann natürlich auch dazu verwendet werden, um Verläufe gezielter zu modifizieren und zu speichern. In Verbindung mit dem klassischen Verlaufswerkzeug war dies die wichtigste Schnittstelle, um Verläufe nachzubearbeiten und zu erstellen. Mit der neuen Verlaufsfunktion können Sie dies nun flexibler direkt auf der Ebene mit der Verlaufsfüllung machen.

Klicken Sie dort nun auf den Verlauf 2, haben Sie den Dialog VERLÄUFE BEARBEITEN vor sich. Dort finden Sie auch den Farbverlauf zum Nacharbeiten wieder. Klicken Sie auf einen der schwarzen Marker oberhalb der Verlaufsleiste 3, können Sie unterhalb bei DECKKRAFT 4 die Transparenz einstellen. Bestätigen Sie mit OK, und Sie haben einen transparenten Bereich zum Verlauf hinzugefügt.

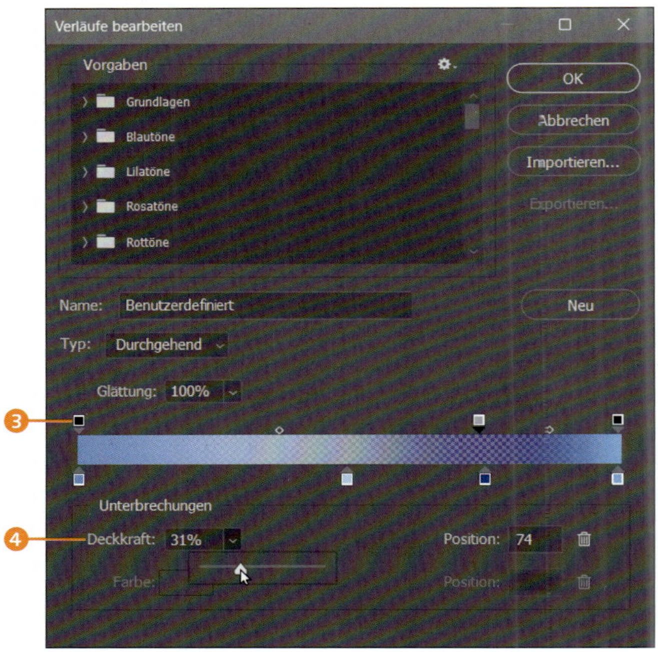

◄ Abbildung 23.11
Um einen transparenten Bereich zum Verlauf hinzufügen, müssen Sie einen längeren Umweg gehen.

8 Verlauf speichern

Wollen Sie den erstellten Verlauf dauerhaft speichern, klicken Sie z. B. bei der Auswahl von Verläufen auf das Pluszeichen 1 und geben dann im sich öffnenden Dialog den Namen für den Verlauf ein. Dasselbe erreichen Sie auch mit dem Pluszeichen im VERLÄUFE-Dialog oder im EIGENSCHAFTEN-Dialog mit der Schaltfläche VORGABE SPEICHERN, wenn Sie einen Verlauf verwenden.

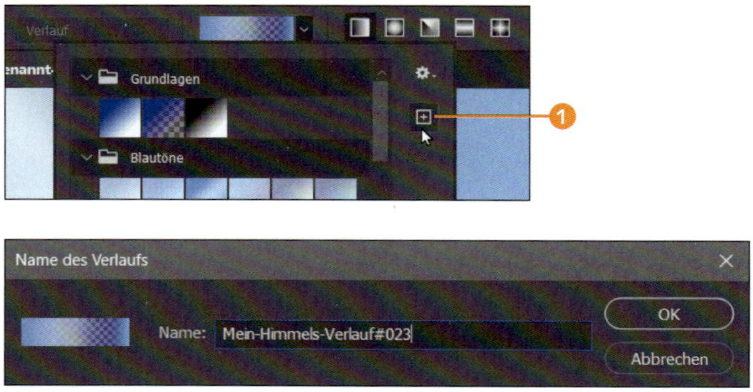

▲ **Abbildung 23.12**
Einen Verlauf über das Pluszeichen speichern und benennen

Verläufe im Eigenschaften-Dialog
Auch sehr nützlich für die Verlaufsanpassung ist der EIGENSCHAFTEN-Dialog. Im Gegensatz zu den Werkzeugoptionen finden Sie hier noch weitere Möglichkeiten vor. So können Sie z. B. den Winkel des Verlaufs anpassen, den Verlauf skalieren und auch den Verlauf selbst anpassen, indem Sie die Farbe ändern oder neue Farbunterbrechungen einfügen.

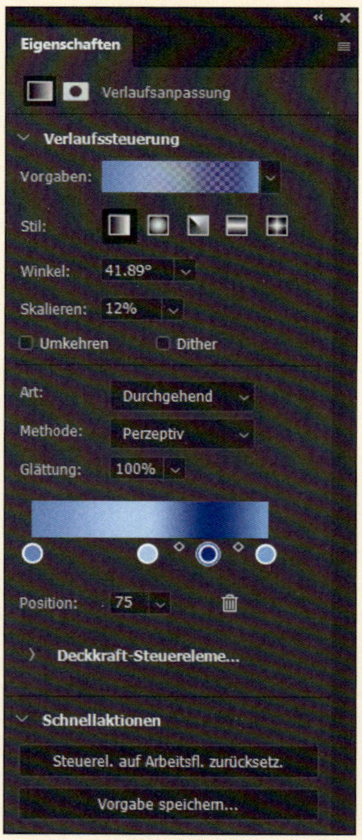

▲ **Abbildung 23.13**
Verlaufseinstellungen im EIGENSCHAFTEN-Dialog

23.2.3 Rauschverläufe

Der Rauschverlauf (oder »Störungsverlauf«) ist ein schönes Spielzeug, das auch zum Erzielen ernsthafter Ergebnisse taugt. Auf Knopfdruck werden streifige Zufallsverläufe erstellt und Sie können festlegen, wie hart oder weich diese Streifen ineinander übergehen und wie groß der Farbumfang sein soll.

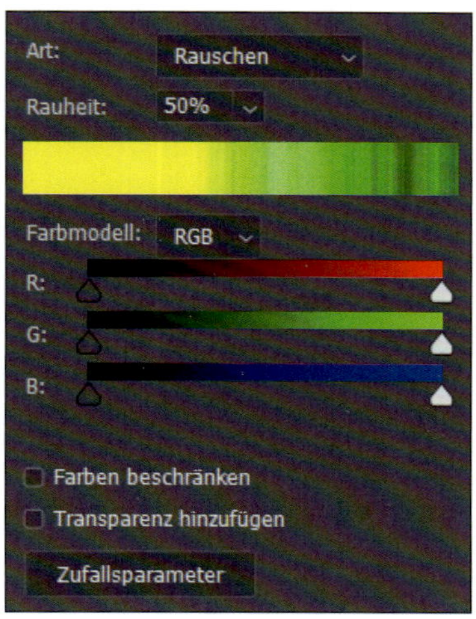

◂ **Abbildung 23.14**
Die Einstellmöglichkeiten für einen Rauschverlauf im EIGENSCHAFTEN-Bedienfeld

Einstellen können Sie diese Verlaufsart über den EIGENSCHAFTEN-Dialog, wo Sie die ART auf Rauschen stellen. RAUHEIT erzeugt glattere Flächen oder Streifen. Wenn Sie einen weicheren, glatteren Verlauf brauchen, sind niedrigere Werte besser. Sie können ebenfalls einstellen, nach welchem FARBMODELL (RGB, HSB und Lab stehen zur Verfügung) und wie gemischt wird. Dazu bewegen Sie die Regler unter den Farbbalken. Die Option FARBEN BESCHRÄNKEN wirkt sich auf die Sättigung des Verlaufs aus. Zu grelle Farben werden unterdrückt. TRANSPARENZ HINZUFÜGEN erklärt sich von selbst.

Der Farbbalken zeigt den aktuell eingestellten Störungsverlauf an. Mit jedem Klick auf den Button ZUFALLSPARAMETER erzeugen Sie nun einen neuen, zufällig ermittelten Verlauf aus Ihren Vorgaben. Wenn Sie das Spektrum und die Kantenschärfe gut gewählt haben, werden Sie nach wenigen Klicks einen Verlauf haben, der Ihren Vorstellungen entspricht. Sie können das aktuelle Ergebnis durch Verstellen der Regler an den Farbbalken und durch Abwählen oder Zuschalten von Optionen verändern.

23.3 Muster: Vielseitige Kreativressource

Wenn Sie bis hierher aufmerksam gelesen haben, ist es Ihnen vermutlich schon aufgefallen – Muster sind eine weitere Kreativressource in Photoshop, die Ihnen an verschiedenen Stellen des Programms begegnet: beim Füllen von Flächen (Füllwerkzeug-Option MUSTER), als Eigenschaft von Pinseln (Option STRUKTUR im Pinsel-Bedienfeld) und bei vielen anderen Gelegenheiten. Das Wirkprinzip ist überall dasselbe: Im Grunde genommen sind Muster nichts anderes als kleinformatige Bilder. Wenden Sie ein Muster auf eine Fläche an, wird dieses Bild in der Manier von Kacheln oder Fliesen so oft wiederholt, bis die Fläche gefüllt ist. Im Idealfall sollten keine Fugen oder Nähte zu erkennen sein. Ob das gelingt, hängt von der Eignung und Zurichtung der Vorlage ab.

Adobe liefert zahlreiche Muster für viele Gelegenheiten mit, Sie können aber auch eigene Muster definieren.

23.3.1 Eigene Muster erzeugen

Sie können aus jeder beliebigen Datei Muster erstellen und in Musterbibliotheken ablegen. Das Verfahren eignet sich gut für strenge, grafische Muster wie zum Beispiel Streifen. Aber auch fotografierte Texturen verwerten Sie auf diese Weise als Muster.

Wenn Sie einmal gezielt auf Fotopirsch gehen, werden Sie sehen, wie viele interessante Texturen Sie schon bei einem kurzen Spaziergang

»Putz.jpg«, »Beton.jpg«, »Rost.jpg«, »Glas.tif«

finden. Sie müssen beim Fotografieren nur darauf achten, möglichst neutrale, gleichmäßig strukturierte Bereiche aufzunehmen. Hervorstechende Partien akzentuieren bei späterer Anwendung des Musters die Grenzen der einzelnen Musterelemente, und das ist natürlich nicht erwünscht.

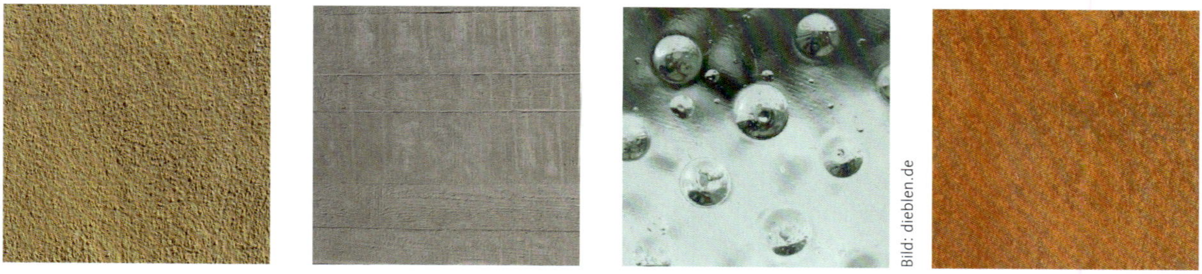

▲ **Abbildung 23.15**
Eine verputzte Wand, Sichtbeton, das Detail einer Glasflasche oder eine rostige Metallfläche – potenzielle Photoshop-Muster finden Sie überall.

Zum Weiterlesen
Wie Sie aus einer fotografischen Vorlage wie hier gezeigt ein endloses Muster erstellen, lesen Sie in Abschnitt 25.5, »Fotos ansatzlos gekachelt: Verschiebungseffekt«.

Der Aufwand, ein eigenes Muster zu erzeugen, ist gering. Sie brauchen natürlich eine geeignete Vorlage. Überlegen Sie auch, ob Sie dem Bild vielleicht etwas Farbe entziehen, die Kontraste erhöhen oder es etwas verfremden wollen. Dann legen Sie den passenden Bildausschnitt fest. Muster müssen nicht quadratisch sein, für viele Zwecke ist das jedoch am besten. Erzeugen Sie eine Auswahl um den Bildbereich, der die Mustervorlage sein soll. Wählen Sie dann BEARBEITEN • MUSTER FESTLEGEN, und vergeben Sie einen neuen Namen für das Muster. Und das war's auch schon – fertig ist Ihr Muster!

Zum Weiterlesen
Für die Verwaltung der Musterbibliotheken gilt das bereits für die Verläufe und andere Vorgaben Gesagte: Sie können sie bequem per Vorgaben-Manager und über die bekannten Befehle im Seitenmenü verwalten. Wie das genau geht, lesen Sie in Abschnitt 4.6, »Farbfelder, Muster, Stile und Co.: Kreativressourcen organisieren«.

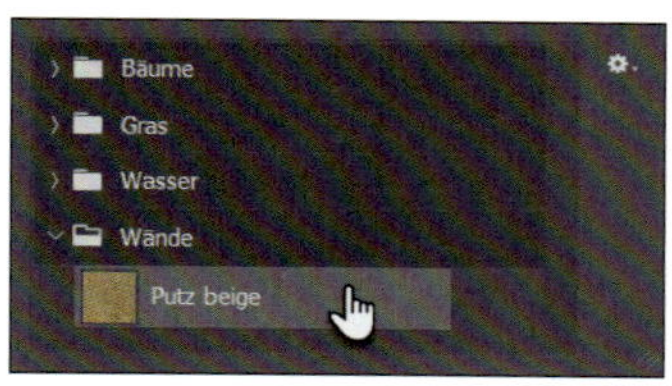

▲ **Abbildung 23.16**
In allen Werkzeugen, die Muster verwenden, taucht das neue Muster am Ende der Musterbibliothek auf.

▲ **Abbildung 23.17**
Per Ebenenstil MUSTERÜBERLAGERUNG habe ich das neue Muster gleich auf eine Textebene angewandt.

23.3.2 Skriptbasierte Muster

Es müssen nicht unbedingt selbstfotografierte Bilder sein, aus denen Muster entstehen. Zum variationsreichen Füllen von Flächen gibt es in

Photoshop auch intelligente Muster auf Skriptbasis, bei denen Wiederholungen nicht so leicht erkennbar sind wie bei Musterkacheln. Wählen Sie Bearbeiten • Fläche füllen, dann unter Inhalt die Einstellung Muster ❶, und wählen Sie unter Eigenes Muster ❷ ein geeignetes Muster aus. Aktivieren Sie dann die Option Skript ❸, und entscheiden Sie sich für eines der Musterskripte ❹. Klicken Sie auf OK. Es öffnet sich ein umfangreiches Dialogfeld, in dem Sie die Feineinstellungen für Ihr Zufallsmuster vornehmen können.

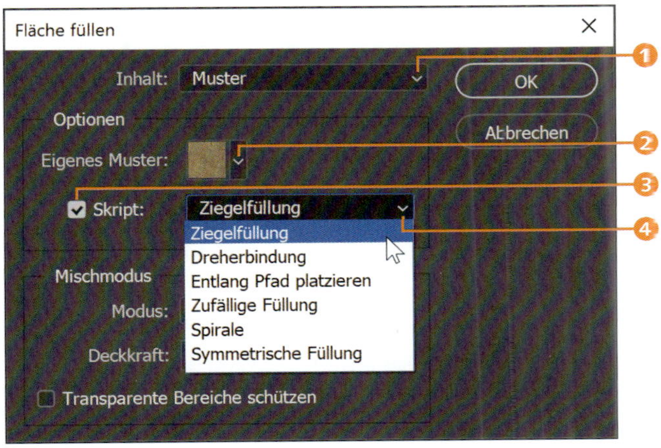

◂ **Abbildung 23.18**
Mit der unauffälligen Option Skript ❸ ändert sich die Wirkungsweise von Musterfüllungen grundlegend.

◂ **Abbildung 23.19**
Es ist möglich, präzise Feineinstellungen für Muster vorzunehmen.

23.3.3 Muster aus Filtern

Um vorgefundene Bilder zu verfremden und daraus abstrakte Muster zu machen, können Sie auch Photoshops Filterarsenal nutzen. Insbesondere Strukturierungs-, Vergröberungs- und Verzerrungsfilter eignen sich dafür gut. Doch auch andere Filter können mit Gewinn angewandt werden. Unter Filter • Renderfilter finden Sie sogar einige Spezialtools, die »Bilder aus dem Nichts« machen und Strukturen erzeugen. Alle Filter können Sie natürlich auch kombinieren.

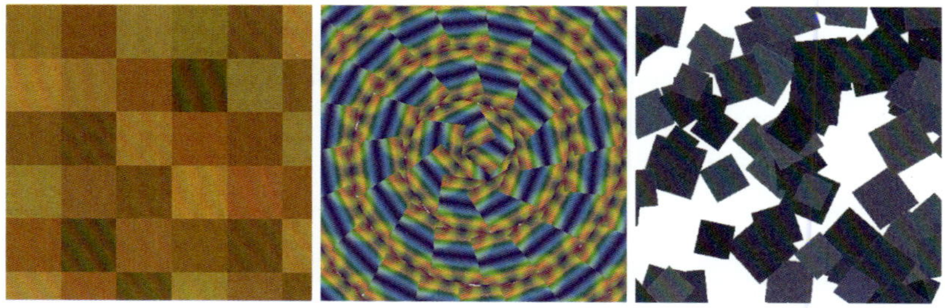

Abbildung 23.20 ▸
Drei geskriptete Zufallsmuster: Dreherbindung aus dem Muster Holz, Spirale aus dem Muster Bindebatik und eine Zufällige Füllung aus dem Muster Jeans

▴ Abbildung 23.21
Eine von unendlich vielen möglichen Flammen-Varianten

Unzählige Flammeneffekte | Unter Filter • Renderfilter • Flamme finden Sie einen komplexen Filterdialog, mit dem Sie sehr variantenreiche, mal dramatisch-übertriebene oder auch ganz naturalistische Flammeneffekte erzielen können. Grundlage ist jeweils ein Pfad, den Sie zuvor erzeugen müssen; im Filterdialog selbst haben Sie differenzierte Einstellungsmöglichkeiten (mehr über das Erzeugen von Pfaden lesen Sie in Kapitel 29, »Pfade erstellen und anpassen«).

Gerenderte Natur: Der Baum-Filter | Mit dem Renderfilter Baum (Filter • Renderfilter • Baum) können Sie ganz verschiedene Baumarten errechnen lassen. Die Wuchsform beeinflussen Sie wiederum mit einem zuvor angelegten Pfad, das Aussehen von Blättermenge und Rindenfarbe bis hin zu Lichteinfall und Abstraktionsgrad mit dem Dialogfeld. Sie können auch auf das Anlegen eines Pfades verzichten, dann wird lediglich ein Gewächs in der Standardform eingefügt.

Bilderrahmen-Filter
Auch Bilderrahmen lassen sich mit Photoshop erzeugen. Unter Filter • Renderfilter • Bilderrahmen können Sie sich ausgiebig einem Rückfall in die Clip-Art-Ästhetik hingeben.

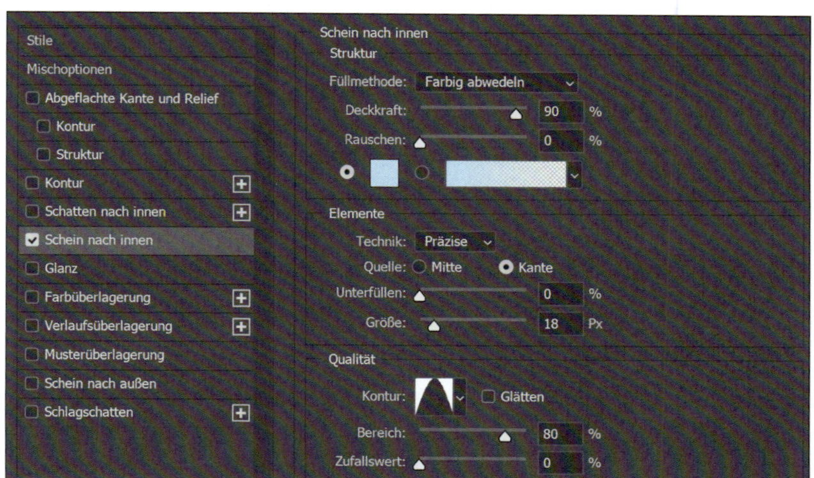

Abbildung 23.22 ▸
Praktisch für gerenderte Architekturdarstellungen und Ähnliches: der Filter Baum

Muster aus Differenz-Wolken | Die Datei, die Sie mit diesem Filter behandeln wollen, muss mit (beliebigen) Pixeln gefüllt sein, sonst funktioniert es nicht. Der Filter verwendet nach dem Zufallsprinzip ermittelte Werte, die auf Basis des Mischmodus DIFFERENZ zwischen der aktuell eingestellten Vordergrund- und der Hintergrundfarbe variieren und ein Wolkenmuster erzeugen. Die mehrfache Anwendung erzeugt ein **Marmormuster**.

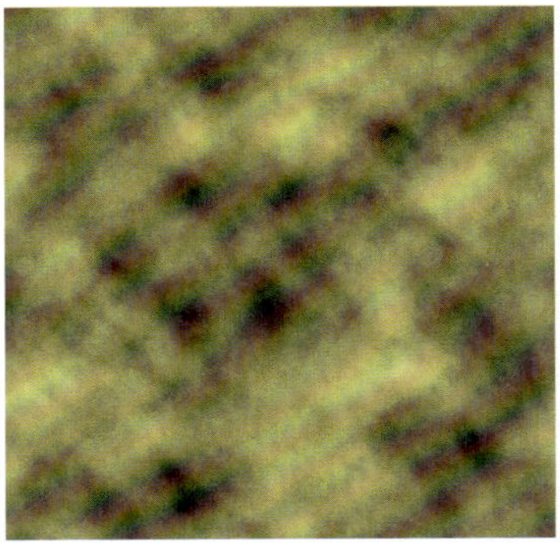

▲ **Abbildung 23.23**
Differenz-Wolken

Muster mit Fasern | Der Filter FASERN erzeugt mit den Vorder- und Hintergrundfarben einen holzähnlichen Effekt. Er ist per ZUFALLSPARAMETER und mit zwei Reglern steuerbar. Die Farben der erzeugten Faserstruktur hängen von der eingestellten Vorder- und Hintergrundfarbe ab. Ergänzt von einer Verlaufsumsetzung in Brauntönen ergeben sich so etwa interessante Holzstrukturen.

◄ **Abbildung 23.24**
Mit Hilfe des FASERN-Filters imitieren Sie beispielsweise Holzflächen.

Muster mit dem Filter »Wolken« | Der Filter WOLKEN ist etwas weicher in der Wirkung als DIFFERENZ-WOLKEN und greift direkt auf die eingestellte Vorder- und Hintergrundfarbe zu. Das Muster wird mit Hilfe von Zufallswerten erzeugt, die zwischen der Vorder- und Hintergrundfarbe variieren. Einzige Steuerung: Drücken Sie beim Klicken des Filterbefehls zusätzlich Alt – das Muster wird dadurch kontrastreicher.

▲ **Abbildung 23.25**
Wirkung des WOLKEN-Filters

TEIL VIII

Filter – kreativ & effektiv

Kapitel 24

Besser filtern

Filter aussuchen, Werte einstellen, »OK« klicken – und fertig? Das Anwenden von Filtern kann so einfach sein. Doch wenn Sie bei der Arbeit mit Filtern Zeit sparen, flexibel bleiben und originellere Ergebnisse erzielen wollen, sollten Sie dieses Kapitel lesen.

24.1 Filterwirkung im Griff

»Gänseblümchen_2.tif«

Die Wirkung fast aller Filter variiert stark mit den Optionen, die Sie einstellen. Photoshop bietet für einen Teil der Filter nach deren Start eigenständige, funktionsmächtige Arbeitsbereiche an – diese werden an verschiedenen Stellen im Buch ausführlich vorgestellt. Viele Filter lassen sich jedoch über herkömmliche Dialogfenster steuern, die über einige Funktionsdetails verfügen, die Sie in anderen Photoshop-Dialogen nicht finden.

24.1.1 Vorschaufenster im Filterdialog

Viele der Filterdialoge verfügen über ein Vorschaufenster und eine Vorschau-Option, die Sie mittels Häkchen (de)aktivieren. Ist die Vorschau aktiv, werden die Änderungen an den Filtereinstellungen nicht nur in dem kleinen Vorschaufenster innerhalb des Filterdialogs gezeigt, sondern auch direkt in die Datei eingerechnet. Bei großen Dateien oder komplexeren Filtern kann es dann eine Weile dauern, bis Sie das Ergebnis sehen und die nächste Änderung an den Reglern durchführen können. Entfernen Sie in solchen Fällen zunächst das Häkchen bei der Option Vorschau. Dann sehen Sie die Änderungen der Filtereinstellung nicht mehr direkt im Bild, sondern nur im Vorschaufenster.

▲ **Abbildung 24.1**
So verschieben Sie den Ausschnitt im Vorschaufenster eines Filterdialogs.

▲ **Abbildung 24.2**
Zoomen auf Knopfdruck. Beim Klicken auf einen der Buttons wird nur die Vorschauansicht im Filterdialog verändert – nicht die Haupt-Bildansicht.

Optimale Voransicht
Manche Filter lassen sich am besten in der 100%-Ansicht beurteilen. Dazu gehören etwa Scharfzeichnungsfilter oder Filter mit feinen Strukturveränderungen wie zum Beispiel STÖRUNGEN HINZUFÜGEN oder die strukturverändernden Filter unter STRUKTURIERUNG. Diese sollten Sie prinzipiell in der 1:1-Ansicht einstellen. Andere Filter (z. B. BLENDENFLECKE, VERZERRUNGSFILTER) brauchen hingegen eine Ansicht des Gesamtbildes, damit Sie ihre Wirkung korrekt beurteilen können.

Das kurzzeitige Abschalten der Vorschau ist außerdem eine gute Methode für den Vergleich zwischen aktuellen Filtereinstellungen und dem Originalbild.

Vorschauausschnitt verschieben | Wenn Sie mit dem Mauscursor ins Vorschaufeld fahren, wird er zum Hand-Werkzeug ①, mit dem Sie den Vorschauausschnitt verschieben können. Während des Verschiebens sehen Sie sinnvollerweise kurz die unbehandelte Bildversion, auf der Sie sich besser orientieren können.

Ausschnitt verändern | Bei vielen Filtern können Sie per Mausklick ins Bild festlegen, was im Filter-Vorschaufenster angezeigt wird. Wenn Sie die Maus bei geöffnetem Filter in das Bild setzen, wird der Cursor zu einem kleinen Quadrat. Klicken bringt den betreffenden Bereich dann ins Filter-Vorschaufenster.

Zoomstufe | Um eine höhere oder geringere Zoomstufe der Vorschau einzustellen, können Sie die kleinen Plus- und Minus-Schaltflächen unterhalb des Vorschaufensters nutzen. Die aktuelle Zoomstufe wird mittig angezeigt.

24.1.2 Rechenzeit beim Experimentieren sparen

Nicht immer reicht das kleine Vorschaufenster aus, um die Wirkung von Filtern auf ein Bild zu beurteilen. Manchmal ist es einfach besser, die Filterwirkung am ganzen Bild zu begutachten. Sie müssen den Filter also anwenden. Bei großen Formaten oder komplexen Filterkombinationen kann das eine Weile dauern. Besonders wenn Sie sich an die optimalen Einstellungen durch Herumprobieren herantasten, ist das manchmal ganz schön lästig. Damit Sie beim Experimentieren mit Filtern nicht zu viel Zeit oder gar die Nerven verlieren, haben Sie die folgenden Möglichkeiten:

- Testen Sie den Filter zunächst nur in einem kleinen Auswahlbereich.
- Erzeugen Sie ein Duplikat des Bildes, verkleinern dann mit BILD • BILDGRÖSSE die Pixelmaße und probieren die Filter darauf aus. Dieses Verfahren ist jedoch nicht ratsam bei Filtern, deren Wirkung mit der Bildauflösung zusammenhängt.
- Legen Sie ein Ebenenduplikat mit einem Bildausschnitt in derselben Datei an, um zu experimentieren (Abbildung 24.3). Die Originalebene blenden Sie dabei am besten aus, damit sie nicht stört. Dabei müssen Sie nur darauf achten, dass die gefilterte Ebene nicht durch andere Ebenen abgedeckt ist.

- Manchmal können Sie lahmenden Filtern auf die Sprünge helfen, indem Sie über BEARBEITEN • ENTLEEREN • ALLES das Protokoll, die RÜCKGÄNGIG-Funktion und die Zwischenablage von den dort für Wiederherstellungszwecke hinterlegten früheren Arbeitsschritten befreien.
- Weisen Sie Photoshop in den VOREINSTELLUNGEN (Strg/cmd+K) unter LEISTUNG (Strg/cmd+8) mehr Arbeitsspeicher zu. Zuvor sollten Sie alle anderen aktiven Anwendungen Ihres Rechners beenden, damit mehr RAM für Photoshop zur Verfügung steht.

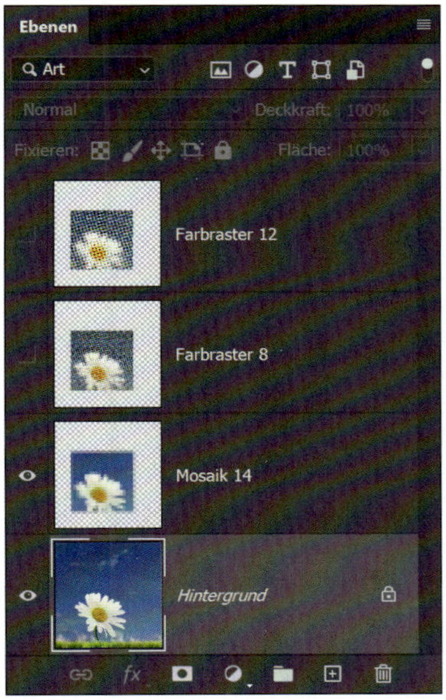

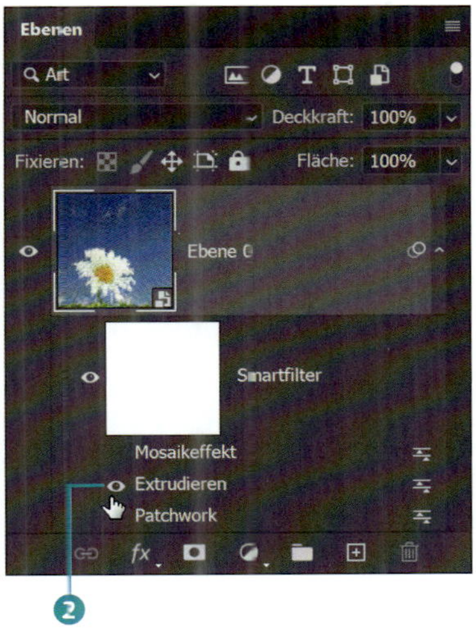

◄◄ **Abbildung 24.3**
Filterexperimente mit Ebenen: Hier wurden mehrere Kopien mit einem Ausschnitt der Originalebene angelegt.

◄ **Abbildung 24.4**
Auch dies ist eine Möglichkeit, mehrere Filter vergleichend anzuwenden. Smartfilter können Sie per Augen-Icon ❷ ein- und ausschalten, um die Wirkung zu prüfen.

Filter per Tastenkürzel erneut anwenden | Um einen Filter erneut anzuwenden, müssen Sie sich nicht jedes Mal durch das FILTER-Menü klicken. Es gibt auch einen Shortcut, der jedoch bei gerasterten (»normalen«) Ebenen und Smartobjekten unterschiedlich wirkt:

- Bei gerasterten Ebenen wendet Drücken von Alt+Strg/cmd+F den letzten Filter umstandslos mit den zuletzt benutzten Einstellungen noch einmal an.
- Bei Smartobjekten ruft Alt+Strg/cmd+F das Dialogfenster des zuletzt benutzten Filters erneut auf. Sie können die Einstellungen nochmals ändern und den Filter nochmals anwenden.

Letzteres funktioniert natürlich nur bei Filtern, die tatsächlich über eine eigene Dialogbox verfügen. Das ist nicht bei allen Filtern der Fall; manche werden ohne weitere Einstellungen angewendet, sobald Sie den Filternamen im Menü anklicken.

24.2 Smartobjekte und Smartfilter: zerstörungsfrei filtern

Smartfilter sind eine Möglichkeit, Filter reversibel und somit zerstörungsfrei anzuwenden. Damit sie sich anwenden lassen, muss eine gerasterte Bildebene zunächst in ein Smartobjekt verwandelt werden. Danach lassen sich fast alle Filter aus Photoshops Arsenal als Smartfilter anwenden und funktionieren auch so wie normale Filter bei gewöhnlichen Bildebenen. Das Prinzip ähnelt ein wenig den Einstellungsebenen – die originalen Ebenenpixel werden durch Anwendung von Smartfiltern nicht dauerhaft verändert.

Zum Weiterlesen
Grundlegendes über Smartobjekte erfahren Sie in Abschnitt 5.3.4, »Smartobjekte«. Weitere **Arbeitstechniken für Smartobjekte** können Sie in Abschnitt 6.4, »Vielseitige Datencontainer: Smartobjekte«, sowie in Abschnitt 10.3, »Die Alternative zu Einstellungsebenen: Korrekturen als Smartfilter«, kennenlernen. Detailliertere Informationen zu **verknüpften Smartobjekten** erhalten Sie ebenfalls in Abschnitt 6.4.

Was bringen Smartfilter? | Sie können mehrere Smartfilter auf eine Ebene anwenden und

- die Filter einzeln ein- und ausblenden,
- für jeden Filter einzeln Deckkraft und Mischmodus einstellen und
- die Einstellungen jedes Filters nachträglich ändern, indem Sie den Filterdialog erneut aufrufen und verändern.
- Sie können die Anordnung der Filter innerhalb des Filterstapels verändern und dadurch die Wirkung der Filterkombination variieren.
- Eine Maske ist standardmäßig ebenfalls dabei und kann die Wirkung des gesamten Filterstapels auf einige Bereiche der Bildebene eingrenzen.
- Sowohl der ganze Filterstapel als auch einzelne Filter können jederzeit gelöscht werden, und
- natürlich können Sie so einen Filterstapel jederzeit um weitere Filter ergänzen.

Die Arbeit mit Smartfiltern ist ganz leicht. Wenn Sie mit dem im Ebenen-Bedienfeld vorherrschenden Arbeitsprinzip Drag & Drop gut zurechtkommen, bereits mit Einstellungsebenen gearbeitet haben und Ebenenmasken für Sie kein Buch mit sieben Siegeln sind, dann können Sie diese Photoshop-Funktion sofort produktiv nutzen.

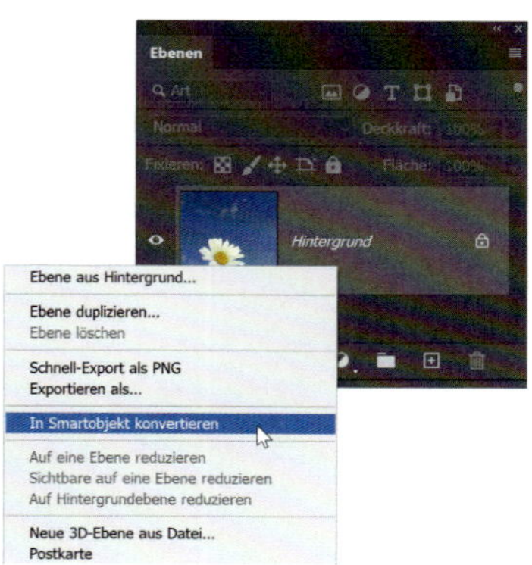

▲ **Abbildung 24.5**
Ein Rechtsklick in die Ebenenzeile (nicht auf das Thumbnail-Bild) führt Sie zu diesem Menü.

24.2.1 Bildebene in ein Smartobjekt verwandeln

Um eine normale Bildebene in ein Smartobjekt zu verwandeln, nutzen Sie am besten das Kontextmenü im Ebenen-Bedienfeld, der Konvertierungsbefehl ist außerdem im Bedienfeldmenü ☰ verfügbar. Oder Sie nutzen einen der Menübefehle: FILTER • FÜR SMARTFILTER KONVERTIEREN oder EBENE • SMARTOBJEKTE • IN SMARTOBJEKT KONVERTIEREN.

Die Smartobjekt-Konvertierung funktioniert bei Hintergrund- und anderen Bildebenen. Wenn Sie anschließend einen Filter aus dem FILTER-Menü anwenden, wird er automatisch als Smartfilter angewendet.

Ein Smartobjekt in Bildebene zurückkonvertieren | Mit dem Befehl EBENE RASTERN im Kontextmenü machen Sie die Konvertierung wieder rückgängig. Alternativ wählen Sie EBENE • RASTERN • SMARTOBJEKT, aber wie immer geht die Arbeit im Ebenen-Bedienfeld etwas flotter als mit den Menübefehlen.

Zum Weiterlesen
Die Basics zur Arbeit mit **Ebenen** finden Sie in Kapitel 5. Mehr über **Einstellungsebenen** erfahren Sie in Abschnitt 10.2.1, »Zerstörungsfrei arbeiten mit Einstellungsebenen«. Den **Masken** ist Kapitel 9 dieses Buches gewidmet.

24.2.2 Smartfilter anwenden

Sie erkennen Smartobjekte an der leicht veränderten Miniatur im Ebenen-Bedienfeld: Ein kleines quadratisches Symbol ❶ ist hinzugekommen. Sobald Sie das sehen, können Sie die gewünschten Filter – nun als Smartfilter – anwenden.

Die Smartfilter werden im Ebenen-Bedienfeld *unterhalb* der Ebene angeordnet, zu der sie gehören. Wenn Sie mehrere Filter auf ein Smartobjekt anwenden, werden sie zu einem Stapel zusammengefasst. Auffallend ist auch die Filtermaske ❷: Jeweils eine gehört zu einem Smartfilter-Stapel. Filtermasken bearbeiten Sie wie normale Ebenenmasken. Sie finden hier auch die vertrauten Augensymbole ❸, mit denen Sie einzelne Filter oder den gesamten Stapel ausblenden.

▲ **Abbildung 24.6**
Darstellung von Smartobjekten im Ebenen-Bedienfeld: oben ein herkömmliches, eingebettetes, unten ein verknüpftes Smartobjekt. Die Symbole in der unteren rechten Ecke zeigen den Unterschied an.

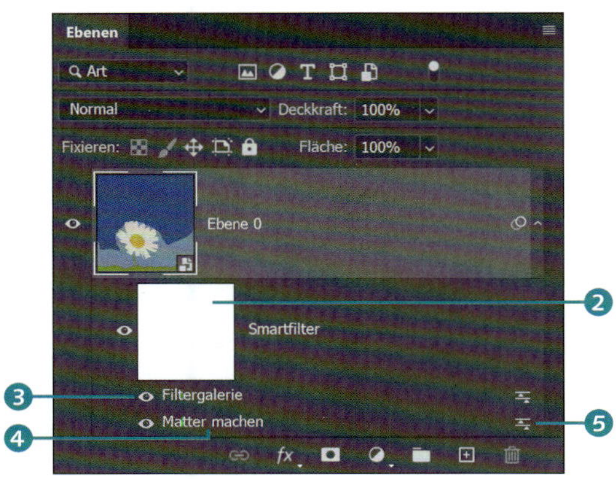

◂ **Abbildung 24.7**
Smartobjekt, auf das bereits zwei Smartfilter angewandt wurden

24.2.3 Smartfilter-Wirkung nachjustieren

Um die Filterwirkung zu variieren, haben Sie mehrere Möglichkeiten: Ändern Sie die Filtereinstellungen selbst oder den Mischmodus der Filter. Befinden sich mehrere Smartfilter im Stapel, können Sie sie neu sortieren.

Filtereinstellungen nachträglich ändern | Um auf die Filtereinstellungen erneut zuzugreifen, doppelklicken Sie einfach auf den Namen des jeweiligen Filters ❹ – und zwar wirklich auf die Filterbezeichnung und nicht auf das Wort »Smartfilter«.

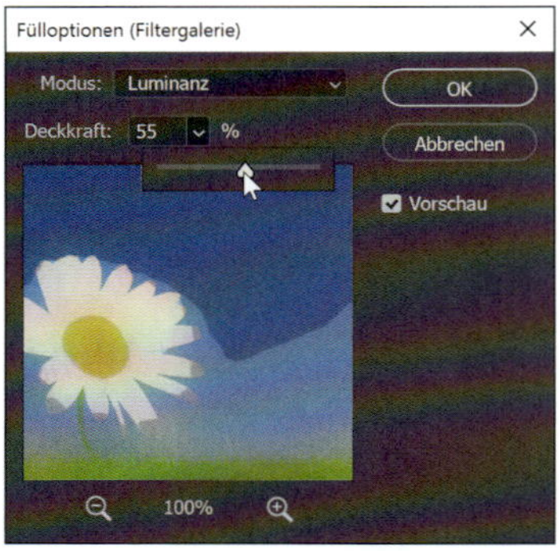

▲ **Abbildung 24.8**
Fülloptionen für Smartfilter einstellen

Fülloptionen | Mischmodus und Deckkraft des Smartfilters sind direkt erreichbar, indem Sie auf das kleine »Zacken«-Icon ❺ doppelklicken.

Im Fülloptionen-Dialog können Sie den (Misch-)Modus des Smartfilters einstellen sowie seine Deckkraft. Die Auswirkungen der Änderungen zeigen sich im Vorschaufenster und – sofern die Vorschau-Option aktiviert ist – auch im Bild. Diese Voransicht hat allerdings ein kleines Manko: Oft wendet man nicht einen, sondern mehrere Filter auf ein Smartobjekt an. Wenn Sie nun *einen* dieser Smartfilter nachträglich ändern, sehen Sie nur die Voransicht des *einzelnen* Filters. Wie die veränderten Fülloptionen dieses Filters mit den anderen Filtern *zusammenwirken*, wird nicht vorab gezeigt. Das sehen Sie erst, wenn Sie die Einstellungen mit OK bestätigt haben.

24.2.4 Smartfilter-Handling

Viele Handgriffe, die Sie bereits von Ebenen oder Smartobjekten kennen – etwa das Verschieben, Duplizieren, Löschen oder Maskieren –, funktionieren auch bei Smartfiltern.

▲ **Abbildung 24.9**
Die Anordnung der Smartfilter wird verändert.

Smartfilter neu anordnen | Filterkombinationen ergeben ganz unterschiedliche Wirkungen, abhängig von der Wirkung der der einzelnen Filter. Die Anordnung der Smartfilter innerhalb eines Stapels verändern Sie ganz einfach über Drag & Drop im Ebenen-Bedienfeld.

Smartfilter duplizieren und auf andere Smartobjekte übertragen | Ebenfalls per Drag & Drop können Sie ein Duplikat eines bestehenden Smartfilters erzeugen und auf ein anderes Smartobjekt übertragen. Dabei gehen Sie genauso vor wie beim Verändern der Reihenfolge, fassen den Smartfilter mit der Maus und lassen ihn am neuen Ziel fallen.

Smartfilter löschen | Nicht mehr benötigte Smartfilter werden Sie los, indem Sie sie auf das Mülltonnen-Icon im Ebenen-Bedienfeld ziehen. Wenn Sie unschlüssig sind, ob endgültiges Löschen das Richtige ist, nutzen Sie das Augen-Icon zum Ausblenden.

Filtermaske bearbeiten | Bei Smartfiltern wird automatisch eine leere (weiße) Maske mitgeliefert. Sie verhält sich so, wie Sie es von Ebenenmasken kennen: Sie können die Maske bemalen, mit einem Verlauf versehen, ebenfalls mit Filtern behandeln – oder auch einfach ignorieren, denn eine weiße Maske hat zunächst keine Wirkung. Wenn Sie mehrere Smartfilter auf das Smartobjekt angewendet haben, bezieht sich die Maske immer auf den gesamten Filterstapel und kann nicht auf Einzelfilter beschränkt werden.

Wenn Sie die Smartfilter-Maske verändern wollen, müssen Sie darauf achten, dass sie wirklich aktiv ist – und nicht etwa das Smartobjekt selbst. Die Titelleiste des Dokumentfensters ❶ und ein dezenter Rahmen um die Maskenminiatur ❷ im Ebenen-Bedienfeld geben Auskunft.

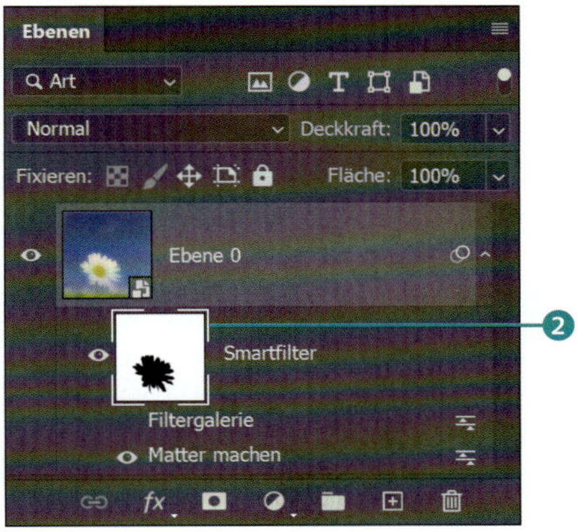

▲ **Abbildung 24.10**
Kontrollieren Sie, ob wirklich die Smartfilter-Maske aktiviert ist. Sie sehen das am Rahmen um die Filterminiatur ❶ und in der Statusleiste der Datei ❷.

Übersicht im Ebenen-Bedienfeld | Smartfilter-Stapel mit zahlreichen verschiedenen Filtern nehmen im Ebenen-Bedienfeld viel Platz weg. Ein Klick auf den kleinen Pfeil ❹ ganz rechts klappt den kompletten Stapel zu – und auf Wunsch natürlich auch wieder auf.

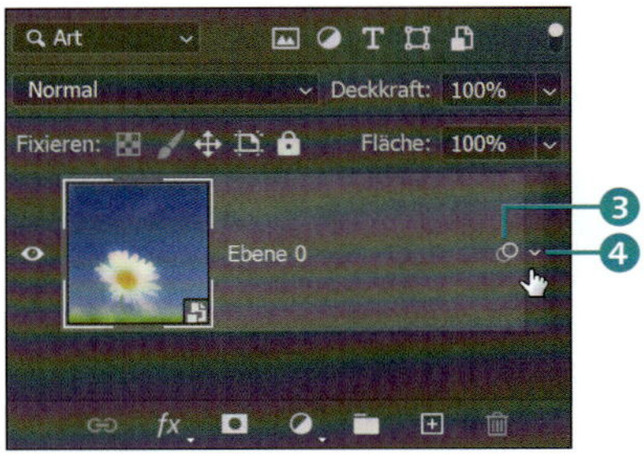

▲ **Abbildung 24.11**
Bei eingeklappten Smartfiltern weist lediglich ein kleines Symbol ❸ in der Ebenenzeile auf ihr Vorhandensein hin.

Smartfilter auf andere Dateien übertragen | Smartfilter sind eine geniale Möglichkeit, Filter und vor allem aufwendige Filterkombinationen von einer Datei auf die andere zu übertragen. Gearbeitet wird dabei wie so oft mit der Drag-&-Drop-Technik. Voraussetzung ist, dass Sie auch die Ebene im Zielbild zuvor in ein Smartobjekt konvertieren.

Dabei müssen Sie ein wenig aufpassen, wo Sie mit der Maus im Bedienfeld des Quellbildes »anfassen«, denn Sie können sowohl einzelne Filter (dazu fassen Sie nur den Filtertitel an) als auch den kompletten Stapel verschieben (dazu fassen Sie nur die oberste Zeile des Stapels an). Ziehen an der Filtermaske bewegt den Filter hingegen gar nicht.

Smartfilter-Einstellungen mitskalieren | Ein Smartobjekt ist genau genommen ein Container, in den die Original-Bilddaten eingebettet sind. Deswegen können Sie Auflösung oder Bildgröße von Dateien, die aus Smartobjekten aufgebaut sind, verlustfrei skalieren. Doch sobald zusätzlich Smartfilter im Spiel sind, tritt ein Problem auf: Bei einigen Filtern geben Sie – auch wenn das im jeweiligen Dialog nicht explizit vermerkt ist – *absolute* Pixelwerte ein, um die Filterwirkung zu steuern. Wird die Datei skaliert, werden die *Werte* des Smartfilters nicht angepasst – und dadurch kann sich die *Filterwirkung* entscheidend verändern. Es ist leicht vorstellbar, dass beispielsweise die Wirkung des GAUSSSCHEN WEICHZEICHNERS mit dem RADIUS 10 bei einem hochaufgelösten 300-ppi-Bild ganz anders ausfällt als bei einer Datei mit nur 72 ppi. Dieses Problem tritt nur bei Smartobjekten und Smartfiltern auf, nicht jedoch bei normalen Rasterebenen. Daher können Sie sich mit einem Trick behelfen:

1. Erzeugen Sie beim Ausgangsbild oberhalb des Smartobjekts eine leere Rasterebene, etwa durch Klick auf das NEU-Icon ⊞ im Ebenen-Bedienfeld.
2. Markieren Sie Smartobjekt und leere Ebene im Ebenen-Bedienfeld (Strg/cmd gedrückt halten und beide Objekte im Ebenen-Bedienfeld anklicken).
3. Wählen Sie erneut den Befehl IN SMARTOBJEKT KONVERTIEREN. Die Ebene, das bisherige Smartobjekt und die Smartfilter werden zu einem neuen Smartobjekt vereint. Dadurch verlieren Sie zwar die einfache Bearbeitungsmöglichkeit der Filter, können Ihre Datei jedoch ohne unerwünschte Veränderung der optischen Filterwirkung skalieren.

24.3 Filtergalerie: Kreative Filterkombinationen

Trotz der Flexibilität, die Smartfilter bieten, ist es nicht immer einfach, eine passende Kombination von Kreativfiltern zu finden. Abhilfe schafft Photoshops Filtergalerie, mit der Sie mit wenig Aufwand frei experimentieren können. In der Filtergalerie finden Sie einige Filter, die Sie auch aus dem Menü kennen, dazu kommen noch eine Reihe von Filtern, mit denen sich Mal- und Zeichentechniken imitieren lassen.

24.3.1 Arbeiten mit der Filtergalerie

Die Filtergalerie ist ideal, um unterschiedliche Filterkombinationen durchzuspielen. In ihr sind vor allem Photoshops Kreativfilter versammelt. Sie finden dort alle Kunst-, Mal- und Stilisierungsfilter, die Strukturierungsfilter sowie einige Verzerrungs- und einen Zeichenfilter. Kleiner Nachteil: Die Filter innerhalb der Galerie lassen sich zwar auch mit Filtern kombinieren, die allein im Filter-Menü und nicht in der Filtergalerie vertreten sind, Sie müssen dazu den Galeriedialog jedoch verlassen.

Die Filtergalerie aufrufen | Sie aktivieren die Filtergalerie, indem Sie den Befehl Filter • Filtergalerie wählen.

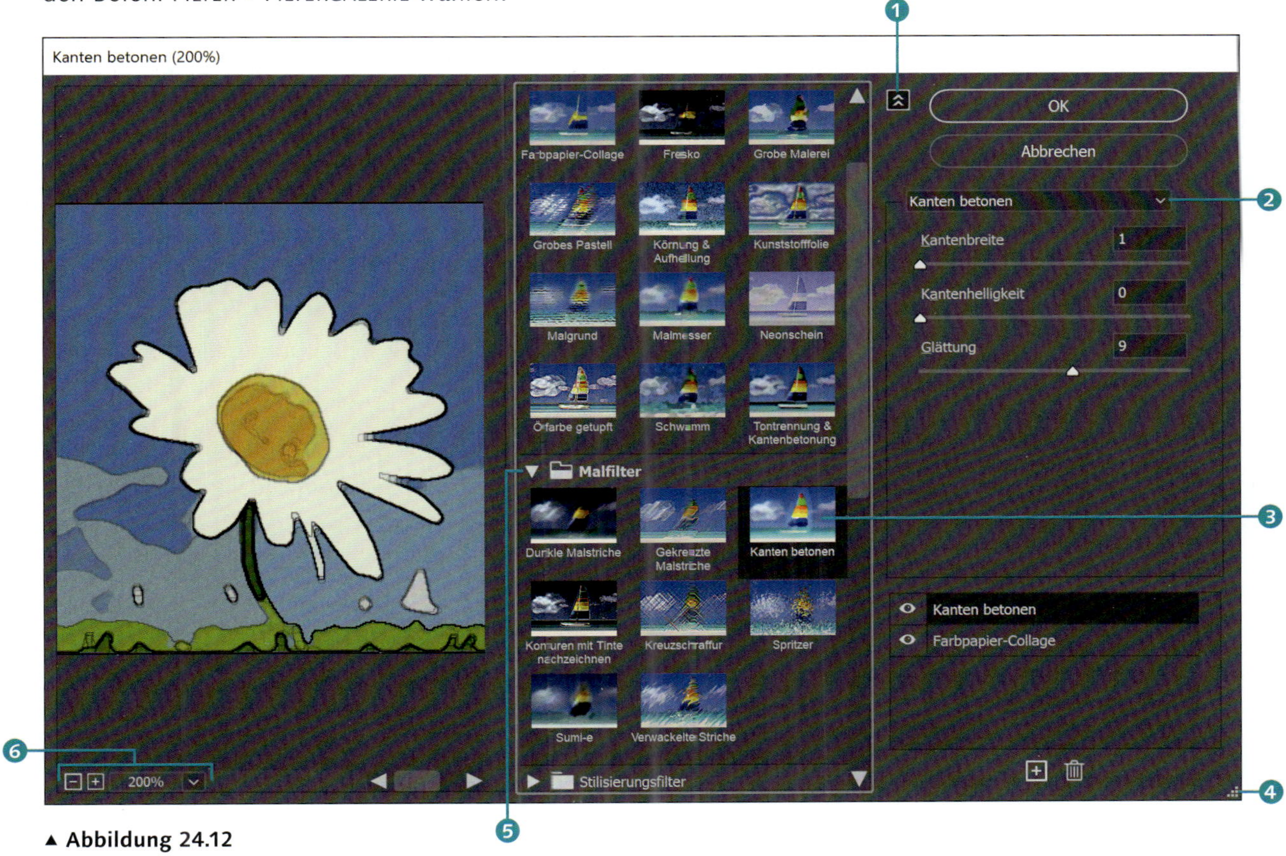

▲ **Abbildung 24.12**
Vorschaubild, Filtersortiment und die Filtersteuerungen bilden zusammen die Schaltzentrale für kreatives Filtern.

Die Bildvorschau können Sie vergrößern oder verkleinern 6, und wenn Sie den Mauscursor über das Vorschaubild setzen, wird er zum Hand-Werkzeug, mit dem Sie den Bildausschnitt positionieren können. Ist die Bildfläche zu klein, klappen Sie einfach die Filterlisten mit den Thumbnails ein 1. Indem Sie an der Ecke unten rechts 4 ziehen, können Sie auch das gesamte Dialogfeld vergrößern.

24.3.2 Filter anwenden

Um einen einzelnen Filter auf ein Bild anzuwenden, klappen Sie durch Klick auf den kleinen Dreieckspfeil ❺ die Liste der Filter aus und klicken den gewünschten Filter an – er ist dann auch in der Thumbnail-Liste leicht hervorgehoben ❸. Alternativ suchen Sie sich den Filter aus der alphabetischen Liste ❷ heraus. Das ist eine gute Möglichkeit, wenn Sie immer wieder vergessen, zu welchem Menü der Filter, den Sie suchen, überhaupt gehört. Rechts nehmen Sie dann die Einstellungen vor.

Rückgängig machen | Das Zurücksetzen der Filtereinstellungen funktioniert auf dreierlei Weise:

- `Strg`/`cmd`+`Z` nimmt auch hier die letzten Änderungen zurück.
- Drücken Sie `Alt`, dann wird der Abbrechen-Button wiederum zur Zurücksetzen-Schaltfläche, mit der Sie alle Filtereinstellungen in den Zustand bringen, den sie beim Öffnen der Filtergalerie hatten.
- Drücken Sie `Strg`/`cmd`, dann wird Abbrechen zu einer Schaltfläche namens Standard. Dieser Befehl löscht bei der Arbeit mit Filterkombinationen alle Einstellungen und entfernt alle Filter aus der Filterliste.

24.3.3 Filter kombinieren

Wie Sie Filterkombinationen anlegen, erfahren Sie in der folgenden Schritt-für-Schritt-Anleitung.

Schritt für Schritt: Filterkombinationen über die Filtergalerie erstellen

Mit der Filtergalerie sind Ihnen kaum Grenzen bei der kreativen Anwendung und Kombination der zahlreichen Photoshop-Filter gesetzt.

1 In Smartobjekt konvertieren

Wenn die Filter, die Sie in der Filtergalerie zusammenstellen, als Smartfilter angewandt werden sollen, müssen Sie die betreffende Ebene bereits vor dem Starten der Filtergalerie in ein Smartobjekt verwandeln.

2 Einen ersten Filter anlegen und einstellen

Den ersten Filter der Kombination erzeugen Sie so, wie ich es oben beschrieben habe. Sie haben auch nach dem Anlegen und Einstellen weiterer Filter die Möglichkeit, die Einstellungen des ersten Filters anzupassen.

3 Einen weiteren Filter anlegen

Um einen zweiten Filter über den ersten zu legen, klicken Sie auf die kleine Schaltfläche NEU ①. Der erste Filter wird dann verdoppelt, wie Sie in der Filterliste sehen ②. Es ist also durchaus auch möglich, Filter mit sich selbst zu kombinieren. In der Adobe-Terminologie heißen die in der Filtergalerie übereinandergeschichteten Filter übrigens **Effektebenen**. Mit Bildebenen hat das nichts zu tun, der Terminus macht aber schön deutlich, wie dieses Kontrollfeld der Filtergalerie wirkt: ganz ähnlich wie das Ebenen-Bedienfeld auch.

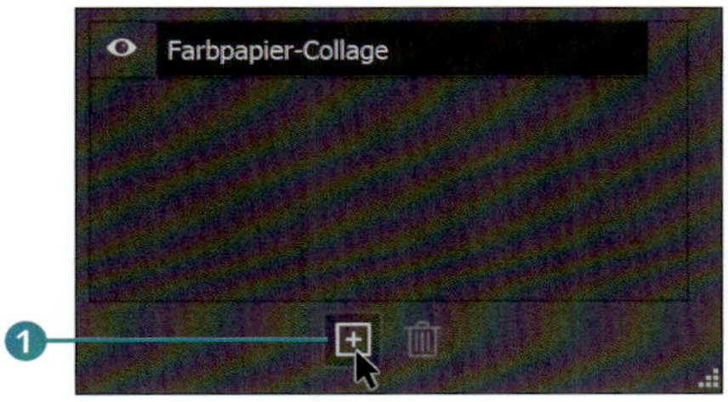

▲ **Abbildung 24.13**
Eine neue Effektebene wird erzeugt …

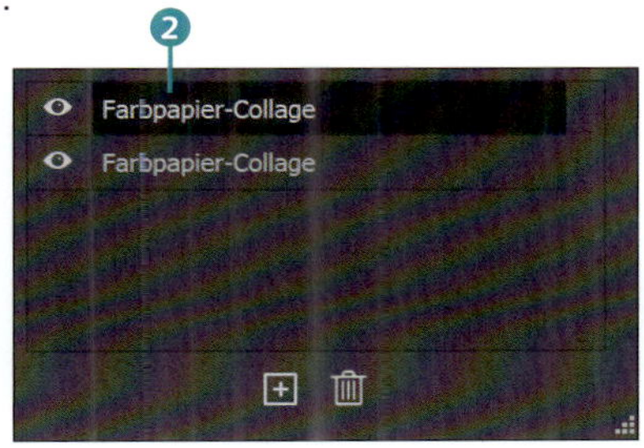

▲ **Abbildung 24.14**
… und hat zunächst die gleichen Einstellungen wie der erste Filter.

▲ **Abbildung 24.15**
Die neue Effektebene wurde geändert.

4 Den zweiten Filter verändern

Die jeweils grau hinterlegte Effektebene in der Liste ist aktiv und kann nun verändert werden. Dazu rufen Sie aus der Dropdown-Liste oder der großen Übersichtsliste mit den Miniaturen einfach den Filter auf, den Sie als Nächstes anwenden möchten. Das kann ein Filter aus derselben oder einer anderen Gruppe sein. Nehmen Sie dann die Einstellungen für diesen Filter vor.

Alternative Arbeitsweise: Drücken Sie nach dem Anlegen und Einstellen des ersten Filters einfach `Alt`, und klicken Sie dann auf den gewünschten nächsten Filter. Er wird dann automatisch der Effektebenen-Liste hinzugefügt.

▲ **Abbildung 24.16**
Neu sortieren

5 Reihenfolge verändern

Per Drag & Drop können Sie auch die Anordnung der Filter übereinander verändern. In vielen Fällen ändert sich damit auch die Wirkung der Filterkombination.

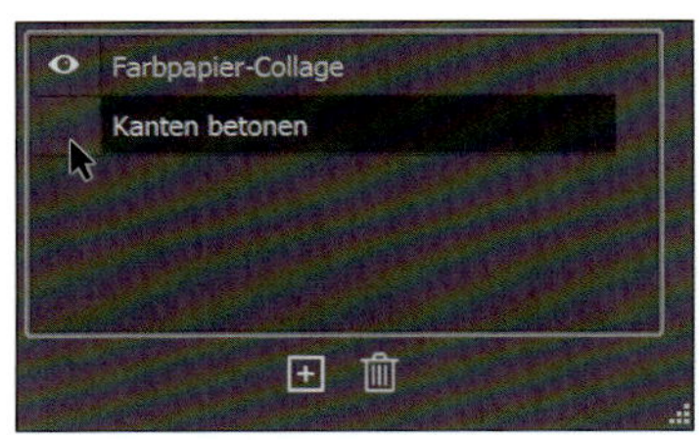

▲ **Abbildung 24.17**
Ausblenden

6 Effektebenen ausblenden

Zum Experimentieren können Sie Effektebenen auch ausblenden – ein Klick auf das Augen-Icon vor der entsprechenden Zeile genügt.

7 Effektebenen ganz löschen

Wenn Sie einen Filter aus der Filterkombination entfernen wollen, aktivieren Sie die Effektebene und klicken auf das Papierkorb-Icon.

8 Filterkombination anwenden

Ein Klick auf OK wendet die von Ihnen zusammengestellten Filter auf die aktive Ebene Ihres Bildes an. Wenn Sie die Ebene zuvor in ein Smartobjekt verwandelt haben, geschieht das als Smartfilter, ansonsten auf die gewöhnliche, irreversible Art und Weise.

Tabelle 24.1 ►
Tastaturbefehle für die Arbeit mit der Filtergalerie auf einen Blick

Was wollen Sie tun?	Windows	Mac
neuen Filter über dem derzeit aktiven Filter anwenden (funktioniert auch bei Smartfiltern außerhalb der Filtergalerie)	Alt + auf gewünschten Filter klicken	alt + auf gewünschten Filter klicken
Schaltfläche ABBRECHEN in ZURÜCKSETZEN verwandeln (ein Klick nimmt alle Änderungen zurück)	Alt	alt
Rückgängig/Wiederherstellen (von Filtereinstellungen)	Strg + Z	cmd + Z
Schritt vorwärts (Filtereinstellungen)	Strg + ⇧ + Z	cmd + ⇧ + Z
Schritt zurück (Filtereinstellungen)	Strg + Alt + Z	cmd + alt + Z

24.4 Filterwirkung zügeln

Auch wenn Sie einmal nicht mit Smartfiltern arbeiten, sondern die Filter direkt auf der Ebene anwenden, haben Sie einige Möglichkeiten, die Filterwirkung zu dosieren.

24.4.1 Filter zurücknehmen und abschwächen

Für die flüssige Arbeit mit Filtern gibt es eine Reihe nützlicher Befehle und Tastaturkürzel. Sie können Befehle zurücknehmen (BEARBEITEN • RÜCKGÄNGIG oder BEARBEITEN • WIEDERHOLEN), Filterwirkungen dosieren (BEARBEITEN • VERBLASSEN) oder den zuletzt angewandten Filter erneut anwenden (FILTER • [NAME IHRES ZULETZT BENUTZTEN FILTERS]).

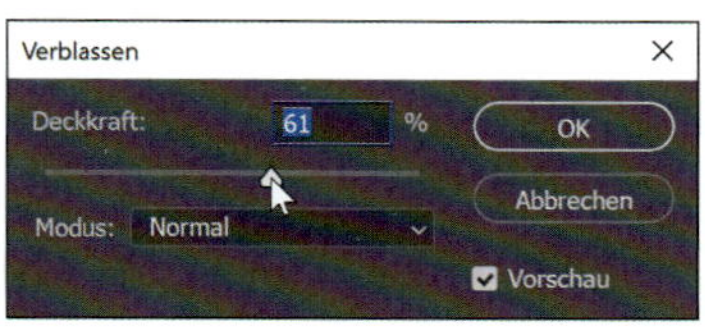

▲ Abbildung 24.18
Filterwirkung dosieren

Verblassen | Besonders die Funktion VERBLASSEN verdient ein wenig mehr Aufmerksamkeit. Mit ihr können Sie **unmittelbar nach der Anwen-**

dung des Filters dessen Wirkung herunterregeln und den Mischmodus nachträglich ändern. Haben Sie zwischenzeitlich andere Arbeitsschritte durchgeführt, funktioniert VERBLASSEN nicht mehr ohne weiteres – sondern nur, wenn Sie zuvor im Protokoll die letzten Schritte zurücknehmen.

Der DECKKRAFT-Regler im VERBLASSEN-Dialog verringert die Filterwirkung stufenlos. Der (Misch-)MODUS beeinflusst, wie die Filtereinstellungen ins Bild hineingerechnet werden. Dadurch kann sich das Aussehen des gefilterten Bildes entscheidend verändern. Wenn Sie mit Smartfiltern arbeiten, können Sie die vergleichbare Funktion im Ebenen-Bedienfeld nutzen.

Verblassen – ein Befehl mit kurzem »Verfallsdatum«
Der Befehl VERBLASSEN steht nur unmittelbar nach der Anwendung des Filters zur Verfügung. Haben Sie zwischenzeitlich andere Arbeitsschritte durchgeführt, können Sie den Filter nicht mehr verblassen – oder nur, wenn Sie zuvor im Protokoll die letzten Schritte zurücknehmen.

Was wollen Sie tun?	Windows	Mac
Filtervorgang abbrechen	Esc	cmd + . (Punkt)
Filter widerrufen	Strg + Z	cmd + Z
Dialog für den letzten Filter erneut aufrufen	Strg + Alt + F	cmd + alt + F
Dialog VERBLASSEN aufrufen	⇧ + Strg + F	⇧ + cmd + F

◂ **Tabelle 24.2**
Tastaturbefehle für die Arbeit mit Filtern auf einen Blick

24.4.2 Filtereffekte eingrenzen und variieren – mit Ebenen und Masken

Um die Wirkung von Filtern auf bestimmte Bildpartien einzuschränken, bieten sich Masken an. Sie bieten sehr gute Kontrolle über die Bildbereiche, auf die der Filter wirken soll, und lassen sich nachträglich verändern – viel angenehmer und effektiver als die Arbeit mit Auswahlbereichen, die an dieser Stelle theoretisch auch möglich wäre.

Ich zeige Ihnen an einem konkreten Beispiel, wie Sie vorgehen können. Was ich hier anhand einer lokal angelegten Unschärfe vorführe, ist auch für viele andere Filter sinnvoll.

Zum Weiterlesen
Eine weitere Möglichkeit, um Bewegungsunschärfe wohldosiert ins Bild zu bringen, ist die Funktion PFADWEICHZEICHNUNG (unter FILTER • WEICHZEICHNERGALERIE). Nähere Informationen dazu finden Sie in Kapitel 17, »Kamerafehler korrigieren, Digitalfotos optimieren«.

Schritt für Schritt: Dynamik für bewegte Objekte

Abbildung 24.19 zeigt die Ausgangsdatei. Das Ganze soll durch eine gezielt angebrachte Unschärfe an den Konturen noch mehr Dynamik bekommen.

»SkateboarderInRot.tif«

1 Ebene duplizieren
Diesmal brauchen Sie wirklich ein Ebenenduplikat. Eine leichte Übung: Ziehen Sie die Hintergrundebene auf das NEU-Icon am unteren Rand

des Ebenen-Bedienfelds. Verwandeln Sie das Duplikat anschließend in ein Smartobjekt.

Bild: stock.xchng, Christophe Libert

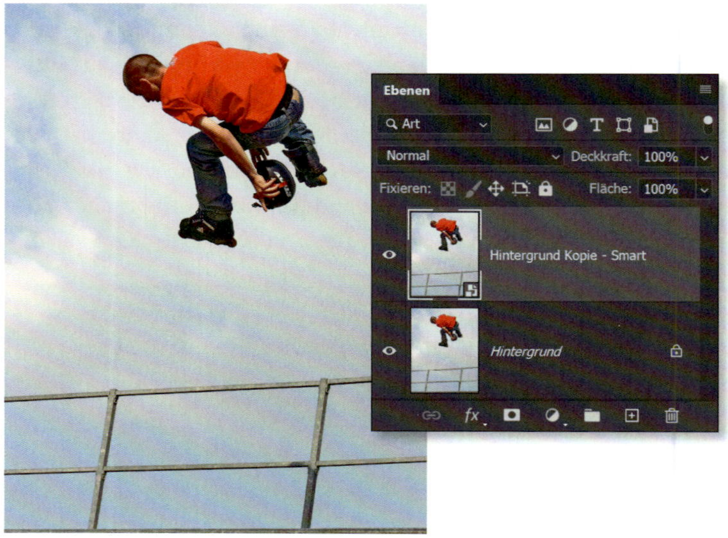

Abbildung 24.19 ▸
Die Ausgangsdatei und der Ebenenaufbau der vorbereiteten Datei.

2 Weichzeichnen

Mit dem Filter BEWEGUNGSUNSCHÄRFE (unter FILTER • WEICHZEICHNUNGSFILTER) zeichnen Sie nun die obere Ebene weich. Konzentrieren Sie sich dabei vor allem auf die Filterwirkung in den Bereichen rund um den jungen Mann. Ob das Hauptmotiv zu unscharf und zu unkenntlich wird, ist hier unerheblich – das beheben wir im nächsten Schritt. Die Stärke (ABSTAND) sollte hier allerdings nicht zu hoch liegen, sonst lässt sich der Effekt nicht nahtlos in das Bild integrieren.

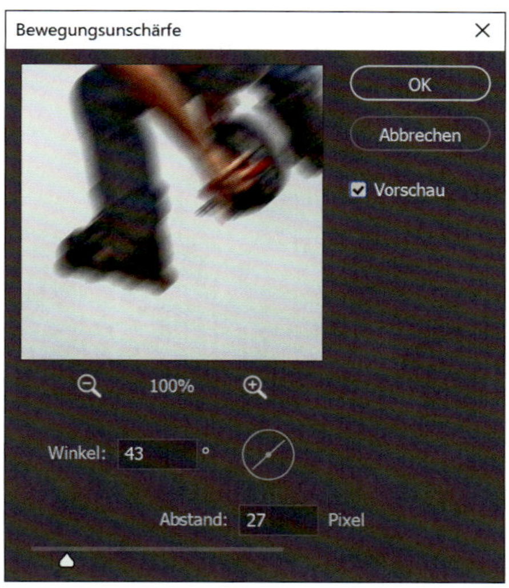

Abbildung 24.20 ▸
Die Einstellungen zur Bewegungsunschärfe

Der WINKEL sollte der Bewegungsrichtung des bewegten Motivs – hier des Skateboarders – folgen. Bei einem so hohen ABSTAND wirken sich schon kleine Veränderungen des Winkels stark auf das Bild aus. Geringe Änderungen des WINKEL-Werts bewerkstelligen Sie am besten durch direkte Zahleneingabe. Das Ziehen per Maus am Winkelmesser wirkt für Feineinstellungen zu grob.

3 Maske vorbereiten

Nun blenden Sie die Unschärfe dort aus, wo Sie sie nicht brauchen. Zunächst füllen Sie die automatisch vorhandene Filtermaske des Smartfilters mit Schwarz. Aktivieren Sie dazu die Maske des Smartfilters (Klick auf die Maskenminiatur), und wenden Sie dann den Shortcut `Strg`/`cmd`+`I` an – die bis dahin weiße Maske wird invertiert und ist nun schwarz.

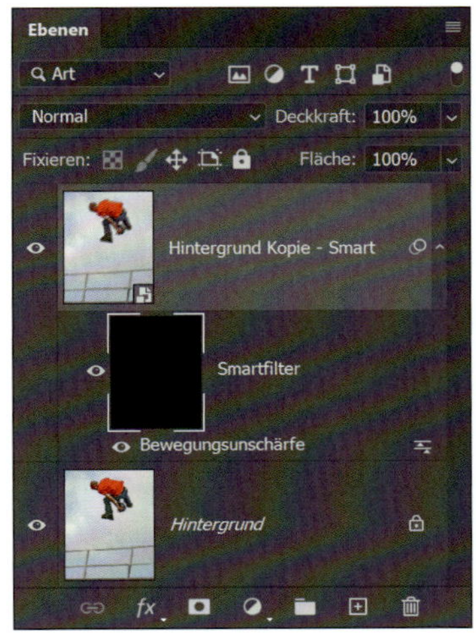

▲ **Abbildung 24.21**
Die Filtermaske verdeckt zunächst die Filterwirkung komplett.

4 Unschärfe wieder freilegen

Die Bereiche, die nun unscharf verwischt angezeigt werden sollen, legen Sie durch Aufpinseln von Weiß und Graustufen frei. Bei geschicktem Pinseln erhalten Sie so nahezu stufenlose Übergänge und können interessante Effekte realisieren. Ich habe zunächst mit einem großen weichen Pinsel gearbeitet. Feinere Details habe ich mit einem kleineren Pinsel freigelegt.

Weichzeichner und Wischfinger-Werkzeug eignen sich ebenfalls ganz gut, um Masken für den nahtlosen Übergang zwischen gefilterten und ungefilterten Partien zu bearbeiten.

◀ **Abbildung 24.22**
Freilegen der Unschärfe – vor allem an der in Flugrichtung hinteren Partie des Skateboardfahrers. Rechts daneben können Sie sehen, wie das im Ebenen-Bedienfeld aussieht.

5 Feinabstimmung und Resultat

Wenn Ihnen die Weichzeichnung zu intensiv geraten ist, regulieren Sie sie, indem Sie

- die Ebenendeckkraft der oberen Ebene
- oder die Deckkraft des Smartfilters

zurücknehmen. Und natürlich können Sie die Maske durch das Auftragen schwarzer oder grauer Pixel so bearbeiten, dass mehr von der Unschärfe verdeckt wird. Nach meiner Erfahrung bringt es aber nicht so viel, allzu lange herumzupinseln: Am besten wirkt dieser Effekt, wenn Sie mit einigen beherzten, dynamischen Pinselstrichen arbeiten.

Abbildung 24.23 ▸
Mein Resultat sehen Sie hier.

Fotografische Unschärfe simulieren
Die hier gezeigte Methode erzeugt eher comicartige *Speedlines*. Wenn Sie eine fotografische Unschärfe simulieren wollen, wie sie durch Mitziehen der Kamera beim Fotografieren bewegter Objekte entsteht, müssen Sie den ganzen Hintergrund »unscharf pinseln« und das bewegte Hauptobjekt scharf belassen.

6 Alternative Methode: Bewegungsunschärfe und Auswahlrahmen

Eine andere, oft sehr gut wirksame Möglichkeit, eine Bewegungsunschärfe auf die Kanten eines Objekts einzuschränken, ist die Auswahloption RAND. Legen Sie zunächst eine Auswahl um das Objekt an, und wandeln Sie sie in einen nicht zu schmalen Auswahlrahmen um (AUSWAHL • AUSWAHL VERÄNDERN • RAND). Diesen schieben Sie bei aktivem Auswahlwerkzeug in die Richtung, in die die Bewegungsunschärfe laufen soll. Anschließend erzeugen Sie noch eine WEICHE KANTE und setzen dann den Filter ein.

24.5 Die »Neural Filters«

Die Neural Filters im Menü Filter sind eine Arbeitsoberfläche in Photoshop mit einer Filterbibliothek basierend auf maschinellem Lernen, die viele Arbeitsabläufe vereinfachen und zeitlich reduzieren will. Komplexe Arbeitsabläufe können Sie mit einem Handgriff verlustfrei ausprobieren.

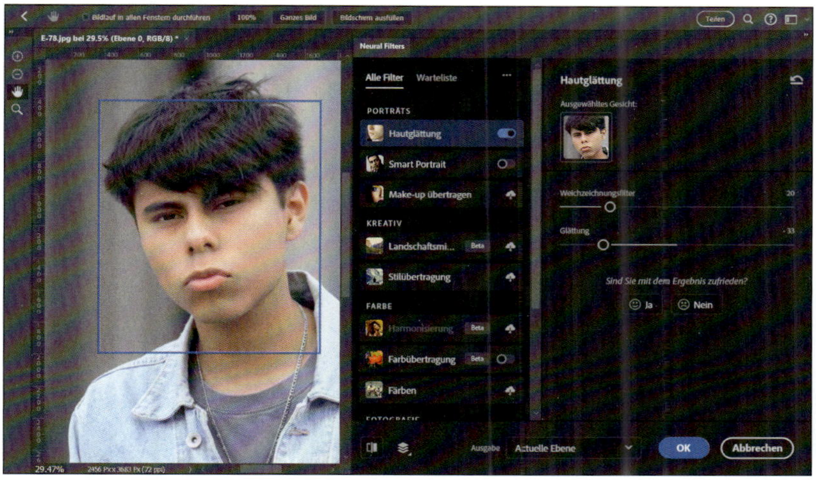

▲ **Abbildung 24.24**
Die Arbeitsoberfläche der Neural Filters; hier mit dem Filter Hautglättung im Einsatz

Wenn Sie den Filter mit dem aktiven Bild aufgerufen haben, erscheint auf der rechten Seite das Bedienfeld Neural Filters. Im Bereich Alle Filter werden die vorhandenen Filter aufgelistet. Filter mit einem Cloud-Symbol ❷ müssen Sie bei der erstmaligen Verwendung herunterladen. Hierzu klicken Sie einfach bei dem Filter, den Sie verwenden wollen, auf das Cloud-Symbol. Zum Aktivieren eines Filters schalten Sie im Bedienfeld neben dem Namen des Filters den Schalter ❶ ein. Sie können mehrere Filter auf einmal auf ein Bild anwenden. Auf der rechten Seite im Bedienfeld werden zum jeweiligen Filter die Optionen eingeblendet, mit denen Sie den gewünschten Effekt anwenden und anpassen.

Beta-Filter | Die mit Beta ❸ markierten Filter sind Filter zum Ausprobieren. Beta bedeutet, dass diese Filter noch nicht ganz fertig oder ausgereift sind und noch verbessert werden müssen. Sie können diese Filter trotzdem verwenden und testen, nur müssen Sie sich eben dessen bewusst sein, dass die Ergebnisse vielleicht noch nicht ganz den Erwartungen entsprechen.

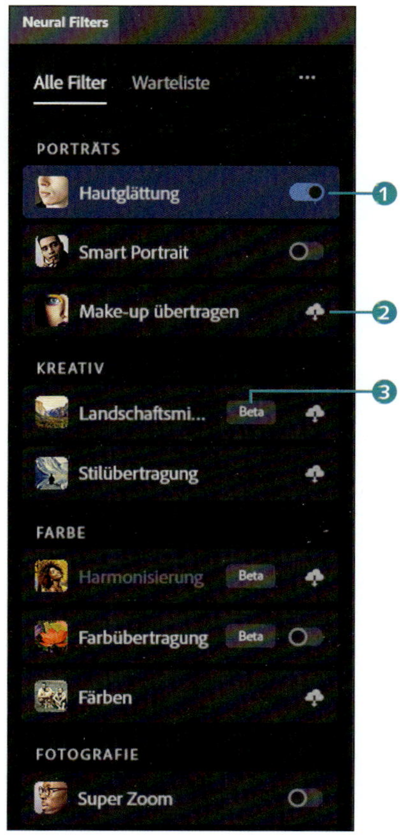

▲ **Abbildung 24.25**
Der Bereich Alle Filter

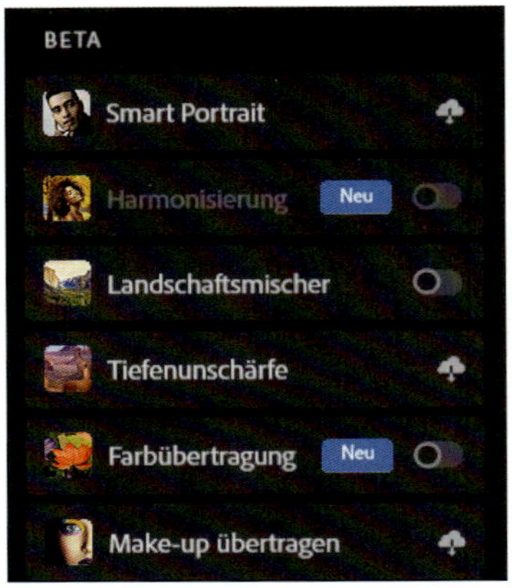

▲ **Abbildung 24.26**
Beta und zukünftige Filter

Bei den Filtern im Bereich WARTELISTE handelt es sich um Filter, die noch nicht verfügbar sind, aber in Zukunft vielleicht noch kommen werden. Hier können Sie sogar mit einer Schaltfläche ICH BIN INTERESSIERT abstimmen und ein Feedback senden.

Weitere Optionen | Eine Vorher-nachher-Funktion rufen Sie auf, indem Sie auf das Vorschausymbol unten im NEURAL FILTERS-Bedienfeld klicken. Ob auf das ausgewählte Bild bereits ein Filter angewandt wird, erkennen Sie an einem blauen aktivierten Schalter. Um den Effekt eines Filters zurückzusetzen, finden Sie in jedem Filter rechts oben eine entsprechende Schaltfläche .

Um den oder die ausgewählten Filter auf das Bild anzuwenden, klicken Sie auf die Schaltfläche OK. Mit ABBRECHEN können Sie die NEURAL FILTERS beenden, ohne das Bild zu ändern. Wie die aktiven Filter auf das Bild angewendet werden, geben Sie mit AUSGABE (1) vor. Ihnen stehen folgende Optionen zur Verfügung:

- AKTUELLE EBENE wendet den Filter destruktiv auf die aktuelle Ebene an.
- NEUE EBENE dupliziert die Ebene und wendet den Filter auf der neuen Ebene an.
- NEUE EBENE MASKIERT dupliziert ebenfalls die Ebene, aber wendet den Filter als Maske auf die neue Ebene an.
- SMARTFILTER: Die neu erstellten Pixel werden als Smartfilter erstellt und angewendet.
- NEUES DOKUMENT wendet das Ergebnis des Filters auf ein komplett neues Dokument an.

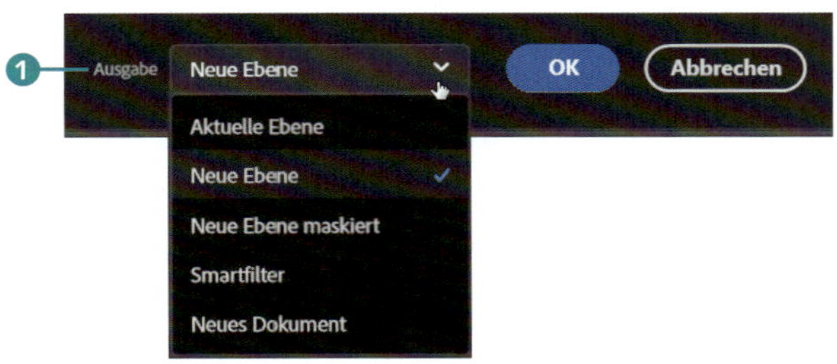

▲ **Abbildung 24.27**
Bei AUSGABE stellen Sie ein, wie die Bearbeitungen auf das Bild angewendet werden.

Internetverbindung
Die meisten Filter funktionieren lokal auf dem Computer. Andere wiederum werden ausschließlich in der Cloud ausgeführt. Beim Filter SMART PORTRAIT werden einige Vorgänge in der Cloud und andere auf dem Computer verarbeitet.

Die Liste mit den Filtern war zur Drucklegung noch überschaubar, aber hier wird sich in der nächsten Zeit wohl noch einiges ändern. Einen kleinen Überblick zu den aktuell vorhandenen Filtern finden Sie in Tabelle 24.3.

Filter	Beschreibung
Hautglättung	Entfernt Schönheitsfehler wie Pickel, Akne oder Hautflecken und zeichnet die Haut weich, ohne eine Porzellanhaut daraus zu machen. Ich empfehle, den Filter mit einer Maske als Ausgabe zu verwenden, weil er gerne mehr weichzeichnet als nötig.
Entfernen von JPEG-Artefakten	Dieser Filter entfernt hässliche JPEG-Artefakte bei JPEG-Bildern, wo die Komprimierung zu stark angewendet wurde.
Stilübertragung	Damit können Sie kreative Looks auf Ihre Bilder übertragen. Es gibt hierbei künstlerische Vorlagen und Optionen, die diese Übertragung anpassen.
Smart Portrait	Passt Porträts auf viele Arten an. Ändern Sie den gesamten Gesichtsausdruck, die Blickrichtung, das Alter, die Kopfrichtung oder die Haardichte.
Make-up übertragen	Wendet bei einem Bild ohne Make-up einen Make-up-Stil eines anderen Bildes auf Augen und Mund an.
Tiefenunschärfe (Beta)	Mit diesem Filter fügen Sie eine Tiefenunschärfe mit vielen möglichen Einstellungen zu einem selbst gesetzten gewählten Fokuspunkt hinzu. So können Sie ein Bild mit weit geöffneter Blende simulieren.
Landschaftsmischer (Beta)	Hiermit können Sie Landschaften anhand von Referenzbildern kombinieren und Bilder mit einem neuen Stil oder gar einer neuen Jahreszeit erstellen. Machen Sie so zum Beispiel aus einer sommerlichen Bergaufnahme eine Winterlandschaft.
Farbübertragung (Beta)	Hier können Sie die Farben von verschiedenen Referenzbildern auf das zu bearbeitende Bild übertragen und mit verschiedenen Schiebereglern anpassen.
Harmonisierung (Beta)	Wenn Sie beispielsweise ein Porträt freigestellt und in einem anderen Hintergrund eingefügt haben, können Sie mit diesem Filter die Farbe und den Farbton anpassen, damit ein makelloses Gesamtbild entsteht und die Montage nicht mehr durch unterschiedliche Farben und Farbtöne auffällt.
Färben	Färbt (alte) Schwarzweißfotos automatisch ein.
Super-Zoom	Hiermit schneiden Sie ein Bild zu, und Photoshop versucht, den Verlust der Auflösung auszugleichen.
Bildwiederherstellung (Beta)	Mit diesem Filter können Sie alte Fotos mit KI-Technologie restaurieren.

▲ **Tabelle 24.3**
Übersicht der Neural Filters (zur Drucklegung)

24.6 Das »Filter«-Menü

Oft genutzte Filter wie Scharf- oder Weichzeichner erreichen Sie mit einem Klick. Dafür sorgt nicht nur die Routine, sondern auch die prominente Platzierung im Filter-Menü. Suchen Sie jedoch einen der Filter, die Sie nicht ständig gebrauchen, müssen Sie sich erst einmal eine Weile durch Menü und Filtergalerie klicken, bis Sie ihn finden.

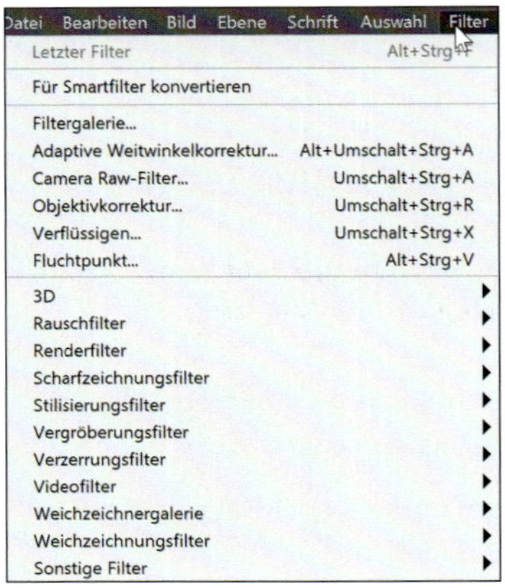

▲ **Abbildung 24.28**
Ihr Einstieg in die Welt der Filter

Filter im Menü finden
Alle Kunstfilter, Malfilter, Strukturierungsfilter und Zeichenfilter stehen ausschließlich in der Filtergalerie (erreichbar über Filter • Filtergalerie) zur Verfügung. Die Filter der Kategorien Stilisierungsfilter und Verzerrungsfilter sind aufgeteilt und teilweise im Menü Filter, teilweise in der Filtergalerie zu finden. Vergröberungsfilter finden Sie ausschließlich im Menü.

Von Photoshops mächtigen Spezialfiltern – die oft schon eigenen kleinen Anwendungen gleichen – einmal abgesehen, sind die meisten von Photoshops Kreativfiltern nahezu selbsterklärend. Sie erschließen sich am besten, wenn Sie zwei oder drei Nachmittage lang mit ihnen experimentieren. Eine Referenz mit allen Filtern von Photoshop finden Sie auf der Hilfeseite von Adobe: *https://helpx.adobe.com/de/photoshop/using/filter-effects-reference.html*.

24.7 Das »Plug-ins«-Menü

Erweiterungen für Photoshop haben sich schon immer größter Beliebtheit erfreut. Nicht immer waren diese jedoch einheitlich geregelt, und oftmals wurden verschiedene Technologien eingesetzt was mitunter zu Problemen führen konnte. Der Marktplatz für Plug-ins von Adobe macht damit nun Schluss und bietet einen komfortablen Zugang zu den Photoshop-Erweiterungen. Um Plug-ins vom Marktplatz zu installieren, wählen Sie im Menü Plug-ins den Befehl Plug-ins durchsuchen, oder Sie rufen das Plug-ins-Bedienfeld auf und wählen hier den entsprechenden Befehl aus.

Es öffnet sich die Marktplatz-Seite mit den Empfohlenen Plug-ins. Wählen Sie Alle Plug-ins und setzen Sie ein Häkchen vor Photoshop, dann werden nur noch die Plug-ins für Photoshop aufgelistet. Wollen Sie ein Plug-in installieren und verwenden, klicken Sie auf die Schaltfläche Laden ❶. Bei kommerziellen Plug-ins steht hier stattdessen die Schaltfläche Kaufen, wo Sie vorher auf eine Bezahlseite gelangen.

▲ **Abbildung 24.29**
Das Plug-ins-Bedienfeld

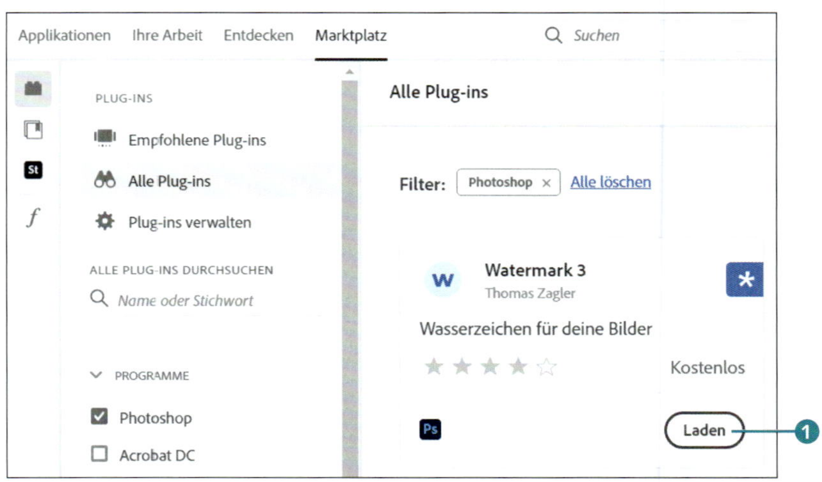

▲ **Abbildung 24.30**
Plug-ins vom Marktplatz herunterladen

Installierte Plug-ins starten Sie über das gleichnamige Menü oder das Plug-ins-Bedienfeld. Zum Entfernen von Plug-ins klicken Sie auf die Menü-Schaltfläche im Plug-ins-Bedienfeld und wählen den Befehl Plug-ins verwalten. Es öffnet sich der Marktplatz mit der Übersicht der installierten Plug-ins. Wählen Sie das zu entfernende Plug-in. In der folgenden Plug-in-Beschreibung finden Sie gewöhnlich drei Punkte, wo Sie das Plug-in deaktivieren oder deinstallieren können.

▲ **Abbildung 24.31**
Plug-ins deinstallieren

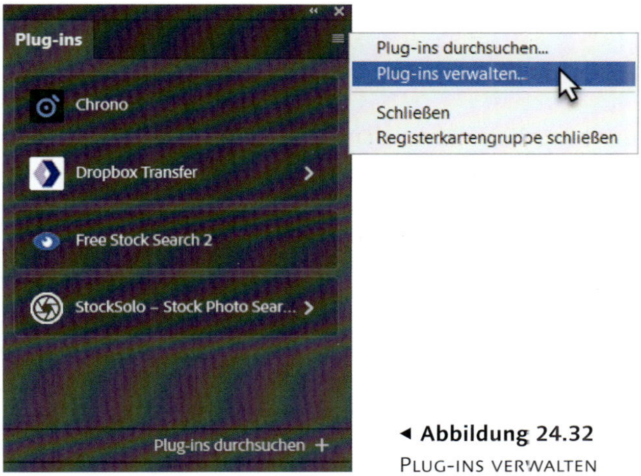

◀ **Abbildung 24.32**
Plug-ins verwalten

Kapitel 25

Komplexe Könner: Filter für Spezialaufgaben

Neben relativ einfach und fast intuitiv zu bedienenden Filtern wie Kunst-, Mal- oder Zeichenfiltern verbergen sich im Menü »Filter« auch einige Funktionsgiganten: Werkzeuge, die fast schon eigene kleine Programme sind.

25.1 Weichzeichner für jeden Zweck

Weichzeichner gehören sicherlich zu den meistgebrauchten Filtern überhaupt. Mit einem Weichzeichner akzentuieren Sie Bildpartien, bearbeiten Masken, schaffen sanfte Übergänge oder eine bestimmte Bildatmosphäre. Partielles Weichzeichnen ist eine wichtige Retuschetechnik, die im Nu Pfirsichhaut zaubert, und mit Hilfe von Weichzeichnern erstellen Sie passgenaue Auswahlen ... Für Weichzeichner gibt es 1 001 Aufgaben. Und deswegen hat Photoshop zahlreiche verschiedene Weichzeichnungsfilter im Angebot. Einige davon habe ich schon in vorangehenden Kapiteln vorgestellt, die anderen lernen Sie jetzt kennen.

Zum Weiterlesen
Den Filter **Bewegungsunschärfe** haben Sie in Kapitel 24, »Besser filtern«, kennengelernt. Die stark am Bedarf von Digitalfotografen ausgerichteten Filter **Objektivunschärfe** und die Weichzeichnergalerie, die **Feld-Weichzeichnung**, **Tilt-Shift**, **Iris-Weichzeichnung** sowie **Kreisförmige Weichzeichnung** und **Pfad-Weichzeichnung** wurden in Kapitel 17, »Kamerafehler korrigieren, Digitalfotos optimieren«, vorgestellt. Und in Abschnitt 20.11, »Porträtretuschen mit dem Protokoll-Pinsel«, lesen Sie, wie Sie Weichzeichner bei der **Beauty-Retusche** einsetzen.

25.1.1 Schnelle Wirkung ohne Steuerung

Drei Weichzeichnungsfilter arbeiten ganz auf die Schnelle ohne eigenes Dialogfeld, also ohne dass Sie Optionen festlegen können oder müssen: Klicken Sie einfach den Filterbefehl an; das war's.

- Der Filter WEICHZEICHNEN soll harte Farbübergänge dämpfen. Bildpixel, die neben harten Kanten im Bild oder in Schattenbereichen liegen, werden aufgehellt.
- STÄRKER WEICHZEICHNEN arbeitet nach demselben Wirkungsprinzip, jedoch mit drei- bis vierfacher Stärke.

- Durchschnitt sucht im Bild dessen mittleren Farbwert und füllt das Bild – oder, wenn vorhanden, eine Auswahl – mit Pixeln in ebendieser Farbe. Dieser Filter ist ganz nützlich, um Farbkombinationen aus Bildern zu entwickeln oder um eine Farbe zu finden, mit der sich Bildränder harmonisch fortsetzen lassen. Als Solo-Weichzeichner ist der Filter nicht konzipiert.

25.1.2 Box-Weichzeichnung

»Architektur.jpg«

Box-Weichzeichnung ist ein unkomplizierter Filter, der sich genauso bedienen lässt wie der bekannte Gaussche Weichzeichner. Seine Wirkung unterscheidet sich jedoch vom bewährten Gaussschen. Zunächst einmal sind die zugrunde liegenden Berechnungen nicht so komplex, was sich bei großen Dateien auswirkt: Dann soll die Box-Weichzeichnung bis zu viermal schneller sein als der Gaussche Weichzeichner. Horizontale und vertikale Motivkanten erfasst die Box-Weichzeichnung nicht so zuverlässig wie der Gaussche Weichzeichner. Je nach Motiv und eingestellten Werten ist auch ein leichtes Schachtelmuster oder eine Art optischer Vibrationseffekt im weichgezeichneten Bild wahrnehmbar.

▲ **Abbildung 25.1**
Die unbearbeitete Originaldatei

Abbildung 25.2 ▶
Dialogfeld des Filters Box-Weichzeichnung

Abbildung 25.3 ▶▶
In der Handhabung ist der Gaussche Weichzeichner unkompliziert.

25.1.3 Gaußscher Weichzeichner: Der Allrounder

Sie haben ihn hier im Buch bereits bei mehreren Gelegenheiten kennengelernt: den Gaussschen Weichzeichner. Weichzeichnungsfilter operieren ähnlich wie Scharfzeichner, nur in umgekehrter Richtung: Sie ermitteln den Kontrast benachbarter Pixel und senken ihn dann. Auch der Gaussche Weichzeichner arbeitet so. Das Besondere an ihm ist, dass er es schafft, Bilder weichzuzeichnen, ohne ihren Helligkeitseindruck wesentlich zu verändern. Weich auslaufende Kanten, weiche Masken, sanfte Übergänge sind seine Spezialität.

25.1.4 Form weichzeichnen: Effektvielfalt

Beim Filter FORM WEICHZEICHNEN bilden Photoshop-Formen die Grundlage als »Kern« der Weichzeichnung. Wiederfinden kann man diese Formen im weichgezeichneten Bild nicht immer, interessante Variationen sind dies jedoch allemal! Je größer und kompakter die eingestellte Form ist, desto deutlicher wird die Weichzeichnung. Filigrane Formen erzeugen eher Effekte, die an verwackelte Fotografien erinnern

25.1.5 Matter machen: Flächig und weich

Der Filter MATTER MACHEN erhält bei der Weichzeichnung mehr Kanten im Bild, er wirkt mehr auf Flächen. MATTER MACHEN weicht das Bild nicht so stark auf wie der GAUSSSCHE WEICHZEICHNER. Der Filter macht sich beim Entfernen von Störungen nützlich. Er eignet sich auch gut, um Teile von Bildern unauffälliger, doch nicht ganz unkenntlich zu machen, etwa wenn Sie auf einem Bild Schriftblöcke positionieren wollen.

Die Funktionsweise ähnelt interessanterweise dem unscharfen Maskieren – es werden dieselben Bildparameter herangezogen:

- RADIUS wirkt so, wie Sie es schon von anderen Filtern kennen. Sie legen damit die Größe des Bereichs um jedes Pixel fest, das für das Weichzeichnen »betrachtet« werden soll.
- Mit SCHWELLENWERT steuern Sie, wie stark die Farbtonwerte benachbarter Pixel abweichen müssen, damit sie weichgezeichnet werden. Pixel, deren Farben sich um weniger als den unter SCHWELLENWERT angegebenen Wert unterscheiden, werden nicht weichgezeichnet. Je geringer der SCHWELLENWERT ist, desto stärker ist die Weichzeichnung.

Weichzeichner ignoriert Auswahlen?
Auswahlen sind ein probates Mittel, die Bildbearbeitung auf bestimmte Bildpartien einzuschränken. Einige Weichzeichnungsfilter – darunter auch der häufig benutzte Gaußsche – ignorieren Auswahllinien und dehnen ihre Wirkung auch außerhalb der Auswahl aus. Das liegt an den internen Berechnungsmustern der Filter. Wenn Sie eine klare Kante zwischen weichgezeichneten und unbearbeiteten Partien benötigen, können Sie den SELEKTIVEN WEICHZEICHNER oder den Filter OBJEKTIVUNSCHÄRFE oder alternativ die Maskierung des Smartfilters nutzen.

Zum Weiterlesen
Die **Verwaltung der Formen** im Filter FORM WEICHZEICHNEN funktioniert wie die Verwaltung aller anderen Photoshop-Vorgaben auch. Mehr dazu finden Sie in Abschnitt 4.6, »Farbfelder, Muster, Stile und Co.: Kreativressourcen organisieren«.

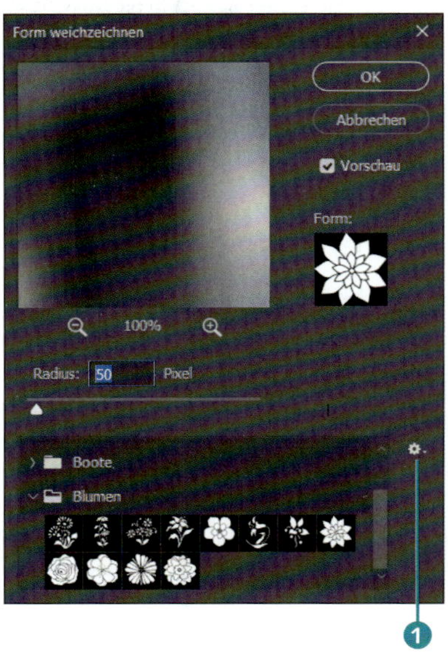

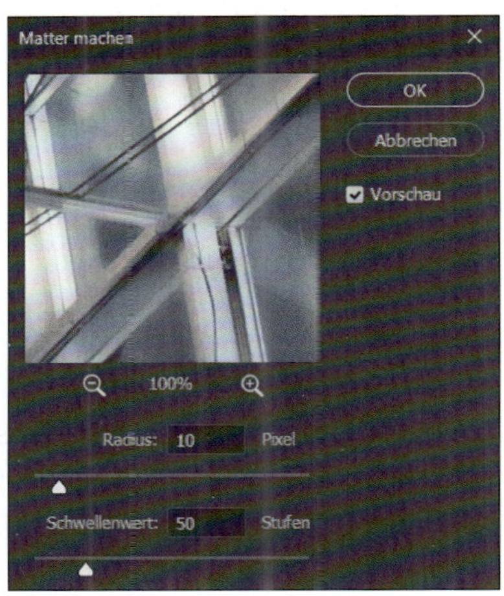

◂◂ **Abbildung 25.4**
Neue Formen für FORM WEICHZEICHNEN können Sie über ein Flyout-Menü 1 nachladen.

◂ **Abbildung 25.5**
Mögliche Einstellungen im Dialog MATTER MACHEN

25.1.6 Radialer Weichzeichner: Rotation und Geschwindigkeit simulieren

Der Radiale Weichzeichner und der im gleichen Dialogfeld untergebrachte Strahlenförmige Weichzeichner eignen sich hervorragend, um Bildern etwas mehr Dynamik zu verleihen. Auch abstrakte Bilder wie zum Beispiel Muster können Sie damit weiter verfremden.

Im Dialog haben Sie die Wahl zwischen zwei Methoden, einer kreisförmigen (radialen) und einer strahlenförmigen Weichzeichnung. Sie können die Stärke der Weichzeichnung und deren Qualität festlegen. Je besser die eingestellte Qualität, desto länger dauert die Berechnung – dieser Punkt ist jedoch nur bei wirklich großen Dateien von Belang. Um das Zentrum der Weichzeichnung im Bild zu bestimmen, können Sie lediglich eine abstrakte Zeichnung mit der Maus verschieben ❶. Einen realistischen Eindruck der Filterwirkung im Bild erhalten Sie vorab nicht. Manchmal sind daher mehrere Versuche nötig, um den idealen Punkt zu finden.

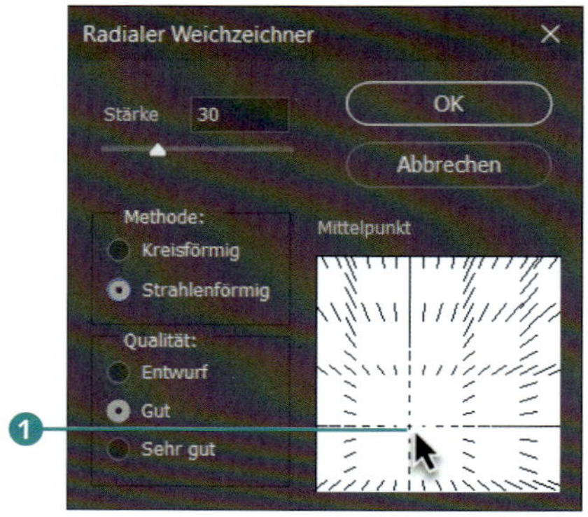

▲ **Abbildung 25.6**
Der Radiale Weichzeichner verfügt lediglich über eine grafische Vorschau der Filterwirkung.

▲ **Abbildung 25.7**
Radial weichgezeichnet, kreisförmig mit Stärke 8

▲ **Abbildung 25.8**
Strahlenförmige Weichzeichnung, Stärke 42. Es ist gut zu erkennen, dass der Filter an Kanten im Bild die stärkste Wirkung zeigt.

25.1.7 Selektiver Weichzeichner: Präzisionsarbeit

Der Selektive Weichzeichner bietet exakte Einstellungsmöglichkeiten. Zudem können Sie mit Hilfe dieses Filters das Problem umschiffen, dass Sie erwünschte Schärfe an Motivkanten beim Weichzeichnen verlieren oder anders gesagt: Dieser Filter erleichtert es Ihnen, die Weichzeichnung auf Flächen einzuschränken, ohne dass Sie eine entsprechende Auswahl anlegen müssten. Er lässt sich also immer dann mit Gewinn einsetzen, wenn Flächen bereinigt werden sollen, ohne dass die Konturen verloren gehen – etwa, um in Porträts Hautunreinheiten oder Fältchen abzumildern oder wenn die Textur von Stoffen verschwinden soll.

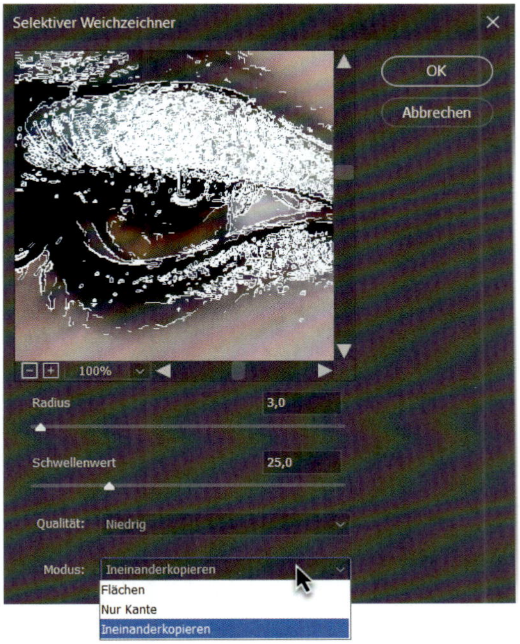

◂ **Abbildung 25.9**
Dialog SELEKTIVER WEICHZEICHNER, hier im Vorschaumodus INEINANDERKOPIEREN

Die Regler für RADIUS und SCHWELLENWERT sind die Basiseinstellungen.

- Die Einstellung SCHWELLENWERT steuert, wie stark die Farbtonwerte benachbarter Pixel voneinander differieren müssen, damit sie weichgezeichnet werden.
- RADIUS legt fest, wie stark die Weichzeichnung wirkt.

Die Bezeichnung MODUS ist irreführend. Zwei der dort untergebrachten Einstellungen sind vor allem **Vorschauhilfen**, mit deren Hilfe Sie die Wirkung der Einstellung von RADIUS und SCHWELLENWERT prüfen können. Nur eine Option liefert tatsächlich vernünftige Filterergebnisse!

- Die Ansicht NUR KANTE verwandelt das Bild in eine Schwarzweißgrafik – eine Ansicht der vom Filter errechneten Kanten, die während der Weichzeichnung geschützt werden.
- Die Ansicht INEINANDERKOPIEREN zeigt das Vorschaubild mit einer darübergelegten Hervorhebung der errechneten – also von der Weichzeichnung ausgenommenen – Kanten. In der Praxis ist dies meist die beste Ansicht.

Sie können diese zwei Ansichtsmodi in der Vorschau des Filterdialogs überprüfen, Änderungen von Radius und Schwellenwert werden direkt angezeigt. Stimmen die Einstellungen, sollten Sie den MODUS auf die Option FLÄCHEN umstellen und dann den Filter anwenden.

▲ **Abbildung 25.10**
Selektive Weichzeichnung, Vorschau im Modus INEINANDERKOPIEREN. Auf die weiß gekennzeichneten Bereiche wirkt die spätere Weichzeichnung nicht.

▲ **Abbildung 25.11**
Vorschau im Modus NUR KANTE

▲ **Abbildung 25.12**
Und so wirkt der Filter bei Anwendung im Modus FLÄCHEN. Die Flächen des Motivs sind geglättet, der Schärfeeindruck des Bildes jedoch bleibt bestehen, da die Kanten nicht scharfgezeichnet wurden.

25.2 Bildpartien herausarbeiten: Beleuchtungseffekte

Mit dem Filter BELEUCHTUNGSEFFEKTE (zu finden unter FILTER • RENDERFILTER) werden Sie zum digitalen Beleuchtungsmeister und können Ihr Bild mit Spotlichtern erhellen – und so einzelne Partien betonen oder andere im Schatten verschwinden lassen.

Zum Weiterlesen
Den **Mischmodi** ist das umfangreiche Kapitel 7, »Mischmodus: Pixel-Interaktion zwischen Ebenen«, gewidmet. Wie Sie den **Modus bei Smartfiltern** ändern, erfahren Sie in Abschnitt 24.2.3, »Smartfilter-Wirkung nachjustieren«.

Anwenden lässt sich BELEUCHTUNGSEFFEKTE nur auf Bilder im RGB-Modus. Dateien, die in anderen Modi vorliegen, müssen Sie zuvor via BILD • MODUS konvertieren. Der Filter funktioniert auch als Smartfilter. Sinnvolle Nutzungen gibt es viele:

- »Beleuchten« Sie Bilder und Composings gezielt, um so bestimmte Bildinhalte zu betonen oder buchstäblich in den Schatten zu stellen.
- Durch den Einsatz farbiger »Strahler« ändern Sie auch die Farbstimmung von Bildern.
- Bei Montagen können Sie (freigestellte) Objekte mit eigenen Lichteffekten versehen.

- Arbeiten Sie Strukturen und Texturen mit dem Filter heraus. Auf Wunsch definiert ein Farb- oder Alphakanal in der Datei die durch die Beleuchtung betonte Struktur.
- Wenn Sie Beleuchtungseffekte als Smartfilter einsetzen, können Sie das Filterergebnis durch verschiedene Mischmodi weiter variieren.

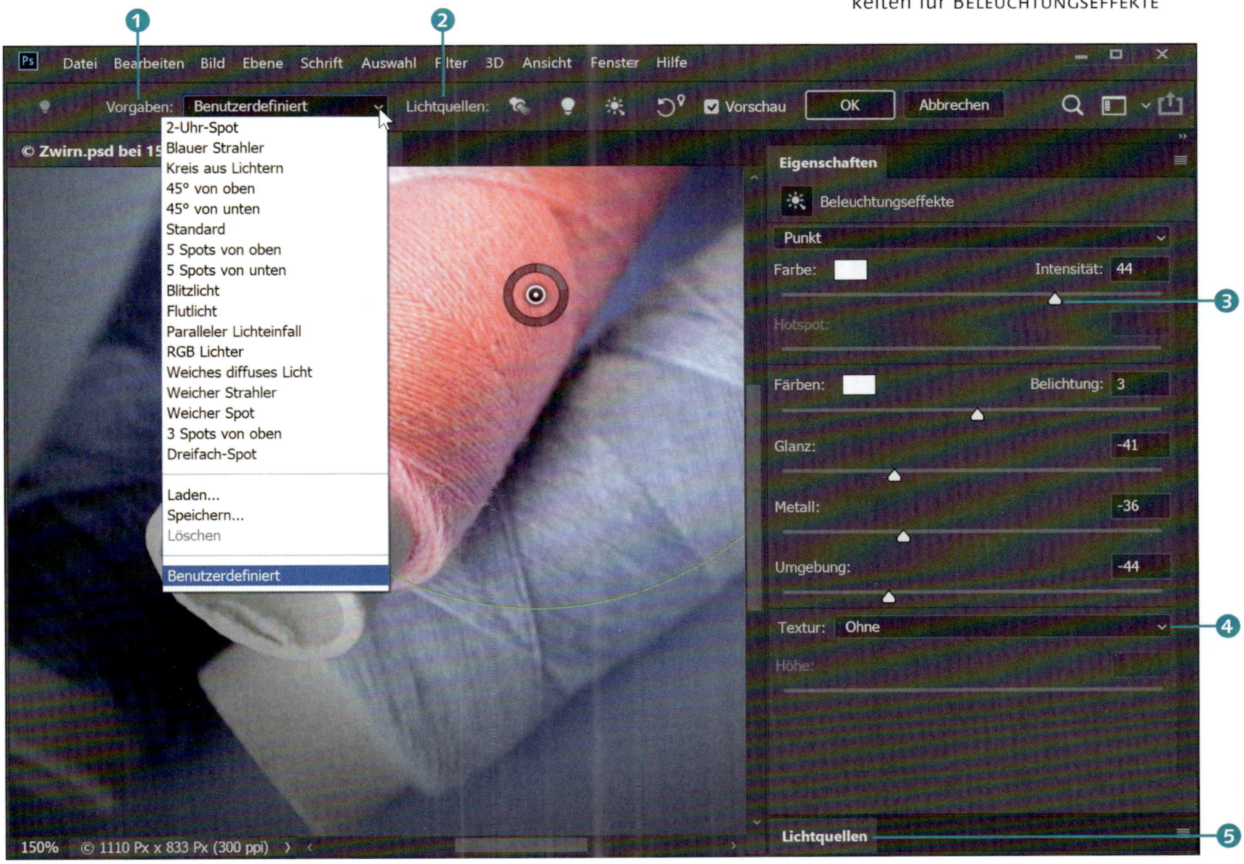

▼ Abbildung 25.13
Umfangreiche Einstellungsmöglichkeiten für BELEUCHTUNGSEFFEKTE

25.2.1 Beleuchtungseffekt ganz schnell: Vorgaben

Unter VORGABEN (1) finden Sie eine Liste mit Beleuchtungsstilen verschiedener Intensität und Farbe zur Auswahl. Wenn Sie hier einen der Effekte auswählen, wird er sofort auf das Bild angewendet. Sie sehen jeden neu hinzugefügten Beleuchtungseffekt auch sofort unten rechts im Lichtquellen-Bedienfeld (5); je nach gewähltem Effekt können dort auch mehrere Lichtquellen auftauchen. Mit den Reglern unter EIGENSCHAFTEN und den Steuerungen direkt in der Bildvorschau können Sie den Effekt weiter anpassen. Wie die Einstellungen im Detail funktionieren, erfahren Sie im folgenden Abschnitt.

▲ **Abbildung 25.14**
Icons der verfügbaren Lichtquellen. Von links nach rechts: Spotlicht, Punktlicht, gerichtetes Licht.

25.2.2 Individuelle Beleuchtungseffekte erzeugen

Wenn Sie einen Beleuchtungseffekt von Grund auf neu erstellen wollen, müssen Sie sich zunächst zwischen einer von drei möglichen Beleuchtungsarten entscheiden. In der Menüleiste finden Sie unter LICHTQUELLEN ❷ drei verschiedene »Lampen« – ein Klick erzeugt den jeweiligen Beleuchtungseffekt.

Die Auswahl der Lichtquelle hat den größten Einfluss auf die Wirkung der Beleuchtung. Anschließend können Sie die virtuelle Lichtquelle noch weiter justieren.

»Zwirn.psd«

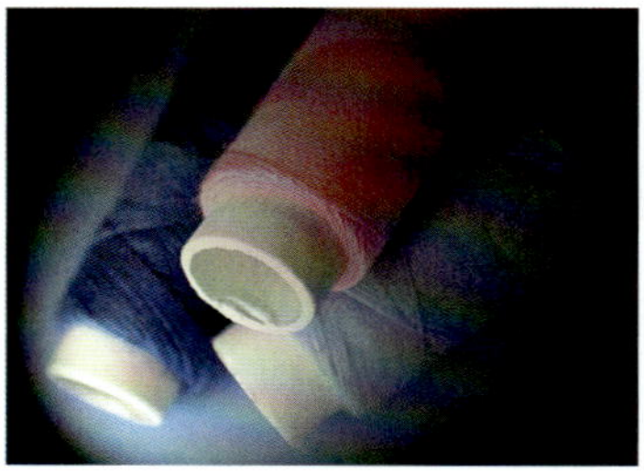

▲ **Abbildung 25.15**
Warmes SPOTLICHT mit stark abgedunkelter Umgebung

▲ **Abbildung 25.16**
Ausgangsbild ohne Beleuchtungseffekte

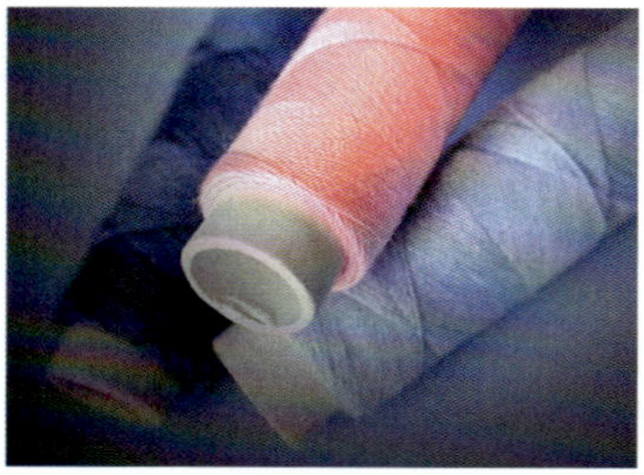

▲ **Abbildung 25.17**
PUNKTLICHT mit hohem GLANZ-Wert und leichter Abdunkelung der Umgebung

Wirkungsweise der unterschiedlichen Lichtquellen

- SPOTLICHT wirkt wie ein Lichtstrahl in dunkler Umgebung und wirft einen elliptischen Lichtschein auf das Bild; die nicht beleuchteten Partien werden – je nach Einstellung mehr oder weniger stark – abgedunkelt. Bei Spotlichtern können Sie Einfallswinkel, Position und Intensität des einfallenden Lichts sowie die Größe des Lichtkegels steuern.
- PUNKTLICHT leuchtet das Bild gleichmäßig aus, so ähnlich wie eine Glühbirne. Sie können Lichtintensität, Position und Größe des beleuchteten Bereichs ändern, nicht jedoch den Lichteinfallswinkel.
- GERICHTETES LICHT wirkt diffuser und sanfter als Spotlicht – ähnlich wie eine entfernte Lichtquelle, die durch eine halbtransparente Gardine scheint. Hier können Sie Winkel, Diffusität und Intensität des Lichtkegels mit der Maus steuern. Mit diesem Beleuchtungseffekt können Sie natürliches Tageslicht am besten imitieren. GERICHTETES LICHT eignet sich auch gut, um mit Hilfe eines Farb- oder Alphakanals Texturen ❹ herauszuarbeiten (dazu gleich mehr).

▲ **Abbildung 25.18**
GERICHTETES LICHT, kombiniert mit Textureinstellungen

Lichtquellentyp nachträglich ändern | Sie können den Lichtquellentyp auch bei fertig erstellten Beleuchtungseffekten nachträglich ändern. Dazu nutzen Sie die Dropdown-Liste im Eigenschaften-Bedienfeld.

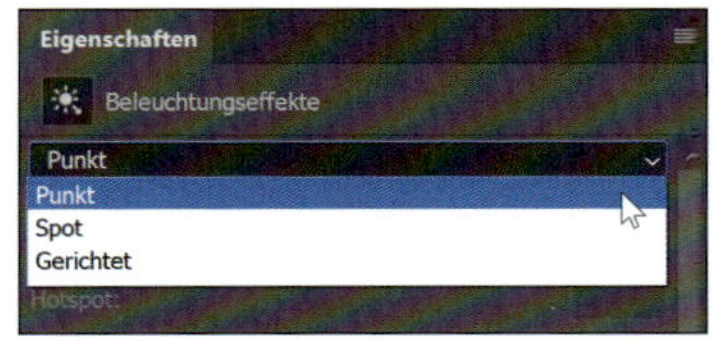

▲ **Abbildung 25.19**
Nachträgliches Ändern des Lichtquellentyps

25.2.3 Lichtintensität und Lichteinfall modulieren

Die Intensität und den Einfallswinkel des Lichts können Sie direkt in der großen Bildvorschau verändern. Das geht oft einfacher und schneller als mit Schiebereglern ❸ (Abbildung 25.13), und Sie können weitgehend intuitiv arbeiten. Die meisten der bekannten Shortcuts zum Vergrößern oder Verkleinern der Bildansicht funktionieren auch hier (nachzulesen in Abschnitt 3.2.2, »Zoom: Die Bildanzeige verändern«), um sich gegebenenfalls den Bildausschnitt zurechtzurücken, müssen Sie Scrollbalken nutzen. Sollten Ihnen die Steuerungselemente einmal im Weg sein: Das Kürzel `Strg`/`cmd`+`H` blendet die Steuerungselemente der Lichtquellen schnell aus und auch wieder ein.

Lichtintensität | Ganz gleich, ob Sie Spotlicht, Punktlicht oder gerichtetes Licht einsetzen, die **Lichtintensität** stellen Sie immer auf die gleiche Weise ein: Bei allen drei Lichtarten finden Sie den INTENSITÄT-Reglerring ❶ direkt in der Bildvorschau; diesen Regler können Sie per Maus verändern. Wenn Sie damit nicht zurechtkommen, steht Ihnen alternativ im Steuerungsbereich rechts vom Bild der INTENSITÄT-Schieberegler zur Verfügung.

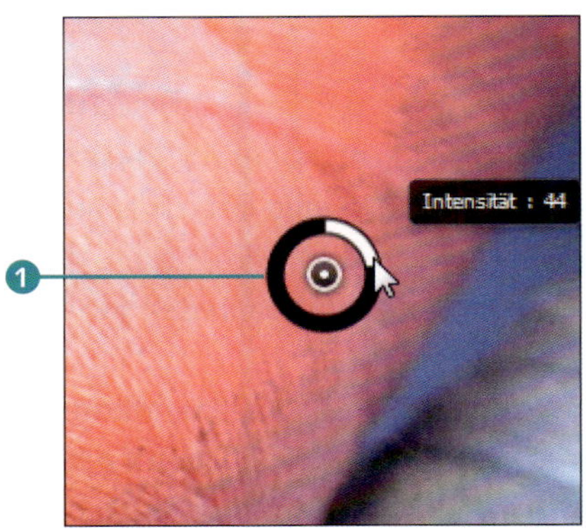

▲ **Abbildung 25.20**
Indem Sie den weißen Anteil des INTENSITÄT-Reglerrings verschieben, …

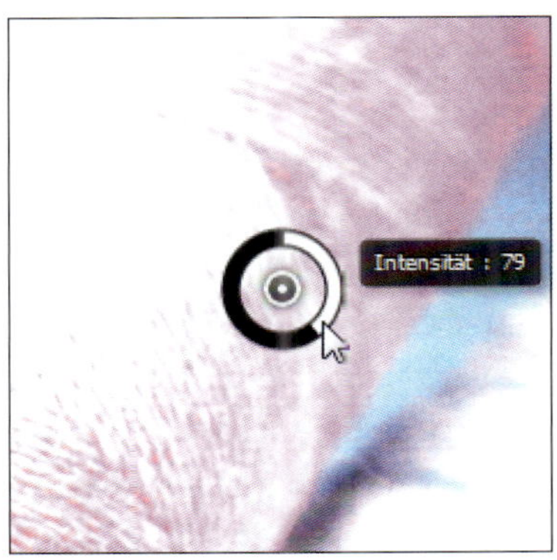

▲ **Abbildung 25.21**
… ändern Sie die Lichtintensität.

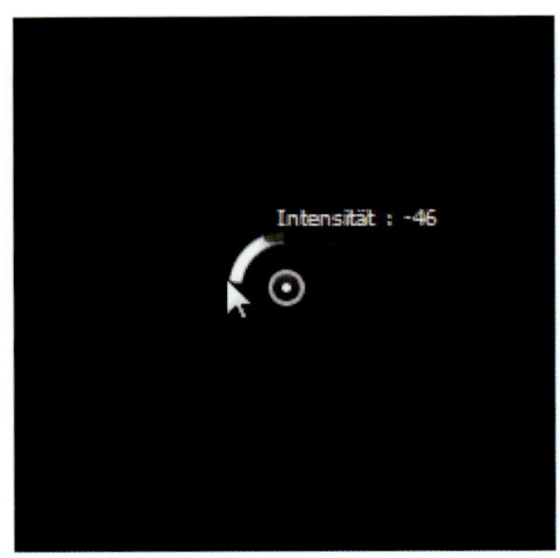

▲ **Abbildung 25.22**
Auch negative Werte sind möglich; sie dunkeln das Bild ab.

Spotlicht anpassen | Der Spot bietet die meisten Möglichkeiten, den Lichteinfall anzupassen.

- Wenn Sie die **Position** des Spots verändern wollen, klicken Sie in den Bereich des größeren Kreises ❶ und ziehen den Spot in Position.
- Indem Sie an einem der Anfasser ❸ an der äußeren Kreislinie ziehen, **vergrößern** oder **verkleinern** Sie den beleuchteten Bereich oder **ändern die Form** der Lichtellipse.
- Um die Intensität des Lichts zu ändern, ziehen Sie mit der Maus am weißen Bereich der schwarzweißen Kreislinie in der Mitte des Lichtkegels ❷ (klingt komplizierter, als es ist). Alternativ nutzen Sie den Regler INTENSITÄT rechts im Eigenschaften-Bedienfeld.

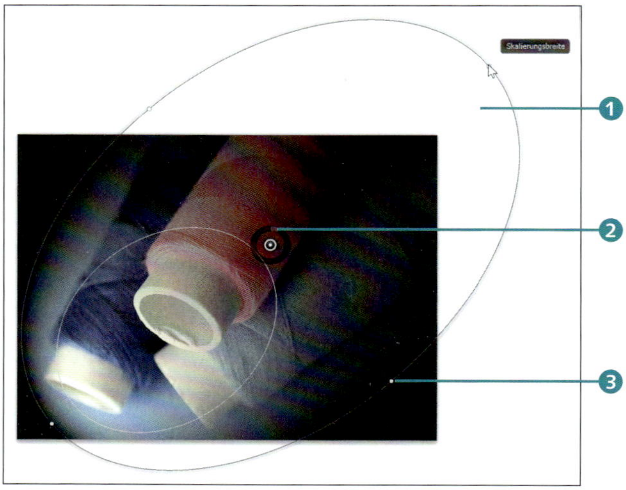

▲ **Abbildung 25.23**
Steuerungen für SPOTLICHT

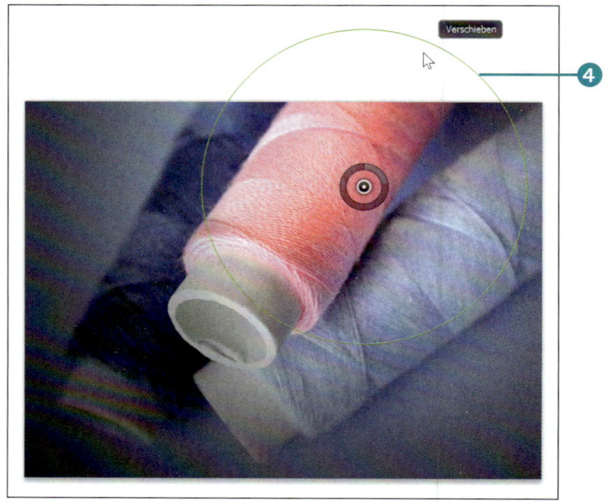

▲ **Abbildung 25.24**
Steuerungen für PUNKTLICHT

Punktlicht anpassen | Um die Beleuchtung mit PUNKTLICHT zu verändern, können Sie Position und Entfernung der Lichtquelle verschieben und die Intensität regeln.

- Um die **Lichtquelle zu verschieben**, klicken Sie irgendwo in den großen Kreis und verschieben ihn.
- Das **Skalieren des Lichtkreises** erfordert präzises Maushandling, denn hier gibt es keine Anfasser. Sie müssen die Maus genau auf die grüne Kreislinie ❹ setzen, so dass diese sich gelb färbt. Dann klicken Sie und verändern die Größe des Kreises. Quickinfos helfen Ihnen, die Maus richtig zu positionieren und zu bewegen.

Gerichtetes Licht anpassen | Während Sie bei Spot- und Punktlicht die Eigenschaften des Licht*kegels* selbst verändern, bearbeiten Sie beim gerichteten Licht Position und Einfallswinkel der Licht*quelle* und natürlich deren Intensität. Wer noch nie mit 3D-Tools gearbeitet hat, findet die

Einstellung womöglich etwas sperrig: Sie müssen den langen Anfasser **5** bewegen, um die Lichtquelle zu verändern. Der INTENSITÄT-Reglerring funktioniert wie bei den anderen Lichtquellen auch.

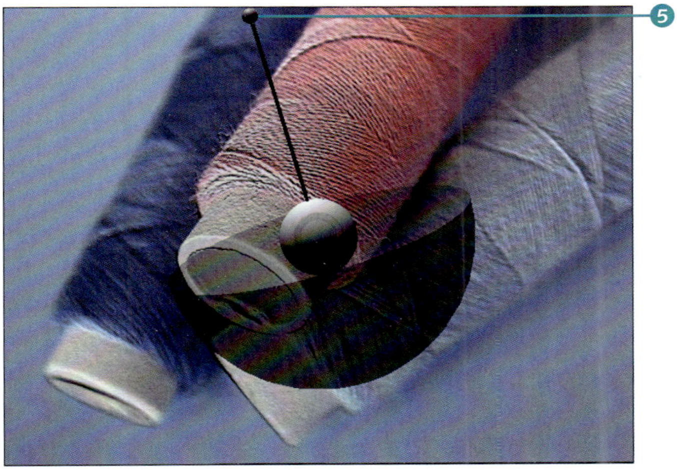

◂ **Abbildung 25.25**
Steuerungen für GERICHTETES LICHT

25.2.4 Weitere Lichteigenschaften

Mit den Reglern unter EIGENSCHAFTEN können Sie die Lichteigenschaften weiter beeinflussen. Es ist ohne weiteres möglich – und üblich –, mehrere Lichtquellen in einer Datei anzubringen. Dann sollten Sie bei allen weiteren Einstellungen auf das Bedienfeld LICHTQUELLEN achten: Ähnlich wie bei Ebenen ist auch hier entscheidend, welches Element aktiviert ist!

Helligkeit differenziert einstellen | Die Helligkeit einer virtuellen Lichtquelle ist sicherlich die wichtigste Einstellung.

- Wer mit dem Reglerring in der Bildvorschau nicht zurechtkommt, kann auch den Regler INTENSITÄT **8** (Abbildung 25.26) nutzen. Mit ihm passen Sie an, wie stark die virtuelle Lampe sein soll. Wenn Sie den Slider weit nach links schieben, können Sie auch gezielt schattierte Bereiche im Bild herstellen – ein gutes Stilmittel, um die Aufmerksamkeit des Betrachters auf die helleren Bildpartien zu fokussieren.
- Der Regler BELICHTUNG **10** differenziert die Intensitätseinstellung. Mit ihm können Sie Lichter-Tiefen-Kontraste, die durch die Intensitätseinstellung verlorengingen, teilweise wieder ins Bild holen.
- Exklusiv für den SPOT gibt es die Einstellung HOTSPOT **9**. Damit regeln Sie, wie groß die innere Ellipse des Spots ist. Je kleiner der hier eingestellte Wert ist, desto kleiner ist der Spot und desto schärfer ist er von der dunkleren Umgebung abgegrenzt.

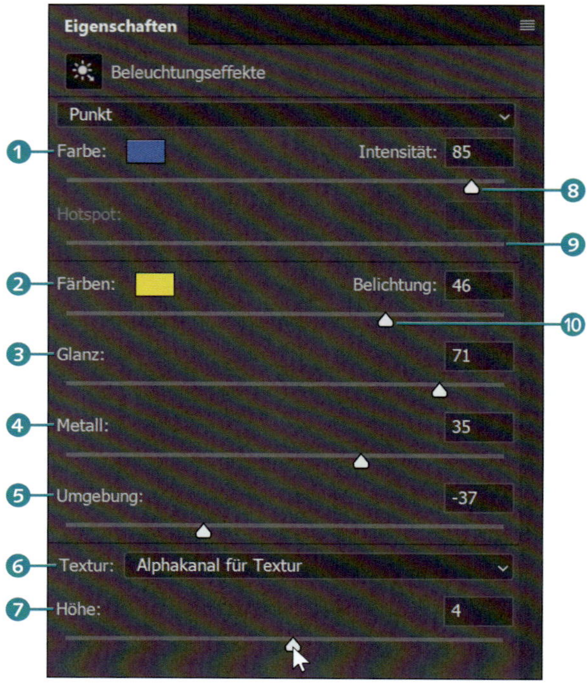

Abbildung 25.26 ▸
Detaileinstellungen unter Eigenschaften

Buntes Licht | Sowohl die Einstellung Intensität als auch Belichtung verfügen über eigene Farbfelder ❷ und ❶, um die Lichtfarbe zu verändern. Ein Doppelklick darauf öffnet einen Farbwähler. Sind zwei unterschiedliche Farben eingestellt, werden sie gemischt – und zwar so, als würden sich tatsächlich zwei verschiedenfarbige Lichter mischen.

Lichtfarbe einsetzen
Sie können farbige Lichtquellen nutzen, um Bildobjekte zu verfremden oder zu betonen. Aber auch in Montagen leistet diese Funktion gute Dienste, wenn die Beleuchtung der montierten Bildteile angeglichen werden soll.

Reflexion | Beleuchtete Objekte werfen einen Teil des Lichts zurück. Auch virtuell beleuchtete Objekte sollten das tun, damit der Effekt realistisch wirkt. Mit zwei Slidern regeln Sie, wie die Reflexion beschaffen ist.

- Der Glanz-Regler ❸ bestimmt, wie stark die abgebildeten Oberflächen das Licht überhaupt zurückwerfen.
- Mit dem Regler Metall ❹ legen Sie fest, wie stark Licht- und Materialfarbe bei der Reflexion jeweils berücksichtigt werden. Steht der Regler weit links, soll eher die Lichtfarbe zurückgeworfen werden, steht er weit rechts, die Farbe des beleuchteten Objekts. In der Praxis sind Unterschiede hier jedoch oft schwierig auszumachen.

Umgebung | Der Regler Umgebung ❺ bestimmt, wie stark der Unterschied zwischen belichteten und unbelichteten Partien ist. Ziehen Sie den Regler nach links, wird das Bild – bis hin zur völligen Schwärze – abgedunkelt. Ziehen nach rechts hellt es auf und vermindert so gleichzeitig den Kontrast zum »Scheinwerferlicht«.

25.2.5 Texturen

Sie können den BELEUCHTUNGSEFFEKTE-Filter nutzen, um bestehende Strukturen durch leichte 3D-Anmutung im Bild zu verstärken oder um ganz neue Texturen ins Bild zu bringen. Dazu nutzen Sie die Funktion TEXTUR ❻. Zunächst müssen Sie einen Farbkanal der Datei oder einen – bereits vorbereiteten – Alphakanal als Quelle für die Textur festlegen. Danach benutzen Sie den HÖHE-Regler ❼, um die Wirkung zu justieren.

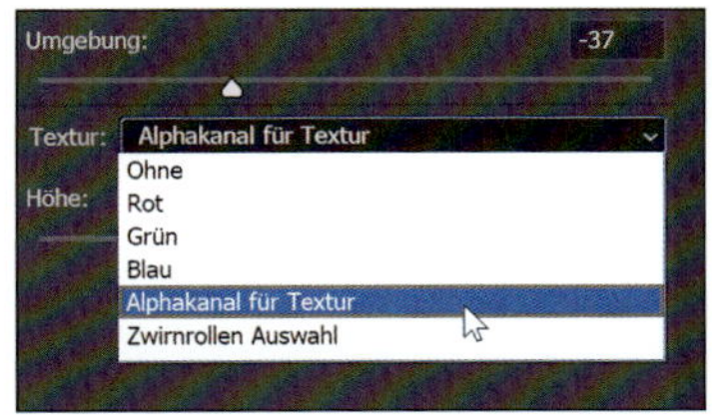

▲ **Abbildung 25.27**
Kanal als Texturquelle auswählen. Neben den Farbkanälen sehen Sie hier zwei vorbereitete Alphakanäle.

25.2.6 Mehr als eine Lichtquelle

Für differenzierte Beleuchtungsszenarien können Sie mit Hilfe des Vorschaufensters weitere Lichtquellen hinzufügen oder auch löschen.

- Um **neue Lichtquellen** einzufügen, klicken Sie auf eines der drei Lichtquellen-Icons in der Optionsleiste des Filters. Anschließend nehmen Sie die gewünschten Einstellungen vor.
- **Lichtquellen löschen** Sie, indem Sie sie im Bedienfeld LICHTQUELLEN aktivieren und dann das Papierkorb-Icon anklicken.
- Um eine **Lichtquelle auszublenden,** nutzen Sie das Augen-Icon.

Gelungene Beleuchtungseffekte als Vorgabe sichern
Mit Hilfe der VORGABEN-Liste in der Filter-Optionsleiste können Sie von Ihnen erstellte Lichtquellen mit allen Eigenschaften speichern, erneut laden und auch löschen.

25.3 Blendenflecke

Ebenfalls unter den Renderfiltern finden Sie den altbekannten Filter BLENDENFLECKE. Mit ihm imitieren Sie durch die Linsenkonstruktion des Objektivs bedingte Lichtreflexe, wie sie typischerweise bei Gegenlichtaufnahmen auftreten.

Einstellungen | Sie können hier die – simulierte – OBJEKTIVART und die Lichtstärke einstellen und außerdem durch Bewegen des kleinen Pluszeichens ❶ im Vorschaufenster Position und Verteilung der Lichtreflexe festlegen. Dabei müssen Sie ohne Voransicht im großen Dokumentfenster auskommen. Das recht klein geratene Vorschaufenster ist Ihre einzige Kontrolle.

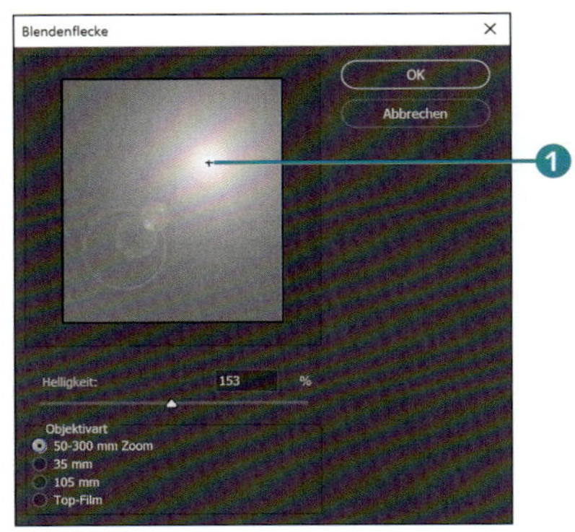

▲ **Abbildung 25.28**
Der BLENDENFLECKE-Dialog

25.4 Flache Motive in Form bringen: Der Versetzen-Filter

Der VERSETZEN-Filter ermöglicht es, Schriften, Logos und andere Objekte exakt gemäß der Form ihres Hintergrunds zu modellieren. So beschriften Sie beispielsweise fotografierte Flaggen, T-Shirts oder andere strukturierte Untergründe nachträglich. Der Filter ist witzig und für Montagespezialisten oft auch sehr nützlich, jedoch nicht auf Anhieb verständlich – daher folgt hier eine Schritt-für-Schritt-Anleitung.

Schritt für Schritt: Ein Logo auf Stofffalten montieren

»Logo.tif«, »Stofffalten.jpg«, Resultat: »Stofffalten.tif«

Der Versetzen-Filter hilft bei der Aufgabe, das Logo aus Abbildung 25.29 auf den in Falten liegenden Stoff zu montieren. Die Voraussetzung für seine Anwendung ist aber, dass eine Graustufenversion des Ausgangsbildes als sogenannte Verschiebungsmatrix zur Verfügung steht.

▲ **Abbildung 25.29**
Eine Logografik …

▲ **Abbildung 25.30**
… soll so gebogen werden, dass sich die Abbildung an diese Stofffalten anschmiegt.

1 Faltenmatrix herstellen

Duplizieren Sie als Erstes die Datei, auf die die Schrift oder hier das Logo appliziert werden soll. Diese neue Datei verwandeln Sie in ein Schwarzweißbild. Nutzen Sie den Kanalmixer oder die Funktion Schwarzweiss.

Sehr dunkle Faltenwürfe müssen Sie eventuell erst mit Gradationskurven aufhellen. In einigen Fällen hilft es auch, die Kontraste zu verstärken. Besonders wenn Sie Schrift in Falten legen – und bei niedrig aufgelösten Bildern –, empfiehlt es sich, diese Ebene auch etwas weichzuzeichnen (am besten mit dem Gaussschen Weichzeichner). Damit verhindern Sie eine zu starke Reliefbildung beim einmontierten Element und gewährleisten eine bessere Erkennbarkeit oder Lesbarkeit.

Speichern Sie diese Datei unbedingt im Format PSD, und merken Sie sich, wo Sie sie abgelegt haben. Sie können sie dann schließen.

◂ **Abbildung 25.31**
Die kontrastverstärkte und weichgezeichnete Graustufenversion der Datei »Stofffalten.jpg«, die als Verschiebungsmatrix dienen soll

2 Objekt einfügen, Position anpassen

Zurück zum ursprünglichen Faltenbild: Dort fügen Sie nun auf einer eigenen Ebene das Logo ein – oder was immer Sie in Falten legen wollen. Durch Ebenentransformation können Sie die Lage des Objekts nachjustieren. In früheren Photoshop-Versionen funktionierte der Filter ausschließlich auf gerasterten Ebenen, seit einiger Zeit lassen sich jedoch auch Smartobjekte bearbeiten, so dass es nicht notwendig ist, ein Smartobjekt vor Anwendung des Filters zu rastern. Wollen Sie eine Textebene in Falten legen, werden Sie bei Anwendung des Filters aufgefordert, diese in eine Rasterebene oder ein Smartobjekt zu konvertieren.

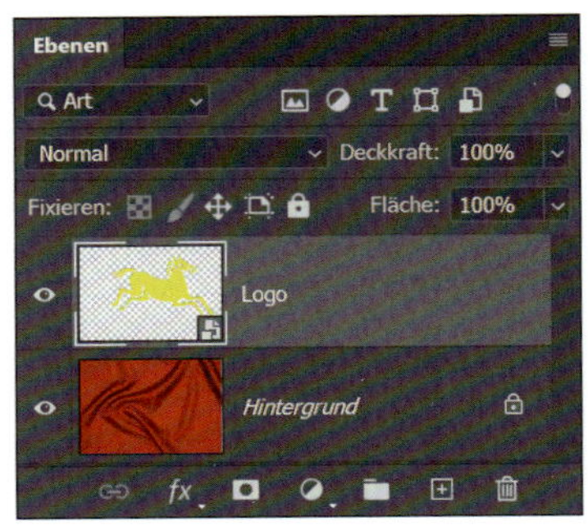

◂▴ **Abbildung 25.32**
Ebenenaufbau der Datei und Einpassen der Grafik per Transformation und Verschieben

3 Jetzt kommt die Matrix ins Spiel

Unter Filter • Verzerrungsfilter rufen Sie den Filter Versetzen auf. Wichtig sind hier die Einstellungen für die horizontale und vertikale Skalierung. Sie legen fest, wie stark die Verzerrung sein soll. Die günstigste Einstellung hängt vom Motiv und von der Bildauflösung ab. Bei 72-ppi-Bildern führen Werte höher als 10 meist schon zur Unkenntlichkeit des verzerrten Objekts. Bei höher aufgelösten Bildern können Sie auch höhere Werte eintragen – es kommt wiederum auf einen Versuch an. Die Werte im unteren Bereich des Dialogs bleiben so stehen, wie sie sind. Sie spielen nur eine Rolle, wenn die Verschiebungsmatrix andere Maße hat als das Originalbild.

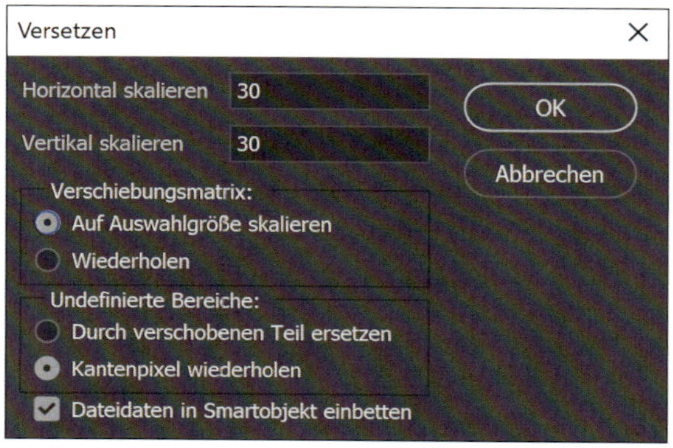

Abbildung 25.33 ▸
Filtereinstellungen. Ist die Option DATEIDATEN IN SMARTOBJEKT EINBETTEN aktiv, wird der Filter als Smartfilter angewendet.

Wenn Sie dann mit OK bestätigen, werden Sie aufgefordert, den Namen und den Speicherort der Graustufenversion Ihres Faltenwurfs – Ihrer Verschiebungsmatrix – einzugeben. Diese Datei dient als Basis für das Berechnen der Verzerrung. Das Dialogfeld funktioniert wie die bekannten Dialoge für das Speichern und Öffnen. Navigieren Sie zu Ihrer zuvor erzeugten Versetzen-Matrix, und wählen Sie sie aus.

4 Zwischenresultat

Das Logo sieht nun schön gefältelt aus, aber insgesamt wirkt das Bild immer noch nicht wie bedrucktes Tuch.

▲ Abbildung 25.34
Der Zwischenstand ist noch nicht ganz überzeugend.

5 Feintuning

Hier hilft das Einstellen von Mischmodus und gegebenenfalls Deckkraft der Logo-Ebene. MULTIPLIZIEREN, INEINANDERKOPIEREN, WEICHES LICHT & Co. sowie FARBE und FARBTON sind bei solchen Montagen aussichtsreiche Kandidaten. Auch Variationen der Deckkraft helfen, das Ergebnis anzupassen. Farbliches Feintuning ist mit gruppierten Einstellungsebenen möglich.

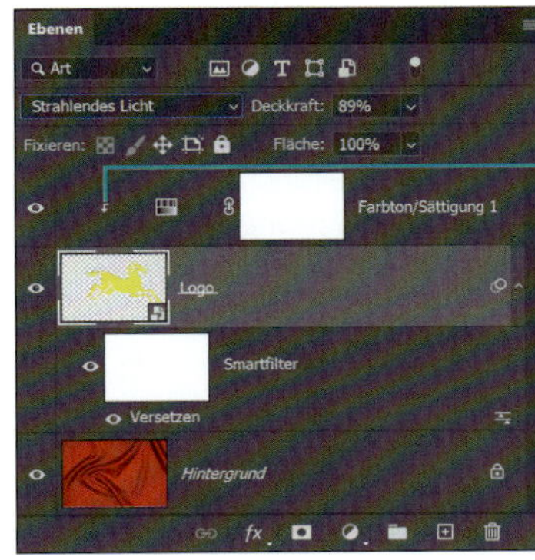

◄▲ **Abbildung 25.35**
Feintuning mit Ebenen-Füllmethode und Einstellungsebene FARBTON/SÄTTIGUNG. Der gewinkelte Pfeil ❶ weist darauf hin, dass die Einstellungsebene mit der Logo-Ebene gruppiert ist – auf diese Weise wirkt sie ausschließlich darauf und nicht auf die Hintergrundebene.

25.5 Fotos ansatzlos gekachelt: Verschiebungseffekt

Bildkacheln sind speziell vorbereitete, eher kleinformatige Bilder, die sich nahtlos aneinanderreihen lassen, so dass ein endloses Muster entsteht. Meist nimmt man Fotos als Ausgangsdatei. Mancher mag beim Gedanken an gekachelte Bilder aufschreien, denn »Mauertapeten«, »Marmor«-Hintergründe und ähnliche Scheußlichkeiten aus der Frühzeit des Webdesigns wurden mit Hilfe von Bildkacheln realisiert. Doch im kreativen Alltag sind Texturen immer noch gefragt, nicht nur im 3D-Bereich. Mit geeigneten Motiven als Grundlage und bei guter Vorbereitung der Datei realisieren Sie mit Kacheln ansprechende Designs. Außerdem sind gekachelte Bildmotive eine gute Grundlage für eigene Muster, die Sie in Photoshops Musterbibliothek hinterlegen können.

Der Filter VERSCHIEBUNGSEFFEKT ist Ihr wichtigster Helfer beim Erstellen von Musterkacheln aus Fotos. Er teilt das Bild in vier Segmente und verschiebt diese um einen von Ihnen festgelegten Betrag nach außen. Der dadurch entstehende leere Innenraum wird wahlweise mit der Hintergrundfarbe, Wiederholungen der Kantenpixel oder dem ver-

▲ **Abbildung 25.36**
Kieselsteinmuster aus einem Foto, gefunden in Photoshops Musterbibliothek GESTEINSMUSTER. Diese Musterdatei ist nicht optimal vorbereitet: Sie erkennen Nahtstellen und Musterwiederholung recht deutlich. Wie es besser geht, lesen Sie im Workshop!

schobenen Teil aufgefüllt. Besonders die letztgenannte Möglichkeit ist für unsere Zwecke interessant!

Zum Weiterlesen
Wie Sie **Muster** mit den Bordmitteln von Photoshop erstellen und wiederverwenden, lesen Sie in Abschnitt 23.3, »Vielseitige Kreativressource: Muster«. Mehr über die effektive Verwaltung von Mustern und anderen Vorgaben erfahren Sie in Abschnitt 4.6, »Farbfelder, Muster, Stile und Co.: Kreativressourcen organisieren«.

▲ **Abbildung 25.37**
So wirkt der VERSCHIEBUNGSEFFEKT-Filter: vor der Anwendung …

▲ **Abbildung 25.38**
… und danach. Das Bildmotiv wurde gewissermaßen nach außen gekrempelt und gespiegelt.

»Nudeln.tif«

Neben dem Filter brauchen Sie für das Erstellen von Bildkacheln noch eine Ebenenmaske und ein wenig Geschick bei der Handhabung des Pinsels. Wie das Ganze genau funktioniert, zeige ich Ihnen im folgenden Workshop.

Schritt für Schritt: Musterkachel mit dem Verschieben-Filter erzeugen

Bild: stock.xnchg Kenia de los Campos

▲ **Abbildung 25.39**
Für Demonstrationszwecke eignet sich dieses Nudelfoto gut.

Das Ausgangsbild für diesen Workshop ist eine Detailaufnahme von einem Haufen trockener Pasta. Dies ist sicherlich nicht gerade eine typische Textur, jedoch sehr gut geeignet, um das Verfahren zu zeigen. Bei fast allen Fotos mit mehr oder weniger abstrakten Strukturen (wie Rasen, Moos, Gesteinsoberflächen und Ähnlichem) können Sie das hier gezeigte Verfahren anwenden. Achten Sie nur darauf, dass in dem Bild keine zu prägnanten Elemente auftauchen und dass es gleichmäßig ausgeleuchtet ist – andernfalls ist es schwierig, Bildkacheln zu erzeugen, die wirklich nahtlos aneinanderstoßen.

1 Welcher Bildteil wird gekachelt?

Theoretisch können Sie das Verfahren bei beliebig großen Bildern anwenden. In der Praxis benutzt man Kacheln jedoch häufig, um mit einem relativ kleinformatigen Bild größere Flächen zu »tapezieren«. Skalieren Sie Ihre Ausgangsdatei, oder schneiden Sie einen Bildteil aus. Wenn Sie einen Ausschnitt wählen, sind Rechtecke oft günstiger als Quadrate –

das Auge erkennt minimale Bildwiederholungen (die sich nicht immer ganz vermeiden lassen) im Schachbrettmuster sehr leicht. Außerdem sollten Sie beim Ausschneiden darauf achten, dass keine wiedererkennbaren Bildteile im gewählten Bildausschnitt liegen.

2 Pixelmaß der Datei ermitteln

Um den Filter korrekt anzuwenden, müssen Sie wissen, wie groß Ihre Datei ist – das bekommen Sie zum Beispiel über den BILDGRÖSSE-Dialog (BILD • BILDGRÖSSE) oder die Statuszeile Ihres Dokuments heraus.

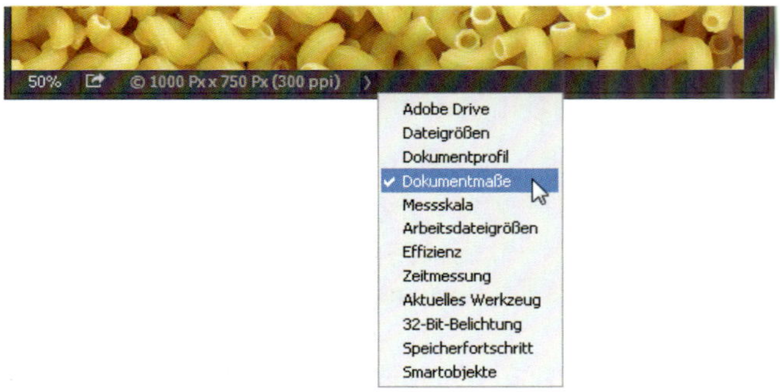

◄ **Abbildung 25.40**
In der Statuszeile muss DOKUMENTMASSE eingestellt sein.

3 Ebene duplizieren

Gleichgültig, ob Sie mit dem Bild in Originalgröße, einer skalierten oder einer beschnittenen Bildversion arbeiten, bevor Sie den Filter anwenden, müssen Sie die Original-Bildebene duplizieren. Es empfiehlt sich außerdem, beide Ebenen sofort eindeutig zu benennen. Die obenliegende Ebene sollten Sie ausblenden, die untere aktivieren.

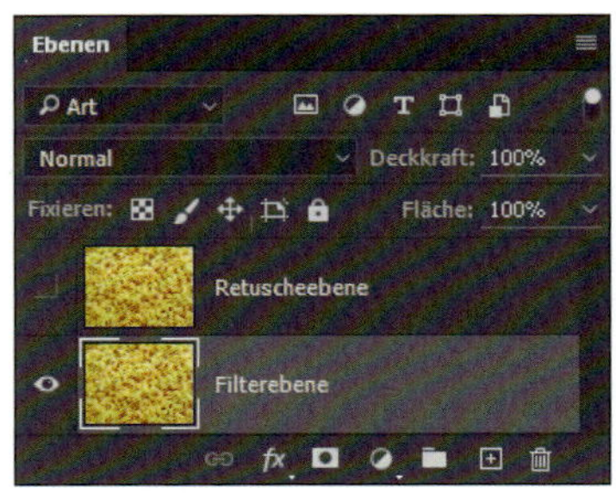

▲ **Abbildung 25.41**
Ebenenaufbau vor dem Filtern

4 Verschiebungseffekt anwenden

Wählen Sie den Befehl FILTER • SONSTIGE FILTER • VERSCHIEBUNGSEFFEKT. Als Maß für die Verschiebung geben Sie jeweils *die Hälfte* der aktuellen Höhe und Breite Ihrer aktuellen Datei an. Unter UNDEFINIERTE BEREICHE muss die Option DURCH VERSCHOBENEN TEIL ERSETZEN ❶ aktiv sein.

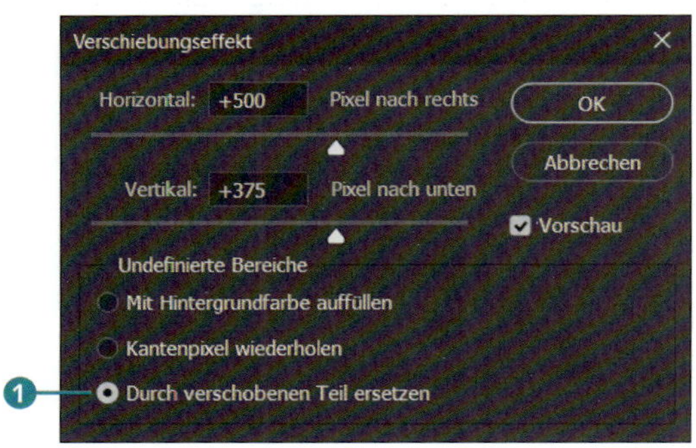

◄ **Abbildung 25.42**
Die optimalen Maße richten sich nach Ihrer Dateigröße.

5 Ansätze retuschieren – Maske erzeugen

Das Nudelbild ist jetzt in vier Segmente unterteilt, deren Kanten im Bildinneren als Linienkreuz deutlich zu sehen sind.

Abbildung 25.43 ▸
Der VERSCHIEBUNGSEFFEKT-Filter wurde sichtlich mit Erfolg angewendet.

Diese Ansätze müssen Sie jetzt kaschieren. Das passiert durch Retuschieren der oberen Ebene. Da gerade die durch das Filtern nach außen gekehrten Bildkanten erhalten bleiben sollen, soll von der obenliegenden Ebene nur so viel stehen gelassen werden, wie notwendig ist, um die Schnittkanten zu verdecken. Das Mittel der Wahl ist eine Ebenenmaske. Indem Sie `Alt` drücken und am unteren Rand des Ebenen-Bedienfelds auf das Icon EBENENMASKE HINZUFÜGEN klicken, erzeugen Sie zunächst eine schwarze Maske, die nichts verdeckt. Im Beispielbild habe ich zur besseren Orientierung Hilfslinien angelegt, die den Verlauf der Ansatzfugen markieren.

Abbildung 25.44 ▸
Startklar für die Retusche

6 Ansätze retuschieren – Maske bepinseln

Aktivieren Sie die Maske, indem Sie auf die Miniatur klicken. Wechseln Sie zum Pinsel-Werkzeug [B], und stellen Sie es ein. Welche Pinselspitze die geeignete ist, richtet sich nach der Größe Ihres Bildes. Gute Ergebnisse erreichen Sie oft mit weichen Werkzeugspitzen. Wählen Sie Weiß als Vordergrundfarbe, und fangen Sie vorsichtig an, entlang der Stoßkanten (durch die Hilfslinien markiert) zu pinseln. Dort kommt nun die bisher durch die Maske abgedeckte, ungefilterte Ebene zum Vorschein. Pinseln Sie so, dass der Übergang zwischen beiden Ebenen möglichst unauffällig ist – das ist der aufwendigste Teil dieses Workshops!

Malfarbe schnell wechseln
Bei Maskenjobs wie diesem müssen Sie öfter zwischen schwarzem und weißem Farbauftrag wechseln. Mit [D] (»**D**efault«) stellen Sie in der Werkzeugleiste die Standardfarben Schwarz und Weiß ein, und mit [X] (»**Ex**change«) vertauschen Sie sie.

◂ **Abbildung 25.45**
Die Stoßkanten wurden herausretuschiert.

Mit Stempel [S], Abwedler [O] und Nachbelichter [O] sowie anderen Retuschetools geben Sie dem Bild nun den letzten Schliff.

7 Bildkachel testen

Sie können testen, ob sich Ihre Bildkachel wirklich nahtlos aneinanderfügen lässt. Dazu erstellen Sie am besten eine Dateikopie, denn für den Test müssen Sie alle Bildebenen auf eine reduzieren. Für den Fall, dass Sie nach dem Testen doch noch Korrekturen anbringen wollen, ist es ratsam, eine Dateiversion mit Ebenen zurückzubehalten.

Markieren Sie in Ihrer reduzierten Dateiversion das gesamte Bild ([Strg]/[cmd]+[A]). Über Bearbeiten • Muster festlegen speichern Sie Ihre Kachel als Photoshop-Muster.

◂ **Abbildung 25.46**
Die retuschierte, reduzierte Nudel-Datei wird als Muster gespeichert.

Legen Sie dann eine leere Datei an, die um ein Vielfaches größer sein muss als Ihre Kachel. Um sie mit dem neuen Muster zu füllen, nutzen Sie beispielsweise das Füllwerkzeug [G] .

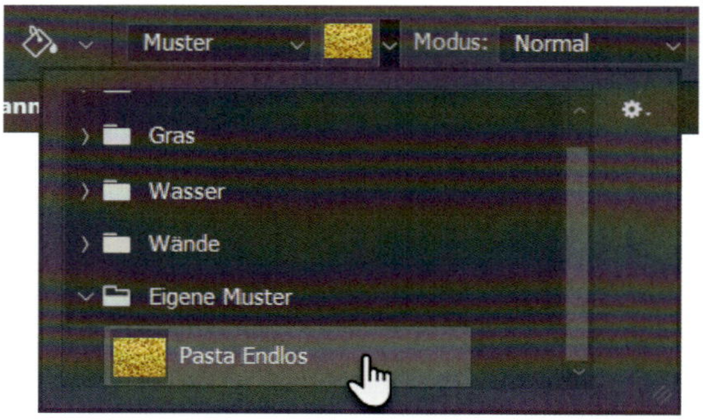

Abbildung 25.47 ▸ Das Füllwerkzeug kann nicht nur die Vordergrundfarbe, sondern auch Muster übertragen.

Stellen Sie als Füllung Muster ein. Ihr neues Muster sollten Sie am Ende der Liste finden. Der Fülleimer funktioniert dann wie gewohnt – ein Klick genügt, um das Muster in die leere Datei zu gießen. Sie erkennen dann leicht, welche Elemente der Kachel die Bildwiederholung verraten. Retuschieren Sie sie.

Abbildung 25.48 ▸ Das Nudelmuster wurde mit dem Fülleimer in eine größere Datei übertragen.

TEIL IX
Texte und Effekte

Kapitel 26
Text erstellen und gestalten

Das bildermächtige Photoshop beherrscht auch Text. Damit wird es zwar noch kein Konkurrent für spezialisierte Satzprogramme, doch für kleine Textjobs und die Arbeit mit Text für Screendesigns eignet sich das Bildbearbeitungstool durchaus. Überdies können Sie mit Photoshop vielfältige Texteffekte erzielen.

26.1 Texterstellung mit Photoshop

Sie haben drei verschiedene Möglichkeiten, mit dem Text-Werkzeug Text zu generieren:

- als sogenannten Punkttext
- als Absatztext

Punkttext wird eingesetzt, wenn Sie nur eines oder wenige Wörter schreiben wollen – beispielsweise als Grundlage für Effekte. Absatztext sollten Sie immer dann benutzen, wenn Sie größere Textmengen (Fließtext) erzeugen wollen oder wenn Sie die genaue Kontrolle über die Breite und Höhe des Textblocks brauchen.

Eine Sonderrolle nimmt die Arbeit mit dem Glyphen-Bedienfeld ein, das vor allem dazu dient, einzelne Zeichen von Symbol- und Zierschriften wie etwa Emojis in Layouts einzusetzen (mehr dazu in Abschnitt 26.4, »Texttools für Spezialfälle«).

26.1.1 Punkttext für einzelne Wörter

Um Punkttext zu erstellen, aktivieren Sie einfach das horizontale Text-Werkzeug T, indem Sie in die Werkzeugleiste klicken oder den Shortcut T drücken. Bewegen Sie dann den Mauszeiger in Ihr Bild. Der Mauscursor wird nun zu einem Symbol, das an einen Anker erinnert:

▲ **Abbildung 26.1**
Texteingabe mit Platzhaltertext

▲ **Abbildung 26.2**
Eingabe abbrechen ❷ oder bestätigen ❸

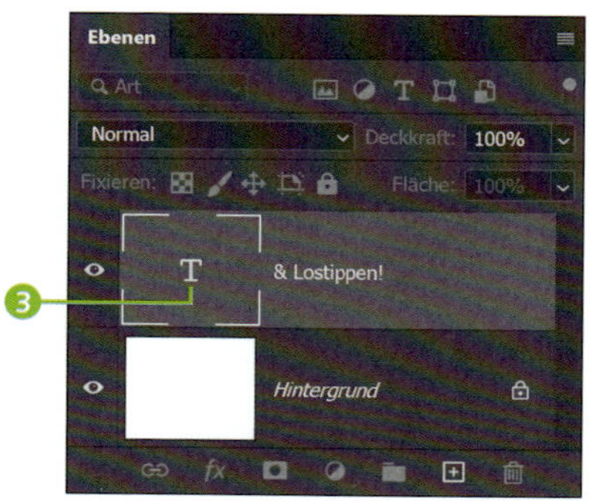

▲ **Abbildung 26.3**
Textebenen werden automatisch als eigenständige Ebenen angelegt.

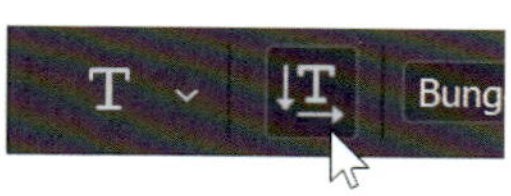

▲ **Abbildung 26.4**
So schalten Sie die Textlaufrichtung in der Text-Werkzeug-Optionsleiste um.

zur sogenannten Einfügemarke. Der kurze horizontale Strich der Einfügemarke entspricht der **Grundlinie** der Schrift. Damit ist ein genaues Positionieren des Textes beispielsweise auf Hilfslinien möglich.

Wenn Sie ins Bild klicken, wird standardmäßig zunächst Blindtext (»Lorem ipsum«) eingefügt. Sie können dann direkt mit der Eingabe Ihres eigenen Textes beginnen. Geschrieben wird in der Vordergrundfarbe und mit der Schriftart, die in der Optionsleiste eingestellt ist. Eine getippte (Punkt-)Textzeile bleibt so lange ununterbrochen, bis Sie mit der [↵]-Taste (Return) einen manuellen Umbruch setzen. Mehrzeiligen Text sollten Sie allerdings ohnehin besser als Absatztext anlegen.

Texteingabe bestätigen oder abbrechen | Wenn Sie mit der Eingabe fertig sind, müssen Sie die Eingabe noch bestätigen – oder abbrechen. Hier gibt es – als Angleichung an InDesign – eine kleine Änderung in Photoshops Standardverhalten, die erfahrene Nutzer vermutlich zunächst einmal verwirrt. Wenn Sie Ihre **Eingabe bestätigen** und das Texteingabefeld schließen wollen,

- klicken Sie entweder auf das bekannte Bestätigungshäkchen ganz rechts in der Optionsleiste ❷,
- wechseln zu einem anderen Werkzeug oder
- drücken Sie die Enter-Taste des **Ziffernblocks (!)**. Notebook-Nutzer ohne Ziffernblock drücken stattdessen die normale [↵]-Taste + [Strg]/[cmd].
- Zusätzlich können Sie auch die Taste [Esc] nutzen, um Änderungen am Text zu bestätigen (lange Zeit war [Esc] zum Verwerfen einer Texteingabe da).

Wenn Sie das Texteingabefeld schließen und die **Texteingabe nicht übernehmen** wollen, klicken Sie auf das »Parkverbot«-Icon ❶ rechts in der Optionsleiste.

Textebene | Eingegebener Text – egal ob Punkt- oder Absatztext – wird automatisch auf einer neuen Ebene abgelegt, die im Ebenen-Bedienfeld über der zuletzt aktiven Ebene angeordnet ist. Der automatisch generierte Ebenentitel besteht aus den ersten Zeichen des Textes. Sie erkennen **Textebenen** an einem eigenen Icon (»T«) im Ebenen-Bedienfeld ❸.

Von oben nach unten schreiben: Textlaufrichtung | Mit dem vertikalen Text-Werkzeug ↓T ([T]) können Sie Ihre Schrift auch von oben nach unten laufen lassen. Die Handhabung ist identisch mit der des horizontalen Text-Werkzeugs. Auch bei fertigem Text können Sie die **Textlauf-**

richtung umschalten: Aktivieren Sie die gewünschte Textebene, und klicken Sie auf das Symbol TEXTAUSRICHTUNG ÄNDERN ganz links in der Optionsleiste der Text-Werkzeuge.

Wechsel zwischen Punkt- und Absatztext | Sie können Punkt- in Absatztext verwandeln und umgekehrt. Im Menü SCHRIFT finden Sie die Befehle IN ABSATZTEXT KONVERTIEREN und IN PUNKTTEXT KONVERTIEREN. Je nachdem, welche Form Ihr aktueller Text hat, ist nur einer der beiden Befehle verfügbar. Bei aktivem Text-Werkzeug stehen die Befehle außerdem im Kontextmenü zur Verfügung, wenn Sie den Mauszeiger über die Textebene im Bild setzen und rechtsklicken.

Vertraute Photoshop-Funktionen wiederherstellen
Unter VOREINSTELLUNGEN • SCHRIFT können Sie sowohl das Einfügen von Platzhaltertext bei der Texteingabe als auch das Verhalten der Esc-Taste verändern. Entfernen Sie bei der Option TEXT MIT ESC-TASTE BESTÄTIGEN das Häkchen, und Esc sorgt dann wie gewohnt dafür, dass ein Texteingabefeld geschlossen wird, ohne die Änderungen zu übernehmen. Durch Deaktivieren der Option NEUE TEXTEBENE MIT PLATZHALTERTEXT FÜLLEN werden Sie das »Lorem Ipsum« bei der Texteingabe los.

26.1.2 Absatztext für Mengen- und Fließtext

Um umfangreicheren Absatztext zu erstellen, legen Sie zunächst die Größe eines Texteingabefelds fest, in das Sie dann den Text tippen oder auch mit Copy & Paste aus einer anderen Anwendung einfügen. Dazu aktivieren Sie das Text-Werkzeug, klicken dann mit dem ankerartigen Mauszeiger in das Bild, halten die Maustaste gedrückt und ziehen in diagonaler Richtung einen Rahmen auf. Wenn Sie die Maus loslassen, bleibt der Rahmen stehen. Oben blinkt der Cursor, und Sie können mit der Texteingabe beginnen.

▲ **Abbildung 26.5**
Beim Aufziehen des Textrahmens legen Sie die Größe des späteren Textblocks fest. Sie können Maße und Position des Textrahmens später jederzeit verändern.

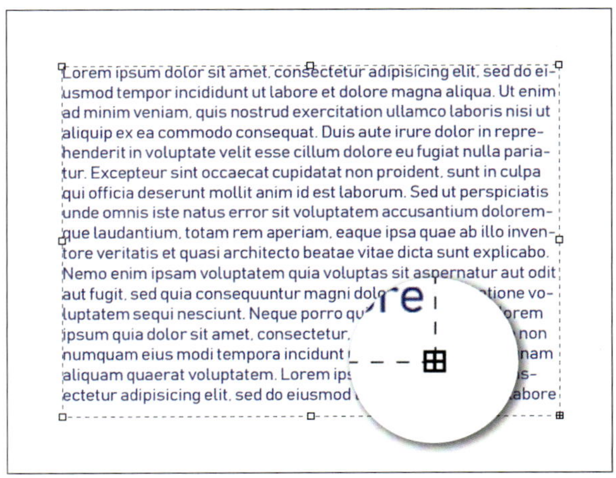

▲ **Abbildung 26.6**
In einen Textrahmen eingegebener Absatztext. Hier wurde mehr Text eingegeben, als der Rahmen aufnehmen kann. Das kleine Symbol in der Ecke unten rechts weist darauf hin. Dagegen helfen das Kürzen des Textes, das Verkleinern der Schrift oder das Vergrößern des Rahmens.

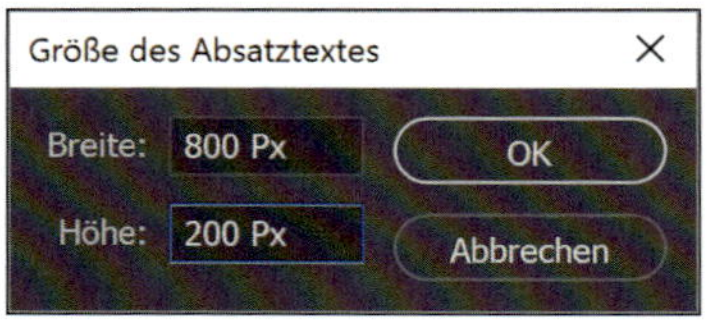

▲ **Abbildung 26.7**
Die Größe für den Texteingaberahmen können Sie auch ganz genau eingeben.

Größe des Textabsatzes | Wenn Sie sich beim Aufziehen des Rahmens mit der Maus nicht auf Ihr Augenmaß verlassen wollen, können Sie die Größe des Textfeldes auch **pixelgenau** angeben: Drücken Sie dazu die Alt-Taste, und klicken Sie dann in das Bild. Danach erscheint ein kleines Dialogfeld, in das Sie die gewünschte Rahmengröße ganz genau eingeben können.

Zeilenumbrüche und Worttrennungen | Wie auch immer Sie den Rahmen für Absatztext erstellen: Photoshop fügt **automatisch** Zeilenumbrüche und Worttrennungen ein. Zugrunde gelegt wird das Wörterbuch, das Sie zuvor im Zeichen-Bedienfeld ausgewählt haben ①. Allerdings sollten Sie der Worttrennungsautomatik nicht völlig blind vertrauen und kontrollieren, ob sich eventuell sinnentstellende Trennungen eingeschlichen haben.

Neue Absätze und damit **manuelle Zeilenumbrüche** fügen Sie durch Drücken von ↵ ein.

Wenn in den Absatztext wider Erwarten **keine Umbrüche** eingefügt werden, kontrollieren Sie die Einträge im Seitenmenü des Bedienfeldes: Ist dort die Option Kein Umbruch ② aktiviert?

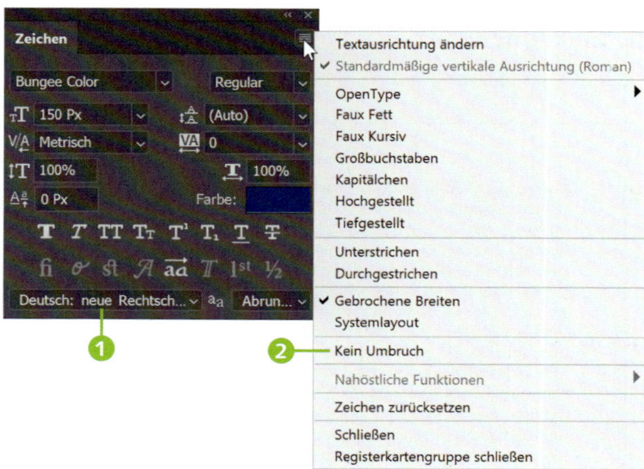

▲ **Abbildung 26.8**
Wörterbuch und automatische Umbrüche einstellen

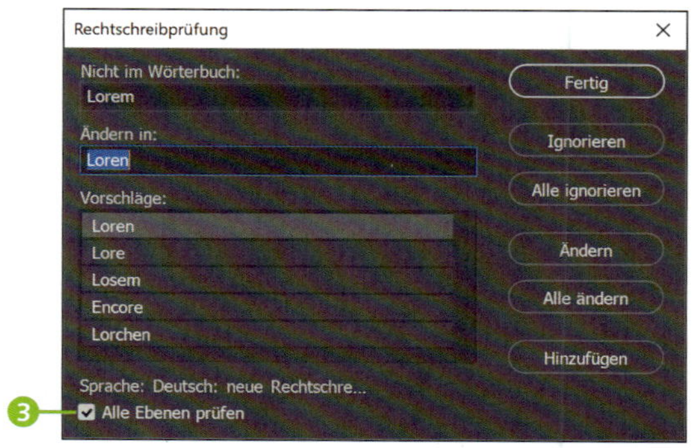

▲ **Abbildung 26.9**
Auf Wunsch kann die Rechtschreibprüfung Alle Ebenen prüfen ③.

Rechtschreibprüfung und »Suchen und Ersetzen« | Sie können die Rechtschreibung in Textebenen überprüfen lassen. Stellen Sie im Zeichen-Bedienfeld das richtige Benutzerwörterbuch ein, und wählen Sie dann Bearbeiten • Rechtschreibprüfung. Der Rest erklärt sich von selbst: Photoshops Rechtschreibprüfung funktioniert ähnlich wie bei Textverarbeitungsanwendungen.

Wenn Sie nur bestimmte Textteile bearbeiten wollen, markieren Sie zuvor den Text, der überprüft werden soll, mit dem Mauscursor.

BEARBEITEN • TEXT SUCHEN UND ERSETZEN ist eine weitere Funktion, mit der Sie Tipp- und anderen Fehlern den Garaus machen können. Beide Funktionen verweigern jedoch die Arbeit, wenn die Ebene verriegelt ist.

26.1.3 Absatztextrahmen transformieren

Sie können einen Textrahmen samt Text auch nach der Eingabe noch ändern. Er lässt sich skalieren, drehen oder neigen. Die Bedienung unterscheidet sich nur wenig vom Transformieren normaler Pixelebenen. Der Text behält dabei seine Editierbarkeit.

Zum Weiterlesen
Details über **Transformationsbefehle** finden Sie in Abschnitt 6.2, »Ebenen transformieren«.

Aktivieren Sie die richtige Textebene und das Text-Werkzeug, und klicken Sie in den Text. Damit ist der Rahmen erneut eingeblendet und kann transformiert werden.

Textrahmengröße | Wenn Sie die Größe des Textbegrenzungsrahmens ändern möchten, positionieren Sie den Zeiger auf einem der viereckigen »Anfasser«. Der Mauszeiger wird dann zu einem Doppelpfeil, und Sie können den Rahmen verändern. Die Anzeige der Transformationswerte hilft beim passgenauen Skalieren von Textrahmen. Alternativ können Sie das Info-Bedienfeld (F8) nutzen. Der Textumbruch wird beim Skalieren, wenn nötig, erneuert.

- Ziehen an den Ecken verändert den Rahmen in beide Richtungen. Das Seitenverhältnis des Rahmens bleibt dabei nicht erhalten.
- Wenn Sie beim Ziehen an den Ecken ⇧ gedrückt halten, können Sie die Proportionen des Rahmens erhalten.
- Ziehen an einem der seitlichen Griffe verändert die Höhe oder Breite des Rahmens.

Modifier-Tasten im richtigen Moment drücken!
Wenn Sie bei Texttransformationen die Modifier-Tasten wie Alt, Strg oder ⇧ zum falschen Zeitpunkt drücken, funktionieren sie nicht wie beabsichtigt. Drücken Sie immer erst die Maustaste und bringen Sie die Maus an den Texttransformationsrahmen heran, bevor Sie den gewünschten Modifier hinzunehmen.

Textrahmen drehen | Wenn Sie den Rahmen drehen möchten, positionieren Sie den Mauszeiger vor dem Ziehen außerhalb des Rahmens, so dass er zu einem gebogenen Doppelpfeil wird, mit dem Sie den Rahmen drehen. Das Verfahren verzerrt den Text nicht, und die Zeilenumbrüche werden auch nicht neu berechnet.

- Wenn Sie beim Ziehen ⇧ drücken, wird die Drehung auf **15-Grad-Schritte** beschränkt.
- Wenn Sie den **Drehmittelpunkt ändern** wollen, ziehen Sie die Mittenmarkierung des Rahmens mit der Maus an eine neue Position und halten dabei Strg/cmd gedrückt. Der Drehmittelpunkt darf übrigens auch außerhalb des Begrenzungsrahmens liegen.

Textrahmen und Text transformieren | Ohne den Textrahmen zu reaktivieren, können Sie auf Textebenen auch die bekannten Ebenentransformationen anwenden, die Sie mit Strg/cmd+T aufrufen. Dabei werden die Textproportionen allerdings unter Umständen verzerrt; Umbrüche werden nicht erneuert. Sogar Punkttext lässt sich in dieser Manier transformieren: Wenn Sie Strg/cmd drücken, erscheint ein Transformationsrahmen um den Text.

26.1.4 Text zur weiteren Bearbeitung aktivieren

Solange sie nicht gerastert werden – und dazu besteht selten die Notwendigkeit (siehe nächste Seite) –, sind Textebenen jederzeit editierbar. Verändern können Sie entweder den gesamten Inhalt einer Textebene oder auch einzelne Teile.

Wollen Sie nur einzelne Zeichen, Wörter oder Absätze bearbeiten, ist es nötig, diese zu markieren. Dazu aktivieren Sie das Text-Werkzeug und klicken an die gewünschte Stelle im Text. Der Mauszeiger nimmt dann die vertraute Form eines Textcursors an. Nun können Sie Text ergänzen und Teile löschen oder Textteile markieren, um sie neu zu formatieren.

Um einen kompletten Text zu aktivieren – etwa um Formateinstellungen zu verändern oder um den Text auszutauschen –, haben Sie mehrere Möglichkeiten:

- Wenn Sie bei aktivem Verschieben-Werkzeug (V) direkt auf den Text doppelklicken, wird er aktiviert und auch markiert.
- Durch einen Doppelklick in das »T«-Icon im Ebenen-Bedienfeld markieren Sie den gesamten Text und können dann die Einstellungen ändern.
- Wenn die Texteingabe schon einmal bestätigt wurde und der Cursor *nicht* im Text steht, können Sie die Formatierungseinstellungen einfach verändern – sie wirken sich sofort auf den gesamten Text aus, müssen dann aber erneut bestätigt werden. Das funktioniert natürlich nur, wenn die richtige Textebene aktiv ist.

Richtige Textebene aktivieren
Text-Werkzeug aktivieren und ins Bild klicken: Auf diese Weise können Sie eine neue Textebene erzeugen *oder* eine bereits vorhandene Textebene zur Bearbeitung aktivieren. Photoshop versucht, je nach Klickposition und Position der Textebenen zu entscheiden, was Ihr Klick bewirken soll – und rät oft falsch. Zwei Kürzel helfen:

- Klick auf den Text + ⇧ erzeugt eine **neue Textebene**.
- Klick auf den Text + Alt bringt die im Ebenen-Bedienfeld gewählte Textebene in den **Bearbeitungsmodus** und setzt den Cursor in den Text.

Wenn Sie sichergehen und Pannen vermeiden wollen, nutzen Sie die Verriegelungsfunktionen der Textebene. Dann sind (Text-)Ebenen gegen unbeabsichtigte Veränderung geschützt.

Tabelle 26.1 ▸
Tastaturkürzel zum Auswählen und Bearbeiten von Text

Was wollen Sie tun?	Windows	Mac
Text im Bild verschieben	Textebene auswählen, Strg halten, Text mit Maus ziehen (alternativ: Verschieben-Werkzeug)	Textebene auswählen, cmd halten, Text mit Maus ziehen (alternativ: Verschieben-Werkzeug)
Gesamten Text auswählen	Doppelklick mit Verschieben-Werkzeug	Doppelklick mit Verschieben-Werkzeug

Was wollen Sie tun?	Windows	Mac
Ein **Zeichen** links/rechts auswählen: Cursor muss im Text stehen und …	⇧ + ← / →	⇧ + ← / →
Eine **Zeile** oben/unten auswählen: Cursor muss im Text stehen und …	⇧ + ↑ / ↓	⇧ + ↑ / ↓
Ein **Wort** links/rechts auswählen: Cursor muss im Text stehen und …	⇧ + Strg + ← / →	⇧ + cmd + ← / →
Alle Zeichen zwischen blinkender Einfügemarke und Mausklick-Position auswählen	⇧ + in Text klicken	⇧ + in Text klicken
Textfeld beim Erstellen verschieben	Leertaste drücken, Textfeld ziehen	Leertaste drücken, Textfeld ziehen

◂ **Tabelle 26.1**
Tastaturkürzel zum Auswählen und Bearbeiten von Text (Forts.)

26.1.5 Textebenen mit anderen Werkzeugen bearbeiten

Textebenen stellen im pixelspezialisierten Bildbearbeitungsprogramm Photoshop eine Besonderheit dar: Dort ist der Text in Form von **Vektorinformationen** abgelegt. So bleibt Schrift beim Skalieren des Bildes, bei Größenänderungen des Textes oder beim Drucken auf einem PostScript-Drucker gestochen scharf – selbst wenn die Darstellung von Text auf Ihrem Bildschirm mitunter pixelig ausfällt.

Trotz dieser Besonderheit können Sie Textebenen mit vielen Photoshop-Befehlen bearbeiten. Der Text bleibt dabei voll editierbar. Es gibt allerdings auch einige Ausnahmen: Filter und Malwerkzeuge können Sie auf die vektorbasierten Textebenen nicht ohne weiteres anwenden.

Im richtigen Dateiformat sichern
Damit Textebenen ihre positiven Vektoreigenschaften nicht verlieren, müssen Sie die Dateien im richtigen Dateiformat sichern. Neben den Formaten PSD und TIFF eignen sich EPS- und PDF-Dateien.

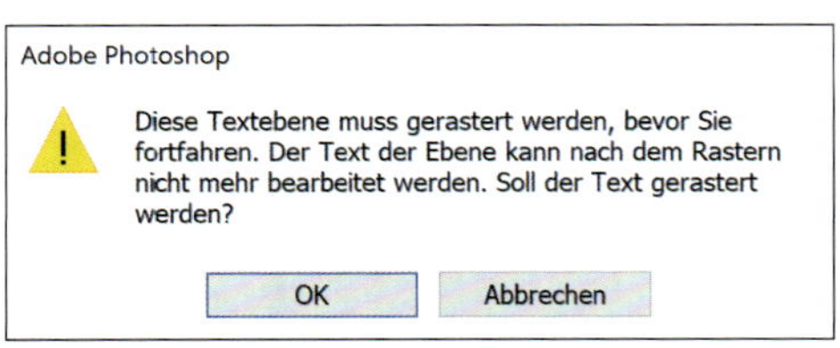

◂ **Abbildung 26.10**
Diese Meldung sehen Sie, wenn Sie einen Arbeitsschritt ausführen wollen, der sich nicht auf Textebenen anwenden lässt.

Text rastern | Um Malwerkzeuge auf Textebenen anzuwenden, muss die Vektorinformation der Textebene erst in Pixel umgerechnet werden. Diesen Vorgang nennt man **Rastern** (in einigen Programmen auch »Rendern«). Damit verliert der Text seine Editierbarkeit und seine günstigen Vektoreigenschaften.

Zum Weiterlesen
In Abschnitt 6.4.5, »Quelldaten von Smartobjekten bearbeiten«, lernen Sie eine Arbeitstechnik kennen, mit deren Hilfe Sie **Smartobjekte (auch solche mit Text) nachträglich editieren** können.

Zum Rastern von Textebenen ...

- rechtsklicken Sie bei aktivem Text-Werkzeug T über dem Text ins Bild und wählen den Kontextmenü-Befehl EBENE RASTERN,
- aktivieren Sie die betreffende Ebene und wählen den Menübefehl SCHRIFT • TEXTEBENE RASTERN, oder
- nutzen Sie das Kontextmenü des Ebenen-Bedienfelds (Rechtsklick auf den Leerraum der Ebenenzeile) und wählen TEXT RASTERN ②.

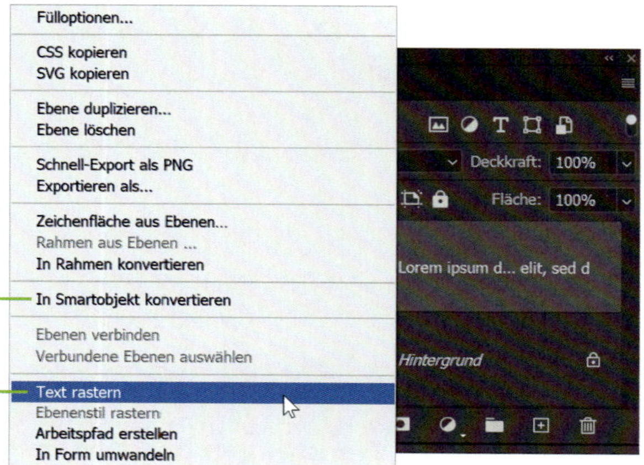

Abbildung 26.11 ▸
Textebene rastern ② oder in ein Smartobjekt umwandeln ①

Als Smartobjekt nutzen | Um Filter auf Textebenen anzuwenden, ist es am besten, diese in Smartobjekte zu konvertieren. So ist es auch nachträglich noch möglich, den Text zu editieren oder zu formatieren. Um eine Textebene in ein Smartobjekt zu verwandeln ...

- nutzen Sie den Menübefehl EBENE • SMARTOBJEKTE • IN SMARTOBJEKT KONVERTIEREN,
- wählen Sie FILTER • FÜR SMARTFILTER KONVERTIEREN,
- oder verwenden Sie im Kontextmenü des Ebenen-Bedienfelds den Befehl IN SMARTOBJEKT KONVERTIEREN ①.

26.1.6 Photoshop-Voreinstellungen für Text

Zum Weiterlesen
Die weiteren Voreinstellungsoptionen lernen Sie im jeweiligen Kontextbezug in diesem Kapitel kennen.

In den VOREINSTELLUNGEN von Photoshop und im Menü SCHRIFT finden Sie einige nützliche Optionen für den Umgang mit Text.

Maßeinheiten | Wie alle anderen Maße können Sie auch die Textgröße in Photoshop in verschiedenen Maßeinheiten angeben. Welche das sein soll, legen Sie in den VOREINSTELLUNGEN (Strg/cmd+K) unter MASSEINHEITEN & LINEALE fest.

Zur Wahl stehen MILLIMETER, PIXEL und PUNKT ③. Die Einstellung PIXEL ist sinnvoll, wenn Sie für das Web gestalten, denn dort sind Pixelgrößen die einzig verlässlichen Maßeinheiten. PUNKT ist eine spezielle typografische Maßeinheit. Unter PUNKT/PICA-GRÖSSE ④ legen Sie fest, welcher Größendefinition die Einheit »Punkt« folgen soll.

▼ Abbildung 26.12
Maßeinheiten für Text festlegen

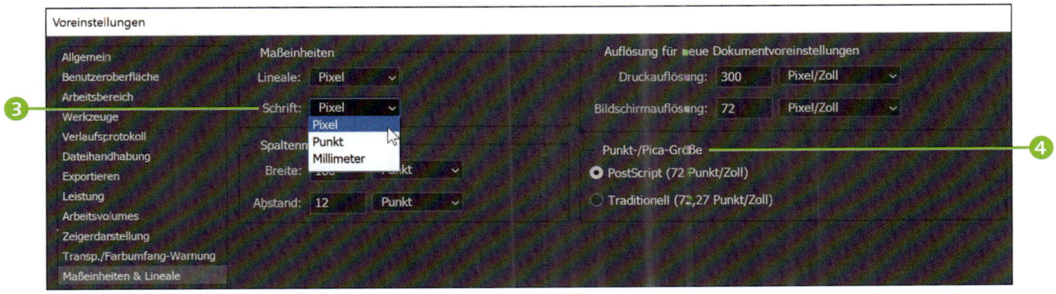

Sprachoptionen und mehr | In den Voreinstellungen unter SCHRIFT finden Sie einige weitere Optionen:

- TYPOGRAFISCHE ANFÜHRUNGSZEICHEN VERWENDEN ersetzt die Anführungen (eigentlich Zollzeichen), die Sie mit Ihrer Tastatur tippen, durch typografisch korrekte Anführungszeichen.
- Enthält Ihr Dokument Textebenen mit Schriften, die auf Ihrem System nicht installiert sind, wird eine Warnung gezeigt. Entscheiden Sie sich dann, ob Sie die Schriftart ersetzen oder beibehalten möchten. Auch wenn Sie die fehlende Schrift im Dokument behalten, können Sie den Text verändern, denn dann greift der Glyphenschutz (sofern Sie bei der Option SCHUTZ FÜR FEHLENDE GLYPHEN AKTIVIEREN das standardmäßige Häkchen nicht entfernt haben). Wenn nötig werden fehlende Zeichen dann durch eine geeignete Schriftart ersetzt, unleserliche Sonderzeichen werden vermieden.
- SCHRIFTNAMEN IN ENGLISCH ANZEIGEN bezieht sich auf asiatische Schriften, ebenso wie die folgenden zwei Optionen für das Textmodul. Bei der Arbeit mit europäischen Zeichensätzen wirken sich diese Optionen nicht aus.

Umgang mit fehlenden Schriften
Wenn viele Ebenen Ihres Dokuments nicht installierte Schriften enthalten und Sie diese ersetzen wollen, müssen Sie das nicht manuell Ebene für Ebene erledigen. Der Befehl SCHRIFT • ALLE FEHLENDEN SCHRIFTEN ERSETZEN macht das automatisch für Sie.

▼ Abbildung 26.13
Voreinstellungen für den Umgang mit Text

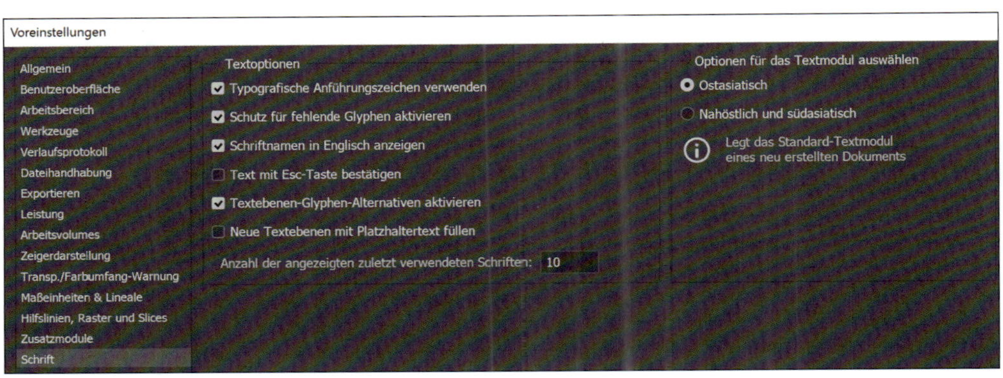

26.2 Text gestalten: Schriftschnitt, Satz und Co.

Photoshop kann spezialisierte Layout-Anwendungen wie InDesign, QuarkXPress oder Scribus nicht ersetzen. Es bietet jedoch umfassende Funktionen zum Gestalten von Schrift und Absätzen – von der Auswahl der Schriftfamilie und Satzart bis zu detailtypografischen Einstellungen wie individuellem Zeichenabstand oder hängender Interpunktion:

- In der Optionsleiste des Text-Werkzeugs finden Sie die gebräuchlichsten Befehle für die Schriftgestaltung.
- In den Bedienfeldern Zeichen und Absatz gibt es darüber hinausgehende Einstellungen fürs Feintuning.
- Im Menü Schrift sind (fast) alle wichtigen Befehle versammelt, die Sie für die Arbeit mit Text brauchen.

Im Folgenden lernen Sie alle Funktionen fürs Layout von Zeichen und Absatz kennen. Ich stelle Ihnen zunächst die Text-Werkzeug-Optionsleiste, dann die weiter gehenden Funktionen in Zeichen- und Absatz-Bedienfeld und schließlich die neuen Bedienfelder Zeichenformate und Absatzformate vor.

26.2.1 Optionen des Text-Werkzeugs

Egal, ob Sie Punkttext oder Absatztext anlegen: In der Optionsleiste finden Sie die wichtigsten Formatierungen für Schrift. Sie können die Formatierung festlegen, bevor Sie mit der Eingabe beginnen, oder Ihren Text nachträglich verändern.

Die Optionen des Text-Werkzeugs

1. Wechsel vom horizontalen zum vertikalen Text-Werkzeug
2. Schriftfamilie
3. Schriftschnitt
4. Schriftgrad
5. Glättungsmethode
6. Ausrichtung
7. Textfarbe
8. Verformten Text erstellen
9. Zeichen-/Absatz-Bedienfeld aufrufen
10. Texteingabe ablehnen oder annehmen
11. Wechsel zur 3D-Texterstellung

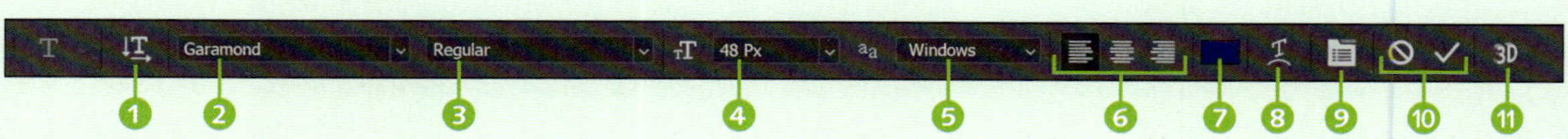

▲ **Abbildung 26.14**
Die Optionsleiste des Text-Werkzeugs. Alternativ können Sie auch die Bedienfelder Zeichen und Absatz verwenden. Zusätzliche Textfunktionen finden Sie im Bedienfeld Glyphen.

Textausrichtung ❶ **|** An erster Stelle finden Sie wie bei jedem Werkzeug die Werkzeugvorgaben, direkt daneben folgt die schon erwähnte Funktion zur Änderung der Laufrichtung Ihres Textes von horizontal zu vertikal und umgekehrt. Allerdings sind westliche Schriften »hochkant« meist ziemlich schlecht zu lesen – Vertikalschrift sollten Sie nur ausnahmsweise nutzen.

Schriftfamilie ❷ **|** Hier stellen Sie die Schriftfamilie ein. Um eine bestimmte Schriftfamilie zu erzeugen, muss der entsprechende Font auf Ihrem Rechner installiert sein. Übrigens finden Sie viele Schriften in der Liste nicht unter dem Schriftnamen, sondern unter dem Namen des Herstellers, so zum Beispiel die Schriftart *Vera Sans* unter *Bitstream Vera Sans*.

Schriftschnitt ❸ **|** Maßgeblich für das Aussehen Ihres Textes ist auch, welcher Schriftschnitt eingestellt ist. Von einer einzigen Schriftart kann es fette, halbfette, breite, schmale, feine, kursive oder besonders magere Schnitte geben. Man nennt so etwas dann eine Schriftfamilie. Manche Schriften sind so gut ausgebaut, dass sie hundert und mehr Varianten haben!

Schriftgrad ❹ **|** Wichtig ist natürlich auch die Schriftgröße (der »Schriftgrad«). Der Wert bezieht sich immer auf die Versalhöhe (Höhe der Großbuchstaben).

Minion Medium, 8 Punkt. The quick brown fox jumps over the lazy dog. Dieser Satz ist ein Pangramm.

Book Antiqua, 8 Punkt. The quick brown fox jumps over the lazy dog. Dieser Satz ist ein Pangramm.

Caslon Pro, 8 Punkt. The quick brown fox jumps over the lazy dog. Dieser Satz ist ein Pangramm.

Futura Medium, 8 Punkt. The quick brown fox jumps over the lazy dog. Dieser Satz ist ein Pangramm.

Myriad Pro, 8 Punkt. The quick brown fox jumps over the lazy dog. Dieser Satz ist ein Pangramm.

◂ **Abbildung 26.15**
Ob Punkt, Millimeter oder Pixel – die Größenangabe ist nur eine grobe Orientierung für die Schriftgröße. Trotz gleicher Punktgröße weichen Wirkung und Laufweite dieser Schriften voneinander ab.

Schriftglättung ❺ **|** Im Dropdown-Feld mit dem kleinen doppelten »a« und im Schrift-Menü unter Antialiasing können Sie die Schriftglättung einstellen.

> **Bessere Bildschirmdarstellung**
> Wer Photoshop für Bildschirmlayouts nutzt, kennt den Effekt: Schriften sehen in Photoshop anders – oft besser – aus als später im Browser. Zwei Schriftglättungsmethoden versprechen Abhilfe: WINDOWS und WINDOWS-LCD (für Mac entsprechend). Damit soll Photoshop eine realistischere Vorschau der Browser-Textdarstellung bieten.

Weil mit den eckigen »Pixel-Mosaiksteinchen«, aus denen die Buchstaben aufgebaut sind, Rundungen nicht glatt dargestellt werden können, werden farblich abgestufte Pixel an den Schriftkanten hinzugefügt. Dadurch soll ein harter »Treppeneffekt« vermieden werden. Photoshop bietet sechs verschiedene Glättungsarten an, die unterschiedlich wirken. Sowohl die Schärfe und der Kontrast der einzelnen Zeichen als auch die Länge des Textes können dabei variieren. Manchmal führt keine der Glättungseinstellungen zu einem guten Ergebnis. Sie müssen sich dann zwischen dem Treppeneffekt der ungeglätteten Schrift oder einer leichten Unschärfe entscheiden. Welche Glättungsmethode Sie verwenden, entscheiden Sie je nach Art und Größe der Schrift – probieren Sie es aus. Bei kleinen Schriften sollten Sie auf Glättung eher verzichten, sonst werden sie schnell unlesbar.

▲ **Abbildung 26.16**
Glättungsmethode: OHNE

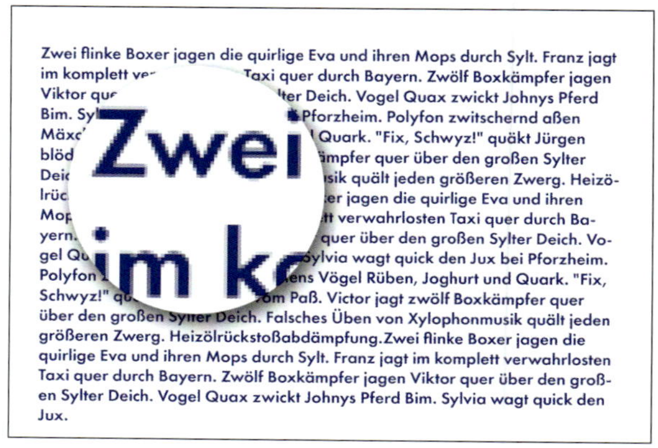

▲ **Abbildung 26.17**
Glättungsmethode: ABRUNDEN

Ausrichtung ❻ | Die Icons rechts daneben kommen Ihnen sicherlich aus Ihrem Textverarbeitungsprogramm bekannt vor: Hier stellen Sie die Ausrichtung Ihres Textes ein. Wählen Sie zwischen rechts- und linksbündigem sowie zentriertem Text. Die Befehle zur Ausrichtung finden Sie außerdem nochmals im SCHRIFT-Menü.

Schriftfarbe ❼ | Auch die Schriftfarbe können Sie natürlich einstellen. Ein Doppelklick auf das Farbfeld öffnet den schon bekannten Farbwähler, wo Sie dann eine Farbe einstellen können.

Verformung ❽ | Die Verformung ist ein Spezialeffekt, bei dem die Editierbarkeit des Textes dennoch erhalten bleibt. Mehr zu verformtem Text finden Sie in Abschnitt 26.4.2, »Verbogene Schrift: Das Textverformungswerkzeug«.

Sonstige | Für das wichtige »Feintuning« stehen Ihnen auch Zeichen- und Absatz-Bedienfeld zur Verfügung, die Sie mit dem kleinen Button ➒ (Abbildung 26.14) oder über das Fenster-Menü aufrufen. Was sich hinter den Text-Bedienfeldern verbirgt, erkläre ich Ihnen gleich. Daneben finden Sie die Schaltfläche zum Aufrufen der 3D-Funktionen, und ganz rechts folgen die schon bekannten Buttons Bestätigen und Abbrechen.

Zum Weiterlesen
Mehr über Photoshops umfassende 3D-Funktionen lesen Sie in Kapitel 31.

26.2.2 Schnell die richtige Schrift finden

Die Schriftenliste verfügt über verschiedene Funktionen, die es Ihnen erleichtern, die Übersicht zu behalten und schnell zur richtigen Schrift zu navigieren.

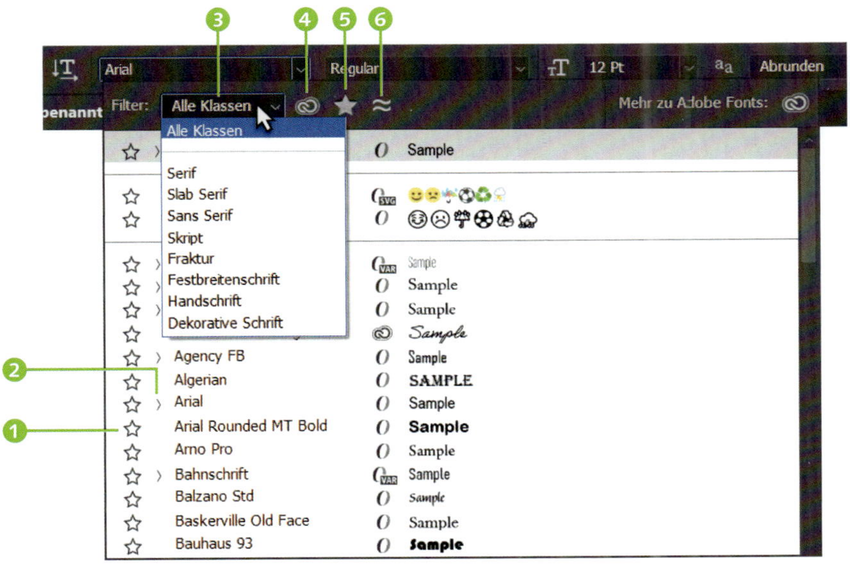

◂ **Abbildung 26.18**
Die Vorschauliste für Schriftarten mit den verschiedenen Filtermöglichkeiten

- **Schriftfamilien sind gruppiert angeordnet.** Mit Hilfe der kleinen Pfeile können Sie eine solche Schriftfamilie ausklappen ➋ und finden dort alle zugehörigen Fonts. Das verkürzt die Liste erheblich und macht sie übersichtlicher.
- Sie können mit Hilfe der Sternchen vor den Schriftnamen ➊ einfach **Favoriten markieren**. Ein Klick auf die Stern-Schaltfläche ganz oben ➎ zeigt Ihnen dann nur die so markierten Schriften an.
- Zudem gibt es weitere **Filtermöglichkeiten für die Liste:** Sie können sich Fonts einer bestimmten Klasse ➌ anzeigen lassen, Schriftarten, die der aktuell verwendeten ähneln ➏, oder nur Adobe Fonts ➍.
- **Schriftvorschaugröße einstellen:** Wie groß die Schriftvorschau in den Auswahllisten in der Text-Werkzeug-Optionsleiste und im Zei-

[Adobe Fonts]
Adobe Fonts (ehemals Typekit) ist ein Schriften-Service von Adobe, der zusammen mit der Creative Cloud angeboten wird und mit allen schriftverarbeitenden CC-Anwendungen gut verzahnt ist. Insgesamt gibt es schon über 2000 Schriften von Adobe selbst und anderen Foundries. Je nachdem, welches Creative-Cloud-Abo Sie abgeschlossen haben, sind Adobe-Fonts-Schriften darin enthalten oder nicht. Vom Abomodell hängt auch die Schriftauswahl und die erlaubte Nutzung ab (nur Online-Einbindung als Webfonts oder auch Print).

chen-Bedienfeld dargestellt wird, bestimmen Sie. Wählen Sie dazu den Menübefehl SCHRIFT • VORSCHAUGRÖSSE FÜR SCHRIFT.

26.2.3 Feinarbeit an der Schrift: Zeichen-Bedienfeld

Es gehört zu den Charakteristika von Photoshop, dass für dieselbe Aufgabe verschiedene Wege angeboten werden. So kommt es auch zwischen der Text-Optionsleiste und den Bedienfeldern zu einigen Doppelungen; das Zeichen-Bedienfeld enthält aber auch weiter gehende Formatierungseinstellungen.

Das Zeichen-Bedienfeld

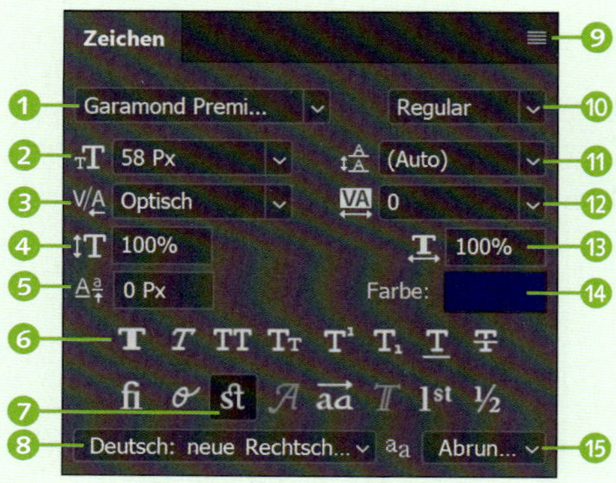

1. Schriftfamilie
2. Schriftgrad
3. Zeichenabstand
4. Vertikal skalieren
5. Grundlinienversatz
6. Faux Fett, Faux Kursiv, Großbuchstaben, Kapitälchen, hochgestellt, tiefgestellt, unterstrichen, durchgestrichen
7. OpenType-Optionen
8. Sprache für Silbentrennung und Rechtschreibprüfung
9. Bedienfeldmenü
10. Schriftschnitt
11. Zeilenabstand
12. Laufweite
13. Horizontal skalieren
14. Schriftfarbe
15. Schriftglättungsmethode

◂ **Abbildung 26.19**
Das Zeichen-Bedienfeld

▴ **Abbildung 26.20**
Der Mauszeiger mit Doppelpfeil ist ein Hinweis darauf, dass Sie die Zahlenwerte in den Eingabefeldern auch durch einfache Mausbewegungen (nach rechts und links) ändern können.

Schriftfamilie und Schriftschnitt | Als erste »alte Bekannte« treffen wir hier die Einstellung der Schriftfamilie (1) und rechts daneben die Einstellung des Schriftschnitts (10).

Schriftgrad und Zeilenabstand | Darunter sind diejenigen Einstellungen zusammengefasst, die für die Lesbarkeit eines Textes maßgebliche Bedeutung haben. Links (2) stellen Sie den Schriftgrad ein, rechts (11) den Zeilenabstand. Standard ist hier die Einstellung AUTO.

Schriftzeichenabstand | Die nächsten zwei Einstellungen beeinflussen den Abstand der Schriftzeichen. Links (3) regulieren Sie den **Abstand zwischen einzelnen Buchstabenpaaren** (Kerning) bzw. legen fest, wie die Automatik arbeitet. Das automatische Kerning greift auf Schriftzeicheninformationen zurück, die vom Erfinder der Schrift (hoffentlich!) bereits in die Schriftdatei eingebaut wurden. Manuelles Kerning steht nicht für alle Schriftsätze zur Verfügung. Hier haben Sie die Wahl zwischen den Optionen METRISCH oder OPTISCH. Für die meisten Fälle reicht das aus. Die Einstellung 0 unterbindet das.

Laufweite | Rechts neben dem Kerning finden Sie die Laufweite ⑫ der Schrift. Damit stellen Sie die Abstände aller Zeichen insgesamt enger oder weiter. Der Standard ist null, und ohne Not sollten Sie hier auch nichts verändern. Bei guten Schriften ist die beste Laufweite schon vorgegeben, und Änderungen dieses Abstands stören den Leseprozess.

Skalierung | Die horizontale ⑬ und die vertikale Skalierung ④ von Schriften eignet sich eher zum Feintuning einzelner Zeichen und nicht zur Behandlung größerer Textmengen. Allerdings sollte eine gut gestaltete Schrift solche Eingriffe nur in Ausnahmefällen nötig haben.

Grundlinienversatz und Farbe | Der Grundlinienversatz ⑤ bietet die Möglichkeit, einzelne Zeichen ein wenig höher oder tiefer zu setzen. Das kann beispielsweise sinnvoll sein, um Sonderzeichen wie etwa das @ harmonisch in ein Schriftbild einzupassen, um Brüche manuell einzugeben oder um hoch- oder tiefgestellte Zeichen in wissenschaftlichen Formeln zu erzeugen.

Die Schriftfarbe ⑭ ist selbsterklärend. Mit einem Doppelklick öffnen Sie den Farbwähler.

Auszeichnungen | Die Reihe von »Ts« ⑥ darunter besteht aus Schaltflächen, mit denen Sie Ihren Schriften weitere Zeichenvarianten wie Kapitälchen, hoch- oder tiefgestellte Zeichen und Ähnliches hinzufügen. Im Seitenmenü finden Sie diese Einstellungen nochmals.

Als Notnagel interessant sind die **Faux-Funktionen** FAUX FETT und FAUX KURSIV. Nicht zu jeder Schrift ist der Schriftschnitt vorhanden, den man gerade benötigt. FAUX FETT und FAUX KURSIV stellen diese Schnitte digital nach – die ursprüngliche Grundschrift wird streng genommen verzerrt; echte Schriftschnitte sind meist schöner proportioniert.

OpenType-Optionen | Die Buttons ⑦ in der nächsten Reihe funktionieren nur, wenn Sie für Ihre Textebene eine OpenType-Schriftart gewählt haben. Selbst dann sind nicht immer alle Funktionen aktiv, weil nicht jeder OpenType-Font mit denselben (Sonder-)Zeichen und Funktionen ausgestattet ist. Sofern die OpenType-Funktion für den gewählten Schriftsatz zur Verfügung steht, können Sie sie durch Klicken eines Buttons aktivieren.

Sie finden die OpenType-Optionen außerdem im Menü SCHRIFT • OPENTYPE und im Bedienfeldmenü ≡ des Zeichen-Bedienfelds.

Individueller Buchstabenausgleich per Tastendruck
Ein individueller Wort- oder Buchstabenausgleich kann bei größeren Schriftgraden und geringen Textmengen sinnvoll sein. Und das klappt besser per Augenmaß als durch das Eingeben abstrakter Zahlenwerte. Möchten Sie den Buchstabenabstand bei großer, besonders exponierter Schrift (etwa Überschriften) individuell justieren, geht das einfach mit Textcursor und Pfeiltasten:

Um den **Buchstaben-** oder **Wortabstand** zu ändern, setzen Sie den Cursor in die Lücke, deren Weite Sie ändern wollen. Drücken Sie [Alt] und dann die Tasten [←] und [→], um den Abstand zu verringern oder zu vergrößern.

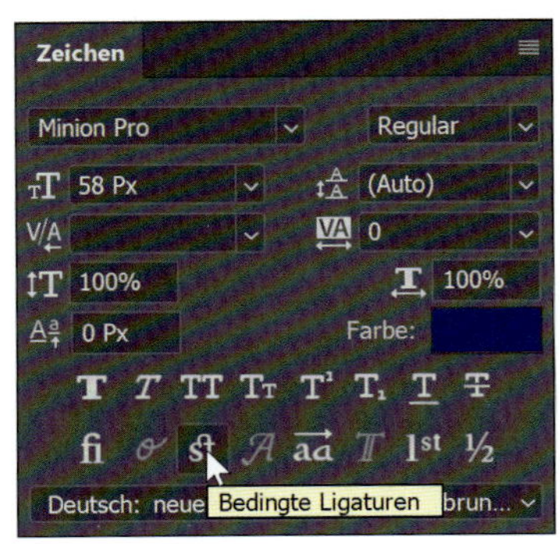

▲ **Abbildung 26.21**
QuickInfos helfen, die OpenType-Icons des Zeichen-Bedienfelds zu entziffern.

[OpenType]
OpenType ist ein von Adobe mitentwickeltes Dateiformat für Schriftfamilien, das besonders umfangreichere Zeichensätze enthalten kann. Sie erkennen OpenType-Schriften in der Schriftenliste am vorangestellten »O«-Symbol und oft auch an den Namenszusätzen »Adobe…« oder »…Pro«.

Eine Garamond mit Standardligaturen: Bei dem starken Wind flog Fifi fast davon, achtete aber darauf, ihren raffinierten Hut nicht zu verlieren und raffte die Röcke. Knoppkes alter Hofhund bellte wie wild.

Eine Garamond mit bedingten Ligaturen: Bei dem ſtarken Wind flog Fifi faſt davon, achtete aber darauf, ihren raffinierten Hut nicht zu verlieren und raffte die Röcke. Knoppkes alter Hofhund bellte wie wild.

Ligaturen funktionieren bei vielen Open-Type-Schriften – Brüche und Ordinalziffern nur bei einigen.
Hier die Minion Pro: ¼, ½, ⅔, 5th Avenue, my 1st time.

Kontextbedingte Varianten oder Formatvarianten ergeben nicht immer ein schönes Schriftbild. Hier die Akko Pro:
T⇗↔ qu⇘⇝k ↑rwon ⇕ox ⇙umps ov↔r t⇗↔ l←zy ↓o⇖.

Abbildung 26.22 ▸
Beispiele für einige OpenType-Funktionen

Wörterbuch und Glättung | In der Wörterbuch-Dropdown-Liste ❽ können Sie die Sprache des Wörterbuches festlegen, das der Silbentrennung zugrunde liegt. Rechts daneben finden Sie wiederum die Optionen zur Glättung ⓯.

26.2.4 Selten gebrauchte Spezialfunktionen des Zeichen-Bedienfelds

Das Bedienfeldmenü ☰ ergänzt das Angebot an Optionen, es gibt jedoch auch viele Doppelungen. Weniger als eine Handvoll selten gebrauchter Befehle finden Sie nur hier.

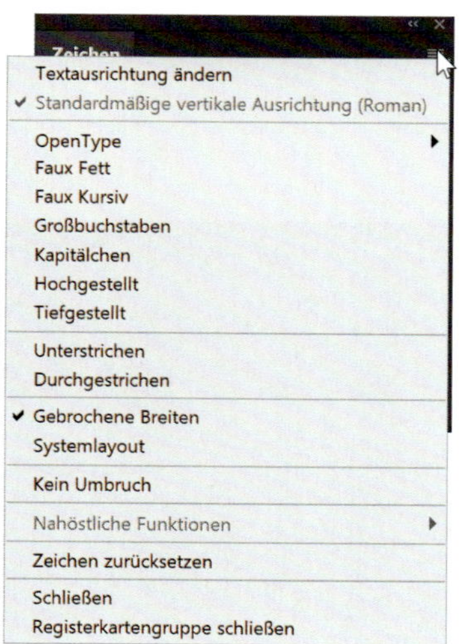

▴ Abbildung 26.23
Das Menü des Zeichen-Bedienfelds

Gebrochene Breiten | Im Fließtext kommen GEBROCHENE BREITEN zum Einsatz, das heißt, zwischen den Zeichen werden millimetergroße Abstände eingefügt, um bei optisch problematischen Buchstabenkombinationen eine bessere Lesbarkeit zu gewährleisten. Die Option können Sie meist unangetastet lassen.

Systemlayout | Die Funktion SYSTEMLAYOUT ist für Gestalter von Programmoberflächen gedacht. Sie zeigt Schriften so, wie sie von Betriebssystemen standardmäßig angezeigt werden.

Kein Umbruch | Diese Option verhindert, dass einzelne Wörter am Zeilenende getrennt (umbrochen) werden. Das ist ganz nützlich bei Begriffen, bei denen der Umbruch zu Missverständnissen führt. Markieren Sie einfach das betreffende Wort, und klicken Sie dann diese Option an.

Zeichen zurücksetzen | Dieser Befehl ist eine praktische Hilfe, wenn Sie sich einmal in den zahlreichen Einstellungen des Zeichen-Bedienfelds verheddern. Mit ihm setzen Sie sämtliche Einstellungen wieder auf den letzten Stand zurück. Dabei darf sich der Textcursor nicht im Schriftzug befinden, und die Textebene muss aktiviert sein.

26.2.5 Variationen ins Spiel bringen: Glyphen-Bedienfeld

Mit Hilfe der OpenType-Buttons aus dem Zeichen-Bedienfeld (siehe Abschnitt »OpenType-Optionen« in Abschnitt 26.2.3) haben Sie die Möglichkeit, Ligaturen, kontextbedingte Schriftvarianten, Format- und Titelschriftvarianten einer Schrift zu aktivieren, sofern der Font das zulässt.

Mit dem aus Adobe InDesign bekannten Glyphen-Bedienfeld haben Sie noch differenziertere Möglichkeiten: Sie können gezielt einzelne (Sonder-)Zeichen in Ihren Text einfügen – vorausgesetzt, dass solche Varianten in dem Schriftsatz enthalten sind. Sie können die Funktion nutzen, um die Standardbuchstaben einer Schriftart durch dekorative Varianten zu ersetzen, um diakritische Zeichen einzugeben, die Sie per Keyboard nicht erreichen, oder um die Zeichen einer Symbolschrift einzugeben. Sofern Sie mit speziellen Color Fonts – Adobe bietet dafür Fonts im OT-SVG-Format an – arbeiten, können Sie damit auch Glyphen-Kombinationen erzeugen. Die Funktionen des Bedienfelds sind schnell erklärt:

▲ **Abbildung 26.24**
Schaltfläche zum Start des Bedienfelds Glyphen

- Sie starten das Bedienfeld über Fenster • Glyphen oder durch Klick auf die entsprechende Schaltfläche.
- Ganz oben sehen Sie die zuletzt verwendeten Glyphen ①. Mit dem Befehl Zuletzt verwendete Glyphen löschen im Bedienfeldmenü leeren Sie diese Liste.
- Mit den Schaltflächen darunter stellen Sie die Schriftart ② ein, deren Glyphen Sie ansehen (und einsetzen) wollen. Diese Einstellung hat keinen Einfluss auf den Text, den Sie gerade bearbeiten – es funktioniert sogar, ohne eine Textebene zu initialisieren.
- Mit der Kategorienliste ⑥ legen Sie fest, welche Zeichen Ihnen im Vorschaufeld ⑤ darunter angezeigt werden. Ist Gesamte Schrift ausgewählt, werden alle Zeichen einer Schrift gezeigt. Die Einstellung Alternativen für Auswahl entfaltet erst dann ihren Charme, wenn Sie in Ihrem Text ein Zeichen ausgewählt haben. Dann werden die vorhandenen alternativen Ausführungen für dieses spezielle Zeichen gezeigt, und Sie müssen nicht die lange Liste des vollständigen Zeichensatzes durchsuchen. Für die Eingabe von Zeichenalternativen gibt es jedoch einen noch anderen Weg (Abbildung 26.26).
- Mit dem Schieberegler ③ und den beiden Buttons ④ verändern Sie die Darstellungsgröße der Zeichen innerhalb der Liste.

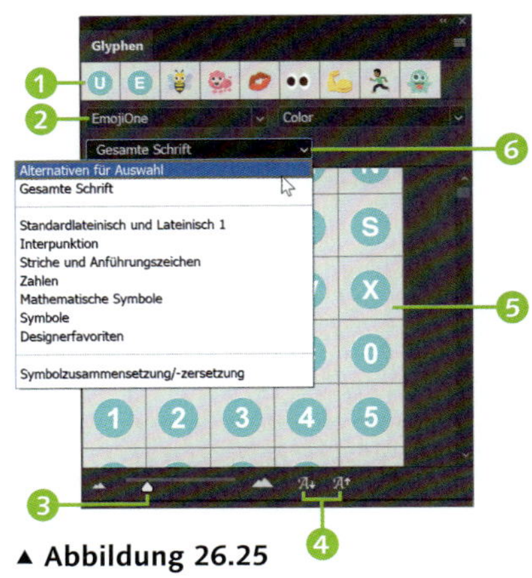

▲ **Abbildung 26.25**
Das Glyphen-Bedienfeld, hier mit einer Symbolschrift

- Um eine Glyphe in Ihren Text einzugeben, suchen Sie das gewünschte Zeichen in der Liste und klicken einfach doppelt. Das gewählte Zeichen wird eingefügt. Die Schriftart richtet sich dann nach den Einstellungen des Glyphen-Bedienfelds, andere Eigenschaften wie Punkt-/Pixelgröße, Farbe und Ähnliches folgen den Einstellungen im Zeichen-Bedienfeld oder der Optionsleiste.

Die Abkürzung: Zeichenalternativen anzeigen und einfügen | Sie brauchen das Glyphen-Bedienfeld nicht zwingend, wenn Sie eine Schriftartalternative in einen Text eingeben wollen. Es genügt, im bereits eingegebenen Text mit aktivem Text-Werkzeug (T) ein Zeichen zu markieren, dann klappt ein kleines Auswahlmenü auf.

- Klicken auf eines der Zeichen setzt es anstelle des markierten Zeichens in den Text ein.
- Klicken auf das kleine Dreiecksymbol (7) in der Liste öffnet das Glyphen-Bedienfeld.
- Drücken von Esc schließt die kleine Auswahlliste.

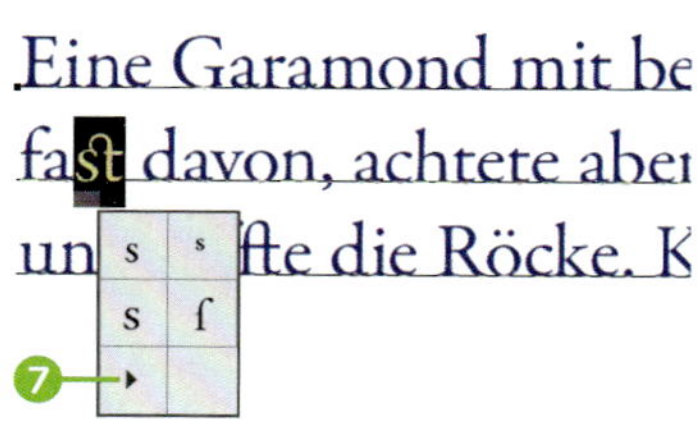

▲ **Abbildung 26.26**
Der schnelle Weg zu alternativen Zeichen einer Schriftart. Das klappt aber nicht bei allen Schriftarten, sondern nur, wenn im Zeichensatz Alternativzeichen vorhanden sind.

Anzeige der Alternativzeichen unterbinden | Wenn Sie sich durch dieses Photoshop-Verhalten in Ihrem Arbeitsfluss gebremst sehen, können Sie es einfach deaktivieren, und zwar in den Voreinstellungen (Strg/cmd+K) auf der Tafel Schrift. Dort entfernen Sie das Häkchen bei der Option Textebenen-Glyphen-Alternativen aktivieren.

26.2.6 Absatz-Bedienfeld: Feinarbeit an Ausrichtung und Abständen

Damit ein Text gut wirkt, muss nicht nur die Schrift passen, sondern auch sein **Satz**. Ihr wichtigstes Hilfsmittel für die differenzierende Arbeit an größeren Textblöcken ist das Absatz-Bedienfeld.

Das Absatz-Bedienfeld

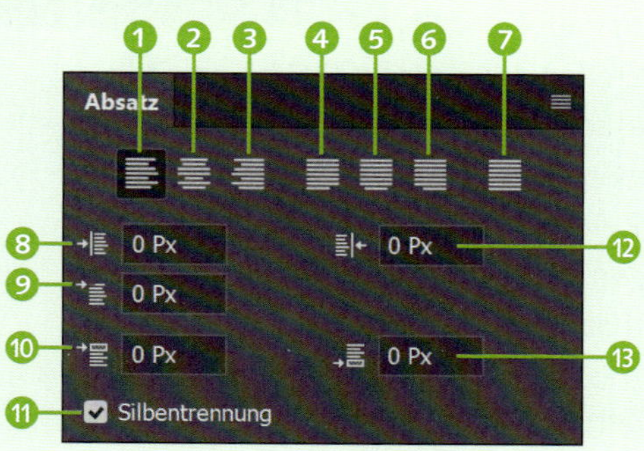

1. Linksbündig
2. Zentriert
3. Rechtsbündig
4. Blocksatz, letzte Zeile linksbündig
5. Blocksatz, letzte Zeile zentriert
6. Blocksatz, letzte Zeile rechtsbündig
7. Blocksatz
8. Einzug links
9. Einzug erste Zeile
10. Abstand vor Absatz
11. Silbentrennung aktivieren
12. Einzug rechts
13. Abstand nach Absatz

◀ **Abbildung 26.27**
Das Absatz-Bedienfeld

Textausrichtung | Ganz oben finden Sie die Optionen für die Ausrichtung des Textes. Die ersten drei Buttons sind für linksbündigen ① (Abbildung 26.27), zentrierten ② und rechtsbündigen ③ Text, danach folgen gleich vier verschiedene Einstellungsmöglichkeiten für Blocksatz. Maßgeblich ist dabei jeweils der Umgang mit der letzten Zeile eines Absatzes: Mal steht diese rechtsbündig ⑥ unter dem Textblock, mal zentriert ⑤ oder linksbündig ④. Der letzte Button ⑦ in der Reihe setzt alle Zeilen – auch wenn diese nur wenige Zeichen enthalten – konsequent auf die Blockbreite. Das kann zu extrem löcherigen Texten führen. Eine (meist nicht notwendige) millimetergenaue Einstellung der Ausrichtung ermöglicht der Befehl ABSTÄNDE im Seitenmenü.

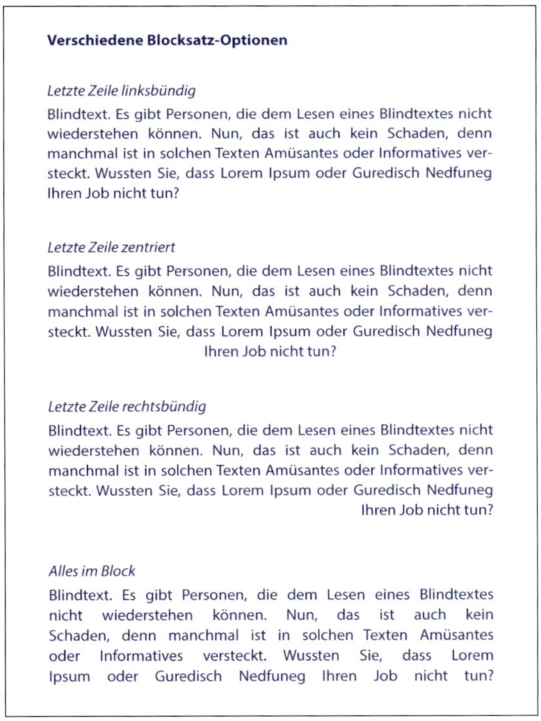
Verschiedene Blocksatz-Optionen

Letzte Zeile linksbündig

Blindtext. Es gibt Personen, die dem Lesen eines Blindtextes nicht widerstehen können. Nun, das ist auch kein Schaden, denn manchmal ist in solchen Texten Amüsantes oder Informatives versteckt. Wussten Sie, dass Lorem Ipsum oder Guredisch Nedfuneg Ihren Job nicht tun?

Letzte Zeile zentriert

Blindtext. Es gibt Personen, die dem Lesen eines Blindtextes nicht widerstehen können. Nun, das ist auch kein Schaden, denn manchmal ist in solchen Texten Amüsantes oder Informatives versteckt. Wussten Sie, dass Lorem Ipsum oder Guredisch Nedfuneg Ihren Job nicht tun?

Letzte Zeile rechtsbündig

Blindtext. Es gibt Personen, die dem Lesen eines Blindtextes nicht widerstehen können. Nun, das ist auch kein Schaden, denn manchmal ist in solchen Texten Amüsantes oder Informatives versteckt. Wussten Sie, dass Lorem Ipsum oder Guredisch Nedfuneg Ihren Job nicht tun?

Alles im Block

Blindtext. Es gibt Personen, die dem Lesen eines Blindtextes nicht widerstehen können. Nun, das ist auch kein Schaden, denn manchmal ist in solchen Texten Amüsantes oder Informatives versteckt. Wussten Sie, dass Lorem Ipsum oder Guredisch Nedfuneg Ihren Job nicht tun?

◂ **Abbildung 26.28**
Die Handhabung der letzten, kurzen Zeile eines als Block gesetzten Absatzes beeinflusst das Erscheinungsbild des gesamten Textes.

Einzug | Ebenfalls einstellen können Sie den Einzug von kompletten Absätzen oder der ersten Zeile eines Absatzes. Sie haben die Wahl zwischen Einzug links ⑧ oder Einzug rechts ⑫ für einen vollständigen Textabsatz oder Einzug links für die oberste Zeile ⑨. Wenn Sie hier einen negativen Wert eingeben, wird die Zeile nicht eingezogen, sondern nach links aus dem Text hinausgeschoben.

Abstand zwischen Absätzen | Auch den Abstand zwischen Absätzen können Sie pixelgenau festlegen – eine gute Alternative zur Leerzeile, die oft einen zu großen Abstand schafft. Hier können Sie den Abstand vor (10) oder nach Absätzen (13) vergrößern.

Wie weisen Sie Absätzen Formate zu? | Klicken Sie entweder in den zu formatierenden Absatz, oder markieren Sie mehrere Absätze, um sie zusammen zu bearbeiten. Um alle Absätze einer Textebene zu formatieren, reicht es, die Textebene im Ebenen-Bedienfeld zu aktivieren. Führen Sie dann die Formatierung durch, indem Sie auf die entsprechenden Buttons klicken oder Werte in das Bedienfeld eintragen.

26.2.7 Selten gebrauchte Befehle für die Absatzgestaltung

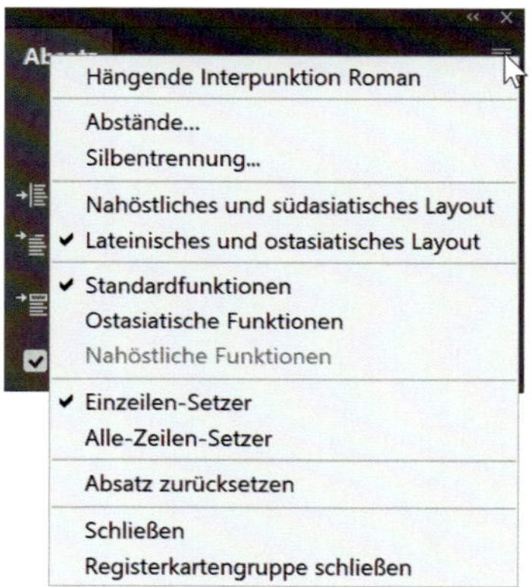

▲ **Abbildung 26.29**
Im Seitenmenü des Absatz-Bedienfelds verbergen sich einige Spezialbefehle für Detailversessene.

Das Bedienfeldmenü ☰ des Absatz-Bedienfelds brauchen Sie für die tägliche Arbeit wohl eher selten.

Hängende Interpunktion | Die Option Hängende Interpunktion Roman steuert, ob Satzzeichen innerhalb oder außerhalb des Textrahmens liegen. Dadurch können sich auch die Umbrüche eines Textes verändern.

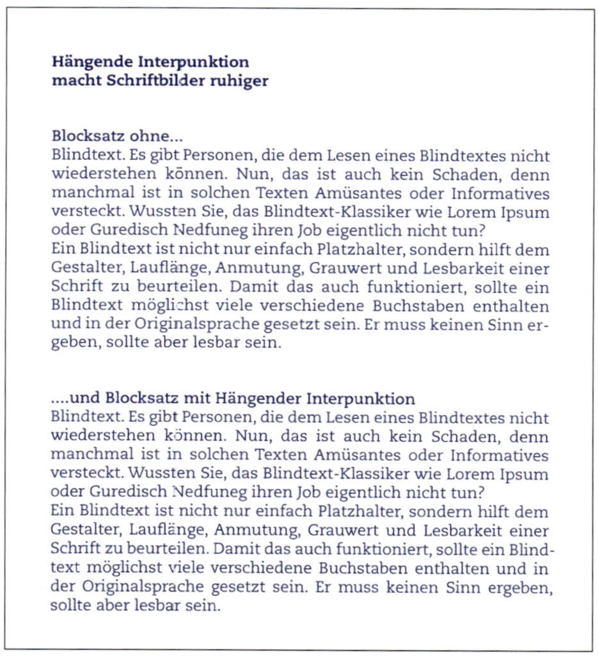

Abbildung 26.30 ►
Die Option Hängende Interpunktion Roman (unten) führt zu einem ruhigeren Erscheinungsbild des Textes.

Setzer | Die Optionen Einzeilen-Setzer und Alle-Zeilen-Setzer funktionieren nur bei Absatztext. Sie legen fest, welche internen Parameter Photoshop bei den automatischen Funktionen wie Wortabständen und Umbrüchen zugrunde legt. Der Alle-Zeilen-Setzer arbeitet komplexer, berücksichtigt den Gesamttext und scheint tendenziell Silbentrennung eher zu umgehen; der EINZEILEN-SETZER soll sich dagegen am traditionellen »zeilenweisen« Satz orientieren.

▼ **Tabelle 26.2**
Tastaturbefehle für das Formatieren von Text auf einen Blick

Was wollen Sie tun?	**Windows**	**Mac**
Absatz **linksbündig** ausrichten (horizontales Text-Werkzeug muss aktiv sein, Cursor im Text)	[Strg]+[⇧]+[L]	[cmd]+[⇧]+[L]
Absatz **rechtsbündig** ausrichten (horizontales Text-Werkzeug muss aktiv sein, Cursor im Text)	[Strg]+[⇧]+[R]	[cmd]+[⇧]+[R]
Absatz im **Blocksatz** ausrichten (horizontales Text-Werkzeug muss aktiv sein, Cursor im Text)	[Strg]+[⇧]+[F]	[cmd]+[⇧]+[F]
Absatz **zentriert** ausrichten (horizontales Text-Werkzeug muss aktiv sein, Cursor im Text)	[Strg]+[⇧]+[C]	[cmd]+[⇧]+[C]
Bei vertikaler Schrift: zentrieren, oben oder unten ausrichten	vertikales Text-Werkzeug + [Strg]+[⇧]+[L], [C] oder [R]	vertikales Text-Werkzeug + [cmd]+[⇧]+[L], [C] oder [R]
Silbentrennung ein/aus	[Strg]+[⇧]+[Alt]+[H]	[cmd]+[ctrl]+[⇧]+[alt]+[H]
Wechsel zwischen EINZEILEN-SETZER und ALLE-ZEILEN-SETZER	[Strg]+[⇧]+[Alt]+[T]	[cmd]+[⇧]+[alt]+[T]
Schriftgrad des ausgewählten Textes um eine Einheit (Punkt oder Pixel, je nach Voreinstellung) verkleinern	[Strg]+[⇧]+[A]	[cmd]+[⇧]+[?]
Schriftgrad des ausgewählten Textes um eine Einheit (Punkt oder Pixel, je nach Voreinstellung) vergrößern	[Strg]+[⇧]+[W]	[cmd]+[⇧]+[`] (Akzentzeichen)
Zeilenabstand des ausgewählten Textes um eine Einheit (Punkt oder Pixel, je nach Voreinstellung) vergrößern	[Alt]+[↓]-Taste	[alt]+[↓]-Taste
Zeilenabstand des ausgewählten Textes um eine Einheit (Punkt oder Pixel, je nach Voreinstellung) verkleinern	[Alt]+[↑]-Taste	[alt]+[↑]-Taste
Zeilenabstand des ausgewählten Textes um 5 Einheiten (Punkt oder Pixel, je nach Voreinstellung) vergrößern	[Strg]+[Alt]+[↓]-Taste	[cmd]+[alt]+[↓]-Taste
Zeilenabstand des ausgewählten Textes um 5 Einheiten (Punkt oder Pixel, je nach Voreinstellung) verkleinern	[Strg]+[Alt]+[↑]-Taste	[cmd]+[alt]+[↑]-Taste
Grundlinienversatz des ausgewählten Textes um eine Einheit (Punkt oder Pixel, je nach Voreinstellung) verkleinern	[⇧]+[Alt]+[↓]-Taste	[⇧]+[alt]+[↓]-Taste

Was wollen Sie tun?	Windows	Mac
Grundlinienversatz des ausgewählten Textes um eine Einheit (Punkt oder Pixel, je nach Voreinstellung) vergrößern	⇧+Alt+↑-Taste	⇧+alt+↑-Taste
Grundlinienversatz des ausgewählten Textes um 5 Einheiten (Punkt oder Pixel, je nach Voreinstellung) verkleinern	Strg+⇧+Alt+↓-Taste	cmd+⇧+alt+↓-Taste
Grundlinienversatz des ausgewählten Textes um 5 Einheiten (Punkt oder Pixel, je nach Voreinstellung) vergrößern	Strg+⇧+Alt+↑-Taste	cmd+⇧+alt+↑-Taste
Laufweite/Kerning um 20/1 000 Geviert verkleinern	Alt+←-Taste	alt+←-Taste
Laufweite/Kerning um 20/1 000 Geviert vergrößern	Alt+→-Taste	alt+→-Taste

▲ **Tabelle 26.2**
Tastaturbefehle für das Formatieren von Text auf einen Blick (Forts.)

26.3 Tools und Funktionen fürs Textlayout

Photoshop wird von vielen Anwendern für kleine Layoutarbeiten und für das Erstellen von Entwürfen – etwa für Websites – genutzt. Mit den letzten Updates wird es zudem auch fürs Screen- und App-Design interessant.

26.3.1 Ähnliche Schriften finden

Wer nicht gerade ein ausgewiesener Typografie-Nerd ist, kann wohl nur in den seltensten Fällen alle Fonts in einem vorgefundenen Layout benennen. Die Suche nach einer spezifischen Schriftart kann sich dann mühsam gestalten. Mit der Funktion SCHRIFT • PASSENDE SCHRIFT FINDEN schafft Adobe Abhilfe. Sie brauchen nur ein Foto der gesuchten Schriftart – dann können Sie Photoshop auf die Suche schicken. Die Schriftsuche funktioniert für lateinische und japanische Schriftzeichen. So gehen Sie vor:

1. Ihre Abbildung sollte nicht perspektivisch verzerrt sein, die dargestellte Schrift muss überdies horizontal ausgerichtet sein.
2. Erzeugen Sie eine Auswahl um einen Teil der Schrift. Je genauer die Auswahl, desto präziser die Vorschläge. Sie können die Auswahl aber auch noch während der Suche anpassen und so beispielsweise andere signifikante Schriftbereiche mit charakteristischen Zeichen wählen.
3. Wählen Sie SCHRIFT • PASSENDE SCHRIFT FINDEN.
4. Wählen Sie in den angezeigten Suchergebnissen die Schriftart aus, die die größte Ähnlichkeit zur gesuchten hat, und klicken Sie auf OK. Die Schrift ist nun im Texttool voreingestellt.

Leider gibt es in der Ergebnisliste außer der Vorschau des Wortes »Sample« keine Voransicht – möglicherweise müssen Sie mehrere Versuche starten, bis Sie das beste Ergebnis gefunden haben.

▲ **Abbildung 26.31**
Schriften müssen waagerecht ausgerichtet sein, sonst versagt Photoshops Erkennungsautomatik (hier das Logo vom Rheinwerk Verlag).

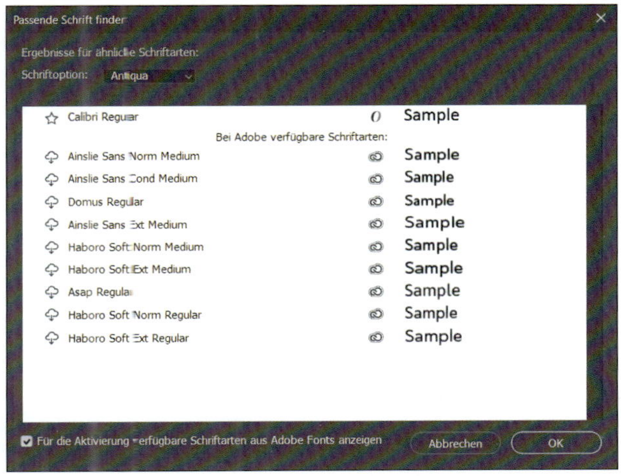

▲ **Abbildung 26.32**
Die Ergebnisliste stellt die ähnlichsten Schriften nach oben.

Platzhaltertext einfügen | Blindtext wird in Layouts häufig benötigt. Beim Erstellen von Websites, Broschüren, Flyern und anderen Layouts werden Text und Design meist parallel entwickelt. Der finale Text ist dann noch nicht fertig, der Designer benötigt jedoch Text, um seinen Entwurf weiterzuentwickeln. Dann wird auf Blindtext als Platzhalter zurückgegriffen. Als Konvention hat sich eingebürgert, dafür lateinisch klingenden Text zu verwenden, der mit den Worten »Lorem Ipsum« beginnt. Auf diese Weise ist Platzhaltertext leicht als solcher zu erkennen, und es gibt weniger Probleme bei Abstimmungsprozessen mit Auftraggebern.

Wie Photoshops Blindtext-Tool funktioniert, ist schnell erklärt: Sie rufen das Text-Werkzeug T auf, nehmen die Einstellungen für Ihre Schriftart vor, ziehen einen Rahmen für Absatztext auf und wählen dann den Befehl SCHRIFT • PLATZHALTERTEXT EINFÜGEN. Der Textrahmen wird mit Text in unechtem (Lorem-Ipsum-)Latein gefüllt.

Feintuning der Schriftdarstellung: Textfarben mit Gamma füllen | Photoshop verfügt über eine versteckte Einstellung, mit der Sie die Schriftdarstellung am Bildschirm über die Glättungseinstellungen hinaus verfeinern können. Verborgen ist sie unter BEARBEITEN • FARBEIN-

STELLUNGEN (⇧+Strg/cmd+K). Unten rechts finden Sie die Einstellung TEXTFARBEN MIT GAMMA FÜLLEN. Sie sollte aktiv sein. Indem Sie den Standard-Gammawert (1,45) manuell verändern, erzielen Sie eine dünnere, saubere oder kräftigere Schriftdarstellung.

Sie testen die Wirkung am besten, indem Sie in ein Textdokument hineinzoomen und dann mit der Einstellung ein wenig experimentieren. Die Veränderungen sind subtil, jedoch bei manchen Schriften und Schriftgraden durchaus spürbar. Achtung: Was Sie hier einstellen, gilt global für alle in Photoshop gezeigten Schriften und so lange, bis Sie die Einstellung erneut ändern.

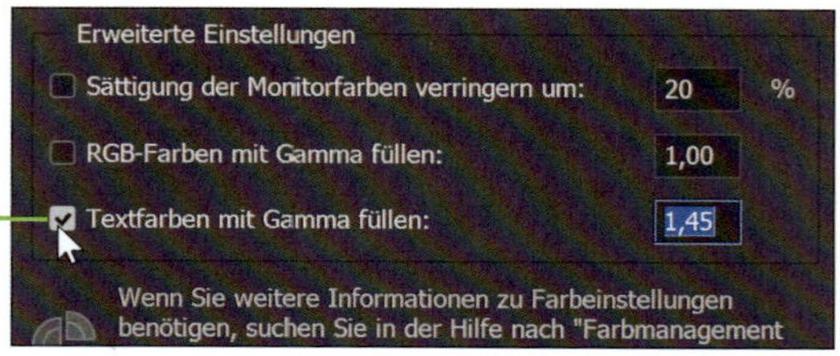

Abbildung 26.33 ▸
Versteckte Textdarstellungsoption ① in den FARBEINSTELLUNGEN

26.3.2 Formate übertragen

Mit Hilfe der Bedienfelder ZEICHENFORMATE und ABSATZFORMATE lassen sich auch komplexere Textlayouts in Photoshop realisieren. Mit diesen Bedienfeldern erstellen Sie für beliebige Kombinationen von Texteigenschaften einfach ein »Format«, in dem ganz unterschiedliche Zeichen- oder Absatzeigenschaften enthalten sein können. So ein Format können Sie dann ganz schnell mehreren Textebenen zuweisen und auch an zentraler Stelle ändern. Das enervierende Durchklicken und manuelle Ändern zahlloser Textebenen in umfangreichen Layouts (»Habe ich vielleicht doch vergessen, bei einer Ebene die Textgröße von 7 Px auf 8 Px umzustellen?«) entfällt.

Zum Ausprobieren der Bedienfelder können Sie die Datei »Websitedummy.tif« nutzen.

Formatvorlagen für Zeichen- und Absatzformate | Verwendungszweck und Funktionsprinzip der Bedienfelder ABSATZFORMATE und ZEICHENFORMATE sind fast identisch. Der Unterschied: Während das Zeichenformate-Bedienfeld ausschließlich zeichenbasierte Eigenschaften wie Schriftart, -grad oder -farbe festhält, können Sie mit Hilfe des Absatzformate-Bedienfelds zusätzlich zeichenübergreifende, absatzbasierte Eigenschaften wie Ausrichtung, Einzüge oder Kerning als Format festhalten.

Erzeugen eines neuen Formats | Zunächst einmal brauchen Sie einen Text, der bereits mit den gewünschten Zeichen- oder Absatzeigenschaften versehen ist.

1. Diesen Textteil oder Absatz markieren Sie und klicken auf das Neu-Icon ⊞ am unteren Rand des Zeichen- oder Absatz-Bedienfelds. Das neue Format wird erstellt und ist zunächst nur mit einem Standardnamen plus Ziffer ② versehen.
2. Um dem neuen Format nun einen eindeutigen Namen zu geben, aktivieren Sie dieses neue Format im Bedienfeld, und wählen Sie im Bedienfeldmenü den Befehl Stil umbenennen ④.

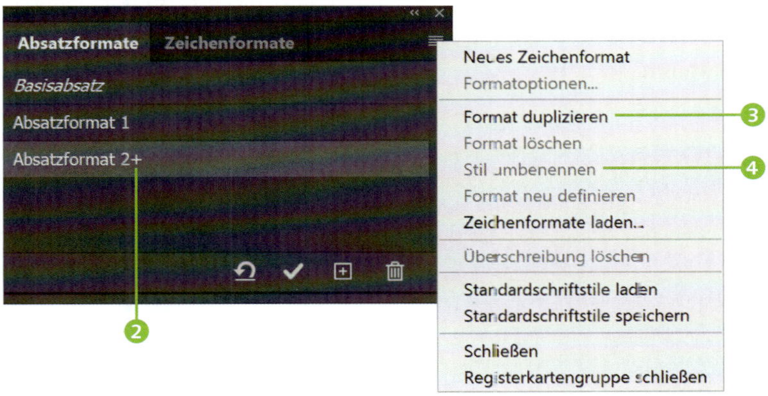

◂ **Abbildung 26.34**
Zeichen- und Absatzformate-Bedienfeld: wenig Funktionen, trotzdem sehr hilfreich (hier mit einigen bereits definierten Formaten)

Formate erzeugen durch Duplizieren | Ein schneller und naheliegender Weg, leicht veränderte Versionen von fertigen Formaten zu erzeugen, ist das Duplizieren und anschließende Modifizieren von Formaten. Nutzen Sie für das Duplizieren das Bedienfeldmenü ≡, und wählen Sie dort den Befehl Format duplizieren ③. Der vom Ebenen-Bedienfeld vertraute Weg, ein Element einfach auf das Neu-Icon zu ziehen, funktioniert hier nicht.

Textebenen zuerst freigeben!
Die Formate-Bedienfelder funktionieren nicht richtig, wenn Ebenen im Dokument ausgeblendet oder fixiert sind.

Formate auf andere Ebenen übertragen | Um einer Textebene eines der bereits erstellten Formate zuzuweisen, aktivieren Sie die Ebene im Ebenen-Bedienfeld und klicken dann auf den Titel des betreffenden Formats im Zeichenformate- oder Absatzformate-Bedienfeld.

Formateigenschaften oder Formate löschen | Um die bereits einem Text zugewiesenen **Formateigenschaften zu löschen**, aktivieren Sie die betreffende Textpartie und klicken im Formate-Bedienfeld auf das Icon Überschreibungen löschen ↺. Damit werden alle zuvor festgelegten Texteigenschaften entfernt. Der Text erscheint nun mit den Eigenschaften, die aktuell in der Optionsleiste des Text-Werkzeugs eingestellt sind. Um ein **Format aus dem Bedienfeld zu löschen**, klicken Sie einfach auf das Mülleimer-Icon 🗑.

Formate nachträglich modifizieren | Der Witz bei Formatvorlagen ist, dass sich zahlreiche Textebenen mit einem Schlag ändern lassen. Dazu müssen Sie zunächst eine Formatvorlage erstellen und sie den verschiedenen Ebenen zuweisen. Danach brauchen Sie nur noch die Formatvorlage zu ändern, und alle damit verbundenen Ebenen werden automatisch aktualisiert. Um die Eigenschaften eines Formats nachträglich zu ändern, doppelklicken Sie auf den Namen des jeweiligen Formats im Formate-Bedienfeld. Sie erreichen dann einen umfangreichen Dialog, in dem Sie jede nur erdenkliche Zeichen- oder Absatzeigenschaft umstellen können.

Abbildung 26.35 ▼
Schrifteigenschaften eines Formats – hier eines Absatzformats – überprüfen oder anpassen. Sie erreichen den Dialog per Doppelklick auf den Formattitel im Formate-Bedienfeld.

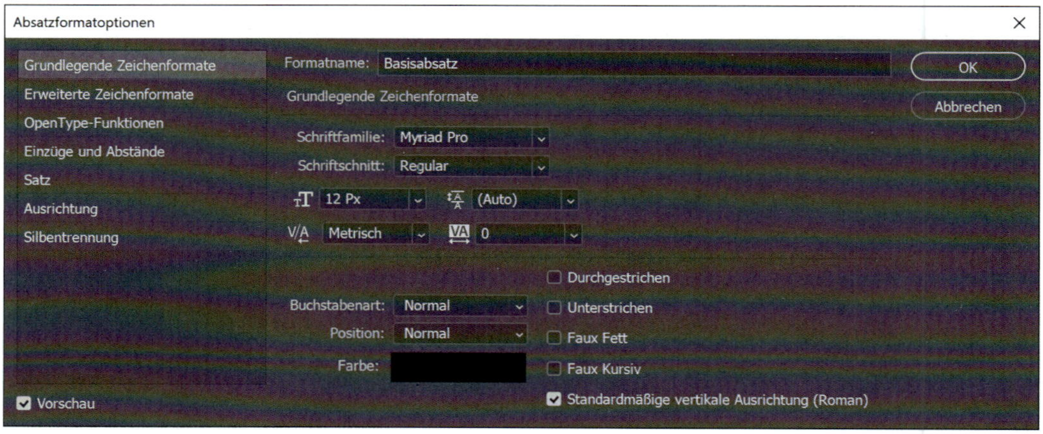

Formate auf andere Dateien übertragen | Formate können nicht nur auf verschiedene Texte innerhalb einer Datei angewendet werden, sie lassen sich auch zwischen verschiedenen Dateien übertragen.

Üblicherweise sind Absatzformate- und Zeichenformate-Bedienfeld leer, wenn Sie eine Datei öffnen, in der noch keine Textformate gespeichert sind. Das lässt sich ändern, und dazu haben Sie zwei verschiedene Möglichkeiten:

- Wenn die Ausgangsdatei mit den Formaten, die Sie nutzen möchten, geöffnet ist, wählen Sie im Bedienfeldmenü den Befehl STANDARDSCHRIFTSTILE SPEICHERN. Die Einstellungen werden nun im Formate-Bedienfeld hinterlegt und stehen für weitere Dateien zur Verfügung.
- Wenn Sie die Datei, deren Formate Sie nutzen wollen, bereits – im PSD-Format – gesichert und geschlossen haben, wählen Sie den Befehl ABSATZFORMATE LADEN. Sie gelangen dann zu einem Dialogfeld, in dem Sie zur betreffenden Datei navigieren und diese auswählen. Die dort hinterlegten Formate werden automatisch in das Zeichen- oder Absatzformate-Bedienfeld geladen. Dort können Sie sie für weitere Dateien nutzen.

26.4 Texttools für Spezialfälle

Bisher haben wir uns mit dem korrekten Satz von Text beschäftigt. Photoshop bietet aber auch ein paar Spezialfunktionen, mit denen Sie etwas spielerischer mit Schrift umgehen können.

26.4.1 Textmaskierungswerkzeuge

Die beiden Textmaskierungswerkzeuge horizontales Textmaskierungswerkzeug T und vertikales Textmaskierungswerkzeug T haben bei weitem nicht die Bedeutung wie die regulären Text-Werkzeuge. Die beiden Werkzeuge sind dazu ausgelegt, eine Auswahl in Form des Textes zu erstellen.

1. Zunächst wird während der Texteingabe eine Maske – ähnlich der Quick Mask – eingeblendet.
2. Sobald Sie die Eingabe abschließen, erscheinen Auswahllinien in Form der Textkonturen.
3. Die so angelegte, »textförmige« Auswahl wird anschließend in der aktiven Ebene angezeigt.

Sie können diese Auswahl wie jede andere Auswahl auch verschieben, kopieren, füllen oder konturieren. Verzichten müssen Sie dabei allerdings auf die flexible Bearbeitung des Textes – weder Wortlaut noch Layout lassen sich verändern.

Bild: dieblen.de

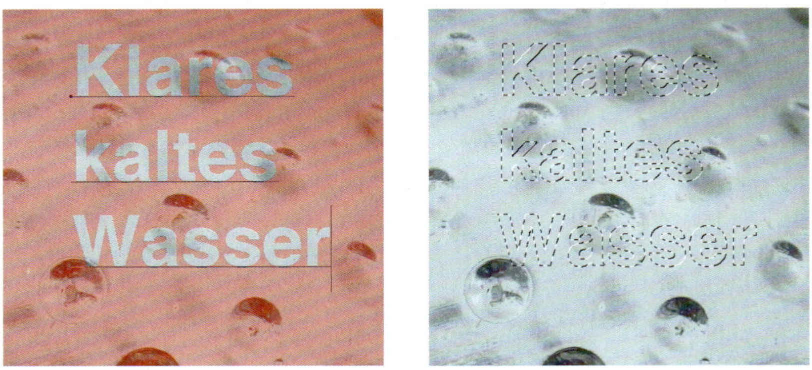

◂ **Abbildung 26.36**
Funktionsweise des Textmaskierungswerkzeugs

Mehr Flexibilität und Komfort bietet eine andere Arbeitsweise. Sie können nämlich auch aus normalen Textebenen im Nu Auswahlen erstellen, indem Sie bei gehaltener Strg/cmd-Taste im Ebenen-Bedienfeld auf die Ebenenminiatur klicken. Das dauert nicht länger als die Arbeit mit den Textmaskierungswerkzeugen. Das Anlegen des Textes ist jedoch deutlich angenehmer, und Änderungen lassen sich leichter anbringen.

26.4.2 Verbogene Schrift: Das Textverformungswerkzeug

Sie können mit Photoshop nicht nur gerade schreiben, sondern auch verzerrten, gewellten oder anderweitig deformierten Text erzeugen – mit Hilfe des Textverformungswerkzeugs. Sie öffnen es mit dem kleinen Button in der Text-Werkzeug-Optionsleiste rechts, oder Sie wählen den Menübefehl SCHRIFT • TEXT VERFORMEN.

▲ **Abbildung 26.37**
Textverformungswerkzeug starten

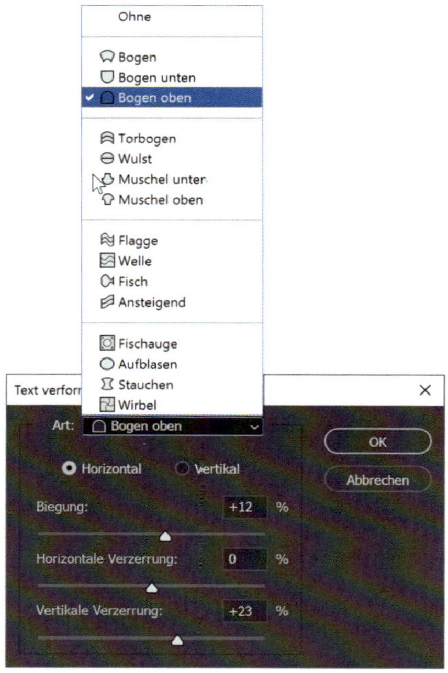

Abbildung 26.38 ►
Textverformung. Mit den Slidern können Sie das Aussehen der Verformung entscheidend beeinflussen.

Um Textverformungen anzuwenden, muss der Text bereits geschrieben und die Textebene aktiv sein. Den Rest erschließen Sie sich am besten durch Ausprobieren. Das Beste an dem Werkzeug ist, dass Sie den Text trotz wildester Verbiegungen jederzeit bearbeiten können.

Um eine Verformung wieder aufzuheben, rufen Sie das Werkzeug erneut auf und wählen aus der Dropdown-Liste ART • OHNE.

Zum Weiterlesen
Eine Alternative zum Verformen von Text ist das **Ausrichten von Text an einem Pfad**. Wie das geht, lesen Sie in Kapitel 29, »Mit Pfaden arbeiten«.

Keine Verformung bei Faux-Fettschrift
Das Werkzeug TEXT VERFORMEN kann nicht arbeiten, wenn Sie die Textebene zuvor mit der Funktion FAUX FETT bearbeitet haben. Bei FAUX KURSIV funktioniert die Verformung jedoch.

Abbildung 26.39 ►
Die Wirkung der Verformungsstile BOGEN, WULST und FLAGGE

Kapitel 27
Effektreiche Ebenenstile

Die typografische Welt besteht nicht allein aus Lesetexten. Kombiniert mit Photoshops Ebenenstilen werden aus Textebenen prägnante Eyecatcher. Mit dem Ebenenstil-Bedienfeld können Sie sie zeitsparend verwalten.

27.1 Ebenenstile: Arbeiten mit Photoshops »Effektbox«

Photoshop bietet eine Reihe von Ebeneneffekten – den sogenannten (Ebenen-)Stilen –, die sich beliebig kombinieren lassen. Mit Hilfe des umfassenden Dialogs Ebenenstile generieren Sie mit wenigen Klicks individuelle Stilkombinationen, die sich auf Textebenen anwenden und für andere Effektspielereien nutzen lassen. Versuchen Sie dennoch, bei der Arbeit mit Effekten das richtige Maß zu bewahren und eine klare Bildsprache beizubehalten. Gestalteter Text soll orientieren und klare Signale setzen, nicht verwirren!

27.1.1 Ebenenstile auf Ebenen anwenden

Ebeneneffekte lassen sich nicht allein auf Textebenen anwenden – auch andere Ebenentypen können mit Effekten versehen werden. Allerdings funktionieren die meisten Stile nur bei Ebenen, die sowohl deckende als auch transparente Pixel enthalten – es wird also fast immer ein auf einer transparenten Fläche frei stehendes Bildobjekt benötigt. Bei Textebenen und den meisten Formen ist diese Voraussetzung automatisch gegeben. Enthält eine Ebene hingegen gar keine transparenten Pixel, zeigen viele Effekte keine Wirkung. Solchen Ebenen können Sie zwar Effekte zuweisen, diese bleiben jedoch in den meisten Fällen unsichtbar.

Stile mehrfach auf eine Ebene anwenden
Einige der Ebenenstile lassen sich mehrfach auf ein und dieselbe Ebene anwenden. Auf diese Art sind differenzierte Kompositionen möglich, die über bloße »Schriftdekoration« hinausgehen.

Bild: Fotolia, Andreas Koch

Abbildung 27.1 ►
Bei einer Ebene ohne Transparenz ist ein Effekt wie etwa SCHEIN NACH AUSSEN im Bild unwirksam, …

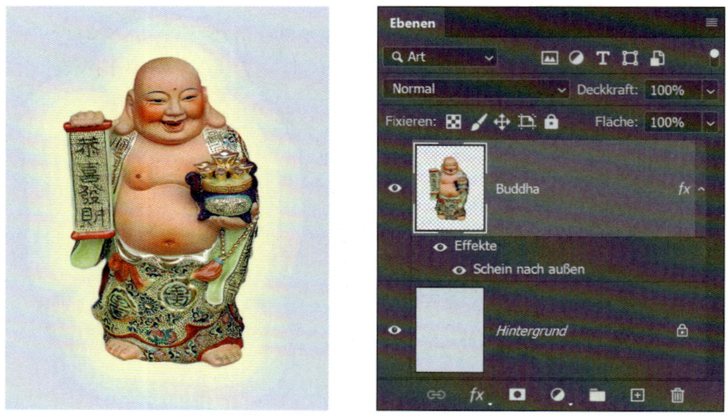

Abbildung 27.2 ►
… aber bei einem vom Hintergrund getrennten Motiv, das von transparenten Pixeln umgeben ist, kommt der Effekt zur Geltung.

»BuntesBesteck.tif«

Effekte auf Ebenengruppen anwenden | Schlagschatten, Leuchtkontur, Glanz und Co. können Sie nicht nur auf Ebenen, sondern auch auf Ebenengruppen anwenden. Interessant ist dabei das Verhalten bei sich überlappenden Ebenen innerhalb einer Gruppe. Dann wirkt der Effekt so, als ob alle Elemente auf einer gemeinsamen Ebene lägen, und die überlappenden Bereiche werden vom Effekt ausgespart.

Bild: dieblen.de

Abbildung 27.3 ►
Vier Objekte auf separaten Ebenen, jede mit einem Effekt »Kontur«

Abbildung 27.4 ►►
Vier Objekte auf separaten, jedoch gruppierten Ebenen. Der Kontureffekt wurde auf die Gruppe angewandt.

27.1.2 Effekte zuweisen und ändern

Um einer Ebene einen Effekt zuzuweisen, rufen Sie den Dialog Ebenenstile auf und stellen dort die Optionen für den gewünschten Effekt ein. Zum Starten des Dialogfelds haben Sie mehrere Möglichkeiten:

- Doppelklicken Sie im Ebenen-Bedienfeld auf die Fläche der Ebene, der Sie den Effekt zuordnen wollen. (Klicken Sie nicht direkt auf den Ebenentitel, sondern auf die neutrale Fläche.)
- Beim Klick auf das kleine »fx«-Icon am unteren Rand des Ebenen-Bedienfelds ③ öffnet sich ein kleines Menü. Nach dem Anklicken eines Effekts aus der Liste erscheint die Effektbox. Die Optionen für Ihren Wunscheffekt sind dort gleich eingeblendet.
- Wenn Sie einen bereits erstellten Effekt nachträglich ändern wollen, doppelklicken Sie einfach auf das »fx«-Icon der jeweiligen Ebene ① (nicht auf den Button am unteren Rand des Ebenen-Bedienfelds) oder auf den Namen des Effekts ②.

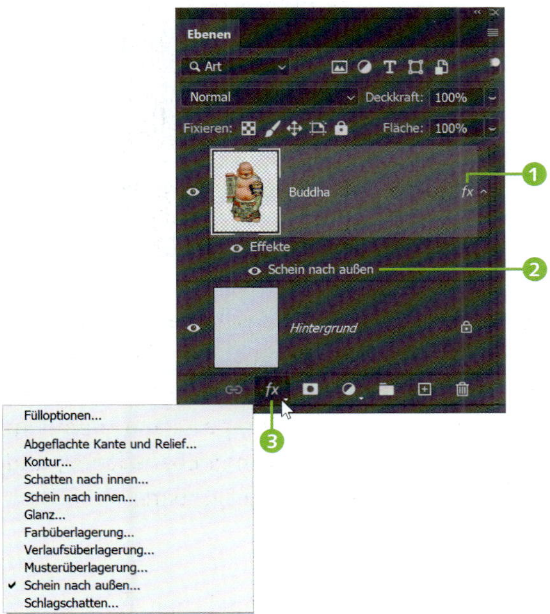

◂ **Abbildung 27.5**
Effekte erzeugen ② oder Einstellungen erneut aufrufen ①

27.1.3 Der Ebenenstil-Dialog

Im Ebenenstil-Dialogfenster können Sie die Wirkung Ihrer Effekte **genau steuern**. In Abschnitt 7.3, »Erweiterter Mischmodus: Noch mehr Steuerungsmöglichkeiten«, haben Sie bereits erfahren, dass Sie den Mischmodus von Ebenen über dasselbe Dialogfeld einstellen. Diesmal benutzen Sie den Dialog als Instrument, um Ebenenstile zu erstellen, zu modifizieren und zu komplexen Effektkombinationen zusammenzufassen.

Der EBENENSTILE-Dialog ist ein perfektes Tool zur Zusammenstellung von Effektkombinationen. Einzig die Größe macht die Bedienung manchmal etwas schwierig, wenn das zu bearbeitende Bild schlichtweg verdeckt ist.

Eine Liste aller möglichen, frei kombinierbaren und durch Einstellungen modifizierbaren Effekte sehen Sie im linken Bereich der Box unter der Überschrift STILE. Um einer Ebene einen Effekt zuzuweisen und sich die Einstellungen für diesen Effekt anzeigen zu lassen, klicken Sie auf den Effektnamen. Kleine Häkchen ② in den Feldern vor den Effektnamen zeigen an, ob diese für die aktive Ebene bereits ausgewählt wurden.

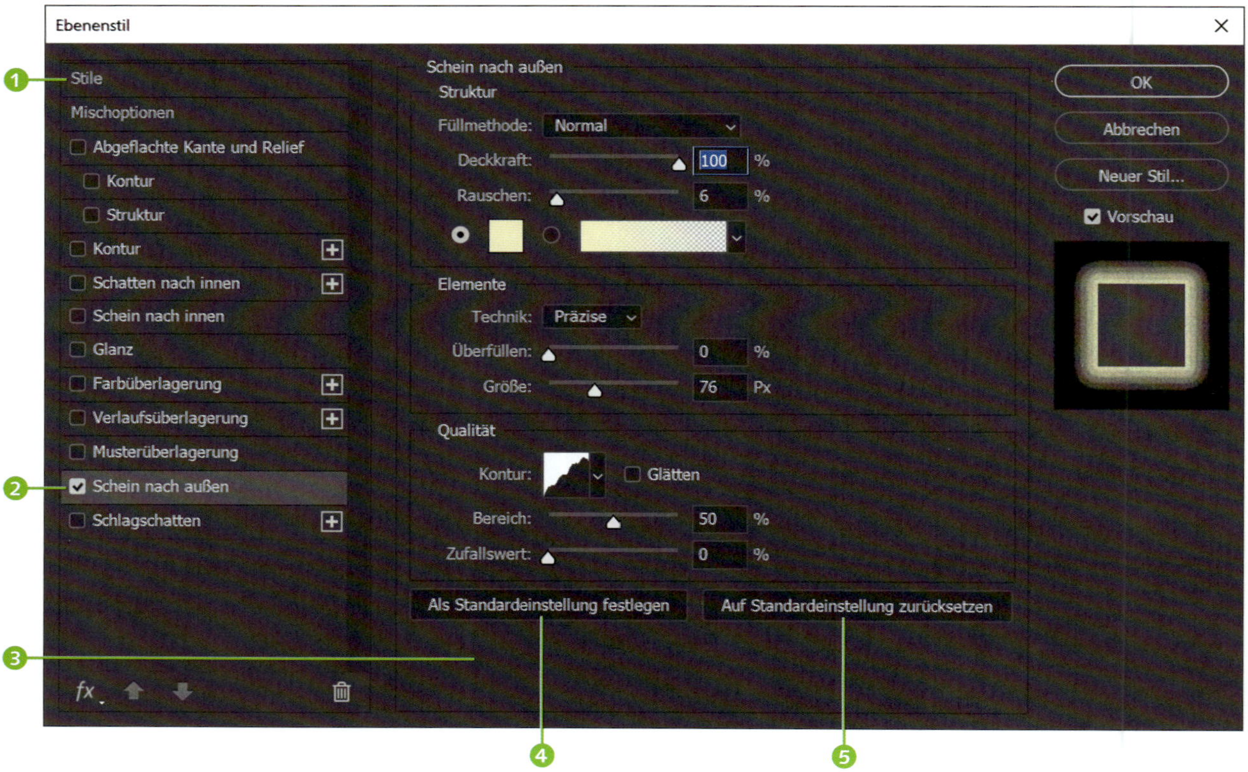

Abbildung 27.6 ▼
Die Einstellungen für den Effekt SCHEIN NACH AUSSEN, wie er in Abbildung 27.2 zu sehen ist

Sobald Sie in der STILE-Liste links ① einen Stil anklicken, ändert sich auch die Anzeige im mittleren Teil der Dialogbox ③. Sie sehen dann dort die verschiedenen Einstellungsmöglichkeiten für den jeweiligen Effekt.

Standardeinstellungen festlegen | Häufig gebrauchte Werte für Effekte können Sie als Standard festlegen. Wenn Sie den Effektdialog aufrufen, sind diese Werte dann gleich eingestellt. Klicken Sie auf den Button ALS STANDARDEINSTELLUNG FESTLEGEN ④, um Werte als Default-Einstellung zu fixieren. Ein Klick auf AUF STANDARDEINSTELLUNG ZURÜCKSETZEN ⑤ bringt den Effekt wieder auf Adobes Werkseinstellungen.

27.1.4 Stile mehrfach auf eine Ebene anwenden

Lange Zeit konnte in Photoshop jeder Stil pro Ebene nur einmal vorkommen. Inzwischen lassen sich einige Stile nun auch wiederholt auf ein und dieselbe Ebene anwenden. Im STILE-Dialogfeld erkennen Sie die Stile für die wiederholte Anwendung am Pluszeichen 6 hinter dem jeweiligen Namen des Stils.

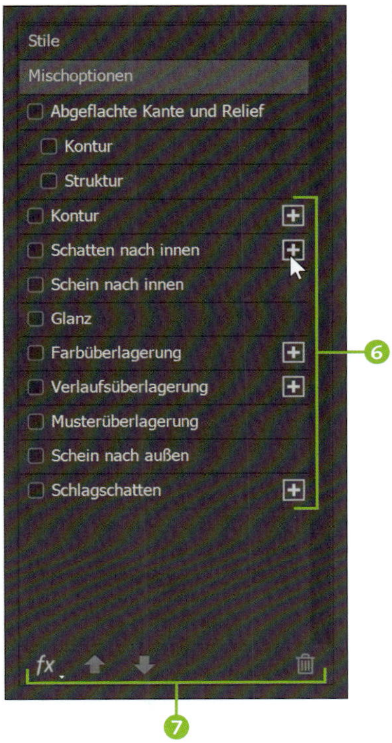

◂ **Abbildung 27.7**
Aufs Pluszeichen klicken, um bestimmte Stile mehrfach anzuwenden

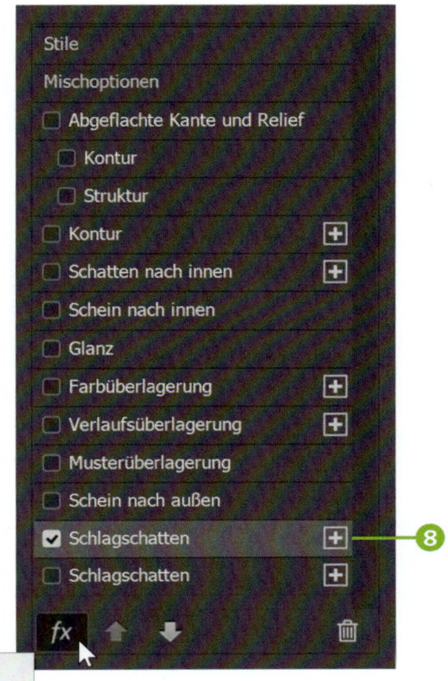

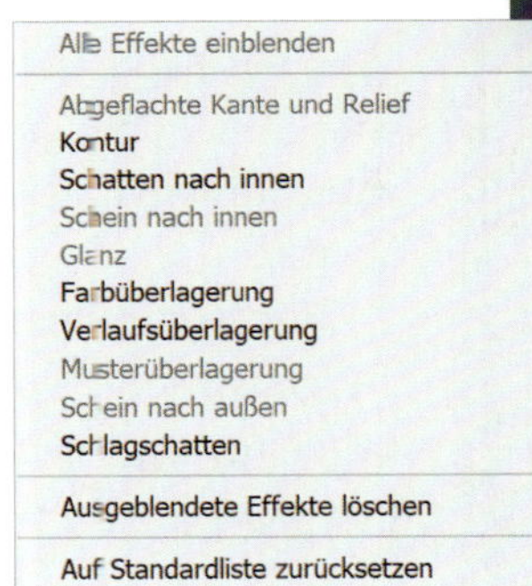

▴ **Abbildung 27.8**
Die Liste lässt sich auch wieder auf die Standardeinstellungen zurücksetzen.

Die Icons am unteren Rand des Dialogs 7 helfen Ihnen dabei, die übereinandergeschichteten Mehrfachstile zu verwalten. Wie gehen Sie vor?

1. Weisen Sie Ihrem Ebenenobjekt einen der Mehrfachstile zu (KONTUR, SCHATTEN NACH INNEN, FARBÜBERLAGERUNG, VERLAUFSÜBERLAGERUNG oder SCHLAGSCHATTEN).
2. Durch Klick auf das Pluszeichen neben dem Namen des Stils duplizieren Sie den Ausgangsstil. Sie sehen nun in der Liste der Stile, dass er zweimal vorkommt 8.
3. Beide Versionen dieses Stils liegen nun übereinander. Dadurch kann sich die Wirkung verstärken. Nehmen Sie nun die Einstellungen für das Stilduplikat vor. Verändern Sie Farben, Lichteinfallswinkel und andere Eigenschaften (die Option GLOBALES LICHT VERWENDEN muss abgeschaltet sein).
4. Wiederholen Sie diese Schritte bei Bedarf oder fügen Sie weitere Stile hinzu.

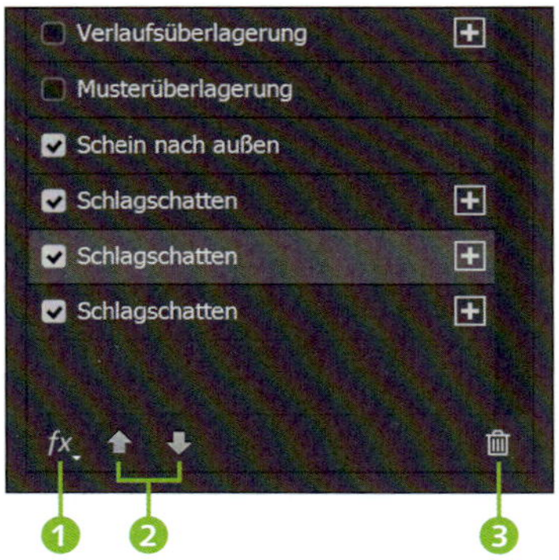

▲ **Abbildung 27.9**
»Ebenenstile lassen sich flexibel anordnen.«

Ebenenstile flexibel anordnen | Mit den kleinen Schaltflächen am unteren linken Rand des STILE-Dialogfelds verwalten Sie die Stile in der Liste – und zwar nicht nur die von Ihnen duplizierten, sondern alle anderen auch.

- Stile werden übereinandergestapelt, so ähnlich wie Ebenen im Bild. Daher kann es passieren, dass ein ausladender, stark deckender Stil einen anderen, darunter liegenden Stil abdeckt. Mit den Pfeiltasten ❷ können Sie die Anordnung der Stile innerhalb der Liste und im Bild ändern.
- Einzelne Stile lassen sich durch Klick aufs Mülleimer-Icon ❸ aus der Liste und vom Bild entfernen.
- Das Mini-»fx«-Icon ❶ führt Sie zu einem Menü mit dem wichtigen Befehl AUF STANDARDLISTE ZURÜCKSETZEN.

27.1.5 Stile im Ebenen-Bedienfeld verwalten

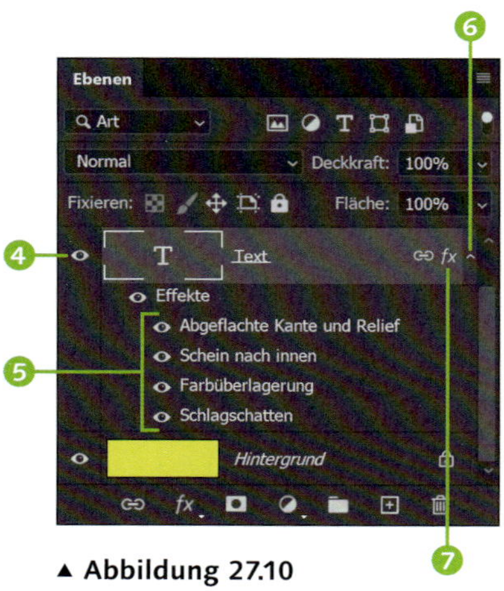

▲ **Abbildung 27.10**
Anzeige von Effekten im Ebenen-Bedienfeld

Wenn Sie einer Ebene Ebeneneffekte zugewiesen haben, zeigt das Ebenen-Bedienfeld diese Effekte an. Das kann – je nach Komplexität des Stils – eine ganze Reihe von Einzeleffekten sein, die, immer wieder neu variiert und kombiniert, schier endlose Gestaltungsmöglichkeiten bieten.

Zur Kontrolle der Wirkung können Sie Effekte auch mit Hilfe des Augensymbols vor den eingerückten Einzeleffekten ausblenden. Das oberste Augensymbol ❹ blendet den kompletten Stil (alle Effekte dieser Ebene) aus, während die eingerückten Augensymbole ❺ einzelne Effekte aus der Effektkombination ausblenden. Mit dem kleinen Pfeil ❻ neben dem »fx«-Icon klappen Sie die Liste ähnlich wie eine Ebenengruppe ein. Und ein Rechtsklick auf das »fx«-Icon ❼ öffnet ein Menü mit weiteren Befehlen für die Arbeit mit Stilen.

27.2 Die Ebenenstile im Überblick

Die Beispieldateien aus diesem Abschnitt finden Sie im Unterordner EBENENSTILE.

In den folgenden Absätzen stelle ich Ihnen die Effekte und ihre Einstellungen im Einzelnen vor und zeige mögliche Anwendungsbereiche an Schriften. Aus der Fülle der Möglichkeiten, die sich aus immer neuen Effektkonstellationen ergibt, kann ich hier naturgemäß nur einen kleinen Ausschnitt zeigen. Selbst zu experimentieren ist die beste Möglichkeit, sich mit Ebeneneffekten vertraut zu machen!

27.2.1 Abgeflachte Kante und Relief – wohl dosiert anzuwenden

Mit dem plastischen Effekt Abgeflachte Kante und Relief können Sie fast alle Materialien – von Metall über Kunststoff bis zu Glas – und alle möglichen Aggregatzustände von Marmor bis zur Götterspeise imitieren. Die Anwendung solcher Effekte auf Text sollten Sie aber immer gut überlegen – zumal Gestaltungselemente wie Chromschrift, gläserne Buchstaben und Ähnliches auch schon recht abgenutzt sind.

Die Einstellungen beeinflussen sich gegenseitig sehr stark. Sie sollten sich daher beim Anlegen des Effekts von oben nach unten durch das Dialogfeld arbeiten, um die Übersicht nicht zu verlieren und die Wirkung der einzelnen Änderungen besser einschätzen zu können. Wenn Ihnen die Grundeinstellungen nicht genügen, können Sie die Ergänzungseffekte Kontur und Struktur hinzunehmen.

▲ **Abbildung 27.11**
Hier wurde der Effekt Abgeflachte Kante und Relief mit Schlagschatten und Schein nach innen in niedriger Dosierung kombiniert. (Datei: »t_relief.tif«)

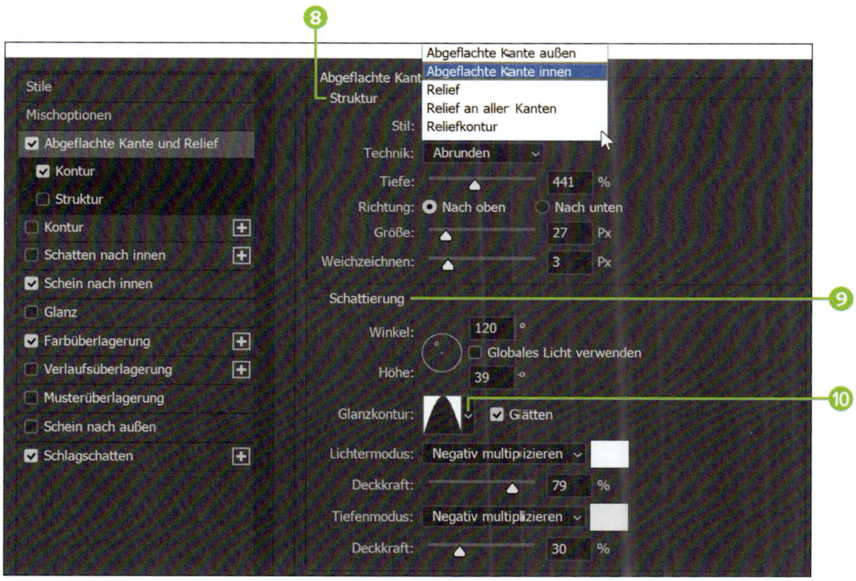

◂ **Abbildung 27.12**
Die komplexen Grundeinstellungen für plastische Effekte

Struktur: 3D-Form festlegen | Mit den Einstellungen im oberen Bereich des Dialogfelds unter Struktur (8) legen Sie die 3D-Form fest. Das lässt sich in zwei Schritte gliedern. Die Einstellungen unter Stil beeinflussen das Aussehen des Reliefs entscheidend; damit bestimmen Sie, was mit den Kanten Ihres Textes überhaupt passieren soll. Technik bietet die Auswahl zwischen verschiedenen Kanten. Die Option Abrunden erzeugt dabei die Illusion einer eher weichen Substanz; die anderen Optionen wirken härter. Tiefe legt die Intensität des Effekts fest, Richtung soll eigentlich bestimmen, ob ein Text nach unten eingedrückt oder aus dem Papier (oder Bildschirm) herausgemeißelt erscheint – das ist aber bei komplexen Effekten gar nicht immer so leicht zu erkennen.

GRÖSSE und WEICHZEICHNEN akzentuieren die bisher erreichte Dreidimensionalität, dosieren sie oder ruinieren den Effekt komplett – hier ist Vorsicht angebracht. Mit niedrigen Einstellungen wirkt der Effekt übrigens oft leicht metallisch.

Schattierung: Virtuelle Beleuchtung einstellen | Alles unter SCHATTIERUNG ⑨ (Abbildung 27.12) dient dem Feintuning für die Belichtung. Ähnliche Einstellungen finden Sie auch bei anderen Effekten, beim ABGEFLACHTE KANTE-Effekt sind sie jedoch am detailliertesten.

WINKEL und HÖHE beziehen sich auf den virtuellen Lichteinfallswinkel. Greifen Sie den kleinen Punkt auf dem Gradmesser mit der Maus, und verschieben Sie ihn, oder geben Sie Zahlenwerte ein. Wenn Sie mit mehreren Effekten in einem Bild arbeiten, sind Sie gut beraten, einen Haken im Kontrollfeld GLOBALES LICHT VERWENDEN zu setzen. Damit legen Sie für ein gesamtes Dokument die gleiche Lichtrichtung fest. Unterschiedliche Schattenwürfe innerhalb eines Dokuments können sonst sehr verwirrend wirken!

LICHTERMODUS und TIEFENMODUS beziehen sich auf Farbe, Deckkraft und Mischmodus von Licht und Schatten in diesem Effekt.

Glanzkontur: Überraschende Effektvariationen | Nicht nur hier, sondern auch bei anderen Effekten finden Sie die Möglichkeit, Schatten- oder Glanzkonturen zu bearbeiten. Dazu verändern Sie die Einstellungen unter GLANZKONTUR ⑩ (Abbildung 27.12) (nicht zu verwechseln mit dem Ergänzungseffekt KONTUR oder dem eigenständigen Effekt KONTUR – über beide erfahren Sie mehr in den folgenden Absätzen).

Mit dieser Einstellung erzielen Sie die erstaunlichsten Variationen. Wählen Sie zwischen verschiedenen vorgefertigten Konturen, indem Sie genau auf den kleinen Pfeil ② klicken. Treffen Sie statt des Pfeils die Konturminiatur ①, öffnen Sie den KONTUR-EDITOR (siehe Abbildung 27.14), mit dem Sie eigene Konturformen erzeugen. Ein Klick auf das Zahnradsymbol ④ bringt Sie zu den Verwaltungseinstellungen, mit denen Sie die Darstellung der Konturminiaturen ändern und weitere Konturformen speichern und laden.

Die Option GLÄTTEN ③ sollten Sie insbesondere bei kleinen Schatten mit einer komplizierten Kontur aktivieren – gemeint ist hier nicht Antialiasing, sondern ein Ausgleichen detaillierter, verwinkelter Kontur- und Schattenlinien.

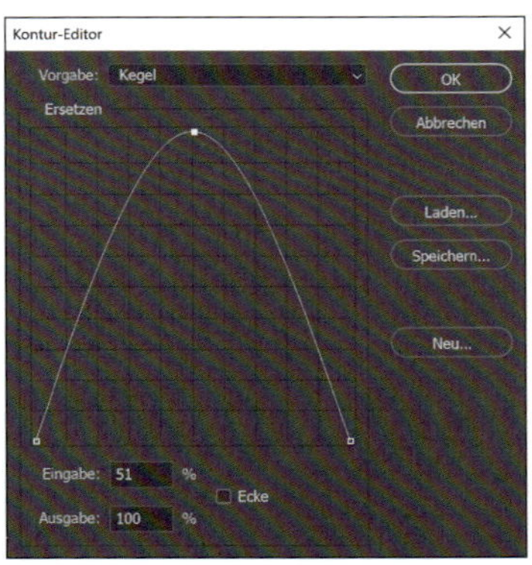

▲ **Abbildung 27.13**
Den KONTUR-EDITOR bedienen Sie so ähnlich wie eine Gradationskurve.

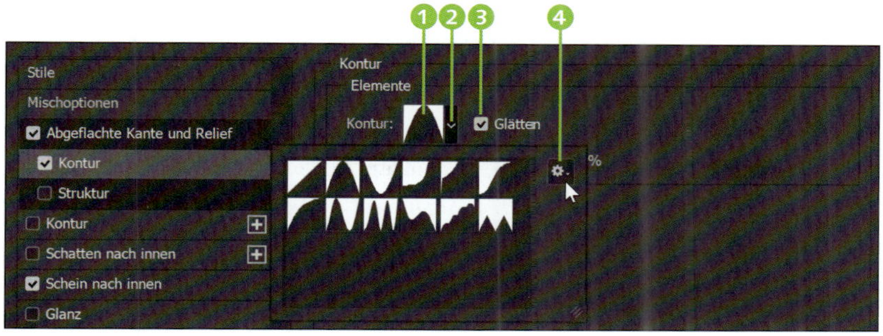

▲ **Abbildung 27.14**
Verwalten der verschiedenen Konturformen

Zum Weiterlesen
Die Verwaltung von Konturen funktioniert so wie bei anderen **Kreativvorgaben innerhalb von Photoshop**. Wenn Sie nicht wissen, wie das geht, schauen Sie in Abschnitt 4.6, »Farbfelder, Muster, Stile und Co.: Kreativressourcen organisieren«, nach. Dort finden Sie auch Informationen über das **Verwalten von Mustern und Verläufen**, denen Sie bei der Arbeit mit Effekten häufig begegnen.

Ergänzungseffekte Kontur und Struktur | Beim komplexen Effekt Abgeflachte Kante und Relief können Sie nicht nur die sogenannte Glanzkontur einstellen, sondern zusätzlich die Formgebung der Reliefkanten bestimmen – dieser Ergänzungseffekt heißt ebenfalls Kontur und ist in der Liste des Effekte-Dialogfelds unmittelbar unter den Einstellungen für Abgeflachte Kante … angeordnet.

Mit dem zusätzlichen Effekt Kontur bestimmen Sie, welche Form die Reliefkanten haben sollen. Hier ist einfach Ausprobieren die beste Lösung. Da man gerade bei diesem komplexen Effekt schnell die Übersicht verliert, möchte ich Sie nochmals an die Möglichkeit erinnern, mit dem Protokoll-Bedienfeld Schnappschüsse anzulegen (Detailinformationen dazu in Abschnitt 3.7, »Soforthilfe: Arbeitsschritte zurückgehen«).

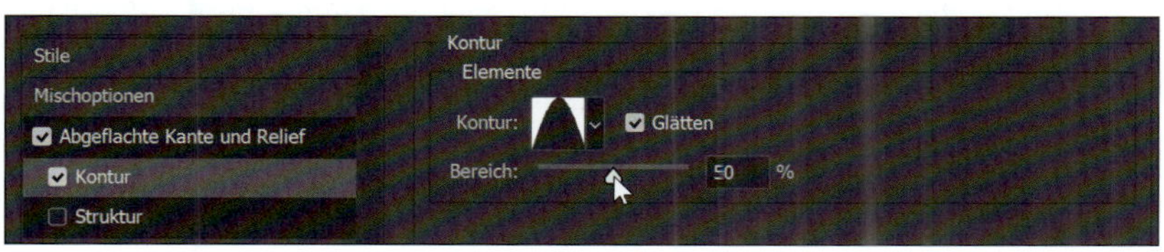

◂ **Abbildung 27.15**
Welche Form sollen die Kanten des Reliefs haben?

Weitere Möglichkeiten eröffnet der ergänzende Effekt Struktur, mit dem Sie in Schriften und Ebenenobjekte ein Muster »einprägen«. Tiefe bestimmt den Wirkungsgrad, Skalieren die Größe des Musters. Der kleine Pfeil an der Musterliste klappt die Liste zur Auswahl weiterer Muster aus.

Zum Weiterlesen
Wie Sie eigene **Muster erzeugen**, erfahren Sie in Abschnitt 23.3, »Vielseitige Kreativressource: Muster«.

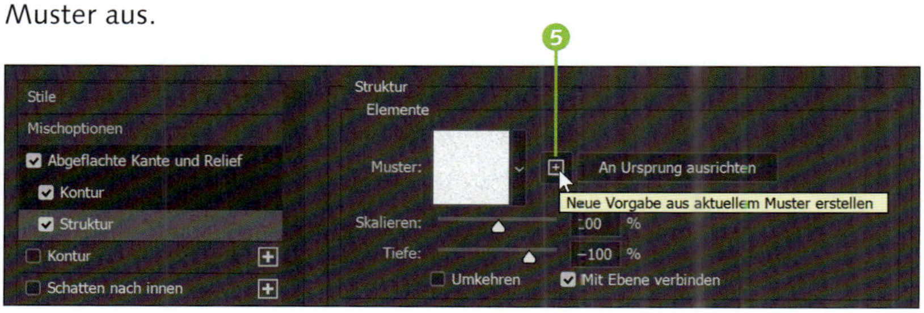

◂ **Abbildung 27.16**
Praktisch: Die Struktur-Einstellungen können Sie ohne Umweg als Vorgabe speichern 5.

27.2.2 Kontur – starke Hervorhebung

▲ **Abbildung 27.17**
Der Kontureffekt solo (Datei: »t_kontur.tif«)

Neben den Kontureinstellungen, die zu ABGEFLACHTE KANTE … gehören, gibt es auch einen eigenständigen Kontureffekt. Solche Kontureffekte an Text können die Proportionen eines Schriftschnitts stark verändern und funktionieren am besten mit sehr wuchtigen Fonts. Dann können sie eine Schrift akzentuieren und lesbarer machen, indem sie Kontrast zwischen Vorder- und Hintergrund schaffen. Den Kontureffekt können Sie aber auch anwenden, um freistehende Bildelemente zu betonen, und natürlich lässt er sich auch mit anderen Effekten kombinieren.

Sie haben die Wahl, ob Sie eine Kontur mit Farbe, einem Verlauf oder einem Muster füllen ❷. Die Einstellungen GRÖSSE, FÜLLMETHODE und DECKKRAFT erklären sich von selbst. Wichtig ist jedoch die POSITION ❶ der Kontur auf der Objektkante. Wenn Sie mit Schrift arbeiten, achten Sie darauf, eine Einstellung zu wählen, bei der Schriftdetails trotz neuer Kontur erhalten bleiben (meist sind MITTE oder INNEN am besten geeignet, abhängig von der Größe der Schrift, der Kontur und der Zeichenform).

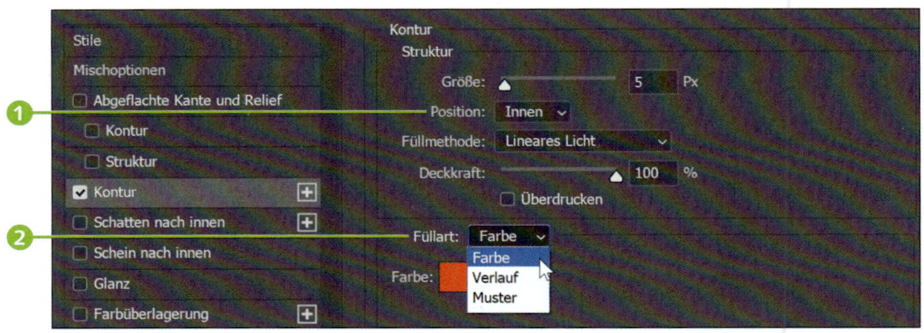

Abbildung 27.18 ▶
Die Optionen des Kontureffekts sind überschaubar.

27.2.3 Schatten nach innen – wie ausgestanzt

▲ **Abbildung 27.19**
So »echt« kann ein Schatten – diesmal nach innen – auch wirken. (Datei: »t_schatten_innen.tif«)

Der SCHATTEN NACH INNEN funktioniert ähnlich wie der bekannte Schlagschatten, wirkt aber eher so, als wäre eine Form ausgestanzt worden. Die Optionen ähneln sich bei den meisten Schatten- und Scheineffekten.

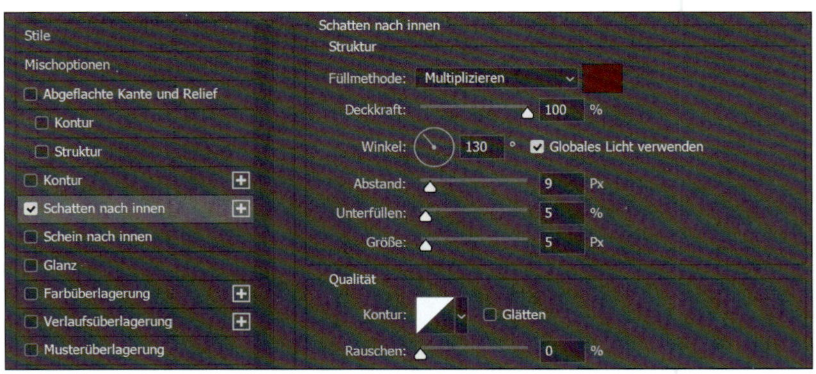

Abbildung 27.20 ▶
Die Einstellungen für SCHATTEN NACH INNEN; ähnliche Optionen finden Sie bei fast allen Schatten- und Scheineffekten.

Struktur: Woher kommt das virtuelle Licht? | Die ersten Einstellungen des Schein nach innen-Effekts beziehen sich auf Füllmethode, Farbe und Deckkraft und sollten Ihnen keine Schwierigkeiten bereiten. Den Farbwähler öffnen Sie durch Doppelklick auf das kleine Farbfeld.

Wenn Sie einen möglichst **naturalistischen Schattenwurf** produzieren wollen – egal ob nach innen oder als Schlagschatten –, sollten Sie als Füllmethode Multiplizieren wählen. Oft wirkt es auch besser, statt des standardmäßig eingestellten Schwarz eine Farbe zu nehmen, die dem Hintergrund angepasst ist. Ich habe hier ein dunkles Rot als Schattenfarbe eingestellt. Die Konturenform war die einfache Diagonale.

Unter Winkel legen Sie fest, aus welcher Richtung das virtuelle Licht kommen soll. Dazu drehen Sie einfach den Gradmesser oder geben Zahlenwerte ein. Wenn Sie ganz intuitiv arbeiten wollen, fassen Sie den Schatten im Bild einfach mit der Maus und verschieben ihn.

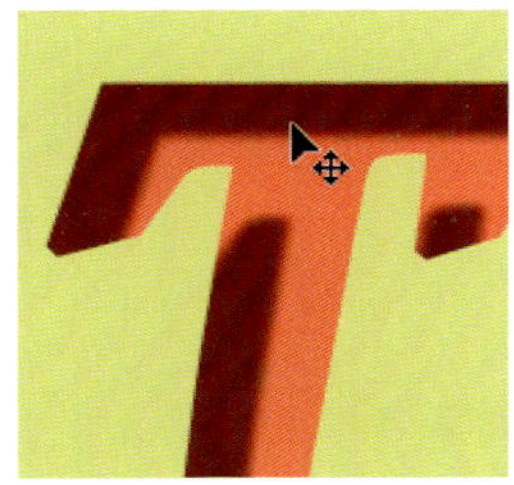

▲ **Abbildung 27.21**
Positionieren eines Schatteneffekts per Maus. Das klappt nur, wenn der Ebenenstil-Dialog geöffnet ist!

Die Gestalt des Schattens und seine Position bestimmen Sie mit Abstand, Unterfüllen und Grösse. Abstand legt fest, wie weit eine Schrift oder ein anderes freigestelltes Objekt über dem Hintergrund »schwebt«, und Grösse ist für die Ausdehnung des Schattens zuständig. Ist der Wert gering, folgt der Schatten präzise der Schriftform; ist er höher, wird der Schatten schnell bildfüllend. Gleichzeitig wird der Schatten durch einen höheren Grösse-Wert weichgezeichnet. Überfüllen vergrößert den Schatten ebenfalls, jedoch ohne dass er an Schärfe oder Präzision verliert.

Qualität: Wie soll der Schatten aussehen? | Unter Qualität finden Sie wiederum die Kontureinstellung und außerdem die Option Rauschen. Ihr werden Sie noch des Öfteren begegnen. Das Rauschen löst einen weichen Farbverlauf in geditherte Sprenkel auf. Diese Option ist dann empfehlenswert, wenn Sie Texteffekte für das Web produzieren – die Bilddatei lässt sich kleiner speichern, und auch mit der Browser-Darstellung gibt es weniger Probleme.

27.2.4 Schein nach innen – selbstleuchtend

Schein nach innen sieht allein schon spektakulär aus, zusammen mit Relief und den anderen Schatten- und Scheineffekten ist er eine Grundzutat für komplexere Stile wie Glasschrift, Chromeffekt und Ähnliches.

▲ **Abbildung 27.22**
Mit Schein nach innen wurde der Text wie eine Lichtquelle inszeniert. (Datei: »t_schein-innen.tif«)

Elemente: Wie genau folgt das Licht den Objektkanten? | Im Dialogfeld treffen Sie auf viele Einstellungen, die Sie von anderen Effekten kennen. Neu ist die Option Technik ① (Abbildung 27.23). Damit legen Sie fest, wie genau der Schein an der Kontur ausgerichtet ist. Für kleinteilige Objekte und feinere Schriften empfiehlt sich Präzise, da hier die Details besser erhalten bleiben. Entscheidend für die Erscheinung des Effekts ist die Einstellung Quelle ②. Sie bestimmt, in welche Richtung das imaginäre Licht strahlt: Mitte lässt eher die Schriftkanten erglühen, bei Kante strahlt die Schrift von den Kanten weg nach innen.

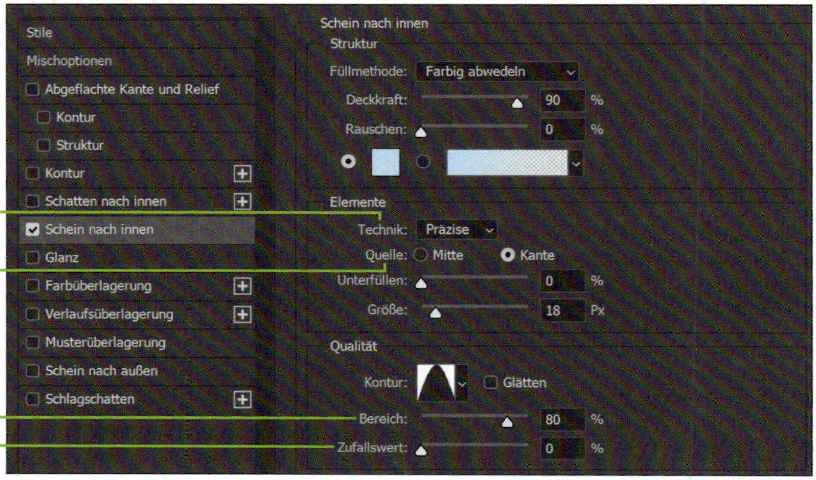

Abbildung 27.23 ▶
Einstellungen für die blaue Leuchtschrift

Qualität: Leuchtstärke einstellen | Bereich ③ bestimmt quasi die Leuchtstärke der hinter dem Text angebrachten imaginären Lichtquelle. Ein geringer Wert führt zu einem breiten, scharf konturierten Schein, höhere Werte führen zu einem weichen und schmalen Lichtbereich. Technisch gesehen ist der Scheineffekt ein Verlauf. Die Option Zufallswert ④ variiert die Transparenz und die Farben in diesem Verlauf.

27.2.5 Glanz – wie Glas und Metall

Der Effekt Glanz wird wohl eher selten allein benutzt, meist ergänzt er andere Effekte. Die Einstellungen bieten Ihnen kaum Neues – probieren Sie sie einfach aus. Lediglich die Option Umkehren ⑤ ist bei noch keinem der bisher vorgestellten Effekte anzutreffen. Die Wirkung der unauffälligen Checkbox ist enorm – testen Sie es einmal selbst!

▲ **Abbildung 27.24**
Glanz, mit einer leichten Reliefkante kombiniert (Datei: »t_glanz.tif«)

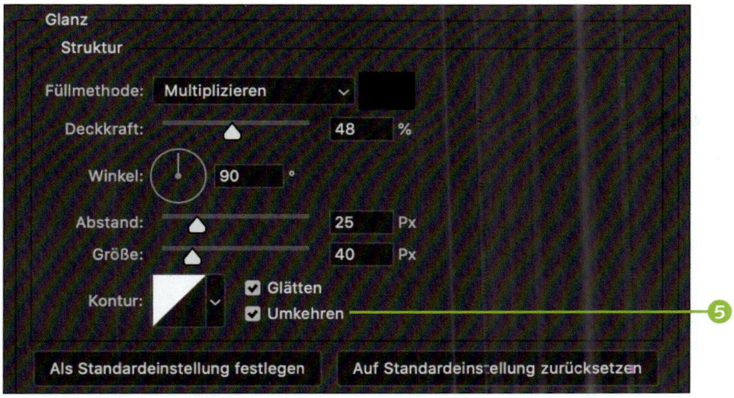

◀ Abbildung 27.25
Einstellungen für den GLANZ-Effekt. UMKEHREN verändert das Ergebnis spürbar!

27.2.6 Farbüberlagerung – Farbe flexibel bearbeiten

Die nächsten drei Effekte sind auch auf Ebenen ohne Transparenz anzuwenden. Sie sind Bestandteil vieler Foto-Verfremdungseffekte. Aber auch für Schrift finden sich effiziente Anwendungen.

▲ Abbildung 27.26
FARBÜBERLAGERUNG. Ich habe hier die rote Gelee-Schrift aus Abbildung 27.11 blau eingefärbt. (Datei: »t_farbüberl.tif«)

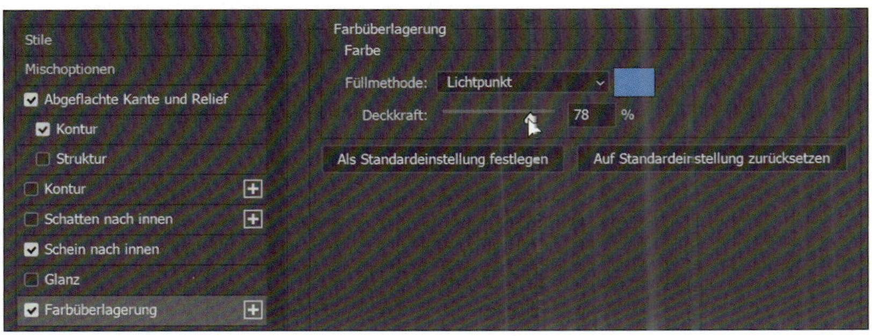

▲ Abbildung 27.27
Die Einstellungen für die FARBÜBERLAGERUNG sind unkompliziert.

Der Effekt FARBÜBERLAGERUNG ermöglicht das zielgerichtete nachträgliche Ändern der Farbwirkung von Schrift und anderen Ebenen. Der Schlüssel ist wiederum die Füllmethode! Nutzen Sie FARBÜBERLAGERUNG etwa, um Fotos künstlich altern zu lassen. Oder kombinieren Sie FARBÜBERLAGERUNG mit anderen Effekten, um Schrift zu verfremden. Die Bedeutung der verschiedenen Füllmethoden erläutere ich in Kapitel 7, »Mischmodus: Pixel-Interaktion zwischen Ebenen«.

27.2.7 Verlaufsüberlagerung – Schrift gezielt kontrastieren

Der Verlauf ist eine der vielseitigsten Photoshop-Funktionen. Neben dem eigentlichen Verlaufswerkzeug gibt es Verläufe in verschiedenen anderen Tools. Sie helfen, immer neue Resultate zu erzielen – so auch bei den Ebeneneffekten.

▲ **Abbildung 27.28**
Zu wenig Kontrast von Text und Hintergrund, besonders im oberen Bereich. Eine ähnliche Situation treffen Sie auch öfter an, wenn Sie Schrift auf Fotos setzen wollen. (Datei: »t_verlauf_1.tif«)

▲ **Abbildung 27.29**
Gezielte Abhilfe dank Verlaufsüberlagerung
(Datei: »t_verlauf_2.tif«)

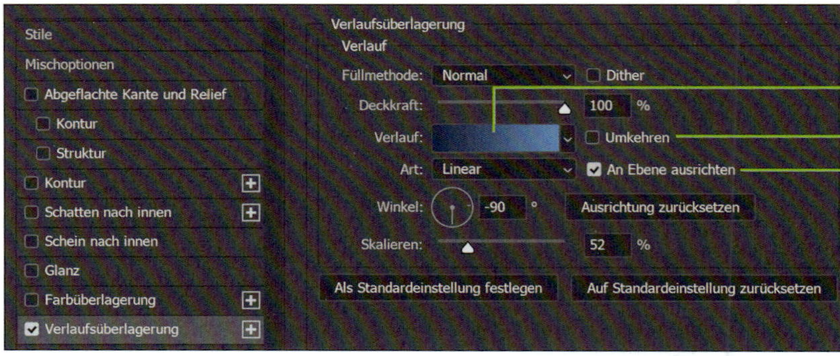

▲ **Abbildung 27.30**
Einstellungen für die Verlaufsüberlagerung. Sie unterscheidet sich nicht von der Funktionsweise des Verlaufswerkzeugs.

Ein Klick auf den Verlaufsbalken ❶ öffnet eine Liste, aus der Sie den gewünschten Verlauf auswählen. Diesen können Sie dann noch weiter anpassen.

Art legt fest, welche Form der Verlauf annimmt (siehe Abbildung 27.31). Winkel ist für die Akzentuierung von Schrift sehr nützlich: Damit bugsieren Sie die helleren oder per Verlauf abgedunkelten Bereiche recht genau an die Stelle der Schrift, an der sie sitzen sollen. Skalieren verkleinert oder vergrößert den Verlauf – in der praktischen Arbeit bedeutet das meist eine mehr oder weniger starke Weichzeichnungswirkung. Wenn Sie keinen Verlauf finden, der Ihnen zusagt, hilft vielleicht Umkehren ❷. Diese Option spiegelt die bisherige Verlaufsrichtung.

Einen Verlaufseffekt können Sie auch einfach im Bild mit der Maus anfassen und verschieben. Das ist extrem nützlich zur genauen Platzierung von Verläufen an der Stelle, wo Sie eine Aufhellung oder Abdunkelung brauchen. Dazu müssen Sie jedoch erst den Haken im Kontrollfeld An Ebene ausrichten ❸ entfernen. Wenn Sie fertig sind, sollten Sie den Haken wieder setzen, um zu verhindern, dass Text und Muster unbeabsichtigt gegeneinander verschoben werden.

Abbildung 27.31 ▶
Unterschiedliche Verlaufsformen. Von links: Linear, Radial, Winkel, Gespiegelt und Raute. Für die meisten Zwecke reicht ein Linearverlauf aus.

27.2.8 Musterüberlagerung – sehr flexibel

Der Effekt MUSTERÜBERLAGERUNG ist eine sehr gute Alternative zur Füllung von Ebenen mit Mustern (mit dem Füllwerkzeug oder mit dem Befehl BEARBEITEN • FLÄCHE FÜLLEN). Sie haben bei einer MUSTERÜBERLAGERUNG mehr Einstellungsmöglichkeiten und bleiben flexibel. Dieser Effekt wirkt nicht bei kleinen Schriften oder schmalen Strichstärken, sondern ist eher für kräftige Schriften oder Flächen geeignet.

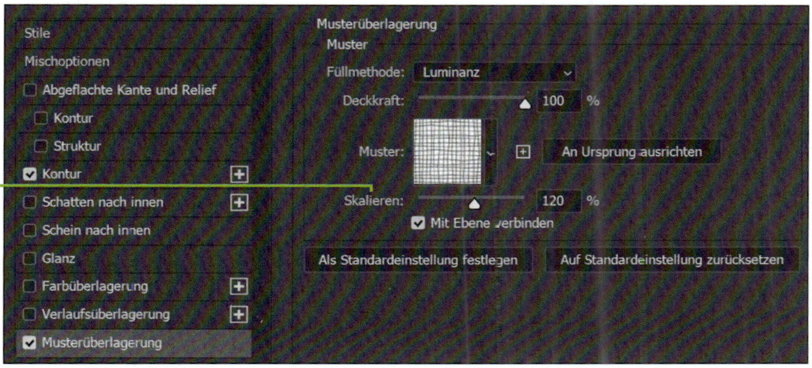

◂ **Abbildung 27.32**
Die wichtigsten Einstellungen für die MUSTERÜBERLAGERUNG

▴ **Abbildung 27.33**
Eine Reminiszenz an das Farbspektrum der Fünfziger: Text mit Musterfüllung (Datei: »t_musterüberl.tif«)

Die Optionen bieten keine Überraschungen mehr. Hervorzuheben ist lediglich SKALIEREN ④. Dadurch bieten sich zahlreiche Differenzierungsmöglichkeiten beim Einsatz von Mustern – so kann ein und dasselbe Grundmuster in verschiedenen Größen sehr unterschiedlich wirken. Zusätzlich können Sie Muster wie Verläufe auch mit der Maus verschieben.

27.2.9 Schein nach außen – Lampe hinter dem Text

Als Einzeleffekt ist der SCHEIN NACH AUSSEN vielleicht ein wenig langweilig, zusammen mit anderen Effekten wie SCHEIN NACH INNEN oder RELIEF wird er aber recht häufig eingesetzt. Sie können auch mit diesem Effekt Schriften zu besserem Kontrast zum Hintergrund verhelfen!

Die angebotenen Optionen kennen Sie nun schon weitestgehend – die Einstellungen sind identisch mit den Optionen von SCHEIN NACH INNEN (siehe Abschnitt 27.2.4).

▴ **Abbildung 27.34**
Eine etwas Las-Vegas-mäßige Textakzentuierung mit SCHEIN NACH AUSSEN (Datei: »t_schein-aussen.tif«)

27.2.10 Schlagschatten – nicht nur dezent-elegant

Der SCHLAGSCHATTEN-Effekt ist ein Klassiker. Als eleganter oder auch poppiger Soloeffekt kann er Schrift und Ebenenobjekte zum Schweben bringen. In Kombination verhilft er 3D-Effekten zu noch mehr Plastizität.

Die Einstellungen sind fast identisch mit denen des Effekts SCHATTEN NACH INNEN (siehe Abschnitt 27.2.3). Der einzige Unterschied: Statt UNTERFÜLLEN finden Sie hier das ÜBERFÜLLEN. Da der Schatten nun in »Gegenrichtung« funktioniert, wurde auch diese Berechnung umgekehrt. Die Wirkung ist aber dieselbe: Der Schatten wird größer, ohne an Präzision zu verlieren.

▲ **Abbildung 27.35**
Den typischen Schattenwurf haben Sie schon in zahlreichen Varianten gesehen, ... (Datei: »t_schlagschatten_klassik.tif«)

▲ **Abbildung 27.36**
... aber auch so etwas bewerkstelligen Sie mit dem Effekt SCHLAGSCHATTEN. Verantwortlich für die überraschende Outline ist die Option KONTUR. (Datei: »t_schlagschatten_70s.tif«)

Zum Weiterlesen
Mehr über **Smartobjekte** lesen Sie in Abschnitt 6.4, »Vielseitige Datencontainer: Smartobjekte«. Alles über Filter erfahren Sie in Teil X, »Filter – kreativ und effektiv«.

27.3 Effekte modifizieren

Die Effektbox bietet unzählige Variationsmöglichkeiten. Dennoch bleiben es Effekte »von der Stange«, und man wünscht sich manchmal ein wenig mehr Originalität, um Schrift oder anderen Objekten ein unverwechselbares Gesicht zu geben.

Eine effiziente Möglichkeit sind Photoshops Filter. Um Filter anzuwenden, müssen Sie Schriften allerdings zuvor rastern oder in Smartobjekte umwandeln. Gerastert sind Texte gar nicht mehr editierbar, als Smartobjekt nur mit einem Umweg.

Eine weitere Variation ist es, im Ebenen-Bedienfeld mit der Einstellung FLÄCHE zu spielen.

Setzen Sie diesen Wert auf 0, wird der Inhalt der Ebene ausgeblendet – der Ebeneneffekt bleibt jedoch weiterhin sichtbar. Besonderen Charme entwickeln so bearbeitete Schriften oft, wenn Sie sie auf einen strukturierten Untergrund oder ein Foto stellen. Einige Beispiele:

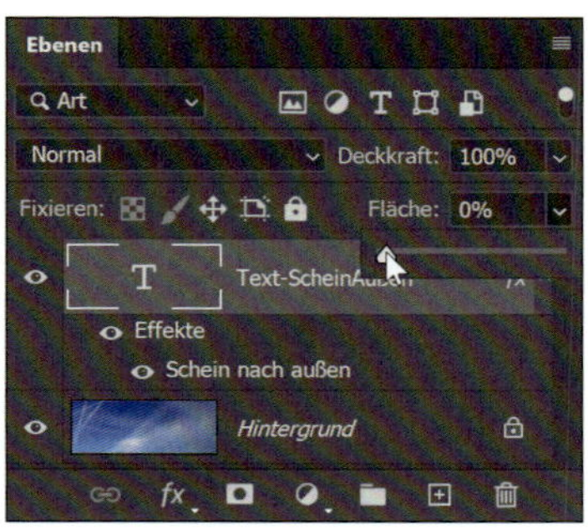

▲ **Abbildung 27.37**
Ebene ausblenden, Effekt stehenlassen: Option Fläche

▲ **Abbildung 27.38**
Alle Effekte mit ausgeblendeter Textebene: SCHEIN NACH AUSSEN (Datei: »Himmel1.tif«)

▲ **Abbildung 27.39**
SCHEIN NACH INNEN (Datei: »Himmel2.tif«)

▲ **Abbildung 27.40**
ABGEFLACHTE KANTE UND RELIEF plus SCHEIN NACH INNEN (Datei: »Himmel3.tif«)

Ebeneneffekte in Ebenen umwandeln | Im normalen Zustand als Ebeneneffekt lassen sich Stile zwar jederzeit editieren, aber wie bereits erwähnt nicht mit Filtern bearbeiten, nicht transformieren oder anders verfremden. Allerdings gibt es eine Möglichkeit, wie Sie dennoch zu solchen erweiterten Bearbeitungsmöglichkeiten kommen. Dazu wandeln Sie den Ebenenstil mit dem Befehl EBENE ERSTELLEN 1 in eine Ebene um. Sie finden den Befehl im Kontextmenü des Effekts im Ebenen-Bedienfeld. Da das Ebenen-Bedienfeld mit Kontextmenüs geradezu gespickt ist, müssen Sie genau klicken (siehe Abbildung 27.41).

Dafür müssen Sie jedoch fast alle praktischen Änderungsoptionen der Ebeneneffekte opfern: Die so generierte Ebene können Sie über die Effektbox und deren zahlreiche Optionen nur noch in geringem Maße beeinflussen. Und wenn Sie Text oder andere Ebeneninhalte nachträglich ändern, bleibt der in eine Ebene umgewandelte Effekt unverändert – die ursprüngliche Verknüpfung zwischen Ebene und Ebeneneffekt ist aufgelöst.

Solche eigenständigen Ebenen lassen sich jedoch mit allen anderen Photoshop-Tools problemlos weiterbearbeiten. Nicht nur für Texteffekte erweitern Sie damit Ihre kreativen Möglichkeiten und können eigene Layouts jenseits der »Stile von der Stange« kreieren.

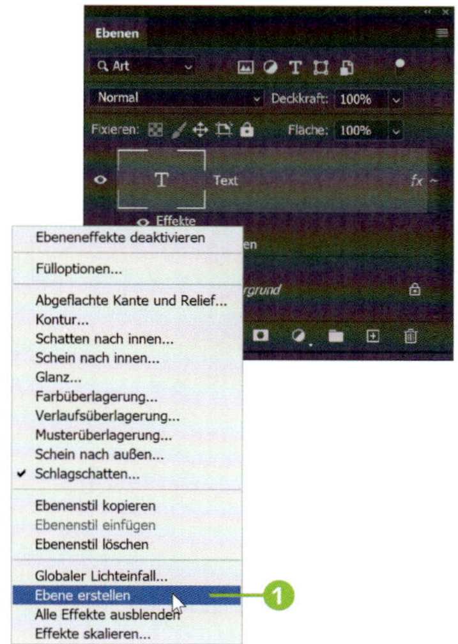

▲ **Abbildung 27.41**
Klicken Sie über dem »fx« in der Ebenenzeile oder direkt über dem Namen des Stils, um das Stile-Kontextmenü zu erwischen.

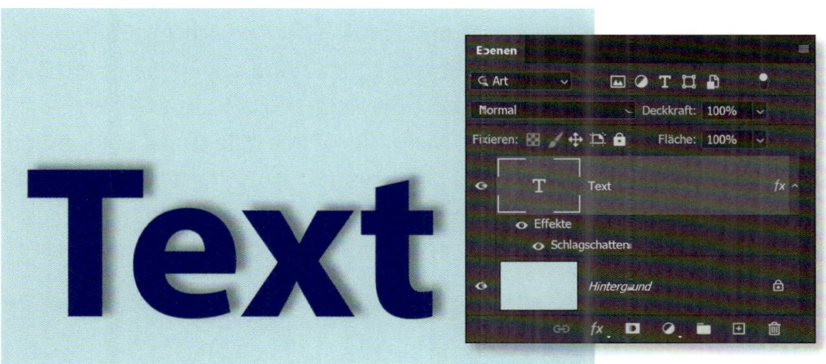

◂ **Abbildung 27.42**
Die Ausgangsdatei und der Ebenenaufbau – ganz simpel: Hintergrundebene, Textebene, Effekt SCHLAGSCHATTEN

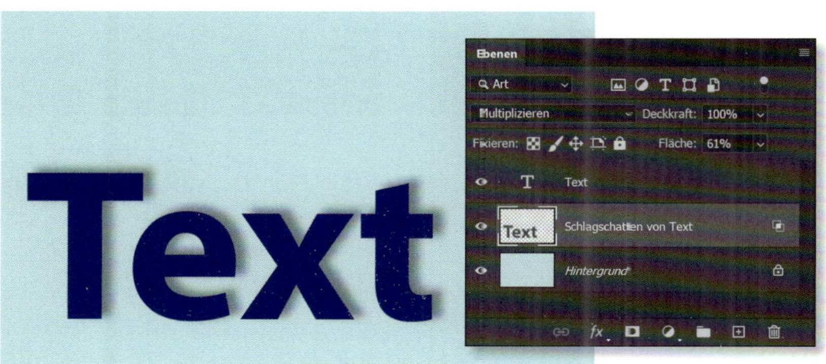

◂ **Abbildung 27.43**
Mit dem Befehl EBENE ERSTELLEN wurde aus dem Effekt eine eigenständige Ebene gemacht – man sieht es dem Bild jedoch nicht an

Abbildung 27.44 ▸
Die Schatten-Ebene wurde per Transformation verzerrt.

27.4 Effekte zeitsparend anwenden

Wenn Sie inzwischen selbst ein wenig mit der Effektbox herumgespielt haben, ist Ihnen vermutlich aufgefallen, dass Sie eine ganze Weile herumprobieren müssen, bis ein Effekt oder Stil zufriedenstellend wirkt.

Zum Weiterlesen
In Abschnitt 4.6, »Farbfelder, Muster, Stile und Co.: Kreativressourcen organisieren«, finden Sie Informationen über das Verwalten von Vorgaben wie Stilen, Mustern, Verläufen, Farbfeldern und anderen kreativen Grundstoffen. So können Sie einmal erstellte **Effekte sichern und später erneut anwenden**.

27.4.1 Ebenenstile auf andere Ebenen übertragen

Um einen einmal erstellten Stil schnell auf eine andere Ebene zu übertragen, haben Sie mehrere Möglichkeiten:

- **Verschieben per Drag & Drop**: Fassen Sie den Stil im Ebenen-Bedienfeld an, und ziehen Sie ihn auf eine andere Ebene. So übertragen Sie ganze Effektkombinationen oder auch nur einzelne Effekte.
- **Kopieren per Drag & Drop**: Wenn Sie Ihren Effekt auf eine andere Ebene kopieren wollen, er jedoch bei der Ausgangsebene ebenfalls erhalten bleiben soll, halten Sie beim Ziehen-und-Fallenlassen zusätzlich `Alt` gedrückt.

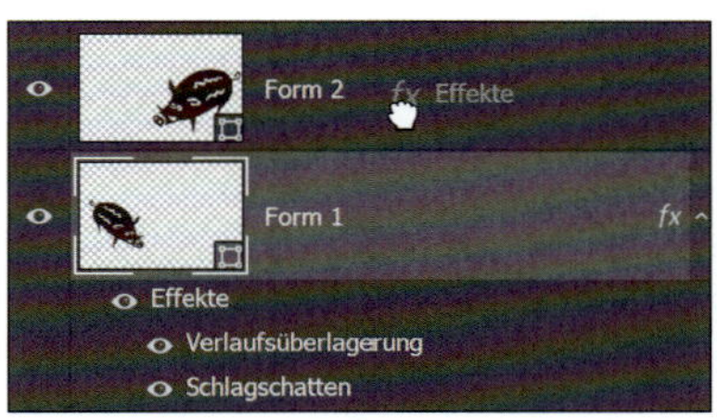

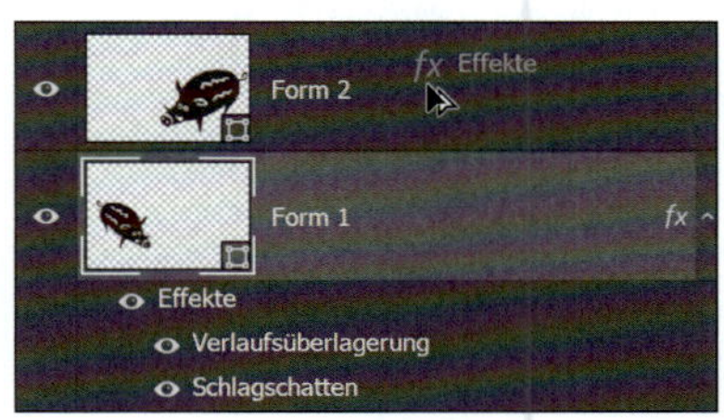

Abbildung 27.45 ▸
Beachten Sie die Mauszeiger-Form: So wird eine Effektkombination verschoben (zupackende Hand), …

Abbildung 27.46 ▸▸
… und so wird sie kopiert (Doppelpfeil).

- Um Stile gleichzeitig auf mehrere andere Ebenen oder in andere Dateien zu übertragen, wählen Sie Ebene • Ebenenstil • Ebenenstil kopieren oder nutzen denselben Befehl im Kontextmenü des Ebenen-Bedienfelds (klicken Sie über dem »fx«-Symbol der jeweiligen Ebene). Wählen Sie die Ebenen oder die neue Datei aus, in die Sie den Stil einfügen wollen, und rufen Sie den Befehl Ebenenstil einfügen auf.

TEIL X
Pfade und Formen

Kapitel 28

Photoshop kann auch Vektoren: Formwerkzeuge

Unter Mitarbeit von Monika Gause

Photoshop kann nicht nur Pixel, sondern beherrscht auch (Vektor-)Pfade. Eine der häufigsten Anwendungen: pfadbasierte Formen. Sie lassen sich flexibel bearbeiten, verlustfrei skalieren und eignen sich gut für Logos oder Composings.

28.1 Pfade und Formen in der Pixelwelt

Photoshop hat sich im Lauf der Zeit von einem reinen Pixelspezialisten mit klarem Schwerpunkt auf der Bildbearbeitung zu einer vielseitigen Anwendung gewandelt, mit der auch Ausflüge in benachbarte Arbeitsfelder – etwa 3D und Videobearbeitung – möglich sind. Und es enthält auch Funktionen, wie sie eigentlich für vektorbasierte Zeichenprogramme wie Adobe Illustrator, Corel Draw, Affinity Designer oder Inkscape charakteristisch sind. Zwar reicht der Funktionsumfang von Photoshop nicht an die spezialisierten Vektoranwendungen heran, doch Sie können vektorbasierte Pfade und durch Pfade definierte Formen erstellen und differenziert bearbeiten – und das wird mit jedem Update komfortabler!

Was sind Pfade? | Pfade liegen auf dem Bild, sie werden nicht mitgedruckt, können aber mit der Datei gespeichert werden. All das trifft auch auf pixelbasierte Auswahllinien zu. Pfade jedoch werden durch mathematische Funktionen definiert. Durch Pfade beschriebene Objekte belegen daher wenig Speicherplatz, können verlustfrei skaliert und transformiert werden und sind beim Drucken auf einem PostScript-Drucker immer scharf. Allerdings können einzelne Vektorformen keine weichen Übergänge oder Teiltransparenz darstellen. Bildelemente, die auf Grundlage von Pfaden erstellt wurden, haben daher zunächst einmal harte Konturen.

Zum Weiterlesen
Mit Hilfe des Masken-Bedienfelds können Sie **harte Konturen von Vektorobjekten sanft auslaufen lassen**. Wie das geht, lesen Sie im Abschnitt 9.4.2, »Konturbereiche von Masken nachbessern«.

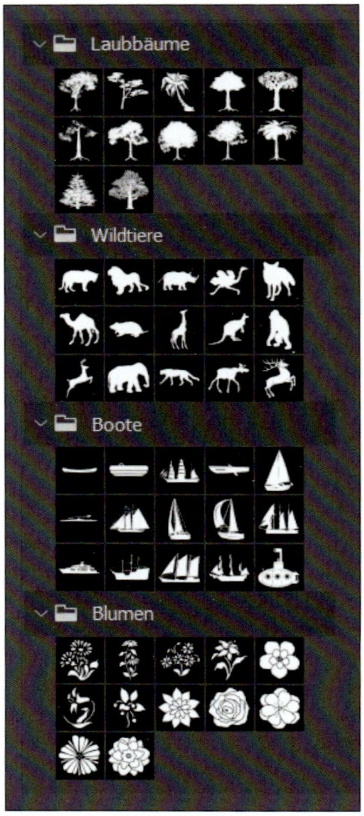

▲ **Abbildung 28.1**
Ausschnitt aus Photoshops Formen-Bibliothek

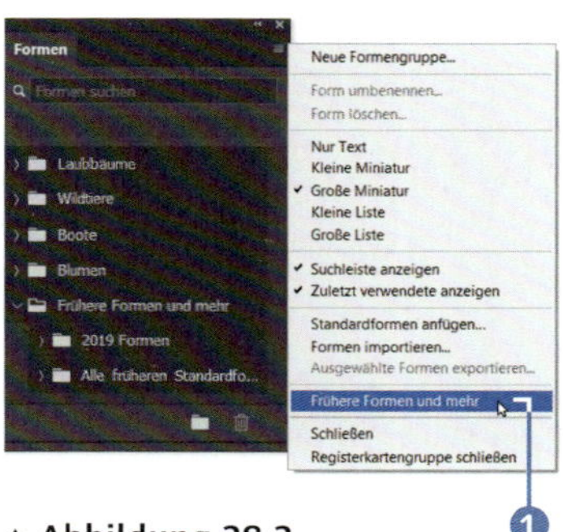

▲ **Abbildung 28.2**
Über FRÜHERE FORMEN UND MEHR finden Sie eine große Fülle an weiteren Standardformen, die in älteren Photoshop-Versionen verwendet wurden.

Pfade in Photoshop dienen beispielsweise als geschwungene Grundlinie für Schrift oder als Führung für Malwerkzeuge. Als **Beschneidungspfade** definieren sie transparente Bildpartien, die bei der Übertragung in Layoutprogramme übernommen werden können. Bei (Vektor-)Formen sorgen sie für gestochen scharfe Kanten.

Die Grenze zwischen vektor- und pixelbasierten Elementen ist in Photoshop durchlässig: Formen und manche Pfade lassen sich ohne Umstände in pixelbasierte Elemente umwandeln. Pfade können in Auswahlen transformiert werden, und umgekehrt lassen sich aus Auswahlen Pfade generieren.

Pfade definieren Formen | Außerdem sind Pfade die **Grundlage von Formen**. Damit sind in diesem Fall nicht beliebige Konturen oder Umrisse gemeint, sondern ein Photoshop-typisches Gestaltungselement. Solche Formen werden mit Hilfe der sechs Formwerkzeuge erzeugt; wenn Sie mit dem Eigene-Form-Werkzeug arbeiten, können Sie überdies auf Formen aus Photoshops Formen-Bibliotheken zurückgreifen. Dort finden Sie Formen jeder Art: Piktogramme, Schmuckelemente Pfeile, Strukturen, Sprechblasen, Rahmen und anderes. Solche Formen können Sie außerdem beliebig mit Farben, Verläufen oder Mustern füllen und mit einer Kontur versehen.

Geeignete Speicherformate | Nicht alle Dateiformate können Pfade oder pfadbasierte Formen aufnehmen. Auf der sicheren Seite sind Sie mit Photoshops Hausformat PSD, dem Universalisten TIFF sowie PDF, EPS und DCS (eine EPS-Variante). JPG und JPEG 2000 können Beschneidungspfade aufnehmen, als Speicherformat (vor allem der Arbeitsdatei) für Pfade und Formebenen sind sie nicht geeignet.

Formen früherer Photoshop-Versionen | Vielleicht vermissen Sie an dieser Stelle auch die früheren Standardformen von Photoshop. Diese können Sie als Gruppe über das Formen-Bedienfeld mit dem Befehl FRÜHERE FORMEN UND MEHR (1) hinzufügen.

28.2 Formwerkzeug-Basics

Die Formwerkzeuge sind einfach anzuwenden: Wenn Sie Ihre Maus diagonal bewegen können, können Sie auch eine Form erstellen. Der springende Punkt sind jedoch die zahlreichen Optionen, mit denen Sie Aussehen und Verhalten der Formwerkzeuge maßgeblich beeinflussen. Diese Optionen sollten Sie kennen, um die Formwerkzeuge voll auszureizen.

Welche Unterwerkzeuge gibt es? | Gleich sechs verschiedene Formwerkzeuge zum Erstellen jeder erdenklichen Form hat Photoshop im Angebot. In der Werkzeugleiste sind sie unter einer Schaltfläche zusammengefasst. Sie finden dort:

- das Rechteck-Werkzeug U für rechteckige und quadratische Formen
- das Abgerundetes-Rechteck-Werkzeug U, das sich gut für das Erstellen von Buttons mit gerundeten Ecken eignet
- das Ellipse-Werkzeug U für Kreise und Ellipsen
- ein Polygon-Werkzeug U für mehreckige Formen
- ein Linienzeichner-Werkzeug U für Pfeile und Linien (die jedoch eigentlich Rechtecke sind, keine offenen Pfade)
- das Eigene-Form-Werkzeug U, mit dem auch das Blattornament in den Beispielbildern dieses Kapitels angelegt wurde, eine Form, die aus einer der von Adobe mitgelieferten Formen-Bibliotheken stammt

Zum Weiterlesen
Wer mit Photoshops Formen arbeitet, benutzt in der Regel auch Farbfelder, Verläufe und Muster. All diese Elemente gehören zu Photoshops sogenannten **Vorgaben**. Wenn Sie über den Umgang mit Vorgaben noch nicht Bescheid wissen, sollten Sie unbedingt einen Blick in Abschnitt 4.6, »Farbfelder, Muster, Stile und Co.: Kreativressourcen organisieren«, werfen.

Funktionsweise und die zur Verfügung stehenden Optionen sind bei allen Werkzeugen annähernd gleich.

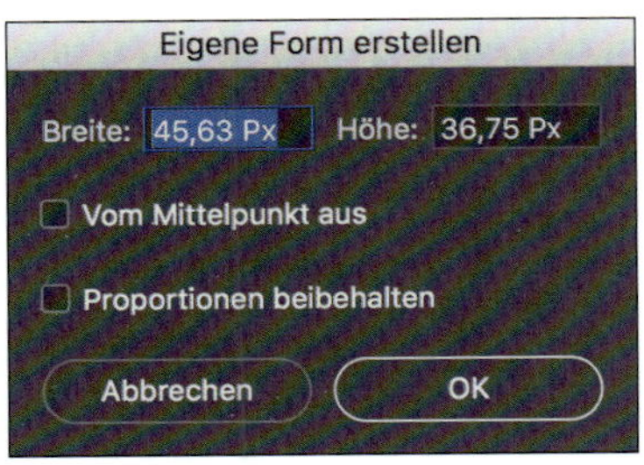

◂ **Abbildung 28.3**
Bei aktivem Formwerkzeug bringt jeder Klick auf die Arbeitsfläche dieses Dialogfeld zum Vorschein.

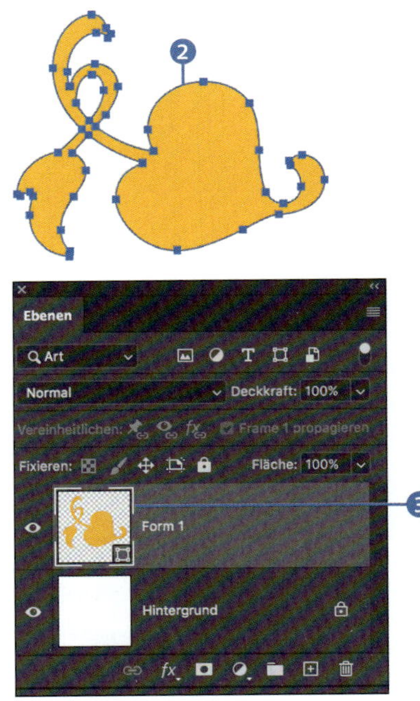

▴ **Abbildung 28.4**
Eine Form und ihre Darstellung im Ebenen-Bedienfeld. Die (hier blaue) Begrenzungslinie ❷ ist keine Kontur, sondern der definierende Pfad. Im Ebenen-Bedienfeld sehen Sie die neue Miniaturdarstellung.

28.2.1 Formwerkzeuge anwenden

Ihre Vorgehensweise sollte in etwa so aussehen: Rufen Sie das gewünschte Werkzeug auf, stellen Sie die Optionen ein, und klicken Sie in das Bild. Sie können die Form dabei mit gehaltener Maustaste beliebig groß aufziehen oder auch im Voraus eine feste Größe angeben.

- **Form in beliebiger Größe aufziehen:** Sie **ziehen die Form auf,** indem Sie den Cursor über das Bild setzen, die Maustaste gedrückt halten und diagonal wegziehen. Sobald Sie die Maus loslassen, ist die neue Form erstellt.
- **Position der Form ändern:** Um die **Formkontur während des Aufziehens zu verschieben**, halten Sie die Maustaste weiterhin gedrückt und drücken zusätzlich die Leertaste. Sie können Formebenen jedoch auch – wie alle Ebenen – jederzeit **nachträglich verschieben**.

- Ein Klick auf der Arbeitsfläche führt zu einem Dialogfeld, in dem Sie die Wunschmaße der neuen Form eingeben und festlegen können, wie die Form aufgezogen wird (VOM MITTELPUNKT AUS ist oft bei Kreisformen nützlich) und ob die PROPORTIONEN BEIBEHALTEN werden sollen (aktivieren Sie diese Option, um Formen mit exakt der Höhe-Breite-Proportion zu erstellen wie in der Ausgangsform vorgegeben). Sobald Sie mit OK bestätigen, wird die Form erstellt.
- Über das Zahnradsymbol ⚙ in der Optionsleiste können Sie für Ihre neue Form die gewünschten Optionen festlegen, z. B. die Größe. Wenn Sie Optionen eingetragen haben, genügt ein **Klicken ins Bild**. Ihre neue Form erscheint sofort, Sie müssen sie nicht aufziehen. Sie sehen die neue Formebene ❸ (Abbildung 28.4) nach dem Erzeugen im Ebenen-Bedienfeld.

28.3 Die wichtigsten Optionen

Das Formwerkzeug mit seinen insgesamt sechs Einzeltools bringt eine Vielzahl an Optionen und Einstellungsmöglichkeiten mit. Im Bedienfeld LIVEFORM-EIGENSCHAFTEN finden sich die wichtigsten dieser Optionen noch einmal in gebündelter Form wieder, so dass Sie sie schnell zur Hand haben.

28.3.1 Form, Pfad oder Pixel

Grundsätzlich können Sie die Formwerkzeuge in drei verschiedenen »Betriebsarten« verwenden. Je nach Einstellung ❶ erzeugen Sie damit Formen, Pfade oder einfache Pixelobjekte. Die angebotenen Optionen unterscheiden sich jeweils ein wenig voneinander.

Abbildung 28.5 ▾
Die Optionen für das Erstellen von Formebenen, hier beim Eigene-Form-Werkzeug

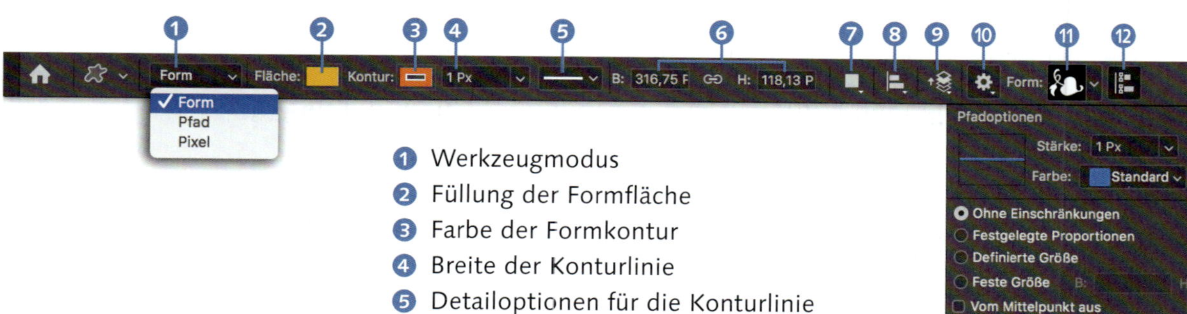

❶ Werkzeugmodus
❷ Füllung der Formfläche
❸ Farbe der Formkontur
❹ Breite der Konturlinie
❺ Detailoptionen für die Konturlinie
❻ Maße des aktuellen Objekts (Form oder Pfad)
❼ Pfadvorgänge (Überlappungsmodus)

8 Pfadausrichtung (Relation von Pfaden/Formen zueinander)
9 Pfadanordnung (Schichtung übereinander)
10 Größe, Proportionen, Aufziehverhalten und Pfaddarstellung
11 Formenbibliothek (nur beim Eigene-Form-Werkzeug)
12 Ausrichten am Pixelraster

▲ **Abbildung 28.6**
Die Stärke der nicht druckenden Pfadanzeige können Sie verändern und z. B. auf hochauflösenden Monitoren erhöhen. Anders als die Konturstärke verändert sich die Pfadanzeige nicht beim Zoomen in der Datei.

Werkzeugmodus | Die Dropdown-Liste Werkzeugmodus auswählen 1 finden Sie bei allen Form- und Zeichenwerkzeugen. Die Wirkung dieser Einstellung ist gravierend, denn hier legen Sie fest, wie der Pfad, den Sie mit dem Betätigen der Form- oder Zeichenwerkzeuge erstellen, weiterverarbeitet wird.

- Die Einstellung Form erstellt automatisch eine Formebene, so wie sie in Abbildung 28.4 zu sehen ist.
- Wenn Sie hier Pfad wählen, wird der Pfad nur als Pfad angelegt und zunächst nicht gefüllt.
- Ist die Einstellung Pixel aktiv, entsteht keine Vektorebene, sondern es werden innerhalb der Formkonturen umstandslos Pixel in der aktuellen Vordergrundfarbe in das Bild eingefügt. Wenn Sie vorher keine leere Ebene anlegen, werden die Pixel direkt auf der aktuellen Ebene eingefügt und mit ihr verschmolzen.

28.3.2 Größe und Proportion

Indem Sie in der Werkzeugleiste eines der Formwerkzeuge wählen – und, sofern Sie mit dem Eigene-Form-Werkzeug arbeiten, eine Form aus der Bibliothek wählen –, geben Sie die Gestalt der Form, die Sie anlegen, grob vor. Doch während Sie die Form mit der Maus aufziehen, haben Sie ebenfalls Einfluss auf Größe und Seitenverhältnis der Form. Die Detailoptionen des jeweiligen Formwerkzeugs helfen Ihnen, die Form mit der gewünschten Größe und Proportion anzulegen. Außerdem steuern Sie dort, wie sich die Form beim Aufziehen verhält. Sie erreichen die Optionen durch Klicken auf den kleinen Zahnrad-Button 13.

▼ **Abbildung 28.8**
In der Liste finden Sie zahlreiche von Adobe mitgelieferte Formen.

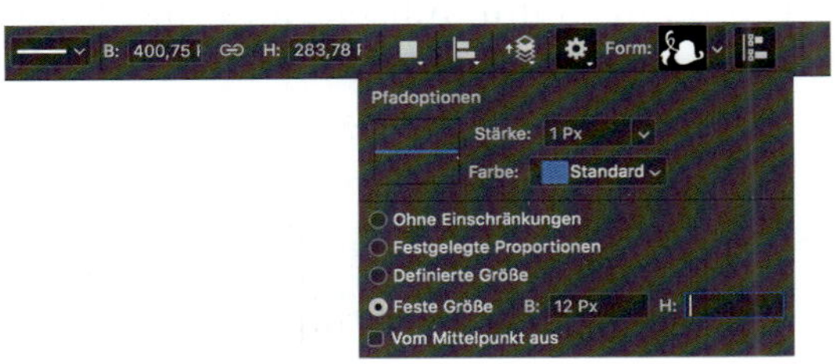

▲ **Abbildung 28.7**
Einstellungen zu Größe, Proportion und Aufziehverhalten des Eigene-Form-Werkzeugs

Formen-Bibliotheken
Wenn das Eigene-Form-Werkzeug aktiv ist, erreichen Sie die Bibliothek ⓭ (Abbildung 28.8) mit vorgefertigten Formen (Ornamenten und Zeichen), die Sie auch noch selbst ergänzen können.

Modifikationstasten
Selbst wenn Sie OHNE EINSCHRÄNKUNG arbeiten, können Sie mit [⇧] eine proportionale Form erzwingen, und statt VOM MITTELPUNKT AUS anzukreuzen, können Sie auch [Alt] drücken.

Eigene-Form-Werkzeug | Die Optionen des Eigene-Form-Werkzeugs finden Sie bei den meisten anderen Formwerkzeugen wieder.

- OHNE EINSCHRÄNKUNGEN bedeutet, dass Sie die Breite und Höhe von Rechtecken, abgerundeten Rechtecken, Ellipsen oder eigenen Formen durch Ziehen beliebig festlegen können.
- FESTGELEGTE PROPORTIONEN gewährleistet originalgetreue Formen, so wie sie in der Formenliste aufgeführt werden. Die Form kann beliebig groß aufgezogen werden.
- DEFINIERTE GRÖSSE erhält die Originalproportionen und die Originalgröße, in der die Form angelegt und in der Liste gespeichert wurde. Hier müssen Sie die Form nicht mehr aufziehen: Es genügt, in das Bild zu klicken.
- FESTE GRÖSSE funktioniert für Rechtecke, abgerundete Rechtecke, Ellipsen und eigene Formen. Deren Größe basiert dann auf den eingegebenen Werten. Auch hier genügt ein Klick ins Bild, um die Form zu erzeugen.
- VOM MITTELPUNKT AUS kann zu allen übrigen Optionen immer dazugenommen werden (für Rechtecke, abgerundete Rechtecke, Ellipsen und eigene Formen).

Ellipse- und Rechteck-Werkzeuge | Für das Erzeugen von Rechteck-, Ellipsen- und Abgerundetes-Rechteck-Formen gibt es ähnliche Optionen:

- Die Rechteck-Werkzeug-Option QUADRAT ❷ schränkt die Form auf ein exaktes Quadrat ein.
- Beim Ellipse-Werkzeug gibt es die Option KREIS ❹. Ist sie aktiv, erzeugen Sie keine Ellipsen, sondern Kreise.
- PROPORTIONAL ❸ erstellt Rechtecke, abgerundete Rechtecke und Ellipsen in beliebiger Größe, aber mit festen Proportionen, die auf den in den Eingabefeldern BREITE und HÖHE eingegebenen Werten basieren, wie zum Beispiel 1:2 oder 1:3.
- Eine wichtige Einstellung des Abgerundetes-Rechteck-Werkzeugs findet sich nicht im Flyout-Menü, sondern rechts daneben in der Optionsleiste: RADIUS ❶ steuert die Rundung der Ecken.

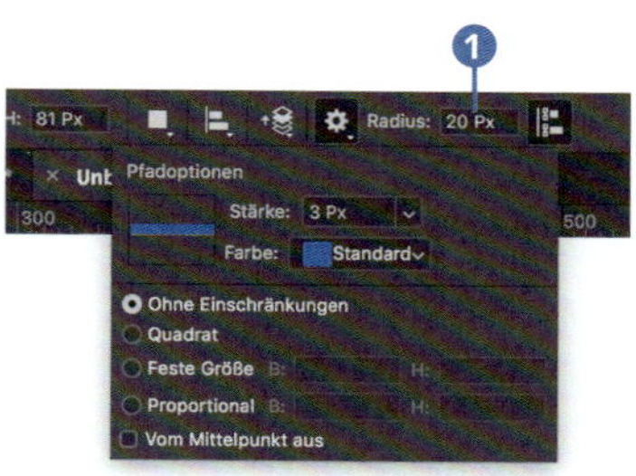

▲ **Abbildung 28.9**
Optionen für das Abgerundetes-Rechteck-Werkzeug

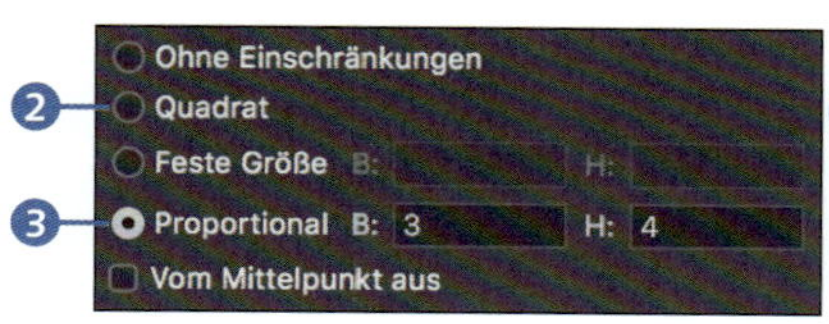

▲ **Abbildung 28.10**
Optionen des Rechteck-Werkzeugs

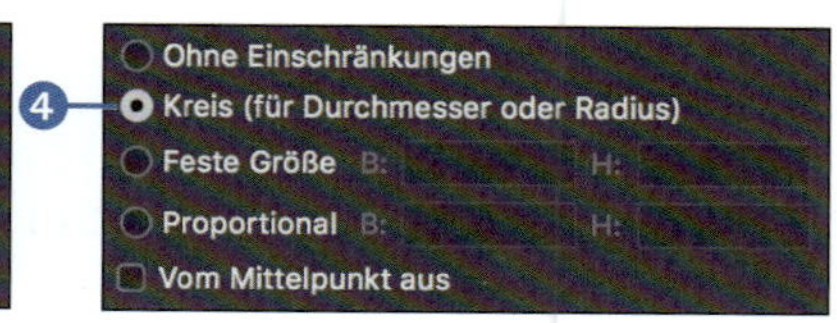

▲ **Abbildung 28.11**
Ellipsen-Optionen

Polygon-Werkzeug | In der Optionsleiste finden Sie für das Polygon-Werkzeug die Option SEITEN, mit der Sie festlegen, wie viele Seiten das Polygon haben soll. Hier sind auch sehr hohe Werte möglich – die brauchen Sie, wenn Sie etwa vielstrahlige Sterne erzeugen wollen.

Hinter dem Zahnrad-Icon ⚙ (siehe Abbildung 28.12) verbergen sich die Detaileinstellungen – und die haben es in sich, denn damit erweitern Sie das Formenrepertoire beträchtlich:

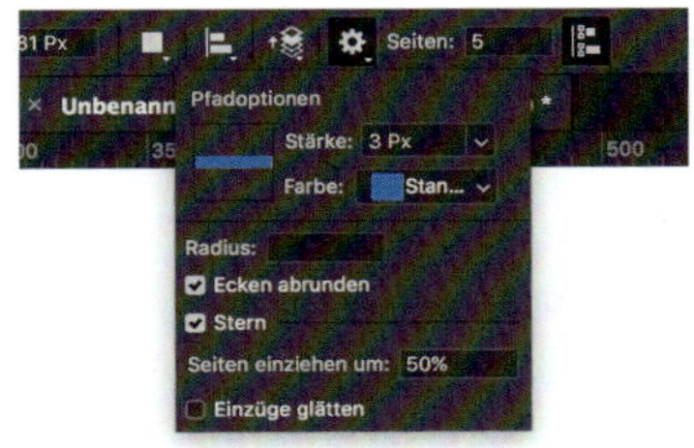

▲ **Abbildung 28.12**
Detailoptionen für das Polygon-Werkzeug

- RADIUS legt den Abstand von der Mitte bis zu den äußeren Punkten des Polygons fest.
- ECKEN ABRUNDEN erzeugt ein Polygon mit abgerundeten Ecken.
- STERN macht aus einem langweiligen Polygon eine Sternform, also ein Polygon, bei dem die Seiten teilweise nach innen gezogen sind.
- SEITEN EINZIEHEN UM ist nur aktiv, wenn auch die Option STERN in der Checkbox angehakt ist. Der Wert bei SEITEN EINZIEHEN UM legt prozentual den von den Zacken eingenommenen Teil des Radius fest. Bei einem Wert von 50 % werden Zacken erstellt, die die Hälfte des Gesamtradius des Sterns ausmachen. Bei einem höheren Wert werden spitzere, dünnere Zacken erstellt, bei einem niedrigeren Wert vollere.
- EINZÜGE GLÄTTEN ist das bei Sternformen wirksame Pendant zu ECKEN ABRUNDEN – die Rundungswirkung bezieht sich auf die Winkel, in denen die einzelnen Zacken aufeinandertreffen.

▲ **Abbildung 28.14**
Sterne (von oben nach unten): EINZIEHEN UM 50 %, ECKEN ABRUNDEN, EINZÜGE GLÄTTEN, ECKEN ABRUNDEN und EINZÜGE GLÄTTEN.

Linienzeichner-Werkzeug | In der Optionsleiste legen Sie die STÄRKE der Linie fest, im Dropdown-Menü finden Sie die Einstellungen für Pfeile.

◂ **Abbildung 28.13**
Mit dem Linienzeichner können Sie auch Pfeile erzeugen.

- ANFANG und ENDE bestimmen, an welchem Ende der Linie etwaige Pfeilspitzen angesetzt werden.
- BREITE und LÄNGE beziehen sich nicht auf die Linie, sondern auf die Pfeilspitzen. Die Prozentwerte, die Sie dort eintragen, sind relativ zur Linienstärke. Erstellen Sie also eine 5 Pixel starke Linie mit einer Pfeilspitze, deren BREITE 400 % und deren LÄNGE 500 % beträgt, ist die Pfeilspitze 20 Pixel breit und 25 Pixel lang.

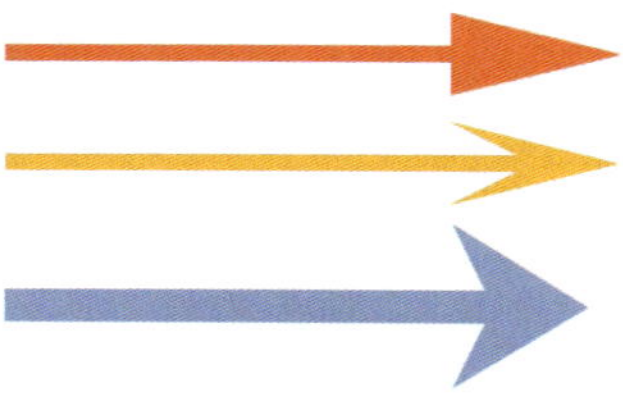

▲ **Abbildung 28.15**
Pfeilspitzen mit RUNDUNG 0 % und LÄNGE 1 000 % (rot), RUNDUNG 50 % und LÄNGE 1 000 % (gelb), RUNDUNG 30 % und LÄNGE 400 % (blau)

- Mit dem Wert unter RUNDUNG definieren Sie die Stelle der Pfeilspitze, an der diese auf die Linie trifft. Je höher der Wert ist, desto stärker wird die eigentliche Pfeilspitze durch die auf sie treffende Linie »eingedellt« (Abbildung 28.13 und Abbildung 28.15).

28.4 Farbige Füllung für die Form

Ohne farbige Füllung wären Formen nur halb so interessant. Füllen Sie die Formfläche mit solider Farbe, einem Verlauf oder einem Muster, oder lassen Sie sie leer (und versehen Sie sie vielleicht nur mit einer Kontur).

Um die umfangreichen Einstellungen für die Füllung der Formfläche zu erreichen, klicken Sie in der Optionsleiste auf das kleine Farbfeld ❶ neben dem Eintrag FLÄCHE. Als Erstes müssen Sie durch Klicken auf einen der Buttons ❷ festlegen, ob Sie Ihre Form

- leer lassen,
- mit einer soliden Farbfläche,
- einem Verlauf oder
- einem Muster

füllen wollen. Unter ZULETZT VERWENDETE FARBEN ❸ finden Sie die Farben, Verläufe oder Muster, die Sie in Photoshop zuletzt genutzt haben – das erspart langes Suchen. Ein Klick auf das bunte Farbfeld ❹ öffnet den Farbwähler, mit dem Zahnrad-Icon ❺ rufen Sie die Verwaltungseinstellungen für die jeweilige Vorgabe auf.

▲ **Abbildung 28.16**
Einstellungen für die Flächenfüllung einer Form, hier für Farbfüllungen

Die weiteren Einstellungen richten sich nach Ihrer Vorauswahl. Haben Sie FARBFLÄCHE gewählt, erscheinen hier Farbfelder, wie Sie sie von dem Bedienfeld FARBFELDER kennen. Die Einstellungen für einen VERLAUF funktionieren so wie beim Verlaufswerkzeug und an vielen anderen Stellen in Photoshop. Und die MUSTER funktionieren beim Formwerkzeug ebenso wie beim Ebenenstil MUSTERFÜLLUNG, beim Füllwerkzeug und an vielen anderen Stellen in Photoshop. Die größte Schwierigkeit beim Zuweisen einer Füllung ist vermutlich, sich für eine der vielen Möglichkeiten zu entscheiden.

Zum Weiterlesen
Wie **Farbfelder** funktionieren, können Sie im Detail in Abschnitt 21.6, »Schnellzugriff auf Lieblingsfarben: Das Farbfelder-Bedienfeld«, nachlesen. Alles über den Umgang mit **Verläufen** lesen Sie in Abschnitt 23.2, »Das Verlaufswerkzeug: Farbverläufe erstellen«. Mehr über **Muster** erfahren Sie in Abschnitt 23.3, »Vielseitige Kreativressource: Muster«.

28.5 Kontur – Anpassung bis ins Detail

Ergänzend zur Flächenfüllung oder als Alternative können Sie Formen auch eine Konturlinie zuweisen. Dabei stehen Ihnen zahlreiche Optionen zur Verfügung, mit denen Sie Linienart, -position und -füllung festlegen.

28.5.1 Linienbreite und -art

Die wichtigsten Einstellungen für Linien erreichen Sie direkt in der Formwerkzeug-Optionsleiste, ohne Menüs oder Listen aufklappen zu müssen: die Linienstärke 6 und die Art 7 der Linie.

- Für die **Linienstärke** können Sie nicht nur den gewünschten Wert, sondern auch die Einheit (Px, Pt, mm oder sogar cm) eingeben.
- Bei der **Linienart** haben Sie zunächst die Wahl zwischen durchgezogenen, gestrichelten und punktierten Linien; dieses Sortiment lässt sich durch manuell definierte Linienarten erweitern.

◂ **Abbildung 28.17**
Optionen für Konturlinien

28.5.2 Detaileinstellungen zur Art der Linie

Wenn Sie auf den Button WEITERE OPTIONEN 8 (Abbildung 28.17) klicken, können Sie manuell weitere Linienarten festlegen, etwa strichpunktierte Linien, gestrichelte Linien mit unterschiedlichen Abständen und Ähnliches. Interessant sind hier die Optionen unter GESTRICHELTE LINIE 1. Wenn Sie eigene Strichelmuster festlegen wollen, muss dort ein Häkchen gesetzt sein. Dann tragen Sie die gewünschten Strichlängen und Pausen in die Eingabefelder ein. Mit Hilfe des Buttons SPEICHERN können Sie eigene Strichelmuster sichern. Sie erscheinen dann auch in der Liste unter KONTUROPTIONEN.

Abbildung 28.18 ►
Detaileinstellungen für Konturlinien

▲ Abbildung 28.19
Ausrichten der Konturlinie auf der Pfadlinie. Von oben nach unten: innen, Mitte, außen.

28.5.3 Ausrichten der Konturlinie auf der Pfadlinie

Die Konturlinie folgt der Pfadlinie. Wie Sie es vermutlich bereits vom Ebenenstil KONTUR und vom Befehl BEARBEITEN • KONTUR FÜLLEN kennen, können Sie auch bei Formen einstellen, ob sich die Form innen, außen oder mittig an die Pfadlinie anlegt. Bei feinen Linien und großen, wenig detaillierten Formen zeigt diese Einstellung wenig Auswirkungen, bei dickeren Konturlinien und besonders fein ziselierten Formen kann sie schon einmal ins Gewicht fallen.

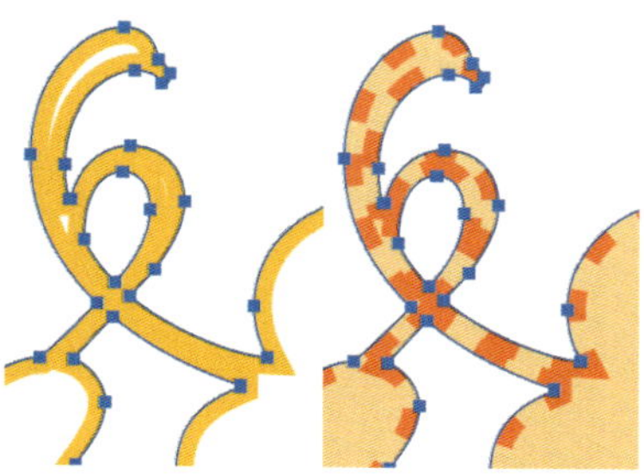

▲ Abbildung 28.20
Konturlinie innen am Pfad

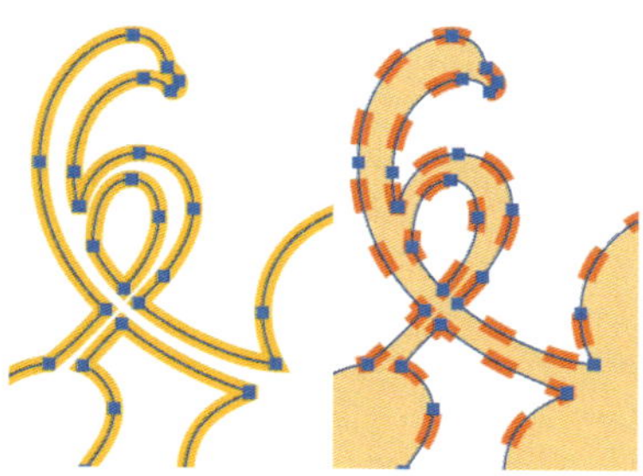

▲ Abbildung 28.21
Konturlinie mittig auf dem Pfad

▲ Abbildung 28.22
Konturlinie außen am Pfad

28.5.4 Enden einzelner Liniensegmente

Das ist jedoch noch nicht alles. Bei unterbrochenen Linien können Sie unter ENDEN festlegen, welche Gestalt die einzelnen Liniensegmente haben. Sie haben die Wahl zwischen gerundeten, geraden und geraden, überstehenden Enden (die Striche sind an jedem Ende eine halbe Konturstärke länger). Diese Einstellung ist nur für breite Konturlinien interessant, bei schmalen Konturen ist der Unterschied kaum merklich.

◂ **Abbildung 28.23**
Detailoptionen für Liniensegment-Enden

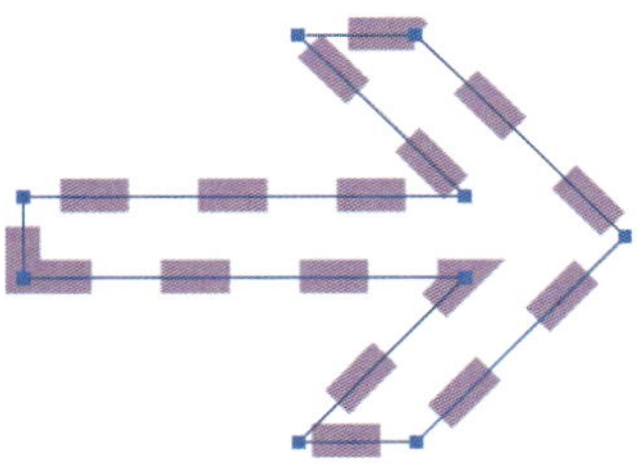

▴ **Abbildung 28.24**
Gerade, gewinkelte Enden

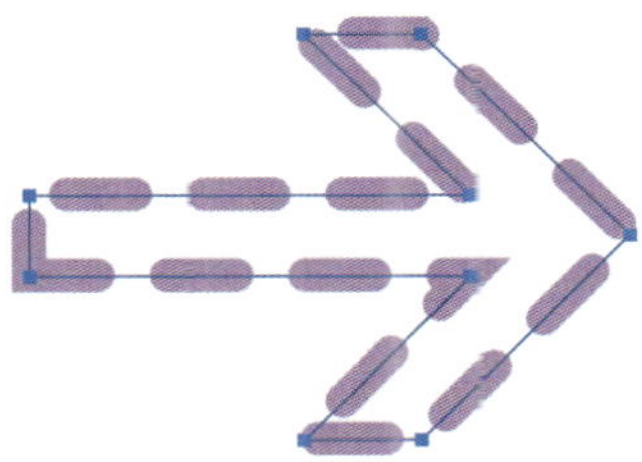

▴ **Abbildung 28.25**
Gerundete Enden

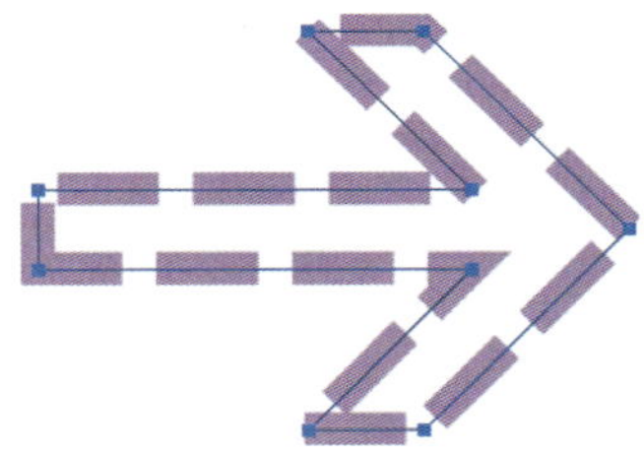

▴ **Abbildung 28.26**
Gerade (überstehende) Enden

28.5.5 Eckenführung

Wird eine Kontur um eine Form mit spitzen oder rechtwinkligen Ecken gelegt, dann bestimmen Sie mit den Einstellungen unter ECKEN, ob die Ecke ausgebildet, abgerundet oder abgeflacht wird.

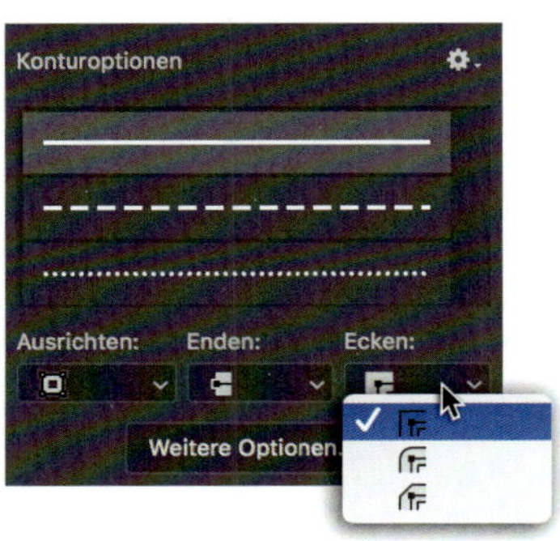

◂ **Abbildung 28.27**
Wie wird eine Linie um die Ecke geführt?

▲ **Abbildung 28.28**
Spitze, abgerundete und abgeflachte Ecken

28.5.6 Farbe der Konturlinie

Neben allen anderen Konturlinien-Eigenschaften können Sie auch deren farbliche Gestaltung einstellen. Zur Verfügung stehen unter ❶ die Optionen:

- keine Kontur
- Kontur in einer soliden Farbe
- Kontur mit einem Verlauf
- Kontur mit einem Muster

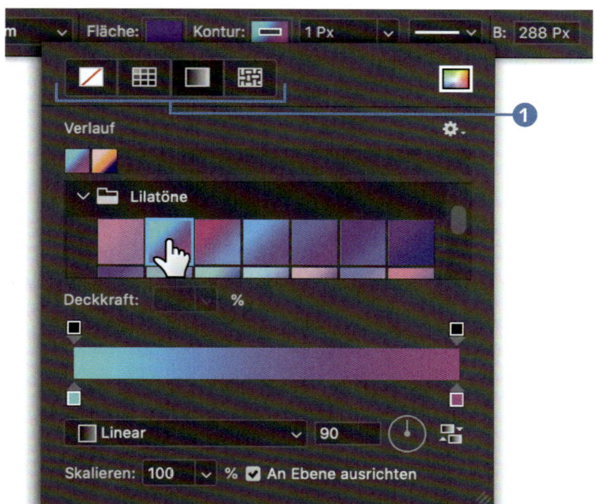

▲ **Abbildung 28.30**
Optionen für die Gestaltung von Konturlinien, hier die Verlaufseinstellungen

Die Einstellungen funktionieren genauso wie bei der Füllung von Formflächen.

Formattribute übertragen
Die Einstellungsmöglichkeiten für Formfüllung und Konturlinien sind ganz schön komplex. Soll bei mehreren identischen Formen der Style nachträglich manuell geändert werden, kann das zeitaufwendig werden – doch mit den Befehlen FORMATTRIBUTE KOPIEREN/EINFÜGEN geht das ganz flott. Sie finden den Befehl im Kontextmenü des Ebenen-Bedienfelds (Rechtsklick auf den neutralen Bereich einer Formebene).

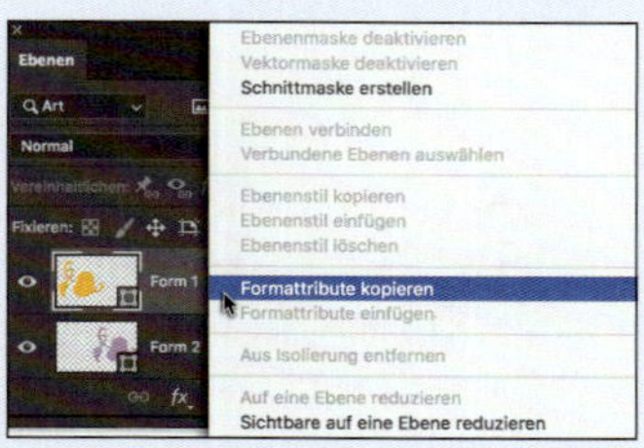

▲ **Abbildung 28.29**
Das Übertragen von Formattributen funktioniert ähnlich wie das Übertragen von Ebenenstilen.

28.6 Welche Form entsteht? Verhalten von Pfaden zueinander

In einer Datei können mehrere Pfade vorhanden sein, die eine Form ergeben oder für sich stehen können. In solchen Fällen stellt sich die Frage, wie sich mehrere Pfade zueinander verhalten. Soll für jeden Pfad eine eigene Formebene erzeugt werden? Was geschieht mit den überlappenden Bereichen, wenn mehrere Pfade in einer Formebene kombiniert werden?

Diese Verhalten heißen in der aktuellen Photoshop-Version »Pfadvorgänge« – die ältere Bezeichnung »Überlappungsmodus« macht etwas klarer, worum es hier geht: Sie steuern es mit den Einstellungen unter PFADVORGÄNGE ❷. Sie können diese Optionen gezielt einsetzen, um Formen zu bilden, die weder in den fertigen Formen-Bibliotheken noch per Formwerkzeug angeboten werden. Wie das genau geht, zeige ich Ihnen in der Schritt-für-Schritt-Anleitung in Abschnitt 28.9, »Das Formwerkzeug in der Praxis«.

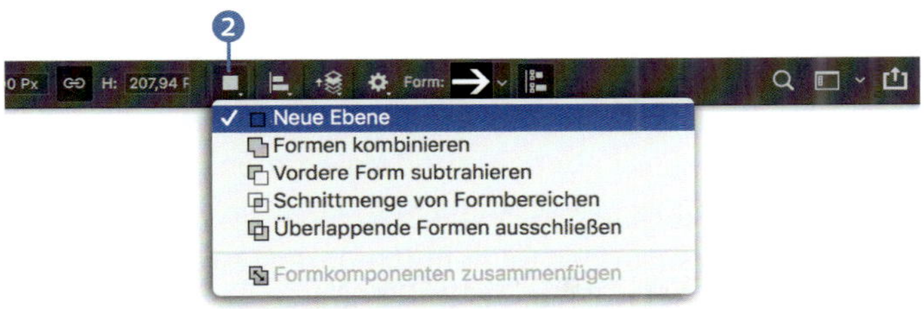

▲ **Abbildung 28.31**
Pfadvorgänge: Optionen für überlappende Formen

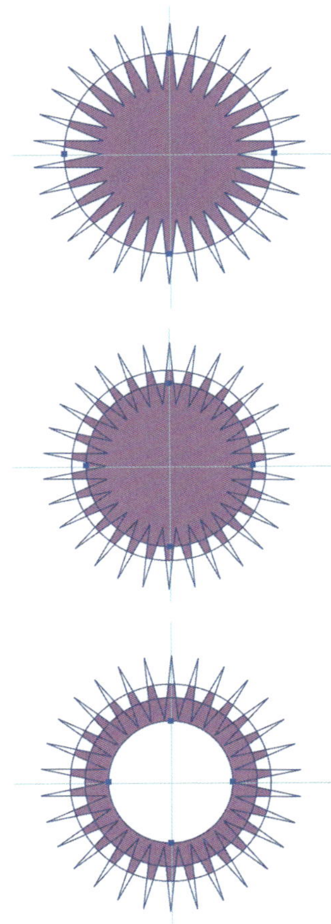

▲ **Abbildung 28.32**
Schnittmenge von Kreis und Stern (oben), Addition eines weiteren Sterns (Mitte), Subtraktion eines dritten Sterns (unten)

- Ist NEUE EBENE aktiviert, wird mit jeder neuen Form auch eine **neue, separate Formebene** erstellt.
- Wenn Sie vor dem Erstellen der Form FORMEN KOMBINIEREN anklicken, wird die neue Form einer bereits bestehenden Form **hinzugefügt**.
- Ist VORDERE FORM SUBTRAHIEREN aktiv und gibt es bereits eine andere Formebene im Bild, werden die beiden Bereiche voneinander **subtrahiert**. Das funktioniert nicht nur, wenn sich die Formen überlappen, sondern kann auch die Aussparungswirkung einzelner Formen umkehren.
- Wenn Sie SCHNITTMENGE VON FORMBEREICHEN anklicken, bevor Sie eine zweite Formebene erzeugen, und sich die Formbereiche überdecken, wird eine **Schnittmenge** aus beiden Formen gebildet.
- ÜBERLAPPENDE FORMEN AUSSCHLIESSEN erzeugt eine **Variante der Schnittmenge**, bei der eben nicht die überlappenden Bereiche erhalten werden, sondern der Rest.

Zusammengesetzte Formen
Diese Kombinationen werden in vielen Vektorprogrammen als zusammengesetzte Formen bezeichnet und lassen sich häufig in Photoshop übernehmen.

- FORMKOMPONENTEN ZUSAMMENFÜGEN vereint sich **überlappende, auf einer Bildebene** liegende Formen zu einer einzigen Form.

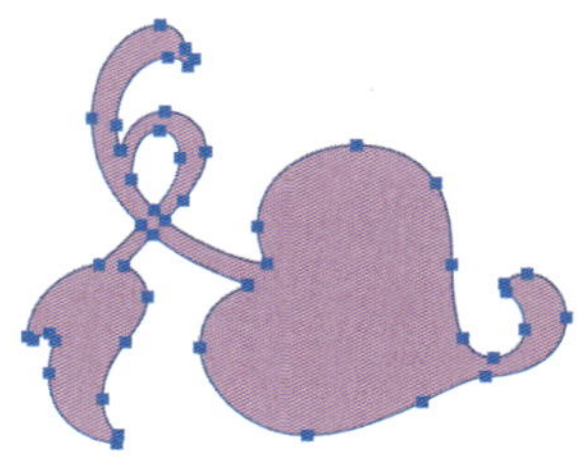

▲ **Abbildung 28.33**
Originalform (mit eingeblendetem Pfad und Ankerpunkten)

▲ **Abbildung 28.34**
Umkehrwirkung des Befehls VORDERE FORM SUBTRAHIEREN

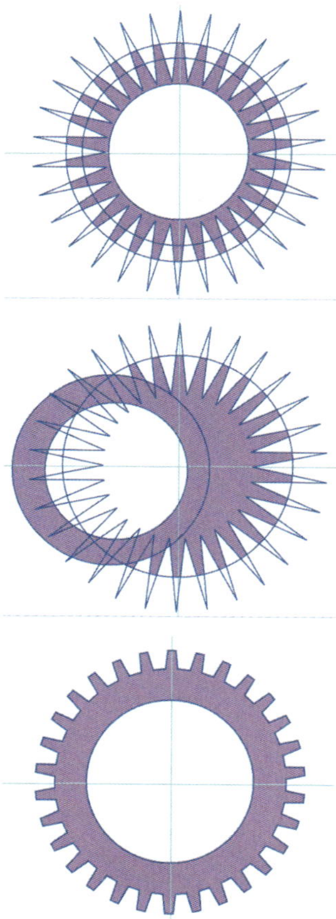

▲ **Abbildung 28.36**
Sie können nicht nur die Stapelreihenfolge ändern (oben), sondern auch die Formen gegeneinander verschieben (Mitte); erst, wenn Sie die FORMKOMPONENTEN ZUSAMMENFÜGEN, ist das Ergebnis endgültig (unten)

28.6.1 Schichtung von Formen und Pfaden: Pfadanordnung

Sie kennen die Relevanz der »Stapelreihenfolge« vermutlich bereits von Ebenen: Die Anordnung, in der verschiedene Ebenen innerhalb einer Datei übereinanderliegen, beeinflusst maßgeblich das Aussehen des Bildes. Bei Formen – nicht Formebenen, sondern Formen innerhalb ein und derselben Ebene – gibt es etwas Ähnliches. Auch sie werden übereinandergestapelt, und zwar in der Reihenfolge ihrer Erstellung. Diese Reihenfolge können Sie mit den Einstellungen unter PFADANORDNUNG ❶ verändern.

▲ **Abbildung 28.35**
Pfadanordnung: Optionen für die Stapelreihenfolge von Formen

Das Verhalten, oder der »Überlappungsmodus«, den Sie beim Erstellen der Form ausgewählt hatten oder später zugewiesen haben, wird der Form zugewiesen. Und wenn Sie nun die Stapelreihenfolge der Formen ändern, dann erhalten Sie häufig ein anderes Ergebnis der Kombination.

Sie müssen die Form, deren Position innerhalb der Pfad-/Formschichtung Sie ändern wollen, zunächst auswählen. Nutzen Sie dazu das Pfadauswahl-Werkzeug oder das Direktauswahl-Werkzeug (beide Kürzel [A]). Mit dem Pfadauswahl-Werkzeug klicken Sie auf eine Form, um sie auszuwählen; mit dem Direktauswahl-Werkzeug ziehen Sie einen rechteckigen Auswahlrahmen auf.

Wenn dann die Ankerpunkte der Vektorlinie eingeblendet werden, ist die Form ausgewählt, und Sie können einen der Anordnungsbefehle wählen. Deren Handhabung ist dann nicht weiter kompliziert – Sie kennen analoge Befehle bereits aus dem Menü EBENE • ANORDNEN (siehe den Abschnitt 5.4.11, »Anordnung von Ebenen und Gruppen verändern«).

28.7 Form beim Erstellen am Pixelraster ausrichten

Wer mit Vektorformen arbeitet, tut dies in der Regel aus zwei Gründen: Änderungen lassen sich schnell und verlustfrei durchführen, und die Konturen erscheinen immer schön knackig und scharf – auf pixelbasierte Programme trifft dies jedoch nicht generell zu.

Der Grund dafür: Vektorbasierte Objekte sind unabhängig vom Pixelraster des Bildes, sie können zum Beispiel auch »krumme« Pixelwerte als Breiten- oder Höhenmaß haben und innerhalb des Bildes an beliebiger Stelle – auch auf »halben Pixeln« – positioniert werden. Die Bildschirmdarstellung ist jedoch ans Pixelraster gebunden. Deswegen ergänzt Photoshop in solchen Fällen Glättungspixel an den Formkanten, und diese führen bei horizontalen und vertikalen Kanten zum unscharfen Bildeindruck. Will man dieses Problem umgehen, muss man mit exakten Pixelmaßen und Positionen arbeiten. Photoshop hilft dabei:

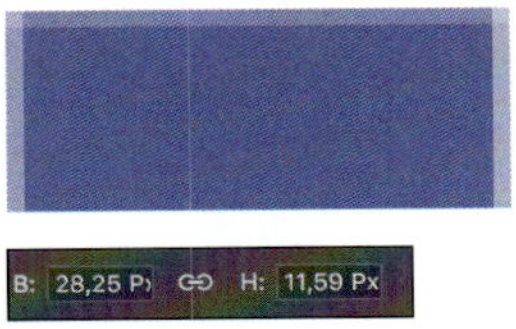

▲ **Abbildung 28.37**
Vektorformen können auch »krumme« Pixelmaße haben, dann kann das zu Glättungspixeln auch an horizontalen und vertikalen Kanten führen.

- In der Optionsleiste der Formwerkzeuge gibt es die Option KANTEN AUSRICHTEN. Ist sie aktiv, bleibt die Pfadkontur der Form an Ort und Stelle und behält ihre Maße; der Glättungsalgorithmus ist jedoch verbessert, und die Kanten erscheinen glatter.
- In den Voreinstellungen unter WERKZEUGE (Strg/cmd+K) finden Sie die Option VEKTORWERKZEUGE UND TRANSFORMATIONEN AN PIXELRASTER AUSRICHTEN. Ist sie aktiv, können nur Formen mit glatten Pixelmaßen (ohne Nachkommastellen) erzeugt werden, und auch das Positionieren auf »halben« Pixeln wird unterbunden. Mit dieser Einstellung erreichen Sie optisch bessere Ergebnisse als mit der KANTEN AUSRICHTEN-Option der Formwerkzeuge.

28.8 Optionen für Pfade und Pixelformen

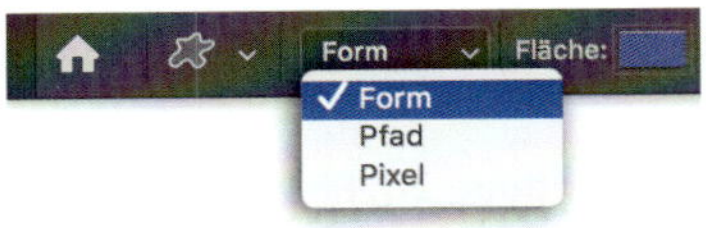

▲ **Abbildung 28.38**
Welcher Objekttyp soll mit dem Formwerkzeug erzeugt werden?

Wie eingangs beschrieben, können Sie mit den Formwerkzeugen nicht bloß Formen, sondern auch Pfade oder Pixelobjekte erzeugen. Was genau bei Anwendung eines Formwerkzeugs passieren soll, legen Sie in der Optionsleiste mit der kleinen Dropdown-Liste ganz links fest.

Ist PFAD oder PIXEL eingestellt, unterscheidet sich das Aussehen der Optionsleiste geringfügig von demjenigen, das Sie vom FORM-Modus kennen, sollte Ihnen jedoch keine großen Schwierigkeiten bereiten.

▲ **Abbildung 28.39**
Ist der Modus PFAD aktiv, ist das Optionsangebot etwas geringer als beim Erstellen von Formen.

▲ **Abbildung 28.40**
Im Modus PIXEL kommen noch die bekannten Malwerkzeug-Optionen (Misch-) MODUS und DECKKRAFT sowie eine Glättungsoption hinzu.

28.9 Das Formwerkzeug in der Praxis

Nach so viel Theorie ist es an der Zeit, zu sehen, wie das Formwerkzeug tatsächlich funktioniert. Ich zeige Ihnen, wie Sie durch Kombination zweier einfacher Einzelformen eine neue Form erzeugen und diese sichern.

Schritt für Schritt: Neue Formen bilden – ein Ring aus zwei Kreisen

Nicht immer bietet das Eigene-Form-Werkzeug eine passende Form. Zum Glück können Sie Formen aber auch neu kombinieren.

1 Vorbereitungen

Erzeugen Sie eine neue Datei. Das Format sollte quadratisch sein. Es ist außerdem hilfreich, mit einem Kreuz von Hilfslinien zu arbeiten, wenn die Mittelpunkte beider Formen deckungsgleich sein sollen – legen Sie also außerdem zwei Hilfslinien an, die sich im Mittelpunkt des Quadrats kreuzen.

Aktivieren Sie dann das Polygon-Werkzeug U, und wählen Sie als Betriebsart den MODUS FORM (nicht PFAD oder PIXEL). In den Detailoptionen stellen Sie STERN und SEITEN EINZIEHEN UM 50 % ein.

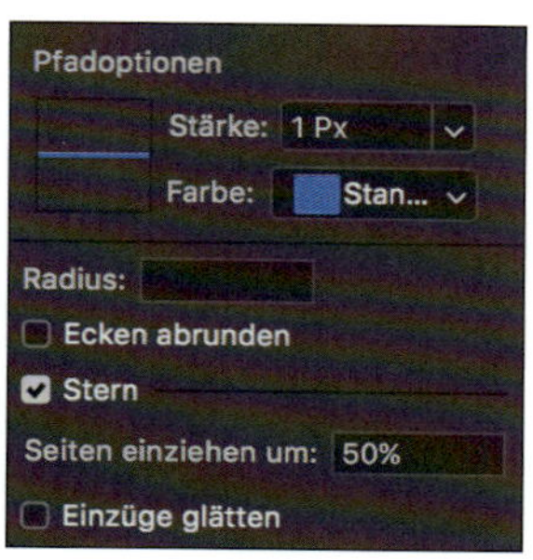

▲ **Abbildung 28.41**
Benötigte Optionen des Polygon-Werkzeugs

2 Erste Form aufziehen

Setzen Sie nun den Mauszeiger genau in die Bildmitte, und ziehen Sie als erste Form einen Stern auf. Klicken Sie anschließend im Ebenen-Bedienfeld einmal auf die Hintergrundebene und dann auf die Polygon-Ebene, so dass die Punkte nicht mehr angezeigt werden.

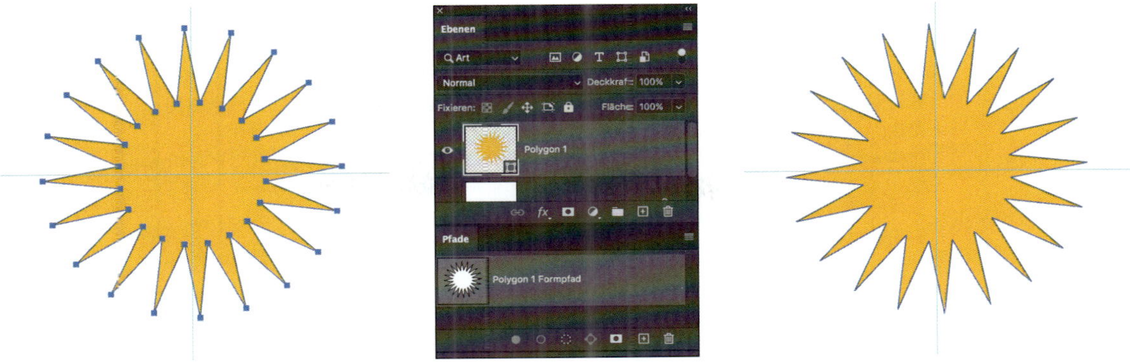

▲ **Abbildung 28.42**
Eine sternförmige Formebene wurde erzeugt und anschließend die Form deaktiviert.

3 Zweite Form aufziehen

Um aus dem Stern eine Sonne zu erstellen, muss in der Mitte ein Kreis von der ursprünglichen Form subtrahiert werden. Nehmen Sie das Ellipse-Werkzeug, und aktivieren Sie in den Einstellungen unter Pfadvorgänge die Funktion Vordere Form subtrahieren. Für das Ellipse-Werkzeug stellen Sie in den Detailoptionen Kreis und Vom Mittelpunkt aus ein.

Wieder ausgehend von der Mitte ziehen Sie nun einen Kreis auf. Nach dem Loslassen der Maustaste ist die neue Form im Bild, in der Formebenen-Miniatur und im Pfade-Bedienfeld erkennbar.

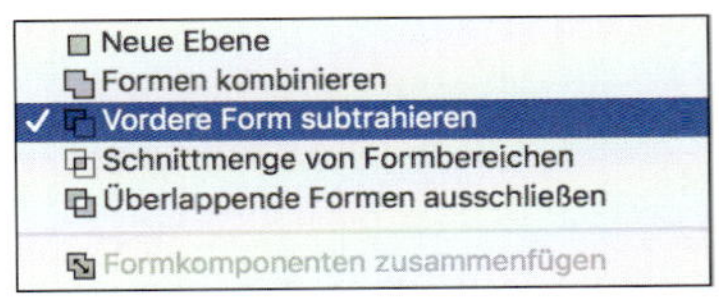

▲ **Abbildung 28.43**
Einstellungen für die überlappenden Formen

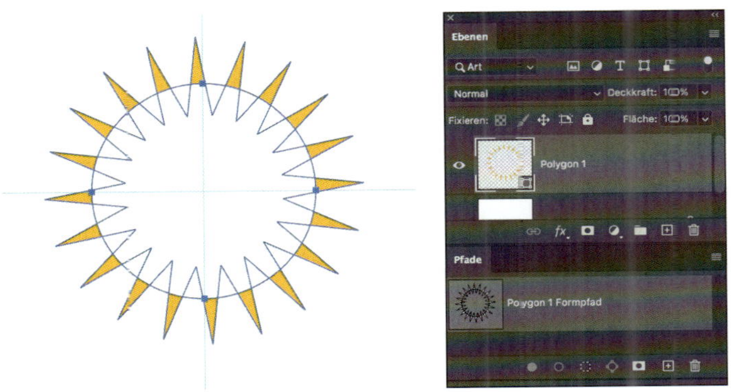

◂ **Abbildung 28.44**
Aus dem Stern wurde durch Subtraktion zweier Formen ein Ring von Strahlen. Wenn Sie nun weitere Formen kombinieren wollen, müssen Sie erneut einmal auf die Hintergrundebene und anschließend auf die Form-Ebene klicken.

4 Noch etwas addieren und dann umwandeln

Mit dem Überlappungsmodus Formen kombinieren fügen Sie nun noch einen Kreis hinzu, den Sie von der Mitte aus aufziehen. Die Formen müssen jetzt aber noch verschmolzen werden. Dazu gehen Sie in den Pfadvorgängen auf Formkomponenten zusammenfügen.

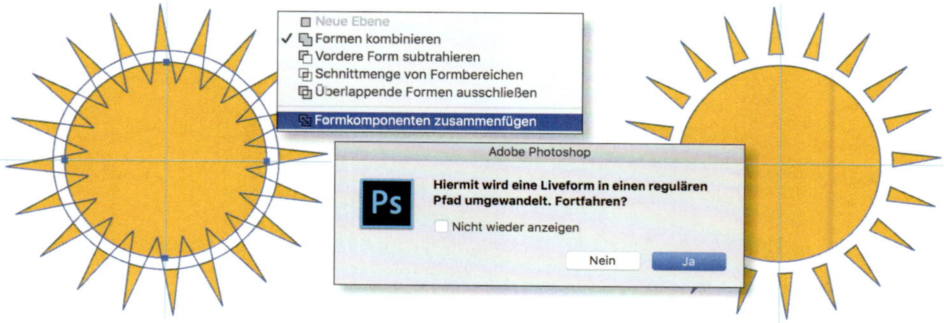

Abbildung 28.45 ►
Beim Verschmelzen von Formen müssen Sie die Warnung mit JA bestätigen.

5 Form speichern und erneut anwenden

Um die Form nun auch zu sichern, fügen Sie sie an die aktuelle Formen-Bibliothek an. Dazu wählen Sie BEARBEITEN • EIGENE FORM FESTLEGEN und geben einen Namen für die neue Form ein.

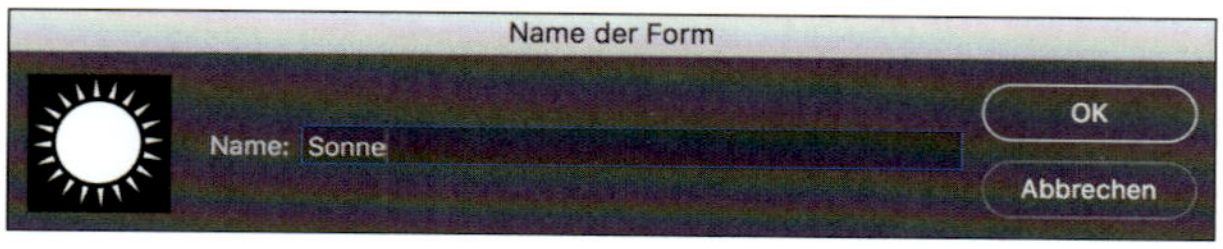

▲ Abbildung 28.46
Namensvergabe

Schrift als Form sichern
Um Textebenen als Form abzulegen, gibt es einen eigenen Befehl: SCHRIFT • IN FORM UMWANDELN. Über den Befehl BEARBEITEN • EIGENE FORM FESTLEGEN können Sie den Text dann ganz einfach in eine Formen-Bibliothek übernehmen.

Die Form steht nun in der Formenliste des Eigene-Form-Werkzeugs [U] zur Verfügung und kann erneut angewendet werden, um Formebenen, Pfade oder gerasterte Bereiche mit Pixelfüllung anzulegen.

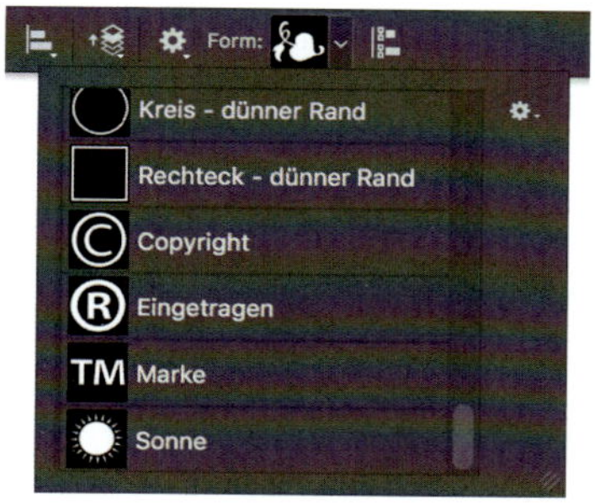

▲ Abbildung 28.47
Die neue Form in einer Formen-Bibliothek

28.10 Formen nachträglich verändern

Wenn Sie mit einer Form noch nicht zufrieden sind, können Sie deren Position, die Form und sogar die Kantenschärfe auch nach dem Erstellen noch verändern. Das Bedienfeld LIVEFORM-EIGENSCHAFTEN bietet für das nachträgliche Editieren von Formen viele Möglichkeiten und eine intuitive Bedienung. Überdies können Sie Formen mit Transformationsbefehlen, durch Verschieben der Ebene und durch direkte Eingriffe in die Pfadkontur bearbeiten (mit Hilfe der Pfeil-Werkzeuge PFADAUSWAHL und DIREKTAUSWAHL, (beide Kürzel [A]).

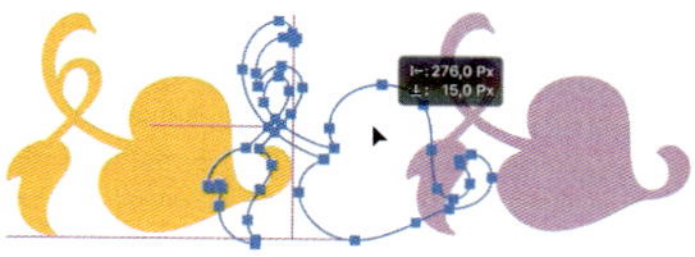

▲ Abbildung 28.48
Hilfe beim Positionieren

28.10.1 Form neu positionieren

Zum Verändern der Position einer Form, die alleine auf einer Ebene steht, können Sie das Verschieben-Werkzeug (Kürzel [V]) verwenden. Um eine Form zu verschieben, die sich mit mehreren anderen Formen die gleiche Ebene teilt, müssen Sie den schwarzen Pfeil, das Pfadauswahl-Werkzeug (A), nutzen. Mit seiner Hilfe können Sie eine Form aktivieren und neu positionieren.

28.10.2 Formen ausrichten mit Messhilfslinien

Photoshops intelligente Hilfslinien erscheinen nicht nur beim Hantieren mit Ebenen, sondern erleichtern auch die Arbeit mit Formen und Pfaden.

- Die Messhilfslinien werden angezeigt, wenn Sie das Pfadauswahl-Werkzeug (A) nutzen und so ein Objekt verschieben.
- Wenn Sie Strg/cmd gedrückt halten und mit dem Mauszeiger auf eine Stelle außerhalb einer Form zeigen, zeigt Photoshop die **Abstände von den Kanten der Arbeitsfläche** an.
- Außerdem helfen Ihnen die Messhilfslinien, mehrere (duplizierte) **Objekte gleichmäßig zu verteilen**. Sie geben die Abstände zwischen anderen Objekten an, die dem Abstand zwischen dem ausgewählten Objekt und seinen unmittelbaren Nachbarn entsprechen.

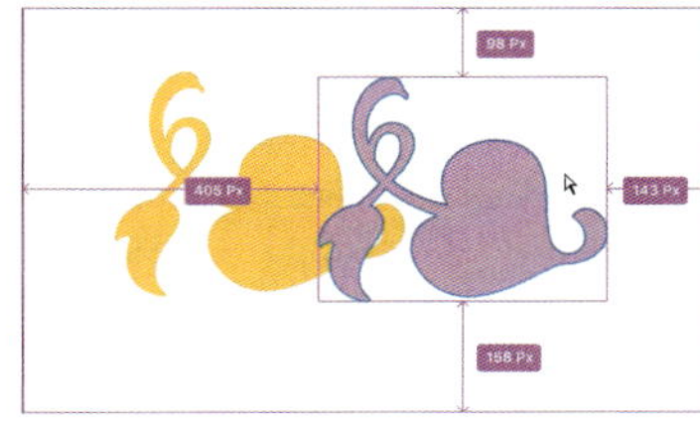

▲ **Abbildung 28.49**
Abstände zum Rand der Arbeitsfläche

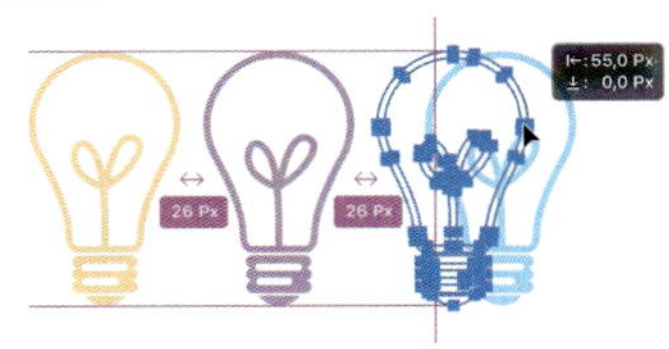

▲ **Abbildung 28.50**
Objekte gleichmäßig verteilen

Wer es gerne noch präziser haben will, kann die Eingabefelder im Liveform-Bedienfeld nutzen.

28.10.3 Formen skalieren und drehen

Wenn Sie die Form als Ganzes skalieren oder drehen wollen, können Sie die bewährte Ebenentransformation (Strg/cmd+T) anwenden. Ihnen stehen alle bekannten Möglichkeiten zur Verfügung.

28.10.4 Formen und Pfade aneinander ausrichten

Für die Anordnung von Formen und Pfaden auf der Bildfläche – und aneinander – gibt es Befehle, über den Button PFADAUSRICHTUNG ❶ in der Optionsleiste der Formwerkzeuge gelangen Sie zum passenden Menü. Damit die Befehle funktionieren, müssen die auszurichtenden Formen zunächst ausgewählt sein. Die Icons und Befehle im Flyout-Menü sind weitestgehend selbsterklärend – sie funktionieren ähnlich wie die Befehle zum Ausrichten separater Bildebenen (mehr dazu in Abschnitt 6.1, »Ebenenkanten ausrichten und verteilen«)

▲ **Abbildung 28.51**
Optionen zum Ausrichten von Formen auf der Bildfläche

28.10.5 Das Bedienfeld »Liveform-Eigenschaften«

Adobe hat das Eigenschaften-Bedienfeld nach und nach zu einem Kontrollwerkzeug für viele wichtige Elemente ausgebaut. Mit ihm können

Versionskompatibilität des Liveform-Bedienfelds
Bei Dateien, deren Formebenen mit älteren Photoshop-Versionen (vor CS 6) erzeugt wurden, scheint das Liveform-Eigenschaften-Bedienfeld nicht in allen Fällen zu funktionieren, es bleibt dann einfach inaktiv.

Sie die Eigenschaften von Masken und Einstellungsebenen beeinflussen – und dort finden Sie auch Funktionen, mit denen Sie Formen bearbeiten können. Diese Bedienfeldansicht hat dann den etwas sperrigen Namen LIVEFORM-EIGENSCHAFTEN. Es erlaubt Ihnen das einfache Ändern von Formen auch nach dem Erstellen. Insbesondere beim Editieren abgerundeter Rechtecke macht sich das Bedienfeld nützlich: Rundungsradien können Sie exakt einstellen – sogar für jede Ecke einzeln.

Um die LIVEFORM-EIGENSCHAFTEN zu aktivieren, genügt es in der Regel, das Bedienfeld EIGENSCHAFTEN zu öffnen und eine oder mehrere Formebenen, die Sie bearbeiten möchten, auszuwählen. Sollte das nicht klappen, wählen Sie die Form mit dem Pfadauswahl-Werkzeug (A) aus.

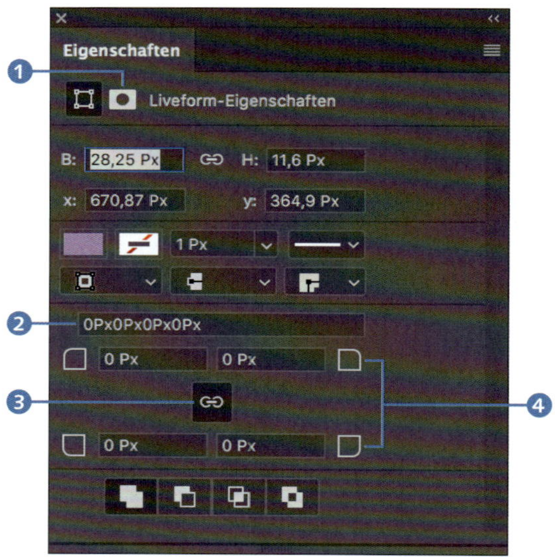

Abbildung 28.52 ▶
LIVEFORM-EIGENSCHAFTEN: Hier kontrollieren und verändern Sie die wichtigsten Merkmale von Formen.

In dem Bedienfeld finden Sie viele Formoptionen, die Sie bereits aus der Optionsleiste kennen (Größe, Position, Füllung, Kontureigenschaften und Pfadvorgänge). Lediglich die **Einstellungen für den Eckenradius gerundeter Rechtecke** 4 sind exklusiv im Liveform-Eigenschaften-Bedienfeld zu finden. Die Bedienung ist ganz einfach:

- Geben Sie in die vier Felder jeweils den gewünschten Eckenrundungswert ein. Auch Kommawerte sind möglich.
- Wenn Sie das kleine Ketten-Icon 3 aktivieren, werden die Werte der vier Ecken miteinander verknüpft. Eingaben in einem Feld wirken sich auf alle Eckradien aus.
- Wenn Sie für verschiedene Ecken unterschiedliche Rundungen festlegen wollen, müssen Sie die Verknüpfung der Eckenradien natürlich zuvor aufheben (erneuter Klick auf das Ketten-Icon).

- Alternativ können Sie auch Pixelmaße in das rechteckige Eingabefeld ❷ eingeben. Wenn Sie die Angaben zu den Eckradien in einen Code-Editor übernehmen wollen, können Sie sie einfach aus diesem Feld kopieren.

Zum Weiterlesen: Maskenbearbeitung
Wie die Slider DICHTE und WEICHE KANTE wirken, können Sie einfach ausprobieren – oder aber in Abschnitt 9.4, »Masken zerstörungsfrei nachbearbeiten mit dem Eigenschaften-Bedienfeld«, nachlesen.

Maskeneinstellungen für Formebenen | Wer genau hinsieht, entdeckt ganz oben im Liveform-Eigenschaften-Bedienfeld einen Umschaltknopf mit Maskensymbol ❶. Klicken Sie darauf, ändert sich die Ansicht des Bedienfelds (Abbildung 28.54): Es erscheinen Funktionen zur Maskenbearbeitung. Moment einmal – Formebenen haben doch gar keine Maske? Wenn Sie sich die Ebenenminiatur einer Formebene anschauen, könnten Sie das annehmen, denn dort wird keine Maske angezeigt.

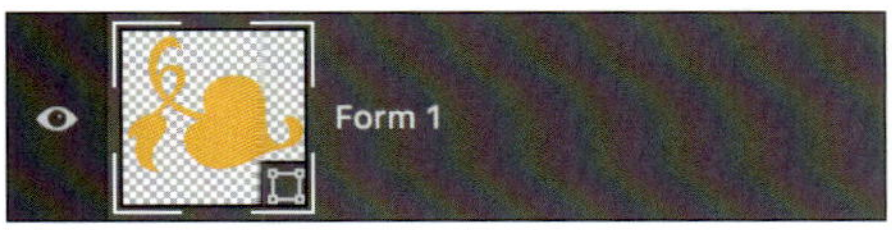

◂ **Abbildung 28.53**
Die formgebende Vektormaske von Formebenen wird im Ebenen-Bedienfeld nicht angezeigt.

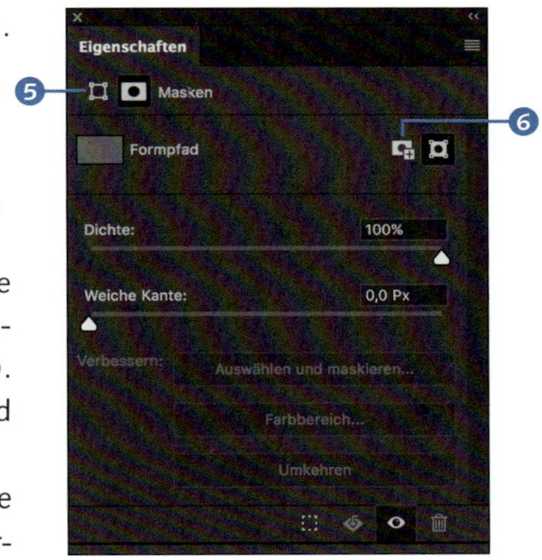

▲ **Abbildung 28.54**
Bearbeitungsmöglichkeiten für die Form-Vektormaske

Doch tatsächlich verfügt jede Formebene über eine Vektormaske, die die Formkontur definiert (das lässt sich mit einem Blick in das Pfade-Bedienfeld bestätigen, dort ist der temporäre Pfad nämlich dargestellt).

- Sie können bei der Form-Vektormaske die Deckkraft (DICHTE) und Kantenschärfe (WEICHE KANTE) verändern.
- Klicken auf das Neue-Maske-Symbol ❻ erzeugt auf der Formebene eine zusätzliche, pixelbasierte Ebenenmaske. Die können Sie bearbeiten wie jede andere Ebenenmaske auch.
- Klicken auf das Pfadsymbol ❺ führt zur Liveform-Ansicht des Bedienfelds zurück.

▲ **Abbildung 28.55**
Hier wurde die DICHTE auf 50% herabgesetzt.

▲ **Abbildung 28.56**
Dieselbe Form mit einer WEICHEN KANTE

▲ **Abbildung 28.57**
So wirken DICHTE und WEICHE KANTE: das Ausgangsbild.

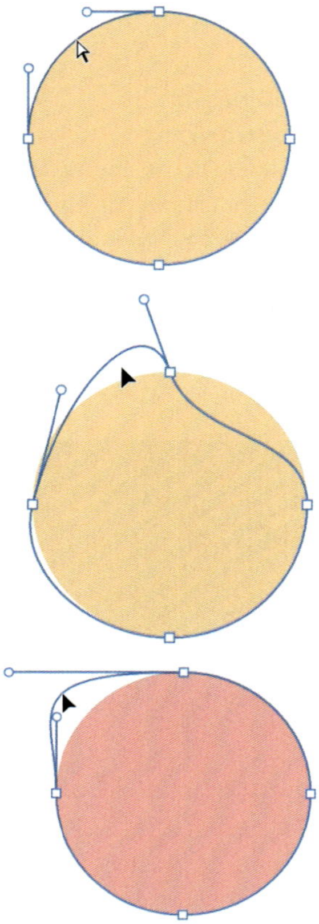

▲ **Abbildung 28.58**
Verändern des Pfadsegments (oben: Original) ohne (orange) und mit (rot) Beschränkung des Pfadziehens

▲ **Abbildung 28.59**
Die Optionen für das Rahmen-Werkzeug sind sehr überschaubar.

Zwei Miniaturen
Im Ebenen-Bedienfeld werden in der Rahmenebene mit der Rahmen-Miniaturansicht ❶ und der Inhaltsminiatur-Ansicht ❷ zwei Miniaturen angezeigt. Den Rahmen können Sie nachträglich anpassen und den Inhalt ersetzen.

28.10.6 Pfadlinien von Formen ändern

Mit dem weißen Pfeil, dem Direktauswahl-Werkzeug, haben Sie Zugriff auf die Pfadform. Wenn Sie es der Form nähern, erscheinen die relevanten Anker- und Kurvenpunkte des Pfades, der die Form definiert. Diese Punkte können Sie nun anfassen und ziehen, bis Ihnen die Form gefällt. Sie können auch direkt an einem Pfadsegment ziehen. Indem Sie den Pfad verändern, bekommt Ihre Form eine neue Gestalt.

Das Bearbeiten von Pfaden ist schwierig, wenn man das Arbeiten mit Knotenpunkten und Segmenten nicht gewohnt ist. Ich empfehle Ihnen dringend, vor Experimenten eine Ebenenkopie anzulegen! Details über die Bearbeitung von Pfaden erfahren Sie im nächsten Kapitel.

Option für intuitive Pfadbearbeitung | Die beiden Pfeilwerkzeuge verfügen über eine Option, mit der Sie das direkte Bearbeiten eines Pfadsegments beeinflussen. Die Option mit dem etwas mysteriösen Namen Früheren Wert für Pfadsegmentziehen verwenden (in älteren Versionen: Pfadziehen beschränken) schränkt die Bewegungsmöglichkeiten der Kurvenpunkte ein. Wenn die Option aktiv ist, kann beim Ziehen am Pfadsegment mit dem Direktauswahl-Werkzeug (A) nur die Länge der Grifflinien, nicht aber ihre Lage verändert werden. Das verhindert, dass sich benachbarte Pfadsegmente verbiegen.

28.11 Einen Platzhalterrahmen erstellen

Der Abschnitt zum Erstellen eines Platzhalterrahmens lässt sich schwer in diesem Buch einsortieren. Da sich mit dem Rahmen-Werkzeug K rechteckige und elliptische Rahmen ähnlich wie Formen aufziehen lassen und auch Formen in Rahmen umgewandelt werden können, habe ich ihn hier untergebracht.

Um einen Platzhalterrahmen auf einer Arbeitsfläche oder einem vorhandenen Bild zu erstellen, aktivieren Sie das Rahmen-Werkzeug K und wählen dann in der Werkzeugoptionsleiste aus, ob Sie einen rechteckigen oder einen elliptischen Rahmen erstellen wollen. Mit gedrückter Maustaste ziehen Sie den Rahmen auf. Diesen können Sie jederzeit nachträglich in der Größe anpassen.

Um Inhalte zum Platzhalterrahmen hinzuzufügen, können Sie ein beliebiges Bild von der lokalen Festplatte oder aus dem Bibliotheken-Bedienfeld mit der Maus auf den Platzhalter ziehen und fallen lassen. Das Bild wird als eingebettetes Smartobjekt und automatisch passend zum Rahmen einfügt. Halten Sie dabei die Alt-Taste gedrückt, wird ein verknüpftes Smartobjekt erstellt. Oder Sie fügen Bilder mit den Befehlen PLATZIEREN UND VERKNÜPFEN oder PLATZIEREN UND EINBETTEN über das DATEI-Menü zum Rahmen hinzu. Auf dieselbe Art und Weise können Sie auch einen bereits eingefügten Inhalt im Rahmen durch einen anderen ersetzen.

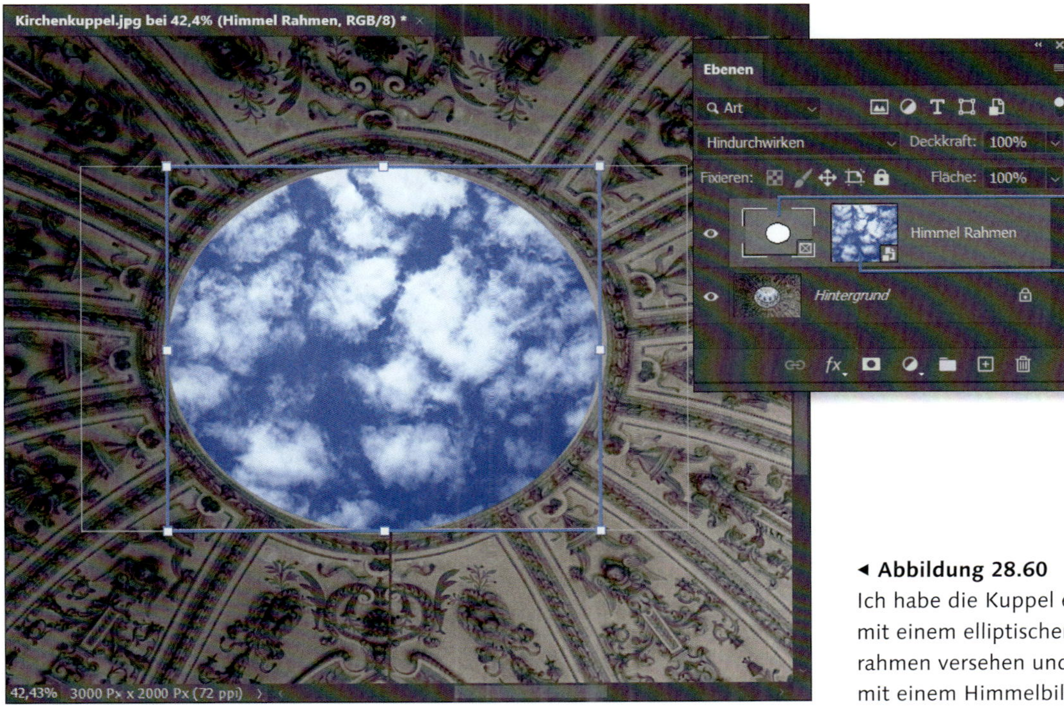

◂ **Abbildung 28.60**
Ich habe die Kuppel einer Kirche mit einem elliptischen Platzhalterrahmen versehen und den Inhalt mit einem Himmelbild aufgefüllt.

Um den Rahmen nachträglich zu transformieren, klicken Sie die Rahmenminiatur ❸ im Ebenen-Bedienfeld an. Mit dem Rahmen-Werkzeug oder dem Verschieben-Werkzeug können Sie nun den Rahmen transformieren. Klicken Sie die Inhaltsminiatur-Ansicht ❹ im Ebenen-Bedienfeld an, um den Inhalt zu transformieren. Dies ist allerdings nur mit dem Verschieben-Werkzeug möglich. Sie können auch beide Miniaturen im Ebenen-Bedienfeld mit gehaltener [⇧]-Taste auswählen und so den Rahmen und den Inhalt zusammen verschieben.

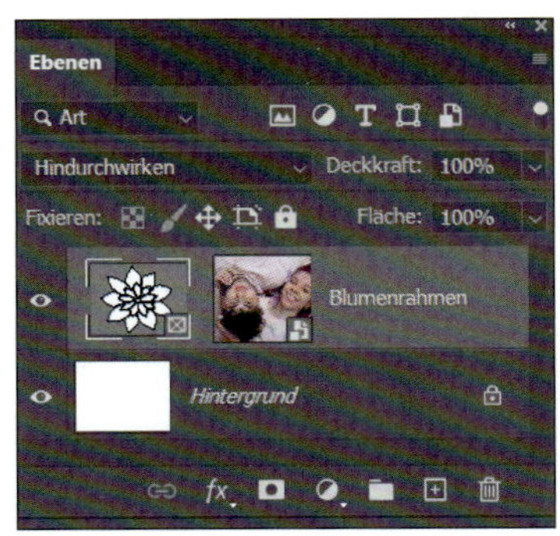

▴ **Abbildung 28.61**
Hier habe ich eine Blumenform in einen Rahmen für Inhalte umgewandelt.

Formen und Texte in Rahmen umwandeln | Es ist auch möglich, Form- und Textebenen in eine Rahmenebene zu verwandeln und sie somit zum Platzhalter für andere Inhalte zu machen. Klicken Sie dazu die Form- oder Textebene im Ebenen-Bedienfeld mit der rechten Maustaste an, und rufen Sie den Befehl IN RAHMEN KONVERTIEREN auf. Denselben Befehl finden Sie über das Menü EBENEN im Untermenü NEU.

Kapitel 29
Pfade erstellen und anpassen

Unter Mitarbeit von Monika Gause

Zugegeben, das Zeichnen von Pfaden ist gewöhnungsbedürftig. Hier lernen Sie die Werkzeuge dazu kennen, erfahren, wie Sie perfekte Kurven formen, und lesen, wie Sie die fertigen Pfade verwalten. Des Weiteren stellen wir Ihnen in diesem Kapitel viele typische Anwendungsfälle für die Arbeit mit Pfaden vor.

29.1 Werkzeuge und Optionen

Wenn Sie die Gestalt von Pfaden differenzierter steuern wollen, als es die Formwerkzeuge erlauben, wenn Sie eigene, ganz freie Formen erzeugen oder offene (linienartige) Pfade anlegen wollen, müssen Sie sie selbst zeichnen. Dazu stehen Ihnen die drei Zeichenwerkzeuge Zeichenstift-Werkzeug P, Freiform-Zeichenstift-Werkzeug P und Rundungszeichenstift-Werkzeug P zur Verfügung.

Zeichenstift | Mit dem Zeichenstift erstellen Sie gerade und gebogene, immer akkurate Linien. Er lässt sich auch gut zusammen mit den Formwerkzeugen verwenden, um komplexere Formen anzulegen.

◂ **Abbildung 29.1**
Eine typische, per Zeichenstift erzeugte Pfadform dient als Führung für diesen Text.

Freiform-Zeichenstift | Mit dem Freiform-Zeichenstift hingegen zeichnen Sie – ganz frei, wie der Name schon sagt – wie mit einem Stift auf Papier. Er erzeugt rauere, unregelmäßige Konturen und kann, wenn er geschickt gehandhabt wird, auch genutzt werden, um einen Pfad um Bildelemente in Fotos zu zeichnen. Manche Anwender nutzen ihn als Alternative zum Lasso-Werkzeug. Ankerpunkte für die Pfade werden beim Zeichnen automatisch angelegt – wo, das bestimmt das Werkzeug automatisch. Sie können allerdings die Punkte nach Abschluss des Pfades bearbeiten und damit noch seine Gestalt ändern.

Rundungszeichenstift | Mit dem Rundungszeichenstift zeichnen Sie ähnlich wie mit dem Zeichenstift, allerdings kümmert sich ein Algorithmus darum, dass die Kurven organisch und optimal ineinander übergehen. Dieser Zeichenstift ist gut für Vektor-Anfänger geeignet.

Abbildung 29.2 ▼
Die Optionen des normalen Zeichenstifts (oben) entsprechen denen des Rundungszeichenstifts (unten) – bei Letzterem fehlt lediglich die Option für das automatische Hinzufügen und Löschen von Punkten.

29.1.1 Zeichenstift: Optionen

Die Optionen der drei Zeichenwerkzeuge bieten gegenüber den Formwerkzeug-Optionen nicht viel Neues. Einige Funktionen der Zeichenwerkzeuge erinnern an die Lasso-Auswahlwerkzeuge – tatsächlich können Sie die Zeichenwerkzeuge auch als Lasso-Alternative einsetzen.

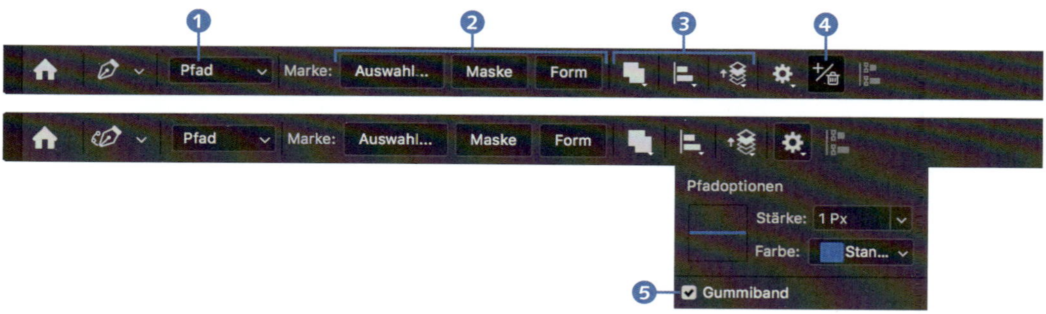

Wie bei den Formwerkzeugen auch finden Sie bei den Zeichenwerkzeugen ganz links die Auswahlliste ❶ für den Modus. Dort legen Sie fest,

- ob Sie eine **Form** anlegen oder
- ob Sie **Pfade** zeichnen wollen.

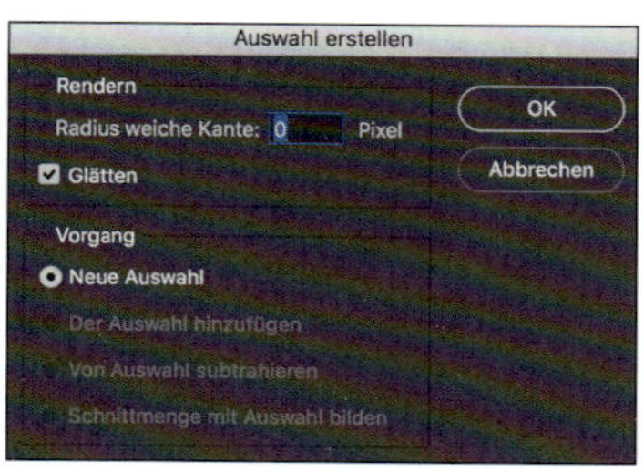

▲ Abbildung 29.3
Pfad in Auswahl umwandeln: Die Einstellungen unter RENDERN beziehen sich auf die Umsetzungsgenauigkeit; unter VORGANG legen Sie fest, wie sich die neue Auswahl zu eventuell schon bestehenden Auswahlen verhält.

Die Option PIXEL ist zwar aufgeführt, aber nicht wählbar.

Es folgt die Option MARKE ❷ mit drei Auswahlbuttons. Natürlich können Sie Ihren Pfad einfach als Pfad verwenden. Es gibt jedoch auch andere häufige Verwendungszwecke für Pfade. Diese sind auf Knopfdruck zugänglich.

- AUSWAHL erstellt aus dem Pfad eine Auswahllinie; dabei wird ein Dialog eingeblendet, in dem Sie noch Details festlegen können.
- MASKE legt eine Vektormaske an, die der zuletzt aktiven Ebene zugeordnet wird.
- FORM erzeugt aus dem Pfad eine Formebene.

Weiter rechts sehen Sie die schon von den Formwerkzeugen bekannten drei Schaltflächen ❸ für Pfadvorgänge (Überlappungsverhalten),

Pfadausrichtung (Ausrichten von Pfaden aneinander) und Pfadanordnung (Stapelreihenfolge).

Spezifische Zeichenoptionen gibt es nur zwei. Diese haben jedoch eine entscheidende Wirkung:

- Die Option Gummiband **5** unter dem Dropdown bewirkt, dass Pfadsegmente beim Zeichnen direkt angezeigt werden. Das heißt, dass der voraussichtliche Weg des nächsten Pfadsegments angezeigt wird, bevor durch Klicken der zuständige Ankerpunkt gesetzt ist.
- Autom. hinzuf./löschen **4**: Ist diese Option aktiv, wird beim Klicken auf ein Liniensegment automatisch ein Ankerpunkt hinzugefügt und beim Klicken auf einen Ankerpunkt dieser gelöscht.

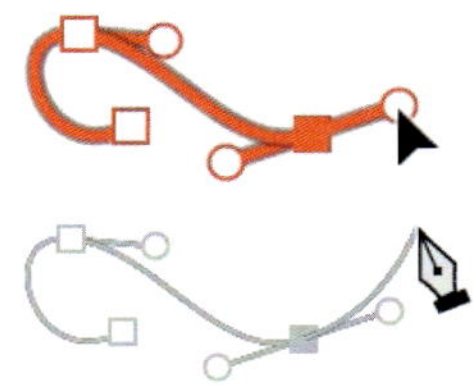

▲ **Abbildung 29.4**
In den Pfadoptionen lässt sich die Stärke der Pfaddarstellung und deren Farbe einstellen. Um genau arbeiten zu können, benötigen Sie eine möglichst dünne Linie – die Farbe wählen Sie kontrastierend zum Hintergrund aus einer Liste.

29.1.2 Freiform-Zeichenstift: Optionen

Auch hier finden Sie Schaltflächen, mit denen Sie bestimmen, ob Sie eine Form oder einen Pfad anlegen, die Marke-Buttons und die Einstellungen zu Pfadvorgängen, -ausrichtung und -anordnung. Die spezifischen Freiform-Zeichenstift-Optionen sind im Dropdown-Dialog versteckt, den Sie durch Klick auf das Zahnrad-Icon erreichen.

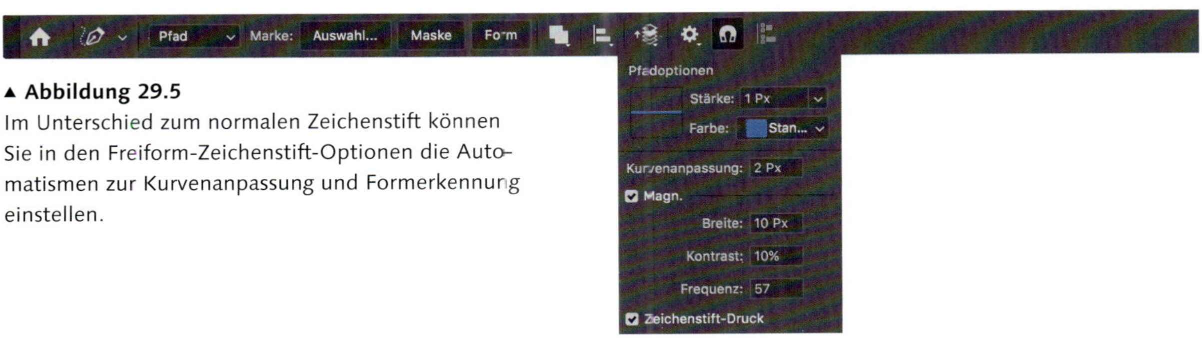

▲ **Abbildung 29.5**
Im Unterschied zum normalen Zeichenstift können Sie in den Freiform-Zeichenstift-Optionen die Automatismen zur Kurvenanpassung und Formerkennung einstellen.

Kurvenanpassung | Diese Option reguliert, wie viele Ankerpunkte beim Zeichnen erzeugt werden. Sie legen damit fest, wie schnell und wie präzise der Pfad auf Mausbewegungen reagiert. Je höher der Wert ist, desto weniger Ankerpunkte werden angelegt und desto ungenauer ist das Werkzeug. Je geringer der Wert ist, desto mehr Ankerpunkte werden gesetzt und desto genauer arbeitet der Freiform-Zeichenstift.

Magnetisch | Ist die Option für magnetischen Zeichenstift aktiv, sucht der Freiform-Zeichenstift beim Zeichnen selbständig nach kontrastierenden Kanten, ganz wie das Magnetisches-Lasso-Werkzeug [L] auch. Sie können dann auch Optionen für den »Magnetismus« einstellen. Sie sollten Ihnen vom Magnet-Lasso bekannt vorkommen.

Zum Nachlesen
Sie finden genauere Informationen zum **Magnet-Lasso** in Kapitel 8, »Auswahlen«.

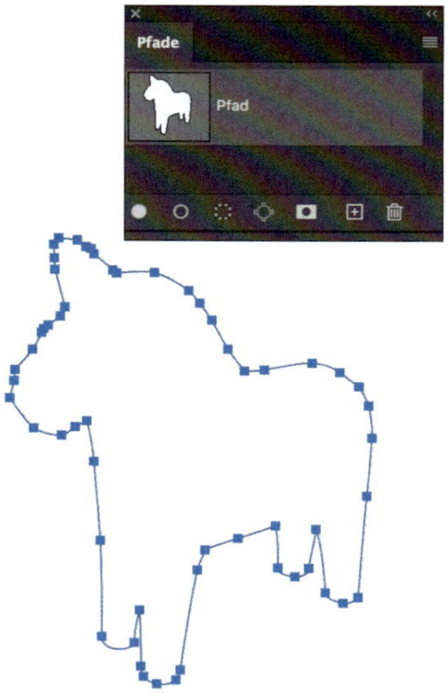

▲ **Abbildung 29.6**
Ein geschlossener Pfad, angelegt mit dem Zeichenstift-Werkzeug (zur späteren Verwendung als Freistellmaske). Das Pfade-Bedienfeld zeigt die vom Pfad umfangenen Flächen in Weiß.

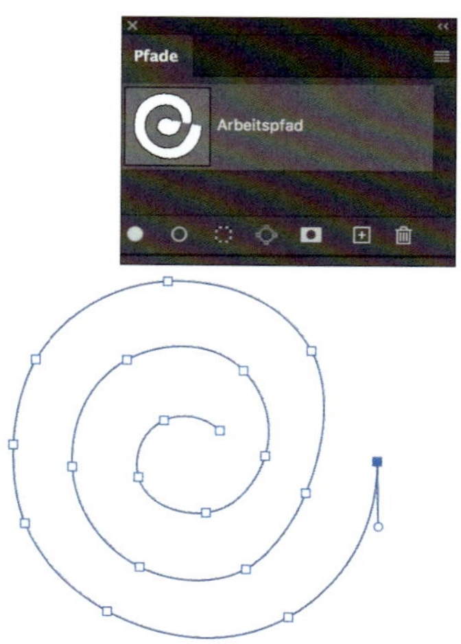

▲ **Abbildung 29.7**
Ein offener Pfad. Weiß werden in der Pfadminiatur diejenigen Bereiche dargestellt, die entstehen, wenn Anfangs- und Endpunkt auf kürzester Linie verbunden würden.

Breite, Kontrast und Frequenz | Mit Breite legen Sie fest, wie breit der Bereich rechts und links von der mit dem Werkzeug gezogenen Spur ist, in dem der Algorithmus nach kontrastierenden Pixeln sucht. Möglich sind Pixelwerte zwischen 1 und 256. Unter Kontrast bestimmen Sie, welcher Kontrastwert zwischen Pixeln für den Freiform-Zeichenstift als Kante gilt. Verwenden Sie für kontrastarme Bilder einen höheren Wert. Sie können Prozentwerte bis 100% angeben. Unter Frequenz können Sie einen Wert zwischen 0 und 100 eingeben, um festzulegen, wie schnell der Zeichenstift Ankerpunkte setzt. Bei einem höheren Wert enthält der Pfad mehr Ankerpunkte. Er ist dadurch genauer, aber das Zeichnen geht langsamer.

Zeichenstift-Druck | Die Option Zeichenstift-Druck steht nur für Grafiktabletts zur Verfügung. Wenn diese Option aktiviert ist, führt ein höherer Stiftandruck zu einer schmaleren »Kante«.

Weitere Werkzeuge, die für das Bearbeiten von Pfaden unentbehrlich sind, lernen Sie im Laufe des Kapitels kennen.

29.2 Pfad-Terminologie und wichtige Pfadfunktionen

Grifflinien? Ankerpunkte? Segmente? Diese Terminologie zu kennen erleichtert die Kommunikation über Pfade ungemein – und es gibt wohl kaum eine andere Photoshop-Funktion, bei der ein Klick auf den falschen Punkt oder das zu frühe Loslassen der Maus Arbeitsresultate derart verpfuschen kann wie hier. Es ist also von Vorteil, eine Verständigungsbasis zu haben. Und mit der Pfad-Fachsprache lernen Sie gleichzeitig die Pfadfunktionen kennen.

29.2.1 Offene und geschlossene Pfade

Ein Pfad ist entweder geschlossen (mit dem Formwerkzeug erstellen Sie vornehmlich geschlossene Pfade) oder offen, das heißt, er hat eindeutige Endpunkte. Einfluss hat das auf seine mögliche Füllung: Die verfügbaren Werkzeuge und Befehle sind für beide Pfadarten gleich!

Pfade nachträglich füllen | Es gibt drei verschiedene Möglichkeiten, einen Pfad nachträglich zu füllen. Photoshop kann auch offene Pfade füllen, indem es Anfangs- und Endpunkt auf kürzester, gerader Strecke verbindet. Die Füllung ist in dem Fall natürlich nur dann sichtbar, wenn der Pfad selbst keine gerade Linie war.

- Die eleganteste Lösung ist sicherlich der Klick auf den oben beschriebenen Button Marke: Form in der Zeichenstift-Optionsleiste. Damit erzeugen Sie aus dem Pfad eine **Form**, und Ihnen stehen viele bequeme Bearbeitungsmöglichkeiten zur Verfügung.
- Sie können jedoch auch immer noch Füllebenen erzeugen. Das Konzept der Füllebenen stammt aus älteren Versionen von Photoshop und ist seit der Rundumerneuerung beim CS6-Update der Formwerkzeuge eigentlich überholt. Füllebenen bestehen aus einer Füllung (Farbe, Form oder Verlauf) und einer Vektormaske, die die Objektform definiert. Um eine solche **Füllebene mit Vektormaske** zu erstellen, aktivieren Sie den Pfad durch Klicken im Pfade-Bedienfeld und wählen dann den Menübefehl Ebene • Neue Füllebene. Sie haben nun die Wahl zwischen einer Füllung mit Farbe, einem Verlauf oder einem Muster. Durch Doppelklick auf die Füllebenen-Miniatur im Ebenen-Bedienfeld können Sie die Einstellungen ändern.
- Für eine **Pixelfüllung** wählen Sie den Befehl Pfad mit Vordergrundfarbe füllen, indem Sie auf die Schaltfläche am Fuß des Pfade-Bedienfelds oder auf den Befehl aus dem Bedienfeld-Seitenmenü klicken. Eine neue Ebene wird dabei nicht eigens angelegt; die Pixel werden einfach in die aktive Ebene eingefügt. Wenn die aktive Ebene eine Text-, Form- oder Füllebene oder verriegelt ist, funktioniert der Befehl nicht.

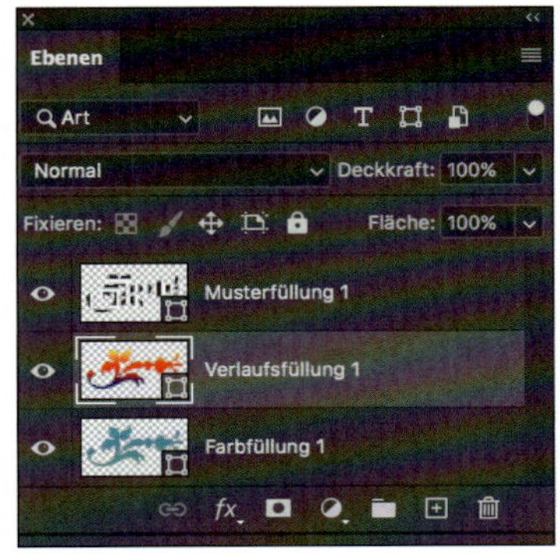

▲ **Abbildung 29.8**
Drei verschiedene Füllebenen im Ebenen-Bedienfeld. Klicken Sie auf die Miniatur, um die jeweilige Füllung zu bearbeiten.

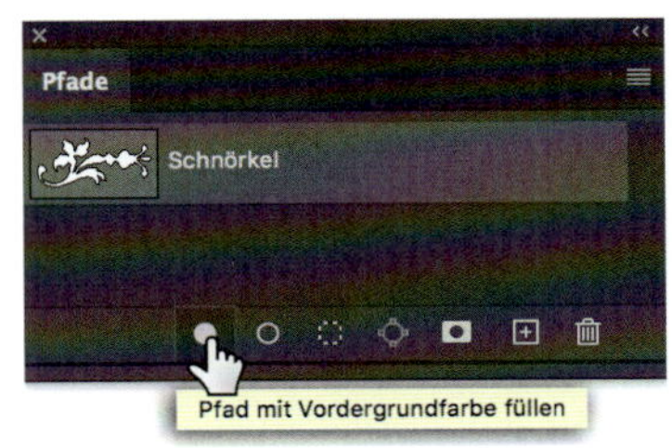

▲ **Abbildung 29.9**
Pixelfüllung mit Farbe erzeugen

29.2.2 Ankerpunkte, Pfadsegmente, Griffe

Nähern Sie sich einem Pfad mit dem »weißen Pfeil«, also dem Direktauswahl-Werkzeug [A], gibt er seine Konstruktionsgeheimnisse preis und zeigt einzelne Segmente, Ankerpunkte und Grifflinien.

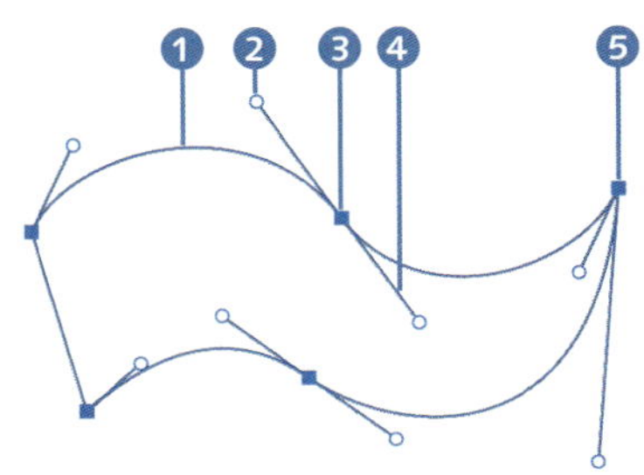

▲ **Abbildung 29.10**
Die Komponenten eines Pfades

Die Bestandteile des Pfades | Pfade bestehen aus der *eigentlichen Pfadlinie*, die zwischen den **Ankerpunkten** verläuft. Der Abschnitt eines Pfades zwischen zwei Ankerpunkten wird als **Pfadsegment** ① bezeichnet. Pfadsegemente können gerade oder gekrümmt sein. Die Krümmung von Pfadsegmenten wird mit Tangenten gesteuert, den **Grifflinien** ④, die im Ankerpunkt beginnen und in **Griffpunkten** ② enden. Nur an den Griffpunkten werden die Grifflinien mit dem Direktauswahl-Werkzeug tatsächlich »gezogen«. Wenn die beiden in einem Ankerpunkt startenden Grifflinien in einer Flucht liegen und sich gemeinsam bewegen, handelt es sich um einen **Kurvenpunkt** ③ und der Pfad ändert darin allmählich seinen Verlauf. Lassen sich beide Grifflinien unabhängig bewegen, handelt es sich um einen **Eckpunkt** ⑤ und der Pfad ändert abrupt seinen Verlauf. Grifflinien steuern zwar den Verlauf des Pfades, sind jedoch selbst im Ergebnis nicht sichtbar

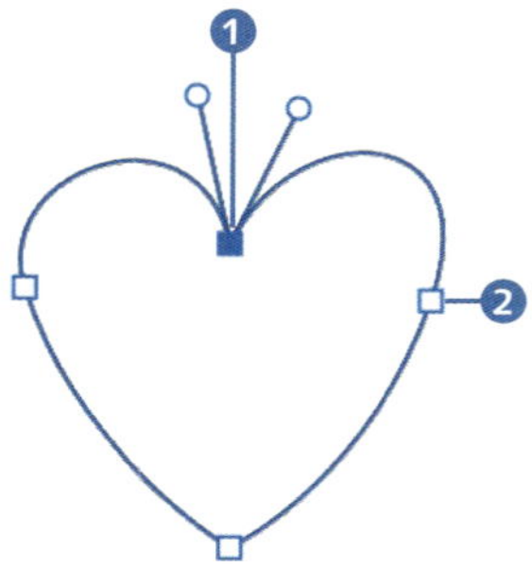

▲ **Abbildung 29.11**
Ein aktiver ❶ und inaktiver Ankerpunkt ❷

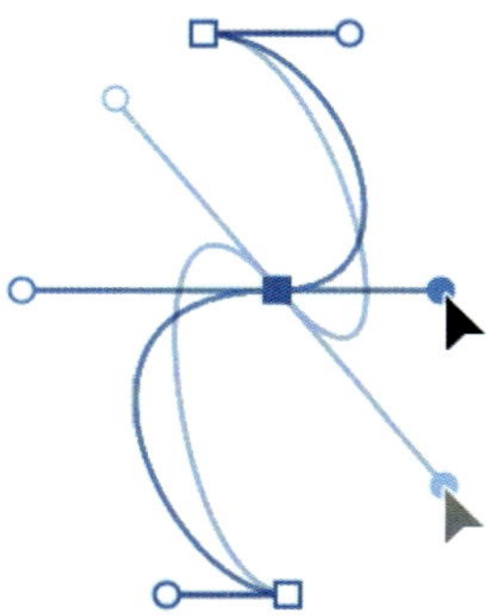

▲ **Abbildung 29.12**
Bei Kurvenpunkten schwingen die Grifflinien synchron um den Ankerpunkt.

Ankerpunkte | Auf der Pfadlinie sehen Sie verschiedene Quadrate, deren Bezeichnung und Funktion je nach Position (Mitte oder Ende des Pfades), Eigenschaft (Art der Grifflinien) und Status (aktiv oder inaktiv) variiert.

- Um einen Ankerpunkt zu bearbeiten, klicken Sie ihn mit dem Direktauswahl-Werkzeug an und **aktivieren** ihn damit. Er wird als farbig ausgefülltes Quadrat dargestellt ❶.
- Unausgefüllte Quadrate stehen für **inaktive Ankerpunkte** ❷.

Kurvenpunkte | An Kurvenpunkten ändert der Pfad seine Richtung allmählich. Die Grifflinien liegen in einer Flucht und bewegen sich immer synchron. Das Anpassen des Pfadsegments zu einer Seite des Ankerpunktes bewirkt damit immer auch eine Veränderung des Pfadsegments zur anderen Seite.

Eckpunkte | An Eckpunkten ändert der Pfad abrupt seine Richtung. Falls überhaupt vorhanden, sind die Grifflinien – die bei Kurvenpunkten eine Gerade bilden – hier geteilt und lassen sich unabhängig voneinander bewegen.

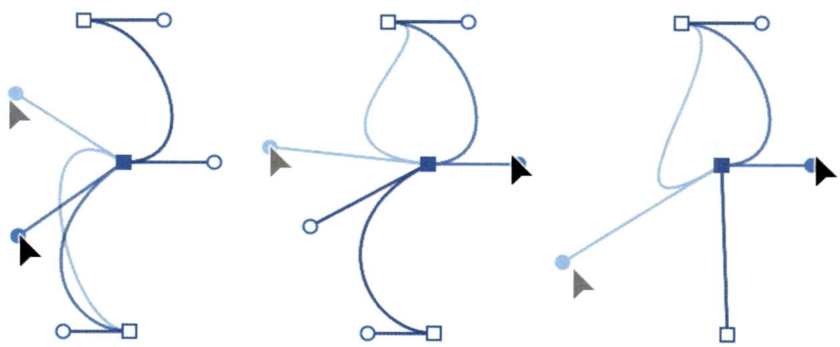

Abbildung 29.13 ▸
Die Griffe von Eckpunkten können unabhängig voneinander bewegt werden (links und Mitte); oft ist nur an einer Seite ein Griff vorhanden (rechts).

Endpunkte | Endpunkte werden die Punkte an den Enden von offenen Pfaden genannt, obwohl technisch gesehen jeweils einer von ihnen ein Anfangspunkt ist. Sie können Eck- oder Kurvenpunkte sein – man bemerkt den Unterschied im Ergebnis nicht.

29.2.3 Pfadsegmente und Pfadkomponenten

Wichtig für das Verständnis ist auch die Unterscheidung von Pfadsegmenten und Pfadkomponenten. Ein **Pfadsegment** ist ein Teil der Pfadstrecke, der zwischen zwei Ankerpunkten liegt. Ein »Pfad« kann aber aus mehr als einer Linie bestehen. Auch mehrere unverbundene Segmente können zusammen einen Pfad bilden. Dessen einzelne Pfade sind dann **Pfadkomponenten**. Wenn sie sich überschneiden, bestimmt der zugewiesene Pfadvorgang, wie sich die Füllung an der Stelle verhält.

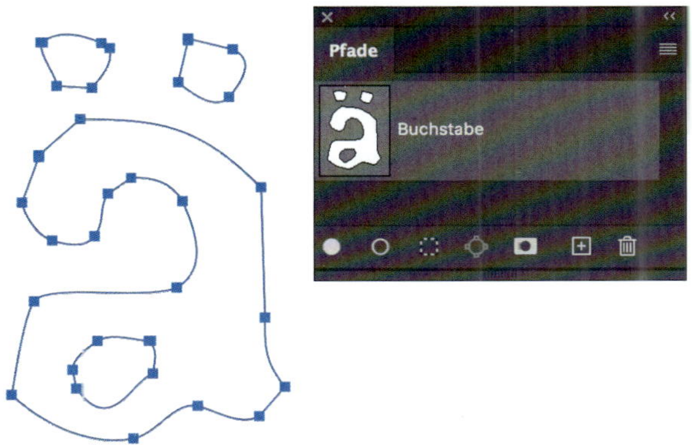

◂ **Abbildung 29.14**
Ein Pfad aus vielen Segmenten (die Ankerpunkte!), aber auch aus vier Komponenten: dem Buchstaben, seiner Punze und den beiden Punkten. Sie wurden mit der Option ÜBERLAPPENDE FORMEN AUSSCHLIESSEN angelegt und ergeben nun das »ä«.

29.3 Pfade zeichnen

Richtig einfach ist das Konstruieren von Pfaden nicht: Es erfordert ein wenig Übung, mit den sperrigen Segmenten, Knotenpunkten und Ankerpunkten umzugehen und perfekt geschwungene Linien zu erzeugen.

▴ **Abbildung 29.15**
Genauigkeit und die Optimierung der Pfade müssen bei der Arbeit mit dem Freiform-Zeichenstift gegeneinander abgewogen werden. Hier geht die Optimierung der Pfade auf Kosten der Genauigkeit.

29.3.1 Pfade »natürlich« zeichnen

Das Zeichnen mit dem Freiform-Zeichenstift-Werkzeug [P] unterscheidet sich nicht wesentlich von der Arbeit mit dem Magnet-Lasso: Stellen Sie in der Optionsleiste die Optionen ein, dann klicken Sie mit dem Werkzeug und ziehen die gewünschte Form wie mit einem Stift auf Papier nach – dabei muss die Maustaste nicht gedrückt bleiben. Photoshop wandelt ihre gezogene Linie anhand der Einstellungen in einen Pfad um, der eventuell ein wenig ungenau ist oder zu viele Ankerpunkte besitzt und entsprechend in beiden Fällen nachbearbeitet werden müsste.

29.3.2 Schöne Kurven zeichnen

Das Rundungszeichenstift-Werkzeug [P] ermöglicht es auch Anfängern, saubere Pfade mit schönen Rundungen zu zeichnen, indem sein Algorithmus Pfadsegmente anhand der gesetzten Ankerpunkte optimiert. Ein Klick mit diesem Werkzeug setzt einen Kurvenpunkt, ein Doppelklick setzt einen Eckpunkt. Um die Griffe müssen Sie sich nicht kümmern.

1. Bewegen Sie den Cursor des Rundungszeichenstifts an die Stelle, an der der erste Punkt sitzen soll. Falls es ein Kurvenpunkt werden soll, klicken Sie. Für einen Eckpunkt doppelklicken Sie.
2. Bewegen Sie das Werkzeug an die nächste Stelle und klicken bzw. doppelklicken Sie erneut. Der Pfadverlauf wird nun automatisch sogar über mehrere vorherige Pfadsegmente hinweg angepasst.
3. Bewegen Sie den Cursor über den Anfangspunkt, um den Pfad zu schließen. Soll der Punkt ein Eckpunkt werden, doppelklicken Sie. Um einen offenen Pfad zu beenden, drücken Sie [Esc].

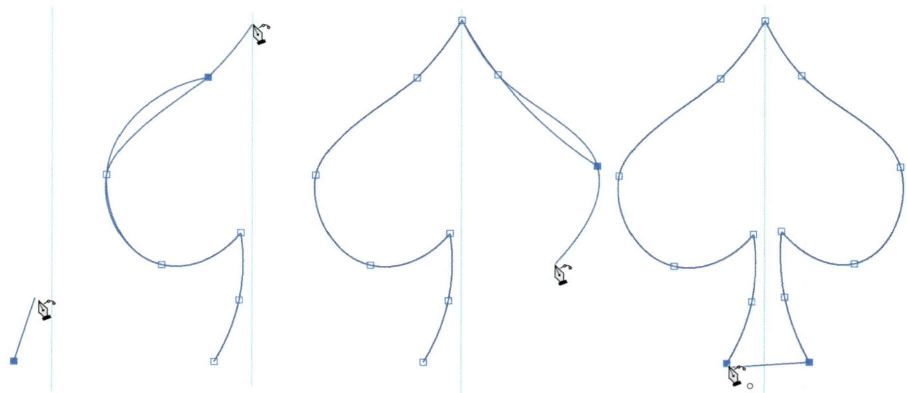

Abbildung 29.16 ▸
Das Rundungszeichenstift-Werkzeug optimiert die Pfadsegmente für Sie. Es sind jedoch mehr Ankerpunkte nötig als bei komplett manueller Arbeit mit dem Zeichenstift-Werkzeug.

29.3.3 Vektorkurven »klassisch« zeichnen

Mehr Aufmerksamkeit müssen Sie dem Zeichenstift-Werkzeug  [P] widmen: Es braucht etwas Übung, bis man es schafft, schöne gleichmäßige Kurven genau nach Wunsch zu konstruieren. Meist empfiehlt es sich, die Zeichenstift-Option GUMMIBAND zu deaktivieren – sie wirkt eher irritierend als hilfreich.

1. Positionieren Sie den Zeichenstift an die Stelle im Bild, an der der Pfad beginnen soll. Durch Klicken setzen Sie Ankerpunkte, und Ihr erster Klick beginnt auch den Pfad.
2. Ein erneuter Klick an eine andere Stelle setzt automatisch einen weiteren **Ankerpunkt** – ohne Grifflinie! – und verbindet die beiden Punkte mit einer Geraden.
3. Wenn Sie zusätzlich zum Klick [⇧] gedrückt halten, wird das Segment genau im 45°-Winkel oder mit einem Vielfachen von 45° erstellt (sprich: genau senkrecht, waagerecht oder diagonal).

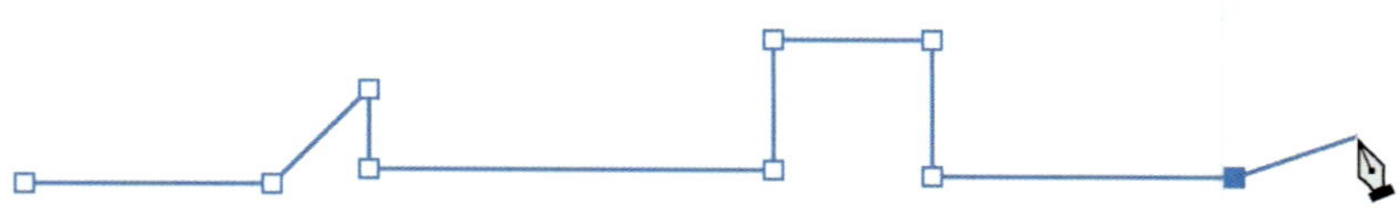

Abbildung 29.17 ▸
Das Zeichnen von Pfaden aus Geraden ist einfach.

29.3.4 Ein Ankerpunkt oder Pfadsegment zu viel?

Ein Tastendruck auf Entf/← löscht den letzten (noch aktivierten) Ankerpunkt und damit das letzte Segment. Zweifaches Drücken der Taste löscht alle Ankerpunkte des Pfades oder (bei einem Pfad aus mehreren Komponenten) der betreffenden Komponente. Mit Strg/cmd+Z können Sie wie immer Ihren letzten Arbeitsschritt zurücknehmen – unter anderem die Löschung aller Ankerpunkte.

Warum Pfade beenden?
Ein nicht beendeter Pfad funktioniert ebenso gut wie ein beendeter, und Sie können ihn füllen, als Führung für Text verwenden und Ähnliches. Wenn Sie allerdings einen Pfad *nicht* beenden und erneut mit einem der Zeichenwerkzeuge in das Bild klicken, wird der bestehende Pfad einfach fortgesetzt. Falls Sie die Option Gummiband aktiviert haben, zeigt das Gummiband die Verbindung auch entsprechend an. Um eine zweite Pfadlinie neben der ersten anzulegen, *müssen* Sie den ersten Pfad beenden.

29.3.5 Pfad beenden

Wenn Sie beim Arbeiten mit dem Zeichenstift-Werkzeug einen **offenen Pfad beenden** möchten, klicken Sie einfach bei gedrückter Strg- bzw. cmd-Taste ein Stückchen *außerhalb* des Pfades oder drücken Sie Esc. Wenn Sie aus der Pfadkontur einen **geschlossenen Pfad machen**, ist er automatisch auch beendet. Dazu setzen Sie den Zeichenstift-Mauszeiger wieder auf den ersten Ankerpunkt. Bei richtiger Positionierung sehen Sie neben der Zeichenstiftspitze einen kleinen leeren Kreis. Klicken Sie dann, um den Pfad zu schließen.

Wenn Sie beim Arbeiten mit dem Freiform-Zeichenstift-Werkzeug einen Pfad fertigstellen möchten, doppelklicken Sie. Photoshop verbindet dann Anfangs- und Endpunkt auf kürzestem Weg. Wenn Sie gerne selbst bestimmen wollen, auf welchem Weg der Pfad zum Anfangspunkt verläuft, ziehen Sie die Linie zum Anfangspunkt des Pfades. Wenn er richtig positioniert ist, wird neben dem Mauszeiger dann ein kleiner Kreis angezeigt. Einen offenen Pfad können Sie mit dem Freiform-Zeichenstift nicht mehr erstellen.

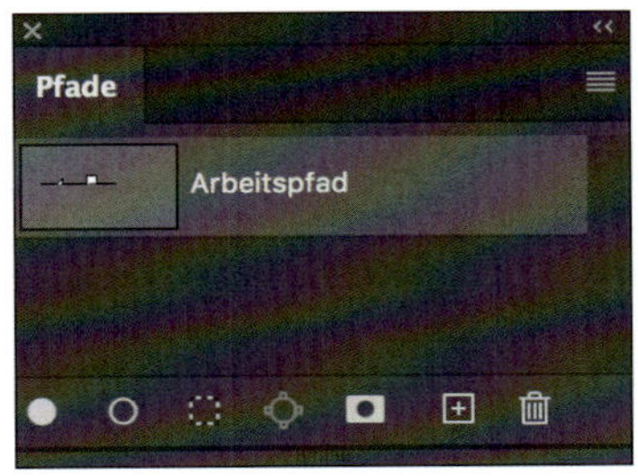

▲ **Abbildung 29.18**
Ein neuer Pfad ist zunächst ein Arbeitspfad. Solange Sie diesen Pfad nicht speichern, werden ihm weitere Pfade hinzugefügt. Sobald Sie den Arbeitspfad im Pfade-Bedienfeld deaktivieren, indem Sie unter den Eintrag klicken, werden alle diese Pfade gelöscht. Achten Sie also darauf, Ihre Pfade zu speichern (dazu finden Sie weitere Informationen am Ende des Kapitels).

29.3.6 Ankerpunkte während des Zeichnens versetzen – wie in Illustrator

Nicht immer sitzt beim Zeichnen von Pfaden der Ankerpunkt gleich genau an der richtigen Stelle. Sie müssen jedoch nicht eigens zum Direktauswahl-Werkzeug greifen, um die Position zu korrigieren. Zwei Shortcuts helfen weiter:

- Wenn Sie Strg/cmd drücken, wechselt das Zeichenwerkzeug kurzfristig zum Direktauswahl-Werkzeug. Damit können Sie Ankerpunkte »anfassen« und mitsamt den verbundenen Pfadsegmenten verschieben.
- Wenn Sie nach dem Setzen des letzten Ankerpunktes die Maus erneut ansetzen, wird üblicherweise der Pfad mit einem weiteren Segment fortgesetzt. Wenn Sie jedoch die Maustaste halten und gleichzeitig die Leertaste drücken, während Sie den Cursor bewegen, können Sie

den Ankerpunkt versetzen. (Wenn Sie vergessen, die Maustaste gedrückt zu halten, bewirkt das Halten der Leertaste nur einen Wechsel zum Hand-Werkzeug.)

29.3.7 Symbole an der Zeichenfeder

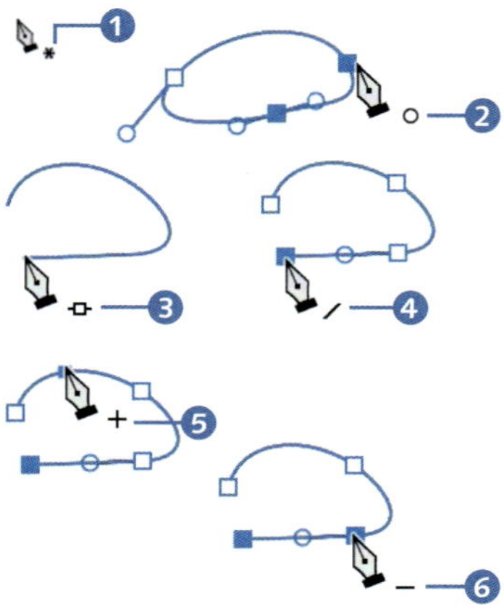

▲ **Abbildung 29.19**
Symbole des Zeichenstift-Cursors zeigen an, was Photoshop jeweils beim nächsten Klick tun wird.

Kleine zusätzliche Symbole neben der Zeichenfeder sind eine zusätzliche Orientierung beim Zeichnen.

- Ein kleines Sternchen ❶ neben der Feder zeigt an, dass der erste Ankerpunkt eines neuen Pfades oder einer neuen Pfadkomponente angelegt wird – und dass nicht ein eventuell bestehender Pfad fortgesetzt wird.
- Der kleine Kreis ❷ zeigt an, dass der Pfad mit dem nächsten Klick geschlossen (und beendet) wird.
- Bewegt man den Cursor auf den Endpunkt eines beendeten, offenen Pfades, wird dies durch ein Quadrat ❸ angezeigt.
- Die Zeichenfeder mit Schrägstrich ❹ zeigt an, dass ein nicht beendeter Pfad fortgesetzt wird.
- Ein Pluszeichen ❺ zeigt an, dass einem aktivierten Pfad ein Punkt hinzugefügt wird.
- Ein Minuszeichen ❻ über einem bestehenden Punkt bedeutet, dass dieser Punkt mit einem Klick gelöscht werden kann.

29.3.8 Kurven zeichnen

Wo Punkte setzen
Um eine Kurve optimal kontrollieren zu können, ist es tatsächlich am besten, Grifflinien zu beiden Seiten des jeweiligen Pfadsegments zu setzen. Die Grifflinien sollten jeweils etwa ein Drittel so lang sein wie das Segment, das sie steuern.

Um kurvige Pfade zu zeichnen, müssen Sie anstelle der Ankerpunkte **Kurvenpunkte** erzeugen. Bedenken Sie, dass Sie Kurvenpunkte nicht im Scheitel der Kurve setzen, sondern am Anfang und am Ende der gebogenen Linie. Die Griffe werden in der Richtung der Pfaderstellung gezogen – anderenfalls entstehen Schleifen im Pfad. Die Kurve kommt durch das Ziehen der Grifflinien zustande!

Schritt für Schritt: Bézierpfade zeichnen

Die Abbildungen in dieser Schritt-für-Schritt-Anleitung zeigen schrittweise das Vorgehen zum Anlegen von Pfaden am Beispiel eines Baumumrisses, bei dem Kurven und Geraden kombiniert werden. Sie benötigen das Zeichenstift-Werkzeug. Üblicherweise werden Vektorpfade anhand von Fotovorlagen oder Skizzen gezeichnet. Bei dieser einfachen Form verzichten wir jedoch darauf.

1 Erste Ankerpunkte setzen

Klicken Sie mit dem Cursor dort in das Bild, wo der erste Ankerpunkt entstehen soll ❼. Da hier eine Kurve folgt, drücken Sie nun [Alt], klicken Sie auf den nächsten Punkt ❽ und ziehen Sie direkt einen Griff heraus ❾.

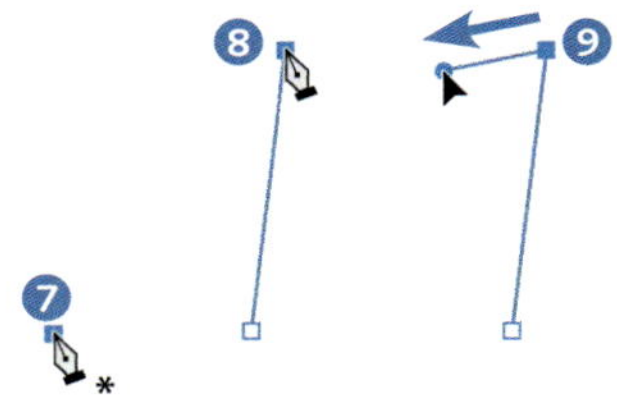

▲ **Abbildung 29.20**
Setzen von »normalen« Eckpunkten und Eckpunkten mit folgender Kurve

2 Mehrere Kurvenpunkte für die Baumkrone

Nun klicken Sie ❿, halten Sie die Maustaste gedrückt und ziehen Sie nach rechts oben für einen Kurvenpunkt. Klicken Sie dann ein zweites Mal etwas weiter rechts ⓫, halten und ziehen Sie nach rechts unten, um ein zweites Kurvensegment zu erstellen. Die obere Rundung ist damit komplett.

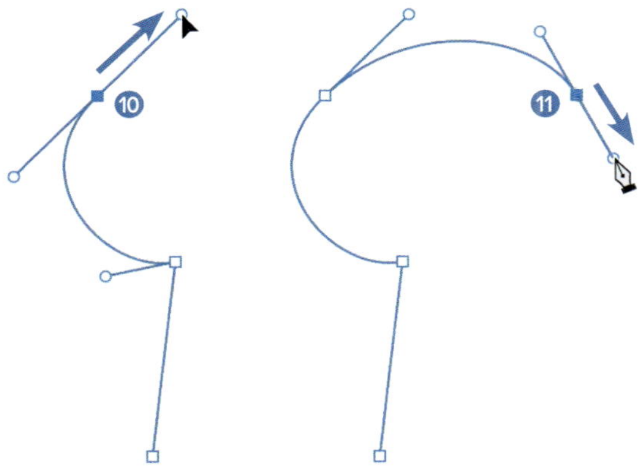

◂ **Abbildung 29.21**
Zeichnen zweier aufeinanderfolgender Kurvenpunkte

3 Einen Griff löschen

Erstellen Sie zunächst einen weiteren Kurvenpunkt, indem Sie klicken ⓬, halten und ziehen. Der herausführende Griff muss dann jedoch gelöscht werden. Dies erreichen Sie, indem Sie [Alt] drücken und auf den Punkt ⓭ klicken. Es kann nun mit einem geraden Pfadsegment weitergehen.

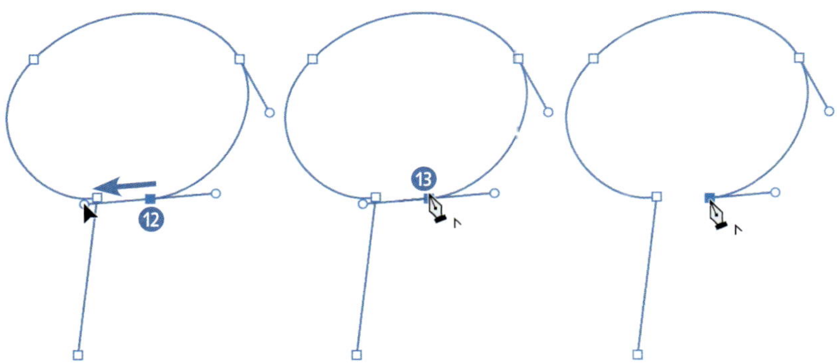

◂ **Abbildung 29.22**
Setzen eines Kurvenpunktes und Umwandeln in einen Eckpunkt

4 Ein weiterer Eckpunkt und Schließen des Pfades

Setzen Sie nun etwas weiter unten mit einem Klick ❶ einen Eckpunkt. Dann bewegen Sie das Werkzeug auf den Anfangspunkt – achten Sie darauf, dass der Cursor mit dem kleinen Kreis erscheint – und klicken Sie ❷, um den Pfad zu schließen.

Abbildung 29.23 ▸
Schließen des Pfades

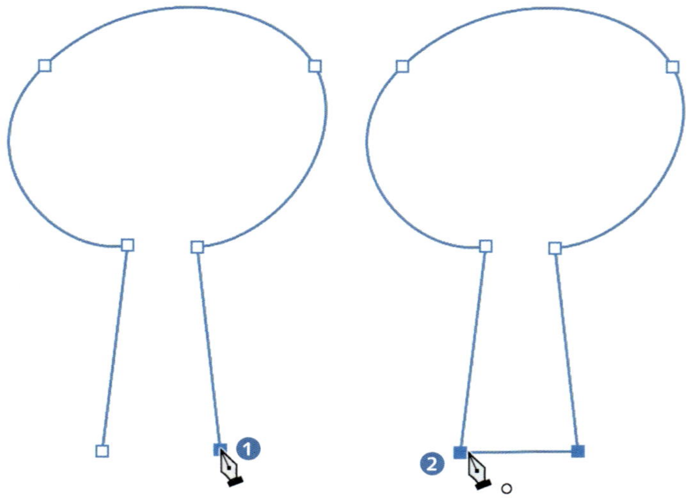

> **Pfad-Sichtbarkeit**
> Sollte ein Pfad unversehens aus Ihrem Bild verschwinden – beispielsweise nach dem Anlegen neuer Ebenen –, ist er nicht gelöscht, sondern lediglich ausgeblendet. Ein Klick auf die Pfadminiatur blendet ihn wieder ein. Sie können Pfadlinien aber auch über die Ansichtsoptionen (ANSICHT • ANZEIGEN • ZIELPFAD) ein- und ausblenden.

29.4 Pfade verändern

Nicht immer gelingt der Pfad auf Anhieb so, wie er sein soll. Aber das ist ebenfalls kein Problem, denn Photoshop bietet auch für solche Fälle spezielle Werkzeuge und Funktionen.

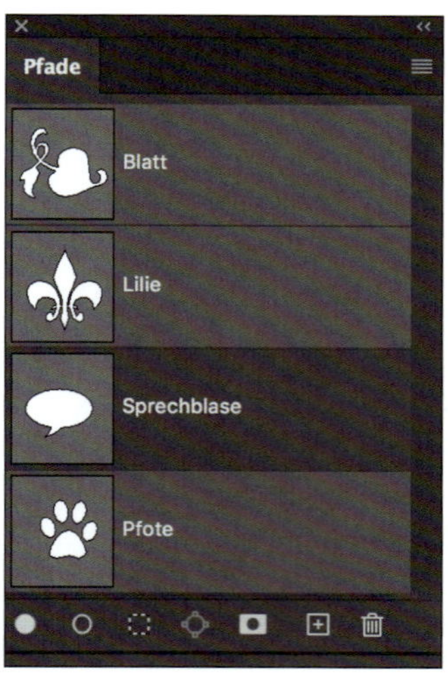

▴ Abbildung 29.24
Im Pfade-Bedienfeld können Sie mehrere Pfade für die simultane Bearbeitung auswählen.

29.4.1 Mehrere Pfade auf einmal bearbeiten

Sie können mehrere Pfade oder Pfadsegmente – auf einer oder über verschiedene Ebenen – auswählen und auch zusammen bearbeiten. Im **Pfade-Bedienfeld** wählen Sie

- mehrere nebeneinanderliegende Pfade aus, indem Sie sie bei gedrückter ⇧-Taste anklicken,
- mehrere nicht nebeneinanderliegende Pfade aus, indem Sie Strg/cmd drücken und sie dann anklicken.

Sie können auch **mit dem Pfadauswahl-Werkzeug** oder **dem Direktauswahl-Werkzeug** (beide Kürzel A) arbeiten, um mehrere Pfade zusammen zu bearbeiten. Das funktioniert bei Pfaden, die auf derselben Ebene sind, ebenso wie bei Pfaden auf getrennten Ebenen.

Dazu ...

- ... ziehen Sie mit dem Mauszeiger einen Rahmen über die Segmente
- ... oder klicken bei gedrückter [⇧]-Taste auf die Pfade.

Danach können Sie die meisten der bekannten Befehle auf die ausgewählten Pfade anwenden. Einige der Befehle wirken jedoch nur auf gezeichnete Pfade, nicht auf Form-, Text- oder Vektormaskenpfade.

29.4.2 Ankerpunkte setzen und löschen

Solange ein Pfad ausgewählt ist, können Sie auf schon bestehenden Pfadsegmenten Ankerpunkte mit dem Zeichenstift-Werkzeug [P] hinzufügen oder löschen. Dazu muss die Option ÜBER PFAD AUTOMATISCH PUNKTE HINZUFÜGEN ODER LÖSCHEN aktiv sein. Wenn Sie dann auf ein Liniensegment klicken, wird ein Punkt hinzugefügt. Ein vorhandener Ankerpunkt wird gelöscht, wenn Sie ihn anklicken. Beachten Sie dabei die Zeichenfeder! Das Pluszeichen signalisiert: Hier wird mit dem nächsten Klick ein Ankerpunkt hinzugefügt. Das Minuszeichen neben der Zeichenfeder zeigt an, dass der Ankerpunkt gelöscht wird.

Haben Sie den Pfad bereits deaktiviert, müssen Sie ihn entweder wieder auswählen oder Sie verwenden die Spezialwerkzeuge Ankerpunkt-hinzufügen-Werkzeug und Ankerpunkt-löschen-Werkzeug (beide ohne Shortcuts).

▲ **Abbildung 29.25**
Ankerpunkt hinzufügen

▲ **Abbildung 29.26**
Ankerpunkt löschen

29.4.3 Ankerpunkte umwandeln

Sie können auch den Status von Ankerpunkten ändern, also Grifflinien löschen, aus Kurvenpunkten Eckpunkte mit geteilter Grifflinie machen und umgekehrt. Dazu brauchen Sie das Punkt-umwandeln-Werkzeug. Sie finden es in einem Fach mit den Zeichenfedern (ohne Tastaturkürzel).

Um mit diesem Werkzeug zu arbeiten, sollten die Ankerpunkte des Pfades eingeblendet sein und, wenn vorhanden, auch die Grifflinien des Punktes, der umgewandelt werden soll. Dazu klicken Sie am besten zunächst mit dem Direktauswahl-Werkzeug [A] auf den Pfad bzw. den umzuwandelnden Punkt. Dann wechseln Sie zum Punkt-umwandeln-Werkzeug.

Griffe eines Kurvenpunktes löschen | Wenn Sie einen Kurvenpunkt in einen Eckpunkt ohne Grifflinien konvertieren möchten, klicken Sie mit dem Punkt-umwandeln-Werkzeug einfach auf den Kurvenpunkt. Die Gestalt der Kurve verändert sich beträchtlich, und die Griffpunkte verschwinden.

Während des Zeichnens scharfe Kurven anlegen
Sie können auch schon, während Sie eine Kurve anlegen, deren Grifflinie teilen – ohne dass Sie den Ankerpunkt-Umwandler bemühen müssten. Dazu klicken und ziehen Sie zunächst ganz normal einen Kurvenpunkt, lassen dann die Maustaste aber nicht los, sondern halten zusätzlich die [Alt]-Taste und ziehen mit der Maus in eine andere Richtung weiter. Dann lassen Sie sowohl [Alt] als auch die Maustaste los.

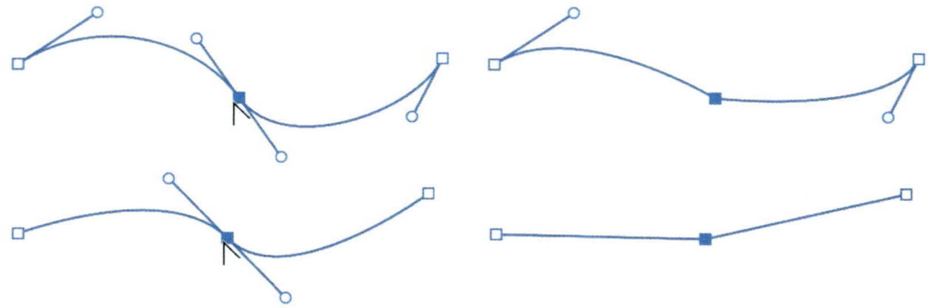

Abbildung 29.27 ▸
Löschen beider Griffe eines Kurvenpunktes: oben bleibt eine leichte Kurve, da die beiden angrenzenden Griffe noch bestehen; unten sind die Pfadsegmente anschließend gerade.

Nur den herausführenden Griff entfernen | Wenn Sie einen Kurvenpunkt so umwandeln wollen, dass nur der in Pfadrichtung vorne liegende, also der herausführende Griff entfernt wird, drücken Sie Alt und klicken mit dem Punkt-umwandeln-Werkzeug auf den Punkt.

Eckpunkt in Kurvenpunkt umwandeln | Um einen Eckpunkt mit oder ohne Griffe in einen Kurvenpunkt zu konvertieren, klicken Sie mit dem Punkt-umwandeln-Werkzeug den betreffenden Punkt an, halten die Maustaste gedrückt und ziehen gleich die Grifflinie aus dem Punkt heraus.

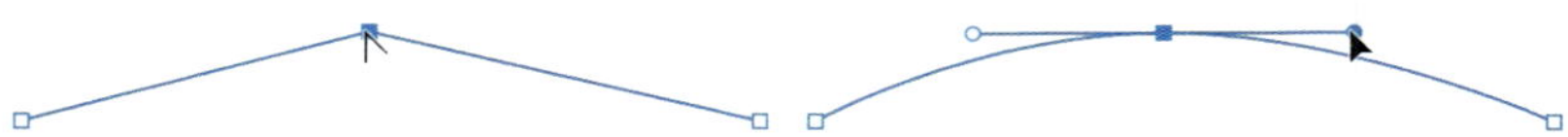

Abbildung 29.28 ▸
Der Eckpunkt wird in einen Kurvenpunkt konvertiert. Der Cursor des Punkt-umwandeln-Werkzeugs verändert sich beim Umwandeln in einen schwarzen Pfeil.

Kurvenpunkt in einen Eckpunkt umwandeln | Sie können auch einen Kurvenpunkt in einen Eckpunkt mit geteilten Grifflinien konvertieren. Dazu ziehen Sie an einem Griffpunkt und verschieben ihn. Die Grifflinien trennen sich dann.

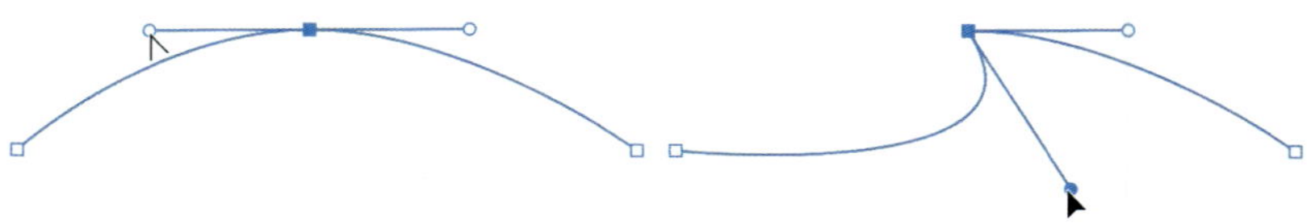

Abbildung 29.29 ▸
Das untere Ende der Grifflinie wurde mit dem Punkt-umwandeln-Werkzeug gefasst und nach oben geschwungen.

29.4.4 Arbeiten mit dem Direktauswahl-Werkzeug

Ein wichtiges Werkzeug zum Bearbeiten von Pfaden ist das Direktauswahl-Werkzeug A , das bisweilen auch abkürzend »weißer Pfeil« genannt wird. Mit ihm können Sie einzelne Segmente verschieben und dadurch die Pfadform ändern, einzelne Ankerpunkte und Grifflinien verändern oder auch größere Pfadbereiche mit mehreren Segmenten und Ankerpunkten bewegen.

Sie erreichen das wichtige Direktauswahl-Werkzeug von allen Zeichenwerkzeugen aus ohne Umweg, indem Sie Strg bzw. cmd drücken und halten.

Einzelne Pfadsegmente verschieben | Einzelne Pfadsegmente zu verschieben und dadurch Kurven zum Beispiel flacher oder bauchiger zu machen, ist ganz einfach: Klicken Sie das betreffende Segment an, und ziehen Sie daran. Für diesen Vorgang können Sie eine Einschränkung aktivieren, die bewirkt, dass sich dabei die Lage der Griffe nicht verändert, sondern lediglich deren Länge. Diese Einschränkung aktivieren Sie mit der Option FRÜHEREN WERT FÜR PFADSEGMENTZIEHEN VERWENDEN in der Optionsleiste.

Anker- oder Griffpunkte bewegen | Um Anker- oder Griffpunkte zu bewegen, klicken Sie einfach den betreffenden Ankerpunkt an und bewegen ihn oder die Griffpunkte, indem Sie sie mit der Maus »anfassen« und verschieben. Auch hier hilft zusätzliches Drücken von [⇧], um die Bewegung auf einen 45°-Winkel oder auf ein Vielfaches von 45° zu beschränken.

Mehrere Ankerpunkte markieren | Mit dem »weißen Pfeil« können Sie auch Auswahlrechtecke um einzelne Pfadbereiche ziehen. Damit werden alle Ankerpunkte im Auswahlbereich aktiviert und die Grifflinien eingeblendet. Sie können dann den ausgewählten Pfadteil mit dem Direktauswahl-Werkzeug [A] bewegen, während der nicht ausgewählte Rest des Pfades fixiert ist.

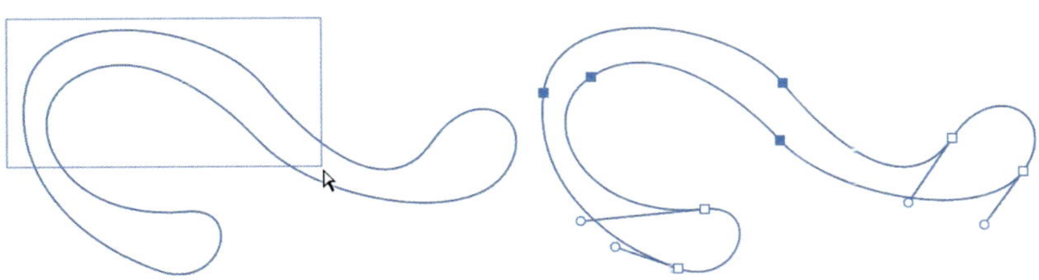

◂ **Abbildung 29.30**
Anlegen einer Auswahl um Teile eines Pfades. Anders, als Sie es von den normalen Auswahlwerkzeugen gewohnt sind, bleibt hier die Auswahllinie nicht sichtbar: Sobald Sie das Auswahlwerkzeug absetzen, wird sie wieder ausgeblendet. Sie erkennen dann an der Verteilung der aktiven und inaktiven Ankerpunkte, welche Pfadteile ausgewählt sind.

Segmente löschen | Um ganze Segmente zu löschen, nutzen Sie ebenfalls den »weißen Pfeil«. Wählen Sie das Segment, das Sie löschen wollen, durch Klicken aus, und drücken Sie die Rücktaste, um es zu entfernen. Durch erneutes Drücken der Taste wird der Rest des Pfades gelöscht. Bei einem Pfad aus mehreren Komponenten wird dagegen der Rest der Komponente gelöscht.

Punkte löschen | Aktivieren Sie einen Ankerpunkt mit dem Direktauswahl-Werkzeug und löschen Sie es mit der Rücktaste, dann werden auch die angrenzenden Pfadsegmente gelöscht. Ein geschlossener Pfad wird dabei geöffnet.

Transformationen für Segmente oder Ankerpunkte
Auf Pfadsegmente und Ankerpunkte können Sie auch Transformationen anwenden. Sie finden die Transformationsbefehle in leicht modifizierter Form an gewohnter Stelle unter BEARBEITEN. Statt TRANSFORMIEREN heißt es nun PUNKTE TRANSFORMIEREN, und nicht alle der bekannten Transformationen stehen zur Verfügung.

Auch komplette Pfade können Sie mit [Strg]/[cmd]+[T] transformieren, wenn Sie entweder ein Zeichenstift- oder eines der beiden Pfadauswahl-Werkzeuge gewählt haben.

29.4.5 Pfadauswahl-Werkzeug

Um komplette Pfade oder Pfadkomponenten auszuwählen oder zu verschieben, ist das Pfadauswahl-Werkzeug [A] das Tool der Wahl. Um mehrere Komponenten auszuwählen, halten Sie [⇧] gedrückt und klicken die Komponenten nacheinander an.

Ist die Auswahl einzelner Komponenten mit dem Pfadauswahl-Werkzeug nicht möglich, dann wurde mit dem Befehl FORMKOMPONENTEN ZUSAMMENFÜGEN (aus dem Menü der Pfadvorgänge in der Optionsleiste) ein zusammengesetzter Pfad erstellt. Einzelne Pfadsegmente oder Ankerpunkte wählen Sie dann mit dem Direktauswahl-Werkzeug aus. Soll ein kompletter Pfad ausgewählt werden, nehmen Sie das Direktauswahl-Werkzeug bei gedrückter [Alt]-Taste.

Abbildung 29.31 ▸
Pfadkomponenten können mit dem Pfadauswahl-Werkzeug einzeln ausgewählt werden (links). Bei zusammengesetzten Pfaden funktioniert das nicht (Mitte), dann hilft die Direktauswahl in Verbindung mit [Alt] (rechts).

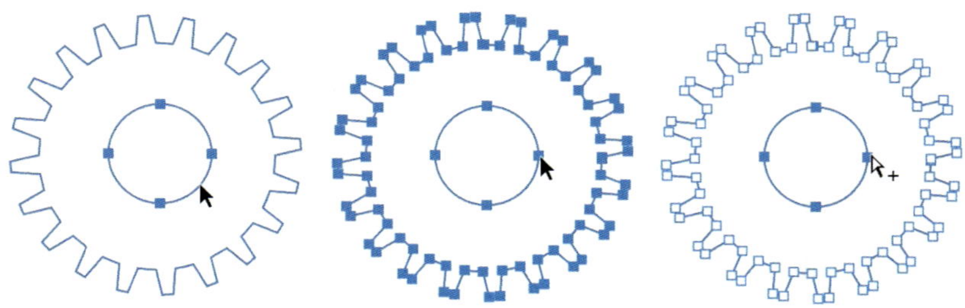

29.5 Funktionsweise des Pfade-Bedienfelds

Anordnung von Pfaden verändern
Gespeicherte Pfade können Sie im Pfade-Bedienfeld neu anordnen. Dazu ziehen Sie den Pfad im Pfade-Bedienfeld auf die gewünschte Position. Das klappt aber nur bei gezeichneten Pfaden, nicht bei Form-, Text- und Vektormaskenpfaden.

Das Pfade-Bedienfeld hat für die Arbeit mit Pfaden keine so große Bedeutung wie das Ebenen-Bedienfeld für das Arbeiten mit Ebenen. Viele seiner Funktionen haben Sie schon en passant kennengelernt oder werden sie in diesem Kapitel im praktischen Einsatz kennenlernen. Sie erreichen das Bedienfeld erwartungsgemäß über FENSTER • PFADE, und standardmäßig ist es neben dem Ebenen- und dem Kanäle-Bedienfeld angeordnet.

Abbildung 29.32 ▸
Das Pfade-Bedienfeld samt Seitenmenü. Oben ein regulärer Pfad, darunter ein temporärer Arbeitspfad – der leider nicht mehr anhand der kursiven Schrift deutlich zu erkennen ist.

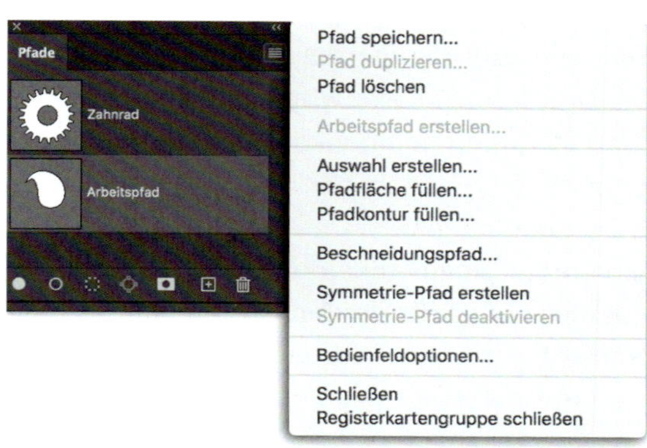

29.5.1 Temporäre Pfade

Alle Pfade, die Sie erstellen – sei es mit den Formwerkzeugen, sei es durch Umwandeln einer Auswahl oder per Zeichenwerkzeug –, werden zunächst einmal als **temporäre Pfade** erstellt, entweder als Arbeitspfade oder, wenn sie zu einer Form gehören, als Formpfad. Arbeitspfade und Formpfade sind im Pfade-Bedienfeld immer an letzter Stelle (unten) zu finden. **Temporäre Pfade** können verlorengehen. Sie sollten sie daher sichern:

- Doppelklicken Sie dazu auf den Titel, und benennen Sie den Pfad einfach um, oder
- ziehen Sie den Arbeitspfad auf das Neu-Icon ⊞ am Fuß des Bedienfelds.

29.5.2 Reguläre Pfade anlegen

Besser ist es, von Anfang an nicht mit temporären Arbeitspfaden, sondern mit regulären Pfaden zu arbeiten. Dazu wählen Sie vor jedem Zeichnen, Anlegen von Formen oder sonstigen Aktivitäten, die einen Pfad generieren, einfach den Befehl NEUER PFAD im Bedienfeldmenü oder klicken die NEU-Schaltfläche an. Übrigens werden neue Pfade immer an das untere Ende des Bedienfelds angefügt und nicht, wie vom Ebenen-Bedienfeld gewohnt, oberhalb der aktiven Ebene.

Bestehende Pfade nicht verpfuschen!
Solange Sie nicht eigens einen neuen Pfad anlegen, arbeiten Sie immer auf demselben Pfad – derselben Pfad*ebene* gewissermaßen, die im Pfade-Bedienfeld durch eine Zeile mit Miniatur repräsentiert ist. Selbst wenn Sie zwischenzeitlich ganz andere Werkzeuge benutzen und andere Arbeiten am Bild durchführen – sobald Sie wieder ein Zeichen- oder Formwerkzeug zur Hand nehmen, wird dem bestehenden Pfad allenfalls eine neue Komponente hinzugefügt. Neue Pfade werden jedoch nicht automatisch angelegt.

29.6 Mit Pfaden arbeiten

Dieser Abschnitt enthält typische Anwendungsfälle für die Arbeit mit Pfaden: Pfade machen sich bei Alltagsaufgaben nützlich und eröffnen neue kreative Horizonte. Dennoch bleibt eine mit Pfaden angereicherte Photoshop-Datei immer noch ein Pixelbild – eine Hybride, die die Vorteile echter Vektorbilder nie ganz ausspielen kann. Pfade bleiben hier also eher Hilfsmittel als alltägliches Arbeitsinstrument.

29.6.1 Pfade und Auswahlen

Pfade lassen sich nicht nur mit Hilfe der Zeichenwerkzeuge konstruieren. Sie können auch Auswahllinien in Pfade verwandeln (und Pfade wieder in Auswahlen). Das hat den Vorteil, dass Sie Pfade – und auf diesem Weg auch Formen – aus komplizierten Objektkonturen erstellen können, die für Zeichenwerkzeug-Ungeübte nur unter Schwierigkeiten direkt als Pfad anzulegen sind. Eine Auswahllinie als Grundlage für einen Pfad zu nutzen, ist vor allem bei hart konturierten Auswahllinien sinnvoll: Wei-

Zum Weiterlesen
Mehr zum nachträglichen **Weichzeichnen von (Vektor-)Masken** lesen Sie im Abschnitt 9.4.2, »Konturbereiche von Masken nachbessern«.

che Übergänge können in Pfadform nicht erhalten bleiben. Auch wenn es mit Hilfe des Masken-Bedienfelds möglich ist, Vektormasken nachträglich weichzuzeichnen – so differenzierte Transparenzübergänge wie mit Auswahlen und Ebenenmasken bekommen Sie mit Pfaden nicht hin.

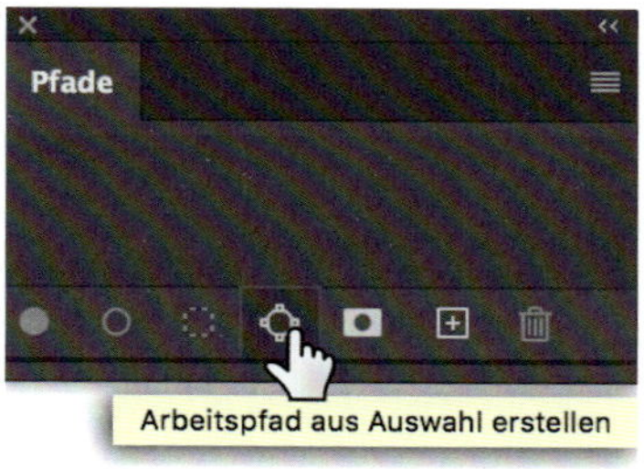

▲ **Abbildung 29.33**
Pfad aus Auswahl erzeugen

Pfad aus Auswahl: Arbeitspfad erstellen | Um aus einer bereits bestehenden Auswahl einen Pfad zu machen, können Sie ...

- den Befehl ARBEITSPFAD ERSTELLEN ... aus dem Seitenmenü des Pfade-Bedienfelds wählen,
- auf den entsprechenden Button im Pfade-Bedienfeld klicken (Abbildung 29.33)
- oder das Auswahl-Kontextmenü nutzen. Dazu muss eines der Auswahlwerkzeuge aktiv sein und sich eine Auswahllinie im Bild befinden. Ein Rechtsklick nahe der Auswahllinie öffnet das Kontextmenü.
- Sofern Sie mit Zeichenstift-Werkzeug oder Freiform-Zeichenstift-Werkzeug (beide Kürzel: P) arbeiten, können Sie den Button MARKE: AUSWAHL nutzen (mehr darüber im Abschnitt 29.1.1, »Zeichenstift: Optionen«).

▲ **Abbildung 29.34**
Das Auswahl-Kontextmenü bietet auch einen Befehl, um aus Auswahlen Arbeitspfade zu erstellen.

Sobald Sie den Befehl ARBEITSPFAD ERSTELLEN anklicken, erscheint ein Dialog, in dem Sie aufgefordert werden, einen TOLERANZ-Wert einzugeben.

Die TOLERANZ kann zwischen 0,5 und 10 Pixel liegen und bestimmt, mit wie vielen Ankerpunkten der Pfad angelegt wird. Je höher der TOLERANZ-Wert ist, desto weniger Ankerpunkte werden verwendet und desto stärker weicht der Pfad von der Originalauswahllinie ab.

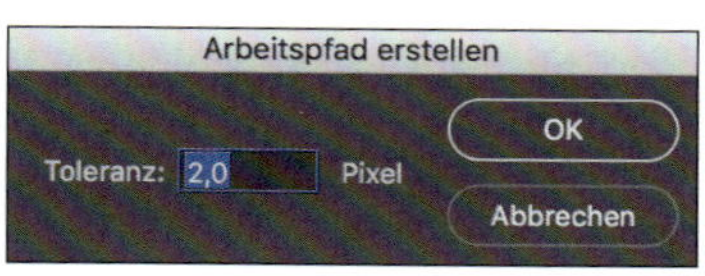

▲ **Abbildung 29.35**
Der TOLERANZ-Wert regelt die Umsetzungsgenauigkeit.

▲ **Abbildung 29.36**
Hier wurde aus einer Auswahl ein Pfad mit einer TOLERANZ von 0,5 erstellt. Der TOLERANZ-Wert ist eindeutig zu gering: Die vielen Ankerpunkte machen den Pfad unbrauchbar. Speichersparend ist ein solcher Pfad dann auch nicht mehr.

Bild: Monika Gause

▲ **Abbildung 29.37**
Ein TOLERANZ-Wert von 10 lag diesem Pfad zugrunde – keine sonderlich genaue Umsetzung der Auswahl. Manchmal lässt sich der beste Wert nur durch Ausprobieren ermitteln.

Auswahl aus Pfad erstellen | Umgekehrt geht es auch: Aus jedem Pfad können Sie eine Auswahl erstellen. Die Funktion AUSWAHL ERSTELLEN finden Sie im Seitenmenü des Pfade-Bedienfelds und als Schaltfläche ① an dessen unterem Rand. Wenn Sie die Schaltfläche benutzen, wird die Auswahl sofort erstellt.

▲ **Abbildung 29.38**
Auswahl aus einem (Arbeits-)Pfad generieren: der schnelle Weg

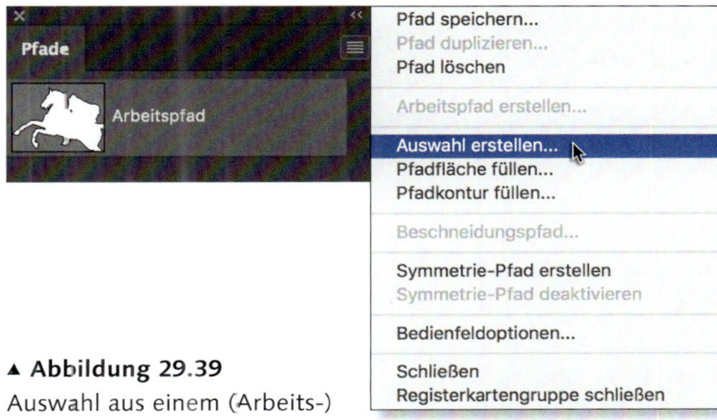

▲ **Abbildung 29.39**
Auswahl aus einem (Arbeits-) Pfad generieren: der Weg mit mehr Einstellungsmöglichkeiten

Wählen Sie den Befehl aus dem Bedienfeldmenü, bietet Photoshop Ihnen weiter gehende Einstellungsmöglichkeiten an.

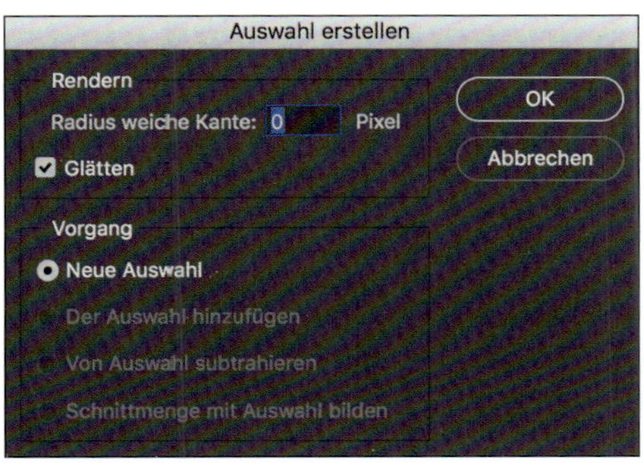

◀ **Abbildung 29.40**
GLÄTTEN ist eine praktische Option, um zu harten, kantigen Auswahlrändern vorzubeugen. In den meisten Fällen ist dies empfehlenswert.

29.6.2 Pfade als Exportartikel

Pfade sind nicht nur in Photoshop eine nützliche Sache, sondern können auch für die Arbeit mit anderen Programmen interessant sein.

Beschneidungspfade | Eine Besonderheit, die für Sie nicht relevant ist, solange Sie ausschließlich in Photoshop arbeiten, stellen Beschneidungspfade dar (manchmal auch **Clipping Paths** oder **Freistellpfade** genannt).

Bei Bildern, die für die Weitergabe an Layoutprogramme wie InDesign, QuarkXPress und andere gedacht sind, verstecken Beschneidungspfade diejenigen Bildbereiche, die im Layoutprogramm nicht angezeigt werden sollen.

Unterstützt werden Beschneidungspfade von PSD, TIFF, PDF, JPG und EPS. Bevor Sie ein Speicherformat auswählen, sollten Sie jedoch klären, wie es vom gewählten Layoutprogramm interpretiert wird. In vielen Layoutprogrammen kann jeder Pfad zum Beschneiden eines Bildes verwendet werden. Falls bei Ihnen Bildbereiche ausgeblendet werden, die eigentlich angezeigt werden sollen, oder ein vorhandener Beschneidungspfad ignoriert wird, müssen Sie überflüssige Pfade löschen bzw. ein anderes Dateiformat verwenden.

Dateiformat EPS
EPS – einst das Arbeitspferd der Druckvorstufe – ist veraltet, und seine Verwendung sollte immer hinterfragt werden. In einem reinen Creative-Cloud-Workflow ist meist die Verwendung von PSD oder TIFF im Layout praktischer.

Schritt für Schritt: Beschneidungspfad erstellen

Beschneidungspfade werden gern genutzt, um freigestellte Bilder an Layoutprogramme weiterzugeben.

Kurvennäherung
Nur sehr alte PostScript-Interpreter verursachen Probleme mit der Kurvennäherung, und nur dann ist es nötig, manuell einen Wert vorzugeben. Ein niedriger Wert führt zu einer etwas gröberen Interpretation des Beschneidungspfades, eliminiert jedoch auch Belichtungsfehler. Im Allgemeinen ist für eine hochauflösende Ausgabe (1 200 bis 2 400 dpi) ein Wert zwischen 8 und 10 empfehlenswert und für eine Ausgabe mit niedriger Auflösung (300 bis 600 dpi) ein Wert zwischen 1 und 3.

1 Pfad erstellen

Erzeugen Sie einen Pfad, der das Bildobjekt, das Sie per Pfad freistellen wollen, möglichst genau umzeichnet. Der Pfad muss geschlossen sein. Einen Arbeitspfad müssen Sie zunächst als Pfad speichern.

2 Beschneidungspfad anlegen

Wählen Sie im Seitenmenü des Pfade-Bedienfelds den Befehl Beschneidungspfad.

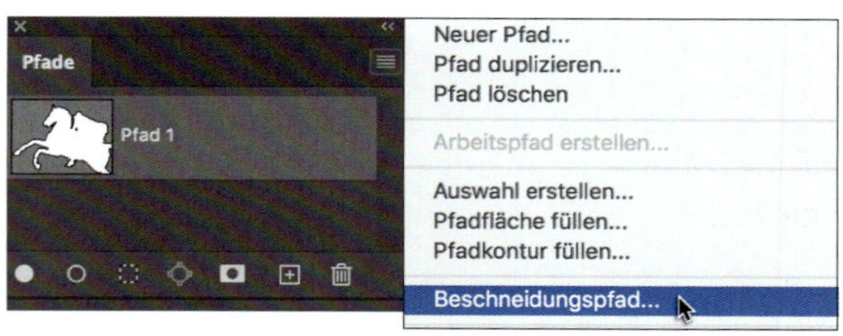

Abbildung 29.41 ▸
Legen Sie einen Beschneidungspfad an.

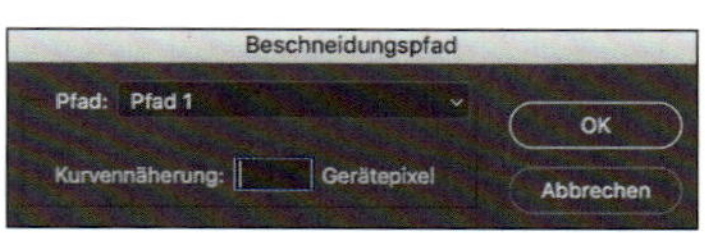

▴ **Abbildung 29.42**
Optionen festlegen

Im folgenden Dialogfeld wählen Sie im oberen Teil, welcher Pfad – wenn mehrere im Bild vorhanden sind – als Beschneidungspfad herhalten soll, und legen die Kurvennäherung fest. Die Kurvennäherung hat Einfluss auf die spätere Umsetzung des Pfades beim Druck. Möglich sind Werte zwischen 0,2 und 100 – Sie sollten das Feld jedoch freilassen. OK schließt den Vorgang ab.

Kurvennäherung | Wenn Sie das Eingabefeld Kurvennäherung freilassen, wird das Bild mit den Standardeinstellungen des Druckers ausgegeben. Moderne Geräte bereiten damit keine Probleme. Beschneidungspfade und deren Einstellungen können nur von postscriptfähigen Geräten verwendet werden.

Pfade nach Adobe Illustrator exportieren | Für den Export von Pfaden nach Adobe Illustrator müssen Sie nicht mit Beschneidungspfaden operieren. Hier gibt es einen eigenen Befehl, nämlich unter Datei • Exportieren • Pfade -> Illustrator.

Pfade kopieren
Pfade können zwischen Photoshop und Illustrator auch über die Zwischenablage – also über Kopieren und Einfügen – ausgetauscht werden.

Das Exportieren von Pfaden mit diesem Befehl erleichtert das Kombinieren von Photoshop- und Illustrator-Grafiken. So richten Sie beispielsweise in Illustrator Text oder Objekte an Photoshop-Pfaden aus. Sie können auch Arbeitspfade auf diese Art und Weise exportieren.

▲ **Abbildung 29.43**
Pfade exportieren: Legen Sie fest, ob Sie alle Pfade einer Datei exportieren oder nur einen bestimmten.

Das funktioniert ganz einfach:

1. Wählen Sie den Menübefehl Datei • Exportieren • Pfade -> Illustrator.
2. Legen Sie in dem dann erscheinenden Dialogfeld fest, ob Sie einen spezifischen Pfad oder alle Pfade der Datei exportieren wollen. Klicken Sie auf Ok.
3. Wählen Sie im folgenden Speichern-Dialog einen Speicherort, und vergeben Sie einen Dateinamen.
4. Klicken Sie auf Speichern.

Datei prüfen
Überprüfen Sie eine exportierte Datei im Vektorprogramm, bevor Sie sie z. B. an einen Dienstleister weitergeben. Falls irgendetwas nicht wie gewünscht aussieht, analysieren Sie die Datei. In Illustrator verwenden Sie zu diesem Zweck das Ebenen-Bedienfeld.

Wenn Sie die Datei anschließend in Adobe Illustrator öffnen, können Sie den Pfad bearbeiten oder ihn verwenden, um Illustrator-Objekte auszurichten, die Sie der Datei hinzufügen.

29.6.3 Gefüllte Pfadkontur: Pfad plus Malwerkzeug

Pfade müssen keine undruckbaren und meist unsichtbaren Vektoren bleiben – Sie können sie auch mit Pixeln füllen. Besonders schöne und individuelle Ergebnisse erzielen Sie, wenn Sie die Wirkung der Pinselspitze vorher genau einstellen. Ich zeige Ihnen das Ganze anhand einer Schrift; Sie können aber auch andere Pfade so bearbeiten

»Konfettischrift.tif«

Schritt für Schritt: Pfad aus Text erstellen: Konfetti auf Pfad

Diese Technik funktioniert mit allen Arten von Pfaden und allen Mal- und Retuschewerkzeugen mit unterschiedlichsten Werkzeugspitzen. Ich zeige Ihnen – stellvertretend für die vielen Möglichkeiten, die Sie haben –, wie Sie eine Textkontur mit einer bunten Konfettischrift belegen.

1 Schrift anlegen

Dazu brauchen Sie einen Pfad in Buchstabenform. Als Erstes legen Sie dazu den Schriftzug an. Sie benötigen entweder eine große, flächige Schrift oder einen nicht zu engen Handschriftenfont.

Ich verwende die Schrift *Noteworthy*, und zwar schon gleich in der richtigen Größe – die Umsetzungsgenauigkeit des Pfades ist besser, wenn er nicht mehr skaliert wird. Die Schriftfarbe ist irrelevant.

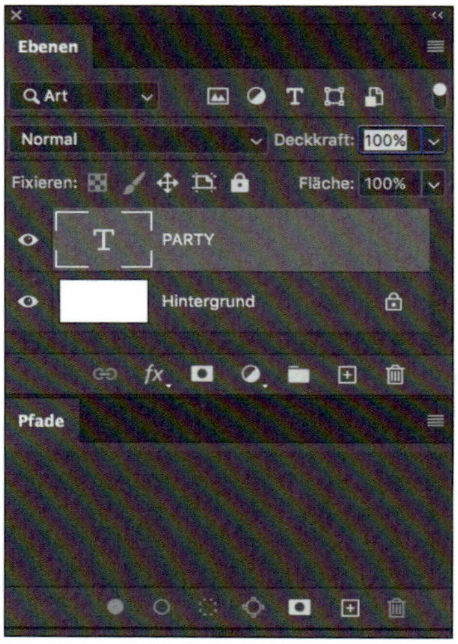

▲ **Abbildung 29.44** ►
Die Textebene wurde erzeugt; Pfade sind noch nicht vorhanden.

2 Pfad aus Text erstellen

Aktivieren Sie die Textebene, und wählen Sie dann im Menü den Befehl SCHRIFT • ARBEITSPFAD ERSTELLEN. Die Textebene können Sie nun ausblenden oder ganz löschen.

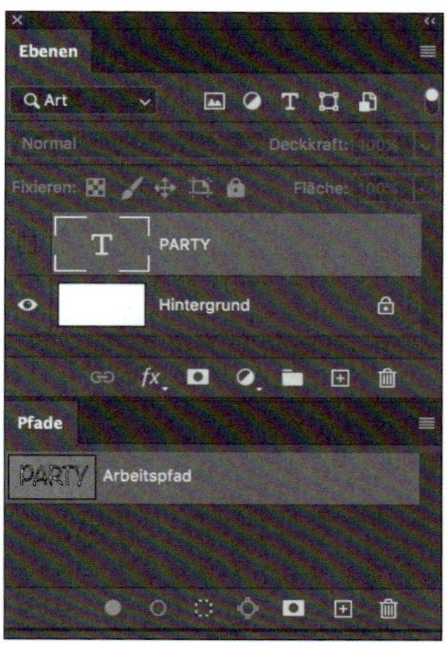

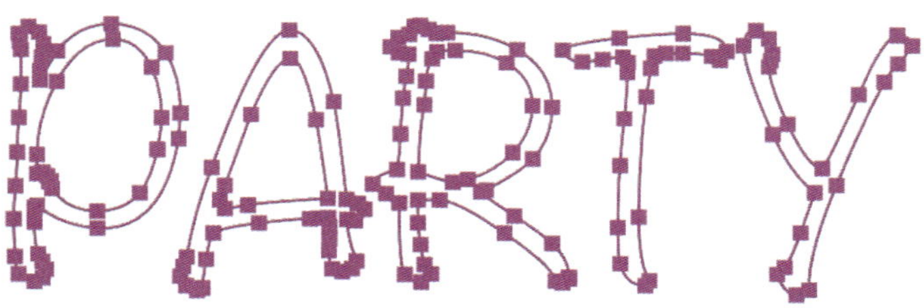

◄▲ **Abbildung 29.45**
Die Textebene wurde ausgeblendet. Im Pfade-Bedienfeld wird der neue Pfad angezeigt, und auch im Bild ist jetzt die Pfadkontur zu sehen.

3 Pinselspitze einstellen

Nun stellen Sie die Werkzeugspitze ein. Dazu nutzen Sie das Pinseleinstellungen-Bedienfeld (starten mit F5 oder FENSTER • PINSELEINSTELLUNGEN). Zur Erinnerung: Um mit diesem Bedienfeld zu arbeiten, muss das Pinsel-Werkzeug aktiv sein!

Ziel ist es, eine unregelmäßige Streuung unterschiedlich großer und verschieden gefärbter »runder Malpunkte« einzustellen. Dazu wählen Sie eine scharfe, runde Pinselspitze mit erhöhtem Malabstand.

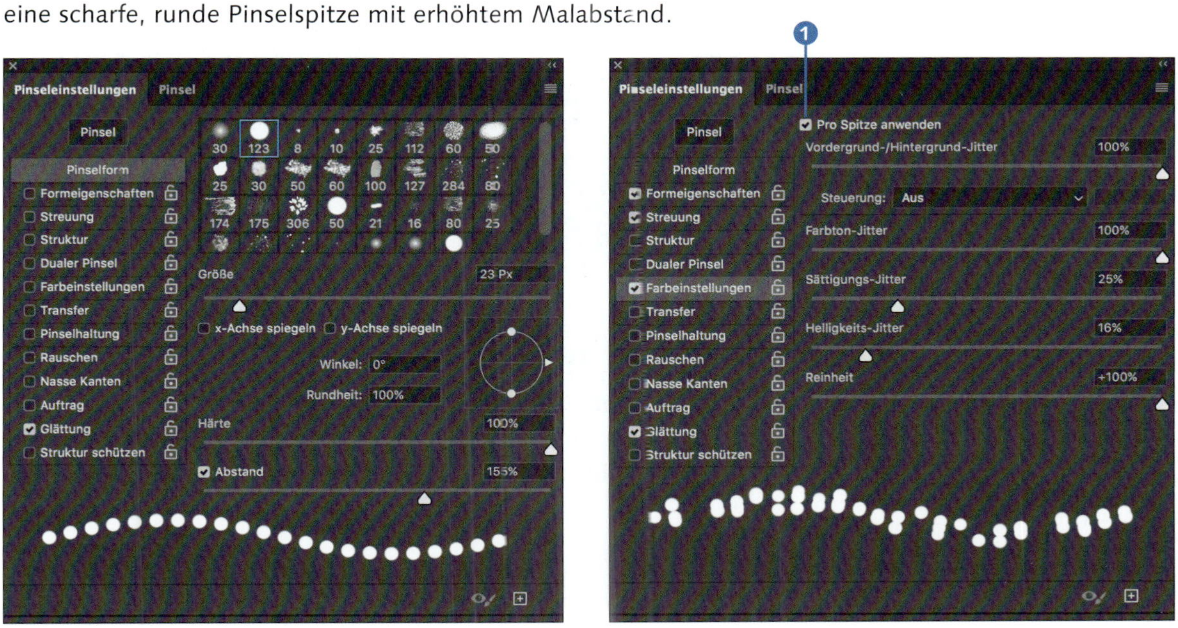

▲ **Abbildung 29.46**
Einstellungen unter Pinselform (links); Einstellungen unter Farbeinstellungen (rechts) – die Option Pro Spitze anwenden **1** muss unbedingt aktiv sein.

Ein geringer Grössen-Jitter (unter Formeigenschaften) und eine moderate Streuung kommen dazu.

Maßgeblich sind allerdings die Farbeinstellungen. Hier wird kräftig gejittert. Da auch der Vordergrund-/Hintergrundjitter zum Einsatz kommt, stelle ich zwei fröhliche, kräftige Farben in den beiden Farbfeldern der Werkzeugleiste ein, ein leuchtendes Magenta und ein Apfelgrün. Für die Wirkung der Farbeinstellungen gibt es im Pinsel-Bedienfeld leider keine Vorschau – hier müssen Sie eventuell einige Probestriche machen, bis Sie die richtige Einstellung gefunden haben.

Zum Weiterlesen
Schauen Sie in Abschnitt 22.6, »Feintuning für Pinsel- und Werkzeugspitzen«, nach, um mehr über das **Definieren eigener Werkzeugspitzen** zu erfahren.

4 Für alle Fälle: Pinselspitze sichern

Nun haben Sie den aktuellen Pinsel verändert. Diese Einstellungen sollen aber nicht verlorengehen. Der Befehl Neue Pinselvorgabe im Bedienfeldmenü des Pinseleinstellungen-Bedienfelds fügt den Pinsel zur aktuell geladenen Pinsel-Bibliothek hinzu – temporär, bis Sie das nächste Mal eine andere Pinsel-Bibliothek aufrufen.

5 Pfad mit Pixeln füllen

Nun trennen Sie nur noch zwei Klicks von der fertigen Schrift. Legen Sie eine neue, leere Ebene an. Die neue Ebene sollte aktiv sein. Dann klicken Sie im Pfade-Bedienfeld das Icon Pfadkontur mit Pinsel füllen an.

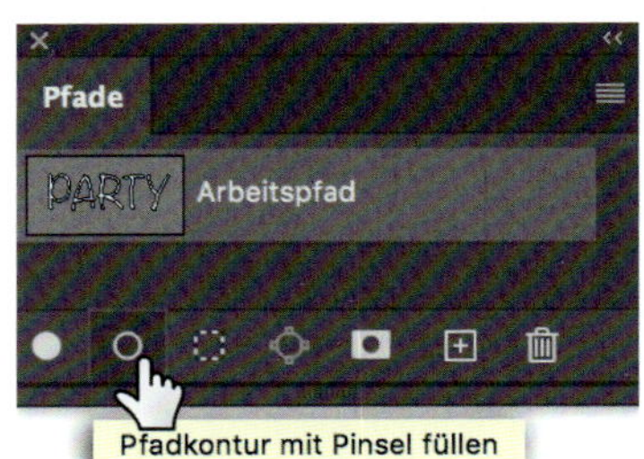

▲ **Abbildung 29.47**
Pfadkontur mit Pinsel füllen

Automatisch legen sich Pixel gemäß der zuvor definierten Pinselspitze entlang der Pfadkontur – genauer kann man von Hand nicht pinseln. Den Pfad können Sie nun löschen oder mit Strg/cmd+H ausblenden. Nach Wunsch geben ein paar Ebeneneffekte den letzten Schliff.

Abbildung 29.48 ▸
Fertig!

29.6.4 Text auf den richtigen Pfad gebracht

»typo_bsp.tif«

Mit Hilfe von Pfaden können Sie auch geschwungenen oder im Kreis laufenden Text erzeugen – eine interessante Gestaltungsmöglichkeit. Der Pfad dient dabei als Führung, und der Text bleibt editierbar.

Schritt für Schritt: Im Kreis geschrieben

Ich zeige Ihnen hier, wie Sie Text in Kreisform bringen. Das Ganze funktioniert jedoch mit allen anderen offenen und geschlossenen Pfaden auch.

1 Kreisförmigen Pfad anlegen

Um einen kreisförmigen Pfad anzulegen, aktivieren Sie das Ellipse-Werkzeug U, wählen den Modus Pfad und stellen in den Detailoptionen Kreis ein. Ziehen Sie eine kreisförmige Pfadlinie auf.

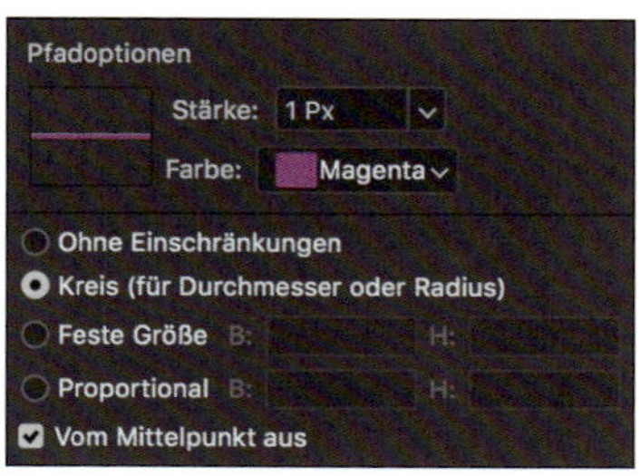

▴ **Abbildung 29.49**
Einstellungen in den Ellipse-Optionen

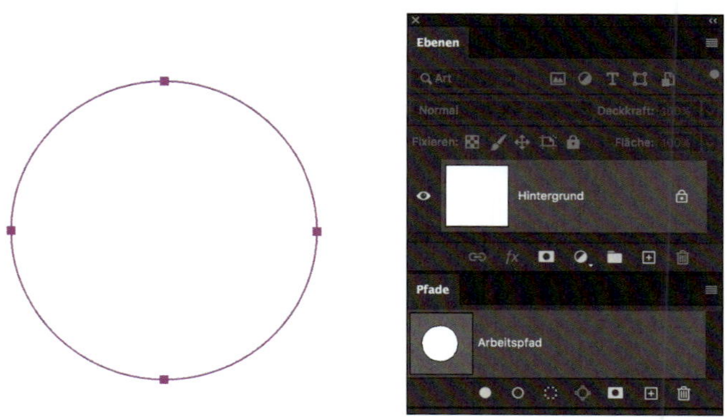

Abbildung 29.50 ▸
Die kreisförmige Pfadlinie

2 Text eingeben

Wechseln Sie zum Text-Werkzeug T, und stellen Sie in dessen Optionsleiste Schriftart, Größe, Glättung, Farbe und so weiter ein.

Schlichte Schriften wirken bei einer außergewöhnlichen typografischen Anordnung oft am besten. Nun können Sie direkt auf dem Pfad schreiben. Der Text lässt sich wie »normaler« Text bearbeiten. Allenfalls die ungewohnte Anordnung sorgt hier eventuell für Startschwierigkeiten.

Bewegen Sie den Cursor zum Pfad. Die Einfügemarke erscheint – allerdings mit diagonaler Grundlinienanzeige. In der Vergrößerung sehen Sie den Cursor, der anzeigt, dass Text auf den Pfad geschrieben wird.

Die Einfügemarke sollten Sie auf oder dicht über den Pfad setzen. Klicken Sie einmal: Es erscheint der bekannte blinkende Cursor, und Sie können losschreiben. Es ist auch möglich, Text aus der Zwischenablage einzufügen (mit Strg/cmd+V).

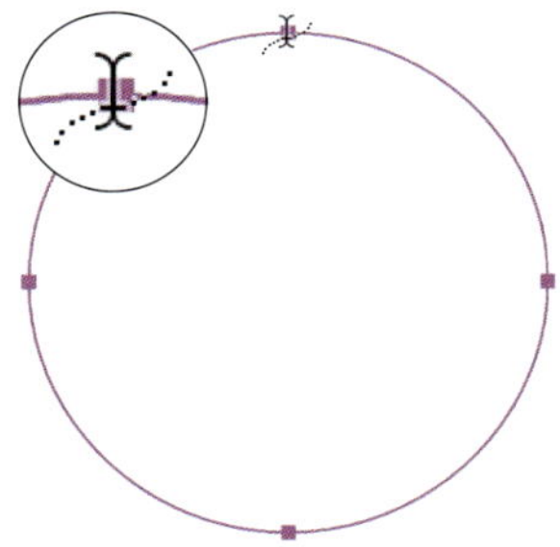

▲ **Abbildung 29.51**
Schreiben Sie auf dem Pfad.

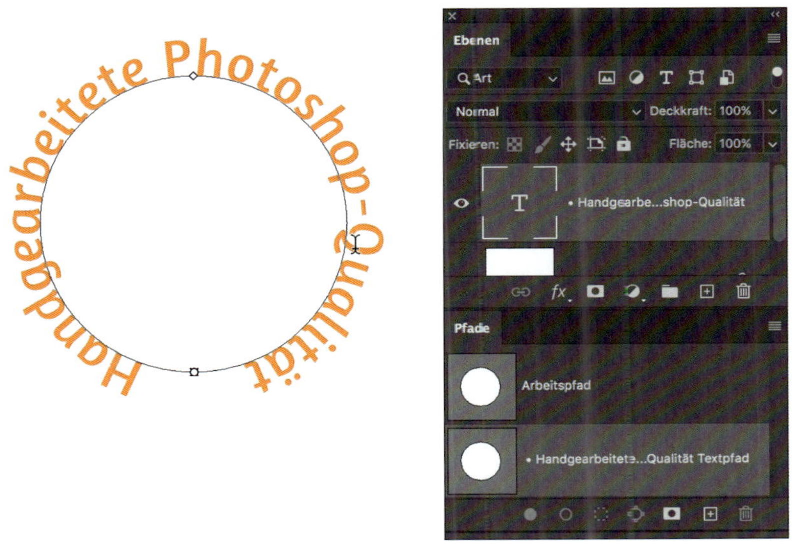

◂ **Abbildung 29.52**
Das Bild und die Situation in den beiden hier maßgeblichen Bedienfeldern. Im Pfade-Bedienfeld erscheint der neu angelegte Textpfad.

3 Text auf Pfad verschieben

Wenn Sie die Texteingabe abgeschlossen haben, können Sie den Text auch noch **nachbearbeiten**: Er lässt sich am Pfad entlangschieben, auf die andere Pfadseite »umklappen« und mit dem Pfad verschieben. Um die Position der Schrift zu verändern, können Sie das Pfadauswahl- oder das Direktauswahl-Werkzeug aus der Werkzeugkiste benutzen (beide haben den Shortcut A).

Wenn Sie den Text einfach etwas **verschieben** wollen, aktivieren Sie eines der beiden Tools und führen den Mauszeiger über den Pfad, so dass er zu einer Einfügemarke mit Pfeil(en) daran wird. Bewegen Sie dann die Maus vorsichtig an dem Pfad entlang in die Richtung, in die Sie den Text schieben wollen.

Wenn Ihnen das zu kompliziert erscheint, können Sie die Textebene auch ganz einfach per freier Transformation (Strg/cmd+T) drehen.

Vertikaler Pfadtext
Auch mit dem vertikalen Text-Werkzeug können Sie Pfadtext eingeben. Vertikaler Text ist mit sehr viel Vorsicht zu genießen, da seine Lesbarkeit ohnehin eingeschränkt ist.

4 Text »umklappen«

Um Text auf die andere Seite des Pfades zu spiegeln, gehen Sie ähnlich vor, ziehen dann aber die Maus auf die andere Seite des Pfades – hier des Kreisinneren.

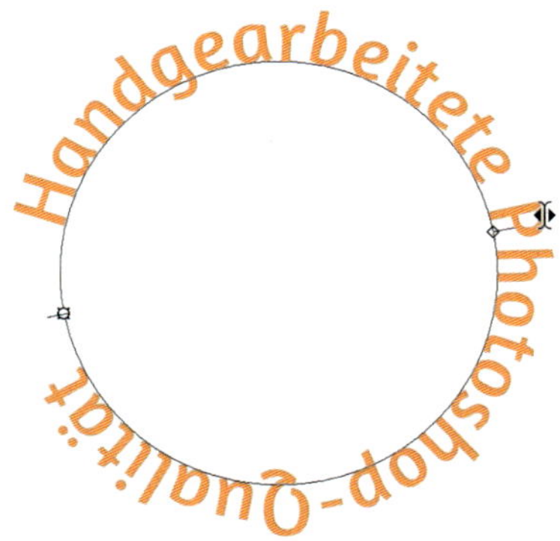

▲ **Abbildung 29.53**
Der Text wurde verschoben.

▲ **Abbildung 29.54**
Der Text wurde gespiegelt.

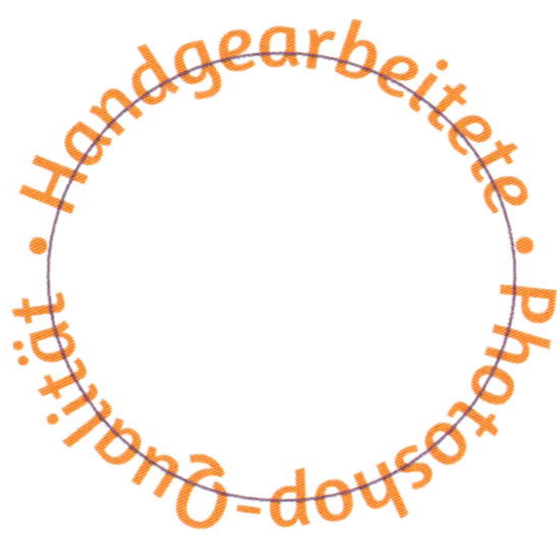

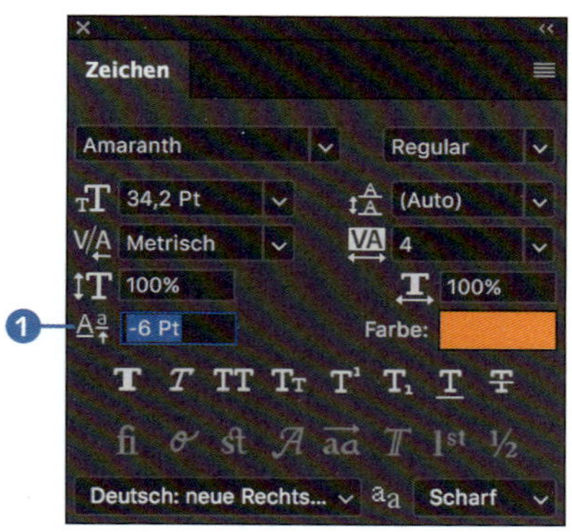

▲ **Abbildung 29.55**
Das Eingabefeld für den Grundlinienversatz. Wenn Sie Text auf diese Art und Weise in das Innere eines Kreises oder unter eine Pfadlinie verlagern wollen, muss der eingegebene Wert an die Schrifthöhe angepasst sein.

5 Pfadform ändern

Pfade, auf denen Text liegt, können Sie ebenso verändern wie andere Pfade auch. Am besten benutzen Sie das Direktauswahl-Werkzeug A, klicken damit auf einen Ankerpunkt auf dem Pfad und ändern mit Hilfe der Griffe dessen Form.

6 Kompletten Text im Bild verschieben

Um den Pfad und den Text im Bild zu verschieben, nutzen Sie das übliche Verschieben-Werkzeug V, die Pfeiltasten oder die Maus und bewegen die Textebene. Alternativ können Sie auch das Pfadauswahl-Werkzeug verwenden.

Text ohne Richtungswechsel umklappen | Wie Ihnen an den Beispielbildern vielleicht aufgefallen ist, klappt der Text nicht nur auf die andere Seite des Pfades um, sondern er ändert auch seine Richtung. Um Text auf die andere Seite des Pfades zu verschieben, ohne die Richtung umzukehren, verwenden Sie die Option GRUNDLINIENVERSATZ 1 im Zeichen-Bedienfeld.

Wenn Sie zum Beispiel einen Text erstellt haben, der von links nach rechts außerhalb eines Kreises verläuft, geben Sie in das Textfeld GRUNDLINIENVERSATZ einen negativen Wert ein. Der Text verläuft dann entlang der Innenseite des Kreises – ohne Richtungswechsel!

29.6.5 Flammenwerfer

Entlang von Pfaden lassen sich in Photoshop Flammen generieren. Um die Funktion nutzen zu können, erstellen Sie einen Pfad mit dem Zeichenstift oder den Formwerkzeugen bzw. wandeln Schrift in Pfade um. Die Flammen werden auf einer Bildebene angelegt, daher wählen Sie im Ebenen-Bedienfeld eine Bildebene aus – für die Nachbearbeitung ist es sinnvoll, eine eigene Ebene für die Flammen anzulegen. Mit dem ausgewählten Pfad rufen Sie dann Filter • Renderfilter • Flamme auf und geben die Optionen in der Dialogbox ein.

Flammen nicht verfügbar?
Der Flammengenerator funktioniert nur, wenn Ihre Grafikkarte und deren Treiber kompatibel sind und die Option Grafikprozessor verwenden in Voreinstellungen • Leistung aktiviert ist.

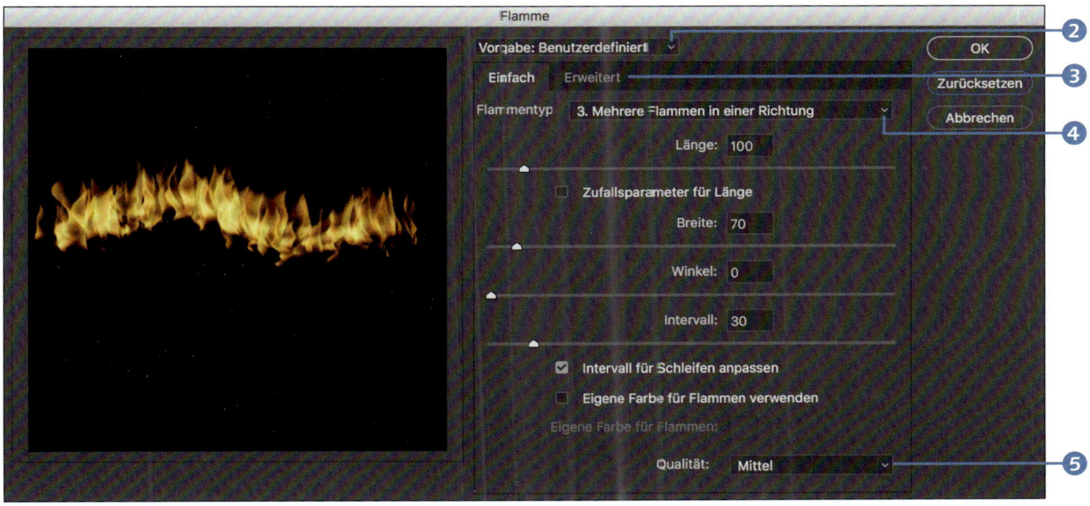

▲ **Abbildung 29.56**
Einstellungen für den Flammengenerator

Sie können aus Vorgaben ❷ wählen oder eigene Einstellungen als Vorgaben speichern. Die Einstellungen selbst sind unterteilt in Einfach und Erweitert ❸. Wichtig für die Darstellung ist die Qualität ❺. Die Auswirkung Ihrer Optionen sehen Sie am Vorschaubild auf der linken Seite. Der Flammentyp ❹ bestimmt das grundsätzliche Verhalten – insgesamt gibt es hier sechs Optionen.

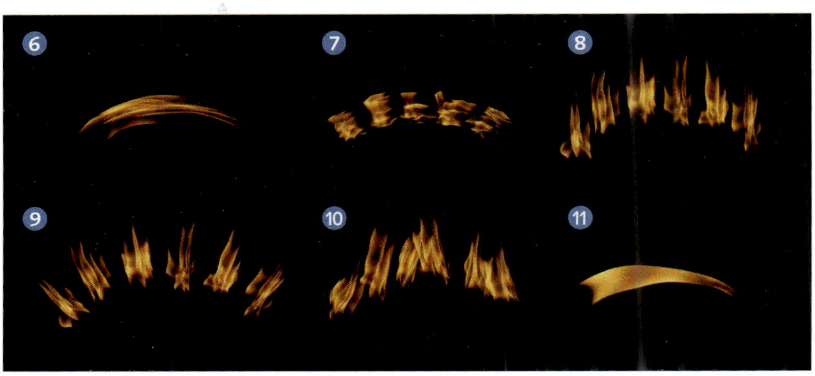

◂ **Abbildung 29.57**
Flammentypen: Eine Flamme entlang Pfad ❻, Mehrere Flammen entlang Pfad ❼, Mehrere Flammen in einer Richtung ❽, Mehrere Flammen nach Pfad ausgerichtet ❾, Mehrere Flammen in verschiedenen Winkeln ❿, Kerzenschein ⓫. Für Eine Flamme entlang Pfad und Kerzenschein ist die Pfadrichtung wichtig: Sie muss von der Feuerquelle ausgehen.

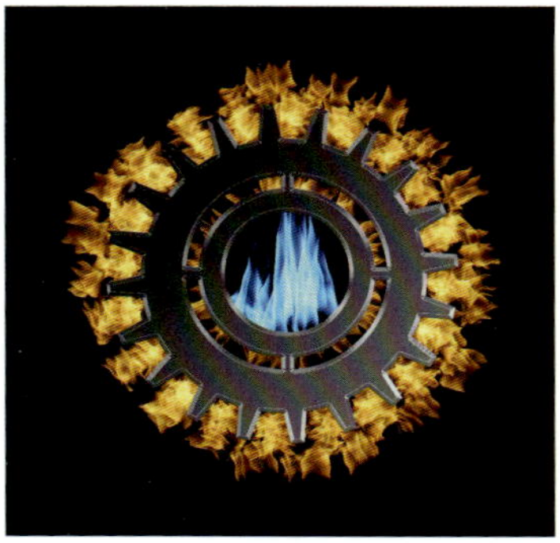

▲ **Abbildung 29.58**
Die Flammen können auch andere Farben besitzen.

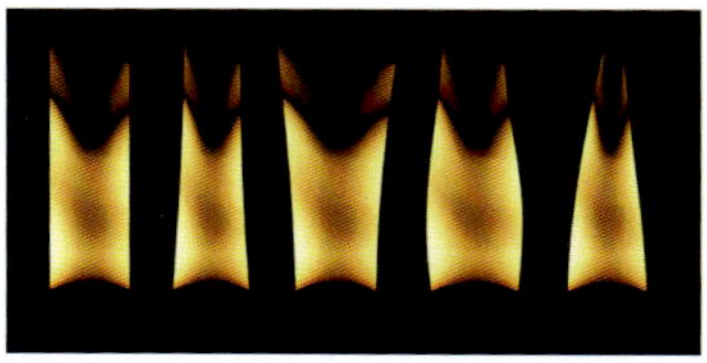

▲ **Abbildung 29.59**
Verschiedene Flammenformen (FLAMME ENTLANG PFAD, der Pfad wurde von unten nach oben gezeichnet)

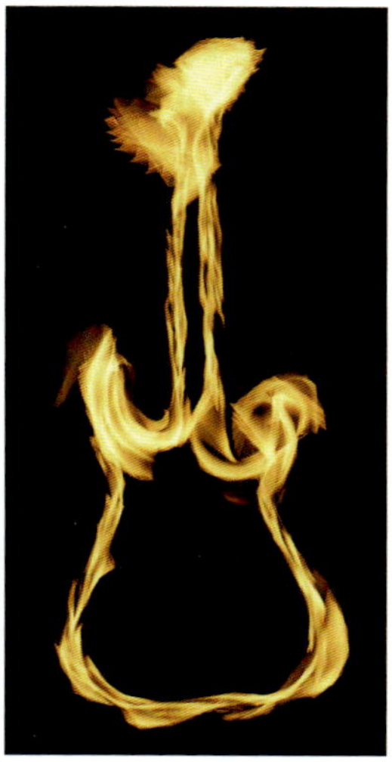

▲ **Abbildung 29.60**
Flamme entlang eines Pfades mit engen Kurven

Ist der Flammentyp ausgewählt, dann geht es an die Feinjustierung mit den Reglern, die Vorschau zeigt die Auswirkung an – nicht alle Optionen stehen für jeden Flammentyp zur Verfügung. Falls Sie der Flamme eine eigene Farbe zuweisen wollen, setzen Sie das gleichnamige Häkchen und klicken auf das kleine Farbfeld, um den Farbwähler des Betriebssystems aufzurufen.

Bei geschlossenen Pfaden aktivieren Sie INTERVALL FÜR SCHLEIFEN ANPASSEN, um gleichmäßige Abstände der Flammen zu erzwingen.

In den erweiterten Optionen können Sie die Flammen noch genauer steuern. Die Parameter sind hier ein wenig komplexer:

- TURBULENT: Wühlt die Flammen auf wie ein Windstoß.
- ZACKEN: Facht das Feuer stärker an, so dass es intensiver brennt.
- DECKKRAFT: Die Flammen decken stärker und wirken damit heißer.
- FLAMMENLINIEN: Erhöht die Anzahl der einzelnen »Zungen« jeder Flamme.
- AUSRICHTUNG FLAMMENUNTERSEITE: Ordnet die einzelnen Zungen senkrecht zueinander an.
- FLAMMENSTIL: Gestalten Sie damit das Feuer aggressiver oder weniger aggressiv – einen Unterschied zwischen den Einstellungen NORMAL und HEFTIG stellt man eher fest, wenn Zufallsoptionen aktiv sind.
- FLAMMENFORM: Stellen Sie ein, wie die Grundform der Flammenzungen aussieht, die zwischen zwei Linien gebildet wird. Die beiden Linien können zum Beispiel parallel zueinander verlaufen, gebogen sein oder aufeinander zulaufen (siehe Abbildung 29.59).

Um die jeweilige Wirkung besser einschätzen zu können, empfehle ich, testweise den jeweiligen Regler sehr weit nach rechts zu bewegen und die Veränderung zu beobachten. Es kann sinnvoll sein, die anderen Regler jeweils weiter nach links zu schieben, um einzelne Optionen isoliert zu sehen.

Gestaltung der Pfade | Wenn Sie Flammen entlang von Pfaden laufen lassen, sollten die Pfade nicht zu lang sein. Der Flammen-Effekt hat auch Probleme mit zu engen Kurven. In engen Kurven werden die Flammen unkontrollierbar, und das Ergebnis sieht unrealistisch aus. Hier sollten Sie stattdessen mit mehreren kürzeren Pfaden arbeiten. Falls Sie Ihre Pfade in einem Vektorprogramm erstellen, lassen sie sich nachträglich einfach auftrennen. In Photoshop planen Sie die Pfade am besten, bevor Sie sie zeichnen.

29.6.6 Symmetrie

Auch die neu eingeführten Symmetrie-Optionen arbeiten auf der Basis von Vektorpfaden. Mit ihrer Hilfe können Sie mit (Farb-)Pinsel, Buntstift und Radiergummi symmetrische Muster und Strukturen malen, zum Beispiel für Mode- und Character-Design oder Illustrationen.

Ist eine Symmetrie aktiv, dann spiegelt Photoshop alle mit dem jeweiligen Werkzeug gezogenen Linien und wendet die aktive Werkzeugspitze an. Je nachdem, wie der Pinsel funktioniert, entstehen dabei exakte Spiegelungen der Striche oder individuelle Linienformen.

Illustration: Monika Gause

▲ **Abbildung 29.61**
Eine mit einer Spiegelsymmetrie gezeichnete Illustration

Symmetrie einrichten und anwenden | In einer Datei können mehrere Symmetrien eingerichtet sein, Sie können jedoch immer nur eine aktivieren. Um eine Symmetrie einzurichten, gehen Sie wie folgt vor:

1. Wählen Sie den Pinsel, den Buntstift oder das Radiergummi-Werkzeug aus.
2. Klicken Sie in der Optionsleiste auf den Button Symmetrie-Optionen, und wählen Sie eine Symmetrie aus dem Menü. Für die Symmetrie-Optionen Radial bzw. Mandala wird eine Dialogbox eingeblendet, in die Sie die Anzahl der Segmente eingeben.
3. Verwenden Sie den Transformationsrahmen, um die Symmetriehilfslinien in der Datei zu positionieren, zu drehen und die Größe anzupassen. Bestätigen Sie dies mit [↵].
4. Zeichnen Sie in einem der Teilstücke, und Photoshop erzeugt die entsprechenden Spiegelungen. Falls Sie eine gebogene Spiegelungsachse eingerichtet haben, werden die Formen entsprechend verzerrt. Besteht die Spiegelung aus mehreren Achsen, dann kommt es auf die ausgewählte Logik an, wohin die Zeichnung gespiegelt wird.

▲ **Abbildung 29.62**
Symmetrie-Optionen

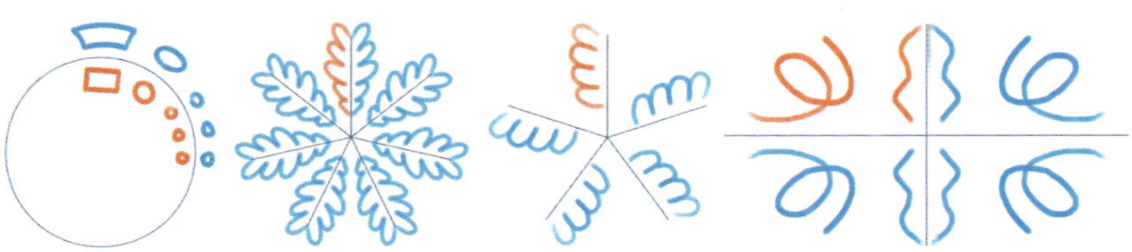

▲ **Abbildung 29.63**
Verschiedene Symmetrien (Zeichnung in rot): Verzerrung von Linien in der Kreissymmetrie (links), Mandala- und Radialsymmetrie (Mitte), Spiegelung bei Dualen Achsen (rechts: die Spiegelung erfolgt nur entlang der nächstgelegenen Achse).

> **Symmetrie nicht unterstützt**
> Einige Pinselspitzen unterstützen die Symmetriefunktionen nicht. Photoshop blendet dann die Symmetriehilfslinien aus und zeigt eine Warnung an.

29.6.7 Symmetrie ändern und eigene Pfade verwenden

Die aktive Symmetrie erkennen Sie im Pfade-Bedienfeld an der Unterstreichung und dem Schmetterlings-Icon. Im Pfade-Bedienfeld können Sie jeden anderen Pfad für Symmetrien nutzen, indem Sie einen Rechts-

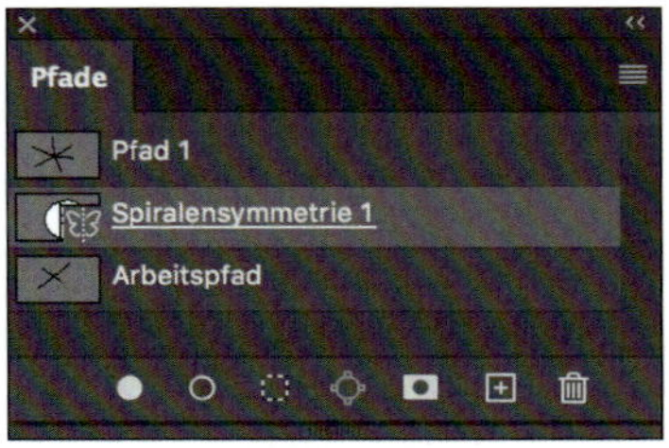

▲ **Abbildung 29.63**
Aktive Symmetrie im Pfade-Bedienfeld

klick darauf machen und Symmetriepfad erstellen wählen. Der zuvor aktive Symmetriepfad wird automatisch deaktiviert.

Transformieren | Die Symmetrie können Sie bei ausgewähltem Malwerkzeug transformieren, indem Sie im Menü Symmetrie-Optionen auf Symmetrie transformieren gehen und dann den Transformationsrahmen verwenden. Schließen Sie die Transformation mit ↵ ab.

Wenn Sie nun weiterzeichnen, passen die neuen Elemente gegebenenfalls nicht mehr in die bestehende symmetrische Illustration. Photoshop zeigt keine Warnung an.

Bearbeiten | Wenn Sie zu den Vektorbearbeitungs-Werkzeugen wechseln, können Sie den Symmetriepfad wie einen normalen Pfad verändern.

Eigene Symmetrie erstellen | Legen Sie einen neuen Pfad im Pfade-Bedienfeld an, und zeichnen Sie die gewünschten Symmetrieachsen als Pfade. Dann klicken Sie mit der rechten Maustaste auf den Pfad und wählen Symmetriepfad erstellen aus dem Kontextmenü.

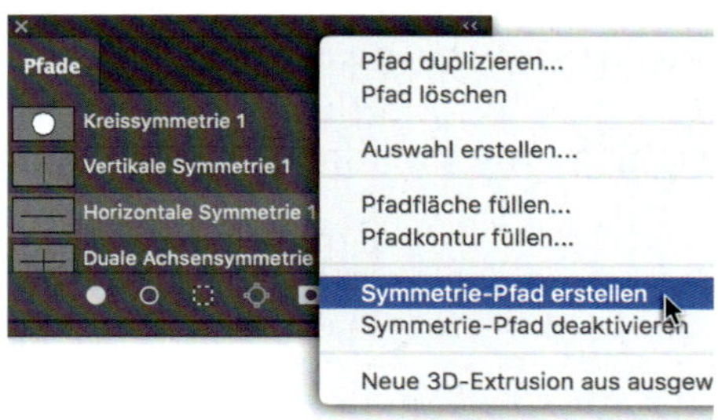

◀ **Abbildung 29.64**
Definieren eines Pfades als Symmetrie

29.6.8 Symmetrie deaktivieren

Solange die Symmetrie aktiv ist, verwendet Photoshop sie automatisch, wenn Sie mit einem geeigneten Werkzeug zeichnen.

Falls Sie lediglich die Anzeige des Symmetriepfades beim Malen stört, gehen Sie im Menü unter Symmetrie-Optionen auf Symmetrie ausblenden.

Sie können die Symmetrie aber auch deaktivieren, indem Sie aus dem Menü unter Symmetrie-Optionen auf Symmetrie aus gehen. Um die Symmetrie später wieder zu verwenden, gehen Sie auf Zuletzt verwendete Symmetrie.

Wenn Sie in der Datei eine Auswahl aufziehen, wird nur innerhalb der Auswahl gemalt und die Symmetrie damit ebenfalls zumindest teilweise übergangen.

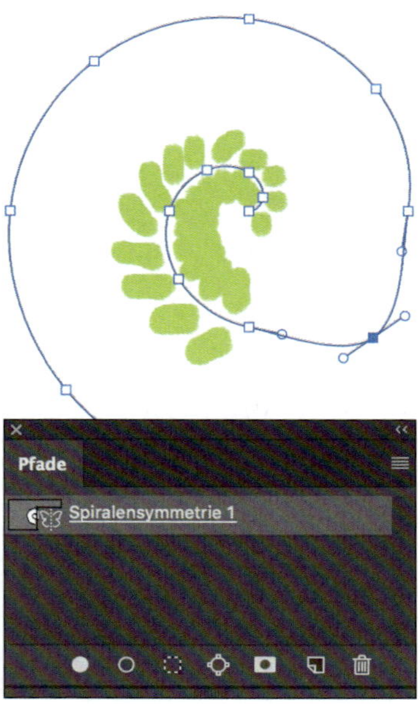

▲ **Abbildung 29.65**
Bearbeiten des aktiven Symmetriepfades mit dem Direktauswahl-Werkzeug

TEIL XI

Video und 3D

Kapitel 30
Videobearbeitung mit Photoshop

Von Monika Gause

Innerhalb kürzester Zeit entwickelten sich Video und Animation (auch) durch die sozialen Netzwerke zu einem unverzichtbaren Medium. Wer einigermaßen Aufmerksamkeit für seine Botschaften generieren möchte, muss sie ansprechend in Bewegung bringen.

30.1 Warum kann man in Photoshop Videos bearbeiten?

Dafür sind doch andere Programme viel besser geeignet. Selbst mit Smartphone-Apps auf dem limitierten Platz, mit dem auf einen Knopf reduzierten Benutzerinterface und ohne jegliche Shortcuts kann man sehr komfortabel Videos schneiden. Warum also in Photoshop?

Das Filmen mit der DSLR, dem Smartphone oder dem Tablet ist mittlerweile zur alltäglichen Beschäftigung geworden. Und natürlich besteht der Wunsch, die Videos ein wenig zu optimieren, bevor man sie zeigt. Dazu kommen jedoch auch jede Menge Anwender, die gar kein Video bearbeiten wollen, sondern Cartoons oder Storyboards in Bewegung bringen wollen. Sicher gibt es für diese Bereiche eigenständige Applikationen, die ebenfalls besser geeignet sind, aber Photoshop ist für viele Nutzer das Programm, das sie ohnehin verwenden. Die Hürde, eine zusätzliche Funktion zu lernen, ist geringer als die, ein ganz neues Programm zu lernen.

Video und Animation in Photoshop hat jedoch Grenzen: Sie möchten ein paar Sequenzen aus einem Video schneiden oder die Farbe ändern, dazu ein wenig Typografie und Audio? Dann passt Photoshop. Aber Freisteller mit Grün-Maske wie in einem Fernsehstudio oder Animationen mit inverser Kinematik, das geht mit Videos in Photoshop nicht.

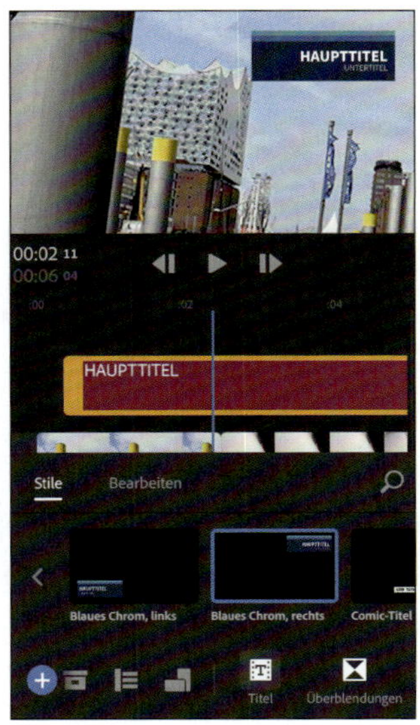

▲ **Abbildung 30.1**
Mit der mobilen App Premiere Rush kann man auf dem iPhone mit einem minimalen Interface Videos schneiden.

30.2 Die Zeitleiste

Framerate
Videos entstehen durch viele aufeinanderfolgende, unterschiedliche Einzelbilder. Ab ca. 14–16 Bildern pro Sekunde nehmen wir das als – wenn auch ruckelnde – Bewegung wahr. Als Framerate (Bildwechselfrequenz) wird die Anzahl unterschiedlicher Einzelbilder bezeichnet, die in einer definierten Zeitspanne (meist Sekunden) aufgenommen bzw. wiedergegeben werden. In Photoshop wird sie in fps (frames per second) gemessen.

In diesem Abschnitt beschäftigen wir uns mit den Bedienelementen für die Bearbeitung von Videos. Dreh- und Angelpunkt ist die Zeitleiste.

Arbeitsbereich »Bewegung« | Praktischerweise gibt es einen vordefinierten Arbeitsbereich Bewegung, der die wichtigen Bedienfelder für die Bearbeitung von Video enthält. Wenn Sie Animationen erstellen wollen, benötigen Sie allerdings weitere oder ganz andere Bedienfelder. Das zentrale Element für die Koordination bewegter Elemente ist die Zeitleiste. Üblicherweise ist sie am unteren Rand des Programmfensters angeordnet, Sie können sie aber frei platzieren. Zeitleiste und Ebenen-Bedienfeld arbeiten für Bewegtbilder zusammen.

Aufbau der Zeitleiste | Auf der Zeitleiste sehen Sie oben links die Steuerungen ❷ zum Abspielen, Schneiden und zur Festlegung von Übergängen. Rechts daneben befindet sich der Abspielkopf ❸ mit der Zeitleiste. Den aktuellen Timecode ❼ und die Framerate ❽ finden Sie in der unteren Zeile der Zeitleiste.

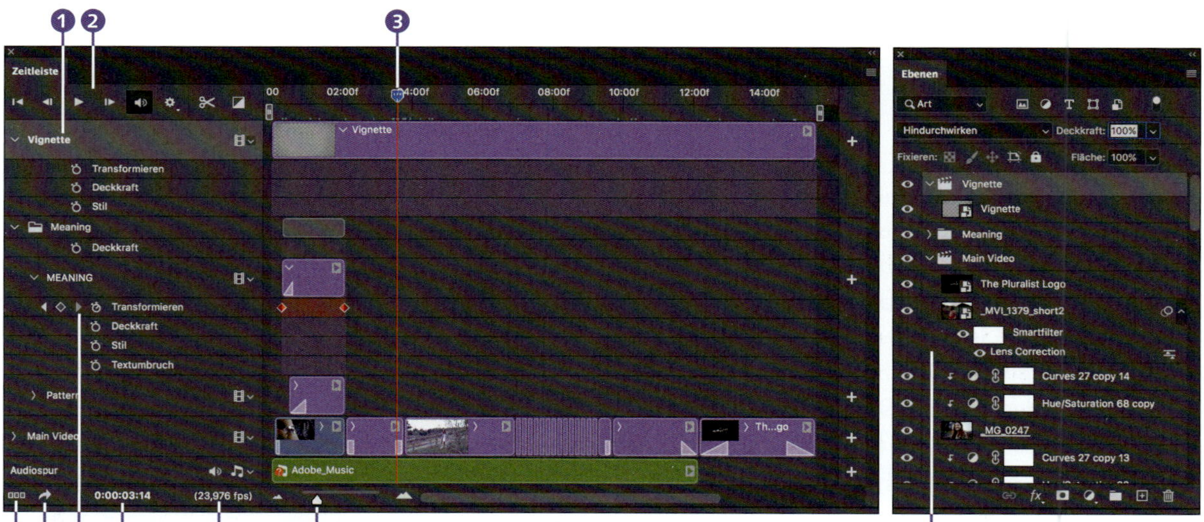

▲ **Abbildung 30.2**
Das Zeitleiste-Bedienfeld

Auf der linken Seite sehen Sie die Videoebenen und -spuren ❶, mit denen Sie in der Zeitleiste arbeiten. Sie können unterschiedliche Elemente, wie zum Beispiel Video, Grafiken, Typografie oder auch Audio, enthalten. Ihre Reihenfolge spiegelt sich im Ebenen-Bedienfeld ❿ wider.

Innerhalb der Videogruppen befinden sich die Steuerungen der Keyframes ❺. Je nach Videoelement sind unterschiedliche Funktionen wie z. B. TRANSFORMIEREN, DECKKRAFT, TEXTUMBRUCH oder STIL aktiviert.

Im unteren Bereich sind nun noch einige Buttons: Mit der Funktion IN FRAME-ANIMATION KONVERTIEREN ❹ wandeln Sie das Video in Einzelbilder um. Mit VIDEO RENDERN ❺ werden die Effekte auf das aktuelle Video berechnet und in voller Auflösung wiedergegeben. Ansonsten wird nur eine grobe Vorschau angezeigt, die aber für die Bearbeitung vollkommen ausreichend ist.

Auch mit dem Timecode ❼ können Sie zu einer gewünschten Stelle im Video navigieren, indem Sie die Maus über der Zeitangabe nach links bzw. rechts ziehen. Mit den Zoom-Reglern ❾ stellen Sie ein, wie detailliert die Einteilung des Zeitstrahls angezeigt wird. Je weiter rechts der Regler steht, umso detaillierter wird die Zeit dargestellt und umso breiter wird demnach das Video in der Zeitleiste.

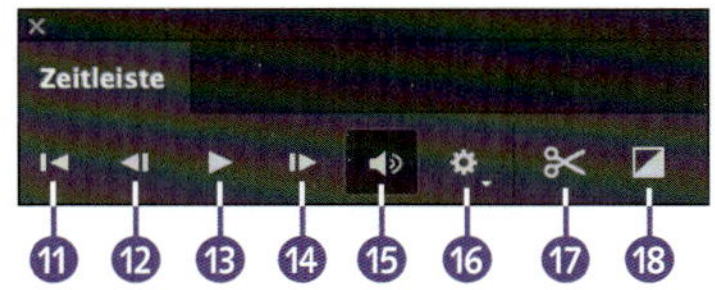

▲ **Abbildung 30.3**
Steuerelemente im Kopfbereich der Zeitleiste

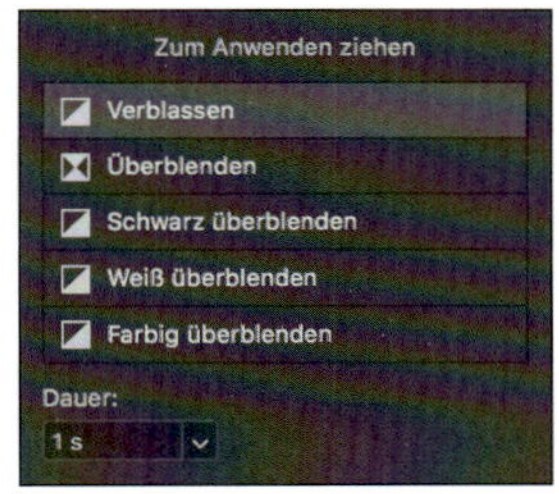

▲ **Abbildung 30.4**
Die Übergänge für direktes Ablegen zwischen den Einstellungen

Steuerelemente | Direkt unter dem ZEITLEISTE-Reiter befinden sich die Steuerelemente für die Navigation des Films. Mit Play/Pause ⓭ starten Sie die Videokomposition bzw. halten sie an. Außerdem können Sie einzelne Frames, also Bilder, schrittweise vor- ⓮ und zurückklicken ⓬ oder ganz zum Anfang ⓫ springen. Mit dem Lautsprecher ⓯ schalten Sie eine Audiospur laut oder stumm. Unter dem Zahnradsymbol ⓰ verbirgt sich ein kleines Menü, mit dem Sie die Auflösung für die Videowiedergabe auf 25 %, 50 % oder 100 % einstellen können, um sie zu beschleunigen, sowie die Möglichkeit, das Video als Endlosschleife abzuspielen. Mit dem Scherensymbol ⓱ rechts davon schneiden Sie den Videoclip an der aktuellen Stelle; so entstehen zwei einzelne Clips.

Effekte für ÜBERGÄNGE ⓲ finden Sie direkt daneben. Diese können Sie direkt aus der Liste auf den gewünschten Clip an den Anfang oder an das Ende ziehen. Die DAUER definieren Sie dort ebenfalls. Die Einstellungen finden sich im Detail auch im Clip wieder – markieren Sie einfach den Übergang ⓰, und klicken Sie mit der rechten Maustaste.

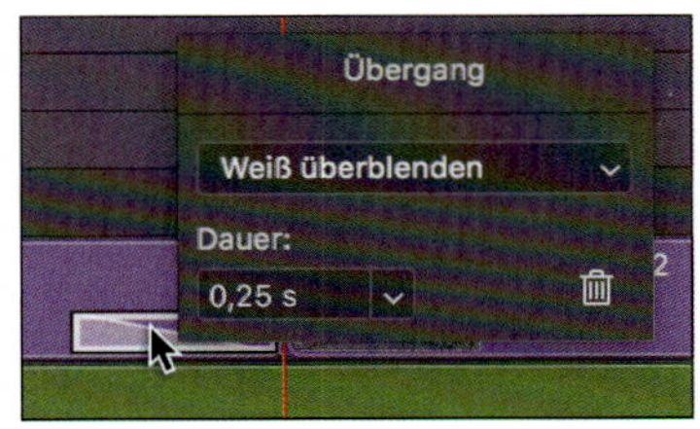

▲ **Abbildung 30.5**
Übergang bearbeiten

Video-Arbeitsbereich | Normalerweise erstreckt sich der Arbeitsbereich über die gesamte Länge des Videos, d. h., jedes Mal, wenn Sie das Video testen oder exportieren, geschieht dies komplett. Daher lässt sich der Bereich nach Belieben eingrenzen. Dazu ziehen Sie einfach die Regler ⓳ und ⓴ an die gewünschten Positionen.

Der Abspielkopf ❸ markiert den aktuell angezeigten Frame. Sie können ihn entweder direkt greifen und verschieben, an die gewünschte Position in der Zeitleiste klicken oder durch Klicken und Ziehen auf dem Timecode an eine andere Position bringen.

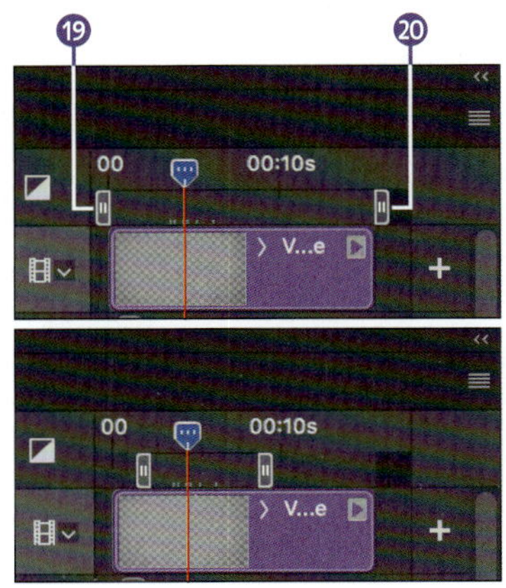

▲ **Abbildung 30.6**
Einschränken des Video-Arbeitsbereichs

Keyframe-Animation
In einem Keyframe (Schlüsselbild) wird ein Status definiert, der an dieser Position im Film erwünscht ist. Photoshop interpoliert die unterschiedlichen Positionen, Deckkrafteinstellungen und den Stil, um zwischen zwei Keyframes einen allmählichen Übergang zu schaffen.

Textumbruch?
Bei der Bezeichnung Textumbruch handelt es sich um einen Übersetzungsfehler. Absatzformatierungen lassen sich nicht per Zeitleiste verändern.

Keyframe-Animationen | Klappen Sie eine Videogruppe am Dreieck ❶ auf, so erreichen Sie dort verschiedene Parameter, die Sie per Keyframe-Animation animieren können. Welche Parameter das sind, hängt vom Element ab. Ein Video oder ein Bild hat drei Standardparameter: Position, Deckkraft und Stil ❹. Die Werte dieser Parameter lassen sich im Laufe des Videos verändern. Sie können also zum Beispiel über den Parameter Deckkraft ein Video langsam ausblenden oder über eine Positionsänderung statische Bilder bewegen. Darüber hinaus können Sie in jeden Frame jedes Videos »hineinmalen«. Diese Bearbeitungen sind nichtdestruktiv und werden im Parameter Geändertes Video ❸ gespeichert.

Bei Elementen wie Text oder Smartobjekten verändert sich der Wert Position in Transformieren, womit auch Skalierungen anwendbar werden. Text lässt sich auch per Keyframe-Animation verformen, z. B. biegen – dies wird im Parameter Textumbruch ❷ gespeichert.

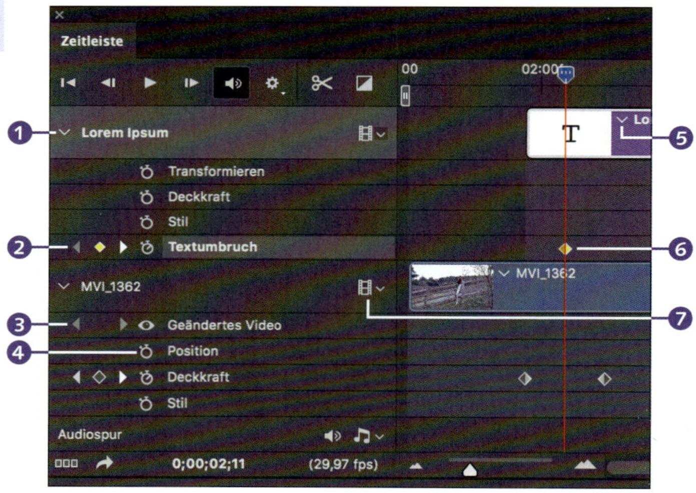

Abbildung 30.7 ▸
Die Zeitleiste mit ausgeklappten Keyframes ❻. Wollen Sie nur die Keyframes einer bestimmten Spur sehen, klicken Sie auf das Dreieck in der jeweiligen Spur ❺.

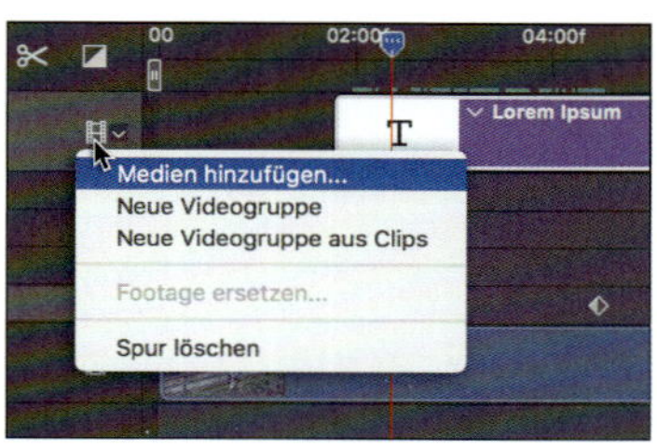

▲ Abbildung 30.8
Videospuren verwalten

Videospuren | Videos, Bilder, Texte und Audioelemente liegen in Spuren übereinander. Befinden sich in einer Spur mehrere Videos oder andere Elemente, die nacheinander abgespielt werden, dann erzeugt Photoshop automatisch eine Gruppe daraus. Einzelne Videos können in einer Gruppe vorliegen, müssen es jedoch nicht. In jeder Spur finden Sie ein Aufklappmenü ❼. Es enthält folgende Menüpunkte:

- Medien hinzufügen: Fügt weitere Elemente (Bilder, Text, Flächen, Videos) in die Spur ein. Alternativ klicken Sie ganz rechts im Bedienfeld auf das Pluszeichen.
- Neue Videogruppe: Eine zusätzliche Spur wird über der aktuellen eingefügt.

- NEUE VIDEOGRUPPE AUS CLIPS: Die markierten Elemente aus einer Spur werden in eine neue Spur bewegt.
- FOOTAGE ERSETZEN: Photoshop speichert die Videos nicht in die PSD, sondern erzeugt Verweise. Falls diese sich einmal auflösen, können Sie hier das Quellmaterial neu verknüpfen.
- SPUR LÖSCHEN: Die markierte Spur und ihr Inhalt werden gelöscht.

Audiospuren | In der Audiospur ganz unten können Sie eine oder mehrere Tondateien, zum Beispiel im Format MP3, einfügen. Im Unterschied zu den Videogruppen enthalten sie keine Keyframe-Animationen. Falls Sie beim Test-Abspielen des Videoprojekts kurz den Ton abschalten wollen, klicken Sie einfach auf das Lautsprechersymbol.

Auch neben jeder Audiospur befindet sich ein Aufklappmenü. Es enthält folgende Menüpunkte:

- AUDIO HINZUFÜGEN: Fügt weitere Audioclips in die Spur ein. Alternativ klicken Sie ganz rechts im Bedienfeld auf das Pluszeichen.
- AUDIO DUPLIZIEREN, LÖSCHEN, ERSETZEN: Der markierte Audioclip kann innerhalb der Spur dupliziert, gelöscht oder ersetzt werden.
- NEUE AUDIOSPUR: Eine zusätzliche Spur wird über der aktuellen eingefügt.
- SPUR LÖSCHEN: Die markierte Spur wird gelöscht.

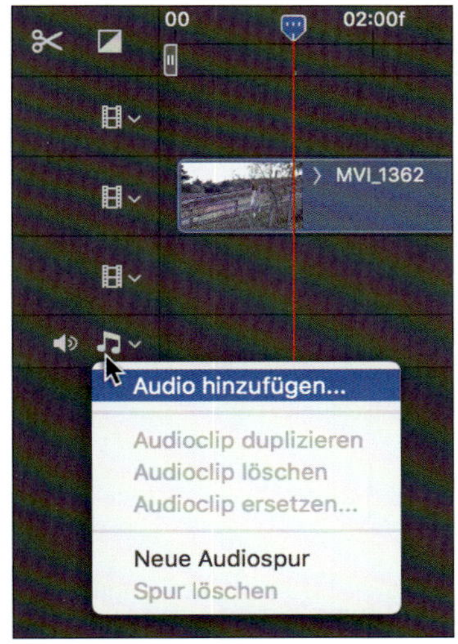

▲ **Abbildung 30.9**
Audiospuren verwalten

Spurfunktionen | Schauen Sie sich die Elemente innerhalb der Spuren im Detail an; auch hier können Sie Funktionen aktivieren. Mit einem Rechtsklick auf ein zuvor eingefügtes Bild oder ein als Smartobjekt eingefügtes Video aktivieren Sie typische Videotransformationen über das Kontextmenü BEWEGUNG. Zur Auswahl stehen SCHWENKEN UND ZOOMEN, SCHWENKEN, ZOOM, DREHEN und DREHEN UND ZOOMEN. Aktivieren Sie einen dieser Effekte, so werden die Werte in die Keyframe-Animation übertragen und können individuell bearbeitet werden. Es ist auf jeden Fall ein praktisches Werkzeug, um schnell einen Effekt zu erzielen.

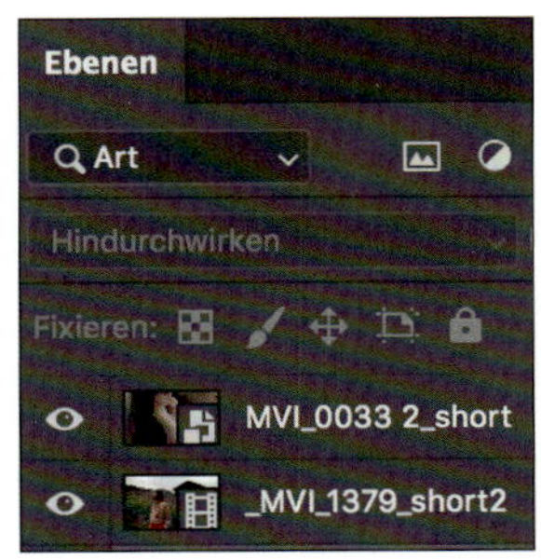

▲ **Abbildung 30.10**
Anhand der Icons im Ebenen-Bedienfeld können Sie Smartobjekt-Videos (oben) von direkt eingefügten Videos unterscheiden.

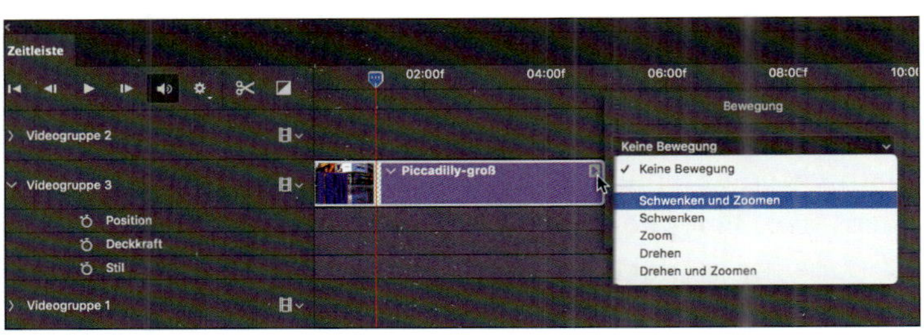

▲ **Abbildung 30.11**
Das eingefügte Bild lässt sich per Rechtsklick oder per Klick auf den kleinen Pfeil durch Zuweisen von Vorgaben schnell animieren.

▲ **Abbildung 30.12**
Über das Symbol ❶ greifen Sie auf das Audio der Spur zu.

Videospuren zeigen ein etwas anderes Menü, wenn Sie sie mit rechts anklicken. Hier können Sie DAUER und GESCHWINDIGKEIT einstellen. Verfügt das Video über eine Audiospur, können Sie über die Buttons oben im Pop-up auch darauf zugreifen.

Bei Rechtsklick auf einen Audioclip wird ein Kontextmenü AUDIO angezeigt. Hier können Sie die generelle Lautstärke des Clips definieren oder direkt STUMMSCHALTEN und außerdem die Zeit für das Einblenden und Ausblenden definieren.

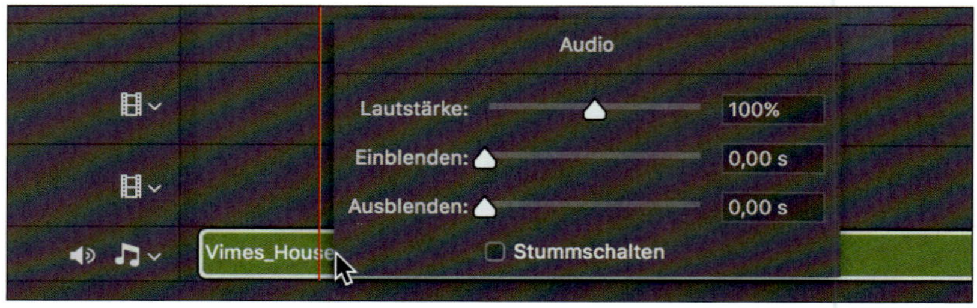

Abbildung 30.13 ▶
Auch Audiospuren können Sie schnell per Rechtsklick bearbeiten.

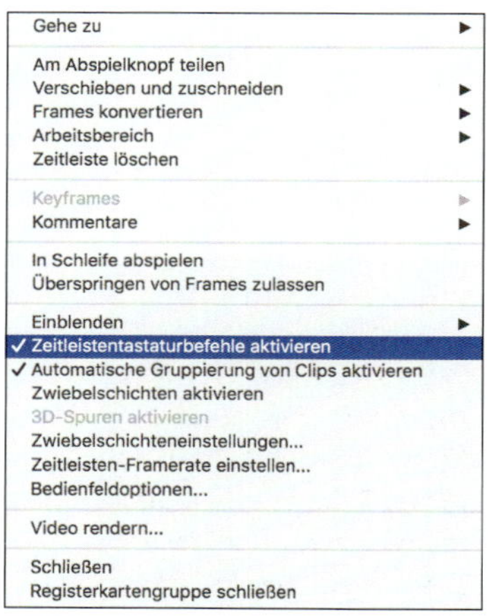

▲ **Abbildung 30.14**
Das Zeitleiste-Bedienfeldmenü

Bedienfeldmenü | Viele der bereits besprochenen Funktionen finden sich auch im Bedienfeldmenü. Im Detail komme ich in den folgenden Abschnitten auf die weiteren Befehle zu sprechen, jedoch möchte ich hier bereits einige erklären:

- Der Befehl ZEITLEISTENTASTATURBEFEHLE AKTIVIEREN gibt wichtige Shortcuts frei, wie zum Beispiel die Leertaste für Abspielen/Pause oder ←/→, um einen Frame vor-/zurückzuspringen
- Wenn AUTOMATISCHE GRUPPIERUNG VON CLIPS AKTIVIEREN angehakt ist, dann werden die Videoclips von selbst nebeneinandergelegt und müssen nicht manuell zusammengeschoben werden.

30.3 Der typische Video-Workflow

Bevor es mit dem Importieren und Schneiden Ihrer Videos und Fotos losgeht, sehen wir uns einen typischen Video-Workflow in Photoshop an. Genauere Informationen zu den einzelnen Schritten erhalten Sie dann in den folgenden Abschnitten.

1. **Material sichten und planen**
   Die Videos und Bilder können Sie in der Bridge betrachten und bewerten. Dabei ist es praktisch, dass Sie Videos ansehen können (indem Sie sie markieren und im Vorschaufenster starten). Sie können auch die Reihenfolge verschieben. Gleichen Sie das Material mit Ihrem Storyboard ab oder erstellen Sie nach der Materialsichtung ein

Videoformate in Photoshop
Photoshop kann diverse Videoformate importieren – es kommen immer wieder Formate hinzu oder entfallen, manchmal nur auf einem System.

Storyboard, in dem Sie die Schlüsselszenen skizzieren und dazu weitere Elemente wie Übergänge, Text, Voice-over, Musik etc. notieren.

2. **Videos und Bilder platzieren**
   Erstellen Sie ein Videoprojekt in der Wunschgröße. In der Bridge rufen Sie den Ordner mit Ihrem Material auf. Damit nur Ihre favorisierten Elemente zu sehen sind, aktivieren Sie den Filter. Ziehen Sie Elemente einfach aus der Bridge per Drag & Drop in Ihr Photoshop-Projekt – sie werden als Smartobjekt platziert.
3. **Material schneiden**
   Haben Sie Ihren Content zusammengestellt, geht es an die Feinarbeit. Das Schneiden kann ganz dynamisch geschehen. Zunächst entfernen Sie die überflüssigen Bereiche zu Beginn und am Ende der Clips. Bilder versehen Sie bei Bedarf direkt mit Effekten wie zum Beispiel ZOOMEN oder SCHWENKEN. Clips, aus denen Sie Bereiche entfernen möchten, schneiden Sie an zwei Stellen und löschen den mittleren Teil. Den Rest schieben Sie in den frei gewordenen Bereich.
   Für einen geschmeidigen Übergang zwischen Fotos können Sie zum Beispiel eine ÜBERBLENDUNG wählen. Dabei sollte der Effekt nicht länger als der Inhalt sein. Bevor Sie beim Schneiden an die Feinarbeit gehen, ist es sinnvoll, Ihrem Kunden eine Grobversion zu zeigen und abzustimmen.
4. **Projekt prüfen**
   Zu guter Letzt sollten Sie das Projekt punktuell und auch im Gesamten prüfen – sind die Übergänge stimmig, sind relevante Bildinformationen vorhanden?
   Zum Prüfen gehört es auch, den Film einmal zu exportieren. Dann haben Sie die Chance, den Clip in einem Video-Player zu betrachten, und bekommen einen besseren Eindruck als in Photoshop.

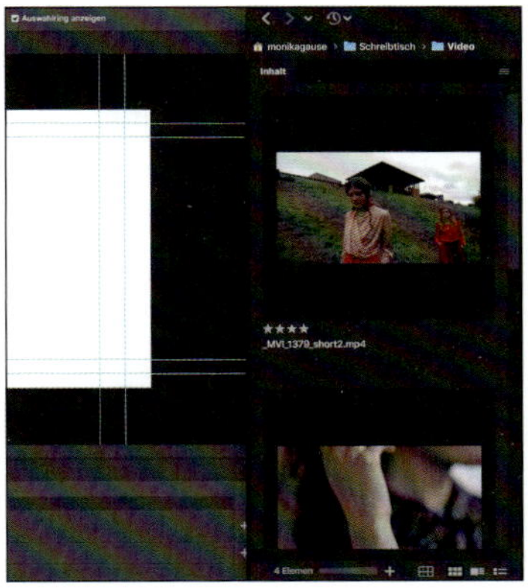

▲ **Abbildung 30.15**
Die Bridge im Fenstermodus über Photoshop

Title safe und Action safe
Der größere Rahmen bezeichnet den Bereich für geschützte Aktionen. Alles, was sich außerhalb dieses Rahmens befindet, wird möglicherweise später am Fernseher abgeschnitten. Der innere Rahmen definiert den Bereich für den geschützten Titel. In diesen Bereich sollten keine Texte oder Logos hineinreichen, wie etwa Lower Thirds oder Senderlogos. Werden Videos nur im Web gezeigt, dann müssen Sie weniger auf diese Schutzbereiche achten – es kann jedoch beim Verwenden von Einbettungsmechanismen unterschiedlicher Plattformen dennoch passieren, dass ein Video an irgendeiner Stelle beschnitten wird.

30.4 Ein neues Videodokument anlegen

Zu Beginn eines Videoprojekts stehen Ihnen zwei Wege offen: Entweder öffnen Sie direkt das Videomaterial und bearbeiten es in den Originaleinstellungen, oder Sie erstellen ein neues Dokument.

Schutzbereiche | Für Film- oder Fernsehproduktionen gibt es den *Schutzbereich*, damit auf unterschiedlichen Ausgabegeräten die wichtigen Elemente innerhalb des Bildes zu sehen sind – die Notwendigkeit der Schutzbereiche entsteht dadurch, dass das Fernsehbild bei der Wiedergabe leicht vergrößert wird und dabei Randbereiche abgeschnitten werden. Dies passiert auch noch bei modernen Geräten. Beim Filmdreh werden diese Bereiche eigens auf einem Prüfmonitor markiert, damit entsprechende Fehler sofort korrigiert werden können. In Photoshop sind diese Bereiche praktischerweise direkt mit Hilfslinien gekennzeichnet, wenn Sie ein neues Videodokument erstellen.

Abbildung 30.16 ▸
Die mit Hilfslinien markierten Schutzbereiche in einem Photoshop-Dokument

> **Pixel-Seitenverhältnis**
> In vielen Fällen arbeiten Sie bei Ihrem Videoprojekt mit quadratischen Pixeln – vor allem, wenn es für YouTube oder andere Web-Dienste ist. Viele Videocodecs in Geräten verwenden jedoch auch heute noch andere Pixel-Seitenverhältnisse, und so kann es sein, dass Sie sowohl Quellmaterial erhalten als auch Videos ausgeben müssen, deren einzelne Pixel nicht quadratisch sind. Photoshop kann andere Pixel-Seitenverhältnisse simulieren, so dass Sie problemlos Projekte bearbeiten können, Sie müssen jedoch vor Beginn entsprechend planen und die Datei mit dem passenden Pixel-Seitenverhältnis einrichten.

Erstellen Sie die neue Videodatei über Datei • Neu mit der Vorgabe: Film & Video. Sie können dann aus diversen Standardformaten wählen und erhalten ein neues Dokument fix und fertig mit markierten Schutzbereichen, der passenden Auflösung und einem auf Ihr Ausgabemedium zugeschnittenen Pixel-Seitenverhältnis.

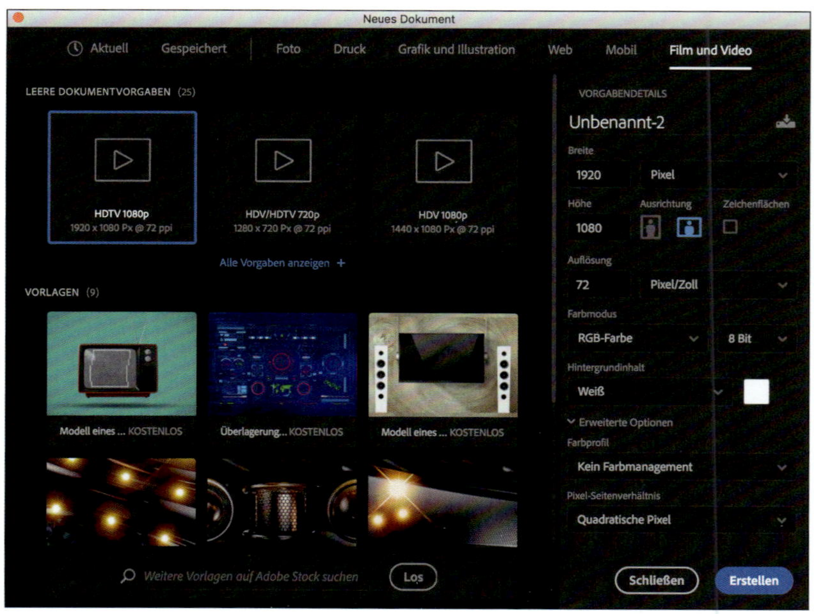

Abbildung 30.17 ▸
Ein neues Videoprojekt wird angelegt.

Größe bestimmen | Die Größe eines Videos ist abhängig vom Zielmedium. Wählen Sie hier aus diversen gebräuchlichen Vorgaben für die unterschiedlichsten Anwendungsbereiche von HDTV über PAL und NTSC bis zu Kinoformaten.

Die Dateien werden nicht nur in unterschiedlichen Größen, also Pixeldimensionen angelegt, auch die Bildseitenverhältnisse unterscheiden sich, gebräuchlich sind etwa 16:9 oder 4:3. Wenn Sie also im Verlauf des Projekts merken, dass Sie eigentlich ein anderes Format benötigen, dann können Sie es gegebenenfalls nicht einfach skalieren.

Farbprofil für Video
Anders als bei Printobjekten haben Sie nicht die Möglichkeit, auf das Zielmedium direkt Einfluss zu nehmen. Für eine gute Darstellung am Bildschirm hat sich Adobe (RGB) bewährt.

Pixel-Seitenverhältnis | Darüber hinaus müssen Sie auch das passende Pixel-Seitenverhältnis wählen – einige der Vorgaben gibt es in zwei Versionen: mit quadratischen Pixeln sowie mit nichtquadratischem Pixel-Seitenverhältnis. Schwierig wird es, wenn Sie mit Material arbeiten, das ein von Ihrem Projekt abweichendes Pixel-Seitenverhältnis verwendet – es muss dann transformiert werden. Dazu bietet Photoshop einige vorbereitete Aktionen, die Sie allerdings über das Aktionen-Bedienfeldmenü erst aufrufen müssen.

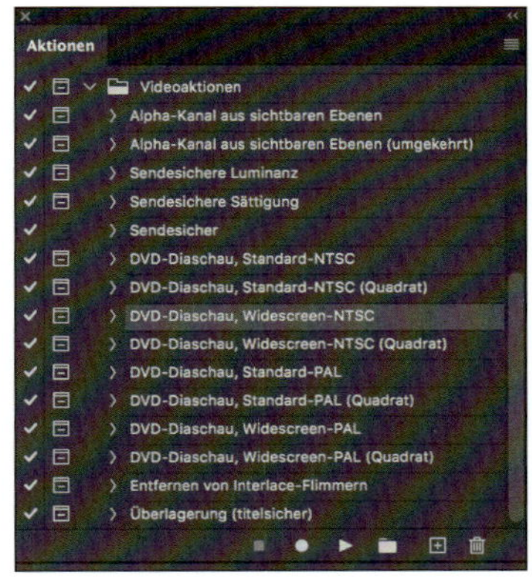

▲ **Abbildung 30.18**
In den Videoaktionen finden Sie einige Vorgaben zum Konvertieren von Pixel-Seitenverhältnissen.

Framerate | Die Vorgaben enthalten die jeweils gebräuchlichen Framerates für das Format. Falls Sie Ausgangsmaterial mit abweichenden Framerates verwenden, können Sie entweder das Ausgangsmaterial konvertieren oder die Framerate Ihres Projekts anpassen – informieren Sie sich und testen Sie in diesem Fall ausführlich, häufig können Sie die Framerate Ihres Projekts nicht so einfach frei bestimmen. Eine Änderung der Framerate von Videos kann zu Rucklern und Aussetzern führen.

Videoprojekt speichern | Zum Speichern eines Videoprojekts bietet Photoshop zwar verschiedene Formate an, sinnvoll ist jedoch nur das eigene PSD-Format, da hier alle Elemente und Ebenen erhalten bleiben.

30.5 Clips importieren

Haben Sie ein Videodokument angelegt, fügen Sie nun die Medien ein. Dazu können Sie den Platzieren-Befehl im Menü Datei nutzen oder die Dateien einfach aus dem Ordner oder aus der Bridge per Drag & Drop in das Dokument ziehen. Bei jeder dieser Methoden wird im Dokumentenfenster ein Transformieren-Rahmen angezeigt, den Sie gegebenenfalls skalieren, auf jeden Fall aber mit einem Druck auf die [↵]-Taste bestätigen müssen. Haben Sie mehrere Videos platziert, müssen Sie das für jedes Video einzeln machen.

Progressiv/Interlaced
In einigen Vorgaben erscheint das Kürzel p. Es steht für »progressiv«, eine Art der Bilddarstellung auf Monitoren, bei der das komplette Bild kontinuierlich aufgebaut wird im Unterschied zur »interlaced«-Darstellungsweise, bei der abwechselnd die geraden und ungeraden Bildzeilen angezeigt werden.

Achtung Verknüpfung
Anders als bei Bildern wird beim Import von Videos das Dokument nicht als Ebene eingebettet, sondern immer verknüpft. Beim Platzieren wird außerdem ein Smartobjekt erstellt. Andernfalls würde die PSD-Datei sehr groß werden. Sie müssen daher die Filme immer im Zugriff halten.

Nach der Bestätigung des Transformieren-Rahmens liegt der Videoclip noch nicht in der Zeitleiste, sondern erst einmal nur im Ebenen-Bedienfeld. In allen Fällen handelt es sich um Smartobjekte. Um nun eine Zeitleiste zum Anordnen und Schneiden Ihrer Medien zu bekommen, klicken Sie im Zeitleiste-Bedienfeld auf den Button VIDEOZEITLEISTE ERSTELLEN.

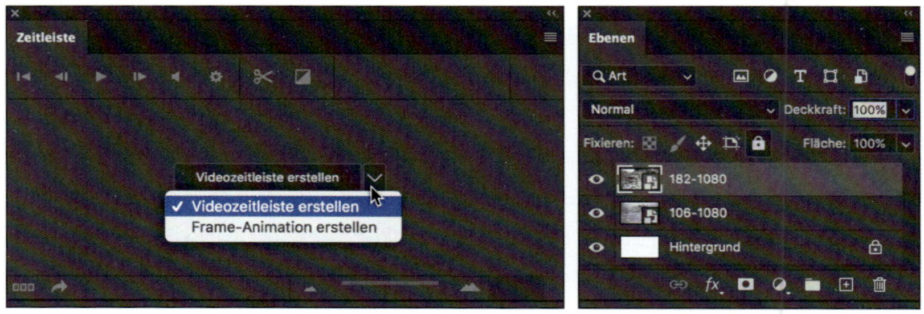

▲ **Abbildung 30.19**
Erstellen einer Videozeitleiste per Klick; falls der Befehl nicht angezeigt wird, wählen Sie ihn zunächst aus dem Menü.

Smartobjekt-Videos bearbeiten
Die als Smartobjekt platzierten Videos können Sie im Ebenen-Bedienfeld doppelklicken und dann die erweiterten Bearbeitungen durchführen, die in der Projektdatei nicht möglich sind.

Import über die Zeitleiste | Eine Videozeitleiste können Sie auch erstellen, ohne zuvor Videos zu importieren. Sobald eine Videozeitleiste vorhanden ist, können Sie Videos über den Befehl MEDIEN HINZUFÜGEN aus dem Videospuren-Menü importieren (siehe Abbildung 30.8). Diese Videos werden nicht als Smartobjekte importiert. Das hat Vorteile, z. B. lässt sich die Geschwindigkeit der Videos ändern oder Sie können direkt mit diversen Werkzeugen »hineinmalen«.

Videogruppen erstellen | In der Videozeitleiste können Sie den Clip auch in eine Videogruppe umwandeln. Dazu wählen Sie im Menü den Eintrag NEUE VIDEOGRUPPE AUS CLIPS. Sie können alternativ die Videos einfach in der Zeitleiste hintereinanderschieben, dann wird automatisch eine Gruppe angelegt.

Abbildung 30.20 ▼
Verschiebt man Videoclips hintereinander in dieselbe Zeile (oben links), dann erzeugt Photoshop automatisch eine Videogruppe (unten links) und passt auch die Hierarchie im Ebenen-Bedienfeld an (rechts).

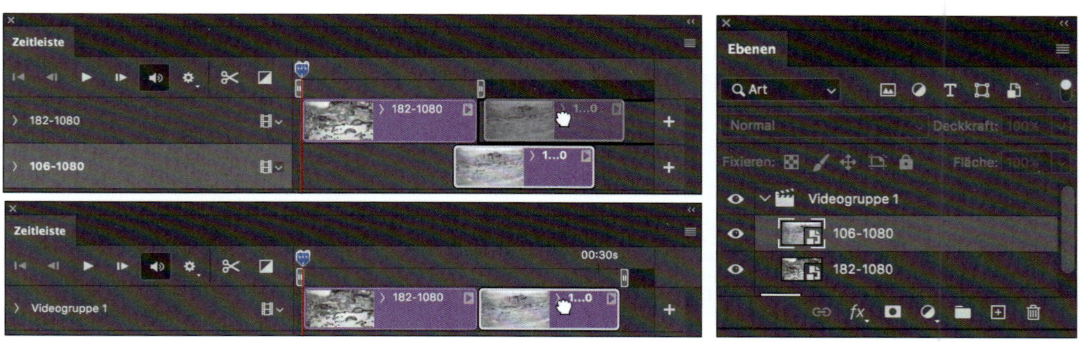

Videogruppen und Ebenen | Im Ebenen-Bedienfeld werden die Videogruppen entsprechend erstellt und die Videos hineinbewegt. Wenn Sie die Hierarchie im Ebenen-Bedienfeld verändern, passt sich die Zeitleiste an. Sie können also beide Bedienfelder verwenden, um das Projekt zu schneiden, die Änderung wird jeweils in das andere Bedienfeld zurückgespiegelt.

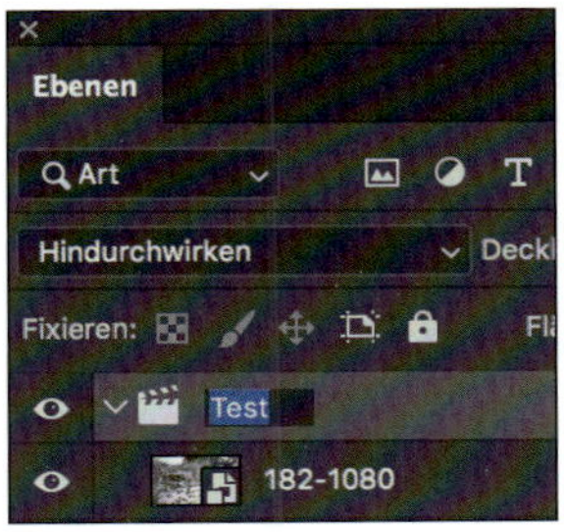

◀ **Abbildung 30.21**
Die Videogruppe sollten Sie umbenennen.

▼ **Abbildung 30.22**
Wird ein Video im Ebenen-Bedienfeld aus der Gruppe gezogen (links), dann wird es auch in der Zeitleiste aus der Gruppe genommen (rechts).

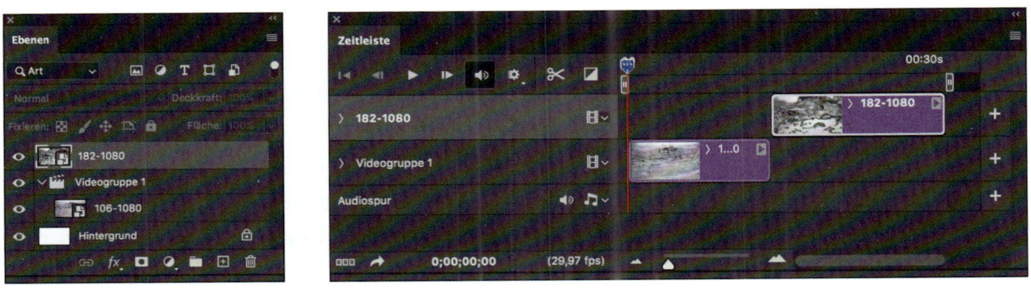

Bilder importieren | Weitere Elemente, die Sie importieren können, sind Bilder, die Sie auch in einem Rutsch als Sequenz platzieren können. Dies funktioniert allerdings nur am Mac und nur, wenn die Bilder in einer Reihe nummeriert sind. Gehen Sie auf die Funktion PLATZIEREN, klicken Sie auf OPTIONEN, und aktivieren Sie dann BILDSEQUENZ.

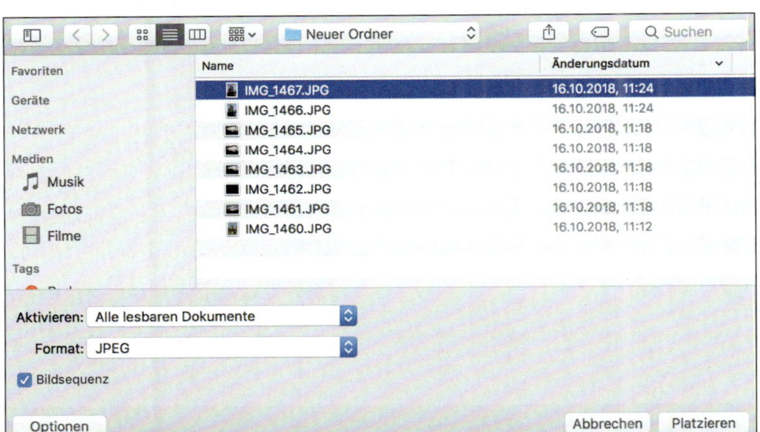

◀ **Abbildung 30.23**
Die Option BILDSEQUENZ ist in den Optionen versteckt: Achten Sie auf eine fortlaufende Nummerierung der Bilder, und aktivieren Sie nur ein Bild in der Dialogbox. Die Bilder werden in ein Smartobjekt importiert.

Nun sind alle Bilder kompakt als Smartobjekt in der Zeitleiste und können wie beim Zeitraffer flüssig abgespielt werden. Zum Ändern der Geschwindigkeit reicht ein Doppelklick in das Ebenen-Bedienfeld. Es wird eine PSB-Datei geöffnet, in der Sie einen Rechtsklick in der Zeitleiste ausführen und die Zeit wie gewünscht anpassen.

Abbildung 30.24 ▸
Die Dauer für die Bildsequenz wird in der PSB-Datei eingestellt.

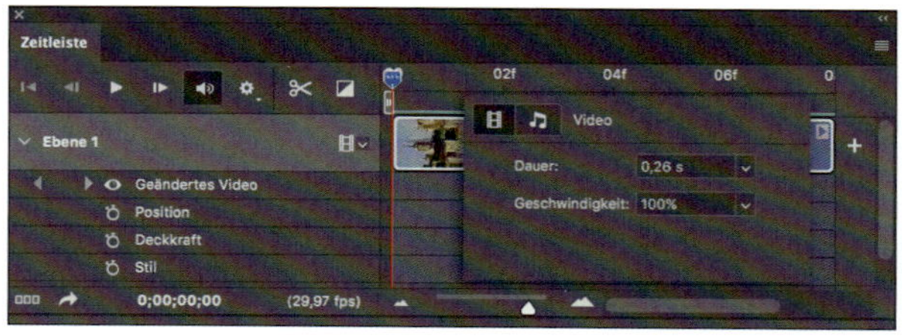

Testvideos
Videodateien für Ihre Projekte finden Sie in Adobe Stock. Eine kleine Auswahl kostenloser, frei nutzbarer Videos finden Sie unter *www.mixkit.co*.

30.6 Videoschnitt

Haben Sie nun die ersten Clips platziert, geht es an den Schnitt. Es geht jetzt zunächst darum, die Clips in die gewünschte Reihenfolge und auf die gewünschte Länge zu bringen.

Clipende und -anfang kürzen | Fast jeder Clip hat Elemente, die Sie nicht im fertigen Video brauchen. Das sind meistens die Anfangs- und Endszenen. **Zum Kürzen** dieser Bereiche reicht es, mit der Maus den Regler am Ende festzuhalten und in Richtung Mitte des Clips zu ziehen. Praktischerweise wird direkt ein Vorschaufenster mit der justierten Zeit und dem Bild gezeigt.

Abbildung 30.25 ▾
Kürzen eines Videoclips. Achten Sie auf den Cursor, falls in einer Spur bereits mehrere Clips hintereinander angeordnet sind, damit Sie den richtigen Clip bearbeiten. Es kann auch sinnvoll sein, zu diesem Zweck in der Zeitleiste hineinzuzoomen.

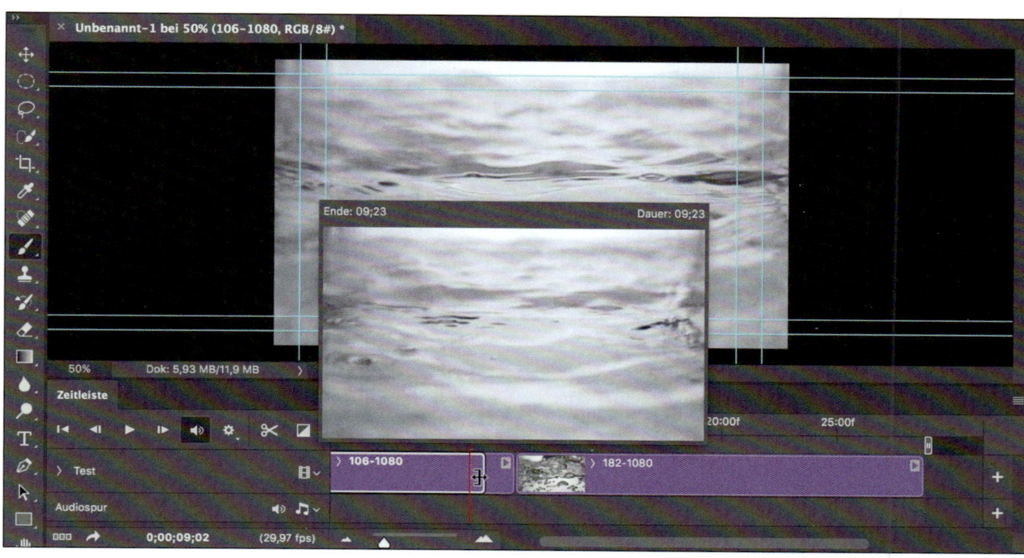

Video: www.mixkit.co

Clip teilen | Eine weitere Art, einen Clip zu schneiden, ist es, in der Zeitleiste an einem bestimmten Punkt die Datei zu teilen. Dazu bewegen Sie den Abspielkopf an die Stelle, an der der Schnitt erfolgen soll, und wählen den Clip aus. Die senkrechte rote Linie unter dem Abspielkopf ② zeigt den Schneidepunkt. Nun klicken Sie in der Zeitleiste auf das Scherensymbol ①. Sie können an mehreren Stellen schneiden. Es entstehen zwei oder mehr Clips, die aber auf derselben platzierten Datei basieren. Die nicht benötigten Clips können Sie per Löschtaste entfernen.

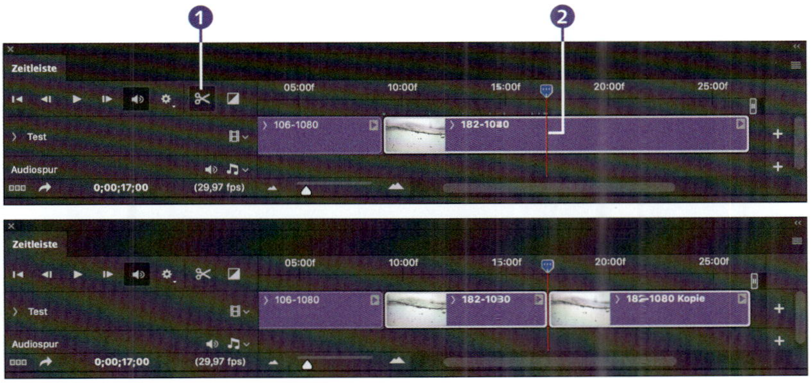

◄ **Abbildung 30.26**
Videoclip an der Position des Abspielkopfs schneiden

Fachbegriff: Einstellung
Eine Einstellung (engl. Shot) ist ein Teil eines Films, der ohne Unterbrechung aufgenommen wurde. Der Shot ist damit die kleinste Einheit eines Films. Ein Clip in einem Videoprojekt kann auch gleichzeitig eine Einstellung sein, kann jedoch auch bereits ein Zusammenschnitt mehrerer Shots sein.

Videoausschnitt bestimmen | Falls Sie einen anderen Ausschnitt im definierten Bereich haben möchten, also ein paar Frames vor oder zurück, halten Sie die Tastenkombination `Strg`/`cmd`+`Alt` gedrückt, klicken Sie in die Mitte des Clips in der Zeitleiste, und halten Sie die Maustaste gedrückt. Bewegen Sie dann die Maus nach rechts oder links. Im Vorschaufenster und im Hauptfenster sehen Sie das Bild an der Position des Abspielkopfs, daher sollten Sie ihn zunächst an die Position setzen, die Sie beobachten wollen.

Anfang und Ende neu bestimmen | Geschnittene Clips sind nicht zerstört, sondern enthalten weiterhin die volle Information. Sie können die Clips also nachträglich wieder verlängern.

30.7 Geschwindigkeit beeinflussen

Um Bewegungsabläufe gezielt schneller oder langsamer zu zeigen, können Sie die Geschwindigkeit eines Videos per Rechtsklick auf ein Video in der Zeitleiste ändern. Falls der Videoclip als Smartobjekt platziert wurde, müssen Sie einen kleinen Umweg gehen:

1. Mit einem Doppelklick im Ebenen-Bedienfeld auf das Smartobjekt öffnen Sie die PSB-Datei, und klicken Sie dann in der Zeitleiste mit

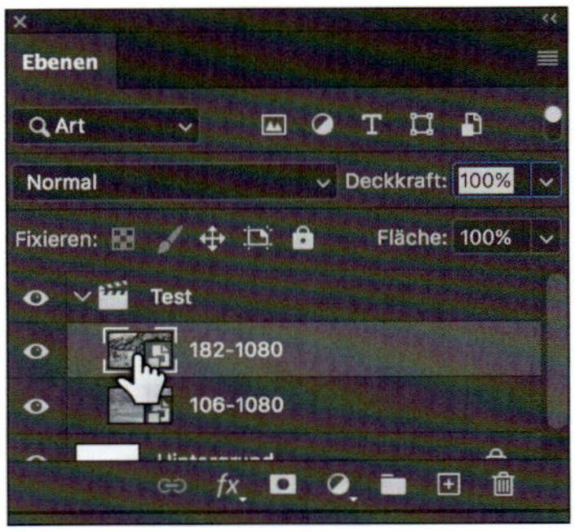

▲ **Abbildung 30.27**
Doppelklicken eines Smartobjekts, um es zu bearbeiten

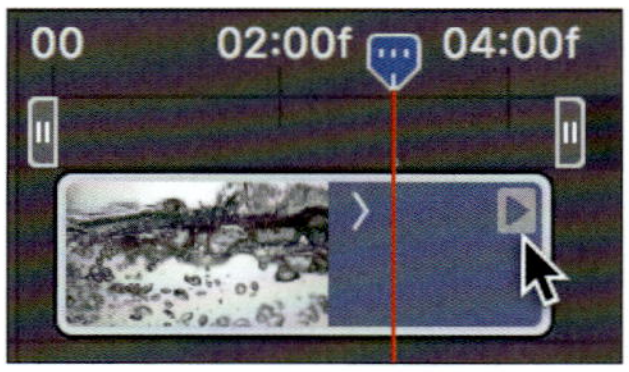

▲ **Abbildung 30.28**
Das Popup kann auch über diesen Pfeil aufgerufen werden.

rechts auf das Video, oder nutzen Sie den kleinen Pfeil rechts oben am Videoclip.

2. Ein Fenster erscheint mit den Einstellungen für DAUER oder GESCHWINDIGKEIT; Sie können mit dem Regler einen Wert zwischen 25 % und 400 % einstellen.
   Als zweites Optionsfeld steht AUDIO zur Verfügung. Hier lassen sich Lautstärke und Ein-/Ausblendungen einstellen oder einfach nur das Audio stumm schalten.
3. Die Änderungen wirken sich auf das Videoprojekt erst aus, wenn Sie die PSB-Datei speichern und schließen.

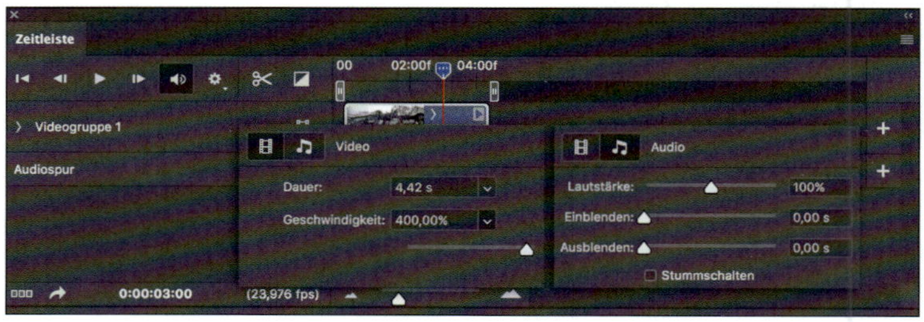

Abbildung 30.29 ►
Einstellen von Geschwindigkeit und Audio-Optionen per Rechtsklick auf einen Clip.

30.8 Text, Grafik, Masken, Filter und Audio hinzufügen

Zu den weiteren Elementen außer Videoclips gehören auch Texte, Bilder, Audiodateien und 3D-Elemente (siehe dazu Kapitel 31). Sie können sie auch mit Effekten versehen oder maskieren.

Importfilter AI/PDF
Eine AI-Datei muss PDF-kompatibel gespeichert werden, damit die Grafiken in Photoshop importiert werden können. Beim Import mehrseitiger PDF- wie AI-Dateien kann man die Seite oder alternativ einzelne enthaltene Bilder auswählen.

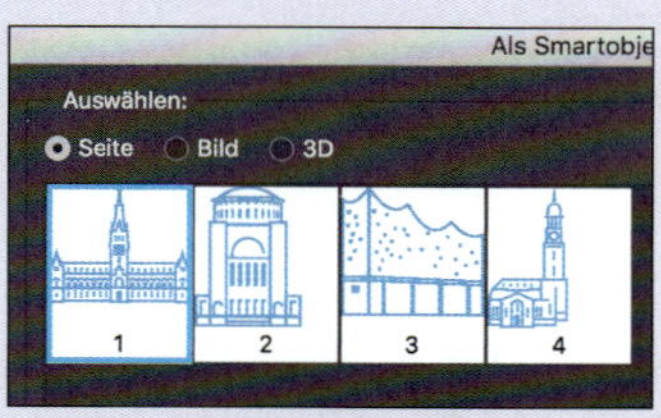

▲ **Abbildung 30.30**
Bei mehrseitigen PDFs stehen Seiten und (eingebettete) Bilder zur Auswahl.

30.8.1 Grafiken einfügen

Alle Grafiken, die sich in Photoshop platzieren lassen, können Sie auch in Videodokumente einfügen. Illustrator-Dokumente oder PNGs sind nur einige Beispiele. Achten Sie darauf, dass Sie Vektorgrafik in den Farbmodus RGB konvertieren und die Farbwerte noch einmal prüfen, anderenfalls passiert dies in Ihrem Videoprojekt automatisch. Zum Platzieren gehen Sie den klassischen Weg über das Menü oder nutzen die Bridge per Drag & Drop.

Die platzierte Grafik wird mit dem Transformieren-Rahmen angezeigt, der bestätigt werden muss. Aber auch im Nachhinein können Sie die Vektorgrafik noch skalieren, da sie als Smartobjekt eingefügt wird.

Soll die Grafik über den Videos liegen, dann müssen Sie sie in der Zeitleiste in eine eigene Spur oder im Ebenen-Bedienfeld aus der Gruppe heraus verschieben. Achten Sie darauf, dass die Spur oberhalb der

Videospuren liegt. Nun können Sie auch die Dauer der Grafik verändern, indem Sie in der Zeitleiste das Element einfach verbreitern.

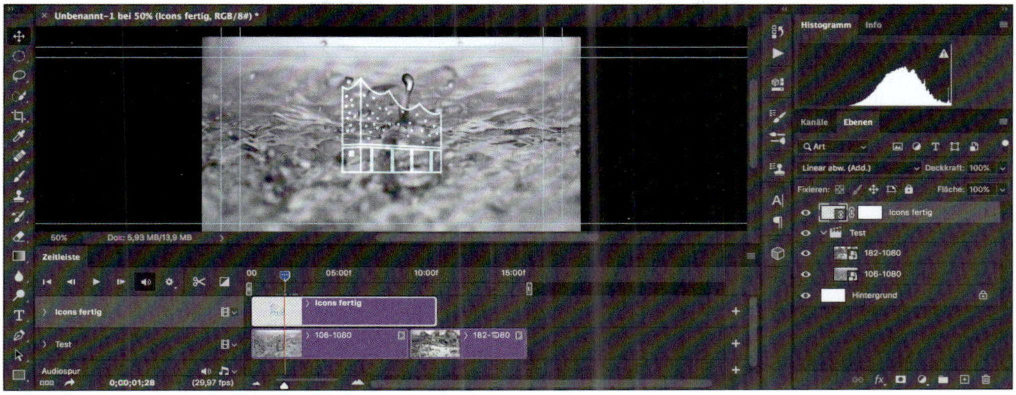

▲ **Abbildung 30.31**
Die platzierte Grafik liegt über allen Videoelementen.

30.8.2 Filter und Masken zuweisen

Videos können Sie nicht nur hintereinander schneiden oder ein Bild im Bild anzeigen. Dank Masken oder Transparenz können mehrere Videoebenen auch auf komplexere Art miteinander interagieren. Die Masken und Transparenzeinstellungen legen Sie im Ebenen-Bedienfeld an.

Ebenenmasken
Egal ob Smartobjekt oder nicht, Masken reichen immer über den gesamten Clip.

Masken | Im Ebenen-Bedienfeld legen Sie die Maske für den Clip an, die sich dann wie gewohnt gestalten (und auch animieren) lässt.

Ebeneneffekte | Wenden Sie auf eine Video- oder Grafikebene im Ebenen-Bedienfeld einen Ebenenstil wie zum Beispiel GLANZ an, so können Sie diesen Effekt im Bereich STIL mit Keyframes animieren.

▼ **Abbildung 30.32**
Der obere Clip besitzt eine Ebenenmaske und den Ebeneneffekt FARBÜBERLAGERUNG.

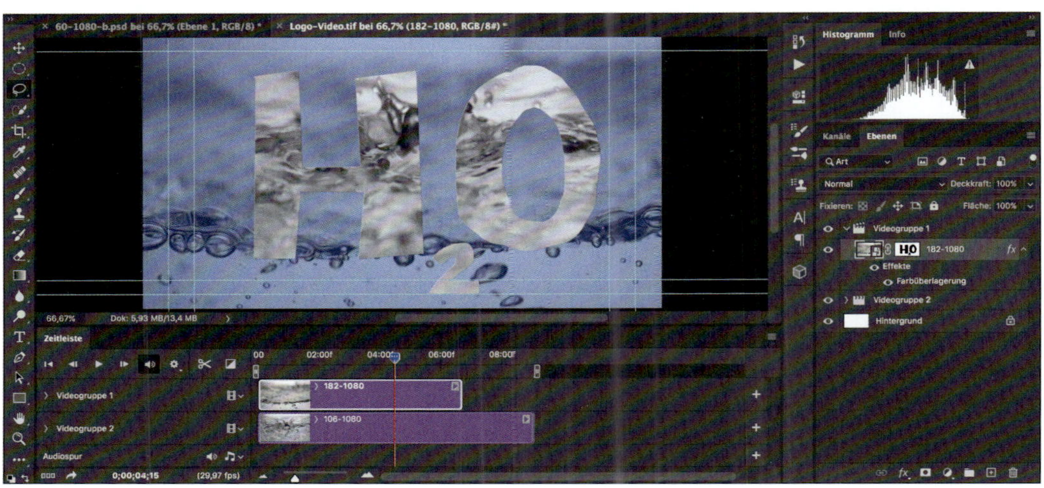

Filter | Soll das gesamte Video gefiltert werden, dann geht das am besten mit Smartobjekten. Weisen Sie dem Video den Filter zu und er wird automatisch dem gesamten Clip zugewiesen.

30.8.3 Rotoskopie – im Video filtern, malen und retuschieren

Videos lassen sich auch Bild für Bild bearbeiten. Der Begriff »Rotoskopie« bezeichnet eigentlich das Zeichnen von Animationen Bild für Bild anhand einer Filmaufnahme, wird im Zusammenhang mit der Videobearbeitung in Photoshop jedoch auch für andere Bild-für-Bild-Techniken verwendet. Die Arbeitsweise ist sehr aufwendig, vor allem, wenn Sie mit 25 oder sogar 30 fps arbeiten.

Wenn Sie ein Video bearbeiten wollen, das als Smartobjekt platziert wurde, müssen Sie das Video im Ebenen-Bedienfeld doppelklicken, um die PSB-Datei zu öffnen. Folgende Möglichkeiten haben Sie dann:

Abbildung 30.33 ▼
Entfernen des roten Autos. Die Einstellung FRAME FIXIEREN im Kopierquelle-Bedienfeld sorgt dafür, dass immer aus demselben Frame kopiert wird, in dem die Quelle aufgenommen wurde – der Frame wird im Bedienfeld vermerkt: in diesem Fall »0«.

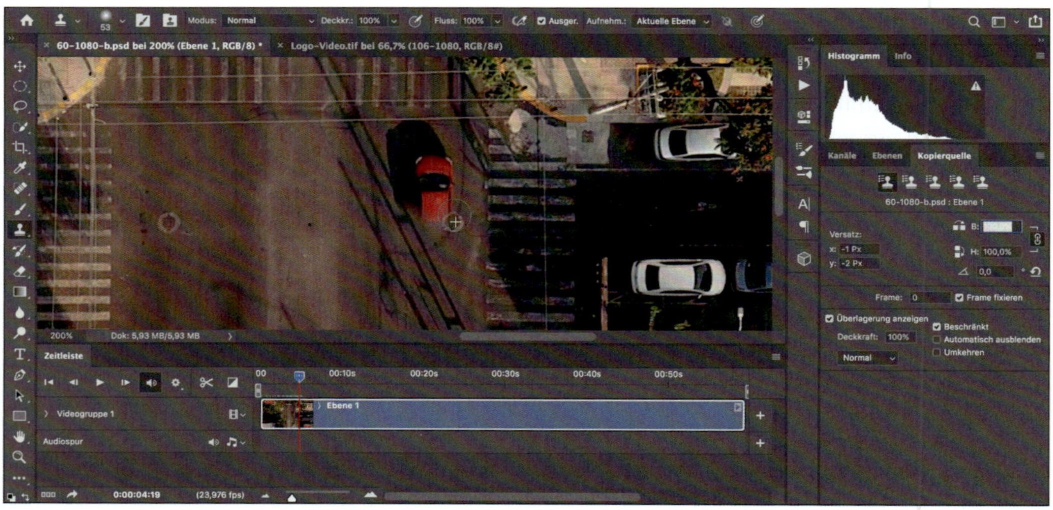

Video: www.mixkit.co

Elemente retuschieren | Sollen störende Elemente aus dem Video entfernt werden, dann können Sie dazu den Kopierstempel im Zusammenhang mit dem Kopierquelle-Bedienfeld verwenden. Dazu navigieren Sie im Video zu einem Frame, der das störende Element nicht enthält und den Sie daher als Quelle verwenden wollen. Im Kopierquelle-Bedienfeld aktivieren Sie den Button, dem Sie diese Quelle zuweisen wollen. Aktivieren Sie die Option FRAME FIXIEREN. Dann klicken Sie mit dem Kopierstempel-Werkzeug bei gedrückter Alt-Taste auf die gewünschte Stelle. Auf dieselbe Art können Sie weitere Kopierquellen im Bedienfeld definieren. Anschließend gehen Sie auf die einzelnen Frames des Clips und stempeln den unerwünschten Inhalt weg.

Clip Frame für Frame bearbeiten
Um genau zwischen den Frames zu navigieren, zoomen Sie entweder in die Zeitleiste hinein oder verwenden Sie die Steuerungsbuttons ZUM NÄCHSTEN FRAME bzw. ZUM VORHERIGEN FRAME.

Inhaltssensitiv retuschieren | Statt des etwas mühsamen Kopierstempels können Sie auch probieren, ob die inhaltssensitiven Korrekturwerkzeuge ein ausreichendes Ergebnis bringen.

Filter anwenden | Setzen Sie den Abspielkopf auf den gewünschten Frame, und weisen Sie einen Filter aus dem Filter-Menü zu. Im folgenden Frame können Sie einen anderen Filter zuweisen.

Filter für Smartobjekte
Wenn Sie einem Smartobjekt einen Filter zuweisen, dann wird der gesamte Clip gefiltert.

Zurücksetzen | Die Änderungen, die Sie mit den beschriebenen Methoden anlegen, werden direkt in der Videospur gespeichert. Sie sind jedoch reversibel. Dazu gehen Sie in Ebene • Videoebenen • Frame wiederherstellen (um nur den aktuellen Frame zurückzusetzen) bzw. Alle Frames wiederherstellen (um die Änderungen am gesamten Clip zurückzunehmen).

Änderungen ausblenden
Sie können vorübergehend zur unretuschierten Version des Clips wechseln, indem Sie Ebene • Videoebenen • Geändertes Video ausblenden wählen.

30.8.4 Text hinzufügen und animieren

Von Titeln und Abspännen über Zwischentitel, Kurzbeschreibungen, Lower Thirds und Einblendungen bis hin zu typografischen Animationen ist das Spektrum von Video-Texten sehr breit. Zum Anlegen von Text nutzen Sie das Text-Werkzeug und passen Schriftgrad und Typografie an. Klicken Sie einfach in das Video, und tippen Sie los. In der Textspur erscheinen die bekannten Parameter Transformieren, Deckkraft und Stil. Darüber hinaus können Sie die Textverformung animieren, aufgrund eines Übersetzungsfehlers wird das als Textumbruch bezeichnet.

Typografie im TV
Achten Sie beim Erstellen Ihrer Textelemente auf gute Lesbarkeit. Hier gibt es technische Einschränkungen durch die Videokodierung, die Fähigkeiten der Geräte und die Bewegung selbst. Fernseher werden zwar immer besser, aber sehr viele Videoinhalte werden am Smartphone angesehen. Achten Sie auf eine gut lesbare Schrift, eine ausreichende Größe und guten Kontrast zwischen Vorder- und Hintergrund. Am besten, Sie prüfen das auf unterschiedlichen Geräten.

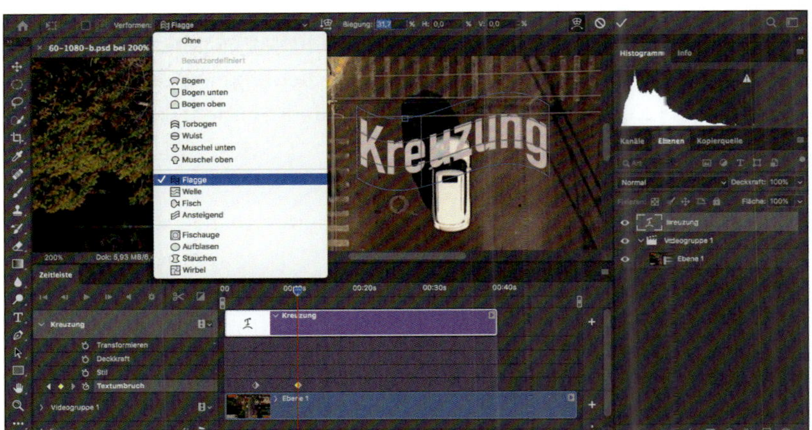

◀ **Abbildung 30.34**
Der eingefügte Text liegt über dem Video, und hier wird die Verformung mit Keyframes animiert.

Textinhalte lassen sich nicht animieren. Sie müssen also für jeden Zwischentitel ein neues Textobjekt anlegen und es ein- und wieder ausblenden.

30.8.5 Audio dazumischen

Der Stil der musikalischen Untermalung ist für die Stimmung ausschlaggebend. Auch mit Atmo oder Ambient-Sounds können Sie die Stimmung des Bildes unterstützen. Ob nun fröhlich, mystisch oder einfach nur eine Melodie-Schleife – es beeinflusst Ihre Zuschauer. Wählen Sie also den Ton behutsam aus.

Zum Platzieren von Audio bietet Photoshop eigens Audiospuren. Um die Datei darin zu platzieren, klicken Sie auf das Plussymbol ganz rechts oder das Musiknotensymbol vorn in der Audiospur. Im nun erscheinenden Dialogfenster werden zwar alle möglichen Dateien angezeigt, aber es lassen sich nur Audioformate einfügen. Ist das Audio platziert, wird es als kompletter Clip in grüner Farbe angezeigt. Um das Audio anzupassen, hilft wieder das Einkürzen auf Videoprojekt-Länge.

Audioformate
Photoshop versteht viele Audioformate – es kann dort jedoch immer wieder Änderungen geben. Falls eine Datei trotz grundsätzlicher Kompatibilität nicht importierbar ist, kann dies auch an einem Kopierschutz (DRM) liegen.

Audio aus der Bridge
Nutzen Sie nicht die Bridge, um Audiodateien zu platzieren. So platzierte Dateien erscheinen als Videospur und lassen sich nicht in der Lautstärke modifizieren!

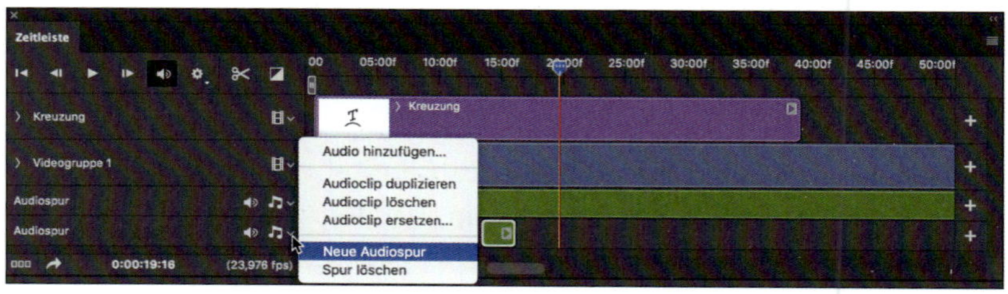

Abbildung 30.35 ▸
Ein Projekt kann mehrere Audiospuren besitzen; sie werden über das Menü in der Mitte der Zeitleiste hinzugefügt.

Lautstärke regeln | Um beim Kombinieren von Originalgeräuschen und Musik keinen Audio-Salat zu bekommen, müssen Sie die Lautstärke anpassen. Dies können Sie vorab planen und Notizen direkt in die Videos einfügen. Dazu bietet sich ein Zeitleistenkommentar an. Setzen Sie den Abspielkopf an die gewünschte Stelle, und fügen Sie dann den Kommentar über das Bedienfeldmenü und KOMMENTARE • ZEITLEISTENKOMMENTARE BEARBEITEN hinzu. Über das Bedienfeldmenü und dann EINBLENDEN • KOMMENTARSPUR zeigen Sie die Kommentare an.

Abbildung 30.36 ▾
Kommentare in der Zeitleiste einblenden; den Kommentartext sehen Sie dann beim Überrollen mit dem Cursor.

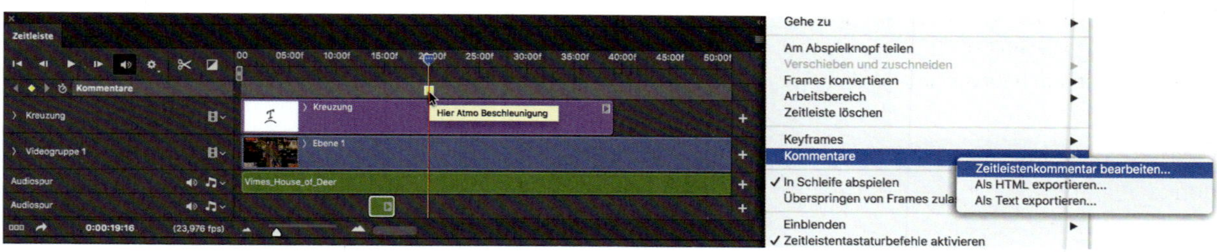

Im nächsten Schritt passen Sie die Lautstärke der eigentlichen Audiospur des Projekts an. Wechseln Sie zwischen den unterschiedlichen Tönen durch Ein- und Ausblenden. Klicken Sie dazu mit rechts auf die Spur, und stellen Sie im Kontextmenü die Parameter für EINBLENDEN und AUSBLENDEN ein.

Die Originalgeräusche schalten Sie stumm oder mischen sie in die Tonuntermalung. Dazu öffnen Sie die Videos per Doppelklick im Ebenen-Bedienfeld und editieren die Audio-Parts in der Zeitleiste. Dann speichern Sie die Smartobjekte und schließen sie.

Anders als in Video- oder Audioschnittprogrammen können Sie Tonspuren in Photoshop nur am Anfang und am Ende ein- bzw. ausblenden. Sie müssen die Tonspur also gegebenenfalls zerschneiden.

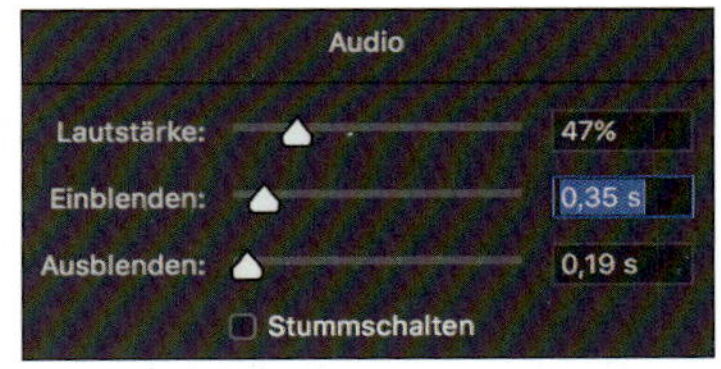

▲ **Abbildung 30.37**
Einstellen von Lautstärke und Ein- bzw. Ausblenden des Tons

Nicht im Ebenen-Bedienfeld
Audioclips werden nicht wie Videoclips im Ebenen-Bedienfeld aufgelistet. Sie können daher die Clips auch nur direkt in der Zeitleiste anordnen.

30.9 Animieren mit Keyframes

Ist der Videoschnitt fertig, geht es an die Animation der einzelnen Elemente. Sie können eingefügte Grafiken und Texte animieren, aber auch die Videos selbst, z. B. in Parametern wie DECKKRAFT und POSITION.

Standardbewegungen | Die einfachste Art der Animation besteht im Zuweisen der vorbereiteten Animationen. Um sie zu verwenden, aktivieren Sie die Textspur oder die Smartobjekt-Spur und rufen mit einem Rechtsklick das Menü auf. Wählen Sie eine der Bewegungen aus dem Menü, und stellen Sie anschließend die Parameter ein. Photoshop generiert automatisch die Keyframes für die Transformation.

▲ **Abbildung 30.38**
Jede der Standardbewegungen Schwenken und Zoomen, Schwenken, Zoom, Drehen, Drehen und Zoomen besitzt noch weitere Optionen (links). Photoshop trägt die Bewegung automatisch in die Transformationen ein (rechts), die Sie bearbeiten können und in denen Sie, Keyframes hinzufügen und ändern können.

Übergänge anlegen | Am Anfang und Ende eines Clips können Sie einen automatischen Übergang einfügen. Dazu klicken Sie auf den Button ÜBERGANG rechts neben den Steuerungsbuttons in der Zeitleiste, um das Menü aufzurufen. Darin wählen Sie den Übergang und stellen seine Länge ein. Anschließend ziehen Sie ihn auf den Clip bzw. zwischen zwei Clips, so dass die Umrandung erscheint (Abbildung 30.39).

Keyframes definieren | Um beispielsweise den Parameter STIL zu animieren, müssen Sie Keyframes setzen. Mit den Keyframes speichern Sie

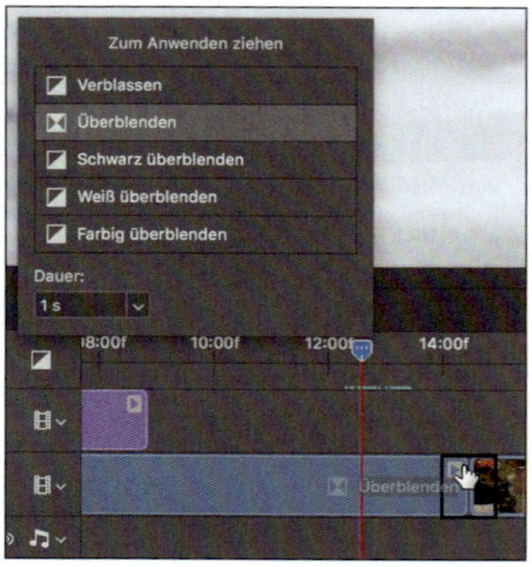

▲ **Abbildung 30.39**
Zuweisen eines Übergangs zwischen zwei Clips

quasi den aktuellen Zustand des Bildes. Für eine einfache Animation benötigen Sie mindestens zwei Keyframes: Im ersten hätte die Grafik noch keinen Ebeneneffekt, im zweiten würden einige Parameter geändert.

Um einen Keyframe zu setzen, bringen Sie den Abspielkopf an die Stelle, an der die Animation beginnen soll, und klicken in der Spur auf das Uhrsymbol. Eine gelbe Raute symbolisiert den gesetzten Keyframe; das Uhrsymbol ist aktiviert und zeigt, dass die Animation »aufgenommen« werden kann. Nun versetzen Sie den Abspielkopf weiter nach hinten und klicken auf das Keyframe-Symbol links von der Uhr. Eine zweite Raute erscheint. Falls die Animation wieder in den Ausgangszustand zurückversetzt werden soll, schieben Sie den Abspielkopf zum Ende des Clips (oder der gewünschten Position) und setzen dort einen weiteren Keyframe. Jetzt gehen Sie mit dem Abspielkopf zum zweiten Keyframe und legen dort den Ebeneneffekt an.

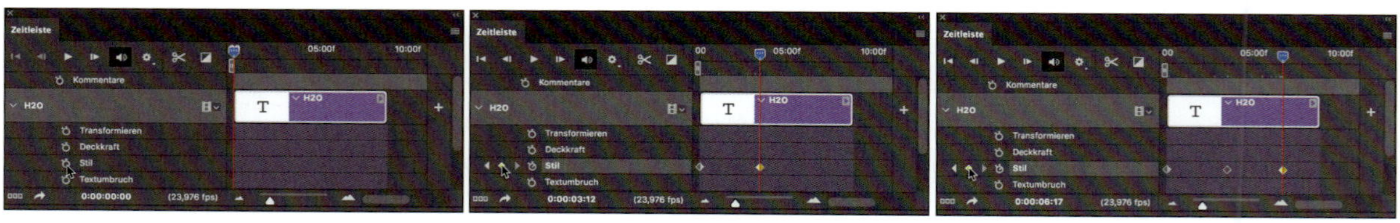

▲ **Abbildung 30.40**
Setzen der drei Keyframes

Spielen Sie das Video dann ab, sehen Sie, dass Photoshop die Zwischenbilder automatisch selbst berechnet. Die Parameter werden allmählich geändert.

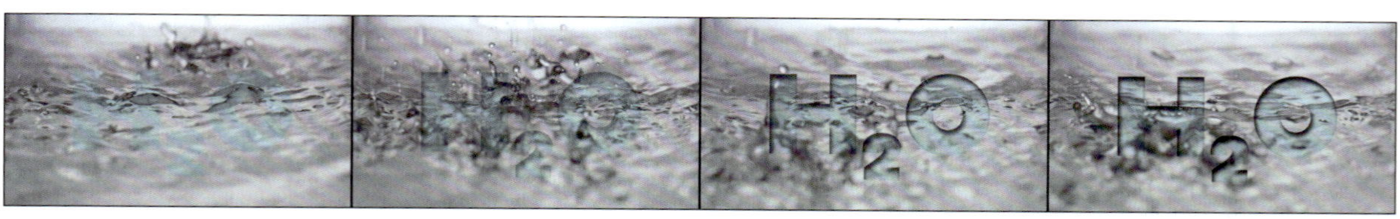

▲ **Abbildung 30.41**
Die Animation zeigt einen Schriftzug, der von links nach rechts einen Schatten nach innen erhält.

Für alle anderen Parameter, also Transformieren, Deckkraft, Textumbruch, Ebenenmaskenposition, Ebenenmaske aktiv, gehen Sie genauso vor.

Videogruppen in Ebenengruppen | Videogruppen können Sie wiederum in Ebenengruppen zusammenfassen, die Sie dann wieder mit einer Keyframe-Animation versehen können.

30.10 Animieren mit Zwiebelschichten

Die Zeitleiste lässt sich auch verwenden, um Animationen Bild für Bild zu zeichnen. Zu diesem Zweck können Sie die Zwiebelschichten-Technik (engl.: »Onion Skin«) verwenden.

Zwiebelschichten
In der analogen Zeichentricktechnik werden die einzelnen Bildphasen auf semitransparentes Papier gezeichnet, so dass die Zeichner immer einige Phasen sehen und die aktuelle Phase daran anpassen können.

Einstellen/Ändern der Framerate | Um in Photoshop Animationen zu zeichnen, beginnen Sie mit einer neuen Datei in der gewünschten Größe, und erstellen Sie darin eine Videozeitleiste. Die Einstellung der Framerate ist hier natürlich ganz besonders wichtig. Je höher die Framerate, umso mehr einzelne Phasen müssen Sie zeichnen. Eine nachträgliche Änderung der Framerate ist im Zeichentrick ganz besonders ärgerlich, da sowohl durch das Löschen bereits gezeichneter Frames als auch durch das Einfügen weiterer Frames Bewegungen nicht mehr flüssig sind. Zeichentrick wird oft mit lediglich 12 oder 15 fps gezeichnet. Eine andere Option besteht darin, 24 bzw. 30 fps zu verwenden, aber die einzelne Phase über zwei Frames zu ziehen. Die Framerate des Projekts stellen Sie im Bedienfeldmenü der Zeitleiste ein. Gehen Sie auf ZEITLEISTEN-FRAMERATE EINSTELLEN, und geben Sie darin die gewünschte Framerate ein.

▲ **Abbildung 30.42**
Die Framerate können Sie links aus dem Menü wählen oder frei eingeben.

▲ **Abbildung 30.43**
Bereits beim Skizzieren sind Zwiebelschichten hilfreich (hier: jeweils zwei Frames davor und danach).

Neue Ebene | Selbst in einer mit der Vorgabe FILM UND VIDEO erstellten Datei ist die erste Ebene keine Videoebene, und Sie können darin keine Bild-für-Bild-Animation zeichnen. Sie müssen also im ersten Schritt eine neue Videoebene anlegen. Um eine neue Ebene oberhalb bereits bestehender Spuren anzulegen, aktivieren Sie eine gesamte Spur, indem Sie links in der Zeitleiste in den grauen Bereich mit ihrem Namen klicken und dann EBENE • VIDEOEBENEN • NEUE LEERE VIDEOEBENE aufrufen.

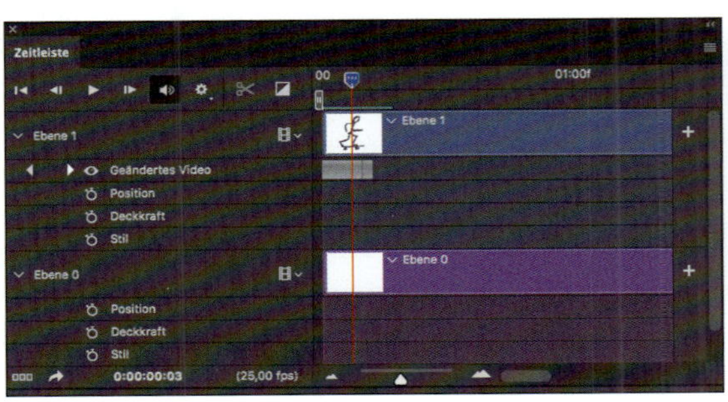

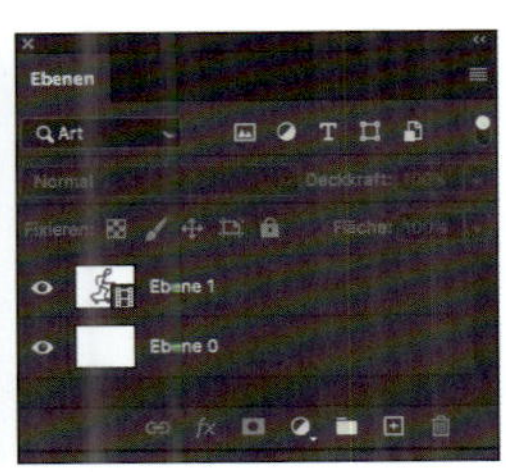

◄ **Abbildung 30.44**
Die automatisch erstellte »Ebene 0« hat im Ebenen-Bedienfeld kein Videosymbol – sie lässt sich nur mit Keyframes animieren. In »Ebene 1« kann Bild für Bild gezeichnet werden.

Zwiebelschichten aktivieren | Mit Hilfe der Zwiebelschichten können Sie Abläufe in Ihrer Animation sehr flüssig zeichnen. Gehen Sie im Zeitleiste-Bedienfeldmenü zunächst auf ZWIEBELSCHICHTENEINSTELLUNGEN. Ge-

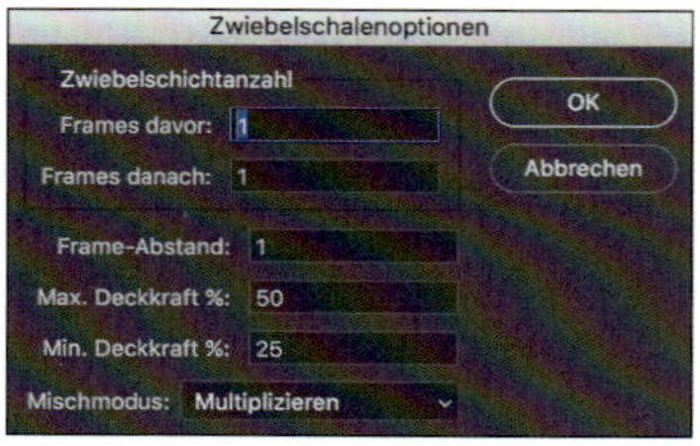

▲ **Abbildung 30.45**
Einstellungen für die Anzeige der Zwiebelschichten

ben Sie Ihre Optionen in der Dialogbox ein. Die Zwiebelschichten aktivieren Sie, indem Sie das Häkchen bei Zwiebelschichten aktivieren setzen.

Malen | Da es nun wichtig ist, in die richtigen Frames zu zeichnen, sollten Sie in die Videozeitleiste so weit hineinzoomen, dass Sie die einzelnen Frames mit dem Abspielkopf genau ansteuern können. Skizzieren Sie dann zunächst die Keyframes Ihrer Animation. Arbeiten Sie sich immer genauer an die Phasen heran. Sie können in einer Spur einfach einen Frame weitergehen und dann die nächste Phase zeichnen.

Es kann sinnvoll sein, für Szenenwechsel neue Spuren anzulegen, damit Sie sie einfacher gegeneinander verschieben können. Auch für die Reinzeichnung Ihrer Animation legen Sie eine neue Spur an. Sortieren Sie Ihre Spuren mit Videogruppen.

Hintergründe
Sie können die Frame-für-Frame-Animation auch mit Keyframe-Animationen mischen und z. B. Hintergründe an gezeichneten Bewegungsabläufen »vorbeiziehen« lassen.

Leeren Frame einfügen | Sollten Sie einmal einen Frame zwischen bestehenden Frames benötigen, dann müssen Sie die Spur nicht mühsam auseinanderschneiden. Sie können einfach den Abspielkopf an die gewünschte Stelle setzen und Ebene • Videoebenen • Leeren Frame einfügen aufrufen.

30.11 Export

Wenn Sie mit dem Schnitt des Videoprojekts zufrieden sind, haben Sie nun das Finale erreicht. Bevor Sie den Film exportieren, prüfen Sie ihn gründlich, denn der Videoexport kann eine Weile dauern.

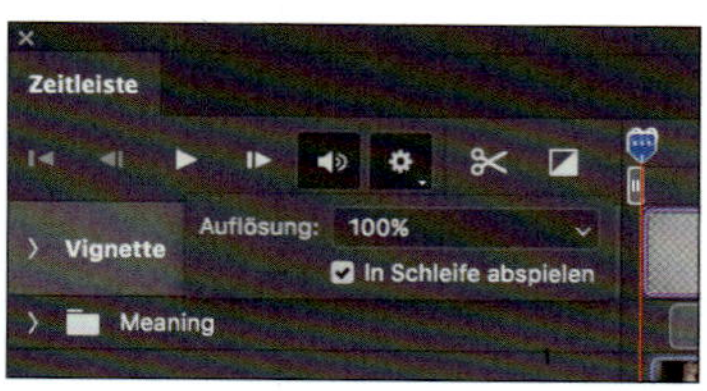

▲ **Abbildung 30.46**
Abspielen des Arbeitsbereichs in einer Wiederholschleife

30.11.1 Film prüfen

Schon beim Abspielen wird der Prozessor des Rechners gefordert und läuft im ersten Moment recht langsam. Das liegt an den zu berechnenden Videobildern. Damit das schneller läuft, kürzen Sie den Video-Arbeitsbereich und aktivieren im Flyout-Menü Abspieloptionen den Befehl In Schleife abspielen. Die Sequenz wird dann ins RAM geladen und spielt beim zweiten oder dritten Mal flüssig ab. Überprüfen Sie auf diese Art nacheinander die relevanten Szenen.

30.11.2 Video exportieren

Der Export in ein Videoformat wird *Rendern* genannt und befindet sich an drei Stellen: im Menü Datei • Exportieren • Video rendern, als Eintrag Video rendern im Bedienfeldmenü der Zeitleiste und als Button unten links in der Zeitleiste. Im Dialogfenster können Sie je nach Ziel nun Ihr Projekt in ein abspielbares Video rechnen lassen.

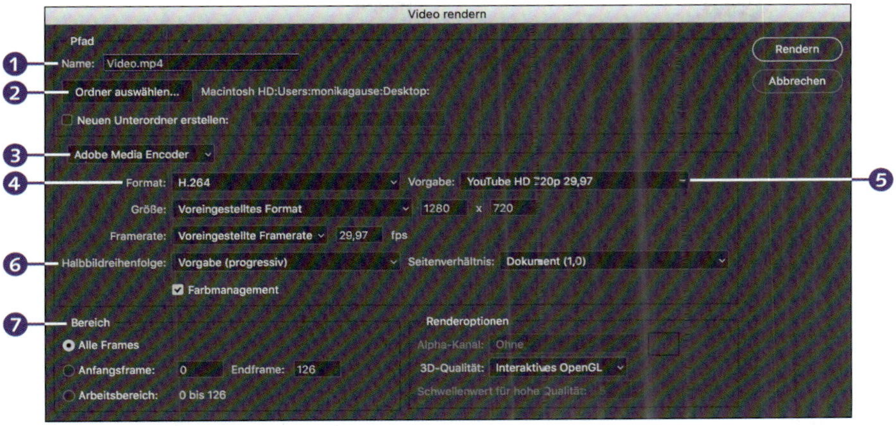

◂ **Abbildung 30.47**
Der Adobe Media Encoder mit den Optionen zum Videoexport

Ganz oben definieren Sie zunächst den Speicherort ❶ und legen gegebenenfalls einen Unterordner ❷ an. Unter BEREICH ❼ bestimmen Sie, ob das Video komplett (ALLE FRAMES) oder nur ein bestimmter Bereich ausgegeben werden soll. Sie könnten also die konkreten Frames angeben. Einfacher ist es jedoch, vor dem Aufrufen des Exportdialogs den Arbeitsbereich mit Hilfe der beiden Regler über dem Zeitlineal einzustellen und dann im Dialog die Option ARBEITSBEREICH zu aktivieren.

Alphakanal
In den RENDEROPTIONEN haben Sie die Möglichkeit, einen Alphakanal zu nutzen, um später das Video als Blue- oder Greenscreen mit einem anderen Video zu kombinieren.

Format wählen | Um das eigentliche Export-FORMAT zu wählen, müssen Sie sich zunächst zwischen ADOBE MEDIA ENCODER ❸ für Videoclips und PHOTOSHOP-BILDSEQUENZ für eine Einzelbildabfolge entscheiden. Als Formate ❹ für den Media Encoder gibt es den DPX, H.264 und QuickTime (nur auf macOS).

- ▶ **DPX** ist ein Videoformat für die TV- und Film-Industrie, das für die Weiterbearbeitung mit Premiere & Co gedacht ist.
- ▶ **H.264** ist ein Standardkompressionsformat, das eine hohe Kompression bei guter Qualität liefert und ein breites Anwendungsspektrum abdeckt. Es kann in vielen verschiedenen Containerformaten enthalten sein, z. B. MP4.
- ▶ Mit **QuickTime** exportieren Sie für Videoanwendungen am Mac.

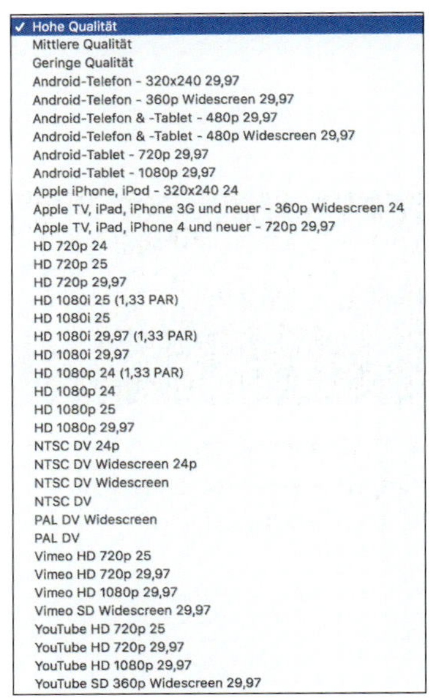

▴ **Abbildung 30.48**
Alle Vorgaben sind selbsterklärend.

Qualitäten definieren | In der Liste VORGABE ❺ beim Videoexport sind je nach FORMAT-Wahl einige praktische Voreinstellungen schon angelegt. Eigene können Sie nicht zusätzlich erstellen, jedoch sind die Vorgaben für die meisten Anwendungen vollkommen ausreichend. Aufgeteilt in Zielgeräte oder -dienste sind fast alle selbsterklärend. Die Vorgabe für den Upload bei YouTube, YouTube HD 720p 25, ist beispielsweise wie folgt zu lesen: Web-Video-Plattform; High Definition; 720 Pixel in der vertikalen Auflösung; 25 Frames per Second (fps).

i oder p?
Bei der Wahl des Verfahrens sind Sie nicht völlig frei. Interlaced ist zwar das ältere Verfahren, ist jedoch immer noch bei älteren Geräten in Gebrauch.

Interlaced/Progressiv | Einige der Vorgaben unterscheiden sich in den Angaben »i« bzw. »p«. Diese Kürzel stehen für »interlaced« bzw. »progressiv«, das sind Verfahren zur Aufnahme und Wiedergabe von Bildern. Sie können sie auch unter Halbbildreihenfolge ❻ selbst bestimmen. Beim Interlaced-Verfahren werden zwei Halbbilder zeilenweise nacheinander aufgebaut. Das Progressiv-Verfahren stellt Vollbilder dar.

30.11.3 Bildsequenzen exportieren

Die Möglichkeit, einzelne Frames aus dem Video zu exportieren, ist praktisch, wenn Sie Ausschnitte für eine Bildabfolge ausdrucken möchten. Stellen Sie dafür im Exportdialog auf Photoshop-Bildsequenz um. Dann definieren Sie zum Beispiel als Ausgabe-Format PNG und als Framerate 1 fps.

Optional bestimmen Sie den Arbeitsbereich vorher über die Zeitleiste, falls Sie nur eine Auswahl brauchen.

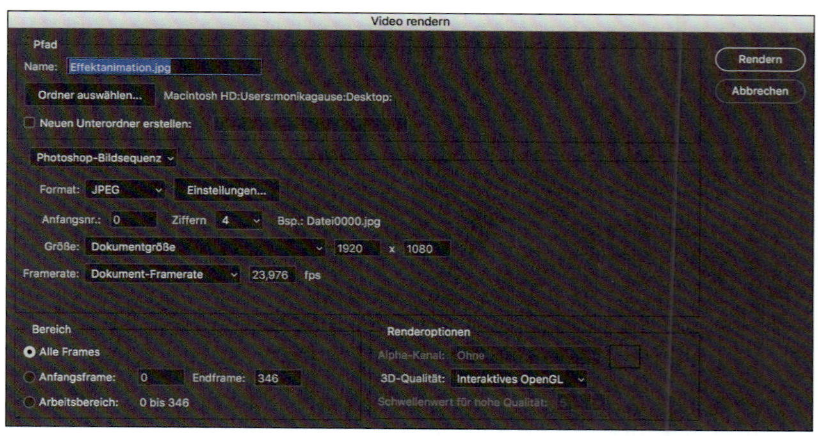

Abbildung 30.49 ▸
Der Export von Einzelbildern aus einem Video

30.11.4 Konvertieren in framebasierte Animation

Anstatt einen Videofilm zu exportieren, können Sie das Projekt auch in eine framebasierte Animation konvertieren, die sich anschließend als GIF speichern lässt. Dazu klicken Sie auf den Button In Frame-Animation konvertieren unten links in der Zeitleiste. Videos werden nicht in Frames konvertiert, und Keyframes gehen dabei verloren.

Kapitel 31
3D mit Photoshop

Von Monika Gause

Photoshop erlaubt Ihnen die Kombination Ihrer Fotos und Illustrationen mit 3D-Modellen, die Sie entweder in Photoshop selbst konstruieren oder in diversen Formaten aus anderen Quellen importieren können. Die Modelle lassen sich bearbeiten, mit Texturen versehen, animieren und sogar in 3D ausdrucken. In diesem Kapitel betrachten wir die grundlegenden Funktionen der 3D-Werkzeuge und schauen uns außerdem an, wie Sie sich im 3D-Raum bewegen, Materialien projizieren und 3D-Objekte selbst erstellen.

31.1 Navigation im 3D-Raum

Das Erscheinungsbild von Photoshop ändert sich im 3D-Modus komplett, denn es bildet den 3D-Raum mit seinen Achsen ab: X- und Y-Achse bestimmen Breite und Höhe. Die Z-Achse gibt die Tiefe hinzu.

3D ausgegraut?
Photoshop ist bezüglich der Fähigkeiten Ihrer Grafikkarte ziemlich anspruchsvoll. Sie können den gesamten 3D-Bereich und OpenGL nur dann nutzen, wenn Ihre Grafikkarte mindestens 512 MB vRAM aufweist, empfohlen werden 2 GB. Hier bieten sich Grafikkarten an, die für High-End-Gaming gedacht sind, bei denen der Rechner ja auch grafische Großleistungen vollbringen muss.

32-Bit-Systeme werden nicht unterstützt.

31.1.1 Die 3D-Oberfläche

Zum Start brauchen Sie zunächst eine Datei, in der Sie die 3D-Objekte bearbeiten. Dazu legen Sie einfach wie gewohnt eine neue Datei im Farbmodus RGB und der gewünschten Pixelbreite und -höhe an. Für ein flüssiges Arbeiten sollten Sie den Arbeitsbereich auf 3D stellen (Fenster • Arbeitsbereich • 3D).

Damit Sie überhaupt einmal sehen, welche Funktionen es gibt, erstellen Sie über das 3D-Bedienfeld oder das Menü 3D • Neues Mesh aus Ebene • Mesh-Vorgabe • Würfelflächen beispielsweise einen Würfel. Dieser Würfel besteht nun nicht aus Pixeln, sondern er ist ein 3D-Objekt, das Sie noch bearbeiten und in diesem Raum mit anderen Objekten kombinieren können. In den drei Raumachsen werden aber nicht nur die Objekte, sondern noch weitere Bestandteile der Szene gesteuert: die Grundebene, die Umgebung, Kameras und Lichter. Alle haben Einfluss aufeinander, so dass Veränderungen in den Parametern überall Auswirkungen haben. Für die Bearbeitung der Objekte arbeiten die Be-

Fehlende Werkzeuge?
Der Arbeitsbereich 3D enthält nicht alle Werkzeuge. Falls Sie sich später über fehlende Werkzeuge wundern, gehen Sie wieder auf den Arbeitsbereich Grundelemente.

▲ **Abbildung 31.1**
3D-Werkzeuge im 3D-Modus

Abbildung 31.2 ▼
Bestandteile des 3D-Arbeitsbereichs

dienfelder und spezielle 3D-Werkzeuge zusammen. Die Werkzeuge ❷ werden sichtbar, wenn ein 3D-Objekt ❸ vorhanden und das Verschieben-Werkzeug in der Werkzeugleiste aktiv ist.

Im 3D-Bedienfeld ❺ navigieren Sie durch die Hierarchie der Szene, im Eigenschaften-Bedienfeld ❹ definieren Sie die Parameter. In einer schwebenden Palette ❶ lässt sich eine sekundäre Ansicht aus einem anderen Blickwinkel einblenden – das erleichtert die Konstruktion. Die Kamera können Sie in einer weiteren schwebenden Palette ❻ durch Klicken und Ziehen ausrichten.

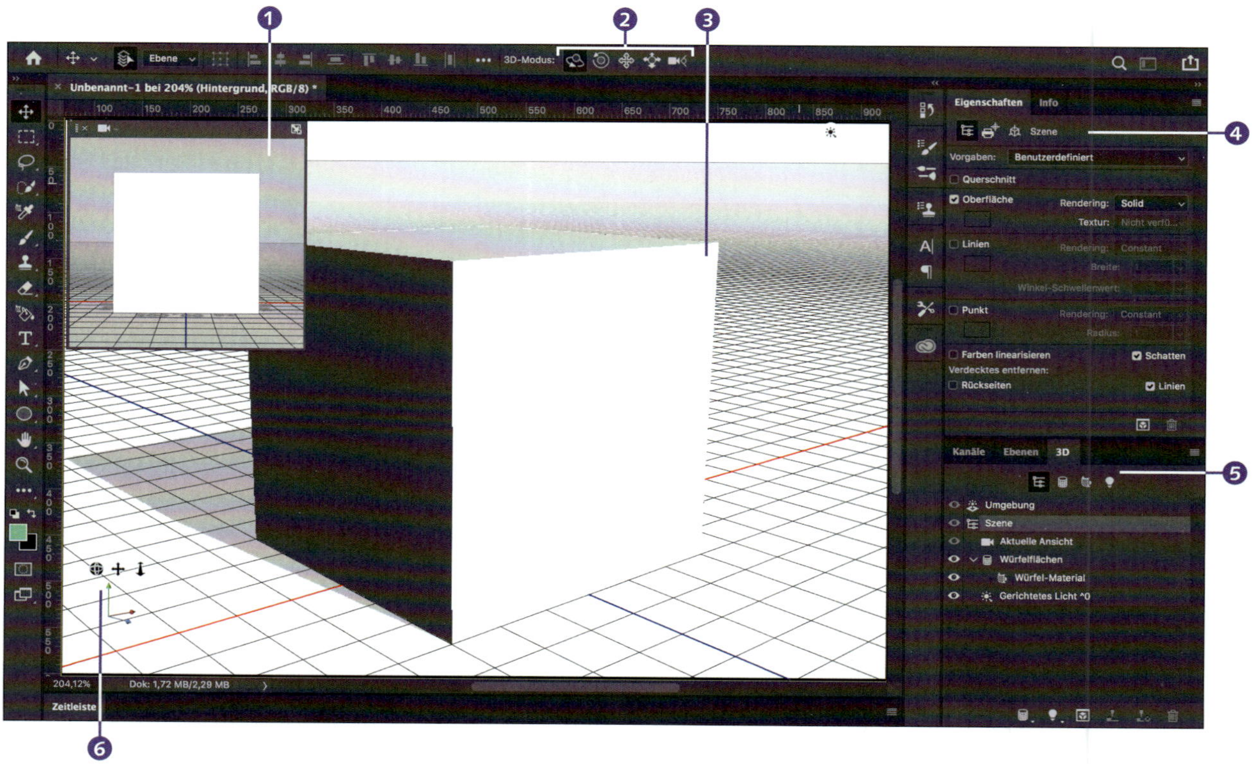

Je nachdem, welches Element Sie im 3D-Bedienfeld ausgewählt haben, ändern Sie die Optionen im Eigenschaften-Bedienfeld.

In der Umgebung definieren Sie Himmel und Grundfläche. Mit Szene definieren Sie Vorgaben für das Rendering, zum Beispiel Drahtgitter oder Linienillustration. Mit Aktuelle Ansicht steuern Sie die Kamera und ihre Blickwinkel. In Kombination mit der Videozeitleiste können Sie damit auch Kamerafahrten animieren. Wird das Objekt ausgewählt, bestimmen Sie seinen Schattenwurf. Texturen und andere Oberflächeneigenschaften bestimmen Sie, indem Sie das Material anklicken. Und auch die Lichtquellen lassen sich detailliert definieren.

3D-Kontextmenü
Klicken Sie mit der rechten Maustaste im Dokumentfenster auf ein Objekt, den Hintergrund oder ein Licht, um dort das Eigenschaften-Bedienfeld mit den entsprechenden Optionen aufzurufen.

Werden die Umgebung, das Objekt oder eine Lichtquelle ausgewählt, dann blendet Photoshop direkt in der Szene Bedienelemente ein, mit denen Sie die Eigenschaften intuitiv bestimmen können. Diese Bedienelemente können Sie unter ANSICHT • ANZEIGEN ausblenden.

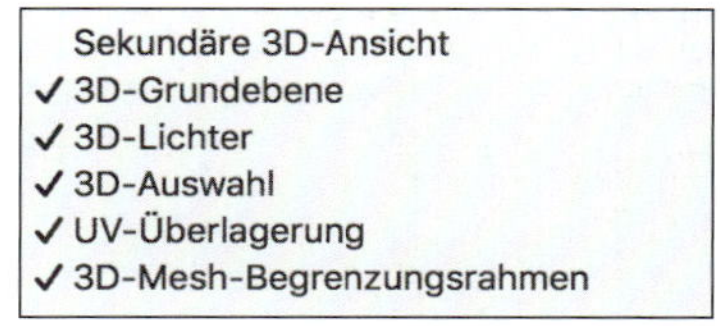

▲ **Abbildung 31.3**
Anzeige der 3D-Steuerelemente im Menü ANSICHT

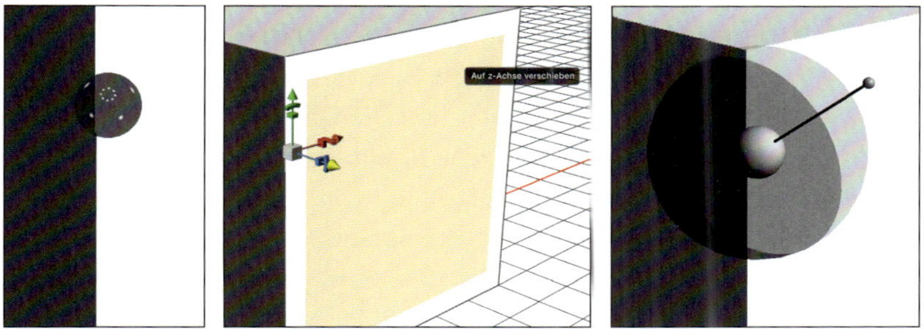

◄ **Abbildung 31.4**
3D-Steuerelemente für die Umgebung, das Objekt und das Licht (von links)

Ansicht filtern | Beim Umgang mit komplexen Szenen, die viele Objekte und Lichter enthalten, ist es zur Navigation hilfreich, dass der Inhalt des 3D-Bedienfelds gefiltert werden kann, damit Sie die Elemente, die Sie bearbeiten wollen, einfacher fokussieren können. Dazu dienen die vier Buttons , , und am oberen Rand.

Die Umrandung des Dokumentfensters gibt auch noch einen Hinweis darauf, was aktuell ausgewählt ist: ein goldfarbener Rand zeigt die Kamerasteuerung an, Blau steht für die Umgebungssteuerung, Grün für die Szenensteuerung. Ist keine Umrandung vorhanden, dann arbeiten Sie mit den Meshes, also den 3D-Objekten.

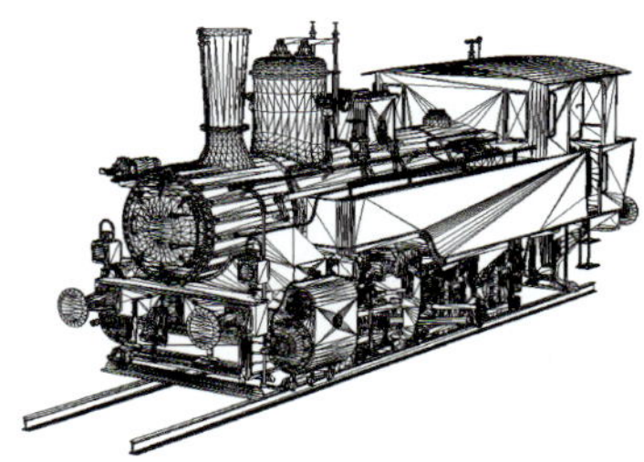

3D-Modell: Lengyel Zoltan/CGTrader.com

▲ **Abbildung 31.5**
Mesh (Gewebe) bezeichnet die Polygonstruktur, aus der jedes 3D-Objekt besteht.

Objektbefehle | Die Befehle im Menü des 3D-Bedienfelds ermöglichen Ihnen ein schnelleres Umgehen mit 3D-Objekten:

- Mit OBJEKTE LÖSCHEN entfernen Sie das ausgewählte Objekt.
- OBJEKT DUPLIZIEREN kopiert das aktive Objekt.
- OBJEKT INSTANZIEREN erzeugt eine Instanz, also ein besonderes Duplikat, auf das sich Änderungen an Eigenschaften wie dem Material ebenfalls auswirken. Transformationen oder der Schattenwurf werden jedoch nicht übernommen und können für die Instanz auch individuell vorgenommen werden.
- Mit OBJEKT BACKEN entkoppeln Sie ausgewählte Instanzen – weitere Bearbeitungsschritte werden nicht mehr darauf übertragen, und das Objekt ist dann eigenständig.
- OBJEKTE GRUPPIEREN fasst alle ausgewählten Objekte in einer Gruppe zusammen.
- REIHENFOLGE UMKEHREN dreht die Reihenfolge der ausgewählten Objekte im Szenendiagramm um.

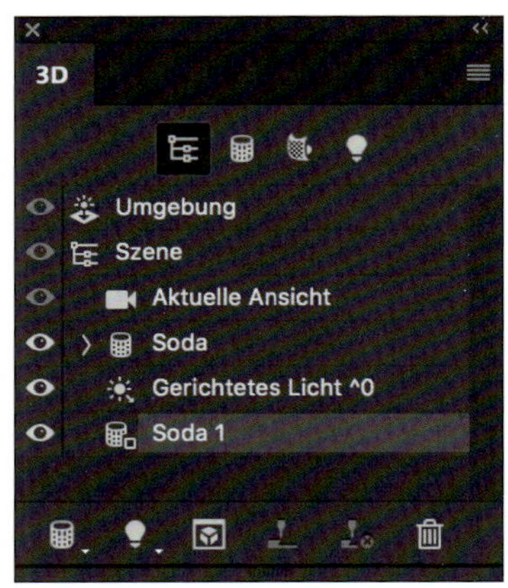

▲ **Abbildung 31.6**
Die Instanz erkennen Sie an dem kleinen Quadrat im Icon der Mesh.

31.1.2 Navigation und Transformationen im 3D-Raum

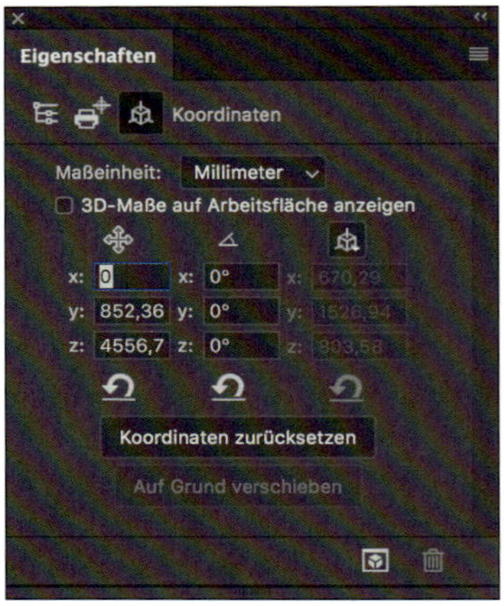

▲ **Abbildung 31.7**
Sollte das Objekt wie vom Erdboden verschwunden sein, können Sie es mit den beiden Buttons in seine Ursprungsposition setzen.

Zum Arbeiten mit 3D-Objekten verwenden Sie das 3D- und das Eigenschaften-Bedienfeld, die 3D-Werkzeuge in der Optionsleiste und die 3D-Achse, die direkt am Objekt eingeblendet wird, sofern Ansicht • Anzeigen • 3D-Auswahl aktiv ist. Objekte werden ausgewählt und können dann im Eigenschaften-Bedienfeld exakt transformiert werden. Mit den Werkzeugen 3D-Objekt drehen, 3D-Objekt rollen, 3D-Objekt ziehen, 3D-Objekt horizontal verschieben und 3D-Objekt skalieren transformieren Sie die Objekte und die Szene direkt im Dokumentfenster.

Das völlig freie Arbeiten im 3D-Raum mit diesen Werkzeugen ist schwer zu kontrollieren – besser ist es, die Bewegung auf eine oder zwei Achsen einzuschränken. Verwenden Sie beim Bearbeiten des Objekts am besten das 3D-Achsenwidget. Es ist dann sogar egal, welches 3D-Werkzeug Sie nehmen, denn die Transformation wird durch die jeweils angeklickte Achsensteuerung bestimmt. Die 3D-Achse spiegelt die Ausrichtung des Objekts im Raum wider. Bewegen Sie den Cursor über die kleinen Griffe am Ende einer der grünen, roten oder blauen Linien, um dort durch Klicken und Ziehen die jeweilige Transformation auszuführen.

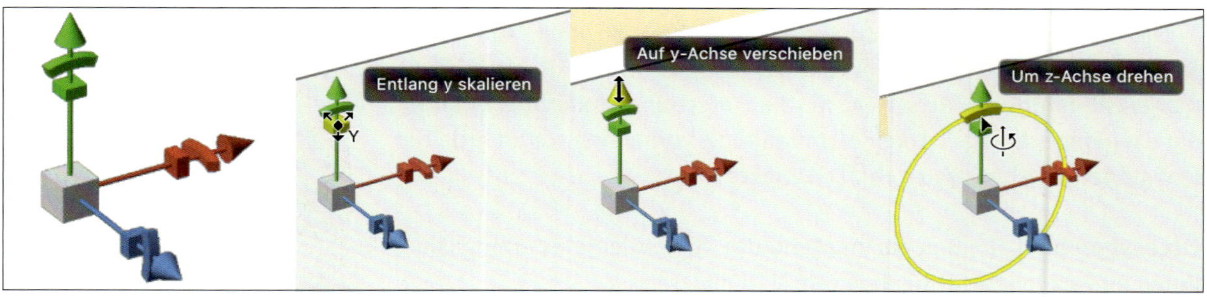

▲ **Abbildung 31.8**
Die 3D-Achse im Ausgangszustand (links) und beim Überrollen der jeweiligen interaktiven Achsensteuerungen mit Tooltipps

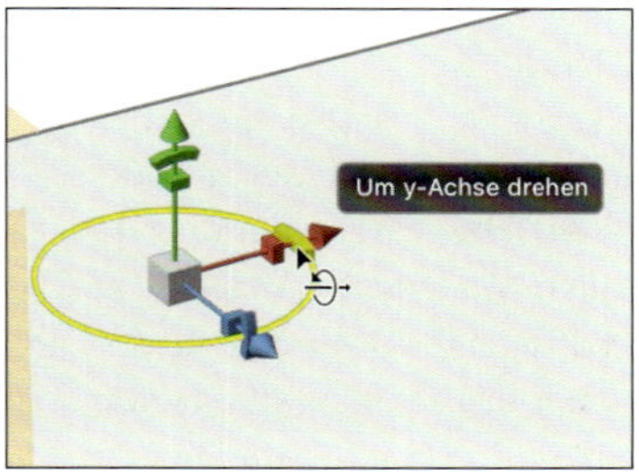

▲ **Abbildung 31.9**
Kantenhervorhebung bem Drehen um die y-Achse

Zusätzlich werden die Seiten, Ecken oder Kanten des Objekts orange hervorgehoben, ein Tooltipp angezeigt und das Cursorsymbol geändert, um die Transformation noch einmal zu verdeutlichen.

31.1.3 Szenendarstellung

Wie die Szene bzw. Ihre 3D-Objekte auf der Arbeitsfläche dargestellt und endgültig gerendert werden, können Sie genau steuern. Die Rendereinstellungen bestimmen, wie die Gitterdaten in Pixel umgerechnet werden. Klicken Sie im 3D-Bedienfeld auf Szene, können Sie im Eigenschaften-Bedienfeld Optionen aktivieren oder verändern:

- Mit VORGABEN sind schon verschiedene Einstellungen vorkonfiguriert. Einstellungen wie DRAHTGITTER beschleunigen den Bildschirmaufbau, TIEFENMASKE oder MALMASKE werden für Composings benötigt. Wenn Sie besondere Zeicheneffekte erzeugen wollen, nehmen Sie Vorgaben wie ZEICHNUNG DICKER STIFT als Anregung, die jedoch noch verfeinert werden muss.
- Die Option QUERSCHNITT zeigt bei Aktivierung ein durchgeschnittenes 3D-Objekt. Die Schnittkante können Sie selbst positionieren, um das Innere sichtbar zu machen (siehe Abbildung 31.11).
- Die OBERFLÄCHE zeigt Optionen für das Rendering. Wählen Sie SOLID, wird das klassische Berechnen von allen 3D-Eigenschaften verwendet. Bei den anderen Optionen sind andere Aspekte im Fokus (z.B. BOUNDING-BOX, SKIZZE, TIEFEN-MAP).
- Mit PUNKT oder LINIEN generieren Sie Drahtgittermodelle des Objekts.
- Durch die Option FARBEN LINEARISIEREN sind die Farbübergänge geschmeidiger.
- Aktivieren Sie VERDECKTES ENTFERNEN, so ist die Render-Zeit schneller.

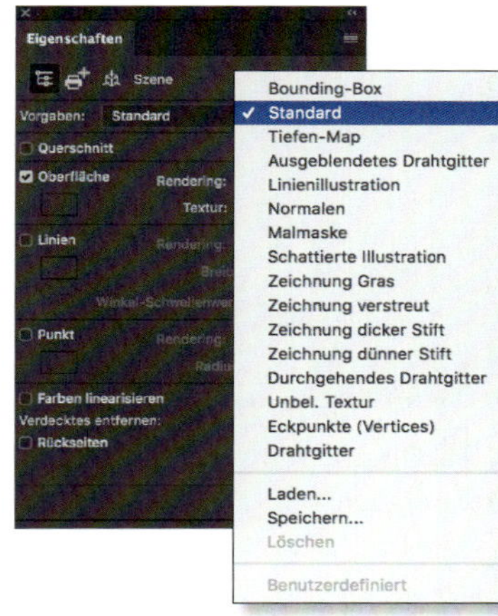

▲ **Abbildung 31.10**
Rendervorgaben im Eigenschaften-Bedienfeld

3D-Modell: Lengyel Zoltan/CGTrader.com

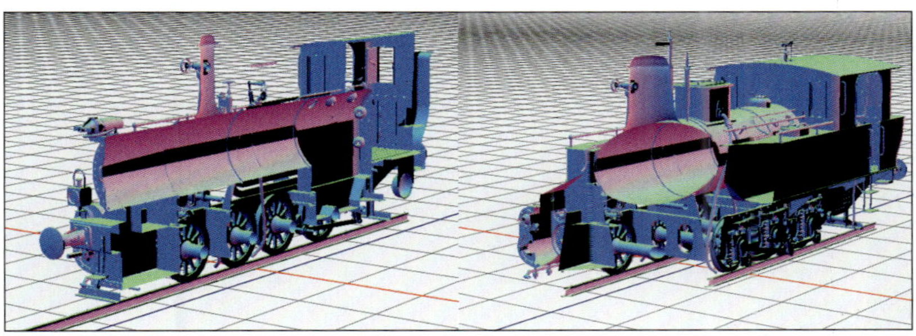

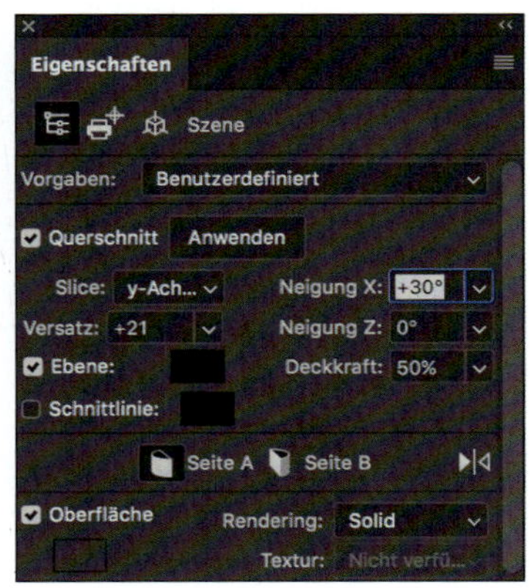

Abbildung 31.11 ▲▶
Im Querschnitt sieht man, was im Inneren eines 3D-Objekts angelegt wurde (hier mit der Render-Vorgabe NORMALEN).

31.1.4 Umgebung

Um ein 3D-Objekt realistisch in eine Szene einzubauen, müssen Sie zwei Probleme lösen: Die Perspektive muss realistisch angepasst werden, und Sie müssen eine geeignete Umgebung schaffen. In Photoshop wird das in den meisten Fällen mit einer Bilddatei gelöst. Nun besteht aber keine Verbindung zwischen normalen Bildebenen und der 3D-Szene, Sie haben jedoch die Möglichkeit, eine Umgebung in der 3D-Szene durch ein Hintergrundbild und die Reflexionen des Hintergrunds auf dem Objekt durch eine Projektion zu simulieren.

Dazu klicken Sie UMGEBUNG im 3D-Bedienfeld an und aktivieren im Eigenschaften-Bedienfeld den Befehl IBL (»bildbasiertes Licht für Sze-

[Rendern]
Der Begriff **Rendern** bezeichnet die Erstellung einer Grafik aus einer Skizze oder einem Modell durch Modellierung natürlicher Phänomene wie Textur, Refraktion, Reflexion, Schatten etc. Es wird ein Eindruck der Materialität, der Größe und Form vermittelt. Zum Rendern unbewegter 3D-Modelle verwendet Photoshop die Engine seiner Videofunktion.

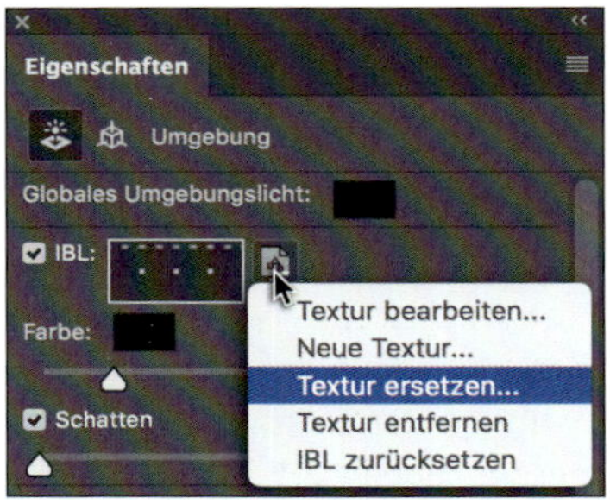

▲ **Abbildung 31.12**
Textur laden

»Dose.psd«, »Disco.psd«

ne«) (siehe Abbildung 31.12). Standardmäßig ist dort eine Graustufenmap zugewiesen, die Sie bearbeiten oder ersetzen können. Klicken Sie dazu auf das kleine Datei-Icon oder auf die bestehende Map, und wählen Sie TEXTUR ERSETZEN. Wählen Sie im Dialogfeld ein Bild für die virtuelle Umgebung. Die Textur ist in diesem Fall dann das Hintergrundbild für die BILDBASIERTE BELEUCHTUNG.

Die Übertragung auf das 3D-Objekt geschieht sphärisch, d.h. auf das Innere einer Kugel gemappt und von dort auf das Objekt gespiegelt. In der Mitte des Dokuments sehen Sie eine kleine Kugel, an der die Spiegelung zu erkennen ist. Zoomen Sie auf einen kleinen Prozentwert, und Sie sehen die Projektion. Mit den 3D-Werkzeugen können Sie die Position grob einstellen. Scrollen Sie im Eigenschaften-Bedienfeld ganz nach unten, und klicken Sie auf IBL ALS HINTERGRUND FESTLEGEN, um dasselbe Bild in die 3D-Szene zu bekommen.

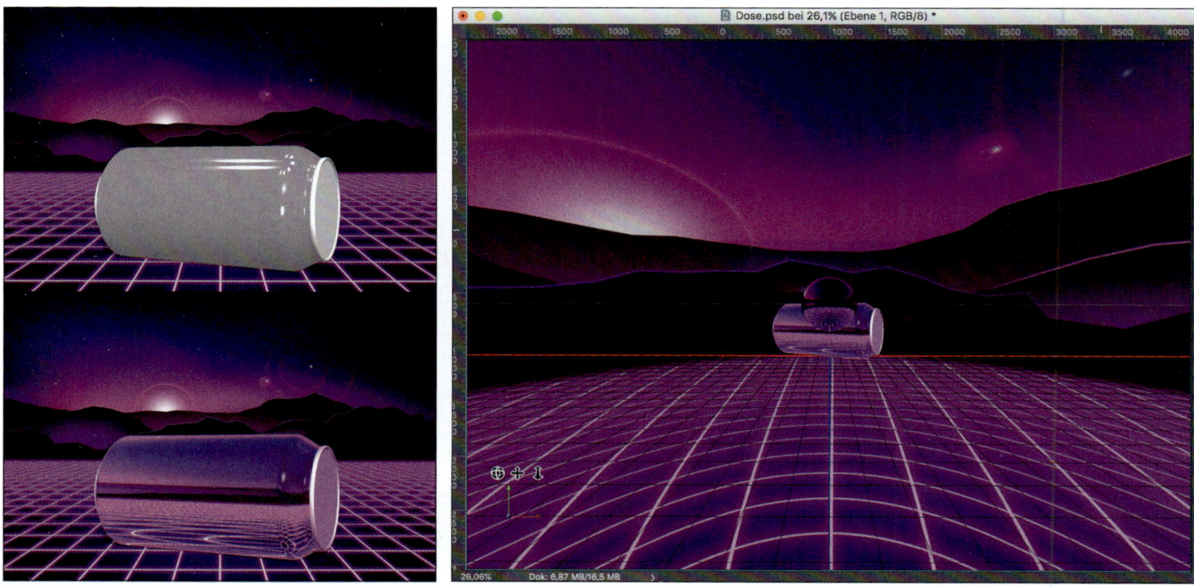

▲ **Abbildung 31.13**
Die Bildebene im Hintergrund der 3D-Ebene ist völlig unabhängig – erst wenn dasselbe Motiv zusätzlich als IBL eingesetzt wird, kommt eine Spiegelung zustande: 3D-Objekt ohne IBL (links oben) und mit IBL (links unten); sphärische Projektion der IBL in der 3D-Umgebung (rechts).

▲ **Abbildung 31.14**
Der verwendete Hintergrund

31.1.5 Meshes – 3D-Objekte erstellen

Ein Mesh – eine gitterähnliche Struktur aus Polygonen – ist das Grundgerüst eines 3D-Objekts oder 3D-Modells. Jedes 3D-Objekt enthält mindestens ein Mesh, es können jedoch auch mehrere sein. In einer

Photoshop-Datei können auch mehrere 3D-Umgebungen mit eigenen Modellen auf jeweils einer Ebene enthalten sein. Sie sind dann jedoch jeweils unabhängige »Welten«.

Jedes Mesh hat mindestens ein Material, dessen Eigenschaften Sie einstellen können (siehe Abschnitt 31.2, »Material und Eigenschaften«).

Meshes können Sie – wie bereits gesehen – aus vorgefertigten Formen aufrufen, aus verschiedenen Dateiformaten importieren, mit Hilfe von Extrusionen aus Pfaden konstruieren oder durch Verwenden einer Graustufendatei als Tiefen-Map generieren.

Mesh-Vorlagen
Die Vorgaben für Meshes sind in Photoshop als 3D-Vorlagen abgelegt. Zur Auswahl stehen: Kegel, Würfelflächen, Würfel, Zylinder, Donut, Hut, Pyramide, Ring, Soda, Kugel, Kugelpanorama, Weinflasche. Einige der Vorgaben – z. B. der Donut – bestehen aus einem Mesh, andere – wie etwa der Würfel oder die Weinflasche – beinhalten mehrere Meshes.

3D-Objekt aus Mesh-Vorgabe | Möchten Sie zum Beispiel eine Grafik auf eine Weinflasche projizieren, so nutzen Sie ein 2D-Bild, wählen im 3D-Bedienfeld Quelle: Ausgewählte Ebene(n) sowie Mesh aus Vorgabe: Weinflasche aus und klicken auf Erstellen. Das Bild wird auf das vorgegebene Material Etikett aufgetragen. Außerdem gibt es dann zwei weitere Materialien (Babyflasche und Kappe).

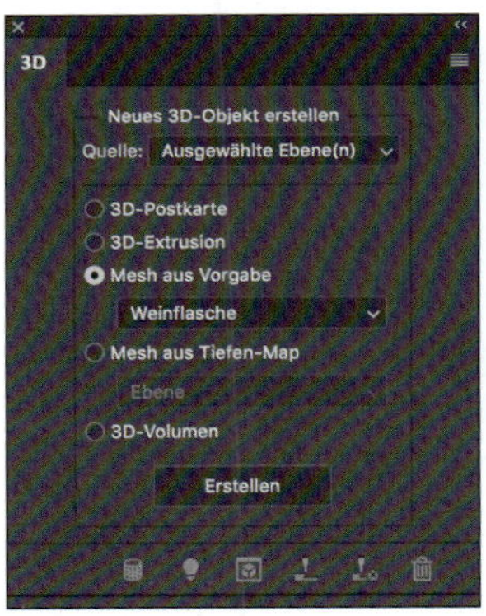

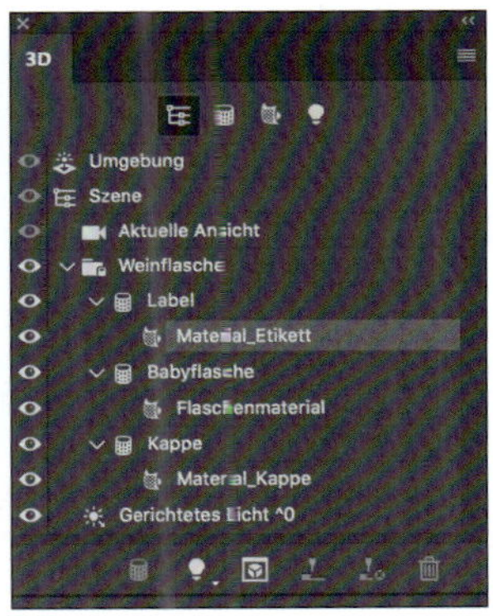

◄◄ Abbildung 31.15
Erstellen einer Weinflasche mit Hilfe der Vorgabe

◄ Abbildung 31.16
Die Weinflasche besteht aus drei Meshes, und das Ergebnis hier zeigt schon, dass Etikettendesign und 3D-Modell aufeinander abgestimmt sein müssen, damit das Ergebnis passt.

Mesh aus Tiefen-Map | Um aus einer Tiefen-Ebene ein Mesh zu erstellen, beginnen Sie mit einer Zeichnung in Graustufen. Alle dunklen Stellen werden bei einer 3D-Umwandlung eingedrückt, alle hellen bleiben erhaben (3D • Neues Mesh aus Ebene • Tiefen-Map zu • Zylinder). Am Beispiel dieser Mauer erkennen Sie die Funktionsweise. Die Mauer lässt sich einfach zeichnen, oder Sie erstellen sie durch Bearbeitung eines Fotos. Sie sollten eine leichte Weichzeichnung über die Vorlage legen, damit die Übergänge weicher werden.

Unter Mesh aus Tiefen-Map haben Sie verschiedene Optionen. Das Ergebnis der Einstellung Ebene entspricht dem »Tiefziehen« des Materials, wie es etwa verwendet wird, um Blisterpackungen herzustellen. Photoshop kann dies auch zu beiden Seiten anwenden. Darüber hinaus kann das Ergebnis auch zusätzlich in Form eines (halben) Zylinders oder einer Halbkugel gebogen werden.

»3D-Tiefen-Map.psd«

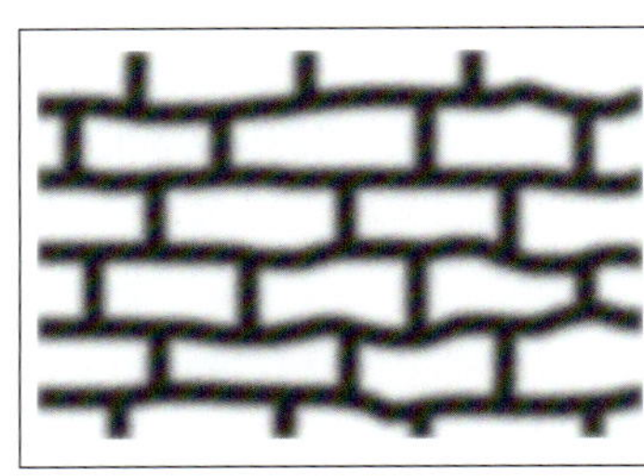

▲ Abbildung 31.17
Diese Tiefen-Map ist unsere Grundlage für die 3D-Modelle.

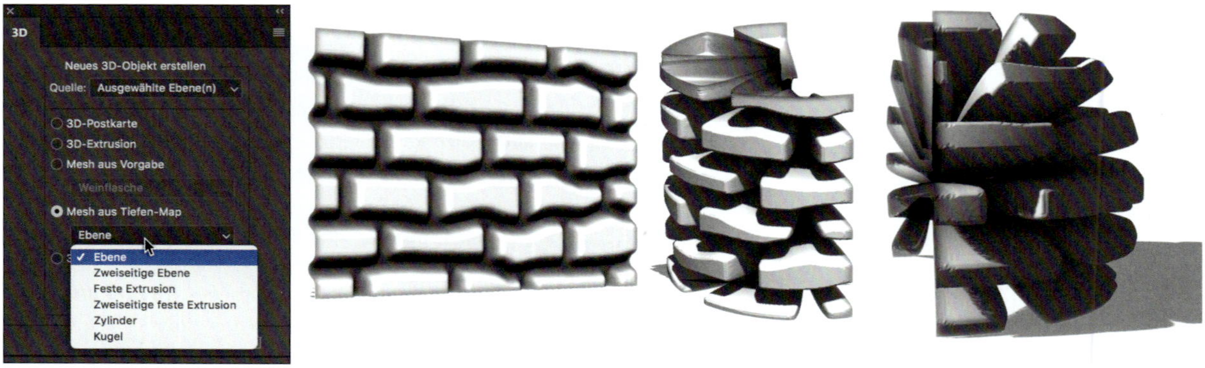

▲ **Abbildung 31.18**
Erstellen eines Mesh aus Tiefen-Map und die Ergebnisse: Ebene, Zylinder und Kugel (von links)

»Mauer-Tiefenmap.psd«
»Mauer-Bumpmap.psd«

3D-Objekte zu einem Dokument hinzufügen | Wenn Sie in einem Dokument weitere 3D-Objekte erstellen wollen, gibt es zwei Möglichkeiten: Sie können sie einer bestehenden 3D-Szene (und damit einer bestehenden Ebene) hinzufügen, oder Sie können eine neue Ebene für die Objekte anlegen. Wenn Sie einer bestehenden Szene 3D-Objekte hinzufügen wollen, wählen Sie im 3D-Bedienfeld die Umgebung oder die Szene aus und rufen dann im Bedienfeldmenü Objekte hinzufügen auf. Um Objekte auf einer neuen Ebene zu erstellen, legen Sie zunächst die Ebene an.

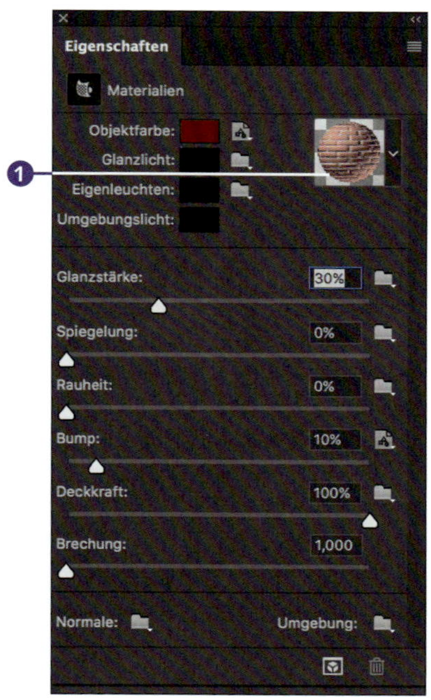

▲ **Abbildung 31.19**
Das Eigenschaften-Bedienfeld mit einem Mauer-Material

31.2 Material und Eigenschaften

Die Flächen auf einem 3D-Objekt besitzen zunächst ein glattes, einfaches Material. Für eine gute Simulation muss diese Oberfläche aber dem Charakter des Objekts entsprechen. So muss Glas durchsichtig sein und das Licht brechen, Stoff dagegen eher matt mit einer deutlichen Textur.

31.2.1 Materialien erstellen und konfigurieren

Ein Material besteht aus den Komponenten: Farbe/Licht, Deckkraft, Spiegelung, Rauheit, Bump und Brechung. Die meisten Komponenten bieten neben der Einstellung einer Farbe oder der Justierung per Werteregler auch die Option, eine Textur zu nutzen. Die Textur ist ein 2D-Bild in Graustufen und arbeitet ähnlich einer Maske. Sie können Texturen auch öffnen und wie ein ganz normales 2D-Bild bearbeiten. Ein Material kann auf einem 3D-Objekt individuell pro Mesh angewandt werden.

Sie steuern das Material eines 3D-Objekts, indem Sie den Eintrag Material im 3D-Bedienfeld markieren. Im Eigenschaften-Bedienfeld nehmen Sie anschließend die genauen Einstellungen vor. Vor allem zu

Beginn ist es oft hilfreich, mit den vorgefertigten Materialien zu arbeiten, die Sie über die Miniaturdarstellung ❶ (siehe Abbildung 31.19) erreichen.

- Licht und Farbe steuern Sie über die vier Felder OBJEKTFARBE, GLANZLICHT, EIGENLEUCHTEN und UMGEBUNGSLICHT. Die Farben beeinflussen sich gegenseitig. Die OBJEKTFARBE ist die Grundfarbe der Textur, und das Glanzlicht ist die Reflexionsfarbe durch die Beleuchtung. Die drei ersten Leuchtarten bieten die Option, eine Textur in die Farbe einzufügen. Sie ersetzt die jeweilige Farbe.
- GLANZSTÄRKE gibt an, wie das Licht reflektiert wird. Ein niedrigerer Wert erzeugt eine eher diffuse Lichtreflexion.
- SPIEGELUNG bestimmt, wie stark ein Material die Umgebung reflektiert. Ein höherer Wert erzeugt eine deutlichere Spiegelung.
- Wird die RAUHEIT des Materials erhöht, dann reduziert dies sowohl Glanzeffekte als auch Spiegelungen.
- Mit der Option BUMP lässt sich eine Struktur in der Oberfläche simulieren. Helle Bereiche gehen nach außen, dunkle nach innen. Der Schieberegler passt die Tiefe in Prozent an.
- Mit der DECKKRAFT stellen Sie die Transparenz ein – mit dem Regler lässt sich das komplette Mesh durchscheinend gestalten; verwenden Sie dagegen eine Transparenzmap, um Teilbereiche des Meshes mit »Löchern« zu versehen.
- Die Funktion BRECHUNG ist für Materialien wie zum Beispiel Glas geeignet. Je näher der Wert bei 1,0 liegt, desto mehr entspricht der Effekt der Brechung von Luft.
- Mit NORMAL wird wie mit einer Bump-Map eine Struktur der Oberfläche simuliert. Eine Normal-Map ist jedoch ein RGB-Bild. Jedes einzelne Pixel (genannt »Texel«) gibt vor, in welche Richtung und wie stark das Material an der entsprechenden Stelle verbogen sein soll.
- Die UMGEBUNG sind Bilder, die kugelförmig um das Objekt gebogen und dann in ihm reflektiert werden. Falls Sie bereits eine IBL zugewiesen haben, können Sie sie mit STANDARD IBL laden.

▲ **Abbildung 31.20**
Die Bump-Textur erzeugt im Gegensatz zu einem mit einer Tiefen-Map erzeugten Objekt lediglich eine Struktursimulation mit Hilfe der Beleuchtung. Das Mesh besitzt dagegen keine Struktur.

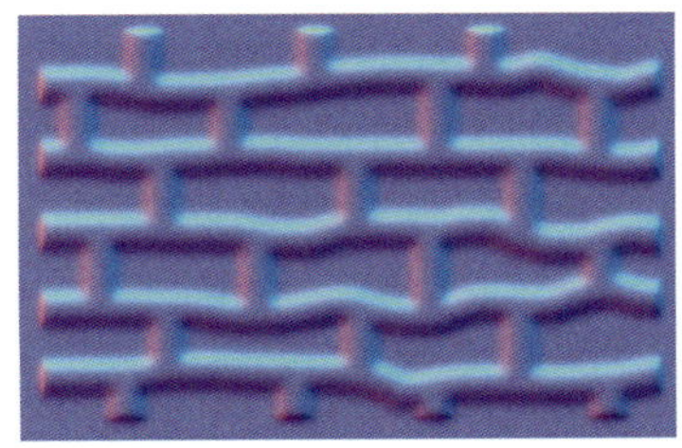

▲ **Abbildung 31.21**
Von Photoshop aus der mit der Tiefen-Map generierten Mauer (siehe Abbildung 31.17) erzeugte Normal-Map

Schneller zum Material
Klicken Sie einmal auf das Objekt, um es zu aktivieren, und ein zweites Mal, um das Material in den Eigenschaften aufzurufen.

»Tisch-Render.psd«

◂ **Abbildung 31.22**
Verschiedene Standardmaterialien wie Chrom, Plexiglas und Wolle auf einem Holzbrett mit eigener Holztextur sowie passender Bump-Map und Dosen mit Etikett

31.2.2 3D-Objekte bemalen

Maps erstellen
Die Anordnung der Map auf dem Objekt kann verwirrend sein. Bewegen Sie daher zunächst den Cursor über die Map, und beobachten Sie den Cursor auf dem Objekt. Zeichnen Sie dann einfache Formen, um zu sehen, wie diese auf dem Objekt erscheinen. So bekommen Sie ein Gefühl dafür.

Sie können 3D-Objekte auch einfach mit dem Pinsel-Werkzeug von Photoshop intuitiv bemalen oder bestempeln. Um 3D-Objekte zu bemalen, gehen Sie am besten so vor: Lassen Sie sich das 3D-Objekt in der 3D-Modellansicht anzeigen. Doppelklicken Sie im Ebenen-Bedienfeld auf die Textur, die Sie bemalen möchten. Um sich die 3D-Modellansicht und das Texturdokument nebeneinander anzeigen zu lassen, wählen Sie FENSTER • ANORDNEN • 2 NEBENEINANDER. Mit aktiviertem Pinsel [B] können Sie nun entweder das 3D-Modell selbst ❶ oder das Texturdokument ❷ bemalen. Die Cursorposition wird zwischen beiden Fenstern synchronisiert, so dass Sie präzise sehen, wo auf dem Objekt Sie gerade zeichnen. Die Pinselstriche werden »live« sowohl auf der Textur als auch auf dem Objekt berechnet, so dass Sie unmittelbar ein Ergebnis sehen.

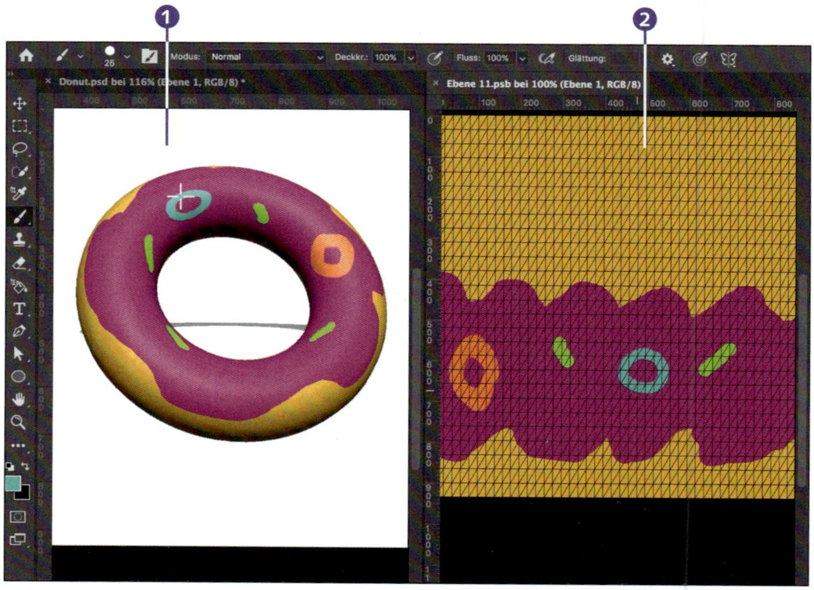

Abbildung 31.23 ▸
Der türkise Kreis wurde auf die Map gemalt und ist daher auf dem 3D-Modell entsprechend verzerrt, der orange Kreis wurde direkt auf das Modell gemalt und ist daher in der Textur kein Kreis.

Direkt auf das Objekt gemalte Muster sehen gegebenenfalls unrealistisch aus, da sie der Objektkrümmung entsprechend projiziert werden. Sie müssen daher von Fall zu Fall entscheiden, ob es sinnvoller ist, auf das Objekt oder auf die Textur zu zeichnen.

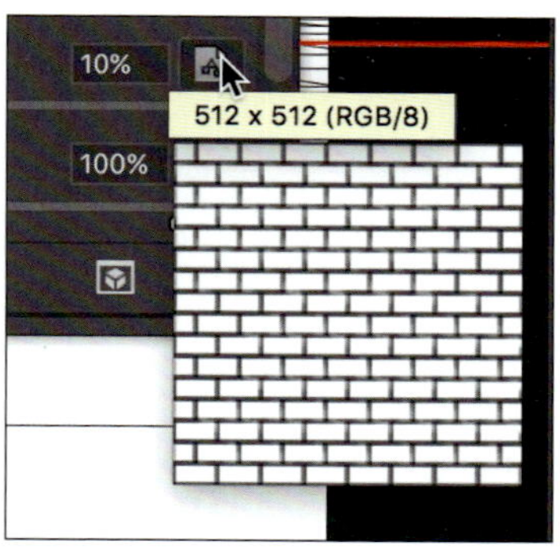

▴ Abbildung 31.24
Anders als vom gesamten Material wird von einzelnen Maps keine Vorschau gezeigt. Halten Sie den Cursor über dem Dateisymbol, um eine Vorschau und die Größe der Map anzuzeigen.

31.2.3 UV-Eigenschaften bearbeiten

Eine Textur als Projektion auf einer Fläche wird normalerweise unproportional gedehnt. Dabei ist es egal, in welcher Auflösung die Textur vorliegt. Daher ist es sinnvoll, beim Gestalten von Etiketten oder Packungen mit exakt aufeinander abgestimmten Maps und 3D-Objekten zu arbeiten.

Wenn Sie jedoch ein Muster zuweisen oder mit einer unregelmäßigen Oberfläche arbeiten, können Sie die Skalierung und Anordnung des Materials nachjustieren. Dazu finden Sie unter jeder Textur (Flyout-Menü) den Befehl UV-EIGENSCHAFTEN BEARBEITEN.

»Muster-Dose.psd«

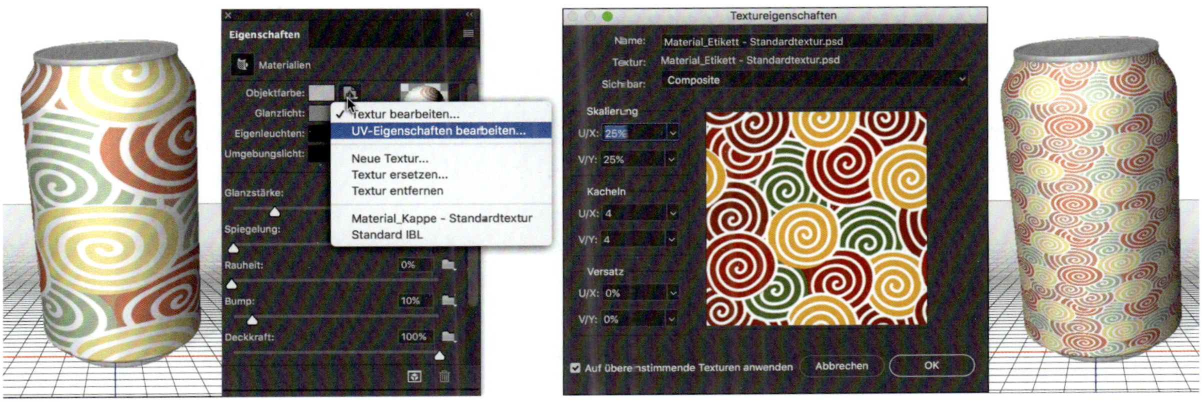

▲ **Abbildung 31.25**
Die Map wird zunächst auf dem Objekt gedehnt. In den UV-Eigenschaften können Sie es skalieren – im Fall einer Verkleinerung wird es gekachelt. Alternativ geben Sie die Anzahl der Kacheln ein, und die Skalierung wird angepasst.

31.2.4 Material-Presets laden

Damit Sie nicht so viel ausprobieren müssen, um zu einem realistischen Material zu kommen, bauen Sie auf den vorinstallierten Material-Presets auf. Etliche Ergänzungen dazu erhalten Sie unter folgendem Link: *https://www.photoshop.com/products/photoshop/3d/content*.

Nach der Installation im Programmordner unter PRESETS • MATERIAL finden Sie im Zahnradmenü die zusätzlichen Material-Kategorien. Rufen Sie sie auf, und fügen Sie sie der Material-Auswahl hinzu, wie Sie es bei anderen Vorgaben machen würden.

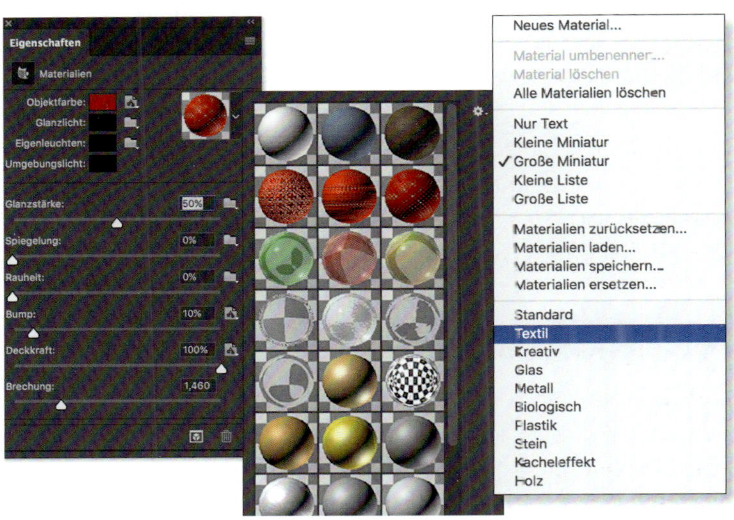

◂ **Abbildung 31.26**
Durch die Aktivierung des Eintrags wurden weitere Materialien angefügt (TEXTIL, KREATIV, GLAS, METALL, BIOLOGISCH, PLASTIK, STEIN, KACHELEFFEKT, HOLZ – zusätzlich zu STANDARD).

31.3 Objekte extrudieren

Ein 3D-Objekt wird in den drei Dimensionen Breite (X), Höhe (Y) und Tiefe (Z) definiert. Sie bestimmen die Maße des Körpers. Wird eine Fläche in die Tiefe gezogen, um einen dreidimensionalen Körper zu erstellen, so nennt man das *Extrusion*. Da die Extrusion jedoch einige Variationsmöglichkeiten besitzt, können Sie damit bereits vielfältig arbeiten.

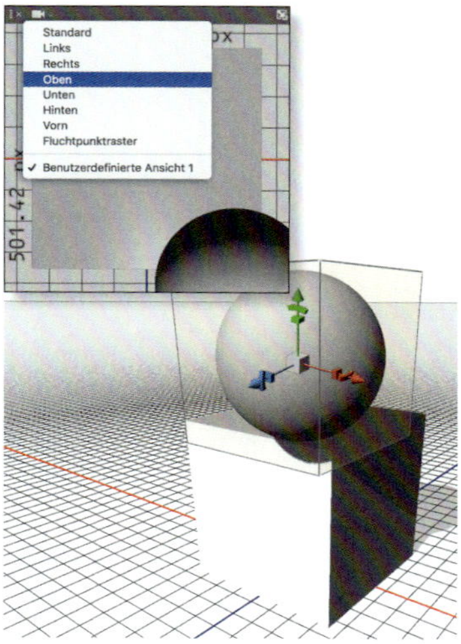

▲ Abbildung 31.27
Für die zweite Ansicht können Sie im Menü aus mehreren Blickwinkeln wählen.

31.3.1 Sekundäre 3D-Ansicht

Wenn Sie mehrere Objekte aneinander ausrichten wollen oder komplexere Konstruktionen erstellen, benötigen Sie in den meisten Fällen die sekundäre Ansicht. Anders als in der zweidimensionalen Bildbearbeitung können Sie die Objekte in einer 3D-Szene nicht einfach nach der aktuellen Ansicht verschieben, sondern Sie müssen sich die Szene aus mehreren Perspektiven ansehen, damit alles wirklich stimmt.

Wird das kleine Fenster nicht angezeigt, dann rufen Sie es unter ANSICHT • ANZEIGEN • SEKUNDÄRE 3D-ANSICHT auf.

31.3.2 Extrusion erstellen und Extrusionsoptionen

▲ Abbildung 31.28
Die unscheinbarste Option – die Position der DEFORMATIONSACHSE – hat einen entscheidenden Einfluss auf das Ergebnis. Klicken Sie auf einen der neun kleinen Punkte.

Extrusionen lassen sich aus Textebenen, transparenten Bildebenen, Pfaden und Formebenen erstellen. Wir starten mit einer Textebene, die im Ebenen-Bedienfeld aktiviert sein muss.

Mit 3D • NEUE 3D-EXTRUSION AUS AUSGEWÄHLTER EBENE extrudieren Sie den Text zu einem 3D-Objekt. Die Auswirkung sollten Sie direkt im Dokument erkennen können. Aktivieren Sie im 3D-Bedienfeld das Mesh (das durch ein dreidimensionales kleines T symbolisiert wird), dann erhalten Sie im Eigenschaften-Bedienfeld andere Optionen sowie zusätzlich die Bereiche DEFORMIEREN und KAPPE.

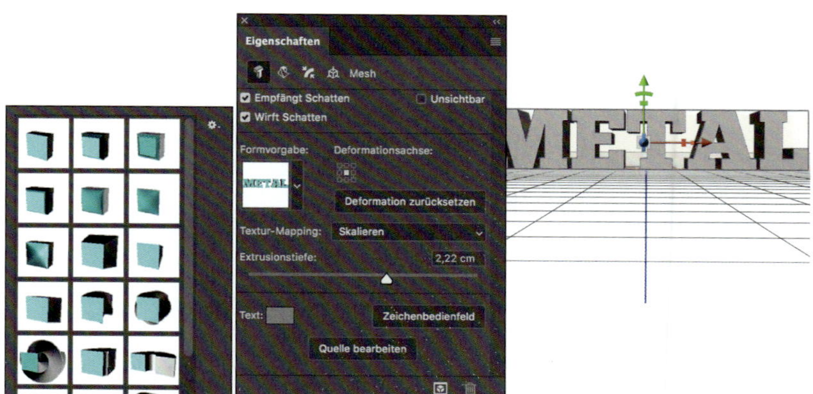

Abbildung 31.29 ▶
Für den extrudierten Text können Sie entweder im Bereich MESH aus Vorgaben wählen, oder Sie gehen in die Bereiche DEFORMIEREN und KAPPE und stellen sich Ihr ganz individuelles Design zusammen.

Die Formvorgaben zeigen schon, wohin die Reise gehen kann. Sie können sie durchtesten, falls Sie die kleinen Vorschaubilder nicht erkennen können. Gehen Sie nun aber in DEFORMIEREN, um individuelle Verformungen zu gestalten. Die Optionen können Sie exakt numerisch im Bedienfeld eingeben, oder Sie bewegen den Cursor über das Objekt und verwenden das Widget. Deutliche Hinweise zeigen, was Sie beim Klicken und Ziehen jeweils erreichen.

▼ **Abbildung 31.30**
Einstellmöglichkeiten für die Extrusion und die Abschlusskappen im Eigenschaften-Bedienfeld und direkt am Objekt mit dem Widget

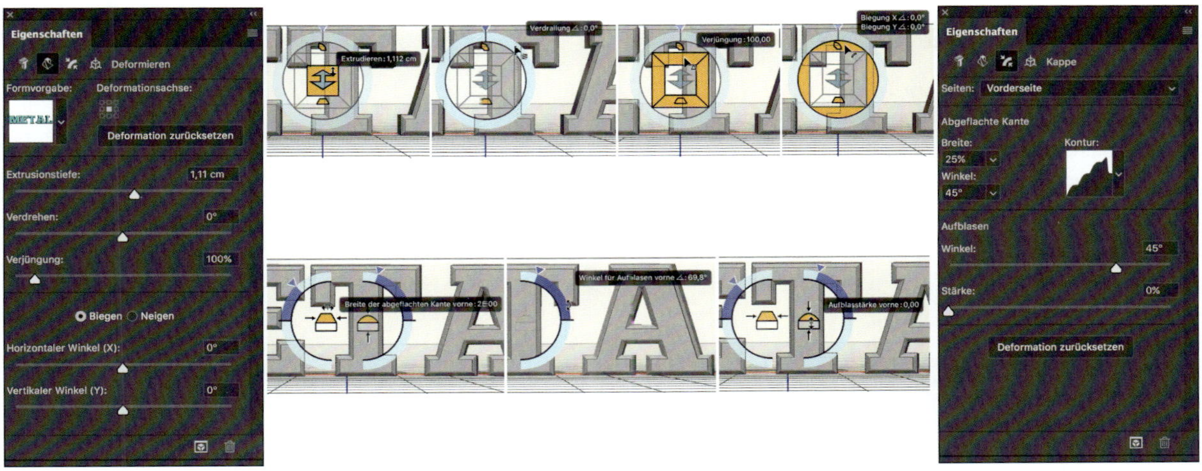

Eine abgeflachte Kante kann an der Vorderseite, der Rückseite oder an beiden Seiten angebracht werden. Wählen Sie aus dem kleinen Menü SEITEN. Die Form der abgeflachten Kante, also das Profil, können Sie ändern. Entweder rufen Sie das Menü mit dem kleinen Pfeil neben dem Profilbild auf, oder Sie klicken direkt auf das Bild, um einen kleinen Editor zu öffnen, indem Sie das Profil mit einem Pfad beschreiben.

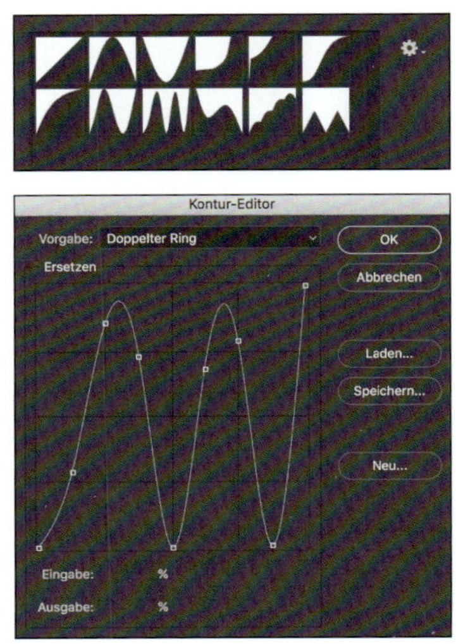

▲ **Abbildung 31.31**
Optionen für die Form der Profilkante können Sie aus Vorgaben wählen oder frei gestalten.

31.3.3 Rotationskörper erstellen

Den Umstand, dass die Extrusion sehr frei verformt werden kann, machen Sie sich nun zunutze, um Rotationskörper zu erstellen. Rotation ist eine Basistechnik, um 3D-Objekte zu konstruieren, indem Sie deren Querschnitt zeichnen, der dann wie auf einer Töpferscheibe gedreht wird. Sie können das Ausgangsobjekt auf eine transparente Bildebene malen, besser ist es jedoch, einen Pfad zu zeichnen.

Genauer gesagt benötigen Sie auch nicht den kompletten Querschnitt, sondern lediglich die Hälfte. Da Sie den Ursprung der DEFORMATIONSACHSE selbst bestimmen können, ist es egal, ob Sie die linke oder die rechte Hälfte zeichnen. Sie können auch mehrere Pfade zeichnen, auswählen und dann gemeinsam extrudieren. Dazu gehen Sie auf

▲ **Abbildung 31.32**
Die einzelnen Bereiche einer Extrusion: Extrusionskörper (gelb) und Kappe, die sich in Profilkante (blau) und Aufblasen (rot) aufteilt

3D • NEUE 3D-EXTRUSION AUS AUGEWÄHLTEM PFAD. Gehen Sie nach dem Erstellen der Extrusion ins Eigenschaften-Bedienfeld auf DEFORMIEREN, und geben Sie unter BIEGEN einen HORIZONTALEN WINKEL von 360° (für eine volle Rotation) ein. In der Mitte ist nun noch eine kleine Lücke. Sie wird geschlossen, indem Sie die EXTRUSIONSTIEFE auf 0 setzen.

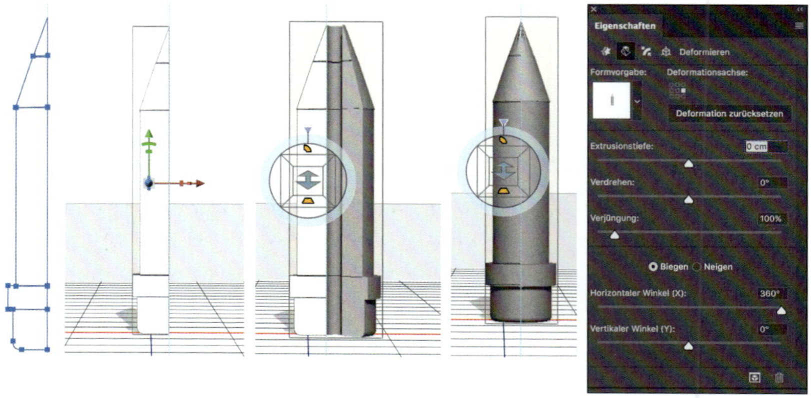

Abbildung 31.33 ►
Rotation eines Bleistifts

31.3.4 Extrusion bearbeiten

Die Extrusionsoptionen lassen sich nachträglich auch ändern. Darüber hinaus gibt es weitere Bearbeitungsmöglichkeiten.

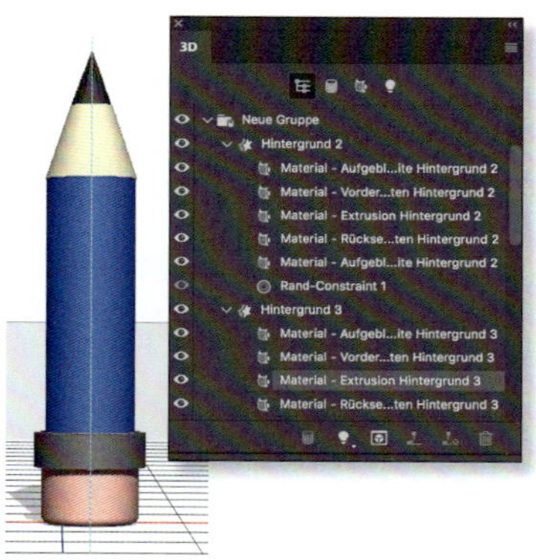

▲ **Abbildung 31.34**
Nach dem Aufteilen der Extrusion können die Teile einzeln gefärbt werden.

Quelle bearbeiten | Über die Schaltfläche QUELLE BEARBEITEN haben Sie die Möglichkeit, das Original – z. B. Textinhalte – zu verändern.

Extrusion teilen | Der Buntstift oder auch ein Text bestehen aus mehreren Einzelteilen. Ein 3D-Objekt wird aber wie ein Block gehandhabt. Mit der Option 3D • EXTRUSION TEILEN teilen Sie die Elemente in Einzelteile auf. So können Sie sie einzeln modifizieren, z. B. transformieren oder einzeln färben. Bei einem Text sind dann auch Umlautpunkte einzelne Elemente. Markieren Sie einfach mit der [⇧]-Taste mehrere Objekte, um sie zu verändern.

»Extrusion-Teile.psd«, »Buntstift.psd«

Gruppieren | Um das Auswählen mehrerer Elemente im 3D-Bedienfeld zu vereinfachen, können Sie sie gruppieren. Dazu wählen Sie die betreffenden Elemente aus und gehen auf 3D • OBJEKTE GRUPPIEREN bzw. verwenden [Strg]/[cmd]+[G].

31.3.5 Mehrere 3D-Ebenen zusammenfügen

»3D-Ebenen.psd«

Vor allem, wenn Sie Modelle importieren, entsteht jedes Mal eine neue Ebene, und damit befinden sich die Objekte nicht in derselben Szene.

Um das zu ändern und mehrere Ebenen zu einer zusammenzufügen, aktivieren Sie im Ebenen-Bedienfeld die obere Ebene und wählen im Bedienfeldmenü MIT DARUNTERLIEGENDER AUF EINE EBENE REDUZIEREN. Wählen Sie keinen der anderen Reduzieren-Befehle, da sie die 3D-Szenen insgesamt zu Pixeln verflachen. Sie müssen damit rechnen, dass Ihre Objekte anschließend anders angeordnet sind, da verschiedene Koordinatensysteme zusammengeführt werden. Diese Zusammenführung sollte also möglichst am Anfang umfangreicher Bearbeitungen stehen.

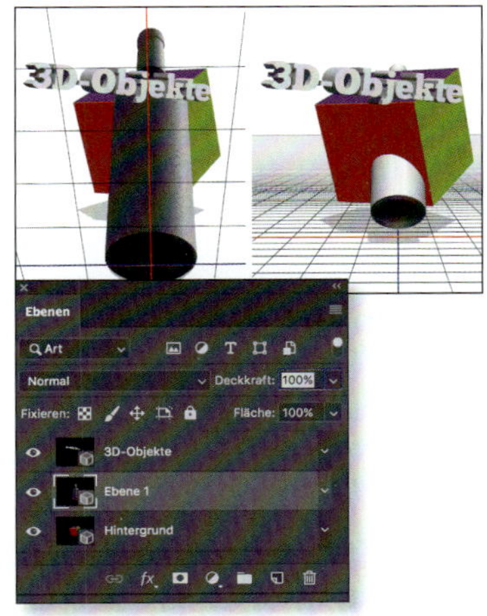

▲ **Abbildung 31.35**
Zusammenfügen der mittleren mit der unteren Ebene und das Ergebnis (oben rechts)

31.3.6 3D-Objekte importieren

Komplexere Modelle aus vielen einzelnen Objekten und mit den vielen spezialisierten 3D-Konstruktionsmethoden können Sie in Photoshop nicht bauen, dafür benötigen Sie 3D-Software. Die in 3D-Software erstellten Modelle können Sie jedoch importieren. Sie müssen sie auch gar nicht selbst bauen, denn Sie können Modelle aus allen Lebensbereichen online erwerben und manchmal sogar kostenlos erhalten. Zum Austausch mit den anderen Programmen achten Sie auf das Dateiformat. Photoshop importiert die Dateiformate DAE (Collada), OBJ, 3DS, U3D und KMZ (Google Earth).

Diese Dateien lassen sich direkt öffnen und erscheinen als eigene Ebene in Photoshop, oder Sie importieren sie über den Menüpunkt 3D • NEUE 3D-EBENE AUS DATEI in eine eigene Datei.

Quellen
Fertige 3D-Objekte finden Sie auch im Internet. Gute Anlaufstellen sind folgende Websites:
- *http://archive3d.net*
- *www.daz3d.com/shop/free-3d-models-and-content*
- *www.turbosquid.com/photoshop-3d*
- *www.CGTrader.com*

31.4 Kamera und Licht

Für eine glaubwürdige Montage muss die Kamera passend zum verwendeten Fotohintergrund eingerichtet und die Lichtstimmung ebenfalls nachgestellt werden. Licht unterstützt in einer 3D-Simulation die räumliche Wirkung der Objekte.

▲ **Abbildung 31.36**
Dieser Text soll in die Perspektive und Lichtsituation eingepasst werden.

31.4.1 Kamera an Foto/Szene anpassen

Wenn Sie ein 3D-Objekt in ein Foto integrieren wollen, ist selbstverständlich die korrekte Perspektive die Basis aller anderen Optionen. Daher passen Sie diese als Erstes an. Dazu wird nicht das Objekt selbst gedreht, sondern die Grundebene entsprechend dem Foto verändert. Da die Grundebene Schatten und Spiegelungen empfängt, ist es nur so sinnvoll. Für die Anpassung aktivieren Sie die 3D-Ebene im Ebenen-Bedienfeld und rufen FILTER • FLUCHTPUNKT auf. Richten Sie darin die Bodenebene mit dem Ebene-erstellen-Werkzeug ein, und gehen Sie dann auf OK. Dann wählen Sie im 3D-Bedienfeld die AKTUELLE ANSICHT aus und rufen im Eigenschaften-Bedienfeld unter ANSICHT das FLUCHTPUNKTRASTER auf. Die Bodenebene wird angepasst, und dabei verschiebt sich gegebenenfalls das 3D-Objekt ein wenig.

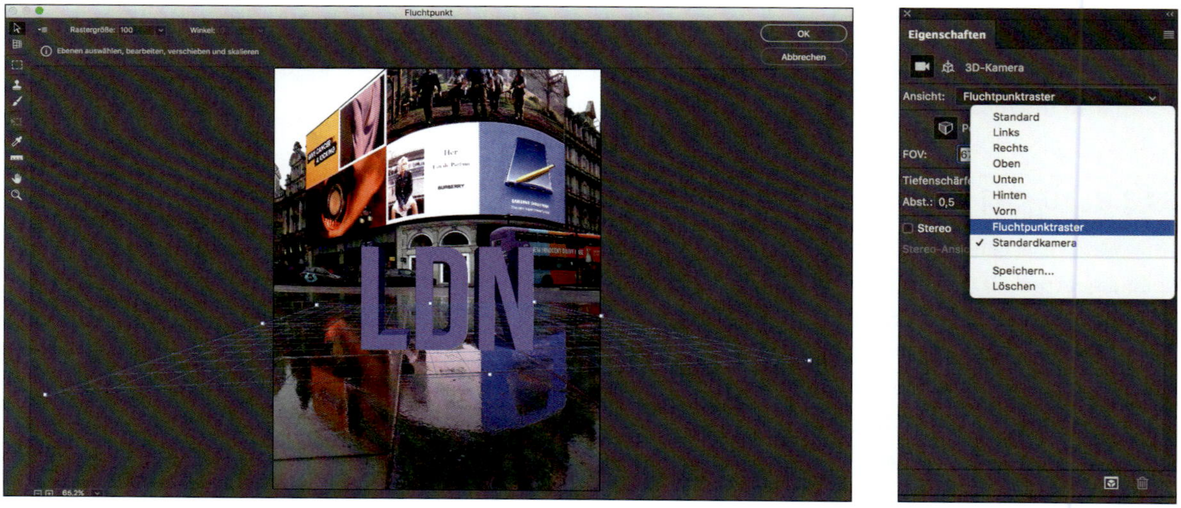

▲ **Abbildung 31.37**
Im Fluchtpunktraster-Filter ist es sehr einfach, die Bildperspektive anhand einer wie in diesem Bild vorhandenen Bodenkachelung zu ermitteln (links). Die 3D-Umgebung kann darauf zugreifen (rechts).

»Piccadilly.psd«

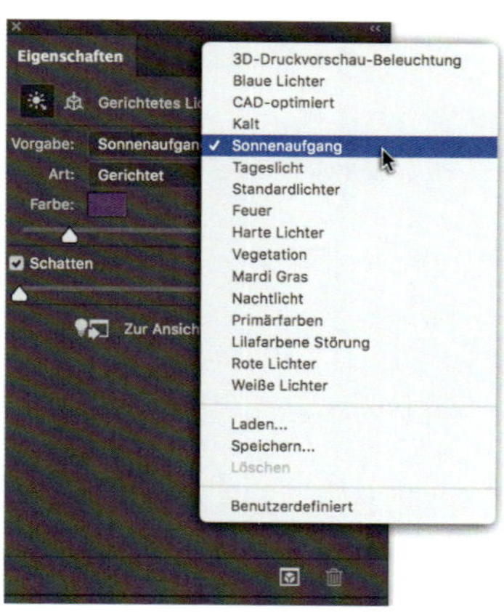

▲ **Abbildung 31.38**
Vorgefertigte Lichtsituationen

31.4.2 Lichtquellenarten

In Photoshop können Sie aus vier Lichtquellenarten wählen:

- Punktlichter strahlen von ihrer Position gleichmäßig in alle Richtungen, vergleichbar einer Glühlampe.
- Spotlichter geben einen justierbaren kegelförmigen Lichtstrahl ab.
- Gerichtete Lichter senden parallele Lichtstrahlen aus einer Richtung, so wie die Sonne.
- Bildbasierte Lichtquellen legen ein erleuchtetes Bild um die Szene.

Licht anpassen | Die Einstellungen für die Lichter erfolgen immer in der 3D-Szene, so dass Sie bei mehreren Szenen in mehreren Ebenen einer Datei die Lichtvorgaben übertragen müssen.

Um die Lichtquelle Ihrer 3D-Szene zu bearbeiten, filtern Sie im 3D-Bedienfeld nach Lichtquellen. Es erscheint mindestens eine Quelle, die Sie jedoch ebenfalls abschalten können, indem Sie sie mit dem Augensymbol ausblenden. Im Eigenschaften-Bedienfeld werden jeweils die Art der ausgewählten Lichtquelle und deren Optionen eingeblendet:

- Unter Vorgabe sind Lichtsituationen als Voreinstellung vorhanden.
- Unter Art können Sie die Lichtquellenart jederzeit wechseln.
- Die Farbe definiert die Farbigkeit des Lichts. Nachtsituationen können z. B. durch Blautöne simuliert werden.
- Intensität: Definieren Sie die Stärke und damit Helligkeit des Lichts.
- Schatten/Weichheit: Aktivieren Sie Schatten, wenn die Lichtquelle Schatten erzeugen soll. Mit dem Regler stellen Sie ein, wie stark die Schattenkanten weichgezeichnet werden sollen.
- Hotspot/Konus (nur Spotlicht): Der Konus des Spotlichts bestimmt den Abstrahlungswinkel. Innerhalb des Konus gibt es als weitere Option den Hotspot, mit dem Sie auf dem Weg über einen Strahlungswinkel die Größe des hellsten Bereichs bestimmen. Zwischen diesen beiden erfolgt ein allmählicher Helligskeitsübergang.
- Lichtabnahme (Spotlicht, Punktlicht): Mit den beiden Optionen Innen und Aussen bestimmen Sie, wie weit die Lichtquelle strahlt. Kerzenlicht hat eine geringere Reichweite als ein Studioscheinwerfer.
- Zur Ansicht verschieben: Mit einem Klick auf setzen Sie das Licht in die Mitte der aktuellen Ansicht mit der Ausrichtung nach vorne.
- Auf Ursprung ausrichten (Spotlicht): Mit einem Klick auf richten Sie das Licht auf den Koordinaten-Nullpunkt aus.

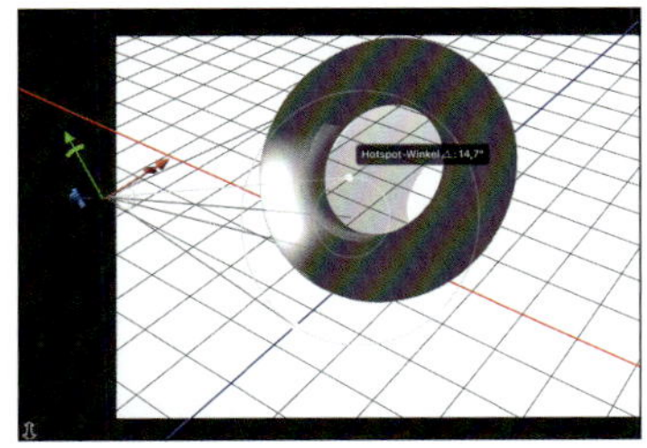

▲ **Abbildung 31.39**
Die zwei Radien des Spotlichts

▲ **Abbildung 31.40**
Das gerichtete Licht mit seinem kleinen »Knubbel« am Ende der Linie. Lichter können Sie schnell aktivieren, indem Sie im Dokument auf das Lichtsymbol (am oberen Rand der Abbildung) klicken. Die Lichtrichtung habe ich hier anhand der Lichtkante am Bus (rechts im Foto) ermittelt.

Licht ausrichten | Um die Lichter in der Szene auszurichten, verwenden Sie beim gerichteten Licht den kleinen »Knubbel« der direkt am Licht angezeigt wird. Spotlichter und Punktlichter verhalten sich dagegen wie Objekte, die Sie mit den 3D-Werkzeugen bzw. dem Achsen-Widget in der Szene positionieren. Bewegen Sie den Cursor über den Kegel des Spotlichts, und Photoshop markiert jeweils die Anfasser für das Einstellen der einzelnen Optionen.

Umgebungslicht einstellen | Für das Umgebungslicht klicken Sie im 3D-Bedienfeld auf Umgebung. Legen Sie das Licht mit aktivierter Funktion IBL und einer geladenen Textur über das 3D-Objekt, oder stellen Sie es einfach als Farbe ein.

31.4.3 Schatten und Spiegelungen

Reflexionen und Schatten sind unerlässlich für eine realistische Wirkung einer 3D-Szene. Schatten heben das Objekt vom Hintergrund ab. Spiegelungen entstehen zum einen zwischen Objekten – dann werden sie im Material definiert –, zum anderen können sich Objekte auch im Boden spiegeln. Das geschieht in den Umgebungsparametern.

Bodenebene
Schatten und Spiegelungen, die Sie hier einstellen, werden nur auf der Bodenebene gebildet. Sie ist selbst nicht als Objekt sichtbar, empfängt jedoch Schatten und Spiegelungen. Wenn Sie gebogene oder anders verformte Schatten benötigen, müssen Sie Objekte als »Schattenfänger« bauen.

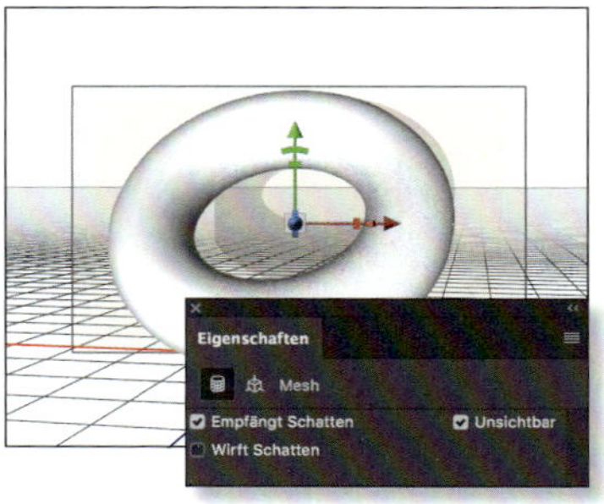

▲ **Abbildung 31.41**
Das hinter dem Donut stehende Rechteck ist selbst unsichtbar, fängt jedoch einen Schatten.

Die generierten Spiegelungen sind realistisch (sie zeigen die Unterseite des Objekts) und lassen sich über die Optionen natürlich sehr viel einfacher generieren als über Bildbearbeitungsmethoden.

Auch das Umgebungslicht kann Schatten werfen. Sie aktivieren sie im Eigenschaften-Bedienfeld, wenn die Umgebung ausgewählt ist ❶. Auch diesen Schatten können Sie weich auslaufen lassen. Für Ihre Objekte müssen Sie außerdem definieren, ob sie Schatten empfangen und/oder werfen ❷.

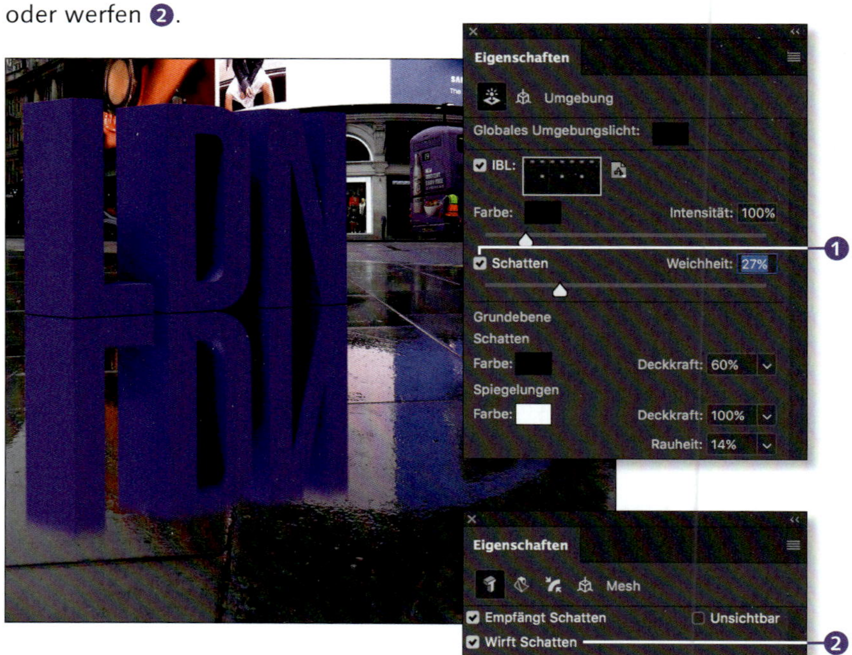

Abbildung 31.42 ▶
Ein 2D-Bild mit 3D-Typografie, Schatten und Spiegelung – das Modell ist hier vom Boden abgehoben, damit eine Lücke entsteht, die realistischer aussieht. In der Bildbearbeitung müssten nun noch Unebenheiten in die Spiegelung eingebracht werden. Eine niedrigere Deckkraft war hier nicht möglich, denn das Modell steht vor den anderen spiegelnden Elementen.

Foto: Monika Gause

▲ **Abbildung 31.43**
Dasselbe Motiv mit einem Punktlicht

31.4.4 Stereokamera

Sollen (gedruckte) Bilder oder Filme 3D simulieren, verwenden Sie die Stereokamera, mit der Bilder gemacht werden, die zwar keine Tiefe enthalten, dank spezieller Betrachtungstechnik aber räumlich wirken.

Das Prinzip beruht darauf, dass wir aufgrund des Abstands zwischen unseren Augen die Umgebung aus zwei Blickwinkeln betrachten. Dadurch kann das Gehirn Entfernungen einordnen und ein räumliches Bild erstellen. Die Stereoskopie serviert nun mittels unterschiedlicher Techniken dem linken und rechten Auge jeweils Bilder aus zwei leicht abweichenden Betrachtungswinkeln.

Die Funktion aktivieren Sie im Eigenschaften-Bedienfeld, wenn Sie den Eintrag Aktuelle Ansicht im 3D-Bedienfeld markieren. Photoshop unterstützt drei Arten:

- Beim Stereogramm – auch *Anaglyphenverfahren* genannt – werden die beiden Halbbilder übereinandergedruckt, wobei sie in Komplementärfarben eingefärbt werden. Zum Betrachten braucht man eine 3D-Brille – Photoshop erzeugt Bilder in Rot/Blau.

- Das LINSENRASTER ist für die Betrachtung mit speziellen Linsenbrillen oder Linsenrasterfolien (häufig bei Ansichtskarten verwendet) gedacht. Dabei wechselt die Ansicht je nach Betrachtungswinkel. Die Linienraster werden in lpi (»lines per inch«) angegeben.
- Eine einfache Methode ist das Betrachten als Stereopaarbild. In Photoshop wird es SIDE-BY-SIDE genannt. Dabei werden zwei stereoskopische Halbbilder nebeneinander abgebildet, und mit einer speziellen Blicktechnik (Parallelblick oder Kreuzblick = schielen) können sie ohne weitere Hilfsmittel als räumliches Bild wahrgenommen werden.

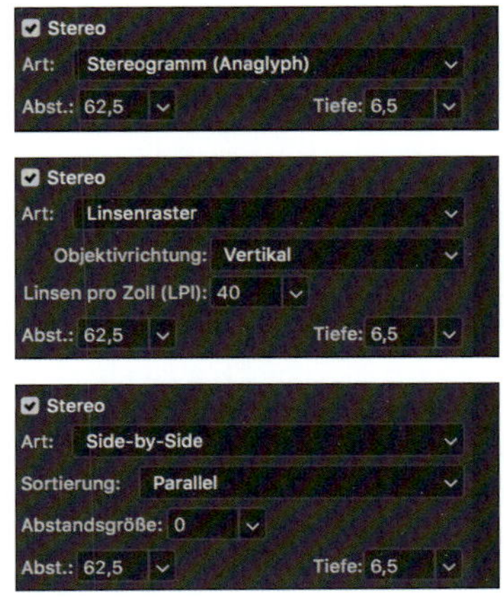

▲ **Abbildung 31.44**
Für die unterschiedlichen Stereo-Methoden gibt es jeweils individuelle Optionen. Allen gemeinsam ist die Option (Augen-)ABST. und (Fokus-)TIEFE. Hierfür funktionierende Werte zu finden, ist eine Wissenschaft für sich: Der Abstand sollte unserem Augenabstand entsprechen; für die Tiefe wählen Sie den Wert nicht zu hoch, denn das käme dem Effekt gleich, dass die Augen nach außen gedreht werden müssen.

▲ **Abbildung 31.45**
Stereogramm (links) und Linsenraster (rechts)

31.4.5 Tiefenschärfe

In der Fotografie wird durch die Wahl von Objektiv, Belichtungszeit und Blende ein Entfernungsbereich im Bild scharfgestellt, und das Umfeld wird unscharf – man bezeichnet das als TIEFENSCHÄRFE (oder *Schärfentiefe*). Diesen Effekt können Sie auch auf 3D-Objekte anwenden, um die Tiefe zu simulieren. Aktivieren Sie dazu im 3D-Bedienfeld die AKTUELLE ANSICHT, und definieren Sie im Eigenschaften-Bedienfeld unter FOV (Bildwinkel) das OBJEKTIV und die Brennweite. Alternativ klicken und ziehen Sie mit dem 3D-Kamerazoom-Werkzeug und stellen den Bildwinkel intuitiv im Dokument ein. Die Werte im Bedienfeld ändern sich entsprechend.

Wählen Sie dann den ABSTAND, der die Position des fokussierten Entfernungsbereichs auf dem Objekt kennzeichnet. Mit Alt+Klick auf das Objekt können Sie diese Position auch intuitiv festlegen. Der Regler TIEFE bestimmt die Stärke der Unschärfe.

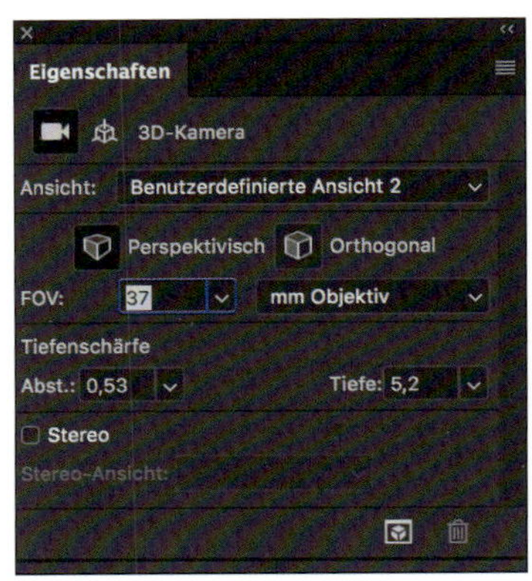

▲ **Abbildung 31.46**
Die Tiefenschärfe-Optionen

3D-Modell: Locomotive_works/TurboSquid.com

Abbildung 31.47 ▸
Tiefenschärfe in einem 3D-Rendering

3D-Export
In Photoshop erstellte oder importierte 3D-Objekte können Sie auch in einige Dateiformate exportieren, um sie dann in anderen 3D-Programmen weiterzubearbeiten. Wählen Sie dazu die entsprechende Ebene im Bedienfeld aus und gehen Sie auf 3D • 3D-Ebene exportieren.

31.5 3D-Animation

»Video_animiert.psd«

3D-Objekte können Sie in Photoshop ganz einfach über die Zeitleiste auch animieren, dabei mit anderem Videomaterial kombinieren und schneiden. Animieren lassen sich dabei Positionen wie auch Eigenschaften. Platzierte Fuse-Figuren beinhalten sogar Animationen ihrer jeweiligen Posen.

Sollen einzelne Buchstaben eines Texts animiert werden, ist es nötig, die Extrusion über den Menübefehl 3D • Extrusion teilen zu teilen.

Animation
Mehr zu Videoschnitt und Animation mit der Zeitleiste finden Sie in Kapitel 30.

Animation erstellen | Um eine Animation anzulegen, klicken Sie zunächst im Zeitleiste-Bedienfeld auf den Button Videozeitleiste erstellen. Wenn Sie nun mit einem Klick auf den kleinen Pfeil links in der Ebene die Ebeneneigenschaften anzeigen, sehen Sie, welche 3D-Eigenschaften animiert werden können.

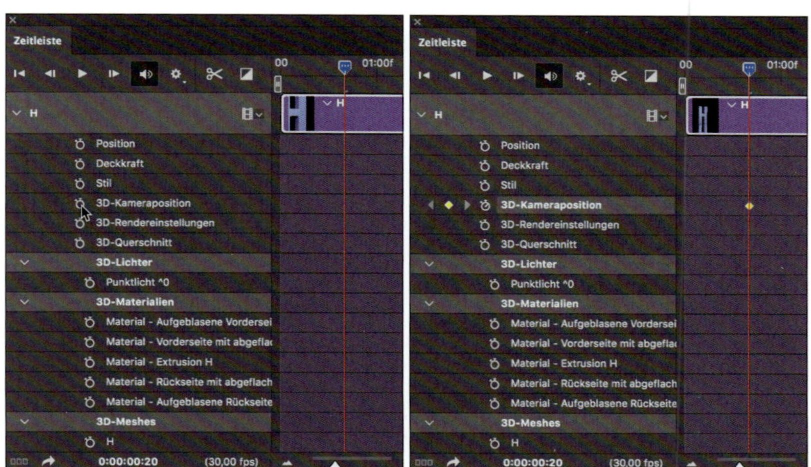

Abbildung 31.48 ▸
3D-Ebene im Zeitleiste-Bedienfeld: die mit »3D« bezeichneten Eigenschaften lassen sich durch das Setzen von Keyframes und das Ändern der gewünschten Optionen animieren: Ein Klick auf die kleine Stoppuhr (links) setzt den ersten Keyframe der Eigenschaft an die Position des Abspielkopfs (rechts).

Keyframes verwenden | In der Zeile, in der Sie etwas animieren möchten, setzen Sie den Abspielkopf in den gewünschten Frame und erzeugen dort einen Keyframe mit einem Klick auf (für den ersten Keyframe) bzw. (für alle weiteren Keyframes der Zeile). Dann wählen Sie im 3D-Bedienfeld das entsprechende Element im Hierarchiebaum aus, so wie Sie es beim Erstellen einer Szene ebenfalls tun. Zuletzt definieren Sie die gewünschte Änderung, indem Sie das Objekt bewegen oder etwas im Eigenschaften-Bedienfeld eingeben. Einen Keyframe sollten Sie jeweils in Frame 1 setzen, um die Anfangsposition ebenfalls anzulegen.

Objekte transformieren
Wenn man Objekte animiert, dann bleibt es nicht aus, dass sie nach einer Transformation plötzlich »schweben«. Mit dem Befehl 3D • Das Objekt an Grundebene ausrichten bekommen Sie sie ganz schnell wieder auf den Boden zurück.

Animation erstellen | Die Animation selbst definieren Sie unter:

- 3D-Meshes: Hier können Sie Objektpositionen und -maße verändern. Deformationen des Meshes können Sie nicht animieren.
- 3D-Materialien: Getrennt für die Extrusion und die vordere bzw. hintere Kappe lassen sich hier Oberflächeneigenschaften über die Zeit verändern.
- 3D-Lichter: Animieren Sie hier die Positionen, Ausrichtung und Eigenschaften Ihrer Lichtquellen.
- 3D-Kameraposition: Hier lässt sich nicht nur die Kamera bewegen, sondern Sie können auch ihr Blickfeld und die Tiefenschärfe animieren.
- 3D-Rendereinstellungen: Über die Zeit können Sie einen anderen Look generieren, indem Sie das Rendering auf eine andere Obfläche umstellen oder Konturen berechnen lassen.
- 3D-Querschnitt: Auch die Position des Querschnitts können Sie bewegen.

Die Übergänge zwischen den Keyframes erzeugt Photoshop.

▲ **Abbildung 31.49**
Je mehr Bedienfelder geöffnet sein müssen, umso sinnvoller ist es, dass Sie diese auch mit einem Rechtsklick ins Dokument kontextabhängig aufrufen können. Je nachdem, an welcher Stelle Sie klicken, erscheint der entsprechende Inhalt.

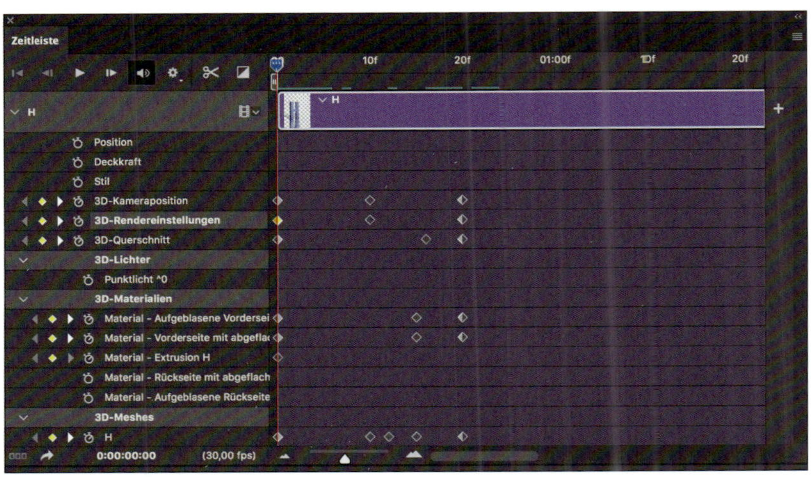

◀ **Abbildung 31.50**
Zeitleiste-Bedienfeld mit Keyframes für die Animation von Objekt, Material, Kamera, Rendering und Querschnitt

31.6 Rendering

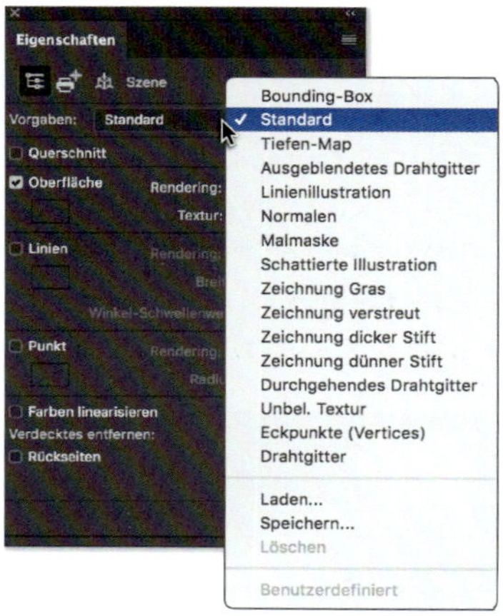

▲ **Abbildung 31.51**
Die Rendervorgaben finden Sie im Eigenschaften-Bedienfeld unter SZENE.

Wenn Sie die Objekte fertiggestellt, Materialien, Umgebung, Beleuchtung und Kamera eingestellt haben und die Szene komplett abgestimmt ist, wird sie gerendert. Photoshop berechnet dann eine reine zweidimensionale Pixeldarstellung aus Ihrer 3D-»Welt«, die Sie anschließend auch in Fotocomposings weiterverarbeiten können. Das Rendern kann bis zu einigen Stunden dauern, und natürlich muss dieser Vorgang nach einer späteren Änderung an der Szene erneut ausgeführt werden.

31.6.1 Rendereigenschaften einstellen und rendern

Aktivieren Sie dazu den Eintrag SZENE im 3D-Bedienfeld, und passen Sie die Renderoptionen im Eigenschaften-Bedienfeld an.

Für das finale Rendering nehmen Sie andere Optionen, als Sie vielleicht anfangs für einen schnelleren Bildaufbau aktiviert hatten. Legen Sie z. B. Skizzen-Effekte an, oder definieren Sie bestimmte Ausgabeoptionen für Composings, etwa Tiefen-Maps. Gehen Sie dazu in VORGABEN, um ein Preset zu verwenden, oder aktivieren Sie OBERFLÄCHE, LINIEN und PUNKT im Bedienfeld, und geben Sie darin eigene Einstellungen ein.

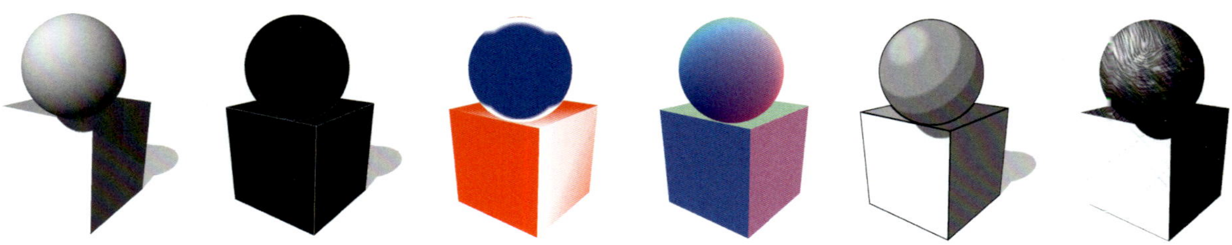

▲ **Abbildung 31.52**
Renderergebnisse mit unterschiedlichen Vorgaben (von links): STANDARD, LINIENILLUSTRATION, MALMASKE, NORMALEN, CARTOON (Oberflächen-Rendering), ZEICHNUNG DICKER STIFT

Unter VOREINSTELLUNGEN • 3D können Sie in RAYTRACER einen SCHWELLENWERT FÜR HOHE QUALITÄT einstellen. Dieser Wert ist relativ und bestimmt, wann Photoshop den Renderer stoppt. Sie können einen hohen Wert wie 10 eingeben und den Renderer jederzeit manuell stoppen. Am besten ist es, jeweils Ausschnitte Ihrer Szene als Test zu rendern, um einen passenden Wert zu finden.

Um dann das Rendern zu starten, haben Sie mehrere Möglichkeiten im Menü 3D und in den 3D-Bedienfeldern:

Ausschnitt rendern | Viele Darstellungsoptionen kann man anhand der Vorschau nicht beurteilen, sondern muss rendern. Damit Sie zu diesem Zweck nicht immer das ganze Bild rendern müssen, wählen Sie mit dem Auswahlrechteck-Werkzeug den gewünschten Bereich aus und klicken dann auf den Button RENDERN im Eigenschaften- oder im 3D-Bedienfeld. Wenn Sie genug gesehen haben, können Sie den Vorgang mit Esc abbrechen.

▲ **Abbildung 31.53**
Rendern eines Ausschnitts der 3D-Szene

Dokument in Datei rendern | Das Rendering starten Sie über den Befehl 3D • DOKUMENT IN DATEI RENDERN. Bei hohen Auflösungen kann dies trotz ständig verbesserter Engine recht lange dauern.

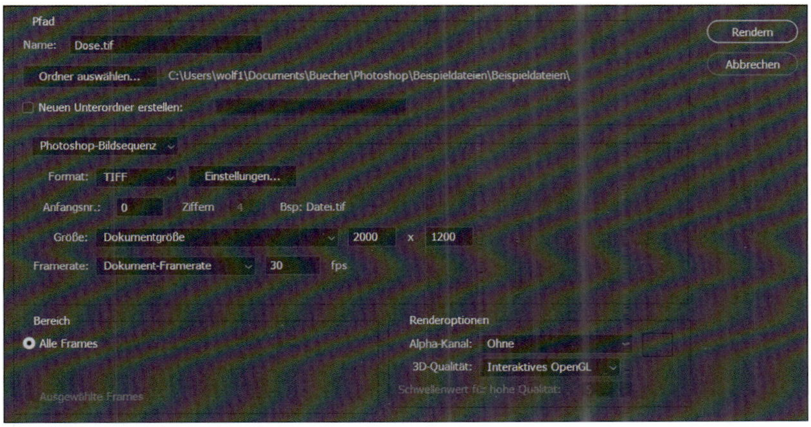

◂ **Abbildung 31.54**
Das Rendern in eine Datei wird über die Dialogbox VIDEO RENDERN eingestellt und anschließend über das Videoberechnungsmodul erledigt.

Als Dateiformat wählen Sie, was für den Workflow angemessen ist. Die Renderqualität bestimmen Sie unter 3D-QUALITÄT: Voreingestellt ist OPENGL. Damit erhalten Sie ein schnelles Ergebnis beim direkten Bearbeiten der Objekte. Für ein besseres Ergebnis wählen Sie dagegen RAYTRACING - ENDGÜLTIG.

3D rastern
Beim Rastern gehen alle 3D-Objekte verloren. Dies sollten Sie daher mit einer Kopie der Ebene machen.

Ebene rendern | Über den gleichnamigen Befehl können Sie die 3D-Ebene direkt in derselben Datei rendern. Die 3D-Eigenschaften bleiben dabei erhalten; und die Darstellung wird entsprechend verbessert. Solange das dann noch eine 3D-Ebene ist, können Sie keine Pixelbearbeitung durchführen. Sie müssten die Ebene außerdem rastern. Den Befehl 3D RASTERN wählen Sie aus dem Kontextmenü direkt im Ebenen-Bedienfeld.

31.7 Kugelpanoramen bearbeiten

In Photoshop können Sie Kugelpanoramen bearbeiten. Dies betrifft einfache Einstellungen für das Betrachten des Panoramas und geht bis hin zur Bildbearbeitung in entsprechender Verzerrung. Möglich ist das nur für equirektangulare Panoramen, d.h. Panoramen, in denen senkrechte

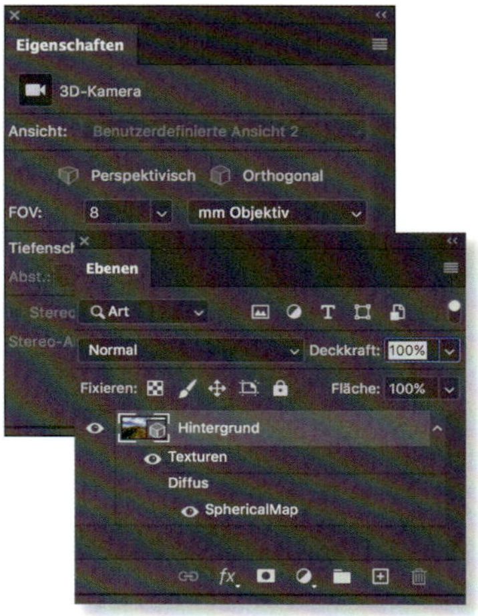

▲ **Abbildung 31.55**
Eigenschaften- und Ebenen-Bedienfeld bei der Bearbeitung eines Kugelpanoramas

»Kugelpanorama.zip«

Linien unverzerrt senkrecht verlaufen und der Horizont als gerade waagerechte Linie in der Mitte liegt.

Eine typische Bildbearbeitung besteht darin, Reste des Stativs aus der Aufnahme zu retuschieren. Um in den Panorama-Bearbeitungsmodus zu gelangen, rufen Sie das Bild über 3D • Kugelpanorama • Panorama importieren auf, oder – mit bereits geöffnetem Bild – rufen Sie 3D • Kugelpanorama • Neue Panorama-Ebene aus ausgewählten Ebenen auf.

Im Ebenen-Bedienfeld wird das Panoramabild als 3D-Ebene angezeigt. Im Eigenschaften-Bedienfeld können Sie das Blickfeld der Kamera verändern – standardmäßig steht es auf 8.

Mit dem Verschieben-Werkzeug können Sie im Panorama navigieren, so wie Sie es von Panorama-Betrachtern gewohnt sind. Der Cursor wechselt entsprechend zu . Stellen Sie den Ausschnitt entsprechend ein, und verwenden Sie dann die Mal- und Korrekturwerkzeuge nach Bedarf, um das Panorama zu retuschieren. Pinsel, Stempel und auch die inhaltssensitiven Werkzeuge funktionieren wie gewohnt. Sie können die Bearbeitung auch auf eigenen Ebenen ausführen oder neue Elemente zeichnen bzw. platzieren. So lässt sich z. B. anstatt des Stativs ein Logo als Wasserzeichen integrieren. Photoshop verzerrt sie entsprechend, so dass sie sich bei späterer Betrachtung nahtlos in das Panoramaerlebnis integrieren.

Foto: Thomas Bredenfeld – panorama-blog.com

▲ **Abbildung 31.56**
Das Stativ ist ein kaum als solches erkennbarer schwarzer Bereich am unteren Rand des Fotos. Im Panorama-Bearbeitungsmodus ist seine Retusche jedoch kein Problem.

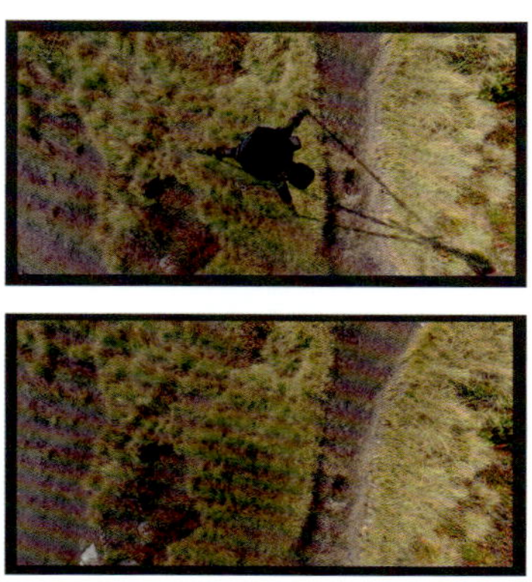

▲ **Abbildung 31.57**
In dieser Form ist die Retusche des Stativs zu bewältigen.

Bevor Sie das Panorama wieder exportieren, müssen zusätzlich hinzugefügte Ebenen zunächst mit der darunterliegenden Panoramafoto-Ebene reduziert werden: Verwenden Sie dazu den Befehl Mit darunterliegen-

Der auf eine Ebene reduzieren, anderenfalls riskieren Sie, die 3D-Eigenschaften zu verlieren.

Horizont einrichten | Bevor Sie das Panorama exportieren, stellen Sie sicher, dass der Horizont genau in der Mitte liegt. Falls Sie ihn im Bild nicht genau erkennen können, nehmen Sie die Koordinaten unten links im Dokumentenfenster zu Hilfe.

◂ **Abbildung 31.58**
Das Bild wird so ausgerichtet, dass der Horizont in der Mitte liegt, ...

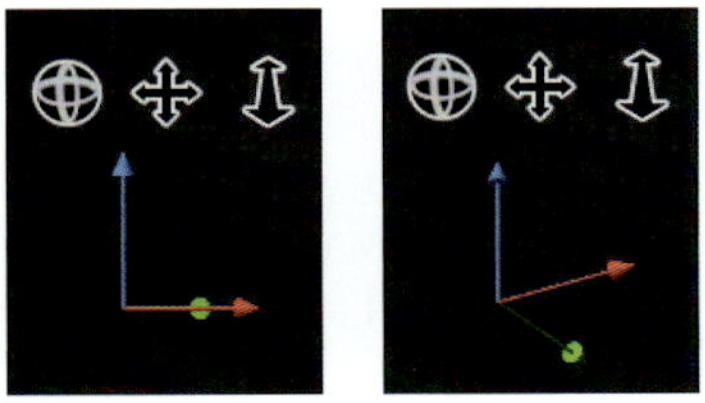

▴ **Abbildung 31.59**
... dabei kann das Koordinatensystem helfen.

Panorama exportieren | Um das Panorama zu exportieren, gehen Sie auf 3D • Kugelpanorama • Panorama exportieren. Wählen Sie einen Dateinamen und Speicherort. Das gespeicherte Panorama können Sie dann in entsprechende Betrachter laden. Wenn Sie in ihm auf einer Website navigieren wollen, stellen Sie sicher, dass auch hier entsprechende Betrachtungsumgebungen vorhanden sind, für WordPress gibt es z. B. entsprechende Plug-ins.

TEIL XII
Bilder ausgeben

Kapitel 32
Bilder für den Screen erzeugen und optimieren

Unter Mitarbeit von Monika Gause

Die Optimierung von Dateien für den Interneteinsatz stellt besondere Anforderungen – das bewährte Tool »Für Web speichern« unterstützt Sie dabei. Und wer flexible Screenlayouts für verschiedene Devices erstellen will, kann auf Zeichenflächen und Exportfunktionen zurückgreifen.

32.1 Welches Bild ist gut für das Web?

Auch wenn Bandbreite bei Datenleitungen kein so knappes Gut mehr ist wie in den Anfangstagen des Internets: Allzu KB-lastig sollten Bilder für den Online-Einsatz nicht sein. Schließlich wird das Web sehr häufig mit Mobilgeräten genutzt. Das Optimieren von Bildern für das Web bleibt – trotz spezieller Dateiformate mit Datenkompression – ein Balanceakt zwischen geringer Kilobyte-Zahl und akzeptabler Bildqualität. Doch wenn Sie Bilder für den Interneteinsatz vorbereiten, haben Sie nicht nur mit Dateigrößen zu kämpfen. Sie sollten sich auch vor Augen halten, dass Bilder im Internet anders wirken als Bilder auf Zeitungs- oder Buchseiten oder gar als einzelne Fotoausdrucke. Webbilder werden oft wie **Inseln** oder **Signale** wahrgenommen. Daher sollten Sie sich bemühen, mit Ihrem Bild eine Aussage klar zu kommunizieren – Sie sollten den kurzen Moment der Surfer-Aufmerksamkeit nutzen!

- Überlegen Sie, ob Ihr Bild die gewünschte Aussage transportiert.
- Zeigen Sie das Wichtigste groß! Ein Porträt, das nur 70 Pixel hoch ist, sollte nicht noch Hintergrund, Lockenberge und Blusenknöpfe zeigen, sondern das Gesicht im Anschnitt.
- Wählen Sie Bilder, die der Stimmung und dem Anspruch der zugehörigen Site entsprechen (weichgezeichnete Gegenlichtaufnahmen sind in einem Info-Portal fehl am Platze, Trash-Collagen passen nicht zu einem Webauftritt, der Designermöbel vermarktet, usw.).

Für Web speichern
Die Funktion Für Web speichern ist für viele Anwender unentbehrlich – bis heute. Adobe hingegen würde sich gerne von diesem Tool trennen, weil der Programmcode »veraltet« und die Integration neuer Funktionen schwierig sei. So werden etwa Zeichenflächen nicht unterstützt. Adobe hat Für Web speichern nun als *Legacy-Funktion* gekennzeichnet, die noch einige kleine Updates erfuhr, aber nicht mehr im großen Stil weiterentwickelt wird. Zurzeit hat Photoshop jedoch noch keinen gleichwertigen Ersatz an Bord – die Funktion Exportieren als kann als noch nicht ausgereift gelten. Das ist auch der Grund, warum eine Legacy-Funktion in diesem Buch so viel Aufmerksamkeit erfährt. Es gibt eine eigene FAQ-Page zu diesem Thema: *https://helpx.adobe.com/de/photoshop/using/saving-files-graphics-formats.html#faq*

Zum Weiterlesen
Um größere Bildermengen zu präsentieren, können Sie mit Hilfe der Adobe Bridge eine **Webgalerie** oder eine **PDF-Präsentation** erstellen. Das Tool dafür müssen Sie allerdings manuell nachinstallieren. In Kapitel 2, »Der Umgang mit Dateien«, stelle ich es ausführlich vor.

- Arbeiten Sie heraus, worauf es im Bild ankommt – Photoshop bietet genug Möglichkeiten (etwa Farbe und Schwarzweißelemente, Weichzeichnung oder Aufhellung und Abdunkelung einzelner Bildpartien).

Daneben gibt es natürlich auch technische Anforderungen. Wenn Sie Ihre Dateien mit dem Befehl Für Web speichern (Legacy) sichern, werden Bildmodus und Auflösung automatisch angepasst.

32.1.1 Dateiformate

Dateien, die für das Internet bestimmt sind, sollten natürlich von allen Browsern problemlos interpretiert werden. Außerdem sollten sie bei guter Darstellung mit einer möglichst geringen Datenmenge auskommen, um die Übertragungszeiten kurz zu halten. Je nach Bildinhalt wählen Sie JPG, PNG oder GIF, um das zu erreichen.

[Halbtonbild]
Was umgangssprachlich »Foto« heißt, wird im Repro-Deutsch »Halbtonbild« genannt. Halbtonbilder enthalten Schwarz, Weiß und viele farbige oder graue Zwischenstufen. Halbtonbilder sind alle Bilder, die für die drucktechnische Reproduktion gerastert werden müssen. Gegensatz: Strichbild (es enthält nur Schwarz und Weiß oder einen Vollton und Weiß).

JPG | JPG oder JPEG ist in der Regel das beste Dateiformat für Halbtonbilder wie Fotos. Das JPEG-Format kann pro Bild bis zu 16,7 Millionen Farben speichern – praktisch das gesamte vom menschlichen Auge wahrnehmbare Spektrum. JPGs werden von allen Browsern problemlos reproduziert. Kleingerechnet werden JPG-Dateien per Kompression: Je stärker die Kompression ist, desto geringer ist die Dateigröße. Der verwendete Kompressionsalgorithmus ist jedoch nicht verlustfrei. Das heißt, bei stark komprimierten JPG-Bildern müssen Sie mit Qualitätsverlusten rechnen (siehe Abbildung 32.5).

GIF | GIF-Dateien sind Webgrafik-Urgestein. Sie verbrauchen wenig Speicherplatz, was vor allem durch die Reduktion der Farbtöne im Bild erreicht wird. Maximal 256, minimal 2 Bildfarben sind darstellbar. Zusätzlich werden die GIF-Dateien auch noch komprimiert. Der Kompressionsalgorithmus ist verlustfrei. GIFs unterstützen Transparenz und können außerdem animiert werden. Für Fotos eignen sie sich nur in Ausnahmefällen. Motive, bei denen es auf Bildschärfe ankommt – zum Beispiel Schriftbanner – sind als GIF oft gut aufgehoben.

Grafik als SVG
Das vektorbasierte Dateiformat SVG wird inzwischen von Browsern gut unterstützt und kann bei grafischen Inhalten (wie etwa Logos oder Icons) eine erhebliche Dateigrößenreduzierung bei Erhaltung der besten Qualität gegenüber PNG oder GIF bewirken. Allerdings müssen die Grafiken bereits als Vektorpfade angelegt werden, können dann aber auch aus Photoshop als SVG gespeichert werden.

PNG | Das Webformat PNG (*Portable Network Graphics*) wurde als Alternative zu den bewährten Formaten GIF und JPG entwickelt. PNG gibt es in zwei Varianten: PNG-8 ähnelt GIF-Dateien. Die Optimierung in Photoshop erfolgt auf gleiche Weise mit einer Farbtabelle. PNG-24 eignet sich für Halbtonbilder und unterstützt Transparenz, und zwar sogar in Abstufungen – anders als GIF, das nur eine Transparenzstufe kennt.

PNG-24 erscheint also als ideale, ja sogar verbesserte Kombination der Dateiformate JPG und GIF. PNG-24-Dateien werden jedoch schnell sehr KB-lastig. In der Regel sind sie wesentlich größer als JPGs.

»Goldengatesonnenaufgang.jpg«, »Flat Design.psd«

JPEG, PNG oder GIF? | Um die Entscheidung zwischen den Dateiformaten zu treffen, gibt es eine Faustregel:

- JPEG für Fotos
- PNG-24 für Grafik, Alpha-Transparenz und Fotos
- GIF für flächige Grafiken, Text und Strichzeichnungen

Sie trifft oft zu – sklavisch daran halten müssen Sie sich nicht. Es gibt kein Patentrezept, und welches Dateiformat passt, hängt auch vom Motiv ab.

◂◂ Abbildung 32.1
Zweimal dasselbe Motiv: Hier als GIF mit 64 Farben, basierend auf der Perzeptiv-Farbpalette. Die Farbbeschränkung ist in der Vergrößerung deutlich erkennbar. Feine Details gehen verloren. Es gibt jedoch auch fotografische Motive, die als GIF gut funktionieren.

◂ Abbildung 32.2
So sähe dasselbe Motiv als JPEG in mittlerer Qualität aus. Gegenüber dem Original ist das Bild zwar schon weniger brillant, es wirkt jedoch nicht so stark verflacht wie das GIF.

Grafik: Monika Gause

◂ Abbildung 32.3
Nicht jede Grafik verträgt das GIF-Format. Selbst »Flat Design« ist meist gar nicht so flach, und technische Verläufe, die auch durch Effekte entstehen, können im GIF nicht glatt wiedergegeben werden. Am Bildschirm treten die unbeabsichtigten Verfremdungseffekte von GIF-Dateien meist noch gnadenloser hervor als im gedruckten Buch.

Abbildung 32.4 ►
Dateien, die technische Verläufe enthalten – als berechnete Verläufe, Spiegelungen oder Effekte –, speichern Sie besser als PNG (wie hier) oder als JPEG mit hoher Qualität.

Zum Weiterlesen
Die Exportieren-Funktionen stelle ich Ihnen weiter hinten in diesem Kapitel, im Zusammenhang mit Zeichenflächen, vor.

▲ **Abbildung 32.5**
Wenn ein JPEG mit zu geringer Qualität (und hoher Kompression) gespeichert wird, zeigen sich an den Kanten im Bild hässliche Kompressionsspuren.

32.2 Speichern für das Web: Tools und Funktionen

Die Methoden, mit denen GIF und JPEG die Bilddateien komprimieren, sind sehr verschieden, und entsprechend unterscheiden sich die Speicheroptionen in Photoshop. Ich gebe Ihnen zunächst einen Überblick über das Webspeichern-Werkzeug und erkläre dann die jeweiligen Optimierungsmöglichkeiten für die unterschiedlichen Dateitypen.

Das Dialogfeld erreichen Sie über die Befehle DATEI • EXPORTIEREN • FÜR WEB SPEICHERN (LEGACY) oder, schneller, mit dem Kürzel [Strg]/[cmd]+[Alt]+[⇧]+[S]. Es öffnet sich ein fast bildschirmfüllender Dialog, der Ihnen genaue Kontroll- und Vergleichsmöglichkeiten bietet.

32.2.1 Bildansicht

Das Ansichtfenster ❹ ist das dominante Element im Webspeichern-Tool. Mit Hilfe der einzelnen Karteireiter können Sie zwischen verschiedenen Ansichtsvarianten wählen:

- ORIGINAL zeigt nur das Ausgangsbild.
- OPTIMIERT zeigt allein die optimierte Version.
- 2FACH zeigt die originale Bildversion und das Bild mit den OPTIMIERT-Einstellungen nebeneinander.
- 4FACH (in der Abbildung zu sehen) schließlich zeigt das Original und drei Fenster für unterschiedliche Einstellungskonstellationen im direkten Vergleich.

Dialog und Vorschaubilder vergrößern
Wenn Sie an der rechten unteren Ecke des Dialogfensters mit der Maus ziehen, vergrößert sich das gesamte Fenster, und damit werden auch die Vorschauabbildungen größer.

Sich allein das Originalbild oder lediglich die optimierte Version anzeigen zu lassen, ist meines Erachtens nicht so praxistauglich. Besser ist die zwei- oder vierfache Vorschau. Dort können Sie unterschiedliche Optionen durchspielen und vergleichen, ehe Sie sie dem Bild endgültig zuweisen.

▼ **Abbildung 32.6**
Das Dialogfeld FÜR WEB SPEICHERN mit den Einstellungen für das GIF-Format

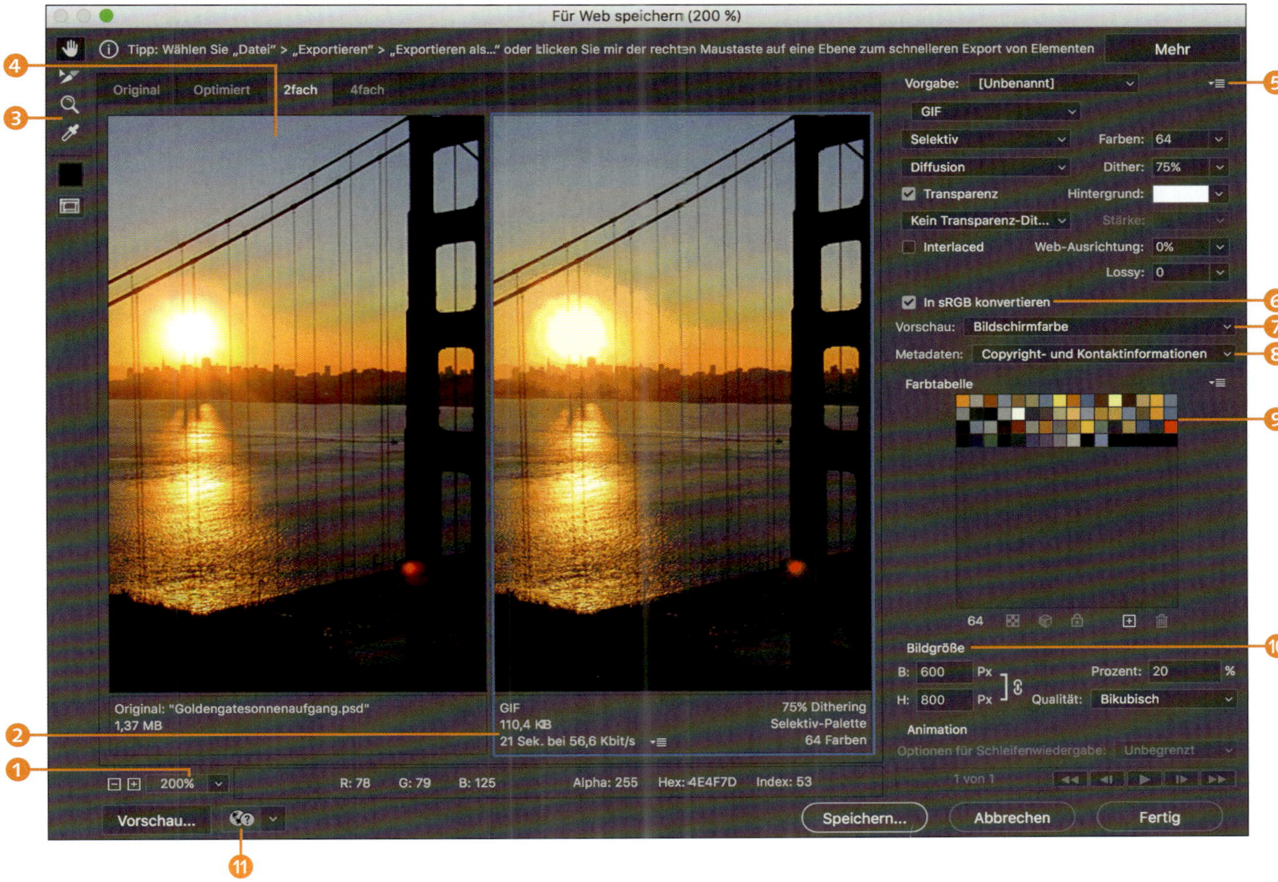

32.2.2 Optimierungsdetails auf einen Blick

Unterhalb jedes Vorschaubildes finden Sie eine Zusammenfassung **2** der gewählten Einstellungen. Als Überbleibsel aus einer Ära, in der Bandbreite kostbar und die Downloadzeit von Images noch ein Thema war, wird dort außerdem eine Schätzung der späteren Übertragungsdauer angezeigt. Welche Anbindungsgeschwindigkeit dieser Schätzung zugrunde liegt, können Sie einstellen (siehe Abbildung 32.7).

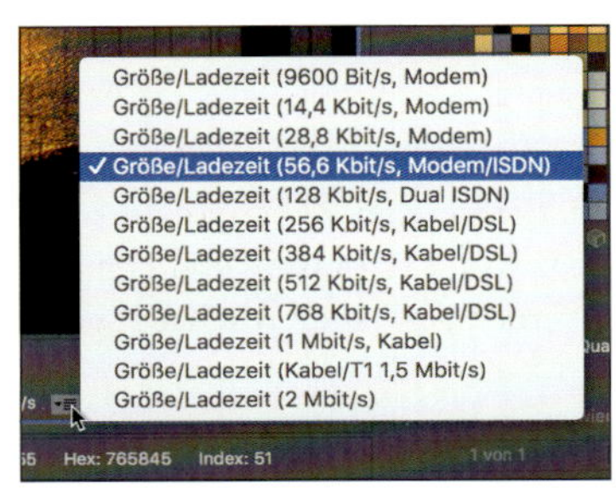

▲ **Abbildung 32.7**
Zusammenfassung der Dateieigenschaften und der vermuteten Ladezeit des Bildes

32.2.3 Speicheroptionen

Die Steuerungszentrale für das weboptimierte Speichern finden Sie im rechten Bereich des Dialogfelds. Hier wählen Sie das Dateiformat und nehmen Ihre Optimierungseinstellungen vor. Je nach gewähltem Dateiformat stehen Ihnen hier unterschiedliche Einstellungsmöglichkeiten zur Verfügung. Sie lernen sie in den folgenden Kapiteln noch im Detail kennen! Unterhalb der dateiformattypischen Optionen finden Sie die Farbtabelle 9 für GIFs; beim JPEG-Speichern ist dieses Feld leer.

32.2.4 Die Farben sicher rüberbringen

Zum Weiterlesen
Was es mit dem **Farbmanagement** auf sich hat, erfahren Sie in Anhang B, »Farbmanagement: Mehr Farbtreue auf allen Geräten«.

Verglichen mit den Schwierigkeiten, die Druckvorstufler bewältigen, um Farben und Helligkeit der Ausgangsdatei möglichst originalgetreu auf Papier zu bringen, haben Webdesigner ein sorgenfreies Leben. Da ohnehin fast jeder Monitor, jedes System Farben anders darstellt, müssen sie sich um Farbtreue wenig Gedanken machen; sie ist ohnehin kaum zu erreichen. Ganz ignorieren sollten Sie das Thema jedoch nicht. Das Webspeichern-Tool bietet zwei Optionen, mit deren Hilfe Sie versuchen können, Schäden an Bildfarben und -helligkeit einzugrenzen.

Welchen RGB-Farbraum hat mein Bild?
Wenn Sie Genaueres wissen wollen, sehen Sie unter Bearbeiten • In Profil umwandeln nach (nachsehen – nicht ändern!). Unter Quellfarbraum ist der aktuelle Farbraum des Dokuments eingetragen. Alternativ ziehen Sie die Statusleiste Ihres Dokuments zu Rate (aktivieren Sie die Option Dokumentprofil). Allerdings funktioniert das nicht immer – fehlt der Datei ein Farbprofil, sehen Sie dort nur den Eintrag »ohne Tags«.

▲ **Abbildung 32.8**
Der Dialog In Profil umwandeln kennt den Farbraum Ihres Bildes ganz genau.

sRGB | Der typische Farbmodus für Bilder, die am Monitor gezeigt werden sollen, ist RGB. Doch »RGB« ist nicht gleich »RGB«, und es gibt feine Unterschiede! Zwar finden Sie im Photoshop-Menü Bild • Modus nur den Bildmodus RGB. Um die Option sRGB zu verstehen, müssen Sie wissen, dass es verschiedene RGB-Arten gibt. Sie unterscheiden sich hinsichtlich der Größe des Farbraums – also der Menge der in diesem speziellen Modus unterstützten Farbabstufungen. Manche RGB-Typen sind nicht primär für den Webeinsatz vorgesehen (etwa Adobe RGB oder ProPhoto RGB), und sie haben einen sehr großen Farbumfang. Die meisten Monitore können solche RGB-Farbräume nicht korrekt wiedergeben. Für die Bilddarstellung am Monitor empfiehlt sich daher sRGB, eine für Standardbildschirme ausgelegte RGB-Variante. Daher sollten Sie die sRGB-Option 6 aktivieren, wenn Ihre Ausgangsdatei in einem der größeren RGB-Farbräume vorliegt. Zwar ist dies keine Garantie für farbechte Darstellung, doch unkontrollierte Farbverschiebungen können Sie so vermeiden.

In vielen anderen Fällen müssen Sie sich um die verschiedenen RGB-Farbräume keine Sorgen machen. Wenn Sie Fotos mit einer kleinen Knipse oder einer Mittelklasse-Digicam aufnehmen, liegen Ihre Dateien vermutlich ohnehin im Modus sRGB vor. Auch Bilder in anderen Farbmodi wie etwa CMYK oder Graustufen bringt das Webspeichern-Tool automatisch in den bildschirmfreundlichen sRGB-Modus.

Fremde Betriebssysteme simulieren: Vorschauoptionen | Bei der Optimierung der Bildhelligkeit sollten sich Webdesigner ein wenig Gedanken machen – zumindest, wenn auch bei dunklen Bildern alle Feinheiten erkennbar sein sollen. Warum? Der Gammawert (gewissermaßen die im Betriebssystem festgelegte Grundhelligkeit) ist nicht immer derselbe. Windows-Rechner haben ein Gamma von 2,2 – ab Mac OS X 10.6 arbeiten auch Apple-Systeme mit diesem Wert.

Unter VORSCHAU ❼ können Sie einstellen, wie ein Bild im Webspeichern-Tool angezeigt wird. Hier werden verschiedene Gammaeinstellungen im Webspeichern-Tool simuliert.

Aber Achtung: Es handelt sich hier lediglich um *Vorschauoptionen*. Sie sehen, wie Ihr Bild auf verschiedenen Systemen dargestellt würde. Diese Einstellung ist *keine Helligkeitskorrektur* – wenn Sie die Bildhelligkeit verändern wollen, müssen Sie das in Photoshop tun. Trotzdem ist das ein praktisches Prüfwerkzeug.

- BILDSCHIRMFARBE ist die Standardeinstellung und nimmt keine Änderungen an den Gammawerten vor.
- MACINTOSH-VORGÄNGERVERSION (OHNE FARBMANAGEMENT) hat nichts mit älteren Photoshop-Versionen zu tun, sondern bezieht sich auf das teilweise abweichende Gamma von macOS. Ist diese Option aktiv, erscheint das Bild so, wie es auf Prä-Snow-Leopard-Macs dargestellt würde.
- INTERNET-STANDARD-RGB (OHNE FARBMANAGEMENT) simuliert den unter Windows und Mac ab Version 10.6 benutzten Gammawert von 2,2.
- DOKUMENTPROFIL VERWENDEN passt bei Dokumenten mit Farbverwaltung die Gammawerte an das angehängte Dokument-Farbprofil an.

Es gibt keine Möglichkeit, die Bildhelligkeit direkt im Webspeichern-Dialog zu verändern. Wenn Ihr Bild zu hell oder zu dunkel ist, müssen Sie nochmals zu Photoshop zurück und dort korrigieren.

Bildschirmgamma auf macOS
Apple-Rechner bis Mac OS X 10.5 (Leopard) haben einen Gammawert von 1,8: Fotos, die mit alten macOS-Versionen bearbeitet und gesichert wurden, erscheinen auf Windows-Rechnern und Macs ab Mac OS X 10.6 (Snow Leopard) aufwärts zu dunkel. Wenn Sie damit rechnen müssen, dass Besucher Ihrer Website historische Betriebssysteme einsetzen, prüfen Sie Ihre Bilder mit der entsprechenden Vorschauoption.

▲ **Abbildung 32.9**
Sie können für jedes Vorschaufenster eine eigene Vorschauoption wählen, um verschiedene Einstellungen zu vergleichen.

32.2.5 Metadaten

Die gängigen Dateiformate für Web-Images unterstützen auch die Einbindung von Metadaten ❽ (Abbildung 32.6). Metadaten werden nicht im Bild selbst angezeigt, können jedoch mit geeigneter Applikationen – etwa Bildbetrachtern wie der Bridge – ausgelesen (und verwaltet) werden.

Einige Metadaten werden automatisch in eine Datei geschrieben, ohne dass Sie etwas dazu tun müssten, etwa Informationen zu den Aufnahmebedingungen und der verwendeten Kamera. Sie können aber auch urheberrechtliche Informationen oder Kontaktdaten in den Metadaten eines Bildes festhalten. Bei der Publikation von Bildern im Web ist das hilfreich: Content-Klau wird sicherlich nicht verhindert,

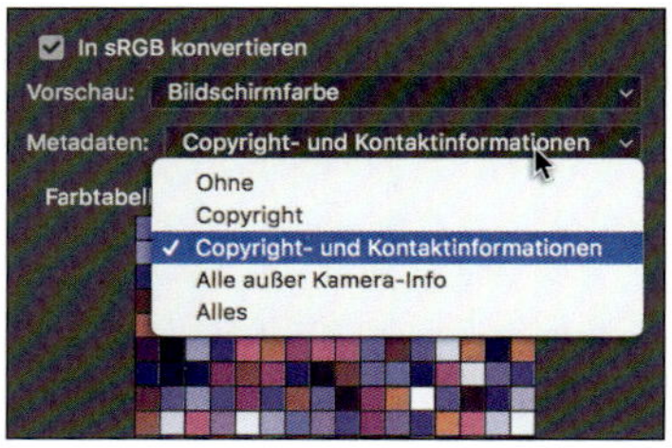

▲ **Abbildung 32.10**
Metadaten, die beim Speichern für das Web berücksichtigt werden sollen

Zum Weiterlesen
Wie Sie **Metadaten mit der Bridge verwalten**, lesen Sie in Kapitel 2, »Der Umgang mit Dateien«. Informationen zur **Bildauflösung** finden Sie in Anhang A, »Bildbearbeitung: Fachwissen«. Tricks zum **Verändern der Bildgröße** und Informationen über die **Interpolationsmethoden** gibt es in Kapitel 18, »Bildformat und Bildgröße verändern«.

doch machen solche Einträge deutlich, dass das Bild nicht frei verfügbar ist. Außerdem wird potenziellen Interessenten die Kontaktaufnahme mit Ihnen erleichtert. Naturgemäß machen Metadaten Dateien etwas »schwerer«. Sie können sich entscheiden, ob Sie sie ins Bild aufnehmen oder nicht.

32.2.6 Bildgröße ändern

Unterhalb der Farbtabelle gibt es die Möglichkeit zur **Änderung der Bildmaße** ⑩ (Abbildung 32.6) auf die Schnelle – wenn Sie sehen, dass Sie Ihre Datei anders absolut nicht schrumpfen können, können Sie diese Funktion nutzen. Wenn Sie das Bild nach dem Skalieren optimieren wollen, stellen Sie die Bildgröße vor dem Speichern ein.

32.2.7 Werkzeuge

Oben links finden Sie eine Reihe von Werkzeugen ③ (Abbildung 32.6). Die meisten kennen Sie schon:

- Das Hand-Werkzeug [H] verschiebt große Bilder so im Vorschaufeld, dass Sie das entscheidende Detail im Blick behalten.
- Mit der Lupe [Z] zoomen Sie wie gewohnt die Bildansicht (nehmen Sie [Alt] hinzu, wenn Sie die Ansicht verkleinern wollen). Die jeweilige Zoomstufe wird unten links nochmals in Prozenten angezeigt ① und kann auch dort aus einer Liste ausgewählt werden.
- Die Pipette [I] nimmt Farben aus dem Bild auf – diese Funktion ist für die GIF-Optimierung vorgesehen. Das darunterliegende Farbfeld zeigt stets die zuletzt aufgenommene Farbe.
- Das stilisierte Papiermesser (Slice-Auswahlwerkzeug [C]) und die unterste Schaltfläche dieser Reihe (SLICES EINBLENDEN/AUSBLENDEN [Q]) brauchen Sie nur, wenn Sie mit Slices arbeiten. Ein »geslictes«, das heißt in unterschiedliche Bereiche aufgeteiltes Bild kann »in einem Rutsch« in unterschiedliche Dateien gespeichert werden.

Slices und HTML
Photoshop kann aus einem geslicten Motiv auch automatisch HTML-Code generieren. Diese Webdesign-Technik stammt aus dem letzten Jahrhundert, und der von Photoshop generierte HTML-Code ist hoffnungslos veraltet.

32.2.8 Browservorschau

Unten links können Sie über das Browser-Icon ⑪ (es erscheint entweder das Icon Ihres Standardbrowsers oder eine stilisierte Weltkugel) Ihr Bild direkt im Browser aufrufen. Die Browserliste können Sie beliebig erweitern. Sich das Bild vor dem endgültigen Speichern im Browser anzusehen, kann sinnvoll sein, weil sich die Bilddarstellung – trotz weboptimierten Speicherns – leicht von der Photoshop-Vorschau unterscheiden kann, zum Beispiel bei der Darstellung von Verläufen.

32.2.9 Einstellungen dauerhaft sichern

Für Web speichern bietet fast endlose Möglichkeiten, ein Bild für die Ausgabe im Web zu optimieren. So kann es schon einmal geraume Zeit dauern, bis die besten Settings gefunden sind – die Sie vielleicht auch auf andere Bilder anwenden wollen. Im Seitenmenü 5 (zu sehen in Abbildung 32.6) finden Sie über Einstellungen speichern die Möglichkeit, Optimierungseinstellungen als Set unter eigenem Namen abzuspeichern, um sie erneut zu verwenden.

Speicherort für Einstellungsdateien
Die Einstellungsdateien (Dateiendung ».irs«) landen in einem Ordner namens Optimized Settings. Wo dieser abgelegt ist, variiert je nach Betriebssystem. Am besten, Sie führen einmal eine Dateisuche nach der Dateiendung ».irs« durch, um festzustellen, wo diese Dateien auf Ihrem Rechner gespeichert werden. Es empfiehlt sich, auch eigene Einstellungsdateien in diesem Standardordner zu sichern.

32.2.10 Vorgang beenden oder abbrechen?

Zum Abschließen oder Abbrechen des Vorgangs bestehen mehrere Möglichkeiten. Durch Drücken der Alt-Taste können Sie bei den drei bestehenden Speicher-Buttons weitere Funktionen erschließen.

- **Bildkopie sichern, Dialog schließen:** Wenn Sie sich für eine Einstellung entschieden haben, klicken Sie auf Speichern. Der bekannte Speichern-Dialog erscheint. Achtung: Besonders dann, wenn Sie in der Vierfach-Ansicht arbeiten, müssen Sie darauf achten, dass diejenige Vorschau aktiv ist, für deren Optionen Sie sich entschieden haben. Die aktive Vorschau ist durch einen schmalen Rahmen hervorgehoben, der aber nicht immer gut zu erkennen ist
- **Dialog ohne Änderungen schließen:** Ein Klick auf Abbrechen beendet den Dialog ohne weiteres.
- **Einstellungen mit der Originaldatei sichern, Dialog schließen:** Über das Seitenmenü ⚙ können Sie Dateieinstellungen für den späteren Gebrauch speichern. In der Praxis dauert das aber oft zu lange. Mit dem Button Fertig werden aktuelle Optimierungseinstellungen dauerhaft an das Originaldokument geknüpft – aber nicht angewandt –, und der Dialog wird geschlossen. Es wird keine Dateikopie mit den Wunscheinstellungen erzeugt. Wenn Sie die Datei erneut im Webspeichern-Tool aufrufen, sind Ihre letzten Einstellungen dort aktiv.
- **Einstellungen zurücksetzen:** Wenn Sie sich im Optionen-Dschungel verirrt haben, drücken Sie Alt. Der Button Abbrechen wird zu Zurücksetzen. Damit können Sie alle Regler zurücksetzen, ohne dass die Dialogbox geschlossen wird.
- **Einstellungen mit der Datei sichern, Dialog nicht schließen:** Wenn Sie Alt drücken, ändert der Button Fertig seinen Namen und heißt Merken. Mit diesem Befehl werden Ihre aktuellen Optimierungseinstellungen direkt in der Datei gespeichert, der Webspeichern-Dialog wird jedoch nicht geschlossen.

Webspeichern-Tool erzeugt immer Dateikopien
Das Webspeichern-Tool sichert immer eine Kopie der in Photoshop geöffneten Originaldatei – ganz egal, welches das Ausgangsdateiformat ist. Die Ausgangsdatei müssen Sie also separat in Photoshop sichern! Nur mit dem Speichern der Originaldatei werden auch die Einstellungen aus dem Webspeichern-Dialog dauerhaft gesichert.

32.3 GIF-Speicheroptionen

PNG-8 wie GIF optimieren
Die Optionen für das Dateiformat PNG-8 unterscheiden sich nur in wenigen Details von den GIF-Optionen. Wenn Sie PNG-8 optimieren wollen, folgen Sie einfach den Erklärungen in diesem Abschnitt.

Die vom Graphics Interchange Format (GIF) verwendete LZW-Kompression funktioniert über das Erkennen sich wiederholender Pixelfolgen (also beispielsweise größerer einheitlicher Farbbereiche) innerhalb des Bildes und ist selbst verlustfrei. Wie Sie bereits wissen, kann ein GIF maximal 256 Farben wiedergeben; zusätzliche Bytes lassen sich durch eine weitere Einschränkung der Farbanzahl sparen. Der »Knackpunkt« der GIF-Optimierung ist also die Verwandlung der ursprünglichen Bildfarben in 256 oder weniger Farben. Dabei sollte natürlich der Charakter des Bildes erhalten bleiben.

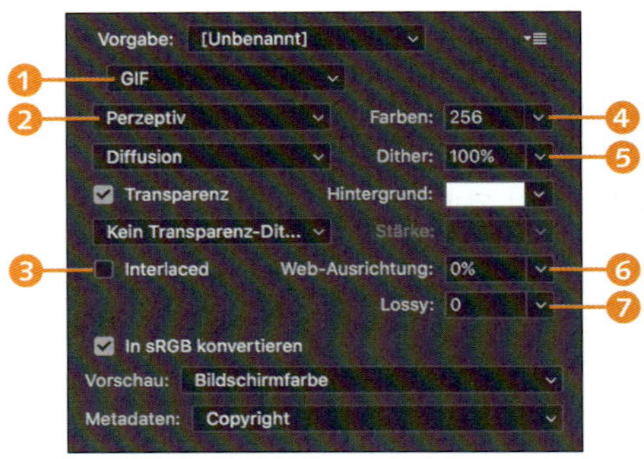

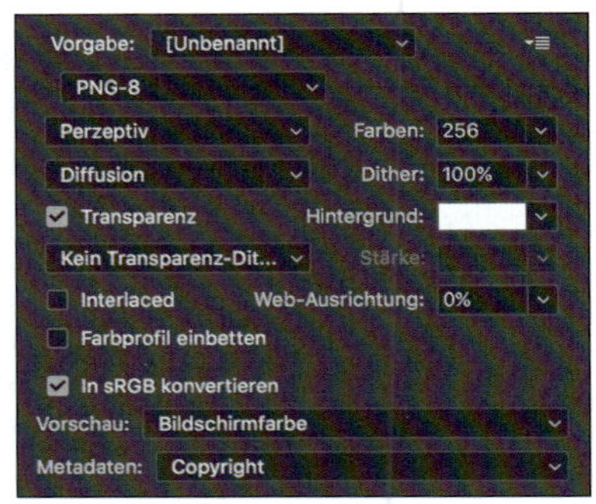

Abbildung 32.11 ▸
GIF-Speicher- und Optimierungsoptionen

Abbildung 32.12 ▸▸
Bei der Arbeit mit dem Format PNG-8 können Sie genauso vorgehen wie beim Optimieren von GIF-Dateien.

Um ein Bild als GIF abzuspeichern, stellen Sie links oben ❶ als Dateiformat GIF ein. Sie erhalten damit die weiteren Optionen.

Farbreduktionsalgorithmus | Das Dropdown-Menü FARBREDUKTIONSALGORITHMUS ❷ ermöglicht Ihnen die wichtige Einstellung verschiedener Farbtabellen bzw. Methoden, nach denen Ihr Bild bei der Farbreduktion interpretiert wird. Damit sollten Sie die Bildoptimierung beginnen. Es gibt vier **dynamische Farbtabellen**, die aus dem Bild selbst errechnet werden:

- PERZEPTIV extrahiert die Farben aus dem Bild und errechnet eine Palette mit denjenigen Farbtönen, die das menschliche Auge verstärkt wahrnimmt. Diese Option ist einen Versuch wert – allerdings besteht hier die Gefahr, dass Farben nicht mehr mit dem Original übereinstimmen.
- SELEKTIV arbeitet ähnlich wie PERZEPTIV, gewichtet aber zusätzlich die häufigsten Farben des Bildes. Diese Option ist für Bilder geeignet, deren Farbanzahl stark eingeschränkt werden muss, ohne dass Sie Farbverfremdungen in Kauf nehmen wollen – es ist die Standardeinstellung.

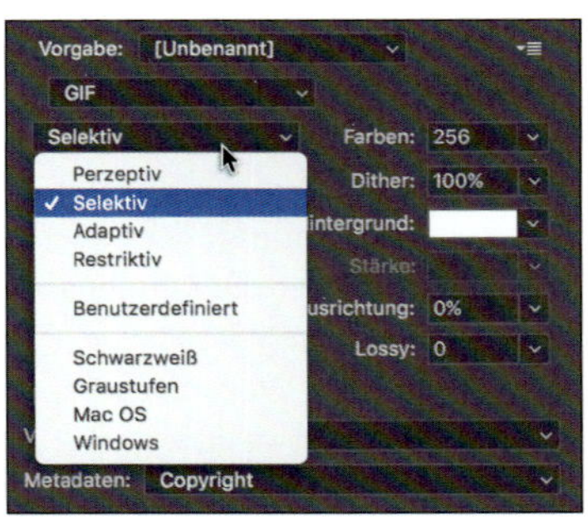

▴ Abbildung 32.13
Die Einstellungsmöglichkeiten unter FARBREDUKTIONSALGORITHMUS

- Adaptiv errechnet eine Palette mit Farben aus ein bis zwei Farbspektren, die im Bild am häufigsten vorkommen. Diese Option ist für Bilder geeignet, in denen einige wenige Farbtöne in vielen Abstufungen vorkommen.
- Restriktiv kann starke Farbverfremdungen bewirken – die Bildfarben werden an die sogenannte websichere Farbpalette angepasst.
- Benutzerdefiniert erscheint immer dann, wenn Sie die Farben der Tabelle manuell bearbeitet haben.
- Dann gibt es noch **statische Farbpaletten**, deren Farben unabhängig vom Bild schon feststehen und die Sie eher im Ausnahmefall benutzen sollten: Schwarzweiss, Graustufen, Mac OS und Windows.

Websichere Farben?
Als websichere Farben bezeichnet man eine sehr eingeschränkte Auswahl von Farben, die für Webdesigner eine gewisse Sicherheit bei der Arbeit mit Farben gewährleisten soll. Das Konzept geht auf die Anfangszeit des Internets zurück. Die websicheren Farben sollten auch bei unterschiedlichsten Systemvoraussetzungen (Grafikkarten, Monitore, Browser, Browsereinstellungen etc.) überall gleich angezeigt werden. Nimmt man es ganz genau, dann hat dieses Konzept nie funktioniert.

Nach der Auswahl der Farbtabelle können Sie die **Farbanzahl zusätzlich beschränken** ④. Wenn Sie mit KB knapsen müssen, sind Dateien mit bis zu 64 Farben sinnvoll – bei mehr Farben steigt die Dateigröße rasant an. Sieht Ihr Bild mit 64 Farben nicht gut aus, ist es eventuell ein Fall für das Format JPEG.

Dither | In GIFs können Farbabstufungen durch Dither ⑤, das heißt das Anlegen verschiedener Farbraster, vorgetäuscht werden. Die Einstellung erfolgt in Prozent. Allerdings schwillt die Dateigröße dadurch an, weil die Kompression nicht mehr so gut greift, so dass der Vorteil, mit weniger Farben einige Byte gespart zu haben, eventuell wieder verlorengeht. Wenn Sie dithern wollen, wählen Sie auf jeden Fall Diffusion aus. Die anderen Möglichkeiten führen zu schlechten Ergebnissen und bieten allenfalls Verfremdungseffekte. Auch ein Transparenz-Dither ist möglich.

[Dithering]
Bei geringer Farbauflösung können zusätzliche Farben durch Verwendung eines Punktmusters simuliert werden. Wenn dieses Punktmuster ausreichend klein ist, nimmt das menschliche Auge die einzelnen Farbpunkte als Zwischenfarben wahr.

Bild: Monika Gause

▲ **Abbildung 32.14**
Wie funktioniert Dithering? Hier der Purpurstärling mit 32 Farben und ohne Dither …

▲ **Abbildung 32.15**
… und das Bild mit gleichen Einstellungen, doch mit 100 % Dither. Unregelmäßige Punktstrukturen täuschen Farben vor, die in der eingeschränkten Farbpalette nicht vorhanden sind.

▲ **Abbildung 32.16**
Vertikale und horizontale Kanten vertragen keine hohen Ditheringwerte.

Farbfelder sortieren
Neben anderen Befehlen finden Sie im Seitenmenü ☰ der Farbtabelle auch Befehle, um die Anordnung der Farbfelder in der Tabelle einzustellen. Das ist keine Funktion für den Alltag, kann aber hilfreich sein, wenn Sie einzelne Farben aus der Tabelle bearbeiten wollen. So finden Sie zum Beispiel leichter Farben, die im Bild wenig vertreten sind, oder Farbtöne, die einander ähneln.

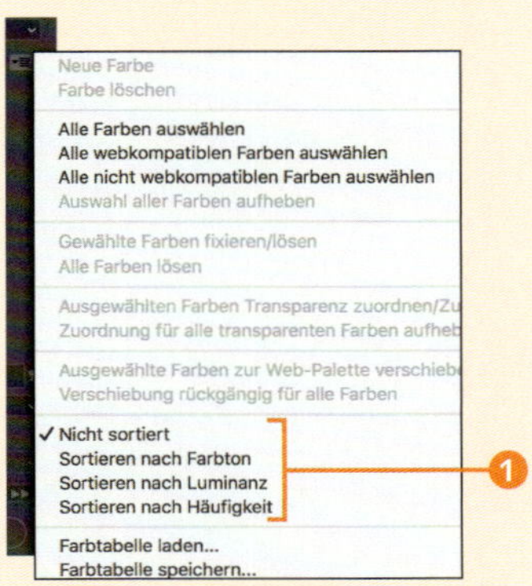

▲ **Abbildung 32.17**
Die meisten Befehle des Seitenmenüs erreichen Sie schneller über die Mini-Icons unterhalb der Farbtabelle. Für GIF-Optimierungsprofis sind die Sortierbefehle **1** interessant.

Interlaced | Die frei zuschaltbare Option INTERLACED **3** ermöglicht den allmählichen Bildaufbau im Browser des Betrachters – das verkürzt die Zeit, bis überhaupt ein Bild angezeigt wird. Wenn Sie Grafiken für JavaScript-gestützte Mouse-over-Effekte erstellen, darf diese Funktion keinesfalls aktiviert sein – der Witz bei Mouse-over-Effekten ist ja gerade der unmittelbare Bildwechsel!

Web-Ausrichtung | WEB-AUSRICHTUNG **6** ermöglicht ein dosiertes Verschieben der bestehenden Farben zur websicheren Farbpalette. Je höher der Wert ist, desto mehr Farben werden verschoben. Dabei treten schnell siebdruckartige Verfremdungseffekte im Bild auf.

Lossy | LOSSY **7** macht aus der bis dahin verlustfreien GIF-Kompression eine verlustbehaftete Kompression, indem Ditheringmuster wiederholt angewandt werden. So können Sie ein paar weitere Kilobyte einsparen. Die Bildqualität leidet dabei jedoch möglicherweise.

32.3.1 Erweiterte Einstellungsmöglichkeiten für GIF-Farbtabellen

So weit die Standardeinstellungen. Durch Bearbeiten der Farbtabelle können Sie den Farbumfang und die Dateigröße weiter reduzieren oder das Aussehen des Bildes verbessern. Unterhalb der Tabelle wird Ihnen die jeweils aktuelle Farbanzahl gezeigt. Um die Farbtabelle zu modifizieren, nutzen Sie die kleinen Symbol-Schaltflächen am unteren Rand des Bedienfelds oder die entsprechenden Seitenmenübefehle.

Farbfelder auswählen | Um Farben für das Sperren, Löschen oder andere Befehle auszuwählen, klicken Sie entweder direkt in das entsprechende Farbfeld, oder Sie klicken mit der Pipette in das Vorschaubild, um die entsprechenden Farben im Bedienfeld auszuwählen. Ausgewählte Farben sind im Bedienfeld dann mit einem **weißen Rand** markiert. Das Drücken von `Strg`/`cmd` ermöglicht die Auswahl mehrerer Farben auf einmal, die Sie dann zusammen bearbeiten können.

Farben sperren | Eine nützliche manuelle Anpassung ist das Sperren einzelner Farben, beispielsweise wenn Sie beim Reduzieren von 32 auf 16 Farben bemerken, dass Ihnen eine für das Bild wichtige Farbe verlorengeht, oder wenn Sie verhindern wollen, dass Photoshop diese Farbe dithert. Aktivieren Sie die Farbe(n) (Abbildung 32.18), und klicken Sie anschließend in das kleine Sperren-Icon (Abbildung 32.19) oder wählen Sie den Seitenmenübefehl GEWÄHLTE FARBEN FIXIEREN/LÖSEN.

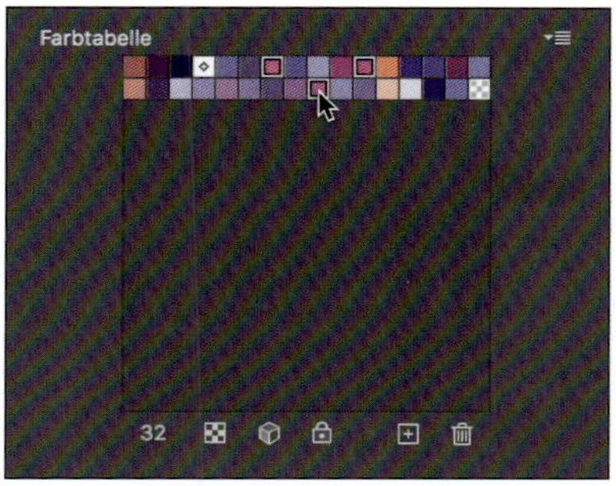

◂◂ Abbildung 32.18
Hier wurden mehrere Farben ausgewählt, wie die helle Umrandung der Farbfelder zeigt.

◂ Abbildung 32.19
Klicken auf das Schloss-Icon schützt Farben vor Veränderung. Die helle Ecke der Farbfelder zeigt, dass die betreffenden Farben fixiert sind.

Die gesperrte Farbe ist dann mit einer **weißen Ecke** markiert. Auf dieselbe Art und Weise heben Sie die Fixierung wieder auf. Achtung: Das Fixieren von Farben in der GIF-Palette unterbindet das Dithering durch Photoshop, nicht aber das Browser-Dithering!

Farben hinzufügen und löschen | Um Platz für andere Farben zu machen, können Sie auch **Farben löschen**: Markieren Sie sie einfach, und klicken Sie den kleinen Papierkorb an oder wählen Sie den Befehl FARBE LÖSCHEN aus dem Seitenmenü.

Neue Farben fügen Sie hinzu, indem Sie mit der Pipette eine Farbe aus dem Vorschaubild anwählen. Meist ist es sinnvoll, das Vorschaubild ORIGINAL dazu heranzuziehen, denn Sie wollen ja mit dieser Operation in der Regel eine zusätzliche wichtige Bildfarbe in die Farbpalette aufnehmen, die bisher in der GIF-Version noch nicht vorhanden ist. Das Farbfeld unterhalb der Pipette zeigt die aufgenommene Farbe an. Dann wechseln Sie wieder in die Vorschau OPTIMIERT, der Sie diese Farbe hinzufügen wollen, und klicken auf das Symbol NEU.

Wenn Sie mit der Palette BENUTZERDEFINIERT arbeiten, wird die Farbe sofort hinzugefügt; bei allen anderen Paletten müssen Sie zuvor durch Löschen einer anderen Farbe Platz gemacht haben. Andernfalls kann es passieren, dass eine der bereits bestehenden Bildfarben verändert wird.

Die neue Farbe wird nicht immer an das Ende der Liste angefügt (wie Sie es etwa vom Bedienfeld FARBFELDER kennen), sondern entsprechend der im Seitenmenü eingestellten Anordnung einsortiert. Nur wenn dort NICHT SORTIERT eingestellt ist, wird das neue Farbfeld hinten angefügt.

GIF und »Social Media«
Nur animierte GIFs sind für den Upload auf soziale Medien geeignet. Sie werden von den Plattformen in Videoformate konvertiert. Andere Arten von GIFs werden von manchen Plattformen überhaupt nicht akzeptiert (z. B. Twitter, Instagram), von den restlichen Plattformen in JPEG konvertiert, so dass die mühsame Optimierung umsonst war.

Bildfarben transparent setzen | Sie können ausgewählte Bildfarben transparent setzen. Dazu wählen Sie zunächst die Farbe(n) aus und klicken dann auf das Transparenz-Icon oder wählen den Befehl AUSGEWÄHLTEN FARBEN TRANSPARENZ ZUORDNEN/ZUORDNUNG AUFHEBEN im Seitenmenü. Beachten Sie auch, dass die Option TRANSPARENZ aktiviert sein muss: Setzen Sie im oberen Bereich des Dialogs ein Häkchen!

Abbildung 32.20 ▸
Hier wurden zwei Farben transparent gesetzt.

Abbildung 32.21 ▸▸
In der Bildvorschau zeigen sich sofort transparente Bereiche.

Transparent gesetzte Farben werden durch diagonal geteilte Farbfelder symbolisiert, deren untere Hälfte zeigt das Transparenz-Schachbrettmuster. Gleichzeitig werden diese Farben automatisch verriegelt.

Farben nachträglich Transparenz zuzuordnen, ist manchmal bei gerundeten oder unregelmäßig geformten Elementen sinnvoll, die schon auf transparentem Hintergrund stehen und »frei schwebend« in Websites eingebaut werden sollen. Es kann dann notwendig werden, gezielt einige Randpixel auszublenden, um einen besseren Übergang zu erzielen (siehe auch den Abschnitt 32.3.2, »GIF und Transparenz: GIFs auf Site-Hintergrund abstimmen«).

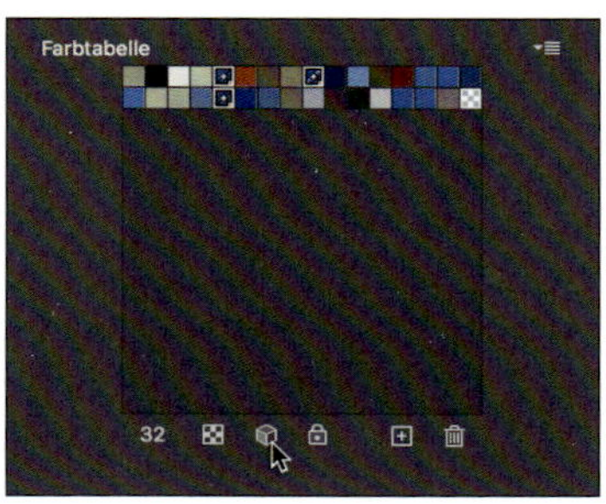

▴ Abbildung 32.22
Hier werden einige Farben zur Web-Palette verschoben. Sie sind durch eine Miniaturraute gekennzeichnet. Dieses Rautensymbol finden Sie bei allen Farbfeldern, die zur Web-Palette gehören.

Farben verschieben | Nicht nur Photoshop dithert Farben, um Darstellungsproblemen im Web auszuweichen. Auch Browser können Bilder mit einem Dither-Muster darstellen. Diese Technik kam in den Anfangstagen des Webs zum Einsatz. Die Funktion Farben verschieben ist ein Relikt aus dieser Zeit – und heute vernachlässigbar.

Um das **Browser-Dithering** (nicht das Dithern durch Photoshop) für einzelne Farben wirksam zu unterbinden, aktivieren Sie diese Farben wiederum in der Farbübersicht und klicken auf das würfelförmige Icon unterhalb der Farbpalette.

Als Alternative gibt es die Befehle Ausgewählte Farben zur Web-Palette verschieben und für den Weg zurück Verschiebung aufheben. Das Bild kann sich durch dieses Manöver entscheidend verändern!

Bearbeitung der Farbtabellen rückgängig machen | Um Schritte beim Modifizieren der Farbtabellen rückgängig zu machen, gibt es keinen besonders großen Bearbeitungskomfort. (Das Kürzel Strg/cmd+Z funktioniert hier nicht!) Einige Befehle stehen aber doch zur Verfügung:

- Verriegelungen lösen, Transparenz und Websicherheit zurücksetzen können Sie so, wie Sie sie auch eingestellt haben: Markieren Sie die Farbfelder, und klicken Sie erneut auf die entsprechende Schaltfläche oder wählen Sie den passenden Befehl im Seitenmenü ☰.

- Um eine einzelne verschobene Farbe wieder zurückzusetzen, doppelklicken Sie auf das Farbfeld. Dadurch öffnet sich der Farbwähler und zeigt die ursprüngliche Farbe an. Klicken Sie zum Zurücksetzen der Farbe auf OK, ohne weitere Änderungen im Farbwähler vorzunehmen.
- Um zur ursprünglich eingestellten Palette zurückzukehren, stellen Sie entweder in der Farbtabellen-Liste statt EIGENE wieder eine der Standardtabellen ein oder wählen im Seitenmenü der Farbtabelle den Befehl VERSCHIEBUNG RÜCKGÄNGIG FÜR ALLE FARBEN.

32.3.2 GIF und Transparenz: GIFs auf Site-Hintergrund abstimmen

GIF kann auch transparente Pixel speichern. Das ist ein Vorteil für den Einsatz im Web – so können Sie auch gerundete oder unregelmäßig geformte Objekte (Logos, Buttons, Schriften) frei schwebend auf einer Website platzieren, indem Sie die Hintergrundpixel transparent setzen. Technisch ist das einfach: Üblicherweise erstellen Sie ja auch Webelemente wie Buttons zunächst im PSD-Format. Um dann GIFs mit Transparenz daraus zu machen, können Sie wie folgt vorgehen:

- Nehmen Sie unter FÜR WEB SPEICHERN den betreffenden Farbton mit der Pipette auf, und setzen Sie dann die Farbe durch einen Klick auf das Transparenz-Icon unterhalb der Farbpalette transparent, oder
- blenden Sie die Hintergrundebene der Ausgangsdatei (PSD oder ein anderes Dateiformat, das Ebenen unterstützt) aus, bevor Sie zum weboptimierten Speichern schreiten. Dieses Verfahren bietet sich an, wenn die auszublendende Farbe auch noch an anderen Stellen des Bildes vorkommt und ein pauschales Transparentsetzen dieser Farbe Löcher ins Bild reißen würde.

Freiformbilder
Das transparente Anlegen eines GIFs oder PNG ist vor allem deswegen notwendig, weil Browser die Farben in einem Bild anders berechnen als per HTML definierte Farben und deswegen die eigentliche Rechteckform der Bilder sichtbar wird (und den Gesamteindruck stört).

»Hund-Astronaut.psd«

Grafik: Monika Gause

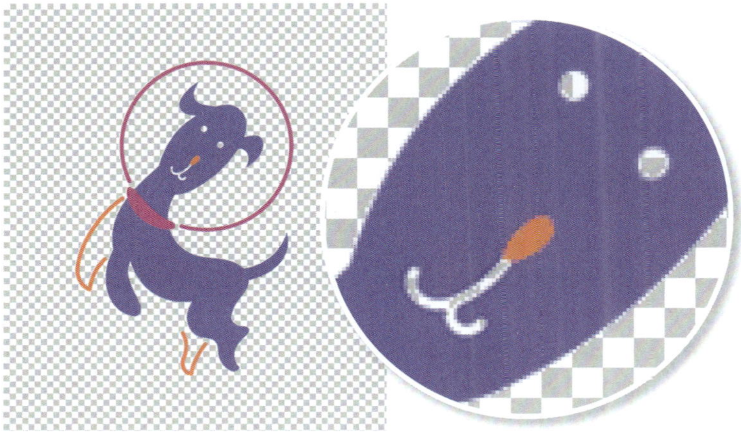

◂ **Abbildung 32.23**
Wenn Sie die Pipette im Webspeichern-Werkzeug benutzen, kann es passieren, dass auch dort Transparenz auftritt, wo sie nicht erwünscht ist, so wie hier im Gesicht.

Abbildung 32.24 ▸
Problem mit Rundungen bei GIFs: Im PSD sehen die Kanten noch gut aus. Die Vergrößerung zeigt rund um die Rundungen die Glättungspixel in verschiedenen Abstufungen von Transparenz, die die »Pixeltreppen« kaschieren.

Abbildung 32.25 ▸▸
Im GIF können einzelne Pixel nur »unsichtbar« sein, nicht semitransparent. Entsprechend »pixelig« sehen die gerundeten Ränder aus.

Leider werden gerade an Rundungen oft unschöne »Treppenkanten« sichtbar. Um die GIF-Kanten zu glätten, müssen Sie Photoshop mitteilen, auf welchem Farbhintergrund Ihr GIF mit Transparenz stehen soll – also die Hintergrundfarbe der späteren Website. Sie stellen sie im Dialog Für Web speichern unter Hintergrund ❶ ein. Sie können die aktuelle Pipettenfarbe, Schwarz oder Weiß als Basis festlegen, und ein Klick auf Andere ❷ öffnet den Farbwähler. Am schnellsten stellen Sie die Farbe ein, indem Sie den BinHex-Farbwert der Hintergrundfarbe in das Eingabefeld unten links ❸ eintragen.

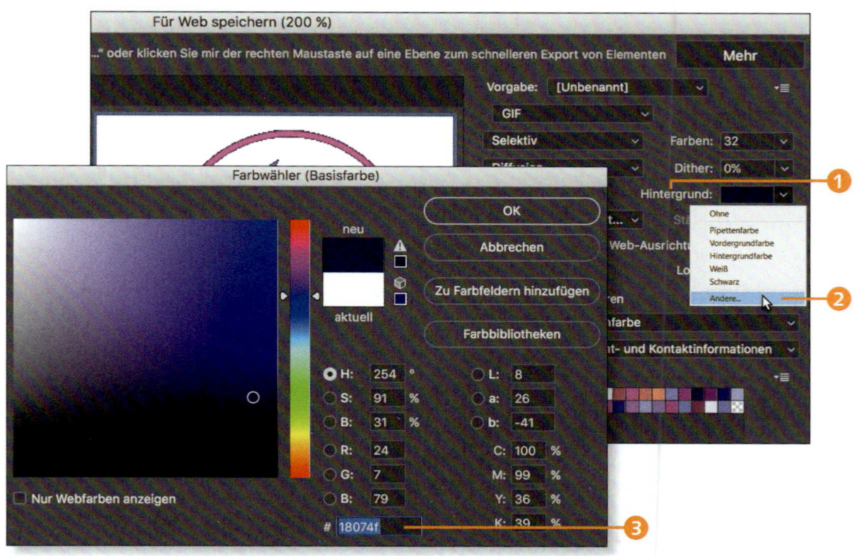

Abbildung 32.26 ▸
Festlegen der Hintergrundfarbe bei den GIF-Optionen

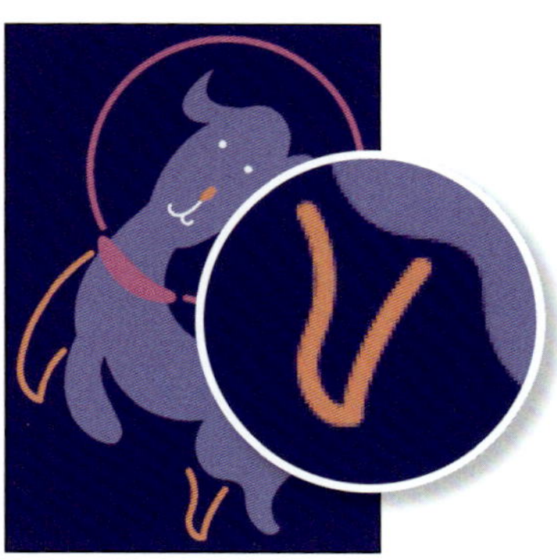

▲ Abbildung 32.27
GIF mit Glättungspixeln auf passendem Hintergrund

Sie sehen dann, dass Ihre Bildobjekte einen Rand in der eben eingestellten Farbe bekommen haben. Noch sieht das störend aus, sobald aber die Buttons (oder andere Bildobjekte) auf dem richtigen, also dem der Basisfarbe entsprechenden Hintergrund stehen, macht sich eine optische Glättung bemerkbar, die der PSD-Ansicht nur wenig nachsteht.

Für jede Hintergrundfarbe erneut optimieren | Leider können Sie solche Transparenzobjekte immer nur für einen bestimmten Hintergrund optimieren. Setzen Sie die Grafik auf einen helleren Hintergrund, obwohl eine dunkle Basis vorgegeben war, werden die Glättungspixel als »Trauerrand« sichtbar (oder blitzen im umgekehrten Fall hell hervor). Für jeden geplanten Website-Hintergrund müssen Sie die Grafik also erneut mit einer angepassten Hintergrundfarbe abspeichern.

Wenn Sie ein Objekt mit Transparenz auf gemusterte oder mehrfarbige Website-Hintergründe setzen wollen, sollten Sie es nach Möglichkeit als PNG speichern. Für ein GIF müssen Sie als Basis eine Farbe einstellen, die sich an alle vertretenen Farben gut anpasst.

▲ **Abbildung 32.28**
Hier werden die dunklen Glättungspixel unschön vor dem hellen Hintergrund sichtbar.

32.4 JPEG-Speicheroptionen

Am besten funktioniert der JPEG-Kompressionsalgorithmus, wenn das Foto weiche Farbübergänge, wenig Kontrast, sanfte Kurven und nur wenige harte Kanten hat. Schrift oder Strichzeichnungen vertragen die JPEG-Kompression nicht so gut und werden schnell unscharf. Große einheitliche Farbflächen zeigen schnell die typischen Kompressionsspuren (Artefakte), die als mehr oder weniger deutlich sichtbare kleine Quadrate das Bild überziehen. Umgekehrt können Sie eine bessere JPEG-Kompression erzielen, indem Sie das Bild leicht weichzeichnen.

JPEG und »Social Media«
Alle hochgeladenen Dateien werden von Facebook, Instagram, Twitter & Co. in der Regel weiter komprimiert. Wird ein bereits komprimiertes JPEG erneut komprimiert, dann leidet es dabei besonders. Facebook gibt an, dass es Bilder unter einer Dateigröße von 100 KB nicht weiter komprimiert, was nicht zutrifft. Probieren Sie PNG-Dateien, wenn es auf Qualität ankommt.

Komprimierungsqualität | Die wichtigste Einstellung, die Sie dann wählen müssen, ist der Grad der Kompression. Hier bedeutet ein hoher Wert hohe Bildqualität und niedrige Kompression, und umgekehrt führt ein niedriger Wert zu einem Bild mit hoher Kompression und geringer Dateigröße, aber weniger guter Qualität. Sie können im Dropdown-Menü ① auf eine grobe Einteilung zwischen NIEDRIG und MAXIMUM zurückgreifen oder im Feld QUALITÄT ⑤ mit einem Schieberegler Prozentraten einstellen. Letzteres ermöglicht ein genaueres Austarieren.

»Progressiv«, »Optimiert« | Nicht aktivieren sollten Sie die Option OPTIMIERT ③. Sie führt zwar zu kleinen Dateien, aber leider auch zu Darstellungsproblemen in vielen Browsern.

Die Einstellung PROGRESSIV ② wirkt ähnlich wie INTERLACED bei GIFs: Die späteren User sehen recht schnell eine unscharfe Version des Bildes auf ihrem Monitor, die dann nach und nach – eben in mehreren Durchgängen – verbessert wird. Außerdem wird die Dateigröße reduziert.

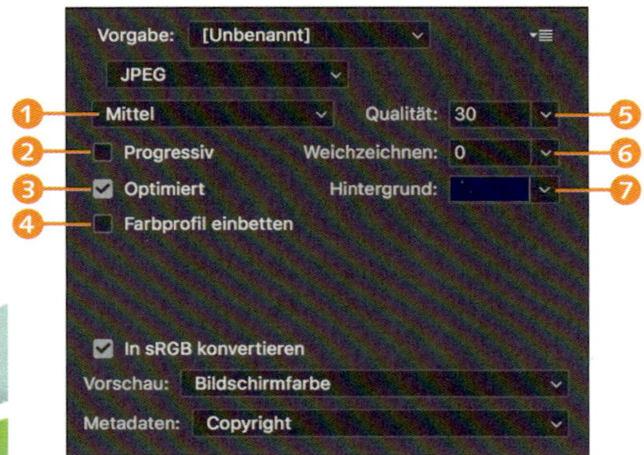

Abbildung 32.29 ▸
Sobald Sie als Dateiformat JPEG einstellen, bieten sich Ihnen die passenden Optionen. Eine Farbtabelle gibt es hier nicht.

▴ **Abbildung 32.30**
Über Für Web speichern erzeugtes PNG-8 mit Transparenz (auf Website)

Weichzeichnen | Mit der Option Weichzeichnen ⑥ verhelfen Sie dem Bild zu weicheren Kanten und besserer Komprimierbarkeit. Dies ist keine Option, die Sie ständig nutzen sollten! Verwenden Sie sie nur, wenn sich das Bild sonst absolut nicht »kleinkriegen« lässt und das Motiv eine Weichzeichnung verträgt.

Farbprofil einbetten | Farbprofil einbetten ④ speichert Informationen zum Farbmanagement mit der Datei ab, die dann von einigen Browsern zur farbrichtigen Darstellung der Bilder genutzt werden.

Hintergrund | Hintergrund ⑦ funktioniert hier anders als beim GIF. Die Option bietet bei JPEG-Bildern die Möglichkeit, eventuell vorhandenen transparenten Pixeln eine (nicht transparente) Farbe zuzuweisen – in JPEGs können transparente Pixel ja nicht als solche gespeichert werden. Bessere Kontrolle über das Ergebnis haben Sie natürlich, wenn Sie diesen Schritt noch in der Arbeitsansicht vollziehen.

32.5 PNG-Speicheroptionen

Die Optionen für PNG-8 entsprechen denjenigen für das GIF-Format. Ein PNG-24 kann mit abgestufter Transparenz (Alpha-Transparenz) gespeichert werden. So gespeicherte PNG-Dateien lassen sich – anders als transparente GIFs – auf beliebig gefärbten Hintergründen einsetzen. Um diese PNG zu speichern, aktivieren Sie die Option Transparenz in den PNG-24-Optionen. Interessant ist nun, dass Photoshop auch PNG-8 mit Alpha-Transparenz speichern kann (siehe Abbildung 32.30). Dazu müssen Sie es jedoch über Datei • Exportieren • Exportieren als sichern.

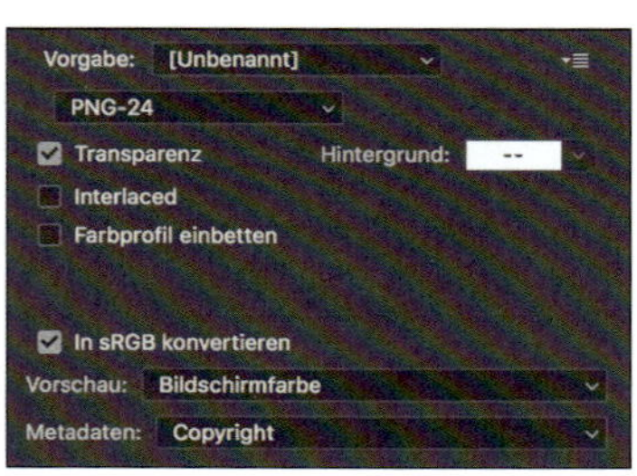

▴ **Abbildung 32.31**
Speicheroptionen für PNG-24

32.6 Animierte Bilder

Um Bewegung auf eine Website zu bringen, müssen Sie nicht unbedingt scripten können. Zwar sind animierte GIFs, die es fast seit der Steinzeit des WWW gibt, oft nicht besser als ihr Ruf. Doch es ist durchaus möglich, mit einer kleinen Animation überraschende Akzente zu setzen. Praktisch sind Animationen auch dann, wenn Sie auf einem Banner oder einer Social-Media-Grafik viele Inhalte unterbringen müssen. In mehreren Phasen können dann unterschiedliche Informationen genannt werden.

Das Erstellen animierter GIFs ist recht einfach, und auch für die Nutzer der späteren Websites bieten solche Animationen Vorteile: Es müssen keine Scripte erlaubt oder Flash installiert werden. Mit Photoshop haben Sie ein schnelles und komfortables Werkzeug zur Hand, um animierte GIFs zu erstellen.

32.6.1 Animiertes GIF erstellen: Grundlagen und Arbeitsweise

Um eine Animation zu erstellen, brauchen Sie neben dem Ebenen-Bedienfeld auch das Bedienfeld ZEITLEISTE, das Sie über FENSTER • ZEITLEISTE erreichen.

Das Bedienfeld legt sich automatisch an den unteren Rand des Programmfensters, Sie können es jedoch – wie alle Bedienfelder – mit der Maus aus seinem Dock ziehen und frei positionieren.

Zum Weiterlesen
Das Bedienfeld ZEITLEISTE kann nicht nur GIFs zum Wackeln bringen, es lässt sich auch für die **Videobearbeitung** einsetzen. Wie das geht, lesen Sie in Kapitel 30.

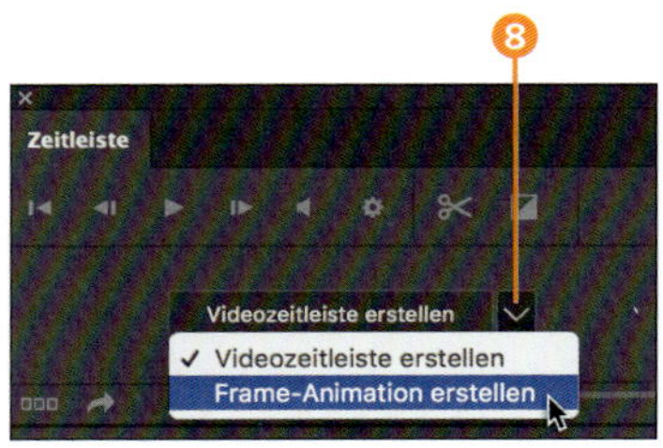

▲ **Abbildung 32.32**
Wechsel zwischen den Betriebsarten der Zeitleiste

Bedienfeld in die richtige Betriebsart bringen | Da das Bedienfeld nicht nur GIF-Dateien erstellen, sondern auch mit Videos umgehen kann, verfügt es über zwei Ansichten. Standardmäßig sehen Sie, solange keine Datei in Photoshop geöffnet ist, nach dem Aufrufen des Bedienfelds die Videofunktionen. Um das Bedienfeld umzustellen müssen Sie erst einmal eine Grafikdatei öffnen. Dann sehen Sie einen Umschalter in Form einer kleinen Dropdown-Liste 8. Stellen Sie um auf FRAME-ANIMATION ERSTELLEN, und klicken Sie dann noch auf den Befehl FRAME-ANIMATION ERSTELLEN.

So funktioniert es: Das Frame-Prinzip | Mit Hilfe des Bedienfelds legen Sie als Erstes verschiedene Animationsstadien für Ihr Bild an, die *Frames*. Diese bilden die Grundlage der Animation: Sie werden nacheinander gezeigt (»abgespielt«), und dadurch entsteht die Animation.

Was sind Frames?
Animationsframe ist ein aus dem Filmvokabular entlehnter Begriff. Stellen Sie sich die Animationsframes einfach wie einzelne Filmbilder vor. Das schnelle Abspielen der einzelnen (Film-)Frames erzeugt dann den Eindruck der Bewegung.

Am Anfang unterscheiden sich die Frames noch nicht voneinander. Erst durch Änderungen am Ebenen-Bedienfeld ordnen Sie jedem Frame bestimmte Eigenschaften zu. Jeder Frame kann andere Konstellationen und Eigenschaften des Ebenen-Bedienfelds enthalten und sich von seinem Nachbarn grundlegend unterscheiden. Sie können Ebenen ein- und ausblenden, verschieben oder Deckkraftänderungen vornehmen. Wenn Sie die Ebeneneigenschaften geschickt den Frames zugeordnet haben, entstehen durch das spätere Abspielen der Frames bewegte Bilder. Das heißt also auch, dass Sie Ihre Datei entsprechend vorbereiten müssen.

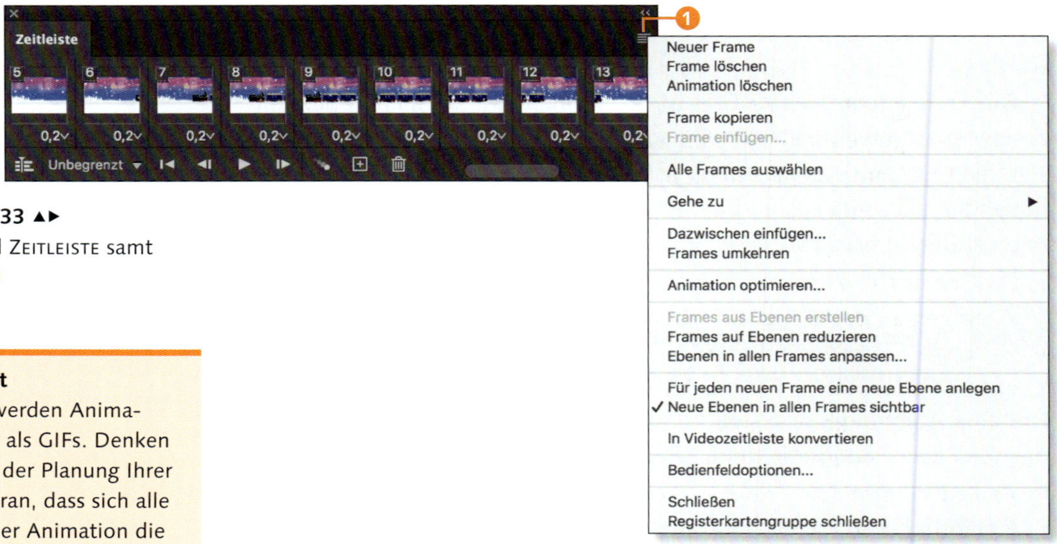

Abbildung 32.33 ▲▶
Das Bedienfeld Zeitleiste samt Seitenmenü ①

Nicht zu bunt
Gespeichert werden Animationen immer als GIFs. Denken Sie schon bei der Planung Ihrer Animation daran, dass sich alle Einzelbilder der Animation die begrenzte GIF-Farbpalette teilen müssen. Für jedes Einzelbild stehen also unter Umständen nur recht wenige Farben zur Verfügung. Dithern ist beim Speichern von Animationen meist keine gute Idee, denn dadurch werden wichtige Details leicht unkenntlich, oder das Bild »flackert« beim Abspielen. Die Teilbilder Ihrer Animation sollten also nicht zu bunt sein!

Grundsätzlich stehen Ihnen mit der Zeitleiste zwei verschiedene Methoden zur Verfügung, den einzelnen Frames verschiedene Ebenenkonstellationen zuzuordnen:

- Bearbeiten Sie jeden Frame einzeln von Hand.
- Fügen Sie per Tweening automatisch Frames mit bestimmten Eigenschaften ein, und erzeugen Sie so stufenlos sanfte Bewegungen oder ein Fading (Ausblenden der Deckkraft).

Im Folgenden erfahren Sie, wie das geht und wie Sie Animationen optimieren und speichern. Das ist gar nicht so schwierig.

32.6.2 Animiertes GIF erstellen: Handgemachte Animation

Die Vorbereitungsschritte richten sich nach dem, was in der geplanten Animation passieren soll.

Mit der Datei »Animiertes_Banner.psd« können Sie trainieren. Um loszulegen, brauchen Sie die geöffnete Datei, das Ebenen-Bedienfeld und das Zeitleiste-Bedienfeld.

»Animiertes_Banner.psd« und »Animiertes_Banner einfach.psd«

Ebenen-Bedienfeld | Das Ebenen-Bedienfeld verändert mit dem Aufrufen der Zeitleiste sein vertrautes Aussehen. Im oberen Bereich kommen neue Funktionen hinzu. Falls sie nicht automatisch erscheinen, rufen Sie sie im Bedienfeldmenü unter ANIMATIONSOPTIONEN auf: Gehen Sie dort entweder auf AUTOMATISCH oder IMMER EINBLENDEN.

Die zusätzlichen Funktionen helfen Ihnen, Position, Sichtbarkeit und Effekte einer Ebene in unterschiedlichen Frames zu vereinheitlichen. Sie aktivieren und deaktivieren die Buttons für einzelne Ebenen, indem Sie die betreffende Ebene markieren und den Button dann anklicken.

- Ist das erste Icon, EBENENPOSITION VEREINHEITLICHEN 2 aktiv, werden Änderungen an der **Position** dieser Ebene auf jeden Frame der Animation angewendet – Sie platzieren den Inhalt der markierten Ebene in jedem Frame der Animation am gleichen Ort. Diese Option darf nicht aktiv sein, wenn in der Animation geplant ist, den Ebeneninhalt zu verschieben.
- Die Schaltfläche EBENENSICHTBARKEIT VEREINHEITLICHEN 3 wendet Änderungen an der **Sichtbarkeit** auf alle Frames einer Animation an.
- EBENENSTIL VEREINHEITLICHEN 4 schließlich wendet Änderungen an einem **Ebenenstil** auf jeden Frame der Animation an.
- Wenn die Checkbox FRAME 1 PROPAGIEREN 5 mit einem Häkchen versehen ist, werden alle Animationsframes auf der Grundlage etwaiger Veränderungen von Position, Sichtbarkeit oder Ebenenstil des ersten Frames mit verändert. Wenn Sie möchten, dass sich die Änderungen im ersten Frame nicht auf andere Frames auswirken, deaktivieren Sie diese Option.

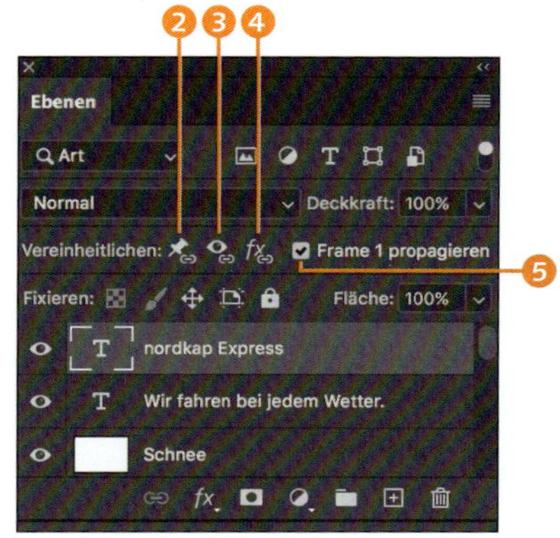

▲ **Abbildung 32.34**
Die kleinen zusätzlichen Schaltflächen des Ebenen-Bedienfelds erleichtern Ihnen das Animieren erheblich.

Frame 1 propagieren
Diese Option ist per Voreinstellung eingeschaltet, der Optionsbutton selbst jedoch inaktiv. Sie können die Option also nur dann deaktivieren, wenn in der Zeitleiste bereits eine Frame-Animation erstellt und im Ebenen-Bedienfeld die betreffende (nicht gesperrte) Ebene angeklickt ist. Für mehrere Ebenen auf einmal oder für Ebenengruppen lässt sich die Option nicht deaktivieren.

Schritt für Schritt: Animation in Handarbeit

In diesem Workshop erfahren Sie, wie Sie eine einfache Frame-Animation erstellen.

1 Frames erzeugen

Als Erstes blenden Sie im Ebenen-Bedienfeld alle Ebenen aus, die erst später oder nicht in allen Animationsstadien angezeigt werden sollen.

Dann erzeugen Sie mit dem Icon NEU so viele Duplikate des ersten Frames, wie Sie für die jeweilige Animation brauchen. Dabei müssen Sie sich immer den Ablauf des »Films« vorstellen – Planung zahlt sich aus. Sie können natürlich auch nachträglich Bilder einfügen oder schon fertige Frames mit der Maus hin und her ziehen. Das ist ähnlich unkompliziert wie das Umschichten von Ebenen im Ebenen-Bedienfeld.

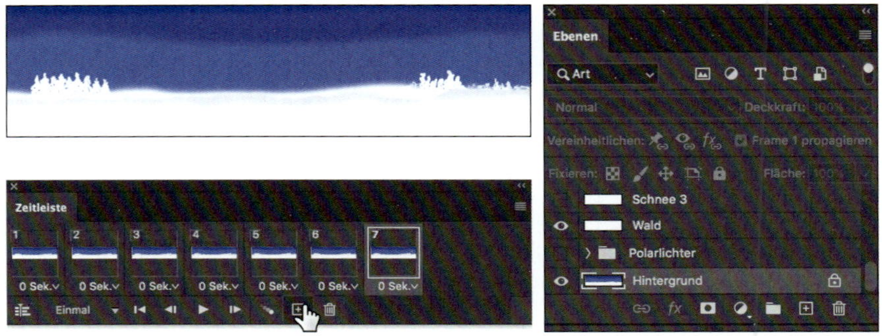

Abbildung 32.35 ▸
Legen Sie die Frames in der Zeitleiste an.

2 Element über mehrere Frames

> **Alle Frames auswählen**
> Alternativ zum Auswählen mit mehreren Klicks auf die Frames verwenden Sie den Seitenmenübefehl ALLE FRAMES AUSWÄHLEN, um alle Frames zu markieren.

Als Nächstes wählen Sie nacheinander jeden Frame durch Anklicken an und legen mit dem Ebenen-Bedienfeld sein Aussehen fest. Die Ebenen müssen dafür nicht aktiviert werden. Mehrere Frames gemeinsam aktivieren Sie, indem Sie [Strg]/[cmd]- oder [⇧]-Taste drücken und die Ebenen bearbeiten. Denken Sie daran, im Ebenen-Bedienfeld den Haken bei FRAME 1 PROPAGIEREN zu *entfernen*, wenn Sie *ausschließlich den ersten Frame* (und nicht alle folgenden) bearbeiten wollen.

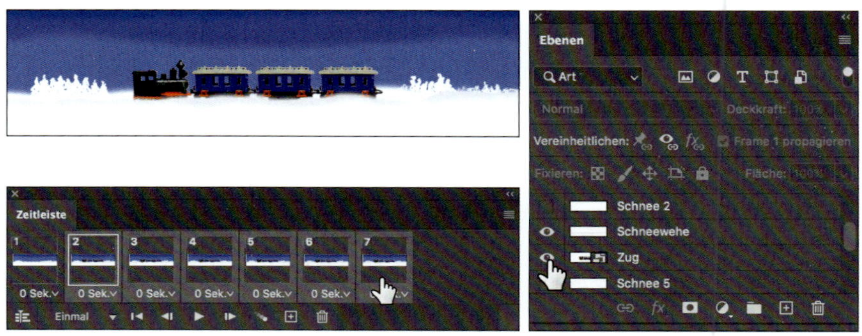

Abbildung 32.36 ▸
Hier wird für mehrere ausgewählte Frames der Zug eingeblendet.

3 Einzelne Frames einstellen

In Frame 3 bis 7 blenden Sie nun jeweils unterschiedliche Kombinationen der »Schnee«-Ebenen ein. So ergibt sich ein dichtes Schneetreiben beim Abspielen des Films. Das könnte so aussehen:

Abbildung 32.37 ▾
Das Schneetreiben geht über mehrere Frames.

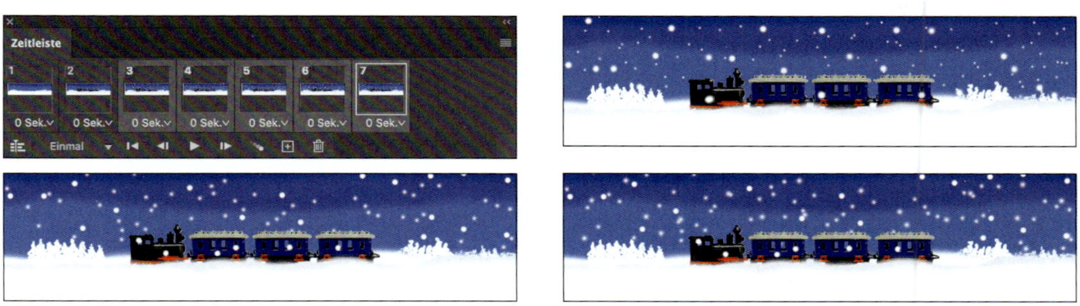

4 Schlussframes

In den beiden letzten Frames werden die Texte eingeblendet. Der erste Text bleibt über beide Frames stehen, daher wählen Sie wieder beide aus und blenden den Text ein. Den zweiten Text blenden Sie nur im letzten Frame ein.

▲ **Abbildung 32.38**
Einstellungen für die letzten beiden Frames

5 Testlauf

Die Animation ist nun im Wesentlichen fertig, und Sie können sie testen. Die kleinen Buttons am unteren Rand der Zeitleiste ermöglichen es Ihnen, zwischen einzelnen Frames zu springen (also verschiedene Frames zu aktivieren) und die Animation abzuspielen.

Der Button ❸ startet das Abspielen, ❹ springt einen Frame vor, ❷ springt einen Frame zurück, und ❶ aktiviert den allerersten Frame in der Animation (Zurückspulen). Klicken Sie also auf den einfachen Pfeil. Sie werden sehen, dass die Animation viel zu schnell abläuft.

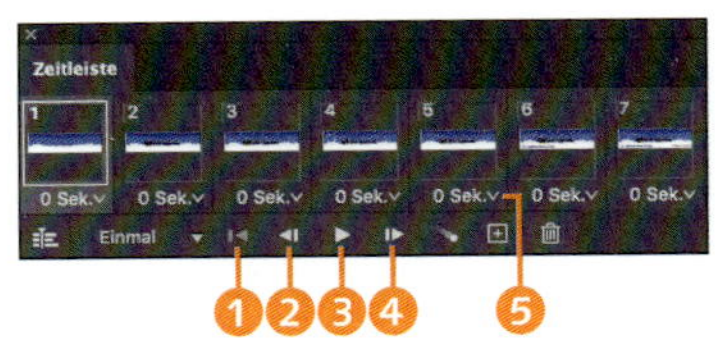

▲ **Abbildung 32.39**
Buttons zum Abspielen der Animation

6 Verzögerung einstellen

Wenn Sie auf einen der sehr kleinen Dreieckspfeile ❺ rechts neben der aktuellen Geschwindigkeitseinstellung (0 SEK.) klicken, öffnet sich ein Dialogfeld, in dem Sie andere Verzögerungszeiten auswählen können.

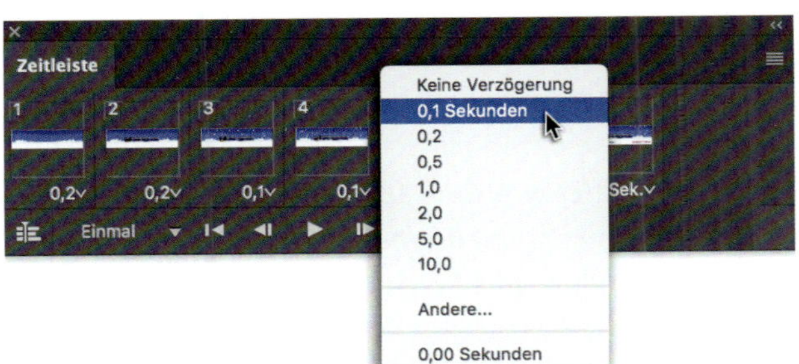

◂ **Abbildung 32.40**
Über ein Menü stellen Sie die Verzögerung für jeden einzelnen Frame ein. Auch hier können Sie alternativ mehrere Frames auswählen und allen einen identischen Wert zuweisen.

Verschiedene gängige Zeiten sind schon in der Liste aufgezählt, ein Klick auf ANDERE ... erlaubt freie Eingaben.

7 Wiederholung einstellen
Üblicherweise wird eine Animation unbegrenzt wiederholt. Wenn Sie dies aus irgendwelchen Gründen ändern wollen, klicken Sie auf den Befehl UNBEGRENZT unten links. Es öffnen sich andere Einstellungen. Wenn Sie ein Banner unbegrenzt laufen lassen, bringen Sie ein wenig Ruhe hinein, indem Sie einzelne Frames länger stehen lassen – ist Text enthalten, dann bietet sich dies ohnehin an.

Abbildung 32.41 ▸
Einstellungen für die Wiederholung einer Animation (Loop)

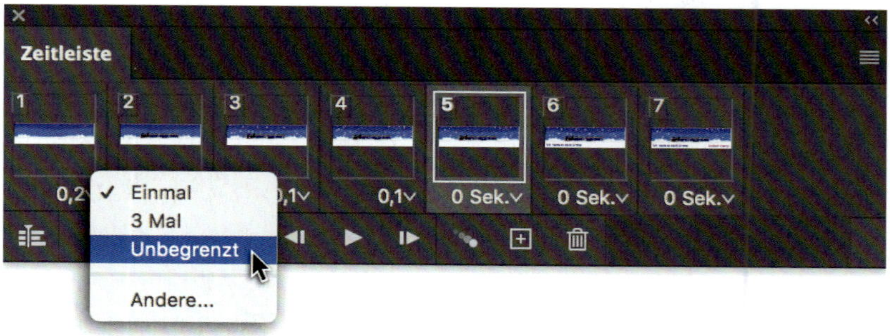

8 Weitere Möglichkeiten für handgemachte Animationen
Nach der gleichen Methode können Sie auch Animationen mit Drehungen, Farbänderungen, Verzerrungen oder Skalierungen erzeugen, wenn Sie eine entsprechend vorbereitete .psd-Datei haben, die alle gewünschten Stadien auf eigenen Ebenen enthält.

Animationen zeichnen
Wenn Sie Animationen Bild für Bild zeichnen möchten, verwenden Sie den Videozeitleisten-Modus. Hier haben Sie Zugriff auf die Zwiebelschichtenfunktion, mit der Sie beim Zeichnen die benachbarten Stadien sehen. Nach Fertigstellung konvertieren Sie die Animation in den Frame-Modus (siehe Kapitel 30).

32.6.3 Animationen mit Tweening

Animationen wie stufenloses Auf- und Abblenden via Ebenendeckkraft oder gleichmäßige Bewegungen beispielsweise einer Schrift über das Bild erfordern viele Ebenen und viele, viele Klicks – oder Sie benutzen das sogenannte Tweening.

Tweening ist ein Begriff aus der Animationstechnik, der auch in anderen Programmen verwendet wird. Er leitet sich ab von »inbetween(ing)«. Beim Tweening werden zwei von Ihnen zuvor festgelegte Frames mit bestimmten Eigenschaften als Schlüsselbilder benutzt, und die dazwischenliegenden Frames werden automatisch erstellt. Dabei werden die Informationen der Schlüsselframes hochgerechnet, um die neuen Frames mit Inhalt zu füllen. In Photoshop können Sie auf diese Art die Ebenenattribute POSITION, DECKKRAFT oder Effekteinstellungen gleichmäßig zwischen den neuen Frames abstufen (lassen).

Wie das genau funktioniert, lässt sich wiederum am konkreten Beispiel am besten demonstrieren.

Schritt für Schritt: Animation mit Tweening erstellen

Die Animation mit Tweening unterscheidet sich kaum von der Arbeit an der handgemachten Animation. Das Ebenen-Bedienfeld und die Zeitleiste sind Ihre wichtigsten Helfer. Im ersten Schritt erstellen Sie wieder die Frame-Animation in der Zeitleiste.

»Zug.psd«,
»Zug-fertig.psd«

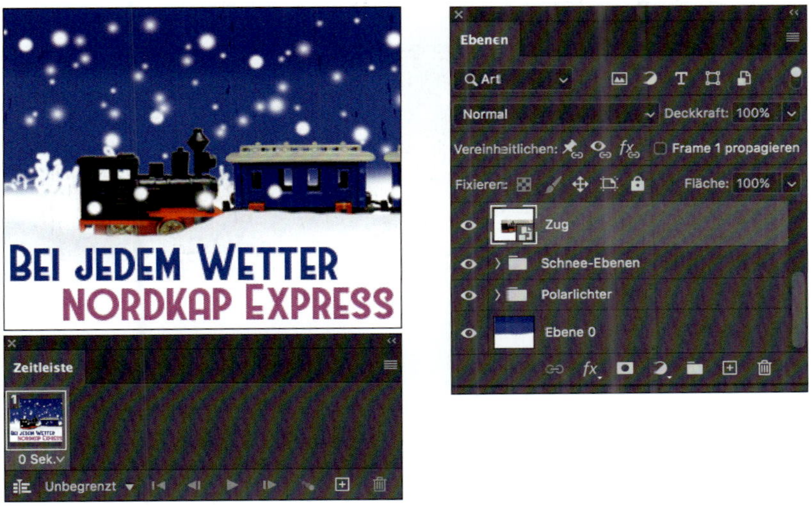

◂ **Abbildung 32.42**
Der Zug soll diesmal durch die Winterlandschaft fahren, und wir werden ein Polarlicht animieren.

> **Frame 1 propagieren**
> Denken Sie bereits jetzt an die Einstellung FRAME 1 PROPAGIEREN. Nachdem Sie die Frame-Animation erstellt haben, aktivieren Sie die Zug-Ebene und nehmen das Häkchen heraus.

1 Ersten Schlüsselframe anlegen

Aktivieren Sie den ersten Frame, und bewegen Sie die Zug-Ebene mit dem Verschieben-Werkzeug oder den Pfeiltasten ganz nach rechts. Es sollten gerade noch einige Pixel der Lok zu sehen sein.

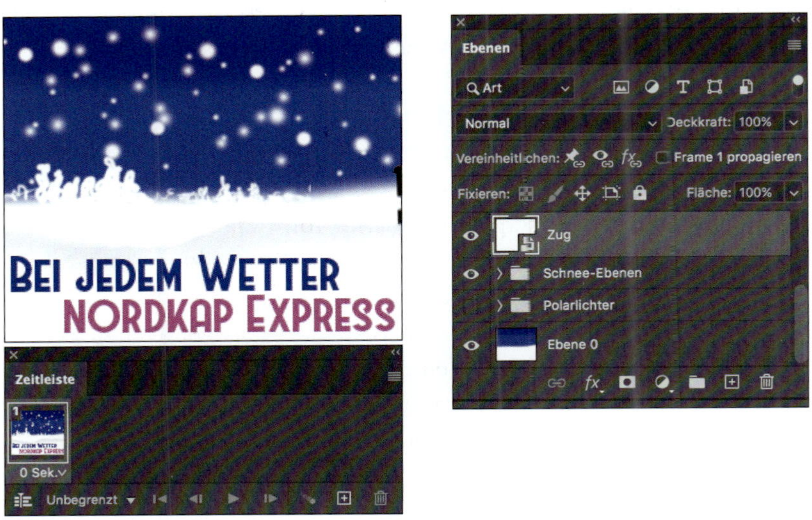

◂ **Abbildung 32.43**
Frame 1: Die Zug-Ebene wurde rechts aus dem Bild bewegt.

2 Zweiten Schlüsselframe erzeugen

Legen Sie ein Duplikat des ersten Frames an. Wiederholen Sie die Operation im zweiten Frame, aber schieben Sie hier den Zug nach *links* heraus. In beiden Frames bewegen Sie dieselbe Ebene, nur jeweils in unterschiedliche Richtungen!

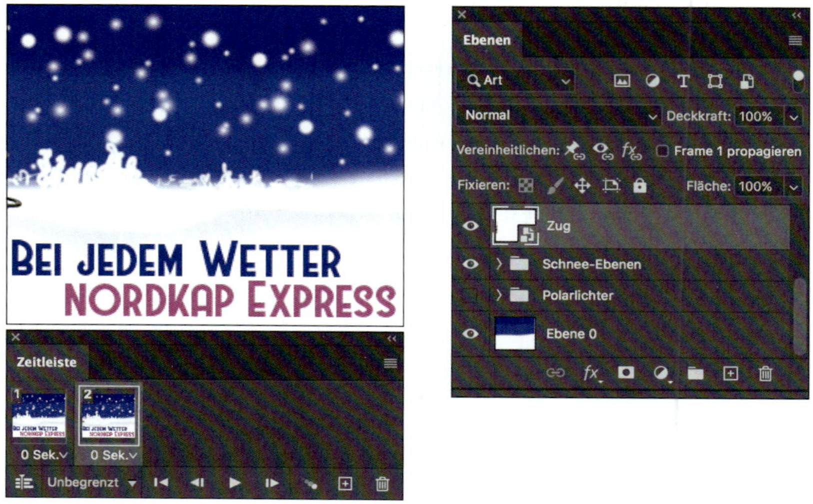

Abbildung 32.44 ▸
Frame 2: Die Zug-Ebene wurde links aus dem Bild geschoben.

3 Tweening einfügen

Das war schon alles an Handarbeit. Jetzt kommt das Tweening: Es wird eine von Ihnen festgelegte Anzahl von Frames eingefügt, und Photoshop berechnet die Zwischenstadien der Animation. Das erreichen Sie durch den Befehl DAZWISCHEN EINFÜGEN … aus dem Seitenmenü oder indem Sie auf die entsprechende Schaltfläche ❶ am unteren Bedienfeldrand klicken. Achten Sie darauf, dass dabei der zweite Frame aktiviert ist und nicht der erste!

Im Dialogfeld, das sich dann öffnet, finden Sie die Optionen aus Abbildung 32.45. Übernehmen Sie genau die gezeigten Einstellungen.

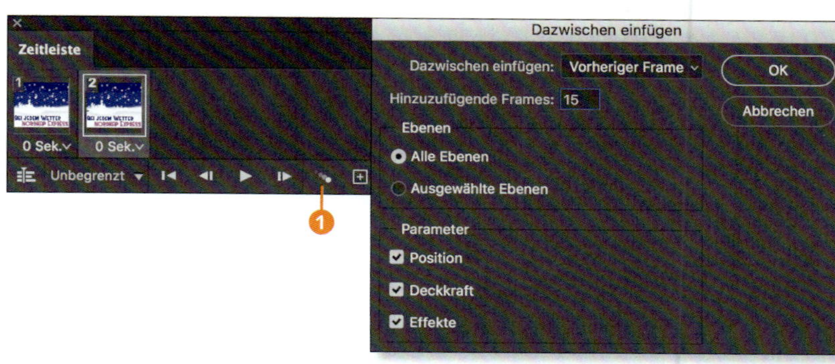

Abbildung 32.45 ▸
Dialogfeld für das Einfügen von Tweening-Frames. Sie sehen die für diesen Workshop benutzten Einstellungen.

Mit DAZWISCHEN EINFÜGEN steuern Sie, wo genau die Frames eingefügt werden. ERSTER FRAME fügt zwischen dem letzten und dem ersten Frame weitere Frames ein. Diese Option ist nur verfügbar, wenn in der Zeitleiste der letzte Frame ausgewählt ist. VORHERIGER FRAME fügt zwischen dem ausgewählten Frame und dem vorherigen Frame weitere Frames ein. Wenn Sie in der Zeitleiste den ersten Frame gewählt haben, ist diese Option (logischerweise) inaktiv. Die Option LETZTER FRAME ist nur aktiv, wenn der erste Frame der Animation ausgewählt ist. Sie fügt zwischen dem ersten und dem letzten Frame weitere Frames ein. Die Option NÄCHSTER FRAME ist nicht verfügbar, wenn Sie in der Zeitleiste den letzten Frame ausgewählt haben (wie es im Beispiel der Fall sein sollte). Sie fügt zwischen dem ausgewählten Frame und dem nächsten Frame weitere Frames ein.

Die Parameter POSITION, DECKKRAFT und EFFEKTE bezeichnen die Ebenentransformationen, die vom Tweening überhaupt unterstützt werden. Andere Bewegungen oder Effekte wie Drehungen, Verzerrungen oder Rotationen können Sie nicht per Tweening erzeugen. Da in diesem Beispiel eine Bewegung erzeugt werden soll, muss POSITION aktiv sein. Ob die anderen Parameter aktiv sind oder nicht, spielt keine Rolle, da sie in der Beispieldatei gar nicht vorkommen.

Unter HINZUZUFÜGENDE FRAMES stellen Sie die Anzahl der neuen Frames ein. Hier brauchen Sie ein wenig Erfahrung, um abzuschätzen, welche Werte gut sind. Je mehr Frames es gibt, desto sanfter ist das Tweening – und desto größer die Datei.

Ebenen-Option im Tweening-Dialog
ALLE EBENEN und AUSGEWÄHLTE EBENEN beziehen sich auf die Ebenen, die bei der Berechnung der Zwischenbilder berücksichtigt werden. In unserem Beispiel muss ALLE EBENEN aktiviert sein, sonst fehlt die Hintergrundebene in den folgenden Frames.

4 Testen, Verzögerung festlegen

Nun hat sich die Zeitleiste gefüllt. Mit dem Abspielbutton können Sie die Animation testen (und wieder stoppen) und anschließend die Verzögerung und gegebenenfalls Wiederholung einstellen.

▼ Abbildung 32.46
Durch das Tweening wurde die eingestellte Anzahl Frames (hier: 15) automatisch erstellt.

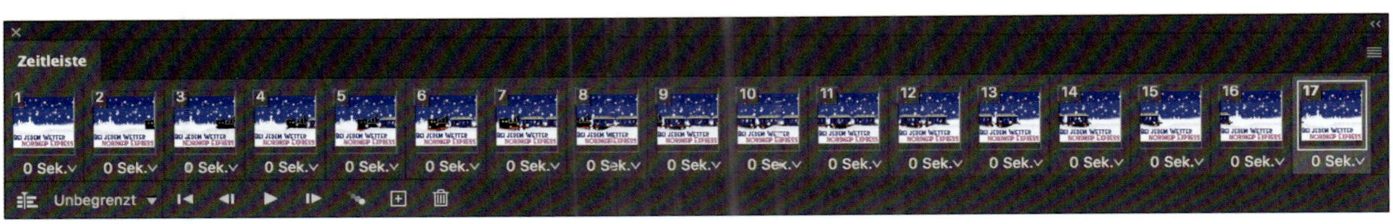

5 Zusätzliche Animation

Sehen wir uns nun an, wie Sie zusätzlich noch ein anderes Element in den bereits existierenden Frames animieren können. Dazu aktivieren Sie Frame 1 in der Zeitleiste und überprüfen im ersten Schritt die Einstellung FRAME 1 PROPAGIEREN für die einzelnen Ebenen in der Gruppe »Polarlichter«. Dazu klicken Sie jede dieser Ebenen an. Die Option muss deaktiviert sein. Blenden Sie dann alle diese Ebenen ein – die Ebenen werden anschließend nur im ersten Frame, nicht in allen folgenden angezeigt. Klicken Sie dann auf Frame 8, und blenden Sie hier ebenfalls alle einzelnen Polarlicht-Ebenen ein. Dann verschieben Sie die Ebenen ein wenig nach links oder rechts. Ändern Sie außerdem die Deckkraft-Einstellungen einzelner Ebenen ein wenig.

Abbildung 32.47 ▼
Animation der Polarlichter

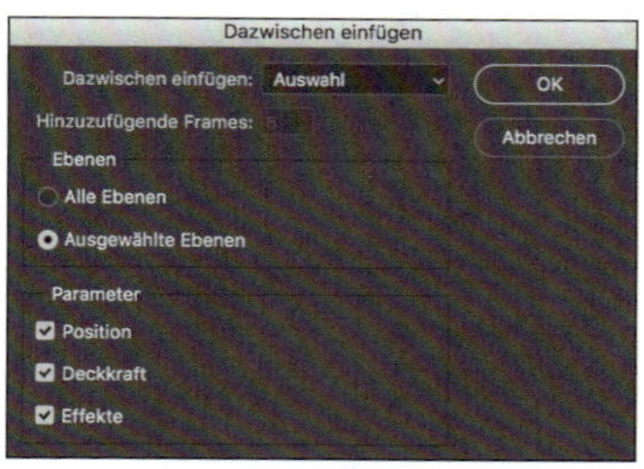

▲ Abbildung 32.48
Tweening in bestehenden Frames

In der Zeitleiste aktivieren Sie dann die Frames 1 bis 8 sowie im Ebenen-Bedienfeld die einzelnen Polarlicht-Ebenen und rufen dann wieder die Dialogbox Dazwischen einfügen auf. Hier ist es wichtig, dass Sie auf Ausgewählte Ebenen umschalten und die Parameter Position und Deckkraft aktivieren. Effekte haben Sie nicht geändert, also ist es egal, ob die Option aktiv ist.

Damit die Animation in Schleife gespielt werden kann, müssen Sie auch noch zum Anfang zurück. Gehen Sie daher in den letzten Frame, und blenden Sie dort alle einzelnen Polarlicht-Ebenen ein. Nehmen Sie keine Veränderung vor, und erzeugen Sie ein Tweening zwischen Frame 8 und dem letzten Frame wie eben.

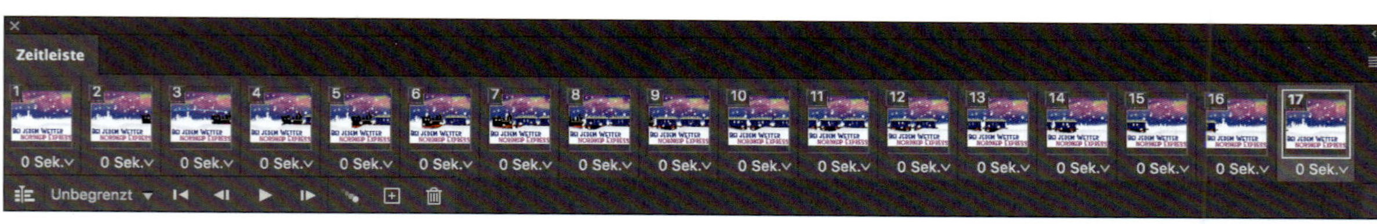

▲ Abbildung 32.49
Die fertiggestellte Animation

32.6.4 Optimieren von Animationen

Bevor Sie eine Animation mit Für Web speichern sichern, sollten Sie sie noch optimieren. Dazu wählen Sie aus dem Seitenmenü der Zeitleiste den Befehl Animation optimieren.

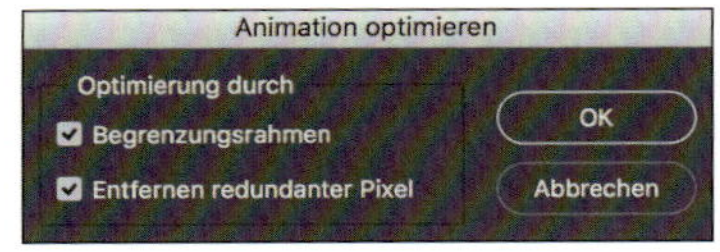

▲ **Abbildung 32.50**
Kleines Dialogfeld, aber wirksam

Begrenzungsrahmen stellt in jedem Frame den Bereich frei, der sich im Vergleich zum vorherigen Frame geändert hat. Mit dieser Option erstellte Animationsdateien werden kleiner. Es kann jedoch zu Schwierigkeiten kommen, wenn sie in anderen GIF-Editoren weiterverarbeitet werden sollen. Die Anzeige im Browser wird jedoch nicht beeinträchtigt.

Entfernen redundanter Pixel verleiht allen Pixeln in einem Frame, die sich im Vergleich zum vorherigen Frame nicht verändert haben, Transparenz. Achtung: Beim Speichern unter Für Web speichern müssen Sie später Transparenz aktivieren, wenn Sie diese Option nutzen.

32.6.5 Animation speichern

Um Animationen zu speichern, gehen Sie so vor wie beim Speichern gewöhnlicher GIF-Dateien auch. Als Farbpaletten sollten Sie Perzeptiv, Selektiv oder Adaptiv verwenden, denn nur diese gewährleisten gleiche Farben von Frame zu Frame. Das Verfahren zur Berechnung etwaigen Dithers ist bei Animationen etwas komplizierter als bei normalen GIFs, um Konsistenz zwischen den verschiedenen Frames zu erreichen. Daher kann der Speichervorgang etwas länger dauern. Nicht immer funktioniert das Dithern wirklich. Variiert das Dither-Muster von Frame zu Frame, kommt es zu Darstellungsproblemen, und die Animation zeigt unerwünschte Effekte.

Unterhalb der GIF-Farbpalette finden Sie auch Abspielbuttons. Sie funktionieren wie die Buttons in der Zeitleiste auch. Auch die Anzahl der Durchläufe können Sie hier einstellen (Optionen für Schleifenwiedergabe).

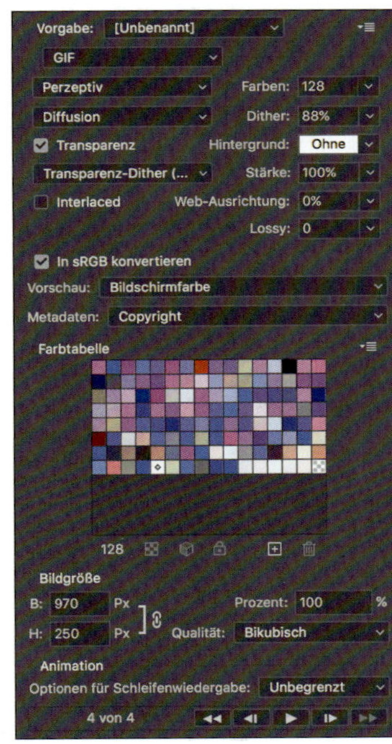

▲ **Abbildung 32.51**
Animationen speichern: Die Buttons ganz unten ermöglichen einen letzten Testlauf mit verschiedenen Optimierungseinstellungen.

32.7 Flexibles Screendesign für verschiedene Formate: Zeichenfläche

Wenn Sie Webdesigner sind, Apps oder andere User Interfaces gestalten, stehen Sie zunehmend vor der Herausforderung, Layouts für unterschiedliche Devices mit ganz verschiedenen Seitenverhältnissen und Größen zu entwickeln. Seit 2015 ist das aus Illustrator bekannte Konzept der Zeichenflächen auch in Photoshop umgesetzt.

32.7.1 Was sind Zeichenflächen? Das Konzept

»App-Design.psd«

Zeichenflächen sind ein neuartiger Typus von Ebenengruppe oder Ebenencontainer, in dem mehrere Elemente – die Zeichenflächen – in einem Dokument vereint sind. Ein Zeichenflächen-Dokument umfasst eine oder mehrere Zeichenflächen, in denen jeweils verschiedene Ebenen und Ebenengruppen enthalten sein können.

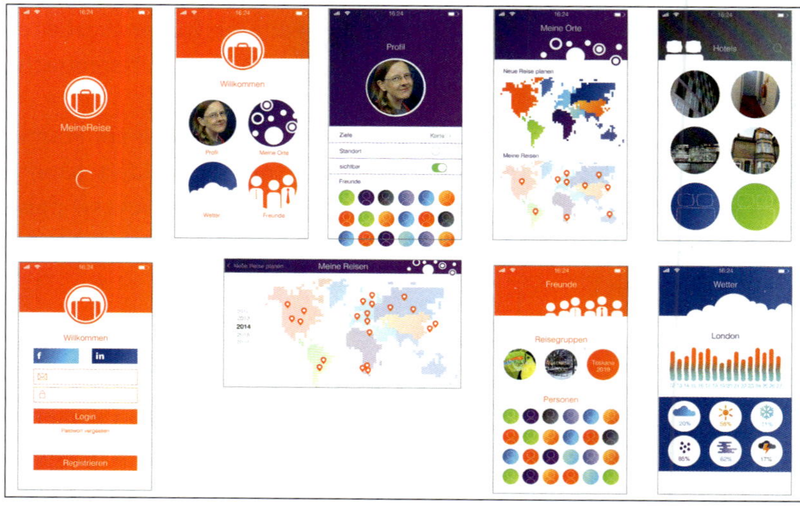

▲ **Abbildung 32.52**
Mock-ups für eine mobile App als Zeichenflächen: Startscreen, Login, Hauptmenü sowie diverse Unterseiten im Hoch- und im Querformat

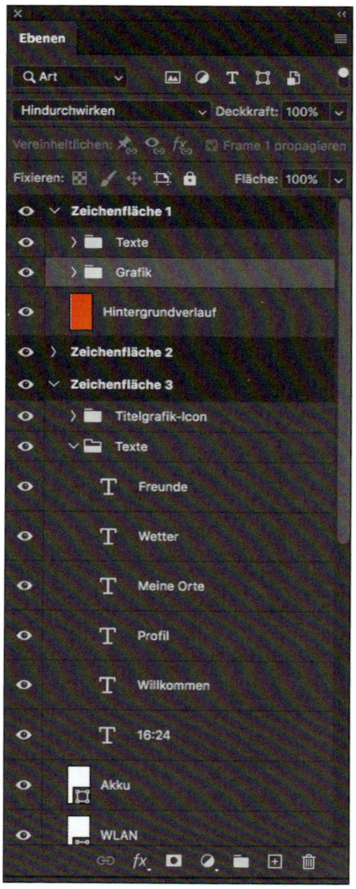

▲ **Abbildung 32.53**
Im Ebenen-Bedienfeld stellen sich die Zeichenflächen so ähnlich wie übergeordnete Ebenengruppen dar. Darin sind (ganz normale) Formebenen, Textebenen, Bildebenen und Ebenengruppen untergebracht.

Flüssige Arbeitsweise, übersichtliche Entwürfe | Wozu die kompliziert erscheinende Konstruktion? Genügen die herkömmlichen Ebenen, Ebenengruppen und Ebenenkompositionen nicht? Zeichenflächen bieten beim Anlegen komplexer Layouts viele Vorteile. **Mit Hilfe von Zeichenflächen vereinen Sie mehrere Entwürfe in einem Dokument.** So wird es deutlich einfacher, die Einzelentwürfe aufeinander abzustimmen; auch das Übernehmen, Ausrichten und Anpassen einzelner Elemente ist leichter. Zudem müssen Sie in Teams und im Kundenkontakt künftig nur noch mit einer Datei hantieren statt mit unzähligen Versionen.

Mit Hilfe der Zeichenflächen können Sie Screenentwürfe für unterschiedliche Devices oder Layouts, die sich über mehrere Screens erstrecken, also einfach, flüssig und intuitiv in einem einzigen Dokument erzeugen und sie bei Bedarf anschließend exportieren. Zeichenflächen eignen sich für das Erstellen von Screendesigns, den Entwurf von Websites, für Storyboards und andere grafische Konzepte.

Arbeiten (fast) wie gewohnt: Werkzeuge für Zeichenflächen | Zur Verwaltung der Zeichenflächen nutzen Sie neben dem Zeichenflächen-Werkzeug (Kürzel V) das Eigenschaften-Bedienfeld und das Ebenen-Bedienfeld. Sie können Zeichenflächen mit den meisten Photoshop-Tools bearbeiten; ähnlich wie Smartobjekte lassen sie sich allerdings nicht ohne weiteres mit Mal- oder Retuschetools verändern.

Webdesign mit Photoshop?
In Photoshop lässt sich das Aussehen einer Website oder App gestalten und demonstrieren, um auch das mindestens ebenso wichtige Verhalten der Seite/App zu gestalten, gibt es jedoch geeignetere Werkzeuge, wie z. B. Adobe XD. Da inzwischen außerdem viele Interface-Elemente nicht mehr als Bild, sondern als SVG eingebunden oder mit Hilfe von CSS generiert werden, sollten Sie den Einsatz von Photoshop auch unter Berücksichtigung Ihrer Kooperationspartner evaluieren.

32.7.2 Zeichenflächen und Zeichenflächen-Dokumente erzeugen

Um Zeichenflächen zu nutzen, benötigen Sie ein spezielles Zeichenflächen-Dokument. Um ein solches zu erzeugen, gibt es zwei Wege.

- Entweder Sie legen ein neues Dokument von vornherein als Zeichenflächen-Dokument an oder
- Sie verwandeln ein bestehendes Dokument – oder Ebenen(gruppen) eines Dokuments – in Zeichenflächen.
- Außerdem haben Sie die Möglichkeit, bestehende Zeichenflächen-Dokumente um weitere Zeichenflächen zu erweitern.

Zeichenflächen-Quickfacts
Zeichenflächen-Dokumente liegen immer im **Bildmodus RGB** vor.

- Die Auflösung beträgt **72 ppi**.
- Die **Maße des Zeichenflächen-Hintergrunds** sind nahezu unendlich – Sie können darauf also sehr viele einzelne Zeichenflächen anlegen.
- Obwohl Sie zunächst ein eigenes Zeichenflächen-Dokument erzeugen oder ein bestehendes »normales« Dokument umwandeln müssen, um mit Zeichenflächen zu arbeiten, können Sie Dokumente mit Zeichenflächen in allen **herkömmlichen Dateiformaten sichern**, die Ebenen unterstützen (».tif«, ».psd« und ».psb«).
- Sie können Zeichenflächen außerdem in die Dateiformate ».jpg«, ».gif«, ».png«, ».png8« oder ».svg« **exportieren**.

Neues Zeichenflächen-Dokument anlegen | Im neuen Dialog Neues Dokument können Sie in den Bereichen Web und Mobil ❶ aus voreingestellten Zeichenflächen wählen. Auf der rechten Seite können Sie auch eigene Maße eingeben und mit der Schaltfläche als Vorgabe speichern. Damit auch ein Zeichenflächen-Dokument erstellt wird, muss das Häkchen vor Zeichenflächen ❷ aktiviert sein.

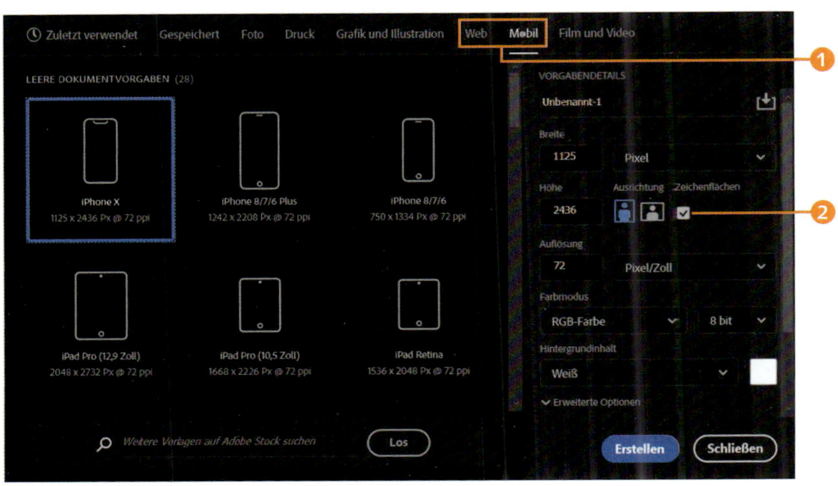

▲ **Abbildung 32.54**
Neues Zeichenflächen-Dokument mit der neuen Benutzeroberfläche Neues Dokument erzeugen

Im alten Dialog Neu können Sie unter Dokumenttyp ❶ die Einstellung Zeichenfläche wählen. Sie finden dann unter Grösse der Zeichenfläche ❷ einige Presets zu verschiedenen Mobilgeräten, Websiteformaten sowie Icon- und Symbolgrößen. Außerdem können Sie eigene Maße eingeben und diese mit Hilfe des Buttons Vorgabe speichern ❸ ebenfalls als Preset sichern.

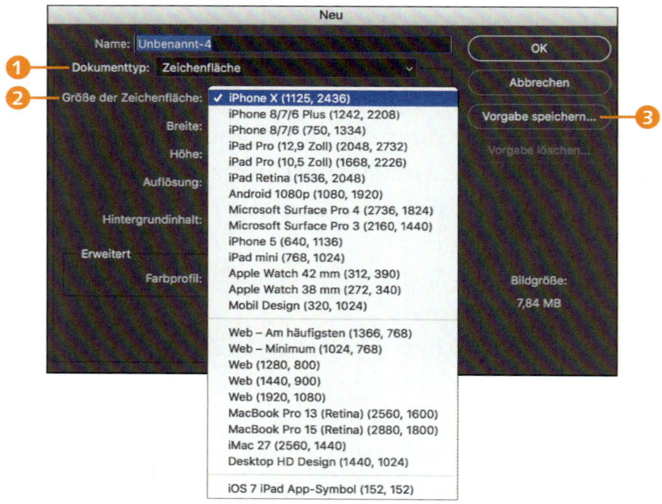

Abbildung 32.55 ▸
Neues Zeichenflächen-Dokument mit der alten Benutzeroberfläche Neues Dokument erzeugen

Zeichenflächen aus bestehenden, »normalen« Dokumenten | Sie können aus einem Standard-Photoshop-Dokument schnell ein Zeichenflächen-Dokument machen, indem Sie bereits bestehende Ebenen oder Ebenengruppen in Zeichenflächen umwandeln.

1. Markieren Sie im Ebenen-Bedienfeld eine oder mehrere Ebenengruppen oder Ebenen.
2. Klicken Sie mit der rechten Maustaste auf die markierten Ebenen(gruppen), und wählen Sie dann aus dem Kontextmenü den Befehl Zeichenfläche aus Ebenen oder Zeichenfläche aus Gruppe. Sie finden diesen Befehl außerdem auch im Seitenmenü ☰ des Ebenen-Bedienfelds.
3. Die Zeichenfläche, die dabei entsteht, folgt den Maßen der größten Ebene im Bild – sie ist also unter Umständen größer als das bisherige Dokumentmaß, lässt sich jedoch anschließend noch anpassen (siehe Abschnitt 32.7.3, »Zeichenflächen-Maße und -Anordnung nachträglich ändern«).

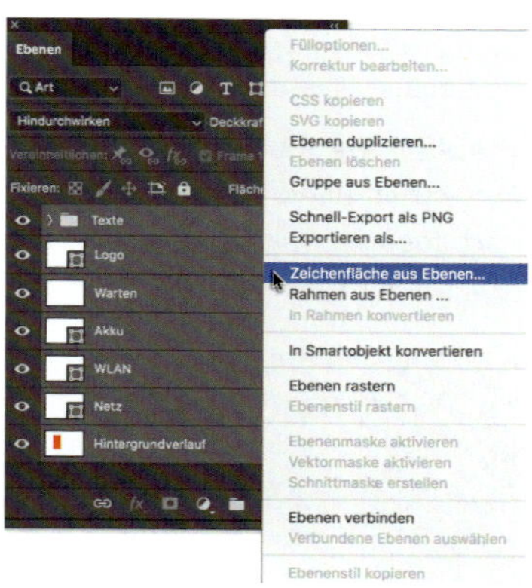

▲ Abbildung 32.56
Erzeugen einer Zeichenfläche aus Ebenen

Eine andere Möglichkeit, um aus einer gewöhnlichen Datei mit Ebenen(gruppen) ein Zeichenflächen-Dokument mit – vorerst – einer Zeichenfläche zu machen, bietet das Zeichenflächen-Werkzeug ⬚ [V].

▲ **Abbildung 32.57**
Optionen des Zeichenflächen-Werkzeugs im Steuerung-Bedienfeld

- Aktivieren Sie in der Optionsleiste das Tool NEUE ZEICHENFLÄCHE HINZUFÜGEN ⑥, und ziehen Sie freihändig eine Fläche um den Bereich Ihres Dokuments auf, der zur Zeichenfläche werden soll, oder
- nutzen Sie die Eingabemöglichkeiten für exakte Maße ⑤ oder die Vorgaben ④, und ziehen Sie dann eine maßgenaue Fläche auf.

Das Aufziehen der Fläche bewirkt dann die Umwandlung in ein Zeichenflächen-Dokument mit – vorerst – einer Zeichenfläche.

Bild: Monika Gause

▲ **Abbildung 32.58**
Normales Dokument vor der Umwandlung

▲ **Abbildung 32.59**
Zeichenflächen wirken auf das Dokument ähnlich wie Beschnittmasken: Nicht alle Bildinhalte werden angezeigt, weil die Zeichenfläche etwas kleiner aufgezogen wurde als die größte Ebene.

▲ **Abbildung 32.60**
Die enthaltenen Ebenen sind nicht hart abgeschnitten, sondern lassen sich immer noch verschieben.

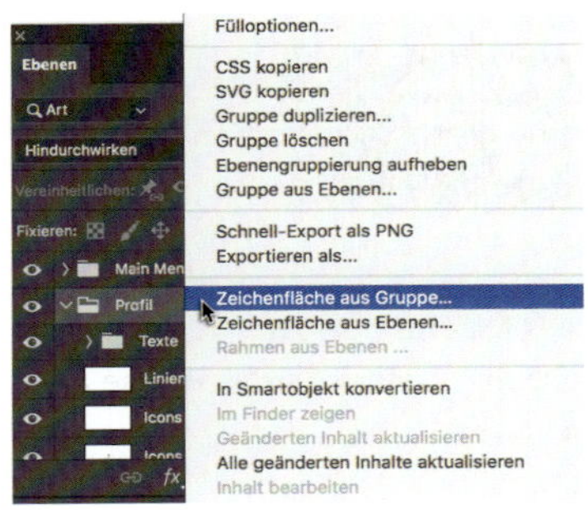

▲ **Abbildung 32.61**
Verwandeln einer Ebenengruppe in eine Zeichenfläche

Zeichenflächen aus Ebenen(gruppen) | Außerdem können Sie mit Hilfe des Kontextmenüs im Ebenen-Bedienfeld bestehende Ebenen und Ebenengruppen in Zeichenflächen umwandeln. Das Dokument wird dabei automatisch ein Zeichenflächen-Dokument.

Weitere Zeichenflächen hinzufügen | Der absolute Vorteil des Zeichenflächen-Konzepts ist, dass der Zeichenflächen-Arbeitsbereich, die sogenannte Leinwand, auf der die Zeichenflächen angeordnet sind, unendlich groß ist. Sie können beliebig viele Zeichenflächen, auch in verschiedenen Formaten, hinzufügen. So können Sie Multi-Device-Layouts entwickeln, komplexe Websitestrukturen oder mehrere Bannerformate entwerfen. Wie also ergänzen Sie ein Zeichenflächen-Dokument um weitere Zeichenflächen? Dazu haben Sie mehrere Möglichkeiten. Die erste ist die intuitivere und schnellere:

1. Aktivieren Sie zuerst eine bestehende Zeichenfläche. Dies können Sie tun, indem Sie auf den gewünschten Zeichenflächen-Ordner im Ebenen-Bedienfeld klicken. Alternativ aktivieren Sie das Zeichenflächen-Werkzeug [V] und klicken im Dokument auf den Namen der Zeichenfläche, die Sie verändern möchten.

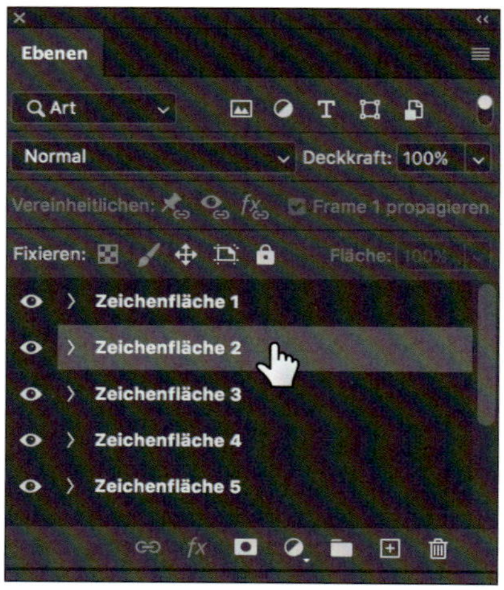

Abbildung 32.62 ▸
Aktivieren einer Zeichenfläche im Ebenen-Bedienfeld

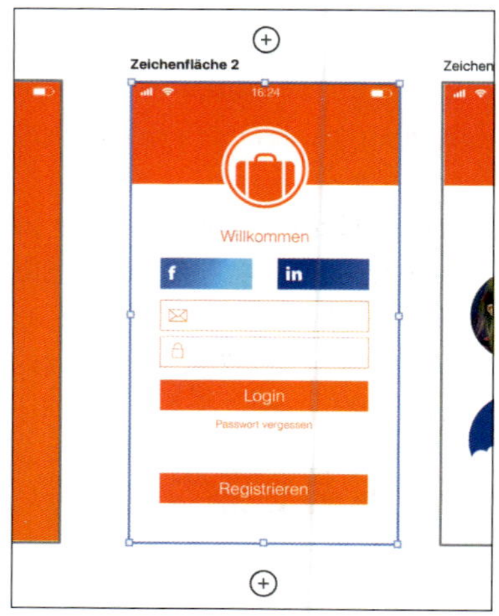

Abbildung 32.63 ▸▸
Aktivieren einer Zeichenfläche im Dokument. Die Fettung des Titels, der Transformationsrahmen und die Pluszeichen zeigen an, dass die Zeichenfläche nun aktiv ist.

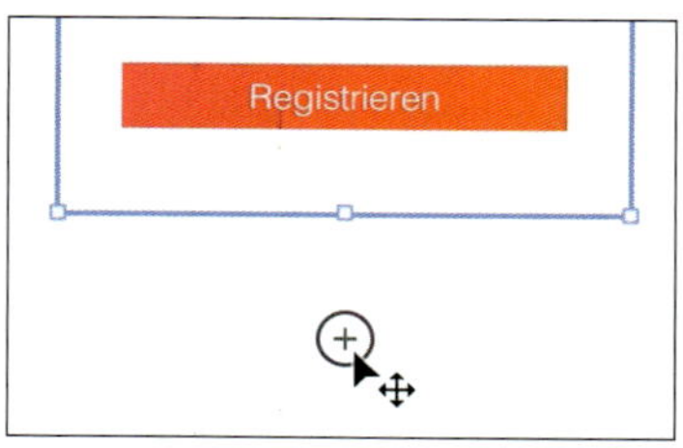

▴ Abbildung 32.64
Der schnelle Weg zur neuen Zeichenfläche

2. Klicken Sie nun auf eines der Pluszeichen über, unter oder neben der nun aktiven Zeichenfläche. Es wird in der Richtung des Plussymbols eine leere Zeichenfläche mit den Maßen der Ausgangszeichenfläche erzeugt. Halten Sie dabei gleichzeitig [Alt] gedrückt, entsteht ein Duplikat der bestehenden Zeichenfläche.

Die zweite Möglichkeit bietet sich an, wenn Sie Zeichenflächen mit neuen Maßen erzeugen wollen. In dem Fall aktivieren Sie das Zeichenflächen-Werkzeug [V] und nutzen das Tool Neue Zeichenfläche hinzufügen in der Optionsleiste, um eine neue Zeichenfläche aufzuziehen. In der Optionsleiste können Sie auch genaue Maße eingeben oder eine der Vorgaben auswählen.

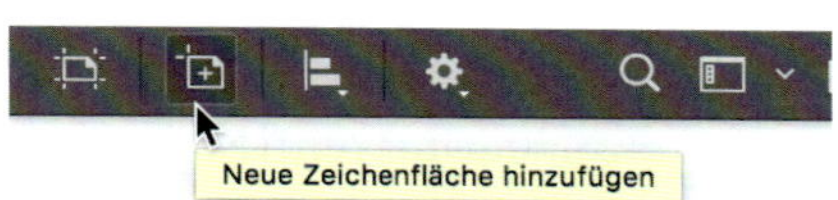

Abbildung 32.65 ▸
Mit dem Tool können Sie Zeichenflächen manuell aufziehen.

Und der Weg zurück: Zeichenflächen auflösen | Natürlich ist es auch möglich, aus Zeichenflächen(-Dokumenten) wieder herkömmliche Ebenen(gruppen) und Dokumente zu machen. Aktivieren Sie die Zeichenfläche, und wählen Sie den Menübefehl EBENE • GRUPPIERUNG VON ZEICHENFLÄCHEN AUFHEBEN. Die Inhalte (Ebenen, Ebenengruppen) der Zeichenfläche werden im Dokument und dem Ebenen-Bedienfeld weiterhin angezeigt, aber eben ohne Zeichenfläche. Wird die letzte Zeichenfläche eines Dokuments aufgelöst, wird das bisherige Zeichenflächen-Dokument wieder zu einem Standarddokument.

Zeichenflächen als Datei exportieren
Eine weitere und sehr elegante Methode, um aus einer Zeichenfläche eine Datei in einem herkömmlichen Dateiformat zu machen, ist der Exportbefehl DATEI • EXPORTIEREN • ZEICHENFLÄCHE IN DATEIEN. Je nachdem, welches Dateiformat Sie hier wählen, bleiben dabei auch alle Ebenen und Gruppen erhalten. Weiter hinten im Kapitel ist die Funktion genauer beschrieben.

32.7.3 Zeichenflächen-Maße und -Anordnung nachträglich ändern

Die Maße, die Sie beim Erzeugen einer Zeichenfläche eingeben, sowie ihre Position auf der Leinwand können Sie jederzeit ändern.

Zeichenflächen größer oder kleiner machen | Beim Verändern der Zeichenflächen-Maße haben Sie die Wahl zwischen pixelgenauer oder intuitiver Eingabe und der Nutzung von Voreinstellungen. Bedingung ist, dass Sie die Zeichenfläche, deren Maße Sie verändern möchten, aktiviert haben.

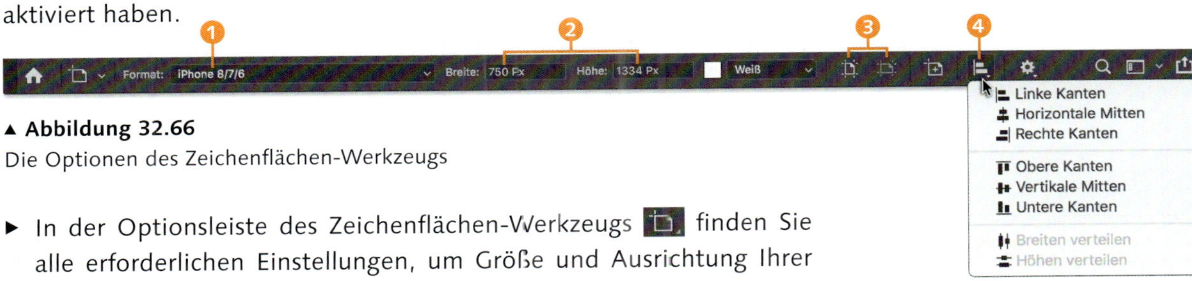

▲ **Abbildung 32.66**
Die Optionen des Zeichenflächen-Werkzeugs

- In der Optionsleiste des Zeichenflächen-Werkzeugs finden Sie alle erforderlichen Einstellungen, um Größe und Ausrichtung Ihrer Zeichenflächen zu verändern. Sie können einer Zeichenfläche ganz einfach eine neue Voreinstellung zuweisen ❶, die gewünschte neue Breite und Höhe eintippen ❷ oder über das Buttonpaar ❸ die Ausrichtung von Quer- auf Hochformat umstellen (und umgekehrt).
- Alternativ können Sie das Bedienfeld EIGENSCHAFTEN nutzen (FENSTER • EIGENSCHAFTEN). Dort lassen sich neben den neuen Maßen ❺ per Eingabe oder Anwenden eines Presets ❻ auch die Position der Zeichenfläche auf dem Zeichenflächen-Hintergrund und die Hintergrundfarbe ändern. Ein Tausch der Ausrichtung hoch/quer ist hingegen nicht möglich.
- Eine schnelle Möglichkeit ist, einen der Anfasser des Transformationsrahmens mit der Maus zu greifen und die Zeichenfläche so größer oder kleiner zu ziehen, mit ⇧ bleibt die Änderung proportional. Allerdings kann es hier schwierig sein, ein exaktes Maß hinzubekommen.

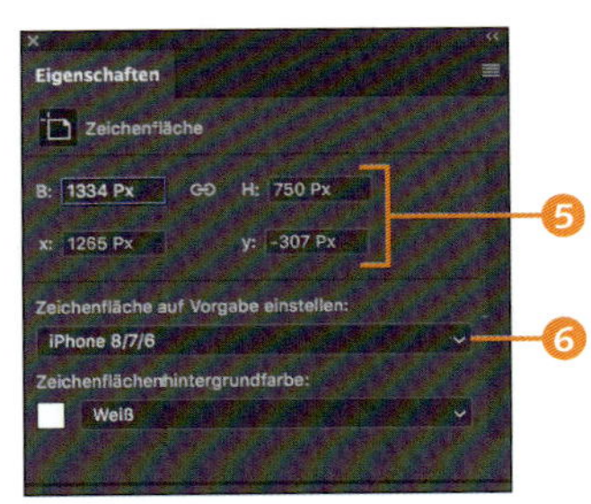

▲ **Abbildung 32.67**
Alternative zur Optionsleiste: Im Eigenschaften-Bedienfeld finden Sie die wichtigsten Einstellungen einer Zeichenfläche im Schnellzugriff.

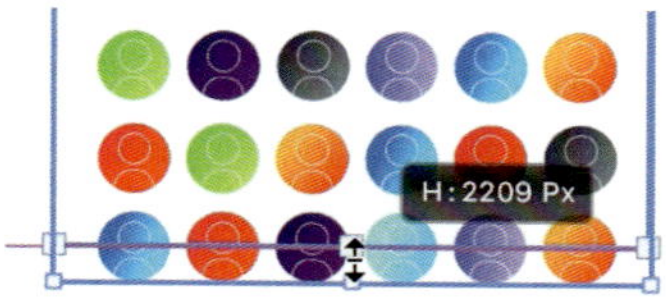

▲ **Abbildung 32.68**
Eine Möglichkeit, um die Größe der Zeichenfläche zu ändern

- Mit Hilfe der Ausrichten-Buttons, die Sie in der Optionsleiste des Zeichenflächen-Werkzeugs ④ (Abbildung 32.66) und des Verschieben-Werkzeugs finden, können Sie Zeichenflächen akkurat aneinander ausrichten oder verteilen (mehr über die Funktionsweise dieser Buttons erfahren Sie in Abschnitt 6.1, »Ebenenkanten ausrichten und verteilen«; die Funktionsweise ist für Zeichenflächen dieselbe).

Position sperren
Sie können Zeichenflächen auch gegen unbeabsichtigtes Verschieben sichern – mit POSITION SPERREN im Ebenen-Bedienfeld. Sie sperren damit die Position der Zeichenfläche – die Ebenen(gruppen), die in dieser Zeichenfläche enthalten sind, können Sie weiterhin verschieben.

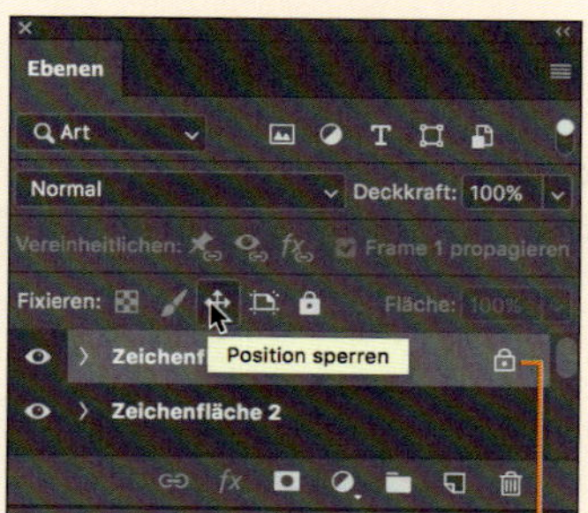

▲ **Abbildung 32.69**
Das Schloss-Icon ① zeigt an, dass die Zeichenfläche gegen Verschieben gesperrt wurde.

Anordnung von Zeichenflächen ändern | Um einzelne Zeichenflächen auf der Arbeitsfläche zu verschieben, können Sie sowohl das Verschieben-Werkzeug [icon] als auch das Zeichenflächen-Werkzeug [icon] (beide Kürzel V) nutzen. Klicken Sie dazu einfach auf den Titel einer Zeichenfläche, um sie auszuwählen. Achten Sie wirklich darauf, dass nicht versehentlich nur eine Ebene oder Ebenengruppe aktiviert ist, sonst verschieben Sie bloß diese – es muss der gesamte Zeichenflächenverband aktiv sein! Verschieben Sie die Zeichenfläche dann an den gewünschten Ort auf der Arbeitsfläche. Auch die Pfeiltasten Ihres Keyboards funktionieren dazu. Smarte Hilfslinien und QuickInfos helfen Ihnen bei der Positionierung. Wenn Sie die Position ganz genau bestimmen wollen, nutzen Sie die Eingabefelder im Eigenschaften-Bedienfeld.

32.7.4 Zeichenflächen-Hintergrund und Zeichenflächen-Umgebung ändern

Sie können Zeichenflächen-Dokumente zwar auch mit normalen Hintergrundebenen versehen – besser ist es jedoch, Sie werfen die Hintergrundebene aus Ihrer Datei heraus und nutzen die Einstellung ZEICHENFLÄCHENHINTERGRUNDFARBE.

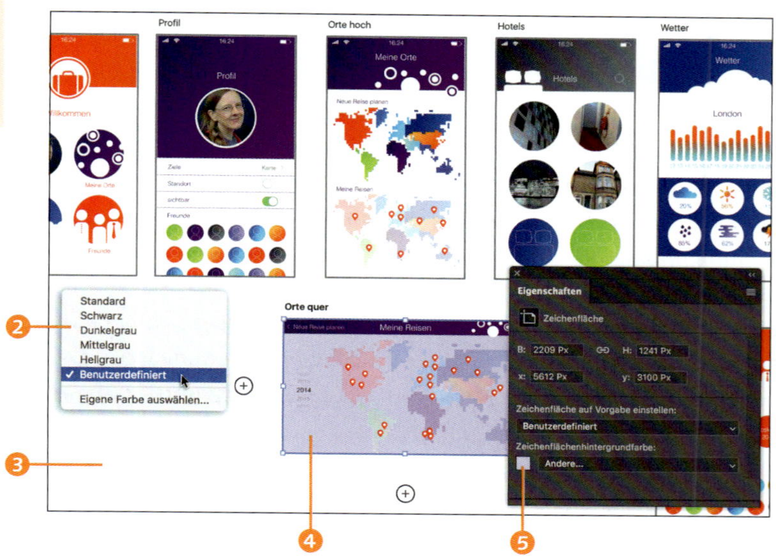

Abbildung 32.70 ▶
Hintergrundfarbe und Umgebungsfarbe bei der Arbeit mit Zeichenflächen

- Sie können jeder Zeichenfläche eine **eigene Hintergrundfarbe** zuweisen. Auch Transparenz ist möglich. In Abbildung 32.70 wurde beispielsweise der Hintergrund von »Orte quer« von Weiß auf ein zartes Violett umgestellt ④. Sie nehmen diese Einstellung im Eigenschaften-Bedienfeld vor ⑤. Beim späteren Export haben Sie die Wahl, ob Sie den Zeichenflächen-Hintergrund mit einschließen möchten oder nicht.
- Den Arbeitsbereich, der die Zeichenflächen umgibt – die sogenannte **Leinwand** ③ –, können Sie ebenfalls verändern. Dazu nutzen Sie einfach das Kontextmenü ②. In den VOREINSTELLUNGEN (`Strg`/`cmd`+`K`) unter BENUTZEROBERFLÄCHE können Sie zudem festlegen, ob die Zeichenflächen mit einer Haarlinie abgegrenzt sind oder nicht.

  Die Farbe der Leinwand wird nicht automatisch beim Export übernommen. Sie kann aber die Farbwahrnehmung verändern – und ist letztlich eine Frage der persönlichen Vorlieben. Wenn Sie die Zeichenflächen jedoch als PDF exportieren (über DATEI • EXPORTIEREN • ZEICHENFLÄCHEN IN PDF … – mehr zu dieser Funktion im nächsten Kapitel), können Sie dabei eine eigene Umgebungsfarbe festlegen.

Zeichenflächen-Titel weg?
Achtung, wenn Sie das Kürzel `Strg`/`cmd`+`H` nutzen, um Hilfslinien und andere Extras aus dem Dokument auszublenden, verschwinden auch der Titel und der Transformationsrahmen der aktiven Zeichenfläche sowie smarte Hilfslinien beim Verschieben von Objekten. Erneutes Drücken von `Strg`/`cmd`+`H` blendet alles wieder ein. Unter ANSICHT • ANZEIGEN • ZEICHENFLÄCHENNAMEN können Sie die Anzeige der Namen und Transformationsrahmen differenzierter einstellen.

32.7.5 Zeitsparender Umgang mit Gestaltungselementen

Einer der ganz großen Vorteile von Zeichenflächen ist, dass Sie einmal erstellte Bildschirmelemente auf recht einfache Weise auch in andere Zeichenflächen transferieren und dort leicht anpassen können – und das, ganz ohne mit verschiedenen geöffneten Dateien und Dateiversionen hantieren zu müssen. Wenn Sie dabei auch noch mit zerstörungsfrei skalierbaren Elementen wie Formen, Füllebenen oder Smartobjekten arbeiten, können Sie ein Layout mit sehr wenig Mehrarbeit an mehrere Screenformate anpassen.

Zum Weiterlesen
Details über Formen können Sie in Kapitel 28 nachlesen, um Füllebenen geht es in Abschnitt 5.3.7. Und mehr über Smartobjekte erfahren Sie in Abschnitt 6.4.

Eine komplette Zeichenfläche duplizieren | Wenn Sie an einer Zeichenfläche, die Sie bereits entworfen haben, für den nächsten Screen nur wenige Änderungen durchführen wollen, bietet es sich an, einfach die vollständige Zeichenfläche zu duplizieren und anschließend die erforderlichen Anpassungen vorzunehmen.

- Dazu klicken Sie bei gehaltener `Alt`-Taste auf eines der Plus-Icons neben, über oder unter der zu duplizierenden Zeichenfläche. Das Duplikat wird an der entsprechenden Seite angefügt und erscheint im Ebenen-Bedienfeld genau über der Ausgangszeichenfläche.
- Außerdem können Sie das Ebenen-Bedienfeld nutzen. Ziehen Sie die Zeichenfläche einfach per Maus auf das Neu-Icon ⊞ am unteren

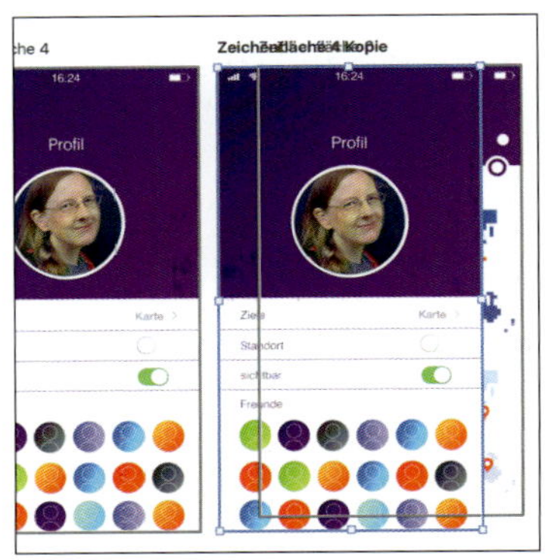

▲ **Abbildung 32.71**
Beim Duplizieren einer Zeichenfläche ist Photoshop wenig rücksichtsvoll und legt das Duplikat einfach irgendwohin.

Rand des Ebenen-Bedienfelds. Die duplizierte Zeichenfläche wird neben das Original gelegt – auch wenn sich dort eine weitere Zeichenfläche befindet. Sie müssen also unter Umständen nochmals umsortieren. Im Ebenen-Bedienfeld erscheint das Duplikat über dem Original.

Ebenen oder Ebenengruppen in andere Zeichenflächen hineinduplizieren | Häufig stellt man im Entwurfsprozess fest, dass man ein Element aus einer früher erstellten Zeichenfläche nun auch in einem anderen Screen – einer anderen Zeichenfläche – braucht. Für solche Fälle gibt es eine geniale Funktion. Sie kann Gestaltungselemente – Ebenen oder Ebenengruppen – duplizieren und das Duplikat sofort in eine andere Zeichenfläche transferieren. Photoshop versucht dann, das duplizierte Objekt an der gleichen Stelle zu positionieren wie das Ausgangsobjekt (bei unterschiedlichen Größen- und Seitenverhältnissen von Start- und Zielzeichenfläche klappt das nicht immer ganz genau).

Abbildung 32.72 ▼
Wenn Sie im Ebenen-Kontextmenü den Befehl GRUPPE/EBENE DUPLIZIEREN wählen, können Sie festlegen, in welchem Dokument und in welcher Zeichenfläche das Duplikat landet.

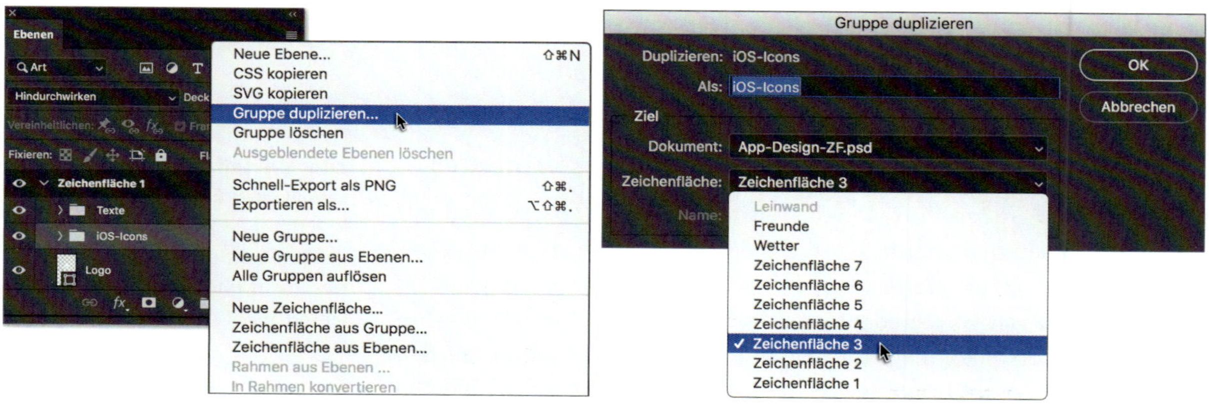

Das Duplikat erscheint im Ebenen-Bedienfeld an der obersten Position der Zielzeichenfläche – die Position müssen Sie also eventuell noch verändern.

Gestaltungselemente mit Drag & Drop verschieben | Einzelne Elemente – Ebenen oder Ebenengruppen – können natürlich auch einfach mit Drag & Drop zwischen Zeichenflächen hin- und herbewegt werden. Besonders praktisch ist, dass Sie Elemente, die Sie nicht sofort brauchen, auch einfach aus einer Zeichenfläche herausziehen und auf dem Zeichenflächen-Arbeitsbereich, der Leinwand, ablegen können (Abbildung 32.74). Wenn Sie während des Ziehens `Alt` drücken, wird, wie üblich, automatisch ein Duplikat erzeugt.

Sie können dieses Verhalten von Photoshop aber auch unterbinden. Dann werden aus einer Zeichenfläche herausgezogene Objekte einfach gar nicht mehr angezeigt, im Ebenen-Bedienfeld verbleiben sie jedoch an ihrer alten Position. Ratsam ist das nicht – die dadurch sehr mühsame Suche nach Ebenen bietet schon einmal Anlass zum Haareraufen …

Ebenen flott finden
Um sich die umständliche Suche nach der gewünschten Ebene oder Ebenengruppe im Ebenen-Bedienfeld zu sparen, können Sie die Option Automatisch auswählen: Gruppe/Ebene des Verschieben-Werkzeugs nutzen. Aktivieren Sie den Button, und fortan wird die Ebene oder Ebenengruppe, die Sie im Bild anklicken, gleich auch im Bedienfeld aktiviert – und kann sofort verschoben oder dupliziert werden.

▲ **Abbildung 32.73**
Schnell zur richtigen Ebene oder Ebenengruppe

▲ **Abbildung 32.74**
Der Bereich außerhalb der Zeichenflächen kann als Abwurffläche für noch nicht genutzte Bildobjekte dienen. Die Elemente liegen im Ebenen-Bedienfeld dann oberhalb der Zeichenflächen.

Die Funktion, die die praktische Elementablage außerhalb der Zeichenflächen ermöglicht, heißt Automatisches verschachteln. Und das können Sie an zwei separaten Stellen an- und ausschalten: im Ebenen-Bedienfeld (geht ganz fix) und in der Optionsleiste des Zeichenflächen-Werkzeugs (umständlicher). Wichtig: Wenn Sie die Option in der Optionsleiste deaktiviert haben, können Sie sie nicht im Ebenen-Bedienfeld aktivieren – die Einstellungen bewirken dasselbe, sind aber wirklich voneinander getrennt.

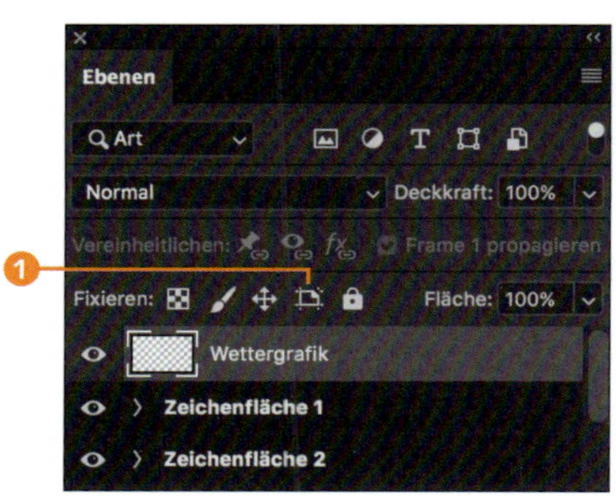

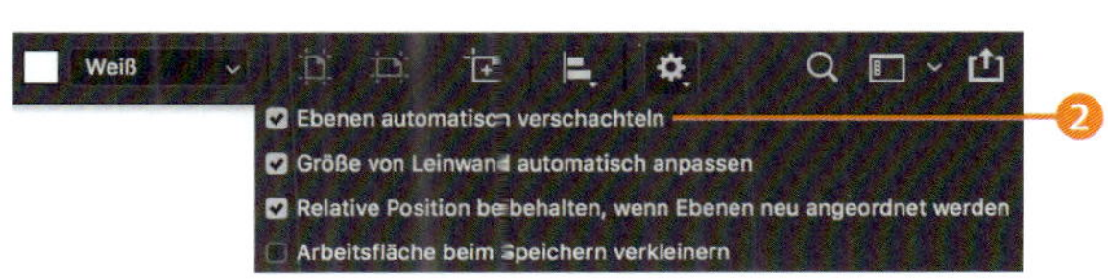

◄▲ **Abbildung 32.75**
Wenn Sie Elemente außerhalb der Zeichenflächen ablegen wollen, muss der Button 1 im Ebenen-Bedienfeld deaktiviert sein, und in der Optionsleiste des Zeichenflächen-Werkzeugs muss die Option Ebenen automatisch verschachteln 2 aktiv sein!

32.7.6 Hilfsmittel im Umgang mit Zeichenflächen

Neben allen schon besprochenen Funktionen gibt es noch weitere Hilfsmittel, die Ihnen den Umgang mit Zeichenflächen erleichtern können.

Hilfslinien, Raster und Lineal | Um eine Zeichenfläche mit Hilfslinien zu versehen, müssen Sie sie zuerst aktivieren. Dann können Sie wie gewohnt Hilfslinien erzeugen:

- Ziehen Sie die Hilfslinien einfach mit der Maus aus dem Bildschirmlineal heraus (einblenden mit Strg/cmd+R). Das können Sie mit jedem Werkzeug tun – um die Hilfslinien erneut mit der Maus anzufassen und zu verschieben, müssen Sie Strg/cmd drücken und halten oder zum Verschieben-Werkzeug wechseln.
- Sie können die Menübefehle unter Ansicht nutzen. Insbesondere Ansicht • Neues Hilfslinienlayout ... ist sehr hilfreich.

Raster einblenden
Der Befehl Ansicht • Anzeigen • Raster aktiviert ein Raster innerhalb der Zeichenflächen.

Die so erstellten Hilfslinien werden zusammen mit der Zeichenfläche verschoben und auch dupliziert. Wenn Sie alle Zeichenflächen eines Entwurfs mit Hilfslinien verwenden wollen, bietet es sich also an, zunächst eine Zeichenfläche mit Hilfslinien zu erzeugen und von dieser Duplikate anzulegen.

Sie können auch mit dem Bildschirmlineal produktiv arbeiten: Die Nullpunkte verändern sich, je nachdem, welche Zeichenfläche aktiv ist.

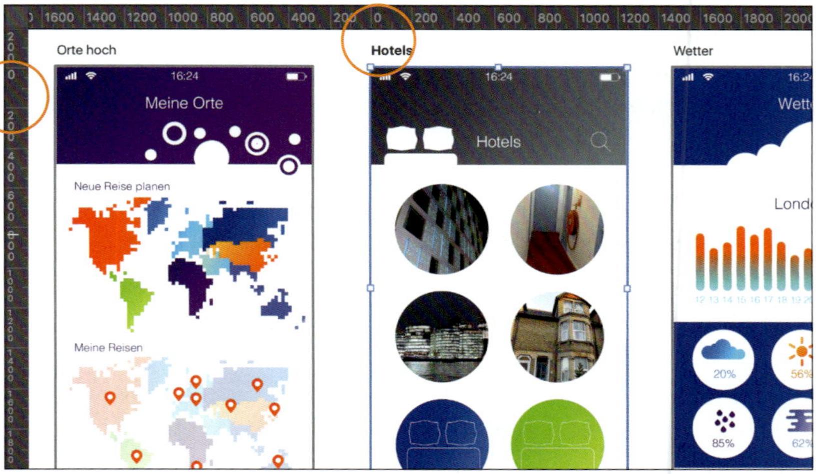

Abbildung 32.76 ▸
Die Lineal-Nullpunkte gelten jeweils für die aktive Zeichenfläche.

Übersicht im Ebenen-Bedienfeld: Filtern | Zeichenflächen erlauben es, mehrere, mitunter sehr komplexe Layouts in einem Dokument zusammenzufassen. Zwangsläufig wird das Ebenen-Bedienfeld dabei sehr lang. Photoshop hat daher ein Hilfsmittel an Bord, mit dem im Ebenen-Bedienfeld jeweils nur eine Zeichenfläche samt Inhalt angezeigt wird.

Wählen Sie im Menü Suchen ① im Ebenen-Bedienfeld die Option Zeichenfläche ②. Sie sehen im Bedienfeld nun nur noch eine Zeichenfläche – nämlich die, die gerade aktiv ist. Deren Inhalt können Sie wie gewohnt aufklappen und verändern. Ein kleiner roter Regler ③ weist Sie darauf hin, dass ein Anzeigefilter aktiv ist. Um zur Normalansicht zurückzukehren, genügt es, diesen Regler nach unten zu schieben.

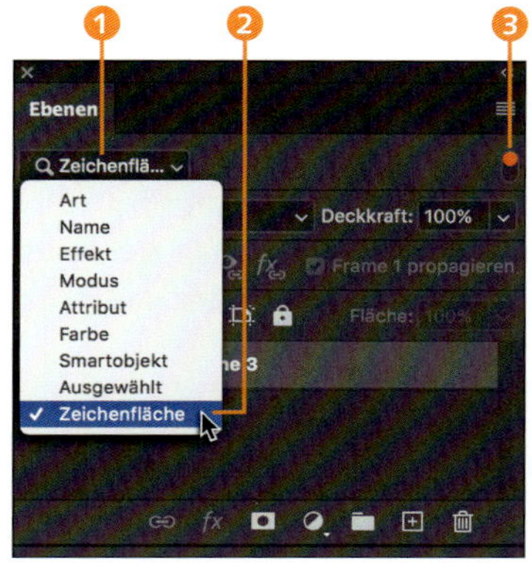

▲ **Abbildung 32.77**
Ein Klick für mehr Übersicht

32.8 Exportieren von Ebenen, Zeichenflächen oder Dokumenten

Die MB-lastigen und teilweise proprietären Dateiformate, die Sie zum Erstellen von Layoutdateien mit vielen Ebenen oder gar Zeichenflächen nutzen, eignen sich nur bedingt für den Datentausch. Um Fotodateien optimiert für die Webdarstellung zu speichern, nehmen Sie am besten Für Web speichern (⇧+Strg/cmd+Alt+S). Um aber möglichst effizient ganze Dokumente, Zeichenflächen oder Ebenen(gruppen) in Einzeldateien zu überführen, bieten sich Photoshops Exportfunktionen an. Dafür stehen Ihnen unter Datei • Exportieren verschiedene Befehle zur Verfügung. Einige sind für einzelne Ebenen(gruppen), Dateien und Zeichenflächen (Schnell-Export, Exportieren als ...) gedacht, andere eignen sich ausschließlich für Zeichenflächen (Zeichenflächen in Dateien ..., Zeichenflächen in PDF ...). Doch nicht nur der Anwendungszweck unterscheidet sich, sondern auch die möglichen Einstellungen des Exports und der damit verbundene Zeitaufwand. Alles in allem sind die Exportdialoge jedoch recht einfach zu erschließen und zu nutzen.

▲ **Abbildung 32.78**
Exportbefehle im Menü Datei • Exportieren

32.8.1 Schnell-Export einzelner Ebenen, Ebenengruppen oder Zeichenflächen

Der Schnell-Export-Dialog funktioniert bei normalen und Zeichenflächen-Dokumenten und auch für einzelne Ebenen(gruppen). Das Prinzip:

1. Sie legen zunächst in den Voreinstellungen (Datei • Exportieren • Export-Voreinstellungen oder Bearbeiten • Voreinstellungen • Exportieren) die Exportmodalitäten fest. Sie haben die Wahl zwischen den Dateiformaten ».jpg«, ».gif«, ».png« und ».svg«. Außerdem können Sie einen Zielordner bestimmen (ein Elemente-Ordner neben der Ausgangsdatei oder möchten Sie immer gefragt werden?); zudem gibt es einige Optionen zu Farbraum und Metadaten.
2. Wählen Sie nun im Ebenen-Bedienfeld das Objekt aus, das exportiert werden soll. Nun können Sie den Menübefehl Datei • Exportie-

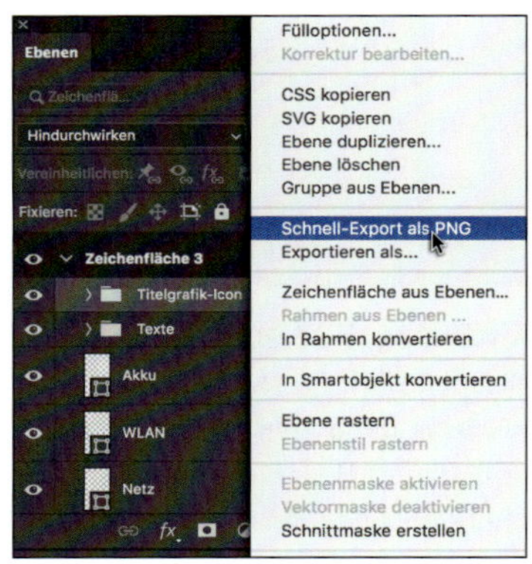

▲ **Abbildung 32.79**
Der kurze Weg zu den Export-befehlen: das Ebenen-Bedienfeld-Kontextmenü

Zum Weiterlesen
Farbraum, Metadaten und andere Exportmodalitäten habe ich ausführlich in Abschnitt 32.2, »Speichern für das Web: Tools und Funktionen«, am Anfang dieses Kapitels vorgestellt.

REN • SCHNELL-EXPORT ALS ... wählen oder öffnen mit einem Rechtsklick über dem jeweiligen Objekt das Kontextmenü, in dem Sie den Schnell-Export-Befehl ebenfalls finden.

Sie können auf diese Weise auch mehrere Objekte auf einmal exportieren. Wählen Sie beispielsweise alle Zeichenflächen aus, entsteht beim Export aus jeder Zeichenfläche ein eigenes Dokument mit den zuvor in den Voreinstellungen festgelegten Eigenschaften. Sie haben während des Exportprozesses keine Einflussmöglichkeit mehr.

32.8.2 Generieren – automatischer Export von Ebenen

»Generator.psd«

Die Arbeit an Webdesigns findet häufig parallel statt, d.h., während bereits die Grafikdateien in den Code integriert werden, gibt es immer noch Veränderungen am Design. Muss man nun nach jeder kleinen Änderung das Asset neu exportieren, dann ist das sowohl umständlich als auch fehleranfällig, denn man kann natürlich etwas übersehen.

Das Generator-Modul kann den Export der Elemente automatisch und kontinuierlich im Hintergrund erledigen. Das Ganze basiert auf Ebenen-Namen, deren Syntax den Generator steuert.

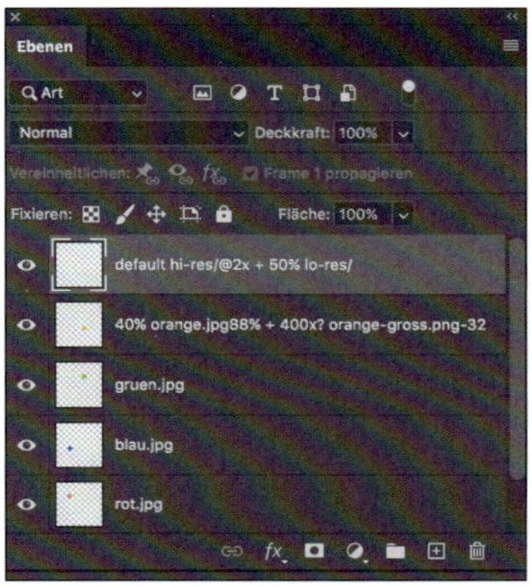

▲ **Abbildung 32.80**
Beispiele für die Nutzung des Generators; eine gemischte Nutzung von »default« und davon abweichenden Angaben in einzelnen Ebenen ist nur begrenzt sinnvoll, da unter Umständen mehr Elemente generiert werden als benötigt und die Ordner mühsam sortiert werden müssen.

Syntax | Um die Datei für den Generator vorzubereiten, benennen Sie Ebenen nach einer Syntax, in der Dateiformat, Qualität und Speicherort kodiert sind. Sie können einzelne Ebenen auch in unterschiedliche Dateien exportieren. Die Syntax besteht aus einem Präfix, gefolgt von einem Leerzeichen, dem Dateinamen und einem Suffix.

- **Präfix**: Das Präfix enthält die Größe, sie kann in den in Photoshop erlaubten Einheiten sowie in Prozent angegeben werden. Die Einheit Px muss nicht geschrieben werden. Der Platzhalter »?« ist ebenfalls zulässig, dann ergibt sich die entsprechende Dimension aus der anderen. Innerhalb des Präfixes sind keine Leerstellen zulässig.
- **Dateiname**: Der Dateiname gibt durch seine Endung auch das Dateiformat vor. Sie können einen Unterordner erstellen, indem Sie dessen Namen vor den Dateinamen setzen und mit einem »/« abtrennen.
- **Suffix**: Das Suffix wird ohne vorhergehende Leerstelle oder mit einem Bindestrich direkt hinter den Dateinamen gesetzt und definiert die Qualität. Für JPEG können Sie es entweder zweistellig mit »%« oder einstellig angeben. Für PNG fügen Sie 8, 24 oder 32 (für transparente PNG) an den Dateinamen an.
- **Standardeinstellungen**: Sollen alle Elemente in derselben Art exportiert werden, z. B. Icons für eine App, dann geben Sie in den einzelnen Ebenen lediglich Dateinamen an. Dazu erstellen Sie leere Ebenen,

die Unterordner, Größe und Dateinamensuffixe angeben. Die Namen der Ebenen starten mit »default«, dann kommt optional eine Größenangabe, gefolgt von einer Leerstelle. Der Ordnername schließt mit »/«, einen Zusatz zum Dateinamen setzen Sie direkt dahinter.

- **Trennzeichen**: Mehrere Dateien erzeugen Sie, indem Sie weitere Definitionen eintragen, getrennt durch »,« oder »+«.

Generator aktivieren | Setzen Sie das Häkchen vor DATEI • GENERIEREN • BILD-ASSETS, um den Generator zu starten. Der Unterordner für die generierten Assets wird neben der Photoshop-Datei angelegt.

32.8.3 Exportieren als ... – individuelle Einstellungen für Ebenen, Ebenengruppen oder Zeichenflächen

Der Befehl EXPORTIEREN ALS ... erlaubt es, für jede Zeichenfläche oder jede Ebene bzw. Ebenengruppe individuelle Optionen festzulegen.

1. Aktivieren Sie im Ebenen-Bedienfeld die Ebenen, Ebenengruppen oder Zeichenflächen, die Sie exportieren möchten.
2. Starten Sie den Dialog, entweder über das Kontextmenü im Ebenen-Bedienfeld oder über den Menübefehl DATEI • EXPORTIEREN • EXPORTIEREN ALS ... Im Fenster, das sich dann öffnet, können Sie die gewünschten Einstellungen vornehmen.

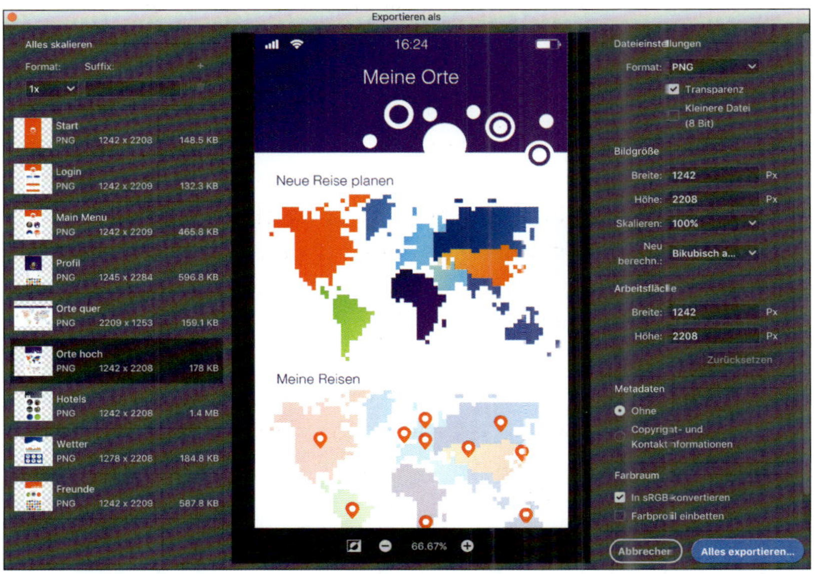

▲ **Abbildung 32.81**
Wenn Sie mit FÜR WEB SPEICHERN umgehen können, stellen die Einstellungen des Exportieren-Dialogs keine Herausforderung für Sie dar.

»Alles skalieren«
Mit EXPORTIEREN ALS ist es möglich, Elemente in einem Rutsch in diverse benötigte Größen zu exportieren. Das ist grundsätzlich eine gute Idee, und für (vektorbasierte) Formebenen wäre sogar eine Vergrößerung unproblematisch. Die Umsetzung der Funktion in Photoshop ist jedoch nicht intelligent und vergrößert pixelbasierte Grafik. Um zu brauchbaren Ergebnissen zu kommen, müsste sie so konfiguriert werden, dass die 1:1-Ausgabe in @2x umbenannt wird und alle anderen Größen entsprechend folgen.

32.8.4 Zeichenflächen in Dateien oder PDFs umwandeln

PNG-8 mit Transparenz
Exportieren als erzeugt PNG-8 nicht mit geditherter, sondern mit Alpha-Transparenz. Diese PNG-8 können daher unabhängig von der Hintergrundfarbe der Website eingesetzt werden (Abschnitt 32.5).

Speziell fürs Handling von Zeichenflächen gibt es zwei weitere Exportspezialisten – einen Befehl für das Überführen in verschiedene Grafikformate, einen weiterer für die Umwandlung in PDFs.

Zeichenflächen als gängige Dateitypen exportieren | Aktivieren Sie im Ebenen-Bedienfeld die Zeichenflächen, die Sie exportieren wollen.

1. Um dann den Export von Zeichenflächen als separate Dateien zu starten, wählen Sie den Befehl Datei • Exportieren • Zeichenfläche in Dateien.
2. Nehmen Sie die Einstellungen vor, und starten Sie den Export. Photoshop exportiert die Zeichenflächen als Dateien mit den ausgewählten Eigenschaften – das kann eine Weile dauern – und quittiert anschließend mit einem kleinen Dialogfeld.

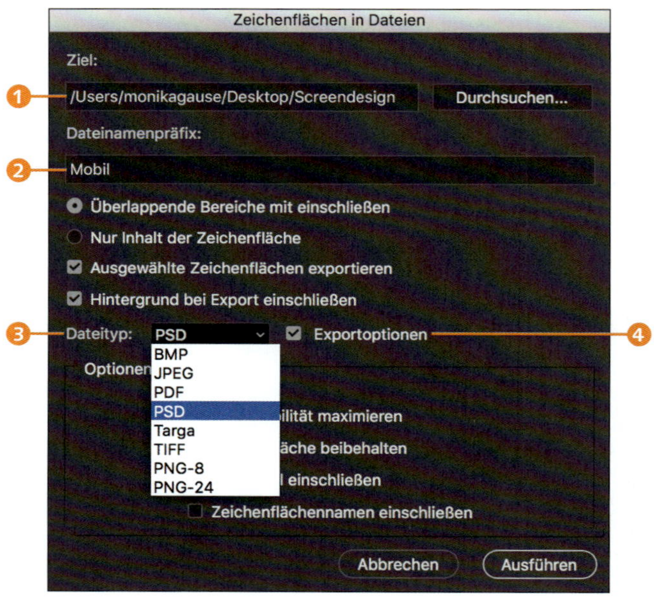

▲ **Abbildung 32.82**
Wenn Sie als Dateiformat TIFF oder PSD wählen, bleiben die Ebenen der Zeichenflächen editierbar.

Im Dialogfeld Zeichenflächen in Dateien können Sie den Zielordner ①, das Dateinamenpräfix ② und den gewünschten Dateityp ③ festlegen. Je nach Dateityp stehen dann auch noch weitere Exportfunktionen zur Verfügung (in Abbildung 32.82 teilweise verdeckt), sofern die Exportoptionen ④ angehakt sind. So weit, so unkompliziert. Außerdem gibt es einige Spezialoptionen:

- Mit den Radiobuttons ÜBERLAPPENDE BEREICHE MIT EINSCHLIESSEN und NUR INHALT DER ZEICHENFLÄCHE legen Sie fest, ob nur die Bildelemente, die innerhalb des Zeichenflächen-Ausschnitts zu sehen sind, exportiert werden oder ob eventuell auf der Leinwand geparkte oder in den nicht sichtbaren Bereich geschobene Objekte ebenfalls exportiert werden (zum weiteren Verständnis dieser Option lesen Sie die Erklärungen zu den verschachtelten Ebenen weiter vorne unter »Gestaltungselemente mit Drag & Drop verschieben«).
- Sie können auch angeben, ob Sie zusammen mit den Zeichenflächen die Zeichenflächen-Hintergründe exportieren möchten. Damit sind nicht etwaige (überflüssige) Hintergrundebenen oder gar Arbeitsflächenhintergründe gemeint, sondern der Zeichenflächen-Hintergrund, den Sie via Eigenschaften-Bedienfeld zuweisen.
- Unter den Exportoptionen 4 finden Sie auch die Möglichkeit, den Zeichenflächennamen mit zu exportieren. Sie können beim Auswählen dieser Einstellung eine benutzerdefinierte Schrift, Schriftgröße, Schriftfarbe und eine Farbe für erweiterte Arbeitsflächen angeben. Der Dateiname wird in der gewählten Schriftart in der oberen linken Ecke der neu erzeugten Datei eingefügt.

Zeichenflächen als PDF exportieren | Um aus Zeichenflächen PDF-Dateien zu erzeugen, gibt es den Dialog ZEICHENFLÄCHEN IN PDF.

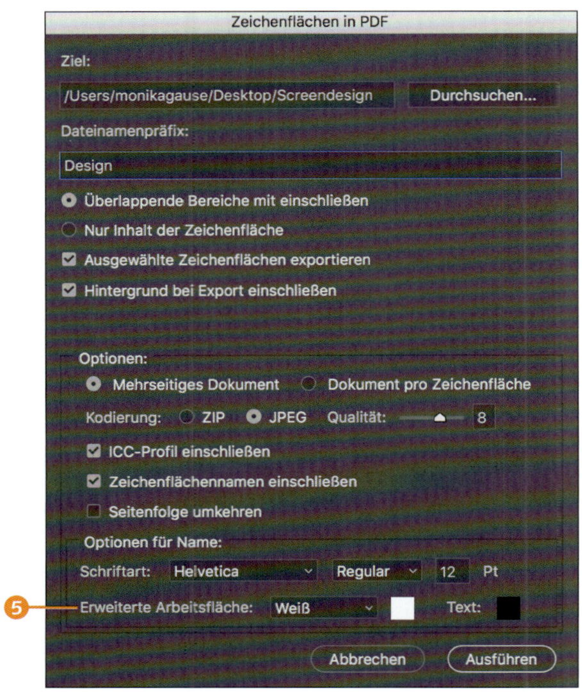

◂ **Abbildung 32.83**
Aus Zeichenflächen PDFs machen

Die Funktion eignet sich vor allem fürs Aufbereiten von Dateien zur Weitergabe von Entwürfen an Kunden. Das Dialogfeld selbst bietet gegenüber dem schon besprochenen Export in Dateien und der herkömmlichen PDF-Erstellung wenig Neues.

Interessant ist hier lediglich die Option Erweiterte Arbeitsfläche 5. Damit können Sie festlegen, wie der Hintergrund aussieht, auf dem Ihre Entwürfe – die Zeichenflächen – präsentiert werden. Das PDF, das dann erzeugt wird, enthält für jede Zeichenfläche eine eigene Seite.

Kapitel 33
Dateien richtig drucken

Photoshop bietet für den Druck am Desktopdrucker zahlreiche gute Möglichkeiten, steht Ihnen aber genauso kompetent zur Seite, wenn Sie Ihre Bilder für den professionellen Druck vorbereiten müssen. In diesem Kapitel lernen Sie deshalb zunächst den umfangreichen Druckdialog mit seinen Optionen kennen und erfahren dann alles über CMYK-Konvertierung & Co.

33.1 Photoshops Druckbefehle: Drucken auf dem Desktopdrucker

Für viele Anwender bedeutet »ein Bild drucken« nichts anderes, als die Datei zum heimischen Drucker zu schicken – sei es nun ein Inkjet-, ein Laser- oder ein spezieller Fotodrucker. Und in der Tat ist es keine schlechte Möglichkeit, ein Bild auf Papier zu bringen: Inzwischen sind akzeptable Drucker zu erschwinglichen Preisen zu haben, und Papiere und Tinten gibt es in guter Qualität. Ein »selbstgedrucktes« Foto kann einem Bild vom Belichtungsdienst qualitativ sehr nahe kommen. Und auch wenn Online-Fotodienste flott arbeiten – das Selbstdrucken zu Hause geht noch schneller.

Der richtige Bildmodus: RGB!
Während Sie Bilder, die auf professionellen Vierfarb-Druckmaschinen reproduziert werden, immer in CMYK konvertieren – jeder Farbkanal entspricht dann einer Druckplatte –, sollten Sie dies *unterlassen*, wenn Sie auf Ihrem eigenen Desktopdrucker drucken. Drucker verstehen in der Regel RGB besser.

Druckbefehle und -optionen | Photoshop enthält zwei verschiedene Druckbefehle. Ein umfangreiches Dialogfeld erreichen Sie mit Datei • Drucken. Bis Sie dort alle Optionen »durchhaben«, sind Sie mitunter schon einige Minuten beschäftigt. Daher gibt es für schnelles Ausdrucken einen weiteren Druckbefehl: Eine Kopie drucken druckt ohne weitere Eingaben ein Exemplar des aktuellen Dokuments.

33.2 Der Befehl »Drucken« – üppige Einstellungen für den Desktopdrucker

Wenn Sie den Befehl Drucken (Strg/cmd+P) wählen, erreichen Sie die umfangreichen Photoshop-eigenen Ausgabeoptionen. Außerdem können Sie, wenn nötig, die Einstellungen des Druckertreibers ändern. Diese sind systemabhängig und können ganz unterschiedlich aussehen, sie sind daher nicht Gegenstand dieses Buches.

Ganz links sehen Sie (unverkennbar) eine **Druckvorschau**. Position und Größe des zu druckenden Bildes auf dem Papierformat werden angezeigt. Hardwareabhängig wird dort auch ein Rand angezeigt, der den nicht bedruckbaren Rand der Seite markiert.

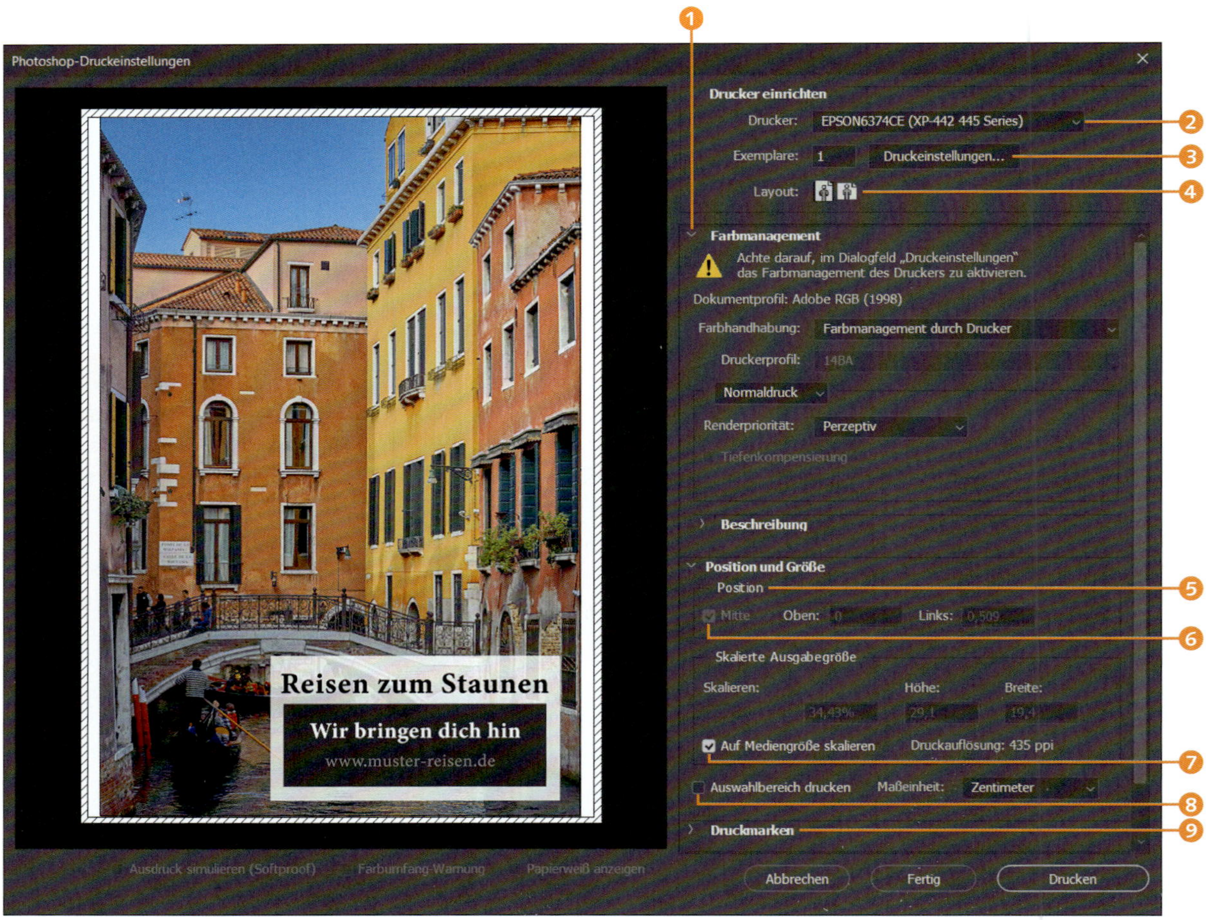

▲ **Abbildung 33.1**
Um alle Optionen zu sehen, müssen Sie sich vermutlich erst einmal das Dialogfeld vergrößern (mit dem Mauszeiger am Rand »anfassen« und ziehen). Über die Pfeile 1 lassen sich Optionsgruppen aufklappen.

Im rechten Bereich des Dialogs nehmen Sie Ihre **Einstellungen** vor. Nicht gebrauchte Bereiche klappen Sie durch Klick auf die Dreieckspfeile (1) einfach weg und öffnen sie auf dieselbe Weise auch wieder.

33.2.1 Druckereinstellungen, Position und Größe

Die Anordnung der Drucker- und Seiteneinstellungen suggeriert schon, in welcher Reihenfolge Sie die Optionen am besten abarbeiten (von oben nach unten).

- Im Menü DRUCKER EINRICHTEN wählen Sie aus, auf welchem Drucker (2) Ihr Bild ausgegeben werden soll, und direkt darunter legen Sie fest, in wie vielen Exemplaren es gedruckt wird.
- Mit den zwei Buttons (bei LAYOUT) (4) stellen Sie die Seitenausrichtung ein.
- Der Button DRUCKEINSTELLUNGEN (3) führt zu den Einstellungen, die von der Druckersoftware bereitgestellt werden. Diese sind hersteller- und modellabhängig. Im Regelfall müssen Sie hier nichts verändern. Ausnahme: Angaben zu Tinten- und Papierqualität.
- Unter POSITION (5) können Sie die Lage des bedruckten Bereichs auf dem Blatt Papier verändern und sehen die Wirkung Ihrer Einstellungen auch gleich im Vorschaufenster. Wenn Sie die Lage des Bildes auf dem Papier ändern wollen, müssen Sie zunächst das Häkchen bei POSITION: MITTE (6) entfernen. Danach tragen Sie unter OBEN und LINKS ein, wie breit die Bildränder sein sollen. Alternativ ändern Sie die Bildposition mit der Maus im Vorschaufenster (siehe Abbildung 33.2).
- Zusätzlich können Sie die Ausgabegröße skalieren (unter SKALIEREN). Besonders hilfreich ist hier die Option AUF MEDIENGRÖSSE SKALIEREN (7), mit der Sie Bilder, die nur ein wenig zu groß sind, ohne viel Rechnerei auf die richtige Ausgabegröße bringen.
  Sie können die Ausgabegröße aber auch einfach eintippen. Die Eingabefelder dafür sind erst dann aktiv, wenn Sie den Haken bei AUF MEDIENGRÖSSE SKALIEREN entfernen. Bildgröße und Auflösung sind in dieser Einstellung gekoppelt: Drucken Sie zum Beispiel ein 72-ppi-Bild bei 50 %, ist die Druckauflösung 144 ppi. Die ursprünglichen Bildmaße, die Sie in Photoshop unter BILD • BILDGRÖSSE festgelegt haben, werden dadurch nicht verändert – die Skalierungseinstellungen betreffen immer nur den Druck.
- Wenn Sie einmal einen Rahmen oder Schnittmarken im Ausdruck brauchen – zum Beispiel, um das Bild sauber zu beschneiden –, wählen Sie die Ausgabeoption DRUCKMARKEN (9). Die anderen Druckmarken, die Sie dort finden, sind eher für den professionellen Vierfarbdruck gedacht.

Kollisionsgefahr mit druckereigenem Treiber
Druckerhersteller statten ihre Geräte meist mit Treibern aus, die selbst umfangreiche Druckeinstellungen erlauben. Häufig kommt es dabei zu Funktionsdoppelungen mit Photoshop, zum Beispiel bei der Seitenorientierung, bei Farbeinstellungen oder der Bildskalierung. Das ist nicht unproblematisch: Legen Sie zum Beispiel eine Skalierung des Druckmotivs in beiden Dialogen fest, wird sie auch zweimal angewendet und das Bild nicht in der gewünschten Größe gedruckt. Wenn Sie sich an die Photoshop-Einstellungen halten, kann weniger schiefgehen: Die behalten Sie wenigstens leicht im Blick.

▲ **Abbildung 33.2**
Sie können das Vorschaufenster auch nutzen, um die Bildposition auf dem Blatt per Maus zu verändern. Die Anfasser (10) erlauben das Skalieren der Druckgröße.

- **Testdruck vom Auswahlbereich:** Manchmal sind Probedrucke trotz präziser Farbeinstellungen unerlässlich. Doch wer verschleudert gern teure Tinte? Die Option Auswahlbereich drucken ❽ macht Probedrucke möglich, bei denen nur ein bestimmter Bildteil gedruckt wird. Wenn diese Option aktiviert ist, können Sie direkt im Vorschaufenster festlegen, welche Bildpartien zur Probe gedruckt werden sollen.

33.2.2 Einstellungen zur Farbwiedergabe

Der Druckdialog ist an das Farbmanagement gekoppelt. Sofern Sie Farbmanagement-Einstellungen benutzen, werden die Farben in der Druckvorschau entsprechend angezeigt, und Sie haben detaillierte Einstellungsmöglichkeiten für den Umgang mit Farben.

Zum Weiterlesen
Gedruckte Farben sehen meist ein wenig anders aus als die Farben auf dem Monitor – manchmal sogar sehr anders, wie schon mancher enttäuscht feststellen musste. **Photoshops Farbmanagement-System** kann auch für viele Desktopdrucker eingesetzt werden. Lesen Sie mehr dazu in Anhang B, »Farbmanagement: Mehr Farbtreue auf allen Geräten«.

Farbverwaltung durch Drucker | Grundsätzlich haben Sie die Wahl, ob Sie die Farbverwaltung dem Drucker überlassen oder Photoshop.

Wenn Sie mit Farbmanagement nicht vertraut sind und kein spezielles Profil für Ihren Drucker angelegt wurde, empfiehlt sich unter Farbhandhabung die Einstellung Farbmanagement durch Drucker. Diese Einstellung wird auch von Adobe empfohlen. Der Druckertreiber wählt dann unter Berücksichtigung verschiedener Kriterien wie Papiersorte und Auflösung unter seinen internen, vorgefertigten Profilen das am besten geeignete aus. Die Treiber der meisten hochwertigen Fotodrucker enthalten bereits relativ exakte Profile – das Profil vom Drucker wählen zu lassen, spart also Zeit und verhindert Fehler.

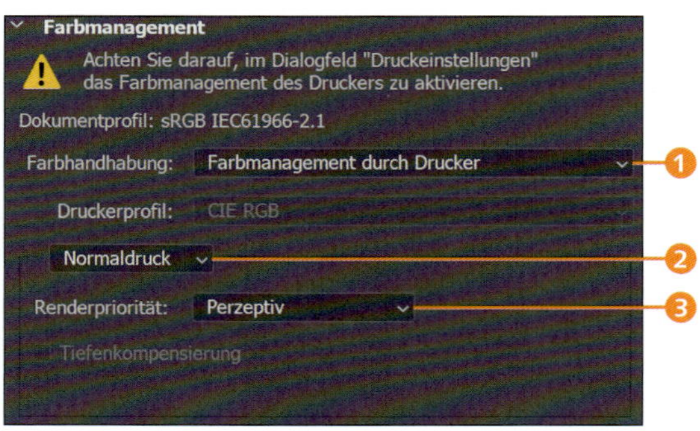

▲ **Abbildung 33.3**
Wenn Sie dem Drucker die Farbverwaltung überlassen ❶, müssen Sie sich nicht mehr um passende Profile kümmern.

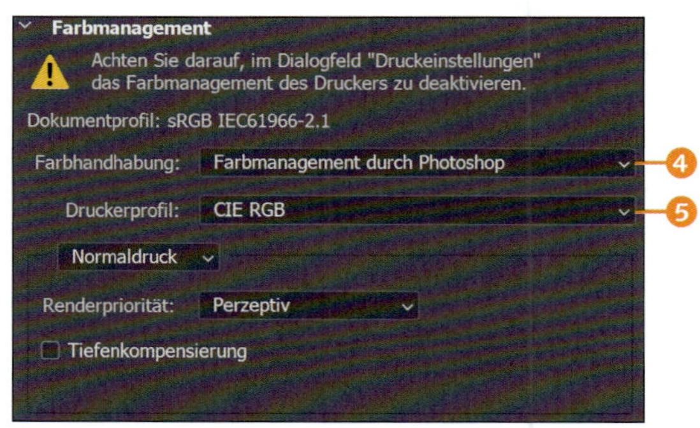

▲ **Abbildung 33.4**
Wenn Photoshop die Farbverwaltung übernimmt ❹, können Sie ein eigenes Druckerprofil ❺ festlegen.

Wenn Sie diese Option aktivieren, müssen Sie Druckoptionen in den Einstellungen des Druckers festlegen und gegebenenfalls das Farbmanagement im Druckertreiber aktivieren. Wie das geht, unterscheidet sich wiederum von Drucker zu Drucker – diese Optionen kommen nicht von Adobe, sondern vom Hersteller des Druckers. Sie erreichen die Druckereinstellungen über den Button DRUCKEINSTELLUNGEN im Druckdialog. Bei fast allen Druckertreibern öffnet sich nach dem Bestätigen des Adobe-Druckdialogs automatisch ein neues Fenster mit den druckereigenen Einstellungen. Sie müssen also gar nicht extra zu ihnen navigieren.

Die RENDERPRIORITÄT ❸ hat beim Vierfarbdruck größeren Einfluss auf die Farbwiedergabe. Mit dieser Option legen Sie fest, in welcher Art und Weise die Bildfarben an den Farbraum des Druckers angepasst werden. Bei den meisten Desktopdruckern ist diese Einstellung allerdings nicht so wichtig: Sie ignorieren diese Vorgabe schlicht und rechnen Farben ungefragt mit der Renderpriorität PERZEPTIV um.

Die Option TIEFENKOMPENSIERUNG sorgt dafür, dass der Schwarzpunkt des Quellfarbraums bei der Farbraum-Konvertierung an jenen des Zielfarbraums angeglichen wird. Dadurch bleibt die Tiefenzeichnung besser erhalten.

Zum Weiterlesen
In Anhang B, »Farbmanagement: Mehr Farbtreue auf allen Geräten«, finden Sie Erklärungen und Empfehlungen zur **Renderpriorität**.

Normaldruck oder Proof? | Wenn Sie einfach nur Bilder drucken wollen, sollte NORMALDRUCK ❷ eingestellt sein. Haben Sie hier HARD-PROOFING gewählt, wird ein Testdruck erstellt, der eine bestimmte Druckmaschine und Druckkonstellation simuliert.

Farbverwaltung durch Photoshop | In Ausnahmefällen – zum Beispiel, wenn Sie ungewöhnliche Konstellationen von Drucker, Tinte und Papier benutzen – ist es sinnvoll, Photoshop für die Druck-Farbverwaltung zu verwenden ❹. Überprüfen Sie zuvor in jedem Fall die druckereigenen Einstellungen. Wenn Ihr Drucker ein eigenes Farbmanagement oder andere Einstellungen zur Farbverwaltung mitbringt, sollten Sie diese in jedem Fall deaktivieren, um Konflikte mit Adobes Farbmanagement zu verhindern.

Unter DRUCKERPROFIL ❺ stehen dann zahlreiche Profile – auch von verschiedenen Druckerherstellern – zur Auswahl.

Unterhalb des Vorschaubildes sind nun auch weitere Vorschauoptionen aktiv, die Sie einzeln zuschalten können.

- AUSDRUCK SIMULIEREN (SOFTPROOF): Aktivieren Sie diese Option, damit die Bildfarben im Vorschaubereich annähernd so gezeigt werden, wie sie im Druck ausfallen.
- FARBUMFANG-WARNUNG zeigt all diejenigen Bildbereiche grau hinterlegt an, deren Darstellung im Druck Probleme bereitet.
- PAPIERWEISS ANZEIGEN führt nicht bei allen Profilen zu einer Änderung der Bildanzeige. Wenn Sie aus der Profileliste jedoch eines der Profile

▲ **Abbildung 33.5**
Ist unter FARBHANDHABUNG die Option FARBMANAGEMENT DURCH PHOTOSHOP aktiviert, stehen drei weitere Optionen zur Verfügung, um Ihnen einen Eindruck zu geben, wie das gedruckte Bild aussehen könnte.

wählen, in dem auch Papiereigenschaften hinterlegt sind, ändert sich das Vorschaubild, und der Papierfarbton wird ebenfalls dargestellt.

33.2.3 Qualitätsfaktor Papier und Tinte

Wenn Sie einen halbwegs vernünftigen Drucker zur Verfügung haben, bringen Sie mit den heute erhältlichen Spezialpapieren und speziellen Fototinten auch zu Hause Fotos zu Papier, die an die Qualität von Labor-Prints heranreichen. Jedoch helfen gutes Farbmanagement und exzellente Tinten und Papiere wenig, wenn Sie Ihren Drucker nicht wissen lassen, dass er Spezialpapier oder -farbe verarbeiten soll. Diese Einstellung ist immer wichtig – unabhängig davon, ob Sie die Farbhandhabung Photoshop oder dem Drucker überlassen! Alle modernen Drucker bieten in einem eigenen Dialog die Möglichkeit, zwischen verschiedenen Voreinstellungen für unterschiedliche Papiere und Tinten zu wählen. Nutzen Sie diese Möglichkeit!

33.2.4 Eingaben abschließen

Im komplexen Druckdialog ist es nicht einfach mit dem routinemäßigen OK-Klick getan. Zum Abschließen Ihrer Eingabe finden Sie unten rechts drei verschiedene Buttons.

▲ **Abbildung 33.6**
Druckeingaben abschließen

- Wenn Sie das Dialogfeld schließen möchten, ohne dass Ihre Einstellungen gespeichert werden, klicken Sie auf Abbrechen.
- Mit Fertig werden Ihre Einstellungen gespeichert, und das Dialogfenster wird geschlossen, ohne die Datei zu drucken.
- Drucken startet den Druck.
- Wenn Sie die Taste Alt drücken, verwandelt sich der Button Abbrechen in einen Zurücksetzen-Knopf. Mit ihm können Sie alle Änderungen im Dialog zurücksetzen; der Dialog bleibt jedoch weiterhin geöffnet.

Zeitsparendes Handling von Druckeinstellungen
Einmal im Druckdialog getroffene Einstellungen bleiben mit der jeweiligen Datei verknüpft. Wenn Sie das Bild erneut öffnen, können Sie den Ausdruck mit dem schnellen Befehl Eine Kopie drucken starten – verwendet werden Ihre zuvor festgelegten Einstellungen. Außerdem ist es möglich, Druckereinstellungen als Teil einer Aktion aufzunehmen und auf andere Dateien zu übertragen.

33.2.5 Ohne Dialogbox: Eine Kopie drucken

Zu diesem Befehl gibt es eigentlich nicht viel zu sagen: Wenn Sie ein Bild mit den aktuellen Einstellungen »einfach so« ausdrucken wollen, dann ist der Befehl Eine Kopie drucken (Alt+⇧+Strg+P bzw. alt+⇧+cmd+P) die richtige Wahl. Der Drucker legt dann ohne weitere Umstände direkt los. Sofern Sie für die Datei zuvor im Dialog Datei • Drucken bestimmte Druckoptionen festgelegt haben, werden diese verwendet.

33.3 Dateien für den professionellen Druck

Zwar kommt es äußerst selten vor, dass eine Datei direkt aus Photoshop zur Druckerei gesandt wird; meist wird sie noch mit einem Layoutprogramm weiterverarbeitet. Die notwendigen Einstellungen sollten Sie jedoch schon jetzt vornehmen.

33.3.1 RGB-Daten in CMYK konvertieren

Sie haben Ihr Bild mit aller Sorgfalt bearbeitet, Farbmanagement eingerichtet und unter Farbeinstellungen die hoffentlich richtigen Einstellungen gewählt. Nun geht es darum, die Datei für den professionellen Druck – also den Druck auf gewerblichen Druckmaschinen – vorzubereiten.

Das Wichtigste sollte Ihnen als aufmerksamem Leser schon längst klar sein: Die ursprünglichen RGB-Daten müssen in den CMYK-Modus gebracht werden. Das ist mit dem Befehl Bild • Modus • CMYK-Farbe schnell erledigt.

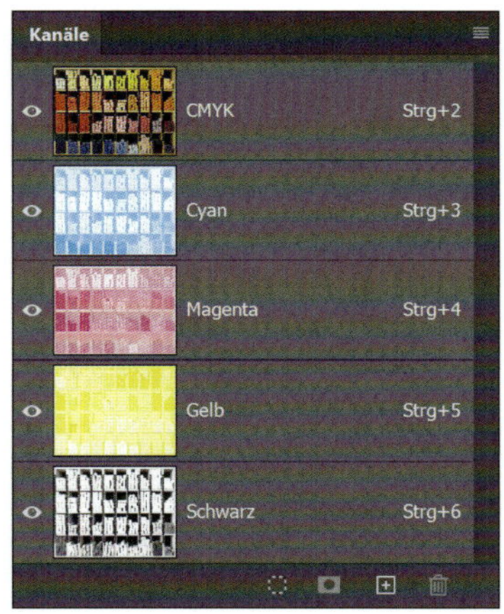

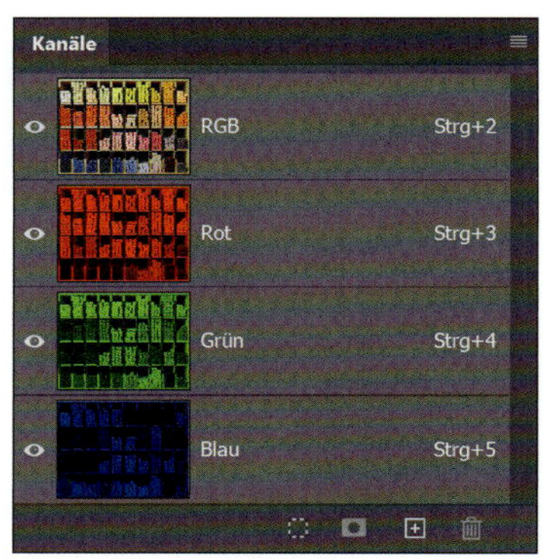

Abbildung 33.7 ▲▶
Der Kanalaufbau derselben Datei in CMYK und RGB zum Vergleich. (Die farbige Kanalvorschau aktivieren Sie unter Voreinstellungen • Benutzeroberfläche, indem Sie dort die Option Farbauszüge in Farbe anzeigen aktivieren.)

Jede der vier CMYK-Farben entspricht dann einem Farbkanal in der Datei und später auch einem Farbauszug und einer gedruckten Farbe.

Die Druckfarben sind lasierend, also »durchsichtig«, und durch Übereinanderdrucken der vier Farben in unterschiedlichen Anteilen und durch Rastern entstehen die bunten Bildfarben. Soll mit Sonderfarben gedruckt werden, müssen Sie dafür in der Datei zusätzliche Farbkanäle anlegen.

[Sonderfarben]
Sonderfarben werden auch als **Schmuckfarben** und bei Adobe als **Volltonfarben** bezeichnet. Sie werden in gewerblichen Druckverfahren als Alternative oder Ergänzung zu den vier Prozessfarben CMYK verwendet. Während die gewünschte Farbe im CMYK-Verfahren durch Farbmischung (Übereinanderdrucken) entsteht und daher nie vollkommen gesteuert werden kann, sind Sonderfarben bereits vom Hersteller vorgemischt. Man nutzt sie zum Drucken von Farben, die sich nicht durch die Prozessfarben darstellen lassen, oder wenn auf Farbtreue besonders großer Wert gelegt wird.

Farbauszüge – Vorschau in Photoshop | Für den Vierfarbdruck muss von einer Datei eine eigene Vorlage für jeden der vier Druckdurchgänge – in den Farben Cyan, Magenta, Gelb und Schwarz – angefertigt werden: der Farbauszug. In der Regel sind dies Filme. In Photoshop können Sie die Befehle ANSICHT • FARBPROOF und ANSICHT • PROOF EINRICHTEN nutzen, um sich eine Vorschau der Auszüge anzeigen zu lassen. In den VOREINSTELLUNGEN unter BENUTZEROBERFLÄCHE können Sie eine farbige Anzeige der Auszüge aktivieren. Die Option wirkt sich auch auf die Darstellung der Kanäle aus.

Abbildung 33.8 ▸
Photoshops Vorschau der vier Farbauszüge

Zum Weiterlesen
Informationen über Photoshops **Farbeinstellungen**, über die Optionen zur Farbraum-Konvertierung und über die Rendering Intents finden Sie in Anhang B, »Farbmanagement: Mehr Farbtreue auf allen Geräten«.

Die Umrechnung der Bildfarben von RGB in CMYK erfolgt nach den Vorgaben des CMYK-Arbeitsfarbraums und der Konvertierungsoptionen, die Sie unter BEARBEITEN • FARBEINSTELLUNGEN einstellen. Nachdem Sie die Modusänderung durchgeführt haben, sehen Sie in der Titelleiste des Dokumentfensters und im Kanäle-Bedienfeld die Änderung.

33.3.2 Hintergrundwissen

Was bei der Modus-Konvertierung passiert, ist komplexer, als es die drei notwendigen Klicks ahnen lassen.

RGB-Daten umrechnen | Der CMYK-Farbraum ist viel kleiner als ein RGB-Farbraum. RGB-Bildfarben, die nicht in den CMYK-Farbraum passen, werden jedoch nicht einfach gekappt. Um den Farbeindruck zu erhalten, werden die Farben des Ausgangsfarbraums in den CMYK-Farbraum umgerechnet. Wie diese Umrechnung geschieht, legen Sie unter FARBEINSTELLUNGEN ([⇧]+[Strg]/[cmd]+[K]) fest. Wenn Sie das Farbmanagement-Kapitel gelesen haben, ist das nichts Neues für Sie.

Doch diese Informationen reichen für die drucktechnische Reproduktion noch nicht aus. Abhängig von der Papiersorte, den verwendeten Farben und überhaupt vom ganzen Druckverfahren müssen mit der Datei noch weitere Anweisungen an die Druckmaschine übergeben werden. Farbaufbau, Tonwertzuwachs, Schwarzanteil – das sind nur einige der Größen, die für das spätere Druckergebnis entscheidend sind. Gesteuert werden all diese Eigenschaften über das Dateiprofil, also in den meisten Fällen über Ihr CMYK-Arbeitsfarbraum-Profil das bei der RBG-in-CMYK-Konvertierung eingestellt war.

▼ Abbildung 33.9
Wenn Sie im FARBEINSTELLUNGEN-Dialog unter ARBEITSFARBRÄUME den Befehl EIGENES CMYK ❶ wählen, öffnet sich ein umfangreicher Dialog ❷, in dem Sie die Druckeinstellungen prüfen und detailliert einstellen können – zum Beispiel den TONWERTZUWACHS ❸ mittels eigener Kurve ❹.

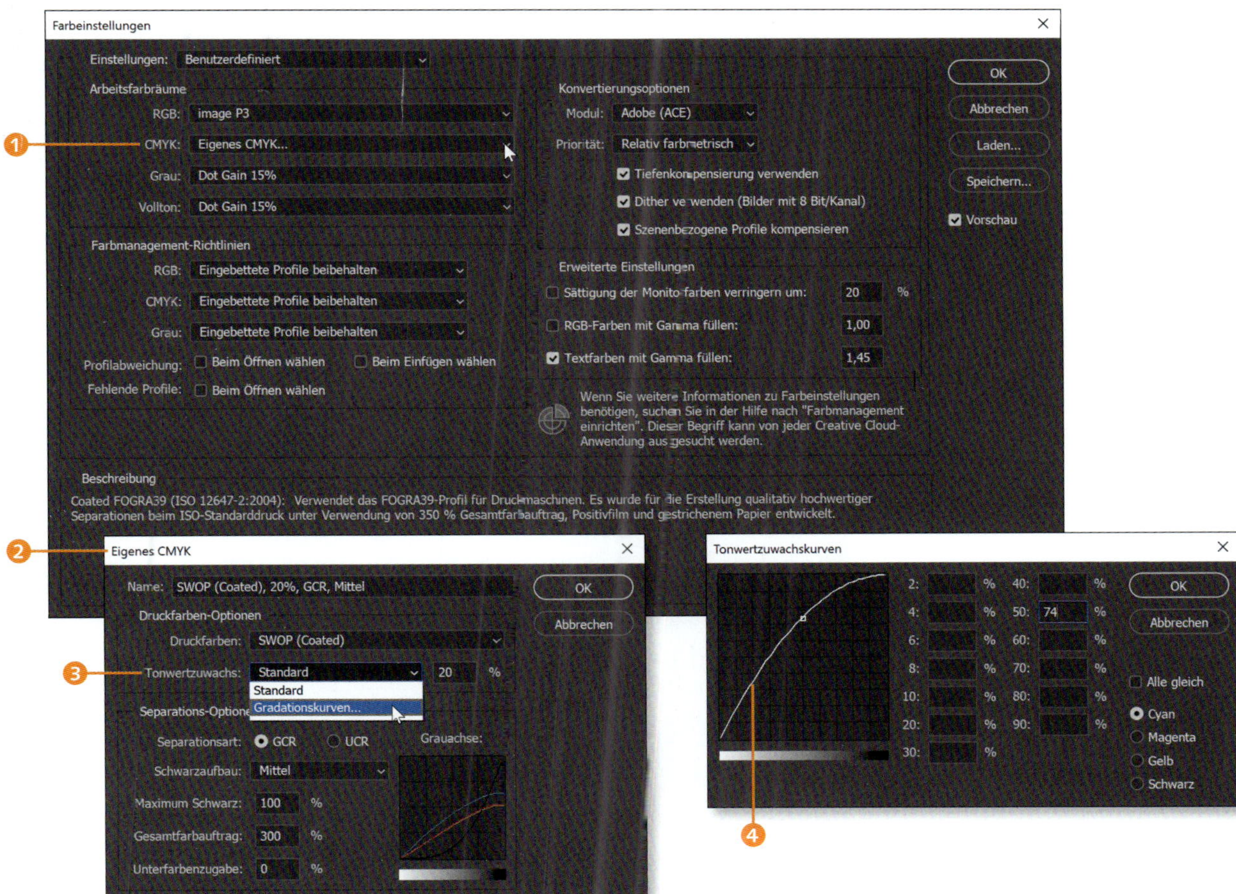

Farbaufbau | Die Rendering Intents (im Dialog FARBEINSTELLUNGEN unter PRIORITÄT) bestimmen, wie die Farbwerte eines Bildes bei der Konvertierung umgerechnet werden. Doch damit sind die Farben noch lange nicht auf dem Papier! Beim Drucken gibt es nun ebenfalls mehrere Möglichkeiten, wie aus den zuvor errechneten Werten für C, M, Y und K die gewünschte Bildfarbe wird. Sehr ähnliche »Farben« – genau genommen eigentlich Farbeindrücke – können mit ganz unterschiedlichen Mischungen erzeugt werden. Die Art der Farbmischung nennt man **Farbaufbau**. Welche Methode des Farbaufbaus gewählt wird, bestimmt, in welchen Anteilen jede einzelne konkrete Druckfarbe auf dem Papier landet. Relevante Größen sind:

- Der **Gesamtfarbauftrag:** Welche Menge an Druckfarbe wird überhaupt aufgebracht?
- Der **Farbaufbau:** Wie viel Farbe aus jedem Farbtopf trägt dazu bei, die gewünschte Farbe im Druck zu mischen?
- Dazu kommen weitere Randbedingungen wie der erwartete **Tonwertzuwachs** und einige Optionen, um den Farbaufbau weiter zu verfeinern.

Alle Parameter müssen auf das Motiv, den Druckprozess und die Papiersorte abgestimmt werden.

33.3.3 Anweisungen für die Druckmaschine: Die Einstellungen unter »Eigenes CMYK«

Profiländerungen nur im Ausnahmefall
CMYK-Profile sind in der Regel so eingerichtet, dass Sie nichts mehr verstellen müssen. Nur in Ausnahmefällen – etwa bei Druckjobs mit sehr hohem Qualitätsanspruch – und in Absprache mit Ihrem Druckdienstleister sollten Sie bewährte Profilkonfigurationen ändern. Meist reichen kleine Änderungen im Dialog EIGENES CMYK. Vornehmen müssen Sie sie natürlich *vor* der Konvertierung des Bildes in den CMYK-Modus, damit die neuen Einstellungen angewandt werden.

Nehmen wir das Dialogfeld EIGENES CMYK und seine Optionen – sowie die Konzepte dahinter – einmal näher in Augenschein.

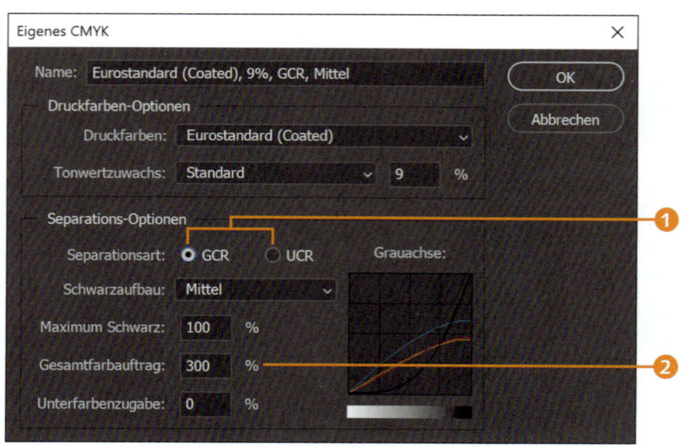

▲ **Abbildung 33.10**
Der Dialog EIGENES CMYK

Als Erstes sollten Sie unter DRUCKFARBEN-OPTIONEN ❹ die **Druckfarben** festlegen, die verwendet werden sollen. Auch in dieser Liste finden sich einige Vorgaben, die nicht den in Europa üblichen Druckstandards entsprechen. Unter SEPARATIONS-OPTIONEN ❸ bestimmen Sie, wie der **Farbaufbau** aussieht, also mit welchem Anteil welcher Farbe die Bildfarben gedruckt – und durch Übereinanderdrucken gemischt – werden.

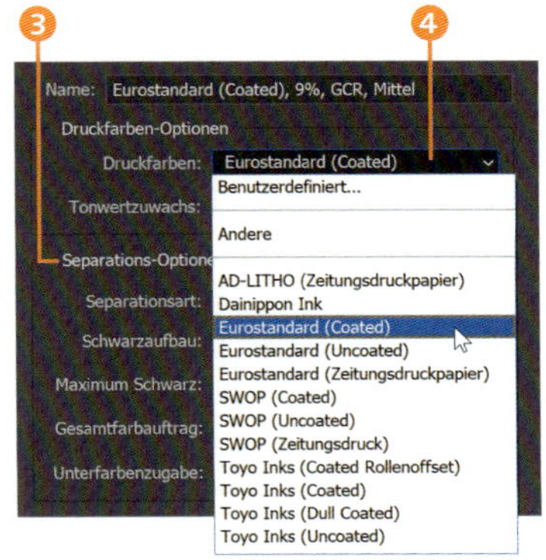

▲ **Abbildung 33.11**
Einstellungen unter DRUCKFARBEN

Druckfarben-Optionen | Die Photoshop-Standardeinstellung SWOP (»Specifications for Web Offset Publications«, eine Standardisierungsstelle) bezeichnet US-amerikanische Druckfarben. Diese weichen ein wenig vom europäischen Standard ab. Obwohl in der Liste der CMYK-Arbeitsfarbräume (unter FARBEINSTELLUNGEN) schon die zeitgemäßen FOGRA-Presets zu finden sind, fehlen sie in der DRUCKFARBEN-Übersicht noch. Hier müssen Sie notgedrungen EUROSTANDARD nehmen.

Tonwertzuwachs | Direkt darunter stellen Sie den erwarteten TONWERTZUWACHS ein. Die vordefinierten Werte, die automatisch in das Eingabefeld eingetragen werden, sind in der Regel ganz gut auf die Standard-Druckverfahren abgestimmt. Willkürlich etwas zu ändern bringt meist nur (ungute) Überraschungen. Allerdings ist dies ein Parameter, zu dem Ihnen der Druckdienstleister Ihres Vertrauens meist recht hilfreiche Angaben machen kann.

Bild: Onno K. Gent

◄◄ **Abbildung 33.12**
Photoshops Softproof-Darstellung eines gedruckten Bildes mit 9 % Tonwertzuwachs (üblich für den Druck auf gestrichenem Papier)

◄ **Abbildung 33.13**
Dasselbe Bild, wie es mit 40 % Tonwertzuwachs – ohne Kompensation – erscheinen würde. 40 % ist ein Extremwert, den ich hier zur Demonstration gewählt habe. Mit 30 % im Zeitungsdruck können Sie jedoch rechnen!

Gesamtfarbauftrag | Recht einleuchtend ist der GESAMTFARBAUFTRAG ❷ (Abbildung 33.10). Der Wert richtet sich nach dem Druckverfahren

Was bewirkt die Einstellung »Tonwertzuwachs« hier?
Sie erinnern sich: Tonwertzuwachs ist das Auslaufen der Druckfarben auf dem Papier und das daraus resultierende Nachdunkeln des Bildes beim Drucken. Wie hoch der Tonwertzuwachs ist, hängt von der Qualität und Saugfähigkeit des bedruckten Materials ab. Der eingestellte Wert für den Tonwertzuwachs geht in die Berechnungen bei der Umwandlung des Bildes in CMYK ein: Je höher der Wert ist, desto heller werden die CMYK-Farben bei der Modusänderung. Durch den hohen Tonwertzuwachs beim Drucken erscheinen sie dann wieder dunkler und stimmen in etwa mit den erwarteten Farbtonwerten überein.

und vor allem dem bedruckten Material, meist also der Papierart. Er gibt die maximale Menge Druckfarbe an, die zum Erzeugen der gewünschten Farben benötigt wird oder, anders gesagt, benutzt werden darf. Problematisch ist nämlich meist nicht ein niedriger, sondern ein zu hoher Gesamtfarbauftrag – logisch: Auch das saugfähigste Papier kommt einmal an seine Grenzen. Auch Verarbeitungsgeschwindigkeit und Trocknungszeiten spielen eine Rolle.

Angegeben wird der Gesamtfarbauftrag in Prozent; er errechnet sich aus den Prozentwerten für C, M, Y und K. Wenn alle Farben mit 100 % Deckung gedruckt würden, ergäbe sich ein Gesamtfarbauftrag von 400 %. Mit einem so hohen Wert kann jedoch nicht gearbeitet werden. Brauchbare Richtwerte sind 300 % für gestrichenes Papier, rund 240 % beim Zeitungsdruck. Sehr gute Kunstdrucke vertragen 340 % bis 350 %. Die Menge der insgesamt aufgetragenen Farbe wird also begrenzt, um zu verhindern, dass das Papier beschädigt und die Druckmaschine verschmutzt wird.

GCR und UCR: Bunt und Schwarz in verschiedenen Anteilen | Man kann wohl sagen, dass die unterschiedlichen Ansätze zum Farbaufbau dieser technischen Gegebenheit geschuldet sind: Bei limitiertem Gesamtfarbauftrag soll aus den vier Druckfarben das beste Ergebnis herausgeholt werden. Hier gibt es zwei grundsätzliche Möglichkeiten. Sie sind im Dialogfeld durch die Radiobutton-Optionen GCR und UCR ❶ (siehe Abbildung 33.10) vertreten. Um diese Optionen zu erläutern, muss ich ein wenig ausholen.

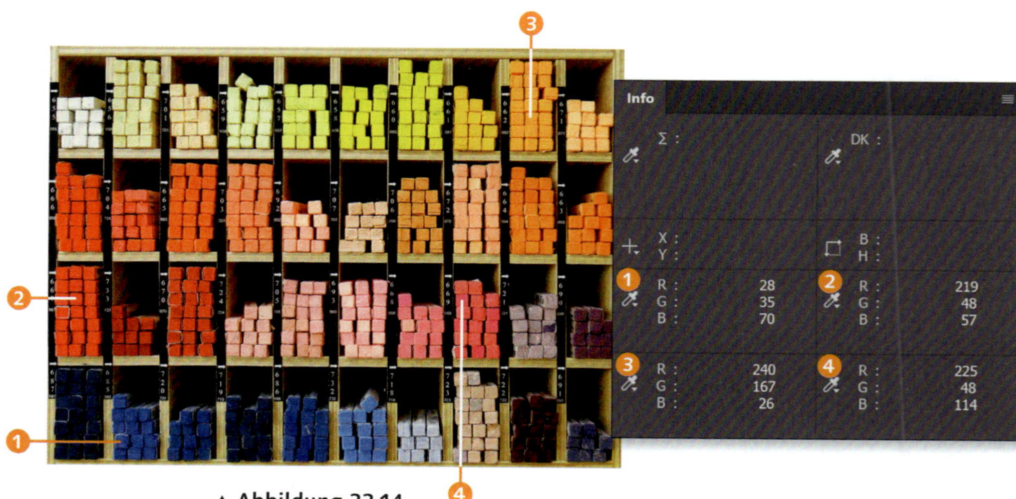

▲ **Abbildung 33.14**
Das RGB-Ausgangsbild und die Farbwerte an vier verschiedenen Stellen im Bild

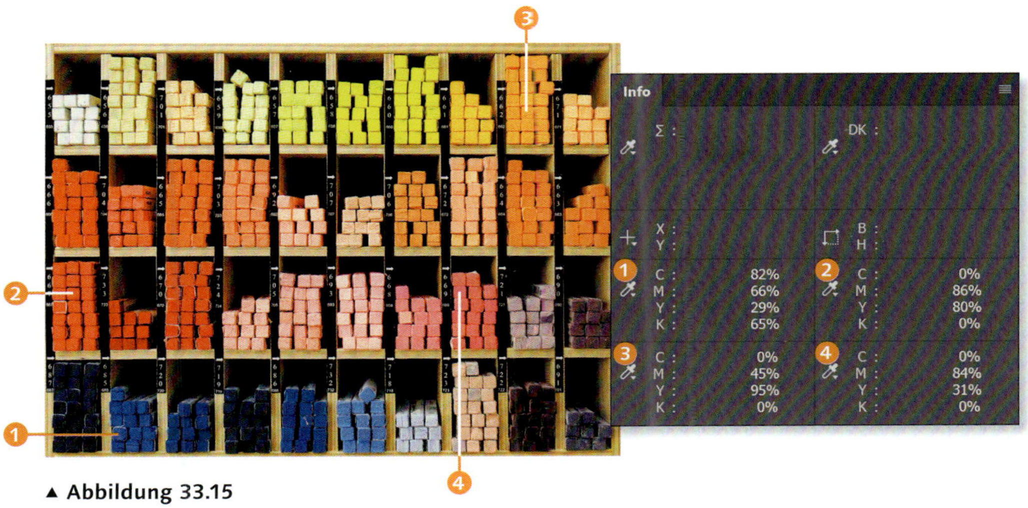

▲ **Abbildung 33.15**
Dasselbe Bild, diesmal in der Proof-Vorschau für gestrichenes Papier. Am CMYK-Bild mit **GCR**-Farbaufbau bei mittlerem Schwarzanteil – eine häufig gebrauchte »Universaleinstellung« – ergeben sich an denselben Messpunkten diese Werte.

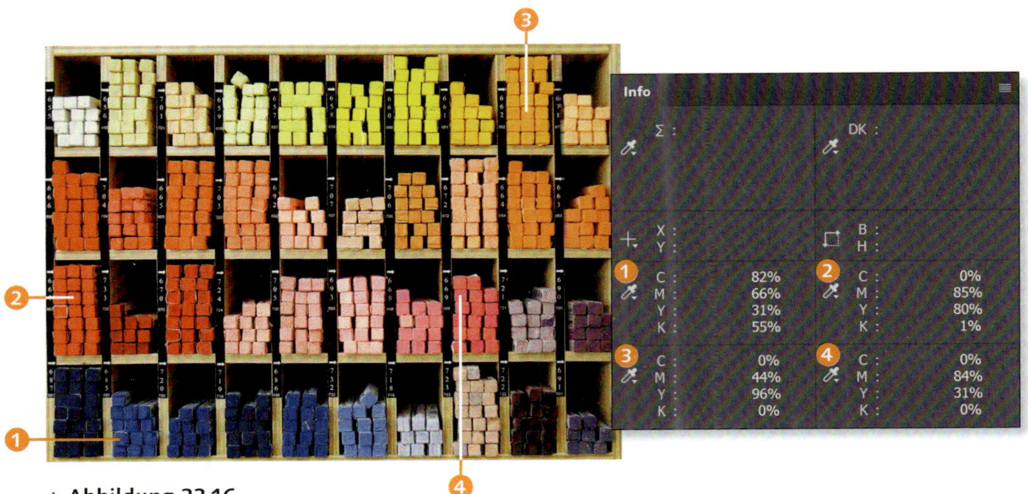

▲ **Abbildung 33.16**
Der **UCR**-Farbaufbau zeigt deutlich abweichende Messwerte, besonders der Schwarzanteil ist merklich höher. Der Gesamtfarbauftrag ist in beiden Beispielen gleich (300 %)!

Gesamtfarbauftrag und Deckkraft schnell kontrollieren | Um den Gesamtfarbauftrag und die spätere Deckkraft der Druckfarbe an bestimmten kritischen Partien im Bild zu kontrollieren, können Sie das Info-Bedienfeld nutzen. Dazu müssen Sie in den Bedienfeldoptionen 1 (Abbildung 33.17) festlegen, dass für den ersten 2 und zweiten 3 Messwert eben diese beiden Parameter angezeigt werden. Danach genügt es, mit dem Pipette-Werkzeug (I) die entsprechenden Stellen zu überfahren, die Werte werden dann im Info-Bedienfeld (starten mit F8) gezeigt.

Das »K« in CMYK …
… steht für »Key« und bedeutet Schwarz. Dass es nicht CMYB (mit »B« für »Black«) heißt, dient nur der Eindeutigkeit: Verwechslungen mit dem »B(lue)« aus RGB sollten vermieden werden.

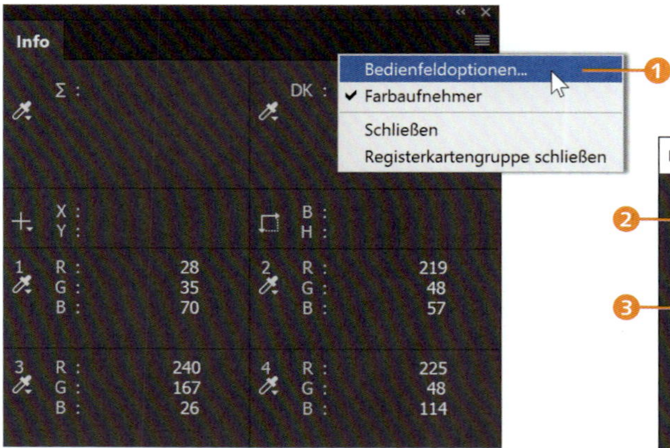

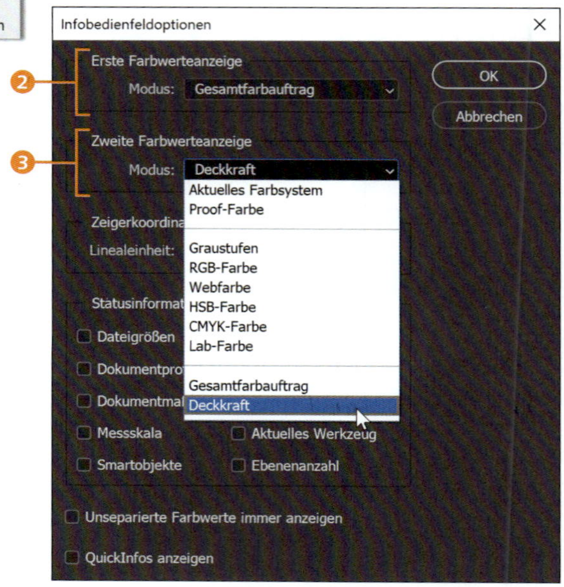

Abbildung 33.17 ▲►
Verändern Sie in den Bedienfeldoptionen, welche Werte angezeigt werden sollen.

Abkürzungen zu kompliziert?
Die Drei-Buchstaben-Kürzel sind nicht so gut zu merken, aber viel exakter als die deutschen Termini **Buntaufbau** (Farbmischungen mit viel Buntanteil) und **Unbuntaufbau** (geringer Bunt-, hoher Schwarzanteil), die ich folglich hier lieber vermeide.

Wie wird Schwarz gedruckt? | Der Knackpunkt beim Farbaufbau sind das Schwarz und die dunklen Bildfarben. Beim Drucken lassen sich ja aus Cyan, Magenta und Gelb fast alle Farben mischen, auch neutrale und recht dunkle Töne.

Allerdings kommt man mit C, M und Y nur nahezu an Schwarz heran, das wird im Druckverfahren daher noch extra hinzugegeben. Dafür, wie nun aus allen vier Druckfarben die Bildfarben – vor allem die dunklen Farbtöne und Schwarz – erzeugt werden, gibt es mehrere Möglichkeiten. Diese haben unterschiedliche Schwarz- und Buntanteile, aber immer das Ziel, den zulässigen Gesamtfarbauftrag nicht zu überschreiten. Bei Adobe werden die beiden grundsätzlichen Möglichkeiten zum Farbaufbau mit den englischsprachigen Kürzeln **GCR** und **UCR** bezeichnet.

Grauachse
Die kleine Kurvenvorschau im Dialogfeld Eigenes CMYK zeigt den Anteil der Grauwertreduktion. Wenn Sie eine Gradationskurve lesen können, verstehen Sie auch diese Kurven!

GCR | GCR bedeutet **Grey Component Reduction**, also auf Deutsch ungefähr »Grauwertreduktion«. Die Idee: Der Dunkelanteil *jeder* zu druckenden Farbe wird errechnet. Dann senkt man den entsprechenden Anteil der Farben C, M und Y ungefähr zu gleichen Teilen und gibt stattdessen eine proportionale Menge Schwarz hinzu. Dadurch kann der Gesamtfarbauftrag deutlich gesenkt werden. In welchem Grad C, M und Y durch Schwarz ersetzt werden, steuern Sie mit der Option Schwarzaufbau.

◂ **Abbildung 33.18**
Ohne GCR – hier werden alle Bildfarben, auch die dunklen (in der Kurve rechts und oben repräsentiert), nur durch C, M und Y gemischt. Das ist eine in der Praxis selten gebrauchte Einstellung und dient hier nur zur Demonstration.

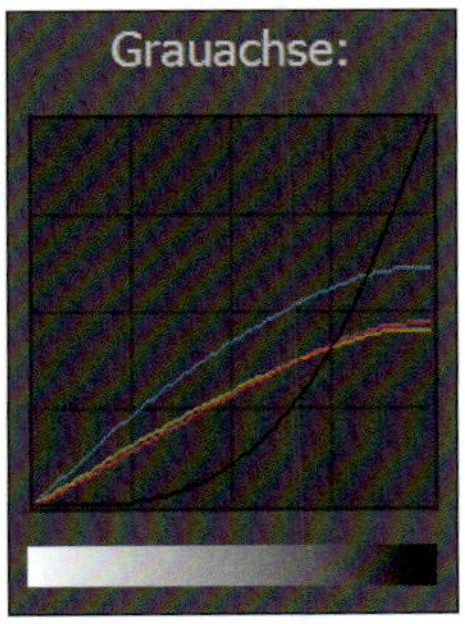

◂ **Abbildung 33.19**
GCR mit mittlerem Schwarzaufbau. Im rechten Teil des Diagramms, das für die dunklen Bildfarben steht, sehen Sie deutlich, wie der Anteil der Buntfarben abgesenkt ist, während die Kurve für den Schwarzanteil stark nach oben ragt.

◂ **Abbildung 33.20**
GCR mit starkem Schwarzaufbau. Der steile Anstieg der Schwarzkurve setzt schon in den helleren Farben an, und die Buntfarben werden nachdrücklich gesenkt.

GCR bietet eine Reihe von Vorteilen: Die Druckergebnisse sind recht stabil, und Farbschwankungen sind geringer, weil die Buntfarben teilweise durch Schwarz ersetzt werden. Man schafft mit GCR eine gute Reduktion des Gesamtfarbauftrags, was diese Separationsart für »schnelle« Druckverfahren mit kurzen Trocknungszeiten qualifiziert. Da schwarze Farbe auch preiswerter ist als bunte Druckfarbe, bietet GCR zumindest bei großen Auflagen auch einen Kostenvorteil.

Einen Nachteil hat das Verfahren allerdings auch: Bei stärkerem Schwarzaufbau wirken auch helle Bildfarben schnell fahl und grau (»Ausgrauen«), wenn der Auftrag der Buntfarben beim Druck nach unten abweicht. Insbesondere auf Hauttöne kann sich das negativ auswirken. Daher setzt man in der Regel GCR allenfalls mit mittlerem Schwarzaufbau ein, zumindest bei Fotos. Diese Separationseinstellung macht

▴ **Abbildung 33.21**
Schwarzaufbau-Alternativen

Zum Nachlesen: Farbkorrekturen
Mehr zu Farbkorrekturen im Allgemeinen und zur Graubalance im Besonderen lesen Sie in Kapitel 14, »Universalhelfer für professionelle Ansprüche: Gradationskurven«.

es auch schwer, später am Bild Korrekturen vorzunehmen: Wenn der Schwarzanteil der Farben schon sehr hoch ist, lässt sich zum Beispiel die Graubalance des Bildes kaum mehr ändern. Ein weiteres gutes Argument dafür, Bildkorrekturen lieber am RGB-Bild vorzunehmen!

GCR mit starkem Schwarzaufbau ist sinnvoll bei eher grafischen und technischen Motiven mit feinen Details, bei denen es auf die Schärfe und Lesbarkeit ankommt.

UCR | UCR bedeutet **Under Color Removal**. Es ist ein Spezialfall des GCR. Es wirkt sich nicht auf alle, sondern nur auf die neutralen Farben des Bildes aus, also auf Grautöne und Schwarz. Daher können hier auch keine Einstellungen zum Schwarzaufbau vorgenommen werden. Anders als GCR-Bilder lassen sich UCR-separierte Bilder ganz gut nachträglich korrigieren. Da in den hellen und mittleren Tönen wenig Schwarz ist, aber viele Buntfarben enthalten sind, können mit UCR sehr satte, kräftige Bilder umgesetzt werden. Es gibt jedoch auch hier eine Einschränkung: Bereits geringe Schwankungen im Farbauftrag lassen sensible Bildpartien wie Haut- und Pastelltöne möglicherweise farbstichig erscheinen. Es fehlt stabilisierendes Grau.

[Passer]
Passer – auch Register oder Farbregister genannt – sorgen für das akkurate Übereinanderdrucken aller Farbschichten im Vierfarbdruck. Eine Passerdifferenz bewirkt unscharfe, wie verschmiert wirkende Bilder. Passermarken erleichtern das Ausrichten der vier Farbvorlagen während des Drucks. Unter DATEI • DRUCKEN im Bereich DRUCKMARKEN können Sie Ihrer Datei auch Passermarken und Ähnliches hinzufügen.

▲ **Abbildung 33.22**
Beispiel für eine Passermarke

Farbauftrag steuern | GCR oder UCR? Das ist gewissermaßen die Grundsatzentscheidung. Wie Sie bemerkt haben, gibt es bei beiden Verfahren Vor- und Nachteile. Haben Sie sich erst einmal für UCR oder GCR und in letzterem Fall noch für den Grad des Schwarzaufbaus entschieden, gibt es einige weitere Einstellungen, mit denen Sie den Farbauftrag und folglich die Wirkung des gedruckten Bildes steuern.

- Die UNTERFARBENZUGABE, zuweilen auch **Under Color Addition** (ein weiteres Kürzel: **UCA**) genannt, ist ein gängiges Verfahren, besonders satte Tiefen, also kräftige dunkle Tonwerte, zu erzielen. Wenn Sie den Wert erhöhen, wird beim Druck den schwarzen Bildpartien Buntfarbe zugegeben. Während GCR und UCR die Bildfarben verändern können, bleiben die Farbtöne bei Unterfarbenzugabe praktisch gleich. Unterfarbenzugabe eignet sich nicht für Texte oder andere Motive, bei denen Passerprobleme zu erwarten sind, wohl aber für fotografische Motive.
- MAXIMUM SCHWARZ wirkt ähnlich wie die Tonwertbegrenzung bei der Tonwertkorrektur. Sie können diesen Wert senken, um Zeichnungsverlust in den Tiefen zu verhindern, vor allem bei GCR mit starkem Schwarzaufbau.

33.3.4 Einstellungen sichern

Es kann eine ganze Weile dauern, alle Einstellungen zusammenzuklicken. Wenn Sie sie jetzt speichern, können Sie Ihre individuellen Separationseinstellungen später schneller und ohne Fehler erneut anwenden. Auch der Austausch von Einstellungen geht so einfacher.

Sobald Sie im Dialog Eigenes CMYK zur Bestätigung auf den OK-Button klicken, kommen Sie zu den Farbeinstellungen zurück. Ihre CMYK-Einstellungen sichern (und laden) Sie nun nicht über die Buttons im Farbeinstellungen-Dialog, sondern über die Einträge CMYK speichern und CMYK-Einstellungen laden in der Liste der CMYK-Arbeitsfarbräume.

Zum Nachlesen: Tonwertkorrektur
Mehr über die Tonwertkorrektur und die Begrenzung des Tonwertumfangs lesen Sie in Abschnitt 13.5, »Tonwertumfang begrenzen – vor dem Druck«.

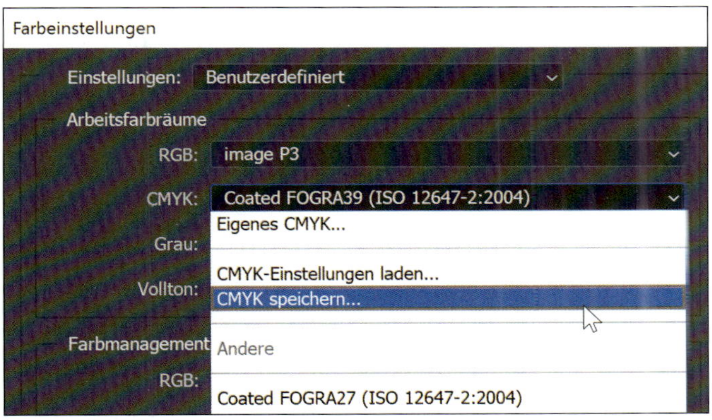

◄ **Abbildung 33.23**
Eigene Separationseinstellungen speichern

Ihre eigenen Separationseinstellungen werden dann im systemeigenen Profilordner abgelegt (als normgerechte Profildatei mit der Endung ».icc«). Beim Speichern wird ein Dateiname vorgeschlagen, der die Eigenschaften des Profils recht genau umschreibt. Sie können hier auch einen eigenen Namen vergeben.

Seien Sie nicht irritiert, wenn Sie Ihre Einstellungen später erneut als CMYK-Arbeitsfarbraum laden: In der Anzeige unter dem CMYK-Arbeitsfarbraum taucht dann nicht der von Ihnen vergebene Dateiname auf (zum Beispiel »Separation Druckerei Mustermann«), sondern wieder nur die Beschreibung der Profileigenschaften (»Eurostandard coated, GCR, mittel« oder dergleichen).

Anhang

Anhang A
Bildbearbeitung: Fachwissen

In diesem Anhang erhalten Sie die unentbehrlichen Grundlagen für die Arbeit mit Pixeln, Bits und Bytes. Was ist eigentlich ein digitales Bild? Wieso gibt es so viele verschiedene Dateiformate für Bilder? Was fange ich mit dpi, RGB und GIF an? Sie erhalten wichtiges Grundlagenwissen zur Bildbearbeitung, das Sie nicht nur für Photoshop brauchen, sondern auch für digitale Fotografie und beim Einsatz anderer Kreativprogramme.

A.1 Pixel und Vektoren

Es gibt zwei grundlegend verschiedene Konzepte, digitale Informationen in ein darstellbares Bild zu überführen: **Pixel** und **Vektoren**. Beide Verfahren haben ihre Vorzüge und typischen Schwächen. Damit Sie die verschiedenen Grafiktypen in Photoshop sicher und erfolgreich handhaben können, benötigen Sie Wissen über die Hintergründe!

Bild: Fotolia, Chantal Seigneurgens

▲ **Abbildung A.1**
Zwei verschiedene Konzepte der Bildberechnung: aus einzelnen Bildpunkten aufgebautes Pixelbild …

Bild: Adobe

▲ **Abbildung A.2**
… und eine durch Kurven definierte Vektorgrafik

A.1.1 Pixel – Punkt für Punkt

Pixelbilder (auch **Bitmap-** oder **Rasterbilder** genannt) zerlegen die grafische Information in einzelne quadratische Bildpunkte, die Pixel. Jedem einzelnen Pixel sind seine Koordinaten und ein Farbwert zugeordnet. In der Vergrößerung oder nach unsachgemäßer Handhabung erinnert der Aufbau eines Pixelbildes an ein Mosaik.

Einsatz | Pixelbilder kommen zum Einsatz, wenn feinste Nuancen und Details dargestellt werden sollen und dabei Fotoqualität gewünscht wird. Sie liefern eine gute Bildqualität, und zudem sind sie recht leicht zu erstellen: Scanner oder Digitalkameras geben immer Pixelbilder aus.

Datenmenge
Ein weiterer Nachteil der Pixelbilder ist die große Datenmenge, die das Konzept der einzelnen Bildpunkte mit sich bringt. Um diesen Schwachpunkt aufzufangen, wurden unterschiedliche Methoden der Datenkompression erfunden, die in einigen Bilddateiformaten zur Verfügung stehen.

Nachteile | Ganz unproblematisch ist dieser Grafiktyp jedoch nicht. Pixelbilder sind nachtragend – das heißt, sie können nicht beliebig geändert werden, ohne dass sich das negativ auf die Bildqualität auswirkt. Ein mehrfach koloriertes Bildobjekt behält hässliche Ränder früherer Farben zurück, und ähnlich wird eine nicht gelungene Retusche durch weiteres Pinseln eher schlechter als besser. Auch einen Wechsel von Bildmodus und Auflösung sollten Sie nur einmal vornehmen. Photoshop wirkt dieser Problemlage entgegen, indem es Techniken bietet, mit denen die sensiblen Bildpixel selbst möglichst wenig verändert werden. Dazu gehören unter anderem Bildebenen, Einstellungsebenen, Masken und die Filtergalerie. Damit sind Arbeitsschritte in gewissem Grad umkehrbar.

Größenänderung | Schwierig bleiben Veränderungen an der Größe oder der Auflösung eines Pixelbildes. Eine bereits vorhandene Bilddatei gibt den Bildinhalt immer mit einer festgelegten Anzahl von Pixel-»Mosaiksteinen« in einer fixen Größe wieder. Wollen Sie das Bild vergrößern, fehlen schlichtweg Pixel. Diese fehlende Bildinformation kann Photoshop zwar annäherungsweise hinzurechnen, das ist aber kein gleichwertiger Ersatz für die originäre Bildinformation. Das Verkleinern ist nicht ganz so kritisch, aber auch hier können unkontrolliert Bilddetails verlorengehen, weil Pixel beim Herunterrechnen der Datei gelöscht werden.

A.1.2 Vektoren – schlicht und unverwüstlich

Bitmap-Bild: »spatz.tif«; Vektorgrafiken: »Vogel1.ai«, »Vogel2.ai«

Bei Vektorbildern wird die Grafik nicht aus Bildpunkten aufgebaut, sondern aus mathematisch definierten Ankerpunkten sowie den Kurven, die diese Punkte verbinden (eben den Vektoren), und den daraus berechneten Flächen. Mit Vektoren können Sie zwar durchaus komplexe, raffiniert aufgebaute Objekte realisieren, fotorealistische Farbabstufungen und -verläufe sind jedoch keine Spezialität von Vektordateien.

Aufgrund ihrer Definition durch abstrakte Formeln sind Vektorbilder unabhängig von der Auflösung, mit der sie erstellt wurden. Sie können ihre Größe beliebig verändern, ohne dass Sie bei Bildschärfe oder Detailtreue Einbußen hinnehmen müssen. Und auch die zehnte Änderung der Farbe schadet einer Vektordatei nicht. Der Speicherbedarf einer Vektorgrafik ist geringer als bei Bitmaps und ganz unabhängig von der Größe des Bildes.

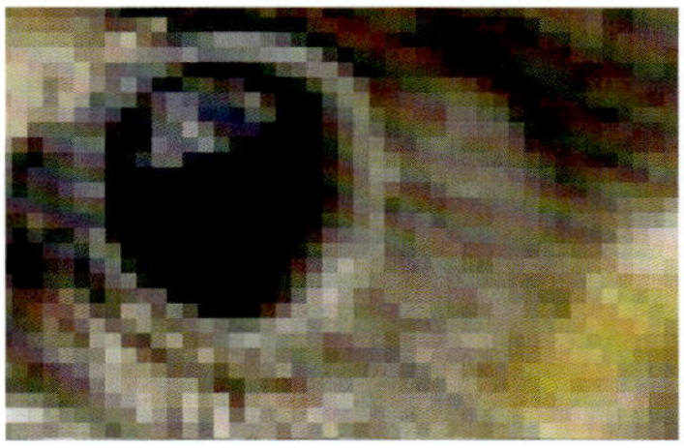

▲ **Abbildung A.3**
Während sich beim Pixelbild in der Vergrößerung die einzelnen Bildpunkte deutlich zeigen, …

Einsatz | Vektorgrafiken werden immer dann eingesetzt, wenn es auf Bildschärfe oder stufenlose Skalierbarkeit ankommt. Auch wo geringe Dateigrößen gefragt sind, kommen häufig Vektoren zum Einsatz.

▲ **Abbildung A.4**
…besteht das Gerüst einer Vektorgrafik aus mathematisch definierten Kurven. Diese sind auflösungsunabhängig und liefern immer ein scharf konturiertes Bild.

A.1.3 Und wo steht Photoshop?

Zwei ganz unterschiedliche Verfahren gibt es also, grafische Informationen zu beschreiben und Bilder zu erzeugen. Entsprechend spezialisiert ist die Software zur Bearbeitung der Bilder: Es gibt ausgesprochene Vektorexperten – dazu gehören alle Layoutprogramme wie InDesign sowie Grafik- und Zeichenprogramme wie Illustrator oder CorelDraw. Photoshop hingegen ist ein Bildbearbeitungsprogramm und ursprünglich für die Bearbeitung von Pixelbildern ausgelegt, dazu kamen später 3D- und Videobearbeitungsfunktionen.

In geringerem Umfang als das hochspezialisierte Illustrator kann auch Photoshop Vektordaten verarbeiten und erzeugen. Vektorgrafiken aus anderen Programmen kann es importieren. Zudem kann Photoshop eigene Vektorobjekte erstellen. Doch dabei steht nicht der volle Funktionsumfang von Photoshop zur Verfügung – den erhalten Sie erst, wenn die Dateien »gerastert«, das heißt in Bitmaps umgewandelt werden. Auch Text wird in Photoshop als Vektorebene angelegt und bietet damit – geeignete Drucker vorausgesetzt – eine hohe Druckschärfe und verlustfreie Skalierbarkeit.

A.2 Bildgröße und Auflösung

Zwei Begriffe, die immer wieder für Verwirrung sorgen, sind »Bildgröße« und »Auflösung«. Dieser Abschnitt bringt etwas Licht ins Dunkel.

A.2.1 Entscheidende Größe: Die Pixelmenge

Die Auflösung und die Pixelanzahl, die ein Bild überhaupt hat, sind entscheidende Eigenschaften von Pixelbildern. Die Pixelmenge eines Pixel-

So viele Bilddaten wie möglich auf den Kamerachip
Digitalkameras bieten die Möglichkeit, festzulegen, in welcher Größe Bilder aufgenommen werden. Wenn Sie hier den größtmöglichen Wert einstellen, wird zwar Ihr Speicherchip schneller voll, dafür bekommen Sie jedoch Bilder, die Ihnen hinsichtlich der späteren Reproduktion wenig(er) Beschränkungen auferlegen.

bildes kann nicht *ohne weiteres* verändert, vor allem nicht vergrößert werden. Wird die ursprüngliche Pixelmenge eines Bildes vergrößert, muss Photoshop neue Pixel »dazuerfinden«. Echte Bildinformationen kommen durch diese Operation nicht neu hinzu! Daher wirkt eine solche Skalierung keinesfalls qualitätsverbessernd – oft leidet das Bild sogar darunter. Daher setzt die Pixelanzahl Grenzen für die spätere Verwendung von Pixelbildern, denn sie ist ein wichtiges Qualitätskriterium. Ein Bild, das von vornherein in geringer Größe und niedriger Auflösung vorliegt, kann nicht als Vorlage für einen riesigen Kunstdruck hoher Qualität dienen. Der umgekehrte Fall ist schon eher denkbar: Kleinerrechnen lassen sich Bilder leichter. Grundsätzlich gibt es für ein Bild mit großem Pixelbestand viel mehr Einsatzmöglichkeiten als für kleine Bilder.

A.2.2 Was ist Auflösung?

Auflösung = Pixelanzahl?
Umgangssprachlich werden die Begriffe »Auflösung« und »Pixelanzahl« nicht immer sauber getrennt. **Hochaufgelöst** ist für viele ein Synonym für eine große Pixelmenge. Davon zu trennen ist **Auflösung** als Bezeichnung für die Menge von Bildpunkten auf einer bestimmten Strecke, also die Pixeldichte.

Neben der schieren Pixelmenge eines Bildes ist der Parameter **Auflösung** das Maß (fast) aller Dinge in der Bildbearbeitung. Zuweilen werden diese Begriffe auch – nicht ganz korrekt – synonym benutzt.

Dem zentralen Begriff »Auflösung« begegnen Sie an allen wichtigen Stationen des Publikationsprozesses: beim Erzeugen neuer Dateien mit Photoshop, beim Hantieren mit bestehenden Bildern, die bereits in einer bestimmten Größe und Auflösung vorliegen, der **Bildauflösung**, und auch Drucker, Monitore und Scanner arbeiten mit einer eigenen, technisch limitierten Auflösung (**Ausgabeauflösung** beziehungsweise **Eingabeauflösung**).

Die Auflösung ist also eine Größe, um die Sie beim Bildbearbeiten nicht herumkommen – auch wenn Sie gerade nicht den Photoshop-Dialog BILDGRÖSSE unter dem Mauszeiger haben!

Inch und Zoll bei Photoshop
Adobe hat sich schon seit dem Erscheinen der Creative Suite 2 in der deutschen Fassung von der Maßeinheit **Inch** verabschiedet. In den Dialogfeldern, die mit Bildauflösung zu tun haben, wird nun durchweg der deutschsprachige Begriff **Zoll** benutzt – eine etwas unverständliche Entscheidung, denn Inch ist ein gut eingeführter Begriff, an dem man in der Bildbearbeitungswelt ohnehin nicht vorbeikommt. Doch keine Sorge, das Maß ist dasselbe. Ob Inch oder (Adobe-)Zoll, Sie hantieren immer mit 2,54 Zentimetern.

Bildpunkt und Längenmaß | Zwei Größen und ihr Verhältnis zueinander sind für die Bildauflösung entscheidend: die Bildpunkte, aus denen jedes Pixelbild aufgebaut ist, und ein Längenmaß. Da die Welt des computerbasierten Desktop-Publishings amerikanisch dominiert ist, ist die Maßeinheit das **Inch** (1 Inch entspricht 2,54 cm). Die Auflösung legt fest, wie viele Bildpunkte sich auf der Strecke von einem Inch befinden – bezeichnet also die Dichte und somit die Feinheit der Bildpunkte.

PPI und DPI | Bezeichnet wird die Auflösung mit **ppi** – Pixel per Inch – und **dpi** – Dots per Inch. Mit der Angabe ppi soll die Auflösung von Bilddateien benannt werden, der Wert steht also für die in einer Bilddatei zur Verfügung stehende Informationsmenge. dpi bezeichnet eigentlich die Auflösung von Eingabe- und Ausgabegeräten, also von Scannern, digitalen Kameras oder Druckern. In der Praxis hat sich jedoch dpi längst als universale Maßeinheit eingeschlichen.

LPI und LPCM | Im Zusammenhang mit der Auflösung ebenfalls wichtig sind **lpi** oder **lpcm** – Lines per Inch beziehungsweise per Zentimeter. Mit diesem Wert haben Sie zu tun, wenn Sie für den professionellen Druck arbeiten. Er bezeichnet die Rasterweite von Vierfarbdrucksachen. Die Werte hängen stark von der Papierart und der Qualität ab, die Sie erzielen möchten. In Deutschland rechnet man meist mit lpcm. Dieses Buch ist beispielsweise mit einem sogenannten 60er-Raster (60 lpcm) gedruckt, Ihre Tageszeitung mit 30–40 lpcm, und bei einer Zeitschrift sind es 54–70 lpcm.

A.2.3 Auflösung für die Druckerei

Die Bildauflösung (als »Pixelmenge pro Strecke«!) ist vor allem wichtig, wenn Sie für den Druck produzieren. Die Auflösung wirkt sich darauf aus, wie groß das Bild auf dem Papier wiedergegeben wird (siehe Abbildung A.6 bis Abbildung A.8), und hat außerdem direkten Einfluss auf die Qualität des gedruckten Bildes. Je mehr Pixel pro Inch vorhanden sind, umso feiner sind die einzelnen Bildpunkte. Hochaufgelöste Bilder können auch sehr feine Bilddetails gut wiedergeben, ergeben also eine gute Druckqualität.

Hier kommt wieder die absolute Pixelmenge ins Spiel: Damit eine Bilddatei in ausreichend hoher Auflösung – also mit vielen Bildpunkten – auch gedruckt noch eine akzeptable Größe hat, muss die Pixelanzahl des Ausgangsbildes ausreichend hoch sein. Ein Bild, das nur 350 × 233 Pixel groß ist, kann zwar hochaufgelöst sein, ergibt dann jedoch nur einen Druck von Briefmarkengröße.

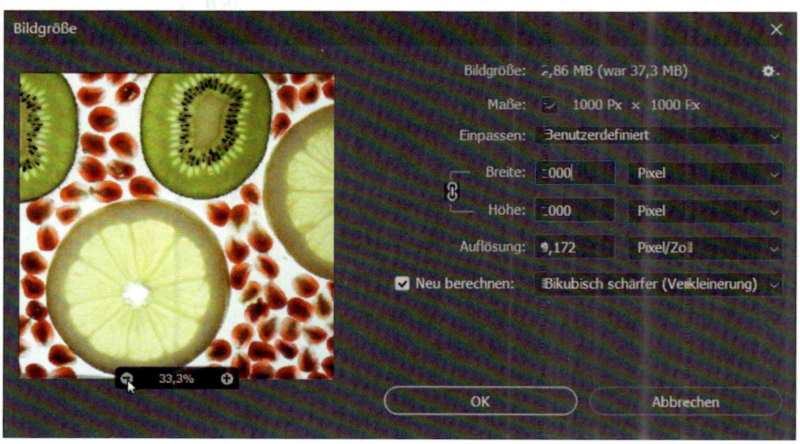

◂ **Abbildung A.5**
Der Bildgrösse-Dialog von Photoshop

▲ **Abbildung A.6**
Dreimal dasselbe Bild, drei verschiedene Auflösungen. Die Pixelmaße sind jedes Mal gleich: 2500 × 2500 Pixel. Bei einer Auflösung von 72 ppi ist das Bild im Druck so groß, dass hier nur ein Ausschnitt gezeigt werden kann.

▲ **Abbildung A.7**
Das gleiche Bild mit demselben Pixelmaß von 2500 × 2500. Die Auflösung liegt jetzt bei 150 ppi, die Bildpixel sind nun schon wesentlich kleiner, und damit »schrumpft« auch die gedruckte Reproduktion.

▲ **Abbildung A.8**
Hier das Ergebnis bei 300 ppi, einer gängigen Bildauflösung für den professionellen Druck. Das Pixelmaß liegt immer noch bei 2500 × 2500. In der hohen Auflösung rückt das gesamte Bild ins Blickfeld, und die Qualität ist gut.

Auflösung und Druckprozess | Warum muss eine Datei in einer hohen Auflösung vorliegen, damit das gedruckte Ergebnis zufriedenstellend aussieht? Während die Bildpunkte eines zeitgemäßen Monitors jede Farbe des sichtbaren Spektrums annehmen können, stehen in gewerblichen Druckverfahren in der Regel nur vier Farben zur Verfügung, um das gesamte Farbspektrum abzubilden.

Mischfarben werden im Vierfarbdruck aus den Grundfarben Cyan, Magenta, Gelb und Schwarz erzeugt. Farb- und Helligkeitsabstufungen müssen also simuliert werden. Daher werden Fotos und andere Halbtonbilder im professionellen Druck in einzelne Rasterpunkte zerlegt.

Für dieses Druckverfahren ist viel Bildinformation, also eine hohe Bildauflösung, nötig, denn beim Erzeugen des Rasters kommt es zu Verlusten. Die Zahl der Bildpunkte muss höher liegen als die der Druck-Rasterpunkte. Wie hoch genau, ist in der Druckindustrie umstritten – die Empfehlungen für diesen sogenannten **Samplingfaktor** (auch »Sicherheitsfaktor« genannt) bewegen sich zwischen 1,4- und zweimal höher.

Hört sich kompliziert an? Hier hat sich eine Faustregel eingebürgert, mit der Sie bei den meisten Standard-Druckjobs gut arbeiten können: **300 ppi für den Druck**. Beispielsweise wurden die Bilder für dieses Buch mit einer Auflösung von 300 ppi an die Druckerei gegeben. Übrigens – die Regel »viel hilft viel« ist falsch! Eine überhöhte Auflösung bläht die Datenmenge einer Datei über Gebühr auf und kann sogar der Bildqualität schaden.

A.2.4 Auflösung für Fotodruck & Co.

Beim Ausdrucken von Fotos zu Hause hat man es im Grunde mit dem gleichen Problem zu tun wie beim Profidruck: Auch in Fotodruckern und Officedruckern steht nur eine begrenzte Menge tatsächlicher Farben zur Verfügung, die das Farbspektrum nicht abdecken. Fehlende Farben oder Grauwerte müssen auf anderem Wege erzeugt werden.

Tintenstrahldrucker | Viele Foto- und Officedrucker sind Tintenstrahldrucker. Bei diesem Verfahren kommt wiederum das Rasterverfahren zum Einsatz, allerdings ist das Druckbild ganz anders als bei einer großen Druckmaschine.

◂◂ Abbildung A.9
Deutlich zu erkennen ist, dass unterschiedlich große Rasterpunkte in einem Gitternetz angeordnet sind. Dieses sogenannte amplitudenmodulierte Raster ist typisch für die Bildausgabe professioneller Druckmaschinen.

◂ Abbildung A.10
Hier sehen Sie ein Raster, das dem Druckbild eines Inkjet-Druckers entspricht (frequenzmoduliert).

Hier sind die einzelnen Druckpunkte gleich groß und locker verstreut, es gibt kein feststehendes Rastergitter. Der Vorteil eines solchen Rasters ist, dass auch Drucker mit einer niedrigeren Geräteauflösung Bilder detailreich wiedergeben können. Und auch die Bildauflösung kann hier niedriger sein. 150–200 ppi reichen unter Umständen bereits aus, um gute Ergebnisse zu erzielen. Welcher Wert hier stimmt, ist jedoch stark von Ihrer Hardware, also den Eigenschaften des verwendeten Druckers abhängig, so dass keine pauschalen Empfehlungen gegeben werden können.

Thermosublimationsdrucker – kein Raster | Viele der kompakten und ultrakompakten Drucker, die speziell als Fotodrucker konzipiert sind, nutzen keine Tintenkartuschen, sondern das Thermosublimationsverfahren. Für jede Druckfarbe gibt es eine mit Farbwachs beschichtete Folie, von der die Farbe durch Erhitzung aufs Papier gebracht wird. Einige dieser Drucker arbeiten im Continuous-Tone-Verfahren bei dem

Genügend Pixel
Die Größe der von modernen Kameras erzeugten Dateien reicht in jedem Fall aus, um damit Fotos in den für Schreibtischdrucker üblichen Bildformaten in guter Qualität zu drucken.

Helligkeits- oder Farbverläufe gleichmäßig abgestuft werden, ohne dass das Bild in Rasterpunkte aufgelöst werden muss.

A.2.5 Auflösung für Fotoprints

Auch digitale Bilderdienste verlangen meist Dateien mit 300 ppi, seltener 200 ppi. Die folgenden Tabellen sollen Ihnen helfen, die erforderlichen Dateigrößen (Pixelmaße) für verschiedene Printformate zu ermitteln.

3:4-Formate	Verlangte Auflösung: 300 dpi		Verlangte Auflösung: 200 dpi	
Größe des »Abzugs« (cm)	Erforderliche Dateigröße (Pixel)	Kameraauflösung (Megapixel)	Erforderliche Dateigröße (Pixel)	Kameraauflösung (Megapixel)
10 × 13	1 181 × 1 535	1,8	787 × 1 024	0,8
11 × 15	1 299 × 1 772	2,2	866 × 1 181	1,0
13 × 17	1 535 × 2 008	3,0	1 024 × 1 339	1,4
20 × 27	2 362 × 3 189	7,2	1 575 × 2 126	3,2
30 × 40	3 543 × 4 724	16,0	2 362 × 3 150	7,1
40 × 50	4 724 × 5 906	26,7	3 150 × 3 937	11,9
50 × 65	5 906 × 7 677	43,3	3 937 × 5 118	19,3
60 × 80	7 087 × 9 449	63,9	4 724 × 6 299	28,4

Tabelle A.1 ►
Printgrößen, erforderliche Dateigrößen und Mindest-Kameraauflösung für 3:4-Formate

2:3-Formate	Verlangte Auflösung: 300 dpi		Verlangte Auflösung: 200 dpi	
Größe des »Abzugs« (cm)	Erforderliche Dateigröße (Pixel)	Kameraauflösung (Megapixel)	Erforderliche Dateigröße (Pixel)	Kameraauflösung (Megapixel)
9 × 13	1 063 × 1 535	1,6	709 × 1 024	0,7
10 × 15	1 181 × 1 772	2,0	787 × 1 181	0,9
13 × 18	1 535 × 2 126	3,2	1 024 × 1 417	1,4
20 × 30	2 362 × 3 543	8,0	1 575 × 2 362	3,6
30 × 45	3 543 × 5 315	18,0	2 362 × 3 543	8,0
40 × 60	4 724 × 7 087	32,0	3 150 × 4 724	14,2
50 × 75	5 906 × 8 858	49,9	3 937 × 5 906	22,2
60 × 90	7 087 × 10 630	71,9	4 724 × 7 087	32,0

Tabelle A.2 ►
Printgrößen, erforderliche Dateigrößen und Mindest-Kameraauflösung für 2:3-Formate

A.2.6 Auflösung für den Web-Einsatz

Lange Zeit galt es als eiserne Regel: »Bilder für das Web müssen eine Auflösung von 72 ppi haben.« Das stimmt jedoch so nicht! Machen wir die Probe aufs Exempel, und betrachten wir drei Fassungen einer Datei, jeweils mit den Pixelmaßen 800 × 563 Pixel, mit der Auflösung 72 ppi, 180 ppi und 300 ppi. In der Ansicht DRUCKFORMAT in Photoshop wird vorweggenommen, wie unterschiedlich diese drei verschieden aufgelösten Bilder im Druck ausfallen würden.

»Limetten_72.jpg«, »Limetten_180.jpg« und »Limetten_300.jpg«

Bild: dieblen.de

◂ **Abbildung A.11**
Photoshops Ansichtsoption DRUCKFORMAT gibt einen Eindruck von der späteren Druckgröße einer Datei.

Im Webbrowser stellt sich das ganz anders dar. Sie werden staunen. Das Bild wird in allen drei Fällen, unabhängig von der Bildauflösung, gleich groß dargestellt.

Bild: dieblen.de

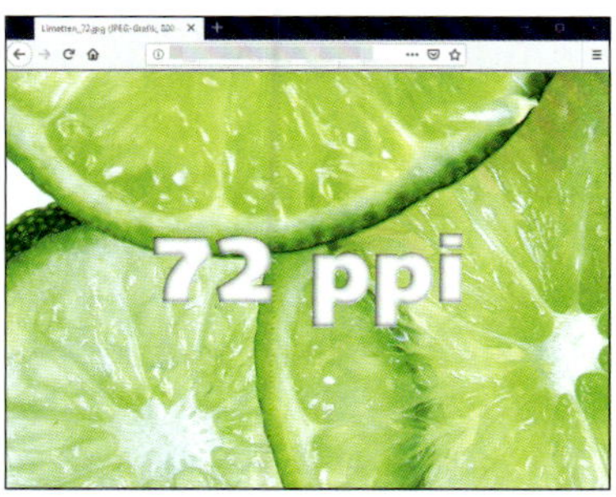

▴ **Abbildung A.12**
Das Bild mit 72 ppi, der typischen Screenauflösung, Pixelmaß: 800 × 563

▴ **Abbildung A.13**
Immer noch 800 × 563 Pixel, bei einer Auflösung von 180 ppi

▴ **Abbildung A.14**
Dasselbe Bild in der Druckauflösung 300 ppi sieht im Browser nicht anders aus als die geringer aufgelösten Varianten.

Auflösung fürs Screendesign? Die Pixeldichte einer Datei macht für die **Darstellungsgröße** am Screen keinen Unterschied (Abbildung A.12 bis Abbildung A.14 illustrieren das). Relevant ist die Auflösung dennoch: Eine Datei mit hoher Auflösung ist natürlich KB-lastiger als ihr niedriger aufgelöstes Pendant. Aus diesem Grund ist es also nicht falsch, mit geringeren Auflösungen zu arbeiten. Mit **Werten zwischen 72 und 100 ppi** fahren Sie in der Regel gut. Photoshop nutzt als Vorgabe für neue, screenoptimierte Dateien ebenfalls immer noch 72 ppi.

Der Grund für die »72-ppi-Legende« ist teils historisch, teils dem Bemühen um gute Bildqualität geschuldet. 72 dpi galt einmal als so etwas wie die Standard-Systemauflösung. Wenn man auf einem solchen System eine Datei mit 72 ppi Auflösung anzeigen lässt, entspricht ein Bildpixel einem Bildpunkt, den der Bildschirm erzeugt. Doch der »Standardmonitor« mit einer »Standardauflösung« ist längst Vergangenheit. Desktopmonitore, Notebooks und mobile Geräte haben unterschiedlich hohe Geräteauflösungen, und diese sind viel höher als zur Anfangszeit des Screendesigns, aus der die 72-ppi-Regel stammt; dazu kommen responsive Designs. Der angestrebte Idealfall »Bildauflösung gleich Systemauflösung, und dann ist alles gut« ist also gar nicht mehr zu erreichen.

Überlegungen jenseits der ppi-Zahl | Wenn Sie (auch) für hoch aufgelöste Bildschirme produzieren, etwa für Tablets mit High-Res-Displays, sieht das schon wieder ein wenig anders aus. Hier sind Entscheidungen gefragt, die nicht allein in den Bereich der reinen Bildbearbeitung fallen, sondern eher Webarchitektur und Webdesign betreffen. Welchen Bildelementen macht eine für das Endgerät zu geringe Auflösung nicht so viel aus (flächige Fotos sind weniger anfällig als kleinteilige Icons und Schmuckelemente)? Ist es sinnvoll, für jede Abbildung zwei Versionen (eine hoch und eine geringer aufgelöste) zu hinterlegen, die dann je nach Endgerät ausgegeben werden? Wo kann ich als Gestalterin oder Gestalter, statt Buttons, Verläufe, abgerundete Ecken und Ähnliches mit Grafiken zu realisieren, auf CSS3-Techniken zurückgreifen, welche die Geräteauflösung ausnutzen? Diese und ähnliche Fragen hängen mit Bild- und Geräteauflösung – und deren Zusammenspiel – zusammen, gehen jedoch über die ursprüngliche Problematik weit hinaus.

A.3 Grundlagen zur Farbe

Grundkenntnisse in der Farbentheorie sind für das gezielte und erfolgreiche Anwenden von Farb- und Bildkorrekturen, über die Sie noch mehr erfahren werden, notwendig. Zudem muss der Bildmodus auf den späteren Verwendungszweck der Datei abgestimmt sein. Bei einem so wichtigen Thema lohnt es sich, ein wenig weiter auszuholen.

A.3.1 Wie entsteht Farbe? Wie wird sie beschrieben?

Diese Frage ist nur auf den ersten Blick lapidar. Farbe ist keine feste physikalische Größe wie Länge oder Gewicht, sie entsteht erst – unter Einwirkung von sichtbarem Licht – im Auge des Betrachters. Dies kann auf verschiedene Art geschehen: additiv oder subtraktiv. Die beiden verschiedenen Farbsysteme – und auch die Vermittlung zwischen ihnen – betreffen den Publikationsprozess und damit die Bildbearbeitung unmittelbar, wie sich noch zeigen wird.

Additives Farbsystem: Lichtfarben | Lichtfarben sehen wir, weil eine Lichtquelle Licht unterschiedlicher Farbe – genauer gesagt unterschiedlicher Wellenlänge – abgibt. Nach diesem Prinzip erzeugen beispielsweise Computerbildschirme und Fernsehgeräte Farben. Die Grundfarben dieses Farbsystems sind Rot, Grün und Blau. Durch das Übereinanderblenden von rotem, grünem und blauem Licht in verschiedenen Anteilen und Intensitäten entstehen Mischfarben. Werden alle drei Grundfarben in voller Intensität gemischt, ergibt sich **Weiß**.

▲ **Abbildung A.15**
Die additive Mischung der drei Grundfarben Rot, Grün und Blau des RGB-Modells ergibt Weiß. Die Sekundärfarben sind Cyan, Magenta und Gelb.

Subtraktives Farbsystem: Körperfarben | »Farbe« ist ein doppeldeutiger Begriff, der nicht nur einen bestimmten Tonwert bezeichnet, sondern auch etwas, was man in Eimern oder Tuben kaufen kann, ein stoffliches Produkt. Da hier keine eigene strahlende Lichtquelle vorhanden ist, muss die Farbe auf andere Weise zustande kommen als bei den Lichtfarben. Man spricht hier von Körperfarben. Farbe entsteht dadurch, dass ein Körper (beispielsweise ein bedrucktes Blatt Papier) nur bestimmte Wellenlängenbereiche des Lichts, das auf ihn trifft, wieder abgibt und andere absorbiert – daher die Bezeichnung »subtraktiv«. Die Grundfarben sind Cyan, Magenta und Gelb. Liegen die drei Farben übereinander, werden alle Lichtbestandteile verschluckt, und es entsteht **Schwarz**.

▲ **Abbildung A.16**
Die Grundfarben des CMY-Modells werden subtraktiv gemischt. Werden alle Prozessfarben mit maximalem Anteil gemischt, ergibt sich (theoretisch) Schwarz.

A.3.2 Farbmodelle

Um Farbinformationen zu berechnen und zu übermitteln, wurden im Laufe der Zeit verschiedene Standard-Farbmodelle entwickelt, also gewissermaßen unterschiedliche Methoden der Notation von Farbwerten, die sich dann auch auf die Interpretation von Farbe durch verschiedene Geräte wie Bildschirme, Druckmaschinen oder Kameras auswirken. Diese Farbmodelle sind nicht spezifisch für Photoshop, sondern betreffen die gesamte Publishing-Branche. Gängig sind die Farbmodelle **RGB**, **CMYK**, **Lab** (auch L*a*b oder LAB) und **HSB**.

Geräteabhängige Beschreibung | Die Farbmodelle RGB und CMYK lehnen sich eng an die oben beschriebenen Farbsysteme – Lichtfarben und Körperfarben – an und sind auf die entsprechenden Geräte im Publikationsprozess ausgelegt:

- RGB ist ein Modus, der im Zusammenhang mit Lichtfarben und additiver Farbmischung eingesetzt wird, also zum Beispiel auf Bildschirmen, bei Scannern und Digicams.
- CMYK wird eher für den **professionellen** Druck verwendet. (Desktop-Tintenstrahler funktionieren in der Regel auf Basis des Farbmodells RGB.)

Das individuelle Ein- und Ausgabegerät hat auf das Aussehen der Farben gravierenden Einfluss. Ein RGB-Wert bestimmt zwar, wie intensiv eine RGB-Leuchtquelle strahlt, doch je nach Gerät variiert die so erzielte Farbe. Wer einmal im Elektronikhandel gesehen hat, welch unterschiedliche Farben eine Reihe von Fernsehgeräten oder Computerbildschirmen produziert, versteht das Problem. Und ein CMYK-Wert legt nicht eine bestimmte Farbe fest, sondern lediglich, wie viel Druckfarbe auf das Papier aufgebracht wird. Hier spielen auch Papier- und Farbqualitäten eine Rolle für das Ergebnis. RGB- und CMYK-Werte beschreiben also eigentlich keine Farben, sondern sind Reproduktionsanweisungen für Geräte, die Farben erzeugen.

Zum Weiterlesen
In Anhang B, »Farbmanagement: Mehr Farbtreue auf allen Geräten«, erfahren Sie, welche Maßnahmen möglich sind, um von den digitalen RGB-Daten bis zum gedruckten Bild eine bessere Farbkonsistenz zu erzielen.

Daher nennt man die in den Farbmodellen RGB und CMYK beschriebenen Farben **geräteabhängig**. So ist Farbtreue unter Umständen ein Problem – es ist nicht immer einfach, die Farben, die Sie am Monitor sehen, 1:1 auf das Papier zu bringen. Trotz dieser Schwäche sind die Farbmodelle CMYK und RGB im Publikationsprozess fest etabliert. In Photoshop werden Sie mit diesen Bildmodi am häufigsten arbeiten.

Geräteunabhängige Beschreibung.| Neben diesen geräteabhängigen Farbmodellen gibt es Versuche, Farben **geräteunabhängig** zu beschreiben, also in einem Farbmodell, das rein mathematisch tatsächlich eine Farbe und nicht nur die Leuchtkraft eines Monitorpixels oder eine Quantität Druckerfarbe definiert. Dazu gehören Lab und HSB. Die Vorteile liegen auf der Hand:

- Der Gestalter hätte mehr Sicherheit über den tatsächlichen Farb-Output.
- Die Beteiligung verschiedener Geräte im Publishing-Prozess – über den Scanner, den Monitor des Gestalters bis hin zur Druckmaschine – würde kein Problem mehr darstellen. Die unterschiedlichen Ausgabeeigenschaften der einzelnen Geräte fielen nicht ins Gewicht, und es müsste auch nicht mehr zwischen verschiedenen Bildmodi gewechselt werden.

Trotz dieser Pluspunkte haben sich diese Modelle im Produktionsprozess bisher noch nicht durchgesetzt.

A.4 Bildmodus und Farbtiefe in der Bildbearbeitung

Wie geht nun Photoshop mit diesen Gegebenheiten um? Hier kommen die Begriffe »Bildmodus« und »Farbtiefe« ins Spiel.

A.4.1 Der (Bild-)Modus in Photoshop

In Photoshop werden die Farben, die von einer Datei dargestellt werden können, durch den Modus (auch als »Bildmodus« oder »Farbmodus« bezeichnet) festgelegt. Sie können Bilder von einem in einen anderen Modus bringen (konvertieren). Viele der Bildmodi, die in Photoshop anzutreffen sind, basieren auf den oben vorgestellten Standard-Farbmodellen. Photoshop stellt außerdem einige spezielle Farbausgabemodi bereit (Indiziert, Duplex, Mehrkanal). Abhängig vom Bildmodus variieren

- Anzahl und Aussehen der **Farbkanäle**,
- damit zusammenhängend die sogenannte **Farbtiefe**, das heißt, die in Bit ausgedrückte Datenmenge eines Bildes,
- die **Dateigröße** und
- die **Menge** der darstellbaren Farben.

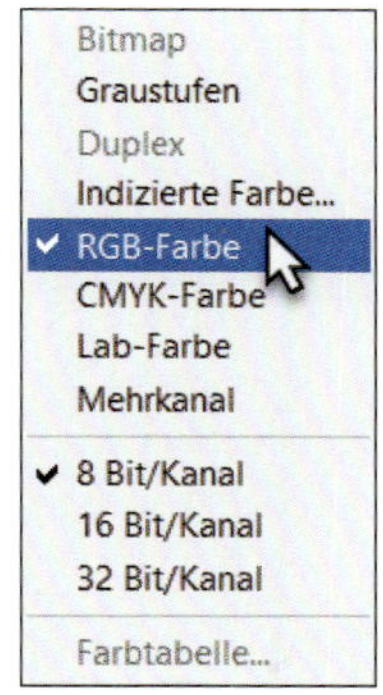

▲ **Abbildung A.17**
Unter Bild • Modus finden Sie die in Photoshop verfügbaren Modi. Dies ist auch das Menü, mit dem Sie Moduskonvertierungen durchführen.

Welcher Modus der geeignetste ist, richtet sich nach dem geplanten Einsatzzweck des Bildes – Sie erfahren mehr dazu in den Abschnitten zu den einzelnen Modi.

A.4.2 Terminologie

Eigentlich ist alles ganz einfach:

1. Es gibt zwei Möglichkeiten, wie Farbe physikalisch entsteht. Diese werden meist **Farbsysteme** genannt: additiv und subtraktiv.
2. Darauf basieren unterschiedliche **Farbmodelle**. Das sind Methoden der Be- und Umschreibung von Farbe. Diese Farbmodelle sind grundlegend für die Funktionsweise von Geräten, die Farbe aufzeichnen oder erzeugen, also zum Beispiel Scanner, Monitore oder Drucker: RGB, CMYK, Lab, HSB.
3. Auch eine konkrete Bilddatei greift natürlich zwangsläufig auf eines der Farbmodelle zurück. Nur heißt es dann nicht mehr »Farbmodell«. Stattdessen spricht man davon, dass eine Datei in einem bestimmten **Modus**, **Bild-** oder **Farbmodus** vorliegt.
4. Ein **Farbraum** umfasst die Gesamtheit aller Farben, die in einem Farbmodell vorkommen können. Farbräume werden häufig in dreidimensionalen Farbraummodellen dargestellt und auch berechnet.

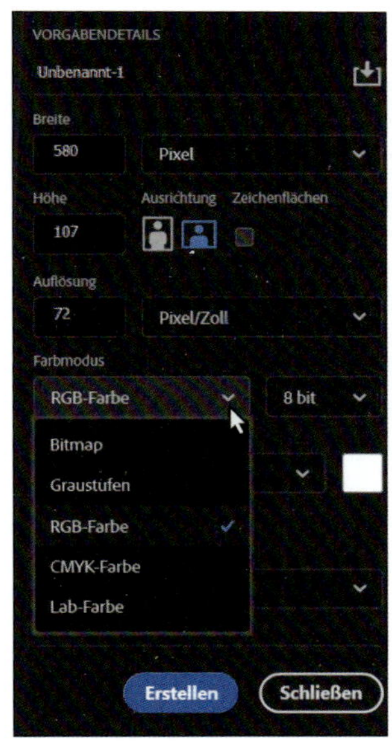

▲ **Abbildung A.18**
Auch beim Erzeugen neuer Dateien müssen Sie sich entscheiden, in welchem Modus die neue Datei angelegt wird (Neu-Dialog in der gewohnten Ansicht, kann über die Voreinstellungen aktiviert werden).

Terminologisch werden Farbsystem, Farbmodell, Farbmodus und Farbraum jedoch meist nicht unterschieden. Oft werden die Begriffe mehr oder weniger synonym verwendet.

A.4.3 Was sind Farbkanäle?

Aufschluss über den aktuellen Bildmodus und seine Besonderheiten liefert auch das **Kanäle-Bedienfeld** von Photoshop. Sie rufen es über FENSTER • KANÄLE oder per Klick auf den entsprechenden Karteireiter auf.

Kanäle sind kein Photoshop-Spezifikum, sondern die interne Berechnungsgrundlage für die Farbinformationen von Pixelbildern. Jede Datei hat einen oder mehrere Farbkanäle, in denen die Farbinformationen des Bildes abgelegt sind. Die Standard-Farbkanäle eines Bildes werden automatisch mit dem Öffnen der Datei im Kanäle-Bedienfeld angezeigt. Anders als der Name vermuten lässt, präsentieren sich Farbkanäle standardmäßig als **Graustufenbilder** – die einzelnen Kanäle enthalten ja lediglich Helligkeitsinformationen der einzelnen Farbanteile, aus denen dann das farbige Bild entsteht.

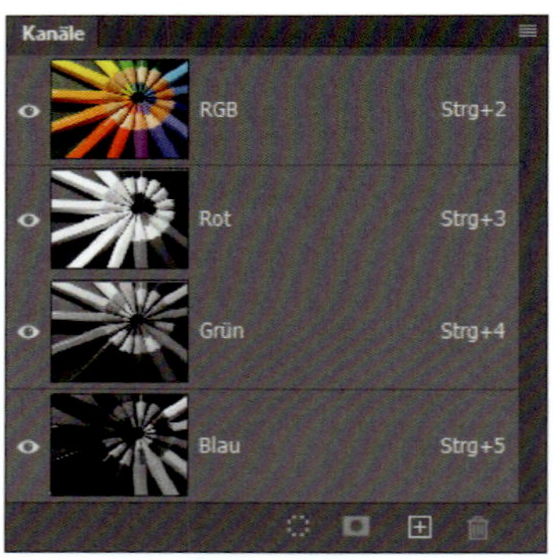

▲ **Abbildung A.19**
Neben den drei Kanälen, die die Farbinformation der Datei enthalten, wird im Kanäle-Bedienfeld an oberster Stelle immer noch der sogenannte Composite-Kanal mit dem bunten Gesamtbild angezeigt.

8 Bit je Kanal | In Photoshop können auch Bilder mit einer höheren Informationsdichte (siehe Abschnitt A.4.13, »8 Bit, 16 Bit, 32 Bit«) verarbeitet werden. Der Standard ist aber, dass für jeden Kanal 8.Bit zur Verfügung stehen, um die Helligkeit bzw. Intensität festzulegen, mit der die entsprechende Farbe im Bild vertreten ist. Das entspricht 256 (2^8 im binären Zahlensystem) verschiedenen Graustufen in jedem Farbkanal. Bei mehreren Farbkanälen potenziert sich die Zahl der im Bild möglichen Farben natürlich. Die Zahl der Kanäle variiert je nach Bildmodus. Im RGB-Modus gibt es zum Beispiel drei Kanäle, und ein Farbpixel kann im Bildmodus RGB (drei Farbkanäle!) schon 2^{24} Farbzustände haben, das sind ungefähr 16,7 Millionen Farben. Im CMYK-Modus gibt es vier Kanäle, nämlich jeweils einen für jede Grundfarbe. Auch die Art und Weise, wie die Farbinformation in einzelne Kanäle aufgegliedert ist, ist in den verschiedenen Bildmodi unterschiedlich.

Weitere Kanäle | Neben den Standard-Farbinformationskanälen kann eine Datei weitere, von Ihnen selbst erstellte Kanäle enthalten. Außer im Bildmodus BITMAP können Sie jedem Bild eigene Kanäle hinzufügen; insgesamt unterstützt Photoshop über 50 Kanäle je Bild. Allerdings können diese zusätzlichen Kanäle nicht in jedem Dateityp gespeichert werden, und sie gehen unter Umständen beim Speichern der Datei verloren (mehr dazu bei den einzelnen Dateitypen).

- In **Alphakanälen** können Auswahlen und Masken gespeichert und bearbeitet werden. Auch Alphakanäle werden automatisch in Graustufen angelegt.
- Für spezielle Druckeffekte können auch **Volltonfarbkanäle** hinzugefügt werden. Nutzen Sie dazu das Icon NEU im Bedienfeld KANÄLE.

Grauwerte der RGB-Kanalminiaturen interpretieren | Sie können Farbkanäle gezielt für Ihre Arbeit einsetzen oder mit ihrer Hilfe die Qualität eines Bildes objektiver beurteilen.

Mit ein wenig Übung erkennen Sie den Zusammenhang zwischen den Grauwerten der einzelnen Farbkanäle und den Farben im Bild. Insbesondere bei RGB-Bildern ist das gar nicht so schwer.

»plastikbesteck.tif«, »waescheklammern.tif« und »tasse.tif«

Bild: dieblen.de

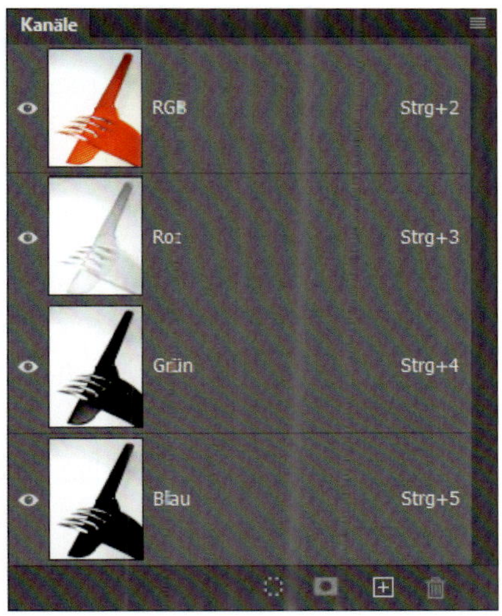

◂◂ **Abbildung A.20**
Farbdarstellung im Bild und Kanaldarstellung – hier am Beispiel eines RGB-Bildes

◂ **Abbildung A.21**
Der Rotkanal strahlt hier am hellsten. Das Bild enthält nur sehr wenig Grün und Blau.

Bild: dieblen.de

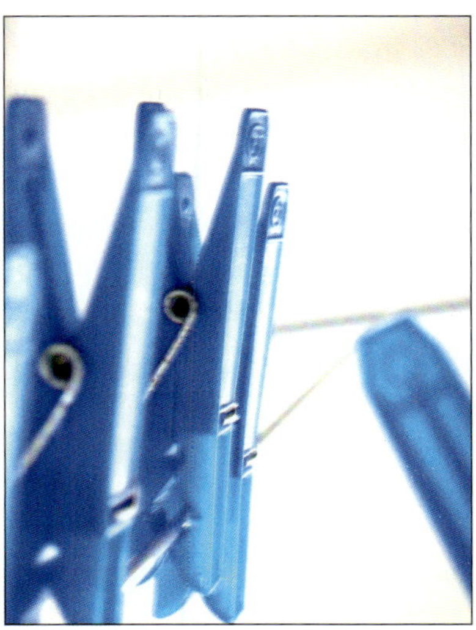

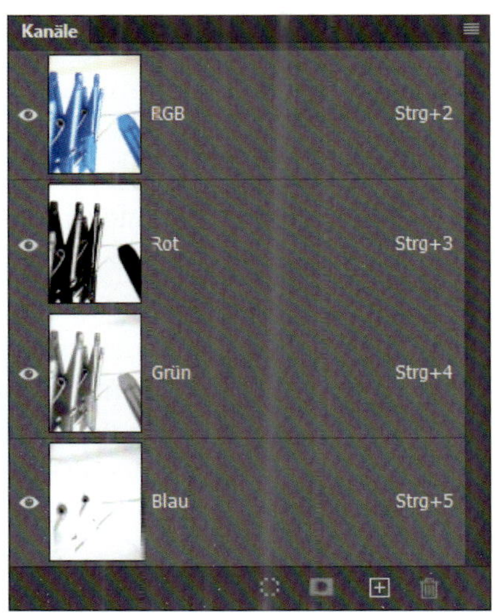

◂◂ **Abbildung A.22**
Und das Blau der Klammern …

◂ **Abbildung A.23**
… ist so intensiv, dass im Blaukanal des Bildes kaum noch etwas zu sehen ist.

Miniaturdarstellung im Bedienfeld ändern
Einige Bedienfelder in Photoshop – so auch das Kanäle-Bedienfeld – zeigen Bildminiaturen an, die zum Beispiel den einzelnen Kanälen entsprechen. Standardmäßig sind diese Miniaturen recht klein. Ihre Größe lässt sich jedoch im Bedienfeldmenü mit dem Befehl BEDIENFELDOPTIONEN ändern. Und wenn Sie sich die Miniaturbilder der Kanäle unbedingt in der jeweiligen Farbe anzeigen lassen wollen, können Sie unter VOREINSTELLUNGEN • BENUTZEROBERFLÄCHE die Option FARBAUSZÜGE IN FARBE ANZEIGEN aktivieren.

Grauwerte der CMYK-Kanalminiaturen interpretieren | Bei CMYK-Dateien ist die Beschreibung und Kanaldarstellung in den Farbkanälen übrigens umgekehrt – hier bedeutet ein heller Tonwert, dass von der Farbe nur ein geringer Anteil vorhanden ist, und dunkle Bereiche zeigen an, dass die Farbe stark vertreten ist. Sie werden wohl eher selten in die Verlegenheit kommen, die Farbkanäle von CMYK-Dateien zu bearbeiten. Allerdings wirkt sich dieser Umstand auch auf einige Dialogfelder aus, die spezielle Anzeigeoptionen für CMYK-Dateien haben.

Bild: stock.xchng, Ulla Kapala

Abbildung A.24 ▸
Eine pinkfarbene Tasse in fast reinem Magenta …

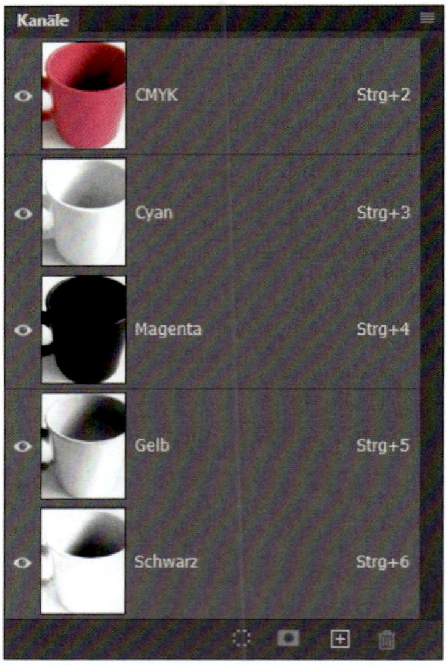

Abbildung A.25 ▸▸
… wird beim CMYK-Bild im Kanäle-Bedienfeld durch einen dunklen Magenta-Kanal beschrieben.

A.4.4 RGB – der Bildbearbeitungsstandard

Benannt ist das Farbmodell RGB nach seinen Grundfarben Rot, Grün und Blau. Monitore reproduzieren Farbe in diesem Modus, und auch Eingabegeräte wie beispielsweise Scanner oder Digicams arbeiten auf Grundlage von RGB.

Farbumfang | Der Farbumfang von RGB – die Menge der darstellbaren Farben – ist so groß, dass das für Menschen sichtbare Farbspektrum nahezu vollständig dargestellt werden kann. Jede der drei einzelnen RGB-Komponenten kann einen Wert zwischen 0 (Schwarz) und 255 (Weiß) annehmen. Sind die drei Werte von R, G und B gleich, wird neutrales Grau erzeugt. Nehmen die drei Farbanteile jeweils einen anderen Wert an, entstehen alle möglichen bunten Farben.

»BuntstiftSortiment.jpg«

Beispielbild RGB | In einem Beispielbild habe ich vier verschiedene Farbwerte gemessen. Notiert werden sie so:

- Der hölzerne Teil des Buntstifts ❶ wird mit R 220, G 151, B 97 beschrieben.
- Das Orange ❷ wird als R 242, G 128, B 1 notiert.
- Das Schwarz ❸ hat die Werte R 0, G 0, B 0. Der Farbwert zeigt auch, dass es sich wirklich um Schwarz und nicht bloß um einen sehr dunklen anderen Farbton handelt.
- Der blauviolette Stift ❹ hat die Werte: R 68, G 79, B 163.

◂ **Abbildung A.26**
Diesem Beispielbild werden Sie noch mehrfach begegnen. Die Farbwerte wurden jeweils in der Mitte der markierten Stellen ermittelt. Der Farbbalken unterhalb des Bildmotivs zeigt ein neutrales Grau sowie reines Cyan, Magenta und Gelb.

Wann verwendet man Bilder im RGB-Modus? | RGB ist der Bildmodus, mit dem Sie bei der Bildbearbeitung die wenigsten Schwierigkeiten haben. Photoshop – und andere Software, in der Bilder verarbeitet werden – kann mit Bildern in diesem Modus am besten umgehen. Und beim Bildimport aus Scanner oder Kamera ersparen Sie sich qualitätsverschlechternde Modusänderungen, denn die Bilder liegen schon im Modus RGB vor.

RGB eignet sich hervorragend als **Standard- und Arbeitsmodus** und ist außerdem der Modus der Wahl, wenn

- Bilder im Web publiziert werden (viele Browser können Bilder in anderen Farbmodi nicht wiedergeben) oder
- Bilder am heimischen Inkjet-Drucker ausgegeben werden sollen.

Funktionen nicht verfügbar?
Die Bildbearbeitungsfunktionen von Photoshop stehen **nur im Modus RGB** in vollem Umfang zur Verfügung. Wenn Sie feststellen, dass einige oder alle Filter nicht funktionieren, Textebenen sich anders verhalten als gewöhnlich oder sonstige irritierende Phänomene auftreten – dann kontrollieren Sie den Modus, in dem das Bild vorliegt, das Sie gerade bearbeiten wollen.

A.4.5 CMYK – der Druckprofi

Die Grundfarben im Farbmodell CMYK sind Cyan, Magenta und Gelb (Yellow), ganz ähnlich wie beim subtraktiven Farbsystem. Allerdings ist hier eine vierte Farbe hinzugekommen, nämlich Schwarz (abgekürzt mit *Key* für die Key-Colour Schwarz, daher das K). Der Grund: Nur mit den idealen Farben der Theorie ergeben sich aus CMY alle Farben. In der Praxis zeigt sich jedoch, dass reale Farben nicht rein genug sind, um aus der Mischung der drei Grundfarben tatsächlich Schwarz zu erhalten – es entsteht nur ein schmuddeliger Braunton. So wird Schwarz als echte Druckfarbe hinzugefügt, um Bildern hinreichende Tiefe zu verleihen, aus CMY wird daher CMYK.

Prozentwert | Im Farbmodus CMYK wird jedem Bildpixel ein Prozentwert zwischen 0 und 100 für jede der vier Grundfarben zugewiesen. Die hellsten Farben haben niedrige Prozentwerte, dunkle Farben höhere Prozentwerte. Reines Weiß entsteht in CMYK-Bildern, wenn der Wert aller vier Komponenten 0 % ist.

Beispielbild CMYK | Für die Beispiel-Buntstifte, nun im CMYK-Modus, ergeben sich dann folgende Werte (siehe Abbildung A.27):

- Das Hellbraun (1) hat die Werte C 14 %, M 47 %, Y 65 %, K 0 %.
- Der Orangeton (2) wird durch C 0 %, M 60 %, Y 98 %, K 0 % festgelegt.
- Das Schwarz (3) ist C 86 %, M 85 %, Y 79 %, K 100 %.
- Der blaue Buntstift (4) hat die Werte C 82 %, M 74 %, Y 0 %, K 0 %.

Im Kanäle-Bedienfeld von Photoshop sehen Sie bei CMYK-Bildern vier Farbkanäle: für jede Farbe ein Kanal. Dazu kommt als fünfter der Composite-Kanal hinzu. Jeder der vier Farbkanäle hat wiederum eine Datentiefe von 8 Bit, ein CMYK-Pixel hat also eine Datentiefe von 32 Bit. Jeder Farbkanal entspricht beim Vierfarbdruck einer Druckplatte. CMYK eignet sich also bestens, um Bilder für den professionellen Druck vorzubereiten.

Zum Weiterlesen
Es gibt mehr als eine Möglichkeit, aus den vier Prozessfarben Cyan, Magenta, Gelb und Schwarz die Bildfarben zu mischen. Wie der sogenannte **Farbaufbau** aussieht, richtet sich nach dem Motiv, dem Druckverfahren und -papier. Mehr darüber lesen Sie in Abschnitt 33.3, »Dateien für den professionellen Druck«.

Abbildung A.27 ▸
Das Musterbild in CMYK-Farben

Farbumfang | Der Farbumfang von CMYK ist kleiner als der von RGB. Das heißt, im Modus CMYK können weniger Farben dargestellt werden als in RGB. Wandeln Sie ein Bild von RGB in den CMYK-Modus um, verändert Photoshop solche Farben und bringt sie automatisch in den CMYK-Farbraum. Am Monitor wirken CMYK-Bilder daher etwas matter als RGB-Bilder. Auch ist die Farbdarstellung am Bildschirm keine besonders präzise Vorschau für die späteren Druckfarben.

◂ **Abbildung A.28**
Die Photoshop-Funktion FARBUMFANG-WARNUNG (zu finden unter dem Menüpunkt ANSICHT) zeigt mit grauer Farbe, welche Farben bei der Konvertierung in CMYK verändert würden.

Farbverschiebungen erkennen | Verfolgen können Sie diese Farbverschiebung, wenn Sie die Farbumfang-Warnung einblenden, und zwar über ANSICHT • FARBUMFANG-WARNUNG (⇧+Strg/cmd+Y).

Wann verwendet man Bilder im CMYK-Modus? | CMYK ist der Standardmodus, wenn Sie Bilder für den professionellen Vierfarbdruck produzieren. Darüber, ob man in so einem Fall ein Bild gleich im CMYK-Modus anlegen soll oder ob es besser ist, es erst am Ende der Arbeit von RGB zu konvertieren, sind die Meinungen geteilt: Die Arbeit in CMYK hat den Vorteil, dass Sie das Endergebnis direkt vor Augen haben. Andererseits ist der Funktionsumfang von Photoshop unter RGB größer. Da es ganz verschiedene Formen der Umrechnung von CMYK in RGB gibt und nicht jede CMYK-Konvertierung für jedes Druckverfahren geeignet ist, arbeiten Sie mit RGB auch offener und flexibler.

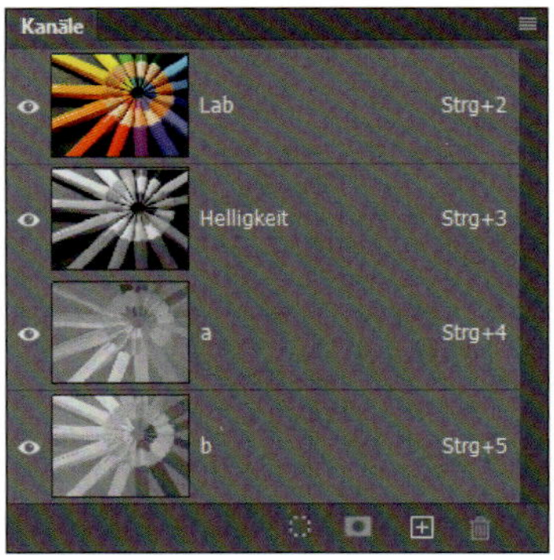

▴ **Abbildung A.29**
Lab-Datei im Kanäle-Bedienfeld

A.4.6 Lab – der geräteunabhängige Modus

Das bekannteste geräteunabhängige Farbmodell ist Lab (auch LAB oder L*a*b geschrieben). Hier werden Farben nicht aus drei oder vier Grundfarben berechnet, sondern aus einem **Luminanzkanal** (Helligkeitskanal, L) und zwei **Farbkanälen (a, b)**, die die Buntheit der Farben speichern.

Es ist schwierig, die Besonderheit des Lab-Modus anhand des Musterbildes hier drucktechnisch wiederzugeben. Umso auffallender stellen sich die Lab-Kanäle dar! Die Trennung von Farb- und Helligkeitsinformationen führt zu einer ganz anderen Form der Farbumschreibung als in den bisher bekannten Modi.

▲ **Abbildung A.30**
So funktioniert Lab: der Luminanzkanal L

▲ **Abbildung A.31**
Der Farbkanal a

▲ **Abbildung A.32**
Der Farbkanal b

Farbumfang | Anders als in RGB und CMYK wird in Lab auch die menschliche Farbwahrnehmung berücksichtigt. Der Farbumfang von Lab ist sehr groß; er umfasst alle Farben, die in CMYK und RGB erzeugt werden können.

Wann kommt Lab zum Tragen? | Wie schon erwähnt, spielt dieses Farbmodell in der praktischen Arbeit kaum eine Rolle. Der Bildmodus LAB bleibt eher ein Exot – nicht zuletzt auch deswegen, weil viele Photoshop-Funktionen nicht zugänglich sind, wenn ein Bild in Lab vorliegt. Allerdings liegt das Farbmodell vielen internen Prozessen in Photoshop zugrunde – beispielsweise der Konvertierung von RGB- in CMYK-Bilder. Zudem bietet sich dieser Bildmodus für einige spezielle Bildkorrekturen wie zum Beispiel das Schärfen an.

A.4.7 HSB – kein Modus, aber ein Farbmodell

HSB ist ein weiteres Modell, um Farbe geräteunabhängig zu beschreiben. Es beschreibt Farbe durch die drei Parameter Farbton (**H**ue), Sättigung (**S**aturation) und Helligkeit (**B**rightness). Wie das Lab-Modell orientiert sich auch HSB an der menschlichen Farbwahrnehmung. Definiert werden Farbwerte zwischen 0 und 360, die eine Position auf dem Standard-Farbkreis angeben. Das hört sich kompliziert an, aber die Photoshop-Farbwerkzeuge ermöglichen einen intuitiven Umgang mit HSB-Farben.

Als Bildmodus steht HSB nicht zur Verfügung – kennen sollten Sie das Farbmodell trotzdem, denn in Photoshop begegnen Sie HSB immer wieder, so zum Beispiel beim Festlegen eigener Farben. Dazu stehen Ihnen in Photoshop gleich zwei Werkzeuge zur Verfügung:

- der großformatige Farbwähler, in dem Sie alle Farbsysteme gleichzeitig im Blick haben, und

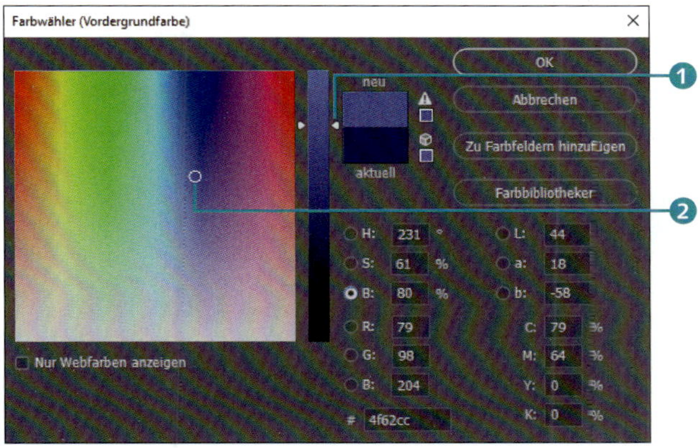

◂ **Abbildung A.33**
Farbwähler: Hier legen Sie eigene Farben durch Eingabe in die Zahlenfelder der verschiedenen Farbsysteme, durch Klicken ins Farbspektrum ❷ oder durch Verschieben des Reglers ❶ fest.

- das handlichere Farbe-Bedienfeld (erreichbar über FENSTER • FARBE oder mit dem Kürzel F6).

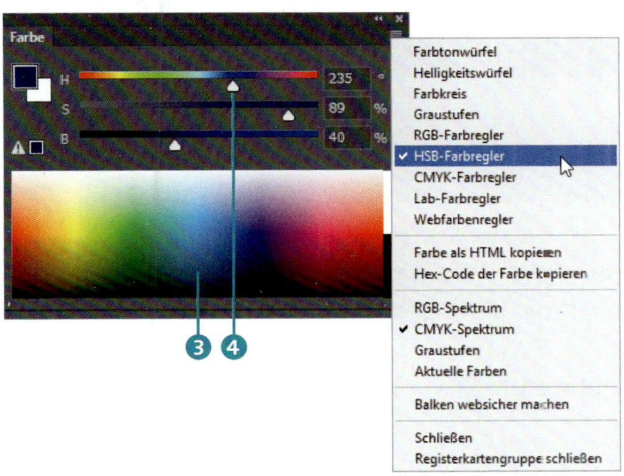

◂ **Abbildung A.34**
Bedienfeld FARBE: Über das Seitenmenü wechseln Sie zwischen den verschiedenen Farbmodellen. Auch hier legen Sie Farben durch Zahleneingabe, Klicken auf das Farbspektrum ❸ oder durch Verschieben der Farbregler ❹ fest.

Auch die Bildkorrektur-Werkzeuge FARBTON/SÄTTIGUNG und FARBBALANCE arbeiten intern nach dem Prinzip HSB.

A.4.8 Der Bildmodus Graustufen – 256-mal Grau

Die bisher vorgestellten farbigen Bildmodi hatten alle eine Datentiefe zwischen 24 und 32 Bit bei drei bis vier Farbkanälen à 8 Bit. Es ist aber auch möglich, Bilder mit einer geringeren Datentiefe zu erstellen und zu reproduzieren. So enthält ein Graustufenbild nur einen Kanal à 8 Bit, das heißt, 256 Graustufen stehen zur Verfügung.

Graustufen.| In Photoshop wird die Luminanz – die Helligkeit – der einzelnen Graustufen in Prozentwerten zwischen 0% (Weiß) und 100% (Schwarz) definiert; bisweilen findet man auch Angaben zwischen 0 und 255, ähnlich wie bei RGB-Farben.

Abbildung A.35 ▸
Hier unterscheiden sich das Bild …

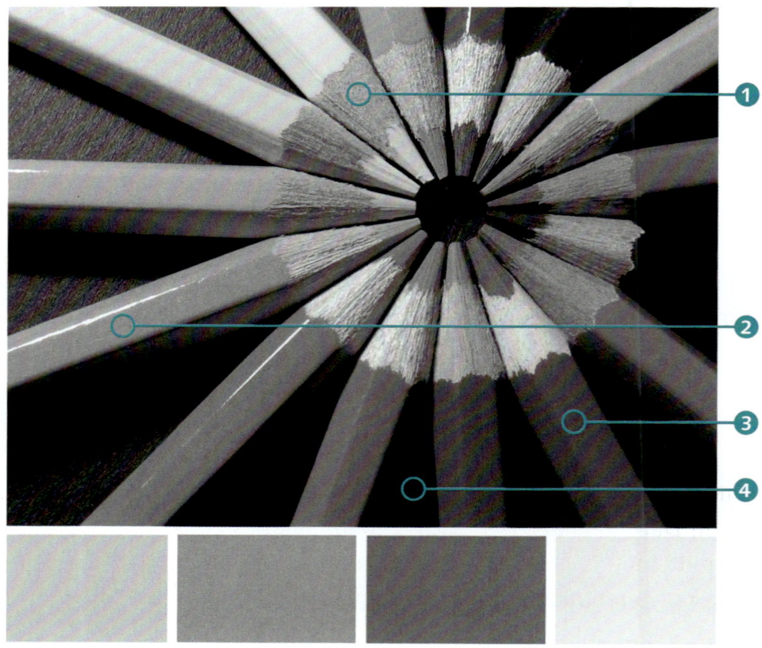

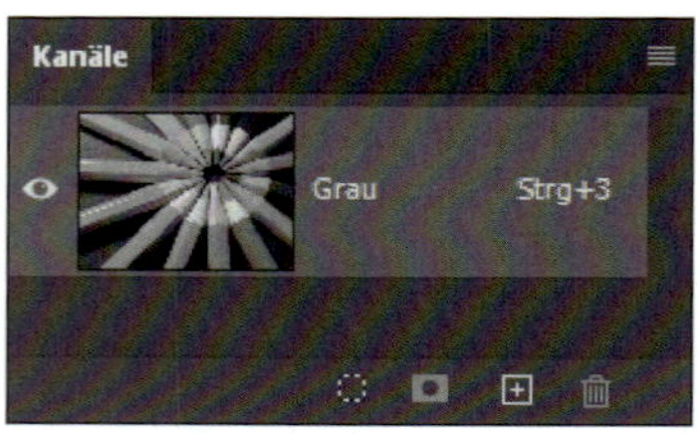

▴ **Abbildung A.36**
… und seine Abbildung im einzigen Kanal gar nicht voneinander. Mit einer Datentiefe von nur 8 Bit und einem Kanal sind Graustufendateien sehr klein.

So lauten die Werte an den Messpunkten:

- Der hölzerne Schaft des Buntstifts ❶ bekommt einen Grauwert von 46%.
- Der bisherige Orangeton ❷ wird im Graustufenbild mit 49% umschrieben.
- Schwarz ❹ hat erwartungsgemäß 100%.
- Der dunkelblaue Stift ❸ hat nun den Grauwert 79%.

Diese 256 Helligkeitsabstufungen reichen in der Regel aus, um eine zufriedenstellende Darstellung zu erreichen.

Sie können Farbbilder aller Modi und Strichbilder (Bitmaps) in Graustufenbilder konvertieren. Die ursprünglichen Farbinformationen gehen dabei allerdings unwiderruflich verloren, so dass bei einer Rückkonvertierung ein Schwarzweißbild bleibt.

»Farbe-BW.jpg«

▲ **Abbildung A.37**
Aus diesem Farbbild wird …

▲ **Abbildung A.38**
… ein ganz passables Graustufenbild mit 256 Tonwerten. Das Auge ist auch damit zufrieden.

Wann verwendet man Graustufenbilder? | Eingesetzt werden Graustufenbilder, wenn es darum geht, Kilobyte zu sparen, oder auch aus ästhetischen Gründen. Zudem ist der Bildmodus GRAUSTUFEN die Grundlage für eine weitere Konvertierung in Duplex- oder Bitmap-Bilder (Strichbilder).

Zum Weiterlesen
Die Änderung des Bildmodus ist die schlechteste Möglichkeit, aus Farbbildern Schwarzweißbilder zu machen. Welche Werkzeuge Sie für eine **kontrollierte Modusänderung** nutzen können, lesen Sie in Abschnitt 15.3, »256 Tonwerte statt Millionen Farben: Schwarzweißbilder erstellen«.

A.4.9 Bitmap-Modus – für Strichbilder

Strichbilder – in Photoshop **Bitmap** genannt – kommen mit einer noch geringeren Datenmenge zur Bildbeschreibung aus als Graustufenbilder, nämlich mit einem Bit. Ein Pixel kann dann nur schwarz oder weiß sein. Wie bei Graustufenbildern auch gibt es hier nur einen Kanal.

◂ **Abbildung A.39**
Eines der möglichen Rastermuster, um fehlende Graustufen im Bildmodus BITMAP zu ersetzen

▲ **Abbildung A.40**
Auch im Bitmap-Modus gibt es nur einen Kanal. Die Dateien werden noch kleiner als in Graustufen.

Im Gegensatz zu allen anderen Bildmodi können Sie bei Bitmaps Alphakanäle nicht selbst hinzufügen, und der Funktionsumfang von Photoshop ist ebenfalls sehr stark eingeschränkt. Verschiedene Graustufen werden in Bildern im Bitmap-Modus durch Rastermuster vorgetäuscht.

Unter Bild • Modus • Bitmap finden Sie das Dialogfeld, in dem Sie das gewünschte Raster genauer einstellen können. Bedenken Sie aber, dass ein Bild vor der Modusänderung in ein Bitmap-Bild schon als Graustufenbild vorliegen muss.

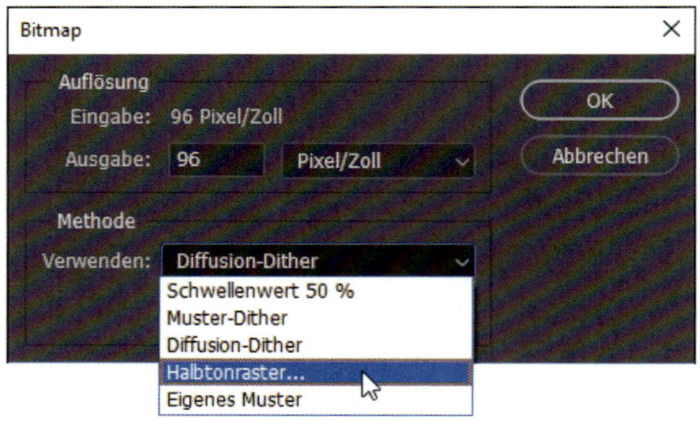

Abbildung A.41 ▸
Das Dialogfeld zur Einstellung eines Bitmap-Rasters. Unter Methode bestimmen Sie, wie Ihr Bild gerastert werden soll.

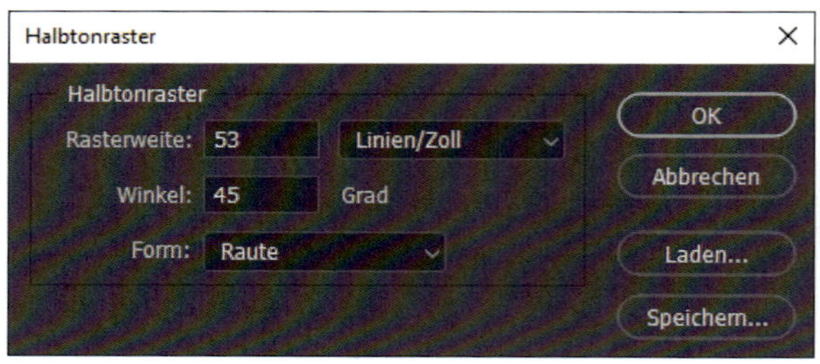

Abbildung A.42 ▸
Anschließend legen Sie eventuell weitere Rastereinstellungen fest.

Schwellenwert 50 %
Wenn Ihre Zeichnung im Graustufenmodus vorliegt und Sie verhindern wollen, dass Ihr Bild bei der Modusänderung ein Rastermuster bekommt, wählen Sie unter Verwenden die Einstellung Schwellenwert 50 % – Sie erhalten dann ein ungerastertes Bild, wobei der Schwellenwert festlegt, welche Grauwert-Pixel beim Konvertieren schwarz und welche weiß werden. Strichzeichnungen, bei denen es auf Kantenschärfe ankommt, profitieren unter Umständen von der Bitmap-Einstellung Schwellenwert.

Wann verwendet man den Bitmap-Modus? | Geeignet ist der Bitmap-Modus für Strichzeichnungen, und hier ist es sinnvoll, schon beim Scannen diesen Modus vorzugeben. Der Bitmap-Modus ist eigentlich eher der klassische Modus für Scans von Text oder Zeichnungen als ein Modus, mit dem Bildbearbeiter oft umgehen würden.

A.4.10 Indizierte Farbe – Farbmodus für das Web

Der Modus Indizierte Farbe ist vor allem für Dateien mit der Endung ».gif« typisch. GIF ist ein Dateiformat, das speziell für Internetbilder entwickelt wurde. Aufgebaut sind Bilder im indizierten Modus wie Graustufenbilder: Nur ein Kanal und 8 Bit Farbtiefe, das heißt, maximal 256 Farben sind möglich. Diese radikale Farbreduzierung bekommt nicht jedem Motiv gleich gut.

◄ **Abbildung A.43**
Die Buntstifte im Modus Indizierte Farbe könnten dann zum Beispiel so aussehen – die Farben sind nicht realistisch und erinnern eher an »Malen nach Zahlen«, aber zumindest die geringe Dateigröße wäre dem geplanten Interneteinsatz angemessen.

Unter Modus • Indizierte Farbe finden Sie ein Dialogfeld mit verschiedenen Einstellungsmöglichkeiten. Damit legen Sie fest, nach welchen Parametern die ursprünglichen Farben des Bildes reduziert werden. Je nach Einstellung fallen Bilder mit indizierten Farben recht unterschiedlich aus.

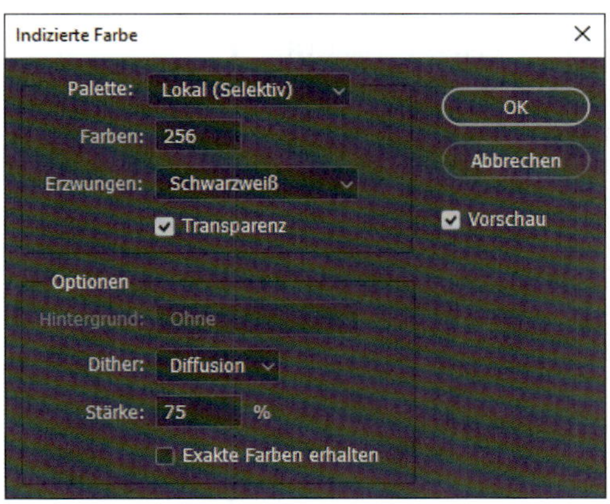

◄ **Abbildung A.44**
Die Einstellungen, um ein Bild in den Modus »Indizierte Farbe« zu bringen

Wann sollte man im Modus »Indizierte Farbe« arbeiten? | Wie ich schon erwähnt habe, ist der Modus Indizierte Farbe kennzeichnend für das Internet-Dateiformat GIF. In der Praxis werden Sie jedoch selten in die Verlegenheit kommen, ein Bild von Hand in den indizierten Modus zu konvertieren. Wenn Sie Bilder im Web-Dateiformat GIF speichern, werden sie automatisch in diesen Modus gebracht. Wenn Ihnen ein indiziertes Bild zur Weiterbearbeitung vorliegt, sollten Sie es zuerst in den RGB-Modus bringen, denn im indizierten Modus stehen in Photoshop nur sehr wenige Funktionen zur Verfügung.

▲ **Abbildung A.45**
Auch Bilder im Modus Indiziert haben nur einen Kanal.

A.4.11 Duplex und Mehrkanal – »farbige Graustufen«

Beim normalen CMYK-Vierfarbdruck sollen durch die Farbmischung möglichst zahlreiche Farbabstufungen erzeugt werden. Beim Duplexdruck mit Sonderfarben legen Sie genau fest, mit welchen Farben Ihr Bild gedruckt wird – in Photoshop können Sie aus umfangreichen Listen verschiedener Druckfarbenhersteller auswählen. Erzeugt werden dann keine echten Farbbilder, sondern farbige Graustufenbilder. Photoshop bietet hierfür zwei verschiedene Bildmodi an: MEHRKANAL und DUPLEX. Beides sind keine Arbeitsmodi – Sie sollten Bilder immer erst ganz am Schluss konvertieren.

Duplex | Im Modus DUPLEX können Sie Bilder mit einer einzigen Sonderfarbe (Simplex), mit zwei (Duplex), drei (Triplex) oder vier Farben (Quadruplex) anlegen.

▲ **Abbildung A.46**
Das Beispielfoto als Simplexbild …

▲ **Abbildung A.47**
… und als Duplex aus zwei Farben

Duplex erzeugen | Wenn Sie ein Duplex erzeugen wollen, muss das Bild erst im Graustufenmodus vorliegen. Im Dialogfeld DUPLEX-OPTIONEN haben Sie zahlreiche Einstellungsmöglichkeiten, so dass Duplexbilder immer anders aussehen können.

Unter ART ❶ legen Sie fest, aus wie vielen Farben das Duplex gedruckt wird. Im Gegensatz zu den Bildmodi RGB, CMYK oder Lab haben Sie im Duplex-Modus keinen direkten Zugriff auf die einzelnen Bildkanäle. Daher bearbeiten Sie auch die einzelnen Kanäle über die Duplexkurven ② im DUPLEX-Dialogfeld. Duplexkurven funktionieren ähnlich wie Gradationskurven.

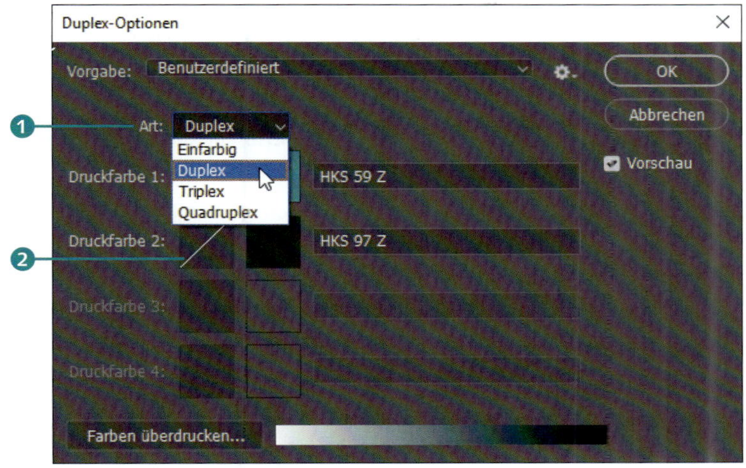

▲ **Abbildung A.48**
Das Dialogfeld DUPLEX-OPTIONEN

Mehrkanalmodus | Noch weitgehendere Möglichkeiten für den Druck mit Sonderfarben haben Sie im Mehrkanalmodus. Sie können Duplex- und CMYK-Bilder in diesen Modus konvertieren. Dabei wird der Duplexkanal in mehrere Kanäle – sogenannte **Volltonfarbkanäle** – gesplittet. Etwa vorhandene CMYK-Kanäle bleiben erhalten. Danach können Sie weitere Kanäle mit Sonderfarben hinzufügen, um zusätzliche Druckplatten festzulegen.

Wann verwendet man die Modi Duplex und Mehrkanal? | Duplex und Mehrkanal sind für den professionellen Druck gedacht. Sie sind die Modi der Wahl, wenn Sie ein Bild aus mehreren Farben aufbauen und diese Farben so originalgetreu wie möglich reproduziert werden sollen – zum Beispiel für Firmenlogos. Der Mehrkanalmodus bietet darüber hinaus interessante Möglichkeiten, drucktechnische Effekte – zum Beispiel durch den Einsatz stark glänzenden UV-Lacks auf vereinzelten Bildpartien – zu erzielen.

A.4.12 Änderungen zwischen Modi

Änderungen zwischen Modi sind schnell gemacht, und zwar über die Menübefehle unter BILD • MODUS. Bei einer Modusänderung werden die Farbwerte des Bildes jedoch unwiderruflich geändert – auch bei einer Rückkonvertierung können sie nicht wiederhergestellt werden.

Datentiefe Duplex
Duplexbilder sind – egal ob sie aus einer, zwei, drei oder vier Sonderfarben aufgebaut sind –, obwohl sie farbig sind, einkanalig und ähneln einem schlichten Graustufenbild. Daher kommen Duplexbilder mit einer Datentiefe von 8 Bit aus.

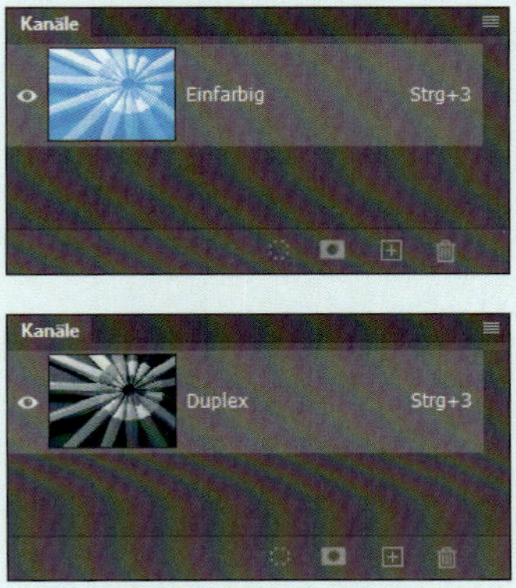

▲ **Abbildung A.49**
Ob mit einer, zwei oder drei Farben: Der Duplex-Modus hat immer nur einen Kanal.

▲ **Abbildung A.50**
Das Beispielduplex hat nach dem Konvertieren in den Mehrkanalmodus ein solches Kanäle-Bedienfeld. Die Namen der einzelnen Kanäle bezeichnen die ihnen zugewiesene (Druck-)Farbe.

Vorsichtsmaßnahmen | Aus diesem Grund sollten Sie folgende Maßnahmen ergreifen:

- Bearbeiten Sie ein Bild so weit, wie es möglich ist, im Originalmodus, in dem Sie es bekommen haben. Bilder aus modernen Scannern und Digicams liegen ohnehin immer im für Bildbearbeiter freundlichen Modus RGB vor.
- Bevor Sie ein Bild konvertieren, sollten Sie eine Archivkopie erstellen. Bei digitalen Bildern haben Sie ja kein Negativ, von dem Sie immer neue Abzüge erstellen können – hüten Sie die Originalfassung Ihrer Bilder gut! Das gilt auch vor Änderungen an Größe und Auflösung.
- Wenn Ihr Bild aus mehreren Bildebenen mit unterschiedlichen Mischmodi aufgebaut ist, sollten Sie diese vor der Modusänderung auf die Hintergrundebene reduzieren. Der Grund: Die Wirkung der unterschiedlichen Mischmodi kann sich mit der Moduskonvertierung ändern.

A.4.13 8 Bit, 16 Bit, 32 Bit

Alles bisher Gesagte bezog sich auf Dateien in verschiedenen Modi, aber immer mit einer Farbtiefe von 8 Bit je Kanal. Nur die Menge der vorhandenen Kanäle – und damit die Gesamt-Farbtiefe – variierte von Modus zu Modus. 8-Bit-Bilder sind (noch) die mit Abstand am häufigsten verwendeten. Seit der Programmversion CS baut Adobe jedoch auch die Unterstützung von Bildern mit mehr als 8 Bit je Kanal immer weiter aus.

Die Unterstützung für Bilder mit 16 Bit ist inzwischen recht gut, das heißt, viele Photoshop-Funktionen stehen Ihnen auch bei 16-Bit-Bildern zur Verfügung. 16-Bit-Bilder werden zum Beispiel von leistungsfähigen Profi-Scannern erzeugt oder können aus manchen Digitalkameras importiert werden. Sie können in den Modi RGB, CMYK, Lab, Graustufen oder Mehrkanal vorliegen. Mehr Bit je Kanal, das bedeutet:

- feinere Farbdifferenzierung
- größere Dateien

Kein Qualitätsgewinn: Bitmenge einfach hochrechnen
Natürlich bringt es nichts, ein 8-Bit-Bild nachträglich in ein Bild mit höherer Bitzahl pro Farbkanal umzuwandeln. Das ist zwar möglich, aber die ursprünglich vorhandenen Farbinformationen werden dadurch ja nicht vermehrt! In diesem Fall würde eine bessere Farbdifferenzierung also nicht erreicht.

Beim Bearbeiten solcher Bilder – zum Beispiel bei der Skalierung oder Farbkorrektur – kommt es bei Bildern mit höherer Farbtiefe nur selten zu sichtbaren Qualitätseinbußen. Das hört sich gut an, hat aber auch einige Nachteile: Nicht alle Dateiformate können Bilder mit mehr als 8 Bit pro Kanal abspeichern, und auch viele Anwendungen verweigern die Verarbeitung von solchen Dateien. Während es wenig Effekt hat, die Datentiefe eines Bildes hochzurechnen, können Änderungen nach unten also durchaus sinnvoll sein, wenn Sie die problemlose Austauschbarkeit von Bildern gewährleisten und den vollen Funktionsumfang von Photoshop ausschöpfen wollen.

High Dynamic Range | Auch 32-Bit-Bilder (sogenannte **HDR-Bilder** – für High Dynamic Range) können in Photoshop bearbeitet werden. Allerdings können Sie solche Bilder nach wie vor nur eingeschränkt mit den gewohnten Werkzeugen und Befehlen bearbeiten.

HDR-Bilder wurden zunächst fast nur für Kinofilme, 3D-Grafiken und in manchen Bereichen der professionellen Fotografie eingesetzt. Inzwischen ist der HDR-Look in der Fotografie angekommen und ein beliebtes, manchmal auch überstrapaziertes Gestaltungsmittel. In Photoshop können Sie HDR-Bilder aus Fotoserien erstellen, die mit unterschiedlicher Belichtung aufgenommen wurden (via DATEI • AUTOMATISIEREN • ZU HDR PRO ZUSAMMENFÜGEN). Überdies gibt es mit BILD • KORREKTUREN • HDR-TONUNG eine Funktion, mit der sich das typische Aussehen von HDR-Images nachmachen lässt.

Zum Weiterlesen
Mehr über **HDR-Bilder** lesen Sie in Kapitel 17, »Kamerafehler korrigieren, Digitalfotos optimieren«.

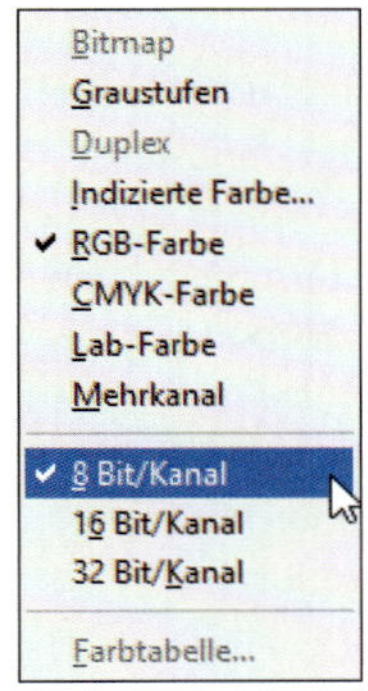

▲ **Abbildung A.51**
Von 16 Bit in 8 Bit pro Kanal konvertieren

Bitzahl konvertieren.| Um Bilder zwischen 8 und 16 Bit zu konvertieren, wählen Sie die Befehle BILD • MODUS • 16-BIT-KANAL bzw. BILD • MODUS • 8-BIT-KANAL.

A.5 Datenkompression

Vor der Betrachtung der verschiedenen Dateiformate schauen wir uns zunächst noch unterschiedliche Verfahren zur Kompression von Bildern an. Als Kompression wird ein Verfahren bezeichnet, mit dem Daten komprimiert gespeichert werden. Einige, nicht alle, Dateiformate nutzen Kompressionen. Die beim Speichern gewählten Kompressionseinstellungen können Einfluss auf die Bildqualität und auch auf die Kompatibilität der Dateien mit älterer oder Adobe-fremder Software haben.

A.5.1 Unkomprimierte Speicherung

Bei der unkomprimierten Speicherung werden Bilder Pixel für Pixel auf die Festplatte geschrieben. Dabei wird das Bild meist zeilenweise, von links nach rechts und von oben nach unten auf die Festplatte geschrieben. Speichern Sie zum Beispiel eine A4-Seite, die mit 300 dpi auf der Festplatte liegt, ergibt sich eine Pixelgröße von 2 480 × 3 508 Pixel. Wird das Bild im RGB-Modus gesichert, so belegt jedes Pixel 3 Byte Speicherplatz. Durch Multiplikation der Werte 2 480 × 3 508 × 3 ergibt sich ein Speicherplatzbedarf von 26 099 520 Byte, rund 25 Megabyte.

Dieser Speicherplatzbedarf mag für die Arbeit am lokalen Rechner kein Problem darstellen; spätestens wenn Sie das Bild per Mail an jemanden verschicken, empfiehlt es sich, die Verwendung einer Kompression in Erwägung zu ziehen.

A.5.2 Verlustfreie Kompression: RLE, ZIP, LZW

[ZIP]
ZIP ist so etwas wie das Schweizer Taschenmesser unter den Kompressionsverfahren. Neben der Verwendung in unterschiedlichen Bilddateiformaten wird dieses Verfahren auch bei Kompressions-Utilitys wie zum Beispiel WinZip für die kompakte Speicherung beliebiger Daten genutzt.

[CCITT]
Ein weiteres Verfahren ist das CCITT-Verfahren, das ursprünglich für die Fax-Übertragung entwickelt wurde. Es wird für die Speicherung von PDF- und Photoshop-EPS-Dateien im Bitmap-Modus verwendet.

Die Verwendung von verlustfreien Kompressionsverfahren empfiehlt sich vor allem zur Speicherung von Projektdaten und zur Weitergabe von qualitativ hochwertigen Dateien für die Reproduktion oder Weiterbearbeitung.

Prinzip | Das Prinzip der verlustfreien Kompression besteht in der Zusammenfassung von Daten. Dies können Sie sich sehr einfach anhand einer Zeichenkette vorstellen: Soll die Zeichenkette »aaaaaaa« verlustfrei komprimiert werden, so liefert das RLE-Verfahren zum Beispiel das Ergebnis »a7«. Dabei steht an erster Stelle das Zeichen, direkt danach die Anzahl der Wiederholungen. Natürlich können anstelle des Buchstabens auch Farbwerte in Bildern auf diese Weise komprimiert werden. Zugegebenermaßen ist dies die einfachste Art der verlustfreien Kompression. Es gibt hochentwickelte Mustererkennungsverfahren, die das zu speichernde Bild nach unterschiedlichsten sich wiederholenden Bildinhalten absuchen und Ähnlichkeiten in Bildern speichern.

Anwendungsgebiete | Meist werden flächige Bilder mit wenigen Farbabstufungen sehr gut mit diesen Verfahren komprimiert. Fotos hingegen, die aus einer Vielzahl von Farben bestehen, können in den meisten Fällen nicht so stark reduziert werden. Vereinfacht gesagt ist das der Grund dafür, dass in Fotografien das Zusammenfassen der Bildinformation zu Blöcken gleicher Muster schwerer fällt.

Welche Kompressionsverfahren gibt es? | Häufig zur Anwendung kommende verlustfreie Kompressionsverfahren sind zum Beispiel die Kompressionen

- **RLE** (**R**un**l**ength **E**ncoding)
- **ZIP** (die Abkürzung ist eigentlich keine, sondern das englische Wort für »Reißverschluss«)
- **LZW** (nach seinen Schöpfern Abraham **L**empel, Jacob **Z**iv und Terry **W**elch benannt)

Dabei handelt es sich um mathematische Verfahren zur verlustfreien Kompression. Diese kommen innerhalb von unterschiedlichen Dateiformaten zur Anwendung. So kann zum Beispiel das GIF-, TIFF- und das PDF-Format eine LZW-Kompression von Bilddaten durchführen, obwohl es sich um unterschiedliche Dateiformate handelt.

A.5.3 Verlustbehaftete Kompression: JPEG

Speichert man Fotos mit Millionen von Farben, so werden viele der Farbabstufungen vom menschlichen Auge gar nicht wahrgenommen. Vielmehr reagiert das Auge auf Helligkeitsänderungen in einem Bild.

[JPEG 2000]
Das JPEG-Verfahren ist nicht das einzige existierende Verfahren zur verlustbehafteten Kompression von Bildern, aber das gebräuchlichste. Eine Weiterentwicklung des Formats nennt sich JPEG 2000. Es soll eine bessere Kompression erreichen – hat aber auch gravierende Nachteile: Der Rechenaufwand ist bei der Verwendung höher, und bei der Implementierung fallen Lizenzgebühren an. Insofern konnte es sich auf breiterer Ebene bisher nicht durchsetzen und wird von vielen grafikverarbeitenden Anwendungen nicht unterstützt. In spezialisierten Anwendungen wird es allerdings genutzt (z. B. Medizintechnik). Für mehr Informationen: *https://jpeg.org/jpeg2000/*

JPEG-Verfahren | Auf dieser Tatsache baut das JPEG-Verfahren auf. Es wird von der Arbeitsgruppe ISO/IEC JTC1 SC29/WG 1, besser bekannt als **J**oint **P**hotographic **E**xperts **G**roup, seit Anfang der 70er Jahre entwickelt und basiert auf einem Verfahren, bei dem das Bild in Farbblöcke von 8 × 8 Pixel zerlegt wird. JPEG verändert die Farbe der Blöcke so, dass möglichst viele gleiche Pixelblöcke im Bild entstehen. Diese können platzsparend zusammengefasst werden. Beim JPEG-Verfahren können unterschiedliche Kompressionsstufen eingestellt werden. Je höher die Kompression, desto kleiner die Datei. Mit höherer Kompressionsrate sinkt aber auch die Bildqualität.

Das JPEG-Verfahren wurde für die Speicherung von Fotos entwickelt. Es ist nur schlecht zur Kompression von flächigen Grafiken, scharfen Linien oder Grafiken mit wenigen Farben geeignet, denn dabei kommt es vermehrt zur Bildung von **Kompressionsartefakten**. Dies sind Störungen im Bild, die vor der Kompression nicht vorhanden waren und durch die komprimierte Speicherung hinzugefügt werden. JPEG ist bei geringen Qualitätseinstellungen dafür bekannt, sichtbare Blöcke in Bildern zu verursachen. Aber auch das sogenannte Moskito-Rauschen und die Schattenbildung bei Farbübergängen sind wohlbekannte JPEG-Artefakte.

◂ **Abbildung A.52**
Für flächige Grafiken eignet sich das JPEG-Verfahren, besonders in hohen Kompressionsstufen, weniger. Das Moskito-Rauschen hat seinen Namen von den pixeligen Störungen rund um scharfe Bildkanten, die wie Moskitos oder umherschwirrende Mücken aussehen.

A.6 Dateiformate für Bilder

Bilddateien können in zahlreichen verschiedenen Dateiformaten vorliegen und gespeichert werden. Die Liste von Formaten ist lang: PSD und TIFF, JPEG, GIF und PNG, PDF, EPS, DCS und BMP, WMF und PICT.... Dieser Abschnitt gibt Ihnen einen Überblick und zeigt Ihnen, welche Besonderheiten die wichtigsten Formate mitbringen.

Weiterverarbeitung
Die Wahl des Formats ist sehr von der Art der Weiterverarbeitung Ihrer Datei abhängig. In bestimmten Prozessen, Applikationen oder Ausgabegeräten funktionieren manche Formate nicht oder unter bestimmten Voraussetzungen nur bedingt. Dies müssen Sie gegebenenfalls mit Ihren Kooperationspartnern klären oder in Tests herausfinden.

A.6.1 Wozu gibt es verschiedene Dateiformate?

Die Formatvielfalt hat einerseits den quasi historischen Grund, dass es für die Entwicklung von Dateiformaten keine verbindlichen Standards gibt und zahlreiche Softwarehersteller eigene Formate lancierten. Diese Formatvielfalt ist aber auch ein Versuch, Bilder so zu berechnen, dass ein möglichst breites **Aufgabenspektrum** abgedeckt wird, denn nicht jedes Format leistet dasselbe. Unter den Dateiformaten gibt es Spezialisten für verschiedene Einsatzgebiete.

Nur eine Handvoll Formate sind wichtig
Sie müssen nicht über jedes der zahllosen Dateiformate Bescheid wissen oder es einsetzen. Eine Handvoll Formate, mit denen alle Aufgaben gut abgedeckt sind, haben sich inzwischen als Quasi-Standard eingebürgert. Die wichtigsten werden hier im Buch vorgestellt.

Wo liegt der Unterschied zwischen den einzelnen Dateiformaten? | Das unsichtbare »Innenleben« der Dateien, also der Dateiaufbau und die Art der Bildberechnung, ist ganz verschieden. Die trockenen Details des Dateiaufbaus brauchen Sie nicht zu kümmern – entscheidend ist, was die unterschiedlichen Dateiformate in Hinblick auf die Unterstützung von Photoshop-Funktionen, die Kompatibilität mit anderen Anwendungen und die Datenkompression leisten. Ihre wichtigste Leitlinie beim Auswählen des richtigen Speicherformats ist, was Sie mit der Datei noch vorhaben, also der geplante **Einsatzbereich** des Bildes.

- Welche Eigenschaften und Funktionen der mit Photoshop erzeugten Datei können in einem bestimmten Dateiformat dauerhaft gesichert werden? Und welche Dateieigenschaften wollen Sie erhalten? Sollen diese Eigenschaften editierbar bleiben?
- Ist der Transfer der Dateien in andere Anwendungen nötig, und, wenn ja, ist er problemlos möglich? Können die Dateien mühelos weiterbearbeitet und korrekt reproduziert werden?
- Einige Dateiformate setzen Datenkompression ein, um die Datenmenge einer Datei zu verringern. Einige Kompressionsmethoden arbeiten verlustfrei, andere sind *lossy*, das heißt, sie bringen Verluste an Bildqualität mit sich. Manche Kompressionsarten funktionieren im Hintergrund, für andere stehen in Photoshop Steuerungsinstrumente zur Verfügung. Welche Kompressionsmethoden bieten die einzelnen Dateiformate? Wie wichtig ist eine geringe Größe der zu speichernden Datei?

Photoshop als Alleskönner
Photoshop wird immer weiter zum Generalisten ausgebaut. Inzwischen sind auch Videobearbeitung und das Erzeugen von 3D-Dateien möglich.

A.6.2 PSD – Photoshops »Hausformat«

Um Bilder zu erstellen und zu bearbeiten, sollten Sie ein Dateiformat wählen, das alle Photoshop-Funktionen und alle Dateieigenschaften unterstützt. Ebenso wichtig ist, dass das Bild beim (Zwischen-)Speichern keinen Qualitätsverlust durch Kompression erleidet. Diese Anforderungen erfüllt das genuine Photoshop-Format PSD.

Austausch in der Adobe CC
Das PSD-Format kann in anderen CC-Programmen platziert bzw. importiert werden und ist damit ein praktisches Format für den Austausch, denn Sie müssen keine Extra-Dateien für diesen Zweck erstellen und aktuell halten.

Unterstützte Photoshop-Funktionen | Das Format PSD erlaubt es Ihnen, nicht nur das Bild selbst, sondern auch sämtliche Informationen mitzuspeichern, die für die Bearbeitung des Bildes relevant sind. Dazu gehören alle Arten von Ebenen, Alphakanäle und darauf basierende Masken und Auswahlen sowie Pfade – alles in allem die Basis für komfortables und flexibles Arbeiten. PSD unterstützt außerdem Transparenz und alle Bild- und Farbmodi. Dazu gehören auch Photoshop-Spezialitäten wie der Duplex-, der Lab- und der Mehrkanalmodus, die von vielen anderen Dateiformaten nicht verarbeitet werden können.

Form-Ebenen und Schrift
In PSD-Dateien bleiben Form-Ebenen und Schrift zwar editierbar erhalten, werden jedoch bei der Ausgabe gerastert. Wenn Sie diese Elemente vektorbasiert ausgeben wollen, speichern Sie ein Photoshop-PDF.

Kompression | PSD-Dateien sind sehr groß. Die Kompression kann über VOREINSTELLUNGEN • DATEIHANDHABUNG deaktiviert werden, um die Kompatibilität der Dateien mit anderen Programmen zu erhöhen.

Einsatzbereich | PSD ist das ideale Arbeitsformat, in dem Sie Ihre Dateien erstellen. Für die Übergabe an andere Anwendungen oder den Einsatz im Web können PSD-Dateien problemlos in spezialisierte Formate gebracht werden. Oft ist es dann sinnvoll, eine Kopie des Bildes als PSD-Datei zurückzubehalten – für nachträgliche Änderungen. Der Austausch von PSD mit anderen Adobe-Programmen ist problemlos. Wenn Sie nichts anderes vorgeben, speichert Photoshop neue Dateien automatisch als PSD.

Nicht nur Photoshop
Das PSD-Format ist so bedeutend, dass auch einige Drittanbieter-Software es öffnen kann – dabei können natürlich Eigenschaften verloren gehen oder flachgerechnet werden, falls das andere Programm sie nicht unterstützt.

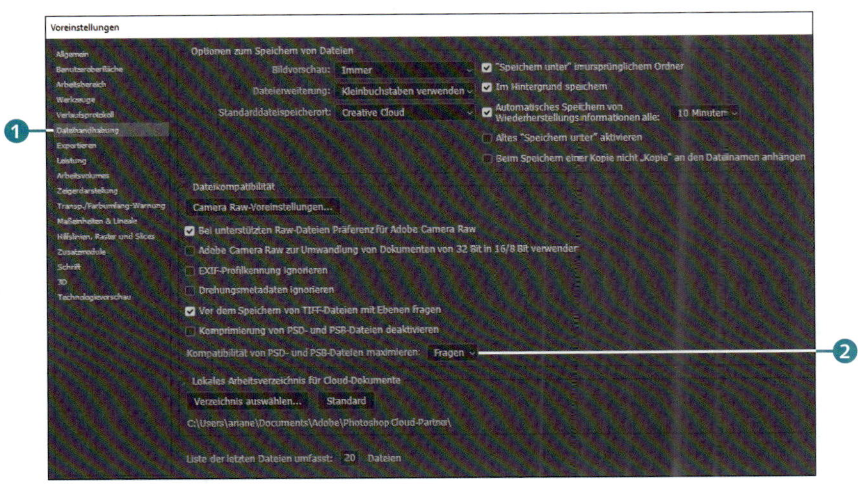

◂ **Abbildung A.53**
Wenn Sie in den Voreinstellungen (unter DATEIHANDHABUNG 1) die PSD-Kompatibilität maximieren 2 (Dropdown-Liste), können Dateien besser von älteren Programmversionen gelesen werden, werden aber auch größer, denn mit dieser Option wird der Datei eine auf die Hintergrundebene flachgerechnete Version der Datei *hinzugefügt*.

A.6.3 PSB – große Bilder

PSB im Layout
PSB lässt sich zwar per Drag-and-Drop in InDesign platzieren, gehört jedoch offiziell nicht zu den unterstützten Dateiformaten und kann gegebenenfalls später Probleme verursachen.

Das Format PSB – auch großes Dokumentformat oder Photoshop Big genannt – ist eine weitere Photoshop-Spezialität. Es hat weitestgehend dieselben Eigenschaften wie PSD, aber die zusätzliche Fähigkeit, auch sehr, sehr große Dokumente aufzunehmen. Während ältere Photoshop-Versionen und zahlreiche andere Anwendungen Dateien bis maximal 2 GB oder 30 000 Pixel Kantenlänge speichern und verarbeiten können, hat Adobe mit PSB ein Dateiformat geschaffen, das Dokumente mit bis zu 300 000 Pixeln in jeder Abmessung unterstützt.

- **unterstützte Photoshop-Funktionen:** wie bei PSD
- **Kompression:** wie bei PSD

Die Alternative zu PSB
Auch TIFF ist in der Lage, große Dateien – abhängig vom verwendeten Dateisystem bis zu 4 GB – zu speichern. Es können jedoch nicht alle Anwendungen solche Riesendateien öffnen.

Einsatzbereich | PSB ist ein Format für sehr große Dateien, zum Beispiel HDR-Dateien. Photoshop verwendet es auch intern, z. B. für seine Wiederherstellungdsdateien oder für Smart Objekte. Allerdings kann es nur von Photoshop ab der Programmversion CS gelesen werden. Einige Drittanbieter-Applikationen unterstützten das Format ebenfalls, z. B. Affinity Photo.

A.6.4 TIFF – der Austauschprofi

TIFF (manchmal auch TIF) funktioniert mit so gut wie allen Programmen und unter allen Betriebssystemen, da es sich nicht um ein proprietäres Format handelt. Es ist ein Containerformat und beim Speichern wird eigentlich eine native PSD-Datei darin eingebettet – so unterstützt TIFF viele Photoshop-Funktionen.

TIFF in InDesign
Dateien ohne Hintergrundebene bleiben als TIFF in InDesign nicht transparent. Auch die Objektebenenoptionen stehen für TIFFs nicht zur Verfügung. Um mit diesen Optionen im Layout arbeiten zu können, müssen Sie PSDs speichern.

Unterstützte Photoshop-Funktionen | Alphakanäle und somit auch Masken und Auswahlen können mitgespeichert werden, ebenso Beschneidungspfade, 3D und die Zeitleiste. Transparenz und Ebenen bleiben erhalten, wenn das TIFF mit Photoshop gespeichert und geöffnet wird.

Kompression | TIFFs können Sie wahlweise unkomprimiert oder komprimiert abspeichern, und Sie haben außerdem die Wahl zwischen verschiedenen Kompressionsverfahren. Zum Einsatz kommen LZW und die ZIP-Komprimierung. Beide Verfahren arbeiten verlustfrei, das heißt, die Datenkompression führt nicht zu einer Verschlechterung der Bildqualität.

In Photoshop steht für das TIFF-Format auch die Option JPEG-KOMPRIMIERUNG zur Verfügung, allerdings können nicht alle anderen Programme mit diesem Extra umgehen.

Einsatzbereich | TIFF kann von so gut wie allen Bildbearbeitungs- und Seitenlayoutprogrammen bearbeitet werden und wird daher in der Druckvorstufe gerne verwendet, vor allem dann, wenn Bilddaten zur weiteren Bearbeitung weitergegeben werden.

TIFF oder PSD?
Innerhalb der Creative Cloud hat PSD Vorteile vor TIFF, bei der Verwendung von DAM (Digital Asset Management)-Systemen kann es Vorteile für TIFF geben. Die Formatfrage wird jedoch unter Anwendern ähnlich heiß diskutiert wie die Frage »Mac oder Windows«. Daher sprechen Sie das Dateiformat am besten mit Ihren Kooperationspartnern ab.

A.6.5 GIF – bewährter Internetveteran

An Grafiken im Internet werden besondere Anforderungen gestellt: Sie müssen von allen Browsern problemlos interpretiert werden und für die Darstellung ihres Motivs mit einer möglichst geringen Datenmenge auskommen, um die Übertragungszeiten kurz zu halten.

Eines der ältesten Webgrafikformate ist GIF. GIF-Dateien sind sehr klein, sind aber auf maximal 256 Bildfarben beschränkt. Die Farbinformationen werden ökonomisch in einer dateiinternen Farbtabelle abgelegt.

Unterstützte Photoshop-Funktionen | Photoshop-Funktionen werden vom GIF-Format nicht unterstützt. Mit Transparenz und Animation bietet das Format GIF allerdings interessante Optionen für den Webeinsatz. Unsichtbar gestellte Pixel ermöglichen es beispielsweise, Bildobjekte optisch aus der vorgegebenen Rechteckform zu lösen und Bilder mit scheinbar unregelmäßigen Konturen zu erstellen.

»Apfel_hg.tif«

In Kapitel 32, »Bilder für den Screen erzeugen und optimieren«, erfahren Sie, wie Sie GIF- und JPEG-Dateien für den Interneteinsatz optimieren. Dort können Sie auch nachlesen, wie Sie GIFs animieren.

Bild: dieblen.de

◄ **Abbildung A.54**
Bild im Originalzustand: Der Hintergrund wurde dann auf transparent gesetzt ...

Kompression | Als echte Web-Experten werden GIFs – zusätzlich zur Farbreduktion – komprimiert, und zwar durch die verlustfreie LZW-Kompression, auf die Sie aber keinen Einfluss haben. Weiter vermindern lässt sich die Dateigröße von GIFs durch Einschränkungen der Farbtabelle, die der Bilddarstellung zugrunde liegt. Nicht alle GIFs brauchen 256 Farben, um akzeptabel auszusehen! Photoshop bietet dazu gute Einstellungsmöglichkeiten mit gleichzeitiger Kontrolle der Ergebnisse an.

Abbildung A.55 ▸
... und so als optisch frei schwebendes Bildelement in einem einfachen Web-Layout eingesetzt.

Einsatzbereich | GIF ist ein klassisches »Endformat«, in das Sie Ihre Datei bringen, wenn Sie mit der Bearbeitung fertig sind. Aufgrund der begrenzten Anzahl darstellbarer Farben ist GIF für Fotos und andere Halbtonbilder nicht geeignet. Flächige Bilder mit wenig Farbnuancen werden jedoch sehr gut wiedergegeben, und Konturen bleiben schön scharf. Wenn Sie Zeichnungen, Logos oder Texte ins Web bringen wollen, ist GIF also das Format der Wahl. Aufgrund der möglichen Transparenz eignen sich GIFs auch gut für Buttons und alle anderen Elemente, die nicht einfach vier Ecken haben sollen.

Achtung: JPEG ist kein Arbeitsformat
Viele Digitalkameras geben Bilder als JPGs aus, und auch Bildagenturen, die ihr Angebot über das Web vertreiben, verwenden JPGs. Wenn Sie mit JPEG-Dateien arbeiten, sollten Sie aber Folgendes beachten: Die JPEG-Datenkompression greift bei **jedem** (Zwischen-)Speichern – dadurch potenzieren sich die Nebenwirkungen, und die Bildqualität kann sich unter Umständen verschlechtern.

Wenn Ihnen ein Bild, das Sie bearbeiten möchten, als JPEG vorliegt, sollten Sie es als Erstes in das Format PSD oder TIFF bringen. Eine solche Konvertierung ist problemlos und nicht mit Qualitätsverlusten verbunden.

A.6.6 JPEG – Halbtonbilder für das Web

JPEG bezeichnet ursprünglich einen bestimmten Kompressionsalgorithmus. Dateien dieses Typs, die die Endung ».jpg«, ».jpeg« oder – seltener – ».jpe« haben, sind eine Anwendung dieses Algorithmus. Das JPEG-Format kann pro Bild bis zu 16,7 Millionen Farben speichern, das ist praktisch das gesamte vom menschlichen Auge wahrnehmbare Spektrum. Auch JPGs werden von allen Browsern problemlos reproduziert.

Unterstützte Photoshop-Funktionen | Anders als beim GIF sind Transparenz und Animation nicht möglich, dafür unterstützt das JPG-Format aber mehr Bildmodi: Graustufen, CMYK und RGB. Einige Browser haben allerdings mit der Reproduktion von CMYK-Bildern Schwierigkeiten – hier ist RGB besser geeignet. Nicht mitspeichern können Sie Photoshop-Alphakanäle – Masken und Auswahlen gehen daher beim Speichern verloren, ebenso Ebenen.

Kompression | Die JPEG-Kompression ist sehr effektiv. Die Stärke der Kompression können Sie in Photoshop differenziert einstellen. Das ist auch sinnvoll, denn die JPEG-Kompression ist verlustbehaftet. Das heißt nicht, dass jedes JPEG schlecht aussieht. Sichtbare Verluste entstehen vor allem bei starker Kompression. An scharfen Konturen und glatten Farbflächen werden dann kleine Quadratmuster sichtbar (Kompressionsartefakte), und Kanten fransen optisch aus.

Einsatzbereich | Um Halbtonbilder wie Fotos ins Internet zu bringen, ist das Format hervorragend geeignet. Bilder mit großen, gleichmäßigen Farbflächen und scharfen Bildkanten – beispielsweise Logo-Schriftzüge oder einfache Zeichnungen – werden aufgrund des Kompressionsverfahrens nur unsauber wiedergegeben. Auch um unbearbeitete Bilder zu **archivieren**, können Sie das »schmale« JPEG-Format nutzen.

A.6.7 WebP-Format – Das moderne Internetformat

Dateiformate wie JPEG, GIF oder PNG sind in den 90er Jahren und davor entstanden. Seitdem haben sich die Anforderungen an Bilder stark weiterentwickelt, vor allem in Bezug auf die Leistung. Kein Wunder also, dass es zahlreiche Initiativen zur Weiterentwicklung der Bildformate gibt. Formate wie JPEG 2000 oder JPEG XR waren vielversprechend, haben sich aber nie wirklich durchgesetzt.

Das von Google entwickelte WebP-Format wurde speziell für das Web konzipiert. Es liefert selbst bei starker Komprimierung eine bessere Qualität als das JPEG-Format. Im Vergleich zu JPEG-Bildern sind WebP-Bilder etwa 25–35 % kleiner. Auch die Unterstützung für Animationen wurde hinzugefügt. Darüber hinaus unterstützt WebP auch Transparenz, XMP-Metadaten und ICC-Profile. Bilder können verlustfrei oder verlustbehaftet gespeichert werden.

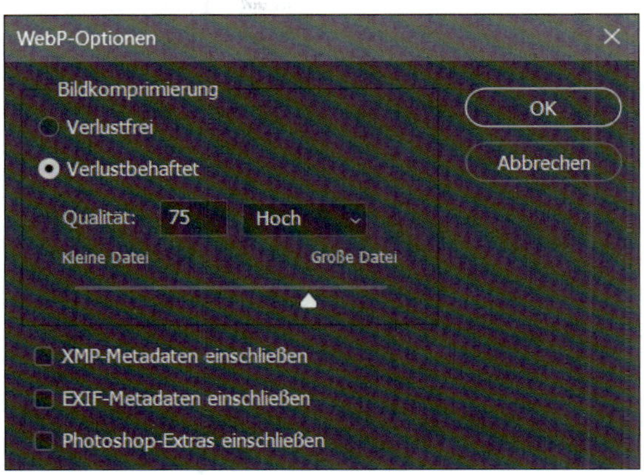

◂ **Abbildung A.56**
Der Dialog, um Bilder im WebP-Format zu speichern

Trotz dieser Vorteile hat insbesondere Apple den Support für WebP nur sehr zögerlich hinzugefügt. Der Browser-Support für das Format ist heute aber ziemlich gut. Dennoch wird das WebP-Format immer noch nicht so eingesetzt, wie man dies eigentlich erwarten würde. Hier werden Vorteile wie eine geringere Ladezeit und weniger Datenübertragung verschenkt. Es gibt eigentlich keinen Grund mehr, WebP nicht im Internet gegenüber JPEG, GIF oder PNG zu bevorzugen. Mit WebP werden alle Vorteile vereint, die man mit JPEG und PNG zusammen hat.

Tabelle A.3 ▸
Das WebP-Format im Vergleich mit den Formate JPEG und PNG

Format	Transparenz	Verlustfrei	Verlust-behaftet	Animierbar
JPEG	Nein	Nein	Ja	Nein
PNG	Ja	Ja	Nein	Ja
WebP	Ja	Ja	Ja	Ja

A.6.8 PDF – mehr als portable Dokumente

Photoshop (als pixelorientiertes Programm) kann, wie Sie bereits wissen, auch Vektorelemente und Text erstellen. Um diese Informationen aufzunehmen, reichen die pixelorientierten Dateiformate nicht immer aus. PDF, das *Portable Document Format*, ist eine Erfindung von Adobe, in dem Dokumente plattformunabhängig wie kompakt präsentiert werden und dabei das Layout exakt erhalten bleibt. Mit der weltweiten kostenlosen Verbreitung des Acrobat Readers hat sich PDF für den Dokumentaustausch etabliert. Neben dieser Funktion hat das Format PDF große Bedeutung als Austauschformat für den professionellen Druck.

Photoshop-PDF und Ebenen
Im Photoshop-PDF können Ebenen erhalten werden. Beim Import in ältere Photoshop-Versionen (als generisches PDF) gehen sie jedoch verloren. In InDesign stehen Objektebenenoptionen nicht zur Verfügung.

Unterstützte Photoshop-Funktionen | PDF ist eine Weiterentwicklung von PostScript und hat ganz ähnliche Eigenschaften. Die volle Photoshop-Bearbeitbarkeit kann erhalten bleiben. PDF-Dokumente können Sie problemlos zwischen verschiedenen Softwareplattformen austauschen.

Layout in Photoshop
Auch wenn man in Photoshop ein Layout gestalten und sogar als PDF ausgeben kann, sind doch Layoutprogramme mit ihren vielen typografischen Funktionen für diese Aufgabe besser geeignet.

Kompression | PDF hat von Haus aus schlankere Daten als EPS; eine Kompression kann zusätzlich erfolgen. Dazu bietet Photoshop die Verfahren JPEG (verlustbehaftet) und ZIP (verlustfrei) an.

Einsatzbereich | PDFs sind sehr gut geeignet, um Bilder zu speichern, die Vektor- und Bitmap-Daten enthalten. Das können einfache Composings, Schriftsätze oder ganze Layouts sein. Mit Photoshop erstellte

PDFs können Sie im Web einsetzen, beispielsweise wenn Sie ansprechend gestaltete Unterlagen zum Herunterladen anbieten wollen. Wollen Sie also Dateien, die Vektorinformationen enthalten, **weitergeben**, ist PDF das Format der Wahl. Das Photoshop-Format PSD kann diese Informationen zwar ebenso gut aufnehmen, bei der Ausgabe oder beim Platzieren im Layout wird Vektorgrafik darin jedoch gerastert.

Beschnittzugabe
Da Photoshop keine PDF-Boxen generieren kann, können Sie die generierten PDFs nicht direkt an Druckdienstleister senden. Auch wenn Sie eine Beschnittzugabe beim Anlegen des Dokumentformats berücksichtigt haben, ist sie doch nicht im PDF definiert.

Anhang B

Farbmanagement: Mehr Farbtreue auf allen Geräten

Seit mit dem Computer Druckvorlagen hergestellt, Bilder bearbeitet und in Form digitaler Daten an Ausgabegeräte übergeben werden, gibt es das Problem unzureichender Farbkonsistenz. Farbmanagement erleichtert es wesentlich, dass Farben vom Foto bis zum Ausdruck, vom Entwurf bis zum fertigen Druck identisch bleiben.

B.1 Funktionsweise und Einsatzgebiete

Für viele Anwender – auch gestandene Grafiker und andere im Prepress-Bereich Arbeitende – ist Farbmanagement ein Thema, um das sie lieber einen Bogen machen. Farbmanagement gilt als sehr trocken und theoretisch, überdies als in der Praxis schwer umsetzbar. Der Anhang soll dem Abhilfe schaffen und zeigen, dass Farbmanagement für jeden machbar ist.

B.1.1 Wozu Farbmanagement?

Wohl jeder, der schon einmal Fotos aus der Digitalkamera mit dem heimischen Drucker ausgedruckt oder zum Belichtungsdienst geschickt hat, kennt diese ernüchternde Erfahrung: Die Farben auf dem gedruckten Bild sehen ganz anders aus als auf dem Bildschirm und weichen möglicherweise auch von dem ab, was Sie selbst in der aufgenommenen Situation gesehen haben.

Licht oder Tinte | Dieser unerwünschte Effekt hängt damit zusammen, dass alle beteiligten Geräte wie Kameras, Monitore, Scanner, Drucker oder Druckmaschinen nur einen Teil der Farben aufnehmen oder darstellen können, die das menschliche Auge sieht. Außerdem haben die verschiedenen an der Farbreproduktion beteiligten Geräte technisch bedingt ein unterschiedliches Reproduktionsverhalten. Auf dem Bildschirm oder im Display einer Digicam werden Farben auf ganz andere Art erzeugt als auf Papier, nämlich mit Licht. Beim gedruckten Bild entsteht der Farbeindruck hingegen durch körperlich fassbare Farben (Tinte, Farbe, Pigment ...).

Zwangsläufig unterscheiden sich beide Reproduktionsweisen: Die Farbfülle und Leuchtkraft eines Fotos, das Sie am Bildschirm sehen, kann gar nicht in vollem Umfang auf Papier reproduziert werden. Werden digitale Farbdaten gedruckt, muss zwangsläufig mit Farbverschiebungen bzw. -verlusten gerechnet werden.

Zum Weiterlesen
Grundlegende Informationen über **Farben und Farbsysteme** finden Sie in Anhang A »Bildbearbeitung: Fachwissen«.

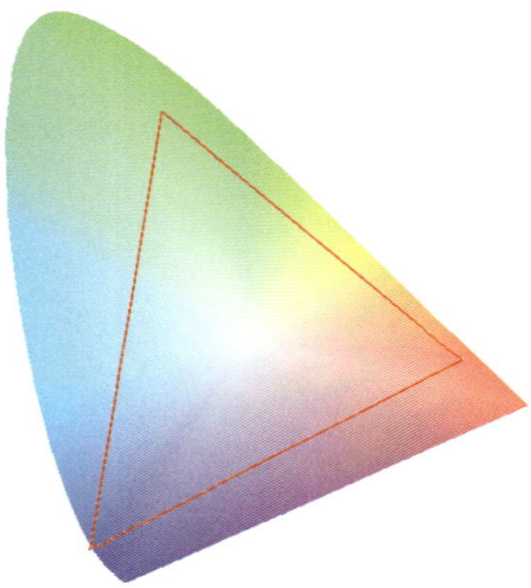

▲ **Abbildung B.1**
Um den Umfang verschiedener Farbräume zu veranschaulichen, werden diese häufig in der sogenannten »Schuhsohle« ...

Farbe ist geräteabhängig | Problematisch hinsichtlich der Farbkonsistenz ist auch, dass jedes Gerät die RGB- oder CMYK-Farbdaten, die es erhält, ein wenig anders interpretiert. Woran liegt das? Genau genommen bezeichnen Farbwerte wie RGB 160/140/12 oder CMYK 40/44/60/30 nicht eine bestimmte Farbe. Diese Werte sind vielmehr Reproduktionsanweisungen für das Gerät, das die Farbe darstellen soll. Und diese Reproduktionsanweisungen werden von Gerät zu Gerät unterschiedlich umgesetzt (selbst zwei typgleiche Monitore oder Drucker geben dasselbe Bild nicht zwangsläufig genau gleich wieder!).

Farbräume und Farbmodelle | Der Schlüsselbegriff, um Farbdarstellung und Farbmanagement zu verstehen, ist »Farbraum«. Ein Farbraum ist ganz allgemein eine Menge von Farben: die Menge aller Farben, die wir sehen können, bzw. alle Farben, die eine bestimmte Kamera aufnimmt, die ein Monitor anzeigt oder die ein Drucker auf Papier bringen kann.

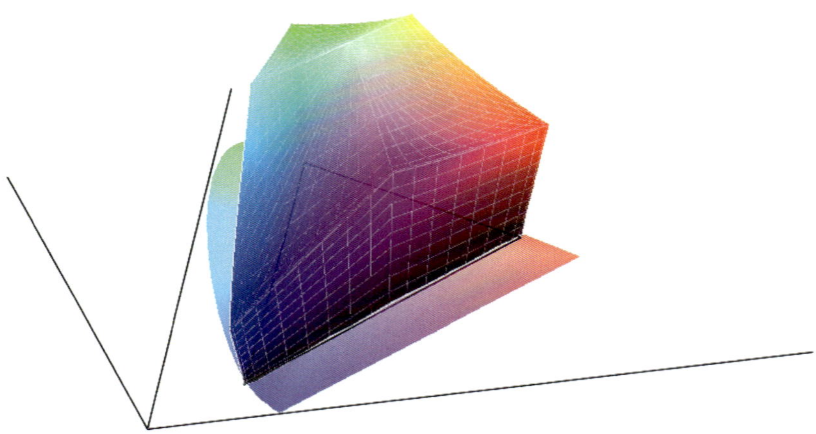

Abbildung B.2 ▶
... oder in 3D-Modellen dargestellt. Hier sehen Sie zwei unterschiedliche Darstellungsweisen des Farbraums »Adobe RGB« (Dreieckskontur) in Proportion zu allen sichtbaren Farben (Farbkörper).

Gleichzeitig ist ein Farbraum (oder Farbraumsystem) aber auch ein mathematisches Konstrukt, mit dem die räumliche Anordnung von Farben beschrieben wird. Die verschiedenen Farbmodelle, mit denen Farbe erfasst oder reproduziert wird (RGB, CMYK und andere), haben unterschiedlich große, nicht übereinstimmende Farbräume.

Die Säulen der Farbmanagement-Systeme | Um diese Unterschiede aufzufangen und über den gesamten Arbeitsablauf hinweg für vorhersagbare, möglichst konstante Farbeigenschaften zu sorgen, wurde das Farbmanagement entwickelt. Einige wenige Annahmen bilden die wichtigsten Säulen von Farbmanagement-Systemen:

- Hinsichtlich ihrer Farbwiedergabe sind alle am Herstellungsprozess beteiligten Geräte (Kameras, Scanner, Monitore, Drucker und Druckmaschinen) mehr oder weniger unzuverlässig.
- Das spezielle Farbverhalten der einzelnen Geräte ist messbar.
- Die gemessene Farbwiedergabe-Charakteristik von Geräten kann in Dateien festgehalten werden (sogenannten Profildateien, Profilen oder ICC-Profilen – mehr dazu folgt unten). Profile stellen Korrekturanweisungen für gerätespezifische »Falschfarben« dar.
- Profile werden als zusätzliche Information an Bilddateien angefügt, so dass deren eigene Farbeigenschaften bei der Reproduktion idealerweise unverändert bleiben.
- Mit Photoshop (oder anderen Anwendungen – Farbmanagement ist wie gesagt nicht Adobe-spezifisch) verwalten Sie die Profile.

[ICC]
Das ICC (**International Color Consortium**) ist ein Zusammenschluss von ursprünglich acht Industrieunternehmen aus dem Bereich Druckvorstufe, Soft- und Hardware. Es wurde 1993 gegründet, um herstellerunabhängige, betriebssystem- und softwareübergreifende Standards für das Farbmanagement zu entwickeln. Inzwischen gelten die Farbmanagement-Spezifikationen des ICC als Standard (»ICC-Profile«).

Durch konsequent umgesetztes Farbmanagement wird die Darstellung von Farben innerhalb des Publishing-Arbeitsablaufs von den Geräten und deren speziellen Farbeigenschaften unabhängiger und liefert zuverlässigere Ergebnisse.

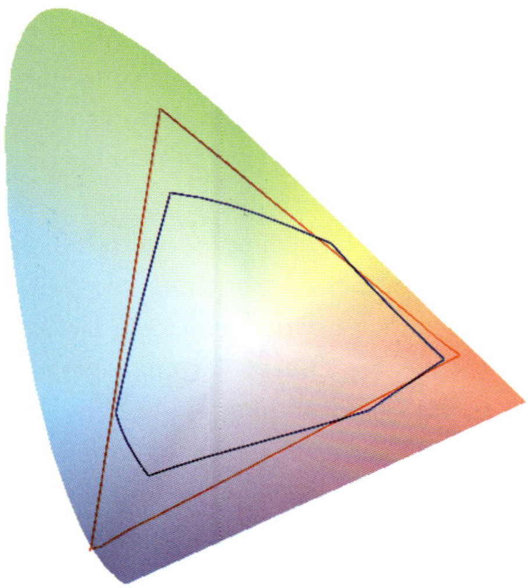

◂ Abbildung B.3
Ein Vergleich der Farbräume RGB und CMYK macht deutlich, wieso gedruckte Farben anders aussehen *müssen* als Farben am Bildschirm. Die schuhsohlenförmige Normfarbtafel stellt den Farbraum des normalsichtigen menschlichen Auges dar. Die rote Linie zeigt den Umfang eines RGB-Farbraums, die blaue Linie zeigt den Farbraum, der sich beim Vierfarbdruck auf hochwertigem Papier ergäbe.

Vor allem für die Überführung von Farben aus dem relativ großen RGB-Farbraum (bei Monitoren, Kameras, Scannern) in den kleineren Druck-Farbraum CMYK, die unweigerlich mit Verlusten einhergeht, bietet der Einsatz von Farbmanagement gute Steuerungsmöglichkeiten. Aber auch bei der Arbeit mit Farbmanagement geht nicht alles »von allein«: Es ist immer noch der menschliche Bildbearbeiter, der wichtige Entscheidungen treffen muss, und auch mit Farbmanagement bleibt Farbkonsistenz im DTP eine Herausforderung.

B.1.2 Wann sollten Sie mit Farbmanagement arbeiten?

Nicht nur in der Adobe-Welt
Farbmanagement ist keine alleinige Erfindung von Adobe, und es findet nicht nur auf Photoshop- oder Creative-Cloud-Ebene statt – auch wenn die verwendete Publishing-Software ein wichtiger Baustein ist und Adobe als ICC-Mitglied an der Entwicklung wichtiger Standards mitgewirkt hat. Es erstreckt sich über alle Arbeitsschritte der Bildbearbeitung und bezieht verschiedene Stationen und Geräte wie Scanner, Kamera, Monitor, die Bildbearbeitung in Photoshop und das Drucken ein. Daher geht es hier nicht allein um Photoshop, sondern auch um das »Drumherum«.

Vom Farbmanagement profitieren nicht nur Druckvorstufenprofis – auch in eine »halbprofessionelle« Arbeitsumgebung können Sie Farbmanagement integrieren, wenn Sie möchten.

Trotz guter Integration in Photoshop und die Creative-Cloud-Anwendungen bleibt Farbmanagement ein komplexes Thema, mit dem Sie sich ein wenig beschäftigen sollten – sonst richten Sie eher Schaden an, als Nutzen daraus zu ziehen. Ein perfekter Farbmanagement-Arbeitsablauf kostet auch Geld, zum Beispiel für Kalibrierungstools. Und nicht zuletzt: Die Entscheidung für die Arbeit mit Farbmanagement sollte von allen am Workflow Beteiligten – von den Lieferanten wie von den Empfängern der Daten – mitgetragen werden. Zwar bringt Farbmanagement wohl jedem Photoshop-Anwender Vorteile. Wegen der Anfangsinvestitionen (Zeit, Lernaufwand, Geld) scheint es jedoch nicht immer angemessen, Farbmanagement einzurichten.

Wer Farbmanagement nicht unbedingt braucht | Wer viel Erfahrung hat und in einer gut kontrollierten Produktionsumgebung für nur ein Medium arbeitet, kommt auch ohne Farbmanagement aus. Wenn Sie zum Beispiel immer mit demselben Druckhaus zusammenarbeiten und wenn entweder Sie selbst oder der Dienstleister die gelieferten CMYK-Daten so bearbeiten kann, dass sie für die festgelegten Druckbedingungen passen, können Sie auf Farbmanagement verzichten.

Für Grafik-Freiberufler, die als typische Einzelkämpfer auftreten, ist es wohl meist zu aufwendig, ein vollständiges Farbmanagement-System einzurichten. Bei nur einem Arbeitsplatz dauert es lange, bis sich die notwendigen Anschaffungen für ein bruchloses Farbmanagement amortisieren. Ähnliches gilt wohl auch für Anwender, die nur gelegentlich auf dem Desktopdrucker Fotos zu Papier bringen wollen. Auch hier lohnt der hohe Aufwand meist nicht; zudem bringen viele Fotodrucker für den Consumerbereich inzwischen eigene Farbkorrekturautomatiken mit, die für akzeptable Ergebnisse sorgen.

Für wen Farbmanagement sinnvoll ist | Professionelle Anwender sollten über die Integration von Farbmanagement in ihren Arbeitsablauf nachdenken. Vor allem dann, wenn Sie Farben auf einem Gerät mit einem relativ kleinen Farbraum – zum Beispiel im Vierfarbdruck auf einer Druckmaschine – ausgeben wollen, ist Farbmanagement von Nutzen. Denn dabei ergeben sich unweigerlich Farbverschiebungen. Wenn Sie nicht gerade, wie oben beschrieben, in einem eingespielten und sehr begrenzten Produktionsrahmen arbeiten, hilft Ihnen Farbmanagement, etwaige Farbveränderungen zu begrenzen und besser zu kontrollieren.

Farbmanagement ist auch dann sinnvoll, wenn Sie häufig verschiedene Ausgabegeräte bedienen oder verschiedene Settings für die Ausgabe wählen (verschiedene Druckumgebungen, Papierarten usw.) oder wenn Sie Bildmaterial aus zahlreichen unterschiedlichen Quellen beziehen – insbesondere dann, wenn die Bilder, die Sie bekommen, ihrerseits Farbprofile haben, also mit Farbmanagement-Einstellungen gespeichert wurden. Auch wenn Sie gar nicht wissen, auf welchem Ausgabegerät Ihre Daten später landen, ist Farbmanagement sinnvoll – zum Beispiel, wenn Sie Bilder für Bilddatenbanken produzieren.

Farbmanagement im Screendesign?
Auch beim Publizieren für Internet und andere Screens brauchen Sie Farbmanagement in der Regel nicht. Da sich nie voraussagen lässt, auf welchem Monitor Ihre Farbdaten landen, bleiben farbechte Webbilder und Screenelemente weiterhin ein unerfüllbarer Wunsch der Designer. Grundkenntnisse im Farbmanagement sind aber auch Screendesignern anzuraten, um Probleme bei der Verarbeitung von Bildmaterial mit Farbprofilen zu vermeiden.

Bilder: Onno K. Gent

▲ **Abbildung B.4**
Die Photoshop-Funktion FARBPROOF (unter ANSICHT) simuliert das spätere Druckergebnis am Bildschirm. Um hier eine halbwegs aussagekräftige Ansicht zu erhalten, sind Farbmanagement-Maßnahmen unverzichtbar. Hier sehen Sie links die RGB-Bilder, rechts die Simulation des (ungefähren) Druckergebnisses.

B.2 Farbmanagement einrichten

Farbmanagement ist – wie bereits erwähnt – nicht nur eine Frage bestimmter Photoshop-Einstellungen, sondern umfasst alle Arbeitsstationen des Desktop-Publishings, von der Digicam und dem Scanner über Ihren eigenen Bildschirm-Arbeitsplatz bis hin zur Druckerei oder zum Desktopdrucker.

Bevor ich Ihnen im nächsten Abschnitt erkläre, wie Farbmanagement in Photoshop funktioniert, folgen hier die wichtigsten Schritte für die Einrichtung eines farbsicheren Publishing-Workflows.

B.2.1 Ihre Arbeitsumgebung

Auch wenn Farbmanagement die Farbkonsistenz bei der Bearbeitung digitaler Bilddaten erhalten oder wenigstens verbessern kann – der menschliche Bildbearbeiter spielt dabei die wichtigste Rolle. Ein zweckmäßig eingerichteter Arbeitsplatz hilft Ihnen dabei.

Farbmanagement ist Teamwork!
Die schönste kalibrierte Arbeitsumgebung mit Farbmanagement bringt nichts, wenn Sie nicht die Lieferanten und Abnehmer Ihrer Dateien in die Planung einbeziehen. Bevor Sie weitere Maßnahmen treffen, klären Sie ab, ob die Lieferanten und vor allem die Empfänger Ihrer Dateien Ihren Farbmanagement-Workflow mittragen oder ob es eventuell sogar schon Farbmanagement-Maßnahmen gibt, an die Sie Ihre Strategie anpassen müssen. Dies betrifft vor allem die zu verwendenden Profile.

Der Monitor | Bildschirme sind nicht unbedingt zuverlässige Instrumente für die Farbdarstellung. Außerdem wird die menschliche Farbwahrnehmung am Monitor erheblich von Faktoren wie Blickwinkel, Umgebungslicht und Kontrasteinstellungen beeinflusst. Gleichzeitig ist der Monitor aber Ihr wichtigstes Arbeits- und Kontrollinstrument. Umso wichtiger ist, dass Sie dafür sorgen, dass seine Leistung so gut wie möglich ist. Dazu gehört das Kalibrieren des Monitors (siehe den nächsten Abschnitt), aber auch, dass Sie Ihre Arbeitsumgebung mit etwas Sorgfalt einrichten. Davon profitieren Sie nicht nur, wenn Sie Bilder für die Druckausgabe vorbereiten. Auch Korrekturen von Farbe und Kontrast, bei denen der Bildschirm ein wichtiges Kontrollinstrument ist, geraten besser.

Der optimale Arbeitsplatz | Der perfekte Bildbearbeiter- und Druckvorstufen-Arbeitsplatz wäre eine triste Angelegenheit: farbneutrales Grau rundum (auch Ihre Kleidung, die auf den Monitor reflektieren könnte!), kein Tageslicht, stattdessen gleichbleibende künstliche Beleuchtung, keine Blendungen durch Fenster oder Lampen. Damit wären die wichtigsten Fehlerquellen für menschliches Farbsehen ausgeschaltet, nämlich:

- bunte Farben in der Umgebung des Bildschirms (sie reflektieren in den Monitor und beeinträchtigen Ihr Farbempfinden)
- die Farbe (»Lichttemperatur«) des Umgebungslichts
- eventuell vorhandene Blendreflexe
- allgemein zu große Helligkeit am Arbeitsplatz

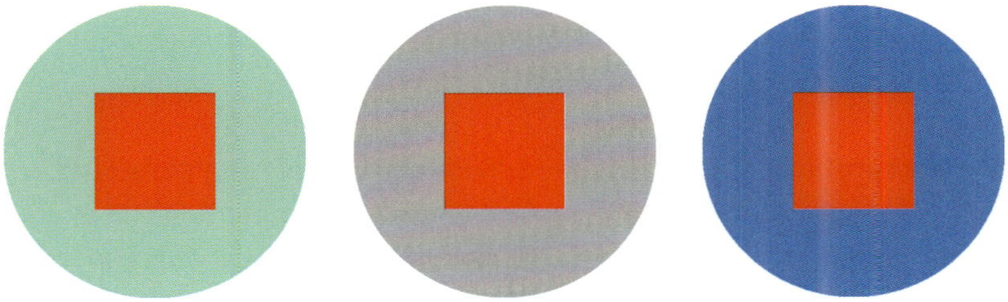

◂ **Abbildung B.5**
Die Umgebung beeinflusst die Farbwahrnehmung! Dreimal dasselbe rote Quadrat – dreimal eine andere Wirkung. Das lässt sich an dem kleinen Quadrat zeigen, trifft aber auch für die Farben auf Ihrem Bildschirm.

Die Gegebenheiten des Arbeitsplatzes verbessern | Sie müssen sich nicht in einen mittelgrau gewandeten Höhlenbewohner verwandeln, aber bereits mit wenigen Änderungen können Sie die Qualität Ihres Arbeitsplatzes entscheidend verändern.

- Wechselnde Lichtverhältnisse – mal Tageslicht, mal Kunstlicht – führen zu unterschiedlicher Farbwahrnehmung. Für die Beleuchtung professioneller Grafik-Arbeitsplätze gibt es Leuchtmittel, die genormtes Kunstlicht ausstrahlen. Farbkritische Arbeiten sollten Sie lieber im Schein einer solchen Lampe erledigen als bei Tageslicht, das im Tagesverlauf wechselt. Für die gebräuchlichen Normlichtarten gibt es Lichtquellen im Handel.
- Bunte Farben im direkten Arbeitsumfeld können Ihre Farbwahrnehmung beeinflussen. Dazu gehören farbige Tischplatten, Plakate, aber auch die Desktopoberfläche Ihres Rechners und Ihre Kleidung. Die meisten solcher Störquellen lassen sich einfach ausschalten.
- Vermeiden Sie Blendungen durch Fenster oder Lampen und allgemein eine zu helle Beleuchtung (dadurch wirken Bildschirmfarben zu hell und zu »schlapp«). Das kommt nicht nur der Farbwahrnehmung zugute: Auch Ihre Augen werden es Ihnen danken.
- Gegen Streulicht hilft ein Blendschutz am Bildschirm. High-End-Monitore werden gleich mit dieser sogenannten »Hutze« geliefert, mit etwas Geschick können Sie sich so einen Blendschutz aber auch schnell selbst bauen.

[Normlicht]
Wie eine Farbe erscheint, hängt entscheidend vom Umgebungslicht ab. Das gilt besonders für Gedrucktes: Schließlich entsteht Farbe hier ja durch Reflexion bzw. Absorption von Teilen des Lichts, mit dem die bedruckte Fläche beleuchtet wird. Um gleichbleibende und vergleichbare Bedingungen für die grafische Industrie zu schaffen, wurden verschiedene Normen für Lichtquellen geschaffen. Heute sind die Normlichtfarben D50 (5000 K) und D65 (6500 K) am gebräuchlichsten. D50 soll dem Mittagslicht entsprechen; es wirkt zunächst etwas ungewohnt gelblich. D65 ist kühler. In Druckereien ist D50 als Proof-Beleuchtung vorgeschrieben. Sie können jedoch auch D65 benutzen und Ihren Arbeitsablauf darauf einstellen.

B.2.2 Den Monitor kalibrieren und profilieren

Monitore sind – neben Desktopdruckern, deren Farbwiedergabe vom verwendeten Papier, aber auch von Parametern wie der Luftfeuchtigkeit oder der Patronencharge abhängt – die unzuverlässigsten Geräte im gesamten Publishing-Prozess: Ihre Farbdarstellung kann sich mit den geleisteten Betriebsstunden ändern und wird (siehe oben) vom Umgebungslicht stark beeinflusst. Deswegen sollten Sie ihn kalibrieren. Durch die Kalibrierung wird sichergestellt, dass die Farben einer Datei

Bild: EIZO

▴ **Abbildung B.6**
Blendschutz am Bildschirm

korrekt am Bildschirm angezeigt werden. Gleichzeitig wird dabei ein aktuelles Monitorprofil gewonnen.

Monitorprofile | Das Erzeugen individueller Profile – gleichgültig, ob beim Monitor oder bei anderen Geräten – läuft immer nach dem gleichen Schema ab: Es ist der Abgleich von Soll (»Welche Farbe sollte eigentlich vom Gerät dargestellt werden?«) und Ist (»Welche Farbe wurde tatsächlich angezeigt?«).

Konkret geschieht das, indem Testfarben von einer genormten Vorlage ausgegeben oder eingelesen werden. Dann wird mit Hardwareunterstützung ermittelt, wo und wie stark das Ergebnis von der Vorlage abweicht. Diese Abweichung fließt in das individuelle Profil des Gerätes ein. So beschreibt das Profil die speziellen Ein- oder Ausgabeeigenschaften des Gerätes. Im Fall der Drucker- oder Kameraprofile spielen weitere Parameter wie verwendete Papiere oder Belichtung eine Rolle. Konkret heißt das, dass Sie beispielsweise ein für Papiersorte X erzeugtes Druckerprofil beim Drucken auf Papier Y nicht benutzen können und dass ein Kameraprofil für Fotos unter Studiobedingungen beim Waldspaziergang nichts taugt.

Fertige Monitorprofile
Wer das Verfahren zu aufwendig findet, muss nicht ganz auf das Geraderichten der Bildschirm-Farbausgabe verzichten. Manche Monitorhersteller bieten Profile zu ihren Geräten an. Wenn Sie für Ihren Monitor einen Treiber installiert haben, stehen die Chancen gut, dass sich auch das Profil schon im richtigen Systemordner befindet. Falls Sie einen Plug-and-Play-Monitor benutzen, müssen Sie das mitgelieferte Treiber-Medium oder das Internet nach einem aktuellen Profil für Ihren Bildschirmtyp durchforsten.

Kolorimeter und Kalibrierungssoftware | Um einen Bildschirm sachgerecht zu kalibrieren, brauchen Sie ein Kolorimeter – ein kleines Gerät, das Farben objektiver und genauer misst, als es »nach Augenmaß« möglich wäre. Dazu gehört außerdem immer passende Software, die genormte Referenzfarben auf den Bildschirm bringt, die dann vom Kolorimeter gemessen werden. Die Software verarbeitet die gemessenen Werte und speichert sie in einem Profil ab. Für Kalibrierungshard- und -software gibt es verschiedene Hersteller, das Funktionsprinzip ist jedoch immer ähnlich. Manche, speziell auf die Bedürfnisse von Gestaltern ausgerichtete Monitore haben sogar einen integrierten Kalibrierungssensor. In diesen Fällen kommen Sie ohne zusätzliches Kolorimeter aus und können die mitgelieferte Kalibrierungssoftware nutzen.

Kalibrierung | Nun beginnt die eigentliche Kalibrierung. Dazu hängen Sie das Kolorimeter in der Regel direkt vor die Bildschirmoberfläche. Über USB ist es auch mit dem Rechner verbunden, auf dem die passende Software installiert ist. Die Kalibriersoftware stellt auf dem Bildschirm verschiedene Farben und Grauwerte dar. Das Kolorimeter misst die Werte, die auf dem Bildschirm »ankommen«, und liefert die Daten an den Rechner zurück. Die Software vergleicht dann die am Monitor dargestellten und gemessenen Werte mit den Referenzfarben, die eigentlich dargestellt werden sollten. Aus der Differenz errechnet die

Software die Korrekturen, die künftig notwendig sind, damit Farben auf diesem Bildschirm korrekt dargestellt werden. Die Ergebnisse der Messung werden in einem ICC-Profil abgespeichert. Meist wird dieses Profil dann automatisch im richtigen Ordner abgelegt.

Nachbereitung | Nach der Kalibrierung dürfen Sie die Monitorregler zur Einstellung von Farbwiedergabe, Helligkeit und Kontrast nicht mehr verändern. Doch auch dann, wenn Sie nichts an den Monitoreinstellungen ändern, sollten Sie den Kalibrierungsvorgang von Zeit zu Zeit wiederholen. Denn Monitore altern und verändern ihre Farbwiedergabe unmerklich oder werden zunehmend dunkler. Etwa alle 200 Betriebsstunden sollten Sie Ihren Bildschirm neu kalibrieren und das Monitorprofil aktualisieren.

Einstellung nach Augenmaß – Kalibrierung allein mit Software | Auch für die Pi-mal-Daumen-Einstellung per Sichtkontrolle gibt es Hilfen.

- Unter **Windows** können Sie die Augenmaß-Farbeinstellung mit dem »Display Colour Calibration Wizard« – auch bekannt als DCCW – vornehmen. Um das Tool zu starten, tippen Sie einfach »dccw« ins Startmenü und drücken [↵]. Anschließend folgen Sie den Anweisungen auf dem Bildschirm.
- Bei **Apple** leistet der systemeigene Kalibrierungsassistent hilfreiche Dienste.

Die Justierung nach Augenmaß ist allerdings deutlich ungenauer als die Vermessung mit dem unbestechlichen Kolorimeter. Wenn Sie wirklich für die Druckvorstufe produzieren, ist dieses Verfahren keine echte Alternative zum hardwaregestützten Kalibrieren.

B.2.3 Weitere Profile – individuell erzeugt oder fix und fertig

Wie bereits erwähnt, benötigen Sie für alle beteiligten Geräte – nicht nur für den Monitor – Profildateien (auch Profile, Farbprofile oder ICC-Profile genannt), die die besonderen Farbeigenschaften der jeweiligen Geräte beschreiben.

Während es noch nicht allzu kostspielig ist, ein individuelles Scannerprofil zu erstellen, reißt die Profilierung von Druckern schon eher Löcher in Ihr Budget. Ebenso wie bei Monitoren sollten Sie Druckerprofile häufig erneuern, da Drucker sehr instabile Farbeigenschaften haben können. Die Papiersorte, die Luftfeuchtigkeit und der Füllstand von Kartusche oder Patrone sind Gründe für Schwankungen.

Kameraprofile
Auch Kameras können Sie profilieren, allerdings brauchen Sie verschiedene Profile für unterschiedliche Lichtverhältnisse.

Sie müssen die Profile jedoch nicht zwangsläufig alle selbst erzeugen, wenn Sie mit Farbmanagement arbeiten wollen.

Es gibt mehrere Möglichkeiten, die sich hinsichtlich des Aufwandes, aber auch in Hinblick auf die Genauigkeit unterscheiden.

Individuelle Profile – alles selbst erstellt | Das funktioniert für alle Geräte ähnlich wie bei der Kalibrierung und Profilierung des Monitors: Das Farbverhalten bestimmen Sie, indem Sie ein genormtes Farbmuster anzeigen oder ausgeben lassen, das Ergebnis mit speziellen Geräten messen und mit einer Kalibrierungssoftware auswerten. Dieses Verfahren ist aufwendig und recht kostspielig, aber wenn Sie richtig arbeiten, ist es exakt.

- Um ein **Druckerprofil** zu generieren, brauchen Sie ein weiteres Messgerät – ein Spektrofotometer – samt Software oder eine Kombilösung, die Monitor und Drucker kalibrieren und profilieren kann.
- Um exakte **Scannerprofile** zu gewinnen, ist immerhin auch spezielle Software nötig. Außerdem brauchen Sie eine genormte Scanvorlage, ein sogenanntes Target.
- Auch manche **Digitalkameras** lassen sich profilieren. Dazu benötigen Sie ebenfalls ein Testchart und eine Software, die das Ergebnis auswertet. Es wird unter den Bedingungen fotografiert, für die das Kameraprofil später gelten soll. Vor allem in der Produktfotografie und für wissenschaftliche Aufgaben werden profilierte Kameras eingesetzt.

Targets – Funktion und Bezugsquellen

Targets sind Testtafeln mit Referenz-Farbfeldern, deren genaue Farbwerte bekannt sind. Aus der Art und Weise, wie ein Gerät die Farben und Tonwerte des Targets interpretiert, lassen sich Rückschlüsse auf seine Farbwiedergabe-Eigenschaften ziehen. Je nachdem, welches Gerät profiliert werden soll, sind die Targets unterschiedlich beschaffen. Eines ist allen Targets gemeinsam: Sie müssen sorgfältig behandelt und vor Knicken, Kratzern und vor allem vor Licht geschützt werden. Auf der schlichten, aber sehr informativen Site **Coloraid** (*www.targets.coloraid.de*) finden sich auch Bezugsquellen für relativ günstige Targets.

Dort gibt es übrigens auch eine Reihe von Links zu Open-Source-Farbmanagement-Software, vor allem für Scanner (*www.coloraid.de*).

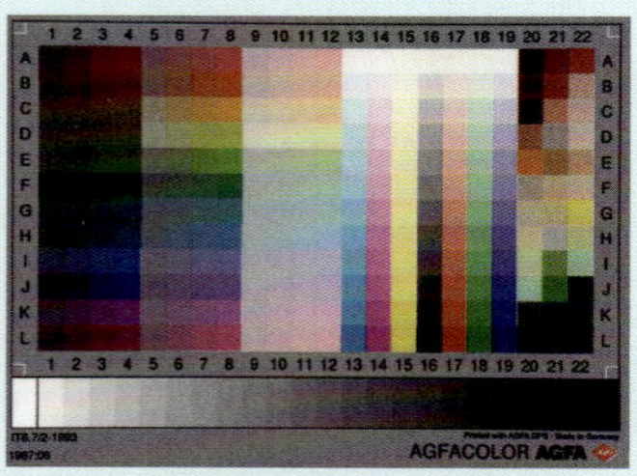

▲ **Abbildung B.7**
Farbchart für die Kalibrierung, hier ein IT8-Target für Scanner

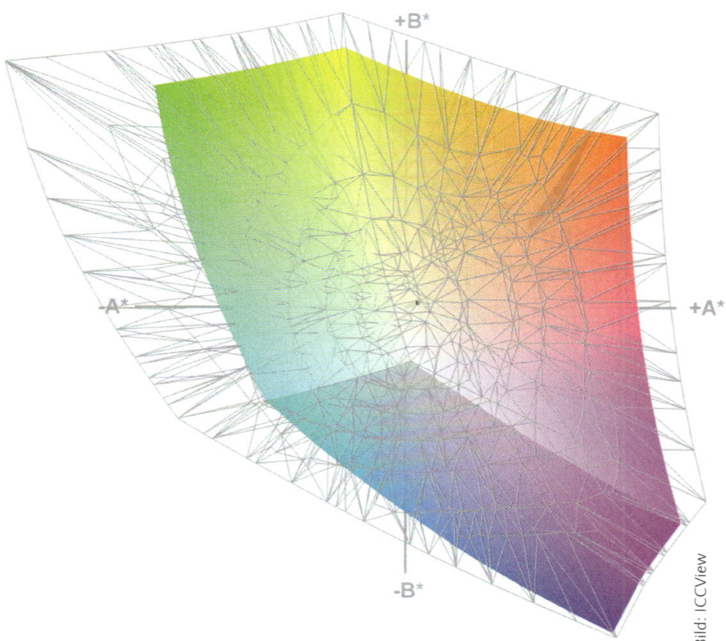

Abbildung B.8 ▶
Vergleich der beiden Farbräume sRGB (farbig, innen) und Adobe RGB (Wireframe-Darstellung außen). Es ist sofort zu sehen, dass der Adobe-RGB-Farbraum viel größer ist – und folglich mehr Farben umfassen kann – als sRGB.

Individuelle Profile – Auswertung machen lassen | Als preisgünstigere Alternative zum selbstgemachten Druckerprofil können Sie eine bereits gedruckte Normvorlage zu einem Dienstleister schicken, um das Ergebnis dort professionell ausmessen zu lassen. Sie bekommen dann ein fertiges Profil zurück. Sie sparen sich die Kosten für eigene Soft- und Hardware. Diese Variante ist allerdings nur dann zu empfehlen, wenn Sie nur gelegentlich farbkritische Jobs erledigen und Ihre Profile nicht ständig aktuell halten müssen.

Profile im Hardware-Lieferumfang | Vorgefertigte Profile gibt es nicht nur für Monitore. Oft lässt sich mit den Profilen, die im Zubehör etwas besserer Scanner oder Desktopdrucker enthalten sind, brauchbare Qualität erreichen. Wenn Sie kein Profil auf dem mitgelieferten Installationsmedium finden, lohnt sich auch ein Blick auf die Hersteller-Website.

Profile von Dritten | Profile sollten möglichst exakt auf das Gerät angepasst sein, mit dem sie verwendet werden. Insofern hört es sich zunächst widersinnig an, Profile aus »fremden Quellen« zu benutzen. Doch gerade für Vierfarbdruck-Profile und Arbeitsfarbraum-Profile gibt es geeignete Bezugsquellen. Stellen wie das ICC oder das europäische Pendant, die **European Color Initiative**, und andere in Druck und Farbmanagement involvierte Firmen und Institutionen sind eine gute Anlaufstelle. Aber auch Ihr Druckdienstleister vor Ort hat unter Umständen genau das Profil, das Sie brauchen, wenn Sie auf seinen Maschinen drucken lassen wollen. Fragen Sie nach!

Linktipps: Quellen für ICC-Profile | Unter diesen Webadressen finden Sie nicht nur Farbprofile, sondern auch weiterführende, zum Teil sehr detaillierte Informationen zum Thema Farbmanagement:

- Die **European Color Initiative** stellt ICC-Profile für den Offsetdruck und den Arbeitsfarbraum ECI-RGB 1.0 zur Verfügung (*http://www.eci.org/de/start*).
- Das **International Color Consortium** (ICC) bietet zahlreiche sehr fachspezifische Informationen und unter dem Menüpunkt ICC RESOURCE CENTER auch Profile zum Herunterladen an (*www.color.org*).
- Die Seite **ICCView** ermöglicht es, Farbraummodelle in 3D anzusehen und zu vergleichen. Die Modelle können gedreht und bewegt werden! Die Abbildungen machen das Grundproblem des Digital Publishings – die Arbeit in verschiedenen Farbräumen – sehr anschaulich. Auf der Site gibt es auch Profile zum Herunterladen (*www.iccview.de*).

Kamera-Farbeigenschaften verbessern

Auch wenn Ihnen individuelles Profilieren zu aufwendig ist, können Sie die Farbwiedergabe Ihrer Kamera (bei einigen Modellen) optimieren. Maßnahme eins: Machen Sie öfter einen **manuellen Weißabgleich**. Gerade bei Mischlicht zahlt sich das aus, denn dabei gerät die halbautomatische Weißabgleich-Vorwahl schnell an ihre Grenzen.

Um die Farbqualitäten Ihrer Kamera weiter zu verbessern, können Sie auch versuchen, den Farbraum umzustellen, in dem Ihre Kamera arbeitet. Viele Kameras arbeiten standardmäßig im relativ kleinen **sRGB**-Farbraum. Wenn es bei Ihrem Modell möglich ist, sollten Sie **Adobe RGB** einstellen. Der Adobe-RGB-Farbraum enthält wesentlich mehr Farben als sRGB (siehe Abbildung B.8).

Zum Weiterlesen
Mehr über **Arbeitsfarbräume** finden Sie in Abschnitt B.3.2.

Wohin mit den Profilen? | Profile können nur dann richtig funktionieren, wenn sie an der richtigen Stelle in Ihrem Computer gespeichert sind. Kalibrierungs- und Profilierungssoftware sorgt meist schon von selbst dafür, dass die Profildateien dort landen, wo sie hingehören. Auch beim Installieren neuer Geräte werden die Profile manchmal automatisch hinzugefügt. Profile, die Sie herunterladen oder vom Dienstleister bekommen, müssen Sie allerdings selbst in den richtigen Ordner befördern.

- Je nach Herausgeber haben Profildateien Endungen wie ».icm«, ».icc« oder ».cdmp«.
- Unter **Windows** können Sie Profile ganz einfach installieren. Dazu öffnen Sie per Rechtsklick auf den Dateinamen des neuen Profils ein Kontextmenü und wählen dort den Befehl PROFIL INSTALLIEREN (steht stattdessen dort der Befehl PROFIL DEINSTALLIEREN, befindet sich das Farbprofil bereits auf Ihrem System). Alternativ können Sie die Profile auch manuell in den Ordner WINDOWS\SYSTEM32\SPOOL\DRIVERS\COLOR kopieren.
- **Mac** sichert Profile unter /LIBRARY/COLORSYNC/PROFILES/ (oder im jeweiligen User-Verzeichnis).

Nach dem Installieren von Farbprofilen müssen Sie Photoshop und andere Adobe-Anwendungen neu starten.

B.3 Farbmanagement-Einstellungen in Photoshop

Sie haben die wichtigsten Randbedingungen Ihrer Produktion geklärt, Ihnen liegen Profile für alle beteiligten Geräte vor, und Sie haben sie korrekt installiert bzw. gespeichert? Dann kann es losgehen mit den Farbmanagement-Einstellungen in Photoshop.

Photoshop ist das Bindeglied zwischen allen Eingabe- und Ausgabegeräten und gleichzeitig die Steuerzentrale für das Farbmanagement. Mit dem Befehl BEARBEITEN • FARBEINSTELLUNGEN (⇧+Strg/cmd+K) rufen Sie das kompakte, aber sehr mächtige Dialogfeld auf.

Der Dialog gliedert sich in vier Blöcke, dazu kommen einige Bedienungshilfen:

- Im ersten Block stellen Sie die ARBEITSFARBRÄUME ❷ für RGB, CMYK, Graustufen und Volltonfarben ein.
- Wenn Sie eine Datei in Photoshop öffnen, hat sie bereits ein Profil – oder auch nicht. Unter FARBMANAGEMENT-RICHTLINIEN ❸ legen Sie fest, wie mit der Datei verfahren werden soll.

- Mit den Konvertierungsoptionen ❺ steuern Sie, nach welchen Regeln die Umrechnung von einem Farbraum in den anderen erfolgt.
- Die Optionen unter Erweiterte Einstellungen werden in der Praxis eher selten genutzt, sie können die Monitordarstellung stark verändern.
- Dazu kommen einige Funktionen, die zum Bedienungskomfort beitragen: Die Liste Einstellungen ❶ dient zur Vorwahl von Einstellungskonstellationen, und es gibt auch Buttons zum Speichern und Laden eigener Einstellungen (rechts oben) sowie ein Feld mit Kurzinfos ❹ zu der Option, die Sie gerade unter der Maus haben.

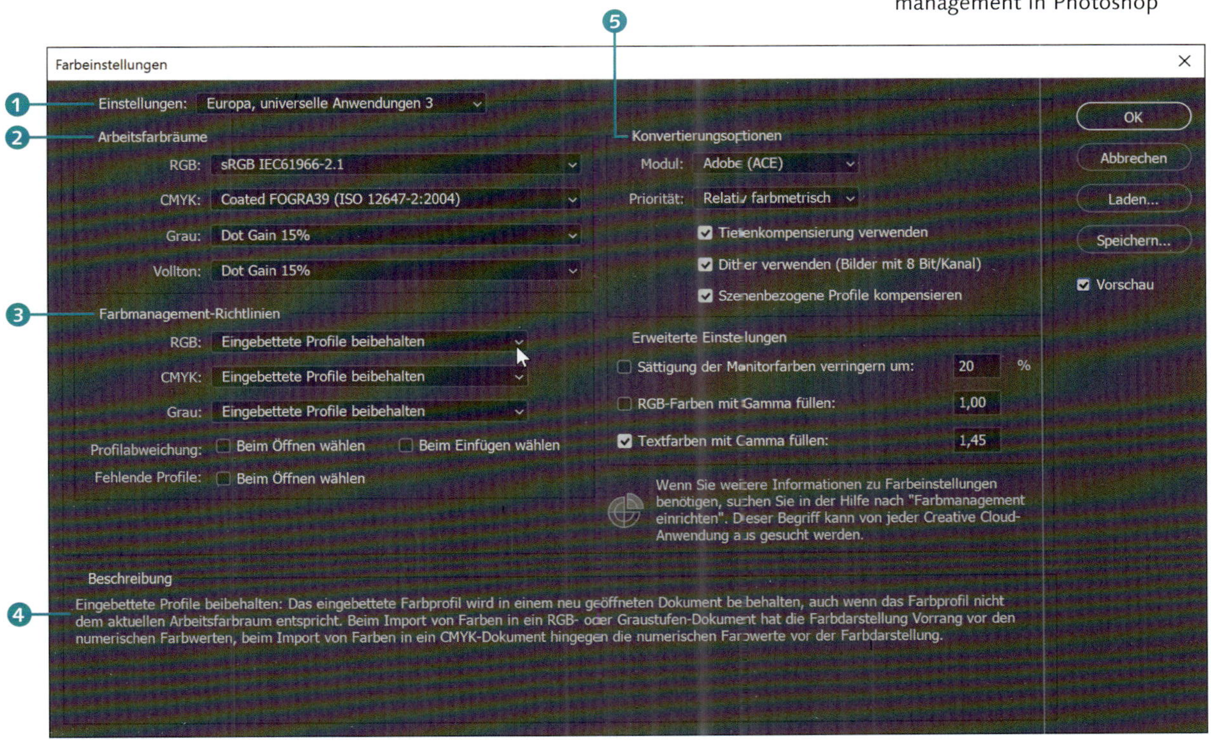

▼ **Abbildung B.9**
Die Einstellungen für das Farbmanagement in Photoshop

Was hat es nun mit den einzelnen Optionen und Funktionen auf sich?

B.3.1 Vordefinierte Settings unter »Einstellungen«

Im Dialog Farbeinstellungen gibt es eine Vielzahl möglicher Konfigurationen. Welche Konstellation »die beste« ist, kann nicht pauschal beantwortet werden. Die Auswahl richtet sich danach, für welches Medium Sie aktuell produzieren. Photoshop bietet für die wichtigsten Workflows fertige Voreinstellungen. Dadurch sparen Sie nicht nur viele Klicks, die angebotenen Optionskonstellationen gelten als »narrensi-

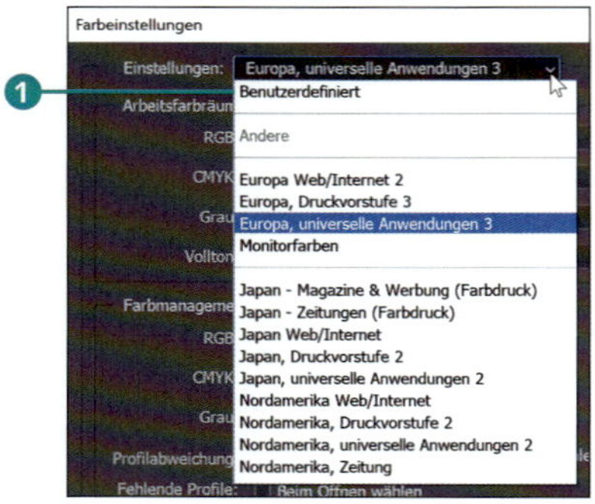

▲ **Abbildung B.10**
Adobe liefert eine Reihe vorgefertigter Farbmanagement-Settings mit. Sie können jedoch auch eigene Einstellungen erstellen und sichern (Benutzerdefiniert ①).

cher«: Sie sind von Adobe getestet worden und werden für weniger erfahrene Nutzer empfohlen. In der Liste unter Einstellungen ① wählen Sie sie aus.

B.3.2 Arbeitsfarbräume

Arbeitsfarbräume sind ein anfangs schwer fassbares, aber dennoch sehr wichtiges Konstrukt: Sie ermöglichen die von konkreten Geräten unabhängige Beschreibung der Farben einer Datei. Sie sollen den Verlust von Farbinformationen bei der farbmanagementgestützten Arbeit verhindern – oder zumindest verringern. Wie die profilierten Geräte haben auch Arbeitsfarbräume eigene Profile. Welches das »richtige« Arbeitsfarbraum-Profil ist, entscheidet sich jedoch nicht (anders als bei den Geräten) durch eine Messung. In welchem Arbeitsfarbraum Sie arbeiten, ist eine Festlegung (allerdings keine willkürliche). Photoshop liefert zahlreiche Profile für Arbeitsfarbräume mit.

Welche konkreten Vorteile das Konzept der Arbeitsfarbräume bringt, ist am besten zu verstehen, wenn wir etwas zurückblicken: Bis vor einigen Jahren war im Farbmanagement nämlich noch der RGB-Farbraum des aktuell verwendeten Monitors der Ausgangspunkt für die Umrechnung von den in RGB vorliegenden Bilddaten in den CMYK-Farbraum. Das war aus zwei Gründen problematisch: Der Farbraum eines durchschnittlichen Feld-Wald-und-Wiesen-Monitors enthält im Bereich der Grün- und Cyantöne meist deutlich weniger gesättigte Farben, als im hochwertigen Vierfarbdruck darstellbar sind (Monitore mit besonders großem Farbraum gibt es auch, sie sind aber selten). Wenn Farbkonvertierungen in CMYK auf der Grundlage eines solchen durchschnittlichen Monitorfarbraums erfolgten, kam es bei den später gedruckten Farben fast zwangsläufig zu Verlusten oder Farbverfälschungen. Da außerdem kaum ein Monitor exakt dieselben Farben umfasst wie der andere, erbrachten CMYK-Umwandlungen an verschiedenen Rechnern mit unterschiedlichen Monitoren auch unterschiedliche Ergebnisse. Mit dem Konzept »Arbeitsfarbraum« ist es nun möglich, die Beschreibung von Farbe in einem Dokument von ihrer Darstellung am Bildschirm zu trennen – Monitor und Datei haben jeweils ein eigenes Profil!

Der Arbeitsfarbraum, den Sie in Photoshop einstellen ②, dient als Quellprofil für alle neuen Dateien, und er bestimmt das Erscheinungsbild von Bildern, die kein eigenes Profil mitbringen. Für den Umgang mit Dateien, deren Profile vom Arbeitsfarbraum abweichen, können Sie eigene Regeln festlegen (im Dialogfeld unter Farbmanagement-Richtlinien) ③.

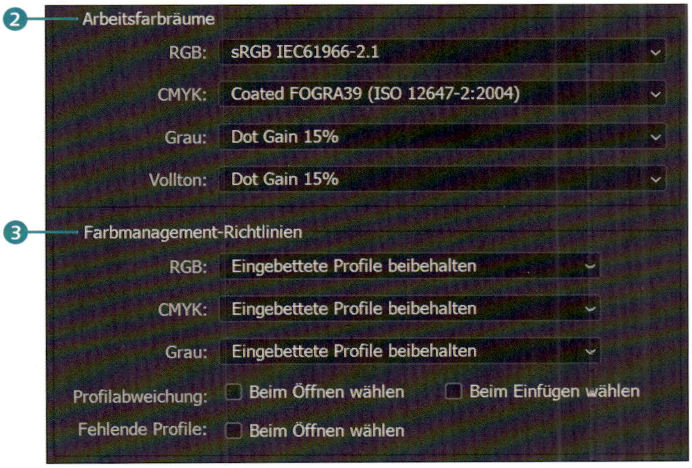

◂ **Abbildung B.11**
Für RGB, CMYK, Graustufen und Volltonfarben können Sie einen Arbeitsfarbraum festlegen.

Wann nutzen Sie welchen Arbeitsfarbraum? | Für RGB und auch für CMYK, Graustufen und Volltonfarben können Sie im FARBEINSTELLUNGEN-Dialog zwischen verschiedenen Arbeitsfarbräumen wählen. Die Einstellungen unter GRAU und VOLLTON können meist vernachlässigt werden; der Wahl des RGB- und CMYK-Farbraums hingegen sollten einige Überlegungen vorangehen.

RGB-Arbeitsfarbräume | Wenn Sie sich mit Farbmanagement befassen, wird Ihnen öfter die Empfehlung begegnen, sRGB als RGB-Arbeitsfarbraum für die Web- und Screenproduktion zu nutzen und größere Farbräume wie Adobe RGB oder auch ColorMatch-RGB oder ECI-RGB als RGB-Arbeitsfarbraum, wenn Sie Bilder für den Druck vorbereiten.

Hat diese Empfehlung ihre Berechtigung? Ja und nein. Um mit Arbeitsfarbräumen und insbesondere dem RGB-Arbeitsfarbraum richtig umzugehen, ist es hilfreich, sich vor Augen zu halten, was ein Arbeitsfarbraum – neben der oben schon angesprochenen Trennung der Dateiprofile vom Bildschirmprofil – leisten soll. Eigentlich könnte der RGB-Arbeitsfarbraum auch »Standardfarbraum« heißen. Es sollte der Farbraum sein, der für das anvisierte Ausgabemedium die besten Bedingungen bietet, *und* idealerweise auch der Farbraum, in dem die meisten Ihrer Dateien sowieso vorliegen – ein Standard-Arbeitsfarbraum eben, mit dem der Farbmanagement-Arbeitsfluss unterbrechungsfrei und gut funktioniert.

»Arbeits«-Farbraum CMYK?
Der Begriff »Arbeits«-Farbraum ist im Zusammenhang mit CMYK etwas irreführend, denn in CMYK wird selten gearbeitet. Die »Arbeits«-Farbraum-Einstellungen für CMYK betreffen die Art und Weise, wie die Konvertierung von RGB zu CMYK erfolgt. Ähnlich ist es bei Graustufen und Volltonfarben. Der wichtigste Modus zum *Arbeiten* ist und bleibt RGB, denn nur in diesem Modus wird der volle Funktionsumfang unterstützt, und viele Bildmanipulationen sind in RGB einfacher als in anderen Modi.

Leider sind diese beiden Anforderungen an den idealen RGB-Arbeitsfarbraum oft genug unvereinbar, insbesondere dann, wenn Sie Ihre **Bilder für den Druck** vorbereiten. Eine wichtige Faustregel lautet: Wählen Sie den RGB-Arbeitsfarbraum so groß, dass die Farbräume aller Eingabegeräte und Ausgabegeräte hineinpassen. Wenn Sie Ihre Bilder später im Vierfarbdruck reproduzieren wollen, empfiehlt sich – eigentlich – ein großer RGB-Farbraum als Ausgangspunkt, also als Arbeitsfarbraum.

Abbildung B.12 zeigt den relativ kleinen sRGB-Farbraum im Vergleich zu einem typischen Druckfarbraum. Es ist deutlich zu sehen, dass der Farbumfang von sRGB (Drahtmodell) zwar immer noch viel größer ist als der Farbraum, der mit den gedruckten Farben ausgefüllt werden kann (farbiger Körper). Allerdings ragt der Druckfarbraum auch an einigen Stellen aus dem sRGB-Farbraum heraus. Was folgt daraus? Wenn Sie sRGB zur Basis für die Konvertierung in CMYK-Druckdaten machen, kann der beim Drucken mögliche Farbumfang nicht vollständig ausgenutzt werden, denn an einigen Stellen fehlen die entsprechenden Farbdaten beim Ausgangsfarbraum schlichtweg. Die Lösung könnte darin bestehen, einen größeren RGB-Farbraum als Ausgangspunkt zu wählen!

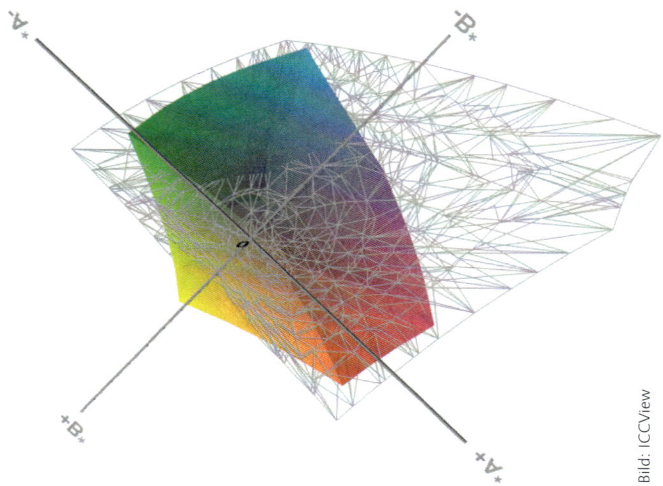

▲ **Abbildung B.12**
Noch einmal zwei Farbräume im Vergleich. Das Drahtmodell markiert den Umfang des Farbraums sRGB, und der farbige Kern stellt den Farbumfang eines typischen Druckprofils (ISOcoated) dar.

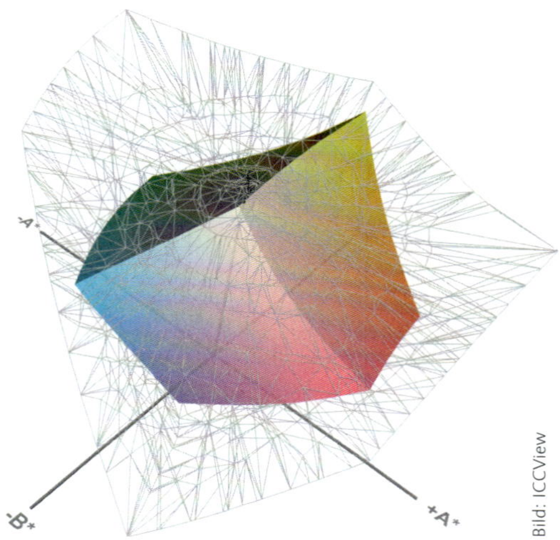

▲ **Abbildung B.13**
Hier sehen Sie wieder den Farbumfang, der dem Druckprofil ISOcoated entspricht (aus etwas anderer Perspektive). Das umgebende Drahtmodell entspricht diesmal dem Umfang des ECI-Arbeitsfarbraum-Profils.

Auf den ersten Blick scheinen mit dem ECI-Profil als Arbeitsfarbraum (dem Drahtmodell in Abbildung B.13) alle Probleme beseitigt: Es umfasst den Druckfarbraum (bunter Kern) vollständig. Mit ECI-RGB (oder einem anderen, vergleichbar großen Farbraum wie Adobe- oder ColorMatch-RGB) scheint der Farbraum gefunden, der für das geplante Ausgabemedium Druck die besten Bedingungen bietet.

Doch halt, was ist eigentlich mit den Dateien, die in diesem Farbraum verarbeitet werden sollen?

Nur in seltenen Fällen liegen alle Bilder in einem der idealen, großen RGB-Farbräume vor. Bilder aus verschiedenen Quellen bringen ganz verschiedene Profile mit: Scans sind im besten Fall mit dem zuvor erstellten oder installierten Scannerprofil versehen, Bilder aus Bilddatenbanken (besonders den semiprofessionellen) sind bunt gemischt und oft auch mit sRGB gespeichert. Dann taucht eine neue Frage auf: Soll das ursprüngliche Profil des Bildes erhalten bleiben, oder werden »abweichende« Bilder in den Arbeitsfarbraum konvertiert? Letzteres ist machbar. Je nachdem, mit welchen Profilen gearbeitet wurde und welche Konvertierungsoptionen eingestellt wurden, kann die Umrechnung der Farbwerte die Bildqualität jedoch durchaus beeinträchtigen.

Beherrscht Ihre Kamera Adobe RGB?
Wenn Ihre Digicam Adobe RGB oder einen anderen großen RGB-Farbraum beherrscht, können Sie den idealen Farbmanagement-Workflow mit wenigen Klicks einstellen. Definieren Sie Adobe RGB in den Kameraeinstellungen als Ausgabefarbraum der Kamera und in den Photoshop-Farbeinstellungen als RGB-Arbeitsfarbraum.

◂ **Abbildung B.14**
Farbwertumrechnungen zerlegen in einigen Fällen bisher glatte Verläufe in solche Streifenmuster (sogenanntes Banding). Eine Gegenmaßnahme ist die Option Dither verwenden (unter Konvertierungsoptionen im Farbeinstellungen-Dialog).

Und wenn das Gros der Dateien, die Sie bearbeiten, sowieso nicht mit dem gewählten – *eigentlich* idealen – Arbeitsfarbraum übereinstimmt, sollten Sie überlegen, ob der Arbeitsfarbraum tatsächlich geschickt gewählt ist. Bilder ohne Profil hingegen können Sie in der Regel ohne Schwierigkeiten mit dem Arbeitsfarbraum-Profil versehen.

Zum Weiterlesen
Konvertieren oder nicht? Dieser Frage gehen wir in Abschnitt B.3.3, »Farbmanagement-Richtlinien: Wie wird mit Dateien und Profilen verfahren?«, genauer nach.

Linktipps: Profile für RGB-Arbeitsfarbräume | Photoshop enthält von Haus aus zahlreiche Farbraum-Profile. Außerdem können Sie weitere ICC-Profile für spezielle Anforderungen herunterladen.

ECI-RGB wurde von der European Color Initiative speziell als Arbeitsfarbraum für die spätere CMYK-Ausgabe entwickelt. Adobe liefert dieses Arbeitsfarbraum-Profil nicht mit. Sie können es von *www.eci.org* herunterladen und wie oben beschrieben installieren. Es steht dann auch in der Liste unter Farbeinstellungen zur Verfügung.

Bilder für die Bildschirmanzeige | Wer Bilder bearbeitet, die ausschließlich für die Wiedergabe am Bildschirm gedacht sind, also Web- und Screendesigner ist, braucht sich um Farbmanagement im Allgemeinen und so auch um den Arbeitsfarbraum nicht so viele Sorgen zu machen. Hier kommen Sie mit sRGB als Arbeitsfarbraum gut zurecht. sRGB ist den meisten Monitorprofilen recht ähnlich, und fast alle Digitalkameras liefern Bilder mit diesem Farbraum (das schon erwähnte Adobe RGB wird nur von höherwertigen Modellen unterstützt). Außerdem ist sRGB vom W3C für die Darstellung von Inhalten im Web empfohlen worden und ist auch der Systemstandard für viele Treiber und andere Devices. Sie können zwar nie wissen, wie der Bildschirm des Surfers eingestellt ist, bei dem die Internetbilder dann landen – insofern ist Farbverbindlichkeit im Netz und für andere Bildschirmnutzungen ohnehin nicht zu gewährleisten. In gewisser Weise ist sRGB jedoch der kleinste gemeinsame Nenner und somit ganz gut geeignet.

[W3C]
Das **World Wide Web Consortium** (W3C) ist ein Anfang der neunziger Jahre gegründetes Gremium, das die Standardisierung der im Netz benutzten Techniken vorantreibt.

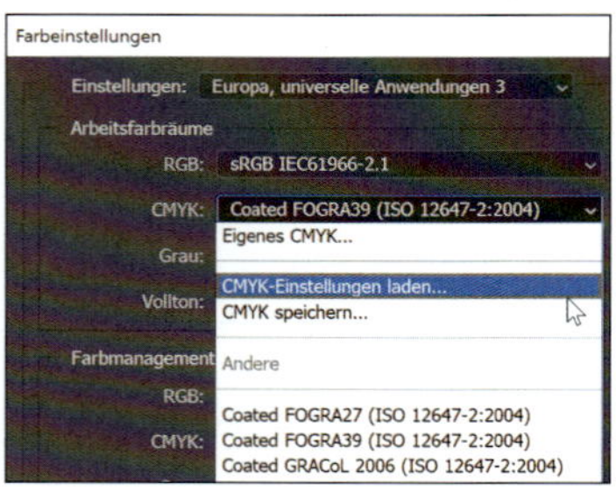

▲ **Abbildung B.15**
Nicht alle vorhandenen CMYK-Arbeitsfarbraum-Profile sind in der Liste zu finden. Profile können aber nachgeladen werden.

Arbeitsfarbräume für CMYK | Die Wahl des CMYK-Arbeitsfarbraums ergibt sich ziemlich logisch aus dem anvisierten Druckprozess respektive der zu bedruckenden Papierart. In jedem Fall empfiehlt es sich, mit Ihrem Druckdienstleister Rücksprache zu halten. Wenn Sie tatsächlich von Ihrer Druckerei Profile bekommen haben, sollten Sie sie hier nutzen.

Sie finden das Profil trotz korrekter Installation nicht in der Liste der CMYK-Arbeitsfarbräume? Dann ist es unter Umständen notwendig, dass Sie in der Liste zunächst auf CMYK-Einstellungen laden klicken. Daraufhin öffnet sich ein Dialog, der den Inhalt des (systemabhängigen) Profile-Ordners zeigt. Dort navigieren Sie zum gewünschten Profil und fügen es durch einen Klick auf Laden zur Liste im Farbeinstellungen-Dialog hinzu (siehe Abbildung B.15).

Wenn Sie kein spezielles Profil bekommen haben, müssen Sie sich eines aus der Liste aussuchen. Beachten Sie hierbei, dass sich in der Liste einige Profile tummeln, die für europäische Druck-Gepflogenheiten nicht passen (so die US-Profile) oder die veraltet sind. **Euroskala**-Profile sind definitiv nicht mehr auf der Höhe der Zeit: Manche Druckereien nehmen keine Dateien mehr an, die nach Euroskala separiert wurden. Mit **Coated FOGRA39** fahren Sie gut, wenn Sie Ihre Datei für den Druck auf gestrichenem Papier vorbereiten. Für den Zeitungsdruck tut es das oben erwähnte Profil der QUIZ. Stimmen Sie sich aber in jedem Fall mit den anderen an der Produktion Beteiligten ab – meist haben Druckereien oder Verlage feste Vorgaben, die Sie einhalten sollten.

Tonwertzuwachs für Graustufen und Volltonfarben | Unter Grau und Vollton finden Sie nicht so viele Optionen wie bei den RGB- und CMYK-Arbeitsfarbräumen. Hier können Sie lediglich den Tonwertzuwachs festlegen. Er ist im Dialogfeld mit dem amerikanischen Terminus Dot Gain bezeichnet.

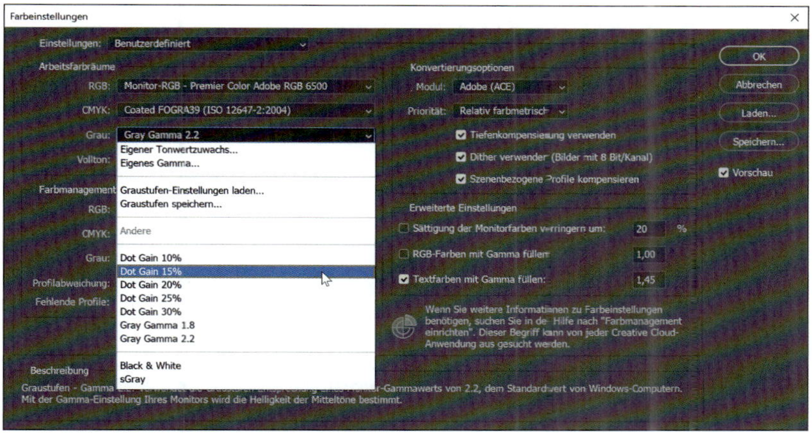

▲ **Abbildung B.16**
»Arbeitsfarbraum«-Einstellungen für Graustufen

[Separation]
Ursprünglich wurde mit dem Begriff *Separation* die Herstellung von einzelnen Farbauszügen (Druckvorlagen) für die vier Durchgänge des Vierfarbdrucks (je ein Auszug für Cyan, Magenta, Gelb und Schwarz) bezeichnet. Heute wird auch das Umrechnen der (RGB-)Dokumentfarben in die vier Druckfarben »Separation« genannt. In dieser Bedeutung ist der Begriff nicht ganz korrekt, er hat sich aber eingebürgert.

Nur wenn Sie Graustufen oder Volltonfarben in Ihrer Datei verwenden, müssen Sie unter GRAU oder VOLLTON etwas einstellen. Sie sollten sich dann entweder mit Ihrer Druckerei absprechen oder den Wert wählen, der für den zuvor festgelegten CMYK-Arbeitsfarbraum gilt. Um den festzustellen, klappen Sie nochmals die CMYK-Arbeitsfarbraumliste auf und gehen dort auf EIGENES CMYK. Im Dialog, der sich dann öffnet, sehen Sie unter DRUCKFARBEN-OPTIONEN auch einen Eintrag bei TONWERTZUWACHS. Schließen Sie alle Fenster *ohne Änderung*, und prüfen Sie, dass nicht irrtümlich der CMYK-Arbeitsfarbraum verändert wurde.

[Tonwertzuwachs]
Der Tonwertzuwachs bewirkt das unbeabsichtigte »Nachdunkeln« von Bildern beim Drucken. Der Effekt kommt zustande, wenn die Farbe der gedruckten Rasterpunkte auf dem Papier verläuft. Bei guten Papierqualitäten gibt es weniger, bei schlechten mehr Tonwertzuwachs.

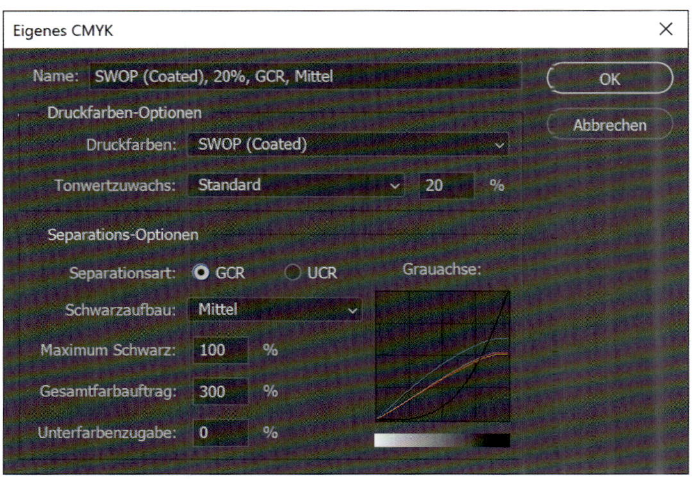

▲ **Abbildung B.17**
Im Dialog EIGENES CMYK können Sie selbst die gewünschten CMYK-Eigenschaften festlegen, aber auch sehen, welche Parameter Ihr CMYK-Arbeitsfarbraum eigentlich nutzt. Die Einstellungen hier sind nur etwas für erfahrene Druckprofis!

Zum Weiterlesen
In Abschnitt 33.3, »Dateien für den professionellen Druck«, lernen Sie die Einstellungen des Dialogs EIGENES CMYK näher kennen.

B.3.3 Farbmanagement-Richtlinien: Wie wird mit Dateien und Profilen verfahren?

Sie haben nun die Arbeitsfarbräume für die verschiedenen Modi festgelegt. Alle neu erzeugten Dateien verwenden automatisch den Farbumfang des Arbeitsfarbraum-Profils.

Mögliche Fälle | Bei allen anderen Dateien sind folgende Fälle denkbar:

- Ihnen liegt eine **Datei vor, deren eigenes Profil mit dem Profil des Arbeitsfarbraums übereinstimmt**. Dieser Fall ist völlig unkompliziert. Sie müssen sich nicht weiter darum kümmern.
- Sie erhalten eine Datei, deren **Profil vom Arbeitsfarbraum abweicht**. Die Datei kann mit einem abweichenden Scanner- oder Kameraprofil ausgestattet sein, oder der Bildlieferant arbeitet absichtlich oder irrtümlich mit anderen Voreinstellungen. (Muss der Workflow besser abgesprochen werden?)
- Sie bekommen eine **Datei ohne Profil**. Das kann passieren, weil entweder die Anwendung, mit der sie erzeugt wurde, kein Farbmanagement beherrscht oder weil die Farbmanagement-Optionen deaktiviert waren.
- Gelegentlich gibt es auch **Dateien mit einem falschen Profil**. Das heißt, jemand hat der Datei ein – irgendein – Profil zugewiesen, das aber nicht die Farbeigenschaften dieser Datei bzw. des Geräts, mit dem die Datei erzeugt wurde, beschreibt. Wenn Ihr Monitor korrekt kalibriert und profiliert ist, stehen die Chancen gut, dass Ihnen solche Dateien durch ihre schräge Farbdarstellung auffallen.

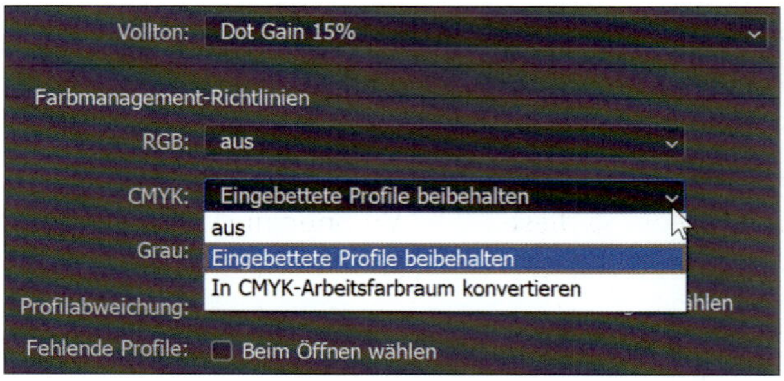

Abbildung B.18 ▸
Ausschnitt aus dem Dialog FARBEINSTELLUNGEN: Wie soll mit abweichenden Profilen verfahren werden?

Optionen | In den FARBMANAGEMENT-RICHTLINIEN legen Sie (für jeden Farbmodus bzw. Arbeitsfarbraum gesondert) fest, wie mit Dateien ohne Profil und mit Dateien, deren Profil von Ihrem Arbeitsfarbraum abweicht, verfahren wird. Die Farbmanagement-Richtlinien sind übrigens nicht nur beim regulären Öffnen von Dateien wirksam. Auch beim Import, bei Drag & Drop zwischen Dateien oder beim Datentransfer per Copy & Paste greifen die gewählten Optionen. Sie haben die Wahl zwischen drei Einstellungen:

- Die Option Aus ignoriert beim Öffnen oder Importieren von Dateien jegliche Profile. Auch beim späteren Speichern wird kein Profil an das Bild angehängt. Ein Farbmanagement findet nicht statt. Diese Option löscht beim Speichern der Datei auch alle eventuellen Profildaten, die ursprünglich in die Datei eingebettet waren. So werden Sie falsche Profile wieder los.
- Eingebettete Profile beibehalten erhält das – abweichende – Profil, mit dem die Datei versehen ist, die Sie gerade öffnen. Datei und Arbeitsfarbraum haben also weiterhin unterschiedliche Profile. Verfügt ein Bild über kein Profil, kann natürlich auch nichts erhalten werden.
- In RGB-Arbeitsfarbraum konvertieren konvertiert die Daten eines geöffneten oder importierten Bildes in das aktuelle Arbeitsfarbraum-Profil. Auch Bilder, die kein eigenes Profil haben, werden nun in den Arbeitsfarbraum konvertiert.

Häufiges Missverständnis
Eigentlich ist es einfach und eindeutig: Das Profil, das an einer Datei hängt, soll die Farbcharakteristik *dieser Datei* beschreiben. Nicht jeder hält sich aber daran. »Große Farbräume sind prima und funktionieren immer«, scheinen sich manche Anwender zu sagen und versehen ihre RGB-Datei willkürlich mit dem Profil eines der großen RGB-Farbräume, die für Printbilder so ideal sind. Dieses Vorgehen wirft jedoch alle Intentionen des Farbmanagements über den Haufen!

Checkboxen | Im Feld Farbmanagement-Richtlinien finden Sie drei Checkboxen für den Umgang mit Dateien in einem vom Arbeitsfarbraum abweichenden Farbraum.

Ist eine der Optionen aktiv, erscheint eine zusätzliche Abfrage auf Ihrem Bildschirm, sobald Sie Bilder ohne Profil oder mit vom Arbeitsfarbraum abweichenden Profilen öffnen.

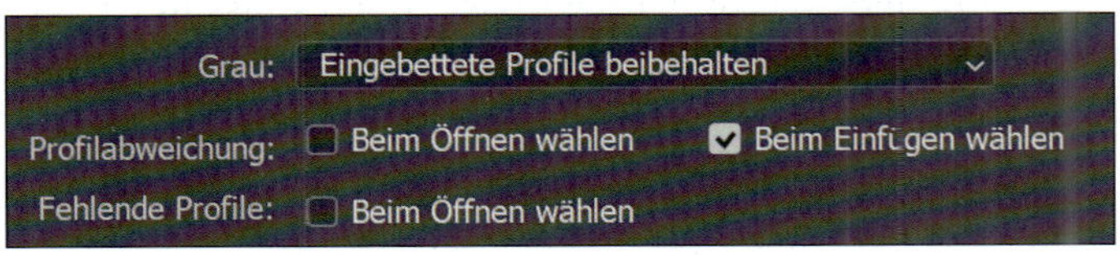

◄ **Abbildung B.19**
Detailoptionen der Farbmanagement-Richtlinien

Auch wenn die dann auftauchenden Hinweisfenster ein bisschen nerven, kann ich die Aktivierung dieser drei Optionen nur empfehlen. Denn trotz aller Theorie und im Hintergrund laufender Berechnungen – Farbmanagement ist kein rein mechanisch arbeitendes System, das man nur einmal in Gang bringen müsste. Ihre Entscheidungen und Ihre Kenntnisse sind nach wie vor gefragt! Die kleine Hinweisbox kann Ihr Bild vor einer gedankenlos durchgeführten Farbraum-Konvertierung bewahren.

Kompakte Profilinfo in der Titel- und Statusleiste | Die Titelleiste von Dokumenten verrät Ihnen nicht nur, in welchem Farbmodus eine Datei vorliegt. Kleine Symbole – Sternchen und Rauten – zeigen auch an, ob das Bild ein Profil hat und wie sich dieses zum Arbeitsfarbraum verhält. Diese Information sollten Sie insbesondere dann im Blick behalten, wenn Sie die Profilwarnungen im Dialog FARBEINSTELLUNGEN deaktiviert haben (siehe Abbildung B.19).

- Wenn Sie direkt hinter der Angabe zur Farbtiefe (Bit-Angabe in Klammern) ein Sternchen * sehen, stimmt das Farbprofil des Bildes nicht mit dem Arbeitsfarbraum überein (siehe Abbildung B.20).
- Steht ein Sternchen bei der Bitzahl in der Klammer und eines hinter der Klammer, sind Änderungen im Bild noch nicht gespeichert worden *und* das Farbprofil des Bildes weicht vom Arbeitsfarbraum ab (Abbildung B.21).
- Wenn hinter der Bitzahl eine Raute # erscheint, hat das Bild kein Farbprofil (siehe Abbildung B.22).
- Folgt auf die Bitzahl kein weiteres Symbol, stimmen das Farbprofil der Datei und der Arbeitsfarbraum überein, wie in Abbildung B.23 zu sehen.
- Wenn Sie noch genauere Informationen zum Dateiprofil brauchen, sehen Sie in der Bild-Statusleiste nach. Eventuell müssen Sie dort die Anzeige des Profils (durch Klick auf das Miniaturdreieck) erst aktivieren.

▲ **Abbildung B.20**
Abweichendes Farbprofil

▲ **Abbildung B.21**
Kein Hinweis aufs Farbprofil: ungespeicherte Änderungen

▲ **Abbildung B.22**
Kein Profil

▲ **Abbildung B.23**
Hier stimmen Profil und Arbeitsfarbraum überein.

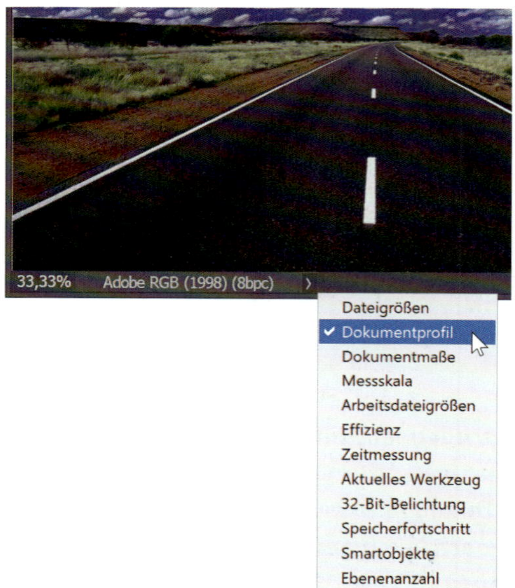

Abbildung B.24 ►
So aktivieren Sie die Profilanzeige in der Bild-Statusleiste.

Einstellungen bei Dateien mit abweichendem Profil | Bei Dokumenten, deren Profil mit dem Arbeitsfarbraum übereinstimmt, funktioniert der Farb-Workflow nahtlos. Dateien ohne Profil sind gewissermaßen nackt und liefern keine Anhaltspunkte dafür, wie sie eigentlich aussehen sollen – genau das wäre ja die Aufgabe des Dateiprofils. Bei Dateien mit falschem Profil verhält es sich ähnlich. Und bei Dateien mit abweichendem Profil? Grundsätzliche Empfehlungen pro oder contra Farbraum-Konvertierung zu geben ist unmöglich. An kaum einer anderen Stelle im Farbmanagement sind Ihre Entscheidungen so wichtig, und leider ist dies auch der Punkt, an dem einiges schiefgehen kann.

Es sind Arbeitssituationen und Workflow-Konstellationen denkbar, in denen das Konvertieren besser ist, in anderen Fällen sollten Sie unbedingt davon Abstand nehmen – und manchmal müssen Sie es einfach ausprobieren. Einige typische Fälle:

- **RGB-Datei mit einem Profil, das vom Arbeitsfarbraum abweicht:** Dokumentprofile transportieren in einem korrekten Farbmanagement-Workflow die notwendigen Informationen, damit das Bild so farbrichtig wie möglich dargestellt werden kann. Das sagt eigentlich alles: Ein Konvertieren ist nur in Ausnahmefällen nötig.
- **RGB-Datei ohne Profil:** Hier haben Sie keinerlei Vorgaben, wie die Bildfarben eigentlich aussehen sollen. Wenn es Ihnen nicht gelingt, durch Rücksprache mit dem Bildlieferanten zu klären, welches der genaue Bild-Farbraum sein könnte, müssen Sie der Datei versuchsweise verschiedene Profile anhängen (zum Beispiel per BEARBEITEN • PROFIL ZUWEISEN) und schauen, welches Profil brauchbare Bildfarben erzeugt. Das hört sich nach viel Arbeit an, da aber sRGB der Standard von sehr vielen Applikationen und Geräten ist (stillschweigend auch von solchen, die kein Farbmanagement betreiben), hat die Suche oft bereits nach einem Versuch ein Ende. Bequemer ist es, eine solche Datei einfach in den Arbeitsfarbraum konvertieren zu lassen. Tatsächlich verwenden viele Nutzer den Arbeitsfarbraum als Fallback-Lösung für solche Fälle – dabei werden aber die Original-Bilddaten verändert.
- **RGB-Datei mit einem falschen Profil:** Hier entledigen Sie sich am besten des falschen Profils und gehen dann so vor wie bei einer Datei ohne Profil. Vielleicht gelingt es Ihnen aber auch, mit dem Lieferanten des Bildes zu klären, was eigentlich beabsichtigt war.
- **CMYK-Datei mit abweichendem Profil:** Das Profil einer CMYK-Datei enthält Anweisungen für den Druck. Wenn Sie eine solche Datei einfach in den Arbeitsfarbraum konvertieren, gehen nicht nur die ursprünglichen Farbwerte, sondern auch die Informationen über den beabsichtigten Farbaufbau verloren. Können Sie davon ausgehen, dass der Urheber wusste, was er mit der Datei macht? Dann ändern Sie lieber nichts. Zu bedenken ist auch, dass CMYK-Farbräume ohnedies recht klein sind – bei der Umrechnung wird also eine geringere Genauigkeit erreicht als bei RGB. Allenfalls wenn zwischen dem Profil und dem beabsichtigten Druckverfahren eine große Abweichung besteht, sollten Sie konvertieren; zum Beispiel, wenn die Datei qua Profil für den Druck auf hochwertigem Papier eingerichtet ist, eigentlich aber auf Zeitungspapier gedruckt werden soll.

Zum Weiterlesen

Der **Farbaufbau** bestimmt das Farbergebnis im Druck entscheidend mit. Die Informationen dazu sind im Farbprofil einer Datei hinterlegt. Mehr über das Thema lesen Sie in Abschnitt 33.3, »Dateien für den professionellen Druck«.

- **CMYK-Datei ohne Profil:** Auch in so einem Fall fischen Sie ein wenig im Trüben, denn über das eigentlich gewollte Erscheinungsbild des Dokuments gibt es keine Informationen. Auch hier empfiehlt es sich, das Dokument nicht zu konvertieren, sondern ihm das Arbeitsfarbraum-Profil zuzuweisen. Falls Sie diese Datei zur weiteren Bearbeitung weitergeben, kann es allerdings besser sein, auf ein Farbmanagement zu verzichten und die Datei ohne Profil zu lassen. So vermeiden Sie, dass es zur falschen Farbumsetzung kommt, falls der Nächste, der die Datei anfasst, davon ausgeht, dass Ihr »Notfall«-Profil das eigentlich richtige ist.

Konvertieren oder neue Profile zuweisen? | Sofern Sie sich dagegen entscheiden, das Farbmanagement ganz zu ignorieren (Option AUS), stellen die Farbmanagement-Richtlinien Sie vor die Wahl, die Dokumentfarben in den Arbeitsfarbraum zu konvertieren oder das eingebettete Profil zu verwenden. Es gibt jedoch noch eine weitere Möglichkeit: Entfernen Sie ein bestehendes Profil von der Datei, und weisen Sie ihr ein neues Profil zu. Dafür nutzen Sie den Befehl BEARBEITEN • PROFIL ZUWEISEN.

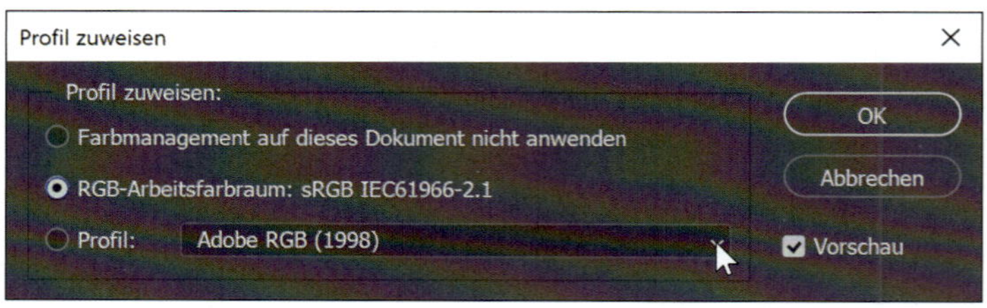

Abbildung B.25 ▸
Profil zuweisen

Mit dem Befehl FARBMANAGEMENT AUF DIESES DOKUMENT NICHT ANWENDEN entfernen Sie ein vorhandenes Profil aus dem Dokument. Das Arbeitsfarbraum-Profil weisen Sie durch einen Klick zu, Sie können aber auch ein beliebiges anderes aus einer Liste auswählen. Durch das Zuweisen eines neuen Profils bleiben die Farbwerte im Dokument unverändert; seine Darstellung am Monitor kann sich allerdings ändern. Umgekehrt verhält es sich beim Konvertieren einer Datei in den Arbeitsfarbraum: Dann bleibt die Farbdarstellung annähernd gleich, aber die Farbwerte ändern sich.

Auch das können Sie übrigens später noch erledigen – mit dem Befehl BEARBEITEN • IN PROFIL UMWANDELN. Sie finden im Dialog nicht nur eine Liste möglicher Umwandlungsziele, sondern auch die KONVERTIERUNGSOPTIONEN (1). Die Funktion IN PROFIL UMWANDELN können Sie zum Beispiel nutzen, wenn Sie zwar ein Scannerprofil erstellt haben, Ihre Scannersoftware Ihnen aber nicht die Möglichkeit lässt, das passende Profil direkt an die Datei anzuhängen.

Speicheroptionen und Speicherformate
Wenn Sie mit Farbmanagement und folglich auch mit Dateien arbeiten, zu denen Profile gehören, achten Sie beim Speichern der Datei darauf, dass die Option FARBE: ICC-PROFIL: *[Name des Profils]* aktiv ist. Die folgenden Dateiformate lassen das Speichern mit Profilen zu: PSD, PDF, TIFF, JPEG, EPS und das große Dokumentformat PSB.

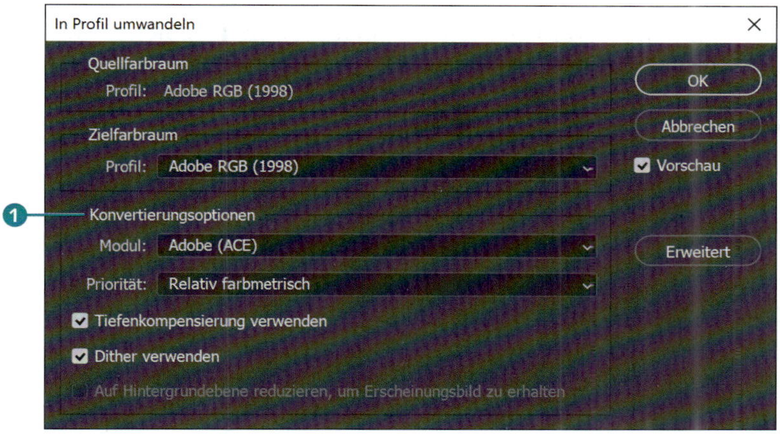

▲ **Abbildung B.26**
In Profil umwandeln

B.3.4 Konvertierungsoptionen: Wie wird umgerechnet?

Die Profile allein bewirken natürlich noch nichts. Erst Photoshop (oder eine andere geeignete Anwendung) kann die in den Profildateien enthaltenen Informationen verwerten und umrechnen. Unter KONVERTIERUNGSOPTIONEN nehmen Sie die Einstellungen vor, die für diese Berechnungen maßgeblich sind.

Modul | Mit MODUL legen Sie fest, welche »Rechenmaschine« intern benutzt wird, um die Informationen aus den Profilen auszulesen und umzusetzen. Nicht nur Adobe-Anwendungen müssen Farbräume umrechnen, auch andere Applikationen tun das. Daher gibt es neben dem Adobe-eigenen Color-Management-Modul (so der gebräuchlichere Begriff für diese Softwarekomponente) auch Farbrechner auf Systembasis. Das Color-Management-Modul (CMM) von Adobe heißt **ACE** – Adobe Color Engine. Windows bietet das Image Color Matching (**ICM**), bei Apple ist es **ColorSync**, das im Hintergrund rechnet.

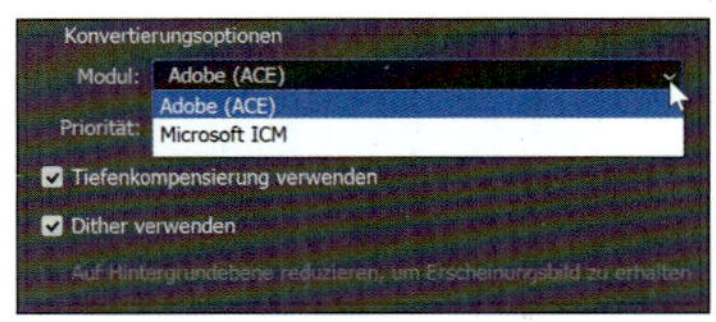

▲ **Abbildung B.27**
In Photoshop finden Sie immer jeweils die Adobe-Engine und das jeweilige systemeigene CMM.

Die jeweiligen CMMs produzieren durchaus unterschiedliche Ergebnisse, aber es ist zu schwierig, vorherzusagen, wie diese Ergebnisse aussehen. Insofern gibt es auch hier keine Empfehlung, welche Einstellung »besser« ist. Zwei Grundregeln:

- Wenn Sie Daten zwischen verschiedenen Adobe-Anwendungen (oder -Anwendern) austauschen, fahren Sie mit Adobes ACE ganz gut. Das gilt insbesondere dann, wenn unterschiedliche Betriebssysteme involviert sind!
- Wichtiger als die Entscheidung, *welches* CMM Sie verwenden, ist, dass alle Beteiligten im Workflow *das gleiche* CMM benutzen.

[Color-Management-Modul]
Color-Management-Module sind Farbrechner: Softwarekomponenten, die die Umrechnung von einem Farbraum in den anderen durchführen. Häufig werden sie auch mit »CMM« abgekürzt. Die Abkürzung ist missverständlich: Auch die PRIORITÄT heißt manchmal CMM – das steht dann aber für »Color Matching Method«.

Priorität | Interessanter wird es wieder bei der Einstellung der Priorität. Auch hier hat Adobe eine Bezeichnung gefunden, die sonst eher unüblich ist. Die »Priorität« ist andernorts eher als »Renderpriorität«, »Wahrnehmungspriorität« oder häufiger noch als »Rendering Intent« bekannt. Der letzte Terminus – übersetzt bedeutet er etwa »Umrechnungsziel« – trifft den Kern der Sache ganz gut.

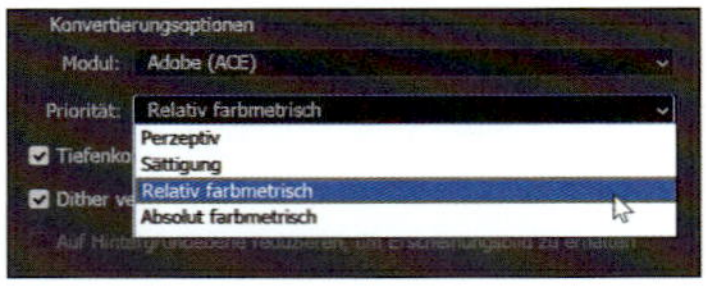

▲ **Abbildung B.28**
(Wahrnehmungs-)Priorität: vier Optionen – vier mögliche Wege, die Farben eines bestimmten Farbraums in einen anderen Farbraum zu überführen

Bei der Umrechnung der Farbwerte von einem Farbraum in einen anderen ist häufig mehr als nur ein Ergebnis möglich. Sie haben ja nun bereits an mehreren Farbraummodellen gesehen, wie unterschiedlich Farbräume sein können: nicht nur hinsichtlich ihrer schieren Größe, sondern auch in der räumlichen Positionierung. Unter Priorität bestimmen Sie nun, wie gerechnet wird, und vor allem, wie mit den Farben des Ausgangsfarbraums verfahren wird, die sich nicht innerhalb des Umfangs des Zielfarbraums befinden. Priorität legt also letzten Endes fest, wie das Bild nach der Berechnung erscheint.

- Ist die Option Perzeptiv gewählt, orientiert sich die Umrechnung an der menschlichen Farbwahrnehmung: Die ursprünglichen Farben werden so in den Zielfarbraum umgerechnet, dass sie anschließend für uns sehr ähnlich *wirken*. Die *Farbwerte* können sich dabei ändern. Diese Option ist gut für Fotos geeignet, die zahlreiche Farbwerte außerhalb des Zielfarbraums aufweisen.
- Mit der Renderpriorität Sättigung wird – wenig überraschend – versucht, vor allem die Sättigung der Bildfarben zu erhalten. Der Farbeindruck bleibt lebendig und lebhaft, die Relation der Farben zueinander wird jedoch nicht exakt in den Zielfarbraum überführt. Diese Einstellung eignet sich folglich für alle Fälle, in denen es eher auf helle, satte Farben ankommt als auf Genauigkeit, so zum Beispiel für Diagramme oder Schaubilder.
- Relativ farbmetrisch gleicht den Weißpunkt von Quell- und Zielfarbraum ab und verschiebt *alle* Farben dementsprechend. Farben, die dann immer noch nicht im Farbumfang des Zielfarbraums liegen, werden in Richtung der ähnlichsten reproduzierbaren Farbe verschoben. Mit diesem Rendering Intent bleiben mehr Originalfarben erhalten als bei der perzeptiven Umrechnung. Insgesamt können die Bildfarben jedoch etwas weniger gesättigt wirken. Relativ farbmetrisch ist die Standard-Renderpriorität für die Druckvorstufe in Europa.
- Absolut farbmetrisch wirkt ähnlich wie Relativ farbmetrisch. Hier wird allerdings darauf verzichtet, die Weißpunkte abzugleichen. Das hat zur Folge, dass die Ausgangsfarben, die ohnehin im Farbumfang des Zielfarbraums liegen, gar nicht verändert werden. Es bleiben also viele Originalfarben erhalten, dennoch kann sich die Relation der Farben zueinander ändern, da einige verschoben werden, andere

[Proofing, Softproof, Digitalproof]
Das Proofing liefert eine ungefähre Vorschau des zu erwartenden Druckergebnisses auf dem Bildschirm. In Photoshop rufen Sie dafür Ansicht • Farbproof auf.

nicht. Diese Priorität eignet sich – laut Adobe – vor allem für das digitale Proofing, denn hier wird das Papierweiß (gemäß Festlegung im CMYK-Profil) simuliert.

Enthält mein Bild viele nicht-druckbare Farben?
Um zu überprüfen, wie viele Farben eines Bildes bei der Umwandlung in CMYK kritisch sind, wählen Sie Ansicht • Farbumfang-Warnung. Die Bildfarben, die nicht im Farbraumumfang des Zielfarbraums enthalten sind, werden grau markiert. Der Anzeige wird offenbar der CMYK-Arbeitsfarbraum zugrunde gelegt. Wenn die Farbumfang-Warnung aktiviert ist, zeigen graue Bereiche die Tonwerte im Bild an, die bei einer Übertragung in den CMYK-Arbeitsfarbraum umgerechnet werden müssten.

▲ **Abbildung B.29**
Ausgangsbild

▲ **Abbildung B.30**
Anzeige mit aktiver Farbumfang-Warnung

Weitere Einstellungen zur Konvertierung | Unterhalb der Priorität-Einstellung finden Sie einige zusätzliche Optionen, die vor allem dazu gedacht sind, Defizite aufzufangen, die sich bei einigen Rendering Intents ergeben.

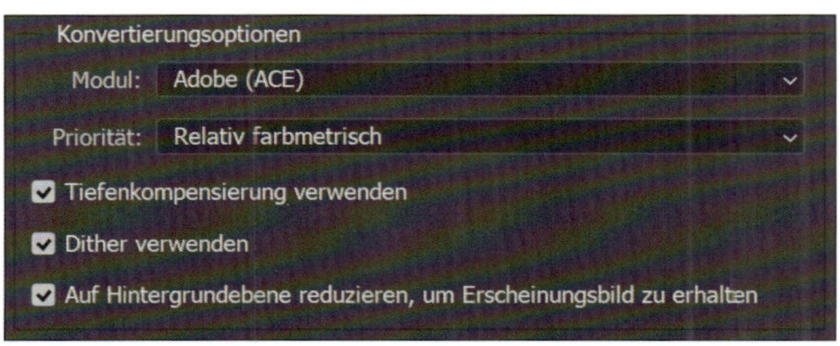

◂ **Abbildung B.31**
Per Checkbox können Sie zusätzliche Optionen aktivieren.

- Die Option Tiefenkompensierung verwenden ist vor allem bei der relativ farbmetrischen Umrechnung sinnvoll. Denn dabei wird zwar der Weißpunkt angepasst, nicht aber der Schwarzpunkt. Daher kann es zu Verlusten der Tiefenzeichnung kommen (wenn der Schwarzpunkt des Zielfarbraums heller ist als der ursprüngliche Schwarzpunkt; das ist zum Beispiel für den Zeitungsdruck typisch), oder aber der Farbumfang des Zielfarbraums wird in den Tiefen nicht ganz ausgenutzt, und Schwarz erscheint grau. Die Tiefenkompensierung passt die Schwarzpunkte an, so dass der volle Tonwertumfang des Ausgangsfarbraums im Zielfarbraum abgebildet werden kann.

- Wie ich schon erwähnt habe, können glatte Farbverläufe bei der Umrechnung ungewollt zu streifigen Mustern werden. Das tritt vor allem bei Bildern mit 8-Bit-Farbkanälen auf. DITHER VERWENDEN wirkt dem entgegen, indem es ein Dither-Muster in die errechneten Farbwerte einstreut. Dadurch ist dieser Fehler weniger deutlich zu sehen.

Zum Weiterlesen
Der **Schwarz- und der Weißpunkt** sind gewissermaßen die Eckdaten von Farbräumen und dem Farbumfang eines Bildes. In Kapitel 13, »Präzisionsarbeit am Histogramm: Die Tonwertkorrektur«, erfahren Sie mehr darüber.

Anhang C
Photoshop auf dem iPad

Auch wenn die iPad-Version von Photoshop dem Funktionsumfang der Desktopvariante noch weit hinterherhinkt, enthält sie doch bereits viele nützlich Features, um damit ordentlich arbeiten zu können. An dieser Stelle will ich Ihnen einen kurze Einführung in die Bedienung der iPad-Version geben.

Als Adobe Photoshop für das iPad ankündigte, waren die Erwartungen sehr hoch. Natürlich konnten diese nicht erfüllt werden. Eine 1:1-Umsetzung der Desktopversion in die iPad-Version wäre allerdings auch gar nicht sinnvoll gewesen, weil man auf einem iPad ganz anders arbeitet als auf einem Desktopcomputer. Auch der wesentlich geringere Funktionsumfang mag zunächst vielleicht etwas enttäuschend sein. Aber Adobe setzt sehr stark auf Cloud-Anwendungen und erweitert Photoshop für das iPad derzeit kontinuierlich.

Installieren und loslegen
Wenn Sie ohnehin schon Nutzer eines gültigen Creative-Cloud-Abos sind und ein iPad haben, dann steht Ihnen diese Version ohne Einschränkungen zur Verfügung. Herunterladen können Sie diese App für das iPad im App Store. Wenn Sie die App heruntergeladen und installiert haben, müssen Sie sich nur noch mit dem Adobe-Konto anmelden, und schon kann es losgehen.

C.1 Cloud-Dokumente auf dem iPad

Die Cloud-Dokumente habe ich bereits in Abschnitt 2.4, »Cloud-Dokumente verwalten und bearbeiten«, behandelt. Auf sie können Sie mit der iPad-Version nahtlos zugreifen. Bilder, die Sie z. B. mit der Desktopversion in der Cloud gespeichert haben, können Sie auf dem iPad weiterbearbeiten. Und die Bilder, die Sie auf dem iPad bearbeiten oder erstellen, werden automatisch in der Cloud gesichert und können somit mit der Desktopversion weiterbearbeitet werden. Sobald Sie die App auf dem iPad gestartet haben, sehen Sie einen Startbildschirm wie in der Desktopversion.

▲ **Abbildung C.1**
Verwalten der Cloud-Dokumente auf dem Startbildschirm

Alle Cloud-Dokumente finden Sie bei Ihre Dateien ❶ zum Öffnen auf dem iPad vor. Links unten erstellen Sie mit Neu erstellen ❷ ein neues leeres Dokument, und mit IMPORTIEREN UND ÖFFNEN ❸ öffnen Sie entweder ein Foto mit der Kamera Ihres iPads oder aus den Aufnahmen oder Dateien des iPads. Im Bereich ZULETZT VERWENDET auf der STARTSEITE werden zudem alle Dokumente angezeigt, mit denen Sie zuletzt gearbeitet haben, und dort können Sie diese gleich durch Antippen zum Bearbeiten öffnen.

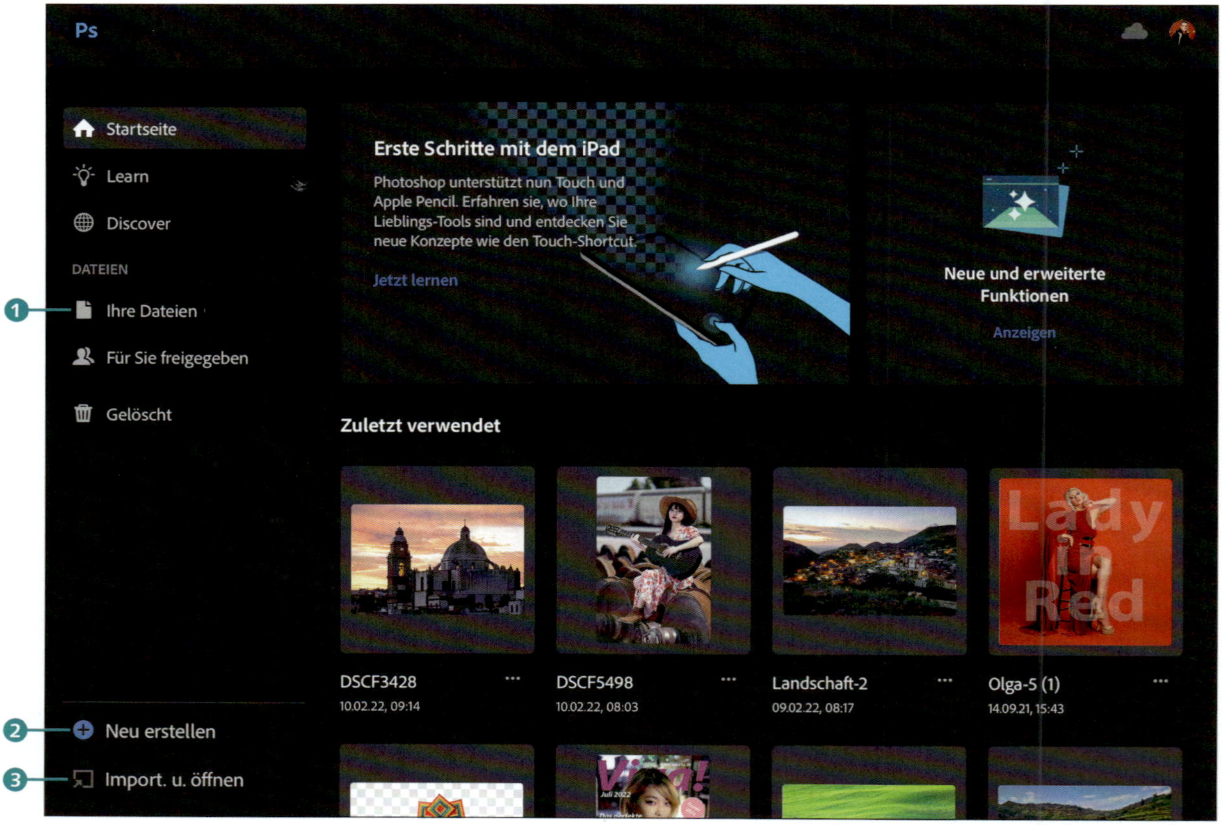

▲ **Abbildung C.2**
Der Startbildschirm der iPad-Version

C.2 Der Arbeitsbereich

Sobald Sie ein Bild geöffnet haben, wird es im Arbeitsbereich angezeigt, und Sie können es (weiter)bearbeiten. Der Arbeitsbereich lässt sich grob in vier Bereiche aufteilen. Dies wären die Kopfzeile ❺ oben, die linke Symbolleiste oder auch Werkzeugleiste ❹, die Ebenen-Taskleiste ❻ auf der rechten Seite und links unten ein Touch-Shortcut ❼ für Shortcuts und Gesten mit dem iPad.

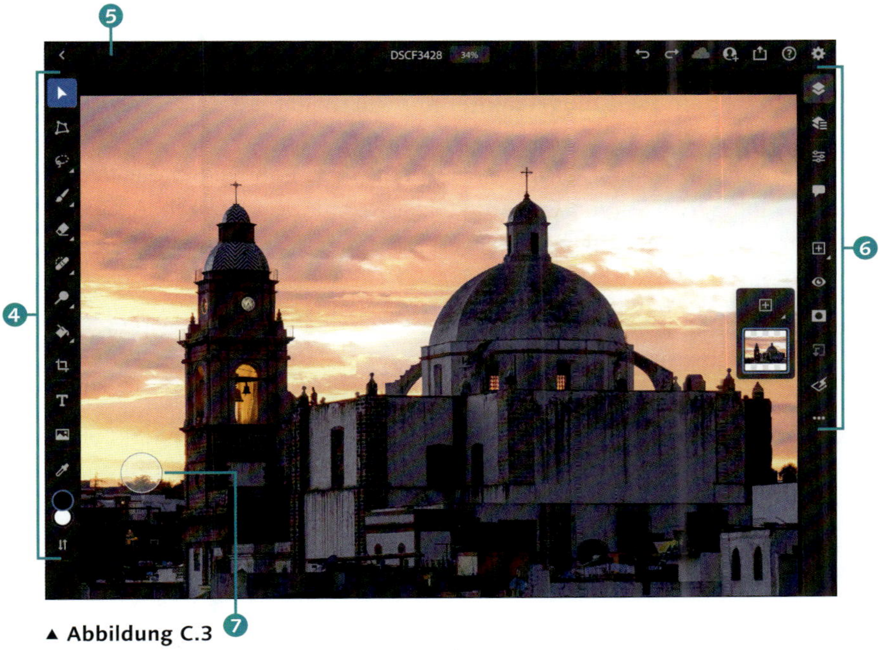

▲ **Abbildung C.3**
Der grundlegende Arbeitsbereich der iPad-Version

Offline und Versionsverlauf
Sie können ein Bild auf dem iPad auch offline zur Verfügung stellen, wenn Sie z. B. aktuell keine Internetverbindung haben. Hierzu tippen Sie beim Startbildschirm auf das Icon mit den drei Punkten und wählen dort OFFLINE ZUR VERFÜGUNG STELLEN. Im Miniaturbild des Dokuments erkennen Sie, ob ein Dokument offline oder nur online zur Verfügung steht. Im gleichen Menü finden Sie auch den Befehl VERSIONSVERLAUF ANZEIGEN, mit dem Sie den Versionsverlauf anzeigen oder verwalten (siehe auch den Abschnitt »Versionsverlauf verwalten« in Abschnitt 2.4). Des Weiteren können Sie hier das Dokument umbenennen, duplizieren oder löschen.

C.2.1 Werkzeugleiste (bzw. Symbolleiste)

Wenn Sie die Werkzeugleiste auf der linken Seite betrachten, werden Sie schnell feststellen, dass die iPad-Version deutlich weniger Werkzeuge bietet. Fast alle vorhandenen Werkzeuge der iPad-Version entsprechen allerdings den Gegenstücken, die Sie schon bei der Desktopversion in diesem Buch kennengelernt haben.

Um ein Werkzeug auszuwählen, berühren Sie das Symbol. Wenn ein Werkzeug weitere Optionen hat, öffnet sich dafür eine Optionsleiste, wo Sie die Werkzeugeinstellungen vornehmen können. Die Optionsleiste können Sie auch auf der Arbeitsfläche verschieben oder am linken unteren Rand der Symbolleiste andocken.

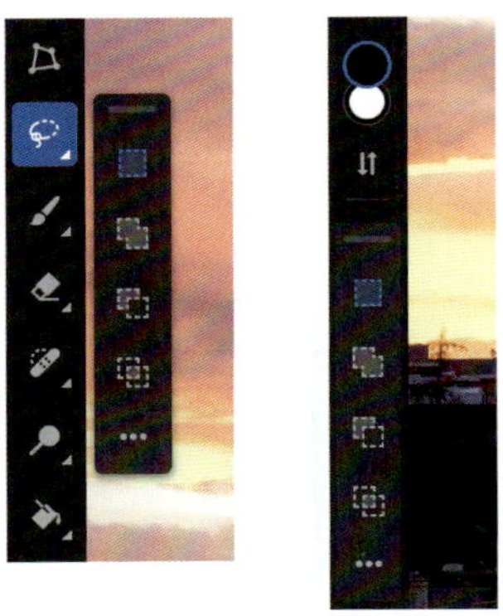

◀ **Abbildung C.4**
Die frei schwebenden Werkzeugoptionen werden angezeigt, wenn Sie ein Werkzeug ausgewählt haben. Diese Optionsleiste können Sie auch am Ende der Werkzeugleiste andocken.

▲ **Abbildung C.5**
Die Werkzeugleiste

Bei Werkzeugen mit einem kleinen Dreieck im Werkzeugsymbol befinden sich weitere Werkzeug dahinter. Um Zugriff auf diese Werkzeuge zu haben, müssen Sie nur das entsprechende Werkzeugsymbol etwas länger berühren oder doppelt darauf tippen. Dann können Sie das Werkzeug wählen, das Sie verwenden wollen. Beim Pinsel-Werkzeug und Radiergummi-Werkzeug hingegen werden weitere Pinselspitzen eingeblendet.

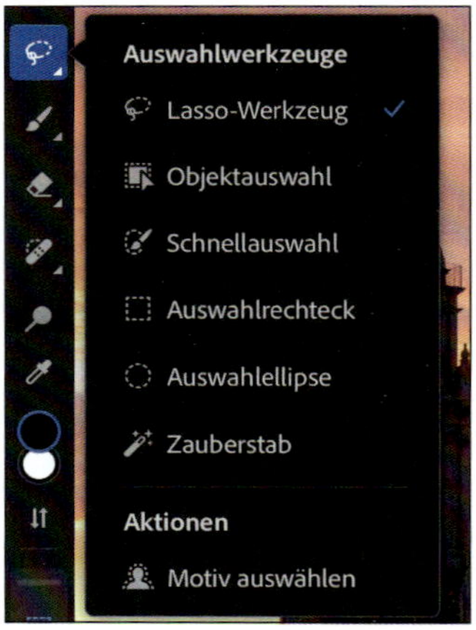

Abbildung C.6 ▸
Ein kleines Dreieck zeigt an, dass sich hier mehrere Werkzeuge versammeln.

In Tabelle C.1 finden Sie einen Überblick zu den einzelnen Werkzeugen auf dem iPad.

Tabelle C.1 ▾
Übersicht der Werkzeuge auf dem iPad

Symbol	Werkzeug	Beschreibung
	Verschieben	Hiermit verschieben Sie die Auswahl oder den Inhalt der aktuell ausgewählte Ebene.
	Transformieren	für alle grundlegenden Transformationen wie Skalieren, Drehen, Perspektive, Verzerrung, Drehung und die Spiegelung (horizontal/vertikal)
	Lasso-Auswahl	Erstellt eine Freihand-Auswahl.
	Objektauswahl	Hiermit können Sie das auszuwählende Objekt mit einer Rechteck- oder Lassoauswahl grob umgrenzen, und die Auswahlautomatik erledigt den Rest.
	Schnellauswahl	Erstellt eine Auswahl mit einem Pinsel. Erkennt und verfolgt die Kanten im Bild.
	Auswahlrechteck	Legen Sie eine rechteckige Auswahl an.
	Auswahlellipse	Erzeugen Sie eine elliptische Auswahl.
	Zauberstab	Damit können Sie zusammenhängende Bildbereiche mit unregelmäßigen Formen auswählen, die aber eine ähnliche Farbe haben. Die Toleranz der Farbähnlichkeit geben Sie vor.

Symbol	Werkzeug	Beschreibung
	Motiv auswählen	Erkennt Motive wie Menschen, Tiere und Fahrzeuge und wählt sie automatisch aus. Erspart häufig viel Zeit und kann anschließend mit den anderen Auswahlwerkzeugen optimiert werden.
	Pinsel	Das ist das klassische Pinselwerkzeug zum Zeichnen und Malen auf dem iPad. Wenn Sie einen Apple Pencil besitzen, dann sind die Ergebnisse sehr beeindruckend. Druckkraft und Geschwindigkeit beim Malen werden berücksichtigt und lassen sich bei den Pinseleinstellungen über die drei Punkte bei den Werkzeugoptionen anpassen.
	Radieren	Entfernt Pixel mit Pinselstrichen destruktiv aus dem Bild
	Fläche füllen	Füllen Sie eine Auswahl oder Ebene mit der Vordergrundfarbe.
	Verlauf	Hiermit ziehen Sie auf der Auswahl oder der aktiven Ebene einen Farbverlauf aus Vordergrund- zu Hintergrundfarbe auf.
	Bereichsreparatur-Pinsel	Malen Sie mit diesem Pinsel auf einen ausgewählten Bereich im Dokument, dann werden Texturen, Helligkeit, Transparenz und Schattierung im umliegenden Bereich analysiert, um damit diesen Teil des Dokumentes zu reparieren.
	Reparaturpinsel	Im Gegensatz zum Bereichsreparatur-Pinsel wählen Sie hier eine Quelle, um vorzugeben, womit der zu übermalende Bereich repariert werden soll.
	Kopierstempel	Kopiert einen zuvor ausgewählten Quellbereich des Dokumentes über einen anderen Teil desselben Dokumentes oder einer neuen Ebene.
	Abwedler	Mit dem Abwedler (Dodge) hellen Sie Bereiche im Bild auf.
	Nachbelichter	das Gegenstück zum Abwedler; dunkelt Bildbereiche ab (Burn).
	Schwamm	Erhöht oder verringert die Sättigung von Bildbereichen
	Wischfinger-Werkzeug	Mit dem Wischfinger-Werkzeug verschmieren Sie die Pixel im Bild. Richtig eingesetzt, vermischt es Linien und Farben.
	Zuschneiden und Drehen	Hiermit können Sie ganz einfach unerwünschte Ränder entfernen und den Bildausschnitt anpassen. Unter dem Begrenzungsrahmen wird zudem ein Rotationswinkel angezeigt, wo Sie den Zuschnitt auch drehen und ein Bild geraderichten können.
	Text	Fügt einen horizontalen Text auf einer neuen Textebene zum Dokument hinzu.
	Foto platzieren	Damit fügen Sie Fotos aus den Aufnahmen, Dateien, Bibliotheken oder der Kamera zum Dokument hinzu. Das Foto wird im Modus Transformieren geöffnet, in dem Sie einen Transformierungsvorgang durchführen können, bevor das Bild auf der Arbeitsfläche als neue Ebene platziert wird. Unterstützt werden PSD, PSB, TIFF, JPEG und PNG. PDF- und AI-Dateien werden in PNG konvertiert, bevor sie hinzugefügt werden.
	Pipette	Ändert die Vordergrundfarbe durch Aufnahme einer beliebigen Farbe im Dokument.

▲ **Abbildung C.7**
Die eingestellte Vorder- und Hintergrundfarbe

Farbe auswählen | Die Vorder- und Hintergrundfarbe wählen Sie links unten aus, indem Sie auf die Vorder- oder Hintergrundfarbe tippen. Wischen Sie hier nach oben oder unten, können Sie die Vorder- und Hintergrundfarbe tauschen. Dasselbe erreichen Sie mit der kleinen Schaltfläche unterhalb. Ebenso können Sie das Pipetten-Werkzeug verwenden, um die Vordergrundfarbe im geöffneten Bild auszuwählen.

C.2.2 Zoomen und Bildausschnitt verschieben

Ein Zoom- und Hand-Werkzeug ergäbe auf dem iPad keinen Sinn, und ein solches gibt es daher nicht. Dafür haben Sie auf dem iPad die **Gestensteuerung**. Zum Zoomen ziehen Sie zwei Finger zusammen oder auseinander. Zum Schwenken des eingezoomten Bildausschnitts wischen Sie mit zwei Fingern über das Bild. Auch Drehen können Sie die Bildansicht mit zwei Fingern. Wollen Sie das komplette Bild sehen, tippen Sie doppelt mit aktivem Verschieben-Werkzeug auf das Dokument, oder Sie verwenden die Zoom-Anzeige 1 in der Kopfleiste zum Zoomen: Berühren Sie diese Zoom-Anzeige, und wischen Sie nach links oder rechts, um ein- bzw. auszuzoomen, je nachdem, in welche Richtung Sie den Finger bewegen.

Teilen und kommentieren
Über die Sprechblase 2 an der rechten Seite können Sie ein Dokument mit anderen teilen und kommentieren.

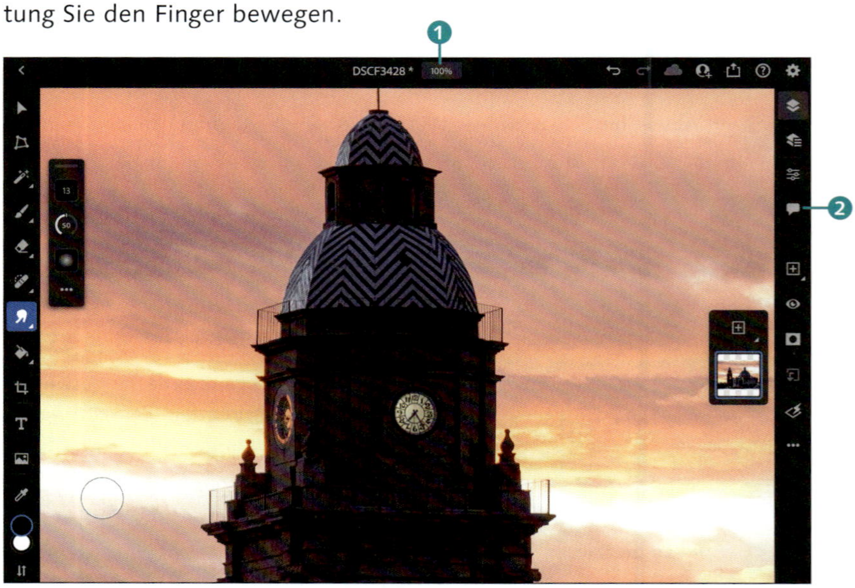

Abbildung C.8 ►
Den angezeigten Bildausschnitt auf dem iPad steuern Sie mit Gesten.

C.2.3 Der Touch-Shortcut

Links unten im Bildschirm befindet sich der Touch-Shortcut, über den Sie Zugriff auf zusätzliche Werkzeugfunktionen haben. Welche Funktion das ist, hängt vom ausgewählten Werkzeug ab. Einige Werkzeuge haben zwei Funktionen. Wollen Sie zum Beispiel mit dem Verschieben-Werkzeug eine Ebene exakt horizontal, vertikal oder im 45°-Winkel verschieben, dann legen Sie den Finger auf den Touch-Shortcut und verschieben die Ebene in eine der Richtungen. Symbolisch wird dabei ein gefüllter Kreis ❸ im Touch-Shortcut angezeigt. Rechts oben erkennen Sie an einem blauen Label die Funktion des Touch-Shortcuts. Das Verschieben-Werkzeug hat z. B. noch eine sekundäre Funktion. Auf diese Funktion wechseln Sie, indem Sie den Finger des Touch-Shortcuts auf den äußeren Ring bewegen. Symbolisch wird hierbei der komplette Touch-Shortcut gefüllt ❹, rechts oben zeigt das blaue Label dann die sekundäre Funktion Duplizieren an. Auf diese Weise können Sie zwischen den einzelnen Touch-Shortcut-Funktionen wechseln.

In Tabelle C.2 finden Sie einen Überblick zu den Touch-Shortcuts. Auch über die Hilfefunktion in der App können Sie sich die Touch-Shortcuts anzeigen lassen.

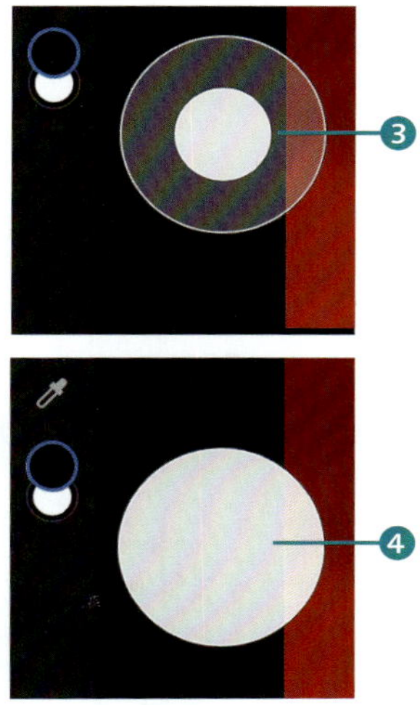

▲ **Abbildung C.9**
Der Touch-Shortcut bietet Zugriff auf zusätzliche Werkzeugfunktionen.

Werkzeug	Primäre Funktion	Sekundäre Funktion
	eingeschränkt horizontal, vertikal oder im 45°-Winkel verschieben	Der zu verschiebende Inhalt wird auf einer neuen Ebene dupliziert.
	proportional freistellen	proportional aus der Mitte freistellen
	in 15°-Grad-Schritten drehen	–
	unproportional skalieren	aus der Mitte heraus skalieren
	zur Auswahl hinzufügen	–
	zur Auswahl hinzufügen	–
	mit festem Seitenverhältnis auswählen	aus der Mitte heraus mit festem Seitenverhältnis auswählen
	mit Kreis auswählen	mit Kreis aus der Mitte heraus auswählen
	Radiergummi	Farbpipette
/	Quelle auswählen	–
Auf Ebenen tippen	Mehrfachauswahl/-abwahl von Ebenen	–

◄ **Tabelle C.2**
Verschiedene Touch-Shortcuts auf dem iPad

C.2.4 Die Ebenen-Taskleiste

Die rechte Taskleiste dient ganz der Steuerung der Ebenen. Das Prinzip der Ebenen auf dem iPad unterscheidet sich nicht grundlegend von der Desktopversion. Es gibt zwei Ansichtsoptionen: Über das erste Icon ❶ rechts oben gelangen Sie zur kompakten Ebenenansicht, wo alle Miniaturen der Ebenen in einer vereinfachten Ansicht dargestellt werden. Für eine detailliertere Ansicht wählen Sie das zweite Icon ❷ aus.

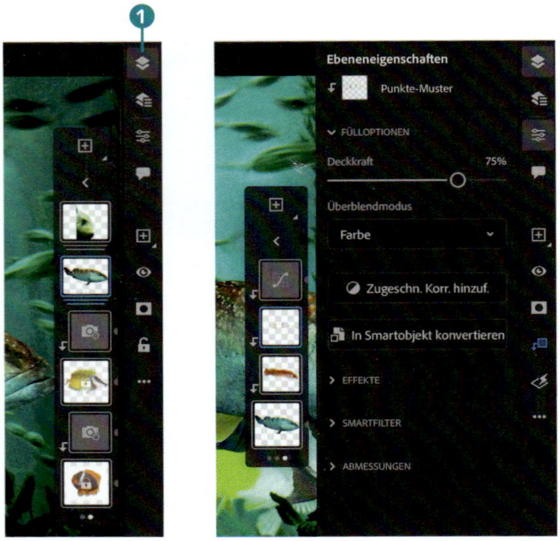

▲ **Abbildung C.10**
Kompakte Ebenenansicht (links) und kompakte Ebenenansicht mit Ebeneneigenschaften (rechts)

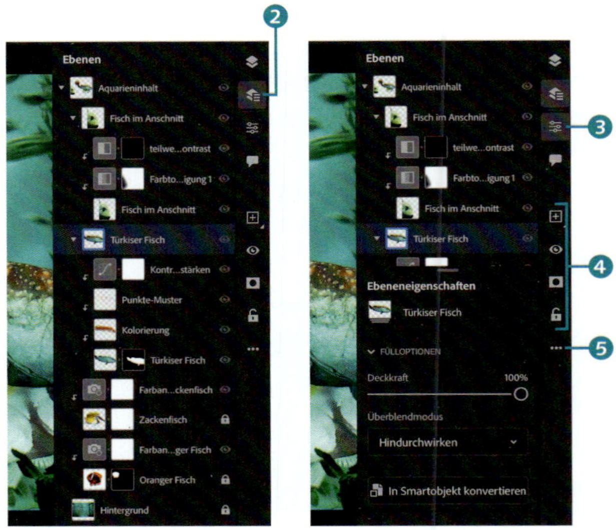

▲ **Abbildung C.11**
Detaillierte Ebenenansicht (links) und detaillierte Ebenenansicht mit Ebeneneigenschaften (rechts)

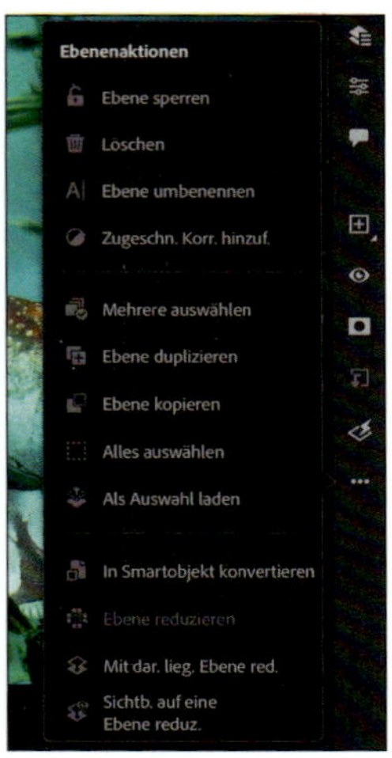

▲ **Abbildung C.12**
Weitere Ebenenbefehle finden Sie in ❺.

Dann werden auch Ebenenstapel mit Masken, Ebenennamen, Sichtbarkeit sowie Gruppeninhalte angezeigt. Wenn Sie die Eigenschaften einer Ebene wie beispielsweise Mischmodus, Deckkraft, Korrekturen und Abmessungen sehen oder anpassen wollen, wählen Sie die entsprechende Ebene aus und tippen dann auf das dritte Icon ❸ von oben.

Der mittlere Bereich ❹ der rechten Ebenen-Taskleiste enthält weitere Funktionen für das Arbeiten mit Ebenen, welche Sie bereits vom Ebenen-Bedienfeld der Desktopversion her kennen. In Tabelle C.3 finden Sie einen kurzen Überblick zu den einzelnen Funktionen. Weitere Optionen zu den Ebenen wie z. B. Duplizieren, Umbenennen und Löschen finden Sie, wenn Sie das Icon mit den drei Punkten ❺ antippen.

Bei der kompakten Ansicht wird außerdem bei Ebenen mit einer Maske nur ein Teil der Miniatur angezeigt. Ein kleiner Punkt ❽ signalisiert, wo sich die andere Miniatur auf der Ebene befindet. Wischen Sie in die Richtung, und es wird zwischen der Maske und dem Bild gewechselt. Bei der kompakten Ansicht werden die Ebenengruppen als

Stapel ❼ angezeigt, den Sie zum Öffnen doppeltippen müssen. Mit dem Pfeil-nach-links-Icon ❻ gelangen Sie wieder auf die höhere Stufe der Ebenengruppe. Das Umsortieren von Ebenen funktioniert ebenfalls sehr einfach durch das Ziehen der Ebene an die gewünschte Position im Stapel der Ebenenansicht.

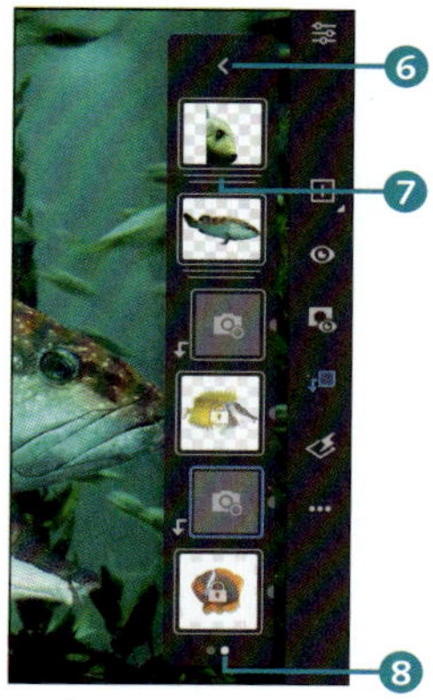

▲ **Abbildung C.13**
Auch die zunächst nicht sichtbaren Teile der kompakten Ebenenansicht lassen sich anzeigen.

Icon	Beschreibung
	neue leere Ebene, Einstellungsebene oder neue leere Gruppe erstellen
	aktuell ausgewählte Ebene ein-/ausblenden
	Bei Ebenen mit einer Ebenenmaske wird diese ein-/ausgeblendet. Bei Ebenen ohne eine Ebenenmaske wird hiermit eine solche zur aktuellen Ebene hinzugefügt.
	Erstellen einer Schnittmaske aus der aktuellen Ebene. Kann über dasselbe Icon rückgängig gemacht werden.
	Hier finden Sie Filter und Korrekturen vor, aktuell unter anderem den Gaußschen Weichzeichner und Umkehren.

◂ **Tabelle C.3**
Weitere wichtige Funktionen im Umgang mit Ebenen

C.2.5 Die Kopfleiste

Oben in der Kopfleiste finden Sie Icons zum Rückgängigmachen ❾ und Wiederherstellen ❿. Jedes Mal, wenn Sie eines dieser Icons antippen, gehen Sie einen Bearbeitungsschritt zurück oder wieder vorwärts. Sie können Aktionen auch rückgängig machen, indem Sie mit zwei Fingern doppelt auf das Bild tippen. Um eine Aktion zu wiederholen, tippen Sie mit drei Fingern doppelt.

Das Wolkensymbol ⓫ zeigt an, ob Sie online sind oder nicht. Über das Personensymbol ⓬ laden Sie andere Personen zum Bearbeiten des Dokumentes ein, vorausgesetzt, diese Person verfügt ebenfalls über ein Adobe-Konto.

Hilfe
Über das Fragezeichen ? rechts oben erreichen Sie weitere Hilfe zur iPad-Version von Photoshop, darunter eine Übersicht über die Gestensteuerungen, Touch-Shortcuts oder Tastenkombinationen, wenn Sie das iPad zusammen mit einer Tastatur verwenden.

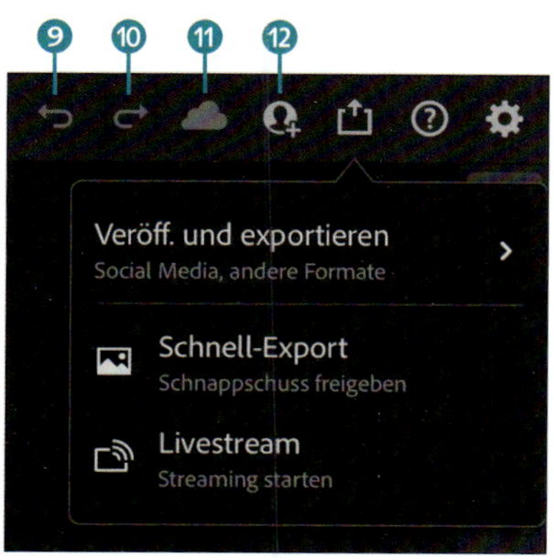

◂ **Abbildung C.14**
Die Befehle in der Kopfleiste

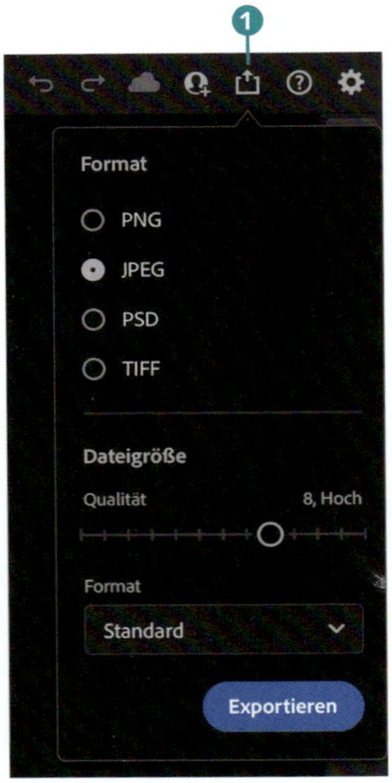

▲ **Abbildung C.15**
Dokument in ein anderes Format exportieren

Über das Exportsymbol ❶ exportieren Sie das in der Cloud gespeicherte Dokument in ein anderes Format: Mit Veröffentlichen und exportieren exportieren Sie das Dokument in eines der Formate PNG, JPEG, PSD oder TIFF mit (abhängig vom Format) entsprechenden Einstellungen. Mit Schnell-Export hingegen wird das Dokument als JPEG in den Aufnahmen Ihres iPads gespeichert oder auch schnell an eine andere App weitergegeben. Sie finden hier auch andere Aktionen, die Sie bei Bedarf auch erweitern können.

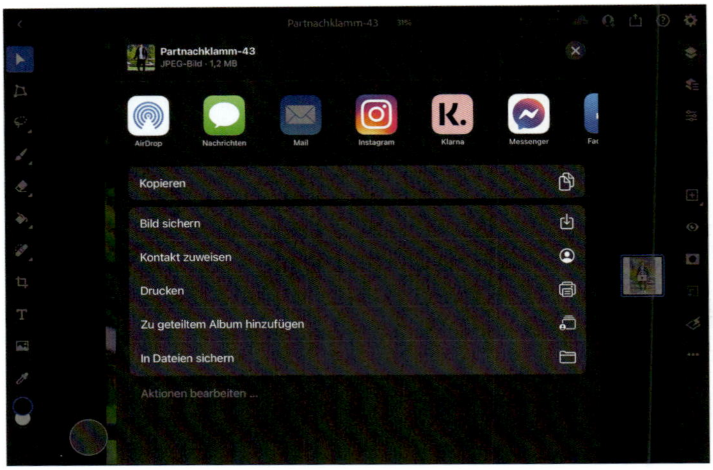

Abbildung C.16 ▶
Der Schnell-Export

C.3 Weiteres zu Ebenen und Auswahlen

Auch wenn die iPad-Version von Photoshop auf den ersten Blick recht aufgeräumt und spärlich daherkommt, finden sich die mächtigen Funktionen der Auswahlen und Ebenen trotzdem unter der Haube wieder. Ein umfassende Beschreibung würde hier wohl zu weit gehen, da Sie im Grunde alles bereits von der Desktopversion von Photoshop her kennen. Vielmehr geht es mir in diesem Anhang nur darum, wie Sie die ganze Power der iPad-Version von Photoshop, speziell die der Ebenen und Auswahlen, entfalten können und wo Sie die entsprechenden Funktionen finden. Dieser Abschnitt setzt also voraus, dass Sie bereits mit der Desktopversion von Photoshop vertraut sind.

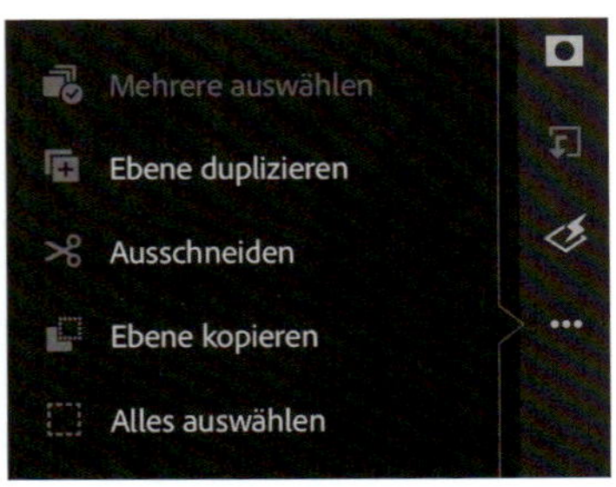

▲ **Abbildung C.17**
Auswahlbefehle in der Ebenen-Taskleiste

C.3.1 Die Auswahlwerkzeuge und -Befehle

Tippen Sie länger auf das aktive Auswahlwerkzeug, werden alle auf dem iPad vorhandenen Werkzeuge aufgelistet. Hier finden Sie die bereits bekannten Werkzeuge wie Lasso, Objektauswahl, Schnellauswahl

, Auswahlrechteck, Auswahlellipse und auch Motiv auswählen vor. Zum Auswahlwerkzeug werden immer die dazugehörenden Werkzeugoptionen angezeigt, bei denen Sie (abhängig vom Auswahlwerkzeug) einstellen können, ob Sie die Auswahl neu erstellen, erweitern, subtrahieren oder eine Schnittmenge erstellen wollen. Zusätzlich erreichen Sie über das Icon mit den drei Punkten ② bei den Werkzeugoptionen passend zum Werkzeug weitere Optionen wie beispielsweise WEICHE KANTE. Die Bedienung der Werkzeuge ist ähnlich wie in der Desktopversion, nur dass Sie auf dem Touchscreen mit den Fingern die Auswahl aufziehen.

Weitere Auswahlbefehle
Noch mehr Auswahlbefehle wie z. B. Kopieren, Ausschneiden oder Einfügen finden Sie in der rechten Ebenen-Taskleiste über das Icon mit den drei Punkten.

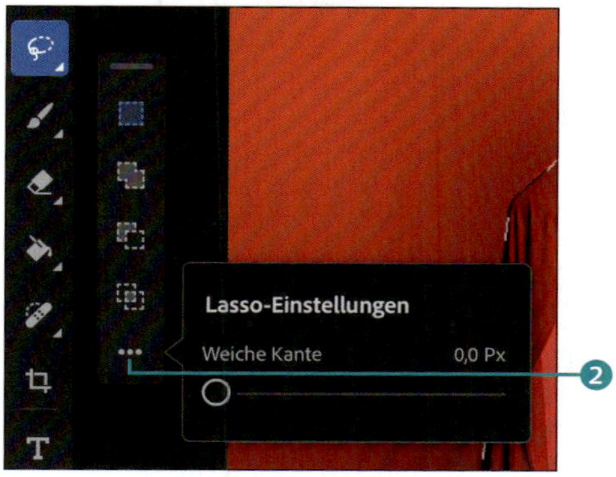

◂ **Abbildung C.18**
Werkzeugoptionen für Auswahlwerkzeuge

Sobald Sie eine Auswahl erstellt haben, erscheint im unteren Bereich des Bildschirms eine Leiste mit weiteren Auswahlbefehlen, und zwar folgende:

- AUSWAHL AUFHEBEN hebt die gemachte Auswahl auf.
- MASKE wandelt die aktuelle Auswahl in eine Maske um und fügt diese zur Ebene hinzu.
- RADIEREN löscht den ausgewählten Bereich.
- UMKEHREN kehrt die Auswahl um, womit nicht mehr der ursprünglich ausgewählte Bereich ausgewählt ist.
- KANTE VERBESSERN ist ein ähnliches Werkzeug wie AUSWÄHLEN UND MASKIEREN in der Desktopversion. Es dient dazu, die feineren Details einer Auswahl, wie z. B. Haarsträhnen, nachzuarbeiten.

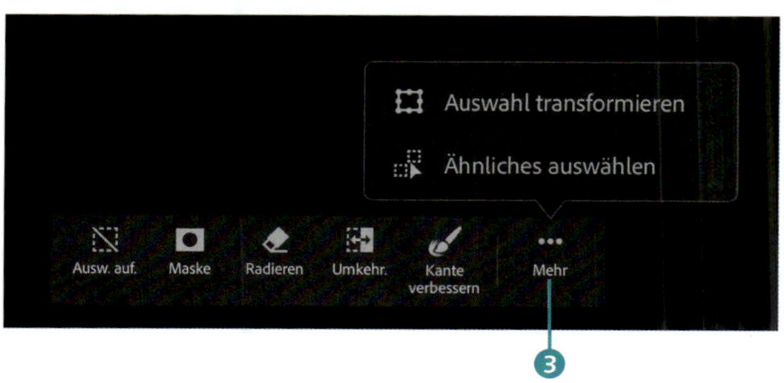

◂ **Abbildung C.19**
Diese Auswahlbefehle werden angezeigt, sobald Sie eine Auswahl erstellt haben.

Die Option MEHR mit den drei Punkten ❸ (Abbildung C.19) führt Sie zu weiteren Funktionen. AUSWAHL TRANSFORMIEREN öffnet die Auswahl mit dem Transformationswerkzeug. Mit ÄHNLICHES AUSWÄHLEN werden Pixel hinzugefügt, die den bereits ausgewählten Pixeln ähneln.

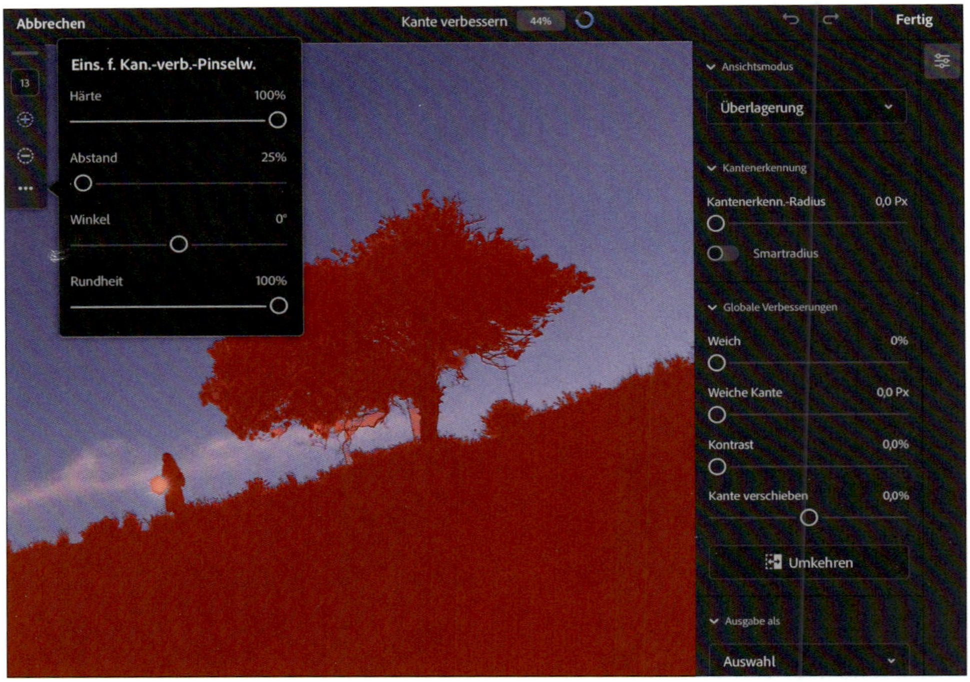

Abbildung C.20 ▸ Die Funktion KANTE VERBESSERN beim Verfeinern einer Auswahl

C.3.2 Ebenenmaske erstellen

Zum Weiterlesen
Die Ebenenmasken habe ich in Kapitel 9, »Maskieren und Montieren«, ausführlich beschrieben.

Auch auf die nichtdestruktiven Ebenenmasken müssen Sie bei der iPad-Version nicht verzichten. Ihnen stehen zwei Möglichkeiten zur Verfügung:

- EBENENMASKE AUS AUSWAHL: Damit erstellen Sie eine Auswahl mit einem der Auswahlwerkzeuge und tippen im Auswahlmenü unten auf das Icon mit der Maske ◘. Dasselbe erreichen Sie über das Maskensymbol in der rechten Ebenen-Taskleiste.
- LEERE EBENENMASKE ERSTELLEN: Aktivieren Sie die Ebene, zu der Sie eine Ebenenmaske hinzufügen wollen, und tippen Sie in der Ebenen-Taskleiste auf das Maskensymbol ◘.

Um die Ebenenmaske zu bearbeiten, stellen Sie sicher, dass Sie sie ausgewählt haben. Anschließend können Sie mit dem Pinselwerkzeug und weißer Farbe Bildbereiche sichtbar machen und mit schwarzer Farbe maskieren.

◂ **Abbildung C.21**
Die Freistellung wurde mit einer Ebenenmaske aus einer Auswahl realisiert.

Zum Erstellen von Auswahlen aus der Ebenenmaske finden Sie entsprechende Befehle über das Icon mit den drei Punkten in der Ebenen-Taskleiste.

C.3.3 Smartobjekte verwenden

Eine Ebene können Sie jederzeit in ein Smartobjekt konvertieren, indem Sie in den Ebeneneigenschaften ❶ die entsprechende Schaltfläche ❷ antippen. Jetzt können Sie z. B. Transformationsvorgänge wie Skalieren, Drehen und Neigen durchführen und den Verzerrungsfilter oder die Perspektive anpassen, ohne destruktiv auf der Ebene zu arbeiten, da die Transformation keine Auswirkungen darauf hat.

Zum Weiterlesen
Mehr über die Smartobjekte und ihren Nutzen entnehmen Sie Abschnitt 5.3.4, »Smartobjekte«. Zur Drucklegung waren die Bearbeitungen auf einem Smartobjekt mit dem iPad allerdings noch etwas eingeschränkt.

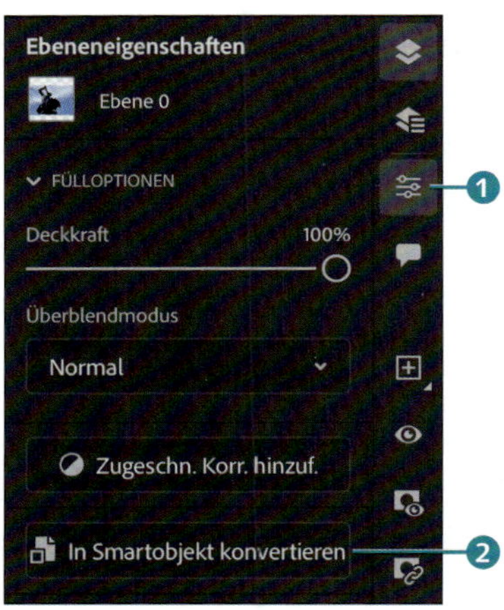

◂ **Abbildung C.22**
Eine Ebene in ein Smartobjekt konvertieren

C.3.4 Transformieren

Zum Transformieren einer ausgewählten Ebene oder einer Auswahl verwenden Sie das Transformieren-Werkzeug. Daraufhin werden auf der linken Seite ① die einzelnen Transformieren-Werkzeuge angezeigt. Zur Auswahl stehen SKALIEREN UND DREHEN, NEIGEN, PERSPEKTIVISCH und VERZERRUNGSFILTER. Rechts oben ② finden Sie zudem Optionen zur horizontalen und vertikalen Spiegelung vor. Über das Icon mit den drei Punkten ③ bei den Transformieren-Werkzeugen können Sie den DREHWINKEL festlegen.

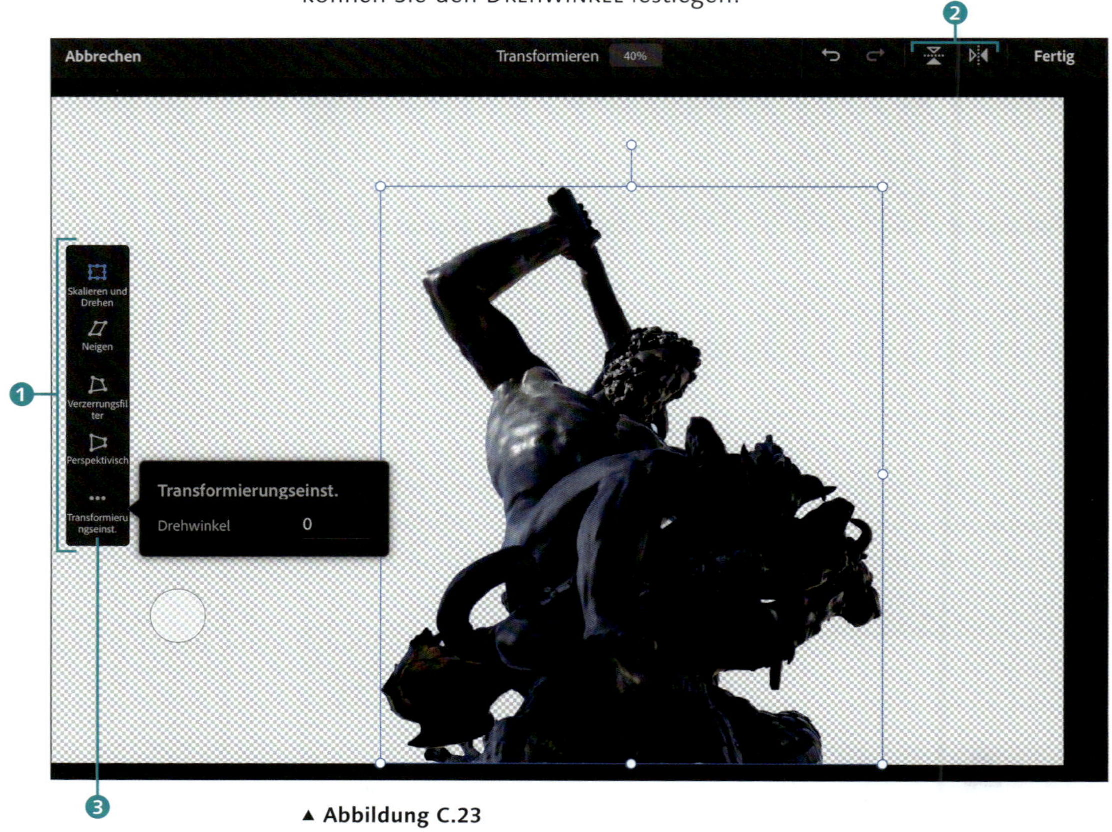

▲ **Abbildung C.23**
Die Transformation selbst funktioniert, wie Sie dies von der Desktopversion kennen, mit Hilfe der Ziehpunkte des Begrenzungsrahmens.

C.3.5 Text

Mehrzeiliger Text
Ziehen Sie mit aktivem Text-Werkzeug über das Dokument, um einen mehrzeiligen Textrahmen aufzuziehen.

Das Text-Werkzeug der iPad-Version ist sehr einfacher Natur. Wenn Sie damit auf das Bild tippen, erscheint der »Lorem Ipsum«-Text, und Sie können anfangen, Ihren Text einzutippen. Dabei wird eine neue Textebene angelegt. Über die EBENENEIGENSCHAFTEN erreichen Sie alle auf dem iPad vorhandenen Textoptionen.

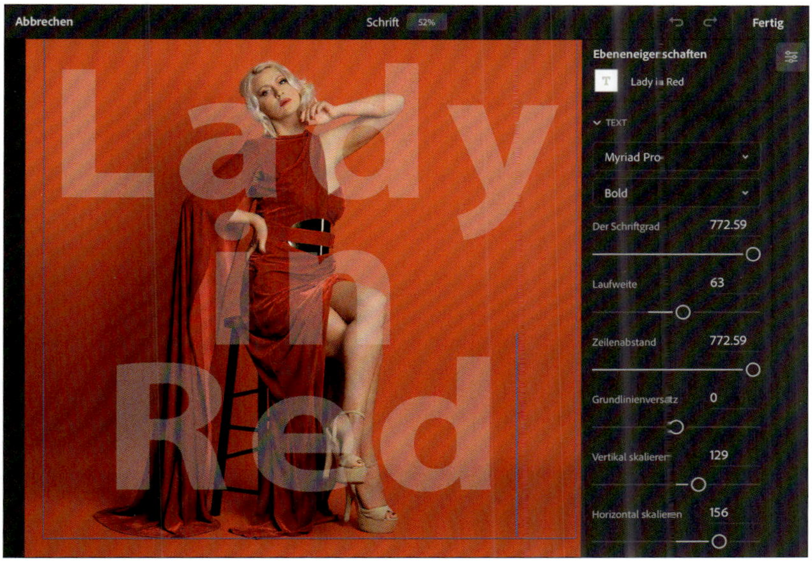

◂ **Abbildung C.24**
Das Text-Werkzeug im Einsatz

C.4 Der Camera-Raw-Modus

Mit der iPad-Version von Photoshop können Sie auch grundlegende Anpassungen an Raw-Dateien durchführen. Wer allerdings mit der iPad-Version von Lightroom vertraut ist, der wird gleich bemerken, dass es sich hierbei um die allgemeinen Bearbeitungsfunktionen handelt, die man dort auch im BEARBEITEN-Modus vorfindet, nur eine schlankere Version.

◂ **Abbildung C.25**
Die Camera-Raw-Funktion der iPad-Version

Rückgängig machen
Rückgängig machen können Sie eine einzelne Einstellung mit dem Symbol oder indem Sie mit zwei Fingern auf das Bild tippen. Wiederholen können Sie einen Schritt mit dem Symbol oder indem Sie mit drei Fingern auf das Bild tippen. Um ein Bild komplett zurückzusetzen, tippen Sie auf das Icon . Wenn Sie mit einem Finger länger auf das Bild tippen, erhalten Sie eine Vorher-Ansicht des Bildes.

Zum Öffnen einer Raw-Datei tippen Sie links unten auf IMPORT U. ÖFFNEN und wählen das Raw-Foto aus. Auch über das PLATZIEREN-Werkzeug können Sie ein Raw-Foto öffnen.

Unter BEARBEITEN stellen Sie das Bild manuell über die Bereiche LICHT, FARBE, EFFEKTE, DETAILS und OPTIK ein, oder lassen Sie mit AUTOM. automatische Anpassungen vornehmen.

Die einzelnen Bereiche LICHT, FARBE, EFFEKTE, DETAILS und OPTIK klappen Sie auf, indem Sie sie antippen. Eine kurze Beschreibung dieser Bereiche:

- LICHT: Mit den Reglern BELICHTUNG, KONTRAST, LICHTER, TIEFEN, WEISS und SCHWARZ steuern Sie die allgemeine Belichtung im Bild. Eine Gradationskurve finden Sie hier leider nicht. Ebenso fehlt mir noch ein Histogramm.
- FARBE: Hinter diesem Bedienfeld wurden alle Einstellungen zusammengefasst, die Einfluss auf die Farbe im Bild haben. Neben dem Weißabgleich mit dem Dropdown-Menü aus voreingestellten Lichtsituationen, TEMPERATUR und FARBTONUNG befinden sich hier auch die Regler für DYNAMIK und SÄTTIGUNG. Mit der Pipette 2 können Sie im Bild einen Bereich selektieren, anhand dessen Sie den Weißabgleich anpassen wollen. Im Bild wird dann ein Kreis mit Fadenkreuz 1 eingeblendet, den Sie an die gewünschte Position verschieben. Um den Weißabgleich zu bestätigen, tippen Sie auf einen freien Bereich im Bild.

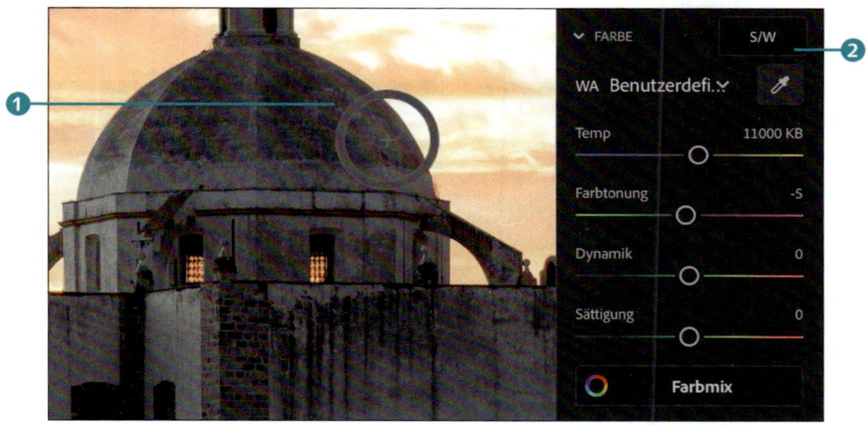

Abbildung C.26 ▸
Weißabgleich via Pipette anpassen

Über FARBMIX gelangen Sie zur HSL-Bearbeitung, wo Sie den FARBTON, die SÄTTIGUNG und die LUMINANZ von einzelnen ausgewählten Farben anpassen können. Mit S/W im FARBE-Bedienfeld aktivieren Sie den Schwarzweißmodus. Zur Drucklegung konnte ich allerdings die einzelnen Farben damit nicht mit FARBMIX anpassen, weshalb dieser Schwarzweißmodus derzeit nur einem einfachen Sättigung-Regler auf 0 entspricht.

- Effekte: Darunter versammeln sich die Parameter Textur, Klarheit, Dunst entfernen und Vignette. Die Korrektur der Vignettierung von Objektiven finden Sie dagegen im Optik-Bedienfeld.
- Details: Enthält die Funktionen zum Schärfen, zur Rauschreduzierung und zur Reduzierung von Farbrauschen.
- Optik: Diese Palette enthält zwei Schalter: die Objektivkorrektur (Linsenkorrekt. Akt.) und das Entfernen von chromatischer Aberration (CA entfernen).

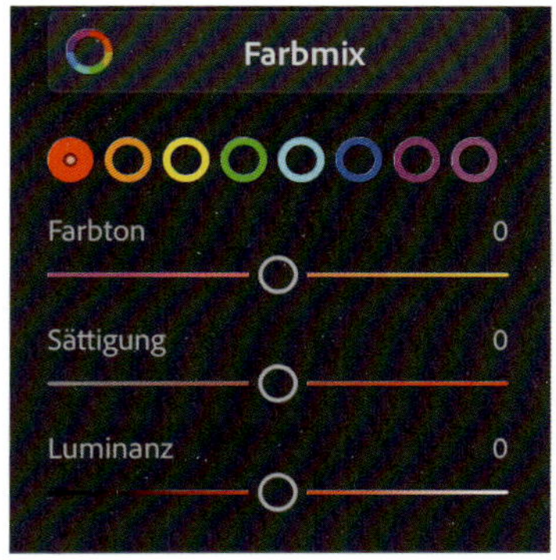

▲ **Abbildung C.27**
HSL-Bearbeitung

Sind Sie mit der Bearbeitung fertig, können Sie das Bild rechts oben über Import. als entweder als Smartobjekt in Photoshop importieren oder als normales Bild auf einer Hintergrundebene.

◄ **Abbildung C.28**
Bild in Photoshop als Smartobjekt oder Ebene importieren

Wer den vollen Funktionsumfang des Raw-Formates auf dem iPad ausnutzen will, der greift allerdings doch besser zur Lightroom-Version auf dem iPad. Dort gibt es wieder eine Teilen-Funktion, mit der Sie das Bild dann in Photoshop bearbeiten können. Wenn Sie an mehr Details über das Zusammenspiel von Lightroom und Photoshop generell interessiert sind, finden Sie im Rheinwerk Verlag mit dem Buch »Lightroom Classic und Photoshop – Bilder organisieren, entwickeln und kreativ bearbeiten« einen idealen Begleiter dafür.

Anhang D
Praxishilfen: Werkzeuge und Tastenkürzel

D.1 Tastenkürzel Werkzeuge

Icon	Werkzeug	Kürzel
	Verschieben-Werkzeug	V
	Zeichenflächen-Werkzeug	V
	Auswahlrechteck-Werkzeug	M
	Auswahlellipse-Werkzeug	M
	Auswahlwerkzeug: Einzelne Zeile	–
	Auswahlwerkzeug: Einzelne Spalte	–
	Lasso-Werkzeug	L
	Polygon-Lasso-Werkzeug	L
	Magnetisches-Lasso-Werkzeug	L
	Objektauswahlwerkzeug	W
	Pipette-Werkzeug	I
	3D-Material-Pipette	I
	Farbaufnahme-Werkzeug	I
	Linealwerkzeug	I
	Anmerkungen-Werkzeug	I
	Zählungswerkzeug	I
	Bereichsreparatur-Pinsel	J
	Entfernen-Werkzeug	J
	Reparatur-Pinsel	J
	Ausbessern-Werkzeug	J
	Inhaltsbasiert verschieben-Werkzeug	J
	Schnellauswahl-Werkzeug	W

Icon	Werkzeug	Kürzel
	Zauberstab-Werkzeug	W
	Freistellungswerkzeug	C
	Perspektivisches Freistellungswerkzeug	C
	Slice-Werkzeug	C
	Slice-Auswahlwerkzeug	C
	Musterstempel	S
	Protokoll-Pinsel	Y
	Kunst-Protokollpinsel	Y
	Radiergummi-Werkzeug	E
	Hintergrund-Radiergummi-Werkzeug	E
	Magischer-Radiergummi-Werkzeug	E
	Verlaufswerkzeug	G
	Füllwerkzeug	G
	3D-Materialfüllung	G
	Weichzeichner-Werkzeug	–
	Scharfzeichner-Werkzeug	–
	Wischfinger-Werkzeug	–
	Abwedler-Werkzeug	O
	Nachbelichter-Werkzeug	O
	Schwamm-Werkzeug	O
	Zeichenstift-Werkzeug	P
	Freiform-Zeichenstift-Werkzeug	P
	Rote-Augen-Werkzeug	J

Icon	Werkzeug	Kürzel
	Pinsel	B
	Buntstift-Werkzeug	B
	Farbe-ersetzen-Werkzeug	B
	Misch-Pinsel	B
	Kopierstempel	S
	Horizontales Text-Werkzeug	T
	Vertikales Text-Werkzeug	T
	Horizontales Textmaskierungswerkzeug	T
	Vertikales Textmaskierungswerkzeug	T
	Pfadauswahl-Werkzeug	A
	Direktauswahl-Werkzeug	A
	Rechteck-Werkzeug	U
	Abgerundetes-Rechteck-Werkzeug	U
	Ellipse-Werkzeug	U
	Polygon-Werkzeug	U
	Linienzeichner-Werkzeug	U
	Eigene-Form-Werkzeug	U
	Hand-Werkzeug	H
	Ansichtdrehung-Werkzeug	R
	Zoom-Werkzeug	Z
	Zuvor ausgeblendete Werkzeuge anzeigen	–
	Standardfarben für Vorder- und Hintergrund wiederherstellen	D
	Vorder- und Hintergrundfarbe tauschen	X

Icon	Werkzeug	Kürzel
	Ankerpunkt-hinzufügen-Werkzeug	–
	Ankerpunkt-löschen-Werkzeug	–
	Punkt-umwandeln-Werkzeug	–

Icon	Werkzeug	Kürzel
	Anzeige und Einstellung für Vordergrund-/Hintergrundfarbe	–
/	Im Maskierungs-/Standardmodus bearbeiten	Q

Tastenkürzel Werkzeuge, alphabetisch

Icon	Werkzeug	Kürzel
	3D-Material-Pipette	I
	3D-Materialfüllung	G
	Abgerundetes-Rechteck-Werkzeug	U
	Abwedler-Werkzeug	O
	Anmerkungen-Werkzeug	I
	Ankerpunkt-hinzufügen-Werkzeug	–
	Ankerpunkt-löschen-Werkzeug	–
	Ansichtdrehung-Werkzeug	R
	Anzeige und Einstellung für Vordergrund-/Hintergrundfarbe	–
	Ausbessern-Werkzeug	J
	Auswahlellipse-Werkzeug	M
	Auswahlrechteck-Werkzeug	M
	Auswahlwerkzeug: Einzelne Spalte	–
	Auswahlwerkzeug: Einzelne Zeile	–
	Bereichsreparatur-Pinsel	J
	Buntstift-Werkzeug	B
	Direktauswahl-Werkzeug	A

Icon	Werkzeug	Kürzel
	Magnetisches-Lasso-Werkzeug	L
	Misch-Pinsel	B
	Musterstempel	S
	Nachbelichter-Werkzeug	O
	Objektauswahlwerkzeug	W
	Perspektivisches Freistellungswerkzeug	C
	Pfadauswahl-Werkzeug	A
	Pinsel	B
	Pipette-Werkzeug	I
	Polygon-Lasso-Werkzeug	L
	Polygon-Werkzeug	U
	Protokoll-Pinsel	Y
	Punkt-umwandeln-Werkzeug	–
	Radiergummi-Werkzeug	E
	Rechteck-Werkzeug	U
	Reparatur-Pinsel	J
	Rote-Augen-Werkzeug	J

Icon	Werkzeug	Kürzel	Icon	Werkzeug	Kürzel
	Eigene-Form-Werkzeug	U		Scharfzeichner-Werkzeug	–
	Ellipse-Werkzeug	U		Schnellauswahl-Werkzeug	W
	Farbaufnahme-Werkzeug	I		Schwamm-Werkzeug	O
	Farbe-ersetzen-Werkzeug	B		Slice-Werkzeug	C
	Freiform-Zeichenstift-Werkzeug	P		Slice-Auswahlwerkzeug	C
	Freistellungswerkzeug	C		Standardfarben für Vorder- und Hintergrund wiederherstellen	D
	Füllwerkzeug	G		Verlaufswerkzeug	G
	Hand-Werkzeug	H		Verschieben-Werkzeug	V
	Hintergrund-Radiergummi-Werkzeug	E		Vertikales Textmaskierungs-werkzeug	T
	Horizontales Textmaskierungs-werkzeug	T		Vertikales Text-Werkzeug	T
	Horizontales Text-Werkzeug	T		Vorder- und Hintergrundfarbe tauschen	X
/	Im Maskierungs-/Standard-modus bearbeiten	Q		Weichzeichner-Werkzeug	–
	Inhaltsbasiert verschieben-Werkzeug	J		Wischfinger-Werkzeug	–
	Kopierstempel	S		Zählungswerkzeug	I
	Kunst-Protokollpinsel	Y		Zauberstab-Werkzeug	W
	Lasso-Werkzeug	L		Zeichenflächen-Werkzeug	V
	Linealwerkzeug	I		Zeichenstift-Werkzeug	P
	Linienzeichner-Werkzeug	U		Zoom-Werkzeug	Z
	Magischer-Radiergummi-Werkzeug	E		Zuvor ausgeblendete Werk-zeuge anzeigen	–

Werkzeuge, englisch – deutsch

Englisch	Deutsch
Add Anchor Point Tool	Ankerpunkt-hinzufügen-Werkzeug
Art History Brush Tool	Kunst-Protokollpinsel
Background Color Tool	Hintergrundfarbe
Background Eraser Tool	Hintergrund-Radiergummi-Werkzeug
Blur Tool	Weichzeichner-Werkzeug
Brush Tool	Pinsel
Burn Tool	Nachbelichter-Werkzeug
Clone Stamp Tool	Kopierstempel
Color Replacement Tool	Farbe-ersetzen-Werkzeug
Color Sampler Tool	Farbaufnahme-Werkzeug
Content-Aware Move Tool	Inhaltbasiert verschieben-Werkzeug
Convert Point Tool	Punkt-umwandeln-Werkzeug
Crop Tool	Freistellungswerkzeug
Custom Shape Tool	Eigene-Form-Werkzeug
Default Colors	Standardfarben
Delete Anchor Point Tool	Ankerpunkt-löschen-Werkzeug
Direct Selection Tool	Direktauswahl-Werkzeug
Dodge Tool	Abwedler-Werkzeug
Ellipse Tool	Ellipse-Werkzeug
Elliptical Marquee Tool	Auswahlellipse-Werkzeug
Eraser Tool	Radiergummi-Werkzeug
Exchange Tool	Vorder- und Hintergrundfarbe vertauschen
Eyedropper Tool	Pipette-Werkzeug
Foreground Color	Vordergrundfarbe
Freeform Pen Tool	Freiform-Zeichenstift-Werkzeug
Gradient Tool	Verlaufswerkzeug
Hand Tool	Hand-Werkzeug
Healing Brush Tool	Reparatur-Pinsel
History Brush Tool	Protokoll-Pinsel
Horizontal Type Mask Tool	Horizontales Textmaskierungswerkzeug

Englisch	Deutsch
Horizontal Type Tool	Horizontales Text-Werkzeug
Lasso Tool	Lasso-Werkzeug
Line Tool	Linienzeichner-Werkzeug
Magic Eraser Tool	Magischer-Radiergummi-Werkzeug
Magic Wand Tool	Zauberstab-Werkzeug
Magnetic Lasso Tool	Magnetisches Lasso-Werkzeug
Mixer Brush Tool	Misch-Pinsel
Move Tool	Verschieben-Werkzeug
Note Tool	Anmerkungen-Werkzeug
Object Selection Tool	Objektauswahlwerkzeug
Paint Bucket Tool	Füllwerkzeug
Patch Tool	Ausbessern-Werkzeug
Path Selection Tool	Pfadauswahl-Werkzeug
Pattern Stamp Tool	Musterstempel
Pen Tool	Zeichenstift-Werkzeug
Perspective Crop Tool	Perspektivisches Freistellungswerkzeug
Pencil Tool	Buntstift-Werkzeug
Polygonal Lasso Tool	Polygon-Lasso-Werkzeug
Polygon Tool	Polygon-Werkzeug
Quick Mask Mode	Maskierungsmodus
Quick Selection Tool	Schnellauswahlwerkzeug
Rectangle Tool	Rechteck-Werkzeug
Rectangular Marquee Tool	Auswahlrechteck-Werkzeug
Red Eye Tool	Rote-Augen-Werkzeug
Rotate View Tool	Ansichtdrehung-Werkzeug
Rounded Rectangle Tool	Abgerundetes-Rechteck-Werkzeug
Ruler Tool	Linealwerkzeug
Sharpen Tool	Scharfzeichner-Werkzeug
Single Column Marquee Tool	Auswahlwerkzeug: Einzelne Spalte
Single Row Marquee Tool	Auswahlwerkzeug: Einzelne Zeile
Slice Select Tool	Slice-Auswahlwerkzeug

Englisch	Deutsch
Slice Tool	Slice-Werkzeug
Smudge Tool	Wischfinger-Werkzeug
Sponge Tool	Schwamm-Werkzeug
Spot Healing Brush Tool	Bereichsreparatur-Pinsel
Vertical Type Mask Tool	Vertikales Textmaskierungswerkzeug
Vertical Type Tool	Vertikales Text-Werkzeug
Zoom Tool	Zoom-Werkzeug (Lupe)

Werkzeuge, deutsch – englisch

Deutsch	Englisch
Abgerundetes-Rechteck-Werkzeug	Rounded Rectangle Tool
Abwedler-Werkzeug	Dodge Tool
Ankerpunkt-hinzufügen-Werkzeug	Add Anchor Point Tool
Ankerpunkt-löschen-Werkzeug	Delete Anchor Point Tool
Anmerkungen-Werkzeug	Note Tool
Ansichtdrehung-Werkzeug	Rotate View Tool
Ausbessern-Werkzeug	Patch Tool
Auswahlellipse-Werkzeug	Elliptical Marquee Tool
Auswahlrechteck-Werkzeug	Rectangular Marquee Tool
Auswahlwerkzeug: Einzelne Spalte	Single Column Marquee Tool
Auswahlwerkzeug: Einzelne Zeile	Single Row Marquee Tool
Bereichsreparatur-Pinsel	Spot Healing Brush Tool
Buntstift-Werkzeug	Pencil Tool
Direktauswahl-Werkzeug	Direct Selection Tool
Eigene-Form-Werkzeug	Custom Shape Tool
Ellipse-Werkzeug	Ellipse Tool
Farbaufnahme-Werkzeug	Color Sampler Tool
Farbe-ersetzen-Werkzeug	Color Replacement Tool
Freiform-Zeichenstift-Werkzeug	Freeform Pen Tool
Freistellungswerkzeug	Crop Tool

Deutsch	Englisch
Füllwerkzeug	Paint Bucket Tool
Hand-Werkzeug	Hand Tool
Hintergrundfarbe	Background Color Tool
Hintergrund-Radiergummi-Werkzeug	Background Eraser Tool
Horizontales Textmaskierungswerkzeug	Horizontal Type Mask Tool
Horizontales Text-Werkzeug	Horizontal Type Tool
Inhaltbasiert verschieben-Werkzeug	Content-Aware Move Tool
Kopierstempel	Clone Stamp Tool
Kunst-Protokollpinsel	Art History Brush Tool
Lasso-Werkzeug	Lasso Tool
Linealwerkzeug	Ruler Tool
Linienzeichner-Werkzeug	Line Tool
Magischer-Radiergummi-Werkzeug	Magic Eraser Tool
Magnetisches Lasso-Werkzeug	Magnetic Lasso Tool
Maskierungsmodus	Quick Mask Mode
Misch-Pinsel	Mixer Brush Tool
Musterstempel	Pattern Stamp Tool
Nachbelichter-Werkzeug	Burn Tool
Objektauswahlwerkzeug	Object Selection Tool
Perspektivisches Freistellungswerkzeug	Perspective Crop Tool
Pfadauswahl-Werkzeug	Path Selection Tool
Pinsel	Brush Tool
Pipette-Werkzeug	Eyedropper Tool
Polygon-Lasso-Werkzeug	Polygonal Lasso Tool
Polygon-Werkzeug	Polygon Tool
Protokoll-Pinsel	History Brush Tool
Punkt-umwandeln-Werkzeug	Convert Point Tool
Radiergummi-Werkzeug	Eraser Tool
Rechteck-Werkzeug	Rectangle Tool
Reparatur-Pinsel	Healing Brush Tool
Rote-Augen-Werkzeug	Red Eye Tool

Deutsch	Englisch
Scharfzeichner-Werkzeug	Sharpen Tool
Schnellauswahlwerkzeug	Quick Selection Tool
Schwamm-Werkzeug	Sponge Tool
Slice-Auswahlwerkzeug	Slice Select Tool
Slice-Werkzeug	Slice Tool
Standardfarben	Default Colors
Verlaufswerkzeug	Gradient Tool
Verschieben-Werkzeug	Move Tool
Vertikales Textmaskierungswerkzeug	Vertical Type Mask Tool
Vertikales Text-Werkzeug	Vertical Type Tool
Vorder- und Hintergrundfarbe vertauschen	Exchange Tool
Vordergrundfarbe	Foreground Color
Weichzeichner-Werkzeug	Blur Tool
Wischfinger-Werkzeug	Smudge Tool
Zauberstab-Werkzeug	Magic Wand Tool
Zeichenstift-Werkzeug	Pen Tool
Zoom-Werkzeug (Lupe)	Zoom Tool

D.2 Tasten

Tastaturen am Mac und am PC

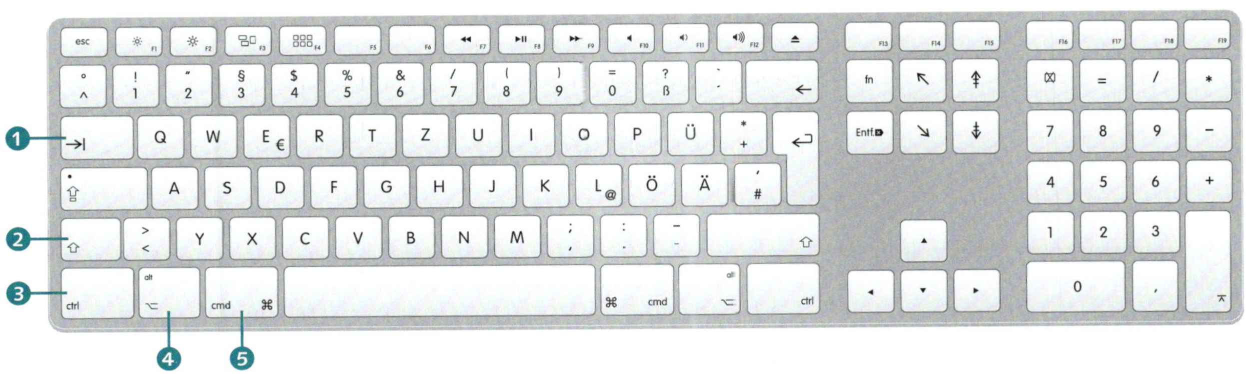

▲ **Abbildung D.1**
Die Mac-Tastatur

▲ **Abbildung D.2**
Die Windows-Tastatur

Die folgende Tabelle zeigt die Entsprechungen der Tasten Windows/Mac. Bitte beachten Sie, dass es für den Mac je nach Baujahr unterschiedliche Tastaturen gibt.

Windows			Mac		
Steuerungstaste	Strg	❽	Befehlstaste	cmd oder command	❺
Alt-Taste	Alt	❿	Alt- oder Wahltaste	alt oder option	❹
Umschalttaste	⇧	❼	Umschalttaste	⇧ oder shift	❷
Tabulator	⇆	❻	Tabulator	⇥ oder tab	❶
Windows-Taste	⊞	❾	Control-Taste	ctrl oder control	❸

D.3 Tastenkürzel Funktionen

Leider funktionieren am Mac einige Tastenkürzel mit Umlauten oder Sonderzeichen nicht. Weisen Sie das Tastaturkürzel in einem solchen Fall gegebenenfalls über BEARBEITEN • TASTATURBEFEHLE neu zu.

Aktionen

Was wollen Sie tun?	Windows	Mac
aktuellen Befehl aktivieren und alle anderen deaktivieren oder **alle Befehle** aktivieren	Alt drücken und auf das Häkchen neben einem Befehl klicken	alt drücken und auf das Häkchen neben einem Befehl klicken

Was wollen Sie tun?	Windows	Mac
aktuelles modales Steuerelement einschalten und zwischen allen anderen modalen Steuerelementen wechseln	Alt drücken und auf das Steuerelement-Icon klicken	alt drücken und auf das Steuerelement-Icon klicken
Aktion ausführen	Strg + Doppelklick auf Aktion	cmd + Doppelklick auf Aktion
alle Befehle einer Aktion anzeigen/verbergen	Klick auf das Dreieck	Klick auf das Dreieck
einzelnen Befehl aus einer Aktion ausführen	Befehl markieren, Strg + Klick auf die Ausführen-Schaltfläche (Play-Button)	Befehl markieren, cmd + Klick auf die Ausführen-Schaltfläche (Play-Button)
neue Aktion erstellen und ohne Bestätigung aufzeichnen	Alt + Klick auf die Schaltfläche Neue Aktion	alt + Klick auf die Schaltfläche Neue Aktion

Arbeitsschritte zurücknehmen

Was wollen Sie tun?	Windows	Mac
Arbeitsschritt(e) zurücknehmen	Strg + Z	cmd + Z
zurückgenommene(n) Arbeitsschritt(e) wiederherstellen	⇧ + Strg + Z	⇧ + cmd + Z
letzten Arbeitsschritt zurücknehmen und wiederherstellen	Strg + Alt + Z	cmd + alt + Z
zurück zur zuletzt abgespeicherten Bildversion	F12	F12
Einstellungen in Dialogfeldern zurücknehmen, ohne den Dialog zu schließen	Alt (verwandelt die Schaltfläche Abbrechen in Zurücksetzen)	alt (verwandelt die Schaltfläche Abbrechen in Zurücksetzen)
Protokoll-Bedienfeld: rückwärts durch Bildstadien navigieren	Strg + Z	cmd + Z
Protokoll-Bedienfeld: vorwärts durch Bildstadien navigieren	⇧ + Strg – Z	⇧ + cmd + Z
Schnappschuss umbenennen	Doppelklick auf Schnappschuss-Miniatur	Doppelklick auf Schnappschuss-Miniatur
Protokollliste reversibel löschen	Protokoll löschen (im Menü des Protokoll-Bedienfelds)	Protokoll löschen (im Menü des Protokoll-Bedienfelds)
Protokoll endgültig löschen	Alt + Protokoll löschen (im Menü des Protokoll-Bedienfelds)	alt + Protokoll löschen (im Menü des Protokoll-Bedienfelds)

Auswahlen

Was wollen Sie tun?	Windows	Mac
alles auswählen	Strg + A	cmd + A
eine bestehende Auswahl aufheben	Strg + D	cmd + D
erneut auswählen (aktiviert die zuletzt aufgehobene Auswahl erneut)	⇧ + Strg + D	⇧ + cmd + D
Auswahl umkehren	⇧ + Strg + I	⇧ + cmd + I
ausgewählte Bildbereiche löschen (unwiderruflich – Maskieren ist besser!)	Entf	←
nachträglich weiche Auswahlkante hinzufügen	⇧ + F6	⇧ + F6
Auswahllinie (und andere Extras) kurzzeitig ausblenden	Strg + H	cmd + H
eine NEUE AUSWAHL erstellen (entfernt eine eventuell bestehende Auswahl)	Auswahlwerkzeug normal benutzen	Auswahlwerkzeug normal benutzen
DER AUSWAHL HINZUFÜGEN	Auswahlwerkzeug benutzen, dabei ⇧ drücken	Auswahlwerkzeug benutzen, dabei ⇧ drücken
VON AUSWAHL SUBTRAHIEREN	Auswahlwerkzeug benutzen, dabei Alt drücken	Auswahlwerkzeug benutzen, dabei alt drücken
SCHNITTMENGE MIT AUSWAHL BILDEN	Auswahlwerkzeug benutzen, dabei Alt + ⇧ drücken	Auswahlwerkzeug benutzen, dabei alt + ⇧ drücken
Schnellauswahlwerkzeug aufrufen	W	W
Bereiche zu bestehender Auswahl hinzufügen	automatisch	automatisch
Bereiche von bestehender Auswahl subtrahieren	Alt	alt
Werkzeugspitze verkleinern	Ö	⇧ + #
Werkzeugspitze vergrößern	#	#
Auswahlrechteck-Werkzeug oder Auswahlellipse-Werkzeug aufrufen	M	M
exaktes Quadrat aufziehen – funktioniert nur mit der Option NEUE AUSWAHL und wenn unter ART kein Seitenverhältnis definiert ist	Halten Sie beim Aufziehen der Form ⇧ gedrückt.	Halten Sie beim Aufziehen der Form ⇧ gedrückt.

Was wollen Sie tun?	Windows	Mac
exakten Kreis aufziehen – klappt nur mit der Option Neue Auswahl und wenn unter Art kein Seitenverhältnis definiert ist	Halten Sie beim Aufziehen der Form ⇧ gedrückt.	Halten Sie beim Aufziehen der Form ⇧ gedrückt.
Auswahlform (vor dem Abschließen des Vorgangs) bewegen	Halten Sie die Maustaste gedrückt, und drücken Sie zusätzlich die Leertaste.	Halten Sie die Maustaste gedrückt, und drücken Sie zusätzlich die Leertaste.
fertige Auswahlform in 1-Pixel-Schritten bewegen (bei aktivem Auswahlwerkzeug)	↑, ↓, ←, →	↑, ↓, ←, →
fertige Auswahlform in 10-Pixel-Schritten bewegen (bei aktivem Auswahlwerkzeug)	⇧+↑, ⇧+↓, ⇧+←, ⇧+→	⇧+↑, ⇧+↓, ⇧+←, ⇧+→
Auswahllinie **verschieben**	aktives Auswahlwerkzeug und Pfeiltasten oder Maus	aktives Auswahlwerkzeug und Pfeiltasten oder Maus
Auswahlinhalt **ausschneiden** und verschieben (auf derselben Ebene)	aktives Verschieben-Werkzeug und Pfeiltasten oder Maus	aktives Verschieben-Werkzeug und Pfeiltasten oder Maus
Auswahl **kopieren** und verschieben (auf derselben Ebene)	aktives Verschieben-Werkzeug und Pfeiltasten oder Maus, zusätzlich Alt drücken	aktives Verschieben-Werkzeug und Pfeiltasten oder Maus, zusätzlich alt drücken
Inhalt einer Auswahl **ausschneiden** und auf neuer Ebene einfügen	⇧+Strg+J	⇧+cmd+J
Inhalt einer Auswahl **kopieren** und auf neuer Ebene einfügen	Strg+J	cmd+J
deckende Pixel einer Ebene auswählen	Strg+Klick in die Ebenenminiatur	cmd+Klick in die Ebenenminiatur
deckende Pixel einer Ebene auswählen, Auswahl **erweitern**	Strg+⇧+Klick in die Ebenenminiatur	cmd+⇧+Klick in die Ebenenminiatur
deckende Pixel einer Ebene auswählen, Auswahl **verkleinern**	Alt+Strg+Klick in die Ebenenminiatur	alt+cmd+Klick in die Ebenenminiatur
Auswahlen aus deckenden Pixeln mehrerer Ebenen addieren	⇧+Strg+Klick in die Ebenenminiaturen	⇧+cmd+Klick in die Ebenenminiaturen
Auswahlen aus deckenden Pixeln mehrerer Ebenen **subtrahieren**	Alt+Strg+Klick in die Ebenenminiaturen	alt+cmd+Klick in die Ebenenminiaturen
Schnittmenge aus Auswahlen bilden	⇧+Alt+Strg+Klick in die Ebenenminiatur	⇧+alt+cmd+Klick in die Ebenenminiatur

Auswählen und maskieren

Was wollen Sie tun?	Windows	Mac
Dialogfeld Auswählen und Maskieren öffnen	Strg + Alt + R	cmd + alt + R
Vorschaumodus vorwärts durchlaufen	F	F
Vorschaumodus rückwärts durchlaufen	⇧ + F	⇧ + F
zwischen Original und Vorschau wechseln	X	X
Vorschau ein-/ausschalten	P	P

Bildlauf

Was wollen Sie tun?	Windows	Mac
Hand-Werkzeug aufrufen	H	H
Hand-Werkzeug kurzzeitig aus anderen Werkzeugen heraus aufrufen	Leertaste (außer beim Text-Werkzeug)	Leertaste (außer beim Text-Werkzeug)
Hand-Werkzeug auf alle Bilder gleichzeitig anwenden	⇧ + Leertaste	⇧ + Leertaste
Bildausschnitt hochschieben	Bild ↑	↥
Bildausschnitt nach unten schieben	Bild ↓	↧
Bildausschnitt langsam hochschieben	⇧ + Bild ↑	⇧ + ↥
Bildausschnitt langsam nach unten schieben	⇧ + Bild ↓	⇧ + ↧

Datei

Was wollen Sie tun?	Windows	Mac
Datei öffnen	Strg + O	cmd + O
Datei anlegen	Strg + N	cmd + N
Bridge öffnen	Alt + Strg + O	alt + cmd + O
Öffnen als …	⇧ + Alt + Strg + O	–
Datei schließen	Strg + W	cmd + W

Was wollen Sie tun?	Windows	Mac
alle Dateien schließen	Alt + Strg + W	alt + cmd + W
Datei speichern	Strg + S	cmd + S
Datei speichern unter	Alt + Strg + S	alt + cmd + S
für Web speichern (Legacy)	⇧ + Alt + Strg + S	⇧ + alt + cmd + S
Exportieren als …	⇧ + Alt + Strg + W	⇧ + alt + cmd + W
zurück zur letzten Version gehen	F12	F12
Dateiinformationen anzeigen	⇧ + Alt + Strg + I	⇧ + alt + cmd + I

Drucken

Was wollen Sie tun?	Windows	Mac
Drucken	Strg + P	cmd + P
eine Kopie drucken	Alt + ⇧ + Strg + P	alt + ⇧ + cmd + P
Farbproof	Strg + Y	cmd + Y
Farbumfang-Warnung	⇧ + Strg + Y	⇧ + cmd + Y

Ebenen erstellen

Was wollen Sie tun?	Windows	Mac
neue leere Ebene **oberhalb** der aktiven Ebene anlegen	Klick auf das Icon NEU im Ebenen-Bedienfeld	Klick auf das Icon NEU im Ebenen-Bedienfeld
neue leere Ebene **unterhalb** der aktiven Ebene anlegen	mit gedrückter Strg-Taste auf das Icon NEU im Ebenen-Bedienfeld klicken	mit gedrückter cmd-Taste auf das Icon NEU im Ebenen-Bedienfeld klicken
neue leere Ebene **mit Dialogfeld** anlegen	mit gedrückter Alt-Taste auf das Icon NEU im Ebenen-Bedienfeld klicken	mit gedrückter alt-Taste auf das Icon NEU im Ebenen-Bedienfeld klicken
neue leere Ebene **mit Dialogfeld** anlegen	⇧ + Strg + N	⇧ + cmd + N
neue leere Ebene **oberhalb** der aktiven Ebene anlegen	Klick auf das Icon NEU im Ebenen-Bedienfeld	Klick auf das Icon NEU im Ebenen-Bedienfeld
neue leere Ebene **unterhalb** der aktiven Ebene anlegen	mit gedrückter Strg-Taste auf das Icon NEU im Ebenen-Bedienfeld klicken	mit gedrückter cmd-Taste auf das Icon NEU im Ebenen-Bedienfeld klicken

Was wollen Sie tun?	Windows	Mac
neue leere Ebene **mit Dialogfeld** anlegen	mit gedrückter Alt-Taste auf das Icon NEU im Ebenen-Bedienfeld klicken	mit gedrückter alt-Taste auf das Icon NEU im Ebenen-Bedienfeld klicken
neue leere Ebene **mit Dialogfeld** anlegen	⇧+Strg+N	⇧+cmd+N

Ebenen aktivieren

Was wollen Sie tun?	Windows	Mac
zur **nächsthöheren** Ebene im Ebenen-Schichtaufbau springen	Alt+. (Punkt)	alt+. (Punkt)
zur **nächsttieferen** Ebene im Ebenen-Schichtaufbau springen	Alt+, (Komma)	alt+, (Komma)
zur **obersten** Ebene im Ebenen-Schichtaufbau springen	⇧+Alt+- (Minus)	⇧+alt+- (Minus)
zur **untersten** Ebene im Ebenen-Schichtaufbau springen	Alt+- (Minus)	alt+- (Minus)
zusätzlich zur aktuell aktiven die **darüberliegende Ebene** aktivieren	⇧+Alt+. (Punkt)	⇧+alt+. (Punkt)
zusätzlich zur aktuell aktiven die **darunterliegende Ebene** aktivieren	⇧+Alt+, (Komma)	⇧+alt+, (Komma)
mehrere Ebenen oder Gruppen auf einmal aktivieren	mit Strg im Ebenen-Bedienfeld entsprechende Ebenen(gruppen) per Maus auswählen	mit cmd im Ebenen-Bedienfeld entsprechende Ebenen(gruppen) per Maus auswählen
mehrere aufeinanderfolgende Ebenen oder Ebenengruppen auf einmal aktivieren	mit ⇧ im Ebenen-Bedienfeld die erste und die letzte Ebene(ngruppe) anklicken, die Sie aktivieren wollen	mit ⇧ im Ebenen-Bedienfeld die erste und die letzte Ebene(ngruppe) anklicken, die Sie aktivieren wollen

Ebenen bearbeiten

Was wollen Sie tun?	Windows	Mac
markierte Ebene(ngruppe) mit darunterliegender Ebene(ngruppe) auf eine Ebene reduzieren	Strg+E	cmd+E
mehrere markierte Ebenen(gruppen) auf eine Ebene reduzieren	Strg+E	cmd+E

Was wollen Sie tun?	Windows	Mac
markierte Gruppe auf eine Ebene reduzieren (Gruppe zusammenfügen)	Strg + E	cmd + E
Alle sichtbaren Ebenen(gruppen) auf eine Ebene reduzieren. Wenn im Bild eine Hintergrundebene vorhanden ist, werden Ebenen auf die Hintergrundebene reduziert.	Strg + ⇧ + E	cmd + ⇧ + E
eine Kopie aller sichtbaren Ebenen auf eine neue Zielebene reduzieren (Ebenen »stempeln«)	⇧ + Strg + Alt + E	⇧ + cmd + alt + E

Ebenen ein- und ausblenden

Was wollen Sie tun?	Windows	Mac
nur diese Ebenen(gruppe) ein-/ausblenden	Klick auf das Auge	Klick auf das Auge
mehrere untereinanderliegende Ebenen(gruppen) ein- oder ausblenden	mit gehaltener Maustaste Augen-Icons »abfahren«	mit gehaltener Maustaste Augen-Icons »abfahren«
alle *anderen* sichtbaren Ebenen(gruppen) außer der aktuell aktiven ein-/ausblenden	Alt + Klick auf das Auge	alt + Klick auf das Auge

Ebenengruppen

Was wollen Sie tun?	Windows	Mac
neue (leere) Ebenengruppe oberhalb der aktuellen Ebene(ngruppe) erstellen	Klick auf die Schaltfläche NEUE GRUPPE ERSTELLEN	Klick auf die Schaltfläche NEUE GRUPPE ERSTELLEN
neue (leere) Ebenengruppe unter der aktuellen Ebene(ngruppe) erstellen	Strg + Klick auf die Schaltfläche NEUE GRUPPE ERSTELLEN	cmd + Klick auf die Schaltfläche NEUE GRUPPE ERSTELLEN
zuvor markierte Ebenen gruppieren	Strg + G	cmd + G
Gruppierung von Ebenen aufheben	Strg + ⇧ + G	cmd + ⇧ + G
neue Ebenengruppe mit Dialogfeld erstellen	Alt + Klick auf die Schaltfläche NEUE GRUPPE ERSTELLEN	alt + Klick auf die Schaltfläche NEUE GRUPPE ERSTELLEN
Fülloptionen der Ebenengruppe anzeigen	Rechtsklick auf die Ebenengruppe und FÜLLOPTIONEN; alternativ Doppelklick auf das Ordnersymbol	Rechtsklick auf die Ebenengruppe und FÜLLOPTIONEN; alternativ Doppelklick auf das Ordnersymbol

Ebenenmischmodi

Was wollen Sie tun?	Windows	Mac
durch Füllmethoden navigieren: in der Liste abwärts	Bei aktiver Dropdown-Liste in der Ebenen-Palette: ↓	Bei aktiver Dropdown-Liste in der Ebenen-Palette: ↓
durch Füllmethoden navigieren: in der Liste aufwärts	Bei aktiver Dropdown-Liste in der Ebenen-Palette: ↑	Bei aktiver Dropdown-Liste in der Ebenen-Palette: ↑
Für die folgenden Tastenkürzel muss unter Windows das Verschieben-Werkzeug aktiviert sein. Außerdem darf die Mischmodus-Liste nicht mehr aktiviert sein.		
Füllmethode Normal	⇧+Alt+N	⇧+alt+N
Füllmethode Sprenkeln	⇧+Alt+I	⇧+alt+I
Füllmethode Dahinter auftragen (nur Pinsel)	⇧+Alt+Q	⇧+alt+Q
Füllmethode Löschen (nur Pinsel)	⇧+Alt+R	⇧+alt+R
Füllmethode Abdunkeln	⇧+Alt+K	⇧+alt+K
Füllmethode Multiplizieren	⇧+Alt+M	⇧+alt+M
Füllmethode Farbig nachbelichten	⇧+Alt+B	⇧+alt+B
Füllmethode Linear nachbelichten	⇧+Alt+A	⇧+alt+A
Füllmethode Dunklere Farbe	Ohne Kürzel	Ohne Kürzel
Füllmethode Aufhellen	⇧+Alt+G	⇧+alt+G
Füllmethode Negativ multiplizieren	⇧+Alt+S	⇧+alt+S
Füllmethode Farbig abwedeln	⇧+Alt+D	⇧+alt+D
Füllmethode Linear abw. (Add.)	⇧+Alt+W	⇧+alt+W
Füllmethode Hellere Farbe	Ohne Kürzel	Ohne Kürzel
Füllmethode Ineinanderkopieren	⇧+Alt+O	⇧+alt+O
Füllmethode Weiches Licht	⇧+Alt+F	⇧+alt+F
Füllmethode Hartes Licht	⇧+Alt+H	⇧+alt+H
Füllmethode Strahlendes Licht	⇧+Alt+V	⇧+alt+V
Füllmethode Lineares Licht	⇧+Alt+J	⇧+alt+J
Füllmethode Lichtpunkt	⇧+Alt+Z	⇧+alt+Z
Füllmethode Hart mischen	⇧+Alt+L	⇧+alt+L
Füllmethode Differenz	⇧+Alt+E	⇧+alt+E
Füllmethode Ausschluss	⇧+Alt+X	⇧+alt+X

Was wollen Sie tun?	Windows	Mac
Füllmethode SUBTRAHIEREN	Ohne Kürzel	Ohne Kürzel
Füllmethode DIVIDIEREN	Ohne Kürzel	Ohne Kürzel
Füllmethode FARBTON	⇧+Alt+U	⇧+alt+U
Füllmethode SÄTTIGUNG	⇧+Alt+T	⇧+alt+T
Füllmethode FARBE	⇧+Alt+C	⇧+alt+C
Füllmethode LUMINANZ	⇧+Alt+Y	⇧+alt+Y

Ebenentransformationen

Was wollen Sie tun?	Windows	Mac
Transformieren aufrufen	Strg+T	cmd+T
beim Skalieren Proportionen beibehalten	an beliebigen Griff des Transformationsrahmens ziehen	an beliebigen Griff des Transformationsrahmens ziehen
beim Skalieren Proportionen verändern	⇧ + an einem beliebigen Griff des Transformationsrahmens ziehen	⇧ + an einem beliebigen Griff des Transformationsrahmens ziehen
neigen	Strg+⇧ + an den **Seiten** des Transformationsrahmens ziehen	cmd+⇧ + an den **Seiten** des Transformationsrahmens ziehen
drehen in 15°-Schritten	⇧ gedrückt halten	⇧ gedrückt halten
verzerren relativ zum Mittelpunkt	Strg+Alt + an **beliebigem Griff** des Transformationsrahmens ziehen	cmd+alt + an **beliebigem Griff** des Transformationsrahmens ziehen
frei verzerren	Strg + an **beliebigem Griff** des Transformationsrahmens ziehen	cmd + an **beliebigem Griff** des Transformationsrahmens ziehen
perspektivisch verzerren	⇧+Strg+Alt + an **Ecken** des Transformationsrahmens ziehen	⇧+cmd+alt + an **Ecken** des Transformationsrahmens ziehen
Transformation bestätigen (und anwenden)	↵	↵
Transformation abbrechen	Esc	esc
die letzte Transformation auf einem neuen Objekt wiederholen	⇧+Strg-T	⇧+cmd+T
gleichzeitig Objekt duplizieren und letzte Transformation erneut anwenden	⇧+Strg+Alt+T	⇧+cmd+alt+T

Fenster (Bedienfelder)

Was wollen Sie tun?	Windows	Mac
Aktionen-Bedienfeld	F9	alt + F9
Ebenen-Bedienfeld	F7	F7
Farbe-Bedienfeld	F6	F6
Info-Bedienfeld	F8	F8
Pinsel-Bedienfeld	F5	F5

Filter

Was wollen Sie tun?	Windows	Mac
Filtervorgang abbrechen	Esc	cmd + . (Punkt)
Filter widerrufen	Strg + Z	cmd + Z
Dialog für den letzten Filter erneut aufrufen	Strg + Alt + F	cmd + alt + F
Dialog VERBLASSEN aufrufen	⇧ + Strg + F	⇧ + cmd + F

Filtergalerie

Was wollen Sie tun?	Windows	Mac
neuen Filter über dem derzeit aktiven Filter anwenden (funktioniert auch bei Smartfiltern außerhalb der Filtergalerie)	Alt + auf gewünschten Filter klicken	alt + auf gewünschten Filter klicken
Schaltfläche ABBRECHEN in ZURÜCKSETZEN verwandeln (ein Klick nimmt alle Änderungen zurück)	Alt	alt
Rückgängig/Wiederherstellen (von Filtereinstellungen)	Strg + Z	cmd + Z
Schritt vorwärts (Filtereinstellungen)	Strg + ⇧ + Z	cmd + ⇧ + Z
Schritt zurück (Filtereinstellungen)	Strg + Alt + Z	cmd + alt + Z

Gradationskurven

Was wollen Sie tun?	Windows	Mac
Dialogfeld GRADATIONSKURVEN aufrufen	Strg + M	cmd + M
Nächsten Kurvenpunkt auswählen	+	+
vorherigen Kurvenpunkt auswählen	-	-
mehrere Kurvenpunkte auswählen	⇧ + Klick auf die Punkte	⇧ + Klick auf die Punkte
Kurvenauswahl aufheben	Strg + D	cmd + D
Kurvenpunkt löschen	Entf	←
Tiefen- und Lichterbeschneidung anzeigen	Alt + Weiß- und Schwarzpunktregler ziehen	alt + Weiß- und Schwarzpunktregler ziehen
Rastergröße verändern	Alt + Klick auf das Raster	alt + Klick auf das Raster

Kopierquelle

Was wollen Sie tun?	Windows	Mac
Kopierquelle ohne Werkzeugkontur zeigen	⇧ + Alt	⇧ + alt
Kopierquelle drehen*	⇧ + Alt – Ü oder +	⇧ + alt + Ü oder +
Kopierquelle vergrößern*	⇧ + Alt + ?	⇧ + alt + ?
Kopierquelle verkleinern*	⇧ + Alt + =	⇧ + alt + =

* funktioniert nur, wenn die Palette KOPIERQUELLE geöffnet ist

Lasso

Was wollen Sie tun?	Windows	Mac
Lasso aufrufen	L	L
kurzzeitiger Wechsel vom Lasso- zum Polygon-Lasso-Werkzeug (funktioniert auch umgekehrt)	Alt gedrückt halten	alt gedrückt halten
mit Polygon-Lasso erstellte Auswahl-Ankerpunkte entfernen	Entf	←
Auswahlbereich endgültig schließen	Maus loslassen	Maus loslassen

Was wollen Sie tun?	Windows	Mac
Polygon-Lasso aufrufen	L	L
letzten Ankerpunkt entfernen (kann die Gestalt der Auswahllinie gravierend verändern)	Entf	←
Auswahl-Liniensegmente exakt im 45°-Winkel ziehen (oder in Vielfachen von 45°)	⇧	⇧
kurzzeitiger Wechsel vom Polygon- zum normalen Lasso (funktioniert auch umgekehrt)	Alt gedrückt halten und mit der Maus ziehen	alt gedrückt halten und mit der Maus ziehen
Auswahlbereich endgültig schließen	Doppelklick oder Strg + Klick	Doppelklick oder cmd + Klick
Vorgang abbrechen	Esc	esc
Magnet-Lasso aufrufen	L	L
kurzzeitiger Wechsel vom Magnet- zum normalen Lasso	Alt gedrückt halten, dann freihändig »zeichnen«	alt gedrückt halten, dann freihändig »zeichnen«
kurzzeitiger Wechsel vom Magnet- zum Polygon-Lasso	Alt gedrückt halten, dann durch Klicks Liniensegmente anlegen	alt gedrückt halten, dann durch Klicks Liniensegmente anlegen
Kontrast erhöhen	. (Punkt)	. (Punkt)
Kontrast verringern	, (Komma)	, (Komma)
Bildzoom größer	+	+
Bildzoom kleiner	-	-
Auswahl auf kürzestem Weg schließen	Doppelklick oder Strg + Klick	Doppelklick oder cmd + Klick
Vorgang abbrechen	Esc	esc

Lineale, Hilfslinien und Raster

Was wollen Sie tun?	Windows	Mac
Lineale ein- und ausblenden	Strg + R	cmd + R
Linealwerkzeug aktivieren	I	I
Hilfslinien ein- und ausblenden	Strg + ,	cmd + ,
alle Extras ein- und ausblenden	Strg + H	cmd + H

Was wollen Sie tun?	Windows	Mac
aus vertikalem Lineal eine horizontale Hilfslinie herausziehen (und umgekehrt)	Alt	alt
beim Verschieben vertikale in horizontale Hilfslinie verwandeln (und umgekehrt)	Alt	alt
Hilfslinien fixieren	Strg + Alt + ,	cmd + alt + ,
Ausrichten-Funktion (»Magnetismus«) bei der Arbeit mit dem Verschieben-Werkzeug kurzfristig aufheben	Strg	cmd
aus anderem Werkzeug kurzfristig zum Verschieben-Werkzeug wechseln	Strg	cmd
Raster ein- und ausblenden	Alt + ⇧ + Strg + ,	alt + ⇧ + cmd + ,

Malen und Malwerkzeuge

Was wollen Sie tun?	Windows	Mac
Pinsel-Werkzeug aktivieren	B	B
Misch-Pinsel-Werkzeug aktivieren	B	B
Buntstift-Werkzeug aktivieren	B	B
Radiergummi-Werkzeug aktivieren	E	E
Magischer-Radiergummi-Werkzeug aktivieren	E	E
bei allen Malwerkzeugen: Punkte durch eine gerade Linie verbinden (jeglicher Winkel)	⇧ + auf den Start- und den Endpunkt der Linie klicken	⇧ + auf den Start- und den Endpunkt der Linie klicken
bei allen Malwerkzeugen: genau senkrechte oder waagerechte Linien ziehen (oder andere Winkel in 15°-Schritten)	⇧ + malen oder ⇧ + an gewünschten Linienanfangs- und -endpunkt klicken	⇧ + malen oder ⇧ + an gewünschten Linienanfangs- und -endpunkt klicken
Werkzeugspitze vergrößern	#	#
Werkzeugspitzen verkleinern	Ö	⇧ + #
zum vorherigen Pinsel in der Pinselliste wechseln (funktioniert auch bei zugeklappter Liste)	, (Komma)	, (Komma)

Was wollen Sie tun?	Windows	Mac
zum nächsten Pinsel in der Pinselliste wechseln (funktioniert auch bei zugeklappter Liste)	. (Punkt)	. (Punkt)
Werkzeugspitzenanzeige: Fadenkreuz	⇧	⇪

Masken

Was wollen Sie tun?	Windows	Mac
weiße Maske erstellen	◘ im Ebenen-Bedienfeld	◘ im Ebenen-Bedienfeld
schwarze Maske erstellen	◘ + Alt im Ebenen-Bedienfeld	◘ + alt im Ebenen-Bedienfeld
Graustufenansicht der Maske anzeigen	Alt + Klick auf die Maskenminiatur	alt + Klick auf die Maskenminiatur
Maskierungsfolie anzeigen	⇧ + Alt + Klick auf die Maskenminiatur	⇧ + alt + Klick auf die Maskenminiatur
Maskenwirkung temporär ausschalten	⇧ + Klick auf die Maskenminiatur	⇧ + Klick auf die Maskenminiatur
Maske als Auswahl laden	Strg + Klick auf die Maskenminiatur	cmd + Klick auf die Maskenminiatur
Maskenoptionen aufrufen	Rechtsklick auf die Maskenminiatur und MASKENOPTIONEN	Rechtsklick auf die Maskenminiatur und MASKENOPTIONEN

Pfade

Was wollen Sie tun?	Windows	Mac
mehrere Ankerpunkte auswählen	Direktauswahl-Werkzeug + Klick bei gedrückter ⇧-Taste	Direktauswahl-Werkzeug + Klick bei gedrückter ⇧-Taste
gesamten Pfad auswählen	Direktauswahl-Werkzeug + Klick bei gedrückter Alt-Taste	Direktauswahl-Werkzeug + Klick bei gedrückter alt-Taste
Pfad duplizieren	beliebiges Zeichenstift-Werkzeug oder Pfadauswahl- oder Direktauswahl-Werkzeug aktivieren + Strg + Alt + Ziehen mit der Maus	beliebiges Zeichenstift-Werkzeug oder Pfadauswahl- oder Direktauswahl-Werkzeug aktivieren + cmd + alt + Ziehen mit der Maus
vom Pfadauswahl-, Zeichenstift-, Ankerpunkt-hinzufügen-, Ankerpunkt-löschen- oder Punkt-umwandeln-Werkzeug temporär auf das Direktauswahl-Werkzeug umschalten	Strg	cmd

Was wollen Sie tun?	Windows	Mac
vom Zeichenstift- oder Freiform-Zeichenstift-Werkzeug zum Punkt-umwandeln-Werkzeug wechseln, wenn der Mauscursor sich gerade auf einem Anker- oder Griffpunkt befindet	Alt	alt
bei der Arbeit mit magnetischem Freiform-Zeichenstift: Pfadlinie schließen	Doppelklick oder Pfad zu Ende zeichnen	Doppelklick oder Pfad zu Ende zeichnen
bei der Arbeit mit magnetischem Freiform-Zeichenstift: Pfad mit geradem Segment schließen	Alt + Doppelklick	alt + Doppelklick
Pfadlinie ausblenden	Strg + ⇧ + H	cmd + ⇧ + H

Pinsel und Pinsel-Palette

Was wollen Sie tun?	Windows	Mac
Pinselgröße ändern	Alt + Rechtsklick + Mausbewegung nach rechts oder links	alt + Rechtsklick (oder ctrl + Mausbewegung nach rechts oder links
Härte der Pinselspitze verringern oder erhöhen	Alt + Rechtsklick + Mausbewegung nach oben oder unten	alt + Rechtsklick (oder ctrl + Mausbewegung nach oben oder unten
Fadenkreuz für Pinsel anzeigen	⇪	⇪
Airbrush-Option ein-/ausschalten	⇧ + Alt + P	⇧ + alt + P
Pinsel aus Pinselvorgaben-Liste löschen	Alt + Klicken auf Pinsel in der Liste	alt + Klicken auf Pinsel in der Liste
Pinsel umbenennen	Doppelklick auf Pinsel in der Liste	Doppelklick auf Pinsel in der Liste
Zum ersten Pinsel in der Liste springen	⇧ + , (Komma)	⇧ + , (Komma)

Text

Was wollen Sie tun?	Windows	Mac
Text im Bild verschieben	Textebene auswählen, Strg halten, Text mit Maus ziehen (alternativ: Verschieben-Werkzeug)	Textebene auswählen, cmd halten, Text mit Maus ziehen (alternativ: Verschieben-Werkzeug)

Was wollen Sie tun?	Windows	Mac
Gesamten Text auswählen	Doppelklick mit Verschieben-Werkzeug	Doppelklick mit Verschieben-Werkzeug
Ein **Zeichen** links/rechts auswählen: Cursor muss im Text stehen und …	⇧+←/→	⇧+←/→
Eine **Zeile** oben/unten auswählen: Cursor muss im Text stehen und …	⇧+↑/↓	⇧+↑/↓
Ein **Wort** links/rechts auswählen: Cursor muss im Text stehen und …	⇧+Strg+←/→	⇧+cmd+←/→
Alle Zeichen zwischen blinkender Einfügemarke und Mausklick-Position auswählen	⇧ + in Text klicken	⇧ + in Text klicken
Textfeld beim Erstellen verschieben	Leertaste drücken, Textfeld ziehen	Leertaste drücken, Textfeld ziehen

Verflüssigen-Filter

Was wollen Sie tun?	Windows	Mac
Einzoomen	Strg+\+ (Ziffernblock)	cmd+\+ (Ziffernblock)
Auszoomen	Strg+- (Ziffernblock)	cmd+- (Ziffernblock)
Bildanzeige ins Vorschaufenster des Dialog anpassen	Doppelklick aufs Hand-Werkzeug; Strg+0	Doppelklick aufs Hand-Werkzeug; cmd+0
Bild in 100 % Ansicht bringen und Mittelpunkt zentrieren	Doppelklick aufs Zoom-Werkzeug	Doppelklick aufs Zoom-Werkzeug

Fluchtpunkt-Filter

Was wollen Sie tun?	Windows	Mac
2 × zoomen (vorübergehend)	X	X
Auswahl und Ebenen ausblenden	Strg+H	–
Auswahl in Schritten von einem Pixel verschieben	Pfeiltasten	Pfeiltasten
Auswahl in Schritten von 10 Pixeln verschieben	⇧ + Pfeiltasten	⇧ + Pfeiltasten
Auswahl mit Pixeln unter dem Mauszeiger füllen	Strg halten und Maus bewegen	cmd halten und Maus bewegen

Was wollen Sie tun?	Windows	Mac
beim Erstellen von Perspektivebenen: letzten »Anfasser« löschen	Entf	←
Perspektivebene über gesamte Bildfläche erstellen, parallel zur Kameraperspektive	Doppelklick aufs Ebene-Erstellen-Werkzeug	Doppelklick aufs Ebene-Erstellen-Werkzeug
Absatz **linksbündig** ausrichten (horizontales Text-Werkzeug muss aktiv sein, Cursor im Text)	Strg + ⇧ + L	cmd + ⇧ + L
Absatz **rechtsbündig** ausrichten (horizontales Text-Werkzeug muss aktiv sein, Cursor im Text)	Strg + ⇧ + R	cmd + ⇧ + R
Absatz im **Blocksatz** ausrichten (horizontales Text-Werkzeug muss aktiv sein, Cursor im Text)	Strg + ⇧ + F	cmd + ⇧ + F
Absatz **zentriert** ausrichten (horizontales Text-Werkzeug muss aktiv sein, Cursor im Text)	Strg + ⇧ + C	cmd + ⇧ + C
Bei vertikaler Schrift: zentrieren, oben oder unten ausrichten	vertikales Text-Werkzeug + Strg + ⇧ + L, C oder R	vertikales Text-Werkzeug + cmd + ⇧ + L, C oder R
Silbentrennung ein/aus	Strg + ⇧ + Alt + H	cmd + ctrl + ⇧ + alt + H
Wechsel zwischen Einzeilen-Setzer und Alle-Zeilen-Setzer	Strg + ⇧ + Alt + T	cmd + ⇧ + alt + T
Schriftgrad des ausgewählten Textes um eine Einheit (Punkt oder Pixel, je nach Voreinstellung) verkleinern	Strg + ⇧ + A	cmd + ⇧ + ?
Schriftgrad des ausgewählten Textes um eine Einheit (Punkt oder Pixel, je nach Voreinstellung) vergrößern	Strg + ⇧ + W	cmd + ⇧ + ` (Akzentzeichen)
Zeilenabstand des ausgewählten Textes um eine Einheit (Punkt oder Pixel, je nach Voreinstellung) vergrößern	Alt + ↓-Taste	alt + ↓-Taste
Zeilenabstand des ausgewählten Textes um eine Einheit (Punkt oder Pixel, je nach Voreinstellung) verkleinern	Alt + ↑-Taste	alt + ↑-Taste
Zeilenabstand des ausgewählten Textes um 5 Einheiten (Punkt oder Pixel, je nach Voreinstellung) vergrößern	Strg + Alt + ↓-Taste	cmd + alt + ↓-Taste

Was wollen Sie tun?	Windows	Mac
Zeilenabstand des ausgewählten Textes um 5 Einheiten (Punkt oder Pixel, je nach Voreinstellung) verkleinern	Strg + Alt + ↑-Taste	cmd + alt + ↑-Taste
Grundlinienversatz des ausgewählten Textes um eine Einheit (Punkt oder Pixel, je nach Voreinstellung) verkleinern	⇧ + Alt + ↓-Taste	⇧ + alt + ↓-Taste
Grundlinienversatz des ausgewählten Textes um eine Einheit (Punkt oder Pixel, je nach Voreinstellung) vergrößern	⇧ + Alt + ↑-Taste	⇧ + alt + ↑-Taste
Grundlinienversatz des ausgewählten Textes um 5 Einheiten (Punkt oder Pixel, je nach Voreinstellung) verkleinern	Strg + ⇧ + Alt + ↓-Taste	cmd + ⇧ + alt + ↓-Taste
Grundlinienversatz des ausgewählten Textes um 5 Einheiten (Punkt oder Pixel, je nach Voreinstellung) vergrößern	Strg + ⇧ + Alt + ↑-Taste	cmd + ⇧ + alt + ↑-Taste
Laufweite/Kerning um 20/1 000 Geviert verkleinern	Alt + ←-Taste	alt + ←-Taste
Laufweite/Kerning um 20/1 000 Geviert vergrößern	Alt + →-Taste	alt + →-Taste

Zoom

Was wollen Sie tun?	Windows	Mac
Zoom-Werkzeug aktivieren	Z	Z
Bildansicht vergrößern	Strg + +	cmd + +
Bildansicht verkleinern	Strg + -	cmd + -
Bildansicht in allen Dokumenten vergrößern	Klick mit der Lupe ins Bild + ⇧	Klick mit der Lupe ins Bild + ⇧
Bildansicht in allen Dokumenten verkleinern	Klick mit der Lupe ins Bild + Alt + ⇧	Klick mit der Lupe ins Bild + alt + ⇧
Bildansicht auf 100 % stellen (aktives Dokument)	Strg + Alt + 0 (Null)	cmd + alt + 0 (Null)

Was wollen Sie tun?	Windows	Mac
Bildansicht auf 100 % stellen (alle Dokumente)	⇧ + Doppelklick auf Lupe in der Werkzeugleiste	⇧ + Doppelklick auf Lupe in der Werkzeugleiste
Bildansicht auf 200 % stellen (aktives Dokument)	Strg + Doppelklick auf Lupe in der Werkzeugleiste	cmd + Doppelklick auf Lupe in der Werkzeugleiste
Bildansicht auf 200 % stellen (alle Dokumente)	⇧ + Strg + Doppelklick auf Lupe in der Werkzeugleiste	⇧ + cmd + Doppelklick auf Lupe in der Werkzeugleiste
maximale Bildgröße auf dem Monitor (Bildschirmgröße) darstellen	Strg + 0 (Null)	cmd + 0 (Null)
Zoom-Werkzeug kurzzeitig aus anderen Werkzeugen aufrufen und vergrößern	Leertaste + Strg	Leertaste + cmd
Zoom-Werkzeug kurzzeitig aus anderen Werkzeugen aufrufen und verkleinern	Alt + Leertaste (bzw. Strg + Alt + Leertaste bei der Bearbeitung von Text)	alt + Leertaste (bzw. cmd + alt + Leertaste bei der Bearbeitung von Text)

Index

B

C

F

G

H

I

J

K

L

M

N

O

P

S

U

X

Z

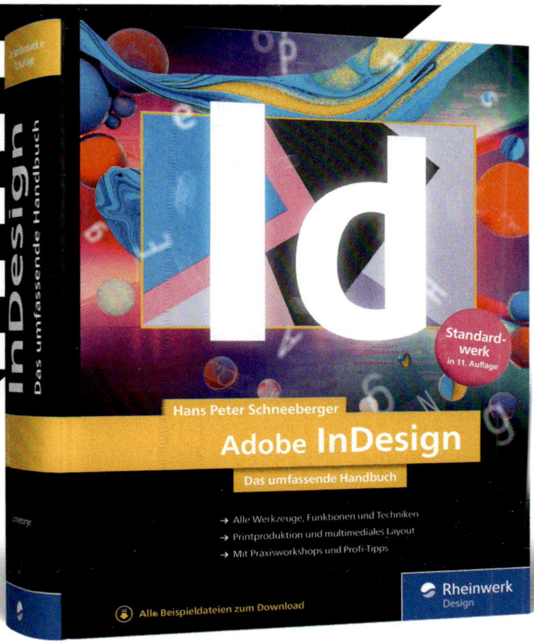
Hans Peter Schneeberger
Adobe InDesign
Das umfassende Handbuch
Standard-werk in 11. Auflage
→ Alle Werkzeuge, Funktionen und Techniken
→ Printproduktion und multimediales Layout
→ Mit Praxisworkshops und Profi-Tipps
Alle Beispieldateien zum Download
Rheinwerk Design
InDesign
Das umfassende Handbuch

Ai
Monika Gause
Adobe Illustrator
Das umfassende Handbuch
Standard-werk in 9. Auflage
→ Alle Werkzeuge, Funktionen und Techniken
→ Zum Lernen und Nachschlagen
→ Mit Praxisworkshops und Profi-Tricks
Alle Workshopdateien zum Download
Rheinwerk Design
Illustrator
Das umfassende Handbuch

Sven Burkhard, Stefan Tschumi

Fotografisches Storytelling

Ereignisse und Entwicklungen bildhaft festhalten, visuelle Geschichten erzählen – machen Sie mehr mit Ihren Fotos! Vielleicht bei Ihrer nächsten Reise, wenn Sie mit Bildern einen Spannungsbogen visualisieren? Oder indem Sie ein besonderes lokales Handwerk oder eine ungewöhnliche Freizeitaktivität porträtieren? Oder ein das Stadtbild verändernde Bauprojekt, die Neuanlage eines Mitmach-Gemüsegartens in der Grundschule, das Aufwachsen der eigenen Kinder begleiten? ... Sven Burkhard und Stefan Tschumi bringen Ihnen das Handswerkszeug des fotografischen Storytellings nahe, den Umgang mit Bildern, Bildauswahl und Bilddramaturgie. Erschaffen Sie Bildgeschichten, für sich selbst und andere.

344 Seiten, gebunden, 39,90 Euro, ISBN 978-3-8362-9494-2

www.rheinwerk-verlag.de/5692

von Aspern, Cuic, Hansen, Köster, Larousse, Parolin, Reuter, Schreyer, Struppert, Waltz

Streetfotografie – made in Germany

Die besten Motive liegen auf der Straße! In diesem Buch zeigen zehn deutsche Streetfotografinnen und -fotografen, wie sie Orte, Menschen und flüchtige Momente mit ihrer Kamera einfangen. Wie gelingen faszinierende Aufnahmen von Gesten, Lichtstimmungen und Kompositionen, die oft nur für den Bruchteil einer Sekunde existieren? Begleiten Sie spannende Streifzüge durch die Straßen, und lassen Sie sich von den unterschiedlichen Herangehensweisen und Bildstilen inspirieren.

357 Seiten, gebunden, 2. Auflage, 39,90 Euro
ISBN 978-3-8362-9339-6

www.rheinwerk-verlag.de/5645

Wir hoffen, dass Sie Freude an diesem Buch haben und sich Ihre Erwartungen erfüllen. Ihre Anregungen und Kommentare sind uns jederzeit willkommen. Bitte bewerten Sie doch das Buch auf unserer Website unter **www.rheinwerk-verlag.de/feedback**.

An diesem Buch haben viele mitgewirkt, insbesondere:

Lektorat Ruth Lahres
Korrektorat Petra Biedermann, Reken
Herstellung Denis Schaal
Typografie und Layout Vera Brauner, Maxi Beithe
Einbandgestaltung Mai Loan Nguyen Duy
Coverbild Erstellt mit Midjourney und Adobe Photoshop
Satz Markus Miller, München
Druck Firmengruppe Appl, Wemding

FSC www.fsc.org MIX Papier | Fördert gute Waldnutzung FSC® C004592

Dieses Buch wurde gesetzt aus der Syntax Next (9,5 pt/13,5 pt) in Adobe InDesign.

Gedruckt wurde dieses Buch mit mineralölfreien Farben auf matt gestrichenem, FSC®-zertifiziertem Bilderdruckpapier (115 g/m²).

Hergestellt in Deutschland.

Bibliografische Information der Deutschen Nationalbibliothek:
Die Deutsche Nationalbibliothek verzeichnet diese Publikation in der Deutschen Nationalbibliografie; detaillierte bibliografische Daten sind im Internet über *http://dnb.dnb.de* abrufbar.

ISBN 978-3-367-10029-3

10., aktualisierte und überarbeitete Auflage 2024

Informationen zu unserem Verlag und Kontaktmöglichkeiten finden Sie auf unserer Verlagswebsite **www.rheinwerk-verlag.de**. Dort können Sie sich auch umfassend über unser aktuelles Programm informieren und unsere Bücher und E-Books bestellen.